Minidicionário
Moderna
da Língua Portuguesa

Organizadora: Editora Moderna
Obra coletiva concebida, desenvolvida
e produzida pela Editora Moderna.

Editora Executiva:
Áurea R. Kanashiro

© Editora Moderna, 2010

MODERNA

Elaboração dos originais

Rogério de Araújo Ramos
Bacharel e Licenciado em Letras pela Universidade de São Paulo.

Fernando Carlo Vedovate
Bacharel e Licenciado em Geografia pela Universidade de São Paulo. Mestre em Ciências, área de concentração Geografia Humana pela Universidade de São Paulo.

Juliane Matsubara Barroso
Bacharel e licenciada em Matemática pela PUC de São Paulo.

Maria Raquel Apolinário
Bacharel e licenciada em História pela Universidade de São Paulo.

Rita Helena Bröckelmann
Bióloga, especialista pela Universidade Federal de Lavras (MG).

Colaboração
José Roberto Miney

Coordenação editorial: Áurea R. Kanashiro
Edição de texto: Rogério de Araújo Ramos
Preparação de texto: Anabel Ly Maduar, Márcia Camargo
Assistência editorial: Moira Versolato França
Coordenação de *design* e projetos visuais: Sandra Botelho de Carvalho Homma
Projeto gráfico: Marta Cerqueira Leite
Capa: Daniel de Souza Fantini
Coordenação de produção gráfica: André Monteiro e Maria de Lourdes Rodrigues
Coordenação de revisão: Elaine Cristina del Nero
Revisão: Ana Paula Luccisano e Salete Brentan
Edição de Arte: Renata Susana Rechberger
Editoração eletrônica: D'Livros Editora e Distribuidora Ltda.
Coordenação *bureau*: Américo Jesus
Pré-impressão: Helio P. de Souza Filho, Marcio Hideyuki Kamoto
Coordenação de produção industrial: Wilson Aparecido Troque
Impressão e acabamento: : EGB Editora Gráfica Bernardi
Lote: 287957

Dados Internacionais de Catalogação na Publicação (CIP)
(Câmara Brasileira do Livro, SP, Brasil)

Minidicionário Moderna da língua portuguesa / organização da Editora; obra coletiva concebida, desenvolvida e produzida pela Editora; editora executiva Áurea Regina Kanashiro. -- São Paulo: Moderna, 2010.

1. Português - Dicionários I. Kanashiro, Áurea Regina.

10 - 06095   CDD - 469.3

Índices para catálogo sistemático:
1. Dicionários : Português   469.3

ISBN 978-85-16-06727-4

Reprodução proibida. Art. 184 do Código Penal e Lei 9.610 de 19 de fevereiro de 1998

Todos os direitos reservados

EDITORA MODERNA LTDA.
Rua Padre Adelino, 758 - Belenzinho
São Paulo - SP - Brasil - CEP 03303-904
Vendas e Atendimento: Tel. (0_ _11) 2790-1500
Fax (0_ _11) 2790-1501
www.moderna.com.br
2020
Impresso no Brasil

1 3 5 7 9 10 8 6 4 2

Sumário

Apresentação..5
Organização...7
Abreviaturas do minidicionário..............................11
Abreviaturas de siglas usuais..................................14
Regras de acentuação gráfica 21
Morfologia (dados básicos).....................................23
Classificação dos verbos 26
Modelos de conjugação verbal...............................28
Substantivos coletivos..39
Letras de A a Z 41

Apresentação

O *Minidicionário Moderna da língua portuguesa*, adequado ao novo Acordo Ortográfico, apresenta mais de 30.000 verbetes com separação silábica.

Além das definições, os verbetes apresentam plural das palavras compostas, som aberto ou fechado do **o** ou do **e**, diferentes sons do **x**. Apresentam também indicação de pronúncia nas formas de plural, nas palavras homógrafas e homófonas, nas palavras com **gue**, **gui**, **que** ou **qui**, com **u** pronunciado, assim como indicação de usos: expressões, sentido figurado, gíria.

Os verbos trazem indicação dos que são defectivos e irregulares, além das formas do particípio dos verbos abundantes. Os nomes dos elementos químicos são acompanhados de seus respectivos símbolos e números atômicos.

E mais: resumo gramatical, com classes de palavras, regras de acentuação, modelos de conjugação verbal e comentários sobre suas irregularidades; relação de abreviaturas e siglas e de substantivos coletivos.

Todas essas informações são apresentadas em linguagem simples e descomplicada, de maneira a facilitar a pesquisa e a leitura.

Organização

Para facilitar a pesquisa, o vocábulo do primeiro e o do último verbete de cada página aparecem em destaque no cabeço da página.

Os verbetes estão estruturados da seguinte forma:

1. Os vocábulos são apresentados em negrito e com divisão silábica. Os dois-pontos indicam a não obrigatoriedade de separação do ditongo.

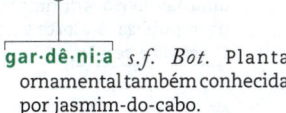

gar·dê·ni:a *s.f. Bot.* Planta ornamental também conhecida por jasmim-do-cabo.

2. Os diferentes sons do *x* são indicados entre parênteses, assim como o som aberto ou fechado do *o* e do *e*.

3. A classe gramatical do vocábulo vem indicada a seguir, em itálico.

4. Os números dentro dos verbetes indicam a entrada da explicação dos diferentes significados.

5. As palavras homógrafas homófonas de sentido diferente têm entrada independente e são numeradas.

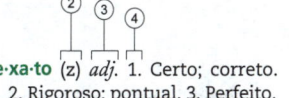

e·xa·to (z) *adj.* 1. Certo; correto. 2. Rigoroso; pontual. 3. Perfeito.

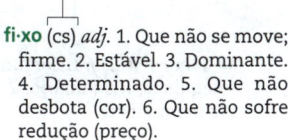

fi·xo (cs) *adj.* 1. Que não se move; firme. 2. Estável. 3. Dominante. 4. Determinado. 5. Que não desbota (cor). 6. Que não sofre redução (preço).

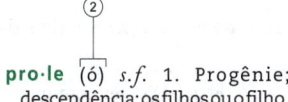

pro·le (ó) *s.f.* 1. Progênie; descendência; os filhos ou o filho. 2. *fig.* Sucessão.

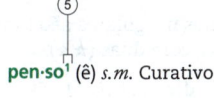

pen·so¹ (ê) *s.m.* Curativo.

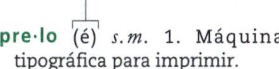

pre·lo (é) *s.m.* 1. Máquina tipográfica para imprimir.

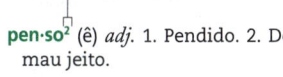

pen·so² (ê) *adj.* 1. Pendido. 2. De mau jeito.

6. Na explicação de uma palavra comumente confundida com outra(s), como cessão, seção e sessão, a indicação V. no final do verbete remete a essa(s) outra(s) palavra(s), para que o leitor perceba a diferença de significado existente entre elas.

ces·são *s.f.* Ato ou efeito de ceder; cedência. *V. seção e sessão.*

se·ção *s.f.* 1. Ação ou efeito de cortar. 2. Parte de um todo. 3. Divisão ou subdivisão de uma obra, de um tratado, etc. 4. Cada uma das divisões de uma repartição pública. 5. Corte vertical. *V. cessão e sessão.*

ses·são *s.f.* 1. Tempo durante o qual está reunida uma corporação deliberativa. 2. Tempo durante o qual funciona um congresso, uma junta, etc. 3. Período de funcionamento do parlamento em cada ano. 4. Cada um dos espetáculos que se repetem várias vezes ao dia, nos teatros ou cinemas. *V. cessão e seção.*

7. Quando a explicação de uma palavra remete a um significado específico de outra palavra, esse significado é indicado por um número entre parênteses.

ma·qui·na·ri·a (í) *s.f.* 1. Conjunto de máquinas; maquinário. 2. Arte de maquinista.

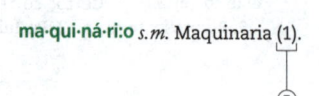

ma·qui·ná·ri:o *s.m.* Maquinaria (1).

8. Verbos irregulares são indicados com uma estrela (★) e verbos defectivos, com duas (★★).

a·cu·dir *v.t.d.* 1. Prestar socorro a. 2. Retrucar de pronto. *v.i.* 3. Sobrevir. 4. Ir em auxílio de alguém. *v.t.i.* 5. Ir em socorro, acorrer, dirigir-se. ★

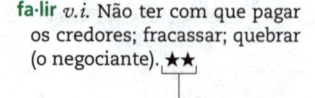

fa·lir *v.i.* Não ter com que pagar os credores; fracassar; quebrar (o negociante). ★★

9. Os verbos abundantes de uso mais corrente trazem as duas formas de particípio.

> **en·cher** *v.t.d.* 1. Ocupar. 2. Preencher; satisfazer; saciar. 3. Desempenhar. 4. Espalhar-se por. 5. *gír.* Apoquentar. *v.i.* 6. Tornar-se cheio gradualmente. *v.p.* 7. Tornar-se cheio; abarrotar-se; fartar-se. 8. *gír.* Cacetear-se. *Part.:* enchido e cheio.

10. Formas plurais de palavras compostas são apresentadas no final do verbete.

> **ca·bra-ce·ga** *s.f.* Brincadeira infantil em que um participante, com os olhos vendados, deve tentar pegar um dos outros. *Pl.:* cabras-cegas.

11. Palavras com *gue*, *gui*, *que* ou *qui* com *u* pronunciado trazem indicação de pronúncia.

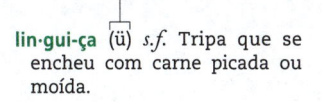

> **lin·gui·ça** (ü) *s.f.* Tripa que se encheu com carne picada ou moída.

12. Palavras que sofrem alteração fonética na forma plural trazem indicação de pronúncia.

> **gos·to·so** (ô) *adj.* 1. Saboroso. 2. Que dá gosto; que causa prazer; agradável. *Pl.:* gostosos (ó).

13. Locuções ou expressões derivadas da palavra principal encontram-se em negrito ao final da explicação.

> **jun·to** *adj.* 1. Contíguo; próximo. 2. Incluído. *loc. prep.* **Junto a**, **junto de**: perto de; próximo de; ao lado de.

14. Palavras de origem estrangeira são apresentadas em negrito e itálico, com a divisão silábica da língua em questão, a indicação da pronúncia (entre parênteses) e dessa mesma língua (em itálico e abreviada) na sequência.

> ***ped·i·gree*** (pedigrí) *Ingl.* *s.m.* Registro de uma linha de ancestrais animais (especialmente de cães, gatos ou cavalos); linhagem; genealogia.

Abreviaturas do minidicionário

abrev.	abreviatura	*caus.*	causal
adit.	aditiva	*Cer.*	Cerâmica
adj.	adjetivo (masc.)	*cf.*	confronte
adj.2gên.	adjetivo de dois gêneros	*Chin.*	Chinês
		Cir.	Cirurgia
adj.f.	adjetivo feminino	*Com.*	Comércio
adv.	advérbio, adverbial	*comp.*	comparativo(a)
advers.	adversativa	*concess.*	concessiva
Agric.	Agricultura	*cond.*	condicional
Al.	Alemão	*conj.*	conjunção, conjuntiva
Alq.	Alquimia	*consec.*	consecutiva
altern.	alternativa	*Constr.*	Construção
Anat.	Anatomia	*Cont.*	Contabilidade
ant.	antigo, antiquado	*contr.*	contração
antr.	antropônimo	*coord.*	coordenativa
Antrop.	Antropologia	*corrup.*	corruptela
Apic.	Apicultura	*Cristal.*	Cristalografia
aport.	aportuguesado, aportuguesamento	*Cron.*	Cronologia
		Cul.	Culinária
Arqueol.	Arqueologia	*defec.*	defectivo
Arquit.	Arquitetura	*dem.*	demonstrativo
art.def.	artigo definido	*deprec.*	depreciativo
art.indef.	artigo indefinido	*der.*	derivado, derivação
Astrol.	Astrologia	*Des.*	Desenho
Astron.	Astronomia	*desin.*	desinência
Astronáut.	Astronáutica	*Desp.*	Desportos
át.	átono	*desus.*	desusado
aum.	aumentativo	*dim.*	diminutivo
Autom.	Automobilismo	*Ecles.*	Eclesiástico
aux.	auxiliar	*Ecol.*	Ecologia
Bacter.	Bacteriologia	*Econ.*	Economia
Bel.-Art.	Belas-Artes	*Eletr.*	Eletricidade
Biol.	Biologia	*Eletrôn.*	Eletrônica
Bot.	Botânica	*Eng.*	Engenharia
burl.	burlesco	*Equit.*	Equitação
card.	cardinal	*escol.*	escolar
Carp.	Carpintaria	*Escult.*	Escultura

Esp.	Espanhol	*inf.*	infinitivo, infantil
espec.	especialmente	*infrm.joc.*	informal jocoso
Espir.	Espiritismo	*Ingl.*	Inglês
Etnol.	Etnologia	*integr.*	integrante
ex.	exemplo(s)	*interj.*	interjeição
expl.	explicativa	*irreg.*	irregular
expr.	expressão	*Ital.*	Italiano
fam.	familiar	*Jap.*	Japonês
Farm.	Farmacologia	*Jur.*	Jurídico
fem.	feminino	*Lat.*	Latim
fig.	figurado	*Linguíst.*	Linguística
Fil.	Filosofia	*Lit.*	Literatura
Filol.	Filologia	*Liturg.*	Liturgia
fin.	final	*loc.adj.*	locução adjetiva
Fís.	Física	*loc.adv.*	locução adverbial
Fisiol.	Fisiologia	*loc.conj.*	locução conjuntiva
flex.	flexão(ões)	*loc.interj.*	locução interjetiva
Fol.	Folclore	*loc.prep.*	locução prepositiva
Fon.	Fonética	*loc.pron.*	locução pronominal
Fot.	Fotografia	*loc.subst.*	locução substantiva
Fr.	francês	*Lóg.*	Lógica
Fut.	Futebol	*masc.*	masculino(a)
fut.	futuro	*Marcen.*	Marcenaria
gên.	gênero	*Mat.*	Matemática
Genét.	Genética	*Mec.*	Mecânica
Geog.	Geografia	*Med.*	Medicina
Geol.	Geologia	*Metal.*	Metalurgia
Geom.	Geometria	*Meteor.*	Meteorologia
ger.	gerúndio	*Metrol.*	Metrologia
gír.	gíria	*Mil.*	Militar
Gr.	grego	*Min.*	Mineralogia
Gram.	Gramática	*Mit.*	Mitologia
Hebr.	Hebraico	*mod.*	moderno
Heráld.	Heráldica	*m.-q.-perf.*	mais-que-perfeito
Hidrául.	Hidráulica	*Mús.*	Música
Hist.	História	*Náut.*	Náutica
imp.	imperativo	*neol.*	neologismo
imperf.	imperfeito	*num.*	numeral
impess.	impessoal	*Numis.*	Numismática
indic.	indicativo	*Ocult.*	Ocultismo
Inform.	Informática	*Odont.*	Odontologia

Ópt.	Óptica
or.	oração
Ornit.	Ornitologia
Paleont.	Paleontologia
Parapsic.	Parapsicologia
part.	particípio (passado)
part.exp.	partícula expletiva
Pec.	Pecuária
Pedag.	Pedagogia
pej.	pejorativo
perf.	perfeito
pess.	pessoal
p.ex.	por exemplo
Pint.	Pintura
pl.	plural
Poes.	Poesia
Polít.	Política
pop.	popular
por ext.	por extensão
Port.	Português, Portugal, lusitanismo
poss.	possessivo
pref.	prefixo
prep.	preposição
pres.	presente
pret.	pretérito
pron.apass.	pronome apassivador
pron.dem.	pronome demonstrativo
pron.indef.	pronome indefinido
pron.inter.	pronome interrogativo
pron.pess.	pronome pessoal
pron.pess.refl.	pronome pessoal reflexivo
pron.poss.	pronome possessivo
pron.rel.	pronome relativo
Psic.	Psicologia
Psican.	Psicanálise
Psiq.	Psiquiatria
Quím.	Química
red.	redução, reduzido(a)
Reg.	Regionalismo
Rel.	Religião
restr.	restritivo
s.2gên.	substantivo de dois gêneros
s.2.núm.	substantivo de dois números
s.f.	substantivo feminino
s.m.	substantivo masculino
Sociol.	Sociologia
subj.	subjuntivo
suf.	sufixo
sup.	superioridade
sup.abs.sint.	superlativo absoluto sintético
Taur.	Tauromaquia
Teat.	Teatro
temp.	temporal
Teol.	Teologia
Terat.	Teratologia
Tip.	Tipografia
top.	topônimo
us.	usado(a)
V.	veja
v.	verbo
var.	variante(s)
Veter.	Veterinária
v.i.	verbo intransitivo
v.l.	verbo de ligação
v.p.	verbo pronominal
v.r.	verbo reflexivo
v.t.d.	verbo transitivo direto
v.t.d. e i.	verbo transitivo direto e indireto
v.t.i.	verbo transitivo indireto
Zool.	Zoologia

Abreviaturas e siglas usuais

(a)	assinado
A., AA	autor, autores
Abert	Associação Brasileira de Emissoras de Rádio e TV
ABI	Associação Brasileira de Imprensa
ABL	Academia Brasileira de Letras
ABP	Associação Brasileira de Propaganda
a.C.	antes de Cristo
AC	Acre
A/C	ao(s) cuidado(s)
A.D.	*anno domini* (ano do Senhor)
Al.	Alameda
AL	Alagoas
Alca	Área de Livre Comércio das Américas
alm.	almirante
AM	Amazonas
Anatel	Agência Nacional de Telecomunicações
ANBID	Associação Nacional dos Bancos de Investimento
AP	Amapá
ap.	*apud* (em), apartamento
Av.	Avenida
BA	Bahia
Bacen	Banco Central (do Brasil)
B.[el]	Bacharel
BID	Banco Interamericano de Desenvolvimento
Bird	Banco Internacional de Reconstrução e Desenvolvimento, Banco Mundial (ONU)
BNDES	Banco Nacional de Desenvolvimento Econômico e Social
BR	Brasil
brig.	brigadeiro
c.	cento, cerca de
cap.	capitão, capítulo
card.	cardeal
CBF	Confederação Brasileira de Futebol
CBL	Câmara Brasileira do Livro
c/c	conta corrente
CDB	Certificado de Depósito Bancário
CE	Ceará
CEI	Comunidade dos Estados Independentes
cel.	coronel
cent.	centavo(s)
Cepal	Comissão Econômica para a América Latina e Caribe (ONU)
CGC	antigo Cadastro Geral de Contribuintes, hoje CNPJ
Cia.	companhia (comercial ou militar)
CIC	antigo Cartão de Identificação do Contribuinte, hoje CPF
cit.	citação, citado(a, os, as)

CLT	Consolidação das Leis do Trabalho	DD	Digníssimo
CMN	Conselho Monetário Nacional	DDD	Discagem Direta a Distância
CNBB	Conferência Nacional dos Bispos do Brasil	DDI	Discagem Direta Internacional
CNPJ	Cadastro Nacional de Pessoa Jurídica	dec.	decreto
Cód.	Código	Denit	Departamento Nacional de Infraestrutura de Transportes
Cofins	Contribuição para o Financiamento da Seguridade Social	Dentel	antigo Departamento Nacional de Telecomunicações, hoje Anatel
col.	coluna	DF	Distrito Federal
Col.	Colégio	DIEESE	Departamento Intersindical de Estatística e Estudos Socioeconômicos (da Ordem dos Economistas)
com.	comandante, comendador		
Comecon	Conselho de Mútua Assistência Econômica		
comp.	companhia (militar)	D.J.	Diário de Justiça da União
côn.	cônego	DNER	antigo Departamento Nacional de Estradas de Rodagem, hoje Denit
Concine	Conselho Nacional de Cinema		
cons.	conselheiro	doc.	documento
CPI	Comissão Parlamentar de Inquérito	DOU	Diário Oficial da União
CPF	Cadastro de Pessoas Físicas	Dr.[a]	Doutor(a)
CPLP	Comunidade dos Países de Língua Portuguesa	DST	Doença Sexualmente Transmissível
CPMF	Contribuição Provisória sobre Movimentação Financeira	DSV	Departamento de Operações do Sistema Viário
CVM	Conselho de Valores Mobiliários	DVD	*Digital Video Laser*
cx.	caixa (comercial)	dz.	dúzia(s)
D.	Dom, Dona	E	Leste, Este
		E.	editor
d.C., D.C.	depois de Cristo (Era Cristã)	ECT	Empresa Brasileira de Correios e Telégrafos

ed.	edição	FAB	Força Aérea Brasileira
e. g.	*exempli gratia* (por exemplo)	fac.	faculdade
E. M.	em mão(s)	FAF	Fundo de Aplicação Financeira
Em.ª	Eminência	FAO	*Food and Agriculture Organization of the United Nations* (Organização das Nações Unidas para a Agricultura e a Alimentação)
Embratel	Empresa Brasileira de Telecomunicações		
Embratur	Empresa Brasileira de Turismo		
Em.^{mo}	Eminentíssimo	fasc.	fascículo(s)
end. com.	endereço comercial	FEB	Força Expedicionária Brasileira
end. el.	endereço eletrônico		
end. res.	endereço residencial	FGV	Fundação Getúlio Vargas
ENE	Lés-Nordeste, És-Nordeste	Fida	Fundo Internacional de Desenvolvimento Agrícola (ONU)
Enem	Exame Nacional do Ensino Médio		
enf.	enfermeiro	Fiesp	Federação das Indústrias do Estado de São Paulo
eng.	engenheiro		
ES	Espírito Santo		
ESE	Lés-Sueste, És-Sudeste	Fipe	Fundação Instituto de Pesquisas Econômicas
Est.	Estado, estrada (toponimicamente)		
etc.	*et cetera* (e os outros; e assim por diante)	FMI	Fundo Monetário Internacional (ONU)
		FNS	Fundo Nacional de Saúde
EUA	Estados Unidos da América	Fr.	Frei
Euratom	*European Atomic Energy Comunity* (Comunidade Europeia de Energia Atômica)	Funai	Fundação Nacional do Índio
		gen.	general
		GMT	*Greenwich Meridian Time* (Hora do Meridiano de Greenwich)
ex.	exemplo(s)		
Ex.ª	Excelência		
Exmo	Excelentíssimo	GO	Goiás
f., fl., fls.	folha, folhas	hab.	habitante(s)
F.	Fulano	h. c.	*honoris causa* (por honra, honorariamente)

ib., ibid.	*ibidem* (no mesmo lugar)	IPTU	Imposto Predial e Territorial Urbano
Ibama	Instituto Brasileiro do Meio Ambiente e dos Recursos Naturais Renováveis	IPVA	Imposto sobre a Propriedade de Veículos Automotores
IBGE	Instituto Brasileiro de Geografia e Estatística	IR	Imposto de Renda
		IRPF	Imposto de Renda de Pessoa Física
Ibope	Instituto Brasileiro de Opinião Pública e Estatística	IRPJ	Imposto de Renda de Pessoa Jurídica
		lat.	latitude
Ibovespa	Índice da Bolsa de Valores de São Paulo	LDA	Lei dos Direitos Autorais
IBV	Índice da Bolsa de Valores	LDB	Lei de Diretrizes e Bases
id.	*idem* (o mesmo)	long.	longitude
i. e.	*id est* (isto é)	Ltda.	Limitada (comercialmente)
IGP	Índice Geral de Preços	MA	Maranhão
IHGB	Instituto Histórico e Geográfico Brasileiro	maj.	major
		MAM	Museu de Arte Moderna
Il.^{mo}	Ilustríssimo	MEC	Ministério da Educação e Cultura
INCC	Índice Nacional da Construção Civil		
INPC	Índice Nacional de Preços ao Consumidor	Mercosul	Mercado Comum do Sul
		MG	Minas Gerais
INSS	Instituto Nacional do Seguro Social	MM.	Meritíssimo
		Mons.	Monsenhor
IPA	Índice de Preços por Atacado	MS	Mato Grosso do Sul
Ipase	Instituto de Previdência e Assistência dos Servidores do Estado	MP	Ministério Público; medida provisória
		MT	Mato Grosso
		Mun.	Município
IPC	Índice de Preços ao Consumidor	N	Norte
IPCA	Índice de Preços ao Consumidor Ampliado	N.A.	nota do autor

Nafta	*North American Free Trade Agreement* (Acordo de Livre Comércio da América do Norte)	OMM	Organização Meteorológica Mundial (ONU)
N.B.	*nota bene* (note bem)	Ompi	Organização Mundial da Propriedade Intelectual (ONU)
NE	Nordeste	OMS	Organização Mundial da Saúde (ONU)
N.E.	nota do editor	ONG	Organização Não Governamental
NNE, NNO	Nor-Nordeste		
NNW	Nor-Noroeste	ONO, WNW	Oés-Noroeste
nº	número	ONU	Organização das Nações Unidas
NO, NW	Noroeste		
N. Obs.	*nihil obstat* (nada obsta)	op. cit.	*opus citum* (obra citada)
N.R.	nota da redação	Opep	Organização dos Países Exportadores de Petróleo
N.T.	nota do tradutor, Novo Testamento		
O, W	Oeste	OSO, WSW	Oés-Sudoeste
OAB	Ordem dos Advogados do Brasil	Otan	Organização do Tratado do Atlântico Norte
ob.	obra(s)		
ob. cit.	obra(s) citada(s)	p., pág(s).	página(s)
obs.	observação	PA	Pará
OCDE	Organização para Cooperação e Desenvolvimento Econômico	PB	Paraíba
		PCN	Parâmetros Curriculares Nacionais
OEA	Organização dos Estados Americanos	P. D.	pede deferimento
OIEA	Organismo Internacional de Energia Atômica (ONU)	pe.	Padre
		PE	Pernambuco
		p. ex.	por exemplo
OIT	Organização Internacional do Trabalho (ONU)	p. f.	próximo futuro
		pg.	pago
		PI	Piauí
OMC	Organização Mundial do Comércio	PIB	Produto Interno Bruto
		p. m.	*post meridiem* (depois do meio-dia)
OMI	Organização Marítima Internacional (ONU)	p. p.	próximo passado
		PR	Paraná

pres.	presidente
proc.	processo, procuração, procurador
prof.(a)	professor(a)
P. S.	*post scriptum* (pós-escrito)
Q. G.	quartel-general
R.	Rei, Rua
Rep.	República
Rev.	Revista
Rev., Rev.do	Reverendo
Rev.mo	Reverendíssimo
RG	Registro Geral (Cédula de Identidade)
RJ	Rio de Janeiro
RN	Rio Grande do Norte
RNA	*ribonucleic acid* (ácido ribonucleico)
RO	Rondônia
RR	Roraima
RS	Rio Grande do Sul
R$	símbolo (real) usado antes de número indicativo de importância, no sistema monetário brasileiro
S	Sul
S.	São, Santo ou Santa
S.A.	Sociedade Anônima, Sua Alteza
sac.	sacerdote
sarg.	sargento
SC	Santa Catarina
s.d.	sem data
SE	Sergipe, Sueste e Sudeste
séc.	século
secr.	secretário
seg(s).	seguinte(s)
sem.	semana(s), semestre(s)
S. Em.a	Sua Eminência
S. Ex.a	Sua Excelência
S. Ex. Rev.ma	Sua Excelência Reverendíssima
SFH	Sistema Financeiro da Habitação
SO, SW	Sudoeste
Soc.	Sociedade
Sor.	Soror
S.O.S.	Pedido de socorro; sigla de *save our soul* (salve(m) nossa(s) alma(s))
SP	São Paulo
S.P.	Santo Padre
SPC	Serviço de Proteção ao Crédito
Sr.a	Senhora(s)
Sr(s).	Senhor(es)
S. Rev.a	Sua Reverência
S. Rev.ma	Sua Reverendíssima
Sr.ta	Senhorita
SS	Santíssimo(a)
S. S.a	Sua Santidade, Sua Senhoria
SSE	Su-Sueste, Su-Sudeste
SSO, SSW	Su-Sudoeste
STF	Supremo Tribunal Federal
STJ	Superior Tribunal de Justiça
STM	Superior Tribunal Militar
Sudam	Superintendência do Desenvolvimento da Amazônia

Sudene	Superintendência do Desenvolvimento do Nordeste	Unicef	*United Nations Children's Fund* (Fundo das Nações Unidas para a Infância)
Sudepe	Superintendência do Desenvolvimento da Pesca		
supl.	suplemento	Univ.	Universidade
SUS	Sistema Único de Saúde	UPC	Unidade Padrão de Capital
t.	termo(s), tomo(s)	UPU	União Postal Universal
TBF	Taxa Básica Financeira	USA	*United States of America* (Estados Unidos da América)
tel.	telefone		
ten., tte.	tenente	v.	*vide* (veja), vosso(a, os, as)
tes.	tesoureiro		
tít.	título	V. A.	Vossa Alteza
TO	Tocantins	v.-alm.	vice-almirante
TR	Taxa Referencial	V. Em.ª	Vossa Eminência
trad.	tradução	vet.	veterinário
Trav.	Travessa	V. Ex.ª	Vossa Excelência
TRE	Tribunal Regional Eleitoral	v. g.	*verbi gratia* (por exemplo)
trim.	trimestre(s)	Vig.	Vigário
TRT	Tribunal Regional do Trabalho	V. Il.ma	Vossa Ilustríssima
TSE	Tribunal Superior Eleitoral	vol(s).	volume(s)
TST	Tribunal Superior do Trabalho	V. Rev.ª	Vossa Reverência
		V. Rev.ma	Vossa Reverendíssima
UE	União Europeia	V. S.ª	Vossa Senhoria
UIT	União Internacional de Telecomunicações	V. T.	Velho Testamento
UN	*United Nations* (Nações Unidas)	V., V.ª	Vila (toponimicamente)
Unesco	*United Nations Educational, Scientific and Cultural Organization* (Organização das Nações Unidas para a Educação, a Ciência e a Cultura)	W. C.	*watercloset* (sanitário)
		X, Y, Z, XYZ	Abreviatura com que se omite um nome

Regras de acentuação gráfica

De acordo com a posição (antepenúltima, penúltima ou última) da sílaba tônica, as palavras podem ser *proparoxítonas*, *paroxítonas* ou *oxítonas*.
Acentuam-se:

1. as proparoxítonas, inclusive as chamadas proparoxítonas aparentes (que também podem se realizar como ditongos crescentes).

   Exs.: informática, lâmpada, curtíssimo, história, lírio, boêmia, estádio, água.

2. as paroxítonas terminadas em:
   - ão(s), ã(s) — bênção(s), ímã(s);
   - i(s) — júri(s), grátis;
   - um(ns) — álbum(ns), fórum(ns);
   - us — vírus, ônus;
   - on(s) — próton(s);
   - ps — bíceps, fórceps;
   - r, x, n, l — dólar, tórax, hífen, ágil.

Observações:

a) o plural da palavra *hífen* (hifens) não recebe acento gráfico, assim como o plural da palavra *caráter* (caracteres).

b) os prefixos paroxítonos não recebem acento gráfico, mesmo se enquadrados nas regras. São acentuados apenas quando empregados como substantivos.

   Exs.: A *maxi* foi alta este mês. (maxidesvalorização)

   Aquela *múlti* investe em funcionários jovens. (multinacional)

3. as oxítonas terminadas em:
   - a(s) — babá(s), vatapá(s), chá(s), pá(s);
   - e(s) — café(s), bebê(s), fé(s), pé(s), dê(s);
   - o(s) — após, maiô(s), pó(s), só(s), vô(s);
   - em, ens — ninguém, parabéns.

Observação: as oxítonas terminadas em *i* ou *u* não recebem acento gráfico.
Exs.: urubu, Embu.

4. as oxítonas terminadas em ditongos abertos:
   - éu(s) — troféu(s), céu(s)
   - ói(s) — herói(s)
   - éi(s) — papéis

5. o i e o u tônicos dos hiatos sozinhos ou seguidos de *s*.

   Exs.: jesuíta, baú(s).

   Observação: não se acentuam o i e o u tônicos dos hiatos seguidos de l, m, n, r e z que não iniciam sílabas e também seguidos de *nh*.

   Exs.: Raul, tuim, ruir, juiz, raiz, rainha, redemoinho.

6. algumas palavras homógrafas (acento diferencial):
   - *têm* (v. ter, 3ª pessoa pl., pres.);
   - *pôde* (v. poder, pret.);
   - *pôr* (v.);
   - *quê* (s. m.);
   - *porquê* (s. m.).

Morfologia (dados básicos)
Classificação das palavras

1. Substantivo

Classificação
- comum e próprio
- concreto e abstrato
- coletivo

Formação
- primitivo e derivado
- simples e composto

Flexão
- gênero (masculino e feminino, epiceno, comum de 2 gêneros, sobrecomum)
- número (singular e plural)
- grau (aumentativo e diminutivo)

2. Artigo

Classificação
- definido e indefinido

Flexão
- gênero (masculino e feminino)
- número (singular e plural)

3. Adjetivo

Classificação
- primitivo e derivado
- simples e composto

Flexão
- gênero (masculino e feminino)
- número (singular e plural)
- grau (comparativo e superlativo)

Locução adjetiva
4. Pronome

Classificação
- pessoal (reto e oblíquo)
- de tratamento
- possessivo
- demonstrativo
- indefinido
- interrogativo
- relativo

Flexão
- gênero (masculino e feminino)
- número (singular e plural)
- pessoa (1ª, 2ª, 3ª)

Locução pronominal

Observação: pronomes substantivos substituem o substantivo; pronomes adjetivos acompanham o substantivo.

5. Numeral

Classificação
- ordinal
- cardinal
- multiplicativo
- fracionário

Flexão
- gênero (masculino e feminino)
- número (singular e plural)

6. Verbo

Classificação
- regular
- irregular
- anômalo
- defectivo
- abundante
- auxiliar

Conjugações
- 1ª — terminação em *ar*
- 2ª — terminação em *er*
- 3ª — terminação em ir

Formação dos tempos
- primitivo e derivado
- simples e composto

Flexão
- modos (indicativo, subjuntivo, imperativo)
- formas nominais (infinitivo, gerúndio, particípio)
- tempos (presente, pretérito perfeito, imperfeito, mais-que-perfeito, futuro do presente, futuro do pretérito)
- número (singular e plural)
- pessoas (1ª, 2ª, 3ª)
- vozes (ativa, passiva, reflexiva)

Locução verbal

7. Advérbio

Classificação
- lugar
- tempo
- modo
- negação
- intensidade
- afirmação
- causa

Flexão
- grau (comparativo, superlativo e diminutivo)

Locução adverbial
8. Preposição
Classificação
- essenciais e acidentais
- combinação
- contratação

Locução prepositiva
9. Conjunção
Coordenativa
- aditiva
- adversativa
- alternativa
- conclusiva
- explicativa

Subordinativa
- integrante (substantiva)
- causal (adverbial)
- comparativa (adverbial)
- concessiva (adverbial)
- condicional (adverbial)
- consecutiva (adverbial)
- final (adverbial)
- temporal (adverbial)
- proporcional (adverbial)
- conformativa (adverbial)

Locução conjuntiva
10. Interjeição
Locução interjetiva

Classificação dos verbos

1. Verbo regular — não sofre alteração no radical nem nas desinências e segue um modelo de conjugação.

Observação: os verbos *falar* (1ª conjugação), *vender* (2ª conjugação) e *partir* (3ª conjugação) podem ser usados como modelo para conjugar os verbos regulares. Veja conjugação completa desses verbos, a seguir, nas páginas 28 a 30.

2. Verbo irregular — sofre alteração no radical ou nas desinências.
Exemplos:

fazer — faço, fazes, faz, fazemos, fazeis, fazem;

poder — posso, podes, pode, podemos, podeis, podem;

ouvir — ouço, ouves, ouve, ouvimos, ouvis, ouvem.

Veja conjugação completa desses verbos nas páginas 31 a 33.

3. Verbo auxiliar e verbo anômalo — os verbos *ser*, *estar*, *ter*, *haver* e *ir* são auxiliares quando aparecem com os verbos principais nas locuções verbais. Dois desses verbos recebem a denominação de anômalos: os verbos *ser* e *ir*, pelas profundas alterações que sofrem no radical. Veja conjugação completa desses verbos nas páginas 34 a 38.

4. Verbo defectivo — não é conjugado em todos os tempos, modos ou pessoas. Exemplos:

- *falir, florir, fornir, garrir, reaver, precaver(-se)* — no presente do indicativo, têm apenas a 1ª e a 2ª pessoa do plural; no imperativo afirmativo, têm apenas a 2ª pessoa do plural; não se conjugam no imperativo negativo nem no presente do subjuntivo; nos demais tempos, são conjugados normalmente.
- *concernir, grassar, prazer, doer* — conjugados apenas na 3ª pessoa do singular e na 3ª pessoa do plural em todos os tempos e modos.

Observação: quando necessário, emprega-se a forma de um verbo sinônimo no lugar das pessoas inexistentes.

5. Verbo abundante — tem forma dupla (uma regular e outra irregular), em geral no particípio. As formas de particípio regulares são conjugadas com os verbos *ter* e *haver* e as irregulares, com os verbos *ser* e *estar*.

	Com *ter* e *haver*	Com *ser* e *estar*
aceitar	aceitado	aceito
entregar	entregado	entregue
enxugar	enxugado	enxuto
ganhar	ganhado	ganho
limpar	limpado	limpo
salvar	salvado	salvo
segurar	segurado	seguro
acender	acendido	aceso
eleger	elegido	eleito
prender	prendido	preso
suspender	suspendido	suspenso
concluir	concluído	concluso
exprimir	exprimido	expresso
imprimir	imprimido	impresso
omitir	omitido	omisso
suprimir	suprimido	supresso

Modelos de conjugação verbal

Falar

Indicativo

Presente	Imperfeito	Perfeito
falo	falava	falei
falas	falavas	falaste
fala	falava	falou
falamos	falávamos	falamos
falais	faláveis	falastes
falam	falavam	falaram

Mais-que-perfeito	Fut. do presente	Fut. do pretérito
falara	falarei	falaria
falaras	falarás	falarias
falara	falará	falaria
faláramos	falaremos	falaríamos
faláreis	falareis	falaríeis
falaram	falarão	falariam

Subjuntivo

Presente	Imperfeito	Futuro
fale	falasse	falar
fales	falasses	falares
fale	falasse	falar
falemos	falássemos	falarmos
faleis	falásseis	falardes
falem	falassem	falarem

Imperativo

afirmativo	negativo
–	–
fala (tu)	não fales (tu)
fale (você)	não fale (você)
falemos (nós)	não falemos (nós)
falai (vós)	não faleis (vós)
falem (vocês)	não falem (vocês)

Formas nominais

Gerúndio: falando
Particípio: falado
Infinitivo impessoal: falar
Infinitivo pessoal:
falar (eu)   falarmos (nós)
falares (tu)   falardes (vós)
falar (ele)   falarem (eles)

Vender

Indicativo

Presente	Imperfeito	Perfeito
vendo	vendia	vendi
vendes	vendias	vendeste
vende	vendia	vendeu
vendemos	vendíamos	vendemos
vendeis	vendíeis	vendestes
vendem	vendiam	venderam

Mais-que-perfeito	Fut. do presente	Fut. do pretérito
vendera	venderei	venderia
venderas	venderás	venderias
vendera	venderá	venderia
vendêramos	venderemos	venderíamos
vendêreis	vendereis	venderíeis
venderam	venderão	venderiam

Subjuntivo

Presente	Imperfeito	Futuro
venda	vendesse	vender
vendas	vendesses	venderes
venda	vendesse	vender
vendamos	vendêssemos	vendermos
vendais	vendêsseis	venderdes
vendam	vendessem	venderem

Imperativo

afirmativo	negativo
–	–
vende (tu)	não vendas (tu)
venda (você)	não venda (você)
vendamos (nós)	não vendamos (nós)
vendei (vós)	não vendais (vós)
vendam (vocês)	não vendam (vocês)

Formas nominais

Gerúndio: vendendo
Particípio: vendido
Infinitivo impessoal: vender
Infinitivo pessoal:
vender (eu)
venderes (tu)
vender (ele)
vendermos (nós)
venderdes (vós)
venderem (eles)

Partir

Indicativo

Presente	Imperfeito	Perfeito
parto	partia	parti
partes	partias	partiste
parte	partia	partiu
partimos	partíamos	partimos
partis	partíeis	partistes
partem	partiam	partiram

Mais-que-perfeito	Fut. do presente	Fut. do pretérito
partira	partirei	partiria
partiras	partirás	partirias
partira	partirá	partiria
partíramos	partiremos	partiríamos
partíreis	partireis	partiríeis
partiram	partirão	partiriam

Subjuntivo

Presente	Imperfeito	Futuro
parta	partisse	partir
partas	partisses	partires
parta	partisse	partir
partamos	partíssemos	partirmos
partais	partísseis	partirdes
partam	partissem	partirem

Imperativo

afirmativo	negativo
–	–
parte (tu)	não partas (tu)
parta (você)	não parta (você)
partamos (nós)	não partamos (nós)
parti (vós)	não partais (vós)
partam (vocês)	não partam (vocês)

Formas nominais

Gerúndio: partindo
Particípio: partido
Infinitivo impessoal: partir
Infinitivo pessoal:
partir (eu)
partires (tu)
partir (ele)
partirmos (nós)
partirdes (vós)
partirem (eles)

Fazer

Indicativo

Presente	Imperfeito	Perfeito
faço	fazia	fiz
fazes	fazias	fizeste
faz	fazia	fez
fazemos	fazíamos	fizemos
fazeis	fazíeis	fizestes
fazem	faziam	fizeram

Mais-que-perfeito	Fut. do presente	Fut. do pretérito
fizera	farei	faria
fizeras	farás	farias
fizera	fará	faria
fizéramos	faremos	faríamos
fizéreis	fareis	faríeis
fizeram	farão	fariam

Subjuntivo

Presente	Imperfeito	Futuro
faça	fizesse	fizer
faças	fizesses	fizeres
faça	fizesse	fizer
façamos	fizéssemos	fizermos
façais	fizésseis	fizerdes
façam	fizessem	fizerem

Imperativo

afirmativo
- –
- faz / faze (tu)
- faça (você)
- façamos (nós)
- fazei (vós)
- façam (vocês)

negativo
- –
- não faças (tu)
- não faça (você)
- não façamos (nós)
- não façais (vós)
- não façam (vocês)

Formas nominais

Gerúndio: fazendo
Particípio: feito
Infinitivo impessoal: fazer
Infinitivo pessoal:
- fazer (eu)
- fazeres (tu)
- fazer (ele)
- fazermos (nós)
- fazerdes (vós)
- fazerem (eles)

Poder

Indicativo

Presente	Imperfeito	Perfeito
posso	podia	pude
podes	podias	pudeste
pode	podia	pôde
podemos	podíamos	pudemos
podeis	podíeis	pudestes
podem	podiam	puderam

Mais-que-perfeito	Fut. do presente	Fut. do pretérito
pudera	poderei	poderia
puderas	poderás	poderias
pudera	poderá	poderia
pudéramos	poderemos	poderíamos
pudéreis	podereis	poderíeis
puderam	poderão	poderiam

Subjuntivo

Presente	Imperfeito	Futuro
possa	pudesse	puder
possas	pudesses	puderes
possa	pudesse	puder
possamos	pudéssemos	pudermos
possais	pudésseis	puderdes
possam	pudessem	puderem

Imperativo

afirmativo	negativo
–	–
pode (tu)	não possas (tu)
possa (você)	não possa (você)
possamos (nós)	não possamos (nós)
podei (vós)	não possais (vós)
possam (vocês)	não possam (vocês)

Formas nominais

Gerúndio: podendo
Particípio: podido
Infinitivo impessoal: poder
Infinitivo pessoal:
poder (eu)
poderes (tu)
poder (ele)
podermos (nós)
poderdes (vós)
poderem (eles)

Ouvir

Indicativo

Presente	Imperfeito	Perfeito
ouço	ouvia	ouvi
ouves	ouvias	ouviste
ouve	ouvia	ouviu
ouvimos	ouvíamos	ouvimos
ouvis	ouvíeis	ouvistes
ouvem	ouviam	ouviram

Mais-que-perfeito	Fut. do presente	Fut. do pretérito
ouvira	ouvirei	ouviria
ouviras	ouvirás	ouvirias
ouvira	ouvirá	ouviria
ouvíramos	ouviremos	ouviríamos
ouvíreis	ouvireis	ouviríeis
ouviram	ouvirão	ouviriam

Subjuntivo

Presente	Imperfeito	Futuro
ouça	ouvisse	ouvir
ouças	ouvisses	ouvires
ouça	ouvisse	ouvir
ouçamos	ouvíssemos	ouvirmos
ouçais	ouvísseis	ouvirdes
ouçam	ouvissem	ouvirem

Imperativo

afirmativo	negativo
–	–
ouve (tu)	não ouças (tu)
ouça (você)	não ouça (você)
ouçamos (nós)	não ouçamos (nós)
ouvi (vós)	não ouçais (vós)
ouçam (vocês)	não ouçam (vocês)

Formas nominais

Gerúndio: ouvindo
Particípio: ouvido
Infinitivo impessoal: ouvir
Infinitivo pessoal:
ouvir (eu)
ouvires (tu)
ouvir (ele)
ouvirmos (nós)
ouvirdes (vós)
ouvirem (eles)

Ser

Indicativo

Presente	Imperfeito	Perfeito
sou	era	fui
és	eras	foste
é	era	foi
somos	éramos	fomos
sois	éreis	fostes
são	eram	foram

Mais-que-perfeito	Fut. do presente	Fut. do pretérito
fora	serei	seria
foras	serás	serias
fora	será	seria
fôramos	seremos	seríamos
fôreis	sereis	seríeis
foram	serão	seriam

Subjuntivo

Presente	Imperfeito	Futuro
seja	fosse	for
sejas	fosses	fores
seja	fosse	for
sejamos	fôssemos	formos
sejais	fôsseis	fordes
sejam	fossem	forem

Imperativo

afirmativo	negativo
–	–
sê (tu)	não sejas (tu)
seja (você)	não seja (você)
sejamos (nós)	não sejamos (nós)
sede (vós)	não sejais (vós)
sejam (vocês)	não sejam (vocês)

Formas nominais

Gerúndio: sendo
Particípio: sido
Infinitivo impessoal: ser
Infinitivo pessoal:
ser (eu)
seres (tu)
ser (ele)
sermos (nós)
serdes (vós)
serem (eles)

Estar

Indicativo

Presente	Imperfeito	Perfeito
estou	estava	estive
estás	estavas	estiveste
está	estava	esteve
estamos	estávamos	estivemos
estais	estáveis	estivestes
estão	estavam	estiveram

Mais-que-perfeito	Fut. do presente	Fut. do pretérito
estivera	estarei	estaria
estiveras	estarás	estarias
estivera	estará	estaria
estivéramos	estaremos	estaríamos
estivéreis	estareis	estaríeis
estiveram	estarão	estariam

Subjuntivo

Presente	Imperfeito	Futuro
esteja	estivesse	estiver
estejas	estivesses	estiveres
esteja	estivesse	estiver
estejamos	estivéssemos	estivermos
estejais	estivésseis	estiverdes
estejam	estivessem	estiverem

Imperativo

afirmativo	negativo
–	–
está (tu)	não estejas (tu)
esteja (você)	não esteja (você)
estejamos (nós)	não estejamos (nós)
estai (vós)	não estejais (vós)
estejam (vocês)	não estejam (vocês)

Formas nominais

Gerúndio: estando
Particípio: estado
Infinitivo impessoal: estar
Infinitivo pessoal:
estar (eu)
estares (tu)
estar (ele)
estarmos (nós)
estardes (vós)
estarem (eles)

Ter

Indicativo

Presente	Imperfeito	Perfeito
tenho	tinha	tive
tens	tinhas	tiveste
tem	tinha	teve
temos	tínhamos	tivemos
tendes	tínheis	tivestes
têm	tinham	tiveram

Mais-que-perfeito	Fut. do presente	Fut. do pretérito
tivera	terei	teria
tiveras	terás	terias
tivera	terá	teria
tivéramos	teremos	teríamos
tivéreis	tereis	teríeis
tiveram	terão	teriam

Subjuntivo

Presente	Imperfeito	Futuro
tenha	tivesse	tiver
tenhas	tivesses	tiveres
tenha	tivesse	tiver
tenhamos	tivéssemos	tivermos
tenhais	tivésseis	tiverdes
tenham	tivessem	tiverem

Imperativo

afirmativo	negativo
–	–
tem (tu)	não tenhas (tu)
tenha (você)	não tenha (você)
tenhamos (nós)	não tenhamos (nós)
tende (vós)	não tenhais (vós)
tenham (vocês)	não tenham (vocês)

Formas nominais

Gerúndio: tendo
Particípio: tido
Infinitivo impessoal: ter
Infinitivo pessoal:
ter (eu)
teres (tu)
ter (ele)
termos (nós)
terdes (vós)
terem (eles)

Haver

Indicativo

Presente	Imperfeito	Perfeito
hei	havia	houve
hás	havias	houveste
há	havia	houve
havemos	havíamos	houvemos
haveis	havíeis	houvestes
hão	haviam	houveram

Mais-que-perfeito	Fut. do presente	Fut. do pretérito
houvera	haverei	haveria
houveras	haverás	haverias
houvera	haverá	haveria
houvéramos	haveremos	haveríamos
houvéreis	havereis	haveríeis
houveram	haverão	haveriam

Subjuntivo

Presente	Imperfeito	Futuro
haja	houvesse	houver
hajas	houvesses	houveres
haja	houvesse	houver
hajamos	houvéssemos	houvermos
hajais	houvésseis	houverdes
hajam	houvessem	houverem

Imperativo

afirmativo
–
há (tu)
haja (você)
hajamos (nós)
havei (vós)
hajam (vocês)

negativo
–
não hajas (tu)
não haja (você)
não hajamos (nós)
não hajais (vós)
não hajam (vocês)

Formas nominais

Gerúndio: havendo
Particípio: havido
Infinitivo impessoal: haver
Infinitivo pessoal:
haver (eu)
haveres (tu)
haver (ele)
havermos (nós)
haverdes (vós)
haverem (eles)

Ir

Indicativo

Presente	Imperfeito	Perfeito
vou	ia	fui
vais	ias	foste
vai	ia	foi
vamos	íamos	fomos
ides	íeis	fostes
vão	iam	foram

Mais-que-perfeito	Fut. do presente	Fut. do pretérito
fora	irei	iria
foras	irás	irias
fora	irá	iria
fôramos	iremos	iríamos
fôreis	ireis	iríeis
foram	irão	iriam

Subjuntivo

Presente	Imperfeito	Futuro
vá	fosse	for
vás	fosses	fores
vá	fosse	for
vamos	fôssemos	formos
vades	fôsseis	fordes
vão	fossem	forem

Imperativo

afirmativo	negativo
–	–
vai (tu)	não vás (tu)
vá (você)	não vá (você)
vamos (nós)	não vamos (nós)
ide (vós)	não vades (vós)
vão (vocês)	não vão (vocês)

Formas nominais

Gerúndio: indo
Particípio: ido
Infinitivo impessoal: ir
Infinitivo pessoal:
ir (eu)
ires (tu)
ir (ele)
irmos (nós)
irdes (vós)
irem (eles)

Substantivos coletivos

acervo: bens, obras de arte
alcateia: lobos
antologia: trechos escolhidos
aparelho: peças, órgãos
armada: navios de guerra
arquipélago: ilhas
assembleia: pessoas, professores
atlas: cartas geográficas
banda: músicos
bando: pessoas, animais
biblioteca: livros
biênio: dois anos
bimestre: dois meses
cabido: cônegos
cáfila: camelos
camarilha: exploradores, ladrões, velhacos
cambada: malandros
caravana: viajantes, mercadores
cardume: peixes
claque: pessoas pagas para aplaudir ou vaiar
clientela: clientes
colégio: eleitores, alunos, membros de uma corporação
coletânea: trechos selecionados
colmeia: abelhas
comissão: pessoas encarregadas de tratar de um assunto
concílio: prelados, deuses
conclave: cardeais para eleger o papa
congresso: diplomatas, parlamentares, cientistas, professores
constelação: estrelas
cordilheira: montanhas
coro: cantores, instrumentos musicais
cortejo: acompanhantes em comitiva, em séquito, em procissão.
cortiço: casas ou compartimentos paupérrimos e sujos
década, decênio: dez anos
dicionário: vocábulos de uma língua
discoteca: discos
elenco: atores
enxame: abelhas
esquadra: navios de guerra
esquadrilha: aviões
fauna: animais de uma região
flora: plantas de uma região
hemeroteca: jornais, revistas
horda: bárbaros, vândalos
hoste: soldados, soldados inimigos
iconoteca: imagens, quadros
infantaria: soldados a pé
lote: coisas, animais
lustro: cinco anos
malta: ladrões, vagabundos
manada: gado graúdo
mapoteca: mapas (cartas geográficas)
matilha: malandros, canalhas, cães
milênio: mil anos
molho (ó): chaves, coisas em feixes
multidão: pessoas
novena: nove dias
nuvem: gafanhotos, insetos
orquestra: músicos, cantores
partida: porção de coisas

pelotão: soldados que compõem parte de uma companhia
penca: flores, frutos
pinacoteca: pinturas
plateia: espectadores
plêiade: homens, poetas célebres
quadra: série de quatro
quarentena: quarenta dias
quarteto: quatro pessoas
quinquênio: cinco anos
quinteto: cinco pessoas
rebanho: ovelhas, paroquianos
renque: colunas, árvores
repertório: notícias, músicas anedotas
resma: 500 folhas de papel
réstia: cebolas, alhos
revoada: aves em voo
rol: relação de peças, de utensílios
século: cem anos
sextilha: seis versos
súcia: vagabundos, malandros
terceto: três pessoas, três versos
terno: três coisas
trezena: treze dias
tribo: pessoas da mesma família, da mesma raça
tríduo: três dias
triênio: três anos
trinca: três coisas análogas
trindade: três pessoas
tropa: soldados, animais
turba: muitas pessoas
turma: pessoas afins
vara: porcos

A a

a¹ *s.m.* 1. Primeira letra do alfabeto. *num.* 2. O primeiro numa série indicada por letras.

a² *s.m.* Com ponto, é *abrev.* de arroba(s).

a³ *s.m.* Entre parênteses, é *abrev.* de assinado.

a⁴ *prep.* Exprime variadas relações: movimento, tempo, fim, distância, meio, extensão, modo, preço, etc.

A *s.m.* Com ponto, é *abrev.* de Autor. *Pl.*: AA.

à¹ *contr. Prep.* **a** com o *art. def.* **a**.

à² *contr. Prep.* **a** com o *pron. dem.* **a**.

a·ba *s.f.* 1. Rebordo de chapéu. 2. Parte inferior que pende de certas peças do vestuário. 3. Sopé, base de monte ou serra. 4. Carne da costela inferior do boi. 5. *fig.* Proteção, abrigo.

a·ba·ca·te *s.m.* Fruto comestível do abacateiro.

a·ba·ca·tei·ro *s.m. Bot.* Árvore da família das lauráceas.

a·ba·ca·xi (ch) *s.m.* 1. *Bot.* Planta da família das bromeliáceas. 2. O fruto dessa planta. 3. *gír.* Tudo aquilo que é complicado e difícil.

a·ba·ci·al *s.m.* Relativo a abade, a abadessa ou abadia.

á·ba·co *s.m.* Prancheta provida de fios paralelos em que deslizam bolas móveis, usada para calcular.

a·ba·de *s.m.* Superior de abadia ou de ordem religiosa. *Fem.*: abadessa (ê).

a·ba·di·a *s.f.* Mosteiro dirigido por abade ou abadessa.

a·ba·fa·di·ço *adj.* Sufocante.

a·ba·fa·do *adj.* 1. Em que não circula ar; sufocante. 2. Que não se divulgou. 3. Reprimido. 4. Aflito, agoniado.

a·ba·fa·dor *adj.* 1. Que abafa, abafante. *s.m.* 2. Peça destinada a amortecer a vibração dos sons, em certos instrumentos.

a·ba·fa·men·to *s.m.* 1. Ato ou efeito de abafar. 2. Furto.

a·ba·fan·te *adj.2gên.* Que abafa; sufocante.

a·ba·far *v.t.d.* 1. Cobrir para conservar o calor. 2. Sufocar, asfixiar. 3. Amortecer (som). 4. Impedir a divulgação; ocultar. 5. Furtar. *v.i.* 6. Não poder respirar. 7. Ficar em situação superior.

a·bai·xar (ch) *v.t.d.* 1. Tornar baixo. 2. Diminuir (altura, preço, etc.). 3. Reprimir. 4. Aviltar, humilhar. *v.p.* 5. Curvar-se. 6. Rebaixar-se, humilhar-se.

a·bai·xo (ch) *adv.* 1. Em posição inferior. *interj.* 2. Voz de reprovação, grito de revolta.

a·bai·xo-as·si·na·do (ch) *s.m.* Petição assinada por diversas pessoas. *Pl.:* abaixo-assinados.

a·ba·jur *s.m.* Peça que protege os olhos da luz, ou dirige a claridade a determinado ponto.

a·ba·la·da *s.f.* 1. Ato de abalar-se. 2. Correria.

a·ba·la·do *adj.* 1. Que perdeu a solidez ou firmeza. 2. *fig.* Comovido. 3. Chocado, ofendido, melindrado.

a·ba·lan·çar-se *v.p.* Arrojar-se, atrever-se.

a·ba·lar *v.t.d.* 1. Tirar ou diminuir a solidez. 2. Enternecer, comover. *v.i.* 3. Retirar-se apressadamente, fugir. *v.p.* 4. Perder a firmeza. 5. Prostrar-se, abater-se.

a·ba·li·za·do *adj.* De grande competência; notável.

a·ba·lo *s.m.* 1. Ato ou efeito de abalar. 2. Tremor de terra. 3. Comoção.

a·bal·ro·a·men·to *s.m.* 1. Ato ou efeito de abalroar. 2. Choque violento de dois veículos; colisão.

a·bal·ro·ar *v.t.d.* 1. Chocar-se (um navio ou veículo com outro). 2. Acometer com violência. *v.i.* 3. Ir de encontro.

a·ba·na·dor *s.m.* 1. O que abana. 2. Abano.

a·ba·nar *v.t.d.* 1. Refrescar com abano. *v.p.* 2. Refrescar-se com abano, com leque.

a·ban·car *v.i.* e *v.p.* Sentar(-se), pôr (-se) à mesa.

a·ban·da·lhar *v.t.d.* 1. Tornar bandalho, desprezível. *v.p.* 2. Tornar-se bandalho, dar-se ao desprezo.

a·ban·do·na·do *adj.* 1. Desamparado. 2. Desprezado, largado.

a·ban·do·nar *v.t.d.* 1. Desamparar. 2. Deixar; renunciar a. *v.p.* 3. Entregar-se.

a·ban·do·no *s.m.* Ato ou efeito de abandonar.

a·ba·no *s.m.* Objeto em forma de leque que se usa para abanar ou para atiçar o fogo.

a·ba·rá *s.m. Cul.* Bolinho de feijão temperado com pimenta e cozido em azeite de dendê.

a·bar·car *v.t.d.* 1. Abranger, cingir, envolver, abraçar. 2. Conseguir, obter. 3. Compreender, entender. 4. Monopolizar.

a·bar·ro·tar *v.t.d.* 1. Encher, cobrir. *v.p.* 2. Encher-se.

a·bas·ta·do *adj.* Rico, farto, dono de muitos bens.

a·bas·tan·ça *s.f.* Riqueza, abundância.

a·bas·tar·da·do *adj.* Degenerado, corrompido.

a·bas·tar·dar *v.t.d.* 1. Fazer degenerar. *v.p.* 2. Degenerar, perder a pureza ou autenticidade.

a·bas·te·cer *v.t.d.* 1. Prover do necessário, fornecer. *v.p.* 2. Prover-se.

a·bas·te·ci·men·to *s.m.* 1. Ato ou efeito de abastecer. 2. Fornecimento. 3. Provisionamento.

a·ba·te *s.m.* 1. Ato ou efeito de abater animais para o consumo. 2. Abatimento.

a·ba·te·dou·ro *s.m.* 1. Estabelecimento onde se abatem animais destinados ao consumo. 2. Matadouro.

a·ba·ter *v.t.d.* 1. Lançar por terra. 2. Matar (reses). 3. Humilhar, ofender. 4. Descontar, diminuir no preço. *v.i.* 5. Desabar. 6. Emagrecer. *v.p.* 7. Vir abaixo. 8. Prostrar-se, humilhar-se.

a·ba·ti·do *adj.* 1. Caído por terra. 2. Deprimido, fraco. 3. Rebaixado. 4. Humilhado.

a·ba·ti·men·to *s.m.* 1. Ato ou efeito de abater. 2. Desconto, redução de preço, dedução. 3. Humilhação. 4. Prostração, desalento.

a·ba·u·la·do *adj.* Que tem forma de tampa de baú; convexo.

a·ba·u·lar *v.t.d.* Tornar convexo como tampa de baú; dar forma de baú.

ab·di·ca·ção *s.f.* Ato ou efeito de abdicar; renúncia, desistência.

ab·di·car *v.t.d.* e *v.i.* 1. Renunciar voluntariamente a (cargo, dignidade, etc.); abrir mão de, deixar, abandonar, desistir. *v.i.* 2. Renunciar a cargo ou dignidade.

ab·do·me (ô) *s.m.* Parte do corpo entre o tórax e a bacia. *Var.*: abdômen.

ab·do·mi·nal *adj.2gên.* 1. Relativo ou pertencente ao abdome. *s.m.* 2. Exercício físico para o abdome.

ab·du·zir *v.t.d.* 1. Raptar, arrebatar. 2. Afastar da linha média do corpo um membro, ou parte dele.

a·be·be·rar *v.t.d.* 1. Dar de beber a. 2. Embeber, ensopar, impregnar. *v.p.* 3. Retirar ensinamentos; instruir-se.

a·be·cê *s.m.* 1. Alfabeto. 2. As primeiras letras. 3. *fig.* Rudimentos de uma ciência ou arte.

a·be·ce·dá·ri:o *s.m.* Alfabeto.

a·bei·rar *v.t.d.* 1. Avizinhar, aproximar. *v.p.* 2. Aproximar-se, acercar-se, avizinhar-se.

a·be·lha (ê) *s.f. Zool.* Nome comum a vários insetos, sobretudo a chamada abelha-doméstica, produtora de mel e cera.

a·be·lha-mes·tra (ê) *s.f. Zool.* A única abelha fecunda da colmeia; rainha. *Pl.*: abelhas-mestras.

a·be·lhu·do *adj.* Curioso, metediço; atrevido.

a·ben·ço·a·do *adj.* 1. Que recebeu bênção. 2. *fig.* Feliz, afortunado. 3. Fértil.

a·ben·ço·ar *v.t.d.* 1. Dar a bênção a. 2. Bendizer. 3. Proteger, favorecer. *Pres. indic.*: eu abençoo, etc.

a·ben·dar *v.i. Inform.* Encerrar abruptamente um programa em decorrência de erro do próprio programa, do equipamento ou do operador; abortar; crashar.

a·ber·ra·ção *s.f.* 1. Ato ou efeito de aberrar. 2. Anomalia; deformidade.

a·ber·rar *v.i.* 1. Desviar-se de princípios tidos por verdadeiros. 2. Constituir anomalia.

a·ber·to *adj.* 1. Que não está fechado. 2. Posto à vista, diante dos olhos. 3. Sincero, franco.

a·ber·tu·ra *s.f.* 1. Ato ou efeito de abrir. 2. Fenda, orifício. 3. Inauguração. 4. *Mús.* Composição também chamada protofonia.

a·bes·pi·nhar-se *v.p.* Irritar-se, enfurecer-se, zangar-se; melindrar-se.

a·be·to (ê) *s.m. Bot.* Árvore, espécie de pinheiro.

a·be·xim (ch) *adj.2gên.* e *s.2gên.* 1. Abissínio. *s.m.* 2. Idioma falado na Abissínia.

a·bi·car *v.i.* 1. Chegar à margem (a embarcação). 2. Ancorar. 3. Aproximar-se, tocar, chegar.

a·bi·ei·ro *s.m. Bot.* Planta cujo fruto comestível é o abio.

a·bi:o *s.m.* Fruto do abieiro.

a·bis·coi·ta·do *adj.* 1. Que tem aspecto ou forma de biscoito. 2. Apanhado; alcançado; conseguido; preso.

a·bis·coi·tar *v.t.d.* 1. Dar aspecto ou forma de biscoito. 2. Cozer como biscoito. 3. Conseguir, receber, ganhar, lucrar.

a·bis·ma·do *adj.* Assombrado, espantado, pasmado.

a·bis·mar *v.t.d.* 1. Precipitar no abismo. 2. Causar assombro a. *v.p.* 3. Lançar-se no abismo. 4. Espantar-se, assombrar-se.

a·bis·mo *s.m.* Precipício profundo; despenhadeiro.

a·bis·sal *adj.2gên.* 1. Relativo à região do oceano com mais de 2.000 metros de profundidade. 2. Profundo como um abismo; abismal. 3. *fig.* Enorme, imenso.

a·bis·sí·ni·o *adj.* 1. Relativo à Abissínia ou Etiópia (África). *s.m.* 2. O natural ou habitante desse país. 3. Abexim.

ab·je·ção *s.f.* Infâmia, aviltamento, baixeza.

ab·je·to(é) *adj.* Vil, desprezível, ignóbil, imundo.

ab·ju·ra·ção *s.f.* 1. Ato ou efeito de abjurar. 2. Renúncia. 3. Retratação.

ab·ju·rar *v.t.d.* e *v.i.* 1. Renunciar a qualquer doutrina. 2. Retratar-se.

a·bla·ção *s.f.* 1. Ato de tirar pela força. 2. Ato de cortar, cirurgicamente, parte do corpo.

a·blu·ção *s.f.* Lavagem, banho, geralmente de parte do corpo.

ab·ne·ga·ção *s.f.* Renúncia, desinteresse, desprendimento, dedicação extrema.

ab·ne·ga·do *adj.* 1. Que tem abnegação. 2. Dedicado, desprendido, devotado.

ab·ne·gar *v.t.d.* 1. Abster-se de, renunciar a. *v.p.* 2. Renunciar à própria vontade, dedicar-se a Deus, ao próximo.

a·bó·ba·da *s.f.* 1. Construção em arco. 2. Cobertura encurvada, de alvenaria. *Abóbada celeste*: o céu. *Abóbada palatina*: o céu da boca.

a·bo·ba·da·do *adj.* Que tem aspecto ou forma de abóbada.

a·bo·ba·do *adj.* Atoleimado, um tanto bobo ou tolo; apatetado, abobalhado.

a·bo·ba·lha·do *adj.* Abobado.

a·bo·bar *v.t.d.* Fazer de bobo.

a·bó·bo·ra *s.f.* Fruto da aboboreira.

a·bó·bo·ra·mo·ran·ga *s.f.* Variedade de abóbora com casca muito dura; moganga. *Pl.*: abóboras-morangas.

a·bo·bo·rei·ra *s.f. Bot.* Nome comum a várias plantas da família das cucurbitáceas.

a·bo·bri·nha *s.f.* 1. Nome comum aos frutos verdes de várias espécies de abóboras. 2. *gír.* Tolice, bobagem. 3. Brincadeira infantil em que alguns participantes (abobrinhas) são escondidos por outro (ladrão) e perseguidos por um terceiro (comprador).

a·bo·ca·nhar *v.t.d.* 1. Apanhar com a boca. 2. Morder. 3. Arrancar a dentadas.

a·boi·ar *v.i.* 1. Cantar aos bois, ou trabalhar com eles. 2. Dirigir a boiada cantando o aboio.

a·boi·o *s.m.* Canto monótono e melancólico com que os vaqueiros guiam a boiada.

a·bo·le·tar *v.t.d.* 1. Alojar, instalar. *v.p.* 2. Alojar-se, instalar-se.

a·bo·li·ção *s.f.* 1. Ato ou efeito de abolir. 2. Supressão, extinção.

a·bo·li·ci·o·nis·mo *s.m.* Doutrina que objetivava a extinção do tráfico e da escravatura dos negros.

abolicionista

a·bo·li·ci·o·nis·ta *adj.2gên.* e *s.2gên.* Diz-se de, ou pessoa que pregava a abolição da escravatura.

a·bo·lir *v.t.d.* 1. Revogar, extinguir, suprimir. 2. Pôr fora de uso.★★

a·bo·mi·na·ção *s.f.* 1. Ato ou efeito de abominar. 2. Repulsa a qualquer ato contrário à moral. 3. Coisa abominável.

a·bo·mi·nar *v.t.d.* Detestar, sentir horror a.

a·bo·mi·ná·vel *adj.2gên.* Que se deve abominar; detestável; odioso.

a·bo·na·do *adj.* Endinheirado, rico.

a·bo·nar *v.t.d.* 1. Apresentar como bom. 2. Justificar as faltas ao trabalho. 3. Provar.

a·bo·no (ô) *s.m.* 1. Fiança. 2. Quantia que se paga, se adianta ou se acrescenta. 3. Defesa de opinião. 4. Justificação de falta ao trabalho.

a·bor·da·gem *s.f.* Ato ou efeito de abordar.

a·bor·dar *v.t.d.* 1. Abalroar (um navio) para o tomar. 2. Aproximar-se de. 3. Entrevistar. 4. Tratar de; versar.

a·bo·rí·gi·ne *adj.2gên.* 1. Originário do país em que vive. *s.2gên.* 2. Nativo, indígena, autóctone.

a·bor·re·cer *v.t.d.* 1. Sentir aversão por. 2. Causar aborrecimento a. *v.i.* 3. Desgostar. *v.p.* 4. Entediar-se, enfastiar-se.

a·bor·re·ci·do *adj.* 1. Que causa aborrecimento; enfadonho. 2. Que tem aborrecimento. 3. *fig.* Melancólico, desanimado.

a·bor·re·ci·men·to *s.m.* 1. Ato ou efeito de aborrecer. 2. Repugnância. 3. Tédio. 4. Ódio.

a·bor·re·cí·vel *adj.2gên.* 1. Que causa aborrecimento. 2. Detestável.

abrandar

a·bor·ta·men·to *s.m.* 1. Ato ou efeito de abortar. 2. Expulsão do feto, aborto.

a·bor·tar *v.i.* 1. Dar à luz antes do sexto mês de gestação. 2. *fig.* Malograr, fracassar. *v.t.d.* 3. Fazer malograr, desviar do êxito. *v.i.* e *v.t.d.* 4. *Inform.* Interromper de forma não usual a execução de um programa ou de um comando; abendar; crashar.

a·bor·ti·vo *adj.* 1. Que faz abortar, que provoca o aborto. *s.m.* 2. Substância que provoca o aborto.

a·bor·to (ô) *s.m.* 1. Ato ou efeito de abortar. 2. O produto desse ato. 3. *fig.* Produção defeituosa. 4. Monstruosidade.

a·bo·to·a·do *adj.* Que se fechou por meio de botões.

a·bo·to·a·du·ra *s.f.* 1. Ato de abotoar. 2. Conjunto de botões removíveis, que prendem sobretudo punhos de camisa.

a·bo·to·ar *v.t.d.* 1. Pôr os botões nas casas. 2. Apertar com botões. 3. *gír.* Segurar alguém pela roupa, à altura do peito, para agredir.

a·bra *s.f.* 1. Enseada ou ancoradouro. 2. Clareira na mata. 3. Passagem entre dois montes.

a·bra·ca·da·bra *s.m.* Palavra cabalística à qual se atribuíam propriedades curativas.

a·bra·çar *v.t.d.* 1. Cercar com os braços, abranger, cingir, circundar. 2. Adotar.

a·bra·ço *s.m.* 1. Ato de abraçar-se; amplexo. 2. *fig.* Demonstração de amizade.

a·bran·dar *v.t.d.* 1. Tornar brando. 2. Suavizar, serenar. *v.i.* 3. Serenar-se. *v.p.* 4. Fazer-se brando. 5. Comover-se, enternecer-se.

abrangência

a·bran·gên·ci:a *s.f.* 1. Qualidade de abrangente. 2. Capacidade de abranger.

a·bran·gen·te *adj.2gên.* Que abrange.

a·bran·ger *v.t.d.* Abarcar, cingir, conter em si, compreender.

a·bra·sa·do *adj.* 1. Aceso, em brasa. 2. Vermelho, afogueado, da cor da brasa. 3. *fig.* Entusiasmado, apaixonado, excitado.

a·bra·sa·dor *adj.* 1. Que abrasa. 2. Muito quente. 3. *fig.* Aflitivo, torturante. *s.m.* 4. Aquele que abrasa.

a·bra·são *s.f.* Desgaste provocado por atrito.

a·bra·sar *v.t.d.* 1. Tornar em brasa, queimar, incendiar. 2. Devastar. 3. Arrebatar, apaixonar; entusiasmar. *v.p.* 4. Queimar-se, arder.

a·bra·si·lei·ra·men·to *s.m.* Ato ou efeito de abrasileirar(-se).

a·bra·si·lei·rar *v.t.d.* 1. Acomodar à maneira do Brasil. *v.p.* 2. Tornar-se brasileiro; adotar hábitos ou costumes brasileiros.

a·bre-a·las *s.m.2núm.* 1. Faixa, grupo de pessoas ou carro alegórico que abre desfile de blocos ou escolas de samba num desfile. 2. *por ext.* As pessoas que portam e acompanham essa faixa ou desfilam sobre o carro alegórico.

a·bre·jei·ra·do *adj.* Dado a brejeirices.

a·bre·jei·rar *v.t.d.* e *v.p.* Tornar-se brejeiro.

a·breu·gra·fi·a *s.f.* Processo de radiografia do tórax, em miniatura.

a·bre·vi:a·ção *s.f.* 1. Ato ou efeito de abreviar. 2. Abreviatura.

a·bre·vi·ar *v.t.d.* 1. Tornar breve, encurtar, resumir. 2. Precipitar, antecipar.

ab-rogar

a·bre·vi:a·tu·ra *s.f.* Representação de uma palavra por meio de algumas de suas letras.

a·bri·có *s.m. Bot.* 1. Planta da família das gutíferas, também conhecida como abricó-do-pará. 2. O fruto dessa planta. 3. O mesmo que damasco.

a·bri·co·tei·ro *s.m. Bot.* 1. O mesmo que abricó; também chamado abricozeiro. 2. Planta da família das rosáceas, que produz o abricó; damasqueiro.

a·bri·dei·ra *s.f.* 1. Máquina de fiar. 2. *pop.* Aperitivo.

a·bri·dor *adj.* e *s.m.* 1. Que ou o que abre. *s.m.* 2. Instrumento para abrir latas, garrafas, etc.

a·bri·gar *v.t.d.* 1. Dar abrigo a; acolher. 2. Resguardar dos rigores do tempo, de dano ou perigo. *v.p.* 3. Proteger-se, resguardar-se.

a·bri·go *s.m.* 1. Lugar que abriga. 2. Asilo. 3. Proteção; amparo; agasalho; resguardo.

a·bril *s.m.* 1. Quarto mês do ano civil, com 30 dias. 2. *fig.* Idade da alegria, da inocência. 3. *fig.* Juventude.

a·bri·lhan·tar *v.t.d.* 1. Dar brilho a; tornar brilhante. 2. Realçar.

a·brir *v.t.d.* 1. Descerrar. 2. Rasgar, cortar. 3. Desunir. 4. Começar, instalar. 5. Desabotoar. 6. Estabelecer crédito. 7. *Inform.* Acessar arquivo para ler, alterar ou acrescentar dados. 8. *Inform.* Criar arquivo novo. *v.i.* 9. Franquear a entrada. 10. Desabrochar. 11. Estar aberto; dar acesso. 12. Fugir. *v.p.* 13. Rasgar-se, fender-se. 14. Sair, fugir. 15. Fazer confidências, desabafar. *Part.*: aberto.

ab-ro·ga·ção *s.f.* Revogação de uma lei.

ab-ro·gar *v.t.d.* Anular, revogar (uma lei).

abrolho / **abstinência**

a·bro·lho (ô) *s.m.* 1. Rocha submersa no mar, nas proximidades da costa. 2. *fig.* Dificuldades, desgostos, mortificações; mais comumente usado no plural. *Pl.*: abrolhos (ó).

a·bru·nhei·ro *s.m. Bot.* Planta da família das rosáceas.

a·bru·nho *s.m.* Fruto do abrunheiro.

a·brup·to *adj.* 1. Íngreme, escarpado. 2. *fig.* Súbito, inopinado.

a·bru·ta·lha·do *adj.* Que é bruto, grosseiro, rude.

a·bru·ta·lhar *v.t.d.* e *v.p.* Tornar(-se) bruto, rude, grosseiro.

abs·ces·so (é) *s.m.* Supuração de uma cavidade do corpo, causada por processo infeccioso.

abs·cis·sa *s.f. Geom.* Localização, no plano cartesiano, de um ponto no eixo horizontal (x) com relação ao eixo vertical (y).

ab·sen·te·ís·mo *s.m.* O hábito de faltar com frequência ao trabalho, às aulas, etc. *Var.*: absentismo.

ab·si·de *s.f.* Extremidade da igreja, por detrás do altar-mor.

ab·sin·to *s.m.* 1. *Bot.* Planta da família das compostas, aromática e amarga. 2. *por ext.* Bebida alcoólica preparada com essa planta.

ab·so·lu·tis·mo *s.m.* Modalidade de governo em que o exercício do poder é ilimitado.

ab·so·lu·tis·ta *adj.2gên.* e *s.2gên.* 1. Relativo ao absolutismo. 2. Partidário do absolutismo.

ab·so·lu·to *adj.* 1. Que não reconhece superioridade. 2. Independente. 3. Ilimitado, irrestrito. 4. Soberano.

ab·sol·ver *v.t.d.* Perdoar pecado; declarar sem culpa.

ab·sol·vi·ção *s.f.* 1. Ato ou efeito de absolver. 2. Perdão de culpa ou pena.

ab·sor·ção *s.f.* Ato ou efeito de absorver.

ab·sor·to (ô) *adj.* 1. Profundamente concentrado em seus pensamentos. 2. Extasiado.

ab·sor·ven·te *adj.2gên.* 1. Que absorve, que atrai. 2. Dominador. *s.m.* 3. Substância que absorve. 4. Produto de proteção higiênica utilizado pelas mulheres durante o período menstrual.

ab·sor·ver *v.t.d.* 1. Sorver, embeber ou recolher em si. 2. Preocupar-se totalmente. 3. Assimilar. *v.p.* 4. Aplicar-se, concentrar-se.

abs·tê·mi·o *adj.* 1. Que se abstém de bebidas alcoólicas. 2. Frugal, sóbrio, moderado.

abs·ten·ção *s.f.* 1. Ato ou efeito de abster-se. 2. Omissão voluntária de alguma coisa. 3. Renúncia, desistência.

abs·ten·ci·o·nis·mo *s.m.* Abstenção do exercício do voto.

abs·ten·ci·o·nis·ta *adj.2gên.* e *s.2gên.* Que, ou pessoa que pratica o abstencionismo.

abs·ter *v.t.d.* 1. Privar. 2. Deixar de intervir. *v.p.* 3. Refrear-se; conter-se. 4. Privar-se de.

abs·ter·gen·te *adj.2gên.* 1. Que serve para absterger. *s.m.* 2. O que purifica.

abs·ter·ger *v.t.d.* 1. Limpar uma ferida, um ferimento. 2. Purificar. 3. Desobstruir.

abs·ter·são *s.f.* Ato ou efeito de absterger.

abs·ti·nên·ci·a *s.f.* Qualidade do que se abstém; privação voluntária.

abs·ti·nen·te *adj.2gên.* Que pratica a abstinência.

abs·tra·ção *s.f.* Ato ou efeito de abstrair.

abs·tra·ci·o·nis·mo *s.m.* 1. Qualidade de abstrato. 2. Em artes plásticas, corrente estética surgida em princípios do século XX, caracterizada pela representação não figurativa das imagens.

abs·tra·ci·o·nis·ta *adj.2gên.* 1. Relativo ao abstracionismo. *s.2gên.* 2. Artista abstracionista.

abs·tra·ir *v.t.d.* 1. Apartar, separar, desligar. 2. Considerar de modo isolado coisas que estão unidas. *v.p.* 3. Concentrar-se. 4. Distrair-se; alhear-se.

abs·tra·to *adj.* 1. Que indica uma qualidade fora do objeto a que pertence. *s.m.* 2. O que se considera só no campo das ideias.

ab·sur·do *adj.* 1. Contrário ao bom senso e à razão. 2. Contraditório, incongruente, disparatado. *s.m.* 3. Coisa absurda.

a·bu·li·a *s.f.* Perda da vontade; incapacidade de tomar uma decisão.

a·bú·li·co *adj.* Que tem abulia.

a·bun·dân·ci·a *s.f.* Fartura, grande quantidade.

a·bun·dan·te *adj.2gên.* 1. Que existe em grande quantidade. 2. Diz-se do verbo que tem mais de uma forma, geralmente do particípio (como aceitado, aceito e aceite; findado e findo).

a·bun·dar *v.i.* 1. Existir em grande quantidade. 2. Afluir.

a·bur·gue·sa·do *adj.* Que tem modos de burguês.

a·bur·gue·sar *v.t.d.* 1. Dar modos, hábitos ou costumes de burguês a. *v.p.* 2. Tornar-se burguês.

a·bu·sa·do *adj.* 1. Que abusa, exagera. 2. Provocador, briguento. 3. Intrometido, ousado, atrevido.

a·bu·são *s.f.* 1. Abuso, mau uso das coisas. 2. Engano, ilusão, superstição, crendice. 3. Esconjuro; feitiço.

a·bu·sar *v.t.i.* 1. Usar mal de. 2. Exagerar. 3. Não corresponder à confiança. 4. Causar dano. 5. Desonrar, violentar. 6. Cometer abusos; exceder-se.

a·bu·si·vo *adj.* Em que existe abuso.

a·bu·so *s.m.* 1. Uso excessivo ou indevido, errado, injusto. 2. Ultraje ao pudor.

a·bu·tre *s.m.* 1. Ave de rapina carnívora. 2. Pessoa sanguinária ou muito sovina.

a·ça *adj.2gên.* e *s.2gên.* 1. Albino. 2. Mulato de cabelos claros.

a·ca·ba·do *adj.* 1. Que se levou a cabo; pronto. 2. Completo, primoroso. 3. Abatido, exausto. 4. Gasto.

a·ca·ba·men·to *s.m.* 1. Ato ou efeito de acabar. 2. Conclusão, termo; limite; remate. 3. Retoque final.

a·ca·ba·na·do *adj.* 1. Que tem forma de cabana. 2. Diz-se dos animais de chifres e orelhas inclinados para baixo.

a·ca·bar *v.t.d.* 1. Levar a cabo; dar a última demão a. 2. Completar, ultimar. 3. Chegar ao fim, finalizar; morrer. *v.i.* 4. Tornar-se. 5. Ter fim, chegar ao termo. *v.p.* 6. Enfraquecer-se, consumir-se.

a·ca·bo·cla·do *adj.* 1. Que descende de caboclos. 2. Que tem cor, feições ou modos de caboclo.

a·ca·bo·clar *v.t.d.* 1. Dar feições ou modos de caboclo a. *v.p.* 2. Tomar feição ou a cor de caboclo. 3. Tornar-se rude, grosseiro.

a·ca·bru·nha·do *adj.* 1. Abatido, prostrado. 2. Oprimido, humilhado.

acabrunhador / **acalmar**

a·ca·bru·nha·dor *adj.* Acabrunhante.

a·ca·bru·nha·men·to *s.m.* 1. Ato ou efeito de acabrunhar-se. 2. Aflição, desgosto.

a·ca·bru·nhan·te *adj.2gên.* Que acabrunha.

a·ca·bru·nhar *v.t.d.* 1. Abater, oprimir, afligir, entristecer, humilhar, magoar. *v.i.* 2. Causar mágoa, humilhação, tristeza, aflição. *v.p.* 3. Abater-se, atormentar-se. 4. Desanimar.

a·cá·ci·a *s.f. Bot.* Nome comum a várias espécies de leguminosas ornamentais.

a·ca·ci·a·nis·mo *s.m.* 1. Dito ridiculamente sentencioso. 2. Gravidade aparatosa de maneiras.

a·ca·ci·a·no *adj.* Ridículo pelas palavras convencionais que usa ou pelas maneiras graves.

a·ca·de·mi·a *s.f.* 1. Sociedade de estudiosos, literatos ou artistas. 2. Lugar onde se ensina ou pratica uma arte, um esporte.

a·ca·de·mi·cis·mo *s.m.* 1. Característico de quem pertence à academia(1). 2. Obediência às regras acadêmicas, tradicionais.

a·ca·dê·mi·co *adj.* 1. Que pertence à academia. 2. Próprio de academia ou de acadêmico. 3. Diz-se de qualquer manifestação artística que se opõe a inovações em matéria de produção estética. *s.m.* 4. Membro de academia. 5. Estudante de escola superior ou universidade.

a·ca·fa·jes·ta·do *adj.* À maneira de cafajeste, que procede como cafajeste.

a·ca·fa·jes·tar·se *v.p.* Tornar-se cafajeste.

a·ça·fa·te *s.m.* Pequeno cesto de vime sem alças ou asas.

a·ça·frão *s.m.* 1. *Bot.* Planta da família das iridáceas. 2. A flor dessa planta. 3. Substância extraída dos estigmas dessa flor.

a·ça·fro·a·do *adj.* 1. Que tem cor de açafrão; amarelo. 2. Tinto ou temperado com açafrão.

a·ça·í *s.m.* 1. *Bot.* Nome comum a várias palmeiras do norte do Brasil, de cujo fruto se faz refresco. 2. O fruto dessas palmeiras. 3. O refresco feito com esse fruto.

a·çai·mo *s.m.* Focinheira que se aplica aos animais para que não possam morder, mamar ou comer; mordaça.

a·cai·pi·ra·do *adj.* 1. Diz-se do feitio, modo ou costume próprio de caipira. 2. Tímido, acanhado.

a·cai·pi·rar·se *v.p.* Assemelhar-se em aparência, modos e costumes ao caipira.

a·ca·ju *s.m.* 1. Nome comum a várias madeiras semelhantes ao mogno verdadeiro. *adj.2gên.* 2. De cor castanho-avermelhada.

a·ca·lan·tar *v.t.d.* Acalentar.

a·ca·lan·to *s.m.* Cantiga para fazer dormir; cantiga de ninar.

a·cal·ca·nha·do *adj.* 1. Diz-se do calçado com salto gasto e torto. 2. Pisado com o calcanhar.

a·cal·ca·nhar *v.t.d.* 1. Entortar pelo uso o salto do calçado. 2. Pisar com o calcanhar.

a·ca·len·tar *v.t.d.* 1. Embalar, fazer dormir com acalento. 2. *fig.* Alimentar, nutrir (projetos, planos, ideias).

a·ca·len·to *s.m.* 1. Ato ou efeito de acalentar. 2. Acalanto.

a·cal·mar *v.t.d.* 1. Tornar calmo; pacificar. *v.i.* 2. Abrandar, sossegar. *v.p.* 3. Tornar-se calmo, tranquilizar-se.

a·ca·lo·ra·do *adj.* 1. Em que há calor, cheio de calor. 2. *fig.* Vivo, animado, veemente, entusiasmado.

a·ca·ma·do *adj.* 1. Deitado na cama. 2. Doente de cama.

a·ca·mar *v.t.d.* 1. Pôr em cama ou em qualquer superfície. *v.i.* 2. Cair de cama, doente. *v.p.* 3. Abater-se.

a·ca·ma·ra·dar *v.i.* 1. Tornar-se camarada ou andar de camaradagem. 2. Tornar-se camarada, amigo, companheiro.

a·çam·bar·ca·dor *adj.* e *s.m.* Que ou o que açambarca.

a·çam·bar·car *v.t.d.* Chamar para si, monopolizar, privar os outros (de qualquer coisa), em seu próprio benefício.

a·cam·pa·men·to *s.m.* 1. Ato de acampar. 2. Lugar onde se acampa.

a·cam·par *v.t.d.* 1. Instalar no campo ou acampamento. *v.i.* 2. Instalar-se no campo.

a·ca·na·lha·do *adj.* Que tem aparência ou modos de canalha.

a·ca·na·lhar *v.t.d.* 1. Tornar canalha. *v.p.* 2. Tornar-se canalha, aviltar-se.

a·ca·nha·do *adj.* 1. De pequeno tamanho, pouco desenvolvido, raquítico. 2. Apertado, pouco espaçoso. 3. Tímido, envergonhado.

a·ca·nha·men·to *s.m.* Ato ou efeito de acanhar(-se); timidez.

a·ca·nhar *v.t.d.* 1. Impedir o desenvolvimento de, atrofiar. 2. Vexar, envergonhar. 3. Embaraçar, tolher. *v.p.* 4. Envergonhar-se, mostrar timidez.

a·can·to *s.m. Bot.* Nome comum a várias plantas ornamentais da família das acantáceas.

a·ção *s.f.* 1. Movimento, maneira de atuar. 2. Aquilo que resulta de uma força. 3. Execução. 4. Gesto. 5. Energia. 6. Batalha. 7. Título representativo de capital de sociedade comercial ou industrial. 8. *Jur.* Demanda, processo forense.

a·ca·ra·jé *s.m. Cul.* Iguaria feita de massa de feijão-fradinho e camarão moído, frita em azeite de dendê.

a·ca·re:a·ção *s.f.* Acareamento.

a·ca·re:a·men·to *s.m.* Ato ou efeito de acarear.

a·ca·re·ar *v.t.d.* 1. Pôr cara a cara, um de frente para o outro. 2. Pôr em presença uma da outra (testemunhas). 3. Cotejar, confrontar.

a·ca·ri·ci·an·te *adj.2gên.* Que acaricia.

a·ca·ri·ci·ar *v.t.d.* Fazer carícias a; acarinhar.

a·ca·ri·nhar *v.t.d.* Acariciar.

a·car·nei·rar *v.d.t.* 1. Tornar dócil e submisso como carneiro. *v.p.* 2. Tornar-se dócil e submisso.

á·ca·ro *s.m. Zool.* Aracnídeo, às vezes microscópico, que produz a sarna e outras afecções.

a·car·re·tar *v.d.t.* 1. Levar, transportar em carro ou carreta. 2. Causar, ocasionar.

a·ca·sa·la·men·to *s.m.* Ato ou efeito de acasalar(-se).

a·ca·sa·lar *v.t.d.* 1. Juntar (macho e fêmea) para procriação. 2. *fig.* Reunir, juntar. *v.p.* 3. Juntar-se, amancebar-se.

a·ca·so *s.m.* 1. Acontecimento imprevisto. 2. Casualidade. *adv.* 3. Porventura, talvez.

a·cas·ta·nha·do *adj.* Quase castanho.

a·ca·ta·men·to *s.m.* Ato de acatar; respeito, consideração, reverência.

a·ca·tar *v.t.d.* 1. Aceitar, seguir (uma opinião, etc.). 2. Respeitar, cumprir.

a·ca·tó·li·co *adj.* Que não é católico.

a·cau·ã *s.f. Zool.* Ave da família dos falconídeos, tipo de gavião.

a·cau·te·lar *v.t.d.* 1. Precaver, prevenir. 2. Vigiar. 3. Defender. *v.p.* 4. Precaver-se, resguardar-se.

a·ca·va·la·do *adj.* 1. Diz-se das coisas que estão sobrepostas umas às outras. 2. Rude; grosseiro. 3. Muito grande.

a·ce·bo·la·do *adj.* 1. Temperado com cebola. 2. Que tem gosto de cebola.

a·ce·bo·lar *v.t.d.* 1. Temperar com cebola. 2. Dar gosto de cebola a.

a·ce·dên·ci:a *s.f.* 1. Ato ou efeito de aceder. 2. Aquiescência, consentimento. *V. ascendência*.

a·ce·den·te *adj.2gên.* e *s.2gên.* Que ou pessoa que acede. *V. ascendente*.

a·ce·der *v.t.i.* e *v.i.* Concordar, aquiescer, anuir, conformar-se. *V. ascender* e *acender*.

a·ce·fa·li·a *s.f.* Má-formação do feto, que nasce sem cabeça.

a·cé·fa·lo *adj.* 1. Que não tem cabeça. 2. *fig.* Que não tem chefe, sem governo.

a·cei·ro¹ *adj.* e *s.m.* Que ou quem trabalha em aço

a·cei·ro² *s.m.* Faixa limpa de terreno para protegê-lo de incêndio.

a·cei·ta·ção *s.f.* 1. Ato ou efeito de aceitar. 2. Aprovação, aplauso.

a·cei·tan·te *adj.2gên.* 1. Que aceita. *s.2gên.* 2. Pessoa que assina o aceite numa letra de câmbio, numa duplicata de fatura.

a·cei·tar *v.t.d.* 1. Concordar em receber coisa que se ofereceu. 2. Aprovar, admitir, concordar. 3. Assumir a obrigação de pagar (um título de crédito). *Part.*: aceitado, aceito ou aceite.

a·cei·tá·vel *adj.2gên.* Que se pode aceitar.

a·cei·te *s.m.* 1. Ato de aceitar um título de crédito. 2. Assinatura com que se aceita esse título.

a·ce·le·ra·ção *s.f.* 1. Ato ou efeito de acelerar. 2. Aumento ou diminuição de velocidade. 3. Pressa, rapidez.

a·ce·le·ra·do *adj.* Tornado rápido.

a·ce·le·ra·dor *adj.* 1. Que acelera. *s.m.* 2. Aquilo que acelera. 3. Dispositivo ou pedal para acelerar os veículos.

a·ce·le·rar *v.t.d.* 1. Aumentar a velocidade de. 2. Apressar, instigar.

a·cel·ga *s.f. Bot.* Hortaliça de folhas nutrientes, comestível.

a·cém (ê) *s.m.* Carne do lombo do boi, entre a pá e o cachaço.

a·ce·nar *v.i.* e *v.t.i.* 1. Fazer acenos. 2. Chamar a atenção; provocar.

a·cen·de·dor *adj.* e *s.m.* 1. Que, ou o que acende. *s.m.* 2. Isqueiro.

a·cen·der *v.t.d.* 1. Pôr fogo a, fazer arder. 2. *fig.* Animar, entusiasmar. 3. *fig.* Transportar, enlevar. *Part.*: acendido e aceso. *V. ascender* e *aceder*.

a·cen·drar *v.t.d.* 1. Limpar com cinza. 2. Purificar, acrisolar.

a·ce·no (ê) *s.m.* 1. Gesto para chamar a atenção. 2. Convite.

a·cen·to *s.m.* 1. Tom de voz, inflexão, timbre. 2. Destaque, realce, relevo. 3. *Fon.* Sinal que se sobrepõe às letras vogais, para indicar o timbre ou a sílaba tônica.

a·cen·tu:a·ção *s.f.* 1. Ato, modo ou método de acentuar na escrita ou na fala. 2. Ato ou efeito de realçar, salientar.

a·cen·tu·ar *v.t.d.* 1. Usar acentos em. 2. Pronunciar com clareza ou com intensidade. 3. *fig.* Tornar evidente, dar relevo a, salientar.

a·cep·ção *s.f.* Sentido em que se emprega um termo; significação, significado.

a·ce·pi·pe *s.m.* Iguaria saborosa, delicada, preparada com esmero.

a·ce·ra·do *adj.* 1. Que tem a têmpera e a dureza do aço; aguçado, afiado, penetrante. 2. *fig.* Mordaz.

a·ce·ra·gem *s.f.* Aceramento.

a·ce·rar *v.t.d.* 1. Dar a têmpera do aço a, transformar em aço. 2. Aguçar, tornar agudo, cortante. 3. Acentuar; requintar.

a·cer·bi·da·de *s.f.* Qualidade do que é acerbo.

a·cer·bo *adj.* 1. Azedo; amargo. 2. Áspero, rude, pungente, cruel.

a·cer·ca *adv. desus.* Perto. *loc. prep. desus.* **Acerca de**: a respeito de, quanto a, com referência a; perto de.

a·cer·car *v.t.d.* 1. Aproximar, avizinhar. *v.p.* 2. Aproximar-se, avizinhar-se.

a·cér·ri·mo *adj.* 1. Muito acre. 2. Tenaz, ardoroso, pertinaz.

a·cer·ta·dor *s.m.* Aquele que acerta.

a·cer·tar *v.t.d.* 1. Pôr certo; descobrir, encontrar. 2. Atingir. 3. Ajustar; combinar. 4. Bater. *v.i.* 5. Proceder com acerto. 6. Atingir o alvo.

a·cer·to *s.m.* 1. Ato ou efeito de acertar. 2. Tino, juízo. 3. Ajuste, correção no falar, no escrever, no proceder. *V.* **asserto**.

a·cer·vo (ê) *s.m.* 1. Montão. 2. Grande porção. 3. Conjunto de bens que formam um patrimônio. 4. Conjunto das obras de um museu, de uma biblioteca, etc.

a·ce·so (ê) *adj.* 1. Que se acendeu, a que se pôs fogo. 2. *fig.* Inflamado; arrebatado; excitado.

a·ces·sar *v.t.d. Inform.* Obter ou utilizar dados, arquivos, programas, serviços, etc. armazenados no computador ou processados por meio dele.

a·ces·si·bi·li·da·de *s.f.* 1. Qualidade de acessível. 2. Facilidade no trato.

a·ces·sí·vel *adj.2gên.* 1. A que se pode ter acesso. 2. Comunicativo, tratável. 3. Compreensível, fácil.

a·ces·so (é) *s.m.* 1. Entrada, ingresso. 2. Elevação num posto; promoção. 3. *Med.* Ataque repentino.

a·ces·só·ri:o *adj.* 1. Que se acrescenta a uma coisa da qual não é parte integrante; secundário. *s.m.* 2. O que se junta ao objeto principal, ou dele é dependente.

a·ce·ta·to *s.m. Quím.* Nome comum aos sais e ésteres do ácido acético.

a·cé·ti·co *adj.* 1. Diz-se do ácido que se encontra no vinagre. 2. Relativo ao vinagre.

a·ce·ti·le·no (ê) *s.m. Quím.* Substância obtida pela ação da água sobre o carboneto de cálcio.

a·ce·til·sa·li·cí·li·co *adj. Quím.* Diz-se do ácido usado como medicamento contra dores e febres; aspirina.

a·ce·ti·na·do *adj.* Liso, macio e lustroso como o cetim.

a·ce·ti·nar *v.t.d.* e *v.p.* Tornar algo semelhante ao cetim.

a·ce·to·na (ô) *s.f.* Líquido obtido sinteticamente do ácido acético.

a·cha *s.f.* Fragmento de madeira tosca, para o fogo.

a·cha·ca·dor *adj.* e *s.m.* Que, ou o que achaca.

a·cha·car *v.t.d.* 1. Desgostar, maltratar. 2. Extorquir dinheiro.

a·cha·do *adj.* 1. Que se achou. 2. Aquilo que se achou. *s.m.* 3. *pop.* Pechincha, coisa providencial.

a·cha·que *s.m.* 1. Doença costumeira, sem perigo. 2. Vício; defeito moral.

a·char *v.t.d.* 1. Encontrar casualmente ou procurando. 2. Descobrir. 3. Julgar, supor. *v.p.* 4. Estar, encontrar-se.

a·cha·ta·do *adj.* 1. Chato, que se achatou. 2. *fig.* Humilhado.

a·cha·tar *v.t.d.* 1. Tornar chato ou mais chato. 2. *fig.* Derrotar, humilhar.

a·che·gar *v.t.d.* 1. Unir, ligar. 2. Arranjar, compor. *v.p.* 3. Aproximar.

a·chin·ca·lhar *v.t.d.* Ridicularizar, humilhar, escarnecer.

a·ci·ca·tar *v.t.d.* 1. Estimular com acicate; esporear (o cavalo). 2. *fig.* Incentivar, estimular.

a·ci·ca·te *s.m.* 1. Espora antiga de uma só ponta. 2. *fig.* Estímulo, incentivo.

a·ci·cu·la·do *adj.* Que tem aspecto ou forma de agulha.

a·ci·cu·lar *adj.2gên.* Aciculado.

a·ci·den·ta·do *adj.* 1. Diz-se do terreno irregular, com altos e baixos. 2. Cheio de peripécias. *s.m.* 3. Vítima de acidente.

a·ci·den·tal *adj.2gên.* Fortuito, casual, imprevisto.

a·ci·den·tar *v.t.d.* 1. Produzir acidente em. 2. Tornar irregular. *v.p.* 3. Tornar-se irregular. 4. Ser vítima de acidente.

a·ci·den·te *s.m.* 1. Aquilo que sobrevém inesperadamente. 2. Desastre. V. **incidente**.

a·ci·dez *s.f.* Qualidade do que é ácido, azedo.

a·cí·di·a *s.f.* 1. Frouxidão; inércia; negligência. 2. Grande tristeza.

á·ci·do *s.m.* 1. Nome comum aos compostos químicos hidrogenados, de sabor azedo, que apresentam comportamento oposto ao das bases em relação aos indicadores de cor. *adj.* 2. Azedo.

a·ci·do·se (ó) *s.f. Med.* Condição em que há excesso de ácido no organismo ou perda de bicarbonato.

a·ci·du·lar *v.t.d.* Tornar acídulo ou ácido.

a·cí·du·lo *adj.* Ligeiramente ácido.

a·ci·ma *adv.* 1. Em lugar mais elevado. 2. Para cima. 3. Anteriormente. *interj.* 4. Termo que exprime exortação; avante.

a·cin·te *s.m.* 1. Ação praticada com intenção de desgostar alguém. *adv.* 2. De propósito.

a·cin·to·so (ô) *adj.* Feito com acinte.

a·cin·zen·ta·do *adj.* Quase cinzento.

a·cin·zen·tar *v.t.d.* 1. Dar cor ligeiramente cinzenta a. *v.p.* 2. Tornar-se um tanto cinzento.

a·ci·o·na·do *adj.* 1. Posto em ação. *s.m.* 2. Réu. 3. Gesto de quem fala ou representa.

a·ci·o·nar *v.t.d.* 1. Pôr em ação, movimentar. 2. Incorporar (uma sociedade ou companhia por ações). 3. Demandar, processar. 4. Gesticular.

a·ci·o·nis·ta *s.2gên.* Pessoa que possui ações de sociedade anônima, ou de companhia industrial ou comercial.

a·cir·ra·do *adj.* 1. Irritado, exasperado. 2. Incitado, provocado. 3. Açulado (cão).

a·cir·ra·men·to *s.m.* Ato ou efeito de acirrar(-se), exasperação, incitamento.

a·cir·rar *v.t.d.* 1. Irritar, exasperar. 2. Estimular. 3. Açular (cão).

aclamação   **acolhimento**

a·cla·ma·ção *s.f.* 1. Ato ou efeito de aclamar. 2. Clamor de aplausos ou triunfo. 3. Eleição sem escrutínio.

a·cla·mar *v.t.d.* 1. Aplaudir com brados. 2. Proclamar. 3. Eleger por aclamação. *v.i.* 4. Levantar clamor, aprovando, batendo palmas.

a·cla·ra·ção *s.f.* 1. Ato ou efeito de aclarar. 2. Esclarecimento.

a·cla·ra·men·to *s.m.* 1. Aclaração. 2. Intensidade de iluminação.

a·cla·rar *v.t.d.* 1. Tornar claro. 2. Alumiar, iluminar. 3. Esclarecer, elucidar, explicar. *v.i.* 4. Tornar-se claro ou mais claro. *v.p.* 5. Tornar-se claro, livre de dúvidas.

a·cli·ma·ção *s.f.* Aclimatação.

a·cli·ma·do *adj.* Aclimatado.

a·cli·mar *v.t.d.* e *v.p.* Aclimatar.

a·cli·ma·ta·ção *s.f.* 1. Ato de aclimar ou aclimatar-se. 2. Acomodação a clima diverso. 3. *por ext.* Adaptação.

a·cli·ma·ta·do *adj.* 1. Adaptado a clima diverso. 2. Adaptado, ajustado.

a·cli·ma·tar *v.t.d.* 1. Habituar (a um clima). *v.p.* 2. Habituar-se a novo clima. 3. Acostumar-se, afazer-se.

a·cli·ve *s.m.* Inclinação de baixo para cima (opõe-se a declive); ladeira.

ac·ne *s.f. Med.* Afecção dos folículos sebáceos da pele, vulgarmente chamada espinha.

a·ço *s.m.* 1. Liga de ferro com pequena percentagem de carbono (de 0,1 a 1,5%). 2. *por ext.* Arma branca. 3. *fig.* Força, vigor, rijeza.

a·co·ber·tar *v.t.d.* 1. Encobrir, dissimular, escudar. 2. Tapar com cobertura. *v.p.* 3. Cobrir-se, proteger-se. 4. Dissimular-se.

a·co·bre·a·do *adj.* Que tem aspecto ou cor do cobre.

a·co·bre·ar *v.t.d.* Dar aparência de cobre a.

a·co·co·ra·do *adj.* Posto de cócoras.

a·co·co·rar-se *v.p.* Pôr-se de cócoras.

a·ço·da·do *adj.* Apressado; ativo; diligente.

a·ço·dar *v.t.d.* 1. Apressar, acelerar, instigar. *v.p.* 2. Apressar-se.

a·coi·mar *v.t.d.* 1. Multar. 2. Castigar. 3. Censurar. *v.i.* 4. Vingar-se de dano recebido. *v.p.* 5. Acusar-se.

a·coi·tar *v.t.d.* 1. Dar guarida ou abrigo a, acolher. *v.p.* 2. Abrigar-se.

a·çoi·tar *v.t.d.* 1. Punir com açoite. 2. Bater; fustigar; devastar. 3. Afligir.

a·çoi·te *s.m.* 1. Chicote, látego, azorrague. 2. Golpe com açoite.

a·co·lá *adv.* 1. Naquele lugar, além, distante do lugar em que se encontra a pessoa que fala. 2. Para aquele lugar.

a·col·che·tar *v.t.d.* 1. Prender com colchetes. *v.p.* 2. Prender-se, unir-se.

a·col·cho·a·do *adj.* 1. Estofado, forrado como colchão. 2. Tecido à semelhança de colcha. *s.m.* 3. Pano estofado.

a·col·cho·ar *v.t.d.* 1. Estofar, encher, forrar como colchão. 2. Tecer a modo de colcha.

a·co·lhe·dor *adj.* Que acolhe, hospitaleiro.

a·co·lher *v.t.d.* 1. Receber, admitir; agasalhar; hospedar. 2. Tomar em consideração, atender. *v.p.* 3. Recolher-se, abrigar-se, agasalhar-se; hospedar-se. 4. Refugiar-se.

a·co·lhi·da *s.f.* Acolhimento.

a·co·lhi·men·to *s.m.* 1. Ato ou efeito de acolher. 2. Recepção, agasalho, hospitalidade. 3. Consideração, atenção.

a·có·li·to *s.m. Rel.* 1. O que tem o quarto grau das ordens menores na vida eclesiástica. 2. Aquele que acompanha para prestar serviços oficiosos.

a·co·me·ter *v.t.d.* 1. Investir contra, atacar, assaltar. 2. Provocar. *v.i.* 3. Começar briga ou ataque.

a·co·me·ti·men·to *s.m.* 1. Ato ou efeito de acometer. 2. Ataque súbito, investida, agressão, assalto.

a·co·mo·da·ção *s.f.* Acomodamento.

a·co·mo·da·do *adj.* 1. Conveniente, adequado, apropriado. 2. Pacífico, sossegado, quieto, tranquilo. 3. Instalado. 4. Razoável.

a·co·mo·da·men·to *s.m.* 1. Ato ou efeito de acomodar. 2. Colocação, emprego. 3. Adaptação; conciliação. 4. Compartimento, cômodo.

a·co·mo·dar *v.t.d.* 1. Dispor em ordem, arrumar. 2. Dar cômodo a. 3. Tornar cômodo. 4. Conciliar; adaptar; ajustar. *v.p.* 5. Alojar-se. 6. Adaptar-se.

a·co·mo·da·tí·ci·o *adj.* 1. Que se acomoda facilmente. 2. Transigente, tolerante.

a·com·pa·nha·men·to *s.m.* 1. Ato ou efeito de acompanhar. 2. Cortejo, séquito, comitiva. 3. *Mús.* Parte da música que serve de fundo para vozes ou instrumentos solistas.

a·com·pa·nhan·te *adj.2gên.* Que acompanha. *s.2gên.* 2. Pessoa que acompanha, que faz companhia ou dá assistência.

a·com·pa·nhar *v.t.d.* 1. Ir em companhia de; seguir. 2. Tomar a mesma direção. 3. Observar a evolução de. 4. Ter as mesmas ideias de. 5. Juntar, unir, aliar. 6. *Mús.* Tocar o acompanhamento. *v.i.* 7. Executar o acompanhamento musical. *v.p.* 8. Cercar-se.

a·con·che·gan·te *adj.2gên.* Que aconchega, abriga, agasalha.

a·con·che·gar *v.t.d.* 1. Tornar próximo, unir, juntar. *v.p.* 2. Acomodar-se, agasalhar-se. 3. Tornar-se cômodo.

a·con·che·go (ê) *s.m.* 1. Ato ou efeito de aconchegar. 2. Proteção, agasalho, abrigo; amparo. 3. Comodidade.

a·con·di·ci·o·na·men·to *s.m.* 1. Ato ou efeito de acondicionar. 2. Embalagem. 3. Bom arranjo, acomodação.

a·con·di·ci·o·nar *v.t.d.* 1. Embalar, empacotar, acomodar. 2. Guardar em lugar conveniente. *V.* **condicionar**.

a·con·se·lha·men·to *s.m.* Ato ou efeito de aconselhar.

a·con·se·lhar *v.t.d.* 1. Dar conselho a. 2. Procurar persuadir; advertir. *v.i.* 3. Dar conselho. *v.p.* 4. Tomar ou pedir conselho.

a·con·se·lhá·vel *adj.2gên.* 1. Que se pode aconselhar. 2. Digno de acatamento.

a·con·te·cer *v.i.* 1. Suceder inesperadamente, sobrevir. *v.t.i.* 2. Suceder.

a·con·te·ci·do *adj.* 1. Que aconteceu. *s.m.* 2. Acontecimento.

a·con·te·ci·men·to *s.m.* 1. O que acontece inesperadamente. 2. Fato que produz sensação. 3. Caso, ocorrência.

a·co·pla·do *adj.* Unido em acoplagem ou acoplamento.

a·co·pla·gem *s.f.* Acoplamento.

a·co·pla·men·to *s.m. Elet.* 1. Ligação de dois circuitos elétricos um ao outro. 2. União entre peças concêntricas, que têm o mesmo centro.

a·co·plar *v.t.d.* 1. Estabelecer acoplamento ou acoplagem. *v.p.* 2. Juntar-se por acoplagem ou acoplamento.

a·çor *s.m. epiceno Zool.* Ave semelhante ao falcão.

a·çor·da (ô) *s.f.* Sopa de pão, com azeite, alho, manteiga e ovos.

a·cór·dão *s.m.* Sentença, resolução de recursos, em tribunais coletivos, administrativos ou judiciais.

a·cor·dar *v.t.d.* 1. Tirar do sono, despertar. 2. Resolver de comum acordo, concordar. *v.i.* 3. Sair do sono. 4. Encontrar-se (em certo estado ou condição) ao despertar. *v.p.* 5. Lembrar-se.

a·cor·de (ó) *adj.* 1. Harmônico, concorde. *s.m.* 2. Harmonia produzida pela união de sons. 3. Produção conjunta de sons.

a·cor·de·ão *s.m. Mús.* 1. Espécie de harmônio portátil, movido por um fole. 2. Harmônica, sanfona.

a·cor·do (ô) *s.m.* Combinação, convenção, ajuste.

a·ço·ri·a·no *adj.* 1. Relativo às ilhas dos Açores. 2. *s.m.* Natural ou habitante dessas ilhas.

a·co·ro·ço·a·men·to *s.m.* 1. Ato ou efeito de acoroçoar. 2. Incitamento, estímulo. 3. Animação.

a·co·ro·ço·ar *v.t.d.* Inspirar ânimo, encorajar, animar, entusiasmar.

a·cor·ren·tar *v.t.d.* 1. Prender com correntes. 2. Amarrar, encadear. 3. Sujeitar, escravizar. *v.p.* 4. Sujeitar-se, escravizar-se, ficar na dependência.

a·cor·rer *v.i.* e *v.t.i.* 1. Acudir, socorrer. 2. Remediar. *v.p.* 3. Acolher-se.

a·cos·sar *v.t.d.* Perseguir, correr no encalço de.

a·cos·ta·men·to *s.m.* 1. Ato ou efeito de acostar. 2. Parte contígua à pista de rolamento das rodovias.

a·cos·tar *v.t.d.* 1. Encostar, arrimar, juntar. *v.i.* 2. Chegar-se para, até encostar. *v.p.* 3. Navegar junto à costa. 4. Recorrer à proteção de alguém.

a·cos·tu·mar *v.t.d.* 1. Fazer adquirir hábito. *v.p.* 2. Habituar-se.

a·co·to·ve·lar *v.t.d.* 1. Empurrar com o cotovelo. 2. Dar encontrões em. 3. *fig.* Provocar. *v.p.* 4. Tocar-se uns aos outros com os cotovelos.

a·çou·gue *s.m.* Estabelecimento onde se vendem carnes.

a·çou·guei·ro *s.m.* 1. O que tem açougue. 2. O que trabalha em açougue.

a·co·var·da·men·to *s.m.* Ato ou efeito de acovardar(-se).

a·co·var·dar *v.t.d.* 1. Amedrontar, intimidar. 2. Fazer perder a coragem, o ânimo. *v.p.* 3. Amedrontar-se, encher-se de medo. 4. Perder o ânimo, a coragem.

a·cra·ci·a *s.f.* 1. Falta de governo. 2. *Med.* Fraqueza, debilidade física.

a·cre *adj.* 1. Azedo, ácido; amargo. 2. De cheiro muito ativo. 3. Desabrido, ríspido, áspero. *s.m.* 4. Medida agrária de vários países (o acre inglês e o americano equivalem a 40,47 ares).

a·cre·di·ta·do *adj.* 1. Que tem crédito. 2. Que merece confiança.

a·cre·di·tar *v.t.d.* 1. Dar crédito a; crer. 2. Autorizar, dar credenciais a. *v.t.i.* 3. Confiar. *v.p.* 4. Adquirir crédito.

a·cre·di·tá·vel *adj.2gên.* Em que se pode acreditar.

a·cre·do·ce (ô) *adj.2gên.* O mesmo que agridoce. *Pl.:* acre-doces.

a·cres·cen·ta·men·to *s.m.* 1. Ato ou efeito de acrescentar. 2. Acréscimo, aumento.

a·cres·cen·tar *v.t.d.* 1. Tornar maior, aumentar. 2. Adicionar, aditar. *v.p.* 3. Crescer, aumentar-se, ajuntar-se.

a·cres·cer *v.t.d.* 1. Aumentar, juntar a. *v.i.* e *v.t.i.* 2. Juntar-se, aumentar-se. 3. Sobrevir.

a·crés·ci·mo *s.m.* 1. Ato ou efeito de acrescer. 2. Aumento.

a·cri·an·ça·do *adj.* Que tem hábitos ou modos de criança.

a·cri·a·no *adj.* 1. Relativo ou pertencente ao estado do Acre. *s.m.* 2. O natural ou habitante desse estado.

a·cri·dez *s.f.* 1. Sabor picante. 2. Azedo. 3. Qualidade do que é acre.

a·crí·li·co *adj.* e *s.m.* Diz-se de ou nome comum a diversas fibras têxteis sintéticas.

a·cri·mô·ni·a *s.f.* Acridez; aspereza; causticidade.

a·cri·mo·ni·o·so *adj.* Que tem acrimônia.

a·cri·so·la·do *adj.* 1. Purificado no crisol. 2. Depurado, purificado.

a·cri·so·lar *v.t.d.* 1. Purificar no crisol. 2. Acendrar, purificar.

a·cro·ba·ci·a *s.f.* Arte ou profissão de acrobata.

a·cro·ba·ta *s.2gên.* Dançarino de corda, ginasta, equilibrista, saltimbanco, malabarista. *Var.:* acróbata.

a·cró·ba·ta *s.2gên.* Acrobata.

a·cro·fo·bi·a *s.f.* Medo doentio de lugares elevados.

a·cró·fo·bo *s.m.* Aquele que tem acrofobia.

a·cro·me·ga·li·a *s.f. Med.* Desenvolvimento anormal das mãos, dos pés e da cabeça, causado por um tumor da hipófise.

a·crô·ni·mo *s.m.* Palavra formada por uma ou mais letras iniciais de um grupo de palavras.

a·cró·po·le *s.f.* 1. Região mais elevada das antigas cidades gregas, onde se encontravam templos, palácios e a fortaleza para sua defesa. 2. A fortaleza ou o templo situado nesse local.

a·crós·ti·co *s.m.* Composição poética em que cada verso principia por uma das letras da palavra que lhe serve de tema.

ac·tí·ni·a *s.f. Zool.* Anêmona-do-mar.

ac·tí·ni·o *s.m. Quím.* Elemento radioativo de símbolo *Ac* e cujo número atômico é 89.

a·çu *adj.* Grande.

a·cu·a·do *adj.* 1. Perseguido, acossado. 2. Constrangido, forçado, obrigado. 3. Embaraçado, confuso.

a·cu·ar *v.t.d.* 1. Perseguir (a caça) até que se abrigue na toca. 2. Perseguir (o inimigo) até que fique em posição de que não possa escapar.

a·çú·car *s.m.* 1. Substância doce (sacarose) que se extrai de certos vegetais (cana, beterraba) e que também se encontra em certas secreções animais. 2. *fig.* Doçura, suavidade. 3. Lisonja, adulação, agrado. *Pl.:* açúcares.

a·çu·ca·rar *v.t.d.* 1. Adoçar com açúcar. 2. *fig.* Tornar meigo, suave. *v.i.* 3. Tomar a consistência do açúcar.

a·çú·car-can·de *s.m.* Açúcar refinado, cristalizado e um tanto transparente. *Pl.:* açúcares-candes e açúcares-cande.

a·çu·ca·rei·ro *s.m.* 1. Recipiente para açúcar. *adj.* 2. Relativo à indústria e ao comércio de açúcar.

a·çu·ce·na (ê) *s.f. Bot.* Nome comum a várias plantas ornamentais; lírio branco.

a·çu·de *s.m.* Barragem feita em rio, destinada a represar água que servirá para rega ou moagem.

a·cu·dir *v.t.d.* 1. Prestar socorro a. 2. Retrucar de pronto. *v.i.* 3. Sobrevir. 4. Ir em auxílio de alguém. *v.t.i.* 5. Ir em socorro, acorrer, dirigir-se. ★

a·cu·i·da·de *s.f.* 1. Qualidade de agudo. 2. Agudeza, perspicácia, finura.

a·çu·la·men·to *s.m.* Ato ou efeito de açular.

a·çu·lar *v.t.d.* 1. Excitar (o cão) para que morda. 2. Incitar, provocar.

a·cú·le·o *s.m.* 1. Ponta aguçada. 2. Espinho superficial em forma de aguilhão. 3. *fig.* Estímulo.

a·cul·tu·ra·ção *s.f.* Mudança da cultura de um indivíduo ou grupo por influência de uma cultura diferente.

a·cum·pli·ci·ar *v.t.d.* 1. Tornar cúmplice. *v.p.* 2. Tornar-se cúmplice ou conivente.

a·cu·mu·la·ção *s.f.* 1. Ato ou efeito de acumular; acúmulo. 2. Montão, amontoamento, grande quantidade.

a·cu·mu·la·dor *adj.* 1. Que acumula. *s.m.* 2. O que acumula. 3. Aparelho em que se armazena eletricidade.

a·cu·mu·lar *v.t.d.* 1. Ajuntar, reunir, amontoar; pôr em cúmulo ou montão. *v.p.* 2. Encher-se, amontoar-se.

a·cu·mu·lá·vel *adj.2gên.* Que se pode acumular; acumulativo.

a·cú·mu·lo *s.m.* Acumulação.

a·cu·pun·tu·ra *s.f.* Método terapêutico de origem oriental que consiste na introdução de agulhas muito finas em determinados pontos do corpo.

a·cu·ra·do *adj.* Esmerado, aprimorado, apurado.

a·cu·rar *v.t.d.* 1. Fazer com esmero. 2. Tratar com cuidado. 3. Aprimorar, aperfeiçoar, apurar.

a·cu·sa·ção *s.f.* 1. Ato ou efeito de acusar. 2. Imputação de falta ou delito. 3. Denúncia, delação.

a·cu·sa·do *adj.* 1. Que sofre ou que sofreu acusação. *s.m.* 2. Réu.

a·cu·sa·dor *adj.* e *s.m.* Que ou o que acusa.

a·cu·sar *v.t.d.* 1. Denunciar, declarar culpado. 2. Revelar, mostrar. *v.i.* 3. Fazer acusação. *v.p.* 4. Confessar-se culpado.

a·cu·sa·ti·vo *adj.* 1. Relativo a acusação. 2. Que serve para acusar.

a·cu·sa·tó·ri·o *adj.* Que envolve acusação.

a·cu·sá·vel *adj.2gên.* Que se pode acusar.

a·cús·ti·ca *s.f. Fís.* Parte da física que estuda o som e seus fenômenos.

a·cús·ti·co *adj.* Relativo à acústica ou aos sons.

a·cu·tân·gu·lo *adj. Geom.* Triângulo que apresenta todos os ângulos agudos.

a·cu·ti·lar *v.t.d.* 1. Dar cutiladas em. 2. Ferir com instrumento cortante. 3. *fig.* Rasgar, lacerar. *v.p.* 4. Cortar-se, ferir-se.

a·da·ga *s.f.* Arma branca, pouco maior que um punhal.

a·da·gi·á·ri·o *s.m.* Coleção de adágios.

a·dá·gi·o *s.m.* 1. Provérbio, anexim. 2. *Mús.* Trecho de andamento vagaroso.

a·da·ma·do *adj.* 1. Semelhante a dama; próprio de dama. 2. Efeminado.

a·da·man·ti·no *adj.* 1. Diamantino. 2. Que tem as propriedades do diamante ou é semelhante a ele.

a·da·mar-se *v.p.* Enfeitar-se como dama; efeminar-se.

a·dap·ta·bi·li·da·de *s.f.* Capacidade de adaptação.

a·dap·ta·ção *s.f.* Ato ou efeito de adaptar-se.

a·dap·ta·do *adj.* 1. Que se adaptou. 2. Acomodado, ajustado.

a·dap·tar *v.t.d.* 1. Ajustar, amoldar, acomodar. *v.p.* 2. Harmonizar-se, adequar-se; conformar-se.

a·dap·tá·vel *adj.2gên.* Que se pode adaptar.

a·de·ga (é) *s.f.* Lugar onde se guardam bebidas.

a·de·jar *v.i.* 1. Esvoaçar, voejar. *v.t.d.* 2. Agitar.

a·de·jo (ê) *s.m.* 1. Ato ou efeito de adejar. 2. Voo.

a·del·ga·ça·do *adj.* 1. Delgado, aguçado. 2. Pouco denso, rarefeito.

a·del·ga·çar *v.t.d.* 1. Tornar delgado. 2. Rarefazer. 3. Desgastar.

a·de·mais *adv.* Além disso; demais.

a·de·ma·nes *s.m.pl.* 1. Gestos e atitudes afetados, amaneirados. 2. Trejeitos.

a·den·do *s.m.* 1. Complemento de uma obra. 2. Aquilo que se anexa a uma obra. 3. Apêndice.

a·de·noi·de (ói) *adj.* 1. Que é semelhante a tecido glandular. *s.f.* 2. *Med.* Tecido linfoide localizado na parte superior da faringe das crianças. 3. *pop.* Carne esponjosa.

a·de·no·ma (ô) *s.m. Med.* Tumor benigno derivado de tecido glandular.

a·de·no·ví·rus *s.m.2núm.* Tipo de vírus responsável por doenças respiratórias.

a·den·sa·men·to *s.m.* Ato ou efeito de adensar(-se).

a·den·sar *v.t.d.* 1. Condensar, tornar denso. *v.p.* 2. Tornar-se denso ou espesso.

a·den·trar *v.t.d.* 1. Entrar em. *v.p.* 2. Entrar; internar-se.

a·den·tro *adv.* 1. Para dentro. 2. Na parte interior, interiormente.

a·dep·to *s.m.* Partidário, sectário, correligionário.

a·de·qua·ção *s.f.* 1. Ato ou efeito de adequar-se. 2. Adaptação, ajustamento.

a·de·qua·do *adj.* 1. Apropriado, conforme, próprio. 2. Acomodado. 3. Conveniente.

a·de·quar *v.t.d.* 1. Apropriar, acomodar. 2. Igualar. 3. Adaptar, moldar. *v.p.* 4. Acomodar-se.

a·de·re·çar *v.t.d.* 1. Adornar, enfeitar, ornar. *v.p.* 2. Adornar-se.

a·de·re·ço (ê) *s.m.* Adorno, enfeite, atavio.

a·de·rên·cia *s.f.* 1. Ligação íntima entre duas superfícies. 2. União, vínculo. 3. *fig.* Adesão.

a·de·ren·te *adj.2gên.* 1. Que adere. 2. Unido, pegado. *s.2gên.* 3. Partidário, sectário.

a·de·rir *v.i.* 1. Estar ou ficar intimamente colado, unido. 2. Conformar-se; seguir um partido, uma religião. ★

a·der·nar *v.i.* Inclinar-se para um dos lados (diz-se do navio).

a·de·são *s.f.* 1. Ato ou efeito de aderir. 2. União; apego. 3. Aprovação.

a·de·si·vo *adj.* 1. Que adere, gruda. *s.m.* 2. Tira de papel ou de plástico recoberta de substância adesiva.

a·des·tra·do *adj.* Instruído, ensinado, destro.

a·des·tra·men·to *s.m.* 1. Ato ou efeito de adestrar. 2. Destreza. 3. Instrução.

a·des·trar *v.t.d.* 1. Ensinar, exercitar, tornar destro ou perito. *v.p.* 2. Tornar-se destro, capaz. 3. Exercitar-se.

a·deus *interj.* 1. Termo usado em despedidas, significando Deus te acompanhe! *s.m.* 2. Despedida.

a·di:a·men·to *s.m.* Ato ou efeito de adiar.

a·di:an·ta·do *adj.* 1. Que se adiantou. 2. Avançado. 3. Abelhudo, intrometido, atrevido.

a·di:an·ta·men·to *s.m.* 1. Ato ou efeito de adiantar(-se). 2. Dianteira. 3. Progresso. 4. Quantia que se paga antes do tempo ajustado.

a·di:an·tar *v.t.d.* 1. Antecipar. 2. Fazer que se mova para diante. 3. Promover o progresso de. 4. Fazer, dizer, pagar com antecipação. *v.t.i.* 5. Melhorar. *v.p.* 6. Avantajar-se. 7. Antecipar-se.

a·di·an·te *adv.* 1. Na frente. 2. Para diante. 3. A seguir. 4. Em primeiro lugar.

a·di·ar *v.t.d.* Transferir, protelar, deixar para outro dia.

a·di·á·vel *adj.2gên.* Que pode ser adiado.

a·di·ção *s.f.* 1. Acréscimo, aumento, soma de parcelas. 2. *Mat.* A primeira das quatro operações fundamentais.

a·di·ci·o·nal *adj.2gên.* 1. Que acresce, aumenta. *s.m.* 2. Aquilo que se adiciona.

a·di·ci·o·na·men·to *s.m.* 1. Ato ou efeito de adicionar. 2. Aumento; aditamento.

a·di·ci·o·nar *v.t.d.* 1. Acrescentar, aumentar, aditar. 2. Fazer a adição de.

a·di·do *adj.* 1. Adjunto, agregado, auxiliar. *s.m.* 2. Funcionário agregado.

a·di·po·si·da·de *s.f.* 1. Qualidade ou estado de adiposo. 2. Gordura.

a·di·po·so (ô) *adj.* Gorduroso, gordo.

a·di·ta·men·to *s.m.* 1. Ato ou efeito de aditar. 2. Suplemento; adicionamento.

a·di·tar *v.t.d.* Adicionar, acrescentar.

a·di·ti·vo *adj.* 1. Que serve para aditar, que adita. *s.m.* 2. Projeto de emenda a uma lei em tramitação. 3. Componente especial de óleos e lubrificantes.

á·di·to *s.m.* 1. Entrada, aproximação, acesso. 2. Câmara secreta nos antigos templos.

a·di·vi·nha *s.f.* 1. Coisa para adivinhar; enigma. 2. Mulher que diz adivinhar.

a·di·vi·nha·ção *s.f.* 1. Ato ou efeito de adivinhar. 2. Predição, prognóstico. 3. Enigma por decifrar, adivinha.

a·di·vi·nhar *v.t.d.* 1. Prever o futuro. 2. Predizer, vislumbrar. 3. Decifrar, interpretar.

a·di·vi·nho *s.m.* Aquele que diz adivinhar o presente, o passado e o futuro.

ad·ja·cên·ci·a *s.f.* Vizinhança, proximidade.

ad·ja·cen·te *adj.2gên.* Contíguo, vizinho; próximo, que está perto.

ad·ja·zer *v.i.* Estar junto ou perto.

ad·je·ti·va·ção *s.f.* Ato, modo, processo de adjetivar.

ad·je·ti·va·do *adj.* 1. Acompanhado de adjetivo. 2. Tomado como adjetivo. 3. Que se tornou adjetivo.

ad·je·ti·var *v.t.d.* 1. Qualificar, empregar como adjetivo. 2. Ajustar, conformar.

ad·je·ti·vo *s.m. Gram.* Palavra que exprime qualidade ou modo de ser do substantivo a que se junta.

ad·ju·di·ca·ção *s.f.* Ato ou efeito de adjudicar.

ad·ju·di·car *v.t.d.* 1. Entregar por sentença judicial. 2. Entregar por deliberação.

ad·jun·to *adj.* 1. Agregado, unido. 2. Próximo. 3. Auxiliar, ajudante. *s.m.* 4. Auxiliar, assistente, agregado.

ad·ju·tó·ri:o *s.m.* Ajuda, auxílio.

ad·mi·nis·tra·ção *s.f.* 1. Ato ou efeito de administrar. 2. Direção, governo, gerência. 3. Conjunto de pessoal que administra. 4. Lugar onde se administra.

ad·mi·nis·tra·dor *s.m.* 1. O que administra. 2. Diretor; gerente. *adj.* 3. Que administra.

ad·mi·nis·trar *v.t.d.* 1. Dirigir, gerir, reger, governar. 2. Aplicar, ministrar. *v.i.* 3. Exercer o mando, governar.

ad·mi·nis·tra·ti·vo *adj.* Que se refere ou pertence à administração.

ad·mi·ra·bi·li·da·de *s.f.* Qualidade do que é admirável.

ad·mi·ra·ção *s.f.* Espanto, assombro, surpresa.

ad·mi·ra·dor *adj.* e *s.m.* Que, ou o que admira.

ad·mi·rar *v.t.d.* 1. Olhar com enlevo ou com espanto. 2. Causar admiração a. 3. Considerar com estranheza. *v.i.* 4. Provocar admiração. *v.p.* 5. Sentir admiração, surpresa, assombro.

ad·mi·rá·vel *adj.2gên.* 1. Que se pode admirar. 2. Espantoso, maravilhoso, portentoso. 3. Excelente.

ad·mis·são *s.f.* 1. Ato ou efeito de admitir. 2. Introdução, entrada. 3. Aceitação.

ad·mis·si·bi·li·da·de *s.f.* Qualidade do que é admissível.

ad·mis·sí·vel *adj.2gên.* Que se pode admitir; possível.

ad·mi·tir *v.t.d.* 1. Aceitar, receber. 2. Concordar com. 3. Reconhecer. 4. Contratar.

ad·mo·es·ta·ção *s.f.* 1. Ato ou efeito de admoestar. 2. Advertência, repreensão delicada.

ad·mo·es·tar *v.t.d.* 1. Advertir, avisar com benevolência. *v.t.d.* e *v.t.i.* 2. Lembrar, recomendar.

ad·no·mi·nal *adj.2gên. Gram.* Que modifica um substantivo, atribuindo-lhe qualidade ou quantidade (diz-se de adjunto).

a·do·be (ô) *s.m.* Tijolo cru, seco ao sol.

a·do·ça·men·to *s.m.* 1. Ato ou efeito de adoçar. 2. *fig.* Lenitivo, mitigação, refrigério.

a·do·çan·te *adj.2gên.* 1. Que adoça. *s.m.* 2. Substância que adoça.

a·do·ção *s.f.* Ato ou efeito de adotar.

a·do·çar *v.t.d.* 1. Tornar doce. 2. *fig.* Suavizar, moderar, amaciar.

a·do·ci·car *v.t.d.* 1. Tornar ligeiramente doce. *v.p.* 2. Mostrar afetação.

a·do·e·cer *v.i.* Ficar doente, enfermar.

a·do·en·ta·do *adj.* Um tanto doente, indisposto.

a·doi·da·do *adj.* 1. Um tanto doido. 2. Leviano; desatinado; estouvado.

a·doi·dar *v.t.d.* Tornar um tanto doido.

a·do·les·cên·ci:a *s.f.* Juventude; período entre a infância e a idade adulta (entre os 12 e os 18 anos, aproximadamente).

a·do·les·cen·te *adj.2gên.* e *s.2gên.* Que ou pessoa que está na adolescência.

a·dô·nis *s.m.2núm.* Jovem bonito, elegante, de formas perfeitas.

a·do·ra·ção *s.f.* 1. Ato ou efeito de adorar. 2. Culto a Deus. 3. Amor, veneração.

adorador **adulto**

a·do·ra·dor *adj.* e *s.m.* Que ou o que adora.

a·do·rar *v.t.d.* 1. Prestar culto a (divindade). 2. Venerar; ter extremado amor.

a·do·rá·vel *adj.2gên.* 1. Que se pode adorar. 2. Encantador.

a·dor·me·cer *v.t.d.* 1. Fazer dormir. 2. Entorpecer, insensibilizar. *v.i.* 3. Pegar no sono. 4. Parar, cessar.

a·dor·nar *v.t.d.* Enfeitar, ornar, cobrir de adornos.

a·dor·no *s.m.* Enfeite, ornato, ornamento.

a·do·tan·te *adj.2gên.* e *s.2gên.* Que ou pessoa que adota.

a·do·tar *v.t.d.* 1. Aceitar como filho, perfilhar. 2. Escolher, eleger. 3. Seguir.

a·do·tá·vel *adj.2gên.* Que se pode adotar.

a·do·ti·vo *adj.* 1. Que se adotou ou foi adotado. 2. Alheio, estranho.

ad·qui·ren·te *adj.2gên.* e *s.2gên.* Que ou pessoa que adquire.

ad·qui·rir *v.t.d.* 1. Conseguir, obter, alcançar, conquistar. 2. Comprar.

ad·qui·rí·vel *adj.2gên.* Que se pode adquirir.

a·dre·de (ê ou é) *adv. desus.* De propósito.

a·dre·nal *adj.2gên. Anat.* 1. Que está acima dos rins. *s.f.* 2. Glândula adrenal; suprarrenal.

a·dre·na·li·na *s.f.* Hormônio segregado pela camada superior das glândulas suprarrenais.

a·dri·ças *s.f.* Corda ou cabo utilizado para içar velas ou bandeiras.

a·dro *s.m.* Terreno diante ou ao lado de uma igreja.

ad·sor·ção *s.f. Quím.* Retenção de íons, átomos ou moléculas na superfície de um líquido ou sólido.

ads·trin·gên·ci·a *s.f.* Aperto, constrição, contração.

ads·trin·gen·te *adj.2gên.* e *s.2gên.* Que ou o que adstringe ou contrai.

ads·trin·gir *v.t.d.* 1. Apertar, cerrar, unir. 2. Constranger, obrigar. *v.p.* 3. Limitar-se.

a·du·a·na *s.f.* Alfândega.

a·du·a·nei·ro *adj.* e *s.m.* Alfandegário.

a·du·ba·ção *s.f.* Ato ou efeito de adubar.

a·du·bar *v.t.d.* Fertilizar com adubo.

a·du·bo *s.m.* Fertilizante.

a·du·ção *s.f.* Ato ou efeito de aduzir.

a·du·e·la (é) *s.f.* Cada uma das tábuas encurvadas que formam o corpo de tonéis, pipas, etc.

a·du·la·ção *s.f.* Lisonja, louvor servil.

a·du·la·dor *adj.* e *s.m.* Que, ou o que adula.

a·du·lão *adj.* e *s.m.* Adulador.

a·du·lar *v.t.d.* Bajular, gabar servilmente, lisonjear.

a·dul·te·ra·ção *s.f.* 1. Ato ou efeito de adulterar. 2. Falsificação, imitação dolosa; alteração.

a·dul·te·rar *v.t.d.* 1. Corromper, falsificar, alterar, contrafazer; viciar. *v.i.* 2. Cometer adultério.

a·dul·te·ri·no *adj.* 1. Que se originou de adultério. 2. Falsificado.

a·dul·té·ri·o *s.m.* 1. Infidelidade conjugal. 2. Falsificação.

a·dúl·te·ro *s.m.* 1. O que comete adultério. 2. Marido infiel. *adj.* 3. Falso, vicioso, corrompido, espúrio, corrupto.

a·dul·to *adj.* e *s.m.* Que, ou aquele que atingiu seu pleno desenvolvimento.

a·dun·co *adj.* Recurvado, curvo, em forma de garra ou gancho.

a·du·tor *adj.* e *s.m.* 1. Que ou o que conduz, transporta, traz. 2. *Med.* Diz-se do músculo que realiza a adução de um membro, que produz o movimento no sentido do eixo vertical do corpo.

a·du·to·ra (ô) *s.f.* 1. Conduto artificial de água. 2. Canal, galeria ou encanamento destinado a conduzir água de um lugar para outro.

a·du·zir *v.t.d.* 1. Trazer, apresentar, expor. 2. Apresentar (razões).

ad·ve·ni·en·te *adj.2gên.* Que veio depois.

ad·ven·tí·ci·o *adj.* 1. Chegado de fora, estrangeiro, forasteiro. *s.m.* 2. Aquele que chegou de fora.

ad·ven·tis·mo *s.m.* Doutrina protestante dos adventistas.

ad·ven·tis·ta *adj.2gên.* 1. Relativo ao adventismo ou aos adventistas. *s.2gên.* 2. Membro da seita dos adventistas, denominação religiosa que prega a volta iminente de Jesus Cristo à Terra.

ad·ven·to *s.m.* 1. Chegada, vinda. 2. Nome que se dá ao período das quatro semanas que precedem o Natal.

ad·ver·bi·al *adj.2gên.* Relativo a advérbio.

ad·vér·bi·o *s.m.* *Gram.* Palavra que modifica um verbo, um adjetivo ou outro advérbio, exprimindo diversas circunstâncias.

ad·ver·sá·ri·o *adj.* e *s.m.* 1. Que, ou aquele que se opõe. 2. Antagonista, competidor, rival.

ad·ver·sa·ti·vo *adj.* Oposto, adverso.

ad·ver·si·da·de *s.f.* Má sorte, infortúnio, contrariedade, desventura.

ad·ver·so *adj.* 1. Contrário, oposto. 2. Hostil, antagônico.

ad·ver·tên·ci·a *s.f.* 1. Repreensão feita com brandura. 2. Admoestação, aviso, lembrete.

ad·ver·tir *v.t.d.* 1. Aconselhar, avisar brandamente. *v.p.* 2. Notar, reparar.

ad·vir *v.i.* e *v.t.i.* 1. Suceder, acontecer. 2. Sobrevir, provir.

ad·vo·ca·ci·a *s.f.* Profissão de advogado.

ad·vo·ca·tí·ci·o *adj.* Relativo à profissão de advogado.

ad·vo·ga·do *s.m.* 1. O que defende em juízo. 2. Defensor, patrono.

ad·vo·gar *v.t.d.* 1. Defender em juízo. 2. Defender, patrocinar. *v.t.i.* 3. Interceder. *v.i.* 4. Exercer a profissão de advogado.

ae·des (édes) *Lat.* *s.m.2núm.* *Zool.* Gênero de insetos que transmitem diversas doenças, muito comuns nas regiões tropicais e subtropicais, como a dengue.

a·e·do (é) *s.m.* 1. Cantor, poeta (entre os antigos gregos). 2. *por ext.* Poeta, trovador.

a·e·ra·ção *s.f.* 1. Método que consiste em purificar a água por meio do ar. 2. Ato ou efeito de arejar.

a·é·re·o *adj.* 1. Relativo ou pertencente ao ar. 2. *fig.* Imaginário, fútil, vão.

a·e·ró·bi·ca *adj.* e *s.f.* Ginástica que combina movimentos rítmicos com respiração intensificada.

a·e·ró·bi·co *adj.* 1. Que requer a presença de oxigênio para se realizar. 2. Relativo à ginástica aeróbica.

a·e·ró·bi·o *adj.* 1. Que necessita de ar ou de oxigênio para viver. *s.m.* 2. Microrganismo que só se desenvolve em presença do ar.

a·e·ro·bi·on·te *s.m. Biol.* Organismo aeróbio.

a·e·ro·di·nâ·mi·ca *s.f. Fís.* Estudo das leis reguladoras do movimento dos fluidos elásticos e da pressão do ar exterior.

a·e·ro·di·nâ·mi·co *adj.* 1. Relativo à aerodinâmica. 2. Diz-se do desenho de linhas suaves e alongadas, usado nos modelos de veículos.

a·e·ró·dro·mo *s.m.* 1. Campo de serviço de aviões com área de pouso. 2. Aeroporto.

a.e.ro:es.pa.ço *s.m.* 1. Espaço aéreo. 2. Região do espaço utilizada para o tráfego e o controle de mísseis, satélites e foguetes.

a·e·ro·fa·gi·a *s.f.* Deglutição do ar atmosférico (ocorre em certas enfermidades).

a·e·ro·fo·bi·a *s.f.* Horror ao ar.

a·e·ró·fo·bo *s.m.* O que tem aerofobia.

a·e·ro·fo·to·gra·me·tri·a *s.f.* Levantamento fotográfico e geodésico da Terra por meio de fotografia aérea.

a·e·ro·gra·ma *s.m.* 1. Mensagem transmitida pelo telégrafo sem fio. 2. Radiograma.

a·e·ró·li·to *s.m.* 1. Pedra caída da atmosfera. 2. Estrela cadente.

a·e·ro·mo·ça (ô) *s.f.* Moça que, nos aviões, presta serviços indispensáveis à segurança e ao conforto dos passageiros.

a·e·ro·mo·de·lis·mo *s.m.* 1. Arte ou técnica de construir aeromodelos. 2. Esporte praticado com aeromodelos.

a·e·ro·mo·de·lis·ta *adj.2gên.* e *s.2gên.* Que ou aquele que pratica o aeromodelismo.

a·e·ro·mo·de·lo (ê) *s.m.* Miniatura de aeronave.

a·e·ro·náu·ti·ca *s.f.* 1. Ciência, prática ou técnica da navegação aérea. 2. *Mil.* A força aérea de uma nação (inicial maiúscula).

a·e·ro·na·ve *s.f.* Nome comum aos aparelhos destinados à navegação aérea.

a·e·ro·pla·no *s.m.* Avião.

a·e·ro·por·to (ô) *s.m.* Campo onde pousam aeronaves; aeródromo. *Pl.:* aeroportos (ó).

a.e.ros.sol *s.m.* 1. Partículas sólidas ou líquidas que estão em suspensão num meio gasoso. 2. Embalagem que produz aerossol de certos produtos, como inseticidas, desodorantes, etc.

a·e·ros·tá·ti·ca *s.f. Fís.* Estudo das leis do equilíbrio atmosférico.

a·e·rós·ta·to *s.m.* Balão ou dirigível, contendo gás mais leve que o ar para poder flutuar.

a·e·ro·ter·res·tre *adj.2gên.* 1. Que é ao mesmo tempo aéreo e terrestre. 2. Relativo às forças militares do ar e da terra.

a·e·ro·trans·por·te *s.m.* 1. Transporte aéreo de passageiros ou cargas. 2. Avião de grande capacidade de carga.

a·e·ro·vi·a *s.f.* 1. Espaço aéreo navegável. 2. Empresa de navegação aérea.

a·e·ro·vi·á·ri·o *adj.* 1. Relativo à navegação aérea. *s.m.* 2. Funcionário de empresa de navegação aérea.

a·é·ti·co *adj.* Sem preocupação com a ética; contrário à ética.

a·fã *s.m.* 1. Ânsia, vontade. 2. Diligência, pressa, azáfama. 3. Trabalho, lida incessante.

a·fa·bi·li·da·de *s.f.* 1. Qualidade de afável. 2. Delicadeza, benignidade no trato.

a·fa·di·gar *v.t.d.* 1. Causar fadiga a, cansar. *v.p.* 2. Trabalhar com afã, cansar-se.

a·fa·gar *v.t.d.* Acariciar, agradar com afagos.

a·fa·go *s.m.* 1. Carícia, meiguice, mimo. 2. Ato ou efeito de afagar.

a·fa·ma·do *adj.* Célebre, notório, famoso.

a·fa·mar *v.t.d.* 1. Dar fama a, tornar célebre. *v.p.* 2. Adquirir fama, celebridade.

a·fa·nar *v.i.* 1. Trabalhar exaustivamente. *v.p.* 2. Trabalhar com afã. *v.t.d.* 3. *pop.* Furtar.

a·fa·no·so (ô) *adj.* Laborioso, trabalhoso, cheio de afã. *Pl.*: afanosos (ó).

a·fa·si·a *s. f. Med.* Condição em que há perda parcial ou total da capacidade da linguagem, devido à lesão cerebral.

a·fas·ta·do *adj.* 1. Distante, arredado, apartado, remoto. 2. Desviado.

a·fas·ta·men·to *s.m.* Ato ou efeito de afastar(-se).

a·fas·tar *v.t.d.* 1. Pôr distante. 2. Tirar do caminho; remover; apartar; desviar. 3. Expulsar. *v.p.* 4. Distanciar-se.

a·fá·vel *adj.2gên.* Benigno, brando, meigo, agradável.

a·fa·zer *v.t.d.* 1. Acostumar, habituar. *v.p.* 2. Acostumar-se.

a·fa·ze·res (ê) *s.m.pl.* Ocupações, trabalhos, negócios.

a·fe·ar *v.t.d.* e *v.p.* Tornar(-se) feio.

a·fec·ção *s.f.* Doença, enfermidade.

a·fe·gã *adj.2gên.* e *s.2gên.* Afegane.

a·fe·ga·ne *adj.2gên.* 1. Relativo ao Afeganistão. *s.2gên.* 2. Pessoa natural ou habitante desse país da Ásia. 3. Afegão, afegã.

a·fe·gão *adj.* e *s.m.* Afegã, afegane.

a·fei·ção *s.f.* Afeto; amizade; ternura; amor.

a·fei·ço·a·do *adj.* 1. Amigo; que sente afeição. *s.m.* 2. Aquele que é objeto de afeição.

a·fei·ço·ar[1] *v.t.d.* e *v.p.* Tomar afeição, amizade por.

a·fei·ço·ar[2] *v.t.d.* 1. Dar feição a, modelar. *v.p.* 2. Tomar feição ou forma. 3. Adaptar-se.

a·fei·to *adj.* Acostumado, habituado.

a·fé·li·o *s.m.* Ponto da órbita de um planeta à sua maior distância do Sol.

a·fe·mi·na·do *adj.* e *s.m.* Efeminado.

a·fe·mi·nar *v.t.d.* e *v.p.* Efeminar-se.

a·fe·ren·te *adj.2gên.* Que transporta ou conduz.

a·fé·re·se *s.f. Gram.* Supressão de um ou mais fonemas no início da palavra.

a·fe·ri·ção *s.f.* Ato ou efeito de aferir, cotejar, comparar.

a·fe·rir *v.t.d.* 1. Conferir (pesos, medidas). 2. Cotejar, avaliar, julgar. 3. Ajustar.

a·fer·ra·do *adj.* 1. Agarrado. 2. Pertinaz, contumaz, obstinado.

a·fer·rar *v.t.d.* 1. Prender com ferro. 2. Ancorar (o navio). 3. Prender com força. *v.p.* 4. Entregar-se com afinco; teimar; agarrar-se.

a·fer·ro (ê) *s.m.* 1. Grande apego. 2. Afinco, tenacidade. 3. Obstinação, teima.

a·fer·ro·lhar *v.t.d.* 1. Guardar sob ferrolho. 2. Prender, encarcerar. 3. Guardar dinheiro.

a·fer·ven·tar *v.t.d.* 1. Pôr a ferver. 2. Estimular, excitar. *v.p.* 3. Tornar-se fervente.

afervorar / **afixar**

a·fer·vo·rar *v.t.d.* 1. Comunicar fervor a. 2. Estimular, incitar. *v.p.* 3. Encher-se de zelo. 4. Pôr-se em grande atividade. 5. Excitar-se.

a·fe·ta·ção *s.f.* 1. Ato ou efeito de afetar. 2. Falta de naturalidade.

a·fe·ta·do *adj.* 1. Que mostra afetação. 2. Presunçoso, vaidoso. 3. Em que se produziu lesão, que sofreu afecção.

a·fe·tar *v.t.d.* 1. Usar de afetação. 2. Afligir, incomodar. 3. Produzir lesão em, atingir (um órgão). *Part.*: afetado e afeto.

a·fe·ti·vo *adj.* 1. Relativo a afeto. 2. Que tem afeto, afetuoso.

a·fe·to (é) *s.m.* 1. Sentimento de amizade, dedicação. 2. Objeto de afeição. *adj.* 3. Afeiçoado, dedicado. 4. Partidário.

a·fe·tu·o·so (ô) *adj.* 1. Que tem afeto. 2. Afável, carinhoso, terno. *Pl.*: afetuosos (ó).

a·fi:a·ção *s.f.* Ato ou efeito de afiar.

a·fi:a·do *adj.* Amolado, cortante.

a·fi:a·dor *adj.* e *s.m.* Que, ou o que afia.

a·fi:an·çar *v.t.d.* 1. Ser fiador de. 2. Garantir, prestar fiança. 3. Assegurar, asseverar.

a·fi·ar *v.t.d.* Amolar, tornar cortante, dar fio ou gume a.

a·fi·ci:o·na·do *adj.* Amador, entusiasta de uma arte, de um esporte, etc.

a·fi·gu·rar *v.t.d.* 1. Dar figura a. 2. Imaginar, idear, representar. *v.p.* 3. Representar-se a imagem. 4. Parecer.

a·fi·la·do *adj.* Adelgaçado, tornado fino.

a·fi·lar *v.t.d.* 1. Fazer com que algo tome a forma de fio. 2. *v.i.* Afinar.

a·fi·lha·do *adj.* 1. O menino ou o homem em relação ao seu padrinho. 2. O protegido em relação ao seu protetor.

a·fi·li:ar *v.t.d.* e *p.* 1. Incorporar(-se) a uma organização ou sociedade. 2. Tornar(-se) sócio ou membro.

a·fim *adj.2gên.* 1. Que tem afinidade. 2. Semelhante. *s.2gên.* 3. Parente por afinidade. *Pl.*: afins. *V. fim.*

a·fi·na·ção *s.f.* Ato ou efeito de afinar.

a·fi·na·do *adj.* 1. Que se afinou; posto no devido tom. 2. Ajustado (instrumento musical, voz).

a·fi·nal *adv.* Por fim, finalmente, enfim.

a·fi·nar *v.t.d.* 1. Tornar fino. 2. Harmonizar, ajustar com os outros (instrumentos). 3. Pôr no tom próprio. 4. Apurar, purificar (metais) no crisol. *v.i.* 5. Fazer-se fino. *v.p.* 6. Harmonizar-se, concordar.

a·fin·co *s.m.* Apego, insistência, perseverança.

a·fi·ni·da·de *s.f.* 1. Qualidade de afim. 2. Vínculo de parentesco. 3. Semelhança, analogia. 4. *Quím.* Força atrativa pela qual uma substância prefere unir-se a outra, em vez de a uma terceira.

a·fir·ma·ção *s.f.* 1. Ato ou efeito de afirmar-se. 2. Declaração formal. 3. Afirmativa.

a·fir·mar *v.t.d.* 1. Declarar com firmeza, asseverar, assegurar, dar por certo. 2. Consolidar, fixar. *v.p.* 3. Assegurar-se.

a·fir·ma·ti·va *s.f.* 1. Ação ou resultado de afirmar. 2. Afirmação, confirmação.

a·fir·ma·ti·vo *adj.* Que afirma ou confirma.

a·fir·má·vel *adj.2gên.* Que se pode afirmar.

a·fi·ve·lar *v.t.d.* Prender com fivela.

a·fi·xa·ção (cs) *s.f.* Ato ou efeito de afixar.

a·fi·xar (cs) *v.t.d.* 1. Pregar, fixar, segurar. 2. Tornar fixo.

afixo

a·fi·xo (cs) *s.m. Gram.* Elemento que se adiciona ao radical da palavra.

a·fli·ção *s.f.* 1. Angústia, dor, sofrimento, desgosto. 2. Inquietação, preocupação, cuidado.

a·fli·gir *v.t.d.* 1. Causar aflição a; angustiar, ansiar. *v.p.* 2. Angustiar-se, atormentar-se.

a·fli·ti·vo *adj.* Que causa aflição, angustioso.

a·fli·to *adj.* 1. Angustiado. 2. Preocupado. 3. Cheio de cuidados.

a·flo·rar *v.t.d.* 1. Nivelar, pôr no mesmo nível (duas coisas). 2. Tocar de leve. *v.i.* 3. Emergir à superfície, vir à tona.

a·flu·ên·ci·a *s.f.* Afluxo, grande concorrência de pessoas ou coisas.

a·flu·en·te *adj.2gên.* 1. Que aflui. 2. Abundante. *s.m.* 3. *Geog.* Rio que deságua em outro.

a·flu·ir *v.t.i.* 1. Correr ou convergir (para um lugar ou para um lado). *v.i.* 2. Vir em grande quantidade.

a·flu·xo (cs) *s.m.* 1. Ato ou efeito de afluir. 2. Afluência. 3. Abundância.

a·fo·ba·ção *s.f.* Afã, pressa, precipitação.

a·fo·ba·do *adj.* Apressado, cheio de ocupações, atrapalhado.

a·fo·bar *v.t.d.* 1. Causar afobação a. *v.p.* 2. Ficar afobado.

a·fo·far *v.t.d.* 1. Tornar fofo. *v.i.* e *v.p.* 2. Tornar-se fofo.

a·fo·ga·di·lho *s.m.* Precipitação, pressa, aperto. *loc. adv. desus.* **De afogadilho:** apressadamente.

a·fo·ga·do *adj.* e *s.m.* 1. Que, ou o que se asfixiou por imersão. 2. *Cul.* Prato feito de carnes, cebola, tomate, ervas e pimenta-do-reino; refogado.

afresco

a·fo·ga·dor *adj.* 1. Que afoga. *s.m.* 2. O que afoga. 3. Dispositivo nos veículos automóveis que controla a passagem do ar para a câmara de carburação.

a·fo·ga·men·to *s.m.* Ato ou efeito de afogar(-se).

a·fo·gar *v.t.d.* 1. Asfixiar por imersão. 2. Sufocar, impedir o desenvolvimento de. *v.i.* 3. Asfixiar-se. *v.p.* 4. Morrer por afogamento.

a·fo·gue·a·do *adj.* 1. Em brasa, em fogo, ardente. 2. Corado, enrubescido.

a·fo·gue·ar *v.t.d.* 1. Submeter ao fogo, queimar. 2. Enrubescer. *v.p.* 3. Abrasar-se, entusiasmar-se.

a·foi·te·za (ê) *s.f.* 1. Ousadia, audácia, arrojo. 2. Resolução, coragem.

a·foi·to *adj.* Audaz, intrépido, destemido, decidido.

a·fo·ni·a *s.f.* Perda da voz, total ou parcial.

a·fô·ni·co *adj.* Sem voz.

a·fo·ra (ó) *adv.* Exceto, com exclusão de, salvo.

a·fo·ra·men·to *s.m. Jur.* Cessão de domínio.

a·fo·ris·mo *s.m.* Sentença breve e conceituosa; máxima.

a·for·mo·se·ar *v.t.d.* 1. Embelezar, dar realce a. *v.p.* 2. Tornar-se formoso; enfeitar-se.

a·for·tu·na·do *adj.* Feliz, ditoso, venturoso.

a·fo·xé *s.m.* 1. Grupo carnavalesco, geralmente ligado ao candomblé. 2. *Mús.* Instrumento musical de som semelhante ao do chocalho.

a·fres·co (ê) *s.m.* 1. Processo usado em pintura que consiste na aplicação das tintas sobre o reboco ainda fresco. 2. Pintura feita por esse processo.

a·fri·cân·der *adj.2gên.* e *s.2gên.* Branco de origem holandesa nascido na África do Sul.

a·fri·câ·ner *s.m.* Língua falada pelos africânderes.

a·fri·ca·no *adj.* 1. Relativo ou pertencente à África. *s.m.* 2. O natural ou habitante da África.

a·fro *adj.2gên.* 1. Africano. 2. Que tem características africanas ou nelas se inspira. *s.2gên.* 3. Indivíduo natural ou habitante da África.

a·fro-bra·si·lei·ro *adj.* e *s.m.* Que ou o que é africano e brasileiro a um só tempo. *Pl.:* afro-brasileiros.

a·fro·des·cen·den·te *adj.2gên.* e *s.2gên.* Que ou aquele que descende de africanos.

a·fro·di·sí·a·co *adj.* e *s.m.* Excitante do apetite sexual.

a·fron·ta *s.f.* 1. Injúria, ultraje, ofensa. 2. Violência, assalto.

a·fron·ta·men·to *s.m.* Ato ou efeito de afrontar.

a·fron·tar *v.t.d.* 1. Olhar de frente. 2. Medir forças com. 3. Insultar. 4. Importunar. *v.p.* 5. Deparar com. 6. Fatigar-se.

a·fron·to·so (ô) *adj.* Que encerra afronta. *Pl.:* afrontosos (ó).

a·frou·xa·men·to (ch) *s.m.* Ato ou efeito de afrouxar(-se).

a·frou·xar (ch) *v.t.d.* 1. Tornar frouxo, desapertar. *v.i.* 2. Soltar-se, alargar-se. 3. Diminuir o empenho, o entusiasmo.

af·ta *s.f. Med.* Ulceração da mucosa do aparelho digestivo.

af·to·sa (ó) *s.f. Veter.* Doença provocada por vírus, que atinge principalmente animais silvestres e domésticos.

a·fu·gen·tar *v.t.d.* 1. Fazer que fuja. 2. Repelir.

a·fun·dar *v.t.d.* 1. Fazer que vá ao fundo. 2. Tornar fundo, escavar. 3. *fig.* Deitar a perder. *v.i.* 4. Ir ao fundo. *v.p.* 5. Submergir, ir ao fundo.

a·fu·ni·la·do *adj.* Que tem aspecto ou forma de funil.

a·fu·ni·lar *v.t.d.* 1. Dar forma de funil a. 2. Estreitar. *v.p.* 3. Tomar a forma de funil.

a·gá *s.m.* Nome da oitava letra do nosso alfabeto, *h.*

a·ga·cha·men·to *s.m.* Ato ou efeito de agachar-se.

a·ga·char-se *v.p.* 1. Acocorar-se, abaixar-se. 2. Humilhar-se, ceder, sujeitar-se.

á·ga·pe *s.m.* Banquete, almoço de confraternização entre políticos, comerciantes, etc.

a·gar·ra·do *adj.* 1. Aferrado, apegado. 2. Teimoso. 3. Avarento.

a·gar·ra·men·to *s.m.* 1. Ato ou efeito de agarrar(-se). 2. União constante entre duas ou mais pessoas. 3. Sovinice, avareza.

a·gar·rar *v.t.d.* 1. Segurar com força. 2. Prender, ligar. *v.t.i.* 3. Segurar. *v.p.* 4. Segurar-se.

a·ga·sa·lhar *v.t.d.* 1. Abrigar, acolher, proteger; aquecer. *v.p.* 2. Aquecer-se; recolher-se, hospedar-se.

a·ga·sa·lho *s.m.* 1. Ato de agasalhar. 2. Peça de vestuário com que se conserva o calor do corpo. 3. Abrigo, hospedagem. 4. Proteção.

a·gas·ta·do *adj.* Irritado, enfadado, aborrecido.

a·gas·tar *v.t.d.* 1. Irritar, zangar, aborrecer. *v.p.* 2. Aborrecer-se, zangar-se.

á·ga·ta *s.f. Min.* Pedra semipreciosa que apresenta camadas distintas e multicoloridas.

a·ga·ta·nhar *v.t.d.* 1. Arranhar, ferir com as unhas. *v.p.* 2. Ferir-se com as unhas.

á·ga·te *s.m.* Ferro recoberto com esmalte; ágata.

a·ga·ve *s.m.* 1. *Bot.* Planta de que se extrai o sisal ou agave. 2. Sisal.

a·gên·ci·a *s.f.* 1. Escritório de negócios. 2. Filial (de banco, casa bancária ou comercial, repartição pública). 3. Diligência, atividade.

a·gen·ci·a·dor *adj.* e *s.m.* 1. Que, ou o que agencia. 2. Diligente, ativo, trabalhador.

a·gen·ci·ar *v.t.d.* 1. Tratar de negócios alheios. 2. Diligenciar, fazer por encontrar (algo para alguém). 3. Andar à procura de.

a·gen·da *s.f.* Livro ou caderno de apontamentos e lembretes de compromissos.

a·gen·dar *v.t.d.* 1. Anotar na agenda. 2. Marcar a data e (geralmente) o horário de um determinado compromisso ou acontecimento.

a·gen·te *adj.2gên.* 1. Que, ou tudo o que opera. *s.2gên.* 2. Intermediário de negócios.

a·gi·gan·ta·do *adj.* 1. Que tem figura de gigante. 2. Hercúleo, desmesurado.

a·gi·gan·tar *v.t.d.* 1. Tornar gigante. 2. Engrandecer. *v.p.* 3. Crescer muito, adquirir proporções de gigante.

á·gil *adj.2gên.* Hábil, destro, expedito, ligeiro.

a·gi·li·da·de *s.f.* Ligeireza; presteza; desembaraço.

a·gi·li·zar *v.t.d.* Produzir algo de forma mais ágil, eficiente, ou torná-lo assim.

á·gi:o *s.m.* 1. Diferença entre o valor nominal e o valor real. 2. Juro de dinheiro emprestado.

a·gi·o·ta (ó) *adj.2gên.* e *s.2gên.* Diz-se de ou pessoa que faz agiotagem.

a·gi:o·ta·gem *s.f.* Especulação exagerada sobre fundos ou mercadorias; usura.

a·gir *v.i.* Pôr em ação, operar, atuar, realizar.

a·gi·ta·ção *s.f.* 1. Ato ou efeito de agitar. 2. Movimento. 3. Perturbação. 4. Alvoroço, tumulto, desordem.

a·gi·ta·dor *adj.* 1. Que agita. *s.m.* 2. O que promove agitação. 3. Revolucionário.

a·gi·tar *v.t.d.* 1. Mover, sacudir. 2. Alvoroçar, amotinar. 3. Discutir. *v.p.* 4. Mover-se. 5. Inquietar-se, preocupar-se.

a·glo·me·ra·ção *s.f.* Agrupamento de coisas ou pessoas; ajuntamento.

a·glo·me·rar *v.t.d.* 1. Amontoar, reunir, juntar, acumular. *v.p.* 2. Amontoar-se, ajuntar-se.

a·glu·ti·na·ção *s.f.* 1. Ato ou efeito de aglutinar. 2. Aderência, consolidação.

a·glu·ti·nan·te *adj.2gên.* 1. Que aglutina, liga, cola. *s.m.* 2. Tudo o que aglutina, liga, cola.

a·glu·ti·nar *v.t.d.* 1. Unir com glúten ou cola. 2. Unir, colar, grudar. 3. Consolidar.

ag·nos·ti·cis·mo *s.m.* Doutrina filosófica que declara o conhecimento absoluto inacessível à razão humana.

ag·nós·ti·co *adj.* 1. Relativo ao agnosticismo. 2. Que professa o agnosticismo. *s.m.* 3. Indivíduo agnóstico.

a·go·gô *s.m. Mús.* Instrumento musical com dupla campânula de ferro e que se percute com vareta do mesmo metal.

a·go·ni·a *s.f.* 1. Ânsia; transe de morte. 2. Angústia. 3. Pressa, açodamento.

a·go·ni·a·do *adj.* 1. Cheio de ansiedade. 2. Aflito, atribulado, amargurado.

a·go·ni·ar *v.t.d.* 1. Causar agonia a. 2. Amargurar, mortificar.

a·go·ni·zan·te *adj.2gên.* 1. Que está na agonia. 2. Que declina de modo rápido. *s.2gên.* 3. Moribundo, pessoa que agoniza.

a·go·ni·zar *v.t.d.* 1. Causar agonia a. *v.i.* 2. Estar à morte.

a·go·ra (ó) *adv.* Nesta hora, presentemente, atualmente.

á·go·ra *s.f.* 1. Praça pública nas cidades gregas antigas. 2. Local em que se realizavam as assembleias do povo.

a·go·ra·fo·bi·a *s.f.* Medo mórbido de estar em praças e grandes lugares públicos.

a·go·rá·fo·bo *s.m.* O que tem agorafobia.

a·gos·ti·ni·a·no *adj.* 1. Relativo à Ordem de Santo Agostinho. *s.m.* 2. Frade dessa Ordem.

a·gos·to *s.m.* Oitavo mês do ano civil, com 31 dias.

a·gou·rar *v.t.d.* Pressagiar, profetizar, predizer.

a·gou·rei·ro *adj.* e *s.m.* Que ou o que agoura.

a·gou·ren·to *adj.* Relativo a agouro.

a·gou·ro *s.m.* Presságio, vaticínio, profecia.

a·gra·ci·ar *v.t.d.* 1. Conceder graça ou mercê a. 2. Honrar com título.

a·gra·dar *v.t.i.* 1. Satisfazer, contentar. *v.i.* 2. Impressionar favoravelmente. *v.p.* 3. Sentir prazer; afeiçoar-se.

a·gra·dá·vel *adj.2gên.* Aprazível, ameno, gostoso, que dá prazer.

a·gra·de·cer *v.t.d.* e *v.i.* 1. Demonstrar gratidão a. 2. Reconhecer. *v.t.d.* 3. Retribuir favores.

a·gra·de·ci·do *adj.* Grato, reconhecido.

a·gra·de·ci·men·to *s.m.* 1. Ato ou efeito de agradecer. 2. Reconhecimento, gratidão.

a·gra·do *s.m.* 1. Ato ou efeito de agradar. 2. Prazer, gosto, aprovação, satisfação. 3. Demonstração de carinho.

a·grá·ri:o *adj.* Relativo ao campo ou à cultura de terras.

a·gra·va·men·to *s.m.* 1. Ato ou efeito de agravar(-se). 2. Aumento; piora.

a·gra·van·te *adj.2gên.* 1. Que agrava. 2. Ofensivo. *s.2gên.* 3. Pessoa que agrava. *s.m.* 4. Circunstância que aumenta a gravidade.

a·gra·var *v.t.d.* 1. Tornar mais grave. 2. Piorar, exacerbar. *v.p.* 3. Tornar-se mais grave.

a·gra·vo *s.m.* Ofensa, injúria, dano.

a·gre *adj.2gên.* Acre, azedo.

a·gre·dir *v.t.d.* 1. Atacar, bater em; ofender a. 2. Provocar. ★

a·gre·ga·ção *s.f.* 1. Ato ou efeito de agregar(-se). 2. Aglomeração, associação, reunião em grupo. 3. Admissão.

a·gre·ga·do *adj.* 1. Que se agregou. *s.m.* 2. Aquele que vive no seio de uma família, como pessoa da casa. 3. Lavrador sem recursos, estabelecido em terras de outrem.

a·gre·gar *v.t.d.* 1. Ajuntar, aglomerar, reunir. *v.p.* 2. Reunir-se, associar-se, congregar-se.

a·gre·mi·a·ção *s.f.* 1. Ato ou efeito de agremiar(-se). 2. Reunião de pessoas em grêmio, assembleia, sociedade.

a·gre·mi·ar *v.t.d.* 1. Reunir em grêmio, associar. *v.p.* 2. Reunir-se, associar-se.

a·gres·são *s.f.* 1. Ato ou efeito de agredir. 2. Provocação, hostilidade, ofensa.

a·gres·si·vi·da·de *s.f.* 1. Qualidade de agressivo. 2. Disposição para agredir.

a·gres·si·vo *adj.* 1. Que envolve agressão. 2. Ofensivo, hostil.

a·gres·sor *adj.* e *s.m.* Que, ou o que agride.

a·gres·te *adj.2gên.* 1. Campestre; bravio; rústico. *s.m.* 2. *Geog.* Zona geográfica do nordeste do Brasil, entre a mata e a caatinga.

a·gri·ão *s.m. Bot.* Planta hortense.

a·grí·co·la *adj.* Relativo ou pertencente à agricultura.

a·gri·cul·tor *s.m.* Lavrador, o que pratica a agricultura.

a·gri·cul·tu·ra *s.f.* Arte e ciência de cultivar a terra.

a·gri·do·ce (ô) *adj.2gên.* Que é azedo e doce ao mesmo tempo.

a·gri·lho·ar *v.t.d.* 1. Prender com grilhões, acorrentar. 2. *fig.* Constranger.

a·gri·men·sor *s.m.* Aquele que mede terras agrícolas.

a·gri·men·su·ra *s.f.* Arte e técnica de medir terras agrícolas.

a·gri·sa·lhar *v.t.d.* e *v.p.* Tornar(-se) grisalho.

a·gro *adj.* 1. Acre, azedo. 2. Escabroso.

a·gro·in·dús·tri·a *s.f.* A indústria nas suas relações com a agricultura.

a·gro·in·dus·tri·al *adj.2gên.* Relativo à agroindústria.

a·gro·ne·gó·ci·o *s.m. Econ.* As atividades relativas à agropecuária, desde a produção até a comercialização dos produtos, consideradas em conjunto ou isoladamente.

a·gro·no·man·do *s.m.* O que se forma em agronomia.

a·gro·no·mi·a *s.f.* Ciência da agricultura.

a·grô·no·mo *s.m.* Indivíduo especialista em agronomia.

a·gro·pe·cu·á·ri·a *s.f.* Prática conjunta da agricultura e da pecuária.

a·gro·tó·xi·co (cs) *s.m.* Produto químico utilizado para proteger a lavoura contra pragas.

a·gro·vi·a *s.f.* Via utilizada para o transporte de produtos agrícolas.

a·gru·pa·men·to *s.m.* 1. Ato ou efeito de agrupar(-se). 2. Reunião em grupo; ajuntamento.

a·gru·par *v.t.d.* 1. Juntar em grupo. 2. Associar. *v.p.* 3. Formar grupo.

a·gru·ra *s.f.* 1. Sabor agro. 2. Aspereza; amargura; dissabor.

á·gu·a *s.f.* 1. Líquido natural, incolor e inodoro, que se compõe de hidrogênio e oxigênio. 2. A porção líquida do globo terrestre (4/5 da superfície deste).

a·gua·cei·ro *s.m.* Chuva repentina e forte, de curta duração.

água com açúcar *adj.2gên.2núm.* 1. Que tem muito sentimentalismo; piegas. 2. Simples, tolo (3)(4).

a·gua·da *s.f.* 1. Abastecimento de água doce, para viagens marítimas. 2. Lugar onde se faz esse abastecimento.

á·gua de chei·ro *s.f.pop.* O mesmo que água-de-colônia. *Pl.*: águas de cheiro.

á·gua-de-co·lô·ni·a *s.f.* Solução com álcool e essências aromáticas, usada como perfume; água de cheiro. *Pl.*: águas-de-colônia.

á·gua de co·co *s.f.* Líquido contido no interior do coco-da-baía verde, rico em vitaminas e sais minerais. *Pl.:* águas de coco.

a·gua·dei·ro *s.m.* O que fornece água, vendedor de água.

a·gua·do *adj.* 1. Diluído em água. 2. Umedecido. 3. Frustrado (plano). 4. Ralo, enfraquecido, com muita água (café).

á·gua-for·te *s.f.* 1. Solução de ácido nítrico. 2. *Bel-Art.* Técnica de gravura em metal usando a água-forte. 3. A gravura criada por meio dessa técnica. *Pl.:* águas-fortes.

á·gua-fur·ta·da *s.f.* O último andar de uma casa, quando suas janelas dão para o telhado. *Pl.:* águas-furtadas.

á·gua-ma·ri·nha *s.f. Min.* Pedra semipreciosa, variedade azulada de berilo. *Pl.:* águas-marinhas.

a·gua·pé *s.m. Bot.* Nome comum a diversas plantas aquáticas, que, entrelaçando-se, formam uma espécie de tapete muito resistente.

a·guar *v.t.d.* 1. Misturar com água. 2. Diluir em água. 3. Regar, molhar. *v.i.* 4. Ficar com água na boca, por não obter uma coisa que deseja. *v.p.* 5. Encher-se de água.

a·guar·dar *v.t.d.* 1. Esperar. 2. Vigiar, espreitar.

a·guar·den·te *s.f.* 1. Bebida alcoólica obtida especialmente pela destilação de cana-de-açúcar. 2. Cachaça.

á·gua-ré·gi:a *s.f. Quím.* Mistura de uma parte de ácido nítrico e três ou quatro partes de ácido clorídrico, muito corrosiva. *Pl.:* águas-régias.

a·guar·rás *s.f. Quím.* Essência de terebintina.

á·gua-vi·va *s.f. epiceno Zool.* Nome comum às grandes medusas, animais marinhos cujo contato queima a pele humana. *Pl.:* águas-vivas.

a·gu·ça·do *adj.* Afiado, com gume.

a·gu·çar *v.t.d.* 1. Tornar agudo. 2. Afiar. 3. Adelgaçar na ponta. 4. *fig.* Excitar, estimular. 5. Tornar penetrante, perspicaz. *v.i.* 6. Tornar-se agudo. 7. Adelgaçar-se; afunilar-se. *v.p.* 8. Excitar-se, estimular-se. 9. Tornar-se apressado, diligente.

a·gu·dez *s.f.* Agudeza.

a·gu·de·za (ê) *s.f.* 1. Qualidade de agudo. 2. Perspicácia, esperteza.

a·gu·do *adj.* 1. Afiado, fino. 2. Perspicaz. 3. Intenso, violento. 4. Sutil. *Sup.abs. sint.:* agudíssimo e acutíssimo.

a·guen·tar (güen) *v.t.d.* 1. Suster; sustentar, suportar, resistir. *v.p.* 2. Manter-se firme, sustentar-se.

a·guer·ri·do *adj.* 1. Habituado à guerra. 2. Valente, corajoso.

a·guer·rir *v.t.d.* 1. Acostumar à guerra, aos seus perigos, às suas fadigas. 2. Acostumar ao trabalho e às vicissitudes da vida.

á·gui:a *s.f. epiceno* 1. *Zool.* A maior e a mais robusta das aves de rapina. *s.2gên.* 2. Pessoa perspicaz ou de grande talento. 3. Pessoa espertalhona, velhaca.

a·gui·lha·da *s.f.* Vara com ferrão na ponta, usada para tanger bois.

a·gui·lhão *s.m.* 1. Ferrão; a ponta de ferro da aguilhada. 2. Dardo pequeno e retrátil do abdome de certos insetos, como as abelhas. 3. *fig.* Incitamento, estímulo, incentivo.

a·gui·lhoa·da *s.f.* 1. Ferroada; picada com aguilhão. 2. Dor aguda e momentânea. 3. Estímulo, incentivo.

a·gui·lho·ar *v.t.d.* 1. Picar com aguilhão. 2. *fig.* Provocar, estimular, incitar. *Pres. indic.*: eu aguilhoo, etc.

a·gu·lha *s.f.* 1. Pequena haste de aço, aguçada numa das extremidades, com um orifício na extremidade oposta. 2. Ponteiro de relógio ou outro mostrador. 3. Varinha com gancho próprio para fazer peças de malha. 4. Fiel de balança. 5. Peça de aço de arma de fogo. 6. Extremidade de torres ou campanários. 7. Pico de montanha. 8. Trilho móvel que facilita a passagem dos trens de uma para outra via. 9. A porção da carne unida ao espinhaço do boi. *epíceno* 10. *Zool.* Nome comum a diversos peixes de corpo cilíndrico e focinho alongado.

a·gu·lhei·ro *s.m.* Estojo pequeno em que se guardam agulhas.

a·gu·ti *s.m. epíceno Zool.* Cutia.

ah *interj.* Termo que exprime diversos sentimentos: alegria, surpresa, prazer, sofrimento, dor, admiração, etc.

ai *s.m.* 1. Grito de dor ou de alegria. *interj.* 2. Expressão de dor, aflição, surpresa, etc.

a·í[1] *adv.* 1. Nesse lugar. 2. A esse respeito.

a·í[2] *interj.* Expressão de aplauso.

ai·a *s.f. desus.* Criada de fino trato; camareira.

ai·a·to·lá *s.m.* Religioso de alta importância para os muçulmanos xiitas.

ai·dé·ti·co *adj.* e *s.m.* Doente de aids.

aids *s.f.2núm. Ingl. Med.* Doença contagiosa cujo agente causal é o HIV, o vírus da imunodeficiência humana (sigla de síndrome de deficiência imunológica adquirida, em inglês); sida.

ai·mo·ré *s.2gên.* 1. Indígena botocudo que habitava os territórios hoje pertencentes aos estados do Espírito Santo e da Bahia. *adj.2gên.* 2. Relativo aos aimorés.

a·in·da *adv.* 1. Até agora. 2. Até então. 3. Além de.

ai·o *s.m. desus.* 1. Criado respeitável, preceptor de crianças ricas. 2. Camareiro. 3. Escudeiro.

a:i·pim *s.m. Bot.* Arbusto, também chamado macaxeira e mandioca-doce.

ai·po *s.m. Bot.* Planta usada como condimento, cujas folhas se usam em saladas, sopas, etc.

ai·ro·si·da·de *s.f.* Elegância, garbo.

ai·ro·so (ô) *adj.* Elegante, esbelto. *Pl.*: airosos (ó).

a:is·tó·ri·co *adj.* O mesmo que anistórico.

ai·ve·ca (é) *s.f.* Peça que sustenta a relha do arado e serve para levantar a terra e alargar o sulco, quando se lavra.

a·jan·ta·ra·do *adj.* 1. Semelhante a jantar. 2. Refeição única que se faz familiarmente aos domingos e feriados.

a·jar·di·nar *v.t.d.* 1. Transformar em jardim. 2. Dispor em forma de jardim.

a·jei·tar *v.t.d.* 1. Dispor com jeito. 2. Adaptar, conformar, acomodar. *v.p.* 3. Revelar jeito para acomodar-se; mostrar-se jeitoso.

a·jo:e·lhar *v.t.d., v.i.* e *v.p.* 1. Pôr(-se) de joelhos. 2. Humilhar(-se).

a·jou·jo *s.m.* Peça utilizada para prender e emparelhar animais, geralmente correia ou corrente.

a·ju·da *s.f.* 1. Ato ou efeito de ajudar. 2. Auxílio. 3. *Inform.* Conjunto de instruções que um programa oferece.

a·ju·dan·te *adj.2gên.* 1. Que ajuda. *s.2gên.* 2. Pessoa que ajuda.

a·ju·dar *v.t.d.* 1. Prestar ajuda a. 2. Socorrer. 3. Facilitar. *v.t.i.* 4. Prestar auxílio. *v.p.* 5. Valer-se, servir-se. 6. Auxiliar-se reciprocamente.

a·ju·i·za·do *adj.* Que tem juízo.

a·ju·i·zar *v.t.d.* 1. Formar juízo de. 2. Julgar, avaliar, supor, conjeturar. 3. Tornar objeto de demanda. *v.p.* 4. Julgar-se.

a·jun·ta·men·to *s.m.* 1. Ato ou efeito de ajuntar-se. 2. Multidão.

a·jun·tar *v.t.d.* 1. Pôr junto, reunir, unir. 2. Acumular, acrescentar. 3. Aproximar. 4. Apresentar. *v.p.* 5. Unir-se, juntar-se.

a·ju·ra·men·tar *v.t.d.* 1. Fazer jurar. *v.p.* 2. Obrigar-se por juramento.

a·jus·ta·men·to *s.m.* Ato ou efeito de ajustar(-se).

a·jus·tar *v.t.d.* 1. Pôr justo ou certo. 2. Unir bem. 3. Completar. 4. Liquidar (contas). 5. Colocar as peças de (uma máquina). 6. Adaptar, acomodar. *v.p.* 7. Acomodar-se, adaptar-se.

a·jus·tá·vel *adj.2gên.* Que se pode ajustar; regulável.

a·jus·te *s.m.* 1. Ação ou resultado de ajustar. 2. Acerto; acordo. *Ajuste de contas*: desforra, represália.

a·la *s.f.* 1. Fileira, fila, renque. 2. Parte lateral de um edifício. 3. Cada um dos grupos de um partido político, de uma associação, etc., cujos integrantes têm os mesmos ideais. 4. Cada uma das divisões de uma escola de samba.

a·la·bar·da *s.f.* Arma antiga, semelhante à lança, em cuja extremidade trazia uma peça de ferro pontiaguda atravessada por uma lâmina em forma de meia-lua.

a·la·bas·tro *s.m.* Espécie de mármore branco, translúcido e pouco resistente.

á·la·cre *adj.2gên.* Jovial, alegre.

a·la·cri·da·de *s.f.* Qualidade de álacre.

a·la·dei·ra·do *adj.* 1. Que tem ladeira. *s.m.* 2. Terreno íngreme, cheio de ladeiras.

a·la·do *adj.* Provido de asas.

a·la·ga·ção *s.f.* Ato ou efeito de alagar.

a·la·ga·di·ço *adj.* 1. Que se pode alagar. *s.m.* 2. Terreno sujeito a alagação. 3. Charco.

a·la·ga·men·to *s.m.* Ato ou efeito de alagar(-se).

a·la·gar *v.t.d.* 1. Cobrir, encher de água. 2. Encharcar. 3. *por ext.* Encher, cobrir de qualquer líquido. *v.p.* 4. Ficar coberto de água.

a·la·goa·no *adj.* 1. Do estado de Alagoas. *s.m.* 2. O natural ou habitante desse estado.

a·la·mar *s.m.* Cordão trançado para abotoar, com presilha de metal, em certos vestuários.

a·lam·bi·ca·do *adj.* 1. Destilado em alambique. 2. Presumido, afetado. 3. Requintado.

a·lam·bi·car *v.t.d.* 1. Destilar no alambique. 2. *fig.* Tornar afetado, pretensioso. 3. Requintar (o estilo, a fala, as maneiras). *v.p.* 4. Afetar-se.

a·lam·bi·que *s.m.* Aparelho para destilar; destilaria.

a·lam·bra·do *adj.* 1. Cercado com arame. *s.m.* 2. Cerca de fios de arame.

a·la·me·da (ê) *s.f.* 1. Rua ou avenida orlada de árvores. 2. Renque de árvores. 3. Plantação de álamos.

á·la·mo *s.m. Bot.* Árvore de madeira muito branca e macia.

a·lan·ce·a·do *adj.* 1. Ferido com lança. 2. *fig.* Amargurado, triste, aflito.

a·lar¹ *adj.* Que tem aspecto ou forma de asa; relativo a asa.

a·lar² *v.t.d.* 1. prover de asas. 2. Dispor em alas. *v.p.* 3. Elevar-se, voando; alçar-se, elevar-se, erguer-se. *Pres. indic.*: eu alo, etc. *Pres. subj.*: que eu ale, que tu ales, que ele ale, que eles alem, etc.

a·lar³ *v.t.d.* 1. Levantar. 2. Puxar para cima.

a·la·ran·ja·do *adj.* 1. Que tem gosto, odor, forma ou cor de laranja; amarelo-avermelhado. *s.m.* 2. Essa cor.

a·lar·de *s.m.* 1. Ostentação, jactância, vaidade, aparato. 2. Bazófia.

a·lar·de·ar *v.t.d.* 1. Fazer alarde de; ostentar, apregoar. *v.i.* 2. Bazofiar.

a·lar·ga·dor *adj.* e *s.m.* 1. Que, ou o que alarga. *s.m.* 2. Ferramenta para alargar furos.

a·lar·ga·men·to *s.m.* Ato ou efeito de alargar(-se).

a·lar·gar *v.t.d.* 1. Tornar largo ou mais largo. 2. Dilatar, ampliar. 3. Afrouxar. 4. Dar maior duração a. *v.i.* 5. Tornar largo ou mais largo. *v.p.* 6. Dilatar-se, ampliar-se.

a·la·ri·do *s.m.* 1. Clamor, celeuma, gritaria. 2. Lamentação ruidosa.

a·lar·ma *s.m.* Alarme.

a·lar·man·te *adj.2gên.* Que alarma; assustador.

a·lar·mar *v.t.d.* 1. Pôr em alarme. 2. Dar voz de alarme a; assustar. *v.p.* 3. Assustar-se.

a·lar·me *s.m.* 1. Grito para chamar às armas; rebate. 2. Sinal com que se avisa de algum perigo. 3. Tumulto, confusão.

a·lar·mis·ta *adj.2gên.* e *s.2gên.* Que, ou pessoa que gosta de espalhar boatos assustadores.

a·lar·ve *s.2gên.* Pessoa rústica, brutal, selvagem.

a·las·tra·men·to *s.m.* Ato ou efeito de alastrar(-se).

a·las·trar *v.t.d.* 1. Cobrir com lastro. 2. Estender; encher. *v.i.* 3. Alargar-se. *v.p.* 4. Espalhar-se.

a·la·ú·de *s.m. Mús.* Instrumento musical de cordas, com o corpo em forma de meia pera.

a·la·van·ca *s.f.* 1. Barra inflexível para levantar ou deslocar pesos, móvel em torno de um ponto chamado fulcro. 2. *fig.* Meio de ação; expediente. 3. Força moral.

a·la·zão *adj.* e *s.m.* Diz-se de, ou cavalo que tem cor castanho-avermelhada. *Fem.*: alazã. *Pl.*: alazães e alazões.

al·ba·nês *adj.* 1. Da Albânia. *s.m.* 2. O natural ou habitante da Albânia. 3. Língua que se fala nesse país.

al·bar·da *s.f.* 1. Sela tosca para animais de carga. 2. *fig.* Vestimenta rústica, geralmente casaco ou jaqueta.

al·ba·troz *s.m. epiceno Zool.* Grande ave marinha da parte meridional do Atlântico e do Pacífico.

al·ber·gar *v.t.d.* 1. Dar albergue a, recolher, agasalhar. *v.p.* 2. Acolher-se; hospedar-se.

al·ber·gue *s.m.* 1. Hospedaria. 2. Lugar onde se recolhem indigentes, sobretudo os que não têm onde passar a noite. 3. Abrigo.

al·bi·nis·mo *s.m.* 1. *Med.* Anomalia congênita que se caracteriza pela falta de pigmento na pele, nos cabelos e olhos. 2. Doença das plantas que torna brancas as partes verdes.

albino

al·bi·no *adj.* e *s.m.* Que ou o que tem albinismo.

al·bor·noz *s.m.* Grande manto com capuz.

al·bu·fei·ra *s.f. Geog.* Lagoa que se forma pelas águas do mar.

ál·bum *s.m.* 1. Livro que se destina à coleção de retratos. 2. Livro para receber desenhos, poesias, pensamentos, lembranças de pessoas amigas ou da família.

al·bu·me *s.m.* Substância que envolve e alimenta o embrião em certas sementes.

al·bu·mi·na *s.f.* Matéria viscosa, esbranquiçada, um tanto salgada, que constitui a quase totalidade do soro do sangue e da clara do ovo.

al·bur·no *s.m.* 1. A parte mais nova do lenho das árvores. 2. Entrecasca.

al·ça *s.f.* 1. Argola, asa ou puxadeira para levantar alguma coisa. 2. Suspensório.

al·cá·cer *s.m.* 1. Palácio com fortificações ou fortaleza, de origem moura. 2. *p.ext.* Residência luxuosa.

al·ca·cho·fra (ô) *s.f. Bot.* Planta originária da Europa, aclimada no Brasil.

al·ca·çuz *s.m.* 1. *Bot.* Nome comum a várias plantas leguminosas, de raiz adocicada. 2. *Bot.* A raiz dessas plantas. 3. *por ext.* Extrato dessa raiz, empregado em medicina e confeitaria.

al·ça·da *s.f.* 1. Jurisdição; competência. 2. Limite de poderes, de influência ou ação de alguém.

al·ca·gue·tar (güe) *v.t.d.* e *v.t.i.* Delatar.

al·ca·gue·te (güe) (ê) *s.m.* Delator, denunciante.

alçapão

al·cai·de *s.m.* 1. Antigo governador de província. 2. Antigo oficial de justiça. 3. Autoridade administrativa, na Espanha, cujas funções se assemelham às de um prefeito. *Fem.*: alcaidessa e alcaidina.

ál·ca·li *s.m. Quím.* Nome comum aos óxidos, hidróxidos e carbonatos de metais alcalinos (lítio, sódio, potássio, rubídio e césio).

al·ca·li·no *adj.* 1. Relativo a álcali ou que o contém. 2. Que tem as propriedades de um álcali.

al·ca·loi·de *s.m. Quím.* Substância orgânica natural nitrogenada, capaz de se unir a ácidos e de formar com eles combinações definidas, que constituem verdadeiros sais.

al·can·çar *v.t.d.* 1. Apanhar. 2. Chegar a; atingir; obter. 3. Avistar. *v.i.* 4. Conseguir o que se pretende. *v.t.i.* 5. Bastar. *v.p.* 6. Suceder-se sem interrupção.

al·can·çá·vel *adj.2gên.* Que se pode alcançar.

al·can·ce *s.m.* 1. Distância que se pode atingir pela vista ou por um projétil. 2. Inteligência; capacidade, aptidão. 3. Importância.

al·can·do·ra·do *adj.* 1. Posto a grande altura. 2. Afetado (o estilo).

al·can·do·rar-se *v.p.* 1. Elevar-se. 2. Ufanar-se, exaltar-se.

al·can·til *s.m.* 1. Rocha talhada a pique. 2. Cume, pináoro.

al·can·ti·la·do *adj.* Talhado a pique; elevado como alcantil.

al·can·ti·lar *v.t.d.* 1. Dar aspecto ou forma de alcantil a. 2. Talhar a pique. *v.p.* 3. Elevar-se como alcantil.

al·ça·pão *s.m.* 1. Abertura que comunica um pavimento qualquer com outro inferior. 2. Armadilha oculta para pássaros.

al·ca·par·ra *s.f. Bot.* Planta cujo botão floral é usado como condimento.

al·çar *v.t.d.* 1. Levantar, altear. 2. Erguer, edificar. 3. Exaltar, celebrar. 4. Nomear, eleger, aclamar. *v.p.* 5. Levantar-se, erguer-se. 6. Sobressair.

al·ca·tei·a *s.f.* 1. Bando de lobos. 2. Manada de animais ferozes. 3. *por ext.* Bando de malfeitores.

al·ca·ti·fa *s.f.* Tapete grande; alfombra.

al·ca·tra *s.f.* 1. Parte onde termina o fio do lombo do gado vacum. 2. Anca dos bovídeos.

al·ca·trão *s.m.* Produto da destilação da hulha e de certas essências resinosas.

al·ca·traz *s.m. epiceno Zool.* Nome de várias espécies de pelicanos.

al·ce *s.m. epiceno Zool.* Grande mamífero de chifres que se ramificam em galhadas.

al·ce·ar *v.t.d.* Alçar, levantar.

al·ci·ão *s.m. epiceno Zool.* Alcíone.

al·cí·o·ne *s.f. epiceno* 1. *Zool.* Ave marinha, também chamada alcião. *s.f.* 2. *Astron.* Uma das estrelas da constelação das Plêiades (inicial maiúscula).

ál·co·ol *s.m.* 1. Líquido volátil que se obtém pela destilação de certos produtos fermentáveis. 2. Aguardente retificada. *Pl.*: álcoois (óis), alcoóis.

al·co·ó·la·tra *s.2gên.* Pessoa dada ao vício de bebidas alcoólicas; alcoolista.

al·co·ó·li·co *adj.* 1. Relativo ao álcool. 2. Que contém álcool. *s.m.* 3. Alcoólatra.

al·co·o·lis·mo *s.m.* 1. Doença ocasionada pelo abuso de bebidas alcoólicas. 2. Intoxicação alcoólica crônica.

al·co·o·lis·ta *s.2gên.* Alcoólatra.

al·co·o·li·zar *v.t.d.* 1. Misturar com álcool. 2. Embriagar. *v.p.* 3. Embriagar-se.

Al·co·rão *s.m.* 1. O livro sagrado do islamismo. 2. *por ext.* A religião muçulmana.

al·co·va (ô) *s.f.* 1. Pequeno quarto de dormir, geralmente desprovido de janelas. 2. Esconderijo.

al·co·vi·tar *v.t.d.* 1. Atuar como alcoviteiro. 2. Mexericar, intrigar. *v.i.* 3. Servir de alcoviteiro. 4. Mexericar.

al·co·vi·tei·ro *s.m.* 1. Aquele que atua como intermediário em relações amorosas. 2. Corretor de meretrizes. 3. Mexeriqueiro.

al·co·vi·ti·ce *s.f.* 1. Ofício de alcoviteiro; lenocínio. 2. Mexerico.

al·cu·nha *s.f.* Apelido que se põe a uma pessoa e pelo qual ela fica conhecida.

al·cu·nhar *v.t.d.* Pôr alcunha a, apelidar.

al·de:a·men·to *s.m.* 1. Ato ou efeito de aldear. 2. Povoação de índios chefiada por missionários ou autoridade leiga. 3. Conjunto de aldeias.

al·de·ão *s.m.* 1. Natural ou morador de aldeia; camponês. *adj.* 2. Relativo a aldeia. 3. *fig.* Simples, rústico. *Fem.*: aldeã. *Pl.*: aldeãos, aldeões e aldeães.

al·de·ar *v.t.d.* 1. Dividir em aldeias. 2. Povoar de aldeias. 3. Reunir formando aldeias.

Al·de·ba·rã *s.f. Astron.* Estrela alfa da constelação do Touro.

al·dei·a *s.f.* 1. Povoação pequena sem jurisdição própria, de categoria inferior a vila. 2. Povoação rústica. 3. Povoado de índios.

al·de·í·do *s.m.* Qualquer composto orgânico que apresente o grupo CHO ligado a um átomo de hidrogênio ou oxigênio.

al·de·o·la (ó) *s.f.* Aldeia pequena.

al·dra·va *s.f.* 1. Peça exterior que serve para levantar a tranqueta interna da porta. 2. Peça de metal, geralmente em forma de argola, com que se bate à porta para chamar a atenção de quem se acha no interior da casa.

a·le·a·tó·ri·o *adj.* 1. Que depende de acontecimentos futuros e incertos. 2. Contingente, fortuito, casual.

a·le·crim *s.m. Bot.* 1. Arbusto de propriedades medicinais, também usado como condimento. 2. O ramo, a folha ou a flor desse arbusto.

a·le·ga·ção *s.f.* 1. Ato ou efeito de alegar. 2. Argumento. 3. Justificativa.

a·le·gar *v.t.d.* 1. Citar, apresentar como prova. 2. Expor fatos, razões, argumentos. 3. Referir-se a (um fato) em justificativa ou defesa.

a·le·go·ri·a *s.f.* 1. Exposição de pensamento de modo figurado. 2. Representação simbólica de um conceito abstrato ou de um objeto material.

a·le·gó·ri·co *adj.* 1. Relativo a alegoria. 2. Que contém alegoria.

a·le·grar *v.t.d.* 1. Satisfazer, contentar, agradar, pôr alegre. 2. Pôr um tanto embriagado. *v.p.* 3. Tornar-se alegre.

a·le·gre (é) *adj.2gên.* 1. Que sente alegria ou que a inspira. 2. Contente, jubiloso. 3. Ligeiramente embriagado.

a·le·gre·to (ê) *s.m. Mús.* 1. Andamento menos vivo que o alegro. 2. Trecho musical nesse andamento.

a·le·gri·a *s.f.* 1. Satisfação, contentamento; prazer moral. 2. Festa.

a·le·gro (é) *s.m. Mús.* 1. Andamento animado, vivo. 2. Trecho musical nesse andamento.

a·lei·a *s.f.* Renque ou fileira de árvores; alameda.

a·lei·ja·do *adj.* e *s.m.* Que ou o que tem aleijão.

a·lei·jão *s.m.* Defeito físico ou moral; deformidade.

a·lei·jar *v.t.d.* 1. Causar aleijão a; mutilar, deformar. *v.i.* e *v.p.* 2. Ficar aleijado.

a·lei·ta·men·to[1] *s.m.* Ato ou efeito de amamentar.

a·lei·ta·men·to[2] *s.m.* Ato ou efeito de pôr no leito.

a·lei·tar[1] *v.t.d.* Amamentar, criar com leite.

a·lei·tar[2] *v.t.d.* Pôr no leito.

a·lei·vo·si·a *s.f.* 1. Fingimento de amizade. 2. Traição, perfídia, aleive.

a·lei·vo·so (ô) *adj.* Em que há aleive ou aleivosia; fraudulento.

a·le·lui·a *s.f.* 1. Palavra hebraica que significa louvai a Deus. 2. Júbilo, alegria. 3. O sábado da Ressurreição. 4. O tempo da Páscoa. *interj.* 5. Exclamação de alegria, de grande júbilo.

a·le·lui·ar *v.i.* Cantar aleluia.

a·lém (é) *adv.* 1. Naquele lugar, acolá. 2. Mais adiante, longe ou mais longe. *s.m.* 3. Lugar afastado. 4. O outro mundo, o além-túmulo.

a·le·mão *adj.* 1. Da Alemanha. *s.m.* 2. O natural ou habitante da Alemanha. 3. O idioma desse país. *Fem.:* alemã. *Pl.:* alemães.

a·lém-mar (ê) *adj.* 1. Além do mar, ultramar. *s.m.* 2. A região que fica do outro lado do mar. *Pl.:* além-mares.

a·lém·tú·mu·lo (ê) *s.m.* O que vem depois da morte; o outro mundo. *Pl.*: além-túmulos.

a·len·ta·do *adj.* 1. Que tem alento; enérgico, corajoso. 2. Grande, volumoso. 3. Abundante, farto.

a·len·tar *v.t.d.* 1. Dar alento a, animar. *v.i.* 2. Tomar alento, respirar. *v.p.* 3. Animar-se.

a·len·to *s.m.* 1. Hálito, bafo, sopro, respiração. 2. Esforço, entusiasmo, ânimo.

a·lér·ge·no *s.m.* Agente causador de alergia; alergênio.

a·ler·gi·a *s.f.* 1. *Med.* Hipersensibilidade de uma pessoa a determinada substância. 2. *pop.* Aversão, repugnância.

a·lér·gi·co *adj.* 1. Relativo a alergia. *s.m.* 2. O que tem alergia.

a·ler·ta (é) *adv.* 1. Atentamente. *interj.* 2. Atenção. *s.m.* 3. Sinal para estar vigilante. *adj.2gên.* 4. Atento, vigilante.

a·ler·tar *v.t.d.* 1. Tornar ou deixar alerta. *v.i.* 2. Pôr-se alerta.

a·le·tri·a *s.f.* Massa de farinha de trigo em fios muito delgados.

a·le·vi·no *s.m.* Filhote de peixe.

a·le·xan·dri·no (ch) *adj.* 1. De Alexandria (Egito). *adj.* e *s.m.* 2. Diz-se de ou verso de doze sílabas, ou dodecassílabo, com acento tônico na sexta sílaba.

al·fa *s.m.* 1. Primeira letra do alfabeto grego. 2. *fig.* Princípio, começo. 3. *Astron.* A principal estrela de uma constelação (inicial maiúscula).

al·fa·be·ta·ção *s.f.* Ato ou efeito de alfabetar.

al·fa·be·tar *v.t.d.* Dispor em ordem alfabética.

al·fa·bé·ti·co *adj.* 1. Do alfabeto. 2. Pela ordem das letras do alfabeto.

al·fa·be·ti·za·ção *s.f.* Ato ou efeito de alfabetizar.

al·fa·be·ti·za·do *adj.* e *s.m.* Que ou o que sabe ler.

al·fa·be·ti·zar *v.t.d.* 1. Ensinar a ler. 2. Dar instrução primária a.

al·fa·be·to (é) *s.m.* 1. Conjunto das letras de uma língua. 2. Primeiras noções de uma arte, de uma ciência. 3. Qualquer série convencional.

al·fa·ce *s.f. Bot.* Planta hortense, usada em saladas.

al·fa·fa *s.f. Bot.* Planta leguminosa, excelente para alimentar gado.

al·fai·a *s.f.* 1. Objeto de adorno ou de uso doméstico; enfeite, baixela, joia. 2. Paramento de igreja. 3. Utensílio agrícola.

al·fai·a·ta·ri·a *s.f.* Oficina de alfaiate.

al·fai·a·te *s.m.* 1. O que faz roupa de homem. 2. *epiceno Zool.* Pássaro também chamado tiziu.

al·fân·de·ga *s.f.* 1. Repartição pública onde se cobram os impostos sobre mercadorias que se importam ou exportam; aduana. 2. *fig.* O lugar onde se instala essa repartição.

al·fan·de·ga·gem *s.f.* Cobrança de tributos pela alfândega.

al·fan·je *s.m.* Sabre de folha larga e recurvada.

al·fa·nu·mé·ri·co *adj.* Que contém letras e números.

al·far·rá·bio *s.m.* Livro antigo e de pouca utilidade ou valioso por ser antigo.

al·far·ra·bis·ta *s.2gên.* Colecionador ou comerciante de alfarrábios.

al·fa·va·ca *s.f. Bot.* Nome comum a várias plantas ornamentais, cultivadas nos jardins.

al·fa·ze·ma (ê) *s.f.* Arbusto aromático.

alfenim **algoritmia**

al·fe·nim *s.m.* 1. Bala de açúcar e leite de coco. *s.2gên.* 2. Pessoa melindrosa, delicada.

al·fe·res (é) *s.m.2núm. ant.* Posto militar correspondente aos atuais segundos-tenentes.

al·fi·ne·ta·da *s.f.* 1. Picada com alfinete. 2. Pontada, dor aguda e rápida. 3. *fig.* Provocação, picuinha, acinte.

al·fi·ne·tar *v.t.d.* 1. Dar forma de alfinete a. 2. Picar com alfinete. 3. *fig.* Provocar, criticar, satirizar.

al·fi·ne·te (ê) *s.m.* 1. Pequena haste de metal aguçada de um lado e limitada do outro por uma cabeça que serve para prender peças de roupa. 2. Joia que se usa na gravata.

al·fom·bra *s.f.* 1. Tapete. 2. Chão arrelvado.

al·fom·brar *v.t.d.* Cobrir com alfombra, atapetar.

al·for·je (ó) *s.m.* Saco fechado nas extremidades e aberto no meio, por onde se dobra, formando dois compartimentos.

al·for·ri·a *s.f.* Liberdade que o senhor concedia ao escravo.

al·for·ri·a·do *adj.* e *s.m.* 1. Que ou o que recebeu carta de alforria. 2. Liberto, livre.

al·for·ri·ar *v.t.d.* 1. Conceder alforria a. *v.p.* 2. Libertar-se.

al·ga *s.f. Bot.* Planta aquática, sem raízes, folhas ou caule.

al·ga·ra·vi·a *s.f.* 1. Língua árabe. 2. *fig.* Coisa difícil de compreender. 3. Confusão de vozes.

al·ga·ris·mo *s.m.* 1. Cada um dos sinais com que se representam os números. 2. *por ext.* Quantidade; número.

al·ga·zar·ra *s.f.* Vozearia, gritaria, clamor.

ál·ge·bra *s.f.* Parte da matemática que generaliza as questões concernentes aos números e representa as grandezas ordinariamente por meio de letras, analisando as soluções possíveis.

al·ge·ma (ê) *s.f.* 1. Instrumento que serve para prender uma pessoa pelos pulsos. 2. Cadeia. 3. *fig.* Opressão.

al·ge·mar *v.t.d.* 1. Prender com algemas. 2. *fig.* Oprimir, dominar.

al·gi·a *s.f. Med.* Qualquer espécie de dor sem lesão orgânica.

al·gi·be·be (é) *s.m.* Negociante de roupas, mascate.

al·gi·bei·ra *s.f.* Bolso que faz parte integrante do vestuário.

al·gi·dez *s.f.* Qualidade de álgido.

ál·gi·do *adj.* Que provoca forte sensação de frio.

al·go *pron. indef.* 1. Alguma coisa. *adv.* 2. Um tanto. *s.m. Port.* 3. Aquilo que se possui; fazenda; cabedal. 4. Homem rico.

al·go·dão *s.m.* 1. Filamento que envolve a semente do algodoeiro. 2. O fio que se faz com esse filamento. 3. Tecido que se fabrica com esse fio.

al·go·dão·zi·nho *s.m.* Pano grosseiro de algodão.

al·go·do·al *s.m.* Plantação de algodoeiros.

al·go·do·ar *v.t.d.* Dar aparência de algodão a; forrar com algodão.

al·go·do·ei·ro *s.m.* 1. *Bot.* Planta da qual há inúmeras variedades. *adj.* 2. Relativo ou pertencente ao algodão.

al·gor *s.m.* 1. Frio intenso. 2. Viva sensação de frio.

al·go·rit·mi·a *s.f.* Ciência que trata dos números, abrangendo a aritmética e a álgebra.

al·go·rit·mo *s.m. Mat.* 1. Ciência do cálculo. 2. Processo formal de cálculo.

al·goz *s.m. sobrecomum* 1. Carrasco; verdugo. 2. *por ext.* Pessoa cruel. *s.m.* 3. *fig.* Coisa que maltrata.

al·guém (ê) *pron. indef.* 1. Alguma pessoa. 2. Pessoa importante. *s.m.* 3. Ente, pessoa.

al·gui·dar *s.m.* Vaso, geralmente de barro, mais largo que alto, espécie de bacia.

al·gum *pron. indef.* 1. Um entre outros. 2. Qualquer quantidade indeterminada, mas pequena (posposto ao substantivo tem o valor de nenhum).

al·gu·res *adv.* Em algum lugar.

a·lhe·ar *v.t.d.* 1. Tornar alheio. 2. Transferir para o domínio de; alienar. 3. Desviar, afastar. 4. *fig.* Perturbar. *v.p.* 5. Enlevar-se, arrebatar-se. 6. Apartar-se, ficar absorto. 7. Renunciar a.

a·lhei·o *adj.* 1. Estranho; estrangeiro. 2. Oposto. 3. Distante, absorto, distraído. *s.m.* 4. O que pertence a outrem.

a·lho *s.m. Bot.* Planta cujo bulbo se usa como condimento.

a·lho-po·ró *s.m. Bot.* Alho-porro. *Pl.:* alhos-porós.

alho-por·ro *s.m. Bot.* Planta da família do alho, de bulbo e folhas comestíveis; alho-poró. *Pl.:* alhos-porros.

a·lhu·res *adv.* Em outro lugar.

a·li *adv.* 1. Naquele lugar. 2. Naquele tempo; então.

a·li·á *s.f.* Fêmea do elefante.

a·li·á·ce·o *adj.* Que se parece com o alho ou que a ele se refere.

a·li·a·do *adj.* 1. Unido, junto, ligado. *s.m.* 2. O que contraiu aliança.

a·li·an·ça *s.f.* 1. Ato ou efeito de aliar(-se). 2. Anel de noivado ou casamento. 3. Casamento.

a·li·ar *v.t.d.* 1. Unir. 2. Harmonizar. 3. Confederar, agrupar. *v.p.* 4. Unir-se; ligar-se.

a·li·ás *adv.* 1. De outro modo. 2. Ou então, ou por outra, ou seja. 3. De outra maneira. 4. Diga-se de passagem.

á·li·bi *s.m.* Meio de defesa que o réu apresenta provando que estava, na hora do crime, em outro lugar.

a·li·ca·te *s.m.* Pequena torquês.

a·li·cer·çar *v.t.d.* 1. Fazer o alicerce de. 2. Cimentar. 3. *fig.* Basear; fundamentar.

a·li·cer·ce *s.m.* 1. Parte subterrânea e sólida de alvenaria, base das paredes de uma construção. 2. *fig.* Base, fundamento.

a·li·ci·a·men·to *s.m.* Ato ou efeito de aliciar.

a·li·ci·an·te *adj. 2gên.* Que seduz, atrai; aliciador.

a·li·ci·ar *v.t.d.* 1. Chamar a si; angariar. 2. Subornar. 3. Seduzir, provocar.

a·li·e·na·ção *s.f.* 1. Ato ou efeito de alienar. 2. Cessão de bens. 3. Alucinação, perturbação mental, loucura.

a·li·e·na·do *adj.* 1. Que se alienou. *s.m.* 2. Doente mental.

a·li·e·nar *v.t.d.* 1. Transferir para outrem, tornar alheio. 2. Alucinar. *v.p.* 3. Perturbar-se mentalmente, enlouquecer.

a·li·e·ní·ge·na *adj. 2gên.* e *s. 2gên.* 1. Estranho, estrangeiro, de outro país. 2. Que ou o que é de outro planeta.

a·li·e·nis·ta *adj. 2gên.* 1. Relativo ao tratamento dos alienados. *s. 2gên.* 2. Especialista em doenças mentais.

a·li·gá·tor *s.m. Zool.* Nome comum aos jacarés que habitam a América do Norte e a China.

aligeirar   **aljava**

a·li·gei·rar *v.t.d.* 1. Tornar ligeiro ou leve. 2. Aliviar, mitigar, atenuar. 3. Apressar. *v.p.* 4. Aliviar-se. 5. Apressar-se.

a·li·jar *v.t.d.* 1. Jogar ao mar (a carga) para que se alivie o navio. 2. *por ext.* Desembaraçar-se de.

a·li·má·ri:a *s.f. epiceno* 1. Animal irracional, bruto. *s.f. sobrecomum* 2. *fig.* Pessoa estúpida.

a·li·men·ta·ção *s.f.* 1. Ato ou efeito de alimentar. 2. Aquilo de que alguém se serve para se alimentar. 3. Abastecimento, provimento.

a·li·men·tar *adj.2gên.* 1. Relativo a alimento. 2. Que dá alimento. *v.t.d.* 3. Dar alimento a, nutrir. *v.p.* 4. Nutrir-se, sustentar-se.

a·li·men·tí·ci:o *adj.* Relativo a alimento; alimentar.

a·li·men·to *s.m.* 1. Aquilo que alimenta, que serve para nutrição. 2. O que conserva ou mantém.

a·lin·dar *v.t.d.* 1. Tornar lindo; embelezar. *v.p.* 2. Aformosear-se, enfeitar-se, adornar-se, ataviar-se.

a·lí·ne:a *s.f.* 1. Nova linha escrita, iniciando parágrafo. 2. Parágrafo.

a·li·nha·do *adj.* Bem-vestido, trajado com bom gosto, elegante.

a·li·nha·men·to *s.m.* 1. Ato ou efeito de alinhar(-se). 2. Direção do eixo de uma rua, de uma estrada, de um canal, etc.

a·li·nhar *v.t.d.* 1. Pôr em linha reta. 2. Fazer o alinhamento de (rua, estrada, etc.).

a·li·nha·va·do *adj.* Em que se fez alinhavo.

a·li·nha·var *v.t.d.* 1. Fazer o alinhavo. *v.p.* 2. Esboçar, preparar.

a·li·nha·vo *s.m.* Costura provisória, a pontos largos, como preparo de costura que se fará depois, com pontos miúdos.

a·li·nho *s.m.* 1. Disposição em linha reta. 2. Boa ordem, correção, apuro.

a·lí·quo·ta *adj.* 1. Diz-se da parte contida em um número exato de vezes em outra. *s.f.* 2. Percentual com que um imposto incide sobre o valor da coisa tributada.

a·li·sar *v.t.d.* 1. Tornar liso ou mais liso. 2. Amaciar. 3. Igualar. *V.* **alizar**.

a·lí·si:o *adj.* e *s.m.* Diz-se de ou o vento que sopra entre os trópicos, de nordeste para sudoeste no hemisfério norte e de sudeste para noroeste no hemisfério sul.

a·lis·ta·men·to *s.m.* 1. Ato ou efeito de alistar(-se). 2. Inscrição.

a·lis·tar *v.t.d.* 1. Pôr em lista. 2. Arrolar; recrutar. *v.p.* 3. Assentar praça. 4. Inscrever-se.

a·li·te·ra·ção *s.f.* Repetição de um fonema ou grupo de fonemas idênticos numa frase, como em "zunindo as asas azuis".

a·li·vi·a·do *adj.* 1. Livre, descansado, repousado. 2. Desobrigado.

a·li·vi·ar *v.t.d.* 1. Tornar leve ou mais leve. 2. Minorar, suavizar. 3. Desobrigar. *v.i.* 4. Abrandar, serenar. *v.p.* 5. Desobrigar-se, livrar-se.

a·lí·vi:o *s.m.* 1. Descanso, refrigério, efeito de aliviar. 2. Diminuição de dor, peso, etc.

a·li·zar *s.m.* 1. Madeira que recobre ombreiras de portas e janelas. 2. Faixa de madeira, à altura dos encostos das cadeiras, presa à parede, para protegê-la. *V.* **alisar**.

al·ja·va *s.f.* Estojo em que se punham as setas e que se trazia ao ombro.

al·jô·far *s.m.* 1. Pérola miúda. 2. *desus.* Lágrima. 3. *fig.* Orvalho, gota de água.

al·ma *s.f.* 1. Essência imaterial do ser humano; espírito. 2. Conjunto das faculdades morais e intelectuais do homem. 3. *sobrecomum* Pessoa. 4. Vida, animação, coragem, entusiasmo. 5. Colorido.

al·ma·ço *adj.* e *s.m.* Diz-se de ou papel encorpado, pautado ou não, para escrever.

al·ma·na·que *s.m.* Pequeno livro que contém indicações úteis, anedotas, trechos de literatura, etc., além de calendário.

al·mei·rão *s.m. Bot.* Planta hortense comestível; espécie de chicória. *Pl.*: almeirões.

al·me·jar *v.t.d.* 1. Desejar ardentemente. *v.t.i.* 2. Ansiar.

al·me·já·vel *adj.2gên.* Que se pode almejar.

al·mi·ran·ta·do *s.m.* 1. Dignidade, cargo ou posto de almirante. 2. Corporação dos oficiais superiores da armada. 3. Edifício para as reuniões dessa corporação.

al·mi·ran·te *s.m.* 1. Oficial superior da armada. 2. Navio que leva a bordo o almirante.

al·mís·car *s.m.* Substância aromática segregada pelo almiscareiro.

al·mis·ca·rar *v.t.d.* e *v.p.* Perfumar com almíscar.

al·mis·ca·rei·ra *s.f. Bot.* Planta cujo perfume é parecido com o do almíscar.

al·mis·ca·rei·ro *s.m. epiceno Zool.* Mamífero do qual se extrai o almíscar.

al·mo·çar *v.i.* 1. Tomar o almoço. *v.t.d.* 2. Comer ao almoço.

al·mo·ço (ô) *s.m.* A primeira das duas principais refeições diárias.

al·mo·cre·ve (é) *s.m. ant.* Aquele que tem por ofício conduzir ou alugar bestas de carga.

al·mo·fa·da *s.f.* 1. Espécie de saco estofado que serve para encosto, assento, ornato, etc. 2. Peça saliente de alguns tipos de porta e janela. 3. Caixinha com pedaço de madeira revestido de feltro, para tinta de carimbo.

al·mo·fa·da·do *adj.* Que tem almofadas; que tem aspecto, forma ou maciez de almofada.

al·mo·fa·dar *v.t.d.* 1. Enfeitar ou cobrir com almofadas. 2. Dar aspecto, forma ou maciez de almofada a.

al·mo·fa·di·nha *s.f.* 1. Diminutivo de almofada. *s.m. desus.* 2. Rapaz que se vestia com exagerada elegância; dândi.

al·mo·fa·riz *s.m.* Recipiente de metal usado para triturar ou esmagar alguma coisa; pilão.

al·môn·de·ga *s.f. Cul.* Pequena bola de carne moída, com ovos e temperos.

al·mo·to·li·a *s.f.* 1. Pequeno vaso de forma cilíndrica ou cônica para conter azeite e outros líquidos. 2. Instrumento para lubrificar pequenas máquinas.

al·mo·xa·ri·fa·do (ch) *s.m.* 1. Depósito de material de uma repartição pública ou particular. 2. Cargo e área de jurisdição do almoxarife.

al·mo·xa·ri·fe (ch) *s.m.* Administrador ou guarda do almoxarifado.

a·lô *interj.* Termo usado para chamar a atenção ao telefone, exprimindo surpresa ou saudação.

a·lo·cu·ção *s.f.* Discurso breve.

a·lo·en·dro *s.m.* Espirradeira.

aloés

a·lo·és *s.m.* 1. *Bot*. Planta de propriedades medicinais; babosa. 2. *por ext*. Resina que se extrai dessa planta.

a·loi·rar *v.t.d.* e *v.i.* 1. Tornar loiro (louro). 2. Dar a cor dourada pelo cozimento. *v.p.* 3. Tornar-se loiro (louro). *Var.*: alourar.

a·lo·ja·men·to *s.m.* 1. Ato ou efeito de alojar(-se). 2. Hospedaria. 3. Quartel.

a·lo·jar *v.t.d.* 1. Hospedar; agasalhar. 2. Introduzir em loja. 3. Aquartelar. *v.t.i.* 4. Estar alojado. *v.p.* 5. Hospedar-se.

a·lom·ba·do *adj.* 1. Arqueado, convexo. 2. Indisposto para o trabalho.

a·lom·bar *v.t.d.* 1. Fazer em forma de lombo. 2. Derrear (os lombos) com pancadas.

a·lon·ga·do *adj.* 1. Que se tornou longo ou mais longo. 2. Distante.

a·lon·ga·men·to *s.m.* 1. Ato ou efeito de alongar-se. 2. Afastamento.

a·lon·gar *v.t.d.* 1. Fazer longo ou mais longo. 2. Dilatar. 3. Olhar ao longe. 4. Distanciar, apartar. *v.p.* 5. Afastar-se; estender-se.

a·lo·pa·ta *s.2gên. Med*. Pessoa que exerce a alopatia.

a·lo·pa·ti·a *s.f. Med*. Sistema de combate às doenças por vias contrárias à sua natureza.

a·lo·pá·ti·co *adj.* Da alopatia.

a·lo·pe·ci·a *s.f. Med*. Queda dos cabelos.

a·lo·pra·do adj. Muito inquieto; adoidado; amalucado.

a·lou·ca·do *adj.* Que é um tanto louco; amalucado; insensato.

a·lou·car *v.t.d.* 1. Tornar louco. *v.p.* 2. Enlouquecer. 3. Parecer louco; ter modos de louco.

al·pa·ca¹ *s.f. epiceno* 1. *Zool*. Ruminante das regiões andinas da América do Sul. 2. *por ext*. Tecido feito com a lã desse animal. 3. Essa lã.

al·pa·ca² *s.f.* Met. metal branco, liga de níquel e prata usada principalmente na fabricação de talheres.

al·par·ca·ta *s.f.* Alpercata.

al·pen·dra·da *s.f.* Alpendre grande.

al·pen·dre *s.m.* Varanda ou teto saliente que cobre a entrada de um edifício.

al·per·ca·ta *s.f.* Calçado que se prende ao pé por tiras de couro ou de pano; alparcata.

al·pes·tre (é) *adj.2gên.* 1. Dos Alpes. 2. Que se parece com os Alpes. 3. Cheio de montanhas. 4. Que cresce nas montanhas.

al·pi·nis·mo *s.m.* Gosto pelas ascensões aos Alpes, às grandes montanhas.

al·pi·nis·ta *adj.2gên.* e *s.2gên*. Que, ou pessoa que pratica alpinismo.

al·pi·no *adj.* 1. Relativo aos Alpes. 2. Diz-se dos animais e plantas que crescem nos Alpes ou nas montanhas. *s.m.* 3. Soldado exercitado especialmente para combate em montanhas.

al·pis·te *s.m.* 1. *Bot*. Planta gramínea. 2. *por ext*. Os grãos dessa planta.

al·que·bra·do *adj.* Fraco, abatido.

al·que·bra·men·to *s.m.* 1. Ato ou efeito de alquebrar. 2. Enfraquecimento; cansaço.

al·que·brar *v.t.d.* 1. Causar fraqueza a. 2. Derrear. *v.i.* 3. Curvar-se por doença ou fraqueza.

al·quei·re *s.m.* 1. Medida agrária que corresponde, no estado de São Paulo, a 24.200 m²; no Rio de Janeiro e estados centrais, a 48.400 m² e, nos estados do Norte, a 27.225 m². 2. *por ext*. Terreno que comporta um alqueire de sementes.

al·qui·mi·a *s.f.* Arte que buscava descobrir o elixir da vida e a pedra filosofal, que deveria transformar os metais em ouro.

al·qui·mis·ta *s.2gên.* 1. Pessoa que cultiva a alquimia. 2. *fig.* Mágico; mistificador.

Alt *s.m. Inform.* Tecla que, quando pressionada simultaneamente com outra, altera a função desta ou, em alguns programas, permite a execução de funções especiais (forma abreviada do inglês *alternate*).

al·ta *s.f.* 1. Licença para sair do hospital. 2. Aumento de preços, subida de cotação.

al·ta-cos·tu·ra *s.f.* 1. Arte de criar roupas exclusivas, originais ou sofisticadas. 2. A roupa criada por meio dessa arte. 3. Conjunto dos grandes estilistas. *Pl.:* altas-costuras.

al·ta-fi·de·li·da·de *s.f.* Reprodução do som o mais próximo possível do original, por meio de dispositivos eletrônicos. *Pl.:* altas-fidelidades.

al·ta·nei·ro *adj.* 1. Que voa ou se eleva muito alto. 2. Soberbo.

al·tar *s.m.* 1. Mesa onde se celebra a missa. 2. *fig.* Religião, culto. 3. *Astron.* Constelação austral (inicial maiúscula).

al·tar-mor *s.m.* Altar principal, que fica geralmente no fundo do templo. *Pl.:* altares-mores.

al·ta-ro·da *s.f.* Conjunto de pessoas que pertencem à classe alta; alta sociedade; elite. *Pl.:* altas-rodas.

al·te·ar *v.t.d.* 1. Tornar alto ou mais alto. 2. Aumentar. 3. Fazer subir. *v.i.* 4. Crescer. *v.p.* 5. Tornar-se alto ou mais alto.

al·te·ra·ção *s.f.* 1. Ato ou efeito de alterar(-se). 2. Mudança. 3. Adulteração. 4. Desordem, subversão.

al·te·ra·do *adj.* 1. Mudado. 2. Adulterado. 3. Perturbado mentalmente.

al·te·rar *v.t.d.* 1. Mudar, modificar. 2. Falsificar, adulterar. 3. Corromper. 4. Tornar irado. *v.p.* 5. Enfurecer-se, irar-se. 6. Amotinar-se.

al·ter·car *v.t.d.* 1. Debater, discutir acaloradamente. *v.i.* 2. Provocar polêmicas. *v.t.i.* 3. Discutir com ardor, debater.

al·ter·na·ção *s.f.* Ato ou efeito de alternar.

al·ter·na·do *adj.* 1. Disposto com alternação. 2. Que vem um depois do outro, sucessivamente. 3. *Eletr.* Diz-se da corrente que varia de intensidade e sentido, em ciclos regulares.

al·ter·na·dor *adj. e s.m.* 1. Que ou o que alterna. *s.m.* 2. Gerador elétrico em que se produz corrente alternada.

al·ter·nar *v.t.d.* 1. Revezar, fazer suceder repetida e regularmente. 2. Pôr em posições recíprocas. *v.t.i.* 3. Aparecer, surgir. *v.i. e v.p.* 4. Suceder alternadamente.

al·ter·na·ti·va *s.f.* 1. Sucessão de duas coisas, cada uma por sua vez. 2. Escolha entre duas coisas. 3. *Gram.* Conjunção coordenativa que liga dois termos ou duas orações que exprimem ideias alternadas: ou, ora, já, etc.

al·ter·na·ti·vo *adj.* Diz-se das coisas que se podem escolher segundo as conveniências.

al·te·ro·so (ô) *adj.* 1. De grande altura. 2. Majestoso, imponente. 3. Diz-se do mar de ondas altas. *Pl.:* alterosos (ó).

al·te·za (ê) *s.f.* 1. Qualidade daquilo que é alto. 2. Sublimidade, grandeza. 3. Título de príncipe.

al·ti·bai·xos *s.m.pl.* 1. Desigualdade de terreno acidentado. 2. *fig.* Contrariedades. 3. Misto de virtudes e defeitos.

al·ti·me·tri·a *s.f.* Ciência da medição das alturas.

al·tí·me·tro *s.m.* Instrumento para medir alturas ou altitudes.

al·ti·pla·no *s.m.* Planalto.

al·tis·so·nan·te *adj.2gên.* Altíssono.

al·tís·so·no *adj.* 1. Que soa muito alto. 2. Pomposo.

al·tis·ta *adj.2 gên.* 1. Relativo a alta de preços ou lucros. *s.2gên.* 2. Aquele que especula, que busca obter vantagens com a alta do câmbio, dos preços das ações ou de mercadorias.

al·ti·tu·de *s.f.* Altura ou elevação em relação ao nível do mar.

al·ti·vez *s.f.* 1. Qualidade do que é altivo. 2. Nobreza, dignidade. 3. Orgulho, arrogância.

al·ti·vo *adj.* 1. Elevado. 2. Nobre, ilustre, digno. 3. Orgulhoso, arrogante.

al·to *adj.* 1. Cuja altura é maior que a comum. 2. Elevado. 3. Excelente; importante; nobre. 4. Que soa forte. 5. Em voz alta. *s.m.* 6. Altura. 7. O céu. 8. *Mús.* Instrumento de sopro. 9. *Mús.* Instrumento de cordas, parecido com a rabeca. *interj.* 10. Termo com que se manda parar. **Por alto**: de passagem, sem detalhamento.

al·to-as·tral *s.m. gír.* 1. Estado de espírito favorável, atribuído a suposta influência astrológica positiva. *adj.2gên.* 2. Pessoa de muito bom humor. *Pl.*: *s.m.* altos-astrais; *adj.2gên.* alto-astrais.

al·to-cú·mu·lo *s.m. Meteor.* Nuvem formada de cristais de gelo, de massas grandes e densas. *Pl.*: altos--cúmulos.

al·to-fa·lan·te *s.m.* Ampliador do som nos aparelhos de rádio. *Pl.*: alto--falantes.

al·to-for·no (ô) *s.m.* Forno próprio para fundir minérios de ferro a altas temperaturas. *Pl.*: altos-fornos.

al·to-mar *s.m.* Região do mar afastada da costa ou fora dos limites territoriais de um Estado. *Pl.*: altos-mares.

al·to-re·le·vo (ê) *s.m.* 1. Escultura em que as figuras se destacam do fundo. 2. Gravura em que algumas partes ficam salientes, sobressaindo do fundo. *Pl.*: altos-relevos.

al·tru·ís·mo *s.m.* Amor ao próximo, filantropia.

al·tru·ís·ta *adj.2gên.* 1. Relativo ao altruísmo. *s.2gên.* 2. Pessoa que tem amor ao próximo.

al·tu·ra *s.f.* 1. Distância considerada de baixo para cima. 2. Elevação; ponto elevado. 3. Profundidade. 4. Eminência. 5. Importância.

a·lu·ás *s.m.* Bebida preparada com cascas de frutas, suco de limão, farinha de milho ou arroz.

a·lu·a·do *adj.* 1. Que sofre a influência da lua. 2. Aloucado, amalucado.

a·lu·ci·na·ção *s.f.* 1. Ato ou efeito de alucinar(-se). 2. Ilusão, devaneio.

a·lu·ci·na·do *adj.* 1. Iludido por causa de alucinação. 2. Desesperado; insensato.

a·lu·ci·nan·te *adj.2gên.* 1. Que alucina. 2. Apaixonante, estonteante, arrebatador.

a·lu·ci·nar *v.t.d.* 1. Causar alucinação a. *v.p.* 2. Apaixonar-se, arrebatar-se. 3. Perder, por instantes, o uso da razão. 4. Enganar-se, iludir-se.

a·lu·ci·nó·ge·no *adj.* e *s.m.* Diz-se de ou a droga que provoca alterações na percepção.

a·lu·de *s.m.* Avalanche.

a·lu·dir *v.t.i.* Fazer alusão, referir-se indiretamente.

a·lu·gar *v.t.d.* 1. Dar ou tomar de aluguel. 2. Assalariar. 3. *gír.* Ocupar o tempo e a atenção de alguém com assunto inconveniente ou pouco interessante. *v.p.* 4. Assalariar-se.

a·lu·guel *s.m.* Preço que se dá pelo uso de uma coisa por tempo determinado.

a·lu·ir *v.t.d.* 1. Abalar, arruinar, destruir. *v.i.* 2. Ameaçar ruína. *v.p.* 3. Cair, desmoronar-se.

a·lu·me *s.m.* 1. *Quím.* Sulfato duplo de alumínio e potássio. 2. Pedra-ume.

a·lu·mi·ar *v.t.d.* 1. Iluminar; aclarar, dar luz a. 2. *fig.* Esclarecer, instruir. *v.i.* 3. Brilhar, resplandecer.

a·lu·mí·ni·o *s.m. Quím.* Metal branco, levemente azulado, muito maleável, de símbolo Al e cujo número atômico é 13.

a·lu·nis·sa·gem *s.f.* Ato ou efeito de alunissar.

a·lu·nis·sar *v.i.* Pousar (a astronave) na superfície da Lua.

a·lu·no *s.m.* Educando, discípulo, escolar, estudante.

a·lu·são *s.f.* 1. Ato ou efeito de aludir. 2. Referência vaga e indireta.

a·lu·si·vo *adj.* Que encerra alusão.

a·lu·vi·al *adj.2gên.* 1. Relativo a aluvião. 2. Produzido por aluvião.

a·lu·vi·ão *s.f.* 1. Depósito de areia, cascalho e argila, que resulta de inundações ou enchentes. 2. *por ext.* Inundação. 3. Grande quantidade, grande número.

al·va *s.f.* 1. A primeira claridade do dia. 2. Vestimenta sacerdotal. 3. Esclerótica.

al·va·cen·to *adj.* Cinzento-claro; quase branco.

al·va·di·o *adj.* Alvacento; quase branco.

al·vai·a·de *s.m. Quím.* Carbonato artificial de chumbo; cerusita.

al·var *adj.* 1. Alvacento. 2. Grosseiro, bronco, estúpido. 3. Tolo, ingênuo.

al·va·rá *s.m.* Documento judiciário ou administrativo que se passa a favor de alguém, autorizando, confirmando ou certificando certos atos e direitos.

al·ve·á·ri:o *s.m.* Colmeia.

al·ve·dri·o *s.m.* Arbítrio; vontade livre.

al·ve·jan·te *adj.2gên.* 1. Que alveja. *s.m.* 2. Substância com que se alvejam tecidos.

al·ve·jar *v.t.d.* 1. Tornar muito branco. 2. Acertar no alvo. *v.i.* 3. Tornar-se branco. 4. Perder a cor.

al·ve·na·ri·a *s.f.* 1. Arte ou ofício de pedreiro. 2. Obra que se compõe de pedras.

ál·ve·o *s.m.* 1. Leito de rio, regato, etc. 2. Sulco.

al·vé·o·lo *s.m.* 1. Célula em que as abelhas depositam as larvas e o mel. 2. Casulo. 3. Pequena cavidade. 4. Cavidade dos dentes.

al·vís·sa·ras *s.f.pl. desus.* 1. Gratificação. 2. Prêmio que se outorga ao indivíduo que dá boas notícias ou que entrega a seu dono objeto que se perdeu. *interj.* 3. Voz anunciativa de boas notícias.

al·vis·sa·rei·ro *adj. desus.* 1. Que pede ou dá alvíssaras; auspicioso. *s.m.* 2. Indivíduo que dá, promete ou recebe alvíssaras.

al·vi·trar *v.t.d. e i.* Propor, aconselhar, sugerir.

al·vi·tre *s.m. desus.* 1. Lembrança. 2. Opinião, sugestão.

alvo / **amancebar-se**

al·vo *adj.* 1. Branco, límpido, puro. *s.m.* 2. A cor branca. 3. Ponto a que se dirige o tiro. 4. Esclerótica. 5. *fig.* Desígnio.

al·vor *s.m.* 1. Primeira luz da manhã; alva. 2. Brilho; alvura.

al·vo·ra·da *s.f.* 1. Crepúsculo matutino. 2. Toque militar nos quartéis às primeiras horas do dia.

al·vo·re·cer *v.i.* 1. Romper o dia, amanhecer. 2. *fig.* Começar a manifestar-se; aparecer.

al·vo·re·jar *v.i.* 1. Alvorecer. 2. Tornar-se muito branco. *v.t.d.* 3. Branquear.

al·vo·ro·çar *v.t.d.* 1. Pôr em alvoroço, agitar. 2. Entusiasmar-se.

al·vo·ro·ço (ô) *s.m.* 1. Agitação de espírito, por acontecimento inesperado. 2. Alarma. 3. Entusiasmo. 4. Sedição, motim. 5. Gritaria.

al·vu·ra *s.f.* 1. Brancura. 2. *fig.* Pureza.

a·ma *s.f.* 1. *ant.* Mulher que amamenta criança alheia; ama de leite. 2. *desus.* Dona de casa em relação aos criados; patroa. 3. *desus.* Governanta; aia. 4. Criada, nos estados do Nordeste.

a·ma·bi·li·da·de *s.f.* 1. Qualidade de amável. 2. Meiguice, carinho, delicadeza. 3. Dito amável; lisonja.

a·ma·ci·ar *v.t.d.* 1. Tornar macio; abrandar. *v.p.* 2. Serenar.

a·ma·da *s.f.* 1. Aquela que se quer com predileção. 2. A mulher que se ama. 3. Namorada; eleita.

a·ma de lei·te *s.f. ant.* Mulher que amamenta filho de outrem; ama. *Pl.*: amas de leite.

a·ma·do *adj.* 1. Que é objeto de amor; querido. *s.m.* 2. Namorado, amante.

a·ma·dor *adj.* 1. Que ama. *s.m.* 2. Indivíduo que cultiva qualquer arte, que entende superficialmente de alguma coisa.

a·ma·do·ris·mo *s.m.* 1. Condição de amador. 2. Prazer, distração.

a·ma·dri·nhar *v.t.d.* 1. Servir de madrinha a. 2. Proteger. 3. Paraninfar.

a·ma·du·rar *v.t.d.* e *v.i.* Amadurecer.

a·ma·du·re·cer *v.t.d.* e *v.i.* 1. Tornar-se maduro. 2. Aprimorar-se; aperfeiçoar-se.

â·ma·go *s.m.* 1. Cerne ou medula das plantas. 2. *por ext.* A parte mais íntima de pessoa ou coisa. 3. Coração, alma.

a·mai·nar *v.t.d.* 1. Arriar ou colher as velas de embarcação. 2. *fig.* Abrandar; aquietar. *v.i.* e *v.p.* 3. Acalmar; afrouxar.

a·mal·di·ço·a·do *adj.* Maldito; detestado.

a·mal·di·ço·ar *v.t.d.* Lançar maldição a; execrar, detestar; abominar.

a·mál·ga·ma *s.2gên.* 1. *Quím.* Liga de mercúrio com outro metal. 2. *fig.* Mistura de coisas diversas.

a·mal·ga·mar *v.t.* 1. Combinar mercúrio com outro metal; produzir amálgama. *v.t.d.*, *v.t.d. e i.*, *v.p.* 2. Juntar(-se), misturar(-se), combinar(-se).

a·ma·lu·ca·do *adj.* Um tanto maluco; adoidado.

a·ma·lu·car *v.t.d.* Tornar maluco.

a·ma·men·ta·ção *s.f.* Ato ou efeito de amamentar.

a·ma·men·tar *v.t.d.* Dar de mamar a; aleitar, criar ao peito.

a·man·ce·ba·do *adj.* 1. Amasiado, amigado. *s.m.* 2. Amásio, amante.

a·man·ce·bar·se *v.p.* Ligar-se em mancebia.

a·ma·nei·rar *v.t.d.* e *v.p.* Tornar(-se) pretensioso, presumido, afetado.

a·ma·nhã *adv.* 1. No dia seguinte àquele em que se está. *s.m.* 2. O dia seguinte. 3. O futuro.

a·ma·nhar *v.t.d.* 1. Dar amanho a; cultivar. 2. Arranjar, preparar. *v.p.* 3. Vestir-se. 4. Dispor-se.

a·ma·nhe·cer *v.i.* 1. Romper o dia, raiar a manhã. 2. Manifestar-se. 3. *fig.* Estar ou chegar ao amanhecer. *v.l.* 4. Encontrar-se, achar-se pela manhã. *s.m.* 5. O romper do dia.

a·ma·nho *s.m.* 1. Ato ou efeito de amanhar. 2. Lavoura.

a·man·sa·do *adj.* Tornado manso; domado; domesticado.

a·man·sar *v.t.d.* 1. Tornar manso; fazer perder a braveza. 2. *fig.* Moderar, aplacar. *v.i.* e *v.p.* 3. Tornar-se manso. 4. Acalmar-se.

a·man·te *adj.2gên.* 1. Que ama. *s.2gên.* 2. Pessoa que ama ou que tem relações consideradas ilícitas com outrem.

a·man·tei·ga·do *adj.* 1. Que se parece com a manteiga (em qualquer sentido). 2. Que se untou com manteiga. *s.m.* 3. *Cul.* Bolo de manteiga, farinha de trigo e ovos.

a·man·tei·gar *v.t.d.* 1. Tornar brando como a manteiga (em qualquer sentido). 2. Passar manteiga em.

a·ma·nu·en·se *s.2gên.* 1. Funcionário que se encarregava de fazer cópias, registrar diplomas, etc. 2. Escrevente.

a·ma·pa·en·se *adj.2gên.* 1. Do estado do Amapá. *s.2gên.* 2. Pessoa que nasceu ou vive nesse estado. 3. Pessoa que nasceu ou vive na cidade de Amapá.

a·mar *v.t.d.* 1. Ter amor a. 2. Querer bem a. 3. Desejar. *v.i.* 4. Estar enamorado.

a·ma·ra·do *adj.* 1. Cheio de água, inundado, marejado. 2. Que pousou na água (hidroavião).

a·ma·ra·gem *s.f.* Ato de amarar o hidroavião.

a·ma·ran·to *s.m. Bot.* 1. Nome de várias plantas herbáceas de flor aveludada. 2. A flor dessas plantas.

a·ma·rar *v.i.* e *v.p.* 1. Fazer-se ao mar (o navio). 2. Pousar sobre a água (o hidroavião). 3. Encher-se de água, inundar-se. *v.t.d.* 4. Amargurar.

a·ma·re·la·do *adj.* Um tanto amarelo.

a·ma·re·lão *s.m. Med.* Doença produzida por vermes, que causa grave anemia.

a·ma·re·lar *v.t.d.* 1. Tornar-se amarelo. 2. Acovardar-se.

a·ma·re·le·cer *v.t.d.* Amarelar.

a·ma·re·le·ci·do *adj.* 1. Tornado amarelo. 2. Empalidecido. 3. Amadurecido.

a·ma·re·len·to *adj.* De cor amarela.

a·ma·re·li·dão *s.f.* 1. Cor amarela. 2. Palidez.

a·ma·re·li·nha *s.f.* Jogo infantil que consiste em pular, num pé só, sobre casas riscadas no chão, as quais vão sendo sucessivamente assinaladas por uma pedra que a criança usa para esse fim; sapata.

a·ma·re·lo (é) *adj.* 1. Da cor do ouro. 2. *fig.* Pálido. 3. Contrafeito, forçado (riso). *s.m.* 4. A cor amarela.

a·mar·fa·nhar *v.t.d.* Amarrotar, machucar, maltratar.

a·mar·fa·nho *s.m.* Ato ou efeito de amarfanhar.

a·mar·gar *v.t.d.* 1. Tornar amargo. 2. Tornar penoso. 3. Sofrer males em consequência de. *v.i.* 4. Ter sabor amargo. 5. Causar desgosto.

a·mar·go *adj.* 1. De sabor desagradável como o fel. 2. *fig.* Doloroso, triste, penoso. 3. Ofensivo. *s.m.* 4. Sabor amargo. 5. Mate chimarrão.

a·mar·gor *s.m.* 1. Qualidade de amargo. 2. Amargura.

a·mar·go·so (ô) *adj.* 1. Amargo. 2. *fig.* Triste, doloroso. 3. Valente. *Pl.:* amargosos (ó).

a·mar·gu·ra *s.f.* 1. Sabor amargo. 2. Azedume. 3. *fig.* Angústia, dor moral, aflição.

a·mar·gu·ra·do *adj.* Cheio de amargura.

a·mar·gu·rar *v.t.d.* 1. Causar amargura a. 2. Afligir, mortificar. *v.p.* 3. Afligir-se, angustiar-se.

a·ma·rí·lis *s.f.2núm. Bot.* Planta ornamental, de flores de cheiro muito suave; açucena.

a·mar·ra *s.f.* 1. Corrente ou corda com a qual se prende o navio à âncora. 2. *fig.* Proteção, apoio, segurança.

a·mar·ra·ção *s.f.* 1. Ato ou efeito de amarrar. 2. Ancoradouro. 3. Enleio amoroso.

a·mar·ra·do *adj.* 1. Que se amarrou. 2. Preso com amarra. 3. *fig.* Impossibilitado.

a·mar·rar *v.t.d.* 1. Segurar, prender com amarra. 2. *fig.* Prender moralmente. 3. Carregar (as feições). *v.t.i.* 4. Valer-se de. 5. Gostar muito de. *v.i.* 6. Ligar-se ou prender-se moralmente a alguém.

a·mar·ro·ta·do *adj.* 1. Que se amarrotou. 2. *fig.* Contundido, machucado.

a·mar·ro·tar *v.t.d.* 1. Machucar, amarfanhar, comprimir. *v.p.* 2. Enrugar-se.

a·ma·ru·gem *s.f.* Sabor um tanto amargo.

a·ma·se·ca (ê) *s.f. desus.* Criada que cuida de crianças crescidas; babá. *Pl.:* amas-secas.

a·ma·si·ar-se *v.p.* Amigar-se, amancebar-se.

a·má·si·o *s.m.* Homem amancebado, amante.

a·mas·sa·dor *adj.* e *s.m.* Que ou o que amassa.

a·mas·sa·dou·ro *s.m.* Lugar onde se amassa.

a·mas·sa·du·ra *s.f.* 1. Ato ou efeito de amassar. 2. Marca de pancada.

a·mas·sar *v.t.d.* 1. Converter em massa. 2. Misturar. 3. Espancar. 4. Deprimir.

a·ma·tu·ta·do *adj.* Que tem modos de matuto.

a·má·vel *adj.2gên.* 1. Gentil, delicado. 2. Digno de ser amado.

a·ma·vi·o *s.m.* 1. Poção do amor. 2. Feitiço, encanto.

a·ma·zo·na (ô) *s.f.* 1. Mulher aguerrida. 2. Mulher que monta a cavalo.

a·ma·zo·nen·se *adj.2gên.* 1. Do estado do Amazonas. *s.2gên.* 2. Natural ou habitante desse estado.

A·ma·zô·ni·a *s.f.* Região da América do Sul que compreende a bacia hidrográfica do Amazonas.

a·ma·zô·ni·co *adj.* 1. Relativo ou pertencente à Amazônia. 2. Relativo a amazona.

âm·bar *s.m.* 1. Matéria sólida, escura e de cheiro almiscarado que se usa em medicina e perfumaria. 2. Resina fóssil amarela e quebradiça que se emprega no fabrico de rosários, boquilhas, etc.

am·ba·ri·no *adj.* 1. Semelhante ao âmbar. 2. Que tem odor de âmbar.

am·bi·ção *s.f.* Desejo veemente de riquezas, poder, glórias, etc.; cobiça.

am·bi·ci·o·nar *v.t.d.* Ter ambição de; cobiçar.

am·bi·ci·o·so *adj.* 1. Que tem ambição. 2. Ousado, audacioso. *s.m.* 3. Indivíduo ambicioso. *Pl.:* ambiciosos (ó).

am·bi·des·tro *adj.* Que usa ambas as mãos com a mesma facilidade.

am·bi·ên·ci·a *s.f.* 1. Meio ambiente. 2. Condições físicas, estéticas e psicológicas de um ambiente.

am·bi:en·ta·lis·mo *s.m.* Movimento pela defesa do meio ambiente.

am·bi:en·tar *v.t.d.* e *v.p.* Adaptar-se a um meio diferente daquele em que vivia.

am·bi·en·te *adj.2gên.* 1. Que envolve ou rodeia. *s.m.* 2. O ar que se respira e que nos rodeia. 3. Esfera em que vivemos. 4. *Inform.* Conjunto de características gerais de um computador, sistema operacional ou programa; configuração.

am·bi·gui·da·de (güi) *s.f.* Qualidade de ambíguo.

am·bí·gu:o *adj.* 1. Em que há ou pode haver mais que um sentido. 2. Incerto. 3. Equívoco. 4. Hesitante.

âm·bi·to *s.m.* 1. Recinto; contorno; periferia. 2. Campo de ação.

am·bi·va·lên·ci·a *s.f.* 1. Caráter do que apresenta dois aspectos diferentes. 2. *Psic.* Estado de quem experimenta sentimentos opostos.

am·bi·va·len·te *adj.2gên.* Em que há ambivalência.

am·bos *num.* Um e outro; os dois.

am·bro·si·a *s.f.* 1. *Mit.* Manjar dos deuses. 2. *por ext.* Doce de leite e ovos.

am·bro·sí·a·co *adj.* 1. Relativo a ambrosia. 2. Delicioso, doce, delicado.

am·bu·lân·ci·a *s.f.* Viatura para a condução de doentes e feridos.

am·bu·lan·te *adj.2gên.* 1. Que anda. 2. Errante. *s.2gên.* 3. Vendedor que exerce sua profissão em logradouros públicos.

am·bu·la·tó·ri:o *adj.* 1. Que se move de um lado para outro. *s.m.* 2. Dispensário; espécie de enfermaria onde se fazem curativos e pequenas cirurgias.

a·me·a·ça *s.f.* 1. Promessa de castigo. 2. Prenúncio de desgraça.

a·me:a·ça·dor *adj.* e *s.m.* Que ou o que ameaça.

a·me:a·çar *v.t.d.* 1. Dirigir ameaças a; intimidar. 2. Pôr em perigo. 3. Fazer prever (o que é mau). 4. Prometer (para mal). *v.i.* 5. Fazer ameaças.

a·me·a·ço *s.m.* Ameaça, indício, sintoma (de um mal).

a·me:a·lhar *v.i.* 1. Regatear na compra ou na venda. 2. Guardar dinheiro, ser econômico. *v.t.d.* 3. Economizar.

a·me·ba (é) *s.f.* 1. Ser microscópico ou rudimentar. 2. *Zool.* Protozoário sem membrana, que causa disenteria.

a·me·bí·a·se *s.f. Med.* Doença provocada por ameba.

a·me·dron·ta·dor *adj.* e *s.m.* Que ou o que amedronta.

a·me·dron·tar *v.t.d.* 1. Assustar, meter medo a. *v.p.* 2. Atemorizar-se.

a·mei·a *s.f.* Cada um dos pequenos parapeitos no alto das muralhas de castelos para proteger os atiradores.

a·mei·xa (ch) *s.f.* Fruto da ameixeira.

a·mei·xei·ra (ch) *s.f. Bot.* Árvore de fruto comestível.

a·mém (ê) *interj.* 1. Assim seja. *s.m.* 2. *fam.* Aprovação incondicional.

a·mên·do:a *s.f.* 1. Fruto da amendoeira. 2. Semente contida em caroço.

a·men·do·a·do *adj.* 1. Feito de amêndoa. 2. Que tem a cor e o feitio de amêndoa.

a·men·do·ei·ra *s.f. Bot.* Árvore originária da África e Mesopotâmia, de sementes oleaginosas.

a·men·do·im *s.m. Bot.* Planta leguminosa.

a·me·ni·da·de *s.f.* 1. Qualidade daquilo que é ameno. 2. Graça, suavidade.

a·me·ni·zar *v.t.d.* 1. Tornar ameno. *v.p.* 2. Tornar-se ameno, suavizar-se.

a·me·no (ê) *adj.* 1. Suave, brando. 2. Delicado.

a·me·nor·rei·a *s.f. Med.* Falta de menstruação.

a·me·ri·ca·nis·mo *s.m.* Admiração pelas coisas da América, especialmente dos Estados Unidos.

a·me·ri·ca·ni·zar *v.t.d.* 1. Dar caráter americano a. *v.p.* 2. Adquirir feição, caráter, hábitos, costumes, modos americanos.

a·me·ri·ca·no *adj.* 1. Da América. 2. Dos Estados Unidos. *s.m.* 3. O natural ou habitante da América. 4. Cidadão dos Estados Unidos; norte-americano.

a·me·rí·ci:o *s.m. Quím.* Elemento radioativo de símbolo Am e cujo número atômico é 95.

a·me·rín·di:o *adj.* Relativo ou pertencente aos indígenas da América.

a·me·rín·di:os *s.m.pl.* Os indígenas da América.

a·me·ris·sar *v.i.* Pousar (aeronave) no mar.

a·mes·qui·nhar *v.t.d.* 1. Tornar mesquinho; humilhar; deprimir. *v.p.* 2. Humilhar-se; tornar-se mesquinho.

a·mes·tra·do *adj.* Adestrado, ensinado; domado, amansado.

a·mes·trar *v.t.d.* e *v.p.* 1. Tornar (-se) mestre. 2. Tornar(-se) perito. 3. Instruir(-se).

a·me·tis·ta *s.f. Min.* Variedade de quartzo de cor violeta, pedra semipreciosa.

a·mi·an·to *s.m. Min.* Nome comum aos silicatos naturais de cálcio e magnésio, de fibra fina.

a·mí·da·la *s.f. Anat.* Antigo nome de cada uma das glândulas ovoides que se acham à entrada da garganta; tonsila palatina.

a·mi·da·li·te *s.f. Med.* Inflamação das amídalas ou tonsilas.

a·mi·do *s.m. Quím.* Hidrato de carbono que se forma pela fotossíntese em inúmeras plantas; industrialmente é extraído da batata ou das sementes de cereais; polvilho.

a·mi·ga *s.f.* 1. Mulher que tem amizade a outrem. 2. Amásia.

a·mi·ga·do *adj.* Amasiado, amancebado.

a·mi·gar *v.t.d.* e *v.p.* 1. Tornar-se amigo. 2. Amancebar-se.

a·mi·gá·vel *adj.2gên.* 1. Amistoso. 2. Feito de comum acordo entre as partes.

a·mi·go *adj.* 1. Que ama, que estima. 2. Aliado. *s.m.* 3. Homem que se liga a outrem por laços de amizade. 4. Amásio, amante. *Sup. abs. sint.*: amiguíssimo e amicíssimo.

a·mi·mar *v.t.d.* 1. Tratar com mimo; afagar. *v.p.* 2. Tratar-se com mimo.

a·mi·no·á·ci·do *s.f. Quím.* Classe de compostos de carbono (orgânicos) que são os principais componentes das proteínas.

a·mis·to·so (ô) *adj.* 1. Amigável. *s.m.* e *adj.* 2. Diz-se de ou partida de futebol que não se inclui nos jogos de um campeonato. *Pl.*: amistosos (ó).

a·mi:u·da·do *adj.* Frequente.

a·mi:u·dar *v.t.d.* 1. Fazer executar amiúde. 2. Repetir. 3. Tornar miúdo. *v.i.* 4. Tornar-se frequente.

a·mi·ú·de *adv.* Frequentemente.

a·mi·za·de *s.f.* Simpatia, estima, afeição independente do amor sexual e da família.

am·né·si:a *s.f.* Perda da memória.

âm·ni:o *s.m. Biol.* Membrana que reveste o embrião dos vertebrados superiores.

am·ni·ó·ti·co *adj.* Concernente ou pertencente ao âmnio.

a·mo *s.m.* 1. Dono da casa. 2. Patrão.

a·mo·e·dar *v.t.d.* 1. Reduzir a moeda. 2. *fig.* Dar uso a. 3. Admitir, adotar.

a·mo·fi·na·do *adj.* Aborrecido, aflito, enfadado.

a·mo·fi·nar *v.t.d.* 1. Apoquentar. *v.p.* 2. Afligir-se, apoquentar-se, arreliar-se.

a·moi·tar *v.i.* e *v.p.* 1. Esconder-se. 2. Permanecer quieto, não fazer comentários.

a·mo·la·ção *s.f.* 1. Ato ou efeito de amolar(-se). 2. Incômodo, desgosto.

a·mo·la·do *adj.* 1. Afiado, aguçado. 2. Aborrecido, contrariado, desgostoso.

a·mo·la·dor *adj.* 1. Que amola. *s.m.* 2. Aquele que amola ou afia no rebolo.

a·mo·lar *v.t.d.* 1. Afiar objeto cortante no rebolo. 2. Enfadar, aborrecer, molestar.

a·mol·dar *v.t.d.* 1. Ajustar ao molde. 2. Adequar, adaptar. 3. Proporcionar; acostumar. *v.p.* 4. Adaptar-se.

a·mo·le·ca·do *adj.* 1. Que pratica ações de moleque. 2. Irresponsável.

a·mo·le·cer *v.t.d.* 1. Tornar brando; mole. 2. *fig.* Enternecer, comover. *v.i.* e *v.p.* 3. Tornar-se mole. 4. *fig.* Comover-se.

a·mo·le·ci·men·to *s.m.* Ato ou efeito de amolecer.

a·mol·gar *v.t.d.* 1. Fazer mossa em. 2. Deformar, esmagando. *v.p.* 3. Amassar-se.

a·mô·ni:a *s.f.* Solução aquosa de amoníaco.

a·mo·ní·a·co *s.m. Quím.* Gás incolor que se forma pela combinação de um átomo de nitrogênio e três de hidrogênio.

a·mon·to·ar *v.t.d.* 1. Pôr em monte ou montão. *v.i.* 2. Erguer-se como um monte ou montão. 3. Juntar de modo desordenado. *v.p.* 4. Acumular-se.

a·mor *s.m.* 1. Afeição acentuada de uma pessoa por outra. 2. Objeto de afeição. 3. Conjunto de fenômenos que constituem o instinto sexual. 4. Grande amizade. 5. Apego a coisas. 6. Sensualidade. *sobrecomum* 7. Pessoa amada.

a·mo·ra (ó) *s.f.* Fruto da amoreira.

a·mo·ral *adj.2gên.* Que não é contrário nem conforme à moral.

a·mo·rá·vel *adj.2gên.* 1. Que trata com amor. 2. Em que há ternura ou afeição.

a·mor·da·çar *v.t.d.* 1. Pôr mordaça em. 2. *fig.* Impedir de falar. 3. Reprimir.

a·mo·rei·ra *s.f. Bot.* Nome comum a várias plantas de cujas folhas se alimenta o bicho-da-seda.

a·mo·re·na·do *adj.* Um tanto moreno.

a·mo·re·nar *v.t.d.* e *v.p.* Tornar(-se) moreno.

a·mor·fi·a *s.f.* 1. Deformidade. 2. Falta de forma determinada.

a·mor·fo (ô) *adj.* Que não tem forma determinada.

amornar

a·mor·nar *v.t.d.* 1. Tornar morno, aquecer levemente. *v.i.* e *v.p.* 2. Ficar morno, tépido.

a·mo·ro·so (ô) *adj.* 1. Que tem amor. 2. Em que há amor. 3. Terno, meigo, carinhoso. *Pl.:* amorosos (ó).

a·mor-per·fei·to *s.m. Bot.* Planta de flores de cinco pétalas, de cores vistosas, apreciada como ornamental. *Pl.:* amores-perfeitos.

a·mor-pró·pri·o *s.m.* 1. Respeito da própria dignidade, de si mesmo. 2. Orgulho. 3. Sensibilidade. *Pl.:* amores-próprios.

a·mor·ta·lhar *v.t.d.* 1. Envolver em mortalha. 2. Pôr hábito grosseiro, por penitência. *v.p.* 3. Vestir-se com hábito simples e grosseiro.

a·mor·te·ce·dor *adj.* e *s.m.* 1. Que ou o que amortece, atenua. 2. Que ou o que abafa (o som). *s.m.* 3. Aparelho ou peça para amortecer vibrações ou choques.

a·mor·te·cer *v.t.d.* 1. Tornar como morto. 2. Entorpecer, abafar, abrandar (o som). *v.i.* e *v.p.* 3. Diminuir de intensidade.

a·mor·te·ci·men·to *s.m.* Ato ou efeito de amortecer(-se).

a·mor·ti·za·ção *s.f.* Ato ou efeito de amortizar.

a·mor·ti·zar *v.t.d.* Pagar parte da dívida ou pagá-la aos poucos.

a·mos·tra *s.f.* 1. Pequena parte de um todo, para exame ou prova de suas qualidades. 2. Indício, sinal. 3. Modelo. *V.* **mostra**.

a·mos·tra·gem *s.f.* Escolha de parte de um conjunto para análise do todo.

a·mo·ti·na·do *adj.* e *s.m.* Rebelado, sublevado.

ampola

a·mo·ti·nar *v.t.d.* 1. Pôr em motim. 2. Revoltar. 3. Alvoroçar. *v.p.* 4. Rebelar-se, sublevar-se.

am·pa·ra·do *adj.* Protegido, apoiado, a que se deu amparo.

am·pa·rar *v.t.d.* 1. Dar amparo a. 2. Escorar. 3. Proteger. *v.p.* 4. Acolher-se. 5. Apoiar-se.

am·pa·ro *s.m.* 1. Ato ou efeito de amparar. 2. Auxílio. 3. Defesa. 4. Resguardo, abrigo.

am·pe·ra·gem *s.f. Eletr., Fís., Metrol.* Intensidade de uma corrente avaliada em amperes.

am·pe·re (é) *s.m. Eletr., Fís., Metrol.* Do físico francês André-Marie Ampère (1775-1836), unidade que mede a intensidade das correntes elétricas; símbolo: A. *Var.*: ampère.

am·ple·xo (é, cs) *s.m.* Abraço.

am·pli·a·ção *s.f.* Ato ou efeito de ampliar.

am·pli·ar *v.t.d.* 1. Tornar amplo. 2. Aumentar, desenvolver. 3. Estender.

am·pli·dão *s.f.* 1. Qualidade daquilo que é amplo. 2. O espaço, o céu.

am·pli·fi·ca·dor *adj.* 1. Que amplifica. *s.m.* 2. *Eletr.* Aparelho que substitui uma corrente elétrica de fraca intensidade por outra de maior força.

am·pli·fi·car *v.t.d.* 1. Tornar mais amplo; aumentar, ampliar. 2. Utilizar dispositivo eletrônico para aumentar um sinal. *v.p.* 2. Tornar-se mais amplo; crescer.

am·pli·tu·de *s.f.* Extensão; vastidão.

am·plo *adj.* 1. Espaçoso; extenso; desafogado. 2. Grande. 3. Abundante, copioso, rico.

am·po·la (ô) *s.f.* Pequeno tubo hermeticamente fechado em que se introduziu um líquido.

am·pu·lhe·ta (ê) *s.f.* Instrumento que se compõe de dois vasos cônicos que se comunicam no vértice por um pequeno orifício, através do qual uma certa quantidade de areia finíssima passa do vaso superior para o inferior.

am·pu·ta·ção *s.f.* Ato ou efeito de amputar.

am·pu·tar *v.t.d.* 1. Cortar (um membro do corpo ou parte dele). 2. *fig.* Cortar. 3. Eliminar.

a·mu·a·do *adj.* 1. Que se amuou. 2. Que se retrai desgostoso, melindrado.

a·mu·ar *v.t.d.* 1. Provocar amuo a. *v.i.* 2. Mostrar amuo. 3. Demonstrar que está desgostoso. *v.p.* 4. Ficar amuado.

a·mu·la·ta·do *adj.* Que tem cor ou feições de mulato.

a·mu·le·to (ê) *s.m.* Objeto a que se atribui o poder de afastar malefícios; talismã.

a·mu·o *s.m.* Enfado, mau humor, zanga.

a·mu·ra·da *s.f.* 1. Prolongamento do costado do navio acima da parede interna do casco. 2. Muro; paredão.

a·na·bo·lis·mo *s.m. Biol.* Série de reações químicas que permite ao organismo transformar e utilizar os alimentos; assimilação.

a·na·bo·li·zan·te *adj.2gên.* 1. Relativo ao produto que aumenta o metabolismo, que melhora a absorção das substâncias ingeridas. *s.m.* 2. O produto que apresenta essas propriedades.

a·na·co·lu·to *s.m. Gram.* Figura de sintaxe em que um termo se acha como que solto, sem se ligar sintaticamente a outro da frase.

a·na·co·re·ta (ê) *s.m.* Religioso ou penitente que vive na solidão, retirado do convívio social.

a·na·crô·ni·co *adj.* 1. Contrário à cronologia. 2. Que se acha em desacordo com os usos da época a que se refere.

a·na·cro·nis·mo *s.m.* 1. Erro de data. 2. O que está em desacordo com a época. 3. Fato anacrônico.

a·na·e·ró·bi:o *adj.* Que, para viver, tem de achar-se fora do contato do ar ou do oxigênio livre.

a·na·fi·la·xi·a (cs) *s.f. Med.* Reação alérgica muito grave, que pode ser fatal.

a·ná·fo·ra *s.f. Gram.* Utilização de uma palavra ou grupo de palavras repetidas no início de duas ou mais frases em sequência.

a·na·fro·di·si·a *s.f.* Ausência de desejo sexual.

a·na·fro·di·sí·a·co *adj.* Que produz anafrodisia.

a·na·gra·ma *s.m.* Palavra ou frase formada de outra por transposição (*ex.*: Elmano, de Manoel).

a·ná·gua *s.f.* Espécie de saia de baixo; saiote.

a·nais *s.m.pl.* 1. História de um povo, de uma nação, contada ano por ano. 2. Publicação periódica de ciências, letras e artes.

a·nal *adj.2gên.* 1. Relativo ao ânus. 2. Que se processa pelo ânus.

a·nal·fa·be·tis·mo *s.m.* Qualidade, estado ou condição de analfabeto.

a·nal·fa·be·to (é) *adj.* 1. Que não sabe ler nem escrever. 2. Ignorante. *s.m.* 3. O que desconhece o alfabeto.

a·nal·gé·si·co *s.m. Med.* Medicamento ou substância que suprime a dor.

a·na·li·sar *v.t.d.* 1. Fazer análise de. 2. Examinar criticamente; decompor em partes; investigar. *v.t.d.* e *v.p.* 3.

análise

Submeter(-se) à psicanálise. *v.p.* 4. Proceder à análise de si mesmo.

a·ná·li·se *s.f.* 1. Decomposição de um todo em partes (opõe-se a síntese). 2. Exame minucioso de cada uma das partes de um todo. 3. Forma reduzida de psicanálise.

a·na·lis·ta *s.2gên.* 1. Pessoa que faz análises químicas, clínicas, etc. 2. Pessoa que submete alguém a análise.

a·na·lí·ti·co *adj.* 1. Relativo a análise. 2. Que procede por análise.

a·na·lo·gi·a *s.f.* 1. Ponto de semelhança entre objetos diferentes. 2. Semelhança.

a·na·ló·gi·co *adj.* 1. Que se funda na analogia. 2. Que apresenta analogia.

a·ná·lo·go *adj.* 1. Que apresenta analogia. 2. Semelhante. 3. Baseado na analogia.

a·nam·ne·se (é) *s.f.* 1. Reminiscência, recordação. 2. *Med.* Informação dos antecedentes de uma doença.

a·na·nás *s.m. Bot.* Planta originária da América, entre cujas variedades se inclui o abacaxi.

a·não *s.m.* 1. Homem de pequena estatura. *adj.* 2. Que não atingiu desenvolvimento normal. *Fem.*: anã. *Pl.*: anões e anãos.

a·nar·qui·a *s.f.* 1. Negação do princípio de autoridade. 2. Estrutura social em que não há governo. 3. *fig.* Desordem, confusão, desmoralização.

a·nár·qui·co *adj.* Relativo a anarquia; em que há anarquia.

a·nar·quis·mo *s.m.* Doutrina ou movimento político contrário à existência do Estado ou governo.

a·nar·quis·ta *adj.2gên.* e *s.2gên.* 1. Diz-se de, ou pessoa partidária da anarquia. 2. *fig.* Desordeiro.

a·nar·qui·zar *v.t.d.* 1. Provocar anarquia; tornar anárquico. *v.p.* 2. Tornar-se anárquico.

a·nás·tro·fe *s.f. Gram.* Inversão da ordem natural das palavras em uma oração.

a·ná·te·ma *s.m.* 1. Excomunhão. 2. Condenação; maldição.

a·na·te·ma·ti·zar *v.t.d.* 1. Expulsar da Igreja; excomungar. 2. *por ext.* Condenar, amaldiçoar.

a·na·to·mi·a *s.f.* 1. Ciência da estrutura dos corpos organizados. 2. Conjunto de conhecimentos resultantes da dissecação dos corpos organizados, principalmente do corpo humano. 3. *fig.* Análise minuciosa.

a·na·tô·mi·co *adj.* 1. Relativo a anatomia. 2. Diz-se do objeto que se adapta à anatomia humana.

an·ca *s.f.* 1. Cada uma das partes laterais do corpo, da cintura à articulação da coxa. 2. Quadril, nádega. 3. Quarto traseiro do animal, garupa.

an·ces·trais *s.2gên.pl.* Antepassados, antecessores.

an·ces·tral *adj.2gên.* Relativo a antepassados; muito antigo; remoto ou velho.

an·ces·tra·li·da·de *s.f.* Hereditariedade, atavismo.

an·cho *adj.* 1. Largo, espaçoso. 2. *fig.* Cheio de vaidade.

an·ci·a·ni·a *s.f.* Ancianidade.

an·ci·a·ni·da·de *s.f.* 1. Qualidade de ancião. 2. Velhice. 3. Antiguidade.

an·ci·ão *adj.* 1. Velho. 2. Antigo. *s.m.* 3. Homem idoso e respeitável. *Fem.*: anciã. *Pl.*: anciãos, anciões e anciães.

an·ci·lós·to·mo *s.m. Zool.* Verme responsável pela ancilostomíase.

an·ci·los·to·mí·a·se *s.f. Med.* Doença causada pelos ancilóstomos; amarelão.

an·ci·nho *s.m.* Instrumento agrícola, dentado, que se usa para juntar palha, etc.

ân·co·ra *s.f.* 1. Peça de ferro que se lança ao fundo da água para que a embarcação fique segura. 2. *fig.* Apoio, recurso. *s.m. sobrecomum* 3. *por ext.* Jornalista que comanda um telejornal.

an·co·ra·dou·ro *s.m.* Lugar onde o navio lança âncora.

an·co·rar *v.t.d.* 1. Fundear, lançando âncora. 2. Basear, estribar. *v.i.* 3. Lançar âncora. *v.t.i.* 4. Estribar-se, fundar.

an·da·du·ra *s.f.* 1. Passo, modo de andar. 2. Marcha do cavalo, cômoda para o cavaleiro.

an·dai·me *s.m.* Armação de madeira sobre a qual trabalham os operários empregados numa construção.

an·da·luz *adj.* 1. Relativo ou pertencente à Andaluzia, Espanha. *s.m.* 2. O natural ou habitante da Andaluzia. 3. Dialeto que se fala nessa região. *Fem.*: andaluza.

an·da·men·to *s.m.* 1. Ato ou modo de andar. 2. *Mús.* Grau de velocidade de uma música.

an·dan·ça *s.f.* 1. Ação ou resultado de caminhar. 2. Viagem. (us. geralmente no pl.).

an·dan·te *adj.2gên.* 1. Que anda, andejo. 2. Que anda à cata de aventuras. *s.m.* 3. *Mús.* De andamento entre adágio e alegro; trecho musical nesse andamento.

an·dar¹ *v.i.* 1. Dar passos, mover-se. 2. Passar (o tempo). 3. Funcionar, ter seguimento. *v.t.i.* 4. Proceder, agir. *v.i.* 5. Viver (em certo estado ou condição). *v.t.d.* 6. Percorrer. *s.m.* 7. Modo de andar.

an·dar² *s.m.* 1. Pavimento de um edifício. 2. Camada.

an·da·ri·lho *s.m.* Aquele que anda muito.

an·de·jo (ê) *adj.* 1. Que anda muito bem. 2. Erradio. 3. *fig.* Irrequieto; inconstante.

an·di·no *adj.* Relativo aos Andes.

an·di·ro·ba (ó) *s.f. Bot.* Árvore tropical de grande porte, que fornece madeira e óleo medicinal e contra insetos, extraído de suas sementes.

an·dor *s.m.* Padiola portátil e ornamentada para a condução de imagens nas procissões.

an·do·ri·nha *s.f. epiceno Zool.* Nome comum às aves que se alimentam só de insetos e realizam demoradas migrações.

an·dra·jo *s.m.* Farrapo, roupa esfarrapada.

an·dra·jo·so (ô) *adj.* Coberto de andrajos.

an·dro·ceu *s.m. Bot.* Órgão masculino da flor, representado pelos estames.

an·dró·ge·no *adj. Biol.* Fator que origina ou estimula os caracteres masculinos. *V.* **andrógino**.

an·dró·gi·no *adj.* 1. Comum ao homem e à mulher; de aparência ou modos indefinidos entre o masculino e o feminino. *s.m.* 2. Que reúne os dois sexos, hermafrodita. *V.* **andrógeno**.

an·droi·de *s.m. sobrecomum* Autômato de figura humana.

An·drô·me·da *s.f. Astron.* Constelação boreal.

a·ne·do·ta (ó) *s.f.* 1. Relato curto de um fato engraçado. 2. Particularidade divertida.

a·ne·do·tá·ri:o *s.m.* Coleção de anedotas.

a·ne·dó·ti·co *adj*. 1. Em que há anedota. 2. Engraçado, jocoso.

a·ne·jo (ê) *adj*. Que tem um ano (animal).

a·nel *s.m*. 1. Argolinha com que se enfeitam os dedos. 2. Qualquer objeto de forma circular. 3. Peça de uma corrente. 4. Espiral de cabelo.

a·ne·la·do *adj*. 1. Disposto em anéis. 2. Encaracolado.

a·ne·lan·te *adj.2gên*. Que deseja com ardor.

a·ne·lar *adj.2gên*. 1. Relativo a anel; anular. *v.t.d.* 2. Desejar com ardor. 3. Respirar com dificuldade. 4. Dar aspecto ou forma de anel a. 5. Cachear, encaracolar, pôr em anéis. *v.t.i.* 6. Almejar, ansiar.

a·ne·lo (é) *s.m*. Aspiração, desejo veemente, anseio.

a·ne·mi·a *s.f. Med*. Diminuição da hemoglobina nos corpúsculos do sangue.

a·nê·mi·co *adj*. 1. Relativo à anemia. 2. Que sofre anemia.

a·ne·mô·me·tro *s.m*. Aparelho que mede a velocidade do vento.

a·nê·mo·na *s.f. Bot*. Planta ornamental, de flores multicoloridas.

a·nê·mo·na-do-mar *s.f. Zool*. Nome comum dos animais marinhos invertebrados, que possuem tentáculos; actínia. *Pl.*: anêmonas-do-mar.

a·nes·te·si·a *s.f. Med*. Perda total ou parcial da sensibilidade.

a·nes·te·si·ar *v.t.d. Med*. 1. Causar anestesia em. 2. Tirar a sensibilidade.

a·nes·té·si·co *adj*. 1. Relativo à anestesia. 2. Que anestesia. *s.m*. 3. Medicamento que suprime ou diminui a sensibilidade.

a·nes·te·sis·ta *s.2gên*. Profissional responsável pelo preparo e pela administração da anestesia; anestesiologista.

a·neu·ris·ma *s.m. Med*. Dilatação de uma artéria.

a·ne·xa·ção (cs) *s.f*. Ato ou efeito de anexar.

a·ne·xar (cs) *v.t.d. e v.i.* 1. Ligar; juntar. 2. *Inform*. Vincular um arquivo a uma mensagem de correio eletrônico, para que eles sejam recebidos simultaneamente pelo destinatário (correspondente em inglês: *to attach*).

a·ne·xim (ch) *s.m*. Provérbio, rifão.

a·ne·xo (é, cs) *adj*. 1. Junto, ligado. *s.m*. 2. Aquilo que está ligado como acessório.

an·fe·ta·mi·na *s.f*. Substância vasoconstritora e estimulante, de uso medicinal.

an·fí·bi·o *adj*. 1. Que vive na terra e na água (animal ou planta). *s.m*. 2. *Zool*. Espécime dos anfíbios.

an·fí·bi·os *s.m.pl. Zool*. Vertebrados de pele nua que respiram por brânquias na fase larvar.

an·fi·te·a·tro *s.m*. 1. Recinto geralmente circular, destinado a espetáculos diversos. 2. Local nas faculdades de medicina onde se dissecam cadáveres.

an·fi·tri·ão *s.m*. 1. Aquele que recebe convivas à sua mesa. 2. O dono da casa, com relação aos convidados.

ân·fo·ra *s.f*. Antigo vaso de gargalo estreito.

an·ga·ri·ar *v.t.d*. Aliciar; agenciar; recrutar; obter; atrair a si.

an·gé·li·ca *s.f. Bot*. Nome de várias plantas originárias da Europa e das Guianas.

an·ge·li·cal *adj.2gên.* Angélico.

an·gé·li·co *adj.* 1. Próprio de anjos. 2. Puríssimo, formosíssimo.

an·ge·lim *s.m. Bot.* Nome de várias árvores leguminosas, de madeira dura.

an·ge·li·tu·de *s.f.* 1. Natureza angélica. 2. Estado de anjo.

ân·ge·lus *s.m.2núm.* 1. Prece à Virgem Maria rezada ao amanhecer, ao meio-dia e ao anoitececer; ave-marias. 2. Soar do sino para anunciar a hora da ave-maria.

an·gi·co *s.m. Bot.* Nome comum a diversas plantas leguminosas.

an·gi·na *s.f. Med.* Inflamação das mucosas da garganta, faringe, laringe e traqueia. *Angina do peito*: afecção que se caracteriza por sensação de aperto do coração, dor intensa que se irradia frequentemente para o braço esquerdo e que, às vezes, causa a morte.

an·gi·o·lo·gi·a *s.f. Med.* Parte da medicina dedicada aos vasos sanguíneos e linfáticos.

an·gi·opa·ti·a *s.f. Med.* Nome genérico de diversas doenças vasculares.

an·gi·o·plas·tia *s.f. Med.* Cirurgia para desobstruir uma artéria.

an·gli·ca·nis·mo *s.m.* Religião oficial da Inglaterra, seguida também na Irlanda, no Reino Unido e na América do Norte.

an·gli·ca·no *adj.* 1. Relativo ao anglicanismo. *s.m.* 2. Adepto do anglicanismo.

an·gli·cis·mo *s.m.* Palavra ou expressão inglesa que se introduz em outra língua e se usa como se fosse desta.

an·glo-sa·xões (cs) *s.m.pl.* Povo que se originou da fusão dos anglos, saxões e jutos, povos germânicos que invadiram a Grã-Bretanha entre os séculos V e VI.

an·go·len·se *adj.2gên.* 1. Relativo a Angola. *s.2gên.* 2. Natural ou habitante desse país.

an·go·rá *adj.2gên.* 1. De Angora (Ancara), cidade da Turquia asiática. *adj.2gên.* 2. Diz-se dos gatos, coelhos e cabras de pelagem longa, oriundos de Angora (atual Ancara) ou semelhantes a eles.

an·gra *s.f. Geog.* Pequena baía.

an·gu *s.m.* 1. *Cul.* Mingau feito de farinha de milho (fubá), de mandioca ou de arroz; polenta. 2. *pop.* Confusão.

an·gu·lar *adj.2gên.* 1. Que tem ângulos. 2. Em forma de ângulo. 3. Relativo a ângulo.

ân·gu·lo *s.m.* 1. Canto. 2. *Geom.* Porção de superfície compreendida entre duas retas ou curvas que se encontram em um mesmo ponto chamado vértice.

an·gu·lo·so (ô) *adj.* 1. Que tem ângulos. 2. Que tem saliências pontiagudas. *Pl.:* angulosos (ó).

an·gús·ti·a *s.f.* 1. Estreiteza; brevidade. 2. *fig.* Grande aflição; ansiedade acompanhada de opressão e tristeza; agonia.

an·gus·ti·an·te *adj.2gên.* Angustioso.

an·gus·ti·ar *v.t.d.* 1. Causar angústia a, afligir. *v.p.* 2. Sentir angústia.

an·gus·ti·o·so (ô) *adj.* Que causa angústia; cheio de angústia; angustiante. *Pl.:* angustiosos (ó).

a·nhan·gue·ra (gue ou güe) *s.m. Mit.* Diabo, gênio manhoso e velhaco.

a·nho *s.m. Zool.* Cordeiro.

a·nhu·ma *s.f. epiceno Zool.* Ave encontradiça nos pântanos e banhados da América tropical.

aniagem *s.f.* Pano grosseiro de algodão ou linho cru que serve para encapar fardos.

anidrido *s.m.* Produto químico que resulta da eliminação de uma ou mais moléculas de água de um ácido.

anil *s.m.* 1. *Quím.* Substância corante azul extraída das folhas da anileira. *adj.2gên.* 2. Azul.

anilado *adj.* A que se deu cor de anil; azul.

anileira *s.f. Bot.* Planta leguminosa.

anilina *s.f. Quím.* Substância corante que se extrai do alcatrão.

animação *s.f.* 1. Ato ou efeito de animar-se. 2. Alegria, entusiasmo.

animado *adj.* 1. Que tem vida. 2. *fig.* Alegre, entusiasmado.

animador *adj.* 1. Que anima. *s.m.* 2. Aquele que anima. 3. O que apresenta programas de rádio e televisão.

animal *s.m.* 1. Qualquer animal racional ou irracional. *sobrecomum* 2. *fig.* Pessoa bruta. *adj.2gên.* 3. Concernente ou pertencente aos animais.

animalesco (ê) *adj.* 1. Relativo aos animais. 2. Próprio de animal.

animalidade *s.f.* 1. Condição do que é animal. 2. Conjunto dos atributos do animal.

animalizar *v.t.d.* e *v.p.* 1. Tornar(-se) animal. 2. Embrutecer(-se).

animar *v.t.d.* 1. Tornar vivo, dar vida a. 2. Estimular, incitar, encorajar. *v.p.* 3. Resolver-se, cobrar ânimo.

anímico *adj.* 1. Próprio da alma. 2. Relativo a animismo.

animismo *s.m.* Crença ou doutrina que considera todos os seres, objetos e fenômenos da natureza dotados de alma.

ânimo *s.m.* 1. Espírito; caráter; vida; valor; coragem. *interj.* 2. Coragem!

animosidade *s.f.* 1. Prevenção, ressentimento. 2. Violência.

aninhar *v.t.d.* 1. Pôr em ninho. 2. Abrigar, esconder. *v.i.* 3. Fazer ninho. *v.p.* 4. Recolher-se em ninho. 5. Agasalhar-se, abrigar-se.

aniquilar *v.t.d.* 1. Reduzir a nada, exterminar. *v.p.* 2. Abater-se, humilhar-se.

ânion *s.m. Quím.* Átomo ou grupo de átomos com carga elétrica negativa.

anis *s.m.* 1. *Bot.* Planta aromática; erva-doce. 2. A semente dessa planta. 3. *por ext.* Licor aromatizado com essa planta.

anisete (é) *s.m.* Licor de anis.

anistia *s.f.* Indulto que se concede principalmente a criminosos políticos.

anistiado *adj.* e *s.m.* Que ou aquele que teve anistia.

anistiar *v.t.d.* Conceder anistia a.

anistórico *adj.* Que não é histórico, que não participa da história; aistórico (forma preferível a aistórico).

aniversariante *adj.2gên.* e *s.2gên.* Que ou pessoa que aniversaria.

aniversariar *v.i.* Fazer anos; comemorar o aniversário.

aniversário *adj.* e *s.m.* 1. Diz-se de ou dia em que alguém faz anos. 2. Diz-se de ou repetição anual do dia em que um fato aconteceu.

anjo *s.m.* 1. *Rel.* Ente que serve de mensageiro entre Deus e os homens. *sobrecomum* 2. *fig.* Criança vestida de anjo nas procissões. 3. Criança morta. 4. Pessoa bondosa. 5. Criança sossegada.

a·no *s.m.* Tempo gasto pela Terra numa translação em torno do Sol; espaço de doze meses.

a·no-bom *s.m.* Ano-novo. *Pl.:* anos-bons.

a·no·di·no *adj.* 1. Que alivia a dor. 2. *fig.* Sem importância, inexpressivo.

a·no·do (ô) *s.m. Eletr.* Eletrodo positivo.

a·noi·te·cer *v.i.* 1. Fazer-se noite; escurecer. *v.t.d.* 2. *fig.* Tornar escuro. *s.m.* 3. O cair da noite.

a·no-luz *s.m. Fís.* Distância que a luz percorre em um ano (9.461.000.000.000 km, 9,461 x 10^{12} ou 9.461 bilhões de quilômetros). *Pl.:* anos-luz.

a·no·ma·li·a *s.f.* Irregularidade; aberração; anormalidade.

a·nô·ma·lo *adj.* Em que há anomalia.

a·no·ni·ma·to *s.m.* Condição de anônimo.

a·nô·ni·mo *adj.* 1. Sem nome, sem assinatura. *s.m.* 2. Indivíduo sem fama, obscuro.

a·no-no·vo (ô) *s.m.* O ano que se inicia; ano-bom. *Pl.:* anos-novos (ó).

a·no·re·xi·a (cs) *s.f.* 1. Perda de apetite; inapetência. **Anorexia nervosa:** distúrbio alimentar devido à excessiva preocupação com o próprio peso.

a·no·ré·xi·co (cs) *adj.* 1. Relativo à anorexia. *s.m.* 2. Indivíduo que tem anorexia. 3. Medicamento que provoca anorexia.

a·nor·mal *adj.2gên.* 1. Anômalo. 2. Contrário às regras. *s.2gên.* 3. Pessoa que não é normal.

a·nor·ma·li·da·de *s.f.* 1. Qualidade de anormal. 2. Anomalia. 3. Fato ou situação anormal.

a·no·ta·ção *s.f.* 1. Ato ou efeito de anotar. 2. Nota, apontamento escrito. 3. Comentário.

a·no·tar *v.t.d.* Apor; fazer anotações a; tomar nota de.

an·sei·o *s.m.* Desejo ardente; ânsia.

ân·si·a *s.f.* 1. Aflição, angústia. 2. Ansiedade, desejo ardente. *s.f.pl.* Náuseas.

an·si·ar *v.t.d.* 1. Causar ânsia a. 2. Desejar com ardor. *v.t.i.* 3. Almejar. *v.i.* e *v.p.* 4. Angustiar-se, afligir-se. 5. Ter ânsias.★

an·si·e·da·de *s.f.* 1. Angústia, aflição. 2. Desejo ardente. 3. Sofreguidão, impaciência.

an·si·o·lí·ti·co *adj.* 1. Que reduz ou controla a ansiedade. *s.m.* 2. Medicamento usado no tratamento da ansiedade.

an·si·o·so (ô) *adj.* 1. Que tem ânsia. 2. Sôfrego. 3. Impaciente. 4. Desejoso. *Pl.:* ansiosos (ó).

an·ta *s.f. epiceno* 1. *Zool.* Mamífero também chamado tapir. 2. A pele desse animal. 3. *fig.* Pessoa tola, pouco inteligente.

an·ta·gô·ni·co *adj.* Oposto, contrário.

an·ta·go·nis·mo *s.m.* 1. Ação contrária. 2. Rivalidade. 3. Incompatibilidade.

an·ta·go·nis·ta *s.2gên.* e *adj.2gên.* Adversário.

an·ta·nho *adv. desus.* 1. Nos tempos idos. 2. No ano passado.

an·tár·ti·co *adj.* 1. Que se opõe ao ártico. 2. Do Polo Sul.

an·te *prep.* 1. Na presença de. 2. Por efeito de. 3. Diante de.

an·te·bra·ço *s.m.* Parte do membro superior entre o cotovelo e o pulso.

an·te·câ·ma·ra *s.f.* 1. Aposento anterior à sala principal ou câmara. 2. Sala de espera.

an·te·ce·dên·ci·a *s.f.* 1. Ato ou efeito de anteceder. 2. Precedência.

an·te·ce·den·te *adj.2gên.* 1. Que antecede. 2. Que foi ou sucedeu antes.

an·te·ce·den·tes *s.m.pl.* Fatos anteriores.

an·te·ce·der *v.t.d.* 1. Estar ou vir antes de. *v.t.i.* e *v.i.* 2. Antepor-se; ser anterior, preceder. 3. Prenunciar, prever.

an·te·ces·sor *s.m.* 1. Aquele que antecede. *s.m.pl.* 2. Antepassados.

an·te·ci·pa·ção *s.f.* Ato ou efeito de antecipar.

an·te·ci·pa·do *adj.* 1. Que é feito antes do tempo determinado. 2. Recebido ou pago antes do tempo próprio.

an·te·ci·par *v.t.d.* 1. Fazer, dizer antes do devido tempo. 2. Anteceder. *v.p.* 3. Proceder com antecipação.

an·te·di·lu·vi·a·no *adj.* 1. Que aconteceu antes do dilúvio. 2. *fig.* Muito antigo.

an·te·di·zer *v.t.d.* Predizer; augurar; anunciar; vaticinar.

an·te·gos·tar *v.t.d.* Antegozar.

an·te·gos·to *s.m.* Antegozo.

an·te·go·zar *v.t.d.* Gozar antes, antecipadamente; antegostar.

an·te·go·zo (ô) *s.m.* Gozo antecipado.

an·te·his·tó·ri·co *adj.* O mesmo que pré-histórico. *Pl.:* ante-históricos. *V.* **anti-histórico**.

an·te·ma·nhã *s.f.* 1. O alvorecer, o romper do dia. *adv.* 2. Pouco antes do amanhecer.

an·te·mão *adv.* Previamente. *loc. adv.* **De antemão**: com antecedência (mais usado).

an·te·me·ri·di·a·no *adj.* Anterior ao meio-dia.

an·te·na (ê) *s.f.* 1. Fio ou conjunto de fios para recepção ou transmissão de ondas hertzianas. 2. Torre metálica para o mesmo fim.

an·te·nas (ê) *s.f.pl. Zool.* Apêndices cefálicos dos artrópodes.

an·te·nup·ci·al *adj.2gên.* Que antecede as núpcias.

an·te·on·tem *adv.* No dia anterior ao de ontem.

an·te·pa·ro *s.m.* Defesa; precaução.

an·te·pas·sa·do *adj.* 1. Antecedente. 2. Que passou antes. *s.m.* 3. Antecessor.

an·te·pas·sa·dos *s.m.pl.* Ancestrais, ascendentes, avós.

an·te·pas·to *s.m.* Comida servida antes da refeição principal; entrada.

an·te·pe·núl·ti·mo *adj.* Que precede o penúltimo.

an·te·por *v.t.d.* 1. Pôr antes. 2. Preferir. *v.p.* 3. Pôr-se antes.

an·te·pro·je·to (é) *s.m.* 1. Esboço de projeto. 2. Estudo preliminar.

an·te·ra (é) *s.f. Bot.* Parte dos estames, formada de pequenos sacos, em cujo interior se desenvolve o pólen.

an·te·ri·or *adj.2gên.* Que está antes; que existiu, sucedeu ou se fez antes.

an·te·ri·o·ri·da·de *s.f.* Qualidade do que é anterior.

an·tes *adv.* 1. Em tempo anterior. 2. Pelo contrário. **Antes de**: em tempo anterior a.

an·tes·sa·la *s.f.* Sala que precede a principal; sala de espera.

an·te·ver *v.t.d.* Prever.

an·te·vés·pe·ra *s.f.* Dia que precede a véspera.

an·te·vi·são *s.f.* Visão antecipada; previsão.

an·ti·á·ci·do *adj.* 1. Que anula a ação dos ácidos. *s.m.* 2. Substância antiácida.

an·ti·a·de·ren·te *adj.2gên.* e *s.2gên.* Diz-se de ou substância que impede a adesão de um produto a outro.

an·ti·a·é·re:o *adj.* 1. Que combate os ataques aéreos. 2. Que resguarda contra o efeito dos ataques aéreos.

an·ti·a·lér·gi·co *adj.* e *s.m. Med.* Diz-se de ou substância que combate a alergia.

an·ti·a·me·ri·ca·no *adj.* 1. Que se opõe aos americanos ou aos Estados Unidos da América. *s.m.* 2. Pessoa que tem essa postura.

an·ti·bac·te·ri·a·no *adj.* 1. Que age contra as bactérias ou inibe seu crescimento. *s.m.* 2. Medicamento com essa propriedade.

an·ti·bi·ó·ti·co *adj.* e *s.m. Med.* Diz-se de ou composto químico produzido pelas células de organismos inferiores (como as bactérias e os fungos) que impede a proliferação de certos microrganismos patogênicos.

an·ti·ci·clo·ne *s.m.* Região de alta pressão atmosférica, que produz ventos em espiral.

an·ti·cle·ri·cal *adj.2gên.* e *s.2gên.* Que ou quem é contrário ao clero.

an·ti·co·a·gu·lan·te *adj.2gên.* 1. Que impede ou diminui a coagulação do sangue. *s.m.* 2. O produto ou substância com essa propriedade.

an·ti·con·cep·ção *s.f. Med.* Prevenção da gravidez.

an·ti·con·cep·ci·o·nal *adj.2gên.* e *s.m.* Que ou o que evita a concepção de filhos.

an·ti·cons·ti·tu·ci·o·nal *adj.2gên.* Contrário à constituição política de um país.

an·ti·con·vul·si·vo *adj.* 1. Diz-se de medicamento para tratar de convulsões. *s.m.* 2. Esse medicamento.

an·ti·cor·po (ô) *s.m. Med.* Substância produzida pelo organismo como reação a germes, toxinas e outros venenos nele introduzidos. *Pl.*: anticorpos (ó).

an·ti·cor·ro·si·vo *adj.* 1. Que previne ou age contra a corrosão. *s.m.* 2. O produto ou substância com essa propriedade.

an·ti·cris·to *s.m.* 1. Aquele que, segundo o Apocalipse, será o derradeiro perseguidor da doutrina cristã, no fim do mundo. 2. *por ext.* Inimigo de Cristo.

an·ti·de·mo·crá·ti·co *adj.* Que é contra a democracia.

an·ti·de·pres·si·vo *adj.* 1. Que age contra a depressão. *s.m.* 2. Medicamento para tratar da depressão.

an·ti·der·ra·pan·te *adj.2gên.* 1. Que evita a derrapagem. *s.m.* 2. Dispositivo ou produto para evitar a derrapagem.

an·tí·do·to *s.m.* Que combate o efeito dos venenos; contraveneno.

an·ti·é·ti·co *adj.* 1. Contrário à ética.

an·ti·fe·bril *adj.2gên.* 1. Que combate a febre. *s.m.* 2. Febrífugo.

an·tí·fo·na *s.f. Liturg.* Versículo que se canta antes de um salmo.

an·tí·ge·no *s.m. Med.* Substância que leva à formação de anticorpos ao ser introduzida no organismo.

an·ti·go *adj.* 1. Que existia antes. 2. De tempo remoto. *s.m.pl.* 3. Antepassados.

an·ti·gua·lha *s.f.* Tudo o que é antigo.

an·ti·gui·da·de (gui ou güi) *s.f.* 1. Qualidade daquilo que é antigo. 2. O tempo passado. 3. Tempo de serviço num cargo.

an·ti·gui·da·des (gui ou güi) *s.f.pl.* Coisas antigas, raras.

an·ti·hi·gi·ê·ni·co *adj.* Contrário à higiene. *Pl.*: anti-higiênicos.

an·ti·his·tó·ri·co *adj.* Contrário à história, seus acontecimentos e seus princípios; anistórico. *Pl.*: anti-históricos. V. **ante-histórico**.

an·ti·ho·rá·ri·o *adj.* Que gira no sentido contrário ao dos ponteiros de um relógio analógico. *Pl.:* anti-horários.

an·ti·lo·ga·rit·mo *s.m. Mat.* 1. Função inversa do logaritmo. 2. Número obtido por meio de seu logaritmo.

an·tí·lo·pe *s.m. epiceno Zool.* Gênero de ruminantes bovídeos.

an·ti·mi·có·ti·co *adj.* 1. Que previne ou combate micoses. *s.m.* 2. Medicamento para o tratamento de micoses.

an·ti·mís·sil *adj.* 1. Que intercepta e destrói mísseis. *s.m.* 2. Armamento ou dispositivo para essa finalidade.

an·ti·mô·ni·o *s.m. Quím.* Metaloide branco ou branco azulado de símbolo **Sb** e cujo número atômico é 51.

an·ti·na·tu·ral *adj.2gên.* Que se opõe ou é contrário às leis naturais.

an·ti·no·mi·a *s.f.* Oposição entre duas leis ou princípios.

an·ti:o·fí·di·co *adj. Med.* Que combate o veneno das cobras.

an·ti:o·xi·dan·te (cs) *adj. Quím.* 1. Que previne ou impede reações de oxidação. *s.m.* 2. Produto ou substância com essa propriedade.

an·ti·pa·ti·a *s.f.* 1. Aversão espontânea, repugnância. 2. Incompatibilidade.

an·ti·pá·ti·co *adj.* Que inspira antipatia ou que a sente.

an·ti·pa·ti·zar *v.t.i.* Sentir antipatia.

an·ti·pe·da·gó·gi·co *adj.* Contrário aos fundamentos da pedagogia.

an·ti·pi·ré·ti·co *adj.* e *s.m. Med.* Diz-se de ou medicamento que combate a febre.

an·tí·po·da *s.m.* 1. Pessoa que, na Terra, habita lugar diametralmente oposto em relação a outra pessoa. *adj.2gên.* 2. Oposto, contrário.

an·ti·pó·li·o *adj.* 1. Que previne a poliomielite ou tem esse objetivo. *s.f.* 2. *Med.* Vacina para prevenção da poliomielite.

an·ti·po·lu:en·te *adj.2gên.* 1. Produto ou conjunto de medidas para reduzir a poluição ambiental. *s.m.* 2. Produto ou conjunto de medidas com essa finalidade.

an·ti·qua·do *adj.* Tornado antigo; arcaico, desusado.

an·ti·quá·ri·o *s.m.* 1. Aquele que estuda antiguidades. 2. Aquele que coleciona coisas antigas, ou que as comercia.

an·tir·rá·bi·co *adj. Med.* Que se usa contra a raiva ou hidrofobia.

an·tis·si·fi·lí·ti·co *adj.* 1. Que previne ou combate a sífilis. *s.m.* 2. Medicamento para tratar da sífilis.

an·tis·so·ci·al *adj.2gên.* 1. Que vai contra a sociedade como um todo ou parte dela. *s.2gên.* 2. Indivíduo avesso ao contato social.

an·tis·se·mi·ta *adj.2gên.* 1. Contrário aos semitas, principalmente judeus. *s.2gên.* 2. Pessoa que é contrária aos semitas.

an·tis·sep·si·a *s.f.* O conjunto dos métodos de desinfecção.

an·tis·sép·ti·co *adj.* 1. Relativo à antissepsia; diz-se da substância que destrói micróbios. *s.m.* 2. Desinfetante.

an·ti·tér·mi·co *s.m.* 1. Medicamento que faz baixar a febre. *adj.* 2. Que desce a temperatura.

an·tí·te·se *s.f.* Oposição de pensamentos ou de palavras.

an·ti·te·tâ·ni·co *adj.* 1. Que previne ou combate o tétano. *s.m.* 2. Substância, conjunto de medidas, medicamento ou vacina contra o tétano.

an·ti·tó·xi·co (cs) *adj.* 1. Que combate os tóxicos. *s.m.* 2. Contraveneno.

an·ti·trus·te *adj.2gên.2núm.* Que evita ou combate a formação de trustes.

an·ti·vi·ral *adj.2gên.* 1. Que previne ou age contra vírus; antivirótico. *s.m.* 2. Medicamento para tratamento de infecção por vírus; antivirótico.

an·ti·vi·ró·ti·co *adj.2gên* e *s.m.* O mesmo que antiviral.

an·ti·ví·rus *s.m. Inform.* Programa usado para detectar e/ou eliminar vírus.

an·to·ja·do *adj.* 1. Enjoado, aborrecido, enfastiado. 2. Posto diante dos olhos. 3. Desejado.

an·to·jo (ô) *s.m.* 1. Ato de pôr diante dos olhos. 2. Visão, aparência enganosa. 3. Desejo que acomete as mulheres grávidas. 4. Nojo, repugnância.

an·to·lho (ô) *s.m.* Antojo.

an·to·lhos (ó) *s.m.pl.* 1. Pala com que se protegem olhos doentes. 2. Peça de couro dos arreios que se põe ao lado dos olhos dos animais, a fim de que olhem para a frente.

an·to·lo·gi·a *s.f.* 1. Parte da botânica que trata das flores. 2. *fig.* Coleção de trechos de bons autores.

an·to·ló·gi·co *adj.* Relativo a antologia.

an·to·ní·mi·a *s.f.* Qualidade de antônimo.

an·tô·ni·mo *adj.* e *s.m.* Diz-se de ou palavra de significação oposta à de outra (opõe-se a sinônimo).

an·to·no·má·si·a *s.f. Gram.* Figura que consiste na substituição de um nome próprio por um comum (*ex.*: Águia de Haia, em vez de Rui Barbosa).

an·traz *s.m. Med.* Tumor inflamatório; aglomerado de furúnculos.

an·tro *s.m.* 1. Cova escura e profunda; caverna. 2. *fig.* Lugar de corrupção e vícios.

an·tro·po·cen·tris·mo *s.m.* Teoria ou doutrina que considera o homem como o centro do Universo.

an·tro·po·fa·gi·a *s.f.* Estado ou condição de antropófago.

an·tro·pó·fa·go *adj.* e *s.m.* Que, ou o que come carne humana.

an·tro·poi·de *adj.2gên.* 1. Semelhante ao ser humano pela forma. *s.m. epiceno* 2. Espécime dos antropoides, símios desprovidos de cauda, como os gorilas.

an·tro·po·lo·gi·a *s.f.* Ciência que estuda o ser humano, sua classificação e caracteres físicos.

an·tro·pó·lo·go *s.m.* Pessoa versada em antropologia.

an·tro·po·mor·fis·mo *s.m. Fil.* Doutrina que atribui a Deus forma, ações, virtudes e defeitos humanos.

an·tro·po·mor·fo *adj.* Que tem aspecto ou forma de ser humano.

an·tro·pô·ni·mo *s.m.* Nome próprio de pessoa.

an·tú·ri:o *s.m. Bot.* Planta tropical utilizada para decoração.

a·nu *s.m. epiceno Zool.* Nome comum a diversas aves pretas e pequenas. *Var.*: anum.

a·nu·al *adj.2gên.* 1. Que se faz, ou que sucede todos os anos. 2. Que dura um ano.

a·nu·á·ri:o *s.m.* 1. Registro do que sucede ou se faz durante um ano. 2. Publicação anual.

anuência

a·nu·ên·ci·a *s.f.* Ação de anuir; aprovação.

a·nu·en·te *adj.2gên.* e *s.2gên.* Que, ou pessoa que anui.

a·nu·i·da·de *s.f.* Quantia que se paga anualmente.

a·nu·ir *v.t.i.* e *v.i.* Estar de acordo; dar anuência.

a·nu·la·ção *s.f.* Ato ou efeito de anular.

a·nu·lar¹ *adj.2gên.* 1. Relativo a anel. 2. Com aspecto ou forma de anel. *s.m.* 3. Dedo anular.

a·nu·lar² *v.t.d.* 1. Tornar nulo. 2. Eliminar. *v.p.* 3. Fazer-se nulo.

a·nu·lá·vel *adj.2gên.* Que se pode anular.

a·nun·ci·a·ção *s.f.* 1. Ato ou efeito de anunciar. 2. *Teol.* Mensagem do anjo Gabriel à Virgem Maria, para lhe anunciar o mistério da Encarnação.

a·nun·ci·an·te *adj.2gên.* e *s.2gên.* Que, ou pessoa que anuncia.

a·nun·ci·ar *v.t.d.* 1. Noticiar; fazer conhecer por anúncio. 2. Revelar.

a·nún·ci·o *s.m.* 1. Aviso por intermédio do qual se dá notícia de alguma coisa. 2. Indício.

a·nu·ro *adj.* 1. Que não tem cauda. *s.m. epiceno* 2. *Zool.* Espécime dos anuros, ordem de vertebrados anfíbios sem cauda no estado adulto (rãs, sapos e pererecas).

â·nus *s.m.2núm. Anat.* Orifício exterior do reto, por onde se expelem os excrementos; cu.

a·nu·vi·ar *v.t.d.* e *v.p.* Nublar-se.

an·ver·so (é) *s.m.* 1. Face da moeda ou medalha em que se acha o emblema ou efígie. 2. Parte anterior de qualquer objeto com dois lados opostos.

apalermado

an·zol *s.m.* 1. Pequeno gancho que termina em farpa, em que se enfia a isca de pescar. 2. *fig.* Ardil; engano.

ao *contr. Prep.* **a** com o *art. def.* **o**.

a·on·de *adv.* A que lugar; para que lugar; em qual lugar.

a·or·ta (ó) *s.f. Anat.* Artéria que tem origem no ventrículo esquerdo do coração e da qual se originam as demais artérias.

a·pa·che *adj.2gên.* 1. Relativo aos apaches, grupo nativo da América do Norte. *s.2gên.* 2. Indivíduo pertencente aos apaches. *s.m.* 3. Língua falada pelos apaches.

a·pa·dri·nha·do *adj.* 1. Que tem padrinho. 2. *fig.* Favorecido, protegido, patrocinado.

a·pa·dri·nhar *v.t.d.* 1. Tomar por afilhado. 2. Defender.

a·pa·ga·do *adj.* 1. Que não tem fogo ou luz; extinto. 2. Sem brilho. 3. Frustrado.

a·pa·ga·dor *s.m.* 1. O que apaga. *adj.* 2. Que apaga.

a·pa·gar *v.t.d.* 1. Abafar, extinguir (fogo, luz). 2. Empanar (brilho). 3. *Inform.* Eliminar ou suprimir (informação, texto, arquivo, etc.); deletar; excluir. *v.p.* 4. Extinguir-se.

a·pai·xo·na·do (ch) *adj.* 1. Dominado por paixão. 2. Exaltado; entusiasmado.

a·pai·xo·nar (ch) *v.t.d.* 1. Inspirar paixão a. 2. Exaltar. *v.p.* 3. Encher-se de paixão por.

a·pa·la·vra·do *adj.* Ajustado, convencionado.

a·pa·la·vrar *v.t.d.* 1. Ajustar sob palavra; combinar. *v.p.* 2. Obrigar-se pela palavra.

a·pa·ler·ma·do *adj.* Que tem ares de palerma.

apalermar-se / **apartamento**

a·pa·ler·mar-se *v.p.* Tornar-se palerma.

a·pal·pa·de·la (é) *s.f.* Ato ou efeito de apalpar. *loc. adv.* **Às apalpadelas**: tateando, às cegas.

a·pal·par *v.t.d.* 1. Tocar com a mão para examinar pelo tato; sondar. *v.p.* 2. Tocar-se com a mão para procurar alguma coisa em si mesmo. 3. Consultar-se a si mesmo.

a·pa·ná·gi:o *s.m. desus.* Qualidade inerente; propriedade característica; atributo.

a·pa·nha *s.f.* Ação de apanhar; colheita.

a·pa·nha·do *adj.* 1. Colhido. 2. Tomado; agarrado. 3. Interceptado. 4. Levantado; arregaçado. *s.m.* 5. Resumo. 6. Prega.

a·pa·nhar *v.t.d.* 1. Colher. 2. Levantar do chão. 3. Caçar com armadilha ou pescar com rede. 4. Adquirir (doença). 5. Surpreender (em algum ato). *v.i.* 6. Levar pancada. 7. Perder em jogo ou competição esportiva.

a·pa·ni·gua·do *s.m.* Protegido, favorecido.

a·pa·ra *s.f.* Fragmento que escapa de um objeto quando se desbasta ou corta.

a·pa·ra·dor *adj.* 1. Que apara. *s.m.* 2. Bufê.

a·pa·ra·fu·sar *v.t.d.* 1. Prender com parafusos. 2. *fig.* Meditar; refletir.

a·pa·rar *v.t.d.* 1. Tomar nas mãos (coisa atirada). 2. Desbastar as asperezas de. 3. Cortar as beiras de.

a·pa·ra·to *s.m.* Apresentação pomposa, ostentação, pompa.

a·pa·ra·to·so (ô) *adj.* Que se fez com aparato; em que há aparato. *Pl.*: aparatosos (ó).

a·pa·re·cer *v.i.* 1. Surgir, mostrar-se; tornar-se visível. 2. Suceder. *v.t.i.* 3. Comparecer; apresentar-se.

a·pa·re·ci·men·to *s.m.* Ato ou efeito de aparecer.

a·pa·re·lha·do *adj.* 1. Preparado. 2. Disposto, pronto. 3. Arreado. 4. Abastecido, provido. 5. Apercebido. 6. *Carp.* Aplainado, lixado.

a·pa·re·lha·gem *s.f.* 1. Conjunto de aparelhos para indústria; instrumentos. 2. *Carp.* Ato de aplainar, lixar, preparar a madeira.

a·pa·re·lha·men·to *s.m.* Ação ou resultado de aparelhar.

a·pa·re·lhar *v.t.d.* 1. Dispor de modo conveniente; preparar. 2. Desbastar (pedra ou madeira).

a·pa·re·lho (ê) *s.m.* 1. Aparelhagem. 2. Petrechos. 3. Serviço de louça e acessórios. 4. *Biol.* Antiga denominação de grupos de órgãos que agem em conjunto para exercer uma determinada função.

a·pa·rên·ci:a *s.f.* 1. Aspecto exterior; figura; forma. 2. Disfarce. 3. Aquilo que parece, mas não é realidade.

a·pa·ren·ta·do *adj.* 1. Que tem parentesco. 2. Que tem parentes influentes. 3. *fig.* Junto, aliado.

a·pa·ren·tar *v.t.d.* 1. Mostrar na aparência. 2. Fingir, afetar. *v.t.i.* 3. Ter aparência; dar ares.

a·pa·ren·te *adj.2gên.* 1. Que parece, mas não é. 2. Que se vê, que aparece.

a·pa·ri·ção *s.f.* 1. Aparecimento. 2. Origem. 3. Manifestação repentina. 4. Visão.

a·par·ta·men·to *s.m.* 1. Ato de apartar. 2. Parte independente de um edifício, destinada a moradia.

apartar

a·par·tar *v.t.d.* 1. Colocar de parte. 2. Separar, escolher. 3. Afastar (os que estão brigando). *v.p.* 4. Desviar-se; separar-se.

a·par·te *s.m.* Interrupção que se faz a um orador, no meio do seu discurso. *V.* **parte**.

a·par·te·ar *v.t.d.* Dirigir apartes a; interromper com apartes.

apart·heid *Ingl. s.m.* 1. Política de segregação racial que vigorou na República Sul-Africana de 1948 a 1995, imposta pela minoria branca. 2. *por ext.* Qualquer tipo de segregação, em especial a racial.

a·par·va·lha·do *adj.* Atoleimado; embasbacado; atrapalhado; desnorteado; atarantado.

a·par·va·lhar *v.t.d.* e *v.p.* Tornar-se parvo, idiota.

a·pas·cen·tar *v.t.d.* 1. Levar a pastar (o gado); pastorear. *v.p.* 2. Pastar.

a·pa·te·ta·do *adj.* Atoleimado; abobalhado; aparvalhado.

a·pa·te·tar *v.t.d.* e *v.p.* Tornar(-se) pateta.

a·pa·ti·a *s.f.* 1. Insensibilidade; indiferença. 2. Ausência de afetos e paixões.

a·pá·ti·co *adj.* 1. Que tem apatia. 2. Incapaz de paixões. 3. Indolente, irresoluto.

a·pá·tri·da *adj.2gên.* 1. Que não tem pátria, nacionalidade. 2. Que não adquiriu outra nacionalidade após ter perdido a de origem. *s.2gên.* 3. Pessoa que está oficialmente sem pátria.

a·pa·vo·ra·do *adj.* Espavorido; amedrontado.

a·pa·vo·ra·dor *adj.* Que apavora; que amedronta.

apelo

a·pa·vo·rar *v.t.d.* 1. Provocar pavor em; assustar. *v.i.* 2. Causar pavor, ser pavoroso. *v.p.* 3. Aterrorizar-se.

a·pa·zi·gua·do *adj.* Pacificado; aplacado; acalmado.

a·pa·zi·guar *v.t.d.* e *v.p.* Pacificar; pôr em paz; reconciliar.

a·pe·ar *v.t.d.* 1. Fazer descer; pôr no chão. 2. Demitir. *v.i.* 3. Descer do cavalo.

a·pe·deu·ta *s.2gên.* Pessoa ignorante, sem instrução.

a·pe·dre·ja·men·to *s.m.* Ato ou efeito de apedrejar.

a·pe·dre·jar *v.t.d.* 1. Atirar pedras a; lapidar. 2. *fig.* Ofender; insultar.

a·pe·ga·do *adj.* 1. Pegado; próximo; unido. 2. Agarrado; afeiçoado.

a·pe·gar *v.t.d.* e *v.i.* 1. Fazer aderir; juntar, colar. 2. Contagiar. *v.p.* 3. Segurar-se, arrimar-se. 4. Dedicar-se, afeiçoar-se.

a·pe·go (ê) *s.m.* Aferro, constância, insistência.

a·pe·la·ção *s.f.* 1. Ato ou efeito de apelar. 2. *Jur.* Recurso para tribunal superior.

a·pe·lar *v.t.i.* 1. Chamar em auxílio. 2. *Jur.* Interpor apelação; recorrer por apelação. *v.i.* 3. Fazer apelação.

a·pe·la·ti·vo *adj.* e *s.m.* 1. Diz-se de, ou nome comum àqueles que pertencem a uma mesma classe. *adj.* 2. Que apela para os sentimentos por meio de recursos exagerados ou condenáveis.

a·pe·li·dar *v.t.d.* 1. Pôr apelido em. *v.p.* 2. Ter por apelido, chamar-se.

a·pe·li·do *s.m.* 1. Sobrenome de família. 2. Alcunha, cognome.

a·pe·lo (ê) *s.m.* 1. Recurso; apelação. 2. Pedido de auxílio. 3. Chamamento.

a·pe·nas *adv.* 1. Unicamente, só. 2. Dificilmente. *conj.* 3. Logo que; senão quando.

a·pên·di·ce *s.m.* 1. Parte que pende de outra parte. 2. Anexo de uma obra. 3. *Anat.* Parte acessória ou contínua de um órgão, porém distinta pela posição e forma.

a·pen·di·ci·te *s.f. Med.* Inflamação do apêndice.

a·pe·que·na·do *adj.* 1. Um tanto pequeno. 2. Deprimido, diminuído.

a·pe·que·nar *v.t.d.* e *v.p.* 1. Tornar(-se) pequeno. 2. Deprimir(-se), diminuir(-se).

a·per·ce·ber·se *v.p.* 1. Tomar conhecimento de, notar, perceber. 2. Pôr-se em condições; preparar-se, prevenir-se.

a·per·fei·ço·a·do *adj.* Que se tornou mais perfeito; melhorado.

a·per·fei·ço·a·men·to *s.m.* 1. Ato ou efeito de aperfeiçoar; retoque. 2. Progresso material, moral ou intelectual.

a·per·fei·ço·ar *v.t.d.* 1. Tornar perfeito ou melhor. 2. Acabar com perfeição; melhorar. *v.p.* 3. Tornar-se melhor; tornar-se quase perfeito.

a·pe·ri·ti·vo *s.m.* Que desperta o apetite; bebida que provoca o apetite.

a·per·re·a·ção *s.f.* 1. Ato ou efeito de aperrear; apoquentação. 2. Dificuldade.

a·per·re·a·do *adj.* 1. Molestado; oprimido. 2. Aborrecido; tristonho; que vive em dificuldades financeiras.

a·per·re·ar *v.t.d.* 1. Lançar cães a. 2. *fig.* Vexar; atormentar.

a·per·ta·do *adj.* 1. Muito unido. 2. Estreito; limitado. 3. Apressado. 4. Rigoroso. 5. Abafado. 6. Que não está bem de finanças.

a·per·tar *v.t.d.* 1. Comprimir; estreitar; unir muito. 2. Apressar; afligir. *v.i.* 3. Estreitar-se.

a·per·to (ê) *s.m.* 1. Ato ou efeito de apertar. 2. Ajuntamento de pessoas. 3. *fig.* Pressa. 4. Sujeição. 5. Apertura, situação difícil, embaraçosa. 6. Rigor.

a·per·tu·ra *s.f.* Aperto.

a·pe·sar *adv.* Indica, na oração da qual faz parte, ideia oposta à da outra parte do enunciado. *loc. prep.* **Apesar de**: a despeito de; não obstante. **Apesar de que**: ainda que.

a·pes·so·a·do *adj.* 1. De boa estatura. 2. De aparência agradável. 3. Bem trajado.

a·pe·te·cer *v.t.d.* 1. Ter apetite de; desejar; almejar. *v.i.* 2. Ser apetitoso. 3. Causar apetite. *v.t.i.* 4. Despertar apetite.

a·pe·te·cí·vel *adj.2gên.* Apetitoso.

a·pe·tên·cia *s.f.* Vontade de comer.

a·pe·ti·te *s.m.* 1. Desejo de comer ou de satisfazer um gozo. 2. Ambição. 3. Sensualidade.

a·pe·ti·to·so (ô) *adj.* 1. Que desperta o apetite. 2. Gostoso; digno de ser apetecido. *Pl.*: apetitosos (ó).

a·pe·tre·char *v.t.d.* e *v.p.* Munir(-se) de apetrechos.

a·pe·tre·chos (ê) *s.m.pl.* Petrechos.

a·pi·á·ri·o *adj.* 1. Relativo a abelhas. *s.m.* 2. Local onde se criam ou alojam abelhas.

á·pi·ce *s.m.* 1. A parte mais alta; cume; vértice. 2. O mais alto grau.

a·pi·cul·tor *s.m.* O que se dedica à apicultura; criador de abelhas.

a·pi·cul·tu·ra *s.f.* Criação de abelhas.

a·pi:e·da·do *adj.* Tocado de piedade; condoído; compadecido.

a·pi·e·dar-se *v.p.* Ter piedade; compadecer-se.

a·pi·men·ta·do *adj.* 1. Temperado com pimenta. 2. Picante. 3. Que estimula o apetite. 4. *fig.* Malicioso.

a·pi·men·tar *v.t.d.* 1. Temperar com pimenta. 2. Estimular. 3. *fig.* Tornar malicioso.

a·pi·nha·do *adj.* Aglomerado, unido apertadamente.

a·pi·nhar-se *v.p.* Unir-se muito e de modo apertado; aglomerar-se.

a·pi·tar *v.i.* 1. Tocar apito. 2. Soar como apito. 3. Fugir. 4. Morrer.

a·pi·to *s.m.* 1. Pequeno instrumento de assobiar. 2. O som desse instrumento.

a·pla·car *v.t.d.* 1. Tornar plácido; acalmar; abonançar. *v.i.* e *v.p.* 2. Acalmar-se, tornar-se plácido.

a·plai·nar *v.t.d.* 1. Alisar com plaina. 2. Aplanar.

a·pla·nar *v.t.d.* 1. Tornar plano; nivelar. 2. Remover (obstáculos, dificuldades). 3. Facilitar; desembaraçar.

a·plau·dir *v.t.d.* 1. Dar aplauso a. 2. Enaltecer; aprovar. *v.p.* 3. Ficar satisfeito; felicitar-se a si próprio.

a·plau·so *s.m.* 1. Ato ou efeito de aplaudir. 2. Demonstração de agrado. 3. Louvor; elogio público.

a·pli·ca·ção *s.f.* 1. Ato ou efeito de aplicar. 2. Uso. 3. Adaptação. 4. Concentração do espírito; dedicação. 5. Adorno de vestido.

a·pli·ca·do *adj.* 1. Adaptado. 2. Que se aplica; atento. 3. Estudioso.

a·pli·car *v.t.d.* 1. Empregar. 2. Pôr em prática. *v.p.* 3. Consagrar-se; dedicar-se; concentrar a atenção.

a·pli·ca·ti·vo *s.m. Inform.* Programa aplicativo.

a·pli·cá·vel *adj.2gên.* 1. Que pode ser aplicado. 2. Cabível.

a·pli·que *s.m.* Objeto que se aplica, geralmente à parede, para servir de ornamento.

ap·nei·a *s.f. Med.* Suspensão da respiração.

a·po·ca·lip·se *s.m.* 1. O último livro da Bíblia (inicial maiúscula). 2. *fig.* Discurso incompreensível; linguagem sibilina. 3. Catástrofe.

a·po·ca·líp·ti·co *adj.* 1. Relativo a apocalipse ou ao Apocalipse. 2. *fig.* Difícil de compreender; obscuro. 3. Descomunal; monstruoso.

a·po·co·pa·do *adj.* Que sofreu apócope.

a·pó·co·pe *s.f. Gram.* Supressão de fonema ou sílaba no fim da palavra (como em mui, de muito).

a·pó·cri·fo *adj.* 1. Cuja autenticidade é duvidosa ou suspeita (obra, fato). 2. Que não pertence ao autor a que se atribui.

a·po·dar *v.t.d.* 1. Dirigir apodos a. 2. Escarnecer de; alcunhar; qualificar.

a·po·de·rar-se *v.p.* Apossar-se; assenhorar-se.

a·po·do (ô) *s.m.* 1. Zombaria; mofa; comparação ridícula. 2. Alcunha.

a·po·dre·cer *v.t.d.* 1. Tornar podre. 2. *fig.* Estragar moralmente. *v.i.* e *v.p.* 3. Tornar-se podre. 4. *fig.* Perverter-se.

a·po·dre·ci·men·to *s.m.* 1. Ato ou efeito de apodrecer. 2. Putrefação; decomposição orgânica. 3. *fig.* Corrupção; perversão.

a·pó·fi·se *s.f. Anat.* Parte saliente de um osso, de um órgão.

a·po·geu *s.m.* 1. *Astron.* Ponto em que um astro se acha à maior distância da Terra. 2. *fig.* O mais alto grau; o ponto culminante.

a·poi·a·do *adj.* 1. Encostado; amparado; sustentado; arrimado. *interj.* 2. Termo que indica aprovação: Muito bem!

a·poi·ar *v.t.d.* 1. Dar apoio a, aplaudir. 2. Amparar, encostar, fundamentar. *v.p.* 3. Firmar-se, regular-se.

a·poi·o *s.m.* 1. Base, sustentáculo. 2. Proteção. 3. Prova.

a·po·ja·du·ra *s.f.* Aumento da secreção do leite nos seios da mulher que amamenta, ou nas tetas das fêmeas de animais com cria.

a·pó·li·ce *s.f.* 1. Certificado de uma obrigação financeira. 2. Ação de companhia. 3. Documento de seguro contra acidentes.

a·po·lí·ne:o *adj.* 1. Relativo a Apolo. 2. Belo como Apolo.

a·po·lí·ti·co *adj.* Alheio à política.

a·po·lo·gi·a *s.f.* Escrito ou discurso para justificar ou defender alguém ou alguma coisa; louvor.

a·pó·lo·go *s.m.* Conto alegórico em que se atribui fala aos animais e às coisas inanimadas; fábula.

a·pon·ta·dor *s.m.* 1. Aquele que faz pontas de instrumentos. 2. Indivíduo que serve de ponto nos teatros. 3. Instrumento para fazer ponta de lápis.

a·pon·ta·men·to *s.m.* 1. Nota, registro. 2. Minuta, plano, rascunho.

a·pon·tar *v.t.d.* 1. Fazer a ponta de, aguçar. 2. Mostrar, indicar. 3. Citar. 4. Expor, alegar. 5. Pôr em pontaria. 6. Marcar com ponto ou sinal. 7. Tomar apontamento de, anotar. 8. Dirigir para um ponto. 9. Sugerir.

a·po·plé·ti·co *adj.* 1. Relativo a apoplexia. 2. Predisposto a apoplexia. 3. Irritado; congestionado.

a·po·ple·xi·a (cs) *s.f. Med.* Afecção cerebral que priva o paciente dos sentidos e do movimento.

a·po·quen·ta·ção *s.f.* 1. Ato ou efeito de apoquentar. 2. Importunação; incômodo; aporrinhação.

a·po·quen·tar *v.t.d.* e *v.p.* Aborrecer por motivo insignificante.

a·por *v.t.d.* 1. Pôr juntamente, juntar; justapor. 2. Aplicar.

á·po·ro *s.m.* Problema de difícil solução.

a·por·ri·nha·ção *s.f.* Apoquentação.

a·por·ri·nhar *v.t.d.* e *v.p.* Apoquentar.

a·por·tar *v.t.d.* 1. Conduzir (ao porto). *v.t.i.* e *v.i.* 2. Chegar (ao porto); fundear. 3. *por ext.* Chegar (a qualquer parte).

a·por·tu·gue·sa·men·to *s.m.* Ato ou efeito de aportuguesar.

a·por·tu·gue·sar *v.t.d.* Dar forma portuguesa a.

a·pós *prep.* 1. Depois de; atrás de. *adv.* 2. Depois; em seguida.

a·po·sen·ta·do *adj.* e *s.m.* Que ou aquele que obteve aposentadoria.

a·po·sen·ta·do·ri·a *s.f.* 1. Ato ou efeito de aposentar-se. 2. Estado de quem se aposentou. 3. Vencimentos de aposentado.

a·po·sen·tar *v.t.d.* 1. Conceder aposentadoria a. *v.p.* 2. Obter aposentadoria.

a·po·sen·to *s.m.* Compartimento de casa.

a·po·sen·tos *s.m.pl.* Quarto(s) de uma casa, geralmente privativo(s).

a·po·si·ção *s.f.* Ato ou efeito de apor.

a·pos·sar-se *v.p.* Tomar posse; apoderar-se, conquistar.

a·pos·ta (ó) *s.f.* 1. Ajuste entre pessoas que afirmam coisas diversas, devendo, os que não acertarem, pagar algo previamente determinado. 2. Quantia ou coisa que se aposta.

a·pos·tar *v.t.d.* 1. Fazer aposta ou ajuste de. 2. Afirmar. 3. Arriscar. 4. Pleitear, disputar. *v.t.i.* 5. Ser partidário de.

a·pos·ta·si·a *s.f.* 1. Mudança de religião, de crença. 2. *fig.* Abandono de opinião, doutrina, partido.

a·pós·ta·ta *adj.2gên.* e *s.2gên.* Que ou pessoa que cometeu apostasia.

a·pos·ta·tar *v.i.* 1. Cometer apostasia. *v.t.i.* 2. Mudar, desertar (de doutrina, partido).

a posteriori *Lat. loc. adj.* 1. Que se baseia na experiência. *loc. adv.* 2. Posteriormente à experiência.

a·pos·ti·la *s.f.* 1. Aditamento (a um escrito). 2. Nota suplementar. 3. Pontos ou matérias de uma aula, publicados em folhas avulsas.

a·pos·to *adj.* 1. Que se apôs. *s.m.* 2. *Gram.* Substantivo que modifica outro, sem auxílio de preposição.

a·pos·to·la·do *s.m.* 1. Missão, dignidade de apóstolo. 2. Grupo dos apóstolos. 3. Propaganda de um credo, de uma doutrina.

a·pos·to·lar *adj.2gên.* 1. Próprio de apóstolo; apostólico. 2. Edificante.

a·pos·tó·li·co *adj.* 1. Relativo aos apóstolos ou que deles procede. 2. Da Santa Sé.

a·pós·to·lo *s.m.* 1. Cada um dos doze discípulos de Jesus Cristo. *s.m. sobrecomum* 2. *por ext.* Evangelizador. 3. Propagandista de uma ideia ou doutrina.

a·pos·tro·far *v.t.d.* Dirigir apóstrofes a; interromper com apóstrofe.

a·pós·tro·fe *s.f.* 1. Interrupção que o orador faz para dirigir-se a coisas ou pessoas. 2. Interpelação direta e repentina. 3. Dito mordaz e imprevisto.

a·pós·tro·fo *s.m. Gram.* Sinal gráfico (') para indicar supressão de letra ou letras.

a·po·te·o·se (ó) *s.f.* 1. Divinização. 2. Soma de louvores que se prestam a um indivíduo superior. 3. Final deslumbrante.

a·po·te·ó·ti·co *adj.* 1. Relativo a apoteose. 2. Muito elogioso.

a·pou·ca·do *adj.* 1. Reduzido a pouco. 2. Tímido. 3. Menoscabado.

a·pou·car *v.t.d.* 1. Rebaixar; reduzir a pouco. 2. Amesquinhar. 3. Abreviar. *v.p.* 4. Reduzir-se a pouco. 5. Humilhar-se.

a·pra·zar *v.t.d.* Marcar prazo para se fazer (alguma coisa); determinar o dia de. *V.* **aprazer.**

a·pra·zer *v.t.i.* 1. Agradar; prazer. *v.i.* 2. Causar prazer. *v.p.* 3. Contentar-se. *V.* **aprazar.** ★ e ★★

a·pra·zí·vel *adj.2gên.* Que apraz.

a·pre·ça·men·to *s.m.* Ato ou efeito de apreçar.

a·pre·çar *v.t.d.* 1. Ajustar o preço de. 2. Indagar o preço de. 3. Avaliar. *V.* **apressar.**

a·pre·ci·a·ção *s.f.* Ato ou efeito de apreciar.

a·pre·ci·ar *v.t.d.* Dar apreço a; avaliar; admirar.

a·pre·ci·á·vel *adj.2gên.* 1. Digno de apreço. 2. Que pode ser apreciado; estimável.

a·pre·ço (ê) *s.m.* 1. Valor que se atribui a alguma coisa. 2. Estima; consideração.

a·pre·en·der *v.t.d.* 1. Fazer apreensão de. 2. Assimilar; compreender. *v.i.* 3. Cismar. *v.p.* 4. Preocupar-se. *V. aprender*.

a·pre·en·são *s.f.* 1. Ato ou efeito de apreender; tomada. 2. Desassossego. 3. Receio; cisma. 4. Compreensão.

a·pre·en·si·vo *adj.* Que sente apreensão.

a·pre·go·ar *v.t.d.* 1. Anunciar por pregão; divulgar. *v.p.* 2. Proclamar-se; gabar-se.

a·pren·der *v.t.d.* 1. Adquirir o conhecimento de; ficar sabendo. 2. Guardar na memória. *v.t.i.* 3. Adquirir experiência; tirar proveito. *v.i.* 4. Instruir-se. *V. apreender*.

a·pren·diz *s.2gên.* 1. Aquele que está aprendendo um ofício ou arte; principiante. 2. *fig.* O que tem pouca experiência.

a·pren·di·za·do *s.m.* 1. Ato ou efeito de aprender. 2. Tempo durante o qual se aprende. 3. Condição de aprendiz; aprendizagem.

a·pren·di·za·gem *s.f.* Aprendizado.

a·pre·sar *v.t.d.* Tomar como presa; capturar, agarrar.

a·pre·sen·ta·ção *s.f.* 1. Ato ou efeito de apresentar-se. 2. Porte pessoal.

a·pre·sen·ta·dor *adj. e s.m.* Que ou o que apresenta.

a·pre·sen·tar *v.t.d.* 1. Tornar presente. 2. Expor; alegar; ostentar. 3. Dirigir; recomendar. *v.p.* 4. Comparecer; afigurar-se; identificar-se, nomear-se.

a·pre·sen·tá·vel *adj.2gên.* 1. Digno ou capaz de ser apresentado. 2. Dotado de boa apresentação.

a·pres·sa·do *adj.* 1. Que tem pressa; acelerado. 2. Precipitado; ativo; açodado; impaciente.

a·pres·sar *v.t.d.* 1. Dar pressa a, fazer com rapidez. 2. Estimular, instar, instigar. *v.p.* 3. Dar-se pressa; tornar-se diligente. *V. apreçar*.

a·pres·su·ra·do *adj.* 1. Que se apressa. 2. Diligente, ativo. 3. Precipitado, acelerado.

a·pres·su·rar *v.t.d.* 1. Apressar. 2. Asseverar. *v.p.* 3. Tornar-se pressuroso; despachar-se.

a·pres·tar *v.t.d.* 1. Aparelhar, preparar, aprontar. *v.p.* 2. Aparelhar-se. 3. Aperceber-se.

a·pri·mo·ra·do *adj.* Feito com primor, elegância, esmero, perfeição.

a·pri·mo·rar *v.t.d.* 1. Fazer com primor; aperfeiçoar. *v.p.* 2. Aperfeiçoar-se; esmerar-se.

a pri·o·ri *Lat. loc.adj.* 1. Que é independente da experiência. *loc. adv.* 2. Independentemente da experiência.

a·pris·co *s.m.* Curral onde se recolhem as ovelhas; redil.

a·pri·si·o·nar *v.t.d.* 1. Fazer prisioneiro; pôr em prisão, encarcerar. 2. Cativar.

a·pro·ar *v.t.i.* Voltar a proa para (algum lugar).

a·pro·ba·tó·ri·o *adj.* Que aprova ou envolve aprovação; aprobativo.

a·pro·fun·dar *v.t.d.* 1. Tornar fundo ou mais fundo. *v.p.* 2. Tornar-se mais fundo. 3. Ir ao fundo de, investigar minuciosamente.

a·pron·tar *v.t.d.* 1. Apresentar pronto; concluir. *v.i. fam.* 2. Fazer travessuras (a criança). 3. Ser infiel (o marido ou a mulher).

a·pro·pin·quar *v.t.d.* e *v.p.* Aproximar-se.

apropositado

a·pro·po·si·ta·do *adj.* 1. Que veio a propósito; oportuno. 2. Adequado, conveniente.

a·pro·po·si·tar *v.t.d.* 1. Fazer ou dizer a propósito. 2. Adaptar, apropriar. *v.p.* 3. Vir a propósito, ser oportuno.

a·pro·pri·a·ção *s.f.* 1. Ato ou efeito de apropriar-se. 2. Adaptação.

a·pro·pri·a·do *adj.* Próprio, conveniente, adequado, oportuno.

a·pro·pri·ar *v.t.d.* 1. Tornar próprio. 2. Dar de propriedade. 3. Tornar adequado. *v.p.* 4. Apoderar-se.

a·pro·va·ção *s.f.* 1. Ato ou efeito de aprovar. 2. Louvor. 3. Confirmação.

a·pro·va·do *adj.* 1. Julgado bom. 2. Autorizado. 3. Considerado habilitado.

a·pro·var *v.t.d.* 1. Considerar bom. 2. Aplaudir. 3. Dar por habilitado.

a·pro·vei·ta·dor *adj. e s.m.* 1. Que, ou o que aproveita. 2. O que abusa da bondade alheia.

a·pro·vei·ta·men·to *s.m.* 1. Ato de aproveitar. 2. Adiantamento nos estudos.

a·pro·vei·tar *v.t.d.* 1. Tirar proveito de. 2. Tornar proveitoso, útil. 3. Aplicar, empregar. *v.t.i.* 4. Ser proveitoso, útil; lucrar. *v.p.* 5. Utilizar-se; tirar proveito ou vantagem.

a·pro·vei·tá·vel *adj.2gên.* Que se pode aproveitar; que merece ser aproveitado.

a·pro·vi·si·o·nar *v.t.d.* Sortir, abastecer, prover de mantimentos.

a·pro·xi·ma·ção (ss) *s.f.* 1. Ato ou efeito de aproximar(-se). 2. Estimativa.

a·pro·xi·mar (ss) *v.t.d.* 1. Tornar próximo; pôr perto; fazer chegar. 2. Relacionar (pessoas). 3. Aliar. *v.p.* 4. Acercar-se.

aquaplanagem

a·pru·ma·do *adj.* 1. Posto a prumo; vertical. 2. *fig.* Correto e altivo. 3. Bem de saúde ou de finanças.

a·pru·mar *v.t.d.* 1. Pôr a prumo. 2. *fig.* Tornar altivo, arrogante. *v.p.* 3. Endireitar-se; mostrar-se altivo; vestir-se com apuro.

a·pru·mo *s.m.* 1. Efeito de aprumar. 2. *fig.* Altivez.

ap·ti·dão *s.f.* Qualidade de apto; capacidade.

ap·to *adj.* Capaz; hábil; idôneo.

a·pu·nha·lar *v.t.d.* 1. Matar ou ferir com punhal. 2. Ofender gravemente.

a·pu·pa·da *s.f.* Ato ou efeito de apupar.

a·pu·par *v.t.d.* Perseguir com apupos; vaiar.

a·pu·po *s.m.* Vaia; arruaça.

a·pu·ra·ção *s.f.* 1. Ato ou efeito de apurar(-se). 2. Contagem de votos.

a·pu·ra·do *adj.* 1. Escolhido como melhor. 2. Delicado; aperfeiçoado. 3. Esgotado. 4. Difícil. 5. Averiguado. 6. Asseado, limpo. 7. Aflito; sobrecarregado de serviço.

a·pu·rar *v.t.d.* 1. Tornar puro, perfeito. 2. Verificar. 3. Concluir. 4. Tornar elegante. 5. Reunir (dinheiro) vendendo alguma coisa. 6. Contar (votos). *v.i.* e *v.p.* 7. Aperfeiçoar-se; tornar-se puro. 8. Ficar em dificuldades. 9. Sobrecarregar-se de serviço. 10. Apressar-se.

a·pu·ro *s.m.* 1. Ato ou efeito de apurar(-se). 2. Esmero, correção (no falar, no vestir). 3. Situação angustiosa. 4. Pressa.

a·qua·lou·co *s.m.* Acrobata nadador que realiza saltos extravagantes de trampolim para divertir os espectadores.

a·qua·pla·na·gem *s.f.* 1. Perda de aderência em pista molhada. 2. Pouso sobre água.

a·qua·re·la (é) *s.f.* 1. Tinta especial que se dilui em água. 2. Pintura com tintas diluídas em água. 3. *fig.* Visão alegre ou otimista.

a·qua·ri·a·no *adj.* 1. *Astrol.* Relativo ao signo de Aquário. *s.m.* 2. Pessoa nascida sob o signo de Aquário.

a·quá·ri·o *adj.* 1. Aquático. 2. Que vive na água. *s.m.* 3. Reservatório para plantas ou peixes. 4. *Astron.* A undécima constelação do zodíaco, situada no hemisfério sul (inicial maiúscula). 5. *Astrol.* O undécimo signo do zodíaco, relativo às pessoas nascidas entre 20 de janeiro e 18 de fevereiro (inicial maiúscula).

a·quar·te·lar *v.t.d.* 1. Alojar em quartéis. *v.i.* 2. Alojar-se em quartéis. *v.p.* 3. Alojar-se.

a·quá·ti·co *adj.* Da água; que vive na água ou sobre ela.

a·qua·tin·ta *s.f.* Gravura que imita o desenho a lápis ou a tinta.

a·que·ce·dor *adj.* 1. Que aquece. *s.m.* 2. Aparelho que serve para aquecer.

a·que·cer *v.t.d.* 1. Tornar quente. *v.i.* e *v.p.* 2. Fazer-se quente.

a·que·ci·men·to *s.m.* Ato ou efeito de aquecer(-se).

a·que·du·to *s.m.* Canal ou tubulação para conduzir água de um lugar para outro.

a·que·le (ê) *pron. dem.* A pessoa ou coisa que se encontra um tanto distante de quem fala. *Fem.*: aquela. *Pl.*: aqueles, aquelas.

à·que·le (ê) *contr. Prep.* a com o *pron. dem.* **aquele**. *Fem.*: àquela. *Pl.*: àqueles, àquelas.

a·que·lou·tro *contr. Pron. dem.* **aquele** com o *pron. indef.* **outro**; a pessoa ou coisa que se encontra mais distante da pessoa que fala, quando esta já se referiu a outra, designada por aquele. *Fem.*: aqueloutra. *Pl.*: aqueloutros, aqueloutras.

à·que·lou·tro *contr. Prep.* **a** com o *pron. dem.* **aqueloutro**. *Fem.*: àqueloutra. *Pl.*: àqueloutros, àqueloutras.

a·quém (ê) *adv.* Do lado de cá.

a·quen·tar *v.t.d.* Tornar quente.

a·qui *adv.* 1. Neste lugar; a este lugar. 2. Nisto. 3. A este respeito. 4. Nesta ocasião.

a·qui·es·cên·ci·a *s.f.* Ato ou efeito de aquiescer.

a·qui·es·cen·te *adj.2gên.* Que aquiesce.

a·qui·es·cer *v.t.i.* Assentir; consentir.

a·qui·e·tar *v.t.d.* 1. Tornar quieto; acalmar. *v.i.* e *v.p.* 2. Ficar quieto; acalmar-se.

a·qui·la·tar *v.t.d.* 1. Determinar o quilate de. 2. *fig.* Apreciar; avaliar; pesar no ânimo.

a·qui·li·no *adj.* 1. Relativo ou pertencente à águia. 2. Diz-se do nariz recurvo como o bico da águia.

a·qui·lo *pron. dem.* Aquela coisa; aquelas coisas.

à·qui·lo *contr. Prep.* **a** com o *pron. dem.* **aquilo**.

a·qui·nho·a·do *adj.* 1. Dividido em quinhões. *s.m.* 2. Aquele que recebeu quinhão.

a·qui·nho·ar *v.t.d.* 1. Dividir, repartir em quinhões. 2. Partilhar. *v.t.i.* 3. Participar. *v.p.* 4. Tomar para si algum quinhão.

a·qui·si·ção *s.f.* 1. Ato ou efeito de adquirir. 2. A coisa adquirida.

a·quo·so (ô) *adj.* 1. Da natureza da água. 2. Que contém água. *Pl.*: aquosos (ó).

ar s.m. 1. Mistura gasosa que envolve a Terra. 2. Clima; vento; aragem. 3. Espaço que fica acima do solo. 4. *fig.* Aparência; aspecto.

a·ra s.f. Altar dos sacrifícios.

á·ra·be *adj.2gên.* 1. Da Arábia. *s.2gên.* 2. Natural ou habitante da Arábia. *s.m.* 3. Idioma falado na Arábia.

a·ra·bes·co *adj.* 1. Relativo aos árabes. *s.m.* 2. Ornato caprichoso, de estilo árabe.

a·rá·bi·co *adj.* Relativo à Arábia ou aos árabes.

a·ra·çá s.m. O fruto do araçazeiro.

a·ra·ca·ju·en·se *adj.2gên.* 1. De Aracaju, ou relativo a essa cidade; aracajuano. *s.2gên.* 2. Natural ou habitante dessa cidade; aracajuano.

a·ra·ça·zei·ro s.m. *Bot.* Árvore frutífera.

a·rac·ní·de·os *s.m.pl. Zool.* Classe de artrópodes desprovidos de antenas, com quatro pares de patas ambulatórias (aranhas, escorpiões, ácaros).

a·rac·noi·de s.m. 1. *Med.* Membrana delgada e transparente, ou meninge, situada entre a dura-máter e a pia-máter, que envolve o cérebro e a medula espinhal. 2. Semelhante a aranha ou teia de aranha.

a·ra·do s.m. 1. Instrumento que serve para lavrar a terra. 2. Lavoura; vida agrícola.

a·ra·gem s.f. 1. Vento brando e fresco; brisa. 2. *fig.* Oportunidade; bafejo de sorte.

a·ra·go·nês *adj.* 1. De Aragão. *s.m.* 2. O natural ou habitante de Aragão. 3. Dialeto que se fala nessa região da Espanha.

a·ra·ma·do *adj.* 1. Fechado com cerca de arame. *s.m.* 2. Cerca de arame; alambrado.

a·ra·mai·co *adj.* 1. Relativo aos arameus. *s.m.* 2. *Ling.* Língua semítica falada pelos arameus.

a·ra·me s.m. 1. Liga de cobre e zinco e não raro de outros metais. 2. Fio de latão ou cobre. 3. *pop.* Dinheiro.

a·ra·meus *s.m.pl.* Povo que vivia em Aram (atual Síria) e na Mesopotâmia.

a·ran·de·la (é) s.f. 1. Peça do castiçal em que se coloca a vela. 2. Braço de metal, na parede, para nele colocar vela ou lâmpada elétrica.

a·ra·nha s.f. *epiceno* 1. *Zool.* Animal artrópode aracnídeo. 2. Carro pequeno de duas rodas, puxado por um só cavalo.

a·ra·nha·ca·ran·gue·jei·ra s.f. *Zool.* Aranha grande, que tem o corpo recoberto de pelos e não produz teias. *Pl.:* aranhas-caranguejeira e aranhas--caranguejeiras.

a·ra·nhol s.m. Buraco ou toca onde as aranhas se recolhem.

a·ra·nho·so (ô) *adj.* Que se assemelha à aranha ou à teia de aranha.

a·ran·zel s.m. Discurso que enfada.

a·ra·pon·ga s.f. *epiceno* 1. *Zool.* Pássaro cuja voz representa o som de uma bigorna, também chamado ferreiro. *sobrecomum* 2. *fig.* Pessoa de voz estridente. 3. *gír.* Detetive.

a·ra·pu·ca s.f. 1. Armadilha para a caça de passarinhos. 2. *fig.* Negócio pouco sério; negociata; embuste; engodo.

a·rar *v.t.d.* Lavrar (a terra).

a·ra·ra s.f. *epiceno Zool.* Ave da família dos papagaios.

a·ra·ru·ta s.f. *Bot.* Planta de que se extrai uma fécula alimentar.

a·rau·ca·no s.m. 1. Língua dos antigos habitantes do Chile. *s.m.pl.* 2. Aborígenes do Chile.

a·rau·cá·ri:a *s.f. Bot.* Árvore de pinhas com amêndoa carnosa e comestível.

a·rau·to *s.m.* 1. Pregoeiro. 2. *fig.* Mensageiro.

a·rá·vel *adj.2gên.* Que se pode arar.

ar·bi·tra·gem *s.f.* 1. Julgamento levado a efeito por árbitros. 2. Ato de conduzir um jogo esportivo.

ar·bi·trar *v.t.d.* 1. Julgar como árbitro. 2. Determinar por arbítrio; estipular. *v.i.* 3. Servir, atuar como árbitro.

ar·bi·tra·ri:e·da·de *s.f.* Ação arbitrária; injustiça, capricho; iniquidade.

ar·bi·trá·ri:o *adj.* 1. Procedente de arbítrio. 2. Que não tem ou não obedece a regras.

ar·bí·tri:o *s.m.* 1. Resolução que depende só da vontade. 2. Julgamento de árbitros. 3. Opinião.

ár·bi·tro *s.m.* 1. Aquele que resolve uma questão por acordo das partes que litigam; juiz. 2. Dirigente de jogo ou prova esportiva.

ar·bó·re:o *adj.* 1. Relativo ou semelhante a árvore. 2. Que tem porte de árvore.

ar·bo·res·cen·te *adj.2gên.* Que apresenta características de árvore.

ar·bo·res·cer *v.i.* 1. Crescer como árvore; tornar-se árvore. 2. *fig.* Desenvolver-se.

ar·bo·rí·co·la *adj.2gên.* Que vive nas árvores.

ar·bo·ri·cul·tu·ra *s.f.* Cultura das árvores.

ar·bo·ri·za·ção *s.f.* Ato ou efeito de arborizar.

ar·bo·ri·zar *v.t.d.* Plantar árvores em.

ar·bus·to *s.m.* Nome que se dá ao vegetal lenhoso de 1 a 4 metros de altura, cujo caule se ramifica desde a base.

ar·ca *s.f.* Caixa de grandes dimensões e tampa chata.

ar·ca·bou·ço *s.m. Anat.* 1. Ossatura da caixa torácica. 2. *Anat.* Conjunto dos ossos do corpo; esqueleto. 3. *por ext.* Madeiramento de uma construção. Var.: arcaboiço.

ar·ca·buz *s.m.* Antiga arma de fogo portátil, semelhante ao bacamarte.

ar·ca·da *s.f.* 1. *Arquit.* Série de arcos, abóbada arqueada. 2. *Arquit.* Construção em forma de arco. *Anat.* **Arcada dentária**: disposição (em arco) dos dentes humanos.

Ar·cá·di:a *s.f.* Antiga academia literária onde florescia a poesia.

ar·ca·do *adj.* Que tem forma de arco; arqueado; curvado.

ar·cai·co *adj.* Desusado; antiquado; obsoleto.

ar·ca·ís·mo *s.m.* Palavra ou expressão arcaica.

ar·can·jo *s.m.* Anjo de ordem superior.

ar·ca·no *s.m.* 1. Segredo; mistério. *adj.* 2. Misterioso; oculto.

ar·ção *s.m.* Peça arqueada que se alteia atrás e adiante da sela. *Pl.:* arções.

ar·car *v.t.d.* 1. Curvar em forma de arco. 2. Guarnecer de arcos. *v.p.* 3. Curvar. *v.t.i.* 4. Lutar. 5. Assumir; tomar sobre si.

ar·ce·bis·pa·do *s.m. Ecles.* 1. Dignidade de arcebispo. 2. Jurisdição ou residência do arcebispo.

ar·ce·bis·po *s.m. Ecles.* Prelado superior aos bispos de uma circunscrição eclesiástica.

ar·cho·te (ó) *s.m.* Pedaço de corda, embebida em breu, que se acende para alumiar.

arcipreste   **arejar**

ar·ci·pres·te *s.m.* 1. Pároco com jurisdição sobre outros. 2. Dignidade de um cabido.

ar·co *s.m.* 1. Arma de atirar setas. 2. *Geom.* Porção de uma curva ou de um círculo. 3. *Mús.* Varinha guarnecida de crina com que se ferem as cordas de alguns instrumentos, como o violino. 4. *Arquit.* Curva de abóbada. 5. *Desp.* Gol; meta.

ar·co-í·ris *s.m.2 núm.* Fenômeno atmosférico luminoso que tem a configuração de um arco e apresenta as cores do espectro solar.

ar-con·di·ci·o·na·do *s.m.* Aparelho para resfriar ou aquecer ambientes fechados; condicionador de ar. *Pl.:* ares-condicionados.

ar·con·te *s.m.* Magistrado da antiga Grécia.

ár·de·go *adj. desus.* Fogoso; irrequieto; irritável.

ar·dên·ci·a *s.f.* 1. Qualidade daquilo que causa ardor, ou do que é ardente. 2. Ardimento.

ar·den·te *adj.2 gên.* 1. Que arde. 2. *fig.* Intenso, impetuoso; tomado de paixão.

ar·der *v.i.* 1. Estar em chamas. 2. Brilhar como chama. 3. Ter sabor picante. *v.t.i.* 4. Causar ardência. 5. *fig.* Desejar com ardor; consumir-se.

ar·di·do *adj.* 1. Que ardeu. 2. Queimado; fermentado.

ar·dil *s.m.* Manha; sutileza; estratagema. *Pl.:* ardis.

ar·di·lo·so (ô) *adj.* 1. Que emprega ardis, astucioso; sagaz. 2. Enganador; velhaco. *Pl.:* ardilosos (ó).

ar·di·men·to *s.m.* Ardência.

ar·dor *s.m.* 1. Calor intenso. 2. Sabor picante. 3. *fig.* Entusiasmo, paixão.

ar·do·ro·so (ô) *adj.* Cheio de ardor, ardente. *Pl.:* ardorosos (ó).

ar·dó·si·a *s.f. Min.* Xisto separável em lâminas resistentes, que se aplica principalmente em revestimento de casas, calçamentos e em lousas escolares.

ár·du·o *adj.* 1. Alcantilado, escarpado. 2. *fig.* Custoso; difícil; trabalhoso.

a·re *s.m.* Medida de superfície equivalente a 100 metros quadrados.

á·re·a *s.f.* 1. Superfície de figuras e corpos geométricos; terreno. 2. Espaço; campo em que é exercida alguma atividade. 3. Espaço aberto no interior de um edifício; pátio de uma casa. *Inform.* **Área de transferência**: área de memória utilizada para armazenar temporariamente informações que serão usadas posteriormente.

a·re·a·do *adj.* 1. Limpo, esfregado com areia ou substância semelhante. 2. Perdido, desnorteado. 3. Sem dinheiro; pronto.

a·re·al *s.m.* Lugar coberto de areia.

a·re·ão *s.m.* Largo trecho de terreno coberto de areia, grande areal.

a·re·ar *v.t.d.* 1. Cobrir, encher de areia. 2. Limpar, esfregando pó semelhante à areia ou outra substância. *v.i.* 3. Ficar sem dinheiro.

a·re·en·to *adj.* Que contém muita areia.

a·rei·a *s.f.* Substância mineral granulosa ou pulverulenta que se junta nos desertos, nas praias e no leito dos rios.

a·re·ja·men·to *s.m.* Ato de arejar.

a·re·jar *v.t.d.* 1. Ventilar; expor ao ar. *v.i.* 2. Tomar ar novo. *v.p.* 3. Espairecer-se.

a·re·na (ê) *s.f.* 1. Lugar onde se exibe a gente de circo. 2. *ant.* Parte coberta de areia, nos anfiteatros, onde lutavam gladiadores e feras. 3. *por ext.* Lugar de discussão e debate.

a·ren·ga *s.f.* 1. Discurso fastidioso. 2. Discussão acalorada. 3. Intriga. 4. Bate-boca.

a·ren·gar *v.t.d.* 1. Dirigir arenga a. *v.i.* 2. Discursar, fazer arenga. 3. Discutir.

a·re·ni·to *s.m. Min.* Rocha cujos grânulos foram unidos por cimento (argila endurecida, calcário, etc.).

a·re·no·so (ô) *adj.* Areento; misturado com areia; com aspecto de areia. *Pl.:* arenosos (ó).

a·ré·o·la *s.f.* 1. Canteiro de jardim. 2. *Med.* Círculo avermelhado ao redor de uma inflamação. 3. *Anat.* Círculo pigmentado em volta do bico do seio. V. **auréola**.

a·re·o·lar *adj.2gén.* 1. Relativo a aréola. 2. Que tem aréola. *V.* **aureolar**.

a·re·ô·me·tro *s.m. Fís.* Instrumento para o cálculo da densidade dos líquidos.

a·re·ó·pa·go *s.m.* 1. *ant.* Tribunal da antiga Grécia. 2. *por ext.* Assembleia de sábios, de literatos, de pessoas ilustres.

a·res·ta *s.f.* 1. Barba de espiga de cereais. 2. Saliência angulosa; quina. 3. *Geom.* Interseção de dois planos que formam ângulo diedro.

a·re·ti·no *adj.* 1. Relativo a Arezzo. *s. m.* 2. O natural ou habitante dessa província da Itália.

ar·fan·te *adj.2gén.* 1. Que arfa; ofegante; palpitante. 2. Balouçante (navio).

ar·far *v.i.* 1. Respirar com dificuldade; ofegar. 2. *Náut.* Jogar (o navio).

ar·ga·mas·sa *s.f.* Mistura de areia, água e cal ou cimento.

ar·ge·li·a·no *adj.* 1. Da Argélia. *s.m.* 2. O natural ou habitante desse país da África.

ar·ge·li·no *adj.* e *s.m.* Natural ou habitante de Argel, na Argélia.

ar·gen·ta·do *adj.* Prateado.

ar·gen·tar *v.t.d.* Pratear; cobrir com prata.

ar·gen·tá·ri·o *s.m.* 1. Indivíduo rico. 2. Lugar onde se guardam objetos de prata.

ar·gên·te·o *adj.* Prateado; brilhante como prata.

ar·gen·ti·no *adj.* 1. Da República Argentina. 2. Argênteo. 3. De timbre fino como o da prata (som). *s.m.* 4. O natural ou habitante da Argentina.

ar·gi·la *s.f. Min.* 1. Substância terrosa e um tanto branca, silicato de alumínio hidratado. 2. Greda; barro. 3. *fig.* O que se quebra facilmente.

ar·go·la (ó) *s.f.* 1. Anel de metal a que se prende alguma coisa. 2. Aldrava.

ar·go·nau·ta *s.m.* 1. *Mit.* Navegante da nau Argo. 2. *por ext.* Navegador ousado.

ar·gô·ni·o *s.m. Quím.* Elemento gasoso de símbolo **Ar** e cujo número atômico é 18.

ar·gú·ci·a *s.f.* 1. Agudeza de espírito. 2. Sutileza de argumentação.

ar·guei·ro *s.m.* 1. Palhinha; aresta; grão muito pequeno; cisco. 2. *fig.* Coisa insignificante.

ar·gui·ção (güi) *s.f.* Ato ou efeito de arguir.

ar·guir (güir) *v.t.d.* 1. Acusar; censurar. 2. Examinar, interrogando. *v.i.* 3. Argumentar.

ar·gu·men·ta·ção *s.f.* 1. Ato de argumentar. 2. Reunião de argumentos. 3. Discussão.

ar·gu·men·tar *v.t.d.* 1. Servir-se de argumento; alegar. 2. Discutir; raciocinar. 3. Ensinar.

ar·gu·men·to *s.m.* 1. Raciocínio por meio do qual se chega a uma conclusão. 2. Prova. 3. Objeção. 4. Tema, assunto; resumo, sumário.

ar·gu·to *adj.* 1. Em que há argúcia; sutil; engenhoso. 2. De espírito vivo.

á·ri:a *s.f.* 1. *Mús.* Peça musical para uma só voz. 2. Poesia para ser cantada.

a·ri·a·nis·mo¹ *s.m.* 1. Qualidade de ariano. 2. Doutrina nazista segundo a qual os povos arianos são em tudo superiores aos demais povos. 3. Crença nessa doutrina.

a·ri·a·nis·mo² *Rel.* Doutrina de Ário, presbítero de Alexandria, contra o dogma da Trindade.

a·ri·a·no¹ *adj.* 1. Relativo aos árias. 2. Da raça dos árias.

a·ri·a·no² *Rel.* Partidário do arianismo, doutrina de Ário.

a·ri·a·no³ *adj. Astrol.* 1. Relativo ao signo de Áries. *s.m.* 2. Pessoa nascida sob o signo de Áries.

á·ri:as *s.m.pl.* Povo indo-europeu que se fixou na Índia; arianos.

a·ri·dez *s.f.* 1. Qualidade do que é árido. 2. Esterilidade, aspereza; secura. 3. Falta de sensibilidade.

á·ri·do *adj.* 1. Estéril; seco. 2. Desagradável. 3. Insensível.

Á·ri·es *s.f.* 1. *Astron.* Primeira constelação do zodíaco, situada no hemisfério norte. 2. *Astrol.* Primeiro signo do zodíaco, relativo às pessoas nascidas entre 21 de março e 19 de abril; Carneiro.

a·rí·e·te *s.m.* Antiga máquina de guerra com a qual se abatiam muralhas.

a·ri·ra·nha *s.f. epiceno Zool.* Designação de um mamífero da família das lontras.

a·ris·co *adj.* 1. Esquivo; desconfiado. 2. Diz-se do animal que não se deixa apanhar ou, quando preso, não se deixa domesticar.

a·ris·to·cra·ci·a *s.f.* 1. Governo de nobres. 2. Classe da nobreza. 3. Classe social superior. 4. Distinção.

a·ris·to·cra·ta *adj.2gên.* e *s.2gên.* Que, ou pessoa que pertence à aristocracia.

a·ris·to·crá·ti·co *adj.* 1. Relativo à aristocracia; da aristocracia. 2. Distinto.

a·ris·to·té·li·co *adj.* 1. Relativo a Aristóteles, filósofo grego (384-322 a.C.). 2. De acordo com a doutrina desse filósofo.

a·rit·mé·ti·ca *s.f.* 1. Parte da matemática que estuda as operações que se efetuam com os números. 2. Obra sobre essa matéria.

ar·le·quim *s.m.* 1. Personagem da antiga comédia italiana. 2. *por ext.* Fantasia carnavalesca imitante à roupa do arlequim.

ar·ma *s.f.* 1. Instrumento com o qual se ataca ou defende. 2. Classe ou subdivisão de tropa do exército.

ar·mas *s.f.pl.* 1. A profissão militar. 2. Insígnia de brasão.

ar·ma·ção *s.f.* 1. Ato ou efeito de armar. 2. Aquilo que serve para dispor, aprestar ou revestir madeiramento de um edifício. 3. *fig.* Negócio arranjado para prejudicar ou incriminar uma pessoa.

ar·ma·da *s.f.* 1. Marinha de guerra. 2. Conjunto dos navios de guerra de uma nação.

ar·ma·di·lha *s.f.* 1. Artifício para apanhar caça. 2. Cilada.

ar·ma·dor *s.m.* 1. Aquele que arma. 2. Proprietário ou equipador de navios mercantes.

ar·ma·du·ra *s.f.* 1. Conjunto de armas. 2. Vestidura metálica dos antigos guerreiros.

ar·ma·men·tis·mo *s.m.* Doutrina que defende a existência ou o aumento de armamentos em um país ou países.

ar·ma·men·to *s.m.* 1. Ato ou efeito de armar(-se). 2. Conjunto ou depósito de armas.

ar·mar *v.t.d.* 1. Prover de armas. 2. Equipar; aparelhar; fortalecer. *v.p.* 3. Prover-se de armas.

ar·ma·ri·nho *s.m.* Loja em que se encontram fazendas, aviamentos de costura, miudezas e artigos de toucador.

ar·má·ri·o *s.m.* Móvel provido de prateleiras ou divisões, para guardar objetos de uso doméstico.

ar·ma·zém (ê) *s.m.* 1. Lugar onde se guardam mercadorias ou material bélico. 2. Grande estabelecimento comercial.

ar·ma·ze·na·gem *s.f.* 1. Ato ou efeito de armazenar. 2. Quantia que se paga pelo depósito de mercadorias.

ar·ma·ze·na·dor *s.m. Inform.* Memória(4).

ar·ma·ze·nar *v.t.d.* 1. Pôr em armazém. 2. Acumular. 3. Conservar.

ar·mei·ro *s.m.* Vendedor, fabricante, consertador de armas.

ar·mê·ni·o *adj.* 1. Da Armênia. *s.m.* 2. O natural ou habitante desse país da Ásia. 3. Língua que se fala na Armênia.

ar·men·to *s.m.* Rebanho, sobretudo de gado vacum.

ar·mi·nho *s.m. epiceno* 1. *Zool.* Mamífero de pelame branco no inverno. *s.m.* 2. A pele desse animal. 3. Adorno ou agasalho que se faz com essa pele.

ar·mis·tí·ci·o *s.m.* Suspensão temporária ou interrupção definitiva das hostilidades.

ar·mo·ri·a·do *adj. Heráld.* Que tem armas ou brasões.

ar·mo·ri·al *s.m.* Livro que contém o registro dos brasões.

ar·nês *s.m.* 1. Antiga armadura completa de um guerreiro. 2. Arreios de cavalo. 3. *fig.* Proteção.

ar·ni·ca *s.f.* 1. *Bot.* Planta de propriedades medicinais. 2. *Farm.* A tintura extraída dessa planta.

a·ro *s.m.* Pequeno círculo; argola; abertura ou objeto circular.

a·ro·ei·ra *s.f. Bot.* Árvore de madeira útil, cuja casca tem propriedades medicinais.

a·ro·ma (ô) *s.m.* Perfume agradável; odor.

a·ro·má·ti·co *adj.* Que tem aroma; fragrante.

a·ro·ma·ti·zar *v.t.d.* e *v.p.* 1. Tornar aromático. 2. Perfumar.

ar·pão *s.m.* Espécie de dardo para aferrar grandes peixes; arpéu.

ar·pe·jar *v.i.* Fazer arpejos. *Pres. indic.*: eu arpejo (ê), etc.

ar·pe·jo (ê) *s.m. Mús.* Acorde de sons sucessivos em instrumento de cordas.

ar·péu *s.m.* 1. Arpão pequeno. 2. Gancho de ferro utilizado no passado para puxar e aproximar embarcações, geralmente em ataques ou assaltos.

ar·po·ar *v.t.d.* 1. Cravar o arpão em. *v.i.* 2. Lançar o arpão.

ar·que·a·ção *s.f.* Ato ou efeito de arquear.

ar·que·ar *v.t.d.* 1. Dar aspecto ou forma de arco a; curvar. *v.p.* 2. Tomar aspecto ou forma de arco; dobrar-se.

ar·quei·ro *s.m.* 1. Fabricante ou vendedor de arcos ou de arcas. 2. O que combate com arco.

ar·que·jan·te *adj.2gên.* Que arqueja; ofegante.

ar·que·jar *v.i.* 1. Ofegar; ansiar; respirar a custo. *v.t.d.* 2. Soltar, dar arquejando (soluços, gritos, etc.).

ar·que·jo (ê) *s.m.* Ato ou efeito de arquejar.

ar·que·o·lo·gi·a *s.f.* Ciência que estuda as coisas da Antiguidade.

ar·que·o·ló·gi·co *adj.* Relativo à arqueologia.

ar·que·ó·lo·go *s.m.* Aquele que é versado em arqueologia.

ar·qué·ti·po *s.m.* 1. Modelo de seres criados. 2. Protótipo. 3. Símbolo que se repete com frequência.

ar·qui·ban·ca·da *s.f.* Série de bancos dispostos em ordem para assento do público em teatros, circos, campos de futebol, etc.

ar·qui·di·o·ce·se (é) *s.f.* Diocese à qual estão subordinadas outras dioceses; arcebispado.

ar·qui·du·que *s.m.* Título superior ao duque.

ar·qui·e·pis·co·pal *adj.* Concernente a arcebispo.

ar·qui·i·ni·mi·go *s.m.* Aquele que é o inimigo maior. *Pl.:* arqui-inimigos.

ar·qui·mi·li·o·ná·ri·o *adj.* e *s.m.* Que ou aquele que é muitas vezes milionário.

ar·qui·pé·la·go *s.m. Geog.* Grupo de ilhas que estão a pequena distância umas das outras.

ar·qui·te·tar *v.t.d.* 1. Edificar; planejar; idear. *v.i.* 2. Trabalhar como arquiteto.

ar·qui·te·to (é) *s.m.* 1. Indivíduo que projeta e dirige construções. 2. Aquele que exerce a arte da arquitetura.

ar·qui·te·tu·ra *s.f.* 1. Arte de edificar, de construir edifícios. 2. *fig.* Contextura, plano; forma; projeto.

ar·qui·tra·ve *s.f. Arquit.* Parte do entablamento sobre os capitéis das colunas.

ar·qui·va·men·to *s.m.* Ato ou efeito de arquivar.

ar·qui·var *v.t.d.* 1. Guardar em arquivo. 2. *fig.* Colecionar; guardar; registrar; anotar.

ar·qui·vis·ta *s.2gên.* Pessoa encarregada de um arquivo.

ar·qui·vo *s.m.* 1. Lugar onde se recolhem ou guardam documentos. 2. *Inform.* Conjunto de dados ou de instruções armazenado em meio digital.

ar·ra·bal·de *s.m.* Cercanias de uma cidade; subúrbio.

ar·rai·a *s.f.* 1. A plebe. 2. Fronteira, linha divisória entre dois países. *epiceno* 3. *Zool.* Nome genérico dos peixes cartilaginosos; raia. 4. Pipa, papagaio de papel.

ar·ra:ial *s.m.* 1. Local onde se realizam festas, geralmente juninas. 2. Lugar de ocupação temporária; acampamento. 3. Povoado.

ar·rai·a·mi·ú·da *s.f.* Gente de baixa condição; a ínfima plebe. *Pl.:* arraias-miúdas.

ar·rai·gar *v.t.d.* 1. Firmar pela raiz. 2. Fazer lançar raízes. 3. *fig.* Fixar. *v.i.* 4. Lançar raízes. *v.p.* 5. Estabelecer-se; fixar-se.

ar·ran·ca·da *s.f.* 1. Ato ou efeito de arrancar. 2. Partida precipitada, impetuosa.

ar·ran·car *v.t.d.* 1. Tirar, fazer sair com força; extirpar. 2. Libertar; separar. *v.i.* 3. Sair de repente e com ímpeto. *v.p.* 4. Separar-se com violência; afastar-se.

ar·ran·ca-ra·bo *s.m. pop.* Briga, discussão, bate-boca, rolo(5). *Pl.:* arranca-rabos.

ar·ran·char *v.t.d.* 1. Juntar em ranchos. 2. Dar pousada a. *v.i.* 3. Reunir-se em rancho ou mesa comum. *v.p.* 4. Estabelecer-se provisoriamente.

ar·ran·co *s.m.* 1. Ato ou efeito de arrancar. 2. Ímpeto violento. 3. Agonia; estertor; ânsia.

ar·ra·nha-céu *s.m.* Edifício de muitos andares. *Pl.:* arranha-céus.

ar·ra·nha·du·ra *s.f.* Ato ou efeito de arranhar; arranhão.

ar·ra·nhão *s.m.* Ferida leve, superficial; arranhadura.

ar·ra·nhar *v.t.d.* 1. Ferir com as unhas. 2. *fig.* Tocar mal (um instrumento). 3. Conhecer de modo superficial (uma língua).

ar·ran·ja·do *adj.* 1. Arrumado; preparado; organizado. 2. Quase rico; remediado.

ar·ran·jar *v.t.d.* 1. Dispor; pôr em ordem; conciliar. 2. Apanhar; obter; conseguir. *v.p.* 3. Governar-se bem. 4. Obter emprego rendoso.

ar·ran·jo *s.m.* 1. Ato ou efeito de arranjar. 2. Boa ordem. 3. Conchavo, conluio; combinação fraudulenta; negociata. 4. *Mús.* Versão (ou fragmento) de obra musical diversa da original.

ar·ran·que *s.m.* 1. Arranco. 2. Peça de automóvel por meio da qual se põe o motor em movimento.

ar·ra·sar *v.t.d.* 1. Tornar raso. 2. Destruir. 3. Humilhar. *v.p.* 4. Humilhar-se.

ar·ras·ta·du·ra *s.f.* Ato ou efeito de arrastar(-se); arrastamento.

ar·ras·ta·men·to *s.m.* Arrastadura.

ar·ras·tão *s.m.* 1. Esforço para arrastar. 2. Rede de pesca que apresenta a forma de um saco. 3. Ação de recolher a rede de pesca.

ar·ras·ta-pé *s.m.* Baile popular; baile decadente. *Pl.:* arrasta-pés.

ar·ras·tar *v.t.d.* 1. Levar de rastos. 2. Conduzir à força. 3. Mover com dificuldade; puxar. 4. *Inform.* Mover algo (ícone, texto, arquivo) na tela, com auxílio do *mouse*, em geral mantendo pressionado um de seus botões. *v.i.* e *v.p.* 5. Andar de rastos, rastejar.

ar·ra·zo·a·do *s.m.* 1. Discurso para a defesa de uma causa. *adj.* 2. De acordo com a razão, razoável, justo.

ar·ra·zo·ar *v.t.d.* 1. Expor, defender apresentando razões. 2. Censurar. *v.t.i.* e *v.i.* 3. Conversar; discutir. 4. Raciocinar.

ar·re·a·do *adj.* 1. Que tem os arreios. 2. Abaixado; inclinado. 3. Desanimado.

ar·re·ar *v.t.d.* Pôr os arreios em; aparelhar.

ar·re·ba·nhar *v.t.d.* 1. Juntar em rebanho. 2. Recolher; reunir. *v.p.* 3. Juntar-se em rebanho. 4. Recolher-se.

ar·re·ba·ta·do *adj.* 1. Irritado, irascível. 2. Precipitado. 3. Extasiado, entusiasmado. 4. Levado pelos ares.

ar·re·ba·ta·dor *adj.* e *s.m.* Que, ou o que arrebata.

ar·re·ba·ta·men·to *s.m.* 1. Furor súbito; excitação; enlevo. 2. Ato de arrebatar(-se).

ar·re·ba·tar *v.t.d.* 1. Tirar à força, arrancar. 2. Levar; impelir. *v.p.* 3. Extasiar-se; entusiasmar-se. 4. Enfurecer-se.

ar·re·ben·ta·ção *s.f.* Lugar perto da praia onde as ondas se quebram.

ar·re·ben·ta·do *adj.* 1. Que se rompeu. 2. Quebrado; arruinado; sem recursos. 3. Cansado.

ar·re·ben·tar *v.t.d.* 1. Rebentar; estourar; quebrar violentamente. *v.i.* 2. Estar muito cansado ou morto de desejos.

ar·re·bi·ca·do *adj.* Muito enfeitado; afetado.

ar·re·bi·que *s.m.* 1. Ingrediente para pintar o rosto. 2. Enfeite ridículo.

ar·re·bi·ta·do *adj.* 1. De ponta virada para cima. 2. *fig.* Petulante; pernóstico.

ar·re·bi·tar *v.t.d.* 1. Virar para cima a ponta de. *v.p.* 2. Revirar-se para cima.

ar·re·bi·te *s.m.* Rebite.

ar·re·bol *s.m.* 1. Cor afogueada da aurora ou do pôr do sol; rosicler. 2. *fig.* Princípio, início.

ar·re·ca·da·ção *s.f.* 1. Ato de arrecadar. 2. Lugar onde se arrecada. 3. Depósito; custódia, guarda. 4. Cobrança. 5. Prisão.

ar·re·ca·dar *v.t.d.* 1. Colocar em lugar seguro; guardar. 2. Depositar. 3. Cobrar, alcançar. 4. Prender. *v.i.* 5. Obter o que se deseja.

ar·re·ci·fe *s.m.* Rochedo ou conjunto de rochedos normalmente situados próximos à costa litorânea; recife.

ar·re·da (é) *interj.* Termo usado para ordenar a alguém que se afaste; desvia!; fora!; para trás!

ar·re·dar *v.t.d.* 1. Remover para trás; afastar. 2. Desviar; pôr de parte. *v.p.* 3. Desviar-se; afastar-se.

ar·re·di·o *adj.* 1. Que anda afastado. 2. Arisco. 3. Tresmalhado.

ar·re·don·da·do *adj.* Que tem forma redonda, circular.

ar·re·don·dar *v.t.d.* 1. Tornar redondo. 2. Dar harmonia (à frase ou ao período). *v.p.* 3. Tornar-se redondo ou mais redondo.

ar·re·do·res (ó) *s.m.pl.* Cercanias, circunvizinhanças.

ar·re·fe·cer *v.i.* 1. Esfriar. 2. *fig.* Perder a energia; desanimar. *v.t.d.* 3. Fazer esfriar. 4. *fig.* Moderar (a atividade, o zelo, etc.).

ar·re·ga·çar *v.t.d.* 1. Puxar ou desdobrar para cima. 2. Colher (a borda de um vestido).

ar·re·ga·la·do *adj.* Muito aberto; esbugalhado.

ar·re·ga·lar *v.t.d.* Abrir muito (os olhos).

ar·re·ga·nhar *v.t.d.* 1. Mostrar (os dentes), rindo ou demonstrando cólera. 2. Abrir, enrugando. *v.p.* 3. Mostrar os dentes, rindo-se.

ar·re·gi·men·tar *v.t.d.* 1. Organizar em regimento. 2. *fig.* Arrebanhar.

ar·rei·o *s.m.* Conjunto das peças com que se preparam os animais de sela ou tração.

ar·re·li·a *s.f.* 1. Zanga; rixa. 2. Divertimento.

ar·re·li·ar *v.t.d.* 1. Causar arrelia a. 2. Impacientar. *v.p.* 3. Zangar-se.

ar·re·li·en·to *adj.* Arrelioso.

ar·re·li·o·so (ô) *adj.* Provocante, impertinente; que causa arrelia, arreliento. *Pl.*: arreliosos (ó).

ar·rel·va·do *adj.* Em que há relva; coberto de relva.

ar·re·ma·ta·do *adj.* 1. Comprado em leilão ou hasta pública. 2. Concluído (toque final em obra).

ar·re·ma·tar *v.t.d.* 1. Concluir; dar remate. 2. Fazer remate de ponto em (costura). 3. Comprar em leilão. 4. Terminar.

ar·re·ma·te *s.m.* Ato ou efeito de arrematar.

ar·re·me·dar *v.t.d.* Imitar de modo grotesco.

ar·re·me·do (ê) *s.m.* 1. Ato ou efeito de arremedar. 2. Imitação grosseira.

ar·re·mes·sar *v.t.d.* 1. Atirar violentamente para a frente; arrojar. 2. Repelir. *v.p.* 3. Arrojar-se com violência.

ar·re·mes·so (ê) *s.m.* 1. Ato ou efeito de arremessar. 2. Acometimento.

ar·re·me·ter *v.t.i.* e *v.i.* 1. Investir, avançar com ímpeto. *v.t.d.* 2. Fazer sair com violência.

ar·re·me·ti·da *s.f.* Investida, impulso de quem arremete, assalto.

ar·ren·da·do *adj.* 1. Que se deu ou tomou de arrendamento. 2. Que tem boa renda. 3. Ornado de renda, rendado.

ar·ren·da·dor *adj.* 1. Que arrenda. *s.m.* 2. Quem oferece algo em arrendamento.

ar·ren·da·dos *s.m.pl.* Ornatos à feição de renda.

ar·ren·da·men·to *s.m.* 1. Ato ou efeito de arrendar; aluguel. 2. Escritura de contrato de renda.

ar·ren·dar *v.t.d.* 1. Dar ou tomar em arrendamento; alugar. 2. Rendilhar, guarnecer de rendas. 3. Fazer trabalho semelhante a renda.

ar·ren·da·tá·ri:o *s.m.* O que toma sob a forma de arrendamento.

ar·re·ne·ga·do *adj.* 1. Renegado. 2. Zangado, irritado, enfadado.

ar·re·ne·gar *v.t.d.* 1. Renegar, abjurar; amaldiçoar, odiar. *v.p.* 2. Zangar-se, irritar-se.

ar·re·ne·go (ê) *s.m.* Ato ou efeito de arrenegar; zanga, irritação.

ar·re·pa·nhar *v.t.d.* 1. Enrugar, arregaçar. 2. Juntar dinheiro com avareza. 3. Furtar, arrebatar. *v.p.* 4. Enrugar-se; contrair-se.

ar·re·pe·lar *v.t.d.* 1. Puxar, arrancar (pelos, penas, cabelos). *v.p.* 2. Puxar os próprios cabelos ou a própria barba em sinal de desgosto.

ar·re·pen·der-se *v.p.* 1. Ter pesar pelas faltas cometidas. 2. Mudar de parecer; desdizer-se.

ar·re·pen·di·do *adj.* Que se arrependeu; contrito.

ar·re·pen·di·men·to *s.m.* Ato ou efeito de arrepender-se.

ar·re·pi·a·do *adj.* Eriçado (de medo ou de frio).

ar·re·pi·ar *v.t.d.* 1. Eriçar. 2. Causar arrepios em. *v.i.* 3. Retroceder; desdizer-se. *v.p.* 4. Sentir arrepios; tremer de frio ou de medo.

ar·re·pi:o *s.m.* Calafrio; estremecimento causado por sensação nervosa.

ar·res·to *s.m. Jur.* Apreensão de objetos ou bens por decisão judicial; confisco.

ar·re·ve·sa·do *adj.* 1. Obscuro; confuso. 2. Diz-se do vocábulo difícil de pronunciar.

ar·re·ve·sar *v.t.d.* 1. Pôr às avessas. 2. Dar sentido contrário a.

arriar

ar·ri·ar *v.t.d.* 1. Fazer que desça. 2. Abaixar; pôr abaixo. *v.i.* 3. Vergar sob um peso.

ar·ri·ba *adv.* 1. Acima, para cima. 2. Adiante, para adiante.

ar·ri·ba·ção *s.f.* Ato ou efeito de arribar.

ar·ri·bar *v.t.i.* 1. Chegar, dirigir-se, acolher-se (o navio a um porto). *v.i.* 2. Melhorar (o doente). 3. Partir para lugar ignorado. 4. Migrar.

ar·ri·mar *v.t.d.* 1. Apoiar; encostar. 2. Pôr em cima. 3. Arrumar. 4. *fig.* Amparar. *v.p.* 5. Apoiar-se. 6. *fig.* Socorrer-se.

ar·ri·mo *s.m.* 1. Encosto; apoio. 2. *fig.* Proteção.

ar·ris·ca·do *adj.* 1. Temerário. 2. Arrojado; audaz; resoluto; audacioso.

ar·ris·car *v.t.d.* 1. Aventurar; pôr em risco. 2. Sujeitar à sorte. *v.p.* 3. Sujeitar-se ao perigo; aventurar-se.

ar·rit·mi·a *s.f.* 1. Ausência de ritmo. 2. *Med.* Qualquer variação do ritmo normal das contrações cardíacas.

ar·ri·vis·mo *s.m.* Procedimento de quem quer vencer na vida de qualquer modo.

ar·ri·vis·ta *s.2gên.* Pessoa que se dá ao arrivismo; pessoa sem escrúpulos.

ar·ri·zo·tô·ni·co *adj.* Diz-se das formas verbais cuja sílaba tônica está fora do radical ou tema.

ar·ro·ba (ô) *s.f.* 1. *Metrol.* Peso que corresponde a quinze quilos ou 32 arráteis. 2. *Inform.* Nome do sinal @, originalmente símbolo da medida de peso, empregado em endereços eletrônicos como separador entre a identificação do usuário e a de seu provedor (em inglês, esse sinal representa a preposição *at*, que significa em).

arrombar

ar·ro·cha·do *adj.* 1. Que se apertou com arrocho. 2. Apertado; comprimido. 3. *fig.* Em apuros, em situação difícil.

ar·ro·char *v.t.d.* e *v.p.* 1. Apertar(-se) muito. 2. Ser exigente; oprimir.

ar·ro·cho (ô) *s.m.* 1. Pedaço de pau que se usa para torcer as cordas que prendem fardos, cargas, etc. 2. *por ext.* Cacete. 3. *fig.* Rigor; situação difícil.

ar·ro·gân·ci·a *s.f.* Orgulho; altivez; insolência.

ar·ro·gan·te *adj.2gên.* Que tem arrogância; altivo; orgulhoso.

ar·ro·gar *v.t.d.* 1. Tomar como sendo seu; apropriar-se de. *v.p.* 2. Apoderar-se de modo indevido. 3. Atribuir-se.

ar·roi·o (ô) *s.m.* Pequena corrente de água intermitente.

ar·ro·ja·do *adj.* Intrépido; ousado; destemido; temerário.

ar·ro·jar *v.t.d.* 1. Levar de rojo; arrastar. 2. Lançar de modo impetuoso. *v.p.* 3. Lançar-se; abalançar-se; precipitar-se.

ar·ro·jo (ô) *s.m.* 1. Audácia; temeridade; ousadia. 2. Representação pomposa; animação.

ar·ro·la·men·to *s.m.* 1. Ato ou efeito de arrolar. 2. Inventário.

ar·ro·lar *v.t.d.* Inscrever no rol; relacionar.

ar·ro·lhar *v.t.d.* Tampar usando rolha.

ar·rom·ba *s.f.* Cantiga ruidosa própria para viola. *De arromba*: excelente.

ar·rom·ba·men·to *s.m.* 1. Ato de arrombar. 2. Rompimento; abertura forçada.

ar·rom·bar *v.t.d.* 1. Praticar rombo em; abrir com violência. 2. Quebrantar; abater.

ar·ros·tar *v.t.d.* 1. Encarar; olhar de frente; fazer face a. *v.t.i.* 2. Encarar; resistir. *v.p.* 3. Expor-se; defrontar-se.

ar·ro·tar *v.i.* 1. Soltar arrotos. 2. *fig.* Jactar-se; vangloriar-se.

ar·ro·te·ar *v.t.d.* 1. Desbravar para cultivo (terreno). 2. *fig.* Instruir, educar.

ar·ro·to (ô) *s.m.* Emissão pela boca dos gases que se formam no estômago; eructação.

ar·rou·bo *s.m.* Enlevo, êxtase.

ar·ro·xe·a·do (ch) *adj.* Que se arroxeou; que se aproxima do roxo.

ar·ro·xe·ar (ch) *v.t.d.* e *v.p.* Tornar(-se) roxo.

ar·roz *s.m. Bot.* 1. Planta gramínea. 2. O grão dessa planta, usado na alimentação.

ar·ro·zal *s.m.* Plantação de arroz.

ar·roz de fes·ta *s.m. sobrecomum* Pessoa assídua a festas e divertimentos, no curso dos quais é a que se mostra mais animada. *Pl.:* arrozes de festa.

ar·roz-do·ce *s.m. Cul.* Iguaria feita de arroz, leite e açúcar com cravo e canela em pau. *Pl.:* arrozes-doces.

ar·ro·zei·ro *adj.* 1. Que gosta de arroz. 2. Relativo à lavoura de arroz. *s.m.* 3. Plantador ou comerciante de arroz.

ar·ru·a·ça *s.f.* Tumulto popular; alvoroço; assuada.

ar·ru·a·cei·ro *adj.* e *s.m.* Que ou o que faz arruaças.

ar·ru·a·men·to *s.m.* 1. Ato de arruar. 2. Distribuição, disposição das ruas. 3. Fileiras de estabelecimentos do mesmo ramo profissional na mesma rua.

ar·ru·ar *v.t.d.* 1. Abrir ruas em. 2. Dividir em ruas. 3. Alinhar (ruas ou passeios).

ar·ru·da *s.f.* Planta aromática e medicinal.

ar·ru·e·la (é) *s.f.* Pequena chapa de ferro na qual se mete o parafuso.

ar·ru·far *v.t.d.* 1. Irritar; fazer zangar-se. *v.p.* 2. Encrespar(-se). 3. Enfadar-se.

ar·ru·fo *s.m.* Alteração sem consequências entre pessoas que se querem bem; amuo.

ar·ru·ga·do *adj.* Enrugado; encarquilhado.

ar·ru·ga·du·ra *s.f.* Ato ou efeito de arrugar(-se).

ar·ru·gar *v.t.d.* e *v.p.* Enrugar(-se).

ar·ru·ga·men·to *s.m.* Arrugadura.

ar·ru·i·na·do *adj.* 1. Destruído; perdido. 2. Falido. 3. Que perdeu o que possuía; empobrecido.

ar·ru·i·nar *v.t.d.* 1. Causar ruína em; destruir. 2. Estragar (a saúde). 3. Reduzir à pobreza. *v.i.* 4. Estragar-se. *v.p.* 5. Ficar sem recursos. 6. Destruir-se; perder-se.

ar·rui·va·do *adj.* De cor ruiva; meio ruivo.

ar·ru·lhan·te *adj.2gên.* Que arrulha.

ar·ru·lhar *v.i.* 1. Soltar arrulhos. 2. Cantar como as rolas, os pombos. *v.t.d.* 3. *fig.* Exprimir de modo meigo.

ar·ru·lho *s.m.* 1. Ato ou efeito de arrulhar. 2. Canto de pombos, de rolas. 3. *fig.* Meiguice; namoro com dengues e carícias.

ar·ru·ma·ção *s.f.* 1. Ato ou efeito de arrumar(-se). 2. Boa disposição, arranjo. 3. Escrituração regular. 4. Colocação, emprego, traficância.

ar·ru·ma·dei·ra *s.f.* Empregada que se aplica na arrumação e limpeza da casa.

ar·ru·ma·do *adj.* 1. Posto em ordem, arranjado. 2. *fig.* Ajustado; empregado. 3. Endinheirado.

ar·ru·mar *v.t.d.* 1. Dispor de modo conveniente. 2. Pôr ordem; acomodar. 3. Conseguir. 4. Arremessar. *v.p.* 5. Empregar-se; estabelecer-se; ficar bem.

ar·se·nal *s.m.* 1. Estabelecimento onde se fabricam e reparam navios. 2. Depósito de petrechos de guerra. 3. *por ext.* Local provido de armas.

ar·sê·ni·co *adj.* e *s.m.* 1. Substância extremamente tóxica, utilizada em venenos contra insetos, ervas daninhas e ratos. 2. *adj.* Que tem arsênio na composição.

ar·sê·ni:o *s.m. Quím.* Elemento sólido de símbolo **As** e cujo número atômico é 33.

art déco Fr. loc. subst. 1. Estilo decorativo, que teve seu auge na década de 1930 e se caracterizava pelas formas geométricas e naturais estilizadas, mais adaptadas à produção industrial. *loc. adj.* 2. Relativo ao estilo *art déco* ou próprio dele.

ar·te *s.f.* 1. Conjunto das normas para a execução mais ou menos perfeita de qualquer coisa. 2. Tratado acerca dessas normas. 3. Conjunto das obras de determinado período. 4. Astúcia. 5. Travessura, traquinada.

ar·te·fa·to *s.m.* Qualquer objeto produzido pela indústria.

ar·te-fi·nal *s.f.* 1. Etapa final de um trabalho gráfico. 2. Trabalho gráfico pronto para ser reproduzido. *Pl.:* artes-finais.

ar·tei·ro *adj.* 1. Que tem ou revela arte, astúcia. 2. Travesso; traquinas.

ar·te·lho (ê) *s.m. Anat.* 1. Articulação óssea. 2. Tornozelo. 3. Dedo do pé.

ar·té·ri:a *s.f.* 1. *Anat.* Cada um dos vasos que levam o sangue do coração às diversas partes do corpo. 2. *fig.* Via de comunicação; rua de cidade.

ar·te·ri·al *adj.2gên.* Concernente às artérias.

ar·te·ri·os·cle·ro·se (ó) *s.f. Med.* Esclerose, endurecimento das artérias.

ar·te·sa·nal *adj.2gên.* Relativo a ou próprio de artesão ou artesanato.

ar·te·sa·na·to *s.m.* 1. Técnica do artesão. 2. Produção de objetos em casa e para a casa.

ar·te·são *s.m.* Artífice. *Fem.:* artesã. *Pl.:* artesãos.

ar·te·si·a·no *adj.* Diz-se dos poços em que a água jorra com repuxo.

ár·ti·co *adj.* Boreal; do Norte.

ar·ti·cu·la·ção *s.f.* 1. *Anat.* Juntura de duas ou mais peças ósseas. 2. *Gram.* Pronunciação distinta dos vocábulos. *Pl.:* articulações.

ar·ti·cu·la·do *adj.* 1. Que tem articulação. *s.m. epiceno* 2. *Zool.* Espécime dos articulados, animais cujos corpos se dividem em segmentos.

ar·ti·cu·lar[1] *adj.2gên.* 1. Relativo às articulações. *v.t.d.* 2. Juntar pelas articulações. 3. Proferir com clareza (palavra).

ar·ti·cu·lar[2] *adj.2gên. Gram.* Que é da natureza do artigo.

ar·ti·cu·lis·ta *s.2gên.* Autor ou autora de artigos de jornal ou revista.

ar·tí·cu·lo *s.m.* 1. *Zool., Bot.* Segmento interarticulado. 2. Falange dos dedos.

ar·tí·fi·ce *s.2gên.* 1. Pessoa que exerce uma arte; operário; artista. 2. *fig.* Autor; inventor.

ar·ti·fi·ci·al *adj.2gên.* 1. Que não é natural. 2. Produzido por arte ou indústria. 3. Postiço.

ar·ti·fi·ci·a·lis·mo *s.m.* Afetação de maneiras.

ar·ti·fi·ci·a·li·zar *v.t.d.* Artificiar, tornar artificial.

ar·ti·fí·ci:o *s.m.* 1. Conjunto de meios usados para obtenção de um artefato. 2. Modo, processo engenhoso. 3. *fig.* Sagacidade, astúcia. 4. Artifício de fogo; trabalho de pirotecnia.

ar·ti·go¹ *s.m.* Mercadoria; objeto de negócio.

ar·ti·go² *s.m.* 1. Parte de uma lei ou código. 2. Escrito de jornal ou revista.

ar·ti·go³ *s.m. Gram.* Palavra variável que precede o substantivo para lhe indicar o gênero e o número, dando-lhe feição definida (o, a, os, as) ou indefinida (um, uma, uns, umas).

ar·ti·lha·ri·a *s.f.* 1. Material de guerra constituído por diversos gêneros de canhões. 2. Uma das armas do Exército. 3. *Fut.* Conjunto de artilheiros.

ar·ti·lhei·ro *s.m.* 1. Soldado de artilharia. 2. *Fut.* Jogador de futebol que faz o maior número de gols.

ar·ti·ma·nha *s.f.* Ardil; artifício; manha.

ar·tis·ta *s.2gên.* 1. Pessoa que faz profissão de uma arte. *adj.2gên.* e *s.2gên.* 2. Diz-se de ou o que é amante das artes.

ar·tís·ti·co *adj.* 1. Relativo às artes. 2. Que tem arte. 3. De lavor excepcional.

art nouveau *Fr. loc. subst.* 1. Estilo decorativo em voga na Europa no final do séc. XIX e início do XX, de linhas e formas floreadas, semelhantes às encontradas na natureza. *loc. adj.* 2. Relativo ao estilo *art nouveau* ou próprio dele.

ar·tri·te *s.f. Med.* Processo inflamatório na articulação.

ar·trí·ti·co *adj.* 1. Referente à artrite. 2. Que sofre de artrite. *s.m.* 3. Aquele que sofre de artritismo.

ar·tri·tis·mo *s.m. Med.* Nome de algumas doenças articulares.

ar·tró·po·des *s.m.pl. Zool.* Invertebrados segmentados em anéis e com apêndices articulados (insetos, aracnídeos, crustáceos, miriápodes).

ar·tro·se (ó) *s.f. Med.* Afecção de uma articulação.

a·ru·a·que *adj.2gên.* 1. Relativo aos aruaques, indígenas que habitam as Antilhas e parte da América do Sul. *s.2gên.* 2. Indivíduo que pertence aos aruaques. *s.m.* 3. Língua dos aruaques.

ar·vo·ra·do *adj.* 1. Erguido; hasteado; içado; erigido. 2. *fig.* Elevado precariamente a um posto ou cargo.

ar·vo·rar *v.t.d.* 1. Hastear; desfraldar. 2. Elevar provisoriamente a (cargo ou dignidade). 3. Elevar-se a um cargo ou posto por deliberação própria.

ár·vo·re *s.f.* 1. Vegetal lenhoso de tronco elevado. 2. *Mec.* Peça que transmite potência por torção; eixo, veio, fuso. 3. *Náut.* Mastro de embarcação.

ar·vo·re·do (ê) *s.m.* Conjunto de árvores.

ás *s.m.* 1. Carta de jogar. *sobrecomum* 2. *fig.* Pessoa que se destaca numa atividade.

a·sa *s.f.* 1. Membro das aves, guarnecido de penas. 2. Apêndice membranoso de alguns insetos. 3. Parte saliente de alguns utensílios, por onde se lhes pega.

a·sa-del·ta *s.f.* Grande asa que consiste numa armação em forma de triângulo, coberta de tecido fino, com um trapézio de tubos metálicos onde o praticante se apoia e ao qual se prende por meio de tiras de lona. *Pl.:* asas-deltas e asas-delta.

a·sas *s.f.pl.* 1. Partes laterais das narinas. 2. Ligeireza.

as·bes·to (é) *s.m. Miner.* Mineral incombustível, composto de silicato de magnésio e cálcio; amianto.

as·cen·dên·ci:a *s.f.* 1. Ato de elevar-se. 2. Origem; geração; raça. 3. Superioridade; predomínio; influência. *V.* **acedência**.

as·cen·den·te *adj.2gên.* 1. Que sobe. *s.2gên.* 2. Antepassado; pessoa de quem se descende. *s.m.* 3. Predomínio; influência. *V.* **acedente**.

as·cen·der *v.i.* e *v.t.i.* Elevar-se, subir. *V.* **aceder** e **acender**.

as·cen·são *s.f.* 1. Ação ou efeito de ascender. 2. *fig.* Progresso. 3. Promoção. 4. Festa comemorativa da elevação de Jesus Cristo ao céu.

as·cen·sor *s.m.* 1. Que eleva, levanta ou faz subir. 2. Elevador.

as·cen·so·ris·ta *s.2gên.* Pessoa que maneja o ascensor ou elevador.

as·ce·se (é) *s.f.* Busca de elevação espiritual por meio da meditação e do controle do corpo.

as·ce·ta (é) *s.2gên.* 1. Pessoa que vive em práticas de devoção e penitência. 2. *fig.* Pessoa de vida irrepreensível.

as·cé·ti·co *adj.* 1. Relativo aos ascetas ou ao ascetismo. 2. Rigoroso, austero.

as·ce·tis·mo *s.m.* Doutrina moral que se baseia no desprezo do corpo e das sensações físicas; doutrina moral dos ascetas.

as·co *s.m.* Nojo, náusea; aversão; rancor.

a·se·lha (ê) *s.f.* 1. Pequena asa. 2. Casa feita com uma alça de tecido ou com diversos fios de linha caseados juntos, que prende um botão ou um colchete; casa de alça.

as·fal·tar *v.t.d.* Cobrir de asfalto.

as·fal·to *s.m.* Variedade de betume, resíduo da destilação do petróleo bruto.

as·fi·xi·a (cs) *s.f.* Estado mórbido resultante da impossibilidade de respirar; em que há falta de oxigenação; sufocação.

as·fi·xi·ar (cs) *v.t.d.* 1. Causar asfixia a. *v.i.* 2. Cair em estado de asfixia. *v.p.* 3. Morrer por asfixia.

a·si·á·ti·co *adj.* 1. Da Ásia. *s.m.* 2. O natural ou habitante da Ásia.

a·si·la·do *adj.* 1. Que está internado em asilo. 2. Que recebeu asilo; refugiado.

a·si·lar *v.t.d.* 1. Recolher em asilo; abrigar. *v.p.* 2. Recolher-se em asilo; abrigar-se.

a·si·lo *s.m.* 1. Estabelecimento para indigentes e desvalidos. 2. Lugar onde alguém se recolhe para fugir à morte ou à prisão. 3. *fig.* Abrigo; proteção.

a·si·nha *s.f.* 1. *Dim.* de asa. *adv.* 2. *ant.* Com brevidade; depressa.

a·si·ni·nos *s.m.pl. Zool.* Animais mamíferos da família dos equídeos (jumentos, mulos ou burros).

as·ma *s.f. Med.* Dispneia; estado que se caracteriza pela dificuldade de respirar.

as·má·ti·co *adj.* 1. Relativo à asma. 2. Que padece de asma. *s.m.* 3. Aquele que padece de asma.

as·nei·ra *s.f.* Grande tolice, burrice.

as·ni·ce *s.f.* Asneira.

as·no *s.m.* 1. Mamífero solípede. 2. *fig.* Pessoa estúpida, de pouco entendimento.

as·par *v.t.d.* Pôr entre aspas.

as·par·go *s.m. Bot.* Planta da família das liliáceas, originária da Europa, comestível.

as·pas *s.f.pl.* Sinais (" ") com que se abrem e fecham citações.

as·pec·to *s.m.* 1. Aparência exterior. 2. Modo pelo qual uma coisa se nos apresenta.

as·pe·re·za (ê) *s.f.* 1. Qualidade do que é áspero. 2. Rudeza; inclemência.

as·per·gir *v.t.d.* 1. Borrifar com o hissope. 2. Respingar; orvalhar. *v.p.* 3. Borrifar-se; orvalhar-se. *Part.*: aspergido e asperso.

as·pe·ri·da·de *s.f.* Aspereza.

ás·pe·ro *adj.* 1. Rugoso; escabroso. 2. Desabrido; grosseiro. *Sup. abs. sint.*: asperíssimo e aspérrimo.

as·per·sor *adj.* 1. Que serve para aspergir. *s.m.* 2. Dispositivo utilizado na irrigação de jardins e plantações.

as·per·só·ri·o *s.m.* Hissope.

as·pi·ra·ção *s.f.* 1. Ato ou efeito de aspirar. 2. Desejo veemente. 3. *Gram.* Pronunciação gutural.

as·pi·ra·do *adj.* 1. Que se aspirou. 2. *Gram.* Que se pronuncia de modo gutural (vozes ou consoantes).

as·pi·ra·dor *adj.* 1. Que produz aspiração. *s.m.* 2. Aparelho para aspirar.

as·pi·ran·te *adj.2gên.* 1. Que aspira; que absorve. *s.m.* 2. Graduação burocrática ou militar.

as·pi·rar *v.t.d.* 1. Atrair aos pulmões (o ar). 2. Chupar; absorver. 3. *Gram.* Pronunciar de modo gutural. *v.i.* 4. Respirar. *v.t.i.* 5. Desejar com veemência.

as·pi·ri·na *s.f. Farm.* 1. Medicamento antipirético e analgésico. 2. Ácido acetilsalicílico.

as·que·ro·so (ô) *adj.* Nojento; repelente; que provoca asco. *Pl.*: asquerosos (ó).

as·sa·car *v.t.d.* e *v.i.* Atribuir aleivosamente; inventar (calúnias).

as·sa·dei·ra *s.f.* Qualquer utensílio destinado a assar.

as·sa·do *adj.* 1. Que se assou. *s.m.* 2. Pedaço de carne tostada ao fogo.

as·sa·du·ra *s.f.* 1. Ato ou efeito de assar. 2. *Med.* Inflamação causada na pele por atrito ou calor.

as·sa·la·ri·a·do *adj.* e *s.m.* Que ou o que trabalha por salário.

as·sa·la·ri·ar *v.t.d.* 1. Dar salário a. *v.p.* 2. Empregar-se por salário.

as·sal·tan·te *adj.2gên.* e *s.2gên.* Que ou pessoa que assalta.

as·sal·tar *v.t.d.* 1. Atacar de súbito, dar assalto a. 2. Acometer à traição. 3. Ocorrer a; impressionar subitamente.

as·sal·to *s.m.* 1. Investida; ataque. 2. Acontecimento repentino. 3. *fig.* Pedido inesperado. 4. Tentação.

as·sa·nha·do *adj.* 1. Que tem sanha; enfurecido; irritado; furioso. 2. Irrequieto; traquinas. 3. Namorador; erótico.

as·sa·nha·men·to *s.m.* Ato de assanhar(-se).

as·sa·nhar *v.t.d.* 1. Excitar a sanha de; irritar; enfurecer; *v.p.* 2. Encolerizar-se. 3. Inquietar-se. 4. Excitar-se eroticamente.

as·sar *v.t.d.* 1. Submeter à ação do fogo; abrasar; queimar; tostar. *v.i.* 2. Sentir-se abrasado. *v.p.* 3. Cozer-se sob a ação do fogo.

as·sas·si·nar *v.t.d.* 1. Matar traiçoeiramente ou de modo premeditado. 2. *fig.* Executar mal (um trecho de música). 3. Falar mal (uma língua).

as·sas·si·na·to *s.m.* Assassínio.

as·sas·sí·ni·o *s.m.* Homicídio, assassinato.

as·sas·si·no *s.m.* 1. Homicida. 2. O que mata de modo traiçoeiro. *adj.* 3. Que assassina.

as·saz *adv.* Bastante; muito.

as·se·a·do *adj.* Que tem asseio; limpo.

as·se·ar *v.t.d.* Tornar limpo; dar asseio a.

as·se·cla (é) *s.m.* Partidário; adepto; sectário.

as·se·da·do *adj.* Liso, macio e lustroso como seda.

as·se·di·ar *v.t.d.* 1. Cercar; pôr assédio a. 2. *fig.* Perseguir; importunar.

as·sé·di·o *s.m.* 1. Cerco de uma praça, de um reduto. 2. *fig.* Insistência impertinente.

as·se·gu·rar *v.t.d.* 1. Tornar seguro; pôr fora de perigo. 2. Afirmar. *v.p.* 3. Firmar-se; certificar-se.

as·sei·o *s.m.* Limpeza; esmero.

as·sem·blei·a *s.f.* Reunião de pessoas para determinado fim; congresso; junta.

as·se·me·lha·ção *s.f.* Ato ou efeito de assemelhar(-se).

as·se·me·lhar *v.t.d.* 1. Tornar parecido. 2. Imitar. *v.p.* 3. Ser semelhante a; parecer-se.

as·se·nho·re·ar-se *v.p.* Apossar-se; tornar-se senhor.

as·sen·ta·do *adj.* 1. O mesmo que assente. 2. Que se depositou ou ficou sobre algo. 3. Discreto, prudente, ajuizado. *s.m.* 4. Pessoa que faz parte de assentamento.

as·sen·ta·men·to *s.m.* 1. Ato ou efeito de assentar(-se). 2. Lançamento. 3. Ato de conceder posse legal da terra a trabalhadores rurais. 4. A terra já ocupada pelos trabalhadores rurais.

as·sen·tar *v.t.d.* 1. Colocar de modo que fique seguro. 2. Inscrever. 3. Fazer sentar. *v.t.d.* e *v.i.* 4. Aplicar. *v.t.i.* 5. Decidir. 6. Harmonizar-se. *v.i.* 7. Tomar assento. 8. Tornar-se ajuizado. *v.p.* 9. Sentar-se. *Part.*: assentado ou assento.

as·sen·ti·men·to *s.m.* Ato ou efeito de assentir; consentimento.

as·sen·tir *v.t.d.* Concordar; anuir; aquiescer.

as·sen·to *s.m.* 1. Lugar ou objeto em que alguém se assenta. 2. Base; apoio. 3. Nádegas. 4. Descanso; sossego. 5. Lançamento (de conta). 6. Termo de ato civil ou oficial.

as·sep·si·a *s.f.* Processo para impedir a penetração de germes patogênicos no corpo.

as·sép·ti·co *adj.* Concernente à assepsia.

as·ser·ção *s.f.* 1. Afirmação. 2. Alegação.

as·ser·ti·va *s.f.* Asserção; afirmativa.

as·ser·to *s.m.* Asserção. *V.* **acerto**.

as·ses·sor *s.m.* Assistente; adjunto.

as·ses·so·rar *v.t.d.* Servir de assessor a; assistir; auxiliar tecnicamente.

as·ses·so·ri·a *s.f.* Função ou cargo de assessor.

as·ses·so·ri·al *adj.2gên.* Assessório.

as·ses·só·ri·o *adj.* Relativo ou pertencente a assessor.

as·ses·tar *v.t.d.* 1. Apontar; dirigir. 2. Pôr (os óculos) na direção de.

as·se·ve·rar *v.t.d.* Garantir; dar como certo.

as·se·xu·a·do (cs) *adj.* Assexual.

as·se·xu·al (cs) *adj.2gên.* Neutro; que não tem sexo.

as·si·du·i·da·de *s.f.* Qualidade do que é assíduo; pontualidade.

as·sí·du·o *adj.* Frequente; contínuo; repetido.

as·sim *adv.* Deste, desse, daquele modo; igualmente.

as·si·me·tri·a *s.f.* Ausência de simetria.

as·si·mé·tri·co *adj.* Sem simetria.

as·si·mi·la·ção *s.f.* 1. Ato ou efeito de assimilar. 2. *Fisiol.* Função orgânica pela qual os seres vivos transformam em substância própria os alimentos que ingerem. 3. *Gram.* Identificação de um fonema por outro que o segue ou precede. 4. *Sociol.* Fusão de culturas diversas num tipo comum.

as·si·mi·lar *v.i.* 1. Produzir assimilação em. 2. Tornar semelhante. *v.p.* 3. Identificar-se.

as·si·na·do *adj.* Em que há assinatura.

as·si·na·la·do *adj.* 1. Que se marcou com algum sinal. 2. Célebre; notável; valioso.

as·si·na·lar *v.t.d.* 1. Marcar com sinal. 2. Dar notícia ou conhecimento de. *v.p.* 3. Distinguir-se; ilustrar-se; dar sinal de si.

as·si·nan·te *s.2gên.* Aquele que assina; subscritor.

as·si·nar *v.t.d.* 1. Pôr o próprio nome ou sinal em. 2. Tomar assinatura de. 3. Assinalar. *v.p.* 4. Escrever o próprio nome.

as·si·na·tu·ra *s.f.* 1. Ação de assinar. 2. Firma; nome assinado. 3. Direito adquirido, mediante o pagamento de certa quantia, a alguma publicação. 4. Preço desse direito.

as·sín·cro·no *adj.* Que não acontece ao mesmo tempo, ou no mesmo ritmo. *s.m.* 2. *Eletr.* Motor elétrico sem relação fixa entre a corrente elétrica de entrada e a rotação de funcionamento.

as·sín·de·to *s.m.* Inexistência de conjunções coordenativas entre orações, termos de orações ou palavras.

as·sin·to·má·ti·co *adj.* Que não apresenta ou produz sintomas.

as·sí·ri·o *adj.* 1. Da Assíria, antiga região da Ásia. *s.m.* 2. O natural ou habitante da Assíria. 3. Língua falada nessa região.

as·si·sa·do *adj.* Que tem siso; ajuizado.

as·sis·tên·ci·a *s.f.* 1. Ação de assistir. 2. Presença. 3. Conjunto de pessoas presentes a algum ato; auditório. 4. Socorro médico. 5. Proteção; morada. 6. Ambulância.

as·sis·ten·te *adj.2gên.* e *s.2gên.* 1. Que ou aquele que assiste a. 2. Que ou aquele que auxilia, assessora, coadjuva. 3. Que ou aquele que presencia um ato, cerimônia ou espetáculo.

as·sis·tir *v.t.i.* 1. Estar presente; comparecer. 2. Presenciar. 3. Auxiliar; socorrer; acompanhar. 4. Pertencer; caber. *v.t.d.* 5. Acompanhar em determinados atos como ajudante, como assessor. 6. Estar junto a (enfermo ou moribundo) para confortá-lo. *v.i.* 7. Morar.

as·so:a·lha·do *adj.* Que tem soalho.

as·so:a·lhar *v.t.d.* 1. Fazer soalho em. 2. Cobrir à semelhança de soalho; soalhar.

as·so·a·lho *s.m.* Soalho.

as·so·ar *v.t.d.* 1. Limpar (o nariz) das mucosidades. *v.p.* 2. Expelir o muco nasal, fazendo o ar sair com força pelas narinas.

as·so·ber·ba·do *adj.* 1. Que se tornou soberbo; altivo. 2. Sobrecarregado de serviço.

assoberbar

as·so·ber·bar *v.t.d.* 1. Tratar com soberba. 2. Tornar soberbo. 3. Humilhar; estar sobranceiro a; oprimir. 4. Encher de serviço. *v.p.* 5. Tornar-se soberbo, enfatuado.

as·so·bi·ar *v.i.* 1. Soltar ou dar assobios. *v.t.d.* 2. Executar por assobios (trecho de música). 3. Vaiar com assobios; vaiar.

as·so·bi:o *s.m.* 1. Som agudo que se produz pelo ar comprimido entre os lábios. 2. Apito; silvo.

as·so·bra·da·do *adj.* Diz-se da casa de dois pavimentos.

as·so·ci:a·ção *s.f.* 1. Ato ou efeito de associar(-se). 2. Reunião de indivíduos para um fim determinado. 3. Sociedade.

as·so·ci·a·do *adj.* 1. Que se associou. *s.m.* 2. Sócio.

as·so·ci·ar *v.t.d.* 1. Juntar; unir. 2. Constituir em sociedade. 3. Tomar como sócio. *v.p.* 4. Fazer sociedade. 5. Passar a fazer parte de uma sociedade. 6. Reunir-se.

as·so·la·ção *s.f.* 1. Ato de assolar. 2. Devastação; ruína; estrago. 3. Desolação.

as·so·lar *v.t.d.* Devastar; arrasar; destruir.

as·so·ma·do *adj.* 1. Que se assomou. 2. Irritado. 3. Assustadiço.

as·so·mar *v.t.i.* 1. Aparecer (em lugar elevado). 2. Subir (a um lugar elevado). *v.i.* 3. Começar a mostrar-se. *v.t.d.* 4. Açular. *v.p.* 5. Chegar (a um lugar elevado). 6. Encolerizar-se.

as·som·bra·ção *s.f. sobrecomum* Fantasma.

as·som·bra·do *adj.* 1. Coberto de sombra; sombreado. 2. Cheio de assombro; atônito, estupefato; espantado; admirado. 3. Aterrorizado.

assustadiço

as·som·brar *v.t.d.* 1. Fazer sombra a. 2. Tornar sombrio. 3. Causar assombro a. 4. Assustar. *v.i.* 5. Causar espanto. *v.p.* 6. Espantar-se.

as·som·bro *s.m.* 1. Grande pasmo ou espanto. 2. Coisa que produz espanto. *sobrecomum* 3. Pessoa extraordinária, genial.

as·som·bro·so (ô) *adj.* 1. Que causa assombro. 2. Espantoso; extraordinário. *Pl.:* assombrosos (ó).

as·so·mo (ô) *s.m.* 1. Ato ou efeito de assomar. 2. Indício; aparência. 3. Presunção. 4. Irritação.

as·so·prar *v.t.d.* e *v.i.* Soprar.

as·so·pro (ô) *s.m.* Sopro.

as·so·re:a·men·to *s.m.* Amontoado de terras ou areias causado por enchentes ou construções.

as·so·re·ar *v.t.d.* e *v.i.* 1. Obstruir com terra, detritos, areia. 2. Produzir obstrução.

as·su·a·da *s.f.* 1. Reunião de pessoas armadas para fazer desordens. 2. Conflito. 3. Vozearia; vaia; apupada.

as·su·mir *v.t.d.* 1. Tomar sobre si. 2. Tomar conta de. 3. Entrar no exercício de.

as·sun·ção *s.f.* 1. Ação de assumir. 2. Elevação a uma dignidade. 3. *Rel.* Elevação de Nossa Senhora ao céu.

as·sun·tar *v.t.d.* e *v.t.i.* 1. Prestar atenção (em); reparar. 2. Colher informações; apurar, verificar. *v.t.i* e *v.i.* 3. Poderar, refletir.

as·sun·to *s.m.* 1. Matéria de que trata. 2. Tema que se versa ou está por versar-se.

as·sus·ta·di·ço *adj.* Que se assusta com facilidade.

as·sus·ta·do *adj.* 1. Medroso; apavorado; tímido; sobressaltado; aterrorizado. 2. Indeciso.

as·sus·ta·dor *adj.* e *s.m.* Que ou o que assusta.

as·sus·tar *v.t.d.* 1. Causar susto a; amedrontar. *v.i.* e *v.p.* 2. Ter susto ou medo.

as·ta·tí·ni·o *s.m.* Elemento químico radiativo, de símbolo **At** e cujo número atômico é 85, obtido artificialmente.

as·ta·to *s.m. Quím.* Elemento radioativo de símbolo **At** e cujo número atômico é 85.

as·te·ca (é) *adj.2gên.* 1. Concernente aos astecas, povo que dominava o México quando da conquista espanhola. *s.m.* 2. Língua falada pelos astecas. *s.2gên.* 3. Indivíduo desse povo.

as·te·ni·a *s.f. Med.* Fraqueza do organismo; debilidade.

as·te·ris·co *s.m.* Sinal gráfico (*) que faz remissão a alguma nota ou observação.

as·te·roi·de *adj.* 1. Que apresenta forma de estrela. *s.m.* 2. Pequeno planeta.

as·tig·ma·tis·mo *s.m. Med.* Dificuldade visual, em que as imagens são percebidas sem nitidez, provocada por irregularidade na curvatura da córnea.

as·tral *adj.2gên.* Concernente aos astros.

as·tro *s.m.* 1. *Astron.* Nome comum aos corpos celestes que emitem luz própria. 2. *fig.* Indivíduo ilustre; ator de cinema ou teatro.

as·tro·lo·gi·a *s.f.* Estudo da influência dos astros no comportamento das pessoas.

as·tró·lo·go *s.m.* Aquele que se dedica à astrologia.

as·tro·nau·ta *s.2gên.* 1. Pessoa que trata de astronáutica. 2. Piloto ou viajante de astronave.

as·tro·náu·ti·ca *s.f.* Ciência que trata da construção e manobra de veículos destinados a viagens no espaço interplanetário.

as·tro·na·ve *s.f.* Nave destinada a viagens interplanetárias.

as·tro·no·mi·a *s.f.* Ciência que trata da constituição e movimento dos astros.

as·tro·nô·mi·co *adj.* 1. Relativo à astronomia. 2. *fig.* Muito grande; altíssimo.

as·trô·no·mo *s.m.* O que professa a astronomia.

as·tú·ci·a *s.f.* Ardil; sagacidade; manha; artifício.

as·tu·ci·o·so (ô) *adj.* Que revela astúcia; sagaz, astuto. *Pl.*: astuciosos (ó).

as·tu·ri·a·no *adj.* 1. Das Astúrias. *s.m.* 2. O natural ou habitante dessa região da Espanha.

as·tu·to *adj.* Astucioso.

a·ta *s.f.* Registro de sessão de corporações.

a·ta·ba·lho·a·do *adj.* Feito à pressa; atrapalhado; desordenado; precipitado.

a·ta·ba·lho·ar *v.t.d.* 1. Fazer ou dizer sem ordem nem propósito. 2. Fazer mal, à pressa. 3. Atrapalhar; confundir. *v.i.* 4. Agir com precipitação. *v.p.* 5. Atrapalhar-se; confundir-se.

a·ta·ba·que *s.m. Mús.* Tambor comprido.

a·ta·ca·dis·ta *adj.2gên.* e *s.2gên.* Diz-se de ou negociante que vende por atacado.

a·ta·ca·do *adj.* 1. Que sofreu ataque. 2. Apertado com atacador. *loc.adv.* **Por atacado**: em grande escala, em grandes quantidades.

a·ta·ca·dor *s.m.* Cadarço ou correia para amarrar calçados.

a·ta·car *v.t.d.* Tomar ofensiva contra; investir; hostilizar; acometer; combater.

a·ta·char *v.t.d. Inform.* Anexar (um arquivo) a uma mensagem a ser enviada por correio eletrônico.

a·ta·du·ra *s.f.* 1. Ação de atar. 2. Aquilo com que se ata. 3. Ligadura; liame; vínculo; prisão. 4. Faixa ou tira de pano ou gaze para curativos.

a·ta·lai·a *s.f.* 1. Lugar elevado, de onde se observa. 2. *fig.* Vigilância. *sobrecomum* 3. Pessoa que vigia; sentinela.

a·ta·lhar *v.t.d.* 1. Impedir o seguimento. 2. Estorvar. 3. Encurtar; cortar. 4. Fazer calar. 5. Resumir.

a·ta·lho *s.m.* 1. Caminho fora da estrada comum, para encurtar distância. 2. *Inform.* Método facilitador do trabalho, que permite acessar arquivos através de um ícone ou de um conjunto de teclas.

a·ta·man·ca·do *adj.* Arranjado às pressas; consertado toscamente; remendado.

a·ta·man·car *v.t.d.* 1. Fazer algo mal e precipitado. *v.i.* 2. Agir de modo precipitado.

a·ta·na·do *s.m.* 1. Casca de angico e de outras plantas taninosas empregada para curtir couros. 2. Couro curtido desse modo. *adj.* 3. Diz-se desse couro.

a·ta·na·zar *v.t.d.* Atenazar.

a·ta·pe·ta·do *adj.* Coberto de tapete ou tapetes; alfombrado; alcatifado.

a·ta·pe·tar *v.t.d.* Cobrir com tapete; alfombrar.

a·ta·que *s.m.* 1. Ato ou efeito de atacar. 2. Assalto. 3. Acusação. 4. Acesso repentino de doença.

a·tar *v.t.d.* Apertar, prender com corda ou coisa semelhante.

a·ta·ran·ta·do *adj.* Estonteado; aturdido; atrapalhado; perturbado.

a·ta·ran·tar *v.t.d.* 1. Desatinar; confundir; estontear. *v.p.* 2. Atrapalhar-se; desorientar-se.

a·ta·re·fa·do *adj.* Ocupado; apressado; azafamado.

a·ta·re·far *v.t.d.* 1. Dar tarefa a. 2. Sobrecarregar de trabalho. *v.p.* 3. Entregar-se ao trabalho.

a·tar·ra·ca·do *adj.* 1. Baixo e grosso. 2. Carregado. 3. Apertado; batido.

a·tar·ra·xar (ch) *v.t.d.* Apertar com tarraxa.

a·tas·ca·dei·ro *s.m.* Atoleiro.

a·tas·car *v.t.i.* 1. Pôr em atascadeiro; atolar. *v.p.* 2. Meter-se em atoleiro; enlamear-se. 3. *fig.* Degradar-se no vício.

a·tas·sa·lha·do *adj.* 1. Retalhado; dilacerado; mordido; lacerado; rasgado. 2. *fig.* Vexado; difamado; desacreditado.

a·tas·sa·lhar *v.t.d.* 1. Retalhar; rasgar. 2. Derrotar. 3. Caluniar; desacreditar. *v.t.i.* 4. Morder; abocanhar.

a·ta·ú·de *s.m.* 1. Caixão fúnebre. 2. *fig.* Sepulcro.

a·ta·vi·a·do *adj.* Enfeitado; adornado.

a·ta·vi·ar *v.t.d.* 1. Enfeitar; aformosear. *v.p.* 2. Enfeitar-se.

a·tá·vi·co *adj.* Transmitido ou adquirido por atavismo.

a·ta·vi·o *s.m.* Enfeite; adorno.

a·ta·vis·mo *s.m.* 1. Herança de caracteres físicos e psíquicos de ascendentes remotos. 2. Semelhança com os antepassados.

a·ta·za·nar *v.t.d.* Atenazar.

a·té *prep.* 1. Indica limite de tempo, espaço, ação ou quantidade. *adv.* 2. Também; mesmo; ainda.

a·te·ar *v.t.d.* 1. Fazer lavrar (o fogo, a chama). 2. Acender; avivar. 3. Provocar; excitar. 4. Pegar. 5. Lançar. *v.i.* 6. Aumentar (o fogo).

a·te·ís·mo *s.m.* Doutrina dos que não admitem a existência de Deus.

a·te·li·ê *s.m.* Oficina de trabalho de artesãos e artistas; estúdio.

a·te·mo·ri·za·dor *adj.* 1. Que atemoriza; assustador; amedrontador. *s.m.* 2. Aquele que atemoriza.

a·te·mo·ri·zar *v.t.d.* 1. Causar temor a; aterrorizar. *v.p.* 2. Assustar-se; intimidar-se.

a·tem·po·ral *adj.2gên.* Que não sofre influência ou não se altera com o tempo.

a·te·na·zar *v.t.d.* 1. Apertar com tenaz; atanazar; atazanar. 2. *fig.* Torturar; incomodar; importunar; chatear.

a·ten·ção *s.f.* 1. Aplicação do espírito; estudo. 2. Delicadeza. *interj.* 3. Cuidado!

a·ten·ci·o·so (ô) *adj.* 1. Que presta atenção. 2. Feito com atenção. 3. Polido; delicado. *Pl.*: atenciosos (ó).

a·ten·den·te *s.2gên.* 1. Auxiliar de enfermagem. 2. Recepcionista.

a·ten·der *v.t.i.* 1. Dar ou prestar atenção. *v.t.d.* 2. Prestar atenção a. 3. Tomar em consideração. 4. Deferir. *v.i.* 5. Estar atento. 6. Responder.

a·ten·di·men·to *s.m.* Ato ou efeito de atender.

a·te·neu *s.m.* 1. *ant.* Local público onde os literatos gregos liam suas obras. 2. *por ext.* Estabelecimento, não oficial, de instrução.

a·te·ni·en·se *adj.2gên.* 1. Concernente a Atenas (Grécia). *s.2gên.* 2. O natural ou habitante de Atenas.

a·ten·ta·do *s.m.* 1. Ação criminosa. 2. Ofensa às leis. 3. Execução ou tentativa de crime.

a·ten·tar *v.t.d.* 1. Observar de modo atento; reparar em; atender. 2. Cometer; empreender. 3. Perpetrar atentado. *v.t.i.* 4. Reparar, olhar.

a·ten·ta·tó·ri·o *adj.* Que encerra atentado.

a·ten·to *adj.* 1. Que atende. 2. Estudioso; aplicado. 3. Que presta atenção; deferente.

a·te·nu·an·te *adj.2gên.* 1. Que atenua. *s.f.* 2. *Jur.* Circunstância prevista em lei para diminuição da penalidade.

a·te·nu·ar *v.t.d.* 1. Tornar tênue; diminuir. 2. Tornar menos grave. *v.p.* 3. Enfraquecer-se.

a·ter·ra·dor *adj.* Que causa terror; pavoroso.

a·ter·rar *v.t.d.* 1. Encher de terra; cobrir com terra. 2. Causar medo a; assustar; atemorizar. *v.p.* 3. Amedrontar-se. *v.i.* 4. Descer o avião ao solo.

a·ter·ris·sa·gem *s.f.* O ato de o avião pousar no solo.

a·ter·ris·sar *v.t.d.* e *v.i.* Pousar o avião no solo; aterrar; aterrizar.

a·ter·ri·zar *v.t.d.* e *v.i.* Pousar o avião no solo; aterrissar; aterrar.

a·ter·ro (ê) *s.m.* 1. Ato de cobrir com terra. 2. Porção de terra com que se nivela um terreno. 3. Lugar onde se fez aterro.

aterrorizar

a·ter·ro·ri·zar *v.t.d.* 1. Causar terror a. *v.p.* 2. Encher-se de terror.

a·ter-se *v.p.* 1. Encostar-se; apoiar-se. 2. Confirmar-se; confiar. 3. Limitar-se.

a·tes·ta·do *s.m.* 1. Declaração escrita e assinada sobre a veracidade de um fato. 2. *fam.* Demonstração, prova.

a·tes·tar *v.t.d.* 1. Afirmar como testemunha. 2. Mostrar; provar. *v.t.i.* 3. Dar atestado.

a·teu *adj.* e *s.m.* Que, ou aquele que não crê em Deus; ímpio. *Fem.:* ateia.

a·ti·ça·dor *adj.* 1. Que serve para atiçar. *s.m.* 2. O que atiça. 3. Espevitador; instigador; incitador; fomentador.

a·ti·çar *v.t.d.* 1. Atear; avivar (o fogo). 2. Instigar; fomentar.

á·ti·co *adj.* 1. Relativo à Ática, região da antiga Grécia. 2. Puro, sóbrio, elegante (estilo).

a·ti·la·do *adj.* 1. Ponderado; escrupuloso. 2. Sensato; ajuizado; esperto.

a·ti·lho *s.m.* 1. Cordão para atar. 2. Estopim. 3. Feixe de espigas de milho.

á·ti·mo *s.m.* Pequena parte; momento. *loc.adv.* **Num átimo:** num instante; num momento.

a·ti·nar *v.t.d.* 1. Descobrir pelo tino (o significado de alguma coisa). 2. Compreender. 3. Dar ou acertar.

a·ti·nen·te *adj.2gên.* Concernente a; relativo a.

a·tin·gir *v.t.d.* 1. Chegar a. 2. Tocar; alcançar; subir a. 3. Compreender. 4. Dizer respeito a. 5. Abranger. *Pres.ind.:* eu atinjo, tu atinges, nós atingimos, etc.

a·tí·pi·co *adj.* Que se afasta do normal.

a·ti·ra·dei·ra *s.f.* Estilingue, bodoque.

atlético

a·ti·ra·do *adj.* 1. Lançado com violência. 2. Ousado; petulante; atrevido.

a·ti·ra·dor *adj.* 1. Que atira. *s.m.* 2. Aquele que atira. 3. Disparador de arma de fogo.

a·ti·rar *v.t.d.* 1. Arremessar; lançar. *v.i.* 2. Dar tiros. *v.p.* 3. Lançar-se; arremessar-se.

a·ti·tu·de *s.f.* 1. Postura do corpo; posição, maneira; aspecto; jeito. 2. Procedimento em face de determinada situação.

a·ti·va·ção *s.f.* Ato ou efeito de ativar (-se).

a·ti·var *v.t.d.* 1. Dar atividade a. 2. Tornar ativo. 3. Impulsionar. *v.p.* 4. Tornar-se ativo.

a·ti·vi·da·de *s.f.* 1. Qualidade de ativo. 2. Diligência. 3. Energia.

a·ti·vis·mo *s.m.* Teoria, conjunto de princípios, ou prática, em que a ação é o principal meio para obter resultados políticos ou sociais; militância.

a·ti·vo *adj.* 1. Que atua, age, exerce ação. 2. Enérgico; vivo. *s.m.* 3. O que se possui (opõe-se a passivo).

a·tlân·ti·co *adj.* 1. Concernente ao oceano Atlântico. 2. Que vive no oceano Atlântico. *s.m.* 3. O oceano Atlântico (inicial maiúscula).

a·tlas *s.m.* 1. Coleção de mapas ou cartas geográficas. 2. *Anat.* Vértebra principal do pescoço, que sustenta a cabeça.

a·tle·ta (é) *s.2gên.* Pessoa que pratica esportes.

a·tlé·ti·co *adj.* 1. Próprio de atleta. 2. Que diz respeito a atleta. 3. Que possui musculatura desenvolvida. 4. Vigoroso; forte.

a·tle·tis·mo *s.m.* Prática de esportes que envolvem correr, saltar e lançar coisas.

at·mos·fe·ra (é) *s.f.* 1. *Meteor.* Camada gasosa que envolve a Terra. 2. O ar que respiramos. 3. Ambiente; meio social.

at·mos·fé·ri·co *adj.* Relativo à atmosfera.

a·to *s.m.* 1. Aquilo que se fez; ação; obra; feito. 2. Declaração. 3. Solenidade. 4. Fórmula religiosa. 5. Divisão de uma peça teatral.

à to·a *adj.2gên.* 1. Sem préstimo; sem vergonha. 2. Fácil. 3. Desprezível. *V.* **toa**.

a·to·a·lha·do *adj.* 1. Feito imitando toalha. 2. Coberto com toalha. *s.m.* 3. Pano de mesa.

a·to·cai·ar *v.t.d.* 1. Armar tocaia a. 2. Ocultar-se para acometer (alguém) de surpresa.

a·to·char *v.t.d.* 1. Encher muito; atravancar; abarrotar. 2. Segurar com objeto.

a·tol *s.m. Geog.* Conjunto de ilhas de coral dispostas em anel encerrando um lago.

a·to·lar *v.t.d.* 1. Enterrar no lodo. 2. Meter em atoleiro. *v.p.* 3. Meter-se em atoleiro.

a·to·lei·ma·do *adj.* 1. Um tanto tolo. 2. Que parece tolo.

a·to·lei·mar *v.t.d.* 1. Tornar atoleimado. *v.p.* 2. Atoleimar-se; apatetar-se.

a·to·lei·ro *s.m.* 1. Terreno pantanoso; lamaçal. 2. *fig.* Embaraço do qual não se sai com facilidade. 3. Rebaixamento moral.

a·tô·mi·co *adj.* Relativo ou pertencente ao átomo.

á·to·mo *s.m.* 1. *Fís., Quím.* A menor porção de um elemento que pode entrar em combinação. 2. *por ext.* Momento; curto espaço. 3. Insignificância.

a·to·na·li·da·de *s.f. Mús.* 1. Qualidade do que é atonal. 2. Método de composição que não segue os princípios da música tonal.

a·tô·ni·to *adj.* Espantado; admirado; estupefato.

á·to·no *adj. Gram.* Sem acento tônico; cujo som quase não se percebe.

a·to·pe·ta·do *adj.* Cheio; abarrotado.

a·to·pe·tar *v.t.d.* 1. Içar até o tope. 2. Abarrotar; atulhar.

a·tor *s.m.* 1. O que pratica um ato. 2. Indivíduo que representa em teatro, cinema ou televisão. *Fem.*: atriz.

a·tor·do·a·do *adj.* 1. Que perdeu os sentidos, estonteado. 2. Aturdido; pasmado; abalado. 3. Sonolento.

a·tor·do·a·men·to *s.m.* Perturbação dos sentidos em consequência de pancada, queda, embriaguez, surpresa, estrondo, etc.

a·tor·do·ar *v.t.d.* 1. Causar perturbação dos sentidos a (por efeito de pancada, etc.). *v.i.* 2. Ficar zonzo.

a·tor·men·ta·ção *s.f.* 1. Ato ou efeito de atormentar(-se). 2. Tortura; tormento.

a·tor·men·ta·do *adj.* 1. Torturado. 2. Aflito; amofinado; atribulado. 3. Perseguido.

a·tor·men·ta·dor *adj. e s.m.* 1. Que, ou o que atormenta. 2. Perseguidor. 3. Apoquentador; importuno.

a·tor·men·tar *v.t.d.* 1. Submeter a tormento. 2. Afligir; mortificar. *v.p.* 3. Torturar-se; afligir-se.

a·tó·xi·co (cs) *adj.* Que não é tóxico, venenoso.

atrabiliário

a·tra·bi·li·á·ri:o *adj.* 1. Neurastênico. 2. Colérico; violento.

a·tra·ca·ção *s.f. Náut.* 1. Ação de atracar(-se). 2. Atracadouro. 3. *fig.* Importunação.

a·tra·ção *s.f.* 1. Ato ou efeito de atrair. 2. Força que atrai. 3. *fig.* Simpatia mútua. 4. Divertimento.

a·tra·ca·dou·ro *s.m.* Lugar onde se atracam embarcações.

a·tra·car *v.t.d.* 1. Amarrar (uma embarcação) à terra. *v.i.* 2. Chegar-se, amarrar-se à terra. *v.p.* 3. Lutar; engalfinhar-se.

a·tra·en·te *adj.2gên.* Que atrai; encantador; agradável.

a·tra·i·ço·ar *v.t.d.* 1. Fazer traição a; enganar; não ser fiel a; trair. *v.p.* 2. Acusar-se.

a·tra·ir *v.t.d.* 1. Exercer atração sobre. 2. Trazer, puxar para si; prender. 3. Induzir; seduzir. 4. Fazer que professe uma ideia.

a·tra·pa·lha·ção *s.f.* 1. Ato ou efeito de atrapalhar(-se). 2. Confusão.

a·tra·pa·lha·do *adj.* 1. Embaraçado. 2. Perplexo; confuso; perturbado. 3. Desordenado.

a·tra·pa·lhar *v.t.d.* 1. Pôr em desordem. 2. Confundir; perturbar. *v.p.* 3. Confundir-se; embaraçar-se.

a·trás *adv.* 1. Na parte posterior; detrás; na retaguarda. 2. Anteriormente. 3. Em posição inferior à de outrem.

a·tra·sar *v.t.d.* 1. Fazer que fique atrás. 2. Demorar. 3. Impedir o desenvolvimento de. *v.p.* 4. Ficar para trás. 5. Não pagar no dia certo; fazer com atraso.

a·tra·so *s.m.* 1. Ato ou efeito de atrasar(-se). 2. Decadência. 3. Retardamento.

atribuição

a·tra·ti·vo *adj.* 1. Que atrai ou tem força de atrair. *s.m.* 2. Aquilo que atrai. 3. Estímulo. 4. Propensão; inclinação.

a·tra·van·ca·do *adj.* 1. Impedido com travanca (obstáculo). 2. Obstruído; embaraçado.

a·tra·van·car *v.t.d.* 1. Impedir com travanca. 2. Embaraçar; obstruir. *v.p.* 3. Atravessar-se; pôr-se de permeio.

a·tra·vés *adv.* De lado a lado. **Através de**: pelo centro de; por meio de.

a·tra·ves·sa·do *adj.* 1. Posto de través; oblíquo. 2. Estendido de lado a lado. 3. Transpassado.

a·tra·ves·sa·dor *adj.* 1. Que atravessa. *s.m.* 2. Aquele que atravessa. 3. Indivíduo que compra gêneros alimentícios do pequeno agricultor, explorando-o, para os revender no varejo.

a·tra·ves·sar *v.t.d.* 1. Fazer que passe através de. 2. Transpassar. 3. Passar por entre. 4. *fig.* Pôr obstáculo a. 5. Sofrer; passar. 6. Agir como atravessador. *v.p.* 7. Meter-se de permeio. *v.t.i.* 8. Andar, passar.

a·tre·la·do *adj.* 1. Preso pela trela. 2. Posto nos varais do carro. 3. *por ext.* Engatado.

a·tre·lar *v.t.d.* 1. Segurar, prender com trela. 2. Jungir. 3. *por ext.* Engatar. 4. *fig.* Seduzir; dominar.

a·tre·ver-se *v.p.* 1. Ousar. 2. Afrontar. 3. Animar-se; decidir-se.

a·tre·vi·do *adj.* Que se atreve; insolente.

a·tre·vi·men·to *s.m.* 1. Ação de atrever-se. 2. Arrojo; ousadia. 3. Insolência; petulância.

a·tri·bui·ção *s.f.* 1. Ato ou efeito de atribuir(-se). 2. Privilégio; prerrogativa. 3. Função; competência.

a·tri·bu·ir *v.t.d.* 1. Referir; imputar; conferir; conceder; apropriar. *v.p.* 2. Arrogar-se.

a·tri·bu·la·ção *s.f.* Tormento moral; tribulação.

a·tri·bu·la·do *adj.* 1. Que padece atribulação. 2. Aflito; atormentado; magoado. 3. Infausto; doloroso.

a·tri·bu·lar *v.t.d.* 1. Causar atribulação a; mortificar; afligir; angustiar. *v.p.* 2. Mortificar-se; sentir tribulações.

a·tri·bu·ti·vo *adj.* 1. Que atribui. 2. Que indica um atributo.

a·tri·bu·to *s.m.* 1. Aquilo que é próprio de um ser, que lhe é peculiar. 2. Qualidade.

á·tri:o *s.m.* 1. Pátio. 2. Pórtico na entrada ou no interior dos edifícios. 3. Saguão.

a·tri·tar *v.t.d.* 1. Esfregar, friccionar, roçar. *v.p.* 2. Causar atrito, discórdia; atormentar.

a·tri·to *s.m.* 1. Fricção entre dois corpos duros. 2. *fig.* Desinteligência. 3. Dificuldade.

a·tro *adj.* Tenebroso; amedrontador.

a·tro·a·dor *adj.* Que atroa; ruidoso.

a·tro·ar *v.t.d.* 1. Provocar estremecimento com o estrondo. 2. Abalar. *v.i.* 3. Retumbar.

a·tro·ci·da·de *s.f.* Qualidade do que é atroz.

a·tro·fi·a *s.f.* 1. Definhamento causado por nutrição insuficiente ou por falta de exercício. 2. Decadência, enfraquecimento.

a·tro·fi·a·do *adj.* 1. Que não tem elementos de vitalidade. 2. Acanhado; definhado.

a·tro·fi·ar *v.t.d.* 1. Provocar atrofia a. 2. Definhar. *v.p.* 3. Enfraquecer-se, debilitar-se.

a·tro·pe·la·men·to *s.m.* 1. Ato ou efeito de atropelar(-se). 2. Atropelo. 3. Precipitação; confusão; investida.

a·tro·pe·lar *v.t.d.* 1. Derrubar, calcar, passando por cima. 2. Deitar ao chão. 3. Bater (o veículo) em pessoa, animal ou coisa. 4. *fig.* Passar por cima de; desprezar; *v.p.* 5. Empurrar-se reciprocamente.

a·tro·pe·lo (ê) *s.m.* 1. Ato ou efeito de atropelar(-se). 2. Encontrão. 3. *fig.* Violência. 4. Violação de lei.

a·troz (ó) *adj.2gên.* 1. Impiedoso, cruel; desumano; monstruoso. 2. Pungente.

a·tu·a·ção *s.f.* Ato ou efeito de atuar.

a·tu·al *adj.2gên.* 1. Da época presente. 2. Imediato; efetivo.

a·tu·a·li·da·de *s.f.* 1. Qualidade do que é atual. 2. Tempo, época presente.

a·tu·a·li·da·des *s.f.pl.* Informações, notícias atuais.

a·tu·a·li·za·ção *s.f.* Ato ou efeito de atualizar.

a·tu·a·li·zar *v.t.d.* 1. Tornar atual; modernizar. 2. *Inform.* Substituir ou complementar com dados mais recentes uma página na internet, um arquivo ou um programa (correspondente em inglês: *to update*).

a·tu·an·te *adj.2gên.* Que atua; que está no exercício de sua atividade.

a·tu·ar *v.i.* 1. Pôr em ação, agir. *v.t.i.* 2. Influir. 3. Pressionar. *v.i.* e *v.t.i.* 4. Exercer papel, representar.

a·tu·á·ri:a *s.f.* Parte da matemática que trata das bases teóricas dos seguros em geral.

a·tu·á·ri:o *s.m.* Indivíduo que calcula, em companhias de seguro.

a·tu·lha·do *adj.* Abarrotado; entulhado; cheio.

a·tu·lhar *v.t.d.* Encher completamente; entupir.

a·tum *s.m. epiceno Zool.* Peixe de carne muito apreciada.

a·tu·rar *v.t.d.* 1. Suportar; sofrer. 2. Sustentar. *v.i.* 3. Perseverar. 4. Continuar.

a·tur·di·do *adj.* Que sofreu perturbação; espantado, atordoado, zonzo.

a·tur·di·men·to *s.m.* 1. Ato ou efeito de aturdir. 2. Perturbação dos sentidos.

a·tur·dir *v.t.d.* 1. Atordoar; espantar; assombrar. *v.p.* 2. Perturbar-se.

au·dá·ci·a *s.f.* 1. Impulso que leva ao cometimento de atos arrojados. 2. Valor; ousadia; intrepidez. 3. Atrevimento.

au·da·ci·o·so (ô) *adj.* 1. Audaz, que tem audácia; ousado; atrevido. 2. Temerário. *Pl.*: audaciosos (ó).

au·daz *adj.2gên.* Que tem ou revela audácia.

au·di·ção *s.f.* 1. Ação ou faculdade de ouvir. 2. Percepção dos sons pelo ouvido. 3. Audiência. 4. *Mús.* Concerto musical.

au·di·ên·ci·a *s.f.* 1. Audição. 2. Atenção que se presta a quem fala. 3. Recepção dada a pessoa para tratar de determinado assunto. 4. Sessão de tribunal.

áu·di·o *s.m. Eletrôn.* Som reproduzido eletronicamente.

au·di·o·li·vro *s.m.* Gravação em fita cassete ou CD do conteúdo de obra impressa, geralmente feita para atender aos deficientes visuais.

au·di·o·me·tri·a *s.f. Med.* Exame da capacidade ou acuidade auditiva.

au·di·o·vi·su·al *adj.2gên.* Diz-se do método de ensino em que se usam simultaneamente o som e a imagem.

au·di·ti·vo *adj.* Concernente ou pertencente ao ouvido.

au·di·tor *adj.* e *s.m.* 1. Que (quem) ouve. *s.m.* 2. Aquele que emite parecer especializado. 3. *Cont.* Analista de operações contábeis em empresas. 4. *Jur.* Magistrado que se encarrega de informar uma repartição civil acerca da aplicação das leis; juiz adjunto a tribunais militares.

au·di·to·ri·a *s.f.* 1. Cargo de auditor. 2. Local onde o auditor exerce suas funções. 3. *Cont.* Exame minucioso de operações contábeis.

au·di·tó·ri·o *s.m.* 1. O conjunto das pessoas presentes a um ato. 2. Local onde se reúnem essas pessoas.

au·dí·vel *adj.2gên.* Que se pode ouvir.

au·fe·rir *v.t.d.* Obter; colher; lucrar.

au·ge *s.m.* O ponto mais elevado, o mais alto grau; o apogeu; culminância.

au·gu·rar *v.t.d.* 1. Predizer; profetizar. 2. Desejar (para outrem). 3. Fazer votos.

au·gú·ri·o *s.m.* Prognóstico; auspício; presságio.

au·gus·to *adj.* 1. Majestoso; elevado; magnífico. 2. Respeitável. *s.m.* 3. Título dos imperadores romanos.

au·la *s.f.* 1. Sala ou local em que se leciona. 2. Lição de uma matéria. 3. Preleção.

áu·li·co *adj.* 1. Pertencente à corte. *s.m.* 2. Palaciano; cortesão.

au·men·tar *v.t.d.* 1. Tornar maior; acrescentar. 2. Melhorar. 3. Agravar.

au·men·ta·ti·vo *adj.* 1. Que aumenta. *s.m.* 2. *Gram.* Palavra de significação engrandecida em relação àquela de onde provém, como em canzarrão, de cão.

au·men·to *s.m.* Ato ou efeito de aumentar; acréscimo.

au·ra *s.f.* 1. Vento brando e agradável; brisa; aragem. 2. *Ocult.* Emanação fluídica dos corpos orgânicos e inorgânicos.

áu·re·o *adj.* 1. Cor de ouro. 2. Brilhante. 3. Nobre; muito valioso.

au·ré·o·la *s.f.* 1. Círculo luminoso ao redor da cabeça dos santos, nas imagens. 2. *fig.* Glória; diadema; clarão, prestígio. *V.* **aréola**.

au·re·o·lar *v.t.d.* 1. Ornar com auréola. 2. *fig.* Glorificar. *v.p.* 3. Ornar-se com auréola. 4. *fig.* Glorificar-se. *adj.2gên.* 5. Que tem aspecto ou forma de auréola. *V.* **areolar**.

au·rí·cu·la *s.f. Anat.* Cavidade superior do coração.

au·ri·cu·lar *adj.2gên.* Concernente ao ouvido.

au·rí·fe·ro *adj.* Que contém ouro.

au·ri·ful·gen·te *adj.2gên.* Que brilha como ouro.

au·ri·ga *s.m.* 1. Cocheiro. 2. *Astron.* Constelação boreal (inicial maiúscula).

au·ri·ver·de *adj.2gên.* Verde e cor de ouro; que é verde e amarelo.

au·ro·ra (ó) *s.f.* 1. Luminosidade que precede, no horizonte, o nascer do Sol; alvorada. 2. Fenômeno luminoso das regiões polares. 3. *fig.* Juventude, época agradável da existência. 4. Princípio da vida. 5. Início; origem.

aus·cul·tar *v.t.d. Med.* 1. Aplicar o ouvido a (alguma parte do corpo). 2. *fig.* Sondar; procurar conhecer a opinião de.

au·sên·ci·a *s.f.* 1. Estada fora, longe de determinado local; afastamento. 2. Tempo que dura esse afastamento. 3. Falta, inexistência.

au·sen·tar-se *v.p.* Deixar um lugar; afastar-se; arredar-se; ir-se; retirar-se.

au·sen·te *adj.2gên.* 1. Não presente; afastado; distante. *s.2gên.* 2. Pessoa que deixou o seu domicílio, afastando-se para longe.

aus·pi·ci·ar *v.t.d.* Fazer auspício de; vaticinar; predizer.

aus·pí·ci·o *s.m.* 1. Vaticínio; augúrio. 2. *fig.* Promessa.

aus·pi·ci·o·so (ô) *adj.* Que promete para bem; de bom augúrio. *Pl.:* auspiciosos (ó).

aus·te·ri·da·de *s.f.* 1. Qualidade de austero. 2. Inteireza de caráter.

aus·te·ro (é) *adj.* 1. Severo. 2. Rígido de caráter, de princípios. 3. Íntegro.

aus·tral *adj.2gên.* Do lado do Sul; meridional.

aus·tra·li·a·no *adj.* 1. Relativo ou pertencente à Austrália. *s.m.* 2. O natural ou habitante da Austrália.

aus·trí·a·co *adj.* 1. Concernente ou pertencente à Áustria. *s.m.* 2. O natural ou habitante da Áustria.

au·tar·qui·a *s.f.* Poder absoluto; corporação administrativa que goza de certa autonomia, bastando-se a si própria.

au·ten·ti·ca·ção *s.f.* Ato ou efeito de autenticar.

au·ten·ti·car *v.t.d.* 1. Tornar autêntico. 2. Reconhecer como verdadeiro. 3. Autorizar; legalizar.

au·ten·ti·ci·da·de *s.f.* Qualidade do que é autêntico.

au·tên·ti·co *adj.* 1. Que pertence ao autor a quem se atribui. 2. Legítimo. 3. Legalizado.

au·tis·mo *s.m. Psican.* Estado mental que leva o indivíduo a alhear-se do mundo.

au·tis·ta *adj.2gên.* e *s.2gên.* Que ou pessoa que apresenta autismo.

au·to *s.m.* 1. Ato público; solenidade. 2. Antiga composição teatral. 3. Narração escrita e autenticada de qualquer ato.

au·to:a·de·si·vo *adj.* 1. Diz-de de material que possui adesivo em uma de suas faces, fixando-se a uma superfície por si mesmo. *s.m.* 2. O material com essa propriedade.

au·to:a·fir·ma·ção *s.f.* Imposição ou afirmação da própria individualidade diante dos outros.

au·to·bi·o·gra·fi·a *s.f.* Vida de uma pessoa narrada por ela mesma.

au·to·cen·su·ra *s.f.* Censura dos próprios atos, pensamentos, palavras ou escritos.

au·to·cla·ve *s.f.* Aparelho para esterilização, que utiliza vapor a alta pressão e temperatura para essa finalidade; esterilizador.

au·to·con·fi·an·ça *s.f.* Confiança em si mesmo.

au·to·con·tro·le *s.m.* Controle sobre as próprias reações; estabilidade emocional.

au·to·cra·ci·a *s.f.* 1. Governo absoluto exercido por uma única pessoa. 2. Governo despótico.

au·to·cra·ta *adj.2gên.* e *s.2gên.* Diz-se de ou pessoa que exerce governo absoluto.

au·to·crá·ti·co *adj.* 1. Relativo ou pertencente a autocrata. 2. Próprio de autocrata.

au·to·crí·ti·ca *s.f.* Crítica de si mesmo, de suas próprias obras.

au·tóc·to·ne *adj.2gên.* e *s.2gên.* Que ou aquele que é habitante primitivo de uma terra; aborígene; indígena.

au·to·de·fe·sa *s.f.* 1. Defesa de si mesmo em caso de agressão. 2. *Jur.* Defesa de um direito feita pelo próprio titular.

au·to·des·tru·i·ção *s.f.* Ato ou efeito de um ser destruir a si mesmo.

au·to·de·ter·mi·na·ção *s.f.* 1. Liberdade para decidir por si próprio. 2. *Polít.* Faculdade que tem um povo de escolher o seu próprio destino político.

au·to·di·da·ta *adj.2gên.* e *s.2gên.* Que ou o que se instrui por si, sem auxílio de escolas ou professores.

au·tó·dro·mo *s.m.* Local em que se realizam corridas de automóvel.

au·to·es·co·la *s.f.* Escola destinada ao ensino prático e teórico de direção de veículos automotivos.

au·to·es·ti·ma *s.f.* Sentimento de estar satisfeito consigo mesmo; amor-próprio.

au·to·es·tra·da *s.f.* Rodovia com diversas pistas, para tráfego veloz de veículos; autopista.

au·to·ges·tão *s.f.* Direção de uma empresa pelos próprios trabalhadores.

au·to·gra·far *v.t.d.* 1. Pôr autógrafo em. 2. Reproduzir por autografia.

au·to·gra·fi·a *s.f.* Técnica de reprodução litográfica.

au·tó·gra·fo *s.m.* 1. Assinatura de pessoa ilustre, de ator famoso. 2. Escrito do próprio autor; original.

au·to·i·mu·ni·da·de *s.f.* Condição de um organismo em que seu sistema imunológico ataca suas próprias células ou tecidos.

au·to·ma·ção *s.f.* Automatização.

au·to·má·ti·co *adj.* 1. Que tem movimento de autômato. 2. Próprio de autômato. 3. Que se realiza por meios mecânicos.

au·to·ma·tis·mo *s.m.* 1. Falta de vontade própria. 2. Qualidade ou estado do que é maquinal.

au·to·ma·ti·za·ção *s.f.* Ação ou efeito de automatizar, de tornar automático (forma preferível a automação).

au·to·ma·ti·zar *v.t.d.* Tornar automático.

au·tô·ma·to *s.m.* 1. Figura que imita os movimentos humanos. 2. Maquinismo que se põe em movimento por meios mecânicos. *sobrecomum* 3. *fig.* Pessoa incapaz de guiar-se por si mesma; títere; boneco.

au·to·me·di·car-se *v.p.* Ministrar medicamentos a si próprio, sem orientação médica.

au·to·mo·bi·lis·mo *s.m.* Esporte praticado por meio de automóveis.

au·to·mo·bi·lis·ta *s.2gên.* Pessoa que se dedica ao automobilismo.

au·to·mo·bi·lís·ti·co *adj.* Relativo ao automobilismo.

au·to·mo·triz *s.f.* Veículo ferroviário dotado de motor elétrico próprio; litorina.

au·to·mó·vel *adj.2gên.* 1. Que se move por si. *s.m.* 2. Veículo terrestre geralmente movido por motor de explosão.

au·to·no·mi·a *s.f.* 1. Direito de reger-se (um país) por leis próprias. 2. Independência; liberdade moral ou intelectual.

au·tô·no·mo *adj.* 1. Livre; independente. 2. Que se governa por leis próprias. *s.m.* 3. Trabalhador autônomo.

au·to·pe·ça *s.f.* 1. Peça ou acessório para veículo automotivo. 2. *por ext.* Loja que comercializa essa peça ou acessório.

au·to·pis·ta *s.f.* O mesmo que autoestrada.

au·to·pre·ser·va·ção *s.f.* Comportamento geralmente instintivo de preservar a própria vida, a si mesmo de modo geral.

au·tóp·si:a *s.f.* 1. Exame acurado de si próprio. 2. *Med.* Exame das diferentes partes de um cadáver. 3. *fig.* Análise minuciosa.

au·top·si·ar *v.t.d.* Fazer a autópsia de.

au·to·pu·ni·ção *s.f.* Punição aplicada a si mesmo.

au·tor *s.m.* 1. Aquele que causa, motiva, origina. 2. Inventor. 3. Escritor de obra literária ou científica.

au·to·ral *adj.2gên.* De autor.

au·tor·re·tra·to *s.m.* Retrato de uma pessoa feito por ela mesma.

au·to·ri·a *s.f.* 1. Qualidade de autor. 2. Presença do autor numa audiência.

au·to·ri·da·de *s.f.* 1. Direito de se fazer obedecer. 2. Poder de mandar. 3. Prestígio. 4. Magistrado que exerce poder. 5. Pessoa competente num assunto.

au·to·ri·tá·ri:o *adj.* 1. Concernente a autoridade. 2. Que se impõe pela autoridade. 3. Impulsivo; violento; arrogante.

au·to·ri·ta·ris·mo *s.m.* 1. Caráter ou sistema de autoritário. 2. Despotismo.

au·to·ri·za·ção *s.f.* 1. Ação ou efeito de autorizar(-se). 2. Consentimento expresso.

au·to·ri·zar *v.t.d.* 1. Dar autoridade a. 2. Conceder autorização a. 3. Aprovar. *v.p.* 4. Adquirir autoridade. 5. Apoiar-se na autoridade.

au·tos *s.m.pl.* As peças de um processo.

au·tos·ser·vi·ço *s.m.* 1. Sistema em que o próprio cliente se serve. *por ext.* 2. Estabelecimento comercial que pratica esse sistema.

au·tos·su·fi·ci·en·te *adj.2gên.* Independente; livre; que se basta a si mesmo.

au·tos·su·ges·tão *s.f.* Sugestão que uma pessoa exerce sobre si mesma.

au·tos·sus·ten·tá·vel *adj.2gên.* 1. Que é capaz de se sustentar, de se manter, com os próprios recursos. 2. Diz-se de atividade econômica que usa recursos que podem ser renovados para diminuir o impacto no meio ambiente.

au·to·tró·fi·co *adj.* Diz-se do organismo que produz seu próprio alimento a partir de substâncias inorgânicas, como gás carbônico, água, etc.

au·tu·a·ção *s.f.* 1. Ação ou efeito de autuar. 2. Termo inicial de um processo judicial.

au·tu·ar *v.t.d.* 1. Reduzir a auto. 2. Processar.

au·xi·li·a·dor (ss) *adj.* e *s.m.* Que ou o que auxilia.

au·xi·li·ar (ss) *v.t.d.* 1. Prestar auxílio a; socorrer. *v.p.* 2. Ajudar-se mutuamente. *adj.2gên.* e *s.2gên.* 3. Que ou pessoa que auxilia.

au·xí·li·o (ss) *s.m.* Ajuda; socorro.

a·va·ca·lha·ção *s.f.* Desmoralização; relaxamento.

a·va·ca·lhar *v.t.d.* 1. Desmoralizar; deprimir. *v.p.* 2. Desmoralizar-se.

a·val *s.m.* Garantia de pagamento de uma letra de câmbio; caução.

a·va·lan·cha *s.f.* 1. Queda rápida de geleira; alude. 2. *fig.* Invasão súbita.

a·va·lan·che (avalanche) *Fr. s.f.* Avalancha.

a·va·li·a·ção *s.f.* 1. Ato ou efeito de avaliar(-se). 2. Cálculo; apreciação.

a·va·li·a·dor *adj.* e *s.m.* Que, ou aquele que avalia.

a·va·li·ar *v.t.d.* 1. Determinar o valor de. 2. Reconhecer ou sondar a força de. 3. Fazer ideia de. *v.p.* 4. Ter-se em conta; reputar-se.

a·va·lis·ta *s.2gên.* Pessoa que garante por meio de aval.

a·va·li·zar *v.t.d.* 1. Subscrever títulos bancários. 2. Pôr aval em.

a·van·ça·do *adj.* 1. Que está adiante no tempo ou no espaço. 2. Evoluído, inovador.

a·van·çar *v.t.d.* 1. Andar para a frente. 2. Continuar; progredir. *v.i.* 3. Caminhar para a frente. *v.p.* 4. Progredir; adiantar-se.

a·van·ço *s.m.* 1. Ato de avançar. 2. Adiantamento; progresso; vantagem; melhoria.

a·van·ta·ja·do *adj.* 1. Que tem vantagem ou superioridade. 2. Corpulento.

a·van·ta·jar *v.t.d.* 1. Melhorar. 2. Ter vantagem sobre. 3. Fazer superior. *v.p.* 4. Exceder; levar vantagem.

a·van·te *adv.* 1. Adiante. *interj.* 2. Para a frente!

a·va·ran·da·do *adj.* 1. Que tem varanda. *s.m.* 2. Prédio que tem varanda.

a·va·ren·to *adj.* e *s.m.* Avaro.

a·va·re·za (ê) *s.f.* 1. Apego exagerado ao dinheiro; sovinice. 2. Mesquinhez.

a·va·ri·a *s.f.* 1. Dano sofrido por algo. 2. *Jur.* Dano que sofre uma embarcação ou a carga que leva. 3. Perda; prejuízo.

a·va·ri·ar *v.t.d.* 1. Causar avaria a; danificar. *v.i.* e *v.p.* 2. Receber avaria; danificar-se.

a·va·ro *adj.* e *s.m.* 1. Que, ou aquele que tem avareza; avarento. 2. Mesquinho; miserável.

a·vas·sa·la·dor *adj.* 1. Que avassala. 2. Dominador.

a·va·tar *s.m.* Encarnação de um deus.

a·ve *s.f.* 1. *Zool.* Vertebrado ovíparo com o corpo revestido de penas e de bico córneo. *interj.* 2. Salve!

a·ve-do-pa·ra·í·so *s.f. epiceno Zool.* Pássaro da Nova Guiné notável pela plumagem. *Pl.:* aves-do-paraíso.

a·vei·a *s.f.* 1. *Bot.* Planta gramínea cujo grão possui propriedades nutritivas. 2. Esse grão. 3. *por ext.* Farinha que se faz com esse grão.

a·ve·lã *s.f.* Fruto da aveleira.

a·ve·lei·ra *s.f. Bot.* Árvore de avelãs, frutos comestíveis e oleaginosos.

a·ve·lhen·tar *v.t.d.* 1. Tornar velho antes do tempo. 2. Fazer que se assemelhe a velho. *v.p.* 3. Fazer-se velho. 4. Perder o vigor.

a·ve·lu·da·do *adj.* 1. Macio e lustroso. 2. Suave; meigo.

a·ve·lu·dar *v.t.d.* 1. Dar aparência de veludo a. 2. Tornar macio; amaciar.

a·ve-ma·ri·a *s.f.* Oração à Virgem Maria. *Pl.:* ave-marias.

a·ven·ca (ê) *s.f. Bot.* Nome comum a diversas plantas criptogâmicas.

a·ven·ça (ê) *s.f.* 1. Acordo entre pessoas que litigam; ajuste. 2. Quantia que se paga por serviços prestados durante certo período.

a·ve·ni·da *s.f.* 1. Rua geralmente mais larga que as comuns, orlada (ou não) de árvores. 2. Alameda. 3. Caminho ou estrada.

a·ven·tal *s.m.* Peça que serve para proteger a roupa.

a·ven·tar *v.t.d.* 1. Expor e agitar ao vento. 2. Lembrar; sugerir; aventurar (uma ideia, etc.).

a·ven·tu·ra *s.f.* 1. Acontecimento, sucesso imprevisto. 2. Perigo; risco. 3. Acontecimento romanesco. 4. Acaso.

a·ven·tu·rar *v.t.d.* 1. Expor à aventura. 2. Arriscar; tentar. *v.p.* 3. Expor-se; arriscar-se; abalançar-se.

a·ven·tu·rei·ro *adj.* 1. Que vive de aventuras. 2. Incerto. *s.m.* 3. Indivíduo que não tem meio de vida definido.

a·ver·ba·ção *s.f.* 1. Ato de averbar. 2. Nota lançada em certos documentos ou à margem de um registro.

a·ver·bar *v.t.d.* 1. Escrever (termo ou depoimento). 2. Registrar; anotar. 3. Escrever à margem de título ou registro.

a·ve·ri·gua·ção *s.f.* 1. Ato de averiguar. 2. Investigação; verificação. 3. Inquirição.

a·ve·ri·guar *v.t.d.* 1. Investigar. 2. Inquirir. 3. Informar-se de; certificar-se de. *v.t.i.* 4. Indagar. *v.p.* 5. Certificar-se.

a·ver·me·lhar *v.t.d.* 1. Tornar vermelho ou um tanto vermelho. *v.p.* 2. Tornar-se vermelho.

a·ver·são *s.f.* Antipatia; repulsão; ódio.

a·ves·sas (ê) *s.f.pl.* Coisas que se opõem. *loc. adv.* **Às avessas**: do avesso; em sentido oposto.

a·ves·so (ê) *s.m.* 1. Lado contrário ao principal; reverso. 2. Lado mau. 3. *fig.* Defeito. *adj.* 4. Contrário. 5. Oposto ao que deve ser.

a·ves·truz *s.m. epiceno* 1. *Zool.* Ave de pescoço nu e grande porte. *sobrecomum* 2. Pessoa excêntrica, esquisita.

a·ve·xa·do (ch) *adj.* 1. Vexado; humilhado; envergonhado; contrafeito. 2. Apressado.

a·ve·xar (ch) *v.t.d.* e *v.p.* Vexar.

a·vi·a·ção *s.f.* Sistema de navegação aérea em aparelhos mais pesados do que o ar.

a·vi·a·do *adj.* 1. Preparado. 2. Desembaraçado. *s.m.* 3. Aquele que negocia por conta de outrem. 4. *Reg.* Seringueiro contratado que tem certo número de homens trabalhando por sua conta.

a·vi·a·dor[1] *adj.* e *s.m.* 1. Que ou o que avia. *s.m.* 2. *Reg.* Quem contrata seringueiros.

a·vi·a·dor[2] *adj.* 1. Que se destina à aviação. 2. Que se ocupa de aviação. *s.m.* 3. Aquele que pratica a aviação; piloto.

a·vi·a·men·to *s.m.* 1. Ato ou efeito de aviar. 2. Andamento (de um negócio).

a·vi·a·men·tos *s.m.pl.* 1. Miudezas necessárias à confecção de roupas. 2. Apetrechos; aprestos.

a·vi·ão *s.m.* Aeronave que se impulsiona por motor e que se sustenta no ar por meio de asas; aeroplano.

a·vi·ar *v.t.d.* 1. Expedir; executar. 2. *Farm.* Preparar, manipular (medicamento). 3. *fig.* Livrar-se de. *v.p.* 4. Aprontar sem delongas.

a·vi·á·ri:o *s.m.* 1. Local onde se criam ou alojam aves. *adj.* 2. Concernente a aves.

a·ví·co·la *adj.2gên.* 1. Concernente a aves. *s.2gên.* 2. Avicultor.

a·vi·cul·tor *s.m.* O que se dedica à avicultura.

a·vi·cul·tu·ra *s.f.* Arte de criar aves.

a·vi·dez (ê) *s.f.* 1. Qualidade de ávido. 2. Desejo veemente; sofreguidão; ambição; cobiça.

á·vi·do *adj.* 1. Bastante desejoso; que deseja veementemente; insaciável. 2. Avarento.

a·vi·go·rar *v.t.d.* 1. Dar vigor a; fortalecer. *v.p.* 2. Tornar-se vigoroso; fortalecer-se.

a·vil·tan·te *adj.2gên.* 1. Que avilta. 2. Que desonra, rebaixa, amesquinha.

a·vil·tar *v.t.d.* 1. Tornar vil, mesquinho, abjeto. 2. Desprezar; humilhar. *v.p.* 3. Rebaixar-se; envilecer-se. 4. Amesquinhar-se.

a·vin·do *adj.* 1. Que se aveio. 2. Harmonizado; conciliado.

a·vi·nha·do *s.m. epiceno Zool.* Curió.

a·vi·os *s.m.pl.* Petrechos necessários para determinado fim.

a·vir *v.t.d.* 1. Conciliar; pôr em concórdia. *v.p.* 2. Conformar-se; combinar-se. 3. Haver-se.

a·vi·sa·do *adj.* 1. Que recebeu aviso. 2. Discreto; prudente. 3. Ajuizado; atilado.

a·vi·sar *v.t.d.* e *v.i.* 1. Dar aviso a. 2. Fazer saber; cientificar. 3. Admoestar. *v.p.* 4. Considerar. 5. Prevenir-se. 6. Aconselhar-se.

a·vi·so *s.m.* 1. Ação de avisar. 2. Notícia. 3. Prevenção; conselho. 4. Comunicação.

a·vi·ta·mi·no·se (ó) *s.f. Med.* Enfermidade decorrente de deficiência ou falta de uma ou mais vitaminas no organismo.

a·vis·tar *v.t.d.* 1. Ver ao longe. 2. Principiar a ver. 3. Entrever. *v.p.* 4. Encontrar-se por casualidade. 5. Ver-se reciprocamente.

a·vi·var *v.t.d.* 1. Dar viveza a. 2. Guarnecer de vivos. 3. Realçar. *v.i.* 4. Reanimar-se.

aviventar   **azeite**

a·vi·ven·tar *v.t.d.* 1. Avivar, vivificar. 2. Reanimar. *v.p.* 3. Reanimar-se.

a·vi·zi·nhar *v.t.d.* 1. Pôr perto de; aproximar. 2. Estar perto de. *v.t.i.* 3. Aproximar-se.

a·vo *s.m. Mat.* Cada uma das partes iguais em que foi dividida a unidade e que se emprega na leitura das frações de denominador maior que dez (*ex.*: 2/11 – dois onze avos).

a·vô *s.m.* Pai do pai ou da mãe. *Fem.*: avó.

a·vo·ca·ção *s.f. Jur.* Deslocação de uma causa para juízo superior.

a·vo·car *v.t.d.* 1. Atrair; chamar a si. 2. Arrogar. 3. Fazer voltar. 4. Atribuir. 5. *Jur.* Deslocar (uma causa) para juízo ou tribunal superior.

a·vo·en·go *adj.* 1. Que procede de avós. 2. Que se herdou de avós. 3. Concernente aos avós.

a·vo·lu·mar *v.t.d.* 1. Fazer que aumente o volume de. 2. Tornar-se volumoso.

a·vós *s.m.pl.* Antepassados, ascendentes.

a·vul·so *adj.* 1. Que se arrancou à força. 2. Separado; fora do corpo ou coleção a que pertence. 3. Isolado; solto. 4. Esporádico. *s.m.* 5. *Tip.* Impresso feito em folha solta de papel; volante.

a·vul·ta·do *adj.* 1. Que tomou vulto. 2. Volumoso. 3. Corpulento; considerável.

a·vul·tar *v.t.d.* 1. Dar vulto a. *v.t.i.* 2. Sobressair. *v.i.* 3. Crescer; aumentar de volume.

a·xa·dre·za·do (ch) *adj.* 1. Semelhante ao tabuleiro de xadrez. 2. Que apresenta quadrinhos alternados de cores diferentes.

a·xi·al (cs) *adj.2gên.* 1. Concernente a eixo. 2. Que serve de eixo ou tem forma de eixo.

a·xi·la (cs) *s.f.* Cavidade na junção do braço com o ombro; sovaco.

a·xi·o·ma (cs, ô) *s.m.* 1. Proposição evidente por si mesma. 2. Máxima; adágio.

a·za·do *adj.* Próprio; ajeitado; cômodo.

a·zá·fa·ma *s.f.* 1. Grande afã. 2. Muita pressa. 3. Atrapalhação.

a·za·fa·mar *v.t.d.* 1. Provocar azáfama em. 2. Atarefar. 3. Dar pressa a. *v.p.* 4. Trabalhar com açodamento, com pressa.

a·za·lei·a *s.f. Bot.* 1. Arbusto ornamental. 2. A flor desse arbusto.

a·zar *s.m.* Má sorte; lance adverso; desgraça; infortúnio.

a·za·ra·do *adj.* e *s.m.* Que, ou o que tem azar; azarento.

a·za·rão *s.m.* Cavalo que sempre perde nas corridas.

a·za·rar *v.t.d.* 1. Dar azar; dar má sorte a. 2. *gír.* Paquerar.

a·za·ren·to *adj.* Azarado.

a·ze·dar *v.t.d.* 1. Tornar azedo. 2. *fig.* Irritar. *v.t.d.* e *v.p.* 3. Tornar-se azedo. 4. *fig.* Enfurecer-se.

a·ze·di·a *s.f.* Azedume; acidez.

a·ze·do (ê) *adj.* 1. Áspero ao paladar; acre. 2. *fig.* Irritado; de mau humor. *s.m.* 3. O sabor ácido.

a·ze·du·me *s.m.* 1. Qualidade de azedo; azedia; acidez. 2. *fig.* Aspereza; acrimônia; desabrimento.

a·zei·tar *v.t.d.* 1. Temperar ou untar com azeite. 2. Lubrificar.

a·zei·te *s.m.* 1. Óleo de azeitona. 2. Óleo extraído de outros frutos.

a·zei·te de den·dê *s.m.* Azeite que se extrai do fruto da palmeira do dendê. *Pl.*: azeites de dendê.

a·zei·to·na (ô) *s.f.* Fruto da oliveira.

a·zei·to·na·do *adj.* De cor semelhante à da azeitona; verde-escuro.

a·zê·mo·la *s.f.* 1. Besta de carga. 2. Besta velha e cansada. *sobrecomum* 3. *fig.* Pessoa estúpida ou sem préstimo.

a·ze·vi·che *s.m.* 1. Variedade de linhita de cor preta e brilhante. 2. *fig.* Coisa muito negra.

a·zi·a *s.f.* Azedume do estômago; pirose.

a·zi·a·go *adj.* 1. De mau agouro. 2. Infausto; nefasto.

á·zi·mo *adj.* Que não tem fermento (pão).

a·zi·nha·vre *s.m.* Substância verde que se forma nos objetos de cobre expostos ao ar ou à umidade; zinabre.

a·zi·nhei·ra *s.f. Bot.* Planta, espécie de carvalho.

a·zo *s.m.* Oportunidade; ocasião; jeito.

a·zor·ra·gue *s.m.* 1. Látego; açoite. 2. *fig.* Flagelo; castigo.

a·zo·to (ô) *s.m. Quím.* Nitrogênio.

a·zou·gue (ô) *s.m.* 1. Mercúrio. *sobrecomum* 2. *fig.* Pessoa viva, esperta.

a·zu·cri·nan·te *adj.2gên.* Que azucrina, importuno, irritante.

a·zu·cri·nar *v.t.d.* Importunar; apoquentar.

a·zul *adj.2gên.* 1. Da cor do céu limpo de nuvens. *s.m.* 2. A cor azul. 3. O firmamento; o céu; os ares.

a·zu·lão *s.m.* 1. Pano grosseiro de algodão; zuarte. *epiceno* 2. *Zool.* Nome comum a diversos pássaros do Brasil de cor azul.

a·zu·lar *v.t.d.* 1. Tingir de azul. 2. Dar cor azul a. *v.i.* 3. Fugir; desaparecer. *v.p.* 4. Tornar-se azul.

a·zul-ce·les·te *adj.2gên.* e *2 núm.* 1. Azul da cor do céu. *s.m.* 2. Essa cor.

a·zu·le·jar[1] *v.t.d.* 1. Tornar azul. 2. Dar cor azul a. *v.i.* 3. Tornar-se azul.

a·zu·le·jar[2] *v.t.d.* assentar ou guarnecer de azulejos.

a·zu·le·jo (ê) *s.m.* Ladrilho vidrado para revestir ou guarnecer paredes.

a·zul-ma·ri·nho *adj.2gên.* e *2núm.* 1. Azul da cor do mar. *s.m.* 2. A cor azul-marinho. *Pl.*: azuis-marinhos.

a·zur·rar *v.i.* Zurrar

B b

b *s.m.* 1. Segunda letra do alfabeto. 2. *num.* O segundo numa série indicada por letras.

bá *s.f.* Ama-seca; babá.

ba·ba *s.f.* 1. Saliva que escorre da boca. 2. Muco segregado por alguns animais.

ba·bá *s.f.* Tratamento que geralmente se dá às amas de crianças; ama-seca; bá.

ba·ba·ca *s.f. chulo* 1. A vulva. *adj.2gên.* e *s.2gên.* 2. *gír.* Tolo, bobo.

ba·ba·çu *s.m. Bot.* Espécie de palmeira de sementes oleaginosas.

ba·ba de mo·ça *s.f. Cul.* Doce à base de leite de coco, açúcar e gemas de ovos. *Pl.:* babas de moça.

ba·ba·do *adj.* 1. Molhado de baba. 2. *fam.* Apaixonado. *s.m.* 3. Pedaço de fazenda com que se guarnecem saias, toalhas, etc. 4. *gír.* Mexerico.

ba·ba·dor *adj.* 1. Que baba. *s.m.* 2. Babadouro.

ba·ba·dou·ro *s.m.* Resguardo, geralmente de pano, que se prende ao peito das crianças para que a baba ou a comida não lhes suje a roupa.

ba·bar *v.t.d.* 1. Sujar, molhar com baba. *v.p.* 2. Molhar-se com baba. 3. *fam.* Estar apaixonado.

ba·bel *s.f. fig.* Confusão; algazarra.

ba·bo·sa (ó) *s.f.* 1. Aloés. 2. *epiceno Zool.* Nome de um peixe.

ba·bo·sei·ra *s.f.* Asneira; tolice; dito de baboso.

ba·bo·so (ô) *adj.* e *s.m.* 1. Que, ou o que baba. 2. Babão; tolo. 3. Apaixonado. *Pl.:* babosos (ó).

ba·bu·gem *s.f.* 1. Espuma produzida pela agitação da água. 2. Restos. 3. Coisa insignificante.

ba·bu·í·no *s.m. Zool.* Macaco africano, de focinho alongado, dentes caninos desenvolvidos, bochechas grandes e nádegas com calosidades características.

ba·ca·lhau *s.m. epiceno* 1. *Zool.* Peixe dos mares frios, cuja carne, seca e salgada, é muito apreciada em culinária. *sobrecomum* 2. *fig.* Pessoa muito magra.

ba·ca·lho·a·da *s.f. Cul.* Comida feita com bacalhau e batatas, de origem portuguesa.

ba·ca·lho·ei·ro *adj.* 1. Relativo à pesca, à comercialização ou industrialização do bacalhau. *s.m.* 2. Indivíduo ou algo voltado para qualquer uma dessas atividades.

ba·ca·mar·te *s.m.* Antiga arma de fogo, de cano curto e largo, com boca em forma de sino, para facilitar o carregamento.

bacana / **bafejar**

ba·ca·na *adj.2gên. gír.* Excelente; muito bom; o que há de melhor.

ba·ca·nal *s.f.* 1. Festa em honra de Baco. 2. Orgia.

ba·can·te *s.f.* 1. Sacerdotisa de Baco. 2. *fig.* Mulher dissoluta.

ba·ca·rá *s.m.* 1. Cristal trabalhado que se fabrica na cidade de Baccarat (França). 2. Nome de um jogo de cartas.

ba·cha·rel *s.m.* O que recebeu grau de formatura em faculdade de Direito ou de Filosofia, Ciências e Letras.

ba·cha·re·la·do *s.m.* 1. O grau de bacharel. *adj.* e *s.m.* 2. Que tomou esse grau.

ba·cha·re·lan·do *s.m.* Aquele que vai tomar o grau de bacharel.

ba·cha·re·lar-se *v.p.* Tomar o grau de bacharel.

ba·ci·a *s.f.* 1. Vaso de louça ou metal, próprio para lavagens. 2. Prato de balança. 3. Bandeja; salva. 4. *Geog.* Porção de mar, em forma circular. 5. *Anat.* Cavidade de paredes ósseas que servem de base e de ponto de apoio aos membros inferiores.

ba·ci·a·da *s.f.* O conteúdo de uma bacia.

ba·ci·lar *adj.2gên.* Concernente a bacilo.

ba·ci·lo *s.m.* Designação de inúmeras bactérias em forma de bastonete.

ba·ci·ne·te (ê) *s.m. Anat.* Reservatório renal, na parte superior do ureter.

back-up (becape) *Ingl. s.m. Inform.* Becape.

ba·ço[1] *s.m. Anat.* Órgão glandular que se situa no hipocôndrio esquerdo.

ba·ço[2] *adj.* 1. Embaciado, sem brilho. 2. Trigueiro; moreno.

ba·co·re·jar *v.t.d.* 1. Adivinhar, pressentir, ficar à espera de. *v.i.* 2. Ter pressentimento de alguma coisa. *v.t.i.* 3. Parecer.

ba·co·ri·nho *s.m. Zool.* 1. *Dim.* de bácoro. 2. Leitão.

bá·co·ro *s.m.* Leitão; porco pequeno.

bac·té·ri·a *s.f.* Microrganismo unicelular.

bac·te·ri·ci·da *adj.2gên.* 1. Que age contra bactérias. *s.m.* 2. O produto ou substância com essas características.

bac·te·ri·o·lo·gi·a *s.f.* Ciência que estuda as bactérias.

bac·te·ri·os·ta·se *s.f. Biol.* Inibição da reprodução bacteriana.

bá·cu·lo *s.m.* 1. Bastão episcopal. 2. Bordão alto. 3. Cajado.

ba·da·la·ção *s.f. pop.* 1. Ato ou efeito de badalar. 2. Ostentação; exibição de virtudes reais ou imaginárias.

ba·da·la·da *s.f.* 1. Pancada de badalo. 2. Som que produz essa pancada em sino, campainha, chocalho, etc.

ba·da·lar *v.t.d.* 1. Dar badaladas em; tocar. 2. Fazer soar, mediante badaladas. 3. *pop.* Divulgar, propalar, fazer badalação. *v.i.* 4. Dar badaladas; soar (o sino).

ba·da·lo *s.m.* Peça que fica suspensa no interior do sino, campainha, etc. e que serve para os fazer soar.

ba·da·me *s.m.* Espécie de formão de carpinteiro; bedame.

ba·de·jo (é ou ê) *s.m. epiceno Zool.* Designação comum a diversos peixes.

ba·der·na (é) *s.f.* 1. Súcia; grupo de rapazes. 2. Pândega. 3. Briga; conflito.

ba·der·nei·ro *adj.* e *s.m.* Badernista.

ba·der·nis·ta *adj.2gên.* e *s.2gên.* Que ou pessoa que se dá a badernas; baderneiro; bagunceiro.

ba·e·ta (ê) *s.f.* Tecido felpudo de lã.

ba·fe·jar *v.t.d.* 1. Aquecer com o bafo. 2. Favorecer; inspirar. *v.t.i.* 3. Inspirar.

bafejo

v.i. 4. Exalar bafo. 5. Soprar de modo brando.

ba·fe·jo (ê) *s.m.* 1. Ato de bafejar. 2. Alento; sopro muito brando. 3. *fig.* Proteção; favor.

ba·fi:o *s.m.* Odor proveniente de ambientes úmidos e abafados; cheiro de mofo.

ba·fo *s.m.* 1. Ar que exala dos pulmões. 2. Hálito. 3. *fig.* Calor; proteção; inspiração.

ba·fô·me·tro *s.m. pop.* Aparelho para medir o teor alcoólico no organismo por meio do ar nele expirado.

ba·fo·ra·da *s.f.* 1. Fumaça de cigarro expelida de uma vez. 2. *fig.* Bravata.

ba·ga *s.f.* 1. Pequeno fruto carnudo de forma redonda. 2. Gota, pingo de suor.

ba·ga·cei·ra *s.f.* 1. Lugar onde se junta o bagaço da uva. 2. Aguardente de bagaço de uva.

ba·ga·ço *s.m.* Resíduo de frutos ou de outras substâncias depois de espremidos.

ba·ga·gei·ro *s.m.* 1. Condutor de bagagens. 2. Carro que conduz as bagagens. 3. Estrutura que se adapta ao teto dos automóveis para o transporte de bagagens.

ba·ga·gem *s.f.* 1. Conjunto de objetos e de malas que os viajantes carregam consigo. 2. O conjunto das obras de um escritor.

ba·ga·na *s.f.* O que resta de um cigarro ou charuto depois de fumado.

ba·ga·te·la (é) *s.f.* Ninharia; insignificância.

ba·go *s.m.* 1. Fruto do cacho de uva. 2. Qualquer fruto que se assemelhe à uva.

baila

ba·gre *s.m. epiceno Zool.* Nome comum a grande número de peixes de pele nua e filamentos mais ou menos desenvolvidos que sobressaem nos cantos da boca.

ba·gue·te (é) *s.f.* 1. Pão do tipo francês, longo e fino. 2. Diamante com lapidação retangular e 25 facetas.

ba·gu·lho *s.m.* 1. Semente contida no bago. 2. Pessoa feia ou envelhecida, acabada. 3. Objeto sem valor.

ba·gun·ça *s.f.* 1. Máquina que se emprega na remoção de aterro. 2. *gír.* Pândega; confusão; balbúrdia.

ba·gun·cei·ro *adj.* e *s.m.* Que, ou o que se dá à bagunça; arruaceiro; desordeiro.

bai·a *s.f.* Compartimento para separar os animais uns dos outros nas cavalariças.

ba·í·a *s.f.* 1. *Geog.* Golfo pequeno, de boca estreita. 2. *Geog.* Lagoa que se liga a um rio. 3. Canal para escoamento de lodaçais.

bai·a·cu *s.m. Zool.* Peixe marinho que tem a característica de se inflar para se defender ou quando se irrita. Sua carne, muito apreciada, deve ser preparada com muito cuidado, devido a uma bolsa junto ao sistema digestivo do peixe, que contém uma toxina por vezes mortal.

bai·a·no *adj.* 1. Do estado da Bahia. *s.m.* 2. O natural ou habitante do estado da Bahia.

bai·ão *s.m.* Dança com ritmo e canto popular dos sertanejos, ao som de viola e de outros instrumentos.

bai·ão de dois *s.m. Cul.* Prato em que o feijão e o arroz são cozidos juntos. *Pl.*: baiões de dois.

bai·la *s.f.* Baile, bailado. **Vir à baila**: vir a propósito.

bai·la·do *s.m.* 1. Dança artística executada por bailarino, bailarina ou, ainda, por grupos de bailarinos de ambos os sexos. 2. Qualquer dança. 3. Baile.

bai·lar *v.i.* 1. Dançar. 2. Oscilar; tremer. *v.t.d.* 3. Executar dançando.

bai·la·ri·co *s.m.* Baile improvisado.

bai·la·ri·no *s.m.* 1. Dançarino. 2. O que baila por profissão.

bai·le *s.m.* Reunião de pessoas para dançar.

ba·i·nha *s.f.* 1. Estojo onde se introduz a lâmina de arma branca. 2. Dobra que se costura na fímbria de vestido ou calça. 3. *Bot.* Base da folha, que envolve o ramo ou o caule.

bai·o *adj.* 1. Que apresenta cor de ouro desmaiado. 2. Amarelo-torrado (cavalo). 3. Castanho-claro. *s.m.* 4. Cavalo baio.

bai·o·ne·ta (ê) *s.f.* Arma branca, pontiaguda, que se adapta à extremidade do cano da espingarda.

bair·ris·mo *s.m.* 1. Qualidade ou atitude de bairrista. 2. Defesa apaixonada do próprio bairro ou da terra natal.

bair·ris·ta *adj.2gên.* e *s.2gên.* Que, ou pessoa que defende os interesses de seu bairro ou de sua terra com ardor excessivo.

bair·ro *s.m.* Cada uma das divisões principais de uma cidade.

bai·u·ca *s.f.* 1. Pequena taberna; bodega. 2. Casa pequena.

bai·xa (ch) *s.f.* 1. Depressão do terreno. 2. Redução (de valor, de altura).

bai·xa·da (ch) *s.f.* 1. *Geog.* Planície entre montanhas. 2. Terreno baixo, ao pé de uma lombada.

bai·xa·mar (ch) *s.f.* Maré baixa (opõe-se a preamar); vazante de maré. *Pl.*: baixa-mares e baixas-mares.

bai·xar (ch) *v.t.d.* 1. Pôr embaixo; arriar. 2. Percorrer descendo. 3. Fazer que baixe o tom de. 4. Abater. 5. *Inform.* Trazer, através da rede de computadores, um arquivo localizado em outra máquina, geralmente distante; descarregar; descer; puxar; pegar (correspondente em inglês: *to download*). *v.i.* 6. Diminuir de altura ou de valor. *v.t.i.* 7. Dirigir-se para baixo; descer. *v.p.* 8. Inclinar-se.

bai·xe·la (ch, é) *s.f.* Conjunto dos utensílios usados no serviço de mesa.

bai·xe·za (ch, ê) *s.f.* 1. Qualidade do que é baixo. 2. Situação inferior. 3. Vileza; humilhação.

bai·xi·o (ch) *s.m.* Banco de areia submerso em mares ou rios, mas sobre o qual a água atinge pouca altura.

bai·xo (ch) *adj.* 1. Que tem pouca altura. 2. Inclinado para o chão. 3. Inferior; barato; 4. Que mal se ouve. 5. Grosseiro. *s.m.* 6. Parte inferior. 7. Indivíduo que tem voz própria para os sons graves. 8. O som grave.

bai·xo-as·tral (ch) *adj.2gên.* e *s.2gên.* 1. Diz-se de pessoa infeliz. *s.m.* 2. Estado de espírito de quem está triste ou deprimido. *Pl.*: baixos-astrais.

bai·xo-re·le·vo (ch) *s.m. Escult.* Obra em que os motivos ficam pouco sobressalentes em relação ao plano que lhes serve de fundo (opõe-se a alto-relevo). *Pl.*: baixos-relevos.

bai·xo·te (ch, ó) *adj.2gên.* 1. Que é muito baixo. *s.2gên. pop.* 2. Indivíduo de baixa estatura.

bai·xo-ven·tre (ch) *s.m. Anat.* A região inferior do abdome. *Pl.*: baixos-ventres.

ba·ju·la·ção *s.f.* Ato de bajular; adulação.

ba·ju·la·dor *adj.* e *s.m.* Que, ou aquele que bajula; adulador.

bajular   **baldado**

ba·ju·lar *v.t.d.* Lisonjear de modo servil; adular.

ba·la *s.f.* 1. Projétil de arma de fogo. 2. Pequena porção de açúcar solidificado e misturado a outras substâncias.

ba·la·da *s.f.* 1. *Lit.* Poema que se compõe de três oitavas ou três décimas. 2. *Lit.* Poesia narrativa que reproduz tradições ou lendas. 3. *Mús.* Canto antigo, acompanhado de música. 4. *Mús.* Peça instrumental. 5. *gír.* Programa noturno de ou para jovens.

ba·lai·a·da *s.f. Hist.* Revolta armada que ocorreu no Maranhão, Piauí e Ceará de 1838 a 1841.

ba·laio *s.m.* Cesto fabricado com talas de taquara, cipó ou bambu.

ba·la·lai·ca *s.f. Mús.* Instrumento de três cordas, muito usado entre os russos.

ba·lan·ça *s.f.* 1. Instrumento para medir o peso dos corpos. 2. *Astron, Astrol.* Libra (inicial maiúscula). 3. *fig.* Símbolo da Justiça.

ba·lan·çar *v.t.d.* 1. Equilibrar. 2. Pôr em balanço; fazer oscilar. *v.i.* e *v.p.* 3. Oscilar. 4. Menear o corpo para um e outro lado.

ba·lan·ce·a·men·to *s.m.* 1. Ato de balancear. 2. Balanceio.

ba·lan·ce·ar *v.t.d.* e *v.p.* 1. Balançar. *v.t.d.* 2. Prover de pesos reguladores (os pneus de um veículo), para que não trepidem.

ba·lan·cei·o *s.m.* Balanceamento.

ba·lan·ce·te (ê) *s.m. Cont.* Resumo de um balanço geral; balanço parcial.

ba·lan·ço *s.m.* 1. Movimento de vaivém. 2. Solavanco, alteração. 3. Agitação; 4. *Cont.* Exposição completa do ativo e passivo de uma firma. 5. Brinquedo infantil, para balançar.

ba·lan·gan·dã *s.m.* Enfeite.

ba·lão *s.m.* 1. Aeróstato. 2. Globo de papel colorido que se lança aos ares durante os festejos juninos.

ba·lão de en·sai·o *s.m.* 1. Balão usado para verificar a direção dos ventos. 2. Tentativa, experiência. *Pl.*: balões de ensaio.

ba·lão-son·da *s.m. Meteor.* Balão equipado com instrumentos meteorológicos. *Pl.*: balões-sonda e balões-sondas.

ba·lar *v.i.* Dar balidos.

ba·la·ta *s.f. Bot.* 1. Nome comum a várias árvores da família das sapotáceas que fornecem madeira e látex. 2. O látex extraído dessas árvores.

ba·la·us·tra·da *s.f.* Série de balaústres.

ba·la·ús·tre *s.m.* Pequena coluna que sustenta um corrimão ou travessa.

bal·bu·ci·ar *v.t.d.* 1. Proferir, articular (palavras) de modo pouco seguro. *v.i.* 2. Gaguejar; exprimir-se confusamente e com desconhecimento da matéria.

bal·bu·ci·o *s.m.* 1. Ato de balbuciar. 2. *fig.* Tentativa.

bal·búr·di:a *s.f.* Vozerio; confusão; desordem.

bal·câ·ni·co *adj.* Relativo aos Bálcãs, península ao sudeste da Europa.

bal·cão *s.m.* 1. Varanda de peitoril. 2. Mesa para mercadorias. 3. Localidade de teatro entre os camarotes e as galerias.

bal·co·nis·ta *s.2gên.* Pessoa que trabalha no balcão das lojas, caixeiro.

bal·da *s.f.* 1. Mania; defeito habitual. 2. Carta de jogar sem valor ou que não combina com a do parceiro.

bal·da·do *adj.* Frustrado; baldo.

bal·da·quim *s.m.* Tipo de dossel cortinado sustentado por colunas, geralmente utilizado sobre leitos, tronos, etc. *Var.*: baldaquino.

bal·dar *v.t.d.* 1. Frustrar, inutilizar; anular. 2. Empregar em vão. *v.p.* 3. Ser ineficaz.

bal·de *s.m.* Vaso de metal, plástico ou madeira que se destina a diversos fins.

bal·de·a·ção *s.f.* 1. Ato ou efeito de baldear. 2. Passagem.

bal·de·ar *v.t.d.* 1. Passar de um a outro recipiente (líquido, carga). 2. Passar mercadorias ou bagagens de um para outro navio. 3. Passar (passageiros ou bagagens) de um para outro trem, ônibus, carro. *v.p.* 4. Lançar-se; passar para outro lado.

bal·di·o *adj.* 1. Inculto; estéril; inútil. *s.m.* 2. Terreno inculto.

bal·do *adj.* 1. Inútil, baldado. 2. Que não tem cartas de determinado naipe.

ba·lé *s.m.* Dança artística teatral que comporta um enredo identificável nos gestos e movimentos dos bailarinos; bailado.

ba·le·ar *v.t.d.* Ferir com bala.

ba·le·ei·ra *s.f.* 1. Embarcação usada na pesca da baleia. 2. Baleeiro.

ba·le·ei·ro *s.m.* 1. Pescador de baleias. 2. Baleeira. *adj.* 3. Concernente a baleias.

ba·lei·a *s.f. epiceno* 1. *Zool.* Nome dos grandes cetáceos da família dos balenídeos. *s.f.* 2. *Astron.* Constelação austral (inicial maiúscula).

ba·lei·ro *s.m.* Vendedor de balas e doces.

ba·le·la (é) *s.f.* Notícia infundada; boato.

ba·le·ní·de:os *s.m.pl. Zool.* Família de mamíferos marinhos.

ba·li·do *s.m.* A voz da ovelha ou do cordeiro.

ba·lir *v.i.* Dar balidos; balar. ★★

ba·lís·ti·ca *s.f.* Ciência que trata da trajetória dos projéteis.

ba·li·za *s.f.* 1. Marco; meta; limite. 2. Sinal. 3. Haste de madeira fincada no solo para indicar o alinhamento de uma estrada, construção, etc. *s.2gên.* 4. Pessoa que vai à frente de certos desfiles, manejando um bastão e fazendo acrobacias.

ba·li·zar *v.t.d.* 1. Marcar com balizas. 2. Limitar, determinar a grandeza de. 3. Distinguir.

bal·ne·ar *adj. 2 gên.* 1. Relativo a banhos. 2. Que tem estabelecimentos de banho. 3. Em que se tomam banhos.

bal·ne·á·ri·o *s.m.* 1. Estabelecimento de banhos. 2. Estância de águas minerais. *adj.* 3. Relativo a banho.

ba·lo·fo (ô) *adj.* 1. Fofo; sem consistência. 2. Volumoso; gordo.

ba·lou·çar *v.t.d.* 1. Balançar. *v.i.* 2. Oscilar, balançar. *v.p.* 3. Agitar-se.

ba·lou·ço *s.m.* Ato ou efeito de agitar ou sacudir.

bal·sa *s.f.* 1. Jangada que se usa para a travessia de rios. 2. Jangada de tábuas ou troncos.

bal·sâ·mi·co *adj.* 1. Que possui propriedades de bálsamo. 2. Aromático, perfumado.

bal·sa·mi·zar *v.t.d.* 1. Tornar balsâmico; aromatizar. 2. Aliviar; consolar.

bál·sa·mo *s.m.* 1. Resina aromática de alguns vegetais. 2. Perfume. 3. Lenitivo; conforto, alívio.

bál·ti·co *adj*. Relativo ao mar Báltico (Europa).

ba·lu·ar·te *s.m.* 1. Obra de fortificação; fortaleza. 2. Construção alta sustentada por muralhas. 3. *fig*. Lugar seguro.

bal·za·qui·a·na *adj*. e *s.f.* Diz-se de ou a mulher de cerca de trinta anos; esta palavra tem sua origem no nome do escritor francês Honoré de Balzac.

bam·ba *adj.2gên*. e *s.2gên. pop*. 1. Diz-se de indivíduo valentão. 2. Que ou quem é autoridade em determinado assunto.

bam·bá *s.m.* 1. *Cul*. Borra de azeite de dendê. 2. Dança brasileira de origem africana. 3. *gír*. Briga coletiva. 4. *Reg*. Jogo com rodelas de laranja.

bam·be·ar *v.t.d.* 1. Tornar bambo; frouxo. *v.i.* 2. Afrouxar-se. 3. Vacilar.

bam·bi·ne·la (é) *s.f.* Cortina com que se adornam interiormente portas e janelas.

bam·bo *adj*. 1. Frouxo; mole. 2. Indeciso.

bam·bo·cha·ta *s.f.* 1. Pintura que representa cenas de patuscadas, de folia, de passagens burlescas. 2. *fig*. Orgia.

bam·bo·lê *s.m.* Aro usado como brinquedo por crianças e adolescentes.

bam·bo·le·ar *v.i.* e *v.p.* Menear o corpo; saracotear-se; gingar. ★

bam·bo·lei·o *s.m.* Ato de bambolear.

bam·bo·lim *s.m.* Faixa de tecido que se põe sobre os cortinados das portas e janelas.

bam·bo·li·na *s.f. Teat*. Parte do cenário que liga os bastidores na parte superior e simula o teto, o céu, a vegetação, etc.

bam·bu *s.m.* 1. *Bot*. Planta gramínea. 2. Bengala ou bastão feito do caule dessa planta.

bam·bu·zal *s.m.* Mata de bambus.

ba·nal *adj.2gên*. Trivial; fútil, comum.

ba·na·li·da·de *s.f.* Caráter de banal; futilidade.

ba·na·li·zar *v.t.d.* 1. Tornar banal, comum, vulgar. *v.p.* 2. Tornar-se banal.

ba·na·na *s.f.* 1. *Bot*. Fruto da bananeira. 2. Gesto obsceno. *s.2gên*. 3. Pessoa sem energia; palerma.

ba·na·na-d'á·gua *s.f. Bot*. O mesmo que banana-nanica. *Pl*.: bananas-d'água.

ba·na·na·da *s.f.* Doce de banana.

ba·na·nal *s.m.* Plantação de bananeiras.

ba·na·na-ma·çã *s.f. Bot*. Variedade de banana de casca fina e polpa esbranquiçada, cujo gosto é levemente parecido com o da maçã. *Pl*.: bananas-maçãs e bananas-maçã.

ba·na·na-na·ni·ca *s.f. Bot*. Banana de casca fina, polpa amarela, doce, macia e cheiro agradável. *Pl*.: bananas-nanicas.

ba·na·na-ou·ro *s.f. Bot*. Variedade de banana pequena, de polpa amarela e doce. *Pl*.: bananas-ouro.

ba·na·na-são-to·mé *s.f. Bot*. Variedade de banana que se come geralmente assada. *Pl*.: bananas-são-tomé.

ba·na·nei·ra *s.f. Bot*. Planta monocotiledônea de frutos saborosos e de grande poder alimentício.

ba·na·nei·ro *s.m.* 1. O que cultiva bananas. 2. Vendedor de bananas.

ba·na·ni·cul·tor *s.m.* Agricultor que se dedica à bananicultura.

ba·na·ni·cul·tu·ra *s.f.* Arte de cultivar bananeiras; cultivo científico da banana.

ban·ca *s.f.* 1. Carteira; mesa para escrever. 2. Jogo de azar. 3. Escritório de advogado. 4. A quantia que o banqueiro põe na mesa para arriscar no jogo. 5. O conjunto dos professores que procede ao exame dos alunos.

ban·ca·da *s.f.* 1. Fileira, ordem de bancos. 2. Banco comprido (em aulas, etc.). 3. Conjunto de deputados ou senadores.

ban·car *v.i.* 1. Ser o banqueiro, o responsável por uma banca de jogo. *v.t.d.* 2. Fazer-se de; fingir; passar por.

ban·cá·ri·o *adj.* 1. Concernente a bancos. *s.m.* 2. Funcionário de banco ou casa bancária.

ban·car·ro·ta (ô) *s.f.* 1. Falência comercial. 2. Cessação de pagamento por parte dos falidos ou do Estado. 3. Quebra fraudulenta.

ban·co *s.m.* 1. Assento de formas variadas. 2. Escabelo. 3. Mesa sobre a qual trabalham certos artífices. 4. Estabelecimento de crédito. 5. Local, casa, edifício onde se realizam essas transações.

ban·da¹ *s.f.* Lista larga na beira de um vestuário.

ban·da² *s.f.* 1. Parte lateral de um objeto; lado. 2. Reunião; grupo de pessoas ou animais. 3. Corporação de músicos.

ban·da·gem *s.f.* 1. Ato de bandar. 2. Atadura. 3. Cobertura com bandas ou ataduras de uma parte afetada do corpo.

ban·da·lhei·ra *s.f.* Ação de bandalho.

ban·da·lho *s.m.* 1. Indivíduo sujo, desprezível. 2. Homem sem dignidade.

ban·da·ri·lha *s.f.* Farpa guarnecida de bandeirolas ou fitas que se crava no cachaço do touro nas touradas.

ban·das¹ *s.f.pl.* Faixas de tecido, gaze, etc., com que se fazem as bandagens.

ban·das² *s.f.pl.* 1. Direção, lados, rumos. 2. Lugar.

ban·de·ar-se *v.p.* Passar-se para outro lado ou partido.

ban·dei·ra *s.f.* 1. Pedaço de pano de várias cores que serve de distintivo de nação, corporação, partido, etc.; estandarte; pavilhão. 2. Parte superior de janela ou porta. 3. Chapa metálica dos taxímetros. 4. *Hist.* Expedição armada que se destinava a explorar os sertões, cativar os gentios ou descobrir minas. *Dar bandeira*: deixar transparecer alguma coisa que deveria ficar oculta; dar um fora.

ban·dei·ra·da *s.f.* 1. Valor mínimo pago por uma corrida de táxi. 2. Sinal feito com uma bandeira, geralmente em competições automobilísticas, quando os carros passam pela linha de chegada.

ban·dei·ran·te *s.m.* 1. *Hist.* Indivíduo que fazia parte de uma bandeira. *adj.2 gên.* e *s.2gên.* 2. Paulista.

ban·dei·ri·nha *s.f.* 1. *Dim.* de bandeira. 2. O que muda facilmente de ideias, sobretudo políticas. 3. Juiz de linha (nos jogos de futebol).

ban·dei·ro·la (ó) *s.f.* Pequena bandeira.

ban·de·ja (ê) *s.f.* Tabuleiro para serviço de mesa.

ban·di·do *s.m.* Indivíduo que vive do roubo; salteador; malfeitor.

ban·di·tis·mo *s.m.* Ação ou vida de bandido.

ban·do *s.m.* 1. Agrupamento de pessoas ou animais; multidão. 2. Quadrilha de malfeitores.

ban·do·lei·ro *s.m.* 1. Salteador; malfeitor; bandido. *adj.* 2. Que não para em lugar algum; errante.

ban·do·lim *s.m. Mús.* Instrumento que, geralmente, se toca com uma palheta.

ban·du·lho *s.m. pop.* Barriga grande; pança(2).

ban·ga·lô *s.m.* Pequena casa de construção leve, para residência em arrabalde ou no campo.

ban·guê (güê) *s.m.* 1. Espécie de liteira rasa. 2. Padiola. 3. *ant.* Engenho de açúcar movido a tração animal. 4. *por ext.* Nome do engenho de açúcar.

ban·gue-ban·gue *s.m.* Filme que retrata a conquista do oeste norte-americano e em que há cenas de lutas e tiroteios. *Pl.*: bangue-bangues.

ban·gue·la (é) *adj.2gên.* e *s.2gên.* Que ou aquele que tem falhas na arcada dentária; desdentado.

ba·nha *s.f.* Gordura de animais, particularmente do porco.

ba·nha·do *s.m.* 1. Terreno alagadiço. 2. Charco coberto de vegetação.

ba·nhar *v.t.d.* 1. Meter em banho; dar banho a. 2. Correr (um rio, etc.) junto de. 3. Envolver num fluido. *v.t.i.* 4. Embeber; mergulhar. *v.p.* 5. Tomar banho; envolver-se.

ba·nhei·ra *s.f.* 1. Bacia de louça, mármore, ferro esmaltado, etc., para banhos. 2. Banheiro. 3. Mulher que prepara banhos.

ba·nhei·ro *s.m.* 1. Indivíduo que prepara banhos ou auxilia alguém a tomá-los. 2. Quarto de banho.

ba·nhis·ta *s.2gên.* Pessoa que se banha ou que dá banho em outras pessoas.

ba·nho *s.m.* 1. Ação de banhar. 2. Líquido em que alguém se banha. 3. Local onde se tomam banhos. 4. Líquido onde se mergulham objetos para tingir ou para lhes dar determinado preparo.

ba·nho-ma·ri·a *s.m.* Cozimento feito em recipiente cheio de água, no qual se coloca outro recipiente, com o fim de aquecer, cozinhar, derreter ou evaporar qualquer substância. *Pl.*: banhos-maria e banhos-marias.

ba·nhos *s.m.pl.* 1. Estabelecimento balnear. 2. Proclamas de casamento.

ba·nir *v.t.d.* Expulsar da pátria; desterrar.★★

ban·jo *s.m. Mús.* Instrumento de cordas, com braço comprido e caixa de ressonância circular.

ban·jo·ís·ta *s.2gên.* Tocador de banjo.

ban·quei·ro *s.m.* 1. O que se dedica a operações bancárias. 2. Proprietário de estabelecimento bancário. 3. Responsável por banca de jogo.

ban·que·ta (ê) *s.f.* 1. Pequena banca ou mesa. 2. Pequeno banco, sem encosto.

ban·que·te (ê) *s.m.* Refeição geralmente cerimoniosa e festiva.

ban·que·te·ar *v.t.d.* 1. Dar banquete em honra de; oferecer banquete a. *v.p.* 2. Comer profusamente. 3. Tomar parte em banquete.

ban·qui·sa *s.f. Geog.* Banco de gelo que se forma à superfície dos oceanos.

ban·to *adj.* 1. Relativo aos bantos ou a uma das línguas por eles faladas. *s.m.* 2. Indivíduo dos bantos, raça negra sul-africana.

ban·zar *v.i.* e *v.t.i.* Meditar; pensar muito e demoradamente.

ban·zé *s.m. pop.* Desordem, barulho.

ban·ze·ar *v.i.* Estar ou ficar banzeiro.

ban·zei·ro *adj.* 1. Diz-se do mar um tanto agitado. 2. Nostálgico; triste.

ban·zo *s.m.* 1. Melancolia profunda, nostalgia mortal dos negros africanos. *adj.* 2. Pensativo; triste; melancólico; abatido.

ba·o·bá *s.m. Bot.* Árvore cujo tronco chega até a nove metros de diâmetro.

ba·que *s.m.* 1. Ruído forte de um corpo que vai ao chão. 2. Desastre súbito.

ba·que·ar *v.i.* 1. Levar baque, cair inesperadamente. 2. Arruinar-se. *v.p.* 3. Cair por terra; prostrar-se.

ba·que·ta (ê) *s.f.* 1. *Mús.* Vareta com a qual se tocam instrumentos de percussão. 2. Vareta de guarda-sol.

bar *s.m.* 1. Balcão onde se servem bebidas. 2. Local onde se encontra esse balcão.

ba·ra·ço *s.m.* Corda delgada e forte; laço para estrangular.

ba·ra·fun·da *s.f.* 1. Multidão tumultuosa. 2. Algazarra; balbúrdia; confusão.

ba·ra·fus·tar *v.t.i.* Entrar repentinamente e de modo violento.

ba·ra·lha·da *s.f.* Barafunda, confusão.

ba·ra·lhar *v.t.d.* 1. Misturar intercalando (as cartas no ato de jogar). 2. Embaralhar. *v.p.* 3. Desordenar-se; confundir-se.

ba·ra·lho *s.m.* Coleção de cartas de jogar.

ba·rão *s.m.* Título de nobreza imediatamente inferior ao de visconde. *Fem.*: baronesa.

ba·ra·ta *s.f. epiceno Zool.* Inseto da ordem dos ortópteros, onívoro, de corpo achatado e oval.

ba·ra·ta-cas·cu·da *s.f. Zool.* Tipo de barata também conhecida como barata grande dos armazéns, é mais comum em cidades e tem hábitos domésticos, podendo atingir 45 mm de comprimento. *Pl.*: baratas-cascudas.

ba·ra·te·ar *v.t.d.* 1. Vender por baixo preço. 2. Menosprezar; dar pouco valor. *v.i.* 3. Diminuir de preço. *v.p.* 4. Dar-se pouco valor.

ba·ra·tei·ro *adj.* Que vende por baixo preço.

ba·ra·ti·nar *v.t.d. gír.* 1. Causar perturbação mental. *v.i.* e *v.p.* 2. Perturbar-se mentalmente.

ba·ra·to *adj.* 1. De preço baixo. 2. *fig.* Que se consegue com facilidade; concessão. *adv.* 3. Por baixo preço.

bar·ba *s.f.* 1. Pelos do rosto do homem. 2. Parte inferior do rosto; queixo. *s.f. pl.* 3. Pelos do rosto.

bar·ba-a·zul *s.m.* 1. Homem que mata sucessivamente as mulheres com que se casa. 2. Homem viúvo muitas vezes. *Pl.*: barbas-azuis.

bar·ba·da *s.f.* 1. Beiço inferior do cavalo. 2. Páreo fácil (no turfe). 3. Qualquer competição em que se julga fácil a vitória.

bar·ba·do *adj.* 1. Que tem barba. *s.m.* 2. Indivíduo adulto. *epiceno* 3. *Zool.* Nome comum a várias espécies de macacos.

bar·ban·te *s.m.* Cordel delgado, para amarrar.

bar·ba·ri·a *s.f.* 1. Ato próprio de bárbaro. 2. Crueldade, selvageria. 3. Ajuntamento de bárbaros.

bar·ba·ri·da·de *s.f.* 1. Ação de bárbaro; crueldade. *interj.* 2. Voz que exprime espanto ou admiração.

bar·bá·ri:e *s.f.* Estado ou condição de bárbaro.

bar·ba·ris·mo *s.m.* 1. Estado dos povos bárbaros; barbárie. 2. *Gram.* Vício de linguagem que consiste em erro na palavra.

bar·ba·ri·zar *v.t.d.* 1. Embrutecer. 2. *gír.* Fazer sucesso, ter destaque; abafar(7). *v.p.* 3. Tornar-se bárbaro; embrutecer-se. *v.i.* 4. Falar ou escrever barbarismos(2).

bár·ba·ro *adj.* Que não é civilizado; rude; grosseiro; inculto.

bár·ba·ros *s.m.pl.* Povos do norte que invadiram o Império Romano do ocidente.

bar·ba·ta·na *s.f.* 1. Membrana exterior do peixe, que lhe serve para nadar. 2. Lâmina ou vareta flexível de barbas de baleia, metal, madeira, osso, plástico, etc.

bar·ba·ti·mão *s.m. Bot.* Planta leguminosa, rica em tanino.

bar·be·a·dor *s.m.* Aparelho elétrico de barbear.

bar·be·ar *v.t.d.* 1. Fazer a barba. *v.p.* 2. Fazer a própria barba.

bar·be·a·ri·a *s.f.* Loja ou ofício de barbeiro.

bar·bei·ra·gem *s.f. pop.* Ação de conduzir mal um veículo.

bar·bei·ro *s.m.* 1. Indivíduo que corta cabelos, raspa ou apara barba. 2. *pop.* Mau condutor de veículos. 3. Indivíduo inábil na sua profissão. *epiceno* 4. *Zool.* Inseto transmissor da doença de Chagas.

bar·bi·cha *s.f.* 1. Pequena barba. *s.m.* 2. Homem de pouca barba.

bar·bi·tú·ri·co *s.m.* 1. *Quím.* Derivado do ácido barbitúrico. 2. *Med.* Medicamento à base desse derivado.

bar·bu·do *adj.* 1. Que tem muita barba. *s.m.* 2. Indivíduo barbudo.

bar·ca *s.f.* 1. Embarcação larga e de pouco fundo. 2. Cantiga de barqueiros. 3. *Astron.* Nome da constelação da Ursa Maior (inicial maiúscula).

bar·ca·ça *s.f.* 1. *Aum.* de barca. 2. Embarcação para serviços auxiliares de navegação.

bar·ca·ro·la (ó) *s.f.* 1. *Mús.* Canção dos gondoleiros de Veneza. 2. *Mús.* Peça musical semelhante a essa canção. 3. *Lit.* Composição poética no estilo das barcarolas.

bar·co *s.m.* 1. Pequena embarcação desprovida de coberta. 2. Nome genérico das embarcações.

bar·do *s.m.* 1. Cantor que exaltava o valor dos guerreiros entre os celtas e os gálios. 2. Trovador, poeta.

bar·ga·nha *s.f. fam.* Troca, permuta, negócio.

bar·ga·nhar *v.t.d.* Trocar, permutar.

ba·ri·me·tri·a *s.f.* Medição da gravidade ou do peso.

bá·ri:o *s.m. Quím.* Metal alcalinoterroso, de símbolo **Ba** e cujo número atômico é 56.

ba·ris·fe·ra (é) *s.f.* Parte interior da Terra, dentro da litosfera; nife.

ba·rí·to·no *s.m.* 1. Cantor cuja voz é intermédia ao grave e ao agudo. 2. *Mús.* Diz-se do instrumento de sopro cujo registro é entre o baixo e o tenor.

bar·la·ven·to *s.m.* 1. Bordo do navio que se acha do lado de onde o vento sopra. 2. *fig.* Situação favorável. **A** *barlavento*: do lado do vento.

ba·ro·mé·tri·co *adj.* Concernente ao barômetro.

ba·rô·me·tro *s.m. Fís.* Instrumento com o qual se mede a pressão atmosférica.

ba·ro·na·to *s.m.* 1. Título de barão ou baronesa. 2. Território pertencente a um barão.

baronesa / **barrete**

ba·ro·ne·sa (ê) *s.f.* 1. Mulher de barão. 2. Mulher que recebeu baronato(1). 3. *fig.* Mulher rica ou poderosa em determinada área de atividade.

bar·quei·ro *s.m.* Homem que dirige barco.

bar·ra *s.f.* 1. Pedaço de metal ainda por trabalhar. 2. Pedaço grosso de madeira. 3. Cercadura ou forro da extremidade das roupas; debrum. 4. Aparelho de ginástica. 5. Traço oblíquo (/) de uso variado na escrita. 6. *gír.* Dificuldade, transe difícil. 7. *Geog.* Foz de um rio ou riacho. *Inform.* **Barra de menu**: área da tela onde são exibidas as opções de menu (abrir, salvar, cortar, colar, imprimir, etc.); menu(2). *Inform.* **Barra de rolagem**: barra lateral com setas que permitem movimentar texto ou imagem para cima e para baixo na tela.

bar·ra·ca *s.f.* 1. Tenda de lona ou madeira, nos acampamentos militares ou nas feiras. 2. Choupana.

bar·ra·cão *s.m.* 1. Grande barraca. 2. Telheiro, alpendre para guardar instrumentos diversos.

bar·ra·co *s.m.* Pequena casa de madeira coberta de palha ou zinco.

bar·ra·cu·da *s.f. epiceno Zool.* Peixe das águas quentes do Atlântico.

bar·ra·do *adj.* 1. Guarnecido ou forrado de barras. 2. Impedido; frustrado.

bar·ra·gem *s.f.* 1. Construção de alvenaria, num rio ou riacho, para represar águas. 2. Tapume de troncos e ramos trançados para impedir a passagem do peixe.

bar·ra-lim·pa *adj.2gên.* e *s.2gên.gír.* Que ou o que é honesto, confiável, leal. *Pl.:* barras-limpas.

bar·ran·ca *s.f.* Barranco.

bar·ran·co *s.m.* 1. Terreno que se cavou por enxurradas ou por outra causa. 2. Escavação natural; precipício.

bar·ran·quei·ro *s.m.* Habitante das margens de rio.

bar·rão *s.m.* Porco novo, não castrado.

bar·ra-pe·sa·da *adj.2gên.* 1. Diz-se de indivíduo ou lugar perigoso, violento, problemático. 2. Diz-se do que é difícil de lidar, complicado, conflituoso. *s.2gên.* 3. Pessoa violenta, envolvida em atividades ilícitas, ou difícil de lidar. 4. Ambiente com muitos conflitos; perigoso, violento. *Pl.:* barras-pesadas.

bar·rar *v.t.d.* 1. Atravessar com barras. 2. Fundir com barras. 3. Guarnecer com barras. 4. Impedir a entrada ou a realização de; frustrar.

bar·re·gã *s.f.* Concubina; amásia.

bar·re·gar *v.i. pop.* 1. Berrar. *v.t.d.* 2. Dizer aos berros.

bar·rei·ra *s.f.* 1. Local de onde se extrai barro. 2. Terreno argiloso. 3. Nascente de águas minerais. 4. Lugar à entrada de uma povoação, onde se cobram direitos fiscais.

bar·rei·ro *s.m.* 1. Lugar de onde se extrai barro. 2. Lugar onde se amassa o barro para revestimento das paredes.

bar·re·la (é) *s.f.* 1. Solução alcalina em que se põe a roupa para que branqueie. 2. Engano; esparrela.

bar·ren·to (ê) *adj.* Cheio de barro, que apresenta a cor do barro.

bar·re·ta·da *s.f.* Saudação que se faz tirando o barrete ou chapéu da cabeça, num gesto largo.

bar·re·te (ê) *s.m.* 1. Cobertura quadrangular que os clérigos trazem sobre a cabeça. 2. Espécie de gorro usado pelos magistrados e juízes. 3. Distintivo doutoral.

bar·ri·ca *s.f.* Vasilha em forma de pipa.

bar·ri·ca·da *s.f.* Trincheira que se improvisa com barricas, carros, estacas, etc.

bar·ri·do *s.m.* Barrito.

bar·ri·ga *s.f.* 1. Ventre; proeminência abdominal. 2. *fig.* Saliência. 3. Informação falsa que o jornal divulga como autêntica.

bar·ri·ga·da *s.f.* Ação de encher muito a barriga, comendo.

bar·ri·ga-ver·de *s.2gên.* Natural do estado de Santa Catarina; catarinense. *Pl.:* barrigas-verdes.

bar·ri·gu·do *adj.* Que tem barriga volumosa.

bar·ri·guei·ra *s.f.* 1. Peça do arreio que passa pela barriga da cavalgadura. 2. A carne da barriga de uma rês.

bar·ril *s.m.* Vasilha de aduelas de forma bojuda, geralmente usada para conter líquidos.

bar·ri·le·te (ê) *s. m.* 1. Pequeno barril. Peça de ferro com a qual os marceneiros e entalhadores prendem a madeira que lavram à bancada.

bar·rir *v.i.* Soltar barritos.★★

bar·ri·to *s.m.* Grito do elefante; barrido.

bar·ro *s.m.* 1. Argila própria para a fabricação de tijolos e telhas. 2. Mistura de argila e água que se emprega no assentamento de alvenaria. 3. *pop.* Coisa insignificante, sem valor.

bar·ro·ca (ó) *s.f.* 1. Terreno cheio de barro ou piçarra. 2. Cova que fica depois da enxurrada. 3. Grota; despenhadeiro.

bar·ro·co (ô) *s.m.* 1. *Arquit.* Estilo do último período do Renascimento (inicial maiúscula). *adj.* 2. Extravagante; exagerado.

bar·ro·so (ô) *adj.* 1. Da natureza do barro. 2. Cheio de barro. 3. Cujo pelo é um tanto amarelado (boi ou vaca) ou da cor de barro escuro (equino). *Pl.:* barrosos (ó).

bar·ro·te (ó) *s.m. Constr.* Peça grossa de madeira com a qual se fazem vigamentos, maior que o caibro e menor que a vigota. *Dim. irreg.:* barrotim.

ba·ru·lhei·ra *s.f.* Grande barulho.

ba·ru·lhen·to (ê) *adj.* Rumoroso; agitado.

ba·ru·lho *s.m.* Bulha; desordem; alarde.

ba·sal *adj.2gên.* Relativo a base; basilar.

ba·sál·ti·co *adj.* Da natureza do basalto.

ba·sal·to *s.m. Min.* Rocha escura de origem ígnea e de grande dureza.

bas·ba·que *s.m.* Indivíduo que se abisma diante de qualquer coisa; pateta.

bas·ba·qui·ce *s.f.* 1. Ato ou modo de basbaque. 2. Parvoíce.

bas·co *adj.* e *s.m.* 1. Indivíduo natural ou habitante do País Basco, região da Espanha. 2. Idioma aglutinativo de particular estrutura gramatical falado pelos bascos; vasconço.

bás·cu·la *s.f.* 1. Balança para objetos muito grandes e pesados. 2. Ponte levadiça.

bas·cu·lan·te *adj.2gên.* 1. Provido de báscolo. 2. Que funciona com movimento de báscolo.

bás·cu·lo *s.m.* 1. Peça de ferro para abrir e fechar os ferrolhos das portas. 2. Espécie de ponte levadiça.

ba·se *s.f.* 1. O que suporta o peso de um objeto. 2. Tudo o que serve de apoio, de fundamento. 3. *fig.* Fundamento. 4. Origem. 5. Ingrediente ou substância principal de uma mistura. 6. *Quím.* Substância que, combinada com um ácido, produz um sal.

ba·se·a·do[1] *adj.* 1. Que tem fundamento; firme. 2. Disciplinado; sagaz.

ba·se·a·do[2] *s.m. gír.* Cigarro de maconha.

ba·se·ar *v.t.d.* 1. Servir de base ou constituir-se na base de. *v.p.* 2. Apoiar-se; fundar-se.

bá·si·co *adj.* 1. Que serve de base. 2. Fundamental; essencial.

ba·si·lar *adj.2gên.* 1. Básico; essencial. 2. Que tem origem na base.

ba·sí·li·ca *s.f.* Igreja principal; igreja privilegiada, que desfruta certas prerrogativas sobre as outras igrejas, exceto as catedrais.

ba·si·lis·co *s.m.* Animal fabuloso que, segundo a crença, podia matar com a vista, com o bafo ou com o simples contato.

bas·que·te (é) *s.m. Desp.* Jogo que se disputa entre dois quintetos, que procuram fazer passar uma bola por um aro metálico de 45 cm de diâmetro, suspenso a 3 m do solo; basquetebol; bola ao cesto; cestobol.

bas·ta *interj.* Chega!

bas·tan·te *adv.* 1. Em quantidade suficiente. a*dj.2gên.* 2. Que basta.

bas·tão *s.m.* Pedaço de pau delgado e comprido que se traz na mão para arrimo ou como arma.

bas·tar *v.i.* e *v.t.i.* 1. Ser suficiente, bastante. *v.p.* 2. Ter suficiência própria.

bas·tar·do *adj.* 1. Que nasceu fora do matrimônio; ilegítimo. 2. Degenerado. *s.m.* 3. Filho ilegítimo.

bas·ti·ão *s.m.* Ângulo saliente de uma fortaleza.

bas·ti·dor *s.m.* Caixilho de madeira no qual se segura o estofo a ser bordado.

bas·ti·do·res *s.m.pl.* 1. Os corredores que contornam a cena, no palco do teatro. 2. Acontecimentos ocultos da política, das artes, etc.

bas·to *adj.* Compacto; numeroso; espesso.

bas·to·ne·te (ê) *s.m.* 1. Bastão pequeno; varinha. 2. Bacilo alongado, articulado.

ba·ta *s.f.* Vestimenta usada por médicos, dentistas, advogados, no exercício de sua profissão.

ba·ta·lha *s.f.* 1. Combate; peleja. 2. *fig.* Matéria de discussão. 3. Luta.

ba·ta·lhão *s.m.* Corpo de infantaria que faz parte de um regimento e se subdivide em companhias.

ba·ta·lhar *v.i.* 1. Entrar em batalha; dar batalha. *v.t.i.* 2. Discutir; teimar; argumentar. 3. Esforçar-se. *v.t.d.* 4. Travar batalha.

ba·ta·ta *s.f. Bot.* 1. Nome comum a várias plantas de tubérculos comestíveis. 2. Cada um desses tubérculos.

ba·ta·ta-ba·ro·a (ô) *s.f. Bot.* 1. Planta originária dos Andes, de tubérculos amarelos e adocicados; mandioquinha. 2. O tubérculo, ou batata, dessa planta. *Pl.*: batatas-baroas.

ba·ta·ta·da *s.f.* 1. Grande porção de batatas. 2. Doce de batata. 3. Porção de tolices.

ba·ta·ta-do·ce *s.f. Bot.* 1. Planta originária das Américas, que produz tubérculos ricos em açúcar, além de folhas comestíveis e de uso medicinal. 2. O tubérculo, ou batata, dessa planta. *Pl.*: batatas-doces.

ba·ta·ta-in·gle·sa *s.f. Bot.* 1. Planta nativa da América do Sul, cujas variedades estão presentes no mundo todo, devido a seu tubérculo muito apreciado; batata. 2. O tubérculo, ou batata, dessa planta. *Pl.*: batatas-inglesas.

ba·ta·tal *s.m.* Plantação de batatas.

ba·ta·tei·ra *s.f. Bot.* Planta que dá batatas.

ba·ta·tei·ro *s.m.* 1. *Bot.* Batateira. *adj.* 2. Que gosta de batatas. 3. Que comete solecismos; que pronuncia mal; que fala incorretamente.

ba·ta·vo *adj.* Da Batávia ou da Holanda.

ba·te-bo·ca *s.m.* Discussão; altercação violenta; briga. *Pl.*: bate-bocas.

ba·te-bo·la *s.f.* 1. Partida informal de futebol; pelada. 2. Aquecimento feito antes de uma partida. 3. Figura do carnaval, principalmente carioca, que sai com fantasia, capa e máscara, batendo com força uma bola colorida no chão. *Pl.*: bate-bolas.

ba·te·dei·ra *s.f.* Aparelho, manual ou elétrico, que bate massas diversas.

ba·te·dor *s.m.* 1. O que bate. 2. Soldado que vai à frente para explorar o terreno ou abrir caminho. 3. *fig.* Precursor.

ba·te·dou·ro *s.m.* 1. Pedra sobre a qual as lavadeiras batem a roupa. 2. Lugar onde se sacode ou bate alguma coisa.

ba·te-es·ta·ca *s.m.* Aparelho para cravar estacas no terreno. *Pl.*: bate-estacas.

bá·te·ga *s.f.* 1. Pancada de água. 2. Chuva abundante. 3. *ant.* Bacia de metal.

ba·tei·a *s.f.* Gamela de madeira em que se lavam as areias auríferas ou o cascalho diamantífero.

ba·tel *s.m.* Canoa; barco pequeno.

ba·te·la·da *s.f.* 1. O que pode conter um batel. 2. Grande porção de objetos.

ba·te·lão *s.m.* Grande barco para o transporte de coisas muito pesadas.

ba·ten·te *s.m.* 1. Ombreira onde bate a porta quando se fecha. 2. Meia porta, em que bate a outra meia, quando se fecha. 3. Trabalho efetivo.

ba·te-pa·po *s.m.* 1. Conversa ligeira para passar o tempo; cavaco. 2. *Inform.* Modo de se comunicar através da rede de computadores (geralmente a internet), similar a uma conversação, no qual, em tempo real, se trocam mensagens escritas; bate-papo *on-line*, bate-papo virtual (correspondente em inglês: *chat*). *Pl.*: bate-papos.

ba·te-pron·to *s.m.* 1. *Desp.* No futebol, jogada em que se rebate a bola imediatamente após ela tocar o chão. 2. *por ext.* Resposta imediata, rápida. *Pl.*: bate-prontos.

ba·ter *v.t.d.* 1. Dar pancadas em. 2. Agitar fortemente. 3. Derrotar. *v.i.* 4. Soar. *v.t.i.* 5. Dar pancadas. 6. Chocar-se; ir de encontro. 7. Chegar; ir ter a alguma parte. *v.p.* 8. Lutar; combater.

ba·te·ri·a *s.f.* 1. *Mil.* Fração de um corpo de artilharia. 2. Conjunto de utensílios para a cozinha. 3. *Eletr.* Conjunto de condensadores elétricos em comunicação uns com os outros. 4. *Mús.* Os instrumentos de percussão de uma banda ou orquestra.

ba·te·ris·ta *adj.2gên.* 1. Quem toca bateria(4) *s.2gên.* 2. Músico que toca bateria(4).

ba·ti·ção *s.f.* Processo de pesca de tartarugas que consiste em se ir batendo a água com varas, para que elas se encaminhem para o local desejado.

ba·ti·da *s.f.* 1. Ato ou efeito de bater. 2. Rastro. 3. Diligência policial realizada em locais suspeitos. 4. Bebida preparada com aguardente, açúcar e suco de fruta. 5. Polpa de fruta batida. 6.

Choque de dois ou mais veículos entre si, ou de veículos contra qualquer obstáculo.

ba·ti·do *adj.* 1. Corriqueiro; comum. 2. Usado em excesso. 3. Espancado; sovado. **Passar batido**: não notar.

ba·ti·men·to *s.m.* 1. Ato ou efeito de bater. 2. Choque impetuoso. 3. *Med.* Pulsação.

ba·ti·na *s.f.* Vestimenta talar dos sacerdotes e de estudantes de algumas universidades.

ba·tis·mal *adj.2gên.* Concernente ao batismo.

ba·tis·mo *s.m.* 1. Primeiro sacramento da Igreja. 2. Administração desse sacramento. 3. Iniciação religiosa. 4. Admissão solene. 5. Ato de dar nome a uma pessoa ou coisa. 6. *pop.* Adulteração de líquido com água.

ba·tis·ta *adj.2gên. e s.2gên.* 1. Que ou aquele que batiza. 2. Que diz respeito ou aquele que pertence à seita dos batistas, que só ministra o batismo às pessoas adultas.

ba·tis·té·ri·o *s.m.* Local onde se encontra a pia batismal.

ba·ti·za·do *s.m.* 1. Batismo. 2. Festa que se dá para comemorar o batismo.

ba·ti·zar *v.t.d.* 1. Administrar o sacramento do batismo a. 2. Dar ou pôr nome a. 3. Benzer com certas cerimônias. 4. Adulterar (líquido) adicionando-lhe água. *v.t.d. e v.i.* 5. Denominar.

ba·tom *s.m.* Cosmético em forma de pequeno bastão, usado para colorir os lábios.

ba·to·que (ó) *s.m.* 1. Rolha grossa para tapar o orifício das pipas. 2. Rodela que os índios usam nos furos dos lábios e orelhas.

ba·to·ta (ó) *s.f.* 1. Casa de jogo. 2. Trapaça no jogo. 3. Jogo de azar.

ba·to·tei·ro *adj. e s.m.* 1. Que, ou indivíduo que faz batota. 2. Frequentador assíduo de jogos de azar.

ba·trá·qui·os *s.m.pl. epiceno Zool.* 1. Assim são chamados os anfíbios anuros: os sapos, as rãs e as pererecas. 2. Antiga denominação dos anfíbios.

ba·tu·ca·da *s.f.* 1. Canção ou ritmo de batuque. 2. Ajuntamento improvisado de indivíduos para batucar.

ba·tu·car *v.i.* 1. Fazer barulho com pancadas. 2. Dançar o batuque.

ba·tu·que *s.m.* 1. Ato ou efeito de batucar. 2. Nome comum a certas danças africanas e brasileiras. 3. Baile popular.

ba·tu·quei·ro *s.m.* 1. Frequentador de batuques. 2. *Zool.* Ave de coloração verde-azeitonada no dorso, mais clara na parte inferior e que se diferencia de outras espécies por ter o pescoço anterior preto e bico muito forte.

ba·tu·ta *s.f.* 1. Varinha com que os regentes de orquestra marcam o compasso da música. *adj.2gên. e s.2gên.* 2. *pop.* Diz-se de ou pessoa entendida em algum assunto.

ba·ú *s.m.* Caixa revestida de couro cru ou de madeira, com tampa convexa; mala.

bau·ni·lha *s.f. Bot.* Designação comum a várias plantas produtoras da essência de baunilha, extraída das favas.

bau·xi·ta (ch) *s.f. Min.* Hidróxido de alumínio granuloso; minério de alumínio.

bá·va·ro *adj.* 1. Da Baviera. *s.m.* 2. O natural ou habitante dessa região da Alemanha.

ba·zar *s.m.* Loja onde se vendem objetos variados.

ba·zó·fi:a *s.f.* 1. Vaidade; jactância. 2. Prosápia; fanfarronice.

ba·zo·fi·ar *v.i.* 1. Ter ou mostrar bazófia. *v.t.i.* 2. Blasonar. *v.t.d.* 3. Alardear; gabar-se de.

ba·zu·ca *s.f.* Arma de guerra portátil, própria para lançar projéteis explosivos contra blindados, geralmente operada por dois indivíduos.

bê *s.m.* Nome da segunda letra do nosso alfabeto, *b*.

bê-á-bá *s.m.* 1. Abecedário. 2. *fig.* Primeiras noções ou rudimentos de qualquer ciência ou arte. *Pl.:* bê-á-bás.

be·a·ti·ce *s.f.* Devoção falsa; hipocrisia religiosa.

be·a·ti·fi·ca·ção *s.f.* Ato ou efeito de beatificar.

be·a·ti·fi·ca·do *adj.* 1. Bem-aventurado. 2. *Teol.* Que foi declarado bem-aventurado pela Igreja.

be·a·ti·fi·car *v.t.d.* Fazer beato ou bem-aventurado.

be·a·tí·fi·co *adj.* Que torna bem-aventurado.

be·a·ti·tu·de *s.f.* 1. Bem-aventurança. 2. Felicidade suprema. 3. Gozo espiritual de quem se absorve em contemplações místicas.

be·a·to *adj.* 1. Beatificado. 2. Bem-aventurado; feliz. 3. Excessivamente devoto. *s.m.* 4. O que foi beatificado. 5. Indivíduo muito devoto.

bê·ba·do *adj.* 1. Embriagado; ébrio. *s.m.* 2. Indivíduo que se dá ao vício da embriaguez; bêbedo.

be·bê *s.m.* Criança de peito.

be·be·dei·ra *s.f.* Estado de quem se embriagou; borracheira; carraspana; pifão.

bê·be·do *adj.* e *s.m.* Bêbado.

be·be·dou·ro *s.m.* 1. Local onde os animais bebem. 2. Aparelho com água encanada que esguicha pequeno jorro.

be·ber *v.t.d.* 1. Absorver o conteúdo de. 2. Gastar em bebidas. *v.i.* 3. Engolir líquidos, principalmente alcoólicos; embriagar-se. 4. Ser bêbedo.

be·be·ra·gem *s.f.* 1. Cozimento medicinal de ervas. 2. Água enfarelada para animais. 3. Bebida desagradável.

be·be·ri·car *v.t.d.* 1. Beber aos goles. *v.i.* 2. Beber pouco e frequentemente.

be·ber·rão *adj.* e *s.m.* Que ou o que bebe muito; borracho. *Fem.:* beberrona. *Pl.:* beberrões.

be·bes (é) *s.m.pl.* Bebidas; aquilo que se bebe.

be·bi·da *s.f.* 1. Qualquer líquido que se bebe. 2. Ato ou efeito de beber.

be·ca (é) *s.f.* 1. Veste talar de cor negra usada por magistrados. 2. *fig.* Magistratura. 3. Roupa. *s.m.* 4. Magistrado.

be·ça (é) *s.f.* Grau elevado. *loc. adv.* À *beça*: em grande quantidade, à farta.

be·ca·pe *s.m. Inform.* 1. Procedimento, método ou unidade utilizados em caso de falha do sistema ou da unidade do computador original ou principal. 2. Cópia de um arquivo, guardada como reserva para ser usada em caso de perda, destruição ou inutilização do arquivo original; cópia de segurança (correspondente em inglês: *backup*). *Baixar becape*: Recuperar informações armazenadas em unidade de becape.

be·ca·pe·ar *v.i. Inform.* Fazer becape.

be·co (ê) *s.m.* Rua estreita e curta. *fig. Beco sem saída*: dificuldade; situação embaraçosa.

be·da·me *s.m.* Badame.

be·del (é) *s.m.* 1. Encarregado da disciplina nas escolas. 2. Funcionário subalterno que cuida de tarefas administrativas nas universidades.

be·de·lho (ê) *s.m.* Tranqueta ou ferrolho de porta. *Meter o bedelho em*: intrometer-se em conversa ou assunto que não é da sua conta.

be·du·í·no *s.m.* Árabe do deserto.

be·ge (é) *adj.2gên.* e *2núm.* 1. De cor amarelada como a lã natural. *s.m.* 2. A cor bege.

be·gô·ni·a *s.f. Bot.* Gênero de plantas ornamentais, notáveis pela beleza de suas folhas e flores.

bei·ço *s.m.* 1. Lábio. 2. Rebordo.

bei·çu·do *adj.* 1. Que tem beiços grossos. *s.m.* 2. Indivíduo que tem beiços grossos.

bei·ja-flor *s.m. epiceno Zool.* Designação de várias aves também chamadas colibris. *Pl.:* beija-flores.

bei·ja-mão *s.m.* 1. Gesto ou cerimônia de beijar a mão de um nobre de alta hierarquia. 2. Ato de beijar a mão de outra pessoa em sinal de respeito ou consideração. *Pl.:* beija-mãos.

bei·ja-pé *s.m.* Ritual de beijar os pés de alguém ou imagem em sinal de humildade e respeito. *Pl.:* beija-pés.

bei·jar *v.t.d.* 1. Dar beijo em; tocar com os lábios em; oscular. *v.p.* 2. Trocar beijos.

bei·jo *s.m.* Ato de chegar os lábios a alguém ou alguma coisa.

bei·jo·ca (ó) *s.f.* Beijo dado com estalido.

bei·jo·car *v.t.d.* 1. Dar beijos em. 2. Beijar seguidamente, fazendo ruído alegre. *v.p.* 3. Trocar beijos.

bei·jo·quei·ro *adj.* e *s.m.* Aquele que gosta de beijar ou que beija em excesso.

bei·ju *s.m. Cul.* Espécie de bolo que se prepara com massa de tapioca ou de mandioca; biju.

bei·ra *s.f.* 1. Borda; orla; margem. 2. Aba de telhado. 3. Proximidade.

bei·ra·da *s.f.* 1. Beiral. 2. Margem; beira. 3. Cercanias, arredores.

bei·ral *s.m.* Prolongamento do telhado além do prumo das paredes.

bei·ra-mar *s.f.* Praia, litoral. *Pl.:* beira-mares.

bei·rar *v.t.d.* 1. Caminhar à beira de. 2. Correr ou estar situado à beira de. 3. Abeirar-se de. *v.t.i.* 4. Confinar; defrontar. 5. Orçar.

bei·se·bol *s.m.* Jogo disputado por dois times de nove jogadores cada um e que consiste em lançar uma pequena bola, que deve ser rebatida com um bastão, e em corridas para alcançar quatro bases, ou posições, em que os jogadores se revezam.

be·la·do·na (ô) *s.f. Bot.* Planta medicinal originária da Europa e da Ásia dotada de folhas grandes.

be·las-ar·tes *s.f.pl.* Artes que têm por objeto a representação de elementos visuais e táteis, como a pintura, a escultura, a arquitetura, etc.

bel·chi·or (ó) *s.m.* Indivíduo que faz negócios com objetos velhos e usados.

bel·da·de *s.f.* Mulher muito bela.

be·le·guim *s.m.* Agente de polícia; esbirro.

be·le·nen·se *adj.2gên.* 1. Que é de Belém (Pará), é típico dessa cidade ou de seu povo. *s.2gên.* 2. Pessoa que nasceu ou vive em Belém.

be·le·za (ê) *s.f.* 1. Qualidade daquilo que é belo. 2. Mulher bela. 3. Coisa muito agradável ou muito bonita.

belga (é) *adj. 2 gên.* 1. Concernente à Bélgica. *s.2gên.* 2. Pessoa natural ou habitante da Bélgica.

be·li·che *s.m.* 1. Câmara ou compartimento de camarote (nos navios). 2. Cama dupla, uma sobreposta à outra.

bé·li·co *adj.* Concernente à guerra; próprio da guerra.

be·li·co·si·da·de *s.f.* Qualidade de belicoso.

be·li·co·so (ô) *adj.* 1. Que tem ânimo aguerrido. 2. Inclinado à guerra. 3. Que incita à guerra. *Pl.:* belicosos (ó).

be·li·da *s.f. Med.* Mancha permanente na córnea, de aspecto esbranquiçado.

be·li·ge·rân·ci·a *s.f.* Estado ou qualidade de beligerante.

be·li·ge·ran·te *adj.2gên.* Que está em guerra ou que a faz.

be·lis·cão *s.m.* Ato de beliscar.

be·lis·car *v.t.d.* 1. Apertar a pele com os dedos polegar e indicador. 2. Ferir muito de leve. 3. Tocar levemente. 4. Comer muito pouco de.

be·lo (é) *adj.* 1. Em que há beleza. 2. Que tem proporções harmônicas. 3. Que agrada à vista ou ao ouvido. *s.m.* 4. Perfeição; aquilo que eleva o espírito. 5. O que é excelente.

be·lo·ho·ri·zon·ti·no *adj.* 1. De Belo Horizonte. *s.m.* 2. O natural ou habitante de Belo Horizonte. *Pl.:* belo-horizontinos.

be·lo·na·ve *s.f.* Navio de guerra.

bel-pra·zer *s.m.* Vontade própria, talante, arbítrio. *loc. adv.* **A (seu) bel-prazer**: segundo sua vontade. *Pl.:* bel-prazeres.

bel·tra·no *s.m.* Palavra que se aplica a pessoa que não se determina e que se cita depois da outra designada pela palavra fulano.

bel·ve·de·re (ê) *s.m.* 1. Terraço alto. 2. Pequeno mirante. *Var.:* belveder (ê).

bel·ze·bu *s.m.* Príncipe dos demônios.

bem *s.m.* 1. O que é bom e conforme aos preceitos morais. 2. Felicidade. 3. Virtude. 4. Benefício; utilidade. *s.m. sobrecomum* 5. Pessoa a quem se dedica afeição. *adv.* 6. De modo conveniente. 7. Com saúde. *Comp. de sup.:* melhor; mais bem.

bem-a·ca·ba·do *adj.* Feito da melhor forma possível; caprichado, esmerado. *Pl.:* bem-acabados.

bem-a·ma·do *adj.* e *s.m.* 1. Que, ou o que é objeto de afeição ou devoção particular. 2. Predileto; querido. *Pl.:* bem-amados.

bem-a·pes·so·a·do *adj.* Que tem boa aparência; elegante. *Pl.:* bem-apessoados.

bem-a·ven·tu·ra·do *adj.* 1. Muito feliz. *s.m.* 2. Santo. *Pl.:* bem-aventurados.

bem-a·ven·tu·ran·ça *s.f.* A felicidade suprema; a glória; o céu. *Pl.:* bem-aventuranças.

bem-bom *s.m.* Ócio prazeroso; comodidade, bem-estar. *Pl.:* bem-bons.

bem-com·por·ta·do *adj.* Que se comporta ou age bem, de acordo com a situação; que tem boas maneiras. *Pl.:* bem-comportados.

bem-dis·pos·to *adj.* 1. Com boa disposição física; saudável. 2. Cheio de entusiasmo; animado. *Pl.:* bem-dispostos (ó).

bem-do·ta·do *adj.* 1. Que tem características, aptidões ou habilidades acima da média. *infrm. pej.* 2. Diz-se do homem de pênis avantajado. *Pl.:* bem-dotados.

bem-e·du·ca·do *adj.* e *s.m.* Civilizado; cortês. *Pl.:* bem-educados.

bem-en·ca·ra·do *adj.* Que tem boa cara. *Pl.:* bem-encarados. *V.* **mal-encarado**.

bem-es·tar *s.m.* Conforto. *Pl.:* bem-estares.

bem-hu·mo·ra·do *adj.* Que tem bom humor, ou que está de bom humor; alegre. *Pl.:* bem-humorados.

bem-in·ten·ci·o·na·do *adj.* 1. Que tem boas intenções. *s.m.* 2. O indivíduo que tem boas intenções. *Pl.:* bem-intencionados.

bem-me-quer *s.m. Bot.* 1. Planta nativa do Brasil, de flores amarelas; malmequer, margarida. 2. A flor dessa planta. *Pl.:* bem-me-queres.

be·mol *s.m. Mús.* Sinal que serve para indicar que a nota junto à qual se encontra deve baixar de um semitom (opõe-se a sustenido).

bem-nas·ci·do *adj.* 1. Que descende de família rica ou ilustre. *s.m.* 2. Aquele que tem essa descendência. *Pl.:* bem-nascidos.

bem-pos·to (ô) *adj.* Bem-apresentado, elegante, alinhado. *Pl.:* bem-postos (ó).

bem-su·ce·di·do *adj.* 1. Que teve sucesso, êxito. 2. *por ext.* Que tem boa situação financeira. *Pl.:* bem-sucedidos.

bem-te-vi *s.m. epiceno Zool.* Nome de diversas aves comuns em todo o Brasil. *Pl.:* bem-te-vis.

bem-vin·do *adj.* 1. Que chegou bem. 2. Que se acolhe bem à chegada. *Pl.:* bem-vindos.

bem-vis·to *adj.* 1. Que tem boa reputação; respeitado. 2. Que é querido, estimado, bem-aceito. *Pl.:* bem-vistos.

bên·ção *s.f.* 1. Ato ou efeito de benzer ou abençoar. 2. Graça; favor divino.

ben·di·to *adj.* 1. A quem se benzeu ou abençoou. *s.m.* 2. Oração ou canto religioso que começa por esta palavra.

ben·di·zer *v.t.d.* 1. Dizer bem de; louvar; glorificar. 2. Abençoar. ★

be·ne·di·ti·no *s.m.* 1. Religioso pertencente à Ordem de São Bento. *adj.* 2. Próprio dos beneditinos ou a eles relativo.

be·ne·fi·cên·ci·a *s.f.* 1. Virtude de fazer o bem. 2. Ato de beneficiar. 3. Prática de obras de caridade.

be·ne·fi·cen·te (ê) *adj.2gên.* Que beneficia; que faz benefício.

be·ne·fi·ci·ar *v.t.d.* 1. Fazer benefício a; favorecer. 2. Consertar. 3. Submeter (produtos agrícolas) a certos tratamentos, para torná-los próprios ao consumo.

be·ne·fi·ci·á·ri·o *adj.* e *s.m.* Que ou o que recebe benefício ou vantagem.

be·ne·fí·ci·o *s.m.* 1. Serviço ou favor. 2. Vantagem; mercê. 3. Espetáculo cujo produto reverte em favor de pessoa ou instituição. 4. Benfeitoria; melhoramento.

be·né·fi·co *adj.* Salutar; que faz bem.

be·ne·me·rên·ci·a *s.f.* Qualidade de benemérito.

be·ne·me·ren·te (ê) *adj.2gên.* Que merece recompensa, aplauso.

be·ne·mé·ri·to *adj.* e *s.m.* 1. Benemerente. 2. Ilustre; distinto; digno de honras.

be·ne·plá·ci·to *s.m.* Consentimento; aprovação; licença.

be·nes·se (é) *s.f.* 1. Rendimento paroquial. 2. Ganho que não depende de trabalho.

be·ne·vo·lên·ci·a *s.f.* 1. Qualidade de benévolo. 2. Boa vontade para com todos.

be·ne·vo·len·te *adj.2gên.* Benévolo.

be·né·vo·lo *adj.* 1. Que faz o bem. 2. Benigno; bondoso; benevolente.

ben·fa·ze·jo (ê) *adj.* Que faz caridade; que faz o bem.

ben·fei·to *adj.* 1. Bem-acabado. 2. Que tem belas formas; gracioso.

ben·fei·tor *s.m.* 1. O que faz o bem. 2. O que faz benfeitoria. *adj.* 3. Benévolo.

ben·fei·to·ri·a *s.f.* Melhoramento realizado numa propriedade para lhe aumentar o valor.

ben·ga·la *s.f.* Bastão em que se apoia a mão para ajudar a andar.

be·nig·ni·da·de *s.f.* Qualidade de benigno.

be·nig·no *adj.* 1. Bondoso; complacente; suave; brando. 2. Que não oferece perigo.

ben·ja·mim *s.m.* 1. O filho predileto, quase sempre o mais moço. 2. O membro mais moço de uma agremiação. 3. Extensão para tomadas elétricas.

ben·jo·im. *s.m. Farm.* Resina aromática extraída do benjoeiro, usada no preparo de cosméticos e medicamentos.

ben·que·ren·ça *s.f.* Benevolência; estima.

ben·que·ren·te *adj.2gên.* Benévolo; que quer bem.

ben·que·rer *v.t.i.* 1. Querer bem; dedicar grande estima. *v.p.* 2. Estimar-se reciprocamente. *s.m. sobrecomum* 3. Pessoa a quem se ama. *Pl.:* benquereres. *Part.:* benquerido e benquisto. *Var.:* bem-querer.★

ben·quis·tar *v.t.d.* 1. Tornar benquisto. 2. Granjear a estima de alguém.

ben·quis·to *adj.* Estimado; prezado.

bens *s.m.pl.* 1. O que é propriedade de alguém. 2. O que se possui. 3. Haveres, domínio, possessão.

ben·to *adj.* 1. Consagrado por bênção eclesiástica. *s.m.* 2. Frade beneditino.

ben·ze·dei·ro *s.m.* Indivíduo que pratica a benzedura para a cura de moléstias.

ben·ze·dor (ê) *s.m.* Benzedeiro.

ben·ze·du·ra *s.f.* Ação de benzer, acompanhada de orações e gestos característicos.

ben·ze·no (ê) *s.m. Quím.* Líquido incolor, volátil, usado como solvente e na produção de vários produtos, como corantes, detergentes, etc.; hidrocarboneto de fórmula C_6H_6.

ben·zer *v.t.d.* 1. Dar a bênção a. 2. Consagrar ao culto. 3. Abençoar; fazer feliz. *v.p.* 4. Persignar-se com a mão aberta. 5. Admirar-se. *v.i.* 6. Fazer benzedura. *Part.:* benzido e bento.

ben·zi·na *s.f.* Nome comercial do benzeno impuro.

be·ó·ci·o *adj.* e *s.m.* Inculto; ignaro; simplório.

be·que (é) *s.m. Fut.* Zagueiro (forma aportuguesada do inglês *back*).

ber·çá·ri·o *s.m.* Compartimento destinado aos berços dos recém-nascidos nas maternidades.

ber·ço (ê) *s.m.* 1. Leito de criança. 2. Lugar onde alguém nasceu. 3. Procedência.

be·re·ba (é) *s.f.* Erupção cutânea; ferida. *Var.:* pereba.

ber·ga·mo·ta (ó) *s.f. Bot.* 1. Espécie de pera sumarenta. 2. *Reg.* Tangerina, mexerica.

ber·gan·tim *s.m.* Embarcação ligeira de dois mastros.

be·ri·bé·ri *s.m. Med.* Doença muito frequente nas regiões tropicais, ocasionada por carência de vitamina B.

be·rí·li·o *s.m. Quím.* Metal branco, duro, de estrutura cristalina hexagonal, de número atômico 4 e símbolo Be.

be·ri·lo *s.m. Quím.* Silicato de alumínio e berílio, cujos cristais coloridos são utilizados como pedras preciosas.

be·rim·bau *s.m. Mús.* Instrumento que consiste num arco de madeira, com um arame retesado entre as pontas e uma pequena cabaça presa no centro dele ou numa das suas extremidades, obtendo-se o som pela percussão do arame.

be·rin·je·la (é) *s.f. Bot.* 1. Planta originária da Índia, de frutos comestíveis. 2. O fruto dessa planta.

ber·lin·da *s.f.* 1. Coche pequeno de quatro rodas e suspenso entre dois varais. 2. Brincadeira infantil em que um dos participantes deve adivinhar o autor de comentários feitos a seu respeito. *Estar na berlinda*: ser objeto de comentários.

ber·li·nen·se *adj.2gên.* 1. Concernente a Berlim, Alemanha. *s.2gên.* 2. O natural ou habitante de Berlim.

ber·lo·que (ó) *s.m.* Pequeno enfeite usado em pulseira, corrente; penduricalho.

ber·mu·da *s.f. Short* que desce até os joelhos.

ber·ne *s.m. Zool.* Larva de mosca infectada que penetra na pele dos animais e do homem.

ber·qué·li·o *s.m. Quím.* Elemento de símbolo Bk e cujo número atômico é 97.

ber·ran·te *adj.2gên.* 1. Que berra. 2. Diz-se da cor muito viva. *s.m.* 3. Buzina de chifre usada pelos boiadeiros. 4. *gír.* Revólver ou qualquer arma de fogo.

ber·rar *v.i.* 1. Dar berros. 2. Bramir; roncar. *v.t.i.* 3. Chamar aos gritos. 4. Reclamar violentamente; vociferar.

ber·re·gar *v.i.* 1. Balar (a ovelha). 2. Berrar muito. *v.t.d.* 3. Dizer aos berros; vociferar.

ber·rei·ro *s.m.* 1. Berros altos e frequentes; gritaria. 2. Choro ruidoso.

ber·ro (é) *s.m.* 1. Voz ou grito de alguns animais. 2. Grito alto e áspero. 3. Brado.

be·sou·ro *s.m. epiceno Zool.* Nome comum aos insetos coleópteros.

bes·ta (ê) *s.f. epiceno* 1. *Zool.* Animal de carga; quadrúpede. *s.2gên.* 2. *fig.* Pessoa presunçosa ou muito estúpida; tolo, ingênuo.

bes·ta-fe·ra (é) *s.2gên.* 1. Animal feroz. 2. *fig.* Pessoa má, cruel, desumana. *Pl.:* bestas-feras.

bes·ta·lhão *adj. e s.m.* Estúpido; paspalhão; rústico. *Fem.:* bestalhona. *Pl.:* bestalhões.

bes·tar *v.i. pop.* 1. Dizer ou fazer bobagens, inconveniências. 2. Ficar à toa; vadiar. 3. Andar a esmo; perambular.

bes·tei·ra *s.f.* Asneira; parvoíce; disparate.

bes·tei·rol *s.m. gír.* Tendência cultural popular surgida nos anos 1990 na música, literatura e no teatro, caracterizada por uma forma escrachada de humor, crítica social e política.

bes·ti·al *adj.2gên.* 1. Próprio de besta. 2. Grosseiro; repugnante; brutal.

bes·ti·a·li·da·de *s.f.* 1. Qualidade do que é bestial. 2. Estupidez; brutalidade.

bes·ti·a·li·zar *v.t.d.* Bestificar; estupidificar; fazer estúpido.

bes·ti·a·ló·gi·co *adj.* 1. Sem nexo; disparatado. *s.m.* 2. Escrito ou fala com absurdos, sem nexo ou lógica.

bes·ti·ce *s.f.* 1. Bobagem, tolice, asneira. 2. Qualidade de quem é convencido (2), arrogante.

bes·ti·fi·car *v.t.d.* 1. Bestializar; tornar como besta. 2. Estupidificar, aparvalhar.

bes·tun·to *s.m.* Cabeça de curto entendimento, de pouco juízo.

be·sun·tar *v.t.d.* Sujar com substância gordurosa.

be·ta (é) *s.f.* A segunda letra do alfabeto grego.

be·ter·ra·ba *s.f. Bot.* Planta de raiz tuberosa da qual se extrai açúcar.

be·to·nei·ra *s.f.* Máquina de preparar concreto.

be·tu·me *s.m.* 1. *Quím.* Substância pegajosa e escura, facilmente inflamável. 2. Massa para pegar vidros aos caixilhos ou para tapar fendas ou buracos.

be·xi·ga (ch) *s.f. Anat.* 1. Reservatório músculo-membranoso, situado na parte inferior do abdome, que se destina a conter a urina. 2. Varíola. 3. Sinais que essa doença deixa no rosto.

be·xi·guen·to (ch) *adj.* Bexigoso.

be·xi·go·so (ch, ô) *adj.* Que apresenta no rosto os sinais de varíola; bexiguento. *Pl.*: bexigosos (ó).

be·zer·ro (ê) *s.m.* 1. Novilho; vitelo. 2. *por ext.* A pele curtida desse animal.

bi·a·nu·al *adj.2gên.* 1. Relativo a biênio. 2. Que ocorre a cada dois anos; bienal (1)(2).

bi·be *s.m.* Espécie de avental com mangas, para crianças.

bi·be·lô *s.m.* 1. Objeto pequeno de luxo, para adorno de ambientes. 2. Objeto fútil e de pouco valor.

bí·bli:a *s.f.* 1. Conjunto dos livros do Antigo e do Novo Testamento; a Sagrada Escritura (inicial maiúscula). 2. *fig.* Livro precioso e de grande importância.

bí·bli·co *adj.* Da Bíblia.

bi·bli·o·fi·li·a *s.f.* Qualidade de bibliófilo.

bi·bli·ó·fi·lo *s.m.* 1. Colecionador de livros. 2. Amigo dos livros. 3. Amador dos livros.

bi·bli·o·gra·fi·a *s.f.* 1. Conhecimento dos livros ou descrição deles. 2. Relação de obras de um autor, ou das obras relativas a determinado assunto. 3. Seção de jornal ou revista que registra as obras de publicação recente. 4. Lista das obras consultadas pelo autor, que quase sempre aparece no fim do volume.

bi·bli·o·man·ci·a *s.f.* Adivinhação por meio de um livro, que se lê ao acaso.

bi·bli·o·te·ca (é) *s.f.* 1. Coleção de livros dispostos de modo ordenado e em estantes especiais. 2. Nome dessas estantes ou do lugar onde se encontram.

bi·bli·o·te·cá·ri:o *s.m.* Funcionário que superintende uma biblioteca.

bi·bli·o·te·co·no·mi·a *s.f.* Conjunto de conhecimentos sobre a arte de organizar e dirigir bibliotecas.

bi·ca *s.f.* Tubo, pequeno canal, meia-cana por onde corre a água; torneira.

bi·ca·da *s.f.* 1. Golpe com o bico. 2. Aquilo que uma ave leva no bico de uma só vez. 3. Gole.

bi·car *v.i.* 1. Dar bicadas. *v.t.d.* 2. Picar com o bico. 3. Bebericar.

bi·car·bo·na·to *s.m. Quím.* 1. Sal com dois equivalentes de ácido carbônico e um de uma base. 2. Nome vulgar do bicarbonato de sódio.

bi·cen·te·ná·ri·o *adj.* 1. Que já tem pelo menos dois séculos e menos de três. *s.m.* 2. Intervalo de tempo correspondente a duzentos anos. 3. Comemoração dos duzentos anos de algo.

bí·ceps *s.m.2núm.* 1. *Anat.* Nome de alguns músculos, cada um dos quais tem dois ligamentos ou cabeças na parte superior. 2. *fig.* Força muscular.

bi·cha *s.f.* 1. *Zool.* Nome comum a todos os vermes de forma alongada. 2. Lombriga. *sobrecomum* 3. *gír.* Indivíduo homossexual.

bi·cha·no *s.m.* Gato.

bi·char *v.i.* Criar bicho, encher-se de bichos.

bi·cha·ra·da *s.f.* Grande porção de bichos; bicharedo; bicharia.

bi·chei·ra *s.f.* 1. Ferida cheia de vermes em animais. 2. Larva de inseto, que tem forma de verme.

bi·chei·ro *s.m.* 1. O que vende talões de jogo do bicho. 2. Aquele que banca, nesse jogo.

bi·cho *s.m. Zool.* 1. Qualquer animal terrestre. 2. *fam.* Piolho. 3. Insetos (cupim, traça, etc.) que abrem buracos e destroem madeira, tecidos, papel, frutas, etc. *s.2gên.* 4. Indivíduo feio. 5. Pessoa intratável. 6. Pessoa de grande saber, valor ou habilidade. 7. Valentão. *s.m.* 8. Jogo do bicho. 9. Calouro.

bi·cho-ca·be·lu·do *s.m. Zool.* O mesmo que taturana. *Pl.:* bichos-cabeludos.

bi·cho-car·pin·tei·ro *s.m. Zool.* Besouro que, na fase de larva, fura troncos ou cascas de árvores; escaravelho. *Estar com ou ter bicho-carpinteiro*: que não para quieto, é agitado, travesso. *Pl.:* bichos-carpinteiros.

bi·cho-da-se·da *s.m. Zool.* Lagarta da borboleta que produz a seda. *Pl.:* bichos-da-seda.

bi·cho de se·te ca·be·ças *s.m.* Algo complicado, difícil. *Pl.:* bichos de sete cabeças.

bi·cho-do-pé *s.m. epiceno Zool.* Inseto originário da América do Sul e atualmente encontrado também na África, cuja fêmea penetra na pele dos porcos e do homem. *Pl.:* bichos-do-pé. *Var.:* bicho-de-pé.

bi·cho-pa·pão *s.m. Mit.* Ente imaginário com que se assustam crianças. *Pl.:* bichos-papões.

bi·cho-pau *s.m. Zool.* Nome de diversas espécies de insetos que têm cor e forma de graveto. *Pl.:* bichos-paus e bichos-pau.

bi·ci·cle·ta (é) *s.f.* 1. Veículo de duas rodas iguais, com guidão, e movido a pedais. 2. *Fut.* Lance acrobático em que o jogador chuta por cima de si, pedalando no ar.

bi·ci·clo *s.m.* Velocípede de duas rodas desiguais.

bi·co *s.m.* 1. Extremidade córnea da boca das aves e de outros animais. 2. Ponta de diversos objetos. 3. Renda estreita com um dos lados terminado em bicos. 4. Biscate, pequeno ganho avulso. 5. Cachaça. *Interj.* 6. Psiu!

bi·co de ja·ca *s.m.* 1. Estilo de lapidação em cristal que lembra a casca da jaca. 2. O cristal lapidado nesse estilo. *Pl.:* bicos de jaca.

bi·co de pa·pa·gai·o *s.m.* 1. Nariz adunco. 2. Excrescência óssea na coluna vertebral. *Pl.:* bicos de papagaio.

bi·co de pe·na *s.m.* 1. Técnica de desenhar com pena de bico fino e tinta nanquim. 2. O desenho feito por meio dessa técnica. *Pl.:* bicos de pena.

bi·co·lor *adj.2gên.* De duas cores.

bi·cu·do *adj.* 1. Que tem bico. 2. Aguçado; pontiagudo. 3. Difícil; complicado. 4. Amuado; difícil de aturar.

bi·dê *s.m.* Bacia oblonga para lavagem das partes inferiores do tronco.

bi·e·la (é) *s.f. Mec.* Haste que serve para transmitir força de uma parte rotante a outra, móvel, mediante um movimento de vaivém.

bi·e·nal *adj.2gên.* 1. Concernente ao espaço de dois anos. 2. Que dura dois anos. *s.f.* 3. Exposição que se realiza de dois em dois anos.

bi·ê·ni:o *adj.* O espaço de dois anos consecutivos.

bi·fe *s.m.* Fatia de carne, frita ou assada.

bi·fen·di·do *adj.* Dividido em duas partes por uma fenda; aberto ao meio; bífido.

bí·fi·do *adj.* Bifendido.

bi·fo·cal *adj.2gên.* Que tem dois focos.

bi·fron·te *adj.2gên.* 1. Que tem duas caras ou duas frontes. 2. *fig.* Falso; traiçoeiro.

bi·fur·ca·ção *s.f.* 1. Ação de bifurcar. 2. Separação em duas direções.

bi·fur·car *v.t.d.* 1. Abrir, separar em dois ramos. *v.p.* 2. Dividir-se em duas partes.

bi·ga *s.f.* Carro romano puxado por dois cavalos.

bi·ga·mi·a *s.f.* Estado de bígamo.

bí·ga·mo *s.m.* O que tem dois cônjuges ao mesmo tempo.

big bang *Ingl. s.m.* O mesmo que bigue-bangue.

bi·go·de (ó) *s.m.* 1. Porção de barba que nasce sobre o lábio superior. *epiceno* 2. *Zool.* Pássaro também chamado bigodinho.

bi·go·dei·ra *s.f.* Bigode farto.

bi·gor·na (ó) *s.f.* 1. Utensílio de ferro em que se malham e amoldam metais. 2. *Anat.* Pequeno osso do ouvido.

bi·gor·ri·lha *s.m.* Indivíduo desprezível e malvestido.

bi·guá *s.m. Zool.* Ave aquática, de plumagem escura, de aspecto semelhante ao pelicano, mas do tamanho de um pato.

bi·gue-ban·gue *loc. subst.* 1. Grande explosão original que teria criado o Universo. 2. A teoria que explica a criação do Universo por meio dessa explosão. *Pl.*: bigue-bangues.

bi·ju *s.m.* Beiju.

bi·ju·te·ri·a *s.f.* Obra trabalhada com certo primor, que se usa como enfeite.

bi·la·bi·al *adj.2gên. Gram.* Diz-se da consoante que se pronuncia com o concurso de ambos os lábios, como o **b**, o **m** e o **p**.

bi·la·te·ral *adj.2gên.* 1. De dois lados. 2. Concernente aos lados opostos. 3. *Jur.* Diz-se do contrato em que as partes tomam sobre si obrigações recíprocas.

bil·bo·quê *s.m.* Brinquedo constituído por uma bola de madeira com um furo, no qual se deve encaixar um bastão preso a ela por um cordel.

bi·le *s.f.* 1. Bílis; líquido esverdeado e amargo segregado pelo fígado. 2. *fig.* Mau humor.

bi·lha *s.f.* Vaso bojudo e de gargalo estreito; moringa.

bi·lhão *num.* e *s.m.* Mil milhões.

bi·lhar *s.m.* 1. Jogo em que se impulsionam bolas com um taco, sobre uma mesa forrada de pano verde, com

bilhete

o objetivo de empurrar outras para dentro de caçapas; tipo de sinuca. 2. A mesa e a casa onde se pratica esse jogo.

bi·lhe·te (ê) *s.m.* 1. Pequena comunicação escrita. 2. Senha que autoriza a entrada em salas de espetáculos, reuniões, estações de estradas de ferro, etc. 3. Cédula de habilitação em jogos de loteria.

bi·lhe·tei·ro *s.m.* O que vende ingressos em teatros, cinemas, etc.

bi·lhe·te·ri·a *s.f.* Lugar destinado à venda de bilhetes para espetáculos públicos.

bi·li:ão *num.* e *s.m.* O mesmo que bilhão.

bi·li·ar *adj.2gên.* Relativo à bile.

bi·lín·gue (güe) *adj.2gên.* Que tem ou que fala duas línguas.

bi·lin·guis·mo (güis) *s.m.* 1. Fluência em duas línguas. 2. Coexistência de duas línguas em um país.

bi·li·o·ná·ri·o *adj.* e *s.m.* Duas vezes milionário; multimilionário.

bi·li·o·so (ô) *adj.* 1. Concernente à bile ou causado por ela. 2. Que encerra muita bile. 3. *fig.* De mau gênio, colérico. *Pl.*: biliosos (ó).

bi·lir·ru·bi·na *s.f. Biol.* Pigmento bilioso que resulta do metabolismo da hemoglobina.

bí·lis *s.f.* Bile.

bi·lo·ca·ção *s.f.* Suposta capacidade de a mesma pessoa mostrar-se em dois lugares simultaneamente.

bi·lon·tra (ô) *adj.2gên.* e *s.m.* Espertalhão; velhaco.

bil·ro *s.m.* Peça de madeira, em forma de fuso, com a qual se fazem rendas numa almofada.

biodiversidade

bil·tre *s.m.* Indivíduo vil, infame. *Fem.*: biltra.

bí·ma·no *adj.* De duas mãos.

bí·ma·nos *s.m.pl.* A espécie humana.

bim·ba·lhar *v.i.* Repicar (sinos); soar.

bi·men·sal *adj.2gên.* Que se realiza ou se publica duas vezes por mês; quinzenal.

bi·mes·tral (ê) *adj.2gên.* 1. Que dura dois meses; bimestre. 2. Que aparece ou se realiza de dois em dois meses.

bi·mes·tre (é) *adj.2gên.* 1. Bimestral. *s.m.* 2. O espaço de dois meses.

bi·mo·tor *adj.* e *s.m.* Diz-se de, ou veículo de dois motores.

bi·na·ci·o·nal *adj.2gên.* Relativo ou pertencente a duas nações.

bi·ná·ri·o *adj.* 1. *Mat.* De duas unidades, dois elementos; diz-se do sistema de numeração de base 2, no qual todos os números se representam apenas pelos algarismos 0 e 1. 2. *Mús.* Que tem dois tempos (compasso).

bi·nó·cu·lo *s.m.* Óculo duplo e portátil, provido de lentes poderosas para aumentar coisas distantes.

bi·nô·mi:o *s.m.* Expressão algébrica que se compõe de dois termos, ligados pelo sinal de adição ou de subtração.

bi:o·ci·clo *s.m. Biol.* O conjunto de fases pelas quais passa um ser vivo; ciclo vital.

bi:o·ci·ên·ci:a *s.f.* Nome genérico que se dá ao conjunto das ciências biológicas.

bi:o·de·gra·dá·vel *adj.2gên.* Diz-se da substância que pode ser decomposta pela ação de microrganismos.

bi:o·di·ver·si·da·de *s.f.* Variedade de espécies animais ou vegetais existente na Terra ou em determinada região.

bi·o·e·ner·gi·a *s.f.* Energia obtida de produtos derivados de fontes biológicas e, por isso, considerada renovável.

bi·o·en·ge·nha·ri·a *s.f.* 1. Ramo da engenharia que busca modificar determinadas características de seres vivos, a fim de torná-los mais resistentes às doenças, mais adequados para as necessidades humanas, etc.; engenharia genética. 2. Uso da engenharia para criar equipamentos e dispositivos com finalidades biomédicas.

bi·o·gás *s.m.* Gás inflamável obtido pela decomposição realizada por bactérias de matérias orgânicas, de origem animal ou vegetal.

bi·o·gê·ne·se *s.m.* Teoria baseada no princípio de que todo ser vivo se origina de outro ser vivo.

bi·o·gra·far *v.t.d.* Fazer a biografia de.

bi·o·gra·fi·a *s.f.* Descrição pormenorizada da vida de uma pessoa.

bi·ó·gra·fo *s.m.* O que escreve biografia.

bi·o·lo·gi·a *s.f.* Ciência que trata dos seres vivos e de suas relações.

bi·o·lo·gis·ta *s.2gên.* Biólogo.

bi·ó·lo·go *s.m.* Pessoa que se dedica à biologia; tratadista de biologia.

bi·o·ma (ô) *s.m. Ecol.* Grande comunidade de animais e plantas que compartilham uma grande área geográfica, com condições ecológicas específicas e predomínio de um tipo de vegetação.

bi·o·mas·sa *s.f. Ecol.* 1. Quantidade total de matéria orgânica em um ecossistema. 2. Matéria vegetal que serve como fonte de energia.

bi·om·bo *s.m.* Tabique móvel para divisão de compartimentos numa casa.

bi·ô·ni·co *adj.* 1. Diz-se do organismo que possui componentes eletrônicos. 2. *infrm. pej.* Diz-do político que assume cargo eletivo por nomeação. *s.m.* 3. *infrm. pej.* O político nomeado para cargo eletivo.

bi·óp·si·a *s.f. Med.* Operação que consiste em retirar um fragmento de tecido vivo para exame histológico. *Var.*: biopsia (ô).

bi·o·quí·mi·ca *s.f.* Parte da química que trata das alterações verificadas nos organismos vivos.

bi·os·fe·ra (é) *s.f. Ecol.* Conjunto de todos os ecossistemas da Terra; ecosfera.

bi·os·sín·te·se *s.f. Biol.* Produção de substâncias ou compostos químicos por um organismo vivo.

bi·os·sis·te·ma *s.m. Ecol.* O mesmo que ecossistema.

bi·o·ta (ó) *s.f.* Conjunto dos seres vivos de uma região ou período ecológico.

bi·o·tec·no·lo·gi·a *s.f.* Tecnologia que emprega conhecimentos biológicos na produção industrial.

bi·ó·ti·po *s.m. Biol.* Conjunto de indivíduos geneticamente iguais. *Var.*: biotipo (ô).

bi·o·ti·po·lo·gi·a *s.f.* Ciência que estuda a constituição, o temperamento e o caráter.

bi·par *v.t.d.* Contatar uma pessoa ou deixar mensagem para ela por meio de bipe(2).

bi·par·ti·ção *s.f.* Ato ou efeito de bipartir.

bi·par·ti·da·ris·mo *s.m.* Sistema de um estado em que existem dois partidos políticos.

bi·par·tir *v.t.d.* 1. Dividir em duas partes ou ao meio. *v.p.* 2. Dividir-se em duas partes.

bi·pe *s.m.* 1. Som curto e agudo produzido por certos aparelhos como aviso. 2. Receptor eletrônico, hoje em desuso, conectado a uma central de recados, que avisa quando há mensagens para o usuário.

bí·pe·de *adj.2gên.* 1. Que tem dois pés. *s.m.* 2. Animal que anda sobre dois pés.

bi·po·la·ri·da·de *s.f. Fís.* Existência de dois polos contrários num corpo.

bi·quei·ra *s.f.* 1. Bico; extremidade; ponteira. 2. Remate que se ajusta à ponta de alguma coisa.

bi·quí·ni *s.m.* Maiô de duas peças, de dimensões reduzidas.

bir·ban·te *s.m.* Bigorrilha; biltre; patife.

bi·ri·ba *s.f.* Jogo de cartas semelhante à canastra.

bi·rô *s.m.* 1. Escritório, agência. 2. Empresa de editoração eletrônica ou computação gráfica. 3. Escrivaninha.

bi·ro·te (ó) *s.m.* Penteado feminino que prende os cabelos no alto da cabeça.

bir·ra *s.f.* Teima; zanga; antipatia.

bir·ren·to (ê) *adj.* Que tem birra; que embirra com tudo.

bi·ru·ta *s.f.* 1. Aparelho que indica a direção dos ventos de superfície. *s.2gên.* 2. *gír.* Pessoa amalucada.

bis *adv.* 1. Duas vezes. *interj.* 2. Outra vez!

bi·são *s.m. epiceno Zool.* Mamífero ruminante da família do boi.

bi·sar *v.t.d.* 1. Pedir repetição de. 2. Repetir.

bi·sa·vô *s.m.* Pai do avô ou da avó. *Fem.*: bisavó.

bis·bi·lho·tar *v.i.* Intrigar; segredar; andar em mexericos, em intrigas.

bis·bi·lho·tei·ro *adj.* 1. Intrigante, mexeriqueiro, curioso. *s.m.* 2. Indivíduo bisbilhoteiro.

bis·bi·lho·ti·ce *s.f.* 1. Qualidade de bisbilhoteiro. 2. Ação de bisbilhotar. 3. Mexerico; intriga; enredo.

bis·ca *s.f.* 1. Nome comum a diversos jogos de cartas. *sobrecomum* 2. Pessoa de mau caráter.

bis·ca·te *s.m.* 1. Serviço que se faz extraordinariamente e que dá pequenos lucros. 2. *pop.* Prostituta.

bis·ca·te·ar *v.i.* 1. Viver de biscates. 2. Fazer biscates.

bis·ca·to *s.m.* 1. Porção de alimento que a ave leva no bico para os filhotes. 2. Resto de qualquer coisa. *s.m.pl.* 3. Fragmentos.

bis·coi·to *s.m. Cul.* Massa de farinha de trigo, ovos, açúcar e sal, cozida ao forno, geralmente de formato achatado e de tamanho pequeno.

bi·sel *s.m.* 1. Borda de vidro de espelho que se cortou de modo oblíquo. 2. Corte de aresta formando dois ângulos obtusos.

bis·mu·to *s.m. Quím.* Elemento metálico, branco-avermelhado, de símbolo Bi e cujo número atômico é 83.

bis·na·ga *s.f.* Tubo plástico ou folha de chumbo para conter tintas a óleo, pasta para dentes, vaselina, etc.

bis·ne·to (é) *s.m.* Filho do neto ou da neta.

bi·so·nha·ri·a *s.f.* 1. Qualidade de bisonho. 2. Acanhamento. 3. Falta de experiência.

bi·so·nho (ô) *adj.* 1. Inexperiente; acanhado. 2. Principiante. *s.m.* 3. Recruta novato e sem experiência.

bis·pa·do *s.m.* 1. Território da jurisdição de um bispo. 2. Diocese. 3. Dignidade episcopal.

bis·po *s.m.* 1. Prelado que governa uma diocese. 2. Uma das peças do jogo de xadrez.

bis·se·ma·nal *adj.2gên.* Que se realiza ou se publica duas vezes por semana.

bis·se·triz *s.f. Geom.* A perpendicular baixada do vértice de um ângulo dividindo-o em dois ângulos iguais.

bis·sex·to (ê, s) *adj.* 1. Diz-se do ano em que o mês de fevereiro tem 29 dias. *s.m.* 2. O dia que de quatro em quatro anos se acrescenta ao mês de fevereiro.

bis·se·xu·al (cs) *adj.2gên.* 1. Que tem dois sexos; hermafrodita. 2. Relativo ao comportamento sexual caracterizado pela atração por pessoas de ambos os sexos.

bis·tu·ri *s.m.* Instrumento cirúrgico para fazer incisões na carne.

bit (bite) *Ingl. s.m. Inform.* 1. Menor medida de informação processada por um computador; bite. 2. Algarismo 0 ou 1 do sistema binário.

bi·te *s.m. Inform.* Bit.

bi·to·la (ó) *s.f.* 1. Medida que serve de padrão. 2. Largura de uma linha férrea.

bi·to·la·do *adj.* Que tem visão acanhada; de curto entendimento.

bi·to·lar *v.t.d.* 1. Medir com bitola. 2. Avaliar, julgar. *v.p.* 3. Tornar-se bitolado.

bi·tran·si·ti·vo *adj. Gram.* Verbo que é ao mesmo tempo transitivo direto e indireto.

bi·tu *s.m.* 1. *Mit.* Bicho-papão. 2. *Mús.* Cantiga popular. 3. *Zool.* O macho da formiga saúva; savitu.

bi:u·ní·vo·co *adj. Mat.* Diz-se da relação entre dois conjuntos, em que a cada elemento do primeiro corresponde apenas um do segundo, e vice-versa.

bi·va·len·te *adj.2gên.* 1. *Quím.* Que possui duas valências. 2. *fig.* Que tem dois usos, duas funções.

bi·val·ve *adj.2gên.* Que é formado por duas valvas(2). 2. *Zool.* Espécime que apresenta duas valvas(2).

bi·va·que *s.m.* Acampamento militar ao ar livre.

bi·zan·ti·no *adj.* 1. De Bizâncio, mais tarde Constantinopla e hoje Istambul, capital da Turquia. 2. *fig.* Sutil e fútil como as questões teológicas da corte de Bizâncio. *s.m.* 3. O natural ou habitante de Bizâncio.

bi·zar·ri·a *s.f.* 1. Qualidade de bizarro. 2. Garbo; brio; gentileza. 3. Esquisito e excêntrico.

bi·zar·ro *adj.* 1. Gentil. 2. Que se veste bem. 3. Generoso, nobre. 4. Jactancioso. 5. Esquisito.

blan·dí·ci·a *s.f.* Brandura, meiguice; afago. *Var.*: blandície.

blas·fe·mar *v.t.d.* 1. Injuriar com blasfêmia. *v.i.* 2. Proferir blasfêmias. *v.t.i.* 3. Proferir palavras blasfemas e ultrajantes.

blas·fe·ma·tó·ri:o *adj.* Que encerra blasfêmia.

blas·fê·mi:a *s.f.* 1. Palavras que ultrajam a divindade ou a religião. 2. Ultraje a coisa ou pessoa que merece respeito.

blas·fe·mo (ê) *adj.* 1. Em que há blasfêmia. 2. Que blasfema, ultraja, insulta. *s.m.* 3. Aquele que blasfema.

blasonar

bla·so·nar *v.t.d.* 1. Alardear; ostentar; proclamar. *v.t.i.* e *v.i.* 2. Vangloriar-se.

bla·te·rar *v.i.* 1. Soltar a voz (o camelo). *v.t.d.* 2. Apregoar. 3. Xingar.

ble·cau·te *s.m.* 1. Corte ou falta generalizada de luz elétrica em um bairro, região ou cidade. 2. *por ext.* Apagão (forma aportuguesada do inglês *blackout*).

ble·far *v.i.* 1. Iludir no jogo, dando a entender que tem boas cartas. 2. Esconder uma situação difícil. *v.t.d.* 3. Lograr.

ble·fa·ri·te *s.f. Med.* Inflamação das pálpebras.

ble·fe (é ou ê) *s.m.* Ato ou efeito de blefar.

ble·nor·ra·gi·a *s.f. Med.* Inflamação das membranas mucosas, principalmente da uretra e vagina.

blin·da·do *adj.* Revestido de chapas de aço.

blin·da·gem *s.f.* Ato ou efeito de blindar.

blin·dar *v.t.d.* 1. Revestir de chapas de aço. 2. Proteger. *v.t.d.* e *v.i.* 3. Cobrir.

blitz (blits) *s.f. Al.* Fiscalização, batida policial ou ação militar de surpresa. *Pl.*: blitze.

blo·co (ó) *s.m.* 1. Porção volumosa e sólida de uma substância pesada. 2. Caderno de papel. 3. Grupo carnavalesco.

blo·que·ar *v.t.d.* Pôr bloqueio a; sitiar; cercar.

blo·quei·o *s.m.* Cerco ou operação militar que tem por objetivo cortar as comunicações de um porto ou de uma praça com o exterior.

blu·sa *s.f.* 1. Vestimenta leve usada pelas mulheres. 2. Veste larga usada por operários, colegiais, artistas, etc.

bobear

blu·são *s.m.* Roupa informal ou esportiva, geralmente mais folgada.

bo·a-fé *s.f.* Sinceridade. *Pl.*: boas-fés.

bo·a-noi·te *s.m.* Cumprimento que se dirige a alguém à noite. *Pl.*: boas-noites.

bo·a-pin·ta *adj. 2gên.* 1. Que tem boa aparência, é elegante, ou causa boa impressão. *s.2gên.* 2. A pessoa com essas características. *Pl.*: boas-pintas.

bo·a-pra·ça *adj.2gên. pop.* 1. Simpático, confiável, generoso. *s.m.* 2. O indivíduo com essas características. *Pl.*: boas-praças.

bo·as-fes·tas *s.f.pl.* Cumprimentos por ocasião do Natal e ano-novo.

bo·as-vin·das *s.f.pl.* Expressão de contentamento pela chegada de alguém.

bo·a-tar·de *s.m.* Cumprimento que se dirige a alguém à tarde. *Pl.*: boas-tardes.

bo·a·te *s.f.* Casa noturna onde se bebe e dança e onde, não raro, se assiste a espetáculos de variedades.

bo·a·tei·ro *adj.* e *s.m.* Que ou o que propala boatos.

bo·a·to *s.m.* Notícia anônima de um acontecimento que se espalha publicamente sem confirmação; balela.

bo·a-vi·da *s.2gên.* Pessoa que procura viver com o mínimo de esforços. *Pl.*: boas-vidas.

bo·a-vis·ten·se *adj.2gên.* 1. De Boa Vista (Roraima) e Boa Vista (Paraíba). *s.2gên.* 2. Natural ou habitante dessas cidades. *Pl.*: boa-vistenses.

bo·ba·gem *s.f.* Asnice, asneira.

bo·ba·lhão *adj.* 1. Que é bobo demais. *s.m.* 2. O indivíduo bobo demais.

bo·be·ar *v.t.d.* 1. Dizer bobagens. 2. Portar-se como bobo.

bo·bei·ra *s.f. pop.* Asneira, bobagem.

bo·bi·na *s.f.* 1. Carretel. 2. Grande rolo de papel contínuo usado em impressoras rotativas. 3. *Eletr.* Dispositivo composto de fio isolado e enrolado em um carretel ou outro suporte, que funciona como indutor.

bo·bo (ô) *s.m.* 1. Indivíduo que vivia no palácio dos príncipes e nobres, para os divertir, na Idade Média; truão; bufão. *adj.* 2. Tolo; parvo; atoleimado.

bo·bó *s.m. Cul.* Comida de origem africana que se prepara com feijão, banana e azeite de dendê.

bo·ca (ô) *s.f.* 1. *Anat.* Cavidade ou abertura que se situa na face e pela qual o homem e os outros animais introduzem os alimentos. 2. Qualquer abertura semelhante à boca. 3. Órgão da fala. *sobrecomum* 4. Pessoa que come.

bo·ca-a·ber·ta *s.2gên.* 1. Pessoa distraída, indolente ou descuidada. 2. Pessoa que se espanta com tudo. *Pl.:* bocas-abertas.

bo·ca de for·no *s.f.* Brincadeira infantil em que, a partir de um diálogo preestabelecido, um participante sugere ações aos demais.

bo·ca·do *s.m.* 1. Porção de alimento que se leva à boca de uma só vez; pedaço. 2. Pequeno decurso de tempo. 3. Porção indeterminada.

bo·cai·na *s.f.* 1. Depressão ou vale entre duas serras. 2. Desfiladeiro.

bo·cal *s.m.* 1. Abertura de vaso, candeeiro, frasco, etc. 2. *Mús.* Embocadura dos instrumentos de sopro.

bo·çal *adj.2gên.* Grosseiro; estúpido.

bo·ça·li·da·de *s.f.* Qualidade de boçal.

bo·ca·li·vre *s.f.* Festa onde se come e bebe à vontade. *Pl.:* bocas-livres.

bo·ca-ri·ca *s.f. pop.* Situação, lugar ou ocupação em que se obtém dinheiro facilmente. *Pl.:* bocas-ricas.

bo·car·ra *s.f. pop.* 1. Aumentativo de boca. 2. Boca muito grande ou muito aberta.

bo·ce·jar *v.i.* 1. Abrir a boca por efeito de sono ou enfado. 2. Dar bocejos.

bo·ce·jo (ê) *s.m.* Ato de abrir a boca de modo involuntário, aspirando o ar e depois expirando-o prolongadamente.

bo·ce·ta (ê) *s.f.* Pequena caixa de formato redondo ou oval, usada para guardar pequenos objetos. 2. Caixa de rapé. 3. *pej.* Vulva.

bo·cha (ó) *s.f.* 1. Jogo que consiste no arremesso de bolas maciças de madeira na direção de uma bola menor, com o objetivo de ficar o mais próximo desta. 2. A bola usada nesse jogo.

bo·che·cha (ê) *s.f. Anat.* 1. Parte mais saliente de cada uma das faces. 2. Cada uma das paredes laterais da boca.

bo·che·char *v.t.d.* Agitar, com o movimento das bochechas, um líquido que se tem na boca.

bo·che·cho (ê) *s.m.* 1. Ação ou resultado de bochechar. 2. Pequena quantidade de líquido, geralmente um antisséptico para a boca, que se usa bochechando.

bo·che·chu·do *adj.* e *s.m.* Que, ou o que tem grandes bochechas.

bó·ci·o *s.m. Med.* Hipertrofia da glândula tireoide; papo.

bo·có *adj.2gên.* e *s.2gên.* Pateta, tolo.

bo·da (ô) *s.f.* 1. Celebração de casamento. 2. Festa com a qual se celebra um casamento.

bo·de (ó) *s.m.* O macho da cabra. **Bode expiatório**: pessoa sobre a qual se faz recair a culpa dos outros.

bo·de·ga (é) *s.f.* 1. Taberna; ponto de encontro de pessoas. 2. Casa onde se vendem produtos alimentícios e bebidas.

bo·do·que (ó) *s.m.* Estilingue; atiradeira.

bo·dum *s.m.* 1. Mau cheiro que exala o bode não castrado. 2. Transpiração malcheirosa. 3. Exalação fétida.

bo·ê·mi·a *s.f.* 1. Vida irresponsável. 2. Estúrdia.

bo·ê·mi·o *adj.* 1. Relativo à Boêmia (República Tcheca). *s.m.* 2. O natural ou habitante dessa região. *adj.* e *s.m.* 3. Que ou o que leva vida desvairada.

bo·fe (ó) *s.m.* 1. *fig.* Índole, caráter. 2. *pop.* Pessoa feia. 3. Meretriz de ínfima classe.

bo·fes (ó) *s.m.pl.* Fressura dos animais.

bo·fe·ta·da *s.f.* 1. Golpe com a mão aberta no rosto. 2. *fig.* Injúria, insulto, ofensa.

bo·fe·tão *s.m.* Grande bofetada.

bo·fe·te (é) *s.m. pop.* Bofetada leve; tabefe.

bóh·ri·o *s.m. Quím.* Elemento artificial de símbolo **Bh** e cujo número atômico é 107.

boi *s.m. Zool.* Mamífero ruminante bovídeo utilizado pelo homem no trabalho de carga e na alimentação.

boi·a (ó) *s.f.* 1. Corpo flutuante, ligado à âncora, que serve para indicar o caminho aos navios. 2. Objeto flutuante usado para manter algo ou alguém na superfície da água. 3. *fig.* Qualquer comida; refeição.

boi·a·da *s.f.* Manada de bois; boiama.

boi·a·dei·ro *s.m.* 1. O que conduz o gado. 2. O que compra gado para revender. 3. Marchante.

boi·a·fri·a *s.2gên. pop.* Trabalhador rural que se desloca diariamente para o local do trabalho. *Pl.:* boias-frias.

boi·a·ma *s.f.* Boiada.

boi·ar *v.t.d.* 1. Prender à boia. *v.i.* 2. Flutuar. 3. *fig.* Oscilar; hesitar. 4. *fig.* Almoçar ou jantar.

boi·bum·bá *s.m. Fol.* O mesmo que bumba meu boi. *Pl.:* bois-bumbá e bois-bumbás.

boi·cor·ne·ta (ê) *s.m.* 1. Boi de um só chifre ou aleijado de um dos chifres. 2. *fig.* Indivíduo rixoso, indisciplinado. *Pl.:* bois-cornetas.

boi·co·ta·gem *s.f.* Boicote.

boi·co·tar *v.t.d.* 1. Fazer oposição a, por meio de recusa sistemática de relações sociais ou comerciais. 2. Criar embaraços nos negócios de.

boi·co·te (ó) *s.m.* Ato ou efeito de boicotar; boicotagem.

boi·ei·ro *s.m.* 1. Homem que guarda ou guia bois. 2. *Astron.* Constelação boreal (inicial maiúscula).

boi·na *s.f.* Espécie de boné chato, desprovido de pala.

boi·ta·tá *s.m. Mit.* Nome popular do fogo-fátuo.

bo·jo (ô) *s.m.* 1. Saliência convexa, de certos vasos. 2. Barriga grande. 3. *fig.* Capacidade, envergadura.

bo·ju·do *adj.* Que tem grande bojo.

bo·la (ó) *s.f.* 1. Corpo esférico. 2. Juízo; cabeça. 3. Piada. 4. Propina; suborno. **Pisar na bola**: cometer um engano, dar um fora.

bo·la ao ces·to (ó) *s.f. Desp.* Basquete.

bo·la·cha *s.f.* 1. *Cul.* Espécie de bolo achatado, de farinha de trigo, maisena, etc., com sal ou açúcar. 2. *fam.* Bofetada.

bo·la·da *s.f.* 1. Monte de dinheiro no jogo. 2. Grande soma de dinheiro.

bo·la de ne·ve *s.f.* Situação que vai aumentando de alcance ou gravidade, de forma progressiva e descontrolada. *Pl.*: bolas de neve.

bo·lar *v.t.d.* 1. Tocar com a bola; acertar com a bola. 2. Imaginar, arquitetar um expediente.

bo·las *s.f.pl.* 1. Boleadeiras. *interj.* 2. Expressão de enfado, desaprovação.

bol·bo (ô) *s.m. Bot.* O mesmo que bulbo.

bol·che·vis·mo *s.m.* Doutrina marxista que se tornou dominante durante a Revolução Russa de 1917 e implantou o comunismo na União Soviética.

bol·do *s.m. Bot.* Planta cujas folhas são usadas para preparar um chá com propriedades digestivas.

bol·dri·é *s.m.* Talabarte.

bo·le·a·dei·ras *s.f.pl.* Aparelho para laçar animais, constituído por três bolas de ferro ou pedra, envolvidas em couro, que se ligam entre si por meio de cordas de couro; bolas, pedras; três-marias.

bo·le·ar *v.t.d.* 1. Dar aspecto ou forma de bola a. 2. Tornar redondo ou arredondado. 3. *fig.* Aprimorar; polir. 4. Arremessar as bolas ou boleadeiras para laçar (animal).

bo·lei·a *s.f.* 1. Peça de madeira, fixa na lança da carruagem, à qual se prendem os tirantes. 2. Cabina do motorista, no caminhão.

bo·le·ro (é) *s.m.* 1. Dança espanhola. 2. Música que acompanha essa dança.

bo·le·tim *s.m.* 1. Escrito noticioso de pequenas dimensões. 2. Impresso de propaganda.

bo·le·to (ê) *s.m.* 1. Documento impresso de um pagamento a ser feito em banco relativo a compra, aluguel, empréstimo, etc. 2. Registro de uso interno das bolsas de valores. 3. Bilhete de apostas usado no turfe.

bo·lha (ô) *s.f.* 1. Vesícula ou empola que aparece sobre a pele. 2. Glóbulo de ar que se forma na superfície de líquidos em ebulição ou fermentação.

bo·li·che *s.m.* Jogo que consiste em fazer deslizar uma bola para derrubar um conjunto de balizas com formato de garrafas.

bó·li·do *s.m. Astron.* Meteoro incandescente que atravessa o espaço. *Var.:* bólide.

bo·li·na *s.f.* 1. *Náut.* Chapa que serve como extensão vertical da quilha de embarcações a vela para diminuir a inclinação e aumentar a estabilidade. 2. *Náut.* Cabo para orientar a vela em relação ao vento. 3. *Deprec.* Ação ou resultado de bolinar.

bo·li·nar *v.i. pop.* Apalpar libidinosamente (alguém).

bo·li·vi·a·no *adj.* 1. Concernente à Bolívia. *s.m.* 2. O natural ou habitante da Bolívia.

bo·lo (ô) *s.m.* 1. *Cul.* Massa de farinha com ovos, açúcar, etc. 2. Soma de dinheiro formada por entradas, apostas, multas e perdas dos parceiros no jogo. 3. Logro.

bo·lo·nhês *adj.* 1. Relativo à cidade de Bolonha, Itália. *s.m.* 2. O indivíduo que nasceu ou vive nessa cidade. *Cul.* **À bolonhesa**: prato, geralmente de massa, servido com molho de tomate e carne moída.

bo·lor (ô) *s.m. Bot.* Fungo que se desenvolve nas matérias orgânicas, levando-as à decomposição.

bo·lo·ren·to *adj.* Que tem bolor; coberto de bolor.

bolota

bo·lo·ta (ó) *s.f.* 1. *Bot.* Fruto do carvalho e da azinheira; glande. 2. Penduricalho.

bol·sa *s.f.* 1. Carteira com fecho, geralmente de couro. 2. Pensão gratuita para viagem cultural ou estudos. 3. Sala, edifício ou local onde se juntam corretores para operações financeiras.

bol·são *s.m.* 1. Bolsa ou bolso grande. 2. Área em que ocorre ou se concentra algo que é diferente do meio que a circunda.

bol·sis·ta *adj.2gên.* 1. Concernente ao movimento de fundos públicos. *s.2gên.* 2. Pessoa que joga com fundos públicos. 3. Pessoa que usufrui uma bolsa de estudos.

bol·so (ô) *s.m.* Saquinho costurado à roupa e no qual se guardam objetos; algibeira.

bom *adj.* 1. De qualidade superior, satisfatória ou adequada. 2. Que tem bondade, pratica o bem. 3. Hábil. 4. Favorável; benigno; justo; razoável. *Comp. de sup.:* melhor. *Sup.abs.sint.:* ótimo. *interj.* 5. Termo usado para exprimir surpresa, aprovação, etc.

bom·ba *s.f.* 1. Projétil cheio de substâncias explosivas. 2. *fig.* Notícia que causa sensação. 3. Reprovação em exame. 4. Fogo de artifício. 5. Máquina de elevar água por meio de compressão de ar ou movida a eletricidade. 6. Aparelho para encher câmaras de ar. 7. Canudo que se introduz na cuia de chimarrão para tomar o mate; bombilha.

bom·ba·chas *s.f.pl. Reg.* Calças largas que se apertam nos tornozelos por botões.

bom·bar·dão *s.m. Mús.* Instrumento de sopro metálico dotado de pistons e som grave.

bom·bar·de·ar *v.t.d.* Lançar bombas ou projéteis contra; canhonear.

bonança

bom·bar·dei·o *s.m.* Ato ou efeito de bombardear.

bom·ba-re·ló·gi·o *s.f.* Bomba com relógio para fazê-la explodir no tempo predeterminado. *Pl.:* bombas-relógio e bombas-relógios.

bom·bás·ti·co *adj.* 1. Altissonante; retumbante; estrondoso. 2. *fig.* Extravagante.

bom·be·ar *v.t.d.* Acionar a bomba para tirar água de poço ou reservatório.

bom·bei·ro *s.m.* 1. Policial militar do corpo de extinção de incêndios. 2. Encanador.

bom·bi·lha *s.f.* Bomba.

bom·bo *s.m. Mús.* Zabumba; grande tambor; bumbo.

bom·bo·ca·do *s.m. Cul.* Doce à base de farinha de trigo, açúcar, gemas, leite, manteiga, coco ou queijo ralado. *Pl.:* bons-bocados.

bom·bom *s.m. Cul.* Espécie de doce de chocolate ou massa de açúcar que pode ou não conter recheio.

bom·bor·do (ó) *s.m. Náut.* Lado esquerdo do navio no sentido da popa à proa. *V.* **estibordo**.

bom-di·a *s.m.* Cumprimento dado a alguém pela manhã. *Pl.:* bons-dias.

bom-mo·ço *s.m.* Indivíduo que finge ser honesto, sério e bem-comportado. *Pl.:* bons-moços.

bom-tom *s.m.* 1. Modos próprios de distinção social. 2. Modos que denotam boa educação. *Pl.:* bons-tons.

bo·na·chão *adj.* e *s.m.* Que ou o que é bondoso; paciente; ingênuo. *Var.:* bonacheirão.

bo·nan·ça *s.f.* 1. Bom tempo que no mar sucede a uma tempestade. 2. Calmaria. 3. *fig.* Sossego; tranquilidade.

bon·da·de *s.f.* 1. Qualidade do que é bom. 2. Benevolência. 3. Inclinação para o bem.

bon·de *s.m.* Carro elétrico que se move sobre trilhos.

bon·do·so (ô) *adj.* Que tem bondade. *Pl.*: bondosos (ó).

bo·né *s.m.* Cobertura para a cabeça, redonda e com pala.

bo·ne·ca (é) *s.f.* 1. Figura representando mulher ou menina com a qual as crianças brincam. 2. *fig.* Mulher ou menina muito enfeitada. 3. Mulher bela.

bo·ne·co (é) *s.m.* 1. Figura representando homem ou menino com a qual as crianças brincam. 2. *fig.* Títere.

bo·ni·fi·ca·ção *s.f.* 1. Ato ou efeito de bonificar. 2. Benefício ou vantagem que se dá em títulos e ações de companhias e bancos.

bo·ni·fi·car *v.t.d.* 1. Dar bonificações a. 2. Gratificar; beneficiar.

bo·ni·fra·te *s.m.* 1. Títere; boneco de engonço; fantoche. *sobrecomum* 2. *fig.* Pessoa frívola, ridícula, leviana.

bo·ni·te·za (ê) *s.f.* Qualidade de bonito.

bo·ni·to *adj.* 1. De boa aparência; que agrada à vista. 2. De bom aspecto. 3. Nobre; bom.

bo·no·mi·a *s.f.* 1. Qualidade da pessoa que é simples, bondosa, crédula. 2. Simplicidade.

bô·nus *s.m.2núm.* 1. Prêmio que algumas empresas ou companhias concedem. 2. Título da dívida pública, ao portador.

bon·zo *s.m.* Sacerdote budista.

boot (bute) *Ingl. s.m. Inform.* Inicialização; iniciação(4). *Dar boot*: ligar o computador e executar as rotinas de inicialização.

bo·quei·ra *s.f. Med.* Nome popular para queilite angular, pequena ferida nos cantos da boca.

bo·quei·rão *s.m.* 1. Grande boca. 2. Abertura de rio ou de canal. 3. Quebrada da serra.

bo·qui·a·ber·to (é) *adj.* 1. De boca aberta. 2. Pasmado. 3. Com ares de imbecil.

bo·qui·a·brir *v.t.d.* 1. Provocar admiração a; causar pasmo a. *v.p.* 2. Ficar pasmado, boquiaberto.

bo·qui·lha *s.f.* 1. Encaixe para unir caixilhos de portas e janelas. 2. Piteira (para fumar).

bó·rax (cs) *s.m. Quím.* Borato hidratado de sódio. *Pl.*: bóraces. *Var.*: borace.

bor·bo·le·ta (ê) *s.f. epiceno* 1. *Zool.* Inseto diurno de metamorfose completa. 2. *fig.* Mulher inconstante. 3. Aparelho giratório para registrar a entrada de pessoas em determinado lugar.

bor·bo·le·te·ar *v.i.* 1. Adejar; bater as asas como as borboletas; vaguear. 2. Fantasiar; devanear.

bor·bo·rig·mo *s.m.* Ruído surdo que se produz nos intestinos, causado pelo movimento de gases. *Var.*: borborismo.

bor·bo·tão *s.m.* Jorro, jato impetuoso, golfada.

bor·bo·tar *v.t.d.* 1. Lançar em borbotões. 2. Dizer ou fazer em profusão. *v.i.* 3. Jorrar com ímpeto; sair em borbotões.

bor·bu·lha *s.f. Med.* 1. Pequena vesícula na epiderme, de conteúdo aquoso ou purulento. 2. *por ext.* Bolha de ar que se forma na superfície da água. 3. Fervura de água. 4. *fig.* Mácula; defeito. 5. *Bot.* Botão ou olho da planta.

bor·bu·lhar *v.i.* 1. Sair em borbulhas, bolhas ou gotas. 2. Sair com ímpeto.

bor·co (ô) *s.m.* Posição para baixo. *loc. adv.* **De borco**: de boca para baixo.

bor·da (ó) *s.f.* Orla; fímbria; margem.

bor·da·dei·ra *s.f.* Mulher que borda.

bor·da·do *adj.* 1. Em que se fez obra de bordadura. *s.m.* 2. Obra de bordadura.

bor·da·du·ra *s.f.* 1. Ação ou efeito de bordar. 2. Orla; cercadura. 3. Ornamento que limita a superfície de um objeto.

bor·dão *s.m.* 1. Pau grosso que serve para arrimo; cajado. 2. *fig.* Amparo, arrimo. 3. *Mús.* Tom mais baixo de alguns instrumentos que fazem o acompanhamento. 4. *Mús.* Corda mais grossa das notas graves. 5. Palavra ou frase que se repete muito, na conversa ou na escrita.

bor·dar *v.t.d.* 1. Fazer bordado em. *v.i.* 2. Fazer bordado.

bor·del *s.m.* Prostíbulo, lupanar.

bor·de·jar *v.i.* 1. *Náut.* Navegar em zigue-zague com embarcação a vela, conforme o vento; bordear. *v.t.d.* 2. Andar a esmo, em torno de algo ou alguém. 3. *pop.* Sair em busca de encontros amorosos.

bor·de·jo (ê) *s.m.* Ação ou resultado de bordejar.

bor·de·rô *s.m. Cont.* 1. Lista detalhada de operações financeiras ou comerciais durante um determinado período. 2. Relação de títulos enviados a um banco para pagamento ou cobrança.

bor·do (ó) *s.m.* Lado do navio. **A bordo**: no navio, no avião, no trem.

bor·do·a·da *s.f.* Golpe, pancada com bordão.

bor·du·na *s.f.* Arma em forma de bastão, usada pelos indígenas; tacape.

bo·re·al *adj.2gên.* Setentrional; do lado do norte.

bo·res·te (é) *s.m.* O lado direito de uma embarcação ou de uma aeronave, quando se olha da parte traseira para a frente; estibordo.

bó·ri·co *adj. Quím.* Relativo ou pertencente ao boro ou dele derivado.

bor·la (ó) *s.f.* 1. Obra de passamanaria que consiste em diversos fios em forma de campânula, de onde pendem vários fios. 2. Barrete doutoral.

bor·nal *s.m.* 1. Saco de pano para provisões. 2. Saco que se adapta ao focinho da cavalgadura, para nele o animal comer.

bo·ro (ó) *s.m. Quím.* Corpo não metálico de símbolo B e cujo número atômico é 5.

bo·ro·ro (ô) *s.2gên.* 1. Indígena do estado de Mato Grosso. *adj.2gên.* 2. Relativo aos bororos.

bor·ra (ô) *s.f.* 1. Sedimento de líquido; fezes. 2. Resíduo da seda que se desperdiça durante a fiação.

bor·ra-bo·tas *s.2gên.* e *2núm.pej.* Pessoa sem importância ou sem caráter; joão-ninguém.

bor·ra·cha *s.f.* 1. Substância elástica extraída de árvores como a seringueira ou fabricada artificialmente. 2. Pedaço de borracha usado para apagar traços de lápis ou tinta.

bor·ra·cha·ri·a *s.f.* Local em que se consertam e vendem pneus e câmaras de ar; borracheiro(3).

bor·ra·chei·ra *s.f.* 1. Bebedeira, embriaguez. 2. Modos ou palavras de bêbado; disparate. 3. Coisa malfeita.

bor·ra·chei·ro *s.m.* 1. Aquele que extrai o leite da mangabeira. 2. Indivíduo que faz consertos ligeiros em pneumáticos. 3. O local onde trabalha esse indivíduo.

bor·ra·cho *adj.* e *s.m.* Bêbedo, ébrio.

bor·ra·chu·do *adj.pop.* 1. Que tem consistência parecida com a da borracha. 2. Diz-se de cheque que o banco devolve por falta de fundos. *s.m.* 3. *Zool.* Nome comum a várias espécies de mosquitos de cor escura, cujas fêmeas se alimentam de sangue.

bor·ra·de·la (é) *s.f.* Borrão; borradura.

bor·ra·dor *adj.* 1. Que borra. 2. Que serve para fazer rascunhos, esboços. *s.m.* 3. *Cont.* Livro de anotações comerciais diárias. 4. Caderno ou outro material para fazer rascunhos, esboços.

bor·ra·lhei·ra *s.f.* Lugar onde se junta o borralho da cozinha ou do forno.

bor·ra·lhei·ro *adj.* 1. Que está sempre no borralho, na cozinha. 2. Que raramente sai de casa.

bor·ra·lho *s.m.* 1. Brasido quase extinto; cinzas quentes; brasido coberto de cinzas. 2. *fig.* Lareira.

bor·rão *s.m.* 1. Mancha de tinta. 2. Rascunho.

bor·rar *v.t.d.* 1. Manchar com borrões. 2. Pintar de modo grosseiro. 3. Apagar, rabiscar.

bor·ras·ca *s.f.* 1. Tempestade no mar. 2. Temporal com vento e chuva; procela; furacão. 3. *fig.* Contrariedade repentina.

bor·re·go (ê) *s.m.* Cordeiro de menos de um ano.

bor·ri·far *v.t.d.* 1. Molhar com borrifos; rociar; orvalhar. *v.i.* 2. Chuviscar.

bor·ri·fo *s.m.* 1. Dispersão de gotas. 2. Pequenas gotas de chuva. 3. Fios de água que passam pelo crivo do regador.

bor·ze·guim *s.m.* Botina cujo cano se fecha por meio de cordões.

bos·que (ó) *s.m.* Arvoredo compacto e extenso; mata; selva.

bos·que·jar *v.t.d.* 1. Fazer o bosquejo de. 2. Delinear; esboçar; resumir.

bos·que·jo (ê) *s.m.* 1. Esboço de uma obra. 2. Primeiros traços; plano geral; rascunho.

bos·sa (ó) *s.f.* 1. *Anat.* Protuberância craniana. 2. Tumor; inchação oriunda de contusão. 3. *fig.* Tendência; queda; aptidão. 4. Habilidade; jeito de agradar.

bos·ta (ó) *s.f.* 1. Excremento dos animais. 2. Coisa malfeita ou de má qualidade.

bo·ta (ó) *s.f.* Calçado de couro que envolve o pé e parte da perna.

bo·ta-fo·ra (ó) *s.m.2núm.* Festa de despedida a pessoas que se ausentam.

bo·tâ·ni·ca *s.f.* Ciência que estuda os vegetais.

bo·tâ·ni·co *adj.* 1. Relativo à botânica. *s.m.* 2. Aquele que se dedica à botânica.

bo·tão *s.m.* 1. Peça arredondada que se enfia nas casas do vestuário. 2. *Bot.* O estado da flor antes de desabrochar; gomo de planta.

bo·tar *v.t.d.* 1. Pôr. 2. Lançar fora. *v.p.* 3. Lançar-se.

bo·te (ó) *s.m.* 1. Pequena embarcação de remos ou de velas; escaler. 2. Golpe com arma branca; estocada; cutilada. 3. Salto da cobra para picar, ou do animal sobre a presa. 4. *por ext.* Investida, ataque.

bo·te·co (é) *s.m.pop.* Estabelecimento comercial simples, para venda de bebidas, comidas e outros artigos; botequim, bar.

bo·te·lha (ê) *s.f.* 1. Frasco; garrafa. 2. Vinho contido numa garrafa.

bo·te·quim *s.m.* Casa de bebidas, cigarros, café, etc.

bo·ti·cão *s.m.* Espécie de tenaz para arrancar dentes.

bo·ti·cá·ri:o *s.m.* Farmacêutico.

bo·ti·ja *s.f.* Vaso de boca estreita e gargalo curto, provido de pequena asa.

bo·ti·jão *s.m.* Recipiente cilíndrico de metal, próprio para armazenar produto volátil(4), como o utilizado para gás de cozinha; bujão.

bo·tim *s.m.* Bota pequena de cano baixo. *V.* **butim**.

bo·ti·na *s.f.* 1. Bota de cano curto, geralmente inteiriça, para homem. 2. Pequena bota para senhora ou criança.

bo·to (ô) *s.m. epiceno Zool.* Mamífero cetáceo marinho ou de água doce.

bo·to·cu·do *s.2gên.* 1. Indígena dos estados do Espírito Santo, Minas Gerais e Bahia. *adj.2gên.* 2. Relativo aos botocudos.

bo·to·ei·ra *s.f.* 1. Abertura no vestuário onde entra o botão. 2. Mulher que faz botões.

bo·to·que (ó) *s.m.* Adorno de madeira, de forma arredondada, que os botocudos e outros indígenas usam no lábio inferior, nas narinas e nas orelhas.

bo·tu·lis·mo *s.m. Med.* Intoxicação grave causada pela toxina produzida pela bactéria *Clostridium botulinum*, que se desenvolve em alimentos mal enlatados ou malconservados.

bou·ba *s.f. Med.* 1. Doença tropical infecciosa provocada pela bactéria *Treponema pertenue*, que causa lesões na pele, nos ossos e nas articulações. 2. Erupção ou lesão na pele por causa dessa doença. 3. Ferida ou tumor provocado por doença sexualmente transmissível.

bo·ví·de:os *Zool. s.m.pl.* Família de ruminantes que compreende os bois, carneiros, cabras e antílopes.

bo·vi·no *adj.* Relativo ou pertencente ao boi.

bo·xa·dor (cs) *s.m.* Boxeador.

bo·xe (cs) *s.m.* 1. Jogo de murros, pugilismo. 2. Armadura de metal que se adapta aos dedos e serve para dar socos. 3. Compartimento (de cavalariças, supermercados, etc.).

bo·xe·a·dor (cs) *s.m.* Lutador de boxe; pugilista.

bra·be·za (ê) *s.f.* Qualidade de brabo.

bra·bo *adj.* 1. Feroz; brigão; valentão; selvagem. 2. Nocivo.

bra·ça *s.f.* 1. *Metrol.* Antiga medida de comprimento equivalente a 2,2 m. 2. *Náut.* Medida correspondente a 1,83 m.

bra·ça·da *s.f.* 1. Porção que se pode tomar nos braços. 2. Movimento que o nadador faz com os braços.

bra·ça·dei·ra *s.f.* 1. Correia do escudo, pela qual se enfia o braço. 2. Correia que atletas usam no braço.

bra·çal *adj.2gên.* 1. Relativo aos braços. 2. Que se executa com os braços.

bra·ce·jar *v.i.* 1. Agitar os braços; gesticular; mover-se. 2. Germinar; vicejar.

bra·ce·le·te (ê) *s.m.* Argola de adorno que as mulheres usam no braço; pulseira.

bra·ço *s.m. Anat.* 1. Cada um dos membros superiores do corpo humano. 2. Parte do braço entre o ombro e o cotovelo. 3. Cada um dos membros dianteiros dos quadrúpedes.

brác·te:a *s.f. Bot.* Folha modificada que se situa sob a flor.

bra·dar *v.t.d.* 1. Gritar; dizer em brados. 2. Reclamar em altas vozes. *v.t.i.* 3. Reclamar; pedir; protestar. *v.i.* 4. Rugir; gritar; bramir.

bra·do *s.m.* 1. Grito; exclamação. 2. Reclamação em voz alta. 3. *fig.* Renome; fama.

bra·gui·lha *s.f.* Abertura dianteira das calças.

brai·lle *s.m.* Sistema de escrita e leitura para deficientes visuais, composto de pontos em relevo, que podem ser percebidos pelo tato. *Var.*: braile.

bra·ma¹ *s.f.* Cio (dos veados).

bra·ma² *s.f. epiceno Zool.* Gênero de peixes de água salgada.

bra·ma³ *s.f.* Cerveja (de qualquer marca).

Bra·ma *s.m. Rel.* Deus hindu.

brâ·ma·ne *adj.2gên.* e *s.2gên.* Diz-se de ou sacerdote do bramanismo.

bra·ma·nis·mo *s.m. Rel.* Sistema religioso que se funda na crença em Brama, divindade hindu considerada a fonte que deu origem ao Universo.

bra·mar *v.i.* 1. Soltar a voz (o veado, o tigre, a onça). 2. Zangar-se. *v.t.i.* 3. Clamar; acusar violentamente.

bra·mi·do *s.m.* 1. Rugido (de feras, do mar, etc.). 2. Estampido. 3. Voz ameaçadora.

bra·mir *v.i.* 1. Soltar bramidos. 2. Fazer grande estrondo. *v.t.d.* 3. Dizer em altos brados. ★★

bran·co *adj.* 1. Da cor do leite ou da neve. 2. De cor clara. 3. Claro; pálido. 4. Descorado. 5. Que não foi premiado (bilhete de loteria). 6. *Lit.* Diz-se do verso que não rima. *s.m.* 7. A cor branca; indivíduo de raça branca. 8. *Bot.* Alburno.

bran·cu·ra *s.f.* Qualidade daquilo que é branco; alvura.

bran·dir *v.t.d.* 1. Agitar com a mão, antes de arremessar. 2. Atirar; descarregar. 3. Acenar com. *v.i.* 4. Oscilar; vibrar. ★★

bran·do *adj.* 1. Que cede facilmente. 2. Mole; flexível. 3. Afável; manso. 4. Suave.

bran·du·ra *s.f.* 1. Qualidade do que é brando. 2. Moderação. 3. Suavidade.

bran·que·a·men·to *s.m.* Ato ou efeito de branquear.

bran·que·ar *v.t.d.* 1. Tornar branco ou mais branco. 2. Cobrir com substância branca. 3. Limpar. *v.i.* 4. Tornar-se branco; alvejar. *v.p.* 5. Fazer-se branco. 6. Limpar-se.

brân·qui·as *s.f.pl. Zool.* Sistema respiratório da maioria dos animais que vivem debaixo da água; guelras.

bran·qui·nha *s.f. pop.* 1. Aguardente de cana; pinga, cachaça. 2. *Zool.* Nome comum a vários tipos de peixes de água doce.

bra·sa *s.f.* 1. Carvão incandescente. 2. Estado de aflição; ansiedade. 3. Ira.

bra·são *s.m.* 1. Escudo de armas. 2. Insígnia de nobres. 3. *fig.* Honra; timbre.

bra·sei·ro *s.m.* 1. Recipiente cheio de brasas. 2. Brasido. 3. Conjunto de brasas que ficam depois de um incêndio.

bra·si·do *s.m.* 1. Grande porção de brasas. 2. Calor de fogo muito vivo.

bra·si·lei·ris·mo *s.m.* 1. Expressão ou maneira de dizer peculiar aos brasileiros. 2. Modismo próprio da linguagem dos naturais ou habitantes do Brasil. 3. Qualidade, sentimento de brasileiro; brasilidade.

bra·si·lei·ro *adj.* 1. Do Brasil. *s.m.* 2. O natural ou habitante do Brasil.

bra·si·li·a·na *s.f.* Coleção de trabalhos, impressos ou em outros meios, sobre o Brasil.

bra·si·li·a·nis·ta *adj.2gên.* 1. Diz-se da pessoa, geralmente estrangeira, que se especializa no estudo de assuntos brasileiros. *s.2gên.* A pessoa que é brasilianista.

bra·sí·li·co *adj.* 1. Que é próprio dos indígenas brasileiros. 2. O mesmo que brasileiro. *s.m.* 3. O indivíduo que é natural ou habitante do Brasil.

bra·si·li·da·de *s.f.* 1. Caráter distintivo do brasileiro e do Brasil. 2. Sentimento de amor ao Brasil; brasileirismo.

bra·si·li·en·se *adj.2gên.* 1. Relativo ou pertencente a Brasília, capital do Brasil. *s.2gên.* 2. O natural ou habitante de Brasília.

bra·va·ta *s.f.* 1. Fanfarronada. 2. Ameaça arrogante.

bra·va·te·ar *v.t.d.* 1. Dizer bravatas. 2. Ameaçar; dirigir (ameaças).

bra·ve·za (ê) *s.f.* 1. Bravura. 2. Sanha; ferocidade; impetuosidade.

bra·vi·o *adj.* 1. Bravo; feroz. *s.m.* 2. Terreno inculto.

bra·vo *adj.* 1. Destemido. 2. Valoroso; intrépido; impetuoso. 3. Admirável. *s.m.* 4. Indivíduo corajoso. *interj.* 5. Termo usado para exprimir agrado, aprovação; muito bem!

bra·vu·ra *s.f.* Qualidade de bravo; valentia, arrojo.

bre·ca (é) *s.f.* Contração espasmódica dos músculos; cãibra. *desus.* **Levado da breca**: travesso, endiabrado. **Com a breca!**: com os diabos!

bre·car *v.t.d.* 1. Manobrar os freios de veículo para que ele pare. *v.i.* 2. Fazer parar um veículo sob a ação dos freios.

bre·cha (é) *s.f.* 1. Fenda; abertura; ruptura. 2. Ferida larga. 3. Espaço vazio; quebrada.

bre·chó *s.m. pop.* Loja para compra e venda de objetos usados.

bre·ga (é) *adj.2gên. pop.* De mau gosto.

bre·jei·ri·ce *s.f.* Ato ou dito de brejeiro.

bre·jei·ro *adj.* 1. Vadio, gaiato. 2. Maroto; biltre. 3. Malicioso. 4. Relativo a brejo. *s.m.* 5. Indivíduo brejeiro.

bre·jo (é) *s.m.* 1. Pântano; lameiro. 2. Terreno que só dá urzes. 3. Matagal.

bre·nha (ê) *s.f.* 1. Floresta espessa; matagal. 2. *fig.* Confusão.

bre·que (é) *s.m.* Freio mecânico das viaturas.

bre·tão *adj.* 1. Concernente à Bretanha, província francesa, ou à Grã-Bretanha. *s.m.* 2. O natural ou habitante da Bretanha ou da Grã-Bretanha. 3. Dialeto da Bretanha.

breu *s.m. Quím.* Substância escura semelhante ao pez negro, obtida pela destilação da hulha.

bre·ve (é) *adj.2gên.* 1. De curta duração; rápido; curto; resumido. *adv.* 2. Dentro de pouco tempo. *s.m.* 3. Escrito pontifício. 4. Escapulário que os fiéis trazem no pescoço.

bre·vê *s.m.* Diploma de aviador.

bre·ve·tar *v.t.d.* Diplomar(-se) em curso de aviação.

bre·vi·á·ri·o *s.m.* 1. Livro de rezas dos sacerdotes. 2. Resumo; sumário.

bre·vi·da·de *s.f.* 1. Qualidade do que é breve. 2. *Cul.* Doce feito de polvilho, ovos, etc.

bri·ca·bra·que *s.m.* 1. Velhos objetos de arte, móveis, roupas, etc. 2. Estabelecimento comercial que compra e vende tais objetos.

bri·da *s.f.* Rédea; freio de animal.

brid·ge (brídige) *Ingl. s.m.* Espécie de jogo de cartas, semelhante ao uíste, no qual tomam parte quatro pessoas.

bri·ga *s.f.* Luta; disputa; combate.

bri·ga·da *s.f. Mil.* Corpo militar, composto quase sempre de dois regimentos.

bri·ga·dei·ro *s.m.* 1. *Mil.* Comandante de uma brigada. 2. *Cul.* Doce feito com leite condensado e chocolate.

bri·ga·dei·ro do ar *s.m.* 1. Patente militar situada entre a de major-brigadeiro e coronel aviador. 2. Oficial militar com essa patente. *Pl.*: brigadeiros do ar.

bri·ga·lha·da *s.f.* 1. Brigas em série. 2. Briga demorada ou com muitos participantes.

bri·gão *adj.* 1. Que costuma brigar por qualquer motivo. *s.m.* 2. O indivíduo com essa característica.

bri·gar *v.t.i.* e *v.i.* 1. Lutar. 2. Discutir. 3. Discordar.

bri·guen·to *adj.* e *s.m.* O mesmo que brigão.

bri·lhan·te *adj.2gên.* 1. Que brilha. 2. Ilustre; magnífico. *s.m.* 3. Diamante facetado, com a parte superior plana.

bri·lhan·ti·na *s.f.* Cosmético para dar brilho ao cabelo.

bri·lhan·tis·mo *s.m.* 1. Qualidade de brilhante. 2. Esplendor.

bri·lhar *v.i.* 1. Ter brilho, luzir. 2. Distinguir-se. *v.t.d.* 3. Ostentar.

bri·lho *s.m.* 1. Esplendor. 2. Luz viva. 3. *fig.* Vivacidade. 4. Celebridade.

brim *s.m.* Pano forte de linho ou algodão.

brin·ca·dei·ra *s.f.* 1. Ato de brincar; folgança. 2. Festa familiar.

brin·ca·lhão *adj.* e *s.m.* Que, ou o que gosta de brincadeiras.

brin·car *v.i.* 1. Divertir-se; folgar. 2. Não levar a sério. *v.t.i.* 3. Zombar; gracejar.

brin·co *s.m.* 1. Objeto para enfeitar as orelhas. 2. Coisa arrumada com capricho.

brin·co-de-prin·ce·sa *s.m.* Nome comum a diversas plantas do gênero *Fuchsia*, cultivadas com fins ornamentais pela beleza de suas flores, que se assemelham aos brincos usados pelas damas das antigas aristocracias; fúcsia. *Pl.*: brincos-de-princesa.

brin·dar *v.t.d.* 1. Beber à saúde de. 2. Oferecer presente a. 3. Atribuir alguma coisa a alguém. *v.t.i.* 4. Erguer um brinde.

brin·de *s.m.* 1. Palavras de saudação a uma pessoa no ato de beber. 2. Oferta, presente.

brin·que·do (ê) *s.m.* 1. Objeto para brincar. 2. Folguedo; folia.

bri:o *s.m.* 1. Sentimento de dignidade pessoal. 2. Coragem, valentia. 3. Generosidade.

bri·o·che (ó) *s.m. Cul.* Pequeno pão de farinha de trigo, ovos e manteiga.

bri·o·so (ô) *adj.* 1. Que tem brio; 2. Orgulhoso; pundonoroso. 3. Garboso; fogoso (cavalo). *Pl.*: briosos (ó).

bri·sa *s.f.* Vento brando e fresco à beira-mar; viração, aragem.

bri·ta·dei·ra *s.f.* Máquina para britar.

bri·tâ·ni·co *adj.* 1. Relativo à Grã-Bretanha. *s.m.* 2. O natural ou habitante da Grã-Bretanha.

bri·tar *v.t.d.* Partir (a pedra) em fragmentos; quebrar, triturar.

bro·a (ô) *s.f. Cul.* Bolo de farinha de milho.

bro·ca (ó) *s.f.* 1. Instrumento com o qual se abrem buracos. 2. Instrumento formado pela pua, eixo e arco respectivo. 3. *Zool.* Larva que se desenvolve nas raízes, nos frutos e no córtex das plantas.

bro·ca·do *s.m.* Estofo com desenhos em relevo.

bro·car·do *s.m.* 1. Sentença; provérbio, máxima. 2. Axioma jurídico.

bro·cha (ó) *s.f.* Prego de cabeça larga e chata. *V.* **broxa**.

bro·cha·do *adj.* Não encadernado (livro).

bro·che (ó) *s.m.* Joia com que se enfeita o vestuário, provida de alfinete e fecho.

bro·chu·ra *s.f.* 1. Método de encadernação que consiste em costurar as folhas de uma publicação para uni-las e depois protegê-las com uma capa feita de papel mais espesso ou outro material. 2. Livro encadernado por esse método ou a capa desse livro. 3. Folheto ou outra publicação semelhante de poucas páginas. 4. Caderno em que as folhas são dobradas e grampeadas no vinco, protegidas geralmente por capa mole.

bró·co·lis *s.m.pl. Bot.* Planta hortense. *Var.:* brócolos.

bró·di·o *s.m.* 1. Banquete alegre, refeição ruidosa. 2. Pândega.

bro·ma·to·lo·gi·a *s.f.* Ciência que trata dos alimentos.

bro·me·to (ê) *s.m. Quím.* 1. Composto que contém bromo. 2. Sal do ácido bromídrico.

bro·mo (ô) *s.m. Quím.* Corpo simples, metaloide, de símbolo Br e cujo número atômico é 35.

bro·mo·fór·mi·o *s.m. Quím.* Substância orgânica, anestésica, semelhante ao clorofórmio, em cuja composição entra o bromo.

bron·ca (ô) *s.f.* 1. Ato ou efeito de bronquear. 2. Repreensão áspera. 3. Admoestação.

bron·co (ô) *adj.* 1. Obtuso; rude; estúpido; grosseiro. 2. Áspero.

bron·co·pneu·mo·ni·a *s.f. Med.* Inflamação aguda dos pulmões, geralmente provocada por infecções das vias aéreas.

bron·que·ar *v.i.* e *v.t.i.* 1. Achar ruim ou malfeito. 2. Desaprovar; não permitir.

brôn·qui·o *s.m. Anat.* Cada um dos ramos das bifurcações da traqueia.

bron·quí·o·lo *s.m. Anat.* Subdivisão dos brônquios.

bron·qui·te *s.f. Med.* Inflamação dos brônquios.

bron·tos·sau·ro *s.m. Paleont.* Grande dinossauro quadrúpede, provavelmente herbívoro, que atingia mais de 20 metros de comprimento e pesava cerca de 30 toneladas.

bron·ze *s.m. Quím.* Liga de cobre e estanho à qual se juntam, às vezes, outros metais.

bron·ze·a·dor *adj.* 1. Que bronzeia. *s.m.* 2. Substância própria para bronzear.

bron·ze·ar *v.t.d.* 1. Dar cor de bronze a. 2. Fazer semelhante ao bronze. *v.i.* 3. Escurecer mediante a ação do sol. *v.p.* 4. Tostar-se, escurecer-se.

bro·tar *v.i.* 1. Desabrochar; surgir; nascer. *v.t.i.* 2. Borbotar; derivar; manar. *v.t.d.* 3. Produzir; lançar; deitar de si; segregar.

bro·to (ô) *s.m.* 1. Ato de brotar. 2. Gomo, rebento.

bro·to·e·ja (ê) *s.f. Med.* Erupção cutânea acompanhada de prurido.

bro·xa (ó, ch) *s.f.* 1. Pincel grande que se emprega sobretudo em caiação. 2. Aquele que perdeu a potência sexual. *V.* **brocha**.

bro·xar (ch) *v.t.d.* 1. Pintar ou caiar com broxa. *v.i.* 2. Perder a potência sexual.

bru·a·ca *s.f. fig.* Mulher velha e feia.

bru·ços *s.m.pl.* Posição deitada com a barriga para baixo. *loc. adv.* **De bruços**: com o rosto e o ventre voltados para baixo.

bru·ma *s.f.* Nevoeiro espesso; cerração.

bru·mo·so (ô) *adj.* Cheio de brumas. *Pl.*: brumosos (ó).

bru·ni·do *adj.* Polido; brilhante; luzidio.

bru·ni·du·ra *s.f.* Ato ou efeito de brunir.

bru·nir *v.t.d.* 1. Tornar brilhante; polir. 2. Aprimorar, esmerar, apurar.

bru·no *adj.* Escuro; sombrio.

brus·co *adj.* 1. Áspero; arrebatado. 2. Escuro, nublado (tempo).

bru·tal *adj.2gên.* Violento; rude.

bru·ta·li·da·de *s.f.* 1. Qualidade de bruto. 2. Ação brutal; ferocidade.

bru·ta·li·zar *v.t.d.* e *v.p.* Tornar bruto, selvagem, feroz.

bru·ta·mon·tes *s.m.2núm.* Indivíduo abrutalhado, grosseiro, rude.

bru·to *adj.* 1. Rude; grosseiro; violento. 2. Sem desconto. 3. Diz-se do sertão vazio de moradores. *s.m.* 4. Animal irracional. 5. Indivíduo rude.

bru·xa (ch) *s.f.* 1. Mulher que se dá à feitiçaria. 2. Boneca de pano. 3. Mulher feia ou rabugenta.

bru·xa·ri·a (ch) *s.f.* 1. Ação ou prática de bruxa. 2. Sortilégio.

bru·xo (ch) *s.m.* O que faz bruxaria; feiticeiro.

bru·xu·le·an·te (ch) *adj.2gên.* Que bruxuleia.

bru·xu·le·ar (ch) *v.i.* 1. Brilhar frouxamente; tremular; oscilar. 2. *fig.* Agonizar.

bu·bão *s.m. Med.* Íngua; tumor duro e inflamatório (surge, geralmente, nas glândulas das virilhas, das axilas e do pescoço).

bu·cal *adj.2gên.* Concernente à boca.

bu·ca·nei·ro *s.m. Hist.* Pirata transformado em corsário pela coroa inglesa, na América dos séculos XVII e XVIII.

bu·cha *s.f.* 1. Objeto ou pedaço de material resistente que se usa para tapar orifícios ou fendas. 2. Peça que se introduz na parede previamente perfurada, em cujo interior se coloca o parafuso, para melhorar a fixação ou a sustentação de objetos. 3. Pedaço de tecido, papel amassado ou outro material que se introduz em armas carregadas pela boca, a fim de comprimir e manter a munição no cano. 4. Chumaço de estopa ou outro material embebido em combustível utilizado em balões juninos. 5. *Bot.* Planta trepadeira cujo fruto tem em seu interior um material fibroso usado geralmente para banho. 6. O interior do fruto dessa planta, que se usa inteiro ou parte dele.

bu·cha·da *s.f.* 1. Entranhas de animais. 2. *fig. Cul.* Iguaria composta das vísceras e intestinos de carneiro ou de bode.

bu·cho *s.m.* 1. Estômago dos animais. 2. *pop.* Estômago do homem. 3. Ventre, barriga. 4. *gír.* Mulher feia. 5. Meretriz. *V.* **buxo**.

bu·clê *adj.* 1. Diz-se do tecido cujos fios são tramados em laçadas, dando-lhe uma aparência felpuda. *s.m.* 2. O tecido com essas características.

bu·ço *s.m.* Penugem sobre o lábio superior do homem ou da mulher.

bu·có·li·co *adj.* 1. Que se refere à vida simples dos pastores; campestre. 2. Inocente; simples. 3. Gracioso.

bu·dis·mo *s.m.* Doutrina de Buda (Siddharta Gautama, príncipe indiano, 563-483 a.C.).

bu·dis·ta *adj.2gên.* 1. Relativo a Buda ou ao budismo. *s.2gên.* 2. Pessoa adepta do budismo.

bu·ei·ro *s.m.* Abertura ou tubulação para escoamento de águas.

bú·fa·lo *s.m. epiceno Zool.* 1. Designação comum a duas espécies de bovinos. 2. Nome que se dá impropriamente ao bisão americano.

bu·fão *s.m.* Ator que provoca o riso dos espectadores com mímicas e caretas; bufo, truão.

bu·far *v.t.d.* 1. Soprar, enchendo de ar as bochechas. *v.i.* 2. Expelir o ar pela boca de modo violento.

bu·fa·ri·nhei·ro *s.m.* Negociante ambulante de quinquilharias.

bu·fê *s.m.* 1. Mesa em que se dispõem baixelas, garrafas, etc.; aparador. 2. Empresa que se encarrega da realização de festas e comemorações.

bu·fo *s.m.* 1. Ato ou efeito de bufar. 2. Bafo forte; som que se produz ao bufar. 3. Bufão, truão.

bu·fo·na·ri·a *s.f.* Ação, dito de bufão.

bug (bãgue) *Ingl. s.m. Inform.* Falha em um programa geralmente causada por inconsistência no seu código ou por incompatibilidade com outros programas que estejam sendo executados simultaneamente.

bu·ga·lho *s.m.* 1. *Bot.* Protuberância em forma de globo que se forma na casca de carvalhos, em decorrência da ação de bactérias, fungos, etc. 2. *pop.* O globo ocular.

bu·gan·ví·li·a *s.f. Bot.* Nome comum a diversas espécies de trepadeiras, usadas com finalidades ornamentais por causa de suas brácteas coloridas; primavera.

bu·gi·ar *v.i.* 1. Fazer bugiarias. 2. Bater estacas com o bugio.

bu·gi·a·ri·a *s.f.* 1. Modos, trejeitos de bugio. 2. Bagatela, bugiganga.

bu·gi·gan·ga *s.f.* Bagatela; quinquilharia (quase sempre *us.* no *pl.*).

bu·gi:o *s.m.* 1. Bate-estacas. *epiceno* 2. *Zool.* Espécie de macaco.

bu·gre *s.m.* 1. Índio bravio. 2. *fig.* Indivíduo selvagem.

bu·jão *s.m.* Recipiente de gás no estado líquido.

bu·jar·ro·na (ô) *s.f. Náut.* Vela de formato triangular que é içada à proa dos navios.

bu·la *s.f.* 1. Carta patente que encerra decreto pontifício. 2. Nota explicativa que acompanha um medicamento.

bul·bo *s.m.* 1. *Bot.* Tipo de caule, subterrâneo ou aéreo, de gema terminal suculenta. 2. *Anat.* Parte orgânica arredondada ou globulosa.

bul·do·gue (ó) *s.m. Zool.* Cão de fila de raça inglesa, de cabeça grande e arredondada.

bu·le *s.m.* Recipiente para servir chá, café, leite, etc.

bu·le·var *s.m.* Rua larga ou avenida, geralmente ladeada por árvores; alameda.

búl·ga·ro *adj.* 1. Da Bulgária. *s.m.* 2. O natural ou habitante desse país. 3. Dialeto da Bulgária.

bu·lha *s.f.* 1. Barulho; ruído; confusão de sons. 2. Gritaria. 3. Desordem.

bu·lí·ci·o *s.m.* 1. Agitação (de coisas ou pessoas). 2. Rumor; motim.

bu·li·ço·so (ô) *adj.* 1. Que se agita. 2. Inquieto; turbulento. *Pl.:* buliçosos (ó).

bu·li·mi·a *s.f. Med.* Distúrbio mental caracterizado por ingestão episódica de grande quantidade de alimento, seguida de vômito.

bu·lir *v.i.* 1. Mexer-se levemente. 2. Mudar de posição; agitar-se. *v.t.i.* 3. Mexer; tocar. *v.t.d.* 4. Mover fracamente.

bum·ba meu boi *s.m.2 núm.* Divertimento popular de caráter dramático, comum no Nordeste; boi-bumbá; boi-surubi; boi-surubim. *Pl.:* bumbas meus bois.

bum·bum *s.m.* 1. Som de bombo. 2. Estrondo. 3. Pancada repetida. 4. *fam.* Nádegas.

bu·me·ran·gue *s.m.* Arma de arremesso, comum na Austrália.

bun·da *s.f.* Nádegas.

bu·quê *s.m.* 1. Pequeno ramalhete de flores. 2. Reunião de pequenas coisas, em forma de ramalhete.

bu·ra·co *s.m.* 1. Pequena abertura; orifício; furo. 2. Nome de um jogo de cartas. 3. *fig.* Coisa desagradável, embaraçosa.

bu·ra·quei·ra *s.f.* 1. Grande número de buracos. 2. Terreno cheio de irregularidades. 3. *pop.* Má situação financeira; pindaíba.

bur·bu·ri·nhar *v.i.* Fazer burburinho.

bur·bu·ri·nho *s.m.* 1. Ruído confuso de vozes. 2. Tumulto; confusão.

bu·rel *s.m.* 1. Pano de lã simples e grosseiro. 2. Hábito de frade ou de freira feito com esse pano. 3. *fig.* Luto.

bur·go *s.m.* 1. Povoado de categoria inferior à da cidade. 2. Arrabalde de cidade ou aldeia; vila. 3. Mosteiro. 4. Casa pobre.

bur·go·mes·tre *s.m.* Cargo, equivalente ao de prefeito no Brasil, em diversas cidades da Alemanha, Bélgica, Holanda e Suíça.

bur·guês *s.m.* 1. Homem da classe média; ricaço. *adj.* 2. Relativo a burgo. 3. Ordinário; grosseiro.

bur·gue·si·a *s.f.* 1. Qualidade de burguês. 2. Classe média, na sociedade capitalista. 3. *Sociol.* Todos os grupos ou indivíduos cujos interesses se vinculam aos dos possuidores dos meios de produção.

bu·ril *s.m.* Instrumento de aço usado para cortar e gravar em metal, lavrar pedra, etc.

bu·ri·lar *v.t.d.* 1. Lavrar pedras ou metais com buril. 2. Rendilhar (a frase). *v.t.d.* e *v.i.* 3. Gravar (no espírito).

bu·ri·ti *s.m. Bot.* 1. Palmeira que fornece fibras de suas folhas e óleo comestível de seus frutos; buritizeiro. 2. O fruto dessa palmeira.

bu·ri·ti·zal *s.m.* 1. Área com grande quantidade de buritis. 2. Terreno onde se plantam buritis.

bur·la *s.f.* Ato ou efeito de burlar; engano, dolo, fraude.

bur·lar *v.t.d.* Ludibriar; enganar.

bur·les·co (ê) *adj.* Grotesco; ridículo; caricato.

bu·ro·cra·ci·a *s.f.* 1. A classe dos funcionários públicos, principalmente das secretarias de Estado. 2. A influência desses funcionários.

bu·ro·cra·ta *s.2gên.* Funcionário público.

bu·ro·crá·ti·co *adj.* 1. Concernente à burocracia. 2. Próprio de burocrata.

bu·ro·cra·ti·zar *v.t.d.* Dar feição burocrática a.

bur·ra *s.f.* 1. A fêmea do burro. 2. Caixa, cofre ou arca para a guarda de valores.

bur·ra·da *s.f.* 1. Porção de burros. 2. Asneira; erro.

bur·ri·ce *s.f.* 1. Estupidez; asneira. 2. Casmurrice.

bur·ri·co *s.m. Dim.* de burro.

bur·ri·nho *s.m.* 1. *Zool.* Burro pequeno; burrico. 2. Pequena bomba movida a eletricidade. 3. *Mec.* Bomba de freio hidráulico dos automóveis.

bur·ro *s.m.* 1. *Zool.* Quadrúpede solípede, menor que o cavalo, com orelhas maiores, híbrido do jumento e da égua; asno. *adj.* 2. Asnático; estúpido.

bur·si·te *s.f. Med.* Inflamação da bolsa que recobre uma articulação.

bus·ca *s.f.* 1. Ato ou efeito de buscar. 2. Pesquisa; investigação. 3. *Inform.* Em um conjunto de dados, execução de um comando ou rotina para localizar determinado item de informação; consulta, pesquisa; rastreamento.

bus·ca-pé *s.m.* Fogo de artifício que queima em zigue-zague rente ao chão, estourando no final. *Pl.*: busca-pés.

bus·car *v.t.d.* 1. Fazer por encontrar. 2. Procurar; investigar. 3. Ir ter a (alguma parte). 4. Tratar de adquirir. 5. Recorrer a; tentar.

bu·sí·lis *s.m. 2 núm.* 1. A principal dificuldade em resolver uma questão. 2. *por ext.* O difícil de uma coisa qualquer.

bús·so·la *s.f.* 1. *Fís.* Caixa do feitio de um relógio em cujo mostrador, com uma rosa dos ventos, se move uma agulha magnética para indicar o rumo. 2. *por ext.* O que serve de guia.

bus·ti·ê *s.m.* Tipo de corpete sem alça, do vestuário feminino.

bus·to *s.m.* 1. A parte superior do corpo até a cintura. 2. Obra de escultor representando cabeça, pescoço e essa parte do corpo. 3. Os seios da mulher.

bu·ta·no *s.m. Quím.* Composto pertencente à família dos hidrocarbonetos, que é um dos principais componentes do gás de cozinha vendido em botijões.

bu·ti·á *s.m. Bot.* 1. Palmeira encontrada em várias regiões do Brasil, da qual se aproveita praticamente tudo: os frutos são comestíveis, de suas amêndoas se extrai óleo e da sua polpa se produz uma bebida alcoólica; as fibras são empregadas na feitura de chapéus, esteiras e cestos. 2. O fruto dessa palmeira.

bu·tim *s.m.* Bens materiais e pessoas (escravos) que se tomam do inimigo. *V.* **botim**.

bu·xo (ch) *s.m. Bot.* Planta de casa. *V.* **bucho**.

bu·zi·na *s.f.* Aparelho com que nos automóveis e outros veículos se dá sinal sonoro de advertência.

bu·zi·nar *v.i.* 1. Tocar a buzina. *v.t.d.* 2. Repetir muitas vezes. *v.t.i.* 3. Aturdir com repetições importunas.

bú·zio *s.m. Zool.* 1. Nome comum a diversas espécies de moluscos, de concha grande e de forma geralmente espiralada. 2. A concha desses moluscos.

byte (baite) *Ingl. s.m. Inform.* Espaço da memória onde se pode armazenar um caractere (letra, algarismo, espaço em branco, qualquer sinal gráfico, etc.).

C c

c¹ *s.m.* 1. Terceira letra do alfabeto. *num.* 2. O terceiro numa série indicada por letras.

c² *s.m. Mús.* A nota dó.

cá *adv.* 1. Aqui; neste lugar. 2. Entre nós; nesta terra. 3. Esta época; agora.

cã *s.f.* Cabelo branco (mais *us.* no *pl.*).

ca·a·ba *s.f.* 1. Templo muçulmano, em Meca. 2. A pedra sagrada em torno da qual se construiu esse templo.

ca·a·tin·ga *s.f.* 1. Mato espesso característico do nordeste do Brasil. 2. A zona coberta por esse tipo de vegetação. *Var.:* catinga. *V.* **catinga**.

ca·ba *s.f. Zool. Reg.* Vespa.

ca·ba·ça *s.f.* 1. O mesmo que cabaço. 2. Porongo.

ca·ba·ço *s.m.* 1. Fruto de forma ovalada. 2. Vasilha ou cuia feita desse fruto depois de seco e despojado do miolo. 3. *chulo* Hímen. 4. A virgindade da mulher. *sobrecomum* 5. A mulher virgem ou o homem casto.

ca·bal *adj.2gên.* 1. Pleno; completo; suficiente. 2. Idôneo, perfeito; rigoroso.

ca·ba·la *s.f. Filos.* 1. Tratado filosófico-religioso hebraico, que pretende resumir uma religião secreta que se supõe haver coexistido com a religião popular dos hebreus. 2. Ciência oculta. 3. Maquinações secretas.

ca·ba·lar *v.i.* 1. Realizar cabala(3). 2. Tramar, conspirar. 3. Conseguir votos de forma ilícita ou fazendo falsas promessas.

ca·ba·lís·ti·co *adj.* 1. Concernente à cabala. 2. Secreto; misterioso.

ca·ba·na *s.f.* Choupana; pequena casa rústica, quase sempre coberta de folhas de gramíneas e palmeiras.

Ca·ba·na·das *s.f. Hist.* Revolta irrompida em Pernambuco e Alagoas, em 1832.

ca·ba·na·gem *s.f.* 1. Ação de cabano. 2. Selvageria; atrocidade. 3. *Hist.* Sedição no Pará, de 1835 a 1836 (inicial maiúscula).

ca·ba·no¹ *s.m.* Indivíduo que mora em cabana.

ca·ba·no² *s.m.* Membro de facções políticas que participaram da Cabanagem.

ca·ba·no³ *adj.* 1. Bovino de chifres inclinados para baixo ou equino de orelhas caídas. 2. Cavalgadura vagarosa e sonolenta. 3. Chapéu de palha de abas baixas e caídas.

ca·ba·ré *s.m.* Estabelecimento público onde se bebe e dança.

ca·baz *s.m.* Cesto de vime ou junco, com tampa e asa arqueada.

ca·be·ça (ê) *s.f.* 1. *Anat.* Uma das três partes em que se divide o corpo humano. 2. A parte do crânio coberta de cabelos. 3. *por ext.* Extremidade superior de um objeto; topo. 4. *fig.* Inteligência; memória; tino; juízo. *sobrecomum* 5. Pessoa muito culta ou inteligente. 6. Corifeu; chefe; agente pensante; guia.

ca·be·ça-cha·ta *s.2gên.* 1. *pej.* Apelido dado a pessoa que nasceu no Nordeste, em especial no Ceará. *s.m. epiceno Zool.* 2. Espécie de tubarão de grande porte, temido pela sua agressividade e capacidade de sobreviver em água doce, podendo adentrar muitos quilômetros rio acima. *Pl.:* cabeças-chatas.

ca·be·ça·da *s.f.* 1. Pancada com a cabeça. 2. *fig.* Tolice; asneira; malogro; desacerto.

ca·be·ça de ne·gro[1] *s.f.* Tipo de bomba junina, que explode com forte estrondo. *Pl.:* cabeças de negro.

ca·be·ça-de-ne·gro[2] *s.f. Bot.* Árvore de pequeno porte, da família das anonáceas, que produz sementes de uso medicinal. *Pl.:* cabeças-de-negro.

ca·be·ça de por·cos *s.f.* Residência humilde, com quartos alugados a diversas pessoas; casa da cômodos; cortiço. *Pl.:* cabeças de porco.

ca·be·ça de pre·go[1] *s.f.* Acúmulo de pus ou outra secreção em uma pequena região de pele. *Pl.:* cabeças de prego.

ca·be·ça-de-pre·go[2] *s.f. Zool.* Tipo de inseto que ataca árvores frutíferas. *Pl.:* cabeças-de-prego.

ca·be·ça de ven·to *s.2gên.* 1. Pessoa atrapalhada, distraída. 2. Pessoa sem responsabilidade, leviana. *Pl.:* cabeças de vento.

ca·be·ça-du·ra *s.2gên.* 1. Pessoa de pouca inteligência; tapado, burro. 2. Pessoa teimosa; cabeçudo(2). *Pl.:* cabeças-duras.

ca·be·ça·lho *s.m.* 1. Parte superior da primeira página do jornal, com vinhetas e dizeres específicos. 2. Título de qualquer publicação.

ca·be·ção *s.m.* 1. Cabeça grande; cabeçorra. 2. Gola larga de roupa feminina ou de religiosos. 3. Tipo de cabresto para cavalo, que não fere a boca do animal.

ca·be·ce·ar *v.i.* 1. Pender a cabeça por efeito de sono. 2. Mover a cabeça. *v.t.d.* 3. Atirar com a cabeça (a bola), no futebol.

ca·be·cei·ra *s.f.* 1. Lado da cama em que se deita a cabeça. 2. Nascente de rio ou riacho.

ca·be·ço (ê) *s.m.* 1. Cume arredondado de um monte. 2. *Tip.* Linha que vai na parte superior de cada uma das páginas dos livros.

ca·be·çor·ra (ô) *s.f.* Cabeça grande; cabeção(1).

ca·be·ço·te (ó) *s.m.* 1. *Autom.* Parte superior do motor, onde se encontram as câmaras de compressão ou de combustão. 2. Cabeça magnética de um gravador.

ca·be·çu·do *adj.* e *s.m.* 1. Que, ou o que tem cabeça grande. 2. *fig.* Teimoso; obstinado.

ca·be·dal *s.m.* 1. Capital. 2. Conjunto de coisas de valor. 3. Fundo de dinheiro. 4. *fig.* Bens intelectuais ou morais.

ca·be·lei·ra *s.f.* 1. Cabelos compridos e naturais ou postiços. 2. *Astron.* Luminosidade que cerca o núcleo de alguns cometas; cauda. *s.m.* 3. Indivíduo que usa cabelos muito compridos.

ca·be·lei·rei·ro *s.m.* 1. Homem que faz cabeleiras. 2. Aquele que penteia cabelos (geralmente de mulheres), por ofício.

ca·be·lo (ê) *s.m.* 1. Conjunto de pelos que crescem na cabeça do homem e da mulher. 2. Mola de aço dos relógios pequenos, que lhes regula o movimento.

ca·be·lu·do *adj.* 1. Que tem muito cabelo. 2. Intrincado; difícil. 3. Obsceno.

ca·ber *v.t.i.* 1. Poder estar contido, estar dentro ou ser compreendido. 2. Poder exprimir-se ou realizar-se. 3. Pertencer em partilha. 4. Ser compatível. 5. Vir por sorte. 6. Ser oportuno.★

ca·bi·da *s.f.* Cabimento; acolhida; boas relações.

ca·bi·de *s.m.* Móvel no qual se penduram roupas, chapéus, etc.

ca·bi·de·la (é) *s.f.* 1. Conjunto de fígado, pescoço, pernas e outras miudezas de aves. 2. *Cul.* Guisado que se prepara com essas miudezas.

ca·bi·do *s.m.* Corporação de cônegos de uma catedral.

ca·bi·men·to *s.m.* 1. Aceitação, valimento. 2. Oportunidade; cabida.

ca·bi·na *s.f.* 1. Camarote nos navios e compartimento nos vagões-leitos dos trens. 2. Espaço reservado ao piloto num avião. 3. Compartimento no qual se encontra aparelho telefônico.

ca·bi·nei·ro *s.m.* 1. Fiscal de cabina de trem ou embarcação, que geralmente verifica ou recebe os bilhetes. 2. Ascensorista.

ca·bis·bai·xo (ch) *adj.* 1. Que traz a cabeça baixa. 2. *fig.* Envergonhado; abatido; humilhado.

ca·bi·ú·na *s.f.* 1. *Bot.* Árvore também conhecida como jacarandá-da-bahia, que fornece madeira escura e resistente, utilizada na fabricação de móveis e na construção civil. *s.2gên.* 2. Mulato escuro ou negro. *Var.*: caviúna.

ca·bí·vel *adj.2gên.* Que tem cabimento; aceitável; admissível.

ca·bo *s.m.* 1. *Mil.* Graduação imediatamente acima de soldado raso. 2. Chefe, cabeça. 3. *Geog.* Ponta de terra que entra pelo mar; promontório. 4. Término, limite, fim. 5. Parte por onde se segura um objeto ou instrumento. 6. *Eletr.* Feixe de fios metálicos para transmissão de telégrafo e rádio, subterrânea ou submarina. 7. *Náut.* Corda utilizada a bordo. 8. *Inform.* Fio ou conjunto de fios que faz a conexão de equipamentos com a corrente elétrica ou de equipamentos entre si. ***De cabo a rabo***: do princípio ao fim.

ca·bo·clo (ô) *s.m.* 1. Descendente de branco e indígena brasileiro, de pele acobreada. 2. Sertanejo; tapuia; caipira; roceiro.

ca·bo de guer·ra *s.m.* 1. Jogo em que participam duas equipes, cada uma puxando a extremidade de uma corda, vencendo a que consegue arrastar a outra. 2. *fig.* Conflito de interesses, disputa feroz. *Pl.*: cabos de guerra.

ca·bo·gra·ma *s.m. desus.* Telegrama para outro continente, transmitido por meio de cabo submarino.

ca·bo·ta·gem *s.f.* Navegação costeira (entre portos da mesma região).

ca·bo·ti·ni·ce *s.f.* Ação de cabotino.

ca·bo·ti·nis·mo *s.m.* Vida, atos, costumes de cabotino.

ca·bo·ti·no *s.m.* 1. Cômico ambulante. 2. *fig.* Homem vaidoso, que faz questão de aparecer, que faz alarde em torno do próprio nome.

ca·bra *s.f.* 1. *Zool.* Mamífero ruminante, fêmea do bode. *s.m.* 2. Filho de mulato e negra ou vice-versa; mestiço. 3. Sujeito, pessoa.

ca·bra-ce·ga *s.f.* Brincadeira infantil em que um participante, com os olhos vendados, deve tentar pegar um dos outros. *Pl.:* cabras-cegas.

ca·bra·da *s.f.* Rebanho de cabras.

ca·bra-ma·cho *s.m.* Indivíduo destemido; valentão. *Pl.:* cabras-machos.

ca·brei·ro *s.m.* 1. Pastor de cabras. *adj.* 2. Que guarda cabras. 3. *pop.* Desconfiado, meio zangado.

ca·bres·tan·te *s.m. Náut.* Mecanismo usado geralmente em embarcações para içar a âncora ou grandes pesos.

ca·bres·to (ê) *s.m.* 1. Arreio com o qual se prendem as cavalgaduras pela cabeça e sem freio. 2. *Anat.* Freio do prepúcio.

ca·bril *s.m.* Lugar próprio para abrigar cabras.

ca·bri·o·la (ó) *s.f.* 1. Salto de cabra; reviravolta. 2. Cambalhota. 3. Mulher descarada ou dissoluta.

ca·bri·o·lar *v.i.* 1. Dar cabriolas(2); saltar. 2. *fig.* Fazer curvas, dar voltas.

ca·bri·o·lé *s.m. ant.* Espécie de carruagem leve.

ca·bri·ta *s.f.* 1. Cabra pequena. 2. Mulata nova.

ca·bri·tar *v.i.* Saltitar feito um cabrito.

ca·bri·to *s.m.* 1. Bode novo. 2. Mulato.

ca·bro·cha (ó) *s.2gên.* 1. Qualquer mestiço escuro, de lábios grossos e cabelo pixaim. 2. Mulato. *s.f.* 3. Mulata jovem.

cá·bu·la *s.2gên. desus.* 1. Estudante que falta frequentemente às aulas. 2. Pessoa sagaz, astuta. *s.f.* 3. Falta de comparecimento às aulas.

ca·bu·lar *v.i.* Faltar às aulas.

ca·bu·lo·so (ô) *adj.* 1. Diz-se daquele que traz ou tem falta de sorte; azarento. 2. Que é aborrecido; maçante. 3. Que desperta antipatia, que é desagradável. 4. Que é de difícil compreensão; confuso, obscuro. *Pl.:* cabulosos (ó).

ca·bu·ré *s.m.* 1. Mestiço; cafuzo; caboclo. 2. Caipira; sertanejo. 3. Homem feio e tristonho. 4. Aquele que só sai à noite.

ca·ca *s.f.* 1. *fam.* Fezes, excremento, em linguagem de crianças pequenas. 2. Coisa malfeita, ruim; porcaria.

ca·ça *s.f.* 1. Ação de caçar. 2. Animal que se caça. 3. Arte de caçar. 4. *fig.* Investigação; perseguição. *V.* **cassa**.

ca·ça·da *s.f.* 1. Ato ou efeito de caçar. 2. A caça que se conseguiu apanhar.

ca·ça·dor *adj.* 1. Que caça. *s.m.* 2. Indivíduo que caça, por divertimento ou ofício.

ca·ça·do·tes *s.2gên.2núm.* Quem busca relacionamento afetivo com pessoa rica por interesse.

ca·çam·ba *s.f.* 1. Balde preso a uma corda para tirar água dos poços. 2. Carroça puxada por um único animal.

ca·ça-mi·nas *s.m.2núm.* 1. Dispositivo para localizar e destruir minas terrestres, geralmente instalado na frente de um carro de combate. 2. Navio de guerra para localizar e destruir minas submarinas.

ca·ça-ní·queis *s.m.2núm.* 1. Máquina de jogo de azar, em que se aposta com moedas ou fichas, algumas com cédulas também. 2. *pej.* Produto que visa acima de tudo ganhar dinheiro.

ca·çan·je *s.m.* Dialeto crioulo do português, falado em Angola.

ca·ção *s.m. epiceno Zool.* Tipo de tubarão de médio ou pequeno porte.

ca·ça·pa *s.f.* Cada um dos buracos da mesa de sinuca em que caem as bolas.

ca·ça·po *s.m. epiceno* 1. *Zool.* Coelho novo; láparo. *s.m.* 2. *fig.* Indivíduo baixo e gordo.

ca·çar *v.t.d.* 1. Perseguir (animais) para apanhá-los ou matá-los. 2. Buscar; procurar; catar. *V.* **cassar**.

ca·ca·re·cos (é) *s.m.pl.* Cacaréus.

ca·ca·re·jar *v.i.* 1. Cantar (a galinha e outras aves). 2. *fig.* Falar de modo monótono e enfadonho. *v.t.d.* 3. Dar risada.

ca·ca·re·jo (ê) *s.m.* 1. Canto da galinha e de outras aves. 2. *fig.* Garrulice.

ca·ca·réus *s.m.pl.* Objetos, utensílios velhos, usados e geralmente inúteis; cacarecos.

ca·ca·ri:a *s.f.* Amontoado de cacos.

ca·ça·ro·la (ó) *s.f.* Recipiente de metal com cabo e tampa onde se cozem alimentos.

ca·ca·tu·a *s.f. Zool.* Nome comum a diversas aves originárias da Austrália, semelhantes ao papagaio, que dele se distinguem pelo penacho na cabeça.

ca·cau *s.m. Bot.* Fruto do cacaueiro, cujas sementes, torradas, dão o chocolate.

ca·cau·al *s.m.* Plantação de cacaueiros.

ca·cau·ei·ro *s.m. Bot.* Árvore que produz o cacau.

ca·ce·ta·da *s.f.* Golpe, pancada com cacete.

ca·ce·te (ê) *s.m.* 1. Pau grosso e curto que se usa como arma; bordão; porrete. 2. *chulo* Pênis. *adj.2gên.* 3. Maçante; importuno.

ca·ce·te:a·ção *s.f.* 1. Ação ou resultado de cacetear(2); chateação. 2. Algo que aborrece, irrita. 3. Sensação provocada por algo chato, irritante.

ca·ce·te·ar *v.t.d.* 1. Bater com cacete. 2. Importunar; maçar; aborrecer.

ca·cha·ça *s.f.* 1. Aguardente preparada mediante a fermentação e destilação do mel ou borras de melaço. 2. Aguardente; pinga; caninha; bagaceira. 3. Paixão. 4. Inclinação; vocação.

ca·cha·ção *s.m.* Pancada no cachaço.

ca·cha·cei·ro *adj.* e *s.m.* Que ou o que é dado ao uso imoderado da cachaça.

ca·cha·ço *s.m. pop.* Parte posterior do pescoço.

ca·cha·lo·te (ó) *s.m. epiceno Zool.* Mamífero de vida marinha do qual se extrai o âmbar.

ca·chão *s.m.* 1. Jato forte de um líquido; jorro, borbotão. 2. Movimento intenso e agitado de um líquido.

ca·che *s.m. Inform.* Área de memória rápida, que armazena os últimos dados manuseados (carregados na memória RAM), deixando-os disponíveis para serem acessados rapidamente.

ca·che·a·do *adj.* 1. Que se desenvolveu em cachos. 2. Diz-se do cabelo ondulado e anelado, formando cachos; ondeado; encrespado.

ca·che·ar *v.i.* 1. Produzir cachos. 2. Cobrir-se de cachos. 3. Tornar-se cacheado (o cabelo).

ca·che·col (ó) *s.m.* Espécie de manta para agasalhar o pescoço e o peito.

ca·chim·ba·da *s.f.* 1. Ato de aspirar a fumaça do cachimbo e soltá-la em seguida. 2. Quantidade de fumo colocada no cachimbo.

ca·chim·bo *s.m.* Aparelho para fumar, constituído de um fornilho onde se põe o tabaco e de um tubo pelo qual se aspira a fumaça.

ca·chi·mô·ni:a *s.f. pop.* 1. Capacidade; cabeça; juízo. 2. Paciência.

ca·cho *s.m.* 1. *Bot.* Grupo de flores ou frutos que se sustentam por pecíolos e se dispõem em redor de um pedúnculo comum. 2. Anel de cabelo.

ca·cho·ei·ra *s.f.* Queda de água em cachões; catarata; catadupa.

ca·cho·la (ó) *s.f. pop.* Cachimônia; bestunto.

ca·cho·le·ta (ê) *s.f.* 1. Pancada na cabeça com a mão; cascudo. 2. *fig.* Ofensa; censura.

ca·cho·pa (ô) *s.f. lus.* 1. Moça. 2. Rapariga robusta e bonitona.

ca·chor·ra (ô) *s.f.* 1. Cadela nova. 2. Qualquer cadela. 3. Cria de outros animais canídeos. 4. *fig.* Mulher devassa; mulher má.

ca·chor·ra·da *s.f.* 1. Porção de cachorros. 2. *fig.* Gente reles; ralé. 3. Ação má.

ca·chor·ro (ô) *s.m.* 1. Cão novo ou pequeno. 2. Cria de outros animais, como o leão, o urso, o tigre. 3. Qualquer cão. 4. *fig.* Indivíduo canalha, biltre, patife; homem desavergonhado.

ca·chor·ro-quen·te *s.m. Cul.* Sanduíche de pão e salsicha quente ao qual se adicionam temperos diversos. *Pl.:* cachorros-quentes.

ca·ci·fe *s.m.* Quantidade que, no jogo, corresponde à entrada dos jogadores ou que se paga por determinado tempo em que se fica à mesa.

ca·ci·fo *s.m.* 1. Cofre; caixa. 2. *fig.* Quarto pequeno e escuro.

ca·cim·ba *s.f.* 1. Cova em que se acumula a água dos terrenos pantanosos. 2. Chuva miúda. 3. Buraco cavado até um lençol de água; poço.

ca·ci·que *s.m.* 1. Nome do chefe, entre diversas tribos da América. *s.m. sobrecomum* 2. *fig.* Chefe político de um lugar. 3. Mandachuva.

ca·co *s.m.* 1. Pedaço de vidro, louça, barro, etc. de uma peça que se quebrou. 2. Traste insignificante. 3. *fig.* Cabeça; inteligência. 4. *sobrecomum* Pessoa doente ou muito velha. 5. Dente estragado. 6. *gír. Teat.* Palavra ou frase que o ator acrescenta ao texto original.

ca·ço·a·da *s.f.* 1. Ação de caçoar. 2. Troça; zombaria.

ca·ço·ar *v.t.d.* 1. Escarnecer de; zombar; fazer caçoada de. *v.t.i.* 2. Escarnecer; troçar.

ca·co·e·te (ê) *s.m.* Costume de fazer certos gestos desagradáveis ou ridículos, por meio de contrações musculares.

ca·có·fa·to *s.m. Gram.* Vício de linguagem que consiste na fusão das letras finais de uma palavra com as iniciais da seguinte, disso resultando som desagradável ou palavra obscena.

ca·co·fo·ni:a *s.f. Gram.* O mesmo que cacófato.

ca·ço·ís·ta *adj.2gên.* e *s.2gên.* Que, ou pessoa que gosta de fazer caçoada.

cac·to *s.m. Bot.* Nome comum a diversas plantas de folhas espinhosas de diversos gêneros, que dão flores.

ca·çu·la *s.2gên.* 1. O filho mais moço ou a filha mais moça. 2. O último dos irmãos ou a última das irmãs.

ca·cun·da *s.f.* 1. A parte de trás do tronco de uma pessoa; dorso, costas. *adj.2gên. s.2gên.* 2. O mesmo que corcunda(2).

ca·da *pron. indef.* Palavra indicativa de uma coletividade de pessoas ou coisas que devem ser consideradas de modo separado.

ca·da·fal·so *s.m.* 1. Estrado que se ergue em lugar público, para nele se exporem ou justiçarem condenados; patíbulo. 2. Forca. *V.* **catafalco**.

ca·dar·ço *s.m.* Cordão ou fita estreita.

ca·das·trar *v.t.d.* Fazer o cadastro de.

ca·das·tro *s.m.* 1. Registro dos imóveis de um país, de uma província, de um estabelecimento comercial, etc. 2. Recenseamento; censo. 3. Registro policial de criminosos.

ca·dá·ver *s.m.* 1. Corpo sem vida, principalmente de um ser humano; defunto. 2. O credor de alguém.

ca·da·vé·ri·co *adj.* 1. Concernente a cadáver. 2. Que se assemelha a cadáver. 3. Lívido.

ca·dê *adv. pop.* Forma reduzida de que é de; onde está?; quede.

ca·de·a·do *s.m.* Fechadura portátil provida de um aro móvel que se fixa dentro do bojo.

ca·dei·a *s.f.* 1. Corrente de anéis ou elos metálicos; grilhão. 2. Prisão; cárcere. 3. *fig.* Cativeiro; servidão. 4. Série; enfiada.

ca·dei·ra *s.f.* 1. Assento com encosto para uma pessoa. 2. *fig.* Matéria que se ensina em um curso. 3. Escola; aula. 4. Funções de professor.

ca·dei·ras *s.f.pl.* Os quadris.

ca·dei·ri·nha *s.f.* 1. Meio de transporte usado no passado por pessoas importantes, consistindo em cadeira coberta, suportada por duas longas varas e carregada por serviçais. 2. Conjunto de faixas de náilon presas à cintura e às coxas de um praticante de montanhismo. 3. Pequena cadeira para uso infantil. 4. Dispositivo de segurança para o transporte de crianças em veículos.

ca·de·la (é) *s.f.* 1. *Zool.* Fêmea do cão. 2. *pej.* Mulher de mau procedimento; meretriz; prostituta.

ca·dên·ci·a *s.f.* 1. Harmonia na disposição das palavras. 2. Ritmo agradável. 3. Regularidade de movimentos. 4. Ritmo no passo militar.

ca·den·ci·ar *v.t.d.* Dar cadência a.

ca·den·te *adj.2gên.* 1. Que vai caindo. 2. Que tem cadência. *V.* **candente**.

ca·der·ne·ta (ê) *s.f.* 1. Livrinho de lembranças. 2. *ant.* Pequeno livro em que o professor anota a frequência, o comportamento e o aproveitamento dos alunos. 3. Pequeno caderno para apontamentos.

ca·der·no *s.m.* Porção de folhas, formando livro de exercícios escolares, etc.

ca·de·te (ê) *s.m.* Aluno de escola militar; aspirante a oficial.

ca·di·nho *s.m.* Vaso refratário, próprio para a fusão de metais; crisol.

cád·mi·o *s.m. Quím.* Elemento metálico, muito dúctil, de símbolo **Cd** e cujo número atômico é 48.

ca·du·car *v.i.* 1. Tornar-se caduco. 2. Envelhecer. 3. Deixar de ter valor, de estar em vigor. 4. Perder parcialmente a razão, por efeito de idade avançada.

ca·du·ceu *s.m.* 1. Bastão com duas serpentes entrelaçadas e duas asas na extremidade superior, símbolo dos mensageiros dos deuses, Hermes, para os gregos; Mercúrio, para os romanos. 2. Emblema adotado como símbolo da medicina.

ca·du·ci·da·de *s.f.* 1. Condição de algo ou alguém caduco; decrepitude. 2. Velhice. 3. Perda do raciocínio, da memória, geralmente por causa de idade avançada.

ca·du·co *adj.* 1. Que cai ou que está prestes a cair. 2. Que perdeu as forças. 3. Que deixou de estar em vigor. 4. Que perdeu parcialmente a razão, por efeito de idade avançada.

ca·du·qui·ce *s.f.* Comportamento de quem está ou parece caduco.

ca·e·té *s.2gên.* 1. Indígena que habitava a capitania de Pernambuco. *adj.2gên.* 2. Relativo a esse indígena ou à sua tribo.

ca·fa·jes·te *s.m.* 1. Indivíduo de ínfima condição. 2. Homem sem maneiras; biltre.

ca·far·na·um *s.m.* 1. Local de desordem, tumulto. 2. *por ext.* Confusão, bagunça.

ca·fé *s.m.* 1. Semente do cafeeiro. 2. Infusão dessa semente, depois de torrada e moída. 3. Estabelecimento onde se tomam café e outras bebidas; bar; botequim. 4. *Bot.* Cafeeiro.

ca·fé com lei·te *adj.2gên.2núm.* 1. *Hist.* Diz-se da política que vigorou no país nas décadas iniciais do século XX, em que se alternavam no poder federal representantes de Minas Gerais, grande produtor de leite e derivados, e de São Paulo, grande produtor de café. 2. Da cor do café misturado ao leite; bege. *s.m.2núm.* 3. Cor que tem essa tonalidade.

ca·fé da ma·nhã *s.m.* Refeição que se faz pela manhã, após o despertar; desjejum. *Pl.*: cafés da manhã.

ca·fe·ei·ro *s.m. Bot.* Arbusto originário da Arábia.

ca·fe·í·na *s.f. Quím.* Substância orgânica alcaloide incolor que se extrai principalmente do café.

ca·fe·tã *s.m.* 1. Tipo de túnica geralmente longa, muito comum entre os árabes e turcos. 2. Roupa de corte semelhante a essa túnica, mas não necessariamente longa.

ca·fe·tão *s.m.* 1. Homem que vive às custas do trabalho de uma ou mais prostitutas. 2. Proprietário de bordel; cáften, rufião.

ca·fe·tei·ra *s.f.* Recipiente para preparar ou servir café.

ca·fe·ti·na *s.f.* 1. Mulher que agencia prostitutas, cobrando comissão. 2. Proprietária de bordel.

ca·fe·zal *s.m.* Lugar plantado de cafeeiros.

ca·fe·zi·nho *s.m.* 1. Café servido em xícaras pequenas. 2. Designação comum a diversas espécies vegetais.

cá·fi·la *s.f.* 1. Grande porção de camelos transportando mercadorias. 2. Caravanas de mercadores. 3. Corja, bando, súcia.

ca·fo·na (ô) *adj.2gên.* e *s.2gên. fam.* Diz-se de, ou o indivíduo de mau gosto, ou muito apegado a convenções.

ca·fo·ni·ce *s.f. fam.* Ato ou modos de cafona.

caf·ta *s.f. Cul.* Prato da culinária árabe, uma espécie de bolinho feito com carne moída, farinha de trigo e especiarias.

cáf·ten *s.m.* 1. Aquele que vive à custa de meretrizes. 2. Explorador da prostituição.

caf·ti·na *s.f.* Mulher que exerce o caftinismo.

caf·ti·nis·mo *s.m.* Ofício de cáften ou caftina; lenocínio.

ca·fu·a *s.f.* 1. Caverna, antro, esconderijo. 2. *por ext.* Lugar escondido, escuro. 3. Habitação muito pobre.

ca·fun·dó *s.m.* Lugar ermo e longínquo.

ca·fu·né *s.m.* 1. Ação de coçar levemente a cabeça de alguém, para fazê-lo adormecer. 2. *por ext.* Carícia.

ca·fu·rin·ga *s.m. Reg.* Na Bahia, coisa pequena, sem nenhum valor.

ca·fu·zo *adj.2gên.* e *s.2gên.* Diz-se de, ou o filho de negro e índia, ou vice-versa.

cá·ga·do *s.m. epiceno* 1. *Zool.* Nome comum a diversos quelônios terrestres. 2. *fig.* Homem vagaroso. 3. Sujeito astuto, manhoso.

ca·gar *v.i. chulo* Defecar.

cai·a·ção *s.f.* 1. Ato de caiar. 2. Mão de cal.

cai·a·na *s.f. Bot.* Variedade de cana-de-açúcar.

cai·a·pó *adj.2gên.* 1. Relativo aos caiapós, grupo indígena brasileiro. *s.2gên.* 2. Pessoa que pertence a esse povo. *s.m.* 3. A língua falada por esse povo.

cai·a·que *s.m.* 1. Canoa utilizada pelos esquimós, geralmente feita de pele de animal esticada sobre uma estrutura rígida. 2. Embarcação de formato semelhante, destinada ao esporte e ao lazer.

cai·ar *v.t.d.* 1. Pintar com água e cal. 2. Dar cor branca a. 3. *fig.* Disfarçar; encobrir.

cãi·bra *s.f. Med.* Contração espasmódica e dolorosa do tecido muscular.

cai·bro *s.m.* Peça de madeira sobre a qual se sustentam as ripas dos telhados.

cai·ça·ra *s.2gên.* Caipira, pescador que vive na praia.

ca·í·da *s.f.* 1. Quebrada de monte; declive. 2. Queda. 3. *fig.* Decadência; ruína.

ca·í·do *adj.* 1. Que caiu; tombado, vencido. 2. *fig.* Abatido; triste. 3. Apaixonado.

cai·ei·ra *s.f.* 1. Forno utilizado para obter a cal a partir de pedras calcárias ou conchas. 2. Local onde se produz a cal. 3. Fogueira ou forno próprio para cozer tijolos.

cai·mão *s.m. epiceno Zool.* Crocodilo americano.

câim·bra *s.f.* O mesmo que cãibra.

ca·i·men·to *s.m.* 1. Ato de cair; queda. 2. *fig.* Abatimento; prostração.

ca·i·nhar *v.i.* 1. Latir (o cão) de modo doloroso. 2. Fazer mesquinharias. 3. Certo jogo com dados ou roleta.

cai·pi·ra *s.2gên.* 1. Habitante do campo, do interior. 2. Roceiro; caboclo. 3. Indivíduo tímido, acanhado.

ca·i·pi·ri·nha *s.f.* Bebida típica do Brasil, preparada com limão, açúcar, aguardente e gelo.

cai·pi·ris·mo *s.m.* Ação ou dito de caipira.

ca·i·pi·rís·si·ma *s.f.* Caipirinha feita com rum em vez de aguardente.

cai·po·ra (ó) *s.2gên.* 1. Ente imaginário que, segundo a crença popular, dá má sorte às pessoas que o encontram. 2. Indivíduo infeliz para o qual nada dá certo.

ca·i·po·ris·mo *s.m.* Azar ou infelicidade constante; urucubaca.

ca·ir *v.i.* 1. Ir ao chão, ir abaixo. 2. Descer; pender; declinar; decair. 3. Capitular. *v.t.i.* 4. Caber por sorte. 5. Coincidir. 6. Descambar. *v.l.* 7. Tornar-se; ficar. *Cair em si:* reconhecer o próprio erro; voltar à realidade. *Cair fora:* fugir. *Cair na real:* tornar-se consciente da realidade.

cais *s.m.2núm.* Lugar onde atracam os navios, onde embarcam e desembarcam passageiros e cargas.

cái·ser *s.m.* Título dado ao soberano do império germânico.

cai·ti·tu *s.m. epiceno Zool.* Mamífero também chamado impropriamente porco-do-mato e queixada.

cai·xa (ch) *s.f.* 1. Móvel com faces geralmente retangulares ou quadradas de madeira, com tampa. 2. Arca; estojo; cofre-forte. 3. Seção de banco, de casa comercial, etc., onde se fazem os pagamentos e os recebimentos. *s.2gên.* 4. Pessoa que trabalha na caixa. *Inform.* **Caixa de entrada**: em correio eletrônico, é para onde vão as mensagens que chegam ao computador do usuário (correspondente em inglês: *inbox*). *Inform.* **Caixa de saída**: em correio eletrônico, é onde ficam as mensagens que foram enviadas (correspondente em inglês: *outbox*).

cai·xa-al·ta (ch) *s.f.* 1. *Tip.* Letra maiúscula. *adj.2gên.* e *s.2gên.* 2. *gír.* Que ou quem é muito rico. *Pl.:* caixas-altas.

cai·xa-bai·xa (ch) *s.f.* 1. *Tip.* Letra minúscula. *adj.2gên.* e *s.2gên.* 2. *gír.* Que ou quem não tem dinheiro. *Pl.:* caixas-baixas.

cai·xa-d'á·gua (ch) *s.f.* Reservatório de diversos formatos e tamanhos, utilizado para armazenar água em residências, edifícios, bairros, etc. *Pl.:* caixas-d'água.

cai·xa-for·te (ch) *s.f.* Local destinado à guarda de valores em bancos e outras empresas e por isso dotado de elevado nível de proteção e segurança. *Pl.:* caixas-fortes.

cai·xão (ch) *s.m.* 1. *Aum.* de caixa. 2. Caixa comprida de tampa abaulada, na qual se conduz o defunto; féretro.

cai·xa-pre·gos (ch) *s.m.pl.* Local distante e difícil de chegar; cafundó.

cai·xa-pre·ta (ch) *s.f.* 1. Dispositivo de gravação de dados de funcionamento de uma aeronave e das conversas entre os tripulantes da cabina de comando e a torre de controle. 2. Algo ou alguém que funciona ou atua de forma obscura ou dissimulada e pode trazer surpresas ao ser descoberto ou revelado. *Pl.:* caixas-pretas.

cai·xei·ro (ch) *s.m.* 1. Empregado de casa comercial que vende ao balcão. 2. O que é encarregado de entregar nas casas a mercadoria comprada. 3. Operário que faz caixas.

cai·xe·ta (ê) *s.f.* Caixa pequena.

cai·xi·lho (ch) *s.m.* 1. Parte da esquadria onde se fixam os vidros. 2. Moldura.

cai·xi·nha (ch) *s.f.* 1. Diminutivo de caixa; caixa de pequenas dimensões. 2. Gorjeta. 3. Dinheiro que se recolhe entre pessoas conhecidas para alguma finalidade.

cai·xo·te (ch, ó) *s.m.* Pequena caixa de madeira para acondicionamento de mercadorias.

ca·já *s.m. Bot.* Fruto da cajazeira.

ca·ja·do *s.m.* Bordão com a extremidade superior arqueada, usado pelos pastores.

ca·ja·zei·ra *s.f. Bot.* Árvore também chamada cajá.

ca·ja·zei·ro *s.m.* O mesmo que cajazeira.

ca·ju *s.m. Bot.* Haste comestível da infrutescência do cajueiro.

ca·ju·a·da *s.f.* Doce ou refresco feito com caju.

ca·ju·ei·ro *s.m. Bot.* Árvore cuja infrutescência é uma noz vulgarmente chamada castanha.

ca·ju·zei·ro *s.m. Bot.* Cajueiro.

cal *s.f. Quím.* Óxido de cálcio proveniente da calcinação de pedras calcárias.

ca·la·bou·ço *s.m.* 1. Prisão subterrânea; cárcere. 2. Cadeia. 3. Lugar sombrio.

ca·la·brês *adj.* 1. Da Calábria ou relativo a essa região do sul da Itália. *s.m.* 2. Indivíduo natural ou habitante da Calábria. 3. Dialeto falado nessa região.

ca·la·da *s.f.* Silêncio total; cessação de barulho; sem barulho.

ca·la·do *adj.* 1. Silencioso, quieto. *s.m.* 2. *Náut.* Distância vertical da quilha do navio à linha de flutuação. 3. Espaço que o navio ocupa dentro da água.

ca·la·fa·te *s.m.* 1. Profissional cujo trabalho é calafetar. 2. *Zool.* Pássaro originário da Indonésia, com penas sedosas e diversas cores, ativos e curiosos, que vivem em bandos na natureza.

ca·la·fe·tar *v.t.d.* Tapar quaisquer fendas ou buracos para impedir a passagem da água ou do ar.

ca·la·fri·o *s.m.* 1. Sensação de frio. 2. Bater de dentes, com frio; arrepio.

ca·la·mi·da·de *s.f.* 1. Desgraça. 2. Infortúnio público. 3. Série de acontecimentos funestos.

ca·la·mi·to·so (ô) *adj.* 1. Que traz ou provoca calamidade. 2. Em que há calamidade. 3. Infeliz; funesto. *Pl.*: calamitosos (ó).

cá·la·mo *s.m.* 1. Caule das gramíneas. 2. Pena de escrever. 3. Flauta. 4. Estilo.

ca·lan·dra *s.f.* 1. Máquina para desempenar ou curvar chapas. 2. Máquina para lustrar tecidos, papel, etc. *epiceno* 3. *Zool.* Pássaro notável pelo canto melodioso; espécie de cotovia.

ca·lan·go *s.m.* 1. *Zool.* Nome dado a diversas espécies de pequenos lagartos da família dos teiídeos. 2. *Reg.* Desafio entre cantadores que se alternam na improvisação de versos.

ca·lão *s.m.* 1. Linguajar composto por termos grosseiros. 2. Gíria.

ca·lar *v.t.d.* 1. Ocultar, não dizer. 2. Impor silêncio a. *v.i.* 3. Não falar. 4. Não ter voz ativa. *v.p.* 5. Não responder; deixar de se manifestar.

cal·ça *s.f.* 1. O mesmo que calças. 2. *Ornit.* Nome dado às penas que recobrem canelas, pés e dedos de uma ave.

cal·ça·da *s.f.* Revestimento ao redor dos edifícios e junto às paredes.

cal·ça·dei·ra *s.f.* Utensílio empregado para calçar os sapatos.

cal·ça·do *s.m.* Peça de vestuário para os pés.

cal·ça·men·to *s.m.* 1. Ação ou resultado de revestir uma via com asfalto, paralelepípedos, pedras ou outro material; pavimentação. 2. O material empregado para fazer esse revestimento. 3. Uso de escoras para apoiar algo.

cal·câ·ne·o *adj.* 1. Relativo ao osso do pé que forma o calcanhar. *s.m.* 2. O osso com essa característica.

cal·ca·nhar *s.m. Anat.* 1. A parte posterior do pé. 2. *por ext.* Parte do calçado que corresponde ao calcanhar; salto.

cal·ca·nhar de a·qui·les *s.m.* O ponto fraco ou vulnerável de algo ou alguém. *Pl.*: calcanhares de aquiles.

cal·ção *s.m.* Calça curta que vai da cintura ao meio da coxa. *V.* **caução**.

cal·car *v.t.d.* 1. Pisar com os pés. 2. Esmagar. 3. Contundir. 4. Decalcar (desenho). 5. Modelar. 6. *fig.* Desprezar; humilhar.

cal·çar *v.t.d.* 1. Revestir os pés ou as mãos com vestuário próprio. 2. Pôr calço em. *v.i.* 3. Usar calçado. *v.p.* 4. Pôr o calçado.

cal·cá·rio *adj.* 1. Que encerra cálcio. 2. Que é da natureza da cal. *s.m.* 3. *Min.* Rocha formada por carbonato de cálcio.

cal·ças *s.f.pl.* 1. Peça externa do vestuário masculino ou feminino que reveste as pernas e que vai da cintura aos pés. 2. Peça idêntica, porém interna e mais curta, do vestuário feminino; calcinha.

cal·ce·mi·a *s.f. Med.* Taxa de cálcio no sangue, cujos valores normais variam entre 85 e 110 mg/l.

cal·ce·ta (ê) *s. m.* Indivíduo condenado a trabalhos forçados.

cal·ce·tar *v.t.d.* Calçar com pedras, empedrar.

cal·ce·tei·ro *s.m.* Operário que calça as ruas com pedras.

cál·ci·co *adj.* Concernente à cal ou ao cálcio.

cal·ci·fi·ca·ção *s.f.* 1. Ação de calcificar. 2. *Med.* Ossificação anormal dos tecidos moles do organismo.

cal·ci·fi·car *v.t.d.* 1. Dar consistência e cor de cal a. *v.p.* 2. *Med.* Sofrer a calcificação.

cal·ci·na·ção *s.f.* Ação ou efeito de calcinar.

cal·ci·nar *v.t.d.* 1. Transformar em cal. 2. *por ext.* Submeter a temperatura bastante elevada. 3. Reduzir a carvão ou a cinzas.

cal·ci·nha *s.f.* Calças curtas do vestuário íntimo feminino.

cál·ci·o *s.m. Quím.* Elemento metálico, extraído da cal, de símbolo *Ca* e cujo número atômico é 20.

cal·ço *s.m.* Cunha que se coloca debaixo de um objeto para o levantar, nivelar ou firmar.

cal·çu·do *adj.* 1. Que usa calças compridas. 2. *Zool.* Diz-se das aves que têm as pernas revestidas de penas.

cal·cu·la·do·ra (ô) *s.f.* Máquina de calcular.

cal·cu·lar *v.t.d.* 1. Determinar por meio de cálculo. 2. Contar; avaliar. 3. *fig.* Prever; premeditar; imaginar. *v.t.d.* e *v.i.* 4. Avaliar. *v.i.* 5. Fazer cálculos matemáticos.

cal·cu·lis·ta *adj.2gên.* e *s.2gên.* 1. Que ou pessoa que calcula. 2. *fig.* Que ou pessoa que nada faz sem um fim útil.

cál·cu·lo *s.m.* 1. Ação ou efeito de calcular. 2. Parte da matemática que trata das resoluções de problemas aritméticos ou algébricos. 3. *fig.* Plano, suposição, ideia. 4. *Med.* Concreção dura que se forma na bexiga e em outros órgãos.

cal·da *s.f. Cul.* 1. Dissolução de açúcar em ponto de xarope. 2. Sumo fervido de alguns frutos. *V.* **cauda**.

cal·de·a·men·to *s.m.* 1. Ação ou resultado de caldear; fusão, mescla. 2. Cruzamento entre animais de raças diferentes ou entre pessoas de etnias diferentes; miscigenação.

cal·de·ar *v.t.d.* 1. Pôr em brasa; temperar; ligar, reforçando (metais incandescentes). 2. Converter em calda. 3. *fig.* Mestiçar.

cal·dei·ra *s.f.* Recipiente grande para aquecer água, produzir vapor.

cal·dei·ra·da *s.f.* 1. O líquido contido em uma caldeira. 2. *Cul.* Guisado de peixe temperado com cebola, tomate, pimentão e cheiro-verde.

cal·dei·rão *s.m.* 1. Caldeira grande. 2. Depressão de terreno formada pelas águas onde se juntam minérios de ouro e diamante.

cal·dei·rei·ro *s.m.* 1. Quem produz ou repara caldeiras ou outros utensílios de metal. 2. Quem trabalha na caldeira.

cal·dei·ri·nha *s.f.* 1. Caldeira pequena. 2. Recipiente para água benta. *Entre a cruz e a caldeirinha*: em situação difícil, entre duas alternativas ruins.

cal·deu *adj.* 1. Concernente à Caldeia (antiga região asiática). *s.m.* 2. O natural ou habitante da Caldeia.

cal·do *s.m.* 1. *Cul.* Líquido que se prepara pela cocção de carne ou de outras substâncias alimentícias. 2. Suco extraído de vegetais.

ca·le·che (ch) *s.m.* Antiga carruagem de dois assentos, um de frente para o outro, puxada por dois cavalos.

ca·le·fa·ção *s.f.* 1. Aquecimento de espaços internos. 2. *Fís.* Fenômeno que consiste na formação de uma camada de vapor entre uma superfície aquecida e um líquido.

ca·lei·dos·có·pi·o *s.m.* Calidoscópio.

ca·le·ja·do *adj.* 1. Que tem calos. 2. *fig.* Experiente.

ca·le·jar *v.t.d.* 1. Produzir calos em. 2. *fig.* Tornar insensível. *v.i.* e *v.p.* 3. *fig.* Tornar-se insensível.

ca·len·dá·ri·o *s.m.* Folhinha na qual se indicam os dias, semanas e meses do ano, assim como as fases da Lua, as festas religiosas e os feriados nacionais.

ca·len·das *s.f.pl. ant.* Na Antiguidade romana, o primeiro dia de cada mês.

ca·lên·du·la *s.f. Bot.* 1. Planta cujas folhas e flores são usadas na indústria de cosméticos e para alguns tipos de tratamento. 2. A flor dessa planta.

ca·len·tu·ra *s.f.* 1. Que é quente. 2. *ant.* Acesso febril com delírio.

ca·lha *s.f.* Rego ou sulco para facilitar o curso de qualquer coisa.

ca·lha·ma·ço *s.m.* 1. Livro volumoso. 2. Livro grande e antigo; alfarrábio.

ca·lham·be·que (é) *s.m.* Automóvel ou veículo imprestável ou muito velho.

ca·lhar *v.t.i.* 1. Entrar ou caber (em calha). 2. Ser oportuno. 3. Acontecer. 4. Acertar; adaptar-se; cair bem.

ca·lhau *s.m.* 1. Fragmento de rocha dura. 2. Pedra solta.

ca·lhor·da (ó) *adj.2gên.* e *s.2gên.* Diz-se de pessoa desprezível; pateta; ignorante.

ca·li·bra·dor *adj.* 1. Que calibra. *s.m.* 2. Indivíduo que calibra. 3. Dispositivo para calibrar.

ca·li·brar *v.t.d.* Dar calibre a ou medir o calibre de.

ca·li·bre *s.m.* 1. Diâmetro de projétil. 2. Diâmetro de tubo. 3. Tamanho; dimensões. 4. Marca; capacidade.

ca·li·ça *s.f.* Argamassa de cal que resulta da demolição de obra de alvenaria.

cá·li·ce *s.m.* 1. Pequeno copo provido de pé. 2. Vaso que se usa na missa para a consagração do vinho. 3. *fig.* Lance doloroso. 4. *Bot.* Invólucro exterior da flor completa.

cá·li·do *adj.* 1. Ardente; fogoso; quente. 2. Astuto, sagaz.

ca·li·dos·có·pi·o *s.m.* 1. Aparelho óptico que oferece aos olhos do observador figuras simétricas e multicores; caleidoscópio. 2. *fig.* O que faz ver as coisas por um lado agradável.

ca·li·fa *s.m.* Título da autoridade suprema, civil e religiosa, dos maometanos.

ca·li·fa·do *s.m.* 1. Território sob o governo de um califa. 2. Título de califa. 3. O governo exercido por um califa ou sua duração.

ca·li·fa·si·a *s.f.* 1. Arte de falar com boa dicção. 2. Arte de pronunciar bem as palavras.

ca·li·fór·ni·o *s.m. Quím.* Elemento artificial transurânico de símbolo *Cf* e cujo número atômico é 98.

ca·li·gra·fi·a *s.f.* 1. Arte de traçar as letras com perfeição. 2. Modo de escrever.

ca·lí·gra·fo *s.m.* 1. Indivíduo versado em caligrafia. 2. O que escreve bem.

ca·li·pí·gi:o *adj.* Que tem belas nádegas.

ca·lip·so *s.m.* Gênero musical originário do Caribe, de ritmo intenso e dançante.

ca·lis·ta *s.2gên.* Pessoa que cura ou extrai calos; pedicuro.

ca·lis·te·ni·a *s.f.* Normas de ginástica para revigorar e manter a beleza do corpo.

cal·ma *s.f.* 1. Calor atmosférico, calmaria. 2. Falta de vento. 3. Sossego de espírito; tranquilidade.

cal·man·te *adj.2gên.* 1. Que acalma, que abranda. *s.m.* 2. Medicamento para suavizar as dores; sedativo.

cal·mar *v.t.d., v.i.* e *v.p.* O mesmo que acalmar(-se).

cal·ma·ri·a *s.f.* 1. Ausência total de vento. 2. *fig.* Falta de notícias ou fatos de interesse. 3. Tranquilidade.

cal·mo *adj.* 1. Que se acha em calmaria. 2. Tranquilo, sossegado, sereno.

ca·lo *s.m.* 1. Endurecimento córneo na pele. 2. *fig.* Insensibilidade, dureza moral.

ca·lom·bo *s.m.* 1. Inchaço que resulta de queda ou pancada. 2. Tumor duro.

ca·lor *s.m.* 1. *Fís.* Força que provoca a evaporação dos líquidos, funde os sólidos e dilata os corpos. 2. Sensação que se experimenta junto de um corpo quente. 3. Temperatura elevada. 4. *fig.* Auge; entusiasmo.

ca·lo·ren·to *adj.* 1. Que sente mais calor ou é mais sensível a ele que as demais pessoas. 2. Diz-se do tempo ou ambiente muito quente, em que faz muito calor; abafado.

ca·lo·ri·a *s.f.* 1. *Fís.* Unidade com a qual é medida a quantidade absoluta de calor de um corpo. 2. Calor necessário para elevar em um grau centígrado a temperatura de um grama de água.

ca·ló·ri·co *adj.* 1. Relativo a calor ou a caloria. 2. Que fornece muitas calorias.

ca·lo·ri·fi·car *v.t.d.* Transmitir calor.

ca·lo·rí·fi·co *adj.* 1. Relativo ao calor. 2. Que produz calor.

ca·lo·ro·so (ô) *adj.* 1. Cheio de calor. 2. Muito quente. 3. *fig.* Veemente; ardente. *Pl.:* calorosos (ó).

ca·lo·si·da·de *s.f.* 1. Espessamento da pele. 2. Dureza calosa. 3. Característica do que tem calo.

ca·lo·so (ô) *adj.* 1. Que tem calos. 2. *fig.* Que se tornou crônico. *Pl.:* calosos (ó).

ca·lo·ta (ó) *s.f.* 1. *Geom.* Parte de uma esfera ou cilindro entre dois planos paralelos. 2. Peça que cobre o centro externo das rodas dos automóveis.

ca·lo·te (ó) *s.m. fam.* Dívida que se deixou de pagar.

ca·lo·te·ar *v.i.* 1. Pregar calote. *v.t.d.* 2. Pregar calote a.

ca·lo·tei·ro *s.m.* Indivíduo que passa calote.

ca·lou·ro *s.m.* 1. Aluno do primeiro ano de uma escola superior. 2. *fig.* Indivíduo inexperiente em qualquer coisa.

ca·lu·da *interj.* Expressão que usa para pedir silêncio; psiu, silêncio(5).

ca·lun·du *s.m.* Irritação ou mau humor que se expressa por meio do comportamento, da expressão facial ou do silêncio; amuo.

ca·lun·ga *s.m.* 1. Divindade cultuada pelos bantos. 2. A imagem que representa essa divindade. 3. Boneco que é levado em cortejo maracatu. 4. Algo pequeno.

ca·lú·ni·a *s.f.* 1. Ação ou efeito de caluniar. 2. Acusação que ofende, que desmoraliza.

ca·lu·ni·ar *v.t.d.* 1. Atribuir de modo falso (a alguém); difamar. 2. Fazer acusações falsas.

cal·va *s.f.* 1. Parte da cabeça de onde caiu o cabelo. 2. Clareira. 3. *fig.* Culpas; defeitos.

cal·vá·ri·o *s.m. fig.* 1. Trabalhos; martírios. 2. Representação da cena do calvário de Cristo.

cal·ví·ci·e *s.f.* Estado de quem é calvo.

cal·vi·nis·mo *s.m.* Doutrina religiosa criada por João Calvino (1509–1564), um importante teólogo da Reforma protestante.

cal·vo *adj.* 1. Desprovido de cabelo na cabeça ou em parte desta. *s.m.* 2. Indivíduo calvo.

ca·ma *s.f.* 1. Móvel em que a pessoa se deita para dormir ou repousar. 2. Camada. 3. Parte do fruto que assenta na terra. 4. Leito, fundo de rio.

ca·ma·da *s.f.* 1. Matéria que se estende sobre uma superfície. 2. *fig.* Categoria; classe. 3. *Geol.* Elemento de formação das rochas sedimentares.

ca·ma de ga·to *s.f.* 1. Brincadeira infantil que consiste em retirar dos dedos de uma pessoa uma figura formada por um barbante neles entrelaçado, formando outra figura. 2. Manobra em que se derruba uma pessoa empurrando-a para trás, sobre outra que está agachada. 3. *Fut.* Essa manobra, usada no futebol, apesar de não permitida. *Pl.*: camas de gato.

ca·ma·feu *s.m.* Pedra que se compõe de duas camadas de cores diferentes, numa das quais se lavra uma figura em relevo.

ca·ma·le·ão *s.m. epiceno* 1. *Zool.* Gênero de lagartos que mudam de cor para escapar aos predadores. *sobrecomum* 2. *fig.* O que muda de opinião de acordo com o interesse do momento.

câ·ma·ra *s.f.* 1. Quarto de dormir. 2. Compartimento. 3. Cada uma das casas do Congresso. 4. Corporação municipal. 5. Aparelho que capta e transmite os sinais de imagens da televisão.

ca·ma·ra·da *s.2gên.* Pessoa que convive com outrem; companheiro; colega.

ca·ma·ra·da·gem *s.f.* Convivência de camaradas.

câ·ma·ra de ar *s.f.* Compartimento inflável, geralmente de borracha, usado dentro de pneus, bolas de couro, etc. *Pl.*: câmaras de ar.

ca·ma·rão *s.m. epiceno Zool.* Pequeno crustáceo muito apreciado em culinária.

ca·ma·rei·ra *s.f. ant.* Criada que servia na câmara da rainha, princesa e damas da nobreza.

ca·ma·rei·ro *s.m.* Empregado que atende ao serviço dos quartos nos hotéis, navios, etc.

ca·ma·ri·lha *s.f.* Conjunto de indivíduos que lisonjeiam o chefe de Estado ou os administradores e influem em suas decisões.

ca·ma·rim *s.m. Teat.* Pequeno compartimento no qual os artistas se vestem e se caracterizam.

ca·ma·ri·nha *s.f.* 1. Cômodo de uso pessoal; gabinete. 2. Pequena gota, formada ou espalhada em uma superfície; gotícula.

ca·ma·ro·te (ó) *s.m.* 1. Compartimento dos navios. 2. Compartimento de onde se assiste a espetáculos.

ca·mar·te·lo *s.m.* Martelo próprio para cortar ou desbastar pedras, tijolos, etc., com uma das extremidades da cabeça afiada ou pontiaguda.

cam·ba *s.f.* 1. Peça curva que, junto com outras, forma a roda de um veículo. 2. *Arquit.* Peça curva de madeira que se usa como molde para a construção de abóbadas ou arcos.

cam·ba·da *s.f.* 1. Porção de coisas penduradas, enfiadas em algum lugar. 2. *fig.* Corja; súcia; cáfila. 3. Molho de chaves.

cam·ba·do *adj.* 1. Torto para um lado. 2. Que tem as pernas tortas. 3. Acalcanhado(1).

cam·bai·o *adj.* 1. Torto. 2. De pernas tortas. 3. Trôpego; cambado.

cam·ba·la·cho *s.m.* 1. Troca, com intuito de dolo; permutação ardilosa. 2. Trapaça; tramoia.

cam·ba·le·an·te *adj.2gên.* Que cambaleia; trôpego.

cam·ba·le·ar *v.i.* Caminhar sem firmeza, oscilar andando.

cam·ba·lho·ta (ó) *s.f.* 1. Volta que se dá com o corpo, pondo as mãos ou a cabeça no chão. 2. Tombo; queda.

cam·ba·pé *s.m.* 1. Rasteira. 2. Armadilha, cilada.

cam·bar *v.i.* 1. Entortar as pernas ao andar. 2. Ser cambaio. 3. Inclinar-se para um lado.

cam·ba·xir·ra (ch) *s.f. Zool.* Ave de pequeno porte, com plumagem parda no dorso e amarelada no ventre, apresentando listras negras nas asas e na cauda.

cam·be·ta (ê) *adj.2gên.* 1. Diz-se de pessoa que tem pernas tortas ou anda sem equilíbrio; cambaio. *s.2gên.* 2. O indivíduo com essas características.

cam·bi·al *adj.2gên.* 1. Relativo a câmbio. *s.2gên.* 2. Letra de câmbio.

cam·bi·an·te *adj.2gên.* Cor indistinta.

cam·bi·ar *v.t.d.* 1. Permutar; trocar (principalmente moeda). 2. Transformar. *v.i.* 3. Mudar de cores. *v.t.i.* 4. Mudar, trocar (de partido).

cam·bi·á·ri·o *adj.* O mesmo que cambial.

câm·bi·o *s.m.* 1. Troca de dinheiro estrangeiro por nacional ou vice-versa. 2. Troca. 3. *Mec.* Conjunto de engrenagens que permite a alternação das diferentes velocidades de um veículo.

cam·bis·ta *s.2gên.* 1. Pessoa que tem casa de câmbio. 2. Pessoa que faz negócios cambiais. 3. Pessoa que vende bilhetes de loteria. 4. Pessoa que, à porta das casas de diversões, vende ingresso com ágio.

cam·bi·to *s.m.* 1. Pernil de porco. 2. Osso do pernil de porco. 3. *pop.* Perna fina; pernil. *Var.:* gambito.

cam·bo·ja·no *adj.* 1. Do Camboja (Sudeste Asiático). *s.m.* 2. O natural ou habitante do Camboja.

cam·bo·ta (ó) *s.f. pop.* Cambalhota.

cam·brai·a *s.f.* Tecido fino e delicado de linho ou algodão.

cam·bri·a·no *s.m.* 1. *Geol.* Primeiro período da era paleozoica. *adj.* 2. Relativo a esse período.

cam·bu·cá *s.m. Bot.* 1. Árvore originária do Brasil, da família das mirtáceas, de flores brancas e frutos amarelos comestíveis; cambucazeiro. 2. O fruto dessa árvore.

cam·bu·ca·zei·ro *s.m. Bot.* O mesmo que cambucá(1).

cam·bu·ci *s.m. Bot.* 1. Árvore originária do Brasil, da família das mirtáceas, de flores brancas e frutos esverdeados usados principalmente para sucos. 2. O fruto dessa árvore.

cam·bu·lha·da *s.f.* Cambada. *loc. adv.* **De cambulhada**: em confusão, em montão.

cam·bu·qui·ra *s.f.* 1. Grelo de aboboreira. 2. *Cul.* Guisado que se prepara com grelos de aboboreira.

cam·bu·rão *s.m.* Carro policial próprio para o transporte de presos.

ca·mé·li·a *s.f. Bot.* Planta da família das teáceas.

ca·me·lo (ê) *s.m. epiceno* 1. *Zool.* Mamífero ruminante que tem duas corcovas. 2. *fig.* Homem simplório que se deixa enganar facilmente. 3. Aquele que trabalha em demasia.

ca·me·lô *s.2gên.* Vendedor que expõe suas mercadorias nas ruas e as apregoa de modo peculiar.

câ·me·ra *s.f.* 1. Dispositivo óptico-eletrônico para captura de imagens. *s.2gên.* 2. A pessoa que opera esse dispositivo.

ca·mer·len·go *s.m.* Cardeal que substitui o papa na falta deste, até a eleição do próximo.

ca·mi·ca·se *s.m.* 1. Piloto da força aérea japonesa que, durante a Segunda Guerra Mundial, era voluntário para desferir ataques suicidas contra alvos inimigos. 2. Avião carregado de explosivos, comandado por esse piloto. *s.2gên.* 3. *Fig.* Pessoa que age sem medir as consequências do que faz.

ca·mi·nha·da *s.f.* 1. Ato de caminhar. 2. Jornada; passeio. 3. Extensão de caminho percorrido ou por percorrer.

ca·mi·nhan·te *s.2gên.* Caminheiro.

ca·mi·nhão *s.m.* Veículo de carga.

ca·mi·nhar *v.i.* 1. Andar, percorrer caminho a pé. *v.t.d.* 2. Percorrer andando. *v.t.i.* 3. Encaminhar-se; dirigir-se.

ca·mi·nhei·ro *adj.* 1. Que anda depressa e bem. *s.m.* 2. Aquele que caminha; andarilho.

ca·mi·nho *s.m.* 1. Faixa estreita de terreno que se destina ao trânsito de um ponto para outro; estrada; trilho; atalho. 2. Direção. 3. Tendência, destino.

ca·mi·nho·nei·ro *s.m.* Motorista que dirige caminhão profissionalmente.

ca·mi·nho·ne·te (é) *s.f.* Veículo de uso misto, para o transporte de pessoas e carga.

ca·mi·o·ne·ta (ê) *s.f.* Pequeno caminhão.

ca·mi·sa *s.f.* 1. Peça de vestuário. 2. Invólucro da espiga do milho. 3. Membrana embrionária do trigo. 4. Envoltório.

ca·mi·sa de for·ça *s.f.* Colete de lona provido de mangas que se fecham e apertam atrás do tórax os braços cruzados dos loucos agitados. *Pl.*: camisas de força.

ca·mi·sa de vê·nus *s.f.* Envoltório de borracha muito fina para cobrir o pênis; camisinha. *Pl.*: camisas de vênus.

ca·mi·sei·ro *adj.* 1. Relativo a camisa. *s.m.* 2. Aquele que confecciona ou vende camisas. 3. Móvel para guardar camisas e outras peças de roupa.

ca·mi·se·ta (ê) *s.f.* Camisa curta, sem colarinho e sem mangas, usada diretamente sobre a pele.

ca·mi·si·nha *s.f.* 1. *Dim.* de camisa. 2. Camisa de vênus.

ca·mi·so·la (ó) *s.f.* Roupa de dormir (geralmente usada por mulheres).

ca·mo·mi·la *s.f. Bot.* Nome comum a diversas plantas, entre as quais a mais conhecida é a camomila-romana.

ca·mon·don·go *s.m. epiceno Zool.* Camundongo.

ca·mo·ni·a·no *adj.* 1. Relativo ao poeta português Luís de Camões, ou próprio dele. *adj.* e *s.m.* 2. Que ou quem é apreciador ou estudioso da obra desse poeta.

ca·mor·ra (ô) *s.f.* 1. Associação de malfeitores. 2. Provocação; rixa; contenda.

cam·pa *s.f.* Lousa sepulcral.

cam·pa·i·nha *s.f.* 1. Sineta pequena. *s.f.* 2. *Anat.* Úvula. 3. *Bot.* Nome comum a diversas plantas. 4. A flor dessas plantas. *sobrecomum* 5. *fig.* Pessoa que divulga tudo o que ouve.

cam·pal *adj.2gên.* 1. Relativo ou pertencente a campo. 2. Diz-se da batalha que se trava em campo raso e da missa que se reza em espaço aberto.

cam·pa·na *s.f.* Sino.

cam·pa·ná·ri·o *s.m.* Abertura de torre de igreja, onde se acham os sinos.

cam·pa·nha *s.f.* 1. Planície; campo externo. 2. Batalha. 3. *fig.* Esforço para conseguir alguma coisa. 4. Região geográfica do Rio Grande do Sul.

cam·pâ·nu·la *s.f.* 1. Pequeno vaso em forma de sino. 2. *Bot.* Grande gênero das plantas herbáceas.

cam·pe·a·dor *adj.* 1. Que campeia. *s.m.* 2. O que campeia. 3. Aquele que toma parte em torneios.

cam·pe·ão *s.m.* 1. Vencedor de qualquer torneio esportivo. 2. O mais capaz em determinada atividade. 3. Paladino; defensor.

cam·pe·ar *v.i.* 1. Estar no campo ou viver nele. *v.t.i.* 2. Levar vantagem. *v.t.d.* 3. Fazer alarde de.

cam·pei·ro *adj.* 1. Que se refere ao campo. 2. Que serve para usos campestres. *s.m.* 3. Vaqueiro.

cam·pe·o·na·to *s.m.* Certame cujo vencedor recebe o título de campeão.

cam·pe·si·na·to *s.m.* Grupo ou classe social composta por camponeses, trabalhadores rurais e pequenos proprietários.

cam·pe·si·no *adj.* Campestre.

cam·pes·tre (é) *adj.* 1. Relativo ao campo. 2. Rural; campesino; rústico.

cam·pi·na *s.f.* 1. Campo extenso onde não existem povoações. 2. Descampado.

cam·po *s.m.* 1. Terreno extenso, quase sempre cultivável. 2. Terreno distante dos povoados. 3. Área onde se realizam jogos esportivos; estádio. 4. Lugar de combate.

cam·po-gran·den·se *adj.2gên.* 1. De Campo Grande (Mato Grosso do Sul). *s.2gên.* 2. Pessoa que nasceu ou vive nessa cidade. *Pl.:* campo-grandenses.

cam·po·nês *s.m.* 1. O que habita no campo. 2. Trabalhador do campo. *adj.* 3. Próprio do campo.

cam·pô·ni·o *adj.* e *s.m.* Camponês.

cam·po-san·to *s.m.* O mesmo que cemitério. *Pl.*: campos-santos.

cam·pus *s.m. Lat.* Espaço físico em que se encontram as instalações de uma universidade ou parte dela. *Pl.*: campi.

ca·mu·fla·gem *s.f.* Ato ou efeito de camuflar.

ca·mu·flar *v.t.d.* 1. Dissimular com galhos de árvore, pintura, etc., na guerra, para diminuir a visibilidade ao inimigo. 2. *fig.* Disfarçar sob falsas aparências.

ca·mun·don·go *s.m. epiceno Zool.* Mamífero roedor da família dos ratos. *Var.*: camondongo.

ca·mur·ça *s.f. epiceno* 1. *Zool.* Mamífero das regiões montanhosas da Europa e da Ásia. *s.f.* 2. *por ext.* Pele de camurça que se usa no fabrico de calçados, luvas, arreios, etc.

ca·na *s.f.* 1. *Bot.* Planta herbácea. 2. *Bot.* Caule de várias gramíneas, entre as quais a cana-de-açúcar. 3. *Poes.* Flauta rústica. 4. *gír.* Cadeia; prisão. 5. Cachaça.

ca·na-cai·a·na *s.f. Bot.* Variedade híbrida de cana-de-açúcar, originária de Caiena, na Guiana Francesa. *Pl.* canas-caianas.

ca·na-de-a·çú·car *s.f. Bot.* Planta gramínea da qual se extrai açúcar. *Pl.*: canas-de-açúcar.

ca·nal *s.m.* 1. Escavação ou fosso que leva águas. 2. Corte de terreno, para a intercomunicação de mares ou oceanos. 3. Faixa de frequência com 6 MHz de largura, para a transmissão de televisão. 4. *fig.* Via, modo.

ca·na·le·ta (ê) *s.f.* 1. Canal pequeno; sulco estreito; calha. 2. Conduto por onde passam líquidos, grãos ou fiação elétrica.

ca·na·le·te (ê) *s.m.* Canal(1) pequeno.

ca·na·lha *s.f.* 1. Gente vil; escória social; ralé. *adj.2gên.* e *s.2gên.* 2. Diz-se de, ou a pessoa infame; biltre; patife.

ca·na·lhi·ce *s.f.* 1. Ato, procedimento ou dito de canalha. 2. Baixeza.

ca·na·lí·cu·lo *s.m.* O mesmo que canalete.

ca·na·li·za·ção *s.f.* 1. Ação ou efeito de canalizar. 2. Conjunto de canos ou canais.

ca·na·li·zar *v.t.d.* 1. Abrir canais ou canos em. 2. Cortar com canais. 3. Encaminhar, dirigir.

ca·na·pé *s.m.* 1. Assento comprido provido de encosto e braços. 2. *Cul.* Salgadinho coberto com patê, frios, etc.

ca·na·ri·no *adj.* 1. Das ilhas Canárias, situadas na costa oeste da África. *s.m.* 2. Pessoa que nasceu ou vive nessas ilhas.

ca·ná·ri·o *s.m. Zool.* Pássaro canoro originário das ilhas Canárias. *Fem.*: canária.

ca·nas·tra *s.f.* 1. Cesta larga e baixa. 2. *pop.* Corcunda. 3. Jogo de cartas em que tomam parte quatro pessoas, em duas parcerias.

ca·nas·trão *s.m.* 1. *Aum.* de canastra. 2. *gír.* Mau ator.

ca·na·vi·al *s.m.* Terreno onde medram canas.

ca·na·vi·ei·ro *adj.* 1. Relativo à cana-de-açúcar ou próprio dela. *s.m.* 2. Plantador de cana-de-açúcar.

can·cã *s.m.* Dança com origem em cabarés parisienses no início do século XVIII, em que grupos de mulheres lançam as pernas para o alto, levantando e agitando as saias com as mãos.

can·ção *s.f.* Composição poética quase sempre destinada a ser cantada; canto.

can·ce·la (é) *s.f.* Porta gradeada de madeira.

can·ce·la·men·to *s.m.* Ato ou efeito de cancelar.

can·ce·lar *v.t.d.* 1. Riscar; tornar sem efeito. 2. Eliminar; banir.

cân·cer *s.m.* 1. *Astron.* Constelação zodiacal (inicial maiúscula). 2. *Med.* Nome comum aos tumores malignos.

can·ce·ri·a·no *adj. Astrol.* 1. Relativo ao signo de Câncer. *s.m.* 2. Pessoa nascida sob o signo de Câncer.

can·ce·rí·ge·no *adj. Med.* Que pode produzir câncer.

can·ce·ri·zar *v.t.d.* Converter em câncer.

can·ce·ro·so (ô) *adj.* 1. Relativo ao câncer ou às suas características. 2. Que sofre de câncer. *s.m.* 3. Indivíduo que tem câncer. *Pl.*: cancerosos (ó).

can·cha *s.f.* 1. Local preparado para as corridas de cavalo, para jogos de futebol, etc. 2. Lugar; espaço.

can·ci·o·nei·ro *s.m.* 1. Coleção de canções. 2. Coleção de antigas poesias líricas, portuguesas ou espanholas.

can·ci·o·nis·ta *s.2gên.* Compositor ou cantor de canções.

can·ço·ne·ta (ê) *s.f.* Pequena canção com tema quase sempre em estilo brejeiro.

can·cro *s.m. Med.* 1. Câncer. 2. Úlcera venérea. 3. *fig.* Mal que se vai alastrando lentamente.

can·dan·go *s.m.* 1. Trabalhador que participou da construção de Brasília. 2. *por ext.* Habitante dessa cidade em seu início.

can·de·ei·ro *s.m.* Aparelho no qual se queima óleo ou gás inflamável para alumiar.

can·dei·a *s.f.* 1. Pequena lâmpada em que uma torcida ou mecha embebida em azeite ou querosene sai por um bico. 2. Nome comum a diversas plantas.

can·de·la·bro *s.m.* Castiçal provido de ramificações a cada uma das quais corresponde um foco de luz.

Can·de·lá·ri·a *s.f. Ecles.* Festa da Purificação da Virgem.

can·den·te *adj.2gên.* Em brasa; rubro-claro. *V.* **cadente**.

cân·di·da *s.f. Biol.* Fungo responsável por diversos tipos de micoses.

can·di·da·tar-se *v.p.* Declarar-se candidato.

can·di·da·to *s.m.* 1. O que aspira a uma dignidade, a um emprego. 2. O que solicita votos que o elejam para um cargo.

can·di·da·tu·ra *s.f.* 1. Proposta para candidato. 2. Apresentação de candidato ao sufrágio eleitoral.

can·di·dez *s.f.* 1. Candura; alvura. 2. Qualidade de cândido.

can·di·dí·a·se *s.f. Med.* Micose provocada por fungos do gênero *Candida*.

cân·di·do *adj.* 1. Alvo. 2. *fig.* Ingênuo; inocente; puro; sem malícia.

can·dom·blé *s.m.* Religião trazida ao Brasil pelos escravos em que se cultuam os orixás.

can·don·ga *s.f.* 1. Atenção ou elogio interesseiro; bajulação. 2. Comentário maldoso; intriga, mexerico. 3. Ato feito com más intenções; golpe. 4. Demonstração de carinho; ternura.

can·du·ra *s.f.* Qualidade do que é cândido.

ca·ne·ca (é) *s.f.* Pequeno vaso de forma cilíndrica provido de asa, para conter líquidos.

ca·ne·co (é) *s.m* Caneca alta e estreita.

ca·ne·la (é) *s.f.* 1. *Bot.* Planta originária do Sri Lanka. 2. A casca odorífera e medicinal dessa planta. 3. Parte da perna entre o joelho e o pé.

ca·ne·la·da *s.f.* Pancada na canela da perna.

ca·ne·lei·ra *s.f.* Peça que os esportistas usam para proteger as pernas.

ca·ne·ta (ê) *s.f.* Tubo geralmente de metal ou plástico, provido de tinta para escrever.

cân·fo·ra *s.f. Quím., Farm.* Substância aromática extraída da canforeira.

can·fo·rei·ra *s.f. Bot.* Árvore da família das lauráceas, da qual se extrai a cânfora.

can·ga *s.f.* 1. Jugo, peça de madeira com que se unem os bois. 2. *fig.* Domínio; opressão.

can·ga·cei·ro *s.m.* Salteador; bandido do sertão; bandoleiro.

can·ga·ço *s.m.* O gênero de vida dos cangaceiros.

can·ga·lha *s.f.* 1. Triângulo de madeira que se põe no pescoço dos porcos, para que não devastem terras cultivadas. 2. *fig.* Opressão; jugo.

can·ga·pé *s.m.* Pontapé dado maldosamente na barriga da perna de outra pessoa para machucá-la ou derrubá-la.

can·go·te (ó) *s.m.* Cogote; nuca.

can·gu·ru *s.m. epiceno Zool.* Nome de várias espécies de marsupiais de pernas traseiras muito desenvolvidas.

câ·nha·mo *s.m.* 1. *Bot.* Nome de várias plantas (a mais conhecida é a *Cannabis sativa*). 2. *por ext.* Fios ou pano de cânhamo.

câ·nha·mo-de-ma·ni·lha *s.m.* Fibra do abacá, usada em cordoaria e tecelagem. *Pl.:* cânhamos-de-manilha.

ca·nhão *s.m.* 1. Peça de artilharia. 2. Extremidade inferior da manga do vestuário, sobreposta ou fingindo sê-lo. 3. Garganta sinuosa e profunda produzida por um curso d'água. 4. Pessoa muito feia; bruxa. 5. Refletor usado para iluminação em espetáculos.

ca·nhe·nho (ê) *s.m.* 1. Caderno de apontamentos. 2. Livro em que se registram lembranças. 3. *fig.* A memória.

ca·nhes·tro (ê) *adj. pop.* Desastrado; desajeitado.

ca·nho·na·ço *s.m.* 1. Tiro de canhão. 2. *Fut.* Chute muito potente.

ca·nho·ne·ar *v.t.d.* 1. Atacar com tiros de canhão; bombardear. 2. Censurar; arguir; criticar.

ca·nho·nei·ra *adj. e s.f.* Navio empregado em operações costeiras e fluviais.

ca·nho·ta (ó) *s.f. pop.* A mão ou a perna esquerda.

ca·nho·tei·ro *adj.* Diz-se do indivíduo canhoto.

ca·nho·to (ô) *adj.* 1. Esquerdo. 2. Que faz uso da mão e/ou perna esquerda. *s.m.* 3. Indivíduo que é canhoto. 4. Peça do talão de cheques que não se destaca e fica com aquele que os forneceu.

ca·ni·bal *s.2gên. e adj.2gên.* 1. Diz-se de ou pessoa que se alimenta de carne humana. 2. *fig.* Diz-se de ou pessoa bárbara.

ca·ni·ba·les·co (ê) *adj.* 1. Relativo a canibal ou próprio dele. 2. Bárbaro, cruel.

canibalismo

ca·ni·ba·lis·mo *s.m.* 1. Ferocidade de canibais; antropofagia. 2. Ação de um animal devorar outro da mesma espécie ou da mesma família.

ca·ni·ba·li·za·ção *s.f.* Ação ou resultado de canibalizar.

ca·ni·ba·li·zar *v.t.d.* 1. Retirar peça(s) de alguma coisa (equipamento, máquina, veículo, etc.) para utilizá-la(s) em outra. 2. *por ext.* Reaproveitar parte(s) de algo. 3. Conquistar o mercado de outro produto da mesma marca, de preço próximo.

ca·ní·ci·e *s.f.* 1. Surgimento dos cabelos brancos (cãs). 2. Estado dos cabelos parcial ou totalmente brancos. 3. *por ext.* Velhice.

ca·ni·ço *s.m.* 1. Cana fina, delgada. 2. Cana comprida a que se prende um anzol para pescar.

ca·ní·cu·la *s.f.* 1. Pequena cana. 2. Grande calor atmosférico.

ca·ni·cu·lar *adj.2gên.* 1. Relativo a canícula(2) ou próprio dela. 2. Quente, caloroso.

ca·ni·cul·tu·ra *s.f.* Criação de cães.

ca·ní·de·os *s.m.pl.* *Zool.* Mamíferos carnívoros, entre os quais se incluem os cães e os lobos.

ca·nil *s.m.* Local onde se criam ou alojam cães.

ca·ni·na·na *s.f.* 1. *Bot.* Planta da família do cafeeiro. *epiceno* 2. *Zool.* Cobra não venenosa. *sobrecomum* 3. *fig.* Pessoa de mau gênio.

ca·nin·dé *s.m.* *epiceno* *Zool.* Espécie de arara, com a parte superior do corpo em tons de azul e a inferior em tons de amarelo; arara-canindé.

ca·ni·nha *s.f.* 1. *Dim.* de cana. 2. Cachaça.

cânone

ca·ni·no *adj.* 1. Concernente ao cão. 2. Diz-se dos dentes que se situam entre os incisivos e os molares no ser humano. *s.m.* 3. Dente canino; colmilho; presa.

ca·ni·tar *s.m.* Adorno para a cabeça, feito de penas e usado por vários povos indígenas; cocar.

ca·ni·ve·te (é) *s.m.* Pequena faca cuja lâmina se fecha sobre o cabo, no qual se encaixa.

can·ja *s.f.* 1. *Cul.* Caldo de galinha com arroz. 2. *pop.* Coisa de fácil execução; coisa agradável.

can·je·rê *s.m.* Ajuntamento de pessoas para a prática de feitiçaria.

can·ji·ca *s.f.* *Cul.* Espécie de sopa de milho branco quebrado, a que se adiciona açúcar, leite e canela.

can·ji·qui·nha *s.f.* 1. Milho picado que se usa na preparação de certos pratos e na alimentação de aves. 2. *pop.* Larva de vermes parasitas com formato semelhante; cisticerco.

can·ji·rão *s.m.* Jarro de boca larga, geralmente com asa, para vinho ou cerveja.

ca·no *s.m.* 1. Tubo para a condução de água, gases, etc. 2. Tubo cilíndrico das armas de fogo por onde a carga é expelida. 3. Parte da bota que reveste a perna.

ca·no·a (ô) *s.f.* Pequena embarcação, sem coberta, de proa aguçada.

ca·no·ei·ro *s.m.* Aquele que dirige uma canoa.

câ·non *s.m.* 1. Regra. 2. Decreto. 3. Decisão de concílio. 4. Lista de santos reconhecidos pela Igreja. 5. *Liturg.* Parte central da missa católica. *Pl.:* cânones.

câ·no·ne *s.m.* O mesmo que cânon.

ca·nô·ni·co *adj.* 1. Relativo aos cânones. 2. De acordo com os cânones.

ca·no·ni·za·ção *s.f.* Ato ou efeito de canonizar.

ca·no·ni·zar *v.t.d.* 1. Declarar santo. 2. Inscrever no catálogo dos santos.

ca·no·ro (ó) *adj.* 1. Que canta harmoniosamente. 2. Suave; harmonioso.

can·san·ção *s.m. Bot.* Nome dado a várias espécies de plantas cujos pelos podem causar irritação à pele; urtiga.

can·sa·ço *s.m.* Fadiga, fraqueza causada por trabalho excessivo ou doença.

can·sa·do *adj.* 1. Que se cansou, que está sem disposição; fatigado. 2. Que não tem mais o mesmo interesse por algo; aborrecido; entediado. 3. Chateado com a repetição de algo desagradável; irritado. 4. Diz-se do solo que não produz mais como antes. 5. Diz-se de dispositivo, geralmente motor, que se desgastou e não apresenta o mesmo rendimento. 6. Que perdeu a capacidade de enxergar com nitidez a pouca distância.

can·sar *v.t.d.* 1. Causar cansaço. 2. Aborrecer; importunar. *v.i.* 3. Sentir cansaço ou sentir-se cansado. *v.t.i.* 4. Cessar finalmente. *v.p.* 5. Ficar cansado. 6. Aborrecer-se. 7. Esforçar-se.

can·sa·ti·vo *adj.* Que cansa.

can·sei·ra *s.f.* Cansaço.

can·ta·da *s.f.* 1. Palavreado hábil; lábia. 2. *gír.* Sedução; proposta amorosa.

can·ta·dor *adj.* 1. Que canta. *s.m.* 2. Cantor ou poeta popular.

can·tão *s.m.* Divisão territorial em alguns países da Europa.

can·tar *v.t.d.* 1. Exprimir por meio de canto. 2. *fig.* Celebrar em verso. 3. Seduzir. *v.i.* 4. Formar com a voz sons ritmados e musicais. *s.m.* 5. Cântico; cantiga; canção.

can·ta·res *s.m.pl.* Cantigas; cânticos.

can·ta·ri·a *s.f.* Pedra lavrada para construções.

can·tá·ri·da *s.f. epiceno Zool.* Nome vulgar de um inseto que, reduzido a pó, tem numerosas aplicações medicinais.

cân·ta·ro *s.m.* Vaso grande e bojudo, provido de asas, geralmente para líquidos. ***Chover a cântaros***: chover muito.

can·ta·ro·la (ó) *s.f.* Canto desafinado ou a meia-voz.

can·ta·ro·lar *v.t.d.* e *v.i.* Cantar em voz baixa; trautear.

can·ta·ta *s.f.* 1. *Lit.* Antiga forma de poema lírico. 2. Composição poética para ser cantada. 3. *Mús.* Música para essa composição.

can·tei·ro *s.m.* 1. O que trabalha em pedra de cantaria. 2. Escultor de pedra. 3. Porção de terreno em que se cultivam flores ou hortaliças.

cân·ti·co *s.m.* 1. Hino. 2. Canto em honra da divindade. 3. Poema; ode.

can·ti·ga *s.f.* 1. Poesia destinada a ser cantada. 2. *pop.* Conversa ou narração astuciosa para enganar.

can·til *s.m.* 1. Pequeno recipiente, para o transporte de líquidos em viagem. 2. Instrumento com o qual os canteiros e escultores alisam as pedras.

can·ti·le·na (ê) *s.f.* 1. Pequena canção. 2. Canto suave, cantiga. 3. *fam.* Narração fastidiosa.

can·ti·na *s.f.* Lugar destinado à venda de bebidas e comidas em acampamentos, quartéis, arraiais, etc.

can·to¹ *s.m.* 1. Ato ou efeito de cantar. 2. Modulação da voz. 3. Música vocal. 4. Poesia lírica. 5. Divisão de poemas muito longos.

can·to² *s.m.* 1. Ângulo. 2. Esquina. 3. Lugar afastado. 4. Extremidade (da boca, dos olhos). 5. Lugar onde se está habitualmente.

can·to·chão *s.m.* 1. *Mús.* Canto tradicional da Igreja, também conhecido como canto gregoriano. 2. Coisa enfadonha.

can·to·nei·ra *s.f.* Prateleira que se adapta a um canto da casa.

can·tor *s.m.* 1. O que canta, principalmente por profissão. 2. Poeta.

can·to·ri·a *s.f.* 1. Cantarola. 2. Conjunto de vozes cantando. 3. Ato de cantar. 4. *pej.* Canto desafinado.

ca·nu·do *s.m.* 1. Tubo cilíndrico e quase sempre comprido. 2. Diploma de bacharel.

câ·nu·la *s.f.* 1. *Med.* Tubo delgado e próprio para ser introduzido em orifício ou cavidade do corpo e fazer drenagem, lavagem, etc. 2. Peça com formato de pequeno tubo.

ca·nu·ti·lho *s.m.* 1. Pequeno canudo de vidro, existente em várias cores, aplicado em bordados de roupas femininas, fantasias e tecidos decorativos. 2. Fio dourado ou prateado em espiral, usado com a mesma finalidade.

can·zar·rão *s.m.* Aumentativo de cão.

can·zo·a·da *s.f.* 1. Ajuntamento de cães. 2. *fig.* Gente vil; canalha; súcia de pessoas velhacas.

cão *s.m.* 1. *Zool.* Mamífero quadrúpede carnívoro. *Fem.*: cadela. 2. *fig.* Pessoa de má índole; canalha. 3. Peça de percussão em certas armas de fogo. 4. *pop.* Demônio; diabo. *Astron.* **Cão Maior, Cão Menor**: nome comum a duas constelações austrais.

ca·o·lho (ô) *adj.* e *s.m.* Que é torto de um olho ou que não tem um dos olhos; zarolho.

ca·os *s.m.* 1. Confusão de todos os elementos, anterior à criação do mundo. 2. Grande confusão ou desordem.

ca·ó·ti·co *adj.* Desordenado; confuso.

ca·pa *s.f.* 1. Peça de vestuário que se usa sobre outra roupa, para abrigar do frio ou da chuva. 2. Tudo o que cobre ou envolve alguma coisa.

ca·pa·ção *s.f.* 1. Ato de castrar animais. 2. Época em que se procede a essa operação.

ca·pa·ce·te (ê) *s.m.* Cobertura de metal com que os combatentes protegem a cabeça.

ca·pa·chis·mo *s.m.* 1. Ato ou dito de capacho. 2. Falta de brio; servilismo.

ca·pa·cho *s.m.* 1. Tapete no qual se limpam os pés. *sobrecomum* 2. *fig.* Indivíduo servil; adulador.

ca·pa·ci·da·de *s.f.* 1. Volume interior de um corpo vazio. 2. Qualidade que uma pessoa ou coisa tem de satisfazer a certo fim. 3. Aptidão.

ca·pa·ci·ta·ção *s.f.* Ação ou resultado de capacitar(-se).

ca·pa·ci·tân·ci·a *s.f. Eletr.* Propriedade de certos dispositivos para armazenar carga elétrica.

ca·pa·ci·tar *v.t.d.* e *v.i.* 1. Tornar capaz. 2. Persuadir. *v.p.* 3. Convencer-se.

ca·pa·ci·tor *s.m. Eletr.* Dispositivo formado por condutores elétricos isolados entre si, com a propriedade de armazenar carga elétrica; condensador.

ca·pa·do *adj.* 1. Castrado. *s.m.* 2. Bode ou carneiro castrado. 3. *por ext.* Eunuco.

ca·pa·dó·ci·o *adj.* e *s.m.* 1. Diz-se de, ou o indivíduo de modos acanalhados. 2. Trapaceiro; charlatão.

ca·pan·ga *s.f.* 1. Bolsa que se usa a tiracolo e na qual se conduzem pequenos objetos. *s.m.* 2. Indivíduo valente que se põe a serviço de quem lhe paga; guarda-costas.

ca·pão[1] *s.m.* Cavalo, cordeiro ou galo capado.

ca·pão[2] *s.m.* Bosque em meio de um descampado.

ca·par *v.t.d.* Extrair ou inutilizar os órgãos de reprodução de; castrar.

ca·pa·taz *s.m.* 1. Aquele que chefia um grupo de trabalhadores. 2. Feitor de fazenda.

ca·pa·ta·ze·ar *v.t.d.* 1. Dirigir como capataz. *v.i.* 2. Exercer as funções de capataz.

ca·pa·ta·zi:a *s.f.* 1. Função de capataz. 2. Conjunto de trabalhadores chefiados por um capataz. 3. Taxa cobrada pela alfândega pelo movimento de mercadorias no porto.

ca·paz *adj.2gên.* 1. Que revela capacidade. 2. Apto; bom; prestadio.

cap·ci·o·so (ô) *adj.* 1. Caviloso; que procura induzir ao erro. 2. Manhoso; arguicioso para iludir. *Pl.:* capciosos (ó).

ca·pe·ar *v.t.d.* e *v.i.* 1. Revestir superiormente uma parede com pedras soltas. *v.t.d.* 2. Esconder com capa. 3. Encobrir. 4. Iludir.

ca·pe·la (é) *s.f.* 1. Pequena igreja que não é sede de paróquia. 2. Pequeno templo de um só altar; ermida; santuário. *Mús.* **A capela:** (canto) sem acompanhamento instrumental.

ca·pe·lão *s.m.* 1. Padre que se encarrega do serviço religioso de uma capela. 2. Sacerdote que diz missa em regimentos e presta assistência espiritual aos militares.

ca·pe·lo (ê) *s.m.* 1. Capuz de frades. 2. Espécie de gola usada por doutores em certas solenidades. 3. Chapéu cardinalício. 4. Dignidade cardinalícia.

ca·pen·ga (ê) *adj.2gên.* e *s.2gên.* 1. Que ou pessoa que arrasta uma perna. 2. Manco; torto.

ca·pen·gar *v.i.* Coxear.

ca·pe·ta (ê) *s.m.* 1. Demônio; diabo. *sobre-comum* 2. Traquinas; capetinha.

ca·pe·ti·ce *s.f.* Capetagem.

ca·pi·au *s.m.* Caipira.

ca·pi·lar *adj.2gên.* 1. Concernente a cabelo. 2. Delgado como um fio de cabelo. 3. *Anat.* Concernente às ramificações vasculares que o sangue atravessa para entrar nas veias. *s.m.* 4. *Anat.* Vaso de pequeno calibre.

ca·pi·la·ri·da·de *s.f.* 1. Qualidade de capilar. 2. Fenômeno de ascensão e depressão dos tubos capilares em relação aos líquidos em que são introduzidos. 3. Parte da física que estuda os fenômenos capilares.

ca·pim *s.m.* 1. *Bot.* Nome comum a inúmeras plantas, quase todas usadas como forragem. 2. *pop.* Dinheiro; salário.

ca·pi·nar *v.t.d.* 1. Livrar (as plantas) das ervas daninhas. 2. Limpar do capim, cortando-o ou arrancando-o.

ca·pin·cho *s.m. Zool.* Macho da capivara.

ca·pin·zal *s.m.* Terreno coberto de capim.

ca·pi·on·go *adj.* Que está triste, deprimido, macambúzio.

ca·pis·car *v.t.d.* 1. Entender um pouco (de um ofício, de uma arte, de uma língua). 2. Perceber o sentido, a intenção de.

ca·pis·ta *s.2gên.* Profissional, geralmente um artista gráfico, que cria capas para diversos produtos, como publicações, CDs, DVDs, etc.

ca·pi·ta·ção *s.f.* Imposto pago por cabeça.

ca·pi·tal *adj.2gên.* 1. Concernente à cabeça. 2. Essencial; fundamental. 3. Relativo à pena de morte; mortal. *s.f.* 4. Cidade ou povoação principal. 5. *Tip.* Letra maiúscula. *s.m.* 6. Valor disponível. 7. Dinheiro que constitui o fundo de uma indústria ou de uma casa comercial.

ca·pi·ta·lis·mo *s.m.* 1. Predomínio ou influência do capital. 2. *Econ.* Sistema econômico e social baseado na propriedade privada dos meios de produção, na organização da produção, visando ao lucro e empregando o trabalho assalariado, e no funcionamento do sistema de preços.

ca·pi·ta·lis·ta *adj.2gên.* 1. Concernente a capital ou ao capitalismo. 2. Diz-se daquele que fornece dinheiro para uma empresa. *s.2gên.* 3. Pessoa que vive do rendimento de um capital.

ca·pi·ta·li·za·ção *s.f.* Ação ou efeito de capitalizar.

ca·pi·ta·li·zar *v.t.d.* 1. Converter em capital. 2. Adicionar ao capital. *v.i.* 3. Acumular dinheiro.

ca·pi·ta·ne·ar *v.t.d.* 1. Comandar como capitão. 2. Chefiar; dirigir; governar.

ca·pi·ta·ni·a *s.f.* 1. Posto, qualidade ou dignidade de capitão. 2. Comando. 3. *ant.* Designativo das antigas divisões administrativas do Brasil. *V.* **capitânia**.

ca·pi·tâ·ni:a *adj.* e *s.f.* Designativo do navio em que vai o comandante de uma esquadra. *V.* **capitania**.

ca·pi·tão *s.m.* 1. *Mil.* Oficial graduado entre tenente e major. 2. Comandante de navio mercante. 3. *Desp.* Jogador que chefia o seu grupo e o representa perante as autoridades.

ca·pi·tão do ma·to *s.m.* 1. *ant.* Aquele que se dedicava à captura de escravos fugidos. 2. Feitor dos negros nos trabalhos agrícolas. *Pl.*: capitães do mato.

ca·pi·tão-mor *s.m.* 1. Autoridade que comandava uma milícia em uma cidade ou vila. 2. Título dos donatários das capitanias.

ca·pi·tel (é) *s.m. Arquit.* Parte superior de coluna, pilastra ou balaústre; remate de coluna.

ca·pi·tó·li:o *s.m. ant.* 1. Em Roma, templo dedicado a Júpiter. 2. *fig.* Glória; esplendor.

ca·pi·to·so (ô) *adj.* Que sobe à cabeça; estonteante; embriagador. *Pl.*: capitosos (ó).

ca·pi·tu·la·ção *s.f.* 1. Ação ou efeito de capitular. 2. Rendição. 3. Transigência ante a força das circunstâncias.

ca·pi·tu·lar[1] *adj.2gên.* 1. Concernente a capítulo ou a cabido. 2. Designativo das letras grandes que iniciam os capítulos de um livro; maiúscula.

ca·pi·tu·lar[2] *v.t.d.* 1. Combinar, tratar sob certas condições. 2. Enumerar; articular; classificar. *v.i.* 3. Entregar-se mediante capitulação. 4. Ceder; transigir.

ca·pí·tu·lo *s.m.* 1. Divisão de livro, tratado, lei, contrato, acusação, etc. 2. Assembleia em que os cônegos tratam das questões de sua competência.

ca·pi·va·ra *s.f. Zool.* Nome comum a duas espécies de roedores. *Masc.:* capincho.

ca·pi·xa·ba (ch) *adj.2gên.* 1. Concernente à capital do estado do Espírito Santo (Vitória) ou ao próprio estado. *s.2gên.* 2. Natural ou habitante do estado do Espírito Santo.

ca·pô *s.m.* Cobertura móvel que serve de proteção para o motor de um veículo.

ca·po·ei·ra[1] *s.f.* Gaiola onde se criam e abrigam capões e outras aves domésticas.

ca·po·ei·ra[2] *s.f.* 1. Mata virgem que se roçou. 2. Mata miúda.

ca·po·ei·ra[3] *s.f.* 1. Jogo de ataque e defesa, de meneios rápidos e característicos. *s.2gên.* 2. Pessoa que pratica esse jogo.

ca·po·ei·ra·gem *s.f.* 1. Capoeira³(1). 2. Vida de capoeira³(2).

ca·po·ral *s.m. ant.* Cabo de esquadra.

ca·po·ta (ó) *s.f.* Coberta de automóvel e outros veículos.

ca·po·ta·gem *s.f.* Ato ou efeito de capotar.

ca·po·tar *v.i.* Tombar, cair, virando-se completamente sobre si mesmo (um automóvel ou outro veículo).

ca·po·te (ó) *s.m.* 1. Capa comprida e larga, às vezes com capuz. 2. Casaco comprido. 3. *fig.* Pretexto; disfarce.

ca·po·tei·ro *s.m.* Profissional que faz, conserta ou vende capotas de automóveis.

ca·pri·char *v.t.i.* Ter capricho; esmerar-se.

ca·pri·cho *s.m.* 1. Esmero. 2. Desejo súbito e sem fundamento. 3. Inconstância; obstinação.

ca·pri·cho·so (ô) *adj.* 1. Que capricha. 2. Que tem caprichos; excêntrico; teimoso. *Pl.:* caprichosos (ó).

ca·pri·cor·ni·a·no *adj.* 1. *Astrol.* Relativo ao signo de Capricórnio. *s.m.* 2. Pessoa nascida sob o signo de Capricórnio.

Ca·pri·cór·ni·o *s.m.* 1. *Astron.* Constelação e signo do zodíaco. 2. *Astrol.* O décimo signo do zodíaco, relativo aos que nascem entre 22 de dezembro e 19 de janeiro.

ca·pri·no *adj.* Concernente ao bode ou à cabra.

cáp·su·la *s.f.* 1. Pequeno invólucro ou receptáculo. 2. *Bot.* Invólucro membranoso de sementes de plantas. 3. *Farm.* Película de gelatina com a qual se envolvem certos medicamentos.

cap·ta·ção *s.f.* Ato ou efeito de captar.

cap·tar *v.t.d.* 1. Atrair. 2. Granjear; obter. 3. Desviar, aproveitar, colher nas nascentes (águas).

cap·tor *s.m.* O que captura.

cap·tu·ra *s.f.* 1. Ato de capturar; prisão. *s.m.* 2. Captor. 3. Nome que se dá a certos agentes da lei.

cap·tu·rar *v.t.d.* Prender; arrastar; tomar.

ca·pu·chi·nho *s.m.* 1. Capuz pequeno. 2. Religioso da ordem de São Francisco. 3. *fig.* Indivíduo de vida austera. *adj.* 4. Capucho (frade).

ca·pu·cho *adj. e s.m.* 1. Diz-se de ou os frades da ordem de São Francisco. 2. Rigoroso; austero; solitário. *s.m.* 3. Cápsula do algodão.

ca·pu·lho *s.m. Bot.* 1. Cápsula do algodoeiro onde se forma o algodão. 2. Envoltório da flor que ainda não desabrochou. 3. A flor ainda em botão.

ca·puz *s.m.* Cobertura para a cabeça, quase sempre presa à capa ou ao hábito; capelo.

ca·qué·ti·co *adj.* Que sofre de caquexia.

ca·que·xi·a (cs) *s.f. Med.* Abatimento; estado de desnutrição profunda.

ca·qui *s.m.* O fruto do caquizeiro. *V. cáqui*.

cá·qui *adj.2gên.* Cor de barro. *V. caqui*.

ca·qui·zei·ro *s.m.* Planta que tem como fruto o caqui.

ca·ra *s.f.* 1. Rosto. 2. Semblante; fisionomia. 3. Aparência. 4. Ousadia. 5. Lado da moeda onde está a efígie. *s.2gên.* 6. Sujeito; fulano.

ca·rá *s.m.* Nome comum a diversas plantas, com numerosos gêneros.

ca·ra·bi·na *s.f.* Espingarda de cano longo; fuzil.

ca·ra·bi·nei·ro *s.m.* Soldado armado de carabina.

ca·ra·ça *s.f.* 1. Máscara de papelão. 2. *fig.* Cara grande e cheia.

ca·ra·ca·rá *s.m. epiceno Zool.* O mesmo que carcará.

ca·ra·col *s.m.* 1. *epiceno Zool.* Molusco terrestre. 2. *fig.* Espiral. 3. Caminho em zigue-zague. 4. Madeixa de cabelo.

ca·rac·te·re (é) *Inform.* Qualquer letra, algarismo, símbolo ou sinal gráfico que possa ser digitado. O espaço em branco também é considerado um caractere. *Pl.:* caracteres. *V. caráter*.

ca·rac·te·rís·ti·ca *s.f.* O que caracteriza.

ca·rac·te·rís·ti·co *adj.* 1. Que caracteriza, que distingue. *s.m.* 2. Aquilo que caracteriza.

ca·rac·te·ri·za·ção *s.f.* Ato ou efeito de caracterizar.

ca·rac·te·ri·zar *v.t.d.* 1. Evidenciar (o caráter de uma pessoa). 2. Descrever com propriedade. 3. Assinalar; distinguir. 4. Dar (ao ator) a aparência do personagem que ele vai representar em cena. *v.p.* 5. Fazer a sua própria caracterização.

ca·rac·te·ro·lo·gi·a *s.f.* Estudo psicológico dos caracteres humanos.

ca·ra·cu *adj.2gên.* 1. Diz-se de uma raça bovina de pelo curto. *s.m.* 2. Boi pertencente a essa raça. 3. Medula, tutano dos ossos.

ca·ra·du·ra *s.2gên.* 1. Pessoa metediça, desavergonhada. 2. Pessoa de modos desenvoltos.

ca·ra·du·ris·mo *s.m. pop.* Falta de vergonha; descaramento, atrevimento, cinismo.

ca·ra·já *adj.2gên.* 1. Relativo ao povo indígena dos Carajás, ou próprio dele. *s.2gên.* 2. Indivíduo que pertence a esse povo. *s.m.* 3. A língua falada por esse povo.

ca·ra·man·chão *s.m.* Construção ligeira de estacas ou ripas, revestida de plantas trepadeiras, em jardim ou lugar semelhante.

ca·ram·ba *interj. pop.* Termo que exprime espanto, desagrado, impaciência.

ca·ram·bo·la (ó) *s.f.* 1. Nome da bola vermelha do jogo de bilhar. 2. Ação de carambolar. 3. *Bot.* O fruto da caramboleira.

ca·ram·bo·lar *v.i.* Tocar com a bola em outras, de uma só tacada, no jogo de bilhar.

ca·ram·bo·lei·ra *s.f. Bot.* Árvore ornamental de pequeno porte cujo fruto é a carambola.

ca·ra·me·lo (é) *s.m.* 1. Açúcar queimado em ponto vítreo; rebuçado. 2. Bala desse açúcar.

ca·ra·me·ta·de *s.f. sobrecomum* A pessoa com quem se tem uma relação amorosa; a outra pessoa de um casal. *Pl.*: caras-metades.

ca·ra·min·guás *s.m.pl.* 1. Objetos de pouco valor. 2. Dinheiro miúdo.

ca·ra·mi·nho·la (ó) *s.f.* 1. História inventada; mentira. 2. Cabelos desarrumados, desgrenhados. *s.f.pl.* 3. Ideias sem juízo, sem razão; tolices. 4. Sonho impossível; fantasia.

ca·ra·mu·jo *s.m. epiceno* 1. *Zool.* Molusco do mar. *s.m.* 2. Homem esquisitão, fechado em si, casmurro.

ca·ra·mu·nha *s.f.* 1. Choradeira de crianças. 2. Queixa, lamúria. 3. Expressão de choro.

ca·ra·mu·ru *s.m. epiceno* 1. *Zool.* Peixe das costas do Brasil. *s.m.* 2. *Hist.* Apelido dado pelos indígenas brasileiros a Diogo Álvares Correia (inicial maiúscula).

ca·ran·cho *s.m. epiceno Zool.* Ave da família dos falcões.

ca·ran·gue·jar *v.i.* 1. *pop.* Andar para trás, ou caminhar lentamente. 2. *fig.* Hesitar.

ca·ran·gue·jei·ra *s.f. epiceno Zool.* Designação comum a várias aranhas.

ca·ran·gue·jo (ê) *s.m. epiceno Zool.* Nome comum aos crustáceos decápodes encontrados nos mangues e nos rios.

ca·ran·to·nha (ô) *s.f.* Cara feia; caraça; esgar.

ca·rão *s.m.* 1. Cara grande e feia. 2. Repreensão; admoestação.

ca·ra·o·quê *s.m.* 1. Divertimento que consiste em cantar acompanhado por músicos da casa ou com fundo musical gravado. 2. Local que oferece esse tipo de entretenimento. 3. Dispositivo eletrônico para realizar essa atividade.

ca·ra·pa·ça *s.f.* Estojo córneo que protege o tronco das tartarugas e dos cágados. *V.* **carapuça**.

ca·ra·pau *s.m. Zool.* Nome comum a diversas espécies de peixes marinhos, que nadam em cardumes e têm alto valor nutritivo e comercial.

ca·ra·pe·ta (ê) *s.f.* 1. Bolota ou espécie de pião que se faz girar nos dedos. 2. Mentira leve.

ca·ra·pe·tão *s.m.* Mentira grande; patranha, maranhão.

ca·ra·pi·nha *s.f.* Cabelo crespo dos negros.

ca·ra·pi·nha·da *s.f.* Refresco feito com suco de fruta natural ou concentrado e raspas de gelo.

ca·ra·pin·ta·da *s.2gên.* 1. Jovem que participava das manifestações pelo *impeachment* do ex-presidente Fernando Collor (1990-1992) com o rosto pintado, inspirado em costume indígena em época de guerra. 2. *por ext.* Pessoa, geralmente jovem, que participa de manifestações políticas com o rosto pintado. *Pl.*: caras-pintadas.

ca·ra·pu·ça *s.f.* 1. Barrete cônico. 2. Nome que se dá a inúmeros objetos que têm a forma de carapuça. 3. Alusão indireta. *V.* **carapaça**.

ca·ra·tê *s.m.* Arte marcial que emprega apenas os pés e as mãos como instrumento de ataque e defesa.

ca·ra·te·ca (é) *s.2.gên.* Pessoa que pratica o caratê.

ca·rá·ter *s.m.* 1. Sinal ou figura usada na escrita; letra; cunho; tipo de imprensa.

2. Elemento que individualiza ou identifica uma pessoa ou coisa. 3. Aquilo que moralmente distingue uma pessoa da outra. 4. Firmeza de vontade. 5. Honradez. *Pl.:* caracteres. *V. caractere.*

ca·ra·va·na *s.f.* 1. Multidão de mercadores, peregrinos ou viajantes que se reúnem para a travessia do deserto. 2. *por ext.* Ajuntamento de pessoas que viajam ou passeiam juntas.

ca·ra·van·ça·rá *s.m.* Local que oferecia hospedagem gratuita para as caravanas no Oriente Médio.

ca·ra·va·nei·ro *s.m.* Guia ou participante de caravana.

ca·ra·ve·la (é) *s.f.* 1. Tipo antigo de barco a vela. *epiceno* 2. *Zool.* Água-viva.

car·bo·i·dra·to *s.m. Quím.* Composto orgânico formado por carbono, hidrogênio e oxigênio, encontrado em diversos tipos de alimento. *Var.:* carbo-hidrato.

car·bo·na·do *adj.* 1. Que contém carbono. *s.m.* 2. Diamante preto, de extrema dureza, utilizado na perfuração de rocha.

car·bo·ná·ri·o *s.m.* 1. Revolucionário de sociedade secreta da Itália. 2. Membro de qualquer sociedade secreta revolucionária.

car·bo·na·to *s.m. Quím.* Sal do ácido carbônico.

car·bô·ni·co *adj. Quím.* Designativo do ácido que se forma pela junção de um átomo de carbono, dois de hidrogênio e três de oxigênio.

car·bo·ní·fe·ro *adj.* 1. Que contém ou que produz carvão. 2. *Geol.* Qualificativo da camada de terreno formada no período carbonífero.

car·bo·ni·za·ção *s.f.* Ato de carbonizar.

car·bo·ni·zar *v.t.d.* Reduzir a carvão.

car·bo·no (ô) *s.m. Quím.* Elemento químico que entra na formação dos compostos orgânicos e do carvão, de símbolo **C** e cujo número atômico é 6.

car·búncu·lo *s.m. Med.* Doença infecciosa, espécie de tumor gangrenoso.

car·bu·ra·ção *s.f. Quím.* 1. Ato de submeter um corpo à ação do carbono. 2. Mistura do ar atmosférico com um líquido inflamável, no carburador.

car·bu·ra·dor *s.m. Mec.* Aparelho dos motores de explosão, no qual se faz a mistura do ar com o líquido inflamável.

car·bu·ran·te *adj.2gên.* 1. Que é empregado para carburar. *s.m. Quím.* 2. Combustível para motor de explosão.

car·bu·rar *v.t.d.* 1. Misturar compostos de carbono que podem se vaporizar a um gás. 2. Misturar substância sólida, líquido ou ar a outra inflamável para aumentar sua propriedade combustível.

car·bu·re·to (ê) *s.m. Quím.* O mesmo que carboneto.

car·ca·ça *s.f.* 1. Esqueleto. 2. Arcabouço.

car·ca·ma·no *s.m. pej.* Italiano ou descendente de italiano.

car·ca·rá *s.m. epiceno Zool.* Ave de rapina, semelhante ao gavião, encontrada desde a Argentina até o sul dos Estados Unidos e em boa parte do território brasileiro.

car·ce·ra·gem *s.f.* 1. Ato ou efeito de encarcerar. 2. Despesas com a manutenção dos presos.

cár·ce·re *s.m.* 1. Local que se destina à prisão; cadeia. 2. *fig.* Laço; impedimento.

car·ce·rei·ro *s.m.* Guarda de cárcere.

car·ci·no·ma (ô) *s.m. Med.* Tumor canceroso.

car·co·mer *v.t.d.* 1. Corroer; roer (madeira). 2. *fig.* Arruinar; destruir.

car·co·mi·do *adj.* 1. Roído; carunchoso. 2. *fig.* Gasto; minado; desfeito; estragado.

car·da *s.f.* 1. Instrumento de cardar. 2. Ação de cardar.

car·da·mo·mo (ô) *s.m. Bot., Cul.* Planta cujas sementes, muito aromáticas, são usadas em culinária.

car·dá·pi:o *s.m.* Lista, relação dos pratos de uma refeição.

car·dar *v.t.d.* Desenredar, destrinchar lã ou qualquer fibra têxtil com carda.

car·de·al *adj.2gên.* 1. Principal; fundamental. *s.m.* 2. Prelado do Sacro Colégio pontifício. *epiceno* 3. *Zool.* Nome de vários pássaros de cor predominantemente vermelhas.

cár·di:a *s.f. Anat.* Abertura superior do estômago.

car·dí·a·co *adj.* 1. Concernente ao coração ou à cárdia. *s.m.* 2. O que sofre do coração.

car·di·gã *s.m.* Casaco do vestuário feminino.

car·di·nal *adj.2gên.* 1. Cardeal. 2. *Gram.* Diz-se do numeral que designa quantidade absoluta: 2, 3, 10, etc.

car·di·na·la·to *s.m.* Dignidade de cardeal.

car·di·na·lí·ci:o *adj.* Concernente a cardeal.

car·di·o·gra·fi·a *s.f. Med.* Exame destinado a registrar os batimentos do coração por meio de cardiógrafo.

car·di·ó·gra·fo *s.m. Med.* Aparelho para registrar os batimentos do coração.

car·di·o·lo·gi·a *s.f. Med.* Estudo das afecções do coração e dos vasos.

car·di·o·lo·gis·ta *s.2gên.* Especialista em cardiologia.

car·di·ó·lo·go *s.m.* Cardiologista.

car·di·o·pa·ti·a *s.f. Med.* Nome comum às moléstias do coração.

car·di·o·vas·cu·lar *adj.2gên.* Relativo ao coração e aos vasos sanguíneos.

car·do *s.m. Bot.* Nome comum a diversas plantas consideradas pragas da lavoura.

car·du·me *s.m.* 1. Multidão de peixes. 2. *fig.* Grande ajuntamento; multidão; bando; aglomeração.

ca·re·ca (é) *s.f.* 1. Calva; calvície. *adj.2gên.* e *s.2gên.* 2. Diz-se de, ou pessoa calva. 3. *fig.* Gasto, com as lonas quase à mostra (diz-se de pneumático).

ca·re·cer *v.t.i.* 1. Precisar; necessitar; sentir falta. 2. Não ter; não possuir.

ca·rei·ro *adj.* Que vende caro.

ca·re·na (ê) *s.f.* 1. *Náut.* Parte do casco que fica sob a água quando a embarcação está com sua carga máxima. 2. *Zool.* Crista do osso de certos animais que apresenta forma de quilha.

ca·rên·ci:a *s.f.* Falta, privação.

ca·ren·te *adj.2gên.* 1. Que carece de algo; necessitado. 2. Que sente falta de afeto, de atenção. *s.2gên.* 3. A pessoa nessa situação.

ca·re·pa (ê) *s.f.* 1. O mesmo que caspa. 2. A superfície da madeira mal desbastada. 3. Pó formado na parte externa de frutas secas. 4. A camada de pelos finos e macios existente em certos frutos.

ca·res·ti·a *s.f.* 1. Alta de preço. 2. Qualidade do que é caro. 3. Carência; escassez.

ca·re·ta (ê) *s.f.* 1. Contração dos músculos faciais para, em geral, expressar desagrado; trejeito de rosto. *adj.2gên. gír. pej.* 2. Que se comporta de forma tradicional ou conservadora. 3. Que não usa drogas. *s.2gên. gír. pej.* 4. A pessoa com essas características

ca·re·te·ar *v.i.* e *v.t.i.* Fazer caretas.

ca·re·tei·ro *adj.* e *s.m.* Que ou aquele que faz caretas ou trejeitos.

ca·re·ti·ce *s.f.* Comportamento, condição, dito, ou qualidade de careta(3).

car·ga *s.f.* 1. O que se transporta por veículo, homem ou animal, navio, avião, etc. 2. Fardo. 3. Opressão. 4. Encargo. 5. Investida violenta.

car·ga-d'á·gua *s.f.* 1. Chuva intensa; bátega. *s.f.pl.* 2. Motivo misterioso, incompreensível. *Pl.*: cargas-d'água.

car·go *s.m.* 1. Encargo. 2. Responsabilidade. 3. Emprego público ou particular. 4. Função.

car·guei·ro *s.m.* 1. Animal ou navio que transporta carga. *adj.* 2. Transportador de carga.

ca·ri·a·do *adj.* Que tem cárie.

ca·ri·ar *v.t.d.* 1. Encher de cárie; corromper. *v.i.* 2. Criar cárie (osso, dente).★★

ca·ri·be·nho (ê) *adj.* 1. Relativo ao mar ou às ilhas do Caribe, região da América Central. *s.m.* 2. Pessoa que nasceu ou vive no Caribe.

ca·ri·bo·ca (ó) *s.2gên.* Caboclo, curiboca, mestiço.

ca·ri·ca·to *adj.* Ridículo.

ca·ri·ca·tu·ra *s.f.* 1. Desenho burlesco. 2. Representação grotesca de pessoas, coisas, acontecimentos. 3. Imitação cômica. 4. Pessoa caricata.

ca·ri·ca·tu·ral *adj.2gên.* 1. Concernente a caricatura. 2. Que se presta a caricatura.

ca·ri·ca·tu·rar *v.t.d.* Representar em caricatura.

ca·ri·ca·tu·ris·ta *s.2gên.* Desenhista que faz caricaturas.

ca·rí·ci·a *s.f.* Demonstração de afeto; carinho.

ca·ri·da·de *s.f.* 1. Uma das três virtudes teologais. 2. Amor ao próximo. 3. Esmola; benefício.

ca·ri·do·so (ô) *adj.* 1. Que tem caridade. 2. Em que há caridade; indulgente. *Pl.*: caridosos (ó).

cá·ri:e *s.f.* Ulceração que ataca dentes ou ossos, destruindo-os de modo progressivo.

ca·ri·jó *adj.2gên.* Diz-se do galo ou da galinha salpicados de preto e branco.

ca·ril *s.m.* 1. Pó indiano para condimentar. 2. *Cul.* Molho em que entra esse pó.

ca·rim·bar *v.t.d.* 1. Marcar com carimbo. 2. Pôr sinal em. 3. *pop.* Reprovar.

ca·rim·bo *s.m.* 1. Instrumento com o qual se marca (geralmente papel) a tinta ou em relevo. 2. Impressão que deixa esse instrumento.

ca·ri·nho *s.m.* Carícia; afago; meiguice; ternura; cuidado.

ca·ri·nho·so (ô) *adj.* 1. Que trata com carinho. 2. Afável; meigo; afetuoso. *Pl.*: carinhosos (ó).

ca·ri·o·ca (ó) *adj.2gên.* e *s.2gên.* Diz-se de, ou natural, ou habitante da cidade do Rio de Janeiro, RJ.

ca·ris·ma *s.m.* 1. Dom do céu; graça divina. 2. Qualidade especial de liderança.

ca·ris·má·ti·co *adj.* 1. Relativo a carisma. 2. Que tem carisma.

ca·ri·ta·ti·vo *adj.* Caridoso; compassivo.

ca·riz *s.m.* 1. Expressão do rosto de uma pessoa; feição, fisionomia, semblante. 2. O aspecto visual de uma pessoa; aparência. 3. Conjunto de características que são próprias de algo ou alguém.

car·lin·ga *s.f. Aeron.* Parte do avião em que fica o piloto; cabina.

car·ma *s.f. Filos.* Nas filosofias da Índia, o conjunto das ações das pessoas e suas consequências.

car·me·li·ta *s.2gên.* Frade ou freira da Ordem de N. S. do Monte Carmelo.

car·me·li·ta·no *s.m.* Frade carmelita.

car·me·sim *adj.2gên.* e *s.m.* Diz-se de, ou cor vermelha muito viva.

car·mim *s.m.* 1. Cor vermelha bastante viva. *epiceno* 2. *Zool.* Nome de um inseto que fornece o corante chamado carmim.

car·mo·na *s.f.* O mesmo que cremona.

car·na·ção *s.f.* 1. A cor da carne. 2. Representação do corpo nu e com a cor aproximada o mais possível do natural.

car·na·du·ra *s.f.* 1. A parte carnuda do corpo. 2. Aparência exterior. 3. Qualidade da carne; compleição; musculatura.

car·nal *adj.2gên.* 1. Concernente a carne. 2. Lascivo. 3. Consanguíneo.

car·na·ú·ba *s.f. Bot.* Palmeira também chamada carandaí e carandá.

car·na·u·bei·ra *s.f.* Carnaúba.

car·na·val *s.m.* 1. Festejos que precedem a quarta-feira de cinzas e têm a duração de três dias; entrudo; folia. 2. *fig.* Confusão.

car·na·va·les·co *adj.* 1. Próprio do carnaval ou que a ele se refere. 2. *fig.* Grotesco; ridículo. *s.m.* 3. O que gosta de carnaval; folião.

car·ne *s.f.* 1. Tecido muscular do ser humano e dos outros animais. 2. Consanguinidade. 3. Natureza animal.

car·nê *s.m.* Talão no qual se discriminam as mensalidades relativas a pagamentos em prestações.

car·ne:ar *v.t.d.* 1. Abater e esquartejar uma rês. *v.i.* 2. Aprontar a carne para fazer charque; charquear.

car·ne de sol *s.f.* Carne salgada e seca ao sol. *Pl.:* carnes de sol.

car·ne·gão *s.m.* Parte purulenta e endurecida de certos tumores e furúnculos.

car·ne:i·ra·da *s.f.* 1. Rebanho de carneiros. 2. *fig. pej.* Grupo de pessoas que se deixam dominar facilmente. 3. As espumas de pequenas ondas formadas pela ação do vento, que lembram carneiros num rebanho.

car·nei·ro *s.m.* 1. *Zool.* Mamífero quadrúpede ruminante e lanígero cuja fêmea é a ovelha. 2. *Astron., Astrol.* Áries (inicial maiúscula). 3. Ossuário; urna em que se enterram cadáveres, nos cemitérios.

cár·ne:o *adj.* 1. Cor de carne. 2. Relativo à carne.

car·ne-se·ca *s.f.* Charque. *Pl.:* carnes-secas.

car·ni·ça *s.f.* 1. Carne de cadáver em putrefação. 2. Brincadeira infantil em que cada participante percorre uma fila pulando sobre o dorso dos demais.

car·ni·cão *s.m.* O mesmo que carnegão.

car·ni·cei·ro *adj.* 1. Que se nutre de carne. 2. Sanguinário. *s.m.* 3. O que abate reses para as vender a retalho.

car·ni·cei·ros *s.m.pl. Zool.* Carnívoros.

car·ni·fi·ci·na *s.f.* Mortandade; extermínio; crueldade.

car·ní·vo·ro *adj.* Que se nutre de carne.

car·ní·vo·ros *s.m.pl. Zool.* Mamíferos que se alimentam especialmente de carne.

car·no·so (ô) *adj.* 1. Que tem carne. 2. Coberto de carne. 3. Que se assemelha a carne. *Pl.:* carnosos (ó).

car·nu·do *adj.* 1. Cheio de carne. 2. Musculoso; roliço; gordo. 3. Polpudo.

ca·ro *adj.* 1. Que é vendido por alto preço. 2. Que custa muito dinheiro ou mais dinheiro do que realmente vale. 3. *fig.* Estimado; querido. *adv.* 4. Por alto preço; com grande trabalho ou sacrifício.

ca·ro·á·vel *adj.2gên.* Amável; carinhoso; propício; predisposto.

ca·ro·chi·nha *s.f.* Bruxa, feiticeira; mulher idosa.

ca·ro·ço (ô) *s.m.* 1. *Bot.* Endocarpo duro de determinados frutos. 2. Semente de algodão. 3. Semente de outros frutos. *Pl.:* caroços (ó).

ca·ro·çu·do *adj.* Que tem muitos caroços; encaroçado.

ca·ro·la (ó) *s.2gên.* 1. Pessoa muito assídua à igreja; fanático religioso. *adj.2gên.* 2. Fanático; muito beato.

ca·ro·li·ce *s.f.* 1. Qualidade de carola. 2. Ato próprio de carola.

ca·ro·lín·gi·o *adj.* Concernente ao tempo de Carlos Magno (742-814) ou à sua dinastia.

ca·ro·lis·mo *s.m.* Carolice.

ca·ro·lo (ô) *s.m.* Cocorote; coque.

ca·ro·na (ô) *s.f.* 1. Manta acolchoada que se põe sobre a sela. 2. *pop.* Condução gratuita em automóvel ou outro veículo. *s.m.* 3. Aquele que, sem pagar, penetra em recinto de entrada paga. 4. O que deixa de pagar a passagem (em ônibus, etc.).

ca·ro·te·no (ê) *s.m. Quím.* Substância de cor amarela, laranja ou vermelha, presente em muitos vegetais, como a cenoura, em certas algas, na gema do ovo, na manteiga, etc., que se transforma em vitamina A em nosso organismo.

ca·ró·ti·da *s.f. Anat.* Artéria que leva o sangue da aorta à cabeça.

car·pa *s.f. epiceno Zool.* Peixe de água doce.

car·pe·lo (é) *s.m. Bot.* 1. Cada uma das folhas modificadas que formam o pistilo. 2. Cada uma das divisões foliáceas que concorrem para a formação do fruto. 3. Pistilo.

car·pe·te (é) *s.m.* Revestimento feito de fibras geralmente sintéticas que cobe todo o piso de uma área.

car·pi·dei·ra *s.f. ant.* Nome que se dava à mulher que, por dinheiro, acompanhava enterro carpindo, pranteando, chorando o morto.

car·pi·na *s.m.* O mesmo que carpinteiro.

car·pin·ta·ri·a *s.f.* Trabalho de carpinteiro; ofício ou oficina de carpinteiro.

car·pin·tei·ro *s.m.* 1. Artífice que trabalha em madeira para obra grossa. 2. *Teat.* Aquele que arma os cenários do palco.

car·pir *v.t.d.* 1. Limpar (terreno) do mato que o cobre. 2. Prantear; lamentar. *v.i.* e *v.p.* 3. Lamentar-se; chorar; fazer lamúria.

car·po *s.m.* 1. *Anat.* Punho, pulso. 2. *Bot.* Fruto.

car·pó·fa·go *adj.* 1. Que se alimenta de frutos; frugívoro. *s.m.* 2. Aquele que se alimenta de frutos.

car·que·ja (ê) *s.f. Bot.* Planta de propriedades medicinais.

car·qui·lha *s.f.* Prega, ruga, dobra.

car·ra·da *s.f.* 1. A carga de um carro. 2. Porção de objetos que um carro pode conter de uma só vez. 3. *fig.* Grande quantidade.

car·ran·ca *s.f.* 1. Figura de cabeça ou cara, que serve como adorno arquitetônico, ou enfeita a proa de embarcações. 2. *fig.* Rosto sombrio, de pessoa irritada.

car·ran·ça *s.2gên.* Pessoa que se apega ao passado, que é indiferente ao progresso.

car·ran·cis·mo *s.m.* 1. Qualidade de carrança. 2. Maneira de proceder dos carranças.

car·ran·cu·do *adj.* 1. Que tem ou faz carranca. 2. De semblante sombrio, carregado.

car·ra·pa·ti·ci·da *adj.2gên.* e *s.m.* Diz-se de ou produto químico que se destina ao extermínio dos carrapatos.

car·ra·pa·to *s.m. epiceno* 1. *Zool.* Aracnídeo que se fixa à pele de alguns animais e vive como parasita. *sobrecomum* 2. Pessoa importuna que não larga outra.

car·ra·pe·ta (ê) *s.f.* 1. Carapeta. 2. *Bot.* Planta também chamada açafroa.

car·ra·pi·cho *s.m.* 1. Porção de cabelo que se ata no alto da cabeça. 2. *Bot.* Nome comum a diversas plantas de sementes espinhosas.

car·ras·co *s.m. sobrecomum* 1. Pessoa que executa a pena de morte; algoz. 2. *fig.* Pessoa cruel; tirano; verdugo.

car·ras·pa·na *s.f. pop.* 1. Bebedeira. 2. Repreensão.

car·re·ar *v.t.d.* 1. Conduzir, transportar em carro. 2. Levar; arrastar. *v.t.d.* e *v.i.* 3. Acarretar; ocasionar.

car·re·a·ta *s.f.* Veículos que desfilam juntos para protestar, comemorar ou fazer campanha política.

car·re·ga·ção *s.f.* 1. Ato de carregar. 2. *fig.* Grande porção. *loc. adv.* **De carregação**: de qualidade inferior.

car·re·ga·do *adj.* Diz-se do tempo (atmosfera) quando apresenta nuvens espessas e escuras, que ameaçam chuva grossa.

car·re·ga·dor *adj.* e *s.m.* Que ou o que carrega.

car·re·ga·men·to *s.m.* 1. Ação ou resultado de carregar. 2. Aquilo que forma uma carga. 3. *Eletr.* Componente(s) de um circuito elétrico que recebe(m) energia de outro(s) componente(s).

car·re·gar *v.t.d.* 1. Pôr carga em; conduzir, levar (carga). 2. Tornar carrancudo. 3. Colocar a pólvora ou os projéteis em (arma de fogo). 4. Acumular eletricidade em. *Inform.* 5. Atribuir um valor a um registrador ou a uma variável. 6. Ler informações mantidas em dispositivo secundário de armazenamento, copiando-as para a memória principal do computador. 7. Enviar cópia ou arquivo, por meio de rede de computadores, de um terminal remoto a um servidor. *V.* **baixar**.

car·rei·ra *s.f.* 1. Corrida rápida. 2. Percurso habitual. 3. *fig.* Modo de vida; profissão.

car·rei·ris·ta *s.2gên.* Pessoa que usa de quaisquer meios para vencer na vida.

car·rei·ro *s.m.* 1. Guia ou condutor de carro de bois. 2. Caminho estreito; vereda.

car·re·ta (ê) *s.f.* 1. Carro pequeno. 2. Carroça. 3. Viatura de artilharia.

car·re·tel *s.m.* Pequeno cilindro de madeira, com rebordos, em que se enrola fio, retrós, arame fino, etc.

car·re·ti·lha *s.f.* 1. Pequena roldana. 2. Instrumento circular, com que se corta a massa de pastéis e bolos.

car·re·to (ê) *s.m.* 1. Ato ou efeito de carretar. 2. Frete. 3. Preço do frete. 4. Carregamento.

car·ril *s.m.* Marcas deixadas pelas rodas de um veículo no solo.

car·ri·lhão *s.m.* 1. Conjunto de sinos com que se tocam peças musicais. 2. Relógio de parede que dá horas por música.

car·ri·nho *s.m.* 1. Diminutivo de carro. 2. Miniatura de carro; carro de brinquedo. 3. Transporte com rodas para levar crianças de colo ou muito pequenas. 4. Transporte com rodas para colocar as compras em um supermercado. 5. Transporte com rodas para levar bagagens em aeroportos, rodoviárias, etc.

car·ro *s.m.* 1. Veículo de rodas para transporte de coisa ou pessoa. 2. Veículo; automóvel. 3. O que um carro pode conter de uma só vez.

car·ro·ça (ó) *s.f.* Carro grosseiro com resguardo de grades, para cargas.

car·ro·ção *s.m.* 1. Carroça grande. 2. Grande carro puxado por juntas de bois, provido de cobertura em que se transportavam pessoas. 3. O seis duplo, no jogo do dominó.

car·ro·çá·vel *adj.2gên.* Em que podem trafegar veículos.

car·ro·cei·ro *s.m.* 1. Aquele que conduz uma carroça. 2. O que faz fretes com carroça.

car·ro·ce·ri·a *s.f.* Parte superior do veículo onde vão os passageiros ou a carga; lataria.

car·ro·ci·nha *s.f.* 1. Carroça pequena. 2. *pop.* Veículo para recolher cães abandonados. 3. Pequeno veículo para venda de lanches, sorvetes e outros produtos comestíveis.

car·ro-for·te (ó) *s.m.* Veículo blindado, protegido por seguranças armados, para transporte de dinheiro e outros valores. *Pl.:* carros-fortes.

car·ro-guin·cho *s.m.* O mesmo que guincho²(2). *Pl.:* carros-guinchos e carros-guincho.

car·ros·sel *s.m.* Cavalos de madeira ou carrinhos adaptados a uma espécie de rodízio que serve de divertimento às crianças.

car·ru·a·gem *s.f.* Carro de quatro rodas sobre molas.

car·ta *s.f.* 1. Epístola; missiva. 2. Manuscrito fechado, com endereço. 3. Cada uma das peças que compõem o baralho. 4. Documento comprobatório de habilitação para motoristas. 5. Mapa.

car·ta·da *s.f.* 1. Lance no jogo de cartas. 2. Golpe. 3. *fig.* Lance perigoso.

car·ta·gi·nês *adj.* 1. Relativo a Cartago (África). *s.m.* 2. O natural ou habitante de Cartago.

car·tão *s.m.* 1. Papel muito encorpado; papelão. 2. Bilhete de visita.

car·tão-pos·tal *s.m.* Cartão usado para correspondência, com imagem numa das faces e espaço para escrever no verso. *Pl.:* cartões-postais.

car·tão-res·pos·ta *s.m.* Impresso que acompanha anúncios de produtos ou

car·ta·pá·ci·o *s.m.* 1. Carta muito grande. 2. Livro grande e antigo; calhamaço; alfarrábio.

car·taz *s.m.* 1. Papel grande, com anúncio, que se afixa em lugar público. 2. Espetáculo em exibição. 3. *fig.* Fama; renome.

car·te·a·do *adj.* 1. Que é jogado com cartas de baralho. *s.m.* 2. Jogo que se utiliza de cartas de baralho.

car·te·ar *v.i.* 1. Dar cartas, no jogo. *v.t.d.* 2. Jogar com cartas. *v.p.* 3. Corresponder-se reciprocamente por meio de cartas.

car·tei·ra *s.f.* 1. Bolsa pequena, de couro, na qual se guardam dinheiro e documentos. 2. Nome de várias seções dos estabelecimentos bancários.

car·tei·ro *s.m.* Funcionário postal que distribui a correspondência pelos domicílios.

car·tel *s.m.* 1. Carta de desafio; repto escrito. 2. Dístico nas armações feitas para solenidades. 3. Sindicato de empresas produtoras (acordo entre empresários para o monopólio de cotas de produção e mercados, bem como para a determinação de preços). *Pl.*: cartéis.

car·te·la (é) *s.f.* Cada um dos cartões numerados usados no jogo de loto.

cár·ter *s.m.* *Autom.* Parte inferior do motor de um veículo que protege algumas de suas partes móveis e armazena o óleo lubrificante.

car·te·si·a·nis·mo *s.m.* Sistema filosófico elaborado por René Descartes, filósofo e matemático francês do século XVII.

car·te·si·a·no *adj.* 1. Relativo ao cartesianismo. 2. Que é adepto do cartesianismo. *adj.* e *s.m.* 3. Indivíduo metódico, racional.

car·ti·la·gem *s.f. Anat.* Tecido elástico, branco ou cinzento, que se encontra especialmente nas superfícies articulares dos ossos.

car·ti·la·gi·no·so (ô) *adj.* Provido de cartilagem. *Pl.*: cartilaginosos (ó).

car·ti·lha *s.f.* 1. Livro com o qual se aprende a ler. 2. Livro que contém os rudimentos de qualquer arte ou ciência.

car·to·gra·fi·a *s.f.* Arte de compor cartas geográficas.

car·to·la (ó) *s.f.* 1. Chapéu alto. *s.m.* 2. *pop.* Homem importante.

car·to·li·na *s.f.* Papel grosso, mais fino que o papelão e geralmente acetinado.

car·to·man·ci·a *s.f.* Adivinhação por meio de baralho.

car·to·man·te *s.2gên.* Pessoa que pratica a cartomancia.

car·to·na·do *adj.* Que se encadernou (livro).

car·to·na·gem *s.f.* 1. Ato de cartonar. 2. Encadernação em cartão.

car·to·nar *v.t.d.* Encadernar em cartão.

car·to·rá·ri·o *s.m.* O que trabalha em cartório.

car·tó·ri·o *s.m.* 1. Arquivo de documentos. 2. Lugar onde funcionam os ofícios de justiça (tabelionatos, registros públicos, etc.).

car·tu·cha·me *s.m.* Porção de cartuchos para arma de fogo.

car·tu·chei·ra *s.f.* Bolsa para cartucho.

car·tu·cho *s.m.* 1. Canudo de papel. 2. Carga de arma de fogo. 3. Padrinho; o que auxilia com sua influência para a consecução de emprego ou posição. 4. Fita de *videogame*. 5. *Inform.* Dispositivo que contém tinta utilizada pelas impressoras.

car·tum *s.m. Des.* 1. Desenho de humor. 2. Desenho animado.

car·tu·nis·ta *adj.2gên.* e *s.2gên. Des.* Diz-se de ou desenhista de cartum.

Car·tu·xa (ch) *s.f.* Ordem religiosa fundada por São Bruno, no séc. XI.

car·tu·xo (ch) *adj.* e *s.m.* Que pertence à Cartuxa.

ca·run·char *v.i.* 1. Encher-se de caruncho. 2. Ser atacado pelo caruncho.

ca·run·cho *s.m. epiceno* 1. *Zool.* Coleóptero que ataca e destrói madeira e cereais. *s.m.* 2. *fig.* Podridão. 3. Velhice.

ca·run·cho·so (ô) *adj.* 1. Infestado de carunchos. 2. Devorado pelos carunchos. 3. *fig.* Antigo, estragado. *Pl.:* carunchosos (ó).

ca·rún·cu·la *s.f. Anat.* 1. Excrescência carnuda. 2. *Zool.* Tecido carnoso da crista das aves.

ca·ru·ru *s.m.* 1. *Bot.* Planta cujas folhas são usadas em culinária. 2. *Cul.* Esparregado de caruru ou quiabos.

car·va·lho *s.m.* 1. *Bot.* Nome de duas árvores que produzem a bolota. 2. *por ext.* A madeira dessas árvores.

car·vão *s.m.* Corpo que resulta da combustão incompleta de materiais orgânicos.

car·vo·a·ri·a *s.f.* Lugar onde se vende ou se fabrica carvão.

car·vo·ei·ra *s.f.* Lugar próprio para guardar carvão.

car·vo·ei·ro *s.m.* 1. Aquele que fabrica ou vende carvão. *adj.* 2. Relativo a carvão.

cãs *s.f.pl.* Cabelos brancos.

ca·sa *s.f.* 1. Edifício que se destina a habitação. 2. Família. 3. Morada. 4. Estabelecimento. 5. Bens. 6. Abertura em que entram os botões da roupa; botoeira. 7. Posição dos algarismos de um número.

ca·sa·ca *s.f.* 1. Peça de vestuário de cerimônia para homem. 2. *fig.* Repreensão.

ca·sa·cão *s.m.* Casaco grande e amplo.

ca·sa·co *s.m.* 1. Peça de vestuário que se traz sobre o paletó. 2. Peça semelhante do vestuário feminino.

ca·sa·do *adj.* Que se encontra ligado pelo casamento.

ca·sa·dou·ro *adj.* 1. Que está em idade de casar. 2. Que trata de casar-se.

ca·sa-for·te *s.f.* Local reservado para os cofres nas instituições bancárias. *Pl.:* casas-fortes.

ca·sa-gran·de *s.f.* 1. *Hist.* A casa do senhor de engenho. 2. Residência de fazendeiro. *Pl.:* casas-grandes.

ca·sal *s.m.* 1. Lugarejo de poucas casas. 2. Granja. 3. Conjunto de macho e fêmea. 4. Par. 5. Marido e mulher.

ca·sa·ma·ta *s.f.* 1. Casa ou subterrâneo com abóbada. 2. Obra subterrânea de fortificação.

ca·sa·men·tei·ro *adj.* 1. Relativo a casamento. 2. Que anima outrem a casar.

ca·sa·men·to *s.m.* 1. União legítima entre homem e mulher. 2. Ato de casar. 3. *fig.* Harmonia.

ca·sar *v.t.d.* 1. Ligar por meio de casamento. 2. Promover o casamento de. 3. Associar; ligar; unir. *v.i.* e *v.t.i.*

4. Ligar-se a alguém por casamento. *v.p.* 5. Unir-se em casamento. 6. Combinar-se; harmonizar-se.

ca·sa·rão *s.m.* 1. Casa de grandes dimensões. 2. Casa luxuosa. 3. Casa grande e antiga, geralmente assobradada, de estilo colonial.

ca·sa·ri·o *s.m.* 1. Série de casas. 2. Agrupamento de casas.

cas·ca *s.f.* 1. Invólucro exterior dos caules, troncos, frutos, tubérculos, ovos, etc. 2. *fig.* Exterioridade; aparência.

cas·ca·bu·lho *s.m.* Amontoado de cascas.

cas·ca-gros·sa *adj.2gên.* 1. Diz-se de pessoa sem modos, mal-educada. *s.2gên.* 2. Pessoa com essas características. *Pl.:* cascas-grossas.

cas·ca·lho *s.m.* 1. Pedra reduzida a fragmentos. 2. Lascas de pedra. 3. Calhau rolado. 4. Pedra miúda misturada com cascas de crustáceos e areia.

cas·cão *s.m.* 1. Casca grossa; crosta. 2. Crosta de sujidade ou de ferida na pele.

cas·car *v.t.d.* 1. Tirar a casca; descascar. *v.t.d.* 2. Dar pancadas. *v.t.i.* 3. Bater; dar pancadas. 4. *fig.* Responder com azedume.

cas·ca·ta *s.f.* Queda-d'água, por entre pedras ou rochedos (artificial ou natural).

cas·ca·te·ar *v.i.* 1. Formar cascata. *v.t.d.* 2. Correr em cascata.

cas·ca·tei·ro *adj.* 1. Que conta vantagens, cascatas, mentiras. *s.m.* 2. Indivíduo com essas características.

cas·ca·vel (é) *s.m.* 1. Guizo. 2. *fig.* Ninharia, bagatela. *s.f. epiceno* 3. *Zool.* Cobra muito venenosa de cauda terminada em guizo. 4. *fig.* Mulher de mau gênio e maledicente.

cas·co *s.m.* 1. Casca. 2. Unha dos mamíferos ungulados, como cavalo, boi, cabra, etc. 3. Quilha e costado da embarcação. 4. Garrafa vazia.

cas·cu·do *adj.* 1. Que tem casca grossa. 2. *fig.* Grosseiro. *s.m. epiceno* 3. *Zool.* Nome comum aos peixes revestidos de placas ósseas. 4. *Zool.* Designativo dos coleópteros de asas resistentes e sem nervuras. *s.m.* 5. Pancada com os nós dos dedos na cabeça; coque.

ca·se·ar *v.t.d.* Abrir e pontear casas para os botões.

ca·se·bre (é) *s.m.* Casa arruinada; pardieiro; tugúrio.

ca·se·í·na *s.f. Quím.* Principal proteína do leite.

ca·sei·ra *s.f.* 1. *Fem.* de caseiro. 2. Mulher do caseiro. 3. Mulher que se encarrega dos serviços domésticos.

ca·sei·ro *adj.* 1. Concernente a casa. 2. Que se usa em casa. 3. *fig.* Simples; modesto. *s.m.* 4. Aquele que toma conta da propriedade de alguém mediante salário.

ca·se·o·so (ô) *adj.* Da natureza do queijo. *Pl.:* caseosos (ó).

ca·ser·na (é) *s.f.* Dormitório ou habitação de uma companhia militar dentro do seu quartel.

ca·si·mi·ra *s.f.* Pano de lã fino trançado, para vestuário.

ca·si·nha *s.f.* 1. *Dim.* de casa. 2. *pop.* Latrina.

ca·si·nho·la (ó) *s.f.* Casa pequena e pobre.

cas·mur·ri·ce *s.f.* Qualidade de casmurro.

cas·mur·ro *adj.* e *s.m.* Que ou o que é teimoso, triste, metido consigo mesmo.

ca·so *s.m.* 1. O que acontece, aconteceu ou pode acontecer. 2. Apreço; cuidado. 3. Aventura amorosa extraconjugal. 4. conto; história. *conj.* 5. Desde que; no caso em que.

ca·só·ri:o *s.m. pop.* Casamento.

cas·pa *s.f.* Escamas tênues que se criam na cabeça ou na pele.

cas·pen·to *adj.* 1. Que tem caspa. *s.m.* 2. Indivíduo com essa característica.

cás·pi·te *interj. desus.* Termo que exprime admiração, em geral com ironia.

cas·quen·to *adj.* Que tem casca grossa ou muita casca; cascudo.

cas·que·te (é) *s.m.* Pequena cobertura para a cabeça; boné.

cas·qui·lho *adj.* e *s.m.* Que ou o que veste com demasiado apuro e enfeites.

cas·qui·na·da *s.f.* 1. Gargalhada sarcástica. 2. Risada.

cas·qui·nar *v.t.d.* 1. Soltar, dar risadas escarninhas. *v.i.* 2. Soltar pequenas risadas sucessivas. 3. Rir com escárnio.

cas·qui·nha *s.f.* 1. Casca muito pequena ou muito fina. 2. Cone ou cestinha de massa crocante para servir sorvete. 3. *Cul.* Prato preparado à base de carne de siri e servido na carapaça desse crustáceo ou em conchas de molusco, como a vieira.

cas·sa *s.f.* Tecido fino e transparente de linho ou de algodão. *V.* **caça**.

cas·sa·ção *s.f.* Ato ou efeito de cassar.

cas·sa·do *adj.* 1. Que foi tornado nulo ou sem efeito. 2. Que se anulou.

cas·sar *v.t.d.* 1. Tornar nulo e sem efeito. 2. Romper; quebrar. *V.* **caçar**.

cas·se·te (é) *s.m.* 1. Espécie de caixa plástica contendo fita magnética, usada para gravar e reproduzir somente áudio, ou áudio e vídeo. 2. Aparelho para gravar e reproduzir esse tipo de fita.

cas·se·te·te (é) *s.m.* Bastonete, geralmente de borracha ou madeira, com empunhadura e alça de couro que se prende ao punho.

cas·si·no *s.m.* Estabelecimento onde se joga, bebe, dança, etc.

cas·si·te·ri·ta *s.f. Min.* O mais importante minério do estanho.

cas·ta *s.f.* 1. Forma distinta, vegetal ou animal. 2. Qualidade; geração; raça; natureza. 3. *Etnol.* Grupo social de uma mesma raça, etnia, religião ou profissão.

cas·ta·nha *s.f.* 1. *Bot.* Fruto do castanheiro. 2. *Bot.* Infrutescência do cajueiro. 3. Pancada na cabeça; cascudo.

cas·ta·nha-de-ca·ju *s.f. Bot.* Fruto verdadeiro do cajueiro, que se situa exteriormente à polpa carnuda e suculenta. *Pl.*: castanhas-de-caju.

cas·ta·nhei·ro *s.m. Bot.* Árvore cujo fruto é a castanha.

cas·ta·nho *adj.* 1. Que tem a cor da casca de castanha. *s.m.* 2. Essa cor. 3. Madeira do castanheiro. 4. Tempo das castanhas.

cas·ta·nho·lar *v.t.d.* 1. Fazer soar à maneira de castanholas. *v.i.* 2. Tocar castanholas.

cas·ta·nho·las *s.f.pl. Mús.* Instrumento sonoro formado de duas peças de marfim ou madeira, arredondadas ou côncavas que, ligadas por um cordel aos dedos ou punhos, batem uma contra a outra.

cas·tão *s.m.* 1. Ornamento na parte superior da bengala. 2. A parte mais grossa do fuso.

cas·te·lão *s.m.* 1. Senhor feudal que exercia jurisdição própria em certa

cas·te·lha·nis·mo *s.m.* Espanholismo.

cas·te·lha·no *adj.* 1. Concernente a Castela (Espanha). 2. Relativo à Argentina ou ao Uruguai. *s.m.* 3. O natural ou habitante de Castela. 4. Idioma espanhol. 5. O natural da Argentina ou do Uruguai.

cas·te·lo (é) *s.m.* 1. Solar senhorial fortificado. 2. Fortaleza. 3. *Náut.* A parte mais elevada do convés do navio.

cas·ti·çal *s.m.* 1. Utensílio em que se coloca a vela, para iluminar. 2. Espécie de palmeira.

cas·ti·ço *adj.* 1. Que é de boa casta. 2. Não degenerado. 3. Vernáculo; puro.

cas·ti·da·de *s.f.* 1. Virtude reguladora da inclinação para os prazeres sexuais. 2. Abstinência total de pensamentos, palavras e atos sensuais.

cas·ti·gar *v.t.d.* 1. Dar castigo a; punir. 2. Repreender. *v.p.* 3. Impor-se castigo; aplicar castigo a si mesmo.

cas·ti·go *s.m.* 1. Punição que se inflige a um culpado. 2. Mortificação.

cas·to *adj.* 1. Que revela castidade. 2. *fig.* Puro; inocente; sem mistura.

cas·tor *s.m. epiceno* 1. *Zool.* Nome comum a várias espécies de roedores. 2. Pelo de castor. 3. *Astron.* Estrela dupla da constelação de Gêmeos (inicial maiúscula).

cas·tra·ção *s.f.* Ato ou efeito de castrar.

cas·trar *v.t.d.* 1. Privar dos órgãos essenciais à reprodução; capar. 2. Restringir ou anular a personalidade de.

cas·tren·se *adj.2gên.* 1. Relativo à classe militar ou próprio dela. 2. Relativo a acampamento militar ou próprio dele.

ca·su·al *adj.2gên.* 1. Que depende do acaso. 2. Que sucedeu por acaso; eventual. *V.* **causal**.

ca·su·a·li·da·de *s.f.* 1. Qualidade de casual. 2. Ocasião. 3. Coisa proporcionada pelo acaso.

ca·su·ar *s.m. epiceno Zool.* Ave pernalta da Austrália da família do avestruz.

ca·su·a·ri·na *s.f. Bot.* Nome comum a diversas plantas nativas do sudeste asiático à Austrália cultivadas para fins ornamentais e extração da madeira.

ca·su·ís·mo *s.m.* Aceitação pacífica de ideias ou de doutrinas.

ca·su·ís·ta *adj.2gên.* e *s.2gên.* Pessoa que pratica o casuísmo.

ca·su·la *s.f.* Vestimenta desprovida de mangas que os padres põem sobre a alva e a estola para celebrar a missa.

ca·su·lo *s.m.* 1. *Zool.* Invólucro dentro do qual o bicho-da-seda se transforma em crisálida. 2. *Bot.* Cápsula que envolve as sementes.

ca·ta *s.f.* Busca, pesquisa. À *cata*: à procura.

ca·ta·ce·go *adj. pop.* Que tem visão deficiente.

ca·ta·clis·mo *s.m.* Revolução geológica que, alterando a superfície do globo, é causa de grandes desastres.

ca·ta·cre·se (é) *s.f. Gram.* Utilização de palavra em sentido figurado, que já se incorporou à língua, por falta de termo próprio.

ca·ta·cum·ba *s.f.* Sepultura.

ca·ta·cum·bas *s.f.pl. Hist.* Galerias subterrâneas onde se enterravam os mortos e se ocultavam os primitivos cristãos.

catadióptrico / catarineta

ca·ta·di·óp·tri·co *adj.* 1. *Ópt.* Diz-se do dispositivo de óptica que apresenta ao mesmo tempo propriedade de refletir (reflexão) e desviar a luz (refração). *s.m.* 2. Dispositivo com essas propriedades usado em veículos e como sinalização de vias públicas; olho de gato.

ca·ta·du·pa *s.f.* Queda estrondosa de água corrente; catarata; cachoeira; salto.

ca·ta·du·ra *s.f.* 1. Aspecto do semblante considerado como revelador do estado de ânimo. 2. Aparência.

ca·ta·fal·co *s.m.* Essa ou estrado alto sobre o qual se coloca o féretro. *V.* **cadafalso**.

ca·ta·lão *adj.* 1. Relativo à Catalunha, próprio dessa região, de seu povo ou de sua língua. *s.m.* 2. Indivíduo que nasceu ou mora nessa região da Espanha. 3. Língua falada na Catalunha. *Fem.*: catalã. *Pl.*: catalães.

ca·ta·lep·si·a *s.f. Med.* Doença letárgica que se caracteriza pela imobilidade do corpo e rigidez dos músculos.

ca·ta·li·sa·dor *s.m. Quím.* Substância própria para catalisar.

ca·ta·li·sar *v.t.d.* Agir por catálise.

ca·tá·li·se *s.f. Quím.* Aceleração de combinações químicas devido à presença de certos corpos.

ca·ta·lo·gar *v.t.d.* 1. Fazer o catálogo de. 2. Inscrever em catálogo. 3. Classificar; reputar.

ca·tá·lo·go *s.m.* 1. Lista descritiva. 2. Relação circunstanciada de coisas ou pessoas.

ca·ta·ma·rã *s.m.* Embarcação a vela ou motor, com dois cascos paralelos e unidos.

ca·ta·mê·ni·o *s.m. Med.* Menstruação.

ca·ta·na *s.f.* 1. Alfanje asiático. 2. Espada pequena e curva. 3. Faca comprida e larga.

ca·tan·du·ba *s.f.* 1. *Bot.* Árvore nativa do Brasil, de flores amarelas e madeira de qualidade. 2. Terreno que contém argila, pouco produtivo. 3. Mato rasteiro e com espinhos, característico desse terreno. *Var.*: catanduva.

ca·tão *s.m. fig.* 1. Homem que aparenta austeridade. *adj.* 2. Virtuoso.

ca·ta-pi·o·lho (ô) *s.m. pop.* O polegar da mão; mata-piolho. *Pl.*: cata-piolhos.

ca·ta·plas·ma *s.f. Med.* Substância medicamentosa que se aplica sobre a pele.

ca·ta·po·ra (ó) *s.f. Med.* Nome vulgar da varicela (também usado no *pl.* cataporas).

ca·ta·pul·ta *s.f.* Antiga máquina de guerra que arremessava projéteis.

ca·ta·pul·tar *v.t.d.* 1. Lançar por meio de catapulta. 2. Levar a uma rápida ascensão na vida social ou profissional. 3. Dar impulso; promover.

ca·tar *v.t.d.* 1. Pesquisar; buscar. 2. Buscar e matar parasitos capilares. 3. Examinar atentamente. *v.p.* 4. Procurar parasitos capilares em si próprio.

ca·ta·ra·ta *s.f.* 1. Queda de água corrente desde grande altura; catadupa. 2. *Med.* Opacidade total ou parcial do cristalino ou de sua cápsula que impede a chegada dos raios luminosos à retina.

ca·ta·ri·nen·se *adj.2gên.* 1. Do estado de Santa Catarina. *s.2gên.* 2. Natural ou habitante desse estado.

ca·ta·ri·ne·ta (ê) *s.2gên.* Apelido que se aplica amistosamente aos naturais do estado de Santa Catarina.

ca·tar·ro *s.m. Med.* 1. Secreção das membranas mucosas. 2. Constipação do peito.

ca·tar·se *s.f.* Purgação; purificação.

ca·tár·ti·co *adj.* 1. Relativo a catarse. 2. *Med.* Diz-se do purgativo (mais enérgico que o laxante e menos que o drástico).

ca·tás·tro·fe *s.f.* Grande desastre que atinge muitas pessoas.

ca·tas·tró·fi·co *adj.* 1. Que tem o caráter das grandes catástrofes. 2. Sinistro; funesto.

ca·ta·tau *s.m.* Indivíduo extremamente baixo; nanico.

ca·ta·to·ni·a *s.f. Med.* Desequilíbrio mental com catalepsia, estupor, melancolia e depressão física.

ca·ta·tô·ni·co *adj. Med.* Relativo à catatonia.

ca·ta·ven·to *s.m.* Bandeirinha ou figura enfiada numa haste, colocada no alto de um edifício, que indica a direção do vento. *Pl.:* cata-ventos.

ca·te·cis·mo *s.m.* 1. Instrução sobre o que é relativo à religião. 2. Livro que, em perguntas e respostas, contém esse ensino. 3. Título de certas obras doutrinárias, dispostas em perguntas e respostas.

ca·te·cú·me·no *s.m.* 1. Aquele que recebe instrução religiosa para ser admitido ao batismo. 2. Neófito.

cá·te·dra *s.f.* 1. Cadeira de catedrático. 2. Cadeira pontifícia.

ca·te·dral *s.f.* Sé; igreja episcopal de uma diocese.

ca·te·drá·ti·co *s.m.* 1. Lente; professor de escola superior. *adj.* 2. Que tem cátedra. 3. Que exerce o ensino superior.

ca·te·go·ri·a *s.f.* 1. Classe das ideias de mesmo gênero, espécie, etc. 2. Classe. 3. Espécie. 4. Natureza. 5. Hierarquia. 6. Posição social.

ca·te·gó·ri·co *adj.* 1. De categoria ou a ela relativo. 2. Claro; decisivo; positivo.

ca·te·go·ri·zar *v.t.d.* Dispor em categorias.

ca·te·gu·te *s.m.* Fio que se faz do intestino de lebre, carneiro ou gato e que se emprega em cirurgia, para suturas.

ca·te·que·se (ê, é) *s.f.* 1. Explicação de doutrina social ou religiosa. 2. Doutrinamento.

ca·te·quis·ta *adj.2gên.* e *s.2gên.* Que, ou pessoa que catequiza.

ca·te·qui·zar *v.t.d.* 1. Instruir ou doutrinar em matéria social ou religiosa. 2. *fig.* Tratar de convencer. 3. Aliciar. 4. Ensinar.

ca·te·re·tê *s.m. Fol.* 1. Nome dado a certas danças populares rurais (MG). 2. Dança em que homens e mulheres ficam em fila, cantando, sapateando e batendo palmas (GO).

ca·ter·va (é) *s.f.* 1. Multidão. 2. Grande número. 3. Muitas tropas. 4. Bando de vadios; malta.

ca·te·ter (ê, é) *s.m. Med.* Instrumento tubular introduzido no corpo para retirar líquidos, introduzir sangue, soro, medicamentos e fazer investigações diagnósticas.

ca·te·te·ris·mo (ê, é) *s.m. Med.* Sondagem com o cateter; qualquer sondagem cirúrgica.

ca·te·to (ê) *s.m. Mat.* Cada um dos lados do ângulo reto no triângulo retângulo.

ca·ti·li·ná·ri:a *s.f.* 1. Acusação enérgica e eloquente. 2. Descompostura; verrina.

ca·tim·bau *s.m. Fol.* Rito de feitiçaria que mistura elementos de magia branca com influências afros, indígenas e católicas. *Var.*: catimbó.

ca·tin·ga¹ *s.f.* Caatinga. *V.* **caatinga**.

ca·tin·ga² *s.f.* 1. Cheiro desagradável da pele. 2. Transpiração malcheirosa. *V.* **caatinga**.

ca·tin·gar *v.i.* Cheirar mal, feder.

ca·tin·go·so (ô) *adj.* Que tem catinga; malcheiroso, fedorento. *Pl.*: catingosos (ó).

cá·ti·on *s.m. Fís., Quím.* Íon que apresenta carga elétrica positiva.

ca·ti·ri·pa·po *s.m. pop.* 1. Empurrão dado de leve. 2. Bofetada, tapa.

ca·ti·ta *adj.2gên.* 1. Elegante, gracioso, bonito. *s.2gên.* 2. O que tem essas características.

ca·ti·van·te *adj.2gên.* Insinuante; encantador; atraente.

ca·ti·var *v.t.d.* 1. Tornar cativo. 2. reduzir a cativeiro. 3. Subjugar; seduzir; encantar.

ca·ti·vei·ro *s.m.* 1. Privação da liberdade. 2. Estado de pessoa cativa. 3. Lugar onde se está cativo.

ca·ti·vo *adj.* 1. Reduzido a cativeiro. 2. Subjugado; obrigado. 3. Impedido; embaraçado. *s.m.* 4. Prisioneiro de guerra.

ca·to·do (ô) *s.m. Eletr.* Eletrodo ou polo negativo. *Var.*: cátodo.

ca·to·li·ci·da·de *s.f.* 1. Universalidade que a Igreja Católica se atribui. 2. Qualidade de ser católico. 3. Conjunto dos povos que professam o catolicismo.

ca·to·li·cis·mo *s.m.* 1. Religião católica. 2. O conjunto de todos os católicos.

ca·tó·li·co *adj.* Relativo à religião cristã que reconhece o papa por chefe universal.

ca·tor·ze (ô) *num.* Quatorze.

ca·tra·ca *s.f.* Espécie de torniquete que regula a passagem das pessoas.

ca·trai·a *s.f.* Bote tripulado por uma só pessoa.

ca·tre *s.m.* 1. Cama de viagem. 2. Leito tosco e pobre.

ca·tu·a·ba *s.f. Bot.* Arbusto ornamental, cujo fruto é considerado afrodisíaco.

ca·tu·car *v.t.d.* Cutucar.

ca·tur·ra *s.2gên.* 1. Pessoa apegada ao que é antigo. 2. Pessoa que gosta de questiúnculas.

ca·tur·ri·ce *s.f.* 1. Dito de caturra. 2. Teimosia infundada.

cau·bói *s.m.* 1. Vaqueiro. 2. Personagem típico de filmes de faroeste. 3. Participante de rodeios.

cau·ção *s.f.* 1. Cautela. 2. Garantia. 3. Fiança. *V.* **calção**.

cau·ca·si·a·no *adj.* e *s.m.* Caucásio.

cau·cá·si·o *adj.* 1. Relativo ao Cáucaso (Rússia). 2. Diz-se das línguas faladas no Cáucaso. *s.m.* 3. O natural ou habitante do Cáucaso.

cau·cho *s.m. Bot.* Árvore que fornece látex para fabricação de borracha.

cau·ci·o·nar *v.t.d.* 1. Assegurar com caução. 2. Dar em garantia. *v.p.* 3. Segurar-se com caução.

cau·da *s.f.* 1. Apêndice posterior do corpo de alguns animais; rabo. 2. Parte traseira do vestido que arrasta pelo chão. 3. *Astron.* Esteira luminosa que acompanha os cometas. *V.* **calda**.

cau·da·do *adj.* Que tem cauda.

cau·dal *adj.2gên.* 1. Concernente a cauda. 2. Da cauda. 3. Torrencial; caudaloso. *s.m.* 4. Torrente; cachoeira. 5. Volume de uma corrente.

cau·da·lo·so (ô) *adj.* 1. Que tem ou leva muita água (rio). 2. Caudal; abundante. *Pl.:* caudalosos (ó).

cau·da·tá·ri·o *s.m.* 1. Aquele que leva a cauda do manto real em certas solenidades. 2. *fig.* Pessoa servil.

cau·di·lhis·mo *s.m.* 1. Governo ou sistema político com base no poder de um caudilho. 2. Comportamento ou maneira de exercer o poder próprio de um caudilho.

cau·di·lho *s.m.* 1. Chefe de facção, de partido ou de bando armado (que defende uma ideia). 2. Cabo de guerra; chefe militar.

cau·im *s.m.* Bebida fermentada que se prepara com mandioca cozida.

cau·le *s.m. Bot.* Haste das plantas.

cau·lim *s.m.* Argila branca que se emprega no fabrico da porcelana, do papel, etc.

cau·sa *s.f.* 1. Agente eficaz que dá existência ao que não existia. 2. O que determina um acontecimento. 3. Motivo; razão; fato. 4. Ação ou processo judicial.

cau·sa·dor *adj.* 1. Que está na origem ou é causa de algo. 2. Que provoca ou produz algum efeito. *s.m.* 2. O que ou quem tem essas características.

cau·sal *adj.2gên.* 1. Que dá a razão; que indica a causa. *s.f.* 2. Causa; motivo; origem. *V.* **casual**.

cau·sa·li·da·de *s.f.* Relação entre causa e efeito.

cau·sar *v.t.d.* 1. Ser causa de. 2. Motivar; originar; produzir.

cau·sa·ti·vo *adj.* 1. Concernente a causa. 2. Que causa.

cau·sí·di·co *s.m.* Advogado que defende causas com finura e sagacidade.

caus·ti·can·te *adj.2gên.* 1. Que caustica. 2. Importuno.

caus·ti·car *v.t.d.* 1. Aplicar cáustico a. 2. Importunar; aborrecer.

caus·ti·ci·da·de *s.f.* 1. Próprio de cáustico; corrosivo. 2. *fig.* Mordacidade; sarcasmo.

cáus·ti·co *adj.* 1. Que queima, que cauteriza. 2. Mordaz; importuno; que fere. *s.m.* 3. Substância que cauteriza.

cau·te·la (é) *s.f.* 1. Cuidado. 2. Senha representativa do objeto que se penhorou. 3. Documento ou título provisório.

cau·te·lo·so (ô) *adj.* Que tem cautela. *Pl.:* cautelosos (ó).

cau·té·ri·o *s.m.* 1. *Med.* Aquilo que queima ou desorganiza os tecidos a que é aplicado. 2. *Med.* Instrumento com que se cauteriza. 3. Remédio moral violento.

cau·te·ri·zar *v.t.d.* 1. Aplicar cautério ou cáustico a. 2. Afligir. 3. Destruir; extirpar.

cau·to *adj.* Que tem cautela; acautelado.

ca·va *s.f.* 1. Ato, efeito ou operação de cavar. 2. Corte no vestuário, para se ajustarem as mangas. 3. Abertura do vestuário na região axilar.

ca·va·ção *s.f.* 1. Ação, modo ou efeito de cavar. 2. Meio ilícito de obter vantagens ou proventos pecuniários.

ca·va·co *s.m.* 1. Lasca de madeira ou de lenha. 2. Conversação amigável em lugar cômodo; bate-papo.

ca·va·do *adj.* 1. Que se cavou; fundo. 2. Côncavo; encovado.

ca·va·dor *adj.* 1. Que cava. 2. *fig.* Diligente; trabalhador. *s.m.* 3. Aquele que cava. 4. O que arranja empregos ou aufere vantagens, geralmente por meios ilícitos.

ca·va·la s.f. epiceno Zool. Peixe que se assemelha à sarda.

ca·va·lão s.m. 1. *Aum.* de cavalo. 2. *fig.* Indivíduo alto e encorpado, mas de pouca inteligência. 3. *fam.* Menino mais desenvolvido que os de sua idade.

ca·va·lar adj.2gên. 1. Da raça do cavalo. 2. Concernente a cavalo.

ca·va·la·ri·a s.f. 1. Conjunto de pessoas a cavalo. 2. Tropa montada. 3. Grande quantidade de cavalos. 4. Equitação.

ca·va·la·ri·a·no s.m. Soldado de cavalaria.

ca·va·la·ri·ça s.f. Local que se destina à habitação dos cavalos; estrebaria; cocheira.

ca·va·la·ri·ço s.m. Empregado de cavalariça.

ca·va·lei·ro s.m. 1. Aquele que monta a cavalo. 2. Membro de cavalaria. 3. Indivíduo nobre, ilustre, valente. *loc. adv.* A *cavaleiro*: em lugar eminente; por cima. *V. cavalheiro.*

ca·va·le·te (ê) s.m. 1. Armação triangular em que os pintores colocam a tela em que trabalham. 2. Espécie de banqueta em que mecânicos, marceneiros e outros profissionais colocam a peça na qual trabalham.

ca·val·ga·da s.f. 1. Grupo de cavaleiros. 2. Passeio ou saída de pessoas a cavalo.

ca·val·ga·du·ra s.f. 1. Besta, animal de sela. *sobrecomum* 2. *fig.* Indivíduo estúpido, grosseiro, malcriado.

ca·val·gar v.t.d. 1. Montar sobre. v.i. 2. Andar a cavalo. v.t.i. 3. Montar. 4. Sentar-se escarranchado.

ca·va·lha·das s.f. 1. Cavalgada. 2. Porção de cavalos. 3. Gado cavalar.

ca·va·lha·das s.f.pl. Espécie de torneio, diversão popular.

ca·va·lhei·res·co (ê) adj. 1. Próprio de cavalheiro. 2. Distinto; brioso.

ca·va·lhei·ris·mo s.m. 1. Qualidade ou ação própria de cavalheiro. 2. Ato nobre.

ca·va·lhei·ro s.m. 1. Homem educado e de bons sentimentos. 2. Homem que acompanha uma mulher. *adj.* 3. Distinto, nobre, cavalheiresco. *V. cavaleiro.*

ca·va·lo s.m. 1. Zool. Quadrúpede solípede equídeo. *Fem.*: égua. 2. *fig.* Pessoa muito grosseira. 3. Peça do jogo de xadrez. 4. Cancro venéreo. 5. Nome que se dá ao médium nos cultos afro-brasileiros.

ca·va·lo de pau s.m. 1. Aparelho em forma de cavalete para ginástica ou saltos. 2. Brinquedo semelhante à cabeça de um cavalo fixa a um cabo cilíndrico, geralmente de madeira. 3. Manobra que consiste em frear bruscamente um veículo e manejá-lo para que gire sobre si mesmo até dar meia-volta. *Pl.*: cavalos de pau.

ca·va·lo-ma·ri·nho s.m. epiceno Zool. 1. Nome comum do hipocampo. 2. Peixe do mar também conhecido por peixe-galo. *Pl.*: cavalos-marinhos.

ca·va·lo-va·por s.m. *Fís.* Unidade dinâmica equivalente a uma força que num segundo de tempo levanta a um metro de altura setenta e cinco quilogramas (75 kgm/s); corresponde a 0,986 vezes o cavalo-vapor inglês, equivalente a 76 kgm/s. O cavalo-vapor representa-se pela abreviatura CV (HP em inglês, de *horse–power*). *Pl.*: cavalos-vapor.

ca·va·nha·que s.m. Barba no queixo, em ponta.

ca·va·que·ar *v.i. fam.* Conversar singelamente.

ca·va·qui·nho *s.m. Mús.* Pequena viola de quatro cordas da qual se tiram sons agudos.

ca·var *v.t.d.* 1. Romper ou revolver a terra com enxada ou instrumento semelhante. 2. Extrair da terra, cavando. 3. Fazer escavação em volta de alguma coisa. 4. Empenhar-se para adquirir. *v.i.* 5. Trabalhar, cavando. 6. Obter vantagens por meio de expedientes escusos ou à força de grandes trabalhos.

ca·va·ti·na *s.f. Mús.* 1. Ária curta, geralmente composta de um recitativo. 2. Pequena ária simples.

ca·ve *s.f.* O mesmo que adega.

ca·vei·ra *s.f.* 1. Cabeça de morto já limpa de todos os tecidos. 2. Cabeça descarnada. 3. *fig.* Rosto magro e pálido.

ca·ver·na (é) *s.f.* 1. Concavidade subterrânea. 2. Furna; gruta.

ca·ver·na·me *s.m.* 1. *Náut.* Conjunto de peças que formam a estrutura de uma embarcação. 2. *pop.* Conjunto de ossos de um esqueleto.

ca·ver·ní·co·la *s.m.* Habitante de cavernas.

ca·ver·no·so (ô) *adj.* 1. Semelhante a caverna. 2. Que produz som prolongado e cavo. *Pl.*: cavernosos (ó).

ca·vi·ar *s.m. Cul.* Iguaria composta de ovas salgadas de esturjão.

ca·vi·da·de *s.f.* 1. Parte côncava de um corpo sólido. 2. Cova; depressão.

ca·vi·la·ção *s.f.* 1. Razão falsa; sofisma; ardil; astúcia. 2. Ironia maliciosa.

ca·vi·lar *v.i.* 1. Usar de cavilações. 2. Escarnecer, motejar.

ca·vi·lha *s.f.* Peça metálica para juntar ou segurar duas peças, duas chapas, etc.

ca·vi·lo·so (ô) *adj.* 1. Que emprega cavilações. 2. Em que há cavilações. 3. Fraudulento. *Pl.*: cavilosos (ó).

ca·vo *adj.* 1. Cavado. 2. Côncavo. 3. Oco. 4. Rouco; cavernoso. 5. *Anat.* Designação dos dois troncos venosos que recebem o sangue das demais veias do corpo.

ca·vou·car *v.t.i.* 1. Abrir cavoucos em. *v.i.* 2. Abrir cavoucos. 3. Trabalhar com afinco.

ca·vou·co *s.m.* 1. Escavação para alicerces de uma construção. 2. Vala, fosso.

ca·vou·quei·ro *adj.* 1. *pej.* Que não trabalha direito; incompetente. 2. *pej.* Que mente, engana. *s.m.* 3. *pej.* Indivíduo com alguma(s) dessas características. 4. Indivíduo que cava buracos na terra (cavoucos). 5. Trabalhador de pedreira ou mina.

ca·xam·bu (ch) *s.m.* 1. *Mús.* Instrumento de percussão de origem afro-brasileira. 2. *Fol.* Dança de mesma origem, que faz uso desse instrumento.

ca·xan·gá (ch) *s.m.* 1. Variedade de siri, cuja carne é utilizada para fins culinários. 2. Tipo de jogo cantado, também conhecido como Escravos de Jó.

ca·xa·réu (ch) *s.m.* Macho de baleia em sua forma adulta.

ca·xe·mi·ra (ch) *s.f.* 1. Lã macia e fina, obtida do pelo de cabra da região de Caxemira (Índia e Paquistão). 2. O fio dessa lã. 3. Tecido produzido com esse fio, ou outro sintético, para imitá-lo.

ca·xi·as (ch) *adj.2gên.2núm. pop.* 1. Que cumpre rigorosamente os deveres, segue as normas à risca. 2. Que exige dos outros, principalmente dos subordinados, esse comportamento. *s.2gên.2núm.* 3. *pop.* Pessoa com essas características.

ca·xin·gue·lê (ch) *s.m. epiceno Zool.* Pequeno mamífero roedor.

ca·xum·ba (ch) *s.f. Med.* Inflamação infecciosa das parótidas; parotidite.

CD *s.m. Inform.* 1. Sigla de *compact disc*, disco óptico usado para armazenamento digital de áudio ou de dados e aplicações para computador, com diâmetro pequeno (cerca de 12 cm) e no qual a gravação de dados é feita apenas numa face, em superfície metalizada com camada de prata; disco a *laser*. 2. *por ext.* Equipamento para reprodução de CD de áudio.

CD-ROM *s.m. Inform.* Sigla de *compact disc read-only memory*; designa um tipo de CD gravado por processo industrial, com capacidade de memória de aproximadamente 650 *megabytes* ou 74 minutos de áudio. Diz-se também CD, apenas.

cê *s.m.* Nome da terceira letra do nosso alfabeto, c.

ce·ar *v.i.* 1. Comer a ceia. *v.t.d.* 2. Comer (determinada coisa) à ceia.★

ce·a·ren·se *adj.2gên.* 1. Concernente ao estado do Ceará. *s.2gên.* 2. Pessoa natural ou habitante do Ceará.

ce·bo·la (ô) *s.f.* 1. *Bot.* Planta hortense. 2. O bulbo dessa planta, usado como condimento. 3. Qualquer bulbo.

ce·bo·lão *s.m. pop.* 1. Relógio de bolso, geralmente antigo, ou de pulso, redondo e volumoso. 2. Dispositivo que aciona a ventoinha do radiador em motores de veículos automotivos.

ce·bo·li·nha *s.f. Bot.* 1. Variedade de cebola pequena. 2. Planta hortense também chamada cebola-de-cheiro.

ce·ce·ar *v.i.* 1. Pronunciar os **ss** e os **zz** como **ç**. 2. Pronunciar afetadamente. *v.t.d.* 3. Pronunciar ceceando.

cê-ce·di·lha *s.m.* A letra **cê** com cedilha, que dessa forma soa como "**ss**"; **ç**. *Pl.*: cês-cedilhas.

ce·co (é) *s.m. Anat.* A primeira parte do intestino grosso. *V.* **seco**.

ce·dên·ci·a *s.f.* Cessão.

ce·den·te *adj.2gên.* e *s.2gên.* Que ou pessoa que cede.

ce·der *v.t.d.* e *v.i.* 1. Transferir a posse ou o direito (em favor de outrem). 2. Deixar (a outrem) alguma coisa. *v.t.i.* 3. Não resistir; sucumbir. 4. Condescender. 5. Sujeitar-se.

ce·di·ço *adj.* 1. Quase podre; estagnado. 2. *fig.* Muito velho; conhecido por todos.

ce·di·lha *s.f. Gram.* Sinal gráfico usado sob o **c** quando este tem o valor de **ss**, antes de **a**, **o** ou **u**.

ce·di·lha·do *adj.* Diz-se do **c** com cedilha.

ce·di·lhar *v.t.d.* Pôr cedilha (no **c**).

ce·do (ê) *adv.* 1. Antes da hora (em que se deve realizar alguma coisa). 2. Prematuramente. 3. Dentro de pouco tempo. 4. De madrugada. 5. Antes do tempo. 6. A hora pouco adiantada.

ce·dro (é) *s.m. Bot.* Nome comum a diversas árvores de grande porte, cuja madeira é muito usada em marcenaria e escultura.

cé·du·la *s.f.* 1. Papel representativo de moeda de curso legal. 2. Documento escrito de várias naturezas. 3. Retângulo de papel com o nome de candidato a cargo eletivo.

ce·fa·lal·gi·a *s.f. Med.* Dor de cabeça.

ce·fa·lei·a *s.f. Med.* Cefalalgia muito intensa.

ce·fá·li·co *adj. Med.* Concernente à cabeça.

ce·fa·ló·po·de *adj.2gên.* 1. Relativo aos cefalópodes, classe de moluscos marinhos que apresentam tentáculos. *s.m.* 2. *Zool.* Espécime dessa classe de moluscos.

ce·gar *v.t.d.* 1. Tornar cego. 2. Impedir de ver. 3. *fig.* Fascinar; deslumbrar; desvairar; alucinar. 4. Ofuscar; embotar. *v.i.* 5. Perder a vista. 6. Deixar de ver. *V.* **segar**.

ce·go (é) *adj.* 1. Que não vê; que foi privado da vista. 2. *fig.* Alucinado; deslumbrado; desvairado. 3. Inconsciente; ignorante. 4. Embotado; sem gume (instrumento cortante). 5. Designativo do nó difícil ou impossível de desatar. *s.m.* 6. Indivíduo que não vê.

ce·go·nha (ô) *s.f. epiceno Zool.* Grande ave pernalta de arribação.

ce·guei·ra *s.f.* 1. Estado da pessoa cega. 2. *fig.* Fanatismo. 3. Ignorância. 4. Grande afeição por alguém ou por alguma coisa.

cei·a *s.f.* 1. Refeição da noite. 2. Quadro que representa a última ceia de Jesus com os seus discípulos.

cei·fa *s.f.* 1. Ato de ceifar. 2. Época de ceifar. 3. Colheita (de cereais). 4. *fig.* Carnificina; mortandade.

cei·fa·dei·ra *s.f.* 1. Máquina própria para ceifar, geralmente cereais; ceifeira, segadeira. 2. Mulher que trabalha na ceifa.

cei·far *v.t.d.* 1. Segar, abater (searas maduras). 2. *fig.* Tirar a vida a; destruir; arrebatar.

cei·fei·ro *adj.* 1. Relativo à ceifa; que se usa para a ceifa. *s.m.* 2. Homem que trabalha na ceifa.

cei·til *s.m. ant.* 1. Moeda em curso ao tempo de D. João I, que valia um sexto do real. 2. *fig.* Insignificância.

ce·la (é) *s.f.* 1. Quarto pequeno que um religioso ocupa no seu convento ou que um preso ocupa nas cadeias penitenciárias. 2. Cada uma das cavidades dos favos. *V.* **sela**.

ce·la·mim *s.m. ant.* Medida de capacidade que correspondia à décima sexta parte do alqueire.

ce·le·bra·ção *s.f.* Ato ou efeito de celebrar.

ce·le·bran·te *adj.2gên.* 1. Que celebra. *s.m.* 2. Sacerdote que celebra a missa.

ce·le·brar *v.t.d.* 1. Realizar, comemorar com solenidade. 2. Publicar com louvor; enaltecer. 3. Acolher com festejos. *v.i.* 4. Dizer missa.

ce·le·brá·vel *adj.2gên.* Que se pode celebrar.

cé·le·bre *adj.2gên.* 1. Que tem grande fama; notável; muito notório. 2. *fam.* Esquisito; extravagante. *Sup. abs. sint.:* celebérrimo. *V.* **célere**.

ce·le·bri·da·de *s.f.* 1. Qualidade do que é célebre. 2. Pessoa ou coisa célebre.

ce·le·bri·zar *v.t.d.* e *v.p.* 1. Tornar-se célebre. 2. Notabilizar-se.

ce·lei·ro *s.m.* Casa de recolher cereais; depósito de provisões. *V.* **seleiro**.

ce·le·ra·do *adj.* e *s.m.* Criminoso; perverso; malvado.

cé·le·re *adj.2gên.* Veloz; rápido; ligeiro. *Sup. abs. sint.:* celeríssimo e celérrimo. *V.* **célebre**.

ce·le·ri·da·de *s.f.* Qualidade de célere; ligeireza; rapidez.

ce·les·te *adj.2gên.* 1. Do firmamento ou a ele concernente. 2. Da cor do céu. 3. *fig.* Perfeito; celestial.

ce·les·ti·al *adj.2gên.* Do céu ou a ele concernente; celeste.

ce·leu·ma *s.f.* 1. Vozeirada de homens que trabalham. 2. Algazarra; discussão.

ce·lhas (ê) *s.f.pl.* Pelos que guarnecem as pálpebras; cílios; pestanas.

ce·lí·a·co *adj.* Concernente aos intestinos, ao abdome.

ce·li·ba·tá·ri:o *adj.* e *s.m.* Que, ou aquele que não se casou, que vive no celibato.

ce·li·ba·to *s.m.* Estado daquele que se mantém solteiro porque não pode ou não pretende casar.

ce·lo·fa·ne *adj.2gên.* 1. Designativo de uma espécie de papel feito de viscose. *s.m.* 2. Papel-celofane.

cel·si·tu·de *s.f.* Qualidade do que é celso; sublimidade.

cél·si·us *adj.2gên.2núm.* 1. *Fís.* Relativo à escala Celsius de medida de temperatura. *s.m.2núm.* 2. *Fís.* Grau na escala Celsius (símbolo C). *V. centígrado.*

cel·so (é) *adj.* Alto; sublime; elevado.

cel·tas (é) *s.m.pl.* Povo de origem indo-europeia que constitui parte da antiga população da Gália.

cel·ti·be·ro (é) *adj.* 1. Concernente à Celtibéria, nome antigo da região que atualmente corresponde a Aragão e parte de Castela (Espanha). 2. O natural ou habitante da Celtibéria.

cel·ti·be·ros (é) *s.m.pl.* Povo resultante da fusão dos celtas com os iberos.

cé·lu·la *s.f. Biol.* 1. Cada um dos elementos plasmáticos dos tecidos orgânicos ou elemento fundamental da matéria viva. 2. *Inform.* Unidade básica de armazenamento e manipulação de informações numa planilha eletrônica, identificada pela interseção de uma coluna e de uma linha, e que pode conter um texto, um número ou uma fórmula.

cé·lu·la-o·vo (ô) *s.f.* Célula sexual feminina (dos vegetais e animais). *Pl.:* células-ovo e células-ovos.

ce·lu·lar *adj.2gên.* 1. Concernente a célula. 2. Formado de células. *s.m.* 3. Telefone portátil, pessoal, utilizado em telefonia celular.

cé·lu·la-tron·co *s.f. Biol.* Célula, geralmente de embriões, ainda não especializada, capaz de se diferenciar e de se multiplicar. *Pl.:* células-tronco e células-troncos.

ce·lu·li·te *s.f.* 1. *Med.* Inflamação do tecido celular. 2. *pop.* Gordura localizada especialmente nas nádegas e nas coxas.

ce·lu·loi·de (ói) *s.m.* Substância que se fabrica com uma mistura de cânfora e algodão-pólvora.

ce·lu·lo·se (ó) *s.f.* Princípio que constitui a parte sólida dos vegetais.

cem *num.* 1. Número imediato a noventa e nove. 2. Número cardinal equivalente a uma centena; um cento. *s.m.* 3. Cento. *V. sem.*

ce·mi·té·ri:o *s.m.* 1. Terreno em que se enterram os mortos. 2. *fig.* Lugar onde morreu muita gente. 3. Região insalubre. 4. Ermo.

ce·na (ê) *s.f.* 1. Parte do teatro em que os atores representam; palco. 2. Divisão de ato em peça teatral. 3. Decoração teatral. 4. Teatro. 5. Espetáculo. 6. Arte dramática. 7. *fig.* Lugar onde se realiza algum fato. *V. sena.*

ce·ná·cu·lo *s.m.* 1. Sala onde Jesus ceou pela última vez com os apóstolos. 2. *fig.* Convivência. 3. Reunião de pessoas que trabalham para um fim comum.

ce·ná·ri·o *s.m.* 1. *Teat.* Conjunto das vistas e acessórios que ocupam o palco. 2. *fig.* Lugar onde se passa algum fato.

ce·nho (ê) *s.m.* Aspecto severo; semblante carrancudo.

cê·ni·co *adj.* Concernente a cena; teatral.

ce·no·bi·ta *s.2gên.* 1. Religioso que vive em comunidade. 2. *fig.* Pessoa de vida austera e isolada.

ce·no·gra·fi·a *s.f.* Arte de pintar cenários ou decorações cênicas.

ce·nó·gra·fo *s.m.* O que se dedica à cenografia.

ce·no·tá·fi·o *s.m.* Monumento sepulcral erigido em memória de um morto sepultado noutra parte.

ce·no·téc·ni·ca *s.f.* Técnica de criação, instalação e uso de cenários para filmes, televisão e teatro.

ce·nou·ra *s.f.* 1. *Bot.* Planta hortense. 2. A raiz comestível dessa planta.

ce·no·zoi·co (ói) *s.m. Geol.* 1. Era mais recente da história da Terra, que teve início há 65 milhões de anos. *adj.* 2. Relativo a essa era.

cen·so *s.m.* Recenseamento de uma população. *V.* **senso**.

cen·sor *s.m.* 1. Aquele que censura; crítico. 2. *ant.* Magistrado romano que recenseava a população e velava pelos bons costumes.

cen·su·ra *s.f.* 1. Cargo, dignidade de censor. 2. Exame oficial de certas obras ou escritos. 3. Crítica; reprovação; repreensão.

cen·su·rar *v.t.d.* 1. Exercer censura sobre. 2. Criticar; condenar; repreender.

cen·su·rá·vel *adj.2gên.* Que merece censura; condenável.

cen·tau·ro *s.m. Mit.* 1. Monstro fabuloso, metade homem, metade cavalo. 2. *Astron.* Constelação austral (inicial maiúscula).

cen·ta·vo *s.m.* 1. Centésima parte da unidade monetária do Brasil e de outros países. 2. Centésima parte. 3. Centésimo.

cen·tei·o *s.m.* 1. *Bot.* Planta gramínea. *adj.* 2. Designativo da planta e da farinha de centeio.

cen·te·lha (ê) *s.f.* 1. Partícula luminosa que escapa de um corpo incandescente; faísca. 2. *fig.* O que brilha momentaneamente.

cen·te·na (ê) *s.f.* Grupo de cem unidades; unidade de terceira ordem no sistema decimal de numeração.

cen·te·ná·ri·o *adj.* 1. Concernente a cem. 2. Cêntuplo; que contém cem. 3. Secular. *s.m.* 4. Comemoração secular. 5. Espaço de cem anos.

cen·te·si·mal *adj.2gên.* 1. Que procede por centésimos. 2. Relativo a centésimo. 3. Designativo da divisão em cem partes iguais.

cen·té·si·mo *num.* 1. Que numa série ocupa o lugar de cem. 2. Número ordinal que corresponde a cem. *s.m.* 3. A centésima parte.

cen·ti·a·re *s.m.* 1. Medida de superfície que equivale a um metro quadrado. 2. Centésima parte do are.

cen·tí·gra·do *s.m. Fís.* Um grau na escala de temperatura centesimal. *V.* **célsius**.

cen·ti·gra·ma *s.m.* Centésima parte do grama.

cen·ti·li·tro *s.m.* Centésima parte do litro.

cen·tí·me·tro *s.m.* Centésima parte do metro.

cen·to *s.m.* e *num.* 1. Grupo de cem unidades. 2. O número cem.

cen·to·pei·a *s.f. epiceno Zool.* Lacraia.

cen·tral *adj.2gên.* 1. Relativo a centro. 2. situado no centro. 3. De que provêm as ordens. 4. Principal.

cen·tra·li·zar *v.t.d.* 1. Tornar central. 2. Reunir no centro; concentrar. 3. Atrair.

cen·trar *v.t.d.* 1. Determinar um centro em. *v.t.d.* e *v.i.* 2. No futebol, atirar (a bola) da extremidade para o centro.

cen·trí·fu·ga *s.f.* 1. Máquina com a qual se realiza a centrifugação. 2. Aparelho que imprime movimentos rotatórios a certos objetos.

cen·tri·fu·ga·ção *s.f.* Separação, pela aplicação da força centrífuga, dos elementos de uma mistura.

cen·tri·fu·gar *v.t.d.* Fazer a centrifugação de.

cen·trí·fu·go *adj.* Que se afasta do centro; que faz desviar-se do centro. *V.* **centrípeto**.

cen·trí·pe·to *adj.* Que procura aproximar-se do centro; que se dirige para o centro; que atrai para o centro. *V.* **centrífugo**.

cen·tro *s.m.* 1. Ponto interior que se situa a igual distância de todos os pontos da circunferência ou da superfície da esfera. 2. Ponto para onde as coisas convergem. 3. Parte central. 4. Associação literária, cultural ou religiosa.

cen·tro·a·van·te *s.m. Fut.* Jogador que atua no centro do conjunto atacante.

cen·tro·mé·di·o *s.m. Fut.* Jogador que ocupa a posição central da linha média.

cen·tro-o·es·te *adj.2gên.* 1. Diz-de da região que compreende as áreas centrais e ocidentais de um território, estado, país, etc. 2. *Geog.* Diz-se da região formada pelos estados de Goiás, Mato Grosso e Mato Grosso do Sul, além do Distrito Federal (com iniciais maiúsculas). *Pl.:* centro-oestes.

cen·tu·pli·car *v.t.d.* 1. Multiplicar por cem. 2. *fig.* Aumentar muito.

cên·tu·plo *num.* 1. Cem vezes maior. *s.m.* 2. Resultado da multiplicação por cem. 3. Número cem vezes maior.

cen·tú·ri:a *s.f.* 1. Grupo de cem; centena. 2. Século. 3. *ant.* Em Roma, companhia de cem homens da milícia.

cen·tu·ri·ão *s.m. ant.* Em Roma, o que comandava uma centúria.

ce·pa (ê) *s.f.* 1. Tronco de videira. 2. Raízes grossas de que se faz carvão. 3. *fig.* Origem de uma família ou linhagem.

ce·pi·lho *s.m.* 1. Plaina que se usa para alisar madeira. 2. Parte dianteira e elevada da sela.

ce·po (ê) *s.m.* 1. Pedaço de tronco que se cortou transversalmente. 2. Parte inferior do braço dos instrumentos de corda que se liga à caixa de ressonância.

cep·ti·cis·mo *s.m.* Ceticismo.

cép·ti·co *adj.* e *s.m.* Cético. *V.* **séptico**.

ce·ra (ê) *s.f.* 1. Substância amarelada e fusível que as abelhas produzem e com a qual fazem os favos. 2. Substância vegetal que se assemelha à cera.

ce·râ·mi·ca *s.f.* Arte de fabricar louça de barro cozido ou de substância congênere.

ce·ra·mis·ta *adj.2gên.* e *s.2gên.* Que, ou pessoa que trabalha em cerâmica.

cér·be·ro *s.m. Mit.* 1. Cão de três cabeças que guarda a porta do Inferno (inicial maiúscula). 2. *Astron.* Constelação boreal (inicial maiúscula). *sobrecomum* 3. *fig.* Porteiro ou guarda intratável, brutal.

cer·ca (ê) *s.f.* 1. Muro alto ou obra de arame, etc. que circunda um terreno. *adv.* 2. Perto (quase sempre seguido da *prep.* de: cerca de).

cer·ca·do *s.m.* 1. Terreno rodeado de cerca. *adj.* 2. Que tem cerca.

cer·ca·du·ra *s.f.* Adorno feito no contorno de uma peça qualquer ou de um elemento de um material impresso.

cer·ca·ni·as *s.f.pl.* Proximidades; arredores.

cer·car *v.t.d.* 1. Fechar com cerca. 2. Pôr cerco a. 3. Apertar; constranger. 4. Rodear.

cer·ce (é) *adv.* 1. Rente. 2. Rente com o chão. 3. Pela raiz. 4. Pela parte mais baixa.

cer·ce·a·men·to *s.m.* Ato ou efeito de cercear.

cer·ce·ar *v.t.d.* 1. Cortar em roda. 2. Diminuir o tamanho ou o volume de, cortando ou raspando ao redor. 3. Depreciar. 4. Destruir.

cer·co (ê) *s.m.* 1. Ação de cercar. 2. Aquilo que cerca. 3. Disposição de tropas em redor de uma praça.

cer·da (ê) *s.f.* Pelo do javali e de outros animais.

cer·do (ê) *s.m. Zool.* O mesmo que porco(1).

ce·re·al *adj.2gên.* 1. Que se refere a pão. 2. Que produz farinha. *s.m.* 3. Fruto das searas. *V.* **serial**.

ce·re·a·lí·fe·ro *adj.* 1. Que produz cereais. 2. Concernente a cereais.

ce·re·be·lo (ê, ê) *s.m. Anat.* Parte posteroinferior do cérebro.

ce·re·bra·ção *s.f.* Atividade intelectual.

ce·re·bral *adj.2gên.* Relativo ao cérebro.

ce·re·bri·no *adj.* 1. Cerebral. 2. *fig.* Fantástico; esquisito.

cé·re·bro *s.m. Anat.* 1. Substância que forma a parte anterior e superior do encéfalo. 2. *fig.* Inteligência; talento; vontade; razão.

ce·re·bros·pi·nal *adj.2gên.* Relativo ou pertencente ao cérebro e à medula espinhal.

ce·re·ja (ê) *s.f.* 1. Fruto da cerejeira e fruto de outras plantas. 2. Fruto maduro do cafeeiro.

ce·re·jei·ra *s.f.* 1. *Bot.* Planta que produz frutos vermelhos. 2. Madeira usada em marcenaria, instrumentos musicais e obras de arte.

cé·re:o *adj.* 1. Que se assemelha à cera. 2. Que é feito de cera. 3. Da cor da cera.

ce·res (é) *s.f.* 1. *Mit.* Deusa da agricultura (inicial maiúscula). 2. *fig.* O campo; os cereais.

ce·rí·fe·ro *adj.* Que produz cera.

ce·ri·mô·ni·a *s.f.* 1. Forma regular de um culto. 2. Solenidade; pompa. 3. Tratamento formal. 4. Acanhamento.

ce·ri·mo·ni·al *adj.2gên.* 1. Concernente a cerimônia. *s.m.* 2. Conjunto de formalidades que se devem observar em determinados momentos. 3. Livro que contém regras de cerimônia.

ce·ri·mo·ni·o·so (ô) *adj.* Cheio de cerimônias. *Pl.*: cerimoniosos (ó).

cé·ri:o *s.m. Quím.* Metal raro de símbolo Ce e cujo número atômico é 58.

cer·nam·bi *s.m. epiceno* 1. *Zool.* Molusco comestível. *s.m.* 2. Sambaqui.

cer·ne (é) *s.m.* 1. A parte interior e mais dura do tronco das árvores. 2. *fig.* Centro, âmago.

ce·rou·las *s.f. pl. ant.* Peça de roupa íntima para uso do homem.

cer·quei·ro *adj.* Que cerca.

cer·ra·ção *s.f.* 1. Nevoeiro espesso. 2. Escuridão.

cer·ra·do *adj.* 1. Denso; compacto; espesso. 2. Designativo do tempo quando o nevoeiro ou as nuvens não permitem ver a distância. 3. Fechado (não com chave). *s.m.* 4. Mato baixo e mais ou menos denso, composto de arbustos espinhosos.

cer·rar *v.t.d.* 1. Fechar. 2. Tapar. 3. Ajuntar; unir. 4. Terminar. 5. Encobrir. 6. Fazer calar. *v.i.* 7. Acumular; juntar-se muito. *v.p.* 8. Fechar-se. 9. Escurecer. 10. Acumular-se. 11. Fechar-se. *V.* **serrar**.

cer·ro (ê) *s.m.* 1. Monte pequeno e penhascoso. 2. Outeiro; colina. *V.* **serro**.

cer·ta·me *s.m.* 1. Concurso. 2. Luta; briga, combate.

cer·tei·ro *adj.* 1. Que acerta bem. 2. Que atinge o alvo. 3. Que aponta bem.

cer·te·za (ê) *s.f.* 1. Qualidade daquilo que é certo. 2. Coisa certa. 3. Conhecimento exato. 4. Estabilidade. 5. Convicção.

cer·ti·dão *s.f.* 1. Documento em que se certifica alguma coisa. 2. Atestado.

cer·ti·fi·ca·do *s.m.* Documento em que se certifica um fato.

cer·ti·fi·car *v.t.d.* 1. Passar certidão de. *v.t.d.* e *v.i.* 2. Afirmar a certeza de. 3. Declarar certo. 4. Asseverar. 5. Convencer. 6. Tornar ciente. *v.p.* 7. Ter a certeza de. 8. Convencer-se.

cer·to (é) *adj.* 1. Em que não se encontra erro. 2. Exato. 3. Evidente. 4. Garantido. 5. Combinado. 6. Fixo. 7. Adequado. 8. Preciso. 9. Regular. 10. Firme. 11. Convicto. *pron. indef.* 12. Algum; um; qualquer. 13. Determinado. *s.m.* 14. Aquilo que é certo. *adv.* 15. Com certeza. 16. De maneira exata.

ce·rú·le·o *adj.* Azul-celeste; da cor do céu.

ce·ru·me *s.m. Med.* Humor untuoso que se forma no conduto auditivo externo.

cer·val *adj.2gén.* 1. Concernente ao cervo. 2. *fig.* Feroz.

cer·ve·ja (ê) *s.f.* Bebida fermentada, feita de cevada, lúpulo e outros cereais, levemente alcoólica; brama.

cer·ve·ja·ri·a *s.f.* Local, estabelecimento onde se fabrica ou vende cerveja.

cer·ve·jei·ro *s.m.* Fabricante ou vendedor de cerveja.

cer·vi·cal *adj.2gén.* Concernente à cerviz, ao pescoço ou ao colo do útero.

cer·ví·de·os *s.m. pl. Zool.* Mamíferos ruminantes que têm por tipo o cervo.

cer·viz *s.f.* 1. Cachaço. 2. A nuca. 3. *por ext.* Cabeça. **Curvar a cerviz**: submeter-se; dar-se por vencido.

cer·vo (ê) *s.m.* Veado. *Fem.*: cerva. *V.* **servo**.

cer·zi·dei·ra *s.f.* Mulher que cirze.

cer·zir *v.t.d.* 1. Coser (peças de um tecido). 2. Unir. 3. Compor. 4. Formar; intercalar.★

ce·sa·ri·a·na *s.f. Med.* Operação cirúrgica que consiste em extrair o feto por meio de uma incisão das paredes do abdome e do útero.

cé·si·o *s.m. Quím.* Elemento metálico, do grupo dos metais alcalinos, de símbolo **Cs** e cujo número atômico é 55.

ces·sa·ção *s.f.* Ato ou efeito de cessar.

ces·san·te *adj. 2gên.* 1. Que cessa. 2. Que não se efetiva (lucro).

ces·são *s.f.* Ato ou efeito de ceder; cedência. *V.* **seção** e **sessão**.

ces·sar *v.t.d.* 1. Fazer parar. 2. Interromper. *v.i.* 3. Interromper-se. *v.t.i.* 4. Desistir; deixar; parar.

ces·sar-fo·go *s.m.2núm.* Interrupção temporária ou término de um conflito armado; armistício.

ces·si·o·ná·ri·o *s.m.* 1. O que aceita a cessão. 2. Aquele a quem se faz uma cessão.

ces·ta (ê) *s.f.* Utensílio provido de asa, no qual se guarda ou transporta qualquer coisa. *V.* **sesta** e **sexta**.

ces·tei·ro *s.m.* O que fabrica ou vende cestos ou cestas.

ces·to (ê) *s.m.* Pequena cesta, sem asa; cabaz. *V.* **sexto**.

ce·su·ra *s.f.* 1. Ação de cortar. 2. Incisão de lanceta. 3. *Lit.* Pausa no fim da primeira metade de um verso alexandrino.

ce·tá·ce·os *s.m.pl. Zool.* Ordem de mamíferos marinhos de grande porte, que compreende a baleia, o golfinho, etc.

ce·ti·cis·mo *s.m.* 1. Doutrina segundo a qual não se pode atingir a verdade absoluta. 2. Dúvida de tudo. *Var.:* cepticismo.

cé·ti·co *adj.* 1. Relativo ou pertencente ao ceticismo. *s.m.* 2. Partidário do ceticismo. *Var.:* céptico.

ce·tim *s.m.* Tecido de seda, fino e lustroso.

ce·ti·no·so (ô) *adj.* 1. Que é macio ao tato. 2. Macio como o cetim. *Pl.:* cetinosos (ó).

ce·tro (é) *s.m.* 1. Bastão curto. 2. Insígnia de soberanos. 3. *fig.* Poder soberano.

céu *s.m.* 1. Espaço ilimitado em que se movem os astros. 2. Lugar para onde vão as almas dos justos, segundo algumas crenças religiosas. ***Céu da boca***: o palato.

ce·va (é) *s.f.* 1. Ato de cevar. 2. Alimento com que se engordam animais. 3. Isca.

ce·va·da *s.f.* 1. *Bot.* Planta gramínea cerealífera. 2. Grão dessa planta, que se emprega especialmente no fabrico da cerveja.

ce·va·do *adj.* 1. Que se cevou. *s.m.* 2. Porco que se cevou. 3. *fig.* Homem muito gordo.

ce·var *v.t.d.* 1. Fazer engordar. 2. Nutrir. 3. *fig.* Saciar; satisfazer. 4. Pôr isca em. 5. Fomentar. 6. Atrair. *v.p.* 7 Saciar-se; fartar-se; enriquecer.

chá *s.m.* 1. *Bot.* Arbusto de cujas folhas se faz uma infusão muito apreciada. 2. A infusão dessas folhas. 3. Infusão medicinal das folhas de diversas plantas. *V.* **xá**.

chã *s.f.* 1. Terreno plano. 2. Chão plano em terreno acidentado. 3. Carne da perna da rês entre o joelho e a virilha.

cha·cal *s.m. epiceno* 1. *Zool.* Quadrúpede carniceiro, canídeo. *sobrecomum* 2. *fig.* Indivíduo feroz. 3. Pessoa gananciosa que explora seus semelhantes.

chá·ca·ra *s.f.* 1. Habitação campestre, perto da cidade. 2. Casa de campo. 3. Terreno cultivado de hortaliças, flores, etc.; quinta. *V.* **xácara**.

cha·ca·rei·ro *s.m.* Dono ou trabalhador de chácara.

cha·ci·na *s.f.* 1. Ato ou efeito de chacinar. 2. *fig.* Carnificina; morticínio.

cha·ci·nar *v.t.d.* Fazer chacina.

cha·co·a·lhar *v.t.d.* 1. Vascolejar. 2. Chocalhar. 3. *gír.* Maçar; aborrecer. 4. Causar aborrecimento a.

cha·co·ta (ó) *s.f.* Mofa; troça; zombaria.

cha·co·te·ar *v.i.* 1. Fazer chacota ou zombaria. *v.t.i.* 2. Zombar. *v.t.d.* 3. Escarnecer de.

chá-da-ín·dia *s.m. Bot.* O mesmo que chá. *Pl.*: chás-da-índia.

chã de den·tro *s.m.* Carne da parte interna e posterior da coxa bovina; coxão mole. *Pl.*: chãs de dentro.

cha·fa·riz *s.m.* Fonte com várias bicas, em que a água cai num reservatório ou tanque.

cha·fur·da *s.f.* Lamaçal, chiqueiro.

cha·fur·dar *v.t.i.* 1. Revolver-se (em chafurda). 2. Tornar-se sujo. 3. *fig.* atolar-se (em vícios).

cha·ga *s.f.* 1. Ferida aberta. 2. *fig.* Dor moral.

cha·ga·do *adj.* Que tem chagas, coberto de chagas.

cha·gar *v.t.d.* 1. Fazer chaga em. 2. Ferir. 3. *fig.* Afligir; martirizar; ofender.

chai·rel *s.m.* Cobertura da cavalgadura, sobre a qual se coloca o selim.

cha·la·ça *s.f.* 1. Pilhéria. 2. Dito mordaz, zombeteiro. 3. Troça.

cha·la·na *s.f.* Embarcação de pequeno porte e de fundo chato, para o transporte de mercadorias e ou pessoas em rios e lagos.

cha·lé *s.m.* 1. Pequena casa de madeira dos montanheses da Suíça. 2. Casa pequena, no estilo suíço. *V.* **xale**.

cha·lei·ra *s.f.* 1. Recipiente de metal em que se aquece água. *adj.2gên.* e *s.2gên.* 2. *pop.* Bajulador.

cha·lei·rar *v.t.d. pop.* Bajular.

chal·rar *v.i.* 1. Falar à toa e alegremente. 2. Soltar vozes inarticuladas (a criança).

cha·lu·pa *s.f.* 1. Pequena embarcação de um só mastro. 2. Barco de vela e remos.

cha·ma *s.f.* 1. Porção de luz que resulta da combustão dos gases produzidos pelas matérias incendiadas. 2. Labareda. 3. *fig.* Veemência; ardor; paixão.

cha·ma·da *s.f.* 1. Ação de chamar. 2. Toque de reunir. 3. Sinal para chamar a atenção, na escrita. 4. *pop.* Admoestação; censura.

cha·ma·lo·te (ó) *s.m.* 1. Tecido de lã de camelo. 2. Pano de lã e seda.

cha·ma·men·to *s.m.* Ato ou efeito de chamar.

cha·mar *v.t.d.* 1. Pronunciar em voz alta o nome de alguém para verificar se está presente ou para que se aproxime. 2. Convidar ou designar (para cargo ou emprego). 3. Dar nome a; apelidar. *v.p.* 4. Denominar-se; apelidar-se.

cha·ma·riz *s.m.* 1. O que chama ou atrai. 2. *fig.* Engodo.

chá-ma·te *s.m.* O mesmo que mate[2]. *Pl.*: chás-mates e chás-mate.

cha·ma·ti·vo *adj.* Que chama ou desperta a atenção; atraente.

cham·bre *s.m.* O mesmo que roupão.

cha·me·go (ê) *s.m.* 1. Amizade muito íntima. 2. Excitação para atos libidinosos. 3. Namoro. 4. Grande paixão.

cha·me·jar *v.i.* 1. Flamejar. 2. Lançar chamas. 3. Cintilar. *v.t.d.* 4. Emitir como chamas.

cha·mi·né *s.f.* 1. Tubo que se destina a dar tiragem ao ar e saída à fumaça da cozinha ou do fogão. 2. Lugar onde se acende fogo.

cham·pa·nha *s.m.* 1. Vinho branco e espumante de Champagne, cidade da França. 2. *por ext.* Qualquer vinho imitante o champanha.

cha·mus·ca *s.f.* Ação ou resultado de chamuscar; chamusco.

cha·mus·car *v.t.d.* Queimar levemente; passar pela chama; crestar.

cha·mus·co *s.m.* Queima superficial de algo que é exposto brevemente ao fogo; chamusca.

chan·ce *s.f.* 1. Situação ou momento propício para que algo aconteça; possibilidade. 2. Condição em que algo pode acontecer, independentemente da interferência humana; probabilidade.

chan·ce·la (é) *s.f.* 1. Ação de chancelar. 2. Selo. 3. Rubrica.

chan·ce·lar *v.t.d.* 1. Selar. 2. Pôr chancela em. 3. *fig.* Aprovar.

chan·ce·la·ri·a *s.f.* 1. Repartição por onde correm negócios diplomáticos. 2. Ministério das Relações Exteriores. 3. Cargo de chanceler.

chan·ce·ler *s.m.* 1. Funcionário que se encarrega de chancelar diplomas ou documentos oficiais. 2. Ministro das Relações Exteriores.

chan·cha·da *s.f.* Peça teatral, filme ou espetáculo que só se destina a produzir gargalhadas.

cha·ne·za (ê) *s.f.* 1. Planura. 2. Simplicidade.

chan·fra·du·ra *s.f.* 1. Efeito de chanfrar. 2. Sinuosidade. 3. Recorte curvilíneo nas extremidades de um terreno ou objeto.

chan·frar *v.t.d.* 1. Fazer chanfros em. 2. Cortar as arestas de. 3. Cortar em ângulo ou de esguelha.

chan·fro *s.m.* Chanfradura.

chan·ta·ge·ar *v.t.d.* e *v.i.* Fazer chantagem.

chan·ta·gem *s.f.* Extorsão de dinheiro ou favores, com ameaça de escândalo, no caso de negativa.

chan·ta·gis·ta *adj.2gên.* e *s.2gên.* Pessoa que pratica chantagem.

chan·ti·li[1] *s.m.* Espécie de creme batido e doce.

chan·ti·li[2] *s.m.* Espécie de renda de bilro.

chan·tre *s.m.* 1. Diretor do coro em igreja ou colegiado. 2. *ant.* O que entoava os salmos, nos templos protestantes.

chão *s.m.* 1. Superfície onde se pode pôr o pé e andar. 2. Solo; terreno. *adj.* 3. Plano; liso. 4. Tranquilo; franco; singelo. 5. Vulgar; rasteiro. *Sup. abs. sint.:* chaníssimo.

cha·pa *s.f.* 1. Peça metálica que cobre, adorna ou reveste alguma coisa. 2. Matriz, forma, cunho, etc., que por meio da impressão ou compressão reproduz o seu desenho. 3. Radiografia. 4. União de dois ou mais candidatos a cargo eletivo. 5. *pop.* Camarada; companheiro.

cha·pa·da *s.f.* 1. *Geog.* Planura no meio da encosta de um monte; planalto. 2. Pancada em cheio. 3. *Geog.* Planície de vegetação rasa, sem arvoredo. 4. *gír.* Bofetada.

cha·pa·dão *s.m. Geog.* 1. Chapada extensa. 2. Série de chapadas.

cha·pa·do *adj. pop.* Rematado; completo.

cha·par *v.t.d.* 1. Pôr chapa em. 2. Dar aspecto ou forma de chapa a. 3. Segurar com chapa; cunhar; ornar; guarnecer; *v.p.* 4. Estatelar-se; estender-se no chão, caindo.

cha·pe·ar *v.t.d.* 1. Forrar, revestir com chapas. 2. Laminar; cobrir. 3. Revestir (parede, teto) com cimento ou argamassa.

cha·pe·la·ri·a *s.f.* Estabelecimento que vende chapéus.

cha·pe·lei·ra *s.f.* 1. Caixa para guardar ou transportar chapéus. 2. Mulher que faz chapéus por profissão.

cha·péu *s.m.* 1. Cobertura para cabeça. 2. Qualquer objeto em forma de chapéu. 3. *fig.* Dignidade cardinalícia. 4. Lance, no futebol, em que o jogador faz passar a bola por sobre a cabeça do adversário, atraindo-a para si mesmo.

cha·péu-de-cou·ro *s.m.* 1. *Bot.* Erva cujos frutos contêm apenas uma semente. 2. *Cul.* Doce típico do Piauí preparado com mamão, rapadura e coco ralado. *Pl.*: chapéus-de-couro.

cha·pi·nhar *v.t.d.* Agitar (a água) com as mãos ou com os pés.

cha·puz *s.m.* Pau que se finca na parede e nele se prega alguma coisa.

cha·ra·da *s.f.* 1. Enigma cuja solução é uma palavra composta de outras palavras indicadas por sílabas. 2. Linguagem obscura.

cha·ra·dis·ta *adj.2 gên.* e *s.2gên.* Pessoa que faz ou decifra charadas.

cha·ran·ga *s.f.* Banda de música composta principalmente de instrumentos de sopro.

cha·rão *s.m.* 1. Verniz de laca proveniente do Japão e da China. 2. Obra envernizada com charão.

char·co *s.m.* 1. Água estagnada e imunda. 2. Atoleiro; brejo.

char·ge *s.f.* Desenho com traço de caricatura, publicado em jornal, revista ou outro meio, com o objetivo de fazer uma sátira a algum fato ou personalidade pública do momento.

cha·ri·va·ri *s.m.* Tumulto; assuada; berraria; desordem.

char·lar *v.i.* Conversar sem assunto definido, bater papo; papear, tagarelar.

char·la·ta·ni·ce *s.f.* Qualidade de charlatão; charlatanismo.

char·la·ta·nis·mo *s.m.* Charlatanice.

char·la·tão *s.m.* 1. Indivíduo que explora a boa-fé do público. 2. Impostor; intrujão. 3. Médico ignorante. 4. Aquele que se inculca médico sem o ser. *Fem.*: charlatã e charlatona. *Pl.*: charlatães.

char·me *s.m.* Atração, encanto, sedução, simpatia. *Fazer charme*: fingir que não quer ou que não gosta de alguma coisa ou pessoa.

char·ne·ca (é) *s.f.* Terreno inculto onde vegetam ervas rasteiras e silvestres.

char·nei·ra *s.f.* 1. Jogo de peças que giram num eixo comum. 2. Gonzo; dobradiça.

char·que *s.m.* 1. Carne de vaca, salgada e seca ao sol, em mantas; carne-seca. 2. Preparação dessa carne para exportação.

char·que·a·da *s.f.* Estabelecimento em que se prepara o charque.

char·que·ar *v.t.d.* Preparar o charque.

char·rua *s.f.* 1. Arado grande com jogo dianteiro de rodas e uma só aiveca. 2. *fig.* Vida do campo; lavoura; agricultura.

cha·ru·ta·ri·a *s.f.* Loja onde se vendem charutos, cigarros, fumo e objetos de fumantes; tabacaria.

cha·ru·tei·ra *s.f.* Pequena caixa para charutos.

cha·ru·tei·ro *s.m.* Fabricante de charutos; proprietário de charutaria.

cha·ru·to *s.m.* Rolo de folhas secas de tabaco, para fumar.

chas·co *s.m.* 1. Dito zombeteiro. 2. Gracejo satírico; motejo.

chas·que·ar *v.t.d.* 1. Zombar de; escarnecer. *v.i.* e *v.t.i.* 2. Dizer chascos.

chas·si *s.m.* 1. *Autom.* Estrutura que serve de suporte à carroceria. 2. Caixilho de câmara fotográfica.

chat (tchate) *Ingl. s.m. Inform.* Bate-papo *on-line*; bate-papo virtual.

cha·ta *s.f.* 1. Barcaça pouco funda e larga. 2. Embarcação de duas proas, fundo chato e pequeno calado.

cha·te·a·ção *s.f.* Ato ou efeito de chatear.

cha·te·ar *v.t.d.* Maçar; aborrecer; importunar.

cha·te·za (ê) *s.f.* Qualidade do que é chato; chatice.

cha·ti·ce *s.f.* Chateza.

cha·to *adj.* 1. Liso; sem relevo. 2. Maçante; importuno; aborrecido. 3. *fig.* Vulgar; rasteiro. *s.m. epiceno* 4. Espécie de piolho.

chau·vi·nis·mo (xô) *s.m.* Nacionalismo exagerado.

chau·vi·nis·ta (xô) *s.2gên.* Pessoa que revela chauvinismo.

cha·vão *s.m.* 1. Chave grande. 2. Modelo; padrão. 3. Lugar-comum.

cha·vas·cal *s.m.* 1. Lugar sujo. 2. Terra que não produz. 3. Mata com muita sujeira.

cha·ve *s.f.* 1. Instrumento com que se faz correr a lingueta de uma fechadura. 2. Instrumento com o qual se aperta, desaperta, monta ou desmonta. 3. Sinal gráfico que abrange vários artigos de uma mesma espécie. 4. Explicação de temas, exercícios, problemas, etc. 5. Princípio ou remate de uma composição literária. 6. Elemento decisivo. 7. *Mús.* Peça móvel para fechar ou abrir os orifícios de instrumentos de sopro.

cha·vei·ro *s.m.* 1. O que guarda chaves. 2. Corrente para prender chaves.

cha·ve·lho (ê) *s.m.* 1. Corno; chifre. 2. Antena. 3. Tentáculo.

chá·ve·na *s.f.* Xícara ou taça, especialmente para chá.

cha·ve·ta (ê) *s.f.* 1. Pequena chave. 2. Haste em que jogam dobradiças.

chê *interj. Reg.* Termo usado como vocativo.

che·car *v.t.d.* e *v.i.* Verificar, conferir, confrontar.

che·fão *s.m.* Mandachuva; mandão. *Fem.:* chefona. *Pl.:* chefões.

che·fa·tu·ra *s.f.* Repartição onde o chefe exerce suas funções.

che·fe (é) *s.2gên.* 1. Aquele que dirige, comanda ou governa. 2. O que tem a autoridade, a direção.

che·fi·a *s.f.* 1. Dignidade de chefe. 2. Repartição do chefe; chefatura.

che·fi·ar *v.t.d.* Dirigir como chefe; comandar.

che·ga (ê) *s.f.* 1. Advertência, admoestação. 2. Reprimenda; censura. *interj.* 3. Basta!

che·ga·da *s.f.* 1. Ato de chegar. 2. Momento em que se chega. 3. Regresso. 4. Aproximação.

che·ga·do *adj.* 1. Que chegou faz pouco tempo. 2. Ligado por amizade ou por convivência; íntimo. 3. Que fica muito perto; contíguo, próximo,

chegança

vizinho. 4. Que tem tendência ou o hábito de fazer algo.

che·gan·ça *s.f.* Folguedo popular nas festas de Natal.

che·gar *v.i.* 1. Vir. 2. Atingir certo lugar, o termo de movimento de ida ou vinda. 3. Ser suficiente; bastar. *v.t.i.* 4. Atingir (o lugar para onde se estava a caminho). 5. Igualar; bater. *v.t.d.* 6. Aproximar. *v.p.* 7. Aproximar-se; avizinhar-se.

chei·a *s.f.* 1. Enchente de rio; inundação. 2. *fig.* Porção; multidão; grande quantidade.

chei·o *adj.* 1. Que tem dentro quanto pode conter. 2. Que tem muito; abundante. 3. Gordo; redondo.

chei·rar *v.t.d.* 1. Aplicar o sentido do olfato a. *v.i.* 2. Exalar cheiro; recender. 3. Bisbilhotar. *v.t.i.* 4. Agradar.

chei·ro *s.m.* 1. Impressão que se produz no sentido do olfato. 2. Aroma; fragrância; perfume. 3. Olfato. 4. Atração. 5. Aparência. 6. Rastro.

chei·ro·so (ô) *adj.* Que tem bom cheiro; perfumado. *Pl.:* cheirosos (ó).

chei·ro·ver·de *s.m. Cul.* Pequeno ramo de ervas aromáticas, geralmente salsa e cebolinha ou coentro, usadas para temperar uma variedade de pratos. *Pl.:* cheiros-verdes.

che·la (é) *s.m.* Noviço do budismo esotérico.

che·que (é) *s.m.* Ordem de pagamento à pessoa em favor de quem se emite esse documento ou daquele que é o seu portador. *V.* **xeque**.

cher·ne (é) *s.m. Zool.* Peixe marinho de alto valor comercial por sua carne muito apreciada, que habita as águas tropicais do Atlântico e do Pacífico.

chi·a·do *s.m.* Ato ou efeito de chiar; chio.

chilique

chi·ar *v.i.* 1. Emitir chiado. 2. *gír.* Reclamar.

chi·ban·te *adj.2gên.* 1. Orgulhoso. 2. Valentão. 3. Garrido. 4. Presunçoso; fanfarrão.

chi·ba·ta *s.f.* 1. Vara de cipó ou de junco. 2. Vara delgada para fustigar.

chi·ba·ta·da *s.f.* Pancada de chibata.

chi·ca·na *s.f.* Abuso dos recursos e formalidades da justiça.

chi·ca·ne·ar *v.i.* Fazer chicana.

chi·ca·nei·ro *adj.* e *s.m.* Que ou o que é dado a chicanas.

chi·cle *s.m.* Chiclete.

chi·cle·te (é) *s.m.* Goma de mascar.

chi·có·ri·a *s.f. Bot.* Planta hortense.

chi·co·ta·da *s.f.* Pancada com chicote.

chi·co·te (ó) *s.m.* Cordel trançado ou tira de couro que se adapta a um cabo de madeira.

chi·co·te·ar *v.t.d.* Dar chicotadas em.

chi·co·te·quei·ma·do *s.m.* Brincadeira infantil também conhecida como chicotinho. *Pl.:* chicotes-queimados.

chi·co·ti·nho *s.m.* Chicote-queimado.

chi·fra·da *s.f.* Golpe de chifre.

chi·frar *v.t.d.* Agredir com o chifre.

chi·fre *s.m.* Corno; chavelho.

chi·fru·do *adj.* 1. Que possui chifre(s). 2. *pop.* Que é ou foi traído pela pessoa com quem se relaciona afetivamente. *s.m.* 3. *pop.* Aquele que é ou foi traído pela pessoa com quem se relaciona afetivamente. 4. O diabo.

chi·le·nas (ê) *s.f.pl.* Esporas grandes.

chi·le·no (ê) *adj.* 1. Relativo ao Chile. *s.m.* 2. O natural ou habitante desse país.

chi·li·que *s.m. fam.* 1. Síncope; perda dos sentidos. 2. Fricote.

chil·ra·da *s.f.* 1. Ação de chilrear. 2. O chilrear dos pássaros. 3. *fig.* Ruído de crianças que falam e riem; tagarelice.

chil·rar *v.i.* 1. Fazer chilreada. *v.t.i.* 2. Exprimir em gorjeios; cantar; chilrear.

chil·re·a·da *s.f.* Chilrada.

chil·re·ar *v.i.* 1. Gorjear, pipilar. 2. Tagarelar.

chil·rei·o *s.m.* Ato ou efeito de chilrear.

chil·ro *s.m.* Chilreio.

chi·mar·rão *adj.* e *s.m.* Designativo do mate sem açúcar, tomado em cuia.

chim·pan·zé *s.m. epiceno Zool.* Macaco antropoide da África.

chi·na *s.2gên.* 1. Chinês. *s.f.* 2. Mulher índia, ou com alguns traços de índia. 3. Cabocla.

chin·chi·la *s.f.* 1. *epiceno Zool.* Mamífero roedor do Peru. 2. *por ext.* A pele desse animal, usada para agasalho.

chi·ne·la (é) *s.f.* Calçado desprovido de salto para uso doméstico; chinelo.

chi·ne·la·da *s.f.* Pancada com chinela.

chi·ne·lo (é) *s.m.* Chinela.

chi·nês *adj.* 1. Da China. *s.m.* 2. O natural ou habitante desse país. 3. Idioma falado na China.

chin·frim *s.m. pop.* 1. Desordem; algazarra. 2. Baile reles. *adj.2gên.* 3. Insignificante.

chi·o *s.m.* 1. Voz aguda dos ratos e de algumas aves. 2. Som agudo das rodas dos carros.

chip (tchipe) *Ingl. s.m. Inform.* Unidade microscópica composta de transistores interconectados e de outros componentes eletrônicos, que constitui a memória de um computador; circuito integrado.

chi·que *adj.2gên.* Elegante; vistoso; esmerado; bonito.

chi·quei·ro *s.m.* 1. Lugar onde se criam ou se recolhem porcos; pocilga. 2. *fig.* Casa ou lugar imundo.

chir·ri·ar *v.i.* 1. Soltar a voz (a coruja). 2. Produzir som agudo e prolongado, semelhante à voz da coruja.

chis·pa *s.f.* 1. Fagulha; faísca. 2. *fig.* Inteligência; talento; gênio.

chis·pa·da *s.f.* Ação ou resultado de chispar(3).

chis·par *v.i.* 1. Soltar chispas. 2. *fig.* Enervar-se. 3. Correr em disparada.

chis·pe *s.m.* Pé de porco, utilizado para fins culinários.

chis·te *s.m.* Dito espirituoso; pilhéria; facécia; gracejo.

chis·to·so (ô) *adj.* Engraçado; espirituoso. *Pl.:* chistosos (ó).

chi·ta *s.f.* Tecido de algodão estampado em cores.

chi·tão *s.m.* Chita estampada com desenhos grandes, geralmente florais.

cho·ça (ó) *s.f.* Casa rústica; choupana.

cho·ca·dei·ra *s.f.* Aparelho, espécie de estufa para chocar ovos.

cho·ca·lhar *v.t.d.* 1. Agitar, sacudir, fazendo soar como chocalho. *v.i.* 2. Tocar chocalho.

cho·ca·lho *s.m.* 1. Instrumento que se assemelha a uma campainha e que se coloca no pescoço dos animais. 2. Cabaça que se enche de pedrinhas para produzir som semelhante ao do chocalho.

cho·can·te *adj.2gên.* 1. Que choca, ofende. 2. Que espanta.

cho·car *v.t.i.* 1. Dar choque. 2. Ir de encontro, embater. 3. *fig.* Ofender, melindrar. 4. Espantar. *v.p.* 5.

Esbarrar-se reciprocamente. *v.t.d.* 6. Cobrir e aquecer (ovos) para lhes desenvolver o germe. 7. Contemplar com inveja ou desejo intenso. *v.i.* 8. Estar no choco.

cho·car·re·ar *v.i.* 1. Dizer chocarrices; gracejar de modo grosseiro. *v.t.d.* 2. Dizer chocarrices.

cho·car·ri·ce *s.f.* 1. Gracejo petulante; chalaça grosseira. 2. Zombaria.

cho·cho (ô) *adj.* 1. Que não tem suco nem miolo. 2. Sem grão. 3. Goro (ovo). 4. *fig.* Fútil; tolo; enfraquecido; sem préstimo; sem graça, sem sal.

cho·co (ô) *adj.* 1. Designativo do ovo em que o germe se está desenvolvendo. 2. Que está incubando (galinha). 3. Podre; goro. *s.m.* 4. Ação de chocar (ovos).

cho·co·la·te *s.m.* 1. Pasta feita de cacau, açúcar e diversas substâncias aromáticas. 2. Bebida preparada com essa pasta ou com o seu pó.

cho·co·la·tei·ra *s.f.* 1. Vasilha própria para preparar e servir o chocolate dissolvido em leite quente. 2. Utensílio elétrico que tem a mesma finalidade. 3. Recipiente próprio para guardar e servir doces à base de chocolate. 4. Mulher que produz doces à base de chocolate.

cho·fer (é) *s.m.* Condutor, geralmente profissional, de veículo a motor; motorista.

cho·fre (ô) *s.m.* Choque repentino. *De chofre*: inesperadamente; de súbito.

chol·dra (ô) *s.f.* 1. *pej.* Conjunto de pessoas sem valor, desprezíveis. 2. Coisa inútil.

cho·pe (ô) *s.m.* Cerveja fresca de barril.

cho·que (ó) *s.m.* 1. Encontro violento entre forças militares. 2. Embate; abalo; comoção; conflito; luta. 3. Ação da corrente elétrica.

cho·ra·dei·ra *s.f.* 1. Choro longo e impertinente. 2. Pedido lamuriento.

cho·ra·min·gar *v.i.* 1. Chorar frequentemente e por motivos insignificantes. *v.t.d.* 2. Dizer ou contar em lamentos.

cho·ra·min·gas *s.2gên.* e *2núm.* Pessoa que choraminga.

cho·rão *adj.* e *s.m.* 1. Que ou o que chora frequentemente. *s.m.* 2. *Bot.* Nome comum a diversas plantas de ramos pendentes.

cho·rar *v.i.* 1. Derramar lágrimas; lastimar-se; manifestar dor. *v.t.d.* 2. Deplorar; prantear. 3. Arrepender-se de. *v.t.i.* 4. Verter lágrimas. 5. Sentir grande desgosto ou pesar. *v.p.* 6. Lastimar-se; queixar-se dos próprios males.

cho·ri·nho *s.m.* 1. Choro(1) baixo, discreto. 2. Choro(3) melodioso e de andamento rápido. 3. *pop.* Dose extra de bebida ou uma pequena quantidade a mais de um produto que se compra.

cho·ro (ô) *s.m.* 1. Ato de chorar; pranto. 2. *Mús.* Conjunto instrumental composto de flauta, violão, cavaquinho, pandeiro. 3. A música tocada por esse conjunto.

cho·ro·so (ô) *adj.* 1. Que chora. 2. Que expressa tristeza, dor. 3. Que tem cenas de choro ou o provoca; sentimental. *Pl.:* chorosos (ó).

chor·ri·lho *s.m.* Conjunto de coisas mais ou menos parecidas entre si.

cho·ru·me·la (é) *s.f.* Coisa de pouco ou nenhum valor.

chou·pa·na *s.f.* Cabana.

chou·po *s.m.* *Bot.* Árvore ornamental das regiões temperadas.

chou·ri·ço s.m. Cul. Tripa cheia de carne de porco ou de sangue de porco, farinha, etc., com gorduras e temperos.

cho·ve não mo·lha s.m. 2núm. Indecisão irritante, irresolução.

cho·ver v.i. 1. Cair água, em gotas, da atmosfera. 2. fig. Cair em abundância. v.t.d. 3. Fazer que caia em gotas, como a chuva. 4. Derramar. *Chover a cântaros*: chover muito.

chu·char v.t.d. Sugar; mamar.

chu·chu s.m. Bot. 1. Planta hortense. 2. O fruto comestível dessa planta.

chu·chur·re·ar v.t.d. Beber aos goles; bebericar; gorgolejar.

chu·ço s.m. Pau com ponta aguda de ferro.

chu·cru·te s.m. Cul. Repolho picado e fermentado.

chu·é adj.2gên. Reles; insignificante.

chu·fa s.f. Caçoada; motejo.

chu·la s.f. Nome de uma dança popular.

chu·lé adj.2gên. 1. pop. De baixa ou má qualidade; barato, ordinário(3). s.m. pop. 2. Mau cheiro provocado pelo suor e pela sujeira nos pés. 3. Sujeira formada entre os dedos dos pés que tem mau cheiro.

chu·le·ar v.t.d. Coser a orla de (um tecido) para que não desfie.

chu·lei·o s.m. 1. Ato de chulear. 2. Ponto de chulear.

chu·li·ce s.f. Grosseria; ato ou dito chulo.

chu·lo adj. Grosseiro; ordinário; próprio da ralé.

chu·ma·ço s.m. O que estofa interiormente um móvel ou uma peça de vestuário.

chum·ba·da s.f. 1. Tiro dado com projétil ou projéteis (em forma de grãos) de chumbo. 2. Peso ou conjunto de pesos de chumbo colocados em redes ou linhas de pesca, cabos de sondagem, fios de prumo, etc.

chum·ba·do adj. 1. Tapado ou obturado com chumbo ou outro metal. 2. pop. Embriagado. 3. Apaixonado. 4. Cansado, fatigado.

chum·bar v.t.d. 1. Soldar, prender, tapar com chumbo ou metal fusível. 2. Unir; prender de modo que se fixe bem.

chum·bo s.m. 1. Quím. Metal azulado de símbolo **Pb** e cujo número atômico é 82. 2. fig. O que é muito pesado.

chu·pa·da s.f. 1. Ato de chupar uma vez. 2. pop. Repreensão.

chu·par v.t.d. 1. Sorver; absorver; sugar. 2. fig. Lucrar. 3. Consumir; gastar.

chu·pe·ta (ê) s.f. 1. Tubo por onde se sorve o líquido contido num vaso. 2. Mamilo de borracha para crianças.

chu·pim s.m. epiceno 1. Zool. Ave que põe ovos nos ninhos alheios para que outras aves os choquem e cuidem de seus filhos. s.m. 2. pop. Marido que vive à custa do trabalho da mulher.

chur·ras·ca·ri·a s.f. Restaurante especializado em churrasco.

chur·ras·co s.m. Pedaço de carne que se assa sobre brasas.

chur·ras·quei·ra s.f. Utensílio ou local para fazer churrasco.

chus·ma s.f. Multidão; grande quantidade; rancho; magote.

chu·tar v.t.d. e v.i. 1. Dar chute na bola. 2. Dar chute em qualquer objeto. 3. gír. Mandar embora.

chu·te *s.m.* 1. Ação de chutar. 2. No jogo de futebol, pontapé na bola. 3. Pontapé (em qualquer objeto).

chu·tei·ra *s.f.* Botina de jogador de futebol, própria para esse jogo.

chu·va *s.f.* 1. Água que cai da atmosfera, em gotas. 2. *fig.* Aquilo que sobrevém abundantemente; grande quantidade.

chu·va·da *s.f.* O mesmo que chuvarada.

chu·va·ra·da *s.f.* Chuva abundante.

chu·vei·ra·da *s.f.* Banho de chuveiro que se toma rapidamente.

chu·vei·ro *s.m.* 1. Bocal provido de furos pelos quais passa a água para o banho. 2. Localizado no banheiro, compartimento da casa onde se encontra esse bocal.

chu·vis·car *v.i.* Cair chuvisco.

chu·vis·co *s.m.* Chuva miúda; garoa.

chu·vis·quei·ro *s.m.* Chuvisco.

chu·vo·so (ô) *adj.* 1. Que traz ou ameaça chuva. 2. Em que há chuva. 3. De chuva. *Pl.:* chuvosos (ó).

ci·a·ní·dri·co *adj. Quím.* Designativo do ácido que resulta da combinação de hidrogênio, carbono e nitrogênio.

ci·a·no·se (ó) *s.f. Med.* Coloração azulada da pele, causada pela má oxigenação do sangue arterial.

ci·á·ti·ca *s.f. Med.* Dor ao longo do nervo ciático, geralmente sentida na parte posterior do quadril, da coxa ou da perna.

ci·á·ti·co *adj. Anat.* Concernente aos quadris. **Dor ciática**: dor muito aguda que se fixa no nervo ciático. **Nervo ciático**: o que se estende da região do sacro até os músculos da parte superior da coxa.

ci·ber·es·pa·ço *s.m. Inform.* Espaço cibernético, constituído por tudo que está relacionado ou compõe a internet, como pessoas, programas, *homepages, sites*, etc.

ci·ber·né·ti·ca *s.f.* Estudo do controle e da comunicação nos organismos vivos e nas máquinas.

ci·bó·ri·o *s.m.* Vaso para conter as hóstias ou partículas consagradas.

ci·ca *s.f.* Sabor característico de certas frutas verdes; travo.

ci·ca·triz *s.f.* 1. Sinal de ferida depois de curada. 2. *fig.* Impressão duradoura de uma ofensa.

ci·ca·tri·za·ção *s.f.* Ato ou efeito de cicatrizar.

ci·ca·tri·zar *v.t.d.* 1. Fazer que se feche (a ferida). 2. *fig.* Curar; dissipar; fazer passar (impressão dolorosa). *v.i.* e *v.p.* 3. Secar-se (ferida). 4. *fig.* Desvanecer-se (dor moral).

ci·ce·ro·ne (ô) *s.m.* Guia que mostra aos estrangeiros ou viajantes o que há de notável num edifício ou numa localidade.

ci·ci·ar *v.i.* 1. Pronunciar em cicio. 2. fazer leve rumor. *v.t.d.* 3. Dizer em voz baixa.

ci·ci·o *s.m.* 1. Rumor brando, parecido com o que a aragem produz nos ramos das árvores. 2. Sussurro; murmúrio.

ci·cla·gem *s.f. Eletr.* Frequência apresentada por uma corrente alternada.

cí·cla·me *s.m. Bot.* Planta de flores arroxeadas.

cí·cli·co *adj.* 1. Concernente a ciclo ou que faz parte de um ciclo. 2. *Med.* Designativo das doenças que se repetem periodicamente.

ci·clis·mo *s.m.* Arte de andar de bicicleta.

ci·clis·ta *s.2gên.* Pessoa que anda de bicicleta.

ci·clo *s.m. Astron.* 1. Período sempre igual de determinado número de anos, no fim dos quais devem repetir-se na mesma ordem os fatos determinados pelas mesmas causas ou influências. 2. *por ext.* Série de fenômenos que se sucedem numa certa ordem.

ci·clo·ne (ô) *s.m. Meteor.* Turbilhão em que o ar se precipita em círculos espiralados para dentro de uma área de baixa pressão.

ci·clo·pe (ô) *s.m. Mit.* Gigante fabuloso de um só olho no centro da testa.

ci·clo·ti·mi·a *s.f. Med.* Disposição mórbida congênita que se caracteriza por fases alternadas de depressão e excitação.

ci·clo·tí·mi·co *adj.* 1. Relativo à ciclotimia. *s.m.* 2. O que apresenta ciclotimia.

cí·clo·tron *s.m. Fís.* Acelerador de partículas, espécie de canhão elétrico usado na desintegração de átomos.

ci·cu·ta *s.f.* 1. *Bot.* Planta extremamente venenosa. 2. Veneno que se extrai dessa planta.

ci·da·da·ni·a *s.f.* Qualidade de cidadão.

ci·da·dão *s.m.* O que habita uma cidade; indivíduo no gozo dos direitos civis e políticos de um Estado. *Fem.:* cidadã. *Pl.:* cidadãos.

ci·da·de *s.f.* 1. Povoação de categoria superior a vila. 2. Parte central de uma cidade (opõe-se a bairro).

ci·da·de·la (é) *s.f.* Fortaleza que domina e protege uma povoação.

ci·dra *s.f.* Fruto da cidreira. *V.* **sidra**.

ci·drei·ra *s.f. Bot.* Árvore de flores alvas e madeira amarela.

ci·ên·ci·a *s.f.* 1. Conjunto de conhecimentos sistematizados. 2. Saber. 3. Conhecimento de qualquer assunto. 4. *fig.* Saber; instrução; conhecimentos vastos; educação.

ci·en·te *adj.2gên.* 1. Que tem ciência ou conhecimento de alguma coisa. 2. Que sabe; sabedor.

ci·en·ti·fi·car *v.t.d.* Informar; tornar ciente.

ci·en·ti·fi·cis·mo *s.m.* 1. *Fil.* Doutrina que só considera verdadeiro aquilo que pode ser comprovado cientificamente. 2. Valorização da ciência sobre outras formas de conhecimento.

ci·en·tí·fi·co *adj.* Relativo à ciência ou às ciências; que se funda na ciência ou dela tem o rigor.

ci·en·tis·ta *s.2gên.* Pessoa que se dedica a uma ou várias ciências.

ci·fo·se (ó) *s.f. Med.* Curvatura da espinha dorsal, formando convexidade posterior ou corcova.

ci·fra *s.f.* 1. Algarismo que representa zero. 2. Explicação ou chave de uma escrita enigmática ou secreta. 3. Essa escrita.

ci·fras *s.f.pl.* Cálculo; contabilidade.

ci·fra·do *adj.* Escrito em cifras ou caracteres enigmáticos.

ci·frão *s.m.* Sinal ($) que se usa para expressar a unidade monetária, em diversos países.

ci·frar *v.t.d.* 1. Escrever em cifra. 2. Resumir; sintetizar. *v.p.* 3. Limitar-se; reduzir-se.

ci·ga·no *s.m.* 1. Indivíduo de um povo nômade originário da Índia. *adj.* 2. Relativo aos ciganos. 3. Semelhante a cigano.

ci·gar·ra *s.f. epiceno* 1. *Zool.* Nome comum a insetos da família dos cicadídeos. Os machos apresentam um órgão que produz um som estridente. *s.f.* 2. Brinquedo que produz som estridente como o da cigarra. 3. Campainha, com som idêntico.

ci·gar·rei·ra *s.f.* 1. Estojo para cigarros. 2. Operária de fábrica de cigarros.

ci·gar·ri·lha *s.f.* 1. Cigarro, geralmente mais longo, enrolado em folha de tabaco. 2. Charuto mais curto e fino, feito de fumo de menor qualidade.

ci·gar·ro *s.m.* Pequena quantidade de tabaco que se enrola em papel ou palha.

ci·la·da *s.f.* 1. Local apropriado para emboscadas. 2. Traição; armadilha; embuste.

ci·lha *s.f.* Correia com a qual se aperta a sela ou a carga dos animais. *V. silha*.

ci·li·a·do *adj.* Que tem cílios.

ci·li·ar *adj.2gên.* Concernente aos cílios.

ci·li·ci·ar *v.t.d.* 1. Mortificar com cilício. 2. *fig.* Atormentar. *v.p.* 3. Mortificar-se com cilícios.

ci·lí·ci·o *s.m.* 1. Cinto áspero ou eriçado de pontas de metal, que alguns religiosos trazem sobre a pele para mortificação e penitência. 2. *fig.* Tormento; mortificação voluntária.

ci·lin·dra·da *s.f. Mec.* Volume máximo de ar e combustível admitido por um cilindro em um motor de explosão.

ci·lin·drar *v.t.d.* 1. Fazer passar pelo cilindro. 2. Passar o cilindro por. 3. Submeter à pressão de um cilindro.

ci·lín·dri·co *adj.* Em forma de cilindro.

ci·lin·dro *s.m.* 1. Corpo roliço de diâmetro igual em todo o seu comprimento. 2. Nome de uma das peças do motor de explosão.

cí·li·o *s.m.* 1. Cada um dos pelos das pálpebras; pestana. 2. Pelo que guarnece certos órgãos vegetais.

ci·ma *s.f.* A parte mais alta; cimeira; cume; cumeeira.

ci·ma·lha *s.f. Arquit.* Parte alta e saliente da parede, sobre a qual se assentam os beirais do telhado.

cím·ba·lo *s.m. Mús.* 1. Antigo instrumento de percussão composto de dois meios globos de metal. 2. Antigo instrumento de cordas.

ci·mei·ra *s.f.* 1. Cume; cimo. 2. Ornamento no alto de um capacete.

ci·men·tar *v.t.d.* 1. Ligar com cimento; alicerçar; argamassar. 2. *fig.* Estabelecer; consolidar. *v.p.* 3. Firmar-se; consolidar-se.

ci·men·to *s.m.* 1. Substância aglutinante que se obtém por cozimento de calcários com 18 ou 20% de argila. 2. Argamassa que se prepara com essa substância.

ci·mé·ri·o *adj.* Infernal; lúgubre.

ci·mi·tar·ra *s.f.* Espada de lâmina larga e curva.

ci·mo *s.m.* Cume; alto.

ci·na·bre *s.m.* 1. *Min.* Sulfeto de mercúrio nativo. 2. *por ext.* Vermelho vivo.

ci·na·mo·mo (ô) *s.m. Bot.* Planta ornamental de flores pequenas e aromáticas.

cin·ca·da *s.f.* Ação de cincar; erro; engano.

cin·cer·ro (ê) *s.m.* Espécie de pequeno sino, que se prende no pescoço do animal que serve de guia aos demais da tropa.

cin·co *num.* 1. Quatro mais um. *s.m.* 2. Algarismo representativo desse número.

cin·dir *v.t.d.* Separar; cortar.

ci·ne *s.m.* Estabelecimento onde se exibem fitas cinematográficas.

ci·ne·as·ta *s.2gên.* 1. Especialista em técnica e estética cinematográficas. 2. Profissional que se dedica particularmente à atividade criativa do filme.

ci·ne·clu·be *s.m.* Clube que reúne apreciadores e conhecedores de filmes e os assuntos a eles relacionados.

ci·né·fi·lo *adj.* 1. Que é muito apreciador de filmes e os assuntos a eles relacionados. *s.m.* 2. Indivíduo com essa característica.

ci·ne·gé·ti·co *adj.* Relativo à caça.

ci.ne.gra.fis.ta *s.2gên.* Pessoa que opera câmera de televisão ou de cinema.

ci·ne·ma (ê) *s.m.* 1. Arte cinematográfica. 2. Estabelecimento, sala, local onde se exibem fitas cinematográficas.

ci·ne·má·ti·ca *s.f. Fís.* Estudo geométrico do movimento.

ci·ne·má·ti·co *adj.* Relativo ao movimento mecânico.

ci·ne·ma·to·gra·far *v.t.d.* Filmar.

ci·ne·ma·to·gra·fi·a *s.f.* O conjunto dos processos que possibilitam a fixação e projeção de imagens.

ci·ne·ma·to·grá·fi·co *adj.* 1. Relativo à cinematografia. 2. Que é próprio para cinematografar.

ci·ne·ma·tó·gra·fo *s.m.* Aparelho fotográfico que possibilita a projeção de imagens ou cenas animadas num alvo.

ci·ne·mei·ro *adj.* e *s.m. pop.* Que ou o que frequenta cinema assiduamente.

ci·ne·rá·ri·a *s.f. Bot.* Planta ornamental.

ci·ne·rá·ri:o *adj.* 1. Concernente a cinzas. 2. Que encerra cinzas. 3. Que contém os restos mortais de alguém. *s.m.* 4. Urna cinerária.

ci·né·re:o *adj.* Que tem cor de cinza; cinzento.

cin·gir *v.t.d.* 1. Pôr à cinta. 2. Apertar (uma coisa) em roda. 3. Cercar; apertar; coroar. *v.p.* 4. Aproximar-se; chegar-se; limitar-se. 5. Adornar-se. 6. Ater-se; conformar-se.

cí·ni·co *adj.* 1. *Fil.* Membro de antiga seita filosófica grega que desdenhava das conveniências sociais. 2. Impudente; desavergonhado. *s.m.* 3. Filósofo cínico. 4. Indivíduo sem pudor. *V.* **sínico**.

ci·nis·mo *s.m.* 1. Sistema de filósofos cínicos. 2. Falta de vergonha; descaramento.

ci·no·lo·gi·a *s.f.* Estudo dos cães.

cin·quen·ta (qüen) *num.* 1. Cinco vezes dez. *s.m.* 2. Algarismo representativo desse número.

cin·quen·tão (qüen) *adj.* e *s.m.* Diz-se de, ou indivíduo com cinquenta anos ou pouco mais. *Fem.:* cinquentona.

cin·quen·te·ná·ri:o (qüen) *s.m.* Quinquagésimo aniversário.

cin·ta *s.f.* 1. Faixa com que se aperta a cintura; cinto; cinturão. 2. Tira de couro ou de pano, para cingir.

cin·tar *v.t.d.* 1. Pôr cinta em. 2. Cercar de cinta ou cinto. 3. Dar a depressão da cintura a uma peça do vestuário.

cin·ti·la·ção *s.f.* 1. Ação ou efeito de cintilar. 2. Fulgor; esplendor; brilho.

cin·ti·lan·te *adj.2gên.* 1. Que cintila. 2. Resplandecente; muito brilhante.

cin·ti·lar *v.i.* 1. Brilhar rápida e momentaneamente; tremeluzir.

2. Resplandecer. *v.t.d.* 3. Difundir de modo luminoso.

cin·ti·lho *s.m.* 1. *Dim.* de cinto. 2. Pequeno cinto ornado de pedraria.

cin·to *s.m.* 1. Fita larga ou correia que aperta a cintura numa só volta; cinturão; cós. 2. Aquilo que circunda ou rodeia.

cin·tu·ra *s.f.* 1. A parte média do corpo humano. 2. Parte do vestuário que contorna essa parte do corpo.

cin·tu·rão *s.m.* 1. Cinto largo e reforçado de couro. 2. Aquilo que circunda ou rodeia. 3. Cinto.

cin·za *s.f.* 1. Resíduos de um corpo queimado. 2. *fig.* Aniquilamento; humilhação; mortificação; luto. *s.f.pl.* 3. Restos mortais; restos de coisas finadas.

cin·zei·ro *s.m.* 1. Objeto de louça ou metal em que se bate a cinza dos cigarros, charutos ou cachimbos. 2. Lugar em que cai a cinza do fogão. 3. Montão de cinzas.

cin·zel *s.m.* Instrumento cortante numa das extremidades, usado especialmente por escultores e gravadores.

cin·ze·la·do *adj.* 1. Trabalhado a cinzel. 2. Aprimorado.

cin·ze·lar *v.t.d.* 1. Lavrar com cinzel; esculpir. 2. Executar com esmero; aprimorar.

cin·zen·to *adj.* Da cor da cinza.

ci·o *s.m.* Apetite sexual dos animais, em determinadas épocas do ano; estro.

ci·o·so (ô) *adj.* 1. Ciumento; zeloso. 2. extremamente cuidadoso, por afeição ou estima. *Pl.*: ciosos (ó).

ci·pó *s.m. Bot.* Nome comum às plantas de ramos longos e flexíveis ou trepadeiras, que pendem das árvores e nelas se trançam.

ci·po·al *s.m.* 1. Mato onde se encontram muitos cipós. 2. *fig.* Negócio intrincado, de solução difícil.

ci·pres·te (é) *s.m.* 1. *Bot.* Nome comum a diversas árvores ornamentais. 2. A madeira dessas árvores. 3. *fig.* Tristeza; luto; morte.

ci·ran·da *s.f.* 1. Nome de uma peneira grossa. 2. Dança e cantiga popular.

ci·ran·dar *v.t.d.* 1. Passar pela ciranda. *v.i.* 2. Dançar a ciranda. 3. Dar voltas. 4. Andar de um lado para o outro.

ci·ran·di·nha *s.f.* Ciranda.

cir·cen·se *adj.2gên.* 1. Relativo a circo. *s.m. pl.* 2. Espetáculos de circo.

cir·co *s.m.* 1. Recinto circular e coberto, onde se realizam espetáculos. 2. Na Roma antiga, grande recinto destinado aos jogos públicos.

cir·cui·to *s.m.* 1. Contorno extremo de um círculo. 2. Circunferência. 3. Volta; giro. 4. *Eletr.* Série ininterrupta de condutores elétricos. *Inform.* **Circuito integrado**: circuito constituído de componentes miniaturizados, montados em uma pequena pastilha de silício, ou de outro material semicondutor; *microchip*; *chip*; microprocessador; processador.

cir·cu·la·ção *s.f.* 1. Ato ou efeito de circular. 2. *Biol.* Função fisiológica que consiste no movimento de sangue ou de linfa, no aparelho vascular ou circulatório.

cir·cu·la·dor *adj.* 1. Que provoca a circulação de algo. *s.m.* 2. Aparelho com essa característica. **Circulador de ar**: aparelho que faz o ar circular em várias direções ao mesmo tempo.

cir·cu·lan·te *adj.2gên.* Que circula; que se propaga.

cir·cu·lar *adj.2gên.* 1. Que tem forma ou aspecto de círculo. *adj.2gên.* e *s.f.* 2. Diz-se de ou carta que se reproduziu em diversos exemplares e se enviou a várias pessoas. *v.t.d.* 3. Percorrer à roda; cercar; guarnecer em volta. 4. Percorrer. *v.i.* 5. Mover-se circularmente. 6. Passar de mão em mão (dinheiro, etc.). 7. Renovar-se (o ar).

cir·cu·la·tó·ri:o *adj.* Relativo à circulação.

cír·cu·lo *s.m.* 1. Figura plana, cuja periferia está toda a igual distância de seu centro. 2. Área. 3. Assembleia; grêmio.

cir·cum·po·lar *adj.2gên.* Que está perto ou em volta do polo.

cir·cu·na·ve·ga·ção *s.f.* Ação de circunavegar.

cir·cu·na·ve·gar *v.t.d.* 1. Rodear, navegando. *v.i.* 2. Navegar em volta da Terra, de uma ilha ou de um continente.

cir·cun·ci·dar *v.t.d.* Praticar a circuncisão em.

cir·cun·ci·são *s.f.* Corte do prepúcio dos recém-nascidos ou dos neófitos.

cir·cun·ci·so *adj.* 1. Que sofreu a circuncisão. *s.m.* 2. Homem em quem se praticou a circuncisão.

cir·cun·dar *v.t.d.* Estar ou andar em volta de; cingir; cercar.

cir·cun·fe·rên·ci:a *s.f.* Curva fechada e plana cujos pontos são equidistantes de um ponto interior chamado centro.

cir·cun·fle·xo (é, cs) *adj.* e *s.m. Gram.* Diz-se de ou acento que se põe sobre as vogais *a*, *e* e *o* para lhes dar som fechado.

cir·cun·flu·ir *v.t.d.* Fluir, correr em volta de.

cir·cun·ló·qui:o *s.m.* Rodeio de palavras; perífrase.

cir·cuns·cre·ver *v.t.d.* 1. Escrever, traçar em redor. *v.p.* 2. Limitar-se; conter-se.

cir·cuns·cri·ção *s.f.* 1. Ação de circunscrever. 2. Divisão territorial. 3. Linha que limita de todos os lados uma superfície.

cir·cuns·cri·to *adj.* 1. Que é limitado de todos os lados por uma linha. 2. Restrito; que tem limites; localizado.

cir·cuns·pec·ção *s.f.* 1. Exame de um objeto por todos os lados. 2. Moderação; prudência; cautela; seriedade.

cir·cuns·pec·to (é) *adj.* 1. Que revela circunspecção. 2. Que é feito com circunspecção ou dela provém.

cir·cuns·tân·ci:a *s.f.* 1. Caso; acidente; motivo. 2. Estado; condição. 3. Particularidade que acompanha um fato. 4. Situação; requisito. 5. Estado das coisas, em dado momento. 6. Cerimônia. 7. Importância; destaque social.

cir·cuns·tan·ci·al *adj.2gên.* Que se refere a ou resulta de circunstância.

cir·cuns·tan·te *adj.2gên.* 1. Que se encontra próximo ou está presente a um acontecimento. *s.2gên.* 2. Pessoa nessas condições.

cir·cun·va·gar *v.t.d.* 1. Andar em torno de. 2. Fazer girar. *v.i.* 3. Andar sem destino.

cir·cun·vi·zi·nhan·ça *s.f.* Área ou população vizinha; subúrbio; arredores.

cir·cun·vo·lu·ção *s.f.* 1. Movimento ao redor de um centro. 2. Revolução; movimento incessante. 3. Saliência ondulosa.

ci·re·neu *adj.* 1. De Cirene (África). *s.m.* 2. O natural ou o habitante de Cirene. 3. *fig.* O que auxilia em trabalhos penosos. *Fem.*: cireneia.

ci·ri·al *s.m.* Tocheira de círio.

cí·ri·o *s.m.* Vela grande de cera. *V.* **sírio**.

cir·ro *s.m. Meteor.* Nuvem branca e muito alta, que parece formada de filamentos cruzados.

cir·ro·se (ó) *s.f. Med.* Inflamação crônica do fígado.

ci·rur·gi·a *s.f.* Parte da medicina que trata das operações exigidas por lesões externas ou internas.

ci·rur·gi·ão *s.m.* Médico que se dedica à cirurgia; operador. *Fem.*: cirurgiã. *Pl.*: cirurgiões.

ci·rúr·gi·co *adj.* Relativo à cirurgia.

ci·sa·lhas *s.f. pl.* Aparas, fragmentos de metal.

ci·sal·pi·no *adj.* Que se situa aquém (do lado de cá) dos Alpes (opõe-se a transalpino).

ci·san·di·no *adj.* Que se situa aquém (do lado de cá) dos Andes (opõe-se a transandino).

ci·são *s.f.* 1. Ação de cindir. 2. Divisão; separação. 3. Divergência; desarmonia. 4. Corte.

ci·sa·tlân·ti·co *adj.* Que se situa aquém (do lado de cá) do Atlântico (opõe-se a transatlântico).

cis·car *v.t.d.* 1. Limpar de ciscos. 2. Revolver o cisco de. 3. Revolver o cisco (a galinha) em busca de alimento.

cis·co *s.m.* 1. Pó. 2. Lixo; detritos. 3. Partícula de qualquer corpo que cai no olho; argueiro.

cis·ma *s.m.* 1. Separação de uma comunidade, de uma religião, de um partido político. 2. Dissidência de opiniões. *s.f.* 3. Ato ou efeito de cismar; devaneio, fantasia. 4. Capricho. 5. Receio supersticioso; desconfiança.

cis·mar *v.i.* 1. Ficar absorto em pensamentos. *v.t.i.* 2. Pensar insistentemente. 3. Presumir; convencer-se de.

cis·má·ti·co *adj.* 1. Concernente a um cisma. 2. Que anda apreensivo. *adj.* e *s.m.* 3. Que ou o que segue um cisma.

cis·ne *s.m.* 1. *epiceno Zool.* Ave palmípede de plumagem branca e pescoço longo. 2. *sobrecomum fig.* Poeta, orador, músico célebre. *s.m.* 3. *Astron.* Constelação setentrional (inicial maiúscula).

cis·pla·ti·no *adj.* Que se situa aquém (do lado de cá) do rio da Prata (opõe-se a transplatino).

cis·ter·na *s.f.* Reservatório, abaixo do nível do solo, onde se conservam águas; poço.

cís·ti·co *adj.* Concernente à vesícula biliar.

cis·ti·te *s.f. Med.* Inflamação da bexiga.

cis·to *s.m. Med.* Quisto.

ci·ta·ção *s.f.* 1. Ação ou efeito de citar. 2. Texto citado. 3. *Jur.* Intimação judicial.

ci·ta·di·no *adj.* 1. Concernente a cidade. *adj.* e *s.m.* 2. Que ou o que habita a cidade.

ci·tar *v.t.d.* 1. Apontar; indicar; referir; mencionar (texto, fato, etc.). 2. *Jur.* Intimar para comparecer em juízo ou cumprir ordem judicial.

cí·ta·ra *s.f. Mús.* Instrumento que se assemelha à lira.

ci·te·ri·or *adj.2gên.* Que fica do lado de cá (opõe-se a ulterior).

ci·to·lo·gi·a *s.f. Biol.* Estudo da estrutura e da função das células.

ci·to·plas·ma *s.m. Biol.* Protoplasma da célula, excluído o núcleo.

cí·tri·co *adj.* 1. Concernente ao limão. 2. Designativo do ácido que se encontra no limão e em outros frutos ácidos.

ci·tri·cul·tu·ra *s.f. Agric.* Cultivo de árvores que produzem frutas cítricas, como a laranjeira, o limoeiro, etc.

ci·tri·no *adj.* Que tem a cor da cidra ou do limão; amarelado.

ci·u·ma·ri·a *s.f.* Ciúme exagerado; explosão de ciúme.

ci·ú·me *s.m.* 1. Receio ou despeito de que certos afetos alheios não sejam exclusivamente para nós. 2. Emulação; inveja.

ci·u·mei·ra *s.f. pop.* Ciumaria.

ci·u·men·to *adj.* e *s.m.* Que ou o que tem ciúme.

cí·vel *adj.2gên.* 1. *Dir.* Concernente ao Direito Civil. *s.m.* 2. Tribunal em que se julgam as causas cíveis. *V.* **civil**.

cí·vi·co *adj.* 1. Patriótico. 2. Próprio de cidadão.

ci·vil *adj.2gên.* 1. Concernente ao povo. 2. Cujo caráter não é militar nem eclesiástico. 3. Polido; cortês; civilizado. *s.m.* 4. Indivíduo que não é militar nem eclesiástico. *V.* **cível**.

ci·vi·li·da·de *s.f.* 1. Maneira de se corresponderem as pessoas bem-educadas. 2. Delicadeza; cortesia.

ci·vi·lis·mo *s.m.* 1. Doutrina política que defende o comando de um governo por civis. 2. Entusiasmo de natureza cívica; civismo.

ci·vi·li·za·ção *s.f.* 1. Resultado dos progressos da humanidade na sua evolução social e intelectual. 2. Ato ou efeito de civilizar-se.

ci·vi·li·za·do *adj.* 1. Que se acha em estado de civilização. 2. Cortês; bem-educado.

ci·vi·li·zar *v.t.d.* 1. Fazer sair do estado de barbaria. 2. Instruir. *v.p.* 3. Tornar-se civilizado.

ci·vis·mo *s.m.* 1. Patriotismo; dedicação à pátria. 2. Devoção pelo interesse público.

ci·zâ·ni·a *s.f.* 1. *Bot.* Gramínea nociva que medra entre o trigo; joio. 2. *fig.* Discórdia.

clã *s.f.* 1. Aglomeração de famílias que têm ascendência comum. 2. Partido.

cla·mar *v.t.d.* 1. Gritar. 2. Implorar. *v.i.* 3. Gritar; bradar. *v.t.i.* 4. Vociferar. 5. Implorar, bradando.

cla·mor *s.m.* 1. Ato de clamar. 2. Súplica em voz alta. 3. Grito.

cla·mo·ro·so (ô) *adj.* 1. Ruidoso; escandaloso. 2. Em que há clamor. *Pl.*: clamorosos (ó).

clan·des·ti·ni·da·de *s.f.* Qualidade do que é clandestino.

clan·des·ti·no *adj.* 1. Que se fez às ocultas; ilegal. *s.m.* 2. Indivíduo que se introduz de modo furtivo a bordo de um navio, avião, etc., para viajar, sem documentos nem passagem.

clan·gor *s.m.* Som forte de trombeta ou instrumento semelhante.

cla·que *s.f.* Grupo de indivíduos que se encarregam ou são encarregados de aplaudir ou patear uma peça, um ator, etc.

cla·ra *s.f.* 1. Substância branca e albuminosa do ovo; esclerótica. 2. Clareira.

claraboia

cla·ra·boi·a (ói) *s.f.* Abertura quase sempre envidraçada de um telhado por onde entra a claridade.

cla·rão *s.m.* 1. Claridade intensa. 2. Fulgor.

cla·re·ar *v.t.d.* 1. Tornar claro. 2. Esclarecer. *v.i.* 3. Tornar-se claro. 4. Fazer-se dia. 5. Tornar-se inteligível.

cla·rei·ra *s.f.* Espaço em que não há vegetação num campo, bosque ou mata.

cla·re·te (ê) *adj.* 1. De cor pouco carregada. *s.m.* 2. Vinho palhete.

cla·re·za (ê) *s.f.* 1. Qualidade do que é claro ou inteligível. 2. Transparência; limpidez.

cla·ri·da·de *s.f.* 1. Qualidade do que é claro. 2. Fulgor; luz viva.

cla·ri·fi·car *v.t.d.* 1. Limpar, purificar (um líquido). *v.p.* 2. Tornar-se puro, límpido.

cla·rim *s.m.* Pequena trombeta de som claro e estridente.

cla·ri·na·da *s.f.* Toque de clarim.

cla·ri·ne·te (ê) *s.f. Mús.* Instrumento de palheta e chaves, como as da flauta; clarineta.

cla·ri·ne·tis·ta *s.2gên.* Pessoa que toca clarinete.

cla·ris·sa *adj.* e *s.f.* Diz-se de ou freira da Ordem de Santa Clara.

cla·ri·vi·dên·ci·a *s.f.* 1. Qualidade de clarividente. 2. Sagacidade; penetração.

cla·ri·vi·den·te *adj.2gên.* 1. Que vê com clareza. *s.2gên.* 2. *Ocult.* Pessoa que distingue formas num plano extrafísico.

cla·ro *adj.* 1. Que dá luz. 2. Iluminado; brilhante; límpido. 3. Que se vê bem. 4. Que deixa ver bem. 5. Que se entende bem. 6. Sem nuvens. 7. Espaço vazio, em branco. *interj.* 8. Certamente!; Sem dúvida!

cla·ro·-es·cu·ro *s.m. Pint., Fot., Des.* Impressão causada por contraste entre claros e escuros em pinturas, fotos e desenhos. *Pl.:* claros-escuros.

clas·se *s.f.* 1. Categoria. 2. Ordem. 3. Secção. 4. Grupo. 5. Divisão de um conjunto. 6. Aula; alunos de uma aula. 7. Conjunto de pessoas que exercem a mesma profissão. 8. Camada social. 9. Categoria gramatical.

clas·si·cis·mo *s.m.* Sistema dos que admiram e seguem os clássicos.

clás·si·co *adj.* 1. Modelo em belas-artes. 2. Concernente à literatura grega ou latina. 3. Que serve de padrão; modelar. *s.m.* 4. Autor de obra clássica. 5. Adepto do classicismo.

clas·si·fi·ca·ção *s.f.* Ato ou efeito de classificar.

clas·si·fi·ca·do *adj.* 1. Que se classificou. *s.m.* 2. Anúncio classificado.

clas·si·fi·car *v.t.d.* 1. Distribuir em classes. 2. Organizar; pôr em ordem. 3. Qualificar.

clau·di·can·te *adj.2gên.* Que claudica.

clau·di·car *v.i.* 1. Coxear; manquejar. 2. Fraquejar; cometer falta; vacilar; falhar.

claus·tro *s.m.* 1. Pátio rodeado de galerias no interior de um convento. 2. Convento; mosteiro; vida monástica.

claus·tro·fo·bi·a *s.f.* Medo mórbido de espaços fechados como quartos, túneis, etc.

cláu·su·la *s.f.* 1. Condição que faz parte de um contrato, de uma escritura, de um documento. 2. Disposição; preceito; artigo.

clau·su·ra *s.f.* 1. Recinto fechado. 2. Reclusão. 3. Vida monástica.

cla·va *s.f.* Pau pesado, mais grosso em uma das pontas, usado como arma; maça.

cla·ve *s.f. Mús.* Sinal que determina o som das notas.

cla·ví·cu·la *s.f. Anat.* Osso do ombro que articula com o esterno e o úmero.

cla·vi·cu·lá·ri·o *s.m.* Chaveiro.

cle·mên·ci:a *s.f.* 1. Virtude que modera o rigor da justiça. 2. Disposição para perdoar.

cle·men·te *adj.2gên.* 1. Que revela clemência. 2. Indulgente.

clep·si·dra *s.f.* Relógio movido pela ação da água.

clep·to·ma·ni:a *s.f. Psican.* Estado mórbido que se caracteriza pelo desejo irresistível de furtar.

clep·to·ma·ní·a·co *s.m.* Aquele que sofre de cleptomania.

cle·ri·cal *adj.2gên.* Concernente ao clero ou a ele pertencente.

clé·ri·go *s.m. Rel.* Indivíduo da classe eclesiástica; sacerdote; padre.

cle·ro (é) *s.m. Rel.* Classe clerical; corporação dos eclesiásticos.

cli·car *v.t.d. Inform.* Apertar e soltar rapidamente o botão do *mouse*, sem movê-lo, enquanto o cursor aponta uma determinada área, para selecionar um objeto ou ativar um programa ou recurso de programa. Quando o *mouse* tem mais de um botão, subentende-se que a ação é executada sobre o botão esquerdo, exceto se diferentemente especificado.

cli·cá·vel *adj.2gên. Inform.* Diz-se de objeto de interface que, ao ser clicado, desencadeia um evento previamente programado, como a execução de um comando ou a seleção de uma opção.

cli·chê *s.m.* 1. Chapa onde se grava uma imagem para ser reproduzida por meio de impressão. 2. Lugar-comum; chavão.

cli·en·te *s.2gên.* 1. Constituinte (com relação ao seu procurador ou advogado). 2. Doente (com relação ao seu médico habitual). 3. Freguês.

cli·en·te·la (é) *s.f. sobrecomum* Conjunto de clientes.

cli·ma *s.m.* 1. Temperatura ou outras condições atmosféricas de uma região. 2. Ar, aspecto.

cli·ma·té·ri:o *s.m. Med.* Período crítico da vida de um indivíduo. (Aplica-se especialmente à época crítica da menopausa.)

cli·má·ti·co *adj.* Concernente a clima.

cli·ma·ti·za·ção *s.f.* 1. Tecnologia empregada para obter condições ambientais adequadas em um recinto fechado. 2. Preparo de um produto para que ele resista a certas condições climáticas.

cli·ma·ti·zar *v.t.d.* e *v.p.* Aclimatar-se.

clí·max (cs) *s.m.* Grau máximo; ponto culminante.

clí·ni·ca *s.f.* 1. Prática da medicina. 2. Clientela de um médico. 3. Estabelecimento.

cli·ni·car *v.i.* Exercer a clínica.

clí·ni·co *adj.* 1. Concernente à clínica ou ao tratamento médico. *s.m.* 2. Médico que exerce a clínica.

cli·pa·gem *s.f.* 1. Serviço de seleção, recorte, envio ou armazenamento de notícias ou matérias sobre determinado assunto. 2. O resultado desse serviço.

cli·pe *s.m.* 1. Peça pequena de metal ou plástico usada para prender folhas de papel. 2. Videoclipe.

cli·que *s.m.* 1. Ação ou resultado de clicar. 2. Som produzido por alguns dispositivos.

clis·ter (é) *s.m. Med.* 1. Água simples ou líquido medicamentoso que se injeta nos intestinos. 2. A injeção dessa água ou desse líquido.

cli·tó·ris *s.m. 2núm. Anat.* Pequeno órgão erétil na parte superior da vulva.

clo·a·ca *s.f.* 1. Fossa que se destina a receber imundícies. 2. *fig.* O que cheira mal. 3. *Zool.* Cavidade excretória e genital na extremidade do canal intestinal de aves e répteis.

clo·na·gem *s.f.* Produção de clone.

clo·ne (ô) *s.m. Biol.* 1. Conjunto de células ou organismos originários de outros por meio de multiplicação assexuada. 2. Cada uma das células ou dos organismos gerados dessa forma. 3. *fig.* Cópia de um produto.

clo·rar *v.t.d.* 1. Tratar, geralmente a água, com cloro. 2. Acrescentar cloro a algo.

clo·re·to (ê) *s.m. Quím.* 1. Ânion do cloro. 2. Sal do ácido clorídrico.

clo·ro (ó) *s.m. Quím.* Corpo simples, elemento de símbolo Cl e cujo número atômico é 17.

clo·ro·fi·la *s.f. Bot.* Substância que se encontra nas células das plantas e que dá a estas a cor verde.

clo·ro·fór·mi·o *s.m. Quím.* Substância líquida de propriedades anestésicas.

clo·ro·for·mi·zar *v.t.d.* Aplicar clorofórmio a.

clo·ro·se (ó) *s.f.* 1. *Med.* Anemia de mulheres jovens por deficiência nutricional, que provoca tonalidade esverdeada da pele, distúrbios menstruais e fraqueza. 2. *Bot.* Amarelecimento ou embranquecimento das partes verdes de uma planta, devido à presença de parasitas e consequente falta de nutrientes.

clo·set (ô) *Ingl. s.m.* Cômodo pequeno usado como armário para roupas, sapatos e outros objetos; quarto de vestir. *Pl.:* closets.

clu·be *s.m.* 1. Sociedade recreativa. 2. Casa de reuniões políticas ou literárias. 3. Local onde se reúnem pessoas para jogar, dançar, beber, etc.; agremiação esportiva.

co·a·bi·tar *v.t.d.* 1. Habitar em comum. *v.i.* e *v.t.i.* 2. Morar juntamente. 3. Viver intimamente com alguém.

co·a·ção *s.f.* 1. Ato de coagir. 2. Estado, situação de pessoa coata. 3. Constrangimento; violência.

co·ad·ju·tor *adj.* 1. Que coadjuva. *s.m.* 2. Aquele que coadjuva.

co·ad·ju·van·te *adj.2gên.* Que coadjuva; que concorre para um fim comum; que ajuda.

co·ad·ju·var *v.t.d.* Auxiliar; trabalhar com.

co·a·dor *s.m.* 1. Espécie de saquinho pelo qual se coa café. 2. Vaso com que se coa. *adj.* 3. Que coa.

co·ad·qui·rir *v.t.d.* Adquirir em sociedade.

co·a·du·nar *v.t.d.* 1. Reunir para a formação de um todo. *v.p.* 2. Harmonizar-se; combinar-se.

co·a·gir *v.t.d.* Constranger; forçar; violentar.

co·a·gu·la·ção *s.f.* Ação de coagular.

co·a·gu·lar *v.t.d.* 1. Promover a coagulação, a solidificação de. *v.i.* e

co·á·gu·lo

v.p. 2. Converter-se em sólido; solidificar-se.

co·á·gu·lo *s.m.* A parte de um líquido que se coagulou; coalho.

co·a·lha·da *s.f.* Leite coalhado.

co·a·lha·do *adj.* 1. Coagulado. 2. Cheio, apinhado.

co·a·lhar *v.t.d., v.i.* e *v.p.* Coagular.

co:a·lhei·ra *s.f.* 1. Produto usado para talhar o leite e produzir queijo. 2. *Zool.* Abomaso. 3. Líquido produzido no abomaso.

co·a·lho *s.m.* Coágulo; efeito de coalhar.

co·a·li·zão *s.f.* 1. Aliança de partidos para um fim comum. 2. Acordo entre nações. *V.* **colisão.**

co·ar *v.t.d.* 1. Fazer passar (um líquido) pelo coador; filtrar. 2. Destilar. *v.p.* 3. Introduzir-se; penetrar, vencendo obstáculos.

co·arc·ta·ção *s.f.* Redução do tamanho; aperto; restrição.

co·arc·tar *v.t.d.* Reduzir a limites mais estreitos; restringir.

co·a·to *adj.* Constrangido; obrigado pela força.

co:au·tor *s.m.* O que cria ou faz ou é responsável por algo, junto com uma ou mais de uma pessoa.

co·a·xar (ch) *v.i.* Soltar a sua voz (rã, sapo).

co·bai·a *s.f. epiceno Zool.* Pequeno mamífero, mais conhecido como porquinho-da-índia.

co·bal·to *s.m. Quím.* Metal cinzento, elemento de símbolo **Co** e cujo número atômico é 27.

co·ber·ta (é) *s.f.* 1. Tudo o que serve para cobrir ou envolver. 2. *fig.* Proteção; abrigo.

co·ber·tor *s.m.* Peça de tecido encorpado que se usa para agasalhar.

co·ber·tu·ra *s.f.* 1. O que cobre; coberta. 2. Apartamento sobre a laje de cobertura de um edifício.

co·bi·ça *s.f.* 1. Desejo veemente, intenso de possuir. 2. Avidez.

co·bi·çar *v.t.d.* Apetecer com violência, com veemência; ambicionar.

co·bi·ço·so (ô) *adj.* Ávido; cheio de cobiça. *Pl.:* cobiçosos (ó).

co·bra (ó) *s.f. epiceno* 1. *Zool.* Nome comum aos répteis ofídios; serpente. *sobrecomum* 2. *fig.* Pessoa má, de mau gênio.

co·bran·ça *s.f.* Ato ou efeito de cobrar.

co·brar *v.t.d.* 1. Receber (dívidas, aquilo que nos pertence). 2. Proceder à cobrança de.

co·bre (ó) *s.m.* 1. *Quím.* Metal simples, elemento de símbolo **Cu** e cujo número atômico é 29. 2. *fig.* Dinheiro.

co·brei·ro *s.m. pop.* Cobrelo.

co·bre·lo (ê) *s.m. epiceno* 1. *Zool.* Pequena cobra. *s.m.* 2. *Med.* Dermatose (herpes-zóster).

co·brir *v.t.d.* 1. Pôr uma coisa sobre outra para a esconder, tapar. 2. Vestir; envolver. 3. Ser bastante para pagar. 4. Fecundar (falando dos animais). 5. Exceder (lanço). *v.p.* 6. Pôr o chapéu, o boné, etc. na cabeça. 7. Resguardar-se.

co·ca (ó) *s.f. Bot.* Planta de que se extrai a cocaína.

co·ça (ó) *s.f. pop.* 1. Ação de coçar. 2. Surra, sova.

co·ca·da *s.f. Cul.* Doce feito com coco.

co·ca·í·na *s.f. Quím.* Alcaloide que se extrai das folhas da coca.

co·ca·i·no·ma·ni·a *s.f.* Hábito mórbido de usar cocaína; vício da cocaína.

co·ca·i·nô·ma·no *s.m.* O que sofre de cocainomania; viciado em cocaína.

co·car *s.m.* 1. Penacho. 2. Laço distintivo de um partido, de uma nação, etc.

co·çar *v.t.d.* 1. Passar repetidas vezes as unhas por onde se sente comichão. 2. Sovar; surrar. *v.p.* 3. Roçar ou esfregar a própria pele.

coc·ção *s.f.* Ação de cozer; cozedura.

cóc·cix (s) *s.m. Anat.* Osso em que termina inferiormente a coluna vertebral.

có·ce·gas *s.f. pl.* 1. Sensação produzida em certas partes do corpo por fricção ligeira, que se faz acompanhar de riso convulsivo (usado também no sing.). 2. *fig.* Desejo; vontade; tentação.

co·ce·guen·to *adj.* Sensível a cócegas.

co·cei·ra *s.f.* Comichão; prurido.

co·che (ô) *s.m.* Carruagem antiga.

co·chei·ra *s.f.* Compartimento onde se alojam cavalos.

co·chei·ro *s.m.* 1. O que guia os cavalos de uma carruagem. 2. *Astron.* Constelação boreal (inicial maiúscula).

co·chi·char *v.i.* e *v.t.i. fam.* 1. Falar em voz baixa. *v.t.d.* 2. Dizer em voz baixa.

co·chi·cho *s.m.* Ato de cochichar.

co·chi·lar *v.i.* 1. Cabecear por efeito de sono. 2. *fig.* Descuidar-se; errar.

co·chi·lo *s.m.* 1. Ato de cochilar. 2. *fig.* Distração; descuido.

co·chi·nar *v.i.* 1. Grunhir. 2. *fig.* Fazer alarido, ruído de vozes.

co·chi·no *s.m. pop.* 1. Porco não cevado. 2. *fig.* Homem sujo e resmungão. *adj.* 3. Sujo.

co·cho (ô) *s.m.* 1. Tabuleiro para conduzir cal amassada. 2. Espécie de vasilha onde se põe água ou comida para o gado. *V.* **coxo**.

co·cho·ni·lha *s.f.* 1. *epiceno Zool.* Inseto hemíptero. 2. *por ext.* Substância corante vermelha que se extrai desse inseto.

co·ci·en·te *s.m.* Quociente.

cock·pit (cócpit) *Ingl. s.m.* 1. Espaço próprio para o piloto de carros de corrida. 2. Cabina para piloto e outros membros da tripulação, dependendo do tipo de veículo, como barcos, aviões e naves espaciais. *Pl.: cockpits*.

có·cle:a *s.f. Anat.* Canal auditivo; caracol.

co·co (ó) *s.m.* Bactéria de forma arredondada.

co·co (ô) *s.m.* Fruto do coqueiro.

co·cô *s.m. inf.* Excremento.

có·co·ras *s.f. pl.* Posição abaixada. *loc. adv.* **De cócoras**: quase sentado sobre os calcanhares.

co·co·ri·car *v.i.* Cantar (o galo). ★ ★

co·co·ro·te (ô, ó) *s.m.* Pancada que se dá na cabeça com os nós dos dedos; carolo, coque.

co·co·te (ó) *s.f.* Mulher mundana; meretriz.

co·cu·ru·to *s.m.* 1. O ponto mais elevado de uma coisa; vértice; cume; ápice. 2. O alto da cabeça.

co·da (ó) *s.f. Mús.* Fragmento musical que se junta a uma composição em que há repetições.

cô·de:a *s.f.* Parte exterior do pão, do queijo, etc.; casca; crosta.

co·de·í·na *s.f. Quím.* Alcaloide que se extrai do ópio.

có·di·ce *s.m.* 1. Volume antigo manuscrito. 2. Obra de autor clássico. 3. Código antigo.

co·di·fi·ca·ção *s.f.* 1. Ato ou efeito de codificar. 2. Reunião de leis.

co·di·fi·ca·dor *adj.* 1. Que transforma algo em código, que codifica. *s.m.* 2. Indivíduo, dispositivo ou programa de computador com essa característica.

co·di·fi·car *v.t.d.* 1. Reunir (leis). 2. Coligir; reunir em código.

có·di·go *s.m.* 1. Coleção de leis. 2. Coleção de regras, preceitos, etc. 3. Vocabulário convencional ou secreto. 4. *fig.* Regra; norma.

co·dor·na (ó) *s.f. epiceno Zool.* Ave muito procurada por sua carne e pela produção de ovos, também chamada codorniz.

co·dor·niz *s.f. epiceno Zool.* Codorna.

co·e·fi·ci·en·te *s.m. Mat.* 1. Algarismo que mostra o grau de potência de uma quantidade. 2. Multiplicador algébrico.

co·e·lho (ê) *s.m.* 1. *Zool.* Mamífero roedor. 2. *por ext.* A carne desse animal.

co·en·tro *s.m. Bot.* Planta hortense aromática, condimentar e medicinal.

co·er·ção *s.f.* Ação de coagir; repressão.

co·er·ci·ti·vo *adj.* Coercivo.

co·er·ci·vo *adj.* Que exerce ou pode exercer coerção; que reprime; coercitivo.

co·e·rên·ci·a *s.f.* 1. Qualidade ou estado de coerente. 2. Conexão; harmonia.

co·e·ren·te *adj.2gên.* 1. Que revela coerência. 2. Lógico; conforme. 3. Em que há coesão.

co·e·são (ê) *s.f.* 1. Ligação recíproca das moléculas dos corpos. 2. *fig.* Harmonia.

co·e·so (ê) *adj.* Unido; ligado; associado; harmônico.

co·e·tâ·ne·o *adj.* Coevo.

co·e·vo (é) *adj.* Da mesma época; contemporâneo.

co·e·xis·tên·ci·a (z) *s.f.* Existência simultânea. **Coexistência pacífica**: tolerância recíproca de pessoas ou estados de caráter ou ideologia diferentes ou opostos.

co·e·xis·tir (z) *v.i.* e *v.t.i.* Existir simultaneamente.

co·fi·ar *v.t.d.* Afagar, alisar com a mão (a barba, o cabelo).

co·fo (ô) *s.m.* Cesto oblongo e de boca estreita onde se arrecadam peixes, camarões, etc.; samburá.

co·fre (ó) *s.m.* Caixa resistente onde se guarda dinheiro ou objeto de valor.

co·gi·tar *v.t.d.* 1. Pensar profundamente. *v.i.* 2. Refletir; pensar. *v.t.i.* 3. Cuidar; imaginar.

cog·na·ção *s.f.* 1. Parentesco consanguíneo pelo lado das mulheres (opõe-se a agnação). 2. Parentesco (descendência comum do mesmo tronco, masculino ou feminino).

cog·na·do *adj.* e *s.m.* Designativo de parente por cognação.

cog·na·to *adj.* e *s.m.* 1. Cognado. *adj.* 2. *Gram.* Diz-se de ou vocábulo que tem o mesmo radical em funções diferentes.

cog·ni·ção *s.f. Fil.* Aquisição de um conhecimento.

cog·ni·ti·vo *adj.* Concernente à cognição.

cog·no·me (ô) *s.m.* Apelido; alcunha.

cog·no·mi·nar *v.t.d.* 1. Apelidar; designar por cognome. *v.p.* 2. Adotar o cognome de.

cog·nos·cí·vel *adj.2gên.* Que se pode conhecer.

co·go·te (ó) *s.m.* Região occipital; cangote; nuca.

co·gu·me·lo (é) *s.m. Bot.* Planta desprovida de clorofila e sem eixo de vegetação.

co·her·dei·ro *s.m.* O que herda com outro ou outros. *Pl.:* co-herdeiros.

co·i·bi·ção *s.f.* Ato ou efeito de coibir.

co·i·bir *v.t.d.* 1. Impedir a continuação de. 2. Reprimir; impedir; circunscrever. *v.p.* 3. Conter-se; privar-se; abster-se.

coi·ce *s.m.* 1. Parte posterior; retaguarda. 2. Pancada que os animais dão com as patas traseiras. 3. *fig.* Brutalidade; ingratidão. 4. Recuo da arma de fogo quando disparada.

coi·fa *s.f.* 1. Rede para os cabelos. 2. *Bot.* Revestimento terminal das raízes.

co·in·ci·dên·ci:a *s.f.* 1. Ação de coincidir. 2. Identificação de duas ou mais coisas. 3. Simultaneidade de duas ou mais situações.

co·in·ci·dir *v.t.i.* 1. Ajustar-se exatamente (o que tem dimensões e formas iguais). 2. Realizar-se ao mesmo tempo. *v.i.* 3. Combinar.

coi·o·te (ó) *s.m. epiceno Zool.* Canídeo da América do Norte.

co·ir·mão *adj.* Designativo dos primos que são filhos de irmãos. *Fem.:* coirmã.

coi·sa *s.f.* 1. Objeto ou ser inanimado. 2. O que existe ou pode existir. 3. Aquilo cujo nome ignoramos ou não queremos mencionar.

coi·sas *s.f.pl.* Bens; propriedades.

coi·sa-ru·im *s.m.* Diabo. *Pl.:* coisas-ruins.

coi·ta·do *adj.* 1. Digno de dó. 2. Mísero; desgraçado. *interj.* 3. Pobre dele!

coi·to *s.m.* Cópula carnal, relação sexual.

co·la (ó) *s.f.* 1. Substância com que se faz aderir a madeira, o papel, etc. 2. Encalço; rasto. 3. A cópia que se faz ocultamente nos exames escritos.

co·la·bo·ra·ção *s.f.* 1. Ação de colaborar. 2. Trabalho em comum. 3. Artigo de jornal escrito por indivíduo que não integra o corpo redatorial.

co·la·bo·rar *v.t.i.* 1. Trabalhar em comum com outro ou outros. 2. Cooperar.

co·la·ção *s.f.* 1. Concessão de título ou grau. 2. Nomeação para benefício eclesiástico.

co·la·ço *adj.* e *s.m.* Diz-se dos, ou os indivíduos que foram amamentados no mesmo peito; irmão ou irmã de leite.

co·la·gem *s.f.* 1. Ação ou resultado de colar. 2. Composição artística feita com diversos materiais, como fotos, recortes, etc., colados lado a lado ou superpostos.

co·lá·ge·no *s.m. Biol.* Proteína que está presente no tecido conjuntivo e é responsável por muitas de suas propriedades.

co·lap·so *s.m. Med.* 1. Diminuição súbita da energia do cérebro e de todas as forças nervosas; prostração repentina. 2. *por ext.* Diminuição da eficiência de qualquer coisa.

co·lar[1] *s.m.* 1. Ornato para o pescoço. 2. Gola.

co·lar[2] *v.t.d.* 1. Unir com cola. 2. Juntar cola a, para dar consistência. *v.t.d.* e *v.i.* 3. Copiar clandestinamente nos exames. *v.p.* 4. *Inform.* Inserir em um aplicativo ativo informação ou objeto temporariamente armazenado na área de transferência (correspondente em inglês: *to paste*). 5. Encostar-se; unir-se; aconchegar-se.

co·lar³ *v.t.d.* 1. Conferir benefício eclesiástico a. 2. Receber (grau, cargo, título).

co·la·ri·nho *s.m.* Gola da camisa de homem.

co·la·ri·nho-bran·co *s.m.* Nome que se dá a profissionais que trabalham de paletó e gravata, principalmente os de cargos mais elevados. *Crime de colarinho-branco*: delito praticado por executivos e funcionários importantes. *Pl.*: colarinhos-brancos.

co·la·te·ral *adj.2gên.* 1. Que está ao lado. 2. Que é parente, não, porém, em linha direta.

col·cha (ô) *s.f.* Cobertura de cama, geralmente usada por cima dos lençóis.

col·chão *s.m.* Espécie de estofado grande que ocupa toda a superfície da cama por cima do estrado.

col·chei·a *s.f. Mús.* Nota que vale meia semínima.

col·che·te (ê) *s.m.* Pequeno gancho de metal para prender uma parte do vestuário em outra.

col·che·tes (ê) *s.m.pl.* Parênteses formados de linhas retas ([ ]) para encerrar palavra ou palavras que não fazem parte de uma citação que se usou.

col·cho·a·ri·a *s.f.* Estabelecimento onde se fabricam ou vendem colchões, travesseiros, almofadas e artigos afins.

col·cho·ne·te (é) *s.m.* Colchão fino, fácil de enrolar, guardar e transportar.

col·dre (ô) *s.m.* Estojo para armas de fogo.

co·le·ar *v.i.* 1. Ziguezaguear; serpear. *v.p.* 2. Andar, mover-se fazendo curvas, como a serpente. *Pres. indic.*: eu coleio, tu coleias, nós coleamos, etc.

co·le·ção *s.f.* 1. Conjunto de objetos. 2. Ajuntamento. 3. Compilação.

co·le·ci·o·nar *v.t.d.* Fazer coleção de.

co·le·ga (é) *s.2gên.* Pessoa que, em relação a outra ou outras, pertence à mesma classe, corporação, profissão ou às mesmas funções.

co·le·gi·al *adj.2gên.* 1. Concernente a colégio. *s.2gên.* 2. Aluno ou aluna de colégio.

co·lé·gi·o *s.m.* 1. Corporação cujos membros têm idêntica dignidade. 2. Estabelecimento de ensino. 3. Corporação de indivíduos ilustres da mesma categoria.

co·le·guis·mo *s.m.* Espírito de solidariedade entre os colegas.

co·lei·o *s.m.* Movimento em ziguezague.

co·lei·ra *s.f.* Colar que se põe em torno do pescoço dos animais.

co·len·do *adj.* Respeitável; venerando.

co·le·óp·te·ros *s.m. Zool.* Ordem dos insetos cujas asas superiores, córneas, abrigam as inferiores (como o besouro).

có·le·ra *s.f.* 1. Ira; impulso violento contra o que nos ofende. 2. Fúria; violência. *s.2gên.* 3. *Med.* Doença infecciosa que se caracteriza por vômito, diarreia abundante, cãibras, prostração e supressão da urina.

co·lé·ri·co *adj.* 1. Que é suscetível de encolerizar-se. 2. Cheio de cólera. *adj.* e *s.m.* 3. Diz-se de ou indivíduo atacado de cólera.

co·les·te·rol *s.m. Quím.* Álcool esteroide que se encontra em todas as gorduras e óleos animais, na bile, no sangue, no tecido cerebral, no leite, na gema de ovo, no fígado, nos rins e nas glândulas adrenais.

co·le·ta (é) *s.f.* 1. Quantia com que se contribui para um fundo. 2. Cota para obra de piedade ou despesa comum.

co·le·tâ·ne:a *s.f.* 1. Excertos seletos e reunidos, de diversos autores. 2. *por ext.* Coleção.

co·le·tar *v.t.d.* 1. Tributar; arrecadar. 2. Lançar contribuição sobre.

co·le·te (ê) *s.m.* Peça de vestuário, sem mangas, que se usa por cima da camisa.

co·le·ti·vi·da·de *s.f.* 1. Qualidade de coletivo. 2. Conjunto; sociedade; comunidade.

co·le·ti·vis·mo *s.m.* Sistema ou pensamento socioeconômico em que a coletividade possui os meios de produção, para que todos possam desfrutar igualmente dos bens materiais.

co·le·ti·vo *adj.* 1. Concernente a diversas coisas ou pessoas. 2. Que forma coletividade, ou provém dela. 3. Que pertence a muitos. 4. *Gram.* Substantivo que designa um conjunto. *s.m.* 5. Substantivo coletivo.

co·le·tor *s.m.* 1. O que recebe ou lança coletas. *adj.* 2. Que reúne.

co·le·to·ri·a *s.f.* Repartição pública onde se pagam os impostos.

co·lhei·ta *s.f.* 1. Ação de colher os produtos agrícolas. 2. Aquilo que se colhe, que se ajunta.

co·lher (ê) *v.t.d.* 1. Apanhar; tirar da haste. 2. Conseguir; ganhar; receber. 3. Atingir.

co·lher (é) *s.f.* Utensílio que se compõe de um cabo e de uma parte côncava.

co·lhe·ra·da *s.f.* 1. Colher cheia. 2. O que uma colher pode conter.

co·lhe·rei·ro *s.m.* 1. O que fabrica ou vende colheres. *epiceno* 2. *Zool.* Ave pernalta.

co·li·ba·ci·lo *s.m.* Nome dado a certos tipos de bacilos encontrados no intestino de seres humanos e outros animais, que às vezes podem causar infecção grave.

co·li·bri *s.m. epiceno Zool.* Beija-flor.

có·li·ca *s.f. Med.* Dor intensa na região abdominal.

co·li·dir *v.t.d.* 1. Fazer ir de encontro. *v.i.* e *v.t.i.* 2. Chocar; ir de encontro. 3. Ser reciprocamente oposto.

co·li·for·me *adj.2gên.* 1. Relativo ao bacilo Gram-negativo presente nos intestinos de seres humanos e outros animais. *s.m.* 2. Esse tipo de bacilo.

co·li·ga·ção *s.f.* 1. Aliança de várias pessoas, de vários partidos, para fim comum; confederação. 2. Trama; conluio.

co·li·gar *v.t.d.* 1. Ligar, por coligação. 2. Unir. *v.p.* 3. Unir-se por coligação.

co·li·gir *v.t.d.* 1. Juntar em coleção. 2. Colecionar. 3. Inferir; deduzir. Conjuga-se como atingir.

co·li·mar *v.t.d. Astron.* 1. Observar com instrumento apropriado. 2. *fig.* Ter em vista; visar.

co·li·na *s.f.* 1. Elevação de terreno; pequeno monte; morro; outeiro. 2. Encosta.

co·lí·ri:o *s.m. Med.* Medicamento que se destina à cura de inflamações na conjuntiva ocular.

co·li·são *s.f.* 1. Ação de colidir; choque. 2. Conflito (entre ideias ou coisas opostas). *V.* **coalizão**.

co·li·seu *s.m.* 1. O maior anfiteatro da antiga Roma, do qual ainda restam ruínas. 2. Estádio, circo.

co·li·te *s.f. Med.* Inflamação do cólon.

col·mei·a (éi ou êi) *s.f.* 1. Cortiços (ou habitações) de abelhas. 2. Enxame. 3. *fig.* Acumulação de coisas ou pessoas.

col·mi·lho *s.m.* Dente canino; presa.

col·mo *s.m. Bot.* Caule das gramíneas.

co·lo[1] (ó) *s.m.* Parte compreendida entre o pescoço e os ombros.

co·lo[2] (ó) *s.m. Anat.* Cólon.

co·lo·ca·ção *s.f.* 1. Ação de colocar. 2. *fig.* Emprego. 3. Posição social.

co·lo·car *v.t.d.* 1. Dispor; coordenar; empregar. 2. Conseguir comprador para. 3. Pôr (em determinado lugar). *v.p.* 4. Conseguir emprego; tomar posição.

co·loi·de (ói) *s.m.* Sistema ou substância com propriedades especiais, geralmente apresentando duas fases, a contínua (líquido) e a dispersa (composta de partículas sólidas).

co·lom·bi·a·no *adj.* 1. Da Colômbia. *s.m.* 2. O natural ou o habitante da Colômbia.

có·lon *s.m. Anat.* Parte do intestino grosso entre o ceco e o reto; colo.

co·lô·ni·a *s.f.* 1. Grupo de compatriotas que se estabelecem em terra estranha. 2. Possessão de um Estado. 3. *Biol.* Conjunto de organismos da mesma espécie e que vivem juntos: colônia de bactérias. 4. Tipo de perfume.

co·lo·ni·al *adj.2gên.* Concernente a colônia ou a colonos.

co·lo·ni·a·lis·mo *s.m.* Influência ou domínio político, econômico e cultural de um país sobre outro.

co·lo·ni·za·ção *s.f.* Ato ou efeito de colonizar.

co·lo·ni·za·dor *adj.* e *s.m.* Que ou aquele que promove colonização.

co·lo·ni·zar *v.t.d.* 1. Estabelecer colônia em. 2. Promover a colonização de.

co·lo·no (ô) *s.m.* 1. Membro de uma colônia. 2. Habitante de colônia ou possessão. 3. Cultivador livre de terra que pertence a outrem.

co·lo·qui·al *adj.2gên.* Concernente a colóquio.

co·ló·qui·o *s.m.* 1. Conversação entre duas ou mais pessoas. 2. Palestra; conversa.

co·lo·ra·ção *s.f.* 1. Ação de colorir, de dar ou de adquirir cor. 2. Efeito produzido pelas cores.

co·lo·rau *s.m. Cul.* Pó vermelho feito de pimentão seco pulverizado ou de urucu.

co·lo·ri·do *adj.* 1. Feito em cores. 2. Que tem cores vivas. *s.m.* 3. Combinação de cores. 4. O que dá cor; aquilo que faz realçar.

co·lo·rir *v.t.d.* 1. Dar cor a. 2. Pintar com cores vivas. 3. *fig.* Descrever de modo brilhante. *v.p.* 4. Adquirir cor.

co·los·sal *adj.2gên.* Enorme; vasto; agigantado; com proporções de colosso.

co·los·so (ô) *s.m.* 1. Estátua de grandes proporções. 2. *fig.* O que tem grandes dimensões. 3. *sobrecomum* Pessoa muito notável em qualquer atividade. 4. O que causa espanto ou admiração. 5. Grande quantidade.

co·los·tro (ô) *s.m. Fisiol.* Primeiro leite da mulher e das fêmeas dos animais, logo depois do parto.

col·pi·te *s.f. Med.* Inflamação da vagina; vaginite.

co·lu·bre·ar *v.i.* Colear como as serpentes.

co·lum·bá·ri:o *s.m.* Construção provida de nichos para guarda de cinzas funerárias, nos cemitérios.

co·lum·bo·fi·li·a *s.f.* Arte da criação de pombos, especialmente pombos-correio.

co·lu·na *s.f.* 1. *Arquit.* Pilar que sustenta abóbada ou entablamento, ou que serve de simples adorno. 2. Objeto cilíndrico semelhante à coluna. 3. Divisão vertical de página impressa ou manuscrita. 4. Linha vertical de algarismos. 5. Grupo de soldados em linha. 6. *fig.* Esteio; sustentáculo. 7. *Anat.* A espinha dorsal (diz-se também coluna vertebral).

com¹ *prep.* Indica diversas relações: companhia, instrumento, modo, ligação, causa.

com² *s.m. Inform.* Em um endereço eletrônico ou *site*, indica que se trata de uma organização comercial.

co·ma¹ (ô) *s.f.* 1. Cabeleira; cabelo comprido. 2. Juba, plumagem, crinas. 3. Penacho. 4. Copa de árvore. 5. *Astron.* Cabeleira (de cometa).

co·ma² (ô) *s.f. ant.* Vírgula.

co·ma³ (ô) *s.m.* e *f. Med.* Sonolência profunda que se caracteriza pela perda das atividades cerebrais superiores e conservação da respiração e circulação, e que muitas vezes é precursora da morte.

co·ma·dre *s.f.* 1. Madrinha em relação aos pais do afilhado. 2. Mãe do afilhado em relação aos padrinhos deste. 3. *fam.* Parteira. 4. Espécie de urinol para uso dos doentes que não se podem erguer do leito.

co·man·dan·te *adj.2gên.* 1. Que comanda. *s.m.* 2. O que tem um comando militar.

co·man·dar *v.t.d.* 1. Dirigir como oficial superior. 2. Dominar; mandar.

co·man·do *s.m.* 1. Ato de comandar. 2. *Mil.* Autoridade decorrente de leis e regulamentos, atribuída a um militar.

co·mar·ca *s.f.* Cada uma das divisões judiciais de um estado, sob a alçada de um (ou mais de um) juiz de direito.

co·ma·to·so (ô) *adj.* Concernente a coma. *Pl.*: comatosos (ó).

com·ba·li·do *adj.* 1. Sem forças físicas ou morais. 2. Abalado; abatido.

com·ba·lir *v.t.d.* 1. Abater (o corpo ou o espírito). 2. Tornar fraco, abatido. 3. Enfraquecer.

com·ba·te *s.m.* Ato ou efeito de combater.

com·ba·ten·te *adj.2gên.* 1. Que combate. *s.2gên.* 2. Guerreiro.

com·ba·ter *v.t.d.* 1. Lutar contra. 2. Opor-se a. 3. Discutir; contestar. *v.t.i.* e *v.i.* 4. Lutar; pelejar.

com·ba·ti·vi·da·de *s.f.* 1. Qualidade de combativo. 2. Tendência para o combate.

com·ba·ti·vo *adj.* 1. Que se dá ao combate. 2. Que não se recusa ao combate. 3. Que tem tendência para combater.

com·bi·na·ção *s.f.* 1. Ação ou efeito de combinar. 2. Disposição. 3. Reunião de coisas dispersas com certa ordem. 4. Ligação; acordo.

com·bi·nar *v.t.d.* 1. Fazer combinação de. 2. Aliar; juntar; unir; agrupar. 3. Harmonizar. 4. Comparar. *v.i.* 5. Estar conforme. *v.t.i.* 6. Convir; concordar. *v.p.* 7. Estar de acordo. 8. Harmonizar-se.

com·boi·ar *v.t.d.* 1. Auxiliar o transporte de. 2. Guiar; escoltar (comboio).

com·boi·o (ô) *s.m.* 1. Conjunto de carros que se dirigem ao mesmo destino. 2. Navio carregado escoltado por navios de guerra. 3. Série de vagões puxados por uma locomotiva.

com·bu·ren·te *adj.2gên.* Que queima; que alimenta a combustão; que faz arder.

com·bus·tão *s.f.* 1. Ação de queimar ou arder. 2. Estado de um corpo que arde, produzindo calor e luz.

com·bus·tí·vel *adj.2gên.* 1. Que tem a propriedade de se consumir; que arde. *s.m.* 2. Substância que serve para queimar.

co·me·çar *v.t.d.* 1. Dar começo a; principiar. *v.i.* 2. Ter começo. *v.t.i.* 3. Principiar alguma coisa.

co·me·ço (ê) *s.m.* 1. Ato de começar. 2. O primeiro instante. 3. Princípio; origem.

co·me·dei·ra *s.f.* Extorsão; ladroeira.

co·mé·di·a *s.f.* 1. Peça de teatro em que predomina a sátira ou a graça. 2. *fig.* Fato ridículo. 3. Fingimento; dissimulação.

co·me·di·an·te *s.2gên.* 1. Ator de comédias. 2. *por ext.* Ator. 3. *fig.* Farsante; impostor.

co·me·di·do *adj.* Moderado; discreto.

co·me·di·men·to *s.m.* Moderação; modéstia.

co·me·di·ó·gra·fo *s.m.* Indivíduo que escreve comédias.

co·me·dir *v.t.d.* 1. Regular de modo conveniente. 2. Conter; moderar. 3. Tornar respeitoso. *v. p.* 4. Conter-se; moderar-se.

co·me·do·ri·as *s.f.pl.* Comida; alimento; ração de víveres.

co·me·mo·ra·ção *s.f.* 1. Ato ou efeito de comemorar. 2. Festa; solenidade.

co·me·mo·rar *v.t.d.* 1. Lembrar; trazer à memória. 2. Solenizar, recordando.

co·me·mo·ra·ti·vo *adj.* Que comemora.

co·men·da *s.f.* 1. Distinção honorífica, correspondente a um grau da ordem militar. 2. Insígnia de comendador. *V. encomenda*.

co·men·da·dor *s.m.* O que tem comenda. *Fem.*: comendadeira.

co·me·nos (ê) *s.m. desus.* Ocasião, momento. *loc. adv.* **Neste comenos**: neste instante, nesta ocasião.

co·men·sal *s.2gên.* Que come habitualmente com outros em mesa comum.

co·men·su·rá·vel *adj.2gên.* Que se pode medir; mensurável.

co·men·tar *v.t.d.* 1. Explicar, interpretando ou anotando. 2. Fazer comentário a. 3. Analisar. 4. Criticar; censurar.

co·men·tá·ri·o *s.m.* 1. Conjunto de notas com que se esclarece ou critica uma obra literária ou científica. 2. Análise. 3. Crítica maliciosa.

co·men·ta·ris·ta *s.2gên.* Autor ou autora de comentários.

co·mer *v.t.d.* 1. Mastigar e engolir. 2. Tomar por alimento. 3. *fig.* Gastar em comida. 4. Dissipar; despender; fazer gastar. *v.i.* 5. Tomar alimento. *s.m.* 6. Alimento; comida.

co·mer·ci·al *adj.2gên.* 1. Pertencente ao comércio ou a ele relativo. *s.m.* 2. Anúncio (de rádio ou tevê).

co·mer·ci·a·li·za·ção *s.f.* Ato ou efeito de comercializar.

co·mer·ci·a·li·zar *v.t.d.* Tornar comerciável.

co·mer·ci·an·te *adj.2gên.* 1. Que exerce o comércio. *s.2gên.* 2. Negociante.

co·mer·ci·ar *v.t.d.* 1. Fazer comércio. *v.i.* 2. Negociar.

co·mer·ci·á·ri·o *s.m.* Aquele que trabalha no comércio.

co·mer·ci·á·vel *adj.2gên.* Que se pode comerciar.

co·mér·ci·o *s.m.* 1. Compra, troca ou venda de mercadorias. 2. A classe dos comerciantes. 3. Relações de sociedade. 4. Relações ilícitas.

co·mes·tí·vel *adj.2gên.* 1. Que se come. *s.m.* 2. O que se come.

co·me·ta (ê) *s.m. Astron.* Astro que gira em torno do Sol, descrevendo órbita muito alongada.

co·me·ter *v.t.d.* 1. Fazer; perpetrar. 2. praticar; tentar. 3. Confiar; propor; encarregar.

co·me·ti·men·to *s.m.* 1. Ato de cometer. 2. O ato que se cometeu. 3. Empresa arrojada.

co·me·zai·na *s.f. pop.* Refeição alegre e abundante; patuscada.

co·me·zi·nho *adj.* 1. Que é bom para se comer. 2. *fig.* Simples; fácil de compreender; familiar.

co·mi·chão *s.f.* 1. Prurido; coceira. 2. *fig.* Desejo intenso, ardente.

co·mi·char *v.t.d.* 1. Causar comichão a. *v.i.* 2. Sentir comichão.

co·mi·ci·da·de *s.f.* Qualidade de cômico.

co·mí·ci·o *s.m.* Ajuntamento de pessoas para tratar de assuntos políticos.

cô·mi·co *adj.* 1. Concernente a comédia. 2. Ridículo; burlesco. *s.m.* 3. Ator de comédias. *V.* **cônico**.

co·mi·da *s.f.* 1. O que se come ou serve para comer. 2. Ação de comer.

co·mi·do *adj.* 1. Que se comeu. 2. Roído; dissipado; gasto.

co·mi·go *pron.* 1. Em minha companhia. 2. A mim. 3. A meu respeito. 4. De mim para mim.

co·mi·go-nin·guém-po·de *s.m.2núm. Bot.* Planta originária da Amazônia, de folhas verdes com manchas brancas, cultivada para fins ornamentais, apesar de muito venenosa, por causa de uma substância nela existente (quando ingerida, pode provocar inchaço na garganta e asfixia).

co·mi·lan·ça *s.f. fam.* 1. Ação de comilão. 2. Ato de comer muito. 3. *fig.* Ladroeira; patifaria.

co·mi·lão *adj. e s.m.* Que ou o que come muito; glutão. *Fem.*: comilona. *Pl.*: comilões.

co·mi·nar *v.t.d.* 1. Ameaçar (com pena ou castigo). 2. Prescrever (castigo, pena). 3. Impor; prescrever.

co·mi·na·ti·vo *adj.* 1. Que envolve ameaça. 2. Impositivo.

co·mi·nho *s.m. Bot., Cul.* Planta cujo fruto encerra sementes usadas como condimento.

co·mi·se·ra·ção *s.f.* 1. Ação de comiserar (-se). 2. Piedade; dó; compaixão.

co·mi·se·rar *v.t.d.* 1. Inspirar dó, pena a. *v.p.* 2. Compadecer-se; ter piedade.

co·mis·são *s.f.* 1. Ação de cometer ou de encarregar. 2. Encargo; incumbência. 3. Conjunto de indivíduos

comissária

encarregados de tratar de determinado assunto. 4. Retribuição.

co·mis·sá·ri:a *s.f.* Aeromoça; comissária de bordo.

co·mis·sa·ri·a·do *s.m.* 1. Cargo de comissário. 2. Repartição onde o comissário exerce as suas funções.

co·mis·sá·ri:o *s.m.* 1. O que exerce uma comissão. 2. Indivíduo que representa o governo ou outra entidade, junto de uma companhia ou em funções de administração. *Comissário de bordo*: funcionário responsável pela segurança e o conforto dos passageiros nos aviões comerciais.

co·mis·si·o·nar *v.t.d.* 1. Encarregar de comissões. 2. Incumbir provisoriamente. 3. Confiar.

co·mis·su·ra *s.f.* Linha de junção; fenda.

co·mi·tê *s.m.* Reunião de membros de uma assembleia encarregados do exame de certas questões.

co·mi·ti·va *s.f.* Conjunto de pessoas que acompanham alguém; cortejo.

co·mo *conj.* 1. Da mesma forma que. 2. Quando. 3. Porque. *adv.* 4. De que maneira.

co·mo·ção *s.f.* 1. Ação de comover. 2. Abalo. 3. Perturbação de ânimo.

cô·mo·da *s.f.* Móvel com gavetas de alto a baixo.

co·mo·di·da·de *s.f.* 1. Qualidade do que é cômodo. 2. Bem-estar; conforto.

co·mo·dis·mo *s.m.* Sistema, qualidade, caráter de comodista.

co·mo·dis·ta *adj.2gên.* e *s.2gên.* Que, ou pessoa que atende apenas a suas comodidades, a seu conforto.

cô·mo·do *adj.* 1. Útil. 2. Adequado. 3. Confortável. *s.m.* 4. Compartimento; peça de uma casa.

companhia

co·mo·do·ro (ó) *s.m.* 1. Comandante de esquadra. 2. Título honorífico em associações navais.

cô·mo·ro *s.m.* Pequena elevação de terreno.

co·mo·ven·te *adj.2gên.* Que comove, enternece, toca profundamente.

co·mo·ver *v.t.d.* 1. Agitar; abalar; deslocar. 2. Impressionar; enternecer. *v.i.* 3. Causar comoção moral; produzir enternecimento. *v.p.* 4. Sentir comoção.

com·pac·tar *Inform.* 1. Diminuir o tamanho do arquivo; reduzir a dispersão e o espaço total ocupado por informações na memória ou num dispositivo de armazenamento secundário, agrupando-as em uma área contínua. 2. Codificar (dados) em versão menor que a original; comprimir. *V. descompactar.*

com·pac·to *adj.* 1. Que tem bem unidas as partes de que se compõe. 2. Denso; espesso.

com·pa·de·cer *v.t.d.* 1. Ter compaixão de. 2. Deplorar; lastimar. *v.p.* 3. Comiserar-se; ter compaixão.

com·pa·dre *s.m.* 1. Padrinho, em relação aos pais do afilhado. 2. Pai do afilhado em relação aos padrinhos.

com·pai·xão (ch) *s.f.* 1. Pesar que desperta em nós o mal de outro ou outros. 2. Dó; piedade.

com·pa·nhei·ris·mo *s.m.* 1. Comportamento ou atitude amigável; camaradagem; coleguismo. 2. Convivência amistosa, solidária.

com·pa·nhei·ro *s.m.* 1. Aquele que acompanha. 2. Camarada; colega. 3. *pop.* Cônjuge. *adj.* 4. Que acompanha.

com·pa·nhi·a *s.f.* 1. Ação de acompanhar. 2. Sociedade comercial formada

comparação

por acionistas. 3. Pessoal artístico de um teatro, de uma casa de diversões. 4. *sobrecomum* Pessoa que acompanha outra. 5. Pessoa com quem se vive.

com·pa·ra·ção *s.f.* Ação de comparar.

com·pa·rar *v.t.d.* 1. Estabelecer confronto entre; cotejar. 2. Ter como igual ou semelhante. *v.p.* 3. Igualar-se; rivalizar-se.

com·pa·ra·ti·vo *adj.* 1. Que serve para estabelecer comparação. *s.m.* 2. *Gram.* Grau comparativo.

com·pa·re·cer *v.i.* e *v.t.i.* Aparecer, apresentar-se (em lugar convencionado).

com·pa·re·ci·men·to *s.m.* Ato ou efeito de comparecer.

com·par·sa *s.2gên.* 1. Personagem que pouco ou nada fala em peça teatral. 2. Figurante. 3. *fig.* Sócio; parceiro.

com·par·ti·lhar *v.t.d.* 1. Participar de; ter ou tomar parte em. 2. Partilhar; compartir; usar em comum.

com·par·ti·men·to *s.m.* 1. Cada uma das divisões de uma casa, gaveta, caixa, cofre, etc. 2. Aposento.

com·par·tir *v.t.d.* Repartir; partilhar; compartilhar.

com·pas·sa·do *adj.* Cadenciado; vagaroso; medido.

com·pas·sar *v.t.d.* 1. Fazer ficar ou ficar num ritmo regular. 2. Fazer ou permitir com que algo aconteça de forma mais lenta, pausada. 3. Medir com o compasso. 4. Marcar o compasso de uma música.

com·pas·si·vi·da·de *s.f.* Qualidade de compassivo.

com·pas·si·vo *adj.* 1. Que tem compaixão. 2. Que é sensível aos males alheios.

compensativo

com·pas·so *s.m.* 1. Instrumento com que se traçam curvas que têm todos os pontos equidistantes de um centro. 2. Movimento cadenciado. 3. *Mús.* Medida dos tempos. 4. *Astron.* Constelação austral (inicial maiúscula).

com·pa·ti·bi·li·da·de *s.f.* 1. Qualidade de compatível. 2. *Inform.* O grau em que um computador, um dispositivo, um arquivo de dados ou um programa podem entender ou funcionar com os mesmos comandos, formatos ou linguagem que outro.

com·pa·ti·bi·li·zar *v.t.d.* Tornar compatível.

com·pa·tí·vel *adj.2gên.* Conciliável; que pode coexistir.

com·pa·tri·o·ta (ó) *adj.2gên.* e *s.2gên.* Que ou pessoa que, em relação a outrem, tem a mesma pátria; patrício; compatrício.

com·pe·lir *v.t.d.* 1. Empurrar; impelir; incitar. 2. Constranger; obrigar.

com·pen·di·ar *v.t.d.* Reduzir a compêndio; resumir; sintetizar.

com·pên·di·o *s.m.* 1. Resumo; síntese. 2. Livro de texto para as escolas.

com·pe·ne·tra·do *adj.* Convencido intimamente; convicto.

com·pe·ne·trar *v.t.d.* 1. Convencer profundamente. *v.p.* 2. Convencer-se; compreender perfeitamente.

com·pen·sa·ção *s.f.* Ação ou efeito de compensar.

com·pen·sa·dor *adj.* Que compensa.

com·pen·sar *v.t.d.* 1. Estabelecer compensação. 2. Reparar (um mal) com um bem correspondente. 3. Remunerar; indenizar. 4. Contrabalançar; equilibrar.

com·pen·sa·ti·vo *adj.* Que serve para compensar.

compensatório

com·pen·sa·tó·ri·o *adj.* Que encerra compensação.

com·pe·tên·ci·a *s.f.* 1. Direito que tem um funcionário ou tribunal de apreciar e julgar um pleito ou questão. 2. Capacidade. 3. Qualidade de quem é capaz.

com·pe·ten·te *adj.2gên.* 1. Que tem competência; idôneo; capaz. 2. Adequado. 3. Respectivo. 4. próprio; legal.

com·pe·ti·ção *s.f.* Ação ou efeito de competir.

com·pe·tir *v.t.i.* 1. Concorrer na mesma pretensão (com outrem). 2. Rivalizar. 3. Pertencer por direito. 4. Ser da competência de.★

com·pi·la·ção *s.f.* Ação ou efeito de compilar.

com·pi·lar *v.t.d.* Coligir, reunir (textos de autores diversos, documentos, leis, etc.).

com·pla·cên·ci·a *s.f.* 1. Condescendência. 2. Ato ou desejo de comprazer. 3. Benevolência.

com·pla·cen·te *adj.2gên.* Que tem complacência; benévolo.

com·plei·ção *s.f.* 1. Constituição do corpo; organização. 2. Temperamento; disposição de espírito. 3. Humor; índole; caráter.

com·ple·men·ta·ção *s.f.* Completação.

com·ple·men·tar *adj.2gên.* 1. Concernente a complemento. 2. Que serve de complemento. *v.t.d.* 3. Completar.

com·ple·men·to *s.m.* 1. Parte que se junta a alguma coisa para a completar. 2. Remate.

com·ple·ta·ção *s.f.* Ato ou efeito de completar.

comportar

com·ple·tar *v.t.d.* 1. Fazer completo. 2. Acabar; concluir. *v.p.* 3. Fazer-se completo.

com·ple·to (é) *adj.* 1. A que não falta nada. 2. Preenchido; concluído. 3. Total; perfeito; inteiro.

com·ple·xi·da·de (cs) *s.f.* Qualidade do que é complexo.

com·ple·xo (cs) *adj.* 1. Que encerra várias coisas ou ideias. 2. Que abrange muitos elementos ou partes. 3. Complicado. *s.m.* 4. *Psican.* O conjunto de desejos e recordações recalcados referentes ao mesmo impulso inconsciente. 5. Conjunto de coisas que têm ligação entre si.

com·pli·ca·ção *s.f.* 1. Ato ou efeito de complicar. 2. Dificuldade; embaraço.

com·pli·ca·do *adj.* 1. Que tem complicação. 2. Confuso; difícil.

com·pli·car *v.t.d.* 1. Tornar complexo, intrincado, confuso. 2. Implicar; envolver. *v.p.* 3. Tornar-se difícil.

com·plô *s.m.* Trama contra alguém, um grupo, uma ou mais autoridades, o regime; armação(3); conspiração.

com·po·nen·te *adj.2gên.* e *s.2gên.* Que ou o que entra na composição de alguma coisa.

com·por *v.t.d.* 1. Formar, de várias coisas, uma só. 2. Entrar na composição de. 3. Inventar. 4. Escrever. 5. Arranjar. 6. Pôr em ordem. *v.p.* 7. Constituir-se; harmonizar-se; conciliar-se.★

com·por·ta (ó) *s.f.* Porta que sustém a água de uma represa, de um dique ou açude.

com·por·ta·men·to *s.m.* Procedimento; modo de comportar-se.

com·por·tar *v.t.d.* 1. Poder conter em si. 2. Suportar. 3. Estar em proporção com. 4. Sofrer. *v.p.* 5. Proceder; portar-se.

com·po·si·ção *s.f.* 1. Ação de compor. 2. Organização. 3. Produção literária, científica ou artística.

com·po·si·tor *s.m.* O que compõe (principalmente música).

com·pos·to (ô) *adj.* 1. Constituído por mais de um elemento. *s.m.* 2. Substância ou corpo composto. *Pl.:* compostos (ó).

com·pos·tu·ra *s.f.* 1. Composição. 2. Organização. 3. Comedimento e seriedade de maneiras.

com·po·ta (ó) *s.f. Cul.* Conserva de frutas em calda de açúcar.

com·po·tei·ra *s.f.* Recipiente onde se guarda a compota ou no qual ela é servida à mesa.

com·pra *s.f.* 1. Ação de comprar. 2. Coisa que se comprou. 3. *fig.* Ação de tirar do baralho uma ou mais cartas. 4. Suborno.

com·prar *v.t.d.* 1. Adquirir por dinheiro. 2. *fig.* Tirar do baralho (carta ou cartas). 3. Peitar; subornar. 4. Granjear; alcançar.

com·pra·zer *v.t.i.* 1. Fazer o gosto, a vontade. 2. Condescender. *v.p.* 3. Deleitar-se.★

com·pre·en·der *v.t.d.* 1. Conter em si; abranger. 2. entender. *v.p.* 3. Encerrar-se; estar incluído.

com·pre·en·são *s.f.* 1. Ato ou efeito de compreender. 2. Percepção. *V. compressão.*

com·pre·en·sí·vel *adj.2gên.* Que se pode compreender.

com·pre·en·si·vo *adj.* 1. Que tem compreensão. 2. Que pode compreender.

com·pres·são *s.f.* 1. Ação de comprimir; aperto. 2. *fig.* Opressão; repressão. *V. compreensão.*

com·pres·sor *adj.* 1. Que comprime. *s.m.* 2. O que comprime. 3. Máquina que serve para comprimir o terreno.

com·pri·do *adj.* 1. Extenso; longo; dilatado. 2. Prolixo. *s.m.* 3. Comprimento.

com·pri·men·to *s.m.* 1. Extensão entre duas extremidades (no sentido longitudinal). 2. Distância. 3. Grandeza. *V. cumprimento.*

com·pri·mi·do *adj.* 1. Que se comprimiu. *s.m.* 2. *Med.* Substância medicamentosa em forma de pastilha.

com·pri·mir *v.t.d.* 1. Sujeitar à compressão. 2. Reduzir a menor volume. 3. *Inform.* Codificar um bloco de dados de forma a reduzir o seu grau de redundância, p. ex.: eliminar repetições frequentes de símbolos, representando-as segundo uma notação definida que permite sua posterior recuperação. 4. *Inform.* Reduzir o tamanho dos caracteres em uma impressão; compactar. *v.p.* 5. Diminuir de volume; reduzir-se; encolher.

com·pro·ba·tó·ri·o *adj.* Que encerra a prova ou provas do que se afirma.

com·pro·me·te·dor *adj.* Que compromete.

com·pro·me·ter *v.t.d.* 1. Sujeitar. 2. Arriscar; expor a algum perigo. *v.p.* 3. Obrigar-se; assumir responsabilidade.

com·pro·me·ti·men·to *s.m.* Ato ou efeito de comprometer-se.

com·pro·mis·so *s.m.* 1. Obrigação ou promessa um tanto solene. 2. Dívida que deve ser paga em determinado dia.

com·pro·va·ção *s.f.* 1. Ação de comprovar. 2. Prova que se junta a outra ou outras.

com·pro·van·te *adj.2gên.* 1. Que comprova. *s.m.* 2. Recibo com que se comprova a realização de despesa.

com·pro·var *v.t.d.* 1. Concorrer para provar. 2. Ajuntar novas provas a. 3. Evidenciar. 4. Examinar.

com·pul·são *s.f.* 1. Ato de compelir. 2. *Psic.* Impulso que leva à repetição de um ato.

com·pul·sar *v.t.d.* 1. Examinar, lendo. 2. Manusear (livros, documentos).

com·pul·si·vo *adj.* 1. Que age ou faz agir por compulsão; que não tem controle. *s.m.* 2. Indivíduo que apresenta compulsão.

com·pul·só·ri:a *s.f.* 1. Aposentadoria obrigatória de servidores públicos devido à idade. 2. Mandado de um juiz a outro, subordinado ao primeiro, para que cumpra uma instrução ou decisão.

com·pul·só·ri:o *adj.* Que compele ou obriga; obrigatório.

com·pun·ção *s.f.* Pesar de haver cometido ação má ou pecaminosa; contrição.

com·pun·gir *v.t.d.* 1. Mover à compunção. 2. Enternecer. 3. Afligir. *v.p.* 4. Arrepender-se; ter compunção.

com·pu·ta·ção *s.f.* Ato ou efeito de computar.

com·pu·ta·dor *s.m.* Máquina de princípio eletrônico que recebe, armazena e envia dados e efetua cálculos.

com·pu·tar *v.t.d.* 1. Contar; calcular. 2. Orçar. 3. Processar em computador.

côm·pu·to *s.m.* Cálculo, contagem.

co·mum *adj.2gên.* 1. Que se refere a muitos ou a todos. 2. Vulgar; habitual.

co·mu·na *adj.2gên.* 1. *pej.* Que é adepto do comunismo. *s.2gên.* 2. Pessoa que é adepta do comunismo. *s.m.* 3. Cidade independente na Idade Média. **Comuna de Paris**: primeiro governo operário da história, que assumiu o poder na capital francesa em 1871.

co·mun·gar *v.t.d.* 1. Administrar comunhão a. 2. Receber em comunhão. *v.i.* 3. Receber a comunhão. *v.t.i.* 4. Participar.

co·mu·nhão *s.f.* 1. Ação ou efeito de comungar. *Rel.* 2. Sacramento da Eucaristia. 3. Administração ou recepção desse sacramento.

co·mu·ni·ca·ção *s.f.* 1. Ação de comunicar-se. 2. Informação; aviso. 3. Convivência.

co·mu·ni·ca·do *s.m.* 1. Aviso, informação. 2. Escrito ou artigo dirigido a jornal.

co·mu·ni·ca·dor *s.m.* 1. Que comunica. 2. Que trabalha com comunicação. *s.m.* 3. Indivíduo com essa atividade. 4. Apresentador de televisão, de rádio, etc.

co·mu·ni·can·te *adj.2gên.* Que comunica.

co·mu·ni·car *v.t.d.* 1. Estabelecer comunicação entre. 2. Fazer saber; participar. *v.p.* 3. Corresponder-se. 4. Transmitir-se por contágio; propagar-se.

co·mu·ni·ca·ti·vo *adj.* 1. Que se comunica facilmente. 2. Expansivo.

co·mu·ni·da·de *s.f.* 1. Qualidade do que é comum. 2. Sociedade.

co·mu·nis·mo *s.m.* Sistema econômico e social baseado na propriedade coletiva.

co·mu·nis·ta *adj.2gên.* 1. Concernente ao comunismo. *s.2gên.* 2. Partidário do comunismo.

co·mu·ni·tá·ri:o *adj.* 1. Concernente a comunidade. 2. Relativo a comunhão de bens.

co·mu·ta·ção *s.f.* 1. Ação de comutar. 2. Atenuação de pena.

co·mu·ta·dor *s.m.* 1. Aquele que comuta. 2. *fig.* Aparelho que muda a direção de uma corrente elétrica. *adj.* 3. Que comuta.

co·mu·tar *v.t.d.* 1. Trocar; permutar. 2. *for.* Atenuar; mudar (pena ou castigo, em outro menos severo).

co·mu·ta·ti·vo *adj.* 1. Relativo a, ou que faz comutação, troca. 2. *Mat.* Diz-se do cálculo ou operação cujo resultado não depende da ordem dos termos.

con·ca·te·na·ção *s.f.* Ação ou efeito de concatenar.

con·ca·te·nar *v.t.d.* 1. Encadear; prender. 2. Relacionar.

con·ca·vi·da·de *s.f.* 1. Qualidade do que é côncavo. 2. Forma côncava.

côn·ca·vo *adj.* 1. Menos elevado no centro que nas bordas. *s.m.* 2. Forma côncava. *V.* **convexo**.

con·ce·ber *v.t.d.* 1. Sentir em si o germe de; gerar. 2. *fig.* Formar no espírito ou no coração.

con·ce·bí·vel *adj.2gên.* Que se pode conceber.

con·ce·der *v.t.d.* 1. Admitir por hipótese. 2. Dar. 3. Consentir. *v.t.i.* 4. Anuir; convir; transigir.

con·cei·ção *s.f.* 1. *Rel.* Concepção da Virgem Maria. 2. Festa comemorativa dessa concepção, em 8 de dezembro (inicial maiúscula).

con·cei·to *s.m.* 1. Opinião, ideia, juízo. 2. Parte da charada em que se faz referência à palavra completa que constitui a solução.

con·cei·tu·a·do *adj.* 1. Considerado. 2. De que se formou algum conceito (bom ou mau).

con·cei·tu·ar *v.t.d.* 1. Formar conceito acerca de. *v.t.i.* 2. Ajuizar.

con·ce·lho (ê) *s.m.* 1. Circunscrição administrativa. 2. Uma das divisões do distrito, em Portugal. 3. Município. *V.* **conselho**.

con·cen·tra·ção *s.f.* 1. Ação ou efeito de concentrar(-se). 2. Convergência. 3. *Desp.* Local onde os esportistas se reúnem às vésperas de uma competição.

con·cen·tra·do *adj.* 1. Reunido num mesmo local. 2. Que apresenta grande quantidade do produto em relação ao meio em que está dissolvido. 3. Muito atento. 4. Diz-se do produto usado na alimentação que teve o volume reduzido pela retirada de água. *s.m.* 5. Alimento que passou por esse processo. 6. Composto com alto teor do minério desejado.

con·cen·trar *v.t.d.* 1. Fazer convergir a um centro. 2. Tornar mais denso. 3. Aplicar (o pensamento, a atenção). *v.p.* 4. Meditar profundamente.

con·cên·tri·co *adj.* Que tem o mesmo centro.

con·cep·ção *s.f.* 1. Ação ou ato de conceber. 2. Ato de fazer ideias. 3. *Biol.* Conjunto dos fenômenos que levam à formação do ovo.

con·cer·nen·te *adj.2gên.* 1. Relativo; atinente. 2. Respectivo; pertencente.

con·cer·nir *v.t.i.* Dizer respeito; referir-se; ter relação. ★★

con·cer·tan·te *adj.2gên. Mús.* 1. Que entra em concerto. *s.m.* 2. Peça de música com muitos instrumentos solistas.

con·cer·tar *v.t.d.* 1. Pôr em boa ordem. 2. Compor; harmonizar. 3. Combinar; ajustar (alguma coisa com alguém). *v.t.i.*

4. Combinar; concordar. *v.p.* 5. Combinar-se; chegar a acordo. *V.* **consertar**.

con·cer·ti·na *s.f. Mús.* Espécie de acordeão cujo mecanismo se assemelha ao dos harmônios.

con·cer·tis·ta *s.2gên.* Pessoa que dá concertos.

con·cer·to (ê) *s.m.* 1. Ato de concertar. 2. Composição musical extensa e desenvolvida, para um instrumento, com acompanhamento de orquestra. *V.* **conserto**.

con·ces·são *s.f.* 1. Ação de conceder; autorização. 2. Privilégio concedido pelo Estado, para determinada exploração. 3. Favor.

con·ces·si·o·ná·ri:o *adj.* e *s.m.* Que ou o que obtém uma concessão.

con·cha *s.f.* 1. *Zool.* Invólucro calcário do corpo de certos moluscos. 2. *Zool.* Concreção córnea (dos quelônios). 3. Espécie de colher grande com que se serve sopa. 4. *Anat.* Pavilhão do ouvido.

con·cha·var *v.t.d.* 1. Combinar; ajustar; encaixar. *v.p.* 2. Conluiar-se.

con·cha·vo *s.m.* 1. Ato de conchavar. 2. Acordo; ajuste; conluio.

con·ci·da·dão *s.m.* Aquele que com relação a outro é do mesmo país, da mesma cidade.

con·ci·li·á·bu·lo *s.m.* 1. Pequeno concílio. 2. Assembleia secreta; conluio.

con·ci·li·a·ção *s.f.* Ato ou efeito de conciliar; harmonização.

con·ci·li·ar *adj.2gên.* 1. De concílio. *v.t.d.* 2. Pôr em acordo. 3. Conseguir. 4. Aliar; unir. *v.p.* 5. Entrar em comum acordo.

con·ci·li·a·tó·ri:o *adj.* Próprio para conciliar.

con·cí·li:o *s.m.* Assembleia de altos prelados católicos em que se tratam assuntos dogmáticos ou disciplinares.

con·ci·são *s.f.* Qualidade do que é conciso.

con·ci·so *adj.* 1. Breve; de curta duração. 2. Que expõe as ideias em poucas palavras.

con·ci·tar *v.t.d.* Incitar, instigar, estimular.

con·cla·mar *v.t.d.* 1. Clamar, bradar simultaneamente. 2. Gritar em tumulto. 3. Eleger; aclamar. *v.i.* 4. Dar brados; vozear.

con·cla·ve *s.m.* 1. Assembleia de cardeais para eleger o papa. 2. Local onde se realiza essa assembleia. 3. *por ext.* Assembleia, reunião de pessoas para qualquer fim.

con·clu·den·te *adj.2gên.* 1. Que conclui. 2. Terminante; procedente; convincente.

con·clu·ir *v.t.d.* 1. Acabar; terminar; pôr fim a. 2. Deduzir. *v.i.* 3. Ser concludente.

con·clu·são *s.f.* 1. Ação de concluir; acabamento. 2. Dedução. 3. Ajuste definitivo.

con·clu·si·vo *adj.* 1. Que encerra conclusão. 2. Que é próprio para se concluir.

con·co·lo·gi·a *s.f.* Conquiliologia.

con·co·mi·tan·te *adj.2gên.* 1. Que acompanha. 2. Que se manifesta ao mesmo tempo que outro.

con·cor·dân·ci:a *s.f.* 1. Ação de concordar. 2. Harmonia; consonância.

con·cor·dar *v.t.d.* 1. Pôr de acordo; conciliar. 2. Ter a mesma opinião a respeito de. *v.t.i.* 3. Estar de acordo; convir. *v.i.* 4. Combinar-se; harmonizar-se.

con·cor·da·ta *s.f. Econ.* Acordo pelo qual os credores de um negociante insolvente aceitam o pagamento dos débitos com redução e dentro de certo prazo.

con·cor·da·tá·ri:o *adj.* O que propôs, aceitou ou obteve concordata.

con·cor·de (ó) *adj.2gên.* Da mesma opinião.

con·cór·di:a *s.f.* Harmonia de vontades; paz; concordância.

con·cor·rên·ci:a *s.f.* 1. Ato ou efeito de concorrer. 2. Porfia, competição.

con·cor·ren·te *adj.2gên.* 1. Que concorre; que faz concorrência. *s.2gên.* 2. Pessoa que concorre; candidato; rival; competidor.

con·cor·rer *v.t.i.* 1. Juntar-se (para um fim comum). 2. Ter a mesma pretensão de outrem. 3. Ir a concurso.

con·cor·ri·do *adj.* 1. Que é objeto de disputa. 2. Que é muito frequentado.

con·cre·ção *s.f.* 1. Ação ou efeito de se tornar concreto. 2. *Med.* Ossificação anormal. 3. Deposição de partículas inorgânicas no interior dos tecidos vegetais.

con·cre·tis·mo *s.m.* 1. *Lit.* Movimento que propõe a abolição do verso e a valorização da palavra como símbolo unívoco (inicial maiúscula). 2. Representação do concreto.

con·cre·ti·za·ção *s.f.* Ato ou efeito de concretizar-se.

con·cre·ti·zar *v.t.d.* e *v.p.* Tornar concreto.

con·cre·to (é) *adj.* 1. Que existe em forma material. 2. Condensado. 3. Determinado. *s.m.* 4. Aquilo que é concreto. 5. Argamassa que se constitui de água, cimento, areia e pedra britada.

con·cu·bi·no *adj.* e *s.m.* Que ou o que vive maritalmente com alguém sem estar casado.

con·cu·bi·na·to *s.m.* 1. Estado de concubino; mancebia. 2. Estado do indivíduo que tem concubino.

con·cu·nha·do *s.m.* Cunhado de um dos dois cônjuges com relação ao outro.

con·cu·pis·cên·ci:a *s.f.* Desejo intenso de gozos materiais; apetite sensual.

con·cu·pis·cen·te *adj.2gên.* Que tem concupiscência.

con·cur·sa·do *adj.* 1. Habilitado por concurso, geralmente para cargo público. *s.m.* 2. Indivíduo que se habilitou por concurso.

con·cur·so *s.m.* 1. Ato de concorrer; afluência; concorrência; ajuntamento. 2. Provas públicas prestadas pelos candidatos a certo emprego ou a certas concessões.

con·cus·são *s.f.* 1. Choque violento; abalo. 2. *fig.* Extorsão ou peculato cometido por empregado público.

con·da·do *s.m.* 1. Dignidade de conde. 2. Jurisdição ou território do conde.

con·dão *s.m.* 1. Poder sobrenatural. 2. Dom; faculdade.

con·de *s.m.* Título nobiliárquico entre visconde e marquês. *Fem.:* condessa.

con·de·co·ra·ção *s.f.* 1. Ação de condecorar. 2. Insígnia honorífica ou de ordem militar.

con·de·co·rar *v.t.d.* 1. Conferir (título honorífico) a. 2. Agraciar.

con·de·na·ção *s.f.* 1. Ato ou efeito de condenar. 2. Censura; reprovação. 3. Sentença condenatória.

con·de·na·do *adj.* e *s.m.* Que ou o que sofreu condenação.

con·de·nar *v.t.d.* 1. Proferir sentença condenatória contra; declarar culpado. 2. Refutar; rejeitar. *v.p.* 3. Dar provas contra si; culpar-se.

con·den·sa·ção *s.f.* 1. Ação ou efeito de condensar-se. 2. *Fís.* Passagem de um corpo gasoso ao estado líquido.

con·den·sa·dor *adj.* 1. Que condensa. *s.m.* 2. *Eletr.* O mesmo que capacitor. 3. Dispositivo do sistema de ignição de um motor de explosão.

con·den·sar *v.t.d.* 1. Tornar denso. 2. Engrossar. 3. Resumir; sintetizar. *v.p.* 4. Tornar-se denso.

con·des·cen·dên·ci·a *s.f.* 1. Ação de condescender. 2. Qualidade de quem é condescendente.

con·des·cen·den·te *adj.2gên.* Que condescende.

con·des·cen·der *v.t.d.* 1. Dizer concordando. *v.t.i.* 2. Ceder voluntariamente. 3. Transigir espontaneamente.

con·des·tá·vel *s.m. ant.* Nome que se dava ao chefe supremo do exército.

con·di·ção *s.f.* 1. Circunstância. 2. Classe social. 3. Cláusula. 4. Categoria elevada.

con·di·ci·o·na·dor *adj.* 1. Que condiciona. *s.m.* 2. Aquele que condiciona. 3. Aparelho que regula o nível de temperatura de um ambiente.

con·di·ci·o·nal *adj.2gên.* Que depende de condição.

con·di·ci·o·nar *v.t.d.* 1. Pôr condições; impor como condição. 2. Limitar a ação de. *V. acondicionar.*

con·dig·no *adj.* 1. Proporcional ao mérito. 2. Merecido; devido.

con·di·men·tar *v.t.d.* Pôr condimento em; temperar.

con·di·men·to *s.m.* Tempero; o que serve para temperar a comida.

con·dis·cí·pu·lo *s.m.* Companheiro de estudo ou de escola.

con·di·zen·te *adj.2gên.* Que condiz.

con·di·zer *v.i.* e *v.t.i.* Estar em harmonia, em proporção.★

con·do·er *v.t.d.* 1. Despertar compaixão em. *v.p.* 2. Compadecer-se.★★

con·do·lên·ci·a *s.f.* Sentimento de pesar pelos males de outrem.

con·do·lên·ci·as *s.f.pl.* Pêsames.

con·do·mí·ni·o *s.m.* Domínio comum; domínio exercido juntamente com outrem.

con·dô·mi·no *s.m.* Dono juntamente com outrem.

con·dor *s.m. epiceno* Grande ave de rapina da cordilheira dos Andes.

con·do·rei·ro *adj.* 1. Concernente a condor. 2. Designativo do estilo poético elevado, hiperbólico. 3. Poeta que tem tal estilo.

con·du·ção *s.f.* 1. Ação ou efeito de conduzir. 2. Transporte. 3. *pop.* Veículo.

con·du·cen·te *adj.2gên.* 1. Tendente. 2. Que conduz (a um fim).

con·du·ta *s.f.* 1. Ação de conduzir. 2. Procedimento; comportamento.

con·du·tân·ci·a *s.f. Eletr.* 1. Capacidade que um determinado meio apresenta para conduzir eletricidade. 2. Medida dessa capacidade.

con·du·ti·bi·li·da·de *s.f.* 1. Propriedade que têm um corpo, substância ou forma de energia de serem conduzidos ou propagados em um meio. 2. Capacidade de alguns materiais para conduzir uma dada forma de energia.

con·du·to *s.m.* 1. Via; caminho. 2. *Anat.* Canal.

con·du·tor *adj.* e *s.m.* 1. Que ou o que conduz. 2. *Fís.* Que ou o que conduz

conduzir

a energia elétrica. *s.m.* 3. Aquele que conduz; guia. 4. Aquele que recolhe as passagens nos trens.

con·du·zir *v.t.d.* 1. Guiar; dirigir. 2. Transportar. *v.p.* 3. Portar-se; comportar-se.

co·ne (ô) *s.m. Geom.* Corpo sólido de base circular ou elíptica e extremidade aguda.

co·nec·tar *v.i., v.t.d., v.p.* 1. Unir. 2. *Inform.* Entrar na rede.

co·nec·ti·vo *adj.* Que une, que liga.

co·nec·tor *adj.* 1. *Eletr., Eletrôn.* Que conecta ou permite ligações elétricas ou eletrônicas entre dois ou mais elementos de um sistema. *s.m.* 2. *Eletr., Eletrôn.* Peça ou dispositivo com essa característica.

cô·ne·go *s.m.* Clérigo secular. *Fem.:* canonisa e *ant.* cônega.

co·ne·xão (ê, cs) *s.f.* 1. Ligação, união; dependência; nexo. 2. Relação; analogia entre coisas diferentes. 3. Coerência.

co·ne·xo (é, cs) *adj.* 1. Ligado; unido. 2. Em que há conexão.

con·fa·bu·la·ção *s.f.* Ato ou efeito de confabular.

con·fa·bu·lar *v.i.* e *v.t.i.* 1. Trocar ideias; conversar. 2. Maquinar, tramar.

con·fec·ção *s.f.* Ação de confeccionar; conclusão de uma obra.

con·fec·ci·o·nar *v.t.d.* 1. Preparar; dar acabamento a. 2. Compor; organizar.

con·fec·ções *s.f.pl.* Roupas feitas; trabalhos de modista.

con·fe·de·ra·ção *s.f.* 1. Ação de confederar. 2. Conjunto de estados autônomos subordinados a um poder central.

con·fe·de·rar *v.t.d.* e *v.p.* Unir-se em confederação.

confete

con·fei·tar *v.t.d.* 1. Cobrir com açúcar bolos e doces. 2. *fig.* Dissimular, iludir.

con·fei·ta·ri·a *s.f.* Estabelecimento onde se vendem confeitos, pães, bolos, doces, etc.

con·fei·tei·ro *s.m.* Fabricante ou vendedor de confeitos.

con·fei·to *s.m.* 1. Semente ou massa preparada coberta de açúcar e seca ao fogo. 2. Doce.

con·fe·rên·ci·a *s.f.* 1. Ação de conferir. 2. Conversação entre duas ou mais pessoas sobre negócios de interesse comum. 3. Discurso literário ou científico em público.

con·fe·ren·ci·ar *v.i.* 1. Fazer conferência ou preleção. *v.t.i.* 2. Ter conferência. *v.t.d.* 3. Consultar em conferência (caso, negócio).

con·fe·ren·cis·ta *s.2gên.* Pessoa que faz conferência literária ou científica.

con·fe·rir *v.t.d.* 1. Comparar; confrontar. 2. Conceder. 3. Estar conforme, certo.

con·fes·sar *v.t.d.* 1. Declarar; revelar; manifestar. 2. Declarar (pecados) a um confessor. 3. Ouvir em confissão. *v.p.* 4. Declarar pecados ao confessor. 5. Declarar-se; reconhecer-se.

con·fes·si·o·nal *adj.2gên.* Concernente a crenças religiosas.

con·fes·si·o·ná·ri·o *s.m.* Lugar onde o padre ouve a confissão.

con·fes·so (é) *adj.* Que confessou as suas culpas.

con·fes·sor *s.m.* Sacerdote que ouve a confissão do penitente.

con·fe·te (é) *s.m.* 1. Rodelinhas de papel, que se atiram aos punhados, no transcorrer do carnaval. 2. *pop.* Elogio; galanteio.

con·fi·a·do *adj.* 1. Que se confiou; que tem confiança. 2. *pop.* Atrevido.

con·fi·an·ça *s.f.* 1. Segurança íntima com que se realiza alguma coisa. 2. Crédito; boa fama. 3. Esperança firme. 4. Familiaridade. 5. *pop.* Atrevimento; insolência.

con·fi·an·te *adj.2gên.* Que confia.

con·fi·ar *v.i.* 1. Ter confiança ou fé; esperar. 2. Transmitir; comunicar. *v.t.d.* e *v.i.* 3. Dar, em confiança, alguma coisa a alguém. *v.p.* 4. Ter confiança.

con·fi·dên·ci·a *s.f.* 1. Participação de um segredo. 2. Comunicação secreta.

con·fi·den·ci·al *adj.2gên.* Reservado; secreto.

con·fi·den·ci·ar *v.t.d.* Dizer em segredo, em confidência.

con·fi·den·te *adj.2gên.* e *s.2gên.* Diz-se de, ou pessoa a quem se confiam segredos.

con·fi·gu·ra·ção *s. f.* 1. Forma exterior dos corpos; feitio; aspecto; figura. 2. *Inform.* Conjunto de parâmetros, componentes, periféricos e programas que determinam as possibilidades e a forma de funcionamento de um computador, de seu sistema operacional e de seus aplicativos.

con·fi·gu·rar *v.t.d.* 1. Dar forma ou figura a. 2. *Inform.* Fazer a configuração.

con·fi·nan·te *adj.2gên.* Que confina.

con·fi·nar *v.t.d.* 1. Circunscrever. *v.t.i.* 2. Ter limite comum; defrontar.

con·fins *s.m.pl.* 1. Raias; fronteiras. 2. Extremo longínquo.

con·fir·ma·ção *s.f.* 1. Ação ou efeito de confirmar; ratificação. 2. *Liturg.* Sacramento da crisma.

con·fir·mar *v.t.d.* 1. Tornar firme. 2. Afirmar categoricamente; ratificar. 3. *Liturg.* Conferir o sacramento da confirmação.

con·fis·car *v.t.d.* 1. Apreender em proveito do fisco. 2. Apreender; apossar-se de.

con·fis·co *s.m.* Ato ou efeito de confiscar.

con·fis·são *s. f.* 1. Ato ou efeito de confessar-se. 2. *Liturg.* Sacramento dirigido a Deus por meio do padre, também chamada *confiteor*. 3. Desabafo; confidência.

con·fi·te·or (confitéor) *Lat. s.m. liturg.* Confissão.

con·fla·gra·ção *s.f.* 1. Incêndio que se alastrou. 2. Revolução. 3. Guerra que se estende a muitos países.

con·fla·grar *v.t.d.* 1. Abrasar; incendiar. 2. Alastrar-se uma guerra.

con·fli·tan·te *adj.2gên.* Incompatível; que está em desacordo ou em luta.

con·fli·tar *v.t.i.* Opor-se a, ser contrário a; colidir.

con·fli·to *s.m.* 1. Embate de pessoas que lutam. 2. Discussão; luta; guerra. 3. Colisão. 4. Conjuntura.

con·flu·ên·ci·a *s.f.* 1. Qualidade de confluente. 2. Ponto onde se juntam dois ou mais rios.

con·flu·ir *v.t.i.* 1. Afluir, correr (para o mesmo ponto). *v.i.* 2. Juntarem-se (dois rios) e depois correrem num leito comum.

con·for·ma·ção *s. f.* 1. Configuração. 2. Conformidade; resignação.

con·for·mar *v.t.d.* 1. Formar; dispor; configurar. 2. Harmonizar; conciliar. 3. Dar forma ou conformação a. 4. Ajustar. *v.t.i.* 5. Ser conforme. *v.p.* 6. Concordar. 7. Condescender. 8. Resignar-se.

con·for·me (ó) *adj.2gên.* 1. Que tem a mesma forma. 2. Nos devidos termos. *adv.* 3. Em conformidade. *prep.* 4. Segundo. *conj.* 5. Como.

con·for·mi·da·de *s.f.* 1. Qualidade do que é conforme. 2. Qualidade da pessoa que se conforma. 3. Relação; analogia.

con·for·mis·mo *s.m.* Sistema dos que se conformam com todas as situações.

con·for·mis·ta *adj.2gên.* e *s.2gên.* 1. Que ou pessoa que se conforma. 2. Adepto do conformismo.

con·for·tar *v.t.d.* 1. Dar forças a; fortificar. 2. Consolar. *v.p.* 3. Buscar conforto, ânimo, consolo.

con·for·tá·vel *adj.2gên.* Que conforta.

con·for·to (ô) *s.m.* 1. Ato ou efeito de confortar. 2. Consolação; alívio; agasalho. *s.m.* 3. Bem-estar material; comodidade.

con·fra·de *s.m.* 1. Membro de confraria. 2. Camarada, colega, companheiro. *Fem.:* confreira.

con·fran·ge·dor *adj.* Que confrange.

con·fran·ger *v.t.d.* 1. Causar confrangimento a. 2. Moer, esmigalhar. 3. Oprimir, afligir. *v.p.* 4. Sentir-se muito mal; angustiar-se.

con·fran·gi·men·to *s.m.* Ato ou efeito de confranger(-se); abatimento.

con·fra·ri·a *s.f.* 1. Irmandade; associação religiosa. 2. *por ext.* Grupo de pessoas da mesma categoria ou profissão.

con·fra·ter·nar *v.t.d.* Confraternizar.

con·fra·ter·ni·za·ção *s.f.* Ato ou efeito de confraternizar.

con·fra·ter·ni·zar *v.t.d.* 1. Ligar como irmãos. *v.t.i.* 2. Conviver fraternalmente. 3. Concordar em ideias e sentimentos.

con·fron·ta·ção *s.f.* 1. Ato ou efeito de confrontar(-se). 2. Cotejo.

con·fron·tar *v.t.d.* 1. Pôr em confronto; enfrentar. 2. *for.* Acarear (testemunhas). 3. Cotejar; comparar. *v.t.d.* e *v.i.* 4. Confinar; ficar frente a frente. *v.p.* 5. Defrontar-se. 6. Pôr-se em disputa.

con·fron·to *s.m.* 1. Ato ou efeito de confrontar(-se). 2. Comparação.

con·fun·dir *v.t.d.* 1. Juntar de modo desordenado; misturar. 2. Tomar (uma coisa) por outra. 3. Envergonhar; humilhar. *v.p.* 4. Perturbar-se.

con·fu·são *s.f.* 1. Ação ou efeito de confundir(-se). 2. Barulho. 3. Humilhação.

con·fu·so *adj.* 1. Desordenado; misturado. 2. Obscuro. 3. Enleado. 4. Envergonhado.

con·fu·ta·ção *s.f.* Ato ou efeito de confutar.

con·fu·tar *v.t.d.* 1. Refutar; demonstrar a inexatidão, a falsidade de. 2. Rebater; impugnar.

con·ga *s.f.* Dança afro-americana que se assemelha à rumba.

con·ga·da *s.f.* Representação popular em que os negros simulam a coroação de um rei do Congo.

con·ge·la·do *adj.* e *s.m.* Que ou o que se congelou.

con·ge·la·dor *adj.* 1. Que se usa para congelar. *s.m.* 2. Aparelho com essa utilidade. 3. Compartimento do refrigerador onde se faz gelo e se congelam alimentos.

con·ge·la·men·to *s.m.* 1. Ato ou efeito de congelar(-se). 2. *Econ.* Fixação de valores, preços, etc.

con·ge·lar *v. t.* 1. Converter em gelo. 2. Tornar frio como o gelo. 3. *Econ.*

con·ge·mi·na·ção *s.f.* 1. Ato ou efeito de congeminar(-se). 2. Formação dupla e simultânea.

con·ge·mi·nar *v.t.d.* 1. Redobrar; multiplicar. 2. Irmanar. *v.i.* e *v.t.i.* 3. Meditar; cismar. *v.p.* 4. Redobrar-se.

Estabelecer congelamento. *v.p.* 4. Converter-se em gelo.

con·gê·ne·re *adj.2gên.* Do mesmo gênero; semelhante; idêntico.

con·gê·ni·to *adj.* 1. Gerado ao mesmo tempo. 2. Que nasce com o indivíduo; inato. 3. *fig.* Apropriado.

con·ges·tão *s.f. Med.* Afluência anormal do sangue aos vasos de um órgão.

con·ges·ti·o·na·do *adj.* 1. Que sofreu congestão. 2. *fig.* Rubro; afogueado. 3. Confuso (trânsito).

con·ges·ti·o·na·men·to *s.m.* 1. Ato ou efeito de congestionar. 2. Grande afluência de veículos que dificulta o trânsito.

con·ges·ti·o·nar *v.t.d.* 1. Produzir congestão em. 2. Tornar congestionado (o trânsito). *v.p.* 3. *fig.* Pôr-se rubro de indignação ou cólera.

con·glo·bar *v.t.d.* 1. Amontoar. 2. Juntar, formando globo. 3. Resumir; concentrar.

con·glo·me·ra·do *adj.* e *s.m.* Que ou o que se conglomerou.

con·glo·me·rar *v.t.d.* 1. Reunir em massa; amontoar. *v.p.* 2. Enovelar-se.

con·go·nha (ô) *s.f. Bot.* Nome dado a várias plantas que substituem o mate²; o próprio mate².

con·gra·ça·men·to *s.m.* 1. Ato ou efeito de congraçar(-se). 2. Reconciliação.

con·gra·çar *v.t.d.* 1. Reconciliar; harmonizar. *v.p.* 2. Reconciliar-se. 3. Fazer as pazes. 4. Adotar.

con·gra·tu·la·ções *s.f.pl.* Palavras com que alguém se congratula com outrem.

con·gra·tu·lar *v.t.d.* 1. Felicitar. *v.p.* 2. Regozijar-se com alguém. 3. Felicitar-se por ter feito ou evitado alguma coisa.

con·gre·ga·ção *s.f.* 1. Ação ou efeito de congregar(-se). 2. Assembleia. 3. Conjunto de religiosos pertencentes à mesma ordem. 4. Associação religiosa regular. 5. Confraria.

con·gre·gar *v.t.d.* 1. Juntar; convocar. *v.p.* 2. Reunir-se em congresso. 3. Existir simultaneamente. 4. Juntar-se.

con·gres·sis·ta *adj.2gên.* 1. Relativo a congresso. *s.2gên.* 2. Pessoa que toma parte num congresso.

con·gres·so (é) *s.m.* Reunião de pessoas para tratarem de assuntos de interesse comum.

con·gru·ên·ci·a *s.f.* Harmonia de uma coisa com o fim a que se propõe; coerência.

con·gru·en·te *adj.2gên.* Em que há congruência; coerente.

co·nha·que *s.m.* 1. Aguardente de vinho fabricada em Cognac (França). 2. Bebida semelhante ao conhaque, fabricada em qualquer país.

co·nhe·cer *v.t.d.* 1. Ter noção de; saber. 2. Ter relações com. 3. Saber quem é. 4. Ter experiência de. 5. Julgar; avaliar. 6. Distinguir.

co·nhe·ci·do *adj.* 1. Que se conheceu. 2. De que há conhecimento. 3. Afamado; célebre. *s.m.* 4. Pessoa com a qual mantemos relações.

co·nhe·ci·men·to *s.m.* 1. Ato ou efeito de conhecer. 2. Ideia; noção. 3. Nota de despacho de mercadorias. *s.m.pl.* 4. Cultura; instrução; cabedal científico.

cô·ni·co *adj.* 1. Que tem aspecto ou forma de cone. 2. Concernente a cone. *V.* **cômico**.

co·ní·fe·ras *s.f.pl. Bot.* Plantas que produzem frutos em forma de cone (como os do pinheiro).

co·ni·for·me *adj.2gên.* Que apresenta forma de cone; cônico.

co·ni·vên·ci:a *s.f.* Qualidade de conivente.

co·ni·ven·te *adj.2gên.* 1. Diz-se da pessoa que finge não ver o mal que outro pratica. 2. Cúmplice.

con·je·tu·ra *s.f.* 1. Suposição; hipótese. 2. Ideia com fundamento incerto. *V.* **conjuntura**.

con·je·tu·rar *v.t.d.* 1. Julgar por conjeturas. 2. Supor; presumir.

con·ju·ga·ção *s.f.* 1. Ação ou efeito de conjugar. 2. Junção; reunião.

con·ju·ga·do *adj.* e *s.m.* 1. Unido. 2. (Apartamento) Composto de sala e quarto reunidos numa só peça.

con·ju·gal *adj.2gên.* Concernente a cônjuges; relativo ao casamento.

con·ju·gar *v.t.d. Gram.* Dizer ou escrever de modo ordenado as flexões de um verbo.

côn·ju·ge *s.m. sobrecomum* Cada um dos casados em relação ao outro.

con·jun·ção *s.f.* 1. União. 2. Oportunidade; conjuntura. 3. *Gram.* Partícula que liga duas orações. 4. *Astron.* Encontro aparente de dois astros no mesmo ponto em relação à Terra.

con·jun·ti·va *s.f. Anat.* Membrana que forra a parte anterior do globo ocular, ligando-a à pálpebra.

con·jun·ti·vi·te *s.f. Med.* Inflamação da conjuntiva.

con·jun·to *adj.* 1. Ligado; anexo. *s.m.* 2. Reunião das partes que constituem um todo.

con·jun·tu·ra *s.f.* 1. Concurso de circunstâncias. 2. Encontro de acontecimentos. 3. Oportunidade; ensejo. 4. Dificuldade. *V.* **conjetura**.

con·ju·ra·ção *s.f.* 1. Ação de conjurar. 2. Conspiração; trama; conjuro.

con·ju·ra·do *adj.* 1. Que se conjurou. *s.m.* 2. O que conjura, que faz conspiração.

con·ju·rar *v.t.d.* 1. Juramentar. 2. Exorcizar. 3. Evitar (um perigo). 4. Intentar por meio de conspiração. *v.t.i.* 5. Entrar em conspiração. *v.p.* 6. Ligar-se por juramento. 7. Queixar-se.

con·ju·ro *s.m.* Palavras de ordem dirigidas às almas do outro mundo ou ao demônio; exorcismo.

con·lui·a·do *adj.* 1. Unido em conluio. 2. Combinado com outrem para mau fim.

con·lui·ar *v.t.d.* 1. Unir em conluio. 2. Tramar. *v.p.* 3. Formar conluio.

con·lui·o *s.m.* Maquinação; trama.

co·nos·co (ô) *pron.* 1. Em nossa companhia. 2. De nós para nós. 3. A nosso respeito; dirigido a nós.

co·no·ta·ção *s.f.* Relação que se verifica entre as coisas que se comparam.

con·quan·to *conj.* Posto que; apesar de que; não obstante.

con·qui·li·o·lo·gi·a *s.f.* Estudo das conchas; concologia.

con·quis·ta *s.f.* 1. Ação ou efeito de conquistar. 2. Aquilo que se conquistou. 3. *fam.* Namoro.

con·quis·ta·dor *adj.* 1. Que conquista. *s.m.* 2. Aquele que conquista; dominador.

con·quis·tar *v.t.d.* 1. Tomar à força de armas. 2. Subjugar; vencer. 3. Alcançar; granjear. 4. *fam.* Obter simpatia de alguém.

con·sa·gra·ção *s.f.* 1. Ação ou efeito de consagrar. 2. *Liturg.* Parte da missa em que o sacerdote consagra a hóstia e o cálice. 3. *fig.* Apoteose; glorificação.

con·sa·grar *v.t.d.* 1. Tornar sagrado; dedicar à divindade. 2. Oferecer em homenagem. 3. Tributar; votar; eleger. *v.p.* 4. Dedicar-se a, dar-se, abnegar-se.

con·san·guí·ne·o (guí ou güí) *adj.* 1. Que é do mesmo sangue. 2. Designativo dos irmãos que são filhos do mesmo pai, mas de mães diferentes (opõe-se a uterino). *s.m.* 3. Parente por consanguinidade.

con·san·gui·ni·da·de (guí ou güí) *s.f.* Parentesco entre os que procedem do mesmo pai, entre homens e animais.

cons·ci·ên·ci·a *s.f.* 1. Faculdade da razão de julgar os próprios atos. 2. Percepção do que se passa em nós. 3. Retidão; justiça. 4. Cuidado com que se faz alguma coisa. 5. Atenção; esmero.

cons·ci·en·ci·o·so (ô) *adj.* 1. Que age com consciência. 2. De natureza ou execução cuidadosa; competente. *Pl.*: conscienciosos (ó).

cons·ci·en·te *adj.2gên.* 1. Que tem consciência da própria existência. 2. Que sabe o que faz. 3. Que é feito com consciência.

cons·ci·en·ti·zar *v.t.d., v.t.d.i.* e *pron.* 1. Tornar(-se) consciente, ciente de alguma coisa. 2. Tornar(-se) politizado.

côns·ci·o *adj.* 1. Intimamente convencido. 2. Que conhece bem o que deve fazer.

cons·cri·ção *s.f.* Alistamento dos indivíduos sujeitos a serviço militar.

con·se·cu·ção *s.f.* Ação ou efeito de conseguir.

con·se·cu·ti·vo *adj.* Que segue outro; imediato.

con·se·guin·te *adj.2gên.* 1. Que vem de outro. 2. Resultante; consequente. *loc. conj.* **Por conseguinte**: portanto.

con·se·guir *v.t.d.* Obter; alcançar.

con·se·lhei·ro *adj.* 1. Que aconselha. *s.m.* 2. Aquele que aconselha; membro de um conselho ou de certos tribunais. 3. Título honorífico do Império.

con·se·lho (ê) *s.m.* 1. Parecer que se emite para que outrem o observe. 2. Corpo deliberativo superior. 3. Corpo consultivo. 4. Reunião ou assembleia de ministros. *V.* **concelho**.

con·sen·so *s.m.* 1. Consentimento. 2. Acordo, unanimidade de opiniões ou ideias.

con·sen·su·al *adj.2gên.* 1. Concernente a consenso. 2. Que depende de consenso.

con·sen·tâ·ne·o *adj.* 1. Conforme a razão. 2. Conveniente; adequado; congruente.

con·sen·ti·men·to *s.m.* 1. Ato ou efeito de consentir. 2. Licença; ordem. 3. Tolerância; aprovação; adesão.

con·sen·tir *v.t.d.* 1. Dar licença; permitir. 2. Sofrer; tolerar. *v.i.* 3. Aprovar. *v.t.i.* 4. Concordar.

con·se·quên·ci·a (qüen) *s.f.* 1. Resultado. 2. Dedução tirada por meio de raciocínio.

con·se·quen·te (qüen) *adj.2gên.* 1. Que segue naturalmente. 2. Que se infere. 3. Que raciocina bem.

con·ser·tar *v.t.d.* Reparar; fazer conserto em. *V.* **concertar**.

con·ser·to (ê) *s.m.* 1. Ato ou efeito de consertar. 2. Reparo; arranjo. *V.* **concerto**.

con·ser·va (é) *s.f.* Substância alimentar conservada por qualquer sistema.

con·ser·va·ção *s.f.* Ato ou efeito de conservar.

con·ser·va·dor *adj.* 1. Que conserva. *s.m.* 2. Aquele que conserva. *adj.* e *s.m.* 3. Diz-se de ou indivíduo que, em política, é contrário a toda espécie de reformas.

con·ser·va·do·ris·mo *s.m.* Sistema dos que pugnam pela conservação do estado atual político ou social.

con·ser·var *v.t.d.* 1. Manter em bom estado, no seu lugar ou no seu estado atual; preservar. 2. Reter (na memória). *v.p.* 3. Resistir à idade.

con·ser·va·ti·vo *adj.* Que tem a propriedade de conservar.

con·ser·va·tó·ri·o *adj.* 1. Que serve para conservar. *s.m.* 2. Estabelecimento que se destina ao ensino das belas-artes.

con·si·de·ra·ção *s.f.* 1. Ação de considerar. 2. Respeito, estima.

con·si·de·ra·ções *s.f.pl.* 1. Reflexões. 2. Exposição fundamentada. 3. Ponderações.

con·si·de·rar *v.t.d.* 1. Examinar atentamente. 2. Ter em consideração. 3. Reputar; julgar. *v.i.* 4. Refletir em alguma coisa. 5. Crer-se; julgar-se.

con·si·de·rá·vel *adj.2gên.* 1. Que merece consideração. 2. Notável; importante.

con·sig·na·ção *s.f.* Ação ou efeito de consignar.

con·sig·nar *v.t.d.* 1. Determinar rendimentos para certa despesa ou extinção de dívida. 2. Enviar mercadorias a alguém para que as negocie. 3. Assinalar; registrar.

con·sig·na·tá·ri·o *s.m.* 1. Credor em favor do qual se consigna rendimento. 2. Indivíduo a quem é dirigida uma consignação.

con·si·go *pron.* 1. Em sua companhia. 2. De si para si. 3. Dirigido a si.

con·sis·tên·ci·a *s.f.* 1. Qualidade do que é consistente. 2. Firmeza; estabilidade.

con·sis·ten·te *adj.2gên.* 1. Que consiste. 2. Que tem certa consistência; sólido.

con·sis·tir *v.t.i.* 1. Resumir-se. 2. Ter por objeto, cifrar-se. 3. Ser constituído; ser formado. 4. Constar.

con·sis·tó·ri·o *s.m.* 1. Assembleia de cardeais, presidida pelo papa. 2. Lugar onde se realiza essa assembleia. 3. Qualquer assembleia em que se tratam assuntos graves.

con·so·a·da *s.f. desus.* 1. Presente de doces ou dinheiro no dia de Natal. 2. Refeição festiva da noite de Natal.

con·so·an·te *adj.2gên.* 1. Que tem consonância. *adj.* e *s.f.* 2. *Gram.* Diz-se de ou fonema que não forma sílaba senão por meio da adjunção de uma vogal. 3. A letra que exprime esse fonema. *s.m.* 4. *Lit.* Palavra que rima com outra. *prep.* 5. Conforme.

con·so·ci·ar *v.t.d.* 1. Unir em sociedade. 2. Tornar sócio. *v.p.* 3. Associar-se; unir-se.

con·só·ci·o *s.m.* Membro de uma sociedade em relação a outros; confrade.

con·so·gro (ô) *s.m.* Pai de um dos cônjuges, em relação ao pai do outro. *Fem.:* consogra (ó).

con·so·la·ção *s.f.* 1. Ação ou efeito de consolar. 2. Consolo; conforto.

con·so·lar *v.t.d.* 1. Aliviar o sofrimento de. 2. Suavizar (pena, dor). *v.p.* 3. Receber consolação.

con·so·li·da·ção *s.f.* Ação ou efeito de consolidar(-se).

con·so·li·dar *v.t.d.* 1. Tornar consistente. 2. Tornar sólido. 3. *Med.* Fazer aderir as partes de osso fraturado. *v.i.* 4. Tomar consistência. *v.p.* 5. Fazer-se sólido. 6. Ratificar (leis).

con·so·lo (ô) *s.m.* Consolação.

con·so·nân·ci·a *s.f.* 1. Conjunto agradável de sons; harmonia. 2. Acordo; conformidade.

con·so·nan·tal *adj.2gên.* Concernente a letras consoantes.

con·sor·ci·ar *v.t.d.* 1. Associar; ligar. 2. Unir em casamento. *v.p.* 3. Unir-se em casamento. 4. Ligar-se; combinar-se.

con·sór·ci·o *s.m.* 1. Combinação; associação. 2. Comunhão de interesses. 3. Casamento.

con·sor·te (ó) *s.2gên.* 1. Companheiro na mesma sorte. 2. Cônjuge.

cons·pí·cu·o *adj.* Distinto; notável; sério; ilustre; respeitável.

cons·pi·ra·ção *s.f.* 1. Ação de conspirar. 2. Maquinação; conluio secreto.

cons·pi·rar *v.t.d.* 1. Maquinar; fazer conluio; tramar. *v.t.i.* 2. Entrar em uma conspiração.

cons·pur·car *v.t.d.* 1. Sujar. 2. Corromper; macular. *v.p.* 3. Corromper-se.

cons·tân·ci·a *s.f.* 1. Qualidade de constante. 2. Persistência; coragem.

cons·tan·te *adj.2gên.* 1. Que tem constância. 2. Inalterável; que não muda. 3. Que consta; que consiste.

cons·tar *v.i.* 1. Passar por certo. *v.t.i.* 2. Chegar ao conhecimento. 3. Estar registrado. 4. Fazer parte.

cons·ta·tar *v.t.d.* 1. Estabelecer a exatidão de. 2. Verificar; averiguar; comprovar.

cons·te·la·ção *s.f.* Grupo de estrelas fixas.

cons·te·la·do *adj.* Estrelado.

cons·te·lar *v.t.d.* 1. Reunir em constelação. 2. *fig.* Ornar de objetos brilhantes.

cons·ter·na·ção *s.f.* 1. Ação ou efeito de consternar(-se). 2. Tristeza angustiosa; abatimento; aflição.

cons·ter·na·do *adj.* Abatido; muito triste; aflito.

cons·ter·nar *v.t.d.* 1. Causar consternação a. *v.p.* 2. Ficar prostrado pela dor. 3. Sentir consternação.

cons·ti·pa·ção *s.f.* 1. Prisão de ventre. 2. Resfriado.

cons·ti·par *v.t.d.* 1. Causar constipação a. *v.p.* 2. Apanhar constipação.

cons·ti·tu·ci·o·nal *adj.2gên.* 1. Designativo do regime político regido por uma constituição. 2. De acordo com a Constituição. 3. Inerente à constituição (do indivíduo).

cons·ti·tu·ci·o·na·lis·mo *s.m.* Sistema ou partido constitucional.

cons·ti·tu·ci·o·na·lis·ta *adj.2gên.* 1. Concernente ao constitucionalismo. 2. Designativo da pessoa partidária do constitucionalismo. *s.2gên.* 3. Pessoa constitucionalista.

cons·ti·tu·ci·o·na·li·zar *v.t.d.* Tornar constitucional.

cons·ti·tu·i·ção *s.f.* 1. Ação ou efeito de constituir, de firmar, de estabelecer. 2. Organização. 3. Compleição física;

cons·ti·tu·in·te *adj.2gên.* 1. Que constitui; que faz parte de um organismo. *s.2gên.* 2. Pessoa que faz de outro seu representante. 3. Pessoa que faz parte de uma assembleia constituinte.

cons·ti·tu·ir *v.t.d.* 1. Ser a base. 2. Dar procuração a. *v.p.* 3. Atribuir-se a qualidade de. 4. Organizar-se.

cons·ti·tu·ti·vo *adj.* 1. Que constitui. 2. Essencial; característico.

cons·tran·ge·dor *adj.* Que constrange.

cons·tran·ger *v.t.d.* 1. Tolher os movimentos de. 2. Violentar; coagir; compelir; forçar.

cons·tran·gi·men·to *s.m.* 1. Ato ou efeito de constranger. 2. Acanhamento. 3. Violência.

cons·tri·ção *s.f.* 1. Pressão circular que faz diminuir o diâmetro de alguma coisa. 2. Aperto. 3. Ato ou efeito de constringir(-se).

cons·trin·gen·te *adj.2gên.* Que constringe.

cons·trin·gir *v.t.d.* 1. Apertar em volta para fazer diminuir o diâmetro. *v.p.* 2. Apertar(-se).

cons·tri·tor *adj.* e *s.m.* Que ou o que constringe.

cons·tru·ção *s.f.* 1. Ação ou efeito de construir. 2. Edificação. 3. Organismo; estrutura.

cons·tru·ir *v.t.d.* 1. Reunir e dispor metodicamente as partes de (um todo). 2. Edificar; arquitetar. 3. Formar; organizar.

cons·tru·ti·vo *adj.* Que serve para construir.

cons·tru·tor *adj.* e *s.m.* Que ou aquele que constrói.

con·subs·tan·ci·a·ção *s.f. Teol.* 1. Presença de Cristo na Eucaristia. 2. *fig.* Identificação.

con·subs·tan·ci·al *adj.2gên.* Que tem uma só substância.

con·subs·tan·ci·ar *v.t.d.* 1. Unir numa única substância. *v.p.* 2. Identificar-se.

con·su·e·tu·di·ná·ri·o *adj.* 1. Habitual. 2. Que se baseia nos costumes.

côn·sul *s.m.* 1. Agente oficial de uma nação, em território estrangeiro. 2. *ant.* Cada um dos primeiros magistrados da Roma Antiga. *Fem.:* consulesa.

con·su·la·do *s.m.* 1. Dignidade de cônsul. 2. Lugar onde o cônsul exerce as suas funções.

con·su·lar *adj.2gên.* Concernente a cônsul.

con·su·len·te *adj.2gên.* e *s.2gên.* Que ou pessoa que consulta.

con·sul·ta *s.f.* 1. Ato ou efeito de consultar(-se). 2. Parecer, conselho, projeto, reflexão. 3. Conferência para deliberação. 4. *Inform.* Procedimento para obtenção de informação armazenada em banco de dados, que consiste numa seleção de dados que atendem a determinados critérios definidos pelo usuário; busca (3).

con·sul·tar *v.t.d.* 1. Pedir parecer a. 2. Procurar esclarecimentos em. 3. Examinar. *v.i.* 4. Dar parecer. *v.p.* 5. Refletir.

con·sul·ti·vo *adj.* 1. Concernente a consulta. 2. Que envolve conselho.

con·sul·tor *s.m.* 1. Aquele a quem se consulta. 2. O que dá consulta ou parecer.

con·sul·tó·ri·o *s.m.* Local, casa onde se dão consultas.

con·su·ma·ção *s.f.* 1. Ato ou efeito de consumar (-se). 2. Despesa com bebidas, chás, etc., em certos clubes e casas de diversões.

con·su·ma·do *adj.* 1. Acabado, completo. 2. Perfeito.

con·su·mar *v.t.d.* 1. Completar; aperfeiçoar; realizar. *v.p.* 2. Concluir-se; aperfeiçoar-se. *V.* ***consumar***.

con·su·mi·ção *s.f.* 1. Ação ou efeito de consumir (-se). 2. Tormento; inquietação; apreensão; mortificação.

con·su·mi·dor *adj.* e *s.m.* Que ou o que consome.

con·su·mir *v.t.d.* 1. Fazer desaparecer pelo uso. 2. Gastar. 3. Comer; beber. 4. *fig.* Mortificar; afligir. *v.p.* 5. Gastar-se. 6. *fig.* Afligir-se. *V.* ***consumar***.

con·su·mis·mo *s.m.* Hábito de comprar bens além do necessário.

con·su·mo *s.m.* Ato ou efeito de consumir.

con·sun·ção *s.f.* 1. Ato ou efeito de consumir(-se). 2. *Med.* Definhamento progressivo do organismo humano.

con·ta *s.f.* 1. Ação ou efeito de contar. 2. Cálculo. 3. Importância de uma despesa. 4. Estado de débitos e créditos. 5. Estima; apreço. 6. Suposição.

con·tá·bil *adj.2gên.* Concernente à arte da contabilidade.

con·ta·bi·li·da·de *s.f.* Arte de escriturar livros comerciais.

con·ta·bi·lis·ta *s.2gên.* Pessoa perita ou versada em contabilidade.

con·ta·dor *adj.* e *s.m.* 1. Que ou o que conta. *s.m.* 2. Verificador de contas. 3. Aparelho para contagem de água, de gás ou de eletricidade.

con·ta·do·ri·a *s.f.* Repartição onde se verificam contas.

con·ta·gem *s.f.* Ação, efeito, modo ou operação de contar.

con·ta·gi·ar *v.t.d.* 1. Comunicar contágio a. 2. Corromper; viciar. 3. Pegar; comunicar-se a.

con·tá·gi·o *s.m.* 1. Transmissão de enfermidade que se comunica pelo contato com o indivíduo doente. 2. *por ext.* Transmissão de males.

con·ta·gi·o·so (ô) *adj.* Que se comunica por contágio. *Pl.:* contagiosos (ó).

con·ta·go·tas (ô) *s.m.2núm.* Tubo pequeno de vidro ou plástico que tem em uma das extremidades uma espécie de tampa flexível que se pressiona para aspirar um líquido e, em seguida, pingá-lo gota a gota.

con·ta·mi·na·ção *s.f.* 1. Ação ou efeito de contaminar. 2. *fig.* Mancha; impureza.

con·ta·mi·nar *v.t.d.* 1. Contagiar. 2. *fig.* Sujar, manchar por contato vil.

con·tan·to *adv.* Sob dada condição. *loc. conj.* **Contanto que**: 1. Se. 2. Uma vez que. 3. Desde que. 4. Dado que.

con·tar *v.t.d.* 1. Determinar o número de. 2. Calcular. 3. Levar em conta. 4. Ter (dias, meses, anos) de idade. 5. Tencionar; esperar. 6. Relatar; narrar. 7. Confiar em. 8. Propor-se a. 9. Ter na conta de. *v.i.* 10. Fazer contas. *v.p.* 11. Considerar-se; ter-se na conta de.

con·tas *s.f.pl.* Rosário.

con·ta·tar *v.t.i.* e *v.i.* Entrar em contato.

con·ta·to *s.m.* 1. Estado de corpos que se tocam. 2. Proximidade. 3. Ligação; relação.

con·têi·ner *s.m.* Caixa de grandes dimensões, geralmente de metal, utilizada para guardar e despachar cargas, cujo tamanho padronizado facilita o transporte, o embarque e o desembarque em aviões, navios, trens, caminhões, etc.

con·tem·pla·ção *s.f.* 1. Ação de contemplar; meditação. 2. *fig.* Deferência; atenção. 3. Estado místico da alma.

con·tem·plar *v.t.d.* 1. Olhar embevecidamente. 2. Considerar com amor, com admiração. 3. Dar; doar.

con·tem·pla·ti·vo *adj.* 1. Concernente a contemplação. 2. Que provoca contemplação. 3. Que se dá à contemplação; meditativo. *s.m.* 4. Indivíduo que é dado à contemplação.

con·tem·po·râ·ne·o *adj.* 1. Que é do mesmo tempo; da mesma época. *s.m.* 2. Indivíduo do nosso tempo.

con·tem·po·ri·za·ção *s.f.* Ação de contemporizar; transigência.

con·tem·po·ri·zar *v.i.* 1. Acomodar-se às circunstâncias. *v.t.i.* 2. Transigir; condescender. *v.t.d.* 3. Entreter. 4. Dar tempo a.

con·ten·ção *s.f.* Ação de conter(-se). *V.* **contensão**.

con·ten·ci·o·so (ô) *adj.* 1. Em que há contenção. 2. Duvidoso. *s.m.* 3. Repartição ou seção em que se tratam questões não resolvidas. *Pl.:* contenciosos (ó).

con·ten·da *s.f.* 1. Briga; questão. 2. Esforço.

con·ten·der *v.i.* e *v.t.i.* Ter contenda; lutar.

con·ten·dor *s.m.* Adversário.

con·ten·são *s.f.* 1. Grande aplicação intelectual. 2. Grande esforço para remover uma dificuldade. *V.* **contenção**.

con·ten·ta·men·to *s.m.* 1. Ato ou efeito de contentar(-se). 2. Alegria; júbilo.

con·ten·tar *v.t.d.* 1. Dar contentamento a. 2. Tornar satisfeito, alegre, jubiloso. *v.p.* 3. Ficar contente; satisfazer-se.

con·ten·te *adj.2gên.* Satisfeito; alegre; jubiloso; prazenteiro.

con·ter *v.t.d.* 1. Ter em si ou dentro de si. 2. Reter unido. 3. Moderar. *v.p.* 4. Dominar-se; coibir-se. 5. Estar incluído.

con·ter·râ·ne·o *adj.* e *s.m.* Da mesma terra.

con·tes·ta·ção *s.f.* 1. Ação de contestar. 2. Contradição. 3. Resposta a libelo. 4. Debate.

con·tes·tar *v.t.d.* 1. Provar com o testemunho de outrem. 2. Contender. 3. Negar; contrariar. *v.i.* 4. Opor-se; discutir.

con·tes·te (é) *adj.2gên.* 1. Que presta depoimento em concordância ao de outra pessoa. 2. Que confirma outra afirmação.

con·te·ú·do *s.m.* Aquilo que se contém em alguma coisa.

con·tex·to (ê, s) *s.m.* 1. Encadeamento das ideias em um escrito. 2. Assunto. 3. Conjunto das circunstâncias em que ocorre um fato. 4. Contextura.

con·tex·tu·ra (ê, s) *s.f.* 1. Encadeamento; ligação entre as diferentes partes de um todo. 2. Contexto.

con·ti·do *adj.* 1. Compreendido; encerrado. 2. Coibido; reprimido.

con·ti·go *pron.* 1. Em companhia da pessoa a quem se fala. 2. De ti para ti.

con·ti·gui·da·de (gui ou güi) *s.f.* 1. Qualidade de contíguo. 2. Vizinhança; proximidade; adjacência.

con·tí·guo *adj.* Que está em contato; junto; próximo.

con·ti·nên·ci·a *s.f.* 1. Privação de prazeres. 2. Moderação. 3. Castidade. 4. Saudação entre militares.

con·ti·nen·tal *adj.2gên.* Relativo ou pertencente a continente.

con·ti·nen·te *adj.2gên.* 1. Que encerra alguma coisa. 2. Que observa continência; sóbrio; moderado. *s.m.* 3. *Geog.* Grande extensão de terra contínua, que se percorre sem atravessar o mar. 4. Aquilo que contém alguma coisa; vaso.

con·tin·gên·ci·a *s.f.* 1. Qualidade de contingente. 2. Possibilidade de um fato acontecer ou não. 3. Acaso.

con·tin·gen·te *adj.2gên.* 1. Possível, mas incerto. 2. Eventual.

con·ti·nu·a·ção *s.f.* Ação de continuar; prosseguimento.

con·ti·nu·ar *v.t.d.* 1. Levar por diante; prosseguir. *v.l.* 2. Permanecer. *v.i.* 3. Durar; perdurar. *v.t.i.* 4. Prosseguir.

con·ti·nu·i·da·de *s.f.* Qualidade ou condição daquilo que é contínuo. 2. Continuação ou persistência de algo. 3. Manutenção da lógica das sequências de filme, novela, etc.

con·ti·nu·ís·mo *s.m.* 1. Conjunto de medidas ou ações para garantir a permanência de uma mesma pessoa ou mesmo grupo no poder. 2. *por ext.* Continuação, prosseguimento, de uma determinada situação.

con·ti·nu·ís·ta *adj.2gên..* 1. Que defende o continuísmo. *s.2gên.* 2. Pessoa que tem essa posição ou atitude. 3. Profissional responsável pela continuidade(3) das sequências de filme, novela, etc.

con·tí·nu:o *adj.* 1. Que não cessa. 2. Que não tem separadas umas das outras as partes de que se compõe. 3. Em que não há interrupção. *s.m.* 4. Empregado encarregado de levar e trazer papéis, transmitir recados e fazer outros pequenos serviços.

con·tis·ta *s.2gên.* Autor ou autora de contos.

con·to *s.m.* 1. Narração falada ou escrita de fatos imaginários ou reais; historieta; fábula. 2. *por ext.* Peta; invenção; puerilidade.

con·to do vi·gá·ri:o *s.m.* Embuste para apanhar dinheiro, em que o vigarista procura aproveitar da boa-fé da vítima. *Pl.:* contos do vigário.

con·tor·ção *s.f.* 1. Ação de contorcer-se. 2. Torção violenta dos músculos. 3. Contração; trejeito.

con·tor·cer *v.t.d.* 1. Torcer muito; dobrar. *v.p.* 2. Torcer-se com dores. 3. Ter contorções.

con·tor·ci·o·nis·ta *s.2gên.* Indivíduo que faz contorções.

con·tor·nar *v.t.d.* 1. Fazer, traçar o contorno de. 2. Dar volta a. 3. Estender-se em roda de.

con·tor·no (ô) *s.m.* 1. Redor; circuito; periferia. 2. Linha ou superfície que limita exteriormente um corpo. 3. As formas de um corpo.

con·tos *s.m.pl.* Intrigas, embustes.

con·tra *prep.* 1. Em oposição a. 2. Em contradição com. 3. Em direção oposta à de. 4. Em frente de. 5. Encostado a. *s.m.* 6. Obstáculo. 7. Objeção. *adv.* 8. Contrariamente.

con·tra-a·ta·car *v.t.d.* e *v.i.* 1. Atacar depois de ser atacado. 2. Reagir a alguém com palavras ou atitudes; contestar.

con·tra·bai·xo (ch) *s.m. Mús.* 1. Voz mais grave que a do baixo. 2. Cantor que tem essa voz. 3. O maior e o mais grave dos instrumentos de arco; rabecão grande.

con·tra·ba·lan·çar *v.t.d.* Equilibrar; igualar em peso; compensar.

con·tra·ban·de·ar *v.t.d.* 1. Negociar de contrabando; introduzir clandestinamente, de contrabando. *v.i.* 2. Fazer contrabando.

con·tra·ban·dis·ta *s.2gên.* Pessoa que faz contrabando.

con·tra·ban·do *s.m.* Introdução clandestina de mercadorias estrangeiras, sem pagar os direitos devidos.

con·tra·ção *s.f.* 1. Ação ou efeito de contrair(-se). *Gram.* 2. Fusão de duas vogais idênticas; crase: à, àquilo, etc. 3. União de uma preposição com outra palavra: do (de + o), nisso (em + isso), etc.

con·tra·ce·nar *v.t.i.* 1. Representar uma cena com outro ator ou atriz, em filme, novela, peça de teatro, etc. *v.i.* 2. Atuar em cena secundária à cena principal.

con·tra·cep·ção *s.f. Med.* O mesmo que anticoncepção.

con·tra·cep·ti·vo *adj.* 1. Relativo à contracepção. *s.m.* 2. O mesmo que anticoncepcional.

con·tra·che·que (é) *s.m.* Documento em que se especifica a remuneração do funcionário e com o qual ele fica autorizado a recebê-la; holerite.

con·tra·dan·ça *s.f.* 1. Dança figurada de quatro ou mais pares que se defrontam uns com os outros; quadrilha. 2. Música dessa dança.

con·tra·di·ção *s.f.* 1. Falta de coerência entre afirmações, palavras e ações. 2. Afirmação contrária ao que se disse.

con·tra·di·ta *s.f.* 1. Declaração que se faz para contestar ou contradizer uma outra; contestação. 2. *Jur.* Declaração feita com esse propósito em uma ação judicial.

con·tra·di·tar *v.t.d.* 1. Desmentir (alguém), contradizer. 2. Colocar em dúvida; questionar. *v.t.d.* e *v.i.* 3. *Jur.* Apresentar contradita.

con·tra·di·tó·ri·o *adj.* Que encerra contradição.

con·tra·di·zer *v.t.d.* 1. Dizer o contrário de. 2. Contestar; impugnar. *v.i.* 3. Alegar o contrário. 4. Fazer oposição.★

con·tra·en·te *adj.2gên.* e *s.2gên.* Que ou pessoa que contrai uma obrigação.

con·tra·fa·ção *s.f.* 1. Falsificação de produtos. 2. Imitação fraudulenta. 3. Adulteração. 4. Fingimento; dissimulação.

con·tra·fa·zer *v.t.d.* 1. Reproduzir imitando. 2. Imitar falsificando. *v.p.* 3. Disfarçar-se. 4. Reprimir-se; violentar-se.★

con·tra·fé *s.f.* Cópia autêntica de citação ou intimação judicial, que é entregue para a pessoa que foi citada ou intimada pelo oficial de justiça.

con·tra·fei·to *adj.* Constrangido; contrariado.

con·tra·for·te (ó) *s.m.* 1. Forro empregado para reforçar a peça que cobre. 2. *Geog.* Cadeia secundária de montanhas que parece servir de apoio à cadeia principal.

con·tra·gol·pe (ó) *s.m.* Golpe em oposição a outro.

con·tra·gos·to (ô) *s.m.* 1. Falta de vontade. 2. Antipatia.

con·tra·in·di·ca·ção *s.f.* 1. Ação ou resultado de contraindicar. 2. Indicação que é contrária a outra ou a anula. 3. *Med., Odont.* Condição do paciente que impeça ou não recomende tratamento, cirurgia, medicamento, etc.

con·tra·in·di·car *v.t.d.* e *i.* 1. Ser contrário a; não recomendar.

con·tra·ir *v.t.d.* 1. Tornar apertado. 2. Fazer contração de; encolher. 3. Contratar. 4. Adquirir. *v.p.* 5. Encolher-se; apertar-se.

con·tral·to *s.m. Mús.* 1. A voz mais grave da mulher. 2. Pessoa que tem essa voz.

con·tra·mão *s.f.* 1. Direção oposta à mão. *adj.2gên.* e *2núm.* 2. Cuja direção é oposta à mão.

con·tra·mes·tre *s.m.* O imediato do mestre em fábricas, navios, etc.

con·tra·o·fen·si·va *s.f.* 1. Estratégia ou conjunto de operações militares para atacar o inimigo depois de ter ficado em uma posição de defesa. 2. *por ext.* Iniciativa ofensiva, de ataque, em resposta à ação semelhante do adversário.

con·tra·or·dem *s.f.* Ordem que cancela ou é contrária a uma outra.

con·tra·pa·ren·te *s.2gên.* 1. Parente distante, sem parentesco direto, que é parente de parentes. 2. Parente cujo vínculo se dá por casamento, como genros, sogros, cunhados, etc.

con·tra·par·te *s.f.* 1. Algo que complementa, com características diferentes ou opostas; complemento. 2. *Mús.* Parte de uma composição musical que faz contraponto à principal.

con·tra·pe·sar *v.t.d.* 1. Equilibrar por meio de contrapeso. 2. Compensar; apreciar.

con·tra·pe·so (ê) *s.m.* 1. Peso adicional que serve para contrabalançar outros. 2. *fig.* Compensação.

con·tra·pon·to *s.m. Mús.* 1. Arte de compor música para ser executada por vários instrumentos ou vozes. 2. A música assim composta. 3. Harmonia de vozes ou instrumentos.

con·tra·por *v.t.d.* 1. Pôr defronte. 2. Pôr contra, em frente a. 3. Opor; comparar. *v.p.* 4. Opor-se.

con·tra·po·si·ção *s.f.* Ação ou efeito de contrapor(-se).

con·tra·pro·du·cen·te *adj.2gên.* 1. Que prova o contrário do que se pretendia. 2. Que dá maus resultados.

con·tra·pro·pa·gan·da *s.f.* Propaganda feita com o objetivo de combater outra, a fim de anular seus efeitos.

con·tra·pro·pos·ta (ó) *s.f.* Proposta apresentada como alternativa ou em substituição a uma outra.

con·tra·pro·va *s.f.* 1. *Jur.* Recusa ou impugnação jurídica dos argumentos levantados contra o réu. 2. *Tip.* Prova tipográfica com as alterações pedidas em uma prova anterior. 3. Experiência feita para comprovar ou não uma experiência anterior.

con·tra·ri·ar *v.t.d.* 1. Fazer oposição a. 2. Querer, dizer ou fazer o contrário de. 3. Desagradar. 4. Refutar; impugnar. *v.p.* 5. Contradizer-se.

con·tra·ri·e·da·de *s.f.* 1. Oposição entre coisas. 2. Dificuldade. 3. Contratempo; desgosto.

con·trá·ri·o *adj.* 1. Oposto. 2. Que está em desacordo. 3. Desfavorável. *s.m.* 4. Adversário. 5. Coisa oposta. 6. Brincadeira infantil em que os participantes devem fazer o oposto do recomendado por um participante predeterminado.

con·trar·re·gra (é) *s.2gên.* Empregado, nos teatros e estações de televisão, encarregado dos cenários e objetos de cena, da indicação de entrada e saída dos atores, etc.

con·trar·re·vo·lu·ção *s.f.* Movimento político ou revolução para combater ou anular os efeitos de uma outra e restaurar a situação anterior.

con·tras·sen·so *s.m.* Absurdo; disparate; dito ou ato oposto ao bom senso.

con·tras·tar *v.t.d.* 1. Opor-se, arrostar, desafiar, lutar contra. 2. Avaliar; conhecer os quilates de. *v.t.i.* 3. Estar em oposição; lutar.

con·tras·te *s.m.* 1. Oposição entre coisas ou pessoas. 2. Diferenças de tons ou de luz. 3. Avaliador do toque dos metais preciosos e do valor das joias.

con·tra·tar *v.t.d.* 1. Ajustar; combinar; fazer contrato de. 2. Adquirir por contrato. 3. Assalariar. *v.i.* 4. Negociar. *v.p.* 5. Assalariar-se.

con·tra·tem·po *s.m.* 1. Incidente. 2. Contrariedade; dificuldade.

con·trá·til *adj.2gên.* Suscetível de contrair-se.

con·tra·to *s.m.* 1. Acordo ou convenção para a execução de algo sob determinadas condições. 2. O documento em que se firma esse acordo. 3. Convenção. 4. Ato ou efeito de contratar.

con·tra·tor·pe·dei·ro *s.m.* Navio de guerra rápido e veloz, equipado com diversos armamentos, usado para defender navios maiores da esquadra; destróier.

con·tra·tu·al *adj.2gên.* 1. Concernente a contrato. 2. Que consta de contrato ou que tem as formalidades de contrato.

con·tra·tu·ra *s.f.* Ação ou efeito de contrair(-se).

con·tra·ven·ção *s.f.* Infração; transgressão de regras, leis, disposições estabelecidas.

con·tra·ve·ne·no *s.m. Farm., Med.* Substância que combate a ação de um veneno; antídoto.

con·tra·ven·tor *adj.* e *s.m.* Que ou o que incorre em contravenção; transgressor.

con·tra·vir *v.t.i.* 1. Transgredir; infringir lei, regra, disposição, regulamento. *v.t.d.* 2. Retorquir; responder.★

con·tri·bu·i·ção *s.f.* 1. Ação de contribuir. 2. Tributo; imposto. 3. Subsídio moral, científico ou literário para determinado fim.

con·tri·bu·in·te *adj.2gên.* e *s.2gên.* Que ou pessoa que contribui.

con·tri·bu·ir *v.t.i.* 1. Concorrer para a realização de um fim. 2. Tomar parte num resultado ou numa despesa comum. 3. Cooperar. 4. Pagar contribuição.

con·tri·ção *s.f.* 1. Dor profunda de ter cometido pecado, de ter ofendido a Deus; arrependimento. 2. *por ext.* Pena; compunção.

con·tri·to *adj.* Que tem ou revela contrição; arrependido.

con·tro·lar *v.t.d.* Exercer o controle de.

con·tro·le (ô) *s.m.* 1. Verificação administrativa. 2. Superintendência. 3. Fiscalização financeira. 4. O fato de ter sob seu domínio e fiscalização.

con·tro·vér·si·a *s.f.* Disputa intelectual; contestação; polêmica.

con·tro·ver·so *adj.* Posto em dúvida; impugnado.

con·tro·ver·ter *v.t.d.* Fazer objeções acerca de; pôr em dúvida; discutir.

con·tu·do *conj.* Mas; todavia.

con·tu·má·ci·a *s.f.* 1. Teimosia; obstinação. 2. *Jur.* Recusa a comparecer em juízo.

con·tu·maz *adj.2gên.* e *s.2gên.* Que ou pessoa que tem contumácia.

con·tun·den·te *adj.2gên.* 1. Que produz contusão. 2. Incisivo, decisivo.

con·tun·dir *v.t.d.* 1. Fazer contusão em. 2. *fig.* Ofender; magoar.

con·tur·ba·ção *s.f.* 1. Ação ou efeito de conturbar. 2. Perturbação de ânimo. 3. Alvoroço; motim.

con·tur·bar *v.t.d.* 1. Perturbar. 2. Alvoroçar; amotinar. *v.p.* 3. Perturbar-se.

con·tu·são *s.f.* 1. Efeito de contundir. 2. Lesão feita por arma contundente ou por pancada num corpo duro; pisadura.

co·nú·bi·o *s.m. desus.* Casamento; união; matrimônio.

con·va·les·cen·ça *s.f.* 1. Ação de convalescer. 2. Estado de transição entre uma doença e o restabelecimento da saúde.

con·va·les·cen·te *adj.2gên.* e *s.2gên.* Que ou pessoa que convalesce.

con·va·les·cer *v.t.d.* 1. Fortalecer. *v.i.* 2. Entrar em convalescença. *v.t.i.* 3. Ir-se restabelecendo.

con·ven·ção *s.f.* 1. Ajuste entre partes interessadas. 2. Pacto entre partidos políticos. 3. Costume admitido nas relações sociais. 4. Reunião de pessoas para tratar de assuntos comuns a elas.

con·ven·cer *v.t.d.* 1. Persuadir de determinada coisa. 2. Levar (alguém) a reconhecer-se culpado (de alguma coisa). *v.p.* 3. Adquirir certeza; ficar convencido.

con·ven·ci·do *adj.* 1. Persuadido; certificado. 2. *pop.* Presunçoso.

con·ven·ci·men·to *s.m.* 1. Ato ou efeito de convencer-se. 2. *pop.* Falta de modéstia.

con·ven·ci·o·na·do *adj.* Que se ajustou por convenção.

con·ven·ci·o·nal *adj.2gên.* 1. Concernente à convenção. 2. Que resulta de convenção. *s.2gên.* 3. Membro de uma convenção.

con·ven·ci·o·na·lis·mo *s.m.* 1. Apego às convenções. 2. Caráter daquilo que é convencional.

con·ven·ci·o·nar *v.t.d.* 1. Estabelecer por convenção. 2. Ajustar. *v.p.* 3. Combinar-se; concordar.

con·ve·ni·ên·ci·a *s.f.* 1. Qualidade do que é conveniente. 2. Vantagem; interesse.

con·ve·ni·ên·ci·as *s.f.pl.* Usos estabelecidos.

con·ve·ni·en·te *adj.2gên.* 1. Que convém. 2. Útil; proveitoso; vantajoso; decente.

con·vê·ni·o *s.m.* 1. Convenção. 2. Pacto internacional.

con·ven·tí·cu·lo *s.m.* Reunião clandestina de conspiradores; conluio.

con·ven·to (ê) *s.m.* 1. Casa de comunidade religiosa. 2. Essa comunidade. 3. Os religiosos de um convento. 4. *fig.* Casa em que vivem pessoas em recolhimento. 5. Casa muito grande.

con·ver·gên·ci·a *s.f.* 1. Ação de convergir. 2. Disposição de linhas, raios luminosos ou elétricos que se dirigem para o mesmo ponto. 3. *por ext.* Tendência de várias coisas se fixarem num ponto ou se identificarem.

con·ver·gen·te *adj.2gên.* Que converge.

con·ver·gir *v.t.i.* Tender para o mesmo ponto, ou para um mesmo fim. ★

con·ver·sa (é) *s.f.* 1. Conversação. 2. *pop.* Palavreado. 3. Ajuste de contas;

conversação

entendimento. *interj.* 4. Bobagem!, Tolice! **Conversa fiada**: proposta de quem não pretende cumprir o que diz.

con·ver·sa·ção *s.f.* 1. Ação de conversar. 2. *fig.* Convivência; familiaridade.

con·ver·sa·dor *adj.* e *s.m.* Que ou aquele que gosta de conversar.

con·ver·são *s.f.* 1. Ação ou efeito de converter. 2. O ato de passar o indivíduo para uma religião que julga ser a verdadeira.

con·ver·sar *v.i.* 1. Falar com alguém; palestrar. 2. Conviver. *v.t.d.* 3. Tratar intimamente, com amizade, com familiaridade.

con·ver·sí·vel *adj.2gên.* 1. Que se pode converter. 2. Designativo do automóvel cuja capota é móvel.

con·ver·so (é) *adj.* 1. Convertido. *s.m.* 2. Leigo de ordem religiosa.

con·ver·sor *adj.* 1. Que converte ou causa conversão. *s.m.* 2. *Eletr.* Aparelho que converte corrente contínua em alternada e vice-versa. 3. *Eletrôn.* Dispositivo que converte a frequência de um sinal em outra, para adequá-la a um determinado receptor.

con·ver·ter *v.t.d.* 1. Trazer a melhor vida. 2. Conduzir à religião que se julga como verdadeira. 3. *Inform.* Modificar um arquivo, dando-lhe outro formato ou alterando sua versão, sem alterar seu conteúdo. *v.p.* 4. Mudar-se; transformar-se. 5. Abraçar (uma religião, uma crença, um partido).

con·ver·ti·do *adj.* Que ou o que se converteu; converso.

con·vés *s.m. Náut.* Espaço entre o mastro grande e o da proa, na coberta superior do navio, acima dos porões.

convocar

con·ves·co·te (ó) *s.m.* Piquenique.

con·ve·xi·da·de (cs) *s.f.* Qualidade de convexo (opõe-se a concavidade).

con·ve·xo (é, cs) *adj.* Que tem saliência curva; arredondado exteriormente; bojudo (opõe-se a côncavo). *V.* **côncavo**.

con·vic·ção *s.f.* 1. Certeza de um fato do qual apenas temos provas morais. 2. Certeza adquirida por demonstração.

con·vic·to *adj.* 1. Convencido. 2. Designativo do réu cujo crime se provou.

con·vi·dar *v.t.d.* 1. Convocar (para algum ato). 2. Instar; solicitar. *v.t.i.* 3. Provocar; atrair. *v.p.* 4. Dar-se por convidado.

con·vi·da·ti·vo *adj.* Que convida; que atrai.

con·vin·cen·te *adj.2gên.* Que convence.

con·vir *v.t.d.* 1. Admitir; concordar. *v.t.i.* 2. Concordar; ser conveniente, útil. 3. Ficar bem; coincidir. *v.i.* 4. Ser conveniente. ★

con·vi·te *s.m.* 1. Pedido para comparecer a determinado ato. 2. Ato de convidar.

con·vi·va *s.2gên.* Pessoa que toma parte num banquete; comensal.

con·vi·vên·ci:a *s.f.* 1. Ação ou efeito de conviver. 2. Frequência de trato íntimo e mútuo. 3. Trato diário.

con·vi·ver *v.t.i.* Viver em comum; ter convivência.

con·ví·vi:o *s.m.* 1. Convivência; camaradagem. 2. Boas relações entre os convidados. 3. Banquete.

con·vo·ca·ção *s.f.* Ação de convocar; convite.

con·vo·car *v.t.d.* 1. Chamar ou convidar para que se efetue uma reunião em ponto e com fim determinado. 2. Mandar reunir.

con·vos·co (ô) *pron.* 1. Em vossa companhia. 2. De vós para vós.

con·vul·são *s.f.* 1. *Med.* Movimento violento e involuntário de alguns músculos ou do tronco. 2. Cataclismo. 3. Grande agitação ou transformação. 4. Revolução.

con·vul·si·o·nar *v.t.d.* Pôr em convulsão; agitar; revolucionar.

co·o·nes·ta·ção *s.f.* Ato ou efeito de coonestar.

co·o·nes·tar *v.t.d.* 1. Dar aparência de honesto ou de conformidade com a honra (o que não o é). 2. Reabilitar.

co·o·pe·ra·ção *s.f.* Ato ou efeito de cooperar.

co·o·pe·rar *v.t.i.* 1. Operar simultânea ou coletivamente. 2. Trabalhar em comum; colaborar.

co·o·pe·ra·ti·va *s.f.* Empresa organizada e dirigida por membros de determinado grupo social ou econômico para realizar, em benefício próprio, uma atividade.

co·o·pe·ra·ti·vis·mo *s.m.* Princípio ou prática da difusão de cooperativas no sistema econômico.

co·o·pe·ra·ti·vis·ta *adj.2gên.* e *s.2gên.* Que ou pessoa que preconiza o cooperativismo.

co·o·pe·ra·ti·vo *adj.* Que coopera.

co·op·tar *v.t.d.* Admitir, numa sociedade ou corporação, com dispensa das condições ou formalidades ordinariamente exigidas.

co·or·de·na·ção *s.f.* Ação ou efeito de coordenar.

co·or·de·na·da *s.f.* 1. *Geom.* Referência que possibilita a localização de um ponto no plano ou no espaço. 2. Instrução, conselho ou orientação sobre algo; diretriz(1) (mais *us.* no *pl.*). 3. *Gram.* Oração de um período composto que se liga à outra de mesma natureza, com ou sem conectivo.

co·or·de·na·dor *adj.* e *s.m.* Que ou aquele que coordena.

co·or·de·nar *v.t.d.* 1. Reunir ou dispor com certa ordem e método. 2. Arranjar; organizar. 3. Ligar ou juntar por coordenação.

co·or·te (ô) *s.f.* 1. Porção de gente armada. 2. Grupo, multidão (partidária de alguém). 3. *ant.* Décima parte de uma legião romana.

co·pa (ó) *s.f.* 1. *Bot.* Parte superior das árvores formada pela extremidade dos ramos. 2. Taça. 3. Campeonato em que se ganha uma taça. 4. Compartimento de uma casa, onde se dispõe o serviço de mesa.

co·pa·do *adj.* De grande copa; enfunado; convexo.

co·pa·í·ba *s.f. Bot.* Nome dado a diversas árvores da família das leguminosas que fornecem óleo com fins medicinais e madeira de tonalidade avermelhada para marcenaria.

co·pá·zi:o *s.m.* Copo grande.

co·pei·ra *s.f.* 1. Lugar onde se guardam louças de mesa. 2. Mulher que serve à mesa.

co·pei·ro *s.m.* 1. O que trabalha na copa, trata das louças e serve à mesa. 2. Aparador para copos e garrafas.

có·pi:a *s.f.* 1. Reprodução gráfica. 2. Traslado. 3. Reprodução de uma obra de arte. 4. Cada um dos exemplares saídos de uma matriz. 5. Imitação. 6. Abundância. ***Cópia de segurança***: becape.

co·pi·ar[1] *v.t.d.* 1. Fazer a cópia de; reproduzir imitando. 2. Trasladar. 3.

Imitar; seguir. 4. *Inform.* Copiar (dado ou objeto selecionado) para a área de transferência, possibilitando, assim, sua posterior inserção em outro local, por meio do procedimento de colar. 5. *Inform.* Copiar arquivo para outro diretório ou para outro dispositivo de memória (correspondente em inglês: *to copy*).

co·pi·ar² *s.m.* Varanda contígua à casa; alpendre.

co·pi·des·que (é) *s.m.* 1. Trabalho de redação final de um texto para melhorá-lo, tendo como objetivo maior clareza, adequação às normas gramaticais e aos critérios editoriais da empresa que vai publicá-lo. *s.2gên.* 2. Profissional que faz esse trabalho.

co·pi·la·ção *s.f.* Compilação.

co·pi·lo·to (ô) *s.m.* Auxiliar do comandante de uma aeronave, do piloto de uma embarcação ou de um automóvel.

co·pi·o·so (ô) *adj.* Abundante; numeroso. *Pl.:* copiosos (ó).

co·pir·rai·te *s.m. Jur.* Direito exclusivo de um autor sobre sua obra, artística, literária ou científica, para fins de reprodução, por qualquer meio; direito autoral (forma aportuguesada do inglês *copyright*).

co·pis·ta *s.2gên.* 1. Pessoa que copia. 2. *fig.* Pessoa que se vale de ideias alheias.

co·pla (ó) *s.f.* 1. Pequena composição poética. 2. Quadra para cantar.

co·po (ó) *s.m.* 1. Recipiente para se colocar o que se bebe e para outros usos. 2. O que um copo pode conter; conteúdo de um copo. 3. Objeto que se assemelha ao copo.

co·po-de-lei·te *s.m. Bot.* Planta aquática de uso ornamental, de flores brancas e aveludadas, com miolo em forma de bastão e de cor amarela. *Pl.:* copos-de-leite.

cop·ta (ó) *adj.2gên.* e *s.2gên.* 1. Diz-se de ou os atuais habitantes do Egito, descendentes dos antigos cristãos do país. *s.m.* 2. A língua por eles falada.

có·pu·la *s.f.* União sexual; coito.

co·pu·lar *v.t.d.* 1. Acasalar. 2. Unir; ligar intimamente. *v.t.i.* 3. Ter cópula, ligação sexual.

co·pu·la·ti·vo *adj.* Que serve para ligar.

co·que (ó) *s.m.* 1. *Quím.* Espécie de carvão, resíduo da destilação da hulha. 2. *fam.* Pancada na cabeça com o nó dos dedos.

co·quei·ral *s.m.* Grande números de coqueiros em uma área; plantação de coqueiros.

co·quei·ro *s.m. Bot.* Nome comum a todas as palmeiras que produzem fruto comestível ou de emprego industrial.

co·quei·ro-da-ba·í·a *s.m. Bot.* Espécie de palmeira muito comum no litoral brasileiro, cujos frutos contêm um líquido muito apreciado em seu interior, a água de coco, além da polpa utilizada na alimentação e no preparo de doces. *Pl.:* coqueiros-da-baía.

co·que·lu·che *s.f. Med.* 1. Doença infecciosa das crianças, tosse convulsa. 2. *fig. desus.* Coisa ou pessoa (*sobrecomum*) que goza durante algum tempo da preferência popular.

co·que·te (é) *adj.* e *s.f. desus.* Designativo da mulher que procura despertar o interesse amoroso de outrem somente pelo prazer de ser admirada.

co·que·tel *s.m.* 1. Bebida que se prepara misturando-se duas ou mais bebidas alcoólicas. 2. Medicamentos

coquetismo

misturados tomados conjuntamente. 3. Reunião social em que se servem coquetéis.

co·que·tis·mo *s.m. desus.* Procedimento, qualidade de coquete.

co·qui·lho *s.m. Bot.* Nome que se dá à amêndoa ou parte comerciável do coco-babaçu e de outros cocos explorados para a produção de óleo.

cor (ó) *s.m. ant.* Coração. *De cor*: de memória.

cor (ô) *s.f.* 1. Impressão que a luz refletida pelos corpos produz no órgão da vista. *fig.* 2. Realce. 3. Inclinação. 4. Caráter.

co·ra·ção *s.m. Anat.* 1. Órgão musculoso, centro da circulação do sangue. 2. *fig.* Parte interior do peito. 3. *fig.* Sede da sensibilidade moral, das paixões, do amor.

co·ra·do *adj.* 1. Que tem cor. 2. Vermelho do rosto. 3. *fig.* Encabulado.

co·ra·dou·ro *s.m.* 1. Lugar em que se põe a roupa a corar. 2. Ato de corar roupa.

co·ra·gem *s.f.* 1. Firmeza de ânimo ante o perigo, os reveses, os sofrimentos. 2. Ousadia; bravura. *interj.* 3. Ânimo!

co·ra·jo·so (ô) *adj.* Que tem coragem. *Pl.*: corajosos (ó).

co·ral¹ *s.m.* 1. *Zool.* Animal que vive nos mares quentes, responsável pela formação de recifes e atóis. *s.2gên.* 2. Cor vermelho-amarelada. *adj.2gên.2núm.* 3. Que tem essa cor.

co·ral² *s.m. Zool.* 1. Canto em coro; canto coral. *adj.2gên.* 2. Relativo a coro.

co·ral³ *s.f. epiceno Zool.* Pequena cobra venenosa, de coloração mista.

co·ra·li·no *adj.* 1. Relativo aos corais marinhos. 2. Que é da cor do coral.

cordame

co·ran·te *adj.2gên.* Que dá cor; que tinge.

Co·rão *s.m.* Alcorão.

co·rar *v.t.d.* 1. Dar cor a. 2. Branquear, expondo ao sol (roupa, cera, etc.). 3. *fig.* Ter acanhamento, vergonha, pejo. *v.i.* 4. Ruborizar(-se). 5. *fig.* Encabular(-se); envergonhar(-se).

cor·be·lha (ê) *s.f.* Pequeno cesto para doces, brindes, flores, etc. *Pl.*: corbelhas (é).

cor·cel *s.m. desus.* 1. Cavalo de campanha. 2. Cavalo que corre muito.

cor·ço (ô) *s.m.* 1. *Zool.* Mamífero ruminante de pequeno porte e chifres curtos. 2. *pop.* Veado pequeno. *Fem.*: corça (ô).

cor·co·va (ó) *s.f.* Curva saliente; protuberância nas costas ou no peito; corcunda; giba.

cor·co·va·do *adj.* Que tem corcova; curvado; corcunda.

cor·co·ve·ar *v.i.* 1. Dar corcovos. 2. Curvar as costas; ficar encurvado; encurvar. 3. Deslocar-se em uma trajetória cheia de curvas.

cor·co·vo (ô) *s.m.* Salto que dá a cavalgadura (ou outro animal) arqueando o dorso; pinote.

cor·cun·da *s.f.* 1. Curvatura da espinha dorsal; protuberância nas costas ou no peito. *adj.2gên.* e *s.2gên.* 2. Diz-se de ou pessoa que tem corcunda.

cor·da (ó) *s.f.* 1. Porção de fios vegetais unidos e torcidos uns sobre os outros. 2. Fio que vibra em alguns instrumentos. 3. Lâmina de aço que faz mover o maquinismo dos relógios e de outros instrumentos. 4. *Anat.* Prega membranosa da glote.

cor·da·me *s.m.* Conjunto de cabos ou de cordas(1).

cor·dão *s.m.* 1. Corda delgada. 2. Fio metálico. 3. Ornato em forma de cordão. 4. Grupo de carnavalescos que saem à rua.

cor·da·to *adj.* Sensato; que tem bom senso; ajuizado; prudente.

cor·dei·ro *s.m.* 1. *Zool.* O filho da ovelha, ainda novo 2. *fig.* Pessoa mansa, bondosa.

cor·del (é) *s.m.* Corda fina; cordão.

cor-de-ro·sa (ó) *adj.2gên. 2núm.* e *s.m. 2núm.* Diz-se de ou tipo de vermelho desbotado; rosa; nácar.

cor·di·al *adj.2gên.* 1. Sincero; afetuoso. 2. Concernente ao coração. *s.m.* 3. Bebida que revigora ou conforta.

cor·di·a·li·da·de *s.f.* 1. Qualidade do que é cordial. 2. Afeição sincera; trato afetuoso.

cor·di·lhei·ra *s.f.* Série, cadeia de montanhas.

cor·do·a·ri·a *s.f.* Lugar onde se fabricam ou vendem cordas.

cor·du·ra *s.f.* 1. Qualidade do que é cordato. 2. Sensatez; gravidade; boas maneiras.

co·re·a·no *adj.* 1. Da Coreia do Sul (República da Coreia) ou da Coreia do Norte (República Democrática Popular da Coreia). *s.m.* 2. Indivíduo que nasceu ou mora em um desses países. 3. A língua oficial falada em ambos os países.

co·rei·a (éi) *s.f.* 1. Baile, dança. 2. *Med.* Sucessão de movimentos involuntários, em forma de espasmos, de curta duração, semelhantes a movimentos de dança, que passam de uma parte do corpo a outra.

co·re·o·gra·fi·a *s.f.* Arte de dançar ou de compor bailados.

co·re·ó·gra·fo *s.m.* Homem versado em coreografia.

co·re·to (ê) *s.m.* 1. Pequeno coro. 2. Espécie de coro construído ao ar livre para concertos de música.

co·ri·á·ce·o *adj.* Que tem a consistência ou o aspecto de couro.

co·ri·feu *s.m. sobrecomum* 1. *ant.* Aquele que dirigia os coros, nos teatros gregos. 2. *fig.* Chefe de seita; caudilho.

co·ris·co *s.m.* 1. Faísca elétrica da atmosfera, quase sempre desacompanhada de trovão. 2. *fig.* Desgraça; flagelo.

co·ris·ta *s.2gên.* Pessoa que faz parte dos coros, no teatro ou na igreja.

co·ri·za *s.f. Med.* Eliminação de secreção mucosa decorrente de inflamação do revestimento das fossas nasais.

cor·ja (ó) *s.f.* Bando de pessoas desprezíveis; canalha; súcia.

cor·na·mu·sa *s.f. Mús.* Gaita de foles.

cor·ne (ó) *s.m. Mús.* Trompa.

cór·ne·a *s.f. Anat.* Membrana espessa e transparente do olho.

cor·ne·ar *v.t.d.* 1. Marrar; ferir com os chifres. 2. *pop.* Ser infiel a (pessoa a quem se está ligado por laços de amor).

cór·ne·o *adj.* 1. Que se refere ou se assemelha a corno. 2. Que tem a dureza do corno.

cór·ner *s.m. Fut.* 1. Escanteio. 2. Cada canto de um campo de futebol.

cor·ne·ta (ê) *s.f.* 1. *Mús.* Instrumento de sopro. *s.2gên.* 2. Corneteiro. *adj.2gên.* 3. Designativo do boi ou da vaca de um só chifre.

cor·ne·tei·ro *s.m.* Aquele que toca corneta num batalhão; corneta.

cor·ne·tim *s.m.* 1. *Mús.* Instrumento de sopro semelhante à corneta. 2. Indivíduo que toca esse instrumento.

cor·ní·fe·ro *adj.* Que apresenta cornos, chifres, ou protuberâncias semelhantes a eles.

cor·ni·ja *s.f. Arquit.* 1. Ornato que assenta sobre um friso. 2. *por ext.* Molduras sobrepostas, formando saliências na parte superior de parede, porta, móvel, etc.

cor·no (ô) *s.m.* 1. Cada um dos apêndices duros que certos animais ruminantes têm na cabeça; chifre; chavelho. 2. *pop.* Marido de adúltera.

cor·nu·có·pi:a *s.f.* 1. *Mit.* Corno que é símbolo da abundância e da riqueza, da agricultura e do comércio. 2. Vaso em forma de corno que se representa cheio de frutos e flores.

cor·nu·do *adj.* 1. O mesmo que cornífero. *s.m.* 2. *pej.* Indivíduo traído num relacionamento amoroso; corno.

co·ro (ô) *s.m.* 1. Parte da igreja destinada ao canto. 2. Canto de muitas vozes reunidas. *V. couro*.

co·ro·a (ô) *s.f.* 1. Ornato com que se cinge a cabeça. 2. Distintivo de soberania ou nobreza que se destina a ornar a cabeça. 3. Grinalda com que se exprime saudade por um morto. 4. A realeza; o monarca. 5. Fecho; remate. 6. Tonsura de eclesiásticos. 7. Cume. 8. *Anat.* Parte do dente que fica fora do alvéolo. *s.2gên.* 9. *gír.* Homem ou mulher de meia-idade.

co·ro·a·ção *s.f.* Ação ou efeito de coroar.

co·ro·a·do *adj.* 1. Que tem coroa; encimado. 2. *fig.* Adornado; cheio.

co·ro·a·dos *s.m.pl.* Nome comum a várias tribos de indígenas, assim denominados por usarem a cabeça raspada à maneira de coroa.

co·ro·a·men·to *s.m.* 1. Ato de coroar. 2. Remate. 3. *fig.* O mais alto grau.

co·ro·ar *v.t.d.* 1. Pôr coroa em. 2. Encimar; rematar. 3. Eleger; aclamar, etc.

co·ro·ca (ó) *adj.2gên.* 1. Velho; decrépito. *s.f.* 2. Mulher velha e feia.

co·ro·gra·fi·a *s.f.* Descrição de um país, de uma região, de uma província, de um município.

co·ro·i·nha *s.f.* 1. *Dim.* de coroa. *s.m.* 2. *Liturg.* Menino que ajuda nas missas e ladainhas.

co·ro·la (ó) *s.f. Bot.* Conjunto das peças ou pétalas, segundo verticilo da flor.

co·ro·lá·ri:o *s.m.* 1. *Lóg.* Proposição que se deduz imediatamente de outra demonstrada. 2. *por ext.* Consequência de uma verdade já estabelecida.

co·ro·ná·ri:a *s.f. Anat.* Artéria em forma de coroa, que irriga o coração.

co·ro·ná·ri:o *adj.* 1. Em forma de coroa. 2. Que representa a curvatura da coroa.

co·ro·nel *s.m.* 1. *Mil.* Oficial superior, comandante de um regimento. 2. Chefe político, no interior do Brasil.

co·ro·ne·lis·mo *s.m.* Poder dos coronéis em certas regiões do Brasil.

co·ro·nha (ô) *s.f.* Parte inferior das armas de fogo, onde se encaixa o cano.

co·ro·te (ó) *s.m.* Pequeno barril para o transporte de água.

cor·pan·zil *s.m. fam.* 1. Corpo grande. 2. Grande estatura.

cor·pe·te (ê) *s.m.* Peça de vestuário feminino que se ajusta ao peito.

cor·po (ô) *s.m.* 1. Aquilo que ocupa espaço. 2. A parte material de um homem ou de um animal (vivo ou morto). 3. Parte principal ou central de certas coisas. 4. Consistência; espessura. 5. Classe de indivíduos da mesma profissão. 6. Corporação. 7. Importância. *sobrecomum* 8. Cadáver. *Pl.:* corpos (ó).

cor·po a cor·po *s.m.2núm.* 1. Luta corporal, sem uso de armas. 2. *por ext.* Disputa de ideias, opiniões, etc.; disputa. 3. Contato direto de um candidato a um cargo político com o eleitorado.

cor·po·ra·ção *s.f.* Coletividade sujeita a uma mesma regra.

cor·po·ral *adj.2gên.* 1. Do corpo. 2. Que tem corpo. 3. *fig.* Material.

cor·po·ra·ti·vis·mo *s.m.* Sistema que se funda no agrupamento das classes produtoras em corporações sob o controle do Estado.

cor·po·ra·ti·vis·ta *adj.2gên.* 1. Concernente ao corporativismo. *s.2gên.* 2. Pessoa partidária do corporativismo.

cor·po·ra·ti·vo *adj.* Concernente a corporações.

cor·pó·re·o *adj.* Concernente a corpo; material; corporal.

cor·po·ri·fi·car *v.t.d.* 1. Atribuir corpo a (o que não o tem). 2. Solidificar, reunindo num só corpo elementos dispersos.

cor·pu·do *adj.* Corpulento.

cor·pu·lên·ci·a *s.f.* Grandeza do corpo.

cor·pu·len·to *adj.* Que tem grande corpo; encorpado.

cor·pus·cu·lar *adj.2gên.* Concernente a corpúsculo.

cor·pús·cu·lo *s.m.* Corpo infinitamente pequeno; molécula; átomo.

cor·re·ção *s.f.* 1. Ato ou efeito de corrigir. 2. Qualidade de ou daquele que é correto. 3. Castigo.

cor·re·ci·o·nal *adj.2gên.* 1. Concernente a correção. 2. Que corrige ou que tem o propósito de corrigir.

corre-corre *s.m.* 1. Situação em que várias pessoas correm sem ordem, geralmente fazendo barulho; correria. 2. *por ext.* Agitação, tumulto. 3. Ato de fazer as coisas em ritmo acelerado, com urgência. *Pl.:* corres-corres e corre-corres.

cor·re·dei·ra *s.f.* Parte de um rio em que as águas correm mais velozmente, por diferença de nível.

cor·re·di·ço *adj.* Que corre com facilidade; liso; fácil; desembaraçado.

cor·re·dor *adj.* 1. Que corre muito. *s.m.* 2. Aquele que corre muito. 3. Passagem estreita e comprida. 4. Galeria.

cor·re·ge·dor *s.m. Jur.* Juiz encarregado de verificar o cumprimento das leis nos presídios e cartórios.

cor·re·ge·do·ri·a *s.f. Jur.* 1. Cargo de corregedor. 2. Jurisdição dele.

cór·re·go *s.m.* 1. Sulco aberto pelas águas correntes. 2. Riacho; ribeiro de pequeno caudal.

cor·rei·a *s.f.* Tira de couro.

cor·rei·ção *s.f.* 1. Correção. 2. Aparição de formigas e outros insetos, em determinada época.

cor·rei·o *s.m.* 1. Empresa que se destina ao recebimento e expedição de correspondência. 2. Mala na qual se transporta correspondência. 3. Pessoa que traz notícias. *Inform.* **Correio eletrônico**: 1. Serviço que possibilita a troca de mensagens e arquivos através de redes de computadores, como, *p. ex.*, a rede mundial internet. 2. Mensagem ou bloco de mensagens transmitidas por esse serviço (correspondente em inglês: *e-mail*).

cor·re·la·ção *s.f.* Relação mútua entre pessoas ou coisas; analogia.

cor·re·la·ci·o·nar *v.t.d.* Estabelecer relação entre; dar correlação a.

cor·re·la·ti·vo *adj.* Que tem correlação; que mostra mútua dependência.

cor·re·li·gi·o·ná·ri·o *adj.* e *s.m.* 1. Que é da mesma religião que outro. 2. Que é do mesmo partido ou sistema.

cor·ren·te *adj.2gên.* 1. Que corre, que flui (água). 2. Que tem curso. 3. Fácil; vulgar; sabido. 4. Diz-se do mês ou do ano em que nos encontramos. *s.f.* 5. Curso de água. 6. Colar.

cor·ren·te·za (ê) *s.f.* 1. Corrente. 2. Série; fileira. 3. *fig.* Facilidade; desembaraço; familiaridade. 4. Falta de cerimônia.

cor·ren·tis·ta *s.2gên.* Pessoa que tem conta corrente num banco.

cor·rer *v.t.d.* 1. Percorrer. 2. Andar à pressa por. 3. Estar exposto ou sujeito a. *v.i.* 4. Ir com velocidade. 5. Decorrer; passar. 6. Ter seguimento; continuar. *v.t.i.* 7. Ir rapidamente. *v.l.* 8. Passar (em certo estado ou condição).

cor·re·ri·a *s.f.* Corrida desordenada.

cor·res·pon·dên·ci·a *s.f.* 1. Ato ou efeito de corresponder(-se). 2. Troca de cartas.

cor·res·pon·den·te *adj.2gên.* 1. Que corresponde. 2. Adequado; respectivo. *s.2gên.* 3. Pessoa que se corresponde com alguém. 4. Pessoa que escreve correspondência para jornais.

cor·res·pon·der *v.t.d.* 1. Retribuir. *v.t.i.* 2. Ser adequado. 3. Conforme. *v.p.* 4. Estar em correlação. 5. Cartear-se.

cor·re·ta·gem *s.f.* 1. Salário ou serviços de corretor. 2. Comissão de corretor.

cor·re·ti·vo *adj.* 1. Que corrige. *s.m.* 2. Repreensão.

cor·re·to (é) *adj.* 1. Que se corrigiu. 2. Honesto; íntegro. 3. Elegante; digno.

cor·re·tor *s.m.* 1. O que corrige. 2. Aquele que serve de intermediário entre o vendedor e o comprador; agente.

cor·ri·da *s.f.* 1. Ação de correr. 2. Correria. 3. Afluência inesperada a um banco para levantamento de fundos. 4. Disputa de velocidade entre pessoas, animais ou veículos.

cor·ri·do *adj.* 1. Que correu. 2. Vexado; envergonhado; humilhado.

cor·ri·gen·da *s.f.* Erros a corrigir (em livro); errata.

cor·ri·gir *v.t.d.* 1. Emendar. 2. Melhorar, modificar (para melhor); reprimir; castigar. *v.p.* 3. Emendar-se; mudar de vida.

cor·ri·mão *s.m.* Peça ao longo de uma escada para apoio da mão.

cor·ri·men·to *s.m.* 1. Ato ou efeito de correr. 2. *Med.* Afluência de humor patológico a determinada parte do corpo.

cor·ri·quei·ro *adj.* Vulgar; corrente; habitual; trivial.

cor·ro·bo·ra·ção *s.f.* Ato ou efeito de corroborar; confirmação.

cor·ro·bo·rar *v.t.d.* Confirmar; validar.

cor·ro·er *v.t.d.* 1. Roer aos poucos; destruir. 2. Depravar. *v.p.* 3. Consumir-se. 4. Depravar-se; viciar-se; gastar-se.

cor·rom·per *v.t.d.* 1. Estragar; tornar podre; infectar. 2. Perverter (física ou moralmente). 3. *Inform.* Alterar, indevida ou inadvertidamente, o conteúdo de um arquivo, inutilizando-o. *v.p.* 4. Adulterar-se; perverter-se.

cor·ro·são *s.f.* 1. Ação de corroer(-se). 2. *por ext.* Destruição lenta e gradual.

cor·ro·si·vo *adj.* e *s.m.* Que ou o que corrói.

cor·rup·ção *s.f.* 1. Ato ou efeito de corromper. 2. Depravação. 3. Suborno.

cor·ru·pi·ar *v.t.d.* 1. Fazer andar às voltas. *v.i.* 2. Rodopiar.

cor·ru·pi·o *s.m.* 1. Nome de diversos brinquedos de crianças. 2. *fam.* Roda-viva; afã.

cor·rup·te·la (é) *s.f.* 1. Corrupção. 2. Modo errado de escrever ou pronunciar uma palavra. 3. Alteração.

cor·rup·to *adj.* 1. Que sofreu corrupção. 2. Corrompido; devasso; adulterado; pervertido; desmoralizado.

cor·rup·tor *adj.* e *s.m.* Que ou o que corrompe.

cor·sá·ri·o *s.m.* 1. Navio de corso. 2. Aquele que o comanda, a serviço de um rei. 3. *fig.* Indivíduo cruel. *adj.* 4. Concernente a corso.

cor·so (ô) *s.m.* 1. *Hist.* Caça aos navios mercantes de nação inimiga, na América dos séculos XVII e XVIII. 2. Corsário. *adj.* 3. Relativo à Córsega (ilha do Mediterrâneo). *s.m.* 4. O natural ou habitante da Córsega.

cor·tan·te *adj.2gên.* 1. Que corta. 2. Muito frio. 3. Estridente.

cor·tar *v.t.d.* 1. Separar ou dividir por meio de instrumento cortante. 2. Dar corte em. 3. Talhar (roupa). 4. Cruzar; sulcar; interceptar. 5. *Inform.* Remover um dado ou um objeto selecionado, deslocando-o para a área de transferência, possibilitando, assim, sua posterior inserção em outro local por meio do procedimento de colar (correspondente em inglês: *to cut*). *v.t.i.* 6. Atravessar; passar. *v.p.* 7. Ferir-se com instrumento cortante.

corte (ó) *s.m.* 1. Ato ou efeito de cortar (-se). 2. Incisão; talho. 3. Diminuição; redução.

cor·te (ô) *s.f.* 1. Residência de um soberano. 2. Gente que rodeia habitualmente o soberano. 3. Cidade em que este reside. 4. Galanteio. 5. Tribunal.

cor·te·jar *v.t.d.* 1. Tratar com cortesia. 2. Lisonjear; fazer a corte a.

cor·te·jo (ê) *s.m.* 1. Ato de cortejar. 2. Cumprimentos. 3. Séquito; acompanhamento. 4. Homenagem.

cor·tês *adj.2gên.* Que tem cortesia; delicado.

cor·te·sã *s.f.* Meretriz elegante; mulher dissoluta que vive faustosamente.

cor·te·são *s.m.* 1. Homem da corte. 2. Homem adulador. *adj.* 3. Concernente à corte; palaciano. *Fem.:* cortesã. *Pl.:* cortesãos e cortesões.

cor·te·si·a *s.f.* 1. Qualidade do que é cortês. 2. Delicadeza; urbanidade. 3. Cumprimento.

cór·tex (cs) *s.m.* 1. *Bot.* Camada externa da casca das árvores. 2. *Anat.* Envoltório de certos órgãos.

cor·ti·ça *s.f.* 1. *Bot.* Casca de sobreiro, da azinheira e de outras árvores. 2. Substância espessa e leve fornecida por essas árvores.

cor·ti·cal *adj.2gên.* 1. Da cortiça ou a ela relativo. 2. Concernente a casca. 3. *Anat.* Relativo a córtex.

cor·ti·ço *s.m.* 1. Cilindro de cortiça, dentro do qual as abelhas fabricam cera e mel. 2. Habitação coletiva das classes pobres. 3. Casa de cômodos.

cor·ti·na *s.f.* Tecido com que se resguardam ou adornam portas, janelas, etc.

cor·ti·na·do *adj.* 1. Que tem cortina. *s.m.* 2. Proteção com cortina de tecido fino, como filó, ao redor de cama ou berço, para evitar a entrada de insetos.

co·ru·ja *s.f.* 1. *epiceno Zool.* Ave noturna de rapina. 2. *fig.* Mulher velha e feia. *adj.2gên.* 3. *fig.* Pai ou mãe que elogia exageradamente os filhos.

co·rus·can·te *adj.2gên.* Que corusca; brilhante; fulgurante.

co·rus·car *v.i.* 1. Fulgurar; brilhar; reluzir; relampejar. *v.t.d.* 2. Dardejar, deitar de si.

cor·ve·jar *v.i.* 1. Crocitar. 2. *fig.* Falar de morte, sobretudo a um doente.

cor·ve·ta (ê) *s.f.* 1. Navio de guerra de três mastros. 2. Zigue-zague; corcovo.

cor·vi·na *s.f. Zool.* Nome comum a diversos peixes marinhos da família dos cienídeos, encontrados no oceano Atlântico e de grande valor comercial.

cor·vo (ô) *s.m.* 1. *epiceno* Pássaro carnívoro de plumagem negra. 2. *Astron.* Constelação austral (inicial maiúscula).

cós *s.m. 2núm.* Tira de pano que reforça certas peças do vestuário.

co·se·du·ra *s.f.* Ação ou efeito de coser. *V. cozedura.*

co·ser *v.t.d.* 1. Ligar com pontos de agulha. 2. Encostar; unir. *v.i.* 3. Costurar. *v.p.* 4. Unir-se muito com alguma coisa; caminhar unindo. *V. cozer.*

cos·mé·ti·co *s.m.* Produto com que se procura conservar a beleza da pele ou dos cabelos.

cós·mi·co *adj.* Concernente ao cosmo; que depende dos astros (opõe-se a terrestre).

cos·mo (ó) *s.m.* Universo. *Var.:* cosmos.

cos·mo·go·ni·a *s.f.* Descrição hipotética da criação do mundo.

cos·mo·lo·gi·a *s.f.* Ciência das leis que regem o Universo.

cos·mo·nau·ta *s.2gên.* O mesmo que astronauta.

cos·mo·náu·ti·ca *s.f.* O mesmo que astronáutica.

cos·mo·po·li·ta *s.2gên.* 1. Pessoa que não reconhece a diferença de nações e considera o mundo como pátria. 2. Pessoa que se sente bem em qualquer país. *adj.2gên.* 3. Que é de todos os países; universal. 4. Que passa a vida a viajar em vários países.

cos·mo·po·li·tis·mo *s.m.* 1. Sistema dos cosmopolitas. 2. Qualidade do que é cosmopolita.

cos·mos *s.m.* Cosmo.

cos·sa·co *s.m.* Cavaleiro das estepes do sul da Rússia.

cos·se·can·te *adj.2gên.* e *s.f. Mat.* Que ou o que se define como o inverso do seno (a respeito de função).

cos·se·no (ê) *s.m. Mat.* No ângulo do triângulo retângulo, razão entre o cateto adjacente e a hipotenusa.

cos·ta (ó) *s.f. Geog.* 1. Parte da terra firme que emerge do mar ou que por ele é banhada. 2. Região à beira-mar; litoral. *s.f.pl.* 3. *Anat.* Parte posterior do tronco humano; lombo; dorso. 4. Parte posterior de vários objetos.

cos·ta·do *s.m.* 1. Parte lateral exterior do casco do navio. 2. Cada um dos avós de uma pessoa.

cos·te·ar *v.t.d.* 1. Navegar próximo à costa de. 2. Rodear. 3. Seguir de perto. *V. custear.*

cos·tei·ro *adj.* 1. Concernente à costa. 2. Que navega junto à costa.

cos·te·la (é) *s.f. Anat.* Cada um dos ossos que formam a caixa torácica.

cos·te·le·ta (ê) *s.f.* 1. Costela de rês com carne aderente. 2. Porção de cabelo e barba que se deixa crescer ao lado do rosto.

cos·tu·ma·do *adj.* 1. Habitual. *s.m.* 2. O que é costume.

cos·tu·mar *v.t.d.* 1. Ter por costume. 2. Ter o hábito de. *v.p.* 3. Habituar-se; afazer-se.

cos·tu·me *s.m.* 1. Prática habitual. 2. Modo de proceder. 3. Trajo característico ou adequado. 4. Roupa de homem (geralmente calça e paletó). 5. Vestuário feminino (casaco e saia).

cos·tu·mei·ro *adj.* Usual; consuetudinário.

cos·tu·ra *s.f.* 1. Ação ou arte de coser. 2. União de peças de tecido, couro, etc., cosidas uma à outra. 3. Fenda; juntura.

cos·tu·rar *v.t.d.* 1. Coser. *v.i.* 2. Trabalhar em costura.

cos·tu·rei·ra *s.f.* 1. Mulher que cose por profissão. 2. Mulher que se emprega em trabalhos de costura.

cos·tu·rei·ro *s.m.* Indivíduo que trabalha em confecções.

co·ta (ó) *s.f.* 1. Determinada porção, quinhão, aquilo que cabe a cada um numa partilha. 2. Prestação. 3. Quantia com que cada indivíduo de um grupo contribui para certo fim. *Var.:* quota.

co·ta·ção *s.f.* 1. Ação ou efeito de cotar. 2. Nota indicativa dos preços por que se compram ou oferecem mercadorias, títulos de dívida, papéis de crédito. 3. *fig.* Apreço; conceito.

co·ta·do *adj.* 1. Que tem cotação. 2. *fig.* Bem-conceituado.

co·tan·gen·te *adj.2gên.* e *s.f. Mat.* 1. Diz-se de ou a função definida pelo quociente entre as funções cosseno e seno. 2. No triângulo retângulo, diz-se de ou a razão entre os catetos adjacentes e oposto ao ângulo.

co·tão *s.m.* 1. Pelo que soltam os panos. 2. Lanugem que reveste alguns frutos.

co·ta-par·te *s.f.* 1. Parte de um todo que é de cada um que o possui. 2. Parcela de um total comum que cada um deve pagar ou receber. *Pl.:* cotas-partes.

co·tar *v.t.d.* 1. Assinalar, notar por meio de cotas. 2. Fixar a taxa de; avaliar.

co·te·jar *v.t.d.* 1. Examinar cotas. 2. Confrontar; comparar; pôr em paralelo.

co·te·jo (ê) *s.m.* Ato de cotejar; comparação.

co·ti·di·a·no *adj.* 1. De todos os dias. 2. Que se faz todos os dias. 3. Que sucede ou se pratica habitualmente. *s.m.* 4. O que é cotidiano. *Var.:* quotidiano.

co·ti·za·ção *s.f.* Ação de cotizar.

co·ti·zar *v.t.d.* 1. Distribuir por cotas. 2. Fixar o preço de. *v.p.* 3. Reunir-se a outros a fim de contribuir para uma despesa comum.

co·to (ô) *s.m.* 1. Resto de vela ou tocha. 2. Porção que restou de um membro amputado.

co·tó *adj. pop.* 1. Diz-se de pessoa que perdeu, parcial ou totalmente, um ou mais membros do corpo. 2. Diz-se de animal que não tem rabo, ou tem só uma parte dele. *s.m. pop.* 3. Pessoa que teve esse tipo de perda. 4. Indivíduo de estatura abaixo da média.

co·to·co (ô) *s.m.* 1. Parte muito pequena de algo. 2. Coto. 3. Cotó(4).

co·to·ne·te (é) *s.m.* Haste de plástico flexível tendo nas extremidades uma pequena quantidade de algodão enrolado, usada para limpeza, geralmente de ouvido, nariz, etc. (Cotonete® é marca registrada, mas o termo passou a popularmente denominar todos os produtos com essa característica.)

co·to·ni·cul·tu·ra *s.f.* Cultivo do algodão.

co·to·ni·fí·ci:o *s.m.* Fábrica de tecidos de algodão.

co·to·ve·la·da *s.f.* Pancada com o cotovelo.

co·to·ve·lar *v.t.d.* e *v.p.* Acotovelar-se.

co·to·ve·lo (ê) *s.m.* 1. *Anat.* Parte exterior da articulação média do braço. 2. Ângulo saliente formado por essa articulação. 3. Trecho em que um rio ou uma estrada fazem ângulo mais ou menos fechado. *Falar pelos cotovelos*: falar muito.

co·to·vi·a *s.f. Zool.* Ave de pequeno porte, encontrada na Europa, Ásia e África, famosa por seu canto melodioso.

co·tur·no *s.m.* 1. Bota de uso militar, de cano alto e amarrada com cordões. 2. *Teat.* Calçado usado por atores que representavam tragédias, de solado muito alto. 3. Calçado de sola grossa.

cou·de·la·ri·a *s.f.* Estabelecimento para criação e aperfeiçoamento de raças cavalares.

cou·ra·ça *s.f.* 1. Armadura com que se cobria o peito e parte das costas. 2. *fig.* Resguardo, proteção contra qualquer coisa.

cou·ra·ça·do *adj.* 1. Revestido de metal; blindado. *s.m.* 2. Navio couraçado.

cou·ro *s.m.* 1. Pele de certos animais (especialmente dos grandes quadrúpedes domésticos). 2. *fig.* Pele. *V. coro.*

cou·ve *s.f. Bot.* Planta hortense de folhas onduladas, carnosas e comestíveis.

cou·ve-flor *s.f. Bot.* Planta comestível de que se conhecem numerosas variedades. *Pl.:* couves-flores.

co·va (ó) *s.f.* 1. Abertura na terra; escavação; cavidade; depressão. 2. Sepultura. 3. Alvéolo. 4. *fig.* Fim da vida.

cô·va·do *s.m. ant.* Medida de comprimento (66 centímetros).

cô·vão *s.m.* Cesto para apanhar peixes.

co·var·de *adj.2gên.* e *s.2gên.* 1. Diz-se de ou pessoa que não tem coragem; pusilânime. 2. Desleal; traiçoeiro.

co·var·di·a *s.f.* 1. Ação própria de covarde; pusilanimidade; falta de coragem. 2. Timidez. 3. Deslealdade; traição.

co·vei·ro *s.m.* O que abre covas nos cemitérios.

co·vil *s.m.* 1. Cova de feras. 2. Toca de coelhos. 3. Abrigo de malfeitores.

co·vo (ó) *s.m.* Conjunto de esteiras armadas em paus e munidas de sapatas de chumbo, para pescar.

co·xa (ô, ch) *s.f. Anat.* Parte superior da perna, dos joelhos até as virilhas.

co·xe·ar (ch) *v.i.* 1. Andar manquejando; claudicar. 2. Vacilar; hesitar.

co·xi·a (ch) *s.f.* 1. Espaço estreito entre fileiras de camas, de bancos ou de outros objetos. 2. Lugar ocupado por cada cavalo, na estrebaria.

co·xi·as (ch) *s.f.pl. Teat.* Bastidores.

co·xi·lha (ch) *s.f.* 1. Conjunto de campos com pequenas e grandes elevações. 2. Colina de pequena altitude e longo declive.

co·xim (ch) *s.m.* 1. Almofada grande (para assento). 2. Espécie de sofá sem costas.

co·xo (ô, ch) *adj.* e *s.m.* 1. Que ou o que coxeia. 2. Diz-se do objeto a que falta pé ou perna. *V. cocho.*

co·ze·du·ra *s.f.* 1. Ação ou efeito de cozer; cozimento. 2. Porção de coisas que se cozem de uma só vez. *V. cosedura.*

co·zer *v.t.d.* 1. Preparar alimentos ao fogo ou ao calor. 2. Submeter à ação do fogo ou do calor. 3. *fig.* Digerir. *V. coser.*

co·zi·do *adj.* 1. Que se cozeu. *s.m.* 2. *Cul.* Prato em que entram carnes, verduras, legumes, etc.

co·zi·men·to *s.m.* Cozedura; cocção.

co·zi·nha *s.f.* 1. Compartimento da casa em que se prepara a comida. 2. Arte ou modo de preparar os alimentos.

co·zi·nhar *v.t.d.* 1. Cozer ao fogo. *v.i.* 2. Preparar ao fogo os alimentos.

co·zi·nhei·ro *s.m.* Homem que cozinha.

CPU *s.f. Inform.* Parte do computador que controla o processamento dos dados, desde sua entrada até a saída (sigla do inglês *Central Processing Unit*); Unidade Central de Processamento.

cra·ca *s.f. Zool.* Nome comum a diversos crustáceos marinhos, que possuem carapaça calcária para proteção do corpo e vivem aderidos a superfícies de corais, cascos de embarcações, construções submersas, etc.

cra·chá *s.m.* 1. Cartão com dados pessoais e foto que se usa para identificação em empresas, congressos, etc. 2. Condecoração, emblema.

cra·ni·a·no *adj.* Que se refere ou pertence ao crânio.

crâ·ni·o *s.m. Anat.* 1. Caixa óssea que encerra o cérebro e forma a parte superior e posterior da cabeça. 2. *fig.* Cérebro. *sobrecomum* 3. *pop.* Pessoa muito culta ou inteligente.

crá·pu·la *s.f.* 1. Devassidão; libertinagem. *s.2gên.* e *adj.2gên.* 2. Indivíduo canalha, libertino.

cra·que *interj.* 1. Voz imitativa de coisa que se quebra. *s.m. sobrecomum* 2. Pessoa que se destaca em qualquer atividade.

cra·se *s.f. Gram.* Contração ou fusão de duas vogais em uma só: **à** (a + a), **àquele** (a + aquele), etc.

cra·shar *v.i. Inform.* Termo geralmente usado para descrever falha de um programa ou de um sistema (forma adaptada do inglês *to crash*); sofrer uma pane abrupta; dar pau; abendar.

cras·so *adj.* 1. Espesso; cerrado; denso. 2. Grosseiro; completo; grande.

cra·te·ra (é) *s.f.* Abertura do vulcão por onde sai a lava.

cra·va·ção *s.f.* Ação ou efeito de cravar(-se).

cra·var *v.t.d.* 1. Fazer penetrar à força e profundamente. 2. Engastar; fixar. 3. Fitar. *v.p.* 4. Penetrar; fincar-se; arraigar-se; fixar-se.

cra·vei·ra *s.f.* 1. Medida; bitola. 2. Estalão (padrão) com que se mede a altura das pessoas. 3. Orifício da ferradura onde entra o cravo.

cra·vei·ro *s.m. Bot.* Planta cujas flores são os cravos.

cra·ve·jar *v.t.d.* 1. Engastar. 2. Pregar com cravos. 3. Intercalar.

cra·ve·lha (ê) *s.f. Mús.* Peça que nos instrumentos serve para retesar-lhes as cordas.

cra·vis·ta *s.2gên. Mús.* Tocador de cravo.

cra·vo *s.m.* 1. Prego para ferradura. 2. Prego com que se pregavam na cruz os supliciados. 3. *Bot.* A flor do craveiro. 4. *Mús.* Instrumento de cordas, predecessor do piano.

cra·vo-da-ín·di:a *s.m. Bot.* Botão da flor do craveiro-da-índia posto para secar, de aroma e sabor intensos, usado na culinária, para fins medicinais e na produção de perfumes. *Pl.*: cravos-da-índia.

cré *s.m.* Cada um. *Lé com lé, cré com cré*: cada qual com os seus iguais.

cre·che (é) *s.f.* Asilo diurno onde se abrigam crianças cujas mães estão no trabalho.

cre·den·ci·ais *s.f.pl.* 1. Procuração que credita um embaixador ou diplomata junto ao governo de país estrangeiro. 2. Requisitos, títulos e ações que habilitam uma pessoa para determinados cargos ou trabalhos.

cre·di·á·ri·o *s.m.* Sistema de vendas a crédito, com pagamento a prestações.

cre·di·a·ris·ta *s.2gên.* Pessoa que faz compras pelo crediário.

cre·di·bi·li·da·de *s.f.* Qualidade do que é crível.

cre·di·tar *v.t.d.* 1. Garantir. 2. Inscrever como credor. 3. Lançar a crédito.

cré·di·to *s.m.* 1. Crença, confiança, fé no que dizem ou que nos merecem as pessoas. 2. Facilidade de adquirir dinheiro por empréstimo. 3. O haver de uma conta. *Com.* **A crédito**: para pagamento ou recebimento posterior.

cre·di·tó·ri·o *adj.* Concernente a crédito.

cre·do (é) *s.m.* 1. Oração que começa pela palavra latina *credo* (creio). 2. Programa (de partido). *interj.* 3. Exprime espanto.

cre·dor *s.m.* 1. Indivíduo ou pessoa jurídica a quem se deve dinheiro. 2. *por ext.* O que tem direito a estima, consideração, respeito, etc.

cre·du·li·da·de *s.f.* Qualidade de quem é crédulo.

cré·du·lo *adj.* 1. Que crê facilmente; simples. *s.m.* 2. Indivíduo singelo, ingênuo.

cre·ma·ção *s.f.* Ação ou efeito de cremar.

cre·ma·lhei·ra *s.f.* 1. Peça provida de dentes em relógios e outros maquinismos. 2. Trilho dentado para via férrea de serra ou rampa muito íngreme.

cre·mar *v.t.d.* Destruir pelo fogo (especialmente cadáveres humanos); incinerar.

cre·ma·tó·ri·o *adj.* 1. Concernente a cremação. *s.m.* 2. Lugar onde se cremam cadáveres humanos.

cre·me (ê) *s.m.* 1. Nata de leite. 2. *Cul.* Nome dado a diversas iguarias doces ou salgadas, preparadas com leite e engrossadas com farináceos. 3. Cor amarelada ou branco-amarelada. *adj.2gên.* 4. Que apresenta essa cor.

cre·mo·na (ô) *s.f.* Ferragem utilizada para trancar portas e janelas, geralmente com duas hastes, uma para cima e outra para baixo, que abrem e fecham ao mesmo tempo com o movimento de uma alça; carmona.

cre·mo·so (ô) *adj.* Que tem consistência de creme. *Pl.:* cremosos (ó).

cren·ça *s.f.* 1. Ação ou efeito de crer. 2. Fé; convicção.

cren·di·ce *s.f.* Crença ridícula ou absurda.

cren·te *adj.2gên.* 1. Que crê. *s.2gên.* 2. Adepto de uma religião.

cre·o·li·na *s.f.* Nome comercial de desinfetante líquido, de cheiro forte e característico.

cre·pe (é) *s.m.* 1. Tecido leve e transparente ou não, de aspecto ondulado, feito com fios retorcidos. 2. *Cul.* Tipo de panqueca preparada com massa fina e servida com recheio doce ou salgado.

cre·pi·tan·te *adj.2gên.* Que crepita.

cre·pi·tar *v.i.* Estalar como a lenha que se queima ou como o sal que se lança ao fogo.

cre·pom *adj.* Diz-se do papel de seda enrugado, usado na confecção de objetos de adorno.

cre·pus·cu·lar *adj.2gên.* Concernente ao crepúsculo.

cre·pús·cu·lo *s.m.* 1. Claridade frouxa que precede o clarão do dia e a escuridão da noite. 2. *fig.* Decadência; ocaso.

crer *v.t.d.* 1. Ter por certo. 2. Acreditar. 3. Dar como verdadeiro. 4. Supor; presumir; julgar; reputar. *v.i.* 5. Ter fé; ter crenças (especialmente crenças religiosas). *v.t.i.* 6. Ter confiança. *v.p.* 7. Fiar-se. ★

cres·cen·do *s.m.* Aumento progressivo (de tom, de sonoridade); gradação; progressão.

cres·cen·te *adj.2gên.* 1. Que cresce (ou que vai crescendo). *s.m.* 2. Porção da Lua que se avista da Terra do terceiro ao quinto dia de cada lunação.

cres·cer *v.i.* 1. Aumentar em número, volume, estatura, duração ou intensidade. 2. Medrar. 3. Inchar. 4. Melhorar. *v.t.d.* 5. Fazer que aumente. *v.l.* 6. Desenvolver-se (em certo estado ou condição).

cres·ci·men·to *s.m.* Ato ou efeito de crescer.

cres·par *v.t.d.* Tornar crespo; encrespar.

cres·po (ê) *adj.* 1. De superfície áspera. 2. Anelado (o cabelo). 3. Agitado; ameaçador.

cres·tar *v.t.d.* 1. Tostar; queimar de leve. 2. Tornar trigueiro.

cre·tá·ce·o *adj. Geol.* Relativo ao último período da era mesozoica, em cujo final ocorre a extinção de vários grupos de seres vivos até dominantes, como os dinossauros.

cre·ti·nis·mo *s.m. Med.* 1. Ausência ou insuficiência da glândula tireoide. 2. Imbecilidade; idiotice.

cre·ti·no *s.m.* 1. O que sofre de cretinismo. 2. Imbecil; idiota.

cre·to·ne (ô) *s.m.* Fazenda branca, de algodão, empregada principalmente em lençóis.

cri·a *s.f. epiceno* 1. Animal que ainda mama. *sobrecomum* 2. Pessoa criada em casa de outrem.

cri·a·ção *s.f.* 1. Ação ou efeito de criar. 2. Conjunto de seres criados. 3. Invento; obra; produção.

cri·a·ci·o·nis·mo *s.m.* Doutrina segundo a qual a origem dos seres vivos se deu exatamente como está no livro bíblico do Gênese, opondo-se assim ao evolucionismo de Charles Darwin (naturalista inglês, 1809-1882).

cri·a·da·gem *s.f.* Conjunto dos criados e criadas.

cri·a·do *adj.* 1. Que se criou. *s.m.* 2. Indivíduo contratado para serviços domésticos.

cri·a·do-mu·do *s.m.* Mesa de cabeceira. *Pl.:* criados-mudos.

cri·a·dor *adj.* 1. Que cria. 2. Fecundante. 3. Que tem espírito inventivo. *s.m.* 4. Aquele que cria ou criou. 5. Deus. 6. Fazendeiro de gado.

cri·an·ça *s.f. sobrecomum* 1. Ser humano durante a infância; menino; menina. 2. Pessoa ingênua, infantil.

cri·an·ci·ce *s.f.* Ação, maneiras, dito de criança ou de quem a imita.

cri·an·ço·la (ó) *s.2gên.* Indivíduo que, não sendo mais criança, se comporta como tal.

cri·ar *v.t.d.* 1. Dar existência a. 2. Gerar. 3. Alimentar; sustentar. 4. Fundar. 5. Inventar. *v.p.* 6. Formar-se.

cri:a·ti·vi·da·de *s.f.* 1. Habilidade para inovar, criar, idealizar. 2. Qualidade de algo ou alguém que é criativo, inovador, original.

cri:a·ti·vo *adj.* 1. Relativo à criatividade. 2. Que tem grande criatividade; inventivo. *s.m.* 3. Profissional de publicidade que trabalha no departamento de criação.

cri:a·tó·ri:o *s.m.* Local destinado à criação de animais.

cri·a·tu·ra *s.f.* 1. Efeito de criar. *sobrecomum* 2. Indivíduo; homem; mulher.

cri-cri *s.m.* 1. Voz com que se imita o som dos grilos. *adj.2gên.* 2. Diz-se de ou conversa exclusivamente sobre questões domésticas. 3. Diz-se de ou pessoa tediosa.

cri-cri·lar *v.i.* Soltar sua voz (o grilo).

cri·me *s.m.* 1. Transgressão de um preceito legal. 2. Infração da lei ou da moral. 3. Delito; ato punível.

cri·mi·nal *adj.2gên.* 1. Concernente a crime. *s.m.* 2. Jurisdição ou tribunal criminal.

cri·mi·na·li·da·de *s.f.* 1. Qualidade de quem é criminoso. 2. Grau de crime. 3. A história dos crimes.

cri·mi·na·lis·ta *s.2gên. Dir.* Jurisconsulto que se especializa em assuntos criminais.

cri·mi·nar *v.t.d.* 1. Imputar crime a; acusar. *v.p.* 2. Declarar-se criminoso.

cri·mi·ná·vel *adj.2gên.* Que se pode criminar.

cri·mi·no·lo·gi:a *s.f. Jur.* Ciência que trata das teorias do Direito Criminal.

cri·mi·no·lo·gis·ta *s.2gên. Jur.* Pessoa versada em criminologia.

cri·mi·no·so (ô) *s.m.* 1. Aquele que praticou crime. *adj.* 2. Concernente a crime. *Pl.:* criminosos (ó).

cri·na *s.f. Zool.* Pelos compridos no pescoço e cauda do cavalo e de outros animais.

cri:o·ge·ni:a *s.f. Fís.* Estudo de tecnologias que permitem atingir temperaturas muito baixas, abaixo de -150 °C, e seus efeitos em elementos, materiais e organismos.

cri·ou·lo *s.m.* 1. Descendente de europeus nascido na América. 2. Negro nascido no Brasil. 3. Indivíduo de raça negra. *adj.* 4. Concernente a crioulo.

crip·ta *s.f.* 1. Caverna subterrânea. 2. Carneiro sepulcral (ossuário); catacumba.

crip·to·gra·fi:a *s.f.* Arte de escrever em cifras ou por meio de sinais convencionais.

crip·to·gra·ma *s.m.* Escrita em caracteres secretos.

crip·tô·ni:o *s.m. Quím.* Elemento de símbolo **Kr** e cujo número atômico é 36.

crí·que·te *s.m. Desp.* Jogo em que duas equipes de onze jogadores procuram arremessar uma bola na meta contrária, defendida pelo rebatedor, munido de um bastão.

cri·sá·li·da *s.f.* 1. *Zool.* Estado do inseto lepidóptero antes de se transformar em borboleta; casulo. 2. *fig.* Coisa latente.

cri·sân·te·mo *s.m. Bot.* Planta originária da Ásia, cultivada para fins ornamentais, por causa de suas flores.

cri·se *s.f.* 1. *Med.* Alteração repentina no curso de uma doença. 2. Conjuntura difícil, perigosa. 3. Situação de um governo que encontra dificuldades para manter-se no poder.

cris·ma *s.m. Liturg.* 1. Óleo perfumado que se usa na administração de alguns sacramentos. *s.f.* 2. Sacramento da confirmação.

cris·mar *v.t.d. Liturg.* 1. Conferir crisma a. *v.p.* 2. Receber a crisma.

cri·sol (ó) *s.m.* 1. Cadinho. 2. *fig.* Aquilo em que se apuram os sentimentos; provação.

cris·par *v.t.d.* 1. Encrespar-se. *v.p.* 2. Contrair-se de modo espasmódico.

cris·ta *s.f.* 1. *Zool.* Excrescência carnosa na cabeça de algumas aves e de certos répteis. 2. Ponto mais elevado; cume.

cris·tal *s.m. Min.* Sólido de forma poliédrica regular.

cris·ta·lei·ra *s.f.* Móvel envidraçado para guardar e expor principalmente peças de cristal, mas também de outros materiais.

cris·ta·li·no *adj.* 1. Concernente a cristal. 2. Límpido como cristal. *s.m.* 3. *Anat.* Corpo lenticular e transparente que se situa na parte anterior do humor vítreo do olho.

cris·ta·li·zar *v.t.d.* 1. Converter em cristal. 2. Dar forma de cristal a. 3. Converter de modo definido. *v.i.* 4. Permanecer (num mesmo estado). *v.i.* e *v.p.* 5. Tomar a forma de cristal.

cris·ta·lo·gra·fi·a *s.f.* Descrição dos cristais.

cris·tan·da·de *s.f.* 1. O conjunto de todos os cristãos. 2. Qualidade do que é cristão.

cris·tão *adj.* 1. Concernente ao cristianismo. 2. Que professa o cristianismo. *s.m.* 3. Sectário da religião de Cristo. *Fem.*: cristã. *Pl.*: cristãos.

cris·tão-no·vo (ô) *s.m.* Judeu que se converteu ao cristianismo. *Pl.*: cristãos-novos (ó).

cris·ti·a·nis·mo *s.m.* Religião de Cristo.

cris·ti·a·ni·zar *v.t.d.* 1. Tornar cristão. *v.p.* 2. Fazer-se cristão.

cris·to *s.m.* 1. Redentor (inicial maiúscula). 2. Imagem de Cristo crucificado (inicial maiúscula). *sobrecomum* 3. *pop.* Aquele que frequentemente é vítima de enganos e ardis.

cri·té·ri:o *s.m.* 1. Aquilo que serve de norma para julgar. 2. Raciocínio; juízo; modo de apreciar pessoas ou coisas.

cri·te·ri·o·so (ô) *adj.* Judicioso; que revela critério. *Pl.*: criteriosos (ó).

crí·ti·ca *s.f.* 1. Arte de julgar obras literárias, artísticas ou científicas. 2. Apreciação minuciosa. 3. Critério. 4. Censura; depreciação.

cri·ti·car *v.t.d.* 1. Fazer a crítica de. 2. Dizer mal de; censurar.

crí·ti·co *adj.* 1. Concernente a crítica. 2. Que censura. 3. Concernente à crise. 4. Grave; perigoso. 5. Embaraçoso. *s.m.* 6. Indivíduo que faz críticas.

cri·var *v.t.d.* 1. Passar por crivo. 2. Encher. 3. Furar em muitos pontos. *v.p.* 4. Ficar transpassado.

crí·vel *adj.2gên.* Em que se pode crer; acreditável.

cri·vo *s.m.* 1. Espécie de peneira de arame. 2. Coador. 3. Apêndice do regador para borrifar. 4. Coisa que tem muitos buracos. 5. Trabalho de agulha.

cro·chê *s.m.* Espécie de renda que se faz com uma só agulha.

cro·ci·tar *v.i.* 1. Soltar o grito (o corvo). 2. Imitar esse grito.

cro·ci·to *s.m.* A voz do corvo, do condor e de outras aves.

cro·co·di·lo *s.m. epiceno Zool.* Designação comum aos répteis crocodilianos, ordem de répteis de grande porte.

cro·mar *v.t.d.* Aplicar camada de cromo sobre uma superfície.

cro·má·ti·co *adj.* 1. Concernente às cores. 2. *Mús.* Que se compõe de uma série de semitons.

cro·mo (ô) *s.m.* 1. *Quím.* Elemento de símbolo *Cr* e cujo número atômico é 24. 2. Desenho impresso em cores.

cro·mos·so·mo (ô) *s.m. Biol.* Estrutura que contém os genes responsáveis pelas características de todos os seres vivos.

crô·ni·ca *s.f.* 1. Gênero a meio caminho do conto e do fato. 2. Comentários que constituem uma seção de jornal. 3. Pequeno conto.

cro·ni·ci·da·de *s.f.* Qualidade ou estado das doenças crônicas.

crô·ni·co *adj.* 1. Que dura muito tempo. 2. Inveterado; perseverante. 3. *Med.* Designativo de moléstia permanente no indivíduo.

cro·nis·ta *s.2gên.* Pessoa que escreve crônicas.

cro·no·gra·ma *s.m.* Estimativa dos prazos para a execução de cada etapa de um trabalho e sua representação gráfica.

cro·no·lo·gi·a *s.f.* 1. Tratado das divisões do tempo. 2. Tratado das datas históricas.

cro·no·ló·gi·co *adj.* 1. Concernente à cronologia. 2. Segundo a cronologia.

cro·no·me·trar *v.t.d.* 1. Usar o cronômetro para marcar a duração de algo. 2. *fig.* Controlar o tempo de alguém.

cro·nô·me·tro *s.m.* 1. Instrumento para medir o tempo. 2. Relógio de precisão.

cro·que·te (é) *s.m. Cul.* Pequeno bolo que se faz com carne moída, galinha ou camarão, passado em farinha de rosca e frito.

cro·qui *s.m.* Esboço de desenho ou pintura.

cros·ta (ô) *s.f.* 1. Camada espessa e dura que cobre ou envolve um corpo. 2. Invólucro; casca; côdea.

cru *adj.* 1. Que não está cozido. 2. Não preparado. 3. Que não foi curtido. 4. Que ainda não amadureceu; inexperiente.

cru·ci·al *adj.2gên.* 1. Que tem aspecto ou forma de cruz. 2. *fig.* Decisivo; terminante.

cru·ci·an·te *adj.2gên.* Que crucia; aflitivo.

cru·ci·ar *v.t.d.* Mortificar; lancinar; afligir muito.

cru·ci·fi·ca·ção *s.f.* Ação ou efeito de crucificar.

cru·ci·fi·car *v.t.d.* 1. Pregar na cruz. 2. *fig.* Torturar; afligir; mortificar.

cru·ci·fi·xão (cs) *s.f.* Crucificação.

cru·ci·fi·xar (cs) *v.t.d.* Crucificar.

cru·ci·fi·xo (cs) *s.m.* A cruz com a imagem de Cristo.

cru·el *adj.2gên.* Que gosta de fazer mal; tirano; severo; sanguinolento; insensível. *Sup. abs. sint.:* crudelíssimo e cruelíssimo.

cru·el·da·de *s.f.* Qualidade de cruel; ato cruel.

cru·en·tar *v.t.d.* Ensanguentar.

cru·en·to *adj.* Ensanguentado; sanguinolento; em que há sangue; pungente; cruel.

cru·e·za (ê) *s.f.* 1. Estado de cru. 2. Digestão difícil. 3. Ferocidade; crueldade.

cru·pe *s.m. Med.* Espécie de difteria laríngea.

crus·tá·ce:o *s.m. epiceno* 1. *Zool.* Animal artrópode de respiração branquial e com dois pares de antenas (o camarão, a lagosta, o caranguejo, etc.). *adj.* 2. Relativo aos crustáceos.

cruz *s.f.* 1. Instrumento de suplício ao qual os condenados eram fixados com os braços abertos. 2. A cruz de Jesus Cristo. 3. *Rel.* Símbolo do cristianismo. 4. Qualquer sinal ou objeto formado por duas partes entrecruzadas. 5. *por ext.* Infortúnio, aflição.

cru·za·da *s.f.* 1. Esforços em favor de uma ideia generosa.

Cru·za·das *s.f.pl. Hist.* Expedições que, na Idade Média, se faziam contra aqueles considerados hereges ou infiéis em relação à Igreja Católica.

cru·za·dor *s.m.* 1. O que cruza. 2. Tipo de navio de guerra.

cru·za·men·to *s.m.* 1. Ato ou efeito de cruzar. 2. *Biol.* Acasalamento de animais de raças diferentes.

cru·zar *v.t.d.* 1. Fazer ou dispor em forma de cruz. 2. Dar aspecto ou forma de cruz a. 3. Acasalar animais. *v.i.* 4. Formar cruz.

cru·zei·ro *adj.* 1. Que tem cruz. *s.m.* 2. Grande cruz que se ergue nos adros, cemitérios, praças ou lugares elevados. 3. *Astron.* Nome de uma constelação austral (inicial maiúscula). 4. Unidade do sistema monetário do Brasil, que vigorou de novembro de 1942 a março de 1986, e que voltou a dar nome à moeda brasileira em 1990, anteriormente ao real.

cru·ze·ta (ê) *s.f.* 1. Pequena cruz. 2. Régua em forma de T, para nivelamentos. 3. *Reg.* Cabide.

cu *s.m. chulo* Ânus.

cu·ba *s.f.* Vasilha grande, de madeira, destinada a diversos fins; tonel.

cu·ba·no *adj.* 1. Concernente a Cuba. *s.m.* 2. O natural ou habitante desse país.

cu·ba·tão *s.m.* Pequena elevação no sopé de uma cordilheira.

cú·bi·co *adj.* 1. Concernente a cubo. 2. Que tem aspecto ou forma de cubo.

cu·bí·cu·lo *s.m.* 1. Compartimento pequeno. 2. Cela de religiosos. 3. *fam.* Casa acanhada.

cu·bis·mo *s.m. Pint.* Sistema de pintura em que objetos são representados sob formas geométricas.

cu·bis·ta *adj.2gén.* 1. Concernente ao cubismo. *s.2gén.* 2. Pessoa partidária do cubismo.

cú·bi·to *s.m. Anat.* Osso da parte interna do antebraço; ulna.

cu·bo *s.m.* 1. *Geom.* Sólido de seis faces quadradas iguais entre si. 2. *Mat.* Produto de um número pelo seu quadrado; terceira potência de uma quantidade.

cu·ca[1] *s.f.* 1. *Mit.* Papão. 2. *gír.* Cabeça. 3. Mente; raciocínio; inteligência.

cu·ca[2] *s.m. pop.* Mestre-cuca.

cu·ca[3] *s.f. Cul.* bolo de origem alemã coberto com farofa de manteiga, farinha de trigo e açúcar.

cu·car *v.i.* Cantar (o cuco).

cu·co *s.m. epiceno* 1. *Zool.* Ave de voz peculiar. *s.m.* 2. *por ext.* Relógio que ao dar horas imita o canto do cuco.

cu·cu·lar *v.i.* Soltar (o cuco) a voz.

cu·cur·bi·tá·ce:as *s.f.pl. Bot.* Plantas herbáceas que têm por tipo a abóbora.

cu·cu·ri·car *v.i.* Cucuritar.

cu·cu·ri·tar *v.i.* Cantar (o galo); diz-se também cucuricar.

cu·e·ca (é) *s.f.* Peça íntima do vestuário masculino.

cu·ei·ro *s.m.* Pano com que se envolvem as criancinhas.

cui·a *s.f.* 1. *Bot.* Fruto da cuieira. 2. A casca desse fruto. 3. Vasilha que se faz com essa casca. 4. Vaso que se faz com a casca desse fruto.

cui·a·ba·no *adj.* 1. De Cuiabá (Mato Grosso). *s.m.* 2. O natural ou habitante dessa região do Brasil.

cu·í·ca *s.f.* 1. *epiceno Zool.* Pequeno marsupial. *s.f.* 2. *Mús.* Instrumento que produz uma espécie de mugido prolongado e triste.

cui·da·do *adj.* 1. Que se cuidou. 2. Imaginado; meditado. *s.m.* 3. Atenção; desvelo. 4. Preocupação. *interj.* 5. Atenção!

cui·da·do·so (ô) *adj.* Que tem cuidado, zelo; cuidoso. *Pl.*: cuidadosos (ó).

cui·dar *v.t.d.* 1. Cogitar. *v.i.* 2. Refletir, pensar. *v.t.i.* 3. Interessar-se por; preocupar-se com. *v.p.* 4. Julgar-se; considerar-se.

cui·do·so (ô) *adj.* Cuidadoso.

cui·ei·ra *s.f. Bot.* Árvore pequena cujo fruto é uma baga usada como vasilha, cuia e instrumento musical.

cu·in·char *v.i.* Soltar sua voz (o porco).

cu·jo *pron. rel.* 1. De que; do qual; de quem. *s.m.* 2. Nome que se usa em lugar de outro que não se quer nomear; sujeito.

cu·la·tra *s.f.* Fundo do cano das armas de fogo.

cu·li·ná·ri:a *s.f.* Arte de cozinhar.

cul·mi·nân·ci:a *s.f.* O ponto mais elevado; auge; apogeu.

cul·mi·nan·te *adj.2gên.* Que culmina; que é o mais elevado.

cul·mi·nar *v.i.* 1. Atingir o ponto culminante. 2. Chegar ao auge. *v.t.i.* 3. Finalizar (de maneira brilhante).

cu·lo·te (ó) *s.m.* 1. Calça larga na parte superior e justa abaixo do joelho, usada por militares. 2. Acúmulo de gordura na parte externa da coxa, próximo às nádegas.

cul·pa *s.f.* 1. Falta contra a lei ou a moral; ato criminoso; ação repreensível. 2. Delito; crime. 3. Pecado.

cul·pa·bi·li·da·de *s.f.* Qualidade, estado de culpável.

cul·pa·do *adj.* 1. Que tem culpa. *s.m.* 2. Aquele que tem culpa. 3. Acusado; criminoso; réu.

cul·par *v.t.d.* 1. Declarar culpado. 2. Lançar culpa sobre; incriminar; acusar. *v.p.* 3. Confessar-se culpado.

cul·pá·vel *adj.2gên.* Que se pode culpar.

cul·po·so (ô) *adj.* Em que há culpa. *Pl.*: culposos (ó).

cul·ti·va·dor *s.m.* 1. O que cultiva. 2. Agricultor; lavrador.

cul·ti·var *v.t.d.* 1. Dar-se à cultura de. 2. Dedicar-se, aplicar-se.

cul·ti·vo *s.m.* Ato de cultivar; cultura.

cul·to *adj.* 1. Que tem cultura; instruído. 2. Civilizado. *s.m.* 3. Adoração; religião; homenagem que se presta à divindade. 4. Veneração.

cul·tor *s.m.* 1. O que cultiva. 2. *fig.* O que se dedica a uma arte ou ciência. 3. Sectário.

cul·tu·ar *v.t.d.* 1. Render culto a. 2. Tornar objeto de culto.

cul·tu·ra *s.f.* 1. Ação, arte, modo ou efeito de cultivar; lavoura. 2. *fig.* Aplicação às coisas do espírito; estudo. 3. Instrução; saber. 4. Apuro; perfeição.

cul·tu·ral *adj.2gên.* Concernente a cultura.

cum·bu·ca *s.f.* Vaso feito de cabaça, com uma abertura circular e pequena na parte superior, que se destina a conter líquidos.

cu·me *s.m.* 1. Ponto mais elevado; cimo. 2. *fig.* O mais alto grau; apogeu.

cu·me·a·da *s.f.* Linha formada por uma série de cumes; cumeeira.

cu·me·ei·ra *s.f.* 1. Cume; cumeada. 2. A parte mais alta do telhado.

cúm·pli·ce *s.2gên.* Pessoa que tomou parte num delito ou crime.

cum·pli·ci·da·de *s.f.* Qualidade, ato, estado de cúmplice.

cum·pri·men·tar *v.t.d.* Dirigir cumprimentos a; cortejar; elogiar.

cum·pri·men·to *s.m.* 1. Ato ou efeito de cumprir. 2. Execução; observância. 3. Ato de cumprimentar; saudação. *V.* ***comprimento***.

cum·prir *v.t.d.* 1. Executar pontualmente. 2. Desempenhar; realizar. 3. Tornar efetivas as prescrições de. *v.t.i.* 4. Ser necessário; convir. *v.i.* 5. Ser conveniente, útil ou necessário.

cu·mu·lar *v.t.d.* e *v.p.* Acumular-se.

cu·mu·la·ti·vo *adj.* 1. Que se faz ou exerce por acumulação. 2. Que pertence a mais de um.

cú·mu·lo *s.m.* 1. Conjunto de coisas sobrepostas. 2. Grande quantidade. 3. *fig.* O mais alto grau; auge.

cú·mu·los *s.f.pl. Meteor.* Nuvens arredondadas e brancas que se assemelham a montanhas cobertas de neve.

cu·nei·for·me *adj.2gên.* 1. Em forma de cunha. 2. Designativo da antiga escrita dos assírios, medas e persas.

cu·nha *s.f.* 1. Peça de ferro que vai diminuindo de grossura até terminar em corte. 2. Pedaço de madeira do mesmo feitio. 3. *fig.* Empenho ou pessoa (*sobrecomum*) influente que se empenha em favor de outra.

cu·nhã *s.f. Reg.* Mulher jovem.

cu·nha·do *s.m.* Irmão de um dos cônjuges em relação ao outro; marido da irmã de determinada pessoa.

cu·nha·gem *s.f.* Ação ou operação de cunhar.

cu·nhar *v.t.d.* 1. Imprimir cunho em; amoedar. 2. *fig.* Inventar; adotar.

cu·nho *s.m.* 1. Peça que imprime marca em moedas, etc. 2. Marca que essa peça imprime. 3. *fig.* Impressão; marca.

cu·ni·cul·tu·ra *s.f.* Criação de coelhos.

cu·pão *s.m.* Cupom. *Pl.:* cupões.

cu·pê *s.m.* Veículo fechado.

cu·pi·dez *s.f.* Cobiça; ambição; avidez.

cu·pi·do *s.m.* Personificação do amor; o amor.

cú·pi·do *adj.* Ávido; ganancioso; ambicioso.

cu·pim *s.m. Zool.* Nome genérico das térmitas.

cu·pin·zei·ro *s.m.* Casa de cupins.

cu·pom *s.m.* 1. Cédula de voto em concursos populares a ser cortada de jornal, revista ou folheto. 2. Bilhete, geralmente numerado, para diversos fins. *Pl.:* cupons. *Var.:* cupão.

cú·pri·co *adj.* 1. De cobre. 2. Em que há cobre.

cu·pu·a·çu *s.m. Bot.* 1. Árvore comum na região amazônica que produz frutos utilizados para fazer doces, refrescos e sorvetes. 2. O fruto dessa árvore.

cú·pu·la *s.f.* 1. *Arquit.* Parte côncava e superior de certos edifícios. 2. *fig.* Abóbada; teto; remate. 3. O conjunto dos dirigentes; a chefia.

cu·ra *s.f.* 1. Ação ou efeito de curar(-se). 2. Tratamento. 3. Restabelecimento da saúde. 4. *fig.* Regeneração. 5. Emenda; melhora. *s.m.* 6. Pároco de aldeia; prior.

cu·ra·çau *s.m.* Licor feito com cascas de laranja-da-terra, originário da ilha de Curaçau, nas Antilhas Holandesas.

cu·ra·dor *adj.* 1. Que cura. *s.m.* 2. Pessoa nomeada por juiz para administrar bens de menor, interdito, ausente. 3. Curandeiro.

cu·ra·do·ri·a *s.f.* 1. Cargo, poder ou função de curador (2). 2. Local em que o curador exerce suas atribuições.

cu·ran·dei·ris·mo *s.m.* Prática de curandeiros.

cu·ran·dei·ro *s.m.* 1. O que trata doenças por métodos próprios, sem conhecimentos médicos. 2. Charlatão; impostor.

cu·rar *v.t.d.* 1. Restabelecer a saúde de. 2. Debelar (doença). 3. Livrar (de vícios ou defeitos). 4. Secar ao fogo ou ao calor. *v.p.* 5. Recuperar a saúde. 6. Corrigir-se.

cu·ra·re *s.m.* Substância altamente venenosa que se extrai de um cipó e que certos indígenas colocam nas flechas.

cu·ra·te·la (é) *s.f.* O mesmo que curadoria(1).

cu·ra·ti·vo *adj.* 1. Concernente a cura. *s.m.* 2. Ato de curar. 3. Conjunto de meios empregados para debelar uma doença. 4. Aplicação de remédios ou coberturas numa ferida.

cu·rau *s.m. Cul.* 1. Papa de milho verde com leite. 2. Espécie de paçoca de carne salgada, amassada com farinha de mandioca.

cu·re·ta (ê) *s. f. Med.* Instrumento cirúrgico com o qual se fazem raspagens.

cu·re·ta·gem *s.f. Med.* Raspagem de uma cavidade com a cureta.

cu·re·tar *v.t.d. Med.* Raspar com a cureta.

cú·ri·a *s.f.* 1. *Ecles.* A corte pontifícia. 2. *Ecles.* Tribunal eclesiástico dos bispados. *ant.* 3. Senado romano. 4. Local onde se reunia o senado.

cu·ri·bo·ca (ó) *s.2gên.* O mesmo que caboclo.

cu·rin·ga *s.m.* Carta de jogar que muda de valor de acordo com a combinação que o jogador tem na mão.

cu·ri·ó *s.m. epiceno Zool.* Espécie de pássaro canoro brasileiro; avinhado.

cú·ri·o *s.m. Quím.* Elemento de símbolo **Cm** e cujo número atômico é 96.

cu·ri·o·si·da·de *s.f.* 1. Qualidade de curioso. 2. Desejo veemente de ver ou conhecer. 3. Indiscrição. 4. Objeto interessante ou raro; preciosidade. 5. Gosto pelas coisas originais ou raras.

cu·ri·o·so (ô) *adj.* 1. Que tem curiosidade. 2. Que chama a atenção. *s.m.* 3. Indivíduo curioso; amador. *Pl.:* curiosos (ó).

cu·ri·ti·ba·no *adj.* 1. Relativo a Curitiba. *s.m.* 2. O natural ou habitante de Curitiba.

cur·ra *s.f. pop.* Agressão sexual praticada por duas ou mais pessoas contra outra.

cur·ral *s.m.* 1. Local onde se recolhe o gado. 2. *fig.* Lugar imundo.

cur·rí·cu·lo *s.m.* 1. Conjunto de disciplinas de um curso. 2. Forma aportuguesada e reduzida de *curriculum vitae*.

cur·ri·cu·lum vi·tae (currículum vite). *loc. subst. Lat.* Documento com informações sobre experiência profissional e formação escolar, geralmente apresentado para se candidatar a emprego, concurso ou cargo. *Pl.: curricula vitae.*

cur·sar *v.t.d.* 1. Frequentar, seguir o curso de. 2. Percorrer. *v.i.* 3. Andar; viajar. 4. Soprar (o vento).

cur·si·vo *s.m.* 1. Nome da letra manuscrita miúda e ligeira. *adj.* 2. Designativo desse tipo de letra.

cur·so *s.m.* 1. Movimento em determinada direção. 2. Carreira. 3. Extensão de um rio. 4. Circulação. 5. Marcha; evolução. 6. Movimento dos astros (real ou aparente). 7. Série de lições sobre uma matéria.

cur·sor *s.m.* 1. Pequena peça móvel que corre ao longo de outra, em certos instrumentos. 2. *Inform.* Sinal que, na tela de um monitor de computador, indica o ponto de inserção dos caracteres digitados no teclado, ou o ponto sobre o qual incidem certos comandos de edição de texto. **Cursor do mouse**: ícone, geralmente uma seta, que se desloca na tela do computador acompanhando os movimentos do *mouse*, e que indica onde a sua ação terá efeito, caso seja clicado.

cur·ta-me·tra·gem *s.m.* Filme com duração máxima de até 30 minutos, com finalidade artística, educativa ou comercial. *Pl.: curtas-metragens.*

cur·te·za (ê) *s.f.* 1. Qualidade do que é curto. 2. *fig.* Acanhamento; rudeza.

cur·ti·ção *s.f.* Curtimento.

cur·ti·do *adj.* 1. Que se preparou pelo curtimento. 2. *fig.* Experimentado; habituado.

cur·ti·men·to *s.m.* Ato ou efeito de curtir.

cur·tir *v.t.d.* 1. Preparar peles, couros para os tornar imputrescíveis. 2. Padecer; suportar. 3. *gír.* Gozar, desfrutar ao máximo.

cur·to *adj.* 1. Que não tem o comprimento preciso. 2. De pouca duração. 3. Limitado. 4. *fig.* Pouco atilado.

cur·to-cir·cu:i·to *s.m. Eletr.* 1. Excesso de passagem de corrente elétrica pela queda repentina de resistência entre dois pontos de um circuito, podendo provocar faíscas, calor e até explosões. 2. *fig.* Paralisação no funcionamento de algo com consequências; pane. *Pl.: curtos-circuitos.*

cur·tu·me *s.m.* 1. Curtimento; processo, ato ou efeito de curtir couros. 2. Lugar onde se curtem couros.

cu·ru·ba *s.f. Reg.* 1. Sarna. 2. O bicho que provoca a sarna.

cu·rul *adj.2gên.* 1. Designativo da cadeira de pessoa importante. *s.f.* 2. Cadeira curul.

cu·ru·pi·ra *s.m. Mit.* Ente que, segundo a crença, habita as matas e castiga os que incendeiam e destroem os arvoredos.

cu·ru·ru *s.m. Zool.* Sapo grande; sapo-cururu.

cur·va *s.f.* 1. Linha arqueada. 2. Volta em forma de linha curva em uma via qualquer.

cur·va·do *adj.* 1. Curvo; arqueado. 2. *fig.* Vencido; subjugado. 3. Resignado.

cur·var *v.t.d.* 1. Tornar curvo. 2. Dobrar em arco ou em ângulo. 3. *fig.* Dominar; abater. *v.p.* 4. Resignar-se; dar-se por vencido.

cur·va·tu·ra *s.f.* Estado do que é curvo.

cur·vi·lí·ne:o *adj.* Formado de linhas curvas; curvo.

cur·vo *adj.* 1. Que não é reto. 2. Em forma de arco; arqueado. 3. Que não é plano; curvado.

cus·co *s.m.* 1. *Reg.* Cão pequeno. 2. *sobre-comum* Pessoa sem importância.

cus·cuz *s.m.2núm. Cul.* Bolo que se prepara com farinha de arroz ou de milho.

cus·pa·ra·da *s.f.* Grande quantidade de cuspo.

cus·pi·da *s.f.* Ato ou efeito de cuspir.

cús·pi·de *s.f.* 1. Extremidade aguda. 2. Ferrão das abelhas. 3. *fig.* Píncaro; cume.

cus·pir *v.i.* 1. Expelir cuspo. *v.t.d.* 2. Expelir pela boca; vomitar. 3. *fig.* Lançar fora de si. 4. Lançar em rosto; proferir (injúrias). *v.t.i.* 5. Dirigir ultrajes.★

cus·po *s.m.* Saliva; humor segregado pelas glândulas bucais.

cus·ta *s.f.* Despesa; trabalho; custo; expensas.

cus·tar *v.t.d.* 1. Ser vendido ou comprado pelo preço de. 2. Ser obtido a troco ou por meio de. *v.i.* e *v.t.i.* 3. Ser penoso, difícil.

cus·tas *s.f.pl.* Despesas de justiça.

cus·te·ar *v.t.d.* 1. Correr com as despesas de. 2. Fornecer o dinheiro para. *V.* **costear**.

cus·tei·o *s.m.* Conjunto ou relação de despesas.

cus·to *s.m.* 1. Valor de uma coisa. 2. *fig.* Trabalho; esforço.

cus·tó·di:a *s.f.* 1. Lugar onde se guarda alguém ou alguma coisa com segurança. 2. Guarda; proteção. 3. *Liturg.* Objeto em que se coloca a hóstia para expô-la à adoração dos fiéis.

cus·to·di·ar *v.t.d.* 1. Pôr em custódia. 2. Vigiar; proteger; escoltar; guardar.

cus·to·mi·zar *v.t.d. Inform.* Modificar ou configurar produtos de *hardware* ou *software* de modo que se tornem mais adequados às necessidades ou preferências do usuário; personalizar (4).

cu·tâ·ne:o *adj.* 1. Da pele ou a ela relativo. 2. Concernente à cútis.

cu·te·la·ri·a *s.f.* Oficina ou obra de cuteleiro.

cu·te·lei·ro *s.m.* Aquele que fabrica ou vende instrumentos cortantes.

cu·te·lo (é) *s.m.* 1. Instrumento cortante em forma de crescente com cabo de madeira; alfanje. 2. *fig.* Violência.

cu·ti·a *s.f. epiceno Zool.* Pequeno mamífero roedor.

cu·tí·cu·la *s.f.* 1. *Bot.* Epiderme das plantas novas. 2. Película, especialmente a que se forma na base da unha. 3. Flor da pele.

cu·ti·la·da *s.f.* Golpe de cutelo ou de qualquer arma cortante.

cú·tis *s.f. 2núm.* Pele; tez; epiderme.

cu·tu·ca·da *s.f.* Ato de cutucar; cutucação; cutucão.

cu·tu·cão *s.m.* 1. Cutucada grande; cutilada. 2. Facada.

cu·tu·car *v.t.d.* Dar levemente com o cotovelo em (para chamar a atenção).

czar *s.m.* Título que se dava ao imperador da Rússia. *Fem.*: czarina.

D d

d *s.m.* 1. Quarta letra do alfabeto. 2. *num.* O quarto lugar numa série indicada por letras.

D *s.m.* Com ponto, é *abrev.* de dom, dona e digno (DD.: digníssimo).

dá·bli:o *s.m.* Nome da vigésima terceira letra do nosso alfabeto, w. *Var.:* dábliu.

da·ção *s.f.* 1. Ato ou efeito de dar. 2. Restituição.

dac·ti·los·co·pi·a *s.f.* Sistema de identificação por meio das impressões digitais.

dá·di·va *s.f.* Oferta; presente; donativo.

da·di·vo·so (ô) *adj.* Generoso, liberal. *Pl.:* dadivosos (ó).

da·do *s.m.* 1. Pequeno cubo, que tem em cada uma das seis faces marcas de um a seis pontos. 2. Cada um dos elementos conhecidos de um problema. 3. Elemento ou base para a formação de um juízo. 4. *Inform.* Elemento de representação de informações ou instruções em forma apropriada para armazenamento, processamento ou transmissão por meio de computadores. *adj.* 5. Permitido; possível. 6. Afável.

da·guer·re·ó·ti·po *s.m.* Aparelho primitivo de fotografia.

da·í *contr.* Prep. *de* com o *adv.* aí.

da·lai-la·ma *s.m.* Chefe supremo da religião budista. *Pl.:* dalai-lamas.

da·li *contr.* Prep. *de* com o *adv.* ali.

dá·li:a *s.f.* 1. *Bot.* Planta ornamental de que há grande variedade em formas e cores. 2. A flor dessa planta.

dal·tô·ni·co *adj.* 1. Concernente a daltonismo. *s.m.* 2. Aquele que sofre de daltonismo.

dal·to·nis·mo *s.m.* Incapacidade de distinguir cores, em especial o vermelho e o verde.

da·ma *s.f.* 1. Mulher nobre. 2. Uma das cartas de jogar. 3. Uma das peças do jogo de damas quando chegada à última linha do tabuleiro.

da·mas *s.f.pl.* Jogo que se leva a efeito por dois parceiros num tabuleiro dividido em 64 quadrados, alternadamente brancos e pretos, que manipulam 24 peças (12 para cada parceiro) brancas e pretas.

da·mas·co *s.m.* 1. *Bot.* Fruto do damasqueiro; abricó. 2. Tecido grosso de seda, que se fabricava em Damasco (Síria). 3. *por ext.* Tecido que imita damasco.

da·mas·quei·ro *s.m. Bot.* Árvore que produz o damasco.

da·na·ção *s.f.* 1. Ação ou efeito de danar. 2. Balbúrdia; confusão.

da·na·do *adj.* 1. Hidrófobo. 2. Furioso. 3. Maldito; ímpio. 4. Hábil; jeitoso; esperto. 5. Valente. 6. Muito zangado.

da·nar *v.t.d.* 1. Causar dano a. 2. Irritar; prejudicar. 3. Comunicar a hidrofobia a. *v.p.* 4. Encolerizar-se. 5. Desesperar-se.

dan·ça *s.f.* 1. Arte de dançar. 2. Passos cadenciados, geralmente ao som de música. 3. Baile.

dan·çan·te *adj.2gên.* 1. Que dança. 2. Em que há dança.

dan·çar *v.t.d.* 1. Executar, dançando. *v.i.* 2. Mover o corpo segundo as regras da dança. 3. *gír.* Sair-se mal.

dan·ça·ri·no *s.m.* 1. Homem que dança por profissão. 2. Aquele que dança bem.

dan·ce·te·ri·a *s.f.* Casa noturna com pista ou espaço para dança.

dân·di *s.m. desus.* Homem que se veste com apuro; janota; almofadinha.

da·ni·fi·ca·ção *s.f.* Ação ou efeito de danificar.

da·ni·fi·car *v.t.d.* Causar dano a; prejudicar.

da·ni·nho *adj.* 1. Que causa dano. 2. Endiabrado; travesso; terrível.

da·no *s.m.* 1. Mal que se faz a alguém. 2. Prejuízo causado por alguém em coisas alheias. 3. Perda.

da·no·so (ô) *adj.* Que causa dano. *Pl.:* danosos (ó).

dan·tes *adv.* Antigamente; noutro tempo.

dan·tes·co (ê) *adj. fig.* Horroroso; medonho.

da·que·le (ê) *contr. Prep. de* com o *pron. dem.* **aquele**. *Fem.:* daquela. *Pl.:* daqueles, daquelas.

da·quém *contr. Prep. de* com o *adv.* **aquém**.

da·qui *contr. Prep. de* com o *adv.* **aqui**.

da·qui·lo *contr. Prep. de* com o *pron. dem.* **aquilo**.

dar *v.t.d.* 1. Ceder gratuitamente. 2. Presentear. 3. Conceder. 4. Produzir. 5. Bater; soar. 6. Manifestar; revelar. 7. Dedicar; consagrar. *v.t.d.* e *v.i.* 8. Apresentar; sugerir. 9. Causar. *v.i.* 10. Soar. 11. Fazer esmola. *v.p.* 12. Ter bom resultado. 13. Manifestar tendência, mania, vontade. *v.p.* 14. Sentir-se, passar de saúde. 15. Viver em harmonia. 16. Entregar-se. 17. Aplicar-se, dedicar-se. *Dar em droga*: dar em nada; ter mau êxito. ★

dar·de·jar *v.t.d.* 1. Arremessar dardos contra. 2. Expelir de si. 3. Lançar; projetar. *v.i.* 4. Cintilar.

dar·do *s.m.* 1. Arma de arremesso, pequena lança com ponta de ferro. 2. Aguilhão de alguns insetos. 3. *fig.* Aquilo que fere ou magoa.

dar·wi·nis·mo *s.m.* Sistema que reconhece uma origem comum na multiplicidade dos seres organizados.

da·ta *s.f.* 1. Indicação de ano, mês e dia em que se realizou algum fato. 2. Porção de terreno com 800 a 880 m².

da·tar *v.t.d.* 1. Pôr data em. *v.t.i.* 2. Começar a contar-se. 3. Durar; existir (desde certo tempo).

da·ti·lo·gra·far *v.t.d.* Escrever à máquina.

da·ti·lo·gra·fi·a *s.f.* Arte de escrever à máquina.

da·ti·ló·gra·fo *s.m.* Aquele que escreve à máquina.

da·ti·vo *adj. Jur.* Nomeado por magistrado e não por lei.

de *prep.* Indica várias relações: posse, lugar, proveniência, modo, tempo, situação, causa, instrumento, dimensão, etc.

dê *s.m.* Nome da quarta letra do nosso alfabeto, *d*.

de·al·bar *v.t.d.* Branquear; purificar; clarear.

de·am·bu·lar *v.i.* Vaguear; passear.

de·ão *s.m.* Eclesiástico que preside o cabido.

de·bai·xo *adv.* 1. Por baixo; inferiormente. 2. Em situação inferior. 3. Em decadência.

de·bal·de *adv.* Inutilmente; em vão.

de·ban·dar *v.t.d.* 1. Pôr em fuga desordenada. *v.i.* e *v.p.* 2. Desordenar-se; dispersar-se; fugir.

de·ba·te *s.m.* Discussão; disputa.

de·ba·ter *v.t.d.* 1. Discutir; disputar. *v.i.* 2. Contender; discutir. *v.p.* 3. Agitar-se muito.

de·be·lar *v.t.d.* 1. Sujeitar; submeter; vencer. 2. Curar (uma doença). 3. Reprimir.

de·bên·tu·re *s.f.* Documento ou título de crédito ao portador, utilizado por governos e grandes empresas para obter fundos.

de·bi·car *v.t.d.* 1. Provar. 2. Comer pouca porção de. 3. Escarnecer; zombar de.

dé·bil *adj.2gên.* 1. Fraco; frouxo. 2. Pusilânime. 3. Insignificante. 4. Que mal se percebe.

de·bi·li·da·de *s.f.* 1. Qualidade de débil. 2. Falta de forças. 3. Prostração; fraqueza.

de·bi·li·tan·te *adj.2gên.* Que debilita.

de·bi·li·tar *v.t.d.* 1. Tornar débil; enfraquecer. 2. Tirar recursos a. 3. Causar perdas a. *v.p.* 4. Enfraquecer-se.

de·bi·que *s.m.* 1. Ato de debicar. 2. Troça.

de·bi·tar *v.t.d.* 1. Inscrever como devedor. *v.p.* 2. Tornar-se, constituir-se devedor.

dé·bi·to *s.m.* O que se deve; dívida.

de·bla·te·rar *v.i.* 1. Berrar; gritar; vociferar. *v.t.d.* 2. Bradar; gritar; chamar.

de·bo·cha·do *adj.* 1. Devasso; corrupto. 2. Zombeteiro; aquele que gosta de escarnecer; trocista.

de·bo·char *v.t.d.* 1. Tornar libertino, devasso. *v.t.d.* e *v.t.i.* 2. Zombar; escarnecer. *v.p.* 3. Tornar-se vicioso.

de·bo·che (ó) *s.m.* 1. Devassidão. 2. Zombaria; troça.

de·bre·ar *v.t.d.* Desligar (o motor do automóvel), colocando-o em ponto morto.

de·bru·a·do *adj.* Guarnecido com debrum.

de·bru·ar *v.t.d.* 1. Guarnecer com debrum. 2. *fig.* Ornar; apurar.

de·bru·çar *v.t.d.* 1. Pôr de bruços. *v.p.* 2. Pôr-se de bruços. 3. Inclinar-se; curvar-se.

de·brum *s.m.* Tira de pano que se cose dobrada sobre a orla de um vestido para lhe segurar a trama ou para o guarnecer; orla.

de·bu·gar *v.t.d. Inform.* Depurar possíveis erros de lógica ou de codificação de um programa, executando passo a passo (forma aportuguesada do inglês *to debug*).

de·bu·lha *s.f.* Ação de debulhar.

de·bu·lhar *v.t.d.* 1. Separar (os grãos dos cereais) do invólucro e das folhas. 2. Descascar; tirar a pele a.

debutante

de·bu·tan·te *s.f. gal.* Mocinha que ingressa na vida social.

de·bu·tar *v.i. gal.* 1. Estrear-se. 2. Iniciar-se na vida social.

de·bu·xar (ch) *v.t.d.* 1. Fazer o debuxo de. 2. Delinear; esboçar. 3. Exprimir. *v.p.* 4. Representar-se; refletir-se.

de·bu·xo (ch) *s.m.* 1. Representação, desenho de um objeto em suas linhas gerais. 2. Risco; projeto; bosquejo.

dé·ca·da *s.f.* 1. Série de dez. 2. Espaço de dez dias ou de dez anos.

de·ca·dên·ci·a *s.f.* 1. Ruína. 2. Estado daquilo que decai. 3. Abatimento; enfraquecimento. 4. Corrupção.

de·ca·den·te *adj.2gên.* Que decai.

de·ca·e·dro *s.m. Geom.* Poliedro formado por dez polígonos ou faces.

de·cá·go·no *s.m. Geom.* Polígono de dez lados.

de·ca·í·da *s.f.* 1. Efeito de decair. 2. Meretriz.

de·ca·í·do *adj.* 1. Que decaiu. 2. Empobrecido. 3. Arruinado. 4. Decrépito.

de·ca·ir *v.i.* 1. Ir em decadência; declinar. *v.t.i.* 2. Sofrer diminuição. 3. Perder a posse ou a posição.

de·cal·car *v.t.d.* 1. Reproduzir (um desenho) por meio de decalque. 2. *fig.* Imitar de modo servil; quase copiar.

de·cal·co·ma·ni·a *s.f.* Arte de produzir certos quadros, calcando com a mão contra um papel pequenos desenhos ou figuras já estampados noutro papel.

de·ca·li·tro *s.m.* Medida de dez litros.

de·cá·lo·go *s.m. Rel.* Os dez mandamentos da lei de Deus.

de·cal·que *s.m.* 1. Ato de decalcar; cópia. 2. Plágio.

decibel

de·câ·me·tro *s.m.* Medida de dez metros.

de·ca·na·to *s.m.* 1. Dignidade de deão. 2. Qualidade de decano.

de·ca·no *s.m.* Membro mais antigo ou mais velho de uma corporação ou classe.

de·can·ta·ção *s.f.* Separação de dois líquidos não miscíveis, ou de impurezas sólidas que se contenham em um líquido.

de·can·tar *v.t.d.* 1. Fazer decantação; purificar. 2. Celebrar; exaltar.

de·ca·pi·tar *v.t.d.* Cortar a cabeça de; degolar.

de·cas·sí·la·bo *adj. Lit.* 1. De dez sílabas. *s.m.* 2. O verso que tem dez sílabas.

de·ce·nal *adj.2gên.* Que dura dez anos ou que se realiza de dez em dez anos.

de·ce·ná·ri·o *adj.* Que se divide em dezenas.

de·cên·ci·a *s.f.* 1. Qualidade de quem ou daquilo que é decente. 2. Compostura.

de·cên·di·o *s.m.* Espaço de dez dias.

de·cê·ni·o *s.m.* Espaço de dez anos.

de·cen·te *adj.2gên.* 1. Que fica bem. 2. Comportado; honesto; conveniente. *V. discente.*

de·ce·par *v.t.d.* 1. Cortar, separando do corpo de que faz parte. 2. Tirar a vida a. 3. Cortar.

de·cep·ção *s.f.* 1. Ação de enganar. 2. Desilusão; logro.

de·cep·ci·o·nar *v.t.d.* 1. Causar decepção a. *v.p.* 2. Ficar decepcionado.

de·cer·to *adv.* Com certeza.

de·ci·bel (é) *s.m. Fís.* Unidade de medida da intensidade do som: representa o som mais fraco capaz de ser registrado pelo ouvido humano, cujo âmbito de sons perceptíveis é de aproximadamente 130 decibéis.

de·ci·dir *v.t.d.* 1. Determinar; resolver. 2. Persuadir. *v.t.i.* 3. Dar decisão. 4. Emitir opinião ou voto. *v.p.* 5. Resolver-se.

de·ci·frar *v.t.d.* 1. Ler cifra e compreendê-la. 2. Interpretar; adivinhar.

de·ci·gra·ma *s.m.* A décima parte de um grama.

de·ci·li·tro *s.m.* A décima parte de um litro.

de·ci·mal *adj.2gên.* Relativo a décimo.

de·cí·me·tro *s.m.* A décima parte de um metro.

dé·ci·mo *num.* 1. Que numa série ou enumeração ocupa o lugar de número dez. *s.m.* 2. A décima parte.

de·ci·são *s.f.* 1. Ação ou efeito de decidir. 2. Sentença. 3. Coragem; resolução.

de·ci·si·vo *adj.* 1. Que decide. 2. Em que não há dúvida; terminante. 3. Grave.

de·cla·ma·ção *s.f.* 1. Ação de declamar. 2. Arte de declamar. 3. Modo afetado e pomposo de discursar. 4. Palavreado vazio.

de·cla·mar *v.t.d.* 1. Recitar em voz alta. *v.i.* 2. Falar alto e pomposamente.

de·cla·ra·ção *s.f.* 1. Ação ou efeito de declarar. 2. Documento. 3. Confissão de amor.

de·cla·rar *v.t.d.* 1. Manifestar de modo claro e terminante. 2. Pronunciar. *v.p.* 3. Manifestar-se. 4. Pronunciar-se.

de·cli·na·ção *s.f.* Ação de declinar.

de·cli·nar *v.t.i.* 1. Desviar-se, afastar-se. 2. Propender. 3. Rejeitar. 4. Eximir-se. 5. Baixar; descer. 6. Cair. *v.i.* 7. Entrar em decadência. *v.t.d.* 8. Eximir-se; fugir. 9. Revelar (nomes).

de·clí·ni·o *s.m.* Declinação; decadência.

de·cli·ve *s. m.* Inclinação de terreno (opõe-se a aclive).

de·coc·ção *s.f.* Fervura de substâncias de que se pretende extrair as partes solúveis.

de·co·la·gem *s.f.* Ação de decolar.

de·co·lar *v.i.* 1. Levantar voo (aeroplano, hidroplano, etc.). *v.t.d.* 2. Começar a sobressair.

de·com·por *v.t.d.* 1. Separar os elementos componentes de. 2. *fig.* Analisar minuciosamente. *v.p.* 3. Separarem-se os elementos constitutivos. 4. Corromper-se; estragar-se.

de·com·po·si·ção *s.f.* 1. Ação de decompor. 2. Corrupção; putrefação. 3. Análise minuciosa.

de·co·ra·ção *s.f.* Ato ou efeito de decorar.

de·co·ra·dor *s.m.* Aquele que decora ou ornamenta.

de·co·rar[1] *v.t.d.* 1. Aprender de memória, de cor. *v.i.* 2. Reter na memória aquilo que leu.

de·co·rar[2] *v.t.d.* Ornar; embelezar; enfeitar.

de·co·ra·ti·vo *adj.* Que serve para decorar, enfeitar, ornamentar; ornamental.

de·co·ro (ô) *s.m.* 1. Decência. 2. Respeito de si mesmo e dos outros. 3. Honra.

de·cor·rên·ci·a *s.f.* Derivação, consequência, decurso.

de·cor·ren·te *adj.2gên.* Que decorre.

de·cor·rer *v.i.* 1. Escoar-se (o tempo). 2. Acontecer. *v.t.i.* 3. Derivar; originar-se.

de·co·ta·do *adj.* Que tem decote.

de·co·tar *v.t.d.* Fazer o decote de (um vestido).

decote

de·co·te (ó) *s.m.* 1. Ato ou efeito de decotar. 2. Corte no vestuário, deixando descobertos o colo e parte do busto ou das costas.

de·cré·pi·to *adj.* 1. Muito velho. 2. Gasto. 3. Caduco. 4. Arruinado.

de·cre·pi·tu·de *s.f.* 1. Estado de decrépito. 2. Caducidade; decrepidez.

de·cres·cen·te *adj.2gên.* 1. Que decresce. 2. *Gram.* Diz-se do ditongo em que a vogal soa primeiro que a semivogal.

de·cres·cer *v. i.* 1. Tornar-se menor; diminuir. 2. Abater.

de·crés·ci·mo *s.m.* Ação ou resultado de decrescer; diminuição.

de·cre·tar *v.t.d.* 1. Determinar por decreto. 2. Determinar; destinar.

de·cre·to (é) *s.m.* 1. Deliberação superior que obriga a observância. 2. Ordenação. 3. Desígnio; vontade superior.

de·cú·bi·to *s.m.* Posição de quem está deitado (em decúbito dorsal, ventral, lateral direito ou lateral esquerdo).

de·cu·pli·car *v.t.d.* 1. Multiplicar por dez. *v.t.d.* e *v.i.* 2. Tornar-se dez vezes maior.

dé·cu·plo *adj.* 1. Que encerra dez vezes uma quantidade. 2. Dez vezes maior. *s.m.* 3. Quantidade dez vezes maior que outra.

de·cur·so *s.m.* 1. Ato de decorrer. 2. Percurso. 3. Tempo de duração. *adj.* 4. Que decorreu.

de·dal *s.m.* Instrumento com que o dedo médio empurra a agulha de coser.

dé·da·lo *s.m.* Labirinto, confusão.

de·di·ca·ção *s.f.* 1. Ação de dedicar. 2. Afeto; veneração. 3. Consagração.

defectivo

de·di·car *v.t.d.* 1. Oferecer; consagrar; ofertar; votar; tributar; aplicar. *v.p.* 2. Consagrar-se. 3. Dispor-se a servir alguém. 4. Dar-se.

de·di·ca·tó·ri·a *s.f.* Palavras escritas com as quais se oferece alguma coisa a alguém.

de·dig·nar-se *v.p.* 1. Ter por indigno de si. 2. Não se dignar.

de·di·lhar *v.t.d.* 1. Fazer que vibre com os dedos. 2. Executar com os dedos (em instrumentos de cordas).

de·do (ê) *s.m. Anat.* Cada um dos prolongamentos articulados que terminam as mãos e os pés do homem e de outros animais.

de·do-du·ro *adj.2gên.* 1. Que denuncia, delata. *s.m.* 2. Delator; alcaguete. *Pl.*: dedos-duros.

de·du·ção *s.f.* 1. Ação de deduzir (opõe-se a indução). 2. Abatimento.

de·du·zir *v.t.d.* 1. Enumerar de maneira minuciosa. 2. Diminuir; subtrair. 3. Tirar como consequência.

de·fa·sa·gem *s.f.* Situação em que não há concordância entre dois fatos, processos, etc.; atraso, discrepância.

de·fault (difolt) *Ingl. s.m. Inform.* Valor, configuração ou estado padrão; valor preestabelecido, geralmente definido pelo fabricante de uma máquina, mas que pode ser alterado.

de·fe·ca·ção *s.f.* Ação de defecar.

de·fe·car *v.i.* Expelir os excrementos.

de·fec·ção *s.f.* 1. Deserção. 2. Desaparecimento. 3. Sublevação. 4. Apostasia.

de·fec·ti·vo *adj.* 1. A que falta alguma coisa. 2. *Gram.* Designativo do verbo que não tem todos os tempos, modos ou pessoas.

de·fei·to *s.m.* 1. Falta. 2. Deformidade; imperfeição. 3. Vício; mancha.

de·fei·tu·o·so (ô) *adj.* Que tem defeito. *Pl.:* defeituosos (ó).

de·fen·der *v.t.d.* 1. Proteger. 2. Auxiliar; prestar auxílio ou socorro a. 3. Falar a favor de. *v.p.* 4. Resistir a um ataque. 5. Rebater uma acusação. 6. Cavar a vida. *Part.:* defendido e defeso. A forma irregular é usada apenas no sentido de proibir.

de·fen·sá·vel *adj.2gên.* Que pode ser defendido.

de·fen·si·va *s.f.* Posição de quem se defende.

de·fen·si·vo *adj.* Próprio para se defender.

de·fen·sor *s.m.* Aquele que defende.

de·fe·rên·ci·a *s.f.* Consideração; condescendência; respeito.

de·fe·ren·te *adj.2gên.* Que defere; condescendente. *V. diferente.*

de·fe·ri·men·to *s.m.* Ato ou efeito de deferir.

de·fe·rir *v.t.d.* 1. Outorgar; conferir. 2. Anuir ao que se pede ou requer; atender. *v.t.i.* 3. Atender; condescender; ter acatamento. *V. diferir.* ★

de·fe·sa (ê) *s.f.* 1. Ação de defender-se. 2. Aquilo que serve para defender. 3. Resistência a um ataque. 4. Pessoa que patrocina outra, em juízo.

de·fe·so (ê) *adj.* Proibido.

de·fi·ci·ên·ci·a *s.f.* 1. Insuficiência; falta. 2. Imperfeição.

de·fi·ci·en·te *adj.2gên.* 1. Imperfeito. 2. Em que há deficiência.

de·fi·cit (defiquit, *us.* déficit) *Lat. s.m.* O que falta numa conta, numa receita, etc.

de·fi·ci·tá·ri·o *adj.* Que apresenta *deficit*.

de·fi·nha·men·to *s.m.* 1. Ato de definhar. 2. Emagrecimento. 3. Decadência.

de·fi·nhar *v.t.d.* 1. Tornar magro. *v.i.* 2. Consumir-se aos poucos. 3. Murchar.

de·fi·ni·ção *s.f.* 1. Ação de definir(-se). 2. Decisão em matéria duvidosa.

de·fi·ni·do *s.m.* 1. O que se definiu. *adj.* 2. Determinado; fixo.

de·fi·nir *v.t.d.* 1. Dar a definição de. 2. Expor com precisão. *v.p.* 3. Ser definido.

de·fi·ni·ti·vo *adj.* 1. Que define. 2. Que termina; final. 3. Exato, preciso.

de·fla·ção *s.f.* Ação de retirar de circulação uma parte do papel-moeda (opõe-se a inflação).

de·fla·gra·ção *s.f.* 1. Combustão com chama intensa. 2. *fig.* Difusão como de incêndio. 3. Irrupção.

de·fla·grar *v.t.d.* 1. Queimar com chama cintilante. 2. Excitar. *v.i.* 3. Arder, fazendo explosão ou lançando chama. 4. Irromper repentinamente.

de·flo·ra·men·to *s.m.* Ato ou efeito de deflorar.

de·flo·rar *v.t.d.* 1. Tirar a flor a; desflorar. 2. Violar a virgindade de.

de·flu·ir *v.i.* Ir correndo; manar (um líquido).

de·flú·vi:o *s.m.* Ato de defluir; escoamento de líquidos.

de·flu·xo (cs) *s.m.* Corrimento nasal.

de·for·ma·ção *s.f.* Ação ou efeito de deformar.

de·for·mar *v.t.d.* 1. Alterar a forma de. *v.p.* 2. Perder a forma primitiva; alterar-se.

de·for·mi·da·de *s.f.* 1. Irregularidade de conformação. 2. Aleijão. 3. Falta de proporção.

de·frau·da·ção *s.f.* 1. Ação de defraudar. 2. Espoliação fraudulenta.

de·frau·dar *v.t.d.* 1. Espoliar com fraude. 2. Usar de astúcia para iludir as disposições de. 3. Privar de modo fraudulento.

de·fron·ta·ção *s.f.* 1. Ação de defrontar. 2. Estado do que se defronta.

de·fron·tar *v.t.i.* 1. Estar fronteiro. 2. Pôr-se defronte; encarar. *v.t.d.* 3. Enfrentar. *v.p.* 4. Confrontar-se.

de·fron·te *adv.* 1. Em frente. 2. Face a face. 3. Frente a frente.

de·fu·ma·ção *s.f.* Ação de defumar.

de·fu·ma·dor *adj.* 1. Que defuma. *s.m.* 2. Aquele que defuma. 3. Recipiente em que se queimam substâncias próprias para defumar.

de·fu·mar *v.t.d.* 1. Expor, curar ao fumo ou fumaça. 2. Fazer fumaça a. 3. Perfumar. *v.p.* 4. Perfumar-se.

de·fun·to *adj.2gên.* 1. Que faleceu; extinto. 2. Esquecido. *s.m. sobrecomum* 3. Cadáver; pessoa que morreu.

de·ge·lar *v.t.d.* 1. Derreter (o que estava congelado). 2. Aquecer. *v.i.* e *v.p.* 3. Derreter-se (o que estava congelado).

de·ge·lo (ê) *s.m.* Ato de degelar.

de·ge·ne·ra·ção *s.f.* Ação de degenerar.

de·ge·ne·ra·do *adj.* 1. Que degenerou; corrompido; depravado. *s.m.* 2. Indivíduo degenerado.

de·ge·ne·rar *v.i.* e *v.p.* 1. Perder as qualidades primitivas. 2. Corromper-se. *v.t.i.* 3. Desviar-se (das qualidades primitivas).

de·ge·ne·ra·ti·vo *adj.* Que revela degeneração.

de·ge·ne·res·cên·ci·a *s.f.* 1. Ação de degenerar. 2. Alteração dos caracteres de um corpo organizado.

de·ge·ne·res·cen·te *adj.2gên.* Que revela degenerescência.

de·glu·ti·ção *s.f.* Ação ou efeito de deglutir.

de·glu·tir *v.t.d.* Engolir.

de·go·la (ó) *s.f.* 1. Degolação. 2. *fig.* Corte. 3. Reprovação em massa.

de·go·la·ção *s.f.* Ação de degolar; decapitação.

de·go·lar *v.t.d.* Cortar o pescoço a; decapitar.

de·gra·da·ção *s.f.* 1. Ação ou efeito de degradar. 2. Destituição humilhante de um grau, de um cargo, de uma dignidade.

de·gra·dan·te *adj.2gên.* Que degrada, avilta, humilha; infamante.

de·gra·dar *v.t.d.* 1. Privar de graus, dignidades, cargos, empregos. 2. Tornar desprezível; aviltar. *v.p.* 3. Rebaixar-se; envilecer-se. *V.* **degredar**.

de·grau *s.m.* Parte em que se apoia o pé, subindo ou descendo uma escada.

de·gre·da·do *adj.* e *s.m.* Que, ou o que sofreu pena de degredo.

de·gre·dar *v.t.d.* 1. Impor a pena de degredo a. 2. Exilar; desterrar. *V.* **degradar**.

de·gre·do (ê) *s.m.* 1. Desterro a que a justiça condena certos criminosos. 2. Lugar onde é cumprida essa pena; exílio.

de·grin·go·lar *v.i.* 1. Rolar; cair. 2. *fig.* Decair.

de·gus·ta·ção *s.f.* Ação ou efeito de degustar.

de·gus·tar *v.t.d.* Provar; avaliar pelo paladar.

de:i·ci·da *adj.2gên.* e *s.2gên.* 1. Que ou quem mata um deus. 2. Que ou pessoa que cooperou na morte de Cristo.

de·i·cí·di:o *s.m.* 1. Morte infligida a um deus. 2. Morte que se deu a Cristo.

dei·da·de *s.f.* 1. Divindade. 2. *fig.* Mulher linda.

de·i·fi·ca·ção *s.f.* Divinização.

de·i·fi·car *v.t.d.* 1. Incluir no número dos deuses; endeusar. 2. Fazer a apoteose de.

dei·ta·da *s.f.* Ação de deitar-se.

dei·tar *v.t.d.* 1. Estender ao comprido. 2. Arremessar. *v.p.* 3. Estender-se; lançar-se ao comprido sobre o leito ou no chão.

dei·xa (ch) *s.f.* 1. Ação ou efeito de deixar. 2. Palavra que, nos papéis dos atores, indica que um acabou de falar e o outro vai começar.

dei·xar (ch) *v.t.d.* 1. Separar-se de. 2. Largar; soltar. 3. Pôr de parte. 4. Demitir-se de. 5. Ceder, legar. *v.t.i.* 6. Cessar; desistir; evitar. 7. Consentir; permitir.

de·je·ção *s.f.* 1. Evacuação de matérias fecais. 2. Essas matérias fecais. 3. Matérias expulsas pelos vulcões.

de·je·tar *v.t.d.* e *v.i.* 1. Defecar. 2. *por ext.* Expelir, soltar, lançar.

de·je·to (é) *s.m.* 1. Ato de evacuar excrementos. 2. Matérias fecais expelidas de uma vez.

de·la·ção *s.f.* Ação de delatar; denúncia. *V.* **dilação**.

de·lam·bi·do *adj.* 1. Diz-se do indivíduo afetado, presumido. *s.m.* 2. Esse indivíduo.

de·la·tar *v.t.d.* 1. Denunciar como autor de um crime. 2. Denunciar; revelar. *v.p.* 3. Denunciar-se como culpado. *V.* **dilatar**.

de·la·tor *s.m.* O que delata.

de·le (ê) *contr. Prep.* **de** com o *pron.* **ele**. *Fem.:* dela. *Pl.:* deles, delas.

de·le·ga·ção *s.f.* 1. Ação de delegar. 2. Comissão dada para representação daquele que a dá.

de·le·ga·ci·a *s.f.* Cargo ou repartição do delegado.

de·le·ga·do *s.m.* 1. O que é autorizado por outrem a representá-lo. 2. O que tem a seu cargo serviço público dependente de autoridade superior. 3. A maior autoridade policial numa delegacia.

de·le·gar *v.t.d.* 1. Transmitir (poderes) por delegação. 2. Enviar (alguém) com poderes de julgar, obrar ou resolver.

de·lei·tar *v.t.d.* 1. Causar deleite a; deliciar. *v.p.* 2. Deliciar-se; sentir ou receber grande prazer.

de·lei·te *s.m.* 1. Delícia. 2. Prazer suave. 3. Voluptuosidade.

de·le·tar *v.t.d. Inform.* Destruir, eliminar; apagar um texto (forma aportuguesa do inglês *to delete*).

de·le·té·ri:o *adj.* 1. Que destrói, corrompe, prejudica. 2. Nocivo à saúde. 3. Danoso.

del·fim *s.m. Zool.* O mesmo que golfinho.

del·ga·do *adj.* 1. De pouca grossura. 2. Magro. 3. Pouco espesso. 4. Fino. *s.m.* 5. A parte delgada de certos objetos.

de·li·be·ra·ção *s.f.* Ação de deliberar; resolução.

de·li·be·rar *v.t.d.* 1. Decidir, resolver, depois de exame e discussão. 2. Premeditar. *v.i.* e *v.t.i.* 3. Discorrer, meditar no que se há de fazer.

de·li·be·ra·ti·vo *adj.* Concernente a deliberação.

de·li·ca·de·za (ê) *s.f.* 1. Qualidade de delicado. 2. Cortesia.

de·li·ca·do *adj.* 1. Cortês; atencioso. 2. Fraco; frágil. 3. Meigo; suave; mimoso. 4. Complicado; difícil. 5. Doentio.

de·li·ca·tés·sen *s.f.* Estabelecimento comercial onde se vendem comidas prontas, além de pães, frios, bebidas, etc. *Pl.:* delicatessens.

de·lí·ci·a *s.f.* 1. Aquilo que delicia. 2. Encanto. 3. Volúpia; deleite.

de·li·ci·ar *v.t.d.* 1. Causar delícia a. *v.p.* 2. Sentir delícia; deleitar-se.

de·li·ci·o·so (ô) *adj.* Que provoca delícia. *Pl.:* deliciosos (ó).

de·li·mi·tar *v.t.d.* 1. Fixar os limites de. 2. Circunscrever; demarcar. 3. Restringir.

de·li·ne·a·men·to *s.m.* Ato de delinear.

de·li·ne·ar *v.t.d.* 1. Traçar; esboçar. 2. Descrever de modo sucinto. 3. Projetar; planear. 4. Demarcar.

de·lin·quên·ci·a (qüên) *s.f.* 1. Ação de delinquir. 2. Estado ou qualidade de delinquente.

de·lin·quen·te (qüen) *adj.2gên.* e *s.2gên.* Diz-se de ou pessoa que delinquiu.

de·lin·quir (qüir) *v.i.* Cometer delito.

de·lí·qui·o *s.m.* Síncope (1).

de·lir *v.t.d.* 1. Dissolver; desfazer. 2. Apagar.★★

de·li·ran·te *adj.2gên.* 1. Que delira. 2. Que entusiasma. 3. Arrebatador.

de·li·rar *v.i.* 1. Ter delírio; tresvariar. 2. Exaltar-se. 3. Estar muito apaixonado. *v.t.i.* 4. Não caber em si de contente.

de·lí·ri·o *s.m.* 1. Perturbação das faculdades intelectuais. 2. Excesso de sentimento. 3. Desvario. 4. Exaltação; entusiasmo.

de·li·to *s.m.* 1. Fato que a lei declara punível. 2. Culpa. 3. Crime.

de·li·tu·o·so (ô) *adj.* Em que há delito. *Pl.:* delituosos (ó).

de·lon·ga *s.f.* Demora; adiamento; dilação.

de·lon·gar *v.t.d.* 1. Transferir para outro momento; adiar, retardar. *v.t.d.* e *v.p.* 2. Prolongar(-se).

del·ta *s.m.* 1. A quarta letra do alfabeto grego, correspondente ao nosso *d*. 2. *Geog.* Terreno triangular situado entre dois braços de um rio, junto à sua foz.

del·toi·de *adj.2gên.* Em forma de delta.

de·ma·go·gi·a *s.f.* Promessas de realizações maravilhosas para iludir as massas.

de·ma·gó·gi·co *adj.* Concernente a demagogia.

de·ma·go·go (ô) *s.m.* 1. Partidário da demagogia. 2. Aquele que excita as paixões populares.

de·mais[1] *adv.* 1. Em excesso. 2. Além disso.

de·mais[2] *pron.indef.pl.* Os outros, os restantes (usado geralmente precedido de *art.:* os demais).

de·man·da *s.f.* 1. Ação de demandar. 2. Ação judicial; litígio. 3. *Econ.* Procura.

de·man·dar *v.t.d.* 1. Ir em busca de. 2. Pedir; requerer. 3. Intentar ação judicial contra.

de·mão *s.f.* 1. Camada de tinta ou cal que se estende numa superfície. 2. Ajuda; auxílio.

de·mar·ca·ção *s.f.* Ação de demarcar.

de·mar·car *v.t.d.* Traçar os limites de; delimitar; definir.

de·ma·si·a *s.f.* 1. O que é demais. 2. Excesso.

de·ma·si·a·do *adj.* Excessivo; abusivo.

de·mên·ci·a *s.f.* 1. Alienação mental. 2. Privação do uso da razão. 3. Loucura.

de·men·te *adj.2gên.* e *s.2gên.* Que ou pessoa que apresenta demência.

de·mé·ri·to *s.m.* Falta de merecimento.

de·mis·si·o·ná·ri·o *adj.* Que pediu demissão.

de·mi·tir *v.t.d.* 1. Destituir de um emprego, cargo ou dignidade. *v.p.* 2. Pedir demissão; exonerar-se.

de·mo¹ (ê) *s.m.* 1. Demônio; diabo. *sobrecomum* 2. Indivíduo de mau gênio.

de·mo² (ê) *s.f. Inform.* Fita de áudio ou de vídeo, filme ou programa de computador produzidos para simples demonstração (forma reduzida de demonstração).

de·mo·cra·ci·a *s.f.* Sistema de governo que se caracteriza pela liberdade do ato eleitoral, pela divisão dos poderes e pelo controle da autoridade.

de·mo·cra·ta *s.2gên.* Pessoa partidária da democracia ou do governo democrático.

de·mo·crá·ti·co *adj.* 1. Concernente à democracia. 2. Que pertence à democracia.

de·mo·cra·ti·za·ção *s.f.* Ação ou efeito de democratizar.

de·mo·cra·ti·zar *v.t.d.* 1. Tornar democrata ou democrático. 2. Popularizar.

de·mo·gra·fi·a *s.f.* Estatística da população.

de·mo·grá·fi·co *adj.* Que se refere ou pertence à demografia.

de·mo·lhar *v.t.d.* Pôr de molho.

de·mo·li·ção *s.f.* Ação de demolir.

de·mo·lir *v.t.d.* 1. Destruir. 2. Deitar por terra. 3. Arrasar; aniquilar.★★

de·mo·ne·ti·zar *v.t.d.* Tirar o valor corrente e legal de uma moeda.

de·mo·ní·a·co *adj.* 1. Concernente a demônio. 2. Diabólico.

de·mô·ni·o *s.m.* 1. Gênio do mal; diabo; espírito maligno. *sobrecomum* 2. Indivíduo turbulento, de mau gênio. 3. Pessoa muito feia. 4. Pessoa má.

de·mo·no·gra·fi·a *s.f.* Tratado da natureza ou influência dos demônios.

de·mo·no·la·tri·a *s.f.* Culto dos demônios.

de·mo·no·lo·gi·a *s.f.* Demonografia.

de·mons·tra·ção *s.f.* 1. Ação ou efeito de demonstrar. 2. Explicação que estabelece prova evidente e convincente. *V. demo².*

de·mons·trar *v.t.d.* 1. Fazer a demonstração de. 2. Explicar, mostrando o objeto de que se trata. 3. Provar; revelar.

de·mons·tra·ti·vo *adj.* 1. Que demonstra ou serve para tal. 2. *Gram.* Diz-se do pronome que localiza a coisa ou ideia de que se fala ou a pessoa de quem se fala. *s.m.* 3. *Gram.* Pronome demonstrativo. 4. O que demonstra; comprovante.

de·mo·ra (ó) *s.f.* 1. Ação de demorar. 2. Dilação.

de·mo·rar *v.t.d.* 1. Retardar. 2. Deter. 3. Fazer esperar. 4. Fazer parar. *v.t.i.* 5. Estar situado. 6. Ficar; permanecer. *v.p.* 7. Estar parado.

de·mo·ver *v.t.d.* 1. Deslocar. 2. Fazer renunciar a uma pretensão. 3. Desviar. 4. Dissuadir. *v.p.* 5. Mover-se de um lugar para outro.

de·mu·dar *v.t.d.* 1. Mudar. 2. Tornar diferente do que era. *v.p.* 3. Mudar de aspecto.

den·dê *s.m.* 1. *Bot.* O mesmo que dendezeiro. 2. *Bot.* O fruto do dendezeiro. 3. Óleo extraído desse fruto, usado na culinária, na produção de sabão e lubrificantes, bem como na indústria siderúrgica; azeite de dendê.

den·de·zei·ro *s.m. Bot.* Espécie de palmeira originária da África ocidental e cultivada no Brasil, de cujos frutos se extrai um óleo com diversas utilidades; dendê.

de·ne·gar *v.t.d.* 1. Negar; recusar. 2. Desmentir. 3. Indeferir; não conceder. 4. Obstar.

de·ne·grir *v.t.d.* 1. Tornar negro, escuro. 2. Macular; manchar. 3. Infamar.★

den·go *s.m.* 1. Birra ou choradeira infantil; manha (3) (4). 2. Jeito gracioso; meiguice. 3. Comportamento para receber atenção, consolo ou para seduzir alguém.

den·go·so (ô) *adj.* Cheio de denguice; cheio de dengues. *Pl.:* dengosos (ó).

den·gue *adj.2gên.* 1. Afetado. 2. Presumido. *s.m.* 3. Faceirice. *s.f.* 4. *Med.* Doença que se caracteriza por febre, cefaleia, inflamação da garganta, dores musculares, etc.

de·no·da·do *adj.* 1. Que tem denodo. 2. Ousado; valoroso; intrépido.

de·no·do (ô) *s.m.* 1. Intrepidez; ousadia. 2. Desembaraço.

de·no·mi·na·ção *s.f.* 1. Ação de denominar. 2. Designação; nome.

de·no·mi·na·dor *adj.* e *s.m.* Que ou o que denomina.

de·no·mi·nar *v.t.d.* 1. Indicar o nome de. 2. Pôr nome a; nomear. *v.p.* 3. Intitular-se.

de·no·tar *v.t.d.* 1. Mostrar por meio de certos sinais. 2. Significar. 3. Simbolizar.

den·si·da·de *s.f.* 1. Qualidade do que é denso. 2. Espessura. 3. Concentração de população.

den·so *adj.* Espesso; cerrado; compacto.

den·ta·da *s.f.* 1. Ferimento com os dentes; mordidela. 2. Sinal de mordedura.

den·ta·do *adj.* 1. Guarnecido de dentes. 2. Que se recortou em dentes.

den·ta·du·ra *s.f.* 1. Conjunto dos dentes nas pessoas e nos animais. 2. O conjunto dos dentes artificiais.

den·tal *adj.2gên.* 1. Concernente aos dentes. 2. Que pertence aos dentes.

den·tar *v.t.d.* 1. Morder. 2. Produzir dentes em algo; dentear. 3. *v.i.* Começar a apresentar dentição.

den·tá·ri·o *adj.* Concernente aos dentes.

den·te *s.m.* 1. *Anat.* Cada um dos órgãos ósseos da boca que servem para mastigar ou morder. 2. Cada uma das pontas que guarnecem a engrenagem de determinados instrumentos.

den·te·ar *v.t.d.* O mesmo que dentar (2).

den·ti·ção *s.f.* Formação e nascimento dos dentes.

den·ti·cu·la·do *adj.* Recortado em forma de pequenos dentes.

den·ti·cu·lar *adj.2gên.* 1. Que tem dentículos. 2. Que tem entalhes em forma de dentes.

den·tí·cu·lo *s.m.* 1. Dente pequeno. 2. Entalhe em forma de dente, em obras de arquitetura.

den·ti·frí·ci·o *s.m.* O que serve para limpar os dentes.

den·ti·na *Anat. s.f.* Marfim, esmalte dos dentes.

den·tis·ta *s.2gên.* Profissional que trata de moléstias dentárias e restaura ou substitui dentes.

den·tre *prep.* Do meio de.

den·tro *adv.* Na parte ou no lado interior.

den·tu·ço *adj.* e *s.m.* Que ou o que tem dentes grandes.

de·nún·ci·a *s.f.* Ação de denunciar.

de·nun·ci·ar *v.t.d.* 1. Delatar. 2. Acusar em segredo. 3. Comunicar; revelar; dar a conhecer. *v.p.* 4. Revelar-se à justiça. 5. Dar-se a conhecer.

de·on·to·lo·gi·a *s.f.* 1. Parte da filosofia que trata dos deveres. 2. Ciência da moral.

de·pa·rar *v.t.d.* 1. Fazer que apareça de repente. *v.t.i.* 2. Encontrar casualmente. *v.p.* 3. Chegar, vir, aparecer inesperadamente.

de·par·ta·men·to *s.m.* 1. Divisão administrativa da França e de outros países. 2. Repartição administrativa.

de·par·tir *v.t.d.* 1. Repartir; distribuir. 2. Separar; apartar. 3. Narrar minuciosamente. *v.i.* 4. Praticar; conversar.

de·pau·pe·ra·do *adj.* Debilitado, enfraquecido, exaurido.

de·pau·pe·rar *v.t.d.* 1. Tornar pobre. 2. Esgotar as forças, os recursos de. 3. Extenuar. *v.p.* 4. Enfraquecer-se; perder as forças.

de·pe·nar *v.t.d.* 1. Tirar as penas a. 2. *fig.* Extorquir dinheiro por meio de astúcia. *v.p.* 3. Ir perdendo as penas.

de·pen·dên·ci·a *s.f.* 1. Estado de quem ou daquilo que é ou está dependente. 2. Subordinação. 3. Edificação anexa a uma casa.

de·pen·den·te *adj.2gên.* Que depende.

de·pen·der *v.t.i.* 1. Estar na dependência. 2. Estar sujeito, subordinado a. 3. Estar sob a influência, sob o domínio de.

de·pen·du·rar *v.t.d.*, *v.i.* e *v.p.* Pendurar-se. *V.* **despendurar**.

de·pi·la·ção *s.f.* Ato ou efeito de depilar.

de·pi·lar *v.t.d.* Arrancar o pelo ou o cabelo a; pelar.

de·pi·la·tó·ri·o *adj.* 1. Que depila. *s.m.* 2. Medicamento próprio para fazer cair o pelo.

de·plo·ra·ção *s.f.* 1. Ação de deplorar. 2. Lamentação; lamúria.

de·plo·rar *v.t.d.* 1. Lamentar com sentimento de piedade, pesar, dor. *v.p.* 2. Lamentar-se.

de·plo·rá·vel *adj.2gên.* 1. Digno de deploração. 2. Lastimável; detestável.

de·po·en·te (ê) *s.2gên.* Pessoa que depõe em juízo como testemunha.

de·po·i·men·to *s.m.* 1. Ato de depor. 2. O que as testemunhas depõem.

de·pois *adv.* 1. Em tempo posterior. 2. Em seguida. 3. Além disso.

de·por *v.t.d.* 1. Pôr de lado ou no chão. 2. Despojar do cargo ou dignidade. 3. Deixar. 4. Perder. 5. Declarar em juízo. *v.t.i.* 6. Fornecer indícios, provas. ★

de·por·ta·ção *s.f.* Ato ou efeito de deportar.

de·por·tar *v.t.d.* 1. Levar para fora. 2. Desterrar. 3. Condenar a degredo.

de·po·si·tan·te *adj.* e *s.2gên.* Que ou pessoa que deposita.

de·po·si·tar *v.t.d.* 1. Pôr em depósito. 2. Guardar (em lugar seguro). 3. Confiar. 4. Dar a guardar por algum tempo. *v.p.* 5. Assentar; ficar no fundo.

de·po·si·tá·ri·o *s.m.* 1. Aquele que recebe em depósito. 2. *fig.* Confidente.

de·pó·si·to *s.m.* 1. Ato de depositar. 2. Aquilo que se dá a guardar. 3. Lugar onde se depositou. 4. Estado do que se depositou. 5. Armazém.

depravação

de·pra·va·ção *s.f.* 1. Ação ou efeito de depravar. 2. Corrupção. 3. Decadência.

de·pra·var *v.t.d.* 1. Corromper; perverter (no sentido físico e moral). 2. Alterar; estragar. 3. Falsificar. *v.p.* 4. Perverter-se, degenerar.

de·pre·ca·ção *s.f.* 1. Ação de deprecar. 2. Pedido; súplica.

de·pre·car *v.t.d.* e *v.i.* 2. Solicitar urgentemente; instar (1) (2).

de·pre·ci·a·ção *s.f.* 1. Baixa de valor ou de preço. 2. *fig.* Desdém.

de·pre·ci·ar *v.t.d.* 1. Rebaixar o valor, o preço de. 2. *fig.* Aviltar; desprezar.

de·pre·ci·a·ti·vo *adj.* 1. Em que há depreciação. 2. *fig.* Humilhante; desdenhoso.

de·pre·da·ção *s.f.* 1. Roubo; saque. 2. Ação de depredar.

de·pre·dar *v.t.d.* 1. Fazer depredações. 2. Roubar; saquear. 3. Assolar.

de·pre·en·der *v.t.d.* 1. Chegar ao conhecimento de. 2. Deduzir; inferir; concluir.

de·pres·sa (é) *adv.* Com brevidade; sem demora.

de·pres·são *s.f.* 1. Ação de deprimir. 2. Abaixamento de nível. 3. *fig.* Enfraquecimento; abatimento físico ou moral.

de·pres·si·vo *adj.* 1. Deprimente. 2. Que revela depressão.

de·pri·men·te *adj.2gên.* Que deprime.

de·pri·mi·do *adj.* Abatido; humilhado.

de·pri·mir *v.t.d.* 1. Causar depressão em. 2. Abaixar; diminuir. 3. Abater; humilhar; aviltar. *v.p.* 4. Abater-se.

de·pu·ra·ção *s.f.* 1. Ato ou efeito de depurar. 2. Purificação.

dermatose

de·pu·rar *v.t.d.* 1. Tornar puro; purificar. 2. Limpar. 3. Excluir (representante eleito) não apurando os votos por ele obtidos. *v.p.* 4. Limpar-se; purificar-se.

de·pu·ra·ti·vo *adj.* e *s.m.* 1. Que ou aquilo que depura. 2. *pop.* Medicamento para limpar o sangue.

de·pu·ta·do *s.m.* 1. O que é comissionado para tratar dos negócios de outrem. 2. Membro eleito da Assembleia Legislativa.

de·pu·tar *v.t.d.* 1. Delegar. 2. Enviar em comissão. 3. Incumbir. 4. Destinar.

de·ri·va *s.f.* 1. Derivação. 2. Deslocação, desvio do rumo. *loc. adv.* **À deriva**: 1. desgarrado, ao sabor da corrente; 2. desnorteado.

de·ri·va·ção *s.f.* 1. Ação ou efeito de derivar. 2. *Gram.* Processo de formação de palavras por meio de uma palavra base (primitiva) ampliando-a ou abreviando-a. 3. *fig.* Origem.

de·ri·va·do *adj.* 1. Proveniente, originário. 2. Desviado. *s.m.* 3. *Gram.* Vocábulo que deriva de outro.

de·ri·var *v.t.d.* 1. Desviar (curso de água). 2. Formar (uma palavra de outra). 3. Fazer provir. *v.i.* 4. Manar; decorrer. 5. Originar; provir. *v.p.* 6. Originar-se.

de·ri·va·ti·vo *adj.* 1. Concernente a derivação. *s.m.* 2. *Med.* Revulsivo. 3. Ocupação com a qual se procura desviar um pensamento triste, uma ideia fixa.

der·ma *s.m.* Derme.

der·ma·to·lo·gi·a *s.f.* Ramo da medicina que estuda as doenças da pele.

der·ma·to·lo·gis·ta *s.2gên.* Especialista em dermatologia.

der·ma·to·se (ó) *s.f. Med.* Nome comum às doenças da pele.

der·me (é) *s.f.* Camada profunda da pele. *Var.:* derma.

der·ra·bar *v.t.d.* Cortar o rabo ou a cauda.

der·ra·dei·ro *adj.* 1. Último. 2. Que termina a série de. 3. Que está depois.

der·ra·ma *s.f.* Tributo local que se reparte proporcionalmente aos rendimentos de cada contribuinte.

der·ra·ma·ção *s.f.* Ação de derramar; derramamento.

der·ra·ma·men·to *s.m.* Derramação.

der·ra·mar *v.t.d.* 1. Verter. 2. Deixar correr por fora. 3. Fazer correr (um líquido). 4. Esparzir; espalhar. 5. Entornar. *v.p.* 6. Entornar-se. 7. Espalhar-se; dispersar-se.

der·ra·me *s.m.* 1. Derramação. 2. *Med.* Acúmulo de líquido ou de gases numa cavidade.

der·ra·pa·gem *s.f.* Ação de derrapar.

der·ra·par *v.i.* Escorregar de lado (o automóvel), perdendo a direção.

der·re·a·do *adj.* Diz-se da pessoa ou animal que se curva por efeito de fadiga, pancadas, etc.

der·re·ar *v.t.d.* 1. Fazer que se curve por efeito de peso, pancadas, fadiga, etc. 2. Extenuar; prostrar. *v.p.* 3. Curvar-se; inclinar-se. 4. Perder o ânimo; esmorecer.

der·re·dor *adv.* 1. Em volta; à roda. *loc. prep.* **Em derredor de**: em volta de.

der·re·ter *v.t.d.* 1. Tornar líquido. 2. Amolecer. 3. Fundir. *v.p.* 4. Tornar-se líquido; dissipar-se. 5. Apaixonar-se.

der·re·ti·men·to *s.m.* 1. Ato de derreter. 2. *fig.* Denguice; afetação.

der·ri·bar *v.t.d.* 1. Lançar por terra. 2. Abater; prostrar. *V.* **derrubar**.

der·ri·çar *v.t.d.* 1. Destramar. 2. Puxar, com as mãos ou com os dentes, a fim de dilacerar. *v.i.* 3. Troçar; dirigir motejos a. 4. *pop.* Namorar.

der·ri·ço *s.m. pop.* 1. Namoro. 2. Escárnio. *sobrecomum* 3. O namorado ou a namorada.

der·ri·são *s.f.* Zombaria; riso de mofa.

der·ro·ca·da *s.f.* 1. Ruína. 2. Desmoronamento. 3. Queda.

der·ro·car *v.t.d.* 1. Desmoronar. 2. Destruir; arrasar. 3. Derribar do poder. *V.* **derrogar**.

der·ro·ga·ção *s.f.* Ação de derrogar.

der·ro·gar *v.t.d.* 1. Anular. 2. Substituir (preceitos legais). *v.t.i.* 3. Produzir alteração essencial. 4. Conter disposições contrárias a. *V.* **derrocar**.

der·ro·ta (ó) *s.f.* 1. Ação ou efeito de derrotar, de vencer. 2. Ruína.

der·ro·tar *v.t.d.* 1. Destroçar. 2. Vencer em discussão, jogo, competência, habilidade. 3. Cansar; prostrar.

der·ro·tis·mo *s.m.* Sistema daqueles que só acreditam em derrotas, em fracassos.

der·ro·tis·ta *adj.2gên.* e *s.2gên.* Diz-se de pessoa partidária do derrotismo.

der·ru·ba *s.f.* 1. Ação de abater grande número de árvores. 2. Demissão em massa de funcionários públicos, derrubada.

der·ru·ba·da *s.f.* Derruba.

der·ru·bar *v.t.d.* 1. Derribar. *Inform.* 2. Interromper ou abortar; no multiprocessamento, diz-se que um comando, ao suspender um processo e devolver o controle à rotina que o chamou, "mata" ou "derruba" o processo. 3. Interromper execução de um sistema. *V.* **derribar**.

der·ru·ir *v.t.d.* 1. Desmoronar. 2. Destruir. 3. Anular. 4. Derribar.

de·sa·ba·do *adj.* 1. De abas largas, direitas ou caídas. 2. Que desabou.

de·sa·ba·far *v.t.d.* 1. Descobrir; desagasalhar. 2. Tornar livre (a respiração). 3. Dizer com franqueza. 4. Livrar. *v.i.* 5. Dizer o que pensa ou sente.

de·sa·ba·fo *s.m.* 1. Ato ou efeito de desabafar. 2. Expansão. 3. Desafogo.

de·sa·ba·la·do *adj. pop.* 1. Imenso; desmedido. 2. Excessivo. 3. Precipitado.

de·sa·ba·men·to *s.m.* Ato ou efeito de desabar.

de·sa·bar *v.t.d.* 1. Abaixar a aba de. 2. Dar; vibrar. *v.i.* 3. Desmoronar-se; cair.

de·sa·bi·ta·do *adj.* Que não tem habitantes; deserto.

de·sa·bi·tu·ar *v.t.d.* 1. Fazer perder o hábito a. *v.p.* 2. Desacostumar-se.

de·sa·bo·na·do *adj.* Desacreditado.

de·sa·bo·na·dor *adj.* Que desabona.

de·sa·bo·nar *v.t.d.* 1. Desacreditar. *v.p.* 2. Perder o crédito, a autoridade.

de·sa·bo·no (ô) *s.m.* Ato ou efeito de desabonar.

de·sa·bo·to·ar *v.t.d.* 1. Descerrar (o que está abotoado). 2. Tirar da casa os botões de. *v.p.* 3. Abrir o próprio vestuário, desabotoando-o.

de·sa·bra·çar *v.t.d.* Soltar dos braços (o que estava abraçado).

de·sa·bri·do *adj.* Rude; áspero; violento.

de·sa·bri·gar *v.t.d.* 1. Tirar o abrigo a. 2. Desproteger. *v.p.* 3. Sair do abrigo; expor-se às intempéries.

de·sa·bri·go *s.m.* 1. Falta de abrigo. 2. Desamparo.

de·sa·bri·men·to *s.m.* 1. Rudeza; aspereza no trato. 2. Rigor do tempo.

de·sa·brir *v.t.d.* 1. Abrir mão de. 2. Abandonar. *v.p.* 3. Encolerizar-se; irritar-se.

de·sa·bro·char *v.t.d.* 1. Desapertar (o que estava preso com broche). 2. Abrir; descerrar. *v.i.* e *v.p.* 3. Abrir-se (a flor). 4. Romper; soltar-se.

de·sa·bu·sa·do *adj.* 1. Inconveniente. 2. Petulante; atrevido. 3. Sem preconceitos. 4. Confiado. 5. Insolente.

de·sa·ca·tar *v.t.d.* 1. Desrespeitar; ofender. 2. Profanar. 3. Afrontar. 4. Vexar.

de·sa·ca·to *s.m.* 1. Falta de acatamento. 2. Espanto, admiração.

de·sa·cau·te·lar *v.t.d.* 1. Não ter cautela com. *v.p.* 2. Descuidar-se; ser imprevidente.

de·sa·ce·le·rar *v.t.d.* e *v.i.* 1. Diminuir a velocidade. 2. *por ext.* Diminuir ou retardar o ritmo ou o desenvolvimento de algo.

de·sa·cer·to (ê) *s.m.* 1. Ausência de acerto. 2. Erro. 3. Descuido. 4. Tolice.

de·sa·com·pa·nha·do *adj.* 1. Sem companhia; só. 2. Desprotegido.

de·sa·com·pa·nhar *v.t.d.* 1. Deixar de acompanhar. 2. Deixar de proteger, de dar apoio. 3. Não estar de acordo com.

de·sa·con·se·lhar *v.t.d.* Dissuadir; desviar de uma resolução.

de·sa·cor·ço·a·do *adj.* Descoroçoado.

de·sa·cor·da·do *adj.* Que perdeu os sentidos; desmaiado.

de·sa·cor·dar *v.t.d.* 1. Pôr em desacordo. *v.i.* 2. Não concordar. *v.p.* 3. Perder os sentidos. 4. Deixar de estar de acordo.

desacordo

de·sa·cor·do (ô) *s.m.* 1. Ausência de acordo. 2. Divergência. 3. Desmaio.

de·sa·co·ro·ço·a·do *adj.* Descoroçoado.

de·sa·co·ro·ço·ar *v.t.d.* e *v.i.* Descoroçoar.

de·sa·cor·ren·tar *v.t.d.* 1. Desligar da corrente. 2. Desprender; soltar.

de·sa·cos·tu·mar *v.t.d.* 1. Fazer perder (hábito ou costume). *v.p.* 2. Perder o costume.

de·sa·cre·di·tar *v.t.d.* 1. Fazer perder o crédito, a reputação. 2. Desmerecer. 3. Não crer. 4. Difamar.

de·sa·fa·zer *v.t.d.* e *v.p.* Desacostumar-se. *V.* **desfazer**.★

de·sa·fei·ção *s.f.* Desafeto; desamor.

de·sa·fei·ço·ar *v.t.d.* 1. Tirar a afeição a. 2. Desgostar. *v.p.* 3. Perder a afeição.

de·sa·fei·to *adj.* Desacostumado; desabituado.

de·sa·fer·rar *v.t.d.* 1. Soltar (o que estava seguro). 2. Dissuadir; fazer desistir.

de·sa·fer·ro·lhar *v.t.d.* 1. Abrir (o que estava fechado com ferrolho). 2. Dar livre curso a. *v.p.* 3. Soltar-se; desprender-se.

de·sa·fe·ta·ção *s.f.* Ausência de afetação no comportamento de uma pessoa; naturalidade, simplicidade.

de·sa·fe·to (é) *adj.* 1. Que não tem afeto. *s.m.* 2. Falta de afeto. 3. Inimigo; adversário.

de·sa·fi·an·te *adj.2gên.* e *s.2gên.* Que ou pessoa que desafia.

de·sa·fi·ar *v.t.d.* 1. Chamar a desafio. 2. Provocar; afrontar. 3. Estimular; excitar. *v.p.* 4. Entrar em desafio.

de·sa·fi·na·do *adj.* Que desafinou, que perdeu a afinação.

desagradar

de·sa·fi·nar *v.t.d.* 1. Fazer perder a afinação. *v.i.* 2. Perder a afinação. 3. Zangar-se; irritar-se. *v.t.i.* 4. Destoar.

de·sa·fi·o *s.m.* 1. Ato de desafiar; 2. Porfia; provocação. 3. Duelo cantado.

de·sa·fi·ve·lar *v.t.d.* Desapertar a fivela de.

de·sa·fo·ga·do *adj.* Aliviado.

de·sa·fo·gar *v.t.d.* 1. Desafrontar. 2. Libertar do que afoga, oprime, sufoca. 3. Diminuir o peso de. 4. Tornar livre. *v.t.i.* 5. Consolar-se (dizendo o que pensa ou sente). *v.p.* 6. Pôr-se à vontade. 7. Desoprimir-se; desapertar-se.

de·sa·fo·go (ô) *s.m.* 1. Alívio. 2. Folga. 3. Desembaraço. 4. Fartura.

de·sa·fo·ra·do *adj.* Insolente; atrevido.

de·sa·fo·ro (ô) *s.m.* 1. Atrevimento; insolência. 2. Injúria.

de·sa·for·tu·na·do *adj.* Sem sorte; infeliz.

de·sa·fron·ta *s.f.* Ação de desafrontar; desagravo.

de·sa·fron·tar *v.t.d.* 1. Livrar de afronta. 2. Vingar. *v.p.* 3. Desagravar-se; vingar-se de afronta recebida. 4. Aliviar-se.

de·sa·gar·rar *v.t.d.* Despegar; soltar.

de·sa·ga·sa·lha·do *adj.* 1. Sem agasalho; sem roupas adequadas para proteger do frio. 2. *fig.* Sem abrigo; desprotegido.

de·sa·ga·sa·lhar *v.t.d.* 1. Tirar o agasalho a. 2. Desabrigar-se.

de·sá·gi·o *s.f.* 1. Diferença entre o valor nominal e o valor real de uma moeda, quando este é inferior àquele. 2. Perda de ágio; depreciação.

de·sa·gra·dar *v.t.d.* 1. Descontentar; desgostar. *v.t.i.* 2. Não agradar; descontentar. *v.p.* 3. Desgostar-se; descontentar-se.

desagradável   **desamarrar**

de·sa·gra·dá·vel *adj.2gên.* Que desagrada.

de·sa·gra·de·cer *v.t.d.* 1. Não agradecer. 2. Retribuir de modo ingrato.

de·sa·gra·de·ci·do *adj.* Ingrato.

de·sa·gra·do *s.m.* 1. Ausência de agrado. 2. Rudeza. 3. Ato de desagradar.

de·sa·gra·var *v.t.d.* 1. Reparar (uma ofensa). 2. Tornar menos grave; atenuar. 3. Vingar (de agravo). *v.p.* 4. Vingar-se.

de·sa·gra·vo *s.m.* 1. Reparação de agravo. 2. Desafronta.

de·sa·gre·ga·ção *s.f.* 1. Ação ou efeito de desagregar-se. 2. Separação de partes agregadas.

de·sa·gre·gar *v.t.d.* 1. Separar (o que estava agregado). 2. Fragmentar. 3. Arrancar; desarraigar. *v.p.* 4. Desunir-se.

de·sa·gua·doi·ro *s.m.* Canal, tubo ou vala para escoar águas. *Var.:* desaguadouro.

de·sa·guar *v.t.d.* 1. Esgotar a água de. 2. Lançar as suas águas (rio). *v.p.* 3. Esvaziar-se; despejar-se.

de·sai·re *s.m. desus.* 1. Ausência de elegância. 2. Inconveniência. 3. Falta de decoro.

de·sai·ro·so (ô) *adj. desus.* 1. Em que há desaire. 2. Que fica mal; inconveniente. *Pl.:* desairosos (ó).

de·sa·jei·ta·do *adj.* 1. Que não tem jeito; desastrado. 2. Pateta.

de·sa·ju·i·za·do *adj.* 1. Que não tem juízo; insensato. 2. *fam.* Imprudente; leviano.

de·sa·jus·ta·do *adj.* 1. Desordenado. 2. Transtornado. 3. Desunido. 4. *Psic.* Indivíduo que apresenta desajustamento.

de·sa·jus·ta·men·to *s.m.* 1. Desajuste. 2. *Psic.* Falta de adaptação ao meio social ou à comunidade.

de·sa·jus·tar *v.t.d.* 1. Romper (o ajuste, o acordo). 2. Separar. *v.p.* 3. Romper o ajuste.

de·sa·jus·te *s.m.* 1. Ato ou efeito de desajustar(-se). 2. Anulação de ajuste. 3. Desajustamento.

de·sa·len·ta·do *adj.* 1. Cheio de desalento. 2. Cansado; desanimado.

de·sa·len·tar *v.t.d.* 1. Tirar o ânimo, o alento a. 2. Desanimar. *v.i.* e *v.p.* 3. Desanimar-se; esmorecer.

de·sa·len·to *s.m.* Ausência de alento; desânimo.

de·sa·li·nhar *v.t.d.* 1. Tirar do alinhamento. 2. Desordenar. 3. Desenfeitar. *v.p.* 4. Desarranjar-se. 5. Desataviar-se.

de·sa·li·nha·var *v.t.d.* Tirar os alinhavos, geralmente de uma peça ou roupa que está sendo costurada.

de·sa·li·nho *s.m.* 1. Falta de alinho. 2. Descuido no traje. 3. Perturbação de ânimo.

de·sal·ma·do *adj.* Cruel; desumano.

de·sa·lo·jar *v.t.d.* 1. Fazer que saia do alojamento. 2. Fazer sair de um posto. 3. Repelir.

de·sal·te·rar *v.t.d.* 1. Fazer cessar a alteração de. 2. Abrandar; acalmar. 3. Matar a sede a. *v.p.* 4. Aplacar-se; sossegar.

de·sa·mar *v.t.d.* 1. Deixar de amar. 2. Aborrecer. *v.p.* 3. Malquerer-se; odiar-se.

de·sa·mar·rar *v.t.d.* 1. Soltar (o que estava amarrado). 2. Desprender da amarra. 3. Demover; fazer abandonar. *v.p.* 4. Desatar-se; soltar-se.

desamarrotar

de·sa·mar·ro·tar *v.t.d.* Alisar (o que estava amarrotado).

de·sa·mas·sar *v.t.d.* e *v.i.* 1. Tirar o amassado de algo; ficar sem amassado. 2. Desfazer a massa do pão para retardar a fermentação.

de·sam·bi·ção *s.f.* Falta de ambição; desprendimento.

de·sam·bi·en·tar *v.t.d.* 1. Pôr fora do ambiente adequado. *v.p.* 2. Sair de seu ambiente.

de·sa·mor *s.m.* 1. Ausência de amor. 2. Desprezo. 3. Crueldade.

de·sa·mo·ro·so (ô) *adj.* 1. Que não é amoroso. 2. Ríspido; frio. *Pl.*: desamorosos (ó).

de·sam·pa·ra·do *adj.* Que ficou ao desamparo; abandonado.

de·sam·pa·rar *v.t.d.* 1. Não amparar. 2. Deixar de dar sustento. 3. Não tratar.

de·sam·pa·ro *s.m.* Ausência de amparo; abandono.

de·san·car *v.t.d.* 1. Derrear com pancadas. 2. Bater muito em. 3. Maltratar com crítica ou em discussão.

de·san·dar *v.t.d.* 1. Fazer andar para trás. *v.i.* 2. Andar para trás. 3. Retroceder. 4. Piorar. *v.t.i.* 5. Reverter; voltar.

de·sa·ni·ma·ção *s.f.* 1. Falta de animação. 2. Desalento.

de·sa·ni·mar *v.t.d.* 1. Fazer perder o ânimo, a energia. 2. Desfavorecer. *v.i.*, *v.t.i.* e *v.p.* 3. Perder o ânimo.

de·sâ·ni·mo *s.m.* Falta de ânimo; desalento; desanimação.

de·sa·nu·vi·ar *v.t.d.* 1. Dissipar as nuvens de. 2. Desassombrar. 3. Serenar. *v.p.* 4. Limpar-se de nuvens. 5. Acalmar-se.

desapossar

de·sa·pai·xo·na·do (ch) *adj.* 1. Que não tem paixão. 2. Que procede com imparcialidade.

de·sa·pa·ra·fu·sar *v.t.d.* 1. Desatarraxar os parafusos de. 2. Tornar-se mal seguro, frouxo. *V. desparafusar*.

de·sa·pa·re·cer *v.i.* 1. Deixar de ser visto. 2. Ocultar-se. 3. Morrer. 4. Apagar-se. 5. Perder-se. *v.t.i.* 6. Afastar-se; retirar-se.

de·sa·pa·re·ci·men·to *s.m.* 1. Ato ou efeito de desaparecer. 2. Falecimento.

de·sa·pa·re·lhar *v.t.d.* 1. Tirar o aparelho a. 2. Desguarnecer.

de·sa·pe·ga·do *adj.* Independente; desafeiçoado.

de·sa·pe·gar *v.t.d.* e *v.p.* Despegar-se.

de·sa·pe·go (ê) *s.m.* 1. Ausência de apego, de afeição. 2. Desamor. 3. Desinteresse.

de·sa·per·ce·bi·do *adj.* 1. Desacautelado; desprevenido. 2. Desprovido. *V. despercebido*.

de·sa·per·tar *v.t.d.* 1. Tirar do aperto. 2. Soltar; aliviar. *v.p.* 3. Soltar-se.

de·sa·per·to (ê) *s.m.* 1. Ato ou efeito de desapertar. 2. Desafogo.

de·sa·pi·e·da·do *adj.* Desumano; cruel.

de·sa·pi·e·dar *v.t.d.* 1. Tirar a piedade a; tornar cruel, desumano. *v.p.* 2. Deixar de ter compaixão.

de·sa·pon·ta·do *adj.* 1. Desiludido, decepcionado. 2. Logrado.

de·sa·pon·ta·men·to *s.m.* 1. Surpresa. 2. Acontecimento desagradável. 3. Decepção; desilusão.

de·sa·pon·tar *v.t.d.* 1. Causar desapontamento a. 2. Tirar da pontaria.

de·sa·pos·sar *v.t.d.* 1. Privar da posse. 2. Despojar. *v.p.* 3. Privar-se do poder, da posse.

de·sa·pre·ço (ê) *s.m.* Falta de apreço.

de·sa·pren·der *v.t.d.* Esquecer (o que se sabia).

de·sa·pro·pri·a·ção *s.f.* 1. Ato ou efeito de desapropriar. 2. Ato pelo qual o poder público intervém na propriedade privada.

de·sa·pro·pri·ar *v.t.d.* 1. Privar da propriedade a. 2. Tirar (alguma coisa do seu dono). *v.p.* 3. Privar-se (do que é seu).

de·sa·pro·va·ção *s.f.* Ação ou efeito de desaprovar; censura.

de·sa·pro·var *v.t.d.* Reprovar; censurar.

de·sa·pro·vei·tar *v.t.d.* Não aproveitar; desperdiçar.

de·sa·pru·mar *v.t.d.* e *v.p.* 1. Sair ou fazer sair do prumo; inclinar(-se). 2. *fig.* Perturbar; transtornar(-se).

de·sar·ma·men·to *s.m.* 1. Ato de desarmar(-se). 2. Deposição ou entrega de armas.

de·sar·mar *v.t.d.* 1. Tirar as armas a. 2. Privar dos meios de ataque e defesa. *v.i.* 3. Depor as armas. *v.p.* 4. Deixar as armas. 5. Aplacar-se.

de·sar·mo·ni·a *s.f.* 1. Falta de harmonia. 2. Discordância; divergência. 3. Falta de proporção. 4. Má disposição.

de·sar·mo·ni·zar *v.t.d.* Produzir a desarmonia entre.

de·sar·rai·gar *v.t.d.* 1. Arrancar pela raiz. 2. Extirpar. 3. Destruir. 4. Fazer sair. *v.p.* 5. Extirpar-se. 6. Extinguir-se.

de·sar·ran·jar *v.t.d.* 1. Pôr em desordem. 2. Desconjuntar. 3. Perturbar; alterar. *v.p.* 4. Sair da ordem.

de·sar·ran·jo *s.m.* 1. Ausência de arranjo; desordem. 2. Contratempo. 3. *fig.* Diarreia.

de·sar·ra·zo:a·do *adj.* Sem razão; absurdo, despropositado, tresloucado.

de·sar·re:ar *v.t.d.* Tirar os arreios de animal de montaria.

de·sar·re·ga·çar *v.t.d.* Soltar, fazer descer ou cair (o que estava arregaçado).

de·sar·ro·char *v.t.d.* Afrouxar, desapertar ou desfazer o arrocho.

de·sar·ru·ma·ção *s.f.* 1. Ação ou efeito de desarrumar. 2. Desarranjo.

de·sar·ru·mar *v.t.d.* 1. Desarranjar (o que estava arrumado). 2. Pôr fora do seu lugar.

de·sar·ti·cu·la·ção *s.f.* 1. Ação ou efeito de desarticular. 2. Falta de articulação.

de·sar·ti·cu·lar *v.t.d.* 1. Desunir; desconjuntar. 2. Cortar pela articulação.

de·sar·vo·ra·do *adj.* 1. Diz-se da embarcação sem mastros. 2. *fig.* Que fugiu de modo desordenado. 3. Sem rumo (pessoa); desorientado.

de·sar·vo·rar *v.t.d.* 1. Derrubar, pôr abaixo. *v.t.d.* e *v.p.* 2. Tornar(-se) sem noção das coisas, sem controle; desorientar-se. *v.i.* 3. Correr à toda; fugir. *v.t.d.* e *v.i.* 4. *Náut.* Ficar ou fazer ficar sem mastro.

de·sa·sa·do *adj.* 1. Com as asas partidas ou caídas. 2. Impróprio; desajeitado. 3. Derreado. *V.* **desazado**.

de·sas·se·a·do *adj.* Sem asseio, sujo.

de·sas·sei·o *s.m.* Falta de asseio.

de·sas·si·sa·do *adj.* e *s.m.* Que ou o que não tem siso; desatinado.

de·sas·so·ci·ar *v.t.d.* Separar, dissolver (o que estava associado).

de·sas·som·bra·do *adj.* 1. Que não é sombrio. 2. Franco. 3. Corajoso.

de·sas·som·bro *s.m.* 1. Falta de assombro. 2. Firmeza; intrepidez. 3. Franqueza.

de·sas·sos·se·gar *v.t.d.* 1. Tirar o sossego a; inquietar. *v.p.* 2. Inquietar-se.

de·sas·sos·se·go (ê) *s.m.* 1. Ausência de sossego. 2. Inquietação. 3. Receio.

de·sas·tra·do *adj.* 1. Que resultou em desastre. 2. Desajeitado. 3. Desairoso. 4. Inábil.

de·sas·tre *s.m.* 1. Fatalidade. 2. Desgraça; sinistro. 3. Acidente.

de·sas·tro·so (ô) *adj.* 1. Em que há desastre. 2. Que provoca desastre. *Pl.:* desastrosos (ó).

de·sa·ta·men·to *s.m.* Ato ou efeito de desatar(-se).

de·sa·tar *v.t.d.* 1. Desmanchar (um nó). 2. Resolver; explicar. 3. Libertar; desobrigar. *v.t.i.* 4. Prorromper; começar de repente. *v.p.* 5. Soltar-se. 6. Expandir-se.

de·sa·tar·ra·xar (ch) *v.t.d.* 1. Despregar, tirando a tarraxa. 2. Desaparafusar.

de·sa·ta·vi·a·do *adj.* Singelo; desprovido de enfeites.

de·sa·ten·ção *s.f.* 1. Falta de atenção. 2. Indelicadeza; descortesia.

de·sa·ten·ci·o·so (ô) *adj.* 1. Que não dá atenção. 2. Incivil; descortês. *Pl.:* desatenciosos (ó).

de·sa·ten·der *v.t.d.* 1. Não atender; desconsiderar. *v.t.i.* 2. Não atender.

de·sa·ten·to *adj.* 1. Distraído. 2. Que não presta atenção. 3. Leviano.

de·sa·ter·rar *v.t.d.* 1. Desfazer (um aterro). 2. Derribar (um terreno). 3. Fazer escavações em.

de·sa·ter·ro (ê) *s.m.* 1. Ato ou operação de desaterrar. 2. O terreno que se desaterrou.

de·sa·ti·na·do *adj.* 1. Desprovido de tino; louco. 2. Estouvado.

de·sa·ti·nar *v.t.d.* 1. Fazer perder o tino ou a razão a. *v.i.* 2. Perder o tino, a razão. 3. Fazer, dizer ou praticar desatinos. *v.t.i.* 4. Não atinar.

de·sa·ti·no *s.m.* 1. Falta de tino; loucura. 2. Disparate.

de·sa·ti·var *v.t.d.* Tornar inativo, fora de operação.

de·sa·to·lar *v.t.d.* 1. Tirar do atoleiro. *v.p.* 2. Sair do atoleiro.

de·sa·tra·car *v.t.d.* e *v.p.* 1. *Náut.* Afastar(-se), distanciar(-se) (uma embarcação de outra ou do cais). 2. Apartar(-se).

de·sa·tra·van·car *v.t.d.* Desimpedir; desobstruir.

de·sa·tra·ves·sar *v.t.d.* 1. Tirar as travessas a. 2. Tirar o que está posto através de.

de·sa·tre·lar *v.t.d.* Soltar da trela.

de·sau·to·rar *v.t.d.* 1. Destituir, privar por castigo, das honras, insígnias ou dignidades. 2. Degradar. *v.p.* 3. Rebaixar-se. 4. Perder a autoridade.

de·sau·to·ri·zar *v.t.d.* 1. Tirar a autoridade de. 2. Desacreditar. *v.p.* 3. Desautorizar-se, dedignar-se.

de·sa·ven·ça *s.f.* 1. Desinteligência. 2. Discussão. 3. Rixa entre duas ou mais pessoas que se tinham unido para um fim comum.

de·sa·ver·go·nha·do *adj.* e *s.m.* Que ou o que não tem vergonha; insolente.

de·sa·vin·do *adj.* 1. Que anda em desavença. 2. Que traz desavença.

de·sa·vir *v.t.d.* 1. Pôr em discórdia ou desavença. 2. Indispor. *v.p.* 3. Pôr-se em desacordo; discordar. ★

de·sa·vi·sa·do *adj.* 1. Imprudente. 2. Indiscreto.

de·sa·vi·sar *v.t.d.* 1. Fazer perder a discrição, a prudência, o siso. *v.p.* 2. Não atentar; não dar fé.

desazado

de·sa·za·do *adj.* 1. Desprovido de jeito, de habilidade. 2. Impróprio. 3. Inapto. *V. desasado.*

de·sa·zo *s.m.* 1. Falta de jeito, de habilidade, de aptidão. 2. Desmazelo; descuido.

des·ban·car *v.t.d.* 1. Ganhar o dinheiro da banca a. 2. Vencer; suplantar. 3. Levar vantagem a.

des·ba·ra·ta·men·to *s.m.* 1. Ato ou efeito de desbaratar; derrota. 2. Desperdício.

des·ba·ra·tar *v.t.d.* 1. Dissipar; desperdiçar; malbaratar. 2. Destruir. 3. Estragar. 4. Destroçar; derrotar. *v.p.* 5. Estragar-se; destroçar-se; arruinar-se.

des·ba·ra·to *s.m.* Desbaratamento.

des·bar·ran·ca·men·to *s.m.* Ato ou efeito de desbarrancar.

des·bar·ran·car *v.t.d.* Escavar profundamente; desaterrar.

des·bas·tar *v.t.d.* 1. Tornar menos basto. 2. Desengrossar (uma peça) cortando, aparando. 3. Aperfeiçoar.

des·bas·te *s.m.* Ato ou efeito de desbastar.

des·bei·çar *v.t.d.* 1. Cortar o beiço ou os beiços a. 2. *fig.* Quebrar as bordas a.

des·blo·que·ar *v.t.d.* Cortar ou desfazer o bloqueio a.

des·blo·quei·o *s.m.* Ação de desbloquear.

des·bo·ca·do *adj.* Impudico; que usa linguagem obscena.

des·bo·ta·do *adj.* 1. Desmaiado; pálido; sem brilho. 2. Amortecido.

des·bo·tar *v.t.d.* 1. Fazer desmaiar a cor ou o brilho de. 2. Deslustrar; afear. *v.i.* 3. Perder a vivacidade da cor. 4. Perder o viço e a frescura. *v.p.* 5. Perder a vivacidade da cor.

descalço

des·bra·ga·do *adj.* 1. Impudico; indecoroso. 2. Descomedido.

des·bra·gar *v.t.d.* 1. Dar largas a. 2. Desprender de conveniências.

des·bra·va·dor *adj.* e *s.m.* Que ou o que desbrava.

des·bra·var *v.t.d.* 1. Domar, amansar. 2. Arrotear; pôr em estado de ser cultivado. *v.i.* 3. Perder a braveza; amansar-se.

des·ca·be·ça·do *adj.* Sem juízo; desmiolado, maluco.

des·ca·be·la·do *adj.* 1. Sem cabelo. 2. Com os cabelos em desalinho. 3. *fig.* Impetuoso.

des·ca·be·lar *v.t.d.* 1. Tirar os cabelos a. 2. Descompor, desconcertar os cabelos de. *v.p.* 3. Desgrenhar-se; arrepelar-se.

des·ca·bi·do *adj.* 1. Que não tem cabimento. 2. Inconveniente; impróprio.

des·ca·dei·ra·do *adj.* 1. Designativo do animal que arrasta os pés por efeito de queda ou moléstia. 2. Que sofre das cadeiras ou rins (falando de pessoas).

des·ca·í·da *s.f.* 1. Ação ou resultado de descair. 2. Engano, erro. 3. Decadência, deterioração.

des·ca·ir *v.t.d.* e *v.i.* 1. Pender ou deixar pender; baixar. *v.i.* 2. Curvar(-se), inclinar(-se), vergar(-se). 3. Entrar em decadência; piorar, decair. 4. Perder as forças; desfalecer.

des·ca·la·bro *s.m.* 1. Dano; perda. 2. Ruína; derrota.

des·cal·çar *v.t.d.* 1. Despir do que estava calçado. 2. Tirar o calço a. *v.p.* 3. Tirar o próprio calçado.

des·cal·ço *adj.* 1. Sem calçado; com os pés nus. 2. *fig.* Desprevenido.

des·ca·mar *v.t.d.* 1. Tirar escamas, pele, etc.; escamar. *v.i.* e *v.p.* 2. Perder ou sofrer perda de escamas, pele, etc.

des·cam·bar *v.i.* 1. Cair para o lado, escorregando. 2. Declinar. *v.t.d.* 3. Descer (terreno em declive). *v.t.i.* 4. Degenerar.

des·ca·mi·nho *s.m.* 1. Ação de desencaminhar. 2. Extravio; perda. 3. Desvio; contrabando.

des·ca·mi·sa·do *adj.* 1. Que não tem camisa. *s.m.* 2. O que não tem camisa; maltrapilho; pobre; humilde.

des·cam·pa·do *s.m.* Campo inculto e desabitado.

des·cam·par *v.i.* 1. Correr pelo campo. 2. Desaparecer.

des·can·sa·do *adj.* 1. Que descansou ou não se cansou. 2. Sem preocupações; tranquilo. 3. Demorado, vagaroso.

des·can·sar *v.t.d.* 1. Livrar de fadiga ou aflição; tranquilizar. 2. Dormir. 3. Apoiar, assentar. *v.i.* 4. Tomar descanso, repouso. 5. Dormir. 6. Tranquilizar-se. *v.t.i.* 7. Assentar-se, apoiar-se. 8. Estar, jazer.

des·can·so *s.m.* 1. Repouso. 2. Folga. 3. Vagar; lentidão. 4. Sossego; pachorra. 5. Alívio. 6. Demora. 7. Sono.

des·ca·pi·ta·li·zar *v.t.d. Econ.* Gastar ou perder capital, em parte ou no todo.

des·ca·rac·te·ri·zar *v.t.d.* 1. Fazer perder o caráter. 2. Tirar o característico a. *v.p.* 3. Perder os característicos; vulgarizar-se.

des·ca·ra·do *adj.* Desavergonhado; insolente; atrevido; cínico.

des·ca·ra·men·to *s.m.* Falta de vergonha; desfaçatez; atrevimento.

des·ca·rar *v.t.d.* 1. Tirar o pejo a; desavergonhar. *v.p.* 2. Perder a vergonha.

des·car·ga *s.f.* 1. Ato de descarregar. 2. Disparo simultâneo de muitas armas. 3. Cancelamento.

des·ca·ri·do·so (ô) *adj.* Que não tem caridade; duro. *Pl.:* descaridosos (ó).

des·ca·ri·nho·so (ô) *adj.* Desprovido de carinho; seco; intratável. *Pl.:* descarinhosos (ó).

des·car·na·do *adj.* Muito magro; que tem poucas carnes.

des·car·nar *v.t.d.* 1. Separar da carne (os ossos). 2. Escavar. 3. Tornar magro. *v.p.* 4. Emagrecer; perder as carnes.

des·ca·ro·á·vel *adj.2gên.* 1. Que não tem carinho. 2. Descaridoso; inclemente.

des·ca·ro·ça·dor *adj.* 1. Que descaroça. *s.m.* 2. Máquina de descaroçar.

des·ca·ro·çar *v.t.d.* Tirar o caroço a.

des·car·re·ga·dor *adj.* e *s.m.* Que ou o que descarrega.

des·car·re·ga·men·to *s.m.* Ato ou efeito de descarregar.

des·car·re·gar *v.t.d.* 1. Tirar a carga de veículo. 2. Aliviar. 3. Isentar. 4. Desabafar. 5. Disparar.

des·car·ri·la·men·to *s.m.* Ato ou efeito de descarrilar.

des·car·ri·lar *v.t.d.* 1. Fazer sair dos trilhos. *v.i.* 2. Sair dos trilhos. 3. Desviar-se do bom caminho; disparatar.

des·car·tar *v.t.d.* 1. Rejeitar (a carta que não serve). *v.p.* 2. Rejeitar. 3. Libertar-se. 4. Desembaraçar-se.

des·car·te *s.m.* 1. Ato de descartar(-se). 2. As cartas que o jogador rejeita. 3. *fig.* Evasiva.

des·ca·sar *v.t.d.* 1. Anular, desfazer o casamento de. *v.t.i.* 2. Separar (de pessoa ou coisa habitual).

des·cas·car *v.t.d.* 1. Tirar a casca a. *v.i.* 2. Perder a casca.

des·ca·so *s.m.* Desprezo; desatenção; pouco caso.

des·cen·dên·ci:a *s.f.* Série de indivíduos ligados por parentesco a um antepassado comum.

des·cen·den·te *adj.2gên.* 1. Que descende. 2. Que desce. *s.2gên.* 3. Pessoa que descende de outra em linha reta.

des·cen·den·tes *s.m.pl.* Os indivíduos que constituem uma descendência.

des·cen·der *v.t.i.* 1. Provir por geração. 2. Originar-se; derivar.

des·cen·so *s.m.* 1. Ação ou resultado de descer; descida, rebaixamento. 2. *Mús.* Ação ou resultado de abaixar o tom de voz. 3. *Med.* Ptose.

des·cen·tra·li·za·ção *s.f.* Ação ou efeito de descentralizar.

des·cen·tra·li·zar *v.t.d.* Afastar, separar do centro.

des·cer *v.t.d.* 1. Abaixar, mudar (pessoa ou coisa) do lugar que ocupa para outro mais baixo. 2. Retirar (de lugar elevado). 3. Percorrer de cima para baixo. *v.i.* 4. Passar gradualmente de cima para baixo. 5. Baixar de nível, de valor. *v.t.i.* 6. Apear-se. 7. Rebaixar-se.

des·cer·rar *v.t.d.* 1. Abrir (o que estava cerrado ou unido). 2. Manifestar (o que estava encoberto, oculto). *v.p.* 3. Abrir-se.

des·ci·da *s.f.* 1. Ação de descer. 2. Passagem de um lugar elevado para um lugar baixo. 3. Terreno inclinado, ladeira, quando se desce. 4. Abaixamento. 5. Diminuição (de preço). 6. Decadência.

des·clas·si·fi·ca·ção *s.f.* Ação de desclassificar.

des·clas·si·fi·ca·do *adj.* 1. Que se desclassificou. *adj.* e *s.m.* 2. Que ou o que não teve classificação. 3. Desacreditado; indigno.

des·clas·si·fi·car *v.t.d.* 1. Tirar, deslocar de (uma classe). 2. Aviltar; desonrar; desacreditar.

des·co·ber·ta (é) *s.f.* Ação de descobrir, de achar, de fazer conhecer o que não era conhecido.

des·co·ber·to (é) *adj.* 1. Não coberto; destapado. 2. Exposto à vista; patente; divulgado.

des·co·bri·dor *adj.* e *s.m.* Que ou o que descobre; explorador.

des·co·bri·men·to *s.m.* Ato ou efeito de descobrir.

des·co·brir *v.t.d.* 1. Pôr à vista. 2. Manifestar. 3. Dar com; achar. 4. Dar a conhecer. 5. Avistar. 6. Denunciar. *v.i.* 7. Tornar-se claro. *v.p.* 8. Tirar o chapéu, o barrete. 9. Tirar de sobre si a roupa. 10. Mostrar-se; aparecer. ★

des·co·co (ô) *s.m.* Atrevimento; disparate.

des·co·lar *v.t.d.* Despegar, desunir (o que estava colado).

des·co·lo·rar *v.t.d.*, *v.i.* e *v.p.* Descolorir.

des·co·lo·rir *v.t.d.* 1. Fazer que perca a cor; descorar. *v.i.* 2. Perder a cor; desbotar.★★

des·co·me·di·do *adj.* 1. Desprovido de comedimento. 2. Inconveniente; disparatado.

des·co·me·dir-se *v.p.* 1. Praticar excessos. 2. Ser inconveniente.★★

des·com·pac·tar *v.t.d. Inform.* Restaurar dados compactados ao seu formato original. *V.* **compactar**.

des·com·pas·sar *v.t.d.* 1. Tirar do compasso e das proporções convenientes. 2. Executar sem regularidade. *v.p.* 3. Sair do compasso.

des·com·pas·so *s.m.* 1. Falta de medida, de compasso. 2. Falta de acordo, de ordem, de regularidade.

des·com·por *v.t.d.* 1. Pôr fora do seu lugar. 2. Desarranjar. 3. Alterar. 4. Descobrir, desnudar, tirando os vestidos. 5. Injuriar. *v.p.* 6. Desarranjar-se. 7. Perturbar-se.★

des·com·pos·tu·ra *s.f.* 1. Ação ou efeito de descompor. 2. Falta de compostura ou de decoro. 3. Desarranjo. 4. Injúria.

des·co·mu·nal *adj.2gên.* 1. Que é ou está fora do comum, do vulgar. 2. Exagerado. 3. Extraordinário. 4. Colossal.

des·con·cen·trar *v.t.d.* 1. Tirar do centro. 2. Tirar de concentração.

des·con·cer·ta·do *adj.* 1. Que se desconcertou. 2. Desacertado. 3. Descomedido; desregrado.

des·con·cer·tan·te *adj.2gên.* Que desconcerta, desorienta.

des·con·cer·tar *v.t.d.* 1. Destruir ou desfazer a boa disposição e a ordem de. 2. Desarmonizar. 3. Desarranjar. 4. Atrapalhar. *v.t.i.* 5. Discordar. *v.i.* 6. Disparatar. *v.p.* 7. Desordenar-se. 8. Desmanchar-se. 9. Perturbar-se; atrapalhar-se. *V.* **desconsertar**.

des·con·cer·to (ê) *s.m.* 1. Ato ou efeito de desconcertar. 2. Desarmonia. 3. Desordem; desarranjo. 4. Discórdia; desavença. *V.* **desconserto**.

des·con·cha·vo *s.m.* Disparate; tolice; desconcerto.

des·co·ne·xão (ê, cs) *s.f.* Falta de conexão.

des·co·ne·xo (é, cs) *adj.* 1. Desprovido de conexão. 2. Desunido. 3. Incoerente.

des·con·fi·a·do *adj.* 1. Que tem desconfiança. 2. Receoso.

des·con·fi·an·ça *s.f.* 1. Falta de confiança. 2. Receio; temor de ser enganado.

des·con·fi·ar *v.t.d.* 1. Supor; conjeturar. *v.i.* 2. Duvidar da honestidade, da sinceridade de alguém. *v.t.i.* 3. Deixar de ter confiança.

des·con·for·me (ó) *adj.2gên.* 1. Que não é conforme. 2. Discordante; que não está de acordo. 3. Diferente. 4. Desproporcionado.

des·con·for·mi·da·de *s.f.* 1. Falta de conformidade. 2. Discordância; divergência. 3. Desarmonia. 4. Desigualdade.

des·con·for·to (ô) *s.m.* 1. Falta de conforto, de comodidades, de bem-estar. 2. Abatimento de ânimo; desconsolo.

des·con·ge·lar *v.t.d.* 1. Fundir, derreter (o que estava congelado). *v.p.* 2. Derreter-se.

des·con·ges·ti·o·na·men·to *s.m.* Ato ou efeito de descongestionar.

des·con·ges·ti·o·nan·te *adj.2gên.* e *s.m.* Que ou medicamento que serve para descongestionar.

des·con·ges·ti·o·nar *v.t.d.* 1. Livrar de congestão. 2. Tornar menos compacto. 3. Desobstruir.

des·co·nhe·cer *v.t.d.* 1. Não conhecer; ignorar. 2. Não reconhecer. 3. Ser ingrato a. *v.p.* 4. Achar-se mudado.

des·co·nhe·ci·do *adj.* 1. Que não é conhecido. 2. Desprovido de conhecimento. 3. Ignorado. *s.m.* 4. Indivíduo estranho.

des·co·nhe·ci·men·to *s.m.* 1. Ato ou efeito de desconhecer. 2. Ignorância. 3. Ingratidão.

des·con·jun·ta·do *adj.* Que se desconjuntou.

des·con·jun·tar *v.t.d.* 1. Tirar das junturas. 2. Separar; desarticular. *v.p.* 3. Abalar-se. 4. Fazer movimentos exagerados, como se deslocasse os membros.

des·con·ser·tar *v.t.d.* Desarranjar, quebrar. *V.* **desconcertar**.

des·con·ser·to (ê) *s.m.* Ato de desconsertar; desarranjo. *V.* **desconcerto**.

des·con·si·de·ra·ção *s.f.* Falta de consideração, de respeito.

des·con·si·de·rar *v.t.d.* 1. Não considerar. 2. Não examinar convenientemente. 3. Faltar ao respeito a.

des·con·so·la·do *adj.* Triste; desanimado; magoado.

des·con·so·lar *v.t.d.* 1. Afligir. 2. Desanimar. 3. Entristecer; magoar. 4. Fazer perder o ânimo a. *v.i.* 5. Causar tristeza. *v.p.* 6. Não ter consolação nem alegria. 7. Entristecer-se.

des·con·so·lo (ô) *s.m.* Falta de consolação.

des·con·tar *v.t.d.* 1. Tirar, deduzir, abater. 2. Não levar em conta.

des·con·ten·ta·men·to *s.m.* 1. Falta de contentamento. 2. Desgosto; desagrado.

des·con·ten·tar *v.t.d.* 1. Tornar descontente. 2. Contrariar; desgostar. *v.p.* 3. Estar descontente. 4. Sentir desgosto.

des·con·ten·te *adj.2gên.* Desgostoso; aborrecido; triste.

des·con·tí·nuo *adj.* Interrompido; que não é contínuo.

des·con·to *s.m.* 1. Ato de descontar. 2. Abatimento; diminuição. 3. Ágio.

des·con·tro·la·do *adj.* 1. Que perdeu o controle; desequilibrado. 2. Desgovernado.

des·con·tro·lar *v.t.d.* 1. Fazer perder o controle. *v.p.* 2. Perder o controle; desgovernar-se.

des·con·tro·le (ô) *s.m.* Ato de se descontrolar.

des·con·ver·sar *v. i.* Interromper a conversação, mudando-a para outro assunto.

des·co·rar *v.t.d.* 1. Fazer perder a cor a. *v.i.* e *v.p.* 2. Perder a cor.

des·co·ro·ço·a·do *adj.* Desanimado; desesperançoso; sem coragem.

des·co·ro·ço·ar *v.t.d.* 1. Tirar o ânimo ou a coragem a. *v.i.* 2. Desanimar; perder a coragem.

des·cor·tês *adj.2gên.* 1. Que não é cortês. 2. Grosseiro; incivil.

des·cor·ti·nar *v.t.d.* 1. Abrir, correndo a cortina. 2. Descobrir. 3. Notar; distinguir; atinar. 4. Revelar.

des·cor·ti·no *s.m.* 1. Ato de descortinar. 2. *fig.* Qualidade de ver ao longe. 3. Perspicácia.

des·co·ser *v.t.d.* 1. Desfazer a costura de. 2. Desunir; rasgar. 3. Divulgar. *v.p.* 4. Romperem-se as costuras de.

des·co·si·do *adj.* 1. Cuja costura se desfaz. 2. *fig.* Mal concatenado; sem nexo. 3. *fam.* Apressado.

des·cos·tu·rar *v.t.d.*, *v.i.* e *v.p.* Desmanchar(-se) a costura; descoser(-se).

des·cré·di·to *s.m.* 1. Diminuição ou perda de crédito (falando das pessoas ou das coisas). 2. Depreciação. 3. Má fama; desonra que resulta de mau procedimento.

des·cren·ça *s.f.* Falta de crença; incredulidade.

des·cren·te *adj.2gên.* 1. Que não crê. *s.2gên.* 2. Pessoa que perdeu a crença ou a fé; incrédulo.

des·crer *v.t.d.* 1. Deixar de crer. 2. Não acreditar. 3. Negar. *v.t.i.* 4. Duvidar. 5. Deixar de crer.★

des·cre·ver *v.t.d.* 1. Fazer a descrição de. 2. Narrar. 3. Seguir, percorrendo ou movendo.

des·cri·ção *s.f.* 1. Ação ou efeito de descrever. 2. Discurso por meio do qual se representa alguma coisa. 3. Enumeração. *V. discrição*.

des·cri·mi·na·ção *s.f.* Ato ou efeito de descriminar. *V. discriminação*.

des·cri·mi·nar *v.t.* Inocentar, tirar a culpa de. *V. discriminar*.

des·cri·ti·vo *adj.* 1. Que descreve ou encerra descrição. 2. Próprio para descrever. 3. Concernente a descrição.

des·cru·zar *v.t.d.* Deslocar, separar (objetos que estavam cruzados).

des·cui·da·do *adj.* 1. Que não tem cuidado. 2. Desleixado. 3. Indolente.

des·cui·dar *v.t.d.* 1. Descurar. 2. Tratar sem cuidado. 3. Não fazer caso de. 4. Fazer esquecer-se. 5. Distrair. *v.t.i.* 6. Esquecer-se. 7. Não cuidar. *v.p.* 8. Relaxar-se.

des·cui·do *s.m.* 1. Falta de cuidado. 2. Erro. 3. Inadvertência.

des·cul·pa *s.f.* 1. Ação de desculpar (-se). 2. Falta de culpa. 3. Perdão. 4. Indulgência. 5. Evasiva.

des·cul·par *v.t.d.* e *v.i.* 1. Justificar. 2. Absolver; perdoar. 3. Atenuar a culpa de. 4. Dispensar. *v.p.* 5. Justificar-se; escusar-se.

des·cul·pá·vel *adj.2gên.* Que se pode desculpar.

des·cum·prir *v.t.d.* Deixar de cumprir.

des·cu·rar *v.t.d.* 1. Descuidar. 2. Não tratar de. 3. Desprezar. *v.t.i.* 4. Não cuidar; não tratar.

des·de *prep.* 1. A começar de. 2. A datar de. 3. A contar de.

des·dém *s.m.* 1. Desprezo orgulhoso. 2. Altivez.

des·de·nhar *v.t.d.* 1. Mostrar desdém por. 2. Desprezar com altivez. *v.t.i.* 3. Menoscabar.

des·de·nho·so (ô) *adj.* 1. Em que há desdém. 2. Que não dá importância. *Pl.:* desdenhosos (ó).

des·den·ta·do *adj.* Que não tem dentes.

des·den·tar *v.t.d.* 1. Tirar ou quebrar os dentes a. *v.p.* 2. Perder os dentes.

des·di·ta *s.f.* Desgraça; infortúnio; infelicidade.

des·di·to·so (ô) *adj.* Infeliz; desventurado; desditado. *Pl.:* desditosos (ó).

des·di·zer *v.t.d.* 1. Contradizer a afirmação ou asserção de (alguém). 2. Impugnar. *v.p.* 3. Negar o que se tinha dito; retratar-se.★

des·do·brar *v.t.d.* 1. Estender, patentear, abrir (o que estava dobrado). *v.p.* 2. Estender-se; manifestar-se.

des·dou·ro *s.m.* 1. Ato ou efeito de fazer perder o brilho. 2. *fig.* Deslustre (na fama, na glória). 3. Desonra; descrédito.

de·se·du·car *v.t.d.* 1. Estragar a educação de. 2. Educar mal.

de·se·jar *v.t.d.* 1. Ter vontade de; apetecer. 2. Ambicionar. *v.t.d.* e *v.i.* 3. Ter gosto ou empenho em. *v.i.* 4. Sentir desejos.

de·se·já·vel *adj.2gên.* Que é digno de se desejar.

de·se·jo (ê) *s.m.* 1. Inclinação do espírito para alguma coisa cuja posse ou realização lhe causaria prazer. 2. Apetite.

de·se·jo·so (ô) *adj.* Que tem desejo. *Pl.:* desejosos (ó).

de·se·le·gân·ci·a *s.f.* Falta de elegância.

de·se·le·gan·te *adj.2gên.* Que não tem elegância.

de·se·ma·ra·nhar *v.t.d.* 1. Desenredar. 2. Esclarecer. 3. Decifrar; explicar.

de·sem·ba·ci·ar *v.t.d.* Limpar (o que estava embaciado).

de·sem·ba·i·nhar *v.t.d.* 1. Tirar da bainha. 2. Desmanchar a bainha de.

de·sem·ba·lar *v.t.d.* 1. Tirar da embalagem. 2. Desenfardar.

de·sem·ba·ra·ça·do *adj.* 1. Livre de embaraços. 2. Ativo; diligente; esperto.

de·sem·ba·ra·çar *v.t.d.* 1. Livrar de embaraço. 2. Desimpedir; livrar. *v.p.* 3. Aviar-se; fazer de modo ligeiro. 4. Livrar-se; desfazer-se.

de·sem·ba·ra·ço *s.m.* 1. Ato ou efeito de desembaraçar. 2. Presteza; diligência.

de·sem·ba·ra·lhar *v.t.d.* Pôr em ordem (o que se tinha embaralhado).

de·sem·bar·ca·doi·ro *s.m.* Local próprio para desembarcar; desembarque. *Var.:* desembarcadouro.

de·sem·bar·car *v.t.d.* 1. Tirar ou fazer sair de (uma embarcação). *v.i.* 2. Sair de uma embarcação; saltar em terra.

de·sem·bar·ga·dor *s.m.* Juiz do Tribunal Superior de Apelação.

de·sem·bar·gar *v.t.d.* 1. Tirar o embargo a. 2. Resolver; desembaraçar.

de·sem·bar·que *s.m.* Ato de desembarcar.

de·sem·bes·ta·do *adj.* Desenfreado; descomedido.

de·sem·bes·tar *v.t.d.* 1. Arremessar (a seta). 2. Proferir com violência. *v.i.* e *v.t.i.* 3. Correr impetuosamente.

de·sem·bo·ca·du·ra *s.f.* 1. Ação de desembocar. 2. Lugar onde o rio desemboca.

de·sem·bo·car *v.t.d.* 1. Sair (de lugar estreito). *v.i.* 2. Ir dar. 3. Desaguar. 4. Terminar.

de·sem·bol·sar *v.t.d.* Tirar do bolso ou da bolsa; gastar.

de·sem·bol·so (ô) *s.m.* 1. Ação ou resultado de desembolsar. 2. Pagamento, despesa.

de·sem·bru·lhar *v.t.d.* 1. Tirar do embrulho. 2. Desdobrar, estender (o que se tinha embrulhado). 3. Esclarecer; explicar.

de·sem·bu·char *v.t.d.* 1. Confessar (coisa que se ocultava). *v.i.* 2. Desabafar, falando. 3. Dizer o que se sabe ou sente.

de·sem·pa·car *v.t.d.* e *v.i.* 1. Fazer andar ou andar novamente. 2. *pop.* Voltar a progredir, a desenvolver(-se).

de·sem·pa·co·tar *v.t.d.* Tirar do pacote.

de·sem·pa·nar *v.t.d.* 1. Tirar os panos de. 2. *fig.* Esclarecer. 3. Dar brilho a.

de·sem·pa·re·lhar *v.t.d.* e *v.p.* Separar (-se) ou desunir(-se) o que estava emparelhado.

de·sem·pa·tar *v.t.d.* 1. Tirar o empate a. 2. Decidir (o que estava empatado). *v.i.* 3. Decidir-se.

de·sem·pa·te *s.m.* Ato ou efeito de desempatar.

de·sem·pe·na·dei·ra *s.f.* Utensílio usado pelo pedreiro para fazer a distribuição do reboco.

de·sem·pe·na·do *adj.* 1. Que não tem empeno; direito. 2. Desembaraçado; expedito; ágil.

de·sem·pe·nar *v.t.d.* 1. Tirar o empeno a. 2. Endireitar (o que se tinha empenado). *v.p.* 3. Endireitar-se.

de·sem·pe·nhar *v.t.d.* 1. Resgatar (o que se tinha empenhado). 2. Cumprir (aquilo a que se estava obrigado). 3. Representar. 4. Executar. *v.p.* 5. Executar; cumprir.

de·sem·pe·nho (ê) *s.m.* Ato ou efeito de desempenhar.

de·sem·per·rar *v.t.d.* 1. Tornar lasso (o que estava emperrado). 2. Desembaraçar. 3. Tirar a teima a. *v.t.i.* 4. Ceder. *v.i.* 5. Deixar de estar emperrado.

de·sem·pi·lhar *v.t.d.* Desarrumar (o que se tinha empilhado).

de·sem·po·çar *v.t.d.* 1. Tirar do poço ou da poça. 2. Tirar de lugar oculto. *v.t.i.* 3. Tirar (do poço ou lugar semelhante).

de·sem·po·ei·rar *v.t.d.* Limpar a poeira.

de·sem·po·lei·rar *v.t.d.* 1. Tirar do poleiro. 2. *pop.* Fazer sair da posição elevada.

de·sem·pos·sar *v.t.d.* e *i.* O mesmo que desapossar.

de·sem·pre·ga·do *adj.* Que perdeu o emprego.

de·sem·pre·gar *v.t.d.* Tirar o emprego a.

de·sem·pre·go (ê) *s.m.* Falta de emprego.

de·sen·ca·be·çar *v.t.d.* 1. Tirar da cabeça. 2. Tirar da ideia; dissuadir. 3. Fazer proceder erroneamente, dando maus conselhos.

de·sen·ca·de·ar *v.t.d.* 1. Soltar. 2. Desunir. 3. Desprender. 4. Excitar; sublevar. *v.i.* 5. Cair com força. *v.p.* 6. Soltar-se; desprender-se.

de·sen·cai·xar (ch) *v.t.d.* 1. Fazer sair do encaixe. 2. Desconjuntar. *v.p.* 3. Desconjuntar-se. 4. Sair do encaixe.

de·sen·cai·xo·tar (ch) *v.t.d.* Tirar de caixa ou caixote.

de·sen·ca·la·crar *v.t.d.* 1. Livrar de apuros, de dívidas. 2. Desentalar. *v.p.* 3. Livrar-se de dificuldades (especialmente financeiras).

de·sen·ca·lhar *v.t.d.* 1. Fazer sair (um navio) do lugar onde encalhou. *v.i.* 2. Sair do encalhe.

de·sen·ca·lhe *s.m.* Ato ou efeito de desencalhar.

de·sen·ca·mi·nhar *v.t.d.* 1. Desviar do verdadeiro caminho. 2. Desviar (alguém) do cumprimento dos seus deveres. 3. Corromper; defraudar. *v.p.* 4. Desviar-se do caminho que seguia. 5. Perverter-se.

de·sen·ca·nar *v.t.d.* 1. Tirar ou desviar do cano. *v.i.* 2. *gír.* Despreocupar-se; tranquilizar-se.

de·sen·can·ta·men·to *s.m.* Ato ou efeito de desencantar(-se).

de·sen·can·tar *v.t.d.* 1. Desfazer o encantamento de. 2. Desiludir. 3. Encontrar (coisa desaparecida ou difícil de achar). *v.p.* 4. Livrar-se do encantamento.

de·sen·can·to *s.m.* 1. Desencantamento. 2. Desilusão; decepção.

de·sen·ca·par *v.t.d.* 1. Tirar a capa a. 2. Livrar da cobertura.

de·sen·car·dir *v.t.d.* Limpar; lavar; clarear.

de·sen·car·go *s.m.* Alívio.

de·sen·car·nar *v.i. Rel.* Deixar a carne, passar para o mundo espiritual.

de·sen·cas·que·tar *v.t.d.* e *v.p. fam.* 1. Dissuadir. 2. Tirar (ideia, temor, etc.) da cabeça.

de·sen·co·brir *v.t.d., v.i.* e *v.p.* Descobrir(-se).★

de·sen·co·lher *v.t.d.* 1. Estender. *v.p.* 2. Tornar às dimensões anteriores. 3. Perder o acanhamento.

de·sen·co·men·dar *v.t.d.* Desistir do que se tinha encomendado.

de·sen·con·tra·do *adj.* Que vai em direção oposta; contraditório.

de·sen·con·trar *v.t.d.* 1. Fazer com que duas ou mais pessoas ou coisas não se encontrem. *v.i.* 2. Discordar. *v.p.* 3. Não se encontrar com. 4. Discordar.

de·sen·con·tro (ô) *s.m.* Ato ou efeito de desencontrar(-se).

de·sen·co·ra·jar *v.t.d.* Tirar a coragem a.

de·sen·cor·po·rar *v.t.d.* 1. Desmembrar; desunir. *v.p.* 2. Separar-se; desmembrar-se.

de·sen·cos·tar *v.t.d.* 1. Desviar. 2. Afastar do encosto. 3. Afastar, privar (daquilo em que se apoiava). *v.p.* 4. Endireitar-se. 5. Desviar-se.

de·sen·cra·var *v.t.d.* 1. Tirar os pregos a. 2. Tirar (cravo ou objeto que se cravou). 3. Despregar, tirar (o que se tinha cravado).

de·sen·cres·par *v.t.d.* 1. Amaciar, alisar (o que estava crespo ou enrugado). *v.p.* 2. Desencaracolar-se. 3. Desenrugar-se. 4. Desanuviar-se.

de·sen·cru·ar *v.t.d.* Abrandar; enternecer.

de·sen·cur·ra·lar *v.t.d.* 1. Fazer sair do curral. 2. Pôr em liberdade.

de·sen·cur·var *v.t.d.* 1. Endireitar (o que era ou estava curvo). 2. Desfazer a curvatura de.

de·se·ne·vo·ar *v.t.d.* 1. Limpar de névoas ou de nuvens. 2. *fig.* Esclarecer. *v.p.* 3. Tornar-se claro.

de·sen·fa·dar *v.t.d.* 1. Recrear; distrair; alegrar. *v.p.* 2. Distrair-se; recrear-se.

de·sen·fa·do *s.m.* 1. Alívio do enfado. 2. Recreação; divertimento. 3. Quietação de espírito.

de·sen·fai·xar (ch) *v.t.d.* Soltar das faixas.

de·sen·fas·ti·ar *v.t.d.* 1. Tirar o fastio a. 2. Despertar o apetite de. 3. *fig.* Distrair; alegrar; amenizar. *v.p.* 4. Distrair-se.

de·sen·fei·ti·çar *v.t.d.* 1. Livrar de feitiços. 2. *fig.* Livrar; libertar. *v.p.* 3. Cessar de estar enfeitiçada (uma pessoa).

de·sen·fer·ru·jar *v.t.d.* 1. Livrar, limpar a ferrugem. 2. *fig.* Mover (a língua, falando). 3. Mover (as pernas, andando).

de·sen·fi·ar *v.t.d.* 1. Tirar o fio a ou tirar do fio. *v.p.* 2. Sair. 3. Soltar-se. 4. Desviar-se; apartar-se.

de·sen·for·mar *v.t.d.* Tirar da forma (ô).

de·sen·fre·a·do *adj.* 1. Que não tem freio. 2. Imoderado. 3. Arrebatado.

de·sen·fre·ar *v.t.d.* 1. Tirar o freio a. 2. Dar largas a; soltar. *v.p.* 3. Tomar o freio nos dentes. 4. Arremessar-se com ímpeto. 5. Exceder-se; descomedir-se.

de·sen·fur·nar *v.t.d.* e *v.p.* 1. Tirar algo de onde estava guardado ou escondido. 2. *fig.* Trazer de volta ou voltar ao convívio social.

de·sen·ga·ja·do *adj.* 1. Livre de engajamento. 2. Sem posição política.

de·sen·ga·jar *v.t.d.* 1. Desobrigar (o que estava engajado). *v.i.* 2. Quebrar o ajuste com quem estava engajado.

de·sen·ga·na·do *adj.* 1. Que sofreu desengano. 2. Desiludido. 3. Sem salvação (doente).

de·sen·ga·nar *v.t.d.* 1. Tirar do engano, erro, esperança ilusória ou falsa crença. *v.p.* 2. Sair (do engano ou erro).

de·sen·gan·char *v.t.d.* Desprender, soltar do gancho.

de·sen·ga·no *s.m.* Ato ou efeito de desenganar.

de·sen·gar·ra·far *v.t.d.* Tirar da garrafa.

de·sen·gas·tar *v.t.d.* e *i.* Desprender do engaste.

de·sen·ga·tar *v.t.d.* Soltar do engate.

de·sen·ga·ti·lhar *v.t.d.* 1. Desfechar; disparar. 2. Mudar; modificar.

de·sen·gon·ça·do *adj.* 1. Que saiu dos gonzos. 2. Deselegante de movimentos.

de·sen·gor·du·rar *v.t.d.* 1. Tirar a gordura a. 2. Limpar as manchas de gordura.

de·sen·gra·ça·do *adj.* 1. Sem graça. 2. Deselegante.

de·sen·gros·sar *v.t.d.* 1. Tornar menos grosso. *v.i.* 2. Desinchar.

de·se·nhar *v.t.d.* 1. Traçar o desenho de. 2. Delinear. 3. Tornar notório ou perceptível. 4. Projetar. *v.i.* 5. Fazer desenhos.

de·se·nhis·ta *s.2gên.* 1. Pessoa que exerce a arte do desenho. 2. Pessoa que desenha.

de·se·nho (ê) *s.m.* 1. Arte de desenhar. 2. Delineamento ou traçado geral de um quadro. 3. Plano; desígnio; projeto.

de·sen·la·ce *s.m.* 1. Desfecho; epílogo. 2. Remate; solução.

de·sen·la·me·ar *v.t.d.* e *v.p.* 1. Tirar (-se) a lama (a); limpar(-se) da lama. *v.p.* 2. *fig.* Recuperar(-se) crédito, honra, etc.

de·sen·le·ar *v.t.d.* 1. Soltar (o que se tinha enleado). 2. Desenredar. 3. Livrar de dificuldades. *v.p.* 4. Desembaraçar-se.

de·se·no·do·ar *v.t.d.* Limpar das nódoas.

de·se·no·ve·lar *v.t.d.* 1. Desenrolar (o que se tinha enovelado). 2. Seguir o fio de (uma história). *v.p.* 3. Desenrolar-se; estender-se.

de·sen·qua·drar *v.t.d.* Tirar do quadro.

de·sen·ra·i·zar *v.t.d.* e *v.p.* Desarraigar (-se).

de·sen·ras·car *v.t.d.* 1. Livrar de embaraços. *v.p.* 2. Livrar-se de dificuldades.

de·sen·re·dar *v.t.d.* 1. Desfazer o enredo de. 2. Separar (um caso complicado). 3. Esclarecer; descobrir. *v.p.* 4. Desenvolver-se. 5. Desembaraçar-se.

de·sen·ro·lar *v.t.d.* 1. Estender ou desenvolver (o que se tinha enrolado). 2. Desembrulhar. *v.p.* 3. Desdobrar-se; estender-se.

de·sen·ros·car *v.t.d.* 1. Desfazer as roscas de. 2. Estender (o que se tinha enroscado); estirar. *v.p.* 3. Estender-se.

de·sen·ru·gar *v.t.d.* 1. Desfazer as rugas ou pregas de. 2. Alisar.

de·sen·sa·car *v.t.d.* Tirar do saco.

de·sen·se·bar *v.t.d.* Lavar das manchas de sebo ou gordura.

de·sen·si·nar *v.t.d.* 1. Fazer esquecer (o que se tinha ensinado). 2. Ensinar (a alguém) o contrário daquilo que se tinha ensinado.

de·sen·si·no *s.m.* Ato de desensinar.

de·sen·ta·lar *v.t.d.* 1. Desprender (o que estava entalado). 2. Livrar de dificuldades. 3. Desembaraçar; livrar. *v.p.* 4. Livrar-se.

de·sen·te·di·ar *v.t.d.* Tirar o tédio a; distrair.

desentender

de·sen·ten·der *v.t.d.* 1. Não entender ou fingir que não entende. *v.i.* 2. Dar-se por desentendido. *v.p.* 3. Não se compreenderem mutuamente (duas pessoas).

de·sen·ten·di·do *adj.* Que não entendeu, ou fingiu que não entendeu.

de·sen·ten·di·men·to *s.m.* Falta de entendimento.

de·sen·ter·rar *v.t.d.* 1. Tirar de debaixo da terra. 2. Exumar; tirar da sepultura. 3. Patentear. 4. Tirar do esquecimento.

de·sen·to·ar *v.i.* e *v.p.* 1. Sair do tom; desafinar. 2. *fig.* Fazer, dizer inconveniências.

de·sen·to·car *v.t.d.* e *v.p.* 1. Tirar da toca ou sair dela. 2. *fig.* Tirar do isolamento ou sair dele; desenfurnar(2).

de·sen·tor·pe·cer *v.t.d.* 1. Fazer sair do torpor ou entorpecimento. 2. *fig.* Animar; excitar. *v.i.* 3. Reanimar-se. 4. Deixar de estar entorpecido. *v.p.* 5. Mostrar energia ou atividade.

de·sen·tor·tar *v.t.d.* Endireitar.

de·sen·tra·nhar *v.t.d.* 1. Arrancar as entranhas a. 2. Tirar das entranhas (da terra). 3. Tirar do íntimo. *v.p.* 4. Sacrificar-se (por um fim nobre). 5. Dar tudo (para socorrer alguém).

de·sen·tu·lhar *v.t.d.* 1. Tirar da tulha. 2. Desobstruir (o que se tinha entulhado).

de·sen·tu·pi·men·to *s.m.* Ato de desentupir.

de·sen·tu·pir *v.t.d.* 1. Desobstruir (o que se tinha entupido). *v.p.* 2. Destapar-se (o que se tinha entupido). ★

de·sen·vol·to (ô) *s.m.* 1. Desembaraçado; extrovertido. 2. Devasso; licencioso.

deserto

de·sen·vol·tu·ra *s.f.* Qualidade de desenvolto.

de·sen·vol·ver *v.t.d.* 1. Fazer crescer. 2. Aumentar as faculdades intelectuais de. *v.p.* 3. Crescer. 4. Progredir. 5. Aumentar. 6. Prolongar-se.

de·sen·vol·vi·do *adj.* 1. Que se desenvolveu. 2. Adiantado. 3. Próspero.

de·sen·vol·vi·men·to *s.m.* Ato ou efeito de desenvolver(-se).

de·sen·xa·bi·do (ch) *adj.* Insípido; sem graça.

de·sen·xo·va·lhar (ch) *v.t.d.* 1. Tornar asseado; limpar. 2. *fig.* Desafrontar.

de·se·qui·li·bra·do *adj.* 1. Que se desequilibrou. 2. Que não tem equilíbrio mental; louco. *s.m.* 3. Indivíduo desequilibrado.

de·se·qui·li·brar *v.t.d.* 1. Desfazer o equilíbrio de. *v.p.* 2. Perder o equilíbrio.

de·se·qui·lí·brio *s.m.* 1. Falta de equilíbrio. 2. Perturbação mental.

de·ser·ção *s.f.* Ação ou efeito de desertar.

de·ser·da·do *adj.* 1. Excluído da herança ou sucessão. 2. *fig.* Desamparado, destituído (da sorte, da fortuna, de talento).

de·ser·dar *v.t.d.* 1. Excluir (alguém) da herança. *v.p.* 2. Privar-se. *V.* ***desertar***.

de·ser·tar *v.t.d.* 1. Despovoar. 2. Abandonar; desistir de. *v.i.* 3. Deixar o serviço militar sem licença. *v.t.i.* 4. Afastar-se; ausentar-se. *V.* ***deserdar***.

de·ser·ti·fi·ca·ção *s.f.* Processo de transformação de uma região fértil em deserto.

de·ser·to (é) *adj.* 1. Desabitado. 2. Solitário. *s.m.* 3. Lugar estéril e desabitado. 4. Lugar ermo.

desertor

de·ser·tor *s.m.* 1. Aquele que desertou do serviço militar. 2. Aquele que abandonou uma doutrina, um partido.

de·ses·pe·ra·ção *s.f.* Ato ou efeito de desesperar.

de·ses·pe·ra·do *adj.* 1. Que está em desesperação. 2. Que se encontra ou se julga perdido. 3. Furioso; arrebatado; encarniçado.

de·ses·pe·ra·dor *adj.* 1. Que desespera. 2. Que causa apreensão.

de·ses·pe·ran·ça *s.f.* Falta ou perda de esperança.

de·ses·pe·ran·çar *v.t.d.* 1. Desanimar; fazer perder a esperança. *v.p.* 2. Perder a esperança.

de·ses·pe·ran·te *adj.2gên.* Que causa desesperação.

de·ses·pe·rar *v.t.d.* 1. Fazer perder a esperança a. 2. Desanimar; desalentar. 3. Causar desespero a. 4. Irritar; afligir. *v.i.*, *v.t.i.* e *v.p.* 5. Perder a esperança de conseguir alguma coisa.

de·ses·pe·ro (ê) *s.m.* Desesperação.

de·ses·ti·mu·lar *v.t.d.* e *v.p.* Perder ou fazer perder o estímulo; desanimar(-se).

des·fa·ça·tez *s.f.* Pouca vergonha; descaramento; cinismo.

des·fal·car *v.t.d.* 1. Tirar parte (de uma quantia). 2. Defraudar. 3. Dissipar. 4. Estragar. 5. Diminuir; subtrair. 6. Tirar; roubar.

des·fa·le·cer *v.t.d.* 1. Fazer perder as forças ou o ânimo a. *v.i.* 2. Perder as forças. 3. Desanimar. 4. Desmaiar.

des·fa·le·ci·men·to *s.m.* Ato ou efeito de desfalecer.

des·fal·que *s.m.* 1. Ato ou efeito de desfalcar. 2. Quantia a menos em determinada soma de dinheiro. 3. Desvio de fundos.

desfigurar

des·fa·vor *s.m.* 1. Perda de favor, consideração. 2. Algo que causa dano, descrédito ou prejuízo.

des·fa·vo·rá·vel *adj.2gên.* Desvantajoso; adverso.

des·fa·vo·re·cer *v.t.d.* 1. Desajudar. 2. Contrariar. 3. Prejudicar.

des·fa·zer *v.t.d.* 1. Destruir (o que se tinha feito); desmanchar. 2. Partir em pedaços. *v.p.* 3. Desapossar-se. 4. Anular-se. 5. Livrar-se. *V.* **desafazer.** ★

des·fe·char *v.t.d.* 1. Disparar (arma de fogo). 2. Vibrar. 3. Exprimir violentamente. *v.i.* 4. Desencadear-se. 5. Rematar. 6. Romper. *v.t.i.* 7. Desafogar; sair de modo inopinado.

des·fe·cho (ê) *s.m.* Remate; desenlace; conclusão.

des·fei·ta *s.f.* Ofensa; desconsideração; ultraje.

des·fei·te·ar *v.t.d.* Fazer desfeita a; insultar.

des·fei·to *adj.* Que se desfez; desmanchado.

des·fe·rir *v.t.d.* 1. Fazer vibrar (as cordas de um instrumento). 2. Dar. 3. Aplicar. 4. Emitir (sons). ★

des·fi·ar *v.t.d.* 1. Reduzir a fios. 2. Explicar com pormenores. 3. Narrar; explicar; referir. *v.p.* 4. Desfazer-se em fios.

des·fi·bra·do *adj.* 1. Sem fibras. 2. Sem energia física ou moral. 3. Fraco; pusilânime.

des·fi·brar *v.t.d.* 1. Tirar as fibras a. 2. Desfiar. *v.p.* 3. Desligarem-se as fibras de.

des·fi·gu·ra·ção *s.f.* Ação ou efeito de desfigurar.

des·fi·gu·rar *v.t.d.* 1. Alterar a figura, o caráter, o aspecto de. 2. Deformar. 3. Adulterar. *v.p.* 4. Sofrer modificação ou alteração.

des·fi·la·dei·ro *s.m.* Passagem estreita entre montes ou montanhas; garganta.

des·fi·lar *v.i.* 1. Passar em filas. 2. Marchar sucessivamente. 3. Suceder.

des·fi·le *s.m.* Ato ou efeito de desfilar.

des·fi·tar *v.t.d.* 1. Desviar (os olhos). 2. Não fitar.

des·flo·rar *v.t.d.* e *v.p.* 1. Perder ou fazer perder as flores; deflorar (-se) (1). 2. Perder a virgindade ou tirá-la de (alguém); deflorar(-se) (2), desvirginar(-se).

des·flo·res·ta·men·to *s.m.* Ato ou efeito de desflorestar.

des·flo·res·tar *v.t.d.* Pôr abaixo grande porção de árvores de uma região.

des·fo·lhar *v.t.d.* 1. Tirar as folhas, as pétalas a. 2. Extinguir; destruir. 3. Atirar, desfolhando. *v.p.* 4. Perder as folhas ou as pétalas.

des·for·ço (ô) *s.m.* Desforra; desagravo; vingança. *Pl.:* desforços (ó).

des·for·ra (ó) *s.f.* Ação de desforrar; desforço.

des·for·rar *v.t.d.* 1. Vingar. 2. Indenizar-se de. *v.p.* 3. Ganhar o que se perdera no jogo. 4. Tomar desforra.

des·frag·men·tar *v.t.d. Inform.* Reunir em uma área contínua partes de um mesmo arquivo que haviam sido armazenadas em diferentes áreas de um disco.

des·fral·dar *v.t.d.* 1. Soltar ao vento. 2. Largar; despregar; desferir. *v.p.* 3. Tremular a bandeira.

des·fru·tar *v.t.d.* 1. Ter os frutos ou rendimentos de. 2. Ter o gozo de. 3. Usufruir. 4. Deliciar-se com. 5. Viver à custa de. 6. Zombar de.

des·fru·tá·vel *adj.2gên.* e *s.2gên.* O que ou que se dá ao desfrute.

des·fru·te *s.m.* 1. Ato de desfrutar. 2. Troça; zombaria; mofa. 3. Ação escandalosa.

des·ga·lhar *v.t.d.* Cortar os galhos a.

des·gar·ra·do *adj.* 1. Que se desgarrou; que se extraviou. 2. Que perdeu o rumo (navio).

des·gar·rar *v.i.* 1. Perder o rumo. *v.t.i.* 2. Levantar âncora e sair do porto. *v.t.d.* 3. Desviar-se de rumo (navio). 4. Dirigir (para lugar oposto). *v.p.* 5. Perder o rumo; desviar-se.

des·gas·tar *v.t.d.* 1. Gastar aos poucos. *v.p.* 2. Gastar-se; destruir-se lentamente.

des·gas·te *s.m.* Ato de desgastar.

des·gos·tar *v.t.d.* 1. Provocar desgosto a. 2. Descontentar. 3. Mortificar. *v.t.i.* 4. Não gostar. *v.p.* 5. Perder o gosto. 6. Desagradar-se.

des·gos·to (ô) *s.m.* 1. Descontentamento. 2. Desprazer. 3. Mágoa. 4. Repugnância.

des·gos·to·so (ô) *adj.* 1. Que tem desgosto. 2. Penalizado. 3. De mau sabor. *Pl.:* desgostosos (ó).

des·go·ver·nar *v.t.d.* 1. Governar mal. 2. Dar má direção a. 3. Gastar; desperdiçar. 4. Desviar do bom rumo. *v.i.* 5. Não dar pelo leme. *v.p.* 6. Governar-se mal. 7. Perder o governo de si próprio.

des·go·ver·no (ê) *s.m.* 1. Mau governo. 2. Desperdício.

des·gra·ça *s.f.* 1. Acontecimento funesto. 2. Má sorte; infelicidade; infortúnio. 3. Contratempo. 4. Angústia. 5. Miséria.

des·gra·ça·do *adj.* 1. Infeliz; desditoso. 2. Que anuncia desgraça ou sinistro. *s.m.* 3. Aquele que vive na miséria.

des·gra·çar *v.t.d.* 1. Causar desgraça a. 2. Prejudicar. *v.p.* 3. Tornar-se desgraçado.

des·gra·cei·ra *s.f. pop.* 1. Conjunto de desgraças que acontecem uma após a outra. 2. Coisa horrível ou de má qualidade.

des·gra·ci·o·so (ô) *adj.* Deselegante, desajeitado. *Pl.:* desgraciosos (ó).

des·gre·nha·do *adj.* 1. Despenteado (o cabelo). 2. Que traz os cabelos revoltos, despenteados.

des·gre·nhar *v.t.d.* 1. Emaranhar (os cabelos). 2. Despentear. *v.p.* 3. Descompor os cabelos.

des·gru·dar *v.t.d.* 1. Despegar (o que estava grudado). *v.p.* 2. Despegar-se.

des·guar·ne·cer *v.t.d.* 1. Tirar a guarnição a. 2. Tirar os enfeites ou a mobília a. *v.p.* 3. Privar-se. 4. Desenfeitar-se.

de·si·de·ra·to *s.m.* O que se deseja, aquilo a que se aspira.

de·sí·di·a *s.f.* Preguiça; inércia.

de·si·dra·ta·ção *s. f.* 1. Ato ou efeito de desidratar. 2. *Med.* Perda de líquidos orgânicos.

de·si·dra·tar *v.t.d.* Separar ou extrair a água de.

de·sig·na·ção *s.f.* 1. Ação de designar. 2. Indicação.

de·sig·nar *v.t.d.* 1. Indicar. 2. Dar a conhecer. 3. Determinar. 4. Nomear (para emprego ou cargo). 5. Assinalar.

de·sig·na·ti·vo *adj.* 1. Que designa. 2. Que é próprio para designar.

de·síg·ni·o *s.m.* Intento; plano; projeto.

de·si·gual *adj.2gên.* 1. Que não é igual. 2. Que varia. 3. Que não é regular; acidentado.

de·si·gua·lar *v.t.d.* 1. Fazer ou tornar desigual. 2. Estabelecer diferença entre. 3. Distinguir. *v.t.i.* 4. Ser diferente. *v.p.* 5. Tornar-se desigual.

de·si·gual·da·de *s.f.* Qualidade ou estado de desigual.

de·si·lu·di·do *adj.* 1. Que se desiludiu. 2. Desencantado.

de·si·lu·dir *v.t.d.* 1. Tirar ilusões a. 2. Causar decepção a. *v.p.* 3. Perder as ilusões.

de·si·lu·são *s.f.* Perda de ilusão; desengano, decepção.

de·sim·pe·di·men·to *s.m.* Ato ou efeito de desimpedir.

de·sim·pe·dir *v.t.d.* 1. Tirar o impedimento a, desembaraçar. 2. Facilitar. ★

de·sin·char *v.t.d.* 1. Diminuir ou desfazer a inchação de. 2. Humilhar. *v.i.* e *v.p.* 3. Deixar de estar inchado. 4. Perder a soberba, a vaidade.

de·sin·com·pa·ti·bi·li·zar *v.t.d.* Tirar a incompatibilidade a.

de·sin·cor·po·rar *v.t.d.* 1. Desmembrar. 2. Desanexar. 3. Desunir. *v.p.* 4. Separar-se; desmembrar-se.

de·sin·cum·bir-se *v.p.* Dar cumprimento a uma incumbência.

de·sin·de·xar (cs) *v.t.d.* Deixar de indexar, ou corrigir (preços, salários, etc.), com base em índices econômicos.

de·si·nên·ci·a *s.f.* 1. Fim; extremidade. 2. *Gram.* Elemento que se apõe ao tema para indicar as flexões de gênero, número, modo, tempo e pessoa.

de·sin·fec·ção *s.f.* Ato ou efeito de desinfetar.

de·sin·fe·liz *adj.2gên.* e *s.2gên.* O mesmo que infeliz.

de·sin·fes·tar *v.t.d.* Livrar do que infesta.

de·sin·fe·tan·te *adj.2gên.* 1. Que desinfeta. *s.m.* 2. Substância própria para desinfetar.

de·sin·fe·tar *v.t.d.* 1. Sanear. 2. Livrar do que infetava.

de·sin·fla·mar *v.t.d.* 1. Tirar a inflamação a. *v.i.* e *v.p.* 2. Dissipar-se a inflamação de.

de·sin·for·ma·ção *s.f.* 1. Ação ou resultado de desinformar. 2. Informação falsa que visa enganar ou confundir quem a recebe. 3. Falta de informação; desconhecimento, ignorância.

de·si·ni·bi·do *adj.* 1. Que não tem inibições. 2. Desembaraçado.

de·si·ni·bir *v.t.d.* e *v.p.* Tornar-se desinibido.

de·sin·qui·e·tan·te *adj.2gên.* Que desinquieta.

de·sin·qui·e·tar *v.t.d.* 1. Inquietar; perturbar a tranquilidade de. 2. Importunar.

de·sin·qui·e·to *adj.* Inquieto; desassossegado.

de·sin·te·gra·ção *s.f.* Ação de desintegrar-se.

de·sin·te·grar *v.t.d.* 1. Tirar a integração de. 2. Separar (um de outro). *v.p.* 3. Reduzir-se; dividir-se; perder a integridade.

de·sin·te·li·gên·ci·a *s.f.* Divergência; desacordo.

de·sin·te·res·sa·do *adj.* 1. Que não tem interesse. 2. Que age sem interesse financeiro ou outro tipo de benefício; desprendido. 3. Que não é tendencioso; imparcial. 4. Que não se envolve; indiferente.

de·sin·te·res·san·te *adj.2gên.* Que não é interessante; que não interessa.

de·sin·te·res·sar *v.t.d.* 1. Privar dos interesses, dos lucros. *v.p.* 2. Sair (de um negócio) sem seus lucros. 3. Cessar de ter interesse.

de·sin·te·res·se (ê) *s.m.* 1. Falta de interesse. 2. Generosidade; desprendimento.

de·sin·ter·nar *v.t.d.* 1. Fazer sair do interior. 2. Tirar a qualidade de interno a.

de·sin·ti·mi·dar *v.t.d.* Fazer perder a timidez a.

de·sin·to·xi·car (cs) *v.t.d.* 1. Livrar da intoxicação. 2. Desenvenenar.

de·sir·ma·na·do *adj.* Que se desuniu de coisa ou pessoa com que estava emparelhado.

de·sir·ma·nar *v.t.d.* 1. Separar (duas coisas que estavam emparelhadas). *v.p.* 2. Desavir-se (quebrando os laços de amizade ou fraternidade).

de·sis·tên·ci·a *s.f.* Ato ou efeito de desistir.

de·sis·ten·te *adj.2gên.* Que desiste, ou que desistiu.

de·sis·tir *v.t.d.* Não prosseguir num intento; abster-se; renunciar.

des·je·jum *s.m.* A primeira refeição do dia.

des·la·çar *v.t.d.* 1. Desprender (o que se tinha enlaçado). *v.p.* 2. Desprender-se; soltar-se.

des·la·crar *v.t.d.* Tirar o lacre de algo; abrir.

des·lan·char *v.i. pop.* 1. Partir, acelerando. 2. Ir para a frente.

des·la·va·do *adj.* 1. Descarado; petulante; atrevido. 2. Desbotado.

des·la·var *v.t.d.* 1. Fazer perder a cor; descolorir. 2. Tornar insípido. 3. Tornar descarado.

des·le·al *adj.2gên.* 1. Que não tem lealdade. 2. Falso; pérfido.

des·le·al·da·de *s.f.* 1. Qualidade de desleal. 2. Perfídia; falsidade.

desleixado

des·lei·xa·do (ch) *adj.* Descuidado; negligente.

des·lei·xar-se (ch) *v.p.* Descuidar-se; tornar-se negligente.

des·lei·xo (ch) *s.m.* Descuido; negligência; incúria.

des·lem·brar *v.t.d.* 1. Esquecer. 2. Não mencionar por esquecimento. *v.t.i.* 3. Ficar esquecido. 4. Não vir à mente. *v.p.* 5. Esquecer-se.

des·li·ga·do *adj.* 1. Que se desligou; separado. 2. Desatento; alheio; desinteressado.

des·li·ga·men·to *s.m.* 1. Ato ou efeito de desligar(-se). 2. Separação.

des·li·gar *v.t.d.* 1. Desprender; separar; soltar; desatar. 2. Desobrigar. *v.p.* 3. Soltar-se; desprender-se; separar-se. 4. Interromper a alimentação de aparelho elétrico.

des·lin·dar *v.t.d.* 1. Destrinçar. 2. Investigar. 3. Aclarar; apurar.

des·li·za·men·to *s.m.* Ato ou efeito de deslizar; deslize.

des·li·zar *v.i.* 1. Escorregar suavemente. *v.t.i.* 2. Desviar-se, afastar-se aos poucos. *v.t.d.* 3. Passar em silêncio.

des·li·ze *s.m.* 1. Deslizamento. 2. Engano; equívoco. 3. Falha, falta.

des·lo·ca·do *adj.* 1. Fora do seu lugar. 2. Desarticulado. 3. Despropositado.

des·lo·ca·men·to *s.m.* 1. Ato ou efeito de deslocar(-se). 2. Transferência.

des·lo·car *v.t.d.* 1. Mudar de um para outro lugar; afastar; transferir. 2. Desconjuntar; desarticular. *v.p.* 3. Desconjuntar-se.

des·lum·bra·do *adj.* 1. Que se deslumbrou. *s.m.* 2. Indivíduo que por tudo se deslumbra ou encanta.

desmandar

des·lum·bra·men·to *s.m.* 1. Perturbação da vista ou cegueira momentânea causada por luz demasiado forte. 2. *fig.* Sedução; fascinação.

des·lum·bran·te *adj.2gên.* Que deslumbra.

des·lum·brar *v.t.d.* 1. Turvar (o sentido da vista). 2. Cegar pelo brilho demasiado. 3. Causar assombro a. *v.p.* 4. Deixar-se fascinar ou seduzir.

des·lus·trar *v.t.d.* 1. Embaciar; empanar o lustre de. 2. *fig.* Obscurecer. 3. Desonrar. *v.p.* 4. Perder o brilho. 5. Macular-se.

des·lus·tre *s.m.* 1. Ação ou resultado de deslustrar. 2. Falta de lustre, brilho ou polimento. 3. Descrédito, desonra.

des·mai·a·do *adj.* 1. Que perdeu os sentidos. 2. Que mal se percebe. 3. Que tem pouca vivacidade.

des·mai·ar *v.t.d.* 1. Fazer perder a cor. *v.i.* e *v.p.* 2. Perder a cor. 3. Desfalecer; perder os sentidos. 4. Perder o brilho. 5. Empalidecer.

des·ma·ma *s.f.* Desmame.

des·ma·mar *v.t.d.* 1. Tirar a mama a. 2. Deixar de amamentar.

des·ma·me *s.f.* Ação de desmamar; desmama.

des·man·cha-pra·ze·res *s.2gên.2núm.* Pessoa que estraga o prazer ou o divertimento dos outros.

des·man·char *v.t.d.* 1. Desfazer. 2. Inutilizar. 3. Eliminar; anular; revogar. *v.p.* 4. Desfazer-se. 5. Exceder-se. 6. Descomedir-se.

des·man·che *s.m. gír.* Oficina clandestina onde se desmontam automóveis para a venda de suas peças.

des·man·dar *v.t.d.* 1. Mandar o contrário do que se tinha mandado. 2. Privar do mando.

des·man·do *s.m.* 1. Indisciplina; transgressão de ordens. 2. Abuso.

des·man·te·la·do *adj.* Desarranjado; desconjuntado.

des·man·te·lar *v.t.d.* 1. Derrubar (muralhas, fortificações). 2. Separar as peças, os componentes de. *v.p.* 3. Vir abaixo; desmoronar-se.

des·mar·car *v.t.d.* 1. Tirar marcas ou marcos a. 2. Tornar desmedido, excessivo.

des·mas·ca·rar *v.t.d.* 1. Descobrir, tirando a máscara. 2. Tornar patente (coisa que se ocultava). *v.p.* 3. Tirar de si mesmo a máscara. 4. Mostrar-se como é realmente.

des·ma·te·ri·a·li·za·ção *s.f.* Ação de desmaterializar(-se).

des·ma·te·ri·a·li·zar *v.t.d.* 1. Tornar imaterial. *v.p.* 2. Perder a forma material.

des·ma·ze·la·do *adj.* e *s.m.* Desleixado; negligente.

des·ma·ze·lar-se *v.p.* Tornar-se desmazelado.

des·ma·ze·lo (ê) *s.m.* Desleixo; negligência.

des·me·di·do *adj.* Enorme; de grande extensão.

des·me·dir-se *v.p.* Descomedir-se.★

des·mem·bra·men·to *s.m.* 1. Ato de desmembrar(-se). 2. Divisão; desagregação. 3. Partilha.

des·mem·brar *v.t.d.* 1. Cortar os membros ou algum membro de. 2. Separar uma ou mais partes de (um todo). *v.p.* 3. Separar-se.

des·me·mo·ri·a·do *adj.* 1. Que tem falta de memória. *s.m.* 2. Aquele que perdeu a memória da própria personalidade.

des·me·mo·ri·ar *v.t.d.* 1. Fazer esquecer. 2. Fazer perder a memória a. *v.p.* 3. Esquecer-se; perder a memória.

des·men·ti·do *s.m.* 1. Declaração com que se desmente. *adj.* 2. Que foi contraditado.

des·men·tir *v.t.d.* 1. Declarar que alguém não disse a verdade. 2. Contradizer; negar (o que outrem afirma ou afirmou). 3. Não corresponder a; destoar de. *v.p.* 4. Contradizer-se. ★

des·me·re·cer *v.t.d.* 1. Ser indigno de. 2. Apoucar; desfazer em. *v.i.* 3. Perder o merecimento, o valor. *v.t.i.* 4. Não ser digno; rebaixar.

des·me·su·ra·do *adj.* Muito grande; enorme.

des·me·su·rar *v.t.d.* 1. Alargar de modo demasiado. 2. Exceder as medidas de. *v.p.* 3. Descomedir-se; desregrar-se.

des·mi·o·la·do *adj.* Sem juízo; insensato.

des·mo·bi·li·zar *v.t.d.* Anular a mobilização de (um exército).

des·mo·ne·ti·zar *v.t.d.* Desvalorizar uma moeda, tirando-a do curso legal.

des·mon·tar *v.t.d.* 1. Descavalgar; fazer descer do cavalo. 2. Fazer descer. 3. Desmanchar. 4. Pôr abaixo. 5. Desarmar (um maquinismo). *v.t.i.* 6. Descer; apear-se.

des·mon·te *s.m.* 1. Ação ou resultado de desmontar. 2. Ação de descer de uma montaria. 3. Ação ou resultado de desmontar uma máquina ou equipamento separando suas peças. 4. Desabamento de morro. 5. Extração de minérios de um depósito natural.

des·mo·ra·li·za·ção *s.f.* 1. Ação de desmoralizar. 2. Estado de quem ou do que está desmoralizado.

des·mo·ra·li·za·do *adj.* Pervertido; corrupto; devasso.

des·mo·ra·li·zar *v.t.d.* 1. Tornar imoral; corromper. 2. Abater o moral de. *v.p.* 3. Perder a moralidade; perverter-se.

des·mo·ro·na·men·to *s.m.* Ato ou efeito de desmoronar(-se).

des·mo·ro·nar *v.t.d.* 1. Derrubar; destruir; demolir. *v.p.* 2. Desabar; vir abaixo.

des·mo·ti·va·do *adj.* 1. Sem fundamento, sem motivo. 2. Sem justificação. 3. Sem motivação.

des·mu·nhe·car *v.t.d.* 1. Cortar a munheca de (pessoa), ou seu tendão (animal). *v.i.* 2. *pop.* Ter modos afetados ou femininos (um homem).

des·na·ci·o·na·li·zar *v.t.d.* 1. Tirar a feição nacional a. *v.p.* 2. Perder o feitio nacional; desnaturalizar-se.

des·na·ta·dei·ra *s.f.* Aparelho com o qual se separa a nata do leite.

des·na·tar *v.t.d.* Tirar a nata do leite.

des·na·tu·ra·do *adj.* e *s.m.* Que ou o que não é conforme aos sentimentos naturais; cruel.

des·na·tu·ra·li·za·ção *s.f.* Ação de desnaturalizar.

des·na·tu·ra·li·zar *v.t.d.* 1. Tirar os direitos de cidadão de um país a. 2. Perverter, corromper a natureza.

des·na·tu·rar *v.t.d.* 1. Alterar, mudar a natureza de. 2. Tornar desumano, cruel. *v.p.* 3. Desnaturalizar-se.

des·ne·ces·sá·ri·o *adj.* Que não é necessário; dispensável.

des·ní·vel *s.m.* Diferença de nível.

des·ni·ve·lar *v.t.d.* Tirar do nivelamento.

des·nor·te·a·do *adj.* Sem rumo; tonto; desorientado.

des·nor·te·ar *v.t.d.* 1. Fazer perder o rumo; desorientar. *v.i.* e *v.p.* 2. Desorientar-se.

des·nu·dar *v.t.d.* 1. Tornar nu; despir. *v.p.* 2. Ficar nu; despir-se.

des·nu·do *adj.* Despido; nu.

des·nu·tri·ção *s.f.* 1. Ausência de nutrição. 2. Emagrecimento.

des·nu·trir *v.t.d.* 1. Nutrir mal; não nutrir. *v.p.* 2. Emagrecer; enfraquecer-se.

de·so·be·de·cer *v.t.i.* Deixar de obedecer.

de·so·be·di·ên·ci·a *s.f.* Falta de obediência.

de·so·be·di·en·te *adj.2gên.* Que não obedece.

de·so·bri·gar *v.t.d.* 1. Livrar; isentar (de uma obrigação). *v.p.* 2. Cumprir a sua obrigação. 3. Livrar-se; isentar-se.

de·sobs·tru·ção *s.f.* Ação ou efeito de desobstruir; desimpedimento.

de·sobs·tru·ir *v.t.d.* Desimpedir; desatravancar.

de·so·cu·pa·ção *s.f.* 1. Ato ou efeito de desocupar. 2. Falta de ocupação; ociosidade.

de·so·cu·pa·do *adj.* e *s.m.* Que ou o que não tem ocupação.

de·so·cu·par *v.t.d.* 1. Deixar de ocupar. 2. Desembaraçar. 3. Isentar; livrar. 4. Tirar a ocupação de; desimpedir. *v.p.* 5. Livrar-se; desembaraçar-se.

de·so·do·ran·te *s.m.* Substância própria para desodorizar.

de·so·do·ri·zar *v.t.d.* Tirar o mau cheiro a.

de·so·la·ção *s.f.* 1. Ruína. 2. Estrago causado por calamidade. 3. Consternação; grande tristeza.

desolado

de·so·la·do *adj.* Triste; solitário; consternado; abandonado.

de·so·lar *v.t.d.* 1. Despovoar. 2. Assolar; devastar. 3. Entristecer; consternar.

de·so·ne·rar *v.t.d.* 1. Liberar de obrigação, dever ou encargo. *v.p.* 2. Desobrigar-se, isentar-se; demitir-se.

de·so·nes·ti·da·de *s.f.* Ausência de honestidade.

de·so·nes·to (é) *adj.* e *s.m.* 1. Que ou o que não tem ou não revela honestidade. 2. Impudico.

de·son·ra *s.f.* 1. Falta de honra. 2. Descrédito.

de·son·ra·do *adj.* Que não tem honra.

de·son·rar *v.t.d.* 1. Ofender a honra de. 2. Deflorar. 3. Infamar. *v.p.* 4. Praticar atos desonrosos. 5. Perder a honra.

de·son·ro·so (ô) *adj.* 1. Em que há desonra. 2. Que desonra; desonrante. *Pl.:* desonrosos (ó).

de·so·pi·lar *v.t.d.* Aliviar; desobstruir.

de·so·pri·mir *v.t.d.* 1. Libertar de uma situação de opressão, tirania. *v.p.* 2. Livrar(-se) daquilo que incomoda, que oprime.

de·so·ras (ó) *s.f.pl. desus.* Fora de hora, hora tardia. *loc. adv.* **A desoras**: 1. em hora tardia; 2. de modo importuno.

de·sor·dei·ro *adj.* e *s.m.* Que ou o que promove desordens.

de·sor·dem *s.f.* 1. Falta de ordem. 2. Desalinho. 3. Confusão; arruaça.

de·sor·de·na·do *adj.* 1. Que não tem ordem. 2. Desarranjado.

de·sor·de·nar *v.t.d.* 1. Tirar da ordem; desarranjar; confundir. 2. Amotinar. *v.p.* 3. Desarranjar-se. 4. Descomedir-se.

de·sor·ga·ni·za·ção *s.f.* Ausência de organização.

despedida

de·sor·ga·ni·zar *v.t.d.* 1. Destruir a organização de. 2. Destruir a boa ordem. *v.p.* 3. Desfazer-se a organização de.

de·so·ri·en·ta·do *adj.* Sem orientação; desnorteado; confuso.

de·so·ri·en·tar *v.t.d.* 1. Fazer perder o rumo. 2. Desvairar. *v.p.* 3. Atrapalhar-se; perder-se em conjeturas.

de·sos·sar *v.t.d.* Tirar os ossos a.

de·so·va (ó) *s.f.* Ato ou efeito de desovar.

de·so·var *v.i.* 1. Largar ou pôr os ovos (especialmente os peixes). 2. *pop.* Parir. *v.t.d.* 3. Depor em grande quantidade.

des·pa·cha·do *adj.* 1. Referido. 2. Ativo; expedito; desembaraçado. 3. Valente.

des·pa·chan·te *adj.2gên.* 1. Que despacha. *s.2gên.* 2. Pessoa que despacha mercadorias. 3. Pessoa que encaminha papéis, documentos, etc., junto às repartições públicas.

des·pa·char *v.t.d.* 1. Pôr despacho em. 2. Expedir; enviar. 3. Resolver. 4. Incumbir serviço ou missão. 5. Designar. 6. *pop.* Matar. 7. Dispensar (empregado). *v.i.* 8. Lavrar despachos. *v.t.i.* 9. Acabar.

des·pa·cho *s.m.* 1. Ato de despachar. 2. Nota de deferimento ou indeferimento. 3. Nomeação para cargo público. 4. Desenvoltura; desembaraço.

des·pa·ra·fu·sar *v.t.d.* Desaparafusar.

des·pau·té·ri·o *s.m.* Tolice; disparate; asneira.

des·pe·da·çar *v.t.d.* 1. Partir em pedaços. 2. *fig.* Pungir; lancinar. *v.p.* 3. Quebrar-se; desfazer-se; partir-se.

des·pe·di·da *s.f.* 1. Ação de despedir. 2. *fig.* Conclusão.

despedir

des·pe·dir *v.t.d.* 1. Fazer que saia. 2. Não mais utilizar os serviços de. 3. Lançar; arremessar. *v.i.* 4. Terminar. 5. Fazer despedida. *v.p.* 6. Apartar-se, cumprimentando. 7. Ir-se.★

des·pe·gar *v.t.d.* 1. Desapegar. 2. Separar (o que estava pegado); desunir. 3. Tornar menos afeiçoado. *v.t.i.* 4. Deixar. *v.p.* 5. Desabituar-se. 6. Deslocar-se; soltar-se. 7. Desprender-se.

des·pei·ta·do *adj.* Melindrado, contrariado; ressentido.

des·pei·to *s.m.* 1. Desgosto. 2. Ressentimento por ofensa ou desconsideração.

des·pe·ja·do *adj.* 1. Desobstruído. 2. Esvaziado. 3. Sem-vergonha; descarado.

des·pe·jar *v.t.i.* 1. Desembaraçar; desobstruir; desocupar. 2. Tornar vazio. *v.i.* 3. Deixar a casa, o local onde reside. *v.p.* 4. Perder o acanhamento, o pejo.

des·pe·jo (ê) *s.m.* 1. Ato de despejar. 2. Desocupação compulsória de imóvel. 3. Lixo. 4. *fig.* Falta de pejo.

des·pen·car *v.t.d.* 1. Tirar da penca ou do cacho. *v.i.* 2. Cair de grande altura.

des·pen·der *v.t.d.* 1. Fazer despesa de. 2. Liberalizar. 3. Empregar; gastar; distribuir. *v.i.* 4. Fazer despesas.

des·pen·du·rar *v.t.d.* Tirar (de onde estava pendurado). *V.* **dependurar**.

des·pe·nha·dei·ro *s.m.* Alcantil; precipício; perigo.

des·pe·nhar *v.t.d.* 1. Lançar de grande altura. 2. Fazer que caia de alta posição na miséria; arruinar. *v.p.* 3. Cair do alto; arruinar-se.

des·pen·sa *s.f.* Local de uma casa onde se guardam comestíveis. *V.* **dispensa**.

despiciendo

des·pen·te·ar *v.t.d.* 1. Desfazer o penteado de. *v.p.* 2. Desmanchar-se (o penteado). 3. Desfazer o penteado a si próprio.

des·per·ce·ber *v.t.d.* 1. Deixar de perceber. 2. Não notar; não dar atenção a. *v.p.* 3. Desprevenir-se; desacautelar-se.

des·per·ce·bi·do *adj.* 1. A que não se deu atenção. 2. Não percebido. *V.* **desapercebido**.

des·per·di·ça·do *adj.* Malbaratado; que se gastou sem proveito.

des·per·di·çar *v.t.d.* Esbanjar; gastar sem proveito; perder.

des·per·dí·ci:o *s.m.* Ato ou efeito de desperdiçar.

des·per·so·na·li·zar *v.t.d.* 1. Mudar a personalidade a. 2. Diminuir as propriedades características de. *v.p.* 3. Proceder de modo contrário a seu caráter.

des·per·su·a·dir *v.t.d.* 1. Dissuadir. 2. Fazer sair da mente (um projeto). *v.p.* 3. Dissuadir-se; mudar de opinião.

des·per·ta·dor *adj.* 1. Que desperta. *s.m.* 2. O que desperta. 3. Relógio com dispositivo para soar em hora determinada.

des·per·tar *v.t.d.* 1. Acordar; tirar do sono. 2. Estimular. 3. Fazer nascer. *v.i.* e *v.t.i.* 4. Sair do estado dormente.

des·per·to (é) *adj.* Que despertou; que está acordado.

des·pe·sa (ê) *s.f.* 1. Ato ou efeito de despender. 2. Dispêndio.

des·pe·ta·lar *v.t.d.* 1. Tirar as pétalas de. *v.p.* 2. Perder as pétalas.

des·pi·car *v.t.d.* 1. Desagravar; desafrontar. *v.p.* 2. Vingar-se; desafrontar-se.

des·pi·ci·en·do *adj.* Que deve ser desprezado.

despiciente / **despretensioso**

des·pi·ci·en·te *adj.2gên.* Que despreza.

des·pi·do *adj.* 1. Nu. 2. Despojado. 3. Livre; isento.

des·pi·que *s.m.* 1. Ato de despicar. 2. Desforço. 3. Vingança.

des·pir *v.t.d.* 1. Tirar a roupa. 2. Tirar do corpo (o que se vestiu). 3. Abandonar; largar. 4. Despojar. *v.p.* 5. Tirar a roupa. 6. Despojar-se.★

des·pis·tar *v.t.d.* 1. Fazer que perca a pista. 2. Iludir a vigilância de.

des·plan·te *s.m.* Atrevimento; desfaçatez; ousadia; audácia.

des·po·ja·men·to *s.m.* 1. Ato ou efeito de despojar. 2. Espoliação.

des·po·jar *v.t.d.* 1. Espoliar; privar da posse. 2. Saquear; defraudar; roubar. *v.p.* 3. Despir-se.

des·po·jo (ô) *s.m.* 1. Espólio; presa. *s.m.pl.* 2. Fragmentos; restos. *Pl.*: despojos (ó).

des·pon·tar *v.t.d.* 1. Embotar; cortar, arrancar a ponta. *v.i.* 2. Principiar a aparecer; assomar. *v.t.i.* 3. Lembrar; ocorrer.

des·po·pu·la·ri·zar *v.t.d.* 1. Fazer perder o favor do povo. *v.p.* 2. Perder a popularidade.

des·por·te (ó) *s.m.* Conjunto de exercícios próprios para desenvolver vigor e agilidade; esporte.

des·por·tis·ta *adj.2gên.* 1. Desportivo. *s.2gên.* 2. Pessoa que pratica esporte.

des·por·ti·vo *adj.* Concernente a desporte.

des·por·to (ô) *s.m.* Esporte.

des·po·sar *v.t.d.* 1. Contrair esponsais com. 2. Promover o casamento de.

des·po·só·ri·o *s.m.* Casamento.

dés·po·ta *s.2gên.* Pessoa que exerce poder absoluto, arbitrário.

des·pó·ti·co *adj.* 1. Próprio de déspota. 2. Tirânico; opressivo.

des·po·tis·mo *s.m.* Poder absoluto, arbitrário.

des·po·vo·a·men·to *s.m.* Ato ou efeito de despovoar-se.

des·po·vo·ar *v.t.d.* 1. Tirar, diminuir a povoação a. 2. Desabitar. *v.p.* 3. Ficar deserto; tornar-se desabitado.

des·pra·zer *s.m.* Desgosto; dissabor.

des·pre·ca·tar-se *v.p.* Descuidar-se; desacautelar-se.

des·pre·gar *v.t.d.* 1. Soltar (o que se tinha pregado). 2. Desfazer as pregas de; desenrugar. 3. Desviar; apartar. *v.p.* 4. Desprender-se.

des·pren·der *v.t.d.* 1. Soltar (o que estava preso); desatar. 2. Emitir. *v.p.* 3. Desligar-se; soltar-se.

des·pren·di·do *adj.* Que tem desprendimento, abnegação.

des·pren·di·men·to *s.m.* Ato de desprender(-se); abnegação; altruísmo.

des·pre·o·cu·pa·ção *s.f.* Estado daquele que se encontra despreocupado.

des·pre·o·cu·pa·do *adj.* Que não tem preocupação.

des·pre·o·cu·par *v.t.d.* e *v.p.* Livrar(-se) de preocupação.

des·pre·pa·ro *s.m.* 1. Falta de preparo. 2. Desarrumação.

des·pres·ti·gi·ar *v.t.d.* 1. Tirar o prestígio a. *v.p.* 2. Perder o prestígio.

des·pres·tí·gi·o *s.m.* Falta de prestígio.

des·pre·ten·são *s.f.* 1. Falta de pretensão ou ambição. 2. Ausência de vaidade; modéstia.

des·pre·ten·si·o·so (ô) *adj.* 1. Que não tem pretensões. 2. Em que não há pretensão. *Pl.*: despretensiosos (ó).

des·pre·ve·ni·do *adj.* 1. Desacautelado; desapercebido. 2. *pop.* Sem dinheiro.

des·pre·zar *v.t.d.* 1. Sentir desprezo a. 2. Não dar importância a; não fazer caso de. 3. Rejeitar. *v.p.* 4. Aviltar-se; envergonhar-se.

des·pre·zí·vel *adj.2gên.* Digno de desprezo; indigno; vergonhoso.

des·pre·zo (ê) *s.m.* 1. Desconsideração; falta de apreço. 2. Repulsa.

des·pro·por·ção *s.f.* 1. Falta de proporção. 2. Desconformidade; desigualdade.

des·pro·po·si·ta·do *adj.* Inoportuno; que não vem a propósito.

des·pro·pó·si·to *s.m.* 1. Falta de propósito. 2. Descomedimento. 3. Dito ou ato fora de propósito. 4. Abundância; grande quantidade.

des·pro·te·ger *v.t.d.* Deixar de proteger; desamparar; não dar auxílio a.

des·pro·vei·to *s.m.* 1. Falta de aproveitamento, de utilização adequada; desperdício. 2. Detrimento, prejuízo.

des·pro·ver *v.t.d.* 1. Deixar de prover. *v.t.d., v.t.d. e i.* e *v.p.* 2. Privar(-se) de provisões ou daquilo que é necessário. ★

des·pro·vi·do *adj.* 1. Sem provisões. 2. Desprevenido; sem recursos.

des·pu·dor *s.m.* Falta de pudor.

des·pu·do·ra·do *adj.* e *s.m.* Que ou o que não tem pudor.

des·qua·li·fi·ca·do *adj.* e *s.m.* 1. Que ou o que deixou de possuir as qualidades que o recomendavam. 2. Desclassificado.

des·qua·li·fi·car *v.t.d.* 1. Excluir de um certame. 2. Tirar a qualificação a. *v.p.* 3. Tornar-se indigno ou inapto.

des·qui·tar *v.t.d.* 1. Separar (os cônjuges). 2. Desobrigar; libertar. *v.p.* 3. Separar-se judicialmente (os cônjuges).

des·qui·te *s.m.* Ato de desquitar-se.

des·ra·ti·za·ção *s.f.* Ação de desratizar.

des·ra·ti·zar *v.t.d.* Extinguir os ratos de.

des·re·gra·do *adj.* 1. Que não está de acordo com as boas regras; descomedido. 2. Irregular. 3. Perdulário.

des·re·gra·men·to *s.m.* 1. Ausência de regra ou regularidade. 2. Desordem. 3. Intemperança; devassidão. 4. Abuso.

des·re·grar *v.t.d.* 1. Fazer que saia da ordem estabelecida; tornar irregular. *v.p.* 2. Sair da regra; exceder-se.

des·res·pei·tar *v.t.d.* 1. Faltar ao respeito a. 2. Perturbar.

des·res·pei·to *s.m.* Falta de respeito; irreverência.

des·res·pei·to·so (ô) *adj.* Em que há falta de respeito. *Pl.:* desrespeitosos (ó).

des·se (ê) *contr. Prep.* de com o *pron. dem.* esse. *Fem.:* dessa. *Pl.:* desses, dessas.

des·se·car *v.t.d.* e *v.p.* 1. Tornar(-se) seco; enxugar(-se). 2. Tornar(-se) duro, insensível. *V. dissecar.*

des·se·den·tar *v.t.d.* 1. Matar a sede a. *v.p.* 2. Matar a própria sede.

des·se·me·lhan·ça *s.f.* Falta de semelhança; desigualdade.

des·se·me·lhan·te *adj.2gên.* Que não é semelhante; diferente.

des·se·me·lhar *v.t.d.* 1. Diferenciar; tornar dessemelhante. *v.p.* 2. Diferenciar-se.

des·ser·vi·ço *s.m.* Mau serviço.

des·ser·vir *v.t.d.* Não servir ou servir mal a. ★

des·so·rar *v.t.d., v.i.* e *v.p.* 1. Extrair o soro de. 2. Ficar sem o soro. 3. Transformar(-se) em soro. *v.t.d.* e *v.p.* 4. Debilitar(-se), enfraquecer(-se).

des·ta·ca·do *adj.* 1. Que se destacou. 2. Relevante; eminente.

des·ta·ca·men·to *s.m.* Tropa que se separa de um regimento e é enviada a prestar serviço fora da sede desse mesmo regimento.

des·ta·car *v.t.d.* 1. Enviar (um destacamento). 2. Fazer sobressair. *v.t.i.* 3. Separar; desunir. *v.i.* 4. Avultar. *v.p.* 5. Separar-se; distinguir-se.

des·tam·pa·do *adj.* 1. Sem tampa. 2. Despropositado; desmedido.

des·tam·par *v.t.d.* 1. Tirar o tampo ou a tampa a. *v.i.* 2. Despropositar. 3. Redundar; culminar. 4. Prorromper; romper.

des·tam·pa·tó·ri·o *s.m.* 1. Despropósito. 2. Descompostura; discussão forte.

des·ta·par *v.t.d.* Descobrir (o que se tinha tapado).

des·ta·que *s.m.* Qualidade do que se destaca, daquilo que sobressai.

des·tar·te *adv. desus.* Deste modo; por esta forma; assim.

des·te (ê) *contr.* Prep. *de* com o *pron. dem. este*. *Fem.*: desta. *Pl.*: destes, destas.

des·te·lhar *v.t.d.* Tirar as telhas a.

des·te·me·ro·so (ô) *adj.* Que não tem medo. *Pl.*: destemerosos (ó).

des·te·mi·do *adj.* Valoroso; intrépido; que não tem temor.

des·te·mor *s.m.* Falta de temor; intrepidez; coragem.

des·tem·pe·ra·do *adj.* 1. A que se tirou a têmpera (em se tratando do aço). 2. Descomedido. 3. Desafinado.

des·tem·pe·rar *v.t.d.* 1. Diminuir a têmpera ou a força de. 2. Alterar o sabor de. *v.t.d.* e *v.i.* 3. Causar ou sofrer distúrbio gastrointestinal. *v.i.* e *v.p.* 4. Perder a têmpera. 5. Desafinar-se.

des·tem·pe·ro (ê) *s.m.* Desconchavo; despropósito.

des·ter·ra·do *adj.* e *s.m.* Que ou aquele que foi banido da pátria; exilado.

des·ter·rar *v.t.d.* 1. Mandar para fora da terra, do país; exilar; banir. 2. Pôr de parte. *v.p.* 3. Expatriar. 4. Apartar-se; distanciar-se.

des·ter·ro (ê) *s.m.* 1. Ato de desterrar; exílio; degredo. 2. Lugar onde vive aquele que foi desterrado.

des·ti·la·ção *s.f.* 1. Ação de destilar. 2. Estabelecimento onde se destila.

des·ti·lar *v.t.d.* 1. Fazer destilação de. 2. Passar (uma substância) diretamente do estado líquido ao gasoso e depois de novo ao estado líquido. 3. Gotejar. 4. Instilar; insinuar. *v.i.* 5. Sair ou cair em pequenas gotas; gotejar.

des·ti·la·ri·a *s.f.* Fábrica onde se destila.

des·ti·na·ção *s.f.* Ato ou efeito de destinar(-se).

des·ti·nar *v.t.d.* 1. Determinar com antecipação. 2. Decidir. 3. Assinalar; determinar. 4. Reservar (para certo fim). *v.p.* 5. Consagrar-se.

des·ti·na·tá·ri·o *s.m.* Pessoa a quem uma coisa é destinada.

des·ti·no *s.m.* 1. Conjunto de fatos supostamente fatais; fatalidade; fado; sorte. 2. Fim para que se reserva ou designa alguma coisa. 3. Lugar para onde se dirige ou se manda uma coisa ou uma pessoa. 4. *Inform.* Unidade de disco, pasta ou diretório para onde um arquivo será copiado ou movido.

des·ti·tu·i·ção *s.f.* 1. Demissão. 2. Falta. 3. Ação ou efeito de destituir.

des·ti·tu·ir *v.t.d.* 1. Privar de autoridade, dignidade ou emprego. 2. Demitir. 3. Privar. *v.p.* 4. Privar-se.

des·to·an·te *adj.2gên.* Que destoa; discordante.

des·to·ar *v.i.* 1. Soar de modo desagradável; desafinar. *v.t.i.* 2. Não condizer; não ser próprio.

des·tor·cer *v.t.d.* 1. Endireitar (o que se tinha torcido). 2. Virar para o lado oposto. *V. distorcer.*

des·tor·ci·do *adj.* 1. Desembaraçado. 2. Decidido. 3. Hábil. 4. Valente.

des·tra (ê) *s.f.* A mão direita.

des·tram·be·lha·do *adj.* e *s.m.* Diz-se de ou indivíduo desorganizado, disparatado.

des·tram·be·lhar *v.i.* 1. Desarranjar-se. 2. Portar-se mal.

des·tran·car *v.t.d.* Tirar a tranca a. *V. destrançar.*

des·tran·çar *v.t.d.* Tirar a trança a. *V. destrancar.*

des·tra·tar *v.t.d.* Insultar; maltratar com palavras. *V. distratar.*

des·tre·za (ê) *s.f.* 1. Qualidade de destro. 2. Agilidade; habilidade. 3. Sagacidade; jeito.

des·trin·çar *v.t.d.* 1. Expor com minúcia; esmiuçar; destrinchar. 2. Individualizar.

des·trin·char *v.t.d.* Destrinçar; resolver.

des·tro (ê) *adj.* 1. Direito. 2. Que se situa do lado direito. 3. Que é hábil com a mão direita. 4. Dotado de destreza. 5. Perito; sagaz.

des·tro·car *v.t.d.* Desfazer a troca de. *V. destroçar.*

des·tro·çar *v.t.d.* 1. Pôr em debandada; dispersar. 2. Desbaratar. 3. Despedaçar. 4. Arruinar. *V. destrocar.*

des·tro·ço (ô) *s.m.* 1. Ato de destroçar.

des·tro·ços (ó) *s.m.pl.* Ruínas, restos.

des·trói·er *s.m.* O mesmo que contratorpedeiro.

des·tro·nar *v.t.d.* 1. Derrubar do trono; destituir da soberania. 2. Desprestigiar. 3. Humilhar. 4. Abater.

des·tron·car *v.t.d.* 1. Separar do tronco; decepar. 2. Fazer sair da junta ou articulação.

des·tru·i·ção *s.f.* Ato ou efeito de destruir.

des·tru·ir *v.t.d.* 1. Demolir. 2. Desfazer; desmanchar. 3. Assolar; aniquilar; arruinar. 4. Fazer que desapareça.

des·tru·tí·vel *adj.2gên.* Que se pode destruir.

des·tru·ti·vo *adj.* Que destrói.

de·su·ma·ni·da·de *s.f.* Crueldade; ausência de humanidade.

de·su·ma·no *adj.* Que não tem sentimentos humanos; feroz; cruel.

de·su·ni·ão *s.f.* Discórdia; desinteligência.

de·su·nir *v.t.d.* 1. Desfazer a união de. 2. Separar (o que se tinha unido). 3. Provocar discórdia entre. *v.p.* 4. Desligar-se; separar-se.

de·su·sa·do *adj.* 1. Antiquado. 2. Desabitual. 3. Extraordinário.

de·su·so *s.m.* Falta de uso.

des·vai·ra·do *adj.* 1. Que perdeu o juízo. 2. Desnorteado. 3. Incoerente.

des·vai·rar *v.t.d.* 1. Fazer enlouquecer; alucinar. 2. Exaltar. 3. Aconselhar mal. *v.t.i.* 4. Discordar; discrepar. *v.i.* e *v.p.* 5. Alucinar-se.

des·va·li·do *adj.* 1. Desamparado; desprotegido. 2. Sem valimento. *s.m.* 3. O que não tem valimento. 4. Desgraçado; infeliz.

des·va·li·o·so (ô) *adj.* Sem préstimo. *Pl.:* desvaliosos (ó).

des·va·lor *s.m.* 1. Perda de valor ou ausência dele. 2. Falta de consideração, afeto, importância.

des·va·lo·ri·za·ção *s.f.* Ato ou efeito de desvalorizar.

des·va·lo·ri·zar *v.t.d.* 1. Tirar o valor a; depreciar. *v.p.* 2. Depreciar-se; perder o valor.

des·va·ne·cer *v.t.d.* 1. Fazer que desapareça; apagar. 2. Causar vaidade a. *v.p.* 3. Desaparecer. 4. Esmorecer. 5. Dissipar-se. 6. Ter vaidade; ufanar-se.

des·va·ne·ci·do *adj.* 1. Desfeito. 2. Desbotado. 3. Vaidoso; cheio de orgulho, de presunção.

des·va·ne·ci·men·to *s.m.* 1. Ato ou efeito de desvanecer. 2. Vaidade; orgulho; presunção.

des·van·ta·gem *s.f.* 1. Falta de vantagem. 2. Prejuízo; inferioridade; dano.

des·van·ta·jo·so (ô) *adj.* 1. Desfavorável. 2. Em que não há vantagem. *Pl.:* desvantajosos (ó).

des·vão *s.m.* 1. Espaço entre o terraço e o forro de uma casa. 2. Pavimento superior de uma casa. 3. Esconderijo; recanto esconso.

des·va·ri·o *s.m.* Desatino; delírio; extravagância.

des·ve·la·do[1] *adj.* Que tem desvelo; cuidadoso; vigilante.

des·ve·la·do[2] *adj.* 1. Não velado. 2. Descoberto; patente; revelado.

des·ve·lar[1] *v.t.d.* 1. Não deixar dormir; causar vigília em. *v.p.* 2. Ter muito cuidado; diligenciar; encher-se de zelo.

des·ve·lar[2] *v.t.d.* 1. Tirar o véu a; descobrir (o que se tinha velado). 2. Revelar; patentear; aclarar. *v.p.* 3. Patentear-se; revelar-se.

des·ve·lo (ê) *s.m.* Dedicação; carinho.

des·ven·ci·lhar *v.t.d.* 1. Desatar; desprender. *v.p.* 2. Desatar-se; soltar-se.

des·ven·dar *v.t.d.* 1. Destapar, tirando a venda. 2. Tornar patente, claro, manifesto. 3. Descobrir; revelar.

des·ven·tu·ra *s.f.* Infortúnio; desdita; falta de ventura.

des·ven·tu·ra·do *adj.* Infortunado; infeliz.

des·ves·tir *v.t.d.* 1. Desnudar; despir. *v.p.* 2. Despir-se. ★

des·vi·a·do *adj.* 1. Que se desviou. 2. Afastado; apartado. 3. Alheado. 4. Remoto. 5. Que fica longe.

des·vi·ar *v.t.d.* 1. Mudar a direção de. 2. Afastar do lugar em que se achava. 3. Alterar o destino de. *v.t.d.* e *v.i.* 4. Desencaminhar. *v.p.* 5. Apartar-se; afastar-se.

des·vin·cu·lar *v.t.d.* 1. Desligar (o que tinha sido vinculado). *v.p.* 2. Desligar-se.

des·vi·o *s.m.* 1. Ato de desviar. 2. Subtração de valores; furto. 3. Linha secundária que se liga à linha geral, nas estradas de ferro. 4. Passagem alternativa.

des·vi·rar *v.t.d.* Voltar à posição normal.

des·vir·gi·nar *v.t.d.* Tirar a virgindade a; deflorar.

des·vi·ri·li·zar *v.t.d.* Fazer que perca a virilidade.

des·vir·tu·ar *v.t.d.* 1. Depreciar a virtude de; desacreditar. 2. Tirar o merecimento a. 3. Desprestigiar. 4. Interpretar em mau sentido; deturpar.

des·vi·ta·li·zar *v.t.d.* 1. Tirar a vitalidade de (algo ou alguém), perdê-la ou provocar sua diminuição; enfraquecer. 2. *fig.* Perder ou fazer perder a energia, a essência, a característica.

de·ta·lhar *v.t.d.* 1. Expor com minúcias. 2. Planear; delinear. 3. Distribuir.

de·ta·lhe *s.m.* Pormenor; minúcia.

de·tec·tar *v.t.d.* Revelar; tornar perceptível; descobrir.

de·tec·tor *s.m.* Que detecta. 2. *Fís.* Aparelho que transforma ondas hertzianas em sinais perceptíveis.

de·ten·ça *s.f.* Dilação; demora.

de·ten·ção *s.f.* 1. Ação ou efeito de deter. 2. Posse ilegítima. 3. Prisão provisória.

de·ten·to *s.m.* Preso; prisioneiro.

de·ten·tor *s.m.* O que detém; depositário.

de·ter *v.t.d.* 1. Fazer parar. 2. Impedir. 3. Reter em seu poder. 4. Determinar a detenção de. *v.p.* 5. Parar; deixar-se estar. 6. Reprimir-se.★

de·ter·gen·te *adj.2gên.* 1. Que deterge. *s.m.* 2. Substância que deterge.

de·ter·gir *v.t.d.* Purificar, limpar, desengordurar por meio de detergente.

de·te·ri·o·ra·ção *s.f.* Ação de deteriorar; estrago.

de·te·ri·o·rar *v.t.d.* 1. Tornar pior; estragar. *v.p.* 2. Estragar-se.

de·ter·mi·na·ção *s.f.* 1. Ação de determinar. 2. Resolução. 3. Ordem.

de·ter·mi·na·do *adj.* 1. Que tem determinação; decidido, resoluto. 2. Definido, preciso, delimitado. 3. Combinado, estabelecido. *pron.indef.* 3. Algum, certo, dado.

de·ter·mi·nar *v.t.d.* e *v.i.* 1. Demarcar. 2. Indicar com exatidão. 3. Prescrever. 4. Motivar. 5. Decidir. 6. Diferençar. 7. Persuadir. 8. Fixar. *v.t.i.* 9. Fazer tenção. *v.p.* 10. Resolver-se; decidir-se.

de·ter·mi·na·ti·vo *adj.* 1. Que determina. 2. Que restringe; restritivo.

de·ter·mi·nan·te *adj.2gên.* 1. Que determina ou é causa de algo. 2. Que decide ou leva a uma decisão; decisivo. *s.m.* 3. Aquilo que determina ou é causa de algo. 4. *Mat.* Número ou função associada a uma matriz quadrada.

de·ter·mi·nis·mo *s.m. Fil.* Doutrina que sustenta haver uma ligação rigorosa entre os fenômenos naturais ou humanos, de forma que cada um deles é consequência dos fenômenos anteriores.

de·tes·tar *v.t.d.* e *v.p.* 1. Ter aversão a (alguém, si mesmo, um ao outro).

de·tes·tá·vel *adj.2gên.* 1. Que é digno de se detestar. 2. Péssimo; abominável.

de·te·ti·ve *s.m.* 1. Agente investigador de delitos. 2. Jogo infantil.

de·to·na·ção *s.f.* Ato ou efeito de detonar.

de·to·nar *v.i.* Produzir estrondo (por efeito de explosão).

de·tra·ção *s.f.* Maledicência; difamação; murmuração.

de·tra·ir *v.t.d.* 1. Desconsiderar ou diminuir o crédito, o valor, de algo ou alguém; depreciar, difamar. *v.t.i.* 2. Falar mal de algo ou alguém; maldizer. 3. *Jur.* Descontar o tempo da prisão provisória do tempo da prisão definitiva.

de·trás *adv.* 1. Na parte posterior. 2. Depois; posteriormente.

de·tra·tar *v.t.d.* O mesmo que detrair.

de·tri·men·to *s.m.* Dano; prejuízo; perda. **Em detrimento de**: em confronto com interesse de.

de·tri·to *s.m.* Resíduo de uma substância; resto.

de·tur·pa·ção *s.f.* Ação ou efeito de deturpar.

de·tur·par *v.t.d.* 1. Desfigurar. 2. Conspurcar; manchar; adulterar; viciar.

deus *s.m.* 1. Entidade superior aos homens e à natureza; divindade. 2. Para as três principais religiões monoteístas (judaísmo, cristianismo e islamismo), o espírito criador e preservador do Universo (inicial maiúscula). 3. *fig.* Objeto de um culto ou de uma admiração ardente.

deu·sa *s.f.* 1. Divindade feminina, no politeísmo. 2. Personificação feminina de certas entidades abstratas. 3. *fig.* Mulher formosa, adorável.

de·va·gar *adv.* Sem pressa; vagarosamente. *V.* **divagar**.

de·va·ne·ar *v.t.d.* 1. Imaginar; fantasiar; sonhar. 2. Pensar vagamente em. *v.i.* 3. Dizer ou imaginar coisas sem nexo; delirar; desvairar. *v.t.i.* 4. Pensar; cuidar.

de·va·nei·o *s.m.* 1. Ato de devanear. 2. Fantasia, quimera; sonho.

de·vas·sa *s.f.* Sindicância a um ato criminoso; inquérito.

de·vas·sa·do *adj.* 1. Que se devassou. 2. Aberto (terreno, imóvel).

de·vas·sar *v.t.d.* 1. Invadir ou ver o que se passa em (lugar defeso ou vedado). 2. Pesquisar; penetrar. 3. Divulgar. *v.t.i.* 4. Indagar; inquirir.

de·vas·si·dão *s.f.* Libertinagem.

de·vas·so *adj.* 1. Dissoluto; libertino. *s.m.* 2. Indivíduo dissoluto.

de·vas·ta·ção *s.f.* Ato ou efeito de devastar; assolação; ruína.

de·vas·tar *v.t.d.* Destruir; assolar; arruinar; danificar.

de·ve·dor *adj.* 1. Que deve. 2. Que apresenta débito. *s.m.* 3. Aquele que deve.

de·ver *v.t.d.* 1. Ter obrigação de. 2. Ter dívidas. 3. Estar obrigado ao pagamento de. 4. Estar em agradecimento de. 5. Ser inevitável. 6. Ser provável. *v.i.* 7. Ter dívidas ou deveres. *s.m.* 8. Obrigação.

de·ve·ras *adv. desus.* Realmente; a valer; verdadeiramente; muito.

de·ver·bal *adj.2gén.* 1. *Gram.* Diz-se de substantivo que se origina de um verbo (*ex.*: sofrimento, de sofrer) ou é formado a partir de um verbo por derivação regressiva (*ex.*: choro, de chorar). *s.m.* 2. Esse substantivo.

de·ve·sa (ê) *s.f.* 1. Alameda que limita um terreno. 2. Lugar cercado por arvoredo. *V.* **divisa**.

de·vi·do *s.m.* 1. O que se deve. 2. O que é de direito ou dever. *adj.* 3. Que se deve.

de·vo·ção *s.f.* 1. Sentimento religioso. 2. Dedicação íntima. 3. Observância de práticas religiosas. 4. Afeto. 5. Objeto de especial veneração.

de·vo·ci·o·ná·ri·o *s.m.* Livro de orações.

de·vo·lu·ção *s.f.* 1. Ação ou efeito de devolver. 2. Aquisição de propriedade por transferência. 3. Restituição ao primeiro dono.

de·vo·lu·to *adj.* 1. Que se adquiriu por devolução. 2. Vago; desocupado.

de·vol·ver *v.t.d.* 1. Restituir; entregar (ao dono). 2. Dar; conceder. 3. Transferir. 4. Recusar. 5. Dizer em resposta.

de·vo·ni·a·no *adj.* 1. Diz-se do quarto período da era paleozoica, entre 400 e 360 milhões de anos atrás. *s.m.* 2. Esse período (inicial maiúscula).

de·vo·ra·dor *adj.* e *s.m.* Que devora.

de·vo·rar *v.t.d.* 1. Comer com sofreguidão. 2. Engolir; tragar. 3. Dissipar. 4. Percorrer rapidamente.

de·vo·ta·men·to *s.m.* Ato ou efeito de devotar(-se); dedicação.

de·vo·tar *v.t.d.* e *v.i.* 1. Dedicar; consagrar. *v.p.* 2. Dedicar-se.

de·vo·to (ó) *adj.* 1. Que tem devoção. 2. Dedicado. *s.m.* 3. Admirador. 4. Amigo dedicado.

dez *num.* Número cardinal que equivale a uma dezena.

de·zem·bro *s.m.* Décimo segundo e último mês do ano civil, com 31 dias.

de·ze·na (ê) *s.f.* 1. Unidade de segunda ordem no sistema decimal de numeração. 2. Intervalo de dez dias. 3. Grupo de dez unidades.

de·ze·no·ve (ó) *num.* Número cardinal formado de dez mais nove.

de·zes·seis *num.* Número cardinal formado de dez mais seis.

de·zes·se·te (é) *num.* Número cardinal formado de dez mais sete.

de·zi·par *v.t.d.* e *v.i. Inform.* Restaurar dados compactados que foram zipados. *V.* **zipar**.

de·zoi·to *num.* Número cardinal formado de dez mais oito.

di·a *s.m.* 1. O espaço de tempo que decorre desde o nascer ao pôr do sol. 2. Espaço de vinte e quatro horas.

di·a a di·a *s.m.* 1. O viver cotidiano. 2. O trabalho de todos os dias.

di·a·be·tes (é) *s.m.* e *f.* e *2núm. Med.* Transtorno das glândulas endócrinas que regulam o metabolismo da glicose.

di·a·bé·ti·co *adj.* 1. Concernente a diabetes. *s.m.* 2. O que sofre de diabetes.

di·a·bo *s.m.* 1. Gênio do mal; espírito das trevas; espírito maligno; satanás. 2. *fig.* Pessoa de mau gênio. *interj.* 3. Termo que exprime contrariedade, impaciência, raiva.

di·a·bó·li·co *adj.* 1. Concernente ao diabo. 2. Infernal; maligno; funesto. 3. Intrincado.

di·a·bo·lô *s.m.* Brinquedo infantil.

di·a·bre·te (ê) *s.m.* 1. Pequeno diabo. 2. *fig. desus.* Criança travessa.

di·a·bru·ra *s.f.* 1. Coisa própria do diabo. 2. *fig.* Travessura de criança.

di:a·cho *s.m.* e *interj. pop.* Diabo.

di·á·co·no *s.m.* Clérigo com as segundas ordens sacras.

dí·a·de *s.f.* Grupo de dois; um par.

di·a·de·ma (ê) *s.m.* 1. Ornato com que os reis e as rainhas cingem a cabeça. 2. Ornato circular com que as mulheres enfeitam o toucado. 3. Coroa, grinalda.

di·á·fa·no *adj.* 1. Que, sendo compacto, deixa passar a luz; transparente. 2. *fig.* Magro.

di·a·frag·ma *s.m.* 1. *Anat.* Músculo que separa a cavidade torácica da abdominal. 2. *Ópt.* Placa metálica e perfurada, usada em aparelhos ópticos. 3. Membrana flexível que se introduz na vagina para evitar a concepção.

di·ag·nos·ti·car *v.t.d.* Fazer diagnóstico.

di·ag·nós·ti·co *s.m.* Conhecimento de uma doença pela observação dos seus sintomas.

di·a·go·nal *adj.2gên. Geom.* 1. Diz-se da linha reta que em uma figura retilínea vai de um ângulo a outro ângulo oposto. *s.f.* 2. A linha diagonal. 3. Direção oblíqua ou transversal.

di·a·gra·ma *s.m.* 1. Representação de um objeto por meio de linhas. 2. Desenho; traçado.

di·a·lé·ti·ca *s.f. Fil.* 1. Conflito gerado por contradição de princípios. 2. A arte de dialogar. 3. Argumento sagaz e sutil.

di·a·lé·ti·co *adj.* 1. Concernente à dialética. *s.m.* 2. O que cultiva a dialética. 3. Aquele que argumenta bem.

di·a·le·to (é) *s.m.* Linguagem particular de uma região que se considera como variedade de uma língua, da qual difere pouco.

di·á·li·se *s.f. Quím.* Separação das substâncias cristalizáveis das não cristalizáveis contidas numa solução.

di·a·lo·gar *v.t.d.* 1. Escrever ou dizer em forma de diálogo. *v.t.i.* 2. Falar alternadamente.

di·á·lo·go *s.m.* 1. Fala, conversa entre duas pessoas. 2. *por ext.* Conversação entre muitas pessoas.

di·a·man·te *s.m. Min.* Pedra preciosa de brilho intenso, formada por carbono puro cristalizado.

di·a·man·tí·fe·ro *adj.* Designativo do terreno em que se encontram diamantes.

di·â·me·tro *s.m. Geom.* 1. Segmento de reta que liga dois pontos de uma circunferência, passando pelo seu centro. 2. Dimensão transversal.

di·an·te *adv.* Na frente. *loc. prep.* **Diante de**: na frente de; à vista de.

di·an·tei·ra *s.f.* Frente; a parte anterior.

di·an·tei·ro *adj.* 1. Que vai adiante. 2. Que se encontra em primeiro lugar.

di·a·pa·são *s.m.* 1. *Mús.* Extensão da escala ou série de notas que pode dar uma voz ou um instrumento. 2. *Mús.* Pequeno instrumento de aço que dá uma nota constante e serve para afinação dos instrumentos musicais. 3. *fig.* Nível; padrão; medida. 4. Estado habitual.

di·á·ri·a *s.f.* 1. Ração, ordenado ou renda de cada dia. 2. Ganho correspondente a um dia de trabalho. 3. Quantia que se paga por um dia num hotel.

di·á·ri·o[1] *adj.* Que se faz ou sucede todos os dias; cotidiano.

di·á·ri·o[2] *s.m.* 1. Registro do que sucede diariamente. 2. Jornal que se publica todos os dias. 3. Livro comercial em que se registram as contas diárias. 4. *Lit.* Obra autoral que registra fatos do dia a dia e impressões pessoais. 5. Livro que registra o trabalho cotidiano do professor.

di·a·ris·ta *s.2gên.* Pessoa que ganha só nos dias em que trabalha.

di·ar·rei·a (éi) *s.f. Med.* Evacuação líquida e frequente; fluxo de ventre.

di:ás·po·ra *s.f.* 1. *Hist.* Dispersão dos judeus pelo mundo, ao longo dos séculos. 2. *por ext.* Dispersão de um povo ou grupo social provocada por motivos políticos, religiosos ou étnicos, ao longo dos anos ou dos séculos.

di·ás·to·le *s.f. Med.* Movimento de dilatação do coração e das artérias. *V. sístole.*

di·a·ter·mi·a *s.f. Med.* Aplicação terapêutica da eletricidade.

di·a·tri·be *s.f.* 1. Escrito injurioso e violento. 2. Crítica acerba.

di·ca *s.f. gír.* Informação, indicação pouco conhecida.

dic·ção *s.f.* 1. Modo de dizer ou pronunciar. 2. Arte de recitar. 3. Vocábulo; frase.

di·ci·o·ná·ri:o *s.m.* Coleção das palavras de uma língua ou dos termos próprios de uma ciência ou arte, dispostos alfabeticamente, com a sua significação na mesma língua ou com a tradução em outra.

di·ci·o·na·ris·ta *s.2gên.* Autor de dicionário.

di·ci·o·na·ri·zar *v.t.d.* 1. Incluir em dicionário. *v.i.* 2. Escrever ou organizar dicionários.

di·co·to·mi·a *s.f.* Tudo o que se divide em dois aspectos.

di·da·ta *s.2gên.* 1. O que ensina; professor. 2. Pessoa especializada em didática. 3. Autor de livros didáticos.

di·dá·ti·ca *s.f.* 1. Doutrina do ensino. 2. Aplicação dos métodos científicos na orientação do ensino.

di·dá·ti·co *adj.* 1. Concernente ao ensino. 2. Próprio para instruir.

di·e·dro (é) *adj. Geom.* 1. Designativo do ângulo que se forma pelo encontro de dois planos. *s.m.* 2. Esse ângulo.

di·e·lé·tri·co *adj.* e *s.m.* Diz-se de ou a substância ou objeto que isola a eletricidade.

die·sel (dísel) *Ingl. adj.2gên.* 1. Diz-se do óleo combustível derivado do petróleo, usado em motores de combustão interna. 2. Diz-se do motor movido a óleo diesel. *s.m.* 3. Esse óleo.

di·e·ta (é) *s.f.* 1. Privação de todos ou de certos alimentos. 2. Regime alimentício prescrito a um doente ou convalescente. 3. Assembleia política de alguns Estados.

di·e·té·ti·ca *s.f.* Parte da medicina que trata da dieta.

di·e·té·ti·co *adj.* Concernente a dieta.

di·fa·ma·ção *s.f.* Ação de difamar; calúnia.

di·fa·mar *v.t.d.* 1. Desacreditar publicamente. 2. Caluniar; tirar a boa fama a; desonrar.

di·fa·ma·tó·ri:o *adj.* Que encerra difamação; que difama.

di·fe·ren·ça *s.f.* 1. Qualidade de diferente. 2. Diversidade. 3. Divergência. 4. Alteração. 5. Desconformidade. 6. Desavença. 7. Transtorno.

di·fe·ren·çar *v.t.d.* 1. Fazer diferença ou distinção entre; diferenciar. 2. Distinguir; notar. 3. Discriminar. 4. Conhecer de modo distinto. *v.p.* 5. Distinguir-se por alguma diferença.

di·fe·ren·ci·a·ção *s.f.* Ato de diferenciar-se.

di·fe·ren·ci·al *adj.2gên.* 1. Concernente a diferença. 2. Que indica diferença. *s.m.* 3. Aparelho que mantém o automóvel em equilíbrio na passagem das curvas, permitindo às rodas traseiras moverem-se com velocidade diferente uma da outra.

di·fe·ren·ci·ar *v.t.d.* Diferençar.

di·fe·ren·te *adj.2gên.* 1. Que difere. 2. Variado; desigual. *V. deferente*.

di·fe·rir *v.t.d.* 1. Adiar; retardar. *v.i.* 2. Ser diferente. 3. Discordar. *V. deferir*. ★

di·fí·cil *adj.2gên.* 1. Que apresenta dificuldade; que não é fácil. 2. Custoso. 3. Pouco provável. 4. Obscuro. 5. Exigente. *Sup. abs. sint.:* dificílimo.

di·fi·cul·da·de *s.f.* 1. Qualidade de difícil. 2. Obstáculo; objeção; impedimento. 3. Situação precária.

di·fi·cul·tar *v.t.d.* 1. Tornar difícil. 2. Representar como difícil.

di·fi·cul·to·so (ô) *adj.* Que traz ou apresenta dificuldade; difícil. *Pl.:* dificultosos (ó).

dif·te·ri·a *s.f. Med.* Doença infecciosa que se caracteriza pela formação de falsas membranas nas mucosas (especialmente na garganta e no nariz).

di·fun·dir *v.t.d.* 1. Espalhar. 2. Estender. 3. Divulgar. *v.p.* 4. Derramar-se; estender-se. 5. Propagar-se. 6. Divulgar-se.

di·fu·são *s.f.* 1. Derramamento de fluido. 2 *fig.* Propagação; disseminação.

di·fu·so *adj.* Em que há difusão.

di·ge·rir *v.t.d.* 1. Fazer a digestão de. 2. Sofrer com resignação; suportar. 3. Apreender o que se leu. *v.i.* 4. Realizar a digestão.★

di·ges·tão *s.f.* Ação pela qual os alimentos se transformam em substâncias assimiláveis.

di·ges·ti·vo *adj.* 1. Concernente à digestão. 2. Que facilita a digestão.

di·ges·to (é) *s.m.* 1. Coleção de textos com decisões de importantes juristas da Roma antiga. 2. *por ext.* Conjunto de decisões e regras reunidas, especialmente jurídicas. 3. Publicação com resumos de artigos, livros, reportagens, etc.

di·ges·tó·ri·o *adj.* 1. Que tem a capacidade de digerir; digestivo. 2. *Anat.* Diz-se do sistema formado pelos órgãos responsáveis pela digestão dos alimentos.

di·gi·tal *adj.2gên.* 1. Concernente aos dedos. 2. Diz-se de uma informação representada por números.

di·gi·ta·li·zar *v.t.d. Inform.* Converter imagem ou sinal analógico para o código digital, por meio de um *scanner* ou de uma mesa digitalizadora gráfica, ou mediante dispositivo de conversão de sinal analógico para digital.

di·gi·tar *v.t.d. Inform.* Teclar; introduzir dados no computador por meio de um teclado.

dí·gi·to *s.m.* 1. Cada um dos algarismos arábicos de 0 a 9. 2. Dedo.

di·gla·di·ar *v.i.* 1. Combater com a espada, corpo a corpo. *v.p.* 2. Lutar; combater. 3. Discutir de modo caloroso.

dig·nar-se *v.p.* 1. Ser servido de. 2. Condescender. 3. Haver por bem; ter a bondade de; fazer mercê.

dig·ni·da·de *s.f.* 1. Qualidade de quem ou daquilo que é digno. 2. Cargo honorífico. 3. Nobreza; decoro. 4. Autoridade moral.

dig·ni·fi·car *v.t.d.* 1. Honrar; nobilitar. 2. Elevar a uma dignidade. *v.p.* 3. Nobilitar-se.

dig·ni·tá·ri·o *s.m.* 1. O que exerce cargo elevado. 2. Aquele que possui alta graduação honorífica.

dig·no *adj.* 1. Honrado. 2. Merecedor. 3. Decoroso. 4. Capaz. 5. Honesto.

dí·gra·fo *s.m. Gram.* Conjunto de duas letras que, juntas, representam apenas um som, ou fonema (*ex.:* ch, lh, nh, rr, ss, etc.).

di·gres·são *s.f.* 1. Divagação. 2. Desvio de assunto, de rumo. 3. Evasiva.

di·la·ção *s.f.* 1. Ação ou efeito de dilatar. 2. Demora, adiamento. 3. Prazo. *V.* **delação**.

di·la·ce·ran·te *adj.2gên.* Que dilacera.

di·la·ce·rar *v.t.d.* 1. Rasgar em pedaços. 2. Despedaçar com violência. 3. Afligir. 4. Difamar. *v.p.* 5. Despedaçar-se; ferir-se.

di·la·pi·da·ção *s.f.* 1. Ação de dilapidar. 2. Roubo. 3. Esbanjamento.

dilapidar

di·la·pi·dar *v.t.d.* 1. Estragar; arruinar. 2. Dissipar; malbaratar.

di·la·ta·ção *s.f.* 1. Ação ou efeito de dilatar. 2. Aumento de volume. 3. Incremento; expansão. 4. Dilação.

di·la·tar *v.t.d.* 1. Estender; ampliar. 2. Aumentar as dimensões ou o volume de. *v.p.* 3. Estender-se. 4. Aumentar. 5. Desenvolver-se. 6. Alongar-se. 7. Demorar-se; retardar-se. *V. delatar*.

di·le·ção *s.f.* Preferência ou afeição especial por algo ou alguém; carinho, estima.

di·le·ma (ê) *s.m.* 1. Argumento que coloca o adversário entre duas proposições opostas. 2. Situação embaraçosa, da qual não há saída senão por um de dois modos, ambos difíceis.

di·le·tan·te *adj.2gên.* 1. Designativo da pessoa que exerce uma arte por gosto, e não por obrigação; amador. 2. Pessoa que aprecia música. *s.2gên.* 3. Essa pessoa.

di·le·tan·tis·mo *s.m.* Qualidade daquele que é diletante.

di·le·to (é) *adj.* Preferido; amado; muito querido.

di·li·gên·ci·a *s.f.* 1. Investigação; pesquisa. 2. Execução de serviços judiciais. 3. Zelo. 4. *ant.* Carruagem norte-americana, para transporte de passageiros.

di·li·gen·ci·ar *v.t.d.* 1. Esforçar-se por. 2. Empregar meios para. *v.t.i.* 3. Fazer diligência.

di·li·gen·te *adj.2gên.* Que tem diligência; zeloso; ativo.

di·lú·cu·lo *s.m. desus.* Crepúsculo matutino; alva; alvorada.

di·lu·i·ção *s.f.* Ato ou efeito de diluir.

dinamismo

di·lu·ir *v.t.d.* 1. Misturar com algum líquido (uma substância sólida ou líquida). 2. Desfazer. *v.p.* 3. Desfazer-se num líquido.

di·lu·vi·a·no *adj.* 1. Relativo ao dilúvio, especialmente o relatado na Bíblia, ou próprio dele. 2. Abundante, farto, torrencial.

di·lú·vi·o *s.m.* 1. Segundo a Bíblia, cataclismo que submergiu grande extensão de terra. 2. Chuva torrencial. 3. Inundação extraordinária.

di·ma·nar *v.i.* 1. Brotar; correr; fluir. *v.t.i.* 2. Originar-se.

di·men·são *s.f.* 1. Extensão (em qualquer sentido). 2. Tamanho.

di·mi·nu·en·do *s.m.* Número de que se subtrai outro.

di·mi·nu·i·ção *s.f.* Ação ou efeito de diminuir.

di·mi·nu·ir *v.t.d.* 1. Tornar menor. 2. Reduzir a menos (em quantidade ou dimensão). 3. Encurtar. 4. Tornar raro. 5. Tornar de menor duração. 6. Abrandar. 7. Abater. 8. Limitar. 9. Subtrair. *v.i.* 10. Decrescer. *v.p.* 11. Gastar-se; apoucar-se.

di·mi·nu·ti·vo *adj.* e *s.m. Gram.* Diz-se de ou o grau do substantivo que dá ideia de pequenez.

di·mi·nu·to *adj.* Muito pouco; escasso; reduzido.

di·nâ·mi·ca *s.f. Fís.* Parte da mecânica que estuda os corpos em movimento e a ação das forças que produzem ou modificam o movimento.

di·nâ·mi·co *adj.* 1. Concernente ao movimento e às forças. 2. Relativo ao organismo em atividade. 3. *fig.* Ativo; enérgico.

di·na·mis·mo *s.m.* Atividade; energia.

di·na·mi·tar *v.t.d.* Destruir por meio de dinamite.

di·na·mi·te *s.f.* Substância explosiva que se compõe especialmente de nitroglicerina e areia.

di·na·mi·zar *v.t.d.* 1. Dar feição dinâmica a. 2. Concentrar, elevar pelo sistema da homeopatia.

dí·na·mo *s.m.* Máquina que transforma a energia mecânica em energia elétrica.

di·na·mô·me·tro *s.m.* Instrumento para medir forças.

di·nar *s.m.* Unidade monetária e moeda de alguns países, como Jordânia, Iraque e outros.

di·nas·ti·a *s.f.* Série de soberanos de uma mesma família.

di·nhei·ro *s.m.* 1. Moeda corrente, em metal ou papel; meio legal de pagamento. 2. Quantia.

di·nos·sau·ro *s.m.* Espécie fóssil de réptil.

di·o·ce·se (é) *s.f.* Circunscrição territorial sujeita à administração eclesiástica de um bispo.

di:o·do (ô) *s.m. Eletrôn.* Dispositivo que tem a propriedade de permitir a passagem de corrente elétrica apenas em uma direção. *Var.*: díodo.

di·plo·ma (ô) *s.m.* Título afirmativo das habilitações de alguém.

di·plo·ma·ci·a *s.f.* 1. Ciência do direito e das relações internacionais. 2. *fig.* Habilidade; tato.

di·plo·mar-se *v.p.* Receber diploma de ciência ou arte que se estudou.

di·plo·ma·ta *s.2gên.* 1. Aquele que faz parte do pessoal diplomático. 2. Aquele que trata de diplomacia. 3. *fig.* Pessoa distinta, de aspecto fino. 4. Negociador hábil.

di·plo·má·ti·co *adj.* Que se refere ou pertence à diplomacia.

dip·so·ma·ni·a *s.f. Med.* Impulso que se caracteriza pela necessidade de ingerir grande quantidade de bebidas alcoólicas.

díp·te·ro *adj.* De duas asas.

díp·te·ros *s.m.pl. Zool.* Insetos de duas asas e aparelho bucal pungitivo, como as moscas e os mosquitos.

di·que *s.m.* 1. Construção para represar águas correntes; represa. 2. Reservatório provido de comporta; açude. 3. *fig.* Obstáculo; barreira.

di·re·ção *s.f.* 1. Ação de dirigir. 2. Cargo de diretor. 3. Administração; diretoria. 4. Comando. 5. Sentido(7), rumo(3).

di·re·ci·o·nar *v.t.d.* e *i.* 1. Dar direção, orientação a algo; dirigir, encaminhar, orientar. 2. Apontar para um ponto ou alvo.

di·rei·ta *s.f.* 1. Destra. 2. Lado direito. 3. Regime político de caráter totalitário.

di·rei·to *adj.* 1. Que segue a linha reta. 2. Que não é curvo. 3. Que se opõe a esquerdo. 4. Aprumado. 5. Justo; honrado. *s.m.* 6. Aquilo que é conforme à lei. 7. Conjunto de leis ou regras que regem o homem na sociedade; jurisprudência. *adv.* 8. Em linha reta.

di·re·ti·vo *adj.* Que dirige.

di·re·to (é) *adj.* 1. Que vai em linha reta. 2. Sem intermediários. 3. Imediato.

di·re·tor *s.m.* 1. Administrador; mentor. *adj.* 2. Que dirige.

di·re·to·ri·a *s.f.* Direção.

di·re·tó·ri·o *s.m. Inform.* 1. Subdivisão lógica de uma unidade de armazenamento, como disco rígido ou disco flexível, que, para efeitos de organização, visa agrupar arquivos ou outros

di·re·triz *s.f.* 1. Orientação; rumo. 2. Linha reguladora do traçado de uma estrada.

di·ri·gen·te *adj.2gên.* 1. Que dirige. *s.2gên.* 2. Pessoa que dirige.

di·ri·gir *v.t.d.* 1. Governar; administrar. 2. Encaminhar; dar direção a; endereçar. *v.p.* 3. Tender; encaminhar-se.

di·ri·gí·vel *adj.2gên.* 1. Que se pode dirigir. *s.m.* 2. Balão que se pode dirigir.

di·ri·mir *v.t.d.* Anular; suprimir; terminar; extinguir; dissolver.

dis·car *v.i.* Fazer ligação telefônica usando o disco numérico (em aparelhos antigos) ou o teclado digital; ligar, telefonar.

dis·cen·te *adj.2gên.* Concernente a alunos; que aprende. *V.* **docente** e **decente**.

dis·cer·ni·men·to *s.m.* 1. Faculdade de discernir. 2. Juízo; critério; entendimento. 3. Apreciação.

dis·cer·nir *v.t.d.* 1. Distinguir; separar; apreciar. 2. Medir; avaliar bem. ★★

dis·ci·pli·na *s.f.* 1. A instrução e direção dada por um mestre a seu discípulo. 2. Conjunto de prescrições destinadas a manter a boa ordem. 3. Conjunto de conhecimentos que se professam em cada cadeira de um estabelecimento escolar. 4. Obediência à autoridade. 5. Castigo, mortificação.

dis·ci·pli·nar *adj.2gên.* 1. Relativo à disciplina. *v.t.d.* 2. Sujeitar à disciplina. *v.p.* 3. Tornar-se disciplinado.

dis·cí·pu·lo *s.m.* 1. O que recebe disciplina ou instrução de outro. 2. Aluno de qualquer aula. 3. Aquele que aprende. 4. O que segue as doutrinas ou ideias de outrem.

disc-jó·quei *s.m.* 1. Apresentador de programas de música (no rádio). 2. Discotecário de boate. *Pl.:* disc-jóqueis.

dis·co *s.m.* 1. Objeto chato e circular. 2. Peça de ferro, lançada pelos atletas em competições esportivas. 3. Superfície aparente do Sol ou da Lua. 4. Peça dos aparelhos telefônicos. 5. Chapa, onde se gravam sons e vozes. 6. Discoteca. 7. *Inform.* Unidade de armazenamento de dados; pode ser rígido ou flexível. *Inform.* **Disco a laser**: CD. *Inform.* **Disco fixo**: disco rígido. *Inform.* **Disco flexível**: disquete. *Inform.* **Disco rígido**: disco magnético não removível e interno do computador, com grande capacidade de armazenamento e alta velocidade de acesso, e no qual se armazenam aplicativos, programas e arquivos de trabalho; disco fixo, *winchester*; também se usa a sigla HD (*hard disc*).

dis·coi·de (ói) *adj.2gên.* Que apresenta a forma de disco.

dis·cor·dân·ci:a *s.f.* 1. Divergência. 2. Incompatibilidade. 3. Disparidade. 4. Dissonância; desarmonia.

dis·cor·dan·te *adj.2gên.* 1. Que discorda. 2. Divergente.

dis·cor·dar *v.i.* 1. Estar em desacordo; não concordar. *v.t.i.* 2. Divergir; não concordar.

dis·cor·de (ó) *adj.2gên.* 1. Que não concorda; discordante, divergente. 2. Que é contrário ou se opõe a algo; oposto. 3. *Mús.* Que não tem harmonia; dissonante.

dis·cór·di·a *s.f.* 1. Discordância. 2. Desinteligência; desavença; desarmonia.

dis·cor·rer *v.i.* 1. Falar. *v.t.i.* 2. Correr (para diversos lados). 3. Espalhar-se. 4. Tratar; expor; analisar.

dis·co·te·ca (é) *s.f.* 1. Coleção de discos. 2. Boate cuja música é de gravação.

dis·co·te·cá·ri·o *s.m.* 1. O encarregado de uma discoteca. 2. Disc-jóquei.

dis·cre·pân·ci:a *s.f.* 1. Divergência. 2. Dissonância. 3. Dissentimento. 4. Disparidade.

dis·cre·pan·te *adj.2gên.* Divergente; discordante.

dis·cre·par *v.t.i.* 1. Ser diverso. 2. Discordar. 3. Desdizer-se; contradizer-se.

dis·cre·to (é) *adj.* Que tem discrição.

dis·cri·ção *s.f.* 1. Discernimento; sensatez. 2. Circunspecção; reserva; modéstia. *V. descrição*.

dis·cri·ci·o·ná·ri:o *adj.* 1. Livre de condições. 2. Arbitrário; caprichoso.

dis·cri·mi·na·ção *s.f.* Ato ou efeito de discriminar. *V. descriminação*.

dis·cri·mi·nar *v.t.d.* 1. Distinguir; diferençar. 2. Separar. *v.t.i.* 3. Estabelecer diferença. *V. descriminar*.

dis·cur·sar *v.i.* 1. Fazer discurso. *v.t.i.* 2. Discorrer; raciocinar. *v.t.d.* 3. Explicar; tratar.

dis·cur·so *s.m.* Conjunto ordenado de frases que se pronunciam em público; fala.

dis·cus·são *s.f.* 1. Ação de discutir. 2. Disputa; contenda; controvérsia; polêmica; debate.

dis·cu·tir *v.t.d.* 1. Debater (uma questão). 2. Questionar. *v.i.* 3. Entrar em discussão. 4. Fazer questão. 5. Contender.

dis·cu·tí·vel *adj.2gên.* 1. Que pode ser discutido; que ainda não está decidido, determinado. 2. Que pode não ser verdadeiro, que gera dúvidas; duvidoso, questionável.

di·sen·te·ri:a *s.f. Med.* Afecção que se manifesta por cólicas, tenesmo, evacuações com sangue e muco.

dis·far·çar *v.t.d.* 1. Encobrir; tapar. 2. Ocultar. 3. Reprimir. 4. Fingir; dissimular. *v.p.* 5. Vestir-se de maneira diferente para não ser reconhecido.

dis·far·ce *s.m.* 1. O que serve para disfarçar. 2. Fingimento; dissimulação.

dis·for·me (ó) *adj.2gên.* 1. De formas irregulares. 2. Monstruoso.

dis·jun·ção *s.f.* Separação.

dis·jun·tor *s.m. Eletr.* Dispositivo de segurança que desliga automaticamente um circuito elétrico em caso de sobrecarga.

dis·la·te *s.m.* Disparate; tolice.

dís·par *adj.2gên.* Desigual; diferente. *Pl.:* díspares.

dis·pa·ra·da *s. f.* Corrida impetuosa.

dis·pa·rar *v.t.d.* 1. Desfechar (arma de fogo). 2. Arrojar; arremessar. 3. Dirigir com veemência. *v.i.* 4. Fugir de modo desenfreado. 5. Partir apressadamente.

dis·pa·ra·ta·do *adj.* 1. Que encerra disparate. 2. Que comete disparates.

dis·pa·ra·tar *v.i.* Dizer, praticar disparates; desvairar.

dis·pa·ra·te *s.m.* Despropósito; absurdo.

dis·pa·ri·da·de *s.f.* Qualidade de díspar.

dis·pa·ro *s.m.* Ato de disparar; tiro.

dis·pên·di·o *s.m.* 1. Gasto; despesa; consumo. 2. Prejuízo; dano.

dis·pen·di·o·so (ô) *adj.* Caro; custoso; que custa muito. *Pl.:* dispendiosos (ó).

dis·pen·sa *s.f.* 1. Ato de dispensar. 2. Isenção. 3. Licença; autorização. *V. despensa*.

dis·pen·sar *v.t.d.* 1. Desobrigar. 2. Dar dispensa a. 3. Distribuir. 4. Conferir. 5. Não carecer de. *v.p.* 6. Não se julgar obrigado; eximir-se.

dis·pen·sá·ri·o *s.m.* Estabelecimento onde se dão consultas gratuitas aos doentes.

dis·pep·si·a *s.f. Med.* Má digestão; dificuldade em digerir.

dis·per·são *s.f.* 1. Ato ou efeito de dispersar(-se). 2. Debandada. 3. Separação.

dis·per·sar *v.t.d.* 1. Disseminar; espalhar. 2. Desfazer; dissipar. *v.p.* 3. Espalhar-se; derramar-se. 4. Sumir-se; dissipar-se. *Part.*: dispersado ou disperso.

dis·per·si·vo *adj.* Que provoca dispersão.

dis·per·so (é) *adj.* 1. Separado. 2. Posto em debandada. 3. Espalhado.

dis·pli·cên·ci·a *s. f.* 1. Aborrecimento. 2. Descontentamento. 3. Disposição para a tristeza. 4. Descuido. 5. Descaso.

dis·pli·cen·te *adj.2gên.* 1. Que produz displicência. *adj.2gên.* e *s.2gên.* 2. Diz-se de ou pessoa que revela desleixo, negligência.

disp·nei·a *s.f. Med.* Dificuldade de respirar.

dis·po·ni·bi·li·da·de *s.f.* 1. Qualidade, estado do que é ou está disponível. 2. Situação daquele que não está em serviço efetivo.

dis·po·ni·bi·li·zar *v.t.d. Inform.* Tornar disponível determinada informação ou determinado serviço, de maneira que possam ser acessados (p. ex. através da internet).

dis·po·ní·vel *adj.2gên.* De que se pode dispor; livre.

dis·por *v.t.d.* 1. Armar em lugar apropriado. 2. Colocar ordenadamente. 3. Pôr de acordo. *v.t.i.* 4. Usar livremente. 5. Fazer o que se quer (de alguém ou de alguma forma). 6. Desfazer-se (de alguma coisa) por venda, doação, etc. 7. Dar aplicação; gastar. *v.p.* 8. Estar pronto ou resolvido. 9. Dedicar-se. ★

dis·po·si·ção *s.f.* 1. Situação. 2. Preceito. 3. Prescrição legal. 4. Colocação metódica. 5. Temperamento; estado de espírito, de saúde.

dis·po·si·ti·vo *adj.* 1. Relativo a, ou que contém disposição (3) (4). *s.m.* 2. Essa disposição (3) (4). 3. Peça ou conjunto de peças que têm uma função determinada ou estão relacionadas ao funcionamento de um aparelho, computador, equipamento ou mecanismo.

dis·pos·to (ô) *adj.* 1. Ordenado; preparado. 2. Que revela boa disposição de ânimo. 3. Vivo; animado. *s.m.* 4. O que se dispôs ou determinou. *Pl.*: dispostos (ó).

dis·pró·si·o *s.m. Quím.* Elemento metálico trivalente de símbolo **Dy** e cujo número atômico é 66.

dis·pu·ta *s.f.* Luta; contenda; discussão.

dis·pu·tar *v.t.d.* 1. Tornar objeto de contenda. 2. Lutar pela posse de. 3. Lutar por. *v.i.* 4. Contender; discutir. *v.t.i.* 5. Altercar.

dis·que·te (é) *s.m. Inform.* Disco de material plástico flexível, revestido com material magnético, acondicionado em capa plástica quadrada, usado para o armazenamento de dados. Removível, torna fácil o transporte de dados e programas de um computador para outros computadores compatíveis (correspondente em inglês: *floppy disc*).

dis·sa·bor *s.m.* Desprazer; desgosto; contrariedade; mágoa.

dis·se·ca·ção *s.f.* 1. *Cir.* Separação das partes de um corpo ou órgão por meio de instrumento cirúrgico. 2. *fig.* Exame minucioso; análise.

dis·se·car *v.t.d.* 1. Fazer dissecação de. 2. *fig.* Analisar de modo minucioso. *V.* **dessecar**.

dis·se·mi·na·ção *s.f.* 1. Ação ou efeito de disseminar. 2. Vulgarização; difusão.

dis·se·mi·nar *v.t.d.* 1. Semear; espalhar; derramar; difundir; propagar. *v.p.* 2. Propagar-se.

dis·sen·são *s.f.* 1. Divergência; desavença, desarmonia; desinteligência.

dis·sen·ti·men·to *s.m.* Desacordo; dissensão; divergência.

dis·sen·tir *v.t.i.* Discordar; divergir; estar em desarmonia; sentir diversamente. ★

dis·ser·ta·ção *s.f.* 1. Exposição desenvolvida de um ponto doutrinário. 2. Discurso; conferência.

dis·ser·tar *v.t.i.* e *v.i.* Fazer dissertação; discursar; discorrer.

dis·si·dên·ci·a *s.f.* 1. Cisão. 2. Dissentimento de opiniões.

dis·si·den·te *adj.2gên.* 1. Que diverge da opinião geral. *s.2gên.* 2. Pessoa que discorda das opiniões de outrem ou da opinião de todos.

dis·sí·di·o *s.m.* Dissensão.

dis·si·lá·bi·co *adj. Gram.* De duas sílabas.

dis·sí·la·bo *adj.* 1. *Gram.* Dissilábico. *s.m.* 2. Vocábulo de duas sílabas.

dis·si·mu·la·ção *s.f.* 1. Ação de dissimular. 2. Fingimento. 3. Disfarce.

dis·si·mu·la·do *adj.* 1. Disfarçado. 2. Fingido; hipócrita. 3. Oculto; astuto.

dis·si·mu·lar *v.t.d.* 1. Ocultar. 2. Disfarçar; encobrir. *v.i.* 3. Não revelar os seus sentimentos. *v.t.i.* 4. Usar de dissimulação. *v.p.* 5. Ocultar-se.

dis·si·par *v.t.d.* 1. Fazer que desapareça. 2. Desvanecer. 3. Gastar de modo pródigo. 4. Arruinar por excessos. *v.p.* 5. Dispersar-se; espalhar-se.

dis·so *contr. Prep.* **de** com o *pron. dem.* **isso**.

dis·so·ci·a·ção *s.f.* Ação ou efeito de dissociar(-se).

dis·so·ci·ar *v.t.d.* 1. Desagregar; separar (o que se tinha associado). 2. Decompor quimicamente. *v.p.* 3. Desunir-se; desagregar-se.

dis·so·lu·ção *s.f.* 1. Ação ou efeito de dissolver(-se). 2. Decomposição. 3. Extinção de contrato de sociedade. 4. Devassidão; corrupção.

dis·so·lu·to *adj.* 1. Dissolvido; desfeito. 2. Devasso; libertino.

dis·sol·ven·te *adj.2gên.* e *s.m.* Que ou aquilo que tem a propriedade de dissolver; solvente.

dis·sol·ver *v.t.d.* 1. Fazer a desagregação de (um corpo sólido). 2. Desfazer. 3. Fazer evaporar. 4. Tornar nulo. 5. Dispersar. *v.p.* 6. Entrar em dissolução. 7. Desmembrar-se.

dis·so·nân·ci·a *s.f.* 1. Desafinação; sucessão de sons desarmônicos. 2. Desproporção; discordância.

dis·so·nan·te *adj.2gên.* Em que há dissonância.

dis·su·a·dir *v.t.d.* 1. Desaconselhar; despersuadir. *v.p.* 2. Despersuadir-se.

dis·su·a·si·vo *adj.* Próprio para dissuadir.

dis·su·a·só·ri·o *adj.* Dissuasivo.

dis·tân·ci:a *s.f.* 1. Espaço entre duas coisas ou pessoas, ou entre duas épocas. 2. Intervalo; afastamento; separação.

dis·tan·ci·ar *v.t.d.* 1. Pôr distante; afastar; apartar. 2. Colocar por intervalos. *v.p.* 3. Apartar-se; afastar-se.

dis·tan·te *adj.2gên.* 1. Que está longe; que dista. 2. Remoto; afastado.

dis·tar *v.t.d.* 1. Estar distante. 2. Divergir.

dis·ten·der *v.t.d.* 1. Estender muito. 2. Estender em diversos sentidos. 3. Dilatar; esticar; inchar. *v.p.* 4. Dilatar-se. 5. Retesar-se.

dis·ten·são *s.f.* 1. Ação ou efeito de distender(-se). 2. Dilatação. 3. *Med.* Torção violenta dos ligamentos de uma articulação.

dís·ti·co *s.m.* 1. *Lit.* Grupo de dois versos. 2. Máxima de dois versos. 3. Divisa; letreiro; rótulo.

dis·tin·ção *s.f.* 1. Ação de distinguir. 2. Sinal para diferençar. 3. Qualidade distintiva. 4. Delicadeza; urbanidade.

dis·tin·guir *v.t.d.* e *v.i.* 1. Diferençar. 2. Discriminar. 3. Perceber; avistar. 4. Tornar notável. *v.p.* 5. Diferençar-se. 6. Pôr-se em evidência; destacar-se.

dis·tin·ti·vo *adj.* 1. Que serve para distinguir. *s.m.* 2. Coisa que distingue. 3. Sinal; emblema.

dis·tin·to *adj.* 1. Que não se confunde; diferente. 2. Separado. 3. Ilustre; notável. 4. Claro.

dis·tor·ção *s.f.* 1. Ato ou efeito de distorcer. 2. *Ópt.* Defeito que apresentam algumas lentes e objetivas.

dis·tor·cer *v.t.d.* 1. Mudar o sentido de; desvirtuar. 2. Mudar a posição normal de. *V.* **destorcer**.

dis·tra·ção *s.f.* 1. Inadvertência. 2. Ausência de atenção. 3. Recreação; divertimento.

dis·tra·í·do *adj.* 1. Que não presta atenção ou a perde com facilidade; alheio, desatento. *s.m.* 2. Indivíduo com essa característica.

dis·tra·ir *v.t.d.* 1. Desviar, afastar (o pensamento, o espírito). 2. Tornar desatento, negligente. 3. Divertir; recrear. 4. Fazer esquecer. *v.p.* 5. Descuidar-se; esquecer-se; desviar-se. 6. Divertir-se.

dis·tra·tar *v.t.d.* Efetuar o distrato de (acordo ou contrato). *V.* **destratar**.

dis·tra·to *s.m.* 1. Ato de distratar. 2. Rescisão de acordo, de contrato, de ajuste.

dis·tri·bu·i·ção *s.f.* Ato ou efeito de distribuir; classificação; repartição.

dis·tri·bu·i·dor *adj.* 1. Que distribui. *s.m.* 2. Aquele que distribui.

dis·tri·bu·ir *v.t.d.* e *v.i.* 1. Arremessar para diferentes partes. 2. Colocar em ordem; entregar, dar a diversas pessoas. 3. Atribuir. 4. Espalhar.

dis·tri·bu·ti·vo *adj.* Que distribui ou que indica distribuição.

dis·tri·tal *adj.2gên.* Que se refere ou pertence a distrito.

dis·tri·to *s.m.* Divisão territorial a cargo de autoridade administrativa, judicial ou fiscal.

dis·túr·bi:o *s.m.* Agitação; perturbação; algazarra, motim; desordem.

di·ta *s.f.* Ventura; felicidade; bem-estar.

di·ta·do *s.m.* 1. Aquilo que se ditou. 2. O que se dita para ser escrito. 3. Escrita feita por ditado. 4. Adágio; provérbio; anexim.

di·ta·dor *s.m.* 1. Indivíduo que reúne em si todos os poderes do Estado. 2. *fig.* Pessoa autoritária, despótica. 3. O que concentra poderes em suas mãos.

di·ta·du·ra *s.f.* 1. Governo em que os poderes do Estado são exercidos por um só homem. 2. *fig.* Excesso de autoridade; despotismo.

di·ta·me *s.m.* 1. O que a razão e a consciência ditam. 2. Regra; aviso; doutrina; ordem.

di·tar *v.t.d.* e *v.i.* 1. Pronunciar (aquilo que outrem vai escrever). 2. Sugerir. 3. Prescrever. 4. Inspirar. 5. Impor.

di·ta·to·ri·al *adj.2gên.* Concernente a ditador ou ditadura.

di·té·ri·o *s.m.* Motejo; chufa; zombaria.

di·to *s.m.* 1. Palavra; sentença; expressão. 2. Mexerico. *adj.* 3. Mencionado; que se disse.

di·to-cu·jo *s.m. pop.* Indivíduo cujo nome não se sabe ou não se quer mencionar; fulano, sujeito. *Pl.:* ditos-cujos.

di·ton·go *s.m. Gram.* Agrupamento, na mesma sílaba, de uma vogal e uma semivogal: *pouco*.

di·to·so (ô) *adj.* Que tem dita; feliz; venturoso. *Pl.:* ditosos (ó).

di:u·ré·ti·co *adj.* 1. Que facilita a secreção da urina. *s.m.* 2. Medicamento que provoca essa secreção.

di·ur·no *adj.* 1. Que se faz em um dia. 2. Que sucede no espaço de um dia. 3. Que só aparece de dia. *V.* **diuturno**.

di·u·tur·no *adj.* 1. Que vive muito tempo. 2. De longa duração. *V.* **diurno**.

di·va *s.f.* 1. Deusa. 2. *fig.* Mulher formosa. 3. Cantora notável.

di·vã *s.m.* Sofá sem encosto.

di·va·ga·ção *s.f.* 1. Ato ou efeito de divagar. 2. Devaneio; fantasia.

di·va·gar *v.t.d.* 1. Percorrer. *v.i.* 2. Andar em diversos sentidos; vaguear. 3. Fantasiar. 4. Discorrer de modo desconexo. *V.* **devagar**.

di·ver·gên·ci·a *s.f.* 1. Desvio. 2. Desacordo; discordândia. 3. Posição de duas linhas que se afastam de maneira progressiva.

di·ver·gen·te *adj.2gên.* 1. Que diverge. 2. Em que há divergência; discordante.

di·ver·gir *v.t.i.* 1. Discordar. *v.i.* 2. Afastar-se de maneira progressiva. 3. Desviar-se.★

di·ver·são *s.f.* 1. Desvio; mudança de direção. 2. Recreio; distração.

di·ver·si·da·de *s.f.* 1. Qualidade de diverso. 2. Diferença; dessemelhança. 3. Variedade.

di·ver·si·fi·car *v.t.d.* 1. Tornar diverso. *v.i.* 2. Variar; ser diverso. *v.t.i.* 3. Diferençar-se; ser diverso.

di·ver·so *adj.* Diferente; vário; discordante; alterado; distinto.

di·ver·sos *pron. indef. pl.* Vários, alguns.

di·ver·ti·do *adj.* Que se diverte; que gosta de se divertir; alegre; pândego.

di·ver·ti·men·to *s.m.* Entretenimento; distração.

di·ver·tir *v.t.d.* 1. Fazer esquecer. 2. Dissuadir. *v.p.* 3. Desabituar. 4. Distrair; desviar; fazer mudar de fim, de objeto. *v.p.* 5. Recrear-se; distrair-se. 6. Desviar-se; afastar-se.★

dí·vi·da *s.f.* 1. Débito; o que se deve. 2. Dever moral de pagar uma quantia de dinheiro a outrem. 3. Erro; pecado.

di·vi·den·do *s.m.* 1. *Mat.* Número que se há de dividir por outro. 2. *Com.* Lucros de uma empresa que devem ser distribuídos entre os seus acionistas ou sócios.

di·vi·dir *v.t.d.* 1. Separar; apartar. 2. Distribuir; partir ou distinguir em diferentes partes; desunir. *v.p.* 3. Separar-se em diferentes partes. 4. Dissentir; discordar; divergir.

di·vi·nal *adj.2gên.* O mesmo que divino.

di·vi·na·tó·ri·o *adj.* Concernente a adivinhação.

di·vin·da·de *s.f.* 1. Qualidade do que é divino. 2. Natureza divina. 3. Deus. 4. Coisa que se adora. 5. *fig.* Deidade.

di·vi·ni·zar *v.t.d.* 1. Atribuir divindade a; considerar divino. 2. *fig.* Tornar sublime; exaltar. *v.p.* 3. Exigir cultos e respeitos como se fosse um deus.

di·vi·no *adj.* 1. Concernente a Deus. 2. Sobrenatural; perfeito; divinal. *s.m.* 3. Nas festividades populares, o Espírito Santo.

di·vi·sa *s.f.* 1. Sinal que divide; marco; raia; limite. 2. Distintivo. 3. Lema. 4. Cada um dos galões indicativos das patentes militares. *V.* **devesa**.

di·vi·são *s.f.* 1. Ação ou efeito de dividir. 2. Linha divisória. 3. Parte de um exército ou de uma esquadra. 4. Operação de dividir.

di·vi·sar *v.t.d.* 1. Avistar; distinguir. 2. Enxergar; descobrir. 3. Delimitar.

di·vi·sas *s.f.pl.* *Econ.* Quantidade de papel representativo de valor em moeda estrangeira que um país possui no exterior.

di·vi·si·o·ná·ri·o *adj.* 1. Concernente à divisão militar. 2. Diz-se da moeda cujo valor intrínseco é inferior ao valor legal, usada para trocos.

di·vi·sí·vel *adj.2gên.* 1. Que se pode dividir. 2. Que se pode dividir exatamente.

di·vi·sor *adj.* 1. Que divide. *s.m.* 2. *Mat.* Número pelo qual se divide outro.

di·vi·só·ri:a *s.f.* 1. Linha que divide ou separa. 2. Parede, biombo, tapume que divide um compartimento ou casa.

di·vi·só·ri·o *adj.* 1. Concernente a divisão. 2. Que divide, delimita, separa.

di·vor·ci·ar *v.t.d.* 1. Separar; desunir; apartar. 2. Decretar o divórcio de. *v.p.* 3. Separar-se judicialmente (cônjuges).

di·vór·ci·o *s.m.* 1. Separação de cônjuges. 2. Dissolução judicial do casamento. 3. *fig.* Separação; desunião.

di·vul·ga·ção *s.f.* 1. Ação de divulgar (-se). 2. Vulgarização; difusão.

di·vul·gar *v.t.d.* 1. Tornar conhecido; propalar; publicar. *v.p.* 2. Tornar-se público, conhecido; propalar-se.

di·zer *v.t.d.* 1. Expor, exprimir por palavras. 2. Pronunciar. 3. Exclamar. 4. Afirmar. 5. Mandar. 6. Aconselhar. 7. Denominar. 8. Predizer. 9. Enunciar. 10. Instruir. 11. Referir; contar. 12. Exprimir por música. *v.i.* 13. Falar. *v.t.i.* 14. Alegar (de fato, de direito). 15. Condizer. 16. Pronunciar-se a respeito. 17. Interessar. 18. Ser apropriado. 19. Murmurar. 20. Ter saída; comunicar. *v.p.* 21. Ter-se na conta de. 22. Dar como pretexto. *s.m.* 23. Dito. 24. Maneira de exprimir. 25. Linguagem falada. 26. Estilo. ★

dí·zi·ma *s.f.* Contribuição ou imposto que equivale à décima parte de um rendimento.

di·zi·mar *v.t.d.* 1. Matar uma de cada dez pessoas, designadas pela sorte. 2. Lançar imposto de dízima sobre. 3. Destruir parte de. 4. Exterminar. 5. *fig.* Desfalcar; arruinar.

dí·zi·mo *s.m.* 1. A décima parte. 2. Contribuição que se paga à Igreja.

do[1] *contr.* Prep. **de** com o *art.* **o**. *Fem.:* da. *Pl.:* dos, das.

do² *contr. Prep.* **de** com o *pron. dem.* **o**. *Fem.:* da. *Pl.:* dos, das.

dó *s.m.* 1. Compaixão; pena; piedade; luto. *s.m.* 2. *Mús.* Primeira nota da escala musical.

do·a·ção *s.f.* 1. Ação de doar. 2. Aquilo que se doou. 3. Documento de doação.

do·ar *v.t.d.* e *v.i.* 1. Transmitir gratuitamente. 2. Fazer doação de. 3. Dar; conceder.

do·ble (ó) *adj.2gên. desus.* Dobre (1) (2).

do·blez (ê) *s.f. desus.* Dobrez.

do·bra (ó) *s.f.* 1. Vinco; prega. 2. Parte que se sobrepõe a outra, no que está dobrado.

do·bra·di·ça *s.f.* Peça de metal, composta de duas chapas que se ligam por um eixo comum e sobre a qual gira a porta, a janela, etc.

do·bra·do *adj.* 1. Enrolado. 2. Duplicado. *s.m.* 3. Música de marcha militar.

do·bra·du·ra *s.f.* 1. Ação de dobrar. 2. Curvatura. 3. Trabalho manual que consiste em fazer objetos dobrando papéis.

do·bra·men·to *s.m.* Dobradura.

do·brar *v.t.d.* 1. Multiplicar por dois. 2. Aumentar. 3. Fazer dobras em. 4. Acrescentar outro tanto a. *v.i.* 5. Duplicar-se. 6. Ceder. 7. Tocar (o sino). *v.p.* 8. Multiplicar-se. 9. Curvar-se; inclinar-se. 10. Ceder; transigir.

do·bre (ó) *adj.* 1. Duplicado; dobrado; doble. 2. Velhaco; fingido; doble. *s.m.* 3. Toque de sinos.

do·brez *s.f.* Qualidade de dobre; doblez.

do·bro (ô) *s.m.* 1. Duplo. 2. Duplicação.

do·ca (ó) *s.f.* 1. Parte de um porto, ladeada de muros e cais. 2. Estaleiro; dique.

do·ce (ô) *s.m.* 1. *Cul.* Confecção em que entra açúcar ou mel. *sobrecomum* 2. Pessoa agradável, de trato sobremodo afável. *adj.2gên.* 3. Que não é salgado; que tem sabor agradável como o do açúcar ou do mel. 4. *fig.* Suave. 5. Afetuoso; meigo. 6. Benigno. *Cul.* **Doce de leite**: doce em que leite e açúcar são cozidos lentamente até dar o ponto: mole (para comer com colher), pastoso ou duro (para cortar).

do·cên·ci·a *s.f.* 1. O exercício do magistério. 2. Ensino.

do·cen·te *adj.2gên.* 1. Concernente a professores. 2. Que ensina. *s.m.* 3. *ant.* Lente; professor. *V.* **discente** e *decente*.

dó·cil *adj.2gên.* 1. Obediente. 2. Brando; submisso; flexível.

do·ci·li·da·de *s.f.* Qualidade do que é dócil.

do·cu·men·ta·ção *s.f.* 1. Conjunto de documentos sobre uma questão. 2. Comprovação por meio de documentos.

do·cu·men·tar *v.t.d.* 1. Juntar documentos a. 2. Provar com documentos.

do·cu·men·tá·ri·o *adj.* 1. Relativo a documentos; que tem valor de documento. *s.m.* 2. O que tem valor de documento. 3. Filme que documenta um fato ou determinada situação.

do·cu·men·to *s.m.* 1. Declaração escrita para servir de prova. 2. Título. 3. Demonstração. 4. *Inform.* Qualquer arquivo com dados gerados por um aplicativo, geralmente aquele criado em processador de textos.

do·çu·ra *s.f.* 1. Qualidade daquilo que é doce. 2. *fig.* Suavidade; meiguice.

do·de·ca·e·dro (é) *s.m. Geom.* Poliedro de doze faces.

do·de·ca·fo·nis·mo *s.m. Mús.* Sistema criado por Arnold Schoenberg (1874–1951), que usa os doze sons da escala cromática.

do·de·cá·go·no *s.m. Geom.* Polígono de doze lados.

do·de·cas·sí·la·bo *adj.* 1. De doze sílabas. *s.m.* 2. Vocábulo ou verso de doze sílabas.

do·dói *adj.2gên. fam.* 1. Doente, enfermo. *s.m. fam.* 2. Dor, machucado, doença.

do·en·ça *s.f.* 1. *Med.* Falta ou perturbação de saúde. 2. *Med.* Moléstia; mal; enfermidade. 3. *fig.* Trabalho difícil. 4. Defeito; mania.

do·en·te *adj.2gên.* 1. Que tem doença. 2. *fig.* Que sofre incômodo moral. *s.2gên.* 3. Pessoa que tem doença.

do·en·ti·o *adj.* 1. Que adoece com facilidade; débil. 2. Prejudicial à saúde. 3. Que causa doença; mórbido.

do·er *v.t.i.* 1. Causar pena, dó, pesar. *v.i.* 2. Causar dor, dó ou pena. 3. Sentir dor; estar dolorido. *v.p.* 4. Ressentir-se, condoer-se; arrepender-se. ★★

do·es·to (é) *s.m.* Insulto; afronta; injúria.

do·ge (ó) *s.m. ant.* Magistrado supremo das antigas repúblicas de Gênova e Veneza.

dog·ma *s.m.* 1. Cada um dos pontos fundamentais e indiscutíveis de uma doutrina religiosa. 2. *por ext.* Ponto fundamental de qualquer sistema ou doutrina.

dog·má·ti·co *adj.* 1. Concernente a dogma. 2. *fig.* Autoritário; sentencioso.

dog·ma·tis·mo *s.m.* 1. Sistema daqueles que não aceitam discussão do que afirmam. 2. Sistema dos que admitem dogmas.

dog·ma·ti·zar *v.t.d.* 1. Proclamar como dogma. 2. Ensinar de modo autoritário. *v.i.* 3. Estabelecer dogmas. 4. Dar como infalíveis as afirmações que faz.

doi·dei·ra *s.f.* O mesmo que doidice.

doi·de·jar *v.i.* Fazer doidices.

doi·di·ce *s.f.* 1. Loucura. 2. Atos ou palavras de doido. 3. Extravagância; excesso.

doi·di·va·nas *s.2gên.* e *2núm.* Pessoa imprudente, estouvada, leviana.

doi·do *adj.* 1. Demente; louco. 2. Insensato; temerário. 3. Valente. 4. Exaltado; muito contente. 5. Vaidoso. *s.m.* 6. Indivíduo doido. V. **doído**.

do·í·do *adj.* 1. Dolorido. 2. Magoado. V. **doido**.

dois *num.* 1. Designativo do número cardinal formado de um mais um. 2. Segundo. *s.m.* 3. Algarismo representativo do número dois.

dó·lar *s.m.* Unidade monetária e moeda dos seguintes países: Estados Unidos, Canadá, Austrália, Bahamas, Nova Zelândia, Barbados, Brunei, etc.

do·la·ri·za·ção *s.f.* Aferição ou estabelecimento de preços, compra e venda, com base na cotação, em moeda nacional, do dólar norte-americano.

do·la·ri·zar *v.t.d.* 1. Efetuar a dolarização. *v.p.* 2. Sofrer a dolarização.

do·lei·ro *adj.* e *s.m.* Diz-se de ou estabelecimento ou agente de câmbio que opera no mercado paralelo (câmbio negro) da compra e venda de dólares norte-americanos.

do·len·te *adj.2gên.* Lastimoso; lamentoso; que revela dor; pungente.

dól·mã *s.m.* Vestimenta militar com alamares.

dól·men *s.m.* Monumento megalítico composto de uma grande pedra chata colocada sobre duas outras verticais.

do·lo (ô) *s.m.* 1. Logro; engano; fraude. 2. Astúcia; má-fé.

do·lo·ri·do *adj.* 1. Que apresenta dor ou a provoca; doído, dorido. 2. *fig.* Que mostra dor, que se lamenta; lamentoso.

do·lo·ro·so (ô) *adj.* 1. Que causa dor. 2. Dorido; lastimoso; amargurado. *Pl.:* dolorosos (ó).

do·lo·so (ô) *adj.* 1. Em que há dolo. 2. Que procede com dolo; enganador. *Pl.:* dolosos (ó).

dom *s.m.* 1. Dotes naturais. 2. Donativo; dádiva. 3. *fig.* Poder; privilégio.

Dom *s.m.* Título dado a autoridades eclesiásticas no Brasil, monarcas portugueses, espanhóis, brasileiros e cidadãos ilustres na Espanha.

do·ma·dor *adj.* e *s.m.* Que ou o que doma.

do·mar *v.t.d.* 1. Domesticar (feras). 2. Amansar. 3. Vencer; subjugar; fazer ceder.

do·més·ti·ca *s.f.* Empregada doméstica.

do·mes·ti·car *v.t.d.* 1. Tornar doméstico. 2. Amansar; civilizar. *v.p.* 3. Civilizar-se.

do·més·ti·co *adj.* 1. Concernente à vida da família, à casa, ao lar. 2. Que pertence ao interior do país. *s.m.* 3. Criado.

do·mi·ci·li·ar *adj.2gên.* Relativo a domicílio.

do·mi·cí·li·o *s.m.* 1. Casa de residência; habitação fixa. 2. Residência permanente; morada.

do·mi·na·ção *s.f.* 1. Ação de dominar. 2. Autoridade que se exerce de maneira soberana. 3. Exercício de mando. 4. Poder absoluto.

do·mi·na·dor *adj.* 1. Que domina; que exerce grande poder. *s.m.* 2. Aquele que domina.

do·mi·nan·te *adj.2gên.* Que domina.

do·mi·nar *v.t.d.* 1. Ter poder ou autoridade sobre. 2. Conter; reprimir. 3. Elevar-se acima de. 4. Ocupar; tomar. *v.t.i.* 5. Ter grande influência. 6. Exercer domínio. *v.p.* 7. Conter-se; reprimir-se.

do·min·go *s.m.* Primeiro dia da semana.

do·min·guei·ro *adj.* 1. Concernente ao domingo. 2. Que se usa aos domingos.

do·mi·ni·cal *adj.2gên.* 1. Concernente ao Senhor. 2. Relativo ao domingo.

do·mi·ni·ca·no[1] *adj.* 1. Concernente à Ordem de São Domingos. *s.m.* 2. Frade dessa ordem.

do·mi·ni·ca·no[2] *adj.* 1. Relativo à República Dominicana. *s.m.* 2. Indivíduo natural ou habitante deste país.

do·mí·ni·o *s.m.* 1. Autoridade; dominação; poder. 2. Grande extensão de terra pertencente a um indivíduo ou ao Estado. 3. Alçada; esfera de ação. *Inform.* 4. Conjunto de valores que um atributo ou uma variável de programa podem assumir. 5. Numa rede como a internet, o segmento final de um endereço eletrônico, que identifica a rede local, a instituição ou o provedor de acesso do servidor.

do·mi·nó *s.m.* 1. Túnica provida de capuz e mangas, usada por mascarados no carnaval. 2. Aquele que veste essa túnica. 3. Jogo composto de 28 peças (pedras) com diversos pontos marcados.

do·mo (ô) *s.m.* 1. *Arq.* Parte superior de um edifício, com forma esférica ou convexa; zimbório. 2. Igreja; catedral.

do·na (ô) *s.f.* 1. Senhora de alguma coisa. 2. Título honorífico que precede o nome próprio das senhoras (inicial maiúscula). 3. Mulher; esposa. ***Dona de casa:*** mulher que dirige ou administra o lar.

do·nai·re *s.m. desus.* Galhardia; garbo; graça; gentileza; elegância.

do·nai·ro·so (ô) *adj. desus.* 1. Que tem donaire. 2. Gentil; elegante; garboso. *Pl.:* donairosos (ó).

do·na·ti·vo *s.m.* 1. Oferta; dádiva; presente. 2. Esmola.

don·de *contr. Prep. de* com o *adv. onde.*

do·ni·nha *s.f.* 1. *Dim.* de dona. *epiceno* 2. *Zool.* Pequeno mamífero carnívoro.

do·no (ô) *s.m.* 1. Senhor de alguma coisa. 2. Chefe (de uma casa).

don·ze·la (é) *s.f.* Mulher virgem.

do·par *v.t.d.* e *v.p.* Drogar(-se).

dor *s.m.* 1. Sensação desagradável causada por lesão ou por estado anômalo dos órgãos. 2. Sofrimento físico ou moral. 3. Remorso. 4. Pena.

do·ra·van·te *adv.* Daqui em diante.

do·ri·do *adj.* 1. Dolorido; magoado; que tem dor. 2. *fig.* Consternado; triste.

dor·mên·ci·a *s.f.* 1. Estado de torpor; sonolência. 2. Insensibilidade em alguma parte do corpo. 3. Estado de quem está adormecido.

dor·men·te *adj.2gên.* 1. Que dorme. 2. *fig.* Quieto; entorpecido; calmo. *s.m.* 3. Travessa em que assentam os trilhos das linhas férreas. 4. Trave em que se prega o assoalho.

dor·mi·da *s.f.* 1. Ação ou efeito de dormir. 2. Tempo durante o qual se dorme. 3. Pousada para pernoitar.

dor·mi·nho·co (ô) *adj.* e *s.m.* Que ou o que dorme muito. *Pl.:* dorminhocos (ó).

dor·mir *v.i.* 1. Deixar de estar acordado. 2. Descansar no sono. *v.t.i.* 3. Estar latente. 4. Ter relações sexuais. *v.t.d.* 5. Passar dormindo.★

dor·mi·tar *v.i.* e *v.t.d.* Dormir levemente; cochilar.

dor·mi·tó·ri·o *s.m.* 1. Compartimento onde estão dispostas uma ou mais camas. 2. Quarto.

dor·na (ó) *s.f.* Vasilha de aduelas, sem tampa, destinada a pisar uvas.

dor·sal *adj.2gên.* Concernente ao dorso.

dor·so (ô) *s.m.* 1. *Anat.* As costas. 2. Parte superior dos animais; lombo. 3. *fig.* Parte posterior.

do·sa·gem *s.f.* Ação ou operação de dosar.

do·sar *v.t.d.* 1. Misturar nas proporções devidas. 2. Regular por dose.

do·se (ó) *s.f.* 1. Porção determinada de uma substância. 2. Quantidade de um medicamento que se toma de uma vez. 3. Porção; quantidade.

dos·sel (é) *s.m.* 1. Armação saliente que se põe sobre altar, trono, cama, etc. 2. *fig.* Cobertura ornamental. *Pl.:* dosséis.

dos·si·ê *s.m.* 1. Conjunto de documentos relativos a um processo, uma pessoa, uma instituição, um país, etc. 2. *por ext.* Arquivo(s) ou pasta(s) com esses documentos.

do·ta·ção *s.f.* 1. Ato ou efeito de dotar. 2. Renda destinada a certo fim; verba.

do·tar *v.t.d.* 1. Dar, conceder como dote. 2. Beneficiar (com algum dom natural).

do·te (ó) *s.m.* 1. Bens que leva a pessoa que se casa. 2. *fig.* Mérito; dom; qualidade.

dou·ra·do *adj.* 1. Da cor do ouro. 2. Ornado de ouro. 3. Alegre; feliz. *s.m.* 4. Douradura. *epiceno* 5. *Zool.* Peixe também chamado pirajuba.

dou·ra·du·ra *s.f.* 1. Arte ou operação de dourar. 2. Camada ou folha de ouro que cobre um objeto. 3. Coisa que se dourou.

dou·rar *v.t.d.* 1. Revestir de uma camada de ouro. 2. Dar cor de ouro a. *v.p.* 3. Tornar-se brilhante; resplandecer.

dou·to *adj.* Erudito; sábio.

dou·tor *s.m.* 1. Aquele que se formou numa universidade e defendeu tese de doutorado. 2. *por ext.* Nome que se dá a todos os que concluíram os cursos superiores, sobretudo os bacharéis em direito e os médicos.

dou·to·ra·do *s.m.* Graduação de doutor.

dou·to·ra·men·to *s.m.* Ato ou efeito de doutorar(-se).

dou·to·ran·do *s.m.* O que está para receber o grau de doutor.

dou·to·rar *v.t.d.* 1. Conferir o grau de doutor a. *v.p.* 2. Receber o grau de doutor.

dou·tri·na *s.f.* 1. Conjunto de princípios de um sistema religioso, político ou filosófico. 2. Norma.

dou·tri·na·ção *s.f.* Ato ou efeito de doutrinar.

dou·tri·nar *v.t.d.* 1. Instruir em uma doutrina. 2. *por ext.* Ensinar.

dou·tri·ná·ri:o *adj.* 1. Que se refere a doutrina ou a inclui, contém. 2. Que segue à risca uma doutrina ou a defende com fervor. 3. *por ext.* Que se expressa de forma sentenciosa.

down·load (dáunlôude) *Ingl. v.t.d. Inform.* Baixar(5). **Fazer ou dar um download**: baixar(5).

do·ze (ô) *num.* 1. Designativo do número cardinal formado de dez mais dois; duodécimo. *s.m.* 2. O número doze.

DPI *s.m. Inform.* Ppp (*abrev.* de *dots per inch*, pontos por polegada).

drac·ma *s.f.* 1. *ant.* Unidade monetária e moeda da Grécia antes do euro. 2. Oitava parte de uma onça (3 gramas e 586 miligramas).

dra·co·ni·a·no *adj.* 1. Concernente a Drácon, legislador ateniense. 2. *por ext.* Severo; rigoroso.

dra·ga *s.f.* Aparelho para extração de areia, lodo, entulho, etc., do fundo dos rios ou do mar.

dra·ga·gem *s.f.* Trabalho, operação de dragar.

dra·gão *s.m.* Animal fabuloso que se representa com cauda de serpente, garras e asas.

dra·gar *v.t.d.* Limpar ou desobstruir com draga.

drá·ge:a *s.f. Farm.* 1. Medicamento em forma de comprimido revestido com substância geralmente adocicada. 2. Doce feito de amêndoa recoberto com açúcar endurecido.

dra·go·na (ô) *s.f.* Ornamento com franjas usada nos ombros de uniformes militares.

dra·ma *s.m.* 1. *Teat.* Peça de gênero misto entre a tragédia e a comédia. 2. Série de episódios complicados ou patéticos. 3. Acontecimento comovedor; catástrofe; desastre; desgraça.

dra·ma·ti·ci·da·de *s.f.* Qualidade de dramático.

dra·má·ti·co *adj.* 1. Concernente a drama. 2. Comovente; patético.

dra·ma·ti·zar *v.t.d.* 1. Tornar dramático. 2. Dar a forma de drama a.

dra·ma·tur·gi·a *s.f.* Arte dramática.

dra·ma·tur·go *s.m.* O que escreve dramas.

drás·ti·co *adj.* 1. Que atua de modo enérgico. *s.m.* 2. Purgante enérgico.

dre·na·gem *s.f.* 1. Ato ou operação de drenar. 2. Escoamento de águas de terrenos encharcados, por meio de tubos, fossos, etc.

dre·nar *v.t.d.* 1. Fazer a drenagem de. 2. Desviar, derivar. 3. *Med.* Aplicar dreno em.

dre·no (ê) *s.m. Med.* Tubo de material plástico, ou gaze, para facilitar a saída de sangue, pus, etc., de uma cavidade, ou de um abscesso.

dri·blar *v.t.d.* 1. Enganar, iludir. 2. *Fut.* Enganar o adversário com movimento do corpo; fintar.

dri·ble *s.m.* 1. *Fut.* Ação ou resultado de driblar. 2. Manobra ou ação para fugir, enganar ou evitar algo ou alguém.

drin·que *s.m.* Bebida alcoólica, geralmente tomada antes ou fora das refeições; aperitivo, trago.

drive (dráive) *Ingl. s.m. Inform.* Unidade. ***Disk drive***: unidade de disco. São dois os tipos de unidade de disco: unidade de disquete e unidade de disco rígido.

driv·er (dráiver) *Ingl. s.m. Inform.* Programa associado ao sistema operacional, ou a um aplicativo em particular, que permite o uso de diferentes dispositivos, como impressoras, unidades de disco, *scanners*, etc.

dro·ga (ó) *s.f.* 1. Substância que se usa em farmácia, tinturaria, etc. 2. Substância alucinógena. 3. *fig.* Coisa de pouco valor.

dro·gar *v.t.d.* 1. Administrar droga a. *v.p.* 2. Intoxicar-se com droga.

dro·ga·ri·a *s.f.* 1. Estabelecimento onde se vendem drogas. 2. Porção de drogas.

dro·me·dá·ri·o *s.m. epiceno Zool.* Mamífero ruminante, espécie de camelo de uma única corcova.

dru·i·da (úi) *s.m. ant.* Sacerdote entre os gauleses e bretões.

dru·pa *s.f. Bot.* Fruto carnudo de caroço duro (por ex., o pêssego).

du·al *adj.2gên.* Concernente a dois.

du·a·li·da·de *s.f.* Qualidade, caráter de dual ou duplo.

du·a·lis·mo *s.m. Fil., Rel.* Doutrina religiosa ou filosófica que afirma sempre existir, ao mesmo tempo, dois princípios fundamentais opostos entre si (*ex.:* bem e mal, corpo e espírito, etc.).

du·bi·e·da·de *s.f.* Qualidade de dúbio.

dú·bi·o *adj.* 1. Duvidoso. 2. Vago; indeciso, indefinido.

dúb·ni·o *s.m. Quím.* Elemento transférmico de símbolo *Db* e cujo número atômico é 105.

du·bi·ta·ti·vo *adj.* 1. Que exprime dúvida. 2. Em que há dúvida.

du·bla·gem *s.f.* 1. Substituição dos diálogos originais de um filme por outros, em idioma diferente. 2. Gravação de diálogos ou trechos cantados sobre os originais, após as filmagens, para maior qualidade sonora. 3. Ato de fingir que se canta usando uma música já gravada.

du·blar *v.t.d.* Pôr voz de outro em fala ou canto.

du·blê *s.2gên.* Indivíduo que passa por outro em filmes e aparições públicas.

du·ca·do *s.m.* 1. Território que constitui o domínio de um duque. 2. Dignidade de duque. 3. Moeda de ouro, cujo valor varia segundo os países.

du·cen·té·si·mo *num.* Ordinal e multiplicativo correspondente a duzentos.

du·cha *s.f.* 1. Jorro de água que se dirige sobre uma pessoa. 2. *fig.* Tudo o que acalma uma exaltação.

dúc·til *adj.2gên.* 1. Que se pode comprimir ou reduzir a fios sem que se quebre; flexível; elástico; maleável. 2. *fig.* Fácil de amoldar. 3. Dócil. *Pl.:* dúcteis.

duc·ti·li·da·de *s.f.* Qualidade de dúctil.

duc·to *s.m. Anat.* Canal no organismo animal.

du·e·lo (é) *s.m.* Combate entre duas pessoas que se munem de armas iguais.

du·en·de *s.m. Mit.* Entidade fantástica que se acreditava aparecer à noite pelas casas a fazer travessuras.

du·e·to (ê) *s.m. Mús.* 1. Composição para duas vozes ou dois instrumentos. 2. Canto a duas vozes.

dul·ci·fi·car *v.t.d.* 1. Tornar doce ou mais doce. 2. Mitigar; abrandar; suavizar. *v.p.* 3. Suavizar-se; abrandar-se.

dul·çor *s.m.* Doçura.

dul·ço·ro·so (ô) *adj.* Que tem doçura. *Pl.:* dulçorosos (ó).

dum[1] *contr. Prep. de* com o *num.* **um**. *Fem.:* duma.

dum[2] *contr. Prep. de* com o *art. indef.* **um**. *Fem.:* duma. *Pl.:* duns, dumas.

dum[3] *contr. Prep. de* com o *pron.indef.* **um**. *Fem.:* duma.

du·na *s.f.* Monte de areia acumulada pelo vento.

du·o *s.m.* Dueto.

du·o·dé·ci·mo *num.* Décimo segundo.

du·o·dé·cu·plo *num.* 1. Doze vezes maior. *s.m.* 2. Quantidade doze vezes maior que outra.

du·o·de·nal *adj.2gên.* Relativo ao duodeno.

du·o·de·no (ê) *s.m. Anat.* A primeira parte do intestino delgado.

du·pla *s.f.* 1. Conjunto de dois elementos. 2. Grupo de duas pessoas.

dú·plex (cs) *num.* 1. Dúplice. *adj.* e *s.m.* 2. Diz-se de ou apartamento de dois pavimentos.

du·pli·ca·ção *s.f.* Ato ou efeito de duplicar.

du·pli·ca·do *adj.* 1. Dobrado; em dobro. *s.m.* 2. Cópia; traslado.

du·pli·car *v.t.d.* 1. Aumentar com outro tanto; dobrar. *v.p.* 2. Dobrar-se; tornar-se outro tanto maior.

du·pli·ca·ta *s.f.* Título de crédito com promessa de pagamento do valor nela consignado.

dú·pli·ce *num.* 1. Duplo; duplicado (*var.:* dúplex). *adj.2gên.* 2. *fig.* Fingido; hipócrita.

du·pli·ci·da·de *s.f.* 1. Qualidade de dúplice ou duplo. 2. Dobrez.

du·plo *adj.* 1. Dobrado; duplicado. 2. Que encerra duas vezes a mesma quantidade. *s.m.* 3. O dobro. *Inform.* **Duplo clique**: ato ou efeito de clicar rapidamente, duas vezes consecutivas, e que equivale a selecionar uma opção ou objeto e imediatamente confirmar a seleção feita, ou executar a rotina a ela vinculada; é uma ação geralmente usada para ativar um programa ou acionar um recurso.

du·que *s.m.* 1. Chefe de um ducado. 2. Título imediatamente superior ao de marquês.

du·ra·bi·li·da·de *s.f.* Qualidade do que é durável.

du·ra·ção *s.f.* 1. Tempo que uma coisa dura. 2. Qualidade daquilo que dura.

du·ra·dou·ro *adj.* Que dura ou que pode durar muito.

du·ra·lu·mí·ni·o *s.m. Quím.* Liga metálica que se compõe de alumínio, cobre, magnésio e manganês.

du·ra·má·ter *s.f. Anat.* A terceira, mais externa e mais resistente, das membranas (ou meninges) que envolvem o cérebro e a medula espinhal. *Pl.*: dura-máteres.

du·ran·te *prep.* 1. No tempo de. 2. No decurso de. 3. Pelo espaço de.

du·rar *v.i.* 1. Continuar a existir. 2. Ter duração; prolongar-se. 3. Conservar-se no mesmo estado; persistir.

du·rá·vel *adj.2gên.* Duradouro.

du·re·za (ê) *s.f.* 1. Qualidade do que é duro. 2. Ação dura; crueldade; insensibilidade.

du·ro *adj.* 1. Que não é tenro nem mole. 2. Que não se penetra facilmente. 3. Que não se comove com facilidade. 4. Rijo; consistente. 5. Resistente; corajoso; valente.

dú·vi·da *s.f.* 1. Incerteza; hesitação. 2. Suspeita. 3. Ceticismo; dificuldade em crer.

du·vi·dar *v.t.d.* 1. Ter dúvida. 2. Não acreditar; não admitir. *v.t.i.* 3. Estar na dúvida. *v.i.* 4. Não crer. 5. Questionar.

du·vi·do·so (ô) *adj.* 1. Incerto; que oferece dúvidas. 2. Que está sujeito a dúvidas. 3. Hesitante. 4. Suspeito. *Pl.*: duvidosos (ó).

du·zen·tos *num.* Duas vezes cem.

dú·zi:a *s.f.* Conjunto de doze objetos da mesma natureza.

dú·zi:as *s.f.pl.* fam. Grande quantidade.

DVD *s.m.* Sigla da expressão em inglês *Digital Video Disk* (disco digital de vídeo) para um tipo de disco óptico de grande capacidade de armazenamento de dados, usado geralmente para filmes, musicais e fazer becapes.

E e

e¹ *s.m.* 1. Quinta letra do alfabeto. *num.* 2. O quinto numa série indicada por letras.

e² *conj. coord. adit.* Tem a função de unir palavras ou orações.

E *s.m.* Com ou sem ponto, é *abrev.* de este ou leste.

é·ba·no *s.m.* 1. *Bot.* Árvore de madeira escura e muito resistente. 2. *fig.* O que é negro e lustroso como o ébano.

e·bri·e·da·de *s.f.* Embriaguez.

e·bri·fes·ti·vo *adj.* Alegre, quando ébrio.

é·bri:o *adj.* e *s.m.* Que ou o que se embriaga habitualmente; bêbado.

e·bu·li·ção *s.f.* 1. Ação de ferver. 2. Passagem do estado líquido para o de vapor.

e·búr·ne:o *adj.* Que é alvo e liso como o marfim; feito de marfim.

e·clamp·si·a *s.f. Med.* Doença que se manifesta por ocasião do parto, caracterizada por espasmos convulsivos e ordinariamente acompanhada de perda dos sentidos.

e·cle·si·ás·ti·co 1. *adj.* Que se refere ou pertence à Igreja ou ao clero. *s.m.* 2. Padre; sacerdote.

e·clé·ti·co *adj.* 1. Concernente ao ecletismo. *s.m.* 2. Partidário do ecletismo.

e·cle·tis·mo *s.m. Fil.* Posição intelectual ou moral caracterizada pela escolha, entre vários sistemas, do que parece mais conforme com a razão.

e·clip·sar *v.t.d.* 1. Interceptar a luz de (um astro); obscurecer. *v.p.* 2. Ocultar-se (um astro) em virtude de eclipse. 3. Desaparecer; ocultar-se.

e·clip·se *s.m.* 1. *Astron.* Desaparecimento total ou parcial de um astro por interposição de outro. 2. *fig.* Obscurecimento intelectual ou moral.

e·clíp·ti·ca *s.f. Astron.* 1. Círculo máximo na esfera celeste, correspondente à órbita aparente do Sol em volta da Terra. 2. Órbita anual da Terra.

é·clo·ga *s.f. Lit.* Diálogo pastoril em verso.

e·clo·são *s.f.* Ação de vir à luz, de aparecer, de desenvolver-se.

e·clu·sa *s.f.* Represa em rio ou canal; comporta; dique.

e·co (é) *s.m.* 1. Repetição diferenciada de um som causado pelo retorno de ondas sonoras. 2. Repetição. 3. Reflexo.

e·co·ar *v.t.d.* 1. Repercutir; repetir. *v.i.* 2. Ressoar; fazer eco. 3. Tornar-se célebre.

e·co·lo·gi·a *s.f.* Estudo dos seres vivos em relação com o meio ambiente.

e·co·ló·gi·co *adj.* Concernente à ecologia.

e·co·no·mi·a *s.f.* 1. Regra e moderação nos gastos. 2. Boa ordem em qualquer administração. 3. Conjunto de leis que presidem a produção e distribuição das riquezas. *Economia política*: ciência que trata da produção, distribuição e consumo das riquezas de um país.

e·co·no·mi·as *s.f.pl.* Dinheiro acumulado e em reserva.

e·co·nô·mi·co *adj.* 1. Concernente à economia. 2. Que gasta pouco.

e·co·no·mis·ta *s.2gên.* 1. Pessoa que trata especialmente de economia política. 2. Bacharel em ciências econômicas.

e·co·no·mi·zar *v.t.d.* 1. Administrar com economia. 2. Poupar; guardar. *v.i.* 3. Proceder com economia. 4. Fazer economias.

e·cos·fe·ra (é) *s.f. Ecol.* O mesmo que biosfera.

e·cos·sis·te·ma *s.m. Ecol.* Sistema resultante da interação entre fatores físicos e químicos de determinado ambiente e os organismos vivos (animais, plantas, microrganismos, etc.) nele existentes.

ec·to·pa·ra·si·to *s.m. Biol.* Parasito que vive na superfície externa de seu hospedeiro.

e·cú·le·o *s.m.* 1. Espécie de cavalo de madeira usado como instrumento de tortura. 2. *fig.* Tormento; flagelo.

e·cu·mê·ni·co *adj.* 1. Universal; geral. 2. Designativo dos concílios para os quais são convidados todos os prelados do mundo católico.

ec·ze·ma (ê) *s.m. Med.* Afecção vesiculosa que causa coceira.

e·da·fo·lo·gi·a *s.f.* Ciência que estuda os solos; pedologia[2].

e·daz *adj.2gên.* Voraz; devorador.

e·de·ma (ê) *s.m. Med.* Inchação que se forma por infiltração de serosidade no tecido celular.

é·den *s.m.* 1. Paraíso terrestre, segundo a Bíblia (inicial maiúscula). 2. *por ext.* Lugar de delícias.

e·dê·ni·co *adj.* Concernente ao Éden; paradisíaco.

e·di·ção *s.f.* 1. Publicação de obra literária ou científica. 2. Conjunto dos exemplares de obra impressos na mesma ocasião.

e·dí·cu·la *s.f.* 1. Nicho para imagens; oratório. 2. Pequena casa.

e·di·fi·ca·ção *s.f.* 1. Ação ou efeito de edificar. 2. Edifício.

e·di·fi·can·te *adj.2gên.* 1. Que edifica; instrutivo. 2. *deprec.* Escandaloso.

e·di·fi·car *v.t.d.* Construir; fazer construções em; instituir; doutrinar moralmente; instruir.

e·di·fí·ci·o *s.m.* 1. Construção que se destina a ser habitada; prédio. 2. Construção destinada a qualquer fim.

e·dil *s.m.* Vereador.

e·di·li·da·de *s.f.* Cargo de edil; vereança.

e·di·tal *adj.2gên.* 1. Concernente a édito. *s.m.* 2. Cópia de édito ou postura que se afixa em lugares públicos, ou se anuncia na imprensa. 3. Relativo a edito.

e·di·tar *v.t.d.* 1. Fazer a edição de; publicar. *Inform.* 2. Escrever ou montar texto a partir de blocos já escritos, utilizando processador de texto, também chamado editor de textos. 3. Fazer modificações em arquivo já existente.

é·di·to *s.m.* Ordem judicial que se publica por editais ou anúncios.

e·di·to *s.m.* Preceito; decreto; lei.

e·di·tor *adj.* e *s.m.* 1. Que ou o que edita. *s.m.* 2. Indivíduo que se encarrega da publicação de uma obra literária ou científica.

e·di·to·ra (ô) *s.f.* Estabelecimento, organização de editor; casa que edita livros e outras publicações.

e·di·to·ra·ção *s.f.* Ação de editorar.

e·di·to·rar *v.t.d.* Organizar textos para publicação; produzir; editar.

e·di·to·ri·a *s.f.* 1. Cada uma das seções de um jornal, revista, etc. a cargo de um editor especializado. 2. Responsabilidade editorial por uma obra ou mais obras a serem publicadas.

e·di·to·ri·a·lis·ta *s.2gên.* Profissional que escreve editoriais.

e·di·to·ri·al *adj.2gên.* 1. Concernente a editor. *s.m.* 2. Artigo de fundo, quase sempre escrito pelo redator-chefe do jornal.

e·dre·dom *s.m.* Cobertura para cama, acolchoado.

e·du·ca·ção *s.f.* 1. Conjunto de normas pedagógicas para o desenvolvimento geral do corpo e do espírito. 2. Ação de educar. 3. Cortesia; polidez.

e·du·ca·ci·o·nal *adj.2gên.* Concernente à educação.

e·du·ca·dor *adj.* e *s.m.* Que ou o que educa; preceptor.

e·du·can·dá·ri·o *s.m.* Estabelecimento de educação.

e·du·can·do *s.m.* Jovem que está recebendo educação; colegial; aluno.

e·du·car *v.t.d.* 1. Dar educação a; ensinar. 2. Doutrinar. 3. Criar e adestrar (animais). 4. Aclimatar. *v.p.* 5. Cultivar o espírito.

e·du·ca·ti·vo *adj.* Que educa ou que serve para educar.

e·dul·co·rar *v.t.d.* 1. Adoçar com açúcar, xarope ou mel. 2. Tornar doce. 3. Abrandar; suavizar.

e·du·zir *v.t.d.* Deduzir; extrair.

e·fe (é) *s.m.* Nome da sexta letra do nosso alfabeto, *f.*

e·fe·bo (ê) *s.m.* 1. O que entrou na puberdade. 2. Indivíduo jovem.

e·fei·to *s.m.* 1. Consequência. 2. Resultado de uma causa. 3. Realização. 4. Destino; fim.

e·fe·mé·ri·des *s.f. pl.* 1. Notícia diária. 2. Registro dos fatos de cada dia.

e·fê·me·ro *adj.* 1. Que dura só um dia. 2. Que dura pouco. 3. Passageiro; transitório.

e·fe·mi·na·do *adj.* Que tem aparência feminina; semelhante a mulher.

e·fe·mi·nar *v.t.d.* 1. Fazer adquirir maneiras, gostos, tendências, caracteres femininos. *v.p.* 2. Tornar-se semelhante ao que é feminino.

e·fer·ves·cên·ci·a *s.f.* 1. Desenvolvimento de bolhas dentro de um líquido. 2. Fervura. 3. *fig.* Abalo do espírito; excitação.

e·fer·ves·cen·te *adj.2gên.* 1. Que se acha em efervescência. 2. *fig.* Agitado; buliçoso.

e·fer·ves·cer *v.i.* 1. Entrar em efervescência. 2. *fig.* Acalorar-se; agitar-se; tornar-se convulso.

e·fe·ti·var *v.t.d.* 1. Tornar efetivo. 2. Levar a efeito; realizar.

e·fe·ti·vo *adj.* 1. Que tem efeito. 2. Positivo; real; verdadeiro. *s.m.* 3. Aquilo que existe realmente. 4. Conjunto de tropas (animais) ou de pessoas existentes num lugar.

e·fe·tu·ar *v.t.d.* Levar a efeito; realizar; cumprir.

e·fi·cá·ci·a *s.f.* Qualidade de eficaz.

e·fi·caz *adj.2gên.* Que produz efeito; que dá bom resultado; convincente.

e·fi·ci·ên·ci·a *s.f.* Virtude de produzir um efeito; eficácia.

e·fi·ci·en·te *adj.2gên.* Que tem eficiência; eficaz.

e·fí·gi:e *s.f.* Representação de uma pessoa; imagem; figura.

e·flo·res·cên·ci·a *s.f.* 1. *Bot.* Formação e aparecimento de flor. 2. *Med.* Aparecimento de bolhas ou lesões avermelhadas na pele; exantema. 3. Propriedade de certos materiais liberarem umidade para o ambiente, podendo haver formação de manchas esbranquiçadas onde isso ocorre. 4. *fig.* Nascimento, aparecimento.

e·flú·vi:o *s.m.* 1. Fluido sutil que emana dos corpos organizados. 2. Emanação. 3. Perfume; aroma; fragrância.

e·fó *s.m. Cul.* Espécie de guisado que se prepara com camarões, pimenta e azeite de dendê.

e·fun·dir *v.t.d.* 1. Derramar; entornar; verter. *v.p.* 2. Espalhar-se; difundir-se.

e·fu·são *s.f.* 1. Ação de efundir(-se). 2. Expansão. 3. Fervor; expansão de afeto.

e·fu·si·vo *adj.* 1. Fervoroso. 2. Em que há efusão.

é·gi·de *s.f.* Escudo; proteção; defesa.

e·gíp·ci:o *adj.* 1. Concernente ao Egito (África). *s.m.* 2. O natural ou habitante do Egito.

e·gip·to·lo·gi·a *s.f.* Ciência que trata do antigo Egito (monumentos, literatura, história, etc.).

e·gip·tó·lo·go *s.m.* O que se dedica à egiptologia.

e·go (é) *s.m.* O eu individual; eu.

e·go·cên·tri·co *adj.* Que tem por centro o próprio eu.

e·go·cen·tris·mo *s.m.* Atitude daquele que tudo refere ao próprio eu.

e·go·ís·mo *s.m.* Amor exagerado ao bem próprio, com desprezo ao dos outros.

e·go·ís·ta *adj.2gên.* 1. Designativo da pessoa que só trata de seus interesses. *s.2gên.* 2. Pessoa egoísta.

e·gó·la·tra *s.2gên.* Pessoa que cultua a si mesma.

e·go·la·tri·a *s.f.* Culto de si mesmo.

e·go·tis·mo *s.m.* Sentimento exagerado da própria personalidade.

e·go·tis·ta *adj.2gên.* 1. Diz-se da pessoa que tem sentimento exagerado de sua personalidade. *s.2gên.* 2. Pessoa egotista.

e·gré·gi:o *adj.* Nobre; insigne; ilustre; distinto; preclaro.

e·gres·so (é) *adj.* 1. Que saiu. 2. Que deixou de fazer parte de uma comunidade. *s.m.* 3. Indivíduo que deixou convento, hospital.

é·gua *s.f.* Fêmea do cavalo.

eh *interj.* Usada para levantar o ânimo de alguém ou para fazer animais andar ou parar.

ei *interj.* Usada para chamar a atenção de alguém ou para cumprimentar.

eins·tê·ni:o *s.m. Quím.* Elemento radioativo de símbolo **Es** e cujo número atômico é 99.

ei·ra *s.f.* Terreno lajeado onde se malham, secam, trilham e limpam cereais. *Sem eira nem beira*: desprovido de recursos.

ei·ra·do *s.m.* Espaço descoberto sobre uma casa ou ao nível de um de seus andares.

eis *adv.* Aqui está; veja(m) aqui.

ei·to *s.m.* 1. Limpeza por turmas, de uma plantação. 2. Roça onde trabalhavam escravos. 3. *pop.* Trabalho intenso.

ei·va *s.f.* 1. Fenda ou rachadura em superfícies ou objetos de cerâmica, porcelana, vidro, etc. 2. Mancha que um fruto apresenta quando está estragando. 3. *fig.* Imperfeição física ou moral de uma pessoa.

ei·var *v.t.d.* 1. Infectar; contaminar (física e moralmente). *v.p.* 2. Começar a apodrecer. 3. Rachar-se. 4. Enfraquecer-se.

ei·xo (ch) *s.m.* 1. Peça em torno da qual gira o cubo de uma roda. 2. Linha reta que divide em duas partes iguais ou simétricas os corpos ou as superfícies. 3. Linha em torno da qual um corpo executa movimento de rotação. 4. *fig.* Ponto principal; centro. 5. Aliança.

e·ja·cu·la·ção *s.f.* Ato ou efeito de ejacular.

e·ja·cu·lar *v.t.d.* Lançar de si (sêmen, pólen).

e·je·tar *v.t.d. Inform.* Expelir discos ou fitas de seus *drives* (correspondente em inglês: *to eject*).

e·la (é) *pron.pess.* Feminino do pronome pessoal *ele*.

e·la·bo·ra·ção *s.f.* Ato ou efeito de elaborar.

e·la·bo·rar *v.t.d.* 1. Preparar de modo gradual e com trabalho. 2. Ordenar; formar.

e·lan·gues·cer *v.i.* e *v.p.* 1. Tornar-se lânguido. 2. Enfraquecer-se; debilitar-se.

e·las·ti·ci·da·de *s.f.* Tendência dos corpos para recuperarem o seu estado primitivo quando cessa a causa que os modificou.

e·lás·ti·co *adj.* 1. Que tem elasticidade. 2. Flexível. *s.m.* 3. Substância elástica com que se fazem fitas para ataduras, etc. 4. Nome que se dá a essas fitas.

el·do·ra·do *s.m.* 1. País imaginário que se acreditava existir na América meridional (inicial maiúscula). 2. *fig.* Lugar cheio de riquezas e delícias.

e·le (ê) *pron. pess.* 3ª *pess.* do *masc. sing. Fem.:* ela.

e·le (é) *s.m.* Nome da décima segunda letra do nosso alfabeto, *l*.

e·le·fan·te *s.m. Zool.* Mamífero que alcança até seis toneladas de peso e do qual há três espécies, duas africanas e uma asiática. *Fem.:* elefanta e aliá.

e·le·fan·tí·a·se *s.f. Med.* Enfermidade cutânea que se caracteriza por hipertrofia da pele.

e·le·gân·ci·a *s.f.* 1. Distinção de maneiras. 2. Graça. 3. Gosto apurado no vestir. 4. Delicadeza de expressão.

e·le·gan·te *adj.2gên.* 1. Que tem ou revela elegância. 2. Bem-proporcionado. *s.2gên.* 3. Pessoa que é elegante.

e·le·ger *v.t.d.* 1. Escolher; preferir entre muitos. 2. Mudar de. 3. Nomear, escolher por meio de votos. *Part.:* elegido ou eleito.

e·le·gi·a *s.f. Lit.* Composição poética consagrada ao luto e à tristeza.

e·le·gi·bi·li·da·de *s.f.* 1. Qualidade de elegível. 2. Capacidade para ser eleito.

e·le·gí·vel *adj.2gên.* Que pode ser eleito. *V.* ilegível.

e·lei·ção *s.f.* 1. Ação ou efeito de eleger. 2. Escolha; preferência.

e·lei·to *adj.* e *s.m.* 1. Escolhido; preferido. 2. Indivíduo no qual recaiu a eleição.

e·lei·tor *s.m.* O que elege ou que tem direito de eleger.

e·lei·to·ra·do *s.m.* Conjunto de eleitores.

e·lei·to·ral *adj.2 gên.* Concernente a eleições.

e·lei·to·rei·ro *adj. pej.* Que tem como principal finalidade conseguir votos e não o bem da sociedade.

e·le·men·tar *adj.2gên.* 1. Que se refere a elementos. 2. Simples; rudimentar. 3. Fundamental; principal.

e·le·men·to *s.m.* 1. Aquilo que entra na composição de alguma coisa. 2. Ambiente. *Inform.* **Elemento de interface**: qualquer elemento apresentado por programa na tela do computador, e que cumpre função de interação com o usuário. Os elementos de interface podem medir tanto operações de entrada quanto operações de saída (sinônimos: objeto de interface ou, simplesmente, objeto).

e·le·men·tos *s.m.pl.* Rudimentos; primeiras noções; princípios.

e·len·co *s.m.* 1. Lista. 2. Catálogo; súmula; índice. 3. O conjunto de artistas de uma companhia teatral, de uma estação de rádio ou televisão. 4. O conjunto de atores de uma peça ou de um filme.

e·le·ti·vo *adj.* 1. Concernente a eleição. 2. Que se nomeou por eleição.

e·le·tri·ci·da·de *s.f. Fís.* 1. Causa dos fenômenos elétricos que se manifestam nos corpos quando são batidos, friccionados, comprimidos ou aquecidos, nas composições e decomposições químicas, na atmosfera, etc. 2. Fluido hipotético a que se atribui a produção dos fenômenos elétricos.

e·le·tri·cis·ta *s.2gên.* Pessoa que trabalha em aparelhos elétricos.

e·lé·tri·co *adj.* 1. Concernente a eletricidade. 2. Que tem eletricidade. 3. *fig.* Diz-se do indivíduo vivaz, ágil, nervoso.

e·le·tri·fi·ca·ção *s.f.* Emprego, aplicação e adaptação da eletricidade.

e·le·tri·fi·car *v.t.d.* 1. Tornar elétrico. 2. Aplicar a eletricidade.

e·le·tri·zan·te *adj.2gên.* 1. Que eletriza. 2. *fig.* Que arrebata, inflama, arrasta.

e·le·tri·zar *v.t.d.* 1. Desenvolver propriedades elétricas em (os corpos). 2. *fig.* Exaltar; inflamar. 3. Saturar-se de eletricidade. 4. Entusiasmar-se; exaltar-se.

e·le·tro·car·di·o·gra·ma *s.m. Med.* Gráfico das oscilações da corrente elétrica gerada no músculo cardíaco.

e·le·tro·cus·são *s.f.* Ação de eletrocutar.

e·le·tro·cu·tar *v.t.d.* Executar por meio de eletricidade.

e·le·tro·di·nâ·mi·ca *s.f. Fís.* Estudo da interação entre correntes elétricas e campos eletromagnéticos.

e·le·tro·do (ô) *s.m.* Ponto pelo qual uma corrente elétrica penetra num corpo ou numa pilha.

e·le·tro·do·més·ti·co *adj. e s.m.* Diz-se de, ou aparelho elétrico de uso doméstico.

e·le·tro·en·ce·fa·lo·gra·ma *s.m. Med.* Gráfico que mostra as atividades elétricas do cérebro.

e·le·tro·í·mã *s.m. Fís.* Ferro (ou aço) que se transforma em ímã sob a ação de uma corrente elétrica.

e·le·tró·li·se *s.f. Quím.* Conjunto de reações químicas que ocorrem em uma solução condutora devido à passagem de corrente elétrica.

e·le·tro·mag·ne·tis·mo *s.m. Fís.* Estudo das relações entre a eletricidade e o magnetismo.

eletromotriz **elucidação**

e·le·tro·mo·triz *adj. f. Eletr.* Designativo da força que tende a estabelecer a corrente elétrica.

e·lé·tron *s.m. Fís.* Partícula contida no átomo; quantidade elementar de eletricidade negativa.

e·le·trô·ni·ca *s.f. Fís.* Estudo e aplicação dos fenômenos de condução elétrica no vácuo, nos gases, nos sólidos e, sobretudo, nos semicondutores.

e·le·trô·ni·co *adj.* Relativo à eletrônica.

e·le·tros·tá·ti·ca *s.f. Fís.* Estudo das propriedades e do comportamento das cargas elétricas em repouso.

e·le·va·ção *s.f.* 1. Ação ou efeito de elevar(-se); ascensão. 2. Ação de ser promovido. 3. Ponto elevado.

e·le·va·do *adj.* 1. Que se elevou. 2. Alto; superior. *s.m.* 3. Via urbana em nível superior ao do solo.

e·le·va·dor *adj.* 1. Que eleva. *s.m.* 2. Ascensor, aparelho que eleva ou transporta.

e·le·var *v.t.d.* 1. Fazer subir. 2. Aumentar. 3. Exaltar; engrandecer; 4. Promover; alçar. *v.p.* 5. Alçar-se. 6. Subir. 7. Engrandecer-se.

e·le·va·tó·ri·o *adj.* 1. Que tem a capacidade de elevar. 2. Relativo a elevação.

e·li·dir *v.t.d.* Suprimir; eliminar.

e·li·mi·na·ção *s.f.* Ato ou efeito de eliminar.

e·li·mi·nar *v.t.d.* 1. Fazer sair do organismo de que fazia parte. 2. Excluir; expulsar; banir.

e·li·mi·na·tó·ri·a *s.f.* Competição ou prova que pode eliminar o participante ou candidato pela nota ou classificação.

e·li·mi·na·tó·ri·o *adj.* Que elimina.

e·lip·se *s.f.* 1. *Gram.* Omissão de uma ou mais palavras que se subentendem. 2. *Geom.* Lugar geométrico dos pontos de um plano cujas distâncias a dois pontos fixos desse plano têm uma soma constante.

e·líp·ti·co *adj.* 1. Concernente a elipse. 2. Que é da natureza da elipse. 3. Em que há elipse.

e·li·são *s.f.* Ato ou efeito de elidir.

e·li·te *s.f.* O que há de melhor numa sociedade ou grupo.

e·li·xir (ch) *s.m. Farm.* Preparado medicamentoso ou balsâmico.

el·mo *s.m.* Peça de armadura que protege a cabeça.

e·lo (é) *s.m.* 1. Argola de cadeia. 2. *fig.* Ligação. 3. *Inform.* Em hipertextos ou sistemas de hipermídia, remissão de um documento (ou ponto de um documento) a outro, por meio de cliques do *mouse* sobre termos grifados ou ícones (correspondente em inglês: *link*, forma abreviada de *hyperlink*).

e·lo·cu·ção *s.f.* 1. Forma de se exprimir, falando ou escrevendo. 2. Estilo.

e·lo·gi·ar *v.t.d.* Tecer elogios a; louvar.

e·lo·gi·o *s.m.* 1. Louvor; encômio. 2. Discurso em louvor de alguém ou de alguma coisa; gabo.

e·lo·gi·o·so (ô) *adj.* Em que há elogio. *Pl.:* elogiosos (ó).

e·lo·quên·ci·a (qüen) *s.f.* 1. Arte de bem falar. 2. Talento de convencer, deleitar ou comover, falando.

e·lo·quen·te (qüen) *adj.2gên.* 1. Dotado de eloquência. 2. Convincente; persuasivo.

e·lu·ci·da·ção *s.f.* 1. Ato ou efeito de elucidar(-se). 2. Esclarecimento.

e·lu·ci·dar *v.t.d.* 1. Esclarecer; explicar. *v.p.* 2. Esclarecer-se; informar-se.

e·lu·ci·dá·ri·o *s.m.* Obra que elucida, explica, palavras e expressões de difícil compreensão.

e·lu·ci·da·ti·vo *adj.* Que serve para elucidar; que elucida.

e·lu·cu·bra·ção *s.f.* Lucubração.

em *prep.* Exprime ideia de estado ou qualidade, fim, forma ou semelhança, lugar, meio, modo, preço, sucessão, tempo.

e·ma (ê) *s.f. epiceno Zool.* Ave pernalta que se assemelha ao avestruz.

e·ma·ci·ar *v.t.d.* 1. Emagrecer; extenuar. *v.i.* 2. Tornar-se macilento.

e·ma·gre·cer *v.t.d.* 1. Tornar magro. *v.i.* 2. Tornar-se magro. 3. Enfraquecer.

e·ma·gre·ci·men·to *s.m.* 1. Ato ou efeito de emagrecer. 2. Enfraquecimento.

e-mail (imêil) *Ingl. s.m. Inform.* Endereço ou correio eletrônico (*abrev.* de *eletronic mail*).

e·ma·na·ção *s.f.* 1. Ação de emanar. 2. Origem; proveniência.

e·ma·nar *v.t.i.* 1. Provir; originar-se; proceder. 2. Sair; exalar.

e·man·ci·pa·ção *s.f.* 1. Ato ou efeito de emancipar(-se). 2. Libertação.

e·man·ci·par *v.t.d.* 1. Eximir do poder paterno ou de tutoria. 2. Tornar independente; libertar. *v.p.* 3. Livrar-se do pátrio poder. 4. Tornar-se livre, independente; libertar-se.

e·ma·ra·nhar *v.t.d.* 1. Embaraçar. 2. Confundir; complicar; enredar. *v.p.* 3. Confundir-se. 4. Envolver-se (em embaraços).

e·mas·cu·la·ção *s.f.* Ação ou efeito de emascular(-se); castração.

e·mas·cu·lar *v.t.d.* 1. Fazer perder a virilidade a. *v.p.* 2. Perder a virilidade. 3. Mostrar-se impotente, fraco.

e·mas·sar *v.t.d.* 1. Transformar em massa ou em pasta. 2. Aplicar massa, revestindo ou cobrindo algo.

em·ba·çar *v.t.d.* 1. Tornar baço. 2. Ofuscar; tirar o prestígio a. 3. Enganar; iludir. *v.i.* 4. *gír.* Demorar(-se); dar voltas; fazer hora.

em·ba·ci·ar *v.t.d.* 1. Fazer perder o brilho a. 2. Ofuscar. 3. Desonrar. *v.i.* e *v.p.* 4. Tornar-se baço, sem brilho; ofuscar-se.

em·ba·i·nhar *v.t.d.* 1. Pôr na bainha. 2. Fazer bainha em. *v.i.* 3. Fazer bainhas.

em·ba·ir *v.t.d.* Enganar; iludir; seduzir.★★

em·bai·xa·da (ch) *s.f.* 1. Cargo, missão de embaixador. 2. Residência do embaixador. 3. Comissão; encargo. 4. *Fut.* Malabarismo ou demonstração de habilidade em que o jogador mantém o controle da bola sem deixar que ela toque no chão.

em·bai·xa·dor (ch) *s.m.* 1. Representante de um Estado junto de outro Estado. 2. Emissário. *Fem.:* embaixadora e embaixatriz.

em·bai·xa·triz (ch) *s.f.* Mulher de embaixador.

em·bai·xo (ch) *adv.* Que fica ou está na parte inferior.

em·ba·la·gem *s.f.* 1. Ato ou efeito de embalar; empacotamento. 2. Material com que se embala ou empacota.

em·ba·lar *v.t.d.* 1. Balouçar (a criança) para que adormeça. 2. Iludir; entreter. 3. Agitar levemente. 4. Enfardar; empacotar. *v.p.* 5. Balouçar-se.

em·bal·de *adv.* Sem obter o que se deseja, sem resultado, em vão; inutilmente.

em·ba·lo *s.m.* 1. Ato ou efeito de embalar. 2. Balanço. 3. Impulso.

em·bal·sa·ma·men·to *s.m.* Ato ou efeito de embalsamar.

em·bal·sa·mar *v.t.d.* 1. Impregnar de aromas. 2. Introduzir em um cadáver substâncias balsâmicas para que não apodreça.

em·ban·dei·rar *v.t.d.* 1. Enfeitar com bandeiras. 2. *fig.* Enaltecer; festejar. *v.p.* 3. Cobrir-se de bandeiras.

em·ba·ra·çar *v.t.d.* 1. Causar embaraço a. 2. Complicar. 3. Estorvar. *v.p.* 4. Sentir embaraços. 5. Complicar-se.

em·ba·ra·ço *s.m.* 1. Impedimento; estorvo; obstáculo. 2. *pop.* Gravidez. 3. *Med.* Ligeira afecção do canal gástrico.

em·ba·ra·ço·so (ô) *adj.* Que causa embaraço ou estorvo; dificultoso. *Pl.*: embaraçosos (ó).

em·ba·ra·fus·tar *v.t.d.* e *v.i.* Entrar de modo violento ou desordenado; transpor.

em·ba·ra·lhar *v.t.d.* Baralhar; confundir; misturar.

em·bar·ca·ção *s.f.* 1. Ação de embarcar. 2. Barco; navio; construção destinada a navegar.

em·bar·car *v.t.d.* 1. Carregar a bordo de uma embarcação. *v.i.* e *v.p.* 2. Entrar em uma embarcação. *v.i.* 3. *pop.* Morrer.

em·bar·gar *v.t.d.* 1. Pôr embargos a. 2. Embaraçar o uso de; estorvar. 3. Conter; reprimir.

em·bar·go *s.m.* 1. Embaraço; estorvo; obstáculo; impedimento. 2. *Jur.* Meio judicial com que se procura obstar o cumprimento de uma sentença ou despacho. 3. *Jur.* Retenção de bens ou rendimentos.

em·bar·que *s.m.* 1. Ato ou efeito de embarcar(-se). 2. Lugar onde se embarca.

em·ba·sa·men·to *s.m.* O que serve de base a um edifício ou a uma construção.

em·ba·sar *v.t.d.* 1. Fazer o embasamento de. *v.p.* 2. Fundar-se.

em·bas·ba·ca·do *adj.* Admirado, aparvalhado, boquiaberto, espantado.

em·bas·ba·car *v.t.d.* 1. Causar espanto ou admiração a. *v.i.* e *v.p.* 2. Ficar boquiaberto, estupefato; pasmar.

em·ba·te *s.m.* 1. Ato de embater. 2. Encontro; choque violento. 3. Oposição; resistência.

em·ba·ter *v.t.i.* 1. Produzir choque. *v.p.* 2. Chocar-se; encontrar-se.

em·ba·tu·car *v.t.d.* 1. Fazer calar. *v.i.* 2. Não poder falar; calar-se.

em·be·be·dar *v.t.d.* 1. Tornar bêbado; embriagar. 2. Alucinar; perturbar. *v.p.* 3. Embriagar-se. 4. Perturbar-se; alucinar-se.

em·be·ber *v.t.d.* 1. Absorver. 2. Recolher em si. 3. Introduzir. 4. Fazer penetrar por (um líquido). 5. Insinuar. *v.p.* 6. Ensopar-se. 7. Absorver-se. 8. Enlevar-se.

em·be·bi·do *adj.* 1. Ensopado; molhado. 2. *fig.* Enlevado; absorto; extasiado.

em·bei·çar *v.t.d.* 1. Prender pelo beiço. 2. Prender por amor. 3. Enlevar; encantar; extasiar. *v.p.* 4. Apaixonar-se.

em·be·le·za·men·to *s.m.* Ato ou efeito de embelezar(-se).

em·be·le·zar *v.t.d.* 1. Tornar belo; aformosear. 2. Encantar; enlevar. *v.p.* 3. Tornar-se belo. 4. Ficar enlevado, encantado, extasiado.

em·be·ve·cer *v.t.d.* 1. Causar enlevo em. *v.t.i.* 2. Ficar arrebatado, enlevado. *v.p.* 3. Ficar absorto, extático, enlevado.

em·bi·car *v.t.d.* 1. Dar aspecto ou forma de bico a. 2. Tornar bicudo. *v.i.* 3. Ficar confuso. 4. Vir a cair, tropeçar. 5. Encaminhar negócio. *v.t.i.* e *v.p.* 6. Fazer reparo. 7. Ter rixa; contender. 8. Tropeçar. 9. Dirigir-se; encaminhar-se.

em·bir·rar *v.t.i.* 1. Teimar com ira. 2. Insistir muito. 3. Ter aversão. *v.i.* 4. Ficar birrento.

em·ble·ma (ê) *s.m.* 1. Divisa; insígnia; distintivo. 2. Alegoria; figura simbólica.

em·bo·a·ba *s.2gên. ant.* Apelido que se aplicava aos portugueses nos tempos coloniais.

em·bo·ca·du·ra *s.f.* 1. Parte do instrumento de sopro que se introduz na boca. 2. Parte do freio que entra na boca da cavalgadura. 3. Entrada de uma rua. 4. Foz ou boca de um rio.

em·bo·car *v.t.d.* 1. Aplicar a boca a (um instrumento) para dele tirar sons. 2. Chegar à boca. 3. Pôr freio a. 4. Entrar na foz de (um rio). 5. Fazer entrar. *v.i.* e *v.t.i.* 6. Entrar.

em·bo·ço (ô) *s.m.* A primeira camada de argamassa ou de cal que se aplica na parede a fim de prepará-la para o reboco.

em·bo·la·da *s.f.* Gênero de composição poético-musical, de andamento rápido.

em·bo·lar[1] *v.i.* 1. Cair e rolar como uma bola. *v.t.i.* e *v.p.* 2. Atracar(-se) com um adversário, rolando pelo chão; engalfinhar(-se). *v.i.* e *v.p.* 3. *pop.* Apresentar caroços no corpo; encaroçar.

em·bo·lar[2] *v.t.d.* 1. Dar ou tomar forma de bolo ou no rolo. *v.t.d.*, *v.i.* e *v.p.* 2. Confundir(-se), embaralhar(-se), misturar(-se). 3. Emaranhar(-se), enrolar(-se). *v.t.d.* e *v.p.* 4. Cobrir(-se), envolver(-se).

em·bo·li·a *s.f. Med.* Obliteração de um vaso sanguíneo por um êmbolo.

êm·bo·lo *s.m.* 1. Disco ou cilindro móvel das bombas, seringas e outros maquinismos. 2. *Med.* Partícula capaz de produzir a obliteração dos vasos.

em·bol·sar *v.t.d.* 1. Pôr no bolso ou na bolsa. 2. Receber. 3. Pagar; indenizar.

em·bo·ne·car *v.t.d.* 1. Enfeitar (como se faz a uma boneca). 2. Adornar de modo pretensioso. *v.p.* 3. Enfeitar-se.

em·bo·ra (ó) *adv.* 1. Em boa hora. *conj.* 2. Ainda que; se bem que; conquanto.

em·bor·car *v.t.d.* 1. Virar de borco, pôr de boca. 2. Vazar; despejar. *v.p.* 3. Cair.

em·bor·nal *s.m.* 1. Saco com ração que se põe no focinho dos animais. 2. Saco para o transporte de provisões, ferramentas, etc.

em·bor·ras·car *v.t.d.* 1. Tornar tempestuoso. 2. Agitar de modo violento. *v.p.* 3. Ameaçar borrasca. 4. Irritar, irar, encolerizar.

em·bos·ca·da *s.f.* 1. Ação de aguardar o inimigo às escondidas para o atacar. 2. Cilada; espera; traição.

em·bos·car *v.t.d.* 1. Pôr de emboscada; esconder. *v.p.* 2. Pôr-se de emboscada; esconder-se para atacar. 3. Embrenhar-se.

em·bo·ta·men·to *s.m.* 1. Ato ou efeito de embotar-se. 2. Insensibilização.

em·bo·tar *v.t.d.* 1. Tirar o gume a. 2. Tornar insensível. 3. Tornar fraco, sem energia. *v.p.* 4. Perder o fio, o gume.

em·bran·de·cer *v.t.d.* 1. Tornar brando. 2. Enternecer. *v.i.* 3. Fazer-se brando; abrandar.

em·bran·que·cer *v.t.d.* 1. Tornar branco. *v.i.* e *v.p.* 2. Fazer-se branco. 3. Encanecer.

em·bra·ve·cer *v.t.d.* 1. Tornar bravo, feroz, cruel. *v.i.* e *v.p.* 2. Enfurecer-se; irritar-se.

em·bre·a·gem *s.f. Autom.* Dispositivo mecânico que serve para efetuar ou interromper a transferência de força do motor para as rodas.

em·bre·ar *v.t.d.* Acionar a embreagem de.

em·bre·nhar *v.t.d.* 1. Esconder (nas brenhas, no mato). *v.p.* 2. Internar-se, meter-se nas brenhas, nos matos.

em·bri·a·ga·do *adj.* Que se embriagou.

em·bri·a·ga·dor *adj.* Embriagante.

em·bri·a·gan·te *adj.2gên.* Que embriaga, perturba, alucina, extasia, encanta.

em·bri·a·gar *v.t.d.* 1. Tornar ébrio; embebedar. 2. Extasiar; maravilhar; enlevar. *v.p.* 3. Embebedar-se. 4. Extasiar-se; enlevar-se; transportar-se.

em·bri·a·guez *s.f.* 1. Estado da pessoa que se acha embriagada. 2. Bebedeira. 3. Inebriamento; enlevação; êxtase.

em·bri·ão *s.m. sobrecomum* 1. *Biol.* O feto até o terceiro mês de vida intrauterina. *epiceno* 2. *Zool.* Animal vivo nas primeiras fases de desenvolvimento. *s.m.* 3. Germe da planta contido na semente. 4. *fig.* Origem; princípio.

em·bri·o·lo·gi·a *s.f.* Tratado da formação e desenvolvimento do embrião.

em·bri·o·ná·ri·o *adj.* 1. Que está em embrião. 2. Que se está formando.

em·bro·ca·ção *s.f. Med.* Aplicação de medicamento líquido em uma área do corpo.

em·bro·ma·ção *s.f.* Ato ou efeito de embromar.

em·bro·ma·dor *adj.* e *s.m.* Que ou aquele que embroma.

em·bro·mar *v.t.d.* 1. Enganar por meio de escusas. *v.i.* 2. Fazer uso de promessas, de embustes, para não cumprir o prometido.

em·bru·lha·da *s.f.* 1. Confusão; trapalhada; enredo. 2. Embaraço; obstáculo; dificuldade.

em·bru·lhar *v.t.d.* 1. Pôr num invólucro; empacotar. 2. Enrolar; dobrar. 3. Confundir; embaraçar. 4. Enganar; lograr; iludir. *v.p.* 5. Embaraçar-se; atrapalhar-se.

em·bru·lho *s.m.* 1. Aquilo que se embrulhou, que se empacotou. 2. Embrulhada. 3. Logro; engano.

em·bru·te·cer *v.t.d.* 1. Tornar bruto; estúpido. *v.i.* 2. Causar embrutecimento. *v.p.* 3. Tornar-se bruto.

em·bru·te·ci·men·to *s.m.* 1. Ato de embrutecer. 2. Estado daquele que se embruteceu.

em·bu·çar *v.t.d.* 1. Cobrir o rosto com o embuço. 2. Disfarçar. *v.p.* 3. Disfarçar-se; encobrir-se.

em·bu·ço *s.m.* 1. Parte da capa ou do capote com que se cobre o rosto. 2. Disfarce.

em·bur·rar *v.i.* 1. Obstinar-se; amuar-se. *v.t.d.* 2. Embrutecer.

em·bus·te *s.m.* Logro; ardil; mentira; enredo.

em·bus·tei·ro *adj.* e *s.m.* Que ou aquele que usa embuste; impostor; intrujão; mentiroso.

em·bu·ti·do *adj.* 1. Que foi introduzido, encaixado, inserido em algo (*ex.*: o preço da instalação já está embutido). 2. Que foi construído, feito ou colocado em um vão ou outro espaço (*ex.*: armário embutido). 3. Diz-se de peça com incrustação de madeira, metal, pedra, etc. *s.m.* 4. Nome dado a certos produtos alimentícios à base de carne acondicionada em tripa (*ex.*: linguiça, salame, salsicha, etc.). 5. Fragmento de madeira, metal, pedra, etc. usado na incrustação de uma peça.

em·bu·tir *v.t.d.* 1. Embeber; entalhar. 2. Marchetar; tauxiar. 3. Impingir; pregar. 4. Fazer embutidos em. 5. Engolir.

e·me (ê) *s.m.* Nome da décima terceira letra do nosso alfabeto, *m*.

e·me·na·go·go (ô) *adj.* e *s.m. Med.* Que ou medicamento que provoca ou restabelece o mênstruo.

e·men·da *s.f.* 1. Ação de emendar. 2. Correção de defeito, de falta. 3. Regeneração. 4. Remendo.

e·men·dar *v.t.d.* 1. Corrigir, melhorar; tirar defeito a. 2. Modificar; reparar. 3. Acrescentar. *v.p.* 4. Corrigir-se; arrepender-se.

e·men·ta *s.f.* 1. Registro escrito de algo; apontamento, comentário. 2. Texto resumido com os pontos principais; resumo, sinopse. 3. *Jur.* Resumo de uma decisão do judiciário ou de uma lei.

e·mer·gên·ci·a *s.f.* 1. Ação de emergir. 2. Aparecimento, nascimento (do Sol). 3. Ocorrência perigosa; situação crítica.

e·mer·gen·te *adj.2gên.* Que emerge; que resulta, que procede.

e·mer·gir *v.i.* 1. Erguer-se acima das águas. 2. Sair de onde estava mergulhado. 3. Patentear-se; manifestar-se. *v.t.i.* 4. Elevar-se, como se saísse das ondas. *Part.*: emergido e emerso. *V.* **imergir**.

e·mé·ri·to *adj.* 1. Versado numa arte ou ciência. 2. Insigne; sábio.

e·mer·são *s.f.* Ação de emergir; ação de sair de dentro da água, de um líquido. *V.* **imersão**.

e·mer·so (é) *adj.* Que emergiu. *V.* **imerso**.

e·mé·ti·co *adj.* e *s.m. Med.* Que ou medicamento que provoca o vômito.

e·mi·gra·ção *s.f.* 1. Ação de emigrar. 2. Passagem anual de alguns animais de uma para outra região. *V.* **imigração** e **migração**.

e·mi·gran·te *adj.2gên.* 1. Designativo da pessoa que emigra. *s.2gên.* 2. Pessoa emigrante. *V.* **imigrante** e **migrante**.

e·mi·grar *v.i.* 1. Sair de seu próprio país para estabelecer-se em outro. 2. Mudar anualmente de terra (animais). *v.t.i.* 3. Sair (da pátria) para residir em outro país. *V.* **imigrar** e **migrar**.

e·mi·nên·ci·a *s.f.* 1. Ponto elevado; altura. 2. Superioridade; excelência; elevação moral. 3. Tratamento que se dá aos cardeais. *V.* **iminência**.

e·mi·nen·te *adj.2gên.* 1. Elevado; alto. 2. Superior; que excede os outros; sublime. *V.* **iminente**.

e·mir *s.m.* Título dos descendentes de Maomé.

e·mi·ra·do *s.m.* 1. Dignidade de emir. 2. Estado governado por um emir.

e·mis·são *s.f.* Ação de emitir, de lançar em circulação, de expelir de si, de fazer ouvir. *V.* **imissão**.

e·mis·sá·ri·o *adj.* e *s.m.* Que ou aquele que é enviado em missão; mensageiro.

e·mis·sor *s.m.* 1. O que emite, envia (alguém ou alguma coisa). *adj.* 2. Designativo do banco que faz emissão de papel-moeda.

e·mis·so·ra (ô) *s.f.* Estação que transmite programas de rádio ou televisão.

e·mi·tir *v.t.d.* 1. Lançar de si. 2. Colocar em circulação. 3. Exprimir; publicar; produzir. *V. imitir*.

e·mo·ção *s.f.* 1. Comoção. 2. Ação de mover (moralmente). 3. Abalo moral. 4. Alvoroço.

e·mo·ci·o·nal *adj.2gên.* 1. Concernente a emoção. 2. Que causa emoção.

e·mo·ci·o·nan·te *adj.2gên.* Que causa emoção.

e·mo·ci·o·nar *v.t.d.* 1. Causar emoção em. 2. Impressionar; comover; perturbar. *v.p.* 3. Comover-se; impressionar-se.

e·mol·du·rar *v.t.d.* 1. Pôr em moldura. 2. Guarnecer em volta; enfeitar ao redor.

e·mo·li·en·te *adj.2gên.* e *s.2gên. Med.* Que ou medicamento que abranda uma inflamação.

e·mo·lu·men·to *s.m.* 1. Retribuição; ganho; lucro. 2. Rendimento de um cargo, além do ordenado que se fixou.

e·mo·ti·vi·da·de *s.f.* Qualidade de emotivo.

e·mo·ti·vo *adj.* Que tem, revela ou provoca emoção.

em·pa·car¹ *v.t.d.* 1. Empacotar.

em·pa·car² *v.i.* 1. Recusar-se a prosseguir na viagem, firmando manhosamente as patas no solo (o animal). 2. *fam.* Não continuar; manter-se parado.

em·pa·co·tar *v.t.d.* 1. Juntar em pacotes. 2. Enfardar; embalar; enfardelar.

em·pa·da *s.f. Cul.* Espécie de pastel com recheio de carne, camarão, palmito, ovo, etc.

em·pá·fi:a *s.f.* Soberba; orgulho vão; altivez; arrogância.

em·pa·lhar *v.t.d.* 1. Recolher em palheiro. 2. Forrar; cobrir com palha ou vime.

em·pa·li·de·cer *v.t.d.* 1. Tornar pálido; fazer perder a cor a. 2. Tirar o viço a. *v.i.* 3. Perder a cor; tornar-se ou fazer-se pálido. 4. Perder o brilho.

em·pal·mar *v.t.d.* 1. Ocultar na palma da mão. 2. Furtar com destreza. 3. Atrair a si; arrebatar.

em·pa·nar¹ *v.t.d.* 1. Cobrir com panos. 2. *fig.* Tirar o brilho a; deslustrar. 3. Encobrir; esconder. *v.p.* 4. Perder o brilho; embaciar-se.

em·pa·nar² *v.i.* Entrar em pane (motores ou aparelhos).

em·pa·nar³ *v.t.d. Cul.* Envolver em ovo batido e farinha de trigo ou pão para fritar.

em·pan·tur·rar *v.t.d.* 1. Encher (uma pessoa) de comida. *v.p.* 2. Encher-se demasiadamente de comida. 3. *fig.* Encher-se de orgulho.

em·pan·zi·nar *v.t.d.* 1. Empanturrar. *v.p.* 2. Empanturrar-se; comer demasiadamente.

em·pa·par *v.t.d.* 1. Tornar mole. 2. Encharcar; ensopar. 3. Mergulhar; embeber. *v.p.* 4. Embeber-se; ensopar-se.

em·pa·pe·lar *v.t.d.* 1. Envolver em papel. 2. Guardar com excessivo cuidado. 3. Revestir (parede) com papel.

em·pa·pu·ça·do *adj.* Que se empapuçou.

em·pa·pu·çar *v.t.d.* 1. Encher de papos, de pregas. 2. Inchar-se. 3. *pop.* Comer, beber ou consumir drogas em excesso.

em·pa·re·da·do *adj.* 1. Encerrado entre paredes. *s.m.* 2. Garganta entre as rochas a pique.

emparedar

em·pa·re·dar *v.t.d.* e *v.p.* Encerrar(-se) entre paredes.

em·pa·re·lha·do *adj.* 1. Que vai a par de outra pessoa ou coisa. 2. Irmanado; igualado.

em·pa·re·lha·men·to *s.m.* Ato ou efeito de emparelhar-se.

em·pa·re·lhar *v.t.d.* 1. Jungir com outro; pôr para par. 2. Tornar igual. 3. Nivelar. *v.t.i.* 4. Ser igual; rivalizar. *v.p.* 5. Juntar-se a outro. 6. Ficar em igual número; equiparar-se.

em·par·vo·e·cer *v.t.d. desus.* 1. Tornar parvo. *v.i.* 2. Tornar-se parvo; perder o tino. 3. *fig.* Ficar excessivamente admirado; ficar atônito.

em·pas·tar *v.t.d.* 1. Reduzir a pasta. 2. Ligar com pasta. 3. Cobrir de pasta.

em·pas·te·la·men·to *s.m.* 1. Ato de empastelar. 2. Destruição por meios violentos de uma oficina e redação de jornal.

em·pas·te·lar *v.t.d.* 1. Misturar de modo confuso caracteres tipográficos ou linhas de texto, dificultando a leitura. 2. Destruir a oficina e a redação de um jornal.

em·pa·tar *v.t.d.* 1. Causar empate a. 2. Embaraçar. 3. Interromper. 4. Fazer que seja igual o número de ambas as partes. 5. Tornar indeciso o resultado de (jogo).

em·pa·te *s.m.* 1. Ato de empatar. 2. Ato de suspender o seguimento de um negócio. 3. Conclusão de jogo ou disputa sem vencedor.

em·pa·ti·a *s.f.* 1. Identificação com uma outra pessoa, permitindo uma compreensão profunda de seu jeito de ser, pensar e sentir. 2. Sentimento de compreensão e apreciação de algo, geralmente obra de arte.

empeno

em·pa·vo·nar *v.t.d.* 1. Tornar inchado e vaidoso como o pavão. *v.p.* 2. Ostentar-se.

em·pe·ci·lho *s.m.* 1. Estorvo; obstáculo; impedimento. 2. Aquilo que embaraça.

em·pe·ço·nhar *v.t.d.* 1. Corromper com peçonha. *v.p.* 2. Corromper-se, envenenar-se.

em·pe·der·ni·do *adj.* 1. Que se converteu em pedra. 2. Endurecido; inflexível; insensível.

em·pe·der·nir *v.t.d.* 1. Converter em pedra. 2. Endurecer. 3. Tornar cruel; desumano. *v.p.* 4. Tornar-se insensível, cruel.★★

em·pe·drar *v.t.d.* 1. Cobrir (o chão) com pedras. 2. Tapar com pedras. *v.i.* 3. Empedernir-se. *v.p.* 4. Petrificar-se.

em·pe·lo·tar *v.t.d.* Reduzir a pelotas.

em·pe·na (ê) *s.f.* 1. *Arq.* Parede lateral ou cabeceira de um edifício. 2. Curva que forma a madeira, quando exposta ao sol ou à umidade.

em·pe·na·do *adj.* Que empenou; deformado.

em·pe·nar *v.t.d.* 1. Entortar, deformar; fazer torcer. *v.i.* 2. Torcer-se, deformar-se (a madeira). 3. Desviar-se da linha de prumo. *V.* **empinar**.

em·pe·nhar *v.t.d.* 1. Dar em penhor. 2. Atrair; tomar. 3. Compelir; obrigar. 4. Aplicar; empregar. *v.p.* 5. Endividar-se, dando como penhor ou hipoteca. 6. Pôr todo o empenho.

em·pe·nho (ê) *s.m.* 1. Ato de empenhar. 2. Promessa. 3. Diligência. 4. Ardor na competição. 5. Interesse; aplicação.

em·pe·no (ê) *s.m.* Ato ou efeito de empenar; empena (2).

em·pe·ri·qui·tar *v.t.d.* e *v.p. pop.* Enfeitar(-se) ou vestir(-se) de forma exagerada; embonecar(-se).

em·per·rar *v.t.d.* 1. Tornar perro (6). 2. Provocar a obstinação ou teima. 3. Irritar. 4. Entravar. *v.i.* 5. Não querer ou não poder mover-se. 6. Tornar-se perro.

em·per·ti·ga·do *adj.* Aprumado; altivo.

em·per·ti·gar *v.t.d.* 1. Tornar teso, direito. *v.p.* 2. Tomar ares altivos, orgulhosos.

em·pes·tar *v.t.d.* 1. Tornar pestilento. 2. Contaminar. 3. Corromper; desmoralizar.

em·pes·te·ar *v.t.d.* e *v.p.* O mesmo que empestar.

em·pi·lha·dei·ra *s.f.* Máquina própria para empilhar ou arrumar cargas.

em·pi·lha·men·to *s.m.* Ato ou efeito de empilhar.

em·pi·lhar *v.t.d.* Pôr em pilha; amontoar.

em·pi·na·do *adj.* 1. Que se empinou. 2. Direito; erguido. 3. Empolado (estilo).

em·pi·nar *v.t.d.* 1. Pôr a pino. 2. Levantar ao cume. 3. Fazer que suba aos ares (o papagaio). 4. Fazer subir. *v.p.* 5. Erguer-se sobre as patas traseiras (o cavalo). 6. Ufanar-se. *V. empenar.*

em·pi·po·car *v.t.d.* e *v.i. pop.* Provocar ou apresentar bolhas, pústulas (na pele).

em·pí·re·o *s.m.* 1. Morada dos deuses; céu. *adj.* 2. Supremo; celeste.

em·pí·ri·co *adj.* 1. Concernente ao empirismo. 2. Que se guia só pela experiência.

em·pi·ris·mo *s.m. Fil.* Doutrina ou sistema que somente admite o conhecimento proveniente da experiência.

em·pla·ca·men·to *s.m.* Ato ou efeito de emplacar.

em·pla·car *v.t.d.* 1. Pôr placa em. 2. Revestir de chapa.

em·plas·tro *s.m.* 1. *Med.* Medicamento sólido e consistente que amolece com o calor e adere à parte do corpo em que se aplicou. *sobrecomum* 2. *pop.* Pessoa importuna.

em·plu·mar *v.t.d.* 1. Enfeitar com plumas, com penas; empenar. *v.p.* 2. Enfeitar-se.

em·po·a·do *adj.* Coberto de pó.

em·po·ar *v.t.d.* 1. Cobrir de pó. 2. Ofuscar; escurecer. *v.p.* 3. Cobrir-se de pó.

em·po·bre·cer *v.t.d.* 1. Tornar pobre. *v.i.* 2. Tornar-se pobre. 3. Perder a parte útil. *v.p.* 4. Tornar-se pobre.

em·po·bre·ci·men·to *s.m.* Ato ou efeito de empobrecer(-se).

em·po·çar *v.t.d.* 1. Pôr em poça ou poço. *v.i.* 2. Formar poça. *v.p.* 3. Atolar-se. *V. empossar.*

em·po·ei·rar *v.t.d.* 1. Cobrir, encher de poeira. 2. Obscurecer. *v.p.* 3. Cobrir-se de poeira.

em·po·la (ô) *s.f.* 1. Bolha cheia de serosidade, entre a derme e a epiderme. 2. Bolha de água fervendo; ampola.

em·po·la·do *adj.* 1. Cheio de empolas. 2. Pomposo, bombástico (estilo).

em·po·lar *v.t.d.* 1. Fazer empolas em. 2. Tornar empolado (o estilo). *v.i.* e *v.p.* 3. Criar empolas.

em·po·lei·rar *v.t.d.* e *v.p.* 1. Colocar (-se) em poleiro ou algo parecido. 2. Nomear(-se) para cargo elevado ou que oferece muitas vantagens.

em·pol·ga·ção *s.f.* Ação de empolgar-se; entusiasmo; animação.

em·pol·gan·te *adj.2gên.* 1. Que empolga. 2. Que causa viva impressão no ânimo.

em·pol·gar *v.t.d.* 1. Lançar mão de; tomar com a mão. 2. Prender o interesse de. 3. Absorver. 4. Arrebatar com violência ou ardis.

em·pom·bar *v.t.i.* e *v.p. pop.* Ficar com raiva; reclamar de forma agressiva; irritar(-se), zangar(-se).

em·por·ca·lhar *v.t.d.* 1. Manchar; sujar; enxovalhar. *v.p.* 2. Sujar-se; aviltar-se.

em·pó·ri·o *s.m.* 1. Cidade onde concorrem muitos estrangeiros para negociar. 2. Estabelecimento onde se vendem secos e molhados; armazém.

em·pos·sar *v.t.d.* 1. Dar posse a. *v.p.* 2. Tomar posse; apoderar-se; apossar-se. *V. empoçar.*

em·pos·tar *v.t.d. Mús.* Dar a colocação apropriada na laringe a (a voz, as notas).

em·pre·en·de·dor *adj.* e *s.m.* 1. Que ou o que empreende. 2. Arrojado; ativo.

em·pre·en·der *v.t.d.* 1. Decidir-se a praticar. 2. Pôr em execução. 3. Tentar; delinear.

em·pre·en·di·men·to *s.m.* 1. Ato de empreender. 2. Tentativa; cometimento.

em·pre·ga·da *s.f.* Empregada doméstica; profissional que executa trabalhos domésticos; criada.

em·pre·ga·do *adj.* 1. Aplicado; ocupado. *s.m.* 2. Aquele que exerce um emprego. 3. Criado.

em·pre·ga·dor *adj.* e *s.m.* Que ou aquele que dá emprego a.

em·pre·gar *v.t.d.* 1. Dar emprego a. 2. Dar uso ou aplicação a. 3. Fazer uso de. *v.p.* 4. Ocupar-se. 5. Ingressar como empregado numa firma ou repartição.

em·pre·go (ê) *s.m.* 1. Ato ou efeito de empregar. 2. Função; cargo. 3. Uso; aplicação. 4. Serviço público ou particular.

em·prei·ta·da *s.f.* 1. Execução de uma obra por conta de outrem. 2. Tarefa; trabalho que se ajusta em conjunto.

em·prei·tar *v.t.d.* Fazer ou tomar por empreitada.

em·prei·tei·ro *s.m.* O que faz trabalho por empreitada.

em·pre·nhar *v.t.d.* 1. Tornar prenhe; fazer conceber. *v.i.* 2. Ficar prenhe; conceber.

em·pre·sa (ê) *s.f.* 1. Associação para explorar uma indústria. 2. Cometimento; negócio.

em·pre·sar *v.t.d.* Fundar ou dirigir uma empresa.

em·pre·sá·ri·o *s.m.* 1. Indivíduo que toma a seu cargo uma especulação. 2. O que dirige uma empresa. 3. *por ext.* Aquele que se ocupa da vida profissional e dos interesses de um artista, um atleta, etc. *adj.* 4. Concernente a empresa.

em·pres·tar *v.t.d.* 1. Confiar durante algum tempo (alguma coisa a alguém). 2. Dar a juro. 3. Dar; comunicar. *v.p.* 4. Auxiliar-se mutuamente.

em·prés·ti·mo *s.m.* 1. Ato ou efeito de emprestar. 2. A coisa emprestada.

em·pro·a·do *adj.* Orgulhoso; pretensioso; vaidoso.

em·pu·nha·du·ra *s.f.* 1. Punho (da espada). 2. Lugar por onde se empunha a arma.

em·pu·nhar *v.t.d.* 1. Segurar pelo punho. 2. Segurar em. 3. Suster; pegar.

em·pur·rão *s.m.* Ato de empurrar; encontrão; repelão.

em·pur·rar *v.t.d.* 1. Impelir violentamente. 2. Dar encontrões em. 3. Impingir.

em·pu·xo (ch) *s.m. Fís.* Força que impulsiona para cima um corpo imerso num meio líquido ou gasoso.

e·mu·de·cer *v.i.* 1. Tornar-se mudo. 2. Calar-se; deixar de se fazer ouvir. *v.t.d.* 3. Fazer calar; tornar quieto, calado, silencioso.

e·mu·de·ci·men·to *s.m.* Ato ou efeito de emudecer.

e·mu·la·ção *s.f.* 1. Sentimento que incita a imitar ou a exceder outrem em merecimento. 2. Estímulo; rivalidade.

e·mu·lar *v.t.i.* 1. Ter emulação, competir, emparelhar. 2. Empenhar-se (em uma mesma pretensão).

ê·mu·lo *s.m.* 1. Aquele que tem emulação. 2. Competidor; concorrente; rival.

e·mul·são *s.f. Med.* Preparação farmacêutica que tem por base uma substância gordurosa em suspensão.

e·mur·che·cer *v.t.d.* 1. Tornar murcho; fazer perder o frescor; o viço. *v.i.* 2. Murchar.

e·nal·te·cer *v.t.d.* Elevar, exaltar.

e·nal·te·ci·men·to *s.m.* Ato de enaltecer.

e·na·mo·rar *v.t.d.* 1. Enlevar, encantar, apaixonar. *v.p.* 2. Deixar-se possuir de amor; enlevar-se, apaixonar-se.

en·ca·bar *v.t.d.* 1. Enfiar o cabo de (instrumento) em abertura adequada. 2. *fig.* Encaixar.

en·ca·be·çar *v.t.d.* 1. Juntar (duas coisas) pelo topo. 2. Ser o cabeça de; chefiar. 3. Comandar (uma revolta).

en·ca·bres·tar *v.t.d.* 1. Pôr cabresto em (animal de montaria). *v.t.d.* e *v.p.* 2. *fig.* Dominar ou ser dominado; subjugar (-se), sujeitar(-se).

en·ca·bu·la·ção *s.f.* Acanhamento; constrangimento; vexação.

en·ca·bu·la·do *adj.* e *s.m.* Vexado; acanhado; constrangido.

en·ca·bu·lar *v.t.d.* 1. Envergonhar. 2. Preocupar. *v.p.* 3. Envergonhar-se; zangar-se.

en·ca·cho·ei·ra·do *adj.* Em forma de cachoeira.

en·ca·de·a·do *adj.* 1. Que se ligou com cadeia. 2. Que se dispôs em série, em cadeia.

en·ca·de·a·men·to *s.m.* 1. Junção de coisas homogêneas. 2. União; conexão.

en·ca·de·ar *v.t.d.* 1. Ligar com cadeia. 2. Sujeitar. 3. Coordenar (ideias). *v.p.* 4. Ligar-se a outros; seguir-se pela ordem natural.

en·ca·der·na·ção *s.f.* 1. Ato ou efeito de encadernar. 2. A capa do livro que se encadernou.

en·ca·der·na·do *adj.* Que recebeu encadernação.

en·ca·der·nar *v.t.d.* Coser as folhas de (um livro), sobrepondo-lhe capa resistente.

en·ca·fi·far *v.t.d.* 1. Envergonhar, encabular. 2. Intrigar.

en·ca·fu·ar *v.t.d.* 1. Esconder na parte menos acessível aos outros; ocultar. *v.p.* 2. Esconder-se, internar-se.

en·cai·xar (ch) *v.t.d.* 1. Meter em caixa ou caixão; encaixotar. 2. Meter em encaixe. 3. Pôr; introduzir. *v.i.* 4. Entrar no encaixe. 5. Vir a propósito. *v.p.* 6. Introduzir-se.

en·cai·xe (ch) *s.m.* 1. Cavidade em que se introduz uma peça saliente. 2. Dinheiro, valores em caixa.

en·cai·xi·lhar (ch) *v.t.d.* Guarnecer de caixilhos ou moldura; emoldurar.

en·cai·xo·tar (ch) *v.t.d.* Meter em caixote, em caixa.

en·ca·la·cra·ção *s.f.* Ato de encalacrar-se.

en·ca·la·crar *v.t.d. pop.* 1. Colocar em dificuldades. *v.p.* 2. Embaraçar-se, entalar-se em negócios ruinosos.

en·cal·ço *s.m.* 1. Ação de encalçar. 2. Rasto; pegada; pista.

en·ca·lha·do *adj.* Que encalhou.

en·ca·lhar *v.t.d.* 1. Fazer dar em seco (navio ou barco). *v.i.* 2. Parar; encontrar obstáculo. 3. Não ter saída (mercadoria).

en·ca·lhe *s.m.* 1. Ato de encalhar. 2. Estorvo; embaraço; obstáculo; obstrução. 3. Mercadoria que encalhou.

en·cal·mar *v.t.d.* 1. Causar calor a; fazer esquentar. 2. Fazer zangar. *v.i.* 3. Acalmar; abrandar. *v.p.* 4. Sentir calma.

en·ca·mi·nha·men·to *s.m.* Ato ou efeito de encaminhar(-se).

en·ca·mi·nhar *v.t.d.* 1. Mostrar o caminho a. 2. Aconselhar para o bem. 3. Endereçar. 4. Conduzir, guiar. *v.p.* 5. Dirigir-se. 6. Dispor-se.

en·cam·pa·ção *s.f.* Ato ou efeito de encampar.

en·cam·par *v.t.d.* 1. Rescindir (contrato de arrendamento). 2. Tomar (o governo) posse de (uma empresa), após acordo em que se ajusta a indenização que deverá ser paga.

en·ca·na·dor *s.m.* 1. O que conserta encanamentos. 2. Aquele que numa construção faz o assentamento dos canos de água e gás.

en·ca·na·men·to *s.m.* Canalização.

en·ca·nar *v.t.d.* 1. Conduzir por cano ou canal; canalizar. 2. *Med.* Consertar, pôr (ossos fraturados) em direção para se soldarem. 3. *pop.* Pôr na prisão; prender. 4. *gír.* Preocupar-se, encasquetar, estar com ideia fixa em.

en·can·de·ar *v.t.d.* 1. Deslumbrar, ofuscar. *v.p.* 2. Ficar deslumbrado.

en·ca·ne·cer *v.t.d.* 1. Tornar branco pouco a pouco. 2. Fazer criar cãs. *v.i.* 3. Fazer-se branco. 4. Criar cãs; envelhecer.

en·can·ta·do *adj.* 1. Enlevado; entusiasmado; seduzido. 2. Muito contente.

en·can·ta·dor *adj.* 1. Que seduz, que arrebata, que atrai; que agrada muito. *s.m.* 2. Mágico; aquele que faz encantamentos.

en·can·ta·men·to *s.m.* 1. Ato ou efeito de encantar(-se). 2. Enlevo; encanto; sedução.

en·can·tar *v.t.d.* 1. Seduzir; cativar; dominar. 2. Causar grande prazer a. 3. Transformar por artes mágicas. *v.p.* 4. Tomar-se de encanto.

en·can·to *s.m.* 1. Encantamento. 2. O que arrebata os sentidos, encanta, enleia.

en·ca·par *v.t.d.* 1. Pôr capa em. 2. Envolver em capa.

en·ca·pe·la·do *adj.* Agitado, encrespado (o mar).

en·ca·pe·lar *v.t.d.* 1. Encrespar (o mar). *v.i.* e *v.p.* 2. Enfurecer-se (o mar).

en·ca·po·tar *v.t.d.* 1. Cobrir com capote ou capa. 2. Cobrir, esconder. *v.p.* 3. Anuviar-se.

en·ca·pu·zar *v.t.d.* e *v.p.* Cobrir(-se) com capuz.

en·ca·ra·co·lar *v.t.d.* 1. Dar aspecto ou forma de caracol a; enrolar em espiral. *v.i.* e *v.p.* 2. Envolver-se em espiral; torcer-se; enrolar-se.

en·ca·ra·mu·jar-se *v.p.* Encolher-se como caramujo; entristecer-se.

en·ca·ran·gar *v.t.d.* 1. Tolher, com frio ou reumatismo. *v.i.* 2. Ficar tolhido em virtude do frio ou reumatismo. *v.p.* 3. Tornar-se adoentado.

en·ca·ra·pi·nha·do *adj.* Em forma de carapinha (cabelo); pixaim.

en·ca·ra·pi·tar *v.t.d.* 1. Pôr no alto. *v.p.* 2. Pôr-se no alto. 3. Instalar-se comodamente.

en·ca·rar *v.t.d.* 1. Olhar de cara, de frente. 2. Considerar; analisar. *v.t.i.* 3. Fixar os olhos. *v.p.* 4. Arrostar, afrontar.

en·car·ce·rar *v.t.d.* 1. Encerrar em cárcere, em prisão. *v.p.* 2. Ocultar-se; isolar-se.

en·car·di·do *adj.* Sujo; que não foi bem lavado (especialmente roupa).

en·car·dir *v.t.d.* 1. Sujar; lavar mal. 2. Tornar enxovalhado. *v.i.* 3. Ficar com parte da sujidade.

en·ca·re·cer *v.t.d.* 1. Tornar caro; subir o preço de. 2. Elevar; exagerar. 3. Exaltar; exagerar verbalmente. *v.i.* 4. Tornar-se caro.

en·ca·re·ci·men·to *s.m.* 1. Ato de encarecer. 2. Empenho; instância.

en·car·go *s.m.* 1. Obrigação; incumbência. 2. Gravame. 3. Remorso.

en·car·na·ção *s.f.* 1. Ação de encarnar. 2. *Teol.* Ato pelo qual o filho de Deus se fez homem. 3. *Espir.* Cada uma das existências do espírito unido à matéria.

en·car·na·do *adj.* 1. Que encarnou. 2. Que apresenta a cor da carne; escarlate. *s.m.* 3. A cor encarnada.

en·car·nar *v.t.d.* 1. Dar cor de carne a; avermelhar. 2. Encarniçar. *v.i.* 3. Tomar ou criar carne. 4. Converter-se em carne. 5. *Espir.* Tomar (o espírito) um corpo. *v.p.* e *v.t.i.* 6. Tomar forma. 7. Enraizar-se. 8. Introduzir-se profundamente.

en·car·ni·ça·do *adj.* 1. Cevado em carniça. 2. *fig.* Feroz; sanguinário.

en·car·ni·çar *v.t.d.* 1. Tornar feroz (um animal em briga). 2. Irritar; excitar. *v.p.* 3. Irar-se; enraivecer-se.

en·ca·ro·çar *v.i.* Criar caroços.

en·car·qui·lha·do *adj.* Enrugado; rugoso.

en·car·qui·lhar *v.t.d.* 1. Enrugar. *v.p.* 2. Encher-se de rugas; enrugar-se.

en·car·re·ga·do *adj.* 1. Que é responsável por algo (negócio, tarefa, trabalho, etc.). *s.m.* 2. Indivíduo com essa responsabilidade.

en·car·re·gar *v.t.d.* e *v.i.* 1. Dar cargo, emprego ou ocupação. 2. Incumbir; recomendar. *v.p.* 3. Tomar obrigação ou encargo.

en·car·rei·rar *v.t.d.* e *v.p.* 1. Colocar(-se) em fila; alinhar(-se), enfileirar(-se). 2. Encaminhar(-se), dirigir(-se). 3. Pôr(-se) no bom caminho, conduzir(-se) bem; guiar(-se), orientar(-se).

en·car·te *s.m.* 1. Inclusão de um conjunto de páginas impressas em um produto (publicação, CD, DVD, etc.), como parte integrante ou de forma avulsa. 2. Esse conjunto de páginas impressas.

en·car·vo·ar *v.t.d.* 1. Sujar com carvão. *v.p.* 2. Sujar-se com carvão. 3. Converter-se em carvão.

en·ca·sa·car·se *v.p.* 1. Vestir-se com casaca ou casaco. 2. Pôr traje de cerimônia.

en·cas·que·tar *v.t.d.* 1. Cobrir com barrete. 2. Persuadir; meter na cabeça. *v.p.* 3. Cobrir-se com barrete. 4. Obstinar-se; teimar; persuadir-se.

en·cas·te·lar *v.t.d.* 1. Meter em castelo. 2. Pôr em lugar alto; fortificar. *v.p.* 3. *fig.* Fortificar-se. 4. Estribar-se; apoiar-se.

en·cas·to·ar *v.t.d.* 1. Pôr castão em. 2. Embutir, encravar. 3. Fixar. 4. Firmar.

en·cáus·ti·ca *s.f.* Pintura que se prepara com cera derretida.

en·ca·va·car *v.i.* Ficar amuado ou embaraçado; envergonhar-se.

en·ce·fá·li·co *adj.* Relativo ao encéfalo.

en·cé·fa·lo *s.m. Anat.* Porção do sistema nervoso que se encontra na cavidade do crânio e que compreende o cérebro, o cerebelo e o bulbo raquiano.

en·ce·gue·cer *v.t.d., v.i.* e *v.p.* Cegar.

en·ce·na·ção *s.f.* 1. Ação de encenar, de pôr em cena. 2. *fig.* Fingimento; prosápia.

en·ce·nar *v.t.d.* 1. Pôr em cena. 2. Fazer representar no teatro. 3. Exibir; ostentar.

en·ce·ra·dei·ra *s.f.* Aparelho para encerar soalhos.

en·ce·ra·do *adj.* 1. Que se cobriu de cera. 2. Cor de cera. *s.m.* 3. Pano revestido de cera, verniz, óleo, etc., para se tornar impermeável; oleado.

en·ce·rar *v.t.d.* 1. Cobrir, lustrar com cera. 2. Dar a cor de cera a. 3. Misturar com cera.

en·cer·ra·men·to *s.m.* 1. Ato ou efeito de encerrar-se. 2. Remate; conclusão.

en·cer·rar *v.t.d.* 1. Pôr termo a. 2. Conter. 3. Rematar; concluir; terminar. 4. Meter (em lugar que se fecha). 5. Pôr em lugar seguro. *v.p.* 6. Fechar-se; não sair à rua. 7. Limitar-se; resumir-se.

en·ces·tar *v.t.d.* Fazer que a bola entre na cesta (no basquete).

en·ce·tar *v.t.d.* 1. Começar; principiar. 2. Tirar parte de. 3. Experimentar; estrear. *v.p.* 4. Estrear-se; fazer alguma coisa pela primeira vez ou em primeiro lugar. *V.* **incitar**.

en·char·car *v.t.d.* 1. Converter em charco. 2. Alagar; inundar; molhar muito. *v.p.* 3. Converter-se em charco, pântano. 4. Meter-se em charco. 5. Molhar-se completamente.

en·chen·te *s.f.* 1. Inundação; cheia. 2. Grande concorrência; afluência. 3. Superabundância.

en·cher *v.t.d.* 1. Ocupar. 2. Preencher; satisfazer; saciar. 3. Desempenhar. 4. Espalhar-se por. 5. *gír.* Apoquentar. *v.i.* 6. Tornar-se cheio gradualmente. *v.p.* 7. Tornar-se cheio; abarrotar-se; fartar-se. 8. *gír.* Cacetear-se. *Part.:* enchido e cheio.

en·chi·men·to *s.m.* 1. Ato ou efeito de encher-se. 2. Coisa com que se enche; recheio. 3. *gír.* Apoquentação.

en·cho·va (ô) *s.f. epiceno Zool.* Pequeno peixe do mar.

en·chu·ma·çar *v.t.d.* Pôr chumaço em; estofar.

en·cí·cli·ca *s.f.* Carta circular pontifícia sobre dogma ou disciplina.

en·ci·clo·pé·di:a *s.f.* Coleção de livros que trata de conhecimentos gerais.

en·ci·clo·pé·di·co *adj.* 1. Concernente a enciclopédia. 2. Que abrange todo o saber.

en·ci·clo·pe·dis·ta *s.2gên.* Pessoa que colabora na organização de uma enciclopédia.

en·ci·lha·men·to *s.m.* 1. Ato ou efeito de encilhar. 2. *Hist.* Especulação bolsista que ocorreu nos primeiros tempos da República.

en·ci·lhar *v.t.d.* Apertar com a cilha (o cavalo).

en·ci·ma·do *adj.* Que se colocou no alto; que se pôs em cima.

en·ci·mar *v.t.d.* 1. Alçar; elevar; colocar em cima de. 2. Rematar; acabar; coroar.

en·ci·u·mar-se *v.p.* Encher-se, tomar-se de ciúmes.

en·clau·su·rar *v.t.d.* 1. Pôr em clausura. 2. Prender. *v.p.* 3. Encerrar-se em clausura.

en·cla·vi·nhar *v.t.d.* Meter (os dedos) uns por entre os outros.

ên·cli·se *s.f. Gram.* Colocação do pronome átono depois do verbo.

en·co·ber·to (é) *adj.* 1. Oculto; disfarçado; incógnito. 2. Enevoado (tempo).

en·co·bri·men·to *s.m.* Ato ou efeito de encobrir(-se).

en·co·brir *v.t.d.* 1. Fazer que não se veja; ocultar. 2. Não dizer. 3. Receptar. *v.i.* 4. Cobrir-se de nuvens. *v.p.* 5. Disfarçar-se.★

en·co·le·ri·zar *v.t.d.* 1. Irar; causar cólera a. *v.p.* 2. Irritar-se; zangar-se.

en·co·lher *v.t.d.* 1. Encurtar; restringir; diminuir; estreitar; acanhar. *v.i.* 2. Contrair-se; estreitar-se. *v.p.* 3. Contrair-se. 4. Ocultar-se; envolver-se.

en·co·lhi·men·to *s.m.* 1. Ato de encolher. 2. Contração.

en·co·men·da *s.f.* 1. Ação de encomendar. 2. Aquilo que se encomendou. 3. Incumbência; encargo. 4. *gír.* Feitiço. *V.* **comenda**.

en·co·men·da·ção *s.f.* 1. Encomenda. 2. Recomendação. 3. Oração por um defunto.

en·co·men·da·do *adj.* 1. Que se fez por encomenda. 2. Recomendado.

en·co·men·dar *v.t.d.* 1. Mandar que se faça. 2. Rezar por alma de. 3. Incumbir; confiar; ordenar; entregar. *v.p.* 4. Confiar-se à proteção de; entregar-se.

en·co·mi·ar *v.t.d.* Dirigir encômios a; louvar; elogiar.

en·cô·mi·o *s.m.* Elogio; louvor; apologia.

en·com·pri·dar *v.t.d.* Tornar mais comprido.

en·con·tra·di·ço *adj.* Que se encontra com frequência; fácil de encontrar.

en·con·tra·do *adj.* 1. Que se encontra com outro. 2. Que se achou ou descobriu. 3. Oposto; contrário.

en·con·trão *s.m.* Embate; empurrão; choque; encontro.

en·con·trar *v.t.d.* 1. Ir de encontro a. 2. Topar com. 3. Ver por acaso. 4. Achegar; unir. 5. Atinar com. 6. Descobrir. 7. Compensar. *v.t.i.* 8. Ir de encontro; deparar; topar. 9. Ligar-se; unir-se. *v.p.* 10. Topar por acaso; chocar. 11. Ir ter (com alguém).

en·con·tro *s.m.* 1. Ato de encontrar (-se). 2. Choque; colisão. 3. Briga. 4. Confluência de rios.

en·co·ra·ja·men·to *s.m.* Ato ou efeito de encorajar.

en·co·ra·jar *v.t.d.* Dar coragem a; estimular; animar.

en·cor·do·a·men·to *s.m.* 1. Ato de encordoar. 2. O conjunto das cordas de um instrumento.

en·cor·do·ar *v.t.d.* Pôr cordas ou cordões em; prover de cordas.

en·cor·pa·do *adj.* 1. Que tem muito corpo. 2. Desenvolvido; forte; grosso; consistente.

en·cor·par *v.t.d.* 1. Tornar grosso. 2. Dar mais corpo a; ampliar. *v.i.* 3. Deitar corpo; crescer; engrossar.

en·cor·re·a·men·to *s.m.* Ato de encorrear.

en·cor·re·ar *v.t.d.* 1. Ligar com correia. *v.i.* 2. Tomar a aparência ou consistência do couro. *v.p.* 3. Enrugar-se. 4. Tomar a rijeza do couro.

en·cor·ti·nar *v.t.d.* Pôr cortina em.

en·co·ru·jar-se *v.p.* 1. Ficar triste. 2. Fugir da convivência e trato social. 3. Tornar-se triste por causa do frio (a ave).

en·cos·ta (ó) *s.f.* Declive; ladeira; vertente.

en·cos·ta·do *adj.* 1. Arrimado; apoiado. 2. *fam.* Vadio; que não gosta de trabalhar. *s.m.* 3. O que vive à custa de outrem.

en·cos·tar *v.t.d.* 1. Arrimar; apoiar; firmar. 2. Juntar; associar. 3. Aumentar. *v.p.* 4. Deitar-se por algum tempo (para dormir a sesta). 5. Firmar-se; apoiar-se. 6. *pop.* Passar a viver à custa de outrem.

en·cos·to (ô) *s.m.* 1. Costas (de um assento). 2. Coisa a que alguém se encosta ou a que outra está encostada. 3. *fig.* Proteção; arrimo; apoio.

en·cou·ra·ça·do *adj.* 1. Couraçado. *s.m.* 2. Couraçado (navio).

en·co·va·do *adj.* 1. Metido em cova. 2. Designativo dos olhos que ficam muito dentro das órbitas.

en·co·var *v.t.d.* 1. Meter em cova. 2. Obrigar a fugir. 3. Tornar encovado. 4. Esconder. *v.i.* 5. Não saber o que replicar. *v.p.* 6. Sumirem-se nas órbitas (os olhos). 7. Ocultar-se.

en·cra·va·do *adj.* 1. Que se fixou com cravos ou pregos; cravado. 2. Encaixado; engastado. 3. Diz-se da unha que se crava na carne.

en·cra·var *v.t.d.* 1. Fixar; pregar (cravo, prego). 2. Cravar-se; embutir; engastar. 3. Embair; enganar. 4. Fazer parar. *v.p.* 5. Fixar-se; prender-se, penetrando.

en·cren·ca *s.f.* 1. Coisa complicada, difícil. 2. Situação embaraçosa. 3. Intriga; desordem.

en·cren·car *v.t.d.* 1. Tornar difícil, complicada (uma situação). 2. Pôr em dificuldade. *v.p.* 3. Complicar-se.

en·cren·quei·ro *adj.* e *s.m.* Que ou o que arma encrencas.

en·cres·pa·do *adj.* 1. Crespo; frisado; agitado (o mar). 2. *fig.* Irritado.

en·cres·par *v.t.d.* 1. Tornar crespo. 2. Enrugar levemente; levantar (formando ondas). *v.p.* 3. Levantar-se, agitar-se (o mar). 4. Fazer-se crespo. 5. Irritar-se.

en·cru·a·men·to *s.m.* 1. Ato ou efeito de encruar(-se). 2. Má digestão.

en·cru·ar *v.t.d.* 1. Fazer endurecer ou enrijar (o que estava quase cozido). 2. Tornar cru. *v.i.* 3. Tornar-se cru. 4. Tornar-se insensível. 5. Não progredir. *v.p.* 6. Exacerbar-se.

en·cru·zar *v.t.d.* 1. Cruzar. 2. Dispor em forma de cruz; atravessar. *v.p.* 3. Sentar-se sobre os calcanhares, com as pernas cruzadas.

en·cru·zi·lha·da *s.f.* Lugar onde dois ou mais caminhos se cruzam.

en·cur·ra·lar *v.t.d.* 1. Meter no curral. 2. Encerrar. *v.p.* 3. Refugiar-se em lugar sem saída.

en·cur·tar *v.t.d.* 1. Tornar curto. 2. Abreviar; diminuir; limitar.

en·cur·var *v.t.d.* 1. Tornar curvo. 2. Abater; humilhar. *v.i.* 3. Tornar-se curvo; dobrar-se. *v.p.* 4. Fazer-se curvo; dobrar-se. 5. Humilhar-se.

en·de·cha (ê) *s.f.* 1. Canção melancólica, triste, dolente. 2. Poesia fúnebre e triste.

en·de·flu·xar-se (cs) *v.p.* Adquirir defluxo; constipar-se.

en·de·mi·a *s.f.* Enfermidade comum aos habitantes de um lugar ou aos de certos climas.

en·dê·mi·co *adj.* Concernente a endemia.

en·de·mo·ni·nha·do *adj.* Possesso do demônio; demoníaco; endiabrado.

en·de·mo·ni·nhar *v.t.d.* 1. Fazer entrar o demônio no corpo de. 2. Tornar furioso.

en·de·re·ça·men·to *s.m.* Ato de endereçar.

en·de·re·çar *v.t.d.* 1. Enviar; dirigir; encaminhar. *v.i.* 2. Pôr sobrescrito em. *v.p.* 3. Dirigir-se.

en·de·re·ço (ê) *s.m.* 1. Indicação do nome e residência, em sobrescrito. 2. Residência de alguém. 3. Direção. *Inform.* **Endereço eletrônico**: expressão pela qual um usuário é identificado numa rede de computadores, especialmente na internet, e que permite o envio e o recebimento de mensagens de correio eletrônico. Na internet, o endereço eletrônico é composto de dois elementos, separados pelo símbolo @ (arroba): um nome, que identifica o usuário no provedor em que possui conta de acesso, e o nome desse provedor e o domínio, que identifica o computador para o resto da rede. Também se diz, impropriamente, correio eletrônico.

en·deu·sa·do *adj.* Divinizado; deificado.

en·deu·sa·men·to *s.m.* 1. Ato de endeusar(-se). 2. Deificação; apoteose. 3. *fig.* Altivez.

en·deu·sar *v.t.d.* 1. Divinizar; deificar. 2. *fig.* Enlevar; extasiar. *v.p.* 3. Atribuir a si próprio qualidades divinas.

en·di·a·bra·do *adj.* 1. Endemoninhado. 2. Travesso. 3. Mau; furioso.

en·di·a·brar *v.t.d.* Tornar endiabrado.

en·di·nhei·ra·do *adj.* Que tem muito dinheiro.

en·di·nhei·rar-se *v.p.* Adquirir muito dinheiro.

en·di·rei·tar *v.t.d.* 1. Tornar direito. 2. Retificar; corrigir. 3. Dar boa direção a. 4. Pôr em linha reta. *v.t.i.* 5. Encaminhar direito (a algum lugar); acertar. *v.i.* 6. Emendar-se; corrigir-se; ficar direito. 7. Tomar boa direção. *v.p.* 8. Tornar-se direito.

en·dí·vi·a *s.f. Bot.* Espécie de folha comestível da família da escarola.

en·di·vi·dar *v.t.d.* 1. Fazer que (alguém) se endivide; empenhar. *v.p.* 2. Contrair dívidas; empenhar-se; contrair obrigações.

en·do·cár·di·o *s.m. Anat.* Membrana que reveste o interior do coração.

en·do·car·po *s.m. Bot.* Membrana que forra interiormente o pericarpo e está imediatamente em contato com a semente do fruto.

en·dó·cri·no *adj. Med.* Designativo das glândulas de secreção interna.

en·do·cri·no·lo·gi·a *s.f. Med.* Estudo das glândulas de secreção interna.

en·do·don·ti·a *s.f. Odont.* Especialidade que estuda e trata dos problemas relativos à polpa, à raiz e ao tecido que cerca o dente.

en·do·en·ças *s.f.pl. Rel.* Solenidades católicas, ofícios da semana santa.

en·do·ga·mi·a *s.f. Antrop.* União matrimonial entre indivíduos da mesma raça ou família (opõe-se a exogamia).

en·dó·ge·no *adj.* 1. *Biol.* Que se forma no interior do organismo. 2. Originado por fatores internos.

en·doi·dar *v.t.d.* Endoidecer.

endoidecer

en·doi·de·cer *v.t.d.* e *v.i.* Tornar-se doido; enlouquecer.

en·doi·de·ci·men·to *s.m.* Ato ou efeito de endoidecer.

en·do·min·ga·do *adj.* Vestido com a melhor roupa; garrido; janota.

en·do·min·gar-se *v.p.* Vestir-se com a melhor roupa.

en·dor·fi·na *s.f. Biol.* Nome comum às substâncias químicas liberadas no organismo pelo sistema nervoso central após atividade física, que promovem alívio da dor, sensação de bem-estar e relaxamento.

en·dos·co·pi·a *s.f. Med.* Técnica que permite visualizar e examinar órgãos e cavidades do corpo.

en·dos·per·ma (é) *s.m. Bot.* Tecido encontrado na maioria das sementes das angiospermas, rico em nutrientes.

en·dos·sa·do *s.m.* Indivíduo a que se endossou uma letra; endossatário.

en·dos·san·te *s.2gên.* 1. Pessoa que endossa. *adj.2gên.* 2. Que endossa.

en·dos·sar *v.t.d.* 1. Pôr endosso em. 2. *fig.* Passar para a responsabilidade de outrem. 3. Defender; apoiar.

en·dos·sa·tá·ri·o *s.m.* Endossado.

en·dos·so (ô) *s.m.* 1. Ato de endossar. 2. Declaração escrita no verso de uma letra ou outro título de crédito, com a qual se garante o pagamento da referida letra ou título.

en·do·ve·no·so (ô) *adj. Anat.* Que está dentro das veias; intravenoso. *Pl.:* endovenosos (ó).

en·du·re·cer *v.t.d.* 1. Tornar duro; enrijar. 2. Tornar insensível. *v.i.* 3. Tornar-se duro, consistente. 4. Tornar-se insensível, cruel. *v.p.* 5. Fazer-se duro. 6. Inveterar-se; tornar-se incorrigível.

enevoar

e·ne *s.m.* (ê) Nome da décima quarta letra do nosso alfabeto, *n*.

e·ne:á·go·no *s.m. Geom.* Polígono de nove lados.

e·ne·gre·cer *v.t.d.* 1. Tornar negro; denegrir. 2. Escurecer. 3. *fig.* Caluniar; difamar; deslustrar. *v.i.* e *v.p.* 4. Tornar-se negro. 5. Fazer-se escuro.

e·ne·gre·ci·men·to *s.m.* 1. Ato ou efeito de enegrecer(-se). 2. *fig.* Difamação.

ê·ne:o *adj.* 1. Concernente ao bronze. 2. Que se assemelha ao bronze. 3. Duro como o bronze.

e·ner·gé·ti·ca *s.f.* Ramo da física que estuda a energia.

e·ner·gi·a *s.f.* 1. Modo vigoroso de realizar, de dizer ou de querer. 2. Maneira como se exerce uma força. 3. Vigor; firmeza. 4. *Fís.* Capacidade que tem um corpo de realizar algum trabalho.

e·nér·gi·co *adj.* Que tem energia.

e·ner·gú·me·no *s.m.* 1. Endemoninhado; possesso. 2. *fig.* Desnorteado; furioso. 3. *pop.* Imbecil, idiota.

e·ner·va·ção *s.f.* 1. Ação de enervar. 2. Abatimento; debilitação; enfraquecimento.

e·ner·van·te *adj.2gên.* 1. Que enerva. 2. Que abate as forças, que debilita. 3. Irritante.

e·ner·var *v.t.d.* 1. Privar de forças; debilitar, afrouxar. 2. Exasperar. *v.i.* 3. Perder o vigor, a energia. *v.p.* 4. Debilitar-se. *V.* **inervar**.

e·né·si·mo *adj.* 1. *Mat.* Que corresponde à posição de número *n*. 2. *pop.* Que já ocorreu um grande número de vezes.

e·ne·vo·ar *v.t.d.* 1. Cobrir de névoa; anuviar. 2. Tornar sombrio; entristecer. 3. Cobrir-se de névoa; toldar-se.

en·fa·dar *v.t.d.* 1. Causar cansaço, aborrecimento a. 2. Enfastiar; incomodar. *v.p.* 3. Aborrecer-se; zangar-se; desgostar-se.

en·fa·do *s.m.* 1. Aborrecimento; zanga. 2. Tédio. 3. Ato ou efeito de enfadar (-se); enfadamento.

en·fa·do·nho (ô) *adj.* Que enfada; molesto; incômodo.

en·fai·xar (ch) *v.t.d.* Ligar, envolver com faixas.

en·fa·rar *v.t.d.* 1. Causar enfaro a; aborrecer. *v.t.i.* 2. Sentir repugnância pelo cheiro ou sabor.

en·far·dar *v.t.d.* Fazer fardo de; empacotar; embrulhar.

en·far·de·lar *v.t.d.* Meter em farnel; enfardar.

en·fa·re·lar *v.t.d.* Juntar farelos a; cobrir com farelos.

en·fa·ri·nhar *v.t.d.* 1. Polvilhar com farinha. *v.p.* 2. Cobrir-se de farinha.

en·fa·ro *s.m.* 1. Efeito de enfarar. 2. Tédio; fastio; enjoo.

en·far·rus·car *v.t.d.* 1. Sujar com carvão, fuligem, etc. 2. Mascarar. *v.i.* 3. Amuar-se; zangar-se. *v.p.* 4. Sujar-se de fuligem. 5. Enevoar-se. 6. Zangar-se.

en·far·tar *v.t.d.* 1. Causar enfarte a. 2. Saciar. 3. Obstruir; entupir; tapar.

en·far·te *s.m.* 1. Ato ou efeito de enfartar. 2. Inchação; ingurgitamento. 3. *Med.* Zona de necrose devida à supressão da circulação de um território vascular; infarto.

ên·fa·se *s.f.* 1. Afetação no falar ou escrever. 2. Energia exagerada na fala e no gesto. 3. Destaque especial; relevo.

en·fas·ti·ar *v.t.d.* 1. Causar fastio, aborrecimento a; enfarar. 2. Molestar. *v.i.* 3. Causar ou produzir tédio. *v.p.* 4. Aborrecer-se.

en·fá·ti·co *adj.* 1. Em que há ênfase. 2. Que tem ou revela ênfase.

en·fa·ti·zar *v.t.d.* Dar ênfase a; valorizar uma parte, um aspecto, uma característica de algo ou alguém; destacar, ressaltar, valorizar.

en·fa·tu·a·do *adj.* Presumido; vaidoso; arrogante.

en·fa·tu·ar *v.t.d.* 1. Tornar fátuo. 2. Encher de presunção, de vaidade, de arrogância. *v.p.* 3. Envaidecer-se; orgulhar-se.

en·fe·ar *v.t.d.* Afear. *V.* **enfiar**.

en·fei·tar *v.t.d.* 1. Pôr enfeites em. 2. Dar boa aparência a. 3. *fig.* Disfarçar. *v.p.* 4. Ornamentar-se; embelezar-se.

en·fei·te *s.m.* Adorno; atavio; ornamento.

en·fei·ti·ça·men·to *s.m.* Ato ou efeito de enfeitiçar(-se).

en·fei·ti·çar *v.t.d.* 1. Sujeitar à ação do feitiço. 2. Atrair; seduzir; encantar. 3. Abrasar de amor. *v.p.* 4. Deixar-se vencer pelo feitiço. 5. Deixar-se cativar.

en·fei·xar (ch) *v.t.d.* 1. Amarrar em feixe. 2. Reunir; entrouxar.

en·fer·ma·gem *s.f.* 1. Ciência e arte do planejamento e execução de serviços e processos específicos que possibilitam a proteção e a recuperação da saúde individual e coletiva. 2. Função de enfermeiro. 3. Conjunto de serviços duma enfermaria.

en·fer·mar *v.i.* 1. Adoecer; tornar-se enfermo. *v.t.d.* 2. Tornar doente. *v.t.i.* 3. Adoecer.

en·fer·ma·ri·a *s.f.* Local destinado a enfermos.

en·fer·mei·ro *s.m.* 1. O que se diplomou em enfermagem. 2. Que cuida de enfermos.

en·fer·mi·ço *adj.* 1. Que anda sempre doente. 2. Doentio.

en·fer·mi·da·de *s.f.* 1. Falta de saúde; doença. 2. *fig.* Mania; vício.

en·fer·mo (ê) *adj.* e *s.m.* 1. Doente; débil. 2. Que não funciona bem (um órgão).

en·fer·ru·jar *v.i.* 1. Criar ferrugem. 2. Cair em desuso. *v.t.d.* 3. Fazer criar ferrugem. *v.p.* 4. Cobrir-se de ferrugem.

en·fes·ta·do *adj.* 1. Largo. 2. Voltado para cima.

en·fe·za·do *adj.* 1. Raquítico; que não se desenvolveu de modo suficiente. 2. *fig.* Irritado; aborrecido.

en·fe·za·men·to *s.m.* 1. Ato ou efeito de enfezar(-se); raquitismo. 2. *fig.* Aborrecimento.

en·fe·zar *v.t.d.* 1. Impedir o desenvolvimento de. 2. Tolher o movimento de. 3. Tornar raquítico. 4. *fig.* Impacientar; enfadar; irritar. *v.p.* 5. Decair; definhar.

en·fi·a·da *s.f.* Fileira; série; porção de coisas que se dispõem em linha.

en·fi·ar *v.t.d.* 1. Fazer passar um fio por. 2. Meter um fio no orifício de. 3. Pôr em série. 4. Vestir; calçar. 5. Atravessar de lado a lado. 6. Introduzir. *v.i.* 7. Envergonhar-se; encabular. *v.t.i.* 8. Entrar; dirigir-se. *v.p.* 9. Entrar de modo furtivo. *V. enfear*.

en·fi·lei·rar *v.t.d.* 1. Dispor ou ordenar em fileiras; alinhar. *v.p.* 2. Dispor-se em fileiras; entrar na fileira.

en·fim *adv.* Finalmente; afinal.

en·fi·se·ma (ê) *s.m. Med.* Tumefação mole, causada por infiltração de ar no tecido celular.

en·fo·car *v.t.d.* Pôr em foco, focalizar.

en·for·ca·do *adj.* 1. Que se enforcou. 2. Que foi supliciado na forca. 3. Que está em apuros financeiros. *s.m.* 4. O que se enforcou. 5. Aquele que foi supliciado na forca.

en·for·ca·men·to *s.m.* Ato ou efeito de enforcar(-se); estrangulamento.

en·for·car *v.t.d.* 1. Supliciar na forca; estrangular. 2. Esbanjar. *v.p.* 3. Suicidar-se por estrangulação, suspendendo-se pelo pescoço.

en·for·mar[1] *v.t.d.* Meter na forma (ô). *V. informar*.

en·for·mar[2] *v.t.d.* 1. Dar forma (ó) a. *v.i.* 2. Crescer; desenvolver-se. *V. informar*.

en·fra·que·cer *v.t.d.* 1. Tornar fraco; fazer perder as forças; debilitar. 2. Desanimar. *v.i.* e *v.p.* 3. Debilitar-se; tornar(-se) fraco.

en·fra·que·ci·men·to *s.m.* 1. Ato de enfraquecer. 2. Fraqueza; debilidade.

en·fren·tar *v.t.d.* 1. Encarar; defrontar. 2. Atacar de frente. 3. Pôr defronte de. *v.t.i.* 4. Defrontar-se.

en·fro·nha·do *adj.* 1. Que se pôs em fronha. 2. Versado; conhecedor; instruído.

en·fro·nhar *v.t.d.* 1. Meter em fronha. 2. Encapar; revestir. 3. Tornar instruído, conhecedor, versado. *v.p.* 4. Tomar conhecimento de um assunto; instruir-se.

en·fu·ma·çar *v.t.d.* Encher, toldar de fumaça.

en·fu·na·do *adj.* 1. Que se enfunou. 2. *fig.* Orgulhoso, envaidecido. 3. *fig.* Zangado; irritado.

en·fu·nar *v.t.d.* 1. Retesar (as velas do navio). 2. *fig.* Tornar orgulhoso; envaidecer. *v.p.* 3. Tornar-se bojuda (a vela da embarcação). *fig.* 4. Encher-se de vaidade. 5. Irritar-se; zangar-se.

en·fu·re·cer *v.t.d.* 1. Causar fúria a; tornar furioso. *v.i.* 2. Ficar furioso. *v.p.* 3. Tornar-se furioso.

en·fur·nar *v.t.d.* Meter em furna; encafuar.

en·ga·be·la·ção *s.f.* Ato ou efeito de engabelar.

en·ga·be·lar *v.t.d.* 1. Iludir; enganar com falsas promessas. 2. Seduzir com lisonjas.

en·ga·be·lo (ê) *s.m.* Ato de engabelar.

en·gai·o·lar *v.t.d.* 1. Prender em gaiola. 2. *pop.* Pôr na cadeia; prender. *v.p.* 3. Isolar-se; viver solitário.

en·ga·ja·do *adj.* e *s.m.* Que ou aquele que se engajou.

en·ga·ja·men·to *s.m.* 1. Ato de engajar; alistamento. 2. Contrato para certos serviços.

en·ga·jar *v.t.d.* 1. Ajustar, tomar por engajamento. *v.p.* 2. Obrigar-se a serviço por engajamento. 3. Alistar-se nas forças armadas. 4. Tomar parte; participar.

en·ga·la·na·do *adj.* Ornado; enfeitado; garrido.

en·ga·la·nar *v.t.d.* 1. Enfeitar de galas; pôr galas em. 2. Embelezar; adornar. *v.p.* 3. Vestir-se, revestir-se de galas.

en·gal·fi·nhar-se *v.p.* 1. Agarrar-se ao adversário; brigar corpo a corpo. 2. Travar discussão intensa.

en·gam·be·lar *v.t.d.* Engabelar.

en·gam·be·lo (ê) *s.m.* Engabelo.

en·ga·nar *v.t.d.* 1. Fazer cair em erro. 2. Burlar; iludir. 3. Disfarçar. 4. Seduzir. *v.i.* 5. Induzir em erro. *v.p.* 6. Cometer engano; cair em erro; iludir-se.

en·gan·char *v.t.d.* 1. Prender, segurar com gancho. *v.p.* 2. Enlaçar-se; travar-se.

en·ga·no *s.m.* 1. Erro; equívoco. 2. Logro; fraude. 3. Ardil; traição.

en·ga·no·so (ô) *adj.* 1. Em que há engano; ilusório. 2. Falso; artificioso. *Pl.:* enganosos (ó).

en·gar·ra·fa·men·to *s.m.* 1. Ato ou efeito de engarrafar. 2. Congestionamento.

en·gar·ra·far *v.t.d.* 1. Meter em garrafa ou garrafas. 2. Causar engarrafamento.

en·gas·ga·men·to *s.m.* Ato ou efeito de engasgar(-se); engasgo.

en·gas·gar *v.t.d.* 1. Obstruir a garganta de. 2. Produzir engasgo a. *v.i.* 3. Ficar engasgado. *v.p.* 4. Ficar com a garganta obstruída. 5. Embaraçar-se; atrapalhar-se. 6. Perder o fio do discurso.

en·gas·go *s.m.* 1. Ato de engasgar. 2. O que obstrui a garganta. 3. Aquilo que impede a fala. 4. Atrapalhação.

en·gas·tar *v.t.d.* Encastoar; encaixar; embutir; intercalar.

en·gas·te *s.m.* 1. Aro de metal com que se engasta. 2. Ato ou efeito de engastar.

en·ga·tar *v.t.d.* 1. Prender com engates. 2. Segurar com gatos metálicos.

en·ga·te *s.m.* Aparelho com que se liga um carro a outro.

en·ga·ti·lhar *v.t.d.* 1. Armar o gatilho de (arma de fogo). 2. *fig.* Preparar; compor.

en·ga·ti·nhar *v.i.* Andar com as mãos e os joelhos pelo chão.

en·ga·ve·tar *v.t.d.* 1. Pôr em gavetas. *v.p.* 2. Meterem-se uns por dentro dos outros (vagões de um trem, veículos) num desastre.

en·ge·lha·do *adj.* 1. Que tem gelhas; enrugado. 2. *fig.* Enleado; embaraçado.

en·ge·lhar *v.t.d.* 1. Enrugar; encarquilhar. *v.i.* e *v.p.* 2. Criar gelhas; secar; murchar-se.

en·gen·drar *v.t.d.* Gerar; imaginar; produzir; engenhar.

en·ge·nha·ri·a *s.f.* Ciência ou arte da aplicação de princípios matemáticos e científicos às construções materiais.

en·ge·nhei·ran·do *s.m.* O que está terminando o curso de engenharia.

en·ge·nhei·ro *s.m.* Indivíduo que traça e dirige construções materiais, mediante aplicação da matemática; aquele que tem o curso de engenharia.

en·ge·nho (ê) *s.m.* 1. Faculdade inventiva; talento; gênio; aptidão natural; habilidade. 2. Qualquer máquina. 3. Estabelecimento agrícola destinado à cultura da cana e à fabricação do açúcar. 4. Estabelecimento destinado a beneficiar a erva-mate.

en·ge·nho·ca (ó) *s.f. pej.* 1. Aparelho ou dispositivo improvisado. 2. Aparelho ou dispositivo que não funciona direito.

en·ge·nho·so (ô) *adj.* 1. Em que há engenho. 2. Que é feito com engenho. *Pl.*: engenhosos.

en·ges·sar *v.t.d.* Cobrir de gesso, para recompor ossos fraturados.

en·glo·bar *v.t.d.* 1. Dar aspecto ou forma de globo a. 2. Juntar a um todo; conglomerar.

en·go·dar *v.t.d.* Atrair com engodo; enganar com falsas promessas.

en·go·do (ô) *s.m.* 1. Isca; chamariz; ceva para apanhar peixes, aves, etc. 2. Coisa com que se atrai alguém. 3. Adulação astuciosa.

en·gol·far *v.t.d.* 1. Pôr em golfo. 2. Meter (em voragem, sorvedouro, abismo). *v.p.* 3. Meter-se; embeber-se; entranhar-se.

en·go·lir *v.t.d.* 1. Fazer passar da boca para o estômago. 2. Devorar. 3. Subverter. 4. Sofrer em segredo. 5. Não fazer caso de. 6. Dissimular. 7. Acreditar.★

en·go·mar *v.t.d.* Embeber em goma e depois alisar com ferro quente.

en·gon·ço *s.m.* 1. Gonzo; espécie de dobradiça. 2. Encaixe de duas peças de um artefato.

en·gor·da (ó) *s.f.* Ação ou efeito de engordar; ceva.

en·gor·dar *v.t.d.* 1. Tornar gordo; cevar. 2. Dar gordura a; nutrir. *v.i.* 3. Tornar-se gordo. 4. Enriquecer.

en·gor·du·rar *v.t.d.* 1. Untar com gordura. 2. Sujar com gordura.

en·gra·ça·do *adj.* e *s.m.* Que ou o que tem graça; espirituoso.

en·gra·çar *v.t.d.* 1. Dar graça a; tornar gracioso. 2. Realçar; dar mais esplendor a. *v.t.i.* 3. Simpatizar. *v.p.* 4. Cair nas boas graças de; adquirir a benevolência de. 5. *gír.* Dirigir galanteios.

en·gra·da·do *s.m.* Armação de sarrafos para resguardo de um objeto que se transporta de um lugar a outro.

en·gra·dar *v.t.d.* 1. Dar aspecto ou forma de grade a. 2. Cercar de grades. 3. Pôr no engradado.

en·gran·de·cer *v.t.d.* 1. Tornar grande; aumentar. 2. Elevar em dignidade, honra, fama; enaltecer. *v.i.* 3. Adquirir mais. *v.i.* e *v.p.* 4. Tornar-se maior; elevar-se; aumentar-se em honras ou dignidades.

en·gran·de·ci·men·to *s.m.* Ato ou efeito de engrandecer.

en·gran·zar *v.t.d.* 1. Enfiar (contas) em fio de metal ou de outra matéria. 2.

Enganchar, encadear. 3. Engrenar. 4. Enganar, lograr, iludir.

en·gra·va·tar *v.t.d.* e *v.p.* 1. Colocar gravata (em si mesmo ou em alguém). 2. Vestir(-se) com esmero.

en·gra·vi·dar *v.t.d.*, *v.t.i.* e *v.i.* Fazer ficar ou ficar grávida; emprenhar(-se).

en·gra·xar (ch) *v.t.d.* Aplicar graxa a; lustrar.

en·gra·xa·ta·ri·a (ch) *s.f.* Estabelecimento onde se engraxam sapatos.

en·gra·xa·te (ch) *s.m.* O que engraxa sapatos.

en·gre·na·gem *s.f.* 1. Disposição das rodas que endentam umas nas outras. 2. *fig.* Organização.

en·gre·nar *v.t.d.* 1. Endentar; engranzar; entrosar. 2. Engatar (uma marcha). 3. *fig.* Iniciar; entabular.

en·gri·nal·dar *v.t.d.* 1. Ornar com grinalda; coroar; enfeitar. *v.p.* 2. Enfeitar-se.

en·gros·sa·men·to *s.m.* 1. Ato ou efeito de engrossar(-se); grossura. 2. *gír.* Bajulação.

en·gros·sar *v.t.d.* 1. Tornar grosso; aumentar. *v.p.* 2. Tornar-se grosso ou mais grosso. 3. Tornar-se maior. 4. Aumentar em riqueza e prosperidade. *v.i.* 5. *gír.* Zangar-se, irritar-se.

en·gui·a *s.f. epiceno Zool.* Designação comum a vários peixes, em grande parte marinhos.

en·gui·çar *v.t.d.* 1. Dar ou causar enguiço a. 2. Exercer má influência sobre. *v.i.* 3. Parar por desarranjo (a máquina, o automóvel, etc.).

en·gui·ço *s.m.* 1. Mau-olhado; quebranto. 2. Empecilho; desarranjo.

en·gu·lhar *v.t.d.* 1. Causar engulho a; nausear. *v.i.* 2. Ter engulhos, náuseas.

en·gu·lho *s.m.* 1. Náuseas, ânsia. 2. *fig.* Tentação; desejo ardente.

e·nig·ma *s.m.* Proposição obscura ou ambígua para ser decifrada; coisa obscura, difícil de compreender; adivinha.

e·nig·má·ti·co *adj.* 1. Concernente a enigma. 2. Difícil de perceber; misterioso; obscuro.

en·jam·brar *v.i.* 1. Torcer-se, empenar-se (a tábua). *v.p.* 2. Ficar confuso; acanhar-se.

en·jau·lar *v.t.d.* 1. Meter em jaula. 2. Prender.

en·jei·ta·do *adj.* 1. Rejeitado; abandonado. *s.m.* 2. Filho abandonado pelos pais. 3. Filho de pais incógnitos.

en·jei·tar *v.t.d.* 1. Não aceitar; repelir; recusar. 2. Abandonar (filhos). 3. Reprovar; desprezar.

en·jo·a·di·ço *adj.* Sujeito a enjoos.

en·jo·a·do *adj.* 1. Que sofre enjoo. 2. Que provoca enjoo. 3. Intolerável; enfastiado; maçante. 4. Antipático; aborrecedor.

en·jo·a·men·to *s.m.* 1. Enjoo. 2. Antipatia; mau humor.

en·jo·ar *v.t.d.* 1. Causar enjoo a. 2. Causar tédio, aborrecimento. 3. Sentir repugnância por. *v.i.* 4. Sofrer de enjoos; ter náuseas. 5. Ter cheiro enjoativo. *v.p.* 6. Enfadar-se.

en·jo·a·ti·vo *adj.* Que causa enjoo.

en·jo·o (ô) *s.m.* 1. Mal-estar em que predomina a vontade de vomitar; náusea; engulho. 2. *fig.* Aborrecimento.

en·la·çar *v.t.d.* 1. Segurar, prender com laços; atar; enlear. 2. Cativar; prender. 3. Unir; apertar; segurar. *v.t.i.* 4. Ter conexão ou relação; prender-se. *v.p.* 5. Juntar-se, formando laços ou laçadas. 6. Ligar-se.

en·la·ce *s.m.* 1. Ato ou efeito de enlaçar (-se). 2. União; casamento.

en·la·me·a·do *adj.* 1. Coberto de lama. 2. Sujo; enodoado.

en·la·me·ar *v.t.d.* 1. Sujar com lama; manchar. 2. *fig.* Conspurcar; macular. *v.p.* 3. Sujar-se; aviltar-se.

en·lan·gues·cer *v.i.* e *v.p.* Tornar-se lânguido; debilitar-se; perder as forças.

en·la·tar *v.t.d.* Meter em lata.

en·le·a·do *adj.* 1. Ligado; entrelaçado. 2. *fig.* Confuso; perturbado; perplexo.

en·le·a·men·to *s.m.* Enleio.

en·le·ar *v.t.d.* 1. Atar, ligar, prender com liames. 2. *fig.* Perturbar; embaraçar. 3. Enlevar; prender a atenção de. 4. Implicar; envolver. *v.p.* 5. Prender-se; envolver-se.

en·lei·o *s.m.* 1. Ato ou efeito de enlear (-se); enleamento. 2. Perplexidade; confusão. 3. Enredo; sedução.

en·le·va·ção *s.f.* Ação ou efeito de enlevar(-se).

en·le·var *v.t.d.* 1. Causar enlevo a; arrebatar; encantar; cativar; deliciar. *v.p.* 2. Maravilhar-se; ficar absorto, extasiado.

en·le·vo (ê) *s.m.* Encanto; arroubo; deleite; êxtase; maravilha.

en·li·ço *s.m.* Fraude; engano; enredo; intriga.

en·lo·da·do *adj.* Enlameado; coberto de lodo.

en·lo·dar *v.t.d.* 1. Enlamear, sujar com lodo. 2. Contaminar.

en·lou·que·cer *v.t.d.* 1. Tornar louco; tirar o uso da razão a. *v.i.* 2. Ficar louco; perder o uso da razão.

en·lu·a·ra·do *adj.* Iluminado pelo luar.

en·lu·tar *v.t.d.* 1. Cobrir de luto. 2. Causar desgosto, mágoa a; consternar. 3. Envolver em trevas. *v.p.* 4. Cobrir-se de luto. 5. Entristecer-se; consternar-se.

en·lu·var-se *v.p.* Calçar luva.

e·no·bre·cer *v.t.d.* 1. Tornar nobre; fazer ilustre; dignificar. 2. Ornar; enriquecer; aformosear. *v.p.* 3. Fazer-se nobre, ilustre, famoso; engrandecer-se.

e·no·bre·ci·men·to *s.m.* Ato ou efeito de enobrecer(-se); distinção; celebridade.

e·no·do·ar *v.t.d.* 1. Pôr nódoas em; manchar. 2. *fig.* Macular; difamar. *v.p.* 3. Desonrar-se.

e·no·fi·li·a *s.f.* Qualidade de enófilo.

e·nó·fi·lo *adj.* e *s.m.* 1. Que ou o que gosta de vinho. 2. Que ou o que se dedica ao comércio de vinho.

e·no·ja·do *adj.* 1. Que tem nojo; nauseado. 2. Entediado; enfastiado.

e·no·jar *v.t.d.* 1. Causar nojo a; nausear. 2. Causar tédio, enfado a. 3. Ofender; incomodar; molestar. *v.p.* 4. Enfadar-se.

e·no·lo·gi·a *s.f.* Ciência do cultivo da videira e da preparação do vinho.

e·no·me·tri·a *s.f.* Avaliação do peso específico dos vinhos e, em geral, da riqueza alcoólica de outros líquidos.

e·nor·me (ó) *adj.2gên.* Que excede as medidas normais; que sai da norma; muito grande; extraordinário.

e·nor·mi·da·de *s.f.* 1. Qualidade daquilo que é enorme; irregularidade; desproporção; excesso de grandeza. 2. *fig.* Gravidade de crime ou falta; atrocidade.

e·no·ve·la·do *adj.* Em forma de novelo; enrolado; enredado.

enovelar **enrodilhar**

e·no·ve·lar *v.t.d.* 1. Dar aspecto ou forma de novelo a. 2. Converter em novelo; enrolar; enredar. *v.p.* 3. Fazer-se em novelo; enrolar-se.

en·qua·dra·men·to *s.m.* Ato ou efeito de enquadrar-se.

en·qua·drar *v.t.d.* 1. Pôr no quadro; emoldurar; encaixilhar. *v.p.* 2. Combinar-se; unir-se de modo harmônico; ajustar-se.

en·quan·to *conj.* No tempo em que; ao passo que. *loc. adv.* **Por enquanto**: por ora.

en·quis·ta·do *adj.* 1. Transformado em quisto. 2. Envolvido em membrana semelhante à do quisto.

en·quis·ta·men·to *s.m.* Ato ou efeito de enquistar(-se).

en·quis·tar *v.i.* e *v.p.* 1. Transformar-se em quisto; envolver-se em membrana semelhante à do quisto. *v.t.d.* 2. Impedir; obstar.

en·ra·bi·cha·do *adj.* 1. Em forma de rabicho. 2. *fig.* Enamorado; apaixonado.

en·ra·bi·char *v.t.d.* 1. Dar aspecto ou forma de rabicho a. 2. Atar em forma de rabicho. 3. *fig.* Enamorar; apaixonar. *v.p.* 4. Enamorar-se; apaixonar-se.

en·rai·ve·cer *v.t.d.* 1. Causar raiva a; tornar raivoso; irar. *v.i.* e *v.p.* 2. Encolerizar-se; irar-se.

en·rai·ve·ci·men·to *s.m.* Ato ou efeito de enraivecer(-se).

en·ra·i·za·do *adj.* 1. Que se enraizou; que deitou raiz. 2. *fig.* Que se fixou. 3. Inveterado.

en·ra·i·zar *v.i.* Arraigar; criar raízes.

en·ras·ca·da *s.f.* Dificuldades; complicação; situação perigosa ou embaraçosa.

en·ras·car *v.t.d.* 1. Apanhar em rede. 2. Enganar. *v.p.* 3. Enredar-se; complicar-se.

en·re·da·do *adj.* 1. Que se assemelha a rede; emaranhado. 2. *fig.* Complicado; enleado.

en·re·da·men·to *s.m.* Ato ou efeito de enredar(-se).

en·re·dar *v.t.d.* 1. Colher na rede; emaranhar. 2. Intrigar; armar enredos a; tramar; embaraçar. 3. Cativar; prender; apanhar; ligar. *v.t.i.* 4. Fazer intriga, enredo. *v.p.* 5. Embaraçar-se; enlear-se; complicar-se.

en·re·do (ê) *s.m.* 1. Ato ou efeito de enredar(-se). 2. Intriga; mentira; mexerico; trama; confusão; embaraço.

en·re·ge·la·do *adj.* Congelado; demasiadamente frio.

en·re·ge·la·men·to *s.m.* Ato ou efeito de enregelar(-se).

en·re·ge·lar *v.t.d.* 1. Tornar enregelado; congelar; resfriar. 2. Fazer perder o entusiasmo a. 3. Causar terror a; intimidar. *v.i.* 4. Ficar frio; congelar. *v.p.* 5. Resfriar-se; congelar-se. 6. Perder o entusiasmo, o ânimo, a exaltação.

en·ri·car *v.t.d.* e *v.i.* Enriquecer.

en·ri·jar *v.t.d.* 1. Tornar rijo, forte, robusto. *v.i.* e *v.p.* 2. Tornar-se rijo, forte; robustecer-se.

en·ri·je·cer *v.t.d.*, *v.i.* e *v.p.* Enrijar, enrijar-se.

en·ri·que·cer *v.t.d.* 1. Tornar rico. 2. Aumentar. 3. Melhorar; desenvolver. *v.i.* e *v.p.* 4. Tornar-se rico.

en·ri·que·ci·men·to *s.m.* Ato ou efeito de enriquecer(-se).

en·ro·di·lhar *v.t.d.* 1. Transformar em rodilha. 2. Enrolar; torcer; emaranhar; enredar. *v.p.* 3. Enrolar-se.

en·ro·la·men·to *s.m.* 1. Ato ou efeito de enrolar(-se). 2. Conjunto dos fios enrolados numa bobina ou num motor elétrico.

en·ro·lar *v.t.d.* 1. Dobrar em rolo; tornar roliço. 2. *fig.* Embrulhar; esconder; lograr. *v.p.* 3. Encapelar-se; revoltear.

en·ros·car *v.t.d.* 1. Dobrar em roscas. 2. Pôr em forma de rosca; enrolar. *v.p.* 3. Mover em espiral. 4. Dobrar, formando roscas. 5. Encolher-se; dobrar-se.

en·rou·par *v.t.d.* e *v.p.* 1. Cobrir(-se) com roupa; vestir(-se). 2. Proteger(-se) do frio; agasalhar(-se).

en·rou·que·cer *v.t.d.*, *v.i.* e *v.p.* Tornar(-se) rouco.

en·rou·que·ci·men·to *s.m.* Ato ou efeito de enrouquecer(-se); rouquidão.

en·ru·bes·cer *v.t.d.* 1. Fazer corar; tornar vermelho. *v.i.* e *v.p.* 2. Corar; ruborizar-se. 3. *fig.* Envergonhar-se.

en·ru·ga·do *adj.* Que se enrugou.

en·ru·gar *v.t.d.* 1. Fazer rugas em; encrespar. *v.p.* 2. Fazer-se rugoso.

en·rus·ti·do *adj. pop.* Diz-se do indivíduo fechado em si mesmo, introvertido.

en·sa·bo·ar *v.t.d.* 1. Lavar com sabão desfeito em água. 2. Untar com sabão. 3. *fig.* Repreender. *v.p.* 4. Lavar-se com sabão.

en·sa·ca·men·to *s.m.* Ato ou efeito de ensacar.

en·sa·car *v.t.d.* 1. Guardar em saco. 2. Guardar. 3. Meter (a carne) em tripa, para fazer chouriços ou paios.

en·sai·ar *v.t.d.* 1. Experimentar; provar; tentar. 2. Adestrar; exercitar; praticar. 3. Estudar; preparar. *v.p.* 4. Preparar-se; dispor-se.

en·sai·o *s.m.* 1. Experiência; prova; tentativa. 2. Exercício para adestrar. 3. Primeira prova de alguma coisa. 4. Estudo (feito geralmente no palco, no estúdio, etc.) de uma peça de teatro, televisão, etc. 5. Gênero literário em que se desenvolve o tema com menos rigor que no tratado.

en·sa·ís·ta *s.2 gên.* Pessoa que escreve ensaios.

en·sam·blar *v.t.d.* Juntar (peças de madeira); embutir; entalhar; fazer lavores em.

en·san·cha *s.f. desus.* 1. Porção de tecido que fica dentro da costura para que a roupa possa ser alargada quando necessário. 2. Sobra. 3. Ampliação; liberdade.

en·san·chas *s.f.pl. desus.* Oportunidade; ensejo.

en·san·de·cer *v.i.* 1. Tornar-se sandeu; enlouquecer. *v.t.d.* 2. Tornar sandeu, louco.

en·san·guen·ta·do (guen ou güen) *adj.* 1. Que se cobriu ou manchou de sangue. 2. Em que há cenas de sangue.

en·san·guen·tar (guen ou güen) *v.t.d.* 1. Encher ou manchar de sangue. 2. *fig.* Manchar; macular. *v.p.* 3. Encher-se ou manchar-se de sangue.

en·sa·ri·lhar *v.t.d.* 1. Enrolar fio, cabo, corda, etc. em sarilho(1). 2. Colocar armas no chão, de pé, apoiadas umas nas outras. 3. Depor armas, em rendição. 4. Emaranhar, embolar.

en·se·a·da *s.f. Geog.* 1. Recôncavo na costa do mar. 2. Pequeno porto; angra.

en·se·ba·do *adj.* Que se cobriu ou untou de sebo; sujo; gorduroso.

en·se·bar *v.t.d.* Untar com sebo; sujar; manchar; engordurar; pôr nódoas em.

en·se·jar *v.t.d.* 1. Esperar a ocasião ou oportunidade de. 2. Deparar ou oferecer ocasião de. *v.p.* 3. Proporcionar-se ocasião de.

en·se·jo (ê) *s.m.* Oportunidade; lance; ocasião.

en·si·la·gem *s.f.* Ação de ensilar; armazenamento de cereais em silos.

en·si·lar *v.t.d.* Armazenar (cereais) em silos.

en·si·mes·mar-se *v.p.* Concentrar-se; absorver-se em si mesmo; meter-se consigo mesmo.

en·si·na·men·to *s.m.* 1. Ato ou efeito de ensinar. 2. Lição. 3. Doutrina.

en·si·nar *v.t.d.* 1. Doutrinar; instruir; educar. 2. Adestrar. 3. Fazer conhecer. 4. Mostrar; sugerir. 5. Repetir como quem ensina. 6. Escarmentar; castigar. *v.i.* 7. Instruir; doutrinar.

en·si·no *s.m.* 1. Ato ou efeito de ensinar. 2. Instrução, educação, doutrinamento. 3. Adestramento. 4. Castigo.

en·so·ber·be·cer *v.t.d.* 1. Tornar soberbo, ufano, orgulhoso. 2. Engrandecer; elevar. *v.p.* 3. Enfatuar-se; tornar-se vaidoso.

en·so·la·ra·do *adj.* Batido pelo sol.

en·som·brar *v.t.d.* 1. Cobrir de sombra; obscurecer. 2. Causar tristeza a. 3. Cobrir-se de sombras.

en·so·pa·do *adj.* 1. Encharcado. *s.m.* 2. *Cul.* Guisado.

en·so·par *v.t.d.* 1. Molhar muito. 2. Embeber em líquido; encharcar. 3. Tingir. *v.p.* 4. Ficar muito molhado; embeber-se; impregnar-se.

en·sur·de·ce·dor *adj.* Que ensurdece; que faz grande barulho.

en·sur·de·cer *v.t.d.* 1. Tornar surdo. 2. Atordoar; atroar. 3. Abafar o ruído de. *v.t.i.* 4. Não dar atenção; desatender. *v.i.* 5. Tornar-se surdo.

en·sur·de·ci·men·to *s.m.* Ato ou efeito de ensurdecer; surdez.

en·ta·bla·men·to *s.m. Arquit.* Conjunto de arquitrave, friso e cornija.

en·ta·bu·lar *v.t.d.* 1. Cobrir, forrar, revestir de tábuas. 2. Preparar; pôr em ordem. 3. *fig.* Encetar, iniciar (conversa, negociação). 4. Empreender; estabelecer.

en·tai·par *v.t.d.* 1. Cobrir de taipas. 2. Emparedar; enclausurar.

en·ta·la·do *adj.* 1. Metido entre talas; apertado. 2. Comprometido; em apuros.

en·ta·lar *v.t.d.* 1. Apertar, pôr entre talas. 2. Pôr em lugar apertado. 3. *fig.* Meter em dificuldades, em embaraços; encalacrar.

en·ta·lha·dor *s.m.* 1. Aquele que trabalha em obras de talha; gravador em madeira. 2. Instrumento que se usa para entalhar.

en·ta·lhar *v.t.d.* 1. Abrir a meio-relevo. 2. Cinzelar em madeira; esculpir; gravar. 3. Cortar; abrir.

en·ta·lhe *s.m.* Talha; entalho.

en·ta·lho *s.m.* Gravura ou escultura em madeira; entalhe.

en·tan·gui·do *adj.* 1. Tolhido de frio. 2. *fig.* Acanhado; enfezado.

en·tan·guir-se *v.p.* Tornar-se entanguido ou enfezado.★★

en·tan·to *adv.* 1. Entrementes; entretanto; neste meio tempo. *conj.* 2. Contudo, todavia, entretanto. *loc. adv.* **No entanto**: neste meio tempo; entretanto. *loc.conj.* **No entanto**: ainda assim, todavia, contudo.

en·tão *adv.* 1. Naquela ocasião; nesse tempo. 2. Nesse caso.

en·tar·de·cer *v.i.* 1. Ir caindo a tarde; ser próximo da noite. *s.m.* 2. O cair da tarde.

en·te *s.m.* O que existe ou julgamos existente; criatura; coisa; substância.

en·te·a·do *s.m.* Relação de parentesco entre uma pessoa e seu padrasto ou madrasta.

en·te·di·ar *v.t.d.* 1. Causar tédio a; enjoar; tornar aborrecido. *v.p.* 2. Aborrecer-se.

en·te·lé·qui·a *s.f. Fil.* A plenitude de uma transformação ou de uma criação, segundo Aristóteles.

en·ten·de·dor *adj.* e *s.m.* Que, ou o que entende.

en·ten·der *v.t.d.* 1. Apossar-se do sentido de; compreender. 2. Conhecer. 3. Ouvir; perceber; crer; pensar. *v.t.i.* 4. Meditar; cogitar. 5. Ser hábil ou perito. *s.m.* 6. Opinião. 7. Compreensão; juízo.

en·ten·di·do *adj.* 1. Compreendido; sabido. 2. Sabedor; douto. 3. Combinado; certo. 4. *pop.* Que aceita, entende e/ou pratica variantes do comportamento sexual, em particular do homossexualismo.

en·ten·di·men·to *s.m.* 1. Percepção; inteligência. 2. Faculdade pela qual o espírito se apodera das ideias e as compreende. 3. Ajuste; combinação.

en·te·ne·bre·cer *v.t.d.* 1. Cobrir de trevas; obscurecer; enevoar. *v.i.* e *v.p.* 2. Tornar-se escuro.

en·té·ri·co *adj.* Concernente aos intestinos.

en·te·ri·te *s.f. Med.* Inflamação na mucosa dos intestinos.

en·ter·ne·ce·dor *adj.* Que enternece.

en·ter·ne·cer *v.t.d.* 1. Tornar terno; abrandar. 2. Mover à compaixão. *v.p.* 3. Tornar-se terno. 4. Sensibilizar-se.

en·ter·ne·ci·men·to *s.m.* 1. Brandura. 2. Compaixão; dó.

en·ter·ra·men·to *s.m.* 1. Ato ou efeito de enterrar(-se). 2. Inumação; enterro.

en·ter·rar *v.t.d.* 1. Meter debaixo da terra; sepultar. 2. Soterrar. 3. Ocultar, esconder embaixo da terra. 4. Celebrar o fim de. 5. Cravar profundamente. *v.p.* 6. Atolar-se. 7. Perder o crédito, o prestígio. 8. Isolar-se; retirar-se da sociedade.

en·ter·ro (ê) *s.m.* 1. Enterramento. 2. Funeral; préstito fúnebre.

en·te·sar *v.t.d.* 1. Tornar teso ou direito. 2. Enrijar; esticar. *v.i.* 3. Fazer-se teso. 4. Ter tesão. *v.p.* 5. Tornar-se teso; estirar-se.

en·te·sou·rar *v.t.d.* 1. Juntar, guardar em tesouro. 2. Acumular; amontoar. 3. Guardar na memória.

en·ti·bi·ar *v.t.d.* 1. Fazer tíbio; afrouxar. *v.i.* e *v.p.* 2. Fazer-se tíbio; perder a energia; enfraquecer-se.

en·ti·da·de *s.f.* 1. Tudo o que constitui a essência de uma coisa; ser; existência. 2. Sociedade que dirige as atividades de uma classe.

en·to·a·ção *s.f.* 1. Ação de entoar. 2. Modulação conveniente; tom; inflexão.

en·to·ar *v.t.d.* 1. Começar a cantar (para que os outros continuem no mesmo tom); entonar. 2. Dar tom a; fazer soar; entonar. 3. Dirigir, cantando; entonar. *v.t.i.* 4. Atinar. 5. *pop.* Agradar.

en·to·car *v.t.d.* e *v.p.* 1. Meter-se em toca. 2. Sumir-se num buraco; encafuar-se.

en·to·ja·do *adj.* Enjoado; enojado.

en·to·jar *v.t.d.* 1. Causar nojo a; repugnar. *v.i.* 2. Sentir entojo.

en·to·jo (ô) *s.m.* 1. Nojo que sente a mulher quando grávida. 2. Desejos extravagantes que a mulher revela no período de gravidez.

en·to·mo·fi·li·a *s.f. Bot.* Polinização feita por insetos.

en·to·mo·lo·gi·a *s.f. Zool.* Estudo dos insetos.

en·to·na·ção *s.f.* 1. Ação ou efeito de entonar. 2. Tom que se toma falando ou lendo.

en·to·nar *v.t.d.* Entoar.

en·ton·te·cer *v.t.d.* 1. Tornar tonto. *v.i.* 2. Ficar tonto; perder a razão.

en·tor·nar *v.t.d.* 1. Inclinar (um recipiente) para começar a esvaziá-lo. 2. Fazer extravasar; derramar. 3. *pop.* Beber muito.

en·tor·pe·cen·te *adj.2gên.* 1. Que entorpece. *s.m.* 2. Substância, natural ou sintética, que altera transitoriamente o comportamento físico e emocional daqueles que a consomem.

en·tor·pe·cer *v.t.d.* 1. Causar entorpecimento ou torpor a. 2. Afrouxar; enfraquecer. *v.i.* e *v.p.* 3. Perder o vigor, a energia. 4. Ficar em torpor. 5. Desalentar-se; desfalecer.

en·tor·pe·ci·men·to *s.m.* 1. Ato ou efeito de entorpecer(-se). 2. Torpor; preguiça. 3. Paralisia.

en·tor·se (ó) *s.f.* Distensão súbita e violenta dos ligamentos de uma articulação.

en·tor·tar *v.t.d.* 1. Tornar torto; desviar da direção devida. 2. Torcer; empenar. 3. Afastar do bom caminho. *v.i.* e *v.p.* 4. Tornar-se torto. 5. Arruinar-se; sair do bom caminho.

en·tra·da *s.f.* 1. Ação de entrar. 2. Lugar por onde se entra. 3. Ingresso; abertura; porta; boca. 4. Começo; acesso; admissão; princípio. 5. Bilhete de ingresso. 6. Quantia que se paga inicialmente numa compra a crédito ou pelo crediário. 7. *Hist.* Nos tempos coloniais, expedição com o fim de explorar o interior do Brasil, procurar minas ou apresar indígenas.

en·tran·çar *v.t.d.* 1. Fazer trança em. *v.t.d.* e *v.p.* 2. Entrelaçar(-se).

en·tra·nha *s.f.* 1. Víscera da cavidade torácica ou do abdome.

en·tra·nha·do *adj.* 1. Que se entranhou. 2. Íntimo; profundo; arraigado.

en·tra·nhar *v.t.d.* 1. Introduzir nas entranhas. 2. Cavar profundamente; arraigar; fazer penetrar. *v.p.* 3. Arraigar-se; penetrar; dedicar-se profundamente.

en·tra·nhas *s.f.pl.* 1. O ventre materno. 2. Afeto íntimo. 3. Centro; interior.

en·tran·te *adj.2gên.* 1. Que entra. 2. Que está para entrar ou iniciar.

en·trar *v.t.d.* 1. Passar para dentro de. 2. Introduzir-se em. 3. Invadir. *v.i.* 4. Passar de fora para dentro. 5. Introduzir-se. 6. Principiar. *v.t.i.* 7. Passar para dentro. 8. Fazer parte. 9. *Inform.* Abrir programa ou arquivo.

en·tra·var *v.t.d.* Travar; embaraçar; obstruir; atravancar.

en·tra·ve *s.m.* Peia; obstáculo; estorvo.

en·tre *prep.* No meio de; no intervalo de; no número de.

en·tre·a·ber·to *adj.* Meio aberto; aberto incompletamente.

en·tre:a·brir *v.t.d.* 1. Abrir um pouco; descerrar. *v.i.* e *v.p.* 2. Desabrochar. 3. Desanuviar-se; aclarar-se; descerrar-se.

entreato

en·tre·a·to *s.m. Teat.* Intervalo entre dois atos de uma peça teatral.

en·tre·cas·ca *s.f. Bot.* Parte interna da casca da árvore; líber.

en·tre·cer·rar *v.t.d.* Cerrar, fechar incompletamente.

en·tre·cho (ê) *s.m.* Urdidura de peça literária; enredo.

en·tre·cho·car-se *v.p.* 1. Chocar-se mutuamente; embater um no outro. 2. *fig.* Estar em contradição, em oposição.

en·tre·cho·que (ó) *s.m.* Ato ou efeito de entrechocar-se.

en·tre·cor·ta·do *adj.* 1. Cortado a intervalos; interrompido. 2. *fig.* Convulsivo.

en·tre·cor·tar *v.t.d.* 1. Cruzar em corte. 2. Dividir; interromper. *v.p.* 3. Cruzar-se reciprocamente. 4. Cortar-se mutuamente.

en·tre·cru·zar-se *v.p.* Cruzar-se reciprocamente.

en·tre·ga (é) *s.f.* 1. Ação ou efeito de entregar(-se). 2. Cessão; rendição. 3. Traição.

en·tre·ga·dor *adj.* e *s.m.* 1. Que ou o que entrega. 2. Traidor; denunciante.

en·tre·gar *v.t.d.* 1. Passar às mãos de; dar. 2. Restituir; pagar. 3. Confiar; depor. 4. Denunciar; trair. *v.p.* 5. Deixar-se possuir de. 6. Perder o ânimo. *Part.:* entregado e entregue.

en·tre·gue (é) *adj.* 1. Que se deu ou confiou a alguém. 2. Dado por entrega. 3. Satisfeito; aplicado.

en·tre·la·ça·do *adj.* 1. Enlaçado; emaranhado. *s.m.* 2. Obra de entrelaçamento.

en·tre·la·ça·men·to *s.m.* Ato ou efeito de entrelaçar(-se).

entreposto

en·tre·la·çar *v.t.d.* 1. Entretecer; enlaçar. 2. Misturar, confundir. *v.p.* 3. Entretecer-se; ligar-se.

en·tre·li·nha *s.f.* 1. Espaço entre duas linhas. 2. Aquilo que se escreve nesse espaço. 3. *fig.* Comentário.

en·tre·li·nhar *v.t.d.* 1. Pôr entrelinha em; escrever em entrelinhas. 2. Comentar.

en·tre·lu·zir *v.i.* e *v.t.i.* 1. Começar a luzir; luzir frouxamente. *v.t.d.* 2. Perceber. *v.p.* 3. Entremostrar-se.

en·tre·me·ar *v.t.d.* 1. Meter de permeio; alternar; intervalar; misturar. *v.i.* 2. Estar de permeio. *v.p.* 3. Estar ou meter-se de permeio.

en·tre·mei·o *s.m.* 1. Espaço entre dois extremos ou dois pontos médios; intervalo. 2. Renda ou tira bordada entre duas peças lisas.

en·tre·men·tes *adv.* Entretanto; durante; naquela ocasião; neste meio tempo.

en·tre·mos·trar *v.t.d.* 1. Mostrar de modo incompleto; deixar entrever. *v.p.* 2. Deixar-se entrever.

en·tre·nó *s.m. Bot.* Parte do caule de uma planta que fica entre dois nós.

en·tre·o·lhar-se *v.p.* Olhar-se reciprocamente.

en·tre:ou·vir *v.t.d.* Ouvir algo de maneira incompleta, indefinida, pouco clara. ★

en·tre·pa·rar *v.i.* Deter-se um pouco.

en·tre·pos·to (ô) *s.m.* 1. Armazém onde se depositam mercadorias que esperam comprador ou que hão de reembarcar. 2. Centro distribuidor de mercadorias; empório; feitoria. *Pl.:* entrepostos (ó).

en·tres·sa·fra *s.f.* Intervalo de tempo entre uma safra e outra do mesmo produto.

en·tres·sei·o *s.m.* 1. Cavidade entre duas elevações. 2. Vão; intervalo; depressão.

en·tres·so·la (ó) *s.f.* Parte de um calçado que fica entre a palmilha e a sola.

en·tre·tan·to *adv.* 1. Neste meio tempo; entrementes. *conj.* 2. Contudo; todavia. *s.m.* 3. Intervalo de tempo.

en·tre·te·cer *v.t.d.* 1. Tecer entremeando; entrelaçar. 2. Armar; urdir. 3. Pôr; inserir; intercalar.

en·tre·te·ci·men·to *s.m.* Ato ou efeito de entretecer.

en·tre·te·la (é) *s.f.* Tecido consistente que se põe entre o forro e a peça exterior de um vestuário.

en·tre·tem·po *s.m.* Tempo intermédio.

en·tre·te·ni·men·to *s.m.* Passatempo; divertimento; distração.

en·tre·ter *v.t.d.* 1. Demorar; deter; manter. 2. Distrair; iludir; aliviar. *v.i.* 3. Servir de entretenimento, de distração. *v.p.* 4. Ocupar-se; demorar-se; divertir-se.★

en·tre·tí·tu·lo *s.m.* Título ou títulos que subdividem um texto de jornal, revista, livro, etc. em blocos.

en·tre·va·do *adj.* e *s.m.* Que, ou o que não se pode mover; paralítico.

en·tre·var[1] *v.t.d.* 1. Tolher os movimentos das articulações de. 2. Tornar paralítico. *v.i.* e *v.p.* 3. Ficar tolhido ou paralítico.

en·tre·var[2] *v.t.d.* e *v.p.* Cobrir(-se) de trevas.

en·tre·ver *v.t.d.* Ver de modo imperfeito; perceber (as coisas) apesar das dificuldades.★

en·tre·ve·ro (ê) *s.m.* 1. Mistura ou desordem entre pessoas ou animais. 2. Peleja em que os combatentes se misturam desordenadamente.

en·tre·vis·ta *s.f.* 1. Conferência aprazada. 2. Encontro combinado.

en·tre·vis·tar *v.t.d.* Ter entrevista com.

en·trin·chei·ra·men·to *s.m.* 1. Ato ou efeito de entrincheirar(-se). 2. Conjunto de trincheiras.

en·trin·chei·rar *v.t.d.* 1. Fortificar com trincheiras; defender. *v.p.* 2. Fortificar-se com trincheiras ou barricadas; defender-se. 3. Firmar-se; estribar-se.

en·tris·te·ce·dor *adj.* Que entristece.

en·tris·te·cer *v.t.d.* 1. Tornar triste; penalizar; afligir. *v.i.* e *v.p.* 2. Tornar-se triste. 3. Sentir mágoa, pesar, aflição.

en·tris·te·ci·men·to *s.m.* Ato ou efeito de entristecer(-se); tristeza.

en·tron·ca·do *adj.* Corpulento; espadaúdo; bem-conformado.

en·tron·ca·men·to *s.m.* 1. Ponto de junção de dois ou mais caminhos, de duas ou mais coisas. 2. Estação de estrada de ferro onde se cruzam duas ou mais linhas.

en·tron·car *v.i.* 1. Criar ou adquirir tronco. 2. Robustecer-se; engrossar. 3. Reunir-se (um caminho a outro). *v.t.d.* 4. Fazer entroncar ou reunir; inserir.

en·tro·ni·zar *v.t.d.* 1. Elevar ao, pôr no trono. 2. Elevar (a dignidade ou lugar eminente). 3. *fig.* Elevar; exaltar; sublimar.

en·tro·pi·a *s.f. Fís.* Grandeza termodinâmica, de símbolo **S**, usada para medir a energia de um sistema que não pode se transformar em trabalho e se perde.

en·tro·sa·men·to *s.m.* Ato ou efeito de entrosar(-se).

en·tro·sar *v.t.d.* 1. Engranzar; encaixar. 2. *fig.* Pôr em ordem (coisas complicadas). *v.i.* e *v.p.* 3. Encaixar-se. 4. Harmonizar-se; combinar-se.

en·trou·xar (ch) *v.t.d.* 1. Fazer trouxa de algo ou guardar em trouxa. 2. Embrulhar, empacotar.

en·tru·do *s.m. ant.* 1. Carnaval de outrora. 2. O tempo proximamente anterior a esse carnaval.

en·tu·char *v.t.d.* Engolir; suportar calado (uma afronta).

en·tu·lhar *v.t.d.* 1. Meter ou dispor em tulha. 2. Encher; encobrir. 3. Atravancar; amontoar. *v.p.* 4. Encher-se; atulhar-se.

en·tu·lho *s.m.* 1. Conjunto de fragmentos que resultam de demolição ou desmoronamento. 2. O que atravanca ou enche. 3. *fig.* Embaraço; estorvo.

en·tu·pi·do *adj.* 1. Que se entupiu; obstruído; tapado. 2. *fig.* Embaraçado; atrapalhado.

en·tu·pi·gai·tar *v.t.d. pop.* 1. Confundir; embaraçar. *v.p.* 2. Calar-se. 3. Confundir-se; atrapalhar-se.

en·tu·pi·men·to *s.m.* Ato ou efeito de entupir.

en·tu·pir *v.t.d.* 1. Tapar; obstruir. 2. *fig.* Embatucar; embaraçar. *v.i.* 3. Obstruir-se. 4. *fig.* Calar-se.★

en·tu·si·as·mar *v.t.d.* 1. Arrebatar; causar entusiasmo a; animar. *v.p.* 2. Encher-se de entusiasmo.

en·tu·si·as·mo *s.m.* 1. Estado do espírito impelido a manifestar a admiração que o invade. 2. Arrebatamento; paixão; alegria intensa; inspiração.

en·tu·si·as·ta *adj.2gên.* e *s.2gên.* Pessoa que se entusiasma, que se dedica vivamente.

e·nu·me·ra·ção *s.f.* 1. Ação ou efeito de enumerar. 2. Exposição. 3. Cômputo; conta. 4. Especificação.

e·nu·me·rar *v.t.d.* 1. Fazer enumeração de. 2. Numerar. 3. Contar. 4. Relacionar metodicamente. 5. Especificar.

e·nun·ci·a·do *s.m.* 1. Proposição; exposição resumida de um teorema ou problema. *adj.* 2. Declarado; expresso.

e·nun·ci·ar *v.t.d.* Expor; exprimir; declarar.

en·vai·de·cer *v.t.d.* 1. Encher de vanglória. *v.p.* 2. Ensoberbecer-se; tornar-se vaidoso; enfatuar-se.

en·va·sa·men·to *s.m.* Ato ou efeito de envasar.

en·va·sar *v.t.d.* 1. Envasilhar. 2. Dar aspecto ou forma de vaso a. 3. Plantar em vasos.

en·va·si·lhar *v.t.d.* Meter em vasilha, em pipas, tonéis ou garrafas.

en·ve·lhe·cer *v.t.d.* e *v.i.* 1. Tornar-se velho. 2. Perder o vigor. 3. Durar por muito tempo. 4. Tornar-se inútil.

en·ve·lhe·ci·do *adj.* Que envelheceu.

en·ve·lhe·ci·men·to *s.m.* Ato ou efeito de envelhecer.

en·ve·lo·par *v.t.d.* Pôr em envelope.

en·ve·lo·pe (ó) *s.m.* Invólucro para conter correspondência e outros papéis; sobrecarta; envoltório.

en·ve·ne·na·men·to *s.m.* Ato ou efeito de envenenar(-se); intoxicação.

en·ve·ne·nar *v.t.d.* 1. Misturar veneno em; intoxicar. 2. Perverter; estragar; corromper. 3. Deturpar; dar mau sentido a. *v.p.* 4. Tomar veneno; intoxicar-se.

en·ver·de·cer *v.t.d.* 1. Tornar verde. 2. Cobrir de verdura. *v.i.* 3. Fazer-se verde; cobrir-se de verdura. *v.p.* 4. Tornar-se verde.

en·ve·re·dar *v.t.i.* 1. Dirigir-se (a determinado lugar); encaminhar-se; seguir. *v.t.d.* 2. Encaminhar; guiar.

en·ver·ga·du·ra *s.f.* 1. Extensão das asas de uma ave ou avião, de ponta a ponta. 2. Capacidade; competência.

en·ver·ga·men·to[1] *s.m.* Envergadura.

en·ver·ga·men·to[2] *s.m.* Ato de envergar; curvatura.

en·ver·gar[1] *v.t.d.* 1. Tapar com vergas. 2. Vestir.

en·ver·gar[2] *v.t.d.* 1. Vergar; curvar. *v.i.* 2. Vergar-se; curvar-se.

en·ver·go·nhar *v.t.d.* 1. Causar vergonha a; fazer corar; humilhar; confundir. *v.p.* 2. Ficar envergonhado; ter acanhamento.

en·ver·ni·zar *v.t.d.* Cobrir de verniz; polir; lustrar.

en·vi·a·do *adj.* 1. Mandado; remetido; expedido. *s.m.* 2. Mensageiro; portador.

en·vi·ar *v.t.d.* Mandar, endereçar; remeter; dirigir.

en·vi·dar *v.t.d.* 1. Oferecer quantia maior que a do parceiro, num jogo, para desafiá-lo. 2. Convidar. 3. Empregar com muito empenho.

en·vi·de[1] *s.m.* Ato ou efeito de envidar.

en·vi·de[2] *s.m. Anat.* Parte do cordão umbilical que fica presa à placenta; vide.

en·vi·dra·ça·do *adj.* 1. Guarnecido de vidros. 2. Embaciado.

en·vi·dra·çar *v.t.d.* 1. Guarnecer, cobrir, revestir de vidros. 2. Tornar vítreo.

en·vi·e·sa·do *adj.* 1. Que se pôs ao viés. 2. Que se cortou de modo oblíquo.

en·vi·e·sar *v.t.d.* 1. Pôr ao viés. 2. Pôr de modo oblíquo. 3. Entortar.

en·vi·le·cer *v.t.d.* 1. Tornar vil e desprezível. 2. Baratear. *v.i.* 3. Tornar-se vil, ignóbil, desprezível. 4. Perder a estima.

en·vi·le·ci·men·to *s.m.* Ato de envilecer; aviltamento.

en·vi·o *s.m.* 1. Ato de enviar. 2. Expedição; remessa.

en·vi·u·var *v.t.d.* 1. Tornar viúvo ou viúva; lançar na viuvez. 2. Privar. *v.i.* 3. Ficar viúvo ou viúva.

en·vol·ta (ô) *s.f.* 1. Confusão; desordem. *loc. adv.* **De envolta**: de mistura; conjuntamente; de tropel.

en·vol·to (ô) *adj.* Envolvido; misturado; embrulhado.

en·vol·tó·ri·o *s.m.* Invólucro; coisa que envolve; embrulho; capa.

en·vol·ven·te *adj.2gên.* Que envolve; que abrange.

en·vol·ver *v.t.d.* 1. Abranger; conter. 2. Seduzir; cativar. 3. Enredar. 4. Rodear; cercar. 5. Trazer como consequência. 6. Cobrir, enrolando. 7. Ocultar; dissimular. 8. Revestir. *v.p.* 9. Tomar parte. 10. Intrometer-se. 11. Misturar-se. 12. Turvar-se; toldar-se. 13. Comprometer-se. *Part.:* envolvido e envolto.

en·vol·vi·men·to *s.m.* Ato ou efeito de envolver(-se).

en·xa·da (ch) *s.f.* Instrumento com que se cava a terra.

en·xa·dão (ch) *s.m.* Enxada grande; alvião.

en·xa·dre·za·do (ch) *adj.* Que se dividiu em quadrados, à imitação de um tabuleiro de xadrez.

en·xa·dre·zar (ch) *v.t.d.* Dividir em quadrados, como um tabuleiro de xadrez.

en·xa·dris·mo (ch) *s.m.* O jogo de xadrez.

en·xa·dris·ta (ch) *s.2gên.* Pessoa que joga xadrez.

en·xa·guar (ch) *v.t.d.* 1. Lavar ligeiramente. 2. Lavar repetidas vezes. 3. Lavar em segunda água.

en·xa·me (ch) *s.m.* Conjunto de abelhas de um cortiço.

en·xa·me·ar (ch) *v.t.d.* 1. Fazer enxame de. 2. Povoar de enxame. 3. Reunir em cortiço. *v.i.* 4. Formar enxame. 5. Andar em grande número; pulular.

en·xa·que·ca (ch, ê) *s.f.* Forte dor de cabeça, quase sempre unilateral; hemicrania.

en·xer·ga (ch, ê) *s.f.* 1. Colchão rústico. 2. Cama pobre; catre.

en·xer·gar (ch) *v.t.d.* 1. Ver de modo claro. 2. Entrever; divisar. 3. Observar. 4. Adivinhar; pressentir. 5. *pop.* Entender de um assunto.

en·xe·ri·do (ch) *adj.* e *s.m.* Intrometido.

en·xer·tar (ch) *v.t.d.* 1. Fazer enxertos em. 2. Introduzir; inserir. *v.p.* 3. Introduzir-se.

en·xer·ti·a (ch) *s.f.* 1. Ato ou efeito de enxertar. 2. Conjunto de plantas enxertadas.

en·xer·to (ch, ê) *s.m.* 1. Operação com que se introduz uma parte de um vegetal no tronco ou ramo de outro para nele se desenvolver. 2. A planta enxertada. 3. Ato de enxertar.

en·xó (ch) *s.f.* Instrumento de tanoeiro ou carpinteiro para desbastar madeira.

en·xo·fre (ch, ô) *s.m. Quím.* Corpo simples, elemento de símbolo S e cujo número atômico é 16.

en·xo·tar (ch) *v.t.d.* Expulsar; afugentar; pôr fora; fazer retirar.

en·xo·val (ch) *s.m.* Conjunto de roupas e adornos de uma noiva, de um recém-nascido, de um colegial, etc.

en·xo·va·lhar (ch) *v.t.d.* 1. Manchar; enodoar; sujar. 2. *fig.* Injuriar; macular. *v.p.* 3. Cometer ação indecorosa. 4. Desacreditar-se.

en·xo·vi·a (ch) *s.f.* Cárcere; prisão térrea ou subterrânea, escura, úmida e suja.

en·xu·gar (ch) *v.t.d.* 1. Tirar a umidade a. 2. Despejar, bebendo. *v.i.* e *v.p.* 3. Secar-se; secar o próprio corpo. 4. Perder a umidade. *Part.:* enxugado e enxuto.

en·xún·di·a (ch) *s.f.* Gordura de origem animal, em especial de porco ou galinha; banha.

en·xur·ra·da (ch) *s.f.* 1. Corrente impetuosa de águas da chuva. 2. Jorro de imundícies. 3. *fig.* Abundância.

en·xu·to (ch) *adj.* 1. Seco; que não tem umidade. 2. Abrigado da chuva. 3. Limpo de lágrimas (os olhos). 4. Nem gordo nem magro.

en·zi·ma *s.f.* Fermento solúvel que se forma e atua no organismo animal.

e:o·ce·no (ê) *adj.* 1. Diz-se da segunda época do período Terciário na era cenozoica, entre o Paleoceno e o Oligoceno, tendo durado de 55 a 34 milhões de anos atrás, aproximadamente. *s.m.* 2. Essa época (inicial maiúscula).

e:ó·li·co *adj.* 1. Relativo a vento. 2. Que o vento faz vibrar ou mover. 3. *Mit.* Relativo a Éolo, deus dos ventos na mitologia grega.

é·o·lo *s.m.* Vento forte.

e·pi·cé·di:o *s.m. Lit.* Discurso ou composição poética em memória de alguém; nênia; elegia.

e·pi·ce·no (ê) *adj. Gram.* Diz-se do substantivo que tem uma só forma para designar o gênero (faz-se a distinção de sexo mediante o uso das palavras macho e fêmea: o tamanduá macho, o tamanduá fêmea; a barata macho, a barata fêmea, etc.).

e·pi·cen·tro *s.m. Geol.* Ponto da superfície terrestre de onde se propagam terremotos.

é·pi·co *adj.* 1. Concernente à epopeia e aos heróis. *s.m.* 2. Autor de epopeia.

e·pi·cu·ris·mo *s.m.* 1. *Fil.* Doutrina segundo a qual a felicidade consiste em assegurar-se constante serenidade mental. 2. *pop.* Sensualidade; vida sensual.

e·pi·cu·ris·ta *adj. 2 gên.* 1. Relativo ao epicurismo. 2. *pop.* Diz-se da pessoa dada aos prazeres da mesa e do amor sensual.

e·pi·de·mi·a *s.f.* 1. Doença que ataca ao mesmo tempo e no mesmo lugar grande número de pessoas. 2. *fig.* Coisa que se difunde rapidamente.

e·pi·dê·mi·co *adj.* Concernente a epidemia.

e·pi·de·mi·o·lo·gi·a *s.f.* Estudo ou descrição das doenças epidêmicas.

e·pi·der·me *s.f.* 1. *Anat.* Camada membranosa, que constitui o forro exterior da pele. 2. *por ext.* A pele. 3. *Bot.* Tegumento de uma planta.

e·pi·fa·ni·a *s.f. Rel.* 1. Festa cristã em que se comemora o aparecimento de Jesus aos pagãos, especialmente aos três reis magos. 2. Dia de Reis (6 de janeiro).

e·pi·fe·nô·me·no *s.m.* Fenômeno que se superpõe a outro, mas sem modificá-lo.

e·pí·fi·se *s.f. Anat.* Glândula pineal.

e·pí·go·no *s.m.* 1. O que pertence à geração seguinte. 2. Discípulo de um grande mestre nas letras, nas ciências, etc.

e·pí·gra·fe *s.f.* Inscrição; palavra ou frase que serve de tema a um assunto.

e·pi·gra·ma *s.m.* 1. Pequena poesia satírica que termina por um pensamento conceituoso ou dito agudo. 2. Dito mordaz e picante. 3. Sátira.

e·pi·lep·si·a *s.f. Med.* Doença nervosa e cerebral caracterizada por convulsões violentas.

e·pi·lép·ti·co *adj.* 1. Concernente à epilepsia. *s.m.* 2. Indivíduo que sofre de epilepsia.

e·pí·lo·go *s.m.* Remate; fecho; recapitulação; resumo.

e·pis·co·pa·do *s.m.* Dignidade e exercício da jurisdição de bispo.

e·pis·co·pal *adj. 2gên.* Próprio ou relativo a bispo.

e·pi·só·di·co *adj.* 1. Da natureza de episódio. 2. Introduzido como episódio.

e·pi·só·di:o *s.m.* 1. *Lit.* Incidente acessório, mas relacionado com a ação principal de uma produção literária. 2. Fato notável relacionado com outros. 3. Caso; acontecimento.

e·pis·te·mo·lo·gi·a *s.f.* Teoria do conhecimento; estudo crítico do conhecimento científico em seus diversos ramos.

e·pís·to·la *s.f.* 1. Carta; missiva familiar. 2. *Rel.* Parte da missa em que o celebrante lê um trecho das epístolas dos apóstolos.

e·pis·to·lar *adj. 2gên.* Relativo a epístola; próprio de epístola.

e·pi·tá·fi:o *s.m.* 1. Inscrição sepulcral. 2. Breve elogio fúnebre.

e·pi·ta·lâ·mi·o *s.m. Lit.* Poema ou canto em que se celebra o casamento de alguém.

e·pí·te·to *s.m.* 1. Palavra ou frase que qualifica uma pessoa ou coisa. 2. Cognome; alcunha.

e·pí·to·me *s.m.* Resumo; abreviação; sinopse.

é·po·ca *s.f.* 1. Momento histórico em que um fato notável sucedeu. 2. Tempo em que alguma coisa sucede. 3. Era. 4. Período. 5. Estação; quadra. 6. Fase de uma evolução social.

e·po·pei·a *s.f.* 1. *Lit.* Poema sobre assunto heroico. 2. *fig.* Série de grandes acontecimentos.

ép·si·lo *s.m.* Nome da quinta letra do alfabeto grego (Ε, ε). *Var.:* épsilon.

e·qua·ção *s.f. Mat.* Fórmula de igualdade entre duas quantidades, em determinadas condições.

e·qua·ci·o·nar *v.t.d.* 1. Pôr em equação (um problema). 2. *por ext.* Tornar inteligível uma coisa obscura ou difícil.

e·qua·dor *s.m. Geog.* Círculo máximo imaginário da esfera terrestre, perpendicular ao eixo que une os polos: divide a terra nos hemisférios Norte e Sul.

e·quâ·ni·me *adj.2gên.* Que tem ou revela equanimidade.

e·qua·ni·mi·da·de *s.f.* 1. Igualdade de ânimo, em qualquer conjuntura da vida. 2. Moderação; tranquilidade de espírito. 3. Imparcialidade; retidão.

e·qua·to·ri·al *adj.2gên.* 1. Relativo ao equador. 2. Situado no equador.

e·qua·to·ri·a·no *adj.* 1. Concernente ao Equador. *s.m.* 2. O natural ou habitante desse país.

e·ques·tre (qües) *adj.2gên.* 1. Concernente a cavalaria ou cavaleiros. 2. Designativo da estátua em que o esculpido é representado a cavalo.

e·qui·ân·gu·lo *adj. Geom.* Que tem os ângulos iguais.

e·qui·da·de (qui ou qüi) *s.f.* 1. Reconhecimento do direito de cada um; igualdade. 2. Moderação; retidão.

e·quí·de·o (qüí) *adj.* 1. Concernente ou semelhante ao cavalo. *s.m.pl.* 2. Ungulados que têm por tipo o cavalo.

e·qui·dis·tan·te (qüi) *adj.2gên.* Que dista por igual (dois ou mais pontos com relação a outro).

e·qui·lá·te·ro (qui ou qüi) *adj. Geom.* Diz-se do triângulo que tem os lados iguais entre si.

e·qui·li·bra·do *adj.* 1. Que se pôs em equilíbrio; compensado; prudente. 2. Ajuizado.

e·qui·li·brar *v.t.d.* 1. Pôr em equilíbrio; contrabalançar; compensar; proporcionar. *v.p.* 2. Manter-se em equilíbrio; aguentar-se.

e·qui·lí·bri·o *s.m.* 1. Estado de um corpo que é atraído ou solicitado por forças cuja resultante é nula. 2. Justa medida.

e·qui·li·bris·ta *s.2gên.* Pessoa que faz exercícios e jogos de equilíbrio.

e·qui·mo·se (ó) *s.f. Med.* Mancha que se forma na pele, nas mucosas e na superfície dos órgãos internos, proveniente do sangue extravasado em consequência de contusão.

e·qui·no (qüi) *adj.* Concernente a cavalo.

e·qui·no·ci·al *adj.2gên.* Concernente ao equinócio.

e·qui·nó·ci·o *s.m.* Tempo do ano em que o Sol passa pelo equador, tornando os dias iguais às noites, em toda a Terra.

e·qui·no·der·mo (é) *adj.* 1. Relativo aos equinodermos, filo de animais marinhos invertebrados, de corpo coberto de espinhos ou tubérculos, como o ouriço-do-mar e a estrela-do-mar. *s.m.* 2. Espécime desse filo de animais.

e·qui·pa·gem *s.f.* 1. O pessoal necessário para as manobras do navio. 2. *por ext.* Conjunto de coisas que se levam nas jornadas e viagens; bagagem. 3. Os tripulantes de um avião.

e·qui·pa·men·to *s.m.* Ato ou efeito de equipar(-se).

e·qui·par *v.t.d.* 1. Guarnecer (um navio). 2. Prover do necessário. *v.p.* 3. Abastecer-se; prover-se dos apetrechos necessários.

e·qui·pa·ra·ção *s.f.* Ação ou efeito de equiparar(-se).

e·qui·pa·rar *v.t.d.* 1. Igualar em sorte, condição. 2. Pôr em paralelo. 3. Igualar, comparando. *v.p.* 4. Igualar-se; comparar-se.

e·qui·pe *s.f.* 1. Grupo de indivíduos que tomam parte numa competição esportiva. 2. Conjunto de pessoas que se aplicam a uma tarefa ou trabalho.

e·qui·ta·ção *s.f.* Arte, exercício de andar a cavalo.

e·qui·ta·ti·vo (qüi) *adj.* Em que há equidade; reto; justo.

e·qui·va·len·te *adj.2gên.* 1. Que equivale; de igual valor. *s.m.* 2. O que equivale.

e·qui·va·ler *v.t.i.* Ser igual em valor, peso, etc.; ser equivalente. ★

e·qui·vo·car *v.t.d.* 1. Induzir a engano. 2. Confundir (uma coisa com outra). 3. Tomar (uma coisa por outra). *v.i.* e *v.p.* 4. Confundir-se; enganar-se; dizer uma coisa por outra.

e·quí·vo·co *adj.* 1. Duvidoso; confuso; suspeito; ambíguo. *s.m.* 2. Engano; erro.

e·ra (é) *s.f.* 1. Época fixa que serve de ponto de partida para a contagem dos anos. 2. Série de anos que principia num grande acontecimento histórico. 3. Época; período; data. 4. Grande divisão dos tempos geológicos. *V.* **hera**.

e·rá·rio *s.m.* O tesouro público; fisco.

ér·bio *s.m. Quím.* Elemento de símbolo Er e cujo número atômico é 68.

e·re·ção *s.f.* 1. Ação ou efeito de erigir ou de erguer(-se). 2. Instituição; inauguração. 3. Estado do pênis ereto ou duro.

e·re·mi·ta *s.2gên.* Pessoa que vive no ermo; anacoreta.

e·re·mi·té·ri·o *s.m.* Retiro de eremitas; lugar onde vivem eremitas.

e·ré·til *adj.2gên.* Suscetível de ereção.

e·re·to (é) *adj.* Aprumado; direito; elevado; erguido.

er·gás·tu·lo *s.m.* Cárcere; calabouço; enxovia; prisão.

er·guer *v.t.d.* 1. Levantar; elevar. 2. Erigir; construir; edificar. 3. Tornar ereto. 4. Fazer soar algo. 5. Animar; alentar. *v.p.* 6. Levantar-se; pôr-se em pé. 7. Aparecer; surgir.

e·ri·çar *v.t.d.* 1. Encrespar; arrepiar. 2. Tornar-se hirto; arrepiar-se.

e·ri·gir *v.t.d.* 1. Erguer; alçar. 2. Fundar; criar; construir. 3. Transformar. *v.p.* 4. Fazer-se de, constituir-se. *Part.:* erigido e ereto.

e·ri·si·pe·la (é) *s.f. Med.* Doença infecciosa aguda e febril da pele, caracterizada por rubor e tumefação das áreas afetadas, muitas vezes com formação de vesículas.

e·ri·te·ma (ê) *s.m. Med.* Dermatose que se manifesta por vermelhidão da pele.

er·mi·da *s.f.* 1. Pequena igreja campestre. 2. Capela fora do povoado.

er·mi·tão *s.m.* Eremita; aquele que trata de uma ermida.

er·mo (ê) *s.m.* 1. Lugar despovoado; descampado. *adj.* 2. Solitário; abandonado.

e·ro·são *s.f.* 1. Corrosão lenta. 2. Ato ou efeito de carcomer, de corroer lentamente.

e·ró·ti·co *adj.* 1. Concernente ao amor. 2. Voluptuoso; lascivo; sensual.

e·ro·tis·mo *s.m.* 1. Paixão amorosa. 2. Sensualidade.

er·ra·di·ca·ção *s.f.* Ação de erradicar.

er·ra·di·car *v.t.d.* Desarraigar; extirpar; arrancar pela raiz.

er·ra·di·o *adj.* Errante; perdido no caminho.

er·ran·te *adj.2gên.* Que vagueia; que erra; vagabundo; que anda ao acaso.

er·rar *v.t.d.* 1. Cometer erro; enganar-se. 2. Percorrer. *v.t.i.* 3. Enganar-se. *v.i.* 4. Cometer erro. 5. Cair em culpa; falhar. 6. Vaguear.

er·ra·ta *s.f.* 1. Indicação e emenda de erros num livro. 2. Cada um desses erros.

er·rá·ti·co *adj.* Erradio; errante.

er·re *s.m.* (é) Nome da décima sétima letra do nosso alfabeto, *r*.

er·ro (ê) *s.m.* 1. Ato ou efeito de errar. 2. Juízo falso; engano. 3. Incorreção. 4. Desvio do bom caminho, do caminho reto; falta; culpa.

er·rô·ne·o *adj.* 1. Que encerra erro; falso. 2. Contrário à verdade.

e·ruc·ta·ção *s.f.* Arroto.

e·ruc·tar *v.t.d.* e *v.i.* Arrotar.

e·ru·di·ção *s.f.* 1. Qualidade de erudito. 2. Saber profundo, vasto.

e·ru·di·tis·mo *s.m.* 1. Exibição vaidosa de conhecimento, cultura. 2. Expressão que passou a fazer parte da língua por via erudita.

e·ru·di·to *adj.* 1. Que tem erudição. *s.m.* 2. Aquele que sabe muito.

e·rup·ção *s.f.* 1. Saída impetuosa. 2. Aparição de manchas, borbulhas, pústulas, na pele ou na mucosa. 3. Exantema. *V. irrupção*.

e·rup·ti·vo *adj.* Concernente a erupção.

er·va (é) *s.f. Bot.* Planta folhosa, anual, bianual ou perene, que conserva o caule sempre verde e tenro, em contraste com o lenhoso de árvores e arbustos.

er·va·çal *s.m.* Lugar onde cresce muita erva; pastagem.

er·va-ci·drei·ra *s.f. Bot.* Planta aromática com a qual se faz chá calmante.

er·va-do·ce *s.f. Bot.* Planta aromática de uso culinário e medicinal; anis, funcho. *Pl.:* ervas-doces.

er·val *s.m.* Plantação em que predomina a erva-mate.

er·va-ma·te *s.f. Bot.* Mate[2].

er·va·ma·tei·ro *s.m.* Mateiro[2].

er·vi·lha *s.f. Bot.* 1. Planta leguminosa. 2. A vagem e semente dessa planta.

es·ba·fo·ri·do *adj.* Ofegante; cansado.

es·ba·fo·rir-se *v.p.* Ficar esbaforido, ofegante, sem alento.

es·ba·ga·çar *v.t.d.* Reduzir a bagaço; despedaçar; arrebentar.

es·ban·ja·men·to *s.m.* Ato ou efeito de esbanjar.

es·ban·jar *v.t.d.* Gastar excessivamente; dissipar.

es·bar·rão *s.m.* Esbarro; encontrão; choque; repelão.

es·bar·rar *v.t.i.* 1. Ir de encontro; tropeçar; topar. 2. Deter-se (diante de dificuldades). *v.t.d.* 3. Arremessar-se; atirar. *v.p.* 4. Acotovelar-se.

es·bar·ro *s.m.* Esbarrão; encontrão.

es·ba·ter *v.t.d.* 1. Graduar as sombras e o claro-escuro de (um quadro). 2. Dar relevo a. 3. Atenuar; adelgaçar (a cor).

es·ba·ti·do *adj.* Efeito de esbater.

es·bel·tez (ê) *s.f.* Qualidade de esbelto.

es·bel·to (é) *adj.* Elegante; gracioso; garboso; gentil; airoso; esguio.

es·bir·ro *s.m. Jur.* Empregado menor dos tribunais; beleguim.

es·bo·çar *v.t.d.* 1. Delinear; traçar os contornos de. 2. Entremostrar; bosquejar.

es·bo·ço (ô) *s.m.* 1. Delineamento inicial. 2. Primeiro trabalho. 3. Plano; projeto. 4. *fig.* Ensaio; resumo.

es·bo·far *v.t.d.* 1. Causar fadiga a; esfalfar. *v.i.* e *v.p.* 2. Trabalhar até perder o fôlego.

es·bo·fe·te·ar *v.t.d.* Dar bofetadas em.

es·bor·do·ar *v.t.d.* 1. Dar bordoadas em. 2. Desancar com bordão.

es·bór·ni:a *s.f.* Orgia; pândega; bebedeira.

es·bo·ro·a·men·to *s.m.* Ato ou efeito de esboroar; desmoronamento; esboroo.

es·bo·ro·ar *v.t.d.* e *v.i.* Reduzir(-se) a pó; desmoronar; desfazer.

es·bo·ro·o *s.m.* Esboroamento.

es·bor·ra·cha·do *adj.* Esmagado; espalmado; achatado; chato.

es·bor·ra·char *v.t.d.* 1. Fazer rebentar. 2. Esmagar; pisar. *v.p.* 3. Cair, estatelar-se no chão.

es·bran·qui·ça·do *adj.* Alvacento; quase branco.

es·bra·se·a·do *adj.* 1. Posto em brasa. 2. *fig.* Vermelho; afogueado.

es·bra·se·a·men·to *s.m.* Ato ou efeito de esbrasear(-se).

es·bra·se·ar *v.t.d.* 1. Pôr em brasa. 2. Afoguear. *v.i.* 3. Fazer-se da cor da brasa. 4. Inflamar-se. *v.p.* 5. Fazer-se em brasa. 6. Afoguear-se.

es·bra·ve·jar *v.i.* Bradar; gritar; vociferar.

es·bu·ga·lha·do *adj.* Diz-se dos olhos muito abertos, salientes ou arregalados.

es·bu·ga·lhar *v.t.d.* Abrir muito os olhos.

es·bu·lha·do *adj.* Despojado; espoliado.

es·bu·lhar *v.t.d.* Roubar; desapossar; espoliar; despojar.

es·bu·lho *s.m.* Ato de esbulhar.

es·bu·ra·car *v.t.d.* e *v.p.* 1. Encher(-se) de buracos; fazer buracos em.

Esc *s.m. Inform.* Nome abreviado da tecla *escape*, que em geral é usada para interromper ou abandonar uma tela ou programa.

es·ca·be·che (é) *s.m. Cul.* Conserva de vinagre e condimentos, para peixe ou carne.

es·ca·be·la·do *adj.* Desgrenhado; descabelado.

es·ca·be·lar *v.t.d.* 1. Soltar, desgrenhar (os cabelos). *v.p.* 2. Desgrenhar-se; despentear-se.

es·ca·be·lo (ê) *s.m.* 1. Banco comprido e largo de assento móvel e que constitui ao mesmo tempo uma caixa. 2. Pequeno banco para descanso dos pés.

es·ca·bi·o·se (ó) *s.f. Med.* Sarna.

es·ca·bre·a·do *adj.* 1. Zangado, irritado. 2. Desconfiado. 3. Acanhado. 4. Arrependido.

es·ca·bro·si·da·de *s.f.* 1. Qualidade de escabroso. 2. Aspereza; dificuldade.

es·ca·bro·so (ô) *adj.* 1. Áspero; árduo. 2. Acidentado. 3. Duro. 4. Oposto ao decoro, às conveniências. *Pl.:* escabrosos (ó).

es·ca·car *v.t.d.* Partir em pedaços; fazer em cacos.

es·ca·char *v.t.d.* 1. Abrir à força; fender; separar; alargar. 2. Confundir; fazer embatucar. 3. Pôr em desordem.

es·ca·da *s.f.* 1. Série de degraus que dão acesso aos diferentes planos de um edifício. 2. *fig.* Meio de alguém subir ou elevar-se.

es·ca·da·ri·a *s.f.* Série de escadas.

es·ca·fan·dris·ta *s.2gên.* Mergulhador que desce ao fundo da água usando escafandro.

es·ca·fan·dro *s.m.* Roupa totalmente fechada, própria para o mergulhador permanecer muito tempo no fundo da água.

es·ca·fe·der·se *v.p. pop.* 1. Fugir apressadamente; escapar, safar-se. 2. Desaparecer sem deixar pistas; sumir.

es·ca·la *s.f.* 1. Linha graduada, que nos mapas relaciona as distâncias reais com as figuradas. 2. Relação de dimensões entre o desenho e o objeto representado. 3. Porto de mar onde tocam certos navios em suas viagens periódicas. 4. Pouso intermediário numa viagem de avião. 5. *Mús.* Série de notas dispostas na ordem natural de sons ascendentes ou descendentes. 6. Ato ou efeito de escalar.

es·ca·la·da *s.f.* Ação ou efeito de escalar.

es·ca·lão *s.m.* 1. Degrau; nível; grau; passagem, plano por onde se sobe ou desce. 2. Fração de um conjunto militar.

es·ca·lar *v.t.d.* 1. Entrar em algum lugar galgando muros ou muralhas. 2. Assaltar, subindo por escadas. 3. Trepar a. 4. Designar alguém para serviços em horas ou lugares diferentes.

es·ca·la·vrar *v.t.d.* 1. Provocar ferimentos na pele (própria ou de alguém); arranhar(-se), escoriar(-se), esfolar(-se). 2. *fig.* Danificar, estragar(-se).

es·cal·da·do *adj.* 1. Escarmentado. 2. Experiente, que aprendeu a duras penas.

es·cal·da-pés *s.m.2núm.* Banho de imersão para os pés com água quente, geralmente misturada com ervas, sais ou óleos aromáticos, para relaxar ou aliviar o cansaço.

es·cal·dar *v.t.d.* 1. Queimar com líquido ou vapor muito quente. 2. Pôr em água a ferver. 3. Produzir grande calor em. 4. *fig.* Escarmentar. *v.i.* 5. Produzir muito calor. 6. Tornar-se quente. *v.p.* 7. Queimar-se.

es·ca·le·no (ê) *adj. Geom.* Diz-se do triângulo que tem os lados desiguais.

es·ca·ler (é) *s.m.* Pequeno barco para serviço de um navio ou de uma repartição marítima e para outros usos.

es·ca·lo·na·men·to *s.m.* Ato ou efeito de escalonar.

es·ca·lo·nar *v.t.d.* 1. Dar aspecto ou forma de escada a. 2. Dispor as tropas em escalão.

es·cal·pe·lar *v.t.d.* 1. Rasgar com escalpelo. 2. Analisar profundamente. 3. Arrancar a pele do crânio a.

es·cal·pe·lo (ê) *s.m. Med.* Instrumento cirúrgico para dissecação; bisturi.

es·cal·po *s.m.* Troféu de guerra dos índios americanos, formado pelo couro cabeludo do crânio dos inimigos.

es·ca·ma *s.f.* 1. *Zool.* Cada uma das lâminas que revestem o corpo de alguns peixes e répteis. 2. *Med.* Pequenas lâminas que se formam na epiderme.

es·ca·ma·do *adj.* 1. De que se tiraram as escamas. 2. *fig.* Irritado; zangado.

es·ca·mar *v.t.d.* 1. Tirar as escamas a. *v.p.* 2. *fig.* Irritar-se; zangar-se.

es·cam·bo *s.m.* Troca; câmbio; permuta.

es·ca·mo·so (ô) *adj.* 1. Revestido, coberto de escamas. 2. Cheio de escamas. 3. *fig.* Que se zanga facilmente; irritadiço. 4. *pop.* Antipático, orgulhoso. *Pl.*: escamosos (ó).

es·ca·mo·te·a·ção *s.f.* 1. Ação de escamotear. 2. Furto hábil.

es·ca·mo·te·ar *v.t.d.* 1. Fazer desaparecer sem que se perceba; furtar. *v.i.* 2. Fazer sortes de prestidigitação. *v.p.* 3. Fugir sorrateiramente.

es·cân·ca·ra *s.f.* Estado do que é patente, manifesto. *loc. adv.* **Às escâncaras**: às claras; a descoberto.

es·can·ca·ra·do *adj.* 1. Aberto de par em par (a porta). 2. Manifesto; patente.

es·can·ca·rar *v.t.d.* 1. Abrir de par em par; abrir muito. 2. Mostrar; franquear. *v.p.* 3. Abrir-se de par em par.

es·can·da·li·zar *v.t.d.* 1. Causar escândalo a. 2. Ofender; melindrar. *v.p.* 3. Melindrar-se; ofender-se; levar a mal.

es·cân·da·lo *s.m.* 1. O que induz a erro ou pecado. 2. Indignação causada por ação ou palavra indecorosa. 3. Alvoroço; tumulto.

es·can·da·lo·so (ô) *adj.* 1. Que provoca escândalo. 2. Vergonhoso; indecoroso. *Pl.*: escandalosos (ó).

es·can·di·na·vo *adj.* 1. Concernente à Escandinávia (Europa). *s.m.* 2. O natural ou habitante da Escandinávia.

es·cân·di·o *s.m.* *Quím.* Metal trivalente, de símbolo **Sc** e cujo número atômico é 21.

es·can·dir *v.t.d.* Destacar bem na pronúncia as sílabas de (um verso, uma palavra).

es·ca·ne·ar *v.t.d.* *Inform.* Digitalizar (documento impresso, desenho, fotografia, código de barras, etc.) através de aparelho de leitura óptica; pode, eventualmente, abranger também o processamento da imagem digitalizada por um programa de interpretação ou decodificação, como no caso do reconhecimento de caracteres ou da leitura de código de barras (do inglês *to scan*, examinar correndo os olhos); escanerizar.

es·câ·ner *s.m.* *Inform.* Aparelho que capta o conteúdo de uma folha de papel (texto ou imagem) e o digitaliza; *scanner*.

es·ca·ne·ri·zar *v.t.d.* Escanear.

es·can·ga·lha·do *adj.* Estragado; desarranjado; partido.

es·can·ga·lhar *v.t.d.* 1. Estragar; partir; desarranjar; arruinar. *v.p.* 2. Desmanchar-se; romper-se.

es·ca·nho·ar *v.t.d.* 1. Barbear com apuro, passando a navalha uma segunda ou terceira vez. *v.p.* 2. Barbear-se com apuro.

es·ca·ni·fra·do *adj.* Demasiadamente magro; desprovido de carnes.

es·ca·ni·nho *s.m.* 1. Pequeno compartimento dentro de um móvel qualquer. 2. Lugar oculto; recanto; esconderijo.

es·can·tei·o *s.m.* *Fut.* Saída da bola pela linha de fundo, posta por jogador que defende a parte do campo adjacente a essa linha.

es·ca·pa·da *s.f.* Ação de fugir ao cumprimento de um dever; fuga oculta; leviandade.

es·ca·pa·de·la (é) *s.f.* O mesmo que escapada.

es·ca·pa·men·to *s.m.* 1. Ato ou efeito de escapar. 2. Tubo através do qual são expelidos para o ar os gases produzidos pelos motores de explosão.

es·ca·par *v.t.i.* 1. Livrar-se; salvar-se. 2. Fugir. 3. Cair. 4. Esquecer. 5. Não estar ao alcance de. 6. Dizer irrefletidamente. *v.i.* 7. Sobreviver.

es·ca·pa·ra·te *s.m.* 1. Redoma de vidro que cobre ou resguarda. 2. Armário envidraçado.

es·ca·pa·tó·ri:a *s.f.* Desculpa; escusa.

es·ca·pu·la *s.f.* Escapatória; evasão; saída.

es·cá·pu·la *s.f.* 1. Prego de cabeça dobrada em ângulo para prender objetos. 2. *Anat.* Osso largo e triangular situado na parte posterior do ombro.

es·ca·pu·lá·ri:o *s.m.* Tira de pano que alguns religiosos trazem ao pescoço, pendente sobre o peito.

es·ca·pu·li·da *s.f.* Escapada; fuga.

es·ca·pu·lir *v.t.d.* 1. Deixar escapar. *v.i.* 2. Escapar do poder de alguém. 3. Fugir da prisão. *v.t.i.* 4. Escapar, fugir. *v.p.* 5. Escapar-se; fugir; retirar-se.★

es·ca·ra *s.f. Med.* Crosta que resulta da mortificação das partes de um tecido.

es·ca·ra·fun·char *v.t.d.* 1. Esgaravatar. 2. Remexer. 3. Investigar pacientemente.

es·ca·ra·mu·ça *s.f.* 1. Combate insignificante. 2. Briga, contenda; desordem.

es·ca·ra·ve·lho (é) *s.m. epiceno Zool.* Inseto de cor negro-azulada que vive nos excrementos de mamíferos herbívoros.

es·car·céu *s.m.* 1. Agitação das ondas; grande vaga em mar agitado. 2. *fig.* Grande gritaria; exagero; alarido.

es·ca·re·a·dor *s.m.* Instrumento com que o serralheiro alarga furos.

es·ca·re·ar *v.t.d.* Alargar (furos) com o escareador.

es·ca·ri·fi·ca·ção *s.f.* Ação de escarificar.

es·ca·ri·fi·car *v.t.d.* Fazer incisões simultâneas na pele, para a saída de humores.

es·car·la·te *s.m.* 1. Cor vermelho-vivo e rutilante. *adj.2gên.* 2. Que tem essa cor.

es·car·la·ti·na *s.f. Med.* Doença infecciosa que se caracteriza por febre, dores de garganta, eritema em todo o corpo e descamação na pele.

es·car·men·ta·do *adj.* Que aprendeu à sua custa; castigado; desiludido.

es·car·men·tar *v.t.d.* 1. Repreender de modo vigoroso; castigar. *v.p.* 2. Ficar advertido pelo dano ou castigo recebido para não se expor a ele novamente.

es·car·men·to *s.m.* 1. Castigo. 2. Desilusão. 3. Dura experiência. 4. Advertência.

es·car·ne·cer *v.t.d.* 1. Fazer escárnio de; zombar de; ludibriar. *v.t.i.* 2. Zombar; mofar.

es·car·ni·nho *adj.* Em que há escárnio.

es·cár·ni:o *s.m.* Zombaria; sarcasmo; menosprezo.

es·ca·ro·la (ó) *s.f. Bot.* Variedade de chicória.

es·car·pa *s.f.* 1. Talude ou declive de um fosso. 2. Ladeira íngreme, alcantilada.

es·car·pa·do *adj.* Que tem escarpa; íngreme; alcantilado; cortado a pique.

es·car·ran·cha·do *adj.* Sentado com as pernas muito abertas.

es·car·ran·char *v.t.d.* 1. Abrir as pernas demasiadamente, como quem monta a cavalo. *v.p.* 2. Assentar-se abrindo muito as pernas.

es·car·ra·pa·char *v.t.d.* e *v.p.* 1. Abrir muito as pernas. 2. Cair de bruços; estatelar-se.

es·car·rar *v.i.* 1. Expelir o escarro. *v.t.d.* 2. Expelir da boca (escarro, sangue).

es·car·ro *s.m.* Matéria viscosa que se expele da boca depois de expectorada.

es·cas·se·ar *v.t.d.* 1. Dar com escassez; não prodigalizar. *v.i.* 2. Tornar-se diminuto; minguar; ir faltando.

es·cas·sez (ê) *s.f.* Falta; qualidade de escasso.

es·cas·so *adj.* Parco; raro; que não é abundante; diminuto.

es·ca·to·lo·gi·a[1] *s.f. Teol.* Doutrina das coisas que deverão acontecer no fim do mundo.

es·ca·to·lo·gi·a[2] *s.f.* Tratado sobre excrementos.

es·ca·va·ção *s.f.* 1. Ação de escavar; desentulho. 2. *fig.* Pesquisa. 3. Conjunto de operações relativas ao movimento de terra (abertura de cortes, terraplanagens, etc.).

es·ca·var *v.t.d.* 1. Fazer cavidades ou escavações em. 2. Cavar em roda. 3. *fig.* Aprofundar; investigar.

es·cla·re·cer *v.t.d.* 1. Tornar claro ou compreensível. 2. Aclarar o entendimento. 3. Prestar esclarecimento a. *v.i.* 4. Clarear. 5. Alvorecer. *v.p.* 6. Informar-se; obter esclarecimentos.

es·cla·re·ci·do *adj.* 1. Claro; alumiado. 2. Dotado de ilustração. 3. Enobrecido; preclaro.

es·cla·re·ci·men·to *s.m.* 1. Ato de esclarecer(-se). 2. Informação. 3. Elucidação. 4. Comentário.

es·cle·rên·qui·ma *s.m. Bot.* Tecido vegetal de sustentação e proteção, formado por células de paredes espessas e resistentes.

es·cle·ro·sa·do *adj.* Que tem esclerose, sobretudo esclerose cerebral.

es·cle·ro·sar *v.t.d.* Fazer adquirir esclerose.

es·cle·ro·se (ó) *s.f. Med.* Endurecimento de um órgão por acumulação do tecido que liga os órgãos entre si.

es·cle·ró·ti·ca *s.f. Anat.* Membrana que reveste o globo ocular.

es·co·a·dou·ro *s.m.* Lugar, cano para escoar águas ou dejetos.

es·co·a·men·to *s.m.* 1. Ato de escoar. 2. Plano inclinado por onde escoam as águas.

es·co·ar *v.t.d.* 1. Deixar escorrer; coar. *v.i.* 2. Esvair-se. *v.p.* 3. Escorrer aos poucos; filtrar-se. 4. Decorrer. 5. Esvair-se.

es·co·cês *adj.* 1. Da Escócia. 2. Diz-se dos tecidos de riscas cruzadas e de cores vivas. *s.m.* 3. O natural ou habitante da Escócia.

es·coi·ce·ar *v.t.d.* 1. Dar coices em. 2. *fig.* Tratar de modo grosseiro. *v.i.* 3. Dar coices.

es·coi·mar *v.t.d.* 1. Livrar de pena ou censura. 2. Limpar; livrar de impurezas. *v.p.* 3. Livrar-se; furtar-se; evadir-se.

es·col *s.m.* O que há de melhor e mais distinto; a nata; a flor; elite. *Pl.:* escóis.

es·co·la (ó) *s.f.* 1. Casa, local onde se recebe ensino. 2. Conjunto de professores e alunos. 3. Corrente artística ou literária. 4. Doutrina de algum filósofo ou homem célebre. 5. *fig.* Experiência; exemplo; aprendizagem.

es·co·la·do *adj.* Experimentado; ladino; ensinado; que não se deixa enganar.

es·co·lar *adj.2gên.* 1. Concernente a escola. 2. *s.2gên.* Pessoa que frequenta uma escola; aluno ou aluna; estudante.

es·co·la·ri·da·de *s.f.* Tirocínio ou currículo escolar.

es·co·la·ri·zar *v.t.d.* Fazer passar ou passar por aprendizado em escola.

es·co·lás·ti·ca *s.f. Teol., Fil.* Sistema teológico-filosófico que surgiu nas escolas da Idade Média, caracterizado pela coordenação entre teologia e filosofia.

es·co·lha (ô) *s.f.* 1. Ação ou efeito de escolher. 2. Preferência. 3. Gosto; seleção; opção.

es·co·lher *v.t.d.* 1. Preferir. 2. Eleger; fazer escolha de. 3. Apurar; achar melhor. *v.t.i.* 4. Optar.

es·co·lho (ô) *s.m.* 1. Rochedo à flor da água. 2. *fig.* Perigo; obstáculo.

es·co·li·o·se (ó) *s.f. Med.* Desvio da espinha dorsal.

es·col·ta (ó) *s.f.* Destacamento de tropas ou navios de guerra que servem para escoltar.

es·col·tar *v.t.d.* Acompanhar em grupo para guardar ou defender.

es·com·bros *s.m.pl.* Destroços, ruínas, entulhos.

es·con·de-es·con·de *s.m.2núm.* Brincadeira infantil; escondidas.

es·con·der *v.t.d.* 1. Ocultar; encobrir; dissimular. 2. Cavar; enterrar. 3. Furtar às vistas de. *v.p.* 4. Ocultar-se; dissimular-se.

es·con·de·ri·jo *s.m.* Lugar próprio para se esconder, ou onde alguém ou alguma coisa se esconde.

es·con·di·das *s.f.pl.* Esconde-esconde. *loc. adv.* **Às escondidas**: às ocultas; ocultamente.

es·con·ju·rar *v.t.d.* 1. Fazer prometer ou jurar. 2. Tomar juramento. 3. Exorcizar. 4. Amaldiçoar. 5. Ordenar. 6. Suplicar.

es·con·ju·ro *s.m.* 1. Exorcismo. 2. Juramento com imprecações.

es·con·so (ô) *adj.* Escondido; oculto.

es·co·pe·ta (ê) *s.f.* Tipo de espingarda de cano curto.

es·co·po (ô) *s.m.* Alvo; intento; fim; intuito.

es·co·pro (ô) *s.m.* Instrumento de ferro e aço com que se lavram pedras, madeira, etc.

es·co·ra (ó) *s.f.* 1. Trave que ampara e sustém; espeque. 2. *fig.* Arrimo; amparo.

es·co·ra·men·to *s.m.* 1. Ato de escorar. 2. Conjunto de escoras.

es·co·rar *v.t.d.* 1. Amparar com escoras. 2. Apoiar; firmar; sustentar. *v.t.i.* 3. Amparar-se. *v.p.* 4. Firmar-se. 5. *fig.* Fundamentar-se; estribar-se.

es·cor·bu·to *s.m. Med.* Doença que se atribui à falta de vitamina C, e que se caracteriza pela tendência às hemorragias.

es·cor·char *v.t.d.* 1. Tirar a casca de. 2. Esfolar; tirar a pele ou revestimento exterior de. 3. Despojar; roubar. 4. Cobrar (preço excessivo).

es·co·re (ó) *s.m. Desp.* Resultado, expresso por números, de uma partida esportiva.

es·có·ri·a *s.f.* 1. Matérias que se desprendem de um metal durante a fusão. 2. *fig.* Ralé; a camada mais baixa da sociedade.

es·co·ri·a·ção *s.f.* Ação ou efeito de escoriar[1].

es·co·ri·ar[1] *v.t.d.* e *v.p.* Esfolar(-se); arranhar.

es·co·ri·ar[2] *v.t.d.* Limpar das escórias; purificar.

es·cor·pi·a·no *adj.* 1. Relativo ao signo de Escorpião. *s.m.* 2. Pessoa nascida sob o signo de Escorpião.

es·cor·pi·ão *s.m. epiceno* 1. *Zool.* Aracnídeo venenoso, também chamado lacrau. *s.m.* 2. *Astron.* Oitava constelação do zodíaco, situada no hemisfério sul (inicial maiúscula). 3. *Astrol.* Oitavo signo do zodíaco, relativo às pessoas nascidas entre 23 de outubro e 21 de novembro (inicial maiúscula).

es·cor·ra·çar *v.t.d.* 1. Expulsar; afugentar. 2. Não fazer caso de; rejeitar.

es·cor·re·ga (é) *s.m.* O mesmo que escorregador.

es·cor·re·ga·di·o *adj.* Em que se escorrega com facilidade.

es·cor·re·ga·dor *adj.* 1. Que escorrega. *s.m.* 2. Aparelho para divertimento de crianças, que consiste numa tábua inclinada por onde elas escorregam.

es·cor·re·gão *s.m.* 1. Ação ou efeito de escorregar; queda, tombo. 2. *fig.* Erro, deslize.

es·cor·re·gar *v.i.* 1. Deslizar com o próprio peso. 2. *fig.* Cometer erros, faltas. *v.t.i.* 3. Cair; resvalar; incorrer.

es·cor·rei·to *adj. desus.* 1. Sem defeito. 2. Correto; apurado. 3. São; de bom aspecto.

es·cor·rer *v.t.d.* 1. Fazer correr ou esgotar (líquidos). 2. Gotejar; pingar.

es·co·tei·ro *s.m.* 1. Integrante do escotismo. *adj.* 2. Relativo ao escotismo.

es·co·ti·lha *s.f. Náut.* Abertura feita em qualquer pavimento de uma embarcação.

es·co·tis·mo *s.m.* Sistema educativo da juventude que visa desenvolver nos jovens um comportamento baseado em valores éticos.

es·co·va (ô) *s.f.* Instrumento de pelos, sedas, arames, etc., para limpeza de roupas, sapatos, móveis, cabelos, dentes, etc.

es·co·va·ção *s.f.* Escovadela.

es·co·va·de·la (é) *s.f.* 1. Ação de escovar. 2. *fig.* Repreensão; castigo.

es·co·var *v.t.d.* 1. Limpar com escova. 2. *fig.* Repreender; censurar.

es·co·vi·nha *s.f.* 1. *Dim.* de escova. *loc. adv.* **À escovinha**: cortado muito rente (cabelo).

es·cra·va·tu·ra *s.f.* Escravidão; tráfico de escravos.

es·cra·vi·dão *s.f.* 1. Estado ou condição de escravo; sujeição; servidão. 2. Falta de liberdade.

es·cra·vis·mo *s.m.* 1. Sistema dos escravistas. 2. Influência da escravatura.

es·cra·vis·ta *adj.2gên.* 1. Concernente a escravos. *s.2gên.* 2. Pessoa partidária da escravatura.

es·cra·vi·za·ção *s.f.* Ação ou efeito de escravizar.

es·cra·vi·zar *v.t.d.* 1. Reduzir à condição de escravo. 2. Tornar-se senhor absoluto de. 3. Subjugar; submeter; tiranizar. 4. Cativar; enlevar. *v.p.* 5. Fazer-se escravo.

es·cra·vo *adj.* e *s.m.* 1. Que ou o que vive em absoluta sujeição a um senhor; cativo. 2. *fig.* Dependente. 3. Rendido. 4. Dominado por uma paixão.

es·cra·vo·cra·ta *adj.2gên.* e *s.2gên.* Diz-se de ou pessoa partidária da escravatura.

es·cre·te (é) *s.m. Desp.* O mesmo que seleção.

es·cre·ven·te *s.2gên.* 1. Pessoa que faz cópia de escrita ou escreve o que outrem dita. 2. Funcionário de cartório judicial ou extrajudicial.

es·cre·ver *v.t.d.* 1. Pôr ou dizer por escrito. 2. Redigir; compor (obra literária). *v.t.i.* 3. Enviar carta a.

es·cre·vi·nhar *v.t.d.* 1. Escrever (coisas fúteis), sem proveito. *v.i.* 2. Escrever mal.

es·cri·ba *s.m.* 1. Doutor da lei (entre os antigos judeus). 2. *pop.* Mau escritor.

es·crí·ni·o *s.m.* 1. Guarda-joias. 2. Pequeno armário ou cofre. 3. Escrivaninha.

es·cri·ta *s.f.* 1. Arte de escrever. 2. Aquilo que se escreve. 3. Contabilidade; escrituração comercial. 4. *gír.* Negócio escuso.

es·cri·to *adj.* 1. Que se representou por letras. 2. Registrado; gravado. *s.m.* 3. Composição literária.

es·cri·tor *s.m.* Aquele que compõe obras literárias ou científicas.

es·cri·tó·ri·o *s.m.* 1. Compartimento, sala, gabinete onde se escreve. 2. Local onde se recebem os clientes ou fregueses.

es·cri·tu·ra *s.f.* Documento autêntico de um contrato; escrita.

es·cri·tu·ra·ção *s.f.* 1. Ação de escriturar. 2. Escrita de livros comerciais. 3. Arte de escriturar esses livros.

es·cri·tu·rar *v.t.d.* 1. Registrar (contas comerciais). 2. Fazer a escrituração de (livros comerciais). 3. Contratar por meio de escritura.

es·cri·tu·rá·ri·o *s.m.* O que faz escrituração; escrevente.

es·cri·va·ni·nha *s.f.* Mesa em que se escreve; secretária.

es·cri·vão *s.m.* Oficial público encarregado de escrever e expedir os autos judiciais.

es·cro·que (ó) *s.m.* Aquele que se apropria de bens alheios por meios fraudulentos.

es·cro·to (ô) *s.m.* 1. Pele ou bolsa que envolve os testículos. *adj.* 2. *chulo* Ordinário; reles. 3. Malfeito, grosseiro.

es·crú·pu·lo *s.m.* 1. Hesitação do espírito em praticar um ato, com receio de que este não seja lícito. 2. Zelo.

es·cru·pu·lo·so (ô) *adj.* 1. Que tem ou revela escrúpulo. 2. Hesitante; cuidadoso; meticuloso. 3. Pontual. *Pl.:* escrupulosos (ó).

es·cru·tar *v.t.d.* Pesquisar, investigar.

es·cru·ti·nar *v.i.* Fazer a verificação dos votos, apurando o número deles e recolhendo esse número depois de conferido.

es·cru·tí·ni·o *s.m.* 1. Ação de escrutinar. 2. Votação em urna. 3. Apuração dos votos que entram na urna. 4. Urna em que os votos são recolhidos. 5. Exame minucioso.

es·cu·dar *v.t.d.* 1. Cobrir, defender com escudo. 2. Proteger. *v.p.* 3. Cobrir-se (com escudo ou coisa que proteja). 4. Apoiar-se.

es·cu·dei·ro *s.m.* 1. O que levava o escudo do cavaleiro. 2. O primeiro título de nobreza.

es·cu·de·ri·a *s.f. Autom.* Equipe ou organização voltada para competições automobilísticas, com carros próprios, além de pilotos, engenheiros, mecânicos e outros profissionais especialmente contratados para essa finalidade.

es·cu·do *s.m.* 1. Arma defensiva com que se cobria o corpo dos golpes das armas brancas. 2. Unidade monetária e moeda de Portugal e do Cabo Verde antes do euro.

es·cu·la·char *v.t.d.* 1. Criticar ou repreender de forma grosseira, sem respeito; avacalhar, desmoralizar(2), esculhambar. 2. Bater, espancar.

es·cu·lá·pi·o *s.m. desus.* Médico.

es·cu·lham·bar *v.t.d.* 1. Esculachar. 2. Bagunçar, desarrumar. 3. Danificar, estragar.

es·cul·pi·do *adj.* Que se esculpiu; cinzelado; lavrado.

es·cul·pir *v.t.d.* 1. Gravar; entalhar. 2. Deixar gravado; imprimir.

es·cul·tor *s.m.* Artista que faz esculturas.

es·cul·tu·ra *s.f.* 1. Arte de esculpir; estatuária. 2. Obra de escultor.

es·cul·tu·ral *adj.2gên.* 1. Concernente à escultura. 2. Que tem formas perfeitas.

es·cu·ma *s.f.* Espuma.

es·cu·ma·dei·ra *s.f.* Utensílio de cozinha próprio para retirar espuma de líquidos ou para escorrer gordura de frituras, formado por uma parte circular com furos, ou rede de metal, e cabo longo.

es·cu·mi·lha *s.f.* 1. Chumbo em grãos pequenos, usado para caçar pássaros. 2. Tecido antigo, de lã ou seda, fino e transparente.

es·cu·na *s.f.* Pequena embarcação, barco ligeiro de dois mastros.

es·cu·ra *s.f.* Escuridão. *loc. adv.* **Às escuras:** sem luz; ocultamente; sem conhecimento exato.

es·cu·re·cer *v.t.d.* 1. Tornar escuro. 2. Tornar ininteligível. 3. Deslustrar. 4. Ofuscar; perturbar. *v.i.* 5. Perder o brilho ou a claridade, aos poucos. 6. Anoitecer.

es·cu·re·ci·men·to *s.m.* Ato ou efeito de escurecer.

es·cu·ri·dão *s.f.* 1. Ausência de luz; trevas. 2. Lugar sombrio. 3. *fig.* Cegueira; ignorância.

es·cu·ro *adj.* 1. Sem luz; pouco claro. 2. Sombrio; triste. 3. *fig.* Difícil; misterioso. *s.m.* 4. Escuridão; sombra; noite.

es·cu·sa *s.f.* Ação de escusar; desculpa.

es·cu·sa·do *adj.* Desnecessário; inútil.

es·cu·sar *v.t.d.* 1. Desculpar; justificar. 2. Dispensar. *v.i.* 3. Ser desnecessário. *v.t.i.* 4. Não carecer. *v.p.* 5. Recusar-se.

es·cu·so *adj.* 1. Que foi objeto de escusa. 2. Escondido; esconso; recôndito. 3. Isento.

es·cu·ta *s.f.* Ação de escutar. *loc. adv.* **À escuta:** atentamente; alerta.

es·cu·tar *v.t.d.* 1. Tornar-se atento para ouvir. 2. Perceber. 3. Dar ouvidos a. *v.i.* 4. Prestar atenção para ouvir alguma coisa.

es·drú·xu·lo (ch) *adj.* 1. *Gram. desus.* Proparoxítono. 2. *pop.* Esquisito; extravagante.

es·fa·ce·lar *v.t.d.* 1. Gangrenar. 2. Arruinar; estragar; desfazer; corromper. *v.p.* 3. Arruinar-se; desfazer-se; corromper-se.

es·fai·ma·do *adj.* e *s.m.* Faminto.

es·fai·mar *v.t.d.* 1. Obrigar a ter fome. 2. Privar de alimentos. 3. Matar de fome.

es·fal·fa·do *adj.* Cansado; enfraquecido; extenuado.

es·fal·far *v.t.d.* 1. Enfraquecer; fatigar; extenuar. *v.p.* 2. Extenuar-se; cansar-se. 3. Trabalhar excessivamente.

es·fa·que·ar *v.t.d.* 1. Dar facadas em; ferir com faca. 2. Retalhar.

es·fa·re·lar *v.t.d.* 1. Reduzir a farelo. 2. Transformar em migalhas; fragmentar. *v.p.* 3. Esboroar-se; esfacelar-se.

es·far·ra·pa·do *adj.* e *s.m.* 1. Que ou o que tem a roupa em farrapos. *adj.* 2. Roto.

es·far·ra·par *v.t.d.* 1. Fazer em farrapos. 2. Dilacerar. 3. Consumir.

es·fe·ra (é) *s.f.* 1. *Geom.* Corpo redondo cujos pontos superficiais estão equidistantes do centro. 2. Globo; bola. 3. *fig.* Condição; classe; estado. 4. Extensão de atribuições de poder.

es·fé·ri·co *adj.* 1. Em forma de esfera. 2. Redondo.

es·fe·ro·grá·fi·ca *adj.* e *s.f.* Diz-se de ou a caneta cuja ponta é uma esfera metálica embutida no reservatório de tinta pastosa.

es·fi:a·par *v.t.d., v.i.* e *v.p.* Desmanchar (-se) em fiapos ou fios; desfiar(-se).

es·fínc·ter *s.m. Anat.* Músculo circular contrátil ao redor de um ducto ou orifício natural do corpo (bexiga, ânus).

es·fin·ge *s.f.* 1. *Mit.* Monstro fabuloso com cabeça humana e corpo de leão. 2. *fig.* Enigma; mistério. *sobrecomum* 3. Pessoa enigmática, calada.

es·fo·gue·a·do *adj.* Apressado; sôfrego.

es·fo·gue·ar-se *v.p.* Apressar-se; perder a calma.

es·fo·la·du·ra *s.f.* 1. Ação ou efeito de esfolar. 2. Arranhadura.

es·fo·lar *v.t.d.* 1. Tirar a pele de. 2. Ferir superficialmente; arranhar. 3. Vender muito caro a. 4. Extorquir dinheiro a. *v.p.* 5. Ficar escoriado.

es·fo·lhar *v.t.d.* Tirar a folha a (o milho).

es·fo·lhe·ar *v.t.d.* Folhear de modo mais ou menos inconsciente; folhear.

es·fo·me·a·do *adj.* e *s.m.* Que ou o que tem fome; faminto.

es·fo·me·ar *v.t.d.* Causar fome a; esfaimar.

es·for·ça·do *adj.* e *s.m.* Corajoso; forte; denodado; animoso; diligente.

es·for·çar *v.t.d.* 1. Tornar forte; dar força a. 2. Encorajar, alentar. 3. Aumentar; engrossar. *v.i.* 4. Ter coragem, animar-se.

es·for·ço (ô) *s.m.* 1. Ação enérgica do corpo ou do espírito. 2. Coragem; ânimo; zelo. *Pl.*: esforços (ó).

es·fran·ga·lhar *v.t.d.* Reduzir a frangalhos; rasgar.

es·fre·ga (é) *s.f.* 1. Ação de esfregar. 2. *fig.* Grande fadiga. 3. Repreensão. 4. Castigo.

es·fre·ga·ção *s.f.* Ação ou efeito de esfregar.

es·fre·ga·dor *adj.* 1. Que esfrega. *s.m.* 2. Aquele que esfrega. 3. Utensílio, escova para esfregar.

es·fre·ga·du·ra *s.f.* Esfregação.

es·fre·gão *s.m.* Pano de esfregar.

es·fre·gar *v.t.d.* 1. Passar repetidas vezes a mão ou um objeto pela superfície de. 2. Roçar (uma coisa) com outra. 3. Coçar. 4. Limpar. *v.p.* 5. Coçar-se; friccionar-se.

es·fri·a·men·to *s.m.* Ato de esfriar; resfriamento.

es·fri·ar *v.t.d.* 1. Tornar menos quente; arrefecer. 2. Desanimar. 3. Esmorecer. 4. Acalmar. *v.i.* 5. Perder o calor. *v.p.* 6. Tornar-se frio. 7. Perder o entusiasmo.

es·fu·ma·do *adj.* e *s.m.* Diz-se de ou desenho com sombras esbatidas a esfuminho.

es·fu·mar *v.t.d.* 1. Sombrear com o esfuminho; desenhar a carvão. 2. Esbater os traços a carvão. *v.p.* 3. Desaparecer aos poucos.

es·fu·mi·nho *s.m.* Utensílio com que se esbatem os traços de um desenho a carvão.

es·fu·zi·an·te *adj.2gên.* Que esfuzia; sibilante.

es·fu·zi·ar *v.i.* 1. Sibilar (o projétil, o vento, etc.). 2. Soprar rijo e forte.

es·gal·ga·do *adj.* 1. *fig.* Que é esbelto como um galgo. 2. *fig.* Que é comprido e estreito.

es·ga·na·ção *s.f.* 1. Ação de esganar. 2. Avidez; sofreguidão; gana.

es·ga·na·do *adj.* e *s.m.* 1. Diz-se do indivíduo faminto. 2. *fig.* Avarento; sovina.

es·ga·nar *v.t.d.* 1. Afogar. 2. Sufocar. 3. Estrangular.

es·ga·ni·çar *v.t.d.* 1. Tornar fina e penetrante (a voz). *v.p.* 2. Soltar vozes agudas e desagradáveis.

es·gar *s.m.* Gesto de escárnio; trejeito.

es·ga·ra·va·tar *v.t.d.* 1. Remexer com as unhas. 2. *fig.* Inquirir; esmiuçar; buscar; pesquisar.

es·gar·çar *v.t.d.* 1. Rasgar (um tecido) afastando os fios; desfiar. *v.i.* 2. Abrir-se; desfiar-se (um tecido). *v.p.* 3. Fragmentar-se.

es·ga·ze·a·do *adj.* 1. Deslavado. 2. De cor desmaiada. 3. Designativo dos olhos muito abertos por espanto ou ira.

es·ga·ze·ar *v.t.d.* 1. Pôr em branco (os olhos). 2. Volver (os olhos) com expressão desvairada. 3. Desvanecer (a cor de um quadro).

es·go·e·lar *v.t.d.* 1. Proferir gritando. 2. Esganar; estrangular. *v.i.* 3. Gritar muito.

es·go·ta·do *adj.* 1. Que se esgotou. 2. Exausto; depauperado.

es·go·ta·men·to *s.m.* Ato ou efeito de esgotar-se.

es·go·tar *v.t.d.* 1. Tirar, beber até a última gota de. 2. Consumir. 3. Cansar. 4. Dizer a última palavra sobre. *v.i.* 5. Secar-se. *v.p.* 6. Exaurir-se. 7. Extenuar-se; consumir-se.

es·go·to (ô) *s.m.* 1. Esgotamento. 2. Abertura ou cano por onde correm líquidos ou dejetos.

es·gra·va·tar *v.t.d.* Esgaravatar.

es·gri·ma *s.f.* 1. Arte de manejar armas brancas (especialmente a espada, o sabre e o florete). 2. Ação de esgrimir.

es·gri·mir *v.t.d.* 1. Manejar armas brancas. *v.i.* 2. Jogar as armas. 3. Lutar; brigar. 4. Discutir; argumentar. *v.t.i.* 5. Brigar (com alguém).

es·gri·mis·ta *s.2gên.* Pessoa que pratica a arte da esgrima.

es·guei·rar *v.t.d.* 1. Desviar. 2. Dirigir de modo sorrateiro e cauteloso. *v.p.* 3. Retirar-se sorrateiramente; safar-se.

es·gue·lha (ê) *s.f.* 1. Través; obliquidade; soslaio. *loc. adv.* **De esguelha**: de soslaio; obliquamente.

es·gue·lhar *v.t.d.* 1. Pôr de esguelha. 2. Colocar obliquamente; enviesar.

es·gui·char *v.t.d.* 1. Fazer sair com força (um líquido) por um tubo ou orifício. *v.i.* 2. Sair em repuxo.

es·gui·cho *s.m.* 1. Jato de um líquido. 2. Repuxo. 3. Bisnaga. 4. Mangueira².

es·gui·o *adj.* 1. Alto e magro. 2. Comprido e delgado.

es·la·vo *s.m.* 1. Indivíduo dos eslavos, povos indo-europeus do leste da Europa (russos, poloneses, tchecos, eslovacos, búlgaros). *adj.* 2. Relativo a esses povos.

es·lo·ve·no (ê) *adj.* 1. Referente à República da Eslovênia. *s.m.* 2. O natural ou habitante desse país.

es·ma·e·cer *v.i.* 1. Perder a cor; desbotar; desmaiar. 2. Esmorecer; enfraquecer. 3. Apagar-se; desvanecer-se.

es·ma·gar *v.t.d.* 1. Comprimir até rebentar ou dilacerar. 2. Calcar; macerar; pisar. 3. *fig.* Oprimir. 4. Destruir os argumentos de.

es·mal·tar *v.t.d.* 1. Revestir, cobrir de esmalte. 2. *fig.* Matizar; tornar variegado. 3. Abrilhantar; ilustrar.

es·mal·te *s.m.* 1. Substância vitrificável que se aplica sobre louça, metais, etc. 2. *Anat.* Substância que reveste a coroa dos dentes.

es·me·ra·do *adj.* Feito com esmero; apurado; elegante; bem-acabado.

es·me·ral·da *s.f. Min.* Pedra preciosa de cor verde brilhante.

es·me·rar *v.t.d.* 1. Apurar; polir. 2. Aperfeiçoar. 3. Mostrar esmero em. *v.p.* 4. Trabalhar com esmero. 5. Esforçar-se por fazer as coisas com perfeição.

es·me·ril *s.m.* 1. Substância que contém óxido de ferro que se reduz a pó para polimento. 2. Nome comum a todas as pedras que se empregam para esmerilar ou desgastar. *Pl.*: esmeris.

es·me·ri·lar *v.t.d.* Polir ou despolir com esmeril; esmerilhar.

es·me·ri·lhar *v.t.d.* Esmerilar.

es·me·ro (ê) *s.m.* 1. Cuidado extremo em qualquer serviço. 2. Apuro; perfeição.

es·mi·ga·lhar *v.t.d.* 1. Reduzir a migalhas; fragmentar. *v.p.* 2. Fazer-se em migalhas.

es·mi·u·ça·do *adj.* Dividido em partes miúdas, em bocadinhos.

es·mi·u·çar *v.t.d.* 1. Separar, dividir em partes miúdas. 2. Analisar; investigar. 3. Explicar, narrar com pormenores.

es·mo (ê) *s.m.* Cálculo aproximado; estimativa; conjetura. *loc. adv.* **A esmo**: ao acaso; à toa.

es·mo·er *v.t.d.* 1. Triturar com os dentes. 2. Ruminar; digerir. *v.i.* 3. Ruminar.

es·mo·la (ó) *s.f.* O que se dá aos pobres, por caridade; benefício.

es·mo·lar *v.t.d.* 1. Dar esmola a; socorrer com esmolas. *v.i.* 2. Pedir esmolas; mendigar. 3. Dar esmolas.

es·mo·ler (é) *s.2gên.* 1. Pessoa que distribui esmolas. 2. Mendigo. *adj.2gên.* 3. Que dá esmolas; caritativo.

es·mo·re·cer *v.t.d.* 1. Tirar o ânimo a; desalentar. entibiar. *v.i.* 2. Perder o ânimo, as forças, o entusiasmo, a coragem. 3. Afrouxar-se. 4. Desbotar-se; apagar-se.

es·mo·re·ci·men·to *s.m.* 1. Ato de esmorecer. 2. Falta de ânimo; desalento.

es·mur·rar *v.t.d.* Dar murros em; maltratar com murros.

es·no·bar *v.i.* Comportar-se como esnobe.

es·no·be (ó) *adj.* e *s.m.* Que ou pessoa que demonstra esnobismo.

es·no·bis·mo *s.m.* 1. Admiração exagerada, afetação de gosto por tudo o que está na moda. 2. Respeito exagerado aos que têm posição social elevada.

e·sô·fa·go *s.m. Anat.* Canal que liga a faringe ao estômago.

e·so·té·ri·co *adj.* 1. Designativo da doutrina secreta que só se comunica aos iniciados (opõe-se a exotérico). 2. Diz-se de ensinamento ligado ao ocultismo.

e·so·te·ris·mo *s.m.* Conjunto de princípios que constituem a doutrina esotérica (opõe-se a exoterismo).

es·pa·ça·men·to *s.m.* Ato ou efeito de espaçar.

es·pa·çar *v.t.d.* 1. Abrir intervalos entre; deixar espaço. 2. Adiar; demorar.

es·pa·ce·jar *v.t.d.* Espaçar.

es·pa·ci·al *adj.2gên.* Concernente ao espaço.

es·pa·ço *s.m.* 1. Extensão indefinida. 2. O universo. 3. Extensão superficial limitada. 4. Período de tempo.

es·pa·ço·na·ve *s.f.* Nave geralmente tripulada, para fazer viagens espaciais; nave espacial; astronave.

es·pa·ço·so (ô) *adj.* Que tem espaço; extenso; amplo; vasto. *Pl.:* espaçosos (ó).

es·pa·da *s.f.* Arma branca composta de uma lâmina comprida e pontiaguda, de um ou dois gumes.

es·pa·da·chim *s.m.* 1. Aquele que luta armado de espada. 2. Duelista. 3. Brigão.

es·pa·da·na *s.f.* 1. Que tem a forma semelhante à de uma espada. 2. Chama, labareda. 3. *Zool.* Nadadeira de peixe.

es·pa·da·nar *v.t.d.* 1. Deixar que caia em borbotões. 2. Lançar; soltar. *v.i.* 3. Sair em borbotões; jorrar.

es·pa·dar·te *s.m. epiceno Zool.* Peixe do mar, também conhecido por peixe-espada.

es·pa·da·ú·do *adj.* 1. De espáduas largas. 2. Encorpado; reforçado.

es·pá·du·a *s.f. Anat.* Ombro; omoplata com a carne que a reveste.

es·pa·gue·te (é) *s.m. Cul.* Variedade de macarrão em bastões finos e maciços.

es·pai·re·cer *v.t.d.* 1. Distrair; recrear; entreter. *v.i.* 2. Recrear-se no passeio, no campo.

es·pal·dar *s.m.* As costas da cadeira; parte superior do dossel.

es·pa·lha·fa·to *s.m.* Estardalhaço; confusão; barulho; desordem.

es·pa·lha·fa·to·so (ô) *adj.* Que faz espalhafato; ruidoso. *Pl.:* espalhafatosos (ó).

es·pa·lhar *v.t.d.* 1. Lançar para diferentes lados; dispersar. 2. Difundir; tornar público. 3. Emitir. *v.p.* 4. Dispersar-se. 5. Difundir-se.

es·pal·ma·do *adj.* 1. Que é plano como a palma da mão. 2. Que se reduziu a lâmina.

es·pal·mar *v.t.d.* 1. Aplanar; alisar. 2. Achatar. 3. Dilatar, calcando. 4. Distender; abrir.

es·pa·na·dor *s.m.* Utensílio para remover o pó dos móveis.

es·pa·nar *v.t.d.* Limpar o pó com o espanador.

es·pan·ca·men·to *s.m.* Ato ou efeito de espancar.

es·pan·car *v.t.d.* 1. Agredir com pancadas; surrar. 2. Afugentar. 3. Fugir de. 4. Dissipar.

es·pa·nhol *adj.* 1. Relativo ou pertencente à Espanha. *s.m.* 2. O natural ou habitante da Espanha. 3. O idioma desse país.

es·pa·nho·lis·mo *s.m.* Palavra ou construção próprias do idioma espanhol; castelhanismo.

es·pan·ta·lho *s.m.* 1. Objeto (geralmente um boneco) que se coloca nos campos ou nos jardins para afugentar as aves. *sobrecomum* 2. Indivíduo inútil. 3. Pessoa muito feia.

es·pan·tar *v.t.d.* 1. Causar espanto a. 2. Enxotar. 3. Admirar; maravilhar. *v.i.* 4. Ser espantoso. *v.p.* 5. Maravilhar-se. 6. Assustar-se.

es·pan·to *s.m.* 1. Grande susto. 2. Medo. 3. Pasmo; admiração.

es·pan·to·so (ô) *adj.* 1. Que causa espanto. 2. Surpreendente; extraordinário. *Pl.:* espantosos (ó).

es·pa·ra·dra·po *s.m.* Emplastro adesivo que se coloca sobre a pele.

es·par·gir *v.t.d.* 1. Derramar, vertendo. 2. Irradiar; difundir. 3. Espalhar em borrifos, em gotas. *Part.:* espargido e esparso.

es·par·go *s.m. V. aspargo.*

es·par·ra·ma·do *adj.* 1. Que se espalhou em várias direções; disperso. 2. Estouvado.

es·par·ra·mar *v.t.d.* 1. Espalhar em várias direções; dispersar. *v.i.* e *v.p.* 2. Dispersar-se; espalhar-se.

es·par·re·ga·do *s.m. Cul.* Guisado que se prepara com ervas depois de cozidas, picadas e espremidas.

es·par·re·la (é) *s.f.* 1. Armadilha de caça. 2. Cilada; logro; burla.

es·par·so *adj.* 1. Disperso; entornado; derramado. 2. Difundido.

es·par·ta·no *adj.* 1. Relativo a Esparta (Grécia). 2. *fig.* Austero; severo. *s.m.* 3. O natural ou habitante de Esparta.

es·par·ti·lho *s.m.* Colete para comprimir a cintura e dar elegância ao corpo.

es·par·zir *v.t.d.* e *v.p.* Espargir. *Part.:* esparzido e esparso.

es·pas·mo *s.m. Med.* Contração involuntária e convulsiva dos músculos.

es·pas·mó·di·co *adj.* Concernente a espasmo.

es·pa·ti·fa·do *adj.* Que se espatifou; que se fez em pedaços.

es·pa·ti·far *v.t.d.* 1. Despedaçar; fazer em pedaços. 2. Estragar. 3. Rasgar. 4. Dissipar.

es·pá·tu·la *s.f.* Instrumento com que se abrem livros, se espalham preparações farmacêuticas, etc.

es·pa·ven·tar *v.t.d.* 1. Espantar; causar susto a. 2. Ensoberbecer. *v.p.* 3. Assustar-se.

es·pa·ven·to *s.m.* 1. Espanto. 2. Ostentação; pompa.

es·pa·ven·to·so (ô) *adj.* 1. Que espaventa. 2. Pomposo. 3. Inchado; soberbo. *Pl.:* espaventosos (ó).

es·pa·vo·ri·do *adj.* Assustado; aterrorizado.

es·pa·vo·rir *v.t.d.* e *v.p.* Amedrontar (-se).

es·pe·ci·al *adj.2gên.* 1. Concernente a uma espécie peculiar; próprio; particular. 2. Excelente. 3. Reservado.

es·pe·ci·a·li·da·de *s.f.* 1. Qualidade de especial; particularidade. 2. Coisa privativa.

es·pe·ci·a·lis·ta *s.2gên.* Pessoa que se dedica a certo estudo ou a um ramo de sua profissão.

es·pe·ci·a·li·za·ção *s.f.* Ação ou efeito de especializar(-se).

es·pe·ci·a·li·zar *v.t.d.* 1. Particularizar; distinguir. *v.p.* 2. Adotar uma especialidade.

es·pe·ci·a·ri·a *s.f.* Droga aromática; condimento, como pimenta, canela, noz-moscada, cravo-da-índia.

es·pé·cie *s.f.* 1. Qualidade; natureza. 2. Condição. 3. Conjunto de seres da mesma essência. ***Causar espécie***: intrigar; surpreender.

es·pe·ci·fi·ca·ção *s.f.* Ação de especificar.

es·pe·ci·fi·car *v.t.d.* 1. Indicar a espécie de. 2. Explicar com pormenores. 3. Apontar individualmente.

es·pe·cí·fi·co *adj.* 1. Concernente a espécie. 2. Especial; exclusivo. *s.m.* 3. Medicamento destinado a determinada doença.

es·pé·ci·me *s.m.* Modelo; amostra; prova; exemplar.

es·pe·ci·o·so (ô) *adj.* Que induz em erro; ilusório. *Pl.*: especiosos (ó).

es·pec·ta·dor *s.m.* Aquele que assiste a um espetáculo ou a qualquer ato.

es·pec·tral *adj.2gên.* 1. Que se refere ou se assemelha a espectro ou fantasma. 2. Concernente ao espectro.

es·pec·tro (é) *s.m.* 1. *Fís.* Imagem com as cores do arco-íris, resultante da decomposição da luz solar através de um prisma. *sobrecomum* 2. Imagem fantástica de pessoa morta. 3. *fig.* Pessoa muito magra.

es·pe·cu·la·ção *s.f.* 1. Ação de especular. 2. Investigação teórica.

es·pe·cu·lar[1] *v.t.d.* 1. Observar; pesquisar. *v.i.* 2. Comprar e vender buscando ganhos a partir da oscilação dos preços, e correndo o risco de perdas. *v.t.i.* 3. Tirar partido de; informar-se minuciosamente de.

es·pe·cu·lar[2] *adj.2gên.* 1. Relativo a espelho. 2. Que tem a superfície lisa como a de espelho.

es·pe·cu·la·ti·vo *adj.* 1. Em que há especulação. 2. Concernente a especulação.

es·pé·cu·lo *s.m. Med.* Instrumento que serve para afastar as paredes de certas cavidades do corpo, como o ânus e a vagina, permitindo examiná-las.

es·pe·lha·ção *s.f.* Ato ou efeito de espelhar.

es·pe·lhar *v.t.d.* 1. Converter em espelho. 2. Tornar liso como um espelho. 3. Refletir; retratar. *v.p.* 4. Refletir-se. 5. Comprazer-se.

es·pe·lho (ê) *s.m.* 1. Superfície polida em que se reflete a luz e a imagem dos objetos. 2. *fig.* Exemplo; modelo.

es·pe·lo·te·a·do *adj.* e *s.m.* Estouvado.

es·pe·lo·te·ar *v.i.* Proceder como um espeloteado, desmiolado.

es·pe·lun·ca *s.f.* 1. Caverna; antro; covil. 2. Casa de ínfima classe. 3. Lugar muito sujo.

es·pe·que (é) *s.m.* 1. Peça de madeira para escorar um objeto. 2. *fig.* Arrimo; apoio.

es·pe·ra (é) *s.f.* 1. Ação de esperar. 2. Local, ponto onde se espera. 3. Prazo marcado.

es·pe·ran·ça *s.f.* Disposição do espírito que induz a esperar a realização de coisa desejada ou prometida; expectativa.

es·pe·ran·ço·so (ô) *adj.* Que dá ou tem esperança; prometedor. *Pl.:* esperançosos (ó).

es·pe·ran·to *s.m.* Língua internacional inventada pelo médico polonês Luís Lázaro Zamenhof (1859-1917).

es·pe·rar *v.t.d.* 1. Ter esperança em; contar com. 2. Estar à espera de. 3. Conjeturar; supor. *v.i.* 4. Estar na expectativa.

es·per·ma (é) *s.m. Biol.* Líquido produzido pelos órgãos genitais dos animais machos; líquido seminal; sêmen.

es·per·ma·ce·te (é) *s.m. Zool.* Substância branca e gordurosa que se extrai da cabeça do cachalote e com a qual se fabricam velas.

es·per·ma·to·zoi·de *s.m. Biol.* Elemento fecundante do esperma.

es·per·ne·ar *v.i.* 1. Agitar convulsivamente as pernas. 2. Revoltar-se, insubordinar-se.

es·per·ta·lhão *adj.* e *s.m.* Diz-se de ou indivíduo astuto e malicioso. *Fem.:* espertalhona.

es·per·te·za (ê) *s.f.* 1. Qualidade do que é esperto. 2. Ato ou dito de pessoa esperta. 3. Sagacidade.

es·per·to (é) *adj.* 1. Ativo; enérgico; vivo. 2. Astuto; finório; sabido. 3. Quase quente, morno. *V. experto*.

es·pes·sar *v.t.d.* 1. Fazer espesso, grosso, denso. *v.p.* 2. Tornar-se espesso, denso.

es·pes·so (ê) *adj.* 1. Denso. 2. Compacto. 3. Copado; basto. 4. Consistente. 5. Opaco; indevassável (diz-se de cerração, névoa, mata).

es·pes·su·ra *s.f.* 1. Densidade. 2. Grossura. 3. Mata cerrada.

es·pe·ta·cu·lar *adj.2gên.* Que constitui espetáculo; sensacional.

es·pe·tá·cu·lo *s.m.* 1. Tudo o que atrai a vista ou prende a atenção. 2. Contemplação. 3. Representação (teatral, cinematográfica, de televisão). 4. Cena ridícula ou escandalosa.

es·pe·ta·da *s.f.* 1. Ato de espetar. 2. Golpe com espeto.

es·pe·tar *v.t.d.* 1. Furar, atravessar com espeto ou instrumento pontiagudo. *v.p.* 2. Cravar-se, ferir-se.

es·pe·to (ê) *s.m.* 1. Utensílio para assar carne. 2. Pau aguçado em uma das extremidades. 3. *fig.* Maçada; complicação; contratempo.

es·pe·vi·ta·do *adj.* 1. Vivo, esperto. 2. Petulante; pretensioso. 3. Loquaz.

es·pe·vi·tar *v.t.d.* 1. Estimular. 2. Tornar pretensioso, afetado. *v.p.* 3. Mostrar-se afetado. 4. Irritar-se.

es·pe·zi·nha·do *adj.* Oprimido; humilhado.

es·pe·zi·nhar *v.t.d.* 1. Humilhar; oprimir. 2. Calcar aos pés.

es·pi·a *s.2gên.* 1. Pessoa que espreita às ocultas as ações de alguém; espião. 2. Sentinela. *s.f.* 3. Cabo que mantém em equilíbrio mastro ou poste.

es·pi·a·da *s.f.* 1. Ação de espiar ou olhar; olhada. 2. Olhadela.

es·pi·ão *s.m.* Agente secreto que fornece informações ao governo por cujo interesse trabalha. *Fem.:* espiã. *Pl.:* espiões.

es·pi·ar *v.t.d.* 1. Observar secretamente; espreitar; espionar. 2. Observar; olhar. *v.i.* 3. Espionar. *V. expiar*.

es·pi·ca·ça·do *adj.* 1. Picado pelos pássaros ou por instrumento agudo. 2. *fig.* Incitado. 3. Torturado; magoado.

es·pi·ca·çar *v.t.d.* 1. Ferir com o bico. 2. Esburacar (com ponta aguda). 3. Estimular; instigar. 4. Torturar, afligir.

es·pi·char *v.t.d.* 1. Estender quanto possível; alongar; esticar. *v.i.* 2. *pop.* Morrer. *v.p.* 3. Deitar-se ao comprido.

es·pi·ga *s.f.* 1. Parte do milho e outras gramíneas em que se produz o grão. 2. Parte de uma peça que entra no furo de outra. 3. *Astron.* A estrela mais brilhante da constelação de Virgem (inicial maiúscula). 4. *fig.* Contratempo; maçada. 5. Logro.

es·pi·ga·do *adj.* 1. Que criou espiga. 2. *fig.* Alto; crescido.

es·pi·gão *s.m.* 1. Espiga grande. 2. Saliência inclinada do telhado. 3. Parte superior de um monte, terminada em ponta. 4. Divisor de águas.

es·pi·gar *v.i.* 1. Lançar, criar espiga. 2. Desenvolver; crescer.

es·pi·na·frar *v.t.d.* 1. Desmoralizar; ridicularizar. 2. Repreender severamente.

es·pi·na·fre *s.m. Bot.* Planta anual que se cultiva nas hortas e se usa como alimento.

es·pi·ne·ta (ê) *s.f. Mús.* Antigo instrumento de corda e teclado que precedeu o cravo.

es·pin·gar·da *s.f.* Arma de fogo de cano comprido, portátil.

es·pi·nha *s.f.* 1. *Anat.* Série de apófises da coluna vertebral. 2. A própria coluna vertebral. 3. Osso de peixe. 4. Nome de certas borbulhas da pele, sobretudo do rosto.

es·pi·nha·ço *s.m.* 1. Coluna vertebral. 2. Costas; dorso. 3. Aresta de monte. 4. Serrania.

es·pi·nhar *v.t.d.* e *v.p.* 1. Ferir-se com espinho. 2. Irritar(-se).

es·pi·nhei·ro *s.m. Bot.* Planta espinhosa.

es·pi·nhe·la (é) *s.f. pop.* Apêndice cartilagíneo do esterno.

es·pi·nho *s.m.* 1. *Bot.* Excrescência aguda e dura de certas plantas. 2. *Zool.* Cerda rija de alguns animais. 3. *fig.* Embaraço. 4. Aflição. 5. Provação.

es·pi·nho·so (ô) *adj.* 1. Que tem espinhos. 2. *fig.* Tormentoso. 3. Difícil; árduo. Pl.: espinhosos (ó).

es·pi·no·te·ar *v.i.* 1. Dar pinotes. 2. Mexer os braços ou as pernas de maneira desordenada; agitar-se, debater-se, espernear. 3. Reclamar com raiva; esbravejar.

es·pi·o·na·gem *s.f.* 1. Ação de espionar. 2. Encargo de espião.

es·pi·o·nar *v.t.d.* 1. Espreitar como espião. 2. Espiar.

es·pi·que *s.m. Bot.* Caule lenhoso das palmeiras e de outras plantas.

es·pi·ra *s.f.* Cada uma das voltas da espiral.

es·pi·ral *s.f.* 1. Linha curva que sem se fechar vai dando voltas. *adj.2gên.* 2. Em forma de espira ou de caracol.

es·pi·ra·la·do *adj.* Em forma espiral.

es·pi·ra·lar *v.t.d., v.i.* e *v.p.* 1. Fazer ficar ou ficar com a forma de espiral. 2. Pôr espiral em algo.

es·pi·rar *v.t.d.* 1. Soprar; respirar. 2. Exalar. *v.i.* 3. Estar vivo. *V.* **expirar**.

es·pí·ri·ta *adj.2gên.* 1. Concernente ao espiritismo. *s.2gên.* 2. Pessoa partidária do espiritismo.

es·pi·ri·tei·ra *s.f.* Pequeno vaso no qual se queima espírito de vinho ou álcool.

es·pi·ri·tis·mo *s.m.* Doutrina que tem por princípio as relações do mundo material com os espíritos ou seres do mundo invisível.

es·pi·ri·tis·ta *adj.2gên.* e *s.2gên.* Espírita.

es·pí·ri·to *s.m.* 1. Ser imaterial e individual que sobrevive à morte do corpo físico; alma. *s.m.* 2. Conjunto das faculdades intelectuais. 3. Finura; sutileza; graça. 4. Imaginação; engenho. 5. Parte volátil dos corpos submetidos à destilação; álcool.

es·pí·ri·to-san·ten·se *adj.2gên.* 1. Concernente ao estado do Espírito Santo. *s.2gên.* 2. Pessoa natural ou habitante desse estado. *Pl.:* espírito-santenses.

es·pi·ri·tu·al *adj.2gên.* Concernente ao espírito.

es·pi·ri·tu·a·li·da·de *s.f.* Qualidade daquilo que é espiritual.

es·pi·ri·tu·a·lis·mo *s.m. Fil.* Doutrina que se funda na existência de Deus e da alma.

es·pi·ri·tu·a·lis·ta *adj.2gên.* 1. Concernente ao espírito. 2. Designativo da pessoa que segue o espiritualismo. *s.2gên.* 3. Pessoa espiritualista.

es·pi·ri·tu·a·li·za·ção *s.f.* Ação ou efeito de espiritualizar.

es·pi·ri·tu·a·li·zar *v.t.d.* 1. Dar sentido alegórico a. 2. Tornar incorpóreo. 3. Destilar. 4. Animar; excitar. *v.p.* 5. Despir-se do apego ao mundo material.

es·pi·ri·tu·o·so (ô) *adj.* 1. Que tem espírito; que tem graça. 2. Alcoólico. *Pl.:* espirituosos (ó).

es·pir·rar *v.t.d.* 1. Lançar fora de si. 2. Expelir; emitir. *v.i.* 3. Dar espirros. 4. Esguichar. 5. Saltar. 6. Romper.

es·pir·ro *s.m.* Expulsão ruidosa do ar pelo nariz e pela boca, provocada por uma excitação da mucosa das fossas nasais.

es·pla·na·da *s.f.* 1. Terreno amplo na frente de um edifício. 2. Lugar elevado e descoberto de onde se tem boa perspectiva.

es·plên·di·do *adj.* 1. Brilhante. 2. Magnífico.

es·plen·dor *s.m.* 1. Brilho; fulgor. 2. Magnificência; grandeza; pompa.

es·plen·do·ro·so (ô) *adj.* Cheio de esplendor. *Pl.:* esplendorosos (ó).

es·po·car *v.i.* 1. Estourar com ruído semelhante à da pipoca; estalar, pipocar. 2. *fig.* Aparecer de repente; irromper.

es·po·jar *v.t.d.* 1. Fazer cair ao chão. *v.p.* 2. Estender-se e rebolar-se no chão.

es·po·le·ta (ê) *s.f.* 1. Peça que determina a inflamação da carga nos projéteis ocos. *sobrecomum* 2. Peralta; doidivanas.

es·po·li·a·ção *s.f.* Ação ou efeito de espoliar.

es·po·li·ar *v.t.d.* Privar de alguma coisa de modo ilegítimo ou por violência.

es·pó·li·o *s.m.* 1. Bens que ficam por morte de alguém. 2. Aquilo de que alguém foi espoliado. 3. Despojos; restos.

es·pon·gi·á·ri·o *s.m.pl. Zool.* Animal rudimentar que tem por tipo a esponja.

es·pon·ja *s.f.* 1. *epiceno Zool.* Animal celenterado, sem simetria nem tubo digestivo. 2. *por ext.* Substância porosa e leve que provém desse animal. 3. *Bot.* Planta leguminosa, também chamada esponjeira.

es·pon·jo·so (ô) *adj.* 1. Da natureza da esponja. 2. Leve, poroso e absorvente. *Pl.:* esponjosos (ó).

es·pon·sais *s.m.pl.* 1. Promessa ou contrato de casamento. 2. Cerimônias que precedem o casamento.

es·pon·sal *adj.2gên.* 1. Relativo ou pertencente a esposos. *s.m.pl.* 2. Celebração de casamento; boda, núpcias.

es·pon·ta·nei·da·de *s.f.* Qualidade de espontâneo.

es·pon·tâ·ne:o *adj.* 1. Não aconselhado nem forçado. 2. De livre vontade; voluntário. 3. *Ecol.* Que nasce sem ser semeada (planta).

es·po·ra (ó) *s.f.* 1. Instrumento de metal que se coloca no tacão do calçado e com o qual o cavaleiro estimula a cavalgadura 2. *fig.* Estímulo.

es·po·rá·di·co *adj.* Disperso; raro; acidental.

es·po·rão *s.m.* 1. *Zool.* Saliência córnea do tarso do galo e de outros machos galináceos. 2. Contraforte de parede.

es·po·re·ar *v.t.d.* 1. Excitar, ferir com espora. 2. Estimular. 3. Sacudir de modo violento. 4. Compelir; levar. 5. Excitar.

es·por·te (ó) *s.m.* Exercício ou atividade corporal, individual ou de equipe, que melhora o indivíduo e a espécie em sentido orgânico; desporte; desporto.

es·por·tis·ta *adj.2gên.* e *s.2gên.* Que ou pessoa que se dedica ao esporte ou às coisas a ele relativas.

es·por·ti·vo *adj.* 1. Relativo a esporte. 2. Que é voltado para a prática de esportes. 3. Que é simples, informal. 4. Que enfrenta situações difíceis com bom humor, equilíbrio.

es·pór·tu·la *s.f.* Esmola.

es·po·sa (ô) *s.f.* Mulher com a qual um homem é casado; mulher(3).

es·po·sar *v.t.d.* 1. Unir em casamento. 2. Receber por esposo ou esposa. 3. Tomar a seu cuidado. 4. Defender; abraçar (uma causa, um princípio); adotar.

es·po·so (ô) *s.m.* Marido; consorte.

es·pou·car *v.i.* Estourar, pipocar.

es·prai·a·do *adj.* Que se espraiou; dilatado; espalhado.

es·prai·ar *v.t.d.* 1. Lançar à praia. 2. Alastrar. *v.i.* 3. Deixar a praia a descoberto (o mar, o rio). 4. Estender-se pela praia. *v.p.* 5. Estender-se; espalhar-se.

es·pre·gui·ça·dei·ra *s.f.* Móvel em que se pode recostar para dormir a sesta ou repousar.

es·pre·gui·çar *v.t.d.* 1. Tirar a preguiça a. *v.p.* 2. Despertar; estirar os membros em virtude de sono ou preguiça. 3. Alastrar-se.

es·prei·ta *s.f.* 1. Ação de espreitar. 2. Espionagem. 3. Atalaia.

es·prei·tar *v.t.d.* 1. Observar às ocultas. 2. Andar à espreita de. 3. Espiar. 4. Perscrutar. *v.p.* 5. Ter cuidado em si; observar-se.

es·pre·me·du·ra *s.f.* Ação de espremer (-se).

es·pre·mer *v.t.d.* 1. Comprimir para extrair o líquido, o suco. *v.p.* 2. Comprimir-se; apertar-se.

es·pre·mi·do *adj.* 1. Que se espremeu; apertado; premido. 2. Apurado; liquidado.

es·pu·ma *s.f.* 1. Escuma. 2. Saliva que se forma entre os dentes.

es·pu·ma·dei·ra *s.f.* O mesmo que escumadeira.

es·pu·man·te *adj.2gên.* 1. Que lança espuma. 2. Excitado. 3. Raivoso.

es·pu·mar *v.t.d.* 1. Tirar a espuma de. 2. Cobrir de espuma. *v.i.* 3. Fazer espuma. 4. *fig.* Ficar enraivecido.

es·pu·mo·so (ô) *adj.* Que tem ou lança espuma. *Pl.:* espumosos (ó).

es·pú·ri·o *adj.* 1. Designativo do filho adulterino, incestuoso. 2. *por ext.* Bastardo; ilegítimo. 3. *fig.* Falsificado.

es·qua·dra *s.f.* 1. Conjunto dos navios de guerra de um país. 2. Seção de uma companhia de infantaria.

es·qua·drão *s.m.* Seção de um regimento de cavalaria.

es·qua·dri·a *s.f.* 1. Ângulo reto. 2. Corte em ângulo reto. 3. Esquadro. 4. *Constr.* Nome comum às portas, janelas, venezianas, etc.

es·qua·dri·lha *s.f.* 1. Esquadra que se compõe de pequenos navios de guerra. 2. Grupo de duas a quatro aeronaves.

es·qua·dri·nhar *v.t.d.* 1. Pesquisar; investigar. 2. Observar; vigiar com cuidado. 3. Analisar; estudar.

es·qua·dro *s.m. Des.* Instrumento para medir ângulos retos e tirar linhas perpendiculares.

es·quá·li·do *adj.* 1. Sórdido; sujo. 2. Macilento; descorado e fraco; lívido.

es·qua·lo *s.m. epiceno Zool.* Peixe de esqueleto cartilaginoso, como o tubarão, o cação, etc.

es·quar·te·jar *v.t.d.* 1. Dividir em quartos. 2. Retalhar; despedaçar; dilacerar.

es·que·cer *v.t.d.* 1. Fazer que (alguma coisa) saia da memória. 2. Desprezar; pôr de lado. 3. Perder a estima, o amor a. *v.i.* 4. Ficar no esquecimento. *v.t.i.* 5. Sair da lembrança; passar despercebido. *v.p.* 6. Perder a lembrança. 7. Não se lembrar.

es·que·ci·men·to *s.m.* 1. Ato de esquecer. 2. Descuido; omissão.

es·quei·te *s.m.* 1. Prancha estreita e alongada, de madeira, fibra ou outro material, com dois eixos e quatro rodinhas, sobre a qual uma pessoa se equilibra e desliza sobre uma superfície. 2. Esporte praticado com esse tipo de prancha. (Forma aportuguesada do inglês *skate*.)

es·que·lé·ti·co *adj.* 1. Que se refere ou se assemelha a esqueleto. 2. *fig.* Muito magro.

es·que·le·to (ê) *s.m.* 1. *Anat.* Ossatura completa do corpo animal. 2. A parte sólida de uma construção. 3. Armação de navio, de máquina. 4. *fig.* Esboço. *sobrecomum* 5. Pessoa muito magra.

es·que·ma (ê) *s.m.* 1. Figura que representa não a forma dos objetos, mas as suas relações e funções. 2. Resumo; sinopse.

es·que·má·ti·co *adj.* 1. Concernente a esquema. 2. Que traça ou desenha o plano, mas não a forma do objeto.

es·que·ma·ti·zar *v.t.d.* 1. Representar algo por meio de esquema. 2. Traçar o plano geral de algo; esboçar, planejar. 3. Apresentar algo de forma breve, destacando as partes principais; resumir.

es·quen·ta·do *adj.* 1. Que se esquentou; aquecido; quente. 2. *fig.* Exaltado; irritado.

es·quen·tar *v.t.d.* 1. Aumentar o calor de; acalorar. 2. Irritar. *v.p.* 3. Tornar-se quente ou mais quente. 4. Encolerizar-se; enfurecer-se.

es·quer·da *s.f.* 1. O lado oposto ao direito. 2. Mão esquerda. 3. Facção política partidária de reformas socialistas.

es·quer·do *adj.* 1. Do lado oposto ao direito. 2. *fig.* Canhoto.

es·qui *s.m.* Espécie de patim de madeira com o qual se desliza sobre a neve.

es·qui·fe *s.m.* Caixão para o transporte de cadáveres.

es·qui·lo *s.m. epiceno Zool.* Pequeno mamífero roedor.

es·qui·mó *s.m.* Habitante da Groenlândia, da costa setentrional da América e das ilhas árticas vizinhas.

es·qui·na *s.f.* 1. Ângulo de rua ou de edifício. 2. Canto exterior.

es·qui·si·ti·ce *s.f.* Qualidade de esquisito; excentricidade; extravagância.

es·qui·si·to *adj.* 1. Raro; extravagante; excêntrico. 2. Feio; desagradável.

es·quis·to *s.m.* Xisto.

es·qui·var *v.t.d.* 1. Evitar, fugir de (pessoa que nos desagrada ou que nos ameaça). *v.p.* 2. Furtar-se; deixar de fazer alguma coisa.

es·qui·vo *adj.* 1. Desdenhoso. 2. Que evita a convivência de outrem. 3. Rude.

es·qui·zo·fre·ni·a *s.f. Psiq.* Tipo de perturbação mental em que o doente perde o contato com a realidade.

es·qui·zo·frê·ni·co *adj.* e *s.m.* Doente de esquizofrenia.

es·sa (é) *s.f.* Estrado que se ergue numa igreja para nele se depositar o esquife enquanto se celebram as cerimônias fúnebres.

es·se (ê) *pron. dem.* Designativo do sujeito ou objeto que está próximo ou junto da segunda pessoa (aquela com quem se fala). *Fem.:* essa.

es·se (é) *s.m.* Nome da décima nona letra do nosso alfabeto, s.

es·sên·ci·a *s.f.* 1. O que constitui o ser e a natureza das coisas; substância. 2. Óleo fino e aromático que se extrai de certas plantas.

es·sen·ci·al *adj. 2gên.* 1. Que constitui a essência. 2. Indispensável. 3. Peculiar. *s.m.* 4. O ponto mais importante.

es·sou·tro *contr. Pron. dem.* **esse** com o *pron. indef.* **outro**. *Fem.:* essoutra.

es·ta·ba·na·do *adj.* 1. Inquieto; estouvado; doidivanas. 2. Desajeitado, imprudente.

es·ta·be·le·cer *v.t.d.* 1. Dar princípio a. 2. Instituir; organizar. 3. Tornar estável. *v.p.* 4. Fixar-se; colocar-se. 5. Fixar residência. 6. Abrir um estabelecimento comercial ou industrial.

es·ta·be·le·ci·men·to *s.m.* 1. Ato de estabelecer. 2. Casa comercial ou industrial. 3. Instituição; instituto. 4. Ordem; estatuto.

es·ta·bi·li·da·de *s.f.* Qualidade de estável; firmeza; segurança; solidez.

es·ta·bi·li·za·ção *s.f.* Ação de estabilizar(-se).

es·ta·bi·li·zar *v.t.d.* 1. Estabelecer; tornar estável. *v.p.* 2. Tornar-se firme, sólido, seguro.

es·tá·bu·lo *s.m.* Local coberto para recolher gado vacum.

es·ta·ca *s.f.* 1. Pau pontiagudo que se crava na terra. 2. Vara que serve de amparo a uma planta.

es·ta·ção *s.f.* 1. Lugar onde param trens, ônibus, navios ou carros. 2. Cada um dos quatro períodos em que se divide o ano: primavera, verão, outono e inverno. 3. Emissora de rádio ou televisão. 4. Posto meteorológico.

es·ta·car *v.t.d.* 1. Firmar, segurar com estacas; amparar. *v.i.* 2. Parar de repente; hesitar; ficar imóvel. 3. Ficar confuso, embasbacado, perplexo.

es·ta·ci·o·na·men·to *s.m.* 1. Ato de estacionar. 2. Lugar onde se estacionam automóveis.

es·ta·ci·o·nar *v.t.i.* 1. Fazer estação. 2. Permanecer; demorar-se em. *v.i.* 3. Permanecer estacionário; não

estacionário / **estalar**

progredir. 4. Parar (automóveis) em determinado lugar.

es·ta·ci·o·ná·ri·o *adj.* Parado; imóvel; que não progride.

es·ta·da *s.f.* Ação de estar; demora; permanência. *V.* **estadia**.

es·ta·de·ar *v.t.d.* 1. Alardear; ostentar. 2. Tornar público com soberba, com orgulho. *v.p.* 3. Alardear pompas. 4. Ensoberbecer-se; enfatuar-se.

es·ta·di·a *s.f.* 1. *Jur.* Prazo que o navio fretado é obrigado a observar no porto de chegada. 2. Demora; permanência. 3. Preço que se paga por essa permanência. *V.* **estada**.

es·tá·di·o *s.m.* 1. Campo de jogos esportivos. 2. Fase; época.

es·ta·dis·ta *s.2gên.* Pessoa de atuação marcante na vida político-administrativa de um país.

es·ta·do *s.m.* 1. Modo atual de ser (de pessoa ou coisa). 2. Condição; disposição, situação. 3. Conjunto de poderes políticos de um país; governo (inicial maiúscula). 4. Sociedade politicamente organizada (inicial maiúscula). 5. Divisão territorial do Brasil. 6. Ostentação; magnificência.

es·ta·do-mai·or *s.m.* 1. Corporação de oficiais com preparação científica e técnica mais desenvolvida. 2. *fig.* Conjunto das pessoas mais notáveis de um grupo. *Pl.:* estados-maiores.

es·ta·du·al *adj.2gên.* Que se refere ou pertence a estados da Federação.

es·ta·du·ni·den·se *adj.2gên.* e *s.2gên.* Norte-americano.

es·ta·fa *s.f.* 1. Fadiga; canseira. 2. Maçada.

es·ta·fan·te *adj.2gên.* Que estafa.

es·ta·far *v.t.d.* 1. Fatigar. 2. Maçar; importunar. *v.i.* e *v.p.* 3. Cansar-se.

es·ta·fer·mo (ê) *s.m. sobrecomum* Pessoa sem préstimo, inútil; espantalho.

es·ta·fe·ta (ê) *s.m.* Entregador de telegramas; mensageiro.

es·ta·fi·lo·co·co (ó) *s.m. Biol.* Nome comum a diversos tipos de bactérias do gênero *Staphylococcus*, que apresentam formato esférico e se agrupam em cachos, sendo causadoras de várias doenças e intoxicação alimentar.

es·ta·gi·ar *v.i.* Fazer estágio.

es·ta·gi·á·ri·o *adj.* 1. Concernente a estágio. *s.m.* 2. Aquele que faz estágio.

es·tá·gi·o *s.m.* 1. Aprendizagem. 2. Situação transitória de preparação.

es·tag·na·ção *s.f.* 1. Estado do que se acha estagnado. 2. Inércia; paralisação.

es·tag·na·do *adj.* Inativo; parado.

es·tag·nar *v.t.d.* 1. Impedir que corra (um líquido). 2. Tornar inerte; paralisar. *v.p.* 3. Perder a fluidez; não correr; não circular. 4. Não progredir; paralisar-se.

es·ta·lac·ti·te *s.f. Min.* Concreção calcária suspensa da abóbada das grutas e produzida pela infiltração das águas. *V.* **estalagmite**.

es·ta·la·gem *s.f.* Hospedaria; pousada; albergue.

es·ta·lag·mi·te *s.f. Min.* Concreção calcária que se forma no solo das cavidades subterrâneas pela queda lenta das águas que se filtram pela abóbada. *V.* **estalactite**.

es·ta·la·ja·dei·ro *s.m.* Proprietário ou administrador de estalagem.

es·ta·lão *s.m.* Medida; craveira; padrão.

es·ta·lar *v.t.d.* 1. Partir; quebrar. 2. Fazer saltar. *v.i.* 3. Fender-se; rachar. 4. Fraturar-se. 5. Crepitar. 6. Dar estalo. 7. Produzir-se de súbito. 8. Rebentar com fragor. *V.* **instalar**.

es·ta·lei·ro *s.m.* Lugar onde se constroem ou consertam navios.

es·ta·li·do *s.m.* 1. Pequeno estalo. 2. Crepitação. 3. Ruído súbito.

es·ta·lo *s.m.* 1. Som proveniente de um corpo que se quebra. 2. Rumor súbito. 3. Crepitação.

es·ta·me *s.m.* 1. Fio de tecer. 2. *Bot.* Órgão sexual masculino da flor.

es·ta·me·nha (ê) *s.f.* Tecido grosseiro de lã.

es·tam·pa *s.f.* 1. Figura impressa. 2. Desenho; impressão. 3. *fig.* Perfeição; beleza de formas.

es·tam·pa·do *adj.* 1. Que se estampou; publicado. *s.m.* 2. Tecido estampado.

es·tam·par *v.t.d.* 1. Imprimir desenhos, caracteres, cores em (tecidos). *v.p.* 2. Gravar-se; imprimir-se. 3. Deixar sinal.

es·tam·pa·ri·a *s.f.* Fábrica, depósito ou loja de estampas.

es·tam·pi·do *s.m.* Som repentino e forte como o de explosão.

es·tam·pi·lha *s.f.* 1. Pequena estampa. 2. Selo do Tesouro.

es·tan·car *v.t.d.* 1. Impedir que corra (um líquido). 2. Pôr fim a. 3. Saciar; esgotar. *v.i.* 4. Deixar de correr; esgotar-se. *v.p.* 5. Parar; esgotar-se; findar.

es·tân·ci·a *s.f.* 1. Lugar onde se está ou permanece. 2. Armazém de madeiras. 3. Depósito de combustíveis. 4. Estrofe. 5. Fazenda para a criação de gado vacum e cavalar. *V.* **instância**.

es·tan·ci·ar *v.t.i.* 1. Fazer estância. 2. Habitar; residir. *v.i.* 3. Parar para descansar. *v.p.* 4. Alojar-se.

es·tan·ci·ei·ro *s.m.* O que tem estância; fazendeiro.

es·tan·dar·te *s.m.* 1. Bandeira militar. 2. Distintivo ou insígnia de corporações e comunidades religiosas. 3. *pop.* Insígnia de grupo carnavalesco.

es·ta·nhar *v.t.d.* Cobrir com camada de estanho ou com liga de chumbo e estanho.

es·ta·nho *s.m. Quím.* Metal branco de símbolo **Sn** e cujo número atômico é 50.

es·tan·que *adj.2gên.* 1. Que não deixa sair nem entrar líquido. 2. Bem vedado. 3. Estagnado. 4. Esvaziado.

es·tan·te *s.f.* 1. Móvel para livros, papéis, etc. 2. Móvel que tem na parte superior uma tábua inclinada, em que se coloca um livro aberto, uma partitura musical, etc.

es·ta·pa·fúr·di·o *adj.* Esquisito; extravagante; excêntrico.

es·ta·pe·ar *v.t.d.* Dar tapas em. *V.* **tapear**.

es·ta·que·ar *v.t.d.* 1. Segurar ou firmar com estacas. 2. Colocar estacas a prumo para construção de (cercas).

es·tar *v.l., v.t.i.* e *v.i.* 1. Ser num dado momento. 2. Achar-se (em certa condição). 3. Encontrar-se (em certo estado). 4. Manter-se (em certa posição). 5. Permanecer. 6. Passar de saúde. 7. Ser presente. 8. Achar-se (em determinado lugar, em dado momento). 9. Persistir. 10. Assistir. 11. Comparecer. 12. Seguir (uma profissão). 13. Ter disposição para. 14. Ser favorável a. 15. Condizer; harmonizar. 16. Morar. 17. Existir. 18. Ter relacionamento com.★

es·tar·da·lha·ço *s.m.* 1. Muita agitação acompanhada de barulho, gritaria. 2. Alarde de algo, com agitação e barulho.

es·tar·re·cer *v.t.d.* Causar pavor, susto a; aterrorizar.

estartar

es·tar·tar *v.t.d. Inform.* Inicializar; iniciar (forma adaptada do inglês *to start*).

es·ta·tal *adj.2gên.* Concernente ao Estado, geralmente empresa estatal.

es·ta·te·la·do *adj.* 1. Que se estatelou. 2. Parado e imóvel como estátua. 3. Estendido no chão.

es·ta·te·lar *v.t.d.* 1. Atirar ao chão. 2. Estender no solo. 3. Causar grande admiração a. *v.p.* 4. Estender-se ao comprido no chão em virtude de queda; cair de chapa.

es·tá·ti·ca *s.f.* 1. *Fís.* Parte da mecânica que estuda o equilíbrio dos corpos sob a ação das forças. 2. Ruído produzido pela eletricidade da atmosfera nas transmissões radiofônicas.

es·tá·ti·co *adj.* 1. Firme. 2. Em repouso. 3. Imóvel. *V.* **extático**.

es·ta·tís·ti·ca *s.f.* 1. Ciência aplicada dos números que se relaciona com a sociedade em geral ou com uma de suas partes. 2. Descrição de uma região, de um país, sob o ponto de vista da extensão, população, recursos econômicos, etc.

es·ta·tís·ti·co *adj.* 1. Concernente à estatística. *s.m.* 2. Aquele que é versado em estatística.

es·ta·ti·zar *v.t.d.* Passar para o controle do Estado algo que seja de propriedade ou de exploração da iniciativa privada; nacionalizar.

es·tá·tu:a *s.f.* 1. Figura em pleno relevo, representando um homem, uma mulher, uma divindade ou um animal. 2. Brincadeira infantil em que os participantes devem ficar paralisados ao ouvirem um sinal predeterminado.

es·ta·tu·á·ri:a *s.f.* 1. Coleção de estátuas. 2. Conjunto de estátuas que têm algo em comum (mesmo período histórico, estilo, autor, monumento, etc.).

estelionatário

es·ta·tu·á·ri:o *s.m.* 1. O que faz estátuas; escultor. *adj.* 2. Relativo a estátuas.

es·ta·tu·e·ta (ê) *s.f.* Pequena estátua.

es·ta·tu·ir *v.t.d.* 1. Determinar, ordenar; regulamentar (por estatutos). 2. Expor como norma ou disciplina. 3. Estabelecer, decretar como preceito.

es·ta·tu·ra *s.f.* 1. Tamanho de uma pessoa. 2. Altura ou grandeza de um ser vivo.

es·ta·tu·tá·ri:o *adj.* Concernente a estatutos.

es·ta·tu·to *s.m.* 1. Lei orgânica ou constituição de um Estado. 2. Regulamento de sociedade, corporação, estabelecimento. 3. Ordenação; regra; regulamento.

es·tá·vel *adj.2gên.* 1. Firme; sólido; inalterável; fixo. 2. Duradouro.

es·te (é) *s.m.* Leste.

es·te (ê) *pron. dem.* Indica o que está próximo ou junto da primeira pessoa (aquela que fala). *Fem.:* esta.

es·te·ar *v.t.d.* 1. Segurar com esteios. 2. Amparar; proteger.

es·te·a·ri·na *s.f. Quím.* Éster da glicerina, de que se fazem velas.

es·tei·o *s.m.* 1. Peça com que se sustém alguma coisa. 2. *fig.* Auxílio; amparo.

es·tei·ra *s.f.* 1. Tecido de junco, de palha, etc. usado como tapete, revestimento de parede, etc. 2. Sulco de águas revoltas que a embarcação produz ao navegar. 3. *fig.* Rumo; direção. 4. Norma; exemplo.

es·te·lar *adj.2gên.* Concernente a estrelas.

es·te·li·o·na·tá·ri:o *s.m.* O que pratica estelionato.

466

es·te·li·o·na·to *s.m.* Crime que consiste em obter, para si ou para outrem, vantagem ilícita, em prejuízo alheio, induzindo ou mantendo alguém em erro, mediante artifício, ardil ou qualquer outro meio fraudulento.

es·tên·cil *s.m.* Papel parafinado para fazer cópias. *Pl.:* estênceis.

es·ten·der *v.t.d.* 1. Tornar mais amplo. 2. Divulgar. 3. Oferecer, apresentando. 4. Levar, fazer chegar. *v.i.* 5. Dilatar-se em comprimento. *v.p.* 6. Alargar-se. 7. Prolongar-se. 8. Escrever ou discorrer longamente (sobre um assunto).

es·te·no·gra·fi·a *s.f.* Arte de escrever por abreviaturas, com a mesma rapidez com que se fala; taquigrafia.

es·te·nó·gra·fo *s.m.* O que é versado em estenografia; taquígrafo.

es·ten·tor *s.m.* Pessoa de voz muito forte.

es·ten·tó·re·o *adj.* 1. Concernente a estentor. 2. Que tem voz muito forte. 3. Forte (voz).

es·te·pe (é) *s.f.* 1. Região seca e semideserta, com grandes diferenças de temperatura. *s.m.* 2. Pneu sobressalente.

és·ter *s.m. Quím.* Corpo formado de um álcool e um ácido, pela eliminação da água.

es·ter·car *v.t.d.* Deitar esterco em; adubar (a terra) com esterco.

es·ter·co (ê) *s.m.* Excremento animal com que se aduba a terra; estrume.

es·té·re·o *s.m.* 1. Medida de volume para lenha, que equivale a um metro cúbico. 2. Aparelho ou equipamento estereofônico; som.

es·te·re·o·fo·ni·a *s.f.* Técnica de transmissão ou de gravação e reprodução de sons que permite a reconstituição espacial das fontes sonoras.

es·te·re·o·fô·ni·co *adj.* Relativo à estereofonia; estéreo.

es·te·re·o·ti·par *v.t.d.* e *v.p.* 1. Atribuir determinadas características (a algo, a alguém ou a si mesmo) conforme conceitos preconcebidos. 2. Seguir ou ter sempre o mesmo padrão; padronizar(-se). 3. Imprimir usando técnica de estereotipia.

es·te·re·o·ti·pi·a *s.f.* 1. Técnica utilizada em artes gráficas que permite reproduzir uma composição tipográfica em uma chapa. 2. A chapa obtida por meio desse processo.

es·te·re·ó·ti·po *s.m.* Clichê.

es·té·ril *adj.2gên.* 1. Infecundo; que não produz. 2. Que não dá vantagem; inútil. 3. Árido. *Pl.:* estéreis.

es·te·ri·li·da·de *s.f.* Qualidade de estéril; infecundidade.

es·te·ri·li·za·ção *s.f.* Ato ou efeito de esterilizar(-se).

es·te·ri·li·za·dor *s.m.* 1. O que esteriliza. 2. Aparelho para esterilizar. *adj.* 3. Que esteriliza.

es·te·ri·li·zar *v.t.d.* 1. Tornar estéril. 2. Destruir germes nocivos. 3. Tornar inútil; improfícuo. 4. *Med.* Impedir a fecundação a. *v.p.* 5. Tornar-se estéril, improdutivo.

es·ter·li·no *adj.* 1. Concernente à libra, moeda de ouro inglesa. *s.m.* 2. A libra esterlina.

es·ter·no *s.m. Anat.* Osso que se situa na parte média e anterior do peito e que articula com as costelas. *V. externo.*

es·te·roi·de *adj.* e *s.m. Biol., Quím.* Diz-se de ou tipo de composto orgânico.

es·ter·quei·ra *s.f.* 1. Lugar onde se junta esterco. 2. *fig.* Lugar imundo.

es·ter·tor *s.m. Med.* Ruído da respiração dos moribundos e das pessoas que sofrem de certas doenças respiratórias.

es·ter·to·ran·te *adj.2gên.* Que está em estertor; agonizante.

es·ter·to·rar *v.i.* Estar em estertor; agonizar.

es·te·si·a *s.f.* 1. Sentimento do belo. 2. Sensibilidade.

es·te·ta (é) *s.2gên.* 1. Pessoa versada em estética. 2. Pessoa que tem da arte uma concepção elevada.

es·té·ti·ca *s.f.* 1. Ciência que trata do belo. 2. Filosofia das belas-artes.

es·te·ti·cis·ta *adj.2gên.* 1. Diz-se do profissional voltado aos cuidados com os cabelos, a pele e a beleza de modo geral. *s.2gên.* 2. Profissional com essa atividade.

es·té·ti·co *adj.* Concernente à estética.

es·te·tos·có·pi·o *s.m. Med.* Instrumento que se usa em auscultações.

es·té·vi·a *s.f.* 1. *Bot.* Arbusto nativo do Brasil e do Paraguai, cujas folhas são usadas para produzir um adoçante muitas vezes mais doce que o açúcar. 2. O adoçante produzido a partir desse arbusto.

es·ti·a·gem *s.f.* Escassez de água em rios, fontes, etc.

es·ti·ar *v.i.* Cessar de chover.

es·ti·bor·do *s.m.* Lado à direita de quem olha da popa para a proa do navio. *V.* **bombordo**.

es·ti·car *v.t.d.* 1. Estender. 2. Retesar, puxar, espichar, distender. *v.i.* 3. *pop.* Morrer.

es·tig·ma *s.m.* 1. Sinal infamante feito com ferro em brasa. 2. Cicatriz; marca. 3. Ferrete; labéu. 4. *Zool.* Órgão de respiração dos insetos. 5. *Bot.* Abertura superior do pistilo, por onde entra o pólen.

es·tig·ma·ti·zar *v.t.* 1. Marcar com ferro em brasa, por pena infamante. 2. Censurar; condenar.

es·ti·le·te (ê) *s.m.* 1. Punhal de lâmina fina. 2. Instrumento cortante, de lâmina retrátil, para diversos fins. 3. *Bot.* Parte do pistilo em que assenta o estigma.

es·ti·lha *s.f.* 1. Lasca de madeira; cavaco. 2. Pedaço; fragmento.

es·ti·lha·çar *v.t.d.* 1. Reduzir a estilhaços; despedaçar. 2. Demonstrar de modo ruidoso. *v.p.* 3. Fazer-se em estilhaços.

es·ti·lha·ço *s.m.* 1. Fragmento de pedra, de madeira ou de metal. 2. Pedaço.

es·ti·lin·gue *s.m.* Forquilha à qual se prendem duas tiras de elástico e com que os meninos atiram pedras; atiradeira.

es·ti·lis·ta *adj.2gên. e s.2gên.* 1. Que ou pessoa que escreve com elegância. 2. Desenhista de moda.

es·ti·li·zar *v.t.d.* 1. Modificar, com intenção decorativa (as linhas de um modelo). 2. Dar estilo ou forma a.

es·ti·lo *s.m.* 1. Maneira ou caráter particular de falar ou escrever. 2. Feição especial dos trabalhos de um artista, de um gênero ou de uma época. 3. Caráter de uma composição literária ou musical. 4. Uso; prática.

es·ti·ma *s.f.* Ação de estimar; apreço; afeição; consideração; avaliação.

es·ti·ma·ção *s.f.* Estima; valor em que se considera um animal, uma coisa.

es·ti·mar *v.t.d.* 1. Dar apreço a; apreciar. 2. Calcular; avaliar, calculando o preço ou o valor de. 3. Ter estima, afeto, amizade a. 4. Ter prazer em.

estimativa

es·ti·ma·ti·va *s.f.* Cálculo; cômputo.

es·ti·mu·lan·te *adj.2gên.* e *s.2gên.* Que ou o que estimula; excitante.

es·ti·mu·lar *v.t.d.* 1. Excitar; instigar. 2. Picar; pungir. 3. Irritar; ofender; excitar o brio de. 4. Avivar. 5. Compelir; incitar; levar.

es·tí·mu·lo *s.m.* 1. O que estimula. 2. Incentivo; aguilhão. 3. Brio; decoro.

es·ti·o *s.m.* 1. Verão. *adj.* 2. Estival.

es·ti·o·la·men·to *s.m.* 1. Ato de estiolar; definhamento. 2. Fraqueza; debilidade.

es·ti·o·lar *v.t.d.* 1. Produzir enfraquecimento em. *v.i.* e *v.p.* 2. Debilitar-se; enfraquecer-se.

es·ti·pe *s.m. Bot.* Caule das palmeiras; espique.

es·ti·pen·di·ar *v.t.d.* Dar estipêndio a.

es·ti·pên·di·o *s.m.* Paga; salário; soldo.

es·ti·pu·la·ção *s.f.* Ação de estipular; contrato; ajuste.

es·ti·pu·lar *v.t.d.* 1. Ajustar; contratar. 2. Impor como condição; determinar.

es·ti·ra·da *s.f.* O mesmo que estirão.

es·ti·ra·do *adj.* 1. Estendido ao comprido. 2. Prolixo; enfadonho.

es·ti·rão *s.m.* Caminhada por um percurso longo ou grande distância entre dois pontos; estirada.

es·ti·rar *v.t.d.* 1. Estender puxando. 2. Fazer cair ao comprido. *v.p.* 3. Estender-se ao comprido.

es·tir·pe *s.f.* Tronco; origem; raiz; linhagem; ascendência.

es·ti·va *s.f.* 1. O fundo interno do navio. 2. Serviço de carga e descarga dos navios.

es·ti·va·dor *s.m.* Aquele que trabalha em estiva.

es·ti·val *adj.2gên.* Concernente ao estio; quente; estio.

es·to (é) *s.m.* 1. Preamar. 2. Ondulação ruidosa. 3. Ardor. 4. Grande calor. 5. *fig.* Paixão.

es·to·ca·da *s.f.* 1. Golpe com estoque ou com ponta de espada ou florete. 2. *fig.* Surpresa desagradável.

es·to·car *v.t.d.* Fazer estoque de mercadorias, produtos, etc.; armazenar, guardar.

es·to·fa (ô) *s.f.* 1. Estofo. 2. *fig.* Condição; laia; jaez.

es·to·fa·do *adj.* 1. Que se guarneceu com estofo. 2. Acolchoado.

es·to·far *v.t.d.* Cobrir de estofo; acolchoar. *V.* **estufar**.

es·to·fo (ô) *s.m.* 1. Tecido de lã, seda ou algodão. 2. Lã, crina, etc., com que se revestem, interiormente, sofás, cadeiras. 3. *fig.* Classe social, laia, feitio.

es·toi·cis·mo *s.m. Fil.* 1. Doutrina que aconselha a indiferença e o desprezo pelos males físicos e morais. 2. *por ext.* Resignação na dor e na adversidade.

es·toi·co (ói) *adj.* 1. Concernente ao estoicismo. *s.m* 2. Indivíduo partidário do estoicismo. 3. *por ext.* Indivíduo impassível ante a desgraça ou a dor.

es·to·jo (ô) *s.m.* Pequena caixa onde se guardam objetos miúdos.

es·to·la (ó) *s.f.* Fita larga que o sacerdote traz pendente do pescoço, sobre a alva[2] ou a sobrepeliz.

es·to·ma (ô) *s.m. Bot.* Epiderme dos vegetais na qual ocorre a troca gasosa entre a planta e a atmosfera.

es·to·ma·cal *adj.2gên.* 1. Que se refere ao estômago. 2. Que é bom para o estômago.

es·tô·ma·go *s.m.* 1. *Anat.* Víscera que se limita superiormente pelo esôfago, inferiormente pelo intestino delgado, e em que se faz a digestão dos alimentos. 2. *fig.* Disposição; ânimo; apetite.

es·to·ma·ti·te *s.f. Med.* Inflamação da membrana mucosa da boca.

es·ton·te·an·te *adj.2gên.* Que estonteia.

es·ton·te·ar *v.t.d.* 1. Aturdir; perturbar. 2. Deslumbrar. *v.p.* 3. Aturdir-se; perturbar-se.

es·to·pa (ô) *s.f.* Resíduo fibroso resultante do processamento do linho, utilizado para limpeza.

es·to·pim *s.m.* Fios embebidos em substância inflamável para comunicar fogo a uma bomba, mina ou peça de artifício.

es·to·que (ó) *s.m.* 1. Espécie de espada comprida e reta. 2. Porção de mercadoria armazenada para venda ou exportação.

es·tor·cer *v.t.d.* 1. Torcer com força; contorcer. *v.p.* 2. Torcer-se; contorcer-se.

es·tó·ri·a *s.f.* História(3).

es·tor·nar *v.t.d. Com.* Lançar no débito o que se tinha lançado no crédito, ou vice-versa.

es·tor·ni·nho *s.m. epiceno Zool.* Pássaro canoro, de plumagem preta e lustrosa.

es·tor·no (ô) *s.m. Com.* Ato ou efeito de estornar.

es·tor·ri·ca·do *adj.* 1. Muito seco. 2. Quase torrado ou queimado.

es·tor·ri·car *v.t.d.* 1. Secar muito. 2. Torrar; tostar. *v.i.* 3. Secar em excesso. 4. Quase queimar-se. *Var.*: esturricar.

es·tor·var *v.t.d.* 1. Embaraçar; dificultar. 2. Tolher a liberdade de movimentos a.

es·tor·vo (ô) *s.m.* Embaraço; dificuldade.

es·tou·ra·da *s.f.* 1. Ruído de muitos estouros simultâneos. 2. *fam.* Pancadaria.

es·tou·ra·do *adj.* 1. Que estourou. 2. Valentão; turbulento; adoidado.

es·tou·rar *v.t.d.* 1. Fazer rebentar, estalar. 2. Fazer enfurecer. *v.i.* 3. Ribombar; explodir. 4. Enfurecer-se; ralhar em altos brados.

es·tou·ro *s.m.* 1. Ruído de coisa que rebenta; explosão; estampido. 2. Repreensão violenta.

es·tou·tro *contr. Pron. dem.* este com o *pron. indef.* outro. *Fem.*: estoutra.

es·tou·va·do *adj.* e *s.m.* Doidivanas; imprudente.

es·trá·bi·co *adj.* 1. Concernente ao estrabismo. *adj.* e *s.m.* 2. Que ou o que sofre de estrabismo; vesgo.

es·tra·bis·mo *s.m.* Desvio do eixo visual dos olhos, que impede as pupilas de se moverem ou verem simultânea e regularmente.

es·tra·ça·lhar *v.t.d.* Desfazer em pedaços.

es·tra·da *s.f.* 1. Caminho largo, mais ou menos benfeito, para o trânsito de veículos, ciclistas, cavaleiros, pedestres. 2. *fig.* Modo de proceder; expediente; meio.

es·tra·do *s.m.* 1. Armação de madeira a pouca altura do chão. 2. Parte da cama em que assenta o colchão.

es·tra·gar *v.t.d.* 1. Fazer estrago em; destruir. 2. Corromper; viciar. *v.p.* 3. Danificar-se. 4. Viciar-se; corromper-se.

es·tra·go *s.m.* 1. Ruína. 2. Avaria; prejuízo. 3. Destruição. 4. Corrupção.

es·tra·lar *v.i.* Dar estalos; estalar.

es·tram·bó·ti·co *adj.* Esquisito; ridículo; extravagante.

es·tran·gei·ris·mo *s.m. Gram.* Emprego de palavra ou frase estrangeira.

es·tran·gei·ro *adj.* e *s.m.* 1. Que ou o que é de país diferente daquele a que se pertence. *s.m.* 2. Conjunto dos países estrangeiros. 3. Indivíduo estrangeiro.

es·tran·gu·la·dor *adj.* e *s.m.* Que ou o que estrangula.

es·tran·gu·la·men·to *s.m.* Ato ou efeito de estrangular.

es·tran·gu·lar *v.t.d.* 1. Apertar o pescoço, dificultando a respiração de; enforcar. 2. Abafar. 3. Apertar muito. 4. Reprimir. *v.p.* 5. Suicidar-se por estrangulamento.

es·tra·nhar *v.t.d.* 1. Achar estranho, diferente daquilo a que se estava acostumado. 2. Achar censurável. 3. Causar estranheza a. 4. Manifestar timidez ou repulsão.

es·tra·nhe·za (ê) *s.f.* 1. Qualidade de estranho. 2. Surpresa; pasmo.

es·tra·nho *adj.* 1. Estrangeiro; que é de fora. 2. Anormal; esquisito. 3. Misterioso. 4. Admirável.

es·tra·ta·ge·ma (ê) *s.m.* 1. Ardil para enganar o inimigo, na guerra. 2. Astúcia; manha.

es·tra·té·gi·a *s.f.* 1. Organização e planejamento das operações de guerra; estratagema; tática. 2. *por ext.* Ardil, manha, astúcia.

es·tra·té·gi·co *adj.* 1. Que se refere ou pertence à estratégia. 2. Em que há ardil.

es·tra·te·gis·ta *s.2gên.* Pessoa que sabe estratégia.

es·tra·ti·fi·ca·ção *s.f.* Ação ou efeito de estratificar.

es·tra·ti·fi·car *v.t.d.* 1. Dispor em camadas ou estratos. *v.p.* 2. Formar-se em camadas sobrepostas. 3. *fig.* Permanecer inalterado.

es·tra·to *s.m.* 1. *Geol.* Camada dos terrenos sedimentares. 2. *Meteor.* Nuvem baixa que se assemelha a nevoeiro. V. *extrato*.

es·tra·tos·fe·ra (é) *s.f. Meteor.* Camada atmosférica que se situa além da troposfera, entre 12 e 40 quilômetros de altura.

es·tre·an·te *adj.2gên.* e *s.2gên.* Que ou pessoa que estreia.

es·tre·ar *v.t.d.* 1. Usar pela primeira vez. 2. Ser o primeiro a servir-se de. 3. Começar. 4. Inaugurar. *v.p.* 5. Fazer alguma coisa pela primeira vez.

es·tre·ba·ri·a *s.f.* Curral; cavalaria.

es·tre·bu·char *v.i.* Agitar os braços, as pernas e a cabeça, convulsivamente.

es·trei·a (éi) *s.f.* 1. Primeiro uso. 2. Primeira venda. 3. Primeira vez. 4. Os primeiros passos de uma carreira. 5. Princípio.

es·trei·ta·men·to *s.m.* 1. Ato ou efeito de estreitar. 2. Aperto; redução.

es·trei·tar *v.t.d.* 1. Tornar estreito. 2. Apertar. 3. Restringir. 4. Reduzir; diminuir. 5. Abraçar com força; apertar contra o peito. *v.i.* e *v.p.* 6. Tornar-se estreito. 7. Diminuir. 8. Encurtar-se. 9. Restringir-se.

es·trei·te·za (ê) *s.f.* 1. Qualidade de estreito. 2. Aperto. 3. Mesquinhez; miséria.

es·trei·to *adj.* 1. Apertado, de pouca largura. 2. Designativo do espírito de compreensão limitada. *s.m. Geog.* 3. Braço de mar que banha duas costas opostas mas pouco distantes, situadas entre dois mares largos. 4. Desfiladeiro.

es·tre·la (ê) *s.f.* 1. *Astron.* Astro provido de luz própria. 2. *Astron.* Qualquer astro. 3. *fig.* Sorte; destino. 4. Artista de renome.

es·tre·la-d'al·va *s.f. Astron. pop.* O planeta Vênus. *Pl.:* estrelas-d'alva.

es·tre·la·do *adj.* 1. Recamado de estrelas. 2. Semeado; juncado. 3. Designativo dos ovos fritos sem serem mexidos.

es·tre·la-do-mar *s.f. Zool.* Animal invertebrado marinho de corpo achatado em forma de estrela; astéria. *Pl.:* estrelas-do-mar.

es·tre·lan·te *adj.2gên.* Adornado de estrelas; cintilante.

es·tre·lar *v.t.d.* 1. Encher de estrelas. 2. Fritar (ovos) sem os mexer. 3. Ornar; recamar. 4. Trabalhar como estrela ou astro em (cinema, teatro, televisão). *v.p.* 5. Cobrir-se de estrelas; matizar-se.

es·tre·ma·du·ra *s.f.* Fronteira; limite; raia.

es·tre·mar *v.t.d.* 1. Demarcar. 2. Separar; distinguir. *V.* **extremar**.

es·tre·me (ê) *adj.2gên.* Sem mistura; genuíno.

es·tre·me·cer *v.t.d.* 1. Causar tremor a; abalar. 2. Assustar. 3. Amar extremamente. *v.i.* 4. Tremer de súbito. 5. Sofrer abalo rápido. 6. Assustar-se.

es·tre·me·ci·do *adj.* 1. Tremido; sobressaltado. 2. Muito querido.

es·tre·mu·nhar *v.t.d.* 1. Despertar de repente (quem dorme profundamente). *v.i. e v.p.* 2. Acordar de repente, ainda estonteado com o sono. 3. Desorientar-se.

es·trê·nu:o *adj.* Corajoso; esforçado.

es·tre·par *v.t.d.* 1. Guarnecer com estrepes (fosso, vala, etc.). *v.p.* 2. Ferir-se em estrepe. 3. Não ser bem-sucedido.

es·tre·pe (é) *s.m.* 1. Espinho. 2. Pua de madeira ou ferro. 3. *gír.* Mulher magra e feia. 4. *sobrecomum* Pessoa imprestável.

es·tre·pi·tan·te *adj.2gên.* Que faz estrépito.

es·tre·pi·tar *v.i.* Soar com estrépito.

es·tré·pi·to *s.m.* 1. Grande barulho; estrondo. 2. *fig.* Ostentação; pompa.

es·tre·pi·to·so (ô) *adj.* 1. Estrondoso; ruidoso. 2. *fig.* Pomposo. *Pl.:* estrepitosos (ó).

es·trep·to·co·co (ó) *s.m. Biol.* Nome comum a diversas bactérias do gênero *Streptococcus*, que apresentam forma esférica ou ovoide, formam cadeias e parasitam muitos vertebrados, podendo causar várias doenças no ser humano.

es·tres·se (é) *s.m.* Fadiga ou esgotamento provocado pela reação do organismo a tensões ou traumas (psicológicos ou físicos).

es·tre·pu·li·a *s.f.* Travessura; desordem.

es·tri·a *s.f.* Sulco; traço, aresta.

es·tri·ar *v.t.d.* 1. Ornar, guarnecer com estrias. 2. Abrir estrias na superfície de.

es·tri·bar *v.t.d.* 1. Firmar; apoiar; segurar. *v.i.* 2. Firmar as pernas, metendo os pés nos estribos. *v.t.i.* 3. Suster-se; firmar-se; fundamentar-se. *v.p.* 4. Firmar-se nos estribos. 5. Apoiar-se, fundamentar-se.

es·tri·bei·ra *s.f.* Correia que prende o estribo ao arreio. *fam.* **Perder as estribeiras**: ficar desorientado; atrapalhar-se.

es·tri·bi·lho *s.m. Lit.* Verso ou versos que se repetem no fim de cada estrofe de uma composição; refrão.

es·tri·bo *s.m.* 1. Cada uma das peças em que o cavaleiro firma o pé. 2. Degrau de um veículo. 3. *Anat.* Pequeno osso do ouvido médio.

es·tric·ni·na *s.f. Quím.* Substância extraída de casca e sementes de certas plantas, incolor e de gosto amargo, usada como estimulante do sistema nervoso central ou como veneno.

es·tri·den·te *adj.2gên.* Que produz ruído muito agudo; sibilante; vibrante, estrídulo.

es·tri·dor *s.m.* 1. Som forte, áspero, que incomoda; estrondo. 2. Zumbido agudo e intenso; silvo, zunido.

es·tri·du·lar *v.i.* 1. Produzir som agudo e penetrante. *v.t.d.* 2. Dizer ou cantar com som estrídulo, estridente.

es·trí·du·lo *adj.* Estridente.

es·tri·lar *v.i. gír.* 1. Zangar-se; exasperar-se. *v.t.d.* 2. Bradar; vociferar.

es·tri·lo *s.m. gír.* 1. Ato de estrilar. 2. Zanga; protesto.

es·tri·par *v.t.d.* 1. Tirar as tripas ou as vísceras de um ser vivo. *v.i.* 2. Cometer matança.

es·tri·pu·li·a *s.f.* Bagunça, traquinada, travessura. *Var.:* estrepolia.

es·tri·to *adj.* 1. Restrito. 2. Preciso; exato.

es·tro (é) *s.m.* 1. Inspiração; fantasia. 2. Cio.

es·tro·fe (ó) *s.f. Lit.* Conjunto de versos; estância.

es·troi·na (ó) *adj.2gên.* e *s.2gên.* Doidivanas; pândego; extravagante; boêmio.

es·trôn·ci·o *s.m. Quím.* Elemento de símbolo **Sr** e cujo número atômico é 38.

es·tron·de·ar *v.i.* 1. Fazer estrondo, ruído. 2. Soar com força. 3. Causar sensação; ser notório. 4. Vociferar; clamar.

es·tron·do *s.m.* 1. Grande ruído; estampido; barulho. 2. Ostentação ruidosa. 3. Fama.

es·tro·pi·ar *v.t.d.* 1. Aleijar; mutilar. 2. Executar mal, cantando. 3. Pronunciar mal. *v.p.* 4. Aleijar-se; invalidar-se.

es·tru·gir *v.i.* 1. Vibrar violentamente; estrondear. *v.t.d.* 2. Atroar, estrondear.

es·tru·mar *v.t.d.* 1. Misturar estrume à terra para torná-la mais fértil; adubar. *v.i.* 2. Fazer ou depositar em estrumeira.

es·tru·me *s.m.* Substância para fertilizar a terra; esterco.

es·tru·mei·ra *s.f.* 1. Lugar onde se junta ou prepara o estrume; esterqueira. 2. *fig.* Lugar muito sujo.

es·tru·pí·ci·o *s.m. pop.* 1. Motim; algazarra; conflito; rolo; desordem. 2. Coisa esquisita ou exageradamente grande.

es·tru·tu·ra *s.f.* 1. Disposição e ordem de um edifício. 2. Disposição das partes de um todo. 3. Composição; arranjo.

es·tru·tu·ral *adj.2gên.* Relativo a estrutura.

es·tru·tu·rar *v.t.d.* Fazer a estrutura de.

es·tu·an·te *adj.2gên.* Que estua; ardente; agitado; febril.

es·tu·ar *v.i.* Ferver; agitar-se; estar ardente.

es·tu·á·ri·o *s.m. Geog.* Espécie de baía, desembocadura de um rio.

es·tu·ca·do *adj.* Que se estucou.

es·tu·car *v.t.d.* 1. Revestir com estuque. *v.i.* 2. Trabalhar, modelar com estuque.

es·tu·dan·te *s.2gên.* 1. Pessoa que estuda. 2. Pessoa que frequenta um estabelecimento de ensino.

es·tu·dar *v.t.d.* 1. Aplicar a inteligência a, para aprender. 2. Dedicar-se a. 3. Analisar, observar atentamente. *v.i.* 4. Aplicar o espírito para adquirir conhecimentos.

es·tú·di·o *s.m.* Oficina de artista (pintor, escultor, fotógrafo).

es·tu·do *s.m.* 1. Ato de estudar. 2. Aplicação do espírito para aprender uma ciência ou arte. 3. Aquilo que se estuda. 4. Exame; análise. 5. Esboço.

es·tu·fa *s.f.* 1. Espécie de fogão usado para aquecer o ambiente. 2. Parte do fogão que fica abaixo do forno, que aproveita o calor deste, quando ligado. 3. Galpão com clima controlado para criação de plantas ou de animais. 4. *por ext.* Local muito quente ou abafado. 5. Aparelho de temperatura controlada para esterilizar instrumentos (cirúrgicos, odontológicos, etc.) ou para cultura de bactérias.

es·tu·fa·do *adj.* 1. Posto em estufa. *s.m.* 2. *Cul.* Tipo de guisado feito em fogo lento.

es·tu·far *v.t.d.* 1. Meter, secar ou aquecer em estufa. 2. Guisar. 3. Fazer aumentar de volume; inflar. *V.* **estofar**.

es·tu·gar *v.t.d.* Apressar ou aligeirar (o passo).

es·tul·tí·ci·a *s.f.* Qualidade do que é estulto.

es·tul·to *adj.* Néscio; insensato; tolo.

es·tu·pe·fa·ção *s.f.* 1. *Med.* Entorpecimento de uma parte do corpo. 2. *fig.* Assombro.

es·tu·pe·fa·ci·en·te *adj.2gên.* 1. Que causa estupefação. *s.m.* 2. Entorpecente.

es·tu·pe·fa·to *adj. Med.* 1. Entorpecido. 2. *fig.* Pasmado; atônito.

es·tu·pe·fa·zer *v.t.d.* 1. Entorpecer. 2. Pôr em estado de inércia física e moral. 3. Causar espanto a; maravilhar. ★

es·tu·pen·do *adj.* Admirável; assombroso; espantoso.

es·tu·pi·dez *s.f.* 1. Qualidade de estúpido. 2. Ausência de inteligência. 3. Asneira. 4. Indelicadeza; grosseria.

es·tu·pi·di·fi·car *v.t.d.* 1. Tornar estúpido; embrutecer. *v.p.* 2. Tornar-se estúpido; bestificar-se.

es·tú·pi·do *adj.* 1. Designativo do indivíduo desprovido de inteligência, bruto, bronco, grosseiro. *s.m.* 2. Indivíduo estúpido.

es·tu·por *s.m. Med.* 1. Estado de inconsciência parcial. 2. *pop.* Qualquer paralisia súbita. 3. Pessoa de más qualidades ou muito feia.

es·tu·po·rar *v.t.d.* e *v.p.* 1. Fazer ficar ou ficar em estupor. 2. Cansar(-se) muito; empenhar(-se), esgotar(-se). 3. Provocar ou sofrer algum tipo de dano; estragar(-se).

es·tu·prar *v.t.d.* Cometer estupro contra.

es·tu·pro *s.m.* Crime de obrigar alguém, pela violência, ao ato sexual; violação.

es·tu·que *s.m.* 1. Massa que se prepara com gesso, cal fina, areia, cola, etc. 2. Revestimento feito com essa massa.

es·túr·di·o *adj.* 1. Estroina; extravagante. 2. Esquisito; fora do comum.

es·tur·jão *s.m. epiceno Zool.* Peixe de cuja ova se faz o caviar.

es·tur·ri·car *v.t.d.* e *v.i.* Estorricar.

es·va·e·cer *v.t.d.* 1. Desvanecer. 2. Fazer perder as forças. *v.i.* 3. Perder o ânimo. 4. Desmaiar. *v.p.* 5. Dissipar-se. 6. Perder as forças. 7. Desanimar.

es·va·ir *v.t.d.* 1. Fazer evaporar. 2. Dissipar; desvanecer. *v.p.* 3. Desfazer-se. 4. Evaporar-se. 5. Esgotar-se.

es·va·ne·cer *v.t.d.* e *v.p.* O mesmo que esvaecer.

es·va·zi·ar *v.t.d.* 1. Tornar vazio. 2. Exaurir; esgotar. *v.p.* 3. Tornar-se vazio.

es·ver·de·ar *v.t.d.* 1. Tornar quase verde. 2. Colorir de verde. 3. Mesclar de verde. *v.i.* 4. Tomar cor verde ou tirante a verde.

es·vo·a·çan·te *adj.2gên.* Que esvoaça.

es·vo·a·çar *v.i.* e *v.p.* Adejar; voejar; volutear; agitar as asas para erguer voo.

e·ta[1] (é) *s.m.* Nome da sétima letra do alfabeto grego (H, η).

e·ta[2] (ê) *interj.* Indica alegria, surpresa, ou desapontamento.

e·ta·no *s.m. Quím.* Gás incolor e inodoro utilizado na indústria petroquímica.

e·ta·nol *s.m. Quím.* Líquido incolor e volátil, geralmente produzido por fermentação do açúcar ou outras substâncias orgânicas, utilizado em bebidas alcoólicas e como combustível; álcool.

e·ta·pa *s.f.* 1. Ração diária para soldados em marcha. 2. Parada. 3. Situação transitória de um negócio ou de uma campanha.

e·tá·ri·o *adj.* Relativo a idade (como em *faixa etária*).

é·ter *s.m.* 1. O espaço celeste. 2. *Quím.* Líquido volátil e inflamável que se produz pela ação recíproca do álcool e de um ácido.

e·té·re·o *adj.* 1. Concernente ao éter. 2. Da natureza do éter. 3. Sublime; celeste; elevado.

e·ter·nal *adj.2gên.* Eterno.

e·ter·ni·da·de *s.f.* 1. Qualidade do que é eterno. 2. Imortalidade. 3. Demora indefinida.

e·ter·ni·zar *v.t.d.* 1. Tornar eterno. 2. Imortalizar. 3. Prolongar de modo indefinido. *v.p.* 4. Adquirir glória; imortalizar-se. 5. Prolongar-se indefinidamente.

e·ter·no (é) *adj.* 1. Sem princípio nem fim. 2. Imortal; que dura para sempre. 3. Imutável. 4. Constante; incessante.

é·ti·ca *s.f. Fil.* Ciência da moral.

é·ti·co *adj.* Concernente à ética.

e·ti·le·no (ê) *s.m. Quím.* Composto gasoso, incolor e inflamável, utilizado na indústria petroquímica e na fabricação de plásticos.

é·ti·mo *s.m. Gram.* Vocábulo que é ou se considera origem imediata de outro.

e·ti·mo·lo·gi·a *s.f.* 1. *Gram.* Estudo acerca da origem das palavras. 2. Origem de uma palavra.

e·ti·mo·ló·gi·co *adj.* Concernente à etimologia.

e·ti·o·lo·gi·a *s.f.* 1. Estudo acerca da origem das coisas. 2. *Med.* Parte da medicina que trata da origem das doenças.

e·tí·o·pe *adj.2gên.* 1. Concernente à Etiópia. *s.2gên.* 2. O natural ou habitante dessa região da África.

e·ti·que·ta (ê) *s.f.* 1. Conjunto de cerimônias; estilo; regra. 2. Letreiro que se põe sobre alguma coisa para indicar o conteúdo, o preço, etc.

e·ti·que·tar *v.t.d.* Pôr etiqueta ou rótulo em.

et·ni·a *s.f.* Grupo de pessoas culturalmente diferenciado de outro.

ét·ni·co *adj.* Concernente a povo ou raça.

et·no·cen·tris·mo *s.m.* Visão ou atitude que considera a cultura e os valores de seu grupo étnico, sua nação ou nacionalidade como superiores e referência para analisar e avaliar os demais.

et·no·gra·fi·a *s.f. Antrop.* Descrição dos povos, sua atividade, língua, religião, costumes, etc.

et·no·grá·fi·co *adj.* Relativo à etnografia.

et·no·lo·gi·a *s.f. Antrop.* Estudo histórico dos povos e suas culturas.

et·no·ló·gi·co *adj.* Relativo à etnologia.

e·to·lo·gi·a *s.f.* 1. *Zool.* Estudo do comportamento animal. 2. *por ext. Antrop.* Estudo dos costumes, usos e caracteres humanos.

e·trus·co *adj.* 1. Concernente à Etrúria. *s.m.* 2. O natural ou habitante dessa região da Itália. 3. Língua dos etruscos.

eu *pron.* 1. *Pron. pess.* da 1ª pessoa do singular. *s.m.* 2. A personalidade de quem fala.

eu·bi·ó·ti·ca *s.f.* Arte de bem viver.

eu·ca·lip·to *s.m. Bot.* Árvore originária da Austrália.

eu·ca·ris·ti·a *s.f. Teol.* Sacramento da Igreja Católica segundo o qual o corpo e o sangue de Jesus se acham presentes no pão e no vinho consagrados.

eu·ca·rís·ti·co *adj.* Concernente à Eucaristia.

eu·fe·mis·mo *s.m.* Palavra ou expressão suave com que se substitui outra menos agradável ou menos polida.

eu·fo·ni·a *s.f.* 1. Som agradável. 2. Suavidade, elegância na pronúncia.

eu·fô·ni·co *adj.* Que tem eufonia; melodioso; suave.

eu·fo·ri·a *s.f.* Sensação de bem-estar.

eu·fó·ri·co *adj.* Que tem euforia.

eu·ge·ni·a *s.f.* Estudo que busca o aperfeiçoamento da espécie humana por meio da solução genética e do controle da reprodução.

eu·gê·ni·co *adj.* Concernente à eugenia.

eu·nu·co *s.m.* 1. Indivíduo castrado. 2. *fig.* Indivíduo com impotência sexual.

eu·ro *s.m.* Atual unidade monetária e moeda dos países da União Europeia.

eu·ro·dó·lar *s.m.* Dólar norte-americano depositado em bancos de outros países, principalmente da Europa, para pagamentos ou investimentos.

eu·ro·peu *adj.* 1. Concernente à Europa. *s.m.* 2. O natural ou habitante da Europa.

eu·ró·pi:o *s.m. Quím.* Elemento metálico de símbolo **Eu** e cujo número atômico é 63.

eu·ta·ná·si:a *s.f.* Prática pela qual se procura dar morte sem sofrimento a um doente incurável.

e·va·cu·a·ção *s.f.* Ato ou efeito de evacuar.

e·va·cu·ar *v.t.i.* 1. Sair (de uma praça de guerra). 2. Sair (de algum lugar). 3. Despejar; desocupar. *v.i.* 4. Expelir matérias fecais; defecar.

e·va·dir *v.t.d.* 1. Escapar; evitar; desviar; iludir. *v.p.* 2. Fugir clandestinamente. 3. Fugir da prisão. 4. Desaparecer.

e·va·nes·cen·te *adj.2gên.* 1. Que se esvaece; que desaparece. 2. Efêmero.

e·van·ge·lho (é) *s.m. Rel.* 1. Doutrina de Cristo. 2. Cada um dos quatro livros que compõem o Novo Testamento (inicial maiúscula).

e·van·gé·li·co *adj. Rel.* 1. Concernente ou conforme o Evangelho. *s.m.* 2. Evangelista.

e·van·ge·lis·mo *s.m.* Doutrina ou sistema moral e religioso que tem como base o Evangelho(2).

e·van·ge·lis·ta *s.m. Rel.* 1. Cada um dos quatro autores dos Evangelhos. *s.2gên.* 2. Protestante.

e·van·ge·li·zar *v.t.d.* 1. *Rel.* Pregar o Evangelho a. 2. Preconizar (uma doutrina, um sistema, uma ideia).

e·va·po·ra·ção *s.f.* 1. Ação de evaporar. 2. Transformação de um líquido em vapor.

e·va·po·rar *v.t.d.* 1. Converter em vapor. 2. Consumir; gastar. *v.i.* 3. Transformar-se em vapor. *v.p.* 4. Passar ao estado de vapor. 5. Dissipar-se; desaparecer.

e·va·são *s.f.* 1. Ação de evadir(-se); fuga. 2. *fig.* Evasiva; subterfúgio.

e·va·si·va *s.f.* Desculpa ardilosa; pretexto; ardil de que alguém se socorre para sair de uma dificuldade.

e·va·si·vo *adj.* 1. Que facilita a evasão. 2. Que serve de subterfúgio.

e·ven·to *s.m.* Sucesso; acontecimento.

e·ven·tu·al *adj.2gên.* Que depende de acontecimento incerto; fortuito; casual; contingente.

e·ven·tu·a·li·da·de *s.f.* 1. Qualidade daquilo que é eventual. 2. Casualidade; contingência.

e·vi·dên·ci·a *s.f.* Qualidade do que é evidente.

e·vi·den·ci·ar *v.t.d.* 1. Tornar evidente; demonstrar. *v.p.* 2. Tornar-se evidente; aparecer com evidência; patentear-se.

e·vi·den·te *adj.2gên.* Manifesto; patente; claro; que não oferece dúvida; que se compreende imediatamente.

e·vi·tar *v.t.d.* 1. Fugir a; desviar-se de. 2. Impedir. 3. Poupar; privar; escusar.

e·vi·tá·vel *adj.2gên.* Que se pode ou deve evitar.

e·vo·ca·ção *s.f.* Ação ou efeito de evocar.

e·vo·car *v.t.d.* 1. Chamar de algum lugar. 2. Fazer aparecer por meio de esconjuros, orações ou exorcismos. 3. Trazer à lembrança.

e·vo·ca·ti·vo *adj.* Que serve para evocar.

e·vo·lar·se *v.p.* 1. Desaparecer no espaço. 2. Elevar-se, voando. 3. Desvanecer-se.

e·vo·lu·ção *s.f.* 1. Desenvolvimento gradual de uma ideia. 2. Movimento progressivo. 3. *Biol.* Teoria que admite a transformação progressiva das espécies. 4. *Rel.* Teoria espiritualista que admite a progressão dos espíritos, através de inúmeras reencarnações.

e·vo·lu·ci·o·nar *v.t.d.* 1. Modificar; alterar. *v.i.* 2. Fazer evoluções. 3. Passar por transformações sucessivas.

e·vo·lu·ci·o·nis·mo *s.m.* Sistema que se baseia na ideia da evolução.

e·vo·lu·ci·o·nis·ta *adj.2gên.* 1. Concernente ao evolucionismo. *s.2gên.* 2. Pessoa partidária do evolucionismo.

e·vo·lu·ir *v.i.* 1. Evolver; evolucionar. 2. Realizar a evolução.

e·vo·lu·ti·vo *adj.* 1. Que se desenvolve. 2. Que produz evolução. 3. Relativo a evolução.

e·vul·si·vo *adj.* Que produz a extração de um órgão.

e·xa·ção (z) *s.f.* 1. Exatidão; pontualidade. 2. Cobrança rigorosa de contribuições ou dívidas.

e·xa·cer·bar (z) *v.t.d.* e *v.p.* 1. Agravar(-se). 2. Tornar(-se) mais intenso, mais violento, mais áspero. 3. Irritar-se.

e·xa·ge·rar (z) *v.t.d.* 1. Ampliar; aumentar. 2. Tornar (as coisas) maiores ou menores do que realmente são. 3. Aparentar mais do que sente. *v.i.* 4. Fazer ou dizer alguma coisa com excesso.

e·xa·ge·ro (z, ê) *s.m.* Ato de exagerar.

e·xa·la·ção (z) *s.f.* 1. Ação de exalar; evaporação. 2. Emanação. 3. Cheiro. 4. Vapor.

e·xa·lar (z) *v.t.d.* 1. Lançar fora de si. 2. Emitir; soltar; manifestar. 3. Dar livre curso a. 4. Emanar. *v.p.* 5. Evaporar-se; dissipar-se; desvanecer-se.

e·xal·ta·ção (z) *s.f.* 1. Ação de exaltar(-se). 2. Grande excitação de ânimo. 3. Louvor entusiástico. 4. Perturbação mental. 5. Glorificação.

e·xal·tar (z) *v.t.d.* 1. Tornar alto; levantar. 2. Engrandecer; sublimar; elevar; tornar célebre. 3. Elogiar muito. 4. Excitar; entusiasmar. 5. Irritar. *v.p.* 6. Atingir o mais alto grau de energia, atividade ou intensidade.

e·xa·me (z) *s.m.* 1. Ato de examinar. 2. Investigação. 3. Observação. 4. Interrogatório. 5. Análise. 6. Prova a que alguém é submetido e pela qual demonstra sua capacidade em determinado assunto. 7. Inspeção. 8. Busca.

e·xa·mi·na·dor (z) *adj.* e *s.m.* Que ou aquele que examina.

e·xa·mi·nar (z) *v.t.d.* 1. Fazer exame de. 2. Considerar; investigar; analisar de modo atento. 3. Verificar a aptidão ou capacidade de. 4. Interrogar. 5. Estudar. 6. Provar.

e·xan·gue (z) *adj.2gên.* 1. Que se esvaiu em sangue. 2. *fig.* Enfraquecido; débil; exausto.

e·xâ·ni·me (z) *adj.2gên.* Desfalecido; sem alento.

e·xan·te·ma (z, ê) *s.m. Med.* Nome comum às erupções da pele.

e·xa·rar (z) *v.t.d.* 1. Gravar; entalhar. 2. Consignar por escrito; lavrar.

e·xas·pe·ra·ção (z) *s.f.* Ação de exasperar-se; irritação.

e·xas·pe·rar (z) *v.t.d.* 1. Tornar áspero. 2. Encolerizar; irritar. 3. Tornar mais intenso ou mais vivo. *v.p.* 4. Agravar-se. 5. Enfurecer-se; exacerbar-se.

e·xa·ti·dão (z) *s.f.* 1. Qualidade do que é exato. 2. Correção; observância rigorosa. 3. Precisão; pontualidade.

e·xa·to (z) *adj.* 1. Certo; correto. 2. Rigoroso; pontual. 3. Perfeito.

e·xau·rir (z) *v.t.d.* 1. Esgotar; despejar; fazer secar. 2. Gastar; empobrecer. *v.p.* 3. Esgotar-se. 4. Cansar-se; extenuar-se.

e·xaus·tão (z) *s.f.* Ação de exaurir(-se).

e·xaus·ti·vo (z) *adj.* Que esgota; fatigante.

e·xaus·to (z) *adj.* Extremamente cansado; esgotado.

e·xaus·tor (z) *s.m.* Aparelho que se destina à renovação de ar de um ambiente.

ex·ce·ção (ss) *s.f.* 1. Restrição da regra; desvio da regra geral. 2. Privilégio; prerrogativa. 3. Ação de excetuar.

ex·ce·den·te (ss) *adj.2gên.* 1. Que excede. *s.m.* 2. O que excede; sobejo; excesso.

ex·ce·der (ss) *v.t.d.* 1. Ir além de. 2. Ser superior a (em valor, extensão, peso, etc.). 3. Levar vantagem a. 4. Ultrapassar; superar. *v.t.i.* 5. Passar além de. *v.p.* 6. Ir além do que é natural, conveniente ou justo. 7. Irritar-se. 8. Fatigar-se.

ex·ce·lên·ci·a (ss) *s.f.* 1. Qualidade do que é excelente. *sobrecomum* 2. Tratamento que se dá às pessoas de alta hierarquia social (inicial maiúscula).

ex·ce·len·te (ss) *adj.2gên.* Muito bom; perfeito; distinto; superior.

ex·ce·len·tís·si·mo (ss) *adj.* 1. *Sup.* de excelente. 2. Tratamento que se dá a determinadas pessoas de alta hierarquia social (inicial maiúscula).

ex·cel·si·tu·de (ss) *s.f.* Qualidade de excelso.

ex·cel·so (ss) *adj.* Elevado, sublime; magnifícente.

ex·cen·tri·ci·da·de (ss) *s.f.* 1. Qualidade de excêntrico. 2. Extravagância; originalidade.

ex·cên·tri·co (ss) *adj. e s.m.* Que ou aquele que é extravagante, esquisito.

ex·cep·ci·o·nal (ss) *adj.2gên.* 1. Em que há exceção. 2. Concernente a exceção. 3. Extraordinário.

ex·cer·to (ss) *s.m.* Trecho.

ex·ces·si·vo (ss, é) *adj.* Que excede; exagerado; demasiado.

ex·ces·so (ss, é) *s.m.* 1. Diferença para mais entre duas quantidades; sobra. 2. Exagero. 3. Redundância. 4. Violência.

ex·ce·to (ss, é) *prep.* Afora; salvo; menos.

ex·ce·tu·ar (ss) *v.t.d.* 1. Fazer exceção de. 2. Tornar isento. 3. Excluir; livrar; isentar.

ex·ci·pi·en·te (ss) *s.m. Farm.* Substância para ligar ou dissolver outras substâncias.

ex·ci·ta·ção (ss) *s.f.* 1. Ação ou efeito de excitar(-se). 2. Irritação. 3. Agitação; estímulo.

ex·ci·tan·te (ss) *adj.2gên.* 1. Que excita. *s.m.* 2. O que excita. 3. Agitador; sublevador.

ex·ci·tar (ss) *v.t.d.* 1. Ativar a ação de. 2. Estimular; despertar. *v.p.* 3. Estimular-se. 4. Exaltar-se. 5. Irritar-se.

ex·cla·ma·ção (s) *s.f.* 1. Ação de exclamar. 2. Voz; brado; grito.

ex·cla·mar (s) *v.t.d.* 1. Pronunciar em voz alta, em tom exclamativo; bradar. *v.i.* 2. Bradar.

ex·cla·ma·ti·vo (s) *adj.* Que contém exclamação; admirativo.

ex·clu·ir (s) *v.t.d.* 1. Ser incompatível com. 2. Afastar; eliminar; desviar. 3. Omitir. 4. Expulsar; pôr fora. *v.p.* 5. Pôr-se ou lançar-se fora. 6. Privar-se; isentar-se.

ex·clu·são (s) *s.f.* Ação de excluir; exceção.

ex·clu·si·ve (s) *adv.* Com a exclusão de.

ex·clu·si·vi·da·de (s) *s.f.* Qualidade do que é exclusivo.

ex·clu·si·vis·mo (s) *s.m.* 1. Tendência ou atitude de excluir os outros, principalmente os que não têm a mesma opinião; intolerância. 2. Comportamento de quem quer tudo só para si.

ex·clu·si·vo (s) *adj.* 1. Que exclui. 2. Privativo; especial; restrito.

ex·co·mun·ga·do (s) *adj.* 1. *Rel.* Que sofreu excomunhão. *s.m.* 2. *Rel.* Aquele que sofreu pena de excomunhão. 3. *fam.* O que procede mal, o que é odiado.

ex·co·mun·gar (s) *v.t.d.* 1. *Rel.* Separar da Igreja Católica. 2. Tornar maldito; esconjurar; exorcizar. 3. Condenar.

ex·co·mu·nhão (s) *s.f. Rel.* 1. Ação de excomungar. 2. Pena eclesiástica que exclui o indivíduo do grêmio dos fiéis.

excreção

ex·cre·ção (s) *s.f.* 1. Ação pela qual se expelem os resíduos inúteis do corpo. 2. Matéria excretada.

ex·cre·men·to (s) *s.m.* 1. Matéria sólida ou líquida que os animais expelem do corpo pelas vias naturais. 2. Matérias fecais; fezes.

ex·cres·cên·ci·a (s) *s.f.* 1. Tumor à superfície de um órgão. 2. Demasia. 3. Saliência.

ex·cre·tar (s) *v.t.d.* Expelir do organismo resíduos ou substâncias que resultam do metabolismo.

ex·cur·são (s) *s.f.* 1. Passeio de recreio ou de instrução. 2. Jornada. 3. Incursão; correria em território inimigo.

ex·cur·si·o·nis·ta (s) *s.2gên.* Pessoa que vai em excursão de recreio ou de estudo.

e·xe·cra·ção (z) *s.f.* 1. Ação de execrar; ódio ilimitado. 2. Imprecação. 3. O que se execra.

e·xe·crar (z) *v.t.d.* 1. Desejar mal a (alguém). 2. Detestar; abominar.

e·xe·crá·vel (z) *adj.2gên.* Que merece execração; abominável.

e·xe·cu·ção (z) *s.f.* 1. Ação ou efeito de executar. 2. Cumprimento de pena de morte. 3. Suplício. 4. *Mús.* Modo de interpretar uma peça musical.

e·xe·cu·tan·te (z) *adj.2gên.* 1. *Jur.* Que executa. *s.2gên.* 2. *Mús.* Músico que executa a sua parte.

e·xe·cu·tar (z) *v.t.d.* 1. Realizar; levar a efeito; cumprir; fazer. 2. *Jur.* Supliciar em nome da lei. 3. *Teat.* Representar; cantar; tocar. 4. *Inform.* Processar uma instrução ou rotina de um programa; rodar.

e·xe·cu·ti·vo (z) *adj.* 1. Que executa. 2. Resoluto; ativo. *s.m.* 3. O poder executivo. 4. Diretor ou alto funcionário de uma empresa.

exercício

e·xe·cu·tor (z) *adj.* e *s.m.* 1. Que ou o que executa. *s.m.* 2. Carrasco; verdugo.

e·xe·ge·se (z, gé) *s.f.* 1. Explicação, interpretação, comentário para esclarecimento (especialmente dos textos bíblicos). 2. Explicação do texto das leis. 3. Interpretação histórica.

e·xe·ge·ta (z, gé) *s.2gên.* Pessoa que se dedica à exegese.

e·xem·plar (z) *adj.2gên.* 1. Que serve ou pode servir de exemplo. 2. Que se pode tomar por modelo. *s.m.* 3. Modelo. 4. Cópia. 5. Cada um dos números de uma publicação (jornal, livro, revista). 6. Indivíduo de certa variedade ou espécie.

e·xem·pli·fi·ca·ção (z) *s.f.* Ação de exemplificar.

e·xem·pli·fi·car (z) *v.t.d.* 1. Provar; elucidar com exemplos. 2. Citar, mencionar como exemplo.

e·xem·plo (z) *s.m.* 1. O que pode ser imitado; modelo. 2. Fato de que se tira ensinamento ou proveito. 3. Lição. 4. Frase ou palavra justificativa de uma regra. 5. Castigo; repreensão.

e·xé·qui·as (z) *s.f.pl.* Cerimônias ou honras fúnebres.

e·xe·quí·vel (z) (qüí) *adj.2gên.* Que se pode ou deve executar.

e·xer·cer (z) *v.t.d.* 1. Preencher os deveres, as obrigações ou funções inerentes a (um cargo, emprego, etc.). 2. Desempenhar. 3. Exercitar. 4. Pôr em ação. 5. Preponderar.

e·xer·cí·ci·o (z) *s.m.* 1. Desempenho de uma profissão, de um cargo, de um emprego. 2. Prática; uso. 3. Manobra militar. 4. Prova escolar. 5. Prática de ginástica. 6. Ação de exercer.

e·xer·ci·tar (z) *v.t.d.* 1. Exercer. 2. Pôr em ação, professar. 3. Fazer valer. 4. Adestrar; cultivar. *v.p.* 5. Adestrar-se por meio de exercício ou estudo; habilitar-se.

e·xér·ci·to (z) *s.m.* 1. *Mil.* O conjunto das forças militares de um país (inicial maiúscula). 2. *Mil.* As tropas que entram em combate. 3. *fig.* Grande número. 4. *fig.* Grande multidão.

e·xi·bi·ção (z) *s.f.* Ação ou efeito de exibir.

e·xi·bi·ci·o·nis·ta (z) *adj.2gên.* 1. Designativo da pessoa que tem mania de ostentação. *s.2gên.* 2. Pessoa exibicionista.

e·xi·bir (z) *v.t.d.* Expor; mostrar; alardear.

e·xi·gên·ci·a (z) *s.f.* 1. Ação de exigir. 2. Instância. 3. Pedido impertinente.

e·xi·gen·te (z) *adj.2gên.* 1. Que exige. 2. Que custa a satisfazer. 3. Impertinente.

e·xi·gir (z) *v.t.d.* 1. Reclamar. 2. Intimar; ordenar; demandar. 3. Pedir com autoridade, como coisa devida. 4. Impor dever, obrigação a.

e·xi·gí·vel (z) *adj.2gên.* Que se pode ou deve exigir.

e·xi·gui·da·de (z) (güi) *s.f.* Qualidade do que é exíguo; escassez.

e·xí·guo (z) *adj.* 1. Escasso. 2. De pequenas proporções.

e·xi·lar (z) *v.t.d.* 1. Expatriar; desterrar; expulsar da pátria. 2. Apartar; afastar. *v.p.* 3. Condenar-se ao exílio voluntário.

e·xí·li·o (z) *s.m.* 1. Expatriação; degredo; desterro. 2. O lugar onde reside aquele que se exilou ou foi exilado.

e·xí·mi·o (z) *adj.* 1. Excelente; ótimo. 2. Insigne; notável.

e·xi·mir (z) *v.t.d.* 1. Isentar; desobrigar. *v.p.* 2. Escusar-se; escapar; esquivar-se.

e·xis·tên·ci·a (z) *s.f.* 1. Ação de existir. 2. Vida. 3. Ente; ser. 4. Realidade.

e·xis·ten·ci·al (z) *adj.2gên.* Concernente à existência.

e·xis·ten·ci·a·lis·mo (z) *s.m. Fil.* Doutrina que acentua o aspecto existencial do ser, que se baseia nas raízes da existência humana (contrapõe-se ao aspecto essencial, próprio da filosofia tradicionalista).

e·xis·ten·ci·a·lis·ta (z) *adj.2gên. Fil.* 1. Relativo ao existencialismo. 2. Diz-se da pessoa partidária do existencialismo. *s.2gên.* 3. Pessoa existencialista.

e·xis·ten·te (z) *adj.2gên.* 1. Que vive; que existe. *s.m.* 2. Aquilo ou aquele que existe.

e·xis·tir (z) *v.i.* 1. Ser. 2. Viver. 3. Subsistir; durar. 4. Haver.

ê·xi·to (z) *s.m.* Resultado; efeito; fim; saída; consequência.

ê·xo·do (z) *s.m.* 1. *Rel.* Livro da Bíblia em que se narra a saída dos hebreus do Egito (inicial maiúscula). 2. Saída; emigração.

e·xo·ga·mi·a (z) *s.f. Antrop.* Casamento entre membros de tribo estranha, ou, dentro da mesma tribo, com os de outra família ou de outro clã (opõe-se a endogamia).

e·xó·ga·mo (z) *adj.* 1. Relativo à exogamia. *s.m.* 2. Aquele que se casa fora de sua família ou de seu clã.

e·xó·ge·no (z) *adj.* 1. Que tem origem ou causas externas. 2. *Biol.* Que provém, se produz ou se desenvolve no exterior do organismo ou sistema do organismo.

e·xo·ne·ra·ção (z) *s.f.* 1. Ação de exonerar(-se). 2. Demissão; destituição.

e·xo·ne·rar (z) *v.t.d.* 1. Dispensar; isentar. 2. Destituir de emprego; demitir. *v.p.* 3. Demitir-se. 4. Desobrigar-se; isentar-se.

e·xo·rar (z) *v.t.d.* 1. Invocar. 2. Implorar de modo ansioso; rogar.

e·xor·bi·tân·ci·a (z) *s.f.* 1. Qualidade do que é exorbitante. 2. Preço excessivo.

e·xor·bi·tan·te (z) *adj.2gên.* 1. Que sai da órbita. 2. Excessivo; que sai dos limites razoáveis.

e·xor·bi·tar (z) *v.t.d.* 1. Tirar da órbita. *v.i.* 2. Sair da órbita. 3. Passar além dos justos limites. *v.t.i.* 4. Apartar-se, desviar-se (de norma, regra, razão).

e·xor·cis·mo (z) *s.m.* Cerimônia religiosa para esconjurar o demônio ou os espíritos maus; esconjuro.

e·xor·cis·ta (z) *s.2gên.* Pessoa que exorciza.

e·xór·di·o (z) *s.m.* 1. Introdução a um discurso; preâmbulo. 2. *fig.* Prefácio. 3. Princípio; origem.

e·xor·ta·ção (z) *s.f.* 1. Ação de exortar. 2. Advertência; conselho; admoestação.

e·xor·tar (z) *v.t.d.* 1. Incitar. 2. Persuadir; aconselhar. 3. Animar. 4. Admoestar.

e·xos·fe·ra (z, é) *s.f.* Última camada da atmosfera de um planeta.

e·xo·té·ri·co (z) *adj. Fil.* Designativo da doutrina filosófica ensinada publicamente (opõe-se a esotérico).

e·xo·te·ris·mo (z) *s.m. Fil.* Qualidade do que é exotérico.

e·xó·ti·co (z) *adj.* 1. Que não é indígena. 2. Que é de país ou de clima diferente daquele em que vive. 3. Estrangeiro. 4. Extravagante.

e·xo·tis·mo (z) *s.m.* Caráter do que é exótico.

ex·pan·dir (s) *v.t.d.* 1. Tornar pando; dilatar; difundir; estender; ampliar. 2. Desabafar; expor francamente. 3. *Inform.* Mostrar detalhes de um objeto na tela. Ao se expandir um diretório, p. ex., visualizam-se os seus arquivos. 4. *Inform.* Fazer a expansão de um equipamento. *V.* **expansão** (4). *v.p.* 5. Dilatar-se; ampliar-se; desenvolver-se. 6. Desabafar.

ex·pan·são (s) *s.f.* 1. Ação de expandir(-se). 2. Movimento espontâneo de entusiasmo, de alegria, de amizade, de franqueza. 3. Desabafo. 4. *Inform.* Meio de aumentar a capacidade do microcomputador pelo acréscimo de componentes de *hardware* projetados para realizar tarefas não realizáveis no sistema existente.

ex·pan·si·bi·li·da·de (s) *s.f.* 1. Qualidade do que é expansível. 2. *Quím.* Propriedade que têm os gases de dilatar-se, ocupando sempre maior espaço.

ex·pan·si·o·nis·mo (s) *s.m.* 1. Tendência de expandir-se. 2. Sistema ou processo de dar toda a expansão a ideias, empreendimentos, etc.

ex·pan·si·o·nis·ta (s) *adj.2gên.* 1. Designativo da pessoa partidária do expansionismo. *s.2gên.* 2. Pessoa expansionista.

ex·pan·si·vo (s) *adj.* 1. Expansível. 2. Comunicativo; franco; entusiasta.

ex·pa·tri·ar (s) *v.t.d.* 1. Expulsar da pátria; desterrar; exilar; banir. *v.p.* 2. Ir para o exílio; sair da pátria para não mais voltar a ela.

ex·pec·ta·ção (s) *s.f.* Expectativa.

ex·pec·ta·dor (s) *s.m.* Aquele que tem expectativa.

ex·pec·tan·te (s) *adj.2gên*. Que espera.

ex·pec·ta·ti·va (s) *s.f.* Esperança baseada em supostos direitos, probabilidades ou promessas; esperança; probabilidade.

ex·pec·to·ra·ção (s) *s.f.* 1. Ação ou efeito de expectorar. 2. Escarro.

ex·pec·to·ran·te (s) *adj.2gên*. Que facilita ou provoca a expectoração. *Var.:* expetorante.

ex·pec·to·rar (s) *v.t.d.* 1. Escarrar; expelir do peito. 2. Dizer com ira ou violência. *v.i.* 3. Escarrar.

ex·pe·di·ção (s) *s.f.* 1. Ação de expedir. 2. Despacho; desembaraço. 3. Prontidão; expediente. 4. Excursão científica.

ex·pe·di·ci·o·ná·ri:o (s) *adj*. 1. Concernente a expedição. *s.m.* 2. Indivíduo que faz parte de expedição.

ex·pe·di·en·te (s) *adj.2gên*. 1. Que expede. *s.m.* 2. Modo pelo qual se chega a uma solução ou se remove uma dificuldade. 3. O horário e a correspondência de uma repartição. 4. Horário de funcionamento de bancos, lojas, escritórios, fábricas, etc.

ex·pe·dir (s) *v.t.d.* 1. Remeter a seu destino; despachar. 2. Fazer partir com determinado fim. 3. Promulgar; promover a solução de. 4. Expulsar; proferir; soltar; afastar. 5. Remeter; fazer seguir. 6. Livrar.★

ex·pe·di·to (s) *adj*. Diligente, desembaraçado, ativo.

ex·pe·lir (s) *v.t.d.* 1. Lançar para fora de modo violento; lançar de si; expulsar. 2. Proferir violentamente. *Part.:* expelido e expulso.★

ex·pen·der (s) *v.t.d.* 1. Expor com minúcia. 2. Explicar com ponderação. 3. Gastar.

ex·pen·sas (s, ê) *s.f.pl.* Despesas. **A expensas de**: à custa de.

ex·pe·ri·ên·ci:a (s) *s.f.* 1. Ação de experimentar. 2. Prática da vida; uso. 3. Ensaio; prova. 4. Prática, habilidade adquirida com o exercício constante de uma profissão.

ex·pe·ri·en·te (s) *adj.2gên*. Diz-se da pessoa que tem experiência.

ex·pe·ri·men·ta·ção (s) *s.f.* Ato ou efeito de experimentar.

ex·pe·ri·men·tar (s) *v.t.d.* 1. Submeter à experiência. 2. Ensaiar. 3. Pôr em prática; avaliar. 4. Suportar.

ex·pe·ri·men·to (s) *s.m.* Experimentação; experiência.

ex·per·to (s, é) *adj*. 1. Experiente. *s.m.* 2. Indivíduo que adquiriu grande conhecimento graças à experiência, à prática. *V. esperto*.

ex·pi·a·ção (s) *s.f.* 1. Ação de expiar. 2. Cumprimento de castigo ou pena.

ex·pi·ar (s) *v.t.d.* 1. Remir (a culpa) cumprindo pena. 2. Sofrer as consequências de. *V. espiar*.

ex·pi·ra·ção (s) *s.f.* 1. Ação de expelir o ar dos pulmões. 2. Termo de um certo prazo.

ex·pi·rar (s) *v.t.d.* 1. Expelir (o ar) dos pulmões. 2. Respirar; exalar. 3. Demonstrar; revelar. *v.i.* 4. Soltar o último alento; morrer. 5. Finalizar. 6. Perder a força. *V. espirar*.

ex·pla·na·ção (s) *s.f.* Ato de explanar; explicação; dissertação.

ex·pla·nar (s) *v.t.d.* 1. Tornar plano, fácil, inteligível. 2. Explicar; esclarecer.

ex·ple·ti·vo (s) *adj*. 1. Que serve para completar. 2. *Gram*. Diz-se de palavra ou expressão usada para destacar ou reforçar outras. *s.m.* 3. *Gram*. Palavra ou expressão que tem essa finalidade.

ex·pli·ca·ção (s) *s.f.* 1. Ação de explicar. 2. Lição. 3. Justificação. 4. Desagravo.

ex·pli·car (s) *v.t.d.* 1. Tornar inteligível. 2. Justificar. 3. Lecionar. 4. Significar; expressar. 5. Interpretar. 6. Explanar; expor.

ex·pli·ci·tar (s) *v.t.d.* Tornar explícito.

ex·plí·ci·to (s) *adj.* Manifesto; claro; preciso.

ex·plo·dir (s) *v.i.* 1. Rebentar com estrondo. 2. Expandir-se ruidosamente. 3. Vociferar. 4. Manifestar-se com ruído.

ex·plo·ra·ção (s) *s.f.* 1. Ação ou efeito de explorar. 2. Pesquisa; investigação. 3. Abuso da ignorância ou da boa-fé de alguém.

ex·plo·ra·dor (s) *adj.* 1. Que explora. 2. Que engana alguém maldosamente. *s.m.* 3. Indivíduo que empreende viagens para fazer descobertas numa região.

ex·plo·rar (s) *v.t.d.* 1. Ir à descoberta de. 2. Percorrer observando ou estudando. 3. Pesquisar; estudar. 4. Cultivar. 5. Tirar proveito ou partido de. 6. Abusar da boa-fé ou da ignorância de.

ex·plo·são (s) *s.f.* 1. Súbita, violenta e estrondosa fragmentação de um corpo devido à dilatação de gases ou à conflagração de matérias. 2. Detonação; estouro. 3. *fig.* Manifestação viva e súbita.

ex·plo·si·vo (s) *s.m.* 1. Substância suscetível de causar explosão. *adj.* 2. Que produz explosão.

ex·po·en·te (s) *s.m.* 1. *Mat.* Número indicativo da potência a que uma quantidade é elevada: coloca-se à direita e um pouco acima dessa quantidade. *s.2gên.* 2. Pessoa que, num requerimento, expõe ou alega uma razão. *sobrecomum* 3. Representante insigne de uma profissão, de um ramo do saber, etc.

ex·por (s) *v.t.d.* 1. Colocar em perigo; arriscar. 2. Narrar; explicar. 3. Fazer conhecer. 4. Interpretar. 5. Pôr à vista. 6. Sujeitar à ação de. *v.p.* 7. Mostrar-se. 8. Arriscar-se; sujeitar-se; aventurar-se. ★

ex·por·ta·ção (s) *s.f.* 1. Ação de exportar. 2. Aquilo que se exporta.

ex·por·tar (s) *v.t.d.* 1. Mandar ou transportar para outro país (produtos nacionais). 2. *Inform.* O oposto de importar. Enviar informações (texto, imagem, som) criadas em um aplicativo para outro.

ex·po·si·ção (s) *s.f.* 1. Ação ou efeito de expor(-se). 2. Exibição pública. 3. Conjunto de objetos expostos. 4. Declaração; manifestação.

ex·po·si·ti·vo (s) *adj.* Concernente a exposição.

ex·po·si·tor (s) *s.m.* Aquele que expõe.

ex·pos·to (s, ô) *adj.* Que está à mostra; visível; patente. *Pl.:* expostos (ó).

ex·pres·são (s) *s.f.* 1. Ação de exprimir(-se). 2. Dito. 3. Gesto; viveza. 4. Caráter.

ex·pres·sar (s) *v.t.d.* e *v.p.* Exprimir(-se). *Part.:* expressado e expresso.

ex·pres·si·o·nis·mo (s) *s.m. Bel.-Art.* Movimento artístico que se caracteriza pela livre expressão dos sentimentos, sensações ou impressões do artista.

ex·pres·si·o·nis·ta (s) *adj.2gên.* 1. Relativo ao expressionismo. *s.2gên.* 2. Pessoa partidária do expressionismo.

ex·pres·si·vo (s) *adj.* 1. Que exprime; claro; manifesto. 2. Significativo.

ex·pres·so (s, é) *adj.* 1. Explícito; claro. *adj.* e *s.m.* 2. Diz-se de veículo de transporte que não para em todas as estações. 3. Diz-se da correspondência que vai diretamente ao seu destino, com prioridade de entrega.

ex·pri·mir (s) *v.t.d.* 1. Enunciar por palavras ou gestos. 2. Dar a entender. 3. Representar por meio de um trabalho de arte. *v.p.* 4. Fazer conhecer suas ideias; expressar-se; manifestar-se. *Part.:* exprimido e expresso.

ex·pro·brar (s) *v.t.d.* 1. Censurar. 2. Vituperar; repreender; lançar em rosto.

ex·pro·pri·a·ção (s) *s.f.* Ação de expropriar.

ex·pro·pri·ar (s) *v.t.d.* Tirar alguém de sua propriedade, legalmente e mediante justa indenização.

ex·pug·nar (s) *v.t.d.* 1. Conquistar ou vencer em combate, pela força das armas; dominar, tomar. 2. *fig.* Abater, derrotar, vencer.

ex·pul·são (s) *s.f.* Ação ou efeito de expulsar.

ex·pul·sar (s) *v.t.d.* 1. Fazer sair à força ou por castigo. 2. Expelir; repelir. *Part.:* expulsado e expulso.

ex·pul·so (s) *adj.* Que se expulsou.

ex·pur·gar (s) *v.t.d.* Purgar; limpar; livrar; isentar (do que é prejudicial ou supérfluo).

ex·pur·go (s) *s.m.* Ação de expurgar.

ex·su·da·ção (ss) *s.f.* Ação de exsudar; transpiração.

ex·su·dar (ss) *v.t.d.* Segregar em forma de gotas ou de suor.

êx·ta·se (s) *s.m.* 1. Arrebatamento do espírito. 2. Contemplação do que é divino, sobrenatural, maravilhoso. 3. Enlevo; pasmo.

ex·ta·si·ar (s) *v.t.d.* 1. Causar êxtase a. 2. Enlevar; encantar. *v.p.* 3. Cair em êxtase. 4. Encher-se de entusiasmo.

ex·tá·ti·co (s) *adj.* 1. Em êxtase. 2. Admirado; pasmado. *V.* **estático**.

ex·tem·po·râ·ne:o (s) *adj.* 1. Que vem fora do tempo próprio. 2. Inoportuno.

ex·ten·são (s) *s.f.* 1. Porção de espaço ou de tempo. 2. Efeito de estender(-se). 3. Amplitude. 4. Dimensão; tamanho. 5. *Inform.* Curta sequência de caracteres, opcionalmente adicionada ao final do nome de um arquivo, separada deste por um ponto, e que indica o tipo do arquivo, de acordo com sua função ou formato; p. ex.: .doc, para documentos do *Word*; .exe. para arquivos executáveis; e html para documentos da *Web*.

ex·ten·si·vo (s) *adj.* 1. Que se pode estender. 2. Que se aplica a mais de uma pessoa, a mais de um caso. 3. Amplo.

ex·ten·so (s) *adj.* 1. Que tem extensão. 2. Largo. 3. Comprido. 4. Não resumido. 5. Duradouro.

ex·te·nu·a·ção (s) *s.f.* Prostração; enfraquecimento; debilidade.

ex·te·nu·an·te (s) *adj.2gên.* Que extenua; que causa fraqueza ou relaxação.

ex·te·nu·ar (s) *v.t.d.* 1. Esgotar as forças a; debilitar. *v.p.* 2. Debilitar-se.

ex·te·ri·or (s) *adj.2gên.* 1. Que está na parte de fora; externo. 2. Superficial. *s.m.* 3. Parte externa. 4. Aspecto; aparência. 5. As nações estrangeiras.

ex·te·ri·o·ri·da·de (s) *s.f.* Qualidade do que é exterior.

ex·te·ri·o·ri·da·des (s) *s.f.pl.* Aparências.

ex·te·ri·o·ri·za·ção (s) *s.f.* Ação de exteriorizar.

ex·te·ri·o·ri·zar (s) *v.t.d.* 1. Tornar exterior. 2. Declarar; dar a conhecer. *v.p.* 3. Manifestar-se; declarar-se.

ex·ter·mi·na·dor (s) *adj.* e *s.m.* Que ou o que extermina.

exterminar

ex·ter·mi·nar (s) *v.t.d.* 1. Pôr fora de uma terra, região, cidade, estado, etc. 2. Banir; desterrar. 3. Destruir com mortandade. 4. Fazer desaparecer; extirpar.

ex·ter·mí·ni:o (s) *s.m.* 1. Ato de exterminar. 2. Destruição; assolação; chacina; ruína total; aniquilamento.

ex·ter·nar (s) *v.t.d.* e *v.p.* O mesmo que exteriorizar.

ex·ter·na·to (s) *s.m.* Estabelecimento de ensino em que só há alunos externos.

ex·ter·no (s, é) *adj.* 1. Que está por fora. 2. Designativo do aluno que não reside no colégio onde estuda. *V.* **esterno**.

ex·tin·ção (s) *s.f.* 1. Ação ou efeito de extinguir(-se). 2. Anulação. 3. Extermínio.

ex·tin·guir (s) *v.t.d.* 1. Apagar. 2. Amortecer. 3. Aniquilar; destruir. 4. Gastar. 5. Exterminar completamente. 6. Abolir. *v.p.* 7. Apagar-se. 8. Perder-se de todo. 9. Dissolver-se. *Part.:* extinguido e extinto.

ex·tin·to (s) *adj.* 1. Que deixou de existir; acabado; morto. *s.m.* 2. Aquele que morreu.

ex·tin·tor (s) *adj.* 1. Que extingue. *s.m.* 2. Aparelho para extinguir incêndios.

ex·tir·pa·ção (s) *s.f.* Ação ou efeito de extirpar.

ex·tir·par (s) *v.t.d.* 1. Arrancar pela raiz; desarraigar. 2. Destruir. 3. Extrair.

ex·tor·quir (s) *v.t.d.* 1. Tirar à força ou ardilosamente. 2. Conseguir por meio de ameaça ou tortura. ★★

ex·tor·são (s) *s.f.* 1. Ação ou efeito de extorquir. 2. Obtenção de alguma coisa por meio de violência. 3. Usurpação. 4. Preço ou imposto excessivo.

extraordinário

ex·tra (é, s) *adj.2gên.* 1. *Abrev.* de extraordinário e de extrafino. *s.2gên.* 2. Pessoa que faz serviço suplementar ou acidental. 3. Pessoa que figura em peça teatral ou fita de cinema para fazer número ou representar papéis secundários.

ex·tra·ção (s) *s.f.* 1. Ação ou efeito de extrair ou arrancar. 2. O que se extrai. 3. Cada uma das vezes em que se realiza o sorteio de uma loteria.

ex·tra·con·ju·gal (s) *adj.2gên.* Que não faz parte do matrimônio ou é feito fora dele.

ex·tra·di·ção (s) *s.f.* Ato ou efeito de extraditar.

ex·tra·di·tar (s) *v.t.d.* Entregar (um criminoso) à requisição do país de onde ele é natural.

ex·tra·fi·no (s) *adj.* De qualidade superior.

ex·tra·ir (s) *v.t.d.* 1. Tirar. 2. Fazer a extração de. 3. Sugar. 4. Copiar. 5. Colher; separar (uma substância) do corpo de que fazia parte.

ex·tra·ju·di·ci·al (s) *adj.2gên. Jur.* Que se fez sem processo ou formalidade judicial.

ex·tra·nu·me·rá·ri:o (s) *adj.* 1. Além ou fora do número certo. *adj.* e *s.m.* 2. Diz-se de ou indivíduo que não pertence ao quadro efetivo dos empregados.

ex·tra·o·fi·ci·al (s) *adj.2gên.* 1. Que não tem origem oficial ou foi confirmado oficialmente. 2. Que não está relacionado aos negócios públicos.

ex·tra·or·di·ná·ri:o (s) *adj.* 1. Fora do comum; anormal; raro; excepcional. 2. Esquisito. *s.m.* 3. O que se gasta para além do habitual ou do que está em orçamento. 4. Aquilo que não se faz de ordinário.

ex·tra·po·lar (s) *v.t.d.* e *v.i.* Ir além de; exceder, ultrapassar.

ex·tra·ter·re·no (s, ê) *adj.* e *s.m.* Extraterrestre.

ex·tra·ter·res·tre (s) *adj.2gên.* 1. Que está fora da Terra; extraterreno. *s.2gên.* 2. Ser de fora da Terra; extraterreno.

ex·tra·ti·vis·mo (s) *s.m.* 1. Atividade econômica de extração ou coleta de produtos diretamente da natureza, sem terem sido cultivados. 2. Extração ou coleta de recursos naturais sem os devidos cuidados com a preservação do ambiente e das espécies.

ex·tra·ti·vo (s) *adj.* 1. Que se pode extrair. 2. Concernente à extração ou que a indica.

ex·tra·to (s) *s.m.* 1. Coisa que se extraiu de outra. 2. Resumo; cópia; trecho. 3. Produto que se obtém com essência aromática; perfume. 4. Cópia de conta bancária. *V.* **estrato**.

ex·tra·va·gân·ci·a (s) *s.f.* 1. Qualidade de extravagante. 2. Ação fora do comum. 3. Disparate; brincadeira; capricho. 4. Dissipação.

ex·tra·va·gan·te (s) *adj.2gên.* 1. Que anda fora do uso ou do seu lugar. 2. Estranho; singular. 3. Esbanjador; perdulário.

ex·tra·va·sar (s) *v.t.d.* 1. Fazer transbordar. *v.i.* e *v.p.* 2. Derramar-se em abundância; transbordar. 3. Sair dos limites.

ex·tra·vi·ar (s) *v.t.d.* e *v.p.* 1. Fazer sair ou sair do destino, do caminho; sumir, desviar(-se). 2. Fazer perder ou perder a boa conduta; desencaminhar(-se). 3. Apossar-se indevidamente de algo; roubar.

ex·tra·vi·o (s) *s.m.* 1. Ato de extraviar; sumiço. 2. Roubo; furto.

ex·tre·ma·do (s) *adj.* 1. Extraordinário. 2. Insigne; distinto; abalizado.

ex·tre·mar (s) *v.t.d.* 1. Assinalar; sublimar; exaltar. *v.p.* 2. Assinalar-se; distinguir-se. *V.* **estremar**.

ex·tre·ma-un·ção (s) *s.f. Liturg.* Unção dos moribundos com os santos óleos. *Pl.:* extremas-unções.

ex·tre·mi·da·de (s) *s.f.* 1. Qualidade do que é extremo. 2. Fim; orla; limite. 3. *fig.* Penúria extrema.

ex·tre·mis·mo (s) *s.m.* Sistema que recorre a soluções extremas para resolver problemas sociais.

ex·tre·mis·ta (s) *adj.2gên.* 1. Concernente ao extremismo. *s.2gên.* 2. Pessoa partidária do extremismo.

ex·tre·mo (s, ê) *adj.* 1. No último ponto. 2. Final; distante. 3. Elevado; no último grau; perfeito. *s.m.* 4. O ponto mais distante; termo.

ex·tre·mos (s) *s.m.pl.* 1. Desvelos; cuidados. 2. *fig.* Último recurso.

ex·tre·mo·sa (s, ó) *s.f. Bot.* Planta originária da Ásia, de pequeno porte, cultivada para fins ornamentais e medicinais.

ex·tre·mo·so (s, ô) *adj.* 1. Muito afetuoso. 2. Que tem extremos. *Pl.:* extremosos (ó).

ex·trín·se·co (s) *adj.* 1. Que não faz parte da essência de uma coisa (opõe-se a intrínseco). 2. De fora; exterior.

ex·tro·ver·são (s) *s.f. Psiq.* Conjunto de interesses que se dirigem sobretudo para os fatos externos, mais que para experiências íntimas (opõe-se a introversão).

ex·tro·ver·ti·do (s) *adj.* 1. Que é comunicativo, sociável. *s.m.* 2. Indivíduo com essas características.

e·xu (ch) *s.m.* 1. *Rel.* Mensageiro dos orixás, nos cultos fetichistas afro-brasileiros. 2. Espírito maligno; diabo.

e·xu·be·rân·ci:a (z) *s.f.* 1. Superabundância. 2. Fertilidade.

e·xu·be·ran·te (z) *adj.2gên.* 1. Superabundante. 2. *fig.* Vivo; animado. 3. Viçoso; vigoroso. 4. Repleto.

e·xul·tan·te (z) *adj.2gên.* Que exulta.

e·xul·tar (z) *v.i.* Ter grande alegria; regozijar-se; rejubilar-se.

e·xu·ma·ção (z) *s.f.* Ato ou efeito de exumar.

e·xu·mar (z) *v.t.d.* 1. Tirar da sepultura; desenterrar. 2. Tirar do esquecimento. 3. Tirar (de onde jazia).

ex-vo·to (cs ou s, ó) *s.m.* Quadro ou imagem, reprodução em cera ou madeira de um órgão ou membro do corpo, etc., que se oferece ao cumprir um voto. *Pl.*: ex-votos.

Ff

f *s.m.* 1. Sexta letra do alfabeto. *num.* 2. O sexto numa série indicada por letras.

fá *s.m. Mús.* Quarta nota na escala de dó.

fã *s.2gên. pop.* Admirador fiel, às vezes exaltado; tiete.

fá·bri·ca *s.f.* 1. Estabelecimento, lugar onde se fabrica alguma coisa ou se prepara algum produto. 2. O pessoal desse estabelecimento ou lugar.

fa·bri·ca·ção *s.f.* Ação, efeito ou modo de fabricar; fabrico.

fa·bri·can·te *s.2gên.* Pessoa que fabrica ou dirige a fabricação.

fa·bri·car *v.t.d.* 1. Manufaturar; preparar. 2. Fazer por processos mecânicos. 3. Engendrar; inventar; maquinar.

fa·bri·co *s.m.* 1. Ato ou arte de fabricar; fabricação. 2. O produto de uma fábrica.

fa·bril *adj.2gên.* Relativo a fábrica, fabricação ou fabricante.

fá·bu·la *s.f.* 1. *Lit.* Composição em que se narra um fato cuja verdade moral se oculta sob o véu da ficção. 2. Ficção; mito. **Uma fábula**: grande soma de dinheiro.

fa·bu·la·ção *s.f.* 1. Narração fabulosa. 2. Enredo de romance, poema ou drama.

fa·bu·lis·ta *adj.2gên.* 1. Que é autor ou narrador de fábulas. 2. *por ext.* Que tem o hábito de contar mentiras; mentiroso. *s.2gên.* 3. Autor ou narrador de fábulas. 4. *por ext.* Pessoa que tem o hábito de mentir, contar histórias fabulosas, imaginárias.

fa·bu·lo·so (ô) *adj.* 1. Concernente a fábula. 2. Imaginado; inventado. 3. Incrível; admirável; grandioso; extraordinário. *Pl.*: fabulosos (ó).

fa·ca *s.f.* Instrumento cortante, composto de lâmina de um só gume e cabo.

fa·ca·da *s.f.* 1. Golpe de faca. 2. *fig.* Surpresa dolorosa; desgosto inesperado. 3. *pop.* Pedido de dinheiro.

fa·ça·nha *s.f.* 1. Grande feito; ação heroica; proeza. 2. Coisa extraordinária. 3. *fig.* Malvadez; perversidade.

fa·cão *s.m.* 1. *Aum.* de faca. 2. Sabre.

fac·ção *s.f.* 1. Bando sedicioso. 2. Partido político. 3. Grupo de dissidentes de um partido político, de uma doutrina, de uma instituição.

fac·ci·o·sis·mo *s.m.* 1. Qualidade de faccioso. 2. Paixão partidária.

faccioso

fac·ci·o·so (ô) *adj.* 1. Sedicioso. 2. Sectário apaixonado de uma facção. *Pl.:* facciosos (ó).

fa·ce *s.f.* 1. Cada uma das partes laterais do rosto; semblante. 2. Superfície limitante de um sólido. 3. Lado da medalha ou moeda onde está a efígie. 4. Cada um dos lados de uma casa relativamente aos pontos cardeais.

fa·cé·ci·a *s.f.* Dito chistoso; graça; motejo.

fa·cei·ri·ce *s.f.* 1. Ostentação de elegância. 2. Aspecto risonho; ar pretensioso.

fa·cei·ro *adj.* 1. Que gosta de se enfeitar. 2. Vistoso. 3. Garboso. 4. Alegre; satisfeito.

fa·ce·ta (ê) *s.f.* 1. Pequena face. 2. Cada uma das superfícies regulares de uma pedra preciosa ou de um cristal.

fa·ce·tar *v.t.d.* Fazer facetas em; lapidar.

fa·cha·da *s.f.* 1. Frente de um edifício. 2. *fam.* Cara; semblante.

fa·cho *s.m.* 1. Archote; farol; luzeiro. 2. *fig.* O que esclarece ou serve de luz intelectual; guia.

fa·ci·al *adj.2gên.* Concernente à face.

fá·cil *adj.2gên.* 1. Que se faz sem dificuldade. 2. Simples; claro; natural. 3. Dócil; brando. *adv.* 4. Facilmente, com facilidade.

fa·ci·li·da·de *s.f.* 1. Qualidade do que é fácil. 2. Destreza, prontidão em fazer alguma coisa. 3. Complacência. 4. Leviandade.

fa·ci·li·da·des *s.f.pl.* 1. Condescendência. 2. Meios cômodos de se conseguir alguma coisa.

fa·ci·li·tar *v.t.d.* 1. Tornar fácil. *v.p.* 2. Prontificar-se; estar disposto; prestar-se.

fado

fa·cí·no·ra *s.m.* Criminoso; celerado.

fac·sí·mi·le *s.m.* Reprodução de um escrito, de uma assinatura, de uma pintura, de um desenho, etc. *Pl.:* fac-símiles.

fac·tí·ci·o *adj.* Artificial; convencional.

fac·tí·vel *adj.2gên.* Que se pode fazer.

fac·tó·tum *s.m.* 1. Indivíduo responsável pelas tarefas e obrigações de outra pessoa ou grupo. 2. *por ext.* Indivíduo necessário, essencial, indispensável.

fac·tual *adj.2gên.* 1. Relativo a fatos, que é baseado em fatos. 2. Que se pode verificar. 3. Que expõe somente os fatos, sem análise ou interpretação.

fa·cul·da·de *s.f.* 1. Poder de efetuar, de fazer. 2. Autoridade para decidir. 3. Cada uma das ciências professadas numa universidade. 4. Corpo catedrático de uma faculdade. 5. Escola superior.

fa·cul·tar *v.t.d.* 1. Conceder; permitir. 2. Facilitar. 3. Prestar; oferecer.

fa·cul·ta·ti·vo *adj.* 1. Que faculta. 2. Que permite que se faça ou não. 3. Não obrigatório. 4. Arbitrário. *s.m.* 5. Médico.

fa·cún·di·a *s.f.* Eloquência; verbosidade.

fa·da *s.f.* 1. *Mit.* Ser fantástico a que se atribui poder sobrenatural. 2. *fig.* Mulher formosa.

fa·dar *v.t.d.* 1. Predestinar. 2. Conceder (dons excepcionais). 3. Favorecer. 4. Regular, determinar o destino de.

fa·dá·ri·o *s.m.* 1. Fado; destino. 2. Vida trabalhosa; desgostos.

fa·di·ga *s.f.* Cansaço; lida; trabalho.

fa·do *s.m.* 1. Destino; sorte; fortuna. 2. Música, dança e canto portugueses.

fagote

fa·go·te (ó) *s.m. Mús.* Instrumento de sopro, longo tubo de madeira de som grave.

fa·go·tis·ta *s.2gên.* Pessoa que toca fagote.

fa·guei·ro *adj.* 1. Que afaga. 2. Meigo; suave; carinhoso. 3. Agradável.

fa·gu·lha *s.f.* 1. Faísca que se desprende da matéria em combustão. 2. Centelha.

fai·an·ça *s.f.* 1. Louça de barro, vidrada ou esmaltada. 2. Louça de pedra em pó.

fai·na *s.f.* Trabalho aturado; lida; azáfama.

fai·são *s.m. Zool.* Galináceo de bela plumagem e carne saborosa. *Fem.:* faisoa e faisã.

fa·ís·ca *s.f.* Centelha; chispa; fagulha.

fa·is·car *v.t.d.* 1. Lançar de si (centelhas, clarões, etc.). 2. Expelir como faíscas. *v.i.* 3. Lançar faíscas; cintilar.

fai·xa (ch) *s.f.* 1. Tira de tecido para cingir a cintura. 2. Porção de terra estreita e longa.

fa·ju·to *adj.* 1. Que não é original, autêntico; falso, falsificado. 2. *pop.* Que tem pouca ou nenhuma qualidade; ruim, malfeito (1). 3. Que não merece confiança.

fa·la *s.f.* 1. Faculdade de exprimir o pensamento pela palavra. 2. Ação de falar. 3. Voz; palavra; elocução. 4. Parte do diálogo dita por um dos interlocutores.

fa·la·ção *s.f.* 1. Apresentação oral em público; discurso. 2. *pop.* Fala que não para, repetida; reclamação. 3. Ato de falar muito para dizer pouco. 4. Fala de quem não cumpre o que diz. 5. O som de muitas pessoas falando; falatório.

falcão

fa·lá·ci:a *s.f.* 1. Qualidade de falaz. 2. Engano; logro. 3. *fam.* Ruído de vozes; falatório.

fa·la·ci·o·so (ó) *adj.* 1. Com falácia. 2. Palrador. *Pl.*: falaciosos (ó).

fa·la·do *adj.* 1. Que foi comunicado oralmente; dito. 2. Muito comentado, conhecido; famoso. 3. Que tem má reputação.

fa·la·dor *adj.* 1. Que fala demais. 2. Que não guarda segredo; que é indiscreto. 3. Que fala mal dos outros. *s.m.* 4. Indivíduo com essas características.

fa·lan·ge *s.f.* 1. *ant.* Corpo de infantaria, na milícia grega. 2. *Anat.* Cada um dos ossos que formam os dedos das mãos e dos pés. 3. *fig.* Multidão.

fa·lan·ge·ta (ê) *s.f. Anat.* A falange sobre a qual a unha assenta.

fa·lan·gi·nha *s.f. Anat.* Falange do meio, nos dedos que têm três falanges.

fa·lar *v.t.d.* 1. Exprimir o pensamento por meio de palavras. 2. Exprimir-se em. 3. Conversar acerca de. 4. Explicar. 5. Combinar. *v.i.* 6. Articular palavras. 7. Ter o dom da palavra. 8. Conversar. *v.t.i.* 9. Discursar. *Falar pelos cotovelos*: falar muito.

fa·las *s.f.pl.* 1. Conversação. 2. Murmuração.

fa·las·trão *adj.* 1. Que fala muito, sem medir consequências; tagarela. *s.m.* 2. Indivíduo com essa característica.

fa·la·tó·ri:o *s.m.* 1. Ruído de muitas vozes simultâneas. 2. Murmuração; maledicência. 3. Locutório; parlatório.

fa·laz *adj.2gên.* Ardiloso, enganador.

fal·cão *s.m. epiceno Zool.* 1. Ave de rapina muito veloz. 2. Denominação de todas as aves de rapina conhecidas no Brasil pelo nome comum de gavião.

fal·ca·tru·a *s.f.* 1. Tratantada. 2. Logro; engano; ardil; fraude. 3. Artifício para lograr.

fa·le·cer *v.i.* 1. Morrer; expirar. 2. Escassear; faltar. *v.t.i.* 3. Ser insuficiente; falhar.

fa·le·ci·do *adj.* 1. Morto. 2. Que carece de alguma coisa. *s.m.* 3. O que morreu.

fa·le·ci·men·to *s.m.* 1. Ato de falecer; morte. 2. Míngua. 3. Incapacidade.

fa·le·na (ê) *s.f. epiceno Zool.* Espécie de borboleta noturna.

fa·lên·ci·a *s.f.* 1. Ação ou efeito de falir; quebra. 2. Omissão. 3. Carência.

fa·lé·si·a *s.f. Geog.* Rocha íngreme à beira-mar.

fa·lha *s.f.* 1. Fenda; lasca. 2. Falta; defeito. 3. Lacuna. 4. Omissão.

fa·lhar *v.i.* 1. Não suceder como se esperava; malograr-se. *v.t.i.* 2. Não acudir a tempo; faltar.

fa·lho *adj.* 1. Que tem falha. 2. A que falta alguma coisa.

fá·li·co *adj.* Concernente ao falo ou ao seu culto.

fa·li·do *adj.* 1. Que faliu; quebrado. 2. Falho. *s.m.* 3. O que faliu.

fa·lir *v.i.* Não ter com que pagar os credores; fracassar; quebrar (o negociante).★★

fa·lí·vel *adj.2gên.* 1. Que pode falhar. 2. Em que pode haver erro.

fa·lo *s.m.* 1. Representação do pênis, adorado pelos antigos como símbolo da fecundidade da natureza. 2. Pênis.

fal·sá·ri·o *s.m.* 1. Falsificador. 2. Perjuro.

fal·se·a·men·to *s.m.* Ato ou efeito de falsear.

fal·se·ar *v.t.d.* 1. Ser falso para com. 2. Enganar; desvirtuar; adulterar. 3. Tornar inútil. *v.i.* 4. Desafinar. 5. Falhar.

fal·se·te (ê) *s.m.* 1. Voz com que se procura imitar a do soprano. 2. *fig.* Voz esganiçada.

fal·si·da·de *s.f.* 1. Qualidade de falso. 2. Fraude; engano. 3. Calúnia; perfídia.

fal·si·fi·ca·ção *s.f.* Ação ou efeito de falsificar.

fal·si·fi·car *v.t.d.* 1. Imitar de modo fraudulento. 2. Adulterar; contrafazer. 3. Dar aparência enganosa a.

fal·so *adj.* 1. Oposto à realidade. 2. Em que há falsidade. 3. Errado. 4. Falsificado.

fal·ta *s.f.* 1. Ação ou efeito de faltar; privação. 2. Defeito. 3. Culpa; pecado.

fal·tar *v.i.* 1. Deixar de haver, não existir. 2. Não comparecer. 3. Morrer. *v.t.i.* 4. Sentir privação de. 5. Deixar de cumprir. 6. Não socorrer. 7. Falsear. 8. Falecer. 9. Não fazer em tempo oportuno.

fal·to *adj.* Carecido; desprovido; falho.

fal·to·so (ô) *adj.* Que incorreu em falta. *Pl.:* faltosos (ó).

fa·lu·a *s.f.* Embarcação de velas, semelhante à fragata.

fa·ma *s.f.* Renome; celebridade.

fa·mé·li·co *adj.* Esfaimado; faminto.

fa·mi·ge·ra·do *adj.* Que tem fama (geralmente má); célebre; notável.

fa·mí·li·a *s.f.* 1. Conjunto de todos os parentes de uma pessoa. 2. Descendência. 3. Raça. 4. Grupo de animais, vegetais ou minerais que apresentam caracteres comuns entre si.

fa·mi·li·al *adj.2gên.* Concernente a família.

fa·mi·li·ar *adj.2gên.* 1. Familial; doméstico. 2. Íntimo. 3. Usual; habitual.

fa·mi·li·a·res *s.m.pl.* Pessoas da família.

fa·mi·li·a·ri·da·de *s.f.* 1. Qualidade de familiar. 2. Intimidade. 3. Confiança; franqueza.

fa·mi·li·a·ri·zar *v.t.d.* 1. Tornar familiar; acostumar. *v.p.* 2. Perder o receio de.

fa·min·to *adj.* Esfomeado.

fa·mo·so (ô) *adj.* Notável; extraordinário. *Pl.:* famosos (ó).

fa·nar *v.t.d.* e *v.p.* Tornar(-se) sem frescor, sem viço; murchar(-se).

fa·ná·ti·co *adj.* e *s.m.* Que ou o que tem fanatismo.

fa·na·tis·mo *s.m.* 1. Zelo excessivo. 2. Adesão cega e inconsiderada.

fa·na·ti·zar *v.t.d.* e *v.p.* Tornar-se fanático.

fan·ca·ri·a *s.f.* Comércio de fanqueiros. *loc. adj.* **De fancaria:** imperfeito; grosseiro.

fan·dan·go *s.m. Mús.* 1. Música e dança mais ou menos licenciosa, de origem espanhola. 2. Baile popular, especialmente rural.

fan·far·ra *s.f. Mús.* Banda com instrumentos de metal.

fan·far·rão *adj.* e *s.m.* 1. Que ou o que se proclama valente; valentão. 2. Impostor.

fan·far·ri·ce *s.f.* Qualidade, ato ou dito de fanfarrão; bazófia; jactância; presepada.

fan·far·ro·na·da *s.f.* Fanfarrice.

fan·far·ro·ni·ce *s.f.* Fanfarrice.

fa·nho·so (ô) *adj.* Que fala expelindo parte do ar pelo nariz; roufenho. *Pl.:* fanhosos (ó).

fa·ni·qui·to *s.m. pop.* 1. Ataque de nervos de curta duração e sem muita importância. 2. Chilique, fricote.

fan·quei·ro *s.m.* Vendedor de tecidos de algodão, lã, linho, etc.

fan·ta·si·a *s.f.* 1. Imaginação; pensamento. 2. Obra de imaginação; ficção. 3. Vontade passageira. 4. Ideal. 5. Vestimenta para disfarce, usada no carnaval ou noutras festas.

fan·ta·si·ar *v.t.d.* 1. Planejar na fantasia; imaginar; idealizar. *v.i.* 2. Devanear. *v.p.* 3. Vestir fantasia.

fan·ta·si·o·so (ô) *adj.* 1. Em que há fantasia. 2. Que revela imaginação; imaginoso. *Pl.:* fantasiosos (ó).

fan·tas·ma *s.m.* 1. Imagem falsa, ilusória, que se apresenta à nossa fantasia; espectro. 2. Coisa apavorante. 3. Sombra, simulacro.

fan·tas·ma·go·ri·a *s.f.* 1. Arte de fazer ver, em meio de grande escuridão, imagens luminosas que parecem animadas; suposta aparição de fantasmas. 2. Fantasma.

fan·tas·ma·gó·ri·co *adj.* 1. Relativo a fantasmagoria. 2. *fig.* Ilusório; vão; fantástico.

fan·tás·ti·co *adj.* 1. Criado pela fantasia. 2. Quimérico; fictício. *s.m.* 3. O que só existe na imaginação.

fan·to·che (ó) *s.m.* 1. Boneco que se faz mover por meio de arames ou cordéis. 2. *fig.* Títere.

fa·quei·ro *s.m.* 1. Estojo para talheres. 2. Lugar onde se guardam talheres. 3. Fabricante ou vendedor de facas.

fa·quir *s.m.* 1. Monge que vive em ascetismo rigoroso. 2. Indivíduo que se exibe, deixando-se picar ou mutilar sem dar o menor sinal de sensibilidade.

fa·rân·do·la *s.f. Mús.* 1. Dança provençal em cadeia. 2. A música dessa dança. 3. Bando de maltrapilhos.

fa·ra·ó *s.m.* Título dos soberanos do antigo Egito.

fa·ra·ô·ni·co *adj.* 1. Relativo aos faraós ou ao seu tempo. 2. *fig.* Extravagante, desmedido, excessivamente caro.

far·da *s.f.* 1. Uniforme; fardamento; libré. 2. *fig.* A vida militar.

far·da·men·to *s.m.* 1. Farda (1). 2. Conjunto de fardas.

far·dão *s.m.* 1. Farda muito vistosa. 2. Veste dos membros da Academia Brasileira de Letras.

far·dar *v.t.d.* e *v.p.* Vestir(-se) com farda.

far·do *s.m.* 1. Coisa ou conjunto de coisas mais ou menos volumosas e pesadas. 2. Embrulho; carga; pacote. 3. *fig.* Aquilo que pesa ou que impõe responsabilidade.

fa·re·jar *v.t.d.* 1. Seguir pelo faro. 2. Aspirar o cheiro de. 3. Procurar por meio do olfato. 4. Descobrir; esquadrinhar. 5. Adivinhar; prever. *v.i.* 6. Tomar o faro (falando do cão).

fa·re·jo (ê) *s.m.* Ato ou efeito de farejar.

fa·re·lo (é) *s.m.* 1. Resíduos de farinha peneirada ou de cereais moídos. 2. *fig.* Coisa de pouco valor.

far·fa·lha·da *s.f.* 1. Ruído semelhante ao do vento nas folhagens das árvores. 2. *fig.* Palavreado.

far·fa·lhar *v.i.* 1. Fazer farfalhada. 2. *fig.* Parolar; falar sem tino. 3. Bazofiar.

fa·ri·ná·ce:o *adj.* 1. Que tem a natureza ou o aspecto da farinha. 2. Que contém ou produz farinha.

fa·rin·ge *s.f. Anat.* Conduto músculo-membranoso, situado entre a boca e a parte superior do esôfago.

fa·rin·gi·te *s.f. Med.* Inflamação da faringe.

fa·ri·nha *s.m.* Pó proveniente da moagem de um cereal, de um legume seco ou de certas raízes, trituradas.

fa·ri·sai·co *adj.* 1. De fariseu ou a ele relativo. 2. *fig.* Hipócrita.

fa·ri·sa·ís·mo *s.m.* 1. Caráter dos fariseus. 2. *fig.* Hipocrisia.

fa·ri·seu *s.m.* 1. Membro de uma seita judaica que ostentava grande santidade exterior. 2. *fig.* Hipócrita. *Fem.:* fariseia.

far·ma·cêu·ti·co *adj.* 1. Concernente a farmácia. *s.m.* 2. Boticário.

far·má·ci:a *s.f.* 1. Arte de preparar e compor os medicamentos. 2. Profissão de farmacêutico. 3. Estabelecimento onde se preparam e vendem medicamentos.

far·ma·co·lo·gi·a *s.f.* 1. Ciência dos medicamentos e de sua aplicação. 2. Parte da medicina que trata dessa matéria.

far·nel *s.m.* 1. Bolsa de provisões alimentícias. 2. Essas mesmas provisões.

fa·ro *s.m.* 1. Olfato do cão e de outros animais. 2. Cheiro. 3. Indício; vislumbre. 4. Perspicácia.

fa·ro·es·te (é) *s.m.* Região norte-americana a oeste do rio Mississipi; o Oeste americano.

fa·ro·fa (ó) *s.f. Cul.* 1. Farinha de mandioca ou de milho, escaldada com gordura, e às vezes misturada com ovos, carne, etc. 2. Bravata; bazófia; jactância. 3. Pretensão.

fa·ro·fa·da *s.f.* Fanfarrice.

fa·ro·fei·ro *adj.* e *s.m.* 1. Que ou o que tem ou revela farofa ou jactância; fanfarrão. 2. *pop.* Aquele que, ao viajar, leva farnel.

fa·rol *s.m.* 1. Construção junto ao mar, em que há um foco luminoso para guia noturno dos navegantes. 2. Lanterna dos automóveis. 3. Poste de sinais nos cruzamentos das ruas e avenidas; semáforo; sinaleira; sinal. 4. *fig.* Aquilo que alumia; guia; norte. 5. Jactância.

fa·ro·lei·ro *s.m.* 1. Indivíduo encarregado de um farol. 2. *pop.* Aquele que alardeia qualidades que não possui.

fa·ro·le·te (ê) *s.m.* 1. Pequeno farol na parte traseira dos automóveis. 2. Lanterna de mão movida por pilhas elétricas.

far·pa *s.f.* 1. Ponta metálica e penetrante que se adapta a setas, bandarilhas, arames, etc. 2. Lasca de madeira que acidentalmente se introduz na pele ou na carne.

far·pa·do *adj.* 1. Em forma de farpa. 2. Que tem farpa.

far·pe·la (é) *s.f.* 1. Roupa, vestimenta, traje. 2. Roupa simples, gasta ou rasgada. 3. A ponta em forma de gancho da agulha de crochê.

far·ra *s.f.* Folia, pândega, festa licenciosa.

far·ra·po *s.m.* 1. Tira de pano. 2. Pano muito usado. 3. Peça de vestuário muito rota. 4. Pedaço, bocado. *sobrecomum* 5. Indivíduo maltrapilho. 6. *Hist.* Alcunha que se aplicava aos revolucionários da insurreição que irrompeu no Rio Grande do Sul em 1835.

far·re·ar *v.i.* Fazer farra ou pândega.

far·ris·ta *s.2gên.* 1. Pessoa que toma parte em farra. 2. Pessoa que gosta de farra.

far·rou·pi·lha *s.2gên.* 1. Maltrapilho. *s.m.* 2. Farrapo(6).

far·sa *s.f.* 1. Peça teatral burlesca. 2. Ação ridícula. 3. Coisa burlesca. 4. Pantomima.

far·san·te *s.2gên.* 1. Pessoa que representa farsas. 2. Pessoa que pratica ações ridículas, que não tem seriedade.

far·tar *v.t.d.* 1. Saciar a fome ou a sede a. 2. Satisfazer (desejos, paixões). 3. Causar aborrecimento a. 4. Abarrotar; encher. *v.i.* 5. Ser em grande quantidade. *v.p.* 6. Cansar-se. *Part.:* fartado e farto.

far·to *adj.* 1. Saciado; satisfeito; empanturrado; nutrido. 2. Aborrecido.

far·tu·ra *s.f.* Grande quantidade; abundância.

fas·cí·cu·lo *s.m.* 1. Pequeno feixe. 2. Folheto de uma obra que se publica por partes.

fas·ci·na·ção *s.f.* Deslumbramento; enlevo.

fas·ci·nan·te *adj.2gên.* Que fascina.

fas·ci·nar *v.t.d.* 1. Subjugar, atrair a si com o olhar. 2. Prender com feitiços. 3. *fig.* Deslumbrar; encantar; atrair de modo irresistível.

fas·cí·ni·o *s.m.* Encantamento; fascinação.

fas·cis·mo *s.m.* Sistema político nacionalista e antidemocrático implantado na Itália após a Primeira Guerra Mundial.

fas·cis·ta *adj.2gên.* 1. Do fascismo ou a ele relativo. *s.2gên.* 2. Pessoa partidária do fascismo.

fa·se *s.f.* 1. *Astron.* Cada um dos diferentes aspectos da Lua e de alguns planetas. 2. Cada uma das modificações que se dão em determinadas coisas. 3. Mudança de aspecto.

fa·se·o·lar *adj.2gên.* Em forma de feijão.

fas·qui·a *s.f.* Pedaço comprido e estreito de madeira; ripa.

fas·ti·di·o·so (ô) *adj.* 1. Que causa fastio; enfadonho. 2. Importuno. *Pl.:* fastidiosos (ó).

fas·tí·gi:o *s.m.* 1. *ant.* Ornato no alto dos templos romanos. 2. Cume; o ponto mais elevado.

fas·ti·o *s.m.* 1. Ausência de apetite. 2. *fig.* Aborrecimento; tédio. 3. Enjoo.

fas·to *s.m.* Fausto.

fas·to·so (ô) *adj.* 1. Pomposo; aparatoso; arrogante. *s.m.* 2. O que gosta de luxo. *Pl.:* fastosos (ó).

fa·tal *adj.2gên.* 1. Que há de acontecer necessariamente; inevitável. 2. Funesto. 3. Que acarreta a morte.

fa·ta·li·da·de *s.f.* 1. Qualidade de fatal. 2. Acontecimento funesto; desgraça.

fa·ta·lis·mo *s.m.* 1. Crença na fatalidade. 2. Sistema dos que negam o livre-arbítrio e tudo atribuem à fatalidade.

fa·ta·lis·ta *adj.2gên.* 1. Concernente ao fatalismo. *s.2gên.* 2. Pessoa partidária do fatalismo.

fa·ti·a *s.f.* Pedaço fino de pão, queijo, etc.

fa·ti·ar *v.t.d.* 1. Cortar em fatias. 2. Fazer em pedaços.

fa·tí·di·co *adj.* Sinistro; funesto; trágico.

fa·ti·gan·te *adj.2gên.* Que fatiga.

fa·ti·gar *v.t.d.* 1. Causar fadiga a. 2. Importunar. *v.p.* 3. Cansar-se. 4. Enfadar-se.

fa·ti·o·ta (ó) *s.f.* Vestuário; roupa.

fa·to¹ *s.m.* Vestuário; roupa.

fa·to² *s.m.* 1. Acontecimento; caso; feito. 2. O que é real, o que existe. *De fato*: realmente.

fa·tor *s.m.* 1. O que determina ou faz alguma coisa. 2. Aquilo que concorre para um resultado. 3. *Mat.* Cada um dos termos da multiplicação aritmética.

fa·to·rar *v.t.d. Mat.* Decompor (um número) em seus fatores.

fa·tui·da·de *s.f.* Qualidade de fátuo; vaidade infundada.

fá·tu:o *adj.* 1. Que tem ou revela fatuidade; néscio; presumido. 2. Vaidoso e oco.

fa·tu·ra *s.f.* Relação das mercadorias vendidas e dos respectivos preços.

fa·tu·rar *v.t.d.* 1. Fazer a fatura de (mercadorias vendidas). 2. Incluir na fatura (uma mercadoria).

fa·ú·lha *s.f.* 1. Fagulha. 2. Pó sutil que se levanta da farinha que se peneira ou que cai moída.

fau·na *s.f.* Conjunto dos animais próprios de uma região ou de uma época geológica.

fau·no *s.m. Mit.* Divindade campestre entre os antigos romanos.

faus·to *adj.* 1. Próspero; ditoso; agradável. *s.m.* 2. Ostentação de grandeza; luxo; fasto.

faus·to·so (ô) *adj.* Fastoso. *Pl.:* faustosos (ó).

fau·tor *adj.* 1. Que favorece, promove ou determina. *s.m.* 2. Aquele que promove ou fomenta. *Fem.:* fautriz.

fa·va *s.f. Bot.* 1. Planta leguminosa, hortense, de sementes e vagens comestíveis. 2. A vagem ou semente dessa planta.

fa·ve·la (é) *s.f.* Conjunto de casebres desprovidos de recursos higiênicos.

fa·ve·la·do *adj.* e *s.m.* Que ou aquele que mora em favela.

fa·vo *s.m.* 1. Alvéolo ou conjunto de alvéolos em que as abelhas depositam o mel. 2. *fig.* Coisa doce, agradável.

fa·vô·ni:o *s.m.* 1. Vento brando do poente. *adj.* 2. Próspero; propício.

fa·vor *s.m.* 1. Serviço gratuito prestado ou recebido. 2. Interesse. 3. Proteção; benefício. 4. Graça; simpatia. 5. Parcialidade. 6. Obséquio. *De favor*: de graça.

fa·vo·rá·vel *adj.2gên.* Que favorece; propício; conveniente; benigno; que auxilia.

fa·vo·re·cer *v.t.d.* 1. Ser favorável a. 2. Fazer favor a; auxiliar. 3. Encarecer. 4. Dotar de boas qualidades.

fa·vo·re·ci·do *adj.* 1. Auxiliado; protegido. 2. Designativo do retrato que apresenta melhor figura que o original.

fa·vo·ri·tis·mo *s.m.* 1. Sistema em que o favor predomina. 2. Proteção com parcialidade. 3. Preferência dada a quem é favorito.

fa·vo·ri·to *adj.* 1. Predileto. 2. Mais querido. 3. Muito favorecido. 4. Amado com preferência. *s.m.* 5. Indivíduo predileto.

fa·vo·ri·tos *s.m.pl. Inform.* Referência a um documento em sistema hipermídia que se grava com a intenção de facilitar posterior retorno a ele. Uma lista de favoritos constitui, ela mesma, um documento hipermídia em que cada elemento é um *link* para o documento a ele associado (correspondente em inglês: *bookmarks* e *hotlist*).

fax (cs) *s.m.* 1. Processo de transmissão de textos e imagens à distância. 2. O aparelho em que se faz essa transmissão. 3. O texto, a imagem obtidos por esse processo (*red.* de fac-símile). *Pl.*: faxes.

fa·xi·na (ch) *s.f.* 1. Serviço de limpeza ou condução de rancho, nas casernas. 2. Limpeza geral. *s.m.* 3. Soldado que está de faxina; faxineiro.

fa·xi·nei·ro (ch) *s.m.* 1. Aquele que nos quartéis tem serviço de faxina. 2. O encarregado da limpeza em qualquer local.

fa·zen·da *s.f.* 1. Bens; haveres. 2. Finanças públicas. 3. Pano. 4. Mercadoria. 5. Propriedade rural.

fa·zen·dá·ri:o *adj.* Concernente à fazenda pública; financeiro.

fa·zen·dei·ro *s.m.* 1. O que tem fazenda. 2. Senhor de grande propriedade rural.

fa·zer *v.t.d.* 1. Dar existência ou forma a; criar. 2. Produzir uma ação, física ou moralmente. 3. Levar a efeito, realizar. 4. Construir; edificar; fabricar. 5. Compor; escrever; pintar; esculpir; gravar. 6. Obrar; executar. 7. Produzir um efeito qualquer. 8. Nomear; tornar; destinar a (cargo, emprego, carreira). 9. Cozinhar; preparar. 10. Contratar; ajustar. *v.i.* 11. Proceder-se; haver-se. *v.t.i.* 12. Interessar; dizer respeito. *v.p.* 13. Tornar-se; transformar-se. *Part.*: feito. ★

fé *s.f.* 1. Adesão absoluta do espírito àquilo que considera verdadeiro. 2. Crença religiosa. 3. Firmeza na execução de uma promessa ou compromisso. 4. Crédito; confiança. 5. Testemunho autêntico que certos funcionários dão por escrito sobre determinados atos e que tem força em juízo.

fe·al·da·de *s.f.* 1. Qualidade de feio. 2. *fig.* Desdouro; indignidade.

Fe·be (é) *s.f. Lit.* A Lua.

Fe·bo (é) *s.m. Lit.* O Sol.

fe·bre (é) *s.f.* 1. Estado mórbido que se caracteriza por aumento de temperatura no sangue, aceleração do pulso e inapetência. 2. *fig.* Grande perturbação de espírito; exaltação.

fe·bri·ci·tan·te *adj.2gên.* 1. Que tem febre; febril. 2. *fig.* Dominado pela paixão; exaltado.

fe·brí·cu·la *s.f.* 1. *Dim.* de febre. 2. Febre ligeira.

fe·brí·fu·go *adj. Med.* 1. Que debela a febre. *s.m.* 2. Medicamento contra a febre.

fe·bril *adj.2gên.* 1. Em estado de febre. 2. Concernente à febre. 3. Proveniente de febre. 4. *fig.* Exaltado; violento.

fe·cal *adj.2gên.* Concernente a fezes; excrementício.

fe·cha·do *adj.* 1. Que não está aberto. 2. Encerrado. 3. Cicatrizado. 4. Que fala pouco. 5. Carrancudo. 6. Carregado (tempo).

fe·cha·du·ra *s.f.* Peça metálica que por meio de uma ou mais linguetas, movidas por chaves, fecha portas, gavetas, etc.

fe·cha·men·to *s.m.* 1. Ato ou efeito de fechar. 2. Encerramento.

fe·char *v.t.d.* 1. Fazer cessar o estado de aberto. 2. Cerrar, unir ou ajuntar. 3. Tornar fixo por meio de chave, aldrava, tranca, etc. (uma porta, uma gaveta, etc.). 4. Apertar, ajustando (um objeto a outro). 5. Tapar. 6. Encerrar; concluir; pôr termo a. 7. Impedir; limitar. *v.i.* 8. *Inform.* Encerrar uma sessão de uso de um arquivo, um programa ou uma janela. 9. *Inform.* Numa rede de computadores, concluir a conexão de um computador com outro. 10. Unir as bordas de uma abertura; cicatrizar. 11. Ajustar-se. 12. Tornar-se denso, escuro. 13. Terminar. *v.p.* 14. Cerrar-se; encerrar-se. 15. Condenar-se. 16. Terminar. 17. Calar. 18. Cicatrizar-se.

fe·cho (ê) *s.m.* 1. Qualquer objeto com que se fecha ou cerra uma coisa. 2. Remate; acabamento; conclusão.

fé·cu·la *s.f.* Substância farinácea de tubérculos e raízes; amido.

fe·cu·len·to *adj.* Que contém fécula.

fe·cun·da·ção *s.f.* Ação ou efeito de fecundar.

fe·cun·dar *v.t.d.* 1. Tornar fecundo. 2. Comunicar o germe da reprodução a. 3. Fertilizar. 4. Desenvolver; fomentar. *v.i.* 5. Tornar-se fecundo. 6. Conceber; gerar.

fe·cun·di·da·de *s.f.* 1. Qualidade de fecundo. 2. Abundância de produção ou de reprodução.

fe·cun·do *adj.* 1. Que tem em si a força de produzir ou de reproduzir; fértil. 2. Inventivo; criador. 3. Que dispõe de recursos.

fe·de·go·so (ô) *adj.* 1. Que tem mau cheiro; fedido, fedorento. *s.m.* 2. *Bot.* Nome comum a diversos arbustos de flores amarelas, odor desagradável e alguns com finalidade medicinal. *Pl.:* fedegosos (ó).

fe·de·lho (ê) *s.m.* 1. Rapazinho. 2. Criançola.

fe·den·ti·na *s.f.* Cheiro repugnante.

fe·der *v.i.* 1. Cheirar mal. *v.t.i.* 2. Causar enfado, aborrecimento.

fe·de·ra·ção *s.f.* 1. União de muitos estados ou países particulares num só Estado ou país coletivo (inicial maiúscula). 2. Aliança; associação. 3. Associação de sindicatos.

fe·de·ral *adj.2gên.* Concernente a federação.

fe·de·ra·lis·mo *s.m.* Sistema de governo que consiste na reunião de vários estados numa só nação, sem perda da autonomia própria.

fe·de·rar *v.t.d.* e *v.p.* Juntar(-se) a uma federação; reunir(-se) em federação; confederar(-se).

fe·de·ra·ti·vo *adj.* Concernente a federação ou confederação.

fedido

fe·di·do *adj.* Fétido; fedorento.
fe·dor *s.m.* Mau cheiro.
fe·do·ren·to *adj.* Fétido.
fe·é·ri·co *adj.* 1. Do mundo das fadas. 2. Maravilhoso; mágico.
fei·ção *s.f.* 1. Forma; aspecto; feitio. 2. Maneira; índole; caráter; jeito. 3. Boa disposição.
fei·ções *s.f.pl.* Traços do rosto; delineamento da fisionomia.
fei·jão *s.m.* 1. *Bot.* Semente do feijoeiro. 2. *Bot.* A vagem que contém essa semente. 3. *fig.* Alimento.
fei·jão-so·ja *s.m.* Soja. *Pl.:* feijões-sojas e feijões-soja.
fei·jo·a·da *s.f. Cul.* Iguaria composta de feijões, toucinho, carne-seca, paio, etc.
fei·jo·ei·ro *s.m. Bot.* Planta leguminosa que produz o feijão.
fei·o *adj.* 1. De aspecto desagradável. 2. Oposto ao belo. 3. Vergonhoso; torpe. 4. Que causa horror; que apavora. 5. Desonesto. *s.m.* 6. Má figura. 7. Situação desairosa. 8. *pop.* O Diabo.
fei·o·so (ô) *adj.* Um tanto feio. *Pl.:* feiosos (ó).
fei·ra *s.f.* 1. Lugar público e descoberto onde se expõem e se vendem mercadorias. 2. Designação complementar dos cinco dias médios da semana.
fei·ran·te *s.2gên.* Pessoa que vende em feira.
fei·ta *s.f.* Ocasião; vez; ato.
fei·ti·ça·ri·a *s.f.* 1. Obra de feitiço; sortilégio, bruxaria; encantação. 2. *fig.* Sedução.
fei·ti·cei·ro *s.m.* 1. Indivíduo que faz feitiços; bruxo. 2. Pessoa que atrai ou encanta. *adj.* 3. Agradável; encantador.

felicitar

fei·ti·ço *s.m.* 1. Sortilégio de feiticeiro; bruxaria. 2. Amuleto. 3. *fig.* Fascinação; encanto.
fei·ti·o *s.m.* 1. Forma; configuração; feição. 2. Disposição de espírito. 3. Caráter. 4. Talho.
fei·to¹ *adj.* 1. Acostumado. 2. Adulto; desenvolvido. 3. Constituído. 4. Preparado para ferir, para acometer.
fei·to² *s.m.* 1. Fato. 2. Empresa; façanha.
fei·tor *s.m.* 1. Administrador de bens alheios. 2. Capataz. 3. Rendeiro. 4. Fabricante.
fei·to·ri·a *s.f.* 1. Administração exercida por feitor. 2. *Hist.* Nome dos primeiros estabelecimentos fundados pelos portugueses no litoral do Brasil para negociações com os indígenas.
fei·tu·ra *s.f.* 1. Ação, efeito ou modo de fazer. 2. Trabalho; obra.
fei·u·ra *s.f.* Fealdade.
fei·xe (ch) *s.m.* 1. Molho; braçada. 2. *fig.* Acervo; grande porção.
fel *s.m.* 1. Líquido muito amargo segregado pelo fígado do homem e de alguns animais; bile. 2. Vesícula que contém esse líquido. 3. *fig.* Mau humor. 4. Ódio. 5. Azedume.
fe·la·ção *s.f.* Coito bucal; sexo oral.
felds·pa·to *s.m. Min.* Nome comum a vários minerais componentes das rochas eruptivas.
fé·le·o *adj.* Concernente ao fel.
fe·li·ci·da·de *s.f.* 1. Concurso de circunstâncias que causam ventura. 2. Qualidade ou estado de quem é feliz.
fe·li·ci·ta·ção *s.f.* Ação de felicitar(-se); congratulação.
fe·li·ci·tar *v.t.d.* 1. Dar felicidade a. 2. Tornar feliz. 3. Dirigir congratulações. *v.p.* 4. Congratular-se.

felídeos

fe·lí·de:os *s.m.pl. Zool.* Família de mamíferos carnívoros, entre os quais se incluem os gatos e os leões.

fe·li·no *adj.* 1. Relativo ou semelhante aos felídeos. 2. *fig.* Traiçoeiro; fingido.

fe·liz *adj.2gên.* 1. Afortunado; bem-sucedido; próspero. 2. Satisfeito; ditoso. 3. Bem lembrado.

fe·li·zar·do *s.m.* Indivíduo muito feliz, de muita sorte.

fe·lo·ni·a *s.f.* 1. Rebelião de vassalo contra o senhor. 2. Traição. 3. Crueldade.

fel·pa *s.f.* 1. Pelo saliente nos tecidos. 2. Penugem nos animais. 3. Lanugem nas folhas ou frutos.

fel·po (ê) *s.m.* O mesmo que felpa.

fel·pu·do *adj.* 1. Que tem felpa ou muita felpa. 2. Peludo.

fel·tro *s.m.* Espécie de estofo de lã ou de pelo que se obtém por empastamento.

fê·me:a *s.f.* 1. Animal do sexo feminino. 2. Mulher.

fe·mi·nil *adj.2gên.* Concernente a mulheres; feminino.

fe·mi·ni·li·da·de *s.f.* Caráter próprio da mulher.

fe·mi·ni·no *adj.* 1. Que se refere ou pertence à mulher. 2. Próprio de fêmea; feminil.

fe·mi·nis·mo *s.m.* Sistema dos que preconizam a ampliação legal dos direitos civis e políticos da mulher ou a igualdade dos direitos dela aos do homem.

fe·mi·nis·ta *adj.2gên.* 1. Concernente ao feminismo. *s.2gên.* 2. Pessoa partidária do feminismo.

fê·mur *s.m. Anat.* Osso da coxa.

fen·da *s.f.* 1. Abertura longa e estreita; fisga; frincha. 2. Racha.

fera

fen·der *v.t.d.* 1. Abrir fenda em. 2. Rachar; separar no sentido do comprimento. 3. Dividir; separar. 4. Comover. 5. Atravessar; sulcar. 6. Fazer estremecer. *v.p.* 7. Rachar-se.

fe·ne·cer *v.i.* 1. Acabar; extinguir-se. 2. Morrer. 3. Murchar.

fe·ní·ci:o *adj.* 1. Concernente à Fenícia. *s.m.* 2. O natural ou habitante dessa região da antiga Ásia.

fê·nix (cs) *s.f.* 1. *Mit.* Ave fabulosa que vivia cerca de quinhentos anos, morria queimada e renascia das próprias cinzas. 2. *Astron.* Constelação austral (inicial maiúscula). 3. *sobrecomum fig.* Pessoa rara, de singular merecimento.

fe·no (ê) *s.m. Bot.* 1. Planta gramínea que se ceifa e seca para alimento dos animais. 2. *por ext.* Qualquer erva ceifada e seca para forragem.

fe·nol *s.m. Quím.* Substância que se obtém pela destilação seca do alcatrão da hulha.

fe·no·me·nal *adj.2gên.* 1. Concernente a fenômeno. 2. Admirável; espantoso.

fe·nô·me·no *s.m.* 1. Tudo o que é surpreendente ou raro. 2. Qualquer manifestação ou aparência material ou espiritual. 3. Tudo o que na natureza é momentâneo e sucede poucas vezes. 4. Maravilha. *sobrecomum* 5. Pessoa que se distingue por algum dote extraordinário.

fe·no·me·no·lo·gi·a *s.f.* Tratado sobre os fenômenos.

fe·nó·ti·po *s.m.* Conjunto das características visíveis de uma pessoa, que resultam da expressão de seus genes e a influência do meio ambiente.

fe·ra (é) *s.f. epiceno* 1. Nome comum aos mamíferos carniceiros. *sobrecomum fig.* 2. Pessoa cruel e sanguinária. 3.

feraz

Pessoa com muito conhecimento ou habilidade em determinada área de atuação.

fe·raz *adj.2gên.* Fértil; fecundo; de grande força produtiva.

fé·re·tro *s.m.* Esquife; ataúde; caixão.

fé·ri·a *s.f.* 1. Dia semanal. 2. Salário diário. 3. O dinheiro das vendas realizadas no dia, na semana, etc.

fe·ri·a·do *adj.* 1. Em que há férias. *s.m.* 2. Dia em que o trabalho é suspenso por determinação civil ou religiosa. 3. Dia festivo.

fé·ri·as *s.f.pl.* Interrupção de trabalho, para descanso.

fe·ri·da *s.f.* 1. Ferimento; chaga. 2. *fig.* Agravo; injúria; ofensa; dor.

fe·ri·do *adj.* 1. Que recebeu ferimento. 2. Maltratado; magoado; agravado. *s.m.* 3. Aquele que está ferido.

fe·ri·men·to *s.m.* Ato ou efeito de ferir(-se).

fe·ri·no *adj.* 1. Que se assemelha a fera; feroz. 2. Desumano.

fe·rir *v.t.d.* 1. Dar golpes em. 2. Fazer feridas em. 3. Travar (combate). 4. Tanger; fazer soar. 5. Ofender. 6. Impressionar; causar sensação. 7. Punir. 8. Articular; pronunciar. *v.i.* 9. Causar ferimentos. *v.p.* 10. Fazer ferimentos em si próprio. 11. Melindrar-se; magoar-se. ★

fer·men·ta·ção *s.f.* 1. Reação produzida por um fermento. 2. *fig.* Efervescência moral.

fer·men·tar *v.t.d.* 1. Causar fermentação em. 2. *fig.* Agitar; fomentar; excitar. *v.i.* 3. Decompor-se pela fermentação. 4. *fig.* Estar ou entrar em agitação.

fer·men·to *s.m.* 1. Agente orgânico ou inorgânico que determina a fermentação de uma substância; levedura.

ferramenteiro

2. *fig.* Germe de ódios ou paixões. 3. Causa; princípio.

fér·mi·o *s.m. Quím.* Elemento metálico radioativo, de símbolo **Fm** e cujo número atômico é 100.

fe·ro (é) *adj.* 1. Feroz; bravio; selvagem; rústico. 2. Violento. 3. Forte; rijo; vigoroso.

fe·ro·ci·da·de *s.f.* 1. Qualidade de feroz; braveza. 2. *fig.* Crueldade.

fe·roz *adj.2gên.* 1. Que tem índole ou natureza de fera. 2. Perverso. 3. Destemido; bravio. 4. Arrogante; violento.

fer·ra (é) *s.f.* 1. Ação de ferrar. 2. Pá de ferro para mexer ou tirar brasas. 3. Época em que se ferra o gado.

fer·ra·do *adj.* 1. Que se ferrou ou que se guarneceu de ferro. 2. *fig.* Aferrado; teimoso. *s.m.* 3. Ato de ferrar. 4. *gír.* Sem saída; em situação difícil.

fer·ra·dor (ô) *adj.* 1. Que tem por profissão colocar ferradura em animais de carga e de montaria, ou de marcar o gado com ferrete (1). *s.m.* 2. Indivíduo com essa profissão.

fer·ra·du·ra *s.f.* Placa de ferro que se coloca nas patas das cavalgaduras.

fer·ra·gei·ro *s.m.* Negociante de ferragens ou obras de ferro.

fer·ra·gem *s.f.* 1. Conjunto de peças de ferro empregadas num trabalho, num artefato ou numa obra. 2. Guarnição de ferro.

fer·ra·men·ta *s.f.* 1. Conjunto de instrumentos e utensílios empregados num ofício ou numa arte. 2. Utensílio de ferro de um trabalhador. *Inform.* 3. Aplicativo, linguagem de programação. 4. Recurso oferecido por um aplicativo ou linguagem de programação.

fer·ra·men·tei·ro *s.m.* O que faz ferramentas ou moldes.

fer·rão *s.m.* 1. Aguilhão; ponta de ferro. 2. *Zool.* Dardo ou órgão retrátil dos insetos, com o qual atacam ou se defendem.

fer·rar *v.t.d.* 1. Ornar ou guarnecer de ferro. 2. Pôr ferradura em. 3. Marcar com ferro em brasa. 4. Cravar; enterrar. *v.i.* 5. Marcar o animal com ferro quente. *v.p.* 6. Aplicar-se. 7. Apegar-se; aferrar-se.

fer·ra·ri·a *s.f.* 1. Local onde se produzem ou se vendem ferragens. 2. Grande quantidade ou conjunto de peças de ferro. 3. *pej.* Peças de ferro sem utilidade, sem valor.

fer·rei·ro *s.m.* 1. Operário que trabalha em ferro. 2. *epiceno Zool.* Araponga.

fer·re·nho (ê) *adj.* 1. Que se assemelha ao ferro. 2. *fig.* Intransigente; pertinaz; despótico.

fér·re:o *adj.* 1. De ferro, ou que contém ferro ou sais de ferro. 2. *fig.* Forte como o ferro. 3. Duro; inflexível.

fer·ret (féuret) *Ingl. s.m. epiceno Zool.* Furão doméstico criado como animal de estimação.

fer·re·te (ê) *s.m.* 1. Instrumento com que se marca o gado. 2. *fig.* Sinal de ignomínia. 3. Infâmia; labéu.

fer·re·to·ar *v.t.d.* 1. Dar ferroadas em; aguilhoar. 2. *fig.* Censurar; criticar.

fer·rí·fe·ro *adj.* 1. Que encerra ferro ou sais de ferro. 2. Composto de ferro.

fer·ri·nho *s.m.* Finca.

fer·ro (é) *s.m.* 1. *Quím.* Metal dúctil, elemento de símbolo Fe e cujo número atômico é 26. 2. Instrumento cortante ou perfurante desse metal. 3. Artefato de ferro. 4. Ferro de engomar.

fer·ro·a·da *s.f.* 1. Picada com ferrão. 2. *fig.* Censura picante. 3. Sátira.

fer·ro-gu·sa *s.m.* Ferro fundido, com impurezas, que serve de intermediário para a produção de aço; gusa. *Pl.:* ferros-gusas e ferros-gusa.

fer·ro·lho (ô) *s.m.* 1. Ferro corrediço com que se fecham portas, janelas, etc.; aldrava. 2. Peça para engatilhar armas de fogo.

fer·ros (é) *s.m.pl.* 1. Âncora. 2. Grilhões.

fer·ro·so (ô) *adj.* Que contém ferro. *Pl.:* ferrosos (ó).

fer·ro-ve·lho *s.m.* 1. Objeto ou peça velha de metal, para ser fundida ou utilizada novamente; sucata. 2. Estabelecimento que faz o comércio desse tipo de material. *Pl.:* ferros-velhos.

fer·ro·vi·a *s.f.* Via férrea.

fer·ro·vi·á·ri·o *adj.* 1. Concernente a ferrovia. *s.m.* 2. Empregado em estrada de ferro.

fer·ru·gem *s.f.* 1. Substância pulverizada que cobre o ferro exposto à umidade. 2. *Bot.* Doença das gramíneas, principalmente do trigo.

fer·ru·gi·no·so (ô) *adj.* 1. Que contém ferro. 2. Que é da natureza do ferro. 3. Que é da cor do ferro. *Pl.:* ferruginosos (ó).

fér·til *adj.2gên.* 1. Que produz abundantemente. 2. Fecundo.

fer·ti·li·da·de *s.f.* 1. Qualidade de fértil; fecundidade. 2. *fig.* Abundância.

fer·ti·li·za·ção *s.f.* Ação ou efeito de fertilizar.

fer·ti·li·zan·te *adj.2gên.* 1. Que fertiliza. *s.m.* 2. Adubo.

fer·ti·li·zar *v.t.d.* 1. Tornar fértil; fecundar. *v.i.* 2. Tornar-se fértil, fecundo, produtivo.

fer·ve·dou·ro *s.m.* 1. Movimento como o de um líquido em ebulição. 2. Grande ajuntamento; agitação.

fer·ven·te *adj.2gên.* 1. Que ferve. 2. Fervoroso; ardente; veemente.

fer·ver *v.i.* 1. Entrar ou estar em ebulição. 2. Borbulhar. 3. Queimar. 4. Sentir grande calor. 5. Aparecer em grande número. 6. Exaltar-se. *v.t.d.* 7. Cozer em líquido em ebulição. 8. Produzir ebulição em.

fér·vi·do *adj.* 1. Ardente; veemente; ardoroso. 2. Rápido; impaciente. 3. Muito quente.

fer·vi·lhar *v.i.* 1. Ferver pouco, mas continuamente. 2. Agitar-se com frequência. 3. Aparecer em grande número. 4. Mexer-se muito.

fer·vor *s.m.* 1. Ato de ferver. 2. Estado daquilo que ferve; ardência. 3. *fig.* Zelo; devoção ardente. 4. Grande desejo. 5. Ardor; ímpeto.

fer·vo·ro·so (ô) *adj.* 1. Em que há fervor. 2. Que tem ou revela fervor; fervente. 3. Zeloso; dedicado. 4. Veemente. *Pl.:* fervorosos (ó).

fer·vu·ra *s.f.* 1. Estado de um líquido que ferve; ebulição. 2. *fig.* Alvoroço; excitação.

fes·ce·ni·no *adj.* Licencioso; obsceno.

fes·ta *s.f.* 1. Dia de descanso, de regozijo. 2. Dia santificado. 3. Comemoração; solenidade. 4. Alegria. 5. Trabalheira; cuidados; barulho.

fes·tan·ça *s.f.* Festa ruidosa; grande divertimento.

fes·tão *s.m.* 1. Cordão de folhagens com ou sem flores entremeadas; grinalda. 2. Grande festa; festança.

fes·tas *s.f.pl.* Agrados.

fes·tei·ro *s.m.* 1. Aquele que faz ou dirige uma festa. 2. O que frequenta festas. *adj.* 3. Que frequenta festas.

fes·te·jar *v.t.d.* 1. Fazer festa em honra de; celebrar; aplaudir. 2. Fazer festas a.

fes·te·jo (ê) *s.m.* 1. Ato ou efeito de festejar; festividade. 2. Bom acolhimento. 3. Galanteio; carícias.

fes·tim *s.m.* 1. Pequena festa; festa particular. 2. Banquete. 3. Bala falsa ou cartucho sem o projétil, usado em exercício ou simulação de tiro.

fes·ti·val *adj.2gên.* 1. Festivo. *s.m.* 2. Grande festa. 3. Cortejo cívico. 4. Grande festa musical. 5. Espetáculo em honra e benefício de um artista.

fes·ti·vi·da·de *s.f.* 1. Festa religiosa ou cívica. 2. Regozijo; festejos.

fes·ti·vo *adj.* Concernente a festa; alegre.

fe·tal *adj.2gên.* Relativo ao feto.

fe·ti·che *s.m.* 1. Utensílio material cultivado como ídolo. 2. *sobrecomum fig.* Pessoa à qual se tem cega dedicação.

fe·ti·chis·mo *s.m.* 1. Adoração de fetiches. 2. *Psiq.* Perversão que leva o indivíduo a amar somente uma parte da pessoa ou um objeto do uso dela.

fe·ti·chis·ta *adj.2gên.* e *s.2gên.* Que ou pessoa que cultiva o fetichismo.

fe·ti·cí·di:o *s.m.* Aborto criminoso.

fe·ti·dez *s.f.* Qualidade de fétido; fedor.

fé·ti·do *adj.* 1. Que lança mau cheiro. *s.m.* 2. Fedor.

fe·to (é) *s.m.* 1. *Anat.* Ser vivo, produto da concepção, a partir do terceiro mês da vida intrauterina. 2. *Bot.* Nome comum a diversas árvores ornamentais.

feu·dal *adj.2gên.* Concernente a feudo.

feu·da·lis·mo *s.m. Hist.* Regime baseado em mútuas obrigações de vassalos e senhores de terra, que vigorou durante a Idade Média.

feu·da·tá·ri:o *adj.* 1. Feudal. 2. Que paga feudo. *s.m.* 3. Vassalo.

feu·do *s.m. Hist.* 1. Propriedade nobre ou bens rústicos que um vassalo recebia de um senhor. 2. Obrigações do feudatário ou vassalo para com o senhor direto do feudo ou suserano.

fe·ve·rei·ro *s.m.* Segundo mês do ano civil, com 28 (nos anos bissextos com 29) dias.

fe·zes (é) *s.f.pl.* 1. Matérias fecais. 2. Sedimento de líquido. 3. Escória de metais.

fi·a·da *s.f.* Série de pedras ou tijolos postos em fileira nivelada; fila; enfiada.

fi·a·do[1] *adj.* 1. Que se fiou; reduzido a fio. *s.m.* 2. Substância filamentosa reduzida a fio.

fi·a·do[2] *adj.* 1. Que tem fé ou confiança. 2. Vendido a crédito. *adv.* 3. A crédito; a prazo.

fi·a·dor *s.m.* O que abona alguém; abonador; avalista.

fi·an·ça *s.f.* 1. Ação de fiar ou de caucionar uma obrigação alheia. 2. Confiança.

fi·a·po *s.m.* Fio tênue; fiozinho.

fi·ar[1] *v.t.d.* 1. Reduzir a fio. 2. Urdir; tramar. 3. Torcer.

fi·ar[2] *v.t.d.* 1. Afiançar; abonar; ser o fiador de. 2. Acreditar. 3. Vender a crédito. 4. Entregar confiadamente. 5. Expor ao arbítrio de. *v.t.i.* 6. Depositar confiança. *v.p.* 7. Ter confiança; estar seguro; confiar; acreditar.

fi·as·co *s.m.* 1. Resultado desastroso de uma empresa ou tentativa. 2. Má figura.

fi·bra *s.f.* 1. Cada um dos filamentos delgados que constituem certas substâncias animais, vegetais ou minerais. 2. Energia; valor moral.

fi·bro·ma (ô) *s.m. Med.* Tumor do tecido conjuntivo.

fi·bro·so (ô) *adj.* 1. Que se compõe de fibras. 2. Que se refere ou se assemelha a fibras. *Pl.:* fibrosos (ó).

fí·bu·la *s.f.* 1. *Anat.* Osso mais externo, fino e longo, que forma a perna (antes recebia o nome de *perônio*). 2. Espécie de alfinete ou pequena fivela que se usava para prender a roupa ou como enfeite.

fi·car *v.i.* 1. Estacionar (em algum lugar); não sair dele. 2. Estar situado. 3. Ser conhecido. 4. Durar. 5. Restar. *v.t.i.* 6. Convir; ajustar. 7. Pernoitar. 8. Ser adiado. 9. *pop.* Namorar sem compromisso e por pouco tempo. *v.l.* 10. Permanecer; tornar-se.

fic·ção *s.f.* 1. Ação ou efeito de fingir; simulação. 2. Coisa imaginária. 3. Literatura de ficção.

fic·ci·o·nis·ta *s.2gên.* 1. Pessoa que faz literatura de ficção. 2. Pessoa que faz ficção.

fi·cha *s.f.* 1. Tento para o jogo. 2. Folha ou cartão soltos onde se escrevem anotações para ulterior classificação ou pesquisa. 3. Dado policial.

fi·char *v.t.d.* Anotar; registrar em fichas. *V.* **fixar**.

fi·chá·ri·o *s.m.* 1. Coleção de fichas de anotação. 2. Gaveta ou móvel onde se guardam fichas depois de classificadas. 3. *por ext.* Sala, compartimento onde se encontra o fichário.

fic·tí·ci·o *adj.* 1. Em que há ficção. 2. Imaginário; fabuloso; simulado; ilusório.

fí·cus *s.m.2núm. Bot.* Nome comum a diversas plantas cultivadas para a extração de madeira, fibras, resinas, pelo fruto e para fins ornamentais e medicinais.

fi·dal·go *adj.* 1. Relativo a fidalgo. 2. Próprio de fidalgo. 3. Nobre; distinto. *s.m.* 4. Indivíduo que tem título de nobreza.

fi·dal·gui·a *s.f.* 1. Qualidade de fidalgo. 2. A classe dos fidalgos. 3. Ação ou modos de fidalgo. 4. Nobreza; generosidade.

fi·de·dig·no *adj.* Que é digno de fé; que merece crédito.

fi·de·ís·mo *s.m. Fil.* Sistema que faz depender o conhecimento unicamente da fé.

fi·de·ís·ta *s.2gên.* 1. Pessoa partidária do fideísmo. 2. Pessoa que antepõe a fé à razão.

fi·de·li·da·de *s.f.* 1. Qualidade do que é fiel; lealdade. 2. Probidade. 3. Exatidão.

fi·dú·ci·a *s.f.* 1. Confiança, segurança. 2. *pop.* Atrevimento.

fi·du·ci·á·ri·o *adj.* 1. Que depende de confiança. 2. Que revela confiança.

fi·ei·ra *s.f.* 1. Aparelho que se destina a converter os metais em fios. 2. Fileira. 3. Filão. 4. Barbante com que se faz girar o pião. 5. Linha do anzol.

fi·éis *s.m.pl.* Os sectários de uma religião.

fi·el *adj.2gên.* 1. Que guarda fidelidade; leal. 2. Que não falha (memória). *s.m.* 3. Empregado de confiança. 4. Hastil indicador do equilíbrio da balança.

fi·ga *s.f.* 1. Pequeno objeto em forma de mão fechada, com o polegar entre o indicador e o médio, e que é usado como preservativo de malefícios. 2. Sinal que se faz com os dedos para esconjurar; esconjuro.

fi·ga·dal *adj.2gên.* 1. Concernente ao fígado. 2. *fig.* Íntimo; intenso; profundo.

fí·ga·do *s.m.* 1. *Anat.* Víscera no hipocôndrio direito, com numerosas funções, entre elas a de secreção da bílis. 2. *fig.* Índole; caráter. 3. Coragem; valor; energia.

fí·ga·ro *s.m.* Barbeiro.

fi·go *s.m. Bot.* O fruto comestível da figueira.

fi·guei·ra *s.f. Bot.* Árvore frutífera pequena.

fi·gu·ra *s.f.* 1. Forma exterior; configuração. 2. Aspecto; rosto. 3. Corpo; vulto. 4. Estatura. 5. Imagem. 6. Estátua. 7. Símbolo. 8. Plano. 9. Importância social. 10. Cada um dos representantes de um drama, etc. ou dos executantes de uma orquestra. 11. Cada uma das cartas de jogar que representam rei, valete ou dama. 12. Linha ou conjunto de linhas que determinam uma direção ou limitam um espaço.

fi·gu·ra·ção *s.f.* 1. Ação ou efeito de figurar. 2. Figura.

fi·gu·ra·do *adj.* 1. Em que há alegorias ou figuras; metafórico. 2. Hipotético.

fi·gu·ran·te *s.2gên.* Personagem que entra sem falar, em representações teatrais, cinematográficas ou de televisão; comparsa.

fi·gu·rão *s.m.* 1. Indivíduo importante. 2. Ato que dá nas vistas. 3. Ostentação; alarde.

fi·gu·rar *v.t.d.* 1. Representar pela pintura, escultura ou desenho. 2. Formar, traçar a figura de. 3. Tornar figurado; simbolizar. 4. Imaginar. 5. Aparentar. 6. Supor. *v.i.* 7. Aparecer; ter importância; fazer figura. 8. Exercer certa ação. 9. Fazer parte de um conjunto. *v.t.i.* 10. Aparentar (o que não é).

fi·gu·ra·ti·vo *adj.* 1. Simbólico. 2. Que figura; que representa.

figurino

fi·gu·ri·no *s.m.* 1. Estampa, figura que representa o traje da moda. 2. *sobrecomum fig.* Pessoa que se veste no rigor da moda ou exagerando a moda. 3. Modelo; exemplo.

fi·la *s.f.* Fileira de coisas ou pessoas que se colocam umas atrás das outras.

fi·la·men·to *s.m.* 1. *Bot.* Fio tênue que nasce das raízes das plantas. 2. Fio de diâmetro muito pequeno.

fi·lan·te *adj.* 1. Que fila. *s.2gên.* 2. Pessoa que costuma filar.

fi·lan·tro·pi·a *s.f.* Amor à humanidade; altruísmo.

fi·lan·tró·pi·co *adj.* Concernente à filantropia ou nela inspirado.

fi·lan·tro·po (ô) *adj.* e *s.m.* 1. Que ou o que é dotado de filantropia. 2. Amigo da humanidade.

fi·lão *s.m.* 1. Veio de metal, nas minas. 2. Fieira; veio. 3. Assunto. 4. Pão de formato comprido.

fi·lar[1] *v.t.d.* 1. Agarrar à força. 2. Prender com os dentes. 3. Pedir aos outros para não precisar comprar algo. *v.i.* 4. Segurar com os dentes as presas. *v.p.* 5. Agarrar-se; segurar-se.

fi·lar[2] *v.t.d.* Açular (cão).

fi·lá·ri·a *s.f. Zool.* Nome comum a diversos vermes em forma de fios longos e finos, que parasitam aves e mamíferos.

fi·la·ri·o·se (ó) *s.f. Med.* Doença causada por filárias, parasitas que se alojam nos vasos linfáticos do hospedeiro, provocando seu entupimento e inchaço da região do corpo correspondente; elefantíase.

fi·lar·mô·ni·ca *s.f.* 1. Sociedade musical. 2. Orquestra; banda de música.

filial

fi·lar·mô·ni·co *adj.* 1. Amante da música ou da harmonia. 2. Designativo de certas sociedades musicais.

fi·la·te·li·a *s.f.* Estudo dos selos do Correio usados nos diversos países.

fi·la·te·lis·ta *s.2gên.* Pessoa que coleciona selos.

fi·láu·ci·a *s.f.* 1. Amor-próprio. 2. Presunção; jactância; vaidade.

fi·lé *s.m.* 1. Nome comum a certa carne das reses. 2. Bife feito dessa carne.

fi·lei·ra *s.f.* Série de coisas, animais ou pessoas em linha reta; linha; renque; ala.

fi·lei·ras *s.f.pl.* Vida militar.

fi·le·tar *v.t.d.* 1. Dar traços filiformes em. 2. Ornar com filetes.

fi·le·te (ê) *s.m.* 1. Fiozinho; fio delgado. 2. Espiral de parafuso. 3. *Bot.* Parte do estame em que descansa a antera. 4. *Arquit.* Moldura ou tira estreita.

fi·lha·ra·da *s.f.* Grande quantidade de filhos.

fi·lho *s.m.* 1. Pessoa do sexo masculino em relação a seus pais. *Fem.:* filha. 2. Descendente. 3. O homem em relação a Deus, à crença, à comunidade ou ao estabelecimento em que foi educado e a quem o educou. *adj.* 4. Proveniente, consequente; resultante.

fi·lhó *s.2gên. Cul.* Bolo de farinha e ovos, frito em azeite, geralmente passado por calda de açúcar.

fi·lho·te (ó) *s.m.* 1. *Dim.* de filho. 2. Cria de animal. 3. O que é novo no ofício.

fi·li·a·ção *s.f.* 1. Ação de perfilhar. 2. Designação dos pais de alguém. 3. Descendência direta. 4. Derivação; dependência.

fi·li·al *adj.2gên.* 1. Que se refere ou pertence a filho. 2. Próprio de filho. 3. Que tem filiação. *s.f.* 4. Estabelecimento sucursal ou dependente de outro.

fi·li·ar *v.t.d.* 1. Perfilhar; adotar como filho. 2. Admitir (numa comunidade). 3. Atribuir como origem. *v.p.* 4. Originar-se; provir; derivar. 5. Entrar (em agrupamento ou comunidade). 6. Ligar-se.

fi·li·ci·da *s.2gên.* Pessoa que mata o próprio filho.

fi·li·cí·di:o *s.m.* Ato de matar o próprio filho.

fi·li·for·me (ó) *adj.2gên.* 1. Em forma de fio. 2. Delgado como um fio.

fi·li·gra·na *s.f.* Obra de ourivesaria de fios de ouro ou prata, delicadamente entrelaçados e soldados.

fi·li·pi·no *adj.* 1. Das ilhas Filipinas (Ásia). *s.m.* 2. O natural ou habitante das Filipinas. 3. Unidade monetária e moeda das Filipinas.

fi·lis·teu *s.m.* 1. Indivíduo de antigo povo da Síria, do qual se fala na Bíblia. 2. *fig.* Burguês de espírito acanhado e vulgar. *Fem.*: filisteia.

fil·ma·gem *s.f.* Ação ou efeito de filmar.

fil·mar *v.t.d.* Registrar (as imagens) em filme cinematográfico.

fil·me *s.m.* 1. Rolo de película convenientemente preparado para receber imagens fotográficas. 2. Sequência de cenas cinematográficas; fita.

fil·mo·te·ca (é) *s.f.* 1. Coleção de filmes. 2. Lugar onde se guardam coleções de filmes.

fi·lo *s.m.* No sistema de classificação dos seres vivos, os primeiros grandes grupos dos reinos animal e vegetal.

fi·ló *s.m.* Tecido reticular, espécie de cassa.

fi·lo·lo·gi·a *s.f.* Estudo das origens e evolução de uma língua a partir de seus documentos escritos.

fi·ló·lo·go *s.m.* Indivíduo versado em filologia.

fi·lo·so·fal *adj.2gên. Alq.* Diz-se da pedra que devia transformar os metais em ouro.

fi·lo·so·far *v.i.* 1. Discutir ou raciocinar acerca de assuntos filosóficos. 2. Discorrer sobre matéria científica. *v.t.i.* 3. Argumentar com sutileza.

fi·lo·so·fi·a *s.f.* 1. Ciência dos princípios e causas. 2. Amor pelo saber e, particularmente, pela investigação das causas e efeitos.

fi·ló·so·fo *adj.* e *s.m.* 1. Que ou o que cultiva a filosofia. *s.m.* 2. O que vive tranquilo, sereno, indiferente aos preconceitos e convenções do mundo. 3. *pop.* Excêntrico.

fil·tra·ção *s.f.* Ação de filtrar; filtragem.

fil·trar *v.t.d.* 1. Fazer passar por filtro. 2. Separar por filtração (um sólido de um líquido); coar. 3. Fazer ou deixar passar através de. 4. Instilar (no ânimo de alguém). 5. Não deixar passar; reter. *v.i.* e *v.p.* 6. Passar através do filtro. 7. Introduzir-se aos poucos; insinuar-se.

fil·tro[1] *s.m. Alq.* Beberagem para despertar o amor.

fil·tro[2] *s.m.* 1. Aparelho, pedra porosa, papel sem cola, através dos quais se faz passar um líquido que se quer libertar dos corpos em suspensão ou impurezas. *Inform.* 2. Critério de seleção de elementos. 3. Modificação de imagens ou sons utilizando-se determinados critérios.

fim *s.m.* 1. Termo; remate; conclusão. 2. Extremidade. 3. Alvo; motivo. 4. Morte. *V.* **afim**.

fímbria

fím·bri:a *s.f.* Orla inferior do vestido; franja.

fi·mo·se (ó) *s.f. Med.* Aperto na abertura do prepúcio, que impede que se descubra a glande.

fi·na·do *adj.* 1. Que se finou. *s.m.* 2. Morto; defunto.

fi·nal *adj.2gên.* 1. Do fim. 2. Derradeiro; último. 3. Que finaliza. *s.m.* 4. Fim; desfecho; remate. *s.f.* 5. Prova esportiva que decide um campeonato.

fi·na·li·da·de *s.f.* Fim determinado; propósito; destino.

fi·na·lís·si·ma *s.f. Desp.* Última prova ou disputa de uma competição, de um campeonato.

fi·na·lis·ta *adj.2gên.* 1. Diz-se da pessoa ou grupo que chega à final de uma competição ou um campeonato. *s.2gên.* 2. Pessoa ou grupo nessa situação.

fi·na·li·zar *v.t.d.* Pôr fim a; acabar; concluir.

fi·nan·ças *s.f.pl.* 1. Tesouro do Estado. 2. Dinheiro que se possui. 3. Ciência que tem por fim coadunar os interesses pecuniários do Estado com o bem-estar público.

fi·nan·cei·ro *adj.* Concernente a finanças; financial.

fi·nan·ci·ar *v.t.d.* 1. Gerir financeiramente. 2. Custear as despesas de.

fi·nan·cis·ta *adj.2gên.* 1. Relativo a finanças. *s.2gên.* 2. Profissional especializado em finanças.

fi·nar *v.i.* 1. Acabar. 2. Findar-se; finar-se. *v.p.* 3. Definhar; emagrecer. 4. Morrer.

fin·ca *s.f.* Brincadeira infantil em que uma haste metálica é usada para determinar o trajeto dos participantes entre bases predeterminadas; ferrinho; fincão.

fin·cão *s.m.* Finca.

fio

fin·car *v.t.d.* 1. Cravar. 2. Pôr, apoiar, colocar com força. 3. Enraizar; embeber. *v.p.* 4. Ficar firme, imóvel; insistir.

fin·dar *v.t.d.* 1. Pôr fim a; terminar. *v.i.* 2. Ter fim, acabar. *Part.:* findado e findo.

fin·do *adj.* Concluído, terminado.

fi·nês *s.m.* Finlandês.

fi·ne·za (ê) *s.f.* 1. Qualidade do que é fino ou delgado. 2. Delicadeza; amabilidade.

fin·gi·do *adj.* Falso, hipócrita.

fin·gi·dor *adj.* e *s.m.* Que ou aquele que finge.

fin·gi·men·to *s.m.* 1. Simulação; disfarce. 2. Ato ou efeito de fingir(-se).

fin·gir *v.t.d.* 1. Inventar. 2. Fantasiar; supor (o que não é). 3. Aparentar; mostrar (o contrário do que é). 4. Imitar; simular. *v.i.* 5. Aparentar o que não é. *v.p.* 6. Desejar passar por (o que não é). 7. Dar-se ares de.

fi·ni·to *adj.* e *s.m.* 1. Que ou o que tem fim. 2. Limitado; transitório.

fin·lan·dês *adj.* 1. Da Finlândia. *s.m.* 2. O natural ou habitante da Finlândia; finês.

fi·no *adj.* 1. Tênue. 2. Delgado. 3. Delicado, suave. 4. Excelente; superior. 5. Inteligente; agudo. 6. Vibrante. 7. Que tem vivacidade. *s.m.* 8. Aquilo que é fino. 9. Coisa delicada.

fi·nó·ri·o *adj.* 1. Designativo do indivíduo esperto, sagaz, ladino. *s.m.* 2. Indivíduo finório.

fin·ta *s.f. Desp.* Golpe para desnortear o adversário, em esgrima e futebol.

fi·nu·ra *s.f.* 1. Qualidade de fino. 2. Malícia; astúcia; perspicácia.

fi·o *s.m.* 1. Fibra que se extrai de plantas têxteis. 2. O que apresenta semelhança com essa fibra. 3. Fieira. 4. Corrente tênue de um líquido. 5. Gume de instrumento cortante. *loc. adv.* **A fio**: seguidamente.

fi·or·de (ó) *s.m. Geog.* Golfo estreito e profundo.

fir·ma *s.f.* 1. Assinatura. 2. *por ext.* Estabelecimento comercial ou industrial. 3. Ponto de apoio.

fir·ma·men·to *s.m.* 1. Abóbada celeste; céu. 2. Fundamento; alicerce; sustentáculo.

fir·mar *v.t.d.* 1. Tornar firme. 2. Assegurar. 3. Apor a firma em; assinar. 4. Contratar. 5. Apoiar; estribar. 6. Fixar (a atenção). *v.p.* 7. Assinar-se; escrever sua firma. 8. Subscrever-se; basear-se.

fir·me *adj.2gên.* 1. Que não se move; fixo; seguro; estável; inabalável. 2. Constante. 3. Definitivo. 4. Que tem prazo fixo. 5. Que não desbota (cor).

fir·me·za (ê) *s.f.* 1. Qualidade de firme. 2. Solidez; estabilidade. 3. Constância.

fi·ru·la *s.f.* 1. *gír.* 1. Floreio, rodeio (2) (3). 2. *Fut.* Exibição de grande domínio da bola.

fis·cal *adj.2gên.* 1. Concernente ao fisco. *s.m.* 2. Empregado aduaneiro. 3. Aquele que é encarregado da fiscalização de certos atos.

fis·ca·li·za·ção *s.f.* Ação ou efeito de fiscalizar.

fis·ca·li·zar *v.t.d.* 1. Exercer fiscalização sobre. 2. Velar por; vigiar. 3. Examinar; verificar. *v.i.* 4. Exercer o ofício de fiscal.

fis·co *s.m.* Fazenda pública; parte da administração pública que se encarrega da cobrança dos impostos; erário.

fis·ga *s.f.* 1. Arpão para pesca. 2. Fenda.

fis·ga·da *s.f.* Pontada; dor violenta e rápida.

fis·gar *v.t.d.* 1. Agarrar (um peixe) com arpão. 2. Apanhar com rapidez; perceber (o que se oculta).

fí·si·ca *s.f.* Ciência que estuda as propriedades dos corpos e as leis que tendem a modificar o estado e o movimento desses corpos, sem lhes modificar a natureza.

fí·si·co *adj.* 1. Concernente à física. 2. Corpóreo; material. *s.m.* 3. Conjunto das qualidades exteriores do homem. 4. Indivíduo que estuda física ou nela é versado.

fi·si·o·lo·gi·a *s.f.* Parte da biologia que trata das funções dos órgãos nos seres vivos, animais ou vegetais.

fi·si·o·ló·gi·co *adj.* Que se refere à fisiologia.

fi·si:o·lo·gis·mo *s.m. pej.* Comportamento que busca obter vantagens pessoais em troca do apoio político.

fi·si·o·no·mi·a *s.f.* 1. As feições do rosto; rosto; cara. 2. Conjunto de caracteres que dão a uma coisa feição particular.

fi·si·o·nô·mi·co *adj.* Que se refere à fisionomia.

fi·si·o·no·mis·ta *s.2gên.* Pessoa que tem boa memória das fisionomias.

fi·si·o·te·ra·pi·a *s.f.* Tratamento das doenças por meio de agentes físicos (a luz, a água, o calor, a eletricidade, etc.).

fis·são *s.f. Fís.* Ruptura de um núcleo atômico pelo bombardeio com nêutrons.

fis·su·ra *s.f.* 1. Fenda. 2. *Med.* Úlcera na mucosa do ânus.

fís·tu·la *s.f. Med.* 1. Orifício de úlcera profunda por onde fluem secreções normais ou patológicas. 2. *por ext.* Ferida; chaga.

fi·ta¹ *s.f.* 1. Tecido estreito de lã, seda, etc.; tira. 2. Insígnia honorífica. 3. Filme, película.

fi·ta² *s.f.* 1. Ação vistosa para impressionar. 2. Mentira; engano. 3. Fingimento.

fi·tar *v.t.d.* 1. Fixar a vista em; olhar fixamente para. 2. Endireitar (as orelhas). *v.p.* 3. Fixar-se; cravar-se. 4. Olhar-se mutuamente.

fi·tei·ra *s.f.* 1. Mulher que fabrica fitas. 2. Mulher que faz fita (2).

fi·ti·lho *s.m.* Fita muito estreita.

fi·to *adj.* 1. Fixado; fixo; cravado em posição reta. 2. Ereto. 3. Muito atento. *adv.* 4. Atentamente.

fi·to·ge·o·gra·fi·a *s.f. Bot.* Estudo da distribuição dos vegetais na superfície da Terra.

fi·to·pa·to·lo·gi·a *s.f. Bot.* Tratado das doenças dos vegetais.

fi·to·plânc·ton *s.m. Bot.* Conjunto dos organismos microscópicos, com capacidade de fazer fotossíntese, que vivem dispersos em meios aquáticos.

fi·to·te·ra·pi·a *s.f.* Terapia através das plantas.

fi·ú·za *s.f.* 1. Fé; confiança; fidúcia. 2. Esperança.

fi·ve·la (é) *s.f.* Peça metálica em que se enfia e segura a presilha de certos vestuários: correia, fita, etc.

fi·xa·ção (cs) *s.f.* 1. Ação de fixar(-se). 2. Ideia fixa; obsessão.

fi·xar (cs) *v.t.d.* 1. Tornar fixo; pregar em algum lugar. 2. Fitar. 3. Firmar; assentar. *v.p.* 4. Tornar-se firme, permanente. 5. Estabelecer-se. *V. fichar*.

fi·xi·dez (cs) *s.f.* Qualidade do que é ou está fixo.

fi·xo (cs) *adj.* 1. Que não se move; firme. 2. Estável. 3. Dominante. 4. Determinado. 5. Que não desbota (cor). 6. Que não sofre redução (preço).

fla·ci·dez *s.f.* 1. Estado de flácido. 2. Doença epidêmica do bicho-da-seda.

flá·ci·do *adj.* 1. Mole; lânguido; frouxo. 2. Murcho. 3. Adiposo. 4. Sem elasticidade.

fla·ge·la·ção *s.f.* 1. Ação de flagelar. 2. Sofrimento; suplício.

fla·ge·lan·te *adj.2gên.* Que se flagela.

fla·ge·lar *v.t.d.* 1. Açoitar com flagelo. 2. Castigar; torturar. 3. Incomodar. *v.p.* 4. Mortificar-se; castigar-se.

fla·ge·lo (é) *s.m.* 1. Azorrague para açoitar. 2. *fig.* Castigo; tormento. 3. Calamidade pública. 4. Coisa que maltrata. *sobrecomum* 5. Pessoa impiedosa, cruel.

fla·grân·ci·a *s.f.* 1. Qualidade de flagrante. 2. Momento em que se verifica um ato flagrante. *V. fragrância*.

fla·gran·te *adj.2gên.* 1. Ardente; acalorado. 2. Manifesto; evidente. 3. Praticado na própria ocasião em que é surpreendido. *s.m.* 4. Instante; ensejo. *V. fragrante*.

fla·ma *s.f.* 1. Chama. 2. Calor, ardor.

fla·man·te *adj.2gên.* 1. Que arde em chama ou labareda. 2. De cor ardente.

fla·mar *v.t.d.* Desinfetar por meio de chamas rápidas, queimando fachos de algodão, geralmente embebidos em álcool; flambar.

flam·bar *v.t.d.* 1. Flamar. 2. Colocar bebida alcoólica sobre alimento, ateando-lhe fogo em seguida.

flam·bo·ai·ã *s.m. Bot.* Árvore de flores vistosas, vermelhas ou alaranjadas, muito utilizada como ornamento e em arborização de vias e praças públicas.

fla·me·jan·te *adj.2gên.* 1. Que flameja. 2. Ostentoso; vistoso.

fla·me·jar *v.i.* 1. Arder; lançar chamas; brilhar; resplandecer. *v.t.d.* 2. Expelir como chama.

fla·men·go *adj.* 1. De Flandres. *s.m.* 2. O natural ou habitante dessa região entre a França e a Bélgica. 3. O idioma flamengo.

fla·min·go *s.m. epiceno Zool.* Ave pernalta de bico curvado para baixo e coloração rosada; maranhão.

flâ·mu·la *s.f.* Pequena chama; galhardete; bandeirola.

fla·nar *v.i. gal.* Passear ociosamente, sem rumo certo.

flan·co *s.m.* 1. Lado de um exército, de um corpo de tropas. 2. Parte lateral do corpo do homem e dos animais; ilharga. 3. Lado. 4. Ponto acessível. *V. franco.*

flan·dres *s.m.2núm.* O mesmo que folha de flandres.

fla·ne·la (é) *s.f.* 1. Tecido delgado de lã fina. 2. Tecido felpudo de algodão.

fla·ne·li·nha *s.2gên. gír.* Guardador autônomo de carros.

flan·que·ar *v.t.d.* 1. Atacar pelo flanco. 2. Ir, marchar paralelamente a. 3. Defender; tornar defensável.

flash (flésh) *Ing. s.m.* 1. *Fot.* 1. Clarão forte e de curta duração, produzido por um dispositivo das máquinas fotográficas, usado para fotografar em ambientes escuros. 2. Esse dispositivo. 3. Em cinema e televisão, cena muito curta. 4. Em telejornalismo, notícia dada de forma breve e geralmente urgente, interrompendo a programação normal da emissora. ***Memória flash***: tipo de memória que mantém os dados armazenados sem alimentação elétrica, muito utilizada em dispositivos portáteis de armazenamento de dados, câmeras, celulares, etc. *Pl.: flashes.*

fla·to *s.m.* Flatulência; ventosidade.

fla·tu·lên·ci·a *s.f.* 1. Acumulação de gases numa cavidade natural, especialmente no tubo digestivo; ventosidade. 2. Jactância; bazófia.

fla·tu·len·to *adj.* 1. Que produz flatulência. 2. Que tem flatulência.

flau·ta *s.f.* 1. *Mús.* Instrumento de sopro, munido de chaves; pífaro. 2. Indolência; vadiação. Var.: frauta.

flau·te·ar *v.i.* 1. Tocar flauta. 2. Distrair-se; espairecer. *v.t.d.* 3. *pop.* Enganar com subterfúgios. 4. Zombar.

flau·tim *s.m. Mús.* Instrumento de sopro semelhante porém menor do que a flauta, de som bem agudo.

flau·tis·ta *s.2gên.* Pessoa que toca flauta.

flé·bil *adj.2gên.* Lacrimoso; choroso; plangente.

fle·bi·te *s.f. Med.* Inflamação das veias.

fle·cha (é) *s.f.* 1. Haste com ponta farpada que se dispara por intermédio de arco; seta. 2. Objeto em forma de seta.

fle·cha·da *s.f.* Golpe de flecha.

fle·char *v.t.d.* 1. Ferir com flecha. 2. *fig.* Magoar. *v.t.i.* 3. Ir ou vir em direção retilínea.

flec·tir *v.t.d.* Fletir.

fleg·ma *s.f.* Fleuma, fleugma.

fleg·mão *s.m. Med.* Inflamação do tecido celular. *Var.:* fleimão.

fleg·má·ti·co *adj.* Fleumático, fleugmático.

flei·mão *s.m.* Flegmão.

fler·tar *v.t.d., v.i.* e *v.t.i.* Namoriscar.

fler·te (ê) *s.m.* Namoro ligeiro sem compromisso nem consequência.

fle·tir *v.t.d.* Dobrar; fazer a flexão de.

fleuma

fleu·ma *s.* Impassibilidade; frieza de ânimo; serenidade; fleugma.

fleu·má·ti·co *adj.* Impassível; de ânimo frio.

fle·xão (cs) *s.f.* 1. Ação de dobrar(-se) ou curvar(-se); curvatura. 2. *Gram.* Variação de forma do vocábulo.

fle·xi·bi·li·da·de (cs) *s.f.* 1. Qualidade de flexível. 2. Aptidão para trabalhos e estudos de natureza diversa. 3. Docilidade; submissão.

fle·xi·bi·li·zar (cs) *v.t.d.* Tornar flexível.

fle·xi·o·nar (cs) *v.t.d.* e *v.p.* 1. Fazer ou provocar a flexão de algo; curvar(-se), fletir(-se). *v.t.d.* e *v.p.* 2. *Gram.* Fazer a flexão de (uma palavra); passar a ter (uma palavra) a forma flexionada.

fle·xí·vel (cs) *adj.2gên.* 1. Que se dobra ou verga facilmente, sem se quebrar; maleável. 2. Dócil; complacente; submisso.

fle·xor (cs) *adj.* 1. Que faz dobrar. *s.m.* 2. *Anat.* Músculo que se destina a fazer fletir diversas partes do corpo.

fli·bus·tei·ro *s.m.* 1. *Hist.* Pirata transformado em corsário pelas coroas francesa e holandesa, na América dos séculos XVII e XVIII. 2. *fig.* Aventureiro; ladrão.

fli·pe·ra·ma *s.m.* 1. Máquina de jogo eletrônico. 2. Estabelecimento comercial com várias máquinas desse tipo.

flo·co (ó) *s.m.* 1. Cada um dos fragmentos de neve que esvoaçam no ar e caem lentamente. 2. Conjunto de partículas sutis que esvoaçam ao impulso da aragem.

flor *s.f.* 1. *Bot.* Parte do vegetal de que sai a frutificação. 2. *Bot.* Corola de certas plantas. 3. A parte distinta de uma classe, de um conjunto. *sobrecomum* 4. Pessoa jovem, linda, amável.

floresta

flo·ra (ó) *s.f.* Conjunto das plantas de uma região.

flo·ra·ção *s.f.* 1. Desenvolvimento da flor. 2. Estado das plantas em flor.

flo·ra·da *s.f.* 1. Porção de flores. 2. Floração.

flo·ral *adj.2gên.* 1. Que se refere ou pertence a flores. 2. Que contém só flores.

flo·rão *s.m.* 1. Ornato em forma de flor. 2. Espécie de jogo popular.

flor-de-lis *s.f.* 1. *Bot.* Planta de uso ornamental, de flores vermelhas e folhas em forma de lâmina, originária do México. 2. *Bot.* A flor dessa planta. 3. Emblema usado pela realeza francesa. *Pl.:* flores-de-lis.

flo·re·a·do *adj.* 1. Coberto ou ornado de flores. 2. Arrebicado (estilo). *s.m.* 3. Ornato. 4. *Mús.* Variação fantasiosa.

flo·re·ar *v.t.d.* 1. Produzir flores. 2. Adornar com flores. 3. Manejar com destreza (uma arma branca). 4. Enfeitar (o estilo). 5. Brilhar; fazer figura.

flo·rei·o *s.m.* Ato de florear.

flo·rei·ra *s.f.* 1. Vaso, jarra ou qualquer recipiente para flores. 2. Vendedora de flores; florista.

flo·ren·ti·no *adj.* 1. De Florença (Itália). *s.m.* 2. O natural ou habitante de Florença.

fló·re·o *adj.* 1. Concernente a flores. 2. Florescente. 3. Enfeitado com flores. 4. Belo.

flo·res·cên·ci·a *s.f.* Ação de florescer.

flo·res·cen·te *adj.2gên.* 1. Que floresce. 2. Viçoso; próspero. *V.* **fluorescente**.

flo·res·cer *v.t.d.* e *v.i.* 1. Produzir flores. 2. Prosperar; frutificar; medrar. 3. Distinguir-se.

flo·res·ta (é) *s.f.* 1. Mata espessa e de grande extensão. 2. Confusão; labirinto. 3. Grande quantidade.

flo·res·tal *adj.2gên.* 1. Concernente a floresta. 2. Que trata de florestas.

flo·re·te (ê) *s.m.* Arma branca prismática e pontiaguda, usada em esgrima.

flo·ri·a·no·po·li·ta·no *adj.* 1. De Florianópolis (Santa Catarina); que é característico dessa cidade ou de seu povo. *s.m.* 2. Pessoa que nasceu ou vive nessa cidade.

flo·ri·cul·tor *s.m.* 1. Aquele que cultiva flores. 2. Dono ou empregado de floricultura.

flo·ri·cul·tu·ra *s.f.* 1. Cultura de flores. 2. Loja onde se vendem flores e arranjos florais.

flo·ri·do *adj.* 1. Em flor; florescente. 2. Elegante; adornado.

flo·rí·fe·ro *adj.* Que possui ou produz flores.

flo·ri·lé·gi·o *s.m.* 1. Coleção de flores. 2. Antologia.

flo·rim *s.m.* Unidade monetária e moeda da Holanda.

flo·rir *v.i.* 1. Florescer; cobrir-se de flores; desabrochar. 2. Desenvolver-se. *v.t.d.* 3. Adornar. 4. Tornar viçoso.★★

flo·ris·ta *s.2gên.* Pessoa que vende flores ou que fabrica flores artificiais.

flo·rís·ti·co *adj.* Concernente a flora.

flo·ti·lha *s.f.* Pequena frota.

flu·ên·ci·a *s.f.* 1. Qualidade de fluente. 2. *fig.* Abundância. 3. Facilidade no dizer. 4. Espontaneidade de estilo.

flu·en·te *adj.2gên.* 1. Que corre fácil e abundantemente; fluido. 2. Fácil; natural; espontâneo.

flu·i·dez (ê) *s.f.* Qualidade de fluido.

flu·i·di·fi·car *v.t.d.* 1. Tornar fluido. *v.p.* 2. Tornar-se fluido; diluir-se.

flui·do *adj.* 1. Fluente. 2. Corpo cujas moléculas têm força própria para se confundirem e se desagregarem. *s.m.* 3. Nome comum a qualquer gás ou líquido.

flu·í·do *v.i. Part.* de fluir.

flu·ir *v.i.* 1. Correr em estado líquido. *v.t.i.* 2. Manar; derivar. *V. fruir*.

flu·mi·nen·se *adj.2gên.* 1. Fluvial. 2. Do estado do Rio de Janeiro. *s.2gên.* 3. Pessoa natural ou habitante do estado do Rio de Janeiro.

flú·or *s.m. Quím.* Corpo simples, de símbolo F e cujo número atômico é 9.

flu·o·res·cên·ci·a *s.f. Fís.* Propriedade que têm certos corpos de transformar a luz que refletem em radiações de maior comprimento de onda.

flu·o·res·cen·te *adj.2gên. Fís.* Que tem a propriedade da fluorescência. *V. florescente*.

flu·tu·a·ção *s.f.* 1. Ação ou efeito de flutuar. 2. Inconstância. 3. Oscilação da cotação de preços e valores.

flu·tu·an·te *adj.2gên.* Que flutua.

flu·tu·ar *v.i.* 1. Vagar sobre as ondas; sobrenadar; boiar. 2. Ondular; agitar-se ao sopro da aragem.

flu·vi·al *adj.2gên.* 1. Concernente a rio. 2. Próprio dos rios ou que vive neles.

flux (cs) *s.m. desus.* Fluxo. *loc. adv.* **A flux**: abundantemente; a jorros.

flu·xo (cs) *s.m.* 1. Ato ou efeito de fluir. 2. O movimento das ondas em direção à praia. 3. *fig.* Abundância; grande quantidade.

fo·bi·a *s.f.* Nome comum às diversas espécies de medo mórbido.

fo·ca (ó) *s.f. epiceno Zool.* Mamífero anfíbio.

fo·cal *adj.2gên.* Concernente a foco.

fo·ca·li·zar *v.t.d.* 1. Enfocar. 2. Pôr em evidência, em foco.

fo·car *v.t.d.* 1. Regular a distância focal de. 2. Pôr em foco. 3. Tomar por foco. 4. Pôr em evidência.

fo·ci·nhei·ra *s.f.* 1. Focinho de porco. 2. Correia que faz parte da cabeçada e que fica por cima das ventas de qualquer animal.

fo·ci·nho *s.m.* 1. Parte da cabeça de certos animais que se compõe de ventas, boca e queixo. 2. Nariz. 3. Cara.

fo·co (ó) *s.m. Fís.* 1. Ponto onde se concentram os raios luminosos refletidos por um espelho ou refratados por uma lente. 2. Ponto de convergência ou de onde saem emanações. 3. *Geom.* Cada um dos dois pontos que, situados no eixo maior da elipse, estão equidistantes das extremidades desse eixo. 4. *Med.* Ponto de infecção, em certas moléstias. 5. *fig.* Centro; sede.

fo·fo (ô) *adj.* 1. Que cede à pressão; mole. 2. Macio; brando. 3. Elástico. 4. *fig.* Afetado; enfatuado. 5. *fam.* Bonito, gracioso.

fo·fo·ca (ó) *s.f. pop.* Mexerico, intriga, diz que diz que.

fo·fo·car *v.i. pop.* Fazer fofoca.

fo·ga·cho *s.m.* 1. Chama súbita; pequena labareda. 2. Sensação de calor que vem à face por estado mórbido ou emoção.

fo·gão *s.m.* Caixa de tijolos, ferro ou outro metal, cujo fogo se acende por meio de gás, querosene, eletricidade, carvão ou lenha.

fo·ga·rei·ro *s.m.* Utensílio portátil, geralmente de metal, para cozinhar ou aquecer.

fo·ga·réu *s.m.* 1. Fogueira. 2. Recipiente em que se acendem matérias inflamáveis.

fo·go (ô) *s.m.* 1. Resultado ou manifestação da combustão; lume. 2. Incêndio. 3. *fig.* Ardor; paixão; energia. 4. O disparar de armas de fogo.

fo·gos (ó) *s.m.pl.* Artefatos pirotécnicos.

fo·go-fá·tu·o *s.m.* 1. Inflamação espontânea de gases emanados dos sepulcros ou de corpos em decomposição. 2. *fig.* Brilho transitório. 3. Glória ou prazer de pouca duração. *Pl.:* fogos-fátuos.

fo·go-sel·va·gem *s.m.* Pênfigo; doença de pele. *Pl.:* fogos-selvagens.

fo·go·so (ô) *adj.* 1. Que tem fogo ou calor; ardente. 2. Ardoroso; impetuoso. *Pl.:* fogosos (ó).

fo·guei·ra *s.f.* Monte de lenha ou de outro combustível em chamas.

fo·gue·te (ê) *s.m.* 1. Peça de fogo de artifício que estoura no ar. 2. *Astron.* Veículo propelido a jato, destinado a viagens na atmosfera ou no espaço.

fo·gue·te·ar *v.i.* Queimar foguetes.

fo·gue·tei·ro *s.m.* 1. Fabricante de foguetes e de outras peças de fogos de artifício. 2. Indivíduo que se encarrega de queimar foguetes por ocasião de um festejo. 3. Contador de lorotas.

fo·guis·ta *s.m.* O que se encarrega das fornalhas, nas máquinas a vapor.

foi·ce (ô) *s.f.* Instrumento curvo com o qual se ceifa ou sega.

fo·jo (ô) *s.m.* Armadilha para apanhar caça miúda ou peixe.

fol·clo·re (ó) *s.m.* 1. Conjunto das tradições, lendas e crenças de um país, expressas em provérbios, canções, contos, etc. 2. Ciência dos costumes e usos populares. 3. Conjunto das canções populares de uma época ou região.

fol·cló·ri·co *adj.* Concernente a folclore.

fo·le (ó) *s.m.* Instrumento para produzir vento.

fô·le·go *s.m.* 1. Ato de soprar. 2. Faculdade de respirar. 3. Folga. 4. *fig.* Ânimo.

fol·ga *s.f.* 1. Descanso; interrupção de trabalho; ócio; recreio. 2. *fig.* Largueza. 3. Alívio.

fol·ga·do *adj.* 1. Que tem folga. 2. Que tem tido descanso. 3. Largo; amplo; não apertado. *adj.* e *s.m.* 4. *fig.* Que ou o que vive alegre, despreocupado, livre de cuidados.

fol·gan·ça *s.f.* 1. Ação de folgar; folga. 2. Brincadeira ruidosa; folguedo.

fol·gar *v.t.d.* 1. Dar folga a. 2. Livrar; descansar. 3. Desapertar, tornar largo. *v.i.* 4. Ter descanso; estar livre. *v.t.i.* 5. Descansar. 6. Alegrar-se; ter prazer (com alguma coisa).

fol·ga·zão *adj.* e *s.m.* 1. Que ou o que é amigo de folgar, de rir, de brincar. 2. Alegre; brincalhão. *Fem.*: folgazã(ona). *Pl.*: folgazães(ões).

fol·gue·do (ê) *s.m.* 1. Ato de folgar. 2. Pândega; brincadeira.

fo·lha (ô) *s.f.* 1. *Bot.* Cada um dos órgãos que se desenvolvem no caule e nos ramos dos vegetais. 2. Chapa delgada de qualquer metal. 3. Pedaço retangular de papel de determinado tamanho. 4. A parte móvel da porta. 5. Jornal, publicação periódica da imprensa.

fo·lha·da *s.f.* 1. Porção de folhas caídas. 2. Folhagem.

fo·lha de flan·dres *s.f.* Folha de ferro estanhado que se usa no fabrico de diversos utensílios. *Pl.*: folhas de flandres.

fo·lha·gem *s.f.* 1. Conjunto das folhas de uma ou mais plantas. 2. Ramaria dos arvoredos. 3. Porção de folhas. 4. Ornato que imita folha.

fo·lhe·a·do *adj.* 1. Que se compõe de folhas. 2. Que se folheou. *s.m.* 3. Lâmina de metal ou madeira com que se revestem móveis, etc. 4. Ato ou efeito de folhear.

fo·lhe·ar *v.t.d.* 1. Volver as folhas de (um livro); compulsar. 2. Estudar; ler; consultar. 3. Dividir em folhas. 4. Revestir de lâminas de madeira ou metal.

fo·lhe·tim *s.m.* 1. Seção literária de um periódico que ocupa geralmente a parte inferior da página. 2. Fragmento de romance que se publica diariamente num jornal.

fo·lhe·to (ê) *s.m.* Publicação de poucas folhas; panfleto.

fo·lhi·nha *s.f.* Folha impressa que contém o calendário.

fo·lho·so (ô) *adj.* 1. Coberto de folhas. *s.m.* 2. Terceiro estômago dos ruminantes. *Pl.*: folhosos (ó).

fo·lhu·do *adj.* Que possui muitas folhas.

fo·li·a *s.f.* Pândega.

fo·li·á·ce·o *adj.* Que se assemelha a folhas.

fo·li·ão *s.m.* Indivíduo brincalhão; carnavalesco. *Fem.*: foliona. *Pl.*: foliões.

fo·lí·cu·lo *s.m.* 1. Pequena folha ou lâmina. *Anat.* 2. Pequena cavidade ou depressão na mucosa. 3. Pequeno gânglio linfático.

fo·lí·o·lo *s.m. Bot.* 1. Cada limbo parcial da folha composta. 2. Pequena folha.

fo·me (ô) *s.f.* 1. Urgência de alimentação. 2. Desejo de comer; apetite. 3. Penúria; escassez; falta. 4. Sofreguidão; avidez.

fo·men·tar *v.t.d.* 1. Promover o progresso de. 2. Excitar; estimular. 3. Dar fomentos a.

fo·men·to *s.m.* 1. Ato de fomentar. 2. Estímulo; incitamento. 3. Favor; proteção; apoio; auxílio; estímulo.

fo·na·ção *s.f.* Emissão da voz.

fo·na·do *adj.* Diz-se de mensagem transmitida por meio de telefone.

fo·na·dor *adj.* Que produz a voz.

fo·ne (ô) *s.m.* Forma abreviada de *telefone*.

fo·ne·ma (ê) *s.f. Fon.* Elemento sonoro da linguagem, a menor unidade distintiva da palavra.

fo·né·ti·ca *s.f. Gram.* Ciência dos sons de uma língua: estuda sua duração, intensidade, timbre e tonalidade.

fo·né·ti·co *adj.* Relativo à fonética.

fo·ni·a·tri·a *s.f.* Especialidade médica que estuda e trata dos distúrbios da fala e dos problemas nos órgãos relacionados à produção dos sons vocais.

fô·ni·co *adj.* Concernente a fonologia.

fo·no·lo·gi·a *s.f.* Ciência que estuda os fonemas de uma língua.

fon·tai·nha *s.f.* Pequena fonte.

fon·ta·ne·la (é) *s.f. Anat.* 1. Cada uma das partes membranosas do crânio do recém-nascido; moleira. 2. Ponto terminal das suturas da cabeça.

fon·te *s.f.* 1. Nascente de água. 2. Bica; chafariz. 3. Cada um dos lados da região temporal. 4. Origem; princípio; causa. 5. *Inform.* Tipo de letra ou caracteres utilizados em um texto. Define formato e o tamanho (corpo) das letras e o espaçamento entre elas.

fo·ra (ó) *adv.* 1. Exteriormente; na parte exterior. 2. Em país estranho. *prep.* 3. Exceto; com exclusão de. *interj.* 4. Termo usado para expulsar ou reprovar. *Cair fora*: fugir. *Dar o fora*: ato de livrar-se de alguém ou romper namoro.

fo·ra da lei (ó) *adj.2gên.* e *s.2gên.* Relativo a ou pessoa que vive à margem da sociedade; que comete crimes; bandido. *Pl.*: foras da lei.

fo·ra·gi·do *adj.* e *s.m.* Que ou o que anda fora de seu lugar de residência, escondendo-se para escapar à ação da justiça.

fo·ra·gir-se *v.p.* Fugir; esconder-se; expatriar-se.

fo·ras·tei·ro *adj.* e *s.m.* 1. Que ou o que é de fora; estrangeiro; peregrino. 2. Alheio.

for·ca (ô) *s.f.* 1. Instrumento de suplício por estrangulação; cadafalso; patíbulo. 2. *fig.* Situação crítica. 3. Laço; cilada. 4. Jogo em que uma palavra deve ser adivinhada letra por letra.

for·ça *s.f.* 1. Faculdade de operar, de mover, de executar. 2. Vigor muscular; energia; poder. 3. Necessidade. 4. Motivo. 5. Vezes; firmeza. 6. Destacamento militar.

for·ca·do *s.m.* Instrumento agrícola formado por um pau terminado em dois ou três dentes compridos.

for·ça·do *adj.* 1. Compelido; obrigado. 2. Sem espontaneidade. *s.m.* 3. Grilheta; condenado a trabalhos públicos.

for·ça·men·to *s.m.* Ato ou efeito de forçar(-se); violação; violência.

for·çar *v.t.d.* 1. Exercer força contra. 2. Conquistar, conseguir, obter pela força. 3. Entrar à viva força em; subjugar; arrombar. 4. Torcer; desviar. 5. Desvirtuar o sentido de; dar falsa interpretação a. 6. Obrigar; levar (a qualquer coisa) pela violência. *v.p.* 7. Constranger-se (a qualquer coisa que repugna).

for·ce·jar *v.t.d.* 1. Empenhar-se; fazer esforços por. *v.t.i.* 2. Esforçar-se; empenhar-se; lutar. *v.i.* 3. Fazer esforços. *v.p.* 4. Constranger-se; forçar-se.

fór·ceps *s.m.2núm.* Instrumento cirúrgico com que se extrai do útero a criança.

for·ço·so (ô) *adj.* 1. Indispensável; inevitável; necessário. 2. Que tem força. 3. Violento. *Pl.:* forçosos (ó).

fo·ren·se *adj.2gên.* 1. Do foro judicial. 2. Concernente aos tribunais.

for·ja (ó) *s.f.* 1. Conjunto de fornalha, fole e bigorna de que se servem os ferreiros. 2. Oficina de ferreiro; fundição. 3. Armadilha para caça grossa.

for·jar *v.t.d.* 1. Trabalhar, aquecer ou fazer alguma coisa na forja. 2. Fabricar; inventar; fazer. 3. Planejar. 4. Falsificar; desvirtuar.

for·ma (ó) *s.f.* 1. Configuração; formato; feitio; feição exterior. 2. Manifestação. 3. Estado. 4. Modo; modelo. 5. Alinhamento; fila. 6. Formalidade. 7. Estrutura, arranjo em composição literária, musical ou plástica. 8. Caráter (de governo). *V.* **forma** (ô).

for·ma (ô) *s.f.* 1. Molde sobre que ou dentro do qual se forma qualquer coisa que tome o feitio desse molde. 2. Vasilha em que se assam bolos, etc. 3. Modelo. 4. *fig.* Caráter; índole. *V.* **forma** (ó).

for·ma·ção *s.f.* 1. Ação ou efeito de formar(-se). 2. Maneira pela qual se constitui um caráter, uma mentalidade. 3. Disposição; constituição.

for·ma·do *adj.* 1. O corpo que adquiriu desenvolvimento físico e moral; modelado. 2. Que concluiu formatura numa faculdade.

for·mal *adj.2gên.* 1. Concernente a forma. 2. Claro; evidente. 3. Positivo; decisivo. 4. Genuíno; textual.

for·ma·li·da·de *s.f.* 1. Maneira de proceder em público. 2. Praxe; cerimônia; etiqueta.

for·ma·lis·mo *s.m.* Observação rigorosa das formalidades ou praxes.

for·ma·lis·ta *adj.2gên.* 1. Designativo da pessoa que é amiga de formalidades. *s.2gên.* 2. Pessoa formalista.

for·ma·li·zar *v.t.d.* 1. Realizar segundo as fórmulas ou segundo as formalidades. 2. Executar conforme as regras ou cláusulas. *v.p.* 3. Dar-se por ofendido; melindrar-se.

for·man·do *s.m.* Pessoa que está prestes a concluir um curso, a formar-se.

for·mão *s.m.* Instrumento para desbastar madeira ou nela abrir cavidades.

for·mar *v.t.d.* 1. Dar a forma natural a. 2. Conceber. 3. Assemelhar-se a. 4. Constituir; fazer. 5. Ser. 6. Pôr em ordem, em linha. 7. Educar. 8. Estabelecer; determinar. 9. Promover a formatura. *v.i.* 10. Entrar em forma. *v.p.* 11. Desenvolver-se; tomar forma. 12. Adquirir a formatura numa universidade.

for·mas (ó) *s.f.pl.* Delineamentos ou contornos do corpo.

for·ma·ta·ção *s.f.* 1. Ação ou resultado de formatar. 2. Adaptação ou adequação de um conjunto de elementos a um determinado padrão. *Inform.* 3. Preparação de um meio magnético ou outro para receber dados. 4. Aplicação de uma série de características visuais a um arquivo gráfico ou de texto. 5. O resultado dessa aplicação.

for·ma·tar *v.t.d. Inform.* 1. Estabelecer a disposição dos dados em um arquivo ou registro indicando ordem, comprimento e normas de codificação. 2. Preparar meio de armazenamento magnético para receber dados. 3. Especificar a disposição visual dos elementos na tela do computador, ou em relatório ou arquivo a ser impresso.

for·ma·to *s.m.* 1. Tamanho; feitio; dimensão. 2. *Inform.* A estrutura ou aparência de uma unidade de dados, como um arquivo, os campos em um registro de um banco de dados, uma célula em uma planilha, ou o texto em um documento de um processador de texto.

for·ma·tu·ra *s.f.* 1. Ação ou efeito de formar. 2. Graduação universitária.

fór·mi·ca *s.f.* Material plástico usado em revestimentos.

for·mi·ci·da *s.m.* Preparado químico que se usa para matar formigas.

for·mi·dá·vel *adj.2gên.* 1. Tremendo; pavoroso. 2. Medonhamente grande. 3. Magnífico; excelente.

for·mi·ga *s.f. epiceno Zool.* Nome comum a um grupo de insetos que vive em sociedade debaixo da terra.

for·mi·ga·men·to *s.m.* Ato de formigar; formigueiro.

for·mi·gar *v.i.* 1. Sentir formigueiro. 2. Existir em grande número. 3. Acumular-se. *v.t.i.* 4. Abundar; estar cheio de gente.

for·mi·guei·ro *s.m.* 1. Toca de formigas. 2. Grande porção de formigas. 3. *por ext.* Multidão. 4. Impaciência. 5. Comichão ou prurido na pele.

for·mol *s.m. Quím.* Preparado antisséptico usado para preservar tecidos orgânicos.

for·mo·se·ar *v.t.d.* e *v.p.* Aformosear(-se).

for·mo·so (ô) *adj.* 1. De formas ou feições agradáveis. 2. Que soa bem; harmonioso. 3. Belo; perfeito; brilhante. *Pl.*: formosos (ó).

for·mo·su·ra *s.f.* 1. Qualidade de formoso. 2. Perfeição; excelência. *sobrecomum* 3. Pessoa formosa.

fór·mu·la *s.f.* 1. Expressão de um preceito ou princípio. 2. Receita escrita por médico ou indicada num receituário. 3. Praxe; regra. 4. *Mat.* Expressão matemática para resolver problemas semelhantes. 5. *Quím.* Conjunto de letras, algarismos e outros sinais que representa as moléculas de um corpo composto.

for·mu·lar *v.t.d.* 1. Reduzir a uma fórmula. 2. Receitar. 3. Expor com precisão. 4. Articular; enunciar. *v.p.* 5. Formar-se; manifestar-se; aparecer.

for·mu·lá·ri:o *s.m.* 1. Coleção de fórmulas. 2. Livro de orações.

for·na·da *s.f.* 1. O que de uma vez se assa ou coze no forno. 2. *fig.* Coisas que se fazem juntas de uma vez, como o nascimento de muitos animais, sobretudo cães ou gatos, ao mesmo tempo.

for·na·lha *s.f.* 1. Forno grande. 2. Parte do forno, da máquina ou do fogão onde se queima o combustível; forno. 3. Calor intenso.

for·ne·ce·dor *adj.* e *s.m.* Que ou o que fornece ou se obriga a fornecer certos gêneros, certas provisões.

for·ne·cer *v.t.d.* 1. Ministrar o necessário a; abastecer. 2. Facilitar.

for·ne·ci·men·to *s.m.* 1. Ato ou efeito de fornecer. 2. Provisão.

for·ni·ca·ção *s.f.* Ação de fornicar.

for·ni·car *v.i.* e *v.t.i.* 1. Ter coito. *v.t.d.* 2. Importunar; aborrecer.

for·ni·do *adj.* 1. Abastecido. 2. Nutrido; carnudo; gordo.

for·ni·lho *s.m.* 1. Parte do cachimbo onde arde o tabaco. 2. Forno pequeno.

for·nir *v.t.d.* 1. Tornar nutrido, robusto. 2. Prover; abastecer. ★★

for·no (ô) *s.m.* 1. Construção de alvenaria ou de tijolo que se aquece para cozer pão, louça, cal, telha, etc. 2. Lugar do fogão em que se preparam assados. 3. Lugar muito quente.

fo·ro (ô) *s.m.* 1. Domínio útil de um prédio. 2. Privilégio ou uso garantido pelo tempo ou pela lei. 3. Imunidade. 4. Tribunais de justiça. 5. Jurisdição. 6. *fig.* Encargo. *Pl.*: foros (ó).

fo·ros (ó) *s.m.pl.* Privilégios, direitos.

for·que·ta (ê) *s.f.* 1. Pau bifurcado; forquilha. 2. *Geog.* Ponto de confluência de dois rios, formando ângulo agudo.

for·qui·lha *s.f.* 1. Forcado em três pontas. 2. Pequeno forcado de madeira, com o qual se faz o estilingue.

for·ra (ó) *s.f.* Desforra. *Ir à forra*: vingar-se; revidar.

for·ra·do *adj.* Que tem forro.

for·ra·gem *s.f.* Erva para alimentação de gado.

for·ra·gi·no·so (ô) *adj.* Que produz ou serve para forragem. *Pl.*: forraginosos (ó).

for·rar *v.t.d.* 1. Pôr forro em. 2. Revestir; cobrir. *v.p.* 3. Vestir-se; agasalhar-se. 4. Tirar a desforra. 5. Esquivar-se.

for·re·ta (ê) *s.2gên.* Pessoa avarenta.

for·ro (ô) *s.m.* 1. Tudo o que serve para encher, reforçar ou guarnecer interiormente um artefato, uma peça de vestuário, etc. 2. Revestimento de sofás, cadeiras, etc. 3. Tábuas com que se reveste interiormente o teto das casas. 4. Revestimento exterior. *Pl.*: forros (ô).

for·ró *s.m. pop.* Baile popular, arrasta-pé.

for·ro·bo·dó *s.m. pop.* 1. Forró. 2. Confusão, desordem.

for·ta·le·cer *v.t.d.* 1. Tornar forte, robusto. 2. Animar; encorajar. 3. Corroborar. *v.p.* 4. Robustecer-se; adquirir forças.

for·ta·le·ci·men·to *s.m.* Ato de fortalecer(-se).

for·ta·le·za (ê) *s.f.* 1. Qualidade de forte. 2. Segurança. 3. Energia. 4. Solidez. 5. Praça fortificada; fortificação; castelo.

for·ta·le·zen·se *adj.2gên.* 1. De Fortaleza (Ceará). *s.2gên.* 2. Natural ou habitante de Fortaleza.

for·te (ó) *adj.2gên.* 1. Que tem força. 2. Robusto. 3. Valente. 4. Resistente; sólido. 5. Enérgico. *s.m.* 6. Obra de fortificação. 7. Homem valente, enérgico. *adv.* 8. Em música, indica que se deve reforçar o som.

for·ti·fi·ca·ção *s.f.* 1. Ação de fortificar (-se). 2. Forte, baluarte; reduto. 3. Arte de fortificar e defender um acampamento, uma praça, etc.

for·ti·fi·can·te *adj.2gên.* 1. Que fortifica. *s.m.* 2. Remédio para fortalecer o organismo.

for·ti·fi·car *v.t.d.* 1. Tornar forte 2. Dar meios de defesa a. *v.p.* 3. Tornar-se forte. 4. Manter-se firme.

for·tim *s.m.* Pequeno forte.

for·tui·to *adj.* Acidental; casual; imprevisto.

for·tu·na *s.f.* 1. Sorte (boa ou má). 2. O que acontece por acaso; acontecimento imprevisto; eventualidade. 3. Bens; riquezas.

fó·rum *s.m.* Foro.

for·ward (fóruar) *Ingl. v.t.d. Inform.* Repassar; em correio eletrônico, a função de encaminhar para outras pessoas uma mensagem recebida pelo usuário.

fos·co (ô) *adj.* 1. Desprovido de brilho. 2. Embaciado; que não tem transparência.

fos·fa·to *s.m. Quím.* Sal formado da combinação do ácido fosfórico com uma base.

fos·fo·re·jar *v.i.* Brilhar como fósforo inflamado.

fos·fo·res·cên·ci·a *s.f.* 1. Propriedade que têm certos corpos de brilhar na escuridão. 2. Emissão contínua de luz de uma substância que foi exposta ao calor, luz ou descargas elétricas.

fos·fo·res·cen·te *adj.2gên.* 1. Que tem a propriedade da fosforescência. 2. Que se torna luminoso quando se fricciona ou se sujeita a uma descarga elétrica.

fos·fó·ri·co *adj.* 1. Concernente a fósforo. 2. Que brilha como fósforo. 3. *Quím.* Designativo do ácido e de vários compostos que encerram fósforo.

fós·fo·ro *s.m. Quím.* 1. Corpo simples, elemento de símbolo P e cujo número atômico é 15. 2. *por ext.* Palito em cuja extremidade há uma substância que se inflama por atrito com uma superfície áspera.

fos·sa (ó) *s.f.* 1. Cavidade subterrânea para onde se despejam dejetos. 2. *Anat.* Nome de certas cavidades ou depressões mais ou menos profundas do organismo animal. 3. *gír.* Estado de depressão causado por algum desgosto, mas, sobretudo, sem causa definida.

fos·sar *v.t.d.* e *v.i.* 1. Cavar; escavar. 2. Revolver (a terra) com o focinho.

fós·sil *adj.2gên.* 1. Que se extrai da terra, cavando. 2. Antiquado; desusado. *s.m.* 3. Corpo orgânico que se encontra inteiro ou fragmentado no seio da terra.

fos·si·li·zar *v.t.d.* 1. Tornar fóssil. *v.p.* 2. Fazer-se fóssil; adotar ideias antiquadas. 3. Tornar-se retrógrado, contrário ao progresso.

fos·so (ô) *s.m.* 1. Cova. 2. Vala profunda. 3. Escavação em volta de fortificações, entrincheiramentos, etc. 4. Vala ou rego para condução de águas. *Pl.:* fossos (ó).

fo·to (ó) *s.f.* Forma abrev. de fotografia.

fo·to·com·po·si·ção *s.f.* 1. Processo gráfico de composição de textos por meio fotográfico e eletrônico. 2. Trabalho ou resultado do trabalho em máquina que faz esse tipo de composição.

fo·to·có·pi·a *s.f.* 1. Reprodução de imagem em papel químico, mediante matriz transparente. 2. A prova obtida por esse processo.

fo·to·e·lé·tri·co *adj.* Que tem a propriedade de transformar energia luminosa em energia elétrica. *Var.:* fotelétrico.

fo·to·fo·bi·a *s.f.* Horror à luz.

fo·to·gê·ni·co *adj.* 1. Que produz imagens por meio da luz. 2. Que sempre aparece bem em fotografia.

fo·to·gra·far *v.t.d.* 1. Retratar; reproduzir pela fotografia a imagem de. 2. *fig.* Descrever com exatidão.

fo·to·gra·fi·a *s.f.* 1. Processo de fixar numa superfície sensível, por meio da luz, a imagem dos objetos. 2. Retrato. 3. *fig.* Reprodução fiel. 4. Descrição minuciosa.

fo·to·grá·fi·co *adj.* 1. Concernente a fotografia. 2. Que se obtém pela fotografia.

fo·tó·gra·fo *s.m.* 1. O que se dedica à fotografia. 2. Aquele que exerce essa arte.

fo·to·li·to *s.m.* 1. Pedra ou, mais comumente, placa de metal com imagem fotolitográfica para impressão ou transporte. 2. Diz-se do negativo fotográfico utilizado para gravação da imagem; filme. *Inform.* **Fotolito digital**: fotolito próprio do sistema de editoração eletrônica, produzido diretamente do arquivo digital que contém a arte-final.

fo·tô·me·tro *s.m.* Aparelho geralmente utilizado por fotógrafos para medir as condições de luz de um ambiente ou a intensidade de uma fonte luminosa.

fo·to·no·ve·la (é) *s.f.* Novela contada em forma de quadrinhos fotográficos, com textos curtos em legendas e balões.

fo·tos·sín·te·se *s.f. Bot.* Propriedade que têm as plantas verdes de, por meio da luz solar, transformar a matéria inorgânica em orgânica; todos os vegetais que possuem clorofila se nutrem por meio da fotossíntese.

fo·to·te·ra·pi·a *s.f.* Tratamento de saúde que usa certos tipos de luz, como a solar, raios infravermelhos, ultravioleta, etc.

fo·to·tro·pis·mo *s.m. Biol.* Sensibilidade de um organismo vivo à luz, que o faz desenvolver-se ou movimentar-se em direção a ela (fototropismo positivo), ou dela afastar-se (fototropismo negativo).

foz (ó) *s.f. Geog.* Ponto em que o rio se lança no mar, em outro rio ou num lago; embocadura.

fra·ção *s.f.* 1. Ação de dividir, quebrar. 2. Ação de partir, rasgar. 3. Fragmento; parte de um todo. 4. Grupo (em outro grupo mais numeroso). 5. *Mat.* Expressão numérica que indica uma ou mais partes em que se divide um inteiro.

fra·cas·sar *v.t.d.* 1. Despedaçar, quebrar, derribar com estrépito. 2. Arruinar. *v.i.* 3. Falhar; ter mau sucesso; malograr-se.

fra·cas·so *s.m.* 1. Estrondo de coisa que se quebra ou cai; baque. 2. Ruína; desastre; malogro; mau êxito.

fra·ci·o·nar *v.t.d.* 1. Dividir em frações. 2. Fragmentar; dividir. 3. Converter. *v.p.* 4. Dividir-se.

fra·ci·o·ná·ri·o *adj.* 1. *Mat.* Em que há fração; quebrado (número); designativo do número composto por fração de unidade. 2. *Gram.* Designativo do numeral que indica quantidade fracionária (*meio, terço, décimo*).

fra·co *adj.* 1. Que não é forte. 2. Que não é sólido. 3. Sem importância. 4. Covarde. 5. Débil; frouxo. 6. Que não se saiu bem. *s.m.* 7. Indivíduo fraco. 8. O ponto fraco de uma pessoa ou coisa. 9. Inclinação; tendência, propensão.

fra·de *s.m.* Membro de comunidade religiosa.

fra·ga *s.f.* Penha; terreno escabroso; penhasco.

fra·ga·ta *s.f. ant.* Navio da marinha de guerra.

frá·gil *adj.2gên.* 1. Quebradiço. 2. Efêmero; fraco. 3. Sujeito a erros ou culpas. 4. Que necessita cuidados para se conservar.

fra·gi·li·da·de *s.f.* Qualidade de frágil; fraqueza.

fra·gi·li·zar *v.t.d.* e *v.p.* Tornar(-se) frágil, inseguro; enfraquecer(-se).

frag·men·ta·ção *s.f.* 1. Ação ou efeito de fragmentar(-se). 2. *Inform.* Dispersão de partes de um mesmo arquivo por áreas diferentes do disco. A fragmentação ocorre conforme os arquivos em disco vão sendo armazenados.

fragmentar

frag·men·tar *v.t.d.* 1. Reduzir a fragmentos; fracionar; partir em pedaços. *v.p.* 2. Fazer-se em fragmentos; quebrar-se.

frag·men·to *s.m.* 1. Pedaço de coisa que se quebrou. 2. Fração; migalha.

fra·gor *s.m.* Ruído forte; estampido.

fra·go·ro·so (ô) *adj.* Que produz fragor. *Pl.*: fragorosos (ó).

fra·go·so (ô) *adj.* Penhascoso; escabroso; áspero. *Pl.*: fragosos (ó).

fra·grân·ci·a *s.f.* 1. Qualidade de fragrante. 2. Aroma; perfume; odor; cheiro. *V. flagrância.*

fra·gran·te *adj.2gên.* Aromático; perfumado. *V. flagrante.*

fra·gue·do (ê) *s.m.* Série de fragas; penedia; rochedo.

fral·da *s.f.* 1. Parte da camisa, da cintura para baixo. 2. Pedaço de pano branco em que se envolvem os recém-nascidos. 3. Aba; raiz; sopé (de monte, serra).

fram·bo·e·sa (ê) *s.f. Bot.* Fruto do framboeseiro.

fram·bo·e·sei·ro *s.m. Bot.* Arbusto espinhoso de fruto aromático e refrescante.

fran·cês *adj.* 1. Da França. *s.m.* 2. O natural ou habitante da França. 3. A língua francesa.

fran·ce·sis·mo *s.m.* 1. Palavra ou expressão de índole francesa; galicismo. 2. Imitação afetada de coisas e costumes franceses.

frân·ci·o *s.m. Quím.* Elemento radioativo de símbolo **Fr** e cujo número atômico é 87.

fran·cis·ca·no *adj.* 1. Da Ordem de São Francisco. 2. *pop.* Designativo da pobreza extrema. *s.m.* 3. Frade da Ordem de São Francisco.

fraque

fran·co[1] *adj.* 1. Liberal. 2. Sincero; claro. 3. Espontâneo. 4. Generoso.

fran·co[2] *s.m. ant.* 1. Unidade monetária e moeda da França, Bélgica, Suíça e outros países antes do euro. *V. flanco.*

fran·ga·lho *s.m.* 1. Farrapo; trapo. 2. *fig.* Coisa de má qualidade. *sobrecomum* 3. Pessoa imprestável.

fran·go *s.m.* 1. Filhote de galinha, já crescido, mas antes de ser galo. 2. Adolescente; rapazola. 3. *Fut.* Bola de fácil defesa que o goleiro não segura.

fran·go·te (ó) *s.m.* 1. Frango novo, pequeno. 2. *fig.* Rapaz jovem; rapazola.

fran·ja *s.f.* 1. Remate de linho, algodão, seda, ouro, etc. para enfeitar ou guarnecer alguma peça de estofo. 2. Cabelo que cai liso e curto para a testa.

fran·jar *v.t.d.* 1. Enfeitar ou guarnecer de franjas. 2. Guarnecer (de coisa que se assemelha a franja).

fran·que·ar *v.t.d.* 1. Isentar de imposto. 2. Tornar fácil, desimpedido. 3. Pagar o transporte de. 4. Conceder. 5. Tornar patente. 6. Passar além de. 7. Tornar franco, livre. 8. Facilitar.

fran·que·za (ê) *s.f.* 1. Qualidade de franco. 2. Liberalidade. 3. Sinceridade. 4. Regalia; isenção.

fran·qui·a *s.f.* 1. Ação ou efeito de franquear. 2. Isenção de certos direitos. 3. Pagamento de porte de remessas postais. 4. Selo postal.

fran·zi·no *adj.* 1. Delgado. 2. Delicado de formas. 3. Tênue; pouco intenso. 4. Que tem pouca consistência.

fran·zir *v.t.d.* 1. Fazer pregas em; preguear. 2. Enrugar; amarrotar. *v.p.* 3. Dobrar-se em pregas.

fra·que *s.m.* Casaco masculino cujas abas se afastam, do peito para baixo.

fra·que·jar *v.i.* 1. Tornar-se fraco. 2. Perder o vigor, a coragem; afrouxar.

fra·que·za (ê) *s.f.* 1. Qualidade de fraco. 2. Falta de robustez; debilidade. 3. Falta de firmeza. 4. Tendência para ceder a imposições. 5. O lado fraco de um caráter ou de um objeto.

fras·cá·ri:o *adj. pop.* Libidinoso; dissoluto; extravagante.

fras·co *s.m.* Vaso, geralmente de boca estreita, para líquidos.

fra·se *s.f.* 1. *Gram.* Conjunto de palavras que formam sentido completo. 2. *Gram.* Locução; expressão. 3. *Mús.* Conjunto de sons com uma pausa depois do último.

fra·se·a·do *adj.* 1. Que está disposto em frases. *s.m.* 2. Modo de dizer ou escrever. 3. Conjunto de palavras.

fra·se·ar *v.t.d.* 1. Escrever, formando frases. *v.i.* 2. Fazer frases. 3. Executar as frases de uma peça musical.

fra·se:o·lo·gi·a *s.f.* Conjunto de frases típicas de uma língua ou de um escritor.

fras·quei·ra *s.f.* Caixa ou lugar em que se guardam frascos.

fra·ter·nal *adj.2gên.* Afetuoso; fraterno.

fra·ter·ni·da·de *s.f.* 1. Parentesco entre irmãos. 2. União ou convivência, como de irmãos. 3. Amizade.

fra·ter·ni·za·ção *s.f.* Ação ou efeito de fraternizar.

fra·ter·ni·zar *v.t.d.* 1. Unir com amizade íntima. *v.t.i.* e *v.i.* 2. Unir-se estreitamente, como entre irmãos. 3. Associar-se; fazer causa comum.

fra·ter·no (é) *adj.* 1. Concernente a irmãos. 2. Próprio de irmãos. 3. Afetuoso.

fra·tri·ci·da *s.2gên.* 1. Assassino de irmão ou de irmã. *adj.2 gên.* 2. Que concorre para a morte ou ruína de irmãos ou de pessoas que se devem estimar como irmãos. 3. *por ext.* Concernente a guerras civis.

fra·tri·cí·di:o *s.m.* 1. Crime de quem mata irmão ou irmã. 2. *por ext.* Guerra civil.

fra·tu·ra *s.f.* Ato ou efeito de fraturar.

fra·tu·rar *v.t.d.* 1. Partir. 2. Partir osso de (perna, braço, etc.). 3. Quebrar com força.

frau·dar *v.t.d.* 1. Cometer fraude contra. 2. Enganar. 3. Despojar fraudulentamente.

frau·de *s.f.* 1. Engano; burla; logro. 2. Contrabando.

frau·du·len·to *adj.* Em que há fraude; doloso; enganador; impostor.

frau·ta *s.f.* Flauta.

fre·ar *v.t.d.* Conter; refrear; brecar.

fre:á·ti·co *adj.* Diz-se de lençol de água subterrâneo localizado a pouca profundidade no solo.

fre·ge (é) *s.m.* 1. Barulho; arrelia; rolo. 2. Festa de má aparência.

fre·guês *s.m.* 1. Habitante de uma freguesia. 2. Cliente; aquele que compra ou vende habitualmente a determinada pessoa. 3. Frequentador assíduo de um lugar.

fre·gue·si·a *s.f.* 1. Paróquia. 2. Conjunto dos paroquianos. 3. Hábito de comprar de certa pessoa ou em certo estabelecimento.

frei *s.m.* Forma *abrev.* de freire.

frei·o *s.m.* 1. Peça de metal que se mete na boca das cavalgaduras para as guiar. 2. Aparelho com que se regula o movimento das máquinas e veículos, fazendo que cessem o movimento. 3. *Anat.* Dobra membranosa para reter um órgão do corpo. 4. *fig.* Tudo o que reprime ou sujeita.

frei·re *s.m.* Membro de certas ordens religiosas. *Fem.:* freira.

frei·xo (ch) *s.m. Bot.* Planta lenhosa, própria dos climas temperados.

fre·men·te *adj.2gên.* Que freme.

fre·mir *v.i.* 1. Ter rumor surdo e áspero. 2. Bramir; rugir. 3. Tremer; vibrar. 4. Agitar-se. 5. *fig.* Estremecer de alegria ou de raiva.★★

frê·mi·to *s.m.* 1. Rumor. 2. Som frouxo, mas áspero. 3. Rugido. 4. Estrondo de coisa que freme. 5. *fig.* Estremecimento de alegria.

fre·ne·si (sí) *s.m.* 1. Inquietação; impaciência. 2. Arrebatamento. 3. Impertinência. *Frenesi alimentar*: avidez devoradora (e mesmo canibalística) que acomete grandes predadores quando expostos a carne e sangue em abundância, especialmente os tubarões.

fre·né·ti·co *adj.* 1. Que tem frenesi. 2. Impaciente. 3. Rabugento. 4. Agitado; convulso.

fre·no·lo·gi·a *s.f.* Estudo das diversas faculdades ou disposições inatas do indivíduo, fundado na conformação e protuberâncias do crânio.

fren·te *s.f.* 1. Fachada de edifício. 2. Parte anterior de qualquer coisa. 3. Parte dianteira; vanguarda. 4. Face; rosto. 5. Presença. 6. *Meteor.* Encontro entre duas massas de ar.

fren·tis·ta *s.m.* 1. Oficial hábil no acabamento das fachadas dos edifícios. *s.2gên.* 2. Empregado que dá atendimento aos usuários nos postos de gasolina.

fre·quên·ci·a (qüen) *s.f.* 1. Repetição amiudada de atos. 2. Aceleração. 3. Ação de frequentar. 4. *Fís.* Número de vibrações por segundo de um corpo em movimento.

fre·quen·te (qüen) *adj.2gên.* 1. Continuado; amiudado. 2. Assíduo num lugar ou numa coisa. 3. Diligente; incansável. 4. Vulgar.

fres·ca (ê) *s.f.* Aragem agradável que sopra ao cair da tarde em alguns dias quentes.

fres·co¹ (ê) *adj.* 1. Não muito frio. 2. Viçoso. 3. Sadio; que não está estragado. *s.m.* 4. Aragem fresca. 5. O ar pouco frio. *adj.* e *s.m.* 6. *chulo* Diz-se de ou o indivíduo homossexual.

fres·co² (ê) *s.m. Desp.* 1. Gênero de pintura sobre argamassa fresca; afresco. 2. Quadro pintado por esse processo.

fres·co·bol *s.m. Desp.* Modalidade esportiva semelhante ao tênis e praticada nas praias.

fres·cor *s.m.* 1. Qualidade de fresco. 2. Lenitivo. 3. Verdor; viço. 4. Brilho.

fres·cu·ra *s.f.* 1. Frescor. 2. *pop.* Afetação, maneiras afetadas. 3. Comoção exagerada.

fres·qui·dão *s.f.* Frescor; fresca.

fres·su·ra *s.f.* Conjunto das vísceras mais grossas de alguns animais, como pulmões, coração, fígado, etc.

fres·ta (é) *s.f.* 1. Pequena abertura em parede. 2. Janelinha. 3. Fisga. 4. Fenda; greta.

fre·tar *v.t.d.* 1. Tomar ou ceder a frete. 2. Equipar. 3. Ajustar por frete.

fre·te (é) *s.m.* 1. Aluguel de embarcação, carro, etc. 2. Transporte fluvial ou marítimo. 3. Aquilo que se paga pelo transporte de alguma coisa.

fre·te·nir *v.i.* Cantar (a cigarra). ★★

freu·di·a·no (frói) *adj.* 1. Relativo a Sigmund Freud, fundador da psicanálise, próprio dele ou de suas teorias. 2. Que é especializado nas teorias ou nos métodos psicanalíticos de Freud, ou neles se baseia em sua prática clínica. *s.m.* 3. Seguidor da teoria ou dos métodos psicanalíticos de Freud.

fre·vo (ê) *s.m.* Música e dança de ritmo frenético e coreografia individual, comum no Nordeste do Brasil.

fri·a·gem *s.f.* Frialdade; ar frio.

fri·al·da·de *s.f.* 1. Qualidade de frio. 2. Tempo frio. 3. Frio atmosférico. 4. Esterilidade. 5. Insensibilidade; desinteresse. 6. Negligência. 7. Frouxidão.

fri·á·vel *adj.2gên.* 1. Que se pode reduzir a fragmento. 2. Que se parte ou esboroa facilmente.

fri·cas·sê *s.m.* 1. *Cul.* Guisado de carne ou peixe. 2. *fig.* Mistura de diferentes coisas.

fric·ção *s.f.* 1. Ação de friccionar. 2. Medicamento com que se fricciona.

fric·ci·o·nar *v.t.d.* 1. Fazer fricção em; esfregar. 2. Fazer fomentações em.

fri·co·te (ó) *s.m. pop.* Manha; dengue; luxo.

fri·co·tei·ro *adj.* e *s.m.* Que ou o que tem fricotes.

fri·ei·ra *s.f. Med. pop.* Afecção cutânea que se localiza nos pés, principalmente entre os dedos.

fri·e·za (ê) *s.f.* 1. Qualidade de frio; frialdade. 2. *fig.* Tibieza. 3. Falta de colorido.

fri·gi·dei·ra *s.f.* Utensílio de metal ou barro para frigir.

fri·gi·dez *s.f.* 1. Qualidade de frígido. 2. Frieza; indiferença. 3. Ausência de sensação sexual na mulher.

frí·gi·do *adj.* Frio; gelado; álgido.

frí·gi·o *adj.* 1. Relativo à Frígia (antiga região do nordeste da Ásia). *s.m.* 2. O natural ou habitante da Frígia. 3. Um dos idiomas mais antigos do Oriente.

fri·gir *v.t.d.* 1. Cozer com óleo, manteiga, azeite ou outra substância oleosa, em frigideira. 2. *fig.* Importunar; apoquentar. *v.i.* 3. Ficar frito. *Part.:* frigido e frito. ★

fri·go·ri·a *s.f. Fís.* Unidade térmica oposta à caloria; caloria negativa.

fri·go·rí·fi·co *adj.* 1. Que produz ou conserva o frio. *s.m.* 2. Aparelho para congelar certos corpos.

frin·cha *s.f.* 1. Fenda; greta. 2. Canal muito estreito.

fri·o *adj.* 1. Que não tem calor ou que o perdeu. 2. Inexpressivo; frouxo. 3. Insensível; rude; cruel. *s.m.* 4. Ausência de calor; sensação produzida por essa ausência. 5. Baixa temperatura. 6. Indiferença; inércia; desânimo.

fri·o·ren·to *adj.* Muito sensível ao frio.

fri·sa *s.f.* Camarote quase ao nível da plateia.

fri·sa·do¹ *adj.* 1. Que tem frisos. 2. Encrespado. 3. Enrugado.

fri·sa·do² *adj.* 1. Enfatizado. 2. Análogo.

fri·san·te¹ *adj.2gên.* 1. Que frisa, encrespa. 2. Borbulhante.

fri·san·te² *adj.2gên.* 1. Que frisa, ressalta. 2. Que é próprio, apropriado. 3. Significativo. 4. Exato. 5. Terminante; convincente.

fri·sar¹ *v.t.d.* 1. Encrespar; tornar riço; anelar. *v.i.* e *v.p.* 2. Encrespar-se; pentear-se, frisando-se.

fri·sar² *v.t.d.* 1. Pôr friso em. 2. Tornar saliente, sensível. 3. Citar ou referir oportunamente. *v.t.i.* 4. Ser análogo; assemelhar-se.

friso **frustração**

fri·so *s.m.* 1. Espaço entre a cornija e a arquitrave. 2. Banda ou tira pintada em parede. 3. Filete. 4. Enfeite disposto em (friso).

fri·ta·da *s.f.* 1. Aquilo que se frita de uma vez. 2. *gír.* Algazarra; confusão.

fri·tar *v.t.d.* Frigir. *Part.:* fritado e frito.

fri·to *adj.* 1. Que se frigiu. *s.m.* 2. Qualquer fritura.

fri·tu·ra *s.f.* Qualquer coisa frita; fritada.

fri·vo·li·da·de *s.f.* Qualidade de frívolo.

frí·vo·lo *adj.* 1. Que não tem importância; sem valor. 2. Fútil; vão. 3. Leviano; volúvel.

fron·de *s.f. Bot.* 1. Folhagem de palmeiras. 2. *por ext.* Ramo ou ramagem de árvore; a copa das árvores. *V. fronte.*

fron·de·jar *v.t.d.* 1. Cobrir ou encher de folhas. *v.i.* 2. Cobrir-se de folhas; criar folhas.

fron·do·so (ô) *adj.* 1. Que tem muitas folhas. 2. Abundante de ramos; copado; espesso. *Pl.:* frondosos (ó).

fro·nha (ô) *s.f.* 1. Capa que envolve o travesseiro, a almofada, etc. 2. Cobertura.

fron·tal *adj.2gên.* 1. Relativo à fronte. 2. *Anat.* Osso frontal (o da testa).

fron·tão *s.m.* 1. *Arquit.* Peça que adorna a parte superior de portas ou janelas, ou que coroa a entrada principal de um edifício. 2. Casa onde se joga a pelota. 3. Parede contra a qual se atira a pelota ou pela.

fron·ta·ri·a *s.f.* Frente principal de um edifício ou monumento; fachada.

fron·te *s.f.* 1. Testa. 2. Frontaria; frente. *V. fronde.*

fron·te·ar *v.t.d.* 1. Estar defronte de. 2. Ser ou estar situado em frente de. *v.i.* 3. Ficar defronte; defrontar.

fron·tei·ra *s.f.* 1. Extremidade de um país ou região do lado por onde confina com outro. 2. Limite; confins; extremo; fim.

fron·tei·ri·ço *adj.* 1. Que vive ou está na fronteira. *s.m.* 2. O que nasce nas fronteiras.

fron·tei·ro *adj.* Que está defronte; situado na fronteira.

fron·tis·pí·ci·o *s.m.* 1. Frontaria; fachada. 2. A primeira página ou rosto de um livro ou folheto. 3. Rosto; cara.

fro·ta (ó) *s.f.* 1. Porção de navios de guerra; armada. 2. *por ext.* O conjunto dos veículos de uma companhia, empresa, etc.

frou·xi·dão (ch) *s.f.* 1. Qualidade de frouxo; moleza. 2. Falta de energia, de atividade.

frou·xo (ch) *adj.* 1. Mole. 2. Lânguido. 3. Que não tem energia. 4. Medroso. 5. Que tem impotência sexual. *s.m.* 6. Fluxo.

fru-fru *s.m.* 1. Rumor de folhas, de atrito em tecido (principalmente seda), de bater de asas. 2. Conjunto de enfeites, babados ou fitas usados em roupas. 3. Que é infantil ou típico de meninas. *Pl.:* fru-frus.

fru·gal *adj.2gên.* 1. Concernente a frutos. 2. Prudente; sóbrio; moderado.

fru·ga·li·da·de *s.f.* 1. Qualidade de frugal. 2. Moderação; sobriedade.

fru·gí·vo·ro *adj.* Que se alimenta de frutos.

fru·i·ção *s.f.* Ação ou efeito de fruir.

fru·ir *v.t.d.* 1. Desfrutar. 2. Estar na posse de. *V. fluir.*

frus·tra·ção *s.f.* Ação ou efeito de frustrar(-se).

frus·tra·do *adj.* 1. Incompleto; que não chega a desenvolver-se. 2. Diz-se do indivíduo que não se realizou na sua profissão ou função. 3. *por ext.* Insatisfeito. 4. Agressivo. 5. Invejoso.

frus·trar *v.t.d.* 1. Enganar a expectativa de; iludir. 2. Baldar, inutilizar, defraudar. *v.p.* 3. Ficar sem efeito. 4. Malograr-se.

fru·ta *s.f. Bot.* Nome comum aos frutos comestíveis; fruto.

fru·ta-de-con·de *s.f. Bot.* 1. Fruto de polpa branca, macia e adocicada, com sementes pretas; pinha. 2. A árvore que produz esse fruto. *Var.:* fruta-do-conde. *Pl.:* frutas-de-conde e frutas-do-conde.

fru·ta·pão *s.f. Bot.* 1. Fruto grande, arredondado ou oval, de polpa com consistência e sabor parecidos com os do pão quando cozida ou assada. 2. A árvore que produz esse fruto. *Pl.:* frutas-pão e frutas-pães.

fru·tei·ra *s.f.* 1. Árvore frutífera. 2. Vaso ou cestinho em que se põem frutas, à mesa. 3. Vendedora de frutas.

fru·tei·ro[1] *s.m.* 1. Vendedor de frutas. 2. Lugar onde se guardam frutas. *adj.* 3. Que gosta de fruta.

fru·tei·ro[2] *adj.* Frutífero.

fru·ti·cul·tu·ra *s.f.* Cultura de árvores frutíferas.

fru·tí·fe·ro *adj.* 1. Que dá frutos. 2. Útil; proveitoso.

fru·ti·fi·ca·ção *s.f.* 1. Ação ou efeito de frutificar. 2. Formação do fruto.

fru·ti·fi·car *v.i.* 1. Dar frutos. 2. Dar resultado; ser útil. *v.t.d.* 3. Produzir (resultado vantajoso).

fru·to *s.m.* 1. *Bot.* Produção vegetal que sucede à flor e contém a semente. 2. O que a terra produz para benefício e sustentação do homem. 3. Prole. 4. Resultado; produto; vantagem; rendimento.

fru·tu·o·so (ô) *adj.* 1. Abundante em frutos. 2. Fecundante. 3. Útil, proveitoso. *Pl.:* frutuosos (ó).

fu·bá *s.m.* Farinha da raiz de mandioca, de milho ou de arroz.

fu·ça *s.f.* 1. Focinho. 2. *pop.* Cara, rosto (geralmente no plural).

fu·e·gui·no *adj.* 1. Da Terra do Fogo (América do Sul). *s.m.* 2. O natural ou habitante dessa região.

fu·ga *s.f.* 1. Ação ou efeito de fugir. 2. Saída; retirada. 3. Subterfúgio. 4. *Mús.* Composição sobre um tema único baseada principalmente na imitação ou reprodução sucessiva dos mesmos desenhos rítmicos ou melódicos, de duas ou mais vozes, nos diversos graus da escala.

fu·ga·ci·da·de *s.f.* 1. Qualidade de fugaz. 2. Fuga rápida.

fu·gaz *adj.2gên.* Que foge com rapidez; rápido; veloz; transitório.

fu·gi·da *s.f.* 1. Ato de fugir; escapada, fuga. 2. Ato de ir ou sair para voltar logo. 3. Perda de atenção por alguns momentos.

fu·gi·di·o *adj.* 1. Acostumado a fugir. 2. Que se desvanece, que some rapidamente. 3. Esquivo; arisco.

fu·gir *v.i.* 1. Desviar-se rapidamente. 2. Retirar-se para escapar a alguém ou a algum perigo. 3. Ir-se afastando; ir-se perdendo de vista. *v.t.d.* 4. Afastar-se de. *v.t.i.* 5. Desviar-se; apartar-se. 6. Evitar.★

fu·gi·ti·vo *adj.* 1. Que fugiu, que desertou. 2. Fugaz; transitório; rápido; que apenas se entrevê. *s.m.* 3. Indivíduo fugitivo; desertor.

fu·i·nha *s.f. epiceno* 1. *Zool.* Carnívoro pequeno e daninho. *s.2gên.* 2. Pessoa avarenta, magra ou mexeriqueira.

fu·jão *adj.* 1. Designativo do indivíduo fugidio. *s.m.* 2. Indivíduo fujão. *Fem.*: fujona.

fu·la *adj.2gên.* 1. Diz-se do mestiço de negro e mulato. 2. Furioso; irritado; fulo.

fu·la·no *s.m.* Designação vaga de pessoa incerta ou de alguém que não se quer nomear.

ful·cro *s.m.* 1. Sustentáculo; apoio; amparo. 2. Fundamento; alicerce; base.

fu·lei·ro *adj.* Que não tem valor ou qualidade; ordinário.

ful·gên·ci:a *s.f.* Qualidade de fulgente.

ful·gen·te *adj.2gên.* Que fulge; que brilha; que tem fulgor; fúlgido; fulgurante.

fúl·gi·do *adj.* Fulgente.

ful·gir *v.t.d.* 1. Fazer brilhar. *v.i.* 2. Brilhar; ter fulgor. 3. Sobressair; tornar-se distinto.

ful·gor *s.m.* 1. Brilho; esplendor; clarão. 2. Luzeiro.

ful·gu·ra·ção *s.f.* 1. Clarão produzido na atmosfera pela eletricidade, sem ser acompanhado de estampido. 2. Clarão rápido.

ful·gu·ran·te *adj.2gên.* 1. Que fulgura; coruscante. 2. Fulgente. 3. *Med.* Designativo de certas dores intensas e rápidas.

ful·gu·rar *v.i.* 1. Relampejar. 2. Fulgir. 3. Realçar; sobressair.

fu·li·gem *s.f.* Substância escura que resulta da decomposição dos combustíveis e se deposita nas paredes e teto das cozinhas ou nos canos das chaminés.

fu·li·gi·no·so (ô) *adj.* 1. Que tem fuligem. 2. Denegrido pela fuligem. 3. *fig.* Escuro. *Pl.*: fuliginosos (ó).

ful·mi·nan·te *adj.2gên.* 1. Que fulmina. 2. *fig.* Que mata repentinamente.

ful·mi·nar *v.t.d.* 1. Lançar raios contra. 2. Ferir à maneira de raio. 3. Matar instantaneamente. 4. Aniquilar. 5. Despedir (excomunhão, censuras, etc.). *v.i.* 6. Despedir raios; fulgurar.

fu·lo *adj.* 1. Designativo dos negros cuja cor é tirante a amarelo; fula. 2. *fig.* Furioso.

ful·vo *adj.* Alourado; que tem cor amarelo-tostado.

fu·ma·ça *s.f.* 1. Grande porção de fumo. 2. *fig.* Vaidade, presunção. 3. Sinal; indício.

fu·ma·ças *s.f.pl.* Jactâncias de valentia; vaidade.

fu·ma·cei·ra *s.f.* Grande quantidade de fumaça.

fu·ma·cen·to *adj.* Que tem ou solta muita fumaça.

fu·man·te *adj.2gên.* 1. Que fuma. 2. Que lança fumo. *s.2gên.* 3. Pessoa que tem o hábito de fumar tabaco.

fu·mar *v.t.d.* 1. Aspirar o fumo de. 2. Curar ao fumo; defumar. *v.i.* 3. Lançar fumo. 4. Aspirar o fumo de cigarro, cachimbo ou charuto.

fu·me·gan·te *adj.2gên.* Que fumega.

fu·me·gar *v.i.* Lançar fumo; exalar vapores.

fu·mei·ro *s.m.* 1. Conduto por onde sai a fumaça; chaminé. 2. Local próprio para defumar alimentos.

fu·mi·cul·tu·ra *s.f.* Conjunto de técnicas ou a prática do cultivo de tabaco.

fu·mi·ga·ção *s.f.* Ação de fumigar.

fu·mi·gar *v.t.d.* 1. Expor ao fumo; defumar. 2. Desinfetar defumando.

fu·mo *s.m.* 1. Nuvem pardacenta ou escura que se eleva dos corpos em combustão ou muito aquecidos, ou dos corpos úmidos e sujeitos a alta temperatura; fumaça. 2. Faixa de crepe para luto. 3. Tabaco para fumar. 4. *fig.* Jactância; vaidade. 5. Aquilo que é transitório; o que se extingue rapidamente.

fu·nam·bu·les·co *adj.* 1. Concernente a funâmbulo. 2. Próprio de funâmbulo. 3. *fig.* Extravagante.

fu·nâm·bu·lo *s.m.* 1. Aquele que anda ou dança em corda bamba. 2. *fig.* Aquele que muda facilmente de opinião ou de partido.

fun·ção *s.f.* 1. Exercício, atividade de órgão ou máquina. 2. Prática; uso. 3. Cargo; ofício. 4. Solenidade. 5. Festividade; espetáculo. 6. Reunião alegre; baile. 7. *Mat.* Relação de reciprocidade entre os elementos de dois conjuntos.

fun·cho *s.m. Bot.* Planta de propriedades medicinais, mais conhecida por anis e erva-doce.

fun·ci·o·nal *adj.2gên.* 1. Concernente a funções vitais. 2. Prático; eficiente.

fun·ci·o·na·lis·mo *s.m.* A classe dos funcionários públicos.

fun·ci·o·na·men·to *s.m.* Ato ou efeito de funcionar.

fun·ci·o·nar *v.i.* 1. Exercer funções; estar em exercício; trabalhar. 2. Mover-se bem e com regularidade.

fun·ci·o·ná·ri·o *s.m.* 1. Empregado (público). 2. O que tem ocupação permanente e remunerada.

fun·da *s.f.* 1. Aparelho para arremesso de pedras ou balas. 2. Utensílio cirúrgico para sustentar uma parte do corpo.

fun·da·ção *s.f.* 1. Ação ou efeito de fundar. 2. Alicerce. 3. Capital legado para obras de beneficência pública. 4. A instituição fundada à custa desse capital.

fun·da·do *adj.* 1. Que tem fundamento. 2. Que se apoia em boas razões ou na razão.

fun·da·dor *adj.* e *s.m.* Que ou aquele que funda; iniciador; criador.

fun·da·men·tal *adj.2gên.* 1. Que serve de base, de fundamento (3). 2. Que é muito necessário; essencial (2).

fun·da·men·tar *v.t.d.* 1. Dar fundamento a. 2. Justificar. 3. Documentar. 4. Basear; firmar. *v.p.* 5. Firmar-se; apoiar-se; basear-se.

fun·da·men·to *s.m.* 1. Base; alicerce. 2. Sustentáculo. 3. Motivo; razão.

fun·dão *s.m.* 1. O lugar mais fundo de um rio, lago, mar, etc.; pego (1). 2. Abismo, precipício; pego (2). 3. Local distante, afastado.

fun·dar *v.t.d.* 1. Assentar os alicerces de. 2. Apoiar; fiar. 3. *fig.* Criar; instituir. 4. Firmar; consolidar. *v.i.* 5. Penetrar no solo, profundar. *v.p.* 6. Estribar-se; basear-se.

fun·de·ar *v.i.* 1. Deitar ferro ou âncora; ancorar. 2. Aportar; abicar. 3. Tocar no fundo.

fun·den·te *adj.2gên.* 1. Que está em fusão. 2. Que facilita a fusão. 3. Que liquefaz. *s.m.* 4. Substância que facilita a fusão dos metais.

fun·di·á·ri·o *adj.* Concernente a terrenos; agrário.

fun·di·bu·lá·ri·o *s.m.* Aquele que combate com funda.

fun·di·ção *s.f.* 1. Ato ou efeito de fundir. 2. Fábrica de fundir.

fun·di·lho *s.m.* Parte posterior das calças e das cuecas, no lugar correspondente ao assento (também no *pl.*: fundilhos).

fun·dir *v.t.d.* 1. Derreter, liquefazer. 2. Vazar (obras de metal fundido).

fundo

3. *por ext.* Unir; juntar; incorporar. *v.p.* 4. Liquefazer-se. 5. Confundir-se; incorporar-se.

fun·do *adj.* 1. Que está abaixo de uma superfície. 2. Que tem profundidade; profundo. *s.m.* 3. A parte que num objeto ou numa cavidade fica mais distante da superfície ou da abertura. 4. O solo submarino. 5. *Teat.* Decorações cênicas, as mais distantes da boca do palco. 6. *fig.* Essência; fundamento. *adv.* 7. Profundamente. *loc. adv.* **A fundo**: em cheio; profundamente.

fun·dos *s.m.pl.* Capital; dinheiro; bens; o ativo de uma empresa.

fun·du·ra *s.f.* Distância vertical desde a superfície até o fundo; profundidade.

fú·ne·bre *adj.2gên.* 1. Concernente à morte, aos mortos ou a coisas que se relacionam com os mortos. 2. *fig.* Lúgubre; lutuoso.

fu·ne·ral *adj.2gên.* 1. Fúnebre. *s.m.* 2. Pompas fúnebres; cerimônias de enterramento. *loc. adv.* **Em funeral**: em sinal de luto.

fu·ne·rá·ri·o *adj.* 1. Fúnebre. 2. Designativo da urna que contém restos mortais.

fu·né·re·o *adj.* Fúnebre.

fu·nes·to (é) *adj.* 1. Que fere mortalmente. 2. Que produz morte. 3. Infausto; cruel. 4. Desventurado. 5. Que enluta; que produz amargura.

fun·gar *v.t.d.* 1. Absorver pelo nariz. *v.i.* 2. Produzir som, absorvendo ar pelo nariz. 3. *fam.* Resmungar. 4. Choramingar, respirando só pelo nariz.

fun·gi·ci·da *adj.2gên.* 1. Designativo das substâncias que destroem os fungos ou cogumelos. *s.m.* 2. Substância fungicida.

furar

fun·gí·vel *adj.2gên.* 1. Que se gasta com o primeiro uso. 2. O que se gasta.

fun·go *s.m.* 1. *Bot.* Gênero de cogumelos. 2. *Med.* Excrescência na pele ou nas mucosas, em forma de cogumelos.

fu·ni·cu·lar *adj.2gên.* 1. Que se compõe de corda. 2. Que funciona por meio de cordas. *s.m.* 3. Veículo ou ascensor que se move num plano inclinado, acionado por meio de cabos de aço.

fu·ní·cu·lo *s.m.* 1. Pequena corda. 2. *Anat.* Cordão umbilical. 3. *Bot.* Ligação entre a semente e a placenta dos vegetais.

fu·nil *s.m.* 1. Utensílio em forma de cone invertido com um tubo, que serve para trasvasar líquidos. 2. *por ext.* Qualquer objeto em forma de funil.

fu·ni·la·ri·a *s.f.* Oficina, arte de funileiro.

fu·ni·lei·ro *s.m.* 1. Fabricante de funis. 2. Latoeiro; o que trabalha em artefatos de lata. 3. O que faz reparos na lataria dos automóveis.

fu·ra-bo·lo (ô) *s.m. pop.* O dedo indicador. *Pl.:* fura-bolos. *Var.:* fura-bolos.

fu·ra·cão *s.m.* 1. *Meteor.* Ventania violenta e súbita que gira em espiral a velocidades entre 100 e 200 km por hora; tufão. 2. *fig.* Tudo o que destrói com violência e rapidez.

fu·ra·dei·ra *s.f.* Ferramenta com motor, própria para fazer furos em superfícies de vários materiais.

fu·ra·dor *s.m.* Utensílio de metal, osso ou marfim, para abrir furos ou ilhós.

fu·rão *s.m. epiceno Zool.* Pequeno mamífero carnívoro empregado pelos caçadores para desentocar os coelhos.

fu·rar *v.t.d.* 1. Abrir furo em; esburacar. 2. Arrombar; romper. 3. *fig.* Transtornar; frustrar. *v.i.* 4. Irromper; sair. 5. Penetrar. 6. Abrir caminho; vencer dificuldades. 7. *pop.* Não dar certo um negócio.

fur·dun·ço *s.m.* Briga, confusão.

fur·gão *s.m.* Veículo utilitário (2) fechado, para o transporte de mercadorias e cargas leves.

fú·ri·a *s.f.* 1. Furor; ira; raiva; cólera. 2. Exaltação de ânimo; ímpeto; entusiasmo. 3. Valentia. 4. Procedimento precipitado. 5. Inspiração; estro.

Fú·ri·as *s.f.pl. Mit.* Divindades infernais.

fu·ri·bun·do *adj.* Furioso.

fu·ri·o·so (ô) *adj.* 1. Que tem fúria; irritado; raivoso. 2. Impetuoso; apaixonado. *Pl.:* furiosos (ó).

fur·na *s.f.* 1. Caverna; gruta; antro; lapa. 2. Lugar retirado, ermo.

fu·ro *s.m.* 1. Abertura artificial; buraco; orifício. 2. Comunicação natural entre dois rios. 3. Notícia dada em primeira mão num jornal.

fu·ror *s.m.* 1. Grande exaltação de ânimo; fúria. 2. Delírio; frenesi. 3. Entusiasmo.

fur·ta-cor *adj.2gên.2núm.* 1. Diz-se da cor que muda de tom conforme a luz que incide sobre ela. *s.m.* 2. A cor com essa característica. *Pl.:* furta-cores.

fur·tar *v.t.d.* 1. Subtrair fraudulentamente. 2. Contrafazer. *v.i.* 3. Praticar furto; ser ladrão. *v.p.* 4. Desviar-se; esquivar-se.

fur·ti·vo *adj.* 1. Praticado a furto, ocultamente. 2. Dissimulado; disfarçado.

fur·to *s.m.* 1. Ato ou efeito de furtar. 2. Aquilo que se furtou.

fu·rún·cu·lo *s.m. Med.* Inflamação circunscrita da pele.

fu·sa *s.f. Mús.* Figura do valor de metade da semicolcheia.

fu·são *s.f.* 1. Ação ou efeito de fundir-se. 2. Mistura. 3. Aliança. 4. *Fís.* Passagem do estado sólido ao líquido.

fus·co *adj.* 1. Pardo; escuro. 2. *fig.* Melancólico; triste.

fu·se·la·gem *s.f.* A parte principal e mais resistente do avião.

fu·sí·vel *adj.2gên.* 1. Que se pode fundir. *s.m.* 2. *Eletr.* Dispositivo que protege as instalações contra excessos de corrente.

fu·so *s.m.* Instrumento com que se fia até formar a maçaroca. **Fuso horário**: faixa convencional de 15 graus entre dois meridianos da Terra, no âmbito da qual prevalece a chamada hora legal.

fus·tão *s.m.* Pano de algodão, linho, seda ou lã tecido em cordão.

fus·te *s.m.* 1. Haste de madeira. 2. *Arquit.* Parte da coluna entre o capitel e a base.

fus·ti·ga·ção *s.f.* Ação ou efeito de fustigar.

fus·ti·gar *v.t.d.* 1. Bater com vara. 2. Açoitar. 3. Castigar; maltratar.

fu·te·bol *s.m.* Jogo esportivo de conjunto entre duas equipes compostas de 11 jogadores cada que procuram levar a bola à meta do adversário.

fú·til *adj.2gên.* 1. Frívolo; vão; leviano. 2. Insignificante. *Pl.:* fúteis.

fu·ti·li·da·de *s.f.* 1. Qualidade de fútil. 2. Coisa fútil; ninharia.

fu·tri·car *v.t.d.* 1. Intrometer-se (em negócios alheios) para atrapalhar. *v.t.d.* e *v.t.i.* 2. *pop.* Provocar; irritar. 3. Fuxicar.

fu·tri·quei·ro *adj.* e *s.m.* Que ou aquele que futrica.

fu·tu·ris·mo *s.m. Bel.-Art.* Movimento modernista que se funda numa concepção exasperadamente dinâmica da vida, foge a todas as regras tradicionais, combate o culto ao passado e busca inspirações no futuro.

fu·tu·ris·ta *adj.2gên.* 1. Concernente ao futurismo. *s.2gên.* 2. Pessoa futurista.

fu·tu·ro *s.m.* 1. Tempo que há de vir. 2. Destino; fado, sorte. 3. *Gram.* Tempo verbal relativo à ação que ainda se vai realizar. *adj.* 4. Que há de ser; que está por vir.

fu·tu·ro·lo·gi·a *s.f.* Tentativa de prever o futuro com base no que ocorre no presente.

fu·tu·ro·so (ô) *adj.* 1. Que tem bom futuro. 2. Prometedor; auspicioso. *Pl.:* futurosos (ó).

fu·xi·car (ch) *v.t.d.* 1. Amarrotar. 2. Enxovalhar. 3. Remexer. 4. Mexericar; intrigar. *v.i.* 5. Fazer mexerico ou intriga.

fu·xi·co (ch) *s.m.* Mexerico; intriga.

fu·xi·quei·ro (ch) *s.m.* Indivíduo intrigante.

fu·zar·ca *s.f. pop.* Folia; farra.

fu·zar·que·ar *v.i.* Fazer folia, farra.

fu·zil *s.m.* Espingarda; carabina.

fu·zi·la·men·to *s.m.* Ato ou efeito de fuzilar.

fu·zi·lan·te *adj.2gên.* e *s.2gên.* 1. Que ou o que fuzila. 2. Que ou o que despede centelhas ou clarões.

fu·zi·lar *v.t.d.* 1. Despedir de si à maneira de raios ou cintilações. 2. Matar com arma de fogo. *v.i.* 3. Relampejar. 4. *fig.* Brilhar.

fu·zi·la·ri·a *s.f.* Tiros simultâneos de muitas armas de fogo.

fu·zu·ê *s.m.* 1. Festa ruidosa; função. 2. Barulho; desordem; rolo; conflito; motim.

G g

g¹ *s.m.* Sétima letra do alfabeto. *num.* 2. O sétimo numa série indicada por letras.

g² *s.m.* Sem ponto, é *abrev.* de grama ou gramas.

ga·ba·ção *s.f.* Ato ou efeito de gabar (-se).

ga·bar *v.t.d.* 1. Fazer o elogio de; louvar; lisonjear. *v.p.* 2. Vangloriar-se; jactar-se.

ga·bar·di·na *s.f.* 1. Tecido de lã, impermeável, próprio para capas e sobretudos. 2. A capa ou sobretudo desse tecido.

ga·ba·ri·to *s.m.* 1. Medida padrão a que se devem submeter certas coisas em construção. 2. Instrumento com que se verificam algumas dessas medidas. 3. Tabela onde se ordenam as respostas corretas de uma prova ou exame. 4. Nível, classe.

ga·ba·ro·la (ó) *s.2gên.* Pessoa que faz ostentação dos próprios atos; gabola; pábulo.

ga·bi·ne·te (ê) *s.m.* 1. Compartimento um tanto isolado dos outros da mesma casa ou edifício e geralmente destinado a trabalhos particulares. 2. Escritório. 3. Conselho de ministros; ministério.

ga·bi·ro·ba (ó) *s.f.* Guabiroba.

ga·bi·ru *adj.* e *s.m. gír.* 1. Malandro. 2. Desajeitado.

ga·bo *s.m.* 1. Gabação. 2. Vaidade; jactância.

ga·bo·la (ó) *s.2gên.* Gabarola.

ga·bo·li·ce *s.f.* Ato ou dito de gabola.

ga·da·nhar *v.t.d.* Apanhar, segurar com gadanho.

ga·da·nho *s.m.* 1. Espécie de ancinho com dentes de ferro. 2. Garra de ave de rapina. 3. Unha.

ga·do *s.m.* 1. Conjunto de animais criados no campo; reses. 2. Rebanho; vara; armento.

ga·do·lí·ne:o *s.m. Quím.* Elemento metálico trivalente, magnético, de símbolo **Gd** e cujo número atômico é 64.

ga·fa·nho·to (ô) *s.m. epiceno Zool.* Inseto ortóptero, salteador, que pode causar grandes danos às plantações.

ga·fe *s.f.* Indiscrição involuntária; ato ou ditos impensados; lapso.

ga·fi·ei·ra *s.f. gír.* Baile reles; arrasta-pé.

ga·fo·ri·nha *s.f.* Cabelo em desalinho; melena; grenha.

ga·gá *adj.2gên.* Decrépito.

ga·go *adj.* e *s.m.* Que ou o que gagueja; tartamudo.

ga·guei·ra *s.f.* Gaguez.

ga·gue·jar *v.t.d.* 1. Pronunciar com hesitação, tartamudear. *v.i.* 2. Falar sem certeza. 3. Vacilar nas respostas. 4. Pronunciar como o gago. *Pres. indic.*: eu gaguejo (ê), tu gaguejas (ê), etc. *pres. subj.* que eu gagueje (ê), etc.

ga·gue·jo (ê) *s.m.* Ato de gaguejar.

ga·guez (ê) *s.f.* 1. Qualidade de gago. 2. Embaraço fônico dos gagos.

ga·gui·ce *s.f.* Gaguez.

gai·a·col *s.f.* Guaiacol.

gai·a·ti·ce *s.f.* Ação ou palavras próprias de gaiato; garotice; travessura.

gai·a·to *s.m.* 1. Rapaz travesso e vadio; garoto. *adj.* 2. Alegre; travesso; malicioso.

gai·o¹ *adj. desus.* Jovial; alegre.

gai·o² *s.m. epiceno Zool.* Ave corvídea, de penas mosqueadas e do tamanho da pega.

gai·o·la (ó) *s.f.* 1. Espécie de casinha móvel, feita de canas, junco, arame, etc., na qual se encerram aves (*dim. irreg.*: gaiolim). *s.m.* 2. Pequeno vapor de navegação fluvial. 3. Vagão para transporte de madeira, ou de gado.

gai·ta *s.f.* 1. *Mús.* Gaita de boca. 2. *Mús.* Instrumento formado por um canudo com vários orifícios; pífaro. 3. *gír.* Dinheiro. *Mús.* **Gaita galega**: gaita de foles.

gai·ta de bo·ca *s.f. Mús.* Instrumento de sopro, com diversos orifícios providos de palhetas, que se toca fazendo-o correr por entre os lábios de uma extremidade a outra; gaita. *Pl.*: gaitas de boca.

gai·ta de fo·les *s.f. Mús.* Instrumento formado por um saco de couro cheio de ar e por dois tubos; cornamusa. *Pl.*: gaitas de foles.

gai·tei·ro *adj.* 1. Peralta; garrido; alegre; folião. *s.m.* 2. *Mús.* Tocador de gaita.

gai·vo·ta (ó) *s.f. epiceno Zool.* Ave palmípede aquática.

ga·jo *s.m.* 1. Qualquer indivíduo de que não se cita o nome; homem de maneiras abrutalhadas. *adj.* 2. Velhaco; finório.

ga·la¹ *s.f.* 1. Traje para atos solenes. 2. Pompa; solenidade. 3. Festa nacional.

ga·la² *s.f.* Mancha da fecundação no ovo.

ga·lã *s.m.* 1. Ator que numa peça faz o papel do herói romântico de boa aparência e atitudes. 2. *fig.* Galanteador; homem belo e elegante. 3. Namorado.

ga·la·du·ra *s.f.* 1. Ação ou efeito de galar. 2. Gala.

ga·la·lau *s.m.* Homem de elevada estatura.

ga·la·li·te *s.f.* Produto industrial duro proveniente da ação do formol sobre a caseína, que se usa como sucedâneo do marfim ou do osso no fabrico de numerosos objetos.

ga·lan·te *adj.2gên.* 1. Gracioso; esbelto; gentil. 2. Distinto. 3. Espirituoso. *s.2gên.* 4. Pessoa galante.

ga·lan·te·a·dor *adj.* e *s.m.* Que ou o que diz galanteios.

ga·lan·te·ar *v.t.d.* 1. Cortejar; tratar com amabilidade. 2. Adornar. *v.i.* 3. Dizer galanteios; namorar.

ga·lan·tei·o *s.m.* Ato de galantear; conversa amorosa; namoro.

galanteria

ga·lan·te·ri·a *s.f.* 1. Galanteio. 2. Arte de galantear. 3. Coisa galante. 4. Graça; delicadeza. *sobrecomum* 5. Pessoa galante.

ga·lão[1] *s.m.* Medida inglesa de capacidade equivalente a 4,456 litros (galão imperial), ou norte-americana, equivalente a 3,785 litros (galão americano).

ga·lão[2] *s.f.* 1. Tira de pano prateada ou dourada que nas mangas da farda e nos bonés indica a categoria de certos militares e funcionários. 2. Tira de pano bordado usada como debrum em roupas e cortinas.

ga·lar *v.t.d.* Fecundar (falando dos galináceos).

ga·lar·dão *s.m.* 1. Recompensa de serviços importantes; prêmio. 2. Glória.

ga·lar·do·ar *v.t.d.* 1. Dar galardão a. 2. Remunerar; premiar. 3. Aliviar; consolar.

ga·la·rim *s.m. desus.* Cúmulo; o ponto mais elevado; fastígio; opulência; valimento; posição da maior evidência.

ga·lá·xi·a (cs) *s.f. Astron.* Nome que se dá às nebulosas espirais como a Via Láctea.

ga·lé *s.f.* 1. Antiga embarcação de velas e remos. *s.m. sobrecomum* 2. Indivíduo condenado a trabalhos forçados; grilheta.

ga·le·ão *s.m.* 1. *ant.* Navio de alto bordo; nau de guerra. 2. Aparelho de pesca com rede que se emprega junto às costas marítimas.

ga·le·ar *v.i.* Ostentar galas; trajar luxuosamente.

ga·le·ga·da *s.f.* 1. Ajuntamento de galegos. 2. Dito ou ação de galego.

ga·le·go (ê) *adj.* 1. Da Galícia (Espanha). *s.m.* 2. A língua da Galícia. 3. O natural ou habitante da Galícia.

ga·le·na (ê) *s.f. Min.* Sulfeto de chumbo que às vezes contém prata.

ga·le·o·ta (ó) *s.f.* 1. Pequena galé. 2. Pequena embarcação de recreio.

ga·le·ra (é) *s.f.* 1. Antiga embarcação, comprida e estreita, de velas e remos, com dois ou três mastros. 2. Forno de fundição. 3. Nome que se dava à carroça que transportava os bombeiros em serviço de incêndio. 4. *gír.* Torcida; turma; conjunto de amigos.

ga·le·ri·a *s.f.* 1. Corredor extenso em que se dispõem, artisticamente, quadros, estátuas, etc. 2. Coleção de retratos, bustos, estátuas ou quadros. 3. Tribuna para o povo, em certos edifícios. 4. As localidades mais baratas, nos espetáculos públicos. 5. Corredor subterrâneo.

ga·le·ri·as *s.f.pl.* Conjunto dos espectadores que ocupam as galerias, nos espetáculos públicos.

ga·lés *s.f.pl.* Pena dos criminosos que eram condenados a remar nas galés.

ga·le·to (ê) *s.m.* 1. Frango novo, com cerca de um mês. 2. Frango novo grelhado ou assado no espeto. 3. Restaurante que serve o galeto.

gal·gar *v.t.d.* 1. Transpor alargando as pernas. 2. Saltar por cima de. 3. Percorrer. 4. Alinhar. *v.i.* 5. Pular; trepar. 6. Subir repentinamente. 7. Elevar-se com rapidez.

gal·go *s.m. Zool.* 1. Cão de pernas compridas e esguio, muito empregado em caça de lebres. *Fem.*: galga. *adj.* 2. Esguio; magro.

ga·lha·da *s.f.* 1. Chifres de ruminantes. 2. Ramagem de arvoredo.

ga·lhar·de·ar *v.t.i.* 1. Mostrar-se galhardo. 2. Sobressair; brilhar. *v.t.d.* 3. Exibir com galhardia; ostentar.

ga·lhar·de·te (ê) *s.m. desus.* 1. Bandeira triangular, um tanto comprida, que se coloca no alto dos mastros como sinal ou adorno. 2. Bandeira para ornamentação de ruas ou de edifícios, em ocasião de festa.

ga·lhar·di·a *s.f.* 1. Qualidade de galhardo; elegância; bizarria. 2. Generosidade; grandeza. 3. Bravura; esforço.

ga·lhar·do *adj.* 1. Elegante; garboso; donairoso. 2. Esforçado; generoso. 3. Folgazão.

ga·lhei·ro (ê) *s.m.* Veado de galhos.

ga·lhe·ta (ê) *s.f.* Cada um dos dois pequenos vasos de vidro, para azeite e vinagre, no serviço de mesa.

ga·lhe·tei·ro *s.m.* Utensílio de mesa que sustenta as galhetas.

ga·lho *s.m.* 1. Ramo de árvore. 2. Parte do ramo que fica ligada ao tronco depois de partido o mesmo ramo. 3. *Zool.* Chifre de ruminantes. 4. Briga; barulho. 5. Dificuldade; o que é de difícil resolução. 6. Emprego ou ocupação subsidiária; gancho; bico.

ga·lho·fa (ó) *s.f.* 1. Gracejo. 2. Zombaria; escárnio; motejo.

ga·lho·far *v.i.* Fazer galhofa; divertir-se ruidosamente; zombar; escarnecer; galhofear.

ga·lho·fei·ro *adj.* e *s.m.* 1. Que ou o que faz galhofa. 2. Zombeteiro; brincalhão.

ga·lhu·do *adj.* 1. Que tem galhos. 2. Que tem chifres grandes.

ga·li·ca·nis·mo *s.m.* Na França, doutrina dos que não aceitam a autoridade absoluta do papa em face da igreja francesa.

ga·li·ci·a·no *adj.* 1. Da Galícia (Polônia). *s.m.* 2. O natural ou habitante desta região.

ga·li·cis·mo *s.m.* Palavra, expressão ou construção própria da língua francesa; francesismo.

ga·li·leu *adj.* 1. Da Galileia. *s.m.* 2. O natural ou habitante dessa região da Palestina. *Fem.:* galileia.

ga·li·ná·ce·o *adj.* 1. Relativo aos galináceos. *s.m.* 2. Espécie dos galináceos, família de aves granívoras que inclui o galo, o peru, a perdiz, o faisão e outros.

ga·li·nha *s.f.* 1. *Zool.* Fêmea do galo. *sobrecomum* 2. Indivíduo fraco, poltrão. 3. *pop.* Pessoa que não se contenta em ter apenas um parceiro sexual.

ga·li·nha-d'an·go·la (ó) *s.f. Zool.* Espécie de galinha de origem africana, com penas acinzentadas e pintas brancas, cujo canto parece dizer "tô-fraca". *Pl.:* galinhas-d'angola.

ga·li·nha-gor·da *s.f.* Brincadeira infantil em que os participantes devem pronunciar um diálogo predeterminado. *Pl.:* galinhas-gordas.

ga·li·nhei·ro *s.m.* 1. Cercado onde se guardam galinhas e outras aves domésticas. 2. Vendedor de galinhas. 3. *pop.* Galeria.

gá·li·o *s.m. Quím.* Elemento metálico, semelhante ao zinco, de símbolo **Ga** e cujo número atômico é 31.

ga·lo *s.m.* 1. *Zool.* Ave galinácea, de crista carnuda e asas curtas e largas; macho da galinha (*dim. irreg.:* galarote, galispo). 2. Inchação na testa ou na cabeça, resultante de pancada.

ga·lo·cha (ó) *s.f.* Calçado de borracha que se usa por cima dos sapatos para os preservar da umidade.

ga·lo·pa·da *s.f.* Corrida a galope.

ga·lo·pan·te *adj.2gên.* 1. Que galopa. 2. *Med.* Tuberculose aguda, de desenvolvimento rápido.

ga·lo·par *v.i.* 1. Andar a galope. 2. Andar muito depressa. 3. Cavalgar o cavalo que corre a galope. *v.t.d.* 4. Percorrer, galopando.

ga·lo·pe (ó) *s.m.* 1. A mais rápida andadura de alguns animais, especialmente do cavalo. 2. *ant.* Espécie de dança a dois tempos. 3. Galopada.

ga·lo·pim *s.m. sobrecomum* Indivíduo que angaria votos, em eleições.

gal·pão *s.m.* 1. Espécie de telheiro onde se guardam carros, máquinas agrícolas, materiais, etc. 2. Varanda; alpendre. 3. Estábulo.

gal·va·nis·mo *s.m.* 1. *Fís.* Eletricidade produzida por meios químicos ou por contato de certos corpos. 2. Fenômenos elétricos nos músculos.

gal·va·ni·za·ção *s.f.* Ação ou efeito de galvanizar.

gal·va·ni·zar *v.t.d.* 1. Eletrizar por meio de pilha galvânica ou voltaica. 2. Dourar ou pratear por meio da galvanoplastia. 3. *fig.* Reanimar. 4. Dar energia passageira a. 5. Empolgar, arrebatar.

gal·va·no·plas·ti·a *s.f.* Arte de aplicar sobre um corpo sólido uma camada metálica por meio de correntes elétricas.

ga·ma *s.m.* 1. Nome da terceira letra do alfabeto grego (Γ, γ). *s.f.* 2. Conjunto ou série de coisas, ideias, etc. 3. *Mús.* Escala (5). 4. Grau de contraste entre tons claros e escuros em uma imagem.

ga·ma·do[1] *adj.* 1. Terminado em ponta. 2. Diz-se de uma cruz cujos braços têm as extremidades prolongadas em ângulo reto.

ga·ma·do[2] *adj. pop.* Enamorado; apaixonado; vidrado.

ga·mão *s.m.* 1. Jogo de azar e cálculo, entre dois parceiros, com doze tábulas cada um. 2. Tabuleiro sobre o qual se joga o gamão.

gam·bá *s.m. epiceno* 1. *Zool.* Nome comum a vários marsupiais, cuja fêmea tem uma bolsa abdominal em que conduz os filhotes; sariguê; sarigueia. *s.m.* 2. *pop.* Beberrão.

gam·bi·ar·ra *s.f.* 1. Rampa de luzes na parte anterior e superior dos palcos. 2. *Eletr.* Extensão clandestina de luz. 3. *pop.* Conserto, arranjo provisório.

gam·bi·to *s.m.* 1. Ardil para prostrar o adversário. 2. Um dos lances do xadrez. 3. *pop.* Cambito, perna fina, malfeita e magra.

gam·bo·a[1] (ô) *s.f. Bot.* Fruto do gamboeiro.

gam·bo·a[2] (ô) *Geog.* 1. Igarapé. 2. Trecho de rio em que as águas remansam, dando a aparência de lago tranquilo.

gam·bo·ei·ro *s.m. Bot.* Variedade de marmeleiro.

game (guéim) *Ingl. Abrev.* de *videogame*.

ga·me·la (é) *s.f.* Grande vasilha de madeira em forma de tigela.

ga·me·lei·ra *s.f. Bot.* Árvore de grande porte, com propriedades medicinais.

ga·me·ta (ê) *s.m. Biol.* Célula sexual, masculina ou feminina (espermatozoide e óvulo, respectivamente).

ga·mo *s.m. Zool.* Mamífero ruminante, espécie de veado de galhos achatados na parte superior (a fêmea é a *gama*).

ga·na *s.f.* 1. Grande apetite ou vontade; fome. 2. Desejo de fazer mal; raiva.

ganância

ga·nân·ci:a *s.f.* 1. Ambição. 2. Ganho ilícito. 3. Ganho.

ga·nan·ci·o·so (ô) *adj.* 1. Em que há lucro. 2. Que só tem em vista o lucro. 3. Que tem a ambição do ganho. *s.m.* 4. Aquele que é ganancioso. *Pl.:* gananciosos (ó).

gan·cho *s.m.* 1. Peça curva de metal ou de qualquer substância resistente para suspender pesos. 2. Pequeno trabalho que fornece ganho subsidiário; bico; biscate.

gan·dai·a *s.f.* 1. Ato de procurar, no lixo, objetos de algum valor. 2. Profissão de trapeiro. 3. *fig.* Vadiagem; vida dissoluta.

gan·dai·ar *v.i.* Andar à gandaia; vadiar.

gan·ga *s.f.* Conjunto de resíduos não aproveitáveis de uma jazida ou filão.

gân·gli:o *s.f. Anat.* Pequeno corpo arredondado que se encontra no trajeto dos nervos; corpo formado pelo entrelaçamento dos vasos linfáticos.

gan·gli·o·nar *adj.2gên. Med.* Concernente aos gânglios ou que é da natureza deles.

gan·gor·ra (ô) *s.f.* Tábua que se apoia num espigão, sobre o qual gira horizontalmente, e que serve para divertimento de crianças.

gan·gre·na (ê) *s.f.* 1. *Med.* Extinção completa da vida orgânica em qualquer parte mole do corpo. 2. *fig.* Aquilo que produz destruição. 3. Desmoralização.

gan·gre·nar *v.t.d.* 1. Produzir gangrena em. 2. *fig.* Perverter; corromper. *v.i.* 3. Tornar-se gangrenoso. 4. Ser atacado de gangrena.

gan·gue *s.f.* 1. Quadrilha; bando. 2. Grupo de pessoas com características próprias; turma; patota(2).

garantia

ga·nha·dor *adj.* e *s.m.* Que ou o que ganha.

ga·nha-pão *s.m.* 1. Objeto ou instrumento com cujo auxílio se adquirem os meios de subsistência. 2. Trabalho de que alguém vive. *Pl.:* ganha-pães.

ga·nhar *v.t.d.* 1. Adquirir a posse de. 2. Tirar como proveito. 3. Obter por acaso. 4. Alcançar (vantagens). 5. Vencer. 6. Fugir para. 7. Receber como consequência. 8. Dar como lucro ou proveito. *v.i.* 9. Tirar ganho ou vantagem. 10. Levar vantagem. *v.t.i.* 11. Auferir proveito, vantagem, lucro. 12. Progredir. *Part.:* ganhado e ganho.

ga·nhá·vel *adj.2gên.* Que se pode ganhar.

ga·nho *s.m.* 1. Ato ou efeito de ganhar. 2. Proveito; vantagem; lucro. *adj.* 3. Que se ganhou; que se adquiriu.

ga·ni·do *s.m.* 1. Grito doloroso dos cães. 2. *fig.* Voz esganiçada.

ga·nir *v.i.* 1. Dar ganidos. 2. Gemer como os cães. 3. Gemer.

gan·ja *s.f.* Vaidade; presunção.

gan·so *s.m. Zool.* Ave palmípede. *Fem.:* gansa.

gan·zá *s.m. Mús.* Instrumento de percussão, composto de um cilindro que contém sementes ou seixos.

ga·ra·gem *s.f.* 1. Espécie de barracão para recolher automóveis. 2. Oficina para conserto, lubrificação, conservação, etc. de automóveis.

ga·ra·gis·ta *s.2gên.* Proprietário ou encarregado de garagem.

ga·ra·nhão *s.m.* 1. Cavalo que se destina a reprodução. 2. *fig.* Homem de apetite sexual insaciável.

ga·ran·ti·a *s.f.* 1. Fiança; abonação. 2. Responsabilidade. 3. Segurança. 4. Aquilo que se garante. 5. Direito.

ga·ran·ti·as *s.f.pl.* Privilégios.

ga·ran·tir *v.t.d.* 1. Abonar; afiançar. 2. Tornar seguro. 3. Afirmar como certo. 4. Responsabilizar-se por. 5. Acautelar; defender. 6. Asseverar.

ga·ra·pa *s.f.* 1. Caldo de cana. 2. Qualquer bebida formada pela mistura de mel ou açúcar com água. 3. Refresco de qualquer fruta.

ga·ra·tu·ja *s.f.* 1. Esgar; trejeito. 2. Tolice. 3. Rabisco.

ga·ra·tu·jar *v.t.d.* 1. Cobrir com garatujas; rabiscar. *v.i.* 2. Fazer garatujas.

gar·bo *s.m.* Elegância; galhardia; donaire; distinção; bizarria.

gar·bo·so (ô) *adj.* Que tem garbo. Pl.: garbosos (ó).

gar·ça *s.f. epiceno Zool.* Ave pernalta aquática.

gar·ço *adj.* Um tanto verde; verde-azulado.

gar·çom *s.m.* Empregado que serve em restaurante, café, etc. *Var.:* garção. *Fem.:* garçonete.

gar·dê·ni:a *s.f. Bot.* Planta ornamental também conhecida por jasmim-do-cabo.

gar·fa·da *s.f.* Porção de comida contida em um garfo.

gar·far *v.t.d.* 1. Mexer ou rasgar com garfo. *v.i.* 2. Enxertar de garfo.

gar·fo *s.m.* 1. Utensílio de mesa que se usa especialmente para levar do prato à boca as porções de comida. 2. Sistema de enxerto no qual se transporta de uma planta para outra um pedaço de casca que tenha um ou mais botões.

gar·ga·lha·da *s.f.* Risada prolongada e ruidosa; casquinada.

gar·ga·lhar *v.i.* Soltar gargalhadas.

gar·ga·lo *s.m.* Colo de garrafa ou de outra vasilha com entrada estreita.

gar·gan·ta *s.f.* 1. *Anat.* Parte anterior do pescoço. 2. *Anat.* Cavidade formada pela laringe, por onde os alimentos passam da boca ao estômago. 3. *por ext.* Abertura estreita. 4. Desfiladeiro. *adj.* e *s.m. sobrecomum* 5. Fanfarrão; mentiroso. 6. Valentão.

gar·gan·te·ar *v.i.* 1. Fazer trinados com a voz. 2. Contar vantagens.★

gar·gan·ti·lha *s.f.* Colar que se usa ajustado ao pescoço.

gar·ga·re·jar *v.t.d.* Agitar na garganta, expelindo o ar pela laringe, um medicamento líquido.

gar·ga·re·jo (ê) *s.m.* 1. Ato de gargarejar. 2. Líquido que se gargareja.

ga·ri *s.m.* Empregado da limpeza pública.

ga·rim·pa·gem *s.f.* Prática de garimpo.

ga·rim·par *v.i.* Exercer o ofício de garimpeiro.

ga·rim·pei·ro *s.m.* 1. O que anda à cata de metais e pedras preciosas. 2. Aquele que trabalha nas lavras diamantinas.

ga·rim·po *s.m.* 1. Lugar onde se encontram diamantes ou carbonados. 2. Local onde existem explorações auríferas e diamantinas.

gar·lo·pa (ô) *s.f.* Plaina grande.

gar·ni·sé *adj.2gên.* 1. *Zool.* Diz-se de uma espécie de galináceo originário de Guernsey (ilha da Grã-Bretanha). 2. *fig.* Diz-se do indivíduo pequeno e briguento; de pouca estatura, mas valente.

ga·ro·a (ô) *s.f.* Chuva miúda que cai suavemente em gotículas de diâmetro inferior a 0,5 mm.

ga·ro·ar *v.i.* Cair garoa.

ga·ro·ta (ô) *s.f.* 1. Menina. 2. Namorada.

ga·ro·ta·da *s.f.* 1. Turma de garotos e garotas. 2. Comportamento ou dito de garotos; garotice.

ga·ro·ti·ce *s.f.* 1. Vida de garoto. 2. Comportamento ou dito de garotos; garotada.

ga·ro·to (ô) *adj.* 1. Que anda vadiando pelas ruas. 2. Brincalhão; travesso. *s.m.* 3. Rapaz que anda pelas ruas. 4. Rapaz imberbe. 5. Menino; criança.

ga·rou·pa *s.f. epiceno Zool.* Nome comum a diversas espécies de peixes do mar.

gar·ra *s.f.* 1. Unha aguçada e curva de certas aves e feras. 2. *por ext.* Unhas; dedos; mão. 3. *fig.* Entusiasmo; vigor.

gar·ra·fa *s.f.* 1. Vaso, geralmente de vidro e com gargalo estreito. 2. Conteúdo de uma garrafa.

gar·ra·fa·da *s.f.* 1. Porção de líquido que a garrafa leva. 2. Medicamento líquido contido numa garrafa. 3. Pancada com garrafa.

gar·ra·fal *adj.* Muito grande (letra, letreiro).

gar·ra·fão *s.f.* Garrafa grande, geralmente empalhada ou coberta de cortiça.

gar·ran·cho *s.m.* Letra ininteligível.

gar·ri·di·ce *s.f. desus.* 1. Qualidade de garrido. 2. Requinte no vestuário.

gar·ri·do *adj. desus.* 1. Elegante; vistoso; muito enfeitado. 2. Alegre; brilhante; vivo.

gar·rir *v.i. desus.* 1. Ressoar; badalar. 2. Falar muito. 3. Chilrear. 4. Ostentar galas; trajar luxuosamente; brilhar. *v.p.* 5. Trajar com garridice. 6. Pavonear-se.★★

gar·ro·te[1] (ó) *s.m.* 1. Pau curto com que se apertava a corda do enforcado. 2. Estrangulação, sem suspensão da vítima. 3. *fig.* Angústia. 4. Pequena tira de borracha que se amarra ao braço para fazer saliente a veia em que se há de injetar um líquido medicamentoso.

gar·ro·te[2] (ó) *s.m. Zool.* Bezerro de dois a quatro anos de idade.

gar·ru·cha *s.f. ant.* Pistola geralmente de dois canos, que se engatilha antes de atirar.

gar·ru·lar *v.i.* Tagarelar; palrar.

gar·ru·li·ce *s.f.* Qualidade de gárrulo; tagarelice.

gár·ru·lo *adj.* e *s.m.* 1. Que ou o que canta muito. 2. *por ext.* O que fala muito; tagarela.

ga·ru·pa *s.f.* 1. Parte superior do cavalo entre o lombo e a cauda. 2. Anca do cavalo.

gás *s.m.* 1. Fluido de características aéreas com infinita capacidade de compressão. 2. *fig.* Animação; desembaraço. 3. Bazófia; presunção.

ga·se·i·fi·car *v.t.d.* 1. Reduzir a gás; vaporizar. *v.p.* 2. Reduzir-se ao estado de gás.

ga·ses *s.m.pl.* Vapores do estômago e dos intestinos; ventosidade.

gas·ne·te (ê) *s.m.* Garganta; pescoço.

ga·so·du·to *s.m.* Tubulação própria para conduzir gases naturais ou derivados de petróleo a longa distância.

ga·so·gê·ni:o *s.m.* 1. Aparelho para produzir gás combustível, usado no lugar da gasolina. 2. O gás obtido por meio desse aparelho.

ga·so·li·na *s.f.* Carbonato de hidrogênio líquido que constitui a parte mais volátil do petróleo bruto.

ga·sô·me·tro *s.m.* 1. Aparelho para medir a quantidade de gás existente em uma mistura. 2. Reservatório para armazenar o gás utilizado em iluminação ou usado como combustível. 3. Fábrica de gás.

ga·so·sa (ó) *s.f.* Bebida refrigerante saturada de ácido carbônico.

ga·so·so (ô) *adj.* 1. Da natureza do gás. 2. Saturado de ácido carbônico. *Pl.:* gasosos (ó).

gas·ta·dor *adj.* e *s.m.* 1. Que ou o que gasta. 2. Perdulário; dissipador.

gas·tar *v.t.d.* 1. Diminuir o volume de. 2. Despender. 3. Usar; empregar. 4. Servir-se de. 5. Esgotar; consumir. 6. Deteriorar. 7. Enfraquecer. *v.i.* 8. Despender dinheiro. 9. Deteriorar-se. *v.p.* 10. Perder a saúde. 11. Deteriorar-se; acabar. *Part.:* gastado e gasto.

gas·to *s.m.* 1. Ato ou efeito de gastar. 2. Aquilo que se gastou; dispêndio. 3. *adj.* Que se gastou. 4. *fig.* Abatido; avelhentado.

gas·tral·gi·a *s.f. Med.* Dor no estômago.

gas·tren·te·ri·te *s.f. Med.* Inflamação da mucosa do estômago e do intestino. *Var.:* gastroenterite.

gás·tri·co *adj.* Concernente ao estômago.

gas·tri·te *s.f. Med.* Inflamação da membrana do estômago.

gas·tro·no·mi·a *s.f.* Arte de cozinhar de maneira a proporcionar prazer aos que comem.

gas·trô·no·mo *s.m.* Aquele que aprecia as iguarias e procura os prazeres da mesa.

ga·ta *s.f.* 1. Fêmea do gato. 2. *Náut.* Uma das gáveas. 3. *pop.* Bebedeira. 4. *gír.* Mulher jovem; moça. 5. *gír.* Mulher bonita. 6. Namorada.

ga·te·a·do *adj.* Designativo dos olhos amarelo-esverdeados como os do gato.

ga·te·ar *v.t.d.* 1. Segurar com grampos ou gatos de ferro. 2. Consertar segurando com gatos de metal. *v.i.* 3. Engatinhar.

ga·til *s.m.* Local onde se criam ou alojam gatos.

ga·ti·lho *s.m.* Peça dos fechos da arma de fogo, a qual, tocada com o dedo, faz disparar a arma.

ga·ti·ma·nho *s.m.* 1. Gesto ou sinal feito com as mãos. 2. Gesticulação exagerada ou ridícula; trejeito. 3. Desenho ruim, malfeito; garatuja (3). *Var.:* gatimanhos (forma mais usada) e gatimonha.

ga·to *s.m.* 1. *Zool.* Animal doméstico, felídeo, carnívoro. 2. Grampo; peça de metal que prende e liga louça quebrada ou rachada, duas peças de cantaria, etc. 3. Indivíduo ligeiro, esperto. 4. *gír.* Homem bonito. 5. Erro; engano; descuido.

ga·to-do-ma·to *s.m. Zool.* Nome comum a diversas espécies de felinos selvagens de médio e pequeno porte. *Pl.:* gatos-do-mato.

ga·to-sa·pa·to *s.m.* Coisa desprezível. *Fazer gato-sapato de:* fazer (alguém) de joguete. *Pl.:* gatos-sapatos.

ga·tu·na·gem *s.f.* 1. Porção de gatunos. 2. Os gatunos. 3. Vida de gatuno. 4. Ação própria de gatuno.

ga·tu·no *adj.* e *s.m.* Que ou aquele que furta; ladrão.

ga·tu·ra·mo *s.m. epiceno Zool.* Nome comum a diversos pássaros canoros.

ga·u·ches·co (ê) *adj.* Relativo a gaúcho, próprio dele ou de seus costumes.

ga·ú·cho *adj.* e *s.m.* Natural ou habitante do Rio Grande do Sul, do interior do Uruguai e de parte da Argentina.

gau·dé·ri:o *adj.* Que não faz nada ou vive a esmo; vadio, vagabundo.

gáu·di:o *s.m.* Júbilo; folgança; brinquedo; troça alegre.

gá·ve:a *s.f. Náut.* 1. Espécie de tabuleiro ou plataforma, a certa altura de um mastro e atravessada por ele. 2. Vela imediatamente superior à grande.

gá·ve:as *s.f.pl.* Conjunto das três velas das galeras.

ga·ve·ta (ê) *s.f.* 1. Caixa corrediça que entra no móvel. 2. Dispositivo que nas máquinas distribui o vapor aos cilindros.

ga·vi·ão *s.m.* 1. *epiceno Zool.* Nome comum a diversas aves da família dos falcões. *sobrecomum* 2. Indivíduo esperto, fino ou metido a conquistador. 3. Aquele que tem olhos ou visão excepcionais.

ga·vi·nha *s.f. Bot.* Estrutura de plantas trepadeiras, em forma de filamentos espiralados, usada para se fixar e se apoiar em outras plantas ou estacas, muros, etc.

ga·vo·ta (ó) *s.f.* 1. *ant.* Dança francesa semelhante ao minueto. 2. Música para essa dança.

ga·ze *s.f.* Tecido leve e transparente.

ga·ze·ar¹ *v.i.* 1. Cantar (a garça, a andorinha e outras aves). 2. Chalrar (a criança).★

ga·ze·ar² *v.t.d.* e *v.i.* Faltar às aulas ou ao trabalho para vadiar; gazetear.★

ga·zei·o *s.m.* Canto da garça, da andorinha e de outras aves.

ga·zel *s.m.pl. Lit.* Poesia amorosa, composta de vários dísticos, comum entre os árabes e os persas. *Pl.:* gazéis.

ga·ze·la (é) *s.f. epiceno Zool.* Ruminante de chifres espiralados.

ga·ze·ta¹ (ê) *s.f.* Publicação periódica.

ga·ze·ta² (ê) *s.f.* Ato ou efeito de gazear².

ga·ze·te·ar *v.i.* 1. Faltar às aulas ou ao trabalho para vadiar; gazear. *v.t.d.* 2. Faltar a (o estudo, o trabalho).

ga·ze·tei·ro *adj.* e *s.m.* Diz-se de ou estudante que faz gazeta.

ga·zu·a *s.f.* Ferro ou instrumento curvo com que se abrem fechaduras; chave falsa.

gê *s.m.* Nome da sétima letra do nosso alfabeto, *g*.

ge·a·da *s.f.* Orvalho congelado que forma camada branca sobre o solo, telhados, plantas, etc.

ge·ar *v.i.* 1. Cair geada. 2. Formar-se geada.★

ge·e·na (ê) *s.f.* 1. Lugar de tormento eterno; inferno. 2. *por ext.* Tortura; sofrimento.

gei·o *s.m.* Ato ou efeito de gear.

gêi·ser *s.m.* Fonte quente, de origem vulcânica, que traz normalmente muitos sais em dissolução.

gel *s.m. Quím.* Substância de consistência gelatinosa que resulta da coagulação de um líquido. *Pl.:* geles e géis.

ge·la·dei·ra *s.f.* 1. Móvel, geralmente de metal, que contém uma máquina frigorífica para manter seu interior em baixa temperatura; refrigerador. 2. *por ext.* Lugar muito frio.

ge·la·do *s.m.* 1. Espécie de doce tornado frio e consistente por meio de gelo. 2. Bebida gelada. 3. *adj.* Muito frio. 4. Coberto de gelo; congelado.

ge·la·du·ra *s.f.* Seca ou queima que a geada produz nas plantas.

ge·lar *v.t.d.* 1. Congelar. 2. Transpassar de frio. 3. Causar medo a; aterrar; assombrar; paralisar. *v.i.* e *v.p.* 4. Converter-se em gelo. 5. Esfriar-se muito. 6. *fig.* Ficar assombrado; emudecer. 7. Tornar-se insensível, imóvel.

ge·la·ti·na *s.f.* Substância que se extrai de ossos e de tecidos fibrosos dos animais.

ge·la·ti·no·so (ô) *adj.* 1. Da natureza da gelatina. 2. Que contém gelatina. 3. Que apresenta o aspecto de geleia; pegajoso. *Pl.*: gelatinosos (ó).

ge·lei·a (éi) *s.f.* Qualquer extrato mucilaginoso de substâncias animais ou vegetais que pelo resfriamento adquire consistência branda e trêmula.

ge·lei·ra *s.f.* Grande massa de gelo que se forma nas regiões montanhosas.

ge·lei·ro *s.m.* 1. Geleira. 2. O que fabrica ou vende gelo.

ge·lha (ê) *s.f.* 1. Ruga no rosto. 2. Dobra ou prega casual num tecido.

ge·li·dez (ê) *s.f.* Qualidade ou estado do que é gélido.

gé·li·do *adj.* 1. Muito frio. 2. Enregelado; paralisado.

ge·lo (ê) *s.m.* 1. Água em estado sólido. 2. Solidificação de qualquer líquido produzida pelo frio. 3. Frio excessivo. 4. *fig.* Insensibilidade; indiferença.

ge·lo·si·a *s.f.* 1. Grade de fasquias de madeira, cruzadas intervaladamente, que ocupa o vão de uma janela; rótula. 2. Janela de rótula.

ge·ma (ê) *s.f.* 1. Parte amarela e interior do ovo. 2. Pedra preciosa. 3. *fig.* Centro; parte essencial. 4. Aquilo que é mais puro; que é genuíno. *Dim. irreg.*: gêmula.

ge·ma·da *s.f. Cul.* Gema(s) de ovo batida(s) com açúcar e um líquido (geralmente leite) quente.

ge·me·lí·pa·ra *adj.* 1. Designativo da mulher que dá à luz filhos gêmeos. *s.f.* 2. Mulher gemelípara.

ge·men·te *adj.2gên.* Que geme.

gê·me:o *adj.* e *s.m.* 1. Que ou o que nasceu do mesmo parto que outrem. *adj.* 2. Igual; idêntico; 3. Designativo de dois frutos unidos um ao outro. *Anat.* 4. Designativo dos músculos que formam a barriga das pernas. *s.m.* 5. Filho do mesmo parto que outro ou outros.

gê·me:os *s.m.pl.* 1. Irmãos gêmeos. 2. *Astron.* A terceira constelação do zodíaco (inicial maiúscula). 3. *Astrol.* O terceiro signo do zodíaco, relativo às pessoas nascidas entre 21 de maio e 20 de junho (inicial maiúscula).

ge·mer *v.t.d.* 1. Lastimar; prantear. 2. Sofrer. 3. Proferir entre gemidos. *v.i.* 4. Exprimir dor moral ou física por meio de vozes inarticuladas. 5. Soltar lamentos. 6. Cantar (a rola, o rouxinol, a pomba).

ge·mi·do *s.m.* Som lastimoso e plangente; lamentação.

ge·mi·na·do *adj.* 1. Duplicado. 2. Designativo de cada um de dois ou mais prédios que se ligam entre si por uma só parede e geralmente se cobrem por um só telhado.

ge·mi·ni:a·no *adj.* 1. *Astrol.* Relativo ao signo de Gêmeos. *s.m.* 2. Pessoa nascida sob o signo de Gêmeos.

gen·ci:a·na *s.f. Bot.* 1. Nome comum a diversas plantas de clima temperado, que fornecem substâncias de uso medicinal obtidas de suas flores. 2. A flor dessas plantas.

gen·dar·me *s.m.* Soldado francês encarregado de manter a segurança pública.

ge·ne (ê) *s.m. Biol.* Cada uma das partículas do cromossomo que encerra os caracteres hereditários.

ge·ne·a·lo·gi·a *s.f.* 1. Exposição da origem e ramificações de uma família, estirpe; linhagem. 2. Procedência.

ge·ne·a·ló·gi·co *adj.* Relativo à genealogia.

ge·ne·bra (é) *s.f.* Bebida alcoólica feita de aguardente e bagas de zimbro.

ge·ne·ral *s.m.* 1. Oficial militar de graduação imediatamente superior a coronel. 2. Chefe; caudilho.

ge·ne·ra·la·to *s.m.* 1. A patente ou o posto de general. 2. O conjunto de generais de um exército.

ge·ne·ra·li·da·de *s.f.* 1. Qualidade daquilo que é geral. 2. A quase totalidade. 3. Ideia ou princípio geral.

ge·ne·ra·li·da·des *s.f.pl.* Rudimentos; princípios elementares.

ge·ne·ra·lís·si·mo[1] *adj.* Muito geral.

ge·ne·ra·lis·sí·mo[2] *s.m.* 1. Chefe supremo de um exército. 2. Título do soberano de uma nação, em relação ao exército.

ge·ne·ra·li·za·ção *s.f.* 1. Ação ou efeito de generalizar(-se). 2. Difusão geral; vulgarização.

ge·ne·ra·li·zar *v.t.d.* 1. Tornar geral; vulgarizar; difundir; tornar comum. *v.p.* 2. Tornar-se geral; tornar-se comum a muitos indivíduos. 3. Desenvolver-se; propagar-se.

ge·ne·ra·ti·vo *adj.* 1. Relativo a geração. 2. Que gera.

ge·né·ri·co *adj.* 1. Do gênero ou a ele relativo. 2. Geral; que tem o caráter de generalidade.

gê·ne·ro *s.m.* 1. Grupo de espécies que têm entre si certas analogias. 2. Classe. 3. Modelo. 4. Gosto. 5. Maneira; modo; estilo. 6. *Gram.* Propriedade que têm certas categorias de palavras de se flexionar para indicar o sexo.

gê·ne·ros *s.m.pl.* 1. Víveres. 2. Produções agrícolas. 3. Artigos (fabricados). 4. *Linguíst.* Tipos relativamente estáveis de enunciados utilizados em contextos de interação social: recados, receitas, bilhetes, notícias de tevê ou jornal, debates, contos, crônicas, charges, etc. 5. *Lit.* Os três gêneros que englobam as obras literárias de características similares, desde a Antiguidade: o lírico, o épico e o dramático.

ge·ne·ro·si·da·de *s.f.* 1. Qualidade de generoso. 2. Ação generosa; liberalidade.

ge·ne·ro·so (ô) *adj.* 1. Nobre por natureza ou por origem. 2. Franco. 3. Magnânimo; benevolente. 4. Valente. 5. Da melhor qualidade (vinho). 6. Fértil (terra). 7. Brioso (cavalo). *Pl.:* generosos (ó).

gê·ne·se *s.f.* 1. Formação de seres desde uma origem. 2. Conjunto dos fatos ou elementos que concorrem para a formação de alguma coisa. *s.m.* 3. Primeira parte do Antigo Testamento em que se descreve a criação do mundo e a sucessão dos primeiros homens (inicial maiúscula). *Var.:* gênesis.

gê·ne·sis *s.m.* Gênese.

ge·né·ti·ca *s.f. Biol.* Ciência que estuda a hereditariedade dos organismos, suas leis e aplicações.

ge·né·ti·co *adj.* 1. Relativo a gênese. 2. Relativo a geração. 3. Relativo a genética.

gen·gi·bre *s.m. Bot.* Planta nativa da Ásia, de rizoma comestível, usado principalmente no preparo de pratos e bebidas.

gen·gi·va *s.f. Anat.* Tecido fibromuscular em que estão os alvéolos dentários.

ge·ni·al *adj.2gên.* 1. Que revela gênio. 2. Próprio de um grande talento, de um gênio. 3. Relativo a gênio, a índole ou inclinação.

ge·ni·a·li·da·de *s.f.* Qualidade de genial.

gê·ni·o *s.m.* 1. *sobrecomum* Espírito bom ou mau que, segundo os antigos, presidia o destino de cada homem. 2. Alto grau de capacidade mental criadora em qualquer sentido. 3. Aptidão especial. 4. Índole; temperamento. 5. Temperamento agressivo.

ge·ni·o·so (ô) *adj.* Que tem mau gênio; irascível. *Pl.:* geniosos (ó).

ge·ni·tal *adj.2gên.* 1. Concernente a geração. 2. Que serve para a geração. *Órgãos genitais:* os órgãos sexuais.

ge·ni·tá·li·a *s.f. Anat.* Os órgãos genitais, especialmente os externos.

ge·ni·tor *s.m.* O que gera; pai.

ge·no·cí·di·o *s.m.* 1. Prática que tem como objetivo exterminar grupos ou populações por motivos políticos, raciais, religiosos, etc. 2. *por ext.* Extermínio de um grande número de vidas.

ge·nó·ti·po *s.m.* O conjunto de genes de um ser vivo.

ge·no·vês *adj.* 1. De Gênova (Itália). *s.m.* 2. O natural ou habitante de Gênova.

gen·ro *s.m.* O marido em relação aos pais de sua mulher.

gen·ta·lha *s.f.* Ralé; gente ordinária.

gen·te *s.f.* 1. O ser humano. 2. Quantidade de pessoas. 3. População; habitantes de uma região. 4. Pessoas em geral. 5. Pessoal de um estabelecimento. 6. Pessoa de importância, de prestígio.

gen·til *adj.2gên.* 1. Que tem nobreza. 2. *fig.* Delicado; amável. 3. Aprazível.

gen·ti·le·za (ê) *s.f.* 1. Qualidade de gentil. 2. Ação nobre, distinta. 3. Delicadeza.

gen·til-ho·mem *s.m.* 1. Homem que faz parte da nobreza. 2. *fig.* Homem com muitas qualidades, de caráter nobre. *Pl.:* gentis-homens.

gen·tí·li·co *adj.* 1. Relativo aos gentios ou próprio deles; pagão. 2. *Gram.* Diz-se do adjetivo que indica o lugar de nascimento, moradia ou procedência, ou dá nome a um povo ou população.

gen·ti·nha *s.f.* 1. Gentalha; ralé. 2. Nome que se aplica às pessoas mexeriqueiras.

gen·ti·o *s.m. sobrecomum* 1. Para os hebreus, aquele que é estrangeiro. 2. Aquele que, segundo os cristãos, é pagão; idólatra.

ge·nu·flec·tir *v.t.d.* 1. Dobrar pelo joelho. *v.i.* 2. Dobrar o joelho; ajoelhar.

ge·nu·fle·xão (cs) *s.f.* Ação de dobrar o joelho ou de ajoelhar.

ge·nu·fle·xo (é, cs) *adj.* Ajoelhado.

ge·nu·fle·xó·ri·o (cs) *s.m.* Estrado com encosto em que as pessoas se ajoelham para rezar.

ge·nu·í·no *adj.* Puro; natural; sem mistura nem alteração.

ge:o·bo·tâ·ni·ca *s.f.* Estudo das relações entre a vida vegetal e o meio terrestre.

ge:o·cên·tri·co *adj. Astron.* Designativo do sistema em que se considerava a Terra como centro dos movimentos dos astros.

ge:o·de·si·a *s.f.* 1. *Geol.* Ciência que estuda a forma e as dimensões da Terra ou de partes da superfície terrestre. 2. Técnica utilizada para dividir e medir as terras. *Var.:* geodésia.

ge·o·fí·si·ca *s.f. Geol.* Ciência que trata da física do globo.

ge·o·gra·fi·a *s.f.* Ciência que trata da descrição da Terra, sua forma, seus acidentes físicos e climas, suas produções, populações, divisões políticas, etc.

ge·oi·de (ói) *s.m.* Camada terrestre acima do plano horizontal à superfície média dos mares.

ge·o·lo·gi·a *s.f.* Ciência que estuda a estrutura da Terra, sua origem, sua natureza e suas transformações.

ge·o·me·tri·a *s.f. Mat.* 1. Ciência que tem por objeto a medida das linhas, das superfícies e dos volumes. 2. Compêndio ou tratado geométrico.

ge·o·po·lí·ti·ca *s.f. Geog.* Estudo e análise de como os fatores geográficos, econômicos e demográficos influenciam a política de uma nação e suas relações com outras nações.

ge·o·tro·pis·mo *s.m. Bot.* Faculdade que têm os vegetais de crescer no caule para cima e nas raízes para baixo, sob a influência da gravidade.

ge·ra·ção *s.f.* 1. Ação de gerar ou ser gerado. 2. Grau de filiação; linhagem; genealogia. 3. Conjunto das pessoas da mesma época. 4. Produção.

ge·ra·dor *adj.* 1. Que gera. *s.m.* 2. Aquele que gera. 3. O que cria ou produz. 4. Parte da máquina em que se produz o vapor; caldeira. *Fem.*: geradora e geratriz.

ge·ra·is *s.f.pl.* 1. Lugar virgem, coberto de mato. 2. Campos extensos e desabitados cujas terras se acham inaproveitadas. 3. Lugares ermos e ínvios do sertão nordestino. 4. Campos do Planalto Central.

ge·ral *adj.2gên.* 1. Comum à quase totalidade ou à grande número. *Sup. abs. sint.:* generalíssimo. *s.m.* 2. A maior parte. 3. Chefe de ordem religiosa. *s.f.* 4. Localidade, nas casas de espetáculos e nos estádios, para a qual são cobrados os preços mais baixos.

ge·râ·ni·o *s.m. Bot.* Nome comum a diversas espécies de plantas, originárias de regiões temperadas e altas, muito apreciadas para fins ornamentais, por causa de suas flores em cachos e de cores variadas.

ge·rar *v.t.d.* 1. Dar o ser a; criar. 2. Produzir; formar; desenvolver. 3. Fecundar. 4. Lançar de si; causar. *v.i.* e *v.p.* 5. Nascer; formar-se.

ge·ra·triz *adj.* 1. Que gera. *s.f.* 2. Aquela que gera. 3. *Geom.* Linha cujo movimento gera uma superfície.

ge·rên·ci·a *s.f.* 1. Ação de gerir. 2. Funções de gerente; administração.

ge·ren·ci·a·dor *s.m. Inform.* Em geral, qualquer programa projetado para executar tarefas de controle relacionadas com a operação do computador; p. ex., a manutenção de arquivos.

ge·ren·ci·ar *v.t.d.* Exercer as funções de gerente.

ge·ren·te *adj.2gên.* e *s.2gên.* Que ou pessoa que administra negócios.

ger·ge·lim *s.m.* Planta originária da África e da Ásia, cultivada pelas suas sementes comestíveis, presentes em diversos pães, bolos, doces, etc., e das quais se obtém óleo para uso culinário e industrial.

ge·ri·a·tra *s.2gên.* Especialista em geriatria.

ge·ri·a·tri·a *s.f. Med.* Parte da medicina que estuda as doenças das pessoas idosas.

ge·rin·gon·ça *s.f.* Coisa malfeita que facilmente se destrói.

ge·rir *v.t.d.* Administrar; dirigir; regular.★

ger·mâ·ni·co *adj.* 1. Concernente à Alemanha. *s.m.* 2. Conjunto das línguas dos povos germânicos.

ger·mâ·ni:o *s.m. Quím.* Metal terroso, elemento de símbolo Ge e cujo número atômico é 32.

ger·ma·no¹ *adj.* e *s.m.* Germânico.

ger·ma·no² *adj.* e *s.m.* 1. Que ou o que procedem do mesmo pai e da mesma mãe (falando de irmãos). 2. *fig.* Puro; próprio; verdadeiro.

ger·ma·nos *s.m.pl.* Povos que habitavam entre o Reno, o Danúbio, o Vístula e o mar, região chamada Germânia pelos antigos romanos.

ger·me (é) *s.m.* 1. Rudimento de um novo ser. 2. Estado rudimentar. 3. Parte da semente de que se forma a planta. 4. Micróbio. 5. Causa; origem.

ger·mi·ci·da *adj.2gên.* 1. Designativo da substância que destrói os germes. *s.m.* 2. Substância germicida.

ger·mi·na·ção *s.f.* 1. Desenvolvimento do germe. 2. Evolução. 3. Expansão lenta.

ger·mi·nal *adj.2gên.* 1. Relativo a germe. 2. Que germina ou provoca germinação. 3. Que se encontra na fase inicial de desenvolvimento; embrionário.

ger·mi·nar *v.i.* 1. Manifestar germinação. 2. Começar a desenvolver-se (sementes, bulbos, etc.); deitar rebentos. 3. Nascer; ter princípio. *v.t.d.* 4. Originar; produzir.★★

ge·ron·to·lo·gi·a *s.f.* Estudo dos problemas biológicos, sociais e econômicos dos idosos.

ge·rún·di:o *s.m. Gram.* Forma invariável da flexão verbal que se produz pela mudança do *r* final do infinitivo, em *-ndo*: cantando, amando.

ges·so (ê) *s.m.* 1. Substância branca, sulfato de cal hidratado. 2. Objeto moldado em gesso.

ges·ta¹ (é) *s.f.* Façanha; proeza; feitos guerreiros.

ges·ta² (é) *s.f.* Giesta.

ges·ta·ção *s.f.* 1. Tempo que medeia entre a concepção e o parto; gravidez. 2. *fig.* Elaboração.

ges·tan·te *adj.2gên.* 1. Que encerra o embrião; que está em gestação. *s.f.* 2. Mulher grávida.

ges·tão *s.f.* Ato ou efeito de gerir; gerência; administração.

ges·ta·tó·ri:o *adj.* 1. Relativo a gestação. 2. Transportável; movediço.

ges·ti·cu·la·ção *s.f.* Ato ou efeito de gesticular.

ges·ti·cu·lar *v.i.* 1. Fazer gestos. 2. Fazer (ao falar) muitos gestos com os braços. 3. Exprimir-se por meio de gestos. *v.t.d.* 4. Exprimir por gestos.

ges·to (é) *s.m.* 1. Movimento do corpo, principalmente dos braços e da cabeça, para exprimir ideias, sentimentos, ou para realçar a expressão mímica. 2. Ato, ação.

ges·tor *s.m.* Gerente.

gi·ba *s.f.* Corcova; corcunda; bossa.

gi·bão *s.m.* Veste de couro usada pelos vaqueiros.

gi·bi *s.m. pop.* Revista em quadrinhos, geralmente para o público infanto-juvenil.

gi·bo·si·da·de *s.f.* Qualidade de giboso; giba.

gi·bo·so (ô) *adj.* Que tem giba. *Pl.:* gibosos (ó).

gi·es·ta *s.f.* Planta ornamental; gesta.

gi·ga *s.m. Inform. Red.* de *gigabyte* (forma mais usada no Brasil).

gig·a·bit (gigabit) *Ingl. s.m. Inform.* Unidade de medida de memória equivalente a 1.000 *megabits* (1.048.576.000 *bits*).

gig·a·byte (gigabáite) *Ingl. s.m. Inform.* Unidade de medida de memória equivalente a 1.000 *megabytes* (1.048.576.000 *bytes*); giga.

gi·gan·te *s.m.* 1. Indivíduo de estatura descomunal. 2. Animal muito corpulento. 3. Aquele que se distingue por seu valor, talento, etc. *adj.2gên.* 4. Portentoso; admirável; sublime. *Fem.:* giganta.

gi·gan·tes·co (ê) *adj.* 1. Que apresenta proporções de gigante. 2. De altura incomum. 3. Grandioso; prodigioso; admirável.

gi·gan·tis·mo *s.m.* 1. Crescimento fora dos padrões de qualquer ser vivo. 2. *por ext.* Desenvolvimento ou crescimento fora do comum, extraordinário, de algo (empresa, cidade, população, etc.).

gi·go·lô *s.m.* Indivíduo que vive à custa de prostituta ou de mulher mantida por outrem.

gi·le·te (é) *s.f.* 1. Variante de marca registrada (Gillette) de lâmina de barbear, que passou a dar nome a todas as demais. 2. Aparelho de barbear que usa esse tipo de lâmina.

gil·vaz *s.m.* Golpe ou cicatriz no rosto.

gim *s.m.* Aguardente feita de cevada, trigo e aveia.

gim·nos·per·ma (é) *s.f.* Espécime vegetal que faz parte das gimnospermas, grupo de plantas com óvulos e sementes descobertos, sem proteção, que não produzem frutos.

gi·na·si·al *adj.2gên.* Relativo a ginásio.

gi·ná·si:o *s.m.* 1. Lugar onde se pratica ginástica. 2. *ant.* Denominação que se dava ao período de ensino que se iniciava na quinta série e terminava na oitava série do ensino fundamental.

gi·nas·ta *s.2gên.* Pessoa que pratica ginástica; acrobata.

gi·nás·ti·ca *s.f.* Arte ou ação de exercitar o corpo para o robustecer.

gi·nás·ti·co *adj.* Concernente à ginástica.

gin·ca·na *s.f.* Competição individual ou em equipe, vencendo quem primeiro terminar as tarefas, cumprir os desafios, responder às perguntas, etc.

gi·ne·ceu *s.m. Bot.* Conjunto dos órgãos femininos da flor.

gi·ne·co·lo·gi·a *s.f. Med.* Parte da medicina que trata das doenças peculiares às mulheres.

gi·ne·co·lo·gis·ta *s.2gên.* 1. Especialista em ginecologia. 2. Pessoa que escreve sobre ginecologia.

gi·ne·te (ê) *s.m.* 1. Cavalo de boa raça, pequeno e bem proporcionado, por via de regra ligeiro e dócil. 2. Aquele que monta bem e firme.

gin·gar *v.i.* Bambolear-se, andando.

gin·ja *s.f.* 1. Fruto da ginjeira. 2. Bebida fabricada com esse fruto.

gin·jei·ra *s.f. Bot.* Variedade de cerejeira.

gíp·se:o *adj.* Que é de gesso, feito com esse material.

gi·ra *s.f.* 1. Ato de girar. *adj.2gên. e s.2gên.* 2. Diz-se de ou a pessoa adoidada, maluca.

gi·ra·fa *s.f. epiceno* 1. *Zool.* Mamífero ruminante que se caracteriza pelo longo pescoço. *sobrecomum* 2. Pessoa alta e de pescoço longo.

gi·rân·do·la *s.f.* 1. Roda (e às vezes travessão) com orifícios nos quais se colocam foguetes que sobem e estouram ao mesmo tempo. 2. O conjunto de foguetes assim agrupados.

gi·rar *v.i.* 1. Andar à roda ou em giro. 2. Mover-se em círculos. 3. Andar de um lado para outro. 4. Correr; ter curso. 5. Vaguear. 6. Lidar. 7. Endoidecer; ficar gira. *v.t.d.* 8. Descrever (giro). 9. Circundar; andar em derredor de. *v.t.d.* 10. Negociar.

gi·ras·sol *s.m. Bot.* Planta ornamental, de grandes flores amarelas.

gi·ra·tó·ri:o *adj.* Que se movimenta em giros, que gira. 2. Que tem sentido (7) circular.

gí·ri:a *s.f.* 1. Linguagem usada por malandros e gatunos, para não serem compreendidos por outras pessoas. 2. Linguagem peculiar aos que exercem a mesma profissão ou arte. 3. Linguagem própria de determinado grupo social.

gi·ri·no *s.m. Zool.* Larva dos anfíbios anuros.

gi·ro¹ *s.m.* 1. Movimento em torno de um centro. 2. Volta; rotação; revolução. 3. Circunlóquio. 4. Comércio. 5. Turno; vez.

gi·ro² *s.m. fam.* Passeio; pequena excursão.

giz *s.m.* Variedade de carbonato de cal, em forma de bastonete, usada especialmente para escrever em quadros-negros.

gla·bro *adj.* Que não tem barba; imberbe.

gla·cê *s.m. Cul.* Cobertura de bolo feita de açúcar dissolvido em clara batida em neve e limão, ou manteiga e essência de baunilha, ou chocolate em tablete, etc. *Var.:* glace.

gla·ci:a·ção *s.f. Geol.* Ação que as geleiras exercem sobre a superfície da Terra.

gla·ci·al *adj.2gên.* 1. Concernente a gelo. 2. Muito frio; gelado. 3. *fig.* Insensível. 4. Sem animação. 5. Reservado.

gla·di:a·dor *s.m. ant.* Aquele que, nos circos romanos, combatia contra homens ou feras, para divertimento público.

glá·di:o *s.m.* 1. Espada de dois gumes. 2. Espada. 3. Punhal. 4. *fig.* Poder; força. 5. Combate.

glan·de *s.f.* 1. *Bot.* Fruto do carvalho; bolota. 2. *Anat.* Extremidade anterior ou cabeça do pênis.

glân·du·la *s.f.* 1. Pequena glande. 2. *Anat.* Órgão esponjoso ou vascular que segrega algum líquido orgânico.

glan·du·lar *adj.2gên.* 1. Que tem a forma de glândula. 2. Concernente a glândula.

glau·co *adj.* De cor verde-azulada.

glau·co·ma (ô) *s.m. Med.* Doença que se caracteriza por aumento de pressão intraocular e que acarreta perturbações visuais transitórias ou definitivas.

gle·ba (é) *s.f.* 1. Solo cultivável; torrão. 2. Terreno onde se encontra mineral.

gli·ce·mi:a *s.f. Med.* Presença de glicose no sangue.

gli·ce·ri·na *s.f. Quím.* Substância orgânica que se une aos ácidos graxos para a formação das gorduras.

gli·co·se (ó) *s.f. Quím.* Açúcar que se encontra especialmente nas frutas, no mel e no açúcar das uvas.

glo·bal *adj.2gên.* 1. Considerado em globo; tomado por inteiro; total; integral. 2. Relativo ao globo terrestre.

glo·ba·li·za·ção *s.f.* Processo típico do fim do século XX que pretende conduzir a crescente integração das economias e das sociedades.

glo·bo (ô) *s.m.* 1. Corpo esférico ou quase esférico; bola. 2. Qualquer astro. 3. A Terra.

glo·bu·lar *adj.2gên.* 1. Em forma de globo. 2. Que se reduziu a globo.

gló·bu·lo *s.m.* 1. Pequeno globo. 2. Corpúsculo arredondado que se encontra nos tecidos e líquidos do organismo animal.

gló·ri·a *s.f.* 1. Bem-aventurança eterna. 2. Fama. 3. Brilho; esplendor. 4. Honra. 5. Homenagem.

glo·ri·ar *v.t.d.* 1. Cobrir de glória. *v.p.* 2. Cobrir-se de glória. 3. Ufanar-se; jactar-se.

glo·ri·fi·ca·ção *s.f.* 1. Ação de glorificar. 2. Exaltação. 3. Canonização.

glo·ri·fi·can·te *adj.2gên.* Que glorifica.

glo·ri·fi·car *v.t.d.* 1. Prestar glória ou homenagem a. 2. Honrar. 3. Canonizar. *v.p.* 4. Alcançar glória.

glo·rí·o·la *s.f.* 1. Pequena glória que se tira de pequenas coisas. 2. Boa reputação imerecida.

glo·ri·o·so (ô) *adj.* 1. Cheio de glória. 2. Que dá glória ou honra. 3. Vitorioso; honroso. *Pl.:* gloriosos (ó).

glo·sa (ó) *s.f.* 1. Nota explicativa sobre as palavras ou sentido de um texto. 2. Interpretação; comentário. 3. *Lit.* Composição em que cada estrofe termina por um dos versos de um mote.

glo·sar *v.t.d.* 1. Comentar; anotar; explicar; criticar. 2. Desenvolver (um mote) em verso. *v.i.* 3. Fazer glosas.

glos·sá·ri·o *s.m.* 1. Relação ou vocabulário em que se explicam palavras obscuras, geralmente termo a termo. 2. Dicionário de termos técnicos.

glo·te (ó) *s.f. Anat.* Abertura da laringe circunscrita pelas duas cordas vocais inferiores; goto.

glu·cí·ni·o *s.m. Quím.* Berílio.

glu·tão *adj.* 1. Designativo daquele que come muito e vorazmente. *s.m.* 2. Indivíduo glutão. *Fem.:* glutona. *Pl.:* glutões.

glú·te·o *adj.* Concernente às nádegas.

glu·ti·no·so (ô) *adj.* 1. Que é semelhante ao glúten ou contém glúten. 2. Que gruda; pegajoso (1). *Pl.:* glutinosos (ó).

glu·to·na·ri·a *s.f.* Vício de glutão; voracidade.

gno·mo (ô) *s.m.* 1. *Mit.* Entidade feia e pequenina que, segundo os cabalistas (e também os teosofistas), habita o interior da Terra, tem sob sua guarda as minas, os tesouros, e anima as plantas e os animais. 2. Homem pequeno e disforme.

gno·se (ó) *s.f.* Ciência superior às crenças vulgares; saber por excelência; gnosticismo.

gnos·ti·cis·mo *s.m.* Sistema teológico e filosófico cujos sectários diziam ter um conhecimento sublime da natureza e atributos de Deus.

gnós·ti·co *adj.* e *s.m.* Que ou aquele que é sectário do gnosticismo.

go·dê *adj.2gên.* 1. Diz-se de roupa, geralmente saia, feita com tecido cortado em diagonal, ficando mais larga na parte inferior. *s.m.* 2. Esse corte de tecido.

go·do (ô) *s.m.* Indivíduo dos godos, antigo povo da Germânia que do século III ao V invadiu os impérios romanos do Ocidente e do Oriente.

go·e·la (é) *s.f. Anat.* Entrada dos canais que põem em comunicação a boca com o estômago e os pulmões.

go·gó *s.m. pop.* 1. Protuberância na parte anterior do pescoço; proeminência laríngea, pomo de adão. 2. Garganta. 3. Promessa falsa, mentira.

goi·a·ba *s.f.* Fruto da goiabeira.

goi·a·ba·da *s.f.* Doce de goiaba.

goi·a·bei·ra *s.f. Bot.* Árvore de propriedades medicinais e fruto comestível.

goi·a·ni·en·se *adj.2gên.* 1. De Goiânia, que é característico dessa cidade ou de seu povo. *s.2gên.* 2. Pessoa que nasceu ou vive nessa cidade.

goi·a·no *adj.* 1. Concernente ao estado de Goiás. *s.m.* 2. O natural ou habitante de Goiás.

goi·va *s.f.* Instrumento de carpinteiro, espécie de formão que corta em forma de cana côncava.

gol *s.m. Fut.* 1. Armação de duas traves encimada por um travessão, geralmente guarnecida de rede, a qual deve ser transposta pela bola; arco; meta; vala. 2. Ponto que se marca quando a bola transpõe essa armação. *Pl.:* gols, goles (ô), gois.

go·la (ó) *s.f.* Parte do vestuário junto ao pescoço ou em volta dele; colarinho.

go·le (ó) *s.m.* Porção de líquido que se engole de uma vez; trago.

go·le·a·da *s.f. Fut.* Grande diferença de gols do time vitorioso em relação ao adversário.

go·le·a·dor *adj. Fut.* 1. Diz-se do jogador ou time que faz muitos gols. *s.m.* 2. O jogador ou time com essa característica; artilheiro (2).

go·le·ar *v.t.d.* e *v.i.* Vencer por uma grande diferença de gols.

go·lei·ro *s.m. Fut.* Jogador que defende o gol.

gol·fa·da *s.f.* 1. Jorro; jato. 2. Ímpeto.

gol·fe (ô) *s.m.* Jogo de origem escocesa que consiste em tocar com um taco uma pequena bola para que a mesma entre numa série de buracos distribuídos em larga extensão de terreno.

gol·fi·nho *s.m. epiceno Zool.* Cetáceo também chamado delfim.

gol·fo (ô) *s.m.* Braço de mar que entra pela terra.

gól·go·ta *s.m.* 1. Lugar de sofrimento. 2. Suplício atroz.

gol·pe[1] (ó) *s.m.* 1. Pancada. 2. Ferimento; corte; incisão. 3. Lance. 4. Crise. 5. Ardil; esperteza.

gol·pe[2] (ó) *s.m.* Gole; trago.

gol·pe·ar *v.t.d.* 1. Dar golpes em. 2. Recortar. 3. *fig.* Afligir profundamente.

go·ma (ô) *s.f.* 1. Substância vegetal, translúcida e viscosa. 2. Amido. 3. Cola de amido para engomar a roupa. 4. *pop.* Fanfarrice; mentira.

go·ma-a·rá·bi·ca *s.f.* Goma que provém de algumas espécies de acácias. *Pl.:* gomas-arábicas.

go·ma-la·ca *s.m.* Laca. *Pl.:* gomas-lacas e gomas-laca.

go·mil *s.m.* Jarro de boca estreita.

go·mo (ô) *s.m.* 1. Rebento dos vegetais que se transforma em ramo ou folha. 2. Cada uma das divisões naturais de certos frutos, como a laranja, o limão, etc.

gônada

gô·na·da *s.f. Biol.* Glândula reprodutora essencial dos animais.

gôn·do·la *s.f.* Pequena embarcação de remos, com as extremidades um pouco levantadas, que serve especialmente para a navegação em canais (como os de Veneza).

gon·do·lei·ro *s.m.* Tripulante de gôndola.

gon·go *s.m. Mús.* Disco metálico que se faz vibrar batendo-lhe com uma baqueta enchumaçada e às vezes com a mão.

gon·go·ris·mo *s.m.* Estilo caracterizado pelo abuso da metáfora, da antítese e do trocadilho.

go·no·co·co (ô) *s.m. Med.* Micróbio que é o agente específico da gonorreia.

go·nor·rei·a *s.f. Med.* Corrimento mucoso pelo canal da uretra; blenorragia.

gon·zo *s.m.* Dobradiça; quício.

go·rar *v.t.d.* 1. Malograr; frustrar; inutilizar. *v.i.* e *v.p.* 2. Corromper-se no período da incubação (ovo). 3. Malograr-se; inutilizar-se.

gor·do (ô) *adj.* 1. Que se assemelha a gordura; untuoso. 2. Que tem gordura. 3. Cujo tecido adiposo é muito desenvolvido. *s.m.* 4. Homem gordo. 5. Qualquer substância gorda.

gor·du·cho *adj.* 1. Que é um pouco gordo. *s.m.* 2. Indivíduo com essa característica.

gor·du·ra *s.f.* 1. Substância animal, untuosa e de pouca consistência, que se derrete facilmente. 2. Substância formada pela união de glicerina e ácido graxo. 3. Tecido adiposo. 4. Corpulência. 5. Obesidade.

gor·du·ro·so (ô) *adj.* 1. Gordurento. 2. Que apresenta consistência de gordura. *Pl.:* gordurosos (ó).

gostar

gor·go·le·jar *v.i.* 1. Produzir o ruído especial do gargarejo bebendo. *v.t.d.* 2. Beber gorgolejando.

gor·go·le·jo (ê) *s.m.* Ato de gorgolejar.

gor·go·mi·lo *s.m. pop.* Goela; garganta.

gór·go·na *s.f.* 1. *Mit.* Cada uma das três irmãs, Esteno, Euríalo e Medusa, que transformavam em pedra aqueles que as encaravam. 2. *fig.* Mulher terrível, repulsiva ou perversa.

gor·go·rão *s.m.* 1. Tecido de seda ou lã, encorpado e com relevo em forma de finos cordões. 2. Fita desse tipo de tecido.

gor·gu·lho *s.m. epiceno Zool.* Inseto nocivo especialmente aos celeiros; caruncho.

go·ri·la *s.m. epiceno Zool.* Macaco antropoide da África equatorial.

gor·ja *s.f.* Garganta.

gor·je·ar *v.i.* Emitir sons agradáveis (a ave); trilar; cantar.★

gor·jei·o *s.m.* 1. Ato ou efeito de gorjear; trinado. 2. *fig.* O chilrear das crianças.

gor·je·ta (ê) *s.f.* Bebida ou dinheiro com que se gratificam pequenos serviços.

go·ro (ô) *adj.* Que se gorou (ovo); choco.

gor·ro (ô) *s.m.* Espécie de boina ou barrete.

gos·ma (ó) *s.f.* 1. Doença que ataca a língua dos galináceos. 2. *pop.* Escarro; expectoração.

gos·men·to *adj.* Que tem gosma.

gos·tar *v.t.i.* 1. Achar sabor agradável, bom gosto. 2. Sentir prazer. 3. Ter afeição ou amizade. 4. Aprovar. 5. Dar-se bem. 6. Causar prazer. 7. Simpatizar. *v.t.d.* 8. Experimentar; provar. 9. Gozar.

gos·to (ô) *s.m.* 1. Sentido pelo qual se aprecia o sabor de alguma coisa. 2. Paladar; sabor. 3. *fig.* Prazer. 4. Simpatia. 5. Elegância. 6. Caráter; maneira. 7. Bom gosto.

gos·to·so (ô) *adj.* 1. Saboroso. 2. Que dá gosto; que causa prazer; agradável. *Pl.:* gostosos (ó).

gos·to·su·ra *s.f.* 1. Qualidade de gostoso. 2. Grande gosto; prazer intenso.

go·ta (ô) *s.f.* 1. Pingo de qualquer líquido. 2. Lágrima. 3. *Med.* Doença das articulações causada por excesso de ácido úrico no organismo.

go·tei·ra *s.f.* Buraco no telhado através do qual cai água no interior da casa quando chove.

go·te·jan·te *adj.2gên.* Que goteja.

go·te·jar *v.i.* 1. Cair em gotas. *v.t.d.* 2. Deixar cair gota a gota.

gó·ti·co *adj.* 1. *Arquit.* Diz-se de um gênero de arquitetura, também chamado ogival. 2. *Tip.* Designativo dos caracteres usados na Idade Média e ainda hoje na imprensa alemã. 3. Diz-se da letra usada em determinados trabalhos em caligrafia.

go·tí·cu·la *s.f.* Pequena gota.

go·to (ô) *s.m. Anat.* Entrada da laringe; glote.

go·ver·na·dor *adj.* e *s.m.* Que ou aquele que governa.

go·ver·na·men·tal *adj.2gên.* 1. Concernente ao governo. 2. Que emana do governo.

go·ver·nan·ta *s.f.* 1. Mulher que administra casa alheia. 2. Mulher que se emprega em casa de família e se encarrega da educação das crianças; governante.

go·ver·nan·te *adj.2gên.* e *s.2gên.* 1. Que ou pessoa que governa. *s.f.* 2. Governanta.

go·ver·nar *v.t.d.* 1. Dirigir; conduzir; administrar. 2. Ter poder sobre. *v.i.* 3. Exercer governo. 4. Encaminhar-se. *v.p.* 5. Gerir seus próprios negócios. 6. Arranjar-se; regular-se.

go·ver·nis·ta *adj.2gên.* e *s.2gên.* Diz-se de ou pessoa partidária do governo.

go·ver·no (ê) *s.m.* 1. Ato ou efeito de governar. 2. Pessoa ou conjunto de pessoas que têm a seu cargo a suprema administração de um Estado. 3. Administração superior; autoridade. 4. Direção. 5. Freio.

go·za·ção *s.f.* Ato ou efeito de gozar.

go·za·do *adj.* Engraçado; cômico; divertido; agradável.

go·za·dor *adj.* 1. Que goza, que desfruta. *s.m.* 2. Aquele que goza. 3. Aquele que vive bem e sem esforço.

go·zar *v.t.d.* 1. Usar ou possuir (coisa útil ou agradável); desfrutar; fruir; usar das vantagens de. 2. Achar graça em. 3. Deliciar-se com. 4. Rir à custa de (alguém). *v.i.* 5. Ter prazer. 6. Passar uma vida feliz. 7. Atingir o orgasmo. 8. Divertir-se. *v.t.i.* 9. Usar; fruir; desfrutar.

go·zo (ô) *s.m.* 1. Ato de gozar. 2. Prazer; gosto. 3. Graça; motivo de riso. 4. Orgasmo.

go·zo·so (ô) *adj.* 1. Em que há gozo. 2. Jubiloso; que demonstra gozo, satisfação, prazer. *Pl.:* gozosos (ó).

grã *adj.2gên.* Forma apocopada de grande.

gra·al *s.m.* Gral.

gra·ça *s.f.* 1. Benevolência. 2. Favor; mercê. 3. Perdão. 4. Atrativo; elegância. 5. Dito espirituoso; gracejo.

6. Nome de batismo. 7. Dom sobrenatural, como meio de salvação ou santificação.

gra·ças *s.f.pl.* 1. Agradecimento. *interj.* 2. Bem haja; Obrigado! *De graça*: gratuitamente. **Ficar sem graça**: ficar encabulado.

gra·ce·jar *v.i.* e *v.t.i.* 1. Dizer gracejos; ter ditos espirituosos. *v.t.d.* 2. Exprimir por gracejos.

gra·ce·jo (ê) *s.m.* Ato ou dito espirituoso; graça; pilhéria.

grá·cil *adj.2gên.* 1. Delgado. 2. Delicado; sutil. 3. Fino; frágil.

gra·ci·o·si·da·de *s.f.* Qualidade de gracioso.

gra·ci·o·so (ô) *adj.* 1. Que tem ou demonstra graça. 2. Em que há graça. 3. Galante; gentil. 4. Que se deu ou se fez de graça. *Pl.*: graciosos (ó).

gra·ço·la (ó) *s.f. pop.* Piada ou comentário em tom de brincadeira, mas de mau gosto.

gra·da·ção *s.f.* 1. Transição gradual. 2. Aumento ou diminuição gradual.

gra·da·ti·vo *adj.* 1. Em que há gradação. 2. Disposto em graus. 3. Gradual.

gra·de *s.f.* 1. Armação formada de peças de metal ou madeira, com intervalos. 2. Instrumento agrícola, de formas diversas, com o qual se desmancham os torrões e se aplana a terra lavrada.

gra·de·ar *v.t.d.* 1. Prover de grades; pôr grades em. 2. Limitar com grade.

gra·des *s.f.pl.* Prisão.

gra·dil *s.m.* Grade de pequena altura que circunda jardim, praça, etc.

gra·do¹ *s.m. desus.* Vontade(1). *loc. adv.* **De bom grado, de mau grado**: de boa vontade, de má vontade.

gra·do² *adj. desus.* 1. Graúdo. 2. Notável; importante; nobre.

gra·du·a·ção *s.f.* 1. Ação ou efeito de graduar-se. 2. Posição social; categoria. 3. Posto militar.

gra·du·a·do *adj.* 1. Que se dividiu em graus. 2. Distinto; elevado. 3. Que tem grau universitário. 4. Diplomado.

gra·du·al *adj.2gên.* 1. Gradativo. 2. Em que há gradação. 3. Que se fez por graus.

gra·du·ar *v.t.d.* 1. Dispor por graus. 2. Ordenar em categorias. 3. Conferir grau universitário a. 4. Conferir posto militar a. *v.p.* 5. Tomar grau universitário.

gra·far *v.t.d.* Dar forma escrita a uma palavra.

gra·fi·a *s.f.* Modo de escrever; ortografia.

grá·fi·ca *s.f.* Estabelecimento gráfico; tipografia.

grá·fi·co *adj.* 1. Concernente a grafia. *s.m.* 2. Representação gráfica; diagrama. 3. Operário de artes gráficas.

gra·fi·ta *s.f. Min.* Grafite.

gra·fi·tar *v.t.d.* Fazer grafite em muro, parede, etc. *V.* **pichar** (2).

gra·fi·te¹ *s.f. Min.* Mineral que se emprega especialmente no fabrico de lápis. *Var.*: grafita.

gra·fi·te² *s.m.* Forma de arte de rua, que consiste em fazer desenhos, geralmente com *spray*, sobre muros e paredes em locais públicos, na maioria das vezes com autorização.

gra·fo·lo·gi·a *s.f.* 1. Arte ou suposta teoria de quem é grafólogo. 2. Ciência geral da escrita, considerada materialmente.

gra·fó·lo·go *s.m.* Aquele que procura ou presume conhecer o caráter ou a índole de uma pessoa pelos traços de sua escrita.

gral s.m. 1. Almofariz. 2. Vaso que teria servido a Cristo na última ceia e em que José de Arimateia teria recolhido o sangue que jorrou das chagas do Mestre; graal.

gra·lha s.f. epiceno 1. Zool. Nome comum a diversas aves que vivem nas matas e descampados. 2. fig. Mulher tagarela, ou de voz estridente.

gra·lhar v.i. 1. Grasnar (a gralha e outras aves, como o gaio). 2. fig. Tagarelar; falar de modo confuso.

gra·ma¹ s.f. Bot. Nome comum a diversas plantas gramíneas, forrageiras, medicinais, ornamentais, etc.

gra·ma² s.m. Unidade de massa equivalente ao peso, no vácuo, de um centímetro cúbico de água destilada, na temperatura de quatro graus centígrados.

gra·ma·do s.m. 1. Terreno coberto de grama; relvado. 2. Campo onde se joga futebol.

gra·mar¹ v.t.d. Cobrir ou plantar de grama.

gra·mar² v.t.d. 1. Suportar; aturar. v.t.i. 2. Andar; trilhar; levar (uma sova); apanhar.

gra·má·ti·ca s.f. Estudo sistemático dos elementos constitutivos de uma língua: sons, formas, palavras, construções e recursos expressivos.

gra·ma·ti·cal adj.2gên. Concernente à gramática ou de acordo com ela.

gra·má·ti·co adj. 1. Concernente à gramática. s.m. 2. Indivíduo versado em gramática. 3. Aquele que escreve sobre gramática.

gra·mí·ne·as s.f.pl. Bot. Plantas de folhas geralmente longas e estreitas, entre as quais se contam o arroz, o trigo, o milho, etc.

gra·mo·fo·ne (ô) s.m. Antigo aparelho reprodutor de discos analógicos.

gram·pe·ar v.t.d. Prender com grampos.

gram·po s.m. 1. Peça de metal que segura e liga duas pedras numa construção. 2. Haste de ferro ou madeira para segurar peças em que se trabalham. 3. Pequena peça de arame recurvo com que as mulheres prendem os cabelos. 4. gír. Aparelho instalado em linha telefônica para ouvir e/ou gravar conversações.

gra·na·da s.f. 1. Mil. Artefato bélico, pequena bomba que se arremessa com a mão. 2. Min. Pedra preciosa de cor avermelhada.

gran·de adj.2gên. 1. Que tem dimensões mais que ordinárias. 2. Crescido. 3. Poderoso. 4. Profundo. 5. Ilustre.

gran·des s.m.pl. As pessoas ricas, poderosas, influentes.

gran·de·za (ê) s.f. 1. Qualidade de grande. 2. Magnitude; generosidade; bondade. 3. Ostentação. 4. Abundância. 5. Mat. O que pode ser medido ou contado.

gran·de·zas (ê) s.f.pl. Bens materiais.

gran·di·lo·quen·te (qüen) adj.2gên. 1. Que tem estilo pomposo, rebuscado. 2. Que usa esse estilo para se expressar; que se expressa com muita eloquência.

gran·dí·lo·quo adj. O mesmo que grandiloquente.

gran·di·o·so (ô) adj. 1. Muito grande. 2. Elevado; nobre. 3. Magnificente; pomposo. Pl.: grandiosos (ó).

gra·nel s.m. 1. Celeiro; tulha. loc. adv. A granel: em montão; a rodo. 2. Sem embalagem, em pouca quantidade.

gra·ní·ti·co *adj.* Da natureza do granito; granitoso.

gra·ni·to¹ *s.m. Dim.* de grão.

gra·ni·to² *Min.* Rocha eruptiva que se caracteriza essencialmente por quartzo e um feldspato alcalino.

gra·ní·vo·ro *adj.* Que se nutre de grãos ou sementes.

gra·ni·zo *s.m.* 1. Saraiva. 2. Chuva de pedra. 3. Grão miúdo. 4. *fig.* Porção de coisas miúdas que caem ou são expelidas.

gran·ja *s.f.* 1. Pequena propriedade rural dedicada a uma atividade agrícola. 2. Estabelecimento agrícola.

gran·je·ar *v.t.d.* 1. Cultivar; amanhar. 2. Adquirir. 3. Atrair; conquistar.

gran·jei·ro *s.m.* Proprietário de granja.

gra·nu·la·ção *s.f.* 1. Ação ou efeito de granular. 2. Granito. 3. Porção de glóbulos na superfície de um órgão ou de uma membrana.

gra·nu·la·do *adj.* 1. Com granulações. 2. Diz-se dos medicamentos em grânulos.

gra·nu·lar¹ *v.t.d.* 1. Dar aspecto ou forma de grânulo a. 2. Reduzir a pequenos grãos.

gra·nu·lar² *adj.2gên.* 1. Que se assemelha, na forma, ao grão. 2. Que se compõe de pequenos grãos. 3. *Min.* Granítico.

grâ·nu·lo *s.m.* 1. Pequeno grão; glóbulo. 2. Pequena pílula. 3. Cada uma das pequenas saliências de uma superfície áspera.

grão *s.m.* 1. Semente de cereais. 2. Pequeno corpo arredondado. 3. Glóbulo; partícula. 4. *pop.* Testículo. 5. Fração diminuta de qualquer coisa. 6. Pequena porção.

grão-de-bi·co *s.m. Bot.* 1. Planta leguminosa, também conhecida por gravanço. 2. O fruto dessa planta. *Pl.:* grãos-de-bico.

grão-du·ca·do *s.m.* País governado por grão-duque. *Pl.:* grão-ducados. *Var.:* grã-ducado.

grão-du·que *s.m.* Título que recebem alguns príncipes soberanos, em particular os da família imperial austríaca e russa. *Pl.:* grão-duques. *Var.:* grã-duque.

grão-mes·tre *s.m.* O mais alto dignitário de uma ordem de cavalaria ou religiosa, de uma loja maçônica, etc. *Pl.:* grão-mestres.

grão-vi·zir *s.m.* Primeiro-ministro do Império Otomano. *Pl.:* grão-vizires.

gras·na·da *s.f.* 1. Ação ou efeito de grasnar. 2. *fig.* Vozearia; falatório; grasnadela; grasnido.

gras·nar *v.i.* 1. Soltar a voz (o pato, o corvo ou a rã). 2. Crocitar; gritar com voz semelhante à dos corvos. *v.t.d.* 3. Proferir, grasnando.

gras·sar *v.i.* 1. Alastrar-se. 2. Desenvolver-se progressivamente. 3. Propagar-se; divulgar-se; espalhar-se (doença). ★★

gras·si·tar *v.i.* Soltar a voz (o pato).

gra·ti·dão *s.f.* 1. Qualidade de grato. 2. Agradecimento.

gra·ti·fi·ca·ção *s.f.* 1. Ação ou efeito de gratificar. 2. Recompensa.

gra·ti·fi·car *v.t.d.* 1. Pagar o serviço extraordinário de; premiar. 2. Dar gorjeta. *v.i.* 3. Mostrar-se reconhecido.

grá·tis *adv.* De graça; sem retribuição.

gra·to *adj.* Agradecido; agradável.

gra·tu·i·da·de *s.f.* Qualidade de gratuito.

gra·tui·to *adj.* 1. Concedido, feito de graça, espontaneamente. 2. Desinteressado. 3. Sem fundamento; sem motivo.

gra·tu·la·ção *s.f.* Ação ou efeito de gratular; felicitação.

gra·tu·lar *v.t.d.* 1. Mostrar-se grato a. 2. Felicitar; dar parabéns a.

gra·tu·la·tó·ri:o *adj.* 1. Em que se manifesta gratidão. 2. Próprio para felicitar.

grau *s.m.* 1. Passo. 2. Ordem; hierarquia; classe. 3. Medida; intensidade. 4. Posição. 5. Título de escola superior. 6. Cada uma das divisões da escala de alguns instrumentos. 7. *Gram.* Flexão vocabular que indica a maior ou menor intensidade da ideia expressa pela palavra. 8. *Geom.* Cada uma das 360 partes em que se divide a circunferência.

gra·ú·do *adj.* 1. Grande. 2. Crescido. 3. Importante.

gra·ú·dos *s.m.pl.* Os ricos; os poderosos.

gra·ú·na *s.f. epiceno Zool.* Ave também conhecida por chico-preto.

gra·va·ção *s.f.* 1. Ação ou efeito de gravar. 2. Registro de sons (em CD disco, fita magnética, etc.). 3. O CD disco, a fita, etc. em que se gravam esses sons.

gra·va·dor *adj.* 1. Que grava. *s.m.* 2. Dispositivo para gravar e reproduzir dados, sons ou imagens. 3. Artista que cria ou faz gravuras.

gra·va·me *s.m.* 1. Vexame; ofensa. 2. Opressão. 3. Imposto pesado.

gra·van·ço *s.m.* Grão-de-bico.

gra·var¹ *v.t.d.* 1. Vexar. 2. Sobrecarregar com tributos.

gra·var² *v.t.d.* 1. Lavrar com buril ou cinzel, esculpir. 2. Imprimir; estampar. 3. *fig.* Perpetuar; imortalizar. 4. Fazer gravação. 5. *Inform.* Reter (dados) em um dispositivo de armazenamento. *v.i.* 6. Fixar-se; imprimir-se.

gra·va·ta *s.f.* 1. Tira de tecido que se usa em torno do pescoço. 2. Golpe sufocante no pescoço, em diversas lutas esportivas.

gra·va·tá *s.m. Bot.* Planta de que há espécies ornamentais.

gra·ve *adj.2gên.* 1. Que tem certo peso. 2. Sério. 3. Importante. 4. Doloroso. 5. Perigosa (moléstia). 6. *Mús.* Baixo (som, voz).

gra·ve·to (ê) *s.m.* Pedaço de lenha miúda.

gra·vi·da·de *s.f.* 1. Qualidade do que é grave. 2. *Fís.* Força de atração da massa terrestre. 3. Sisudez. 4. Circunspecção.

gra·vi·dez (ê) *s.f.* 1. Estado da mulher e das fêmeas em geral durante a gestação. 2. Gestação.

gra·vi·ta·ção *s.f.* 1. Ação de gravitar. 2. *Fís.* Força atrativa que se exerce entre os astros, como a que se exerce entre o Sol e os planetas.

gra·vi·tar *v.i.* 1. Tender para determinado ponto em virtude da força da gravitação. 2. *Fís.* Andar em volta de um astro, atraído por ele. *v.t.i.* 3. Tender (para determinado ponto).

gra·vo·so (ô) *adj.* Vexatório; oneroso. *Pl.:* gravosos (ó).

gra·vu·ra *s.f.* 1. Ação, efeito ou arte de gravar. 2. Trabalho de gravador. 3. Chapa gravada. 4. Estampa. *sobrecomum* 5. *fig.* Pessoa muito bonita.

gra·xa (ch) *s.f.* 1. Produto industrial feito de cera e outras matérias gordurosas. 2. Pasta preparada com óleo para a lubrificação de maquinismos.

gra·xen·to (ch) *adj*. 1. Que tem muita graxa. 2. Lambuzado de graxa.

gra·xo (ch) *adj*. 1. Que tem gordura. 2. Oleoso; gordurento.

gra·zi·nar *v.i.* 1. Falar muito e em voz alta. 2. Vozear; palrar. 3. Importunar com lamentos. *v.t.d.* 4. Proferir, grazinando.

gre·co·la·ti·no *adj*. Relativo ou pertencente à Grécia e a Roma, a gregos e latinos, ou às línguas grega e latina. *Pl.:* greco-latinos.

gre·co·ro·ma·no *adj*. Relativo ou pertencente à Grécia e a Roma, ou aos gregos e romanos. *Pl.:* greco-romanos.

gre·da (ê) *s.f.* Variedade de argila, espécie de barro macio, pulverulento e amarelado.

gre·ga (ê) *s.f.* 1. *Arquit*. Motivo geométrico formado por linhas horizontais e verticais contínuas, que podem se entrelaçar, mas nunca se fecham. 2. Fita ou tira de tecido bordado ou estampado; galão^2.

gre·gá·ri·o *adj*. 1. Concernente a grei. 2. Que faz parte de uma grei. 3. Que vive em bando.

gre·go (ê) *adj*. 1. Que se refere ou pertence à Grécia. *s.m.* 2. O natural ou habitante da Grécia. 3. O idioma grego.

gre·go·ri·a·no *adj*. *Rel*. Diz-se do rito e do canto atribuídos ao papa Gregório I para a celebração dos ofícios e administração dos sacramentos.

grei *s.f.* 1. Rebanho de gado miúdo. 2. *fig*. Sociedade; partido; congregação; conjunto dos paroquianos.

gre·lha (ê) *s.f.* Pequena grade de ferro em que se assam ou torram substâncias comestíveis.

gre·lhar (ê) *v.t.d.* Assar ou torrar na grelha.

gre·lo (ê) *s.m.* 1. Broto; rebento; renovo. 2. Haste de certas plantas, antes de desabrocharem as flores. 3. *pop*. Clitóris.

grê·mi:o *s.m.* 1. Comunidade. 2. Corporação; assembleia; sociedade.

gre·ná *adj*. Tom de vermelho da granada (2).

gre·nha (ê) *s.f.* 1. Crina do leão. 2. Cabelo em desalinho. 3. *por ext*. Bosque denso.

gre·ta (ê) *s.f.* Abertura; fenda; rachadura; frincha.

gre·ta·du·ra *s.f.* 1. Ação ou efeito de gretar. 2. Fenda na pele. 3. Greta.

gre·tar *v.t.d.* 1. Abrir greta em; fender. *v.i.* e *v.p.* 2. Fender-se; rasgar-se. 3. Estalar, fendendo-se.

gre·ve (é) *s.f.* Acordo, conluio de operários, estudantes, funcionários, etc. que se recusam a trabalhar ou a cumprir seus deveres enquanto não forem atendidos em certas reclamações.

gre·vis·ta *s.2gên*. Pessoa que promove uma greve ou se associa a ela.

gri·far *v.t.d.* 1. Frisar (o cabelo). 2. Escrever em grifo. 3. Sublinhar (palavra).

gri·fo^1 *s.m. Mit*. Animal fabuloso com cabeça de águia e garras de leão.

gri·fo^2 *s.m.* 1. Enigma; questão embaraçosa. 2. Expressão ambígua.

gri·fo^3 *s.m.* 1. Letra itálica. *adj*. 2. Diz-se da letra itálica.

gri·la·gem *s.f.* Organização ou sistema dos grileiros.

gri·lar *v.t.d.* 1. Falsificar documentos de propriedade de terras. *v.t.d.*, *v.i.* e *v.p.* 2. *gír*. Fazer ficar ou ficar chateado; aborrecer(-se), preocupar(-se).

gri·lei·ro *s.m.* Indivíduo que procura assenhorear-se de terras de outrem mediante escrituras falsas.

gri·lhão *s.m.* 1. Corrente forte de metal. 2. Cordão de ouro. 3. *fig.* Prisão; algema; laço.

gri·lhe·ta (ê) *s.f.* 1. Anel de ferro preso a uma corrente do mesmo metal com que se prendiam os condenados a trabalhos forçados. *s.m.* 2. O condenado a trabalhos forçados.

gri·lo *s.m. epiceno Zool.* Inseto provido de longas antenas e aparelho musical.

grim·pa *s.f.* 1. O ponto mais alto de algo; cimo, cume. 2. Lâmina móvel do cata-vento, que indica a direção do vento.

grim·par *v.t.d.*, *v.t.i.* e *v.i.* 1. Subir, trepar em algo; escalar, galgar. *v.i.* 2. Responder de maneira atrevida, com falta de respeito.

gri·nal·da *s.f.* 1. Coroa, festão de flores naturais ou artificiais, ramos, pedraria, etc. que serve especialmente para adornar a cabeça das jovens que se casam. 2. *Arquit.* Ornato de folhas ou flores.

grin·far *v.i.* Soltar a voz (falando da calandra e da andorinha).

grin·go *s.m. deprec.* Estrangeiro, especialmente de tipo alourado ou arruivado.

gri·pa·do *adj.* 1. Diz-se do indivíduo atacado de gripe. *s.m.* 2. Indivíduo gripado.

gri·pal *adj.2gên.* Concernente a gripe.

gri·par-se *v.p.* Ser atacado de gripe.

gri·pe *s.f. Med.* Enfermidade infecciosa das mucosas, produzida por vírus, com sensação de abatimento, catarro e cefaleia.

gris *adj.2gên.* Cinzento tirante a azul.

gri·sa·lho *adj.* Acinzentado; mesclado de branco e preto, ou louro e branco (cabelo, barba).

gri·ta *s.f.* Gritaria; alarido.

gri·tan·te *adj.2gên.* 1. Que grita. 2. Clamoroso. 3. Que salta aos olhos. 4. Diz-se das cores muito vivas.

gri·tar *v.i.* 1. Levantar muito a voz. 2. Soltar gritos. 3. Ralhar. 4. Zangar-se. *v.t.i.* 5. Bradar. 6. Queixar-se. *v.t.d.* 7. Dizer em voz alta, gritando. 8. Exprimir em gritos.

gri·ta·ri·a *s.f.* 1. Conjunto de gritos. 2. Sucessão de gritos. 3. Barulho; grita.

gri·to *s.m.* 1. Som de voz agudo e muito elevado. 2. Exclamação forte e sonora para pedir socorro ou exprimir sensação ou dor violenta. 3. Clamor. 4. Voz de alguns animais.

gro·gue (ó) *s.m.* 1. Bebida que se prepara com aguardente (geralmente rum), água, açúcar e casca de limão. *adj.2gên.* 2. Designativo da pessoa um tanto embriagada.

gro·sa[1] (ó) *s.f.* Lima com que os ferreiros e carpinteiros desgastam o casco de cavalgaduras ou a madeira.

gro·sa[2] (ó) *s.f.* Doze dúzias.

gro·se·lha (é) *s.f.* 1. *Bot.* Fruto da groselheira. 2. Xarope desse fruto. *adj.2gên.* 3. Que tem a cor acerejada da groselha.

gro·se·lhei·ra *s.f. Bot.* Planta que produz a groselha.

gros·sei·rão *adj.* 1. Muito grosso. 2. De má qualidade. 3. Designativo do indivíduo mal-educado, incivil. *s.m.* 4. Indivíduo grosseirão.

gros·sei·ro *adj.* 1. Grosso. 2. Ordinário; de má qualidade. 3. Malfeito; tosco. *adj.* e *s.m.* 4. Grosseirão.

gros·se·ri·a *s.f.* 1. Indelicadeza; falta de urbanidade. 2. Expressão grosseira.

gros·so (ô) *adj.* 1. Que tem grossura ou espessura (contrapõe-se a delgado). 2. Denso; espesso. 3. Volumoso. 4. Grosseiro. *s.m.* 5. A parte mais grossa; a maior parte. *adv.* 6. Muito; consideravelmente. 7. Com voz grossa. *Pl.*: grossos (ó).

gros·su·ra *s.f.* 1. Qualidade de grosso, denso. 2. Indelicadeza; ato ou expressão grosseira.

gro·ta (ó) *s.f.* 1. Abertura na margem de um rio, feita pelas águas das enchentes. 2. Vale profundo; depressão de terreno.

gro·tes·co (ê) *adj.* Ridículo; excêntrico; caricato.

grou *s.m. Zool.* Ave pernalta.

gru·a¹ *s.f. Zool.* A fêmea do grou.

gru·a² *s.f.* Maquinismo usado para levantar grandes pesos.

gru·dar *v.t.d.* 1. Pegar, unir com grude. 2. Unir, reunir (duas ou mais peças) em um todo. *v.i.* e *v.p.* 3. Ligar-se com grude. 4. *fig.* Ajustar-se; aderir. 5. Estar sempre ao lado de (uma pessoa).

gru·de *s.m.* 1. Cola, gelatina dissolvida em água, que se emprega para unir peças de madeira, couro, etc. 2. Cola feita de farinha de trigo.

gru·gru·le·jar *v.i.* Soltar a voz (o peru).

gru·ir *v.i.* Soltar a voz (o grou).

gru·lho *s.m. Reg.* Cada um dos sabugos de milho que, debulhados, são utilizados em um jogo.

gru·me·te (é ou ê) *s.m.* Marinheiro iniciante, de menor graduação.

gru·mi·xa·ma (ch) *s.f. Bot.* Fruto da grumixameira, de polpa gelatinosa e adocicada.

gru·mi·xa·mei·ra (ch) *s.f. Bot.* Árvore de porte médio, nativa do Brasil, que produz a grumixama.

gru·mo *s.m.* 1. Grânulo; grão. 2. Pequeno coágulo. 3. Pequena pasta.

gru·nhi·do *s.m.* 1. A voz do porco. 2. Voz desagradável. 3. Resmungo.

gru·nhir *v.i.* 1. Soltar grunhido (o porco). 2. Soltar vozes desagradáveis, que lembram a do porco. 3. Resmungar. *v.t.d.* 4. Soltar (grunhido ou som parecido).

gru·pal *adj.2gên.* 1. Concernente a grupo. 2. Próprio de grupo.

gru·pa·men·to *s.m.* Ato ou efeito de grupar.

gru·par *v.t.d.* Dispor em grupos.

gru·pe·lho (ê) *s.m.* 1. Pequeno grupo. 2. Facção insignificante.

gru·po *s.m.* 1. Reunião de pessoas. 2. Reunião combinada de vários objetos que se observam com um rápido olhar. 3. Reunião de coisas formando um todo. 4. Pequena associação.

gru·ta *s.f.* 1. Caverna natural ou artificial. 2. Escavação subterrânea. 3. Antro; lapa.

gua·bi·ra·ba *s.f. Bot.* 1. Árvore frutífera. 2. O fruto dessa árvore.

gua·bi·ro·ba (ó) *s.f. Bot.* 1. Nome comum a várias plantas frutíferas. 2. O fruto dessas plantas.

gua·bi·ru *s.m.* 1. *Zool.* Tipo de roedor de até 20 cm de comprimento, comum em várias partes do mundo; rato preto; ratazana. 2. *fig.* Malandro, gatuno, gabiru.

gua·che *s.m.* 1. Preparação feita com substâncias corantes, diluídas em água, a que se adicionou goma-arábica e mel para as tornar pastosas. 2. Pintura executada com essa preparação.

guai·a·co *s.m. Bot.* Espécie vegetal da qual se obtém resina com odor balsâmico e que tem propriedades medicinais.

guai·a·col *s.m. Quím.* Substância aromática, oleosa e incolor extraída do guaiaco e usada em medicina. *Var.:* gaiacol.

gua:i·a·mu *s.m. Zool.* Caranguejo grande e de carapaça azul, muito comum na costa brasileira. *Var.:* guaiamum.

guai·ar *v.i. ant.* 1. Soltar ais ou lamentos. 2. Cantar em tom de lamentação. 3. Queixar-se.

guai·cu·ru *s.2gên.* 1. Indivíduo dos guaicurus, tribo que habitava o Mato Grosso e o Paraguai. *s.m.* 2. O idioma dos guaicurus. *adj.2gên.* 3. Relativo aos guaicurus.

guam·pa *s.f.* 1. Chifre. 2. Copo ou outro recipiente feito de chifre.

guan·do *s.m. Bot.* 1. Arbusto da família das leguminosas, cultivado por suas sementes comestíveis. 2. Semente produzida por esse arbusto. *Var.:* guandu.

gua·no *s.m.* Substância proveniente da acumulação de excremento de aves aquáticas que se emprega como adubo de terras.

guan·te *s.m. ant.* Luva de ferro que fazia parte da armadura.

gua·po *adj.* 1. Animoso; ousado; corajoso; valente. 2. Elegante; esbelto.

gua·rá *s.m. Zool.* Mamífero carnívoro, da família dos canídeos, que inclui também o cão, o lobo, o chacal e a raposa, de pelos avermelhados e cerca de um metro de altura, atualmente ameaçado de extinção.

gua·ra·ná *s.m.* 1. *Bot.* Planta de propriedades medicinais. 2. Bebida refrigerante que se prepara com o guaraná.

gua·ra·ni *s.2gên.* 1. Indivíduo dos guaranis, população indígena da região central da América do Sul. *s.m.* 2. A língua dos guaranis, hoje falada especialmente no Paraguai. 3. Unidade monetária e moeda do Paraguai. *adj.2gên.* 4. Relativo aos guaranis.

guar·da *s.f.* 1. Ação ou efeito de guardar. 2. Vigilância exercida sobre coisa ou pessoa, com o fim de a reter ou de a conservar, ou, ainda, sobre pessoa retida para não se evadir. 3. Serviço de quem guarda ou vigia. 4. Militar ou militares que desempenham esse serviço. 5. Cuidado; amparo; benevolência. *s.2gên.* 6. Indivíduo encarregado de guardar ou vigiar alguma coisa; sentinela; carcereiro.

guar·da·cha·ves *s.m.2núm.* Funcionário de ferrovia encarregado de controlar as chaves nos desvios ou entroncamento de trilhos, permitindo que o trem siga no percurso desejado.

guar·da·chu·va *s.m.* Armação de varetas móveis, coberta de pano, que serve para resguardar as pessoas da chuva ou do sol. *Pl.:* guarda-chuvas.

guar·da·co·mi·da *s.m.* Armário onde se guardam especialmente substâncias comestíveis. *Pl.:* guarda-comidas.

guar·da·cos·tas *s.m.2núm.* 1. Navio que percorre as costas de um país para evitar o contrabando. 2. *fig.* Pessoa que acompanha outra para a defender de agressões; capanga.

guar·da·flo·res·tal *s.m.* Funcionário do Estado que tem a função de vigiar e proteger matas e florestas contra incêndios, desmatamentos, caça ilegal, etc. *Pl.:* guardas-florestais.

guar·da-li·vros *s.m.2núm*. Profissional responsável pelos registros do movimento comercial ou de prestação de serviços de uma ou mais empresas; contabilista, contador (2).

guar·da-lou·ça *s.m.* Armário onde se guarda especialmente louça; prateleira; cantoneira. *Pl.*: guarda-louças.

guar·da-ma·ri·nha *s.m.* Oficial cujo posto é imediatamente inferior ao de segundo-tenente e superior ao de aspirante. *Pl.*: guardas-marinhas e guardas-marinha.

guar·da-mó·veis *s.m.2núm*. Estabelecimento para guardar móveis mediante pagamento.

guar·da·na·po *s.m.* Pequeno quadrado de pano ou de papel, com que, à mesa, se limpa a boca ou se resguarda a roupa para evitar sujá-la.

guar·da-no·tur·no *s.m.* Indivíduo que guarda de noite as entradas das habitações. *Pl.*: guardas-noturnos.

guar·dar *v.t.d.* 1. Vigiar para defender ou proteger. 2. Conservar seguro ou preso. 3. Ocultar; não revelar. 4. Não perder. 5. Cumprir; manter; conservar. 6. Reservar; dedicar. 7. Defender; livrar. *v.p.* 8. Acautelar-se; prevenir-se. 9. Abster-se.

guar·da-rou·pa *s.m.* 1. Armário próprio para guardar roupas e outras peças de uso pessoal. 2. Conjunto de peças de vestuário de uma pessoa, de um grupo ou de uma empresa. *Pl.*: guarda-roupas.

guar·da-sol *s.m.* Guarda-chuva. *Pl.*: guarda-sóis.

guar·di·ão *s.m.* 1. Funcionário superior de alguns conventos. 2. *Fut.* Goleiro. *Fem.*: guardiã.

gua·ri·ba *s.m. Zool.* O mesmo que bugio.

gua·ri·da *s.f.* 1. Covil de feras. 2. *fig.* Abrigo; refúgio; proteção.

gua·ri·ta *s.f.* 1. Torre para abrigo de sentinelas, nos ângulos dos antigos baluartes. 2. Casa portátil para abrigo de sentinelas.

guar·ne·cer *v.t.d.* 1. Prover do necessário. 2. Fortalecer; pôr forças militares em. 3. Caiar (paredes, depois de rebocadas). 4. *fig.* Adornar. 5. Pôr enfeite na fímbria de.

guar·ne·ci·men·to *s.m.* 1. Ato ou efeito de guarnecer. 2. Guarnição.

guar·ni·ção *s.f.* 1. Aquilo que guarnece. 2. Tropas que defendem uma praça. 3. Enfeite da fímbria ou das outras extremidades de um vestido.

guas·ca *s.f.* 1. Correia de couro cru. *s.2gên*. 2. Habitante do Rio Grande do Sul. *adj.2gên*. 3. Concernente ao habitante do Rio Grande do Sul, ou próprio dele.

gua·te·ma·len·se *adj.2gên*. 1. Da Guatemala (América Central). *s.2gên*. 2. Natural ou habitante da Guatemala; guatemalteco.

gua·te·mal·te·co (é) *adj.* Guatemalense.

gua·xi·nim (ch) *s.m. epiceno Zool.* Mamífero carnívoro, também conhecido por mão-pelada.

gu·de *s.m.* Jogo infantil com bolinhas de vidro.

gue·de·lha (ê) *s.f.* Grenha; melena.

guei·xa (ch) *s.f.* Jovem japonesa incumbida de distrair homens com cantos, bailados, massagens e outras gentilezas.

guel·ra (é) *s.f. Zool.* Sistema respiratório dos peixes e de outros animais que vivem ou podem viver na água; brânquias.

guer·ra (é) *s.f.* 1. Luta com armas entre nações ou entre partidos. 2. Campanha; luta. 3. *por ext.* Arte militar. 4. Negócios militares. 5. *fig.* Oposição; hostilidade; agressividade. 6. Brincadeira infantil em que um grupo de participantes deve empurrar os outros grupos para um local predeterminado.

guer·re·ar *v.t.d.* 1. Fazer guerra a; hostilizar. 2. *fig.* Fazer oposição a; oprimir; perseguir. *v.i.* 3. Fazer guerra; combater.

guer·rei·ro *adj.* 1. Concernente a guerra. 2. Combativo. *s.m.* 3. Aquele que guerreia.

guer·ri·lha *s.f.* Pequeno corpo de guerreiros voluntários que atacam o inimigo fora do campo ou de emboscada.

guer·ri·lhei·ro *s.m.* 1. Aquele que faz parte de uma guerrilha. 2. Chefe de guerrilha.

gue·to (ê) *s.m.* 1. Bairro onde eram confinados os judeus. 2. *por ext.* Bairros onde se concentram indivíduos ou grupos marginalizados pela sociedade.

gui·a *s.f.* 1. Ação ou efeito de guiar. 2. Documento com que se recebem mercadorias ou encomendas. 3. Documento que acompanha a correspondência oficial. 4. Renque de pedras que limitam e indicam a direção de uma calçada. *s.m.* 5. *sobrecomum* Pessoa que guia, conduz ou dirige. 6. *epiceno* Animal que vai à frente de um rebanho, guiando-o ou abrindo-lhe caminho. 7. Livro que contém indicações acerca de uma região ou cidade.

gui·ão *s.m.* 1. Bandeira conduzida à frente de procissões. 2. *Mil.* Estandarte que se levava à frente das tropas. 3. *Mil.* Soldado que carregava esse estandarte. 4. Guidão.

gui·ar *v.t.d.* 1. Servir de guia a. 2. Conduzir; dirigir. 3. *fig.* Aconselhar; proteger; ensinar; encaminhar. *v.t.i.* 4. Conduzir; levar. *v.p.* 5. Dirigir-se. 6. Regular-se; orientar-se. 7. Encaminhar-se.

gui·chê *s.m.* Portinhola que se abre num muro, numa porta, numa grade, etc.

gui·dão *s.m.* Barra de direção das bicicletas e motocicletas; guidom.

gui·dom *s.m.* Guidão.

gui·lho·ti·na *s.f.* 1. Instrumento de decapitação. 2. Tipo de vidraças de janelas com movimento semelhante ao da guilhotina. 3. Aparelho para cortar papel em tipografias, oficinas de encadernação, etc.

gui·lho·ti·nar *v.t.d.* Decapitar com guilhotina.

gui·na·da *s.f.* 1. Desvio que o navio faz de sua esteira, navegando em zigue-zague. 2. *por ext.* Mudança repentina de direção, de atitude.

guin·char¹ *v.i.* 1. Dar guinchos. *v.t.d.* 2. Proferir, soltar à maneira de guincho.

guin·char² *v.t.d.* 1. Içar com guincho. 2. Puxar (veículo) com o guincho.

guin·cho¹ *s.m.* Grito agudo, sem articulação de palavras.

guin·cho² *s.m.* 1. Guindaste. 2. Veículo provido de guindaste, roldanas e correntes especiais para rebocar outro.

guin·dar *v.t.d.* 1. Levantar ao alto; elevar; içar. 2. Erguer a uma posição elevada. 3. Tornar empolado (o estilo). *v.p.* 4. Levantar-se ao alto.

guin·das·te *s.m.* Aparelho destinado a levantar grandes pesos; guincho.

gui·néu¹ *adj.* 1. Da Guiné (África). *s.m.* 2. O natural ou habitante da Guiné. *Fem.*: guineia.

guinéu

gui·néu² *s.m. ant.* Moeda de ouro inglesa que valia 21 xelins.

guir·lan·da *s.f.* 1. Arranjo feito com flores, folhagens ou frutos para fins ornamentais. 2. Grinalda.

gui·sa *s.f.* Maneira; modo. *loc. adv.* À *guisa de*: à maneira de.

gui·sa·do *s.m. Cul.* 1. Prato refogado. 2. Picadinho de carne.

gui·sar *v.t.d.* Preparar com refogado.

gui·tar·ra *s.f. Mús.* Instrumento de cordas dedilháveis, composto de uma caixa de ressonância e um braço longo com filetes de metal nele cravados.

gui·tar·ris·ta *s.2gên.* Pessoa que toca ou ensina a tocar guitarra.

gui·zo *s.m.* Pequena esfera oca de metal, que tem dentro uma ou mais bolinhas, para produzirem som ao agitarem-se.

gu·la *s.f.* 1. Excesso na comida e bebida. 2. Grande amor a boas iguarias.

gu·lo·di·ce *s.f.* 1. O vício da gula. 2. Doce saboroso mas pouco nutritivo.

gu·lo·sei·ma *s.f.* Gulodice.

gu·lo·so (ô) *adj.* 1. Que gosta de gulodices. 2. Que tem o vício da gula. *s.m.* 3. Indivíduo guloso. *Pl.:* gulosos (ó).

gutural

gu·me *s.m.* 1. O lado do instrumento de corte que está afiado. 2. *fig.* Agudeza, penetração (do espírito); perspicácia.

gu·pi:a·ra *s.f.* Jazida de diamantes localizada no alto dos morros. *Var.:* grupiara.

gu·ri *s.m.* 1. Criança; menino. *Fem.:* guria. *s.m. epiceno* 2. *Zool.* Peixe conhecido no Amazonas e no Maranhão por uri.

gu·ru *s.m.* Guia ou líder espiritual.

gu·ru·pês *s.m.2núm. Náut.* Mastro na extremidade da proa do navio e que forma um ângulo de 36 graus com o plano do horizonte.

gu·sa *s.f. Metal.* Diz-se do ferro fundido e não purificado.

gu·sa·no *s.m. Zool.* Verme que se desenvolve na matéria orgânica em decomposição.

gus·ta·ção *s.f.* 1. Ação de provar. 2. Percepção do sabor de uma coisa.

gus·ta·ti·vo *adj.* Relativo ao sentido do gosto.

gu·tí·fe·ras *s.f.pl. Bot.* Árvores e arbustos dotados de látex.

gu·tu·ral *adj.2gên.* 1. Concernente à garganta. 2. Pronunciado com a garganta.

H h

h *s.m.* 1. Oitava letra do alfabeto; o *h* não é propriamente uma letra, senão um símbolo que se conservou por força da etimologia e da tradição escrita, como em horta, hábito, Hélio, harmonia, helenos, Hélade, Helena; usa-se também para compor os dígrafos palatais *ch*, *lh* e *nh* e para indicar que a vogal de algumas interjeições é longa, como em *oh!*, *ah! num.* 2. O oitavo numa série indicada por letras.

hã *interj.* Termo que expressa admiração, reflexão, indecisão, preguiça ou pergunta: Hem?

ha·ba·ne·ra (abanêra) *Esp. s.f.* 1. Dança popular espanhola de origem afro-cubana. 2. A música para essa dança.

há·bil *adj.2gên.* 1. Que tem ou demonstra aptidão para alguma coisa. 2. Capaz; destro; inteligente.

ha·bi·li·da·de *s.f.* 1. Qualidade de quem é hábil. 2. Capacidade; inteligência; facilidade em executar qualquer coisa.

ha·bi·li·da·des *s.f.pl.* Exercícios ginásticos de agilidade.

ha·bi·li·do·so (ô) *adj.* e *s.m.* Que ou o que tem habilidade. *Pl.:* habilidosos (ó).

ha·bi·li·ta·ção *s.f.* 1. Ato ou efeito de habilitar(-se). 2. Capacidade; aptidão. 3. Conjunto de conhecimentos. 4. Competência. 5. Atestado de aptidão para dirigir automóveis.

ha·bi·li·ta·ções *s.f.pl.* Documentos ou títulos com os quais alguém demonstra ou requer alguma coisa.

ha·bi·li·ta·do *adj.* 1. Que possui habilitação. 2. Apto; capaz.

ha·bi·li·tar *v.t.d.* 1. Tornar hábil, capaz para alguma coisa. 2. Dispor; preparar. 3. Autorizar. *v.p.* 4. Tornar-se capaz. 5. Preparar-se. 6. Justificar com documentos legais sua habilitação jurídica.

ha·bi·ta·ção *s.f.* 1. Ato ou efeito de habitar. 2. Casa; morada; residência; vivenda.

ha·bi·ta·ci·o·nal *adj.2gên.* Relativo a habitação.

ha·bi·tá·cu·lo *s.m.* 1. Habitação modesta, acanhada. 2. Lugar onde o fungo se desenvolve.

ha·bi·tan·te *adj.2gên.* e *s.2gên.* Que ou pessoa que reside habitualmente num lugar.

ha·bi·tar *v.t.d.* 1. Ocupar como residência; residir; viver em. *v.t.i.* 2. Estar domiciliado; residir; viver.

ha·bi·tat (ábitat) *Lat. s.m.2núm.* 1. *Ecol.* Localidade ou circunscrição onde um ser nasce e cresce naturalmente. 2. Conjunto das características ecológicas de uma região em que vive um ser ou uma população.

ha·bi·te-se *s.m.2núm.* Autorização dada por órgão da prefeitura para ocupar uma construção recém-terminada ou reformada.

há·bi·to *s.m.* 1. Disposição adquirida pela frequente repetição dos mesmos atos; uso; costume. 2. Roupagem de frade ou freira. 3. Aparência; aspecto.

ha·bi·tu·al *adj.2gên.* 1. Que se faz por hábito. 2. Comum; frequente; usual.

ha·bi·tu·ar *v.t.d.* 1. Fazer contrair o hábito de. 2. Exercitar. *v.p.* 3. Acostumar-se.

ha·chu·ras *s.f.pl.* Traços que, em desenho ou gravura, produzem efeito de sombra ou de meio-tom.

hack·er (ráquer) *Ingl. s.2gên. Inform.* Substantivo originado do verbo *to hack*, que significa dar golpes cortantes para abrir caminho; inicialmente aplicado a programadores que trabalhavam por tentativa e erro, o termo hoje designa o indivíduo hábil em enganar os mecanismos de segurança de sistemas de computação e conseguir acesso não autorizado a informações ou a recursos, geralmente a partir de uma conexão remota em uma rede de computadores; violador de um sistema de computação.

ha·do·que (ó) *s.m. Zool.* Peixe encontrado nas águas do Atlântico Norte, semelhante ao bacalhau, de carne muito apreciada.

háf·ni:o *s.m. Quím.* Elemento de símbolo *Hf* e cujo número atômico é 72.

ha·gi·o·ló·gi:o *s.m.* Tratado sobre a vida dos santos.

ha·gi·o·gra·fi·a *s.f.* Biografia dos santos.

hai·cai *s.m. Lit.* Poema japonês de três versos, com cinco, sete e cinco sílabas métricas, respectivamente.

ha·i·ti·a·no *adj.* 1. Relativo ao Haiti (América Central). *s.m.* 2. Natural ou habitante do Haiti.

há·li·to *s.m.* 1. Ar que sai dos pulmões, depois de aspirado. 2. Cheiro; exalação. 3. Cheiro da boca. 4. *desus.* Viração.

ha·li·to·se (ó) *s.f. Med.* Mau hálito.

hall (ról) *Ingl. s.m.* Pequena sala de entrada de um edifício; vestíbulo; átrio.

ha·lo *s.m.* 1. Círculo luminoso que se nota às vezes em torno do Sol, da Lua e de alguns planetas, em certas condições atmosféricas. 2. *fig.* Glória; prestígio.

hal·te·re (é) *s.m.* Instrumento de ginástica formado por duas esferas de ferro ligadas por uma haste do mesmo metal. *Pl.:* halteres.

hal·te·ro·fi·lis·mo *s.m.* Prática de ginástica com halteres.

ham·búr·guer *s.m.* 1. Carne moída e temperada a que se dá forma arredondada para fritar. 2. Sanduíche feito com essa carne. *Pl.:* hambúrgueres.

han·de·bol *s.m. Desp.* Jogo com regras semelhantes às do basquete, com sete jogadores e cujo objetivo é a realização de gols.

hand·i·cap (randicáp) *Ingl. s.m.* 1. Palavra com que em turfe se designa a prova a que são admitidos cavalos de todas as classes, igualadas as possibilidades de vitória pela diferença de peso. 2. *fig.* Desvantagem.

han·gar *s.m.* Abrigo para aviões, balões, dirigíveis, etc.; galpão.

han·se·ni·a·no *adj.* e *s.m.* Que ou o que sofre de hanseníase.

han·se·ní·a·se *s.f. Med.* Nome com que se substitui o termo lepra na designação da infecção causada pelo bacilo de Hansen.

ha·ra·qui·ri *s.m.* Suicídio de honra japonês, que consiste em rasgar o ventre com faca ou sabre.

ha·ras *s.m.2núm.* Estância de criação de cavalos selecionados.

hard·ware (rarduér) *Ingl. s.m. Inform.* Equipamento pesado; tudo o que se refere à parte física do computador: a máquina e seus periféricos.

ha·rém *s.m.* 1. Aposento das odaliscas no palácio do sultão muçulmano. 2. O conjunto das odaliscas de um harém.

har·mo·ni·a *s.f.* 1. Sucessão de sons agradáveis ao ouvido. 2. *Mús.* Arte de formar e dispor os acordes. 3. Disposição ordenada entre as partes de um todo. 4. Suavidade de estilo. 5. Concórdia; paz e amizade entre pessoas. 6. Proporção; simetria. 7. Coerência.

har·mô·ni·ca *s.f. Mús.* 1. Pequeno instrumento de foles. 2. Gaita. 3. Acordeão.

har·mô·ni·co *adj.* 1. Concernente a harmonia. 2. Em que há harmonia; harmonioso. 3. Regular; coerente.

har·mô·ni:o *s.m. Mús.* Pequeno órgão de sala.

har·mo·ni·o·so (ô) *adj.* 1. Em que há harmonia. 2. Que tem sons agradáveis ao ouvido. *Pl.:* harmoniosos (ó).

har·mo·ni·zar *v.t.d.* 1. Tornar harmônico. 2. Pôr em harmonia; conciliar. 3. Dividir em partes harmônicas. *v.i.* e *v.t.i.* 4. Estar em harmonia. 5. Estar de acordo. *v.p.* 6. Estar em harmonia. 7. Conviver em boa harmonia.

har·pa *s.f. Mús.* Instrumento de cordas dedilháveis, conhecido desde a Antiguidade.

har·pa·gão *s.m.* Avarento, sovina (por alusão a Harpagon, principal personagem de *O avarento*, de Molière).

har·pe·jar *v.i.* 1. Tocar harpa. *v.t.d.* 2. Tocar na harpa.

har·pi·a *s.f.* 1. *Mit.* Monstro fabuloso, com rosto de mulher, corpo de abutre, etc. *epiceno* 2. *Zool.* Espécie de ave de rapina sul-americana. *sobrecomum* 3. *fig.* Pessoa que vive de extorsões.

har·pis·ta *s.2gên.* Pessoa que toca ou ensina a tocar harpa.

hás·si:o *s.m. Quím.* Elemento de símbolo Hs e cujo número atômico é 108.

has·ta *s.f.* 1. Lança. 2. Leilão.

has·te *s.f.* 1. Pedaço de pau, ferro, etc. delgado, direito e comprido em que se encrava ou apoia alguma coisa. 2. Pau de bandeira. 3. Caule; pedúnculo.

has·te·a·do *adj.* Posto em haste.

has·te·a·men·to *s.m.* Ato ou efeito de hastear.

has·te·ar *v.t.d.* 1. Prender ao topo de uma haste. 2. Desfraldar. *v.p.* 3. Levantar-se; içar-se; desfraldar-se.

has·til *s.m.* Cabo de lança; haste.

hau·rir *v.t.d.* 1. Tirar de lugar profundo. 2. Esgotar. 3. Aspirar; sorver.

hau·rí·vel *adj.2gên.* Que se pode haurir.

haus·to *s.m.* 1. Ato de haurir. 2. Gole; sorvo.

ha·vai·a·no *adj.* 1. Relativo ao Havaí. *s.m.* 2. O natural ou habitante do Havaí.

ha·va·na *adj.2gên.* 1. Tom claro de castanho. *s.m.* 2. Charuto de Havana (Cuba). 3. A cor clara do castanho.

ha·va·nês *adj.* 1. De Havana (capital de Cuba). *s.m.* 2. O natural ou habitante de Havana.

ha·va·no *s.m.* Charuto de Havana; havana.

ha·ver *v.t.d.* 1. Ter; possuir. 2. Alcançar; obter. 3. Considerar; entender; julgar. *v. impess.* 4. Existir. 5. Suceder; acontecer. *v.p.* 6. Portar-se. *s.m.* 7. A parte do crédito, na escrituração comercial.

ha·ve·res *s.m.pl.* Bens; propriedades.

ha·xi·xe (ch, ch) *s.m.* 1. Folha seca de cânhamo índico que se fuma ou mastiga. 2. Poção narcótica feita com aquele vegetal.

HD *s.m. Inform.* Disco rígido (sigla do inglês *hard disc*).

heb·do·ma·dá·ri·o *adj.* 1. Semanal. *s.m.* 2. Publicação periódica semanal.

he·be·ta·do *adj.* e *s.m.* Bronco; obtuso; embotado.

he·be·tar *v.t.d.* e *v.p.* Tornar(-se) bronco, obtuso, embotado.

he·brai·co *adj.* 1. Dos hebreus. *s.m.* 2. O idioma dos hebreus.

he·bra·ís·mo *s.m.* Palavra, construção ou locução própria da língua hebraica.

he·breu *s.m.* 1. Indivíduo dos hebreus, nome primitivo dos atuais judeus. 2. Hebraico. *adj.* 3. Relativo aos hebreus. *Fem.*: hebreia.

he·ca·tom·be *s.f.* 1. Antigo sacrifício de cem bois. 2. Sacrifício de muitas vidas; matança. 3. *fig.* Carnificina.

hec·ta·re *s.m.* Medida agrária equivalente a 100 ares (*abrev.* ha).

hec·to·gra·ma *s.m.* Peso de cem gramas (*abrev.* hg).

hec·to·li·tro *s.m.* Medida de cem litros (*abrev.* hl).

hec·tô·me·tro *s.m.* Medida de cem metros (*abrev.* hm).

he·di·on·dez (ê) *s.f.* 1. Qualidade de hediondo. 2. Procedimento hediondo.

he·di·on·do *adj.* 1. Depravado; vicioso. 2. Sórdido; imundo; nojento.

he·do·nis·mo *s.m. Fil.* Sistema que estabelece o prazer como o objeto principal da vida.

he·do·nis·ta *adj.2gên.* 1. Relativo ao hedonismo. 2. Que é partidário do hedonismo. *s.2gên.* 3. Pessoa hedonista.

he·ge·mo·ni·a *s.f.* Preponderância de uma cidade ou povo sobre outros povos ou cidades.

hé·gi·ra *s.f.* Era muçulmana que se iniciou com a fuga de Maomé de Meca para Medina, em 622 da nossa era.

hein *interj.* Hem.

he·lê·ni·co *adj.* Relativo aos helenos ou à Hélade (Grécia antiga).

he·le·nis·ta *s.2gên.* Pessoa que é versada na língua e antiguidade gregas.

he·le·nos *s.m.pl.* 1. Habitantes da Hélade (Grécia antiga). 2. Gregos.

hé·li·ce *s.f.* 1. *Geom.* Curva reversa em que é constante a razão entre a curvatura e a torção. 2. Peça propulsora de aviões. 3. *por ext.* Qualquer objeto em forma de caracol; espiral.

he·li·coi·dal *adj.2gên.* Semelhante a hélice.

he·li·cóp·te·ro *s.m.* Aparelho que se eleva verticalmente por meio de hélices horizontais.

hé·li·o *s.m. Quím.* Elemento simples de símbolo *He* e cujo número atômico é 2.

he·li·o·cên·tri·co *adj. Astron.* 1. Que tem o Sol como centro. 2. Relativo ao centro do Sol.

he·li·o·cen·tris·mo *s.m. Astron.* Teoria segundo a qual o Sol é o centro do nosso sistema planetário.

he·li·o·tró·pi·co *adj. Bot.* Diz-se dos vegetais cujas flores, folhas ou hastes se voltam para o Sol, quando este se acha acima da linha do horizonte.

he·li·o·tro·pis·mo *s.m. Bot.* Movimento das plantas heliotrópicas.

he·li·pon·to *s.m.* Campo ou espaço aberto onde pousam e decolam helicópteros.

he·li·por·to (ô) *s.m.* Heliponto público. *Pl.:* heliportos (ó).

hem *interj.* Indica indignação, espanto ou a dificuldade de uma pessoa em ouvir algo que foi dito.

he·má·ci:a *s.f. Anat.* Glóbulo vermelho do sangue.

he·ma·tó·fa·go *adj. Zool.* Que se alimenta de sangue.

he·ma·to·fo·bi·a *s.f.* Horror a sangue.

he·ma·tó·fo·bo *s.m.* O que não pode ver sangue, que tem horror a sangue.

he·ma·to·lo·gi·a *s.f. Med.* Parte da histologia que estuda o sangue.

he·ma·to·ma (ô) *s.m. Med.* Tumor formado por sangue que se extravasou.

he·ma·to·se (ó) *s.m. Fisiol.* Processo de trocas gasosas que ocorre nos pulmões, transformando o sangue venoso em arterial, pela eliminação do gás carbônico e absorção do oxigênio.

he·me·ro·te·ca (é) *s.f.* Seção, nas bibliotecas, em que se colecionam jornais e revistas.

he·mi·ci·clo *s.m.* 1. Espaço ou estrutura em forma de semicírculo. 2. Esse tipo de espaço em anfiteatro, em especial onde fica a plateia.

he·mi·cra·ni·a *s.f. Med.* 1. Dor que ataca parte da cabeça. 2. Enxaqueca.

he·mi·ple·gi·a *s.f. Med.* Paralisia de um dos lados do corpo.

he·mi·plé·gi·co *adj.* Relativo à hemiplegia.

he·mis·fé·ri·co *adj.* Em forma de hemisfério.

he·mis·fé·ri:o *s.m.* 1. *Geom.* Metade de uma esfera. 2. *Geog.* Cada uma das duas metades da Terra, imaginariamente dividida pelo círculo do equador (este círculo divide a Terra em dois hemisférios: o norte, boreal ou setentrional, e o sul, austral ou meridional).

he·mo·di·á·li·se *s.f. Med.* Processo em que o sangue é depurado de substâncias nocivas (geralmente realizado em pacientes renais).

he·mo·fi·li·a *s.f. Med.* Doença congênita e hereditária, exclusiva do sexo masculino, porém transmissível pela mulher, caracterizada por predisposição para as hemorragias.

he·mo·fí·li·co *adj.* 1. Relativo à hemofilia. *s.m.* 2. Aquele que tem hemofilia.

he·mo·glo·bi·na *s.f. Fisiol.* Matéria corante dos glóbulos vermelhos do sangue que se destina a fixar o oxigênio do ar e cedê-lo aos tecidos.

he·mo·gra·ma *s.m. Med.* Contagem dos elementos celulares do sangue.

he·mop·ti·se *s.f. Med.* 1. Hemorragia da membrana mucosa do pulmão. 2. Expectoração de sangue, proveniente da árvore respiratória.

hemorragia

he·mor·ra·gi·a *s.f. Med.* Derramamento do sangue para fora de seus vasos.

he·mor·roi·da (ói) *s.f. Med.* Dilatação de veia anal ou retal.

he·mós·ta·se *s.f. Med.* Ação ou resultado de estancar uma hemorragia.

he·na *s.f. Bot.* 1. Arbusto nativo da África, que fornece um corante castanho-avermelhado extraído de suas folhas e sua casca. 2. Esse corante, usado em tinturas para cabelo e outras aplicações.

hen·de·cas·sí·la·bo *adj. Lit.* 1. Que tem onze sílabas. *s.m.* 2. Verso ou vocábulo hendecassílabo.

he·pá·ti·co *adj.* Concernente ao fígado.

he·pa·ti·te *s.f. Med.* Inflamação do fígado.

hep·tas·sí·la·bo *adj.* 1. Diz-se do verso ou do vocábulo de sete sílabas. *s.m.* 2. Verso ou vocábulo de sete sílabas.

he·ra (é) *s.f.* Nome comum a diversas trepadeiras. *V. era*.

he·rál·di·ca *s.f.* 1. Arte ou ciência dos brasões. 2. Conjunto dos emblemas do brasão.

he·ran·ça *s.f.* 1. Aquilo que se herda. 2. O que se transmite por hereditariedade. 3. Hereditariedade.

her·bá·ce·o *adj.* 1. Concernente a erva. 2. *Bot.* Diz-se da planta que tem a consistência e o porte de erva.

her·ba·ná·ri·o *s.m.* 1 Aquele que vende ervas medicinais. 2. Estabelecimento onde se vendem essas ervas.

her·bi·ci·da *adj.* e *s.2gên.* Diz-se de ou substância usada na destruição de ervas daninhas.

her·bí·vo·ro *adj.* 1. Que se alimenta de ervas ou de vegetais. *s.m.* 2. Animal herbívoro.

herético

her·bó·re:o *adj.* Concernente a erva.

her·bo·ris·ta *s.2gên.* Pessoa que herboriza.

her·bo·ri·zar *v.i.* Colher e colecionar plantas para estudo ou para aplicações medicinais.

her·cú·le:o *adj.* 1. Relativo a Hércules, herói da mitologia grega. 2. Que tem ou demonstra força extraordinária.

hér·cu·les *s.m.2núm.* 1. *fig.* Indivíduo de força extraordinária. 2. *Astron.* Constelação boreal (inicial maiúscula).

her·da·de *s.f.* Grande propriedade rústica; granja; quinta.

her·dar *v.t.d.* 1. Receber por herança. 2. Adquirir por parentesco ou hereditariedade. 3. Legar; deixar por herança.

her·dei·ro *s.m.* Aquele que herda; legatário; sucessor.

he·re·di·ta·ri·e·da·de *s.f.* 1. Qualidade de hereditário. 2. Sucessão. 3. Transmissão das qualidades físicas ou morais de alguém aos seus descendentes.

he·re·di·tá·ri·o *adj.* Que se transmite por herança, por sucessão, de pais a filhos ou de ascendentes a descendentes.

he·re·ge (é) *adj.2gên.* 1. Que professa doutrina contrária aos dogmas da Igreja Católica. 2. *fig.* Que professa ideias contrárias às geralmente admitidas. *s.2gên.* 3. Pessoa herege.

he·re·si·a *s.f.* 1. Doutrina oposta aos dogmas da Igreja Católica. 2. Ação ou palavra ofensiva à religião. 3. *fam.* Contrassenso; disparate.

he·re·si·ar·ca *s.2gên.* Pessoa que chefia ou funda uma seita herética.

he·ré·ti·co *adj.* 1. Concernente a heresia. *s.m.* 2. Herege.

her·ma (é) *s.f. Escult.* Busto em que o peito, as costas e os ombros são cortados por planos verticais.

her·ma·fro·di·ta *adj.2gên.* 1. *Biol.* Designativo do ser (animal ou vegetal) que reúne os caracteres dos dois sexos. *s.m.* 2. Indivíduo hermafrodita.

her·me·nêu·ti·ca *s.f.* 1. Interpretação do sentido das palavras. 2. Arte de interpretar leis. 3. Interpretação dos textos sagrados.

her·mé·ti·co *adj.* 1. Completamente fechado, de forma que não deixe penetrar o ar (vaso, janela, etc.). 2. Dificílimo de compreender.

her·me·tis·mo *s.m.* Qualidade do que é hermético.

hér·ni:a *s.f. Med.* Tumor produzido pela saída ou deslocamento de uma víscera.

he·rói *s.m.* 1. Indivíduo que se destaca por suas proezas guerreiras, por seu grande valor e coragem. 2. Protagonista ou principal personagem de uma obra literária. *Fem.:* heroína.

he·roi·co *adj.* 1. Próprio de herói. 2. Enérgico. 3. Designativo do estilo ou gênero literário em que se celebram façanhas de heróis.

he·ro·í·na[1] *s.f.* 1. Mulher de valor extraordinário. 2. Mulher que figura como principal personagem de uma obra literária.

he·ro·í·na[2] *s.f. Farm.* Alcaloide tóxico derivado da morfina.

he·ro·ís·mo *s.m.* 1. Qualidade de herói ou de heroico. 2. Ato heroico. 3. Magnanimidade.

her·pes (é) *s.m.2núm. Med.* 1. Afecção vesiculosa da pele produzida por vírus. 2. Nome comum a outras dermatoses.

her·pes-zós·ter *s.m. Med.* Doença aguda, produzida por vírus, caracterizada por inflamação de um ou mais gânglios de raízes nervosas dorsais ou de gânglios de nervos cranianos. *Pl.:* herpes-zósteres. *Var.:* herpes-zoster.

her·pe·to·lo·gi·a[1] *s.f. Med.* Estudo ou tratado dos herpes.

her·pe·to·lo·gi·a[2] *s.f. Zool.* Estudo dos répteis.

hertz (rérts) *s.m.2núm. Fís., Metrol.* Do físico alemão Heinrich R. Hertz (1857-1894), unidade de frequência de um fenômeno que se repete com duração de um segundo (símbolo Hz).

hert·zi·a·no *adj.* 1. Diz-se das ondulações elétricas que são a base da telegrafia e da telefonia sem fios, assim como da televisão. 2. Concernente a essas ondulações.

he·si·ta·ção *s.f.* 1. Ação ou efeito de hesitar. 2. Estado de quem hesita. 3. Indecisão.

he·si·tar *v.t.d.* 1. Vacilar em; ter dúvidas sobre. *v.i.* 2. Estar ou ficar hesitante, indeciso. 3. Titubear; duvidar; estar incerto.

he·ta·i·ra *s.f.* Forma usual de hetera.

he·te·ra (é) *s.f. ant.* 1. Na Grécia, mulher dissoluta, cortesã. 2. Prostituta elegante, na Grécia.

he·te·ro·do·xi·a (cs) *s.f.* Condição de heterodoxo.

he·te·ro·do·xo (cs) *adj.* 1. Que não é ortodoxo. 2. Oposto aos princípios de uma religião; herético.

he·te·ro·fo·ni·a *s.f. Gram.* Caráter das palavras heterofônicas.

he·te·ro·fô·ni·co *adj. Gram.* Que tem a mesma forma, mas pronúncia diferente (palavra).

he·te·ró·fo·no *adj.* 1. Diz-se do vocábulo que tem a mesma grafia de outro, mas pronúncia diferente. *s.m.* 2. O vocábulo com essa característica.

he·te·ro·gê·ne:o *adj.* 1. Que tem natureza diferente de outra coisa. 2. Composto de partes de natureza diferente.

he·te·rô·ni·mo *adj.* 1. Diz-se do autor que publica obra sob o nome verdadeiro de outra pessoa, ou do livro publicado sob o nome de pessoa que não é autora dele. *s.m.* 2. Nome suposto, imaginário, com que um autor assina certas obras.

he·te·ros·se·xu·al (cs) *adj.2gên.* 1. Relativo à afinidade ou aos atos sexuais entre indivíduos de sexos diferentes (opõe-se a homossexual). *s.2gên.* 2. Indivíduo heterossexual.

heu·re·ca (é) *interj. desus.* Termo que expressa alegria por achado ou descoberta.

heu·rís·ti·ca *s.f.* 1. Procedimentos realizados conforme determinadas regras ou métodos, tendo como objetivo a invenção, a descoberta ou a resolução de problemas. 2. *Hist.* Especialização voltada à pesquisa de fontes e documentos.

he·xa·go·nal (cs ou z) *adj.2gên. Geom.* 1. Que tem seis ângulos. 2. Que tem por base um hexágono. 3. Concernente ao hexágono.

he·xá·go·no (cs ou z) *s.m. Geom.* 1. Polígono de seis ângulos e seis lados. *adj.* 2. Hexagonal.

he·xas·sí·la·bo (cs) *adj.* 1. Que tem seis sílabas. *s.m.* 2. Vocábulo ou verso hexassílabo.

hi·a·li·no *adj.* 1. Relativo ao vidro. 2. Transparente como o vidro.

hi·an·te *adj.2gên. desus.* 1. Que tem a boca aberta. 2. Que tem grande fenda ou abertura. 3. *fig.* Faminto.

hi·a·to *s.m. Gram.* 1. Sucessão de duas vogais, em sílabas separadas: ruim/ru-im; saúde/sa-ú-de. 2. Lacuna; pausa.

hi·ber·na·ção *s.f. Zool.* Entorpecimento ou sono letárgico de certos animais, durante o inverno.

hi·ber·nar *v.i.* Estar, cair em hibernação.

hi·bri·dez (ê) *s.f.* 1. Qualidade de híbrido. 2. Irregularidade; anomalia.

hí·bri·do *adj.* 1. *Biol.* Proveniente de espécies diferentes. 2. Que se aparta das leis naturais. 3. *Gram.* Composto de elementos de línguas diversas (falando de um vocábulo). *s.m.* 4. Animal ou vegetal híbrido.

hi·dra *s.f.* 1. *Mit.* Serpente fabulosa, de sete cabeças, morta por Hércules. 2. *Astron.* Constelação austral (inicial maiúscula).

hi·dra·má·ti·co *adj. Autom.* Diz-se do automóvel de comando automático, acionado por sistema hidráulico.

hi·dran·te *s.m.* Torneira ou válvula de saída de água, geralmente em calçadas, na qual se pode ligar uma mangueira para apagar incêndios.

hi·dra·ta·ção *s.f.* Ato ou efeito de hidratar(-se).

hi·dra·tar *v.t.d.* 1. Tratar por água. 2. Combinar (um corpo) com os elementos da água. *v.p.* 3. Converter-se em hidrato.

hi·dra·to *s.m. Quím.* Combinação de um óxido metálico com a água.

hi·dráu·li·ca *s.f. Fís.* Parte da mecânica que estuda os fenômenos dos líquidos.

hi·dráu·li·co *adj.* 1. Concernente à hidráulica ou ao movimento das águas e de outros líquidos. 2. Designativo do cimento que endurece na água. 3. Que é movido ou produzido pela água ou pelo líquido que a contém.

hi·dra·vi·ão *s.m.* Avião munido de flutuadores que lhe permitem pousar na água e dela decolar; hidroplano; hidroavião.

hi·dre·lé·tri·ca *s.f.* 1. Empresa produtora de energia elétrica. 2. Usina hidrelétrica.

hí·dri·co *adj.* Concernente à água.

hi·dro·a·vi·ão *s.m.* Hidravião.

hi·dro·car·bo·ne·to (ê) *s.m. Quím.* Composto formado só por átomos de carbono e de hidrogênio.

hi·dro·ce·fa·li·a *s.f. Med.* Hidropisia cerebral, comumente chamada cabeça-d'água.

hi·dro·e·lé·tri·ca *s.f.* Hidrelétrica.

hi·dró·fi·lo *adj.* 1. Que absorve a água. 2. Designativo do algodão simples e desinfetado.

hi·dro·fo·bi·a *s.f.* 1. Aversão aos líquidos. 2. Doença caracterizada pelo horror aos líquidos; raiva.

hi·dró·fo·bo *adj.* e *s.m.* 1. Que ou o que tem hidrofobia. 2. Atacado de hidrofobia ou raiva.

hi·dro·gê·ni:o *s.m. Quím.* Corpo simples, gasoso, incolor e insípido, de símbolo H e cujo número atômico é 1.

hi·dro·gra·fi·a *s.f. Geog.* 1. Conhecimento ou descrição da parte líquida da Terra. 2. Ciência que ensina a conhecer o regime das águas de uma região.

hi·drô·me·tro *s.m.* Aparelho que mede e registra a quantidade de água consumida nas residências.

hi·dro·mi·ne·ral *adj.2gên.* Relativo a água mineral.

hi·dro·pi·si·a *s.f. Med.* Acumulação de serosidade no tecido celular ou numa cavidade do corpo.

hi·dro·pô·ni·ca *s.f.* Técnica de cultivo de plantas em meio líquido.

hi·dros·fe·ra (é) *s.f. Geog.* A parte líquida da superfície da Terra.

hi·dro·te·ra·pi·a *s.f. Med.* Tratamento de doenças por meio da água.

hi·dro·vi·a *s.f.* Via destinada ao transporte e à comunicação por mar, rios, lagos, etc.

hi·dró·xi·do (cs) *s.m. Quím.* Nome comum aos compostos que contêm hidroxila.

hi·dro·xi·la (cs) *s.f. Quím.* Radical formado por um átomo de hidrogênio e um de oxigênio.

hi·e·na (ê) *s.f.* 1. *Zool. epiceno* Mamífero carnívoro que se assemelha aos canídeos. *sobrecomum* 2. *fig.* Pessoa ruim, cruel, que ri da desgraça alheia.

hi·e·rar·qui·a *s.f.* 1. Distribuição dos poderes eclesiásticos, civis e militares com subordinação sucessiva de uns aos outros de seus membros. 2. Categoria; classe; graduação.

hi·e·rár·qui·co *adj.* Concernente, conforme à hierarquia.

hi·e·rá·ti·co *adj.* 1. Concernente às coisas sagradas; religioso. 2. Designativo das formas tradicionais que a igreja impõe às obras de arte. 3. Diz-se do traçado cursivo de que se serviam os egípcios na escritura hieroglífica.

hi·e·ró·gli·fo *s.m.* 1. Nome dado aos caracteres da escrita dos antigos egípcios. 2. *fig.* Escrita ilegível. 3. Coisa obscura; aquilo que é de difícil compreensão.

hífen *s.m. Gram.* Sinal (-) com que se separam elementos de uma palavra composta ou sílabas em fim de linha; sinal usado em ênclises e mesóclises. *Pl.:* hifens.

hi·fe·ni·zar *v.t.d.* Pôr ou usar hífen em palavra.

hi·gi·dez *s.f.* Estado de perfeita saúde.

hí·gi·do *adj.* Concernente à saúde.

hi·gi·e·ne (ê) *s.f.* 1. *Med.* Parte da medicina que trata da conservação da saúde. 2. Asseio; limpeza. 3. Regime alimentar.

hi·gi·ê·ni·co *adj.* 1. Concernente à higiene. 2. De acordo com os princípios da higiene; salubre.

hi·gi·e·nis·ta *s.2gên.* Especialista em higiene; sanitarista.

hi·gi·e·ni·zar *v.t.d.* Tornar higiênico.

hi·gro·me·tri·a *s.f. Fís.* Parte da física que tem por objeto a determinação do grau de umidade do ar.

hi·grô·me·tro *s.m. Fís.* Instrumento para medir o grau de umidade do ar.

hi·la·ri·an·te *adj.2gên.* Que faz rir; que produz alegria.

hi·la·ri·da·de *s.f.* Vontade de rir; riso que não se pode conter; alegria; folguedo.

hi·lá·ri·o *adj.* Alegre; risonho; folgazão.

hi·lei·a *s.f. Geog.* A floresta amazônica, segundo Alexander von Humboldt.

hí·men *s.m. Anat.* Membrana que fecha em parte o orifício da vagina.

hi·me·neu *s.m.* Festa nupcial; casamento.

hi·ná·ri·o *s.m.* 1. Coleção ou livro de hinos. 2. Livro de hinos religiosos.

hin·di *s.m.* Língua derivada do sânscrito, falada por mais de 100 milhões de habitantes da Índia.

hin·du *adj.2gên.* 1. Da Índia. *s.2gên.* 2. Natural ou habitante da Índia.

hin·du·ís·mo *s.m. Rel.* Conjunto de preceitos sócio-religiosos derivados do bramanismo e atual sistema religioso nacional da Índia.

hi·no *s.m.* 1. Cântico religioso. 2. Canto em louvor da pátria ou dos heróis. 3. Composição poética e musical que celebra alguém ou alguma coisa. 4. *por ext.* Canto; canção.

hi·per·bá·ri·co *adj.* Caracterizado por peso ou pressão superior à normal.

hi·pér·ba·to *s.m. Gram.* Inversão ou mudança de lugar de palavras ou orações em um período.

hi·pér·bo·le *s.f. Gram.* 1. Figura que engrandece ou diminui exageradamente a verdade das coisas. 2. *Geom.* Curva em que cada um dos pontos mantém igual distância de dois pontos fixos chamados *focos*.

hi·per·bó·li·co *adj.* 1. Concernente a hipérbole. 2. *fig.* Exagerado.

hi·per·in·fla·ção *s.f. Econ.* Aumento acelerado e descontrolado de preços que causa a desvalorização da moeda.

hi·per·me·tro·pi·a *s.f. Med.* Anomalia visual em que o paciente não vê objetos próximos com nitidez (opõe-se a miopia).

hi·per·mí·di·a *s.f. Inform.* Conjunto de informações apresentadas na forma de textos, gráficos, sons, vídeos e outros tipos de remissão, próprios do hipertexto. *V.* **multimídia**.

hi·per·ten·são *s.f. Med.* Aumento da pressão arterial (hipertensão arterial) que se observa em moléstias do coração, das artérias ou dos rins.

hi·per·ten·so *adj.* 1. Diz-se do indivíduo em que se manifesta hipertensão arterial. *s.m.* 2. Indivíduo hipertenso.

hi·per·tex·to (s) *s.m. Inform.* Conjunto de textos estruturados e organizados, implementado em meios eletrônicos computadorizados, no qual as remissões correspondem a comandos que permitem ao leitor passar diretamente aos elementos associados.

hi·per·tro·fi·a *s.f. Med.* Desenvolvimento excessivo de um órgão ou de parte do organismo.

hi·pi·a·tri·a *s.m.* 1. Medicina veterinária que trata especialmente dos cavalos. 2. *por ext.* O que se refere a cavalos.

hí·pi·co *adj.* Concernente a cavalos.

hi·pis·mo *s.m.* Esporte das corridas de cavalos e provas de equitação.

hip·no·fo·bi·a *s.f.* 1. Medo de dormir. 2. Terror que advém durante o sono.

hip·nó·fo·bo *s.m.* Aquele que tem hipnofobia.

hip·no·se (ó) *s.f. Med.* Estado semelhante ao sono profundo em que o hipnotizado age de acordo com as sugestões do hipnotizador; sono provocado por meios artificiais, especialmente pelo hipnotismo.

hip·nó·ti·co *adj.* 1. Concernente a hipnose. 2. Que produz sono. *s.m.* 3. Aquilo que produz sono; narcótico.

hip·no·tis·mo *s.m.* Fenômenos físicos ou psíquicos (especialmente o sono) provocados por processos artificiais.

hip·no·ti·zar *v.t.d.* 1. Produzir o hipnotismo em; magnetizar. *v.p.* 2. *fig.* Concentrar a atenção em.

hi·po·ca·ló·ri·co *adj.* Que possui poucas calorias.

hi·po·cam·po *s.m. Zool.* Cavalo-marinho.

hi·po·con·dri·a *s.f. Med.* 1. Depressão e preocupação mórbida com moléstias imaginárias; tristeza habitual. 2. Melancolia.

hi·po·con·drí·a·co *adj.* 1. Concernente a hipocondria. 2. Que tem hipocondria. *s.m.* 3. Indivíduo hipocondríaco.

hi·po·côn·dri·o *s.m. Anat.* Cada uma das partes laterais do abdome, debaixo das falsas costelas.

hi·po·co·rís·ti·co *adj.* Designativo dos nomes familiares carinhosos geralmente formados pela repetição de sílabas: Vavá; Cacá; Nininha.

hi·po·crá·ti·co *adj.* Diz-se do código de ética médica que o indivíduo que se forma em medicina jura cumprir.

hi·po·cri·si·a *s.f.* 1. Falsa devoção. 2. Afetação de bons sentimentos. 3. Fingimento.

hi·pó·cri·ta *adj.2gên.* 1. Que tem ou demonstra hipocrisia. 2. Em que há hipocrisia. *s.2gên.* 3. Pessoa hipócrita.

hi·po·dér·mi·co *adj.* 1. Que se acha sob a pele. 2. Que se aplica por baixo da pele (injeção).

hi·pó·dro·mo *s.m.* Local apropriado para a realização de corridas de cavalos.

hi·pó·fi·se *s.f. Anat.* Glândula de secreção interna que se situa na parte inferior do encéfalo, também chamada glândula pituitária.

hi·po·pó·ta·mo *s.m.* 1. *epiceno Zool.* Mamífero paquiderme que habita as margens dos rios africanos. 2. *sobrecomum* Indivíduo corpulento; brutamontes.

hi·po·te·ca (é) *s.f.* 1. Sujeição de bens imóveis ao pagamento de uma dívida. 2. Dívida resultante dessa sujeição.

hi·po·te·car *v.t.d.* 1. Dar por hipoteca. 2. Onerar com hipoteca. 3. *fig.* Assegurar; garantir.

hi·po·te·cá·ri·o *adj.* Concernente a hipoteca ou que resulta dela.

hi·po·ten·são *s.f. Med.* Diminuição da pressão arterial (hipotensão arterial).

hi·po·ten·so *s.m.* Indivíduo em que se manifesta a hipotensão.

hi·po·te·nu·sa *s.f. Geom.* Lado oposto ao ângulo reto, num triângulo retângulo.

hi·pó·te·se *s.f.* 1. Suposição de coisas da qual se tira uma conclusão. 2. Teoria provável mas não demonstrada. 3. Probabilidade.

hi·po·té·ti·co *adj.* 1. Concernente a hipótese. 2. Que se funda em hipótese. 3. Duvidoso. 4. Fictício.

hip·pie (rípi) *Ingl. adj.2gên.* e *s.2gên.* Diz-se de ou o indivíduo rebelado contra as normas sociais, econômicas e políticas vigentes, inclusive na maneira de vestir e na aparência pessoal.

hi·res (ráires) *Ingl. s.f. Inform.* Alta resolução (*abrev.* de *high-resolution*).

hir·su·to *adj.* Que tem pelos longos, duros e espessos; cabeludo; emaranhado.

hir·to *adj.* 1. Inteiriçado; rígido. 2. Ereto; imóvel. 3. Crespo.

his·pâ·ni·co *adj.* Relativo à Espanha; espanhol.

his·pa·nis·mo *s.m.* 1. Espanholismo. 2. Dedicação às coisas ou costumes da Espanha.

his·pa·no·a·me·ri·ca·no *adj.* 1. Relativo ao mesmo tempo à América e à Espanha. 2. Que tem origem na América espanhola ou é próprio dela. *s.m.* 3. Indivíduo que tem origem espanhola e americana. *Pl.*: hispano-americanos.

hís·pi·do *adj.* 1. Eriçado de pelos rijos e grossos. 2. Crespo; hirsuto.

his·so·pe (ó) *s.m.* Instrumento de metal ou madeira com que se asperge água benta.

his·te·rec·to·mi·a *s.f. Cir.* Extração total do útero.

his·te·ri·a *s.f.* 1. *Med.* Neurose causada por conflitos psicológicos. 2. *por ext.* Índole caprichosa.

his·té·ri·co *adj.* 1. Relativo à histeria. *adj.* e *s.m.* 2. Que ou pessoa que tem histeria.

his·te·ris·mo *s.m. Med.* Afecção histérica; histeria.

his·te·ros·có·pi·o *s.m. Med.* Instrumento utilizado no exame do útero.

his·to·lo·gi·a *s.f. Anat.* Parte da fisiologia que tem por objeto o estudo da composição e da estrutura microscópica dos tecidos orgânicos.

his·tó·ri·a *s.f.* 1. Série de acontecimentos notáveis e dignos de memória, ocorridos na vida dos povos, em particular, e da humanidade, em geral. 2. Estudo das origens ou progressos de uma arte ou ciência. 3. Narração; narrativa; estória. 4. *fam.* Fábula; mentira. 5. *pop.* Conversa fiada.

his·to·ri·a·dor *s.m.* 1. Aquele que escreve sobre história. 2. Aquele que narra um fato ou acontecimento. 3. Autor de histórias.

his·to·ri·ar *v.t.d.* 1. Fazer a história de. 2. Contar; narrar. *Pres. ind.:* eu historio, tu historias, etc.

his·to·ri·cis·mo *s.m. Fil.* Doutrina que tem a história como fundamento para explicar os valores e as culturas da humanidade.

his·tó·ri·co *adj.* 1. Concernente à história. 2. Digno de figurar na história. 3. Real; verídico. 4. Extraído da história. 5. Tradicional.

his·to·ri·e·ta (ê) *s.f.* 1. Narrativa de fato pouco importante. 2. Conto; novela; anedota.

his·to·ri·o·gra·fi·a *s.f.* Arte de escrever a história de uma época.

his·to·ri·ó·gra·fo *s.m.* O mesmo que historiador.

his·tri·ão *s.m.* 1. Bobo; palhaço; farsista; bufão. 2. *fig.* Indivíduo abjeto, vil. *Fem.:* histriã.

hi·tle·ris·mo *s.m.* O conjunto das doutrinas de Adolf Hitler, político alemão (1889-1945); nazismo.

hi·tle·ris·ta *adj.2gên.* 1. Relativo ao hitlerismo. *s.2gên.* 2. Pessoa partidária de Adolf Hitler; nazista.

ho·di·er·no (é) *adj.* 1. Que se refere ao dia de hoje. 2. Moderno; recente; atual.

ho·je *adv.* 1. No dia em que estamos. 2. Na época que corre; atualmente. *s.m.* 3. O dia ou a época em que estamos.

ho·lan·dês *adj.* 1. Da Holanda. *s.m.* 2. O natural ou habitante da Holanda. 3. O idioma desse país.

ho·le·ri·te *s.m.* Contracheque.

ho·lis·mo *s.m.* Teoria que considera o ser humano um todo coeso e que não pode ser fragmentado em componentes físicos e psicológicos.

ho·lís·ti·ca *s.f.* Aplicação dos postulados do holismo no conhecimento do ser humano.

hól·mi·o *s.m. Quím.* Elemento metálico, do grupo das terras raras, de símbolo **Ho** e cujo número atômico é 67.

ho·lo·caus·to *s.m.* 1. Sacrifício em que se queimavam as vítimas, entre os hebreus. 2. Mortandade cometida contra os judeus pelos nazistas, na 2ª Guerra Mundial (inicial maiúscula). 3. *por ext.* Sacrifício; expiação.

ho·lo·ce·no (ê) *adj. Geol.* 1. Diz-se da última e mais próxima época geológica do período quaternário, que começa com o fim do período glacial. *s.m.* 2. Essa época (inicial maiúscula).

ho·lo·fo·te (ó) *s.m.* Projetor que ilumina os objetos a distância; foco elétrico.

ho·lo·gê·ne·se *s.f. Biol.* Teoria segundo a qual cada espécie dá origem a outras, desaparecendo a primitiva.

ho·lo·gra·fi·a *s.f.* Processo para obter imagens em três dimensões por meio de raios *laser.*

hom·bri·da·de *s.f.* 1. Aspecto varonil. 2. Dignidade; nobreza de caráter; magnanimidade.

home (rôum) *Ingl. s.f. Inform.* Tecla que leva ao início de uma linha ou de uma página em branco.

ho·mem *s.m.* 1. Mamífero bípede, animal racional que ocupa o primeiro lugar na escala zoológica. 2. Ser humano. *s.m.* 3. Indivíduo do sexo masculino, depois da adolescência; varão. 4. *fig.* O gênero humano. 5. Indivíduo corajoso.

ho·me·na·ge·ar *v.t.d.* Prestar homenagem a.

ho·me·na·gem *s.f.* Prova de respeito e veneração; preito; cortesia.

ho·men·zar·rão *s.m.* Aumentativo de homem; homem alto e forte.

ho·men·zi·nho *s.m.* 1. *Dim.* de homem. 2. Indivíduo que vai entrando na adolescência. 3. *fig.* Indivíduo sem importância.

ho·me·o·pa·ta *s.2gên.* Pessoa partidária da homeopatia.

ho·me·o·pa·ti·a *s.f. Med.* Sistema que combate as doenças por meio de agentes capazes de produzir sintomas semelhantes a essas doenças, e que se aplicam em doses infinitesimais (opõe-se à alopatia).

home·page (rôumpêij) *Ingl. s.f. Inform.* Página original, de base ou entrada em um *site* da Web, ou de outro sistema de hipertexto ou hipermídia, que geralmente contém uma apresentação e um índice, com *links* de hipertexto que remetem às principais seções de conteúdo do *site*, visando facilitar a navegação pelo sistema; usa-se, impropriamente, como designação de qualquer página da Web, ou, mesmo, de todo um *site*.

ho·mé·ri·co *adj.* 1. Concernente a Homero, poeta grego. 2. *fig.* Grande; heroico; retumbante.

ho·mi·ci·da *adj.2gên.* 1. Que causa a morte de uma pessoa, que pratica homicídio. *s.2gên.* 2. Pessoa homicida; assassino.

ho·mi·cí·di·o *s.m.* Morte de uma pessoa praticada por outrem; assassínio.

ho·mi·li·a *s.f.* Sermão, prédica, pregação sobre coisas de religião.

ho·mi·ní·de·o *adj. Zool.* 1. Relativo aos hominídeos, família de primatas que inclui o homem e seus ancestrais hoje extintos. *s.m.* 2. Espécime dessa família de primatas.

ho·mi·zi·a·do *adj.* 1. Designativo do indivíduo que anda fugido à ação da justiça. 2. Oculto; escondido. *s.m.* 3. Indivíduo homiziado.

ho·mi·zi·ar *v.t.d.* 1. Dar guarida a. 2. Acatar; esconder; encobrir. *v.p.* 3. Fugir à ação da justiça; foragir-se. 4. Esconder-se.

ho·mo·fô·ni·co *adj.* Que tem o mesmo som ou a mesma pronúncia.

ho·mó·fo·no *adj.* 1. Homofônico. *s.m.* 2. *Gram.* Vocábulos homófonos, mas com sentido diferente: haja (*v.* haver) e aja (*v.* agir).

ho·mo·ge·nei·da·de *s.f.* Qualidade de homogêneo.

ho·mo·ge·ne·i·zar *v.t.d.* e *v.p.* 1. Tornar(-se) homogêneo; igualar(-se). *v.t.d.* 2. Misturar substâncias diferentes de modo a obter um composto homogêneo.

ho·mo·gê·ne·o *adj.* 1. Da mesma natureza; análogo; idêntico. 2. Cujas partes estão solidamente ligadas.

ho·mó·gra·fo *adj. Gram.* Diz-se da palavra que tem a mesma grafia que outra, mas sentido diferente: forma (ô) e forma (ó).

ho·mo·lo·ga·ção *s.f.* Ação ou efeito de homologar.

ho·mo·lo·gar *v.t.d.* Aprovar, confirmar por autoridade judicial ou administrativa.

ho·mo·ní·mi·a *s.f.* 1. Condição, qualidade ou característica de homônimo. 2. Conjunto de homônimos. 3. *Gram.* Característica de vocábulos de mesma grafia ou mesma pronúncia, mas com significados diferentes.

ho·mô·ni·mo *adj.* e *s.m.* 1. Que ou aquele que tem o mesmo nome que outrem. 2. *Gram.* Diz-se das palavras que possuem identidade de sons ou de forma, mas diversidade de sentido. Podem ser homófonas: concerto (musical) e conserto (de carro); homógrafas: colher (ê) e colher (é); perfeitas: são (*adj.*) e são (*v.* ser).

ho·mos·se·xu·al (cs) *adj.2gên.* 1. Relativo à afinidade ou aos atos sexuais entre indivíduos do mesmo sexo (opõe-se a heterossexual). *s.2gên.* 2. Indivíduo homossexual.

ho·mos·se·xu·a·lis·mo (cs) *s.m.* Prática de atos sexuais entre indivíduos do mesmo sexo.

ho·mún·cu·lo *s.m.* 1. *Dim. deprec.* de homem. 2. Anão. 3. *fig.* Homem insignificante.

hon·du·re·nho (ê) *adj.* 1. De Honduras (América Central). *s.m.* 2. O natural ou habitante de Honduras.

ho·nes·ti·da·de *s.f.* 1. Qualidade de honesto. 2. Honradez; decência; probidade. 3. Dignidade; compostura; pudor.

ho·nes·to *adj.* 1. Decoroso. 2. Honrado; probo; virtuoso. 3. Conveniente. 4. Atencioso; agradável.

ho·no·ra·bi·li·da·de *s.f.* 1. Qualidade do que é digno de receber honras. 2. Probidade; respeitabilidade.

ho·no·rá·ri·o *adj.* 1. Que dá honra, sem proveito material. 2. Que tem honras, sem proventos, de um cargo.

ho·no·rá·ri·os *s.m.pl.* Remuneração pecuniária de serviços prestados por aqueles que têm profissão liberal.

ho·no·rá·vel *adj.2gên.* Digno de receber honras.

ho·no·ri·fi·car *v.t.d.* Dar honras a; honrar.

ho·no·rí·fi·co *adj.* Que honra; honroso.

hon·ra *s.f.* 1. Sentimento do dever ou de dignidade própria. 2. Consideração ou homenagem à virtude, ao talento, às boas qualidades. 3. Castidade; virgindade.

hon·ra·dez (ê) *s.f.* 1. Qualidade de honrado. 2. Pundonor. 3. Honra; dignidade. 4. Honestidade; caráter.

hon·rar *v.t.d.* 1. Conferir honras a; distinguir. 2. Respeitar; venerar. 3. Glorificar; dignificar; enobrecer. 4. Dar crédito a. 5. Lisonjear; penhorar. *v.p.* 6. Enobrecer-se.

hon·ra·ri·a *s.f.* 1. Cargo ou distinção honrosa. 2. Título honorífico. 3. Graça ou mercê que nobilita.

hon·ras *s.f.pl.* Título honorífico; honraria.

hon·ro·so (ô) *adj.* 1. Que dá honra, que enobrece. 2. Decente; dignificante. *Pl.:* honrosos (ó).

hó·quei *s.m. Desp.* Jogo disputado entre duas equipes de 11 jogadores, cujo objetivo é a introdução de uma pequena bola em gols opostos impelida com um bastão recurvado.

ho·ra (ó) *s.f.* 1. Vigésima quarta parte do dia. 2. Período de sessenta minutos. 3. Oportunidade; ensejo. *Chegar a sua hora*: estar próximo o momento da morte. *Fazer hora*: executar alguma atividade apenas para ocupar o tempo de espera anterior à hora de realizar algo já planejado. *V. ora.*

ho·rá·ri·o *adj.* 1. Concernente a horas. *s.m.* 2. Tabela indicativa das horas em que se fazem ou se devem fazer certos serviços. *Horário nobre*: aquele em que a maior audiência (no rádio e na televisão) determina valores mais altos para os anunciantes.

hor·da (ó) *s.f.* 1. Tribo errante. 2. Bando indisciplinado. 3. Guerrilha.

ho·ris·ta *adj.2gên.* e *s.2gên.* Diz-se de ou empregado que é remunerado por hora de serviço prestado.

ho·ri·zon·tal *adj.2gên.* 1. Paralelo ao horizonte. 2. Concernente ao horizonte. 3. Deitado ao comprido. *s.f.* 4. Linha paralela ao horizonte.

ho·ri·zon·te *s.m.* 1. Círculo máximo da esfera, perpendicular ao diâmetro que passa pelo ponto em que se encontra o observador. 2. *fig.* Extensão ou espaço que a vista abrange. 3. Perspectiva; futuro.

hor·mô·ni:o *s.m. Biol.* Produto das glândulas de secreção interna.

ho·rós·co·po *s.m.* 1. Posição dos astros no momento do nascimento de uma pessoa. 2. Prognóstico da vida de uma pessoa baseado nessa posição.

hor·ren·do *adj.* Que causa horror; medonho; cruel.

hor·ri·pi·lan·te *adj.2gên.* 1. Que horripila; que assusta. 2. Medonho; horrendo.

hor·ri·pi·lar *v.t.d.* 1. Causar arrepios a. 2. Horrorizar. *v.p.* 3. Arrepiar-se. 4. Sentir-se horrorizado.

hor·rí·vel *adj.2gên.* 1. Horrendo; medonho. 2. Péssimo. *Sup. abs. sint.:* horribilíssimo.

hor·ror *s.m.* 1. Sensação de medo ou repulsão que faz arrepiar os cabelos e a pele. 2. Ódio; aversão. 3. Espetáculo horroroso.

hor·ro·ri·zar *v.t.d.* 1. Causar horror a; amedrontar. *v.i.* 2. Causar horror; ser horrível. *v.p.* 3. Encher-se de horror.

hor·ro·ro·so (ô) *adj.* Horrendo; horrível. *Pl.:* horrorosos (ó).

hor·ta (ó) *s.f.* Terreno onde se cultivam hortaliças.

hor·ta·li·ça *s.f. Bot.* Nome comum às plantas leguminosas de folhas e frutos comestíveis, que geralmente se cultivam nas hortas.

hor·te·lã *s.f. Bot.* Planta de propriedades medicinais usada no preparo de pastilhas e chás.

hor·te·lão *s.m.* Aquele que trata da horta.

hor·te·lã-pi·men·ta *s.f. Bot.* Planta de sabor picante usada como condimento e antisséptico. *Pl.:* hortelãs-pimentas e hortelãs-pimenta.

hor·ten·se *adj.2gên.* 1. Concernente a horta. 2. Produzido em horta.

hor·ti·cul·tor *s.m.* Aquele que se dedica à horticultura.

hor·ti·cul·tu·ra *s.f.* Ramo da agricultura que se ocupa do cultivo de hortas e jardins.

hor·to (ô) *s.m.* 1. Pequena horta. 2. Pequena porção de terreno em que se cultivam plantas de jardim. 3. Estabelecimento de horticultura. 4. Jardim. 5. Lugar de tormento (por alusão ao Horto das Oliveiras, onde Jesus sofreu).

ho·sa·na *s.m.* 1. *Liturg.* Hino eclesiástico que se canta no Domingo de Ramos. 2. *fig.* Louvor, saudação. *interj.* 3. Salve!

hos·pe·da·gem *s.f.* 1. Ação de hospedar. 2. Hospitalidade. 3. Hospedaria.

hos·pe·dar *v.t.d.* 1. Receber como hóspede. 2. Dar hospedagem a. *v.p.* 3. Tornar-se hóspede. 4. Alojar-se.

hos·pe·da·ri·a *s.f.* 1. Casa, local onde se recebem hóspedes mediante retribuição. 2. Estalagem; albergaria.

hós·pe·de *s.m.* 1. Aquele que se aloja em casa alheia por algum tempo. 2. Hospedeiro(4). 3. *fig.* Pessoa que está por pouco tempo numa localidade ou região. *Fem. desus.:* hóspeda.

hos·pe·dei·ro *adj.* 1. Concernente a hóspede. 2. Que hospeda. 3. *fig.* Obsequiador; benévolo; acolhedor. *s.m.* 4. O que dá hospedagem. 5. Dono de

hospício

hospedaria. 6. *Biol.* Animal ou vegetal de que outro é parasito.

hos·pí·ci·o *s.m.* 1. Estabelecimento onde se hospedam e tratam pessoas pobres, sem retribuição. 2. Hospital de alienados; manicômio.

hos·pi·tal *s.m.* 1. Estabelecimento onde se recolhem e tratam doentes. 2. *fig.* Casa ou lugar onde há muitos doentes.

hos·pi·ta·lei·ro *adj.* e *s.m.* 1. Que ou o que dá hospedagem por bondade ou caridade. 2. Acolhedor; caritativo.

hos·pi·ta·li·da·de *s.f.* 1. Qualidade de hospitaleiro. 2. Ação de hospedar. 3. Bondade, liberalidade para com os hóspedes.

hos·pi·ta·li·za·ção *s.f.* Ato ou efeito de hospitalizar(-se).

hos·pi·ta·li·zar *v.t.d.* 1. Internar em hospital. 2. Converter em hospital. *v.p.* 3. Internar-se em hospital.

hos·te (ó) *s.f.* 1. Tropa; exército. 2. *fig.* Multidão; chusma; bando.

hós·ti:a *s.f.* 1. *Rel.* Qualquer vítima que os hebreus ofereciam em sacrifício a Deus. 2. *Liturg.* Partícula de pão ázimo que o sacerdote consagra na missa.

hos·til *adj.2gên.* 1. Que hostiliza. 2. Adverso; inimigo. 3. Agressivo; provocante.

hos·ti·li·da·de *s.f.* 1. Qualidade de hostil. 2. Ação ou efeito de hostilizar.

hos·ti·li·za·ção *s.f.* Ato ou efeito de hostilizar.

hos·ti·li·zar *v.t.d.* 1. Tratar de modo hostil. 2. Opor-se a. 3. Guerrear. 4. Prejudicar. 5. Ferir.

ho·tel *s.m.* Estabelecimento em que quartos ou apartamentos são alugados.

humano

ho·te·lei·ro *s.m.* Proprietário ou gerente de hotel.

HTML *s.f. Inform.* Linguagem de programação muito usada para criar páginas na internet, cuja especificidade são os hipertextos (sigla do *ingl. HyperText Markup Language*).

HTTP *s.m. Inform.* Protocolo de comunicação para hipertexto (sigla do *ingl. HyperText Transfer Protocol*).

hu·gue·no·te (ó) *s.m.* Protestante, em particular, calvinista.

hu·lha *s.f. Min.* Carvão fóssil, também chamado carvão de pedra.

hum *interj.* Exprime desconfiança, dúvida, hesitação. *V. um.*

hu·ma·ni·da·de *s.f.* 1. O conjunto dos homens. 2. Natureza humana. 3. Benevolência; complacência; clemência; compaixão.

hu·ma·ni·da·des *s.f.pl.* Estudo das letras clássicas.

hu·ma·nis·mo *s.m.* Doutrina dos humanistas da Renascença, que ressuscitaram o culto das línguas e das literaturas antigas.

hu·ma·nis·ta *adj.2gên.* 1. Concernente ao humanismo. *s.2gên.* 2. Pessoa que se dedica ao estudo de humanidades.

hu·ma·ni·tá·ri:o *adj.* 1. Concernente à humanidade. 2. Bondoso. 3. Benfeitor. 4. Que tende ao bem da humanidade. *s.m.* 5. Filantropo.

hu·ma·ni·ta·ris·mo *s.m.* Doutrina filosófica e política que tudo subordina ao amor pela humanidade; filantropia.

hu·ma·ni·zar *v.t.d.* e *v.p.* 1. Tornar(-se) humano. 2. Civilizar(-se).

hu·ma·no *adj.* 1. Concernente ao ser humano. 2. Próprio do ser humano. 3. Compassivo; humanitário.

hu·ma·nos *s.m.pl.* O gênero humano.

hu·mil·da·de *s.f.* 1. Qualidade de humildade. 2. Modéstia. 3. Pobreza.

hu·mil·de *adj.2gên.* 1. Que tem ou demonstra humildade. 2. Modesto; simples. 3. Pobre; inferior. *Sup. abs. sint.:* humildíssimo e humílimo.

hu·mi·lha·ção *s.f.* 1. Ação ou efeito de humilhar(-se). 2. Rebaixamento moral. 3. Vexame.

hu·mi·lhan·te *adj.2gên.* 1. Que humilha, rebaixa, avilta. 2. Vexatório.

hu·mi·lhar *v.t.d.* 1. Tornar humilde. 2. Vexar; rebaixar. 3. Tratar de modo desdenhoso. 4. Submeter. *v.i.* 5. Ser humilhante. *v.p.* 6. Mostrar-se humilde. 7. Rebaixar-se.

hu·mo *s.m.* Camada de matéria orgânica em decomposição, que fertiliza a terra e nutre as plantas; terra vegetal; húmus.

hu·mor *s.m.* 1. Nome comum aos fluidos existentes no organismo. 2. Estado de espírito (bom humor; mau humor). 3. Veia cômica; graça. ***Humor negro***: humor que choca por empregar elementos macabros ou mórbidos em situações cômicas.

hu·mo·ris·mo *s.m.* Qualidade de humorista ou dos escritos humorísticos.

hu·mo·ris·ta *s.2gên.* Pessoa que escreve ou fala espirituosamente e às vezes com feição irônica.

hu·mo·rís·ti·co *adj.* 1. Relativo a humor, humorismo ou humorista. 2. Em que existe humor (3).

hú·mus *s.m. 2núm.* Humo.

hún·ga·ro *adj.* 1. Da Hungria; magiar. *s.m.* 2. O natural ou habitante da Hungria; magiar. 3. O idioma desse país; magiar.

hu·no *s.m.* 1. Indivíduo dos hunos, bárbaros que invadiram a Europa em meados do século V, chefiados por Átila. *adj.* 2. Relativo aos hunos.

hur·ra *interj.* Termo que expressa saudação, entusiasmo, alegria, felicitação; viva.

I i

i *s.m.* 1. Nona letra do alfabeto. *num.* 2. O nono numa série indicada por letras.

ia·iá *s.f. pop. ant.* Forma de tratamento dado às meninas e moças no período da escravidão.

ia·lo·ri·xá *s.f. Rel.* O mesmo que mãe de santo.

ia·no·mâ·mi *adj.2gên.* 1. Relativo ou próprio dos ianomâmis, povo indígena da Venezuela e do nordeste da Amazônia. 2. Relativo ou próprio da língua desse povo. *s.2gên.* 3. Pessoa que pertence a esse povo. *s.m.* 4. A língua desse povo.

i·an·que *adj.2gên.* 1. Relativo aos Estados Unidos da América. *s.2gên.* 2. Pessoa natural ou habitante desse país; norte-americano.

i·a·ra *s.f. Mit.* Ser fabuloso dos rios e lagos que se mostra como uma mulher de rara beleza e que, como a sereia, atrai os incautos e os afoga; mãe-d'água.

i·a·te *s.m.* Embarcação náutica ligeira, geralmente de recreio.

i·a·tis·mo *s.m.* Prática de se navegar com iates; corrida esportiva com os mesmos.

i·bé·ri·co *adj.* 1. Que se refere ou pertence à Ibéria (Espanha) ou à Península Ibérica (Portugal e Espanha). *s.m.* 2. Adepto da união ibérica; ibero.

i·be·ro (é) *adj.* 1. Ibérico. *s.m.* 2. Indivíduo dos iberos, antigos habitantes da Ibéria. 3. Língua falada pelos antigos iberos.

i·be·ro-a·me·ri·ca·no *adj.* 1. Relativo ou próprio dos povos americanos colonizados pela Espanha ou por Portugal (países da Península Ibérica). *s.m.* 2. Indivíduo que nasceu ou mora em qualquer um desses países colonizados dessa maneira. *Pl.*: ibero-americanos.

i·bi·dem (bí) *Lat. adv.* 1. No mesmo lugar; aí mesmo. 2. Na mesma obra, capítulo ou página (de um autor já citado).

i·bi·ra·pi·tan·ga *s.f. Bot.* Nome indígena do pau-brasil.

i·bo·pe (ó) *s.m.* 1. Instituto que mede intenções de voto, índices de tendências do mercado e de audiência televisiva (sigla de Instituto Brasileiro de Opinião Pública e Estatística; inicial maiúscula). *por ext.* 2. Índice de audiência. 3. Prestígio.

i·çar *v.t.d.* 1. Erguer; alçar. 2. Arvorar (bandeira, vela de navio).

ice·berg (aicebérg) *Ingl. s.m.* Grande massa flutuante de gelo encontrada em geral nos mares antárticos.

í·co·ne *s.m.* 1. Imagem pintada da Virgem ou dos santos, na Igreja russa e grega. 2. *Inform.* Em uma interface gráfica, uma figura, geralmente clicável, apresentada na tela, usada para identificar e/ou acionar um programa ou um recurso de programa, ou selecionar um objeto.

i·co·no·clas·ta *adj.2gên.* 1. Designativo da pessoa destruidora de imagens ou de ídolos. *s.2gên.* 2. Pessoa iconoclasta.

i·co·no·gra·fi·a *s.f.* 1. Conjunto de imagens (pinturas, fotos, filmes, estátuas, medalhas, monumentos, etc.) relativas a uma época ou a um assunto. 2. A arte de representar por imagens. 3. Em uma empresa, o departamento encarregado da pesquisa, documentação, catalogação e armazenamento de imagens (fotos, gravuras, filmes, etc.).

ic·te·rí·ci·a *s.f. Med.* Estado mórbido que resulta de uma alteração do sangue por absorção da bílis, caracterizado por amarelidão da pele e das escleróticas.

ic·ti·o·lo·gi·a *s.f. Zool.* Estudo dos peixes.

i·da *s.f.* Ação de ir; jornada; partida.

i·da·de *s.f.* 1. Duração ordinária da vida. 2. Número de anos de alguém ou de alguma coisa. 3. Época histórica ou geológica. 4. Velhice. 5. Era; tempo. 6. Época da vida: infância, adolescência, etc. **Idade de Cristo**: 33 anos. **De idade**: pessoa idosa.

i·de·a·ção *s.f.* 1. Ação ou efeito de idear. 2. Formação da ideia; concepção.

i·de·al *adj.2gên.* 1. Que só existe na ideia. 2. Imaginário. *s.m.* 3. Conjunto abstrato de perfeições de que se faz ideia, mas que não se pode atingir completamente. 4. Aquilo que é objeto de nossa mais alta aspiração. 5. Sublimidade; perfeição.

i·de·a·lis·mo *s.m.* 1. Designação geral dos sistemas éticos que tomam normas ideais como normas de ação. 2. Idealidade; tendência para o ideal. 3. Devaneio.

i·de·a·lis·ta *adj.2gên.* 1. Concernente ao idealismo. 2. Que tende ao ideal. *s.2gên.* 3. Pessoa partidária do idealismo. 4. Pessoa que devaneia ou que se compraz apenas com coisas ideais.

i·de·a·li·zar *v.t.d.* 1. Dar caráter ideal a. 2. Imaginar. 3. Poetizar. 4. Divinizar.

i·de·ar *v.t.d.* 1. Pôr na ideia. 2. Planejar; projetar; imaginar.

i·dei·a *s.f.* 1. Representação de qualquer coisa no espírito. 2. Concepção intelectual. 3. Modelo das coisas; tipo; exemplar. 4. Desenho; esboço. 5. Engenho; talento inventivo; imaginação. 6. Ânimo; fito. 7. Juízo; inteligência. 8. Opinião. *gír.* **Trocar uma ideia**: conversar.

i·dên·ti·co *adj.* Igual; semelhante; análogo.

i·den·ti·da·de *s.f.* 1. Qualidade de idêntico. 2. Caráter do que é perfeitamente igual. 3. Qualidade de duas ou mais coisas que fazem uma só. 4. Características próprias e exclusivas de uma pessoa.

i·den·ti·fi·ca·ção *s.f.* 1. Ação de identificar (-se). 2. Determinação da identidade.

i·den·ti·fi·car *v.t.d.* 1. Tornar idêntico a. 2. Fazer (de duas ou mais coisas) uma só. 3. Estabelecer a identidade de. *v.p.* 4. Tomar o caráter de. 5. Compenetrar-se de ideias ou sentimentos de outrem.

i·de·o·gra·ma *s.m.* Sinal que exprime diretamente uma ideia, como os algarismos.

i·de·o·lo·gi·a *s.f.* 1. Ciência que trata da formação das ideias. 2. Conjunto de convicções e convenções filosóficas, religiosas, jurídicas, sociais ou políticas; doutrina; crença.

i·dí·li·co *adj.* 1. Concernente a idílio. 2. Pastoril. 3. Suave; amoroso.

i·dí·li·o *s.m.* 1. *Lit.* Composição poética de caráter pastoril. 2. Amor simples e puro. 3. Devaneio; sonho.

i·di·o·ma (ô) *s.m.* Língua de uma nação, de um povo, de uma região.

i·di·o·ma·tis·mo *s.m. Gram.* O mesmo que idiotismo.

i·di·os·sin·cra·si·a *s.f.* 1. Disposição particular de temperamento e constituição, em virtude da qual cada indivíduo reage de maneira muito pessoal diante de uma mesma situação. 2. Maneira de ver, sentir, reagir própria de cada pessoa.

i·di·o·ta (ó) *adj.2 gên.* e *s.2gên.* 1. Que ou pessoa que sofre de profundo atraso mental. 2. Pateta; tolo; parvo. 3. Ignorante. 4. Maluco. 5. Pretensioso.

i·di·o·ti·ce *s.f.* 1. Qualidade de idiota. 2. Procedimento ou dito de idiota.

i·di·o·tis·mo *s.m. Gram.* Palavra ou construção típicas de um determinado idioma.

i·dó·la·tra *adj.2gên.* 1. Concernente à idolatria; que adora ídolos. *s.2gên.* 2. Pessoa que adora ídolos.

i·do·la·trar *v.t.d.* 1. Adorar (ídolos). 2. Amar excessivamente; venerar. *v.i.* 3. Entregar-se à idolatria.

i·do·la·tri·a *s.f.* 1. Adoração de ídolos. 2. Amor excessivo; paixão.

í·do·lo *s.m.* 1. Figura, estátua ou imagem que representa uma divindade e é objeto de culto. *sobrecomum* 2. *fig.* Pessoa a quem se tributa grande admiração, demasiado respeito ou excessivo afeto.

i·do·nei·da·de *s.f.* 1. Qualidade de idôneo. 2. Competência; capacidade.

i·dô·ne·o *adj.* 1. Apto; adequado. 2. Que se acha em condições para desempenhar certos cargos ou realizar determinadas obras.

i·do·so (ô) *adj.* Que tem muita idade; velho. *Pl.*: idosos (ó).

I·e·man·já *s.f. Rel.* Orixá feminino, o próprio mar divinizado; mãe-d'água.

i·e·me·ni·ta *adj.2gên.* 1. Do Iêmen (Ásia). *s.2gên.* 2. Natural ou habitante do Iêmen.

i·e·ne (ê) *s.m.* Unidade monetária e moeda do Japão.

i·ga·ra·pé *s.m.* Pequeno canal que apenas dá passagem a pequenas embarcações.

i·glu *s.m.* Habitação dos esquimós feita com blocos de gelo que se ordenam em forma de cúpula.

ig·na·ro *adj.* Ignorante; sem instrução; parvo; estúpido.

ig·na·vo *adj.* Covarde; fraco; indolente.

íg·ne·o *adj.* 1. Concernente ao fogo; que tem a cor ou a natureza do fogo. 2. Do fogo. 3. Produzido pela ação do fogo.

ig·nes·cen·te *adj.2gên.* 1. Que está em combustão, em fogo, a arder. 2. Que se inflama.

ig·ni·ção *s.f.* 1. Estado de um corpo em combustão. 2. Nos motores de combustão interna, operação que provoca a combustão da mistura de combustível e comburente.

ignóbil

ig·nó·bil *adj.2gên.* 1. Que não tem nobreza. 2. Vil; desprezível; baixo; abjeto.

ig·no·mí·ni·a *s.f.* Opróbrio; infâmia; desonra.

ig·no·mi·ni·o·so (ô) *adj.* Infame; desonroso; que produz ignomínia. *Pl.:* ignominiosos (ó).

ig·no·ra·do *adj.* Obscuro; não conhecido.

ig·no·rân·ci·a *s.f.* Estado de ignorante; falta de saber.

ig·no·ran·te *adj.2gên.* e *s.2gên.* Que ou pessoa que não tem instrução, que não sabe nada.

ig·no·rar *v.t.d.* 1. Não saber; não conhecer. 2. Não ter, não possuir (falando de qualidades). 3. *pop.* Criticar; estranhar.

ig·no·to (ó ou ô) *adj.* Desconhecido; obscuro; ignorado.

i·gre·ja (ê) *s.f.* 1. Templo cristão. 2. Conjunto dos fiéis que professam a mesma fé, que participam dos mesmos sacramentos e estão sujeitos aos mesmos chefes espirituais.

i·gual *adj.2gên.* 1. Que tem a mesma grandeza, o mesmo valor; idêntico. 2. Liso; uniforme. 3. Inalterável. *s.2gên.* 4. Pessoa da mesma condição, classe ou categoria.

i·gua·lar *v.t.d.* 1. Tornar igual; nivelar; aplainar. 2. Tornar-se igual a; ser igual a. 3. Proporcionar; adaptar. *v.t.i.* 4. Ser igual; estar ou ficar no mesmo nível ou altura. *v.p.* 5. Fazer-se ou tornar-se igual.

i·gual·da·de *s.f.* 1. Qualidade de igual. 2. Uniformidade. 3. Equiparação de direitos entre os membros de uma sociedade, os cidadãos de um povo, etc.

i·gua·lha *s.f.* Identidade de posição social ou de condição moral.

ilha

i·gua·li·tá·ri·o *adj.* e *s.m.* 1. Partidário do igualitarismo. *adj.* 2. Concernente ao igualitarismo.

i·gua·li·ta·ris·mo *s.m.* Sistema dos que defendem a igualdade social.

i·gua·na *s.f. epiceno Zool.* Réptil sáurio de grandes dimensões e cores brilhantes.

i·gua·ri·a *s.f.* 1. Manjar delicado, apetitoso. 2. Qualquer manjar; comida.

ih *interj.* Expressa espanto, surpresa, ironia ou sensação de perigo que está prestes a acontecer.

i·í·di·che *s.m.* Língua originalmente falada por judeus da Europa central e oriental, que tem por base o alto-alemão do século XIV.

i·la·ção *s.f.* Aquilo que se deduz de certos fatos; conclusão; dedução; inferência.

i·la·que·ar *v.t.d.* 1. Enlaçar; prender. 2. Quebrar ou desfazer. 3. Fazer cair em logro.

i·la·ti·vo *adj.* Em que há ilação ou dela resulta; conclusivo.

i·le·gal *adj.2gên.* Não legal; contrário à lei.

i·le·ga·li·da·de *s.f.* Qualidade de ilegal.

i·le·gí·ti·mo *adj.* 1. Não legítimo. 2. Bastardo. 3. Não merecido; injusto.

i·le·gí·vel *adj.2gên.* Não legível; que não se pode ler. *V.* **elegível**.

í·le·o *s.m. Anat.* A parte final do intestino delgado.

i·le·so (é ou ê) *adj.* Sem lesão; são; incólume; salvo.

i·le·tra·do *adj.* e *s.m.* Que ou o que não tem nenhuma instrução; analfabeto.

i·lha *s.f. Geog.* Porção de terra que se eleva acima das águas e por elas é cercada em toda a sua periferia.

i·lhar *v.t.d.* 1. Insular; apartar. 2. Tornar incomunicável. *v.p.* 3. Insular-se. 4. Tornar-se incomunicável.

i·lhar·ga *s.f.* 1. Lado do corpo humano desde os quadris até os ombros. 2. Lado de qualquer corpo. 3. *fig.* Esteio, apoio.

i·lhéu *adj.* 1. Relativo a ilha. *s.m.* 2. O natural ou habitante de uma ilha. *Fem.*: ilhoa. 3. Rochedo no meio do mar.

i·lhó *s.m.* 1. Furo por onde se enfia uma fita, um cordão, etc. 2. Aro de metal para debruar esse furo; ilhós.

i·lhós *s.m. pl.* Ilhó.

i·lho·ta *s.f.* Pequena ilha.

i·lí·a·co *s.m. Anat.* 1. Osso que ocupa as partes laterais e anteriores da bacia. *adj.* 2. Relativo à bacia.

i·li·ba·do *adj.* 1. Não tocado; imaculado; puro. 2. Reabilitado.

i·li·bar *v.t.d.* 1. Tornar puro, sem mancha. 2. Reabilitar.

i·lí·ci·to *adj.* 1. Não lícito. 2. Ilegítimo. 3. Contrário à lei ou à moral.

i·li·dir *v.t.d.* 1. Destruir refutando. 2. Rebater.

i·li·mi·ta·do *adj.* 1. Sem limites; imenso. 2. Indefinido; indeterminado.

i·ló·gi·co *adj.* 1. Desprovido de lógica. 2. Absurdo; incoerente.

i·lu·dir *v.t.d.* 1. Causar ilusão a. 2. Enganar; lograr. 3. Zombar. *v.p.* 4. Cair em ilusão, em erro.

i·lu·mi·na·ção *s.f.* 1. Ação ou efeito de iluminar; irradiação. 2. Luminárias; conjunto de luzes. 3. *fig.* Inspiração.

i·lu·mi·na·do *adj.* 1. Que tem luminárias ou iluminuras. 2. Que recebe luz. 3. *fig.* Ilustrado; instruído. *s.m.* 4. Aquele que se julga inspirado.

i·lu·mi·na·dor *adj.* e *s.m.* Que ou o que ilumina ou faz iluminuras.

i·lu·mi·nar *v.t.d.* 1. Derramar luz sobre. 2. Ornar com iluminação. 3. *fig.* Esclarecer; instruir. 4. Inspirar. 5. Alegrar. *v.p.* 6. Encher-se de luz. 7. Alegrar-se. 8. Entender.

i·lu·mi·nis·mo *s.m. Fil.* 1. Doutrina segundo a qual existe inspiração sobrenatural. 2. Movimento cultural que se espalhou na Europa durante os séculos XVII e XVIII e que tinha a razão como valor supremo.

i·lu·mi·nu·ra *s.f.* 1. Pintura em cores nos livros da Idade Média. 2. Aplicação de cores vivas a uma estampa. 3. Colorido sobre marfim ou pergaminho.

i·lu·são *s.f.* 1. Engano dos sentidos ou da inteligência. 2. O que se nos afigura ser o que não é. 3. Interpretação errônea de um fato ou sensação. 4. Aparência enganadora. 5. Coisa efêmera.

i·lu·si·o·nis·mo *s.m.* Prestidigitação.

i·lu·si·o·nis·ta *s.2gên.* Prestidigitador.

i·lu·só·ri·o *adj.* Que produz ilusão; enganoso; falso; vão.

i·lus·tra·ção *s.f.* 1. Ação de ilustrar. 2. Conjunto de conhecimentos; sabedoria. 3. Gravura intercalada num texto.

i·lus·tra·do *adj.* 1. Que tem ilustração; instruído. 2. Que tem gravuras, desenhos, ilustrações.

i·lus·trar *v.t.d.* 1. Tornar ilustre. 2. Dar lustre, glória a. 3. Instruir; elucidar. 4. Adornar com gravuras ou ilustrações. *v.p.* 5. Fazer-se ilustre, famoso. 6. Adquirir conhecimentos.

i·lus·tra·ti·vo *adj.* 1. Que ilustra ou é apropriado para ilustrar. 2. Que explica ou serve como exemplo.

i·lus·tre *adj.2gên.* 1. Que se distingue por qualidades dignas de louvor. 2. Preclaro; distinto. 3. Famoso; célebre.

í·mã *s.m.* 1. Magneto natural que atrai o ferro e outros metais. 2. Ferradura, barra ou agulha imantada. 3. *fig.* Aquilo que atrai.

i·ma·cu·la·do *adj.* Sem mácula; puro.

i·ma·gem *s.f.* 1. Figura que representa uma pessoa ou um objeto pelo desenho, pintura, escultura, etc. 2. Estampa (em geral pequena) que representa ordinariamente um assunto religioso. 3. Reflexo de um objeto ou de uma pessoa no espelho, na água, numa superfície polida. 4. Símbolo; figura.

i·ma·gi·na·ção *s.f.* 1. Faculdade de imaginar. 2. Invenção construtiva, organizada, em literatura. 3. Cisma; superstição. 4. Apreensão.

i·ma·gi·nar *v.t.d.* 1. Criar, conceber na imaginação. 2. Fantasiar; inventar; idear. 3. Conjeturar. 4. Julgar; supor. *v.t.i.* 5. Cismar; pensar; considerar. *v.p.* 6. Julgar-se; supor-se.

i·ma·gi·ná·ri:o *adj.* Que só existe na imaginação; ilusório; fantástico.

i·ma·gi·na·ti·vo *adj.* 1. Que imagina com facilidade. 2. Que tem imaginação fértil; engenhoso. 3. Apreensivo.

i·ma·gi·no·so (ô) *adj.* 1. De imaginação fértil. 2. Fantástico. 3. Esperto; sagaz. *Pl.:* imaginosos (ó).

i·ma·nên·ci:a *s.f.* Qualidade de imanente.

i·ma·nen·te *adj.2gên.* 1. Que existe sempre num ser e é inseparável dele. 2. Perdurável; permanente.

i·ma·ni·zar *v.t.d.* Magnetizar; comunicar (a um metal) a propriedade do ímã; imantar.

i·man·tar *v.t.d.* Imanizar.

i·mar·ces·cí·vel *adj.2gên.* 1. Que não murcha. 2. Que não se corrompe.

i·ma·te·ri·al *adj.2gên.* 1. Não material; que não tem a natureza da matéria; incorpóreo. *s.m.* 2. Aquilo que é imaterial.

i·ma·tu·ri·da·de *s.f.* Qualidade de imaturo.

i·ma·tu·ro *adj.* 1. Que não atingiu pleno desenvolvimento. 2. Que não é maduro; prematuro. 3. Inconsistente, próprio de criança.

im·ba·ú·ba *s.f. Bot.* Nome comum a árvores nativas da América tropical, de tronco reto, folhas grandes, em forma de dedos abertos, que se aglomeram na extremidade dos galhos; frutos doces e macios. *Var.:* embaúba.

im·be·cil *adj.2gên.* 1. Que revela tolice ou fraqueza de espírito. 2. Débil; néscio; parvo. *s.2gên.* 3. Pessoa imbecil.

im·be·ci·li·da·de *s.f.* Qualidade ou ato de imbecil.

im·be·ci·li·zar *v.t.d.* e *v.p.* Tornar imbecil.

im·ber·be *adj.2gên.* 1. Sem barba. 2. Muito moço.

im·bi·car *v.t.d.* Abicar; aportar.

im·bri·ca·ção *s.f.* 1. Disposição de objetos sobrepondo-se em parte uns aos outros, à maneira das telhas de um telhado. 2. Ornamento que imita essa disposição.

im·bri·car *v.t.d.* Dispor em imbricação.

im·bu·ir *v.t.d.* 1. Embeber; encher; impregnar. 2. *fig.* Infundir. 3. Insinuar; sugerir. 4. Arraigar. 5. Impregnar-se.

im·bu·zei·ro *s.m. Bot.* Árvore nativa da América tropical, de frutos comestíveis, pequenos e avermelhados, da família das anacardiáceas, que inclui a mangueira, o cajueiro, etc. *Var.:* umbuzeiro.

i·me·di·a·ções *s.f.pl.* Proximidades; vizinhanças; arredores.

i·me·di·a·tis·mo *s.m.* Sistema de agir dispensando intervenções ou rodeios.

i·me·di·a·tis·ta *adj.* 1. Relativo ao imediatismo. *s.2gên.* 2. Pessoa partidária do imediatismo.

i·me·di·a·to *adj.* 1. Próximo. 2. Instantâneo. 3. Que não tem nada de permeio. *s.m.* 4. Funcionário de categoria logo abaixo da do chefe e que o substitui em suas faltas. *loc. adj.* **De imediato**: imediatamente.

i·me·mo·ri·al *adj.2gên.* De que não há memória; muito antigo.

i·men·si·da·de *s.f.* Extensão ilimitada; espaço imenso; o infinito.

i·men·si·dão *s.f.* Imensidade.

i·men·so *adj.* Que não tem medida; ilimitado; enorme; infinito.

i·men·su·rá·vel *adj.2gên.* Que não se pode medir.

i·me·re·ci·do *adj.* Não merecido; indevido; injusto.

i·mer·gir *v.t.d.* 1. Mergulhar. 2. Fazer penetrar. *v.t.i.* 3. Penetrar; entrar. *v.p.* 4. Mergulhar. *Part.:* imergido e imerso. *V. emergir*.

i·mer·são *s.f.* Ato ou efeito de imergir. *V. emersão*.

i·mer·so (é) *adj.* 1. Mergulhado. 2. Abismado; concentrado. *V. emerso*.

i·mi·gra·ção *s.f.* Ação de imigrar. *V. emigração* e *migração*.

i·mi·gran·te *s.2gên.* Pessoa que imigra. *V. emigrante* e *migrante*.

i·mi·grar *v.t.i.* Entrar (em país alheio) para nele se estabelecer. *V. emigrar* e *migrar*.

i·mi·nên·ci·a *s.f.* Qualidade do que está iminente. *V. eminência*.

i·mi·nen·te *adj.2gên.* 1. Que ameaça cair sobre alguém ou sobre alguma coisa. 2. Que pode ocorrer a qualquer momento. *V. eminente*.

i·mis·ção *s.f.* Mistura.

i·mis·cí·vel *adj.2gên.* Que não é miscível, que não se pode misturar.

i·mis·cu·ir-se *v.p.* 1. Intrometer-se. 2. Tomar parte em alguma coisa.

i·mis·são *s.f.* Ação ou efeito de imitir. *V. emissão*.

i·mi·ta·ção *s.f.* 1. Ação de imitar. 2. Produto industrial que se pode confundir com outro.

i·mi·tar *v.t.d.* 1. Fazer à semelhança de. 2. Reproduzir ou procurar reproduzir (o que outrem faz ou fez). 3. Tomar como modelo. 4. Repetir; arremedar. 5. Falsificar.

i·mi·tir *v.t.d.* Fazer entrar; meter. *V. emitir*

i·mo *adj.* 1. Íntimo. 2. Que está no lugar mais fundo.

i·mo·bi·li·á·ri·o *adj.* Designativo dos bens que são imóveis por natureza ou por disposição da lei.

i·mo·bi·li·da·de *s.f.* Qualidade de imóvel; estabilidade.

i·mo·bi·lis·mo *s.m.* 1. Preferência por coisas antigas ou já existentes; aversão ao progresso, às mudanças. 2. *por ext.* Atitude ou comportamento político conservador.

i·mo·bi·li·za·ção *s.f.* Ação ou efeito de imobilizar(-se).

i·mo·bi·li·zar *v.t.d.* 1. Tornar imóvel. 2. Fazer parar o curso de; reter. *v.p.* 3. Tornar-se imóvel. 4. Não progredir; estacionar.

i·mo·la·ção *s.f.* Ação ou efeito de imolar; sacrifício cruento.

i·mo·lar *v.t.d.* 1. Sacrificar. 2. *fig.* Prejudicar. *v.p.* 3. Sacrificar-se.

i·mo·ral *adj.2gên.* 1. Que é contrário à moral. 2. Desonesto; devasso. *s.2gên.* 3. Pessoa imoral.

i·mo·ra·li·da·de *s.f.* 1. Qualidade de imoral. 2. Falta de moralidade. 3. Prática de maus costumes.

i·mor·re·dou·ro *adj.* Que não morre; imperecível.

i·mor·tal *adj.2gên.* 1. Que não morre; eterno. 2. Glorioso. *s.2gên.* 3. Membro da Academia Brasileira de Letras.

i·mor·ta·li·da·de *s.f.* 1. Qualidade de imortal. 2. Duração perpétua.

i·mor·ta·li·zar *v.t.d.* 1. Tornar imortal. 2. Tornar célebre. 3. Eternizar na memória dos homens. *v.p.* 4. Adquirir glória e celebridade perduráveis.

i·mó·vel *adj.2gên.* 1. Que não se move. 2. Que não se altera. 3. Parado; quieto. *s.m.* 4. Bem que não é móvel (casa, terra, etc.).

im·pa·ci·ên·ci·a *s.f.* 1. Falta de paciência. 2. Sofreguidão; pressa.

im·pa·ci·en·tar *v.t.d.* 1. Tornar impaciente. 2. Irritar. *v.p.* 3. Perder a paciência; não poder conter-se.

im·pa·ci·en·te *adj.2gên.* 1. Que não tem paciência. 2. Frenético; sôfrego.

im·pac·to *adj.* 1. Impelido; metido à força. *s.m.* 2. Colisão; choque. 3. Tiro; disparo. 4. *fig.* Abalo ou efeito moral.

im·pa·gá·vel *adj.2gên.* 1. Que não se pode pagar; inestimável; precioso. 2. *fig.* Muito engraçado. 3. *fig.* Ridículo.

im·pal·pá·vel *adj.2gên.* 1. Que não é palpável. 2. Imaterial.

im·pa·lu·dis·mo *s.m. Med.* Malária.

ím·par *adj.2gên.* 1. Que não é par. 2. Que é só; que é único. *adj.* 3. *Mat.* Diz-se do número que não é divisível por dois.

im·par·ci·al *adj.2gên.* 1. Que não é parcial. 2. Reto; justo.

im·par·ci·a·li·da·de *s.f.* Qualidade de imparcial.

im·pas·se *s.m.* Situação embaraçosa e de difícil solução; embaraço.

im·pas·si·bi·li·da·de *s.f.* Qualidade de impassível.

im·pas·sí·vel *adj.2gên.* 1. Imperturbável. 2. Indiferente. 3. Que não é suscetível de padecer.

im·pa·tri·ó·ti·co *adj.* Que não possui patriotismo.

im·pá·vi·do *adj.* Que não tem medo; destemido; intrépido; denodado.

im·peach·ment (impítchman) *Ingl. s.m.* Processo que pode ser instaurado contra presidentes da República, governadores, ministros do Supremo Tribunal ou procuradores-gerais para destituí-los, caso sejam responsáveis por crimes que prejudiquem os interesses do país.

im·pe·cá·vel *adj.2gên.* 1. Não sujeito a pecar. 2. Sem defeito; irrepreensível. 3. Que se fez com segurança ou correção.

im·pe·di·do *adj.* 1. Que sofreu impedimento. 2. Interrompido. 3. *Fut.* Que está na situação de impedimento.

im·pe·di·men·to *s.m.* 1. Ato ou efeito de impedir. 2. Aquilo que impede a realização de alguma coisa. 3. *Fut.* Falta que consiste em estar o jogador atacante na área adversária, ou nas proximidades desta, sem ter mais de um jogador do time contrário pela frente.

impedir

im·pe·dir *v.t.d.* 1. Embargar; obstar a. 2. Interromper; obstruir. 3. Tornar impraticável. 4. Estorvar; tolher; embaraçar.★

im·pe·lir *v.t.d.* 1. Empurrar. 2. Arremessar. 3. Incitar; estimular. 4. Constranger.★

im·pen·der *v.t.i.* 1. Estar a ponto de cair. 2. Caber; cumprir; tocar. *v.i.* 3. Cumprir.

im·pe·ne·trá·vel *adj.2gên.* 1. Que não se pode penetrar. 2. Insensível. 3. Que não deixa perceber o que pensa, o que sente.

im·pe·ni·ten·te *adj.2gên.* Obstinado no erro ou no crime; não arrependido; relapso.

im·pen·sa·do *adj.* 1. Não pensado; irrefletido; imprevisto. 2. Em que não há ou não houve cálculo.

im·pe·ra·dor *s.m.* 1. O que impera. 2. Soberano de um império. 3. *fig.* O que domina, o que prevalece, o que exerce grande influência. *Fem.*: imperatriz.

im·pe·ran·te *adj.2gên.* 1. Que impera. *s.2gên.* 2. Pessoa que impera.

im·pe·rar *v.t.d.* 1. Governar como soberano de um império. 2. Ordenar com supremacia. *v.i.* 3. Exercer o mando supremo. 4. Dominar; prevalecer. *v.t.i.* 5. Exercer grande influência ou domínio.

im·pe·ra·ti·vo[1] *adj.* 1. Imperioso; arrogante. 2. Que ordena; que governa. 3. *Gram.* Diz-se do modo verbal que exprime ordem, pedido, convite, conselho, súplica, etc.

im·pe·ra·ti·vo[2] *s.m. Gram.* O modo imperativo.

im·per·cep·tí·vel *adj.2gên.* 1. Que não se pode perceber; que não se distingue. 2. Pequenino; insignificante.

impermanente

im·per·dí·vel *adj.2gên.* Que não se pode perder.

im·per·do·á·vel *adj. 2 gên.* Que não tem perdão.

im·pe·re·cí·vel *adj.2gên.* Que não perece.

im·per·fei·ção *s.f.* 1. Qualidade de imperfeito. 2. Incorreção; defeito.

im·per·fei·to *adj.* 1. Que não é perfeito. 2. Não acabado. 3. Incorreto; defeituoso. *Gram.* 4. Diz-se do tempo verbal que indica um fato passado que não se concluiu, ou que perdurou muito, antes de se concluir. *s.m.* 5. O tempo imperfeito.

im·pe·ri·al *adj.2gên.* 1. Concernente a império ou a imperador. 2. Imperioso; autoritário.

im·pe·ri·a·lis·mo *s.m.* 1. Forma de governo em que a nação é um império. 2. Política de expansão e domínio de uma nação sobre outra ou outras.

im·pe·ri·a·lis·ta *adj.2gên.* 1. Concernente ao imperialismo. *s.2gên.* 2. Pessoa partidária do imperialismo.

im·pe·rí·ci:a *s.f.* 1. Qualidade daquele que é inábil, não perito. 2. Falta de perícia; incompetência.

im·pé·ri:o *s.m.* 1. Nação cujo soberano tem o nome de imperador. 2. Estado de grandes dimensões. 3. Predomínio; comando; autoridade.

im·pe·ri·o·so (ô) *adj.* 1. Que manda com império. 2. Soberbo; arrogante. *Pl.*: imperiosos (ó).

im·pe·ri·to *adj.* 1. Que não possui perícia; incompetente. 2. Que não possui experiência; inexperiente. 3. Que não possui conhecimento, informação; ignorante.

im·per·ma·nen·te *adj.2gên.* 1. Não permanente. 2. Instável; inconstante.

impermeabilização

im·per·me·a·bi·li·za·ção *s.f.* Ação ou efeito de impermeabilizar.

im·per·me:a·bi·li·zan·te *adj.2gên.* 1. Diz-se de produto ou substância que impermeabiliza. *s.m.* 2. Produto usado em construções para impermeabilizar paredes, muros, etc., ou substância aplicada em tecidos, com a mesma finalidade.

im·per·me·a·bi·li·zar *v.t.d.* Tornar impermeável.

im·per·me·á·vel *adj.2gên.* 1. Que não é permeável. 2. Que não se deixa atravessar por água ou fluidos. *s.m.* 3. Capa de tecido impermeável, própria para dias de chuva.

im·per·ti·nên·ci:a *s.f.* 1. Qualidade de impertinente. 2. Coisa que incomoda.

im·per·ti·nen·te *adj.2gên.* 1. Enfadonho; aborrecido. 2. Importuno; que não vem a propósito. 3. Rabugento. 4. Irreverente; insolente.

im·per·tur·bá·vel *adj.2gên.* 1. Que não se perturba. 2. Que não se pode perturbar. 3. Impassível; tranquilo. 4. Corajoso.

im·pér·vi:o *adj.* 1. Por onde não se pode passar; intransitável; impenetrável; ínvio. *s.m.* 2. Lugar em que não há caminho ou caminhos.

im·pes·so·al *adj.2gên.* 1. Que não é pessoal. 2. Que não existe como pessoa. 3. *Gram.* Diz-se do verbo que não comporta sujeito concebível: anoitecer, chover, etc.

im·pe·ti·gem *s.f. Med.* Afecção cutânea pustulenta; impetigo.

im·pe·ti·go *s.m. Med.* Impetigem.

ím·pe·to *s.m.* 1. Movimento súbito. 2. Arrebatamento. 3. Impulso; precipitação. 4. *fig.* Agitação do espírito. 5. Violência de sentimentos.

implante

im·pe·tran·te *adj.2gên.* e *s.2gên.* Que ou pessoa que impetra.

im·pe·trar *v.t.d.* Pedir; suplicar; requerer; rogar.

im·pe·tu·o·si·da·de *s.f.* 1. Qualidade de impetuoso. 2. Fúria; violência. 3. Vivacidade. 4. Arrebatamento.

im·pe·tu·o·so (ô) *adj.* 1. Que tem ímpeto. 2. Que se agita com ímpeto. 3. Arrebatado. 4. Agitado. 5. Violento. *Pl.:* impetuosos.

im·pi·e·da·de *s.f.* 1. Qualidade ou caráter de ímpio. 2. Falta de piedade. 3. Ação ímpia; crueldade. 4. Descrença.

im·pi·e·do·so (ô) *adj.* Que não tem ou não revela piedade; insensível; desumano. *Pl.:* impiedosos (ó).

im·pi·gem *s.f. Med.* Erupção cutânea, designação vulgar de diversas dermatoses, especialmente a impetigem; impingem.

im·pin·gem *s.f. Med.* Impigem.

im·pin·gir *v.t.d.* 1. Dar com força. 2. Obrigar a aceitar. 3. Fazer acreditar. 4. Fazer ouvir constrangidamente. 5. Vender por mais do que o justo valor. 6. Fazer passar (uma coisa por outra).

ím·pi:o *adj.* e *s.m.* 1. Que ou o que não tem piedade; desumano. 2. Que ou o que não tem fé; incrédulo.

im·pla·cá·vel *adj.2gên.* 1. Que não se pode aplacar. 2. Que não perdoa; inexorável.

im·plan·tar *v.t.d.* 1. Plantar. 2. Inserir. 3. Arraigar; fixar; introduzir. 4. Inaugurar. *v.p.* 5. Plantar-se. 6. Arraigar-se; fixar-se.

im·plan·te *s.m.* 1. Ação ou resultado de implantar. 2. *Med.* Qualquer órgão, dispositivo ou material introduzido no organismo, com uma função determinada.

im·ple·men·tar *v.t.d.* 1. Executar (um projeto, um plano, etc.); levar a efeito. 2. Prover de implementos.

im·ple·men·to *s.m.* O de que se precisa para a realização de alguma coisa; petrechos.

im·pli·ca·ção *s.f.* 1. Ação ou resultado de implicar(-se). 2. O que fica ou está implicado, subentendido, deduzido a partir de uma situação, de um fato, etc. 3. Aquilo que é resultado ou consequência de algo.

im·pli·cân·ci·a *s.f.* 1. Ato ou efeito de implicar(-se). 2. *fam.* Má vontade; birra; rabugice.

im·pli·can·te *adj.2gên.* e *s.2gên.* Que ou pessoa que implica.

im·pli·car *v.t.d.* 1. Enredar; embaraçar. 2. Fazer supor; dar a entender. *v.i.* e *v.t.i.* 3. Ser incompatível; antipatizar; não harmonizar. *v.p.* 4. Enredar-se; intrometer-se. 5. Contender.

im·plí·ci·to *adj.* 1. Que está envolvido ou continuado, mas não expresso claramente. 2. Incluído; subentendido.

im·plo·dir *v.t.d.* Provocar a implosão de.

im·plo·rar *v.t.d.* 1. Pedir encarecida e humildemente. 2. Solicitar com insistência; suplicar. *v.i.* 3. Rogar. 4. Fazer pedidos com anseio e insistência.

im·plo·são *s.f.* Detonação sucessiva de explosivos ordenados de modo a concentrar seus efeitos num ponto central (opõe-se a explosão).

im·plu·me *adj.2gên.* Que ainda não tem penas ou plumas formadas.

im·po·lu·to *adj.* 1. Que não está ou foi poluído; limpo, puro. 2. *fig.* Que tem bons princípios; íntegro, honesto.

im·pon·de·ra·bi·li·da·de *s.f.* Qualidade de imponderável.

im·pon·de·ra·do *adj.* Que não se pensou a respeito; irrefletido, precipitado.

im·pon·de·rá·vel *adj.2gên.* 1. Que não se pode pesar. 2. Que não tem peso apreciável. 3. *fig.* Muito sutil.

im·po·nên·ci·a *s.f.* Qualidade de imponente.

im·po·nen·te *adj.2gên.* 1. Que se impõe. 2. Que impõe a sua importância. 3. *fig.* Altivo; majestoso.

im·po·pu·lar *adj.2gên.* 1. Que não tem popularidade. 2. Que não agrada ao povo.

im·po·pu·la·ri·da·de *s.f.* Qualidade de impopular.

im·por *v.t.d.* e *v.i.* 1. Tornar obrigatório. 2. Constranger a observar. 3. Lançar (tributos). 4. Estabelecer; determinar; obrigar a aceitar. 5. Infligir; imputar. *v.t.i.* 6. Fingir (talentos ou qualidades que não possui). *v.i.* 7. Iludir; enganar com bons modos. *v.p.* 8. Fazer-se aceitar; fazer que o recebam. 9. Arrogar-se qualidades que não possui.★

im·por·ta·ção *s.f.* 1. Ação ou efeito de importar. 2. Introdução de mercadorias num país, estado ou município procedentes de outros. 3. Conjunto de mercadorias importadas.

im·por·ta·dor *adj.* e *s.m.* Que ou o que importa.

im·por·ta·do·ra (ô) *s.f.* 1. Empresa que trabalha com importações. 2. Estabelecimento que comercializa produtos importados.

im·por·tân·ci·a *s.f.* 1. Qualidade de importante. 2. Consideração; crédito; grande valor. 3. Quantia em dinheiro. 4. Soberba.

im·por·tan·te *adj.2gên.* 1. Que tem importância; considerável. 2. Essencial. *s.2gên.* 3. Que se dá importância.

importar

s.m. 4. Aquilo que é essencial ou que mais interessa.

im·por·tar *v.t.d.* 1. Fazer vir de região estranha (país, estado, município). 2. Ter como consequência ou resultado. 3. Atingir o preço ou o valor de. 4. *Inform.* Trazer informações de um sistema ou programa para outro; o formato e a estrutura interna dos dados que estão sendo importados, em particular no caso de documentos que contenham gráficos, têm de ser compatíveis com o sistema ou o programa receptor. *v.t.i.* 5. Atingir (certo preço ou custo). *v.i.* 6. Ser útil, proveitoso. *v.p.* 7. Fazer caso; dar importância; ter consideração.

im·por·te *s.m.* Importância total; custo.

im·por·tu·na·ção *s.f.* Ação de importunar; impertinência.

im·por·tu·nar *v.t.d.* 1. Incomodar, enfadar, ser molesto a. 2. Causar transtorno com a sua presença a; interromper.

im·por·tu·no *adj.* 1. Que importuna; incômodo; insuportável; inoportuno; impertinente. *s.m.* 2. Indivíduo importuno.

im·po·si·ção *s.f.* 1. Ação de impor, de obrigar, de infligir. 2. Colação de insígnias.

im·po·si·ti·vo *adj.* Que impõe ou se impõe.

im·pos·si·bi·li·da·de *s.f.* Qualidade de impossível.

im·pos·si·bi·li·tar *v.t.d.* 1. Tornar impossível. 2. Privar alguém de fazer alguma coisa. *v.p.* 3. Perder as forças, a aptidão.

im·pos·sí·vel *adj.2gên.* 1. Que não é possível. 2. Impraticável; que não tem possibilidade. 3. Extravagante. 4. Insuportável. *s.m.* 5. Aquilo que apresenta grande dificuldade.

impregnar

im·pos·ta·ção *s.f.* Ato ou efeito de impostar.

im·pos·tar *v.t.d.* Localizar em determinado tom (a voz).

im·pos·to (ô) *adj.* 1. Obrigado a realizar ou aceitar. *s.m.* 2. Tributo; contribuição devida ao Estado para o custeio de serviços. *Pl.:* impostos (ó).

im·pos·tor *adj. e s.m.* Que ou o que tem impostura; embusteiro.

im·pos·tu·ra *s.f.* 1. Ação ou dito de impostor. 2. Artifício para iludir. 3. Embuste; hipocrisia. 4. Calúnia; mentira.

im·po·tên·ci:a *s.f.* Qualidade de impotente.

im·po·ten·te *adj.2gên.* 1. Que não pode; fraco. 2. Que não tem capacidade para o ato sexual. *s.m.* 3. Aquele que tem impotência.

im·pra·ti·cá·vel *adj.2gên.* 1. Que não se pode praticar; impossível. 2. Por onde não se passa senão com muita dificuldade (caminho, estrada, rua, rio).

im·pre·ca·ção *s.f.* Ação de imprecar; maldição; praga.

im·pre·car *v.t.d.* 1. Maldizer. 2. Pedir (a poder superior) que envie sobre alguém (males ou bens). *v.i.* 3. Rogar pragas.

im·pre·ci·são *s.f.* Falta de precisão, de rigor.

im·pre·ci·so *adj.* 1. Que tem ou revela falta de precisão, de rigor. 2. Indeterminado.

im·preg·na·ção *s.f.* Ação ou efeito de impregnar.

im·preg·nar *v.t.d.* 1. Embeber; imbuir; absorver. *v.p.* 2. Embeber-se; penetrar-se. 3. Compenetrar-se.

im·pren·sa *s.f.* 1. Máquina de imprimir ou estampar. 2. Arte de imprimir. 3. O conjunto dos jornais e outras publicações periódicas. 4. Os escritores, jornalistas, apresentadores de jornais radiofônicos e telejornais.

im·pren·sar *v.t.d.* 1. Apertar no prelo ou na imprensa. 2. Imprimir; estampar. 3. Apertar como numa prensa.

im·pres·cin·dí·vel *adj.2gên.* Que não se pode prescindir.

im·pres·cri·tí·vel *adj.2gên.* Que não prescreve.

im·pres·são *s.f.* 1. Ação ou efeito de imprimir. 2. Edição. 3. Embate que um corpo faz noutro. 4. Marca ou sinal que resulta desse embate. 5. *fig.* Efeito de uma causa moral no espírito; abalo. 6. *fig.* Sentimento despertado em alguém por um fato estranho.

im·pres·si·o·nan·te *adj.2gên.* 1. Que impressiona. 2. Que comove; tocante.

im·pres·si·o·nar *v.t.d.* 1. Causar impressão moral ou material em. 2. Abalar; comover. *v.p.* 3. Receber uma impressão moral. 4. Comover-se; sentir-se abalado.

im·pres·si·o·ná·vel *adj.2gên.* 1. Fácil de impressionar. 2. Que pode receber impressões.

im·pres·si·o·nis·mo *s.m. Bel.-Art.* Sistema dos que se preocupam em comunicar pela arte (especialmente pictórica) a impressão subjetiva recebida dos fatos ou da natureza.

im·pres·si·o·nis·ta *adj.2gên.* 1. Impressionável. 2. Concernente ao impressionismo. *s.2gên.* 3. Artista que cultiva o impressionismo.

im·pres·si·vo *adj.* 1. Que imprime. 2. Que impressiona. 3. Que tem influência moral.

im·pres·so (é) *adj.* 1. Que se imprimiu. *s.m.* 2. Folheto ou papel impresso.

im·pres·sor *adj.* 1. Que imprime. *s.m.* 2. Aquele que trabalha com as máquinas de impressão.

im·pres·so·ra (ô) *s.f.* 1. *Tip.* Máquina de imprimir. 2. *Inform.* Aparelho que reproduz os dados de saída de um computador e os registra com tinta ou pigmento sobre papel ou outro suporte similar.

im·pres·tá·vel *adj.2gên.* 1. Que não presta; inútil. 2. Que não tem préstimo. *s.2gên.* 3. *pop.* Pessoa que não tem préstimo.

im·pre·te·rí·vel *adj.2gên.* 1. Que não se pode preterir. 2. Indispensável. 3. Que não se pode deixar de fazer.

im·pre·vi·dên·ci·a *s.f.* Falta de previdência; descuido; desleixo.

im·pre·vi·den·te *adj.2gên.* Não previdente; negligente; desleixado.

im·pre·vi·são *s.f.* Falta de previsão; negligência; desmazelo.

im·pre·vi·sí·vel *adj.2gên.* Que não se pode prever.

im·pre·vis·to *adj.* 1. Não previsto; inopinado; súbito. *s.m.* 2. Aquilo que não se prevê.

im·pri·mir *v.t.d.* 1. Fixar por meio de pressão. 2. Estampar por meio de impressão no prelo. 3. Publicar pela imprensa. 4. Deixar impresso, marcado. 5. Incutir. *v.p.* 6. Fixar-se; gravar-se. *Part.:* imprimido e impresso.

im·pro·ba·bi·li·da·de *s.f.* Qualidade de improvável.

im·pro·bi·da·de *s.f.* 1. Falta de probidade; mau caráter. 2. Maldade; má índole.

ímprobo

ím·pro·bo *adj.* 1. Que não é probo; desonesto. 2. Que cansa, desgasta; cansativo, difícil. *s.m.* 3. Indivíduo que não é probo.

im·pro·ce·den·te *adj.2gên.* 1. Que não é procedente. 2. Que não concorre para o fim desejado. 3. Que não se justifica.

im·pro·du·ti·vo *adj.* 1. Que não produz. 2. Infecundo; estéril. 3. Vão; frustrado.

im·pro·fe·rí·vel *adj.2gên.* Que não se pode ou não se deve proferir

im·pro·fí·cu·o *adj.* 1. Inútil; que não dá proveito. 2. Que não produz o resultado desejado.

im·pro·pé·ri·o *s.m.* 1. Censura ultrajante. 2. Vitupério; injúria; doesto. 3. Ato ou palavra repreensível, ofensiva.

im·pro·pri·e·da·de *s.f.* Qualidade de impróprio.

im·pró·pri·o *adj.* 1. Que não é próprio; inadequado. 2. Inexato. 3. Indecoroso. 4. Importuno.

im·pror·ro·gá·vel *adj.2gên.* Que não se pode prorrogar nem dilatar; inadiável.

im·pro·vá·vel *adj.2gên.* 1. Que não é provável. 2. Que não se pode provar.

im·pro·vi·sa·ção *s.f.* Ação ou efeito de improvisar.

im·pro·vi·sar *v.t.d.* 1. Inventar de repente. 2. Compor improvisos. 3. Arranjar à pressa. 4. Falsear; fingir. 5. Citar falsamente. *v.i.* 6. Mentir.

im·pro·vi·so *adj.* 1. Improvisado; repentino; súbito. *s.m.* 2. Discurso, poesia ou trecho musical que se faz de repente, sem preparo.

im·pru·dên·ci·a *s.f.* 1. Qualidade de imprudente. 2. Ato ou dito imprudente.

im·pru·den·te *adj.2gên.* 1. Que não tem prudência. *s.2gên.* 2. Pessoa imprudente. *V.* **impudente**.

impureza

im·pú·be·re *adj.2gên.* 1. Que ainda não chegou à puberdade. *s.2gên.* 2. Pessoa impúbere.

im·pu·dên·ci·a *s.f.* 1. Falta de vergonha, de pudor; sem-vergonhice. 2. Ação ou fala com essa característica. 3. Atrevimento, insolência.

im·pu·den·te *adj.2gên.* Que não tem pudor; descarado; sem-vergonha. *V.* **imprudente**.

im·pu·di·cí·ci·a *s.f.* 1. Falta de pudicícia. 2. Ato ou dito impudico. 3. Luxúria.

im·pu·di·co *adj.* Que não tem pudor; lascivo; obsceno.

im·pug·na·ção *s.f.* Ação ou efeito de impugnar; contestação.

im·pug·nar *v.t.d.* 1. Refutar. 2. Pugnar contra; combater (com razões). 3. Contestar.

im·pug·ná·vel *adj.2gên.* Que se pode ou se deve impugnar.

im·pul·são *s.f.* Impulso.

im·pul·si·o·nar *v.t.d.* 1. Dar impulso a algo, fazer algo se mover; impelir, movimentar. 2. *fig.* Animar, estimular, incentivar.

im·pul·si·vi·da·de *s.f.* Qualidade de impulsivo.

im·pul·si·vo *adj.* 1. Que dá impulso. 2. Que se enfurece ou excita com facilidade; arrebatado.

im·pul·so *s.m.* 1. Ação de impelir. 2. Força com que se impele. 3. Estímulo; abalo. 4. Ímpeto; impulsão.

im·pu·ne *adj.2gên.* Que ficou sem castigo; que escapou à punição.

im·pu·ni·da·de *s.f.* 1. Estado de impune. 2. Falta de castigo devido.

im·pu·re·za (ê) *s.f.* 1. Qualidade de impuro. 2. Falta de pureza.

im·pu·ro *adj.* 1. Que não é puro. 2. Que não tem pureza. 3. Imundo; contaminado. 4. Sensual. 5. Impróprio.

im·pu·tar *v.t.d.* Atribuir (a alguém) a responsabilidade de; assacar.

im·pu·tá·vel *adj.2gên.* Que se pode imputar.

im·pu·tres·cí·vel *adj.2gên.* Que não apodrece.

i·mun·dí·ci·a *s.f.* O mesmo que imundície.

i·mun·dí·ci·e *s.f.* 1. Falta de asseio. 2. Sujidade. 3. Lixo. 4. *pop.* Grande quantidade de coisas pequenas e em confusão.

i·mun·do *adj.* 1. Sujo; carente de limpeza. 2. Obsceno; indecente; imoral.

i·mu·ne *adj.2gên.* Isento; livre.

i·mu·ni·da·de *s.f.* 1. Propriedade que tem um organismo vivo de ficar isento de determinada doença. 2. Isenção de encargos. 3. Privilégio; prerrogativas.

i·mu·ni·zar *v.t.d.* 1. Tornar imune. 2. Tornar refratário a determinada moléstia. 3. Defender.

i·mu·no·de·fi·ci·ên·ci·a *s.f.* Deficiência na imunidade do organismo.

i·mu·tá·vel *adj.2gên.* Não sujeito a mudança; permanente; inalterável.

i·na·ba·lá·vel *adj.2gên.* 1. Que não pode ser abalado; firme; fixo. 2. Constante; inquebrantável. 3. *fig.* Que não se modifica (decisão). 4. *fig.* Intrépido.

i·ná·bil *adj.2gên.* Que não é hábil; que não tem destreza, competência.

i·na·bi·li·tar *v.t.d.* 1. Reprovar em exame. 2. Tornar inábil. *v.p.* 3. Tornar-se inábil. 4. Inutilizar-se física ou moralmente.

i·na·ca·ba·do *adj.* Que não foi acabado.

i·na·ção *s.f.* 1. Falta de ação; inércia. 2. Indecisão. 3. Frouxidão de caráter. 4. Indolência.

i·na·cei·tá·vel *adj.2gên.* Que não se pode ou não se deve aceitar; inadmissível.

i·na·ces·sí·vel *adj.2gên.* 1. Não acessível. 2. Que não dá acesso. 3. A que não se pode chegar. 4. Incompreensível.

i·na·dap·tá·vel *adj.2gên.* Que não se pode adaptar.

i·na·de·qua·do *adj.* Não adequado; impróprio.

i·na·di·á·vel *adj.2gên.* Que não se pode ou não se deve adiar; improrrogável.

i·na·dim·plên·ci·a *s.f. Jur.* Não cumprimento de um contrato ou de qualquer uma de suas condições.

i·na·dim·plen·te *adj.2gên.* 1. Que não cumpre um contrato, total ou parcialmente. *s.2gên.* 2. Pessoa nessas condições.

i·nad·mis·sí·vel *adj.2gên.* Que não se pode admitir.

i·nad·ver·tên·ci·a *s.f.* 1. Falta de advertência; descuido; imprevidência. 2. Irreflexão.

i·nad·ver·ti·do *adj.* Impensado; feito sem reflexão.

i·na·fi·an·çá·vel *adj.2gên.* Que não pode ser afiançado.

i·na·la·ção *s.f.* Ação ou efeito de inalar.

i·na·lan·te *adj.2gên.* Que inala.

i·na·lar *v.t.d.* Aspirar o perfume ou a emanação de; absorver com o hálito; aspirar.

i·na·li·e·ná·vel *adj.2gên.* Que não se pode alienar; que não se pode transmitir a outrem.

i·nal·te·rá·vel *adj.2gên.* 1. Que não pode ser alterado. 2. Imperturbável.

inamovível

i·na·mo·ví·vel *adj.2gên.* 1. Que não pode ser deslocado ou transferido. 2. De que não se pode ser destituído.

i·na·ne *adj.2gên.* Vazio; nulo; fútil; oco.

i·na·ni·ção *s.f.* 1. Estado de inane. 2. Debilidade extrema por falta de alimentação.

i·na·ni·da·de *s.f.* Qualidade de inane.

i·na·ni·ma·do *adj.* 1. Sem vida. 2. Sem ânimo. 3. Que perdeu os sentidos. 4. Que não tem alma; morto.

i·na·pe·lá·vel *adj.2gên.* De que não se pode apelar.

i·na·pe·tên·ci:a *s.f.* Falta de apetite.

i·na·pli·cá·vel *adj.2gên.* 1. Que não pode ser aplicado. 2. Que não vem a propósito.

i·na·pre·ci·á·vel *adj.2gên.* Que não pode apreciar ou avaliar devido à sua grandeza ou extrema pequenez.

i·na·pro·vei·tá·vel *adj.2gên.* Que não se pode aproveitar; imprestável.

i·nap·ti·dão *s.f.* Falta de aptidão.

i·nap·to *adj.* Que não tem ou não revela aptidão; inábil; incapaz. *V.* **inepto**.

i·nar·ti·cu·la·do *adj.* 1. Não articulado; sem articulações. 2. Mal pronunciado ou pronunciado indistintamente.

i·na·ta·cá·vel *adj.2gên.* 1. Que não pode ser atacado; incontestável. 2. Que não pode ser impugnado; legal.

i·na·tin·gí·vel *adj.2gên.* Que não se pode atingir ou alcançar.

i·na·ti·vi·da·de *s.f.* 1. Qualidade de inativo. 2. Situação dos funcionários retirados do serviço ativo.

i·na·ti·vo *adj.* 1. Que não está em atividade. 2. Que não está em exercício. 3. Aposentado ou reformado (falando de funcionários).

incapacidade

i·na·to *adj.* Que nasce com o indivíduo; congênito (2).

i·nau·di·to *adj.* 1. Extraordinário, de que não há exemplo. 2. Que nunca se ouviu dizer.

i·nau·dí·vel *adj.2gên.* Que não se pode ouvir.

i·nau·gu·ra·ção *s.f.* 1. Ato ou efeito de inaugurar. 2. Solenidade, festa com que se inaugura alguma coisa. 3. Fundação.

i·nau·gu·ral *adj.2gên.* Concernente a inauguração; inicial.

i·nau·gu·rar *v.t.d.* 1. Dar princípio a. 2. Expor pela primeira vez à vista ou ao uso do público. 3. Estabelecer pela primeira vez; começar. 4. Dedicar; consagrar.

i·na·ve·gá·vel *adj.2gên.* 1. Que não se pode navegar. 2. Com o qual não se pode navegar.

in·ca *s.2gên.* 1. Membro da dinastia ou linhagem de reis e príncipes no Peru, pertencente ao ramo quíchua. 2. Indivíduo dos incas, tribos quíchuas, aimarás, etc., dominadas pela dinastia incaica. 3. *adj.2gên.* Incaico.

in·ca·bí·vel *adj.2gên.* Que não tem cabimento; inadmissível.

in·cai·co *adj.* Relativo aos incas; inca.

in·cal·cu·lá·vel *adj.2gên.* Que não pode ser calculado; inumerável.

in·can·des·cen·te *adj.2gên.* 1. Candente; posto em brasa; ardente. 2. *fig.* Exaltado; fogoso; arrebatado.

in·can·des·cer *v.t.d.* 1. Tornar candente; pôr em brasa. *v.i.* 2. Tornar-se candente.

in·can·sá·vel *adj.2gên.* Que não se cansa; ativo.

in·ca·pa·ci·da·de *s.f.* Falta de capacidade; inaptidão; inabilidade.

in·ca·pa·ci·tar *v.t.d.* 1. Tornar incapaz; inabilitar. *v.p.* 2. Tornar-se incapaz.

in·ca·paz *adj.2gên.* 1. Não capaz; inapto. 2. Impossibilitado.

in·çar *v.t.d.* 1. Encher muito (de insetos e outros animais). 2. Grassar; desenvolver-se em. 3. Encher (de defeitos, erros, etc.). *v.p.* 4. Encher-se. 5. Contaminar-se.

in·cau·to *adj.* 1. Que não tem ou não revela cautela; imprudente. 2. Ingênuo; crédulo.

in·cen·der *v.t.d.* 1. Acender; incendiar; atear; inflamar. *v.p.* 2. Acender-se; inflamar-se. 3. Exaltar-se; abrasar-se.

in·cen·di·ar *v.t.d.* 1. Pôr fogo a; fazer arder. 2. Inflamar; excitar. *v.p.* 3. Abrasar-se; inflamar-se; excitar-se.★

in·cen·di·á·ri·o *adj.* 1. Que incendeia. 2. Próprio para incendiar. 3. *fig.* Excitante. *s.m.* 4. Aquele que incendeia.

in·cên·di·o *s.m.* 1. Ato de incendiar. 2. Fogo que lavra e devora. 3. *fig.* Conflagração. 4. Entusiasmo.

in·cen·sar *v.t.d.* 1. Defumar com incenso ou perfumar com ele. 2. Purificar. 3. *fig.* Iludir com lisonjas; adular. *v.i.* 4. Fazer adulações.

in·cen·so *s.m.* 1. Resina aromática que se extrai de diversas espécies de plantas. 2. *fig.* Adulação; lisonja.

in·cen·ti·var *v.t.d.* Dar incentivo a; animar; estimular.

in·cen·ti·vo *adj.* 1. Que excita, que estimula. *s.m.* 2. Estímulo; aquilo que estimula. *Incentivo fiscal*: redução ou isenção de impostos para incentivar gastos privados em algumas áreas ou programas.

in·cer·te·za (ê) *s.f.* 1. Falta de certeza; dúvida; hesitação. 2. Estado de coisa incerta.

in·cer·to (é) *adj.* 1. Não certo; hesitante; variável; duvidoso. 2. Que não é seguro. *s.m.* 3. Aquilo que é duvidoso. *V. inserto*.

in·ces·san·te *adj.2gên.* Que não cessa; constante; contínuo; assíduo.

in·ces·to (é) *s.m.* 1. União ou cópula ilícita entre parentes próximos. *adj.* 2. *fig.* Torpe; desonesto.

in·ces·tu·o·so (ô) *adj.* 1. Concernente a incesto. 2. Em que há incesto. 3. Proveniente de incesto. 4. Que cometeu incesto. 5. *fig.* Torpe; impuro. *Pl.*: incestuosos (ó).

in·cha·ção *s.f.* 1. Ação de inchar; inchamento. 2. Tumor; inchaço. 3. *fig.* Arrogância; vaidade.

in·cha·ço *s.m.* Inchação.

in·cha·do *adj.* 1. Que tem inchação. 2. *fig.* Arrogante; vaidoso; presunçoso; empolado.

in·char *v.t.d.* 1. Tornar túmido; engrossar ou avolumar (por inchação); enfunar. 2. Tornar vaidoso. *v.i.* e *v.p.* 3. Tornar-se tumefato; aumentar de volume. 4. Encher-se de orgulho, de vaidade.

in·ci·dên·ci·a *s.f.* 1. Qualidade de incidente. 2. Ação de incidir.

in·ci·den·tal *adj.2gên.* Relativo a incidente.

in·ci·den·te *adj.2gên.* 1. Que incide. 2. Superveniente; que sobrevém. *s.m.* 3. Episódio; circunstância acidental; aquilo que sobrevém. *V. acidente*.

in·ci·dir *v.i.* 1. Acontecer; sobrevir. *v.t.i.* 2. Cair; incorrer. 3. Coincidir; refletir-se.

in·ci·ne·ra·ção *s.f.* Ação ou efeito de incinerar.

in·ci·ne·rar *v.t.d.* 1. Reduzir a cinzas. 2. Proceder à cremação de.

incipiente

in·ci·pi·en·te *adj.2gên.* 1. Que está no princípio; que começa. 2. Principiante. *V.* **insipiente**.

in·cir·cun·ci·so *adj.* 1. Que não foi circuncidado. *s.m.* 2. Indivíduo incircunciso.

in·ci·são *s.f.* Corte; golpe.

in·ci·si·vo[1] *adj.* 1. Que corta. 2. Eficaz. 3. Conciso e mordaz (estilo).

in·ci·si·vo[2] *adj.* 1. Designativo de cada um dos quatro dentes situados entre os caninos. *s.m.* 2. Dente incisivo.

in·ci·so *adj.* 1. Ferido com instrumento cortante. *s.m.* 2. *Jur.* Subdivisão dos artigos de leis, regulamentos, estatutos, etc.

in·ci·ta·ção *s.f.* Ação ou efeito de incitar.

in·ci·tar *v.t.d.* 1. Provocar; estimular; desafiar. 2. Açular. 3. Instigar, mover, impelir, induzir a violência, distúrbios, rebelião. *v.p.* 4. Estimular-se. 5. Irritar-se; enfurecer-se. *V.* **encetar**.

in·ci·ta·ti·vo *adj.* Incitante.

in·ci·tá·vel *adj.2gên.* 1. Que pode ser incitado. 2. Que se incita com facilidade.

in·ci·vi·li·za·do *adj.* 1. Que não é civilizado; selvagem. 2. *fig.* Que não possui civilidade; grosseiro, mal-educado.

in·cle·mên·ci·a *s.f.* Qualidade de inclemente.

in·cle·men·te *adj.2gên.* 1. Que não é clemente. 2. *fig.* Rigoroso; áspero; severo.

in·cli·na·ção *s.f.* 1. Ação ou efeito de inclinar-se. 2. *fig.* Simpatia; afeição. 3. Propensão.

in·cli·na·do *adj.* 1. Desviado da linha vertical; pendente. 2. *fig.* Afeiçoado. 3. Propenso.

incólume

in·cli·nar *v.t.d.* 1. Desviar da verticalidade. 2. Curvar. *v.i.* 3. Perder a posição horizontal ou vertical. *v.t.i.* 4. Ter tendência. 5. Mostrar-se favorável. *v.p.* 6. Desviar-se da linha reta (vertical ou horizontal). 7. Concordar. 8. Mostrar preferência por. 9. Ter propensão.

ín·cli·to *adj.* Ilustre; egrégio; notável.

in·clu·ir *v.t.d.* 1. Abranger; compreender; conter; envolver. 2. Introduzir.

in·clu·são *s.f.* Ação ou efeito de incluir.

in·clu·si·ve *adv.* De modo inclusivo; até; até mesmo.

in·clu·si·vo *adj.* Que inclui; que abrange.

in·clu·so *adj.* Que se inclui; compreendido; abrangido.

in·co·a·ti·vo *adj.* Que começa; que dá começo a uma ação ou estado.

in·co·er·cí·vel *adj.2gên.* Que não se pode coibir; irreprimível.

in·co·e·rên·ci·a *s.f.* Qualidade de incoerente; falta de coerência.

in·co·e·ren·te *adj.2gên.* 1. Que não tem coerência. 2. Contraditório; ilógico.

in·cóg·ni·ta *s.f.* 1. *Mat.* Quantidade cujo valor se procura ao resolver um problema ou equação. 2. *fig.* Enigma; segredo.

in·cóg·ni·to *adj.* 1. Não conhecido; que não se dá a conhecer. *s.m.* 2. Pessoa ou coisa desconhecida. *adv.* 3. Secretamente.

in·cog·nos·cí·vel *adj.2gên.* Que não se pode conhecer.

in·co·lor *adj.2gên.* 1. Sem cor; descolorido. 2. *fig.* Que não tem feição partidária ou determinada. 3. Irresoluto; indeciso.

in·có·lu·me *adj.2gên.* 1. São e salvo; livre de perigo; ileso. 2. Conservado. 3. Que não sofreu dano.

in·com·bus·tí·vel *adj.2gên.* Que não é combustível; que não pode arder nem queimar-se.

in·co·men·su·rá·vel *adj.2gên.* Que não pode ser medido; imenso; sem limites conhecidos.

in·co·mo·da·ção *s.f.* Ato ou efeito de incomodar(-se).

in·co·mo·da·da *adj.* Diz-se da mulher menstruada.

in·co·mo·da·do *adj.* 1. Perturbado; importunado. 2. Desgostoso; irritado.

in·co·mo·dar *v.t.d.* 1. Causar incômodo a. 2. Perturbar; desgostar; irritar; molestar. *v.p.* 3. Dar-se ao incômodo; molestar-se; cansar-se.

in·cô·mo·do *adj.* 1. Que não proporciona comodidade. 2. Que incomoda, importuna. *s.m.* 3. Doença ligeira. 4. Canseira. 5. Estorvo. 6. *fam.* Mênstruo.

in·com·pa·rá·vel *adj.2gên.* Não comparável; extraordinário; único; insigne.

in·com·pas·sí·vel *adj.2gên.* Que não tem compaixão; desapiedado.

in·com·pa·ti·bi·li·da·de *s.f.* Qualidade de incompatível.

in·com·pa·ti·bi·li·zar *v.t.d.* e *v.i.* 1. Tornar incompatível. *v.p.* 2. Tornar-se incompatível, irreconciliável.

in·com·pa·tí·vel *adj.2gên.* Que não é compatível; que não se pode conciliar ou harmonizar.

in·com·pe·tên·ci·a *s.f.* Qualidade de incompetente; inabilidade.

in·com·pe·ten·te *adj.2gên.* e *s.2gên.* Que ou pessoa que não tem competência; inábil.

in·com·ple·to (é) *adj.* Que não é completo; a que falta alguma coisa.

in·com·pre·en·di·do *adj.* e *s.m.* 1. Que ou o que não é ou não se julga compreendido. 2. Que ou aquilo que não é bem avaliado.

in·com·pre·en·são *s.f.* Falta de compreensão.

in·com·pre·en·sí·vel *adj.2gên.* Que não se pode compreender; ininteligível; obscuro; enigmático.

in·co·mum *adj.2gên.* Que não é comum; extraordinário.

in·co·mu·ni·ca·bi·li·da·de *s.f.* Qualidade de incomunicável.

in·co·mu·ni·cá·vel *adj.2gên.* 1. Que não tem comunicação. 2. Que não se pode comunicar. 3. *fig.* Intratável; misantropo.

in·co·mu·tá·vel *adj.2gên.* Que não se pode mudar, trocar ou substituir.

in·con·ce·bí·vel *adj.2gên.* Que não se pode conceber; inacreditável; incrível.

in·con·ci·li·á·vel *adj.2gên.* Que não se pode conciliar, aliar, harmonizar; incompatível.

in·con·clu·den·te *adj.2gên.* Que não é concludente, que não permite chegar a uma conclusão.

in·con·clu·so *adj.* Que não se concluiu.

in·con·cus·so *adj.* 1. Inabalável; firme. 2. Irrefutável. 3. Austero; incorruptível.

in·con·di·ci·o·nal *adj.2gên.* Que não se sujeita a condições.

in·con·fes·sá·vel *adj.2gên.* 1. Que não se pode ou não se deve confessar. 2. Condenável.

in·con·fi·dên·ci·a *s.f.* 1. Falta de lealdade, de fidelidade para com alguém, especialmente para com o soberano ou o Estado. 2. Revelação de segredo confiado.

in·con·fi·den·te *adj.2gên.* 1. Que divulga os segredos que lhe confiaram; infiel. 2. Que está envolvido em inconfidência.

in·con·for·ma·do *adj.* Que não se conforma; que não se consola.

in·con·for·mis·mo *s.m.* Ato ou atitude de quem não se conforma, do que se revolta.

in·con·fun·dí·vel *adj.2gên.* Que não se pode confundir; diferente.

in·con·gru·ên·ci·a *s.f.* Qualidade de incongruente.

in·con·gru·en·te *adj.2gên.* Inconveniente; incompatível; impróprio.

in·co·nho (ô) *adj.* Designativo do fruto que nasce pegado a outro.

in·cons·ci·ên·ci·a *s.f.* 1. Qualidade ou estado de inconsciente. 2. *fig.* Desumanidade.

in·cons·ci·en·te *adj.2gên.* 1. Não consciente. 2. Que não tem consciência dos atos que pratica; irresponsável. *s.2gên.* 3. Pessoa que procede sem consciência do que faz. *s.m.* 4. Parte da nossa vida psíquica da qual não temos consciência.

in·con·se·quên·ci·a (qüên) *s.f.* 1. Falta de consequência. 2. Contradição; incoerência. 3. Falta de nexo.

in·con·se·quen·te (qüên) *adj.2gên.* 1. Desprovido de consequência. 2. Em que há inconsequência; contraditório; incoerente.

in·con·sis·tên·ci·a *s.f.* 1. Falta de consistência. 2. Qualidade ou estado de inconsistente. 3. Falta de firmeza ou de solidez. 4. Inconstância.

in·con·sis·ten·te *adj.2gên.* 1. Que não tem consistência. 2. Inconstante; indeciso.

in·con·so·lá·vel *adj.2 gên.* Não consolável; para quem não há consolação possível.

in·cons·tân·ci·a *s.f.* 1. Falta de constância. 2. Volubilidade; leviandade. 3. Infidelidade.

in·cons·tan·te *adj.2gên.* 1. Não constante. 2. Volúvel; incerto. 3. Infiel.

in·cons·ti·tu·ci·o·nal *adj.2gên.* Não constitucional; contrário às praxes constitucionais.

in·cons·ti·tu·ci·o·na·li·da·de *s.f.* Qualidade ou caráter de inconstitucional.

in·con·sú·til *adj.2gên.* Feito sem costura; de uma só peça; inteiriço.

in·con·tá·vel *adj.2gên.* 1. Que não se pode narrar, contar. 2. Inumerável; impossível de contar.

in·con·tes·tá·vel *adj.2gên.* Que não pode sofrer contestação; indiscutível; irrefutável.

in·con·tes·te (é) *adj.2gên.* Que não se contesta; incontestado.

in·con·ti·do *adj.* Que não pode ser contido.

in·con·ti·nên·ci·a *s.f.* 1. Que não tem continência; intemperança. 2. Sensualidade.

in·con·ti·nen·te[1] *adj.2gên.* 1. Que não tem continência; imoderado. 2. Sensual.

in·con·ti·nen·te[2] *adv.* Imediatamente; sem perda de tempo.

in·con·tro·lá·vel *adj.2gên.* Que não se pode controlar; rebelde.

in·con·tro·ver·so *adj.* Indubitável; incontestável; indiscutível.

in·con·ve·ni·ên·ci·a *s.f.* 1. Qualidade de inconveniente; falta de conveniência. 2. Ato ou dito contrário à decência ou às conveniências sociais; grosseria.

in·con·ve·ni·en·te *adj.2gên.* 1. Não conveniente. 2. Impróprio; importuno. 3. Contrário à boa educação. 4. Estorvo; obstáculo.

in·cor·po·ra·ção *s.f.* Ação de incorporar.

in·cor·po·ra·dor *s.m.* Aquele que incorpora; o que incorpora.

in·cor·po·rar *v.t.d.* 1. Dar a forma corpórea a. 2. Juntar num só corpo. 3. Unir; ligar; reunir (em um só todo). 4. Agregar (pessoa física ou jurídica) sob a forma de companhia ou sociedade por ações ou cotas, com o fim de construir edifícios de apartamentos, etc. *v.i.* 5. Tomar corpo. *v.p.* 6. Ingressar em; reunir-se; juntar-se.

in·cor·pó·re·o *adj.* Sem corpo; imaterial.

in·cor·re·ção *s.f.* Falta de correção; erro.

in·cor·rer *v.t.d.* 1. Atrair sobre si. 2. Cair em; cometer. *v.t.i.* 3. Ficar compreendido, incluído, implicado, comprometido.

in·cor·re·to (é) *adj.* Que não está correto; errado.

in·cor·ri·gí·vel *adj.2gên.* 1. Incapaz de se corrigir ou de ser corrigido. 2. Reincidente no erro ou no crime.

in·cor·rup·tí·vel *adj.2gên.* 1. Que não se corrompe ou não se deixa corromper; inalterável. 2. Que não se deixa subornar; íntegro; justiceiro; reto.

in·cor·rup·to *adj.* Que não se corrompe ou que não se corrompeu; incorruptível.

in·cre·du·li·da·de *s.f.* 1. Qualidade de incrédulo. 2. Falta de fé; ateísmo; irreligião.

in·cré·du·lo *adj.* 1. Que não crê no que muitos creem. 2. Ímpio. *s.m.* 3. Indivíduo incrédulo.

in·cre·men·tar *v.t.d.* Dar incremento a.

in·cre·men·to *s.m.* Desenvolvimento; aumento.

in·cre·par *v.t.d.* 1. Repreender asperamente. 2. Acusar; censurar.

in·créu *adj.* e *s.m.* Incrédulo.

in·cri·a·do *adj.* 1. Não criado; que não teve princípio. *s.m.* 2. O que existe sem ter sido criado.

in·cri·mi·na·ção *s.f.* Ação ou efeito de incriminar.

in·cri·mi·nar *v.t.d.* 1. Declarar por criminoso. 2. Considerar como crime. 3. Culpar; acusar.

in·cri·ti·cá·vel *adj.2gên.* Que não se pode criticar; que não merece crítica (ou por ter muitas qualidades ou por não ter nenhuma).

in·crí·vel *adj.2gên.* 1. Que não pode ser acreditado. 2. Extraordinário; inexplicável.

in·cru·en·to *adj.* Em que não se derramou sangue.

in·crus·ta·ção *s.f.* 1. Ação ou efeito de incrustar(-se). 2. Aquilo que se incrustou; peça introduzida em outra.

in·crus·tar *v.t.d.* 1. Cobrir ou revestir (um corpo) com uma camada ou crosta aderente. 2. Ornar com incrustações. *v.p.* 3. Aderir fortemente; arraigar-se; introduzir-se; fixar-se.

in·cu·ba·ção *s.f.* 1. Ação ou efeito de incubar. 2. *fig.* Preparação. 3. *Med.* Espaço de tempo entre a aquisição de uma doença e a sua manifestação.

in·cu·ba·do·ra (ô) *s.f.* 1. Aparelho para incubação artificial; chocadeira. 2. Espécie de pequena estufa onde se mantêm recém-nascidos prematuros ou muito débeis.

in·cu·bar *v.t.d.* 1. Chocar (ovos). 2. *fig.* Premeditar. 3. Elaborar; projetar. *v.i.* 4. Chocar ovos.

in·cul·car *v.t.d.* 1. Indicar; propor; aconselhar. 2. Recomendar com elogio. 3. Apontar; citar. 4. Celebrar. 5. Dar a entender. 6. Fazer penetrar (uma coisa) no espírito por repetição. *v.p.* 7. Fazer-se aceitar; impor-se.

in·cul·pa·bi·li·da·de *s.f.* Qualidade de inculpável; inexistência de culpabilidade.

in·cul·pa·ção *s.f.* 1. Ação ou efeito de inculpar(-se). 2. Estado de inculpado.

in·cul·pa·do[1] *adj.* Que ou quem é objeto de uma inculpação.

in·cul·pa·do[2] *adj.* Isento de culpa; inocente.

in·cul·par *v.t.d.* 1. Censurar; acusar; incriminar. *v.p.* 2. Incriminar-se; confessar-se culpado.

in·cul·pá·vel *adj.2gên.* Que não se pode culpar.

in·cul·to *adj.* 1. Não cultivado. 2. Que não é culto. 3. Rude; grosseiro. 4. Árido; agreste.

in·cum·bên·ci·a *s.f.* 1. Ação ou efeito de incumbir; encargo. 2. Negócio que se incumbe a alguém.

in·cum·bir *v.t.d.* e *v.i.* 1. Encarregar; confiar. *v.t.i.* 2. Ser da obrigação, do dever. 3. Pertencer; caber. *v.p.* 4. Encarregar-se.

in·cu·ná·bu·lo *s.m.* Obra impressa nos primeiros tempos da arte de imprimir (até 1500).

in·cu·rá·vel *adj.2gên.* 1. Que não tem cura. 2. Irremediável. 3. Incorrigível.

in·cú·ri·a *s.f.* Falta de cuidado; desleixo; desmazelo.

in·cur·são *s.f.* 1. Invasão; correria. 2. *fig.* Contaminação.

in·cur·so *adj.* 1. Que incorreu. 2. Sujeito a penalidades. 3. Abrangido por uma disposição legal. *s.m.* 4. Ato de incorrer; incursão.

in·cu·tir *v.t.d.* 1. Introduzir; fazer que penetre no ânimo de. 2. Infundir; inspirar; sugerir.

in·da *adv.* Ainda.

in·da·ga·ção *s.f.* Ação ou efeito de indagar; pergunta.

in·da·gar *v.t.d.* 1. Procurar saber. 2. Investigar; averiguar; pesquisar; esquadrinhar. 3. Fazer diligência por descobrir. 4. Perguntar; inquirir.

in·dé·bi·to *adj.* 1. Indevido; imerecido. 2. Que se pagou sem ser devido.

in·de·cên·ci·a *s.f.* 1. Falta de decência; imoralidade; inconveniência. 2. Ação desonesta ou obscena. 3. Ato ou dito indecente.

in·de·cen·te *adj.2gên.* 1. Que não tem ou não revela decência. 2. Inconveniente; indecoroso.

in·de·ci·são *s.f.* 1. Qualidade de indeciso. 2. Perplexidade; hesitação.

in·de·ci·so *adj.* 1. Duvidoso; hesitante. 2. Indeterminado; vago. 3. Perplexo.

in·de·cli·ná·vel *adj.2gên.* 1. Que não se pode declinar, dispensar. 2. *Gram.* Diz-se de palavra que não se flexiona, que é invariável.

in·de·com·po·ní·vel *adj.2gên.* Que se pode decompor.

in·de·co·ro (ó) *adj. desus.* Indecoroso.

in·de·co·ro (ô) *s.m.* 1. Falta de decoro. 2. Ato ou dito indecoroso.

in·de·co·ro·so (ô) *adj.* 1. Que não é ou não se mostra decoroso; indecoro (ó). 2. Indigno; indecente. *Pl.:* indecorosos (ó).

in·de·fec·tí·vel *adj.2gên.* 1. Infalível. 2. Que não se destrói nem perece.

in·de·fen·sá·vel *adj.2gên.* Que não tem defesa; que não é defensável.

in·de·fe·ri·men·to *s.m.* Ato ou efeito de indeferir.

in·de·fe·rir *v.t.d.* Não deferir; não atender; dar despacho contra ou desfavorável.★

in·de·fe·so (ê) *adj.* Que não tem defesa.

in·de·fi·ni·do *adj.* 1. Não definido; indeterminado. 2. Ilimitado; sem extensão determinada. *s.m.* 3. Aquilo que é indefinido.

in·de·fi·ní·vel *adj.2gên.* Que não se pode definir.

in·de·lé·vel *adj.2gên.* 1. Que não se pode apagar. 2. Que não se dissipa; indestrutível.

in·de·li·ca·de·za (ê) *s.f.* 1. Falta de delicadeza. 2. Ato ou dito indelicado.

in·de·li·ca·do *adj.* Não delicado; rude; grosseiro; descortês.

in·de·ne (ê) *adj.2gên.* Que não sofreu dano ou prejuízo; incólume; ileso.

in·de·ni·za·ção *s.f.* Ação ou efeito de indenizar(-se).

in·de·ni·zar *v.t.d.* 1. Dar indenização, compensação ou reparação a. *v.p.* 2. Receber indenização, reparação.

in·de·pen·dên·ci·a *s.f.* Qualidade ou caráter de independente; liberdade; autonomia.

in·de·pen·den·te *adj.2gên.* 1. Que goza de independência; que não está sujeito; livre; autônomo. 2. Contrário à tirania. 3. Que se governa por leis próprias.

in·de·pen·der *v.t.i.* Não depender de algo ou alguém; não estar ligado ou subordinado a algo ou alguém.

in·des·cri·tí·vel *adj.2gên.* Que não se pode descrever; extraordinário; assombroso.

in·des·cul·pá·vel *adj.2gên.* Que não se pode ou não se deve desculpar.

in·de·se·já·vel *adj.2gên.* 1. Que não é desejável. *s.2gên.* 2. Pessoa estrangeira à qual se proíbe a entrada num país por ser considerada inconveniente.

in·des·tru·tí·vel *adj.2gên.* Que não se pode destruir; inalterável; firme.

in·de·ter·mi·na·ção *s.f.* Falta de determinação; indecisão; perplexidade.

in·de·ter·mi·na·do *adj.* 1. Não determinado; indefinido; vago. 2. Irresoluto.

in·de·ter·mi·nar *v.t.d.* Tornar indeterminado.

in·de·vas·sá·vel *adj.2gên.* Que não pode ou não deve ser devassado.

in·de·vi·do *adj.* 1. Não devido. 2. Impróprio; inconveniente.

in·de·xa·ção (cs) *s.f.* Ato ou efeito de indexar.

in·de·xar (cs) *v.t.d.* 1. Ordenar em forma de índice (palavras, frases, etc.). 2. Fazer índices para (livros, etc.). 3. Pôr índice em. 4. *Econ.* Reajustar (valores) segundo índices predeterminados.

in·di·a·nis·mo *s.m.* 1. Palavras ou expressões próprias das línguas da Índia. 2. Ciência das línguas e civilização hindus. 3. *Lit.* No Romantismo brasileiro, movimento inspirado na vida dos índios.

in·di·a·nis·ta *adj.2gên.* 1. Concernente ao indianismo literário ou ao estilo dos índios. *s.2gên.* 2. Pessoa que se dedica ao estudo da língua e civilização hindus.

in·di·a·no *adj.* 1. Relativo à Índia. *s.m.* 2. O natural ou habitante da Índia.

in·di·ca·ção *s.f.* Ação ou efeito de indicar.

in·di·ca·dor[1] *adj.* 1. Que indica. 2. Designativo do dedo que se situa entre o polegar e o médio.

in·di·ca·dor[2] *s.m.* O dedo indicador.

in·di·car *v.t.d.* 1. Dar a conhecer. 2. Demonstrar. 3. Esboçar ligeiramente. 4. Lembrar; aconselhar.

in·di·ca·ti·vo[1] *adj.* 1. Que indica. 2. *Gram.* Diz-se do modo verbal que apresenta o fato como positivo e absoluto – modo indicativo. *s.m.* 3. Sinal; indicação.

in·di·ca·ti·vo[2] *s.m. Gram.* O modo indicativo.

ín·di·ce *s.m.* 1. Tabela. 2. Lista dos capítulos, seções, parágrafos, etc., de um livro ou opúsculo, com indicação da página respectiva a cada uma dessas partes da obra. 3. Tudo o que denota uma qualidade.

in·di·ci·a·do *adj.* Réu acusado por indícios.

in·di·ci·ar *v.t.d.* 1. Dar indícios de. 2. Denunciar; acusar. 3. Declarar acusado por indícios.

in·dí·ci:o *s.m.* 1. Sinal; vestígio. 2. *Jur.* Prova circunstancial.

in·di·fe·ren·ça *s.f.* 1. Qualidade de indiferente. 2. Desinteresse; insensibilidade; apatia.

in·di·fe·ren·te *adj.2gên.* 1. Apático; que não mostra interesse por determinada coisa ou por coisa nenhuma. *s.2gên.* 2. Pessoa que não tem afetos nem desafetos. 3. Pessoa que não se interessa por quaisquer credos políticos, religiosos ou filosóficos.

in·dí·ge·na *adj.2gên.* 1. Diz-se do natural do lugar em que habita. *s.2gên.* 2. Pessoa natural do lugar em que habita.

in·di·gên·ci:a *s.f.* 1. Pobreza extrema; falta do necessário para viver. 2. O conjunto dos indigentes.

in·di·ge·nis·mo *s.m.* 1. Interesse, estudo ou conhecimento sobre os indígenas brasileiros e sua cultura. 2. O conjunto de políticas e medidas de apoio e proteção às populações indígenas do país.

in·di·gen·te *adj.2gên.* 1. Muito pobre. *s.2gên.* 2. Pessoa que vive em extrema miséria.

in·di·ges·tão *s.f.* Perturbação das funções digestivas.

in·di·ges·to *adj.* 1. Que causa indigestão; difícil de digerir. 2. *fig.* Enfadonho.

in·di·gi·tar *v.t.d.* 1. Indicar; mostrar; apontar. 2. Notar. 3. Designar. 4. Lembrar; recomendar; propor. 5. Considerar.

in·dig·na·ção *s.f.* 1. Agastamento, revolta que se inspira no que é indigno. 2. Repulsão; aversão.

in·dig·nar *v.t.d.* 1. Causar indignação a. 2. Revoltar; indispor. *v.p.* 3. Revoltar-se; agastar-se; sentir indignação.

in·dig·ni·da·de *s.f.* 1. Ação indigna; afronta. 2. Falta de dignidade, de merecimentos.

in·dig·no *adj.* 1. Que não é digno. 2. Vil; desprezível; odioso.

ín·di·go *s.m. Quím.* Substância corante com que se tinge de azul.

ín·di:o[1] *s.m.* 1. Aborígene da América. 2. Peão gaúcho que trabalha nas estâncias. 3. Indivíduo corajoso e valentão. *adj.* e *s.m.* 4. Indiano.

ín·di:o[2] *s.m. Quím.* Elemento metálico de símbolo In, e cujo número atômico é 49.

in·di·re·ta (é) *s.f* Alusão feita disfarçadamente.

in·di·re·to (é) *adj*. 1. Que não é direto. 2. Oblíquo. 3. Simulado; disfarçado. 4. *Gram*. Diz-se do objeto que se liga indiretamente ao verbo por meio de preposição.

in·dis·ci·pli·na *s.f.* 1. Falta de disciplina. 2. Desordem; desobediência.

in·dis·cre·to (é) *adj*. 1. Que não é discreto; imprudente; tagarela; falador. *s.m.* 2. Aquele que não tem discrição.

in·dis·cri·ção *s.f.* 1. Falta de discrição. 2. Dito indiscreto. 3. Qualidade de indiscreto.

in·dis·cri·mi·na·do *adj*. Misturado; não discriminado.

in·dis·cu·tí·vel *adj.2gên*. Que não é discutível; que não merece discussão; que não se pode contestar.

in·dis·far·çá·vel *adj.2gên*. Que não se pode disfarçar.

in·dis·pen·sá·vel *adj.2gên*. 1. Que não se pode ou não se deve dispensar. *s.m.* 2. O que é essencial.

in·dis·po·ni·bi·li·da·de *s.f.* Qualidade de indisponível.

in·dis·po·ní·vel *adj.2gên*. Inalienável; de que não se pode dispor.

in·dis·por *v.t.d.* 1. Alterar a disposição de. 2. Causar indisposição física em. 3. Produzir discórdia em. 4. Fazer com que se zangue. *v.p.* 5. Zangar-se.★

in·dis·po·si·ção *s.f.* 1. Falta de disposição. 2. Pequena alteração na saúde. 3. Desavença.

in·dis·pos·to (ô) *adj*. 1. Incomodado; adoentado. 2. Malquistado; desavindo. *Pl.*: indispostos (ó).

in·dis·so·lu·bi·li·da·de *s.f.* Qualidade de indissolúvel.

in·dis·so·lú·vel *adj.2gên*. Que não se pode dissolver.

in·dis·tin·to *adj*. Que não se pode distinguir, perceber ou identificar muito bem.

in·di·to·so (ô) *adj*. Desventurado; infeliz. *Pl.*: inditosos (ó).

in·di·vi·du·a·ção *s.f.* Ação de individuar.

in·di·vi·du·al *adj.2gên*. 1. Próprio do indivíduo, de uma só pessoa. 2. Singular; pessoal.

in·di·vi·du·a·li·da·de *s.f.* 1. O todo do indivíduo ou do ser. 2. Conjunto das qualidades que caracterizam o indivíduo. 3. Personalidade. 4. Originalidade.

in·di·vi·du·a·lis·mo *s.m.* 1. Sistema oposto ao de associação. 2. Sistema de isolamento do indivíduo na sociedade. 3. Existência individual. 4. Teoria que sustenta a preferência do direito individual ao coletivo.

in·di·vi·du·a·lis·ta *adj.2gên*. 1. Concernente ao individualismo. *s.2gên*. 2. Pessoa partidária do individualismo.

in·di·vi·du·a·li·za·ção *s.f.* Ação ou efeito de individualizar(-se).

in·di·vi·du·a·li·zar *v.t.d.* 1. Tornar individual. 2. Caracterizar; distinguir; especializar. *v.p.* 3. Tornar-se individual. 4. Distinguir-se.

in·di·vi·du·an·te *adj.2gên*. Que individua.

in·di·vi·du·ar *v.t.d.* 1. Individualizar. 2. Expor, narrar com pormenores.

in·di·ví·du:o *s.m. sobrecomum* 1. Ser; sujeito. *epiceno* 2. Quando se refere a animais, exemplar de uma espécie qualquer. *adj.2gên*. 3. Indiviso; que não se divide.

in·di·vi·sí·vel *adj.2gên*. 1. Que não se pode dividir. 2. Que não é divisível.

in·di·vi·so *adj.* 1. Não dividido. 2. Que pertence ao mesmo tempo a diversos indivíduos. 3. Que possui bens indivisos.

in·di·zí·vel *adj.2gên.* 1. Que não se pode dizer. 2. Extraordinário; inexplicável.

in·dó·cil *adj.2gên.* 1. Que não é dócil; indomável. 2. Incorrigível; insubmisso.

in·do·eu·ro·peu *adj.* 1. Relativo à família de línguas faladas em boa parte da Europa e parte da Ásia, dividida em vários ramos que incluem diversas línguas presentes em outras regiões do mundo. 2. Relativo à língua pré-histórica que se supõe ser aquela que deu origem à família de línguas indo-europeias. *s.m.* 3. O conjunto de línguas indo-europeias faladas em diversas partes do mundo. 4. Indivíduo que pertence a um povo de língua indo-europeia. *Pl.:* indo-europeus.

ín·do·le *s.f.* Propensão natural; caráter; tendência.

in·do·lên·ci·a *s.f.* 1. Qualidade de indolente. 2. Falta de estímulo para atuar no momento oportuno. 3. Apatia; negligência; insensibilidade.

in·do·len·te *adj.2gên.* 1. Que é insensível à dor. 2. Apático; negligente. 3. Ocioso; preguiçoso.

in·do·lor *adj.2gên.* Que não provoca dor; sem dor.

in·do·má·vel *adj.2gên.* Que não se consegue domar; indômito.

in·dô·mi·to *adj.* 1. Indomado. 2. Não vencido. 3. *fig.* Arrogante.

in·do·né·si·o *adj.* 1. Relativo à Indonésia ou aos indonésios. *s.m.* 2. O natural ou habitante da Indonésia. 3. Indivíduo dos indonésios, povos dos arquipélagos sul-asiáticos. 4. *Linguíst.* Subgrupo de línguas que inclui o tagalo das Filipinas, o malaio da Indonésia e o malgaxe de Madagascar.

in·dou·to *adj.* Não douto; ignorante.

in·du·bi·tá·vel *adj.2gên.* Incontestável; que não oferece dúvida; certo; evidente.

in·du·ção *s.f.* 1. Ação ou efeito de induzir. 2. *Lóg.* Estabelecimento de uma proposição geral a partir do conhecimento de certo número de dados singulares.

in·dul·gên·ci·a *s.f.* 1. Qualidade de indulgente. 2. Clemência. 3. Perdão (ou atenuação) de uma falta. 4. Bondade. 5. Desculpa do que é censurável ou importuno. 6. Remissão das penas dos pecados concedida pela Igreja.

in·dul·gen·te *adj.2gên.* 1. Que tem ou revela indulgência. 2. Clemente; tolerante. 3. Que perdoa facilmente; benévolo.

in·dul·tar *v.t.d.* 1. Conceder indulto (geralmente a alguém cumprindo pena). 2. Reduzir ou perdoar a pena. 3. *por ext.* Desculpar, isentar.

in·dul·to *s.m.* 1. Comutação de pena. 2. Concessão de uma graça. 3. Indulgência. 4. Anistia.

in·du·men·tá·ri·a *s.f.* 1. História do vestuário através dos tempos. 2. Arte do vestuário. 3. Uso do vestuário relativamente aos povos ou às épocas. 4. Trajo; vestimenta.

in·dús·tri·a *s.f.* 1. Conjunto das operações que concorrem para a produção das riquezas. 2. Habilidade para fazer alguma coisa; aptidão. 3. *fig.* Engenho; astúcia.

in·dus·tri·al *adj.2gên.* 1. Que se refere ou pertence à indústria, ou dela procede. *s.2gên.* 2. Pessoa que exerce uma indústria, ou tem um estabelecimento industrial.

in·dus·tri·a·li·za·ção *s.f.* Ação de industrializar.

in·dus·tri·a·li·zar *v.t.d.* 1. Tornar industrial. 2. Dar feição industrial a.

in·dus·tri·ar *v.t.d.* 1. Ensinar arte, indústria. 2. Trabalhar com arte. 3. Dispor os meios de obter. 4. Adestrar; amestrar; exercitar. *v.p.* 5. Aprender; adestrar-se.

in·dus·tri·á·ri·o *s.m.* Empregado de uma indústria.

in·dus·tri·o·so (ô) *adj.* 1. Trabalhador. 2. Engenhoso. 3. Hábil. 4. Sagaz. *Pl.:* industriosos (ó).

in·du·ti·vo *adj.* Que procede por indução.

in·du·zir *v.t.d.* 1. Raciocinar por indução. 2. Causar; inspirar. 3. Concluir; deduzir; inferir. 4. Fazer cair (em erro). 5. Persuadir.

i·ne·bri·an·te *adj.2gên.* Que inebria.

i·ne·bri·ar *v.t.d.* 1. Embriagar. 2. *fig.* Extasiar; deliciar; encantar; entusiasmar. *v.p.* 3. Embriagar-se. 4. Envolver-se; extasiar-se.

i·né·di·a *s.f.* Abstinência total de alimento.

i·ne·di·tis·mo *s.m.* Qualidade de inédito.

i·né·di·to *adj.* 1. Que não foi publicado; que não se imprimiu. 2. Designativo do autor cujas obras nunca foram publicadas. 3. *fig.* Original; nunca visto.

i·ne·fá·vel *adj.2gên.* 1. Indizível; que não se pode exprimir por palavras. 2. *fig.* Delicioso; encantador; inebriante.

i·ne·fi·cá·ci·a *s.f.* Qualidade de ineficaz; insuficiência; inutilidade.

i·ne·fi·caz *adj.2gên.* 1. Não eficaz; inútil. 2. Inconveniente. 3. Que não produz efeito.

i·ne·fi·ci·en·te *adj.2gên.* Não eficiente; ineficaz.

i·ne·gá·vel *adj.2gên.* Que não se pode negar; claro; evidente; manifesto; incontestável.

i·ne·le·gi·bi·li·da·de *s.f.* Qualidade de inelegível.

i·ne·le·gí·vel *adj.2gên.* Que não se pode eleger; não elegível.

i·ne·lu·tá·vel *adj.2gên.* 1. Contra o qual não se pode lutar. 2. Inevitável; indiscutível; irresistível; invencível.

i·ne·nar·rá·vel *adj.2gên.* Que não se pode narrar; inexprimível.

i·nép·ci·a *s.f.* 1. Falta de inteligência. 2. Tolice; absurdo.

i·nep·to (é) *adj.* 1. Que não tem aptidão. 2. Que revela toleima. 3. Que não é inteligente. *V.* **inapto**.

i·ne·quí·vo·co *adj.* Evidente; muito claro; em que não há equívoco.

i·nér·ci·a *s.f.* 1. Falta de movimento ou de atividade. 2. Preguiça; indolência; torpor. 3. *Fís.* Propriedade que têm os corpos de persistir em movimento ou repouso até que uma força os faça sair do estado em que se encontram.

i·ne·rên·ci·a *s.f.* Qualidade de inerente.

i·ne·ren·te *adj.2gên.* Que se liga intimamente (a uma pessoa ou a alguma coisa); inseparável.

i·ner·me (é) *adj.2gên.* Que não possui meios de defesa; desarmado.

inerte

i·ner·te (é) *adj.2gên*. 1. Que não tem movimento próprio. 2. Sem atividade. 3. Desprovido de arte, de indústria. 4. Que produz inércia.

i·ner·va·ção *s.f. Biol.* 1. Ação da atividade dos elementos nervosos sobre as funções orgânicas. 2. Distribuição dos nervos no organismo.

i·ner·var *v.t.d. Biol.* Comunicar atividade nervosa a. *V.* **enervar**.

i·nes·cru·pu·lo·so (ô) *adj*. Que não tem escrúpulos; que usa meios desonestos ou desleais para atingir um objetivo. *Pl.:* inescrupulosos (ó).

i·nes·cru·tá·vel *adj.2gên*. Que não se pode escrutar, indagar, compreender, penetrar.

i·nes·cu·sá·vel *adj.2gên*. 1. Indesculpável. 2. Indispensável.

i·nes·go·tá·vel *adj.2gên*. Que não se pode esgotar; abundante.

i·nes·pe·ra·do *adj*. Imprevisto; repentino.

i·nes·que·cí·vel *adj.2gên*. Que não se pode esquecer; inolvidável.

i·nes·ti·má·vel *adj.2gên*. 1. De grande valor. 2. Que não se pode apreciar. 3. A que se dedica grande estima.

i·ne·vi·tá·vel *adj.2gên*. Que não se pode evitar; fatal.

i·ne·xa·ti·dão (z) *s.f.* Qualidade de inexato; falta de exatidão; erro.

i·ne·xa·to (z) *adj*. Não exato; incorreto.

i·ne·xau·rí·vel (z) *adj.2gên*. Inesgotável.

i·nex·ce·dí·vel (ss) *adj.2gên*. Que não se pode exceder.

i·ne·xe·quí·vel (z) (qüí) *adj.2gên*. Que não se pode executar; inexecutável.

infalível

i·ne·xis·tên·ci:a (z) *s.f.* Falta de existência; carência; falta.

i·ne·xis·ten·te (z) *adj.2gên*. Que não existe; que falta.

i·ne·xis·tir (z) *v.i.* Não existir; não haver.

i·ne·xo·rá·vel (z) *adj.2gên*. Que não se abala com súplicas; implacável; austero; rígido.

i·nex·pe·ri·ên·ci:a (s) *s.f.* Qualidade de inexperiente.

i·nex·pe·ri·en·te (s) *adj.2gên*. 1. Que não tem experiência. 2. Simples; inocente.

i·nex·pli·cá·vel (s) *adj.2gên*. Que não se pode explicar; obscuro; incompreensível.

i·nex·plo·ra·do (s) *adj*. Não explorado; desconhecido.

i·nex·pres·si·vo (s) *adj*. Sem expressão; que não é expressivo.

i·nex·pri·mí·vel (s) *adj.2gên*. 1. Que não se pode exprimir. 2. *fig.* Inefável; encantador.

i·nex·pug·ná·vel (s) *adj.2gên*. 1. Invencível; que não se pode conquistar ou vencer. 2. *fig.* Intrépido. 3. Que não se pode vencer.

i·nex·tin·guí·vel (s) *adj.2gên*. Que não se pode extinguir.

i·nex·tri·cá·vel (s) *adj.2gên*. 1. Que não se pode desenredar ou desemaranhar. 2. Que não se pode deslindar. 3. De que não é possível desembaraçar-se ou sair.

in·fa·li·bi·li·da·de *s.f.* 1. Qualidade de infalível. 2. *Teol.* Qualidade, privilégio de não poder errar em matéria de fé.

in·fa·lí·vel *adj.2gên*. 1. Que não pode falhar. 2. Que nunca se engana. 3. Inevitável.

in·fa·man·te *adj.2gên.* Que infama, avilta, amesquinha; infamatório.

in·fa·mar *v.t.d.* 1. Tornar infame. 2. Desonrar; desacreditar; difamar; atribuir infâmias a; manchar a reputação de. *v.p.* 3. Tornar-se infame; desacreditar-se; desonrar-se.

in·fa·me *adj.2gên.* 1. Que tem má fama; vil; abjeto; ignominioso; vergonhoso. *s.2gên.* 2. Pessoa que pratica atos desprezíveis.

in·fâ·mi·a *s.f.* 1. Ignomínia; desonra. 2. Perda da fama, do crédito. 3. Dito infame. 4. Ação vergonhosa, indigna, vil.

in·fân·ci·a *s.f.* 1. Idade da meninice. 2. Período de crescimento que precede a puberdade. 3. As crianças em geral. 4. *fig.* Primeiro período de uma sociedade, de uma arte, etc.

in·fan·ta·ri·a *s.f.* Tropa militar que faz o serviço a pé, com exceção dos caçadores.

in·fan·te *s.m.* 1. Príncipe, filho de rei que não é herdeiro da coroa. 2. *desus.* Criança; recém-nascido. *adj.2gên.* 3. Infantil; que está na infância.

in·fan·ti·cí·di·o *s.m.* Morte dada voluntariamente a uma criança, a um recém-nascido.

in·fan·til *adj.2gên.* 1. Concernente a crianças. 2. Próprio de criança; inocente.

in·fan·ti·li·da·de *s.f.* 1. Qualidade de infantil. 2. Ação ou dito próprio de criança.

in·fan·ti·lis·mo *s.m. Med.* Existência de características físicas ou mentais infantis na idade adulta.

in·fan·ti·li·zar *v.t.d.* 1. Tornar infantil; dar aspecto infantil a. *v.p.* 2. Tornar-se infantil. 3. Praticar atos infantis.

in·fan·to·ju·ve·nil *adj.2gên.* Relativo à infância e à juventude, ao período compreendido entre essas fases da vida ou próprio delas.

in·far·to *s.m. Med.* Enfarte.

in·fa·ti·gá·vel *adj.2gên.* 1. Que não se cansa. 2. Zeloso; desvelado.

in·faus·to *adj.* Adverso; funesto; desgraçado; infeliz.

in·fec·ção *s.f.* 1. Ação ou efeito de infeccionar. 2. Contágio; corrupção. 3. *Med.* Penetração e multiplicação de agentes causadores de doenças no organismo.

in·fec·ci·o·nar *v.t.d.* 1. Contaminar; corromper; viciar. 2. *fig.* Depravar; perverter. *v.p.* 3. Contaminar-se; perverter-se.

in·fec·ci·o·so (ô) *adj.* Que produz infecção ou provém dela. *Pl.:* infecciosos (ó).

in·fec·tar *v.t.d.* 1. Tornar infecto; infeccionar. 2. Contagiar; corromper.

in·fec·to (é) *adj.* 1. Que tem infecção. 2. De que se desprende mau cheiro. 3. *fig.* Ruim.

in·fe·cun·do *adj.* Que nada produz; que não dá fruto; estéril.

in·fe·li·ci·da·de *s.f.* Desventura; infortúnio.

in·fe·li·ci·tar *v.t.d.* 1. Tornar infeliz. 2. Violar a virgindade de.

in·fe·liz *adj.2gên.* 1. Desditoso; desafortunado; desgraçado; desventurado. 2. Desastrado. 3. Infausto. *s.2gên.* 4. Pessoa infeliz.

in·fen·so *adj.* 1. Hostil; adverso; inimigo; contrário. 2. Irritado; encarniçado.

in·fe·rên·ci·a *s.f.* 1. Ação ou efeito de inferir. 2. Dedução; consequência; conclusão.

in·fe·ri·or *adj.2gên.* 1. Que está por baixo ou abaixo. *s.2gên.* 2. Pessoa que está abaixo de outra em condição ou dignidade.

in·fe·ri·o·ri·da·de *s.f.* Qualidade de inferior.

in·fe·ri·o·ri·zar *v.t.d.* e *v.p.* Tornar ou tornar-se inferior.

in·fe·rir *v.t.d.* 1. Deduzir raciocinando. 2. Tirar por conclusão; concluir.★

in·fer·nal *adj.2gên.* 1. Do inferno. 2. Diabólico. 3. Terrível. 4. Furioso.

in·fer·ni·zar *v.t.d.* 1. Atormentar; desesperar. 2. Encolerizar.

in·fer·no (é) *s.m.* 1. Lugar que se destina ao suplício eterno das almas dos condenados segundo algumas religiões cristãs (inicial maiúscula). 2. *fig.* Confusão; desordem.

ín·fe·ro *adj.* Inferior (opõe-se a súpero).

in·fes·ta·ção *s.f.* Ação ou efeito de infestar.

in·fes·tar *v.t.d.* 1. Fazer estragos em (assolando ou devastando). 2. Contagiar; contaminar. 3. Frequentar com incursões (os mares, as costas, os campos).

in·fi·bu·la·ção *s.f.* Ato ou efeito de infibular.

in·fi·bu·lar *v.t.d.* Afivelar; acolchetar.

in·fi·de·li·da·de *s.f.* 1. Falta de fidelidade; traição. 2. Qualidade de infiel.

in·fi·el *adj.2gên.* 1. Que não é fiel. 2. Desleal; pérfido; traiçoeiro. *s.2gên.* 3. Pessoa infiel. 4. Pessoa que não professa a fé considerada a verdadeira; pagão; gentio.

in·fil·tra·ção *s.f.* 1. Ação de infiltrar (-se). 2. *fig.* Introdução; penetração (de ideologias, ideias, etc.).

in·fil·trar *v.t.d.* 1. Penetrar através de um filtro. 2. Insinuar-se ou penetrar nos interstícios de (um corpo sólido); impregnar. *v.p.* 3. Introduzir-se lentamente. 4. Insinuar-se.

ín·fi·mo *adj.* 1. Que é o mais baixo de todos. 2. Que está na parte mais baixa ou no último lugar.

in·fin·dá·vel *adj.2gên.* Que não finda; permanente; contínuo.

in·fin·do *adj.* 1. Que não tem fim ou limite; infinito. 2. Inesgotável; inexaurível.

in·fi·ni·te·si·mal *adj.2gên.* Que tem o caráter de uma quantidade infinitamente pequena.

in·fi·ni·ti·vo *adj.* e *s.m. Gram.* Diz-se de ou a forma nominal do verbo, caracterizada pela terminação conforme a conjugação: *ar, er, ir.*

in·fir·mar *v.t.d.* 1. Enfraquecer; tirar a força, a firmeza a. 2. *fig.* Anular. 3. Diminuir a autoridade de.

in·fi·xo (cs) *s.m. Gram.* Afixo no interior da palavra (como o *dis* em indispor e o *z* em florzinha).

in·fla·ção *s.f.* 1. Ação ou efeito de inflar(-se). 2. *fig.* Vaidade; soberba; presunção. 3. *Econ.* Grande emissão de papel-moeda, em geral sem a garantia da quantidade de bens necessária à circulação fiduciária. 4. Redução do poder aquisitivo da moeda e concomitante alta geral dos preços (opõe-se a deflação). *V.* ***infração***.

in·fla·ci·o·nar *v.t.d.* Provocar inflação em.

in·fla·ci·o·ná·ri·o *adj.* 1. Relativo à inflação. 2. Em que há inflação.

in·fla·do *adj.* 1. Cheio de ar. 2. Inchado. 3. *fig.* Soberbo; orgulhoso.

inflamação   **informática**

in·fla·ma·ção *s.f.* 1. Ação ou efeito de inflamar(-se). 2. Ardor intenso. 3. *Med*. Fenômeno mórbido que se caracteriza por dor, rubor, calor e tumefação.

in·fla·ma·do *adj.* 1. Que tem inflamação. 2. Exaltado; veemente, ardoroso.

in·fla·mar *v.t.d.* 1. Acender, pôr em chama; abrasar; fazer arder. 2. Excitar; estimular. 3. Encher de voluptuosidade. 4. Afoguear. *v.p.* 5. Acender-se; tornar-se incandescente. 6. Encher-se de ardor, de entusiasmo. 7. *Med*. Ser afetado de inflamação.

in·fla·má·vel *adj.2gên.* 1. Que se inflama, que pega fogo com facilidade. 2. *fig*. Que se deixa tomar por emoções fortes. *s.m.* 3. Produto ou substância que se inflama com facilidade.

in·flar *v.t.d.* 1. Encher de ar. 2. Fazer inchar, assoprando. 3. Inchar; enfunar; intumescer. 4. *fig*. Tornar vaidoso; empolar. *v.i.* e *v.p.* 5. Intumescer-se. 6. Encher-se de vaidade, de orgulho.

in·flec·tir *v.t.d.* 1. Dobrar; curvar. 2. Modificar (a voz). *v.i.* e *v.p.* 3. Curvar-se; dobrar-se; desviar-se.

in·fle·xão (cs) *s.f.* 1. Ação ou efeito de inflectir. 2. Curvatura; inclinação de uma linha. 3. Tom de voz. 4. *Gram*. Variação das desinências nas palavras; flexão.

in·fle·xi·bi·li·da·de (cs) *s.f.* Qualidade de inflexível.

in·fle·xí·vel (cs) *adj.2gên.* 1. Que não se pode dobrar ou curvar. 2. *fig*. Que não cede, que não se deixa dobrar, que resiste a todos os esforços, a todas as influências.

in·fli·gir *v.t.d.* Aplicar (pena material ou moral). *V*. **infringir**.

in·flo·res·cên·ci:a *s.f. Bot*. Estrutura floral que apresenta mais de uma flor em um mesmo pedúnculo.

in·flu·ên·ci:a *s.f.* 1. Ação ou efeito de influir. 2. Preponderância; prestígio, crédito.

in·flu·en·ci·ar *v.t.d.* Exercer influência sobre.

in·flu·en·te *adj.2gên.* 1. Que influi, que exerce influência. *s.2gên.* 2. Pessoa influente.

in·flu·en·za (influentza) *Ital. s.f. Med*. Doença epidêmica análoga à gripe.

in·flu·ir *v.t.d.* 1. Fazer correr (um fluido) para dentro de. 2. Inspirar; incutir; excitar; entusiasmar. 3. Ter influxo; exercer influência. *v.p.* 4. Entusiasmar-se; enlevar-se; aplicar-se com ardor.

in·flu·xo (cs) *s.m.* 1. Ação ou efeito de influir. 2. Influência física ou moral. 3. Afluência.

in·for·ma·ção *s.f.* 1. Ação ou efeito de informar(-se). 2. Indagação. 3. Opinião sobre alguém. 4. Instrução; direção.

in·for·mal *adj.2gên.* Destituído de formalidades; não formal.

in·for·man·te *adj.2gên.* 1. Que informa. *s.2gên.* 2. Pessoa que informa; pessoa que se encarrega de colher e transmitir informações.

in·for·mar *v.t.d.* e *v.i.* 1. Dar informe, parecer sobre. 2. Avisar; cientificar. 3. Instruir; ensinar. 4. Dar informação, notícia a. 5. Participar; comunicar; avisar. 6. Tomar conhecimento; inteirar-se. *V*. **enformar**.

in·for·má·ti·ca *s.f.* Ciência que visa ao tratamento automático da informação por meio de equipamentos (computadores) e procedimentos da área de processamento de dados.

in·for·ma·ti·zar *v.t.d.* 1. Equipar qualquer local com recursos de informática, como computadores e programas. 2. Transformar ou adaptar algo já existente, como atividades, acervos, métodos, etc., para ser usado com os recursos de informática.

in·for·me¹ (ó) *adj.2gên.* 1. Que não tem forma determinada; que não tem feitio. 2. Rude; tosco. 3. Grande e desajeitado; monstruoso.

in·for·me² (ó) *s.m.* Informação.

in·for·tu·na·do *adj.* 1. Infeliz; desventurado. 2. Infausto; funesto.

in·for·tú·ni·o *s.m.* 1. Infelicidade; desgraça. 2. Acontecimento funesto.

in·fra·ção *s.f.* Ação ou efeito de infringir; transgressão; violação. *V. inflação*.

in·fra·es·tru·tu·ra *s.f.* 1. Parte inferior de uma estrutura. 2. Base material ou econômica de uma organização.

in·fra·tor *s.m.* Aquele que infringe; transgressor.

in·fra·ver·me·lho *s.m. Fís.* 1. Raio que fica aquém do vermelho, e que não se vê na decomposição da luz solar pelo prisma. *adj.* 2. Relativo a esse raio.

in·fre·ne (ê) *adj.2gên.* Desenfreado; desordenado; descomedido; sem freio.

in·frin·gir *v.t.d.* Transgredir; violar; desrespeitar; quebrantar. *V. infligir*.

in·fru·tes·cên·ci·a *s.f. Bot.* Forma de frutificação que consiste na reunião de frutos provenientes das flores de uma inflorescência grupada, formando um só todo.

in·fru·tí·fe·ro *adj.* 1. Que não dá fruto. 2. *fig.* Que não produz resultados satisfatórios; baldado; inútil; vão.

in·fun·da·do *adj.* 1. Que não possui fundamento, base. 2. Que não tem motivo.

in·fun·dir *v.t.d.* 1. Pôr de infusão. 2. Derramar; entornar. 3. Incutir; insuflar; inspirar. *v.p.* 4. Introduzir-se.

in·fu·são *s.f.* 1. Ação ou efeito de infundir(-se). 2. Operação que consiste em deixar uma substância em repouso num líquido, para lhe extrair princípios medicamentosos ou alimentícios.

in·fu·sí·vel *adj.2gên.* Que não se pode fundir ou derreter.

in·fu·so *adj.* 1. Infundido; derramado; vertido. 2. *fig.* Diz-se do conhecimento adquirido naturalmente, sem ensinamento.

in·fu·só·ri·os *s.m.pl. Biol.* Protozoários de uma só célula dotados de membranas.

in·gá *s.m. Bot.* Nome comum a arbustos e árvores nativas de regiões tropicais e temperadas das Américas, cultivados pelos frutos comestíveis, de polpa carnosa e doce, bem como para fins ornamentais.

in·gen·te *adj.2gên.* Muito grande, desmedido; estrondoso.

in·ge·nu·i·da·de *s.f.* Qualidade de ingênuo; simplicidade.

in·gê·nu·o *adj.* 1. Sincero; desprovido de malícia. 2. Que não tem arte nem afetação; cândido; simples. *s.m.* 3. Indivíduo ingênuo.

in·ge·rên·ci·a *s.f.* 1. Ação ou efeito de ingerir. 2. Intervenção.

in·ge·rir *v.t.d.* 1. Engolir; introduzir. *v.p.* 2. Intrometer-se; intervir. ★

in·ges·tão *s.f.* Ação de ingerir; deglutição.

in·glês *adj.* 1. Da Inglaterra. *s.m.* 2. O natural ou habitante da Inglaterra. 3. O idioma inglês.

in·gló·ri·o *adj.* 1. De que não resulta glória. 2. Que não é glorioso; modesto.

in·glú·vi·o *s.m. Zool.* Saco ou bolsa membranosa, nas aves, onde se juntam os alimentos antes de passarem à moela; papo.

in·gra·ti·dão *s.f.* 1. Falta de gratidão. 2. Qualidade de ingrato.

in·gra·to *adj.* 1. Que não corresponde aos benefícios recebidos ou à afeição que se lhe dedica. *s.m.* 2. Indivíduo ingrato.

in·gre·di·en·te *s.m.* Substância que entra na composição de iguarias, de medicamentos, de bebidas, etc.

ín·gre·me *adj.2gên.* Alcantilado; escarpado; difícil de subir; em aclive.

in·gres·sar *v.t.i.* Entrar; fazer ingresso.

in·gres·so (é) *s.m.* 1. Ato de entrar; admissão. 2. Bilhete que dá direito à entrada numa casa de diversão (cinema, teatro, etc.).

ín·gua *s.f. Med.* Ingurgitamento de gânglio linfático, especialmente na virilha; bubão.

in·gui·nal *adj.2gên.* Concernente à virilha.

in·gur·gi·ta·men·to *s.m.* 1. Ato ou efeito de ingurgitar(-se). 2. *Med.* Distensão de um vaso no organismo. 3. *fig.* Obstrução.

in·gur·gi·tar *v.t.d.* 1. Engolir com avidez. 2. Obstruir. *v.i.* 3. Adquirir ingurgitamento; intumescer. *v.p.* 4. Empanturrar-se; encher-se de alimentos.

i·nha·ca *s.f.* 1. Mau cheiro; fedor, bodum, catinga[2]. 2. Falta de sorte; azar.

i·nham·bu *s.m. Zool.* Nome comum a diversas aves galináceas típicas de regiões tropicais, de pernas e cauda curtas.

in·ha·me *s.m. Bot.* 1. Planta cultivada pelos tubérculos e pelas folhas de uso culinário. 2. O tubérculo dessa planta.

i·ni·bi·ção *s.f.* Ato ou efeito de inibir(-se).

i·ni·bir *v.t.d.* 1. Proibir (em virtude de força ou de direito). 2. Impedir; impossibilitar; embaraçar. *v.p.* 3. Não se permitir; abster-se.

i·ni·ci·a·ção *s.f.* 1. Ação ou efeito de iniciar(-se). 2. Cerimônia pela qual se inicia alguém nos mistérios de uma religião ou de uma doutrina. 3. Admissão de um indivíduo numa loja maçônica. 4. *Inform.* Inicialização.

i·ni·ci·a·do *adj.* 1. Começado. *s.m.* 2. Neófito de uma seita ou ordem.

i·ni·ci·al *adj.2gên.* 1. Que começa, que está ou sucede no princípio; primitivo; iniciativo. *s.f.* 2. *Gram.* A primeira letra de uma palavra.

i·ni·ci·a·li·za·ção *s.f. Inform.* Ato ou efeito de inicializar; iniciação(4) (correspondente em inglês: *boot*).

i·ni·ci·a·li·zar *v.t.d. Inform.* 1. Preparar para uso um computador ou periférico, executando rotinas automáticas de teste dos seus componentes, carga do sistema operacional e, por vezes, a identificação do usuário e a restauração dos parâmetros de sua configuração personalizada; iniciar(4). 2. Atribuir um valor inicial e um *default* a uma variável de programa.

i·ni·ci·ar *v.t.d.* 1. Começar. 2. Introduzir no conhecimento e na participação dos mistérios de. 3. Informar. 4. *Inform.* Inicializar. *v.p.* 5. Sujeitar-se às práticas e cerimônias da iniciação. 6. Introduzir-se.

i·ni·ci·a·ti·va *s.f.* 1. Ação daquele que é o primeiro a pôr uma ideia em prática. 2. Atividade; diligência.

i·ní·ci·o *s.m.* Princípio; começo; estreia.

i·ni·gua·lá·vel *adj.2gên.* Que não se pode igualar.

i·ni·lu·dí·vel *adj.2gên.* 1. Que não se pode iludir. 2. Evidente; que não admite dúvidas.

i·ni·ma·gi·ná·vel *adj.2gên.* Que não se pode imaginar; inconcebível.

i·ni·mi·go *adj.* 1. Que não é amigo; hostil; adverso; contrário; adversário. *s.m.* 2. Indivíduo que tem ódio a alguém. 3. Nação com que se está em guerra.

i·ni·mi·tá·vel *adj.2gên.* 1. Que não se pode imitar. 2. Que não tem igual.

i·ni·mi·za·de *s.f.* Aversão; ódio; má vontade; malquerença; ausência de amizade.

i·ni·mi·zar *v.t.d.* 1. Tornar inimigo. *v.i.* 2. Provocar inimizades. *v.p.* 3. Indispor-se.

i·nin·te·li·gí·vel *adj.2gên.* 1. Difícil ou impossível de penetrar-se. 2. Que não se pode entender; misterioso; obscuro.

i·nin·ter·rup·to *adj.* Que não é interrompido, que não sofre interrupção; contínuo; constante.

i·ni·qui·da·de (qüi) *s.f.* 1. Qualidade de iníquo. 2. Falta de equidade; perversidade.

i·ní·quo *adj.* 1. Que ofende a equidade, a retidão. 2. Injusto; perverso; malvado.

in·je·ção *s.f.* 1. Ação ou efeito de injetar. 2. O líquido que se injeta.

in·je·tar *v.t.d.* 1. Introduzir por meio de injeção. *v.p.* 2. Encher-se de um líquido injetado.

in·je·tor *adj.* 1. Que injeta. *s.m.* 2. Aparelho que se destina à injeção de líquidos.

in·jun·ção *s.f.* 1. Pressão das circunstâncias. 2. Obrigação imposta; imposição.

in·jú·ri·a *s.f.* 1. Ação ou dito com que se ofende alguém. 2. Ofensa; insulto; afronta. 3. Ação de injuriar.

in·ju·ri·ar *v.t.d.* 1. Ofender por ações ou ditos. 2. Insultar; difamar. 3. Causar dano a.

in·jus·ti·ça *s.f.* Ausência de justiça; ação injusta; iniquidade.

in·jus·ti·ça·do *adj.* e *s.m.* Que ou aquele que sofreu injustiça.

in·jus·ti·fi·cá·vel *adj.2gên.* Que não se pode justificar.

in·jus·to *adj.* 1. Que não é justo; contrário à justiça; iníquo. *s.m.* 2. Aquele (ou aquilo) que não é justo.

i·nob·ser·vân·ci·a *s.f.* 1. Ausência de observância.

i·no·cên·ci·a *s.f.* 1. Qualidade de inocente; falta de culpa. 2. Candura; simplicidade. 3. Virgindade.

i·no·cen·tar *v.t.d.* Considerar inocente.

i·no·cen·te *adj.2gên.* 1. Que não cometeu erro. 2. Inofensivo. 3. Cândido; simples. *s.2gên.* 4. Pessoa inocente. *Inocente útil*: pessoa que serve aos interesses de uma causa ou de um grupo aos quais não está vinculada.

i·no·cu·la·ção *s.f.* Ação ou efeito de inocular.

i·no·cu·lar *v.t.d.* e *v.i.* 1. Introduzir, inserir. 2. *fig.* Incutir; transmitir; espalhar; difundir; disseminar. 3. *Bacter.* Implantar microrganismos ou material infectado em meio de cultura.

i·nó·cu:o *adj.* 1. Que não é nocivo; que não causa dano. 2. Inocente.

i·no·do·ro (ó) *adj.* Que não exala cheiro; que não tem odor.

i·no·fen·si·vo *adj.* 1. Que não ofende; que não faz mal. 2. Inocente.

i·no·mi·ná·vel *adj.2gên.* 1. A que não se pode atribuir nome. 2. *fig.* Vil; baixo.

i·no·pe·ran·te *adj.2gên.* 1. Que não opera. 2. Que não abona. 3. Que não concorre para um juízo ou resultado. 4. Que não produz o efeito necessário.

i·no·pi·na·do *adj.* Que sobrevém quando não se espera; imprevisto; súbito.

i·no·pi·no *adj.* Inopinado. *loc. adv.* **De inopino**: de repente.

i·no·por·tu·no *adj.* 1. Intempestivo. 2. Feito fora de tempo ou fora de propósito.

i·nós·pi·to *adj.* 1. Que não pratica a hospitalidade. 2. Que apresenta más condições para habitação ou permanência.

i·no·va·ção *s.f.* 1. Ação ou efeito de inovar. 2. Novidade que se introduz na legislação, nos costumes, etc.

i·no·var *v.t.d.* 1. Tornar novo. 2. Introduzir novidades em. 3. Renovar.

i·no·xi·dá·vel (cs) *adj.2gên.* Que não se oxida.

in·put (input) *Ingl. s.m.* 1. *Econ.* Insumo. 2. *Fisiol., Inform.* Qualquer tipo de dado ou informação que entra num sistema de processamento.

in·qua·li·fi·cá·vel *adj.2gên.* 1. Que não se pode qualificar. 2. Que não merece qualificação; desprezível.

in·que·bran·tá·vel *adj.2gên.* 1. Que não se pode ou não se consegue quebrantar; inabalável. 2. Que é persistente; incansável.

in·qué·ri·to *s.m.* 1. Ato ou efeito de inquirir; inquirição. 2. Interrogatório de testemunhas. 3. Sindicância.

in·ques·ti·o·ná·vel *adj.2gên.* Indiscutível; que não oferece dúvida.

in·qui·e·ta·ção *s.f.* 1. Falta de quietação, de sossego. 2. Agitação; excitação; inquietude.

in·qui·e·tan·te *adj.2gên.* Que torna inquieto.

in·qui·e·tar *v.t.d.* 1. Causar inquietação a. 2. Desassossegar. *v.p.* 3. Sentir-se inquieto. 4. Ter cuidados. *Part.:* inquietado e inquieto.

in·qui·e·to (é) *adj.* Que não está quieto; aflito.

in·qui:e·tu·de *s.f.* Inquietação.

in·qui·li·na·to *s.m.* 1. Estado de quem reside em casa alugada. 2. Os inquilinos.

in·qui·li·no *s.m.* Aquele que mora em casa de aluguel.

in·qui·nar *v.t.d.* 1. Sujar; manchar; poluir. 2. Perturbar a pureza de. 3. Infectar misturando-se. 4. Corromper.

in·qui·ri·ção *s.f.* 1. Ação ou efeito de inquirir; averiguação; inquérito.

in·qui·rir *v.t.d.* 1. Procurar informações sobre. 2. Colher informações acerca de. *v.t.d.* e *v.i.* 3. Fazer perguntas a; interrogar.

in·qui·si·ção *s.f.* 1. Ação de inquirir. 2. Antigo tribunal eclesiástico, para punir crimes contra a fé católica; Santo Ofício (inicial maiúscula).

in·qui·si·ti·vo *adj.* 1. Relativo a inquisição, especialmente à Inquisição, antigo tribunal da Igreja. 2. Que faz perguntas para obter informações; interrogativo.

inquisitorial

in·qui·si·to·ri·al *adj.2gên.* 1. Concernente à Inquisição. 2. Pertencente à Inquisição ou aos inquisidores. 3. *fig.* Desumano.

in·sa·ci·á·vel *adj.2gên.* 1. Que não se pode saciar ou fartar. 2. Sôfrego; ávido; avaro.

in·sa·lu·bre *adj.2gên.* 1. Que não é saudável. 2. Que causa doença; doentio.

in·sa·ná·vel *adj.2gên.* 1. Que não se pode sanar; incurável. 2. Que não tem conserto, remédio; irremediável. 3. Que não se pode superar, dominar.

in·sâ·ni·a *s.f.* Loucura; falta de juízo; desatino.

in·sa·ni·da·de *s.f.* Qualidade de insano; falta de senso; demência.

in·sa·no *adj.* 1. Louco; demente; estulto; tolo. 2. *fig.* Exaustivo.

in·sa·tis·fa·ção *s.f.* Descontentamento; desagrado.

in·sa·tis·fei·to *adj. e s.m.* Que ou aquele que está descontente.

in·sa·tu·ra·do *adj. Quím.* 1. Diz-se do composto orgânico em que os átomos estão unidos por ligação dupla ou tripla. *s.m.* 2. O composto orgânico com essa característica.

ins·ci·ên·ci·a *s.f.* 1. Falta de saber; ignorância. 2. Imperícia; inaptidão.

ins·ci·en·te *adj.2gên.* 1. Que não tem ciência. 2. Não ciente. 3. Ignaro; ignorante.

ins·cre·ver *v.t.d.* 1. Escrever, assentar em registro. 2. Gravar; insculpir. *v.p.* 3. Escrever o seu nome num registro, numa lista, etc.

ins·cri·ção *s.f.* 1. Ação de inscrever. 2. Letras ou palavras escritas em monumentos, estátuas, campas, medalhas, etc. 3. Título de dívida pública.

inseticida

ins·cri·to *adj.* 1. Escrito sobre. 2. Esculpido; gravado; entalhado. 3. Designativo da figura geométrica traçada dentro de outra.

ins·cul·pir *v.t.d.* 1. Gravar; entalhar. *v.p.* 2. Gravar-se; entalhar-se.

in·se·gu·ran·ça *s.f.* Falta de segurança.

in·se·gu·ro *adj.* Que não é seguro.

in·se·mi·na·ção *s.f.* Introdução do sêmen no útero; fecundação do óvulo.

in·se·mi·nar *v.t.d.* Fazer a inseminação em; fecundar artificialmente.

in·sen·sa·tez *s.f.* Qualidade de insensato.

in·sen·sa·to *adj.* 1. Que não tem senso. 2. Oposto à razão. 3. Contrário ao bom senso.

in·sen·si·bi·li·da·de *s.f.* 1. Falta de sensibilidade. 2. Falta de sentimento; apatia; inação; indiferença. 3. Qualidade de insensível.

in·sen·si·bi·li·zar *v.t.d.* Tornar insensível (física ou moralmente).

in·sen·sí·vel *adj.2gên.* 1. Que não tem sensibilidade física ou moral. 2. Indiferente aos males alheios.

in·se·pa·rá·vel *adj.2gên.* Que não se pode separar (física ou moralmente).

in·se·pul·to *adj.* Que não foi sepultado, enterrado.

in·ser·ção *s.f.* 1. Ação de inserir. 2. Intercalação.

in·se·rir *v.t.d.* 1. Introduzir. 2. Intercalar. 3. Implantar. *v.p.* 4. Introduzir-se. *Part.:* inserido e inserto. ★

in·ser·to (é) *adj.* 1. Que se inseriu; introduzido. 2. Publicado entre outras coisas. *V.* **incerto**.

in·se·ti·ci·da *s.m.* 1. Preparado (em geral líquido) com que se matam insetos. *adj.2gên.* 2. Que mata insetos.

in·se·tí·vo·ro *adj.* 1. Que se alimenta de insetos. *s.m.* 2. Ser vivo com essa característica.

in·se·to (é) *s.m. epiceno Zool.* Pequeno animal desprovido de esqueleto interior, dotado de três pares de pernas articuladas com o tórax; respira por traqueias.

in·sí·di·a *s.f.* Cilada; traição; perfídia; aleivosia; intriga; ardil; estratagema.

in·si·di·o·so (ô) *adj.* Aleivoso; que arma ciladas; traiçoeiro; pérfido. *Pl.:* insidiosos (ó).

in·sig·ne *adj.2gên.* 1. Notável; muito distinto. 2. Célebre; famoso. 3. Extraordinário.

in·sig·ni·a *s.f.* Qualquer sinal distintivo de dignidade, de posto, de função ou de nobreza.

in·sig·ni·fi·cân·ci·a *s.f.* 1. Qualidade de insignificante. 2. Pouca importância; bagatela.

in·sig·ni·fi·can·te *adj.2gên.* 1. Que é desprovido de importância ou valor; reles. *s.2gên.* 2. Pessoa insignificante.

in·sin·ce·ro (é) *adj.* Que não possui ou não passa sinceridade; falso, fingido, mentiroso.

in·si·nu·a·ção *s.f.* 1. Ação de insinuar (-se). 2. Coisa insinuada. 3. Dito que faz criar suspeitas no ânimo de outrem; advertência; sugestão.

in·si·nu·an·te *adj.2gên.* 1. Que insinua. 2. Que tem o dom de se insinuar no ânimo de outrem. 3. Que sabe captar a simpatia alheia, persuasivo, agradável.

in·si·nu·ar *v.t.d.* 1. Fazer entrar no ânimo. 2. Dar a entender, de maneira sutil e indireta. *v.i.* 3. Fazer insinuações. *v.p.* 4. Introduzir-se no ânimo, na confiança de alguém.

in·si·pi·dez *s.f.* 1. Qualidade de insípido. 2. Falta de sabor. 3. *fig.* Caráter do que enfada, enfastia, cansa. 4. Monotonia.

in·sí·pi·do *adj.* 1. Que não tem sabor. 2. Que não se deixa apreciar pelo paladar. 3. Monótono; desagradável.

in·si·pi·en·te *adj.2gên.* 1. Ignorante. 2. Imprudente. *V.* **incipiente**.

in·sis·tên·ci·a *s.f.* 1. Ação de insistir. 2. Obstinação; perseverança; teimosia.

in·sis·ten·te *adj.2gên.* 1. Que insiste. 2. Obstinado; perseverante; teimoso. 3. Importuno.

in·sis·tir *v.t.d.* 1. Persistir na afirmativa de. 2. Sustentar com firmeza. *v.i.* 3. Perseverar no que se está fazendo. *v.t.i.* 4. Obstinar-se; teimar; instar.

in·so·ci·á·vel *adj.2gên.* Não sociável; misantropo.

in·so·fis·má·vel *adj.2gên.* 1. Que não se pode sofismar. 2. Que não envolve erro ou dúvida.

in·so·fri·do *adj.* 1. Que não sofre nada ou sofre pouco. 2. Que não aceita o sofrimento, se recusa a sofrer. 3. Que não tem paciência; que não controla; arrebatado.

in·so·la·ção *s.f.* 1. Exposição ao sol. 2. Mal causado por demorada exposição ao sol.

in·so·lên·ci·a *s.f.* 1. Maneira insólita de proceder. 2. Falta de respeito. 3. Qualidade de insolente.

in·so·len·te *adj.2gên.* 1. Insólito; atrevido. 2. Grosseiro; desaforado. 3. Inconveniente.

in·só·li·to *adj.* 1. Extraordinário; incomum. 2. Que não acontece habitualmente. 3. Que se opõe às regras.

in·so·lú·vel *adj.2gên.* 1. Não solúvel. 2. Que não se desfaz. 3. Incobrável (dívida). 4. Que não se pode resolver.

in·sol·vên·ci:a *s.f.* Qualidade de insolvente.

in·sol·ven·te *adj.2gên.* 1. Que não tem meios para pagar o que deve. *s.2gên.* 2. Pessoa insolvente.

in·son·dá·vel *adj.2gên.* 1. Que não se pode sondar. 2. *fig.* Misterioso; inexplicável.

in·so·ne (ô) *adj.2gên.* Que não tem sono.

in·sô·ni:a *s.f.* Falta de sono.

in·so·pi·tá·vel *adj.2gên.* Que não se pode sopitar, acalmar.

in·sos·so (ô) *adj.* 1. Que não tem sal ou a que falta o sal preciso; sem tempero; insulso. 2. Enjoativo.

ins·pe·ção *s.f.* 1. Ação de examinar, de olhar detidamente. 2. Exame; vistoria.

ins·pe·ci·o·nar *v.t.d.* 1. Examinar como inspetor. 2. Exercer inspeção sobre.

ins·pe·tor *s.m.* 1. Aquele que exerce inspeção sobre alguma coisa. 2. Encarregado de fazer a inspeção.

ins·pe·to·ri·a *s.f.* 1. Repartição encarregada de inspecionar. 2. Cargo, dignidade de inspetor.

ins·pi·ra·ção *s.f.* 1. Ação ou efeito de inspirar ou de ser inspirado. 2. Entusiasmo poético; sentimento, ideia, pensamento que parece nascer espontaneamente no espírito.

ins·pi·rar *v.t.d.* 1. Introduzir (o ar) nos pulmões, através dos movimentos da inspiração. 2. Encher de inspiração ou estro. 3. Sugerir; aconselhar. *v.p.* 4. Receber inspiração.

ins·ta·bi·li·da·de *s.f.* 1. Falta de estabilidade (moral ou física). 2. Inconstância.

ins·ta·la·ção *s.f.* 1. Ação ou efeito de instalar(-se). 2. Ação de distribuir ou pôr em ordem os objetos necessários para uma obra.

ins·ta·lar *v.t.d.* 1. Estabelecer, dispor para que entre em funcionamento. 2. Inaugurar. 3. Alojar. 4. *Inform.* Adaptar computador ou sistema operacional para a utilização de determinado recurso de *software* ou de *hardware*. *v.p.* 5. Estabelecer-se; alojar-se; acomodar-se. *V.* **estalar**.

ins·tân·ci:a *s.f.* 1. Pedido; solicitação urgente e reiterada. 2. Jurisdição; foro. 3. Ação de instar. 4. Qualidade do que é instante. *V.* **estância**.

ins·tan·tâ·ne:o *adj.* 1. Que se realiza ou acontece num instante; súbito; rápido. 2. Efêmero.

ins·tan·te *adj.2gên.* 1. Que insta. *s.m.* 2. Momento muito breve; ocasião.

ins·tar *v.t.d.* 1. Pedir; solicitar com instância. 2. Insistir. 3. Aconselhar; incitar.

ins·tau·ra·ção *s.f.* 1. Ação ou efeito de instaurar. 2. Início; inauguração.

ins·tau·rar *v.t.d.* 1. Começar; fundar; estabelecer. 2. Organizar. 3. Reparar; reformar.

ins·tá·vel *adj.2gên.* 1. Que não é estável. 2. Que não permanece na mesma posição.

ins·ti·ga·ção *s.f.* 1. Ação ou efeito de instigar. 2. Estímulo; sugestão.

ins·ti·gar *v.t.d.* 1. Incitar; estimular. 2. Induzir; persuadir; aconselhar.

ins·ti·lar *v.t.d.* 1. Introduzir ou verter gota a gota. 2. Induzir, persuadir; insinuar.

ins·tin·ti·vo *adj.* 1. Relativo ao instinto. 2. Espontâneo; natural. 3. Irrefletido. 4. Automático.

instinto

ins·tin·to *s.m.* 1. Impulso ou estímulo interior que visa a determinado fim. 2. Aptidão inata. 3. Inspiração.

ins·ti·tu·ci·o·na·li·zar *v.t.d.* e *v.p.* Dar ou passar a ter caráter de instituição; oficializar(-se).

ins·ti·tu·i·ção *s.f.* 1. Ação ou efeito de instituir. 2. Fundação. 3. Instituto.

ins·ti·tu·i·ções *s.f.pl.* Leis fundamentais que regem uma sociedade.

ins·ti·tu·ir *v.t.d.* 1. Fundar; dar começo a. 2. Declarar; nomear.

ins·ti·tu·to *s.m.* 1. Corporação literária, científica, artística, religiosa, educacional, cultural. 2. Regime; regra; norma. 3. Assunto.

ins·tru·ção *s.f.* 1. Ação ou efeito de instruir(-se). 2. Ensino. 3. Lição; preceito instrutivo. 4. Conjunto de conhecimentos adquiridos; cultura; erudição.

ins·tru·ir *v.t.d.* 1. Ensinar. 2. Dar instruções a; adestrar. 3. Esclarecer. 4. Lecionar. 5. *Jur.* Colocar em estado de entrar em julgamento (um processo, uma causa). 6. Informar. *v.p.* 7. Receber instrução. 8. Tornar-se sabedor.

ins·tru·men·ta·ção *s.f. Mús.* 1. Arte de dispor as partes de uma composição musical. 2. *Med.* Ação de fornecer a (o cirurgião e auxiliares) o material usado no ato operatório.

ins·tru·men·tal *adj.2gên.* 1. Concernente a instrumento. 2. Que serve de instrumento. 3. *Mús.* Designativo da música que se destina a ser executada por instrumentos de corda, de sopro, etc. (opõe-se a vocal). *s.m.* 4. Conjunto de instrumentos de uma orquestra, de uma banda, de um ofício mecânico, de uma arte, de uma ciência.

ins·tru·men·tar *v.t.d.* 1. Fornecer ou equipar com instrumentos. 2. *Cir.* Passar para o cirurgião os instrumentos que ele pede durante uma cirurgia. *v.t.d.* e *v.i.* 3. *Mús.* Escrever a parte correspondente a cada instrumento em uma composição.

ins·tru·men·tis·ta *adj.2gên.* 1. Que toca algum instrumento musical ou que compõe música instrumental. *s.2gên.* 2. Pessoa com uma dessas características ou ambas.

ins·tru·men·to *s.m.* 1. Utensílio, agente mecânico que serve para executar qualquer trabalho. 2. Objeto que produz sons musicais. 3. Ferramenta. 4. Documento.

ins·tru·ti·vo *adj.* Que é próprio para instruir ou instrui; educativo.

ins·tru·tor *adj.* e *s.m.* Que ou o que instrui, ensina, adestra, dá instruções.

in·sub·mis·so *adj.* 1. Não submisso; independente. 2. Altivo; arrogante. *s.m.* 3. Aquele que deixou de atender ao serviço militar.

in·su·bor·di·na·ção *s.f.* 1. Falta de subordinação. 2. Revolta. 3. Indisciplina.

in·su·bor·di·na·do *adj.* 1. Que se rebela contra os seus superiores; indisciplinado. *s.m.* 2. Indivíduo insubordinado.

in·su·bor·di·nar *v.t.d.* 1. Tornar insubordinado. *v.p.* 2. Sublevar-se.

in·sub·sis·tên·ci·a *s.f.* 1. Qualidade de insubsistente. 2. Falta de fundamento ou valor.

in·sub·sis·ten·te *adj.2gên.* 1. Que não pode subsistir. 2. Que tem de acabar. 3. Que não tem razão de ser. 4. Sem valor.

in·subs·ti·tu·í·vel *adj.2gên.* Que não pode ser substituído; inigualável.

in·su·ces·so *s.m.* Malogro; fracasso; mau resultado.

in·su·fi·ci·ên·ci:a *s.f.* 1. Qualidade de insuficiente. 2. Inaptidão; incompetência; incapacidade.

in·su·fi·ci·en·te *adj.2gên.* Deficiente; inepto; incapaz; incompetente.

in·su·flar *v.t.d.* 1. Encher de ar, gás ou vapor por meio do sopro. 2. *fig.* Inspirar; incutir; insinuar. 3. Encher de ar, soprando.

in·su·la·do *adj.* Isolado, ilhado.

in·su·lar[1] *adj.2gên.* Relativo a ilha.

in·su·lar[2] *v.t.d.* 1. Tornar solitário; isolar; tornar incomunicável. *v.p.* 2. Isolar-se.

in·su·li·na *s.f. Quím.* Princípio ativo da secreção interna de certas células do pâncreas, indispensável à utilização do açúcar no organismo.

in·sul·so *adj.* 1. Insosso; sem sal; insípido. 2. *fig.* Sem graça.

in·sul·tar *v.t.d.* Injuriar; afrontar; ultrajar.

in·sul·to *s.m.* 1. Injúria; ultraje; afronta; agressão ofensiva por fatos ou palavras. 2. *Med.* Ataque repentino.

in·su·mo *s.m. Econ.* Conjunto dos fatores de produção de determinada quantidade de bens ou serviços que engloba as matérias-primas, as horas trabalhadas, os gastos gerais, etc.

in·su·pe·rá·vel *adj.2gên.* 1. Que não se pode superar. 2. Que não se pode resolver, vencer.

in·su·por·tá·vel *adj.2gên.* 1. Que não se pode suportar. 2. Intensamente aflitivo. 3. Intolerável; incômodo.

in·sur·gir *v.t.d.* 1. Sublevar; revoltar. *v.p.* 2. Sublevar-se, revoltar-se; reagir.

in·sur·rei·ção *s.f.* 1. Ação de se insurgir (contra o poder estabelecido). 2. Revolta; rebelião.

in·sur·re·to (é) *adj.* 1. Que se insurge ou se insurgiu. *s.m.* 2. Indivíduo que se insurge ou se insurgiu. *Var.:* insurrecto.

in·sus·pei·to *adj.* 1. Não suspeito. 2. Que merece confiança. 3. Imparcial.

in·sus·ten·tá·vel *adj.2gên.* 1. Que não se pode sustentar, conservar ou tolerar. 2. Que não se sustenta por não ter fundamento, argumento.

in·tan·gí·vel *adj.2gên.* Que não se pode tocar.

in·ta·to *adj.* 1. Em que não se tocou; ileso. 2. *fig.* Puro; ilibado.

ín·te·gra *s.f.* 1. Contexto completo. 2. Totalidade. *loc.adv.* **Na íntegra**: sem faltar uma palavra; por inteiro.

in·te·gral *adj.2gên.* 1. Inteiro; total; completo. 2. Diz-se de cereal que não sofreu beneficiamento.

in·te·gra·lis·mo *s.m.* 1. *Hist.* Movimento político brasileiro inspirado no fascismo, fundado por Plínio Salgado em 1932 e encerrado em 1937. 2. Adesão integral a um conjunto de ideias.

in·te·gra·li·zar *v.t.d.* Tornar integral; completar.

in·te·gran·te *adj.2gên.* Que integra, que completa.

in·te·grar *v.t.d.* 1. Completar; inteirar. *v.p.* 2. Completar-se; inteirar-se.

in·te·gri·da·de *s.f.* 1. Virtude ou qualidade do que é íntegro. 2. Inteireza; retidão. 3. *fig.* Inocência; virgindade.

ín·te·gro *adj.* Reto; incorruptível; inatacável; perfeito; completo.

in·tei·rar *v.t.d.* 1. Tornar inteiro; completo. 2. Terminar. 3. Fazer ciente; informar. *v.p.* 4. Formar-se. 5. Informar-se.

in·tei·re·za (ê) *s.f.* 1. Qualidade do que é inteiro. 2. Integridade física ou moral. 3. Retidão; austeridade; honra.

in·tei·ri·çar *v.t.d.* 1. Tornar inteiriço, hirto, inflexível. *v.p.* 2. Ficar hirto.

in·tei·ri·ço *adj.* 1. Que é feito de uma só peça. 2. Inflexível; hirto.

in·tei·ro *adj.* 1. Que tem todas as partes de que se compõe; completo. 2. Que não diminuiu. 3. *Mat.* Designativo do número que não tem frações.

in·te·lec·ção *s.f.* Ato de entender, compreender, perceber.

in·te·lec·to *s.m.* 1. Inteligência; entendimento. 2. Faculdade de compreender, de conceber.

in·te·lec·tu·al *adj.2gên.* 1. Concernente ao intelecto. 2. Dotado espiritualmente. *s.2gên.* 3. Pessoa que se caracteriza pelo apego às coisas do espírito, da inteligência.

in·te·lec·tu·a·lis·mo *s.m.* 1. Tendência à valorização da inteligência e da razão ou predomínio dessas características. 2. *pej.* Valorização excessiva da inteligência e da razão em detrimento da realidade prática.

in·te·lec·tu·a·li·zar *v.t.d.* 1. Elevar à categoria das coisas intelectuais. 2. Atribuir condições ou caráter de intelectual a.

in·te·li·gên·ci:a *s.f.* 1. Faculdade de entender, de conhecer, de raciocinar. 2. Qualidade de inteligente. 3. Compreensão fácil. 4. *fig.* Acordo; conluio; ajuste. *Inform.* **Inteligência artificial**: parte da ciência da computação que desenvolve equivalentes computacionais dos processos humanos de aquisição de conhecimento.

in·te·li·gen·te *adj.2gên.* 1. Que tem inteligência. 2. Que compreende com facilidade.

in·te·li·gí·vel *adj.2gên.* 1. Fácil de compreender; claro. 2. Relativo à inteligência.

in·te·me·ra·to *adj.* Não corrompido; íntegro, puro.

in·tem·pe·ran·ça *s.f.* 1. Ausência de temperança; descomedimento. 2. Imoderação no beber e no comer.

in·tem·pe·ran·te *adj.2gên.* 1. Que é falto de temperança. 2. Que não tem sobriedade. 3. Imoderado; dissoluto.

in·tem·pé·ri:e *s.f.* Mau tempo; perturbação atmosférica.

in·tem·pes·ti·vo *adj.* Que sucede ou se realiza fora do tempo próprio; inoportuno. *V.* **tempestivo**.

in·ten·ção *s.f.* 1. Desígnio pelo qual se tende a um fim. 2. Intento; propósito.

in·ten·ci·o·nal *adj.2gên.* Concernente a intenção; propositado.

in·ten·ci·o·nar *v.t.d.* Ter a intenção ou o objetivo de; pretender.

in·ten·dên·ci:a *s.f.* Cargo ou direção de intendente.

in·ten·den·te *s.2gên.* Pessoa que dirige, que administra alguma coisa.

in·ten·si·da·de *s.f.* Grau de tensão, de energia, de força, de atividade.

in·ten·si·fi·car *v.t.d.* Tornar intensivo.

in·ten·si·vo *adj.* 1. Que tem intensidade. 2. Que faz aumentar a força. 3. Em que se acumulam esforços ou meios. 4. Ativo. 5. Que se faz em tempo menor que o usual ou em profundidade (curso, terapia, tratamento). 6. *Agric.* Diz-se da cultura que acumula o trabalho e o capital num terreno relativamente pequeno (cultura intensiva).

in·ten·so *adj.* 1. Intensivo. 2. Veemente. 3. Ativo. 4. Enérgico.

in·ten·tar *v.t.d.* 1. Tentar. 2. Tencionar; projetar. 3. Diligenciar. 4. Empreender. 5. Pôr em juízo.

in·ten·to *s.m.* Intenção; desígnio.

in·ten·to·na (ô) *s.f.* 1. Intento louco; cometimento insano; plano insensato. 2. Conluio de revolta; conspiração.

in·te·ra·ção *s.f.* Ação que se estabelece entre duas ou mais coisas; ação recíproca.

in·te·ra·gir *v.i.* Exercer interação.

in·te·ra·ti·vo *s.m. Inform.* Modo relativo a sistemas ou procedimentos de informática, programas, etc., com o qual o usuário pode (e, por vezes, necessita) continuamente intervir e controlar o curso das atividades do computador, fornecendo novas entradas (de dados ou comandos) à medida que acompanha um processamento.

in·ter·ca·lar[1] *adj.2gên.* Que se intercala.

in·ter·ca·lar[2] *v.t.d.* 1. Interpor; meter de permeio. 2. Inserir; introduzir.

in·ter·câm·bi·o *s.m.* 1. Troca; permuta. 2. Relações de Estado a Estado, de nação a nação.

in·ter·ce·der *v.t.i.* 1. Pedir, rogar por outrem. 2. Intervir a favor de alguém.

in·ter·cep·tar *v.t.d.* 1. Interromper no seu curso. 2. Pôr obstáculo a. 3. Fazer parar; cortar.

in·ter·ces·são *s.f.* Ação de interceder. *V.* **interseção**.

in·ter·ces·sor *s.m.* 1. Aquele que intercede. *adj.* 2. Que intercede.

in·ter·co·mu·ni·car·se *v.p.* Comunicar-se reciprocamente.

in·ter·con·ti·nen·tal *adj.2gên.* 1. Que está situado ou se efetua entre dois ou mais continentes. 2. Relativo a dois ou mais continentes.

in·ter·cor·ren·te *adj.2gên.* 1. Que sobrevém ou se mete de permeio. 2. *Med.* Que por intervalos se torna mais frequente (pulso). 3. Diz-se da doença que sobrevém no curso de outra doença.

in·ter·cur·so *s.m.* Encontro, comunicação; curso.

in·ter·di·ção *s.f.* 1. Ação de interdizer ou interditar. 2. *Jur.* Privação judicial de alguém reger os seus bens, e mesmo a sua pessoa.

in·ter·di·tar *v.t.d.* Tornar interdito; pronunciar interdição; proibir.

in·ter·di·to[1] *adj.* 1. Proibido. 2. Que está sofrendo os efeitos da interdição. *s.m.* 3. Aquele que sofreu interdição judicial.

in·ter·di·to[2] *s.m. Jur.* Mandado expedido judicialmente que impede pessoa ou coisa de praticar certo ato.

in·ter·di·zer *v.t.d.* e *v.i.* Interditar. ★

in·te·res·san·te *adj.2gên.* 1. Que interessa. 2. Importante. 3. Que excita a atenção.

in·te·res·sar *v.t.d.* 1. Dar interesse material ou moral a. 2. Ser proveitoso a. 3. Dizer respeito a. 4. Prender, fixar, cativar, atuando sobre a curiosidade de. *v.t.i.* 5. Ser proveitoso. 6. Dizer respeito a.

in·te·res·se (ê) *s.m.* 1. Utilidade. 2. Lucro; proveito; vantagem. 3. Conveniência. 4. Direito; prerrogativa. 5. Juro de capital.

in·te·res·sei·ro *adj.* 1. Que se comporta ou faz coisas por interesse. *s.m.* 2. Indivíduo com essas características.

in·te·res·ta·du·al *adj.2gên.* 1. Que ocorre ou fica entre dois ou mais estados. 2. Que liga dois ou mais estados entre si.

in·te·res·te·lar *adj.2gên.* Que se localiza ou ocorre entre as estrelas.

in·ter·fa·ce *s.f. Inform.* 1. Interconexão de dois equipamentos para a comunicação entre computadores: a utilização de um *modem*, p. ex. 2. Interação do sistema com o usuário.

in·ter·fe·rên·ci·a *s.f.* 1. Interposição; intervenção. 2. *Fís.* Fenômeno resultante da combinação de dois movimentos vibratórios.

in·ter·fe·rir *v.i.* 1. Produzir interferência. *v.t.i.* 2. Intervir; ter interferência.★

in·ter·fo·nar *v.i.* 1. Usar o interfone. *v.t.i.* 2. Usar o interfone para se comunicar com alguém ou algum lugar (portaria, recepção, etc.).

in·ter·fo·ne (ô) *s.m.* Aparelho que serve para a comunicação entre salas de um mesmo escritório ou apartamentos de um mesmo edifício.

ín·te·rim *s.m.* 1. Estado interino. 2. O tempo de uma interrupção. *loc. adv.* **Nesse ínterim**: entretanto; entrementes.

in·te·ri·ni·da·de *s.f.* 1. Qualidade de interino. 2. Tempo em que uma pessoa ou coisa serve interinamente.

in·te·ri·no *adj.* 1. Provisório; temporário. 2. Que substitui em caráter provisório o funcionário efetivo.

in·te·ri·or *adj.2gên.* 1. Que está na parte de dentro. *s.m.* 2. A parte de dentro. 3. O que está dentro. 4. Parte que dista da periferia, do exterior ou da costa (de um país litorâneo, de um estado).

in·te·ri·o·ra·no *adj. e s.m.* Que ou aquele que vive no interior do país.

in·ter·jei·ção *s.f. Gram.* Classe de palavras ou locuções que exprimem os afetos vivos e súbitos da alma, como a dor, a alegria, o espanto, etc.

in·ter·li·gar *v.t.d.* 1. Ligar entre si (duas ou mais coisas). *v.p.* 2. Estabelecer interligação.

in·ter·lo·cu·ção *s.f.* Conversa entre duas ou mais pessoas; diálogo.

in·ter·lo·cu·tor *s.m.* 1. Cada uma das pessoas que tomam parte numa conversação. 2. Pessoa que conversa com outra.

in·ter·lú·di·o *s.m.* 1. *Mús.* Trecho que se intercala entre as diversas partes de uma composição musical. 2. Intervalo.

in·ter·me·di·ar *v.i.* Estar de permeio; intervir; interceder.★

in·ter·me·di·á·ri·o *adj.* 1. Que está de permeio. *s.m.* 2. Aquele que intervém para conseguir alguma coisa para outrem.

in·ter·mé·di·o *adj.* 1. Que está de permeio. 2. Que serve de transição. *s.m.* 3. Intervenção. 4. Intermediário.

in·ter·mi·ná·vel *adj.2gên.* 1. Sem fim. 2. Que leva muito tempo a acabar. 3. Prolongado; infinito; enorme.

in·ter·mi·ten·te *adj.2gên.* 1. Que tem paradas. 2. Que para por intervalos. *Med.* 3. Que deixa entre si intervalos desiguais (pulso). 4. Designativo da febre que ataca com intervalos.

in·ter·na·ci·o·nal *adj.2gên.* 1. Que se faz entre nações. 2. Concernente às relações entre nações.

in·ter·na·ci·o·na·li·zar *v.t.d.* 1. Tornar internacional, comum a diversas nações. *v.p.* 2. Tornar-se internacional.

in·ter·na·do *adj.* 1. Diz-se da pessoa que foi obrigada a residir num colégio, num hospital, num hospício. *s.m.* 2. Indivíduo internado.

in·ter·nar *v.t.d.* 1. Obrigar a residir. 2. Colocar dentro. *v.p.* 3. Meter-se pelo interior; introduzir-se; entranhar-se. 4. Pôr-se em regime interno (em colégio, hospício, hospital, etc.).

internato

in·ter·na·to *s.m.* 1. Estabelecimento de educação ou de assistência onde residem alunos ou pessoas necessitadas. 2. Situação de um aluno ou de uma pessoa que se internou.

in·ter·nau·ta *s.2gên. Inform.* Usuário da internet.

in·ter·net *s.f. Inform.* Qualquer conjunto de redes de computadores ligadas entre si como, p. ex., aquela de âmbito mundial, descentralizada e de acesso público, cujos principais serviços oferecidos são o correio eletrônico, o *chat* (bate-papo) e a Web.

in·ter·no *adj.* 1. Íntimo; interior. 2. Que vive dentro de um estabelecimento como aluno, pensionista, empregado, enfermo, etc. *s.m.* 3. Indivíduo interno. 4. Estudante de medicina que auxilia o corpo médico num hospital.

in·ter·pe·la·ção *s.f.* 1. Ação ou efeito de interpelar. 2. *Jur.* Intimação judicial.

in·ter·pe·lar *v.t.d.* 1. Demandar; citar; intimar. 2. Dirigir a palavra a (alguém) para perguntar alguma coisa.

in·ter·pla·ne·tá·ri·o *adj.* 1. Situado entre planetas. 2. Que se efetua entre planetas.

in·ter·po·la·ção *s.f.* 1. Ação de interpolar. 2. Inserção. 3. O que se interpolou num texto, numa obra.

in·ter·po·lar *adj.* 1. Que está entre os polos; *v.t.d.* 2. Introduzir; inserir num texto (palavras ou frases) para lhe alterar o sentido, interromper. 3. Alternar. 4. *Inform.* Criar pontos na formatação de uma imagem quando o equipamento tem baixa capacidade de resolução.

in·ter·por *v.t.d.* 1. Opor; contrapor. 2. Fazer intervir. 3. Meter de permeio. 4. Entrar com recurso. *v.p.* 5. Meter-se de permeio; colocar-se entre. 6. Surgir como obstáculo.★

in·ter·po·si·ção *s.f.* 1. Ação de interpor. 2. Posição entre duas coisas. 3. *fig.* Ocorrência de um obstáculo; interrupção.

in·ter·pre·ta·ção *s.f.* 1. Ação ou efeito de interpretar. 2. Comentário; versão; explicação.

in·ter·pre·tar *v.t.d.* 1. Verter para ou traduzir de língua estrangeira ou antiga. 2. Aclarar o sentido de. 3. Exprimir o pensamento, a intenção. 4. Representar.

in·tér·pre·te *s.2gên.* 1. Pessoa que interpreta. 2. Ator ou atriz. 3. Pessoa que serve de intermediário entre indivíduos que falam diferentes idiomas, para fazer que se compreendam entre si.

in·ter·ra·ci·al *adj.2gên.* Que ocorre ou se observa entre raças. *Pl.:* inter-raciais.

in·ter·reg·no *s.m.* 1. Tempo entre um reinado e outro. 2. Interrupção ou cessação momentânea.

in·ter·re·la·ção *s.f.* Relação em que há troca, mútua. *Pl.:* inter-relações.

in·ter·re·la·ci·o·nar *v.t.d., v.t.d.* e *i.* 1. Estabelecer relação entre coisas ou pessoas. *v.p.* 2. Ter relação mútua.

in·ter·ro·ga·ção *s.f.* 1. Ação ou efeito de interrogar. 2. Gráfico que indica interrogação.

in·ter·ro·gar *v.t.d.* 1. Fazer perguntas a. 2. Inquirir; examinar; procurar conhecer. 3. Sondar; consultar. *v.p.* 4. Consultar.

in·ter·ro·ga·ti·vo *adj.* 1. Que serve para interrogar. 2. Que contém interrogação.

in·ter·ro·ga·tó·ri·o *adj.* 1. Interrogativo. *s.m.* 2. Ato de interrogar; inquirição. 3. O conjunto de perguntas que se faz a um acusado.

interromper

in·ter·rom·per *v.t.d.* 1. Romper ou cortar a continuação de. 2. Deixar de fazer. *v.p.* 3. Não continuar a fazer o que estava fazendo.

in·ter·rup·ção *s.f.* Ação ou efeito de interromper; suspensão.

in·ter·rup·tor *adj.* e *s.m.* 1. Que ou o que interrompe. *s.m.* 2. Aparelho que faculta ou interrompe a passagem de uma corrente elétrica.

in·ter·se·ção *s.f.* 1. Ação de cortar; corte. 2. *Geom.* Ponto em que se cruzam ou se cortam duas linhas ou superfícies. *V.* **intercessão**.

in·ters·tí·ci·o *s.m.* 1. Pequeno intervalo; fenda. 2. *Fís.* Intervalo que separa as moléculas de um corpo. 3. *Anat.* Intervalo que separa dois órgãos contíguos.

in·te·rur·ba·no *adj.* 1. Concernente a movimentos ou contatos que se processam entre cidades. *s.m.* 2. Comunicação telefônica entre cidades.

in·ter·va·lar *v.t.d.* 1. Distribuir ou arrumar coisas deixando intervalos entre elas. *v.t.d.* e *i.* 2. Alternar, revezar.

in·ter·va·lo *s.m.* 1. Espaço ou distância entre dois pontos. 2. Espaço de tempo entre duas épocas, dois fatos, duas representações, etc. 3. Intermitência.

in·ter·ven·ção *s.f.* 1. Ação de intervir; intercessão. 2. Operação cirúrgica. 3. Ação direta do governo federal em um estado da Federação.

in·ter·ve·ni·en·te *adj.2gên.* 1. Que intervém. *s.2gên.* 2. Medianeiro. 3. Fiador de uma letra de câmbio.

in·ter·ven·tor *adj.* 1. Interveniente. *s.m.* 2. Aquele que assume o governo de um estado da Federação como representante do governo federal.

in·ter·vin·do *adj.* Que interveio.

intocável

in·ter·vir *v.t.i.* 1. Tomar parte voluntariamente; interpor. 2. Estar presente. *v.i.* 3. Sobrevir. 4. Ocorrer incidentalmente.★

in·ter·vo·cá·li·co *adj. Gram.* Entre vogais.

in·tes·ti·no *s.m.* 1. *Anat.* Víscera músculo-membranosa abdominal que se estende desde o estômago até o ânus. *adj.* 2. Interno; íntimo; doméstico; civil.

in·ti·ma·ção *s.f.* Ação de intimar; notificação.

in·ti·mar *v.t.d.* 1. Ordenar com autoridade. 2. Inculcar. 3. Notificar. *v.i.* 4. Falar com arrogância.

in·ti·ma·ti·va *s.f.* Fala ou atitude com o objetivo de intimar.

in·ti·ma·ti·vo *adj.* 1. Próprio para intimar. 2. Que tem força de intimar. 3. Enérgico.

in·ti·mi·da·ção *s.f.* Ato ou efeito de intimidar(-se).

in·ti·mi·da·de *s.f.* 1. Qualidade do que é íntimo. 2. A parte mais íntima. 3. Familiaridade; relação íntima.

in·ti·mi·da·des *s.f.pl. pop.* Inconveniência; falta de respeito.

in·ti·mi·dar *v.t.d.* 1. Tornar tímido. 2. Assustar. *v.p.* 3. Tornar-se tímido. 4. Atemorizar-se.

ín·ti·mo *adj.* 1. Que goza de intimidade. *s.m.* 2. Pessoa a quem se dedica grande afeição. 3. Âmago.

in·ti·mo·ra·to *adj.* Que não teme; valente.

in·ti·tu·lar *v.t.d.* 1. Dar título a. 2. Chamar; denominar. *v.p.* 3. Ter por título. 4. Fazer-se passar por; denominar-se.

in·to·cá·vel *adj.2gên.* 1. Que não se pode tocar. 2. Inatacável. *s.2gên.* 3. Indivíduo intocável.

in·to·le·rân·ci:a *s.f.* 1. Qualidade de intolerante. 2. Falta de tolerância.

in·to·le·ran·te *adj.2gên.* 1. Não tolerante. *s.2gên.* 2. Pessoa partidária do intolerantismo.

in·to·le·ran·tis·mo *s.m.* Sistema daqueles que não só não admitem, mas até perseguem quaisquer crenças, doutrinas ou opiniões diferentes das suas.

in·to·xi·ca·ção (cs) *s.f.* Ação ou efeito de intoxicar; envenenamento.

in·to·xi·car (cs) *v.t.d.* 1. Impregnar de substância tóxica; envenenar. *v.p.* 2. Envenenar-se.

in·tra·cra·ni·a·no *adj.* Que está ou se passa no interior do crânio.

in·tra·du·zí·vel *adj.2gên.* 1. Que não se pode traduzir (de uma língua para outra). 2. *por ext.* Difícil de expressar; inexprimível.

in·tra·gá·vel *adj.2gên.* 1. Que não se pode tragar; que é difícil ou ruim de engolir. 2. *fig.* Desagradável, insuportável.

in·tra·mus·cu·lar *adj.2gên.* 1. Situado no interior dos músculos. 2. Diz-se da injeção que se aplica no interior de um músculo.

in·tra·net (é) *s.f. Inform.* Rede de computadores de uso restrito a uma empresa, uma organização, mas que, geralmente, também pode ser acessada pela internet, por meio de senha.

in·tran·qui·li·da·de (qüi) *s.f.* Falta de tranquilidade; inquietação.

in·tran·qui·li·zar (qüi) *v.t.d.* e *v.p.* Tornar(-se) intranquilo.

in·tran·qui·lo (qüi) *adj.* Inquieto; desassossegado.

in·trans·fe·rí·vel *adj.2gên.* Que não se pode transferir, transmitir (para outra pessoa).

in·tran·si·gên·ci:a *s.f.* 1. Intolerância; falta de transigência. 2. *fig.* Austeridade de caráter.

in·tran·si·gen·te *adj.2gên.* 1. Que não transige; intolerante. *s.2gên.* 2. Pessoa intransigente. 3. *fig.* Austero.

in·tran·si·tá·vel (zi) *adj.2gên.* 1. Que não é transitável. 2. Que está proibido ao trânsito.

in·tran·si·ti·vo *adj. Gram.* Diz-se do verbo cuja ação fica no sujeito e que, tendo sentido completo em si, não exige complemento: morrer, correr, etc.

in·trans·mis·sí·vel *adj.2gên.* Que não se pode transmitir a outra pessoa; intransferível.

in·trans·po·ní·vel *adj.2gên.* Que não se pode transpor, superar.

in·tra·o·cu·lar *adj.2gên.* Que se localiza no interior do olho ou que se realiza dentro dele.

in·tra·tá·vel *adj.2gên.* 1. Não tratável. 2. Insociável; rude; orgulhoso.

in·tra·u·te·ri·no *adj. Anat.* Que se localiza no interior do útero ou que se realiza dentro dele.

in·tre·pi·dez *s.f.* 1. Qualidade de intrépido. 2. Coragem; valor; valentia; ousadia.

in·tré·pi·do *adj.* 1. Que não trepida. 2. Ousado; valente; corajoso. *s.m.* 3. Indivíduo intrépido.

in·tri·ca·do *adj.* Intrincado.

in·tri·car *v.t.d.* e *v.p.* Intrincar.

in·tri·ga *s.f.* 1. Enredo oculto. 2. Maquinação secreta. 3. Mexerico. 4. Cilada; traição.

in·tri·gan·te *adj.2gên.* 1. Que intriga. 2. Que forja mexericos. 3. Que atraiçoa. *s.2gên.* 4. Pessoa intrigante.

in·tri·gar *v.t.d.* 1. Enredar. 2. Inimizar com intrigas, enlear. *v.i.* 3. Fazer intrigas.

in·trin·ca·do *adj.* 1. Enredado; emaranhado. 2. Confuso; complicado; difícil. *Var.:* intricado.

in·trin·car *v.t.d.* 1. Embaraçar; confundir; enlear; enredar. 2. Tornar obscuro. *v.p.* 3. Enredar-se; emaranhar-se; complicar-se. *Var.:* intricar.

in·trín·se·co *adj.* 1. Inerente, essencial a alguma coisa. 2. Interior; íntimo; essencial.

in·tro·du·ção *s.f.* 1. Ação de introduzir. 2. Entrada; admissão em um lugar. 3. Importação. 4. Apresentação; prefácio. 5. Discurso preliminar. 6. Aquilo que serve de preparação a um estudo.

in·tro·du·tor *adj. e s.m.* Que ou o que introduz ou introduziu.

in·tro·du·zir *v.t.d.* 1. Fazer passar de um país para outro; importar. 2. Iniciar; começar. 3. Levar para dentro; fazer que penetre. *v.p.* 4. Penetrar; enraizar-se.

in·troi·to (ói) *s.m.* 1. Entrada. 2. Princípio; começo. 3. Introdução.

in·tro·me·ter *v.t.d.* 1. Fazer entrar. 2. Meter para dentro; introduzir. *v.p.* 3. Ingerir-se; entremeter-se. 4. Tomar parte.

in·tro·me·ti·do *adj. e s.m.* 1. Metediço; atrevido. 2. Que se mete no que não lhe pertence.

in·tro·mis·são *s.f.* Ação ou efeito de intrometer(-se).

in·tros·pec·ção *s.f.* 1. Observação dos fenômenos psíquicos da própria consciência. 2. Exame subjetivo.

in·tros·pec·ti·vo *adj.* 1. Que examina interiormente. 2. Concernente à introspecção. 3. Em que há introspecção.

in·tro·ver·são *s.f.* 1. Ação ou resultado de introverter-se, de se voltar para si mesmo; introspecção. 2. *Psican.* Condição em que o indivíduo se volta para dentro de si mesmo, deixando o mundo exterior em segundo plano.

in·tro·ver·ter *v.t.d. e v.p.* 1. Voltar(-se) para dentro. 2. *fig.* Tornar(-se) introvertido; ensimesmar-se.

in·tro·ver·ti·do *adj.* 1. Voltado para dentro. 2. Absorto; concentrado.

in·tru·jão *adj. e s.m.* 1. Que ou aquele que intruja; impostor. 2. Que ou aquele que compra objetos furtados.

in·tru·jar *v.t.d.* 1. Lograr; enganar. 2. Desfrutar, empregando astúcia. 3. Intrometer-se com outras pessoas para as explorar em proveito próprio.

in·tru·ji·ce *s.f.* 1. Ação de intrujar. 2. Burla; logro.

in·tru·são *s.f.* Ação de introduzir(-se), sem direito ou por violência; usurpação.

in·tru·so *adj.* 1. Introduzido sem direito; intrometido. 2. Usurpador. *s.m.* 3. Indivíduo intruso.

in·tu·i·ção *s.f.* 1. Primeira vista. 2. Percepção clara e pronta sem necessidade da intervenção do raciocínio.

in·tu·ir *v.t.d.* 1. Perceber por intuição. 2. Pressentir.

in·tu·i·ti·vo *adj.* 1. Concernente à intuição. 2. Que se percebe facilmente; claro; evidente. 3. Dotado de intuição.

in·tui·to *s.m.* O que se tem em vista; intento; desígnio.

in·tu·mes·cên·ci·a *s.f.* 1. Ação de intumescer(-se). 2. Estado de intumescente.

in·tu·mes·cen·te *adj.2gên.* Que intumesceu; inchado.

in·tu·mes·cer *v.t.d.* 1. Tornar inchado, túmido. *v.i.* e *v.p.* 2. Tornar-se túmido; inchar.

i·nu·be *adj.* Sem nuvens; claro; sereno.

i·nú·bil *adj.2gên.* Que ainda não é núbil, que não está em idade de casar.

i·nu·ma·ção *s.f.* Ação ou efeito de inumar; sepultamento.

i·nu·mar *v.t.d.* Sepultar; enterrar (um cadáver).

i·nu·me·rá·vel *adj.2gên.* 1. Que não se pode contar. 2. Excessivo; prodigioso; inúmero.

i·nú·me·ro *adj.* Inumerável.

i·nun·da·ção *s.f.* 1. Ação ou efeito de inundar(-se). 2. Grande cheia. 3. *fig.* Grande porção de objetos. 4. Grande número de pessoas.

i·nun·dar *v.t.d.* 1. Alagar; cobrir (de água). 2. *fig.* Invadir em tumulto. *v.i.* 3. Transbordar; derramar-se. *v.p.* 4. Cobrir-se de água.

i·nu·si·ta·do *adj.* Desusado; esquisito; desconhecido.

i·nú·til *adj.2gên.* 1. Não útil; sem proveito ou préstimo. 2. Baldado; vão. 3. Desnecessário. *s.2gên.* 4. Pessoa inútil.

i·nu·ti·li·da·de *s.f.* 1. Qualidade de inútil. 2. Falta de utilidade. 3. Coisa sem préstimo.

i·nu·ti·li·zar *v.t.d.* 1. Tornar inútil. 2. Baldar; frustrar. *v.p.* 3. Tornar-se inútil ou incapaz.

in·va·dir *v.t.d.* 1. Entrar hostilmente em. 2. Difundir-se em; alastrar-se. 3. Dominar.

in·va·li·da·ção *s.f.* Ato ou efeito de invalidar(-se).

in·va·li·dar *v.t.d.* 1. Tornar inválido. 2. Anular; inutilizar. 3. Fazer perder o crédito a. 4. Tornar inapto (para o exercício de um cargo ou de certas funções). *v.p.* 5. Tornar-se inválido, nulo.

in·va·li·dez (ê) *s.f.* Qualidade ou estado de inválido.

in·vá·li·do *adj.* 1. Que não vale; nulo. 2. Que não é válido para o trabalho. *s.m.* 3. Indivíduo inválido.

in·va·ri·á·vel *adj.2gên.* Que não varia; permanente; constante; firme.

in·va·são *s.f.* Ação ou efeito de invadir.

in·va·sor *adj.* e *s.m.* Que ou o que invade.

in·vec·ti·va *s.f.* 1. Ação ou efeito de invectivar. 2. Injúria; insulto.

in·vec·ti·var *v.t.d.* 1. Atacar; injuriar; censurar; dirigir insultos a. *v.t.i.* 2. Dizer ou lançar invectivas.

in·ve·ja (é) *s.f.* 1. Misto de ódio e desgosto, provocado pela prosperidade ou alegria de outrem. 2. Desejo de possuir um bem que outro possui ou desfruta.

in·ve·jar *v.t.d.* 1. Ter inveja de; olhar com inveja. 2. Apetecer (o que é de outrem).

in·ve·já·vel *adj.2gên.* 1. Apetecível; que se pode invejar. 2. Que é digno de se invejar; precioso; de grande valor.

in·ve·jo·so (ô) *adj.* e *s.m.* Que ou o que tem inveja. *Pl.:* invejosos (ó).

in·ven·ção *s.f.* 1. Ação ou efeito de inventar. 2. Coisa inventada; invento. 3. Faculdade inventiva.

in·ven·ci·o·ni·ce *s.f.* Mentira; embuste; astúcia; enredo.

in·ven·cí·vel *adj.2gên.* Que não pode ser vencido; irresistível.

in·ven·dá·vel *adj.2gên.* Que é difícil ou impossível de vender.

in·ven·tar *v.t.d.* 1. Criar no pensamento ou na fantasia; idear. 2. Ser o primeiro a ter a ideia de. 3. Armar ou contar mentiras. 4. Achar.

in·ven·ta·ri·an·te *adj.2gên.* 1. Que inventaria. *s.2gên.* 2. Pessoa que faz a relação dos bens inventariados.

in·ven·ta·ri·ar *v.t.d.* 1. Fazer o inventário de. 2. Descrever minuciosamente; catalogar.

in·ven·tá·ri:o *s.m.* 1. Relação de bens deixados por alguém que morreu. 2. Relação de bens. 3. Descrição pormenorizada.

in·ven·ti·va *s.f.* 1. Invento. 2. Engenho; faculdade de inventar; imaginação.

in·ven·ti·vo *adj.* 1. Em que há invenção. 2. Engenhoso. 3. Criativo, de imaginação muito viva.

in·ven·to *s.m.* Invenção; a coisa inventada.

in·ven·tor *adj.* 1. Inventivo; que inventa. *s.m.* 2. Aquele que inventa. 3. Autor de uma invenção.

in·ve·rí·di·co *adj.* 1. Mentiroso; falso. 2. Que não é exato.

in·ver·na·da¹ *s.f.* 1. Inverno rigoroso. 2. Longa duração de mau tempo. 3. Chuvas prolongadas durante a estação invernosa.

in·ver·na·da² *s.f.* Curral onde se coloca o gado para descanso e engorda.

in·ver·nar *v.t.i.* 1. Passar o inverno. 2. Recolher-se a lugar apropriado para fugir ao inverno. *v.i.* 3. Fazer mau tempo.

in·ver·no (é) *s.m.* 1. Estação do ano que, no hemisfério sul, começa em 21 de junho e termina em 21 de setembro. 2. *fig.* Velhice.

in·ve·ros·sí·mil *adj.2gên.* 1. Que não é verossímil. 2. Que não parece verdadeiro. 3. Difícil de se acreditar.

in·ve·ros·si·mi·lhan·ça *s.f.* 1. Falta de verossimilhança. 2. Coisa inverossímil.

in·ver·são *s.f.* Ação ou efeito de inverter.

in·ver·so (é) *adj.* 1. Que se dispôs ou está em sentido contrário; invertido. *s.m.* 2. O contrário.

in·ver·te·bra·do *adj.* e *s.m.* Que ou animal que é desprovido de vértebras.

in·ver·ter *v.t.d.* 1. Voltar, virar em sentido oposto ao natural. 2. Pôr às avessas. 3. Mudar; alterar; trocar. 4. Aplicar (capital) em. *v.p.* 5. Voltar-se em sentido contrário.

in·vés *s.m.* Avesso; lado oposto. *loc. prep.* **Ao invés de**: ao contrário de.

in·ves·ti·da *s.f.* 1. Ação de investir. 2. Assalto; arremetida. 3. *fig.* Ensaio; tentativa.

in·ves·ti·du·ra *s.f.* 1. Ação de investir; de dar posse. 2. Cerimônia de posse ou provimento de cargo.

in·ves·ti·ga·ção *s.f.* 1. Inquirição. 2. Pesquisa; busca minuciosa.

in·ves·ti·ga·dor *adj.* e *s.m.* 1. Que ou o que investiga. *s.m.* 2. Agente de polícia.

in·ves·ti·gar *v.t.d.* 1. Fazer diligências para achar, para descobrir. 2. Indagar; inquirir.

in·ves·ti·men·to *s.m.* 1. Ato ou efeito de investir. 2. Aplicação de capitais.

in·ves·tir *v.t.d.* 1. Atacar; acometer. 2. Fazer entrar de posse. 3. Empregar (capitais). *v.t.i.* 4. Entrar na posse de. 5. Encarregar-se. ★

in·ve·te·ra·do *adj.* 1. Arraigado, radicado, entranhado profundamente. 2. Muito antigo. 3. Crônico.

in·vi·a·bi·li·zar *v.t.d.* e *v.p.* Tornar(-se) inviável; impossibilitar(-se).

in·vi·á·vel *adj.2gên.* Que não é viável; inacessível.

in·vic·to *adj.* Que nunca foi vencido; que saiu sempre vitorioso; invencível.

ín·vi:o *adj.* Por onde não se pode transitar; impraticável; em que não há passagem fácil.

in·vi:o·lá·vel *adj.2gên.* 1. Que não se pode violar; indevassável. 2. Privilegiado.

in·vi·sí·vel *adj.2gên.* 1. Que não pode ser visto. *s.m.* 2. O que não se vê.

in·vo·ca·ção *s.f.* 1. Ação ou efeito de invocar; rogo; súplica. 2. Alegação.

in·vo·car *v.t.d.* 1. Chamar em seu auxílio por meio de súplicas. 2. Implorar a proteção de. 3. Citar, alegar em seu favor.

in·vo·lu·ção *s.f.* Movimento regressivo.

in·vó·lu·cro *s.m.* O que serve para envolver; envoltório.

in·vo·lun·tá·ri:o *adj.* 1. Não voluntário. 2. Inconsciente; automático.

in·vul·gar *adj.2gên.* Não vulgar; incomum; original; raro.

in·vul·ne·rá·vel *adj.2gên.* 1. Não vulnerável. 2. Inatacável; que não pode sofrer quebra na sua reputação, na sua dignidade.

in·zo·nei·ro *adj. pop.* 1. Mexeriqueiro. 2. Sonso.

i·o·do (ô) *s.m. Quím.* Metaloide, elemento de símbolo I e cujo número atômico é 53.

i·o·ga (ó ou ô) *s.f. Fil.* Sistema de ideias indiano que procura o domínio do espírito sobre a matéria.

i·o·gue (ó) *s.2gên.* Pessoa que pratica a ioga.

i·o·gur·te *s.m.* Coalhada que se prepara sob a ação de fermentos lácteos.

io·iô¹ *s.m.* Brinquedo composto de dois discos unidos por um pequeno cilindro preso a um cordão que o faz subir e descer.

io·iô² *s.m. ant.* Tratamento que os escravos davam aos senhores; sinhô; nhô. *Fem.:* iaiá.

i·o·le (ó) *s.f.* Canoa estreita e leve empregada nos esportes náuticos.

í·on *s.m. Quím.* 1. Átomo que perdeu ou ganhou alguns elétrons. 2. Nome genérico das partículas carregadas eletricamente.

i·o·nos·fe·ra (é) *s.f. Geog.* Conjunto das camadas carregadas de íons da alta atmosfera (entre 40 e 700 km de altitude).

i:o·ru·ba *adj.2gên.* Relativo aos iorubas ou próprio deles, povo que habita parte da Nigéria e do Benim. 2. Relativo à língua desse povo. *s.2gên.* 3. Pessoa que pertence a esse povo. *s.m.* 4. A língua falada por esse povo.

i·pê *s.m. Bot.* Nome de diversas árvores ornamentais de madeira resistente.

íp·si·lon *s.m.* 1. Nome da vigésima letra do alfabeto grego (Y, υ). 2. Nome da vigésima quinta letra do nosso alfabeto, *y. Var.:* ipsilone. *Pl.:* ipisílones, ípsilons.

ir *v.i.* 1. Passar ou transitar de um lugar para outro. 2. Mover-se, afastando-se. 3. Ser conduzido. 4. Circular. 5. Caminhar. *v.t.i.* 6. Encaminhar-se. 7. Estar (bem ou mal de saúde). *v.p.* 8. Dirigir-se; encaminhar-se. 9. Desperdiçar-se. 10. Morrer.★

i·ra *s.f.* Paixão que nos incita contra alguém; cólera; raiva; ódio; fúria.

i·ra·cun·do *adj.* Irascível; dado à ira; colérico.

i·ra·ni·a·no *adj.* 1. Relativo ao Irã. *s.m.* 2. O natural ou habitante do Irã.

i·ra·qui·a·no *adj.* 1. Do Iraque. *s.m.* 2. O natural ou habitante do Iraque.

i·rar *v.t.d.* 1. Excitar a ira de; causar ira a; encolerizar-se; agastar. *v.p.* 2. Ceder à ira; encolerizar-se; irritar-se; agastar-se.

i·ras·cí·vel *adj.2gên.* 1. Que se irrita facilmente. 2. Sujeito a irar-se.

i·ri·an·te *adj.2gên.* Brilhante, cintilante.

i·ri·ar *v.t.d.* 1. Matizar com as cores do arco-íris. 2. Tornar brilhante; irisar.

i·ri·des·cen·te *adj.2gên.* Que reflete as cores do arco-íris.

i·rí·dio *s.m.* *Quím.* Metal branco, elemento de símbolo Ir e cujo número atômico é 77.

í·ris *s.m.2núm.* e *s.f.2núm.* 1. O espectro solar. 2. *Anat.* Membrana circular e retrátil, com orifício central ou pupila, que se situa no interior do olho.

i·ri·sar *v.t.d.* Iriar.

ir·lan·dês *adj.* 1. Concernente à Irlanda. *s.m.* 2. O natural ou habitante da Irlanda. 3. Idioma do povo irlandês.

ir·ma·nar *v.t.d.* 1. Tornar como irmão. 2. Congregar. *v.p.* 3. Tornar-se como irmão; igualar-se. 4. Congregar-se.

ir·man·da·de *s.f.* 1. Parentesco entre irmãos. 2. Fraternidade; intimidade; confraria.

ir·mão *s.m.* 1. Pessoa do sexo masculino em relação a outras de qualquer sexo que hajam nascido do mesmo pai e da mesma mãe ou só do mesmo pai ou só da mesma mãe. 2. Confrade. 3. *fig.* Amigo íntimo. *Fem.:* irmã.

i·ro·ni·a *s.f.* 1. Expressão que significa o contrário do que se está pensando ou sentindo. 2. Zombaria; sarcasmo.

i·rô·ni·co *adj.* 1. Em que há ironia. 2. Sarcástico; zombeteiro.

i·ro·ni·zar *v.t.d.* 1. Exprimir de modo irônico. *v.i.* 2. Fazer ironia. 3. Fingir agrado.

i·ro·so (ô) *adj.* 1. Cheio de ira. 2. Em que há ira. 3. *fig.* Tempestuoso. *Pl.:* irosos (ó).

ir·ra·ci·o·nal *adj.2gên.* 1. Desprovido de razão, de raciocínio. 2. Contrário à razão. *s.m.* 3. Animal desprovido de razão, de raciocínio.

ir·ra·ci·o·na·li·da·de *s.f.* 1. Qualidade, caráter de irracional. 2. Ausência de raciocínio.

ir·ra·di·a·ção *s.f.* Ato ou efeito de irradiar(-se).

ir·ra·di·an·te *adj.2gên.* 1. Que irradia. 2. Que se propaga, se espalha em todas as direções. 3. *fig.* Que é comunicativo, muito alegre, expressivo. 4. *fig.* Que tem brilho; brilhante, luminoso.

ir·ra·di·ar *v.t.d.* 1. Lançar, emitir, espargir (raios luminosos). 2. Espalhar; propagar. 3. Divulgar pelo rádio. *v.p.* 4. Difundir-se.

ir·re·al *adj.2gên.* Não real, imaginário; fictício.

ir·re·a·li·da·de *s.f.* Qualidade de irreal.

ir·re:a·li·zá·vel *adj.2gên.* Que não se pode realizar.

ir·re·con·ci·li·á·vel *adj.2gên.* Que não tem reconciliação, não se pode ou não se deseja reconciliar.

ir·re·co·nhe·cí·vel *adj.2gên.* 1. Que não se pode reconhecer. 2. *fig.* Que está completamente mudado, diferente, impossível de reconhecer.

ir·re·cu·sá·vel *adj.2gên.* 1. Que não se pode ou convém não recusar. 2. Que não se pode contestar; incontestável.

ir·re·du·tí·vel *adj.2gên.* 1. Que não se pode reduzir. 2. Que não se pode decompor. 3. Que não cede.

ir·re·fle·ti·do *adj.* 1. Que não reflete. 2. Inconsiderado; impensado.

ir·re·fle·xão (cs) *s.f.* Imprudência; leviandade; falta de reflexão.

ir·re·fu·tá·vel *adj.2gên.* Evidente; que não é suscetível de refutação.

ir·re·gu·lar *adj.2gên.* 1. Contrário às regras gerais do direito ou da moral. 2. Desigual. 3. Desarmônico. 4. *Gram.* Diz-se do verbo que não segue o paradigma da sua conjugação ou sofre variações no radical ao ser conjugado (estar, haver, ir, ser, etc.).

ir·re·gu·la·ri·da·de *s.f.* 1. Qualidade de irregular. 2. Erro; falta.

ir·re·le·van·te *adj.2gên.* Que não é relevante; sem importância.

ir·re·li·gi·o·so (ô) *adj.* 1. Que não é religioso. 2. Ímpio. 3. Ateu. *Pl.:* irreligiosos (ó).

ir·re·me·di·á·vel *adj.2gên.* 1. Que não pode ser remediado. 2. Inevitável; infalível.

ir·re·mis·sí·vel *adj.2gên.* 1. Que não se pode perdoar. 2. Irremediável(1).

ir·re·pa·rá·vel *adj.2gên.* 1. Que não se pode reparar ou recuperar. 2. Irremediável.

ir·re·pre·en·sí·vel *adj.2gên.* 1. Que não oferece motivos para ser repreendido. 2. Impecável; correto; perfeito.

ir·re·qui·e·to (é) *adj.* 1. Que não para; que não tem descanso. 2. Turbulento; agitado.

ir·re·sis·tí·vel *adj.2gên.* A que não se consegue resistir; sedutor; encantador; invencível.

ir·re·so·lu·ção *s.f.* Falta de resolução; indecisão.

ir·re·so·lu·to *adj.* Indeciso; hesitante.

ir·res·pi·rá·vel *adj.2gên.* Que não se pode respirar; que é impróprio para a respiração.

ir·res·pon·sa·bi·li·da·de *s.f.* Qualidade de irresponsável; incúria.

ir·res·pon·sá·vel *adj.2gên.* Que não tem responsabilidade; que não responde pelos seus atos.

ir·res·tri·to *adj.* Ilimitado; amplo.

ir·re·tor·quí·vel *adj.2gên.* 1. A que não se pode retorquir, responder. 2. Que não permite objeção.

ir·re·ve·rên·ci·a *s.f.* 1. Qualidade de irreverente; falta de reverência. 2. Desacato.

ir·re·ve·ren·te *adj.2gên.* Que não tem reverência; desatencioso; desrespeitoso.

ir·re·ver·sí·vel *adj.2gên.* Que não retorna ao estado anterior; não reversível.

ir·re·vo·gá·vel *adj.2gên.* 1. Que não se pode revogar. 2. Definitivo. 3. Que não torna atrás. 4. Que não se pode anular.

ir·ri·ga·ção *s.f.* Ação de irrigar; rega.

ir·ri·gar *v.t.d.* Dirigir os regos de água para; regar.

ir·ri·são *s.f.* 1. Mofa, zombaria; escárnio. 2. Ludíbrio.

ir·ri·só·ri:o *adj.* 1. Em que há irrisão. 2. Que causa riso. 3. Irrelevante.

ir·ri·ta·ção *s.f.* 1. Ação de irritar. 2. Excitação. 3. Prurido, ardência (na pele).

ir·ri·ta·di·ço *adj.* Que se irrita facilmente.

ir·ri·tan·te *adj.2gên.* 1. Que causa irritação. 2. Estimulante. 3. Aborrecido.

ir·ri·tar *v.t.d.* 1. Encolerizar; exasperar. 2. Impacientar. 3. Aborrecer (alguém) com palavras ou ações insistentes. *v.p.* 4. Encolerizar-se; exasperar-se; irar-se.

ír·ri·to *adj.* 1. Nulo; sem efeito. 2. Inútil.

ir·ro·gar *v.t.d.* 1. Fazer recair (sobre alguém). 2. Impor; infligir.

ir·rom·per *v.t.i.* 1. Entrar com ímpeto, com violência. 2. Precipitar-se; arrojar-se. 3. Brotar; surgir. 4. Aparecer inopinadamente. *V. romper.*

ir·rup·ção *s.f.* 1. Ação ou efeito de irromper. 2. Invasão violenta e repentina. *V. erupção.*

is·ca *s.f.* 1. Tudo o que se põe no anzol para atrair o peixe e pescá-lo. 2. Pequeno bocado. 3. *fig.* Engodo; atrativo; chamariz. **Morder a isca**: deixar-se enganar.

i·sen·ção *s.f.* 1. Ação ou efeito de eximir(-se). 2. Estado ou condição de isento. 3. Imparcialidade. *Isenção fiscal*: dispensa do pagamento de um imposto.

i·sen·tar *v.t.d.* 1. Tornar isento. 2. Eximir; dispensar. *v.p.* 3. Eximir-se.

i·sen·to *adj.* Desobrigado; livre.

is·lã *s.m.* 1. Islame. 2. Islamismo.

is·la·me *s.m.* 1. Conjunto dos países muçulmanos; islã; islão. 2. Islamismo.

is·la·mis·mo *s.m.* Religião que consiste em obedecer aos preceitos do Alcorão (Palavra de Deus) e aos ensinamentos de Maomé, seu fundador (570-652).

is·la·mi·ta *s.2gên.* Pessoa sectária do islamismo.

is·lan·dês *adj.* 1. Concernente à Islândia. *s.m.* 2. Natural ou habitante da Islândia.

is·lão *s.m.* 1. Islame. 2. Islamismo.

is·ma·e·li·ta *adj.2gên.* 1. Concernente aos ismaelitas. *s.2gên.* 2. Indivíduo dos ismaelitas, nome dado aos árabes, como descendentes de Ismael, filho de Abraão.

i·so·la·dor *adj.* 1. Que isola. 2. *Eletr.* Que isola eletricamente um corpo condutor do exterior ou de outro corpo qualquer; isolante. *s.m.* 3. Aquilo que tem essa propriedade.

i·so·la·men·to *s.m.* 1. Ato ou efeito de isolar(-se). 2. Estado da pessoa isolada.

i·so·lan·te *adj.2gên* e *s.m. Fís.* Que ou o que não conduz a corrente elétrica.

i·so·lar *v.t.d.* 1. Separar de quaisquer comunicações. 2. Tornar solitário. *v.p.* 3. Pôr-se em isolamento; separar-se; retirar-se da sociedade.

i·so·no·mi·a *s.f.* 1. Igualdade civil e política. 2. Estado dos que são governados pelas mesmas leis.

i·so·por *s.m.* Marca comercial de espuma de poliestireno, que passou a ser um nome genérico para esse tipo de material extremamente leve, utilizado como isolante térmico, em embalagens, etc.

i·sós·ce·les *adj.2gên. Geom.* Diz-se do triângulo ou do trapézio que tem dois lados iguais. *Var.*: isóscele.

i·só·to·po *adj.* 1. *Fís.* Diz-se dos átomos de um mesmo elemento químico que possuem núcleo com o mesmo número de prótons e diferente número de nêutrons. *s.m.* 2. *Fís.* Cada um desses átomos com essa característica.

is·quei·ro *s.m.* Pequeno aparelho que produz chama.

is·que·mi·a *s.f. Med.* Suspensão da circulação local do sangue.

is·ra:e·len·se *adj.2gên.* 1. Relativo ao Estado de Israel. *s.2gên.* 2. Natural ou habitante do Estado de Israel.

is·ra:e·li·ta *adj.2gên.* 1. Concernente aos israelitas. *s.2gên.* 2. Indivíduo pertencente ao povo de Israel.

is·sei *s.2gên.* Japonês que emigra, em especial para a América.

is·so *pron.dem.* 1. Essa coisa; essas coisas; esse objeto; esses objetos. *interj.* 2. Termo que exprime aprovação.

ist·mo *s.m. Geog.* Faixa estreita de terra que une uma península a um continente, dois continentes entre si ou duas porções de continente.

is·to *pron.dem.* Esta coisa; estas coisas; este objeto; estes objetos.

i·ta·bi·ri·to *s.m. Min.* Rocha que contém elevado teor de óxido de ferro.

i·ta·li:a·nis·mo *s.m.* 1. Palavra, construção ou locução italiana usada noutra língua. 2. Imitação da língua ou dos costumes italianos.

i·ta·li·a·no *adj.* 1. Relativo à Itália. *s.m.* 2. O natural ou habitante da Itália. 3. A língua italiana.

i·tá·li·co *adj.* 1. Italiano. 2. *Tip.* Diz-se do tipo que imita o manuscrito, também chamado grifo (de Francesco Griffo da Bologna). *s.m.* 3. Esse tipo.

i·ta·pe·ba (é) *s.f.* Rochedo ou conjunto de rochedos que se situa paralelo às margens de um rio. *Var.:* itapeva.

i·tem *s.m.* Cada um dos artigos de uma exposição escrita ou de um requerimento. *Pl.:* itens.

i·tem (item) *Lat. adv.* Também, outrossim, da mesma forma.

i·te·ra·ção *s.f.* Ação de iterar; repetição.

i·te·rar *v.t.d.* Repetir; tornar a fazer.

i·te·ra·ti·vo *adj.* Reiterado; repetido.

i·tér·bi:o *s.m. Quím.* Elemento de símbolo Yb e cujo número atômico é 70.

i·ti·ne·ran·te *adj.2gên.* e *s.2gên.* Que ou pessoa que viaja, que percorre itinerários.

i·ti·ne·rá·ri:o *s.m.* 1. Roteiro; descrição de viagem. *adj.* 2. Concernente a caminhos.

i·to·ro·ró *s.m.* Cachoeira pequena.

í·tri:o *s.m. Quím.* Metal raro, elemento de símbolo Y e cujo número atômico é 39.

i·u·gos·la·vo *adj.* e *s.m.* Relativo à antiga Iugoslávia ou aquele que é de lá. *s.m.* 2. O natural ou habitante da antiga Iugoslávia.

J j

j *s.m.* 1. Décima letra do alfabeto. *num.* 2. O décimo numa série indicada por letras.

já *adv.* 1. Agora; neste momento; neste instante. 2. Sem demora. 3. Então; desde logo. 4. Nesse tempo. 5. Antecipadamente. 6. Outrora; antigamente. *conj.* 7. Ora. *loc. conj.* **Já que**: visto que; pois que.

ja·bá *s.2gên.* Carne-seca; charque.

ja·bu·ru *s.m.* 1. *Zool.* Ave pernalta também conhecida como tuiuiú, de grande porte, plumagem branca no corpo, pescoço nu e negro com a base vermelha, bico acinzentado, que vive em bandos perto de rios, lagoas e pantanais. 2. *fig. pej.* Pessoa esquisita, feia.

ja·bu·ti *s.m. Zool.* Réptil da ordem dos quelônios, espécie brasileira de tartaruga terrestre. *Fem.:* jabota.

ja·bu·ti·ca·ba *s.f.* O fruto da jabuticabeira.

ja·bu·ti·ca·bal *s.m.* Local com plantação ou grande quantidade de jabuticabeiras.

ja·bu·ti·ca·bei·ra *s.f. Bot.* Árvore de fruto muito apreciado, com polpa doce e esbranquiçada.

ja·ca *s.f. Bot.* 1. Fruto da jaqueira, grande, de casca áspera e cor amarelo-esverdeada quando maduro, de gomos carnudos, viscosos e de cheiro característico. 2. O mesmo que jaqueira.

ja·cá *s.m.* Cesto feito de taquara ou de cipó que serve para transportes diversos.

ja·ça *s.f.* 1. Qualquer matéria heterogênea no interior de pedras preciosas. 2. *fig.* Mancha; falha.

ja·ça·nã *s.f. Zool.* Ave aquática de porte médio (cerca de 20 cm), plumagem castanho-avermelhada no dorso e preta na cabeça, nuca e parte inferior do corpo, bico amarelo, pernas altas e dedos longos, que, junto com seu pouco peso, a permitem caminhar sobre a água, apoiada apenas por folhas e capins flutuantes.

ja·ca·ran·dá *s.m. Bot.* Árvore leguminosa da qual existem várias espécies fornecedoras de madeira de lei.

ja·ca·ré *s.m. epiceno Zool.* Nome comum a diversos répteis que vivem nos rios e lagoas brasileiras; espécie de crocodilo; caimão.

ja·cen·te *adj.2gên.* 1. Que jaz; que está sito. 2. Diz-se da estátua que representa uma pessoa deitada.

ja·cin·to *s.m.* 1. *Bot.* Planta muito apreciada em todo o mundo pela beleza de suas flores, intensamente perfumadas. 2. *Min.* Pedra semipreciosa de diversas cores.

ja·co·bi·nis·mo *s.m. Hist.* 1. Movimento surgido na França revolucionária de 1798. 2. *por ext.* Ideias revolucionárias ou exaltadas.

jac·tân·ci:a *s.f.* 1. Vaidade; vanglória; ostentação. 2. Bazófia. 3. Presunção; arrogância; amor-próprio.

jac·tan·ci·o·so (ô) *adj.* 1. Cheio de jactância; vaidoso. 2. Presunçoso; arrogante. *Pl.:* jactanciosos (ó).

jac·tar-se *v.p.* Vangloriar-se; desvanecer-se; ufanar-se; ter jactância.

ja·cu·la·tó·ri:a *s.f. Liturg.* Oração curta e fervorosa que se diz por ocasião de novenas e outras devoções.

ja·de *s.m. Min.* Pedra de cor verde ou branca muito usada em objetos de adorno.

ja·ez (ê) *s.m.* 1. Aparelho, adorno para cavalgaduras. 2. *fig.* Índole; sorte; espécie; gênero; qualidade; laia.

ja·guar *s.m. epiceno Zool.* Onça-pintada.

ja·gua·ti·ri·ca *s.f. epiceno Zool.* Carnívoro sul-americano da família dos gatos, também chamado gato-do-mato-grande.

ja·gun·ço *s.m.* 1. Capanga. 2. Valentão. 3. *Hist.* Membro do grupo de fanáticos de Antônio Conselheiro (1828-1897), na campanha de Canudos (1896-1897).

jai·nis·mo (á) *s.m. Rel.* Uma das três grandes religiões da Índia, fundada no século VI a.C.

ja·le·co (é) *s.m.* Casaco curto, semelhante à jaqueta.

ja·mai·ca·no *adj.* 1. Relativo à Jamaica. *s.m.* 2. O natural ou habitante da Jamaica.

ja·mais *adv.* Nunca; em tempo algum.

ja·man·ta *s.f. pop.* Caminhão de grandes dimensões para o transporte de carga pesada; carreta.

jam·bei·ro *s.m. Bot.* Árvore nativa da Ásia e cultivada em regiões tropicais para fins ornamentais e pelo fruto de polpa clara, suculenta e comestível.

ja·me·gão *s.m. pop.* Assinatura, rubrica.

ja·me·lão *s.m. Bot.* Árvore nativa da Ásia, cultivada para fins ornamentais e pelos frutos comestíveis, pequenos, de cor arroxeada, de sabor agradável, mas um pouco adstringente.

jan·dai·a *s.f. Zool.* Ave da família dos papagaios, de plumagem laranja, amarela e verde, bico negro, que vive em bandos.

ja·nei·ro *s.m.* 1. Primeiro mês do ano civil, com 31 dias.

ja·nei·ros *s.m.pl.* Anos de idade de pessoa idosa.

ja·ne·la (é) *s.f.* 1. Abertura feita na parede para deixar passar a luz e o ar, e para deixar ver o que se passa na parte exterior. 2. *Inform.* Em interfaces gráficas, região retangular, na tela do computador, delimitada pela representação de uma moldura, destinada a exibir as informações de um processo em execução ou solicitar informações do usuário. O uso de várias janelas simultaneamente abertas, que podem ser reposicionadas, redimensionadas e sobrepostas umas às outras, permite ao usuário acompanhar e intervir separadamente nas diferentes tarefas em execução.

jan·ga·da *s.f.* Embarcação chata, feita de paus roliços, usada pelos pescadores nordestinos.

jan·ga·dei·ro *s.m.* Dono ou tripulante de jangada.

jân·gal *s.m.* Floresta ou mata densa. *Var.:* jângala.

ja·no·ta (ó) *adj.* Diz-se do indivíduo que se veste com demasiado apuro.

jan·ta *s.f. pop.* O mesmo que jantar.

jan·tar *s.m.* 1. Uma das refeições do dia, feita geralmente à noite. 2. O conjunto de iguarias que compõem essa refeição. *v.t.d.* 3. Comer na ocasião do jantar. *v.i.* 4. Tomar o jantar.

ja·pim *s.m. Zool.* Pássaro canoro, de plumagem negra com áreas amarelas, encontrado na Amazônia, no Brasil Central e no Nordeste; constrói ninhos em forma de bolsa e é capaz de imitar perfeitamente várias aves.

ja·po·na (ô) *s.f.* Espécie de jaqueta.

ja·po·nês *adj.* 1. Relativo ao Japão. *s.m.* 2. O natural ou habitante do Japão. 3. A língua falada nesse país.

ja·quei·ra *s.f. Bot.* Árvore de origem asiática, muito comum no Brasil, que dá um fruto grande e pesado, a jaca.

ja·que·ta (ê) *s.f.* Casaco curto.

ja·que·tão *s.m.* 1. Casaco para o frio, que vai até a altura dos joelhos, trespassado na frente, com duas fileiras de botões. 2. Paletó trespassado na frente, com duplo abotoamento, semelhante a esse casaco, porém mais curto e de tecido mais leve.

ja·ra·ra·ca *s.f. epiceno Zool.* Cobra muito venenosa, também chamada jararacuçu.

jar·da *s.f.* Medida de comprimento do sistema inglês, equivalente a 914 mm (abrevia-se **yd**, do inglês *yard*).

jar·dim *s.m.* 1. Lugar onde se cultivam flores e plantas diversas. 2. *fig.* País ou terreno fértil, em que há vegetação ou cultura abundantes. 3. Lugar aprazível, ameno.

jar·di·na·gem *s.f.* 1. Cultura de jardins. 2. Arte de cultivar jardins.

jar·di·nei·ra¹ *s.f.* Canteiro onde se plantam flores.

jar·di·nei·ra² *s.f.* Roupa com peitilho costurado na cintura e com alças.

jar·di·nei·ra³ *s.f.* Espécie de ônibus.

jar·di·nei·ro *s.m.* Aquele que trata de jardins ou entende de jardinagem.

jar·gão *s.m.* 1. Linguagem própria de certos grupos, ou de uma profissão. 2. Linguagem corrompida; calão; gíria.

jar·ra *s.f.* Espécie de bilha para água ou para flores; gomil.

jar·re·te (ê) *s.m.* 1. *Zool.* Tendão da perna de bois e cavalos. 2. *Anat.* Parte da perna atrás da articulação do joelho oposta à rótula.

jar·ro *s.m.* 1. Vaso alto e bojudo, provido de bico e asa, próprio para conter água. 2. *Bot.* Nome comum a diversas plantas.

jas·mim *s.m.* 1. *Bot.* Planta notável pelo perfume de suas flores, de propriedades medicinais. 2. A flor dessa planta. 3. *por ext.* A essência que se extrai dessa flor.

jas·pe *s.m. Min.* Variedade de quartzo inteiramente opaco, duro e de cores diversas.

jas·pe·ar *v.t.d.* Dar aspecto de jaspe a.

ja·to *s.m.* Arremesso; impulso; saída repentina e impetuosa de um líquido.

ja·to·bá *s.m. Bot.* Árvore de grande porte, de frutos comestíveis, de polpa farinácea, de madeira muito utilizada na construção civil e naval, bem como na produção de verniz a partir da resina que dela se extrai.

ja·ú *s.m. Zool.* Espécie de bagre de grande porte, considerado um dos maiores peixes de água doce do país, encontrado nas bacias dos rios Amazonas e Paraná.

jau·la *s.f.* 1. Gaiola; prisão para animais ferozes. 2. *gír.* Cadeia; prisão.

ja·va·li *s.m. Zool.* Porco selvagem, também chamado porco-bravo e porco-montês. *Fem.:* javalina.

ja·va·nês *adj.* 1. Relativo a Java. *s.m.* 2. O natural ou habitante de Java. 3. Língua falada pelos javaneses.

ja·zer *v.i.* 1. Estar deitado, estendido, prostrado. 2. Estar sepultado. 3. Estar situado. *v.i.* 4. Permanecer.

ja·zi·da *s.f.* 1. Ação de jazer. 2. Lugar onde alguém jaz. 3. Filão; mina. 4. Depósito de minérios.

ja·zi·go *s.m.* 1. Sepultura; monumento funerário. 2. *fig.* Depósito; abrigo.

jê *s.m.* 1. Nome dado a diversos grupos indígenas que habitavam o Brasil Central, chamados de tapuias pelos tupis. *s.2gên.* 2. Indígena pertencente a um desses grupos. *s.m.* 3. Família de línguas faladas por povos indígenas do Brasil Central.

jeans (djinz) *Ingl. s.m.2núm.* 1. Tipo de brim resistente, usado na confecção de calças, saias, jaquetas, etc. 2. Calças feitas com esse tecido.

je·ca (é) *adj.2gên.* e *s.2gên.* Caipira; caboclo.

je·ca·ta·tu *s.m.* Nome e símbolo do caboclo brasileiro, vindo de personagem originalmente criada pelo escritor Monteiro Lobato, o Jeca Tatu. *Pl.:* jecas-tatus.

je·gue (é) *s.m.* Burrico; jumento.

jei·ra *s.f.* Medida agrária que varia, conforme o país, de 19 a 36 hectares.

jei·to *s.m.* 1. Modo; maneira. 2. Feição; aspecto. 3. Inclinação; habilidade. 4. Arranjo.

jei·to·so (ô) *adj.* 1. Que tem jeito; habilidoso. 2. Airoso, de boa aparência. *Pl.:* jeitosos (ó).

je·ju·ar *v.i.* 1. Praticar o jejum. 2. *fig.* Privar-se; abster-se de qualquer coisa. *v.t.i.* 3. Ignorar; ser ignorante.

je·jum *s.m.* 1. Prática religiosa que consiste na abstinência ou redução de alimentos em certos dias. 2. Estado de quem não se alimenta desde o dia anterior. 3. *fig.* Privação de qualquer coisa. 4. *fam.* Ignorância de alguma coisa.

je·ju·no *adj.* 1. Que está em jejum. *s.m.* 2. *Anat.* Parte do intestino delgado entre o duodeno e o íleo.

je·ni·pa·pei·ro *s.m. Bot.* 1. Árvore nativa das Américas e encontrada em todo o país, de madeira clara e de qualidade, que produz o jenipapo. 2. Jenipapo.

je·ni·pa·po *s.m. Bot.* Fruto do jenipapeiro, de polpa doce, ácida e aromática, muito usado para fazer doces e um tipo de licor, e do qual se extrai uma tintura preta usada pelos indígenas na pintura de seus corpos. 2. Jenipapeiro.

Je:o·vá *s.m.* O nome de Deus entre os hebreus e em linguagem bíblica.

je·qui·ti·bá *s.m. Bot.* Árvore de tronco grosso e alto, cuja madeira é muito usada em carpintaria.

je·re·mi·a·da *s.f.* Lamentação frequente, importuna e inútil.

je·ri·co *s.m.* Jumento; burrico.

je·ri·mum *s.m. Bot.* Fruto de jerimunzeiro; abóbora.

je·ri·mun·zei·ro *s.m. Bot.* Aboboreira.

jér·sei *s.m.* Tecido de malhas de lã ou seda.

je·su·í·ta *s.m.* Membro de uma ordem religiosa chamada Sociedade ou Companhia de Jesus.

je·tom *s.m.* 1. Pequena ficha que se entrega a cada membro presente de uma corporação, e com a qual recebe determinada remuneração. 2. Essa remuneração.

ji·a *s.f.* O mesmo que rã.

ji·boi·a (ói) *s.f. epiceno Zool.* Grande serpente (atinge até 4 m de comprimento), não venenosa.

ji·boi·ar *v.t.d.* e *v.i.* Digerir a refeição, geralmente farta, em repouso, de modo semelhante às jiboias, após terem engolido uma presa grande.

ji·ló *s.m.* 1. Fruto do jiloeiro. *adj.* 2. *pop.* Muito amargo.

ji·lo·ei·ro *s.m. Bot.* Planta hortense.

jin·gle (djíngol) *Ingl. s.m.* Composição musical e vocal com que se veicula um produto comercial ou industrial, em rádio e televisão.

jin·ji·bir·ra *s.f.* Bebida fermentada, doce, à base de gengibre e frutas, entre outros ingredientes.

ji·pe *s.m.* Automóvel especialmente construído para fins militares que também se usa em serviços rurais.

ji·rau *s.m.* Estrado de varas que se arma sobre forquilhas no chão, e que serve para guardar panelas, pratos e outros objetos.

jiu·jít·su *s.m.* Sistema de luta corporal que consiste em aplicar golpes nas partes sensíveis do adversário para o imobilizar.

jo·a·lhei·ro *s.m.* 1. Aquele que trabalha em joias. 2. Negociante de joias.

jo·a·lhe·ri·a *s.f.* 1. Arte, oficina ou estabelecimento de joalheiro. 2. Casa de comércio de joias.

jo·a·ne·te (ê) *s.m.* 1. *Náut.* Vela imediatamente superior à gávea. 2. *Anat.* Saliência na base lateral do dedo grande do pé.

jo·a·ni·nha *s.f. Zool.* Inseto de asas coloridas, útil à lavoura.

jo·a·ni·no *adj.* Relativo a João ou Joana, ou a São João Batista.

jo·ão-de-bar·ro *s.m. epiceno Zool.* Ave também chamada forneiro, oleiro ou pedreiro. *Pl.:* joões-de-barro.

jo·ão-nin·guém (é) *s.m.* Indivíduo sem importância, sem valor. *Pl.:* joões-ninguém.

jo·ão-pes·ta·na *s.m.* Vontade de dormir; sono. *Pl.:* joões-pestanas.

jo·ça (ó) *s.f. gír.* 1. Coisa ruim, malfeita ou sem valor. 2. Coisa indefinida, desconhecida.

jo·co·si·da·de *s.f.* Qualidade de jocoso; graça; gracejo.

jo·co·so (ô) *adj.* Que provoca o riso; gracioso; alegre; faceto. *Pl.:* jocosos (ó).

jo·ei·ra *s.f.* 1. Ação de joeirar. 2. Peneira grande que se usa para separar o trigo do joio, também chamada ciranda e crivo.

jo·ei·rar *v.t.d.* 1. Passar pela joeira. 2. *fig.* Averiguar miudamente. 3. Escolher, separando o bom do mau.

jo:e·lhei·ra *s.f.* Elástico revestido de feltro que os jogadores de futebol e outros desportistas colocam nos joelhos para os proteger.

jo·e·lho (ê) *s.m. Anat.* Parte anterior da articulação da perna com a coxa.

jo·ga·da *s.f.* 1. Ação ou resultado de jogar. 2. *Desp.* Lance de uma partida. *pop.* 3. Negócio bem elaborado visando grandes lucros. 4. Esquema, nem sempre dentro da lei, para obter alguma vantagem.

jo·ga·dor *adj.* e *s.m.* 1. Que ou o que joga. 2. O que sabe jogar. 3. Que tem o vício de jogar.

jo·gar *v.t.d.* 1. Dar-se ao jogo de. 2. Arriscar ao jogo. 3. Arremessar; atirar. 4. Brincar. 5. Mover-se; oscilar. *v.p.* 6. Atirar-se; arremessar-se.

jo·ga·ti·na *s.f.* Hábito ou vício do jogo.

jo·go (ô) *s.m.* 1. Folguedo; diversão. 2. Exercício ou passatempo recreativo. 3. Vício de jogar. 4. Exercício ou brincadeira de crianças. 5. Coleção ou série de coisas emparelhadas ou que formam um todo. 6. Manha; astúcia; artifício. 7. Intenção reservada; plano. *Pl.:* jogos (ó).

jo·go da ve·lha *s.m.* Jogo de dois participantes em que cada um deve preencher com ícones iguais nove casas desenhadas no papel. *Pl.:* jogos da velha (ó).

jo·gral *s.m.* Poeta e cantor medieval.

jo·gue·te (ê) *s.m.* 1. Mofa; zombaria. 2. Coisa ou pessoa (*sobrecomum*) que é movida sem opor resistência. 3. O que é objeto de zombaria.

joi·a (ói) *s.f.* 1. Artefato de matéria preciosa. 2. Quantia que se paga ao ser admitido numa associação. *sobrecomum* 3. Pessoa de grande valor, ou muito bondosa.

joi·o *s.m.* 1. *Bot.* Planta gramínea que de ordinário medra nos trigais. 2. Semente dessa planta. 3. *fig.* Coisa de má qualidade que se mistura com as boas, e as prejudica e deprecia.

jon·go *s.m.* Dança de roda de origem africana, acompanhada de cantos, palmas e batidas de tambores.

jô·ni·co *adj.* 1. Relativo à Jônia (antiga Grécia). 2. *Arquit.* Diz-se de uma das cinco ordens de arquitetura, caracterizada pelo capitel ornado de duas volutas laterais.

jó·quei *s.m.* Aquele que monta cavalos de corrida.

jor·da·ni·a·no *adj.* 1. Relativo à Jordânia. *s.m.* 2. O natural ou habitante da Jordânia.

jor·na·da *s.f.* 1. Caminho, marcha que se faz num dia. 2. Viagem por terra. 3. Expedição, batalha, ação militar.

jor·na·dei·ro *s.m.* Aquele que cumpre uma jornada de trabalho.

jor·nal *s.m.* 1. Objeto de várias páginas de papel contendo notícias, comentários, anúncios, etc. 2. A paga de cada dia de trabalho; salário. 3. *por ext.* Qualquer periódico (seja ou não diário). 4. Programa noticioso de rádio ou televisão.

jor·na·lei·ro *s.m.* Aquele que vende ou entrega jornais.

jor·na·lis·mo *s.m.* 1. A imprensa periódica. 2. A profissão de jornalista.

jor·na·lis·ta *s.2gên.* 1. Pessoa que dirige ou redige um jornal. 2. Pessoa que fornece colaboração a um jornal.

jor·rar *v.i.* 1. Rebentar, sair com ímpeto. *v.t.d.* 2. Fazer sair com ímpeto. 3. Lançar em jorro.

jor·ro (ô) *s.m.* Saída impetuosa; jato grosso; esguicho; fluência.

jo·ta (ó) *s.m.* Nome da décima letra do nosso alfabeto, *j*.

jou·le (jaul ou jul) *s.m. Fís.* Unidade de medida de trabalho e energia no Sistema Internacional; símbolo J.

jo·vem *adj.2gên.* 1. Moço; que está na idade juvenil; novo. *s.2gên.* 2. Pessoa jovem.

jo·vi·al *adj.2gên.* Alegre; bem-humorado; espirituoso.

jo·vi·a·li·da·de *s.f.* 1. Qualidade de jovial; alegria; bom humor. 2. Dito jovial.

ju·á *s.m. Bot.* 1. Fruto do juazeiro, utilizado em xampus e com finalidades medicinais. 2. A árvore que dá esse fruto; juazeiro.

ju·a·zei·ro *s.m. Bot.* Árvore característica da caatinga nordestina.

ju·ba *s.f.* Crina de leão.

ju·bi·la·ção *s.f.* 1. Júbilo; grande alegria. 2. Aposentadoria de professor. 3. Afastamento compulsório de aluno.

ju·bi·la·do *adj.* Que recebeu jubilação ou aposentadoria.

ju·bi·lar *v.i.* 1. Encher-se de júbilo; ter grande alegria. *v.t.d.* 2. Encher de júbilo; alegrar muito. 3. Conceder jubilação a (professor). 4. Impor jubilação. 5. Aposentar-se. *adj.2gên.* 6. Relativo a jubileu.

ju·bi·leu *s.m.* 1. Quinquagésimo aniversário de casamento, de exercício de uma função, etc.

jú·bi·lo *s.m.* Contentamento; alegria excessiva; regozijo.

ju·bi·lo·so (ô) *adj.* Em que há júbilo; muito alegre. *Pl.:* jubilosos (ó).

ju·ça·ra *s.f. Bot.* O mesmo que açaí.

ju·cun·do *adj.* Alegre; prazenteiro; ameno.

ju·dai·co *adj.* Concernente aos judeus; hebraico.

ju·da·ís·mo *s.m.* A religião dos judeus.

ju·da·i·zan·te *adj.2gên.* e *s.2gên.* Que ou pessoa que judaíza.

ju·da·i·zar *v.i.* 1. Observar as leis e ritos judaicos. *v.t.d.* 2. Converter ao judaísmo.

ju·das *s.m.2núm.* 1. Boneco que se costuma queimar no sábado de Aleluia. 2. Amigo falso; traidor. 3. Indivíduo maltrapilho.

ju·deu *adj.* 1. Da Judeia (nome antigo do sul da Palestina). *s.m.* 2. O natural ou habitante da Judeia. 3. Aquele que professa o judaísmo. *Fem.:* judia.

ju·di·a·ção *s.f.* 1. Ação de maltratar. *interj.* 2. Exprime dó, compaixão.

ju·di·ar *v.t.i.* Maltratar.

ju·di·a·ri·a *s.f.* 1. *Hist.* Bairro ocupado por judeus. 2. Grande número de judeus. 3. *fig.* Ação de maltratar; judiação (por analogia aos maus-tratos sofridos pelos judeus).

ju·di·ca·tó·ri·o *adj.* 1. Concernente a julgamento. 2. Próprio para julgar.

ju·di·ca·tu·ra *s.f.* 1. *Jur.* Cargo ou dignidade de juiz. 2. Poder de julgar. 3. Tribunal. 4. Poder judiciário.

ju·di·ci·al *adj.2gên.* 1. De juiz. 2. Concernente a juiz ou aos juízes, a tribunais ou à justiça. 3. Forense.

ju·di·ci·á·ri·o *adj.* 1. Judicial; forense. *s.m.* 2. O Poder Judiciário (inicial maiúscula).

ju·di·ci·o·so (ô) *adj.* Que julga com acerto; acertado; sentencioso. *Pl.:* judiciosos (ó).

ju·dô *s.m.* Jogo inspirado no antigo jiu-jítsu.

ju·do·ca (ó) *s.2gên.* Pessoa que pratica o judô; judoísta.

ju·do·ís·ta *s.2gên.* Judoca.

ju·go *s.m.* 1. Canga com que se jungem os bois para puxarem o arado ou o carro. 2. *fig.* Submissão; sujeição; opressão. 3. Autoridade.

ju·gu·lar¹ *adj.2gên.* Relativo à garganta.

ju·gu·lar² *s.f. Anat.* Nome de quatro veias do pescoço que conduzem o sangue da cabeça ao coração.

ju·iz *s.m.* 1. *Jur.* Magistrado que tem o poder de administrar justiça e fazer cumprir a lei. 2. *Jur.* Membro do júri. 3. O que é escolhido ou nomeado para dirimir pendências entre partes. 4. Árbitro; mentor. *Fem.:* juíza.

ju:i·za·do *s.m. Jur.* Cargo de juiz.

ju·í·zo *s.m.* 1. Ato de julgar. 2. *Jur.* O foro ou tribunal em que se julgam e sentenciam pleitos, litígios, demandas, e em que se administra justiça. 3. Jurisdição. 4. Faculdade intelectual de julgar, de ajuizar. 5. Parecer; opinião; voto; apreciação; conceito. 6. Tino; circunspecção; seriedade.

ju·ju·ba *s.f. Bot.* 1. Árvore de origem asiática, semelhante ao juazeiro, que produz frutos comestíveis e para fins medicinais. 2. O fruto dessa árvore. 3. Tipo de bala de goma.

jul·ga·do *adj.* 1. Reputado; pensado; que se julgou. *s.m.* 2. A coisa julgada.

jul·ga·men·to *s.m.* 1. Ato de julgar. 2. Sentença; decisão; apreciação. 3. Audiência.

jul·gar *v.t.d.* 1. Decidir como juiz ou árbitro. 2. *Jur.* Sentenciar. 3. Imaginar; supor; conjecturar. 4. Considerar; ter na conta de; reputar. 5. Adjudicar; dar. *v.i.* 6. Decidir; pronunciar sentença. *v.p.* 7. Julgar os seus próprios atos ou pensamentos. 8. Ter-se por; considerar-se.

ju·lho *s.m.* Sétimo mês do ano civil, com 31 dias.

ju·li·a·no *adj. ant.* Concernente à reforma cronológica de Júlio César, estabelecida em 46 a.C.

ju·men·to *s.m.* 1. *Zool.* Mamífero comum em todo o mundo, utilizado como animal de tração e carga; jegue; burro; asno; jerico. *Fem.:* jumenta. 2. *fig.* Indivíduo abrutalhado, grosseiro.

jun·ção *s.f.* 1. Ação de juntar(-se). 2. Ponto onde duas ou mais coisas se juntam. 3. Reunião. 4. Confluência.

jun·car *v.t.d.* 1. Cobrir com juncos. 2. *por ext.* Cobrir de flores, de folhas, de ramos. 3. *fig.* Alastrar; cobrir.

jun·co¹ *s.m. Bot.* Nome comum às plantas delgadas, lisas e flexíveis, próprias dos terrenos úmidos.

jun·co² *s.m.* Navio ou embarcação na antiga China.

jun·gir *v.t.d.* 1. Ligar por meio de jugo; emparelhar. 2. Juntar; ligar; prender (a veículo).

ju·nho *s.m.* Sexto mês do ano civil, com 30 dias.

ju·ni·no *adj.* Relativo ao mês de junho.

jú·ni·or *adj.* Mais moço.

jun·ta *s.f.* 1. *Anat.* Articulação; o complexo das superfícies e ligamentos por que dois ou mais ossos se articulam entre si. 2. Par ou parelha de bois. 3. Reunião de pessoas convocadas para algum fim; conferência.

jun·ta·da *s.f. Jur.* 1. Termo de junção, em processo forense. 2. Ato de juntar (peças em um processo).

jun·tar *v.t.d.* 1. Ajuntar. *v.p.* 2. Unir-se; associar-se. 3. Suceder ao mesmo tempo. *Part.:* juntado e junto.

jun·to *adj.* 1. Contíguo; próximo. 2. Incluído. *loc. prep.* **Junto a, junto de**: perto de; próximo de; ao lado de.

jun·tu·ra *s.f.* 1. Junta; articulação; união. 2. Série de pontos por onde duas ou mais coisas se juntam.

Jú·pi·ter *s.m.* 1. *Astron.* O maior planeta do sistema solar, o quinto em ordem de distância do Sol, e que gira entre Marte e Saturno. 2. *Mit.* O deus supremo dos antigos romanos correspondente ao Zeus dos gregos.

ju·ra *s.f.* 1. Ação de jurar; juramento. 2. *pop.* Praga; maldição.

ju·ra·do *adj.* 1. Que prestou juramento. 2. Solenemente declarado. *s.m.* 3. *Jur.* Membro do tribunal do júri; juiz de fato.

ju·ra·men·ta·do *adj.* Que prestou juramento.

ju·ra·men·tar *v.t.d.* 1. Fazer jurar. *v.p.* 2. Obrigar-se por juramento.

ju·ra·men·to *s.m.* 1. Ato de jurar. 2. A fórmula com que se jura, promete ou afirma tomando a Deus por testemunha ou invocando o nome de alguém ou de algo que se tem como sagrado.

ju·rar *v.t.d.* 1. Apresentar, declarar solenemente. 2. Afirmar sob juramento; afiançar. *v.i.* 3. Dar, prestar, proferir juramento. *v.t.i.* 4. Fazer juramento. 5. Tomar resolução. *v.p.* 6. Trocar juramento.

ju·rás·si·co *s.m. Geol.* 1. Segundo período geológico da era mesozoica da Terra, em que predominaram os grandes répteis (inicial maiúscula). *adj.* 2. Relativo a esse período. 3. *fig.* Que é muito velho; que está ultrapassado.

ju·re·ma (ê) *s.f.* 1. *Bot.* Árvore nativa do Brasil, espinhosa, de madeira dura, utilizada em marcenaria e carpintaria. 2. Bebida preparada com a casca, raiz ou frutos dessa árvore, ingerida em rituais religiosos.

jú·ri *s.m.* 1. *Jur.* Conjunto de cidadãos que julgam uma causa como jurados, nos tribunais. 2. Conselho de sentença. 3. Comissão encarregada de examinar o mérito de alguém ou de alguma coisa.

ju·rí·di·co *adj.* 1. Concernente ao direito. 2. Conforme os princípios do direito.

ju·ris·con·sul·to *s.m.* 1. Aquele que é versado na ciência do direito. 2. Aquele que dá pareceres sobre questões jurídicas.

ju·ris·di·ção *s.f.* 1. *Jur.* Território em que um juiz exerce as suas atribuições. 2. As atribuições de uma autoridade. 3. Alçada; competência. 4. Poder legal de aplicar as leis e de julgar.

ju·ris·pe·ri·to *s.m.* Jurisconsulto; indivíduo versado na ciência do direito.

ju·ris·pru·dên·ci·a *s.f.* 1. Ciência do direito e da legislação. 2. Doutrina estabelecida pelas decisões das autoridades competentes ao interpretar os textos pouco claros da lei, ou dar solução a casos não previstos por ela.

ju·ris·ta *s.2gên.* 1. Jurisconsulto. 2. Pessoa que empresta dinheiro a juro, ou que possui títulos de dívida pública e recebe o respectivo juro.

ju·ri·ti *s.f. Zool.* Ave pertencente à mesma família da pomba, de canto melodioso, plumagem marrom, encontrada em praticamente todo o país. *Var.:* juruti.

ju·ro *s.m.* 1. Lucro que rende o dinheiro aplicado ou emprestado. 2. *fam.* Recompensa.

ju·ru·be·ba (é) *s.f. Bot.* Nome comum a diversas plantas da família das solanáceas, cujas raízes, folhas e frutos são aproveitados no preparo de remédios, chás ou bebidas alcoólicas.

ju·ru·pa·ri *s.m. Rel.* 1. Entidade religiosa indígena, de natureza sobrenatural. 2. O diabo, para os missionários católicos do século XVI.

ju·ru·ru *adj.2gên.* Tristonho; melancólico; macambúzio.

jus *s.m.* Direito (derivado da lei natural ou escrita). *Fazer jus a alguma coisa*: merecê-la.

ju·san·te *s.f.* Refluxo; vazante da maré; baixa-mar. *loc. adv.* **A jusante**: para o lado onde vaza a maré; para o lado de baixo.

jus·ta *s.f.* 1. *ant.* Combate entre dois homens armados de lança. 2. *ant.* Jogo militar que se fazia em praça cercada. 3. *por ext.* Pleito; luta; questão; pendência.

jus·ta·li·ne·ar *adj.2gên.* Designativo da tradução feita linha a linha (com o texto em confronto).

jus·ta·por *v.t.d.* e *v.i.* 1. Pôr junto; pôr ao pé; sobrepor. *v.p.* 2. Juntar-se; pôr-se em contiguidade.★

jus·ta·po·si·ção *s.f.* 1. Ato ou efeito de justapor(-se). 2. Situação das coisas justapostas. 3. Contiguidade; sobreposição.

jus·ta·pos·to *adj.* Que está junto; sobreposto. *Pl.*: justapostos (ó).

jus·tar *v.i.* Participar de justa; combater em torneio; lutar.

jus·te·za (ê) *s.f.* 1. Qualidade do que é justo. 2. Exatidão; certeza.

jus·ti·ça *s.f.* 1. Respeito do direito. 2. Virtude moral que inspira o respeito dos direitos de outrem e que faz dar a cada um o que lhe pertence; equidade. 3. Alçada. 4. Magistratura. 5. O conjunto dos magistrados e de todas as pessoas encarregadas de aplicar as leis. 6. O pessoal de um tribunal.

jus·ti·çar *v.t.d.* 1. Supliciar; castigar com pena aflitiva (especialmente a pena de morte). 2. Demandar em juízo.

jus·ti·cei·ro *adj.* 1. Que é amante da justiça. 2. Que faz justiça. 3. Rigoroso na aplicação das leis. 4. Inflexível; imparcial.

jus·ti·fi·ca·ção *s.f.* 1. Ato ou efeito de justificar. 2. Fundamento; causa. 3. Desculpa. 4. Prova judicial de um fato alegado, ou de um ato anterior de que não resta documento. 5. *Teol.* Salvação do pecador sob o influxo da graça divina.

jus·ti·fi·car *v.t.d.* 1. Demonstrar a inocência de. 2. Dar ou reconhecer por inocente. 3. Provar judicialmente por meio de justificação. 4. Desculpar. 5. Demonstrar. 6. Reabilitar. 7. *Teol.* Fazer que passe do pecado ao estado de graça. *v.p.* 8. Provar a sua inocência. 9. Dar razões convincentes de haver procedido bem. 10. Reabilitar-se.

jus·ti·fi·ca·ti·va *s.f.* Argumento, motivo, prova ou documento apresentado para atestar a verdade de uma afirmação, o caráter justo de uma ação ou situação.

jus·ti·fi·ca·ti·vo *adj.* Que serve para justificar.

jus·to *adj.* 1. Conforme à razão, à equidade, à justiça, à retidão, ao direito. 2. Reto; imparcial. 3. Razoável. 4. Preciso; fundado; exato; legítimo. 5. Apertado; cingido; que se ajusta ou se adapta perfeitamente. *s.m.* 6. Homem que segue exatamente as leis da moral ou da religião. 7. Homem virtuoso, inocente, sem pecado.

ju·ta *s.f.* 1. *Bot.* Planta originária da Índia e muito cultivada na Amazônia. 2. Fibra têxtil extraída dessa planta. 3. Tecido feito com essa fibra.

ju·ve·nil *adj.2gên.* Próprio da juventude ou a ela relativo.

ju·ve·ni·li·da·de *s.f.* Mocidade; idade juvenil; juventude.

ju·ven·tu·de *s.f.* 1. Idade juvenil; adolescência. 2. A gente moça; a mocidade.

K k

k *s.m.* 1. Décima primeira letra do alfabeto, de nome *cá*, usada em abreviaturas e símbolos consagrados internacionalmente (*kg*: quilograma; *km*: quilômetro; *K*: potássio), em algumas palavras estrangeiras introduzidas no português (*kart*, *know-how*) e em vocábulos derivados de nomes próprios que se escrevem com essa letra (kantismo, kepleriano). *Num.* 2. O décimo primeiro numa série indicada por letras.

kaf·ki·a·no *adj. Lit.* Relativo a Franz Kafka, escritor tcheco de língua alemã (1883-1924).

kan.ti:a.no *adj.* 1. Relativo ao filósofo alemão Immanuel Kant (1724-1804), ou à sua obra. 2. Que segue ou é estudioso do pensamento de Kant. *s.m.* 3. Admirador ou estudioso de Kant e sua filosofia.

kan·tis·mo *s.m. Fil.* Sistema de ideias criado por Emmanuel Kant, filósofo alemão (1724-1804).

ka.ra.o.kê Jap. s.m. O mesmo que caraoquê.

kar·de·cis·mo *s.m. Rel.* O conjunto dos preceitos resultantes da Codificação Espírita, levada a efeito por Léon-Hippolyte Denizard Rivail, pensador francês, mais conhecido por seu pseudônimo Allan Kardec (1804-1869).

kart (carte) *Ingl. s.m.* Pequeno veículo desprovido de suspensão e carroceria, com embreagem automática e sem caixa de mudanças.

kb *Inform.* Símbolo de *kilobit*.

kB Símbolo de *kilobyte*.

kel.vin *s.m. Fís.* Unidade de medida de temperatura no Sistema Internacional, em que zero grau corresponde a "zero absoluto", -273,16 °C (símbolo K).

ke·ple·ri·a·no *adj.* Relativo a Johann Kepler, astrônomo e matemático alemão (1571-1638).

kg Símbolo de *quilograma*.

kgfm *Fís., Metrol.* Símbolo de *quilogrâmetro*.

kHz *Fís., Metrol.* Símbolo de *quilohertz*.

kil·o·bit (quilobite) *Ingl. s.m. Inform.* Unidade de medida que corresponde a 1.024 *bits*.

kil·o·byte (quilobáite) *Ingl. s.m. Inform.* Unidade de medida que corresponde a 1.024 *bytes*.

kilt (quilt) *Ingl. s.m.* 1. Saiote característico do traje masculino escocês. 2. Saia feminina semelhante ao *kilt*.

kit (quit) *Ingl. s.m.* Conjunto de objetos dispostos em embalagem para fins diversos.

kitsch (quitch) *Al. adj.2gên. e 2núm.* Diz-se do material artístico, literário, etc., geralmente considerado de má qualidade, e que se caracteriza sobretudo por seu cunho sentimentalista ou sensacionalista, bem ao gosto popular.

kl Símbolo de *quilolitro*.

km Símbolo de *quilômetro*.

know-how (nôu-ráu) *Ingl. s.m.* Expressão que designa o conjunto de conhecimentos técnicos, culturais e administrativos indispensáveis para a execução de determinado trabalho; saber como fazer uma coisa.

ku·wai·ti·a·no *adj.* 1. Relativo ao Kuwait. *s.m.* 2. O natural ou habitante do Kuwait.

kW *Eletr., Fís.* Símbolo de *quilowatt*.

kWh *Fís., Metrol.* Símbolo de *quilowatt-hora*.

L l

l¹ *s.m.* 1. Décima segunda letra do alfabeto. *num.* 2. O décimo segundo numa série indicada por letras.

l² *s.m.* Sem ponto e sem *s* para indicar *pl.*, é *abrev.* de litro ou litros.

L *s.m.* Com ou sem ponto, é *abrev.* de leste e de largo (praça).

lá¹ *s.m. Mús.* 1. Sexta nota da escala musical. 2. O sinal que representa essa nota na pauta.

lá² *adv.* 1. Naquele lugar; ali. 2. Aquele lugar. 3. Além; adiante. 4. Nesse tempo; então.

lã *s.f.* 1. O pelo do carneiro e de outros animais. 2. O tecido que se faz desse pelo. 3. Lanugem de certas plantas e de alguns animais.

la·ba·re·da (ê) *s.f.* 1. Grande chama; língua de fogo. 2. *por ext.* Ardência. 3. *fig.* Intensidade; vivacidade.

lá·ba·ro *s.m.* Bandeira; estandarte; pendão.

la·béu *s.m.* 1. Nota infame ou infamante. 2. Mancha na reputação; desonra.

lá·bi:a *s.f.* 1. Manha; astúcia. 2. Palavras brandas com que se procura iludir alguém ou captar-lhe agrados ou favores.

la·bi·a·do *adj.* Que tem aspecto ou forma de lábio.

la·bi·al *adj.2gên.* 1. Concernente aos lábios. 2. *Gram.* Que se articula com os lábios. *s.f.* 3. Fonema labial.

lá·bil *adj.2gên.* 1. Que desliza com facilidade. 2. Que dura pouco, passageiro (1). 3. Que apresenta mudanças frequentes; instável.

lá·bi:o *s.m.* 1. *Anat.* Cada um dos dois segmentos vermelhos e carnudos que formam o contorno da boca. 2. *por ext.* Parte ou objeto que se assemelha ao lábio. 3. Beiço.

la·bi·o·so (ô) *adj.* 1. Que tem lábia. 2. Em que há lábia. *Pl.:* labiosos (ó).

la·bi·rin·ti·te *s.f. Med.* Inflamação do labirinto (auditivo).

la·bi·rin·to *s.m.* 1. Palácio ou jardim composto de divisões múltiplas, com passagens e ruas que cruzam confusamente, de sorte que é dificílimo achar-lhe a saída. 2. *fig.* Coisa complicada, confusa. 3. *Anat.* Conjunto das cavidades entre o tímpano e o canal auditivo interno.

la·bor *s.m.* Trabalho; faina.

la·bo·rar *v.t.d.* 1. Trabalhar; obrar; realizar. *v.i.* 2. Exercer o seu mister. 3. Entrar em função. *v.t.i.* 4. Trabalhar; lidar.

laboratório   **lacrimoso**

la·bo·ra·tó·ri·o *s.m.* 1. Local onde se fazem experiências científicas. 2. Lugar onde são feitos trabalhos de qualquer ramo da ciência ou arte. 3. *fig.* Lugar onde se verificam grandes transformações.

la·bo·ra·to·ris·ta *s.2gên.* Pessoa que trabalha em laboratório.

la·bo·ri·o·so (ô) *adj.* 1. Que gosta de trabalhar. 2. Que se dedica ao trabalho com grande afã. 3. Trabalhador; ativo; diligente. 4. Cansativo; árduo. *Pl.:* laboriosos (ó).

la·bor·te·ra·pi·a *s.f. Med.* Tratamento de distúrbios nervosos pelo trabalho; terapia ocupacional.

la·bre·go (ê) *adj.* 1. Rústico; grosseiro. *s.m.* 2. Indivíduo labrego; aldeão; camponês.

la·bu·ta *s.f.* Labor; faina; lida.

la·bu·tar *v.i.* e *v.t.i.* 1. Trabalhar penosamente; lidar. 2. Empenhar-se; esforçar-se. *v.t.d.* 3. Suportar; levar; viver.

la·ca *s.f.* Resina ou fécula que se extrai das sementes de algumas leguminosas, também chamada goma-laca.

la·ça·da *s.f.* 1. Laço que se desata facilmente. 2. Nó corredio.

la·ça·dor (ô) *adj.* 1. Diz-se de indivíduo com habilidade no uso do laço, que sabe laçar. *s.m.* 2. Indivíduo com essa habilidade.

la·cai·o *s.m.* 1. *ant.* Criado (em geral de libré) que acompanha o amo. 2. *fig.* Indivíduo desprezível, sem dignidade.

la·çar *v.t.d.* 1. Atar com laço; enlaçar. 2. Prender por meio de laço.

la·ça·ro·te (ó) *s.m.* Laço (1) grande, chamativo.

la·ce·ran·te *adj.2gên.* 1. Que lacera. 2. *fig.* Aflitivo; tormentoso.

la·ce·rar *v.t.d.* Dilacerar.

la·ço *s.m.* 1. Nó corredio mais ou menos apertado que se pode desatar com facilidade; laçada. 2. Nó de gravata. 3. Armadilha de caça. 4. *fig.* Estratagema. 5. Traição. 6. Vínculo; prisão. *V.* **lasso**.

la·cô·ni·co *adj.* 1. Conciso; breve; resumido. 2. Dito ou escrito em poucas palavras.

la·co·nis·mo *s.m.* Maneira breve e concisa de falar ou escrever.

la·cra·do *adj.* 1. Fechado com lacre. 2. Fechado hermeticamente.

la·crai·a *s.f. epiceno Zool.* Artrópode com muitos pares de patas (15 ou mais); centopeia.

la·crar *v.t.d.* 1. Fechar com lacre; pôr lacre em. 2. *por ext.* Fechar hermeticamente.

la·crau *s.m. epiceno Zool.* Escorpião.

la·cre *s.m.* 1. Composição em que entram várias substâncias que contêm resinas e que serve para fechar e selar cartas, fechar garrafas, etc. 2. *por ext.* O que se usa para fechar hermeticamente alguma coisa.

la·cri·mal *adj.2gên.* 1. Concernente às lágrimas. 2. *Anat.* Designativo da glândula que segrega as lágrimas; lagrimal.

la·cri·me·jan·te *adj.2gên.* Que lacrimeja.

la·cri·me·jar *v.i.* 1. Deitar algumas lágrimas. 2. Chorar, choramingar. 3. Lagrimar. *Var.:* lagrimejar.

la·cri·mo·gê·ne·o *adj.* Que provoca as lágrimas.

la·cri·mo·so (ô) *adj.* Lacrimejante; aflito; choroso; lagrimoso. *Pl.:* lacrimosos (ó).

lac·ta·ção *s.f.* 1. Secreção e excreção de leite. 2. Ação ou efeito de lactar, de amamentar.

lac·tan·te *adj.2gên.* 1. Que lacta, amamenta. 2. Que dá ou produz leite.

lac·tar *v.t.d.* 1. Amamentar. 2. Mamar.

lac·ten·te *adj.2gên.* e *s.2gên.* Que ou o que ainda mama.

lác·te·o *adj.* 1. Concernente ao leite. 2. Que se assemelha ao leite. 3. Que produz leite. 4. Que tem cor de leite.

lac·tes·cen·te *adj.2gên.* 1. Que contém suco leitoso. 2. Branco como o leite.

lac·ti·cí·ni·o *s.m.* Laticínio.

lac·tí·fe·ro *adj.* Que produz ou conduz leite ou substância semelhante ao leite.

lac·to·se (ó) *s.f.* Açúcar sólido e cristalino que se encontra no leite.

la·cu·na *s.f.* 1. Vazio; espaço em vão. 2. Interrupção. 3. Falta, omissão.

la·cus·tre *adj.* 1. Relativo a lago. 2. Que está sobre um lago. 3. Que vive nos lagos ou à margem dos lagos.

la·da·i·nha *s.f.* 1. Oração ou súplica à Virgem e aos santos; litania. 2. *fig.* Enumeração fastidiosa; lenga-lenga.

la·de·ar *v.t.d.* 1. Acompanhar ou seguir ao lado. 2. Estar situado ao lado de. *v.i.* 3. Andar (a cavalo) para os lados.

la·dei·ra *s.f.* Inclinação de terreno; encosta.

la·di·ni·ce *s.f.* 1. Qualidade de ladino. 2. Ato ou palavra de ladino.

la·di·no *adj.* 1. Astuto; manhoso; finório; espertalhão. *s.m.* 2. Indivíduo ladino.

la·do *s.m.* 1. A parte direita ou esquerda de qualquer pessoa, animal ou coisa; flanco; ilharga. 2. Qualquer das superfícies de um corpo quando este tem mais de uma face. 3. Partido. 4. Opinião. 5. Feição; aspecto. 6. Direção; banda.

la·dra *adj.* 1. Diz-se de mulher que rouba. *s.f.* 2. A mulher que rouba.

la·dra·do *s.m.* O mesmo que latido.

la·drão *adj.* 1. Que furta ou rouba. *s.m.* 2. Aquele que se apodera do alheio; salteador; assaltante. 3. *fig.* Indivíduo sem consciência; biltre. 4. *fam.* Brejeiro; maganão; maroto. 5. Cano ou abertura nas caixas-d'água, banheiras; canalizações diversas, por onde se escoa a água que excede.

la·drar *v.i.* 1. Dar latidos (o cão). 2. Gritar esganiçando-se. *v.t.d.* 3. Proferir com violência. ★★

la·dri·do *s.m.* A voz do cão; latido.

la·dri·lhar *v.t.d.* 1. Cobrir, revestir com ladrilhos. 2. Assentar ladrilhos em.

la·dri·lhei·ro *s.m.* Quem fabrica ou assenta ladrilhos.

la·dri·lho *s.m.* Peça retangular de barro cozido que serve para pavimentação.

la·dro·a·gem *s.f.* 1. Ladroeira. 2. A classe dos ladrões.

la·dro·ei·ra *s.f.* 1. Ação de roubar. 2. Roubo; extorsão; ladroagem. 3. Esconderijo de ladrões.

la·ga·mar *s.m.* *Geog.* 1. Cova no fundo de um rio ou mar. 2. Baía; porto. 3. Lagoa de água salgada.

la·gar *s.m.* 1. Instalação onde se espremem e se reduzem a líquido certos frutos. 2. O local onde se encontra essa instalação.

la·gar·ta *s.f.* 1. *Zool.* Larva das borboletas e mariposas. 2. *por ext.* Esteira articulada que facilita a circulação das rodas dos tratores.

lagartear / **lambão**

la·gar·te·ar *v.i.* Expor-se ao sol, como o lagarto, para aquecer-se.

la·gar·ti·xa (ch) *s.f. epiceno Zool.* Nome comum aos répteis que sobem pelas paredes e se alimentam de insetos.

la·gar·to *s.m.* 1. *epiceno Zool.* Nome comum a diversos répteis de pele escamosa. 2. Carne dura de bovino, própria para assados.

la·go *s.m. Geog.* Porção de água que ocupa naturalmente uma depressão de terreno e que se acha cercada de terra.

la·go·a (ô) *s.f. Geog.* Lago pouco extenso.

la·gos·ta (ô) *s.f. epiceno Zool.* Crustáceo que vive no fundo do mar e tem carne muito saborosa.

lá·gri·ma *s.f.* 1. Gota do humor lacrimal.

la·gri·mar *v.t.d.* e *v.i.* Lacrimejar.

lá·gri·mas *s.f.pl.* Pranto; choro.

la·gu·na *s.f. Geog.* Canal ou braço de mar pouco profundo entre bancos de areia ou ilhotas, na foz de alguns rios.

lai·a *s.f.* Raça; jaez; casta; categoria; espécie; qualidade; feitio.

lai·cal *adj.2gên.* Referente a leigo; laico.

lai·ci·da·de *s.f.* Qualidade de leigo.

lai·cis·mo *s.m.* 1. Estado ou caráter de laico. 2. Rejeição da influência da igreja nas instituições.

lai·ci·zar *v.t.d.* e *v.p.* 1. Tornar(-se) leigo. 2. Isentar(-se) da influência da igreja.

lai·co *adj.* Leigo; secular (por oposição a eclesiástico e a religioso); laical.

lai·vo *s.m.* 1. Nódoa (que os dedos deixam impressa). 2. Mancha; sinal; pinta.

lai·vos *s.m.pl.* Noções elementares; rudimentos.

la·je *s.f. Constr.* Obra contínua de concreto armado que constitui teto de compartimento ou piso.

la·je·ar *v.t.d.* e *v.p.* 1. Cobrir(-se) de lajes. *v.i.* 2. Assentar lajes.

la·je·do (ê) *s.m.* Piso ou pavimento feito com lajes.

la·jo·ta (ó) *s.f.* Pequena laje.

la·ma¹ *s.f.* 1. Lodo; mistura de terra e outras substâncias orgânicas mais ou menos ensopadas em água. 2. *fig.* Vileza.

la·ma² *s.m.* Sacerdote budista na Mongólia e no Tibete.

la·ma·çal *s.m.* Lugar de muita lama; atoleiro; lameiro; pântano.

la·ma·cen·to *adj.* 1. Coberto ou cheio de lama¹; enlameado. 2. Que se parece com lama¹.

la·ma·ís·mo *s.m.* Ramo do budismo que se desenvolveu no Tibete no século VII.

la·ma·ís·ta *adj.2gên.* 1. Relativo ao lamaísmo. *s.2gên.* 2. Pessoa sectária do lamaísmo.

lam·ba·da *s.f.* 1. Golpe dado com rebenque. 2. Qualquer golpe. 3. Pedaço alongado que se tira de alguma coisa. 4. Música de ritmo agitado que se dança aos saracoteios. 5. Essa dança.

lam·ban·ça *s.f.* 1. Serviço malfeito, sem capricho. 2. Porcaria, sujeira. 3. Algo que se pode lamber ou comer. 4. Algazarra, gritaria. 5. Atitude pretensiosa.

lam·bão *adj.* e *s.m.* 1. Que ou o que se lambuza ao comer. 2. Comilão; glutão. 3. Que ou o que faz mal a sua arte ou o seu ofício. 4. Tolo.

lam·ba·ri *s.m. epiceno Zool.* Nome comum a diversos peixes de água doce.

lamb·da·cis·mo *s.m. Gram.* Vício de pronúncia que consiste em trocar o *r* pelo *l* (planto por pranto, velbo por verbo).

lam·ber *v.t.d.* 1. Passar a língua sobre; tocar de leve. 2. Sentir alegria; dar sinais de contentamento.

lam·be·ta (ê) *adj.2gên.* e *s.2gên.* Intrigante; delator; mexeriqueiro; bisbilhoteiro.

lam·bi·da *s.f.* Lambidela.

lam·bi·de·la (é) *s.f.* 1. Ação de lamber; coisa que se lambe de uma só vez; lambida. 2. *fig.* Adulação; lisonja; gorjeta.

lam·bi·do *adj.* 1. Que se lambeu. 2. Diz-se da obra de arte com excesso de suavidade. 3. Desgracioso. 4. Afetado; presumido.

lam·bis·car *v.t.d.* Comer pouco; debicar.

lam·bis·goi·a *s.f.* 1. Mulher delambida. *sobrecomum* 2. Pessoa intrometida, mexeriqueira. 3. Pessoa magra, fraquinha.

lam·bril *s.m. Const.* Revestimento de mármore, estuque ou madeira nas paredes de uma sala.

lam·bu·gem *s.f.* Lambuja.

lam·bu·ja *s.f.* 1. Gulodice; guloseima. 2. *fig.* Pequeno lucro. 3. Vantagem que o jogador concede ao parceiro. 4. O que se dá além do combinado. *Var.:* lambugem.

lam·bu·zar *v.t.d.* 1. Sujar; emporcalhar. *v.p.* 2. Sujar-se (de comida).

la·me·cha (é) *adj.2gên.* e *s.m.2gên.* Ridiculamente terno; apaixonado; baboso.

la·mei·ro *s.m.* 1. Lamaçal. 2. Terra alagadiça onde cresce muito pasto. *Var.:* lameira.

la·me·la (é) *s.f.* 1. Pequena lâmina. 2. Folha delgada.

la·men·ta·ção *s.f.* 1. Ação ou efeito de lamentar(-se). 2. Expressão de mágoa. 3. Queixa; gemido. 4. Canto triste.

la·men·tar *v.t.d.* 1. Lastimar; deplorar. 2. Pronunciar como em lamentação. *v.p.* 3. Manifestar mágoa; lastimar-se.

la·men·tá·vel *adj.2gên.* Lastimoso; digno de dó; que merece ser lamentado.

la·men·to *s.m.* Queixa; pranto; lamentação.

la·men·to·so (ô) *adj.* 1. Concernente a lamento. 2. Que tem o caráter ou o tom da lamentação; plangente. *Pl.:* lamentosos (ó).

lâ·mi·na *s.f.* 1. Chapa de metal delgada. 2. Fragmento chato e delgado de qualquer substância; lasca. 3. Folha de instrumento cortante.

la·mi·na·ção *s.f.* 1. Ação ou efeito de laminar. 2. Estabelecimento onde se laminam metais.

la·mi·na·do *adj.* 1. Que se laminou. 2. Composto de lâminas. *s.m.* 3. Chapa de metal ou madeira reduzida a lâmina.

la·mi·na·dor *adj.* e *s.m.* 1. Que ou o que lamina. *s.m.* 2. Instrumento ou máquina de laminar.

la·mi·nar *v.t.d.* 1. Reduzir a lâminas; chapear. *adj.2gên.* 2. Que tem aspecto ou forma de lâmina.

lâm·pa·da *s.f.* 1. Aparelho que produz luz artificial por meio da eletricidade. 2. Qualquer aparelho que produz luz artificial.

lam·pa·dá·ri·o *s.m.* Peça presa ao teto, em que há uma ou mais lâmpadas; candelabro; lustre.

lam·pa·ri·na *s.f.* 1. Lâmpada pequena. 2. *ant*. Artefato que produz luz atenuada e que consiste num pequeno disco de cortiça com um pavio que se põe a arder no azeite.

lam·pei·ro *adj.* Vivo, ágil, apressado, lesto.

lam·pe·jar *v.i.* 1. Brilhar à semelhança do relâmpago. 2. Lançar faíscas; coruscar. *v.t.d.* 3. Emitir; irradiar.

lam·pe·jo (ê) *s.m.* 1. Ato ou efeito de lampejar. 2. Clarão; faísca; fagulha; centelha; chispa. 3. Manifestação rápida de uma ideia. 4. Manifestação viva de um sentimento.

lam·pi·ão *s.m.* 1. Espécie de lanterna grande que se usava antigamente na iluminação pública. 2. Espécie de lanterna portátil.

lam·prei·a (é ou ê) *s.f. epiceno Zool.* Peixe de carne muito apreciada, do qual existem cerca de quinze espécies.

la·mú·ri:a *s.f.* Lamentação; queixa importuna, enfadonha.

la·mu·ri·an·te *adj.2gên.* 1. Que se lamuria. 2. Que tem o caráter de lamúria.

la·mu·ri·ar *v.t.d.* 1. Dizer entre lamúrias; lastimar. *v.i.* e *v.p.* 2. Fazer lamúria; prantear-se.

lan·ça *s.f.* Haste de madeira que termina numa lâmina de aço ou de ferro pontiagudo.

lan·ça-cha·mas *s.m.2núm.* Arma de uso geralmente militar que lança material inflamável em chamas contra o inimigo.

lan·ça·dei·ra *s.f.* 1. Peça de tear que contém um cilindro ou bobina por onde passa o fio de tecelagem. 2. Peça semelhante nas máquinas de costura.

lan·ça·dor *adj.* 1. Que lança. 2. Diz-se de foguete que leva ao espaço diversos tipos de carga. *s.m.* 3. O que lança. 4. Foguete que leva ao espaço diversos tipos de carga. 5. Indivíduo que faz lances em leilões.

lan·ça·men·to *s.m.* 1. Ato ou efeito de lançar(-se). 2. Escrituração em livro comercial. 3. Distribuição de impostos. 4. Ato de expor ao público (mercadoria, livro, filme, etc.).

lan·ça-per·fu·me *s.m.* Pequeno cilindro com válvula, usado para lançar éter perfumado nos foliões dos carnavais do passado. *Pl.:* lança-perfumes.

lan·çar *v.t.d.* 1. Atirar com força; arremessar. 2. Impelir. 3. Vomitar. 4. Fazer o lançamento de (mercadoria, livro, filme, etc.). 5. Apresentar. 6. Escriturar num livro comercial. 7. Verter; derramar. 8. Fazer nascer. 9. Fazer sair. 10. Atribuir. 11. Derrubar. *v.i.* 12. Vomitar. *v.p.* 13. Arremessar-se. 14. Aventurar-se. 15. Arrojar-se. 16. Entregar-se inteiramente.

lan·ce *s.m.* 1. Ato ou efeito de lançar. 2. Risco; perigo. 3. Passagem ou descrição de qualquer ato notável. 4. Vicissitude. 5. Situação de um drama ou narração. 6. Acontecimento; fato. 7. Etapa. 8. Aventura. 9. Caso difícil.

lan·ce:ar *v.t.d.* e *v.p.* 1. Ferir(-se), perfurar(-se) com lança. *v.t.d.* 2. *fig.* Provocar sofrimento; torturar.

lan·ce·ta (ê) *s.f. Cir.* Pequena lâmina de aço de dois gumes que se usa em operações cirúrgicas.

lan·ce·tar *v.t.d.* Abrir com lanceta.

lan·cha *s.f.* 1. Embarcação pequena provida de motor. 2. Barco de pesca. 3. *fam.* Pé muito grande.

lan·char *v.t.d.* 1. Comer como lanche. *v.i.* 2. Tomar um lanche.

lan·che *s.m.* 1. Pequena refeição (especialmente a que se toma entre o almoço e o jantar). 2. Sanduíche.

lan·chei·ra *s.f.* Maleta em que se leva o lanche.

lan·cho·ne·te (é) *s.f.* Casa onde se servem refeições ligeiras, geralmente no balcão.

lan·ci·nan·te *adj.2gên.* Que lancina; aflitivo; doloroso.

lan·ci·nar *v.t.d.* Golpear; torturar; afligir; pungir.

lan·ço *s.m.* 1. Ato de lançar. 2. Jato; tiro; arremesso. 3. Oferta de preço em leilão. 4. Parte de uma escada entre dois patamares.

lan·ga·nho *s.m.* 1. Carne sem qualidade, com excesso de nervos e pelanca. 2. *fig.* Coisa nojenta, pegajosa.

lan·gor *s.m.* Languidez.

lan·go·ro·so (ô) *adj.* Lânguido; frouxo; possuído de langor. *Pl.:* langorosos (ó).

lan·gues·cer *v.i.* 1. Tornar-se lânguido. 2. Enfraquecer; perder as forças; debilitar-se.

lan·gui·dez (ê) *s.f.* 1. Estado de lânguido. 2. Moleza; frouxidão; langor.

lân·gui·do (gui ou güi) *adj.* Debilitado; frouxo; abatido; voluptuoso.

la·nhar *v.t.d.* 1. Ferir; golpear. 2. Maltratar; mortificar; afligir. 3. Deturpar; estropiar.

la·nho *s.m.* 1. Golpe com instrumento cortante. 2. Pedaço de carne em tiras.

la·ni·fí·ci:o *s.m.* 1. Obra ou tecido de lã. 2. Fábrica de artigos de lã.

la·ní·ge·ro *adj.* Que tem lã ou lanugem: gado lanígero.

la·no·li·na *s.f.* Gordura da lã usada em pomadas e cosméticos.

la·no·so (ô) *adj.* 1. Concernente à lã. 2. Que tem lã. *Pl.:* lanosos (ó).

lan·ta·ní·de:os *s.m.pl. Quím.* Grupo de elementos de número atômico entre 57 e 71, de propriedades metálicas parecidas.

lan·tâ·ni:o *s.m. Quím.* Metal raro, elemento de símbolo **La** e cujo número atômico é 57.

lan·te·jou·la *s.f.* Lentejoula.

lan·ter·na (é) *s.f.* 1. Espécie de lampião portátil. 2. Lâmpada elétrica portátil alimentada por pilhas.

lan·ter·na·gem *s.f.* Reparo na carroceria e peças de carroceria de automóveis; funilaria.

lan·ter·nei·ro *s.m.* 1. Fabricante de lanternas. 2. Aquele que faz lanternagem; funileiro.

lan·ter·ni·nha *s.f.* 1. *Dim.* de lanterna. *s.2gên. por ext.* 2. Atleta ou equipe esportiva que se colocam em último lugar. 3. Pessoa que nos cinemas e teatros usa uma lanterna, indicando os lugares aos espectadores.

la·nu·do *adj.* O mesmo que lanoso.

la·nu·gem *s.f.* 1. Pelo que nasce na face dos adolescentes, antes da barba. 2. Pelos que cobrem alguns frutos ou folhas.

la·o·si·a·no *adj.* 1. Relativo ao Laos. *s.m.* 2. O natural ou habitante do Laos.

la·pa *s.f.* Caverna, gruta, cavidade nos montes e rochedos.

lá·pa·ro *s.m. Zool.* 1. Coelho pequeno. 2. O macho da lebre até três meses.

la·pa·ros·co·pi·a *s.f. Med.* Exame da cavidade abdominal feito por meio de instrumento próprio para isso.

la·pa·ro·to·mi·a *s.f. Med.* Abertura cirúrgica da cavidade abdominal.

la·pe·la (é) *s.f.* Parte anterior e superior de um casaco voltada para fora.

la·pi·da·ção *s.f.* 1. Ação de lapidar². 2. *ant.* Suplício em que a vítima era morta a pedradas. 3. *fig.* Educação; aperfeiçoamento.

la·pi·dar¹ *adj.2gên.* 1. Concernente a lápide. 2. Que se gravou em pedra. *fig.* 3. Perfeito. 4. Conciso. 5. Artístico.

la·pi·dar² *v.t.d.* 1. Traçar as facetas das pedras preciosas; polir. 2. *fig.* Educar bem. 3. *fig.* Aperfeiçoar.

la·pi·da·ri·a *s.f.* 1. Arte e técnica de lapidar². 2. Local onde se faz lapidação de pedras.

la·pi·dá·ri·o *adj.* 1. Concernente a inscrições lapidares. *s.m.* 2. Artífice que lapida pedras preciosas.

lá·pi·de *s.f.* 1. Pedra com inscrição para comemorar qualquer acontecimento ou para celebrar a memória de alguém. 2. Laje que cobre uma sepultura.

la·pi·nha *s.f.* 1. *Dim.* de lapa. 2. Presépio ou nicho que se arma nas festas de Natal e Reis.

lá·pis *s.m.2núm.* 1. Pedaço de grafite embutido em madeira com que se escreve ou desenha. 2. Qualquer objeto com que se escreve, desenha ou risca.

la·pi·sei·ra *s.f.* 1. Tubo de metal ou plástico com ponteira de grafite encaixada, usado como lápis. 2. Caixa onde se guardam lápis.

lap·so *s.m.* 1. Espaço ou decurso de tempo. 2. Descuido; engano involuntário; deslize.

lap·top (leptóp) *Ingl. s.m. Inform.* Computador portátil, cuja versão mais moderna é o *notebook*.

la·quê *s.m.* Líquido com que se vaporizam os cabelos para fixar o penteado.

la·que·a·du·ra *s.f.* Ato ou efeito de laquear.

la·que·ar *v.t.d. Med.* Ligar (os vasos, as artérias, as trompas, etc.).

lar *s.m.* 1. Parte da cozinha onde se acende o fogo. 2. A casa onde se habita. 3. A pátria. 4. A família.

la·ran·ja *s.f.* 1. *Bot.* Fruto da laranjeira. 2. A cor da laranja. *adj.2gên.* 3. Que tem a cor da laranja; alaranjado. *s.m.* 4. *gír.* Agente intermediário, que empresta o nome para transações ilícitas de outrem.

la·ran·ja·da *s.f.* Bebida refrigerante que se prepara com sumo de laranja, açúcar e água.

la·ran·jal *s.m.* Plantação de laranjeiras.

la·ran·jei·ra *s.f. Bot.* Árvore cujo fruto é a laranja.

la·rá·pi·o *s.m.* Gatuno; ladrão.

lar·de·ar *v.t.d.* Introduzir pedacinhos de toucinho (numa peça de carne).

la·rei·ra *s.f.* Laje (ou qualquer abertura) em que se acende fogo.

la·res *s.m.pl.* Os deuses domésticos, entre os romanos e etruscos.

lar·ga *s.f.* 1. Ação ou efeito de largar. 2. *fig.* Liberdade. 3. Desenvolvimento; ampliação. *loc. adv.* **À larga**: com largueza; generosamente.

lar·ga·da *s.f.* 1. Ação de largar. 2. Saída; partida.

lar·ga·do *adj.* 1. Folgado. 2. Abandonado. 3. *fig.* Pessoa desleixada, desordeira.

lar·gar *v.t.d.* 1. Soltar (o que se tem preso na mão). 2. Pôr em liberdade. 3. Deixar fugir. 4. Abandonar. 5. Pôr de parte. 6. Partir. *v.p.* 7. Soltar-se (no sentido próprio e figurado).

lar·go¹ *adj.* 1. Que tem grande extensão. 2. Amplo. 3. Minucioso. 4. Dilatado. 5. Duradouro. 6. Importante. 7. Memorável. 8. Abundante. *s.m.* 9. Pequena praça. 10. Alto-mar. *adv.* 11. Com largueza. **Ao largo**: a distância; sem pormenores ou minúcias.

lar·go² *s.m. Mús.* Trecho musical em andamento largo (amplo e vagaroso).

lar·gue·za (ê) *s.f.* 1. Largura. 2. *fig.* Liberalidade; generosidade. 3. Dissipação.

lar·gu·ra *s.f.* 1. Qualidade do que é largo. 2. A menor das duas dimensões de uma superfície. 3. Extensão (no sentido oposto ao comprimento).

la·rin·ge *s.f. Anat.* Porção da traqueia, órgão principal da fonação.

la·rín·ge·o *adj.* Que se refere ou pertence à laringe.

la·rin·gi·te *s.f. Med.* Inflamação da laringe.

la·rin·go·lo·gi·a *s.f. Med.* Estudo das doenças da laringe.

la·rin·go·lo·gis·ta *s.2gên. Med.* Especialista em laringologia.

lar·va *s.f.* 1. *Zool.* Estágio imaturo de um animal. 2. *Zool.* Primeiro estado do inseto, logo após a saída do ovo. *sobrecomum* 3. *fig.* Pessoa desprezível.

lar·val *adj.2gên.* Relativo ou próprio de larva.

la·sa·nha *s.f.* 1. Massa de farinha de trigo em tiras largas. 2. *Cul.* A iguaria que se prepara com essa massa.

las·ca *s.f.* 1. Fragmento; estilhaço. 2. Tira; fatia.

las·car *v.t.d.* 1. Reduzir a lasca. 2. Tirar uma ou mais lascas de. *v.i.* e *v.p.* 3. Fender-se, fazer-se em lascas.

las·cí·vi·a *s.f.* 1. Qualidade, caráter de lascivo. 2. Lubricidade; luxúria; sensualidade.

las·ci·vo *adj.* Sensual; libidinoso; desregrado.

la·ser (lêiser) *Ingl. s.m. Fís.* Fonte de luz muito intensa, na qual a emissão de luz se faz pelo estímulo de um campo externo, com aplicações variadas e crescentes na indústria, na engenharia e na medicina. *V. lazer.*

las·si·dão *s.f.* 1. Qualidade, estado de lasso. 2. Quebranto; frouxidão; fadiga; tédio.

las·so *adj.* 1. Cansado. 2. Frouxo; bambo; relaxado. 3. Enervado. *V. laço.*

lás·ti·ma *s.f.* 1. Pena; compaixão. 2. Miséria; infortúnio. 3. *deprec.* Coisa ou pessoa (*sobrecomum*) inútil ou estúpida.

las·ti·mar *v.t.d.* 1. Lamentar; deplorar. 2. Compadecer-se de. *v.p.* 3. Lamentar-se; afligir-se; queixar-se.

las·ti·má·vel *adj.2gên.* Deplorável; digno de lástima.

las·trar *v.t.d.* 1. Carregar com lastro. 2. Pôr lastro em. 3. Aumentar com certo peso para ficar mais firme.

las·tro *s.m.* 1. O peso necessário que se põe no porão do navio para que ele se equilibre sobre a água. 2. *fig.* Base; fundamento. 3. Quantidade de ouro que garante a circulação fiduciária do papel-moeda.

la·ta *s.f.* 1. Folha de ferro, delgada e estanhada. 2. Recipiente feito com essa folha. 3. *pop.* Rosto; cara. 4. Recusa amorosa. **Na lata**: sem rodeios, na cara.

la·ta·da *s.f.* Grade com que se sustenta a parreira ou uma planta trepadeira, composta de ripas, varas ou canas.

la·ta·gão *s.m.* Homem corpulento, robusto.

la·tão *s.m. Metal.* Liga de cobre e zinco.

la·ta·ri·a *s.f.* 1. Grande porção de latas. 2. Produtos alimentares enlatados. 3. *pop.* A carroceria do automóvel.

lá·te·go *s.m.* 1. Açoite geralmente de couro; azorrague. 2. *fig.* Flagelo. 3. Estímulo.

la·te·jan·te *adj.2gên.* Que lateja.

la·te·jar *v.i.* Palpitar; bater; pulsar.

la·tên·ci:a *s.f.* Propriedade de estar oculto ou latente.

la·ten·te *adj.2gên.* 1. Que existe oculto, sem se fazer sentir. 2. Subentendido; encoberto.

la·te·ral *adj.2gên.* 1. Concernente ao lado. 2. Que está ao lado.

la·te·ra·li·da·de *s.f.* Qualidade de lateral.

lá·tex (cs) *s.m.* Suco leitoso de algumas plantas, com o qual se faz a borracha por meio de refinação e coagulação.

la·tí·bu·lo *s.m.* 1. Esconderijo; lugar oculto. 2. *Lit.* Céu; morada dos deuses.

la·ti·cí·ni:o *s.m.* 1. Preparado em que o elemento principal é o leite. 2. Preparado feito com leite. 3. Concernente a indústria do leite. *Var.:* lacticínio.

la·ti·do *s.m.* 1. A voz do cão; ladrido. 2. *fig.* Palavras vãs, a que não se dá importância.

la·ti·fun·di·á·ri:o *s.m.* Proprietário de latifúndio.

la·ti·fún·di:o *s.m.* Propriedade rural muito vasta.

la·tim *s.m.* 1. Língua falada pelo povo que habitava o pequeno território denominado Lácio (*Latium*), na Península Itálica, a sudeste do Tibre, entre os Apeninos e o mar. 2. *fig.* Coisa de difícil compreensão.

la·ti·nis·mo *s.m. Gram.* Palavra, construção ou locução próprias do latim.

la·ti·nis·ta *s.2gên.* Pessoa versada no latim.

la·ti·ni·zar *v.t.d.* 1. Tornar latino; dar forma ou inflexão latina a. *v.i.* 2. Falar latim; empregar expressões latinas.

la·ti·no *adj.* 1. Do latim ou a ele relativo. 2. Que se refere aos povos latinos. 3. Dito ou escrito em latim. *s.m.* 4. Indivíduo latino. 5. Indivíduo de língua neolatina. 6. O natural ou habitante do Lácio.

la·ti·no-a·me·ri·ca·no *adj.* 1. Relativo aos países americanos de língua neolatina. *s.m.* 2. Indivíduo latino-americano. *Pl.:* latino-americanos.

la·tir *v.i.* 1. Soltar a sua voz (o cão, o chacal, o lobo). 2. *fig.* Gritar.

la·ti·tu·de *s.f.* 1. *Geog.* Distância do equador a qualquer ponto da Terra, medida em graus sobre o meridiano que passa por esse lugar. 2. O clima em relação à temperatura. 3. Paragem. 4. *fig.* Amplitude; largueza.

la·ti·tu·di·ná·ri:o *adj.* 1. Largo; amplo; extenso. 2. Que dá às coisas uma interpretação livre.

la·to *adj.* Amplo; extenso; largo; dilatado.

la·to:a·ri·a *s.f.* 1. Local onde se produzem e se comercializam latas, objetos de latão, etc. 2. Atividade a que se dedica o latoeiro.

la·to·ei·ro *s.m.* Fabricante ou vendedor de objetos de lata ou latão; funileiro.

la·tri·a *s.f.* 1. A mais alta forma de adoração a Deus. 2. *fig.* Adoração.

la·tri·na *s.f.* Lugar para dejeções; cloaca; sentina; privada.

latrocínio

la·tro·cí·ni:o *s.m.* 1. Roubo ou extorsão a mão armada. 2. Roubo violento.

lau·da¹ *s.f.* 1. Página de livro. 2. Cada lado da folha de papel. 3. Impresso padronizado usado por empresas jornalísticas e editoras com espaço delimitado para entrada de texto de matéria ou de original.

lau·da² *s.f. ant.* Cada um dos cantos religiosos na literatura medieval italiana.

lau·da·tó·ri:o *adj.* 1. Que encerra louvor; que louva. 2. Relativo a louvor.

lau·do *s.m.* 1. Parecer do louvado, do juiz, do árbitro, do médico, etc. 2. Documento que contém esse parecer. *V.* **lauto**.

láu·re:a *s.f.* Laurel.

lau·re·a·do *adj.* 1. Que recebeu láurea. 2. Premiado.

lau·re·ar *v.t.d.* 1. Cingir ou coroar de louros. 2. Festejar; adornar. 3. Premiar.

lau·rel *s.m.* 1. Homenagem. 2. Manifestação de aplauso. 3. Coroa de louros. 4. Prêmio; galardão. 5. Láurea.

lau·rên·ci:o *s.m. Quím.* Elemento de símbolo Lr e cujo número atômico é 103.

lau·to *adj.* 1. Suntuoso; magnífico. 2. Abundante; copioso. *V.* **laudo**.

la·va *s.f.* 1. Matéria em fusão que deriva dos vulcões. 2. Essa matéria endurecida. 3. *fig.* Torrente; fogo; chama.

la·va·bo *s.m.* 1. Depósito de água, com torneira para lavagens parciais, em refeitórios, latrinas, etc.; pia. 2. Pequeno banheiro social; lavatório.

la·va·ção *s.f.* Ato ou efeito de lavar(-se).

la·va·da *s.f.* 1. Nome de uma rede de pescar. 2. Repreensão. 3. *Desp.* Grande derrota.

lavor

la·va·dei·ra *s.f.* Mulher que lava roupa; lavandeira.

la·va·do·ra (ô) *s.f.* Máquina elétrica e automática para lavar roupa.

la·va·gem *s.f.* 1. Ação de lavar. 2. *Med.* Irrigação de órgãos, como o intestino grosso, a vagina e o estômago; clister. 3. Comida para porcos. 4. *gír.* Repreensão; descompostura.

la·van·da *s.f.* 1. *Bot.* Alfazema. 2. Colônia feita com a essência dessa planta. 3. Pequena taça com água em que os comensais lavam a ponta dos dedos durante ou após as refeições.

la·van·dei·ra *s.f.* 1. Lavadeira. *epiceno* 2. *Zool.* Nome comum aos insetos da família das libélulas que costumam adejar nas vizinhanças das águas. 3. Libélula.

la·van·de·ri·a *s.f.* 1. Estabelecimento onde se lava e passa a ferro qualquer espécie de roupa. 2. Parte do hotel, da casa, do apartamento, da caserna, etc. onde a roupa é lavada e passada a ferro.

la·va-pés *s.m.2núm. Liturg.* Solenidade que se celebra na quinta-feira santa, em que se comemora o fato de Jesus ter lavado os pés dos seus discípulos.

la·var *v.t.d.* 1. Banhar com água ou em qualquer líquido para limpar. 2. Tirar com água as impurezas de. 3. Purificar; expurgar. *v.p.* 4. Banhar-se em água para se limpar. 5. Reabilitar-se; justificar-se.

la·va·tó·ri:o *s.m.* 1. Utensílio ou móvel dotado dos petrechos necessários para a lavagem do rosto e das mãos. 2. Ação de lavar.

la·vor *s.m.* 1. Labor. 2. Trabalho manual. 3. Trabalho de agulha. 4. Enfeite em relevo; lavrado.

lavoura / **legado**

la·vou·ra *s.f.* 1. Amanho e cultivo da terra; lavra. 2. Terra cultivada. 3. Agricultura.

la·vra *s.f.* 1. Ação de lavrar. 2. Extração de minérios. 3. Fabricação; produção; elaboração; autoria.

la·vra·do *adj.* 1. Ornado de relevos ou lavores. 2. Arado. 3. Escrito.

la·vra·dor *s.m.* 1. Indivíduo que trabalha na lavoura. 2. Aquele que possui propriedades próprias para serem lavradas; agricultor.

la·vrar *v.t.d.* 1. Abrir sulcos na terra com arado ou charrua; cultivar. 2. Fazer ornatos em; cinzelar; lapidar; inscrever; gravar. 3. Escrever (atas, etc.). *v.t.i.* 4. Desenvolver-se; fazer rápido progresso.

la·vra·tu·ra *s.f.* Ação de lavrar (um documento, uma escritura).

la·xan·te (ch) *s.m.* 1. Purgante ligeiro. *adj.2gên.* 2. Que laxa, desimpede, afrouxa, alivia.

la·xar (ch) *v.t.d.* 1. Relaxar, afrouxar. 2. Desimpedir.

la·xo (ch) *adj.* Frouxo; desimpedido.

la·za·ren·to *adj.* Que tem pústulas (especialmente cães); chagado.

la·za·re·to (ê) *s.m.* 1. Hospital que no passado se destinava aos pacientes de hanseníase. 2. Local para quarentena de pessoas suspeitas de estarem com doença contagiosa.

lá·za·ro *s.m.* 1. Indivíduo com lepra; leproso. 2. Animal ou indivíduo com chagas ou pústulas pelo corpo; lazarento.

la·zei·ra *s.f.* 1. Miséria; desgraça. 2. *fig.* Fome.

la·zer *s.m.* Ócio; folga; descanso; passatempo. *V.* **laser**.

le·al *adj.2gên.* 1. Sincero; franco; honesto. 2. Fiel.

le·al·da·de *s.f.* Qualidade de leal.

le·ão *s.m.* 1. *Zool.* Grande felino com juba, que se encontra na África e em algumas regiões da Índia. *Fem.*: leoa. 2. *fig.* Homem valente. 3. Aquele que possui qualidades excepcionais. 4. Indivíduo de mau gênio. 5. *Astron.* A quinta constelação do zodíaco (inicial maiúscula). 6. *Astrol.* O quinto signo do zodíaco, relativo aos que nascem entre 23 de julho e 22 de agosto (inicial maiúscula).

le:ão de chá·ca·ra *s.m.* Indivíduo que faz a segurança de locais de entretenimento. *Pl.:* leões de chácara.

le·bre (é) *s.f.* 1. *Zool.* Mamífero roedor. *Masc.:* láparo, lebracho, lebrão. 2. *Astron.* Constelação austral (inicial maiúscula).

le·ci·o·nar *v.t.d.* 1. Ensinar ou dar lições de. 2. Explicar; ensinar. 3. Dedicar-se ao magistério.

le·ci·ti·na *s.f.* Substância existente nos ovos, no cérebro, etc. muito rica em fosfato.

le·do (ê) *adj.* Jubiloso; alegre; risonho; ingênuo.

le·dor *adj.* e *s.m.* Que ou o que lê; leitor.

le·ga·ção *s.f.* 1. Ação de legar. 2. Representação diplomática de categoria inferior à embaixada. 3. Os componentes dessa representação. 4. A sede da legação.

le·ga·do¹ *s.m.* 1. Enviado de um governo junto de outro governo.

le·ga·do² *s.m.* 1. *Jur.* Aquilo que se deixa em testamento a quem não é principal herdeiro. 2. *por ext.* O que se deixa de uma geração a outra.

legal

le·gal *adj.2gên.* 1. Que é de lei. 2. Que está prescrito pela lei. 3. Concernente à lei. 4. Certo; em ordem; regular; que não oferece dúvidas; muito bom. 5. *gír.* Bom, correto, agradável, bacana.

le·ga·li·da·de *s.f.* 1. Qualidade ou caráter de legal. 2. Os requisitos, formalidades ou condições que tornam um ato eficaz ou legal. 3. Conformidade com a lei.

le·ga·li·za·ção *s.f.* Ato ou efeito de legalizar.

le·ga·li·zar *v.t.d.* Tornar legal; justificar; legitimar.

le·gar *v.t.d.* 1. Deixar em herança. 2. Enviar como legado.

le·ga·tá·ri·o *s.m.* Que recebeu legado.

le·gen·da *s.f.* 1. Inscrição; dístico. 2. Pequeno texto explicativo de ilustração ou gravura. 3. Texto traduzido que acompanha os filmes estrangeiros; letreiro. 4. *Liturg.* Relato da vida dos santos. 5. Lenda.

le·gen·dá·ri·o *adj.* 1. Concernente a legendas. 2. Lendário.

le·gi·ão *s.f.* 1. *ant.* Corpo da milícia romana. 2. Corpo ou divisão de qualquer exército. 3. *fig.* Multidão.

le·gi·o·ná·ri·o *adj.* 1. Concernente a legião. *s.m.* 2. Soldado de uma legião.

le·gis·la·ção *s.f.* 1. O conjunto ou corpo das leis de uma nação. 2. Ciência das leis.

le·gis·la·dor *adj.* e *s.m.* 1. Que ou o que legisla. 2. Membro de câmara legislativa.

le·gis·lar *v.t.d.* 1. Fazer ou decretar leis. 2. Decretar; ordenar. *v.t.i.* 3. Fazer decretar leis.

le·gis·la·ti·vo *adj.* 1. Concernente ao poder de legislar ou à legislação. 2. Que legisla. 3. Que tem força de lei. *s.m.* 4. O poder legislativo.

lei

le·gis·la·tu·ra *s.f.* Espaço de tempo durante o qual os legisladores exercem os seus poderes.

le·gis·pe·ri·to *s.m.* Aquele que é perito em leis; jurisconsulto.

le·gis·ta[1] *s.2gên.* Pessoa que conhece ou estuda as leis; jurisconsulto.

le·gis·ta[2] *s.2gên.* O especialista em medicina legal.

le·gí·ti·ma *s.f. Jur.* Parte da herança que a lei reserva aos herdeiros necessários.

le·gi·ti·ma·ção *s.f.* Ação ou efeito de legitimar.

le·gi·ti·mar *v.t.d.* Tornar legítimo para todos os efeitos da lei.

le·gi·ti·mi·da·de *s.f.* Qualidade ou caráter do que é legítimo.

le·gí·ti·mo *adj.* 1. Que tem caráter ou força de lei. 2. Que se funda na razão, no direito ou na justiça. 3. Genuíno; autêntico.

le·gí·vel *adj.2gên.* Que se pode ler; escrito em caracteres nítidos.

lé·gua *s.f.* Medida itinerária equivalente a 6.000 metros.

le·gu·me *s.m. Bot.* 1. Fruto seco de certas plantas, como o feijão, a ervilha, etc. 2. Hortaliça.

le·gu·mi·no·sa (ó) *s.f. Bot.* Planta da família das leguminosas, que inclui árvores, arbustos, trepadeiras e ervas, e dão frutos em forma de vagem ou legume, como o feijão, a soja, etc.

le·gu·mi·no·so (ô) *adj.* Que frutifica em vagem. *Pl.:* leguminosos (ó).

lei *s.f.* 1. Preceito que emana do poder legislativo ou de autoridade legítima. 2. Relação necessária que deriva da natureza das coisas. 3. Conjunto das condições necessárias que determinam os fenômenos. 4. Norma; regra. 5. Obrigação imposta. 6. Religião.

lei·au·te *s.m.* 1. Projeto ou esboço que serve para mostrar visualmente o aspecto final de um trabalho editorial, publicitário, de arquitetura, de artes gráficas etc. 2. Disposição de diversos elementos em um espaço residencial, comercial, de trabalho, etc.

lei·cen·ço *s.m.* Furúnculo.

lei·go *adj.* e *s.m.* 1. Que ou o que não tem ordens sacras; não eclesiástico. 2. *fig.* Estranho a um assunto.

lei·lão *s.m.* Venda pública de objetos que se arrematam a quem por eles oferece maior lanço; hasta pública.

lei·lo·ar *v.t.d.* 1. Apregoar em leilão. 2. Pôr em leilão.

lei·lo·ei·ro *s.m.* 1. Aquele que promove ou organiza leilões. 2. Pregoeiro em leilões.

leish·ma·ni·o·se (ó) *s.f. Med.* Doença causada por algumas espécies de protozoários do gênero *Leishmania*, transmitida ao homem pela picada de determinados mosquitos, podendo atacar os órgãos internos, a pele e as mucosas.

lei·tão *s.m. Zool.* Porco novo; bácoro de mama. *Fem.:* leitoa.

lei·te *s.m.* 1. Líquido branco ou esbranquiçado, opaco, segregado pelas glândulas mamárias das fêmeas dos animais mamíferos. 2. Suco branco de alguns vegetais.

lei·tei·ra *s.f.* 1. Vendedora de leite. 2. Vaso em que se leva leite à mesa.

lei·tei·ro *s.m.* 1. Vendedor de leite. *adj.* 2. Que produz leite.

lei·te·ri·a *s.f.* 1. Estabelecimento onde se vende leite. 2. Depósito de leite. 3. Estabelecimento de laticínios.

lei·to *s.m.* 1. Armação da cama que sustenta o colchão; cama. 2. Qualquer objeto sobre o qual se pode descansar o corpo. 3. Parte do rio coberta pela água, também chamada álveo. 4. Parte de uma rua ou estrada sobre a qual passam os veículos.

lei·tor *adj.* 1. Que lê. *s.m.* 2. O que lê. 3. Aquele que lê em voz alta para outros ouvirem.

lei·to·so (ô) *adj.* Lácteo; semelhante a leite na cor ou no aspecto. *Pl.:* leitosos (ó).

lei·tu·ra *s.f.* 1. Ação ou efeito de ler. 2. Arte ou hábito de ler. 3. Aquilo que se lê.

le·ma (ê) *s.m.* 1. Proposição que prepara a demonstração de uma outra. 2. Preceito; emblema. 3. Sentença que se toma por norma de comportamento.

lem·bran·ça *s.f.* 1. Ação ou efeito de lembrar. 2. Pensamento que se conserva na memória; recordação. 3. Coisa para ajudar a memória. 4. Presente; dádiva.

lem·bran·ças *s.f.pl.* Cumprimentos.

lem·brar *v.t.d.* e *i.* 1. Fazer ocorrer à memória. *v.t.d.* e *i.* 2. Notar; sugerir; advertir. *v.t.i.* 3. Vir à lembrança; ocorrer. *v.p.* 4. Recordar-se.

lem·bre·te (ê) *s.m.* 1. Apontamento, nota para ajudar a memória. 2. *fam.* Castigo leve; repreensão.

le·me (ê) *s.f.* 1. Aparelho na parte traseira do barco que serve para lhe dar direção. 2. *fig.* Governo; direção.

len·ço *s.m.* Tecido em geral de forma quadrangular, que serve para uma pessoa assoar o nariz, abrigar ou enfeitar a cabeça ou o pescoço.

len·çol *s.m.* Peça de algodão, linho ou outro tecido que se põe na cama sobre o colchão ou sob os cobertores.

lenda

len·da *s.f.* 1. Tradição oral ou narrativa popular que envolve acontecimentos fantásticos. 2. História fabulosa. 3. *fig.* Mentira.

len·dá·ri·o *adj.* 1. Próprio de lenda; fabuloso. 2. Concernente a lenda.

lên·de·a *s.f. Zool.* Ovo de piolho.

len·ga-len·ga *s.f.* 1. Narração monótona e fastidiosa. 2. Discurso prolongado, desagradável, enfadonho. *Pl.:* lenga-lengas.

le·nha (ê) *s.f.* Pedaços de madeira para queimar.

le·nha·dor *s.m.* Aquele que corta ou racha lenha.

le·nho (ê) *s.m.* Tronco; ramo grosso de árvore; madeiro.

le·nho·so (ô) *adj.* 1. Da natureza da madeira. 2. Que tem o aspecto ou a consistência de lenho ou madeira. *Pl.:* lenhosos (ó).

le·ni·men·to *s.m.* Aquilo que alivia, suaviza.

le·nir *v.t.d.* Suavizar; abrandar; mitigar.★★

le·ni·ti·vo *adj.* 1. Próprio para lenir. *s.m.* 2. Coisa que suaviza. 3. *fig.* Alívio; consolação.

le·no·cí·ni·o *s.m.* Ato criminoso de excitar, favorecer ou facilitar a prostituição.

len·te *s.f. Fís.* 1. Disco de vidro convexo ou côncavo que refrange os raios luminosos. *s.2gên.* 2. *ant.* Professor ou professora de universidade ou de escola secundária.

len·te·jou·la *s.f.* Pequena palheta circular de vidro, ouro, prata ou substância metálica, com um orifício central por onde se enfia a linha que a prende ao tecido, que serve para ornamentos de vestidos, bordados, etc. *Var.:* lantejoula.

len·ti·cu·lar *adj.2gên.* Que tem aspecto ou forma de lente ou lentilha.

len·ti·dão *s.f.* 1. Qualidade de lento. 2. Vagar; demora. 3. Ligeira umidade.

len·ti·lha *s.f.* 1. *Bot.* Planta leguminosa. 2. O grão dessa planta, usado na alimentação.

len·to *adj.* 1. Vagaroso; tardo; moroso. 2. Prolongado; demorado. 3. Frouxo; espaçoso. 4. Fraco.

le:o·nês *adj.* 1. Relativo ao antigo reino ou à atual província de Leão (Espanha). *s.m.* 2. O natural ou habitante de Leão.

le:o·ni·no *adj.* 1. *Astrol.* Relativo ao signo de Leão. 2. Pessoa nascida sob o signo de Leão. 3. *fig.* Pérfido; fraudulento.

le:o·par·do *s.m. epiceno Zool.* Felino de pele mosqueada.

lé·pi·do *adj.* 1. Ágil; expedito; ligeiro. 2. Jovial; alegre; risonho; gracejador.

le·pi·dóp·te·ros *s.m.pl. Zool.* Ordem de insetos que reúne as borboletas e mariposas.

le·po·ri·no *adj.* 1. Concernente à lebre. 2. Designativo do lábio fendido (como o da lebre).

le·pra (é) *s.f. Med.* 1. Hanseníase. 2. *fig.* Vício.

le·pro·so (ô) *s.m.* Hanseniano. *Pl.:* leprosos (ó).

le·que (é) *s.m.* Espécie de abano com que se agita o ar.

ler *v.t.d.* 1. Percorrer com a vista (coisa escrita). 2. Conhecer as letras do alfabeto e juntá-las em palavras. 3. Conhecer, interpretar por meio de leitura. 4. Pronunciar em voz alta.★

ler·de·za (ê) *s.f.* 1. Qualidade de lerdo. 2. Lentidão nos movimentos.

ler·do (é) *adj.* 1. Que é lento nos movimentos. 2. Que tem ou revela lerdeza. 3. Estúpido; acanhado.

le·ro-le·ro (é) *s.m.* Conversa fiada, inútil. *Pl.:* lero-leros.

le·sa·do *adj.* 1. Que sofreu lesão; prejudicado. 2. *gír.* Abobado.

le·são *s.f.* 1. Ação ou efeito de lesar; dano. 2. *Med.* Perfuração dos órgãos (como ferida, chaga, etc.) ou distúrbio das funções (como delírio, aumento anormal de secreções, etc.) de um indivíduo.

le·sar *v.t.d.* 1. Causar lesão a. 2. Ofender fisicamente. 3. Ofender a reputação de. 4. Prejudicar os interesses de.

les·bi·a·nis·mo *s.m.* Relações sexuais entre mulheres; safismo.

lés·bi·ca *s.f.* Mulher homossexual.

le·si·vo *adj.* 1. Que provoca ferimento ou traumatismo. 2. Que prejudica ou causa dano.

les·ma (ê) *s.f.* 1. *epiceno Zool.* Molusco pegajoso que vive nos lugares úmidos. *sobrecomum* 2. *fig.* Pessoa indolente, mole.

le·so (é) *adj.* 1. Que teve lesão física, moral ou material. 2. *fig.* Que ficou sem ação; atordoado, desnorteado. 3. Amalucado, tolo; lesado. *s.m.* 4. Indivíduo com essas características.

le·so·ta (ó) *adj.2gên.* 1. Relativo ao Lesoto (África). *s.2gên.* 2. Natural ou habitante do Lesoto.

les·te (é) *s.m.* 1. Este; nascente. 2. Vento que sopra do nascente. *Abrev.* E.

les·to (é) *adj.* Ligeiro; ágil; expedito; diligente; ativo; desembaraçado.

le·tal *adj.2gên.* 1. Concernente a morte. 2. Mortal; mortífero. 3. Lúgubre.

le·tão *adj.* 1. Relativo à Letônia (Europa). *s.m.* 2. O natural ou habitante da Letônia. 3. O idioma desse país.

le·tar·gi·a *s.f.* 1. *Med.* Sono patológico em que parecem suspensas a circulação e a respiração. 2. *fig.* Prostração moral; apatia; inércia.

le·tar·go *s.m.* O mesmo que letargia.

le·ti·vo *adj.* 1. Escolar; em que há lições. 2. Relativo ao movimento escolar.

le·tra (ê) *s.f.* 1. Cada um dos caracteres do alfabeto representativos dos fonemas ou sons na linguagem articulada. 2. Forma de escrever esses caracteres. 3. Algarismo. 4. Tipo de impressão. 5. Texto. 6. Sentido literal. 7. Os versos de uma composição musical.

le·tra·do *adj.* 1. Versado em letras; erudito. *s.m.* 2. Indivíduo letrado.

le·trei·ro *s.m.* Rótulo; inscrição; legenda.

le·tris·ta *s.2gên.* 1. Desenhista de letras. 2. Autor ou autora de letras musicais.

léu *s.m.* Vagar; ensejo. *loc. adv.* **Ao léu**: à vontade; à toa; sem destino ou rumo.

leu·ce·mi·a *s.f. Med.* Doença que se caracteriza pelo aumento excessivo de leucócitos.

leu·có·ci·to *s.m.* Glóbulo branco do sangue.

le·va (é) *s.f.* 1. Grupo de pessoas; magote. 2. Recrutamento. 3. Condução (de presos ou de militares).

le·va·di·ço *adj.* 1. Que se pode levantar ou abaixar com facilidade. 2. Que se pode mover.

le·va·do *adj.* Traquinas; indisciplinado; irrequieto.

leva e traz *s.m.2núm.* 1. Fofoca, intriga, mexerico. *s.2gên.2núm.* 2. Pessoa que faz intriga, fofoca, mexerico.

le·van·ta·dor (ô) *adj.* 1. Que levanta ou é usado para levantar. *s.m.* 2. *Desp.* Numa partida de vôlei, jogador responsável por levantar a bola para outro de sua equipe.

le·van·ta·men·to *s.m.* 1. Ato ou efeito de levantar(-se). 2. Estatística. 3. Insurreição.

le·van·tar *v.t.d.* 1. Pôr ao alto; alçar; erguer. 2. Arvorar; hastear. 3. Apanhar, erguer do chão (o que está caído). 4. Suspender; pôr de pé. 5. Restituir à posição natural, ao lugar primitivo, erguendo. 6. Traçar (um mapa, uma planta). 7. Tirar de situação precária. *v.i.* 8. Altear; erguer-se. *v.p.* 9. Erguer-se; firmar-se nos pés. 10. Exaltar-se; manifestar-se protestando. 11. Reabilitar-se.

le·van·te *s.m.* 1. A parte do horizonte onde nasce o Sol; nascente; oriente. 2. Os países banhados pelo Mediterrâneo oriental. 3. Motim; insurreição.

le·var *v.t.d.* 1. Fazer passar (de um para outro lugar). 2. Transportar; conduzir; guiar. 3. Arrastar; impelir. 4. Suportar. 5. Obter; tomar. 6. Tomar (tempo). 7. Passar (a vida); viver. 8. Conservar; manter. *v.t.i.* 9. Ir; ter. *v.p.* 10. Deixar-se dominar ou guiar.

le·ve (é) *adj.2gên.* 1. Que tem pouco peso. 2. Ligeiro; ágil. 3. Fácil. 4. Delicado. 5. Indistinto; vago. 6. Aliviado. 7. De fácil digestão. *loc. adv.* **De leve**: levemente; superficialmente; mansamente.

le·ve·dar *v.t.d.* 1. Fazer fermentar. *v.i.* e *v.p.* 2. Fermentar (a massa).

le·ve·do (ê) *s.m.* Fermento; levedura.

lê·ve·do *adj.* Que fermentou; que aumentou de volume (devido ao fermento).

le·ve·du·ra *s.f.* Fermento; levedo.

le·ve·za (ê) *s.f.* 1. Qualidade de leve. 2. Ligeireza.

le·vi·an·da·de *s.f.* 1. Qualidade de leviano. 2. Falta de prudência, de juízo. 3. Irreflexão; ato leviano; imprudência.

le·vi·a·no *adj.* 1. Pouco refletido; imprudente. 2. Inconstante; volúvel; sem seriedade.

le·vi·a·tã *s.m.* 1. *Teol.* Monstro marinho mencionado no Velho Testamento (Jó, 41). 2. *por ext.* Coisa colossal, monstruosa.

le·vi·ta *s.m.* 1. *ant.* Membro da tribo de Levi, entre os hebreus. 2. Sacerdote; diácono.

le·vi·ta·ção *s.f.* Ato de levantar-se um corpo e flutuar no ar sem que nada visível o sustenha ou suspenda.

le·vi·tar *v.i.* e *v.p.* Erguer-se alguém acima do solo sem que nada visível o sustente.

lé·xi·co (cs) *s.m.* Dicionário.

le·xi·co·gra·fi·a (cs) *s.f.* A ciência do lexicógrafo.

le·xi·có·gra·fo (cs) *s.m.* Aquele que estuda e coleciona as palavras de uma língua e organiza o seu vocabulário ou dicionário; dicionarista.

le·xi·co·lo·gi·a (cs) *s.f.* 1. Estudo das palavras em relação à etimologia e às suas diversas acepções. 2. Ciência das palavras consideradas segundo os seus elementos de formação.

le·xi·có·lo·go (cs) *s.m.* Aquele que se entrega aos estudos de lexicologia; lexicógrafo.

lhama

lha·ma *s.m. epiceno Zool.* Ruminante da família dos camelídeos originário do Peru, diferente do camelo em não ter corcovas, em ter os dedos separados e em ser menor do que ele.

lha·ne·za (ê) *s.f.* 1. Sinceridade; afabilidade; candura; singeleza; lisura. 2. Qualidade de lhano.

lha·no *adj.* Franco; sincero; amável; afável; despretensioso.

lhe *pron.pess.* A ele; a ela; a você, ao senhor.

lho[1] *contr. Pron.pess.* lhe com o *pron.pess.* o. *Fem.:* lha.

lho[2] *contr. Pron.pess.* lhe com *pron.dem.* o. *Fem.:* lha.

li·a·me *s.m.* 1. Qualquer coisa que serve para atar, ligar, prender. 2. Ligação; laço; vínculo.

li·a·na *s.f.* Cipó.

li·ar *v.t.d.* Ligar.

li·ba·ção *s.f.* Ato de libar ou de beber por prazer ou para fazer brindes.

li·ba·nês *adj.* 1. Relativo ao Líbano. *s.m.* 2. O natural ou habitante do Líbano.

li·bar *v.t.d.* 1. Beber; chupar. 2. Experimentar; gozar. *v.i.* 3. Fazer brindes.

li·be·lo (é) *s.m.* 1. *for.* Exposição por artigos e por escrito daquilo que o autor intenta provar contra o réu. 2. *por ext.* Artigo ou escrito acusatório; acusação. 3. Panfleto.

li·bé·lu·la *s.f. epiceno Zool.* Inseto de asas membranosas transparentes, também chamado lavadeira e lavandeira.

lí·ber *s.m. Bot.* Conjunto das camadas corticais mais recentes; entrecasca.

li·be·ra·ção *s.f.* 1. Ato ou efeito de liberar(-se); libertação. 2. Quitação ou extinção de uma dívida ou obrigação.

libertário

li·be·ral *adj.2gên.* 1. Franco; que tem opiniões livres, ideias avançadas. 2. Que é favorável à liberdade política civil. 3. Próprio de homem livre. *s.m.* 4. Partidário da liberdade política e religiosa. 5. Homem livre ou de ânimo livre.

li·be·ra·li·da·de *s.f.* 1. Qualidade de liberal. 2. Generosidade. 3. Largueza de ânimo.

li·be·ra·lis·mo *s.m.* 1. O conjunto das ideias e doutrinas liberais. 2. Doutrina dos partidários da liberdade política e religiosa.

li·be·ra·li·zar *v.t.d.* e *v.p.* 1. Tornar(-se) liberal, ou mais liberal (pessoa, economia, política, etc.). *v.t.d.*, *v.t.d.* e *i.* 2. Doar ou distribuir com liberalidade.

li·be·rar *v.t.d.* 1. Tornar livre; libertar. 2. Desobrigar; isentar; livrar; quitar.

li·ber·da·de *s.f.* 1. A faculdade de uma pessoa fazer ou deixar de fazer qualquer coisa. 2. Condição de homem livre.

li·ber·da·des *s.f.pl.* 1. Imunidades; regalias. 2. Modo de proceder com desprendimento das convenções sociais.

li·be·ri·a·no *adj.* 1. Que se refere à Libéria (África). *s.m.* 2. O natural ou habitante da Libéria.

li·ber·ta·ção *s.f.* Ação ou efeito de libertar(-se).

li·ber·ta·dor *adj.* e *s.m.* Que ou o que dá liberdade, que torna livre.

li·ber·tar *v.t.d.* 1. Tornar livre. 2. Dar liberdade a. 3. Desobstruir. 4. Desobrigar; livrar. *v.p.* 5. Tornar-se livre, pôr-se em liberdade. *Part.:* libertado e liberto.

li·ber·tá·ri·o *adj.* 1. Que defende o ideal da liberdade absoluta. 2. Anarquista. *s.m.* 3. Pessoa que defende esse ideal.

libertinagem

li·ber·ti·na·gem *s.f.* Devassidão; impudicícia; desregramento de costumes.

li·ber·ti·no *adj.* e *s.m.* Devasso; impudico; licencioso; dissoluto.

li·ber·to (é) *adj.* 1. Livre; solto; salvo. *s.m.* 2. *ant.* Dizia-se do escravo que passava à condição de livre.

li·bi·di·no·so (ô) *adj.* 1. Lascivo; voluptuoso; luxurioso. *s.m.* 2. Indivíduo libidinoso. *Pl.*: libidinosos (ó).

li·bi·do *s.f. Psic.* Energia através da qual o instinto sexual se expressa; energia psíquica que tende à perpetuação da vida.

lí·bi:o *adj.* 1. Relativo à Líbia (África). *s.m.* 2. O natural ou habitante da Líbia.

li·bra *s.f.* 1. Unidade monetária e moeda do Reino Unido da Grã-Bretanha. 2. Moeda da Irlanda, do Líbano, da Turquia, da Líbia e outros vários países. 3. *Metrol.* Medida de peso (libra-massa) do sistema inglês. 4. *Astron.* A sétima constelação do zodíaco (inicial maiúscula). 5. *Astrol.* O sétimo signo do zodíaco, relativo às pessoas nascidas entre 23 de setembro e 22 de outubro; Balança.

li·brar *v.t.d.* 1. Equilibrar; suspender. *v.t.d.* e *v.i.* 2. Fundamentar; concentrar. *v.p.* 3. Sustentar-se (no ar); pairar. 4. Basear-se; fundamentar-se.

li·bré *s.f.* Uniforme usado pelos criados das casas nobres.

li·bre·to (ê) *s.m.* A parte literária ou as palavras de uma ópera.

li·bri:a·no *s.m.* 1. *Astrol.* Relativo ao signo de Libra. *s.m.* 2. Pessoa nascida sob o signo de Libra.

li·ça *s.f.* 1. Na Idade Média, local destinado a combates, competições, torneios e outras atividades em torno dos castelos. 2. Luta, disputa.

lícito

li·ção *s.f.* 1. Exposição oral de qualquer matéria. 2. Ponto que um aluno deve estudar. 3. *fig.* Experiência que se adquiriu com algum revés de fortuna ou por imprudência cometida; exemplo.

li·cei·da·de *s.f.* Qualidade de lícito.

li·cen·ça *s.f.* 1. Permissão concedida a alguém, para fazer ou deixar de fazer alguma coisa; autorização; faculdade. 2. Abuso de liberdade.

li·cen·ci·a·do *adj.* 1. Que tem licença ou licenciatura. *s.m.* 2. Aquele que tem o grau de licenciatura.

li·cen·ci·a·men·to *s.m.* Ato ou efeito de licenciar(-se).

li·cen·ci·ar *v.t.d.* 1. Conceder licença a; dispensar. *v.p.* 2. Tomar licença da autoridade competente para cumprir certo ato. 3. Tomar o grau de licenciado.

li·cen·ci·a·tu·ra *s.f.* Grau universitário inferior ao de doutor que habilita o bacharel a lecionar no ensino médio.

li·cen·ci·o·si·da·de *s.f.* Qualidade ou condição de licencioso.

li·cen·ci·o·so (ô) *adj.* 1. Que excede os limites do que é lícito. 2. Desregrado; libertino. *Pl.*: licenciosos (ó).

li·ceu *s.m.* Estabelecimento de ensino médio ou técnico, público ou particular.

li·ci·ta·ção *s.f.* Ação de licitar.

li·ci·tan·te *adj.2gên.* e *s.2gên.* Que ou pessoa que licita.

li·ci·tar *v.i.* 1. Oferecer qualquer quantia no ato de arrematação, de adjudicação, hasta pública ou partilha judicial. *v.t.d.* 2. Pôr em leilão ou hasta pública.

lí·ci·to *adj.* 1. Conforme a lei ou permitido por ela. 2. Legal; justo. *s.m.* 3. Aquilo que é permitido, que é justo.

li·cor *s.m.* Bebida que se obtém pela fermentação ou pela mistura de certos vegetais aromáticos ou seus produtos, como o açúcar.

li·co·rei·ra *s.f.* Licoreiro.

li·co·rei·ro *s.m.* Utensílio de mesa com garrafas e copos para licor; licoreira.

li·co·ro·so (ô) *adj.* 1. Que tem propriedades de licor. 2. Que tem muita doçura e acentuada dose de álcool (vinho). *Pl.:* licorosos (ó).

li·da[1] *s.f.* Faina; trabalho; afã.

li·da[2] *s.f.* Leitura breve.

li·da·dor *adj.* e *s.m.* Que ou o que lida, trabalha, luta.

li·dar *v.i.* 1. Lutar; labutar; trabalhar. *v.t.i.* 2. Sustentar combate moral; esforçar-se. *v.t.d.* 3. Participar (de combates, lutas).

li·de *s.f.* 1. Lida. 2. Questão; litígio.

lí·der *s.m.* Chefe; guia; condutor.

li·de·ran·ça *s.f.* Função de líder; direção.

li·de·rar *v.t.d.* Dirigir como líder.

lí·di·mo *adj.* Legítimo.

li·do *adj.* 1. Que se leu. 2. Que tem muita leitura; instruído.

li·ga *s.f.* 1. Ato de ligar. 2. Pacto; aliança. 3. *Metal.* Resultado da solidificação de uma mistura de metais. 4. Fita estreita com que se cinge a meia à perna.

li·ga·ção *s.f.* 1. Ação ou efeito de ligar. 2. Junção. 3. Vínculo. 4. Amizade. *adj.* 5. *Gram.* Diz-se do verbo cuja função é indicar, do sujeito, um estado, uma qualidade ou condição: ser, estar, ficar, permanecer, etc.

li·ga·du·ra *s.f.* 1. Ligamento. 2. Atadura; faixa.

li·ga·men·to *s.m.* 1. Ato de ligar(-se); ligadura. 2. *Anat.* Parte fibrosa que liga entre si os órgãos contíguos.

li·gar *v.t.d.* 1. Apertar com laço ou ligadura. 2. Fixar. 3. Enfeixar. 4. Fazer aderir. 5. Tornar coerente. 6. Misturar. 7. Unir por vínculos afetivos. 8. Pôr em contato. *v.i.* 9. Unir-se; juntar-se. 10. Misturar-se intimamente. *v.t.i.* 11. Prestar atenção. *v.p.* 12. Prender-se; soldar-se. 13. Coligar-se.

li·gei·re·za (ê) *s.f.* 1. Qualidade de ligeiro. 2. Rapidez; presteza; agilidade.

li·gei·ro *adj.* 1. Leve; desembaraçado; ágil; veloz; rápido. *adv.* 2. Ligeiramente; de leve.

líg·ne:o *adj.* Lenhoso.

lig·ni·na *s.f. Bot.* Substância que confere rigidez à parede da célula vegetal e é, junto com a celulose, um dos principais componentes da madeira.

li·lás *s.m.* 1. *Bot.* Arbusto cujas flores têm perfume suave e cor que varia entre as diversas gradações de violeta. 2. A flor desse arbusto. 3. *por ext.* O cheiro e a cor dessa flor. *adj.2gên.* 4. Que tem cor semelhante à flor do lilás.

li·ma[1] *s.f.* 1. Ato de limar. 2. Instrumento que serve para polir ou desbastar os metais e certos corpos duros.

li·ma[2] *s.f. Bot.* Lima-da-pérsia.

li·ma-da-pér·si·a *s.f. Bot.* O fruto da limeira-da-pérsia; lima[2].

li·ma·lha *s.f.* Pó ou partículas que se desprendem do metal ao ser limado.

li·mão *s.m. Bot.* O fruto do limoeiro.

li·mar *v.t.d.* 1. Raspar; polir com lima. 2. Aperfeiçoar.

lim·bo *s.m.* 1. Orla; borda; fímbria; rebordo. 2. *Bot.* Parte laminar das folhas. 3. *Teol.* Lugar para onde vão as crianças que morrem sem batismo.

li·mei·ra *s.f. Bot.* Limeira-da-pérsia.

li·mei·ra-da-pér·si:a *s.f. Bot.* Árvore cujo fruto é a lima-da-pérsia; limeira. *Pl.:* limeiras-da-pérsia.

li·mi·ar *s.m.* 1. Soleira da porta. 2. Começo; entrada.

li·mi·nar *s.m.* 1. Liminar. *adj.2gên.* 2. Posto no princípio ou à entrada; preliminar. *s.f.* 3. *Jur.* Que ocorre no princípio de um processo.

li·mi·ta·ção *s.f.* Ação ou efeito de limitar(-se).

li·mi·tar *v.t.d.* 1. Determinar os limites de. 2. Reduzir a determinadas proporções. 3. Fixar; estipular. *v.t.i.* 4. Confinar. *v.p.* 5. Não ultrapassar (determinados limites). 6. Contentar-se; dar-se por satisfeito.

li·mi·te *s.m.* 1. Linha de demarcação entre terrenos ou territórios contíguos ou próximos. 2. Fronteira; baliza. 3. Confim; extremo; meta.

li·mí·tro·fe *adj.2gên.* 1. Que confina. 2. Que está contíguo à fronteira de uma região.

lim·no·lo·gi·a *s.f.* Área da ecologia que se ocupa com o estudo dos *habitat* e ecossistemas de água doce, como lagos, pântanos, represas, etc.

li·mo *s.m.* 1. Lama; lodo. 2. *fig.* Aquilo que é baixo, imundo.

li·mo·al *s.m.* Pomar de limoeiros.

li·mo·ei·ro *s.m. Bot.* Pequena árvore espinhosa e aromática, originária da Índia, cujo fruto é o limão.

li·mo·na·da *s.f.* Bebida refrigerante que se prepara com o suco do limão, água e açúcar.

lim·pa *s.f.* Ação ou efeito de limpar(-se).

lim·pa-de·la (é) *s.f.* Ação ou resultado de limpar rápida ou superficialmente.

lim·pa·dor *adj.* 1. Que limpa. *s.m.* 2. Aquele ou aquilo que limpa.

lim·par *v.t.d.* 1. Tornar limpo. 2. Purificar; curar. 3. Esvaziar, comendo ou bebendo. 4. Ganhar tudo de outro, no jogo. *v.p.* 5. Tornar-se limpo. *Part.:* limpado e limpo.

lim·pa-tri·lhos *s.m.2núm.* Grade colocada à frente das locomotivas para remover obstáculos dos trilhos.

lim·pe·za (ê) *s.f.* 1. Ação de limpar(-se). 2. Qualidade de limpo ou asseado. 3. Pureza; apuro.

lim·pi·dez *s.f.* 1. Nitidez. 2. Brilho. 3. Pureza; ingenuidade. 4. Serenidade.

lím·pi·do *adj.* 1. Nítido. 2. Puro. 3. Transparente; polido. 4. Ingênuo. 5. Sereno.

lim·po *adj.* 1. Isento de sujidades. 2. Sem mancha. 3. Puro. 4. Aperfeiçoado; imaculado. 5. Sem dinheiro.

li·mu·si·ne *s.f.* Tipo de automóvel de comprimento maior que o usual usado em eventos.

lin·car *v.t.d. Inform.* Acessar documento de hipertexto por meio de *link*.

lin·ce *s.m. epiceno Zool.* Felino de orelhas tufadas, também chamado lobo-cerval.

lin·cha·men·to *s.m.* Ato de linchar.

lin·char *v.t.d.* Justiçar, executar sumariamente.

lin·de *s.m.* ou *s.f.* Limite; fronteira; marco.

lin·de·za (ê) *s.f.* Formosura; graça; beleza.

lin·do *adj.* Belo; gentil; agradável.

li·ne·a·men·to *s.m.* Produção de uma linha; traço.

li·ne·a·men·tos *s.m.pl.* 1. Primeiras linhas (de um quadro, edifício, obra de arte, etc.). 2. Rudimentos. 3. Esboço.

li·ne·ar *adj.2gên.* 1. Concernente a linha. 2. Que se assemelha a uma linha.

lin·fa *s.f. Anat.* Líquido amarelado que contém glóbulos brancos em suspensão e circula no organismo em vasos próprios chamados linfáticos.

lin·fá·ti·co *adj.* 1. Concernente a linfa. 2. Que contém linfa. 3. Em que predomina a linfa.

lin·fó·ci·to *s.m. Biol.* Tipo de glóbulo branco, presente no sangue, que têm um importante papel na defesa do organismo.

lin·foi·de (ói) *adj.2gên.* Relativo ou semelhante à linfa ou ao tecido linfático.

lin·go·te (ó) *s.m.* Barra de metal fundido.

lín·gua *s.f.* 1. *Anat.* Órgão muscular, achatado, oblongo e móvel, do gosto, da deglutição e da fala. 2. Nome de vários objetos que se assemelham a esse órgão. 3. Sistema de signos de que nos servimos para a comunicação falada ou escrita. 4. Linguagem; idioma; estilo particular de um escritor. *s.2gên. sobrecomum* 5. Intérprete.

lin·gua·do *s.m. epiceno Zool.* Peixe de água doce e salgada, que atinge até 1 m de comprimento e 12 kg de peso.

lin·gua·gem *s.f.* 1. A expressão do pensamento por meio da palavra. 2. Sistema de sinais empregados pelo homem para exprimir e transmitir as suas ideias e pensamentos. 3. Fala. 4. Idioma; língua. 5. Qualquer meio de exprimir o que se sente ou se pensa.

lin·gua·jar *s.m.* 1. Fala. 2. Modo de falar. 3. Dialeto.

lin·gual *adj.2gên.* Concernente a língua.

lin·gua·ru·do *adj.* e *s.m.* Diz-se de ou indivíduo indiscreto, falador, maledicente.

lin·gue·ta (güê) *s.f.* 1. Peça principal da fechadura. 2. Fiel da balança. 3. Peça chata movediça, em instrumentos de sopro e certos maquinismos.

lin·gui·ça (güi) *s.f.* Tripa que se encheu com carne picada ou moída.

lin·guis·ta (güi) *s.2gên.* Pessoa especializada em linguística ou no estudo de línguas.

lin·guís·ti·ca (güís) *s.f.* Estudo científico da linguagem, sobretudo da linguagem articulada.

li·nha *s.f.* 1. Fio de linho que serve para trabalhos de costura. 2. Qualquer fio de algodão, seda, etc. 3. Fio para pescar. 4. Série de graus ou gerações de uma família. 5. Serviço regular de transporte entre dois pontos por determinada via. 6. Série de palavras escritas ou impressas numa mesma direção. 7. Aprumo.

li·nha·ça *s.f.* A semente do linho.

li·nha·da *s.f.* Linha de pesca.

li·nha·gem *s.f.* 1. Genealogia; estirpe; família. 2. *fig.* Condição social.

li·nhas *s.f.pl.* Carta; coisa escrita.

li·nhi·ta *s.f.* Carvão fóssil que muitas vezes conserva a forma das plantas que lhe deram origem.

li·nhi·to *s.m. Geol.* Carvão fóssil de baixo poder calorífico.

li·nho *s.m.* 1. *Bot.* Nome comum a diversas plantas de cujas hastes se tiram fibras com que se fazem panos e rendas. 2. O tecido fabricado com essas fibras.

li·ni·men·to *s.m.* Substância untuosa que se usa para fazer fricções.

link (linque) *Ingl. s.m. Inform.* Programa que conecta (além de atualizar) aplicativos e/ou arquivos diversos.

li·nó·le·o *s.m.* Tecido feito de uma mistura de juta com cortiça em pó, óleo de linhaça e resina, que o torna impermeável, geralmente usado como tapete.

li·no·ti·po *s.f. ant.* Máquina de compor e fundir os caracteres tipográficos por linhas inteiras.

li:o *s.m.* Atilho; feixe; molho.

li:o·nês *adj.* 1. Concernente a Lyon (França). *s.m.* 2. O natural ou habitante dessa cidade.

li·pí·di:o *s.m. Biol.* Molécula orgânica insolúvel em água, presente nas gorduras e principal componente da membrana celular.

li·po:as·pi·ra·ção *s.f. Med.* Tipo de cirurgia, geralmente com finalidade estética, para retirar excesso de gordura de uma região do corpo por meio de aspiração.

li·que·fa·ção (que ou qüe) *s.f.* 1. *Fís.* Passagem de um gás ao estado líquido. 2. Ação de liquefazer(-se).

li·que·fa·zer (que ou qüe) *v.t.d.* 1. Reduzir a líquido. 2. Derreter. *v.p.* 3. Reduzir-se ao estado líquido; derreter-se. ★

li·que·fei·to (que e qüe) *adj.* Que passou para o estado líquido; derretido.

lí·quen *s.m. Bot.* Vegetal formado pela associação de uma alga e um fungo. *Pl.:* liquens e líquenes.

li·ques·cer (ques ou qües) *v.i.* Tornar-se líquido.

li·qui·da·ção (qui ou qüi) *s.f.* 1. Ação ou efeito de liquidar. 2. Venda de mercadorias por baixo preço.

li·qui·dan·te (qui ou qüi) *adj.2gên.* 1. Que liquida. *s.2gên.* 2. *Jur.* Pessoa física ou jurídica que encerra uma sociedade civil ou comercial.

li·qui·dar (qui ou qüi) *v.t.d.* 1. Fazer liquidação de. 2. Ajustar (contas). 3. Apurar. 4. Tirar a limpo. 5. *fig.* Matar. *v.i.* 6. Encerrar transações comerciais. 7. Vender mercadorias por baixo preço durante a liquidação.

li·qui·da·tá·ri:o (qui ou qüi) *adj.* e *s.m.* 1. Que ou o que liquida. 2. O que apura contas numa liquidação comercial.

li·qui·dez (qui ou qüi, ê) *s.f.* 1. Qualidade ou estado de líquido. 2. Valor líquido facilmente apurável.

li·qui·di·fi·ca·dor (qui ou qüi) *adj.* 1. Liquidificante. *s.m.* 2. Aparelho movido a eletricidade para liquidificar frutos, legumes, etc.

li·qui·di·fi·can·te (qui ou qüi) *adj.2gên.* Que liquidifica.

li·qui·di·fi·car (qui ou qüi) *v.t.d.* Liquefazer.

lí·qui·do (qui ou qüi) *adj.* 1. Que corre, que flui. 2. *Fís.* Diz-se dos corpos cujas moléculas são dotadas de extrema mobilidade, tomando por isso a forma dos vasos que os contêm. 3. *Com.* Livre de descontos ou despesas. 4. *fig.* Verificado; apurado. *s.m.* 5. Bebida. 6. Qualquer substância líquida.

li·ra¹ *s.f.* 1. *Mús.* Instrumento usado na antiga Grécia. 2. *fig.* Estro poético. 3. *Astron.* Constelação boreal (inicial maiúscula).

li·ra² *s.f. ant.* Unidade monetária e moeda da Itália antes do euro.

li·ri·al *adj.2gên.* Da cor ou pureza do lírio.

lí·ri·ca *s.f.* 1. Coleção de poesias líricas. 2. Gênero de poesia lírica.

lírico *adj.* 1. Relativo à lira¹(2). 2. Diz-se da poesia que revela paixão. 3. Sentimental. 4. Relativo a óperas. *s.m.* 5. Poeta que cultiva a poesia lírica; lirista.

lírio *s.m.* 1. *Bot.* Planta de flores alvas e perfumadas. 2. A flor dessa planta; açucena; lis.

lirismo *s.m.* 1. Caráter da poesia lírica. 2. Qualidade de lírico, sentimental. 3. Subjetivismo poético.

lis *s.m.* A flor do lírio.

lisboeta (ê) *adj.2gên.* 1. De Lisboa. *s.2gên.* 2. Pessoa natural ou habitante de Lisboa.

liso *adj.* 1. Que tem a superfície plana e sem asperezas. 2. Que não tem pregas nem enfeites. 3. *fig.* Sincero; franco.

lisonja *s.f.* 1. Frase laudatória dirigida a outrem. 2. Louvor afetado; adulação. 3. *fig.* Carícia; mimo; afago.

lisonjear *v.t.d.* 1. Elogiar com afetação. 2. Procurar agradar com lisonjas. *v.p.* 3. Deleitar-se recebendo lisonjas. 4. Honrar-se com as atenções que outrem lhe dispensa.

lisonjeiro *adj.* Que lisonjeia; que se torna agradável a outrem pelos louvores que lhe dirige.

lista *s.f.* 1. Tira comprida e estreita; risca. 2. Relação; catálogo; tabela. 3. Cardápio.

listagem *s.f.* 1. Lista; relação. 2. Rol. 3. Lista contínua (em computador).

listar *v.t.d.* 1. Pôr em uma lista; arrolar. 2. Apresentar informações em forma de lista.

listra *s.f.* Risca ou lista num tecido, de cor diferente da deste.

listrar *v.t.d.* Entrelaçar, enfeitar ou pintar de listras.

lisura *s.f.* 1. Qualidade do que é liso. 2. Macieza. 3. Aspecto acetinado. 4. Sinceridade no trato; honradez; boa-fé.

litania *s.f.* Ladainha.

liteira *s.f. ant.* Cadeirinha portátil, coberta e fechada, sustentada por dois varais compridos que se assentam sobre dois animais (ou sobre os ombros de duas pessoas).

literal *adj.2gên.* 1. Conforme a letra do texto. 2. Sujeito ao rigor das palavras. 3. Rigoroso; terminante. 4. Claro.

literário *adj.* Concernente a literatura.

literato *s.m.* 1. Aquele que cultiva a literatura. 2. Homem de letras. 3. Escritor.

literatura *s.f.* 1. Arte de compor obras literárias (em prosa ou verso). 2. Conjunto das obras literárias de um país ou de uma época. 3. Os homens de letras. 4. Bibliografia.

litigante *adj.2gên.* 1. Que litiga. 2. Concernente a litígio. *s.2gên.* 3. Pessoa que litiga.

litigar *v.t.d. Jur.* 1. Pleitear, questionar em juízo. *v.i.* e *v.t.i.* 2. Ter litígio, demanda, contenda.

litígio *s.m.* 1. *Jur.* Demanda, pleito, controvérsia ou contestação judicial. 2. Disputa; contenda.

litigioso (ô) *adj.* 1. *Jur.* Que depende de sentença judicial. 2. Que é objeto de litígio. *Pl.*: litigiosos (ó).

lítio *s.m. Quím.* Elemento de símbolo Li e cujo número atômico é 3.

litografia *s.f.* 1. Arte de reproduzir sobre o papel, por impressão, o que se escreveu ou desenhou sobre uma pedra calcária ou sobre chapa de zinco ou alumínio. 2. Prova, folha ou estampa obtida por esse processo.

litogravura

li·to·gra·vu·ra *s.f.* O mesmo que litografia (2).
li·to·lo·gi·a *s.f.* 1. *Geol.* Estudo das rochas. 2. *Med.* Estudo e tratamento dos cálculos que se formam no organismo.
li·to·ral *adj.2gên.* 1. Concernente a beira-mar; litorâneo. *s.m.* 2. Faixa de terreno à beira-mar.
li·to·râ·ne:o *adj.* Litoral.
li·to·ri·na *s.f.* Veículo de transporte ferroviário, geralmente de vagão único e com motor próprio.
li·tos·fe·ra (é) *s.f. Geol.* A parte sólida do globo terrestre.
li·tro *s.m.* 1. Unidade das medidas de capacidade, para líquidos e secos, equivalente a um decímetro cúbico. 2. O conteúdo de um litro. 3. Garrafa de um litro.
li·tu·a·no *adj.* 1. Da Lituânia. *s.m.* 2. O natural ou habitante da Lituânia. 3. A língua falada nesse país.
li·tur·gi·a *s.f.* 1. A ordem e as cerimônias estabelecidas no ritual da igreja; ritual. 2. As fórmulas consagradas das orações.
li·vi·dez (ê) *s.f.* Qualidade ou estado de lívido.
lí·vi·do *adj.* 1. Que é da cor do chumbo. 2. Extremamente pálido.
li·vra·men·to *s.m.* Ato ou efeito de livrar(-se); libertação.
li·vrar *v.t.d.* 1. Tornar livre; libertar. 2. Tirar de embaraços. 3. Defender. 4. Pôr ao abrigo de. 5. Preservar. *v.p.* 6. Libertar-se. 7. Defender-se. 8. Escapar.
li·vra·ri·a *s.f.* 1. Coleção de livros dispostos em ordem; biblioteca. 2. Estabelecimento onde se vendem livros.

lixeiro

li·vre *adj.* 1. Independente. 2. Que pode dispor de sua pessoa. 3. Que não está prisioneiro. 4. Absolvido. 5. Espontâneo. 6. *Lit.* Designativo do verso que não obedece à rima e à metrificação. *Sup. abs. sint.*: livríssimo e libérrimo.
li·vre-ar·bí·tri:o *s.m. Fil.* Possibilidade de exercer um poder sem outro motivo que não a própria existência desse poder. *Pl.*: livres-arbítrios.
li·vre·co (é) *s.m.* 1. Livro pequeno. 2. Livro cujo conteúdo tem pouco ou nenhum valor.
li·vre-do·cên·ci:a *s.f.* 1. Título universitário e o mais alto grau acadêmico no Brasil, concedido por aprovação em concurso ou por mérito. 2. Concurso para obter esse título. *Pl.*: livres-docências.
li·vrei·ro *s.m.* 1. Negociante de livros. *adj.* 2. Relativo a livros.
li·vre-pen·sa·dor *s.m.* 1. Aquele que não aceita doutrinas que não estejam em conformidade com a sua razão (em matéria religiosa). 2. O que não se subordina a dogmas. *Pl.*: livres-pensadores.
li·vres·co (ê) *adj.* Concernente a livro; que se adquiriu só por meio da leitura.
li·vro *s.m.* 1. Publicação não periódica, impressa, com capa e páginas internas. 2. Obra literária ou científica.
li·xa (ch) *s.f.* Papel coberto com uma massa impregnada de areia, que se emprega para polir metais, madeiras, etc.
li·xar (ch) *v.t.d.* Polir ou desgastar com lixa.
li·xei·ra (ch) *s.f.* Depósito de lixo.
li·xei·ro (ch) *s.m.* Aquele que remove, recolhe, carrega lixo.

li·xí·vi:a (ch) *s.f.* Solução alcalina extraída das cinzas; barrela.

li·xo (ch) *s.m.* 1. O que não presta e se joga fora. 2. Tudo o que é varrido de uma casa e se joga numa lixeira. 3. Imundície; sujidade.

lo *pron.pess.* Forma oblíqua da 3ª pess. sing. equivalente a **o**: usado depois das formas verbais terminadas em **r**, **s** ou **z** (dizê-lo, amamo-lo, di-lo); após os *pron.* **nos** e **vos** (no-lo, vo-lo), e também após o *adv.* **eis** (ei-lo). *Fem.:* la. *Pl.:* los, las.

ló *s.m. Náut.* Cada uma das metades do navio considerado no sentido do comprimento.

lo·a (ô) *s.f.* 1. Discurso laudatório; apologia. 2. Prólogo de qualquer composição dramática.

lo·as *s.f.pl.* 1. Cantigas populares em honra dos santos. 2. Mentiras.

lob·by (lóbi) *s.m. Ingl.* Grupo de pessoas que nas antessalas do Congresso luta por seus interesses, procurando influenciar os parlamentares para que votem em determinado sentido.

lo·bi·nho (ó) *s.m.* Quisto sebáceo.

lo·bi·nho (ô) *s.m.* 1. *Dim.* de lobo. 2. Escoteiro ainda criança.

lo·bi·so·mem (ô) *s.m. Mit.* Homem transformado em lobo (ou outro animal), segundo a crendice popular.

lo·bis·ta *s.2gên.* Pessoa que faz *lobby*.

lo·bo (ó) *s.m. Anat.* Porção saliente e arredondada de um órgão.

lo·bo (ô) *s.m.* 1. *Zool.* Mamífero carnívoro da família dos canídeos. 2. *fig.* Indivíduo sanguinário. 3. *Astron.* Constelação austral (inicial maiúscula). *Fem.:* loba (ô).

lo·bo·cer·val *s.m. epiceno Zool.* Lince. *Pl.:* lobos-cervais.

lo·bo do mar *s.m.* Marinheiro com muitos anos de experiência. *Pl.:* lobos do mar.

lô·bre·go *adj.* 1. Escuro e triste. 2. Soturno; cavernoso; lúgubre.

lo·bri·gar *v.t.d.* 1. Ver com dificuldade. 2. Ver ao longe. 3. Entrever; perceber; notar.

ló·bu·lo *s.m. Anat.* Pequeno lobo (ó).

lo·ca·ção *s.f.* 1. Aluguel; arrendamento. 2. Instalação; colocação.

lo·ca·dor *s.m.* Aquele que dá de aluguel ou arrendamento (opõe-se a locatário).

lo·ca·do·ra (ô) *s.f.* Local onde se podem alugar carros, filmes, etc.

lo·cal *adj.2gên.* 1. Que se refere a determinado lugar. *s.m.* 2. Lugar; ponto.

lo·ca·li·da·de *s.f.* 1. Povoação. 2. Lugar determinado.

lo·ca·li·za·ção *s.f.* Ação de localizar(-se).

lo·ca·li·zar *v.t.d.* 1. Determinar o lugar de. 2. Tornar local. 3. Determinar, fixar (em determinado ponto). 4. Imaginar (num ponto). *v.p.* 5. Fixar-se; colocar-se.

lo·ção *s.f.* 1. Líquido medicinal para lavagens exteriores. 2. Líquido perfumado para os cabelos ou para a pele.

lo·car *v.t.d.* Dar em locação; localizar.

lo·ca·tá·ri:o *s.m.* O que tomou de aluguel alguma coisa; inquilino (opõe-se a locador).

lo·cau·te *s.m. Econ.* Interrupção das atividades de fábricas ou estabelecimentos comerciais por ordem dos empresários ou sindicatos patronais como forma de exercer pressão sobre os trabalhadores.

lo·co·mo·ção *s.f.* Ação de transportar de um lugar para outro.

lo·co·mo·ti·va *s.f.* Máquina que nas vias férreas reboca os vagões.

lo·co·mo·ver-se *v.p.* Passar de um ponto a outro; deslocar-se.

lo·cu·ção *s.f.* 1. Modo de falar. 2. Linguagem. 3. *Gram.* Reunião de duas ou mais palavras, equivalentes a uma só: de modo algum (*loc. adv.*).

ló·cu·lo *s.m.* 1. Pequena cavidade. 2. *Bot.* Cavidade do ovário e do pericarpo das plantas.

lo·cu·ple·tar *v.t.d.* 1. Tornar rico; enriquecer. *v.p.* 2. Fartar-se; enriquecer-se.

lo·cu·tor *s.m.* Aquele que, em rádio ou televisão, transmite anúncios e jogos esportivos, apresenta programas.

lo·da·çal *s.m.* Lugar em que há muito lodo; atoleiro.

lo·do (ô) *s.m.* 1. Sedimento terroso no fundo das águas; lama. 2. *fig.* Vergonha; ignomínia; aviltamento.

lo·do·so (ô) *adj.* 1. Que está cheio de lodo ou sujo de lodo. 2. *fig.* Sujo. *Pl.*: lodosos (ó).

lo·gar *v.i. Inform.* Fornecer nome de usuário e senha para obter acesso a um equipamento, sistema ou rede de computadores (forma verbal aportuguesada de *log in* ou *log on*).

lo·ga·rit·mo *s.m. Mat.* Potência a que se deve elevar uma base para obter um número.

ló·gi·ca *s.f.* 1. Ciência das leis do raciocínio. 2. Coerência. 3. Raciocínio.

ló·gi·co *adj.* 1. Concernente à lógica. 2. Conforme à lógica. 3. Racional. *s.m.* 4. Indivíduo versado em lógica.

log in (loguín) *Ingl. s.m. Inform.* Rotina em que um usuário se identifica para o sistema ou programa, informando seu nome e sua senha; *log on*.

lo·go (ó) *adv.* 1. Imediatamente; sem tardança; de pronto. 2. Mais tarde; com algum espaço de tempo. *conj.* 3. Portanto.

lo·go·gri·fo *s.m.* Tipo de charada, para formar outras palavras a partir das sílabas ou letras de uma outra.

log on (logón) *Ingl. s.m. Inform. Log in.*

lo·go·ti·po *s.m.* Símbolo formado por imagem e/ou letras estilizadas, usado para identificar uma marca, uma empresa, etc.

lo·gra·dou·ro *s.m.* Praça, rua, passeio, jardim público.

lo·grar *v.t.d.* 1. Gozar; fruir. 2. Obter; conseguir. 3. Tirar lucro de. 4. Enganar astuciosamente. *v.i.* 5. Produzir o resultado que se esperava.

lo·gro (ô) *s.m.* 1. Ato ou efeito de lograr. 2. Burla; ardil.

lo·ja (ó) *s.f.* 1. Pavimento ao rés do chão. 2. Estabelecimento de venda ou de comércio. 3. Casa de associação maçônica.

lo·jis·ta *s.2gên.* 1. Proprietário de loja de comércio. *adj.2gên.* 2. Relativo a loja de comércio.

lom·ba *s.f.* 1. Topo arredondado de um monte, de uma colina ou serra. 2. Pequeno amontoado de terra ou de areia, formado pela ação do vento.

lom·ba·da¹ *s.f.* 1. Parte do livro oposta ao corte das folhas. 2. Dorso do boi.

lom·ba·da² *s.m. Reg.* Quebra-molas.

lom·bar *adj.2gên.* Relativo ao lombo.

lom·bar·do *adj.* 1. Da Lombardia (Itália). *s.m.* 2. O natural ou habitante da Lombardia.

lom·bei·ra s.f. Preguiça; indolência.

lom·bi·nho s.m. 1. Peça que se tira da região lombar da rês. 2. O assado dessa peça.

lom·bo s.m. 1. A região lombar. 2. Carne pegada à espinha dorsal, na altura das costelas. 3. Dorso; costas. 4. Lombada[1](1).

lom·bri·ga s.f. Zool. Nome vulgar de um verme parasito dos intestinos.

lom·bri·guei·ro s.m. pop. Medicamento contra lombrigas.

lo·na (ô) s.f. Tecido forte de linho grosso de que se fazem toldos, sacos, etc.

lon·dri·no adj. 1. De Londres. s.m. 2. O natural ou habitante de Londres.

lon·ga-me·tra·gem s.m. Filme com duração maior que 70 minutos. Pl.: longas-metragens.

lon·gâ·ni·me adj.2gên. 1. Magnânimo; bondoso. 2. Corajoso. 3. Sofredor; resignado.

lon·ga·ni·mi·da·de s.f. Qualidade de longânime.

lon·ga·ri·na s.f. Nome dado a qualquer viga colocada no sentido do comprimento de uma estrutura ou veículo.

lon·ge adv. 1. A grande distância (no espaço ou no tempo). adj.2gên. 2. Remoto; distante.

lon·ges s.m.pl. fig. Indícios; leve semelhança.

lon·ge·vi·da·de s.f. Qualidade de longevo; longa duração de vida.

lon·ge·vo (é) adj. Avançado em idade; macróbio.

lon·gi·lí·ne:o adj. Com forma alongada e fina.

lon·gín·quo adj. Remoto; distante; afastado.

lon·gi·tu·de s.f. Geog. Na esfera terrestre, arco do equador terrestre compreendido entre o meridiano que passa pelo observatório astronômico de Greenwich e o meridiano que passa pelo observador.

lon·gi·tu·di·nal adj.2gên. 1. Concernente ao comprimento. 2. Colocado ao comprido.

lon·go adj. Comprido; demorado. loc. prep. **Ao longo de**: em toda a extensão de.

lon·ju·ra s.f. Grande distância.

lon·tra s.f. epiceno Zool. Mamífero caracterizado pelo corpo delgado e os membros curtos.

lo·qua·ci·da·de s.f. 1. Qualidade de loquaz. 2. Hábito de falar muito.

lo·quaz adj.2gên. Que fala muito; verboso; eloquente.

lor·de (ó) s.m. 1. Título dado na Inglaterra aos nobres e membros da Câmara Alta. 2. pop. Indivíduo rico. 3. O que vive com ostentação.

lor·do·se (ó) s.f. Med. Encurvamento da coluna vertebral para a frente.

lo·res (loures) Ingl. s.f. Inform. Abrev. de *low resolution*, que significa baixa resolução.

lo·ro (ó) s.m. Correia dupla que, afivelada à sela, serve para sustentar o estribo.

lo·ro·ta (ó) s.f. Mentira; patranha.

lo·ro·tei·ro adj. 1. Diz-se de quem conta lorotas; mentiroso. s.m. 2. Indivíduo com essa característica.

lor·pa (ô) adj.2gên. e s.2gên. Imbecil; parvo; idiota.

lo·san·go s.m. Geom. Quadrilátero com quatro lados iguais, dois ângulos obtusos e dois agudos.

lo·ta·ção¹ *s.f.* 1. Ação ou efeito de lotar. 2. Número de pessoas que um veículo pode transportar. 3. Capacidade de um navio, de uma casa de espetáculo, etc.

lo·ta·ção² *s.m. desus.* Pequeno ônibus de transporte coletivo.

lo·tar *v.t.d.* 1. Dividir em lotes. 2. Determinar o número de. 3. Fixar; calcular. 4. Sortear. *v.i.* 5. Ficar completamente tomado (um recinto, um veículo).

lo·te (ó) *s.m.* 1. Quinhão. 2. O conjunto de objetos que se põem em leilão de uma vez. 3. Qualidade; padrão. 4. Pequena área de terreno.

lo·te·a·men·to *s.m.* Ato de lotear.

lo·te·ar *v.t.d.* Dividir em lotes.

lo·te·ri·a *s.f.* 1. Jogo de azar em que se sorteiam prêmios em dinheiro a que correspondem bilhetes numerados. 2. Tudo o que depende do acaso, da sorte. 3. Casa lotérica.

lo·to¹ (ó) *s.m. Bot.* Lótus.

lo·to² (ó) *s.f.* Tipo de loteria em que se acertam totais de números, como a quina e a sena.

lo·to (ô) *s.m.* Jogo de azar em que se empregam cartões numerados; víspora.

ló·tus *s.m.2gén. Bot.* Planta aquática originária do Egito de flores brancas, róseas ou azuis.

lou·ça *s.f.* 1. Artefato de barro ou porcelana. 2. Serviço de mesa.

lou·ça·ni·a *s.f.* Qualidade de loução; elegância.

lou·ção *adj.* Garboso; elegante; gentil; gracioso.

lou·co *adj.* 1. Que perdeu a razão; demente. 2. Temerário. 3. Desproporcional, exagerado. 4. Irresponsável. *s.m.* 5. O que perdeu a razão.

lou·cu·ra *s.f.* 1. Qualidade ou caráter de louco. 2. Estado de louco; demência. 3. Ato próprio de louco. 4. Extravagância.

lou·rei·ro *s.m. Bot.* Árvore nativa do Mediterrâneo cujas folhas, os louros, são usadas como condimento em diversos pratos do mundo inteiro e, no passado, serviam para coroar os vencedores das Olimpíadas; louro (4).

lou·re·jar *v.t.d.* 1. Tornar louro. *v.i.* 2. Tornar-se louro. 3. Apresentar a cor loura. 4. Amarelecer.

lou·ro¹ *adj.* 1. De cor entre o dourado e o castanho muito claro. 2. Diz-se do cabelo dessa cor. *s.m.* 3. Indivíduo de cabelos louros. 4. *Bot.* Árvore (de louro). 5. Folha (de louro) muito usada como tempero e, entre os gregos e romanos antigos, como matéria-prima de coroas dadas aos ganhadores de competições.

lou·ro² *s.m. Zool.* Papagaio.

lou·sa *s.f.* 1. Ardósia enquadrada em madeira, que se usa nas escolas para escrever ou desenhar. 2. Lápide que cobre uma sepultura.

lou·va-a-deus *s.m.2núm. Zool.* Nome comum a diversas espécies de insetos predadores encontrados em regiões tropicais e subtropicais, de patas dianteiras longas, que servem para capturar presas e lembram mãos em prece quando levantadas e unidas.

lou·va·ção *s.f.* Ação ou efeito de louvar.

lou·va·do *adj.* 1. Que recebeu louvor. *s.m.* 2. Perito; árbitro; pessoa escolhida para avaliar.

lou·va·mi·nha *s.f.* Expressão exagerada de admiração, apreço; adulação, bajulação.

louvar

lou·var *v.t.d.* 1. Elogiar; dirigir louvores a. 2. Exaltar; enaltecer. 3. Avaliar. *v.p.* 4. Jactar-se.

lou·vá·vel *adj.2gên.* 1. Que se deve louvar. 2. Que é digno de louvor.

lou·vor *s.m.* 1. Ato de louvar. 2. Elogio; glorificação.

lu·a *s.f.* 1. Satélite da Terra (inicial maiúscula). 2. O espaço de um mês lunar. 3. Satélite de um planeta qualquer. 4. Mau humor. 5. Cio.

lu·a de mel *s.f.* Os primeiros dias de vida conjugal. *Pl.:* luas de mel.

lu·ar *s.m.* A claridade proveniente da Lua.

lu·bri·ci·da·de *s.f.* Qualidade de lúbrico.

lú·bri·co *adj.* Sensual; luxurioso; lascivo.

lu·bri·fi·ca·ção *s.f.* Ação de lubrificar.

lu·bri·fi·can·te *adj.2gên.* 1. Que lubrifica. *s.m.* 2. Substância própria para lubrificar.

lu·bri·fi·car *v.t.d.* Untar com lubrificante.

lu·cer·na (é) *s.f.* Pequena luz; candelabro.

lu·ci·dez (ê) *s.f.* 1. Qualidade de lúcido. 2. Clareza; brilho. 3. Clareza de inteligência.

lú·ci·do *adj.* 1. Que luz. 2. Brilhante; claro. 3. Que tem clareza de inteligência. 4. Que mostra uso da razão.

Lú·ci·fer *s.m.* Satanás.

lu·ci·lan·te *adj.2gên.* Que lucila.

lu·ci·lar *v.i.* Brilhar; tremeluzir.

lu·crar *v.t.d.* 1. Ganhar; desfrutar. *v.t.i.* 2. Tirar lucros.

lu·cra·ti·vo *adj.* 1. Que dá lucros. 2. Proveitoso.

lu·cro *s.m.* 1. Utilidade; vantagem. 2. Ganho líquido; proveito.

luminar

lu·cu·bra·ção *s.f.* 1. Cogitação profunda. 2. Meditação grave. 3. Esforço mental; elucubração.

lu·di·bri·ar *v.t.d.* 1. Tratar com ludíbrio. *v.t.i.* 2. Fazer escárnio; fazer pouco caso.

lu·dí·bri·o *s.m.* 1. Ato de escarnecer alguém. 2. Desprezo. 3. Objeto de zombaria.

lú·di·co *adj.* 1. Relativo a jogos. 2. Jocoso; engraçado.

lu·do *s.m.* 1. Tipo de jogo com dados. 2. Jogo, brinquedo, divertimento.

lu·fa·da *s.f.* Vento forte e passageiro; rajada (1).

lu·fa-lu·fa *s.f.* Pressa em fazer algo; agitação, correria. *Pl.:* lufa-lufas.

lu·gar *s.m.* 1. Espaço ocupado ou que pode ser ocupado por um corpo. 2. Povoação; localidade. 3. Cargo. 4. Ordem; posição. 5. Classe. 6. Ponto de observação. 7. Trecho de livro. 8. Circunstâncias especiais. 9. Destino.

lu·gar-co·mum *s.m.* 1. Fórmula muito repetida de falar ou escrever. 2. Expressão muito usada; chavão. *Pl.:* lugares-comuns.

lu·ga·re·jo (ê) *s.m.* Pequeno lugar; aldeola.

lú·gu·bre *adj.2gên.* 1. Concernente a luto. 2. Triste; fúnebre.

lu·la *s.f. epiceno Zool.* Molusco marítimo muito usado na alimentação humana.

lum·ba·go *s.m. Med.* Dor forte e súbita na região lombar.

lu·me *s.m.* 1. Fogo. 2. Luz; clarão; brilho.

lu·mi·nar *adj.2gên.* 1. Que dá luz. *s.m.* 2. Astro. 3. *fig.* Indivíduo de grande saber.

679

luminária

lu·mi·ná·ri:a *s.f.* 1. Aquilo que alumia. 2. Pequena lanterna.

lu·mi·ná·ri:as *s.f.pl.* Iluminação pública por motivo de festa ou regozijo.

lu·mi·nes·cên·ci:a *s.f.* 1. Emissão de luz por outro processo que não seja o aquecimento. 2. Luminosidade da água do mar devido à emissão de luz por organismos microscópicos.

lu·mi·no·si·da·de *s.f.* 1. Qualidade de luminoso. 2. Intensidade de luz difusa.

lu·mi·no·so (ô) *adj.* 1. Que produz ou espalha luz. 2. Claro; brilhante. *Pl.:* luminosos (ó).

lu·na·ção *s.f.* Espaço decorrente entre uma lua nova e a lua nova seguinte.

lu·nar *adj.2gên.* Que se refere ou pertence à Lua.

lu·ná·ti·co *adj.* 1. Sujeito à influência da Lua. 2. *fig.* Maníaco; extravagante; visionário.

lun·du *s.m.* 1. Dança rural de origem africana. 2. Canto ou música correspondente a essa dança.

lu·ne·ta (ê) *s.f.* Lente ou conjunto de lentes para auxiliar a vista.

lu·ni·for·me (ó) *adj.2gên.* 1. Que tem forma semelhante à da Lua. 2. Que tem forma de meia-lua.

lu·pa *s.f.* Lente biconvexa que faz ver os objetos muito maiores.

lu·pa·nar *s.m.* Prostíbulo; casa de meretrizes; bordel.

lu·pi·no *adj.* Relativo a lobo ou próprio desse animal.

lú·pu·lo *s.m. Bot.* Planta que apresenta flores ordenadas em espigas providas de glândulas secretoras de substância amarga tida como tônica e sedativa e utilizada na fabricação da cerveja.

lustro

lú·pus *s.m.2núm. Med.* Nome dado ao lúpus eritematoso sistêmico, provocado por um desequilíbrio do sistema de proteção do organismo, que passa a atacar tecidos do próprio corpo.

lu·ra *s.f.* 1. Toca onde vivem ou se escondem coelhos, lebres, etc. 2. *por ext.* Qualquer tipo de buraco; cova.

lú·ri·do *adj.* 1. Pálido. 2. Sombrio, tenebroso.

lus·co-fus·co *s.m.* Momento de pouca luz, durante o amanhecer ou anoitecer; crepúsculo matutino ou vespertino. *Pl.:* lusco-fuscos.

lu·sí·a·da *adj.2gên.* e *s.2gên.* O mesmo que lusitano.

lu·si·ta·nis·mo *s.m.* 1. Costume próprio dos lusitanos. 2. Palavra, construção ou locução de uso exclusivamente do português de Portugal.

lu·si·ta·no *adj.* e *s.m.* Português; luso.

lu·so *adj.* e *s.m.* Lusitano.

lu·so-bra·si·lei·ro *adj.* 1. Relativo a Portugal e ao Brasil ou é próprio de ambos os países. *s.m.* 2. Indivíduo de origem portuguesa e brasileira. *Pl.:* luso-brasileiros.

lus·tral *adj.2gên.* 1. Que serve para lustrar ou para purificar. 2. Designativo da água do batismo cristão.

lus·trar *v.t.d.* 1. Tornar brilhante ou polido. 2. Purificar, lavando. *v.i.* 3. Luzir; brilhar.

lus·tre[1] *s.m.* 1. Brilho de um objeto que se poliu; polimento; lustro[2]. 2. *fig.* Honra; fama; glória. 3. Brilhantismo.

lus·tre[2] *s.m.* Candelabro; lampadário.

lus·tro[1] *s.m.* 1. Período de cinco anos; quinquênio.

lus·tro[2] *s.m.* Polimento; lustre[1].

lus·tro·so (ô) *adj.* 1. Que tem lustre. 2. Em que há brilho. 3. *fig.* Esplêndido; notável. *Pl.:* lustrosos (ó).

lu·ta *s.f.* 1. Combate entre dois indivíduos. 2. Peleja; conflito. 3. Guerra. 4. Empenho.

lu·ta·dor *adj.* e *s.m.* 1. Que ou o que luta. 2. Que ou aquele que se empenha.

lu·tar *v.i.* e *v.t.i.* 1. Travar luta; brigar; combater. 2. Esforçar-se; trabalhar com ardor.

lu·té·ci·o *s.m. Quím.* Elemento de símbolo *Lu* e cujo número atômico é 71.

lu·te·ra·nis·mo *s.m.* Doutrina religiosa instituída inicialmente na Alemanha por Martinho Lutero (1483-1546).

lu·te·ra·no *adj.* 1. Relativo ao luteranismo. *s.m.* 2. Aquele que professa o luteranismo.

lu·to *s.m.* 1. Sentimento ou pesar pela morte de alguém. 2. Mágoa; tristeza.

lu·tu·len·to *adj.* Cheio de lodo, de lama; lodoso, lamacento.

lu·tu·o·so (ô) *adj.* 1. Coberto de luto. 2. *fig.* Triste; lúgubre. *Pl.:* lutuosos (ó).

lu·va *s.f.* Peça de vestuário para cobrir a mão e cada um dos dedos separadamente.

lu·vas *s.f.pl.* 1. Recompensa dada a alguém como incentivo. 2. Importância que o inquilino paga ao senhorio, independentemente do aluguel mensal.

lu·xa·ção (ch) *s.f.* Deslocação de duas ou mais peças ósseas.

lu·xar¹ (ch) *v.t.d.* Deslocar por luxação.

lu·xar² (ch) *v.i.* Ostentar luxo.

lu·xem·bur·guês (ch) *adj.* 1. Relativo a Luxemburgo (Europa). *s.m.* 2. O natural ou habitante de Luxemburgo.

lu·xen·to (ch) *adj.* 1. Que se veste de forma luxuosa. 2. Que é cheio de luxos (5). 3. Exigente, rigoroso.

lu·xo (ch) *s.m.* 1. Ostentação ou magnificência. 2. Profusão de ornamentos. 3. Superfluidade. 4. Viço; vigor. 5. Melindres; recusa fingida; negação afetada.

lu·xu·o·so (ch, ô) *adj.* 1. Que ostenta luxo. 2. Em que há luxo. *Pl.:* luxuosos (ó).

lu·xú·ri·a (ch) *s.f.* Sensualidade; lascívia.

lu·xu·ri·an·te (ch) *adj.2gên.* Viçoso; exuberante; luxurioso.

lu·xu·ri·o·so (ch, ô), *adj.* Viçoso; sensual; licencioso; dissoluto. *Pl.:* luxuriosos (ó).

luz *s.f.* 1. O que produz claridade e torna visíveis os objetos. 2. Clarão emitido por algum corpo em ignição. 3. O dia. 4. Brilho. 5. Vela. 6. Candeeiro. 7. Lâmpada. 8. *fig.* Publicidade. 9. Evidência; verdade. 10. Inteligência; saber. 11. Espaço entre colunas ou paredes; vão livre.

lu·zei·ro *s.m.* 1. Aquilo que emite luz. 2. Brilho. 3. Farol. 4. Astro. *sobrecomum* 5. *fig.* Indivíduo ilustre; luminar.

lu·zen·te *adj.2gên.* Que brilha, que emite luz; brilhante, luminoso.

lu·zer·na (é) *s.f.* 1. Tipo de claraboia. 2. Claridade intensa; clarão, fulgor.

lu·zes *s.f.pl.* 1. *Fil.* O conhecimento do Iluminismo (inicial maiúscula). 2. *por ext.* Ciência; progresso; conhecimentos. 3. Cabelo tingido em algumas partes apenas.

lu·zi·di·o *adj.* 1. Brilhante. 2. Nítido; polido. 3. Que luz.

lu·zi·do *adj.* 1. Cheio de luz. 2. Pomposo; brilhante; vistoso.

lu·zir *v.i.* 1. Produzir luz. 2. Brilhar. 3. Resplandecer. 4. Refletir a luz. 5. Fazer efeito; dar na vista.

M m

m¹ *s.m.* 1. Décima terceira letra do alfabeto. *num.* 2. O décimo terceiro numa série indicada por letras.

m² *s.m.* Sem ponto nem s para indicar o *pl.*, é *abrev.* de metro e metros.

m³ *s.m.* Com ponto, é *abrev.* de masculino.

ma·ca *s.f.* 1. Cama de lona para descanso dos marinheiros, a bordo. 2. Cama portátil para transporte de doentes ou feridos.

ma·ça *s.f.* Clava. *V.* **massa**.

ma·çã *s.f.* O fruto da macieira.

ma·ca·bro *adj.* Fúnebre; trágico; que desfila lugubremente.

ma·ca·ca *s.f.* 1. *Zool.* A fêmea do macaco. 2. *pop.* Má sorte; infelicidade persistente. *pop.* **Estar com a macaca**: estar alterado, agitado ou irritado.

ma·ca·ca·da *s.f.* 1. Bando de macacos. 2. Ação ou resultado de macaquear; macaquice. 3. *gír.* Amigos, galera, turma.

ma·ca·ca de au·di·tó·ri:o *s.f.* Fã de artistas de rádio ou de televisão que costuma frequentar programas de auditório. *Pl.:* macacas de auditório.

ma·ca·cão *s.m.* 1. *Aum.* de macaco. 2. Vestimenta que usam certos trabalhadores braçais, geralmente sobre a roupa comum.

ma·ca·co *s.m.* 1. *Zool.* Mamífero quadrúmano da ordem dos primatas. 2. *Zool.* Nome comum a todos os símios. 3. Maquinismo para levantar grandes pesos. **Macaco velho**: indivíduo astuto e experiente.

ma·ça·da *s.f.* 1. Conversa enfadonha e longa. 2. Trabalho cansativo, enfadonho.

ma·cam·bú·zi:o *adj.* Triste; carrancudo; sorumbático.

ma·ça·ne·ta (ê) *s.f.* Puxador de portas, armários e gavetas.

ma·çan·te *adj.2gên.* e *s.2gên.* Importuno; enfadonho.

ma·ca·nu·do *adj. Reg.* 1. Diz-se da pessoa admirável pelo poder, beleza e inteligência. 2. Excelente.

ma·ca·pa·en·se *adj.2gên.* 1. De Macapá (Amapá); próprio dessa cidade ou de seu povo. *s.2gên.* 2. Pessoa que nasceu ou vive nessa cidade.

ma·ca·que·ar *v.t.d.* 1. Arremedar os macacos. 2. Imitar ridiculamente.★

ma·ca·qui·ce *s.f.* 1. Ação de macaquear. 2. Momices; trejeito.

ma·çar *v.t.d.* 1. Bater com maça ou maço. 2. *fig.* Enfadar, repisando assuntos ou falando em demasia; importunar.

ma·ca·réu *s.m.* Vaga impetuosa que em alguns rios precede o começo da preamar.

ma·ça·ri·co¹ *s.m.* Aparelho para soldar ou derreter metais.

ma·ça·ri·co² *s.m. epiceno Zool.* Nome comum a diversas aves aquáticas.

ma·ça·ro·ca (ó) *s.f.* 1. Porção de fio torcido e enrolado no fuso. 2. Espiga de milho. 3. Rolo de cabelos em forma de espiga. 4. Molho; feixe.

ma·car·rão *s.m.* Massa de farinha de trigo que se corta em vários formatos.

ma·car·ro·na·da *s.f. Cul.* Iguaria que tem por base o macarrão.

ma·car·rô·ni·co *adj.* 1. Burlesco. 2. Diz-se do idioma pronunciado erradamente.

ma·ca·xei·ra (ch) *s.f. Bot.* Mandioca; aipim. *Var.:* macaxera.

ma·ce·ga (é) *s.f. Bot.* 1. Tipo de erva daninha que nasce em terras utilizadas para o cultivo. 2. Capim alto e seco difícil de atravessar.

ma·cei·ó *s.m.* Acúmulo de água que se forma à beira-mar devido a chuva ou maré alta.

ma·cei·o·en·se *adj.2gên.* 1. De Maceió. *s.2gên.* 2. Natural ou habitante de Maceió.

ma·ce·la (é) *s.f. Bot.* 1. Erva aromática nativa do Brasil, de flores amarelas, usada para fins medicinais e como enchimento de almofadas e travesseiros. 2. Camomila.

ma·ce·ra·ção *s.f.* 1. Ação de macerar. 2. *Quím.* Operação que consiste em pôr uma substância sólida num líquido para que este se impregne dos princípios solúveis daquela substância. 3. *fig.* Mortificação do corpo por meio de jejuns, penitências, etc.

ma·ce·ra·do *adj.* 1. Que sofreu maceração. 2. Mortificado; macilento. *s.m.* 3. *Quím.* Resultado da maceração.

ma·ce·rar *v.t.d.* 1. Submeter (uma substância sólida) à maceração; amolecer. 2. *fig.* Mortificar; torturar.

ma·cér·ri·mo *adj.* Que é ou está muito magro; *sup. abs. sint.* de magro.

ma·ce·ta (ê) *s.f.* O mesmo que macete (1) (2) (3).

ma·ce·tar *v.t.d.* Bater com maceta.

ma·ce·te (ê) *s.m.* 1. Pequeno maço. 2. Maço de escultores. 3. Pequeno maço de madeira com que os carpinteiros e marceneiros batem sobre o cabo do formão. 4. *gír.* Recurso astucioso; golpe.

ma·cha·da·da *s.f.* Golpe dado com machado.

ma·cha·di·a·no *adj.* 1. Relativo a Machado de Assis ou próprio desse escritor ou de sua obra. 2. Diz-se de quem admira, conhece ou é estudioso da obra de Machado de Assis. *s.m.* 3. Pessoa com essas características.

ma·cha·di·nha *s.f.* Machado pequeno, que pode ser usado com uma só mão.

ma·cha·do *s.m.* Instrumento de fender e rachar lenha, aparelhar madeira, etc.

ma·chão *s.m.* 1. Aquele que alardeia sua masculinidade. 2. *pop.* Latagão. *adj.* 3. Valentão.

ma·chis·mo *s.m.* 1. Atitude de quem é contrário ao feminismo, incapaz de reconhecer a igualdade de direitos entre homens e mulheres. 2. Qualidade, ação ou modos de macho ou machão.

ma·cho *s.m.* 1. Animal do sexo masculino. 2. Homem. 3. Mulo. 4. Parte da dobradiça que encaixa na outra. 5. Colchete que engancha no outro (nos vestuários). *adj.* 6. Masculino. 7. *pop.* Robusto; forte; másculo. 8. Valente.

ma·chu·car *v.t.d.* 1. Esmagar (um corpo) com o peso ou dureza de outro. 2. Amarfanhar. 3. Pisar; triturar. *v.t.d. e v.p.* 4. Magoar. 5. Ferir-se.

ma·ci·ço *adj.* 1. Compacto; feito de uma só substância. *s.m.* 2. Coisa compacta. 3. *Geog.* Disposição irregular de montanhas que se agrupam em torno de um ponto culminante.

ma·ci·ei·ra *s.f. Bot.* Árvore que produz a maçã.

ma·ci·ez *s.f.* Qualidade de macio.

ma·ci·len·to *adj.* Magro; pálido; amortecido.

ma·ci·o *adj.* 1. Que é brando ao tato; sem asperezas; liso; plano. 2. Suave; agradável.

ma·ci·o·ta (ó) *s.f.* Maciez. *loc. adv.* **Na maciota**: sem esforço; tranquilamente.

ma·ço *s.m.* 1. Instrumento de madeira usado por carpinteiros, escultores, calceteiros, etc. 2. Martelo de pau. 3. Conjunto de papéis ou de outras coisas ligadas e formando um só volume.

ma·çom *s.m.* Membro da maçonaria.

ma·ço·na·ri·a *s.f.* Sociedade secreta que advoga a liberdade intelectual e espiritual, ensina tolerância e inculca caridade.

ma·co·nha (ô) *s.f. Bot.* Planta de propriedades alucinógenas.

ma·co·nhei·ro *adj.* e *s.m.* Que ou aquele que fuma ou trafica maconha.

ma·çô·ni·co *adj.* Concernente a maçonaria.

má·cri·a·ção *s.f.* 1. Qualidade de malcriado. 2. Ação ou dito grosseiro. 3. Incivilidade. 4. Desobediência, teima, zanga (nas crianças).

ma·cró·bi·o *adj.* 1. Que tem idade muito avançada. *s.m.* 2. Indivíduo macróbio.

ma·cro·bi·ó·ti·ca *s.f.* 1. Parte da higiene que trata dos meios de prolongar a vida. 2. Sistema alimentar que consiste numa tentativa de aplicação prática desses meios.

ma·cro·cé·fa·lo *adj.* 1. Que tem a cabeça de tamanho muito acima da média. *s.m.* 2. Aquele que tem essa característica.

ma·cro·cos·mo (ó) *s.m.* 1. O Universo considerado como um todo orgânico integrado, em oposição ao homem, o microcosmo; cosmo. 2. *Sociol.* Conjunto considerado em seu todo, de forma global, em relação aos elementos que o compõe.

ma·cro:e·co·no·mi·a *s.f. Econ.* Área da economia que estuda o funcionamento do sistema econômico como um todo.

ma·cros·có·pi·co *adj.* Que é ou pode ser visto a olho nu, sem o uso de instrumentos ópticos, como o microscópio, por exemplo.

ma·çu·do *adj.* 1. Que tem forma parecida com a maça. 2. Que é grande, volumoso. 3. *fig.* Aborrecido (1), monótono.

má·cu·la *s.f.* 1. Nódoa; mancha. 2. *fig.* Infâmia.

ma·cu·lar *v.t.d.* 1. Pôr manchas em. 2. *fig.* Infamar.

ma·cum·ba *s.f.* 1. Nome comum aos cultos afro-brasileiros, como o candomblé, a umbanda, etc. 2. O ritual desses cultos.

ma·cum·bei·ro *adj.* e *s.m.* Que ou aquele que é dado à macumba.

ma·da·ma *s.f. pop.* O mesmo que madame.

ma·da·me *s.f.* 1. Senhora. 2. *pop.* Esposa. 3. *fam.* Costureira. 4. Parteira.

ma·dei·ra *s.f.* Parte lenhosa do tronco, da raiz e dos ramos das árvores após sua transformação em tábuas, vigas, ripas, caibros, etc.

ma·dei·ra·me *s.m.* O mesmo que madeiramento.

ma·dei·ra·men·to *s.m.* 1. Porção de madeira. 2. Madeira que constitui a armação de uma casa. 3. Armação de madeira.

ma·dei·ro *s.m.* 1. Peça ou tronco grosso de madeira. 2. Trave. 3. Cruz.

ma·dei·xa (ch) *s.f.* 1. Pequena meada. 2. Porção de fios de seda, lã, etc. 3. Porção de cabelos da cabeça; trança.

ma·de·rei·ro *adj.* 1. Relativo à indústria ou ao comércio de madeiras. *s.m.* 2. Industrial, comerciante ou trabalhador do ramo de madeiras.

ma·do·na (ô) *s.f.* Pintura ou escultura representativa de Nossa Senhora.

ma·dor·na (ó) *s.f.* O mesmo que modorra.

ma·dra·ça·ri·a *s.f.* Vida de madraço.

ma·dra·ço *adj.* e *s.m.* 1. Que ou o que é dado à preguiça, à ociosidade. 2. Indolente.

ma·dras·ta *s.f.* 1. A mulher em relação aos filhos do casamento anterior do marido. 2. *fig.* Mãe que maltrata os filhos. *adj.f.* 3. Ingrata, má (vida, terra, pessoa, sorte, etc.).

ma·dre *s.f.* 1. Nome dado comumente a todas as religiosas professas; freira; superiora de convento. 2. Útero.

ma·dre·pé·ro·la *s.f.* 1. *epiceno Zool.* Molusco acéfalo em cuja concha se criam pérolas. 2. *por ext.* Parte nacarada da concha desse molusco que se emprega na feitura de ornatos e utensílios.

ma·dres·sil·va *s.f. Bot.* Planta trepadeira nativa da Ásia e da Europa, cultivada para fins ornamentais por causa de suas flores em cachos e perfumadas.

ma·dri·gal *s.m.* 1. *ant.* Composição musical para vozes sem acompanhamento. 2. *Lit.* Pequena composição poética, engenhosa e galante. 3. *Lit.* Poesia pastoril. 4. Galanteio.

ma·dri·le·nho (ê) *adj.* 1. De Madri. *s.m.* 2. O natural ou habitante de Madri; madrileno; madrilense.

ma·dri·le·no (ê) *adj.* e *s.m.* Madrilenho.

ma·dri·len·se *adj.2gên.* e *s.2gên.* Madrilenho.

ma·dri·nha *s.f.* 1. Mulher que serve de testemunha nos batizados, crismas e casamentos, e que toma essa designação em relação ao neófito, à noiva ou à pessoa crismada. 2. *fig.* Protetora. 3. Égua que serve de guia a uma tropa de muares.

ma·dru·ga·da *s.f.* 1. Aurora; alvorada. 2. Ação de madrugar. 3. *fig.* Precocidade.

ma·dru·gar *v.i.* Levantar-se cedo da cama.

ma·du·rar *v.t.d.* 1. Tornar maduro. *v.i.* 2. Amadurecer. 3. *fig.* Adquirir prudência, juízo, madureza.

ma·du·re·za (ê) *s.f.* 1. Estado de maduro. 2. Efeito de madurar; sazonamento. 3. *fig.* Prudência; circunspecção; maturidade.

ma·du·ro *adj.* 1. Amadurecido; sazonado. 2. *fig.* Já entrado em idade. 3. Prudente; evoluído mentalmente.

mãe *s.f.* 1. Mulher ou fêmea de animal que deu à luz algum filho. 2. Relação de parentesco de uma mulher para com seus filhos. 3. *fig.* Fonte; origem; causa. *Mãe de aluguel*: mulher que permite a implantação em seu útero de um embrião para que ocorra a gestação de um filho que não ficará com ela. *Mãe de família*: mulher casada e com filhos.

mãe-ben·ta *s.f. Cul.* Pequeno bolo assado em forminha, feito com açúcar, manteiga, coco ralado, ovos e farinha de arroz. *Pl.*: mães-bentas.

mãe-d'á·gua *s.f.* Iemanjá; iara. *Pl.*: mães-d'água.

mãe de san·to *s.f.* Sacerdotisa dos cultos afro-brasileiros. *Pl.*: mães de santo.

ma·es·tri·a *s.f.* Mestria; perícia.

ma·es·tro *s.m.* 1. Regente de orquestra. 2. Compositor de música. *Fem.*: maestrina.

má-fé *s.f.* Ação ou intenção de causar dano, prejuízo; fraude, perfídia. *Pl.*: más-fés.

má·fi:a *s.f.* Sociedade organizada de criminosos.

ma·fi·o·so (ô) *adj.* 1. Da máfia. 2. Próprio dos membros da máfia. *s.m.* 3. Membro da máfia. 4. *por ext.* Indivíduo hábil e inescrupuloso. *Pl.*: mafiosos (ó).

má-for·ma·ção *s.f.* Malformação. *Pl.*: más-formações.

ma·ga·não *adj.* e *s.m.* Que ou o que pratica maganices; magano.

ma·ga·ni·ce *s.f.* 1. Ato ou dito de magano. 2. Brincadeira; jovialidade.

ma·ga·no *adj.* e *s.m.* Maganão.

ma·ga·re·fe (é) *s.m.* 1. Aquele que mata e esfola reses no matadouro. 2. *fig.* Mau cirurgião.

ma·ga·zi·ne *s.m.* 1. Loja onde se vendem vários tipos de produtos; loja. 2. Revista de publicação periódica, geralmente ilustrada e com assuntos leves e diversos.

ma·gen·ta *adj.2gên.2núm.* 1. Que é de cor vermelha muito viva; carmim (1). *s.m.* 2. Essa cor.

ma·gi·a *s.f.* 1. Religião dos magos. 2. Suposta arte de realizar feitos extraordinários (adivinhações, aparições, curas repentinas, doenças mortais, sentimentos irresistíveis de amor, etc.). 3. Fascinação; encanto.

ma·gi·ar *adj.2gên.* e *s.2 gên.* Húngaro.

má·gi·ca *s.f.* 1. Magia. 2. Prestidigitação. 3. *fig.* Encanto.

má·gi·co *adj.* 1. Concernente a magia. 2. *fig.* Encantador; maravilhoso. *s.m.* 3. Mago. 4. Prestidigitador.

ma·gis·té·ri:o *s.m.* 1. Cargo de professor. 2. A classe dos professores. 3. Exercício do professorado.

ma·gis·tra·do *s.m.* 1. Funcionário público que exerce autoridade administrativa ou judiciária. 2. Juiz. 3. Desembargador. 4. Ministro.

ma·gis·tral *adj.2gên.* 1. Concernente a mestre. 2. *fig.* Perfeito; impecável.

ma·gis·tra·tu·ra *s.f.* 1. Dignidade de magistrado. 2. A classe ou a carreira dos magistrados. 3. Funções de magistrado. 4. Duração do cargo de magistrado.

mag·ma *s.m.* Massa fluida existente no interior da Terra, que deu origem às rochas atuais pelo seu resfriamento e solidificação.

mag·má·ti·co *adj.* Concernente a magma.

mag·na·ni·mi·da·de *s.f.* 1. Qualidade de magnânimo. 2. Ato de pessoa magnânima. 3. Grandeza de alma.

mag·nâ·ni·mo *adj.* Que tem grandeza de alma; generoso.

mag·na·ta *s.m.* 1. Pessoa importante, ilustre. 2. Grande capitalista.

mag·né·si·a *s.f.* Nome comum dado ao óxido de magnésio, utilizado em refletores de instrumentos ópticos, isqueiros e com fins medicinais, como laxante e antiácido.

mag·né·si·o *s.m. Quím.* Metal branco de símbolo *Mg* e cujo número atômico é 12.

mag·né·ti·co *adj.* 1. Concernente a magneto ou a magnetismo. 2. Que atrai como o magneto. 3. *fig.* Atraente.

mag·ne·tis·mo *s.m.* 1. Poder atrativo do ferro magnético, dos ímãs ou magneto, e propriedade que têm de se orientar na direção norte-sul. 2. Influência que um indivíduo exerce sobre outro. 3. Propriedade de atrair, de encantar; fascínio.

mag·ne·ti·zar *v.t.d.* 1. Comunicar o magnetismo a. 2. *fig.* Exercer influência sobre. 3. Atrair; encantar.

mag·ne·to (ê) *s.m. Fís.* Ímã.

mag·ni·fi·car *v.t.d.* 1. Tornar maior; ampliar, aumentar. *v.t.d.* e *v.p.* 2. Engrandecer(-se), elevar(-se), glorificar(-se).

mag·ni·fi·cên·ci·a *s.f.* Qualidade de magnificente; grandeza; ostentação.

mag·ni·fi·cen·te *adj.2gên.* 1. Grandioso; suntuoso. 2. Liberal; generoso.

mag·ní·fi·co *adj.* 1. Magnificente. 2. Excelente.

mag·ni·tu·de *s.f.* 1. Qualidade de magno. 2. Grandeza; importância.

mag·no *adj.* Grande; importante.

ma·go *s.m.* 1. Antigo sacerdote dos medos (é) e persas. 2. Bruxo; feiticeiro.

má·go:a *s.f.* 1. Mancha ou nódoa resultante de contusão. 2. *fig.* Desgosto; amargura.

ma·go·ar *v.t.d.* 1. Ferir; contundir. 2. Afligir; ofender. *v.p.* 3. Ferir-se. 4. Contristar-se; afligir-se.

ma·go·te (ó) *s.m.* 1. Grupo de gente; multidão. 2. Montão; acervo.

ma·gre·za (ê) *s.f.* Qualidade ou estado de magro.

ma·gri·ce·la (é) *adj.2gên.* e *s.2gên.* Que ou quem é muito magro.

ma·gro *adj.* 1. Que tem falta de tecido adiposo. 2. Que tem poucas carnes. 3. *fig.* Pouco rendoso. 4. Escasso.

mail·ing-list (mêilinlist) *Ingl. s.f. Inform.* Relação de pessoas (ou empresas) e seus endereços, que fica num banco de dados e é utilizada para correspondência via correio ou correio eletrônico.

mai·o *s.m.* Quinto mês do ano civil, com 31 dias. *V. maiô.*

mai·ô *s.m.* Vestimenta que amolda perfeitamente o corpo, usada por dançarinos, banhistas, nadadores. *V. maio.*

mai·o·ne·se (é) *s.f. Cul.* 1. Molho frio feito de azeite, vinagre, sal, mostarda e gema de ovo. 2. *por ext.* Iguaria feita com esse molho.

mai·or *adj.2gên*. 1. Que excede outro em duração, espaço, extensão, grandeza ou intensidade. 2. Que atingiu a maioridade. *s.2gên*. 3. Pessoa que atingiu a maioridade.

mai·o·ral *s.2gên*. 1. Aquele que é tido como superior aos demais. 2. Aquele que chefia ou lidera outras pessoas. 3. *pop*. Figurão (1), mandachuva.

mai·o·res (ó) *s.m.pl*. Antepassados.

mai·o·ri·a *s.f*. 1. O maior número. 2. A maior parte; superioridade.

mai·o·ri·da·de *s.f*. 1. Idade em que, segundo a lei, se entra no gozo de todos os direitos civis. 2. Completo desenvolvimento de uma sociedade. *Maioridade civil*: condição de maioridade para efeitos civis, aos 21 anos. *Maioridade penal*: condição de maioridade para efeitos criminais, aos 18 anos. *Maioridade política*: condição de maioridade relativa em que o menor (16 anos) fica habilitado, mediante o alistamento eleitoral, a exercer o direito de voto.

mais *adv*. 1. Designativo de aumento, grandeza ou comparação. *s.m*. 2. O restante. 3. O que falta dizer. 4. O maior número. *conj. adit*. 5. E. *pron. indef*. 6. Em maior número, em maior quantidade; maior. *V. mas*.

mai·se·na (ê) *s.f*. Produto constituído de amido de milho.

mais-que-per·fei·to *adj*. e *s.m. Gram*. Diz-se de ou o tempo do verbo que exprime uma ação passada antes de outra também passada: fizera, andara, comera, partira, etc. *Pl.*: mais-que-perfeitos.

mais-va·li·a *s.f. Econ*. Na economia marxista, valor do que o trabalhador produz menos o valor de seu próprio trabalho; a mais-valia mede a exploração dos assalariados pelos capitalistas. *Pl.*: mais-valias.

mai·ta·ca *s.f. Zool*. Nome comum a diversas espécies de aves, da mesma família dos papagaios, de cor verde, cauda curta, que vivem em bandos e são encontradas em várias partes do Brasil, da América do Sul e Central.

mai·ús·cu·la *s.f*. Letra maiúscula.

mai·ús·cu·lo *adj*. 1. De tamanho maior. 2. *fig*. Grande; excelente.

ma·jes·ta·de *s.f*. 1. Excelência; sublimidade; magnificência. 2. Aspecto solene. 3. Aparência nobre. 4. Título de rei ou imperador.

ma·jes·tá·ti·co *adj*. 1. Relativo a majestade, soberano. 2. Que expressa majestade; grandioso, majestoso, sublime.

ma·jes·to·so (ô) *adj*. 1. Que tem majestade. 2. Grandioso; augusto; sublime. *Pl.*: majestosos (ó).

ma·jor *s.m. Mil*. 1. Patente de oficial do exército superior a capitão e inferior a coronel. 2. Militar com essa patente.

ma·jo·ra·ção *s.f*. Ação ou efeito de majorar.

ma·jo·rar *v.t.d*. Aumentar.

ma·jo·ri·tá·ri·o *adj*. 1. Concernente a maioria. 2. Diz-se do partido que conta com a maioria dos eleitores.

mal *s.m*. 1. O contrário do bem. 2. Tudo o que se desvia do que é honesto e moral. 3. Aquilo que prejudica ou fere. 4. Enfermidade. 5. Tormento; mágoa; sofrimento. *adv*. 6. Não bem. 7. De modo imperfeito e irregular. 8. A custo. 9. Pouco. *conj*. 10. Apenas, logo que. *De mal*: com as relações de amizade cortadas. *V. mau*.

ma·la *s.f*. Caixa de madeira ou de outra substância resistente destinada ao transporte de roupas em viagens.

malabar

ma·la·bar *adj.* Diz-se dos jogos em que se fazem habilidades de mão.

ma·la·ba·ris·mo *s.m.* Prática de jogos malabares, em que se exibem posições e movimentos difíceis e extravagantes.

ma·la·ba·ris·ta *s.2gên.* Pessoa que faz jogos malabares.

mal-a·ca·ba·do *adj.* 1. De acabamento ruim, feito sem cuidado; malfeito. 2. *pej.* Sem elegância, beleza; feio. *Pl.:* mal-acabados.

ma·la·ca·che·ta (ê) *s.f. Min.* Nome dado a um mineral do grupo das micas.

ma·la·gue·nho (ê) *adj.* 1. De Málaga (Espanha). *s.m.* 2. O natural ou habitante dessa província ou cidade.

ma·la·gue·ta (ê) *s.f.* Variedade de pimenta muito ardida.

ma·lai·o *adj.* e *s.m.* 1. Malásio. *s.m.* 2. O idioma dos malaios ou malásios.

mal-a·jam·bra·do *adj.* 1. De má aparência. 2. Que se veste mal; deselegante. *Pl.:* mal-ajambrados.

ma·lan·dra·gem *s.f.* 1. Ajuntamento de malandros. 2. Vida de malandro. 3. Ato próprio de malandro.

ma·lan·drar *v.i.* Ter vida de malandro.

ma·lan·dri·ce *s.f.* O mesmo que malandragem (3).

ma·lan·dro *s.m.* 1. Aquele que não trabalha ou que não gosta de trabalhar e vive de expedientes. 2. Patife; velhaco. 3. *adj.* Vadio; vagabundo.

ma·lar *adj.2gên.* 1. Relativo a cada um dos ossos que ficam sob as bochechas ou a cada uma das maçãs do rosto. *s.m.* 2. *Anat.* Zigoma.

ma·lá·ri·a *s.f. Med.* Infecção causada por um mosquito caracterizada por ataques intermitentes de calafrios e febre.

maleável

ma·la sem al·ça *s.2gên. gír.* Pessoa enfadonha, sem graça. *Pl.:* malas sem alça.

ma·lá·si·o *adj.* 1. Relativo à Malásia (região da Ásia); malaio. *s.m.* 2. O natural ou habitante da Malásia; malaio.

mal-as·som·bra·do *adj.* Diz-se de local em que se acredita haver assombrações. *Pl.:* mal-assombrados.

mal-a·ven·tu·ra·do *adj.* Infeliz. *Pl.:* mal-aventurados.

mal·ba·ra·ta·do *adj.* Que se malbaratou.

mal·ba·ra·tar *v.t.d.* 1. Vender com prejuízo. 2. Dissipar; desperdiçar. 3. Gastar mal.

mal·cri·a·do *adj.* 1. Mal-educado. 2. Descortês; indelicado. 3. Teimoso (menino).

mal·da·de *s.f.* 1. Qualidade de mau. 2. Ação ruim; iniquidade; crueldade.

mal·dar *v.t.d.* 1. Formar mau juízo, interpretar com desconfiança, malícia; desconfiar, maliciar. *v.t.i.* e *v.i.* 2. Pensar mal de alguém ou de algo.

mal·di·ção *s.f.* 1. Ação ou efeito de amaldiçoar. 2. Praga; execração.

mal·di·to *adj.* 1. Amaldiçoado; funesto; mau. 2. Diabo. *interj.* 3. Termo com que se amaldiçoa.

mal·di·zen·te *adj.2gên.* e *s.2gên.* Que ou pessoa que fala mal dos outros; difamador; maledicente.

mal·di·zer *v.t.d.* 1. Praguejar contra. *v.t.i.* 2. Dizer mal. 3. Lastimar-se. *v.i.* 4. Falar mal de alguém. ★

mal·do·so (ô) *adj.* 1. Que tem maldade; que é de má índole. 2. *fig.* Travesso; malicioso. *Pl.:* maldosos (ó).

ma·le·á·vel *adj.2gên.* 1. Flexível; dúctil. 2. *fig.* Dócil; compreensivo.

maledicência

ma·le·di·cên·ci:a *s.f.* 1. Qualidade de maldizente. 2. Murmuração. 3. Ação de dizer mal.

ma·le·di·cen·te *adj.2gên.* e *s.2gên.* Maldizente.

mal-e·du·ca·do *adj.* Malcriado. *Pl.:* mal-educados.

ma·le·fí·ci:o *s.m.* 1. Ação que prejudica. 2. Sortilégio.

ma·lé·fi·co *adj.* Que faz mal; malévolo; prejudicial; disposto para o mal. *Sup. abs. sint.:* maleficentíssimo.

ma·lei·ro *s.m.* Aquele que fabrica ou vende malas; lugar onde se guardam malas.

ma·lei·ta *s.f. Med.* Malária.

ma·lei·to·so (ô) *adj.* 1. Que tem maleita. *s.m.* 2. Aquilo que causa maleita. *Pl.:* maleitosos (ó).

mal-en·ca·ra·do *adj.* Que tem má cara. *Pl.:* mal-encarados *V.* **bem-encarado**.

mal-en·ten·di·do *s.m.* 1. Equívoco. 2. Altercação. 3. Palavra ou ato mal compreendido. *Pl.:* mal-entendidos.

mal-es·tar *s.m.* 1. Indisposição (física ou moral). 2. Doença. *Pl.:* mal-estares.

ma·le·ta (ê) *s.f.* Mala pequena.

ma·le·vo·lên·ci:a *s.f.* 1. Qualidade ou comportamento de quem é malévolo; maldade. 2. Aquilo que se fala de mal de algo ou alguém; antipatia, hostilidade.

ma·lé·vo·lo *adj.* 1. Que tem má vontade contra alguém. 2. Que tem má índole.

mal·fa·da·do *adj.* 1. Que tem má sorte; desgraçado. *s.m.* 2. Indivíduo malfadado.

mal·fa·ze·jo (ê) *adj.* Maléfico; que se apraz em fazer mal.

mal·fei·to *adj.* 1. Que não é feito com perfeição. 2. *fig.* Imerecido; injusto.

malhar

mal·fei·tor *s.m.* 1. Criminoso; facínora. *adj.* 2. Malfazejo.

mal·for·ma·ção *s.f. Med.* Formação defeituosa de origem congênita ou hereditária; má-formação.

mal·ga·xe (ch) *adj.2gên.* 1. Da República Democrática de Madagascar. *s.2gên.* 2. Natural ou habitante desse país. *s.m.* 3. O idioma malgaxe.

mal·gra·do *prep.* Não obstante; apesar de.

ma·lha[1] *s.f.* 1. Cada um dos nós ou voltas que forma o fio da seda, da lã, da linha ou de qualquer fibra têxtil. 2. Abertura entre esses nós ou voltas. 3. *ant.* Trança de fios de metal com que se faziam armaduras.

ma·lha[2] *s.f.* Marca, pinta ou mancha na pele humana ou no pelo dos animais.

ma·lha[3] *s.f.* Ação de malhar; malhação.

ma·lha·ção *s.f.* 1. Ato de malhar. 2. Zombaria; gozação. 3. Crítica severa. 4. Exercício físico cotidiano.

ma·lha·da *s.f.* 1. Pancada com malho. 2. Cabana de pastores. 3. Curral de gado. 4. Rebanho de ovelhas. 5. *fig.* Enredo; intriga. 6. Lugar onde o gado se abriga.

ma·lha·do[1] *adj.* 1. Que foi batido com malho ou algo semelhante; surrado. 2. *pop.* Que tem o corpo definido por exercícios físicos; sarado. 3. Que foi alvo de crítica ou de chacota; caçoado, criticado. 4. *pop.* Que foi misturado a outras substâncias.

ma·lha·do[2] *adj.* Que tem malhas ou manchas pelo corpo; manchado, pintado.

ma·lhar *v.t.d.* 1. Bater com malho ou instrumento semelhante. 2. Debulhar na eira (cereais). 3. Bater; contundir. 4. *fig.* Zombar. *v.i.* e *v.t.i.* 5. Bater; dar pancadas. 6. Exercitar(-se) cotidianamente.

malharia

ma·lha·ri·a *s.f.* 1. Indústria de malha ou de jérsei. 2. Fábrica ou loja de roupas de malha. 3. O conjunto dos artigos de malha.

ma·lho *s.m.* 1. Espécie de martelo de ferro ou de pau, mas sem unhas nem orelhas. 2. Maço de calceteiro.

mal·hu·mo·ra·do *adj.* Que fica ou está de mau humor; irritado, ranzinza. *Pl.*: mal-humorados.

ma·li *adj.2gên.* e *s.2gên.* Malinês.

ma·lí·ci·a *s.f.* 1. Má índole; propensão para o mal. 2. Velhacaria; astúcia. 3. Interpretação maldosa. 4. Brejeirice; dito picante.

ma·li·ci·ar *v.t.d.* 1. Tomar em mau sentido. 2. Atribuir malícia a. *v.t.i.* 3. Fazer mau juízo.

ma·li·ci·o·so (ô) *adj.* 1. Que tem malícia. 2. Finório; sagaz; mordaz. *Pl.*: maliciosos (ó).

ma·lig·ni·da·de *s.f.* Qualidade de maligno.

ma·lig·no *adj.* 1. Que tem propensão para o mal. 2. Nocivo; muito mau. 3. Canceroso (tumor).

ma·li·nês *adj.* 1. Relativo a Mali (África); mali. *s.m.* 2. Natural ou habitante desse país.

mal·in·ten·ci·o·na·do *adj.* Que tem ou age com más intenções, má índole; maldoso. *Pl.*: mal-intencionados.

mal·me·quer *s.m. Bot.* 1. Nome comum a diversas espécies de plantas, que dão flores em tons de amarelo e laranja, muito apreciadas para fins ornamentais. 2. A flor dessa planta.

ma·lo·ca (ó) *s.f.* 1. Habitação coletiva de índios. 2. Aldeia de índios. 3. Casebre miserável (em geral de madeira).

maltês

ma·lo·grar *v.t.d.* 1. Inutilizar; perder; fazer gorar. *v.p.* 2. Frustrar-se; não vingar; gorar.

ma·lo·gro (ô) *s.m.* Efeito de malograr (-se).

ma·lo·quei·ro *s.m.* Aquele que mora em maloca.

ma·lo·te (ó) *s.m.* 1. Pequena mala. 2. Serviço de entrega rápida de correspondência e encomendas.

mal·que·ren·ça *s.f.* 1. Qualidade de malquerente. 2. Má vontade. 3. Antipatia; aversão.

mal·que·ren·te *adj.2gên.* 1. Que quer mal a outrem. 2. Malévolo; inimigo.

mal·que·rer *v.t.d.* 1. Querer mal a; detestar. *s.m.* 2. Aversão; antipatia; inimizade. *Part.*: malquerido e malquisto.★

mal·quis·to *adj.* 1. Que adquiriu inimigos. 2. Que tem má fama. 3. Antipático. 4. Odiado.

mal·são *adj.* 1. Doentio. 2. Convalescente. 3. Nocivo à saúde; insalubre.

mal·si·nar *v.t.d.* 1. Denunciar; delatar. 2. Caluniar. 3. Censurar; condenar. 4. Dar mau destino a.

mal·su·ce·di·do *adj.* Que não teve êxito, sucesso; fracassado.

mal·ta *s.f.* Ajuntamento de gente da ralé; súcia; caterva.

mal·te *s.m.* Produto que se obtém a partir da germinação da semente de cevada ou outro cereal, usado principalmente na produção de cerveja e em produtos para serem misturados ao leite.

mal·tês *adj.* 1. Relativo a Malta (Europa). 2. Diz-se dos gatos cinzentos. *s.m.* 3. O natural ou habitante de Malta. 4. O idioma de Malta.

mal·tra·pi·lho *adj.* e *s.m.* 1. Que ou aquele que anda sem roupas adequadas. 2. Esfarrapado.

mal·tra·tar *v.t.d.* 1. Tratar duramente; insultar; ultrajar. 2. Danificar. 3. Lesar fisicamente.

ma·lu·co *s.m.* 1. Doido. 2. Indivíduo apalermado; aquele que parece doido. *adj.* 3. Adoidado; extravagante.

ma·lu·qui·ce *s.f.* Ato ou dito próprio de maluco.

mal·va *s.f. Bot.* Nome comum a diversas espécies de plantas da família das malváceas, cultivadas para fins ornamentais e medicinais.

mal·va·dez *s.f.* Qualidade ou ato de malvado; perversidade.

mal·va·do *adj.* e *s.m.* Que ou aquele que pratica atos infamantes ou criminosos, ou é capaz de os praticar.

mal·ver·sa·ção *s.f.* 1. Ação de malversar. 2. Má administração. 3. Desvio de dinheiro.

mal·ver·sar *v.t.d.* 1. Administrar mal. 2. Fazer subtrações abusivas de. 3. Dilapidar.

mal·vis·to *adj.* 1. Que possui má fama, má reputação. 2. Que provoca ou é alvo de antipatia; malquisto.

ma·ma *s.f.* 1. *Anat.* Órgão glandular do peito da mulher e das fêmeas dos animais mamíferos. 2. Leite que as crianças sugam do seio da mãe ou da ama. 3. Período de amamentação.

ma·ma·da *s.f.* Mamadura.

ma·ma·dei·ra *s.f.* Frasco munido de chupeta para a amamentação artificial de crianças.

ma·ma·do *adj. gír.* 1. Meio embriagado. 2. Apaixonado; enamorado.

ma·ma·du·ra *s.f.* 1. Ação de mamar. 2. Tempo que dura a amamentação.

ma·mãe *s.f.* Mãe.

ma·mãe vem a·í *s.m.2núm. Reg.* Zíper.

ma·mão¹ *adj.* 1. Que ainda mama. 2. Que mama em excesso. *Fem.*: mamona.

ma·mão² *s.m.* Fruto do mamoeiro.

ma·mar *v.t.d.* 1. Sugar (o leite) da mãe ou da ama. 2. *fig.* Tirar proveito; extorquir; obter. 3. *fig.* Ter porcentagens ou lucros desabonadores. *v.i.* 4. Sugar o leite da mama. 5. *gír.* Embriagar-se.

ma·má·ri·o *adj.* Concernente a mamas.

ma·ma·ta *s.f.* 1. Roubalheira; negociata. 2. Empresa ou administração pública em que auferem vantagens os políticos e funcionários protegidos. 3. Trabalho fácil e rendoso.

mam·bem·be *s.m.* 1. Lugar afastado; ermo. *adj.2gên.* 2. De pouco valor; ordinário; imprestável.

ma·me·lu·co *s.m.* Filho de branco com índio.

ma·mí·fe·ro *adj.* 1. Que tem mamas. *s.m.* 2. *Zool.* Espécime dos mamíferos, classe de animais vertebrados de corpo provido de pelos e com glândulas mamárias.

ma·mi·lo *s.m. Anat.* Bico do peito.

ma·mi·nha *s.f.* 1. A parte mais macia da alcatra. 2. Mamilo. 3. Mama de homem.

ma·mo·ei·ro *s.m. Bot.* Árvore cuja baga é o mamão.

ma·mo·gra·fi·a *s.f.* Radiografia de mama feita sem contraste, por meio de equipamento especial.

ma·mo·na (ô) *s.f. Bot.* Tipo de semente.

ma·mu·te *s.m. epiceno Zool.* Gênero de elefante cuja espécie desapareceu.

ma·ná *s.m.* 1. Suco resinoso de algumas plantas que, exposto ao ar, se condensa numa substância sacarina esbranquiçada ou avermelhada. 2. *fig.* Coisa excelente que nos vem na hora oportuna; alimento delicioso; ambrosia.

ma·na·cá *s.m. Bot.* Nome comum a arbusto nativo do Brasil, de flores roxas, lilases e brancas, muito cultivado para fins ornamentais.

ma·na·da *s.f.* Rebanho de gado graúdo.

ma·na·guen·se (güen) *adj.2gên.* 1. De Manágua (Nicarágua). *s.2gên.* 2. Natural ou habitante dessa cidade.

ma·nan·ci·al *s.m.* 1. Nascente de água; fonte. 2. *por ext.* Origem; fonte abundante. *adj.* 3. Que mana ou corre incessantemente.

ma·nar *v.t.d.* 1. Correr, verter perenemente e/ou em abundância. 2. Produzir; dar origem a. *v.i.* 3. Brotar; fluir; irromper.

ma·nau·ê *s.m. Cul.* Bolo de fubá de milho e mel.

ma·nau·en·se *adj.2gên.* 1. De Manaus. *s.2gên.* 2. Natural ou habitante dessa cidade.

man·ca·da *s.f.* 1. Erro; lapso. 2. Falta a um compromisso.

man·cal *s.m.* Peça de metal para apoio de um eixo que gira, oscila ou desliza, permitindo seu movimento com um mínimo de atrito.

man·car *v.t.d.* 1. Tornar manco; aleijar. *v.i.* 2. Coxear. 3. Faltar; falhar em relação a um compromisso. *v.p.* 4. Ficar manco.

man·ce·bi·a *s.f.* 1. Estado de quem vive amancebado. 2. Concubinato.

man·ce·bo (ê) *s.m.* 1. *desus.* Moço; jovem; rapaz. 2. Cabide para pendurar roupa, formado de uma haste com vários braços.

man·cha *s.f.* 1. Nódoa; mácula. 2. Labéu na reputação.

man·char *v.t.d.* 1. Pôr mancha em; sujar. 2. Infamar.

man·chei·a *s.f.* 1. O que se pode abranger na mão. 2. Mão-cheia. *loc. adv.* A *mancheias*: à farta, em grande quantidade.

man·che·te (é) *s.f.* 1. Título principal de uma matéria ou notícia, de jornal ou revista, em letras grandes e às vezes com algum recurso gráfico para dar maior destaque. 2. *Desp.* Lance no voleibol em que o jogador defende cortada ou o saque, ou passa a bola, usando os braços estendidos e as mãos unidas.

man·co *adj.* 1. A que falta uma das mãos ou um pé (pessoa ou animal). 2. Coxo. *s.m.* 3. Indivíduo manco.

man·co·mu·na·do *adj.* Combinado; conluiado.

man·co·mu·nar *v.t.d.* 1. Ajustar; combinar; contratar. *v.p.* 2. Conluiar-se.

man·da·ca·ru *s.m. Bot.* Tipo de cacto de grande porte, nativo do Brasil e típico da caatinga, com flores grandes que se abrem à noite, cultivado para fins ornamentais e medicinais.

man·da·chu·va *s.m. sobrecomum* 1. Pessoa importante, influente. 2. Mandão. 3. Chefe político.

man·da·do *s.m.* 1. Ato de mandar. 2. Ordem ou determinação imperativa. 3. *Jur.* Ordem escrita emanada de autoridade judicial ou administrativa. *V. mandato.*

man·da·men·to *s.m.* 1. Ato ou efeito de mandar. 2. Cada um dos preceitos que constituem o Decálogo. 3. Cada um dos cinco preceitos que a Igreja Católica manda guardar.

man·dan·te *adj.2gên.* 1. Que manda. *s.2gên.* 2. Pessoa que incita a certos atos.

man·dão *s.m.* Aquele que manda arrogantemente; déspota. *Fem.*: mandona.

man·dar *v.t.d.* 1. Ordenar imperativamente. 2. Determinar; 3. Dirigir como chefe. 4. Ordenar que vá. *v.i.* 5. Governar; reger; dominar. *gír. Mandar ver*: agir com veemência, com determinação.

man·da·rim *s.m.* 1. Alto funcionário do antigo império chinês. 2. *fig.* Pessoa importante, poderosa; mandachuva. 3. Principal dialeto falado na China.

man·da·tá·ri:o *s.m.* 1. Aquele que recebe mandatos. 2. Executor de mandatos. 3. Procurador; representante.

man·da·to *s.m.* 1. Autorização ou procuração que alguém dá a outrem para, em seu nome, praticar certos atos. 2. Procuração. 3. Duração do cargo de um político eleito pelo povo; esse cargo. *V. mandado*.

man·dí·bu·la *s.f. Anat.* Maxila inferior.

man·din·ga *s.f.* Feitiçaria; bruxaria.

man·di·o·ca (ó) *s.f.* 1. *Bot.* Planta de grossos tubérculos usada na alimentação. 2. Tubérculo comestível dessa planta; aipim; macaxeira.

man·di·o·qui·nha *s.f. Bot.* Planta de grandes raízes amarelas usada na alimentação.

man·do *s.m.* 1. Ato ou efeito de mandar. 2. Autoridade. 3. Comando; ordem. 4. Arbítrio; poder de mandar.

man·dri·ão *adj.* 1. Madraço; preguiçoso. *s.m.* 2. Indivíduo preguiçoso. *Fem.*: mandriona.

man·dri·ar *v.i.* Levar vida de mandrião.

man·dril[1] *s.m.* Haste que se introduz nas sondas flexíveis para guiá-las e dar-lhes resistência. 2. Peça com que se alargam e alisam furos grandes.

man·dril[2] *s.m. Zool.* Macaco da Costa da Guiné.

ma·né *s.m. infrm. joc.* 1. Indivíduo pouco inteligente ou sem habilidades; bobo, inepto, tolo. 2. Indivíduo desleixado, descuidado, negligente.

ma·nei·o *s.m.* 1. Manejo. 2. Trabalho manual. 3. Administração de capitais.

ma·nei·ra *s.f.* 1. Modo; feitio; jeito; feição; arte. 2. Oportunidade; circunstância.

ma·nei·rar *v.t.d.* 1. Resolver ou amenizar uma situação, um problema, com habilidade. *v.i.* 2. Agir com calma, cuidado, prudência. *v.t.d.* e *v.i.* 3. Tornar(-se) mais brando; acalmar(-se).

ma·nei·ras *s.f.pl.* Lhaneza; afabilidade no trato.

ma·nei·ris·mo *s.m.* 1. Repetição constante e monótona do mesmo processo artístico ou literário. 2. Modos afetados e estudados de falar e gesticular.

ma·nei·ro (ê) *adj.* 1. Fácil de manejar. 2. Que exige pouco esforço. 3. *gír.* Legal.

ma·nei·ro·so (ô) *adj.* De boas maneiras; delicado. *Pl.*: maneirosos (ó).

ma·ne·jar *v.t.d.* 1. Executar com as mãos. 2. Trabalhar com. 3. Dirigir; administrar. 4. Traçar; dispor. 5. Ter conhecimento de. *v.i.* 6. Trabalhar com as mãos.

ma·ne·jo (ê) *s.m.* 1. Ato de manejar. 2. Exercício de equitação. 3. Lugar em que se exercitam cavalos. 4. *pop.* Artimanha. 5. Manobra.

ma·ne·quim *s.m.* 1. Boneco para trabalhos de costureira e alfaiate ou para estudos científicos. 2. Boneco que se usa para a exposição de roupas. *sobrecomum* 3. Pessoa que se veste e exibe roupas da moda; modelo.

ma·ne·ta (ê) *s.2gên.* Pessoa a quem falta um braço ou que tem uma das mãos cortada.

man·ga[1] *s.f.* 1. Parte do vestuário que cobre o braço. 2. Chaminé de candeeiro. 3. Tromba-d'água. *Pôr as mangas de fora*: agir revelando qualidades ou intenções até então ocultas.

man·ga[2] *s.f. Bot.* 1. Fruto da mangueira. 2. A própria mangueira.

man·ga·ba *s.f.* Fruto da mangabeira.

man·ga·bei·ra *s.f. Bot.* Árvore frutífera que produz a mangaba e da qual se extrai látex.

man·ga·nês *s.m. Quím.* Metal acinzentado, elemento de símbolo Mn e cujo número atômico é 25.

man·gar *v.t.i.* 1. Escarnecer; fazer caçoada. *v.i.* 2. Gracejar; zombar. 3. Demorar; remanchar.

man·gue *s.m.* 1. *Geog.* Terreno pantanoso das margens das lagoas e desaguadouros dos rios. 2. *Bot.* Plantas desses terrenos.

man·guei·ra[1] *s.f. Bot.* Árvore frutífera de origem asiática.

man·guei·ra[2] *s.f.* Tubo de couro, lona ou borracha para a condução de ar ou água.

man·guei·ra[3] *s.f. Reg.* Espécie de curral.

ma·nha *s.f.* 1. Destreza; habilidade. 2. Ardil; astúcia. 3. Choro de criança, sem motivo. 4. Queixumes; birra.

ma·nhã *s.f.* Tempo que medeia entre o nascer do Sol e o meio-dia; o amanhecer.

ma·nho·so (ô) *adj.* 1. Que tem manha. 2. Feito com manha. 3. Astuto; sagaz; hábil. *Pl.:* manhosos (ó).

ma·ni·a *s.f.* 1. Costume incomum. 2. Prática repetitiva. 3. *Psic.* Espécie de loucura, com tendência para a fúria; capricho.

ma·ní·a·co *adj.* e *s.m.* Que ou o que tem manias.

ma·ni:a·tar *v.t.d.* O mesmo que manietar.

ma·ni·ço·ba (ó) *s.f.* 1. *Bot.* Árvore própria do Nordeste. 2. *Cul.* Cozido feito com mandioca e alguns ingredientes da feijoada.

ma·ni·cô·mi:o *s.m.* Hospício(2).

ma·ní·cu·la *s.f.* 1. *Zool.* Membro anterior dos mamíferos. 2. Tipo de luva de couro para a proteção das mãos de sapateiros e outros profissionais durante o trabalho. 3. Peça que serve para colocar uma roda, um eixo, etc. em rotação por ação manual; manivela.

ma·ni·cu·ra *s.f.* Manicure. *Masc.:* manicuro.

ma·ni·cu·re *s.f.* Aquela que se dedica ao tratamento das mãos e das unhas; manicura.

ma·ni·e·tar *v.t.d.* 1. Atar as mãos a; tolher os movimentos a. 2. *fig.* Constranger; forçar.

ma·ni·fes·ta·ção *s.f.* 1. Ação ou efeito de manifestar(-se). 2. Publicidade de sentimentos e opiniões coletivas.

ma·ni·fes·tan·te *adj.2gên.* e *s.2gên.* Que ou pessoa que toma parte numa manifestação.

ma·ni·fes·tar *v.t.d.* 1. Tornar manifesto, público, notório. 2. Apresentar; declarar; revelar; divulgar. *v.p.* 3. Revelar-se; fazer conhecer.

ma·ni·fes·to (é) *adj.* 1. Patente; claro; evidente. *s.m.* 2. Coisa manifestada. 3. Declaração pública de razões que justificam certos atos ou em que se baseiam certos direitos. 4. Relação que se faz à fazenda pública sobre gêneros ou produtos sujeitos a pagamentos de direitos.

ma·ni·lha¹ *s.f.* 1. Argola com que se adornam os pulsos. 2. Pulseira; elo de cadeia. 3. Tubo de barro vidrado que se usa em canalizações.

ma·ni·lha² *s.f.* Espécie de jogo de cartas.

ma·ni·nho *adj.* 1. Estéril; infecundo. 2. Inculto; silvestre.

ma·ni·pu·lar *v.t.d.* 1. Preparar com a mão. 2. Preparar com corpos simples (certos medicamentos). 3. Forjar.

ma·ni·que·ís·mo *s.m.* Doutrina originária da Antiguidade que se baseia na afirmativa de que o universo é criação de dois princípios que se combatem: o bem ou Deus e o mal ou o Diabo.

ma·ni·que·ís·ta *adj.2gên.* e *s.2gên.* Que ou pessoa que é sectária do maniqueísmo.

ma·ni·queu *adj.* e *s.m.* Maniqueísta.

ma·ni·ve·la (é) *s.f.* 1. Peça de uma máquina a que se dá movimento com a mão. 2. Peça que, sujeita a uma força motriz, põe em movimento um engenho ou máquina.

man·ja·do *adj. gír.* Que é amplamente conhecido (negócio, sujeito, tipo).

man·jar *s.m.* 1. Qualquer substância alimentícia. 2. *Cul.* Iguaria delicada ou apetitosa. 3. Alimento. 4. *fig.* O que alimenta ou deleita o espírito. *v.t.d.* 5. Comer. 6. *gír.* Observar, informar-se; perceber o sentido de.

man·je·dou·ra *s.f.* Tabuleiro em que comem os animais nas estrebarias.

man·je·ri·cão *s.m. Bot.* Nome comum a diversas ervas de pequenas folhas aromáticas usadas como tempero.

man·je·ro·na (ô) *s.f. Bot.* Arbusto nativo da região do Mediterrâneo, de caule avermelhado, cujas folhas, verdes ou secas, são usadas na culinária, geralmente em combinação com outras ervas.

man·jo·lão *s.m. Reg.* Pessoa muito alta.

ma·no¹ *s.m. fam.* 1. Irmão. 2. Amigo; camarada. *Fem.:* mana.

ma·no² *s.f.* Mão. *Mano a mano*: com intimidade; em pé de igualdade.

ma·no·bra (ó) *s.f.* 1. Ação ou efeito de manobrar. 2. Manejo. 3. Evolução. 4. Habilidade; destreza. 5. Astúcia; ardil; meio de iludir.

ma·no·brar *v.t.d.* 1. Realizar por meio de manobras. 2. Agenciar. 3. Governar; manejar. *v.i.* 4. Fazer exercícios militares. 5. Lidar.

ma·no·bras *s.f.pl.* Operação militar figurada para adestramento.

ma·no·brei·ro *s.m.* 1. Indivíduo que faz manobras. 2. Motorista que manobra veículos em estacionamento, garagem, etc.; manobrista.

ma·no·bris·ta *s.2gên.* Motorista que manobra os automóveis em garagens e estacionamentos.

ma·no·pla (ó) *s.f.* 1. Luva de ferro que fazia parte das antigas armaduras. 2. Mão grande e malfeita.

manquejar

man·que·jar *v.i.* 1. Coxear; estar manco. 2. *fig.* Claudicar; ter falhas. 3. Ficar para trás. *v.t.i.* 4. Ter falhas; fraquejar.

man·qui·to·la (ó) *s.m. pop. ant.* Coxo.

man·são *s.f.* 1. Residência luxuosa de consideráveis dimensões. 2. Habitação; morada.

man·sar·da *s.f. Arquit.* 1. Tipo de telhado em que as laterais são bem inclinadas e a parte superior é quase horizontal, permitindo um maior aproveitamento do espaço sob ele. 2. *por ext.* Moradia muito pobre.

man·si·dão *s.f.* 1. Qualidade de manso. 2. Brandura de gênio. 3. Serenidade.

man·so *adj.* 1. De índole pacífica; sossegado. 2. Brando; dócil; plácido. 3. Domesticado. *adv.* 4. Mansamente; devagar.

man·su·e·tu·de *s.f.* Mansidão; quietação; sossego.

man·ta *s.f.* 1. Grande pano de lã que se usa como cobertor ou como agasalho. 2. Pano de lã que se usa sobre o selim. 3. Grande pedaço de carne ou de peixe. 4. Velhacaria em negócio; logro; tratantada.

man·tei·ga *s.f.* 1. Substância alimentícia que se extrai da nata do leite. 2. Substância gordurosa vegetal. 3. Variedade de feijão.

man·ten·ça *s.f.* 1. Aquilo que mantém. 2. Sustento; manutenção.

man·te·ne·dor *adj.* 1. Que mantém, defende ou protege. *s.m.* 2. Aquele que mantém ou sustenta.

man·ter *v.t.d.* 1. Sustentar; cumprir; respeitar. 2. Prover do que é necessário à subsistência. *v.p.* 3. Conservar-se; sustentar-se; permanecer.★

man·te·ú·do *adj.* Mantido; sustentado.

manutenção

man·ti·lha *s.f.* Manto fino de que se servem as mulheres para cobrir a cabeça. *V. matilha.*

man·ti·men·to *s.m.* 1. Aquilo que mantém. 2. Sustento. 3. Provisão; víveres.

man·to *s.m.* 1. Vestidura larga e sem mangas que se usa por cima da roupa comum. 2. Véu. 3. Antiga capa de cauda e roda. 4. *fig.* O que encobre alguma coisa.

man·tô *s.m.* Casaco longo, de tecido grosso, lã ou peles, geralmente usado sobre outra roupa; casacão, sobretudo(1).

man·tu·a·no *adj.* 1. De Mântua (Itália). *s.m.* 2. O natural ou habitante de Mântua.

ma·nu·al¹ *adj.2gên.* 1. Que se faz com a mão. 2. Concernente a mão ou a trabalho de mãos. 3. Fácil de manusear; portátil.

ma·nu·al² *s.m.* Livro pequeno; compêndio (em geral de matéria especializada); sumário.

ma·nu·fa·tu·ra *s.f.* 1. Trabalho manual. 2. Obra feita à mão. 3. Estabelecimento industrial. 4. Produto desse estabelecimento.

ma·nu·fa·tu·rar *v.t.d.* 1. Produzir com trabalho manual. 2. Fabricar.

ma·nus·cri·to *adj.* 1. Escrito à mão. *s.m.* 2. Obra escrita à mão. 3. O que se escreveu à mão.

ma·nu·se·ar *v.t.d.* 1. Mover com a mão. 2. Folhear. 3. Manejar. 4. Amarrotar; enxovalhar.

ma·nu·sei·o *s.m.* Ato de manusear.

ma·nu·ten·ção *s.f.* 1. Ação ou efeito de manter(-se). 2. Sustento. 3. Gerência; administração.

man·zor·ra (ô) *s.f.* Mão muito grande; manopla (2).

mão *s.f.* 1. *Anat.* Parte do corpo humano na extremidade do braço; mano². 2. Extremidade dos membros superiores dos quadrúmanos e dianteiros dos quadrúpedes. 3. Poder; influência. 4. Destreza manual. 5. Auxílio; ajuda. 6. Porção de coisas que se abrangem com a mão. 7. O lado direito de quem vai guiando um veículo.

mão-a·ber·ta *s.2gên.* 1. *pop.* Pessoa que gasta muito, que costuma esbanjar. 2. Pessoa que é generosa com seus bens materiais. *Pl.*: mãos-abertas.

mão de o·bra *s.f.* 1. Conjunto de trabalhadores (de empresa, obra, região, país, etc.). 2. Trabalho manual ou braçal necessário para a execução de um serviço, uma obra, etc. 3. O custo desse trabalho. 4. *pop.* Trabalho difícil, complexo, que exige grande esforço, dedicação. *Pl.*: mãos de obra.

ma·o·me·ta·no *adj.* 1. Concernente a Maomé ou a sua religião. *s.m.* 2. Sectário de Maomé.

ma:o·me·tis·mo *s.m.* Islamismo.

mão·za·da *s.f. pop.* 1. Quantidade de algo que cabe em uma mão; punhado. 2. Golpe dado com a mão; tapa, bofetão.

ma·pa *s.m.* 1. Carta geográfica. 2. Relação; catálogo.

ma·pa-mún·di *s.m.* Mapa que representa o globo terrestre dividido em dois hemisférios. *Pl.*: mapas-múndi.

ma·pe:ar *v.t.d.* Fazer mapa ou pesquisa, estatística, de uma região, estado, país, etc.

ma·po·te·ca (é) *s.f.* 1. Coleção de mapas. 2. Lugar onde se acha essa coleção.

ma·que·ta (ê) *s.f.* Maquete.

ma·que·te (é) *s.f.* 1. Esboço de uma obra de escultura em ponto pequeno, moldado em barro ou cera. 2. Miniatura de um projeto arquitetônico ou de engenharia; maqueta.

ma·qui·a·vé·li·co *adj. fig.* Astuto; traiçoeiro; ardiloso; velhaco.

ma·qui·a·ve·lis·mo *s.m. fig.* Perfídia; velhacaria; procedimento astucioso.

ma·qui·la·gem *s.f.* Ato de maquilar (-se).

ma·qui·lar *v.t.d.* 1. Pintar o rosto. 2. Caracterizar (um artista que vai entrar em cena). *v.p.* 3. Pintar o próprio rosto. 4. Preparar-se para entrar em cena, caracterizando-se (um artista).

má·qui·na *s.f.* 1. Aparelho próprio para comunicar movimento ou aproveitar e pôr em ação um agente natural. 2. Qualquer instrumento ou utensílio. 3. Automóvel. 4. Qualquer veículo motor ou locomotor.

ma·qui·na·ção *s.f.* 1. Ação ou efeito de maquinar. 2. Trama; intriga; cilada.

ma·qui·nal *adj.2gên.* 1. Concernente a máquina. 2. *fig.* Em que não há intervenção da vontade. 3. Inconsciente; instintivo; automático.

ma·qui·nar *v.t.d.* 1. Tramar; urdir; projetar; planejar secretamente. *v.t.i.* 2. Conspirar.

ma·qui·na·ri·a (í) *s.f.* 1. Conjunto de máquinas; maquinário. 2. Arte de maquinista.

ma·qui·ná·ri·o *s.m.* Maquinaria(1).

ma·qui·nis·mo *s.m.* Conjunto das peças de um aparelho; maquinaria.

ma·qui·nis·ta *s.2gên.* Pessoa que dirige máquinas.

mar *s.m.* 1. Grande massa de água que cobre a maior parte do globo terrestre (cerca de 70%). 2. Cada uma das partes definidas dessa massa. 3. *fig.* Grande porção de qualquer coisa.

ma·ra·bá *s.2gên.* Mestiço de índio e branco; mameluco.

ma·ra·cá *s.m.* 1. Chocalho indígena feito de cabaça oca, com pedras ou caroços em seu interior, utilizado em festas e cerimônia religiosas. 2. *Mús.* Instrumento em forma de chocalho, usado para marcar o ritmo em certas músicas. *Var.*: maraca.

ma·ra·ca·nã *s.f. epiceno Zool.* Nome comum a diversas aves da família dos papagaios.

ma·ra·ca·tu *s.m.* 1. *Fol.* Rancho carnavalesco em que se executam certos passos e sapateados. 2. Música inspirada nessa dança.

ma·ra·cu·já *s.m. Bot.* Fruto do maracujazeiro.

ma·ra·cu·ja·zei·ro *s.m. Bot.* Planta de que há diversas espécies.

ma·ra·fo·na (ô) *s.f.* 1. Boneca de trapos. 2. Prostituta.

ma·ra·já *s.m.* 1. Príncipe ou potentado da Índia. *Fem.:* marani. 2. *fig.* Homem rico. 3. *por ext.* Funcionário público de salário muito elevado.

ma·ra·jo·a·ra *adj.2gên.* 1. Que se refere ou pertence à ilha de Marajó (situada entre os estuários dos rios Amazonas e Pará). *s.2gên.* 2. Pessoa natural ou habitante dessa ilha.

ma·ra·nhão *s.m.* 1. Grande mentira. 2. Peta engenhosa. *epiceno* 3. *Zool.* Flamingo.

ma·ra·nhen·se *adj.2gên.* 1. Do estado do Maranhão. *s.2gên.* 2. Pessoa natural ou habitante desse estado.

ma·ras·mo *s.m.* 1. Fraqueza extrema. 2. Inatividade; estagnação. 3. *fig.* Melancolia; apatia moral.

ma·ras·qui·no *s.m.* Licor branco que se fabrica com cerejas azedas.

ma·ra·to·na (ô) *s.f.* 1. *ant.* Corrida pedestre de 42 quilômetros e meio, originária da Grécia. 2. *por ext.* Corrida a pé, de longo percurso.

ma·ra·vi·lha *s.f.* 1. Ação extraordinária que causa admiração. 2. Coisa ou pessoa (*sobrecomum*) muito digna de admiração. 3. Prodígio; coisa milagrosa.

ma·ra·vi·lhar *v.t.d.* 1. Causar maravilha ou admiração a. 2. Encher de espanto. *v.p.* 3. Encher-se de admiração, de pasmo.

ma·ra·vi·lho·so (ô) *adj.* 1. Que maravilha; que causa admiração. *s.m.* 2. O que encerra maravilha; o que é extraordinário. *Pl.:* maravilhosos (ó).

mar·ca *s.f.* 1. Ação de marcar. 2. Sinal distintivo; rótulo. 3. Categoria. 4. Nódoa produzida por contusão.

mar·ca·ção *s.f.* Ação ou efeito de marcar. *gír.* **Estar de marcação**: perseguir alguém continuamente.

mar·ca-d'á·gua *s.f.* Impressão de letras, desenhos, símbolos, etc., em tonalidade bem clara ou apenas visível contra a luz, em documentos, cédulas, selos, etc. *Pl.*: marcas-d'água.

mar·ca·do *adj.* 1. Que recebeu marca. 2. *fig.* Distinto. 3. Estigmatizado (moralmente).

mar·ca·dor *adj.* e *s.m.* 1. Que ou o que marca. *s.m.* 2. Quadro-negro onde se vai anotando o resultado de um jogo esportivo, de uma eleição, etc. 3. Aquele que faz essas anotações.

mar·can·te *adj.2gên.* 1. Que marca. 2. Que sobressai. 3. Admirável; notável.

marca-passo / **margarina**

mar·ca-pas·so *s.m. Med.* Aparelho elétrico que se implanta no corpo humano para regular as batidas cardíacas. *Pl.*: marca-passos.

mar·car *v.t.d.* 1. Pôr sinal ou marca em. 2. Assinalar; indicar; determinar; fixar; designar. 3. Enodoar. 4. Fazer anotações no marcador. 5. Vigiar (no futebol e outros jogos: um jogador marca o outro).

mar·ce·na·ri·a *s.f.* Oficina, arte ou obras de marceneiro.

mar·ce·nei·ro *s.m.* 1. Oficial que faz móveis finos de madeira. 2. O que trabalha a madeira com mais arte que o carpinteiro.

mar·cha *s.f.* 1. Ação ou efeito de marchar. 2. Andamento regular. 3. Cadência. 4. Jornada. *Mús.* 5. Peça de andamento ligeiro e ritmo binário. 6. Música popular que se destina especialmente ao carnaval.

mar·chan·te *s.m.* Negociante de gado para açougues.

mar·char *v.i.* 1. Andar; caminhar. 2. Caminhar a passo cadenciado. 3. Progredir. 4. Seguir os devidos trâmites.

mar·che·ta·do *adj.* 1. Embutido. 2. Esmaltado. 3. Matizado. 4. Que imita marchetaria. *s.m.* 5. Obra de marchetaria.

mar·che·tar *v.t.d.* 1. Embutir; tauxiar. 2. Fazer obra de marchetaria. 3. Realçar. 4. Matizar.

mar·che·ta·ri·a *s.f.* Ação de marchetar.

mar·chi·nha *s.f. Mús.* Marcha de andamento vivo.

mar·ci·al *adj.2gên.* 1. Concernente a guerra. 2. Bélico; belicoso.

mar·ci·a·no *adj.* 1. Concernente ao planeta Marte. *s.m.* 2. Suposto habitante de Marte.

mar·co[1] *s.m.* 1. Baliza; limite. 2. Aquilo que serve para assinalar um limite, uma passagem, etc.

mar·co[2] *s.m.* Unidade monetária e moeda da Alemanha antes do euro.

mar·ço *s.m.* Terceiro mês do ano civil, com 31 dias.

ma·ré *s.f.* 1. Fluxo e refluxo do mar. 2. *fig.* Fluxo e refluxo dos acontecimentos humanos. 3. Oportunidade; disposição.

ma·re·a·do *adj.* Enjoado em viagem por mar.

ma·re·ar *v.t.d.* 1. Governar (o navio). 2. Fazer enjoar. *v.i.* 3. Navegar. 4. Enjoar a bordo. *v.p.* 5. Orientar-se no mar.

ma·re·chal *s.m.* 1. Posto superior no exército em algumas nações. 2. Chefe supremo do exército em caso de guerra.

ma·re·cha·la·to *s.m.* Posto ou título de marechal. *Var.*: marechalado.

ma·re·jar *v.i.* 1. Ressumar pelos poros (um líquido). *v.t.i.* 2. Brotar; ressumar. *v.p.* 3. Cobrir-se, encher-se (de lágrimas).

ma·re·mo·to (ó) *s.m.* Grande agitação do mar causada por abalo sísmico; tremor do mar.

ma·re·si·a *s.f.* Mau cheiro do mar, nas vazantes.

mar·fim *s.m.* 1. Substância branca que constitui a maior parte dos dentes dos mamíferos. 2. Dentes dos elefantes.

mar·ga·ri·da *s.f. Bot.* 1. Gênero de plantas, das quais há várias espécies. 2. A flor dessas plantas.

mar·ga·ri·na *s.f.* Manteiga artificial fabricada com gorduras vegetais e animais.

margear

mar·ge·ar *v.t.d.* 1. Seguir as margens de; marginar; ladear. 2. Andar ao longo de. 3. Fazer margem em. 4. Guarnecer de margens.

mar·gem *s.f.* 1. Parte sem letras em volta de uma folha impressa ou manuscrita. 2. Beira. 3. *fig.* Ensejo; facilidade.

mar·gi·nal *adj.2gên.* 1. Que se refere ou pertence à margem. 2. Designativo da pessoa desintegrada da sociedade em que vive. *s.2gên.* 3. Pessoa marginal.

mar·gi·na·li·da·de *s.f.* Qualidade ou estado de marginal.

mar·gi·nar *v.t.d.* Margear; anotar à margem.

ma·ri·a-fu·ma·ça *s.f.* 1. Locomotiva movida a vapor. *s.2gên.* 2. *pop.* Pessoa que fuma muito. *Pl.*: marias-fumaças e marias-fumaça.

ma·ri·a-i·sa·bel *s.f. Cul. Reg.* Prato feito de arroz e pedacinhos de carne-seca. *Pl.*: marias-isabéis ou maria-isabéis.

ma·ri·a-mo·le *s.f. Cul.* Doce de consistência esponjosa e macia, feito de clara de ovo, açúcar e gelatina, recoberto com coco ralado. *Pl.* marias-moles.

ma·ri·a·no *adj.* 1. Concernente à Virgem Maria ou ao seu culto. *s.m.* 2. Indivíduo pertencente a uma antiga congregação religiosa de jovens devotos à Virgem Maria.

ma·ri·a-sem-ver·go·nha *s.f. Bot.* Erva que se desenvolve naturalmente em matas úmidas, cultivada para fins ornamentais por causa de suas flores vistosas e de cores variadas. *Pl.* marias-sem-vergonha.

ma·ri·a vai com as ou·tras *s.2gên.2núm. pop.* Pessoa que se deixa influenciar ou levar pelos outros.

ma·ri·cas *s.m.2núm.* Homem muito medroso ou afeminado; mariquinhas.

marista

ma·ri·do *s.m.* Cônjuge do sexo masculino; homem em relação à mulher com quem se casou; esposo.

ma·rim·ba *s.f. Mús.* Instrumento composto de lâminas de madeira ou de metal graduadas em escala nas quais se bate com duas baquetas.

ma·rim·bon·do *s.m. epiceno Zool.* Nome comum a diversas espécies de vespas.

ma·ri·nha *s.f.* 1. Forças navais. 2. Praia; beira-mar. 3. Salina. 4. Desenho ou quadro representativo de objetos ou cenas marítimas.

ma·ri·nhei·ro *s.m.* 1. Aquele que trabalha a bordo do navio, ou serve na marinha; marujo. 2. Grão de arroz que não foi beneficiado ao passar pelas máquinas. *adj.* 3. Concernente à marinha.

ma·ri·nho *adj.* Que se refere ou pertence ao mar; marítimo; marino.

ma·ri·no *adj.* Marinho.

ma·ri·o·la (ó) *s.m.* 1. Moço de fretes. 2. Homem de recados. *adj. e s.m.* 3. Biltre; infame; patife.

ma·ri·o·ne·te (é) *s.f.* Fantoche; títere; bonifrate.

ma·ri·po·sa (ô) *s.f.* 1. *epiceno Zool.* Nome comum aos insetos noturnos ou crepusculares que são atraídos pela luz. *adj e s.f.* 2. Prostituta.

ma·ri·qui·nhas *s.m.2núm.* Maricas.

ma·ris·car *v.t.d. e v.i.* 1. Colher, apanhar (mariscos). 2. Pescar. 3. Caçar. 4. Ciscar; catar.

ma·ris·co *s.m. Zool.* Nome comum a algumas espécies de moluscos comestíveis.

ma·ris·ta *adj.2gên.* 1. Concernente aos maristas. *s.2gên.* 2. Indivíduo dos maristas, congregação religiosa que se dedica ao ensino.

ma·ri·tal *adj.2gên.* Relativo a marido ou a matrimônio; conjugal.

ma·rí·ti·mo *adj.* Que se refere ou pertence ao mar.

mar·man·jo *s.m.* 1. Homem adulto. 2. Homem grandalhão e abrutalhado. 3. Rapaz corpulento.

mar·me·la·da *s.f.* 1. Doce de marmelo. 2. Vantagem; pechincha. 3. Combinação prévia e desonesta entre adversários.

mar·me·lei·ro *s.m. Bot.* Planta de fruto ácido e adstringente, o marmelo.

mar·me·lo (é) *s.m.* O fruto do marmeleiro.

mar·mi·ta *s.f.* Recipiente usualmente de alumínio, com tampa, usado para transportar comida.

mar·mi·tei·ro *s.m.* Aquele que entrega em domicílios marmitas com comida fornecida por pensões.

mar·mo·ra·ri·a *s.f.* 1. Local onde se produzem peças de mármore para diversas finalidades. 2. Estabelecimento comercial que vende mármore.

már·mo·re *s.m.* 1. *Min.* Pedra calcária muito dura, suscetível de receber polimento. 2. O que é frio, branco e duro como o mármore. 3. Insensibilidade; indiferença.

mar·mó·re:o *adj.* 1. Que se refere ou se assemelha ao mármore. 2. Feito de mármore. 3. *fig.* Frio; indiferente; insensível.

mar·mo·ta (ó) *s.f. Zool.* Roedor de pequeno porte do hemisfério norte, de pernas e cauda curtas, orelhas pequenas, que vive em tocas e hiberna durante o inverno.

ma·ro·la (ó) *s.f.* Ondulação na superfície do mar.

ma·rom·ba·do *adj. Reg.* Mentiroso.

ma·ro·ni·ta *s.2gên.* 1. Indivíduo dos maronitas, facção católica do Líbano. *adj.2gên.* 2. Relativo aos maronitas.

ma·ro·tei·ra *s.f.* 1. Ato próprio de maroto. 2. Velhacaria.

ma·ro·to (ô) *adj.* 1. Malicioso; brejeiro; lascivo; sensual. *s.m.* 2. Tratante; velhaco.

mar·quês *s.m.* Título de nobreza imediatamente inferior ao de duque e superior ao de conde.

mar·que·sa (ê) *s.f.* 1. *Fem.* de marquês. 2. Mulher de marquês. 3. *ant.* Espécie de canapé largo.

mar·qui·se *s.f. Const.* Laje saliente na fachada dos edifícios.

mar·ra *s.f.* Grande martelo de ferro para quebrar pedras. *Na marra*: à força; com violência.

mar·ra·da *s.f.* Ação ou efeito de marrar.

mar·rão *s.m.* Porco desmamado.

mar·rar *v.i.* 1. Bater com a cabeça. *v.t.i.* 2. Dar golpe com a cabeça, como fazem os carneiros.

mar·re·co (é) *s.m. Zool.* Ave que se assemelha ao pato, porém menor que ele. *Fem.:* marreca.

mar·re·ta (ê) *s.f.* Grande martelo.

mar·re·tar *v.t.d.* 1. Bater com marreta em. 2. Dizer mal de. 3. Executar mal (um trabalho). 4. Levar vida de marreteiro.

mar·re·tei·ro *s.m.* 1. Aquele que trabalha com marreta. 2. O que executa mal o seu trabalho. 3. Vendedor ambulante.

mar·rom *adj.2gên.* e *s.m.* Castanho.

mar·ro·quim *s.m.* Pele de cabra ou bode já preparada para artefatos.

mar·ro·qui·no *adj.* 1. Do Marrocos. *s.m.* 2. O natural ou habitante do Marrocos.

mar·se·lhês *adj.* 1. Relativo a Marselha. *s.m.* 2. O natural ou habitante de Marselha.

Mar·se·lhe·sa (ê) *s.f.* Hino nacional francês.

mar·su·pi·ais *s.m.pl.* Mamíferos caracterizados por terem as fêmeas, na região abdominal, uma bolsa membranosa (o marsúpio), dentro da qual se recolhem os filhotes durante a época da amamentação.

mar·sú·pi·o *s.m. Zool.* A bolsa formada pela dobra da pele do abdome dos marsupiais.

mar·ta *s.f. epiceno Zool.* Mamífero carnívoro cuja pele é muito apreciada (especialmente a da marta zibelina, que se encontra na Ásia e na África).

Mar·te *s.m. Astron.* 1. Planeta cuja órbita fica compreendida entre a da Terra e a de Júpiter (é o quarto dos planetas em ordem de distância do Sol). 2. *Mit.* O deus da guerra, na mitologia romana.

mar·te·la·da *s.f.* Pancada com martelo.

mar·te·lar *v.t.d.* 1. Bater com martelo em. 2. Dar. 3. Importunar. *v.i.* 4. Dar marteladas. 5. Insistir; teimar. *v.t.i.* 6. Bater com força.

mar·te·lo (é) *s.m.* 1. Instrumento de ferro com cabo, geralmente de pau. 2. Peça do piano para percutir as cordas. 3. *Anat.* Ossículo do ouvido.

mar·tim-pes·ca·dor *s.m. Zool.* Ave aquática de pescoço curto e bico comprido, que se alimenta de peixes e insetos. *Pl.*: martins-pescadores.

mar·ti·ne·te (ê) *s.m.* 1. Martelo industrial, grande e pesado, movido a água ou vapor, usado para malhar a frio peças de ferro ou aço. 2. *Zool.* Ave semelhante à andorinha, de asas longas e cauda curta.

már·tir *s.2gên.* 1. Pessoa que sofreu tormentos ou a morte por causa das suas opiniões. 2. Pessoa que sofre muito.

mar·tí·ri·o *s.m.* 1. Suplício ou sofrimento de mártir. 2. Grande sofrimento.

mar·ti·ri·zar *v.t.d.* 1. Infligir martírio a. 2. Atormentar; afligir. *v.p.* 3. Afligir-se.

ma·ru·í *s.m. Zool.* Nome dado a diversas espécies de mosquitos pequenos, muito comuns em manguezais, cujas fêmeas podem transmitir doenças por meio de suas picadas, muito dolorosas. *Var.*: maruim.

ma·ru·ja·da *s.f.* 1. A classe dos marujos; aqueles que trabalham no mar; tripulação. 2. Grupo de marujos.

ma·ru·jo *s.m.* Marinheiro.

ma·ru·lhar *v.i.* e *v.p.* 1. Agitar-se, formar ondas (o mar). 2. Imitar o ruído das ondas.

ma·ru·lho *s.m.* 1. Agitação das ondas do mar. 2. *fig.* Barulho; tumulto.

mar·xis·mo (cs) *s.m.* Conjunto das teorias de Karl Marx, socialista alemão (1818-1883).

mar·xis·ta (cs) *adj.2gên.* 1. Concernente ao marxismo. *s.2gên.* 2. Pessoa partidária do marxismo.

mas *conj.* 1. Designa oposição ou restrição à proposição já enunciada, e equivale a todavia, contudo, entretanto, porém. *s.m.2núm.* 2. Dificuldade; obstáculo; embaraço. *V.* **mais**.

mas·car *v.t.d.* 1. Mastigar sem engolir. 2. Meditar. 3. Repisar (palavras), pronunciando-as indistintamente.

más·ca·ra *s.f.* 1. Objeto representando uma cara ou parte dela e com que se cobre o rosto para disfarce. 2. Peça para resguardar o rosto na guerra, na esgrima. 3. Peça usada no rosto para tirar o mel das colmeias. 4. *fig.* Disfarce; dissimulação.

mas·ca·ra·do *adj.* 1. Que traz máscara. 2. Disfarçado. *s.m.* 3. Pessoa mascarada. 4. Fingido; hipócrita.

mas·ca·rar *v.t.d.* 1. Pôr máscara em. 2. Disfarçar; dissimular; dar falsa aparência a. *v.p.* 3. Pôr máscara. 4. Disfarçar-se.

mas·ca·te *s.m.* Vendedor ambulante.

mas·ca·va·do *adj.* 1. Não refinado (açúcar). 2. *fig.* Adulterado; impuro.

mas·ca·vo *adj.* Mascavado.

mas·co·te (ó) *s.f.* Objeto, animal ou pessoa (*sobrecomum*) que alguns supõem trazer boa sorte, felicidade; talismã; amuleto.

mas·cu·li·ni·da·de *s.f.* Qualidade ou estado de másculo ou de masculino; virilidade.

mas·cu·li·ni·zar *v.t.d.* 1. Tornar masculino. 2. Dar modos másculos a. *v.p.* 3. Tomar aparências ou modos próprios do sexo masculino.

mas·cu·li·no *adj.* 1. Que se refere ou pertence ao sexo dos animais machos. 2. *Gram.* Diz-se das palavras ou nomes que designam seres masculinos. *s.m.* 3. O gênero masculino.

más·cu·lo *adj.* 1. Concernente ao homem ou ao animal macho. 2. *por ext.* Enérgico; viril.

mas·mor·ra (ô) *s.f.* 1. Prisão subterrânea. 2. *fig.* Lugar sombrio e triste.

ma·so·quis·mo *s.m.* 1. Perversão sexual em que a pessoa sente prazer ao ser maltratada (opõe-se a sadismo). 2. *por ext.* Gozo mórbido com o próprio sofrimento.

ma·so·quis·ta *s.2gên.* Pessoa em quem se verifica o masoquismo (opõe-se a sadista ou sádico).

mas·sa *s.f.* 1. Mistura de farinha de trigo com um líquido, formando pasta. 2. Substância mole, pastosa. 3. Multidão. 4. *gír.* Legal. *V.* **maça**.

mas·sa·crar *v.t.d.* Matar cruelmente; chacinar.

mas·sa·cre *s.m.* Chacina; carnificina; morticínio.

mas·sa·ge·ar *v.t.d.* Fazer massagem.

mas·sa·gem *s.f.* Compressão metódica do corpo ou de parte dele a fim de melhorar a circulação ou obter outras vantagens terapêuticas.

mas·sa·gis·ta *s.2gên.* Pessoa que faz massagens, por profissão.

mas·sa·pê *s.m.* Solo com grande concentração de argila, de cor escura e fértil, considerado muito bom para o cultivo da cana-de-açúcar.

mas·si·fi·car *v.t.d.* 1. Impor valores padronizados a. *v.p.* 2. Adotar valores padronizados. 3. Deixar-se influenciar pelos meios de comunicação de massa.

mas·ti·ga·ção *s.f.* Ação ou efeito de mastigar.

mas·ti·ga·do *adj.* 1. Que se mastigou. 2. *fig.* Bem preparado. 3. Bem pensado. 4. Feito; pronto.

mas·ti·gar *v.t.d.* 1. Triturar com os dentes. 2. Morder; comer. 3. Mascar. 4. *fig.* Pronunciar indistintamente. *v.i.* 5. Resmungar; dizer por entre dentes.

mas·tim *s.m.* Cão para guarda do gado.

mas·to·don·te *s.m.* 1. *epiceno Zool.* Animal fóssil de constituição análoga à do elefante. *sobrecomum* 2. Pessoa muito corpulenta.

mas·tre·a·ção *s.f.* 1. Ação de colocar os mastros em. 2. Conjunto dos mastros de uma embarcação.

mas·tro *s.m. Náut.* 1. Peça comprida de madeira para sustentar as velas de uma embarcação. 2. Haste sobre a qual se iça a bandeira.

mas·tur·ba·ção *s.f.* Ato ou efeito de masturbar(-se).

mas·tur·bar *v.t.d.* 1. Provocar o prazer sexual com a mão ou por outros meios adequados. *v.p.* 2. Provocar o próprio prazer sexual com a fricção da mão ou mediante outro artifício.

ma·ta *s.f.* Terreno extenso em que crescem árvores silvestres; floresta; selva; bosque.

ma·ta-bor·rão *s.m.* Papel poroso e encorpado, usado para absorver excesso de tinta de escrever ou outros líquidos. *Pl.*: mata-borrões.

ma·ta-bur·ro *s.m.* Ponte com traves de madeira espaçadas sobre pequeno fosso escavado para impedir a passagem de animais, especialmente gado e cavalos. *Pl.*: mata-burros.

ma·ta·cão *s.m.* 1. Pedregulho de forma arredondada, geralmente pela ação de agentes naturais. 2. Fatia ou pedaço grande.

ma·ta·do *adj.* Malfeito; ruim.

ma·ta·dor *adj.* 1. Que mata; mortífero. *s.m.* 2. Assassino.

ma·ta·dou·ro *s.m.* 1. Lugar onde as reses são abatidas para consumo público. 2. Grande mortandade; carnificina.

ma·ta·gal *s.m.* Bosque espesso e grande.

ma·tan·ça *s.f.* 1. Ação de matar; mortandade. 2. Ato de abater reses para o consumo público.

ma·tar *v.t.d.* 1. Privar da vida. 2. Causar a morte a. 3. Fazer murchar; secar. 4. Prejudicar; desacreditar. 5. Fazer às pressas e mal. *v.i.* 6. Causar mortes; cometer homicídios. *v.p.* 7. Suicidar-se. 8. Sacrificar-se; consumir-se. *Part.*: matado e morto.

ma·ta·ri·a *s.f.* Grande extensão de terreno coberto de mato.

ma·te¹ *s.m.* Nome de um ponto de tricô.

ma·te² *s.m.* 1. Erva-mate. 2. As folhas dessa planta, secas e pisadas. 3. Infusão ou chá que se prepara com essas folhas.

ma·te³ *adj.2gên.* e *2núm.* 1. Embaciado, fosco. 2. Trigueiro-claro.

ma·te⁴ *s.m.* Xeque-mate.

ma·tei·ro¹ *s.m.* 1. Guarda de matas. 2. Aquele que corta lenha nas matas. 3. Explorador de matas.

ma·tei·ro² *s.m.* Explorador de erva-mate; ervateiro.

ma·te·má·ti·ca *s.f.* Ciência que tem por objeto o estudo das relações precisas entre as diversas grandezas, de modo a determinar umas quando se conhecem as outras.

ma·te·má·ti·co *adj.* 1. Relativo à matemática. 2. *fig.* Rigoroso; certo; exato; demonstrado. *s.m.* 3. Indivíduo versado em matemática.

ma·té·ri·a *s.f.* 1. Qualquer substância que ocupa lugar no espaço ou de que os corpos são formados. 2. Substância suscetível de receber certas formas ou em que atua determinado agente. 3. Assunto; cada uma das disciplinas ensinadas nas escolas.

ma·te·ri·al *adj.2gên.* 1. Concernente a matéria. 2. Que não é espiritual; corpóreo. *s.m.* 3. O conjunto dos objetos de uma obra, de uma construção, etc.

4. Os utensílios de uma escola ou de outro estabelecimento.

ma·te·ri·a·li·da·de *s.f.* 1. Qualidade do que é material (2). 2. Propensão para o que a vida tem de material, de grosseiro (2).

ma·te·ri·a·lis·mo *s.m.* Concepção filosófica que reduz tudo (inclusive o homem) a matéria e forças materiais (opõe-se a espiritualismo).

ma·te·ri·a·lis·ta *adj.2gên.* 1. Relativo ao materialismo. *s.2gên.* 2. Pessoa partidária do materialismo.

ma·te·ri·a·li·za·ção *s.f.* 1. Ação ou efeito de materializar(-se). 2. *Espir.* Manifestação do espírito desencarnado sob forma humana ou quase humana. 3. *Espir.* Ato de tornar-se corpóreo (o espírito desencarnado). 4. *Fís.* Transformação de energia em matéria via produção de par constituído por uma partícula e sua antítese.

ma·te·ri·a·li·zar *v.t.d.* 1. Tornar material. 2. Considerar material. 3. Tornar bronco; embrutecer. *v.p.* 4. *Espir.* Manifestar-se (o espírito desencarnado) através da materialização.

ma·té·ri·a-pri·ma *s.f.* O material com que se fabrica alguma coisa. *Pl.:* matérias-primas.

ma·ter·nal *adj.2gên.* 1. Que se refere ou pertence à mãe. 2. Como de mãe. 3. Afetuoso.

ma·ter·ni·da·de *s.f.* 1. Estado ou qualidade de mãe. 2. Estabelecimento hospitalar que se destina a parturientes.

ma·ter·no (é) *adj.* 1. Da mãe. 2. Que se refere à mãe. 3. Do lado da mãe. 4. Concernente ao país natal.

ma·ti·lha *s.f.* Grupo de cães de caça. *V. mantilha.*

ma·ti·na *s.f.* 1. Madrugada, alvorada, matinada (1). 2. *pop.* O período entre o nascer do Sol e o meio-dia; manhã.

ma·ti·na·da *s.f.* 1. Madrugada, alvorada, matina. 2. Barulho de vozes; algazarra, vozearia. 3. Ruído intenso.

ma·ti·nal *adj.2gên.* 1. Matutino; da manhã. 2. De manhã. 3. Madrugador.

ma·ti·nê *s.f.* Festa, espetáculo, sessão cinematográfica que se realiza à tarde; vesperal.

ma·tiz *s.m.* 1. Combinação de cores diversas. 2. Gradação de cores. 3. *fig.* Colorido no estilo. 4. Cor política; facção.

ma·ti·zar *v.t.d.* 1. Variar, graduar (cores). 2. Dar cores diversas a. 3. Adornar.

ma·to *s.m.* 1. Terreno inculto em que crescem plantas agrestes; mata. 2. O campo (por oposição à cidade); a roça.

ma·to-gros·sen·se *adj.2gên.* 1. Do estado de Mato Grosso. *s.2gên.* 2. O natural ou habitante desse estado. *Pl.:* mato-grossenses.

ma·to-gros·sen·se-do-sul *adj.2gên.* 1. Do estado de Mato Grosso do Sul. *s.2gên.* 2. O natural ou habitante desse estado. *Pl.:* mato-grossenses-do-sul.

ma·tra·ca *s.f.* 1. Instrumento de madeira com que se faz ruído, em geral formado de tabuinhas movediças que se agitam. *sobrecomum* 2. Pessoa que fala muito; indivíduo loquaz.

ma·tra·que·ar *v.i.* 1. Tocar matraca. 2. Tagarelar. *v.t.d.* 3. Dirigir vaias a.

ma·trei·ro *adj.* 1. Astuto; sagaz; sabido; manhoso. 2. Esquivo; arisco.

ma·tri·ar·ca *s.f.* Mulher que comanda ou é considerada a base da família, do clã, etc.

ma·tri·ar·ca·do *s.m.* Tipo de organização social em que a mulher dá o nome aos filhos e exerce autoridade preponderante na família.

ma·tri·ar·cal *adj.2gên.* Concernente a matriarcado.

ma·tri·cí·di·o *s.m.* Crime da pessoa que matou a própria mãe.

ma·trí·cu·la *s.f.* 1. Ação de matricular (-se). 2. Relação de pessoas sujeitas a certas obrigações. 3. Emolumento pago por quem se matricula numa escola.

ma·tri·cu·lar *v.t.d.* e *v.p.* 1. Inscrever (-se) nos registros de matrícula. 2. Alistar(-se).

ma·tri·mo·ni·al *adj.2gên.* Concernente a matrimônio.

ma·tri·mô·ni·o *s.m.* 1. União legítima de homem e mulher. 2. Casamento; consórcio.

ma·triz *s.f.* 1. *Anat.* Órgão das fêmeas dos mamíferos onde se gera o feto; madre; útero. 2. Manancial; fonte; reservatório. 3. Molde para fundição. *adj.2gên.* 4. Principal. 5. Que é fonte ou origem. 6. Designativo da igreja principal de uma cidade.

ma·tro·na (ô) *s.f.* 1. Mulher respeitável. 2. Mãe de família.

ma·tu·la *s.f.* Alforje em que se leva comida, quando de uma viagem; farnel.

ma·tu·ra·ção *s.f.* 1. Ação de maturar. 2. Estado do que está amadurecido.

ma·tu·rar *v.t.d.* 1. Tornar maduro. *v.i.* 2. Amadurecer. 3. *fig.* Tornar-se sisudo por efeito dos anos ou da experiência.

ma·tu·ri·da·de *s.f.* 1. Madureza; idade madura. 2. Perfeição.

ma·tur·ran·go *s.m. Reg.* 1. Pessoa que monta mal a cavalo. 2. Aquele que não entende do trabalho no campo.

ma·tu·sa·lém *s.m. sobrecomum fig.* Pessoa muito velha; macróbio.

ma·tu·tar *v.i.* 1. Pensar; refletir em alguma coisa. *v.t.i.* 2. Meditar; pensar. *v.t.d.* 3. Intentar; planejar.

ma·tu·ti·no *adj.* 1. Que se refere ou pertence à manhã. 2. Madrugador. *s.m.* 3. Jornal que sai de manhã.

ma·tu·to *adj.* 1. Que vive no mato. 2. Do mato. 3. Sertanejo. 4. Tímido; desconfiado. *s.m.* 5. Indivíduo ignorante e ingênuo.

mau *adj.* 1. Nocivo. 2. Que causa prejuízo, incômodo ou moléstia. 3. Malfeito; mal composto. 4. Funesto; perverso. 5. Difícil; áspero. *Fem.:* má. *Compar. de sup.:* pior. *Sup. abs. sint.:* malíssimo, péssimo. *s.m.* 6. Aquilo que é mau. 7. Indivíduo de má índole. *interj.* 8. Termo que exprime desapontamento ou reprovação. *V.* **mal**.

mau-o·lha·do *s.m.* Qualidade que se atribui a certas pessoas de causarem malefícios àqueles para quem olham. *Pl.:* maus-olhados.

mau·ri·ci·a·no *adj.* 1. Da República de Maurício. *s.m.* 2. O natural ou habitante de Maurício.

mau·ri·ci·nho *s.m. gír.* Pessoa do sexo masculino excessivamente cuidadosa com seu aspecto e que frequenta lugares da moda.

mau·ri·ta·no *adj.* 1. Da Mauritânia. *s.m.* 2. O natural ou habitante da Mauritânia.

mau·so·léu *s.m.* Sepulcro suntuoso.

ma·vi·o·si·da·de *s.f.* Qualidade de mavioso; sonoridade.

ma·vi·o·so (ô) *adj.* Suave; terno; harmonioso; agradável; afetuoso; mimoso; benigno. *Pl.:* maviosos (ó).

ma·xi·des·va·lo·ri·za·ção (cs) *s.f. Econ.* Acentuada desvalorização da moeda, levada a efeito sem aviso prévio e de uma só vez.

ma·xi·la (cs) *s.f. Anat.* Mandíbula; cada uma das duas peças ósseas em que estão implantados os dentes dos animais vertebrados.

ma·xi·lar (cs) *adj.2gên.* 1. Concernente a maxila. *s.m.* 2. *Anat.* Osso que forma a maxila.

má·xi·ma (cs ou ss) *s.f.* Sentença moral; axioma; aforismo.

má·xi·me (cs ou ss) *adv.* Especialmente, principalmente.

ma·xi·mi·zar (cs ou ss) *v.t.d. Inform.* Em um ambiente gráfico, redimensionar uma janela, para que ocupe o tamanho máximo disponível da tela.

má·xi·mo (cs ou ss) *adj.* 1. Que é maior que todos. 2. Que está acima de todos os da sua espécie ou gênero. 3. Que é mais alto. 4. Excelso. *s.m.* 5. O ponto alto; o mais alto grau.

ma·xi·xe¹ (ch, ch) *s.m.* 1. *ant.* Dança popular em compasso de dois por quatro rápido. 2. A música para essa dança.

ma·xi·xe² (ch, ch) *s.m. Bot.* Planta de origem africana, de frutos comestíveis.

ma·xi·xei·ro (ch, ch) *s.m. Bot.* Planta nativa da América Central que produz o maxixe².

ma·ze·la (é) *s.f.* 1. Ferida; chaga. 2. *fam.* Enfermidade. 3. Tudo o que aflige. 4. *fig.* Labéu; mancha na reputação.

ma·zur·ca *s.f. ant.* Dança ou música polonesa de três tempos, misto de valsa e polca.

Mb *Inform.* Símbolo de *megabit*.

MB *Inform.* Símbolo de *megabyte*.

me *pron.pess.* Variação átona do *pron.* eu, com os correspondentes: a mim, para mim.

me·a·ção *s.f.* Divisão em duas partes iguais.

me·a·da *s.f.* 1. Porção de fios dobrados. 2. *fig.* Intriga; enredo; mexerico.

me:a·do *adj.* 1. Que está no meio ou próximo dele. *s.m.* 2. A parte média; o meio (mais *us.* no *pl.*).

me·an·dro *s.m.* 1. Sinuosidade de um rio. 2. Sinuosidade; volta. 3. *fig.* Enredo; intriga. 4. *fig.* Preâmbulo. 5. *fig.* Circunlóquio.

me·ão *adj.* Mediano; médio; que está no meio. *Fem.*: meã.

me·ar *v.t.d.* 1. Dividir ao meio. 2. Pôr em meio. *v.i.* e *v.p.* 3. Chegar ao meio.

me·a·to *s.m.* 1. Pequeno canal. 2. Abertura. 3. Intervalo que dá passagem.

me·câ·ni·ca *s.f.* 1. *Fís.* Ciência das leis do movimento e do equilíbrio, e da aplicação destas à construção e ao emprego das máquinas. 2. Aplicação dos princípios de uma arte ou ciência.

me·câ·ni·co *adj.* 1. Concernente à mecânica. 2. *fig.* Maquinal; automático. *s.m.* 3. Indivíduo versado em mecânica. 4. Operário que se entrega a conserto, limpeza e conservação de motores e máquinas em geral.

me·ca·nis·mo *s.m.* 1. Disposição das partes constitutivas de uma máquina. 2. Maquinismo. 3. Organismo; estrutura. 4. Organização de um todo.

me·ca·ni·zar *v.t.d.* 1. Tornar mecânico ou maquinal. 2. Organizar de modo mecânico. 3. Efetuar por meio de máquinas.

me·ca·no·gra·fi·a *s.f.* Arte, técnica ou processo de utilização de máquinas datilográficas, taquigráficas, contábeis, computadores, etc.

me·ce·nas (ê) *s.m.2núm.* Protetor das letras, das artes, das ciências e dos sábios.

me·cha (é) *s.m.* 1. Pavio; torcida; rastilho. 2. Pedaço de papel ou pano que se embebe em enxofre para defumar tonéis.

me·cô·ni·o *s.m.* Primeira evacuação dos recém-nascidos.

me·da·lha *s.f.* 1. Peça metálica de formatos diversos, com emblema, efígie e inscrição. 2. Insígnia de ordem honorífica.

me·da·lhão *s.m.* 1. Medalha grande. 2. Baixo-relevo oval ou circular. 3. Peça ornamental que se pode abrir e fechar, e na qual se colocam retratos, fios de cabelos ou coisa semelhante que se quer guardar como lembrança. 4. *fig.* Figurão; homem importante.

mé·di·a *s.f.* 1. *Mat.* A soma de quantidades diferentes dividida pelo número delas. 2. O termo médio. 3. Xícara grande de café com leite.

me·di·a·ção *s.f.* Ação ou efeito de mediar; intervenção.

me·di·a·dor *adj.* e *s.m.* 1. Que ou o que intervém. 2. Árbitro; medianeiro.

me·di·a·na *s.f. Geom.* Num triângulo retângulo, segmento de reta que une um dos vértices ao ponto médio do lado oposto.

me·di·a·nei·ro *adj.* e *s.m.* Mediador.

me·di·a·no *adj.* 1. Que está no meio; meão. 2. Moderado. 3. Medíocre.

me·di·an·te *adj.2gên.* 1. Que medeia. *prep.* 2. Por meio de; por intermédio de.

me·di·ar *v.t.d.* 1. Dividir ao meio. 2. Repartir em duas partes iguais. 3. Tratar como mediador. *v.t.i.* 4. Estar, ficar no meio. 5. Decorrer entre duas épocas ou entre dois pontos. ★

me·di·a·to *adj.* 1. Indireto. 2. Interposto. 3. Que se refere a uma coisa por intermédio de uma terceira.

me·di·a·triz *s.f. Geom.* Perpendicular que corta um segmento de reta em seu ponto médio.

me·di·ca·ção *s.f.* 1. Ação de medicar. 2. Tratamento terapêutico.

me·di·ca·men·to *s.m.* Toda substância que interna ou externamente se aplica a um doente para lhe restabelecer a saúde; remédio.

me·di·ca·men·to·so (ô) *adj.* Que tem propriedades de medicamento. *Pl.:* medicamentosos (ó).

me·di·ção *s.f.* Ato ou efeito de medir.

me·di·car *v.t.d.* 1. Curar, tratar com medicamentos. 2. Aplicar remédios a. *v.p.* 3. Tomar remédios.

me·di·ci·na *s.f.* 1. Ciência que tem por fim prevenir, atenuar ou curar as doenças. 2. *fig.* O que remedia um mal.

me·di·ci·nal *adj.2gên.* 1. Concernente a medicina. 2. Que serve de remédio. 3. Que atenua ou cura.

mé·di·co¹ *s.m.* 1. Aquele que se formou em medicina e a exerce. 2. Clínico. 3. *fig.* Aquilo que pode restabelecer a saúde.

mé·di·co² *adj.* Medicinal.

me·di·da *s.f.* 1. Grandeza conhecida e determinada que se toma como base para a avaliação de outras grandezas do mesmo gênero. 2. Padrão; parâmetro. 3. Cálculo; norma; cômputo. 4. Precaução. 5. Ritmo; moderação; ordem.

me·di·dor *adj.* e *s.m.* 1. Que ou o que mede. *s.m.* 2. Aparelho para registrar consumo de eletricidade, água ou gás.

medieval / *megabit*

me·di·e·val *adj.2gên.* Que se refere ou pertence à Idade Média (do século VIII ao XV).

mé·di:o *adj.* 1. Que fica, que está no meio. 2. Que exprime o meio-termo.

me·dí·o·cre *adj.2gên.* 1. Mediano. 2. Insignificante. *s.m.* 3. O que tem pouco merecimento.

me·di:o·cri·da·de *s.f.* 1. Qualidade de medíocre. 2. Vulgaridade. *sobrecomum* 3. Pessoa medíocre.

me·dir *v.t.d.* 1. Determinar ou verificar a extensão, medida ou grandeza de. 2. Avaliar comparando. 3. Ser a medida de. *v.i.* 4. Ter a extensão, a altura ou o comprimento de. *v.t.d.* e *v.i.* 5. Proporcionar. 6. Regular; adequar; ajustar. *v.p.* 7. Bater-se; competir; lutar.★

me·di·ta·bun·do *adj.* 1. Que medita intensamente; absorto, pensativo. 2. Melancólico, triste.

me·di·ta·ção *s.f.* 1. Ação ou efeito de meditar. 2. Contemplação. 3. Concentração.

me·di·tar *v.t.d.* 1. Estudar; considerar; ponderar. 2. Intentar; projetar. *v.i.* 3. Fazer meditação. 4. Refletir.

me·di·ter·râ·ne:o *adj.* 1. Que fica no meio de terras (mar). 2. Interior, central. 3. Diz-se do mar interior que se situa entre a Europa e a África (inicial maiúscula).

mé·di:um *s.2gên.* *Espir.* Intermediário entre os espíritos encarnados e desencarnados.

me·di·ú·ni·co *adj.* *Espir.* Relativo a médium.

me·di·u·ni·da·de *s.f.* *Espir.* Qualidade de médium.

me·do (é) *s.m.* Natural ou habitante da Média, antigo Reino a noroeste do atual Irã.

me·do (ê) *s.m.* Terror; susto; pavor; receio.

me·do·nho (ô) *adj.* Que causa medo; horrendo; funesto.

me·drar *v.t.d.* 1. Fazer crescer. 2. Desenvolver. 3. Fazer aumentar ou prosperar. *v.i.* 4. Crescer; desenvolver-se; prosperar; adiantar-se.

me·dro·so (ô) *adj.* 1. Que tem ou mostra medo. 2. Tímido; receoso. *Pl.*: medrosos (ó).

me·du·la *s.f.* 1. *Anat.* Substância gordurosa que se encontra nos canais ósseos (medula óssea). 2. *Anat.* Parte do sistema cerebrospinal contida no canal raquidiano (medula espinhal). 3. *fig.* A parte mais íntima; o essencial.

me·du·lar *adj.2gên.* 1. Concernente à medula. 2. *fig.* Essencial.

me·du·sa *s.f.* *epiceno* *Zool.* Celenterado marinho, sexuado, de corpo em forma de sino ou guarda-chuva e provido de tentáculos.

me·ei·ro *adj.* 1. Que tem de ser dividido ao meio. 2. Que se pode partir em dois quinhões iguais. *s.m.* 3. Colono que planta em terras de outrem.

me·fis·to·fé·li·co *adj.* 1. Relativo a Mefistófeles, uma das encarnações do mal nas lendas medievais germânicas e personagem demoníaca da obra *Fausto*, do escritor alemão Goethe. 2. *fig.* Diabólico, maligno, satânico.

me·fí·ti·co *adj.* 1. Que exala mau cheiro. 2. Pestilencial; podre.

me·ga (é) *s.m.* *Inform. Red.* de *megabyte* (forma mais *us.* no Brasil).

meg·a·bit (megabíte) *Ingl.* *s.m.* *Inform.* Unidade de medida de memória equivalente a 1.024 *kilobits* (1.048.576 *bits*).

meg·a·byte (megabáite) *Ingl. s.m. Inform.* Unidade de medida de memória equivalente a 1.024 *kilobytes* (1.048.576 *bytes*); mega.

me·ga·fo·ne (ô) *s.m.* Aparelho que amplifica o volume dos sons emitidos.

me·ga·hertz (megarrérts) *s.m.2núm. Fís., Metrol.* Um milhão de hertz (símbolo MHz).

me·ga·lí·ti·co *adj.* Designativo dos monumentos pré-históricos, feitos de grandes blocos de pedra.

me·ga·lo·ma·ni·a *s.f.* Mania de grandeza e poder.

me·ga·lo·ma·ní·a·co *adj.* e *s.m.* Que ou o que tem megalomania; megalômano.

me·ga·lô·ma·no *adj.* e *s.m.* Megalomaníaco.

me·ga·ton *s.m. Fís.* 1. Unidade que mede a energia liberada em uma explosão nuclear e equivale a um milhão de toneladas de dinamite. 2. Unidade de massa correspondente a um milhão de toneladas.

me·ge·ra (é) *s.f.* 1. Mulher cruel, de mau gênio. 2. Mãe desnaturada.

mei·a *s.f.* 1. Parte do vestuário que cobre o pé e parte da perna. 2. Ponto de tricô.

mei·a-á·gua *s.f.* 1. Telhado com apenas um plano inclinado. 2. Construção com esse tipo de telhado. *Pl.:* meias-águas.

mei·a-cal·ça *s.f.* Meia que vai até a cintura. *Pl.:* meias-calças.

mei·a-di·rei·ta *s.m. Fut.* 1. Jogador que, numa partida, atua entre o centro e a ponta-direita. 2. Essa posição do jogador. *Pl.:* meias-direitas.

mei·a-es·quer·da *s.m. Fut.* 1. Jogador que, numa partida, atua entre o centro e a ponta-esquerda. 2. Essa posição do jogador. *Pl.:* meias-esquerdas.

mei·a-es·ta·ção *s.f.* 1. A primavera ou o outono. 2. Época do ano de temperaturas agradáveis, nem muito baixas nem muito altas. *Pl.:* meias-estações.

mei·a-i·da·de *s.f.* Idade entre 40 e 60 anos. *Pl.:* meias-idades.

mei·a-lu·a *s.f.* 1. A forma de semicírculo com que a Lua se apresenta no quarto minguante ou quarto crescente. 2. Qualquer coisa que tenha essa forma. 3. *Fut.* Semicírculo num campo de futebol que marca a distância mínima a ser obedecida na cobrança de um pênalti. *Pl.:* meias-luas.

mei·a-luz *s.f.* Penumbra. *Pl.:* meias-luzes.

mei·a-noi·te *s.f.* Hora ou momento que divide a noite em duas partes iguais; zero hora. *Pl.:* meias-noites.

mei·a-tin·ta *s.f.* 1. Tonalidade intermediária, que fica entre o claro e o escuro de uma cor. 2. Diferentes gradações de uma cor; nuança. *Bel.–Art.* 3. Técnica de gravura em que se entalha uma superfície totalmente negra para criar brancos e meios-tons (2). 4. Gravura criada com essa técnica. *Pl.:* meias-tintas.

mei·go *adj.* Suave; bondoso; terno; carinhoso.

mei·gui·ce *s.f.* 1. Qualidade de meigo. 2. Suavidade; carinho; ternura.

mei·o *s.m.* 1. Ponto médio. 2. Parte que fica equidistante de dois extremos. 3. Condição intermediária. 4. Esfera social. *num.* 5. Metade de um todo. *adj.* 6. Que fica no meio; médio. *adv.* 7. Não inteiramente; pela metade.

mei·o·di·a *s.m.* 1. Hora ou momento que divide o dia (as 12 horas iluminadas do dia) em duas partes iguais. 2. O sul (ponto cardeal). 3. O auge; o máximo. *Pl.:* meios-dias.

mei·o·fi·o *s.m.* Fileira de pedras de cantaria que serve de remate à calçada da rua; guia. *Pl.:* meios-fios.

mei·o·ir·mão *s.m.* Irmão apenas por parte de pai ou de mãe. *Pl.:* meios-irmãos.

mei·o·re·le·vo (ê) *s.m.* Figura ou ornamento que representa só meio vulto ressaltando do fundo. *Pl.:* meios-relevos.

mei·os *s.m.pl.* Haveres; bens.

mei·o·so·pra·no *s.m.* 1. Voz feminina entre soprano e contralto. *s.f.* 2. Cantora que possui essa voz. *Pl.:* meios-sopranos.

mei·o·ter·mo *s.m.* 1. Termo médio entre dois extremos. 2. *fig.* Comedimento. *Pl.:* meios-termos.

mei·o·tom *s.m.* 1. Som ou voz pouco perceptível. 2. *Pint., Fot., Des.* Contraste pouco acentuado entre claros e escuros. *Pl.:* meios-tons.

mei·ri·nho *s.m. ant.* Funcionário judicial correspondente ao oficial de justiça.

meit·né·ri:o *Quím.* Elemento artificial de símbolo **Mt** e cujo número atômico é 109.

mel *s.m.* 1. Substância líquida e açucarada que as abelhas extraem das flores. 2. *fig.* Doçura; suavidade.

me·la·ço *s.m.* Líquido viscoso proveniente dos resíduos da refinação do açúcar.

me·la·do¹ *adj.* 1. Adoçado com mel. 2. Em que se pôs muito açúcar. 3. Sujo de mel ou qualquer substância pegajosa. 4. Embriagado.

me·la·do² *s.m.* 1. Calda grossa do açúcar, de que se faz rapadura. 2. Calda grossa de rapadura, usada como sobremesa. *adj.* 3. Da cor do mel.

me·lan·ci·a *s.f.* 1. *Bot.* Planta de origem africana, muito cultivada por causa de seus frutos, enormes e com muito sumo. 2. O fruto dessa planta.

me·lan·co·li·a *s.f.* 1. Estado mórbido que se caracteriza por tristeza e depressão. 2. Mágoa; pesar. 3. Tristeza vaga.

me·lan·có·li·co *adj.* 1. Que tem melancolia. 2. Triste; sombrio.

me·la·ni·na *s.f. Fisiol.* Pigmento escuro das células animais, do qual resultam as cores dos cabelos, olhos, pele, etc.

me·lão *s.m.* Fruto do meloeiro.

me·lar *v.t.d.* 1. Adoçar com mel. 2. Untar ou cobrir com mel. 3. Sujar com mel ou qualquer substância pegajosa. *v.i.* 4. Ficar melado. 5. *gír.* Malograr-se; frustrar-se.

me·le·ca (é) *s.f. pop.* Secreção nasal ressequida.

me·le·na (ê) *s.f.* 1. Cabelo comprido. 2. Cabelo desgrenhado.

me·lhor *adj.2gên.* 1. Superior a outro em boas qualidades. *s.m.* 2. O que é superior a tudo o mais. 3. O que é acertado ou sensato. *adv.* 4. De maneira superior.

me·lho·ra *s.f.* Ação ou efeito de melhorar.

me·lho·ra·men·to *s.m.* 1. Melhora. 2. Adiantamento. 3. Benfeitoria, benefício de qualquer ordem feito em propriedade.

me·lho·rar *v.t.d.* 1. Tornar melhor. 2. Dar superioridade a. 3. Fazer convalescer; aperfeiçoar; beneficiar. *v.i.* 4. Pôr-se ou tornar-se melhor. 5. Entrar em convalescença. 6. Passar a condição mais próspera. 7. Serenar, amainar (o tempo).

me·lho·ri·a *s.f.* 1. Mudança para melhor. 2. Passagem a condições mais prósperas. 3. Progresso. 4. Superioridade; vantagem. 5. Benfeitoria.

me·li·an·te *s.2gén.* Malandro; vadio; patife.

me·li·flu·i·da·de *s.f.* 1. Qualidade de melífluo. 2. Suavidade; doçura.

me·lí·flu:o *adj.* 1. Que corre como o mel. 2. *fig.* Suave; harmonioso. 3. Que tem voz branda ou doce.

me·lin·drar *v.t.d.* 1. Tornar melindroso. 2. Ofender; afetar o melindre de; escandalizar. *v.p.* 3. Escandalizar-se; magoar-se; ofender-se.

me·lin·dre *s.m.* 1. Suscetibilidade; delicadeza no trato. 2. Facilidade em se julgar ofendido.

me·lin·dro·so (ô) *adj.* 1. Que tem melindre. 2. Delicado; suscetível. 3. Débil. 4. Perigoso.

me·lis·sa *s.f. Bot.* Erva-cidreira.

me·lo·a (ô) *s.f.* Melão grande.

me·lo·di·a *s.f.* 1. *Mús.* Série de sons agradáveis ao ouvido; sucessão rítmica de sons musicais simples. 2. *fig.* Suavidade no falar, no escrever ou no cantar.

me·ló·di·co *adj.* 1. Concernente a melodia. 2. Melodioso.

me·lo·di·o·so (ô) *adj.* 1. Em que há melodia. 2. Suave; agradável. *Pl.:* melodiosos (ó).

me·lo·dra·ma *s.m. Teat.* Peça dramática de situações violentas e sentimentos exagerados.

me·lo·ei·ro *s.m. Bot.* Planta hortense cujo fruto é o melão.

me·lo·ma·ni·a *s.f.* Paixão pela música.

me·lo·ma·ní·a·co *adj.* e *s.m.* Que ou o que tem melomania.

me·lo·pei·a (éi) *s.f. Mús.* 1. Parte musical de um recitativo. 2. Cantiga simples, monótona e triste.

me·lo·so (ô) *adj.* 1. Semelhante ao mel. 2. Doce. 3. *pop.* Diz-se do indivíduo melífluo. *Pl.:* melosos (ó).

mel·ro (é) *s.m. Zool.* Pássaro de plumagem negra e bico amarelo. *Fem.:* mélroa, melra.

mem·bra·na *s.f.* 1. *Anat.* Tecido orgânico que envolve certos órgãos ou segrega certos líquidos. 2. *Bot.* Película que reveste certos órgãos vegetais. 3. *por ext.* Película.

mem·bra·no·so (ô) *adj.* 1. Que tem membranas. 2. Que é da natureza da membrana. *Pl.:* membranosos (ó).

mem·bro *s.m.* 1. *Anat.* Apêndice constituído por vários segmentos articulados, que serve nos animais para o exercício dos movimentos. 2. Vogal de júri. *sobrecomum* 3. Indivíduo que faz parte de corporação, sociedade ou família. **Membro genital**, **membro viril**: o pênis.

me·mo·ran·do *s.m.* 1. Participação por escrito. 2. Nota diplomática de uma nação para outra.

me·mo·rá·vel *adj.2gén.* 1. Digno de permanecer na memória. 2. Célebre; famoso.

me·mó·ri:a *s.f.* 1. Faculdade de reter as ideias adquiridas anteriormente, de conservar a lembrança do passado ou da coisa ausente. 2. Reminiscência; lembrança; recordação. 3. Fama; nome; crédito. *Inform.* 4. Área do computador em que as informações são armazenadas, registradas e conservadas para posterior recuperação; armazenador; dispositivo de armazenamento. 5. Capacidade de armazenamento de dados.

me·mo·ri·al *s.m.* 1. Livro de lembranças. 2. Memórias. 3. Petição escrita. *adj.2gên.* 4. Que faz lembrar; memorável.

me·mo·ri·a·lis·ta *s.2gên.* Pessoa que escreve memórias.

me·mó·ri·as *s.f.pl.* Notas ou narrações históricas, escritas por pessoa que as presenciou ou que nelas tomou parte; livro em que alguém descreve sua própria vida.

me·mo·ri·za·ção *s.f.* Ação ou efeito de memorizar.

me·mo·ri·zar *v.t.d.* 1. Trazer à memória. 2. Reter na memória.

me·na·gem *s.f.* Prisão fora do cárcere sob palavra do preso de que não deixará o lugar onde se acha.

men·ção *s.f.* 1. Referência; alusão; registro. 2. Gesto de quem se dispõe a praticar um ato.

men·ci·o·nar *v.t.d.* 1. Fazer menção de. 2. Referir; expor; narrar.

men·daz *adj.2gên.* Que mente, é falso ou desleal.

men·de·lé·vi·o *s.m. Quím.* Elemento de símbolo **Mv** e cujo número atômico é 101.

men·de·lis·mo *s.m. Biol.* Doutrina cujas leis são a base da moderna genética.

men·di·cân·ci·a *s.f.* Mendicidade.

men·di·can·te *adj.2gên.* e *s.2gên.* Que ou pessoa que mendiga.

men·di·ci·da·de *s.f.* 1. Ação de mendigar. 2. A qualidade de mendigo.

men·di·gar *v.t.d.* 1. Pedir por esmola. 2. Pedir com humildade. *v.i.* 3. Pedir esmolas; entregar-se à mendicidade.

men·di·go *s.m.* O que pede esmola para viver; pedinte; indigente.

me·ne·ar *v.t.d.* 1. Mover de um para outro lado. 2. Manejar. 3. Saracotear. *v.p.* 4. Mover-se de um lado para outro. 5. Oscilar. 6. Agitar-se.

me·nei·o *s.m.* 1. Ato ou efeito de menear(-se). 2. Gesto; aceno. 3. Movimento de corpo (ou parte do corpo). 4. Manejo.

me·nes·trel *s.m.* 1. *ant.* Trovador medieval. 2. Poeta. 3. Músico.

me·ni·na do o·lho (ô) *s.f. Anat.* Pupila(3). *Pl.:* meninas dos olhos (ó).

me·ni·nei·ro *adj.* 1. Que tem aspecto de menino. 2. Que gosta de crianças.

me·nin·ges *s.f.pl. Anat.* As três membranas que envolvem o aparelho cerebrospinal.

me·nin·gi·te *s.f. Med.* Inflamação das meninges.

me·ni·ni·ce *s.f.* Idade ou qualidade de quem é menino.

me·ni·ni·ces *s.f.pl.* Atos próprios de crianças.

me·ni·no *s.m.* 1. Criança do sexo masculino. 2. Tratamento afetuoso entre parentes e amigos, ainda que adultos.

me·ni·no·ta (ó) *s.f.* Mocinha.

me·nir *s.m.* Monumento megalítico constituído de uma grande pedra fincada verticalmente no solo.

me·nis·co *s.m. Anat.* Cartilagem em forma de meia-lua entre superfícies articulares.

me·no·pau·sa *s.f. Fisiol.* Cessação definitiva do mênstruo.

me·nor *adj.2gên.* 1. *Comp.* irregular de pequeno. 2. Inferior. 3. Que ainda não chegou à maioridade. *s.2gên.* 4. Pessoa que ainda não atingiu a maioridade.

me·no·ri·da·de *s.f.* 1. Qualidade ou estado da pessoa que ainda não atingiu a idade legal para dispor de sua pessoa e bens (21 anos). 2. *fig.* Parte menor de um todo; minoria.

me·nor·ra·gi·a *s.f. Med.* Menstruação excessiva e de duração maior, em intervalos regulares.

me·nor·rei·a (éi) *s.f. Fisiol.* Fluxo menstrual.

me·nos *adv.* 1. Em quantidade menor. 2. Com menor intensidade. *adj.2gên.* e *2núm.* 3. *Comp.* de pouco; menor número ou quantidade de. 4. Inferior em condição ou posição. *pron. indef.* 5. Menor número ou quantidade. *prep.* 6. Exceto. *s.m.* 7. O que é mínimo. 8. Aquilo que tem a menor importância.

me·nos·ca·bar *v.t.d.* 1. Reduzir para menos. 2. Depreciar; desprezar. 3. Ter em pouca ou nenhuma consideração.

me·nos·ca·bo *s.m.* 1. Ato ou efeito de menoscabar. 2. Depreciação; diminuição. 3. Falta de apreço.

me·nos·pre·zar *v.t.d.* 1. Ter em pouca conta. 2. Desprezar; depreciar. 3. Não fazer caso de.

me·nos·pre·zo (ê) *s.m.* 1. Ato ou efeito de menosprezar. 2. Depreciação. 3. Desprezo; desdém.

men·sa·gei·ro *adj.* 1. Que leva mensagem. 2. Que anuncia. *s.m.* 3. Aquele que leva mensagem. 4. Entregador de telegramas.

men·sa·gem *s.f.* 1. Comunicação verbal. 2. Recado. 3. O que há de essencial e original na obra de um artista, de um poeta, de um filósofo, de um escritor.

men·sal *adj.2gên.* 1. Que dura um mês. 2. Que se faz uma vez por mês. 3. Concernente a mês.

men·sa·li·da·de *s.f.* 1. Quantia em dinheiro paga mensalmente. 2. Mesada.

men·sa·lis·ta *adj.2gên.* e *s.2gên.* Que ou empregado que recebe salário mensal.

men·sá·ri·o *s.m.* Publicação periódica mensal.

mens·tru·a·ção *s.f. Fisiol.* 1. Mênstruo. 2. Tempo que dura o fluxo menstrual.

mêns·tru·o *s.m.* 1. *Fisiol.* Fluxo sanguíneo periódico que provém do útero; catamênio; menstruação. 2. *fam.* Incômodo.

men·su·rar *v.t.d.* Obter as medidas de algo; calcular, medir.

men·su·rá·vel *adj.2gên.* Passível de ser medido; comensurável.

men·tal *adj.2gên.* 1. Concernente à mente; intelectual. 2. Espiritual.

men·ta·li·da·de *s.f.* 1. Qualidade de mental. 2. Conjunto das faculdades intelectuais de um indivíduo.

men·te *s.f.* 1. Intelecto. 2. Espírito; alma. 3. Inteligência. 4. Imaginação.

men·te·cap·to *adj.* Alienado; idiota; néscio.

men·tir *v.t.d.* 1. Dizer mentiras. *v.i.* 2. Apresentar como verdadeiro o que é falso. *v.t.i.* 3. Não corresponder; falhar. 4. Enganar; iludir.★

men·ti·ra *s.f.* 1. Ato de mentir. 2. Persuasão falsa. 3. Falsidade.

men·ti·ro·so (ô) *adj.* 1. Que mente; que falta à verdade. 2. Falso. *s.m.* 3. O que mente. *Pl.*: mentirosos (ó).

men·to *s.m.* 1. *Anat.* Porção anterior e inferior da face correspondente à parte média da maxila inferior; queixo. 2. *Arquit.* Cimalha.

men·tol *s.m. Quím.* Substância que se extrai da essência da hortelã-pimenta e se usa como antisséptico.

men·to·la·do *adj.* Em que há mentol.

men·tor *s.m.* Aquele que ensina, guia ou aconselha.

me·nu *s.m.* 1. Cardápio. 2. *Inform.* Lista, exibida na tela do computador, cujos itens representam comandos de um aplicativo, ou opções de um sistema, disponíveis para o usuário; barra de menu.

me·que·tre·fe (é) *s.m. pop.* 1. Indivíduo intrometido; enxerido. 2. Indivíduo sem importância ou valor; joão-ninguém. 3. Indivíduo sem caráter; velhaco.

mer·ca·de·jar *v.i.* 1. Ser mercador; comerciar. *v.t.i.* 2. Tirar lucro ou proveito ilícito; traficar. *v.t.d.* 3. Negociar; vender.

mer·ca·do *s.m.* 1. Lugar público de venda de gêneros alimentícios e outros. 2. Centro de comércio. 3. Cidade em que há grande movimento comercial. 4. O comércio.

mer·ca·dor *s.m.* O que compra para revender; negociante.

mer·ca·do·ri·a *s.f.* 1. Aquilo que é objeto de compra e venda. 2. Profissão de mercador; mercancia.

mer·can·ci·a *s.f.* Mercadoria.

mer·can·te *adj.2gên.* 1. Concernente ao comércio. 2. Relativo ao movimento comercial. *s.2gên.* 3. Mercador.

mer·can·til *adj.2gên.* 1. Concernente a mercadores ou mercadorias. 2. Comercial. 3. Que pratica o comércio.

mer·cê *s.f.* 1. Paga. 2. Preço ou recompensa do trabalho. 3. Provimento em cargo público. 4. Favor. 5. Benignidade. **À mercê de**: à vontade de; ao capricho de. **Mercê de**: graças a; em virtude de.

mer·ce·a·ri·a *s.f.* Loja em que se vendem gêneros alimentícios e especiarias.

mer·ce·ei·ro *s.m.* Dono de mercearia.

mer·ce·ná·ri·o *adj.* 1. Que trabalha por soldada. 2. Venal; interesseiro. *s.m.* 3. O que trabalha por soldada ou estipêndio.

mer·cú·ri·o *s.m. Quím.* 1. Metal argênteo, elemento de símbolo *Hg* e cujo número atômico é 80. 2. *Astron.* Planeta de ordem inferior, cerca de 25 vezes menor que a Terra e o mais próximo do Sol (inicial maiúscula). 3. *Mit.* Mensageiro dos deuses, entre os antigos romanos (inicial maiúscula).

mer·da (é) *s.f.* 1. Excremento; fezes. *interj.* 2. Termo que exprime desprezo, desagrado. 3. *Teat.* Sorte!

me·re·ce·dor *adj.* Que merece; digno.

me·re·cer *v.t.d.* 1. Ser digno de. 2. Ter direito a. 3. Valer. *v.i.* 4. Tornar-se merecedor.

me·re·ci·men·to *s.m.* 1. Qualidade que torna alguém digno de prêmio, de consideração. 2. Valor; importância.

me·ren·có·ri·o *adj.* Melancólico; triste.

me·ren·da *s.f.* 1. Refeição ligeira que se toma usualmente entre o almoço e o jantar. 2. O que as crianças comem na escola.

me·ren·dei·ra *s.f.* 1. Lancheira. 2. Funcionária responsável pelo preparo e distribuição da merenda nas escolas.

me·ren·gue *s.m. Cul.* Doce de claras de ovo e açúcar; suspiro.

me·re·trí·ci·o *adj.* 1. Concernente a meretriz. *s.m.* 2. Profissão de meretriz; prostituição.

me·re·triz *s.f.* Mulher que pratica o ato sexual mediante pagamento em dinheiro; prostituta.

mer·gu·lha·dor *adj.* 1. Que mergulha. *s.m.* 2. O que mergulha. 3. O que trabalha debaixo da água.

mer·gu·lhão *s.m.* 1. Grande mergulho. *epiceno* 2. *Zool.* Ave palmípede das regiões setentrionais.

mer·gu·lhar *v.t.d.* 1. Pôr sob a água. 2. Introduzir na água. 3. Imergir (num líquido). *v.i.* e *v.p.* 4. Entrar na água a ponto de ficar coberto por ela.

mer·gu·lho *s.m.* 1. Ato de mergulhar. 2. Voo em que uma aeronave executa uma descida súbita em grande velocidade.

me·ri·di·a·no *s.m.* 1. *Astron.* Círculo máximo que passa pelos polos e corta a linha do equador em ângulos retos. *adj.* 2. Concernente ao meio-dia. *Meridiano de Greenwich*: meridiano que passa pelo antigo observatório de Greenwich, subúrbio de Londres, adotado como meridiano zero e que serve de referência do fuso horário.

me·ri·di·o·nal *adj.2gên.* 1. Do lado do sul; austral. *s.2gên.* 2. Habitante das regiões do sul.

me·ri·tís·si·mo *adj.* 1. De grande mérito; muito digno. 2. Tratamento dado aos juízes de direito (*abrev.* MM.). *s.m.* 2. Juiz de direito (inicial maiúscula).

mé·ri·to *s.m.* Merecimento; aptidão; capacidade; superioridade.

me·ri·tó·ri·o *adj.* Digno de prêmio ou louvor.

me·ro (é) *adj.* 1. Puro; sem mistura. 2. Simples; vulgar.

mês *s.m.* 1. A duodécima parte do ano. 2. Espaço de trinta dias.

me·sa (ê) *s.f.* 1. Móvel sobre o qual se come, escreve, joga, etc. 2. Conjunto de presidente e secretários de uma assembleia. 3. Banca. 4. Alimentação; sustento. *Virar a mesa*: mudar radicalmente de atitude.

me·sa·da *s.f.* Quantia que se paga ou se recebe em cada mês; mensalidade.

me·sa de ca·be·cei·ra (ê) *s.f.* Mesa de pequeno porte que se coloca ao lado da cabeceira da cama. *Pl.:* mesas de cabeceira.

me·sa-re·don·da (ê) *s.f.* Reunião de pessoas que realizam debates. *Pl.:* mesas-redondas.

me·sá·ri·o *s.m.* Membro da mesa de uma corporação, seção eleitoral, etc.

mes·cla (é) *s.f.* 1. Mistura de cores. 2. Tecido composto de fios de várias cores. 3. Coisa mesclada. 4. Impurezas. 5. Agrupamento.

mes·cla·do *adj.* 1. Variegado. 2. Misturado.

mes·clar *v.t.d.* 1. Misturar. 2. Unir. 3. Incorporar; adicionar. 4. Intercalar; entremear. *v.p.* 5. Misturar-se. 6. Unir-se.

me·se·ta (ê) *s.f. Geog.* Pequeno planalto.

mes·mi·ce *s.f.* Ausência de variedade.

mes·mo *pron. dem.* 1. Idêntico; igual. 2. Semelhante; parecido. *s.m.* 3. A mesma coisa. *adv.* 4. Exatamente. 5. De fato; realmente.

me·só·cli·se *s.f. Gram.* Caso em que ocorre a interposição do pronome átono: dar-**te**-ei, vê-**lo**-ei.

me·so·po·tâ·mi·a *s.f.* Região situada entre rios (como o território do mesmo nome situado entre os rios Tigre e Eufrates, a oeste da Ásia).

me·so·zoi·co (ói) *adj. Geol.* 1. Relativo à era geológica entre o Paleozoico e o Cenozoico, quando apareceram os grandes répteis, as aves e os primeiros mamíferos. *s.m.* 2. Essa era (inicial maiúscula).

mes·qui·nha·ri·a *s.f.* Mesquinhez.

mes·qui·nhez *s.f.* 1. Qualidade de mesquinho. 2. Sovinice. 3. Insignificância. 4. Desdita.

mes·qui·nho *adj.* 1. Que se priva do necessário. 2. Avaro. 3. Insignificante. 4. Infeliz. 5. Estéril. *s.m.* 6. Indivíduo mesquinho.

mes·qui·ta *s.f.* Templo muçulmano.

mes·sa·li·na *s.f. fig.* Mulher lasciva e dissoluta.

mes·se (é) *s.f.* 1. Seara em estado de se ceifar. 2. Ceifa; colheita. 3. *fig.* Conversão de almas. 4. Conquista; aquisição.

mes·si·â·ni·co *adj.* Concernente ao Messias.

mes·si·as *s.m.2núm.* 1. *Rel.* Pessoa ou coletividade sobre a qual se depositam as aspirações de salvação ou redenção. 2. *por ext.* Pessoa ansiosamente esperada.

mes·ti·ça·gem *s.f.* Cruzamento de raças (animais) ou etnias (homens) diferentes.

mes·ti·çar *v.t.d.* e *v.p.* Cruzar-se indivíduos de uma raça ou etnia com o de outra, produzindo mestiços.

mes·ti·ço *adj.* e *s.m.* Que ou o que é proveniente de pais de raças (animais) ou etnias (homens) diferentes ou, ainda, de espécies diferentes.

mes·tra (é) *s.f.* 1. Mulher que ensina. 2. Professora. 3. *adj.* Principal; fundamental.

mes·tra·do *s.m.* 1. Dignidade de mestre numa ordem militar. 2. O exercício dessa dignidade. 3. Curso de pós-graduação que confere o direito de exercer o magistério superior.

mes·tre (é) *s.m.* 1. Homem que ensina. 2. Professor. 3. O que cursou e tem mestrado. 4. Aquele que é versado numa arte ou ciência. 5. Chefe de fábrica. 6. Maçom que recebeu o terceiro grau. 7. *adj.* Principal.

mes·tre-cu·ca *s.m.* Cozinheiro. *Pl.:* mestres-cucas.

mes·tre de ar·mas *s.m.* Professor de esgrima. *Pl.:* mestres de armas.

mes·tre de ce·ri·mô·ni·as *s.m.* Aquele que dirige um espetáculo público, uma audição, um baile, uma festa; mestre-sala. *Pl.:* mestres de cerimônias.

mes·tre-sa·la *s.m.* 1. Mestre de cerimônias. 2. Par da porta-bandeira nas escolas de samba. *Pl.:* mestres-salas.

mes·tri·a *s.f.* 1. Grande saber. 2. Conhecimento de qualquer matéria. 3. Perícia.

me·su·ra *s.f.* Cortesia que se faz em sinal de acatamento, inclinando a cabeça; reverência.

me·su·rar *v.t.d.* 1. Fazer mesuras a; reverenciar. *v.p.* 2. Agir ou comportar-se com moderação; controlar-se.

me·su·rei·ro *adj.* 1. Que gosta de fazer mesuras. 2. Servil; adulador.

me·ta (é) *s.f.* 1. Baliza; marco; limite. 2. Alvo; mira; termo. 3. Fim a que se encaminham as ações ou os pensamentos de alguém. 4. *Fut.* Arco; vala.

me·ta·bo·lis·mo *s.m. Biol.* Conjunto de transformações físicas, químicas e biológicas, mediante as quais se operam a assimilação e a desassimilação das substâncias necessárias à vida (nos animais e nos vegetais).

me·ta·car·po *s.m. Anat.* Conjunto de ossos, situados entre o carpo e as falanges, que formam parte do esqueleto da mão.

me·ta·de *s.f.* 1. Cada uma das duas partes que resultam de um todo dividido exatamente pelo meio. 2. *por ext.* Cada uma das duas porções aproximadamente iguais em que um todo se pode dividir.

me·ta·fí·si·ca *s.f. Fil.* Ciência ou conjunto das ciências que estudam a essência das coisas, os primeiros princípios e a causa do que existe.

me·ta·fí·si·co *adj.* 1. Concernente à metafísica. 2. Transcendente. 3. *fig.* Sutil; difícil de compreender. *s.m.* 4. Aquele que é versado em metafísica.

me·tá·fo·ra *s.f. Gram.* Emprego de palavra ou palavras em sentido figurado, tomando-se por base a analogia: coração de pedra (insensibilidade).

me·tal *s.m.* Nome comum aos corpos minerais simples, brilhantes, geralmente muito pesados, mais ou menos maleáveis e dúcteis, bons condutores de eletricidade e de calor.

me·tá·li·co *adj.* 1. De metal. 2. Relativo a metal. 3. Diz-se da voz estridente.

me·ta·lo·gra·fi·a *s.f.* 1. Estudo e descrição dos metais e das ligas metálicas, sua estrutura e suas propriedades. 2. Estudo ou tratado sobre metais e ligas metálicas.

me·ta·lur·gi·a *s.f.* 1. Arte de extrair os metais do seio da terra e os purificar. 2. Arte de trabalhar em metal.

me·ta·lúr·gi·co *adj.* 1. Relativo à metalurgia. *s.m.* 2. Indivíduo versado em metalurgia. 3. Operário que trabalha na fabricação de objetos de metal.

me·ta·mor·fo·se (ó) *s.f.* 1. Transformação de um ser ou de uma coisa. 2. Mudança de forma.

me·ta·mor·fo·se·ar *v.t.d.* e *v.p.* 1. Mudar de forma. 2. Alterar(-se) por metamorfose.

me·ta·no *s.m. Quím.* Composto formado por um átomo de carbono e quatro de hidrogênio, incolor, inodoro e inflamável, principal componente do gás natural.

me·ta·nol *s.m. Quím.* Tipo de álcool tóxico.

me·tás·ta·se *s.f. Med.* Mudança de forma ou de sede(4) de uma afecção.

me·ta·tar·so *s.m. Anat.* Parte do pé entre o tarso e os dedos.

me·ta·zo·á·ri:o *s.m. Zool.* Animal pluricelular, com células agrupadas em tecidos e órgãos.

me·te·di·ço *adj.* Intrometido.

me·tem·psi·co·se (ó) *s.f.* Teoria segundo a qual a alma pode habitar sucessivamente, em diversas existências, corpos de seres humanos, animais e vegetais.

me·te·o·ri·to *s.m.* Pequeno corpo mineral procedente dos espaços interplanetários, que se precipita sobre a Terra.

me·te·o·ro (ó) *s.m.* 1. Qualquer fenômeno atmosférico. 2. Estrela cadente. 3. *por ext.* Aparição brilhante e de curta duração.

me·te:o·ro·lo·gi·a *s.f.* Ciência dos fenômenos atmosféricos: estuda as causas das variações do tempo e procura predizê-las.

me·te:o·ro·ló·gi·co *adj.* Concernente à meteorologia.

meter

me·ter *v.t.d.* 1. Introduzir; fazer entrar. 2. Pôr. 3. Engolfar; submergir. 4. Pôr de permeio. *v.p.* 5. Esconder-se. 6. Aventurar-se (a fazer alguma coisa).

me·ti·cu·lo·si·da·de *s.f.* Qualidade de meticuloso.

me·ti·cu·lo·so (ô) *adj.* 1. Escrupuloso. 2. Minucioso. 3. Receoso; tímido. *Pl.*: meticulosos (ó).

me·ti·do *adj.* 1. Intrometido; abelhudo. 2. Audacioso.

me·tó·di·co *adj.* 1. Em que há método. 2. Que tem método. 3. *fig.* Comedido; circunspecto.

me·to·dis·mo *s.m.* Seita anglicana dos ramos mais austeros do protestantismo.

me·to·dis·ta *adj.2gên.* 1. Relativo ao metodismo. *s.2gên.* 2. Adepto do metodismo.

me·to·di·zar *v.t.d.* 1. Tornar metódico. 2. Regularizar; ordenar.

mé·to·do *s.m.* 1. Ordem que se segue com um fim determinado, especialmente no estudo científico. 2. Técnica, processo de ensino. 3. Maneira de proceder.

me·to·do·lo·gi·a *s.f.* Tratado dos métodos; arte de orientar em busca de um fim determinado.

me·to·do·ló·gi·co *adj.* Concernente à metodologia.

me·to·ní·mi:a *s.f. Linguíst.* Figura de linguagem que consiste no uso de uma palavra no lugar de outra pelo fato de ambas terem entre si um tipo de relação que as aproxima, como causa e efeito, parte e todo, autor e obra, etc.

me·tra·gem *s.f.* 1. Medição em metros. 2. Quantidade em metros. 3. Número de metros.

metropolitano

me·tra·lha *s.f.* 1. Conjunto de projéteis, como pequenas balas, pedaços de metal, etc., usados como carga em armas de fogo. 2. Sequência de disparos de metralhadora.

me·tra·lha·do·ra (ô) *s.f.* Arma de fogo que dispara em pouco tempo e automaticamente grande número de projéteis.

me·tra·lhar *v.t.d.* 1. Ferir ou atacar com tiros de metralhadora. 2. Abrir fogo contra.

mé·tri·ca *s.f. Lit.* Arte de medir versos.

mé·tri·co *adj.* 1. Que se refere ao metro. 2. Pertencente ao sistema que tem por base o metro. 3. Concernente à metrificação.

me·tri·fi·ca·ção *s.f. Lit.* Ação, efeito ou arte de metrificar; métrica.

me·tri·fi·car *v.t.d. Lit.* 1. Pôr em verso medido. 2. Reduzir a versos medidos. 3. Compor versos.

me·tro (é) *s.m.* 1. *Metrol.* Unidade fundamental do sistema métrico decimal (*abrev.* m, sem ponto nem s para indicar plural). 2. Objeto que serve para medir e tem o comprimento de um metro. 3. *Lit.* Medida de verso. 4. Ritmo.

me·trô *s.m.* Forma reduzida de metropolitano(2).

me·tro·lo·gi·a *s.f.* Conhecimento dos pesos e medidas de todos os povos.

me·trô·no·mo *s.m. Mús.* Instrumento composto de um pêndulo que regula o andamento de música.

me·tró·po·le *s.f.* 1. Capital de um país, de uma província, de um reino. 2. Nação, relativamente às suas colônias.

me·tro·po·li·ta·no *adj.* 1. Relativo à metrópole. *s.m.* 2. Trem urbano que trafega especialmente em via subterrânea; metrô.

me·tro·vi·á·ri:o *adj.* 1. Relativo a metrô. 2. Que trabalha em metrô. *s.m.* 3. Aquele que trabalha em metrô.

meu *pron. poss.* 1. Pertencente ou relativo à pessoa que fala. 2. Próprio da, ou sentido, experimentado pela pessoa que fala. *Fem.:* minha.

me·xe·lhão (ch) *adj.* e *s.m.* Que ou aquele que mexe em tudo; traquinas; mexilhão.

me·xer (ch) *v.t.d.* 1. Dar movimento a. 2. Agitar. 3. Dar impulso a. 4. Desviar do posto ou posição. 5. Misturar, revolvendo. *v.t.i.* 6. Tocar; bulir. *v.i.* 7. Dar de si. *v.i.* e *v.p.* 8. Agitar-se. 9. Deslocar-se. *v.p.* 10. Apressar-se; aviar-se.

me·xe·ri·ca (ch) *s.f. Bot.* Tangerina; bergamota.

me·xe·ri·car (ch) *v.t.d.* 1. Contar, divulgar em segredo (alguma coisa) com o fim de malquistar. *v.i.* 2. Andar com mexericos; fazer intrigas.

me·xe·ri·co (ch) *s.m.* Ação de mexericar; bisbilhotice; intriga; enredo.

me·xe·ri·quei·ro (ch) *adj.* 1. Que mexerica. *s.m.* 2. O que tece intrigas, mexericos.

me·xi·ca·no (ch) *adj.* 1. Relativo ao México. *s.m.* 2. O natural ou habitante do México.

me·xi·da (ch) *s.f.* 1. Ação ou efeito de mexer(-se). 2. Confusão; discórdia; rebuliço.

me·xi·do (ch) *adj.* 1. Que se mexeu. 2. Agitado; revolvido. *Reg. Cul.* 3. Espécie de farofa preparada com arroz, feijão, torresmo e verduras. 4. Feijão ou carne picada misturada com farinha de mandioca.

me·xi·lhão¹ (ch) *s.m. epiceno Zool.* Designação comum aos moluscos cuja concha é formada por duas peças simétricas e que se fixam nas pedras através de filamentos.

me·xi·lhão² (ch) *adj.* e *s.m.* Mexelhão.

me·za·ni·no *s.m.* 1. Andar pouco elevado entre dois andares altos. 2. Janela desse andar. 3. Janela do porão de um edifício.

me·zi·nha *s.f.* 1. Líquido para clister. 2. Qualquer remédio caseiro.

mg *Metrol.* Símbolo de *miligrama*.

MHz *Fís., Metrol.* Símbolo de *megahertz*.

mi *s.m.* 1. *Mús.* A terceira nota da escala, entre o ré e o fá. 2. Sinal representativo dessa nota na pauta. *pron.* 3. *ant.* Mim.

mi·a·do *s.m.* A voz ou grito do gato.

mi·ar *v.i.* 1. Soltar a voz (o gato); dar miados. 2. *fig.* Gritar estridentemente.

mi·as·ma *s.m.* 1. Emanação de ares tóxicos e fétidos. 2. Emanação proveniente de animais ou plantas em decomposição.

mi:au *s.m.* 1. Onomatopeia do som produzido pelo gato. 2. O próprio gato, em linguagem infantil.

mi·ca *s.f. Min.* Nome comum a um grande número de minerais que se fendem em lâminas delgadas.

mi·ca·gem *s.f.* Careta; trejeito.

mi·çan·ga *s.f.* 1. Contas miúdas de vidro, de várias cores e perfuradas. 2. Enfeite dessas contas.

mic·ção *s.f.* Ação de urinar.

mi·ce·to·lo·gi·a *s.f. Bot.* Micologia.

mi·co *s.m. epiceno* 1. *Zool.* Nome comum a diversos macaquinhos ou saguis. *sobrecomum* 2. Pessoa de aspecto grotesco. **Pagar mico**: colocar-se em situação embaraçosa.

mi·co·le·ão *s.m. Zool.* Nome comum a quatro espécies de pequenos macacos (mico-leão-dourado, mico-leão-de-cara-dourada, mico-leão-preto e mico-leão-de-cara-preta) encontrados na mata Atlântica, de pelagem farta e cores brilhantes. *Pl.:* micos-leões e micos-leão.

mi·co·lo·gi·a *s.f. Bot.* Parte da botânica que trata dos fungos; micetologia.

mi·co·se (ó) *s.f. Med.* Moléstia causada por fungos.

mi·crei·ro *adj.* 1. Relativo a microcomputador. 2. *pop.* Diz-se de usuário que é entusiasmado por computadores. *s.m.* 3. *pop.* Esse tipo de usuário.

mi·cro *s.m.* 1. A milésima parte do milímetro; mícron. 2. *Red.* de microcomputador.

mi·cró·bi·o *s.m. Biol.* Ser microscópico animal ou vegetal.

mi·cro·bi·o·lo·gi·a *s.f.* Tratado acerca dos micróbios.

mi·cro·cé·fa·lo *adj.* e *s.m.* 1. Que ou que tem a cabeça muito pequena ou a massa encefálica diminuta. 2. *fig.* Diz-se de ou indivíduo de curta inteligência.

mi·cro·chip (máicroutchip) *Ingl. s.m. Inform.* Circuito integrado; *chip*; processador.

mi·cro·ci·rur·gi·a *s.f. Med.* Cirurgia feita com auxílio de microscópio especial por causa do pequeno tamanho da área ou estrutura a ser operada.

mi·cro·com·pu·ta·dor *s.m.* Computador cuja unidade de processamento é composta de um só circuito integrado.

mi·cro·cos·mo (ó) *s.m.* 1. Resumo do universo; mundo pequeno. 2. O ser humano.

mi·cro:e·co·no·mi·a *s.f. Econ.* Estudo do comportamento dos chamados agentes individuais da economia (consumidores, produtores, empresas, trabalhadores, etc.) e da relação que mantêm entre si e com o mercado.

mi·cro:em·pre·sa (ê) *s.f.* Empresa ou firma de pequeno porte que, para ser enquadrada nessa categoria e pagar menos impostos, não pode ter uma receita anual igual ou superior àquela definida pelo governo.

mi·cro·fil·me *s.m.* Reprodução com redução de imagem ou documento para arquivo ou coleção.

mi·cro·fo·ne (ô) *s.m.* Aparelho que transforma as ondas sonoras em correntes elétricas, usado para intensificar o som.

mi·crô·me·tro *s.m.* 1. Instrumento próprio para medir pequenas dimensões. 2. *Metrol.* Unidade de medida de comprimento correspondente à milésima parte do milímetro; mícron (símbolo μm).

mí·cron *s.m. Micro. Pl.:* mícrons ou micra.

mi·cro·on·da *s.f. Fís.* Onda eletromagnética de frequência muito elevada, utilizada em telecomunicações e radares. *Micro-ondas*: forno que utiliza esse tipo de onda para descongelar, aquecer ou cozinhar alimentos.

mi·cro·ô·ni·bus *s.m.2núm.* Veículo de transporte coletivo menor que o ônibus comum.

mi·cro-or·ga·nis·mo *s.m. Biol.* Microrganismo. *Pl.:* micro-organismos.

mi·cro·pro·ces·sa·dor *s.m. Inform.* Circuito integrado; *chip*; processador.

mi·cror·ga·nis·mo *s.m. Biol.* Organismo de extrema pequenez; micróbio.

mi·cros·co·pi·a *s.f.* 1. Arte de usar o microscópio. 2. Conjunto dos estudos microscópicos.

mi·cros·có·pi·co *adj.* 1. Concernente a microscopia. 2. Feito com o auxílio do microscópio. 3. Que só é visível ao microscópio. 4. Excessivamente pequeno.

mi·cros·có·pi:o *s.m.* Instrumento óptico para ampliar os objetos ou para tornar visíveis os microrganismos observados através dele.

mic·tó·ri:o *s.m.* Lugar onde se urina; privada.

mi·cu·im *s.m. Zool.* Nome comum a certos ácaros diminutos, confundidos com pequenos carrapatos, que parasitam a pele de vertebrados na fase de larva.

mí·di:a *s.f.* 1. Nome dado ao conjunto dos meios de comunicação de massa, que pode ser dividido em duas categorias principais: mídia impressa (jornais, revistas, etc.) e mídia eletrônica (televisão, cinema, vídeo, internet, etc.). 2. Qualquer um desses meios de comunicação. 3. Área de uma agência de propaganda que cuida da veiculação dos anúncios na mídia. 4. Suporte para o registro de informações (papel, fita magnética, disco rígido, CD, DVD, etc.).

mi·ga·lha *s.f.* 1. Pequeno fragmento de alimento farináceo, especialmente de pão. 2. Pequena porção.

mi·ga·lhas *s.f.pl.* Restos; sobejos.

mi·gra·ção *s.f.* 1. Ação de mudar-se de um país para outro. 2. Viagens periódicas e irregulares, feitas por certas espécies de animais. *V.* **emigração** e **imigração**.

mi·gran·te *adj.2gên.* e *s.2gên.* Que ou pessoa que migra. *V.* **emigrante** e **imigrante**.

mi·grar *v.t.i.* e *v.i.* Mudar-se de um país para outro, de uma região para outra. *V.* **emigrar** e **imigrar**.

mi·gra·tó·ri:o *adj.* Concernente a migração.

mi·jar *v.t.d.* e *v.i. pop.* 1. Urinar. *v.p.* 2. Urinar involuntariamente. 3. *fig.* Mostrar medo.

mi·jo *s.m. pop.* Urina.

mi·jo de pa·dre *s.m. Reg.* 1. Café muito ralo. 2. Mijo de rato. *Pl.:* mijos de padre.

mi·jo de ra·to *s.m. Reg.* 1. Mijo de padre. 2. Perfume. *Pl.:* mijos de ratos.

mil *num.* 1. Cardinal correspondente a dez vezes cem; um milhar. 2. *por ext.* Muitos; quantidade indeterminada.

mi·la·gre *s.m.* 1. Ocorrência que não se explica por causas naturais. 2. Sucesso que, pela sua raridade, causa grande admiração.

mi·la·grei·ro *adj.* e *s.m.* 1. Que ou o que acredita facilmente em milagres. *s.m.* 2. Aquele que pratica milagres ou se diz capaz de os praticar.

mi·la·gro·so (ô) *adj.* Que faz milagres; que é tido na conta de fazer milagres. *Pl.:* milagrosos (ó).

mi·la·nês *adj.* 1. De Milão (Itália). *s.m.* 2. O natural ou habitante de Milão.

mi·le·nar *adj.2gên.* Milenário.

mi·le·ná·ri:o *adj.* 1. Que tem mil anos. 2. Concernente ao milhar. *s.m.* 3. Milênio.

mi·lê·ni:o *s.m.* Espaço de mil anos.

mi·lé·si·ma *s.f.* Cada uma das mil partes iguais em que se divide a unidade.

mi·lé·si·mo *num.* 1. Ordinal e fracionário correspondente a mil. *s.m.* 2. Milésima.

mi·lha *s.f.* 1. Antiga medida itinerária brasileira, equivalente a 2.200 m. 2. Medida itinerária inglesa correspondente a 1.609 m. **Milha marítima**: medida itinerária equivalente a 1.852 m.

mi·lha·fre *s.m. epiceno Zool.* Ave de rapina diurna, também chamada milhano.

mi·lha·no *s.m.* Milhafre.

mi·lhão *s.m.* 1. Mil milhares. 2. *por ext.* Número grande, indeterminado.

mi·lhar *s.m.* 1. Mil unidades. 2. Grande número indeterminado.

mi·lha·ral *s.m.* Terreno coberto de pés de milho.

mi·lhei·ro *s.m.* Milhar (empregado na contagem de coisas que se vendem por miúdo, como frutas, plantas, etc.).

mi·lho *s.m. Bot.* 1. Planta gramínea. 2. O grão dessa planta.

mi·lí·ci:a *s.f.* 1. A força militar de um país. 2. Vida ou carreira militar. 3. Qualquer corporação sujeita à organização e disciplina militares.

mi·li·ci·a·no *adj.* 1 Concernente a milícia. *s.m.* 2. Soldado.

mi·li·gra·ma *s.m.* A milésima parte do grama (*abrev.* mg, sem ponto nem *s* para indicar plural).

mi·li·li·tro *s.m.* A milésima parte do litro (*abrev.* ml, sem ponto nem *s* para indicar plural).

mi·lí·me·tro *s.m.* A milésima parte do metro (*abrev.* mm, sem ponto nem *s* para indicar plural).

mi·li:o·ná·ri:o *adj.* e *s.m.* Que ou o que possui milhões; riquíssimo.

mi·li:o·né·si·ma *s.f.* Cada uma de um milhão de partes iguais em que se divide um todo.

mi·li:o·né·si·mo *num.* 1. Ordinal e fracionário correspondente a milhão. *s.m.* 2. Milionésima.

mi·li·tan·te *adj.2gên.* 1. Que milita. 2. Que funciona. 3. Que está em exercício. 4. Combatente.

mi·li·tar[1] *adj.2gên.* 1. Que se refere ou pertence ao exército. 2. Que segue a carreira das armas. 3. Que se baseia na força militar. *s.m.* 4. Indivíduo que segue a carreira das armas. 5. Soldado.

mi·li·tar[2] *v.i.* 1. Seguir a carreira das armas. 2. Servir no exército. 3. Estar filiado a um partido. 4. Ter força; prevalecer. *v.t.i.* 5. Combater; pugnar; opor-se.

mi·li·ta·ris·mo *s.m.* 1. Regime político em que o poder é exercido principalmente pelos militares. 2. Doutrina que defende e propõe os militares no comando da política e da administração de um país. 3. Tendência em solucionar conflitos nacionais ou internacionais com a intervenção dos militares, por meio da guerra.

mi·li·ta·ri·zar *v.t.d.* 1. Tornar militar. 2. Dar aspecto militar a. *v.p.* 3. Preparar-se militarmente.

mi·lon·ga *s.f. Reg.* 1. Música e dança populares, originárias da região do rio da Prata (Argentina e Uruguai). 2. Música típica do Rio Grande do Sul, geralmente triste, cantada ao som do violão.

mi·lon·guei·ro *adj.* e *s.m.* Manhoso; que ou o que tem lábia.

mil-réis *s.m.2núm.* Unidade monetária brasileira que vigorou até novembro de 1942, quando foi substituída pelo cruzeiro.

mim *pron.pess.* Forma oblíqua de **eu**, sempre regida de preposição: de mim; entre mim e ele.

mi·ma·do *adj.* Tratado com mimo, geralmente excessivo.

mi·mar *v.t.d.* Tratar com mimo; fazer mimos a.

mi·me·o·gra·far *v.t.d.* Tirar cópias de, ao mimeógrafo.

mi·me·ó·gra·fo *s.m.* Aparelho para tirar cópias sobre um papel especial que se denomina estêncil.

mi·me·tis·mo *s.m.* Tendência de diversos animais para tomarem a cor e a configuração dos objetos em cujo meio vivem.

mí·mi·ca *s.f.* 1. Arte de exprimir o pensamento por meio de gestos. 2. Gesticulação.

mí·mi·co *adj.* 1. Concernente a mímica ou a gesticulação. 2. Que exprime as suas ideias por meio de gestos.

mi·mo *s.m.* 1. Coisa pequena e delicada, que se oferece ou se dá. 2. Oferenda; presente. 3. Afago; carinho. 4. Delicadeza.

mi·mo·se·ar *v.t.d.* 1. Tratar com mimo. 2. Obsequiar; presentear.

mi·mo·so (ô) *adj.* 1. Costumado a ser tratado com mimo, com desvelo, com meiguice. 2. Delicado; sensível. 3. Fino. *Pl.:* mimosos (ó).

mi·na *s.f.* 1. Cavidade, veio no seio da terra donde se extraem quaisquer substâncias líquidas ou sólidas. 2. Jazigo de minérios. 3. Nascente de água. 4. Engenho de guerra que contém explosivos. 5. *fig.* Fonte de riquezas. 6. Coisa de grande valor ou muito vantajosa. 7. *gír.* Garota; namorada.

mi·nar *v.t.d.* 1. Abrir minas em. 2. Escavar (o seio da terra) para extrair metais, combustíveis, etc. 3. Invadir às ocultas. 4. Consumir pouco a pouco. 5. Prejudicar ocultamente. *v.i.* 6. Lavrar; espalhar-se. 7. Prejudicar alguém às ocultas.

mi·na·re·te (ê) *s.m.* Pequena torre junto às mesquitas, de onde se anuncia aos muçulmanos a hora da oração.

min·di·nho *adj. pop.* 1. Diz-se do dedo mínimo. *s.m.* 2. Esse dedo.

mi·nei·ro¹ *adj.* 1. Relativo a mina. 2. Em que há minas. 3. Trabalhador ou dono de mina.

mi·nei·ro² *adj.* 1. Relativo ao estado de Minas Gerais. *s.m.* 2. O natural ou habitante desse estado.

mi·ne·ra·ção *s.f.* 1. Exploração das minas. 2. Purificação de minério.

mi·ne·ral *adj.2gén.* 1. Concernente aos minerais. 2. Inorgânico. 3. Designação das águas que contêm minerais em dissolução. 4. Relativo ao carvão fóssil ou produto derivado. *s.m.* 5. Qualquer substância inorgânica que se encontra no interior ou na superfície terrestre.

mi·ne·ra·lo·gi·a *s.f.* Ciência que trata dos minerais.

mi·ne·rar *v.t.d.* e *v.i.* 1. Extrair minérios de uma mina; explorar comercialmente essa atividade. *v.i.* 2. Garimpar.

mi·né·ri·o *s.m.* Mineral ou associação de minerais de que se podem extrair metais ou substâncias não metálicas.

min·gau *s.m.* 1. Papa de farinha de trigo, milho, etc. 2. *fig.* Coisa muito mexida ou aguada.

mín·gua *s.f.* 1. Falta do necessário; carência. 2. Penúria. 3. Quebra; defeito.

min·gua·do *adj.* 1. Que carece do necessário. 2. Escasso; limitado. 3. Privado.

min·guan·te¹ *adj.2gên.* 1. Que míngua. *s.m.* 2. *fig.* Decadência.

min·guan·te² *s.m.* Quarto minguante (fase da Lua).

min·guar *v.i.* 1. Decrescer. 2. Tornar-se menor. 3. Faltar. *v.t.i.* 4. Escassear. 5. Baixar. *v.t.d.* 6. Diminuir; tornar menor.

mi·nho·ca (ó) *s.f. epiceno Zool.* Animal de corpo segmentado que contribui para a fertilização da terra.

mi·nho·to (ô) *adj.* 1. Do Minho (Portugal). *s.m.* 2. O natural ou habitante do Minho.

mi·ni·a·tu·ra *s.f.* 1. Pintura ou fotografia delicada, em ponto pequeno. 2. Qualquer coisa em ponto pequeno. 3. Resumo.

mi·ni·des·va·lo·ri·za·ção *s.f. Econ.* Desvalorização pequena da moeda, geralmente parcelada.

mi·ni·di·ci·o·ná·ri·o *s.m.* Dicionário pequeno, com cerca de 30.000 verbetes.

mi·ni·fun·di·á·ri·o *adj.* 1. Relativo a minifúndio. *s.m.* 2. Dono de minifúndio.

mi·ni·fún·di·o *s.m.* Pequena propriedade rural.

mi·ni·gân·ci·as *s.f.pl. Reg.* Ninharias.

mí·ni·ma *s.f. Mús.* Nota que vale metade da semibreve.

mi·ni·ma·lis·mo *s.m.* 1. *Bel-Art.* Estilo ou técnica de expressão artística que usa o mínimo de elementos e busca a simplificação das formas. 2. *Bel-Art.* Movimento que surgiu na pintura e na escultura em meados do século XX nos Estados Unidos, com esse modo de expressão artística. 3. *Mús.* Método de composição musical que se baseia na repetição constante de certos elementos.

mi·ni·mi·zar *v.t.d.* 1. Reduzir ao menor grau, à menor extensão. 2. Subestimar. 3. *Inform.* Em um ambiente gráfico, reduzir uma janela a um ícone, para uso posterior.

mí·ni·mo *adj.* 1. Que é menor. *s.m.* 2. A menor porção de qualquer coisa.

mí·ni·o *s.m. Quím.* Óxido vermelho de chumbo usado como pigmento.

mi·nis·sai·a *s.f.* Saia muito curta.

mi·nis·sé·ri·e *s.f.* Novela ou seriado produzido para a televisão, com poucos capítulos ou episódios.

mi·nis·te·ri·al *adj.2gên.* Concernente a ministro ou a ministério.

mi·nis·té·ri·o *s.m.* 1. Mister(1); cargo. 2. Profissão; ofício. 3. Conjunto dos ministros de Estado que constituem um gabinete governativo. 4. Secretaria de Estado.

mi·nis·trar *v.t.d.* 1. Dar; fornecer; aplicar; servir. 2. Administrar. *v.i.* 3. Servir de ministro.

mi·nis·tro *s.m.* 1. Aquele que está encarregado de uma função, de um ofício, de um cargo. 2. Membro de um ministério. 3. Categoria diplomática abaixo de embaixador. 4. Sacerdote; pastor protestante. 5. Nome que se dá aos juízes do Supremo Tribunal Federal, do Supremo Tribunal Militar, do Tribunal de Contas.

mi·no·ra·ção *s.f.* Ação ou efeito de minorar.

mi·no·rar *v.t.d.* 1. Diminuir; tornar menor. 2. Aliviar; atenuar.

mi·no·ri·a *s.f.* 1. Inferioridade em número. 2. A parte menos numerosa de um corpo deliberativo.

mi·no·ri·tá·ri·o *adj.* 1. Concernente à minoria. 2. Designativo do partido que obtém a minoria dos votos.

mi·nu·a·no *s.m.* Vento frio e seco que sopra do sudoeste, durante o inverno.

mi·nú·ci:a *s.f.* 1. Coisa muito miúda. 2. Minudência; pormenor; particularidade.

mi·nu·ci·ar *v.t.d.* Minudenciar.

mi·nu·ci·o·so (ô) *adj.* 1. Que se ocupa de minúcias. 2. Descrito sem esquecer o mínimo pormenor. 3. Feito com grande cuidado e atenção. 4. Meticuloso. *Pl.:* minuciosos (ó).

mi·nu·dên·ci:a *s.f.* 1. Minúcia. 2. Coisa mínima; miudeza; bagatela.

mi·nu·den·ci·ar *v.t.d.* Narrar com pormenores; detalhar; minuciar.

mi·nu·e·to (ê) *s.m.* 1. *ant.* Dança francesa a três tempos; música que acompanhava essa dança. 2. *Mús.* Trecho musical em compasso ternário e andamento vagaroso.

mi·nús·cu·la *s.f.* Letra de formato menor do que a maiúscula e com aspecto geralmente diferente desta; letra minúscula.

mi·nús·cu·lo *adj.* 1. Pequeno; miúdo. 2. Insignificante; de pouco valor. 3. Que tem pequena extensão ou pequena forma.

mi·nu·ta *s.f.* 1. Rascunho; primeira redação de qualquer escrito. 2. Prato preparado no momento, nos restaurantes. *À minuta*: na hora.

mi·nu·tar *v.t.d.* Fazer ou ditar a minuta de.

mi·nu·to *s.m.* 1. Sexagésima parte da hora (*abrev.* min, sem ponto nem *s* para indicar *pl.*) ou do grau. 2. Momento; espaço de tempo diminuto.

mi·o·cár·di:o *s.m. Anat.* Músculo que constitui as paredes do coração.

mi:o·car·di·te *s.f. Med.* Inflamação do músculo cardíaco, o miocárdio.

mi:o·ce·no (ê) *adj.* 1. Diz-se da quarta época das cinco em que está dividido o Terciário, entre o Oligoceno e o Plioceno. *s.m.* 2. Essa época (nessa acepção, com maiúscula).

mi·o·lo (ô) *s.m.* 1. A parte do pão contida entre as côdeas. 2. A parte interna de certos frutos. 3. Cérebro. 4. A parte interior de qualquer coisa. 5. *fig.* Juízo.

mi:o·lo·gi·a *s.f. Anat.* Estudo dos músculos.

mi·o·ma (ô) *s.m. Med.* Tumor benigno formado por fibras musculares lisas, especialmente no útero.

mí·o·pe *adj.2gên.* 1. Diz-se da pessoa que tem miopia. 2. *fig.* Que não é perspicaz. *s.2gên.* 3. Pessoa míope.

mi:o·pi·a *s.f. Med.* 1. Imperfeição ocular que só permite ver os objetos a pequena distância dos olhos. 2. *fig.* Falta de perspicácia.

mi:o·só·tis *s.f.2núm. Bot.* Planta de pequeninas flores azuis.

mi·ra¹ *s.f.* 1. Ato ou efeito de mirar. 2. Fim; intuito; intenção.

mi·ra² *s.f.* Apêndice metálico nas armas de fogo pelo qual se dirige a vista nas pontarias.

mi·ra·bo·lan·te *adj.2gên.* Espalhafatoso; ridiculamente vistoso; que atrai muito.

mi·ra·cu·lo·so (ô) *adj.* Milagroso; maravilhoso. *Pl.:* miraculosos (ó).

mi·ra·gem *s.f.* 1. Ilusão de óptica em que objetos distantes produzem uma imagem invertida, como se refletissem na água. 2. *fig.* Engano dos sentidos; ilusão.

mi·ran·te *s.m.* Pavilhão em lugar onde se descobre um largo horizonte.

mi·rar *v.t.d.* 1. Fixar; encarar; cravar a vista em. 2. Tomar como alvo; apontar para. 3. Espreitar; observar. *v.t.i.* 4. Tomar por alvo do tiro. 5. Ter em vista. *v.p.* 6. Contemplar-se em um espelho ou em outra superfície qualquer que reflita a imagem.

mi·rí·a·de *s.f.* 1. Número de dez mil. 2. *fig.* Grande quantidade, mas indeterminada.

mi·ri·á·po·de *adj.2gên.* 1. De muitos pés. *s.m. epiceno* 2. *Zool.* Indivíduo dos miriápodes, animais caracterizados por grande número de pés, como a centopeia.

mi·ri·a·re *s.m.* Superfície de dez mil ares ou de um quilômetro quadrado.

mi·rí·fi·co *adj.* Espantoso; maravilhoso; excelente; admirável.

mi·rim *adj.2gên.* Pequeno.

mir·ra *s.f. Bot.* Planta que produz uma goma resinosa usada no fabrico de incenso e perfume.

mir·ra·do *adj.* Seco; ressequido; magro.

mir·rar[1] *v.t.d.* 1. Preparar com mirra.

mir·rar[2] *v.t.d.* 1. Tornar magro, definhado. 2. Tirar lentamente as forças a. *v.i.* e *v.p.* 3. Diminuir de volume. 4. Emagrecer muito. 5. Tornar-se ressequido.

mi·san·tro·pi·a *s.f.* 1. Aversão à convivência social; estado de misantropo. 2. Melancolia.

mi·san·tro·po (ô) *adj.* e *s.m.* Que ou o que tem misantropia.

mis·ce·lâ·ne·a *s.f.* 1. Mistura de escritos sobre diversos assuntos no mesmo volume. 2. *fig.* Confusão; mistura.

mis·ci·ge·na·ção *s.f.* Cruzamento entre raças (animais) ou etnias (pessoas) diferentes.

mis·cí·vel *adj.2gên.* Que se pode misturar.

mi·se·ra·bi·li·da·de *s.f.* Qualidade ou estado de miserável.

mi·se·rá·vel *adj.2gên.* 1. Digno de compaixão. 2. Deplorável; desprezível. 3. Vil; digno de ódio; malvado; perverso. 4. Avaro; mesquinho. *s.2gên.* 5. Pessoa desgraçada, infeliz. 6. Pessoa que está na miséria. 7. Pessoa avarenta.

mi·sé·ri·a *s.f.* 1. Estado de penúria. 2. Estado mesquinho, vergonhoso, indigno. 3. Coisa que inspira dó, lástima. 4. Ação, procedimento vil.

mi·se·ri·cór·di·a *s.f.* 1. Sentimento doloroso causado pela miséria de outrem. 2. Dó; compaixão. 3. Perdão concedido aos que deviam ser punidos.

mi·se·ri·cor·di·o·so (ô) *adj.* Compassivo; clemente. *Pl.*: misericordiosos (ó).

mí·se·ro *adj.* 1. Desventurado; infeliz; desgraçado. 2. Escasso. 3. Avaro.

mi·so·ga·mi·a *s.f.* Horror ao casamento.

mi·só·ga·mo *adj.* e *s.m.* Que ou o que tem horror ao casamento.

mi·so·gi·ni·a *s.f. Med.* Repulsão mórbida do homem às mulheres.

mi·só·gi·no *adj.* e *s.m.* Que ou o que tem misoginia.

mi·so·ne·ís·mo *s.m.* Aversão a tudo o que é novo, a toda transformação.

mi·so·ne·ís·ta *adj.2gên.* 1. Concernente ao misoneísmo. *s.2gên.* 2. Pessoa que repele tudo o que é novo.

mis·sa *s.f. Liturg.* Ato solene com que a Igreja comemora o sacrifício de Jesus Cristo pela humanidade.

mis·sal *s.m. Rel.* 1. Livro que traz as orações das missas a serem celebradas ao longo do ano, usado pelos sacerdotes. 2. Livro que traz orações e outras rezas, usado pelos fiéis.

mis·são *s.f.* 1. Incumbência. 2. Comissão diplomática. 3. Estabelecimento de padres missionários. 4. Obrigação. 5. Propaganda.

mís·sil *adj.* 1. Próprio para ser arremessado. *s.m.* 2. Projétil ou bomba de grande alcance que se desloca em velocidade supersônica.

mis·si·o·ná·ri·o *adj.* 1. Relativo às missões. *s.m.* 2. Pregador de missões. 3. Defensor da fé. 4. Propagandista de uma ideia ou doutrina.

mis·si·va *s.f.* Carta; epístola.

mis·si·vis·ta *s.2gên.* 1. Pessoa que leva missivas ou cartas. 2. Pessoa que escreve cartas a alguém.

mis·ter (é) *s.m.* 1. Emprego; ocupação; serviço; trabalho. 2. Urgência; necessidade. 3. Aquilo que é forçoso.

mis·té·ri·o *s.m.* 1. Culto secreto, no politeísmo. 2. Tudo o que é impenetrável à razão humana. 3. Aquilo que é incompreensível. 4. Segredo.

mis·te·ri·o·so (ô) *adj.* 1. Em que há mistério. 2. Inexplicável. 3. Que faz segredo de coisas insignificantes. *Pl.:* misteriosos (ó).

mís·ti·ca *s.f.* 1. Estudo do que é considerado divino, espiritual. 2. Vida dedicada à contemplação, à religiosidade; misticismo. 3. *fig.* Conjunto de qualidades atribuídas a algo ou a alguém que provoca fascínio e devoção.

mis·ti·cis·mo *s.m.* 1. Contemplação espiritual. 2. Devoção religiosa. 3. Tendência para acreditar no sobrenatural.

mís·ti·co *adj.* 1. Relativo à vida espiritual. 2. Misterioso; de sentido oculto; esotérico. *s.m.* 3. O que professa o misticismo. *V. mítico.*

mis·ti·fi·ca·ção *s.f.* Ação ou efeito de mistificar.

mis·ti·fi·car *v.t.d.* Enganar; embair; abusar da credulidade de. *V. mitificar.*

mis·to *adj.* 1. Que resulta da mistura de duas ou mais coisas. 2. Diz-se do trem que transporta cargas e passageiros. *s.m.* 3. Reunião de duas ou mais coisas; mistura.

mis·tu·ra *s.f.* 1. Ação ou efeito de misturar(-se). 2. Mescla. 3. União de qualidades, de condições, de negócios.

mis·tu·rar *v.t.d.* 1. Confundir. 2. Juntar; cruzar; baralhar. 3. Reunir (pessoas diversas). *v.p.* 4. Meter-se de permeio. 5. Juntar-se.

mi·te·ne (ê) *s.f.* Luva de mulher que cobre apenas metade da mão deixando os dedos livres.

mí·ti·co *adj.* 1. Concernente aos mitos; fabuloso. 2. Da natureza dos mitos. *V. místico.*

mi·ti·fi·ca·ção *s.f.* Ação de mitificar.

mi·ti·fi·car *v.t.d.* Converter em mito. *V. mistificar.*

mi·ti·ga·ção *s.f.* 1. Ação ou efeito de mitigar(-se) ou atenuar(-se). 2. Diminuição do mal; alívio.

mi·ti·gar *v.t.d.* 1. Abrandar; suavizar; aliviar; acalmar. *v.p.* 2. Aliviar-se; ceder; abrandar.

mi·to *s.m.* 1. Fábula que relata a história dos deuses, semideuses e heróis da Antiguidade pagã. 2. Coisa que não tem existência real. 3. Aquilo em que não se crê. 4. Quimera; utopia.

mi·to·lo·gi·a *s.f.* 1. Estudo, explicação e interpretação dos mitos. 2. História fabulosa dos deuses, semideuses e heróis na Antiguidade.

mi·to·ma·ni·a *s.f. Psic.* Tendência impulsiva para a mentira.

mi·tô·ma·no *s.m.* O que sofre de mitomania.

mi·tra *s.f.* 1. Barrete cônico que os bispos, arcebispos e cardeais põem na cabeça em certas solenidades. 2. A dignidade episcopal. 3. *Zool.* Uropígio das aves.

mi·tra·do *adj.* Que tem mitra ou direito de usá-la.

mi:u·de·za (ê) *s.f.* 1. Qualidade de miúdo.

mi:u·de·zas (ê) *s.f.pl.* 1. Minúcias; insignificâncias. 2. Bugigangas; vísceras de alguns animais. 3. Pequenos objetos.

mi·ú·do *adj.* 1. Muito pequeno. 2. Amiudado. *loc. adv.* **A miúdo**: amiúde.

mi·ú·dos *s.m.pl.* 1. Pequenas vísceras dos animais de corte. 2. Dinheiro em pequenas moedas.

mi·xa (cs) *s.f.* Ferro curto ou torto com que se podem abrir fechaduras; chave falsa.

mi·xa·ri·a (ch) *s.f.* Coisa sem valor; insignificância.

mi·xór·di·a (ch) *s.f.* 1. Confusão. 2. Intriga.

mne·mô·ni·ca *s.f.* 1. Qualquer sistema de ajuda artificial à memória. 2. Arte de facilitar as operações da memória.

mne·mô·ni·co *adj.* 1. Concernente à memória ou à mnemônica. 2. Fácil de reter na memória. 3. Que auxilia a memória.

mo[1] *contr. Pron.pess.* **me** com o *pron.pess.* **o**. *Fem.:* ma. *Pl.:* mos, mas.

mo[2] *contr. Pron.pess.* **me** com o *pron.dem.* **o**. *Fem.:* ma. *Pl.:* mos, mas.

mó *s.m.* 1. Pedra com que se trituram os cereais no moinho. 2. Pedra de amolar instrumentos cortantes. 3. Grande quantidade.

mo:a·gem *s.f.* Ação ou resultado de moer; moedura.

mó·bil *adj.2gên.* 1. Móvel; movediço. *s.m.* 2. Causa; motivo.

mo·bi·lar *v.t.d.* Mobiliar.

mo·bí·li:a *s.f.* Objetos que guarnecem ou adornam o interior de uma casa.

mo·bi·li·ar *v.t.d.* Guarnecer de mobília.

mo·bi·li·á·ri:o *s.m.* 1. Mobília. 2. O conjunto dos móveis de uma casa, de um escritório, etc. 3. Relativo a bens móveis. 4. Que trata de bens móveis.

mo·bi·li·da·de *s.f.* Qualidade ou propriedade do que é móvel.

mo·bi·li·za·ção *s.f.* Ação ou efeito de mobilizar.

mo·bi·li·zar *v.t.d.* 1. Dar movimento a. 2. Fazer passar (o exército permanente de uma nação) do estado de paz para o de guerra.

mo·ca (ó) *s.m.* Tipo de café originário da Arábia, de alta qualidade.

mo·ça (ô) *s.f.* Pessoa ainda nova do sexo feminino; mulher jovem; rapariga. *V. mossa*.

mo·çam·bi·ca·no *adj.* 1. De Moçambique. *s.m.* 2. O natural ou habitante de Moçambique.

mo·cam·bo *s.m.* Choça ou ajuntamento de choças na floresta, onde se refugiavam escravos.

mo·ção *s.f.* 1. Ação ou efeito de mover (-se). 2. Comoção. 3. Proposta que se apresenta numa assembleia deliberativa.

mo·çá·ra·be *adj.2gên.* 1. Diz-se do cristão que vivia na Península Ibérica durante a ocupação moura. 2. Relativo aos moçárabes ou próprio deles. 3. Que descende dos moçárabes. *adj.2gên.* 4. *Ling.* Diz-se

mochila

do grupo de dialetos falados pelos moçárabes. *s.2gên.* 5. Cristão que vivia na Península Ibérica durante a ocupação moura. 6. Indivíduo descendente dos moçárabes.

mo·chi·la *s.f.* Espécie de saco onde se metem roupas e outros artigos; saco de viagem.

mo·cho (ô) *adj.* 1. Diz-se do animal desprovido de cornos. *s.m. epiceno* 2. *Zool.* Ave de rapina noturna, menor que a coruja. *sobrecomum* 3. *fig.* Indivíduo sorumbático.

mo·ci·da·de *s.f.* 1. O período da vida entre a infância e a idade adulta; juventude. 2. Os moços.

mo·ço (ô) *adj.* 1. Que é novo em idade; adolescente. *s.m.* 2. Rapaz; indivíduo que ainda está na idade juvenil ou viril. *Pl.:* moços (ô).

mo·co·tó *s.m. Cul.* Prato preparado com as patas do boi já destituídas de cascos.

mo·da (ó) *s.f.* 1. Maneira. 2. Costume. 3. Uso que depende do capricho; fantasia. 4. *Mús.* Cantiga.

mo·da·li·da·de *s.f.* 1. Modo de ser. 2. Aspecto, feição de uma coisa.

mo·de·la·ção *s.f.* Ação ou efeito de modelar.

mo·de·la·gem *s.f.* Modelação.

mo·de·lar *v.t.d.* 1. Representar por meio de modelo. 2. Fazer o modelo de. 3. Traçar; moldar. *v.p.* 4. Tomar como modelo. *adj.2gên.* 5. Que serve de modelo; exemplar.

mo·de·lo (ê) *s.m.* 1. Molde. 2. A imagem do objeto que se pretende reproduzir. 3. Coisa que merece ser imitada. *s.m. sobrecomum* 4. Pessoa que merece ser imitada. 5. Pessoa que posa para estudo prático de pintores ou escultores.

modernismo

6. Pessoa que, nas casas de moda, veste a roupa por vender, para exibi-la aos clientes.

mo·dem (môudem) *Ingl. s.m. Inform.* Dispositivo capaz de converter dados digitais em sinal analógico e vice-versa, o que permite estabelecer comunicação a distância entre computadores por meio de canal analógico, geralmente linha telefônica convencional (*abrev.* de *modulation/demodulation*, modulação/demodulação).

mo·de·ra·ção *s.f.* 1. Ação ou efeito de moderar(-se) 2. Comedimento; prudência.

mo·de·ra·do *adj.* 1. Razoável. 2. Que não é exagerado; que tem moderação. 3. Limitado.

mo·de·ra·dor *adj.* 1. Que modera; que atenua; que abranda. 2. Que reduz ou restringe. *s.m.* 3. O que modera.

mo·de·rar *v.t.d.* 1. Acomodar nos limites convenientes. 2. Regrar; regular. 3. Tornar menor ou menos intenso. *v.p.* 4. Proceder com moderação. 5. Ser comedido.

mo·der·ni·ce *s.f.* 1. Tendência para aceitar o que é novo. 2. Apego ao que é moderno.

mo·der·ni·da·de *s.f.* Estado ou qualidade do que é moderno.

mo·der·nis·mo *s.m.* 1. Modernice. 2. Gosto pelo que é moderno. 3. Tendência para aceitar inovações. 4. *Bel-Art.* Nome comum a diversos movimentos literários e artísticos (Cubismo, Futurismo, Expressionismo, etc.). 5. Movimento artístico em que se atentou o rompimento com a tradição acadêmica e a libertação da influência estrangeira, e que se levou a efeito em São Paulo no ano de 1922, durante a chamada Semana de Arte Moderna (inicial maiúscula).

mo·der·nis·ta *s.2gên.* 1. Pessoa que se apega a tudo quanto é moderno. *adj.2gên.* 2. Diz-se da obra do artista ou do escritor pertencente a uma das correntes do modernismo.

mo·der·ni·zar *v.t.d.* e *v.p.* 1. Tornar(-se) moderno. 2. Acomodar(-se) aos usos modernos.

mo·der·no (é) *adj.* 1. Recente; atual. 2. Presente; dos nossos dias. 3. Que está na moda. *s.m.* 4. Aquilo que é moderno.

mo·dés·ti:a *s.f.* Qualidade de modesto; simplicidade.

mo·des·to (é) *adj.* 1. Dotado de modéstia. 2. Moderado. 3. Simples. 4. Parco; sóbrio.

mo·di·ci·da·de *s.f.* Qualidade de módico.

mó·di·co *adj.* 1. Parco. 2. Modesto. 3. Exíguo. 4. Baixo (preço). 5. Sóbrio.

mo·di·fi·ca·ção *s.f.* 1. Ação ou efeito de modificar(-se). 2. Mudança; alteração.

mo·di·fi·car *v.t.d.* 1. Moderar; conter; refrear. 2. Mudar; alterar. *v.p.* 3. Sofrer modificação.

mo·dis·mo *s.m.* Modo de falar próprio de uma língua; idiotismo de linguagem.

mo·dis·ta *s.2gên.* Pessoa que faz vestidos profissionalmente ou dirige sua confecção.

mo·do (ó) *s.m.* 1. Maneira. 2. Forma particular de fazer as coisas ou de falar. 3. Método. 4. Disposição. 5. Qualidade. 6. Estado; situação das coisas. 7. *Gram.* As diferentes variações que tomam os verbos.

mo·dor·ra (ô) *s.f.* 1. Prostração mórbida. 2. Sonolência; letargia. 3. *fig.* Apatia; indolência.

mo·dos (ó) *s.m.pl.* Maneira de tratar os outros. 2. Moderação; comedimento; educação; compostura.

mo·du·la·ção *s.f.* 1. Ação ou efeito de modular. 2. *Mús.* Transição ou passagem de um tom ou modo para outro. 3. *fig.* Melodia; suavidade. 4. Facilidade em modular a voz, o canto.

mo·du·lar *v.t.d.* 1. Cantar, falar, recitar, dando inflexões melodiosas à voz. 2. *Mús.* Cantar ou tocar, mudando de tom ou modo, consoante as regras da harmonia. *v.i.* 3. Cantar mudando de tom ou modo com harmonia.

mó·du·lo[1] *s.m.* 1. Modulação. 2. Requebro de voz.

mó·du·lo[2] *s.m.* 1. Toda quantidade admitida como unidade de qualquer medida. 2. Pequena unidade de uma espaçonave.

mo·e·da (é) *s.f.* Peça de metal ou outra matéria, representativa do valor dos objetos que por ela se trocam.

mo:e·dei·ro *s.m.* 1. Compartimento em carteira ou pequena bolsa para moedas. 2. Fabricante de moedas.

mo·e·du·ra *s.f.* Ação ou efeito de moer.

mo·e·la (é) *s.f.* *Zool.* Terceiro estômago das aves.

mo·er *v.t.d.* 1. Reduzir a pó, pisando ou triturando. 2. Sujeitar a uma prensa (azeitona, cana-de-açúcar, etc.) para extrair o suco. 3. Mastigar. 4. Ruminar. 5. Pisar com pancadas; sovar. *v.p.* 6. Cansar-se.

mo·fa (ó) *s.f.* Zombaria; escárnio.

mo·far[1] *v.t.i.* Fazer mofa; troçar; escarnecer.

mo·far[2] *v.t.d.* 1. Cobrir, encher de mofo. *v.i.* 2. Criar mofo.

mo·fen·to *adj.* 1. Que tem mofo. 2. *fig.* Que traz infelicidade. 3. *Reg. pop.* Diabo.

mo·fi·no *adj.* 1. Infeliz. 2. Acanhado. 3. Turbulento. 4. Avarento. 5. Covarde; poltrão. 6. Adoentado.

mo·fo (ô) *s.m.* Fungo que se desenvolve sobre matéria orgânica, vulgarmente conhecido por bolor.

mo·gan·ga *adj.* e *s.f. Bot.* Abóbora-moranga.

mog·no (ó) *s.m. Bot.* Árvore cuja madeira é muito conhecida e apreciada em marcenaria.

mo·í·do *adj.* 1. Que se moeu. 2. Cansado; fatigado. 3. Importunado.

mo·i·nho *s.m.* 1. Engenho para moer cereais. 2. Máquina com que se tritura qualquer coisa.

moi·ta *s.f.* 1. Mata de plantas arborescentes, rasteiras e densas. *interj.* 2. Indicação imperativa para que não se fale.

mo·la (ó) *s.f.* 1. Lâmina de metal com que se dá impulso ou resistência a qualquer peça. 2. *fig.* O que concorre para um fim.

mo·lam·bo *s.m.* 1. Farrapo. 2. Roupa velha, suja, esfarrapada. *sobrecomum* 3. *fig.* Pessoa fraca, sem vontade, de caráter falho.

mo·lar *adj.2gên.* 1. Próprio para moer. 2. Que mói. *s.m.* 3. *Anat.* Qualquer dente que se situa depois dos caninos.

mol·da·gem *s.f.* 1. Operação de moldar. 2. Gênero de escultura.

mol·dar *v.t.d.* 1. Formar os moldes. 2. Acomodar ao molde. 3. Fundir, vazando no molde. 4. Adaptar; conformar. *fig.* 5. Dar forma ou contornos a. *v.p.* 6. Acomodar-se. 7. Adquirir feitio.

mol·de (ó) *s.m.* 1. Peça oca em que se vaza o metal derretido para se fundirem objetos. 2. Modelo pelo qual se talha qualquer coisa.

mol·du·ra *s.f.* 1. Caixilho ou guarnição para quadros, estampas, etc. 2. Ornato saliente em obras de arquitetura.

mo·le (ó) *adj.2gên.* 1. Brando; que cede a qualquer pressão sem se desfazer. 2. Preguiçoso; falto de energia. 3. Lânguido.

mo·lé·cu·la *s.f.* Agrupamento definido e ordenado de átomos, eletricamente neutro.

mo·le·cu·lar *adj.2gên.* 1. Que encerra moléculas. 2. Relativo a molécula.

mo·lei·ra *s.f. Anat.* 1. Parte membranosa do crânio dos recém-nascidos. 2. Abóbada craniana.

mo·lei·rão *adj.* 1. Que é muito mole (2); lerdo, molenga, preguiçoso. *s.m.* 2. Indivíduo com essa característica.

mo·lei·ro *s.m.* Proprietário ou trabalhador de moinho.

mo·le·jo (ê) *s.m.* 1. Ação ou resultado do conjunto de molas, especialmente de um veículo. 2. Esse conjunto de molas. 3. Meneio (3), balanço (1).

mo·len·ga *adj.2gên.* 1. Moleirão. 2. Que não tem coragem, determinação, firmeza; covarde, frouxo.

mo·le·que (é) *s.m.* 1. Indivíduo que nada toma a sério; patife. 2. Menino de pouca idade. 3. Menino traquinas. *adj.2gên.* 4. Engraçado.

mo·les·tar *v.t.d.* 1. Afetar (falando de moléstia). 2. Incomodar; atormentar; melindrar. *v.p.* 3. Mostrar-se magoado, sentido.

mo·lés·ti:a *s.f.* 1. Doença; enfermidade. 2. Mal-estar; incômodo.

mo·les·to (é) *adj*. 1. Que causa moléstia ou doença. 2. Que causa aborrecimento; enfadonho. 3. Árduo, penoso, trabalhoso. 4. Mau, perverso, maligno.

mo·le·tom *s.m.* 1. Tecido de malha de algodão, macio, podendo ser mais ou menos espesso. 2. Roupa, geralmente esportiva, feita com esse tecido.

mo·le·za (ê) *s.f.* 1. Qualidade de mole, lânguido, indolente, preguiçoso. 2. *gír*. Trabalho ou tarefa muito fácil.

mo·lha·de·la (é) *s.f.* 1. Ação ou resultado de molhar(-se) rapidamente ou só um pouco. 2. Banho rápido. 3. *pop. pej.* Gorjeta, propina.

mo·lha·do *adj*. Umedecido com água ou qualquer líquido.

mo·lhar *v.t.d.* 1. Embeber em líquido. 2. Banhar. *v.p.* 3. Receber ou deitar líquido sobre si.

mo·lhe (ó) *s.m.* Paredão erguido em porto marítimo para proteção contra as ondas do mar; quebra-mar.

mo·lhei·ra *s.f.* Recipiente, feito de diversos materiais, próprio para colocar molho e servi-lo à mesa.

mo·lho (ó) *s.m.* Feixe pequeno; conjunto de pequenos objetos: molho de chaves.

mo·lho (ô) *s.m. Cul.* Espécie de caldo para acompanhar iguarias ou para acentuar-lhes o sabor. *De molho*: temporariamente inativo ou marginalizado.

mo·lib·dê·ni:o *s.m. Quím.* Metal branco, elemento de símbolo *Mo* e cujo número atômico é 42.

mo·li·ne·te (ê) *s.m.* Equipamento de pesca, com diversos níveis de sofisticação, que consiste em uma espécie de carretel e uma manivela, para recolher a linha rapidamente.

mo·lus·co *s.m. epiceno Zool.* Animal desprovido de vértebras e articulações, ordinariamente envolvido em concha.

mo·men·tâ·ne:o *adj*. 1. Instantâneo. 2. Rápido; curto; que dura um momento. 3. Transitório.

mo·men·to *s.m.* 1. Espaço pequeníssimo de tempo. 2. Instante; ocasião. 3. Lance; conjuntura.

mo·men·to·so (ô) *adj*. Grave; de grande importância. *Pl.*: momentosos (ó).

mo·mi·ces *s.f.pl.* Trejeitos; caretas; esgares.

mo·mo (ô) *s.m.* Rei do carnaval.

mo·na·cal *adj.2gên*. Relativo a monge ou à vida do convento; monástico.

mo·nar·ca *s.m.* Chefe supremo vitalício e geralmente hereditário de uma nação ou Estado; soberano.

mo·nar·qui·a *s.f.* 1. Forma de governo em que o poder é exercido por um monarca. 2. Estado em que o soberano é monarca.

mo·nar·quis·mo *s.m.* Sistema político dos monarquistas.

mo·nar·quis·ta *s.2gên*. Pessoa partidária da monarquia.

mo·nás·ti·co *adj*. Monacal.

mo·na·zi·ta *s.f. Min.* Fósforo natural de cério, mineral que se encontra geralmente disseminado nas areias amarelas.

mon·ção *s.f.* 1. Época ou vento favorável à navegação. 2. *fig.* Boa oportunidade; ensejo. 3. Nome das antigas bandeiras que nos séculos XVIII e XIX desciam e subiam rios das capitanias de São Paulo e Mato Grosso.

mon·dar *v.t.d.* 1. Arrancar nos campos (a erva daninha). 2. Cortar (os ramos

mo·ne·gas·co *adj.* 1. De Mônaco. *s.m.* 2. O natural ou habitante de Mônaco.

mo·ne·ra (é) *s.f. Biol.* Nome comum a microrganismos unicelulares sem membrana nuclear (procariontes), como as bactérias.

mo·ne·tá·ri·o *adj.* Concernente a moeda.

mon·ge *s.m.* 1. Religioso ou frade de mosteiro. 2. *fig.* Pessoa que vive isolada; anacoreta.

mon·gol *adj.2gên.* 1. Relativo à Mongólia. *s.2gên.* 2. O natural ou habitante da Mongólia.

mon·go·lis·mo *s.m. Med.* Designação hoje não recomendada para a síndrome de Down (v. em *síndrome*).

mon·go·loi·de (ói) *adj.2gên.* 1. Próprio dos mongóis; que apresenta traços e características físicas parecidos com os dos mongóis. 2. Que tem síndrome de Down. *s.2gên.* 3. Pessoa que tem essa síndrome.

mo·ni·tor *s.m.* 1. Aquele que admoesta. 2. Estudante que toma conta de uma classe de alunos. 3. Aquele que dá conselhos ou lições. *Inform.* **Monitor de vídeo**: 1. dispositivo que, acoplado ao computador, exibe as informações por este apresentadas; 2. a tela do computador.

mo·ni·to·rar *v.t.d.* 1. Acompanhar, controlar, medir ou avaliar atividade (de pessoas), funcionamento (de equipamentos), processo (de procedimentos); monitorizar. 2. *Med.* Acompanhar a condição do paciente por meio de exames e aparelhos; monitorizar. 3. Desempenhar função de monitor.

mo·ni·to·ri·zar *v.t.d.* O mesmo que monitorar.

mon·ja *s.f.* Religiosa, freira de mosteiro.

mon·jo·lo (ô) *s.m.* Engenho tosco movido a água, empregado para pilar o milho.

mo·no (ô) *s.m.* 1. Macaco; bugio. *Fem.:* mona. 2. *fig.* Indivíduo feio.

mo·no·blo·co (ó) *adj.* 1. Feito num só bloco; fundido numa só peça. *s.m.* 2. Objeto monobloco.

mo·no·ci·clo *s.m.* Veículo de uma roda só, impulsionado por pedais, atualmente usado apenas em acrobacias e espetáculos circenses.

mo·no·cór·di·o *adj.* 1. Diz-se de instrumento musical de uma corda só. 2. *fig.* Que não tem variações; monótono, enfadonho. *s.m.* 3. Instrumento musical de uma corda só.

mo·nó·cu·lo *adj.* 1. De um só olho. *s.m.* 2. Luneta de um só vidro.

mo·no·cul·tu·ra *s.f.* Cultura de uma só especialidade agrícola.

mo·no·ga·mi·a *s.f.* Estado ou condição de monógamo.

mo·nó·ga·mo *adj.* 1. Que tem só um cônjuge. 2. Diz-se do animal que se acasala com uma só fêmea. *s.m.* 3. Indivíduo monógamo.

mo·no·gra·fi·a *s.f.* Dissertação ou estudo minucioso que se propõe esgotar determinado tema relativamente restrito.

mo·no·gra·ma *s.m.* Entrelaçamento das letras iniciais de um nome.

mo·no·lí·ti·co *adj.* Que se refere ou se assemelha a monólito.

mo·nó·li·to *s.m.* 1. Pedra de grandes dimensões. 2. Obra feita com uma só pedra.

monologar

mo·no·lo·gar *v.t.d.* 1. Recitar monólogos. 2. Falar consigo.

mo·nó·lo·go *s.m.* Cena de qualquer peça dramática em que fala um só ator; solilóquio.

mo·nô·mi:o *s.m. Mat.* Termo que contém somente o produto de constantes e variáveis; cada um dos termos de um polinômio.

mo·no·mo·tor *adj.* 1. Diz-se de veículo com um motor só. *s.m.* 2. Veículo com essa característica. 3. Avião monomotor.

mo·no·pó·li:o *s.m.* 1. Privilégio concedido para a venda de qualquer produto. 2. Açambarcamento de mercadorias para serem vendidas por alto preço.

mo·no·po·li·za·ção *s.f.* Ação ou efeito de monopolizar.

mo·no·po·li·zar *v.t.d.* 1. Fazer monopólio de. 2. Ter monopólio de. 3. Açambarcar; possuir exclusivamente. 4. Explorar de modo abusivo, vendendo sem concorrentes.

mo·nos·si·lá·bi·co *adj. Gram.* 1. Formado de monossílabos. 2. De uma só sílaba.

mo·nos·sí·la·bo *s.m. Gram.* 1. Palavra de uma só sílaba. *adj.* 2. Monossilábico.

mo·no·te·ís·mo *s.m.* Sistema dos que admitem a existência de um Deus único.

mo·no·te·ís·ta *adj.2gên.* 1. Que segue um só Deus. *s.2gên.* 2. Pessoa que segue um só Deus.

mo·no·to·ni·a *s.f.* Qualidade de monótono.

mo·nó·to·no *adj.* Que está sempre no mesmo tom; uniforme; enfadonho; fastidioso.

montanha

mo·nó·xi·do (cs) *s.m. Quím.* Óxido que possui apenas um átomo de oxigênio por molécula. **Monóxido de carbono**: gás venenoso, inodoro e incolor, produto da oxidação incompleta do carbono, como na combustão em motores a explosão.

mon·se·nhor *s.m. Ecles.* Título honorífico que o papa concede a alguns eclesiásticos.

mons·tren·go *s.m.* 1. Coisa desproporcional ou disforme. *sobrecomum* 2. Pessoa desajeitada ou feia, malfeita de corpo.

mons·tro *s.m.* 1. Animal ou pessoa (*sobrecomum*) que se afasta da estrutura ou da conformação natural dos da sua espécie ou sexo. 2. Animal de grandeza desmedida. 3. *fig.* Pessoa cruel, feroz, desumana.

mons·tru:o·si·da·de *s.f.* Qualidade de monstruoso.

mons·tru·o·so (ô) *adj.* 1. Que tem a qualidade ou a natureza de monstro. 2. De grandeza extraordinária. 3. Excessivamente feio. 4. Que excede quanto se imaginar de mau. *Pl.*: monstruosos (ó).

mon·ta *s.f.* 1. Soma; importância total de uma conta. 2. Importe; lanço; custo.

mon·ta·gem *s.f.* 1. Ação ou efeito de montar. 2. Preparação das peças de um maquinismo, para que funcione. 3. Encenação de uma peça teatral. 4. Seleção e organização de materiais de um filme, de um programa de rádio ou de televisão, de uma gravação em disco ou fita, etc.

mon·ta·nha *s.f.* 1. *Geog.* Série de montes. 2. *Geog.* Monte elevado e de base extensa. 3. Grande elevação de alguma coisa. 4. Grande volume.

mon·ta·nha-rus·sa *s.f.* Atração de parque de diversões, em que uma fileira de pequenos vagões abertos são levados por um trilho até uma determinada altura, para depois despencar a toda velocidade por curvas fechadas, subidas e descidas vertiginosas. *Pl.:* montanhas-russas.

mon·ta·nhês *adj.* e *s.m.* Que ou o que vive nas montanhas.

mon·ta·nhis·mo *s.m.* Esporte em que os praticantes escalam ou fazem excursões por montanhas; alpinismo.

mon·ta·nho·so (ô) *adj.* Em que há muitas montanhas. *Pl.:* montanhosos (ó).

mon·tan·te *s.m.* 1. Soma; importância total; monta. 2. Direção de onde correm as águas de um rio. 3. Enchente da maré; preamar. *adj.2gên.* 4. Que sobe, que se eleva.

mon·tão *s.m.* 1. Acumulação desordenada. 2. Conjunto de coisas empilhadas. *De montão*: aos montes.

mon·tar *v.t.d.* 1. Colocar-se sobre (uma cavalgadura). 2. Colocar sobre. 3. Prover de todo o necessário. 4. Chegar a (certa soma). *v.i.* 5. Pôr-se a cavalo; cavalgar. 6. Valer. *v.t.i.* 7. Subir; pôr-se.

mon·ta·ri·a *s.f.* 1. Cavalgadura. 2. Nome que se dá na Amazônia a uma canoa ligeira.

mon·te *s.m.* 1. Elevação considerável de terreno acima do solo que a rodeia; morro. 2. Porção; ajuntamento; pilha. 3. Quantidade de quaisquer coisas em forma de monte; acervo. *Aos montes*: em grande quantidade.

mon·te·ne·gri·no *adj.* 1. De Montenegro. *s.m.* 2. O natural ou habitante de Montenegro.

mon·te·pi·o *s.m.* 1. Instituição em que cada membro, mediante quota mensal, adquire o direito de deixar por sua morte uma pensão à família. 2. A pensão paga por essa instituição.

mon·tês *adj.* 1. Dos montes. 2. Que cresce e vive nos montes; montanhês. 3. Bravio; rústico.

mon·te·si·nho *adj.* O mesmo que montês. *Var.:* montesino.

mon·te·vi·de·a·no *adj.* 1. De Montevidéu (Uruguai). *s.m.* 2. O natural ou habitante de Montevidéu.

mon·tí·cu·lo *s.m.* Pequeno monte; cômoro; outeiro.

mon·to·ei·ra *s.f.* Grande quantidade.

mon·tu·ro *s.m.* 1. Lugar onde se lançam imundícies. 2. Monte de lixo. 3. Montão de coisas vis ou repugnantes.

mo·nu·men·tal *adj.2gên.* 1. Concernente a monumento. 2. Grandioso; magnífico; estupendo.

mo·nu·men·to *s.m.* 1. Obra feita com o fim de transmitir à posteridade a memória de fato ou pessoa notável. 2. Edifício majestoso. 3. Mausoléu. 4. Obra notável.

mo·que·ca (é) *s.f. Cul.* Guisado de peixe ou marisco com azeite e pimenta.

mor (ó) *adj.2gên.* Forma sincopada de maior.

mo·ra (ó) *s.f.* 1. Delonga; demora. 2. Alargamento de um prazo para se pagar ou restituir alguma coisa.

mo·ra·da *s.f.* 1. Lugar onde se mora. 2. Casa de habitação; domicílio. 3. *fig.* Lugar em que uma coisa está habitualmente.

mo·ra·di·a *s.f.* Morada.

mo·ra·dor *adj.* 1. Que mora. *s.m.* 2. Inquilino. 3. Habitante. 4. Vizinho.

mo·ral *s.f.* 1. *Fil.* Parte da filosofia que trata dos costumes, deveres e modo de proceder dos seres humanos para com os seus semelhantes. 2. *Fil.* Ética. *s.m.* 3. O conjunto das nossas faculdades morais; brio. *adj.2gên.* 4. Concernente ou favorável aos bons costumes.

mo·ra·li·da·de *s.f.* 1. Qualidade daquilo que é moral. 2. Doutrina ou ciência moral. 3. Conceito moral de certos livros, de certas fábulas ou narrativas.

mo·ra·lis·mo *s.m. Fil.* Sistema filosófico que trata exclusivamente da moral.

mo·ra·lis·ta *adj.2gên.* 1. Que ou o que escreve sobre moral. *s.2gên.* 2. Pessoa que prega preceitos morais.

mo·ra·li·za·ção *s.f.* Ação ou efeito de moralizar.

mo·ra·li·za·dor *adj.* 1. Que moraliza ou concorre para a moralização. *s.m.* 2. O que moraliza. 3. Aquele que defende os bons costumes.

mo·ra·li·zar *v.t.d.* 1. Tornar conforme aos princípios da moral. *v.i.* 2. Fazer reflexões morais.

mo·ran·ga *s.f. Bot.* Variedade de abóbora.

mo·ran·go *s.m.* Infrutescência carnosa do morangueiro.

mo·ran·guei·ro *s.m. Bot.* Planta rosácea.

mo·rar *v.i.* 1. Habitar; residir; ter domicílio em. 2. Viver. *V. murar.*

mo·ra·tó·ri·a *s.f.* Adiamento concedido pelo credor ao devedor para pagamento da dívida.

mor·bi·dez *s.f.* Estado do que é mórbido.

mór·bi·do *adj.* 1. Enfermo; doentio. 2. Que causa doença. 3. Lânguido; frouxo.

mor·ce·go (ê) *s.m. epiceno Zool.* Nome comum aos mamíferos voadores noturnos.

mor·ce·la (é) *s.f.* Chouriço preparado com miúdos e sangue de porco, embutidos dentro de um pedaço de tripa desse animal.

mor·da·ça *s.f.* 1. Objeto com que se tapa a boca de alguém ou de animal. 2. *fig.* Repressão da liberdade de falar ou de escrever.

mor·da·ci·da·de *s.f.* 1. Qualidade de mordaz. 2. Crítica severa. 3. Maledicência. 4. Sabor picante.

mor·daz *adj.2gên.* 1. Que morde. 2. Corrosivo; picante. 3. Satírico; maledicente.

mor·de·du·ra *s.f.* 1. Ação ou efeito de morder; dentada. 2. Vestígio de dentada.

mor·den·te *adj.2gên.* 1. Que morde. 2. Que provoca, que excita. 3. Que é corrosivo; cáustico. *s.m.* 4. Substância usada para fixar a tinta, em pintura e em tinturaria.

mor·der *v.t.d.* 1. Apertar ou ferir com os dentes. 2. Dar dentadas em. *v.i.* 3. Dar dentadas. *v.p.* 4. Desesperar-se; enraivecer-se.

mor·di·da *s.f.* 1. Ferida produzida por dentada. 2. *fam.* Bocado de alimento obtido numa dentada.

mor·dis·car *v.t.d.* Morder levemente, repetidas vezes.

mor·do·mi·a *s.f.* 1. Cargo, ofício de mordomo. 2. Regalia; bem-estar. 3. Soma de vantagens e benefícios inerentes a determinados cargos ou funções.

mor·do·mo (ô) *s.m.* 1. Administrador de bens. 2. Criado principal de casas nobres.

mo·rei·a (éi) *s.f. epiceno Zool.* Peixe marinho que mede até 1,5 m, semelhante à enguia.

mo·re·no (ê) *adj.* 1. De cor trigueira. *s.m.* 2. Indivíduo moreno.

mor·fei·a (éi) *s.f.* Lepra; hanseníase.

mor·fe·ma (ê) *s.m. Linguíst.* O menor elemento linguístico que exprime uma ideia (radical, prefixo, sufixo) ou uma relação entre ideias (desinência).

mor·fi·na *s.f. Quím.* Alcaloide de qualidades narcóticas que se extrai do ópio.

mor·fo·lo·gi·a *s.f.* 1. Tratado das formas que a matéria pode assumir. 2. *Gram.* Estudo do aspecto formal das palavras.

mor·fo·ló·gi·co *adj.* Concernente à morfologia.

mor·ga·do *adj.* 1. *pop.* Cansado, sonolento. *s.m.* 2. O conjunto de bens que não podem ser alienados nem divididos, herdados pelo filho mais velho. 3. O filho mais velho; primogênito.

mor·ga·ná·ti·co *adj.* Designativo do casamento contraído por um príncipe com mulher de condição inferior.

mor·gue *s.f.* Necrotério.

mo·ri·bun·do *adj.* e *s.m.* Que ou o que está morrendo; agonizante.

mo·ri·ge·ra·do *adj.* Que tem bons costumes ou vida exemplar.

mo·ri·ge·rar *v.t.d.* 1. Moderar os costumes de. 2. Educar nos princípios da moral. *v.p.* 3. Adquirir bons costumes.

mo·rim *s.m.* Tecido de algodão, branco e fino, geralmente de qualidade inferior, usado em forros.

mo·rin·ga *s.f.* Vasilha para conter água, em geral feita de barro; bilha.

mor·ma·ço *s.m.* Tempo quente e úmido.

mor·men·te *adv.* Principalmente.

mór·mon *s.2gên.* Sectário do mormonismo.

mor·mo·nis·mo *s.m.* Seita religiosa norte-americana denominada Igreja de Jesus Cristo dos Santos dos Últimos Dias.

mor·ni·dão *s.f.* 1. Qualidade ou estado de morno. 2. *fig.* Frouxidão; tibieza.

mor·no (ô) *adj.* 1. Tépido; pouco quente. 2. *fig.* Sem energia; fraco; insípido; monótono.

mo·ro·cho (ô) *s.m. Reg.* 1. Moreno. 2. Caboclo, mestiço.

mo·ro·si·da·de *s.f.* 1. Qualidade de moroso. 2. Vagar; lentidão.

mo·ro·so (ô) *adj.* Lento; vagaroso; tardo; demorado. *Pl.*: morosos (ó).

mor·re·di·ço *adj.* 1. Que vai morrer. 2. Que está para acabar; amortecido.

mor·rer *v.i.* 1. Deixar de viver; falecer. 2. Extinguir-se. 3. Cair no esquecimento. 4. Interromper-se. 5. Deixar de funcionar (motor). *v.t.i.* 6. Desaguar. *s.m.* 7. A morte. *Part.*: morrido e morto.

mor·ri·nha *s.f.* 1. Sarna epidêmica do gado. 2. *pop.* Ligeira enfermidade. 3. Mau cheiro exalado por pessoa ou animal. 4. Mal-estar que causa preguiça.

mor·ro (ô) *s.m.* Monte pouco elevado; outeiro; colina.

mor·sa (ó) *s.f.* 1. Utensílio usado por marceneiros, ferreiros, etc., para prender uma peça por trabalhar. 2. *epiceno Zool.* Mamífero anfíbio dos mares polares, também conhecido por vaca-marinha.

mor·ta·de·la (é) *s.f.* Espécie de grande chouriço ou salame.

mor·tais *s.m.pl.* A humanidade.

mor·tal *adj.2gên.* 1. Que está sujeito a morrer. 2. Que produz a morte. 3. Encarniçado, figadal. *s.m.* 4. O ser humano.

mor·ta·lha *s.f.* 1. A vestidura em que se envolve o cadáver para ser enterrado. 2. Tira de papel em que se embrulha o tabaco com que se faz o cigarro.

mor·ta·li·da·de *s.f.* 1. Qualidade de mortal. 2. Obituário. 3. Mortandade; carnificina.

mor·tan·da·de *s.f.* Mortalidade; morticínio; matança.

mor·te (ó) *s.f.* 1. O fim da vida animal ou vegetal; cessação da vida. 2. Ação de morrer. 3. Termo; fim. 4. Destruição; acabamento. 5. Causa de ruína. 6. Grande desgosto.

mor·tei·ro *s.m.* 1. *Mil.* Canhão pequeno, curto, grosso e de boca larga, usado para lançar bombas. 2. Peça de formato cilíndrico, pequena, cheia de pólvora, para lançar fogos de artifício.

mor·ti·cí·ni:o *s.m.* Matança; carnificina.

mor·ti·ço *adj.* 1. Que está prestes a apagar-se; desanimado. 2. Diz-se do olhar lânguido, amoroso.

mor·tí·fe·ro *adj.* Que causa a morte; mortal.

mor·ti·fi·ca·ção *s.f.* 1. Ação ou efeito de mortificar(-se). 2. Tormento.

mor·ti·fi·car *v.t.d.* 1. Macerar o corpo com penitências. 2. Atormentar; causar desgosto a. *v.p.* 3. Castigar-se; atormentar-se; preocupar-se em excesso.

mor·to (ô) *adj.* 1. Que morreu. 2. Defunto. 3. Seco, sem vida. 4. Esquecido. 5. Frio; insensível. 6. Inexpressivo. 7. Inútil. 8. Que caiu em desuso. *s.m.* 9. Cadáver. **Nem morto**: de forma alguma, sob nenhum pretexto. *Pl.:* mortos (ó).

mor·tu·á·ri:o *adj.* Concernente à morte ou aos mortos; fúnebre.

mo·ru·bi·xa·ba (ch) *s.m.* O chefe, o cacique das tribos indígenas brasileiras.

mo·sai·co[1] *s.m.* 1. Pavimento feito de ladrilhos variegados; embutido de pequenas pedras ou de outras peças. 2. Miscelânea, mistura.

mo·sai·co[2] *adj.* Relativo a Moisés, profeta e legislador do povo hebreu.

mos·ca[1] (ô) *s.f. epiceno Zool.* Nome comum aos insetos dípteros que têm por tipo a mosca vulgar ou doméstica. **Acertar na mosca**: ter precisão, acertar no centro do alvo. *gír.* **Comer mosca**: 1. ser logrado; 2. não perceber, não compreender alguma coisa.

mos·ca[2] (ô) *adj.2gên. e s.2gên.* Peso-mosca.

mos·ca·do *adj.* Que tem odor forte; aromático.

mos·ca·tel *adj.2gên.* 1. Diz-se de uma variedade de uva muito apreciada. *s.m.* 2. Vinho dessa uva.

mos·co·vi·ta *adj.2gên.* 1. De Moscou. *s.2gên.* 2. Natural ou habitante de Moscou.

mos·que·ar *v.t.d.* 1. Salpicar de pintas ou manchas. *v.p.* 2. Cobrir-se de pintas ou manchas.

mos·que·te (ê) *s.m.* Arma de fogo usada no passado, semelhante à espingarda, porém mais pesada, necessitando do apoio de uma forquilha na hora do disparo.

mos·que·tei·ro *s.m.* 1. *Mil.* Soldado de infantaria do passado, armado com mosquete. 2. *Hist.* Nobre que, no século XVII, fazia a guarda dos reis da França.

mos·qui·tei·ro *s.m.* Cortinado usado em camas ou berços para proteção contra insetos.

mos·qui·to *s.m. epiceno Zool.* Nome comum aos insetos dípteros, cujas fêmeas são hematófagas e causam graves prejuízos à saúde; muriçoca.

mos·sa (ó) *s.f.* 1. Vestígio de pancada ou pressão. 2. *fig.* Impressão moral. *V. moça*.

mos·tar·da *s.f.* 1. Semente da mostardeira. 2. Farinha daquela semente. 3. O molho que se prepara com essa farinha.

mos·tar·dei·ra *s.f. Bot.* Planta de propriedades medicinais, de que há diversas variedades.

mos·tei·ro *s.m.* Habitação de monges ou monjas; convento.

mos·to (ô) *s.m.* Sumo das uvas antes de acabar a fermentação.

mos·tra (ó) *s.f.* 1. Ação ou efeito de mostrar; exibição. *V. amostra*.

mos·tra·dor *adj.* 1. Que mostra, indica. *s.m.* 2. Parte do relógio que mostra as horas e, dependendo do modelo, outras informações, como data, calendário, etc. 3. Visor que mostra o funcionamento de dispositivo, equipamento, aparelho, etc. 4. Local em um estabelecimento comercial que expõe produtos para o público; mostruário, vitrina.

mos·trar *v.t.d.* 1. Fazer ver; apresentar. 2. Apontar. 3. Simular. 4. Provar. 5. Ensinar. *v.p.* 6. Aparecer em público. 7. Revelar-se.

mos·tras *s.f.pl.* Gestos; atos exteriores; aparências.

mos·tru·á·ri:o *s.m.* 1. Vitrina. 2. Conjunto de amostras que o vendedor expõe ao freguês.

mo·te (ó) *s.m. Lit.* 1. Conceito expresso em um ou mais versos, para ser glosado. 2. Epígrafe. 3. Tema; assunto.

mo·te·jar *v.t.d.* 1. Fazer motejo de; escarnecer. 2. Censurar. *v.i.* 3. Dizer gracejos. 4. Satirizar.

mo·te·jo (ê) *s.m.* 1. Zombaria; escárnio. 2. Gracejo. 3. Dito picante.

mo·tel *s.m.* 1. Hotel situado à beira de estradas de grande circulação. 2. Hotel de alta rotatividade.

mo·te·te (ê) *s.m.* 1. Motejo. 2. *Mús.* Trecho de música religiosa com letra. 3. Composição poética para ser cantada com música.

mo·ti·li·da·de *s.f.* 1. Faculdade de mover-se. 2. Força motriz.

mo·tim *s.m.* Revolta; desordem; barulho.

mo·ti·va·ção *s.f.* 1. Ação de motivar. 2. Exposição de motivos ou causas.

mo·ti·var *v.t.d.* 1. Dar motivo a. 2. Causar; ocasionar. 3. Expor o motivo de.

mo·ti·vo *s.m.* 1. Fim com que se faz alguma coisa. 2. Causa; razão; intuito. 3. *Mús.* Frase predominante em uma composição musical.

mo·to[1] (ó) *s.m.* 1. Movimento; giro. 2. *Mús.* Andamento musical um tanto rápido. *De moto próprio*: de livre vontade; espontaneamente.

mo·to[2] (ó) *s.f.* Forma reduzida de motocicleta.

mo·to·ci·cle·ta (é) *s.f.* Veículo de duas rodas com motor a explosão.

mo·to·ci·clis·ta *s.2gên.* Pessoa que dirige motocicleta.

mo·to·ci·clo *s.m.* O mesmo que motocicleta.

mo·to·con·tí·nu:o *s.m.* 1. *Fís.* Mecanismo teórico, inexistente na prática por contrariar as leis da termodinâmica, que usaria a energia do próprio movimento para funcionar indefinidamente. 2. *fig.* Atividade ou movimento contínuo, que não para. *Pl.:* motos-contínuos.

mo·to·quei·ro *s.m.* Motociclista.

mo·tor *s.m.* 1. Tudo o que imprime movimento mecânico. 2. Aquilo que dá movimento a um maquinismo. *adj.* 3. Que faz mover.

mo·to·ris·ta *s.2gên.* Pessoa que dirige veículo a motor.

mo·to·ri·zar *v.t.d.* 1. Prover de motor. 2. Adquirir veículo motorizado.

mo·tor·nei·ro *s.m.* Condutor de bondes.

mo·tri·ci·da·de *s.f.* Qualidade de força motriz.

mo·triz *adj.* e *s.f.* 1. Diz-se da ou força que produz movimento. *Masc.*: motor.

mou·co *adj.* e *s.m.* Que ou o que ouve pouco ou não ouve nada; surdo.

mou·rão *s.m.* 1. Esteio grosso fincado no solo. 2. Cada uma das estacas grossas em que se firma a cerca de arame.

mou·re·jar *v.i.* e *v.t.i.* Trabalhar sem descanso; lidar constantemente.

mou·ris·co *adj.* Relativo a mouros.

mou·ris·cos *s.m.pl.* Enfeites de ourivesaria.

mou·ro *adj.* 1. Concernente aos mouros. *s.m.* 2. Habitante da Mauritânia, região ao norte da África, de religião muçulmana. 3. Sarraceno; infiel. 4. *fam.* Homem que trabalha muito.

mouse (máuze) *Ingl. s.m. Inform.* Dispositivo periférico que controla a posição de um cursor na tela e que conta com um ou mais botões; é usado para indicar e selecionar opções, ícones e outros elementos de interface. Entre as ações tipicamente executadas por meio do *mouse*, incluem-se: apontar, clicar, arrastar e executar duplo clique. ***Mouse pad***: placa de borracha, geralmente revestida de tecido, sobre a qual o *mouse* desliza.

mo·ve·di·ço *adj.* 1. Que se move com facilidade. 2. Que tem pouca firmeza.

mó·veis *s.m.pl.* Todos os objetos materiais que não são bens imóveis, e todos os direitos a eles inerentes.

mó·vel *adj.2gên.* 1. Que se pode mover. *s.m.* 2. Causa; motivo. 3. Peça de mobília.

mo·ve·lei·ro *s.m.* Fabricante ou vendedor de móveis.

mo·ven·te *adj.2gên.* 1. Que move. 2. Que se move.

mo·ver *v.t.d.* 1. Dar movimento a. 2. Deslocar. 3. Exercer influência em. 4. Comover. 5. Alterar. 6. Persuadir. 7. *Inform.* Mudar de lugar um texto ou arquivo, de modo que ele fique apenas no local para onde foi movido, desaparecendo do lugar original. *v.p.* 8. Estar ou pôr-se em movimento. 9. Comover-se; deixar-se convencer.

mo·vi·men·ta·ção *s.f.* Ação de movimentar(-se); movimento.

mo·vi·men·tar *v.t.d.* 1. Pôr em movimento. 2. Dar movimento a; animar. *v.p.* 3. Pôr-se em movimento; animar-se.

mo·vi·men·to *s.m.* 1. Ato de mover(-se). 2. Deslocação. 3. Afluência de gente movendo-se. 4. Animação. 5. Revolta; sedição. *Mús.* 6. Andamento musical. 7. Cada parte de uma composição musical.

mo·vi·o·la (ó) *s.f.* Equipamento próprio para fazer a edição de filmes.

mó·vi·to *s.m.* Parto prematuro; parto por aborto.

mu *s.m. Zool.* Filho de jumento e égua ou de cavalo e jumenta; mulo; burro macho.

mu·am·ba *s.f.* 1. Mercadoria furtada em navios e alfândegas. 2. Mercadoria de

muambeiro / **muleta**

contrabando. 3. Venda e compra de coisas furtadas. 4. Velhacaria; fraude.

mu·am·bei·ro *s.m.* Indivíduo que faz muambas.

mu·ar *adj.2gên.* 1. Da raça dos mus. *s.m.* 2. Besta muar; mulo.

mu·ca·ma *s.f. ant.* Escrava de estimação que era, às vezes, ama de leite.

mu·ci·la·gem *s.f. Bot.* Substância gomosa e nutriente que se encontra em quase todos os vegetais.

mu·ci·la·gi·no·so (ô) *adj.* 1. Diz-se das plantas que contêm mucilagem. 2. Da natureza da mucilagem. *Pl.:* mucilaginosos (ó).

mu·co *s.m.* Substância viscosa segregada pelas glândulas mucosas; mucosidade.

mu·co·sa (ó) *s.f. Anat.* Membrana que forra as vias respiratórias e outras cavidades do organismo, e que segrega muco.

mu·co·so (ô) *adj.* 1. Que produz ou segrega muco. 2. Da natureza do muco. *Pl.:* mucosos (ó).

mu·çul·ma·no *adj.* 1. Concernente ao islamismo. *s.m.* 2. Sectário do islamismo.

mu·çu·ra·na *s.f. epiceno Zool.* Cobra não venenosa que se alimenta de outras cobras.

mu·da *s.f.* 1. Ação ou efeito de mudar (-se). 2. *Zool.* Renovação das penas, nas aves, e da pele ou do pelo em certos animais. 3. A época dessa renovação. 4. *Bot.* Planta tirada do viveiro para plantação definitiva. 5. Troca de roupa.

mu·dan·ça *s.f.* 1. Ação ou efeito de mudar(-se). 2. O ato de transportar ou remover os móveis de uma habitação para outra.

mu·dar *v.t.d.* 1. Remover. 2. Pôr em outro lugar. 3. Substituir. 4. Alterar; trocar; variar; transformar. *v.i.* 5. Ir habitar ou estacionar noutro ponto. 6. Tornar-se diferente do que era. *v.t.i.* 7. Deixar (uma coisa por outra). *v.p.* 8. Transferir a sua residência para outra terra, outra casa, etc. 9. Tomar outra condição ou qualidade; transformar-se.

mu·dá·vel *adj.2gên.* Que é suscetível de mudança.

mu·dez *s.f.* Estado da pessoa muda; privação da fala; silêncio; mutismo.

mu·do *adj.* 1. Que por defeito orgânico é incapaz de articular palavras. 2. Silencioso; calado. 3. Taciturno. *s.m.* 4. Indivíduo mudo.

mu·gi·do *s.m.* A voz do boi e dos animais bovídeos.

mu·gir *v.i.* 1. Dar mugidos. 2. *fig.* Berrar; bramir. *V. mungir.*

mui *adv. desus.* Forma apocopada de muito.

mui·ra·qui·tã *s.m.* Amuleto de madeira, pedra ou outro material, em forma de animais ou pessoas, usado pelos indígenas.

mui·to *pron.indef.* 1. Que é em grande número, quantidade ou abundância. *adv.* 2. Abundantemente. 3. Com força, com intensidade. 4. Com excesso. 5. Em alto grau.

mu·la *s.f.* 1. A fêmea do mulo. 2. *Med.* Inflamação de gânglio na virilha, de origem venérea. **Picar a mula**: fugir; ir embora.

mu·la·to *s.m.* Filho de pai branco e mãe negra ou vice-versa; mestiço; homem escuro.

mu·le·ta (ê) *s.f.* 1. Bastão de braço curto a que se apoiam os coxos. 2. O que serve de apoio.

mu·lher *s.f.* 1. Pessoa do sexo feminino. 2. Pessoa do sexo feminino depois da puberdade. 3. Esposa.

mu·lhe·ren·go *adj.* e *s.m.* Que ou o que está sempre tentando conquistar as mulheres.

mu·lhe·ril *adj.2gên.* 1. Concernente a mulheres; feminil. 2. Próprio de mulheres.

mu·lhe·ri·nha *s.f.* 1. Mulher pequena. 2. Mulher ordinária; mexeriqueira.

mu·lhe·ri·o *s.m.* 1. Grande porção de mulheres. 2. As mulheres.

mu·lher·zi·nha *s.f.* 1. Mulherinha. 2. Indivíduo maricas.

mu·lo *s.m.* Mu.

mul·ta *s.f.* 1. Ação ou efeito de multar. 2. Pena pecuniária.

mul·tar *v.t.d.* Infligir ou impor multa a.

mul·ti·cor *adj.2gên.* Que tem muitas cores; policromo.

mul·ti·dão *s.f.* 1. Ajuntamento, aglomerado de pessoas ou de coisas. 2. Aglomeração; montão. 3. O povo; o vulgo.

mul·ti·fá·ri·o *adj.* De muitos aspectos; variado.

mul·ti·for·me (ó) *adj.2gên.* Que possui muitas formas ou se apresenta de diversas maneiras.

mul·ti·mí·di·a *s.f. Inform.* Apresentação combinada de informações, em diversos formatos, como textos, imagens, sons, vídeos, animações, etc. *V.* hipermídia.

mul·ti·mi·li·o·ná·ri·o *adj.* e *s.m.* Que ou o que é muitas vezes milionário.

mul·ti·na·ci·o·nal *adj.2gên.* 1. Diz-se de empresa ou interesse que se estende por dois ou mais países. *s.f.* 2. Essa empresa.

mul·ti·pli·ca·ção *s.f.* 1. Ação de multiplicar (-se). 2. *Mat.* Operação pela qual se repete um número chamado multiplicando tantas vezes quantas são as unidades de outro chamado multiplicador.

mul·ti·pli·ca·dor *adj.* 1. Que multiplica. *s.m.* 2. *Mat.* O número que numa multiplicação designa quantas vezes se há de tomar o outro chamado multiplicando.

mul·ti·pli·can·do *s.m. Mat.* O número que numa multiplicação se há de tomar tantas vezes quantas são as unidades do multiplicador.

mul·ti·pli·car *v.t.d.* 1. Aumentar em número. 2. Tornar mais numeroso. 3. Aumentar a intensidade de. 4. Realizar uma multiplicação aritmética. *v.i.* 5. Propagar-se; crescer em número. 6. Fazer a operação aritmética da multiplicação. *v.p.* 7. Crescer em número; reproduzir-se. 8. Desenvolver grande atividade.

mul·tí·pli·ce *adj.2gên.* Complexo; variado.

mul·ti·pli·ci·da·de *s.f.* 1. Quantidade de multíplice. 2. Abundância; grande quantidade.

múl·ti·plo *adj.* 1. Que não é simples nem único. 2. Que abrange muitas coisas. 3. *Mat.* Designativo do número que é exatamente divisível por outro, sem deixar resto, ou daquele que contém outro numa porção exata de vezes. *s.m.* 4. Número múltiplo.

mul·ti·pro·ces·sa·men·to *s.m.* Processamento múltiplo.

mul·tis·se·cu·lar *adj.2gên.* De muitos séculos.

mul·ti·ta·re·fa (é) *s.f. Inform.* Relativo à capacidade que têm alguns sistemas operacionais de executar o processamento simultâneo de mais de uma tarefa graças à divisão do tempo do processamento entre elas.

mú·mi:a *s.f.* 1. Cadáver embalsamado pelos egípcios e outros povos da Antiguidade, como os incas e os astecas. *sobrecomum* 2. *fig.* Pessoa muito seca, descarnada, feia. 3. Pessoa sem energia ou de costumes ultrapassados.

mu·mi·fi·car *v.t.d.* 1. Converter em múmia. *v.i.* e *v.p.* 2. Converter-se em múmia. 3. *fig.* Emagrecer. 4. Atrofiar-se intelectualmente.

mun·da·na *s.f.* Mulher dissoluta; meretriz.

mun·da·ni·da·de *s.f.* 1. Qualidade de mundano. 2. Tudo o que se refere ao mundo ou ao que não é espiritual. 3. Tendência para os gozos materiais.

mun·da·nis·mo *s.m.* 1. Vida mundana. 2. Sistema, hábito daqueles que só procuram prazeres materiais.

mun·da·no *adj.* 1. Do mundo material (opõe-se a espiritual). 2. Dado a gozos materiais. 3. Terreno; material.

mun·dão *s.m.* 1. Espaço muito amplo; grande extensão de terra. 2. Grande quantidade; mundaréu. 3. Lugar distante.

mun·da·réu *s.m.* O mesmo que mundão (2).

mun·di·al *adj.2gên.* 1. Concernente ao mundo. 2. Geral.

mun·do *s.m.* 1. A Terra e os astros considerados como um todo organizado; o universo. 2. A parte do universo habitada pelos seres humanos. 3. Globo terrestre. 4. O gênero humano. 5. A vida presente. 6. Grande quantidade de coisas, de pessoas, etc. *pop.* **Cair no mundo**: fugir. **Terceiro mundo**: o conjunto dos países subdesenvolvidos.

mun·gir *v.t.d.* Ordenhar. *V. mugir.*

mun·gu·zá *s.m. Reg. Cul.* Espécie de mingau de milho e leite de coco com cravo e canela.

mu·nhe·ca (é) *s.f. Anat.* Parte em que a mão se liga ao braço; pulso.

mu·nhe·ca de pau (é) *s.2gên. Reg.* Mau motorista; barbeiro(2). *Pl.:* munhecas de pau.

mu·ni·ção *s.f.* 1. Conjunto de artefatos explosivos com que se carregam armas de fogo. 2. Conjunto de projéteis, granadas, bombas e o mais que é preciso a uma missão de combate. 3. Chumbo miúdo para caça. 4. *fig.* Defesa.

mu·ni·ci·o·na·men·to *s.m.* Ação de municionar.

mu·ni·ci·o·nar *v.t.d.* Prover de munições.

mu·ni·ci·pal *adj.2gên.* Que se refere ou pertence ao município ou à municipalidade.

mu·ni·ci·pa·li·da·de *s.f.* 1. Câmara municipal. 2. Prefeitura. 3. Município.

mu·ni·ci·pa·lis·mo *s.m.* Sistema de administração pública voltado para os municípios.

mu·ní·ci·pe *s.2gên.* 1. Cidadão ou cidadã do município. *adj.2gên.* 2. Do município.

mu·ni·cí·pi:o *s.m.* Circunscrição administrativa do estado, mas autônoma, dirigida por um prefeito e uma câmara de vereadores.

mu·ni·fi·cên·ci:a *s.f.* Generosidade; liberalidade; magnanimidade.

mu·ni·fi·cen·te *adj.2gên.* Generoso; magnânimo; liberal.

mu·nir *v.t.d.* 1. Municionar. 2. Fortificar; prover. 3. Defender; acautelar. *v.p.* 4. Prover-se.

mú·nus *s.m.2núm. desus.* Função que alguém tem de exercer; emprego.

mu·que *s.m.* Músculo; força muscular.

mu·ral *adj.2gên.* 1. Concernente a muro. *s.m.* 2. Pintura que adorna as paredes de um edifício, de uma residência, etc.

mu·ra·lha *s.f.* 1. Muro que guarnece uma fortaleza. 2. Paredão.

mu·rar *v.t.d.* 1. Cercar de muro ou muros. 2. Fortificar.

mur·char *v.t.d.* 1. Tornar murcho. 2. Tirar a força a. *v.i.* e *v.p.* 3. Perder o viço, a animação. *Part.:* murchado e murcho.

mur·cho *adj.* Que perdeu o viço, a frescura, a cor, a beleza, a força, a energia.

mu·re·ta (ê) *s.m.* 1. Muro baixo. 2. Pequeno muro.

mu·ri·ço·ca (ó) *s.f. Zool.* Mosquito.

mur·mu·ra·ção *s.f.* 1. Ação ou efeito de murmurar. 2. Maledicência.

mur·mu·ran·te *adj.2gên.* 1. Que murmura. 2. Que produz murmúrio.

mur·mu·rar *v.t.d.* 1. Emitir (som leve, frouxo). 2. Segredar. *v.i.* 3. Produzir murmúrio. 4. Queixar-se em voz baixa. *v.t.i.* 5. Formar mau juízo (de alguém, de alguma coisa).

mur·mu·re·jar *v.i.* 1. Produzir murmúrio (1). *v.t.d.* 2. Dizer algo em tom bem baixo; sussurrar.

mur·mu·ri·nho *s.m.* 1. Sussurro de vozes simultâneas. 2. Ruído brando das águas, das folhas, etc.; murmúrio.

mur·mú·ri:o *s.m.* 1. Ruído de água corrente, das ondas do mar, das folhas agitadas pela aragem, etc. 2. Som abafado de muitas vozes juntas.

mu·ro *s.m.* Construção de tijolo, pedra, etc. para defesa, resguardo ou separação.

mur·ro *s.m.* Pancada com a mão fechada; soco. *Dar murro em ponta de faca*: pretender o impossível.

mu·sa *s.f. Mit.* 1. Cada uma das nove deusas que presidiam as artes liberais. 2. Divindade inspiradora da poesia. 3. *por ext.* A poesia. 4. Estro; inspiração.

mus·cu·la·ção *s.f.* Exercício dos músculos.

mus·cu·lar *adj.2gên.* 1. Concernente aos músculos. 2. Que é próprio dos músculos.

mus·cu·la·tu·ra *s.f.* 1. O conjunto dos músculos do corpo. 2. Vigor ou força muscular.

mús·cu·lo *s.m. Anat.* Órgão carnudo formado pela reunião de muitas fibras, que serve para operar o movimento dos corpos animais. 2. *fig.* Vigor; energia; força.

mus·cu·lo·so (ô) *adj.* 1. Que tem músculos fortes. 2. Robusto; vigoroso. *Pl.:* musculosos (ó).

mu·se·o·lo·gi·a *s.f.* Ciência que trata da organização e manutenção dos museus.

mu·seu *s.m.* Lugar ou edifício onde se expõem e estudam obras de arte, objetos raros ou antigos, coleções científicas, etc.

mus·go *s.m. Bot.* Planta que constitui o limo dos lugares úmidos.

mú·si·ca *s.f.* 1. Arte de combinar sons para que produzam efeito agradável. 2. Resultado da combinação dos sons. 3. Composição musical. 4. Execução de qualquer peça musical. 5. *fig.* Qualquer conjunto de sons. *Dançar conforme a música*: adaptar-se à situação.

mu·si·cal *adj.2gên.* Concernente à música.

mu·si·car *v.t.d.* 1. Converter em música. *v.i.* 2. Tocar instrumento musical. 3. Cantar.

mu·si·cis·ta *s.2gên.* Pessoa versada em música, que compõe músicas.

mú·si·co *s.m.* 1. Aquele que professa a arte musical cantando, tocando ou compondo. 2. O que faz parte de uma orquestra ou banda. *adj.* 3. Musical.

mus·se·li·na *s.f.* Tecido leve e transparente de algodão.

mu·ta·bi·li·da·de *s.f.* 1. Qualidade de mutável. 2. Instabilidade; volubilidade.

mu·ta·ção *s.f.* 1. Mudança. 2. Variação; alteração. 3. Inconstância; volubilidade.

mu·tá·vel *adj.2gên.* Que se pode mudar.

mu·ti·la·ção *s.f.* Ação ou efeito de mutilar(-se).

mu·ti·lar *v.t.d.* 1. Privar de algum membro. 2. *fig.* Cortar um membro ou parte dele. 3. Destruir parte de. 4. Amesquinhar; depreciar. *v.p.* 5. Privar-se de algum membro ou de alguma parte do corpo.

mu·ti·rão *s.m.* Reunião de diversas pessoas que se prestam a realizar um trabalho conjunto.

mu·tis·mo *s.m.* Mudez.

mu·tre·ta (ê) *s.f. gír.* Ação enganosa; ardil, trapaça.

mu·tu:a·li·da·de *s.f.* Estado do que é mútuo ou recíproco.

mu·tu·ar *v.t.d.* 1. Trocar entre si. 2. Permutar.

mu·tu·á·ri·o *s.m.* 1. O que recebe alguma coisa a título precário. 2. Pessoa que paga prestação de imóvel financiado.

mu·tu·ca *s.f. Zool.* Nome dado a insetos que vivem próximo à água, cujas fêmeas se alimentam de sangue humano e de animais, de picada dolorosa.

mú·tu:o *adj.* Que se corresponde de parte a parte; recíproco.

mu·xo·xo (ch, ô, ch) *s.m.* 1. Beijo; carícia. 2. Pequeno estalo com a língua para demonstrar desdém ou aborrecimento.

N n

n *s.m.* 1. Décima quarta letra do alfabeto. *num.* 2. O décimo quarto numa série indicada por letras.

N *s.m.* Com ou sem ponto, é *abrev.* de norte.

na·ba·bes·co (ê) *adj.* 1. Próprio de nababo. 2. Luxuoso; suntuoso.

na·ba·bo *s.m.* 1. *ant.* Príncipe ou governador de província, na Índia. 2. *por ext.* Indivíduo muito rico. 3. Pessoa que vive com grande fausto.

na·bo *s.m. Bot.* 1. Planta cuja raiz carnuda se emprega como alimento. 2. Essa raiz.

na·ção *s.f.* 1. Conjunto dos habitantes de um território. 2. Estado que se governa por leis próprias. 3. O governo da nação. 4. Pátria; país natal, de origem.

ná·car *s.m.* 1. Substância branca e brilhante de que se revestem interiormente algumas conchas. 2. Cor-de-rosa.

na·ca·ra·do *adj.* 1. Que tem a cor, o aspecto, o brilho do nácar. 2. Rosado.

na·ci·o·nal *adj.2gên.* 1. Que se refere ou pertence a uma nação. *s.m.* 2. Indivíduo natural de um país.

na·ci·o·na·li·da·de *s.f.* 1. Qualidade de nacional. 2. Origem nacional de uma pessoa ou coisa; naturalidade.

na·ci·o·na·lis·mo *s.m.* 1. Política segundo a qual se devem nacionalizar todas as atividades de um país. 2. Preferência por tudo o que é próprio da nação a que se pertence.

na·ci·o·na·lis·ta *adj.2gên.* 1. Concernente a independência e interesses nacionais. 2. Patriótico. 3. Que pratica o nacionalismo. *s.2gên.* 4. Pessoa que pratica o nacionalismo.

na·ci·o·na·li·za·ção *s.f.* Ato ou efeito de nacionalizar(-se).

na·ci·o·na·li·zar *v.t.d.* 1. Tornar nacional. 2. Dar feição nacional a. *v.p.* 3. Fazer-se nacional. 4. Naturalizar-se.

na·co *s.m.* Pedaço ou porção de algo, em geral de alimento.

na·da *s.m.* 1. O que não existe. 2. Coisa nula, inerte, vã. 3. Bagatela; inutilidade. 4. Falta de quantidade. *pron. indef.* 5. Nenhuma coisa. *adv.* 6. De modo nenhum; não.

na·da·dei·ra *s.f. Zool.* Órgão locomotor dos peixes; barbatana.

na·da·dor *adj.* 1. Que serve para nadar. *adj. e s.m.* 2. Que ou o que sabe nadar, que pratica a natação.

na·dar *v.i.* 1. Sustentar-se e mover-se sobre a água; flutuar. *v.t.i.* 2. Estar

nádega

imerso (em um líquido). 3. Ter em abundância (dinheiro, etc.). *v.t.d.* 4. Percorrer nadando.

ná·de·ga *s.f.* 1. *Anat.* A parte posterior e carnuda acima de ambas as coxas.

ná·de·gas *s.f.pl.* O assento.

na·dir *s.m.* 1. *Astron.* Ponto do céu oposto ao zênite. 2. *por ext.* O ponto mais baixo.

na·do *s.m.* 1. Ato de nadar. 2. Espaço que se pode percorrer nadando.

naf·ta *s.f. Quím.* Betume líquido, resíduo da retificação do petróleo.

na·gô *s.2gên.* 1. Indivíduo dos nagôs, povo africano do Sudão. *adj.2gên.* 2. Pertencente ou relativo aos nagôs.

nái:a·de *s.f.* 1. *Mit.* Ninfa dos rios e das fontes na mitologia grega. 2. *Astron.* Nome de um dos satélites de Netuno (inicial maiúscula).

nái·lon *s.m.* 1. Material sintético utilizado para produzir fibras e tecidos. 2. Fibra ou tecido produzido com esse material.

nai·pe *s.m.* 1. Sinal que distingue cada um dos quatro grupos de cartas de jogar. 2. Cada um desses grupos. 3. *Mús.* Cada um dos grupos de instrumentos em que se costuma dividir uma orquestra. 4. *fig.* Condição; classe; casta.

na·ja *s.f. epiceno Zool.* Serpente venenosa que se encontra nas regiões tropicais da Ásia e África.

nam·bi·qua·ra *adj.2gên.* 1. Relativo aos nambiquaras, povo indígena que habita parte de Mato Grosso e Rondônia. *s.2gên.* 2. Pessoa que pertence a esse povo. *s.m.* 3. Família de línguas faladas por esse povo.

nam·bu *s.m. Zool.* O mesmo que inhambu.

naquilo

na·mi·bi·a·no *adj.* 1. Da Namíbia. *s.m.* 2. O natural ou habitante da Namíbia.

na·mí·bi:o *adj.* Namibiano.

na·mo·ra·do *s.m.* 1. Aquele que alguém namora. *epiceno Zool.* 2. Nome comum de um peixe marinho.

na·mo·rar *v.t.d.* 1. Procurar inspirar amor a. 2. Desejar muito. 3. Cativar; atrair. 4. Olhar com enlevo para. *v.i.* 5. Fazer galanteios.

na·mo·ri·co *s.m.* Namoro passageiro.

na·mo·ro (ô) *s.m.* 1. Ato de namorar; galanteio. *sobrecomum* 2. Pessoa namorada.

na·ni·co *adj.* 1. Que tem aspecto de anão. 2. Pequeno de corpo. 3. Acanhado; apoucado.

na·nis·mo *s.m. Med.* Anomalia que consiste na pequenez do corpo adulto por cessação prematura do crescimento.

nan·quim *s.m.* Tinta indelével de cor preta, usada em desenho e caligrafia.

não *adv.* 1. Exprime negação. *s.m.* 2. Negativa, recusa, repulsa.

na·pa *s.f.* 1. Pele de carneiro, macia e fina, usada na fabricação de luvas, bolsas, carteiras, etc. 2. Material sintético que imita a napa natural.

na·po·le·ô·ni·co *adj.* Relativo ao imperador da França Napoleão Bonaparte (1769-1821), à sua época ou a seu sistema político e militar.

na·po·li·ta·no *adj.* 1. De Nápoles. *s.m.* 2. O natural ou habitante de Nápoles.

na·que·le *contr. Prep.* **em** com o *pron. dem.* **aquele**. *Fem.:* naquela.

na·qui·lo *contr. Prep.* **em** com o *pron. dem.* **aquilo**.

nar·ci·sis·mo *s.m.* 1. *Psic.* Estado em que a libido é dirigida ao próprio ego. 2. *por ext.* Amor excessivo a si mesmo.

nar·ci·so *s.m.* 1. *Bot.* Planta ornamental. 2. *Bot.* A flor dessa planta. 3. *fig.* Homem vaidoso, desvanecido de si próprio.

nar·có·ti·co *adj.* 1. Que produz narcotismo. *s.m.* 2. Substância que faz paralisar as funções cerebrais.

nar·co·tis·mo *s.m.* Conjunto dos efeitos produzidos por substâncias narcóticas.

nar·co·ti·zar *v.t.d.* 1. Dar narcótico a. 2. Entorpecer; paralisar.

na·ri·gu·do *adj.* 1. Que tem nariz grande. *s.m.* 2. Indivíduo com essa característica.

na·ri·na *s.f. Anat.* Cada uma das duas fossas nasais.

na·riz *s.m.* 1. *Anat.* Parte saliente do rosto entre a testa e a boca, órgão do olfato. 2. *por ext.* Focinho dos animais.

nar·ra·ção *s.f.* 1. Ação ou efeito de narrar. 2. Exposição (oral ou escrita) de um fato.

nar·ra·dor *adj.* e *s.m.* Que ou o que narra.

nar·rar *v.t.d.* 1. Contar (descrevendo). 2. Relatar; referir.

nar·ra·ti·va *s.f.* Narração; conto; história.

na·sal *adj.2gên.* 1. Do nariz. 2. *Gram.* Diz-se dos sons ou fonemas cuja emissão ou articulação se faz parte pela boca, parte pelo nariz. 3. *Anat.* Relativo ao osso do nariz.

na·sa·lar *v.t.d.* 1. Falar ou emitir som pelo nariz. *v.t.d.* e *v.p.* 2. Tornar(-se) nasal.

na·sa·li·zar *v.t.d.* 1. Tornar nasal. 2. Pronunciar de modo nasal.

nas·ce·dou·ro *s.m.* Lugar onde se nasce.

nas·cen·ça *s.f.* 1. Ação de nascer. 2. Princípio; origem.

nas·cen·te *adj.2gên.* 1. Que nasce. 2. Que começa. *s.m.* 3. O lado onde nasce o Sol. *s.f.* 4. Fonte; ponto inicial de um rio.

nas·cer *v.i.* 1. Sair do ventre materno. 2. Começar a ter vida exterior. 3. Começar a brotar, a crescer, a aparecer. *v.t.i.* 4. Ter sua origem; provir. 5. Aparecer.

nas·ci·men·to *s.m.* 1. Ato ou efeito de nascer. 2. Origem; raça. 3. *fig.* Começo; causa.

nas·ci·tu·ro *adj.* 1. Gerado, mas ainda não dado à luz. *s.m.* 2. Aquele que há de nascer.

na·ta *s.f.* 1. Parte gorda do leite de que se faz a manteiga; creme. 2. *fig.* A melhor parte de qualquer coisa.

na·tal *adj.2gên.* 1. Que se refere a nascimento ou a lugar de nascimento. *s.m.* 2. Dia em que se comemora o nascimento de Jesus Cristo (25 de dezembro) (inicial maiúscula).

na·ta·len·se *adj.2gên.* 1. De Natal, típico dessa cidade ou de seu povo. *s.2gên.* 2. Pessoa que nasceu ou vive em Natal.

na·ta·lí·ci·o *adj.* 1. Relativo ao dia do nascimento. *s.m.* 2. Aniversário.

na·ta·li·da·de *s.f.* 1. Cifra da população relativa a certa região ou certa época. 2. Percentagem de nascimentos.

na·ta·li·no *adj.* Do Natal.

na·ti·mor·to (ô) *adj.* e *s.m.* Que ou aquele que nasceu morto ou morreu logo ao nascer. *Pl.:* natimortos (ó).

na·ti·vi·da·de *s.f.* Nascimento (especialmente o de Cristo, da Virgem e dos santos).

nativo

na·ti·vo *adj.* 1. Que nasce, que é natural. 2. Não adquirido. 3. Nacional; pátrio. *s.m.* 4. Indivíduo natural de um lugar; aborígine.

na·to *adj.* 1. Nascido. 2. Natural. 3. De nascença; congênito.

na·tu·ra *s.f. Lit.* Natureza.

na·tu·ral *adj.2gên.* 1. Que se refere à natureza. 2. Conforme à natureza ou por ela produzido. 3. Que segue a ordem regular das coisas. 4. Designativo do filho que não provém do matrimônio.

na·tu·ra·li·da·de *s.f.* 1. Qualidade do que é natural. 2. Singeleza; simplicidade. 3. Lugar de nascimento (cidade, estado, país).

na·tu·ra·lis·mo *s.m.* 1. Estado do que é produzido pela ação da natureza. 2. *Bel.-Art.* Reprodução, nas artes, da natureza e da vida, sem exclusão dos seus aspectos considerados feios ou repugnantes.

na·tu·ra·lis·ta *adj.2gên.* 1. Relativo ao naturalismo. *s.2gên.* 2. Pessoa partidária do naturalismo.

na·tu·ra·li·za·ção *s.f.* 1. Ação de naturalizar(-se). 2. O ato pelo qual se concedem a um estrangeiro os direitos garantidos aos nacionais.

na·tu·ra·li·zar *v.t.d.* 1. Conferir a um estrangeiro direitos dos nacionais. 2. Adotar como nacional. *v.p.* 3. Adquirir (um estrangeiro) os direitos garantidos aos nacionais de um país.

na·tu·re·ba (é) *adj.2gên. pop.* 1. Que é adepto ou defende uma vida e principalmente uma alimentação mais natural. *s.2gên.* 2. Pessoa com essa característica.

na·tu·re·za (ê) *s.f.* 1. O conjunto e sistema das coisas criadas; o universo. 2. Índole; caráter do indivíduo.

nave

nau *s.f.* 1. Grande embarcação. 2. Qualquer navio ou embarcação.

nau·fra·gar *v.i.* 1. Soçobrar (o navio). 2. Sofrer naufrágio (os navegantes, os tripulantes). 3. *fig.* Arruinar-se; perder-se. *v.t.i.* 4. Malograr; falhar. *v.t.d.* 5. Fazer naufragar.

nau·frá·gi·o *s.m.* 1. Ato de naufragar. 2. Perda de navio no mar. 3. *fig.* Desgraça; ruína; prejuízo.

náu·fra·go *adj.* 1. Que naufragou. 2. Resultante de naufrágio. *s.m.* 3. O que sofreu naufrágio. 4. *fig.* Indivíduo que se arruinou.

nau·ru·a·no *adj.* 1. De Nauru (Oceania). *s.m.* 2. O natural ou habitante de Nauru.

náu·se·a *s.f.* 1. Enjoo produzido pelo balanço da embarcação, do avião, etc. 2. *fig.* Nojo.

nau·se·a·bun·do *adj.* 1. Que provoca náusea, enjoo; nauseante. 2. Que causa nojo; repugnante.

nau·se·an·te *adj.2gên.* O mesmo que nauseabundo.

nau·se·ar *v.t.d.* 1. Causar náuseas a. 2. Repugnar; enjoar; enfastiar; entediar. *v.i.* e *v.p.* 3. Sentir náuseas.

nau·ta *s.m.* Marinheiro, navegante.

náu·ti·ca *s.f.* Arte, ciência ou técnica de navegar.

náu·ti·co *adj.* Concernente a navegação.

na·val *adj.2gên.* Concernente a navios ou a navegação.

na·va·lha *s.f.* 1. Instrumento cortante formado de uma lâmina e de um cabo que resguarda o fio da mesma lâmina ao fechar-se. *s.2gên.* 2. *pop.* Pessoa que dirige mal um veículo.

na·va·lha·da *s.f.* Golpe de navalha.

na·ve *s.f.* 1. Navio; nau. 2. A parte da igreja entre o santuário e o átrio.

na·ve·ga·ção *s.f.* 1. Ação de navegar. 2. Viagem por mar. 3. Comércio marítimo.

na·ve·ga·dor *s.m. Inform.* Aplicativo ou parte de aplicativo que apresenta o conteúdo de um sistema de hipertexto ou de hipermídia e permite que se navegue dentro dele; leitor de hipertexto (correspondente em inglês: *browser*).

na·ve·gan·te *adj.2gên.* 1. Que navega ou sabe navegar. 2. Habituado a navegar. *s.2gên.* 3. Pessoa que navega; marinheiro.

na·ve·gar *v.i.* 1. Viajar por mar, pelos grandes rios (em embarcações) ou pelos ares (em aviões). 2. Seguir viagem (o navio). 3. *Inform.* Percorrer interativamente hipertexto ou hipermídia, consultando uma sequência de documentos e determinando, a cada passo, qual documento será consultado, a seguir; surfar. *v.t.d.* 4. Percorrer em navio ou avião.

na·ve·gá·vel *adj.2gên.* Que se pode percorrer em navio ou barco.

na·vi·o *s.m.* 1. Embarcação de grande porte. 2. Qualquer embarcação.

na·vi·o-tan·que *s.m. Náut.* Navio próprio para transportar cargas líquidas. *Pl.*: navios-tanques e navios-tanque.

na·za·re·no (ê) *adj.* 1. De Nazaré (Israel). *s.m.* 2. O natural ou habitante de Nazaré. *restr.* 3. Jesus Cristo.

na·zis·mo *s.m.* O conjunto das doutrinas políticas e sociais do Partido Nacional Socialista, fundado por Adolf Hitler na Alemanha, em 1919.

na·zis·ta *adj.2gên.* 1. Do nazismo. *s.2gên.* 2. Adepto do nazismo.

ne·bli·na *s.f.* 1. Névoa densa e rasteira; nevoeiro. 2. *fig.* Sombra; escuridão.

ne·bu·li·za·ção *s.f.* 1. Ação ou resultado de nebulizar. 2. *Med.* Aplicação de medicamento líquido por meio de vaporização, pelo nariz ou pela boca.

ne·bu·li·zar *v.t.d.* 1. Transformar um líquido em vapor. 2. Aplicar medicamento por meio de nebulização.

ne·bu·lo·sa (ó) *s.f. Astron.* Concentração de estrelas, gases, poeira cósmica, etc. que se apresenta sob o aspecto de mancha esbranquiçada de diferentes formas.

ne·bu·lo·si·da·de *s.f.* 1. Qualidade ou estado de nebuloso. 2. *fig.* Falta de clareza ou de precisão.

ne·bu·lo·so (ô) *adj.* 1. Coberto de nuvens, de névoa, de vapores densos. 2. Pouco perceptível; obscuro. 3. Ameaçador. *Pl.*: nebulosos (ó).

ne·ce·da·de *s.f.* Ignorância; estupidez; disparate; tolice; estultícia.

ne·ces·sá·ri·o *adj.* 1. Que tem de ser. 2. Indispensável. 3. Inevitável. 4. Útil. *s.m.* 5. Aquilo que é necessário.

ne·ces·si·da·de *s.f.* 1. Aquilo que é absolutamente necessário. 2. Aquilo que obriga, constrange. 3. Pobreza.

ne·ces·si·tar *v.t.d.* 1. Ter necessidade de. 2. Forçar; obrigar. *v.i.* 3. Sofrer necessidades. *v.t.i.* 4. Carecer; precisar.

ne·␣cró·fa·go *adj. Zool.* 1. Que se alimenta de cadáveres. *s.m.* 2. Animal com essa característica.

ne·cro·fi·li·a *s.f. Psiq.* Distúrbio de comportamento em que se sente atração sexual por cadáveres.

ne·cro·lo·gi·a *s.f.* Coleção de notícias sobre pessoas falecidas; obituário.

ne·cro·ló·gi·o *s.m.* Notícia ou elogio fúnebre; necrologia.

ne·cro·man·ci·a *s.f.* 1. Crença na possibilidade de se comunicar com os mortos e de se predizer o futuro por meio desse contato. 2. A prática dessa crença. 3. *por ext.* Bruxaria, feitiçaria. *Var.*: nigromancia.

ne·cró·po·le *s.f.* Lugar onde se enterram os mortos; cemitério.

ne·crop·si·a *s.f.* Autópsia.

ne·cro·sar *v.t.d.* Produzir necrose em.

ne·cro·se (ó) *s.f. Med.* Morte de um tecido orgânico; gangrena.

ne·cro·té·ri·o *s.m.* 1. Lugar onde os cadáveres são expostos para identificação. 2. Lugar onde jazem os cadáveres que vão ser necropsiados.

néc·tar *s.m.* 1. *Mit.* Bebida dos deuses. 2. *por ext.* Bebida deliciosa. 3. Suco adocicado, elemento principal do mel das abelhas.

né·di·o *adj.* 1. De pele lustrosa; luzidio. 2. Gordo.

ne·er·lan·dês *adj.* 1. Da Neerlândia ou Países Baixos (Europa). *s.m.* 2. O natural ou habitante da Neerlândia.

ne·fan·do *adj.* 1. Torpe. 2. Execrável; abominável. 3. Sacrílego. 4. Perverso; odioso.

ne·fas·to *adj.* 1. Que causa desgraça. 2. De mau agouro; funesto. 3. Trágico.

ne·fe·li·ba·ta *adj.2gên.* e *s.2gên.* 1. Que ou o que anda ou vive nas nuvens. 2. *fig.* Diz-se de pessoa sonhadora, presa a utopias.

ne·fri·te *s.f. Med.* Inflamação dos rins.

ne·fro·lo·gi·a *s.f.* Parte da medicina que trata das doenças renais.

ne·fro·se (ó) *s.f. Med.* Doença degenerativa que ataca os rins.

ne·ga·ça *s.f.* 1. Engodo; isca; chamariz; atrativo. 2. Negativa. 3. Engano; logro.

ne·ga·ção *s.f.* 1. Ação de negar. 2. Falta de vocação. 3. Falta; inaptidão.

ne·ga·ce·ar *v.t.d.* 1. Fazer negaças a. 2. Atrair por meio de negaças. 3. Enganar. 4. Provocar. 5. Negar; recusar. *v.i.* 6. Fazer negaças. ★

ne·gar *v.t.d.* 1. Dizer que uma coisa não é verdadeira ou que não existe. 2. Dizer que não. 3. Contestar. 4. Não permitir; não admitir a existência de. *v.t.d.* e *v.i.* 5. Não conceder; recusar. *v.i.* 6. Dizer não. *v.p.* 7. Recusar-se; não se prestar. 8. Não se apresentar; ocultar-se.

ne·ga·ti·va *s.f.* 1. Negação. 2. Recusa; repulsa. 3. Proposição com que se nega alguma coisa.

ne·ga·ti·vis·mo *s.m.* Atitude de pessoa negativa; pessimismo.

ne·ga·ti·vo *adj.* 1. Que exprime ou envolve negação. 2. Nulo; contraproducente. 3. *Mat.* Designativo da quantidade menor que zero. 4. *Fot.* Diz-se da prova em que as partes claras do modelo aparecem escuras e vice-versa. *s.m.* 5. *Fot.* Prova fotográfica negativa.

ne·gli·gên·ci·a *s.f.* 1. Descuido no cumprimento de encargo ou obrigação. 2. Omissão habitual no cumprimento de deveres ou de funções. 3. Desleixo; desmazelo.

ne·gli·gen·ci·ar *v.t.d.* 1. Tratar negligentemente. 2. Descurar; desleixar. 3. Desatender.

ne·gli·gen·te *adj.2gên.* 1. Que tem ou mostra negligência. 2. Desleixado. 3. Descuidado; desatento. 4. Preguiçoso.

ne·go (ê) *s.m.* 1. *pop.* Indivíduo indeterminado; cara (6), fulano. 2. *fam.* Forma de tratamento amistosa ou carinhosa. 3. *pop.* Indivíduo de pele negra.

ne·go·ci·a·ção *s.f.* 1. Ação ou efeito de negociar. 2. Negócio; ajuste.

ne·go·ci·an·te *s.2gên.* Pessoa que negocia; comerciante.

ne·go·ci·ar *v.i.* e *v.t.i.* 1. Fazer negócios. 2. Comerciar. *v.t.i.* 3. Ter relações para concluir tratados ou convênios. *v.t.d.* 4. Agenciar. 5. Comprar ou vender. 6. Permutar.

ne·go·ci·a·ta *s.f.* 1. Negócio suspeito. 2. Negócio em que há logro ou trapaça.

ne·gó·ci·o *s.m.* 1. Trato mercantil. 2. Comércio; transação. 3. Empresa. 4. Ajuste. 5. Qualquer assunto. 6. Objeto; coisa. 7. Casa de negócio.

ne·gra (ê) *s.f.* 1. Mulher negra. 2. A partida que desempata um jogo.

ne·grei·ro *adj.* 1. Concernente a negros. 2. *ant.* Designativo do navio que fazia tráfico de negros. *s.m.* 3. *ant.* Traficante de negros.

ne·gre·jar *v.i.* 1. Ser negro. 2. Fazer-se ou tornar-se negro.

ne·gri·to *s.m. Tip.* Tipo de imprensa de traços mais grossos que o comum, para pôr em destaque uma palavra ou alguma parte de texto.

ne·gri·tu·de *s.f.* Estado ou condição das pessoas negras.

ne·gro (ê) *s.m.* Indivíduo negro.

ne·gró·fi·lo *adj.* Amigo dos negros; que gosta dos negros.

ne·groi·de (ói) *adj.2gên.* 1. Que é semelhante ao negro. *s.2gên.* 2. *Antrop.* Pessoa com características da etnia negra.

ne·le (ê) *contr. Prep.* em com o *pron.pess.* ele. *Fem.:* nela.

ne·lo·re (ó) *adj.2gên.* e *s.2gên.* Diz-se de ou raça de gado zebu originária da Índia.

nem *conj.* 1. E não. 2. E sem. 3. Não (alternativamente: nem um nem outro queria ceder). *loc. conj.* **Nem que**: embora; ainda que; nunca; apesar de.

ne·ném *s.m. fam.* Recém-nascido ou criança de poucos meses; bebê.

ne·nhum *pron.indef.* 1. Nem um. 2. Nulo; inexistente.

ne·nhu·res *adv. desus.* Em nenhuma parte.

nê·ni:a *s.f.* Canção, canto triste.

ne·nú·far *s.m. Bot.* Planta aquática, de grandes folhas redondas, próprias para flutuar na superfície da água, e flores vistosas.

Ne:o·clas·si·cis·mo *s.m. Bel.-Art.* Imitação atual dos antigos artistas clássicos.

ne:o·clás·si·co *adj.* 1. Relativo ao Neoclassicismo. *s.m.* 2. O que pratica o Neoclassicismo.

ne:o·dí·mi:o *s.m. Quím.* Elemento metal de símbolo **Nd** e cujo número atômico é 60.

ne·ó·fi·to *s.m.* 1. O que acaba de receber o batismo. 2. Principiante.

ne:o·la·ti·no *adj.* Designativo das línguas modernas derivadas do latim ou de nações cuja civilização procede da latina.

neo·li·be·ra·lis·mo *s.m.* Doutrina que defende a liberdade de mercado, reservando o papel do Estado para equilibrar os interesses sociais e privados.

ne:o·lí·ti·co *adj.* e *s.m. Geol.* Diz-se de ou o período (inicial maiúscula) da pedra polida.

ne:o·lo·gis·mo *s.m. Gram.* 1. Palavra nova formada no seio da língua ou importada de língua estrangeira. 2. Palavra antiga com sentido novo.

néon *Fr. s.m.* O mesmo que nêonio. *Var.:* neon.

ne·ô·ni·o *s.m. Quím.* Corpo simples, elemento de símbolo **Ne** e cujo número atômico é 10.

neo·pla·si·a *s.f. Med.* Conjunto de alterações celulares que levam a uma multiplicação desordenada das mesmas e à formação de tumores, benignos ou malignos.

ne·o·plas·ma *s.m. Med.* 1. Tecido orgânico de formação recente. 2. Nome comum aos tumores benignos ou malignos.

ne·o·ze·lan·dês *adj.* 1. Da Nova Zelândia. *s.m.* 2. O natural ou habitante desse país.

Ne·o·zoi·co *adj. Geol.* Designativo do período geológico desde fins do Mesozoico até os tempos presentes.

ne·pa·lês *adj.* 1. Do Nepal. *s.m.* 2. O natural ou habitante do Nepal.

ne·po·tis·mo *s.m.* 1. Autoridade excessiva que os parentes dos papas exercem na administração eclesiástica. 2. *por ext.* Favoritismo; afilhadismo.

ne·rei·da *s.f. Mit.* Na mitologia grega, cada uma das 50 ninfas que presidem o mar.

ner·vo (ê) *s.m.* 1. *Anat.* Cada um dos filamentos que se prolongam da substância do cérebro e da medula espinhal, ramificando-se e estendendo-se por todo o corpo. 2. *fig.* Força; vigor; energia; fibra.

ner·vo·si·da·de *s.f.* 1. Qualidade ou estado do que é nervoso. 2. O conjunto dos nervos. 3. Força; vigor.

ner·vo·sis·mo *s.m.* 1. Perturbação do sistema nervoso. 2. Excitação; irritabilidade; frenesi.

ner·vo·so (ô) *adj.* 1. Dos nervos. 2. Provido de nervos. 3. Que tem nervos irritáveis. 4. Exaltado. 5. Vigoroso; enérgico. 6. Que sofre dos nervos. *Pl.:* nervosos (ó).

ner·vu·ra *s.f.* 1. *Bot.* Saliência geralmente visível na parte de baixo das folhas e das pétalas de algumas flores. 2. *Zool.* Filete que dá suporte às asas dos insetos. 3. Filete que faz pequena saliência em uma superfície plana. 4. *Arquit.* Saliência fina e longa nas arestas de uma abóbada. 5. Prega em forma de filete costurada em tecido. 6. Cada uma das saliências horizontais em uma lombada de livro encadernado.

nés·ci·o *adj.* 1. Ignorante; ignaro. 2. Inepto; estúpido. *s.m.* 3. Indivíduo néscio.

nes·ga (ê) *s.f.* 1. Peça triangular de pano que se cose entre dois panos de uma peça de vestuário. 2. Pequena porção de qualquer espaço.

nês·pe·ra *s.f.* O fruto da nespereira, também chamado ameixa-amarela.

nes·pe·rei·ra *s.f. Bot.* Árvore frutífera que dá a nêspera.

nes·se (ê) *contr. Prep.* **em** com o *pron. dem.* esse. *Fem.:* nessa.

nes·te *contr. Prep.* **em** com o *pron.dem.* este. *Fem.:* nesta.

ne·to (é) *s.m.* 1. Filho de filho ou de filha relativamente ao avô ou à avó.

ne·tos (é) *s.m.pl.* Os descendentes, os vindouros; a posteridade.

ne·tú·ni·o *s.m. Quím.* Elemento transurânico de símbolo **Np** e cujo número atômico é 93.

Ne·tu·no *s.m.* 1. *Mit.* Entre os antigos romanos, divindade que preside o mar. 2. *Astron.* O oitavo planeta, em ordem de afastamento do Sol.

neural

neu·ral *adj.2gên.* Relativo a nervos; nervoso.

neu·ras·te·ni·a *s.f.* 1. *Med.* Fraqueza dos nervos acompanhada por cefaleia e irritabilidade. 2. *por ext.* Mau humor; irritabilidade fácil.

neu·ras·tê·ni·co *adj.* e *s.m.* 1. Que ou o que sofre de neurastenia. 2. *adj.* Concernente a neurastenia.

neu·ri·te *s.f. Med.* Inflamação de nervo; nevrite.

neu·ro·lo·gi·a *s.f. Med.* Estudo do sistema nervoso e de suas doenças.

neu·ro·lo·gis·ta *s.2gên.* 1. Pessoa versada em neurologia. 2. Especialista em doenças dos nervos.

neu·rô·ni:o *s.m. Anat.* Célula nervosa com seus prolongamentos.

neu·ro·se (ó) *s.f. Psic.* Transtorno da personalidade, causa de tensões e conflitos internos na afirmação do eu, na esfera amorosa, na ordem profissional e no comportamento social.

neu·ró·ti·co *adj.* 1. Concernente a neurose. *s.m.* 2. Aquele que sofre neurose.

neu·tra·li·da·de *s.f.* 1. Qualidade ou estado de neutro. 2. Imparcialidade. 3. Indiferença.

neu·tra·li·za·ção *s.f.* Ação de neutralizar(-se).

neu·tra·li·zar *v.t.d.* 1. Tornar neutro. 2. Declarar neutro. 3. *fig.* Anular; destruir. *v.p.* 4. Tornar-se neutro, indiferente.

neu·tro *adj.* 1. Que não adere a nenhuma das partes litigantes; imparcial. 2. Indiferente; inativo. 3. Diz-se de uma nação cujo território as potências beligerantes se comprometem a respeitar. 4. Indeterminado; vago.

nhato

nêu·tron *s.m. Fís.* Combinação íntima de um próton e de um elétron, desprovida de carga elétrica.

ne·va·da *s.f.* 1. Queda de neve. 2. Porção de neve que cai de uma vez. 3. Ato de cair neve.

ne·va·do *adj.* 1. Coberto de neve. 2. Branco como neve. 3. Frio; gelado; frígido.

ne·var *v.t.d.* 1. Cobrir de neve. 2. Tornar branco como a neve. *v.i.* 3. Cair neve. *v.i.* e *v.p.* 4. Tornar-se branco como a neve; branquejar.

ne·vas·ca *s.f.* Nevada acompanhada de tempestade.

ne·ve (é) *s.f.* 1. Água congelada que cai da atmosfera em flocos leves e extremamente brancos. 2. *fig.* Alvura. 3. *fig.* Frialdade intensa.

né·vo:a *s.f.* 1. Vapor aquoso muito denso que obscurece o ar. 2. Obscuridade. 3. *Med.* Mancha que se forma na córnea e embaça a vista.

ne·vo·ei·ro *s.m.* Névoa densa; cerração.

ne·vo·en·to *adj.* 1. Coberto de névoa. 2. *fig.* Obscuro; difícil de compreender.

ne·vral·gi·a *s.f. Med.* Dor viva no trajeto de um nervo e suas ramificações.

ne·vrál·gi·co *adj.* 1. Relativo ou semelhante à nevralgia. 2. Delicado, em que se deve tocar com muito cuidado.

ne·vri·te *s.f. Med.* O mesmo que neurite.

new·ton (níu) *Ingl. s.m.* Unidade de medida de força no Sistema Internacional de Unidades; símbolo: N.

ne·xo (é, cs) *s.m.* Ligação; vínculo; conexão.

nha·to *adj. desus.* 1. De maxila inferior proeminente. 2. Diz-se do animal cavalar de corpo grande e pés pequenos, desproporcionais.

nhô *s.m. ant.* Ioiô; sinhô. *Fem.:* nhá.

nho·que (ó) *s.m. Cul.* Massa alimentícia que se corta em pequenos fragmentos arredondados, feita de batatas, farinha de trigo e ovos.

ni·ca·ra·guen·se (güen) *adj.2gên.* 1. Relativo à Nicarágua. *s.2gên.* 2. O natural ou habitante desse país.

ni·cho *s.m.* Vão, cavidade, abertura que se pratica em muro ou parede, na qual se coloca uma estátua, um vaso, etc.

ni·co·ti·na *s.f. Quím.* Alcaloide líquido e transparente, venenoso, princípio ativo do tabaco.

ni·di·fi·car *v.i.* Fazer ninho.

ni·fe *s.m. Geol.* Núcleo central da Terra, que se supõe composto de níquel e ferro.

ni·ge·ri·a·no *adj.* 1. Da Nigéria. *s.m.* 2. O natural ou habitante da Nigéria.

ni·gro·man·ci·a *s.f.* O mesmo que necromancia.

ni·i·lis·mo *s.m.* 1. Redução a nada; aniquilamento. 2. Descrença absoluta.

ni·i·lis·ta *adj.2gên.* e *s.2gên.* Que ou pessoa que professa o niilismo.

nim·bar *v.t.d.* Cercar de nimbo; aureolar.

nim·bo *s.m.* 1. *Meteor.* Nuvem de cor pardacenta que geralmente ocupa uma larga área e se desfaz em chuva. 2. Chuva ligeira. 3. Auréola; resplendor.

ní·mi·o *adj.* Excessivo; demasiado.

ni·nar *v.t.d.* 1. Acalentar (a criança); embalar. *v.i.* 2. Dormir.

nin·fa *s.f.* 1. *Mit.* Na mitologia grega, divindade dos rios, dos bosques e dos montes. 2. *fig.* Mulher jovem e formosa. 3. *Zool.* Crisálida.

nin·feu *adj.* Concernente às ninfas ou próprio delas. *Fem.:* ninfeia.

nin·fô·ma·na *s.f.* Mulher que tem ninfomania.

nin·fo·ma·ni·a *s.f.* Apetite sexual exagerado nas mulheres e nas fêmeas dos mamíferos em geral.

nin·guém (é) *pron.indef.* Nenhuma pessoa.

ni·nha·da *s.f.* 1. Ovos ou avezinhas contidas num ninho. 2. Filhos de um só parto da fêmea de um animal. 3. *fam.* Porção de filhos pequenos.

ni·nha·ri·a *s.f.* Coisa sem valor.

ni·nho *s.m.* 1. Pequena habitação feita pelas aves para a postura dos ovos e criação dos filhos. 2. Toca; abrigo.

ni·ó·bi·o *s.m. Quím.* Metal raro, elemento de símbolo **Nb** e cujo número atômico é 41.

ni·pô·ni·co *adj.* e *s.m.* Japonês.

ní·quel *s.m. Quím.* Metal acinzentado, elemento de símbolo **Ni** e cujo número atômico é 28.

ni·que·la·gem *s.f.* Ação ou operação de niquelar.

ni·que·lar *v.t.d.* Cobrir com uma camada de níquel.

ni·qui·ce *s.f.* 1. Impertinência. 2. Bagatela.

nir·va·na *s.m.* Segundo o budismo, o mais alto estágio religioso, no qual se extinguem todos os desejos materiais e a alma é absorvida no seio da Divindade.

nis·sei *adj.2gên.* 1. Diz-se de quem tem pais japoneses mas não nasceu no Japão. *s.2gên.* 2. Pessoa com essa característica.

nis·so *contr. Prep.* **em** com o *pron.dem.* isso.

nis·to *contr. Prep.* **em** com o *pron.dem.* isto.

ni·ten·te *adj.2gên.* Brilhante; fulgente; que resplandece.

ni·te·roi·en·se *adj.2gên.* 1. De Niterói. *s.2gên.* 2. O natural ou habitante de Niterói.

ni·ti·dez (ê) *s.f.* 1. Qualidade de nítido. 2. Brilho; fulgor; clareza.

ní·ti·do *adj.* 1. Que brilha. 2. Fulgente; claro; que se distingue facilmente. 3. Dotado de clareza. 4. Limpo; asseado; polido.

ni·tra·to *s.m. Quím.* Sal do ácido nítrico, com diversas aplicações na medicina, na indústria de explosivos e de fogos de artifício.

ni·tri·do *s.m.* Ato de nitrir; rincho.

ni·trir *v.i.* Rinchar.

ni·tri·to *s.m. Quím.* Sal do ácido nitroso, utilizado como conservante na indústria alimentícia e responsável pela cor mais avermelhada nas carnes que contêm esse produto.

ni·tro·ce·lu·lo·se (ó) *s.f. Quím.* Celulose que entra na composição da pólvora sem fumaça.

ni·tro·gê·ni·o *s.m. Quím.* Elemento existente na atmosfera, de símbolo **N** e cujo número atômico é 7.

ni·tro·gli·ce·ri·na *s.f. Quím.* Líquido oleoso altamente explosivo.

ní·vel *s.m.* 1. Instrumento que serve para verificar se um plano está horizontal. 2. *fig.* Paridade de classe. 3. Estado; situação. 4. Altura. 5. Padrão; grau comparativo.

ni·ve·la·men·to *s.m.* Ato ou efeito de nivelar.

ni·ve·lar *v.t.d.* 1. Medir com o nível. 2. Tornar horizontal. 3. Pôr ao mesmo nível. 4. *fig.* Igualar. *v.t.i.* 5. Ficar no mesmo plano; equiparar-se.

ní·ve·o *adj.* 1. Concernente à neve. 2. Branco como a neve.

ni·vo·so (ô) *adj.* 1. Coberto de neve. 2. Em que há neve. *Pl.:* nivosos (ó).

no[1] *contr. Prep.* **em** com o *art. defin.* **o**. *Fem.:* na. *Pl.:* nos.

no[2] *pron.pess.* Forma oblíqua de *o* quando precedido de som nasal: tiram-*no*, dão-*no*. *Fem.:* na. *Pl.:* nos, nas.

no[3] *pron.pess.* Forma de *nos*, antes de *lo, la, los, las*: no-lo, no-las.

nó *s.m.* 1. Laço apertado que se dá passando uma pela outra as extremidades de uma corda, fio, linha, etc. 2. Parte mais apertada e rija da madeira. 3. O núcleo, o elemento essencial. 4. Intriga; enredo. 5. A milha marítima percorrida pelo navio.

no·bé·li·o *s.m. Quím.* Elemento de símbolo **No** e cujo número atômico é 102.

no·bi·li·ári·o *adj.* 1. Relativo à nobreza. *s.m.* 2. Estudo ou registro das famílias nobres de uma localidade, nação, etc.

no·bi·li·ar·qui·a *s.f.* Relação dos nomes, origens e tradições das famílias nobres de um determinado local.

no·bi·li·ár·qui·co *adj.* Concernente a nobiliarquia.

no·bi·li·tan·te *adj.2gên.* Que nobilita.

no·bi·li·tar *v.t.d.* 1. Tornar nobre. 2. Dar privilégios de nobreza a. 3. *fig.* Engrandecer; ilustrar. *v.p.* 4. Tornar-se nobre.

no·bre (ó) *adj.2gên.* 1. Que pertence à classe da nobreza. 2. *fig.* Suntuoso. 3. Que revela grandeza. *s.m.* 4. Indivíduo nobre.

no·break (nôubreic) *Ingl. s.m. Inform.* Equipamento que garante que, em caso de queda ou interrupção de fornecimento de energia elétrica, o sistema de informática seja mantido em funcionamento por várias horas.

nobreza

no·bre·za (ê) *s.f.* 1. Qualidade de nobre. 2. A classe dos nobres. 3. Excelência. 4. Generosidade; elevação.

no·ção *s.f.* 1. Conhecimento. 2. Informação. 3. Concepção.

no·cau·te *s.m.* No boxe, incidente no qual o adversário cai e não consegue levantar-se dentro de dez segundos.

no·cau·te·ar *v.t.d.* Levar a nocaute.

no·ci·vi·da·de *s.f.* Qualidade de nocivo.

no·ci·vo *adj.* Danoso; prejudicial; ruim.

noc·tâm·bu·lo *adj.* 1. Que vagueia de noite; notívago. *s.m.* 2. Indivíduo que caminha enquanto dorme; sonâmbulo.

no·dal *adj.2gên.* Concernente a nó.

no·do (ó) *s.m.* 1. *Anat.* Parte mais saliente de alguns ossos. 2. *Med.* Pequena protuberância na pele. 3. *Med.* Pequeno tumor. 4. *Inform.* Ponto que, na internet, recebe e envia sinais provenientes de diferentes direções.

nó·do:a *s.f.* 1. Sinal deixado por um corpo que suja; mancha. 2. *fig.* Mácula; estigma. 3. Ignomínia; vergonha.

no·do·so (ô) *adj.* Que tem nós ou saliências; proeminente. *Pl.*: nodosos (ó).

nó·du·lo *s.m.* 1. Nó pequeno. 2. Pequena concreção.

no·ga·da *s.f.* 1. *Bot.* A flor da nogueira. 2. Doce de nozes.

no·guei·ra *s.f.* 1. *Bot.* Árvore europeia que dá nozes. 2. A madeira dessa árvore.

noi·ta·da *s.f.* 1. O espaço de uma noite. 2. Vigília. 3. Divertimento que dura toda a noite ou boa parte dela. 4. Trabalho durante a noite.

noi·te *s.f.* 1. Espaço de tempo que vai desde o crepúsculo da tarde até o crepúsculo da manhã. 2. *fig.* Trevas; cegueira; ignorância. 3. Tristeza. 4. Morte.

nomear

noi·va·do *s.m.* 1. Período que vai desde a cessação do namoro, propriamente, até o dia do casamento. 2. Período durante o qual se é noivo.

noi·var *v.i.* 1. Celebrar noivado. 2. Contratar casamento. 3. Passar a lua de mel. *v.t.i.* 4. Ficar noivo.

noi·vo *s.m.* 1. Aquele que está para casar. 2. Indivíduo recém-casado.

noi·vos *s.m.pl.* O homem e a mulher que têm casamento combinado ou que casaram há pouco.

no·jen·to *adj.* 1. Repugnante; que inspira nojo; nojoso. 2. Que se enjoa facilmente.

no·jo (ô) *s.m.* 1. Náusea; repulsão. 2. Enjoo. 3. Pesar; luto. 4. Aquilo que inspira asco.

no·jo·so (ô) *adj.* 1. Nojento. 2. Desgostoso. *Pl.*: nojosos (ó).

no·li·ção *s.f.* Ato ou efeito de não querer.

nô·ma·de *adj.2gên.* 1. Que não tem habitação fixa (falando de tribos ou povos). 2. *por ext.* Vagabundo; errante. *s.2gên.* 3. Indivíduo nômade.

no·me (ô) *s.m.* 1. Palavra ou palavras com que se designa ou distingue qualquer pessoa, animal ou coisa. 2. Apelido; alcunha. 3. Família. 4. Raça. 5. Fama; nomeada.

no·me:a·ção *s.f.* 1. Ação de nomear. 2. Despacho de alguém para ser provido num cargo.

no·me·a·da *s.f.* Reputação; fama; notoriedade.

no·me·a·do *adj.* Chamado, designado para exercer um cargo.

no·me·ar *v.t.d.* 1. Designar pelo nome. 2. Proferir o nome de. 3. Chamar pelo nome. 4. Designar (para cargo ou emprego). 5. Escolher. *v.p.* 6. Dar-se (alguém) a si próprio um nome ou qualificativo; intitular-se.

no·men·cla·tu·ra *s.f.* Conjunto de termos peculiares a uma ciência ou arte; terminologia.

no·mi·nal *adj.2gên.* 1. Concernente a nome. 2. Que só existe em nome. 3. Que não é real. 4. Designativo do cheque em que se declara o nome do portador ou possuidor.

no·mi·na·ta *s.f.* Lista de nomes ou palavras.

no·mi·na·ti·vo *adj.* 1. Que denomina; que se refere a nomes ou os contém. 2. Que traz o nome do possuidor ou do favorecido. *s.m.* 3. *Gram.* Caso gramatical equivalente ao sujeito nas línguas que têm declinação.

no·na·da *s.f.* Ninharia; bagatela; coisa de pouca monta, de pouco valor.

no·na·ge·ná·ri·o *adj.* e *s.m.* Que ou o que tem entre noventa e cem anos.

no·na·gé·si·mo *num.* 1. Ordinal e fracionário correspondente a noventa. *s.m.* 2. A nonagésima parte.

no·na·to *s.m. sobrecomum* 1. Diz-se da criança nascida mediante operação cesariana. *epiceno* 2. Diz-se do bezerro tirado do ventre da vaca quando esta é abatida.

no·nin·gen·té·si·mo *num.* 1. Ordinal e fracionário correspondente a novecentos. *s.m.* 2. A noningentésima parte.

no·no (ô) *num.* 1. Ordinal e fracionário correspondente a nove. *s.m.* 2. A nona parte; o que numa série de nove ocupa o último lugar.

nô·nu·plo *num.* 1. Que é nove vezes maior que outro. *s.m.* 2. Quantidade ou dimensão nove vezes maior.

no·ra (ó) *s.f.* 1. A mulher do filho com relação aos pais deste (que para ela são sogros). 2. Aparelho para tirar água dos poços, cisternas, etc.

nor·des·te (é) *s.m.* 1. Ponto situado entre o norte e o leste, a igual distância de cada um destes, cuja *abrev.* é NE. 2. Vento que sopra do lado desse ponto. 3. Região geográfica e administrativa que inclui os estados de Alagoas, Bahia, Ceará, Maranhão, Paraíba, Pernambuco, Piauí, Rio Grande do Norte e Sergipe (inicial maiúscula).

nor·des·ti·no *adj.* 1. Do Nordeste do Brasil. *s.m.* 2. O natural ou habitante dessa região.

nór·di·co *adj.* 1. Relativo ao norte da Europa ou Escandinávia (Dinamarca, Finlândia, Islândia, Noruega e Suécia). 2. Diz-se das línguas e literaturas dos povos escandinavos. *s.m.* 3. O natural ou habitante da Escandinávia.

nor·ma (ó) *s.f.* 1. Regra; preceito. 2. Modelo; exemplo.

nor·mal *adj.2gên.* 1. Que é conforme à norma, à regra; regular. 2. Que serve de modelo. 3. Que não sofre de moléstia física ou mental.

nor·ma·li·da·de *s.f.* Qualidade ou estado de normal.

nor·ma·lis·ta *adj.2gên.* 1. Que é aluno do curso normal. *s.2gên.* 2. Aluno desse curso.

nor·ma·li·za·ção *s.f.* Ação ou efeito de normalizar(-se).

nor·ma·li·zar *v.t.d.* 1. Tornar normal. 2. Regularizar. *v.p.* 3. Voltar ao estado normal depois de um período anormal.

nor·man·do *adj.* 1. Da Normandia (França). *s.m.* 2. O natural ou habitante da Normandia.

nor·ma·ti·vo *adj.* Que tem a qualidade ou força de norma.

nor·mó·gra·fo *s.m.* Lâmina de celuloide em que se vazam as letras do alfabeto para servirem de molde nos desenhos e letreiros.

no·ro·es·te (é) *s.m.* 1. Ponto entre o norte e o oeste, a igual distância destes, cuja *abrev.* é NO ou NW. 2. O vento que sopra do lado desse ponto.

nor·ta·da *s.f.* Vento frio que vem do norte.

nor·te (ó) *s.m.* 1. Ponto cardeal que fica em frente do observador, que tem à sua direita o lado onde nasce o Sol. 2. Regiões que ficam na direção do norte. 3. O vento que sopra do lado desse ponto. 4. Rumo; direção. 5. Região geográfica e administrativa que inclui os estados do Acre, Amazonas, Amapá, Pará, Rondônia, Roraima e Tocantins (inicial maiúscula).

nor·te-a·me·ri·ca·no *adj.* 1. Dos Estados Unidos da América do Norte. *s.m.* 2. O natural ou habitante desse país; estadunidense; americano. *Pl.*: norte-americanos.

nor·te·ar *v.t.d.* 1. Encaminhar para o norte. 2. Orientar; dirigir; guiar. *v.p.* 3. Orientar-se.

nor·tis·ta *adj.2gên.* e *s.2gên.* 1. Do Norte do Brasil. *s.2gên.* 2. O natural ou habitante dessa região.

no·ru:e:guês *adj.* 1. Da Noruega. *s.m.* 2. O natural ou habitante desse país. 3. A língua oficial da Noruega.

nos *pron. pess.* Forma oblíqua de nós que funciona como objeto direto e indireto.

nós *pron.pess.* Forma do caso reto (1ª *pl.*).

no·so·cô·mi:o *s.m.* Hospital.

no·so·fo·bi·a *s.f. Med.* Medo exagerado de ficar doente.

nos·so (ó) *pron. pess.* 1. Que nos pertence. 2. Que se refere a nós. 3. Que é próprio de nós. *s.m.* 4. Aquilo que nos pertence. *Fem.*: nossa. *Pl.*: nossos, nossas.

nos·tal·gi·a *s.f.* 1. Melancolia acentuada resultante de saudades da pátria. 2. Melancolia, tristeza, saudade.

nos·tál·gi·co *adj.* 1. Que sofre nostalgia. 2. Em que há nostalgia. 3. Relativo a nostalgia.

no·ta (ó) *s.f.* 1. Sinal, marca para distinguir alguma coisa ou para fazer lembrar. 2. Comentário. 3. Exposição sumária. 4. *Mús.* Sinal para representar o som e sua duração. 5. Papel que representa dinheiro; cédula. 6. Observação; reparo.

no·ta·bi·li·da·de *s.f.* 1. Qualidade de notável. *sobrecomum* 2. Pessoa notável.

no·ta·bi·li·zar *v.t.d.* e *v.p.* Tornar notável, célebre, famoso.

no·tar *v.t.d.* 1. Pôr nota, marca ou sinal em. 2. Atentar, reparar em. 3. Anotar. 4. Estranhar.

no·tá·ri:o *s.m.* Escrivão público; tabelião.

no·tá·vel *adj.2gên.* 1. Digno de nota. 2. Que merece apreço. 3. Importante. 4. Extraordinário. 5. Célebre.

no·te·book (nôutebuc) *Ingl. s.m. Inform.* Computador portátil; *laptop*.

no·tí·ci·a *s.f.* 1. Conhecimento; informação; nota. 2. Exposição de um acontecimento. 3. Lembrança. 4. Novidade. 5. Trecho escrito sobre fato ou pessoa notável.

no·ti·ci·ar *v.t.d.* 1. Comunicar. 2. Dar informações, notícias de. 3. Anunciar.

no·ti·ci·á·ri:o *s.m.* 1. Conjunto de notícias. 2. Seção do jornal onde se publicam notícias diversas.

no·ti·ci·a·ris·ta *s.2gên.* 1. Pessoa que dá notícias. 2. Redator de notícias.

no·ti·ci·o·so (ô) *adj.* 1. Em que há muitas notícias. 2. Que sabe ou dá notícias. *Pl.:* noticiosos (ó).

no·ti·fi·ca·ção *s.f.* Ação ou efeito de notificar.

no·ti·fi·car *v.t.d.* 1. Comunicar; participar. 2. Noticiar. 3. Intimar; avisar judicialmente.

no·tí·va·go *adj.* Que anda ou vagueia de noite.

no·to·ri·e·da·de *s.f.* 1. Qualidade de notório. 2. Fama. 3. Publicidade.

no·tó·ri·o *adj.* 1. Sabido de todos; público. 2. Patente; manifesto.

no·tur·no *adj.* 1. Concernente a noite. 2. Que se faz de noite. 3. Que anda ou aparece de noite. *s.m.* 4. *Mús.* Forma de composição de caráter meditativo e melancólico. 5. Nome comum aos trens que trafegam de noite.

no·va (ó) *s.f.* Notícia; novidade.

no·va·to *adj.* 1. Inexperiente; ingênuo. *s.m.* 2. Calouro; principiante; aprendiz; noviço.

no·ve (ó) *num.* 1. Cardinal equivalente a oito mais um. 2. Diz-se do nono elemento de uma série. *s.m.* 3. Algarismo representativo do número nove. 4. Aquilo que numa série de nove ocupa o último lugar. 5. O nono dia do mês.

no·ve·cen·tos *num.* 1. Cardinal equivalente a nove centenas. 2. Diz-se do noningentésimo elemento de uma série. *s.m.* 3. O que numa série de novecentos ocupa o último lugar.

no·vel (é) *adj.2gên.* 1. Novo. 2. Inexperiente; principiante. 3. Bisonho. *Pl.:* novéis.

no·ve·la (é) *s.f.* 1. *Lit.* Gênero literário que se situa entre o romance e o conto, mais longo que este e mais curto que aquele. 2. No rádio e televisão, romance teatralizado, apresentado em capítulos curtos e sucessivos. 3. Questão que se prolonga indefinidamente. 4. Enredo; patranha.

no·ve·les·co (ê) *adj.* 1. Próprio de novela. 2. Semelhante a novela.

no·ve·lis·ta *s.2gên.* 1. Pessoa que escreve novelas. *adj.2gên.* 2. Intrigante.

no·ve·lo (ê) *s.m.* 1. Bola de fio enrolado. 2. *fig.* Enredo.

no·vem·bro *s.m.* Décimo primeiro mês do ano civil, com 30 dias.

no·ve·na (ê) *s.f.* 1. O espaço de nove dias. 2. Rezas, devoções religiosas feitas durante nove dias.

no·vê·ni·o *s.m.* Intervalo de tempo igual a nove anos.

no·ven·ta *num.* 1. Cardinal equivalente a nove dezenas. 2. Diz-se do nonagésimo elemento de uma série.

no·vi·ci·a·do *s.m.* 1. Aprendizagem, exercícios, provações a que se sujeitam as pessoas que ingressam numa ordem religiosa. 2. O tempo que dura essa aprendizagem, esses exercícios, essas provações.

no·vi·ço *s.m.* 1. Aquele que se prepara para professar num convento. 2. *fig.* Principiante; aprendiz. *adj.* 3. Inexperiente.

no·vi·da·de *s.f.* 1. Qualidade de novo. 2. Notícia. 3. Coisa nova. 4. Alteração repentina no andamento das coisas. 5. Perigo; agitação.

no·vi·la·ti·no *adj.* Neolatino.

no·vi·lho *s.m.* Boi ainda novo; garrote.

no·vi·lú·ni·o *s.m.* 1. Lua nova. 2. O tempo da lua nova.

no·vo (ô) *adj.* 1. Que tem pouco tempo de existência. 2. Moderno. 3. Original. 4. Moço. 5. Que é visto pela primeira vez. 6. Que acaba de ser feito ou adquirido. *s.m.* 7. O que é recente. 8. O ano próximo. *Pl.:* novos (ó).

no·vo-ri·co *s.m.* 1. Pessoa de origem humilde que ficou rica recentemente. 2. *pej.* Pessoa que gosta de ostentar a riqueza conquistada recentemente. *Pl.:* novos-ricos (ó).

nó·xi·o (cs) *adj.* Nocivo.

noz *s.f.* 1. O fruto da nogueira. 2. Qualquer fruto seco, com uma só semente.

noz-mos·ca·da *s.f. Bot.* 1. Árvore nativa da Indonésia. 2. Semente dessa árvore, pequena, oval e aromática, usada como tempero. *Pl.:* nozes-moscadas.

noz-vô·mi·ca *s.f.* 1. Árvore nativa do sul da Ásia, de cujas sementes se extrai a estricnina, substância altamente tóxica, usada no passado como pesticida e veneno para ratos. 2. Semente dessa árvore. *Pl.:* nozes-vômicas.

nu *adj.* 1. Não vestido; privado de vestuário; despido. 2. Descoberto; exposto ao ar ou às vistas. 3. Desfolhado. 4. Desguarnecido; desataviado. 5. Privado; destituído. 6. Carente. 7. Simples; sincero.

nu·an·ça *s.f.* 1. Cada um dos matizes diferentes por que pode passar uma cor. 2. Pequenas diferenças entre coisas do mesmo gênero; *nuance*.

nu·an·ce (niässe) *Fr. s.f.* Nuança.

nu·ben·te *adj.2gên.* e *s.2gên.* Que ou pessoa que vai casar.

nú·bil *adj.2gên.* Que está apto para o casamento. *Pl.:* núbeis.

nu·bla·do *adj.* 1. Coberto de nuvens. 2. Escuro. 3. *fig.* Triste; preocupado. 4. Obscuro.

nu·blar *v.t.d.* 1. Cobrir, toldar de nuvens. 2. Anuviar; entristecer. *v.p.* 3. Cobrir-se de nuvens. 4. Obscurecer-se. 5. Entristecer-se.

nu·ca *s.f. Anat.* Parte posterior do pescoço correspondente à vértebra cervical chamada atlas.

nu·cle·ar *adj.2gên.* 1. Concernente a núcleo. 2. *Fís.* Concernente à massa central do átomo.

nú·cle:o *s.m.* 1. O miolo da noz, da amêndoa, do pinhão e de outros frutos. 2. A parte interior e mais densa de uma célula, da cabeça de um cometa, de um todo. 3. Ponto central. 4. Sede principal. 5. *fig.* Origem; começo. 6. O âmago de qualquer coisa. 7. *Fís.* Massa central do átomo, composta de prótons e nêutrons, na qual se concentra eletricidade positiva.

nu·dez *s.f.* 1. Estado do que está nu. 2. Falta de vestuário. 3. Estado das plantas ou ramos a que caíram as folhas.

nu·dis·mo *s.m.* 1. Teoria que defende a volta do homem ao seu estado natural. 2. Doutrina que aconselha a viver ao ar livre num estado de nudez mais ou menos completa.

nu·dis·ta *adj.2gên.* e *s.2gên.* Pessoa que pratica o nudismo.

nu·ga *s.f.* Ninharia.

nu·li·da·de *s.f.* 1. Qualidade de nulo. 2. Falta de validade. 3. Ausência de talento. 4. Incapacidade completa. *sobrecomum* 5. Pessoa de nenhum mérito.

nu·lo *adj.* 1. Sem efeito. 2. Que não é válido; sem valor. 3. Inerte. 4. Nenhum.

num *contr. Prep.* **em** com o *art.indef.* **um**. *Fem.:* numa. *Pl.:* nuns, numas.

nu·me *s.m.* 1. Divindade. 2. *Mit.* Cada um dos deuses da mitologia grega. 3. Gênio; inspiração.

nu·me·ra·ção *s.f.* 1. Ação ou efeito de numerar. 2. *Mat.* Parte da aritmética que ensina a formar, ler e escrever os números.

nu·me·ra·dor *adj.* 1. Que numera. *s.m.* 2. Aquele que numera. 3. Instrumento para numerar. 4. *Mat.* O número que numa fração indica as partes da unidade que nela se contêm.

nu·me·ral *adj.2gên.* 1. Relativo a número. 2. *Gram.* Palavra que dá ideia de número: cinco, dez, quinto, terço.

nu·me·rar *v.t.d.* 1. Dispor em ordem numérica. 2. Indicar por número. 3. Pôr números em. 4. Contar; calcular.

nu·me·rá·ri·o *adj.* 1. Relativo a dinheiro. *s.m.* 2. Moeda; dinheiro efetivo.

nu·mé·ri·co *adj.* 1. Que se refere ou pertence a números. 2. Que indica número.

nú·me·ro *s.m.* 1. Relação que existe entre qualquer quantidade e uma outra, tomada como termo de comparação, e a qual se chama unidade. 2. Expressão de quantidade. 3. *Gram.* Diferença de terminação ou de forma para exprimir a unidade (singular) ou a pluralidade (plural).

nu·me·ro·so (ô) *adj.* 1. Que é em grande número. 2. Abundante; copioso. *Pl.*: numerosos (ó).

nu·mis·ma·ta *s.2gên.* Pessoa versada em numismática.

nu·mis·má·ti·ca *s.f.* Ciência que trata das moedas e das medalhas.

nun·ca *adj.* 1. Em tempo nenhum; jamais. 2. Não.

nun·ci·a·tu·ra *s.f. Ecles.* 1. Cargo ou dignidade de núncio apostólico. 2. Tribunal eclesiástico sujeito ao núncio. 3. O edifício onde funciona este tribunal. 4. Residência do núncio.

nún·ci·o *s.m.* 1. Embaixador do papa. 2. Mensageiro; anunciador. 3. Precursor.

nun·cu·pa·ti·vo *adj. Jur.* 1. Oral; feito de viva voz (falando de testamentos ou de disposições de última vontade). 2. Instituído ou nomeado oralmente (falando de herdeiros).

nu·nes *adj.2gên.* e *2núm.* 1. Ímpar. *s.m.2núm.* 2. O número ímpar.

nup·ci·al *adj.2gên.* Concernente a núpcias.

núp·ci·as *s.f.pl.* Casamento; boda; esponsais.

nu·tar *v.i.* Oscilar; vacilar.

nu·tri·ção *s.f.* 1. Ação ou efeito de nutrir(-se). 2. *Biol.* A função natural pela qual os alimentos são assimilados pelo animal ou vegetal.

nu·tri·ci·o·nis·mo *s.m.* Estudo das necessidades alimentares dos seres vivos, dos problemas relacionados a essas necessidades e seu tratamento.

nu·tri·ci·o·nis·ta *s.2gên.* Especialista em matéria de nutrição.

nu·tri·do *adj.* 1. Alimentado. 2. Robusto. 3. Designativo do fogo forte e continuado.

nu·tri·en·te *adj.2gên.* Nutritivo.

nu·trir *v.t.d.* 1. Alimentar; sustentar. 2. Produzir alimentos para. 3. Educar; instruir. *v.i.* 4. Ser nutritivo. *v.p.* 5. Sustentar-se; alimentar-se.

nu·tri·ti·vo *adj.* 1. Que nutre. 2. Próprio para nutrir. 3. Alimentício; nutriente.

nu·triz *s.f.* 1. Mulher que amamenta; ama de leite. *adj.2gên.* 2. Que alimenta.

nu·vem *s.f.* 1. Agregado de vapores mais ou menos condensados em suspensão na atmosfera. 2. *fig.* Coisa obscura que estorva a visão.

O o

o¹ *s.m.* 1. Décima quinta letra do alfabeto. *num.* 2. O décimo quinto numa série indicada por letras.

o² *art. def.* Forma deste tipo de *art.* no *masc. sing. Fem.:* a. *Pl.:* os, as.

o³ *pron. pess.* Forma do caso oblíquo (3ª *masc. sing.*). *Fem.:* a. *Pl.:* os, as.

o⁴ *pron. dem.* Forma deste tipo de *pron.* no *masc. sing. Fem.:* a. *Pl.:* os, as.

o⁵ *pron. dem. neutro* Equivalente a isto, isso, aquilo.

O *s.m.* Com ou sem ponto, é *abrev.* de oeste.

ó *interj.* Termo usado para chamar, invocar, conciliar a atenção (Ó, João!; Ó, Deus!) e para exprimir afetos, impressões (Ó felicidade!; Ó tristeza!).

o·á·sis *s.m.2núm.* 1. Terreno coberto de vegetação em meio de um deserto árido. 2. *fig.* Lugar aprazível, entre outros desagradáveis. 3. Consolação; alívio.

o·ba (ô) *interj.* 1. Expressa admiração, alegria, supresa. 2. Forma de cumprimento, saudação; oi.

ob·ce·car *v.t.d.* 1. Tornar cego; cegar. 2. Deslumbrar; ofuscar. 3. Obscurecer o espírito de. 4. Turvar; desvairar. *v.p.* 5. Tornar-se contumaz no erro.

o·be·de·cer *v.t.i.* 1. Submeter-se à vontade de. 2. Executar as ordens de. 3. Estar submetido à autoridade de. 4. Ceder. 5. Observar; cumprir. *v.i.* 6. Executar as ordens de.

o·be·di·ên·ci·a *s.f.* 1. Ação de obedecer. 2. Submissão à vontade de quem manda.

o·be·di·en·te *adj.2gén.* 1. Que obedece. 2. Submisso. 3. Humilde; dócil.

o·be·lis·co *s.m.* 1. Monumento quadrangular em forma de agulha, feito de uma só pedra e elevado sobre um pedestal. 2. *por ext.* Objeto alto e alongado.

o·be·si·da·de *s.f.* 1. Qualidade de obeso. 2. Gordura excessiva com proeminência do ventre.

o·be·so (ê) *adj.* 1. Muito gordo. 2. Que tem o ventre proeminente.

ó·bi·ce *s.m.* Obstáculo; impedimento.

ó·bi·to *s.m.* Falecimento de pessoa; passamento.

o·bi·tu·á·ri·o *adj.* 1. Concernente a óbito. *s.m.* 2. Registro ou relação de óbitos. 3. Mortalidade.

ob·je·ção *s.f.* 1. Ação de objetar. 2. Argumento com que se impugna uma afirmação. 3. Réplica. 4. Oposição; obstáculo.

ob·je·tar *v.t.d.* 1. Contrapor (um argumento) a outro. 2. Fazer objeção a. *v.t.i.* 3. Fazer objeção; opor-se.

ob·je·ti·va *s.f.* 1. Lente de instrumento óptico (microscópio, telescópio, etc.). 2. Sistema de lentes fotográficas, cinematográficas, etc. que fornece imagens isentas de deformação.

ob·je·ti·var *v.t.d.* 1. Tornar objetivo. 2. Considerar como tendo existência real. 3. Pretender; ter por fim.

ob·je·ti·vi·da·de *s.f.* 1. Qualidade de objetivo. 2. Existência real.

ob·je·ti·vo *adj.* 1. Concernente ao objeto. 2. Que está no objeto. 3. *fig.* Tudo o que se refere aos objetos exteriores ao espírito, de tudo o que provém das sensações (opõe-se a subjetivo).

ob·je·to (é) *s.m.* 1. Tudo o que física ou moralmente se oferece aos nossos sentidos ou à nossa alma. 2. Matéria; assunto. 3. Motivo; pretexto. *Inform.* 4. Elemento de interface. 5. Em programação orientada a objetos, qualquer módulo que contenha rotinas e estruturas de dados e que seja capaz de interagir com outros módulos similares, trocando dados ou mensagens; objeto de interface.

ob·jur·ga·tó·ri·a *s.f.* Censura; repreensão severa.

o·bla·ção *s.f.* 1. Objeto que se oferece à divindade ou aos santos; oblata. 2. *por ext.* Oferta.

o·bla·ta *s.f.* Tudo o que se oferece a Deus ou aos santos; oferta; oferenda; oblação.

o·bla·to *s.m. Rel.* Pessoa leiga que se oferece para o serviço em ordem religiosa católica.

o·bli·quar *v.i.* 1. Caminhar em sentido oblíquo. 2. *fig.* Proceder com malícia; tergiversar.

o·bli·qui·da·de (qüi) *s.f.* 1. Qualidade de oblíquo. 2. Posição oblíqua.

o·blí·quo *adj.* 1. Inclinado sobre uma superfície. 2. Não perpendicular. 3. De través. 4. Que vai de lado. 5. Enviesado. 6. *fig.* Indireto. 7. Dissimulado. 8. Sinuoso; torto. 9. *Gram.* Diz-se do *pron. pess.* usado na função de objeto direto ou indireto: me, comigo, lhe, o.

o·bli·te·ra·ção *s.f.* Ação ou efeito de obliterar(-se).

o·bli·te·rar *v.t.d.* 1. Fazer desaparecer progressivamente. 2. Fazer esquecer. 3. Apagar. 4. Obstruir. *v.p.* 5. Fechar-se aos poucos. 6. Extinguir-se.

o·blon·go *adj.* 1. Que é mais comprido que largo. 2. Alongado. 3. Oval; elíptico.

ob·nó·xi·o (cs) *adj.* 1. Que se sujeita à punição; servil. 2. Desprezível. 3. Funesto; nefasto.

ob·nu·bi·la·ção *s.f. Med.* Sintoma que se caracteriza por deslumbramentos ou por ofuscações.

ob·nu·bi·lar *v.t.d.* 1. Produzir obnubilação em. 2. *fig.* Obscurecer; escurecer; turvar. *v.p.* 3. Pôr-se em trevas.

o·bo·é *s.m. Mús.* Instrumento de sopro, feito de madeira, com palheta dupla.

o·bo·ís·ta *s.2gên.* Pessoa que toca oboé.

ó·bo·lo *s.m.* Pequeno donativo; esmola.

o·bra (ó) *s.f.* 1. O resultado ou efeito do trabalho. 2. Ação, feito moral. 3. Qualquer trabalho literário, artístico ou científico. 4. Edifício em construção. 5. Evacuação; excremento.

o·bra-pri·ma *s.f.* 1. Obra perfeita. 2. A melhor obra de um autor. *Pl.:* obras-primas.

o·brar *v.t.d.* 1. Converter em obra. 2. Realizar; fazer. *v.i.* 3. Proceder; haver-se; trabalhar. 4. Defecar.

o·brei·ro *adj.* 1. Que trabalha. *s.m.* 2. O que trabalha; operário; fabricante; obrador.

o·bri·ga·ção *s.f.* 1. Ação de obrigar(-se). 2. O estar obrigado a fazer alguma coisa. 3. Dever, encargo a que se está ligado. 4. Compromisso; preceito. 5. Título de dívida. 6. Condição; imposição.

o·bri·ga·do *adj.* 1. Imposto por lei, pela arte, pelo uso, pela convenção. 2. Necessário. 3. Forçado. 4. Grato; agradecido.

o·bri·gar *v.t.d.* 1. Pôr na obrigação, no dever. 2. Forçar. 3. Incitar. 4. Sujeitar. 5. Constranger. 6. Tornar grato. 7. Expor a risco ou obrigação. *v.p.* 8. Ligar-se (a algum compromisso). 9. Responsabilizar-se. 10. Sujeitar-se a qualquer condição.

o·bri·ga·to·ri·e·da·de *s.f.* Qualidade de obrigatório.

o·bri·ga·tó·ri·o *adj.* 1. Imposto por lei. 2. Que obriga. 3. Em que há obrigação. 4. Inevitável.

obs·ce·ni·da·de *s.f.* 1. Qualidade de obsceno. 2. Palavra, ato, pensamento, gesto obsceno; imoralidade.

obs·ce·no (ê) *adj.* 1. Contrário ao pudor; torpe; impuro. 2. Que diz ou escreve obscenidades.

obs·cu·ran·tis·mo *s.m.* 1. Estado de ignorância. 2. Doutrina dos que se opõem ao progresso material e intelectual.

obs·cu·ran·tis·ta *adj.2gên.* e *s.2gên.* Que se opõe ao progresso.

obs·cu·re·cer *v.t.d.* 1. Tornar obscuro. 2. Tirar a claridade de. 3. Toldar. 4. Tornar confuso. *v.i.* e *v.p.* 5. Tornar-se obscuro. 6. Tornar-se confuso. 7. Tornar-se sombrio.

obs·cu·re·ci·men·to *s.m.* Ato ou efeito de obscurecer(-se).

obs·cu·ri·da·de *s.f.* 1. Estado do que é obscuro. 2. Falta de clareza (nas ideias, nas expressões, no estilo). 3. Condição humilde.

obs·cu·ro *adj.* 1. Que não tem claridade ou que a tem pouca. 2. Escuro. 3. Sombrio. 4. *fig.* Ininteligível; confuso. 5. Vago; indistinto. 6. Ignorado.

ob·se·crar *v.t.d.* 1. Pedir humildemente. 2. Implorar; suplicar.

ob·se·dar *v.t.d.* 1. Molestar; importunar. 2. Preocupar constantemente.

ob·se·qui·o·so (ze, ô) *adj.* 1. Que costuma prestar obséquios, favores; prestativo. 2. Agradável, gentil, tolerante. *Pl.*: obsequiosos (ó).

ob·se·qui·ar *v.t.d.* 1. Fazer obséquios a; favorecer. 2. Tornar grato. 3. Mimosear.

ob·sé·qui·o *s.m.* 1. Ato ou efeito de obsequiar. 2. Favor; serviço; fineza; benefício.

ob·ser·va·ção *s.f.* 1. Ação de observar(-se). 2. Observância. 3. Cumprimento. 4. Nota; reparo. 5. Exame. 6. Admoestação.

ob·ser·va·dor *adj.* e *s.m.* Que ou quem observa ou cumpre uma regra, lei ou promessa.

ob·ser·vân·ci·a *s.f.* 1. Ação ou efeito de observar, de praticar fielmente alguma coisa. 2. Cumprimento. 3. Uso. 4. Disciplina. 5. Penitência.

ob·ser·var *v.t.d.* 1. Cumprir. 2. Respeitar, seguir as prescrições ou os preceitos de. 3. Obedecer a. 4. Notar. 5. Usar. 6. Olhar atentamente; examinar; estudar. 7. Advertir; objetar; fazer ver. *v.p.* 8. Estudar a sua própria natureza. 9. Refletir sobre si mesmo.

ob·ser·va·tó·ri·o *s.m.* Ponto elevado de onde se fazem observações astronômicas ou meteorológicas.

ob·ses·são *s.f.* 1. Impertinência excessiva. 2. Ação ou efeito de importunar ou vexar. 3. Perseguição. 4. *fig.* Preocupação constante. 5. Ideia fixa.

ob·ses·si·vo *adj.* 1. Relativo a obsessão; que apresenta obsessão ou tem tendência a apresentá-la. 2. Que provoca obsessão, que persegue. 3. Que sofre de obsessão.

ob·ses·sor *adj.* 1. Que causa obsessão. 2. Que importuna. 3. Obsessivo. *s.m.* 4. Aquele que causa obsessão. 5. O que importuna.

ob·si·di·ar *v.t.d.* 1. Fazer cerco a. 2. Espiar; observar os atos ou a vida de. 3. Importunar.

ob·so·le·to *adj.* Que caiu em desuso; antiquado.

obs·tá·cu·lo *s.m.* 1. Tudo o que obsta a alguma coisa. 2. Embaraço; dificuldade; barreira.

obs·tan·te *adj.2gên.* Que obsta. *Não obstante*: apesar de; apesar disso; contudo.

obs·tar *v.t.d.* 1. Servir de obstáculo a. 2. Causar embaraço a. *v.t.i.* 3. Opor-se. 4. Causar embaraço, estorvo.

obs·te·tra (é) *adj.2gên.* e *s.2gên.* Que ou quem é especialista em obstetrícia.

obs·te·trí·ci:a *s.f. Med.* Parte da cirurgia que trata da gravidez e do parto; obstétrica.

obs·té·tri·ca *s.f. Med.* Obstetrícia.

obs·te·triz *s.f.* 1. Mulher obstetra. 2. Parteira.

obs·ti·na·ção *s.f.* 1. Ação de quem se obstina. 2. Pertinácia; teima; firmeza; porfia; tenacidade.

obs·ti·na·do *adj.* 1. Teimoso; pertinaz; relutante. 2. Inflexível.

obs·ti·nar *v.t.d.* 1. Tornar obstinado. *v.p.* 2. Fiar. 3. Manter-se na teima, no erro.

obs·ti·pa·ção *s.f. Med.* Prisão de ventre.

obs·tru·ção *s.f.* 1. Ação de obstruir. 2. *Med.* Embaraço nos vasos ou canais orgânicos. 3. Oposição propositada.

obs·tru·ir *v.t.d.* 1. Fechar. 2. Entupir. 3. Embaraçar; estorvar; impedir. 4. Causar obstrução em. 5. Fechar-se. 6. Embaraçar-se.

obs·tru·tor *adj.* e *s.m.* Que ou o que obstrui.

ob·tem·pe·rar *v.t.d.* 1. Objetar humildemente em resposta a. 2. Dizer com modéstia. 3. Ponderar. *v.i.* e *v.t.i.* 4. Aquiescer; submeter-se; obedecer.

ob·ten·ção *s.f.* 1. Ação ou efeito de obter. 2. Consecução; aquisição.

ob·ter *v.t.d.* 1. Conseguir; alcançar (o que se deseja). 2. Lograr; granjear. 3. Ter ensejo de.★

ob·tu·ra·ção *s.f.* Ação ou efeito de obturar.

ob·tu·ra·dor *adj.* e *s.m.* 1. Que ou o que obtura.

ob·tu·rar *v.t.d.* 1. Tapar; fechar; entupir. 2. Obstruir (cavidade dos dentes ou dos ossos).

ob·tu·si·da·de *s.f.* Qualidade de obtuso.

ob·tu·so *adj.* 1. Arredondado. 2. Rombo; que não é agudo. 3. *fig.* Rude; estúpido; ignorante. 4. *Geom.* Diz-se do ângulo que é maior que o ângulo reto.

o·bum·bra·ção *s.f.* Ação ou efeito de obumbrar.

o·bum·bra·do *adj.* Coberto de sombras; toldado; anuviado.

o·bum·brar *v.t.d.* 1. Cobrir de sombras; anuviar; toldar. 2. *fig.* Disfarçar; ocultar. *v.p.* 3. Cobrir-se de sombras ou nuvens. 4. Apagar-se.

obus

o·bus *s.m. Mil.* 1. Pequena peça de artilharia, semelhante a um morteiro comprido. 2. Projétil de peça de artilharia; bomba.

ob·vi·ar *v.t.d.* 1. Remediar; prevenir. *v.t.i.* 2. Opor-se; resistir. 3. Desviar.

ób·vi·o *adj.* 1. Patente; claro. 2. De fácil compreensão.

o·ca (ó) *s.f.* Cabana de índios.

o·car *v.t.d.* Tornar oco.

o·ca·ra *s.f.* Terreiro de aldeia indígena.

o·ca·ri·na *s.f. Mús.* Instrumento de forma mais ou menos esférica, feito de barro, e que produz sons como o da flauta.

o·ca·si·ão *s.f.* 1. Encontro de circunstâncias próprias para a realização de alguma coisa. 2. Tempo disponível. 3. Causa.

o·ca·si·o·nal *adj.2gên.* 1. Casual; fortuito; eventual; acidental. 2. Que dá causa.

o·ca·si·o·nar *v.t.d.* 1. Causar; originar. 2. Ser motivo de. 3. Dar ocasião a. *v.p.* 4. Suceder; acontecer; advir.

o·ca·so *s.m.* 1. O desaparecimento do Sol no horizonte; pôr do sol; poente. 2. *fig.* Declínio; fim; termo; morte.

oc·ci·pí·ci·o *s.m. Anat.* Parte inferoposterior da cabeça.

oc·ci·pi·tal *adj.2gên.* 1. Concernente a occipício. 2. *Anat.* Relativo ao osso inferoposterior da cabeça. *s.m.* 3. O osso occipital; occipício.

o·ce·a·no *s.m. Geog.* Cada uma das grandes extensões de água salgada que cobre a maior parte da Terra.

o·ce·a·no·gra·fi·a *s.f.* Ciência que estuda a extensão, a profundidade, a composição, a temperatura, as correntes, a fauna, a flora, etc. dos oceanos e mares.

oco

o·ce·la·do *adj.* Que tem ocelos; mosqueado.

o·ce·lo (é) *s.m. Biol.* Cada uma das pintas arredondadas e de diversas cores que matizam certos órgãos, como asas, penas, pelos, folhas, etc.

o·ci·den·tal *adj.2gên.* 1. Relativo ao ocidente; situado no ocidente. *s.2gên.* 2. Natural ou habitante dos países do ocidente.

o·ci·den·ta·li·zar *v.t.d.* e *v.p.* 1. Dar ou adquirir características ocidentais. 2. Adquirir ou transmitir traços da cultura ocidental.

o·ci·den·te *s.m.* 1. O lado do horizonte onde o Sol se põe; poente; este. 2. Parte da Terra que fica ao poente. 3. Os povos que habitam essa parte ou as regiões dessa parte.

ó·ci·o *s.m.* 1. Descanso; folga do trabalho. 2. Vagar; repouso. 3. Tempo que se passa desocupado. 4. Falta de trabalho.

o·ci·o·si·da·de *s.f.* 1. Qualidade de ocioso. 2. Estado ou vida de ocioso. 3. Descanso. 4. Preguiça, indolência, moleza.

o·ci·o·so (ô) *adj.* 1. Que não faz nada. 2. Que não trabalha. 3. Que está desocupado, inativo. 4. Preguiçoso. 5. Desnecessário. 6. Inútil; estéril. *s.m.* 7. Aquele que é ocioso. *Pl.:* ociosos (ó).

o·clu·são *s.f.* 1. Ação de fechar. 2. Estado do que se acha fechado ou obstruído.

o·clu·si·va *s.f. Gram.* Consoante cuja articulação se faz com oclusão total, seguida de abertura momentânea, explosiva, do aparelho fonador: *b, c, d, g, k, m, n, p, q, t.*

o·clu·si·vo *adj.* Que produz oclusão.

o·co (ô) *adj.* 1. Que não tem miolo ou medula. 2. Vazio; escavado. 3. *fig.* Fútil; insignificante. 4. Sem sentido; vazio. *s.m.* 5. Cavidade; lugar oco.

o·cor·rên·ci:a *s.f.* 1. Acontecimento. 2. Caso fortuito; acaso; ocasião. 3. Coincidência.

o·cor·rer *v.i.* 1. Acontecer; suceder. 2. Aparecer; sobrevir. 3. Coincidir no mesmo dia. *v.t.i.* 4. Ir ou vir ao encontro de. 5. Acudir à memória.

o·cre (ó) *s.m.* 1. Terra argilosa ou argila utilizada em pintura, cuja coloração (amarela ou vermelha) é devida à presença do óxido de ferro. *adj.2gên.* 2. Que é desta cor.

oc·ta·e·dro (é) *s.m. Geom.* Poliedro de oito faces.

oc·ta·na *s.f. Quím.* O mesmo que octano.

oc·ta·no *s.m. Quím.* Hidrocarboneto com oito átomos de carbono, presente no petróleo, altamente inflamável.

oc·ti·lhão *num.* Mil setilhões.

oc·tin·gen·té·si·mo *num.* Ordinal e fracionário correspondente a oitocentos.

oc·to·ge·ná·ri:o *adj.* e *s.m.* Que ou quem já fez oitenta anos.

oc·to·gé·si·mo *num.* Ordinal e fracionário correspondentes a oitenta.

oc·to·go·nal *adj.2gên. Geom.* 1. Que tem oito lados. 2. Cuja base é um octógono.

oc·tó·go·no *adj.* 1. *Geom.* Octogonal. *s.m.* 2. *Geom.* Polígono de oito lados. 3. Construção em forma de octógono.

óc·tu·plo *num.* 1. Que é oito vezes maior que outro. 2. Multiplicado por oito. *s.m.* 3. Quantidade oito vezes maior que outra.

o·cu·lar *adj.2gên.* 1. Que se refere ao olho ou à vista. 2. Que presenciou, que viu (testemunha). *s.f.* 3. Lente que num instrumento óptico fica na extremidade próxima do olho do observador.

o·cu·lis·ta *s.2gên.* 1. Fabricante e/ou vendedor de óculos. 2. Especialista em doenças dos olhos; oftalmologista.

ó·cu·lo *s.m.* 1. Instrumento de óptica com que se auxilia a vista (binóculo, microscópio, telescópio, etc.).

ó·cu·los *s.m.pl.* Armação óptica provida de lentes oblongas, ou de feitio diverso, munidas de hastes que se ajustam na parte posterior do pavilhão de cada orelha.

o·cul·tar *v.t.d.* 1. Não deixar ver; encobrir; esconder. 2. Disfarçar. 3. *Inform.* Esconder uma informação para que não seja vista na tela (correspondente em inglês: *hide*). *v.p.* 4. Esconder-se; encobrir-se.

o·cul·ta *s.f.* Ato de ocultar. *loc. adv.* Às *ocultas*: ocultamente; às escondidas.

o·cul·tis·mo *s.m.* Doutrina, princípios ou práticas das coisas misteriosas, sobrenaturais ou que não se explicam pelas leis naturais.

o·cul·tis·ta *adj.2gên.* 1. Do ocultismo. *s.2gên.* 2. Pessoa que pratica o ocultismo.

o·cul·to *adj.* 1. Subtraído às vistas de outrem. 2. Encoberto; escondido. 3. Desconhecido. 4. Sobrenatural; misterioso.

o·cu·pa·ção *s.f.* 1. Ação ou efeito de ocupar ou de apoderar-se de alguma coisa. 2. Posse. 3. Emprego; ofício; serviço; trabalho.

o·cu·pa·ci:o·nal *adj.2gên.* Relativo a ocupação, trabalho.

o·cu·par *v.t.d.* 1. Apossar-se de. 2. Tornar-se dono de. 3. Conquistar; invadir; dominar. 4. Considerar como seu; habitar. 5. Tomar o lugar de. 6. Prender a atenção a; entreter. 7. Empregar; incumbir. *v.p.* 8. Trabalhar; tratar; dedicar-se a. 9. Consumir o tempo com alguma coisa.

odalisca

o·da·lis·ca *s.f.* 1. Escrava do harém a serviço das mulheres do sultão. 2. Mulher de harém.

o·de (ó) *s.f. Lit.* Composição poética que se divide em estrofes semelhantes entre si, tanto pelo número como pela medida dos versos.

o·di·ar *v.t.d.* 1. Ter raiva; ódio a; detestar; abominar. 2. Sentir aversão por. 3. Indispor; intrigar. *v.p.* 4. Sentir raiva de si mesmo.★

o·di·en·to *adj.* 1. Rancoroso. 2. Que tem ódio a alguém ou a alguma coisa.

ó·di·o *s.m.* 1. Rancor que se sente por outrem. 2. Aversão; repulsão. 3. Antipatia; desprezo.

o·di·o·so (ô) *adj.* 1. Próprio para excitar ou provocar o ódio. 2. Execrável; reprovável. *Pl.:* odiosos (ó).

o·dis·sei·a *s.f.* 1. Viagem cheia de aventuras extraordinárias. 2. Qualquer narração de aventuras extraordinárias.

o·don·to·lo·gi·a *s.f. Med.* Parte da medicina que trata da higiene, terapêutica e afecções dentárias.

o·don·to·lo·gis·ta *s.2gên.* Pessoa que se dedica à odontologia, dentista.

o·don·tó·lo·go *s.m.* Odontologista, dentista.

o·dor *s.m.* Cheiro; perfume; aroma; olor; fragrância.

o·do·ran·te *adj.2gên.* Perfumado; cheiroso.

o·do·rí·fe·ro *adj.* Que exala bom cheiro; odorante.

o·dre (ô) *s.m.* 1. Saco feito de couro ou da pele dos caprinos, que serve para transportar líquidos. *sobrecomum* 2. *fig.* Pessoa muito gorda. 3. Beberrão; beberrona.

oferenda

o·es·te (é) *s.m.* 1. Ocidente; poente; ponto do horizonte em que o Sol desaparece. 2. Vento que sopra desse lado. *adj.2gên.* 3. Que se refere ao poente. 4. Que sopra do poente.

o·fe·gan·te *adj.2gên.* 1. Que ofega. 2. Cansado. 3. Ansioso; ávido.

o·fe·gar *v.i.* 1. Respirar com dificuldade. 2. Respirar com ruído produzido pelo cansaço. 3. Estar ansioso, anelante.

o·fen·der *v.t.d.* 1. Injuriar; afrontar. 2. Lesar; ferir. 3. Fazer mal; molestar; ferir os sentimentos de. 4. Escandalizar; ir contra as regras de. *v.p.* 5. Escandalizar-se. 6. Magoar-se.

o·fen·di·do *adj.* 1. Que recebeu ofensa. 2. Lesado. *s.m.* 3. Aquele que recebeu ofensa.

o·fen·sa *s.f.* 1. Ultraje. 2. Lesão de fato ou por palavras. 3. O ato de ofender alguém. 4. Mágoa ou ressentimento da pessoa ofendida. 5. Desconsideração.

o·fen·si·va *s.f.* 1. Ação ou posição do que ataca. 2. Iniciativa no ataque. 3. Ataque.

o·fen·si·vo *adj.* 1. Que ofende. 2. Agressivo. 3. Que lesa.

o·fen·sor *adj.* e *s.m.* Que ou o que ofende.

o·fe·re·cer *v.t.d. e i.* 1. Apresentar. 2. Propor para que seja aceito. 3. Expor; exibir. 4. Dar como presente. 5. Facultar. 6. Consagrar; pôr ao serviço de. 7. Prometer. *v.p.* 8. Apresentar-se; mostrar-se.

o·fe·re·ci·men·to *s.m.* 1. Ato de oferecer(-se). 2. Expressão com que se mostra a alguém o desejo de o servir. 3. Dedicatória.

o·fe·ren·da *s.f.* 1. Aquilo que se oferece. 2. Oblata.

o·fe·ren·dar *v.t.d.* 1. Ofertar. 2. Fazer oferenda de.

o·fer·ta (é) *s.f.* 1. Objeto que se oferece com intenção piedosa aos santos ou a Deus; oblata. 2. Aquilo que se oferece.

o·fer·tar *v.t.d. e i.* Dar ou apresentar como oferta; oferecer.

o·fer·tó·ri·o *s.m. Liturg.* Parte da missa em que o sacerdote oferece a Deus a hóstia e o vinho.

o·fi·ci·al *adj.2gên.* 1. Declarado, dito, proposto ou estabelecido pela autoridade. 2. Em conformidade com as ordens legais. 3. Relativo ao governo ou ao funcionalismo público. *s.m.* 4. Trabalhador que conhece bem o seu ofício. 5. Militar com graduação superior à de sargento.

o·fi·ci·a·la·to *s.m.* Cargo, função ou título de oficial militar.

o·fi·ci·a·li·da·de *s.f.* Conjunto de oficiais do exército ou de um regimento.

o·fi·ci·a·li·za·ção *s.f.* 1. Ação ou efeito de oficializar. 2. Ação que dá caráter oficial a instituições particulares.

o·fi·ci·a·li·zar *v.t.d.* 1. Tornar oficial. 2. Dar caráter ou sanção oficial a.

o·fi·ci·an·te *adj.2gên.* e *s.2gên.* 1. Que ou pessoa que oficia. 2. Celebrante.

o·fi·ci·ar *v.t.i.* 1. Dirigir um ofício (a alguém). *v.i.* 2. *Liturg.* Celebrar o ofício divino. *v.t.d.* 3. *Liturg.* Ajudar a celebrar (missa).

o·fi·ci·na *s.f.* 1. Lugar onde se trabalha ou onde se exerce algum ofício. 2. Lugar onde estão os instrumentos de uma indústria, arte ou profissão.

o·fí·ci·o *s.m.* 1. Encargo; incumbência. 2. Profissão; cargo; emprego. 3. Participação escrita em forma de carta.

o·fí·ci·os *s.m.pl.* Diligência; intervenção.

o·fi·ci·o·so (ô) *adj.* 1. Serviçal; prestável; que revela boa vontade de servir. 2. Emanado de fontes oficiais, porém sem caráter oficial. *Pl.:* oficiosos (ó).

o·fí·di·co *adj.* Que se refere ou pertence a serpente.

o·fí·di·o *adj.* 1. Que se assemelha a serpente. *s.m.* 2. *Zool.* Espécime dos ofídios, ordem de répteis que compreende todos os gêneros de serpente.

of·se·te (é) *adj.* 1. Diz-se de processo de impressão gráfica em que o conteúdo a ser impresso é gravado numa chapa metálica, que o transmite para uma bobina de borracha e esta para o papel. *s.m.* 2. Esse tipo de processo de impressão.

of·tal·mo·lo·gi·a *s.f. Med.* Parte da medicina que estuda os olhos e as afecções oculares.

of·tal·mo·lo·gis·ta *adj.2gên.* e *s.2gên.* Especialista em oftalmologia; oculista.

o·fus·ca·ção *s.f.* 1. Ação ou efeito de ofuscar(-se). 2. Perturbação da vista em virtude de forte reflexo de luz nos olhos.

o·fus·car *v.t.d.* 1. Impedir de ver ou de ser visto. 2. Ocultar; encobrir; obscurecer. 3. Deslumbrar. 4. Tornar menos perceptível. 5. Suplantar; desprestigiar; diminuir. 6. Fazer esquecer. *v.p.* 7. Apagar-se; perder o brilho; toldar-se. 8. Perder o valor, o prestígio.

o·gi·va *s.f. Arquit.* 1. Figura formada pelo cruzamento de dois arcos iguais que se cortam na parte superior. 2. *Astronáut.* Parte frontal de foguete ou veículo espacial. 3. Parte frontal de um míssil que contém a carga nuclear ou atômica.

o·gi·val *adj.2gên.* 1. Que tem forma de ogiva. 2. Concernente a ogiva.

O·gum *s.m.* Orixá que preside as lutas e as guerras.

oh (ó) *interj.* Expressa emoções diversas, como alegria, surpresa, admiração, dor, decepção, desprezo, etc.

ohm (ō) *s.m. Eletr., Fís., Metrol.* Do físico alemão Georg Simon Ohm (1789-1859), unidade de resistência elétrica correspondente à resistência de um condutor, percorrido por uma corrente de um ampere quando suas extremidades apresentam a queda do potencial de um volt; símbolo Ω. *Pl.:* ohms.

oi *interj.* Expressão para saudar ou chamar alguém, assim como para responder a um chamado.

oi·tão *s.m.* Parede lateral de uma casa construída sobre a linha divisória do lote.

oi·ta·va *s.f.* 1. Cada uma das oito partes iguais em que uma coisa se pode dividir. 2. *Lit.* Estrofe de oito versos. 3. *Mús.* Espaço entre duas notas musicais do mesmo nome, mas de tons diferentes.

oi·ta·va de fi·nal *s.f. Desp.* Fase de um torneio na qual oito duplas de equipes concorrentes disputam entre si classificação para as quartas de final. *Pl.:* oitavas de final.

oi·ta·va·do *adj.* De oito faces ou lados.

oi·ta·var *v.t.d.* 1. Dar forma oitavada a. 2. Dividir em oito partes. 3. *Mús.* Tocar na oitava superior ou inferior.

oi·ta·vo *num.* 1. Ordinal e fracionário correspondente a oito. *s.m.* 2. A oitava parte. 3. O que ocupa o último lugar numa série de oito.

oi·ten·ta *num.* 1. Dez vezes oito; oito dezenas. 2. Octogésimo.

oi·ti *s.m. Bot.* 1. Fruto de polpa amarela e farinácea, comestível, cuja amêndoa é rica em óleo. 2. Árvore nativa do Brasil, que dá o oiti.

oi·ti·ci·ca *s.f. Bot.* Árvore nativa do Brasil, cuja semente fornece um óleo empregado na fabricação de tintas e vernizes.

oi·ti·va *s.f.* Ouvido; audição. *desus. loc. adv. De oitiva:* de ouvir dizer; de cor.

oi·to *num.* 1. Sete mais um; oito unidades. 2. Oitavo. *s.m.* 3. O algarismo representativo desse número.

oi·to·cen·tos *num.* 1. Oito vezes cem. 2. Oito centenas. 3. Octingentésimo.

o·je·ri·za *s.f.* Antipatia; aversão.

o·la·ri·a *s.f.* 1. Fábrica de louça de barro, manilhas, telhas, tijolos, etc. 2. Arte ou indústria de oleiros.

o·lé *interj. Desp.* Grito de incentivo ou de entusiasmo da torcida, em praças de touros ou estádios de futebol.

o·le·a·do *adj.* 1. Que tem óleo. *s.m.* 2. Pano preparado com substância impermeável; encerado.

o·le·a·gi·no·so (ô) *adj.* 1. Em que há óleo. 2. Da natureza do óleo. *Pl.:* oleaginosos (ó).

o·le·ar *v.t.d.* 1. Untar com óleo. 2. Revestir de uma camada de óleo. 3. Impregnar de substância oleosa.

o·le·i·cul·tu·ra *s.f.* 1. Cultura das oliveiras. 2. Indústria do fabrico, tratamento e conservação do azeite.

o·lei·ro *s.m.* Aquele que trabalha em olaria.

o·len·te *adj.2gên.* Que exala aroma; cheiroso, perfumado, odorante.

ó·le·o *s.m.* Nome comum aos líquidos gordurosos que se extraem de várias substâncias vegetais ou animais e por extensão aos produtos mais ou menos viscosos de origem mineral.

o·le·o·du·to *s.m.* Tubo através do qual o petróleo é conduzido dos poços aos depósitos ou às refinarias.

o·le·o·gra·fi·a *s.f.* 1. Processo com que se transmite para uma tela nova o quadro pintado a óleo noutra tela. 2. O quadro feito por esse processo.

o·le·o·gra·vu·ra *s.f.* Processo de reproduzir pela gravura um quadro pintado a óleo.

o·le·o·so (ô) *adj.* Em que há óleo; gorduroso. *Pl.:* oleosos (ó).

ol·fa·ção *s.f.* 1. Ação de cheirar. 2. Exercício do olfato.

ol·fa·ti·vo *adj.* Que se refere ou pertence ao olfato.

ol·fa·to *s.m.* Sentido com que se percebem os odores; faro.

o·lha·do *adj.* 1. Visto; reputado; considerado. *s.m.* 2. Quebranto; mau-olhado.

o·lhar *v.t.d.* 1. Encarar; fixar os olhos em; mirar; contemplar. 2. Estar voltado para. 3. Observar. 4. Reparar em. 5. Velar por. 6. Proteger. 7. Julgar. *v.t.i.* 8. Tomar conta. 9. Considerar. 10. Interessar-se. *v.i.* 11. Aplicar o sentido da vista. *v.p.* 12. Mirar-se.

o·lhei·ras *s.f.pl.* Manchas lívidas na pele, junto às pálpebras inferiores.

o·lhei·ro *s.m.* 1. Aquele que olha por alguma coisa. 2. O que vigia certos trabalhos. 3. Nascente de água.

o·lho (ô) *s.m.* 1. *Anat.* Órgão da visão. 2. Olhar; vista. 3. Cuidado. 4. Perspicácia. 5. Atenção; vigilância. 6. Abertura circular ou oval num edifício. 7. Furo. 8. Qualquer abertura ou cavidade em forma de olho. 9. Aro de qualquer ferramenta, onde se mete o cabo. 10. Botão, rebento de plantas. *Pl.:* olhos (ó).

o·lho-d'á·gua *s.m.* Fonte natural; nascente. *Pl.:* olhos-d'água (ó).

o·li·gar·ca *s.m.* 1. Membro de uma oligarquia. 2. Partidário de oligarquia.

o·li·gar·qui·a *s.f.* 1. Governo em que a autoridade é exercida por um pequeno número de indivíduos ou por uma classe, ou ainda, por algumas famílias poderosas. 2. *fig.* Preponderância ou influência de facção ou grupo na direção dos negócios públicos.

o·li·go·ce·no (ê) *adj. Geol.* 1. Diz-se da terceira época do período terciário, entre cerca de 35 e 23 milhões de anos atrás, após o Eoceno e antes do Mioceno. *s.m.* 2. Essa época (inicial maiúscula).

o·li·go·fre·ni·a *s.f. Med.* Deficiência do desenvolvimento mental.

o·li·go·frê·ni·co *adj.* 1. Relativo a oligofrenia. *s.m.* 2. O que sofre de oligofrenia.

o·li·go·pó·li·o *s.m. Econ.* Situação em que um pequeno número de empresas controla a oferta de certos produtos com o intuito de dominar o mercado.

o·lim·pí·a·da *s.f.* Período de quatro anos que mediava entre duas celebrações consecutivas dos jogos olímpicos, na antiga Grécia.

O·lim·pí·a·das *s.f.pl.* Jogos olímpicos modernos que se realizam de quatro em quatro anos, desde 1896.

o·lím·pi·co *adj.* 1. Que se refere ou pertence ao Olimpo ou a Olímpia, antiga cidade grega onde se realizavam os jogos olímpicos. 2. *fig.* Divino; majestoso; grandioso. 3. Referente aos jogos olímpicos.

O·lim·po *s.m. Mit.* 1. Morada dos deuses. 2. Conjunto de deuses e deusas.

oliva

o·li·va *s.f.* 1. Azeitona. 2. *Bot.* Oliveira.

o·li·vei·ra *s.f. Bot.* Árvore cujo fruto é a azeitona.

o·li·vi·cul·tu·ra *s.f.* Oleicultura.

ol·mo (ô) *s.m. Bot.* Árvore própria da Europa.

o·lor *s.m.* Cheiro agradável; odor; aroma.

o·lo·ro·so (ô) *adj.* Que tem olor. *Pl.*: olorosos (ó).

ol·vi·dar *v.t.d.* 1. Esquecer; perder de memória; desaprender. *v.p.* 2. Esquecer-se.

ol·vi·do *s.m.* Ato ou efeito de olvidar(-se); esquecimento.

o·ma·ni (î) *adj.2gên.* 1. De Omã (Ásia). *s.2gên.* 2. Natural ou habitante de Omã.

om·bre·ar *v.t.d.* 1. Levar ou pôr ao ombro. *v.t.i.* 2. Pôr-se de ombro com ombro. 3. Igualar-se; equiparar-se.

om·brei·ra *s.f.* 1. Parte do vestuário correspondente aos ombros. 2. Cada uma das duas peças laterais de uma janela ou porta. 3. Entrada; porta.

om·bro *s.m.* 1. *Anat.* Espádua. 2. *fig.* Força; vigor. 3. Diligência; esforço.

ô·me·ga *s.m.* 1. Última letra do alfabeto grego. 2. *fig.* Fim; termo.

o·me·le·te (é) *s.f.* Fritada de ovos batidos.

o·mi·nar *v.t.d.* Agourar.

o·mi·no·so (ô) *adj.* Agourento; nefasto; execrável; detestável. *Pl.*: ominosos (ó).

o·mis·são *s.f.* 1. Ação ou efeito de omitir. 2. Falta; lacuna.

o·mis·so *adj.* 1. Que deixou de dizer, de fazer, de registrar alguma coisa. 2. Em que há omissão.

ondeado

o·mi·tir *v.t.d.* e *v.p.* 1. Não mencionar. 2. Deixar de fazer, dizer, escrever alguma coisa.

o·mo·pla·ta *s.f. Anat.* Osso que forma a parte posterior do ombro.

o·na·gro *s.m. Zool.* Burro selvagem; burro.

o·na·nis·mo *s.m.* 1. Coito interrompido no ato da ejaculação. 2. *por ext.* Masturbação masculina.

on·ça¹ *s.f.* 1. Peso antigo (28,691 gramas). 2. Medida de peso inglesa (28,349 gramas). 3. Moeda espanhola. 4. Moeda havanesa de ouro. 5. Antiga moeda de ouro brasileira.

on·ça² *s.f. epiceno* 1. *Zool.* Mamífero carnívoro felídeo. *sobrecomum fig.* 2. Valentão. 3. Indivíduo muito forte, destemido, invencível. 4. Pessoa muito feia. *adj.2gên. fig.* 5. Diz-se do indivíduo muito forte ou da pessoa muito feia.

on·ça-pin·ta·da *s.f. epiceno Zool.* A maior onça da América do Sul, felídeo carnívoro e feroz; jaguar. *Pl.*: onças-pintadas.

on·ça-ver·me·lha *s.f. epiceno Zool.* Suçuarana; puma. *Pl.*: onças-vermelhas.

on·co·lo·gi·a *s.f. Med.* Estudo dos tumores.

on·da *s.f.* 1. Cada uma das massas líquidas (de mar, rio ou lago) que se elevam e se deslocam. 2. *fig.* Tropel; grande agitação. 3. Grande quantidade. 4. Aglomeração de pessoas em movimento.

on·de *adv.* No lugar em que; em que lugar.

on·de·a·do *adj.* 1. Que tem ondas. 2. Disposto em forma de ondas; ondulado.

on·de·ar *v.i.* 1. Mover-se (a água) em ondulações. 2. Serpear. 3. *fig.* Propagar-se. 4. Agitar-se. *v.t.d.* 5. Tornar ondeado. *v.p.* 6. Mover-se em ondulações; flutuar.

on·di·na *s.f. Mit.* Gênio das águas na mitologia germânica.

on·du·la·ção *s.f.* 1. Formação de ondas pouco agitadas. 2. Movimento semelhante ao das ondas. 3. Conjunto de saliências e de depressões (no terreno). 4. Estado natural ou artificial dos cabelos ondeados.

on·du·la·do *adj.* Ondeado.

on·du·lar *v.i., v.t.d.* e *v.p.* Ondear (-se).

o·ne·rar *v.t.d.* 1. Sujeitar a ônus. 2. Impôr ônus ou obrigação. 3. Gravar com tributos. 4. Sobrecarregar.

o·ne·ro·so (ô) *adj.* 1. Que ocasiona gastos, despesas. 2. Que impõe ônus. *Pl.:* onerosos (ó).

ô·ni·bus *s.m.2núm.* Veículo para transporte urbano e interurbano de passageiros.

o·ni·co·fa·gi·a *s.f.* Costume de roer as unhas.

o·ni·po·tên·ci·a *s.f.* Qualidade de onipotente.

o·ni·po·ten·te *adj.2gên.* 1. Que pode tudo. *s.m.* 2. Deus.

o·ni·pre·sen·ça *s.f.* Qualidade de onipresente.

o·ni·pre·sen·te *adj.2gên.* 1. Que está em toda parte. 2. Que tem o caráter da ubiquidade.

o·ní·ri·co *adj.* Concernente a sonhos.

o·ni·ris·mo *s.m. Med.* Estado de espírito em que este, em vigília, se absorve em sonhos, fantasias ou ideias quiméricas.

o·nis·ci·ên·ci:a *s.f.* 1. Qualidade de onisciente. 2. *Teol.* Qualidade do saber de Deus.

o·nis·ci·en·te *adj.2gên.* 1. Que sabe tudo. 2. Cujo saber é ilimitado.

o·ní·vo·ro *adj.* Que come de tudo.

ô·nix (cs) *s.m.2núm. Min.* 1. Variedade de ágata muito fina que apresenta camadas de cores diversas. 2. Mármore com camadas policrômicas.

on-line (onláine) *Ingl. adj.* 1. *Inform.* Conectado (ao *modem* – do próprio computador – ou em rede – a outros computadores). *adv.* 2. *Inform.* Em tempo real.

o·no·más·ti·ca *s.f.* Lista, catálogo de nomes próprios; onomástico.

o·no·más·ti·co *adj.* 1. Concernente aos nomes próprios. 2. Que contém nomes próprios. *s.m.* 3. Onomástica.

o·no·ma·to·pai·co *adj.* Onomatopeico.

o·no·ma·to·pei·a (éi) *s.f. Gram.* 1. Formação de uma palavra cuja pronúncia imita o objeto que ela significa. 2. Vocábulo que imita o som natural da coisa significada.

o·no·ma·to·pei·co *adj.* 1. Concernente a onomatopeia. 2. Que imita o objeto significado; onomatopaico.

on·tem *adv.* 1. No dia imediatamente anterior ao de hoje. 2. *por ext.* No tempo que passou. *s.m.* 3. O dia de ontem. 4. O passado.

on·to·lo·gi·a *s.f.* Ciência que investiga a natureza do ser enquanto ser, considerado em si mesmo.

ô·nus *s.m.2núm.* 1. Peso; carga. 2. Encargo; imposto pesado. 3. Obrigação ou cláusula de difícil cumprimento.

on·ze *num.* 1. Cardinal correspondente a dez mais um; uma dezena e uma unidade. 2. Undécimo. *s.m.* 3. Algarismo representativo desse número. 4. Aquilo que numa série de onze ocupa o undécimo lugar.

on·ze·ná·ri·o *adj.* e *s.m.* Diz-se de ou indivíduo que empresta dinheiro a juros exorbitantes; agiota; onzeneiro.

on·ze·nei·ro *adj.* e *s.m.* 1. Onzenário. 2. Diz-se de ou indivíduo mexeriqueiro.

o·pa (ó) *s.f.* 1. Espécie de capa usada pelas confrarias e irmandades religiosas. 2. *gír.* Pândega; troça; bebedeira.

o·pa (ô) *interj.* 1. Demonstra espanto. 2. Saudação.

o·pa·ci·da·de *s.f.* 1. Qualidade de opaco. 2. *fig.* Sombra espessa.

o·pa·co *adj.* 1. Que não deixa passar a luz. 2. Escuro; sombrio; turvo.

o·pa·la *s.f. Min.* Pedra preciosa de cor leitosa e azulada constituída de sílica hidratada.

o·pa·les·cen·te *adj.2gên.* 1. Opalino. 2. Que apresenta os reflexos leitosos e azulados da opala.

o·pa·li·na *s.f.* 1. Vidro ou substância vítrea fosca, mas que deixa a luz passar, usado em vasos e outros objetos decorativos. 2. Objeto feito com esse tipo de material.

o·pa·li·no *adj.* 1. Semelhante à opala. 2. De cor leitosa e azulada; opalescente.

op·ção *s.f.* 1. Ação ou faculdade de optar; livre escolha. 2. Procuração (especialmente em negócios de imóveis).

op·ci·o·nal *adj.2gên.* Que é ou pode ser objeto de opção; facultativo.

ó·pe·ra *s.f.* 1. Drama musicado, sem diálogo. 2. O teatro onde se representam óperas.

o·pe·ra·ção *s.f.* 1. Ação ou efeito de operar. 2. Complexo de meios combinados para a consecução de um fim. 3. Transação comercial. 4. *Mat.* Série de cálculos matemáticos. 5. *Med.* Intervenção cirúrgica. 6. Movimento ou manobra militar.

o·pe·ra·ci·o·nal *adj.2gên.* 1. Relativo a operação. 2. Que está pronto para funcionar.

o·pe·ra·dor *adj.* 1. Que opera. *s.m.* 2. O que opera. 3. Médico que faz operações cirúrgicas; cirurgião. 4. O que opera o trabalho, nas máquinas ou com elas.

o·pe·ran·te *adj.2gên.* 1. Que opera. 2. Relativo a obras. 3. Que produz efeito; operativo.

o·pe·rar *v.t.d.* 1. Fazer alguma coisa em resultado de trabalho próprio. 2. Executar (qualquer efeito). 3. Submeter alguém a uma operação cirúrgica. *v.i.* 4. Produzir efeito. 5. Fazer quaisquer operações. 6. Agir; atuar.

o·pe·ra·ri·a·do *s.m.* A classe operária.

o·pe·rá·ri·o *s.m.* 1. O que exerce uma arte ou ofício. 2. Obreiro; trabalhador (especialmente de fábrica). 3. *fig.* Agente; causa. *adj.* 4. Concernente ao trabalho ou aos operários.

o·pe·ra·tó·ri·o *adj.* Concernente a operações, em especial a operações cirúrgicas.

o·per·cu·la·do *adj.* 1. Que tem opérculos. 2. Que é fechado por um opérculo.

o·pér·cu·lo *s.m.* 1. Tampa de turíbulo. 2. Coisa que fecha. 3. Todo órgão que tapa um orifício. 4. *Biol.* Substância córnea ou calcária que tapa a abertura das conchas univalves.

opereta

o·pe·re·ta (ê) *s.f. Teat.* Obra teatral, com cenas cantadas e declamadas, de caráter leve e alegre.

o·pe·ro·si·da·de *s.f.* 1. Qualidade de operoso. 2. Atividade.

o·pe·ro·so (ô) *adj.* 1. Que opera. 2. Laborioso; trabalhador; esforçado. 3. Produtivo. *Pl.:* operosos (ó).

o·pi·la·ção *s.f.* Ação de opilar(-se); obstrução.

o·pi·lar *v.t.d.* 1. Obstruir; causar oclusão a. *v.p.* 2. Sofrer opilação.

o·pi·mo *adj.* 1. Excelente. 2. Copioso; fecundo; abundante. 3. Fértil; rico.

o·pi·nan·te *adj.2gên.* 1. Que opina. *s.2gên.* 2. Pessoa que opina.

o·pi·nar *v.t.d.* 1. Julgar; entender; ser de opinião. 2. Dizer, manifestando opinião. *v.i.* 3. Dar seu voto ou parecer. *v.t.i.* 4. Estar de acordo. 5. Votar.

o·pi·na·ti·vo *adj.* 1. Que se baseia em uma opinião ou a expressa. 2. Discutível, duvidoso, incerto.

o·pi·ni·ão *s.f.* 1. Parecer emitido. 2. Voto dado sobre determinado assunto. 3. Modo de ver; conjetura. 4. Capricho; teimosia.

o·pi·ni·á·ti·co *adj.* Que não se aparta da sua opinião; obstinado.

ó·pi:o *s.m.* Suco espesso, concreto, de propriedades altamente narcóticas, que se extrai das cápsulas de várias espécies de papoulas.

o·pí·pa·ro *adj.* Aparatoso; suntuoso; pomposo; lauto; esplêndido.

o·po·nen·te *adj.2gên.* e *s.2gên.* Que ou pessoa que se opõe.

o·por *v.t.d.* 1. Colocar contra ou defronte de. 2. Colocar de maneira a formar obstáculo. 3. Objetar; impugnar.

oprimido

v.p. 4. Ser contrário. 5. Recusar. 6. Impedir. ★

o·por·tu·ni·da·de *s.f.* 1. Qualidade de oportuno. 2. Ensejo; ocasião favorável. 3. Conveniência.

o·por·tu·nis·mo *s.m.* Acomodação e aproveitamento das circunstâncias para se chegar mais facilmente a algum resultado.

o·por·tu·nis·ta *adj.2gên.* 1. Concernente a oportunismo. 2. Diz-se da pessoa que aproveita as oportunidades. *s.2gên.* 3. Pessoa oportunista ou partidária do oportunismo.

o·por·tu·no *adj.* 1. Que vem a propósito, a tempo. 2. Favorável; cômodo; conveniente.

o·po·si·ção *s.f.* 1. Ação ou efeito de opor(-se). 2. Partido ou conjunto de partidos que combatem o governo.

o·po·si·ci·o·nis·mo *s.m.* Sistema ou prática dos que se opõem a tudo.

o·po·si·ci·o·nis·ta *adj.2gên.* e *s.2gên.* Que ou pessoa que faz oposição.

o·po·si·tor *adj.* e *s.m.* 1. Que ou o que se opõe. 2. Concorrente.

o·pos·to (ô) *adj.* 1. Fronteiro. 2. Contrário. 3. Que faz ou causa oposição. *s.m.* 4. Aquilo que se opõe. 5. Coisa oposta, contrária. *Pl.:* opostos (ó).

o·pres·são *s.f.* 1. Ação ou efeito de oprimir. 2. Dificuldade de respirar; sufocação. 3. Tirania.

o·pres·si·vo *adj.* Que oprime ou que serve para oprimir.

o·pres·sor *adj.* e *s.m.* 1. Que ou o que oprime. 2. Tirano; déspota.

o·pri·mi·do *adj.* 1. Que é vítima de opressão; perseguido; vexado. *s.m.* 2. Indivíduo oprimido.

oprimir

o·pri·mir *v.t.d.* 1. Causar opressão a. 2. Sobrecarregar com peso. 3. Afligir; perseguir. 4. Exercer violência contra. 5. Perseguir.

o·pró·brio *s.m.* 1. Afronta vergonhosa. 2. Vexame; desonra; vergonha; abjeção. 3. Injúria. 4. Baixeza.

op·tar *v.t.i.* 1. Escolher, decidir-se (por alguma coisa entre duas ou mais). *v.i.* 2. Exercer o direito de opção. *v.t.d.* 3. Escolher; preferir.

op·ta·ti·vo *adj.* 1. Que traduz ou indica desejo. 2. Que indica ou envolve escolha ou opção.

óp·ti·ca *s.f. Fís.* 1. Parte da física que trata da luz e dos fenômenos da visão. 2. *fig.* Aspecto dos objetos vistos a distância. *Var.:* ótica.

óp·ti·co *adj.* 1. Concernente à óptica ou à visão. 2. Que se refere ou pertence ao olho. *s.m.* 3. Oculista. *Var.:* ótico.

o·pu·lên·ci·a *s.f.* 1. Extrema abundância dos bens da fortuna; riqueza extraordinária. 2. Fausto.

o·pu·len·to *adj.* 1. Que está na opulência; que é extremamente rico. 2. Abundante; copioso; farto; magnífico; pujante.

o·pús·cu·lo *s.m.* Pequeno livro; folheto.

o·ra (ó) *adv.* 1. Agora; presentemente. *conj.* 2. Mas. *interj.* 3. Termo que exprime dúvida, desprezo, impaciência, espanto. *V.* **hora**.

o·ra·ção *s.f.* 1. Invocação dirigida a Deus ou aos santos. 2. Reza; súplica. 3. Sermão. 4. Discurso. 5. *Gram.* Enunciado que consta de um predicado e de um sujeito, ou só de um predicado.

o·rá·cu·lo *s.m.* 1. Entre os antigos, resposta de um deus a quem o consultava. 2. Divindade que respondia a consultas. 3. O lugar onde se consultava esta divindade. *sobrecomum* 4. *fig.* Pessoa cujas palavras têm grande peso e autoridade.

o·ra·ci·o·nal *adj.2gên. Gram.* Que é relativo a uma oração ou a ela pertence.

o·ra·dor *s.m.* 1. O que sabe as regras da eloquência e as pratica. 2. Aquele que faz discursos em público.

o·ral *adj.2gên.* Concernente à boca.

o·ra·li·da·de *s.f.* 1. Qualidade de oral. 2. Natureza oral.

o·ran·go·tan·go *s.m. epiceno Zool.* Grande macaco antropomorfo que se encontra nas ilhas de Bornéu e Sumatra.

o·rar *v.i.* 1. Proferir um discurso. 2. Dirigir orações a Deus ou aos santos; rezar. *v.t.i.* 3. Suplicar em oração. *v.t.d.* 4. Suplicar; pedir.

o·ra·te *s.m.* Doido; idiota.

o·ra·tó·ri·a *s.f.* Arte de falar em público; eloquência.

o·ra·tó·ri·o *adj.* 1. Concernente a oratória. 2. Próprio de orador. *s.m.* 3. Nicho ou armário de madeira com imagens religiosas. 4. Capela doméstica. 5. *Mús.* Gênero de música religiosa com solos, coros e orquestra. 6. Drama cujo assunto é tirado da religião.

or·be (ó) *s.m.* 1. Esfera; globo. 2. A Terra; o mundo.

or·bi·cu·lar *adj.2gên.* 1. Que tem forma esférica ou circular. 2. *Anat.* Diz-se de músculo que fica em torno de cavidade, como a boca, fazendo movimento de abertura e fechamento. *s.m.* 3. Esse tipo de músculo.

ór·bi·ta *s.f.* 1. *Astron.* Caminho que percorre um corpo celeste, em virtude do seu movimento próprio. 2. *fig.* Esfera de ação. 3. *Anat.* Cavidade ocular.

or·bi·tar *v.i.* Descrever órbita.

or·ca (ó) *s.f. Zool.* Cetáceo dos mares setentrionais.

or·ça·men·tá·ri·o *adj.* Concernente a orçamento.

or·ça·men·to *s.m.* 1. Ato ou efeito de orçar. 2. Cálculo. 3. Apreciação do custo dos meios para se levar a efeito qualquer obra.

or·çar *v.t.d.* 1. Calcular; computar. 2. Fazer o orçamento de. 3. Avaliar. *v.t.i.* 4. Ser ou ter aproximadamente.

or·cha·ta *s.f.* Bebida preparada com pevides de melancia e amêndoas doces pisadas, essência de cevada, água e açúcar.

or·dei·ro *adj.* Amigo da ordem; pacífico.

or·dem *s.f.* 1. Disposição ou colocação metódica das coisas. 2. Arranjo das coisas classificadas segundo certas relações. 3. Sociedade religiosa. 4. *Arquit.* Cada um dos sistemas clássicos de dispor as partes de um edifício. 5. *Biol.* Divisão da classificação dos seres, entre classe e família.

or·de·na·ção *s.f.* 1. Ação ou efeito de ordenar(-se). 2. Boa disposição; arranjo. 3. *Liturg.* Colação de ordens eclesiásticas.

or·de·na·do *adj.* 1. Posto em ordem. 2. Disposto; preceituado. 3. Metódico. *s.m.* 4. Remuneração de empregado público ou particular.

or·de·nan·ça *s.f.* 1. Ordem; mandado. *Mil.* 2. Regulamento militar. 3. Soldado que está às ordens de um oficial.

or·de·nar *v.t.d.* 1. Pôr em ordem; arranjar; regular. 2. Mandar que se faça (alguma coisa). 3. Conferir o sacramento da ordem a. 4. Sagrar. *v.i.* e *v.t.i.* 5. Dar ordem. *v.p.* 6. Tomar ordens sacras. 7. Preparar-se. 8. Entrar em ordem.

or·de·nha (ê) *s.f.* Ação de ordenhar.

or·de·nhar *v.t.d.* 1. Mungir ou espremer a teta de (um animal) para extrair leite. *v.i.* 2. Praticar ordenha.

or·di·nal *adj.2gên.* 1. Relativo a ordem. 2. *Gram.* Diz-se do numeral que exprime ordem (opõe-se a cardinal).

or·di·ná·ri·o *adj.* 1. Que está na ordem das coisas habituais. 2. Vulgar. 3. Medíocre; qualidade inferior. 4. De maus instintos; ruim; sem caráter. *s.m.* 5. O que sucede ou se faz habitualmente.

or·do·vi·ci·a·no *adj.* 1. Diz-se do segundo período da era paleozoica, entre cerca de 510 e 433 milhões de anos atrás, após o Cambriano e antes do Siluriano, caracterizado pelo desenvolvimento da fauna. *s.m.* 2. Esse período (inicial maiúscula).

o·ré·ga·no *s.m. Bot.* Planta hortense, aromática, usada como condimento. *Var.:* orégão.

o·re·lha (ê) *s.f.* 1. *Anat.* O pavilhão ou concha auditiva. 2. *Anat.* Ouvido. 3. Objeto que apresenta o aspecto de orelha.

o·re·lhão *s.m.* 1. Puxão de orelhas. 2. Cabina de telefone público cuja forma se assemelha à de uma grande orelha.

o·re·lhas (ê) *s.f.pl.* Sobras da capa de livro, que se dobram para dentro.

o·re·lhu·do *adj.* 1. Que tem orelhas grandes. 2. *pej.* Sem inteligência; burro. 3. *pop.* Diz-se de quem é muito curioso. *s.m.* 4. Aquele cujas orelhas são grandes. 5. Indivíduo muito curioso, bisbilhoteiro.

or·fa·na·to *s.m.* Estabelecimento onde se recolhem e educam órfãos.

or·fan·da·de *s.f.* 1. Estado de órfão. 2. Os órfãos. 3. Desamparo; privação; abandono.

ór·fão *adj.* 1. Que perdeu o pai, ou a mãe, ou ambos. 2. *fig.* Que perdeu quem lhe era querido. *s.m.* 3. O que ficou órfão.

or·fe·ão *s.m.* Sociedade cujos membros se dedicam à prática da música vocal e do canto coral.

or·fe·ô·ni·co *adj.* 1. Concernente a orfeão. 2. Próprio para orfeão.

or·gan·di *s.m.* Espécie de musselina muito leve e transparente.

or·gâ·ni·co *adj.* 1. Concernente aos órgãos ou aos seres organizados. 2. Inerente ao organismo. 3. Arraigado profundamente. 4. Que serve de base a uma instituição. 5. *Quím.* Pertinente ou próprio dos compostos de carbono.

or·ga·nis·mo *s.m.* 1. Disposição dos órgãos. 2. *Fisiol.* Corpo organizado que tem ou que pode ter uma existência separada. 3. Reunião de partes que concorrem para um certo fim.

or·ga·nis·ta *s.2gên.* Pessoa que toca órgão.

or·ga·ni·za·ção *s.f.* 1. Ação ou efeito de organizar(-se). 2. Disposição para funcionar. 3. Organismo; constituição física. 4. Constituição de um Estado, de um estabelecimento, de uma instituição.

or·ga·ni·zar *v.t.d.* 1. Constituir em organismo. 2. Dispor, tornar apto para a vida. 3. Estabelecer as bases de. 4. Dispor para funcionar. *v.p.* 5. Constituir-se; tornar-se.

or·ga·no·gra·ma *s.m.* Representação gráfica da estrutura de uma organização ou de um serviço.

ór·gão *s.m.* 1. Cada uma das partes que exerce uma função nos corpos organizados. 2. *Mús.* Instrumento de sopro, dotado de tubos e teclados. 3. Cada uma das partes de um maquinismo. 4. Aquilo que serve de instrumento ou meio para a consecução de alguma coisa. 5. Intermediário. 6. Jornal.

or·gas·mo *s.m.* Clímax do ato sexual.

or·gás·ti·co *adj.* Concernente ao orgasmo.

or·gi·a *s.f.* 1. Festim licencioso; bacanal. 2. *fig.* Desordem; tumulto. 3. Excesso; desperdício.

or·gu·lhar *v.t.d.* 1. Causar orgulho a. *v.p.* 2. Sentir orgulho; ufanar-se; desvanecer-se.

or·gu·lho *s.m.* 1. Conceito elevado que alguém faz de si mesmo. 2. Amor-próprio exagerado; soberba. 3. Brio; altivez. 4. Ufania.

or·gu·lho·so (ô) *adj.* Que tem orgulho; soberbo; altivo. *Pl.:* orgulhosos (ó).

o·ri·en·ta·ção *s.f.* Arte ou ação de se orientar.

o·ri·en·tal *adj.2gên.* 1. Concernente ao oriente. 2. Que fica ou vive no Oriente. 3. Originário do Oriente. 4. Uruguaio.

o·ri·en·ta·lis·mo *s.m.* 1. O conjunto dos conhecimentos, costumes, etc. dos povos orientais. 2. Conjunto dos estudos acerca desses povos.

o·ri·en·ta·lis·ta *s.2gên.* Pessoa versada no conhecimento das línguas e literaturas orientais.

o·ri·en·tar *v.t.d.* 1. Determinar ou estabelecer a posição de um lugar relativamente aos pontos cardeais. 2. Guiar; dirigir; indicar o rumo a. *v.p.* 3. Conhecer o lugar em que se acha. 4. Examinar os diferentes aspectos de (uma questão).

oriente

o·ri·en·te *s.m.* 1. O lado do horizonte onde o Sol aparece; nascente; leste; levante. 2. Ásia (inicial maiúscula). 3. *fig.* Começo; princípio.

o·ri·fí·ci:o *s.m.* 1. Entrada estreita. 2. Pequena abertura. 3. *Anat.* Abertura de um ducto.

o·ri·gâ·mi *s.m.* Arte japonesa de fazer dobraduras de papel, que podem ter diversas formas ao final, como animais, flores, etc.

o·ri·gem *s.f.* 1. Princípio. 2. Primeira causa determinante. 3. Procedência; causa.

o·ri·gi·nal *adj.2gên.* 1. Concernente a origem. 2. Natural. 3. Que é feito pela primeira vez ou em primeiro lugar. 4. *fig.* Singular; extravagante. *s.m.* 5. O que provém da origem. 6. Obra, manuscrito, desenho, escultura, etc., de que se poderão tirar cópias ou fazer reproduções.

o·ri·gi·na·li·da·de *s.f.* Qualidade de original.

o·ri·gi·nar *v.t.d.* 1. Dar origem ou princípio a. 2. Causar; determinar; motivar. *v.p.* 3. Ter origem; nascer; ser proveniente; derivar-se.

o·ri·gi·ná·ri:o *adj.* 1. Que tira a sua origem de alguém ou de alguma coisa. 2. Proveniente; descendente; oriundo; primitivo.

Ó·ri:on *s.m. Astron.* Constelação austral, situada na linha do equador, próxima à de Touro.

o·ri·un·do *adj.* 1. Originário, proveniente. 2. Descendente. 3. Natural.

o·ri·xá (ch) *s.m.* Nome comum às divindades das religiões afro-brasileiras; guia.

o·ri·zi·cul·tu·ra *s.f.* Rizicultura.

orologia

or·la (ó) *s.f.* 1. Borda; margem; tira; debrum; cercadura. 2. Rebordo de uma cratera. 3. *Arquit.* Filete sob o ornato oval de um capitel.

or·lar *v.t.d.* 1. Pôr orla em. 2. Ornar ou guarnecer de orla. 3. Debruar; limitar.

or·na·men·ta·ção *s.f.* Ação ou efeito de ornamentar; decoração.

or·na·men·tal *adj.2gên.* 1. Relativo ou próprio de ornamento. 2. Que é próprio ou serve para ornamentar, enfeitar. 3. *pej.* Sem importância; supérfluo.

or·na·men·tar *v.t.d.* Pôr adornos em; ornar; decorar.

or·na·men·tis·ta *s.2gên.* Pessoa que faz ornatos ou decorações.

or·na·men·to *s.m.* 1. Aquilo que orna; adorno; enfeite; atavio. *sobrecomum* 2. Pessoa ilustre que honra ou nobilita uma classe.

or·nar *v.t.d.* 1. Enfeitar; adornar; decorar. 2. Aprimorar; embelezar. 3. Ilustrar. *v.p.* 4. Enfeitar-se; embelezar-se.

or·na·to *s.m.* 1. Ornamento. 2. Efeito de ornar. 3. Aquilo que dá força, graça ou beleza à linguagem. 4. Enfeite; atavio.

or·ne·ar *v.i.* Zurrar.★

or·nei·o *s.m.* Zurro.

or·ne·jar *v.i.* Zurrar.

or·ni·to·lo·gi·a *s.f.* Estudo das aves.

or·ni·to·lo·gis·ta *s.2gên.* Pessoa que se dedica à ornitologia.

or·ni·tor·rin·co *s.m. epiceno Zool.* Mamífero da Austrália provido de focinho córneo parecido com o bico dos patos.

o·ro·lo·gi·a *s.f.* Ciência da formação das montanhas.

orosfera   **ósculo**

o·ros·fe·ra (é) *s.f.* A parte sólida da superfície da Terra; litosfera.

or·ques·tra (é) *s.f. Mús.* 1. Conjunto dos músicos e dos instrumentos de um concerto, de um teatro, de um baile. 2. Música.

or·ques·tral *adj.2gên.* Concernente a orquestra.

or·ques·trar *v.t.d.* 1. Adaptar uma peça musical aos diversos instrumentos de uma orquestra. 2. Instrumentar. *v.p.* 3. Harmonizar-se.

or·qui·dá·ri·o *s.m.* Viveiro de orquídeas.

or·quí·de·a *s.f. Bot.* 1. Planta que cresce, sem parasitismo, sobre o ramo das árvores. 2. A flor dessa planta.

or·qui·te *s.f. Med.* Inflamação do testículo.

or·to·crô·mi·co *adj. Fot.* Designativo das películas em que as cores naturais aparecem com os valores reais.

or·to·don·ti·a *s.f. Odont.* Parte da odontologia que estuda os meios de prevenir e corrigir os defeitos de posição dos dentes.

or·to·don·tis·ta *s.2gên.* Especialista em ortodontia.

or·to·do·xi·a (cs) *s.f.* Condição de ortodoxo.

or·to·do·xo (ó, cs) *adj.* 1. Conforme com a doutrina religiosa tida como verdadeira. 2. Conforme com os princípios tradicionais de qualquer doutrina.

or·to·e·pi·a *s.f. Gram.* Ortoépia.

or·to·é·pi·a *s.f.* 1. *Gram.* Parte relativa à correta pronúncia das palavras. 2. Pronúncia correta. *Var.:* ortoepia.

or·to·go·nal *adj.2gên. Geom.* Que forma ângulos retos.

or·to·gra·far *v.t.d.* Escrever de acordo com as regras ortográficas.

or·to·gra·fi·a *s.f.* 1. Escrita correta. 2. *Gram.* Parte que ensina a escrever corretamente as palavras. 3. Maneira de escrever; grafia.

or·to·grá·fi·co *adj.* Concernente à ortografia.

or·to·pe·di·a *s.f. Med.* Arte de evitar ou corrigir as deformidades do corpo.

or·to·pé·di·co *adj.* Concernente à ortopedia.

or·tóp·te·ros *s.m.pl. Zool.* Insetos de asas posteriores dobradas em leque.

or·va·lhar *v.t.d.* 1. Umedecer com orvalho. 2. Borrifar ou aspergir com gotas de qualquer líquido. *v.i.* 3. Cair orvalho. *v.p.* 4. Cobrir-se de orvalho. 5. Umedecer-se.

or·va·lho *s.m.* Vapor atmosférico que se condensa e cai durante a noite em pequeninas gotas.

os·ci·la·ção *s.f.* 1. Ação ou efeito de oscilar. 2. Movimento semelhante ao do pêndulo. 3. Movimento de vaivém. 4. *fig.* Hesitação.

os·ci·lar *v.i.* 1. Mover-se alternadamente em sentidos opostos. 2. Balançar-se. 3. Vacilar; hesitar. *v.t.i.* 4. Hesitar; variar. *v.t.d.* 5. Agitar; mover de um lado para o outro.

os·ci·los·có·pi·o *s.m. Fís.* Aparelho próprio para medir oscilações de tensão elétrica.

os·cu·la·ção *s.f.* Ação ou efeito de oscular.

os·cu·lar *v.t.d.* 1. Dar ósculo em. 2. Beijar; tocar de leve.

ós·cu·lo *s.m.* Beijo.

ós·mi:o *s.m. Quím.* Metal branco-azulado e brilhante, elemento de símbolo **Os** e cujo número atômico é 76.

os·mo·se (ó) *s.f. Fís.* Difusão de um dissolvente através de uma membrana semipermeável, que o separa de outra solução mais concentrada, até igualar as concentrações respectivas.

os·sa·da *s.f.* 1. Grande porção de ossos. 2. O conjunto dos ossos de um cadáver. 3. Restos; destroços. 4. *pop.* O corpo humano.

os·sa·ri·a *s.f.* 1. Montão de ossos. 2. Lugar onde se depositam ossos; ossuário.

os·sá·ri:o *s.m.* Ossaria; ossuário.

os·sa·tu·ra *s.f.* 1. Ossos de animal. 2. *Anat.* Esqueleto; ossada.

ós·se:o *adj.* 1. Concernente ao osso. 2. Da natureza do osso. 3. Que tem ossos.

os·sí·cu·lo *s.m.* Osso pequeno.

os·sí·cu·los *s.m.pl. Anat.* Os quatro pequenos ossos do ouvido.

os·si·fi·ca·ção *s.f.* 1. Ação de ossificar(-se). 2. Formação dos ossos.

os·si·fi·car *v.t.d.* 1. Converter em osso. *v.p.* 2. Converter-se em osso. 3. Tornar-se dûro.

os·so (ô) *s.m.* 1. *Anat.* Cada uma das partes consistentes e sólidas que formam o esqueleto dos animais vertebrados. 2. *fig.* Dificuldade. 3. A parte difícil de um empreendimento.

os·sos (ó) *s.m.pl.* Restos mortais.

os·su·á·ri:o *s.m.* 1. Ossário. 2. Lugar onde se guardam ossos humanos. 3. Sepultura comum de muitos cadáveres.

os·su·do *adj.* 1. Que tem ossos grandes ou salientes. 2. *fig.* Que é muito magro.

os·te·í·te *s.f. Med.* Inflamação no tecido ósseo.

os·ten·si·vo *adj.* 1. Digno de ser mostrado. 2. Próprio para mostrar-se. 3. Que se patenteia.

os·ten·só·ri:o *adj.* 1. Ostensivo. *s.m.* 2. *Liturg.* Custódia onde se expõe a hóstia consagrada.

os·ten·ta·ção *s.f.* 1. Ação de ostentar(-se). 2. Alarde; luxo; pompa. 3. Vanglória.

os·ten·tar *v.t.d.* 1. Mostrar com alarde. 2. Exibir com ostentação. 3. Mostrar com legítimo orgulho. *v.i.* 4. Fazer ostentação. *v.p.* 5. Mostrar-se com ostentação.

os·ten·ta·ti·vo *adj.* Que faz ostentação; ostensivo.

os·ten·to·so (ô) *adj.* Que se fez ou dispôs com ostentação; aparatoso; brilhante. *Pl.:* ostentosos (ó).

os·te:o·ma·la·ci·a *s.f. Med.* Amolecimento dos ossos.

os·te:o·mi:e·li·te *s.f. Med.* Inflamação da medula dos ossos.

os·tra (ô) *s.f. epiceno* 1. *Zool.* Molusco acéfalo comestível que vive encerrado numa concha. *sobrecomum* 2. *fig.* Pessoa que não larga outra.

os·tra·cis·mo *s.m.* 1. *Hist.* Exílio a que eram condenados cidadãos atenienses por crimes políticos. 2. *fig.* Banimento; exclusão.

os·tra·co·lo·gi·a *s.f. Zool.* Estudo das conchas.

os·trei·cul·tu·ra *s.f.* 1. Indústria da criação de ostras. 2. Cultura de ostras.

os·tro·go·do (ô) *adj.* 1. Relativo aos godos do Oriente. *s.m.* 2. Godo do Oriente.

o·tal·gi·a *s.f. Med.* Dor nos ouvidos.

o·tá·ri:o *s.m. gír.* Tolo; imbecil; aquele que se deixa enganar facilmente.

ó·ti·ca *s.f.* Óptica.

ó·ti·co[1] *adj.* Concernente a ouvido.

ó·ti·co² *adj.* e *s.m.* Óptico.

o·ti·mis·mo *s.m.* 1. Sistema dos que admitem que tudo vai pelo melhor no melhor dos mundos possíveis. 2. Tendência para achar tudo bem.

o·ti·mis·ta *adj.2gên.* 1. Concernente a otimismo. 2. Partidário do otimismo. 3. Que vê o bem em tudo, ainda que o bem seja o mal na opinião da maioria. *s.2gên.* 4. Pessoa otimista.

o·ti·mi·za·ção *s.f. Inform.* Ato ou efeito de otimizar.

o·ti·mi·zar *v.t.d. Inform.* Aperfeiçoar um programa ou sistema para que realize sua função no menor tempo ou com o menor número de pessoas possível.

ó·ti·mo *adj.* Excelente; o melhor possível.

o·ti·te *s.f. Med.* Inflamação do ouvido.

o·to·lo·gi·a *s.f. Med.* Parte da medicina que trata do ouvido e suas doenças.

o·to·ma·no *adj.* 1. Que se refere ou pertence à Turquia. *s.m.* 2. Turco.

o·tor·ri·no *s.2gên.* Forma *red.* de otorrinolaringologista.

o·tor·ri·no·la·rin·go·lo·gi·a *s.f. Med.* Parte da medicina que tem por objeto o estudo e tratamento das doenças do ouvido, do nariz e da garganta.

o·tor·ri·no·la·rin·go·lo·gis·ta *s.2gên. Med.* Especialista em otorrinolaringologia.

ou *conj.* 1. Indica alternativa ou exclusão. 2. Designa dúvida, incerteza, hesitação. 3. Por outras palavras. 4. De outro modo.

ou·re·la (é) *s.f.* 1. Orla de tecido. 2. Margem; debrum; cercadura.

ou·ri·çar *v.t.d.* 1. Tornar parecido com os pelos do ouriço. 2. Eriçar. 3. Tornar áspero. *v.p.* 4. Crespar-se. 5. Tornar-se áspero. 6. Eriçar-se.

ou·ri·ço-ca·chei·ro *s.m. epiceno Zool.* Mamífero insetívoro que tem o corpo coberto de espinhos. *Pl.:* ouriços-cacheiros.

ou·ri·ço-do-mar *s.m. Zool.* Nome comum a diversas espécies de invertebrados marinhos, de carapaça redonda e rígida, coberta por espinhos móveis e pontiagudos. *Pl.:* ouriços-do-mar.

ou·ri·ves *s.2gên.* e *2núm.* Fabricante ou vendedor de objetos de ouro e prata.

ou·ri·ve·sa·ri·a *s.f.* 1. Arte de ourives. 2. Oficina ou estabelecimento de ourives.

ou·ro *s.m.* 1. *Quím.* Metal precioso, elemento de símbolo **Au** e cujo número atômico é 79. 2. Objeto ou moeda de ouro. 3. Riqueza; dinheiro; coisa de muito valor. *adj.2gên.* 4. Cor de ouro.

ou·ros *s.m.pl.* Um dos naipes do baralho.

ou·ro·pel *s.m.* 1. Lâmina fina de latão, imitando ouro. 2. Ouro falso; pechisbeque. 3. *fig.* Falso brilho. 4. *fig.* Aparência enganosa.

ou·sa·di·a *s.f.* 1. Audácia. 2. Ação audaciosa; atrevimento. 3. Temeridade; coragem.

ou·sa·do *adj.* 1. Atrevido; audacioso; destemido. 2. Corajoso; audaz.

ou·sar *v.t.d.* 1. Atrever-se a. 2. Ser bastante corajoso ou ousado para. 3. Tentar (coisa difícil). *v.t.i.* 4. Ter a ousadia, a coragem.

ou·tei·ro *s.m.* Pequeno monte; colina.

ou·to·nal *adj.2gên.* 1. Concernente ao outono. 2. Próprio do outono; outoniço.

ou·to·ni·ço *adj.* Outonal.

ou·to·no (ô) *s.m.* 1. Estação do ano que, no hemisfério sul, começa em 21 de março e termina em 21 de junho. 2. O tempo da colheita. 3. *fig.* Decadência; declínio. 4. O primeiro período da velhice.

ou·tor·ga (ó) *s.f.* Ação ou efeito de outorgar.

ou·tor·gar *v.t.d.* 1. Aprovar; consentir em. 2. Dar por direito. 3. Conceder; facultar. *v.t.i.* 4. Consentir; concordar.

out.put (áutput) *Ingl. s.m.* 1. Ato ou resultado de produzir; produção. 2. *Eletr., Eletrôn.* 2. Potência, voltagem, corrente ou sinal produzido por qualquer circuito elétrico ou eletrônico. 3. *Inform.* Informação enviada para fora de um computador; saída.

ou·trem *pron.indef. desus.* Outra pessoa ou outras pessoas.

ou·tro *pron.indef.* 1. Diferente de pessoa ou coisa especificada. 2. Segundo; semelhante; mais um. *adj.* 3. Diferente; modificado.

ou·tro·ra (ó) *adv.* Em outro tempo; antigamente.

ou·tros·sim *adv. desus.* Também; igualmente; bem assim.

ou·tu·bro *s.m.* Décimo mês do ano civil, com 31 dias.

ou·vi·do *s.m.* 1. Sentido pelo qual se percebem os sons. 2. *Anat.* Orelha. 3. *Anat.* Órgão ou conjunto de órgãos da audição. 4. Facilidade de fixar na memória qualquer música ou som.

ou·vi·dor *s.m.* 1. Aquele que ouve; ouvinte. 2. *ant.* Juiz no Brasil colonial com funções do atual juiz de Direito.

ou·vin·te *s.2gên.* 1. Pessoa que assiste a um sermão, a um discurso, a uma preleção, a um programa radiofônico, etc. 2. Estudante autorizado a frequentar uma aula sem estar matriculado.

ou·vir *v.t.d.* 1. Perceber os sons pelo sentido da audição; escutar. 2. Tomar o depoimento de. *v.t.i.* 3. Perceber as coisas pelo sentido da audição. 4. Levar descompostura. ★

o·va (ó) *s.f. Zool.* O ovário dos peixes.

o·va·ção *s.f.* 1. Aclamação pública. 2. Honras entusiásticas que se fazem a uma pessoa.

o·va·ci·o·nar *v.t.d.* Fazer ovação.

o·val *adj.2gên.* 1. Que tem aspecto ou forma de ovo. *s.f.* 2. Curva que tem a forma da seção longitudinal de um ovo.

o·va·lar *adj.2gên.* 1. Oval. *v.t.d.* 2. Tornar oval.

o·van·te *adj.2gên.* Triunfante; jubiloso.

o·var *v.i.* 1. Pôr ovos. 2. Criar ovos ou ovas.

o·va·ri·a·no *adj.* Concernente ao ovário.

o·vá·ri·o *s.m.* 1. *Anat.* Nome de cada uma das duas glândulas genitais, situadas de cada lado do útero na mulher e nas fêmeas dos mamíferos em geral, e onde se formam os óvulos destinados à fecundação. 2. *Bot.* Parte inferior do pistilo da flor que encerra os óvulos e que se converte em fruto ou pericarpo.

o·ve·lha (ê) *s.f.* 1. *Zool.* A fêmea do carneiro. *sobrecomum* 2. *fig.* O cristão em relação ao seu chefe ou pastor espiritual.

o·ve·lhei·ro *adj.* 1. Diz-se do cão criado junto ao rebanho para que depois, já crescido, o guarde e proteja. *s.m.* 2. Cão ovelheiro.

ó·ve·o *adj.* 1. Que contém ovos. 2. Oval.

over.dose (ôverdouz) *s.f.* 1. Dose excessiva de substância tóxica, de medicamento. 2. *fig.* Quantidade excessiva de algo.

o·vi·á·ri·o *s.m.* 1. Ovil. 2. Rebanho de ovelhas.

o·vil *s.m.* Lugar onde se criam e alojam ovelhas; oviário.

o·vi·no *adj.* Relativo a ovelhas, cordeiros e carneiros.

o·vi·no·cul·tu·ra *s.f.* Criação de ovelhas.

o·vi·pa·ri·da·de *s.f.* Qualidade de ovíparo.

o·ví·pa·ro *adj.* 1. Que põe ovos. 2. Que se reproduz por meio de ovos. *s.m.* 3. *Zool.* Animal ovíparo.

óv·ni *s.m.* Designação genérica de objetos voadores não identificados; ufo.

o·vo (ô) *s.m.* 1. Corpo que se forma no ovário e que encerra o germe de novo animal. 2. Em sentido restrito, ovo de galinha e de outras aves. 3. *fig.* Forma rudimentar; princípio. *Pl.:* ovos (ó).

o·voi·de (ói) *adj.2gên.* Oval.

o·vo·vi·ví·pa·ro *adj. Zool.* Diz-se do animal cujo ovo é incubado dentro do organismo materno.

o·vu·la·ção *s.f. Biol.* Saída do óvulo do ovário para o útero.

o·vu·lar[1] *adj.2gên.* 1. Relativo a óvulo. 2. Semelhante a um ovo de galinha.

o·vu·lar[2] *v.i.* Ter ovulação.

ó·vu·lo *s.m.* 1. Pequeno ovo. 2. *Biol.* Célula sexual feminina que, fecundada, se transforma em ovo. 3. *Bot.* Corpúsculo oval, ligado à placenta das plantas, que se converte em semente.

o·xa·lá (ch) *s.m.* 1. Orixá que nos cultos afro-brasileiros se identifica com Jesus Cristo (inicial maiúscula). *interj. desus.* 2. Designa desejo: tomara!; queira Deus!

o·xi·da·ção (cs) *s.f.* Ação ou efeito de oxidar(-se).

o·xi·dan·te (cs) *adj.2gên.* 1. Que tem a propriedade de oxidar. *s.m.* 2. Substância oxidante.

o·xi·dar (cs) *v.t.d. Quím.* 1. Converter em óxido. 2. Combinar com o oxigênio. *v.p.* 3. Enferrujar-se.

o·xi·dá·vel (cs) *adj.2gên.* Que se pode oxidar.

ó·xi·do (cs) *s.m. Quím.* Combinação de oxigênio com um metal ou metaloide.

o·xi·ge·na·ção (cs) *s.f.* Ação ou efeito de oxigenar(-se).

o·xi·ge·na·do (cs) *adj.* 1. Combinado com o oxigênio. 2. Que se oxigenou. 3. Que sofreu a ação da água oxigenada.

o·xi·ge·nar (cs) *v.t.d. Quím.* 1. Combinar com o oxigênio. 2. Oxidar. 3. *fig.* Fortalecer, avigorar. *v.p.* 4. Combinar-se com o oxigênio. 5. Oxidar-se.

o·xi·gê·ni·o (cs) *s.m. Quím.* Gás simples, elemento de símbolo O e cujo número atômico é 8.

o·xí·to·no (cs) *adj. Gram.* Diz-se do vocábulo que tem acento na última sílaba: café, pé, sofá, urubu, marechal.

o·xi·ú·ro (cs) *s.m.* Verme parasita do intestino grosso do homem.

O·xós·si (ch) *s.m. Rel.* Orixá dos caçadores.

O·xum (ch) *s.m. Rel.* Orixá das águas.

o·zô·ni·o *s.m. Quím.* Gás ligeiramente azulado; modificação do oxigênio que se forma nas descargas elétricas de alta tensão e pela ação da luz ultravioleta, a partir do oxigênio do ar. Forma, a cerca de 25 km da crosta, uma camada que protege a Terra contra as radiações ultravioleta do Sol.

P p

p *s.m.* 1. Décima sexta letra do alfabeto. *num.* 2. O décimo sexto numa série indicada por letras.

pá *s.f.* 1. Utensílio de ferro ou de madeira, largo e chato, com um cabo um tanto longo, e que se aplica a diferentes usos. 2. A parte mais carnuda da perna das reses, que se articula com o tronco. 3. A extremidade mais larga e chata do remo. 4. *gír.* Grande quantidade.

pá·bu·lo *s.m. ant.* 1. Pasto; alimento; sustento. *adj.* e *s.m.* 2. Gabarola, fanfarrão. 3. Mentiroso.

pa·ca *s.f.* 1. *Zool.* Mamífero roedor de pelo escuro e malhas claras. *Masc.:* pacuçu. *adj.2gên.* 2. Tolo, ingênuo; inexperiente.

pa·ca·tez *s.f.* 1. Qualidade de pacato. 2. Índole pacífica.

pa·ca·to *adj.* e *s.m.* 1. Que é amigo de paz. 2. Pacífico. 3. Tranquilo; sossegado.

pa·cho·la (ó) *s.2gên.* 1. Preguiçoso. 2. Pateta. *adj.2gên.* 3. Cheio de si; orgulhoso; metido a elegante.

pa·chor·ra (ô) *s.f.* 1. Falta de diligência ou de pressa. 2. Lentidão; fleuma; vagar.

pa·chor·ren·to *adj.* 1. Que tem pachorra. 2. Feito com pachorra. 3. Que mostra pachorra.

pa·ci·ên·ci:a *s.f.* 1. Qualidade de paciente. 2. Resignação. 3. Perseverança na continuação de um trabalho. *interj.* 4. Termo usado para exprimir resignação, desistência, etc.

pa·ci·en·te *adj.2gên.* 1. Que suporta males ou incômodos, sem se queixar. 2. Resignado; manso. 3. Que revela paciência. *s.2gên.* 4. Doente; enfermo.

pa·ci·fi·ca·ção *s.f.* 1. Ação de pacificar (-se). 2. Restabelecimento da paz.

pa·ci·fi·ca·dor *adj.* Que pacifica.

pa·ci·fi·car *v.t.d.* 1. Restituir a paz a; pôr em paz; apaziguar; tranquilizar; serenar. *v.p.* 2. Tranquilizar-se; voltar à paz.

pa·cí·fi·co *adj.* 1. Amigo da paz, da ordem. 2. Tranquilo; sossegado; manso. *s.m.* 3. Homem pacífico.

pa·ci·fis·mo *s.m.* Sistema dos que pugnam pela paz universal e pelo desarmamento das nações.

pa·ci·fis·ta *adj.2gên.* 1. Relativo ao ou que é partidário do pacifismo. *s.2gên.* 2. Pessoa pacifista.

pa·co·ba (ó) *adj.2gên.* 1. *fig.* Diz-se de pessoa sem autoridade, sem firmeza; banana (3). *s.2gên.* 2. Pessoa com essas características. *s.f.* 3. *Bot.* Banana (1). *Var.:* pacova.

pa·ço *s.m.* 1. Residência de rei, de príncipes ou de prelados. 2. A corte. 3. As pessoas que habitam o paço. *V. passo.*

pa·ço·ca (ó) *s.f.* 1. *Cul.* Amendoim socado no pilão ao qual se junta açúcar. 2. *Cul.* Carne desfiada e pisada com farinha de mandioca ou de milho. 3. *fig.* Coisa complicada. 4. Confusão de coisas amarfanhadas; embrulhada. **Paçoca de pilão**: carne de sol batida no pilão com farinha de milho e servida com arroz, feijão verde e mandioca; típica do Rio Grande do Norte. **Paçoca de pinhão**: carne desfiada com pinhão cozido e moído, refogados com toucinho e temperos verdes; feita na região serrana de Santa Catarina.

pa·ço·qui·nha *s.f.* Versão doce da paçoca de pilão; leva amendoim moído, açúcar e manteiga bem misturados e é típica dos festejos juninos.

pa·co·te (ó) *s.m.* 1. Pequeno maço; embrulho. 2. *fig.* Logro, engano.

pa·có·vi·o *adj.* e *s.m. desus.* Diz-se de ou indivíduo tolo, imbecil, idiota.

pac·to *s.m.* 1. Ajuste, convenção, contrato entre duas ou mais pessoas. 2. Constituição.

pac·tu·ar *v.t.d.* 1. Fazer pacto com; ajustar; convencionar; combinar. 2. Estipular. *v.t.i.* 3. Fazer pacto. 4. Transigir.

pa·cu *s.m. Zool.* Certo peixe de água doce.

pa·da·ri·a *s.f.* 1. Estabelecimento onde se vende ou se fabrica pão. 2. *pop.* As nádegas.

pa·de·cen·te *adj.2 gên.* 1. Que padece. *s.2gên.* 2. Pessoa que padece. 3. Pessoa que vai sofrer a pena de morte.

pa·de·cer *v.t.d.* 1. Ser atormentado, martirizado ou afligido por. 2. Sofrer; suportar; aguentar. 3. Consentir. *v.i.* 4. Sentir dores físicas ou morais. 5. Ser doente. *v.t.i.* 6. Ser acometido; sofrer.

pa·de·ci·men·to *s.m.* 1. Ato ou efeito de padecer. 2. Sofrimento; doença.

pa·dei·ro *s.m.* 1. Aquele que fabrica ou vende pão. 2. Entregador de pão em domicílio.

pa·de·jar *v.i.* Exercer o ofício de padeiro; fabricar pão.

pa·di·o·la (ó) *s.f.* 1. Maca. 2. Tabuleiro retangular com varais nas pontas, para transportes.

pa·di·o·lei·ro *s.m.* Cada um dos que conduzem uma padiola.

pa·drão[1] *s.m.* 1. Modelo oficial dos pesos e medidas legais. 2. Modelo, molde. 3. Desenho de estamparia. 4. Título autêntico.

pa·drão[2] *s.m.* 1. Marco; baliza. 2. Monumento monolítico. 3. *ant.* Monumento de pedra que os portugueses erigiam em terras por eles descobertas.

pa·dras·to *s.m.* Indivíduo em relação aos filhos de sua mulher, havidos de matrimônio anterior.

pa·dre *s.m.* 1. Sacerdote; presbítero. 2. *ant.* Pai.

pa·dre·a·ção *s.f.* Ato ou efeito de padrear.

pa·dre·ar *v.i.* Reproduzir-se; procriar (o cavalo e outros animais).

pa·dre·nos·so *s.m.* 1. Oração cristã ensinada por Jesus Cristo a seus discípulos. 2. Cada uma das contas maiores de um rosário. *Pl.:* padre-nossos e padres-nossos.

pa·dres·co (ê) *adj.* Que se refere a padre; próprio de padre.

pa·dri·nho *s.m.* 1. Testemunha de batismo, casamento, colação de grau, etc. 2. *fig.* Protetor; patrono.

pa·dro·a·do *s.m.* 1. O direito de servir de protetor, adquirido por quem funda, erige ou dota uma igreja. 2. *Ecles.* Direito de conferir benefícios eclesiásticos.

pa·dro·ei·ro *adj.* e *s.m.* 1. Que ou o que tem o direito de padroado. 2. Protetor; defensor; patrono.

pa·dro·ni·za·ção *s.f.* Ação ou efeito de padronizar.

pa·dro·ni·za·do *adj.* Reduzido a um só tipo, segundo um padrão.

pa·dro·ni·zar *v.t.d.* 1. Criar, determinar ou seguir um conjunto de normas, regras, procedimentos ou métodos. 2. Ficar dentro do padrão; uniformizar.

pa·ga *s.f.* 1. Ação ou efeito de pagar. 2. Pagamento; remuneração.

pa·ga·dor *adj.* e *s.m.* 1. Que ou o que paga. *s.m.* 2. Aquele que faz pagamentos.

pa·ga·do·ri·a *s.f.* Lugar ou repartição pública em que se fazem pagamentos.

pa·ga·men·to *s.m.* 1. Ato ou efeito de pagar. 2. Paga. 3. Prestação.

pa·ga·nis·mo *s.m.* 1. Religião dos pagãos. 2. Politeísmo. 3. Idolatria.

pa·ga·ni·zar *v.t.d.* e *v.p.* 1. Tornar(-se) pagão. *v.i.* 2. Pensar ou comportar-se como pagão.

pa·gan·te *adj.2gên.* e *s.2gên.* Que ou pessoa que paga.

pa·gão *adj.* 1. Concernente ao paganismo. 2. Designativo dos povos antigos politeístas. *s.m.* 3. Indivíduo politeísta. 4. Aquele que não foi batizado. *Fem.*: pagã.

pa·gar *v.t.d.* 1. Satisfazer (uma dívida, um encargo). 2. Satisfazer o preço ou o valor de. 3. Remunerar. 4. Expiar. 5. Compensar; retribuir; embolsar. *v.t.i.* 6. Embolsar (alguém) do que lhe é devido. 7. Retribuir na mesma espécie. *v.i.* 8. Desobrigar-se de compromissos. 9. Embolsar alguém do que se lhe deve. 10. Expiar culpas. *Part.*: pagado e pago.

pá·gi·na *s.f.* 1. Cada uma das faces de uma folha de papel, de pergaminho, etc. 2. *por. ext.* Trecho; passagem.

pa·gi·na·ção *s.f.* 1. Ação de paginar. 2. Ordem numérica das páginas de um livro. 3. Disposição dos artigos e diferentes seções de um jornal, de uma revista, etc.

pa·gi·nar *v.t.d.* 1. Numerar ordenadamente as páginas de. 2. Dispor em páginas a composição de.

pa·go¹ *s.m.* 1. Pagamento. 2. Recompensa; favor.

pa·go² *adj.* 1. Que recebeu paga. 2. A quem se pagou o devido. 3. Satisfeito. 4. *fig.* Que se vingou.

pa·go³ *s.m.* Povoado, município, lugar onde se nasceu ou habitualmente se vive; rincão.

pa·go·de (ó) *s.m.* 1. Espécie de pavilhão que alguns povos asiáticos destinam ao culto de seus deuses. 2. O ídolo adorado nesse templo. 3. *pop.* Brincadeira; pândega. 4. Zombaria. 5. *Mús.* Gênero de samba.

pa·go·de·ar *v.i. pop.* 1. Levar vida de estroina. *v.i.* e *v.t.i.* 2. Zombar. ★

pa·go·dei·ra *s.f. pop.* Divertimento; pândega; pagode.

pa·go·dei·ro *s.m.* 1. Indivíduo que gosta de pagode (5). 2. Músico que toca pagode; compositor ou cantor desse tipo de música.

pagodista

pa·go·dis·ta *s.2gên. pop.* Pessoa que gosta de pagodes, de pândegas.

pai *s.m.* 1. Homem que tem um ou mais filhos; genitor. 2. Aquele que exerce as funções de pai: pai (adotivo). 3. *fig.* Protetor; benfeitor. 4. Fundador de uma instituição. 5. Autor.

pais *s.m.pl.* 1. O pai e a mãe. 2. Antepassados.

pai de san·to *s.m.* Aquele que, nos cultos afro-brasileiros, recebe e transmite aos crentes as instruções dos orixás. *Pl.:* pais de santo.

pai de to·dos *s.m. pop.* O dedo médio. *Pl.:* pais de todos.

pai dos bur·ros *s.m. pop.* Dicionário. *Pl.:* pais dos burros.

pai·na *s.f.* Fibra sedosa que envolve as sementes dos frutos de várias plantas, especialmente da paineira.

pa·in·ço *s.m. Bot.* Nome comum a algumas espécies de plantas da família das gramíneas, cultivadas como forragem e cujos grãos nutritivos são usados na alimentação de animais, principalmente pássaros.

pai·nei·ra *s.f. Bot.* Árvore cujos frutos fornecem a paina.

pai·nel *s.m.* 1. Pintura em geral feita sobre tela. 2. *Arquit.* Relevo em forma de moldura. 3. *fig.* Espetáculo; cena. 4. Quadro onde se penduram chaves, ferramentas, etc. 5. Quadro com mostradores e instrumentos de controle.

pai-nos·so *s.m.* Oração cristã que começa com essas palavras, que, segundo os Evangelhos de Mateus e de Lucas, foi ensinada por Jesus Cristo a seus discípulos. *Pl.:* pais-nossos e pai-nossos.

pai·o *s.m.* Carne de porco ensacada em tripa do intestino grosso do animal.

palacete

pai·ol *s.m.* 1. Lugar em que se guarda pólvora e outros petrechos de guerra. 2. Armazém para depósito de gêneros da lavoura. 3. Compartimento onde se guardam cereais.

pai·rar *v.i.* 1. Adejar sem sair do mesmo ponto; equilibrar-se. 2. Voar lentamente. 3. Estar iminente.

pa·ís *s.m.* 1. Região; terra; pátria. 2. A nação em que se nasceu, a pátria.

pai·sa·gem *s.f.* 1. Espaço de território que se abrange num lance de vista. 2. Pintura que representa uma paisagem. 3. *Lit.* Descrição de campo ou cenas campestres.

pai·sa·gis·ta *s.2gên.* 1. Pessoa que pinta ou descreve paisagens. 2. Aquele que se dedica ao paisagismo; arquiteto-paisagista.

pai·sa·na *s.f.* Civil. *loc. adv.* **À paisana:** em traje civil.

pai·sa·no *adj.* e *s.m.* Que ou aquele que não é militar; civil.

pai·xão (ch) *s.f.* 1. Sentimento forte e profundo como o amor, o ódio, etc. 2. Diz-se do amor excessivo, ardente. 3. Entusiasmo. 4. Vício que domina. 5. Sofrimento prolongado.

pa·jé *s.m.* Chefe espiritual, profeta e médico-feiticeiro dos indígenas.

pa·je·ar *v.t.d.* 1. Servir de pajem a. 2. Cuidar de (uma criança).

pa·jem *s.m.* 1. Moço que acompanhava o rei ou pessoa nobre. *s.f.* 2. Ama-seca.

pa·la *s.f.* 1. Engaste de pedra preciosa, joia, etc. 2. Peça que guarnece a parte dianteira e inferior do boné ou do quepe dos militares. 3. Anteparo para resguardar os olhos.

pa·la·ce·te (ê) *s.m.* 1. Pequeno palácio. 2. Residência luxuosa.

pa·la·ci·a·no *adj.* 1. Concernente a palácio. 2. Aristocrático. 3. Cortês; delicado. *s.m.* 4. Cortesão.

pa·lá·ci·o *s.m.* 1. Casa de habitação do rei ou de família nobre. 2. Casa grande e luxuosa. 3. Residência do presidente da República, de um governador de estado. 4. Edifício onde funciona uma secretaria, um ministério, etc.

pa·la·dar *s.m.* 1. *Anat.* A parte superior da cavidade da boca; céu da boca. 2. Sentido do gosto. 3. Sabor, gustação.

pa·la·di·no *s.m.* 1. Homem intrépido, corajoso. 2. Defensor corajoso; campeão.

pa·lá·di·o *s.m.* 1. Proteção, garantia. 2. *Quím.* Metal simples, elemento de símbolo **Pd** e cujo número atômico é 46.

pa·la·fi·ta *s.f.* 1. Conjunto de estacas que sustentam as habitações lacustres. 2. Cada uma dessas habitações.

pa·la·frém (ê) *s.m.* Cavalo dócil, elegante e bem adestrado.

pa·lan·fró·ri·o *s.m.* Palavrório.

pa·lan·que *s.m.* 1. Estrado de madeira com degraus para espectadores de festas ao ar livre. 2. Estrado de madeira que se arma em praça pública por ocasião de festas, paradas, comícios, etc.

pa·lan·quim *s.m.* 1. Espécie de liteira. 2. Rede suspensa em que se descansa ou dorme.

pa·la·tal *adj.2gên.* Concernente ao palato.

pa·la·ti·na·do *s.m.* 1. Dignidade de palatino². 2. Região dominada por um palatino².

pa·la·ti·no¹ *adj.* Palatal. ***Abóboda palatina***: o céu da boca.

pa·la·ti·no² *s.m. ant.* Príncipe ou senhor que tinha palácio e administrava justiça.

pa·la·to *s.m. Anat.* O céu da boca, paladar.

pa·la·vra *s.f.* 1. Som articulado de uma ou mais sílabas, com uma significação; vocábulo; termo. 2. Afirmação. 3. Discurso. 4. Declaração. 5. Promessa verbal. 6. Permissão para falar.

pa·la·vra·da *s.f.* 1. Palavra obscena, grosseira. 2. Bravata.

pa·la·vrão *s.m.* 1. Palavrada. 2. Termo equívoco. 3. Vocábulo empolado.

pa·la·vra-ô·ni·bus *s.f. Linguíst.* Aquela que tem grande número de acepções, prestando-se à expressão de numerosas ideias. *Ex.*: coisa. *Pl.*: palavras-ônibus.

pa·la·vre·a·do *s.m.* 1. Palavrório; loquacidade. 2. Lábia. 3. Grande porção de palavras sem nexo nem importância.

pa·la·vre·ar *v.i.* 1. Falar muito e levianamente. *v.t.i.* 2. Falar, dirigir a palavra.

pa·la·vró·ri·o *s.m.* O mesmo que palavreado.

pa·la·vro·so (ô) *adj.* 1. Em que sobram palavras e faltam ideias; verboso. 2. Que fala demais. *Pl.*: palavrosos (ó).

pal·co *s.m. Teat.* 1. A parte do teatro onde os atores representam; proscênio. 2. *fig.* Lugar onde se passa algum fato trágico ou imponente.

pa·le·jar *v.i. desus.* Empalidecer, ter cor pálida.

pa·lên·ci·a *s.f. desus.* Palidez.

pa·len·te *adj.2gên. desus.* Pálido; lívido.

pa·le·o·ce·no (ê) *s.m.* 1. Diz-se da primeira época do período terciário,

paleografia

da era cenozoica, que ocorreu entre cerca de 65 e 55 milhões de anos atrás. 2. Essa época (inicial maiúscula). *adj.* 3. Relativo a essa época.

pa·le·o·gra·fi·a *s.f.* Arte de decifrar escritos antigos, especialmente os diplomas manuscritos da Idade Média.

pa·le·ó·gra·fo *s.m.* Especialista em paleografia.

pa·le·o·lí·ti·co *adj.* Relativo ao primeiro período da idade da pedra ou idade da pedra lascada.

pa·le·o·lo·gi·a *s.f.* Estudo das línguas antigas.

pa·le·ó·lo·go *adj.* e *s.m.* Que ou o que conhece as línguas antigas.

pa·le·on·to·lo·gi·a *s.f.* Ciência que tem por objeto o estudo dos animais e vegetais fósseis.

pa·le·on·tó·lo·go *s.m.* Indivíduo versado em paleontologia.

pa·le·o·zoi·co (ói) *adj. Geol.* 1. Designativo do período entre o Pré-Cambriano e a era mesozoica. 2. Designativo do terreno em que há vestígios de animais ou vegetais da era primária.

pa·le·o·zo·o·lo·gi·a *s.f.* Tratado acerca dos animais fósseis.

pa·ler·ma *adj.2gên.* e *s.2gên.* Diz-se de ou pessoa idiota, imbecil.

pa·ler·mi·ce *s.f.* Qualidade, ato ou dito de palerma.

pa·les·cên·ci·a *s.f. desus.* Palidez.

pa·les·ti·no *adj.* 1. Da Palestina. *s.m.* 2. O natural ou habitante da Palestina.

pa·les·tra (é) *s.f.* 1. Conversa, conversação ligeira. 2. Dissertação sobre assunto cultural, político, religioso.

pa·les·tra·dor *adj.* e *s.m.* Que ou aquele que palestra.

palhiço

pa·les·tran·te *adj.2gên.* e *s.2gên.* Palestrador.

pa·les·trar *v.i.* e *v.t.i.* 1. Estar de palestra. 2. Conversar. 3. Discorrer, fazer dissertações.

pa·le·ta (ê) *s.f.* 1. Chapa de madeira delgada em que os pintores dispõem as tintas; palheta. 2. Omoplata do boi ou do cavalo.

pa·le·tó *s.m.* Casaco que se veste por cima do colete ou da camisa.

pa·lha *s.f.* 1. Haste seca das plantas gramíneas. 2. Porção dessas hastes. 3. Insignificância; bagatela. 4. Coisa de efeito passageiro.

pa·lha·ça·da *s.f.* 1. Ato ou dito próprio de palhaço. 2. Ajuntamento de palhaços. 3. Cena burlesca ou ridícula.

pa·lha·ço *s.m.* 1. Indivíduo que faz momices e pilhérias para divertir o público. 2. *fig.* Pessoa ridícula que provoca o riso. 3. *pop.* Tolo, toleirão; ingênuo.

pa·lhei·ro *s.m.* Lugar ou casa em que se guarda palha. 2. Cigarro de palha.

pa·lhe·ta[1] (ê) *s.f.* 1. Lâmina que dá as diversas vibrações do som em certos instrumentos de sopro. 2. Cada uma das lâminas das venezianas. 3. Paleta(1). 4. Pequena lâmina com que se ferem as cordas de certos instrumentos. 5. Cada uma das duas peças que limpam o para-brisa.

pa·lhe·ta[2] (ê) *s.m.* Chapéu de palhinha.

pa·lhe·te (ê) *adj.2gên.* 1. Que tem a cor da palha. 2. Pouco carregado na cor (vinho).

pa·lhi·ço *s.m.* 1. Palha traçada ou moída. 2. Palha miúda. *adj.* 3. Feito de palha.

pa·lhi·nha *s.f.* 1. Fragmento de palha. 2. Palha de cadeiras e outros móveis, que também se usa para o fabrico de cestos, chapéus, etc. 3. Palha de aço para limpeza. *s.m.* 4. Chapéu de palha, palheta.

pa·lho·ça (ó) *s.f.* 1. Casa coberta de palha. 2. Capa de palha.

pa·li·ar *v.t.d.* 1. Encobrir com falsa aparência; disfarçar; dissimular. 2. Atenuar; remediar provisoriamente. *v.i.* 3. Empregar paliativos. 4. Usar de delongas.

pa·li:a·ti·vo *adj.* 1. Que serve para paliar. *s.m.* 2. Medicamento que só tem eficácia momentânea. 3. Aquilo que serve para atenuar um mal.

pa·li·ça·da *s.f.* 1. Estacada para defesa. 2. Local destinado a torneios ou lutas.

pa·li·dez *s.f.* Qualidade ou estado de pálido.

pá·li·do *adj.* 1. Descorado, sem cor (a tez de uma pessoa). 2. Desmaiado; sem colorido.

pa·limp·ses·to (é) *s.m.* Manuscrito ou pergaminho que os copistas da Idade Média apagaram e poliram com marfim para nele escrever de novo, e cujos caracteres primitivos modernamente se tem conseguido avivar.

pa·lín·dro·mo *adj. Gram.* 1. Diz-se do verso, frase ou palavra que não muda o seu sentido, quer se leia da esquerda para a direita, quer da direita para a esquerda. *s.m.* 2. Frase, palavra ou verso palíndromo.

pa·lin·ge·ne·si·a *s.f.* Renascimento; regeneração.

pa·li·nó·di:a *s.f.* 1. *Lit.* Retratação, num poema, daquilo que se disse num outro. 2. *fig.* Retratação.

pá·li:o *s.m.* Sobrecéu portátil, sustentado por varas, que se leva nos cortejos ou procissões para cobrir a pessoa que se festeja ou o sacerdote que leva a hóstia consagrada ou a imagem do Senhor morto.

pa·li·tar *v.t.d.* Limpar os dentes com palito.

pa·li·tei·ro *s.m.* Utensílio onde se colocam palitos.

pa·li·ti·nho *s.m.* Jogo em que os participantes devem adivinhar o número total de palitos escondidos nas mãos de todos os participantes.

pa·li·to *s.m.* 1. Pauzinho com uma das extremidades aguçada, próprio para limpar os dentes. 2. Fósforo. *sobrecomum* 3. *fig.* Pessoa muito magra.

pal·ma *s.f.* 1. *Bot.* A folha ou o ramo da palmeira. 2. *Anat.* Parte anterior e côncava da mão. 3. Vitória; triunfo; glória.

pal·mas *s.f.pl.* Aplausos.

pal·má·ce:as *s.f.pl. Bot.* Plantas entre as quais se contam a palmeira, o coqueiro, etc. que se caracterizam pelo tronco alto e nu, encimado por um fascículo de grandes folhas.

pal·ma·da *s.f.* Pancada com a palma da mão.

pal·mar *adj.2gên.* Que se refere ou pertence à palma da mão.

Pal·ma·res *s.m.pl. Hist.* Quilombo de escravos fugidos ao cativeiro, no interior de Alagoas.

pal·ma·ren·se *s.2gên.* Natural ou habitante de Palmares em Pernambuco.

pal·ma·to·a·da *s.f.* Pancada de palmatória.

pal·ma·to·ar *v.t.d.* Dar palmatoadas em.

pal·ma·tó·ri:a *s.f. ant.* Peça circular de madeira que servia para castigar crianças nas escolas. ***Dar as mãos à palmatória:*** confessar que errou; confessar a própria culpa.

pal·me·ar *v.t.d.* 1. Aplaudir batendo palmas. 2. Percorrer a pé, palmo a palmo. 3. Empunhar. *v.i.* 4. Bater palmas, aplaudindo.

pal·mei·ra *s.f. Bot.* Nome comum a todas as plantas lenhosas das palmáceas.

pal·mei·ral *s.m.* Bosque de palmeiras.

pal·men·se *adj.2gên.* 1. De Palmas (Tocantins), típico dessa cidade ou de seu povo. *s.2gên.* 2. Pessoa que nasceu ou vive em Palmas.

pál·mer *s.m. Fís.* Instrumento com que se medem pequenas espessuras, baseado no parafuso micrométrico; paquímetro.

pal·mi·lha *s.f.* 1. Revestimento interior da sola do calçado. 2. Parte da meia que cobre a planta do pé.

pal·mi·lhar *v.t.d.* 1. Colocar palmilhas em. 2. Percorrer a pé. 3. Calçar com os pés. *v.i.* 4. Andar a pé.

pal·mí·pe·de *adj.2gên. Zool.* Que tem os dedos dos pés unidos por membranas.

pal·mí·pe·des *s.m.pl. Zool.* Ordem de aves que compreende os patos, os cisnes, os gansos, etc.

pal·mi·tal *s.m.* Floresta de palmitos.

pal·mi·to *s.m. Bot.* 1. Parte terminal e comestível do caule de certas palmeiras. 2. *por ext.* Esta palmeira.

pal·mo *s.m.* Medida tomada pela distância que vai da ponta do dedo polegar até a extremidade do dedo mínimo quando a mão está bem estendida; medida de 22 centímetros.

pa·lor *s.m. desus.* Palidez.

pal·pa·ção *s.f.* Ação de palpar.

pal·par *v.t.d.* e *v.p.* Apalpar.

pal·pá·vel *adj.2gên.* 1. Que se pode palpar. 2. *fig.* Que não deixa dúvidas; evidente.

pál·pe·bra *s.f. Anat.* Cada um dos dois véus membranosos e móveis, orlados de pestanas, que ao se juntarem cobrem completamente o globo ocular.

pal·pi·ta·ção *s.f.* 1. Ação de palpitar. 2. *Med.* Conjunto de pulsações do coração, quando elas se tornam mais fortes e sensíveis que de costume.

pal·pi·tan·te *adj.2gên.* 1. Que palpita. 2. Que tem aparência de vida. 3. Recente e notável. 4. Que excita grande interesse.

pal·pi·tar *v.i.* 1. Pulsar. 2. Ter agitação convulsiva. 3. Ter palpitações. 4. Comover-se. 5. Renovar-se. 6. Agitar-se. 7. Dar palpites. *v.t.d.* 8. Pressentir; supor. 9. Apalpar; sondar.

pal·pi·te *s.m.* 1. Palpitação. 2. *fig.* Pressentimento; conjetura; alvitre. 3. Dito de intrometido.

pal·pi·tei·ro *adj.* e *s.m.* Que ou o que gosta de dar palpites; intrometido.

pal·po *s.m. Zool.* Cada um dos dois apêndices articulados da boca dos insetos e dos aracnídeos. ***Ver-se em palpos de aranha:*** ver-se em dificuldades.

pal·ra·dor *adj.* e *s.m.* Que ou o que palra; tagarela; falador; loquaz.

pal·rar *v.i.* 1. Articular sons vazios de sentido; tagarelar. 2. Conversar; palestrar.

pal·re·ar *v.i.* e *v.t.d.* Palrar.

pa·lu·de *s.m.* 1. Pântano. 2. Lagoa.

paludismo

pa·lu·dis·mo *s.m.* Malária; impaludismo.
pa·lu·do·so (ô) *adj.* 1. Em que há pântanos, pauis. 2. Pantanoso. *Pl.:* paludosos (ó).
pa·lúr·di·o *adj.* e *s.m.* Diz-se de ou indivíduo idiota, estúpido.
pa·lus·tre *adj.2gên.* 1. Paludoso. 2. Que vive em pauis ou lagos. 3. Concernente a pauis. *Febre palustre*: malária.
pa·mo·nha (ô) *s.f.* 1. *Cul.* Espécie de bolo de milho verde que se envolve em folhas de bananeira ou na palha do próprio milho. *s.2gên.* 2. *fig.* Pessoa boba, inerte, preguiçosa. 3. Indivíduo sem préstimo.
pam·pa *s.m.* Planície muito extensa, rica de pastagens, especialmente no Rio Grande do Sul, no Uruguai e na Argentina.
pam·pei·ro *s.m.* Vento forte que sopra do sudoeste, vindo dos pampas da Argentina.
pam·pi·a·no *adj.* Relativo ao pampa.
pa·na·ca *s.2gên.* Pessoa simplória.
pa·na·cei·a *s.f.* 1. Planta imaginária a que os antigos atribuíam a virtude de curar todos os males. 2. *por ext.* Remédio para todos os males. 3. *fig.* Recurso inútil empregado na tentativa de remediar dificuldades.
pa·na·má *s.m.* 1. Chapéu de copa e abas flexíveis, feito com as fibras de uma planta palmácea. 2. *fig.* Roubalheira mercantil ou industrial.
pa·na·me·nho *adj.* 1. Do Panamá. *s.m.* 2. O natural ou habitante do Panamá.
pan·a·me·ri·ca·no *adj.* Relativo a todos ou quase todos os países das Américas. *Pl.:* pan-americanos.
pa·na·rí·ci·o *s.m. Med.* Inflamação purulenta na extremidade dos dedos ou na raiz das unhas.

pandeiro

pan·ca *s.f.* 1. Alavanca de madeira. 2. Elegância artificial. 3. *gír.* Afetação de maneiras; pose.
pan·ça *s.f.* 1. O maior estômago dos ruminantes. 2. Barriga grande; estômago.
pan·ca·da *s.f.* 1. Choque que um corpo recebe e dá no momento em que se encontra com outro. 2. Golpe dado com pau, com a mão, etc. 3. Som do pêndulo do relógio. 4. Pulsação. 5. Chuva violenta e súbita. *adj.2gên.* 6. Diz-se do indivíduo amalucado, estouvado, aluado.
pan·ca·da·ri·a *s.f.* 1. Muitas pancadas; bordoadas. 2. Sova; surra. 3. Desordem em que se dão muitas pancadas.
pan·crá·ci·o *s.m.* Indivíduo idiota, tolo.
pân·cre:as *s.m.2núm. Anat.* Glândula na parte esquerda do abdome, entre o baço e o duodeno.
pan·cre·á·ti·co *adj.* 1. Relativo ao pâncreas. 2. Diz-se do suco segregado pelo pâncreas.
pan·çu·do *adj.* 1. Que tem pança (2) grande; barrigudo. *s.m.* 2. Indivíduo com essa característica.
pan·da·re·cos (é) *s.m.pl.* Cacos; estilhas.
pân·de·ga *s.f.* 1. Comezaina; bebedeira. 2. Estroinice; patuscada. 3. Vadiagem alegre.
pân·de·go *adj.* 1. Que gosta de pândegas. *s.m.* 2. Indivíduo engraçado.
pan·dei·ris·ta *s.2gên.* Pessoa que toca pandeiro.
pan·dei·ro *s.m. Mús.* Aro de madeira circundado de soalhas, sobre o qual se esticou uma pele, e que se tange batendo-a com a mão, com os cotovelos, etc.

pan·de·mi·a *s.f. Med.* Epidemia que toma grandes proporções, podendo atingir toda uma região, país, continente ou até o planeta.

pan·dê·mi·co *adj.* Que tem o caráter de pandemia.

pan·de·mô·ni·o *s.m.* 1. Conluio de indivíduos para fazer mal ou para armar desordens. 2. Reunião tumultuosa. 3. Grande confusão; balbúrdia.

pan·do *adj.* 1. Cheio. 2. Inflado, enfunado. 3. Inchado. 4. Aberto e encurvado.

pan·dor·ga (ó) *s.f.* 1. Música desafinada e sem compasso. 2. Papagaio; pipa. *s.2gên.* 3. Pessoa obesa e desajeitada.

pan·du·lho *s.m.* Barriga; pança.

pa·ne *s.f.* Parada momentânea do motor de avião, automóvel, motocicleta, etc. causada por defeito.

pa·ne·gí·ri·co *s.m.* 1. Discurso em louvor de alguém; elogio; encômio. *adj.* 2. Próprio para louvar; laudatório.

pa·ne·gi·ris·ta *s.2.gên.* Pessoa que faz panegíricos, louva, gaba, elogia.

pa·ne·jar *v.t.d.* 1. Pintar as vestes de. 2. Representar vestido. *v.i.* 3. Abanar, agitar-se (o pano de um navio, uma bandeira, etc.).

pa·ne·la (é) *s.f.* 1. Vasilha geralmente de metal para cozer alimentos. 2. *por ext.* O conteúdo dessa vasilha. 3. Cada um dos compartimentos subterrâneos de um formigueiro. 4. Panelinha(2, 3).

pa·ne·la·da *s.f.* 1. Aquilo que uma panela pode conter. 2. Panela cheia. 3. Grande porção de panelas. 4. Ruído de ar na mucosidade da laringe e dos brônquios. 5. *Reg. Cul.* Cozido feito com mocotó, miúdos de boi, toicinho e verduras.

pa·ne·li·nha *s.f.* 1. Panela pequena. *fig.* 2. Grupo muito ligado de literatos dados ao elogio mútuo. 3. Grupo de políticos do mesmo partido que se conluiam para auferir vantagens do poder.

pan·fle·tá·ri·o *adj.* 1. Concernente a panfleto. 2. *fig.* Que usa de linguagem violenta. *s.m.* 3. Autor de panfleto.

pan·fle·to (ê) *s.m.* Escrito satírico e veemente, geralmente versando sobre assuntos políticos.

pan·ga·ré *adj.2gên.* 1. Diz-se do cavalo com a garganta e o focinho como que desbotados. *s.m.* 2. Cavalo pangaré. 3. Cavalo reles, de pouco préstimo.

pâ·ni·co *s.m.* 1. Susto ou terror súbito geralmente sem motivo. *adj.* 2. Que assusta, que provoca reação de pavor descontrolada.

pa·ni·fi·ca·ção *s.f.* 1. Ação ou efeito de panificar. 2. Fabricação de pão.

pa·ni·fi·ca·do·ra (ô) *s.f.* Estabelecimento onde se fabrica pão; padaria.

pa·ni·fi·car *v.t.d.* Converter em pão (a farinha).

pa·no *s.m.* 1. Qualquer tecido de algodão, linho, seda, etc. 2. Cada uma das porções ou peças de fazenda que formam uma peça de vestuário.

pa·no·ra·ma *s.m.* Tudo o que pode ver ao redor um espectador postado em lugar alto.

pa·no·râ·mi·co *adj.* Concernente a panorama.

pan·que·ca (é) *s.f. Cul.* Massa de farinha, leite e ovos que, depois de frita, enrola-se com um recheio doce ou salgado.

pan·ta·gru·é·li·co *adj.* 1. Concernente a grandes comezainas. 2. Comilão; glutão.

pan·ta·lha *s.f.* Quebra-luz; abajur.

pan·ta·lo·nas (ô) *s.f. pl.* Calças compridas, de boca larga, que cobrem os pés.

pan·ta·na *s.f. fam.* Ruína; dissipação de haveres. *loc. adv.* **Dar em pantana**: arruinar-se.

pan·ta·nal *s.m.* Grande pântano.

pan·ta·nei·ro *adj.* 1. Do Pantanal mato-grossense; típico de seus habitantes ou dessa região. 2. Relativo a pântano; do pântano. *s.m.* 2. Indivíduo que nasceu ou vive no Pantanal mato-grossense.

pân·ta·no *s.m.* 1. Grande extensão de terras baixas e alagadiças. 2. Paul; atoleiro; lodaçal; charco; palude.

pan·ta·no·so (ô) *adj.* 1. Que tem pântanos. 2. Alagadiço. *Pl.:* pantanosos (ó).

Pan·te·ão *s.m. ant.* 1. Templo dedicado a todos os deuses, entre os romanos. 2. Edifício consagrado à memória das pessoas ilustres, onde se depositam seus restos mortais.

pan·te·ís·mo *s.m. Fil.* Sistema segundo o qual Deus é o conjunto de tudo quanto existe.

pan·te·ís·ta *adj.2gên.* 1. Relativo ao panteísmo. *s.2gên.* 2. Pessoa partidária do panteísmo.

pan·te·ra (é) *s.f. epiceno* 1. *Zool.* Quadrúpede felino de pele mosqueada. *sobrecomum* 2. *fig.* Pessoa furiosa, cruel.

pan·to·fo·bi·a *s.f.* Medo de tudo.

pan·tó·fo·bo *s.m.* Aquele que tem pantofobia.

pan·tó·gra·fo *s.m.* Instrumento para copiar mecanicamente desenhos e gravuras.

pan·to·mi·ma *s.f.* 1. Arte ou ato de exprimir ideias ou sentimentos por meio de gestos. 2. Logro; embuste.

pan·to·mi·mei·ro *s.m.* Aquele que faz pantomimas.

pan·tu·fa *s.f.* Chinelo de estofo encorpado, para agasalho.

pan·tur·ra *s.f.* 1. Grande barriga; pança. 2. Prosápia; presunção; vaidade.

pan·tur·ri·lha *s.f. Anat.* Barriga da perna.

pão *s.m.* 1. Alimento de farinha de trigo amassada e cozida ao forno. 2. A planta do trigo, do milho ou do centeio. 3. Grão dos cereais. 4. *fig.* Meios de subsistência.

pão de ló *s.m. Cul.* Bolo de farinha de trigo, ovos e açúcar. *Pl.:* pães de ló.

pão-du·ro *s.m. sobrecomum* Indivíduo sovina, avarento. *Pl.:* pães-duros.

pa·pa^1 *s.m.* 1. O chefe da Igreja Católica romana. 2. *por ext.* O chefe supremo de qualquer igreja. 3. *fig.* O indivíduo de maior prestígio na sua profissão, arte, ciência. *Fem.:* papisa.

pa·pa^2 *s.f.* 1. Farinha cozida em água ou leite. 2. Qualquer substância mole e desfeita, quando cozida.

pa·pa·da *s.f.* Papeira; grande acumulação de matéria adiposa nas faces e no pescoço.

pa·pa·do *s.m.* 1. Dignidade de papa. 2. O tempo durante o qual um papa exerce o poder.

pa·pa·gai·a·da *s.f.* 1. Coisa ridícula ou engraçada. 2. Tolice. 3. Farsa; brincadeira.

pa·pa·gai·o *s.m.* 1. *Zool.* Ave trepadora que imita a voz humana. *Fem.:* papagaia. 2. Brinquedo feito de papel, que as crianças soltam ao vento, preso a um cordel. 3. Letra de câmbio ou promissória. *sobrecomum* 4. *fig.* Pessoa que repete maquinalmente o que ouve ou lê. *interj.* 5. Termo que exprime grande admiração ou espanto.

pa·pa·gue·ar *v.i.* 1. Repetir maquinalmente. 2. Falar sem nexo; tagarelar. *v.t.d.* 3. Falar inconscientemente, sem nexo.

pa·pai *s.m. fam.* Pai; papá; tratamento que os filhos dão ao pai.

pa·pai·a *s.m. Bot.* Variedade de mamão, pequeno e muito doce.

pa·pal *adj.2gên.* 1. Concernente ao papa. 2. Próprio do papa.

pa·pal·vo *s.m.* Indivíduo simplório; pateta; tolo.

pa·pão *s.m. sobrecomum Mit.* Monstro ou ente imaginário com que se amedrontam crianças.

pa·par *v.t.d.* e *v.i.* Comer; extorquir; lograr; lucrar; ganhar.

pa·pa·ri·car *v.t.d.* 1. Comer aos poucos; debicar; lambiscar. 2. Tratar com paparicos.

pa·pa·ri·cos *s.m.pl.* 1. Mimos ou afagos com que se tratam pessoas doentes ou queridas. 2. Gulodices.

pa·par·ro·tão *s.m.* 1. Indivíduo pretensioso e sem mérito. *adj.* 2. Que é ridiculamente pretensioso. 3. Jactancioso. *Fem.*: paparrotona.

pa·par·ro·te·ar *v.t.d.* e *v.i.* Alardear com impostura.

pa·pe·ar *v.i.* 1. Falar muito; tagarelar. 2. Contar vantagens; papaguear. 3. Gorjear; chilrear.

pa·pei·ra *s.f. Med.* 1. Bócio; papo. 2. Caxumba.

pa·pel *s.m.* 1. Substância obtida industrialmente de fibras de celulose e preparada em folhas delgadas para escrever, embrulhar, forrar, etc. 2. Cada uma das partes de uma peça teatral, de um filme, de um programa de rádio ou de televisão, representada por um ator. 3. Atribuições. 4. Dinheiro em notas. 5. Documento escrito. 6. Modo de proceder.

pa·péis *s.m.pl.* Documentos.

pa·pe·la·da *s.f.* 1. Grande porção de papéis. 2. Papéis em desordem. 3. Conjunto de documentos.

pa·pe·lão *s.m.* 1. Papel encorpado e forte. 2. *fig.* Procedimento ridículo ou vergonhoso.

pa·pe·la·ri·a *s.f.* Estabelecimento em que se vendem papel e objetos de escritório.

pa·pe·lei·ra *s.f.* Mesa ou outro móvel qualquer em que se guardam papéis.

pa·pe·lei·ro *s.m.* 1. Aquele que trabalha no fabrico de papel. 2. Dono de papelaria. *adj.* 3. Relativo à fabricação de papel.

pa·pe·le·ta (ê) *s.f.* 1. Papel que se fixa num lugar para que todos o leiam; edital. 2. Impresso em que, nos hospitais, se anotam as observações do médico e dos enfermeiros.

pa·pel-mo·e·da (é) *s.m.* 1. Cédula do Tesouro, de circulação fiduciária. 2. Dinheiro em notas. *Pl.*: papéis-moeda e papéis-moedas.

pa·pe·ló·ri:o *s.m.* 1. Porção de papéis. 2. Papel sem importância. 3. Papelão; fiasco.

pa·pe·lo·te (ó) *s.m. gír.* Pequeno embrulho de cocaína ou outra droga em pó.

pa·pe·lo·tes (ó) *s.m.pl.ant.* Fragmentos de papel com os quais se prendiam os cabelos para os encrespar ou frisar.

pa·pe·lu·cho *s.m.* 1. Papel de pouca ou nenhuma importância. 2. Pedaço de papel.

pa·pi·la *s.f. Anat.* Pequena saliência cônica formada na superfície da pele ou das membranas mucosas (p. ex., as papilas gustativas da língua).

pa·pi·lar *adj.2gên.* 1. Que se refere ou se assemelha a papilas. 2. Que tem papilas.

pa·pi·ro *s.m. 1. Bot.* Planta cujas hastes são formadas de folhas sobrepostas, que os antigos separavam umas das outras, servindo-se delas para escrever. 2. Manuscrito antigo feito em papiro.

pa·po *s.m.* 1. Conversação amigável. 2. Bazófia; conversa fiada. 3. Arrogância; falsa valentia. 4. *Zool.* Inglúvio. 5. Papeira; bócio. 6. Barriga.

pa·pou·la *s.f. Bot.* 1. Planta da qual se extrai o ópio. 2. A flor dessa planta.

pa·pu·a *adj.2gên.* 1. De Papua Nova Guiné. *s.2gên.* 2. Natural ou habitante de Papua Nova Guiné.

pa·pu·do *adj.* 1. De papo grande. 2. Proeminente. 3. Convencido; jactancioso. 4. Metido a valentão.

pa·quei·ro *adj.* e *s.m.* Diz-se de ou cão adestrado na caça às pacas.

pa·que·ra (é) *s.f.* Paqueração.

pa·que·ra·ção *s.f.* Ato ou efeito de paquerar; paquera.

pa·que·ra·dor *adj.* e *s.m.* Que ou aquele que paquera.

pa·que·rar *v.t.d.* 1. Buscar (alguém) para namoro ou aventura amorosa. 2. Espreitar. *v.i.* 3. Procurar namoro ou aventura amorosa. 4. Estar alerta; vigiar.

pa·qui·der·me *adj.2gên. Zool.* 1. Que tem a pele grossa. *s.m.* 2. Espécime dos paquidermes, antiga classificação zoológica dos atuais ungulados.

pa·quí·me·tro *s.m. Fís.* Instrumento de precisão com que se medem espessuras, diâmetros e pequenos comprimentos.

pa·quis·ta·nês *adj.* 1. Do Paquistão. *s.m.* 2. O natural ou habitante do Paquistão.

par *adj.2gên.* 1. Igual; semelhante. 2. *Mat.* Designativo do número que é divisível por dois. *s.m.* 3. O conjunto de duas pessoas ou dois animais do mesmo ou de diferentes sexos. 4. Casal; o macho e a fêmea. 5. As duas pessoas que dançam juntas. 6. Pessoa igual a outra em posição social. 7. Grupo de dois objetos da mesma espécie. 8. Conjunto de duas coisas quaisquer. *loc. adv.* **A par**: ao lado; ciente. *loc. adv.* **Ao par**: a preço igual (câmbio).

pa·ra *prep.* Exprime várias relações, como fim, direção, destino, lugar, proporcionalidade, tempo, etc. *loc. conj.* **Para que**: a fim de que.

pa·ra·be·ni·zar *v.t.d.* Dar parabéns a; felicitar.

pa·ra·béns (ê) *s.m.pl.* Felicitações; congratulações.

pa·rá·bo·la *s.f.* 1. Narração alegórica que envolve algum preceito de moral ou uma verdade importante. 2. *Geom.* Curva plana cujos pontos distam igualmente de um ponto fixo chamado foco, e de uma reta fixa chamada diretriz. 3. Curva descrita por um projétil.

pa·ra·bri·sa *s.m.* O vidro à frente dos automóveis, que detém a força do vento. *Pl.:* para-brisas.

pa·ra·cho·que (ó) *s.m.* Nome daquilo que se destina a amortecer choques. *Pl.:* para-choques.

pa·ra·da *s.f.* 1. Ação ou efeito de parar. 2. Lugar onde se para. 3. Demora. 4. Estação. 5. A quantia que se arrisca ou se aposta no jogo. 6. Passagem ou reunião de tropas para revista, ou em comemoração de uma data nacional; desfile. 7. Empresa arriscada; aventura. 8. Fanfarronada; bazófia.

pa·ra·dei·ro *s.m.* Lugar onde alguém ou alguma coisa está, para, finda, termina.

pa·ra·dig·ma *s.m.* 1. Modelo; padrão. 2. *Gram.* Modelo ou tipo de conjugação ou declinação gramatical.

pa·ra·di·sí·a·co *adj.* 1. Relativo ao paraíso. 2. Próprio do paraíso. 3. Celeste; divino.

pa·ra·do·xal (cs) *adj.2gên.* 1. Em que há paradoxo. 2. Que é da natureza do paradoxo.

pa·ra·do·xo (ó, cs) *s.m.* Proposição que é ou parece contrária à opinião comum.

pa·ra·en·se *adj.2gên.* 1. Do estado do Pará. *s.2gên.* 2. Natural ou habitante desse estado.

pa·ra·es·ta·tal *adj.2gên.* Designativo das instituições em que, embora sendo autárquicas, o Estado pode intervir.

pa·ra·fer·ná·li:a *s.f.* 1. Equipamento necessário a certas atividades humanas. 2. Pertences; tralha.

pa·ra·fi·na *s.f. Quím.* Substância sólida e branca proveniente do resíduo da destilação do petróleo, xistos betuminosos, etc.

pa·ra·fi·nar *v.t.d.* 1. Converter em parafina. 2. Misturar com parafina.

pa·rá·fra·se *s.f.* 1. Desenvolvimento ou citação, com palavras diferentes mas de igual significação, de um texto ou parte dele. 2. Tradução livre ou desenvolvida.

pa·ra·fra·se·ar *v.t.d.* 1. Citar, traduzir ou explicar por meio de paráfrase. 2. Ampliar, escrevendo ou falando.

pa·ra·fu·sar *v.t.d.* 1. Fixar, apertar por meio de parafuso ou rosca; atarraxar. 2. Cogitar. 3. Esquadrinhar; especular. *v.i.* 4. Ter a ideia fixa em alguma coisa. 5. Refletir; matutar.

pa·ra·fu·so *s.m.* 1. Peça em forma de cilindro, sulcada em hélice e destinada a entrar em madeira ou numa peça chamada porca. 2. Acrobacia aérea em que o avião descreve uma espiral fechada em torno do seu eixo vertical de descida. 3. Salto ornamental de trampolim em que o atleta descreve espiral semelhante.

pa·ra·gem *s.f.* 1. Ação de parar. 2. Lugar onde alguém para; parada. 3. Região; sítio.

pa·rá·gra·fo *s.m.* 1. Pequena seção de um discurso, de um capítulo, etc. 2. Disposição secundária de um artigo, nas leis e outras disposições preceptivas. 3. Sinal gráfico (§) indicativo dessa disposição.

pa·ra·guai·o *adj.* 1. Do Paraguai. *s.m.* 2. O natural ou habitante desse país.

pa·ra·i·ba·no *adj.* 1. Do estado da Paraíba. *s.m.* 2. O natural ou habitante desse estado.

pa·ra·í·so *s.m.* 1. Lugar onde, segundo a Bíblia, Deus pôs Adão e Eva. 2. Lugar onde, segundo os teólogos, se acham as almas dos justos e os anjos. 3. Lugar aprazível, delicioso.

pa·ra·já *s.f.* Chuva que passa com a mesma rapidez com que cai.

pa·ra·la·ma *s.m.* Anteparo à frente e atrás dos veículos que os preserva dos respingos de lama, água e detritos. *Pl.:* para-lamas.

pa·ra·la·xe (cs) *s.f. Astron.* Ângulo formado por duas retas que, partindo do centro de um astro, se dirigem uma ao centro da Terra e outra ao ponto onde se encontra o observador.

pa·ra·le·la (é) *s.f. Geom.* Linha ou superfície equidistante de outra em toda a extensão.

pa·ra·le·las (é) *s.f.pl.* Aparelho composto de duas barras horizontais sobre as quais o ginasta se suspende para exercitar-se ou exibir-se.

pa·ra·le·le·pí·pe·do *s.m.* 1. *Geom.* Sólido limitado por seis paralelogramos cujos opostos são iguais e paralelos. 2. Pedra com essa forma.

pa·ra·le·lis·mo *s.m.* 1. Posição de linhas ou superfícies que são paralelas entre si. 2. Correspondência ou semelhança entre ideias, pensamentos, opiniões.

pa·ra·le·lo (é) *adj.* 1. Designativo de duas ou mais linhas ou superfícies que em toda a sua extensão conservam igual distância umas das outras. 2. Diz-se de duas ou mais coisas que marcham a par ou progridem na mesma proporção. 3. Semelhante; análogo. *s.m.* 4. Cada um dos círculos menores da esfera perpendiculares ao meridiano. 5. Comparação; confronto.

pa·ra·le·lo·gra·mo *s.m. Geom.* Quadrilátero cujos lados opostos são iguais e paralelos.

pa·ra·li·pô·me·nos *s.m.pl.* 1. Parte da Bíblia em suplemento aos Livros dos Reis. 2. Suplemento a qualquer obra literária.

pa·ra·li·sa·ção *s.f.* 1. Ação ou efeito de paralisar. 2. Suspensão; interrupção.

pa·ra·li·sar *v.t.d.* 1. Tornar paralítico. 2. Tornar inerte; imobilizar. *v.i.* e *v.p.* 3. Ser atacado de paralisia. 4. Não progredir.

pa·ra·li·si·a *s.f.* 1. *Med.* Privação parcial ou total da sensação e do movimento voluntário ou somente de uma dessas coisas. 2. Marasmo; entorpecimento. *Paralisia infantil*: doença infecciosa aguda caracterizada por paralisia seguida de atrofia muscular; poliomielite.

pa·ra·lí·ti·co *adj.* e *s.m.* 1. Que ou o que sofre de paralisia. 2. Inerte; inapto.

pa·ra·men·ta·do *adj.* 1. Coberto com paramentos. 2. Adornado; enfeitado.

pa·ra·men·tar *v.t.d.* 1. Vestir, ornar com paramentos. 2. Enfeitar. *v.p.* 3. Vestir-se com paramentos. 4. Adornar-se.

pa·ra·men·to *s.m.* Peça de ornato.

pa·ra·men·tos *s.m.pl.* 1. Vestes com que os sacerdotes celebram alguma cerimônia religiosa. 2. Cortinas e outras peças com que se adornam as igrejas.

pa·râ·me·tro *s.m.* 1. *Geom.* Medida auxiliar para a representação analítica de curvas e superfícies. 2. Medida; padrão.

pa·ra·mi·li·tar *adj.2gên.* Designativo das organizações exercitadas e armadas que, contudo, não fazem parte das forças militares.

pá·ra·mo *s.m.* 1. Campo deserto, raso e inculto, exposto a todos os ventos. 2. *fig.* Firmamento; abóbada celeste.

pa·ra·ná *s.m. Geog.* 1. Canal que liga dois rios. 2. Braço de rio caudaloso separado deste por uma ilha ou série de ilhas.

pa·ra·na·en·se *adj.2gên.* 1. Do estado do Paraná. *s.2gên.* 2. Natural ou habitante desse estado.

pa·ra·nin·far *v.t.d.* Servir como paraninfo em.

pa·ra·nin·fo *s.m.* 1. Padrinho ou testemunha de batismo, casamento, colação de grau, etc. 2. Patrono; protetor.

pa·ra·noi·a (ói) *s.f. Psic.* Estado mental que se caracteriza pelo enfraquecimento gradual do intelecto, acompanhado de desconfiança excessiva, ideias de perseguição e de grandeza, etc.

pa·ra·noi·co (ói) *adj.* 1. Concernente à paranoia. *adj.* e *s.m.* 2. Que ou o que sofre de paranoia.

pa·ra·nor·mal *adj.2gên.* 1. Que não ocorre na experiência normal e não pode ser explicado cientificamente. *s.2gên.* 2. Pessoa que diz ou dizem ter poderes paranormais.

pa·ra·pei·to *s.m.* 1. Parede ou resguardo que se eleva à altura do peito ou pouco menos. 2. Peitoril de janela.

pa·ra·pen·te *s.m.* 1. Espécie de paraquedas de formato retangular, com que se salta de um ponto elevado, de modo semelhante à asa-delta. 2. *por ext.* Esporte praticado em esse equipamento.

pa·ra·ple·gi·a *s.f. Med.* Paralisia dos membros inferiores.

pa·ra·plé·gi·co *adj.* 1. Relativo à paraplegia. 2. Que tem paraplegia. *s.m.* 3. Aquele que tem paraplegia.

pa·ra·psi·co·lo·gi·a *s.f.* Ciência que estuda certos fenômenos incomuns na contingência humana, como a clarividência, a telepatia, etc.

pa·ra·que·das *s.m.2núm.* Aparelho para diminuir a velocidade da queda dos corpos.

pa·ra·que·dis·ta *s.2gên.* 1. Pessoa que se atira de paraquedas, especialmente de aviões em pleno voo. *s.m.* 2. Soldado especialmente exercitado para descer de paraquedas na retaguarda inimiga ou em pontos estratégicos.

pa·rar *v.i.* 1. Cessar de andar, de girar, de mover-se, de falar. 2. Suspender uma ação, um movimento. 3. Não continuar. *v.t.i.* 4. Cessar. 5. Habitar. 6. Permanecer. 7. Ir ter; terminar. *v.t.d.* 8. Impedir de andar, de avançar, de mover-se. 9. Diminuir a intensidade de.

pa·ra·rai·os *s.m.2núm.* Aparelho formado principalmente de uma haste metálica, destinado a receber as descargas elétricas da atmosfera.

pa·ras·ce·ve (é) *s.f. Rel.* 1. Entre os judeus, sexta-feira preparatória para a celebração do sábado. 2. *Liturg.* Na Igreja Católica, sexta-feira santa.

pa·ra·si·ta *s.m.* 1. *Zool.* Animal que se nutre do sangue de outro. 2. *Bot.* Vegetal que se nutre da seiva de outro. *s.2gên.* 3. *fig.* Indivíduo que vive à custa alheia. *adj.2gên.* 4. Que nasce ou cresce em outros corpos organizados, mortos ou vivos. 5. Que vive à custa alheia.

pa·ra·si·tar *v.i.* 1. Viver como parasita. *v.t.d.* 2. Viver à custa de.

pa·ra·si·tá·ri·o *adj.* 1. Relativo a parasitas, ou que é causado por eles. 2. Que tem características de parasita ou vive como parasita.

pa·ra·si·to *adj.* e *s.m.* O mesmo que parasita.

pa·ra·si·to·lo·gi·a *s.f.* Estudo dos parasitas (1).

pa·ras·sim·pá·ti·co *s.m. Anat.* Designativo da parte do sistema nervoso que não está submetida à ação da vontade.

pa·ra·ti *s.m.* Aguardente de cana; cachaça.

par·ca¹ *s.f.* 1. *Mit.* Cada uma das três deusas (Cloto, Láquesis e Átropos) que fiavam, dobravam e cortavam o fio da vida (inicial maiúscula). 2. *fig.* A morte.

par·ca² *s.f.* Casaco grande, impermeável e forrado, para se usar no frio.

par·cei·ro *adj.* 1. Par; igual; semelhante; parelho. *s.m.* 2. Sócio; companheiro. 3. Pessoa com quem se joga.

par·cel *s.m.* Baixio; escolho; recife.

par·ce·la (é) *s.f.* 1. Pequena parte; fração. 2. Cada uma das partes em que se dividiu um pagamento. 3. *Mat.* Cada um dos números que se devem somar.

par·ce·la·do *adj.* 1. Feito separadamente. 2. Dividido em parcelas.

par·ce·la·men·to *s.m.* Ato, efeito, modo de parcelar.

par·ce·lar *v.t.d.* Dividir em parcelas.

par·ce·ri·a *s.f.* 1. Reunião de indivíduos para um fim de interesse comum. 2. Sociedade(1).

par·ci·al *adj.2gên.* 1. Que é parte de um todo. 2. Que só se realiza em parte. 3. Mais favorável a uma das partes em litígio. 4. Faccioso.

par·ci·a·li·da·de *s.f.* 1. Qualidade de parcial. 2. Paixão partidária. 3. Julgamento apaixonado, com prevenção contra ou a favor.

par·ci·mô·ni·a *s.f.* 1. Qualidade do que é parco. 2. Ação de poupar; economia. 3. Frugalidade.

par·ci·mo·ni·o·so (ô) *adj.* 1. Que economiza; econômico. 2. Sóbrio; frugal. *Pl.:* parcimoniosos (ó).

par·co *adj.* 1. Que economiza ou que poupa. 2. Sóbrio; frugal; parcimonioso.

par·da·cen·to *adj.* Tirante a pardo; um tanto pardo.

par·dal *s.m. Zool.* Pássaro de origem africana, comum no Brasil. *Fem.:* pardoca e pardaloca.

par·di·ei·ro *s.m.* 1. Casa em ruínas. 2. Edifício velho.

par·do *adj.* 1. Que é de cor escura, entre o branco e o preto. *s.m.* 2. Mulato.

pá·re:as *s.f. pl. Anat.* O que fica no útero depois da expulsão do feto (placenta, parte do cordão umbilical, membranas que envolvem o feto, etc.); secundinas.

pa·re·cen·ça *s.f.* 1. Semelhança. 2. Grau mais ou menos perfeito de conformidade entre duas pessoas ou coisas. 3. Qualidade de parecido.

pa·re·cer *v.i.* 1. Ter parecença, semelhança com. *v.i.* 2. Ser verossímil; ser provável. *v.t.i.* 3. Afigurar-se. *v.p.* 4. Assemelhar-se. *s.m.* 5. Aparência; aspecto. 6. Opinião. 7. Conceito; juízo. 8. Sugestão.

pa·re·ci·do *adj.* Que se parece a ou com; semelhante.

pa·re·dão *s.m.* 1. Grande parede; muralha. 2. Ribanceira de um rio, elevada e talhada a pique. 3. Encosta abrupta de serra.

pa·re·de (ê) *s.f.* 1. Maciço que forma as fachadas dos edifícios, e que serve para os dividir internamente. 2. Muro; tapume. 3. *por ext.* Tudo o que fecha lateralmente um recinto. 4. Vedação de qualquer espaço. 5. Greve.

pa·re·de-mei·a *s.f.* Parede que é compartilhada por duas construções vizinhas. *Pl.:* paredes-meias.

pa·re·dro (é) *s.m. sobrecomum* 1. Diretor; conselheiro. 2. Indivíduo importante. 3. Pessoa de representação.

pa·re·gó·ri·co *adj. Med.* 1. Calmante. 2. Diz-se da tintura de iodo canforada, empregada como calmante de dores intestinais.

pa·re·lha (ê) *s.f.* 1. Par de alguns animais, especialmente muares e cavalares. 2. Um par. 3. Coisa ou pessoa (*sobrecomum*) igual ou semelhante a outra.

pa·re·lhei·ro *s.m.* 1. Cavalo ensinado a andar em parelhas. 2. Cavalo adestrado para disputar corridas. 3. Cavalo inscrito num páreo.

pa·re·lho (ê) *adj.* 1. De mesma força ou qualidade; de igual para igual; equilibrado. 2. Que faz par com outro; igual, semelhante. 3. Que tem características equilibradas; uniforme.

pa·rê·mi·a *s.f.* 1. Breve alegoria. 2. Provérbio.

pa·re·mi·o·lo·gi·a *s.f.* 1. Tratado acerca de provérbios. 2. Coleção de provérbios ou parêmias.

pa·rên·qui·ma *s.m.* 1. *Biol.* Tecido esponjoso próprio das vísceras e dos órgãos granulosos. 2. *Bot.* Nas plantas, tecido celular, vulgarmente chamado polpa.

pa·ren·te *s.m.* 1. Pessoa da mesma família, do mesmo sangue. 2. Descendente de um tronco comum, próximo ou remoto (parente por consanguinidade). 3. O parente consanguíneo de um dos cônjuges em relação ao outro cônjuge (parente por afinidade). *adj.* 4. Que tem parentesco. 5. Que pertence à mesma família. 6. *fig.* Semelhante; parecido.

pa·ren·te·la (é) *s.f.* Os parentes considerados coletivamente.

pa·ren·tes·co (ê) *s.m.* 1. Qualidade de parente. 2. *fig.* Conexão; semelhança.

pa·rên·te·se *s.m.* 1. Palavra ou frase interposta num período e que forma sentido à parte. 2. Cada um dos sinais ( ) que encerram essa palavra ou frase.

pá·re·o *s.m.* 1. Corrida a cavalo ou a pé (especialmente a cavalo). 2. O prêmio dessa corrida. 3. Disputa.

pá·ri:a *s.m. sobrecomum* 1. A classe mais humilde dos hindus. 2. *fig.* Homem excluído da sociedade. 3. Pessoa desprezível.

pa·ri·da·de *s.f.* 1. Qualidade de par ou igual. 2. Parecença; semelhança. 3. Analogia. 4. Estado de câmbio ao par.

pa·ri·dei·ra *adj.* Designativo da fêmea que está em idade de parir.

pa·ri·e·tal *adj.2gên.* 1. Concernente a parede. *s.m.* 2. *Anat.* Cada um dos dois ossos que formam os lados da abóbada craniana.

pa·rir *v.t.d.* 1. Dar à luz ou expelir do útero. 2. Produzir; causar. *v.i.* 3. Dar à luz o feto.★

pa·ri·si·en·se *adj.2gên.* 1. De Paris. *s.2gên.* 2. Natural ou habitante dessa cidade.

par·la·men·tar *adj.2gên.* 1. Concernente ao parlamento. *s.2 gên.* 2. Membro do parlamento. *v.i.* e *v.t.i.* 3. Fazer ou aceitar propostas sobre negócios de guerra entre nações ou forças contrárias. 4. Entrar em negociações para chegar a um acordo.

par·la·men·ta·ris·mo *s.m.* Regime político em que os ministros de Estado são responsáveis perante o parlamento.

par·la·men·ta·ris·ta *adj.2gên.* 1. Relativo ao parlamentarismo. *s.2gên.* 2. Pessoa partidária do parlamentarismo.

par·la·men·to *s.m.* Assembleia ou câmara legislativa, nos países constitucionais; congresso nacional.

par·la·pa·tão *s.m.* Indivíduo mentiroso, impostor ou fanfarrão; vaidoso. *Fem.:* parlapatona.

par·la·pa·te·ar *v.i.* 1. Proceder como parlapatão. *v.t.d.* 2. Alardear com impostura.

par·la·tó·ri·o *s.m.* 1. Locutório. 2. Conversa; falatório.

par·len·da *s.f.* 1. Parlenga. 2. Rimas infantis.

par·len·ga *s.f.* Palavreado; discussão; parlenda.

par·me·são *adj.* 1. De Parma (Itália). 2. Designativo de uma variedade de queijo italiano, que se fabrica nos arredores de Lódi. *s.m.* 3. O natural ou habitante de Parma. 4. Queijo parmesão.

Par·na·si·a·nis·mo *s.m. Lit.* Escola, doutrina dos parnasianos.

par·na·si·a·no *adj. Lit.* 1. Designativo da escola poética que se caracterizou sobretudo pelo apuro da linguagem e do verso. *s.m.* 2. Poeta parnasiano.

par·na·so *s.m.* 1. Montanha da Fócida (Grécia antiga), consagrada a Apolo e às Musas (inicial maiúscula). 2. *fig.* A poesia. 3. Os poetas; antologia.

pa·ro·a·ra *adj.2gên.* 1. O mesmo que paraense. *s.2gên.* 2. Nordestino que vive na Amazônia.

pá·ro·co *s.m.* 1. Sacerdote que tem a seu cargo uma paróquia. 2. Prior; abade; vigário; cura.

pa·ró·di·a *s.f.* 1. Imitação humorística de uma obra literária. 2. Reprodução. 3. Pândega.

pa·ro·di·ar *v.t.d.* 1. Fazer paródia de. 2. Imitar de modo burlesco. 3. Arremedar.

pa·ro·lar *v.i.* e *v.t.i.* Falar muito; tagarelar.

pa·ro·ní·mi·a *s.f.* Qualidade de parônimo.

pa·rô·ni·mo *adj. Gram.* 1. Diz-se das palavras que têm som semelhante ao de outras (como descrição e discrição). *s.m.* 2. Palavra parônima.

pa·ró·qui·a *s.f.* 1. Território sob a direção espiritual de um pároco. 2. Igreja; matriz.

pa·ro·qui·al *adj.2gên.* Concernente ao pároco ou à paróquia.

pa·ro·qui·a·no *adj.* e *s.m.* Que ou o que habita uma paróquia.

pa·ró·ti·da *s.f. Anat.* Cada uma das duas glândulas salivares situadas abaixo dos ouvidos, próximas ao ângulo da maxila inferior.

pa·ro·ti·di·te *s.f. Med.* Inflamação da parótida, vulgarmente chamada caxumba, no Sul do Brasil, e papeira, no Norte.

pa·ro·xis·mo (cs) *s.m. Med.* A maior intensidade de uma sensação, de uma dor, etc.

pa·ro·xis·mos (cs) *s.m.pl.* Estertores de moribundo; agonia.

pa·ro·xí·to·no (cs) *adj. Gram.* 1. Designativo do vocábulo que tem o acento tônico na penúltima sílaba. *s.m.* 2. Palavra paroxítona.

par·que *s.m.* 1. Jardim extenso e murado. 2. Lugar onde se guardam petrechos de artilharia. 3. Região natural e selvagem protegida pelo Estado com fins de preservação.

par·quí·me·tro *s.m.* Mecanismo para medir o tempo de permanência de automóveis em locais de estacionamento.

parra

par·ra *s.f.* Folha de videira.

par·rei·ra *s.f. Bot.* 1. Videira. 2. Videira cujos ramos se estendem em latada.

par·ri·ci·da *s.2gên.* 1. Pessoa que matou o seu pai, a sua mãe ou qualquer dos seus ascendentes. *adj.2gên.* 2. Que praticou parricídio.

par·ri·cí·di:o *s.m.* Ato de matar o pai, a mãe, o avô ou a avó.

par·te *s.f.* 1. Qualquer porção de um todo. 2. Fração; lote. 3. Banda; lado. 4. Lugar. 5. Comunicação verbal ou escrita. 6. *Jur.* Litigante. 7. Cada uma das pessoas que celebram entre si um contrato. *V. aparte.*

par·tei·ra *s.f.* Mulher que assiste parturientes.

par·tei·ro *adj.* e *s.m.* Diz-se de ou obstetra.

par·te·ja·men·to *s.m.* Ato, efeito ou método de partejar.

par·te·jar *v.t.d.* 1. Servir de parteira ou parteiro a. *v.i.* 2. Parir.

par·ti·ção *s.f.* Ação de partir, de dividir.

par·ti·ci·pa·ção *s.f.* 1. Ação ou efeito de participar. 2. Comunicação.

par·ti·ci·pan·te *adj.2gên.* e *s.2gên.* Que ou pessoa que participa.

par·ti·ci·par *v.t.d.* e *v.t.d. e i.* 1. Fazer saber. 2. Informar 3. Anunciar. 4. Ter parte em. *v.t.i.* 5. Associar-se pelo pensamento, pelo sentimento. 6. Ter ou tomar parte. 7. Comunicar-se.

par·tí·ci·pe *adj.2gên.* e *s.2gên.* Participante.

par·ti·cí·pi:o *s.m. Gram.* Forma nominal do verbo que exprime ação, estado e qualidade, com função verbal (tenho viajado), substantiva (os viajados conhecem o mundo) ou adjetiva (ele é homem viajado).

partilhar

par·tí·cu·la *s.f.* 1. Pequena parte. 2. Corpúsculo. 3. Pequena hóstia. 4. *Gram.* Qualquer palavra invariável, especialmente as monossilábicas.

par·ti·cu·lar *adj.2gên.* 1. Que só pertence ou é peculiar a certas coisas ou pessoas; próprio; específico. 2. Reservado. *s.m.* 3. Aquilo que é particular.

par·ti·cu·la·res *s.m.pl.* Pormenores; minúcias; segredos.

par·ti·cu·la·ri·da·de *s.f.* 1. Estado ou qualidade de particular. 2. Circunstância característica. 3. Especialidade. 4. Minúcia; peculiaridade.

par·ti·cu·la·ri·zar *v.t.d.* 1. Narrar pormenorizadamente com todas as particularidades. 2. Individualizar; nomear. *v.p.* 3. Distinguir-se.

par·ti·da *s.f.* 1. Ação de partir; saída. 2. Quantidade maior ou menor de mercadorias para vender ou para comprar. 3. Jogo; prélio. 4. *fam.* Peça; logro (na expressão pregar uma partida).

par·ti·dá·ri:o *adj.* e *s.m.* 1. Que ou o que é membro de um partido. 2. Correligionário. 3. Cultor; defensor.

par·ti·da·ris·mo *s.m.* Paixão partidária; proselitismo.

par·ti·do *adj.* 1. Que se partiu; feito em pedaços; quebrado. *s.m.* 2. O conjunto dos indivíduos que têm as mesmas ideias políticas e sociais. 3. Facção. 4. Lado. 5. Utilidade; vantagem.

par·ti·lha *s.f.* 1. Divisão de bens, de ganhos, de heranças, etc. 2. Quinhão; parte. 3. Atributo.

par·ti·lhar *v.t.d.* 1. Dividir em partes. 2. Fazer partilha de. 3. Compartilhar. 4. Dividir; repartir. *v.t.i.* 5. Participar. 6. Ter parte.

par·tir *v.t.d.* 1. Dividir em partes. 2. Quebrar. 3. Distribuir. *v.i.* 4. Seguir viagem; ir-se embora. *v.t.i.* 5. Pôr-se a caminho; sair. 6. Emanar; ter origem. *v.p.* 7. Romper-se.

par·ti·tu·ra *s.f. Mús.* Disposição gráfica de todas as partes vocais e instrumentais de uma composição musical.

par·to *s.m.* 1. Ato de partir, de dar à luz. 2. *fig.* Produto, invenção.

par·tu·ri·ção *s.f.* Parto natural.

par·tu·ri·en·te *adj.* e *s.f.* Diz-se de ou fêmea que está para parir ou pariu há pouco.

par·va·lhi·ce *s.f.* Ação ou dito de parvo.

par·vo *adj.* 1. Pequeno; apoucado. 2. Tolo; idiota. *s.m.* 3. Indivíduo parvo, atoleimado, tolo.

par·vo·e·jar *v.i.* Falar ou proceder como parvo.

par·vo·í·ce *s.f.* 1. Parvalhice. 2. Qualidade ou estado de parvo. 3. Disparate, demência.

pas·cá·ci·o *s.m.* Lorpa; tolo; idiota.

pas·cal *adj.2gên.* Concernente à Páscoa; pascoal.

pas·cen·tar *v.t.d.* 1. Levar (o gado) para pastar; pascer. *v.p.* 2. Pastar.

pas·cer *v.t.d.* 1. Pastar. 2. Deliciar; dar prazer a; recrear. *v.i.* e *v.p.* 3. Apascentar-se; alimentar-se. 4. Recrear-se; deliciar-se.

Pás·co:a *s.f. Rel.* 1. Festa solene que os judeus celebram em memória da sua saída do Egito. 2. *Liturg.* Festa anual dos cristãos em memória da ressurreição de Cristo. 3. Comunhão coletiva.

pas·co·al *adj.2gên.* Pascal.

pas·co·ar *v.i.* Celebrar a Páscoa.

Pas·co·e·la (é) *s.f.* O domingo imediato ao da Páscoa.

pas·ma·cei·ra *s.f.* 1. Pasmo; admiração imbecil. 2. Marasmo; vida ou situação monótona.

pas·ma·do *adj.* 1. Surpreendido. 2. Atônito; espantado; perplexo. 3. Apalermado; boquiaberto.

pas·mar *v.t.d.* 1. Causar pasmo ou admiração a. 2. Fixar (a vista). *v.i.* e *v.t.i.* 3. Ficar pasmado, estupefato; embasbacado. *v.p.* 4. Admirar-se. *Part.:* pasmado e pasmo.

pas·mo *s.m.* 1. Assombro; admiração; espanto. *adj.* 2. Assombrado; espantado.

pas·pa·lhão *adj.* 1. Tolo; parvo; paspalho. *s.m.* 2. Indivíduo paspalhão. *Fem.:* paspalhona.

pas·pa·lhi·ce *s.f.* Ação ou dito de paspalhão.

pas·pa·lho *s.m.* 1. Paspalhão. 2. Indivíduo inútil.

pas·quim *s.m.* 1. Escrito satírico afixado em lugar público. 2. Jornal ou folheto difamador.

pas·qui·na·da *s.f.* 1. Pasquim. 2. Difamação escrita em pasquim. 3. Crítica mordaz.

pas·sa *s.f.* Fruta seca, principalmente uva.

pas·sa·da *s.f.* 1. Movimento com os pés para andar; passo. 2. Espaço compreendido entre os pontos em que pousam os pés, andando.

pas·sa·dei·ra *s.f.* 1. Tapete estreito e longo que usa em corredores ou escadas. 2. Mulher que passa roupa profissionalmente.

pas·sa·di·ço *adj.* 1. Transitório. *s.m.* 2. Passagem; corredor. 3. Galeria de comunicação. 4. Passeio lateral das ruas. 5. Parte superior do navio, destinada ao comandante, ao oficial de quarto e ao homem de leme.

pas·sa·di·o *s.m.* 1. Alimento habitual. 2. Alimentação diária.

pas·sa·dis·ta *s.2gên.* Pessoa que venera o passado.

pas·sa·do *adj.* 1. Que acaba de passar ou de decorrer (o tempo). 2. Findo. 3. Dito ou feito anteriormente. 4. Velho; envelhecido. 5. Desapontado; pasmado. *s.m.* 6. Aquilo que foi dito ou feito anteriormente. 7. O tempo que passou.

pas·sa·gei·ro *adj.* 1. Transitório; efêmero. 2. Leve. 3. De pouca importância. *s.m.* 4. Viajante. 5. Transeunte.

pas·sa·gem *s.f.* 1. Ação de passar. 2. Lugar por onde se passa. 3. Transição. 4. Quantia paga por uma pessoa para o seu transporte em qualquer veículo. 5. Trecho de um autor ou de uma obra citada. 6. Caso; episódio engraçado. *loc. adv.* **De passagem**: de leve; por alto; sem profundar.

pas·sa·ma·na·ri·a *s.f.* Nome comum a alguns tecidos trabalhados ou entrançados com fios grossos.

pas·sa·ma·nes *s.m.pl.* Fitas ou galões entretecidos de fios de ouro, prata ou seda.

pas·sa·men·to *s.m.* Morte; falecimento.

pas·sa·por·te (ó) *s.m.* Autorização escrita para que alguém possa sair do país; salvo-conduto.

pas·sar *v.t.d.* 1. Atravessar; transpor; ir além de. 2. Consumir (o tempo). 3. Filtrar. 4. Sofrer. 5. Gozar. 6. Legar; estar em algum lugar durante determinado tempo. *v.i.* 7. Transitar. 8. Morrer. 9. Ser votado (um projeto). 10. Ser aprovado em exame. 11. Principiar a apodrecer (a fruta). 12. Propagar-se. 13. Viver. 14. Ocorrer. *v.t.i.* 15. Ir de um lugar (para outro). 16. Introduzir-se. 17. Bandear-se. 18. Encaminhar-se. *v.p.* 19. Mudar de partido, de opinião. 20. Acontecer. 21. Encaminhar-se.

pas·sa·ra·da *s.f.* 1. Bando de pássaros. 2. Os pássaros.

pas·sa·re·la (é) *s.f.* 1. Passagem elevada sobre ruas e estradas para pedestres. 2. Caminho por onde desfilam modelos e candidatas em concursos de beleza.

pas·sa·ri·nha·da *s.f.* 1. Passarada. 2. Corcovo do cavalo, quando assustado.

pas·sa·ri·nhar *v.i.* 1. Caçar pássaros. 2. Vadiar; andar na ociosidade. 3. Espantar-se (o cavalo).

pas·sa·ri·nhei·ro *s.m.* 1. Caçador, criador ou vendedor de pássaros. *adj.* e *s.m.* 2. Diz-se de ou cavalo dado a passarinhar.

pas·sa·ri·nho *s.m. Zool.* Pequeno pássaro.

pás·sa·ro *s.m. Zool.* Pequena ave.

pas·sa·tem·po *s.m.* Divertimento; entretenimento.

pas·sá·vel *adj.2gên.* 1. Que permite a passagem; transitável. 2. Que dá para aceitar; aceitável, tolerável.

pas·se *s.m.* 1. Permissão; licença. 2. Bilhete de trânsito. 3. *Espir.* Ato de o médium estender a mão direita espalmada sobre a cabeça de uma pessoa que se quer beneficiar espiritualmente. 4. *Desp.* Ato de o jogador passar a bola ao companheiro mais bem colocado.

pas·se·ar *v.t.d.* 1. Levar a passeio. 2. Percorrer vagarosamente. 3. Ostentar. 4. Difundir. *v.i.* 5. Andar a passo. *v.t.i.* 6. Dar passos. 7. Andar por distração ou exercício.

pas·se·a·ta *s.f.* 1. Pequeno passeio. 2. Marcha em que toma parte toda uma classe ou grande número de pessoas.

pas·sei·o s.m. 1. Ato ou efeito de passear. 2. Lugar onde se passeia. 3. Parte lateral e um pouco elevada das ruas, destinada ao trânsito de pedestres; calçada.

pas·sei·ro adj. 1. Que anda a passo ou devagar. 2. Negligente. 3. Diz-se do cavalo que tem bom passo.

pas·se·ri·for·me adj.2gên. 1. Relativo aos passeriformes. s.m. 2. Espécime dos passeriformes, aves de porte pequeno ou médio (inclui-se nesse grupo a maioria das aves conhecidas).

pas·si·o·nal adj.2gên. 1. Concernente a paixão. 2. Motivado por paixão. s.m. 3. Passionário.

pas·sis·ta s.2gên. Pessoa que executa bem os passos nos folguedos carnavalescos.

pas·si·va s.f. Gram. 1. A voz passiva dos verbos. 2. Forma que os verbos tomam quando exprimem ação sofrida ou recebida, ou o resultado da ação.

pas·sí·vel adj.2gên. Capaz de experimentar sensações de sofrimento, de alegria, etc.; sujeito a.

pas·si·vi·da·de s.f. Qualidade de passivo.

pas·si·vo adj. 1. Que sofre ou recebe a ação, a impressão. 2. Que não atua. 3. Com. O conjunto das dívidas, encargos e obrigações de uma casa comercial (opõe-se a ativo).

pas·so s.m. 1. Ato de avançar ou recuar um pé para andar. 2. Marcha. 3. Espaço compreendido entre os dois pés quando um deles se desloca na marcha. 4. Modo de andar. 5. Cada uma das posições do pé, na dança. 6. Trecho de obra literária. 7. Geog. Passagem entre montanhas, desfiladeiro. 8. Geom. Vão entre as espirais de um parafuso, entre dois dentes de uma engrenagem ou entre dois filetes de uma hélice. 9. ant. Medida de comprimento (0,65 cm). V. **paço**.

pass·word (péssuor) Ingl. s.m. Inform. Senha.

pas·ta s.f. 1. Porção de massa achatada. 2. Porção de metal fundido. 3. Espécie de carteira para conter papéis, dinheiro, etc. 4. Cargo de ministro de Estado. 5. Ministério. 6. Inform. Diretório; a pasta é geralmente representada, em interfaces gráficas, por meio de um ícone em forma de pasta de arquivamento (correspondente em inglês: folder).

pas·ta·gem s.f. Pasto.

pas·tar v.t.d. 1. Comer a erva que existe em; pascer. 2. Dar pasto a. 3. Comer. v.i. 4. Comer a erva que ainda está na terra (o gado).

pas·tel[1] s.m. Cul. Massa de farinha de trigo assada ou frita, cujo recheio pode ser de carne, palmito, ovos, etc.

pas·tel[2] s.m. 1. Espécie de lápis usado por desenhistas e pintores. 2. Processo de desenhar ou pintar com esse lápis. 3. O desenho ou a pintura feita por esse processo. adj.2gên. e 2núm. 4. Diz-se das cores suaves semelhantes à do pastel. 5. De cor pastel.

pas·te·lão s.m. 1. Cul. Grande pastel ou grande empada. 2. Homem pamonha, moleirão.

pas·te·la·ri·a s.f. Arte ou estabelecimento de pasteleiro.

pas·te·lei·ro s.m. Fabricante ou vendedor de pastéis.

pas·teu·ri·za·ção s.f. Ação ou efeito de pasteurizar.

pas·teu·ri·za·do adj. Que foi submetido ao processo de pasteurização.

pas·teu·ri·zar *v.t.d.* Esterilizar (o leite, etc.) pelo calor, aquecendo-o por tempo relativamente prolongado numa temperatura de 50º C a 70º C, e esfriando-o rapidamente.

pas·ti·char *v.t.d.* 1. Fazer pasticho de. *v.i.* 2. Fazer um pasticho.

pas·ti·che *s.m.* O mesmo que pasticho.

pas·ti·cho *s.m.* 1. Obra imitada de outra. 2. Imitação ruim de uma obra literária.

pas·ti·fí·ci·o *s.m.* Estabelecimento onde se fazem massas alimentícias.

pas·ti·lha *s.f.* 1. Pequena pasta de açúcar em que entra um medicamento ou uma essência. *Const.* 2. Cada uma das pequenas unidades de cerâmica vitrificada que se usam no revestimento exterior de casas e edifícios.

pas·to *s.m.* 1. Alimento do gado. 2. Pastagem. 3. Comida. 4. Alimento espiritual. 5. Tema.

pas·tor *s.m.* 1. Aquele que guarda gado. 2. Ministro do culto protestante. 3. Pároco.

pas·to·ral *adj.2gên.* 1. Concernente a pastor. 2. *Rel.* Circular emanada do bispo aos padres ou fiéis de sua diocese. 3. *Lit.* Poesia pastoril. 4. *Mús.* Composição musical de caráter idílico.

pas·to·re·ar *v.t.d.* 1. Conduzir ao pasto. 2. Guardar no pasto. 3. Guiar; governar; dirigir; paroquiar; pastorar.

pas·to·rei·o *s.m.* 1. Ato de pastorear. 2. Indústria pastoril. 3. Lugar onde se pastoreia o gado.

pas·to·ril *adj.2gên.* 1. Que se refere ou pertence a pastor. 2. Concernente à vida de pastor. 3. Campesino.

pas·to·so (ô) *adj.* 1. Que se acha em estado de pasta. 2. Que tem a consistência de pasta. 3. Diz-se da voz arrastada e pouco clara. *Pl.:* pastosos (ó).

pas·tra·no *adj.* e *s.m.* Rústico; grosseiro.

pa·ta *s.f.* 1. *Zool.* A fêmea do pato. 2. Pé ou mão de animal. 3. Pé muito grande.

pa·ta·ca *s.f. ant.* Moeda de prata que valia 320 réis.

pa·ta·cão *s.m.* 1. *ant.* Moeda portuguesa que valia 40 réis. 2. *ant.* Moeda de prata que valia 2.000 réis. 3. Relógio de bolso grande e pesado.

pa·ta·co *s.m.* 1. Patacão. 2. Indivíduo grosseiro, estúpido.

pa·ta·co·a·da *s.f.* 1. Impostura ridícula; jactância. 2. Disparate. 3. Mentira.

pa·ta·da *s.f.* 1. Pancada com a pata. 2. Ação indecorosa; grosseria.

pa·ta·gô·ni:o *adj.* 1. Da Patagônia. *s.m.* 2. O natural ou habitante da Patagônia.

pa·ta·mar *s.m.* A parte superior do último degrau de uma escada ou de um lanço de escada.

pa·ta·ti·va *s.f. epiceno* 1. *Zool.* Ave de voz muito maviosa. *sobrecomum* 2. Indivíduo falador. 3. Cantor ou cantora de voz maviosa.

pa·ta·vi·na *s.f.* Coisa nenhuma; nada. *Não entender patavina*: não saber nada.

pa·ta·xó (ch) *adj.2gên.* 1. Relativo aos pataxós, povo indígena que habita áreas da Bahia e de Minas Gerais. *s.2gên.* 2. Indivíduo que pertence a esse povo indígena. *s.m.* 3. Língua falada por esse povo.

pa·tê *s.m. Cul.* Preparado alimentar de consistência pastosa, comumente feito de fígado, presunto, ervas finas, etc., que em geral se consome frio, com pães, torradas e biscoitos.

pa·te·a·da *s.f.* Ação de patear.

patear / **pátio**

pa·te·ar *v.t.d.* 1. Censurar ou reprovar, batendo com os pés no chão. *v.i.* 2. Bater com as patas. 3. Bater com os pés no chão em sinal de desagrado ou reprovação. 4. Dar-se por vencido. 5. Malograr-se, frustrar-se.

pa·te·la (é) *s.f. Anat.* Osso chato e circular da face anterior do joelho; rótula.

pá·te·na *s.m.* Espécie de pratinho de metal que serve para cobrir o cálice e para conter a hóstia, na missa. *V.* **pátina**.

pa·ten·te *adj.2gên.* 1. Aberto; franco. 2. Evidente; claro. *s.f.* 3. Título oficial de um privilégio, de uma invenção. 4. Posto militar.

pa·ten·te·ar *v.t.d.* 1. Conceder privilégio, patente de invenção a. 2. Tornar patente, evidente. 3. Abrir; mostrar. *v.p.* 4. Tornar-se evidente; mostrar-se. 5. Ser claro, evidente.

pa·ter·nal *adj.2gên.* 1. Próprio de pai. 2. Como de pai. 3. Paterno.

pa·ter·na·lis·mo *s.m.* 1. Concepção paternal ou patriarcal de autoridade. 2. Forma de autoritarismo disfarçado em proteção e concessão de benefícios.

pa·ter·na·lis·ta *adj.2gên.* 1. Relativo ao paternalismo. 2. Que é adepto do paternalismo. *s.2gên.* 3. Chefe, político, governo paternalista.

pa·ter·ni·da·de *s.f.* 1. Qualidade de pai. 2. O fato de ser pai. 3. Título que se dava aos sacerdotes.

pa·ter·no (é) *adj.* 1. Que se refere ou pertence ao pai. 2. Procedente do pai. 3. Relativo à pátria ou à casa em que nascemos; paternal.

pa·te·ta (é) *adj.2gên.* e *s.2gên.* Diz-se de ou indivíduo maluco, tolo, idiota.

pa·té·ti·co *adj.* 1. Que comove a alma. 2. Que incita as paixões; enternecedor. *s.m.* 3. Aquilo que comove. 4. O que fala ao coração.

pa·ti·bu·lar *adj.2gên.* Concernente a patíbulo.

pa·tí·bu·lo *s.m.* 1. O estrado da forca. 2. Forca; cadafalso.

pa·ti·fa·ri·a *s.f.* 1. Ação de patife; maroteira. 2. Covardia.

pa·ti·fe *adj.* e *s.m.* 1. Indivíduo tratante, velhaco. 2. Aquele que é fraco, covarde.

pa·tim *s.m.* Calçado próprio para deslizar no gelo ou para rolar sobre pavimento liso.

pá·ti·na *s.f.* 1. Oxidação das tintas pela ação do tempo e sua gradual transformação pela ação da luz. 2. Carbonato de cobre que se forma sobre as estátuas e sobre as medalhas de bronze antigas. *V.* **pátena**.

pa·ti·na·ção *s.f.* Ação de patinar.

pa·ti·nar *v.i.* 1. Deslizar sobre patins. 2. Ficar girando (as rodas de um veículo) sem que ele saia do lugar.

pa·ti·ne·te (é) *s.m.* Brinquedo infantil: prancha sobre rodinhas e com guidão na qual a criança pisa com um dos pés dando impulso no chão com o outro.

pa·ti·nhar *v.t.d.* 1. Agitar a água, como fazem os patos. 2. Bater com os pés ou com as mãos na água.

pa·ti·nho *s.m.* 1. *Dim.* de pato. 2. Tolo; ingênuo; simplório. 3. Carne correspondente à parte dianteira da coxa do boi.

pá·ti·o *s.m.* 1. Recinto descoberto no interior de um edifício, ou rodeado por edifícios. 2. Terreno murado anexo a um edifício. 3. Saguão espaçoso. 4. Vestíbulo.

pa·to *s.m.* 1. *Zool.* Ave palmípede cuja fêmea é a pata. 2. *pop.* Tolo; idiota; simplório; o que se deixa enganar facilmente.

pa·to·ge·ni·a *s.f. Med.* Estudo da origem das diferentes enfermidades ou das condições que presidem o seu desenvolvimento.

pa·to·gê·ni·co *adj.* 1. Concernente a patogenia. 2. Que provoca doenças.

pa·to·lo·gi·a *s.f. Med.* Parte da medicina que trata da origem, natureza e dos sintomas das doenças.

pa·to·ló·gi·co *adj.* Concernente à patologia.

pa·to·ta (ó) *s.f.* 1. Negócio suspeito; ladroeira. 2. Bando; turma.

pa·tra·nha *s.f.* 1. Grande peta. 2. História mentirosa; mentira.

pa·trão *s.m.* 1. O chefe ou dono em relação aos seus empregados; empregador. 2. Mestre de barco. 3. Mestre; amo; protetor.

pá·tri·a *s.f.* 1. País em que a pessoa nasce ou nação a que pertence; terra natal. 2. Nacionalidade.

pa·tri·ar·ca *s.m.* 1. Nome dado aos chefes de família dos povos primitivos, e especialmente aos chefes do povo judaico antes dos juízes. 2. Prelado de algumas grandes dioceses. 3. O chefe da Igreja Católica grega.

pa·tri·ar·ca·do *s.m.* 1. Dignidade ou jurisdição de patriarca. 2. Diocese dirigida por um patriarca.

pa·tri·ar·cal *adj.2gên.* 1. Concernente a patriarca ou a patriarcado. 2. Venerando; respeitável; pacífico. *s.f.* 3. Sé patriarcal.

pa·trí·ci·o *adj.* 1. Natural da mesma pátria. *s.m.* 2. Conterrâneo; compatriota.

pa·tri·mo·ni·al *adj.2gên.* Concernente a patrimônio.

pa·tri·mô·ni·o *s.m.* 1. Herança paterna. 2. Bens de família. 3. Bens materiais ou morais pertencentes a um indivíduo, a uma instituição, a um povo.

pá·tri·o *adj.* 1. Concernente à pátria ou aos pais. 2. Diz-se do conjunto dos direitos que assistem ao pai sobre a pessoa e os bens de seus filhos menores. 3. *Gram.* Diz-se do adjetivo que se refere a país, estado, município, etc.: brasileiro, baiano, paulistano, etc.

pa·tri·o·ta (ó) *s.2gên.* Pessoa que ama a sua pátria e deseja servi-la.

pa·tri·o·ta·da *s.f.* 1. Alarde de patriotismo. 2. Ajuntamento de patriotas. 3. Rebelião frustrada, infrutífera.

pa·tri·ó·ti·co *adj.* Concernente a patriota. 2. Que revela amor à pátria.

pa·tri·o·tis·mo *s.m.* 1. Amor à pátria. 2. Qualidade de patriota.

pa·trís·ti·ca *s.f.* Ciência que se ocupa da doutrina dos antigos doutores da igreja.

pa·tro·a (ô) *s.f.* Dona de casa em relação aos criados; ama.

pa·tro·ci·na·dor *adj.* e *s.m.* Que ou o que patrocina.

pa·tro·ci·nar *v.t.d.* 1. Dar patrocínio a. 2. Proteger; favorecer; defender. 3. Custear (um programa radiofônico ou de televisão, uma peça teatral, uma festividade, atividades esportivas, etc.).

pa·tro·cí·ni·o *s.m.* 1. Proteção; auxílio; amparo; defesa. 2. Custeio para fins de propaganda.

pa·tro·nal *adj.2gên.* 1. Que se refere ou pertence a patrão. 2. Próprio de patrão.

pa·tro·na·to *s.m.* 1. Qualidade de patrão. 2. Estabelecimento onde se abrigam menores e se lhes dá instrução.

pa·tro·ní·mi·co *adj.* 1. Concernente a pai ou aos nomes de família. *s.m.* 2. Sobrenome derivado do nome do pai (como Fernandes, de Fernando).

pa·tron·nes·se (patronéss) *Fr. s.f.* Senhora que patrocina movimentos beneficentes.

pa·tro·no (ô) *s.m.* 1. Protetor; patrocinador; defensor; advogado, em relação a seus constituintes. 2. Intelectual já falecido, sob cuja égide estão as cadeiras de academias literárias ou instituições congêneres. 3. Chefe militar ou personalidade civil escolhidos como protetores ideais de uma força armada, de uma arma, de uma unidade.

pa·tru·lha *s.f.* Ronda de soldados, de policiais.

pa·tru·lhar *v.t.d.* 1. Vigiar com patrulhas. *v.i.* 2. Fazer rondas em patrulha.

pa·tu·á *s.m.* Amuleto que se usa pendurado ao pescoço.

pa·tu·lei·a (éi) *s.f. pej.* A gente humilde; plebe, ralé, povo (5).

pa·tus·ca·da *s.f.* Ajuntamento de várias pessoas comendo e bebendo alegremente.

pau *s.m.* 1. Qualquer madeira ou pedaço de madeira. 2. Cacete. 3. Castigo corporal; paulada. 4. Nome dado a várias peças cilíndricas, compridas e estreitas (como pau de bandeira). 5. Reprovação em exame. 6. *Inform.* Problema na execução de um programa ou sistema. *Inform. Dar pau*: apresentar problema; abendar; abortar; crashar.

pau a pi·que *s.m.* Parede feita de ripas ou varas cruzadas, recobertas de barro; taipa. *Pl.:* paus a pique.

pau-bra·sil *s.m. Bot.* Árvore leguminosa também conhecida por pau-rosado, pau-de-pernambuco e ibirapitanga. *Pl.:* paus-brasis e paus-brasil.

pau-d'á·gua *s.2gên.* 1. *pop.* Pessoa que costuma beber muito; beberrão, ébrio, pinguço. *Bot.* 2. Planta de folhas verde-escuras, que se reproduz por pedaços de seu caule em água e muito apreciada como ornamental. 3. Árvore nativa do Brasil, que chega a atingir cerca de 10 m, cujo tronco ao ser perfurado solta um líquido espesso, parecido com a goma arábica. *Pl.:* paus-d'água.

pau de a·ra·ra *s.m.* 1. Instrumento de tortura em que o indivíduo, preso a um pau roliço que lhe passam por entre os joelhos e cotovelos flexionados, é pendurado de cabeça para baixo. 2. Caminhão coberto usado principalmente no transporte de retirantes nordestinos. *s.2gên.* 3. Retirante que viaja nesse caminhão. *Pl.:* paus de arara.

pau de se·bo *s.m.* Mastro untado com sebo em cujo topo se põem alguns prêmios destinados a quem conseguir chegar até eles. *Pl.:* paus de sebo.

pau-fer·ro *s.m. Bot.* Árvore nativa do Brasil, da família das leguminosas, de flores amarelas, frutos aromáticos e madeira extremamente dura. *Pl.:* paus-ferros e paus-ferro.

pa·ul *s.m.* Pântano; terreno alagadiço; brejo. *Pl.:* pauis (aú).

pau·la·da *s.f.* Pancada com pau; cacetada.

pau·la·ti·no *adj.* Lento; demorado; feito aos poucos.

pau·li·fi·can·te *adj.2gên.* Maçador; importuno.

pau·li·fi·car *v.t.d.* e *v.i.* Cacetear; maçar; importunar.

pau·li·na *s.f. Rel.* Breve de excomunhão.

pau·lis·ta *adj.2gên.* 1. Relativo ao estado de São Paulo. *s.2gên.* 2. Natural ou habitante desse estado. *s.m.* 3. Religioso da Ordem de São Paulo.

pau·lis·ta·no *adj.* 1. Relativo à cidade de São Paulo (capital do estado do mesmo nome). *s.m.* 2. O natural ou habitante dessa cidade.

pau-man·da·do *s.m.* Indivíduo que faz tudo o que lhe mandam, que obedece sem discutir. *Pl.:* paus-mandados.

pau-mar·fim *s.m.* 1. *Bot.* Árvore que fornece madeira clara e resistente, usada na fabricação de móveis e de tacos, para revestimento de pisos. 2. Madeira extraída dessa árvore. *Pl.:* paus-marfins e paus-marfim.

pau·pe·ris·mo *s.m.* 1. A pobreza. 2. A classe ou condição dos pobres. 3. Estado permanente de pobreza; miséria.

paus *s.m.pl.* Um dos naipes pretos das cartas de jogar.

pau·sa *s.f.* 1. Interrupção temporária de uma ação. 2. Suspensão de som ou de movimento. 3. Lentidão; vagar.

pau·sa·do *adj.* 1. Feito com pausa. 2. Vagaroso; moderado; lento.

pau·sar *v.t.d.* 1. Fazer pausa em; demorar. *v.i.* e *v.t.i.* 2. Fazer pausa; descansar.

pau·ta *s.f.* 1. Papel riscado de traços paralelos. 2. Traçado de cinco linhas horizontais e paralelas em que se escreve música; pentagrama. 3. Lista; rol; relação. 4. Regra de procedimento.

pau·ta·do *adj.* 1. Designativo do papel riscado com traços paralelos. 2. Relacionado. 3. Regular; metódico.

pau·tar *v.t.d.* 1. Riscar o papel à maneira de pauta. 2. Pôr em pauta. 3. Tornar moderado, metódico. 4. Ajustar; adaptar. 5. Dirigir; regular.

pa·va·na *s.f. ant.* 1. Dança popular italiana que esteve em voga nos séculos XVI e XVII. 2. Música que acompanhava essa dança.

pa·vão *s.m. Zool.* Grande ave galinácea notável pela magnífica plumagem, especialmente a da cauda. *Fem.:* pavoa.

pá·vi·do *adj. desus.* Medroso; amedrontado; que tem pavor.

pa·vi·lhão *s.m.* 1. Pequena edificação, geralmente de madeira. 2. Construção isolada no meio ou dos lados do corpo principal de edifício. 3. Estandarte; bandeira. 4. *Anat.* Parte exterior do canal auditivo.

pa·vi·men·ta·ção *s.f.* Ação ou efeito de pavimentar.

pa·vi·men·tar *v.t.d.* 1. Fazer o pavimento de. 2. Construir com pavimentos.

pa·vi·men·to *s.m.* 1. Chão. 2. Recobrimento do chão com madeira, pedra, etc. sobre o qual se anda. 3. Cada um dos andares de um edifício.

pa·vi·o *s.m.* 1. Torcida. 2. Rolo de cera que envolve uma torcida.

pa·vo·ne·ar *v.t.d.* 1. Enfeitar com garridice. 2. Ostentar com jactância. 3. Exibir vaidosamente. *v.p.* 4. Enfeitar-se garridamente. 5. Ufanar-se.

pa·vor *s.m.* Grande susto; terror.

pa·vo·ro·so (ô) *adj.* Medonho; horroroso; que infunde pavor. *Pl.:* pavorosos (ó).

pa·vu·na *s.f.* Vale fundo e escarpado.

pa·xá (ch) *s.m.* 1. Título dos governantes de províncias turcas. 2. *fig.* Indivíduo poderoso e autoritário. 3. Aquele que leva vida faustosa e indolente.

paz *s.f.* 1. Situação, estado de um povo, de um país que não está em guerra. 2. Cessação de hostilidade. 3. Sossego; silêncio. 4. Harmonia.

PC *s.m. Inform.* 1. Computador pessoal, de qualquer marca (sigla de *personal computer*). 2. Tipo de microcomputador derivado dos primeiros PCs da IBM (1981).

pê *s.m.* Nome da décima sexta letra do nosso alfabeto, *p*.

pé *s.m.* 1. *Anat.* Parte do corpo do homem e de animais que se articula com a extremidade inferior da perna e assenta no chão. 2. Medida inglesa de comprimento que se divide em 12 polegadas e equivale, aproximadamente, a 30,48 cm no sistema métrico decimal. 3. A parte inferior de inúmeros objetos. 4. Pedestal. 5. Pretexto; motivo. 6. Estado de um negócio. 7. *Bot.* Haste de planta.

pe·a·nha *s.f.* Pequeno pedestal que sustenta uma imagem, uma cruz, etc.

pe·ão *s.m.* 1. Homem que anda a pé. 2. Soldado de infantaria. 3. Cada uma das pequenas peças de xadrez que se colocam na frente. 4. Amansador de animais de sela. 5. Homem ajustado para conduzir uma tropa ou para serviço de campo. *V.* **pião**.

pe·ar *v.t.d.* 1. Lançar peias a. 2. Prender com peia. 3. Embaraçar; impedir. *V.* **piar**.

pe·bo·lim *s.m.* Jogo inspirado no futebol, também conhecido por totó.

pe·ça (é) *s.f.* 1. Parte de um todo. 2. Cada uma das partes ou elementos de um conjunto. 3. Teia de pano. 4. Cada uma das pedras ou figuras em jogo de tabuleiro. 5. Compartimento de casa. 6. Composição dramática ou musical. 7. Engano; logro.

pe·ca·di·lho *s.m.* 1. Pecado leve. 2. Pequeno defeito.

pe·ca·do *s.m.* 1. Transgressão de preceito religioso; culpa. 2. Vício; defeito. 3. Maldade.

pe·ca·dor *adj.* e *s.m.* 1. Que ou o que peca ou é propenso a pecar. 2. Que ou o que tem certos defeitos ou vícios.

pe·ca·mi·no·so (ô) *adj.* 1. Em que há pecado. 2. Da natureza do pecado. *Pl.*: pecaminosos (ó).

pe·car *v.i.* 1. Transgredir lei religiosa ou preceito da Igreja. 2. Cometer pecados. 3. Errar. 4. Tornar peco (fruto). *v.t.i.* 5. Faltar a qualquer regra de moral. 6. Cometer pecados ou faltas.

pe·cha (é) *s.f.* 1. Defeito; balda. 2. Mau costume.

pe·chin·cha *s.f.* 1. Coisa comprada a preço muito reduzido. 2. Grande conveniência.

pe·chin·char *v.i.* 1. Procurar adquirir por preço menor. 2. Comprar mais barato.

pe·chin·chei·ro *adj.* e *s.m.* 1. Que ou o que pechincha. 2. Diz-se de ou aquele que procura pechinchas.

pe·chis·be·que (é) *Metal. s.m.* Liga de cobre e zinco imitando o ouro.

pe·cí·o·lo *s.m. Bot.* Parte da folha que prende o limbo ao tronco; pé da folha.

pe·co (ê) *adj.* 1. Que definhou; que não chegou a medrar (fruto). 2. Néscio; bronco. *s.m.* 3. Doença que faz definhar os vegetais; definhamento.

pe·ço·nha (ô) *s.f.* 1. Secreção venenosa de alguns animais; veneno. 2. Coisa nociva à saúde ou aos bons costumes. 3. Maldade.

pe·ço·nhen·to *adj.* Que tem peçonha; venenoso.

pe·cu·á·ri·a *s.f.* Arte e indústria da criação e tratamento do gado.

pe·cu:a·ris·ta *s.2gên.* Pessoa que se dedica à pecuária; pecuário.

pe·cu·la·tá·ri·o *s.m.* Aquele que comete peculato.

pe·cu·la·to *s.m.* Roubo ou desvio de dinheiro ou rendimentos públicos por pessoa que os administra ou guarda.

pe·cu·li·ar *adj.2gên.* 1. Concernente a pecúlio. 2. Próprio de uma pessoa ou coisa; privativo.

pe·cu·li:a·ri·da·de *s.f.* Qualidade de peculiar.

pe·cú·li:o *s.m.* 1. Soma de dinheiro que alguém adquiriu ou acumulou pelo seu trabalho e economia. 2. Qualquer reserva de dinheiro. 3. Bens.

pe·cú·ni:a *s.f.* Dinheiro.

pe·cu·ni·á·ri:o *adj.* 1. Concernente a dinheiro. 2. Representado por dinheiro.

pe·da·ço *s.m.* 1. Qualquer porção de um todo. 2. Bocado; fragmento; naco. 3. Trecho. 4. *pop.* Mulher muito bonita e provocante.

pe·dá·gi:o *s.m.* 1. Taxa de passagem por uma estrada de rodagem. 2. O posto fiscal onde se recolhe essa taxa.

pe·da·go·gi·a *s.f.* Teoria e ciência da instrução e educação; compreende a formação intelectual, moral e física dos educandos.

pe·da·go·go (ô) *s.m.* 1. Aquele que se dedica à pedagogia. 2. Prático da educação; mestre; educador.

pé-d´á·gua *s.m.* Chuva intensa e de pouca duração; aguaceiro; toró. *Pl.:* pés-d´água.

pe·dal *s.m.* Peça de instrumentos musicais, máquinas, veículos sobre a qual se assenta o pé, para acionar.

pe·da·la·gem *s.f.* Ação de pedalar.

pe·da·lar *v.t.d.* 1. Mover os pedais de. *v.i.* 2. Mover os pedais de qualquer máquina. 3. Andar de bicicleta.

pe·dan·te *adj.2gên.* 1. Que se dá ares de sábio, que faz ostentação de conhecimentos superiores aos que possui. 2. Vaidoso; presunçoso. 3. Afetado. *s.2gên.* 4. Pessoa pedante.

pe·dan·tis·mo *s.m.* 1. Qualidade de pedante. 2. Ato ou modos de pedante.

pé de ga·li·nha *s.m.* Nome que se dá às rugas no canto externo dos olhos. *Pl.:* pés de galinha.

pé-de-mei:a *s.m.* Dinheiro economizado para alguma finalidade; economias. *Pl.:* pés-de-meia.

pé de mo·le·que (é) *s.m.* Doce de massa de açúcar com fragmentos de amendoim. *Pl.:* pés de moleque.

pe·de·ras·ta *s.m.* Indivíduo que pratica a pederastia.

pe·de·ras·ti·a *s.f.* Homossexualismo entre indivíduos do sexo masculino.

pe·der·nei·ra *s.f.* Pedra muito dura que produz fogo quando tocada com um fragmento de aço ou sílex.

pe·des·tal *s.m.* 1. Peça que sustenta uma estátua, uma coluna, etc.; peanha; plinto; base. 2. Fundamento.

pe·des·tre (é) *adj.2gên.* 1. Que anda ou está a pé. 2. Que representa um indivíduo a pé (estátua). 3. Que se faz a pé. 4. Humilde. *s.2gên.* 5. Pessoa que anda a pé.

pe·des·tri:a·nis·mo *s.m.* Competição esportiva entre corredores; atletismo.

pe·di·a·tra *s.2gên.* Especialista em pediatria.

pe·di·a·tri·a *s.f. Med.* Ramo da medicina que se ocupa com a saúde da criança e as moléstias infantis.

pe·dí·cu·lo *s.m.* 1. *Bot.* Suporte de qualquer órgão vegetal. 2. *Bot.* Pé de cogumelos. 3. *Zool.* Gênero de insetos que compreende os piolhos.

pe·di·cu·ro *s.m.* Indivíduo que se dedica à extirpação de calos, corte e limpeza das unhas dos pés; calista.

pe·di·do *s.m.* 1. Ato de pedir. 2. Petição; solicitação. *adj.* 3. Que se pediu; solicitado.

ped·i·gree (pedigrí) *Ingl. s.m.* Registro de uma linha de ancestrais animais (especialmente de cães, gatos ou cavalos); linhagem; genealogia.

pe·di·lú·vi:o *s.m.* Banho dos pés.

pe·din·char *v.t.d.* e *v.i.* Pedir muito; pedir com lamúria.

pe·din·te *adj.2gên.* e *s.2gên.* Que ou pessoa que pede ou mendiga.

pe·dir *v.t.d e i.* 1. Rogar; implorar; suplicar. 2. Solicitar. *v.i.* 3. Fazer pedidos ou súplicas. 4. Orar.★

pé·di·rei·to *s.m. Arquit.* Altura de um pavimento de edifício desde o soalho até o teto. *Pl.:* pés-direitos.

pe·di·tó·ri:o *s.m.* 1. Ato de pedir a várias pessoas para fins de caridade ou religião. 2. Súplica repetida e insistente.

pe·dó·fi·lo *adj.* Adulto morbidamente atraído por crianças.

pe·do·lo·gi·a¹ *s.f.* 1. Estudo da vida e desenvolvimento das crianças. 2. Tratado de educação infantil.

pe·do·lo·gi·a² *s.f.* Edafologia.

pe·dra (é) *s.f.* 1. Corpo duro e sólido, da natureza das rochas. 2. Qualquer fragmento desse corpo. 3. Lápide de sepulcro. 4. Pedaço retangular de ardósia no qual se escreve e se fazem contas ou cálculos; quadro-negro. 5. *Med.* Concreção calcária que se forma na bexiga, nos rins, etc. 6. Peça de jogo de tabuleiro. 7. Granizo.

pe·dra·da *s.f.* 1. Arremesso de pedra. 2. Pancada com pedra que se arremessou. 3. *fig.* Ofensa.

pe·dra-po·mes (é, ô) *s.f.* Pedra porosa e leve que serve para polir ou limpar; pomes. *Pl.:* pedras-pomes.

pe·dra·ri·a *s.f.* 1. Grande porção de pedras de cantaria. 2. Coleção ou grande quantidade de pedras preciosas.

pe·dra-sa·bão *s.f. Min.* Variedade de pedra mole, também chamada esteatita (talco maciço de cor verde-pardacenta ou parda). *Pl.:* pedras-sabão ou pedras-sabões.

pe·dra-u·me *s.f.* Nome popular do sulfato de alumínio e potássio. *Pl.:* pedras-umes.

pe·dre·go·so (ô) *adj.* Em que há muitas pedras. *Pl.:* pedregosos (ó).

pe·dre·gu·lho *s.m.* 1. Grande quantidade de pedras miúdas. 2. Cada uma dessas pedras.

pe·drei·ra *s.f.* Lugar ou rocha de onde se extrai pedra.

pe·drei·ro *s.m.* 1. Operário que trabalha na construção de casas e edifícios. *epiceno* 2. *Zool.* João-de-barro.

pe·dren·to *adj.* 1. Que se assemelha a pedra. 2. Pedregoso.

pe·drês *adj.2gên.* 1. Salpicado de preto e branco; carijó. 2. Feito de pedras brancas e pretas.

pe·dro·so (ô) *adj.* 1. Que tem a natureza ou consistência da pedra. 2. Pedregoso. *Pl.:* pedrosos (ó).

pe·dún·cu·lo *s.m.* 1. *Bot.* Pé da flor ou do fruto. 2. *Zool.* Suporte de qualquer órgão animal.

pé-fri:o *s.m.* 1. *pop.* Falta de sorte; azar. *sobrecomum* 2. *pop.* Pessoa azarada ou que dá azar para os outros. *Pl.:* pés-frios.

pe·ga¹ (é) *s.f.* Logro, cilada.

pe·ga² (é) *s.f.* 1. Ação de pegar. 2. *desus.* Recrutamento forçado. *s.m.* 3. Discussão forte; desavença; briga; rolo; correria; desordem; barulho. *interj.* 4. Termo com que se acusa e persegue alguém, sobretudo um ladrão.

pe·ga (ê) *s.f. epiceno* 1. *Zool.* Ave europeia da família do corvo. 2. Mulher tagarela. 3. Mulher feia e malvestida.

pe·ga·da¹ *s.f.* Ato ou efeito de pegar.

pe·ga·da² *s.f.* 1. Vestígio que o pé deixa no solo; rastro. 2. Sinal; vestígio.

pe·ga·di·ço *adj.* 1. Que se pega com facilidade. 2. Viscoso. 3. Contagioso. 4. Importuno.

pe·ga·do *adj.* 1. Colado; contíguo; junto. 2. Aproximado. 3. Amigo.

pe·ga·dor *adj.* 1. Que pega. *s.m.* 2. Aquele que pega. 3. Jogo infantil; pique(2).

pe·ga·jo·so (ô) *adj.* 1. Pegadiço; viscoso. 2. Maçador; importuno. *Pl.:* pegajosos.

pe·ga-la·drão *s.m.* 1. Fecho de segurança usado em joias para evitar perda ou roubo. 2. Dispositivo mecânico, elétrico ou eletrônico que dispara alarme em caso de tentativa de invasão. *Pl.:* pega-ladrões.

pe·ga-pe·ga (é, é) *s.m.* Brincadeira infantil também chamada pegador e pique. *Pl.:* pega-pegas e pegas-pegas.

pe·gar *v.t.d.* 1. Fazer aderir. 2. Colar; grudar. 3. Segurar; agarrar; apanhar. 4. Tomar nas mãos. 5. Comunicar por contágio. *v.i.* 6. Ficar aderente. 7. Criar raízes, vingar (planta). 8. Surtir efeito. 9. Difundir-se (moda). 10. Inflamar-se (fogo). *v.p.* 11. Aderir; colar-se. 12. Socorrer-se. *Part.:* pegado. *Part. irreg.:* pego (ê).

pe·ga-ra·paz *s.m.* Mecha de cabelo em forma de caracol ou meia-lua, usada pendente sobre a testa ou nas laterais do rosto. *Pl.:* pega-rapazes.

Pé·ga·so *s.m. Mit.* 1. Cavalo alado. 2. *Astron.* Constelação boreal.

pe·ga·ti·vo *adj.* Contagioso; pegadiço.

pe·ga·va·re·tas (é) *s.m.2núm.* Jogo com varetas coloridas.

pe·go (é) *s.m.* 1. O ponto mais fundo de um rio, lago, etc. 2. Abismo; voragem.

pe·gu·rei·ro *s.m.* 1. Pastor; guardador de gado. 2. Cão de gado ou de caça.

pei·a (ê) *s.f.* 1. Corda ou laço com que se prendem os pés dos animais para que não andem. 2. Embaraço; impedimento.

pei·ta *s.f. desus.* Dádiva ou promessa feita a uma pessoa para a subornar.

pei·tar *v.t.d. desus.* 1. Subornar com peitas. 2. Corromper ou procurar corromper com dádivas.

pei·ti·lho *s.m.* 1. Tudo o que reveste ou cobre o peito. 2. Peça de vestuário que se coloca sobre o peito.

pei·to *s.m. Anat.* 1. Parte do tronco entre o pescoço e o estômago. 2. Parte anterior e externa da caixa torácica. 3. Cada uma das glândulas mamárias da mulher; mama. 4. *fig.* Coragem.

pei·to·ral *adj.2gên.* 1. Que se refere ou faz bem ao peito. *s.m.* 2. Medicamento contra doenças do peito. 3. *Anat.* Músculo da parte anterior do tórax.

pei·to·ril *s.m.* Parapeito.

pei·tu·do *adj.* 1. Que tem peito grande ou forte. 2. Valente, corajoso.

pei·xa·da (ch) *s.f.* Refeição em que predominam preparados de peixe.

pei·xão (ch) *s.m.* 1. *Aum.* de peixe. 2. Mulher bonita e provocante.

pei·xa·ri·a (ch) *s.f.* Estabelecimento onde se vende peixe.

pei·xe (ch) *s.m. epiceno Zool.* Animal vertebrado que nasce e vive na água, respira por guelras e se locomove por meio de barbatanas.

pei·xe-boi (ch) *s.m. Zool.* Nome comum a mamíferos aquáticos de corpo cilíndrico e pele lisa, havendo os de água doce e salgada. *Pl.*: peixes-boi e peixes-bois.

pei·xe-e·lé·tri·co (ch) *s.m. epiceno Zool.* Poraquê. *Pl.*: peixes-elétricos.

pei·xe-es·pa·da (ch) *s.m. epiceno Zool.* Espadarte. *Pl.*: peixes-espadas e peixes-espada.

pei·xei·ra (ch) *s.f.* 1. Mulher que vende peixe. 2. Faca que se usa principalmente para cortar peixe. 3. Travessa em que se serve o peixe.

pei·xei·ro (ch) *s.m.* Vendedor de peixes.

Pei·xes (ch) *s.m.pl.* 1. *Astron.* A décima segunda constelação do zodíaco (hemisfério norte). 2. *Astrol.* O décimo segundo signo do zodíaco, relativo às pessoas nascidas entre 19 de fevereiro e 20 de março.

pei·xe-vo·a·dor (ch) *s.m. Zool.* Peixe marinho, capaz de saltar e planar por até 90 m sobre a superfície do mar, com o auxílio de suas barbatanas peitorais abertas. *Pl.*: peixes- -voadores.

pe·ja·do *adj.* 1. Que sente pejo; envergonhado. 2. Cheio; repleto; carregado.

pe·jar *v.t.d.* 1. Encher. 2. Estorvar; embaraçar. 3. Sobrecarregar. *v.i.* 4. Tornar-se prenhe ou grávida. *v.t.i.* 5. Causar vergonha. *v.p.* 6. Embaraçar- -se. 7. Envergonhar-se; acanhar-se.

pe·jo (ê) *s.m.* Acanhamento; pudor; vergonha.

pe·jo·ra·ti·vo *adj.* 1. Diz-se do vocábulo que adquiriu ou tende a adquirir sentido torpe, obsceno ou simplesmente desagradável. *s.m.* 2. Vocábulo pejorativo.

pe·la^1 (é) *s.f.* 1. Bola que se usa em certos jogos, e a qual se atira à parede com a mão ou com raqueta. 2. Bola de látex defumada.

pe·la^2 (é) *s.f.* Ação de pelar^2.

pe·la·da *s.f.* 1. Jogo de futebol entre amadores, geralmente em terreno baldio.

pe·la·do^1 *adj.* 1. Que foi desprovido do pelo que o recobria. 2. Que não tem pelo. 3. Calvo. 4. Finório; espertalhão.

pe·la·do^2 *adj.* 1. A que se tirou a pele ou a casca. 2. Nu, despido. 3. Pobre, sem dinheiro.

pe·la·du·ra *s.f.* 1. Ação ou efeito de pelar^1 ou pelar^2. 2. Susto. 3. Desastre.

pe·la·gem *s.f.* O pelo dos animais; pelame.

pé·la·go *s.m.* 1. Profundidade do mar. 2. Mar alto; oceano. 3. Abismo; voragem.

pe·la·gra *s.f. Med.* Avitaminose (especialmente da vitamina B2) que se caracteriza por eritema das partes descobertas, perturbações digestivas, dores e distúrbios mentais.

pe·la·me *s.m.* 1. Pelagem. 2. Porção de peles.

pe·lan·ca *s.f.* 1. Pele mole e pendente. 2. Carne magra ou engelhada.

pe·lar¹ *v.t.d.* 1. Tirar o pelo a. *v.p.* 2. Ficar sem pelo.

pe·lar² *v.t.d.* 1. Tirar a pele ou a casca de. 2. Despojar alguém dos seus haveres. *v.i.* 3. Ferver a ponto de, pelo simples contato, tirar a pele. *v.p.* 4. Ficar sem pele. 5. Gostar muito de.

pe·le (é) *s.f.* 1. *Anat.* Membrana que reveste e cobre exteriormente todas as partes do corpo do ser humano, dos animais vertebrados e de grande número de invertebrados. 2. Epiderme; couro. 3. A casca de alguns frutos ou tubérculos.

pe·le·go (ê) *s.m.* 1. A pele do carneiro com a lã que se usa como chairel. 2. *deprec.* Agente do Ministério do Trabalho em sindicato operário. 3. *fig.* Indivíduo subserviente.

pe·le·ja (ê) *s.f.* 1. Ação de pelejar. 2. Contenda; briga; combate. 3. Jogo de futebol.

pe·le·jar *v.i.* 1. Batalhar; lutar. 2. Brigar; 3. Estar em desacordo. *v.t.i.* 4. Combater. 5. Teimar. *v.t.d.* 6. Travar combate, luta, etc.

pe·le·ri·ne *s.f.* Pequeno manto que apenas cobre parte das costas e do peito.

pe·le·te·ri·a *s.f.* Casa onde se vendem peles ou peliças.

pe·le·ver·me·lha *adj.2gên.* 1. Relativo aos indígenas norte-americanos, ou próprio deles. *s.2gên.* 2. Pessoa pertencente aos povos indígenas norte-americanos. *Pl.:* peles-vermelhas.

pe·li·ca *s.f.* Pele fina que se usa na fabricação de luvas, calçados, etc.

pe·li·ça *s.f.* Peça de vestuário feita ou forrada de peles finas e macias.

pe·li·ca·no *s.m. Zool.* Ave aquática encontrada em praticamente todos os continentes, de grande porte, pescoço longo, bico largo e desenvolvido, com bolsa debaixo dele para guardar os peixes de que se alimenta.

pe·lí·cu·la *s.f.* 1. Pele muito fina. 2. Filme cinematográfico; fita.

pe·lin·tra *s.2gên.* 1. Indivíduo pobre ou malvestido, mas pretensioso. *adj.2gên.* e *s.2gên.* 2. Diz-se de ou indivíduo elegante, bem-vestido.

pe·lin·tra·gem *s.f.* Qualidade ou ação de pelintra; os pelintras.

pe·lo¹ (ê) *contr. Prep.* **per** com o *art.* **o**. *Fem.:* pela. *Pl.:* pelos, pelas. *V.* **pelo**².

pe·lo² (ê) *s.m.* 1. Fio delgado que cresce na pele dos animais e em algumas partes do corpo humano. 2. Cabelo. 3. Penugem. 4. Lanugem que algumas frutas têm na casca. *V.* **pelo**¹.

pe·lo·ta (ó) *s.f.* 1. Pequena pela ou bola. 2. Bola de metal. 3. A bola de futebol. 4. Nome de um jogo em que se usa a mão à guisa de raqueta. 5. A bola usada nesse jogo, a qual é arremessada contra um paredão.

pe·lo·tão *s.m.* 1. Grande pelota. 2. A terça parte de uma companhia de soldados. 3. Multidão.

pe·lo·tá·ri:o *s.m.* Jogador de pelota.

pe·lo·ti·quei·ro *s.m.* Prestidigitador.

pe·lou·ri·nho *s.m. ant.* Coluna de pedra, em lugar público, junto da qual se expunham e castigavam escravos fugidos.

pe·lú·ci:a *s.f.* Tecido de lã, seda, etc. com felpa de um lado.

pe·lu·do *adj.* 1. De muito pelo. 2. Coberto de pelo. 3. Cabeludo. 4. Desconfiado; tímido; bisonho. 5. Que tem muita sorte. *s.m.* 6. Indivíduo peludo.

pe·lu·gem *s.f.* Conjunto de pelos.

pel·ve (é) *s.f. Anat.* Bacia.

pél·vi·co *adj.* Relativo à pelve.

pél·vis *s.f. 2núm.* Pelve.

pe·na[1] (ê) *s.f.* 1. Punição; castigo. 2. Sofrimento; desgraça. 3. Lástima; dó; compaixão.

pe·na[2] (ê) *s.f.* 1. Órgão que cobre o corpo de aves; pluma. 2. Pequena peça de metal com que se escreve. 3. Tubo de pena de algumas aves, especialmente do pato, com que se escrevia depois de convenientemente aparado. *fig.* 4. O trabalho da escrita. 5. Os escritores. 6. Escritor. 7. Estilo particular de um autor.

pe·na·cho *s.m.* 1. Uma ou mais penas postas em ramo, com que se adornam capacetes, chapéus, etc. 2. Crista.

pe·na·da *s.f.* 1. Traço de pena de escrever. 2. Palavra escrita. 3. Opinião; voto. 4. Pedido escrito.

pe·na·do[1] *adj.* 1. Padecente; que tem pena[1].

pe·na·do[2] *adj.* Emplumado.

pe·nal *adj.2gên.* 1. Concernente a penas judiciais. 2. Que impõe ou comina penas. 3. Criminal (direito).

pe·na·li·da·de *s.f.* 1. Conjunto ou sistema de penas que a lei impõe. 2. Natureza da pena ou castigo. *Fut.* ***Penalidade máxima***: pênalti.

pe·na·li·za·ção *s.f.* Ato ou efeito de penalizar.

pe·na·li·zar *v.t.d.* 1. Causar pena, dó, desgosto a; pungir. *v.p.* 2. Sentir pena.

pê·nal·ti *s.m. Fut.* Falta máxima cometida na grande área e punida por tiro direto, sem barreira, a 11 m do gol, defendido apenas pelo goleiro; esse tiro.

pe·nar *v.i.* 1. Afligir-se; padecer; sofrer; ter pesares. *v.t.d.* 2. Impor pena a; castigar.

pe·na·tes *s.m.pl.* 1. Deuses domésticos aos quais os antigos romanos confiavam a guarda dos mantimentos. 2. Lar; família; casa paterna.

pen·ca *s.f.* 1. Folha grossa e carnuda de alguns vegetais. 2. Galho de árvore, de onde pendem vários frutos (especialmente bananas). 3. *fig.* Quantidade; porção.

pen·dão *s.m.* 1. Bandeira; estandarte. 2. Insígnia de um partido, de uma causa. 3. *Bot.* As flores do milho.

pen·dên·ci·a *s.f.* 1. Qualidade do que está pendente. 2. Rixa; contenda; briga; luta; conflito; pendenga.

pen·den·ga *s.f.* Pendência; discussão.

pen·den·te *adj.2gên.* 1. Que pende. 2. Pendurado; suspenso. 3. Inclinado. 4. Dependente. 5. Que ainda não foi colhido. 6. Atento. *s.m.* 7. Pingente; brinco.

pen·der *v.i.* e *v.t.i.* 1. Estar pendurado. 2. Estar para cair. 3. Inclinar-se. 4. Depender; estar inclinado, quase resolvido. *v.t.d.* 5. Fazer cair. 6. Dependurar. *v.p.* 7. Inclinar-se. 8. Encostar-se.

pen·dor *s.m.* 1. Declive; obliquidade. 2. Índole; propensão.

pên·du·lo *s.m.* 1. Corpo pesado, suspenso na extremidade inferior de um fio ou de uma vara metálica, que tem a outra extremidade ligada a um ponto fixo. 2. Disco metálico preso que regula o movimento do mecanismo de certos relógios. 3. Aquilo que se move ou trabalha com intervalos regulares.

pen·du·ra *s.f.* 1. Ação de pendurar. 2. Coisa pendurada. 3. Falta de dinheiro.

pen·du·ra·do *adj.* 1. Suspenso; colocado no alto. *s.m.* 2. Terreno em declive muito íngreme.

pen·du·rar *v.t.d.* 1. Prender em cima, de modo que não toque no chão. 2. Pôr (em lugar elevado). 3. Penhorar; não pagar (uma conta). *v.p.* 4. Estar suspenso, pendente. 5. Estar a grande altura sobre um plano vertical ou inclinado. 6. Depender. 7. Elevar-se; guindar-se.

pen·du·ri·ca·lho *s.m.* Coisa pendurada, pendente, para enfeite ou adorno.

pe·ne·di·a *s.f.* Série ou reunião de penedos.

pe·ne·do (ê) *s.m.* 1. Grande pedra. 2. Penhasco. 3. Fraga; rochedo.

pe·nei·ra *s.f.* Aro de madeira ao qual se adaptou um fundo formado de fios de crina, arame, taquara, etc., trançados mais ou menos estreitamente, e que serve para passar as substâncias, reduzidas a pequenos fragmentos; crivo; joeira.

pe·nei·rar *v.t.d.* 1. Passar pela peneira. 2. Selecionar; classificar. *v.i.* 3. Chuviscar; cair chuva miúda.

pe·ne·tra (é) *s.2gên.* 1. Pessoa petulante, intrometida. 2. Pessoa que entra numa festa sem convite.

pe·ne·tra·ção *s.f.* 1. Ação ou efeito de penetrar. 2. Facilidade de compreensão; perspicácia.

pe·ne·trais *s.m.pl.* O interior; a parte mais íntima.

pe·ne·tran·te *adj.2gên.* 1. Que penetra. 2. Que punge. 3. Intenso; agudo. 4. Perspicaz.

pe·ne·trar *v.t.d.* 1. Entrar através de. 2. Transpor. 3. Perceber. 4. Descobrir. *v.t.i.* 5. Introduzir-se. 6. Chegar ao interior; 7. Insinuar-se. *v.p.* 8. Convencer-se intimamente.

pên·fi·go *s.m. Med.* Nome comum a diversas dermatoses bolbosas (como o pênfigo foliáceo, vulgarmente chamado fogo-selvagem).

pe·nha (ê) *s.f.* Rocha; penhasco.

pe·nhas·co *s.m.* Penha elevada; rocha extensa.

pe·nhor *s.m.* 1. Objeto de valor que se dá ou se toma para segurança de alguma dívida ou contrato. 2. Garantia de pagamento; caução. 3. *fig.* Garantia; segurança. 4. Prova; sinal.

pe·nho·ra (ó) *s.f.* 1. Apreensão de bens de um devedor para pagamento judicial e respectivas custas. 2. Execução judicial para pagamento de determinada quantia.

pe·nho·ra·do *adj.* 1. Que se tomou em penhor. 2. Reconhecido; grato.

pe·nho·rar *v.t.d.* 1. Apreender por meio de processo executivo. 2. Efetuar a penhora de. 3. Dar em garantia. 4. Impor ou exigir por obrigação. 5. *fig.* Dar motivo à gratidão de. 6. Tornar agradecido. *v.p.* 7. Mostrar-se grato.

pe·ni·ci·li·na *s.f. Med.* Antibiótico que se extrai de cogumelos do gênero *Penicilium*.

pe·ni·co *s.m.* Urinol.

pe·nín·su·la *s.f. Geog.* Região cercada de água por todos os lados, exceto por um que a liga a outra região, geralmente mais vasta.

pe·nin·su·lar *adj.2gên.* 1. Concernente a península. *s.2gên.* 2. Pessoa que habita uma península. 3. Pessoa que é da Península Ibérica.

pê·nis *s.m.2núm. Anat.* Órgão genital masculino.

pe·ni·tên·ci·a *s.f.* 1. Arrependimento de culpa ou pecado. 2. A pena imposta pelo confessor ao penitente para remissão ou expiação dos seus pecados; castigo. 3. Tormento.

pe·ni·ten·ci·ar *v.t.d.* 1. Impor penitência a. *v.p.* 2. Arrepender-se. 3. Castigar-se por alguma culpa cometida. 4. Fazer sacrifícios para expiação de culpas ou pecados.

pe·ni·ten·ci·á·ri·a *s.f.* Edifício público destinado à prisão e correção de criminosos, de acordo com o sistema penitenciário.

pe·ni·ten·ci·á·ri·o *adj.* 1. Penitencial. 2. Relativo ao sistema de prisões em que os criminosos são encerrados em celas particulares. *s.m.* 3. Indivíduo preso em penitenciária.

pe·ni·ten·te *adj.2gên.* e *s.2gên.* 1. Que ou pessoa que se arrepende. 2. Que ou pessoa que faz penitência ou confissão dos seus pecados.

pe·no·so (ô) *adj.* 1. Que causa pena. 2. Que incomoda. *Pl.:* penosos (ó).

pen·sa·dor *adj.* e *s.m.* 1. Que ou aquele que pensa ou raciocina; filósofo. 2. Que ou aquele que pensa ou faz curativos.

pen·sa·men·to *s.m.* 1. Ato ou efeito de pensar. 2. Ato particular do espírito. 3. Operação da inteligência. 4. Faculdade de pensar. 5. Ideia; reflexão. 6. Intenção. 7. Conceito; máxima. 8. Fantasia; imaginação. 9. Mente; espírito; alma.

pen·san·te *adj.2gên.* Que pensa; que faz uso da razão.

pen·são *s.f.* 1. Renda vitalícia ou temporária que o Estado ou um particular se obriga a pagar anual ou mensalmente a alguém; foro. 2. Pequeno hotel. 3. Fornecimento regular de comida em domicílio. 4. *fig.* Encargo; ônus. 5. Trabalho; preocupação; cuidado.

pen·sar *v.i.* 1. Formar ideias; raciocinar; meditar. 2. Julgar; acreditar. *v.t.i.* 3. Tencionar. 4. Cogitar; estar preocupado. *v.t.d.* 5. Imaginar. 6. Julgar. 7. Meditar. 8. Fazer curativo a; pôr pensos a.

pen·sa·ti·vo *adj.* 1. Que pensa. 2. Que está absorto em pensamento; meditativo.

pên·sil *adj.2gên.* 1. Suspenso; pendente. 2. Sustentado ou construído sobre colunas.

pen·si·o·na·to *s.m.* 1. Internato. 2. Casa que aluga cômodos, especialmente para idosos e mulheres solteiras ou viúvas.

pen·si·o·nis·ta *adj.2gên.* 1. Que paga pensão. *s.2gên.* 2. Pessoa que recebe pensão, especialmente do Estado. 3. Pessoa que mora em pensão ou que recebe comida de pensão.

pen·so[1] (ê) *s.m.* Curativo.

pen·so[2] (ê) *adj.* 1. Pendido. 2. De mau jeito.

pen·ta·de·cá·go·no *s.m. Geom.* Polígono de quinze lados.

pen·ta·e·dro (é) *s.m. Geom.* Poliedro de cinco faces.

pen·tá·go·no *s.m. Geom.* Polígono de cinco ângulos e cinco lados.

pen·ta·gra·ma *s.m.* 1. Pauta de música. 2. Figura simbólica formada de cinco letras.

pen·tas·sí·la·bo *adj. Gram.* 1. Diz-se do vocábulo ou verso que tem cinco sílabas. *s.m.* 2. Vocábulo ou verso pentassílabo.

Pen·ta·teu·co *s.m.* O conjunto dos cinco primeiros livros da Bíblia.

pen·ta·tlo *s.m.* Conjunto dos cinco exercícios atléticos dos jogos olímpicos: corrida (200 a 1.500 metros), salto em extensão, arremesso de disco, arremesso de dardo e luta.

pen·te *s.m.* 1. Instrumento cortado em forma de dentes, com que se alisa, limpa ou segura o cabelo. 2. Instrumento de ferro com que se carda a lã. 3. Peça na qual se encaixam balas de armas de fogo automáticas.

pen·te:a·dei·ra *s.f.* Móvel estreito, provido de gavetas e espelho grande; toucador.

pen·te:a·de·la (é) *s.f.* Ação ou efeito de pentear ligeiramente ou à pressa.

pen·te·a·do *s.m.* Todo e qualquer arranjo e disposição artificial do cabelo.

pen·te·ar *v.t.d.* 1. Alisar, compor, limpar (o cabelo) com o pente. 2. Desemaranhar. *v.p.* 3. Compor os próprios cabelos.

Pen·te·cos·tes *s.m.2núm. Liturg.* Festa com que os cristãos celebram o sétimo domingo depois da Páscoa, em memória da descida do Espírito Santo sobre os apóstolos.

pen·te·lho (ê) *s.m. chulo* 1. O conjunto de pelos da região pubiana. 2. Indivíduo maçante ou implicante.

pe·nu·gem *s.f.* 1. As primeiras penas que nascem nas aves. 2. Os pelos e cabelos que primeiro nascem; buço. 3. Pelo macio e curto. 4. Pelo nas cascas de frutos ou plantas.

pe·núl·ti·mo *adj.* Que precede imediatamente o último.

pe·num·bra *s.f.* 1. Estado de uma superfície incompletamente iluminada por um corpo luminoso, cujos raios são em parte interceptados por um corpo opaco; meia-luz. 2. *fig.* Retraimento; isolamento.

pe·nú·ri·a *s.f.* 1. Falta do necessário; pobreza. 2. Indigência; miséria extrema.

pe·o·na·da *s.f.* 1. Ajuntamento de peões ou serviçais. 2. Os peões considerados na sua totalidade.

pe·o·na·gem *s.f.* 1. Conjunto dos peões; peonada. 2. Soldados de infantaria.

pe·pi·nei·ro *s.m. Bot.* Trepadeira da família da aboboreira, cujo fruto é o pepino.

pe·pi·no *s.m.* 1. *Bot.* O fruto do pepineiro. 2. *pop.* Problema; dificuldade.

pe·pi·ta *s.f.* Grão ou palheta de ouro nativo que se encontra nas areias de alguns rios.

pep·si·na *s.f. Quím.* Enzima segregada pelas membranas mucosas do estômago que promove a digestão gástrica.

pép·ti·co *adj.* Que concorre para a boa digestão dos alimentos.

pe·que·na (ê) *s.f.* 1. Moça. 2. Namorada.

pe·que·na·da *s.f.* 1. Conjunto de filhos pequenos; filharada. 2. Porção de pequenos, de meninos.

pe·que·nez *s.f.* 1. Qualidade de pequeno. 2. Pequena estatura. 3. Infância; meninice. *fig.* 4. Mesquinhez. 5. Humildade.

pe·que·ni·no *adj.* 1. Muito pequeno. *s.m.* 2. Menino.

pe·que·no (ê) *adj.* 1. De pouca extensão ou pouco volume. 2. De tamanho diminuto. 3. De baixa estatura. 4. Que está na infância. 5. Limitado. 6. Humilde. 7. Parco; insignificante. *s.m.* 8. Menino; rapaz. 9. Namorado.

pe·que·nos (ê) *s.m.pl.* A classe inferior da sociedade; os humildes.

pe·quer·ru·cho *adj.* 1. Pequenino. *s.m.* 2. Menino.

pe·qui *s.m.* 1. *Bot.* Árvore própria dos cerrados. 2. O fruto dessa árvore.

pe·qui·nês *adj.* 1. De Pequim. 2. Designativo de uma raça de cães e de uma raça de patos. *s.m.* 3. O natural ou habitante daquela região da China.

per *prep. ant.* Por. *loc.adv.* **De per si**: cada um por sua vez; isoladamente.

pe·ra (ê) *s.f.* 1. O fruto da pereira. 2. Porção de barba que se deixa crescer na extremidade inferior do queixo. 3. Pequena peça que contém um interruptor de corrente elétrica.

pe·ra·da *s.f.* Doce ou vinho de pera.

pe·ral·ta *s.2gên.* 1. Criança traquinas. *adj.2gên.* 2. Traquinas; travesso.

pe·ral·ti·ce *s.f.* Qualidade, ato de peralta.

pe·ral·vi·lho *s.m.* Peralta; vadio.

pe·ram·bei·ra *s.f.* Abismo; precipício; pirambeira.

pe·ram·bu·la·ção *s.f.* Ação ou efeito de perambular.

pe·ram·bu·lar *v.i.* Andar sem rumo; vaguear a pé.

pe·ran·te *prep.* Diante de; na presença de; ante.

pé-ra·pa·do *s.m. pop.* Pessoa de condição social humilde; pobretão.

per·cal *s.m.* Tecido fino de algodão, sem o pelo que há nos tecidos dessa natureza.

per·cal·ço *s.m.* Transtorno; incômodo inerente a uma profissão, a um estado, etc.; dificuldade.

per·ca·li·na *s.f.* Tecido forte de algodão, sem pelo, usado especialmente em encadernações.

per·ce·ber *v.t.d.* 1. Conceber, conhecer pelos sentidos. 2. Formar perfeita ideia de. 3. Compreender. 4. Notar. 5. Ouvir. 6. Ver bem; divisar. 7. Receber, recolher (rendimentos, honorários, etc.).

per·ce·bi·men·to *s.m.* Ato ou efeito de perceber.

per·cen·ta·gem *s.f.* Porcentagem.

per·cen·tu·al *adj.2gên.* 1. Relativo a percentagem. *s.m.* 2. Uma dada fração de cem. 3. Percentagem de uma coisa relativa à outra.

per·cep·ção *s.f.* 1. Ação ou efeito de perceber. 2. Faculdade de perceber.

per·cep·ti·bi·li·da·de *s.f.* 1. Qualidade de perceptível. 2. Faculdade de perceber.

per·cep·tí·vel *adj.2gên.* Que pode ser percebido.

per·cep·ti·vo *adj.* 1. Que tem a faculdade de perceber. 2. Concernente a percepção.

per·ce·ve·jo (ê) *s.m. epiceno* 1. *Zool.* Inseto parasita das regiões tropicais e temperadas. *s.m.* 2. Preguinho de cabeça chata que se fixa na madeira fazendo-lhe pressão com o dedo.

per·cha (é) *s.f.* Vara comprida de madeira para trabalho de ginastas.

per·cor·rer *v.t.d.* 1. Correr, andar por (algum lugar). 2. Esquadrinhar; investigar. 3. Passar através ou ao longo de. 4. Observar ligeira e sucessivamente.

per·cu·ci·en·te *adj.2gên.* 1. Que percute ou fere. 2. Agudo; penetrante. 3. Profundo.

per·cur·so *s.m.* 1. Ato de percorrer. 2. Andamento; decurso. 3. Caminho, espaço percorrido. 4. Movimento; trajeto.

per·cus·são *s.f.* 1. Ação ou efeito de percutir. 2. Choque; embate de um corpo contra outro.

per·cus·sor *adj.* 1. Que percute. *s.m.* 2. Aquilo que percute. 3. Peça em forma de agulha que, percutindo uma cápsula onde há massa fulminante, a inflama para comunicar fogo à pólvora.

percutir

per·cu·tir *v.t.d.* 1. Bater; ferir; tocar. *v.t.i.* 2. Repercutir.

per·da (ê) *s.f.* 1. Ação de perder. 2. Privação de alguma coisa que se possuía. 3. Desaparecimento; extravio. 4. Prejuízo; ruína.

per·dão *s.m.* 1. Remissão de culpa, ofensa ou dívida. 2. Desculpa. 3. Indulto.

per·de·dor *adj.* e *s.m.* Que ou o que perde.

per·der *v.t.d.* 1. Ficar privado de. 2. Ficar sem o domínio, sem a posse de. 3. Deixar de possuir, de ter, de gozar. 4. Não aproveitar. 5. Deixar fugir. 6. Sofrer o prejuízo de. 7. Causar a ruína de. 8. Deixar de presenciar, de ver ou de ouvir. *v.p.* 9. Tornar-se inútil. 10. Desaparecer; extraviar-se. 11. Deixar de ser percebido (som ou rumor); extinguir-se. 12. Corromper-se. 13. Desorientar-se. 14. Ficar absorvido, preocupado. 15. Deixar-se dominar por um afeto veemente.★

per·di·ção *s.f.* 1. Ação ou o efeito de perder(-se). 2. Perda; ruína. 3. Estrago; desastre. 4. Desonra. 5. Desvio dos preceitos religiosos. 6. Prática de vícios ou maus costumes.

per·di·da¹ *s.f.* 1. Perda.

per·di·da² *s.f.* Meretriz; prostituta.

per·di·do *adj.* 1. Que se perdeu. 2. Disperso. 3. Náufragado. 4. Sumido; extraviado. 5. Apaixonado. 6. Imoral; devasso; viciado. 7. Que está em perigo de morte.

per·di·gão *s.m. Zool.* 1. O macho da perdiz. *epiceno* 2. Espécie de codorna.

per·di·go·to (ô) *s.m.* 1. Perdiz nova. 2. Filhote de perdiz. 3. Salpico de saliva que certas pessoas lançam ao falar.

per·di·guei·ro *adj.* 1. Designativo do cão adestrado na caça à perdiz. *s.m.* 2. Cão perdigueiro.

peregrinar

per·diz *s.f. Zool.* Ave muito procurada para caça e que, no Brasil, é encontrada nos cerrados e nas caatingas. *Masc.:* perdigão.

per·do·a·dor *adj.* e *s.m.* Que ou o que perdoa facilmente.

per·do·ar *v.t.d.* 1. Conceder perdão a. 2. Desculpar. *v.t.i.* 3. Conceder perdão, desculpa. 4. Remitir as faltas. *v.i.* 5. Conceder perdão; ser humanitário. *v.p.* 6. Poupar-se.

per·du·lá·ri·o *adj.* e *s.m.* 1. Que ou o que gasta excessivamente. 2. Dissipador; gastador.

per·du·rar *v.i.* Durar muito.

per·du·rá·vel *adj.2gên.* Duradouro; suscetível de grande duração.

pe·re·ba (é) *s.f.* 1. Abscesso; erupção cutânea. *sobrecomum* 2. Pessoa (que trabalha de modo) medíocre. *Var.:* bereba.

pe·re·ben·to *adj.* Coberto de perebas.

pe·re·ce·dou·ro *adj.* 1. Que há de perecer, de findar. 2. Mortal. 3. Perecível.

pe·re·cer *v.i.* 1. Ter fim. 2. Deixar de existir. 3. Ser abolido, destruído, assolado, devastado. 4. Acabar. 5. Morrer prematura ou violentamente.

pe·re·ci·men·to *s.m.* 1. Ato ou efeito de perecer. 2. Esgotamento; definhamento.

pe·re·cí·vel *adj.2gên.* Perecedouro.

pe·re·gri·na·ção *s.f.* 1. Ação de peregrinar. 2. Viagem em romaria. 3. Caravana a lugares santos e de devoção.

pe·re·gri·nar *v.i.* 1. Viajar. 2. Fazer romaria a lugares santos e de devoção. 3. Divagar. *v.t.d.* 4. Andar em peregrinação por. 5. Percorrer viajando. *v.t.i.* 6. Ir em romaria.

pe·re·gri·no *adj.* 1. Que peregrina. 2. Estrangeiro. 3. Raro; excepcional; extraordinário; excelente. *s.m.* 4. O que anda ou viaja por terras estranhas ou longínquas. 5. Romeiro.

pe·rei·ra *s.f. Bot.* Árvore rosácea frutífera.

pe·remp·tó·ri:o *adj.* 1. Decisivo; terminante; formal. 2. Que põe termo a.

pe·re·nal *adj.2gên.* Perene.

pe·re·ne (ê) *adj.2gên.* 1. Que não tem fim; perpétuo. 2. Que dura muitos anos. 3. Incessante.

pe·re·ni·da·de *s.f.* Qualidade de perene.

pe·re·re·ca (é) *s.f.* 1. *epiceno Zool.* Espécie de rã que vive nas moitas. 2. *pop.* Vulva. *adj.2gên.* 3. Diz-se da pessoa ou animal de pequena estatura e muito vivo. *s.2gên.* 4. Pessoa ou animal inquieto.

pe·re·re·car *v.i.* 1. Andar vivamente de um lado para outro. 2. Ficar desnorteado; atrapalhar-se. 3. Dar saltos repetidos e vivos (o pião).

per·fa·zer *v.t.d.* 1. Preencher o número de. 2. Concluir. 3. Levar a cabo; acabar de fazer; executar. ★

per·fec·ti·bi·li·da·de *s.f.* Qualidade de perfectível.

per·fec·ci·o·nis·mo *s.m.* Tendência obsessiva para a perfeição.

per·fec·ci·o·nis·ta *adj.2gên.* 1. Relativo ao perfeccionismo. *s.2gên.* 2. Pessoa que tem perfeccionismo.

per·fec·tí·vel *adj.2gên.* 1. Que pode aperfeiçoar-se. 2. Suscetível de perfeição ou de aperfeiçoamento.

per·fei·ção *s.f.* 1. Execução completa, acabamento. 2. Máximo grau de bondade ou de excelência a que uma coisa ou pessoa pode chegar. 3. Correção. 4. Pureza. 5. Formosura.

per·fei·ço·ar *v.t.d.* e *v.p.* Aperfeiçoar (-se).

per·fei·to *adj.* 1. Sem defeito. 2. Primoroso. 3. Cabal. 4. Rematado; completo. 5. *Gram.* Designativo dos tempos dos verbos que exprimem uma ação ou estado já passados em relação a certa época. 6. *Mat.* Designativo do número que é igual à soma dos seus divisores, excetuado ele próprio.

per·fí·di:a *s.f.* Ação ou qualidade de pérfido.

pér·fi·do *adj.* 1. Que falta à sua fé, à sua palavra. 2. Traidor; infiel; desleal; falso.

per·fil *s.m.* 1. Delineamento do rosto de alguém, visto de lado; aspecto; representação de um objeto visto de um dos seus lados. 2. Pequeno escrito em que se salientam os traços característicos de alguém.

per·fi·la·ção *s.f.* Ação ou efeito de perfilar-se.

per·fi·la·dor *adj.* e *s.m.* Que ou o que perfila.

per·fi·lar *v.t.d.* 1. Traçar o perfil. 2. Pôr em linha. 3. Endireitar; aprumar. 4. Comparar. *v.p.* 5. Endireitar-se; pôr-se firme. *V.* **perfilhar**.

per·fi·lha·men·to *s.m.* Ato ou efeito de perfilhar.

per·fi·lhar *v.t.d.* 1. Receber como filho, segundo os preceitos legais; adotar. 2. Defender, abraçar (uma teoria, uma ideia, etc.). *V.* **perfilar**.

per·fu·mar *v.t.d.* 1. Espalhar perfume em ou sobre. 2. Tornar odorífero, aromático. 3. Encher de perfume. *v.p.* 4. Pôr perfume em si mesmo.

per·fu·ma·ri:a *s.f.* 1. Estabelecimento onde se fabrica perfume. 2. Loja de perfumes. 3. Conjunto de perfumes.

4. Perfume. 5. Coisa sem grande importância.

per·fu·me *s.m.* 1. Emanação agradável ao olfato, aroma. 2. Qualquer preparado aromático. 3. Suavidade; deleite; agrado.

per·fu·mis·ta *s.2gên.* Pessoa que fabrica ou vende perfumes.

per·fu·mo·so (ô) *adj.* Que exala perfume. *Pl.:* perfumosos (ó).

per·func·tó·ri:o *adj.* 1. Superficial. 2. Passageiro; pouco duradouro. 3. Que se fez em cumprimento de uma obrigação, sem fim útil.

per·fu·ra·ção *s.f.* Ação ou efeito de perfurar.

per·fu·ran·te *adj.2gên.* Que perfura.

per·fu·rar *v.t.d.* Fazer furo ou furos em; penetrar.

per·fu·ra·triz *s.f.* Máquina equipada com broca, usada para perfurar o solo.

per·ga·mi·nho *s.m.* 1. *ant.* Pele de carneiro, de ovelha ou de cordeiro preparada com alume, que conserva textos manuscritos por muito tempo. 2. Documento escrito nessa pele. 3. Diploma de curso superior.

per·ga·mi·nhos *s.m.pl.* Títulos de nobreza.

pér·go·la *s.f.* Pérgula.

pér·gu·la *s.f.* Espécie de abrigo, nos jardins, em forma de ramada. *Var.:* pérgola.

per·gun·ta *s.f.* 1. Frase ou frases com que se interroga. 2. Inquirição. 3. Quesito.

per·gun·tar *v.t.d.* 1. Fazer perguntas a; interrogar; inquirir. 2. Pedir (informações, dados, etc.). 3. Procurar saber. *v.i.* 4. Fazer perguntas. 5. Buscar esclarecimentos.

pe·ri·an·to *s.m. Bot.* Conjunto dos invólucros florais.

pe·ri·cár·di:o *s.m. Anat.* Saco membranoso que envolve o coração.

pe·ri·car·di·te *s.f. Med.* Inflamação do pericárdio.

pe·ri·car·po *s.m. Bot.* Conjunto dos invólucros de uma semente ou de um fruto.

pe·rí·ci:a *s.f.* 1. Destreza; habilidade; proficiência. 2. Qualidade de perito.

pe·ri·ci·al *adj.2gên.* Concernente a perícia ou peritos.

pe·ri·cli·tan·te *adj.2gên.* Que periclita, que corre perigo.

pe·ri·cu·lo·si·da·de *s.f.* Condição do que oferece perigo.

pe·ri·du·ral *adj.2gên.* 1. *Anat.* Diz-se da região no interior da coluna vertebral situada em torno da membrana mais externa que recobre a medula espinhal, a dura-máter. 2. *Med.* Diz-se de anestesia aplicada nessa região.

pe·ri·e·cos (é) *s.m.pl.* Habitantes da Terra que vivem no mesmo paralelo de latitude, mas em longitudes que diferem entre si.

pe·ri·é·li:o *s.m. Astron.* O ponto da órbita de um planeta que fica mais perto do Sol (opõe-se a afélio).

pe·ri·fe·ri·a *s.f.* 1. *Geom.* Contorno de uma figura curvilínea. 2. *Geom.* Superfície de um sólido. 3. Regiões situadas além do perímetro urbano.

pe·ri·fé·ri·co *adj.* 1. Concernente a periferia. 2. Situado na periferia. 3. *Inform.* Dispositivo periférico.

pe·rí·fra·se *s.f.* Rodeio de palavras; circunlóquio.

pe·ri·fra·se·ar *v.t.d.* 1. Expor ou explicar por perífrase. *v.i.* 2. Usar de perífrases.

pe·ri·gar *v.i.* Estar em perigo; correr perigo; periclitar.

pe·ri·geu *s.m. Astron.* Ponto em que a órbita de um planeta se acha mais próxima da Terra.

pe·ri·go *s.m.* Situação, conjuntura que ameaça a existência de uma pessoa ou coisa.

pe·ri·go·so (ô) *adj.* 1. Que causa perigo. 2. Em que há perigo. 3. Que ameaça perigo. 4. Que está em perigo. *Pl.*: perigosos (ó).

pe·ri·me·tri·a *s.f. Mat.* Medida do perímetro.

pe·ri·mé·tri·co *adj.* Concernente a perímetro.

pe·rí·me·tro *s.m. Geom.* Linha que contorna uma figura; circunferência. *Perímetro urbano*: linha imaginária que distingue a cidade das regiões circunvizinhas.

pe·rí·ne·o *s.m. Anat.* Espaço compreendido entre o ânus e os órgãos sexuais externos.

pe·ri·o·di·ci·da·de *s.f.* Qualidade de periódico.

pe·ri·ó·di·co *adj.* 1. Concernente a período. 2. Que volta ou se renova em tempos fixos e determinados. 3. Que se repete com intervalos regulares. 4. Diz-se da publicação que aparece em tempos determinados. *s.m.* 5. Jornal que se publica em dias fixos e determinados.

pe·ri·o·dis·ta *s.2gên.* Jornalista que escreve em publicações periódicas.

pe·ri:o·di·zar *v.t.d.* 1. Dividir em períodos. 2. Expor por períodos.

pe·rí:o·do *s.m.* 1. Espaço de tempo decorrido entre dois acontecimentos ou entre duas datas. 2. Qualquer espaço de tempo. 3. *Gram.* Oração ou reunião de orações que formam sentido completo. 4. *Geol.* Nome dado às eras da Terra, que se subdividem em épocas.

pe·ri·ós·te:o *s.m. Anat.* Membrana fibrosa que reveste os ossos.

pe·ri·pa·té·ti·co *adj.* 1. Pertencente ou relativo ao peripatetismo. 2. Que se ensina passeando. 3. *fig.* Exagerado na expressão, nos gestos. *s.m.* 4. Sectário de Aristóteles.

pe·ri·pa·te·tis·mo *s.m. Fil.* Conjunto de doutrinas dos filósofos que, na Antiguidade, pertenceram à escola de Aristóteles.

pe·ri·pé·ci:a *s.f.* 1. Acontecimento num poema ou drama que muda a face das coisas. 2. Sucesso imprevisto; incidente.

pé·ri·plo *s.m.* 1. Navegação em volta de um mar, ao longo de um país, etc. 2. Relação de uma viagem desse gênero.

pe·ri·qui·to *s.m. epiceno Zool.* Nome comum a diversas aves semelhantes ao papagaio, porém menores.

pe·rís·ci:o *s.m.pl. Geog.* Habitante das zonas glaciais que no mesmo dia vê projetar-se sua sombra para todos os pontos do horizonte.

pe·ris·có·pi:o *s.m.* Instrumento óptico dotado de uma lente de duas faces, uma plana e outra convexa, que permite ver por cima de um obstáculo; é usado especialmente em submarinos.

pe·ris·per·mo (é) *s.m. Bot.* Invólucro da semente das plantas.

pe·ris·pí·ri·to *s.m. Espir.* Organismo homogêneo que desempenha todas as funções da vida psíquica ou da vida separada do corpo; corpo espiritual.

pe·ris·tal·se *s.f. Biol.* Peristaltismo.

pe·ris·tál·ti·co *adj. Biol.* Relativo a peristaltismo (diz-se especialmente do movimento de contração do esôfago e intestinos, para favorecer a deglutição e a digestão).

pe·ris·tal·tis·mo *s.m. Biol.* Movimento de contração dos músculos que serve para impelir um conteúdo para diante ou para o exterior.

pe·ris·ti·lo *s.m.* 1. *Arquit.* Galeria formada de colunas isoladas em volta de um pátio ou na frente de um edifício. 2. *fig.* Aquilo que serve de introdução. 3. O que antecede.

pe·ri·to *adj.* 1. Versado; hábil; conhecedor; experimentado; prático. *s.m.* 2. Aquele que é experimentado ou prático em determinado assunto. 3. Indivíduo nomeado judicialmente para exame ou vistoria.

pe·ri·tô·ni·o *s.m. Anat.* Membrana serosa que cobre as paredes do abdome. *Var.:* peritoneu.

pe·ri·to·ni·te *s.f. Med.* Inflamação do peritônio.

per·ju·rar *v.t.d.* 1. Abjurar. *v.i.* 2. Quebrar o juramento. 3. Faltar a promessas juradas. *v.t.i.* 4. Jurar falso.

per·jú·ri·o *s.m.* 1. Ato ou efeito de perjurar. 2. Juramento falso.

per·ju·ro *adj.* e *s.m.* Que ou o que jura falso ou falta à fé jurada.

per·lon·gar *v.t.d.* 1. Ir ao longo de. 2. Costear. 3. Dilatar; procrastinar.

per·lus·tra·ção *s.f.* Ação de perlustrar.

per·lus·trar *v.t.d.* 1. Percorrer observando, vendo, examinando. 2. Percorrer com a vista. 3. Percorrer; girar.

per·ma·ne·cer *v.l.* 1. Conservar-se ou persistir no mesmo estado ou qualidade, sem mudança. *v.t.i.* 2. Perseverar; persistir. *v.i.* 3. Durar. 4. Continuar existindo.

per·ma·nên·ci:a *s.f.* 1. Ação de permanecer. 2. Estado de permanente. 3. Estabilidade. 4. Perseverança; constância.

per·ma·nen·te *adj.2gên.* 1. Que permanece. 2. Duradouro. 3. Contínuo; ininterrupto.

per·me·ar *v.t.d.* 1. Penetrar; atravessar; furar. 2. Fazer passar pelo meio. *v.t.i.* 3. Estar de permeio. *v.i.* 4. Vir; sobrevir.

per·me·á·vel *adj.2gên.* 1. Designativo dos corpos através dos quais podem passar o ar, a luz, a água, etc. 2. Que pode ser transpassado.

per·mei·o *adv. desus.* No meio. *loc. adv.* **De permeio**: dentro; misturadamente; no meio.

per·mi:a·no *adj.* 1. *Geol.* Diz-se do último período da era paleozoica, que ocorreu entre cerca de 299 e 251 milhões anos atrás, depois do Carbonífero e antes do Triássico (da era mesozoica). *adj.* 2. Relativo a esse período.

per·mis·são *s.f.* 1. Ação de permitir. 2. Licença; consentimento.

per·mis·sí·vel *adj.2gên.* 1. Que se pode permitir. 2. Lícito; admissível.

per·mis·si·vo *adj.* Que dá permissão.

per·mi·tir *v.t.d.* 1. Consentir em; tolerar; admitir. 2. Dar lugar ou ocasião a. 3. Dar liberdade, poder ou licença para. 4. Autorizar a fazer uso de. *v.p.* 5. Tomar a liberdade de; decidir-se.

per·mu·ta *s.f.* 1. Ato ou efeito de permutar. 2. Troca; câmbio; permutação.

per·mu·ta·ção *s.f.* Permuta.

per·mu·tar *v.t.d.* 1. Trocar; dar reciprocamente. 2. *fig.* Fazer participar reciprocamente.

per·na (é) *s.f.* 1. *Anat.* Cada um dos dois membros inferiores do corpo. 2. *Zool.* Cada um dos membros locomotores dos animais. 3. Cada uma das hastes do compasso. 4. Haste de qualquer letra maiúscula. 5. Nome comum a diversas peças de suporte.

per·na·da *s.f.* 1. O maior passo que se pode dar, estendendo a perna. 2. Ramificação. 3. Ramo de árvore. 4. Pequeno braço de rio. 5. Coice; pontapé. 6. Caminhada longa e fatigante.

per·na de pau *adj.2gên.* 1. *Fut.* Diz-se de jogador sem habilidade, ruim. *s.2gên.* 2. Jogador de futebol com essas características. 3. Indivíduo desajeitado ou sem capacidade no que faz. *s.m.* 4. Cada uma das hastes de madeira, com suporte para os pés, que permitem caminhar numa altura mais elevada. *Pl.:* pernas de pau.

per·nal·ta *adj.2gên.* 1. Que tem pernas longas, altas. *s.m.* 2. *Zool.* Ave das pernaltas, antiga classificação que agrupava espécimes de pernas longas.

per·nam·bu·ca·no *adj.* 1. Do estado de Pernambuco. *s.m.* 2. O natural ou habitante desse estado.

per·ne·ar *v.i.* 1. Agitar violentamente as pernas; espernear. 2. Dar pulos.

per·nei·ras *s.f.pl.* 1. Espécie de botas usadas pelos soldados e por alguns habitantes do interior do sertão. 2. Polainas de couro ou de pano grosso.

per·ne·ta (ê) *s.f.* 1. Perna pequena. *s.2gên.* 2. Pessoa a quem falta uma perna, ou que tem lesão numa das pernas.

per·ní·ci·e *s.f.* Destruição; ruína; prejuízo.

per·ni·ci·o·so (ô) *adj.* 1. Nocivo; mau. 2. Perigoso; que pode causar dano ou prejuízo. 3. Ruinoso. *Pl.:* perniciosos (ó).

per·nil *s.m.* 1. A parte mais delgada da perna dos animais. 2. Coxa comestível (especialmente do porco). 3. Perna magra e delgada; cambito; gambito.

per·ni·lon·go *adj.* 1. De pernas compridas. *s.m. Zool.* 2. *epiceno* Nome de uma ave ribeirinha. 3. Nome vulgar dos mosquitos hematófagos de pernas compridas.

per·noi·tar *v.i.* e *v.t.i.* 1. Passar a noite. 2. Dormir; ficar ou pousar durante a noite (em casa alheia ou em lugar onde se está de passagem). 3. Tomar pousada.

per·noi·te *s.m.* Ato ou efeito de pernoitar.

per·nós·ti·co *adj.* Presunçoso; presumido; pedante; petulante.

per·nu·do *adj.* Que tem pernas grossas.

pe·ro·ba (ó) *s.f. Bot.* Árvore cuja madeira é de boa qualidade; perobeira.

pé·ro·la *s.f.* 1. Concreção calcária em forma de glóbulo duro, brilhante e nacarado, que se forma nas conchas de alguns moluscos. 2. *fig.* Lágrima. 3. Camarinha de orvalho. *sobrecomum* 4. *fig.* Pessoa muito bondosa ou de qualidades apreciáveis. 5. Pessoa muito bonita. *adj.2gên.* 6. Que tem a cor da pérola.

pe·ro·lar *v.t.d.* Ornar de pérolas.

pe·ro·li·zar *v.t.d.* Dar cor ou aparência de pérola a.

pe·rô·ni·o *s.m. Anat.* Osso da perna situado ao lado da tíbia.

peroração | **perseverança**

pe·ro·ra·ção *s.f.* 1. A parte final de um discurso; epílogo. 2. Pequeno discurso. 3. A parte final de uma sinfonia.

pe·ro·rar *v.i.* 1. Terminar um discurso. 2. Discorrer pretensiosamente. *v.t.i.* 3. Falar ou discursar com afetação.

per·pas·sar *v.t.i.* 1. Passar junto ou ao lado. 2. Roçar levemente. *v.i.* 3. Seguir uma direção. 4. Decorrer. *v.t.d.* 5. Preterir; postergar.

per·pen·di·cu·lar *adj.2gên. Geom.* 1. Que está ou cai sobre uma linha ou superfície, formando com ela dois ângulos retos. *s.f.* 2. Linha perpendicular.

per·pe·tra·ção *s.f.* Ação ou efeito de perpetrar.

per·pe·trar *v.t.d.* 1. Perfazer; realizar. 2. Cometer (ato condenável).

per·pé·tu:a *s.f.* 1. *Bot.* Nome comum a diversas plantas. 2. A flor dessas plantas.

per·pe·tu·a·ção *s.f.* Ação ou efeito de perpetuar(-se).

per·pe·tu·ar *v.t.d.* 1. Fazer durar sempre ou por muito tempo. 2. Tornar perpétuo; imortalizar. 3. Transmitir para sempre. *v.p.* 4. Durar sempre; eternizar-se. 5. Transmitir-se de geração a geração. 6. Suceder-se (uma raça, uma geração).

per·pe·tu:i·da·de *s.f.* 1. Duração perpétua. 2. Duração demorada, muito longa.

per·pé·tu:o *adj.* 1. Que dura sempre; que não cessa. 2. Que dura toda a vida. 3. Inalterável; imutável. 4. Ininterrupto. 5. Vitalício.

per·ple·xi·da·de (cs) *s.f.* 1. Irresolução; indecisão. 2. Hesitação; dúvida.

per·ple·xo (é, cs) *adj.* Indeciso; irresoluto; duvidoso.

per·qui·ri·ção *s.f.* 1. Ato ou efeito de perquirir. 2. Investigação; inquisição minuciosa.

per·qui·rir *v.t.d.* 1. Inquirir minuciosamente. 2. Investigar com escrúpulo.

per·ren·gue *adj.2gên.* 1. Fraco; covarde. 2. Desalentado; adoentado. 3. Frouxo. 4. Birrento. 5. Imprestável, capenga (animal).

per·re·xil (cs) *s.m.* 1. Variedade de uva branca. 2. *fig.* Aquilo que estimula o apetite; aperitivo.

per·ro (ê) *s.m.* 1. Cão. 2. *deprec.* Homem vil; canalha. *adj.* 3. Pertinaz; teimoso. 4. Mau. 5. Renitente. 6. Difícil de abrir e fechar; emperrado.

per·sa (é) *adj.2gên.* 1. Que se refere ou pertence à Pérsia. *s.2gên.* 2. Natural ou habitante dessa antiga região da Ásia, hoje Irã. *s.m.* 3. O idioma dos persas.

pers·cru·ta·ção *s.f.* Ação ou efeito de perscrutar.

pers·cru·tar *v.t.d.* 1. Esquadrinhar. 2. Indagar; investigar; averiguar minuciosamente; sondar. 3. Estudar.

per·se·cu·tó·ri:o *adj.* Em que há ou que envolve perseguição. 2. Próprio para perseguir. 3. *Jur.* Diz-se da ação intentada contra alguém por estar de posse de alguma coisa.

per·se·gui·ção *s.f.* Ação ou efeito de perseguir.

per·se·gui·dor *adj.* e *s.m.* Que ou o que persegue.

per·se·guir *v.t.d.* 1. Seguir de perto. 2. Correr atrás de; acossar. 3. Vexar com insistência; importunar; atormentar. 4. Castigar. 5. Prejudicar.★

per·se·ve·ran·ça *s.f.* Qualidade de perseverante.

per·se·ve·ran·te *adj.2gên.* 1. Que persevera. 2. Firme; constante; pertinaz.

per·se·ve·rar *v.t.i.* 1. Persistir. 2. Conservar-se, manter-se firme e constante; continuar. *v.l.* 3. Permanecer; conservar-se. *v.i.* 4. Conservar-se firme e constante. 5. Perdurar.

per·si·a·na *s.f.* Armação de lâminas de alumínio ou plástico com que se guarnecem as janelas e à qual se imprimem movimentos variados para deixar passar o ar sem entrar o sol ou a chuva.

per·sig·na·ção *s.f.* Ação de quem se persigna.

per·sig·nar-se *v.p.* Benzer-se fazendo três sinais em cruz, o primeiro na testa, o segundo na boca e o terceiro no peito.

per·sis·tên·ci:a *s.f.* 1. Ação de persistir. 2. Qualidade de persistente. 3. Perseverança; constância; firmeza.

per·sis·ten·te *adj.2gên.* 1. Que persiste. 2. Constante; firme. 3. Teimoso; contumaz.

per·sis·tir *v.t.i.* 1. Perseverar; ser constante; insistir. *v.i.* 2. Durar; perdurar. 3. Continuar a existir. *v.l.* 4. Continuar; permanecer.

per·so·na·gem *s.2gên.* 1. Pessoa de importância pela sua elevada posição. 2. Figura dramática. 3. Cada uma das pessoas que figuram num romance, num drama, num poema, num acontecimento.

per·so·na·li·da·de *s.f.* 1. Qualidade do que é pessoal. 2. O conjunto dos caracteres exclusivos de uma pessoa; aquilo que a distingue de outra, que lhe é próprio e essencial. *sobrecomum* 3. Individualidade consciente; pessoa. 4. Personagem.

per·so·na·lis·mo *s.m.* 1. Qualidade do que é pessoal. 2. Procedimento vicioso daquele que costuma atribuir tudo a si próprio.

per·so·na·li·zar *v.t.d.* 1. Personificar. 2. Nomear ou indicar a pessoa de. 3. Tornar pessoal. 4. *Inform.* Definir o conjunto de parâmetros de equipamento ou programa para atender às exigências de um usuário específico; customizar. *v.i.* 5. Fazer alusões injuriosas.

per·so·ni·fi·ca·ção *s.f.* 1. Ação ou efeito de personificar. 2. *Gram.* Prosopopeia. *sobrecomum* 3. Pessoa que representa um princípio, uma ideia, etc.

per·so·ni·fi·car *v.t.d.* 1. Considerar como pessoa. 2. Atribuir dotes e qualidades pessoais a. 3. Representar por meio de uma pessoa. 4. Ser o modelo de. 5. Exprimir. 6. Realizar ou representar (na figura de uma pessoa).

pers·pec·ti·va *s.f.* 1. Arte ou ciência que ensina a representar num plano os objetos tais como se apresentam à vista, guardadas as distâncias e situações. 2. Pintura que representa edifícios ou paisagens a distância. 3. Aspecto dos objetos vistos de longe. 4. Panorama. 5. Aparência. 6. Probabilidade.

pers·pi·cá·ci:a *s.f.* 1. Qualidade de perspicaz. 2. Agudeza de espírito. 3. Sagacidade.

pers·pi·caz *adj.2gên.* 1. Que tem agudeza de espírito. 2. Sagaz; penetrante. 3. Talentoso.

per·su·a·dir *v.t.d.* 1. Levar a crer ou a aceitar. 2. Induzir; convencer. 3. Determinar; decidir. *v.i.* 4. Levar o convencimento ao ânimo de alguém. *v.p.* 5. Convencer-se; decidir-se.

per·su·a·são *s.f.* 1. Ação ou efeito de persuadir. 2. Convicção; crença.

per·ten·ce *s.m. Jur.* Declaração que se faz em certos títulos, designando a pessoa a quem se transmite a propriedade deles.

per·ten·cen·te *adj.2gên.* 1. Que pertence. 2. Relativo; concernente.

per·ten·cer *v.t.i.* 1. Ser propriedade de alguém. 2. Fazer parte. 3. Ser devido ou merecido. 4. Ser da competência, cargo ou obrigação de alguém.

per·ten·ces *s.m.pl.* O conjunto das coisas pertencentes a alguém ou que fazem parte de alguma coisa.

per·ti·ná·ci·a *s.f.* Qualidade de pertinaz.

per·ti·naz *adj.2gên.* 1. Muito tenaz. 2. Obstinado; persistente; teimoso.

per·ti·nên·ci·a *s.f.* Qualidade ou condição de pertinente.

per·ti·nen·te *adj.2gên.* 1. Relativo; concernente. 2. Próprio; apropositado. 3. Relevante; válido.

per·to *adv.* 1. A pequena distância. 2. Na vizinhança; nas proximidades.

per·tur·ba·ção *s.f.* 1. Ação ou efeito de perturbar(-se). 2. Irregularidade. 3. Tontura. 4. Desordem; confusão.

per·tur·ba·dor *adj.* e *s.m.* Que ou o que perturba.

per·tur·bar *v.t.d.* 1. Causar perturbação a ou em. 2. Desnortear; atrapalhar; confundir. 3. Comover. 4. Desassossegar. *v.p.* 5. Perder a serenidade de espírito; desorientar-se.

pe·ru *s.m. Zool.* Grande ave galinácea doméstica.

pe·ru·a *s.f.* 1. A fêmea do peru. 2. Nome que se dá a uma espécie de camionete. 3. *pop.* Mulher que se enfeita exageradamente com adornos e roupas extravagantes.

pe·ru·a·no *adj.* 1. Do Peru. *s.m.* 2. O natural ou habitante desse país.

pe·ru·ar *v.t.d.* e *v.i.* 1. *pop.* Acompanhar de perto, geralmente jogo, dando palpites. 2. Bisbilhotar, vascular (2), xeretar. 3. Dar uma volta, fazer um pequeno passeio.

pe·ru·ca *s.f.* Cabeleira postiça.

per·va·gar *v.t.d.* 1. Percorrer em várias direções. 2. Atravessar; cruzar. *v.i.* 3. Andar sem destino.

per·ver·são *s.f.* 1. Ação ou efeito de perverter(-se). 2. Corrupção.

per·ver·si·da·de *s.f.* 1. Qualidade de perverso. 2. Índole ruim, ferina.

per·ver·so (é) *adj.* 1. Que tem má índole. 2. Mau; ferino; traiçoeiro.

per·ver·ter *v.t.d.* 1. Mudar para mau. 2. Tornar mau. 3. Corromper; desvirtuar; desnaturar. *v.p.* 4. Tornar-se perverso. 5. Corromper-se.

per·ver·ti·do *adj.* 1. Que se perverteu. 2. Depravado; desmoralizado; imoral.

pe·sa·da *s.f.* 1. O que se pesa de uma só vez. 2. Ação ou resultado de pesar; pesagem. *Da pesada*: *pop.* 1. Qualificado no que faz, que resolve. 2. Que deve ser respeitado ou temido.

pe·sa·de·lo (ê) *s.m.* 1. Agitação profunda ou opressão do coração durante o sono, resultante de sonhos desagradáveis ou aflitivos. 2. Mau sonho. 3. Coisa ou pessoa (*sobrecomum*) que molesta, atormenta ou preocupa desagradavelmente.

pe·sa·do *adj.* 1. Que tem muito peso. 2. Trabalhoso; aborrecido; molesto. 3. Vagaroso; tardo. 4. Que não tem elegância ou vivacidade. 5. Grosseiro; ofensivo. 6. De difícil digestão. 7. Que não tem boa sorte; caipora.

pe·sa·gem *s.f.* Ato ou efeito de pesar.

pêsames

pê·sa·mes *s.m.pl.* Expressão de pesar por qualquer infortúnio.

pe·sar *v.t.d.* 1. Determinar, avaliar o peso de. 2. Tomar o peso a. 3. Manifestar ou acusar o peso de. 4. Examinar atentamente. 5. Ponderar; avaliar; calcular. 6. Ter o peso de. *v.i.* 7. Ter certo peso. *v.t.i.* 8. Causar mágoa, desgosto, arrependimento, remorso. 9. Ter influência. *v.p.* 10. Fazer verificar o seu próprio peso. 11. Compadecer-se. *s.m.* 12. Mágoa; desgosto; arrependimento.

pe·sa·ro·so (ô) *adj.* 1. Que tem pesar. 2. Em que há pesar. *Pl.:* pesarosos (ó).

pes·ca (é) *s.f.* 1. Ação ou arte de pescar. 2. Aquilo que se pescou. 3. Ação de tirar alguma coisa da água. 4. *por ext.* Investigação; procura.

pes·ca·da *s.f. Zool.* Nome comum a diversas espécies de peixes marinhos e de água doce, de tonalidade geralmente prateada e carne muito saborosa.

pes·ca·do *s.m.* 1. Aquilo que se pesca. 2. Qualquer peixe, depois que foi pescado.

pes·ca·dor *s.m.* 1. Aquele que pesca. *adj.* 2. Relativo à pesca. 3. Que serve para a pesca. 4. Que vive de pescar.

pes·car *v.t.d.* 1. Apanhar (peixe) com rede, com anzol, ou por outro processo qualquer. 2. Apanhar qualquer coisa do mesmo modo que se apanha o peixe. 3. Averiguar; investigar. 4. Descobrir. 5. Surpreender em flagrante. 6. Entender; compreender. *v.i.* 7. Ocupar-se da pesca. *v.t.i.* 8. Ter conhecimentos, noções; entender.

pes·ca·ri·a *s.f.* 1. Arte ou indústria da pesca. 2. Grande porção de peixe.

pes·co·ção *s.m.* Safanão.

pesqueiro

pes·co·ço (ô) *s.m.* 1. *Anat.* A parte do corpo compreendida entre a cabeça e o tronco. 2. Colo; garganta. 3. Gargalo.

pe·se·ta (ê) *s.f.* Unidade monetária e moeda da Espanha e Andorra antes do euro.

pe·so (ê) *s.m.* 1. Qualidade natural dos corpos, que os obriga a tender para baixo, em resultado da ação da gravidade. 2. Gravidade inerente aos corpos ou à pressão que exercem sobre o obstáculo que se opõe diretamente à sua queda. 3. Unidade com que se avalia essa pressão. 4. Peça de metal que representa essa unidade. 5. Unidade monetária e moeda da Argentina, Bolívia, Chile, Colômbia, Cuba, Filipinas, Guiné-Bissau, México, República Dominicana e Uruguai. 6. *fig.* Aquilo que incomoda, que fadiga, que abate. 7. Carga; opressão. 8. Doença ou incômodo em alguma parte do corpo. 9. Autoridade; importância. 10. Caiporismo; azar. 11. *Desp.* Categoria de boxe.

pe·so-mos·ca *adj.2gên.* e *s.2gên.* Boxeador de categoria imediatamente abaixo da média; mosca[2]. *Pl.:* pesos-moscas e pesos-mosca.

pes·pe·gar *v.t.d.* 1. Impingir. 2. Dar com violência, com mau modo. 3. Aplicar; assentar.

pes·pon·ta·dei·ra *s.f.* Máquina usada na costura de calçados.

pes·pon·tar *v.t.d.* 1. Dar pesponto em. 2. Coser a pesponto. 3. Costurar (o calçado) na pespontadeira.

pes·pon·to *s.m.* 1. Ponto de costura, como o que se obtém a máquina. 2. O ponto obtido na pespontadeira.

pes·quei·ro *s.m.* 1. Fio com aselha numa extremidade e anzol na outra. 2. Local que serve de comedouro, viveiro ou abrigo para peixes.

pes·qui·sa *s.f.* 1. Ação ou efeito de pesquisar. 2. Busca; investigação.

pes·qui·sa·dor *adj.* e *s.m.* Que ou o que pesquisa, busca, investiga.

pes·qui·sar *v.t.d.* 1. Buscar com diligência; investigar. 2. Fazer pesquisas a respeito de; esquadrinhar. *v.i.* 3. Fazer pesquisas.

pes·se·ga·da *s.f.* Doce de pêssegos.

pês·se·go *s.m.* O fruto do pessegueiro.

pes·se·guei·ro *s.m. Bot.* Árvore rosácea que dá o pêssego.

pes·si·mis·mo *s.m.* Disposição de espírito que leva o indivíduo a encarar tudo pelo lado negativo e a esperar de tudo o pior.

pes·si·mis·ta *adj.2gên.* 1. Concernente ao pessimismo. *s.2gên.* 2. Pessoa partidária do pessimismo.

pés·si·mo *adj.* Muito mau.

pes·so·a (ô) *s.f.* 1. Criatura humana. 2. Qualquer homem ou mulher. 3. Individualidade. 4. *Gram.* Flexão verbal que indica as relações dos sujeitos entre si.

pes·so·al *adj.2gên.* 1. Que se refere ou pertence a pessoa. 2. Individual. 3. Que é próprio e particular de cada pessoa. *s.m.* 4. Os indivíduos encarregados de certos serviços. 5. Gente. 6. Os amigos. 7. Os componentes de uma reunião, de um bando, de uma facção.

pes·so·en·se *adj.2gên.* 1. De João Pessoa (Paraíba); típico dessa cidade ou de seu povo. *s.2gên.* 2. Pessoa que nasceu ou vive nessa cidade.

pes·ta·na *s.f.* 1. Cada um dos pelos que nascem nas bordas das pálpebras; cílio; celha. 2. Sono ligeiro; soneca.

pes·ta·ne·jar *v.i.* 1. Mover as pestanas, abrindo e fechando os olhos. 2. *fig.* Tremeluzir (falando das estrelas).

pes·te (é) *s.f.* 1. Grave doença contagiosa (aplica-se em geral às epidemias em que a pele é atacada de bubões ou de úlceras). 2. *fig.* Coisa funesta, perniciosa. 3. O que corrompe (física ou moralmente). *sobrecomum* 4. Pessoa má ou rabugenta.

pes·te·ar *v.t.d.* 1. Empestar. *v.i.* 2. Ser atacado de peste (o animal).

pes·tí·fe·ro *adj.* 1. Que causa ou transmite a peste. 2. *fig.* Danoso, nocivo.

pes·ti·lên·ci:a *s.f.* 1. Peste. 2. Contágio.

pes·ti·len·ci·al *adj.2gên.* 1. Concernente a peste. 2. Pestífero; maléfico. 3. *fig.* Que corrompe, que desmoraliza.

pes·ti·len·to *adj.* Pestilencial; pestífero; pestoso.

pes·to·so (ô) *adj.* e *s.m.* Doente de peste. *Pl.:* pestosos (ó).

pe·ta (ê) *s.f.* Mentira; patranha.

pé·ta·la *s.f. Bot.* Cada uma das peças que formam a corola.

pe·tar·do *s.m.* 1. Engenho explosivo portátil; bomba. 2. *Fut.* Pelotaço.

pe·te·ca (é) *s.f.* 1. Brinquedo que consiste numa almofadinha de couro, na qual se enfiam penas de aves. 2. A brincadeira com esse objeto. 3. *sobrecomum fig.* Joguete. 4. Objeto de escárnio.

pe·te·le·co (é) *s.m.* Pancada com os dedos.

pe·té·qui:as *s.f.pl. Med.* Manchas vermelhas, semelhantes a mordeduras de pulga, que aparecem na pele no decurso de certas doenças.

pe·ti·ção *s.f.* 1. Ação de pedir; rogo; súplica. 2. Pedido por escrito; requerimento.

pe·ti·ci·o·ná·ri·o *s.m.* 1. Aquele que faz petição. 2. *Jur.* Aquele que intenta demanda em juízo.

pe·ti·me·tre (é) *adj.* e *s.m.* Diz-se de ou indivíduo excessivamente bem vestido; janota; ridículo.

pe·tis·car *v.i.* 1. Comer um pouco, provando ou saboreando. 2. Comer petiscos. *v.t.i.* 3. Ter conhecimentos superficiais. *v.t.d.* 4. Comer sem muito apetite.

pe·tis·co *s.m.* Comida saborosa.

pe·tis·quei·ra *s.f.* 1. Petisco. 2. Recipiente para servir petiscos. 3. Restaurante. 4. Móvel para guardar comida e petiscos; guarda-comida.

pe·ti·tó·ri·o *adj.* 1. Que se refere a pedido ou petição. *s.m.* 2. Petição; pedido.

pe·tiz *s.m.* 1. Menino. *adj.* 2. Pequeno.

pe·ti·za·da *s.f.* 1. Os petizes. 2. Ajuntamento de petizes.

pe·tre·char *v.t.d.* 1. Prover de petrechos. 2. *fig.* Dar os meios necessários a.

pe·tre·chos (ê) *s.m. pl.* 1. Munições e instrumentos de guerra. 2. Quaisquer objetos necessários para a execução de qualquer coisa.

pé·tre·o *adj.* 1. Que é feito ou tem a natureza de pedra. 2. Semelhante a pedra. 3. *fig.* Insensível; desumano; cruel.

pe·tri·fi·ca·ção *s.f.* 1. Ação ou efeito de petrificar. 2. Conversão de uma substância organizada em matéria pétrea.

pe·tri·fi·car *v.t.d.* 1. Converter em pedra. 2. Tornar frio, insensível. 3. Causar espanto a. *v.p.* 4. Tornar-se pedra. 5. Ficar imóvel ou estupefato de susto, medo, pavor, etc.

pe·tro·gra·fi·a *s.f.* 1. Descrição das rochas. 2. Estudo de fragmentos microscópicos de rochas.

pe·tro·lei·ro *adj.* 1. Concernente a petróleo. 2. Designativo do navio especialmente destinado ao transporte do petróleo. *s.m.* 3. Navio petroleiro.

pe·tró·le·o *s.m.* Líquido negro, inflamável, que se encontra no seio da terra e do qual se extrai grande número de derivados.

pe·tro·lí·fe·ro *adj.* 1. Que produz petróleo. 2. Em que há petróleo.

pe·tro·lo·gi·a *s.f.* Estudo do crescimento e da decadência das rochas.

pe·tu·lân·ci·a *s.f.* 1. Qualidade de petulante. 2. Atrevimento; ousadia; insolência.

pe·tu·lan·te *adj.2gên.* Atrevido; ousado; insolente.

pe·ú·ga *s.f.* Meia curta de homem.

pe·vi·de *s.f.* 1. Semente de vários frutos carnosos. 2. Película que aparece na língua de algumas aves, especialmente das galinhas, e que as impede de beber.

pe·xo·ta·da (ch) *s.f.* 1. Ação de pexote. 2. Má jogada. 3. Falta cometida por pexote. *Var.:* pixotada.

pe·xo·te (ch, ó) *s.2gên.* 1. Pessoa que não tem prática da atividade a que se dedica ou em que se empenha. 2. Mau jogador. 3. Novato; ignorante; inexperiente. 4. Criança. *Var.:* pixote.

pez (ê) *s.m.* 1. Secreção resinosa de várias árvores, especialmente do pinheiro. 2. Nome comum às substâncias naturais ou artificiais, resíduos da destilação de líquidos densos, de alcatrões, etc.; breu; alcatrão; piche.

pi *s.m.* 1. Décima sexta letra do alfabeto grego, correspondente ao **p** do nosso alfabeto. 2. *Geom.* Simboliza a relação entre a circunferência e seu diâmetro (3,1415926535..., ou 3,1416, valor

pi·a *s.f.* 1. Espécie de bacia de louça ou aço, usada para lavagem de utensílios de cozinha. 2. Vaso de pedra para líquidos; lavabo.

pi·a·ça·ba *s.f. Bot.* Nome vulgar de duas palmeiras que fornecem boa fibra para o fabrico de vassouras.

pi·a·da *s.f.* Dito engraçado e picante; anedota.

pi:a·dis·ta *adj.2gên.* e *s.2gên.* Que ou pessoa que diz piadas.

pi·a·má·ter *s.f. Anat.* Membrana mais interna e delgada das três que envolvem o cérebro e a medula espinhal. *Pl.:* pias-máteres.

pi:a·nis·ta *s.2gên.* Pessoa que toca piano.

pi:a·nís·ti·co *adj.* Concernente a piano ou a pianista.

pi·a·no *s.m.* 1. *Mús.* Instrumento com um sistema especial de cordas e teclado que dá as notas por percussão. 2. O pianista de uma orquestra.

pi:a·no·la (ó) *s.f.* Piano mecânico acionado por pedais que "leem" a música num rolo de papel perfurado.

pi·ão *s.m.* Peça em forma aproximada de uma pera, com um bico na extremidade, que se faz girar por meio de um cordel. *V.* **peão**.

pi·ar *v.i.* 1. Dar pios (a ave). 2. Falar. *v.t.d.* 3. Soltar, emitir, piando. *V.* **pear**.

pi·as·tra *s.f.* Moeda de prata, de valor variável, segundo os países em que é corrente.

pi·au·i·en·se *adj.2gên.* 1. Do estado do Piauí. *s.2gên.* 2. Natural ou habitante desse estado.

pi·ca·da[1] *s.f.* 1. Ação de picar. 2. Ferida feita com objeto aguçado. 3. Mordedura de inseto. 4. Caminho estreito, no mato, em geral aberto a golpes de facão.

pi·ca·da[2] *s.f.* Cume de monte; pico.

pi·ca·dei·ro *s.m.* 1. Lugar onde se adestram cavalos ou se fazem exercícios de equitação. 2. Recinto circular no interior dos circos para espetáculos de variedades.

pi·ca·di·nho *s.m. Cul.* Preparado composto de carne em pedacinhos ou moída, com batata, etc.

pi·ca·do *adj.* 1. Marcado com pintas ou sinais. 2. Furado de pequenos orifícios. 3. Diz-se do mar encapelado, agitado. 4. Estimulado. 5. Ofendido.

pi·ca·nha *s.f.* Parte posterior da região lombar da rês.

pi·can·te *adj.2gên.* 1. Que pica. 2. Que excita o paladar. 3. Salgado. 4. Malicioso.

pi·cão *s.m.* 1. Espécie de martelo curvo terminado em bico, que serve para lavrar pedra; picareta. 2. *Bot.* Planta gramínea de propriedades diuréticas, que agarra na roupa.

pi·ca-pau *s.m. epiceno Zool.* Nome comum às aves de bico forte que picam o tronco das árvores à procura dos insetos de que se alimentam. *Pl.:* pica-paus.

pi·car *v.t.d.* 1. Ferir ou furar com objeto pontiagudo ou com instrumento perfurante. 2. Ferir, bicar (falando dos insetos). 3. Reduzir a fragmentos. 4. Crivar de pequenos orifícios com instrumento de ponta. 5. Produzir sensação acre em. 6. Incomodar. 7. Estimular; irritar. 8. Perseguir. *v.i.* 9. Esporear. 10. Morder a isca (o peixe). 11. Produzir comichão ou ardor.

pi·car·di·a *s.f.* Maldade; velhacaria; desfeita; pirraça.

pi·ca·res·co (ê) *adj.* 1. Burlesco, ridículo; cômico. 2. *Lit.* Designativo dos contos, romances e novelas que descrevem a vida de pícaros.

pi·ca·re·ta (ê) *s.f.* 1. Instrumento de ferro para escavar terra, arrancar pedras, etc.; alvião. *adj.2gên.* e *s.2gên.* 2. Diz-se de ou pessoa que vive de expedientes nem sempre honestos.

pi·ca·re·ta·gem *s.f. pop.* Ato ou modos de picareta.

pí·ca·ro *adj.* 1. Ardiloso; astuto; patife; velhaco. *s.m.* 2. Indivíduo pícaro.

pi·çar·ra *s.f.* 1. Terra misturada com areia e pedra; cascalho. 2. Pedra em decomposição.

pi·cha·dor *s.m.* Aquele que picha.

pi·cha·men·to *s.m.* Ato de pichar.

pi·char *v.t.d.* 1. Pintar ou untar com piche. 2. Escrever em muros, paredes, postes, etc. 3. Criticar asperamente. *V.* **grafitar**.

pi·che *s.m.* Substância negra e resinosa que resulta da destilação do alcatrão ou da terebintina; pez.

pi·chor·ra (ô) *s.f.* Vasilha de barro, com bico.

pi·cles *s.m.pl.* Legumes conservados em vinagre.

pi·co *s.m.* 1. Ponta aguda; bico; cume. 2. Monte que termina superiormente em forma aguda. 3. Sabor picante. 4. Espírito, graça. *adv.* 5. Pequena quantidade; um pouco mais.

pi·co·lé *s.m.* Sorvete solidificado numa das extremidades de um pauzinho, e que se sorve segurando-o pela outra extremidade.

pi·co·ta·gem *s.f.* Ação ou efeito de picotar.

pi·co·tar *v.t.d.* 1. Fazer picos em. 2. Inutilizar (bilhetes) com o picador.

pi·co·te (ó) *s.m.* 1. Certo ponto usado em rendas finas (é uma pequena argola de linha). 2. Recorte dentado em selos postais, blocos de papel, etc.

pic·to·gra·fi·a *s.f.* Escrita primitiva na qual as ideias são expressas por meio de cenas e objetos desenhados.

pic·tó·ri·co *adj.* Concernente a pintura; pictorial.

pi·cu·á *s.m.* 1. Saco para levar roupa ou comida durante uma viagem. 2. Tipo de cesto; balaio, samburá.

pi·cu·i·nha *s.f.* 1. Os primeiros pios da ave. 2. Remoque; alusão picante.

pi·cu·mã *s.m.* 1. Fuligem. 2. Teias de aranha tomadas pela fuligem.

pi·dão *adj.* e *s.m.* Que ou o que gosta de pedir, que pede muito. *Fem.*: pidona.

pi:e·da·de *s.f.* 1. Devoção, amor e respeito pelas coisas religiosas; religiosidade. 2. Compaixão; dó; pena; misericórdia.

pi:e·do·so (ô) *adj.* Que tem ou revela piedade. *Pl.*: piedosos (ó).

pi:e·gas (é) *s.2gên.* e *2núm.* 1. Pessoa que se embaraça com pequenas coisas. *adj.2gên.* e *2núm.* 2. Diz-se de ou pessoa exageradamente sentimental.

pi:e·gui·ce *s.f.* 1. Qualidade de piegas. 2. Sentimentalidade afetada. 3. Afetação ridícula.

pi·ei·ra *s.f.* Som produzido pela respiração difícil de um doente.

pi:e·mon·tês *adj.* 1. Do Piemonte (Itália). *s.m.* 2. O natural ou habitante do Piemonte. 3. O dialeto dessa região.

pi:er·re·te (é) *s.f.* Mulher fantasiada de pierrô.

pi·er·rô *s.m.* 1. Personagem de pantomima, ingênua e sentimental. 2. Fantasia carnavalesca que reproduz a vestimenta dessa personagem.

pi·fão *s.m. pop.* Bebedeira.

pi·far *v.i.* 1. *pop.* Parar de funcionar; quebrar. 2. Chegar no limite; esgotar-se. 3. *pop.* Não apresentar o resultado esperado, não dar certo; frustrar-se.

pí·fa·ro *s.m. Mús.* Instrumento semelhante à flauta, mas desprovido de chaves e de som mais agudo.

pí·fi:o *adj.* Baixo; grosseiro; vil.

pi·gar·ra *s.f.* Doença que ataca a língua das aves, especialmente galináceas.

pi·gar·re·ar *v.i.* 1. Ter pigarro. 2. Tossir com pigarro.

pi·gar·ro *s.m.* Aderência de mucosidades na garganta, que produz embaraço, ardência e tosse.

pig·men·ta·ção *s.f.* 1. Formação de pigmento. 2. Coloração com um pigmento.

pig·men·tar *v.t.d.* 1. Dar a cor da pele a. 2. Dar cor a.

pig·men·to *s.m.* 1. *Anat.* Nome comum às substâncias que determinam a cor das células ou tecidos dos seres organizados animais ou vegetais. 2. Matéria corante que forma a base das pinturas.

pig·meu *adj.* e *s.m.* 1. Diz-se de ou homem de pequena estatura; anão. 2. *fig.* Homem insignificante, sem talento, sem mérito. *Fem.*: pigmeia.

pi·ja·ma *s.m.* Vestuário amplo e leve composto de casaco e calças que se usa para dormir.

pi·lan·tra *adj.2gên.* e *s.2gên.* Diz-se de ou indivíduo malandro, geralmente bem-apessoado.

pi·lão *s.m.* 1. Recipiente de madeira onde se pila ou descasca arroz, café, milho, etc., socando-os com utensílio apropriado (a mão de pilão). 2. Mão de pilão.

pi·lar¹ *s.m. Const.* Coluna simples que sustenta uma construção.

pi·lar² *v.t.d.* 1. Pisar no pilão. 2. Descascar no pilão. 3. Pôr a secar castanhas ao calor de fumaça.

pi·las·tra *s.f. Arquit.* Pilar de quatro faces, em geral aderente por uma delas à parede.

pi·le·que (é) *s.m.* Bebedeira.

pi·lha *s.f.* 1. Grupo ou montão de coisas dispostas umas sobre as outras, ou dentro das outras. 2. Grande quantidade. 3. *Eletr.* Aparelho em que se desenvolvem correntes elétricas.

pi·lha·gem *s.f.* 1. Ação de pilhar. 2. Aquilo que se pilhou. 3. Roubo; saque.

pi·lhar *v.t.d.* 1. Apanhar; agarrar. 2. Furtar; saquear. 3. Alcançar; obter; encontrar. 4. Surpreender. *v.p.* 5. Chegar e encontrar-se (em certo lugar, estado ou condição).

pi·lhé·ri:a *s.f.* Dito espirituoso; piada.

pi·lhe·ri·ar *v.i.* e *v.t.i.* Dizer pilhérias.

pi·lo·ro (ó) *s.m. Anat.* Orifício interior do estômago (serve de conduto para o intestino delgado).

pi·lo·si·da·de *s.f.* Qualidade de piloso.

pi·lo·so (ô) *adj.* Que tem pelos; peludo. *Pl.*: pilosos (ó).

pi·lo·ta·gem *s.f.* 1. Ação de pilotar. 2. Ofício ou arte de piloto. 3. Serviços prestados pelo piloto.

pi·lo·tar *v.t.d.* 1. Dirigir, governar como piloto. *v.i.* 2. Exercer as funções de piloto; pilotear.

pi·lo·ti *s.m. Arquit.* Cada uma das colunas que sustentam um edifício, deixando o pavimento térreo livre para circulação.

pi·lo·to (ô) *s.m. sobrecomum* 1. Pessoa que dirige ou governa um navio mercante, sob as ordens do capitão. 2. Pessoa que dirige uma aeronave. 3. Guia; mentor.

pí·lu·la *s.f.* 1. Espécie de pastilha ou confeito de substância medicamentosa destinado a engolir-se inteiro. 2. Especificamente, a droga de efeito anticoncepcional. 3. Coisa desagradável. 4. Logro; engano.

pi·men·ta *s.f.* 1. *Bot.* Nome comum a diversas plantas de fruto picante. 2. *Bot.* O fruto dessas plantas. 3. *fig.* Malícia; insinuação maliciosa. 4. Aquilo que fere ou maltrata. 5. Erotismo. *s.f. sobrecomum* 6. Pessoa má ou colérica. 7. Pessoa muito viva ou muito ardente.

pi·men·ta-do-rei·no *s.f. Bot.* Planta trepadeira nativa da Ásia, bastante cultivada no Brasil, cujos frutos e sementes são usados como condimento depois de secos e moídos. *Pl.*: pimentas-do-reino.

pi·men·ta-ma·la·gue·ta *s.f. Bot.* 1. Arbusto de pequeno porte, nativo de regiões tropicais da América, de frutos vermelhos quando maduros, muito picantes, usados como condimento. 2. Fruto desse arbusto. 3. Malagueta. *Pl.*: pimentas-malaguetas e pimentas-malagueta.

pi·men·tão *s.m. Bot.* 1. Planta cultivada como hortaliça. 2. O fruto dessa planta, usado como alimento ou condimento.

pi·men·tei·ra *s.f.* 1. *Bot.* Pimenta (planta). 2. Pequeno vaso de levar pimenta à mesa.

pim·pão *adj.* e *s.m.* Diz-se de ou indivíduo vaidoso, jactancioso, ou fanfarrão, valentão.

pim·po·lho (ô) *s.m.* 1. *Bot.* Rebento da videira; vergôntea. 2. Menino robusto.

pi·na·co·te·ca (é) *s.f.* 1. Museu de pintura. 2. Galeria ou coleção de quadros.

pi·ná·cu·lo *s.m.* 1. O ponto mais elevado de um edifício, monte, etc.; píncaro; cume. 2. O mais alto grau; auge.

pin·ça *s.f.* 1. Instrumento constituído de duas hastes rígidas que funcionam como alavancas articuladas e usado para segurar, apertar ou arrancar sob pressão. 2. *Zool.* Apêndice preênsil de caranguejo, siri e outros artrópodes.

pin·çar *v.t.d.* 1. Prender com pinça. 2. Apertar com uma pinça.

pín·ca·ro *s.m.* 1. Pináculo; cume. 2. Auge; apogeu.

pin·cel *s.m.* 1. Tufo de pelos de comprimento e quantidade variáveis, ligados fortemente por uma das extremidades a um cabo geralmente de madeira, que serve para os pintores tomarem e aplicarem as tintas. 2. Utensílio semelhante para ensaboar o rosto ao barbear(-se). *sobrecomum* 3. Artista pintor.

pin·ce·la·da *s.f.* 1. Traço feito com o pincel. 2. Toque de pincel.

pin·ce·lar *v.t.d.* 1. Pintar com pincel. 2. Aplicar o pincel a.

pin·char *v.t.d.* 1. Impelir, fazendo dar salto. 2. Lançar; atirar; arremessar. *v.t.i.* 3. Pular; saltar; trepar. *v.i.* 4. Dar saltos.

pin·da·í·ba *s.f.* 1. Falta de dinheiro. 2. Corda feita de palha de coqueiro.

pi·ne·al *adj.2gên.* 1. Que tem aspecto ou forma de pinha. 2. *Anat.* Diz-se da glândula situada atrás do terceiro ventrículo do cérebro.

pin·ga *s.f.* 1. Pequena quantidade de líquido; gota. 2. Cachaça; aguardente.

pin·ga·do *adj.* 1. Que tem pingos. 2. Diz-se do café ao qual se adicionam algumas gotas de leite, ou vice-versa.

pin·gar *v.t.d.* 1. Deitar pingos em. 2. Verter aos pingos. *v.i.* 3. Cair ou escorrer aos pingos, às gotas. 4. Gotejar. 5. Principiar a chover brandamente. 6. Render sucessivamente, aos poucos.

pin·gen·te *s.m.* 1. Coisa que pende em forma de pingo. 2. Brinco das orelhas. 3. Pessoa que viaja, em trem ou outro veículo, dependurada, do lado de fora.

pin·go *s.m.* 1. Gota de qualquer líquido. 2. Pequena porção.

pin·gu·ço *adj.* Beberrão; bêbado.

pin·gue *adj.2gên.* 1. Gordo. 2. Fértil; produtivo. 3. Rendoso; lucrativo.

pin·gue·la (é) *s.f.* 1. Pauzinho com que se arma o laço para apanhar aves. 2. Gancho com que se armam ratoeiras. 3. Prancha ou tronco que se atravessa sobre um rio para servir de ponte.

pin·gue-pon·gue *s.m.* Jogo praticado com raquetes e bola de celuloide, espécie de tênis de mesa. *Pl.:* pingue-pongues.

pin·guim (güin) *s.m. epiceno Zool.* Ave dos mares do polo sul de asas curtas e penas em forma de escamas.

pi·nha *s.f.* 1. O fruto do pinheiro. 2. Fruto ou objeto que se assemelha na forma (ovoide) à pinha. 3. Cacho de coisas ou aglomeração de pessoas. 4. *Bot.* Ata; fruta-do-conde.

pi·nhal *s.m.* Plantação de pinheiros ou grande concentração dessas árvores em uma área.

pi·nhão *s.m.* 1. A semente do pinheiro-do-paraná. 2. Peça do diferencial dos automóveis.

pi·nhei·ra *s.f. Bot.* Planta anonácea que dá a pinha ou fruta-do-conde.

pi·nhei·ri·nho *s.m. Bot.* Árvore de madeira semelhante à do pinheiro-do-paraná.

pi·nhei·ro *s.m. Bot.* Nome comum a diversas árvores dos climas temperados, entre as quais a mais comum no Brasil é a araucária ou pinheiro-do-paraná.

pi·nhei·ro-do-pa·ra·ná *s.m. Bot.* Grande árvore do sul do Brasil, de madeira branca e mole, e cujas sementes ou pinhões se agrupam em grandes cones; araucária. *Pl.:* pinheiros-do-paraná.

pi·nho *s.m.* 1. A madeira do pinheiro. 2. O próprio pinheiro. 3. Viola ou violão.

pi·ni·cão *s.m.* Beliscão.

pi·ni·car *v.t.d.* 1. Beliscar; cutucar. 2. Esporear.

pi·no *s.m.* 1. O ponto mais elevado a que chega o Sol; zênite. 2. Auge; ponto culminante. 3. Peça que firma as duas asas da dobradiça e lhes serve de eixo. 4. *Odont.* Haste metálica que firma a coroa nas raízes ou incrustações.

pi·noi·a *s.f.* 1. Coisa sem valor. 2. Objeto inútil. 3. Mau negócio. 4. Logro.

pi·no·te (ó) *s.m.* 1. Salto que o cavalo dá, escoiceando. 2. Pulo; salto; pirueta.

pi·no·te·ar *v.i.* Dar pinotes.

pin·ta¹ *s.f.* 1. Nódoa, mancha pequena. 2. Cor ou aparência da fisionomia. 3. Aspecto do indivíduo. 4. Caráter. 5. Padrão.

pin·ta² *s.f. sobrecomum gír.* Pessoa perigosa.

pin·ta·da¹ *s.f. epiceno Zool.* Galinha-d'angola.

pin·ta·da² *s.f. epiceno Zool.* Onça-pintada.

pin·ta·do¹ *adj.* 1. Colorido. 2. Que se cobriu de tinta. 3. *fig.* Descrito com exatidão. 4. Representado. 5. Perfeito; completo.

pin·ta·do² *s.m. epiceno Zool.* Peixe, também chamado surubim-pintado.

pin·ta·i·nho *s.m.* Pinto pequeno e ainda implume.

pin·tal·gar *v.t.d.* Pintar de várias cores; sarapintar.

pin·tar *v.t.d.* 1. Representar por traços ou cores. 2. Executar por meio da pintura. 3. Colorir. 4. Descrever; representar oralmente ou pela escrita. 5. Lograr; burlar. *v.i.* 6. Tomar cor. 7. Começar a ficar com os cabelos brancos. 8. Surgir; começar a aparecer. 9. Revelar-se, manifestar-se por sinais exteriores. 10. Maquilar-se. 11. Tingir a barba ou o cabelo.

pin·tas·sil·go *s.m. epiceno Zool.* Nome de duas espécies de pássaros canoros, semelhantes ao canário.

pin·to *s.m.* 1. Pintainho que começa a cobrir-se de penas; franguinho. 2. *gír.* Criança. 3. Indivíduo que se deixa derrotar facilmente. 4. *pop.* O pênis.

pin·tor *s.m.* 1. O que sabe pintar ou exerce a arte da pintura. 2. Aquele que pinta.

pin·tu·ra *s.f.* 1. Arte de pintar. 2. Obra de pintor. 3. Quadro. 4. Profissão de pintor. 5. Ação ou efeito de pintar. 6. Revestimento de superfícies por uma substância corante. 7. Essa substância. 8. *fig.* Descrição minuciosa. 9. Imagem, representação. 10. Coisa ou pessoa (*sobrecomum*) muito bonita.

pin·tu·res·co (ê) *adj.* Pitoresco.

pi:o¹ *adj.* 1. Piedoso. 2. Que cumpre os deveres de piedade filial e religiosa. 3. Caridoso; compassivo.

pi:o² *s.m.* 1. Ato de piar. 2. A voz do mocho e de outras aves. 3. Som imitativo do grito de algumas aves.

pi:o·ge·ni·a *s.f. Med.* Formação de pus.

pi:o·gê·ni·co *adj.* 1. Concernente à piogenia. 2. Que gera pus.

pi:o·lha·da *s.f.* Grande quantidade de piolhos; piolheira.

pi:o·lhei·ra *s.f.* Abundância de piolhos, piolhada.

pi:o·lhen·to *adj.* 1. Que cria ou faz criar piolhos. 2. Coberto de piolhos. *s.m.* 3. Indivíduo piolhento.

pi·o·lho (ô) *s.m. epiceno* 1. *Zool.* Inseto ectoparasita sugador de sangue de vertebrados. 2. Prego miúdo usado por sapateiros.

pi:o·nei·ro *s.m.* 1. Explorador de sertões. 2. O primeiro que abre ou descobre caminho através de uma região mal conhecida. 3. O poço principal de uma jazida petrolífera. 4. Precursor. 5. Aquele que prepara os resultados futuros.

pi·or *adj.2gên.* 1. *Comp.* de *sup.* e/ou *sup.abs.sint.* de mau; mais mau. *s.m.* 2. O que é inferior, errado, insensato. *adv.* 3. *Comp.* de *sup.* de mal; mais mal. 4. De modo mais imperfeito. 5. Em situação ou circunstância mais desfavorável.

pi·o·ra (ó) *s.f.* Ação ou efeito de piorar; pioramento; pioria.

pi·o·rar *v.t.d.* 1. Tornar pior. 2. Mudar para pior estado. *v.i.* 3. Tornar-se pior; agravar-se.

pi·o·ri·a *s.f.* 1. Qualidade do que é pior. 2. Transição para estado pior; piora.

pi·or·ra (ô) *s.f.* 1. Pequeno pião; pitorra; zorra.

pi·or·rei·a *s.f. Odont.* Inflamação supurativa da articulação entre o dente e o alvéolo.

pi·pa *s.f.* 1. Vasilha bojuda de madeira para conter líquidos (é menor que o tonel). 2. Nome que também se dá ao papagaio ou arraia de papel. *sobre-comum* 3. *pop.* Pessoa gorda e baixa. 4. Pessoa que bebe muito; beberrão, beberrona.

pi·pa·ro·te (ó) *s.m.* Pancada que se dá com a cabeça do dedo médio ou índex, apoiando no polegar e soltando-o com força.

pi·pe·ta (ê) *s.f.* 1. Tubo para transvasar líquidos. 2. *Quím.* Tubo de vidro utilizado no transporte e dosagem de drogas, nos trabalhos de laboratório.

pi·pi·lar *v.i.* 1. Piar (as aves). 2. Produzir som semelhante à voz das aves. *v.t.d.* 3. Dizer em som semelhante ao pipilo. *s.m.* 4. O piar das aves.

pi·pi·lo *s.m.* Ato de pipilar; chilro.

pi·po·ca (ó) *s.f.* 1. Tipo de milho arrebentado sob a ação do fogo, que se come ordinariamente com sal. 2. *fig.* Verruga ou mancha pequena na pele.

pi·po·car *v.i.* 1. Estalar como pipoca. 2. Arrebentar; estourar. 3. Ferver em borbotões. 4. Pipoquear.

pi·po·quei·ro *s.m.* Aquele que vende pipocas.

pi·que¹ *s.m.* 1. Sabor picante, ácido, acre. 2. Brincadeira infantil em que uma criança tem de pegar outras antes que estas cheguem a um ponto chamado pique. 3. *fig.* Pirraça; prevenção. 4. Corte na orelha de animal doméstico, para o assinalar. *A pique*: a prumo; verticalmente. *A pique de*: 1. ponto de; 2. Em perigo de. *Ir a pique*: 1. Afundar-se (o navio); 2. *fig.* Arruinar-se.

pi·que² *s.m.* Passagem estreita, no mato, aberta a facão; picada.

pi·que·ni·que *s.m.* Refeição festiva no campo, geralmente entre indivíduos de diversas famílias; convescote.

pi·que·te (ê) *s.m.* 1. Piqueta. 2. Porção de soldados. 3. Grupo de trabalhadores em greve, que busca impedir a entrada de outros, não grevistas, no local de trabalho.

pi·ra *s.f.* 1. Fogueira onde se queimavam os cadáveres. 2. *fig.* Qualquer fogueira. 3. Crisol; prova. 4. Grande vaso onde arde um fogo perene e simbólico.

pi·ra·ce·ma (ê) *s.f.* 1. Cardume de peixes. 2. Época em que os peixes sobem em grandes cardumes para as nascentes dos rios em que habitam. 3. O rumor que fazem quando dessa subida. 4. Época de desova.

pi·ram·bei·ra *s.f.* Depressão de terreno; desbarrancado; despenhadeiro; perambeira.

pi·ra·mi·dal *adj.2gên.* 1. Que tem aspecto ou forma de pirâmide. 2. *fig.* Extraordinário; notável; colossal.

pi·râ·mi·de *s.f.* 1. *Geom.* Sólido que tem por base um polígono e por lados triângulos que se juntam num mesmo ponto, chamado vértice da pirâmide. 2. Monumento em forma de pirâmide quadrangular. 3. Construção de forma piramidal.

pi·ra·nha *s.f. epiceno* 1. *Zool.* Peixe de água doce, miúdo, de dentes anavalhados e temível por sua voracidade. *s.f.* 2. Mulher licenciosa.

pi·rão *s.m.* 1. *Cul.* Papa grossa de farinha de mandioca. 2. Mulher moça e bonita.

pi·rar *v.i.* e *v.p. gír.* Fugir; safar-se; enlouquecer.

pi·ra·ru·cu *s.m. epiceno Zool.* Peixe comestível típico da região amazônica.

pi·ra·ru·cu-de-ca·sa·ca *s.m. Cul.* Prato amazônico que mistura o pirarucu, desfiado, com azeitonas, ovos cozidos e banana frita, sempre acompanhado de frutas regionais, como o cupuaçu; pode ser preparado também com outros peixes. *Pl.*: pirarucus-de-casaca.

pi·ra·ta *s.2gên.* 1. Marinheiro que, especialmente na América dos séculos XVII e XVIII, cruzava os mares exclusivamente para roubar. 2. O navio deste ladrão. 3. *por ext.* Ladrão. 4. Conquistador; namorador. 5. Malandro; tratante; espertalhão.

pi·ra·ta·ri·a *s.f.* 1. Ação ou vida de pirata. 2. Roubo; extorsão.

pi·ra·te·ar *v.i.* 1. Levar vida de pirata. 2. Roubar como pirata. *v.t.d.* 3. Roubar como pirata. 4. *pop.* Copiar ou reproduzir algo sem autorização do detentor do direito autoral ou da patente. 5. *Inform.* Copiar, geralmente para fins de comercialização ilegal ou para uso pessoal, um programa de computador ou material audiovisual, fonográfico, etc., sem autorização do autor ou sem respeito aos direitos de autoria e cópia.★

pi·re·nai·co *adj.* Concernente aos Pireneus (cadeia de montanhas entre a França e a Espanha).

pi·res *s.m.2núm.* Pratinho em que se coloca a xícara ou chávena.

pi·rex (cs) *s.m.2núm.* Nome comercial de uma variedade de vidro muito resistente a temperaturas elevadas.

pi·re·xi:a (cs) *s.f. Med.* Estado febril; febre.

pi·ri·lam·pe·ar *v.i.* Brilhar como pirilampo; pirilampejar.★

pi·ri·lam·pe·jar *v.i.* Pirilampear.

pi·ri·lam·po *s.m. epiceno Zool.* Inseto que emite luz fosforescente, também chamado vaga-lume, luze-luze, lumeeiro, noctiluz.

pi·ri·ri·ca *adj.2gên.* 1. Áspero como lixa. 2. Sem modos; irrequieto; perereca. *s.f.* 3. Pequena corredeira. 4. Ondulação que os peixes produzem à superfície da água.

pi·ri·ri·car *v.i.* 1. Ondular (a superfície da água do rio). 2. Enrugar a testa; zangar-se. *v.t.d.* 3. Tocar; comover.

pi·ri·ta *s.f. Min.* Mineral usado na fabricação de ácido sulfúrico.

pi·ro·fo·bi·a *s.f.* Horror ao fogo.

pi·ró·fo·bo *adj.* e *s.m.* Que ou o que tem pirofobia.

pi·ro·ga (ó) *s.f.* Nome comum às embarcações compridas, estreitas e velozes usadas pelos indígenas da África e América, algumas das quais são feitas de um só tronco cavado.

pi·ró·gra·fo *s.m.* Aparelho elétrico com que se pirograva.

pi·ro·gra·var *v.t.d.* Desenhar ou gravar com ponta metálica incandescente.

pi·ro·gra·vu·ra *s.f.* 1. Processo de gravar ou desenhar com ponta metálica incandescente. 2. Gravura ou desenho obtido por esse processo.

pi·ró·li·se *s.f. Quím.* Decomposição pelo calor.

pi·ro·lo·gi·a *s.f.* Tratado acerca do fogo.

pi·ro·ma·ni·a *s.f. Psiq.* Prazer doentio de provocar incêndio.

pi·rô·me·tro *s.m.* Aparelho com que se avaliam temperaturas elevadas.

pi·ro·se (ó) *s.f. Med.* Sensação de ardor ou calor no estômago; azia.

pi·ros·fe·ra (é) *s.f. Geol.* A parte interna e ígnea do globo terrestre.

pi·ro·tec·ni·a *s.f.* 1. Arte de empregar o fogo. 2. Conjunto dos conhecimentos necessários para a fabricação dos fogos de artifício.

pi·ro·téc·ni·co *adj.* 1. Concernente à pirotecnia. *s.m.* 2. Aquele que fabrica fogos de artifício.

pir·ra·ça *s.f.* 1. Desfeita; acinte. 2. Aquilo que se faz com a deliberação de ofender ou desgostar alguém.

pir·ra·cen·to *adj. e s.m.* Que ou o que gosta de fazer pirraças.

pir·ra·lho *s.m.* 1. Criançola. 2. Indivíduo de pequena estatura.

pir·rô·ni·co *adj. e s.m.* 1. Que ou o que duvida de tudo. 2. Teimoso; obstinado.

pir·ro·nis·mo *s.m.* 1. Hábito de duvidar de tudo; ceticismo. 2. Teimosia; obstinação. 3. Rabugice.

pi·ru·e·ta (ê) *s.f.* 1. Volta que o cavalo dá sobre uma das patas. 2. *por ext.* Cabriola; salto.

pi·ru·e·tar *v.i.* Fazer piruetas; cabriolar; saltar.

pi·ru·li·to *s.m.* 1. Espécie de caramelo solidificado numa das extremidades de um pauzinho, por onde se pega para o chupar. *sobrecomum* 2. Pessoa muito magra.

pi·sa *s.f.* 1. Ação de pisar. 2. Maceração das uvas com os pés. 3. Sova; surra.

pi·sa·de·la (é) *s.f.* Ação ou efeito de pisar.

pi·sa·do *adj.* 1. Calcado. 2. Magoado; ofendido.

pi·sa·du·ra *s.f.* 1. Vestígio de pisada. 2. Contusão. 3. Atropelamento.

pi·sar *v.t.d.* 1. Pôr o pé ou os pés sobre. 2. Passar ou andar por cima de. 3. Esmagar com os pés. 4. Calcar. 5. Moer; esmagar em pilão, gral, etc. 6. Magoar com pancada. 7. *fig.* Ofender; melindrar; humilhar; desprezar. 8. *fig.* Subjugar. 9. Atropelar. 10. Insistir em; repisar. 11. Andar; caminhar.

pis·ca·de·la (é) *s.f.* 1. Piscação. 2. Sinal que se faz, piscando um dos olhos.

pis·ca-pis·ca *s.2gên.* 1. Pessoa que tem o cacoete de piscar frequentemente. *s.m.* 2. Sinal luminoso de advertência nos automóveis. *Pl.:* pisca-piscas e piscas-piscas.

pis·car *v.t.d.* 1. Fechar e abrir (os olhos) rapidamente. 2. Entreabrir (os olhos). 3. Fazer sinal, piscando os olhos. *v.i.* 4. Trocar sinais, piscando os olhos.

pis·ca·tó·ri·o *adj.* Concernente a pesca ou a pescadores.

pís·ce·o *adj.* Concernente a peixe.

pis·ci·a·no *adj.* 1. *Astrol.* Relativo ao signo de Peixes ou que nasceu sob esse signo. *s.m.* 2. Pessoa nascida sob o signo de Peixes.

pis·ci·cul·tu·ra *s.f.* Arte de criar e multiplicar os peixes.

pis·ci·na *s.f.* 1. Reservatório de água onde se criam peixes. 2. Tanque artificial para natação e outros esportes aquáticos.

pis·co·so (ô) *adj.* Em que há muito peixe. *Pl.:* piscosos (ó).

pi·so *s.m.* 1. Modo de andar. 2. Terreno em que se anda. 3. Pavimento. 4. A face superior dos degraus.

pi·so·te·ar *v.t.d.* 1. Espezinhar; calcar aos pés. 2. Humilhar; ofender; magoar.

pi·so·tei·o *s.m.* Ato de pisotear.

pis·si·tar *v.i.* 1. Soltar a voz (o estorninho). *s.m.* 2. A voz ou grito do estorninho.

pis·ta *s.f.* 1. Rastro; pegada. 2. Encalço; procura. 3. Recinto circular dentro do qual correm os cavalos nos exercícios de equitação. 4. Parte do hipódromo onde correm os cavalos ou do autódromo onde correm os carros. 5. Lugar onde se pratica atletismo. 6. Parte do salão onde se dança. 7. Nome comum às partes pavimentadas das estradas de rodagem.

pis·tão *s.m.* Pistom.

pis·ti·lo *s.m. Bot.* Órgão sexual feminino da flor: compreende o ovário, o estilete e o estigma.

pis·to·la (ó) *s.f.* 1. Tipo de arma de fogo portátil que se maneja com uma só mão. 2. Canudo de fogo de artifício que solta glóbulos luminosos. 3. Aparelho de ar comprimido usado em pinturas.

pis·to·lão[1] *s.m.* 1. Auxílio, recomendação, empenho de pessoa importante em favor do seu protegido. 2. Padrinho, protetor. *sobrecomum* 3. Pessoa que se empenha em favor do seu afilhado.

pis·to·lão[2] *s.m.* Espécie de fogo de artifício.

pis·to·lei·ro *s.m.* Bandido; facínora; matador.

pis·tom *s.m.* 1. Êmbolo. 2. *Mús.* Instrumento de sopro semelhante ao cornetim. *sobrecomum* 3. Pessoa que toca esse instrumento. *Var.:* pistão.

pi·ta *s.f.* 1. Fio ou fios da folha da piteira. 2. Trança feita com esses fios. 3. Piteira.

pi·ta·da *s.f.* 1. Pequena porção de pó de qualquer substância que se toma entre o dedo indicador e o polegar. 2. Pequena porção de qualquer coisa.

pi·tan·ga *s.f. Bot.* 1. O fruto da pitangueira. 2. A própria pitangueira.

pi·tan·guei·ra *s.f. Bot.* 1. Planta cujo fruto, a pitanga, é uma baga vermelha e agridoce. 2. Pitanga.

pi·tar *v.t.d.* e *v.i.* Fumar.

pi·tei·ra *s.f.* 1. *Bot.* Planta também chamada agave. 2. *gír.* Aguardente de figo. 3. Bebedeira. 4. Tubo, em geral provido de filtro, ao qual se adapta o cigarro ou o charuto; boquilha.

pi·téu *s.m. fam.* Petisco; guisado; manjar delicioso; iguaria delicada; gulodice.

pí·ti·a *s.f. ant.* Sacerdotisa de Apolo, em Delfos (Grécia antiga); pitonisa.

pi·ti·rí·a·se *s.f. Med.* Nome comum a diversas afecções da pele que se caracterizam pela produção de pequenas manchas rosadas e escamosas.

pi·to[1] *s.m.* 1. Cachimbo. 2. Cigarro de palha.

pi·to[2] *s.m. fam.* Repreensão; admoestação.

pi·tom·ba *s.f.* 1. Fruto da pitombeira. 2. *gír.* Bofetada.

pi·tom·bei·ra *s.f. Bot.* Árvore cujo fruto, a pitomba, é uma baga carnosa comestível.

pí·ton *s.m. Zool.* Nome comum a várias espécies de serpente não venenosas, que se enrolam em torno de suas presas, apertando-as até a morte.

pi·to·ni·sa *s.f.* 1. *ant.* Pítia. 2. Profetisa. 3. Mulher que vive de predizer o futuro.

pi·to·res·co (ê) *adj.* 1. Pictórico. 2. Próprio para ser pintado. 3. Divertido; original; imaginoso. 4. Colorido. *s.m.* 5. Aquilo que é pitoresco. *Var.:* pinturesco.

pi·tor·ra (ô) *s.f.* 1. Pequeno pião. *s.2gên.* 2. Pessoa gorda e de pequena estatura.

pi·tu *s.m. epiceno Zool.* Nome vulgar de um grande camarão de água doce.

pi·tu·i·tá·ri:a *adj.* e *s.f. Anat.* 1. Diz-se de ou membrana mucosa que reveste as cavidades nasais. 2. Diz-se de ou pequena glândula situada na base do cérebro, também chamada hipófise.

pi·ve·te (é) *s.m. sobrecomum* 1. Criança ladra ou ajudante de ladrões. 2. Menor delinquente.

pi·vô *s.m.* 1. *Odont.* Haste metálica destinada a suportar coroas nas raízes ou incrustações. 2. *Odont.* O dente artificial ligado à raiz por essa haste. 3. Sustentáculo; base. 4. *Desp.* Jogador que arma as jogadas no basquete e no futebol de salão. *sobrecomum* 5. A personagem central de um acontecimento.

pi·xa·im (ch) *s.m.* 1. Carapinha. *adj.* 2. Diz-se do cabelo encarapinhado.

pi·xo·ta·da (ch) *s.f.* Pexotada.

pi·xo·te (ch, ó) *s.m.* Pexote.

pi·xo·xó (ch, ch) *s.m. epiceno Zool.* Pássaro de voz onomatopeica, daninho aos arrozais.

piz·za (pitsa) *Ital. s.f.* Comida de origem italiana, feita com um disco de massa de farinha de trigo, geralmente com molho, queijos, tomate, orégano e azeite; assado no forno.

pla·ca *s.f.* 1. Folha de metal mais ou menos espessa; chapa; lâmina. 2. Chapa de metal que nos veículos indica a numeração do seu licenciamento. 3. Nome que se costuma dar a uma camada de qualquer substância.

pla·ca-mãe *s.f. Inform.* Principal placa de um computador, onde se instalam o processador, os pentes de memória e outros componentes. *Pl.:* placas-mãe.

pla·car *s.m.* 1. Condecoração; venera. 2. Marcador onde se assinalam os pontos ganhos, em competições esportivas. 3. Resultado de jogo.

pla·cen·ta *s.f.* 1. *Anat.* Órgão mole e esponjoso que se forma no interior do útero, durante a gestação, pelo qual se estabelece permutação nutritiva entre o organismo materno e o feto, através do cordão umbilical. 2. *Bot.* Parte interna do ovário da planta a que estão ligados os óvulos.

pla·ci·dez *s.f.* 1. Qualidade ou estado do que é plácido. 2. Serenidade; tranquilidade. 3. Sossego; quietação. 4. Calma; bonança.

plá·ci·do *adj.* 1. Sossegado; pacífico; brando; tranquilo. 2. Calmo; bonançoso. 3. Em que há quietação.

plá·ci·to *s.m.* 1. Aprovação. 2. Promessa.

pla·ga *s.f.* Região; país; lugar.

pla·gi·ar *v.t.d.* 1. Subscrever ou apresentar como seu um trabalho artístico ou científico de outrem. 2. Imitar servilmente (trabalho alheio).

pla·gi·á·ri:o *s.m.* Aquele que plagia.

plá·gi:o *s.m.* Ato ou efeito de plagiar.

plai·na *s.f.* Instrumento com o qual se desbastam e alisam madeiras.

pla·na·do *adj.* Diz-se do voo que a ave faz sem mover as asas ou da aeronave que voa com o motor parado.

pla·na·dor *s.m.* Aeronave sem motor.

pla·nal·to *s.m.* 1. Terreno plano, elevado. 2. *Geog.* Planície sobre montes. 3. Planura; altiplano.

planc·to *s.m. Biol.* Plâncton.

plânc·ton *s.m. Biol.* Matéria orgânica que se encontra em suspensão nas águas e que serve de alimento aos animais aquáticos. *Var.:* plancto.

pla·ne·ja·men·to *s.m.* 1. Ato ou efeito de planejar. 2. Trabalho de preparação. 3. Elaboração por etapas.

pla·ne·jar *v.t.d.* 1. Fazer o plano de; projetar. 2. Conjeturar. 3. Tencionar. 4. Traçar.

pla·ne·ta (ê) *s.m. Astron.* Astro que, no sistema solar, recebe luz e calor do Sol, em torno do qual gira. *Planeta anão:* corpo celeste que orbita em torno do Sol que não possui órbita desimpedida.

pla·ne·tá·ri·o *adj.* 1. Que se refere ou pertence aos planetas. *s.m.* 2. Maquinismo que representa o movimento dos planetas.

pla·ne·toi·de (ói) *s.m.* 1. Corpo que se assemelha a um planeta. 2. Pequeno planeta, invisível a olho nu; asteroide.

plan·gên·ci·a *s.f.* Qualidade ou estado de plangente.

plan·gen·te *adj.2gên.* 1. Que chora; lastimoso. 2. Que se pranteia; triste.

plan·ger *v.i.* 1. Chorar; lastimar-se. 2. Soar tristemente.

pla·ní·ci·e *s.f. Geog.* Grande extensão de terreno plano; campina.

pla·ni·fi·ca·ção *s.f.* Ação ou efeito de planificar.

pla·ni·fi·car *v.t.d.* Desenvolver num plano os vários acidentes de uma perspectiva ou de uma superfície curva.

pla·ni·lha *s.f.* 1. Tipo de formulário próprio para registrar informações. 2. *Inform.* Programa que organiza informações em forma de tabelas e faz cálculos, gráficos, etc.

pla·ní·me·tro *s.m.* Instrumento para medir superfícies planas.

pla·nis·fé·ri·o *s.m.* 1. Representação de um globo ou esfera sobre um plano. 2. Carta ou mapa em que os dois hemisférios estão representados sobre uma superfície plana.

pla·no *adj.* 1. Que não tem desigualdades nem diferenças de nível. 2. Raso; liso; de superfície plana. 3. *fig.* Fácil; acessível. *s.m.* 4. Superfície plana. 5. Projeto, risco; arranjo ou disposição de uma obra. 6. Intriga. 7. Programa.

plan·ta *s.f.* 1. *Bot.* Nome comum aos vegetais. 2. Pé. 3. Desenho ou traçado que representa um edifício, uma cidade etc., em projeção horizontal. *Anat. Planta do pé:* parte do pé que assenta no chão.

plan·ta·ção *s.f.* 1. Ação de plantar. 2. Terreno plantado; plantio.

plan·tão *s.m.* 1. Serviço noturno ou em dias ou horários especiais. 2. Serviço especial distribuído em cada dia a um soldado. 3. O soldado, a delegacia, a farmácia, etc. que estão nesse serviço. *sobrecomum* 4. Plantonista.

plan·tar[1] *v.t.d.* 1. Meter na terra vegetal para aí criar raízes. 2. Semear; cultivar. 3. Fincar na terra verticalmente. 4. Assentar. 5. Propagar. 6. Fundar; erigir. 7. Fixar. 8. Incutir; insinuar. *v.p.* 9. Colocar-se; pôr-se; estacionar.

plan·tar[2] *adj.2gên.* Relativo à planta do pé.

plan·tel *s.m.* 1. Grupo de animais de boa raça que o criador conserva para reprodução. 2. Elenco de atletas, de técnicos, de artistas, etc.

plan·ti·o *s.m.* Plantação.

plan·to·nis·ta *s.2gên.* Indivíduo encarregado de um plantão.

pla·nu·ra *s.f.* Planície; planalto.

pla·quê *s.m.* Lâmina de metal dourada e muito delgada que reveste certos objetos de metal ordinário.

plaqueta

pla·que·ta (ê) *s.f.* 1. Pequeno volume de poucas páginas; folheto. 2. *Anat.* Nome dado aos corpúsculos que existem no sangue, juntamente com as hemácias e os leucócitos.

plas·ma *s.m. Anat.* Parte líquida e coagulável do sangue e da linfa que contém as substâncias necessárias à nutrição dos tecidos orgânicos.

plas·ma·do *adj.* Feito; modelado; organizado; constituído.

plas·mar *v.t.d.* Formar ou modelar em gesso, barro ou outra substância.

plás·ti·ca *s.f.* 1. Arte de plasmar, modelar. 2. Conformação geral do corpo humano. 3. Cirurgia plástica.

plas·ti·ci·da·de *s.f.* 1. Qualidade de plástico. 2. Maleabilidade do estilo.

plas·ti·ci·zar *v.t.d.* Tornar plástico; dar expressão plástica a.

plás·ti·co *adj.* 1. Concernente à plástica. 2. Que é suscetível de receber diferentes formas ou de ser modelado com os dedos ou com instrumentos. *s.m.* 3. Matéria plástica.

plas·ti·fi·ca·ção *s.f.* Ato ou efeito de plastificar.

plas·ti·fi·car *v.t.d.* 1. Plasticizar. 2. Cobrir (papel, cartão, etc.) com película de celofane ou de outro plástico.

pla·ta·for·ma (ó) *s.f.* 1. Estrado que, nas estações de estrada de ferro, facilita o embarque e desembarque dos passageiros. 2. Estrado na parte posterior ou anterior de alguns carros. 3. Programa de governo. 4. O discurso em que o candidato expõe esse programa. 5. *Inform.* Arquitetura ou padrão de um computador, de um sistema ou de um sistema operacional.

plá·ta·no *s.m. Bot.* Árvore frondosa e de folhas largas.

platônico

pla·tei·a (éi) *s.f.* 1. Pavimento de teatro entre a orquestra ou o palco e os camarotes. 2. Os espectadores que se acham na plateia. 3. *fig.* Os espectadores de um acontecimento qualquer.

pla·tel·min·to *adj.* 1. Relativo aos platelmintos, filo de vermes de corpo em forma de fita, de vida livre ou parasitas. *s.m.* 2. Esse tipo de verme.

pla·ti·ban·da *s.f. Arquit.* 1. Moldura chata, mais larga que saliente. 2. Grade de ferro ou muros que rodeia ou limita um terraço, eirado ou telhado. 3. Bordadura de canteiros de jardim.

pla·ti·na[1] *s.f. Quím.* Metal branco-acinzentado, elemento de símbolo **Pt** e cujo número atômico é 78.

pla·ti·na[2] *s.f.* 1. Presilha que os soldados têm no ombro do casaco para segurar as correias. 2. Chapa que segura todas as peças de movimento de um relógio. 3. Peça do microscópio sobre a qual assenta a lâmina que contém o material que deve ser examinado.

pla·ti·na·gem *s.f.* Ação ou operação de platinar.

pla·ti·nar *v.t.d.* 1. Branquear com uma liga de estanho ou mercúrio. 2. Cobrir com ligeira camada de platina.

pla·ti·no *adj.* 1. Que se refere ou pertence à região do rio da Prata. *s.m.* 2. O natural ou habitante dessa região. 3. Nome que se dá aos argentinos.

pla·tô *s.m. Geog.* Planalto.

pla·tô·ni·co *adj.* 1. Concernente ao platonismo. 2. *por ext.* Ideal. 3. Desligado de interesses ou gozos materiais; casto. *adj.* e *s.m.* 4. Diz-se de ou indivíduo sectário do platonismo.

pla·to·nis·mo *s.m. Fil.* 1. Sistema filosófico de Platão, filósofo grego (429-347 a.C.). 2. Caráter ou qualidade do que é platônico.

plau·sí·vel *adj.2gên.* 1. Digno de aplauso ou de aprovação. 2. Razoável; aceitável.

playback (plêibéc) *Ingl. s.m.* 1. Reprodução de uma gravação feita anteriormente, de trilha sonora, de vídeo, ou ambos. 2. Reprodução de acompanhamento musical gravado anteriormente para uso de cantores ou instrumentistas. 3. Execução de um número musical gravado anteriormente, durante uma apresentação em que o solista dubla a si mesmo.

ple·be (é) *s.f.* O povo; ralé.

ple·be·ís·mo *s.m.* 1. Qualidade do que é plebeu. 2. Modos, frases ou palavras de que só usa a plebe.

ple·beu *adj.* 1. Concernente à plebe. *s.m.* 2. Homem da plebe. *Fem.*: plebeia.

ple·bis·ci·to *s.m.* Voto expresso diretamente pelo povo, isto é, voto (sim ou não) por meio do qual os cidadãos de um país deliberam diretamente sobre uma proposta, lei ou resolução que lhes é submetida.

plêi·a·de *s.f.* 1. Grupo de pessoas ilustres ou de uma certa classe ou profissão. 2. *Astron.* Cada uma das estrelas das Plêiades, constelação junto da do Touro, vulgarmente chamada sete-estrelas e sete-cabrinhas (inicial maiúscula).

plei·te·ar *v.t.d.* 1. Litigar, demandar em juízo. 2. Disputar; fazer por conseguir. *v.t.i.* 3. Rivalizar; ombrear. *v.i.* 4. Ter pleito; disputar.

plei·to (ê) *s.m.* 1. Demanda; litígio; questão judicial. 2. Disputa eleitoral. *V.* **preito**.

ple·ná·ri·o *adj.* 1. Pleno; inteiro; completo. *s.m.* 2. Tribunal de júri. 3. Seção das câmaras legislativas onde os projetos são submetidos a votação final.

ple·ni·fi·car *v.t.d.* Tornar pleno; preencher.

ple·ni·lú·ni·o *s.m.* Lua cheia.

ple·ni·po·ten·ci·á·ri·o *adj.* 1. Que tem plenos poderes. *s.m.* 2. Enviado de um governo ou soberano que tem plenos poderes para quaisquer negociações junto de outro governo ou soberano.

ple·ni·tu·de *s.f.* 1. Estado do que está cheio, completo, inteiro. 2. Estado do que é pleno.

ple·no (ê) *adj.* Cheio; completo; inteiro; amplo.

ple·o·nas·mo *s.m. Gram.* Figura de sintaxe que consiste na redundância de termos: vi com meus próprios olhos.

ple·to·ra (ó) *s.f.* 1. *Med.* Superabundância de humores ou sangue. 2. *Bot.* Excesso de seiva. 3. *fig.* Mal-estar de quem tem excesso de vitalidade. 4. Superabundância que produz efeito nocivo.

ple·tó·ri·co *adj.* 1. Concernente a pletora. 2. Que tem pletora.

pleu·ra *s.f. Anat.* Cada uma das membranas serosas que envolvem os pulmões.

pleu·ris *s.m. Med.* Pleurisia.

pleu·ri·si·a *s.f. Med.* Inflamação da pleura; pleuris.

ple·xo (é, cs) *s.m. Anat.* 1. Entrelaçamento de muitas ramificações de nervos ou de quaisquer vasos sanguíneos. 2. *fig.* Encadeamento.

pli·ca·tu·ra *s.f.* Dobra; prega.

plin·to *s.m. Arquit.* Peça quadrangular que constitui a parte inferior da base de um pedestal ou de uma coluna, soco(ó) ou pedestal de estátua.

plis·sa·do *adj.* 1. Em que se fez plissê. *s.m.* 2. Série de pregas feitas num tecido, em geral à máquina.

plis·sar *v.t.d.* Preguear; franzir.

plis·sê *s.m.* O mesmo que plissado.

plug-and-play (plãguénplei) *Ingl. s.m. Inform.* Conecte e use, traduzindo. É a capacidade de conectar um dispositivo a um computador, fazendo-o reconhecer automaticamente esse dispositivo sem a necessidade de instalação prévia.

plu·gar *v.t.d. Inform.* 1. Do inglês *to plug*, ligar aparelho a uma tomada por meio de um plugue. 2. Conectar um equipamento a um computador.

plu·gue *s.m.* Peça com um, dois ou mais pinos que se encaixa na tomada, estabelecendo a ligação elétrica.

plu·ma *s.f.* 1. Pena de ave destinada a adornos; penacho. 2. Pena de escrever. 3. Flâmula.

plu·ma·gem *s.f.* 1. O conjunto das penas de uma ave. 2. Penas para adorno.

plúm·be·o *adj.* 1. Concernente a chumbo. 2. Que tem a cor do chumbo. 3. Feito de chumbo.

plu·ral *adj.2gên. Gram.* 1. Que indica mais de uma pessoa ou coisa nos nomes e nos verbos. *s.m. Gram.* 2. Flexão de um nome ou verbo que indica referência a mais de uma pessoa ou coisa. 3. A palavra que apresenta essa flexão.

plu·ra·li·da·de *s.f.* 1. O maior número. 2. Multiplicidade. 3. O geral; grande número. 4. Qualidade atribuída a mais de uma pessoa ou coisa.

plu·ra·li·zar *v.t.d.* 1. Pôr ou usar no plural. 2. Aumentar em número; multiplicar.

plu·ri·ce·lu·lar *adj.2gên. Biol.* Que é formado por mais de uma célula.

plu·ri·par·ti·dá·ri:o *adj.* Relativo a vários partidos.

plu·ri·par·ti·da·ris·mo *s.m.* Regime político que admite a formação de vários partidos.

plu·tão *s.m.* 1. *Mit.* Deus do fogo, na mitologia romana (inicial maiúscula). 2. O fogo. 3. *Astron.* Planeta anão, pequeno e pouco massivo.

plu·tar·co *s.m.* Biógrafo; cronista de vidas ilustres.

plu·to·cra·ci·a *s.f.* 1. Influência do dinheiro. 2. Poder da riqueza. 3. Governo, preponderância dos homens ricos. 4. Dominação da classe capitalista.

plu·to·cra·ta *s.2gên.* 1. Pessoa influente pela sua riqueza. 2. Pessoa que exerce a plutocracia. 3. Capitalista.

plu·tô·ni:o *s.m. Quím.* Elemento metal, transurânico, de símbolo **Pu** e cujo número atômico é 94.

plu·to·nis·mo *s.m. Geol.* Teoria que atribui a formação das rochas e da crosta da Terra à ação do fogo interior.

plu·vi·al *adj.2gên.* 1. Concernente a chuva. 2. Que provém da chuva.

plu·vi:o·me·tri·a *s.f.* Estudo da distribuição das chuvas.

plu·vi:o·mé·tri·co *adj.* Relativo a pluviometria.

plu·vi·ô·me·tro *s.m. Meteor.* Instrumento que serve para medir a quantidade de chuva que cai durante certo tempo em determinado lugar.

plu·vi·o·so (ô) *adj.* O mesmo que chuvoso. *Pl.*: pluviosos (ó).

pneu *s.m.* Forma reduzida e usual de pneumático.

pneu·má·ti·ca *s.f.* Ciência que trata das propriedades físicas do ar e dos outros gases permanentes.

pneu·má·ti·co *s.m.* 1. Aro de borracha que contém a câmara de ar e reveste a roda dos automóveis, bicicletas, etc. *adj.* 2. Concernente ao ar.

pneu·ma·to·lo·gi·a *s.f.* Ciência ou tratado dos espíritos e dos seres intermediários que formam a ligação entre Deus e o homem.

pneu·mo·co·co (ó) *s.m. Bacter.* Micróbio que produz a pneumonia aguda.

pneu·mo·ni·a *s.f. Med.* Inflamação do parênquima do pulmão.

pneu·mô·ni·co *adj.* 1. Concernente a pneumonia. *adj.* e *s.m.* 2. Que ou o que sofre de pneumonia.

pó *s.m.* 1. Porção de partículas de terra ou de outra substância; poeira; polvilho. 2. Estado particular de uma substância, que se reduziu a partículas tenuíssimas. 3. *fig.* Coisa de nenhum valor.

po·ai·a *s.f. Bot.* Planta de propriedades medicinais, também chamada ipecacuanha.

po·a·lha *s.f.* Poeira leve em suspensão na atmosfera.

po·bre (ó) *adj.2gên.* 1. Privado do necessário. 2. Que vive com poucas posses. 3. Que revela pobreza. 4. Maldotado; pouco favorecido. 5. Digno de pena. 6. Que produz pouco ou é pouco fértil. *s.2gên.* 7. Pessoa pobre; mendigo. *Sup. abs. sint.*: paupérrimo.

po·bre·tão *s.m.* Aquele que é muito pobre. *Fem.*: pobretona.

po·bre·za (ê) *s.f.* 1. Falta do necessário para a vida. 2. Estado ou qualidade de pobre. 3. Escassez; penúria. 4. A classe dos pobres.

po·ça (ô ou ó) *s.f.* 1. Cova natural, pouco funda e com água. 2. Depressão de terreno, alagada por águas pluviais.

po·ção *s.f.* 1. Medicamento em forma de líquido ou bebida com propriedades curativas que se administra por via oral. 2. *por ext.* Qualquer líquido para beber.

po·cei·ro *s.m.* Cavador de poços ou poças.

po·cil·ga *s.f.* 1. Curral de porcos. 2. Casa imunda ou miserável.

po·ço (ô) *s.m.* 1. Cova aberta na terra para exploração de água; cacimba. 2. Abertura por onde se desce a uma mina. 3. *por ext.* Abismo; aquilo que é profundo.

po·da (ó) *s.f.* 1. Ação de podar. 2. Corte; desbaste.

po·dão *s.m.* 1. Podadeira. 2. Instrumento recurvado para cortar madeira, podar árvores, etc.

po·dar *v.t.d.* 1. Cortar ramos inúteis ou supérfluos de árvores, videiras, etc. 2. *fig.* Cortar.

pó de ar·roz *s.m.* Pó muito fino de maquilagem. *Pl.*: pós de arroz.

po·der *v.t.d.* 1. Ter a faculdade ou possibilidade de. 2. Ter autorização para. 3. Estar sujeito, arriscado, exposto a. 4. Ter ocasião ou oportunidade de. 5. Ter força de ânimo para. 6. Ter o direito de. *v.i.* 7. Ter influência, força; autoridade. *v.t.i.* 8. Ter vigor ou capacidade (física ou moral) para suportar, para aguentar. ★ *s.m.* 9. Possibilidade. 10. Faculdade. 11. Vigor do corpo ou da alma. 12. Potência;

soberania; autoridade. 13. Domínio; posse. 14. Governo de Estado. 15. Eficácia; recurso. 16. Virtude. 17. Meios. 18. Importância; consideração.

po·de·res (ê) *s.m.pl.* Procuração; mandato.

po·de·ri·o *s.m.* 1. Grande poder. 2. Domínio; autoridade; império.

po·de·ro·so (ô) *adj.* 1. Que tem poder físico ou moral. 2. Que tem poderio ou exerce o mando. 3. Que produz grande efeito. 4. Que influi. *s.m.* 5. Indivíduos com poder ou influência baseada na riqueza ou posição social. *Pl.:* poderosos (ó).

pó·di·o *s.m.* Espécie de plataforma, geralmente com um nível mais elevado ladeado por dois mais baixos, em que sobem o primeiro, o segundo e o terceiro colocados de uma competição a fim de serem premiados.

po·dô·me·tro *s.m.* Aparelho que serve para medir o caminho percorrido a pé.

po·dre (ô) *adj.2gên.* 1. Que está em decomposição; deteriorado. 2. Fétido. 3. Corrupto; pervertido. *s.m.* 4. A parte putrefata de alguma coisa. 5. *fig.* O lado fraco ou condenável.

po·dres (ô) *s.m.pl.* Defeitos; vícios.

po·dri·dão *s.f.* 1. Estado do que é podre. 2. *fig.* Vício; devassidão.

po·e·dei·ra *adj.* Diz-se da galinha que já põe ovos ou que põe muitos ovos.

po·ei·ra *s.f.* 1. Terra seca reduzida a pó; pó. 2. *por ext.* Chão; solo.

po·ei·ren·to *adj.* 1. Que tem poeira. 2. Coberto de poeira.

po·e·ma (ê) *s.m. Lit.* 1. Obra em verso. 2. Composição poética de certa extensão, em geral com enredo.

po·en·te *adj.2gên.* 1. Que se põe. 2. Diz-se do Sol quando está no ocaso. *s.m.* 3. O ocidente. 4. O pôr do sol; ocaso.

po:e·si·a *s.f.* 1. *Lit.* Arte de escrever em versos; poética. 2. *Lit.* Composição poética pouco extensa. 3. Inspiração. 4. O que desperta o sentimento do belo. 5. Caráter do que comove ou eleva a alma.

po·e·ta (é) *s.m.* 1. Aquele que faz versos, especialmente aquele que tem faculdades poéticas e se dedica à poesia. 2. O que tem inspiração poética. 3. Aquele que devaneia; sonhador.

po:e·tar *v.t.d.* 1. Cantar em versos. *v.i.* 2. Escrever poesia; fazer versos.

po·é·ti·ca *s.f. Lit.* Arte de fazer versos.

po·é·ti·co *adj.* 1. Concernente a poesia. 2. Que tem poesia. 3. Que inspira. 4. *fig.* Encantador; sublime.

po:e·ti·sa *s.f.* Mulher que faz versos.

po:e·ti·zar *v.i.* Fazer versos; poetar.

poi·al *s.m.* 1. Lugar onde se coloca ou assenta alguma coisa. 2. Assento de pedra. 3. Banco fixo.

pois *conj.* Portanto; além disso; à vista disso. *loc.conj.* **Pois que**: porquanto; porque. *loc.interj.* **Pois que**: como! *loc.interj.* **Pois sim**: expressão indicativa de dúvida, reserva ou assentimento.

po·la·co *adj.* e *s.m.* Polonês.

po·lai·nas *s.f.pl.* Peças de vestuário que protegem a parte inferior das pernas e a parte superior dos pés, por cima do calçado.

po·lar *adj.2gên.* 1. Que se refere ou pertence aos polos. 2. Próximo dos polos. 3. Que fica na direção de um polo.

polaridade

po·la·ri·da·de *s.f. Fís.* Propriedade que caracteriza o sentido da passagem de corrente elétrica por um terminal de um circuito elétrico e, portanto, o seu potencial em relação a outro ponto.

po·la·ri·za·ção *s.f. Fís.* 1. Modificação em virtude da qual os raios luminosos refletidos ou refratados perdem a propriedade de se refletirem ou refrangerem novamente. 2. Diminuição de intensidade da corrente de uma pilha em seguida a reações químicas interiores.

po·la·ri·zar *v.t.d.* 1. Sujeitar à polarização. 2. Chamar (a atenção) sobre si.

pol·ca *s.f. ant.* 1. Espécie de dança a dois tempos, originária da Polônia ou da Boêmia. 2. Música adequada a essa dança.

pôl·der *s.m. Geog.* Planície que, inundada ou sujeita à inundação pelo mar ou pelos rios, é protegida por diques e dessecada continuamente com o fim de torná-la utilizável na agricultura e/ou na habitação (grande parte do território da Holanda é assim constituído).

pol·dro (ô) *s.m. Zool.* Cavalo novo; potro.

po·lé *s.f.* Roldana.

po·le·á *s.m.* Pária; homem de ínfima casta.

po·le·ga·da *s.f.* Medida inglesa de comprimento equivalente a 25,4 mm no sistema métrico decimal (*abrev.* in.).

po·le·gar *adj.* 1. Designativo do dedo mais curto e grosso da mão. *s.m.* 2. O dedo polegar.

po·lei·ro *s.m.* 1. Vara em que as aves pousam para dormir, nas gaiolas, viveiros, etc. 2. Galinheiro ou torrinha, nos teatros e outras casas de diversões.

policiamento

po·lê·mi·ca *s.f.* 1. Debate oral. 2. Controvérsia; disputa; questão.

po·lê·mi·co *adj.* Concernente a polêmica.

po·le·mis·ta *adj.2gên. e s.2gên.* 1. Que ou pessoa que trava polêmicas. 2. Que ou pessoa que gosta de questionar.

po·le·mi·zar *v.i. e v.t.i.* Travar polêmica.

pó·len *s.m. Bot.* Elemento fecundante dos vegetais, contido na antera.

po·len·ta *s.f. Cul.* Prato de origem italiana, espécie de pasta de fubá cozida em água salgada.

po·li·a *s.f.* Roda para correia transmissora de movimento.

po·li·an·dra *adj. e s.f.* Que ou aquela que tem mais de um marido.

po·li·an·dri·a *s.f.* Estado de poliandra; matrimônio da mulher com vários homens.

po·li·car·po *adj. Bot.* Que tem muitos frutos.

po·li·chi·ne·lo (ê) *s.m.* 1. Boneco; títere. 2. Homem sem dignidade; apalhaçado. 3. Palhaço; bobo.

po·lí·ci·a *s.f.* 1. Conjunto das leis e disposições que servem de garantia à ordem e à segurança pública. 2. Corporação incumbida de manter essas leis ou disposições. 3. Boa ordem; civilização; cultura social. 4. Cortesia. *s.2gên.* 5. Pessoa pertencente a corporação policial.

po·li·ci·a·do *adj.* 1. Guardado pela polícia. 2. Culto; civilizado. 3. Equilibrado; comedido.

po·li·ci·al *adj.2gên.* 1. Que se refere ou pertence à polícia. *s.2gên.* 2. Membro da corporação policial; polícia.

po·li·ci·a·men·to *s.m.* Ato ou efeito de policiar(-se).

po·li·ci·ar *v.t.d.* 1. Vigiar, em cumprimento de leis ou regulamentos policiais; zelar. 2. Civilizar. 3. Refrear; conter. *v.p.* 4. Vigiar os próprios atos. 5. Conter-se; dominar-se.

po·li·clí·ni·ca *s.f.* 1. Prática da medicina aplicada a todas as doenças. 2. Clínica nas cidades, em casas particulares, não em hospitais. 3. Departamento de hospital dedicado ao tratamento de doentes externos.

po·li·cro·mi·a *s.f.* 1. Multiplicidade de cores. 2. Processo de impressão com mais de três cores. 3. Estampa obtida por esse processo.

po·li·crô·mi·co *adj.* 1. Que tem diversas cores. 2. Em que se empregam muitas cores. 3. Multicor. 4. *fig.* Variado.

po·li·cul·tu·ra *s.f. Agric.* Cultura variada.

po·li·dez *s.f.* 1. Qualidade de polido. 2. Civilidade; delicadeza; cortesia.

po·li·dip·si·a *s.f. Med.* Sede excessiva.

po·li·do *adj.* 1. Brilhante; luzido. 2. Culto; civilizado. 3. Cortês; delicado.

po·li·e·dro (é) *s.m. Geom.* Sólido limitado por polígonos planos.

po·li·és·ter *s.m. Quím.* Composto sintético muito utilizado na indústria, especialmente na produção de tecidos para roupas.

po·li·es·ti·re·no (ê) *s.m. Quím.* Composto derivado do petróleo, usado na fabricação de isopor e diversos objetos plásticos, como talheres descartáveis, caixas de CDs etc.

po·li·e·ti·le·no (ê) *s.m. Quím.* Composto sintético utilizado na fabricação de embalagens, recipientes, tubos, etc.

po·li·fa·gi·a *s.f.* Qualidade de polífago.

po·lí·fa·go *adj.* 1. Que come muito. 2. Que se alimenta de substâncias diversas. 3. Que tem fome insaciável.

po·li·fo·ni·a *s.f. Mús.* Música caracterizada pela combinação de diferentes melodias executadas ao mesmo tempo.

po·li·ga·mi·a *s.f.* Matrimônio simultâneo de homem com várias mulheres ou de mulher com vários homens.

po·lí·ga·mo *adj.* e *s.m.* Que ou o que vive no estado de poligamia.

po·li·glo·ta (ó) *adj.2gên.* 1. Escrito em muitas línguas. *s.2gên.* 2. Pessoa que sabe ou fala várias línguas.

po·lí·go·no *s.m. Geom.* Figura plana fechada com vários ângulos e lados.

po·lí·gra·fo *s.m.* Aquele que escreve sobre matérias diversas, acerca de vários assuntos.

po·li·men·to *s.m.* 1. Ato ou efeito de polir. 2. Verniz; lustre.

po·li·mor·fo (ô) *adj.* Que se apresenta sob várias formas; que é sujeito a variar de forma sem mudar de natureza.

po·li·né·si·o *s.m.* 1. Indivíduo dos polinésios, povo nativo da Polinésia (arquipélago do Pacífico). 2. O natural ou habitante da Polinésia. 3. *Linguíst.* Um dos subgrupos do malaio-polinésio. *adj.* 4. Relativo à Polinésia ou aos polinésios.

po·li·ni·za·ção *s.f. Bot.* 1. Ação ou efeito de polinizar. 2. Primeira fase da fecundação das plantas.

po·li·ni·zar *v.t.d. Bot.* 1. Transportar o pólen das anteras para o estigma da planta. 2. Realizar a polinização.

po·li·nô·mi·o *s.m. Mat.* Qualquer quantidade algébrica composta de muitos termos separados pelos sinais de adição ou subtração.

po·li·o·mi·e·li·te *s.f. Med.* Inflamação e degeneração da substância cinzenta da medula espinhal.

po·li·pei·ro *s.m. Zool.* 1. Habitação de pólipos que vivem agrupados. 2. Reunião de pólipos.

pó·li·po *s.m.* 1. *Med.* Tipo de tumor, geralmente no útero ou nas fossas nasais. *epiceno* 2. *Zool.* Animal marinho ou de água doce com a cabeça rodeada de tentáculos, cuja espécie mais conhecida é o coral.

po·lir *v.t.d.* 1. Tornar lustroso, friccionando. 2. Dar lustre ou polimento a. 3. Brunir; envernizar. 4. Educar; aperfeiçoar. *v.p.* 5. Tornar-se polido; tornar-se lustroso.★

po·lis·sí·la·bo *s.m. Gram.* Palavra que tem mais de uma sílaba (especialmente a que tem mais de três sílabas).

po·li·téc·ni·ca *s.f.* Escola politécnica.

po·li·téc·ni·co *adj.* 1. Que abrange várias artes ou ciências. 2. Diz-se da escola em que se estuda engenharia.

po·li·te·ís·mo *s.m.* Sistema religioso que admite a pluralidade dos deuses; paganismo.

po·li·te·ís·ta *adj.2gên.* e *s.2gên.* Que ou pessoa que segue o politeísmo.

po·lí·ti·ca *s.f.* 1. Arte de governar os Estados e regular as relações que existem entre eles. 2. Sistema particular de um governo. 3. Princípios políticos de um indivíduo, de um jornal, etc. 4. Astúcia; artifício. 5. Civilidade; maneira de agir com o fim de obter o que se deseja; cortesia.

po·li·ti·ca·gem *s.f. deprec.* Ação de politiqueiro; política ordinária, mesquinha; o conjunto dos politiqueiros; politicalha, politicaria, politiquice, politiquismo.

po·li·ti·ca·lha *s.f.* Politicagem.

po·li·ti·car *v.i.* Tratar de política; discorrer sobre política.

po·lí·ti·co *adj.* 1. Concernente à política ou aos negócios públicos. 2. Que trata de política. 3. Delicado; cortês. 4. Fino; astuto. *s.m.* 5. Aquele que trata de política; estadista.

po·li·ti·quei·ro *adj.* e *s.m.* Diz-se de ou indivíduo que só trata de política partidária, ou de política de interesses pessoais; que é mau político, que faz politicagem.

po·li·ti·za·ção *s.f.* Ato ou efeito de politizar.

po·li·ti·za·do *adj.* Que tem consciência de seus deveres e direitos políticos.

po·li·ti·zar *v.t.d.* 1. Dar consciência política a. 2. Tornar consciente dos deveres e direitos políticos dos cidadãos.

po·li:u·re·ta·no *s.m. Quím.* Composto sintético usado na fabricação de espumas rígidas e flexíveis, adesivos, fibras, peças de plástico rígido, etc.

po·li·ú·ri:a *s.f. Med.* Secreção muito abundante de urina.

po·li·va·len·te *adj.2gên.* 1. Que tem valência superior à unidade. 2. Que é eficaz contra mais de um agente mórbido ou excitante.

po·lo¹ (ô) *contr. ant. pop. Prep.* **por** e *art.* ou *pron.dem.* arcaico **lo**; pelo.

po·lo² (ô) *s.m.* Falcão, açor ou gavião de menos de um ano.

po·lo¹ (ó) *s.m.* 1. Cada uma das extremidades do eixo imaginário em torno do qual a Terra dá uma volta completa em cerca de 24 horas. 2. Nome dado às regiões vizinhas dessas extremidades. 3. Cada uma das duas extremidades de qualquer eixo ou linha. 4. Cada um dos dois pontos opostos de uma pilha ou

polo

de um ímã. 5. *fig.* Aquilo que dirige ou encaminha; guia; norte. 6. *fig.* Centro de interesse.

po·lo² (ó) *s.m. Desp.* Esporte de origem asiática, espécie de hóquei jogado a cavalo.

po·lo·nês *adj.* 1. Da Polônia (Europa). *s.m.* 2. O natural ou habitante da Polônia. 3. O idioma desse país.

po·lô·ni:o *s.m. Quím.* Substância radioativa, semimetal de símbolo **Po** e cujo número atômico é 84.

pol·pa (ô) *s.f.* 1. Parte interna, mais espessa e macia, geralmente comestível, de frutos e raízes. 2. Preparado de consistência pastosa; massa. 3. *Odont.* Parte interna do dente.

pol·pu·do *adj.* 1. Polposo. 2. *fig.* Muito rendoso (negócio). 3. Grande (soma, bonificação).

pol·trão *s.m.* 1. Homem covarde, fraco, medroso. *adj.* 2. Que não tem coragem. *Fem.*: poltrona.

pol·tro·na (ô) *s.f.* 1. Cadeira de braços, grande e geralmente estofada. 2. Cadeira da plateia, nos cinemas, teatros, auditórios.

po·lu·ção *s.f. Med.* Emissão involuntária de esperma.

po·lu:en·te *adj.2gén.* 1. Que polui. *s.m.* 2. Aquilo que provoca poluição.

po·lu:i·ção *s.f.* Ação ou efeito de poluir.

po·lu·í·do *adj.* 1. Que se poluiu; manchado; corrompido. 2. Sufocante; irrespirável (ar). 3. Deslustrado.

po·lu·ir *v.t.d.* 1. Macular; sujar; manchar. 2. Profanar. 3. Deslustrar; conspurcar.

po·lu·to *adj. desus.* 1. Maculado; manchado. 2. Corrompido; desonrado.

pomba-rola

pol·vi·lha·do *adj.* 1. Coberto de pó ou polvilho. 2. Enfarinhado.

pol·vi·lhar *v.t.d.* 1. Cobrir de pó. 2. Enfarinhar. 3. Espalhar (pó) sobre.

pol·vi·lho *s.m.* 1. Pó fino. 2. Fécula alimentícia extraída da mandioca, reduzida a pó muito tênue. 3. Qualquer substância em pó, de aplicação medicamentosa, culinária, etc.

pol·vo *s.m. epiceno Zool.* Molusco de oito tentáculos providos de ventosas.

pól·vo·ra *s.f.* 1. Mistura inflamável e explosiva, composta de salitre, carvão e enxofre. 2. *epiceno Zool.* Nome de um mosquito miúdo e incômodo, semelhante a um grão de pólvora.

pol·vo·ri·nho *s.m.* Utensílio em que se leva pólvora para a caça.

pol·vo·ro·sa (ó) *s.f.* Grande atividade; azáfama; agitação; atropelo.

po·ma·da *s.f.* Preparado de consistência pastosa que se obtém pela mistura de uma gordura animal com uma ou mais substâncias medicinais ou de perfumaria.

po·mar *s.m.* Terreno plantado de árvores frutíferas.

pom·ba *s.f. Zool.* Ave de bico revestido de cera na base, asas arredondadas, tarsos emplumados, granívora; a espécie doméstica serve como alimento e correio. *Masc.*: pombo.

Pom·ba·ji·ra *s.f. Rel.* Mensageira dos orixás.

pom·bal *s.m.* Lugar onde se criam ou se recolhem pombos.

pom·ba·li·no *adj.* Relativo ao marquês de Pombal, ministro do rei de Portugal D. José, no século XVIII, ou à sua época.

pom·ba-ro·la (ô) *s.f. epiceno Zool.* Rolinha. *Pl.*: pombas-rolas e pombas-rola.

pom·bo *s.m. Zool.* O macho da pomba.

pom·bo-cor·rei·o *s.m. epiceno Zool.* Variedade de pomba utilizada para levar comunicações e correspondência. *Pl.:* pombos-correios ou pombos-correio.

po·mes (ô) *adj.* e *s.2gên.* Pedra-pomes.

po·mi·cul·tu·ra *s.f.* Cultura das árvores frutíferas.

po·mo (ô) *s.m.* 1. Fruto carnudo, mais ou menos esférico. 2. Qualquer fruto. 3. *Lit.* Seio de mulher.

po·mo de a·dão (ô) *s.m. Anat.* Antigo nome da proeminência laríngea (saliência da cartilagem tireoide), no pescoço. *Pl.:* pomos de adão.

po·mo·lo·gi·a *s.f. Bot.* Parte da botânica que trata das árvores frutíferas.

pom·pa *s.f.* 1. Aparato suntuoso e magnífico. 2. Fausto; magnificência. 3. Ostentação.

pom·pe·ar *v.t.d.* 1. Mostrar com orgulho; ostentar. *v.i.* 2. Ostentar beleza ou luxo. 3. Apresentar suntuosidade ou riqueza.

pom·pom *s.m.* 1. Pequena bola feita de fios de lã, seda ou material sintético, usada como enfeite. 2. Objeto de mesmo feitio, usado para aplicar produtos em pó na pele.

pom·po·so (ô) *adj.* 1. Em que há pompa. 2. Magnificente; luxuoso. *Pl.:* pomposos (ó).

pô·mu·lo *s.m. Anat.* A maçã do rosto.

pon·cã *s.f. Bot.* Variedade de tangerina originária do Japão.

pon·che *s.m.* 1. Mistura de chá ou café, aguardente ou rum, com sumo de limão, açúcar, etc. 2. Nome que no Nordeste se dá a qualquer refresco de frutas.

pon·chei·ra *s.f.* Vaso em que se prepara ou serve ponche.

pon·cho *s.m.* Espécie de capa de forma quadrada e com uma abertura no centro, por onde se enfia a cabeça.

pon·de·ra·ção *s.f.* 1. Ação de ponderar. 2. Prudência.

pon·de·ra·do *adj.* 1. Que tem ponderação. 2. Ajuizado; prudente.

pon·de·rar *v.t.d.* 1. Apreciar maduramente; avaliar; estudar. 2. Ter em consideração. 3. Alegar. *v.t.i.* 4. Refletir; meditar.

pon·de·rá·vel *adj.2gên.* 1. Que se pode ponderar, pesar, avaliar. 2. Digno de ponderação.

pon·de·ro·so (ô) *adj.* 1. Digno de ponderação, de atenção. 2. Pesado; importante; notável. *Pl.:* ponderosos (ó).

pô·nei *s.m.* Cavalo pequeno, ágil e fino.

pon·ta *s.f.* 1. A extremidade aguçada de qualquer coisa. 2. Extremidade delgada ou estreita. 3. Qualquer das extremidades de um objeto estreito e comprido. 4. Chifre. 5. *Geog.* Pedaço de terra que entra pelo mar. 6. *fig.* O princípio ou o fim de uma série, de uma fila. 7. Resto de cigarro ou charuto fumado. 8. Pouco, pequena quantidade, pequena porção. 9. Papel secundário numa peça teatral, cinematográfica, de televisão ou rádio.

pon·ta·da *s.f.* Dor aguda e rápida.

pon·ta-di·rei·ta *s.m. Fut.* Atacante que joga pela extrema direita do campo. *Pl.:* pontas-direitas.

pon·ta-es·quer·da *s.m. Fut.* Atacante que joga pela extrema esquerda do campo. *Pl.:* pontas-esquerdas.

pon·tal *s.m. Geog.* Ponta de terra compreendida entre a confluência de dois rios.

pontalete

pon·ta·le·te (ê) *s.m.* 1. Qualquer peça de madeira que serve de escora. 2. Espeque; pontão. 3. Forquilha em que descansa o braço dos andores, nas procissões.

pon·tão *s.m.* Pontalete; escora; espeque.

pon·ta·pé *s.m.* 1. Pancada com a ponta do pé. 2. *fig.* Ofensa. 3. Ingratidão.

pon·ta·ri·a *s.f.* 1. Ação de apontar. 2. Ato de assestar (uma arma) na direção da linha de mira. 3. *por ext.* Alvo.

pon·te *s.f.* 1. Construção destinada a pôr em comunicação dois lugares separados por um rio, ribeira ou vale. 2. A coberta do navio, na direção de bombordo a estibordo. 3. Conjunto de dentes postiços que se prendem a dois ou mais dentes naturais, por meio de uma placa.

pon·te·ar *v.t.d.* 1. Marcar com pontos. 2. Coser; alinhavar. 3. *Mús.* Tocar (instrumento de corda).

pon·tei·o *s.m. Mús.* Ato ou efeito de pontear.

pon·tei·ra *s.f.* 1. Ponta de metal na extremidade inferior de bengalas, guarda-chuvas, bainhas de espadas, etc. 2. Extremidade postiça de algumas boquilhas ou piteiras.

pon·tei·ro *s.m.* Nome comum às pequenas hastes que servem para indicar horas, frações de horas, velocidade, altitude, altura, grau, temperatura, etc., em relógios, velocímetros e outros aparelhos de precisão.

pon·ti·a·gu·do *adj.* Que termina em ponta aguçada.

pon·ti·fi·ca·do *s.m.* 1. Dignidade de pontífice. 2. Tempo de exercício de um pontífice; papado.

ponto

pon·ti·fi·cal *adj.2gên.* 1. Que se refere ou pertence aos pontífices. 2. Concernente à dignidade episcopal.

pon·ti·fi·car *v.i.* 1. Celebrar missa. 2. *fig.* Falar, escrever com ênfase, com presunção. *v.t.d.* 3. Doutrinar; ensinar.

pon·tí·fi·ce *s.m.* 1. Dignitário eclesiástico. 2. Ministro do culto de uma religião. 3. Bispo; prelado; papa. 4. *fig.* Chefe de seita, sistema ou escola. *Sumo Pontífice*: o papa.

pon·ti·fí·ci·o *adj.* 1. Concernente a pontífice. 2. Que procede ou é próprio de pontífice.

pon·ti·lha·do *adj.* 1. Marcado ou coberto com pequenos pontos. *s.m.* 2. Agrupamento de pequenos pontos.

pon·ti·lhão *s.m.* Pequena ponte.

pon·ti·lhar *v.t.d.* 1. Pontoar; marcar com pequenos pontos. 2. Desenhar, marcando com pontos.

pon·ti·lhis·mo *s.m.* Processo de pintura por meio de pequenas manchas nítidas e justapostas.

pon·ti·lhis·ta *s.2gên.* Artista que adota o pontilhismo.

pon·to *s.m.* 1. *Geom.* Elemento geométrico considerado sem dimensões, apenas com posição. 2. Picada ou furo feito com agulha enfiada em linha, seda, etc. 3. Pequena porção de fio que separa dois furos da agulha, quando se cose. 4. Lugar determinado. 5. Matéria de exame ou para ser estudada. 6. *Gram.* Sinal de pontuação com que se encerra período. 7. Parada. 8. Livro ou cartão em que se marcam faltas e comparecimentos ao trabalho. 9. Grau de consistência que se dá à calda de açúcar e a certos doces. 10. Estacionamento de automóveis de aluguel. *Gram.* **Ponto final**: ponto(6).

pon·to·a·da *s.f.* Pancada com a ponta de um objeto.

pon·to·ar *v.t.d.* Pontear (1 e 2).

pon·tu·a·ção *s.f.* 1. Ação ou efeito de pontuar. 2. *Gram.* Sistema de sinais gráficos usados na escrita para indicar pausas diversas, denotar mudanças de timbre ou, simplesmente, chamar a atenção. 3. O conjunto desses sinais.

pon·tu·al *adj.2gên.* 1. Exato. 2. Que faz as coisas no devido tempo. 3. Regular no cumprimento dos seus deveres e obrigações.

pon·tu:a·li·da·de *s.f.* 1. Qualidade de pontual. 2. Exatidão.

pon·tu·ar *v.t.d.* e *v.i.* 1. Usar sinais de pontuação. *v.t.d. e i.* 2. Destacar (com).

pon·tu·do *adj.* 1. Que tem ponta; bicudo; aguçado. 2. *fig.* Agressivo.

po·pa (ô) *s.f.* 1. A parte posterior do navio, oposta à proa. 2. Corcovo.

po·pe (ó) *s.m.* Sacerdote dos cristãos ortodoxos russos.

po·pe·li·ne *s.f.* Tecido de algodão utilizado na confecção de camisas, vestidos, etc.

po·pu·la·ção *s.f.* 1. Conjunto dos habitantes de um país, de uma região, de uma localidade. 2. Classe. 3. *fig.* Grande porção de animais.

po·pu·la·cho *s.m.* Plebe; ralé; as classes inferiores da sociedade.

po·pu·la·ci:o·nal *adj.2gên.* Relativo à população.

po·pu·lar *adj.2gên.* 1. Que se refere ou pertence ao povo. 2. Que é próprio do povo. 3. Que agrada ao povo. 4. Democrático. *s.m. sobrecomum* 5. Pessoa do povo.

po·pu·la·res *s.m.pl.* O povo em geral.

po·pu·la·ri·da·de *s.f.* 1. Qualidade de popular. 2. Caráter daquele que tem as simpatias do povo. 3. Estima pública.

po·pu·la·ri·za·ção *s.f.* Ação ou efeito de popularizar(-se).

po·pu·la·ri·zar *v.t.d.* 1. Tornar popular. 2. Propagar entre o povo; divulgar. *v.p.* 3. Adquirir popularidade.

po·pu·lis·mo *s.m.* 1. Simpatia pelo povo. 2. Política populista.

po·pu·lis·ta *adj.2gên.* e *s.2gên.* 1. Que ou pessoa que é amiga do povo. 2. Diz-se de ou político ou facção política que procura atender os sentimentos populares. *adj.2gên.* 3. Relativo ao populismo.

po·pu·lo·so (ô) *adj.* Muito povoado. *Pl.*: populosos (ó).

pô·quer *s.m.* Jogo de cartas originário da América do Norte.

por *prep.* Indica numerosas relações: de tempo (partiu por ocasião da nova safra); de modo (trabalha por necessidade); de multiplicação (multiplique o resultado por sete); de lugar (passarei por Ibitinga); de preço (vendeu-o por dez reais); etc. *V. pôr*.

pôr *v.t.d.* 1. Colocar (em algum lugar). 2. Firmar. 3. Depositar; guardar. 4. Dar (nome). 5. Fazer entrar. 6. Usar habitualmente. 7. Colocar em posição adequada. 8. Estabelecer. 9. Assentar firme no solo. 10. Admitir; supor. 11. Arranjar. 12. Estipular. 13. Deixar no ninho (ovos). 14. Citar; alegar; depor. 15. Considerar. *v.i.* 16. Deixar os ovos no ninho. 17. Propor. *v.p.* 18. Colocar-se (em certa posição); postar-se. 19. Desaparecer (um astro) no ocaso. 20. Situar-se. 21. Vestir-se. 22. Passar ao estado de. 23. Dedicar-se. 24. Sujeitar-se; arriscar-se. *V. por*.★

po·rão *s.m.* 1. Parte inferior do navio destinada a carga e provisões. 2. Parte de uma habitação entre o chão e o primeiro pavimento.

po·ra·quê *s.m. epiceno Zool.* Peixe da Amazônia, de corpo cilíndrico e alongado, de coloração negra, também chamado peixe-elétrico.

por·ca (ó) *s.f.* 1. *Fem.* de porco. 2. Pequena peça de ferro escavada em espiral onde se introduz o parafuso.

por·ca·da *s.f.* Vara de porcos.

por·ca·lhão *adj.* e *s.m.* 1. Que ou o que é muito porco, imundo. 2. Que ou aquele que trabalha mal; trapalhão. *Fem.*: porcalhona.

por·ção *s.f.* 1. Parte de um todo. 2. Certa quantidade de qualquer coisa. 3. Fragmento. 4. Dose. 5. Fração.

por·ca·ri·a *s.f.* 1. Ato ou estado do que é porco. 2. Imundície; sujidade. 3. *fig.* Obscenidade; palavrão. 4. Coisa malfeita.

por·ce·la·na *s.f.* 1. Produto cerâmico feito de caulim. 2. Louça fina.

por·cen·ta·gem *s.f.* 1. Quantia que se paga ou se recebe, na proporção de um tanto por cento. 2. Prestação proporcionada a certa quantia ou a certos lucros.

por·ci·ún·cu·la *s.f.* 1. Pequena porção. 2. Jubileu da Ordem de S. Francisco.

por·co (ô) *s.m.* 1. *Zool.* Quadrúpede mamífero paquiderme. 2. *por ext.* A carne desse animal. 3. *fig.* Indivíduo sujo, imundo. *adj.* 4. Sujo; indecente; obsceno. *Pl.*: porcos (ó).

por·co-do-ma·to *s.m. Zool.* Nome comum a espécimes de porcos selvagens, como o caititu e o queixada. *Pl.*: porcos-do-mato (ó).

por·co-es·pi·nho *s.m. Zool.* Nome comum a diversos tipos de roedores, de corpo atarracado, patas curtas e pelos modificados em forma de espinhos pontiagudos que usam para se defender. *Pl.*: porcos-espinhos e porcos-espinho (ó).

pôr do sol *s.m.* Ocaso. *Pl.*: pores do sol.

po·re·jar *v.t.d.* 1. Expelir pelos poros. 2. Destilar. *v.i.* 3. Sair pelos poros.

po·rém (ê) *conj.* 1. Mas; todavia; contudo; não obstante (denota oposição, restrição, diferença). *s.m.* 2. Obstáculo; impedimento.

por·fi·a *s.f.* 1. Discussão, contenda de palavras. 2. Insistência; pertinácia; constância; obstinação. *loc.adv.* À porfia: 1. com rivalidade; 2. sem cessar.

por·fi·ar *v.i.* e *v.t.i.* 1. Altercar; contender; disputar. *v.t.i.* 2. Insistir; teimar. 3. Rivalizar. *v.t.d.* 4. Disputar; fazer por obter.

por·fi·ri·zar *v.t.d.* 1. Reduzir a pó muito fino. 2. Destruir; refutar.

pór·fi·ro *s.m. Geol.* Rocha silicosa muito dura e compacta, espécie de mármore.

por·me·nor *s.m.* 1. Circunstância particular, minuciosa. 2. Particularidade; minúcia.

por·me·no·ri·zar *v.t.d.* 1. Referir minuciosamente. 2. Expor os pormenores de.

por·no·gra·fi·a *s.f.* 1. Tratado acerca da prostituição. 2. Descrição ou pintura de coisas obscenas. 3. Coleção de gravuras ou pinturas obscenas. 4. Devassidão; licenciosidade.

por·no·grá·fi·co *adj.* 1. Concernente a pornografia. 2. Em que há pornografia. 3. Obsceno.

por·nó·gra·fo *s.m.* 1. Aquele que trata de pornografia. 2. O que descreve ou pinta coisas obscenas.

po·ro (ó) *s.m. Anat.* Cada um dos pequenos orifícios exteriores existentes na derme.

po·ron·go *s.m.* 1. *Bot.* Planta de cujos frutos se fazem cuias. 2. A cuia feita desses frutos.

po·ro·ro·ca (ó) *s.f. Geog.* Elevação repentina de grandes massas de água junto à foz dos grandes rios (como o Amazonas), provocada pelo encontro de marés ou de correntes contrárias.

po·ro·si·da·de *s.f.* Qualidade de poroso.

po·ro·so (ô) *adj.* Que tem poros. *Pl.:* porosos (ó).

por·quan·to *conj.* Visto que; por isso que; porque.

por·que *conj.* Por causa ou por motivo de; visto que; em razão de. *V. porquê.*

por·quê *s.m.* Causa; razão; motivo. *V. porque.*

por·quei·ra (ê) *s.f.* 1. Curral de porcos. 2. Casa imunda. 3. Porcaria. 4. Intriga; briga. *adj.2gên.* e *s.2gên.* 5. Que ou pessoa que é inútil, imprestável.

por·qui·nho-da-ín·di:a *s.m.* Nome vulgar da cobaia. *Pl.:* porquinhos-da-índia (ó).

por·re (ó) *s.m.* Bebedeira.

por·re·te (ê) *s.m.* 1. Cacete com uma das extremidades arredondada. 2. Remédio decisivo; coisa eficaz.

por·ri·gem *s.f. Med.* Tinha.

por·ro (ô) *adj. Bot.* 1. Designativo do alho silvestre, o qual também se cultiva como planta hortense. *s.m.* 2. Alho-porro ou alho-poró.

por·ta (ó) *s.f.* 1. Abertura feita em parede, rasgada até ao nível do pavimento. 2. Peça, geralmente de madeira, que fecha essa abertura. 3. Peça semelhante que serve para fechar móveis. 4. *fig.* Acesso; ponto de passagem. 5. Recurso; expediente.

por·ta-ban·dei·ra *s.m.* 1. Oficial que leva a bandeira de um regimento ou de uma corporação. *s.2gên.* 2. Pessoa que conduz a bandeira ou o estandarte. *s.f.* 3. Moça que leva o estandarte ou a bandeira, nos cordões carnavalescos e escolas de samba; porta-estandarte. *Pl.:* porta-bandeiras.

por·ta-cha·péus *s.m.2núm.* 1. Móvel ou peça de madeira com cabides para pendurar chapéus. 2. Caixa própria para guardar chapéus; chapeleira.

por·ta·da *s.f.* Grande porta, ordinariamente com ornamentos.

por·ta·dor *adj.* 1. Que porta ou conduz. *s.m.* 2. Mensageiro. 3. Aquele que conduz. 4. Possuidor de título, cheque ou documentos, que serão pagos a quem os apresente.

por·ta-es·tan·dar·te *s.2gên.* e *s.f.* Porta-bandeira(2 e 3). *Pl.:* porta-estandartes.

por·tal *s.m.* 1. Porta principal de um edifício; portada. 2. *Inform.* Tipo de *site* que oferece serviços diversos, como busca de informações, notícias, *links* para outros *sites*, bate-papo, etc., facilitando a entrada e o acesso aos recursos da internet; programa de busca.

por·ta·ló *s.m.* Lugar por onde se entra em um navio ou por onde se tira ou recebe cargas.

por·tan·to *conj.* Logo; por consequência; por isso; em vista disso.

por·tão *s.m.* Porta grande; portada.

por·tar *v.t.d.* 1. Levar; conduzir. *v.p.* 2. Comportar-se; haver-se; proceder.

por·ta-re·tra·tos *s.m.2núm.* Moldura, geralmente com proteção de vidro e suporte para ficar de pé, em que se põem fotografias para deixá-las à mostra.

por·ta·ri·a,*s.f.* 1. Vestíbulo de edifício ou estabelecimento, onde, geralmente, há uma pessoa encarregada de prestar informações, receber correspondência ou recados, etc. 2. Documento oficial assinado por um ministro em nome do chefe do Estado.

por·tá·til *adj.2gên.* 1. Que é fácil de ser transportado. 2. De pequeno volume ou pouco peso. 3. Que se pode armar e desarmar.

por·ta-voz *s.m.* 1. Instrumento semelhante a uma trombeta, para reforçar a voz de quem fala por ele. *s.2gên.* 2. Pessoa que fala em nome de outrem. *Pl.:* porta-vozes.

por·te (ó) *s.m.* 1. Ato de conduzir ou trazer. 2. Transporte; carga. 3. Preço de um transporte. 4. Aspecto físico; maneira por que alguém se apresenta. 5. Tonelagem; capacidade. 6. Importância.

por·tei·ra *s.f.* 1. Mulher encarregada de porta ou portaria. 2. Mulher de porteiro. 3. Portão de entrada em propriedades rurais; cancela.

por·tei·ro *s.m.* Indivíduo encarregado de porta ou portaria.

por·te·nho (ê) *adj.* 1. Relativo a Buenos Aires (Argentina). *s.m.* 2. O natural ou habitante dessa cidade. *adj.* e *s.m.* 3. Argentino.

por·ten·to *s.m.* 1. Prodígio; maravilha. 2. Coisa ou sucesso extraordinário. *sobrecomum* 3. Pessoa de grande importância, ou de grande inteligência.

por·ten·to·so (ô) *adj.* 1. Em que há portento. 2. Extraordinário; assombroso; maravilhoso; raro. *Pl.:* portentosos (ó).

pór·ti·co *s.m.* 1. Átrio amplo, com o teto sustentado por colunas ou pilares. 2. Entrada suntuosa de edifício; portada.

por·ti·nho·la (ó) *s.f.* Pequena porta.

por·to (ô) *s.m.* 1. Lugar na costa ou junto à foz de um rio onde os navios podem se abrigar, carregar ou descarregar. 2. Lugar de embarque e desembarque. 3. *fig.* Lugar de refúgio, descanso, abrigo. *Pl.:* portos (ó).

por·to-a·le·gren·se *adj.2gên.* 1. De Porto Alegre. *s.2gên.* 2. Natural ou habitante dessa cidade. *Pl.:* porto-alegrenses.

por·to-ri·que·nho (ê) *adj.* 1. De Porto Rico (América Central). *s.m.* 2. O natural ou habitante desse país. *Pl.:* porto-riquenhos.

por·to-ve·lhen·se *adj.2gên.* 1. De Porto Velho (Rondônia), típico dessa cidade ou de seu povo. *s.2gên.* 2. Pessoa que nasceu ou vive em Porto Velho. *Pl.:* porto-velhenses.

por·tu·á·ri:o *adj.* 1. Concernente a porto. *s.m.* 2. Aquele que trabalha em porto.

por·tu·guês *adj.* 1. De Portugal (Europa). *s.m.* 2. O natural ou habitante desse país. 3. A língua portuguesa.

po·run·ga *s.f.* Vaso de couro, para líquidos.

por·ven·tu·ra *adv.* Acaso; por acaso; talvez.

por·vin·dou·ro *adj.* Que há de vir; futuro.

por·vir *s.m.* O tempo que há de vir; futuro.

po·sar *v.i.* 1. Ficar em certa posição para se deixar fotografar ou pintar. 2. Fazer pose.

pos·cê·ni:o *s.m. Teat.* Parte do teatro que fica atrás da cena ou do palco. *V.* **proscênio**.

po·se (ô) *s.f.* 1. Atitude; postura estudada. 2. Empáfia.

pós·es·cri·to *adj.* 1. Que é escrito ao final de qualquer texto, como acréscimo. 2. Que é escrito um tempo depois, mais tarde. *s.m.* 3. O escrito com uma dessas características (*abrev.* P.S.). *Pl.:* pós-escritos.

pos·fá·ci:o *s.m.* Advertência, estudo ou comentário colocado no fim de um livro.

po·si·ção *s.f.* 1. Lugar onde uma pessoa ou coisa está posta ou colocada. 2. Situação; colocação. 3. Postura do corpo. 4. Modo; jeito. 5. Circunstância. 6. Classe. 7. Situação social, moral ou econômica.

po·si·ti·var *v.t.d.* Tornar positivo.

po·si·ti·vi·da·de *s.f.* 1. Estado do que é positivo. 2. *Fís.* Condição dos corpos que manifestam os fenômenos da eletricidade positiva.

po·si·ti·vis·mo *s.m. Fil.* Sistema filosófico que rejeita todas as noções *a priori* para só admitir os princípios conhecidos pela observação imediata e pela experiência.

po·si·ti·vis·ta *adj.2gên.* 1. Concernente ao positivismo. *s.2gên.* 2. Pessoa partidária do positivismo.

po·si·ti·vo *adj.* 1. Real. 2. Que se apoia em fatos e na experiência; indiscutível. 3. Afirmativo; decisivo; terminante. 4. De caráter prático. *s.m.* 5. Aquilo que é certo. 6. O que é real, sólido. 7. O que é materialmente proveitoso.

pós·me·ri·di·a·no *adj.* Que acontece depois do meio-dia ou é relativo a esse período. *Pl.:* pós-meridianos.

po·so·lo·gi·a *s.f. Med.* Indicação das doses em que se devem administrar os medicamentos.

pos·por *v.t.d.* 1. Pôr depois. 2. Preterir; postergar. 3. Não fazer caso de. 4. Ter em menos conta. ★

pos·pos·to (ô) *adj.* 1. Posto depois. 2. Preterido; desprezado; postergado. *Pl.:* pospostos (ó).

pos·san·te *adj.2gên.* 1. Que tem muita força. 2. Forte; robusto; vigoroso. 3. Majestoso.

pos·se (ó) *s.f.* 1. Retenção ou fruição de coisa ou direito. 2. Estado de quem possui uma coisa, de quem a detém como sua ou tem o gozo dela.

pos·sei·ro *adj.* e *s.m.* 1. Que ou o que está na posse legal de prédio ou prédios indivisos. 2. Aquele que ocupa um imóvel em caráter permanente, embora sem títulos referentes a essa posse.

pos·ses (ó) *s.f.pl.* Haveres; bens; cabedais.

pos·ses·são *s.f.* 1. Posse. 2. Estado; domínio; colônia. 3. Estado de quem é ou está possesso.

pos·ses·si·vo *adj.* 1. Relativo a posse. 2. *Gram.* Que indica posse ou pertinência (pronome).

pos·ses·so (é) *adj.* e *s.m.* 1. Possuído do demônio; endemoninhado. 2. *fig.* Irritado; fora de si.

pos·ses·só·ri:o *adj.* Relativo ou inerente a posse.

pos·si·bi·li·da·de *s.f.* 1. Qualidade de possível. 2. Capacidade.

pos·si·bi·li·da·des *s.f.pl.* Posses; haveres.

pos·si·bi·li·tar *v.t.d.* 1. Tornar possível. 2. Apresentar como possível.

pos·sí·vel *adj.2gên.* 1. Que pode ser. 2. Que pode existir ou acontecer. 3. Que se pode fazer. 4. Fácil de realizar-se. *s.m.* 5. Aquilo que é possível. 6. Esforço; diligência; empenho.

pos·su:i·dor *adj.* e *s.m.* Que ou o que possui.

pos·su·ir *v.t.d.* 1. Ter a posse de. 2. Ter em seu poder. 3. Ter como propriedade. 4. Exercer. 5. Desfrutar; fruir. 6. Conter; encerrar. 7. Ser naturalmente dotado de.

pos·ta¹ (ó) *s.f.* 1. Pedaço ou talhada de peixe, de carne, de toucinho, etc. *sobrecomum* 2. Pessoa moleirona.

pos·ta² (ó) *s.f.* 1. Administração do correio. 2. O correio. 3. *fam.* Emprego rendoso.

pos·tal¹ *adj.2gên.* Concernente ao correio.

pos·tal² *s.m.* Cartão-postal.

pos·ta·lis·ta *s.2gên.* Funcionário dos correios.

pos·tar¹ *v.t.d.* 1. Pôr num lugar ou posto (alguém). 2. Dispor; colocar. *v.p.* 3. Permanecer longo tempo; colocar-se.

pos·tar² *v.t.d.* Pôr (carta, postal, etc.) na caixa do correio.

pos·ta-res·tan·te *s.f.* 1. Encomenda ou correspondência para ser retirada na agência do correio. 2. Local no correio onde fica guardada essa encomenda ou correspondência. 3. Observação escrita no pacote ou envelope determinando que a entrega é do tipo posta-restante. *Pl.*: postas-restantes.

pos·te (ó) *s.m.* Pau (ou coluna de ferro ou cimento) fincado verticalmente no solo.

pos·tei·ro *s.m.* 1. Aquele que mora no posto de uma fazenda. 2. O vigia do gado.

pos·te·jar *v.t.d.* Partir em postas.

pôs·ter *s.m.* Cartaz, geralmente para fins decorativos.

pos·ter·ga·ção *s.f.* Ato ou efeito de postergar.

pos·ter·gar *v.t.d.* 1. Deixar atrás. 2. Lançar para trás. 3. Preterir; desprezar. 4. Pospor.

pos·te·ri·da·de *s.f.* 1. Série de indivíduos que descendem de uma mesma origem. 2. As gerações que se hão de seguir às atuais. 3. Tempo futuro.

pos·te·ri·or *adj.2gên.* 1. Que vem depois. 2. Que se segue na ordem dos tempos. 3. Situado atrás.

pós·te·ro *adj.* 1. Que há de vir depois de nós. 2. Vindouro; porvindouro.

pós·te·ros *s.m.pl.* Gerações futuras; posteridade.

pos·ti·ço *adj.* 1. Que se pode pôr ou tirar. 2. Colocado artificialmente no lugar de alguma coisa que era natural; que não é natural. 3. Fingido; simulado. 4. Afetado.

pos·ti·go *s.m.* 1. Pequena porta. 2. Abertura quadrangular em porta ou janela para se ver quem chega ou quem passa sem as abrir.

pos·ti·lhão *s.m.* Homem que transportava a cavalo correspondência e notícias; mensageiro.

pos·to¹ (ô) *adj.* Que se pôs; colocado. *loc.conj.* **Posto que**: ainda que; embora; conquanto. *Pl.*: postos (ó).

pos·to² (ô) *s.m.* 1. Lugar em que uma pessoa ou coisa está colocada. 2. Lugar destinado a uma força militar, a uma sentinela, etc. 3. Graduação (espec. militar). 4. Cargo; dignidade. 5. Lugar que cada um deve ocupar no desempenho de suas funções. *Pl.*: postos (ó).

pos·tu·la·ção *s.f.* Ação de postular.

pos·tu·la·do *s.m.* 1. Princípio reconhecido, mas não demonstrado. 2. Tempo de exercício e provações que antecede o noviciado nas comunidades religiosas. 3. *Fil.* Princípio que se admite sem discussão, mas que não é tão evidente como o axioma.

pos·tu·lan·te *adj.2gên.* e *s.2gên.* Que ou o que postula.

pos·tu·lar *v.t.d.* 1. Pedir com instância; insistir em obter. 2. Requerer, documentando a alegação.

pós·tu·mo *adj.* 1. Posterior à morte de alguém. 2. Diz-se da obra publicada depois da morte do autor.

pos·tu·ra *s.f.* 1. Posição, colocação ou disposição do corpo. 2. Aspecto físico. 3. Deliberação da câmara municipal que obriga os munícipes ao cumprimento de certos deveres. 4. Opinião. 5. *Zool.* Ovos que uma galinha (ou outra ave) põe durante certo tempo.

po·su·do *adj. pop.* Que faz pose; arrogante.

po·ta·mo·gra·fi·a *s.f.* Descrição dos rios.

po·ta·mo·lo·gi·a *s.f. Geog.* Estudo dos rios.

po·tás·si·o *s.m. Quím.* Metal branco-azulado, elemento de símbolo *K* e número atômico 19.

po·tá·vel *adj.2gên.* Que se pode beber; que é bom para beber.

po·te (ó) *s.m.* Vaso grande de barro.

po·tên·ci·a *s.f.* 1. Qualidade de potente. 2. Poder. 3. Força; vigor; poderio. 4. Nação soberana. 5. Capacidade para o ato sexual. *sobrecomum* 6. Pessoa importante, influente.

po·ten·ci·al *adj.2gên.* 1. Concernente a potência. 2. Virtual (em oposição a real). 3. Que exprime possibilidade. *s.m.* 4. *Fís.* Quantidade de eletricidade de que um corpo está carregado.

po·ten·ci·a·li·da·de *s.f.* Qualidade de potencial.

po·ten·ci·ô·me·tro *s.m. Fís.* Aparelho para medir as diferenças do potencial elétrico.

po·ten·ta·do *s.m.* 1. Príncipe soberano de grande autoridade ou poder material. 2. *por ext.* Homem de grande influência, autoridade ou poder.

po·ten·te *adj.2gên.* 1. Que tem potência ou poderio; poderoso. 2. Que goza de muita consideração e importância. 3. Que é apto para as relações sexuais. 4. Violento; rude; enérgico. 5. Ativo; eficaz.

po·tes·ta·de *s.f.* 1. Potência; poder. 2. *por ext.* A divindade; o poder supremo, segundo a religião.

po·tes·ta·des *s.f.pl. Teol.* Anjos da sexta hierarquia.

po·ti *s.m. epiceno Zool.* Camarão.

po·ti·che *s.m.* Vaso de porcelana decorada.

po·ti·guar *adj.2gên.* e *s.2 gên.* Rio-grandense-do-norte.

po·to·ca (ó) *s.f. pop.* Lorota, mentira.

po·to·lo·gi·a *s.f.* Estudo ou tratado a respeito das bebidas.

pot-pour·ri (popurrí) *Fr. s.m.* 1. *Mús.* Trechos de diversas músicas, executados de maneira a formar um todo. 2. Mistura de coisas diferentes.

po·tran·co *s.m. Zool.* Potro (pequeno).

po·tro (ô) *s.m. Zool.* Cavalo novo, de menos de quatro anos; poldro.

pou·ca·di·nho *adv.* e *s.m.* Poucochinho.

pou·ca-ver·go·nha (ô) *s.f.* 1. Falta de vergonha ou pundonor. 2. Ato vergonhoso e imoral. 3. Tratantada; patifaria. *Pl.:* poucas-vergonhas.

pou·co *pron.indef.* 1. Que não é em grande quantidade. 2. Escasso; limitado. *s.m.* 3. Aquilo que é em pequena quantidade. 4. Pequeno valor. 5. Coisa insignificante. *adv.* 6. Não muito; insuficientemente. 7. Breve (falando do tempo).

pou·co·chi·nho *adv.* 1. Muito pouco. *s.m.* 2. Pequena quantidade.

pou·pa *s.f.* 1. Espécie de penteado em que os cabelos são levantados na testa. 2. Tufo de penas na cabeça de algumas aves. *epiceno* 3. *Zool.* Pássaro semelhante à pega.

pou·pa·do *adj.* Econômico; que gasta pouco.

pou·pa·dor *adj.* e *s.m.* 1. Que ou o que poupa. 2. Aquele que aplica dinheiro em poupança.

pou·pan·ça *s.f.* 1. Economia. 2. Ato ou efeito de poupar. 3. Aplicação financeira, sobretudo de caráter popular.

pou·par *v.t.d.* 1. Gastar com moderação. 2. Despender com parcimônia. 3. Não desperdiçar. 4. Respeitar; tratar com indulgência; não fazer mal a. 5. Evitar; esquivar; eximir. *v.i.* 6. Economizar. 7. Aplicar em poupança. *v.p.* 8. Eximir-se.

pou·qui·da·de *s.f.* 1. Pequeno número. 2. Exiguidade. 3. Inferioridade. 4. Pouca valia; bagatela.

pou·sa·da *s.f.* 1. Ação ou efeito de pousar. 2. Parada para descansar, quando de uma jornada. 3. Hospedagem. 4. Hospedaria; albergue.

pou·sar *v.t.d.* 1. Colocar; pôr; assentar. 2. Fitar. *v.i.* 3. Baixar, tocar a terra (o avião). 4. Recolher-se em pousada. 5. Empoleirar-se para descansar.

pou·so *s.m.* 1. Ato ou efeito de pousar. 2. Lugar onde se pousa. 3. Lugar onde alguém ou alguma coisa costuma estar ou descansar.

po·va·réu *s.m.* 1. Povoléu. 2. Grande multidão.

po·vi·léu *s.m.* Ralé; arraia-miúda; plebe; povoléu.

po·vo (ô) *s.m.* 1. Conjunto de pessoas do mesmo país sujeitos às mesmas leis. 2. Conjunto dos habitantes de uma localidade. 3. Multidão de gente. 4. A classe inferior e mais numerosa de um país; plebe. *Pl.:* povos (ó).

po·vo·a·ção *s.f.* 1. Ação de povoar. 2. As gentes que habitam determinada região, cidade, etc. 3. Lugar povoado.

po·vo·a·do *s.m.* 1. Pequena localidade habitada; lugarejo; povoação. 2. *adj.* Em que habita gente.

po·vo·a·men·to *s.m.* Ato ou efeito de povoar.

po·vo·ar *v.t.d.* 1. Tornar habitado. 2. Prover de habitantes. 3. Aglomerar-se em. 4. Prover de; encher. 5. Infundir (sentimentos ou ideias) em abundância em (o coração, a mente). *v.p.* 6. Encher-se (de coisas incorpóreas).

po·vo·léu *s.m.* Poviléu; ralé; populacho.

po·vos (ó) *s.m.pl.* As nações.

ppp *s.m.2núm. Inform.* 1. Em editoração eletrônica, *abrev.* de pontos por polegada quadrada, medida que indica a resolução de uma imagem impressa ou a capacidade de um equipamento de produzir imagem com determinada resolução. 2. Em uma rede de computadores, *abrev.* de *point-to-point protocol*, protocolo de comunicações entre dois pontos,

pra·ça *s.f.* 1. Lugar público, grande largo ordinariamente rodeado de edifícios. 2. Mercado, cidade ou localidade comercial. 3. O conjunto dos negociantes e das casas comerciais de uma localidade. 4. Leilão. 5. Vila ou cidade fortificada. 6. Lugar onde estacionam automóveis ou caminhões de aluguel. 7. Ostentação; alarde. *s.m.* 8. Soldado raso.

pra·ce·ar *v.t.d.* 1. Fazer leilão de. 2. Pôr em praça.

pra·ci·nha *s.m.* 1. Soldado; praça. 2. Soldado da Força Expedicionária Brasileira (FEB) na Segunda Guerra Mundial (1944-1945).

pra·cis·ta *s.2gên.* Vendedor de uma casa comercial em determinada praça.

pra·da·ri·a *s.f.* 1. Série de prados. 2. Grande planície.

pra·do *s.m.* 1. Campo coberto de plantas herbáceas, que servem para pastagem; campo. 2. Hipódromo.

pra·ga *s.f.* 1. Imprecação de males contra alguém. 2. *por ext.* Calamidade. 3. Grande quantidade de objetos nocivos. 4. Nome comum aos insetos e moléstias que atacam as plantas e os animais. 5. Erva daninha. *sobrecomum* 6. Pessoa ruim, de má índole.

pra·ga·na *s.f.* Barba ou aresta da espiga de cereais.

prag·má·ti·ca *s.f.* 1. Conjunto de regras para a realização de cerimônias da corte ou da igreja. 2. *por ext.* Conjunto de regras de comportamento a serem observadas em situações formais; etiqueta (1).

prag·má·ti·co *adj.* 1. Que prefere ou considera o lado prático, objetivo ou realista das coisas. 2. *Fil.* Relativo ao pragmatismo ou é adepto dessa corrente de pensamento.

prag·ma·tis·mo *s.m. Fil.* Doutrina segundo a qual o verdadeiro é o útil, ou seja, o critério da verdade é auferido da utilidade prática de uma ideia.

prag·ma·tis·ta *adj.2gên.* 1. Concernente ao pragmatismo. *s.2gên.* 2. Pessoa partidária do pragmatismo.

pra·gue·jar *v.i.* 1. Dizer pragas. 2. Proferir imprecações. 3. Encher-se (o terreno) de pragas, de ervas daninhas. *v.t.i.* 4. Dizer mal. 5. Proferir imprecações. *v.t.d.* 6. Maldizer; vociferar contra.

prai·a *s.f.* 1. A orla da terra, geralmente coberta de areia, que confina com o mar. 2. A beira do mar; litoral; costa. 3. Parte do leito dos rios que forma série de ilhotas, quando as águas baixam excessivamente.

prai·a·no *s.m.* Habitante da praia ou litoral; praieiro.

prai·ei·ro *s.m.* 1. Praiano. *adj.* 2. Relativo a praia.

pra·li·na *s.f.* Amêndoa confeitada.

pran·cha *s.f.* 1. Grande tábua, grossa e larga da qual se extraem outras de menor tamanho. 2. Tábua grossa que se lança da embarcação para terra, a fim de por ela se passar de bordo para a margem. 3. A parte plana da espada ou do sabre. 4. Peça chata, longa e estreita de madeira, utilizada em natação ou surfe.

pran·che·ta (ê) *s.f.* 1. Pequena prancha. 2. Prancha estreita e delgada. 3. Instrumento que serve para o levantamento de plantas topográficas. 4. Tábua ou mesa para desenho.

pran‧te‧ar *v.t.d.* 1. Derramar pranto por alguém ou alguma coisa. *v.i.* e *v.t.i.* 2. Derramar lágrimas; chorar.

pran‧to *s.m.* 1. Choro; lamentação; lamúria; lágrimas. 2. Ato de lastimar.

pra‧se:o‧dí‧mi:o *s.m. Quím.* Elemento de símbolo **Pr** e cujo número atômico é 59. *Var.:* prasiodímio.

pra‧ta *s.f.* 1. *Quím.* Metal precioso, branco, elemento de símbolo **Ag** e cujo número atômico é 47. 2. *por ext.* Moeda ou baixela desse metal. 3. Conjunto de objetos de prata. 4. Dinheiro.

pra‧ta‧ri‧a¹ *s.f.* Conjunto de utensílios de prata.

pra‧ta‧ri‧a² *s.f.* Porção de pratos.

pra‧te:a‧ção *s.f.* Ação ou efeito de pratear.

pra‧te‧a‧do *adj.* 1. Coberto de folha de prata ou de uma solução de prata. 2. Branco e brilhante como a prata.

pra‧te‧ar *v.t.d.* 1. Revestir de tênue camada de prata. 2. Dar a brancura, o brilho, a aparência da prata a.

pra‧te‧lei‧ra *s.f.* 1. Estante (para pratos ou quaisquer outros objetos). 2. Cada uma das tábuas horizontais de uma estante ou do interior de um móvel qualquer.

prá‧ti‧ca *s.f.* 1. Ação ou efeito de praticar. 2. Experiência. 3. Exercício; longo tirocínio. 4. Aplicação de teoria. 5. Conversação; palestra; discurso; fala; conferência.

pra‧ti‧ca‧bi‧li‧da‧de *s.f.* Qualidade de praticável.

pra‧ti‧ca‧gem *s.f.* Pilotagem.

pra‧ti‧can‧te *adj.2gên.* e *s.2gên.* Que ou pessoa que pratica, que se vai exercitando em determinado ofício ou arte.

pra‧ti‧car *v.t.d.* 1. Exercer; exercitar. 2. Levar a efeito. 3. Dizer; proferir. 4. Ensinar. 5. Tratar. *v.i.* 6. Adquirir conhecimentos práticos de um ofício, de uma arte ou ciência; conversar. *v.t.i.* 7. Falar; conversar. 8. Procurar adquirir prática.

pra‧ti‧cá‧vel *adj.2gên.* 1. Que se pode pôr em prática. 2. Que dá passagem; transitável.

prá‧ti‧co *adj.* 1. Concernente à prática. 2. Que não se limita à teoria. 3. Experiente. 4. Que encara as coisas pelo lado positivo. *adj.* e *s.m.* 5. Que ou o que exerce uma profissão liberal sem ser diplomado. *s.m.* 6. Indivíduo experimentado em navegação.

pra‧ti‧cul‧tu‧ra *s.f.* 1. Cultura dos prados. 2. Parte da agricultura que trata especialmente de pastagens e forragens.

pra‧ti‧lho *s.m.* 1. Pequeno prato. 2. *Mús.* prato de orquestra ou banda.

pra‧to *s.m.* 1. Peça de louça ou de metal, geralmente circular e pouco funda, em que se serve a comida. 2. Cada uma das iguarias que entram numa refeição. 3. Concha ou lâmina circular das balanças. 4. *por ext.* Alimentação. *adj.* 5. Chato, plano: queijo prato.

pra‧tos *s.m.pl. Mús.* Instrumento formado de duas peças circulares de metal.

pra‧vo *adj.* 1. Perverso; injusto; mau. 2. Disforme; torto; incorreto.

pra‧xe (ch) *s.f.* 1. Uso; sistema; costume. 2. Aquilo que habitualmente se pratica. 3. Pragmática.

pra‧zen‧tei‧ro *adj.* 1. Que mostra prazer. 2. Alegre; jovial; festivo; agradável; afável; simpático.

pra·zer *v.t.d.* 1. Agradar; comprazer; aprazer. ★ e ★★ *s.m.* 2. Alegria; satisfação; jovialidade. 3. Júbilo; contentamento. 4. Agrado; delícia. 5. Divertimento.

pra·ze·ro·so (ô) *adj.* 1. Alegre; jovial; prazenteiro. 2. Em que há prazer. *Pl.:* prazerosos (ó).

pra·zi·men·to *s.m.* Agrado.

pra·zo *s.m.* 1. Espaço de tempo dentro do qual se há de fazer alguma coisa. 2. Tempo determinado.

pre·á *s.m.* e *f. epiceno Zool.* Nome comum a diversos roedores semelhantes ao porquinho-da-índia.

pre:a·mar *s.f.* O ponto mais alto a que sobe a maré; maré cheia.

pre·am·bu·lar *adj.* 1. Relativo a preâmbulo. 2. Que tem forma ou feição de preâmbulo. 3. Que serve de prefácio a alguma obra.

pre·âm·bu·lo *s.m.* 1. Prefácio. 2. Parte preliminar de uma lei, de um decreto ou diploma. 3. Discurso preliminar.

pre:a·nun·ci·ar *v.t.d.* Anunciar com antecedência.

pre·ar *v.t.d.* 1. Agarrar; prender; aprisionar. *v.i.* 2. Fazer presa.

pre·ben·da *s.f.* 1. Rendimento do cargo de cônego. 2. Esse cargo. 3. *por ext.* Renda eclesiástica. 4. *fig.* Ocupação rendosa, mas pouco trabalhosa; sinecura.

pre·ca·ri·e·da·de *s.f.* Qualidade ou estado de precário.

pre·cá·ri·o *adj.* 1. Que tem pouca estabilidade ou duração. 2. Minguado. 3. Incerto. *V.* preçário.

pre·çá·ri·o *s.m.* Relação de preços. *V.* precário.

pre·ca·ta·do *adj.* Cauteloso; que mostra precaução; prevenido.

pre·ca·tar *v.t.d.* 1. Acautelar; prevenir; pôr de precaução. *v.p.* 2. Precaver-se; acautelar-se. 3. Dispor-se; preparar-se.

pre·ca·tó·ri·a *adj. Jur.* 1. Diz-se da carta que o juiz de uma circunscrição dirige ao de outra, para que este cumpra ou faça cumprir certas diligências judiciais. *s.f.* 2. Carta precatória.

pre·ca·tó·ri·o *adj.* 1. Que pede algo. *s.m.* 2. Documento com essa característica.

pre·cau·ção *s.f.* 1. Prevenção; cautela antecipada. 2. Prudência; cuidado.

pre·ca·ver *v.t.d.* 1. Acautelar antecipadamente. 2. Prevenir; precatar. *v.p.* 3. Acautelar-se; prevenir-se. ★★

pre·ce (é) *s.f.* 1. Ato pelo qual nos dirigimos a Deus, suplicando-lhe algum benefício; oração. 2. Súplica; pedido insistente.

pre·ce·dên·ci·a *s.f.* 1. Qualidade ou condição do que é precedente. 2. Preferência. 3. Antecedência no tempo, na ordem ou no lugar. 4. Primazia.

pre·ce·den·te *adj.2gên.* 1. Que precede; antecedente. *s.m.* 2. Fato ou exemplo anterior.

pre·ce·der *v.t.d.* 1. Ir ou estar adiante de. 2. Chegar antes de. 3. Existir em época anterior à de. *v.t.i.* 4. Anteceder. 5. Adiantar-se; antepor-se.

pre·cei·to *s.m.* 1. Aquilo que se recomenda como regra e ensinamento. 2. Regra de proceder. 3. Prescrição; condição; cláusula.

pre·cei·tu·ar *v.t.d.* 1. Estabelecer como preceito. *v.i.* 2. Prescrever regras. 3. Dar instruções.

pre·cep·ti·vo *adj.* 1. Que encerra preceitos. 2. Que tem forma ou natureza de preceito.

pre·cep·tor *s.m.* 1. Aquele que dá preceitos ou instruções. 2. Mentor; mestre; educador.

pre·ces·são *s.f.* 1. Precedência. 2. Ação ou efeito de preceder.

pre·cin·gir *v.t.d.* 1. Ligar com cinta. 2. Cingir; cercar; estreitar. 3. Encerrar.

pre·ci·o·si·da·de *s.f.* 1. Qualidade de precioso. 2. Raridade; coisa preciosa.

pre·ci·o·sis·mo *s.m.* Excessiva delicadeza ou sutileza no falar e escrever; rebuscamento excessivo da linguagem.

pre·ci·o·so (ô) *adj.* 1. De grande preço ou valor. 2. Inestimável; suntuoso; magnífico; muito rico. 3. De grande importância. 4. *fig.* Afetado, rebuscado (estilo). 5. Presumido. *Pl.:* preciosos (ó).

pre·ci·pí·ci·o *s.m.* 1. Lugar escarpado, de onde se pode precipitar alguém ou alguma coisa; despenhadeiro; abismo. 2. *fig.* Grande mal; desgraça; ruína; perdição. 3. Perigo. 4. Finca.

pre·ci·pi·ta·ção *s.f.* 1. Ação ou efeito de precipitar(-se). 2. Pressa irrefletida. 3. *Quím.* Fenômeno que se verifica quando uma substância sólida se separa do líquido em que estava dissolvida.

pre·ci·pi·ta·do *adj.* 1. Que não reflete; temerário; imprudente; arrebatado. *s.m.* 2. Aquele que procede sem reflexão. 3. *Quím.* Substância insolúvel formada em consequência da precipitação.

pre·ci·pi·tar *v.t.d.* 1. Lançar (em precipício). 2. Lançar (de um lugar elevado). 3. Lançar (em má situação). 4. Atirar (em situação desfavorável). 5. Arrastar (a aventuras, perigos). 6. Acelerar; apressar. 7. Antecipar. *v.i.* 8. *Quím.* Realizar-se a precipitação. *v.p.* 9. Lançar-se; arrojar-se. 10. Acelerar-se. 11. Antecipar-se. 12. Proceder com demasiada precipitação.

pre·cí·pi·te *adj.2gên.* 1. Que está em risco de precipitar-se. 2. Apressado; veloz.

pre·cí·pu:o *adj.* Principal; essencial.

pre·ci·sa·do *adj.* Pobre; necessitado.

pre·ci·são *s.f.* 1. Falta, carência de alguma coisa útil ou necessária; necessidade. 2. Exatidão em certos cálculos. 3. Pontualidade no cumprimento de um dever ou na execução de alguma coisa. 4. Rigor sóbrio de linguagem; concisão.

pre·ci·sar *v.t.d.* 1. Determinar, calcular, indicar com exatidão. 2. Particularizar; expor em resumo. *v.t.i.* 3. Carecer; ter necessidade. *v.i.* 4. Ser pobre. 5. Ser necessário. 6. Ter precisão.

pre·ci·so *adj.* 1. Necessário; indispensável. 2. Certo; exato; claro; terminante. 3. Resumido; conciso.

pre·ci·to *adj.* e *s.m.* Condenado (especialmente a penas espirituais); réprobo; maldito.

pre·cla·ro *adj.* 1. Ilustre; famoso; notável. 2. Brilhante. 3. Belo; formoso.

pre·ço (ê) *s.m.* 1. Valor de uma coisa. 2. Custo da unidade de coisa vendível. 3. Aquilo que se dá, se sacrifica ou se obtém em troca de outra coisa. 4. Compensação. 5. Importância (moral); merecimento.

pre·co·ce (ó) *adj.2gên.* 1. Maduro antes da estação própria; prematuro. 2. Que sucedeu ou se desenvolveu antes do tempo próprio.

pre·co·ci·da·de *s.f.* Qualidade de precoce ou prematuro.

pre·co·gi·tar *v.t.d.* Cogitar antes; premeditar.

pre·con·ce·ber *v.t.d.* 1. Conceber de antemão, antecipadamente. 2. Idear com antecipação. 3. Pressupor.

pre·con·ce·bi·do *adj.* 1. Concebido de antemão. 2. Concebido ou planejado com precipitação, levianamente, sem fundamento sério.

pre·con·cei·to *s.m.* 1. Conceito formado antecipadamente e sem fundamento razoável. 2. Opinião formada sem reflexão. 3. Convencionalismo. 4. Superstição.

pre·co·ni·za·ção *s.f.* Ação ou efeito de preconizar.

pre·co·ni·za·dor *adj.* e *s.m.* Que ou o que preconiza.

pre·co·ni·zar *v.t.d.* 1. Pregoar com louvor. 2. Recomendar; aconselhar, louvando. 3. Propalar; divulgar.

pre·cor·di·al *adj.2gên.* Concernente à região situada acima do coração.

pre·cur·sor *adj.* e *s.m.* 1. Que ou o que vai adiante, que anuncia um sucesso ou a chegada de alguém. 2. Diz-se de ou coisa que precede imediatamente outra.

pre·da·dor *s.m.* O que destrói outro violentamente.

pré·da·ta·do *adj.* A que se apôs data futura. *Pl.:* pré-datados.

pré·da·tar *v.t.d.* Pôr data futura em.

pre·da·tó·ri·o *adj.* Relativo a roubo ou a predador; rapina.

pre·de·ces·sor *s.m.* Antecessor.

pre·des·ti·na·ção *s.f.* 1. Ação ou efeito de predestinar. 2. *Teol.* Desígnio formado por Deus de conceder a certas almas a bem-aventurança eterna.

pre·des·ti·na·do *adj.* 1. Destinado de antemão; eleito de Deus. *s.m.* 2. Indivíduo predestinado.

pre·des·ti·nar *v.t.d.* 1. Destinar de antemão. 2. Eleger (Deus) desde toda a eternidade (os justos).

pre·de·ter·mi·na·ção *s.f.* Ação ou efeito de predeterminar.

pre·de·ter·mi·nar *v.t.d.* Determinar antecipadamente.

pre·di·al *adj.2gên.* Que se refere a prédios.

pré·di·ca *s.f.* Prática; sermão; pregação.

pre·di·ca·do *s.m.* 1. Qualidade característica. 2. Atributo; dote; prenda; virtude. 3. *Gram.* Aquilo que numa oração se declara do sujeito.

pre·di·ção *s.f.* Ato ou efeito de predizer. 2. Vaticínio; prognóstico; augúrio; profecia.

pre·di·ca·ti·vo *adj.* e *s.m. Gram.* Diz-se de ou a qualidade atribuída ao objeto ou ao sujeito e que completa a significação do verbo.

pre·di·le·ção *s.f.* 1. Preferência por alguma coisa ou alguém. 2. Afeição extremosa; simpatia.

pre·di·le·to (é) *adj.* e *s.m.* Que ou o que é querido ou estimado com predileção.

pré·di·o *s.m.* 1. Propriedade rústica ou urbana. 2. Edifício. 3. Casa de habitação; residência.

pre·dis·po·nên·ci·a *s.f.* Ação ou efeito de predispor.

pre·dis·po·nen·te *adj.2gên.* Que predispõe.

pre·dis·por *v.t.d.* 1. Dispor antecipadamente. 2. Preparar (para receber uma impressão qualquer).★

pre·dis·po·si·ção *s.f.* 1. Ação de predispor. 2. Disposição antecipada; tendência; vocação.

pre·di·to *adj.* 1. Que se predissesse. 2. Dito, citado anteriormente.

pre·di·zer *v.t.d.* 1. Dizer antes ou antecipadamente. 2. Anunciar de antemão. 3. Vaticinar; profetizar; prognosticar.

pre·do·mi·nân·ci·a *s.f.* Qualidade de predominante; predomínio.

pre·do·mi·nan·te *adj.2gên.* 1. Que predomina. 2. *Gram.* Diz-se do acento mais forte de uma palavra, e da sílaba ou vogal em que recai esse acento.

pre·do·mi·nar *v.t.d.* 1. Exercer domínio sobre. 2. Sobrepujar. *v.i.* 3. Ter o principal domínio, o maior ascendente (falando das pessoas). 4. Prevalecer. 5. Ser em maior quantidade ou intensidade.

pre·do·mí·ni:o *s.m.* 1. Principal domínio. 2. Força dominante. 3. Superioridade. 4. Influência.

pre·e·mi·nên·ci·a *s.f.* 1. Qualidade de preeminente. 2. Superioridade; primazia. *V.* **proeminência**.

pre·e·mi·nen·te *adj.2gên.* 1. Que ocupa lugar ou graduação mais elevados. 2. Superior. 3. Nobre; distinto. *V.* **proeminente**.

pre·emp·ção *s.f.* 1. Compra antecipada. 2. Precedência na compra.

pre·en·cher *v.t.d.* 1. Encher completamente; completar. 2. Desempenhar. 3. Observar; cumprir plenamente.

pre·en·chi·men·to *s.m.* Ato ou efeito de preencher.

pre·en·são *s.f.* Ação de segurar, agarrar ou apanhar.

pre·ên·sil *adj.2gên.* Que tem a faculdade de agarrar, de apanhar, de segurar.

pré·es·co·lar *adj.2gên.* 1. Que ocorre ou se situa antes do período ou idade pré-escolar. 2. Relativo à pré-escola. *Pl.:* pré-escolares.

pre·es·ta·be·le·cer *v.t.d.* 1. Estabelecer de antemão, antecipadamente. 2. Determinar previamente; predispor.

pre·es·ta·be·le·ci·do *adj.* 1. Estabelecido, preparado com antecipação. 2. Predeterminado; predisposto.

pre·e·xis·tên·ci·a (z) *s.f.* 1. Qualidade de preexistente. 2. *Teol.* Existência de Cristo no Céu, antes da encarnação. 3. Existência dos espíritos, antes de se juntarem aos corpos.

pre·e·xis·ten·te (z) *adj.2gên.* Que existe antes, anteriormente.

pre·e·xis·tir (z) *v.i.* 1. Existir primeiro ou anteriormente. 2. Ter uma existência anterior a outra.

pré·fa·bri·ca·do *adj.* 1. Diz-se de algo que é feito de peças já fabricadas e próprias para serem montadas depois. 2. *pej.* Que não é espontâneo, natural. *Pl.:* pré-fabricados.

pre·fa·ci·a·dor *s.m.* Aquele que prefacia.

pre·fa·ci·ar *v.t.d.* 1. Fazer prefácio a (obra literária ou científica). 2. Escrever o prólogo de.

pre·fá·ci:o *s.m.* 1. Advertência que precede uma obra escrita. 2. Prólogo; preâmbulo.

pre·fei·to *s.m.* 1. Chefe da municipalidade. 2. Aquele que está investido do poder executivo de um município.

pre·fei·tu·ra *s.f.* 1. Cargo de prefeito. 2. Duração desse cargo. 3. Repartição do prefeito.

pre·fe·rên·ci·a *s.f.* 1. Ação ou efeito de preferir; predileção. 2. Manifestação de agrado ou distinção.

pre·fe·ren·ci·al *adj.2gên.* 1. Que tem preferência. 2. Em que há preferência. 3. Diz-se da rua ou avenida (via) em que os veículos têm preferência de passagem.

pre·fe·ri·do *adj.* Escolhido; predileto.

pre·fe·rir *v.t.d.* 1. Dar primazia a. 2. Escolher; determinar-se por. 3. Querer antes. 4. Gostar mais de. *v.t.i.* 5. Ter a primazia ou preferência.★

pre·fe·rí·vel *adj.2gên.* Que deve ou pode ser preferido; melhor.

pre·fi·gu·ra·ção *s.f.* 1. Ação de prefigurar. 2. Representação de coisa que ainda não existe, mas que há de existir, pode existir ou se receia que exista.

pre·fi·gu·rar *v.t.d.* 1. Representar antecipadamente coisa futura. 2. Pressupor. 3. Figurar imaginando.

pre·fi·xa·ção (cs) *s.f.* Ação ou efeito de prefixar.

pre·fi·xar (cs) *v.t.d.* 1. Fixar, determinar, limitar antecipadamente. 2. Prescrever.

pre·fi·xo (cs) *adj.* 1. Determinado, fixado antecipadamente. *s.m.* 2. *Gram.* Afixo que se apõe antes da raiz de uma palavra, modificando-lhe o sentido ou formando nova palavra.

pre·ful·gên·ci·a *s.f.* Qualidade de prefulgente.

pre·ful·gen·te *adj.2gên.* Que prefulge.

pre·ful·gir *v.i.* 1. Brilhar, resplandecer. 2. Fulgir muito; luzir.

pre·ful·gu·ra·ção *s.f.* Ação de prefulgurar.

pre·ful·gu·rar *v.i.* 1. Fulgurar muito. 2. Brilhar; prefulgir.

pre·ga (é) *s.f.* 1. Dobra que se faz num tecido ou estofo; ruga. 2. Carquilha defeituosa na roupa. 3. Depressão de terreno.

pre·ga·ção *s.f.* 1. Ação de pregar; prédica; sermão. 2. Matéria ou assunto sobre o qual versa a prédica.

pre·ga·do *adj.* 1. Fixado com prego. 2. Cansado; esfalfado. 3. Um tanto embriagado.

pre·ga·dor¹ *adj.* e *s.m.* Aquele que faz pregações, que exerce a prédica; orador sacro.

pre·ga·dor² *adj.* e *s.m.* 1. Que ou o que segura com prego. 2. Aquilo que prega, prende ou abotoa.

pre·gão *s.m.* 1. Ato de apregoar. 2. Proclamação pública; anúncio em altas vozes (da coisa que se quer vender, dos lances feitos), feito por leiloeiros, corretores de bolsa e vendedores ambulantes.

pre·gar¹ *v.t.d.* e *v.t.d. e i.* 1. Anunciar; ensinar sob forma de doutrina. 2. Recomendar; aconselhar. 3. Incutir. 4. Propagar; proclamar. 5. Apregoar; pronunciar. 6. Exaltar; preconizar. 7. Pronunciar sermões; evangelizar. *v.t.i.* 8. Ensinar a religião. 9. Bradar; clamar; vociferar. 10. Ralhar.

pre·gar² *v.t.d.* e *v.t.d. e i.* 1. Pôr pregos em. 2. Fixar; segurar com pregos. 3. Unir cosendo. 4. Pegar. 5. Introduzir, meter à força (prego ou objeto pontiagudo). 6. Cravar; fitar. 7. Assentar; dar com força; pespegar. 8. Causar. *v.i.* 9. Interromper qualquer ato por cansaço. 10. Emperrar. 11. Mentir.

pre·go (é) *s.m.* 1. Haste delgada de metal que termina num dos extremos por uma parte mais grossa (cabeça) e em ponta no outro, destinada a cravar-se num objeto ou num ponto que se quer segurar ou fixar. 2. *pop.* Casa de penhores. 3. Cansaço. 4. Bebedeira.

pre·go·ei·ro *s.m.* Aquele que apregoa ou lança pregão; leiloeiro.

pre·gres·so (é) *adj.* 1. Decorrido anteriormente. 2. Sucedido primeiro.

pre·gue·ar *v.t.d.* Fazer pregas em; franzir.

pre·gui·ça *s.f.* 1. Propensão para não trabalhar. 2. Aversão ao trabalho. 3. Indolência; morosidade. 4. Negligência. *epiceno* 5. *Zool.* Mamífero desdentado arborícola de pelagem espessa e movimentos lentos.

pre·gui·çar *v.i.* 1. Andar ou proceder com preguiça; mandriar. 2. Dar-se à preguiça.

pre·gui·ço·so (ô) *adj.* e *s.m.* 1. Que ou o que tem preguiça; mandrião. 2. Sereno; calmo. *Pl.:* preguiçosos (ó).

pré-his·tó·ri·a *s.f.* Conjunto dos trabalhos feitos sobre as épocas que precederam os chamados tempos históricos. *Pl.:* pré-histórias.

prei·te·ar *v.t.d.* Render preito a.

prei·to (ê) *s.m.* 1. Homenagem. 2. Respeito. 3. Sujeição; dependência; vassalagem. *V.* **pleito**.

pre·ju·di·ca·do *adj.* Lesado; inutilizado.

pre·ju·di·car *v.t.d.* 1. Causar dano, prejuízo, transtorno a. 2. Lesar. 3. Diminuir o valor de. 4. Tornar sem efeito. *v.p.* 5. Sofrer prejuízo.

pre·ju·di·ci·al *adj.2gên.* 1. Que causa prejuízo. 2. Nocivo; danoso.

pre·ju·í·zo *s.m.* 1. Ato ou efeito de prejudicar. 2. Dano; perda. 3. Preconceito; superstição.

pre·jul·gar *v.t.d.* 1. Julgar antecipadamente. 2. Considerar com antecipação.

pre·la·do *s.m. Rel.* Título honorífico privativo de certas dignidades eclesiásticas católicas, tais como bispos, arcebispos e outros.

pre·la·zi·a *s.f.* 1. Título, cargo ou jurisdição de um prelado. 2. Região sob a jurisdição de um prelado. 3. *por ext.* Diocese.

pre·le·ção *s.f.* 1. Ação de prelecionar; lição. 2. Discurso; conferência didática.

pre·le·ci·o·nar *v.t.d.* 1. Fazer preleção a. 2. Dar lição a ou sobre; lecionar. *v.i.* 3. Fazer preleções.

pre·le·tor *s.m.* Aquele que preleciona.

pre·li·ba·ção *s.f.* Ação ou efeito de prelibar.

pre·li·bar *v.t.d.* 1. Libar com antecipação. 2. Antegostar; provar.

pre·li·mi·nar *adj.2gên.* 1. Que precede o assunto ou objeto principal. 2. Que serve de introdução; preambular. *s.m.* 3. Aquilo que antecede o assunto principal. 4. Prefácio; prólogo. *s.f.* 5. Condição prévia.

pré·li·o *s.m.* Luta; combate; peleja; batalha.

pre·lo (é) *s.m.* Máquina tipográfica para imprimir.

pre·lu·ci·da·ção *s.f.* Esclarecimento preliminar; elucidação preambular.

pre·lu·di·ar *v.t.d.* 1. Preceder de prelúdios. 2. Preparar com antecedência. 3. Iniciar; prefaciar; inaugurar. *v.i.* 4. *Mús.* Executar um prelúdio.

pre·lú·di·o *s.m.* 1. Exercício preliminar. 2. Primeiro passo para um certo desfecho. 3. Preâmbulo; prefácio. *Mús.* 4. Introdução instrumental ou orquestral de uma ópera, de uma suíte, etc. 5. Composição semelhante ao prelúdio, mas de caráter independente.

pre·lu·zir *v.i.* Brilhar muito; prefulgir.

pre·ma·tu·ri·da·de *s.f.* 1. Qualidade ou condição de prematuro. 2. Precocidade.

pre·ma·tu·ro *adj.* 1. Precoce. 2. Temporão; que nasceu antes do tempo normal da gestação. 3. Que se realiza antes da ocasião própria.

pre·me·di·ta·ção *s.f.* Ação ou efeito de premeditar.

pre·me·di·tar *v.t.d.* 1. Meditar antecipadamente. 2. Resolver com antecipação. 3. Planejar.

pre·mên·ci·a *s.f.* Urgência; qualidade de premente.

pre·men·te *adj.2gên.* Que preme; que faz pressão; urgente.

pre·mer *v.t.d.* 1. Fazer peso ou pressão em. 2. Calcar; espremer; apertar. *Var.:* premir.

pre·mi·ar *v.t.d.* 1. Dar prêmio ou galardão a. 2. Recompensar. 3. Remunerar.

prê·mi·o *s.m.* 1. Recompensa. 2. Remuneração. 3. Distinção que se confere a quem sobressai por certos trabalhos ou méritos. 4. Lucro; juros.

pre·mir *v.t.d.* Premer.★★

pre·mis·sa *s.f. Lóg.* Cada uma das duas primeiras proposições de um silogismo que servem de base à conclusão.

pré·mo·lar *adj.2gên.* 1. Diz-se de dente que se localiza entre o canino e o molar. *s.m.* 2. Esse tipo de dente. *Pl.:* pré-molares.

pre·mo·ni·ção *s.f.* Conhecimento antecipado; previsão; presciência; profecia.

pre·mo·ni·tó·ri·o *adj.* 1. Relativo a premonição. 2. Que adverte com antecipação. 3. Que se deve considerar como aviso.

pre·mu·nir *v.t.d.* 1. Acautelar antecipadamente; precaver; prevenir. *v.p.* 2. Precaver-se; preparar-se.

pré·na·tal *adj.2gên.* 1. Concernente ao período anterior ao nascimento da criança. *s.m.* 2. Assistência médica prestada durante a gestação. *Pl.:* pré-natais.

pren·da *s.f.* 1. Dádiva; presente. 2. Predicado; qualidade. 3. Aptidão; habilidade. 4. Joia.

pren·das *s.f.pl.* Dotes; talento; qualidades.

pren·da·do *adj.* Que possui prendas, qualidades apreciáveis.

pren·dar *v.t.d.* 1. Dar prendas a. 2. Tornar hábil, destro. 3. Premiar; dotar.

pren·der *v.t.d.* 1. Atar; ligar. 2. Capturar. 3. Cativar; encantar. 4. Apanhar. 5. Encadear; ligar (moral ou afetivamente). *v.t.i.* 6. Arraigar-se; fixar-se. 7. Emperrar; encontrar obstáculo. *v.p.* 8. Ficar preso, seguro; arraigar-se; casar-se; ligar-se; afeiçoar-se. 9. Preocupar-se. *Part.:* prendido e preso.

pre·nhe (ê) *adj.2gên.* 1. Diz-se da fêmea no período da gestação ou da mulher grávida. 2. *fig.* Cheio; repleto. 3. Impregnado.

pre·nhez (ê) *s.f.* 1. Estado da fêmea prenhe. 2. Gravidez.

pre·no·ção *s.f.* 1. Noção imperfeita de alguma coisa. 2. Preconceito. 3. Noção antecipada.

pre·no·me (ô) *s.m.* Nome que precede o de família.

pren·sa *s.f.* 1. Aparelho manual ou mecânico, composto essencialmente de duas peças, destinado a comprimir ou achatar algum objeto. 2. Prelo.

pren·sa·gem *s.f.* Ação ou operação de prensar.

pren·sar *v.t.d.* 1. Comprimir na prensa. 2. Comprimir muito. 3. Achatar; esmagar.

pre·nun·ci·a·ção *s.f.* Ação ou efeito de prenunciar.

pre·nun·ci·ar *v.t.d.* 1. Anunciar com antecedência. 2. Predizer; profetizar; vaticinar.

pre·nún·ci·o *s.m.* Anúncio de coisa futura; prognóstico.

pre:o·cu·pa·ção *s.f.* 1. Ação de preocupar(-se). 2. Ideia fixa e dominante que absorve o espírito. 3. Inquietação proveniente dessa ideia.

pre:o·cu·pan·te *adj.2gên.* Que causa preocupação.

pre·o·cu·par *v.t.d.* 1. Causar preocupação a. 2. Dar cuidado a. 3. Tornar apreensivo, inquieto. 4. Prender a atenção de. 5. Absorver; impressionar. *v.p.* 6. Ter preocupação; inquietar-se.

pre·or·de·nar *v.t.d.* 1. Ordenar com antecipação. 2. Predestinar.

pre·pa·ra·ção *s.f.* 1. Ação ou efeito de preparar(-se). 2. Arranjo.

pre·pa·ra·do *adj.* 1. Feito com antecedência. 2. Que tem preparo intelectual; culto. *s.m.* 3. Produto químico ou farmacêutico.

pre·pa·ra·dor *adj.* 1. Que prepara. *s.m.* 2. Aquele que prepara. 3. Aquele que auxilia o professor, preparando o material relativo às lições práticas. 4. *Desp.* Aquele que ministra exercícios físicos para preparar um atleta ou uma equipe.

pre·pa·rar *v.t.d.* 1. Aprontar. 2. Arranjar; dispor com antecedência. 3. Armar; maquinar; planear. 4. Manipular (medicamentos). 5. Pôr em condições de poder servir ou de se apropriar a determinado fim. 6. Tornar apto. *v.p.* 7. Arranjar-se; aparelhar-se; dispor-se; adaptar-se.

pre·pa·ra·ti·vo *adj.* Preparatório.

pre·pa·ra·ti·vos *s.m.pl.* Aprestos; preparação.

pre·pa·ra·tó·ri·o *adj.* 1. Que prepara ou dispõe. 2. Preliminar; prévio; preparativo.

pre·pa·ro *s.m.* 1. Preparação. 2. Disposições preliminares. 3. Apresto; enfeites. 4. Cultura; competência; instrução.

pre·pon·de·rân·ci·a *s.f.* 1. Qualidade de preponderante. 2. Predomínio; supremacia. 3. Hegemonia.

pre·pon·de·ran·te *adj.2gên.* 1. Que pondera. 2. Mais importante.

pre·pon·de·rar *v.i.* 1. Pesar mais que outro ou outrem. 2. Predominar. 3. Ter mais importância ou influência. *v.t.i.* 4. Prevalecer.

pre·po·nen·te *adj.2gên.* e *s.2gên.* Que ou pessoa que prepõe.

pre·por *v.t.d.* 1. Pôr adiante. 2. Dar previamente. *v.t.d. e i.* 3. Pôr antes; antepor. 4. Preferir; querer antes. 5. Escolher, designar alguém para assumir a direção de determinado serviço.★

pre·po·si·ção *s.f.* 1. Ação de prepor. 2. *Gram.* Palavra invariável que liga dois termos, estabelecendo entre estes diferentes relações. *V. proposição*.

pre·po·si·ti·vo *adj.* 1. Que se põe adiante ou em primeiro lugar. 2. *Gram.* Concernente à preposição. 3. Que é da natureza da preposição.

pre·pos·to (ô) *s.m.* 1. Indivíduo encarregado de um serviço especial, por delegação da pessoa competente. *adj.* 2. Posto antes; preferido. *Pl.:* prepostos (ó).

pre·po·tên·ci·a *s.f.* 1. Qualidade de prepotente. 2. Opressão; despotismo.

pre·po·ten·te *adj.2gên.* 1. Muito poderoso; muito influente. 2. Que abusa do seu poder ou autoridade; despótico.

pre·pú·ci:o *s.m. Anat.* Pele que cobre a glande do pênis.

prer·ro·ga·ti·va *s.f.* 1. Vantagens ou privilégios inerentes a certas dignidades. 2. Regalia; privilégio.

pre·sa (ê) *s.f.* 1. Ação de apresar ou apreender. 2. Objetos apreendidos ao inimigo. *Zool.* 3. Aquilo de que o animal carniceiro se apodera para comer. 4. Dente canino. 5. Garra de ave de rapina.

pres·bi·o·pi·a *s.f. Med.* Distúrbio visual – objetos muito próximos perdem nitidez – ocasionado pelo avanço da idade; vista cansada; presbitismo.

pres·bi·te·ri·a·nis·mo *s.m. Rel.* Ramo de protestantismo (calvinismo).

pres·bi·te·ri·a·no *adj.* 1. Relativo ao presbiterianismo. *s.m.* 2. Adepto do presbiterianismo.

pres·bi·té·ri·o *s.m.* 1. Residência paroquial. 2. Capela principal. 3. Igreja da paróquia. 4. Na Igreja presbiteriana, assembleia composta de pastores e dirigentes (anciãos).

pres·bí·te·ro *s.m.* 1. Sacerdote; padre; ministro. 2. Dirigente da Igreja presbiteriana, também chamado ancião.

pres·bi·tis·mo *s.m. Med.* Presbiopia.

pres·ci·ên·ci·a *s.f.* 1. Qualidade de presciente. 2. Previsão. 3. Ciência inata, anterior ao estudo.

pres·ci·en·te *adj.2gên.* 1. Que sabe com antecipação. 2. Que prevê o futuro. 3. *fig.* Previdente; acautelado.

pres·cin·dir *v.t.i.* 1. Separar, abstrair de. 2. Dispensar; pôr de lado. 3. Renunciar.

pres·cre·ver *v.t.d.* 1. Determinar; preceituar. 2. Ordenar previamente e de modo explícito. 3. Indicar; receitar. *v.i.* 4. *Jur.* Ficar sem efeito (um direito), por ter decorrido certo espaço de tempo. *V.* **proscrever**.

pres·cri·ção *s.f.* 1. Ação ou efeito de prescrever. 2. Preceito; regra; indicação. 3. *Jur.* Extinção de um direito que não se exerceu por determinado tempo. 4. Extinção de uma obrigação, por não se ter exigido o cumprimento dela.

pres·cri·tí·vel *adj.2gên.* 1. Que se pode prescrever ou ordenar. 2. *Jur.* Que é suscetível de prescrição.

pres·cri·to *adj.* 1. Ordenado explicitamente. 2. *Jur.* Que prescreveu.

pre·sen·ça *s.f.* 1. Estado ou comparecimento de alguém em determinado lugar. 2. Aspecto da fisionomia. 3. Impressão; vista. 4. Opinião; juízo; voto; parecer. 5. Existência de uma coisa em lugar determinado.

pre·sen·ci·ar *v.t.d.* 1. Estar presente a; assistir a; ver. 2. Verificar por meio da inspeção e da observação; observar.

pre·sen·tâ·ne·o *adj.* 1. Rápido. 2. Eficaz.

pre·sen·te *adj.2gên.* 1. Que assiste pessoalmente. 2. Diz-se da pessoa ou coisa que está num dado momento diante dos olhos; atual; patente. *s.m.* 3. O tempo presente; o tempo atual. 4. Dádiva; dom; mimo. 5. *Gram.* Tempo verbal que indica atualidade. *s.2gên.* 6. Pessoa que comparece, que assiste ou assistiu a algum acontecimento.

pre·sen·te·ar *v.t.d.* Dar presente a; mimosear (com presente); brindar.

pre·se·pa·da *s.f.* Espetáculo fantástico e ridículo; fanfarrice.

pre·sé·pi·o *s.m.* 1. Lugar onde se recolhe gado; curral; estábulo. 2. Representação do episódio bíblico relativo ao nascimento de Cristo.

pre·ser·va·ção *s.f.* 1. Ação ou efeito de preservar(-se). 2. Cautela; precaução; prevenção.

pre·ser·var *v.t.d.* e *v.p.* 1. Livrar(-se) de algum dano futuro. 2. Manter(-se) livre de corrupção; resguardar(-se).

pre·ser·va·ti·vo *adj.* 1. Que preserva ou que é próprio para preservar. *s.m.* 2. Aquilo que preserva. 3. Camisinha; camisa de vênus.

pre·si·dên·ci·a *s.f.* 1. Ato de presidir. 2. Cargo, funções ou dignidade de presidente. 3. O próprio presidente. 4. Tempo durante o qual alguém exerce as funções de presidente. 5. Residência presidencial. 6. Lugar de honra a uma mesa.

pre·si·den·ci·al *adj.2gên.* 1. Que se refere ou pertence ao presidente ou à presidência. 2. Que emana do presidente.

pre·si·den·ci·a·lis·mo *s.m.* Sistema de governo em que o presidente é o chefe do governo, mantendo-se independentes e harmônicos entre si os poderes Executivo, Legislativo e Judiciário, e cabendo ao presidente a escolha dos ministros de Estado.

pre·si·den·ci·a·lis·ta *adj.2gên.* 1. Relativo ao presidencialismo. 2. Em que domina o presidencialismo. 3. Que é partidário do presidencialismo. *s.2gên.* 4. Pessoa presidencialista.

pre·si·den·te *adj.2gên.* 1. Que preside. *s.m.* 2. Aquele que preside. 3. Título oficial do chefe do Estado republicano. *Fem.:* presidenta.

pre·si·di·ar *v.t.d.* 1. Pôr guardas a. 2. Reforçar; defender; fortificar.

pre·si·di·á·ri·o *adj.* 1. Que se refere ou pertence a presídio. *s.m.* 2. Aquele que cumpre pena num presídio.

pre·sí·di·o *s.m.* Prisão; cadeia; cárcere; penitenciária.

pre·si·dir *v.t.d.* 1. Dirigir como presidente. 2. Exercer as funções de presidente. 3. Assistir, dirigindo ou guiando. 4. Regular a ordem.

pre·si·lha *s.f.* Cordão, fita, etc. com que se aperta ou prende alguma coisa.

pre·so (ê) *adj.* 1. Metido em prisão. 2. Que foi agarrado ou aprisionado. 3. Amarrado; manietado. *s.m.* 4. Prisioneiro; aquele que cumpre pena numa cadeia; detento.

pres·sa (é) *s.f.* 1. Rapidez; ligeireza; celeridade; velocidade. 2. Urgência. 3. Embaraço. 4. Aperto. 5. Aflição; impaciência; afã.

pres·sa·gi·ar *v.t.d.* 1. Anunciar por presságios; profetizar. 2. Prenunciar; pressentir; adivinhar; predizer.

pres·sá·gi·o *s.m.* 1. Previsão; prognóstico. 2. Pressentimento; agouro.

pres·sa·gi·o·so (ô) *adj.* Em que há presságio. *Pl.:* pressagiosos (ó).

pres·sa·go *adj.* Que pressagia; pressagioso.

pres·são *s.f.* 1. Ação ou efeito de premer ou comprimir. 2. *Fís.* Efeito do peso da atmosfera sobre todos os corpos. 3. *Med.* Conjunto dos movimentos do coração (pressão arterial). 4. Ação que o sangue exerce sobre as paredes dos vasos que o contêm (pressão sanguínea).

pres·sen·ti·men·to *s.m.* 1. Ato ou efeito de pressentir. 2. Sentimento vago ou instintivo do que há de suceder; palpite.

pres·sen·tir *v.t.d.* 1. Sentir antecipadamente. 2. Prever; adivinhar; pressagiar. 3. Ter suspeitas de.

pres·su·por *v.t.d.* 1. Supor antecipadamente; presumir. 2. Fazer supor (conjuga-se como pôr).★

pres·su·po·si·ção *s.f.* Ação ou efeito de pressupor; conjetura.

pres·su·pos·to (ô) *adj.* 1. Que se pressupõe. *s.m.* 2. Pressuposição; conjetura; pretexto. 3. Projeto; plano. *Pl.:* pressupostos (ó).

pres·su·ro·so (ô) *adj.* 1. Apressado. 2. Afanoso. 3. Irrequieto; impaciente. 4. Azafamado, atarefado. *Pl.:* pressurosos (ó).

pres·ta·ção *s.f.* 1. Ação ou efeito de prestar. 2. Cota; cada uma das quantias que serão pagas em certo prazo, para extinção de uma dívida ou encargo.

pres·tan·te *adj.2gên.* 1. Que presta. 2. Pronto a auxiliar; prestimoso. 3. Útil; excelente.

pres·tar *v.t.d.* 1. Praticar. 2. Dar ou fazer de acordo com certas condições. 3. Dispensar; dedicar; render. *v.i.* 4. Ter préstimo. 5. Ser de boa qualidade (coisa). 6. Ter boas qualidades (pessoa). *v.t.i.* 7. Ser útil. *v.p.* 8. Acomodar-se; ser adequado para. 9. Estar disposto; condescender.

pres·ta·ti·vo *adj.* Pronto para servir; obsequioso.

pres·tá·vel *adj.2gên.* Que presta ou pode prestar; prestante.

pres·tes *adj.2gên.* e *2núm.* 1. Preparado; pronto. 2. Que está quase ou a ponto de. 3. Rápido; ligeiro. *adv.* 4. Com presteza; prontamente.

pres·te·za (ê) *s.f.* 1. Qualidade de prestes. 2. Pressa; ligeireza; celeridade; agilidade; prontidão.

pres·ti·di·gi·ta·ção *s.f.* Arte de prestidigitador; ilusionismo.

pres·ti·di·gi·ta·dor *s.m.* Escamoteador que, pela ligeireza dos movimentos das mãos, faz deslocar ou desaparecer objetos, sem o espectador saber como; ilusionista; prestímano.

pres·ti·gi·ar *v.t.d.* 1. Dar prestígio a. 2. Tornar prestigioso.

pres·tí·gi·o *s.m.* 1. Importância social. 2. Grande influência. 3. Preponderância; superioridade pessoal. 4. Prestidigitação.

pres·ti·gi·o·so (ô) *adj.* 1. Que exerce prestígio. 2. Muito influente; respeitado. *Pl.:* prestigiosos (ó).

pres·tí·ma·no *s.m.* Prestidigitador.

prés·ti·mo *s.m.* 1. Qualidade do que presta ou é proveitoso. 2. O que há de útil, de meritório em alguma pessoa ou coisa; serventia. 3. Auxílio.

pres·ti·mo·si·da·de *s.f.* Qualidade de prestimoso; prestância.

pres·ti·mo·so (ô) *adj.* Que tem préstimo; prestante; útil, obsequioso. *Pl.:* prestimosos (ó).

prés·ti·to *s.m.* 1. Agrupamento de muitas pessoas em marcha. 2. Procissão; cortejo; acompanhamento.

pres·to (é) *adv.* 1. *Mús.* De andamento muito ligeiro. *s.m.* 2. *Mús.* Trecho em que há esse andamento. *adj.* 3. Ligeiro; rápido; célere; prestes.

pre·su·mi·do *adj.* 1. Vaidoso; afetado. *s.m.* 2. Aquele que tem presunção ou vaidade.

pre·su·mir *v.t.d.* 1. Julgar segundo certas probabilidades; conjeturar; suspeitar; pressupor. *v.t.i.* 2. Ter presunção; vangloriar-se.

pre·su·mí·vel *adj.2gên.* 1. Provável. 2. Que se pode presumir, supor ou suspeitar.

pre·sun·ção *s.f.* 1. Suspeita. 2. Conjetura. 3. Vaidade; afetação; desvanecimento. 4. Ato ou efeito de presumir.

pre·sun·ço·so (ô) *adj.* e *s.m.* 1. Que tem muita presunção. 2. Vaidoso; afetado; presumido. *Pl.:* presunçosos (ó).

pre·sun·ti·vo *adj.* Presumível; provável.

pre·sun·to *s.m.* 1. Perna ou espádua de porco, salgada e curada ao fumeiro. 2. Porção dessa carne. 3. *gír.* Cadáver.

pre·te·jar *v.i.* 1. Tornar-se preto. 2. Escurecer. 3. *Reg.* estar cheio, repleto. *v.t.d.* 4. Tornar preto.

pre·ten·den·te *adj.2gên.* 1. Que pretende. *s.2gên.* 2. Pessoa que pretende. 3. Aspirante; candidato. 4. Requerente. *s.m.* 5. Aquele que aspira à mão de certa mulher.

pre·ten·der *v.t.d.* 1. Reclamar (alguma coisa) como um direito. 2. Solicitar. 3. Desejar; querer; aspirar a. 4. Julgar. 5. Sustentar. 6. Pretextar. 7. Exigir. *v.i.* 8. Empregar diligências para a consecução de alguma coisa; esforçar-se por. *v.t.i.* 9. Cogitar; tratar. *v.p.* 10. Julgar-se.

pre·ten·são *s.f.* 1. Ação de pretender (-se). 2. Direito que se julga ter a alguma coisa. 3. Aspiração; presunção; vaidade.

pre·ten·si·o·so (ô) *adj.* e *s.m.* 1. Que ou o que tem pretensões. 2. Soberbo; jactancioso; vaidoso. *Pl.:* pretensiosos (ó).

pre·ten·so *adj.* 1. Pretendido; suposto; imaginado. 2. Que supõe ser alguma coisa.

pre·ten·sões *s.f.pl.* Vaidade exagerada; jactância; bazófia.

pre·te·ri·ção *s.f.* Ação ou efeito de preterir; omissão.

pre·te·rir *v.t.d.* 1. Deixar de parte; desprezar. 2. Prescindir de. 3. Deixar, sem motivo legal, de promover a posto ou emprego. 4. Ir além de.★

pre·té·ri·to *adj.* 1. Que passou; passado. *s.m.* 2. *Gram.* Tempo verbal que designa ação ou estado anterior.

pre·ter·na·tu·ral *adj.2gên.* Sobrenatural.

pre·tex·tar(s) *v.t.d.* 1. Dar ou tomar como pretexto. 2. Alegar como escusa.

pre·tex·to (s, ê) *s.m.* 1. Razão aparente que se alega para encobrir o verdadeiro motivo por que se fez ou deixou de fazer alguma coisa. 2. Desculpa; evasiva.

pre·ti·dão *s.f.* 1. Qualidade de preto. 2. Cor preta.

pre·to (ê) *adj.* 1. Diz-se dos corpos que, absorvendo os raios luminosos, apresentam a cor mais escura; negro. *s.m.* 2. Indivíduo da raça negra. 3. A cor negra.

pre·tor *s.m.* Magistrado de alçada inferior à de juiz de direito.

pre·to·ri·a *s.f.* Jurisdição ou repartição de pretor.

pre·va·le·cen·te *adj.2gên.* Que prevalece.

pre·va·le·cer *v.i.* 1. Ter primazia. 2. Exceder em valor ou em importância. *v.t.i.* 3. Levar vantagem; preponderar. *v.p.* 4. Tirar partido; aproveitar-se.

pre·va·le·ci·men·to *s.m.* Ato ou efeito de prevalecer; predomínio.

pre·va·lên·cia *s.f.* Qualidade daquele ou daquilo que prevalece; superioridade.

pre·va·ri·ca·ção *s.f.* 1. Ação ou efeito de prevaricar. 2. Desvio do cumprimento do dever.

pre·va·ri·car *v.i.* 1. Trair os interesses que é obrigado a sustentar. 2. Abusar no exercício de suas funções. 3. Cometer adultério. *v.t.i.* 4. Faltar a seus deveres.

pre·ven·ção *s.f.* 1. Ação de prevenir (-se). 2. Opinião antecipada; premeditação. 3. Precaução.

pre·ve·ni·do *adj.* Acautelado; desconfiado; receoso.

pre·ve·nir *v.t.d.* 1. Dispor de antemão. 2. Dispor de modo que evite (dano,

pre·ven·ti·vo *adj.* 1. Que previne. 2. Em que há prevenção. *s.m.* 3. Aquilo que previne, evita, impede, protege.

pre·ver *v.t.d.* 1. Ver com antecipação; antever. 2. Pressupor. 3. Predizer; profetizar. *v.i.* 4. Calcular; fazer conjeturas.★

pré·vi:a *adj.* 1. *Fem.* de prévio. *s.f.* 2. Exame preliminar de uma situação. 3. Pesquisa antecipada sobre os resultados de uma eleição.

pre·vi·dên·ci:a *s.f.* 1. Ato ou qualidade de quem é previdente. 2. Faculdade ou ação de prever. 3. Nome que se dá às instituições (institutos) através das quais os contribuintes têm direito a assistência social.

pre·vi·den·ci·á·ri:o *s.m.* Funcionário de institutos de previdência.

pre·vi·den·te *adj.2gên.* 1. Que prevê. 2. Precavido; prudente; sensato.

pré·vi:o *adj.* 1. Feito ou dito com antecipação. 2. Antecipado; anterior; preliminar.

pre·vi·são *s.f.* 1. Ação ou efeito de prever. 2. Prevenção. 3. Presciência.

pre·vi·sí·vel *adj.2gên.* Que pode ser previsto.

pre·vis·to *adj.* 1. Visto antes. 2. Conjeturado. 3. Prenunciado.

pre·za·do *adj.* Estimado; muito querido.

pre·zar *v.t.d.* 1. Ter grande estima ou simpatia por. 2. Ter em grande consideração. 3. Desejar; amar; querer; apreciar. 4. Respeitar; acatar. *v.p.* 5. Respeitar-se; ter dignidade.

pri·ma *s.f.* 1. *Fem.* de primo. 2. *Mús.* A primeira, mais fina e mais aguda corda de alguns instrumentos (o violino, o violão, etc.).

pri·ma·ci·al *adj.2gên.* 1. Em que há primazia. 2. Que é de qualidade superior.

pri·ma·do *s.m.* Primazia; prioridade; superioridade.

pri·ma·do·na *s.f.* 1. Principal cantora de uma ópera. 2. *por ext.* Cantora de ópera conhecida ou respeitada; diva (3). 3. *pej.* Mulher que se acha merecedora de atenções especiais, que faz escândalo quando não é atendida. *Pl.*: prima-donas.

pri·mar *v.t.i.* 1. Ser o primeiro. 2. Ter a primazia ou a preferência. 3. Sobressair.

pri·má·ri:o *adj.* 1. Primeiro; que antecede a outros. 2. Fundamental; principal; básico. 3. Acanhado; limitado.

pri·ma·ta *s.2gên. Zool.* 1. Espécime dos primatas, ordem de mamíferos que inclui o homem e os animais que mais se parecem com ele. *adj.2gên.* 2. Relativo aos primatas.

pri·ma·ve·ra (é) *s.f.* 1. Estação do ano que, no hemisfério sul, começa em 22 de setembro e termina em 21 de dezembro. 2. Aurora. 3. *Bot.* Planta trepadeira também chamada buganvília. 4. A flor dessa planta.

pri·ma·ve·ras (é) *s.f.pl.* Anos de vida; idade.

pri·ma·ve·ril *adj.2gên.* 1. Concernente à primavera. 2. Próprio da primavera.

pri·maz *s.m.* 1. *Rel.* Prelado de categoria superior à dos bispos e arcebispos numa região ou país. *adj.2gên.* 2. Que tem primazia, que ocupa o primeiro lugar.

pri·ma·zi·a *s.f.* 1. Dignidade de primaz. 2. Superioridade. 3. Primeiro lugar. 4. Prioridade. 5. Excelência. 6. Competência.

pri·mei·ro *num.* 1. Ordinal que corresponde a um. *adj.* 2. Que precede outros em relação ao tempo, ao lugar, à categoria. *s.m.* 3. O que está em primeiro lugar. *adv.* 4. Antes; primeiramente.

pri·me·vo (é) *adj.* 1. Concernente aos tempos primitivos. 2. Relativo à primeira idade do mundo. 3. Antigo.

pri·mí·ci·as *s.f.pl.* 1. Os primeiros frutos da terra. 2. Os primeiros animais que nascem de um rebanho. 3. Primeiras produções. 4. Primeiros sentimentos. 5. Começos.

pri·mí·pa·ra *adj.* 1. Diz-se das fêmeas que têm o primeiro parto. 2. Que dá à luz pela primeira vez.

pri·mi·ti·vis·mo *s.m.* 1. Qualidade do que é primitivo ou do que é rudimentar. 2. Tendência artística que busca inspirar-se na ingenuidade de forma dos povos primitivos.

pri·mi·ti·vis·ta *adj.2gên.* 1. Relativo ao primitivismo(2); que é adepto do primitivismo. *s.2gên.* 2. Artista adepto do primitivismo(2).

pri·mi·ti·vo *adj.* 1. Relativo ao princípio. 2. Que apareceu em primeiro lugar. 3. Dos primeiros tempos. 4. Inicial; original. 5. Rudimentar; rude. 6. *Gram.* Diz-se da forma ou vocábulo de que se derivam outros.

pri·mo *adj.* 1. *Mat.* Diz-se do número que só é divisível por si e pela unidade. *s.m.* 2. Filho de tio ou de tia, em relação às sobrinhas ou aos sobrinhos destes e vice-versa.

pri·mo·gê·ni·to *adj.* e *s.m.* Que ou o que nasceu antes dos outros; filho mais velho.

pri·mo·ge·ni·tu·ra *s.f.* Qualidade do que é primogênito.

pri·mor *s.m.* 1. Perfeição; qualidade superior; excelência. 2. Beleza. 3. Delicadeza.

pri·mor·di·al *adj.2gên.* 1. Primitivo. 2. Originário. 3. Essencial. 4. Relativo a primórdio.

pri·mór·di·o *s.m.* 1. O que se organiza primeiro. 2. Origem; princípio; início; começo.

pri·mo·ro·so (ô) *adj.* 1. Em que há primor. 2. Distinto; perfeito; completo; excelente. *Pl.:* primorosos (ó).

prin·ce·sa (ê) *s.f.* 1. Mulher de príncipe. 2. Filha de família reinante. 3. A mulher mais distinta em sua classe ou categoria.

prin·ci·pa·do *s.m.* 1. Dignidade de príncipe. 2. Estado ou território cujo soberano é um príncipe ou uma princesa. *s.m.* 3. *Teol.* Um dos nove coros de anjos.

prin·ci·pal *adj.2gên.* 1. Que é o primeiro, o mais considerado, o mais importante. 2. Essencial; fundamental. *s.m.* 3. Superior de comunidade religiosa. 4. Magnata. 5. O chefe. 6. O capital de uma dívida.

prín·ci·pe *s.m.* 1. Membro de família reinante. 2. Chefe reinante de um principado. 3. Filho primogênito do rei. 4. Qualquer soberano. *adj.2gên.* 5. O principal, o primeiro em mérito, em talento.

prin·ci·pes·co (ê) *adj.* 1. Que se refere ou pertence a príncipes. 2. Ostentoso; opulento; suntuoso.

prin·ci·pi·an·te *adj.2gên.* 1. Que principia. 2. Que está no começo. *s.2gên.* 3. Pessoa que começa a aprender; novato; aprendiz; praticante.

prin·ci·pi·ar *v.t.d.* Dar princípio a; começar; iniciar.

prin·cí·pi·o *s.m.* 1. Ato de principiar. 2. Momento em que se faz alguma coisa pela primeira vez ou em que alguma coisa tem origem. 3. Regra; teoria; preceito moral.

prin·cí·pi·os *s.m.pl.* Rudimentos.

prin·tar *v.t.d. Inform.* Imprimir (do inglês *to print*).

pri·or *s.m.* Superior de convento em algumas ordens monásticas.

pri·o·ri·da·de *s.f.* 1. Qualidade do que está em primeiro lugar, ou do que aparece primeiro; primazia. 2. Direito de falar primeiro.

pri·são *s.f.* 1. Ação de prender; captura. 2. Cadeia; cárcere. 3. Vínculo. 4. Corda com que se prende.

pris·co *adj.* 1. Que pertence ao tempo passado. 2. Antigo; velho.

pri·si·o·nei·ro *s.m.* 1. Aquele que está privado da liberdade; preso. 2. Recluso; encarcerado. 3. Cativo.

pris·ma *s.m.* 1. *Geom.* Sólido que é limitado lateralmente por paralelogramos e que tem por base dois polígonos iguais e paralelos. 2. *Fís.* Cristal com duas faces planas inclinadas, que decompõe a luz. 3. Modo especial e privativo de ver as coisas; ponto de vista.

pris·má·ti·co *adj.* 1. Concernente a prisma. 2. Que tem a forma de prisma.

prís·ti·no *adj.* Prisco.

pri·va·ção *s.f.* Ação ou efeito de privar (-se) de uma vantagem, de um bem que se tinha ou que se devia ter.

pri·va·ci·da·de *s.f.* Vida privada; intimidade.

pri·va·ções *s.f.pl.* Falta do necessário à vida; pobreza.

pri·va·da *s.f.* Latrina.

pri·va·do *adj.* 1. Que não é público ou que não tem caráter público; particular. 2. Desprovido.

pri·var *v.t.d.* 1. Despojar, desapossar de alguma vantagem, de algum bem. 2. Impedir de ter posse de alguma coisa. *v.t.i.* 3. Ser íntimo; conviver. *v.p.* 4. Tirar a si próprio o gozo de uma vantagem, de um bem; abster-se.

pri·va·ti·vi·da·de *s.f.* Privacidade.

pri·va·ti·vo *adj.* 1. Próprio; exclusivo; restrito; particular. 2. Peculiar.

pri·vi·le·gi·a·do *adj.* 1. Que tem privilégio. 2. Que goza de certas prerrogativas e imunidades. 3. Singular; distinto. 4. Elevado.

pri·vi·le·gi·ar *v.t.d.* 1. Dar privilégio a. 2. Dotar com dom especial, com alguma prerrogativa.

pri·vi·lé·gi·o *s.m.* 1. Direito ou vantagem especial que se concede a uma ou mais pessoas, com exclusão de outra ou outras. 2. Permissão especial. 3. Prerrogativa; imunidade. 4. Faculdade especial ou característica.

pró *adv.* 1. A favor; em defesa. *s.m.* 2. Vantagem; proveito. 3. Conveniência.

pro·a (ô) *s.f.* 1. Parte anterior do navio em oposição à popa. 2. Frente de qualquer coisa. 3. *fam.* Soberba; vaidade.

pro·ba·bi·li·da·de *s.f.* 1. Qualidade de provável. 2. Razão que faz presumir a verdade, a possibilidade de uma coisa.

pro·ban·te *adj.2gên.* Que prova.

pro·ba·tó·ri·o *adj.* 1. Concernente a prova. 2. Que serve de prova.

pro·bi·da·de *s.f.* 1. Qualidade de probo. 2. Honradez; integridade de caráter.

pro·ble·ma (ê) *s.m.* 1. *Mat.* Questão proposta para se lhe achar a solução. 2. Questão; dúvida. 3. O que é difícil de resolver.

pro·ble·má·ti·ca *s.f.* Conjunto de problemas sobre um assunto, uma questão.

pro·ble·má·ti·co *adj.* 1. Concernente a problema. 2. Que tem o caráter de problema. 3. Duvidoso; incerto; suspeito.

pro·ble·ma·ti·zar *v.t.d.* 1. Tornar problemático. 2. Pôr em dúvida.

pro·bo (ô) *adj.* 1. Que tem probidade. 2. Honesto; honrado; virtuoso.

pro·bós·ci·de *s.f. Zool.* 1. Tromba de elefante. 2. Aparelho bucal dos mosquitos.

pro·ca·ri:on·te *adj.2gên.* 1. Diz-se do organismo unicelular desprovido de membrana nuclear. *s.m.* 2. Esse tipo de organismo.

pro·ce·dên·ci:a *s.f.* 1. Proveniência; origem. 2. Lugar de onde se procede. 3. Qualidade de procedente.

pro·ce·den·te *adj.2gên.* 1. Que procede. 2. Proveniente; originário. 3. Consequente; lógico; concludente.

pro·ce·der *v.t.i.* 1. Descender. 2. Ter origem; originar-se. 3. Dirigir os seus atos. *v.i.* 4. Prosseguir. 5. Concluir. 6. Comportar-se. 7. Ter consequência. *s.m.* 8. Comportamento; atos.

pro·ce·di·men·to *s.m.* 1. Ato ou efeito de proceder. 2. Comportamento; conduta.

pro·ce·la (é) *s.f.* 1. Tormenta no mar. 2. Tempestade; temporal. 3. Agitação extraordinária.

pro·ce·lá·ri:a *s.f. epiceno Zool.* Ave palmípede que, aparecendo em bando sobre as ondas, anuncia tempestade.

pro·ce·lo·so (ô) *adj.* 1. Concernente a procela. 2. Tempestuoso; tormentoso. 3. Acompanhado de tempestades. 4. Que ocasiona tempestades. *Pl.:* procelosos (ó).

pró·cer *s.m. sobrecomum* Pessoa importante em uma nação, classe, partido.

pro·ces·sa·dor *adj.* e *s.m.* 1. Que ou o que processa. *s.m.* 2. *Inform.* Circuito integrado que realiza funções de processamento aritmético e de controle na execução de programas. 3. *Inform.* Em microprocessadores, a unidade central de processamento; microprocessador; *chip; microchip.*

pro·ces·sa·men·to *s.m.* Ato, modo, efeito de processar.

pro·ces·sar *v.t.d.* 1. Instaurar processo contra. 2. Conferir, verificar (um documento) para validar. *Inform.* 3. Manipular dados, seguindo a sequência de instruções codificada num programa. 4. Submeter a processamento.

pro·ces·si·o·nal *adj.2gên.* 1. Concernente a procissão. 2. Disposto em forma de procissão.

pro·ces·so (é) *s.m.* 1. Ato de proceder. 2. O conjunto dos atos por que se realiza determinada operação. 3. Técnica. 4. Os diversos períodos da evolução de um fenômeno. 5. *Jur.* Ação judicial.

pro·ces·su·al *adj.2gên.* Concernente a processo judicial.

pro·ces·su·a·lís·ti·ca *s.f.* Teoria do processo judicial.

pro·cis·são *s.f.* Acompanhamento ou cortejo religioso; préstito; séquito.

pro·cla·ma *s.m.* Cada um dos pregões de casamento, lido na igreja.

pro·cla·ma·ção *s.f.* 1. Ação de proclamar. 2. Publicação solene. 3. Manifesto.

pro·cla·ma·dor *adj.* e *s.m.* Que ou aquele que proclama ou faz proclamações.

pro·cla·mar *v.t.d.* 1. Anunciar em público, com solenidade e em voz alta; aclamar. 2. Decretar; promulgar. *v.p.* 3. Fazer-se aclamar; arvorar-se em; tomar publicamente o título de.

pró·cli·se *s.f. Gram.* Colocação de pronome pessoal oblíquo átono antes do verbo.

pro·cras·ti·na·ção *s.f.* 1. Ação ou efeito de procrastinar. 2. Adiamento; delonga.

pro·cras·ti·nar *v.t.d.* 1. Adiar; delongar; espaçar; demorar. *v.i.* 2. Usar de delongas, de adiamentos.

pro·cri·a·ção *s.f.* 1. Ação ou efeito de procriar; reprodução. 2. Germinação.

pro·cri·ar *v.t.d.* Fazer conceber; gerar; dar origem ou nascimento a.

pro·cu·ra *s.f.* 1. Ação de procurar. 2. Busca; pesquisa. 3. Conjunto das produções ou dos serviços que se pedem no comércio ou na indústria.

pro·cu·ra·ção *s.f.* 1. Incumbência que se dá a outrem para tratar de certos negócios em nome do primeiro. 2. Documento em que legalmente se consigna essa incumbência.

pro·cu·ra·dor *adj.* 1. Que procura. *s.m.* 2. Aquele que tem procuração para tratar de negócios de outrem; administrador. 3. Membro da instância superior do Ministério Público.

pro·cu·ra·do·ri·a *s.f.* 1. Ofício, funções, cargo de procurador. 2. Repartição onde o procurador dá expediente. 3. Quantia que se paga ao procurador.

pro·cu·rar *v.t.d.* 1. Buscar; indagar; fazer diligência por encontrar. 2. Dirigir-se a (alguém) para tratar de algum assunto. 3. Pretender. 4. Escolher; perguntar.

pro·cu·ra·tó·ri:o *adj.* Concernente a procuração ou procurador.

pro·di·ga·li·da·de *s.f.* 1. Qualidade de pródigo. 2. Ação de prodigalizar. 3. Dissipação; desperdício. 4. Liberalidade.

pro·di·ga·li·zar *v.t.d.* 1. Gastar com demasiada largueza. 2. Dissipar; esbanjar. 3. Revelar ou empregar com profusão.

pro·dí·gi:o *s.m.* 1. Coisa sobrenatural; maravilha; milagre; portento. *sobrecomum* 2. Pessoa de qualidades excepcionais.

pro·di·gi·o·so (ô) *adj.* 1. Em que há prodígio. 2. Que parece sobrenatural; admirável. *Pl.:* prodigiosos (ó).

pró·di·go *adj.* 1. Que despende mais do que é necessário ou conveniente. 2. Dissipador; esbanjador. 3. Generoso; liberal. *s.m.* 4. Indivíduo pródigo.

pró·dro·mo *s.m.* 1. Prefácio; introdução; preâmbulo. 2. *Med.* Indisposição que precede uma doença.

pro·du·ção *s.f.* 1. Ação ou efeito de produzir. 2. Coisa produzida; produto; obra. 3. Autoria.

pro·du·cen·te *adj.2gên.* 1. Que produz. 2. Lógico; concludente.

pro·du·tí·vel *adj.2gên.* Que se pode produzir; produzível.

pro·du·ti·vi·da·de *s.f.* 1. Qualidade de produtivo. 2. Fertilidade; faculdade de produzir.

pro·du·ti·vo *adj.* 1. Que produz ou que pode produzir. 2. Fértil. 3. Rendoso; lucrativo.

pro·du·to *s.m.* 1. Efeito de produzir. 2. Coisa produzida. 3. Lucro; proveito; benefício. 4. *Mat.* O resultado da multiplicação.

pro·du·tor *adj.* 1. Que produz. *s.m.* 2. Aquele que produz. 3. Autor. 4. Aquele que promove a cultura do solo ou dá origem a produtos industriais.

pro·du·zir *v.t.d.* 1. Dar nascimento ou origem a. 2. Gerar; criar. 3. Causar; ter como consequência. 4. Render. 5. Criar pela imaginação. *v.i.* 6. Ser fértil.

pro·e·mi·nên·ci·a *s.f.* 1. Estado ou aspecto do que é proeminente. 2. Saliência. 3. Elevação de terreno. *V.* **preeminência**.

pro·e·mi·nen·te *adj.2gên.* Que se eleva acima daquilo que o rodeia; alto; saliente. *V.* **preeminente**.

pro·ê·mi:o *s.m.* Introdução; prefácio; prólogo.

pro·e·za (ê) *s.f.* 1. Ato de valor, de coragem, de valentia; façanha. 2. Procedimento digno de censura.

pro·fa·na·ção *s.f.* Ação ou efeito de profanar; sacrilégio.

pro·fa·nar *v.t.d.* 1. Tratar coisas sagradas com irreverência ou falta de respeito. 2. Violar a santidade de. 3. Transgredir.

pro·fa·no *adj.* 1. Que não pertence à religião. 2. Estranho ou contrário à religião. 3. Não sagrado; leigo; secular. 4. *fig.* Alheio; estranho. 5. Que não pertence a determinada classe, seita ou associação. 6. Não iniciado em certos assuntos.

pro·fe·ci·a *s.f.* 1. Predição do futuro; vaticínio; oráculo. 2. Presságio; conjetura.

pro·fe·rir *v.t.d.* 1. Pronunciar em voz alta e inteligível. 2. Dizer lendo; publicar em voz alta.★

pro·fes·sar *v.t.d.* 1. Reconhecer publicamente. 2. Jurar; confessar. 3. Exercer; ensinar. 4. Seguir os ditames ou preceitos de. 5. Adotar (certa doutrina). *v.i.* 6. Fazer votos, entrando para uma ordem religiosa.

pro·fes·so (é) *adj.* 1. Que professou em uma ordem ou congregação religiosa. 2. Que domina algum assunto ou ofício; capaz, perito.

pro·fes·sor *s.m.* 1. Aquele que professa ou ensina; mestre. 2. Indivíduo perito ou adestrado.

pro·fes·so·ra·do *s.m.* 1. Cargo ou funções de professor. 2. A classe dos professores; magistério.

pro·fe·ta (é) *s.m.* 1. Aquele que prediz o futuro por inspiração divina. 2. Vidente; adivinho. *Fem.:* profetisa.

pro·fé·ti·co *adj.* Concernente a profeta ou a profecia.

pro·fe·ti·zar *v.t.d.* 1. Predizer como profeta. *v.i.* 2. Dizer profecias.

pro·fi·ci·ên·ci·a *s.f.* 1. Qualidade de proficiente. 2. Perfeito conhecimento. 3. Competência; aptidão.

pro·fi·ci·en·te *adj.2gên.* 1. Que faz as coisas com proficiência, competência. 2. Capaz; hábil; destro.

pro·fi·cu·i·da·de *s.f.* 1. Qualidade de profícuo. 2. Vantagem. 3. Utilidade.

pro·fí·cu·o *adj.* Útil; proveitoso; vantajoso.

pro·fi·lá·ti·co *adj.* Concernente à profilaxia.

pro·fi·la·xi·a (cs) *s.f. Med.* Parte da medicina que tem por objeto as medidas preventivas contra certas enfermidades.

pro·fis·são *s.f.* 1. Ação ou efeito de professar. 2. Declaração pública. 3. Emprego; modo de vida; atividade especializada.

pro·fis·si·o·nal *adj.2gên.* 1. Concernente a profissão. *s.2gên.* 2. Pessoa que pratica alguma atividade como meio de vida. 3. Que prepara para certas profissões.

pro·fis·si·o·na·lis·mo *s.m.* 1. Carreira de profissional. 2. O conjunto dos profissionais.

pro·fis·si·o·na·li·zan·te *adj.2gên.* 1. Que profissionaliza. 2. Que prepara para determinada profissão.

pro·fis·si·o·na·li·zar *v.t.d.* 1. Dar caráter profissional ou de profissional a. 2. Preparar para o exercício de determinada profissão. *v.p.* 3. Tornar-se profissional. 4. Adquirir caráter de profissional.

pro·fi·ten·te *adj.2gên.* Que professa.

pro·fli·gar *v.t.d.* 1. Prostrar; derrotar. 2. Procurar destruir, usando de argumentos; verberar. 3. Corromper; depravar.

pró·fu·go *adj.* Fugitivo; desertor.

pro·fun·dar *v.t.d.* 1. Tornar fundo; escavar. 2. Pesquisar; sondar; estudar. *v.t.i.* 3. Entranhar-se; penetrar. *v.p.* 4. Tornar mais fundo.

pro·fun·das *s.f. pl.* 1. Profundidade; a parte mais funda. 2. O inferno.

pro·fun·de·za (ê) *s.f.* Profundidade.

pro·fun·di·da·de *s.f.* 1. Qualidade de profundo. 2. Extensão de uma coisa considerada desde a superfície ou entrada até o fundo ou extremo oposto.

pro·fun·do *adj.* 1. Muito fundo. 2. Que vem do íntimo. 3. Que sabe muito. 4. Muito importante. 5. Que não é superficial; que é difícil de compreender ou expor.

pro·fu·são *s.f.* 1. Dispêndio ou gasto excessivo. 2. Grande porção ou abundância; exuberância.

pro·fu·so *adj.* Que despende, dá ou espalha com profusão; exuberante.

pro·gê·ni·e *s.f.* 1. Ascendência; origem; linhagem; procedência. 2. Geração; prole.

pro·ge·ni·tor *s.m.* 1. Aquele que procria antes do pai; avô; ascendente. 2. *por ext.* Pai.

pro·ge·ni·tu·ra *s.f.* Progênie.

pro·ges·te·ro·na (ô) *s.f.* Hormônio ovariano que desempenha papel primordial na gestação.

próg·na·ta *adj.2gên.* 1. Que tem prognatismo; prógnato. *s.2gên.* 2. Pessoa com essa característica.

prog·na·tis·mo *s.m. Odont.* Não alinhamento entre os maxilares; pode ser superior ou inferior.

próg·na·to *adj.* e *s.m.* O mesmo que prógnata.

prog·nos·ti·car *v.t.d.* 1. Fazer o prognóstico de. 2. Predizer; pressagiar; profetizar.

prog·nós·ti·co *s.m.* 1. Conjetura sobre o que há de suceder. 2. Parecer do médico acerca da evolução e do fim de uma doença. 3. Indício.

pro·gra·ma *s.m.* 1. Escrito que se publica para dar os pormenores de uma cerimônia, de uma festa, das condições de um concurso, etc. 2. Plano; indicação geral de um sistema político. 3. Indicação das matérias que serão professadas numa escola, num concurso. 4. Prospecto. 5. Esboço. *Inform.* **Programa aplicativo**: programa destinado a auxiliar o usuário na realização de determinadas tarefas ou atividades pessoais como, p. ex., o processamento de texto e a planilha eletrônica; programa de aplicação; aplicativo. *Inform.* **Programa de busca**: programa que permite

pro·gra·ma·ção *s.f.* 1. Ação ou efeito de programar. 2. Estabelecimento de um programa.

pro·gra·mar *v.t.d.* 1. Fazer o programa de; projetar. *Inform.* 2. Elaborar (programa). *v.i.* 3. Elaborar programa.

pro·gra·má·ti·co *adj.* Concernente a programa.

pro·gre·dir *v.i.* 1. Caminhar adiante; avançar. 2. Evoluir; desenvolver; evolver. *v.t.i.* 3. Adiantar-se; desenvolver-se.★

pro·gres·são *s.f.* Desenvolvimento progressivo; avanço constante.

pro·gres·sis·ta *adj.2gên.* e *s.2gên.* Que ou pessoa que é favorável ao progresso.

pro·gres·si·vo *adj.* 1. Que progride. 2. Que se vai realizando lenta e continuamente. 3. Que segue uma progressão.

pro·gres·so (é) *s.m.* 1. Marcha ou movimento para diante. 2. Desenvolvimento. 3. Movimento progressivo da civilização e das instituições políticas.

pro:i·bi·ção *s.f.* Ação ou efeito de proibir; interdição.

pro:i·bi·do *adj.* 1. Não permitido; ilícito. 2. Interdito; defeso.

pro:i·bir *v.t.d.* 1. Ordenar que não se faça. 2. Impedir que se faça; interdizer; não consentir; opor-se a.

pro:i·bi·ti·vo *adj.* 1. Em que há proibição. 2. Que proíbe.

pro·je·ção *s.f.* 1. Ação ou efeito de projetar(-se). 2. Representação de um corpo num plano, segundo as regras geométricas. 3. Exibição de filme cinematográfico. 4. Importância, destaque.

pro·je·tar *v.t.d.* 1. Arremessar, atirar para longe. 2. Fazer projeto de. *v.t.d. e i.* 3. Representar por meio de projeção. *v.p.* 4. Arremessar-se; atirar-se. 5. Prolongar-se. 6. Delinear-se. 7. Tornar-se importante; destacar-se.

pro·je·til *adj.2gên.* e *s.m.* Projétil.

pro·jé·til *adj.2gên.* 1. Que pode ser arremessado. *s.m.* 2. Corpo sólido que se move livremente no espaço, em consequência de impulso recebido. 3. Bala. *Var.:* projetil.

pro·je·tis·ta *s.2gên.* Profissional, sobretudo engenheiro, que faz projetos.

pro·je·to (é) *s.m.* 1. Plano para realizar qualquer ato. 2. Empreendimento. 3. Redação provisória de lei, estatuto, etc. 4. Plano geral organizado, gráfico e descritivo.

pro·je·tor *s.m.* 1. Aparelho destinado a projetar luz à distância. 2. Aparelho de projeção cinematográfica.

prol *s.m. desus.* 1. Vantagem; proveito; lucro. *loc.prep.* **Em prol de**: em defesa de; em proveito de.

pro·la·ção *s.f.* 1. Ação ou efeito de proferir; pronunciação. 2. *Mús.* Prolongamento do som.

pro·lap·so *s.m. Med.* Saída de um órgão ou parte de um órgão para fora do lugar normal.

pro·le (ó) *s.f.* 1. Progênie; descendência; os filhos ou o filho. 2. *fig.* Sucessão.

pro·le·gô·me·nos *s.m.pl.* 1. Exposição preliminar dos princípios gerais de qualquer ciência ou arte. 2. Prefácio longo.

pro·le·ta·ri·a·do *s.m.* 1. A classe dos proletários. 2. Estado de proletário; operariado.

pro·le·tá·ri:o *s.m.* 1. Indivíduo que vive do seu salário; operário. *adj.* 2. Concernente aos proletários.

pro·li·fe·ra·ção *s.f.* Ação ou efeito de proliferar.

pro·li·fe·rar *v.i.* Crescer em número; reproduzir-se; multiplicar-se.

pro·lí·fe·ro *adj.* O mesmo que prolífico.

pro·lí·fi·co *adj.* 1. Que faz prole. 2. Que tem a faculdade de gerar. 3. Que tem prole numerosa.

pro·li·xi·da·de (cs) *s.f.* Qualidade daquilo que é prolixo.

pro·li·xo (cs) *adj.* 1. Muito longo, difuso; expresso em muitas palavras. 2. Enfadonho.

pro·lo·gar *v.t.d.* Prefaciar.

pró·lo·go *s.m.* Prefácio; preâmbulo; proêmio.

pro·lon·ga·do *adj.* 1. Que se prolongou. 2. Demorado; duradouro.

pro·lon·ga·men·to *s.m.* Ato ou efeito de prolongar(-se).

pro·lon·gar *v.t.d.* 1. Dar maior extensão a; tornar mais longo. 2. Aumentar a duração de. *v.p.* 3. Estender-se no sentido do comprimento. 4. Alongar-se; demorar-se.

pro·ló·qui:o *s.m.* Máxima; anexim; provérbio; ditado; adágio.

pro·mé·ci:o *s.m.* *Quím.* Elemento radioativo muito raro, de símbolo **Pm** e cujo número atômico é 61.

pro·mes·sa (é) *s.f.* 1. Ação ou efeito de prometer. 2. Afirmativa de que se há de dar ou fazer alguma coisa. 3. Coisa prometida.

pro·me·te·dor *adj.* 1. Que promete. 2. Esperançoso. *s.m.* 3. Aquele que promete.

pro·me·ter *v.t.d.* 1. Obrigar-se a. 2. Dar esperanças ou probabilidades de. 3. Afirmar, assegurar previamente. *v.i.* 4. Fazer promessa. 5. Dar indícios, sinais de boa ou má produção, de bom ou mau acontecimento.

pro·me·ti·do *adj.* 1. Que se prometeu. 2. De que se fez promessa. 3. Reservado, em consequência de uma promessa. *s.m.* 4. Aquilo que se prometeu. 5. Noivo.

pro·mis·cu:i·da·de *s.f.* 1. Qualidade de promíscuo. 2. Mistura; confusão.

pro·mis·cu·ir-se *v.p.* 1. Juntar-se, misturar-se. 2. Viver em promiscuidade.

pro·mís·cu:o *adj.* Misturado; confundido; agregado sem ordem nem distinção.

pro·mis·sor *adj.* 1. Que promete; cheio de promessas. 2. Feliz; esperançoso. *s.2gên.* 3. Promitente.

pro·mis·só·ri:a *s.f.* Título de crédito formal, nominativo, em que alguém se compromete a pagar a outrem, em lugar e tempo determinados, a quantia ali especificada.

pro·mi·ten·te *adj.2gên.* e *s.2gên.* Que ou pessoa que promete; promissor.

pro·mo·ção *s.f.* 1. Ação ou efeito de promover. 2. Elevação de um emprego, dignidade, cargo, posto, graduação a categoria superior. 3. Campanha publicitária.

pro·mon·tó·ri:o *s.m.* *Geog.* Cabo formado de rochas elevadas.

pro·mo·tor *adj.* 1. Que promove, excita, fomenta, determina. *s.m.* 2. Aquele que dá o principal impulso a alguma coisa ou que é causa principal dela. 3. *Jur.* Funcionário que em alguns tribunais promove o andamento das causas e certos atos de justiça.

pro·mo·to·ri·a *s.f.* 1. Cargo de promotor. 2. Repartição de promotor. 3. O próprio promotor.

pro·mo·ver *v.t.d.* 1. Dar impulso a; fazer que se execute, que se ponha em prática. 2. Favorecer o progresso de. 3. Causar; originar; provocar. 4. Solicitar, propondo. 5. Elevar a cargo ou dignidade superior.

prompt (prompt) *Ingl. s.m. Inform.* 1. Indicador de aguardo de entrada de dados ou comando. 2. Mensagem que informa o *drive* e o caminho do arquivo em que se está trabalhando; pode também indicar data, hora, etc.

pro·mul·ga·ção *s.f.* Ação ou efeito de promulgar.

pro·mul·ga·dor *adj.* e *s.m.* Que ou o que promulga.

pro·mul·gar *v.t.d.* 1. Fazer a promulgação de. 2. Ordenar a publicação de lei. 3. Tornar conhecido de todos. 4. Apregoar de modo solene.

pro·no·me (ô) *s.m. Gram.* Palavra que substitui o substantivo, ou o acompanha, para esclarecer o seu significado.

pro·no·mi·nal *adj.2gên. Gram.* 1. Que se refere a pronome. 2. Que tem a natureza de pronome.

pron·ti·dão *s.f.* 1. Qualidade de pronto. 2. Brevidade; desembaraço. 3. Falta de dinheiro. 4. Estado de alerta.

pron·ti·fi·car *v.t.d.* 1. Aprontar. 2. Oferecer. 3. Ministrar. *v.p.* 4. Mostrar-se pronto. 5. Oferecer o seu préstimo. 6. Condescender.

pron·to *adj.* 1. Que não se demora. 2. Rápido; ligeiro. 3. Que se produz ou se opera em pouco tempo. 4. Concluído; disposto; desimpedido. 5. Sem dinheiro. *adv.* 6. Prontamente; rapidamente.

pron·to-so·cor·ro (ô) *s.m.* Hospital ou setor de hospital para atendimento de emergências. *Pl.*: prontos-socorros (ó).

pron·tu·á·ri·o *s.m.* 1. Manual de indicações úteis. 2. Os antecedentes de uma pessoa. 3. Ficha com esses antecedentes.

pro·nún·ci·a *s.f.* 1. Ação ou modo de pronunciar. 2. Articulação do som das letras, sílabas ou palavras; fala. 3. *Jur.* Despacho que indicia alguém como autor ou cúmplice de um crime.

pro·nun·ci·a·ção *s.f.* 1. Ação ou efeito de pronunciar. 2. Modo de pronunciar; pronúncia.

pro·nun·ci·a·men·to *s.m.* 1. Ato de pronunciar-se. 2. Revolta; sublevação.

pro·nun·ci·ar *v.t.d.* 1. Exprimir com a emissão da voz. 2. Proferir; articular. *v.p.* 3. Manifestar o que pensa ou sente. 4. Fazer pronunciamento. 5. Insurgir-se; rebelar-se.

pro·pa·ga·ção *s.f.* 1. Ação ou efeito de propagar; difusão. 2. Divulgação. 3. Desenvolvimento.

pro·pa·gan·da *s.f.* 1. Propagação de princípios ou teorias; divulgação. 2. Estudo dos meios de divulgação e venda de certos produtos comerciais ou industriais. 3. O conjunto desses meios.

pro·pa·gan·dis·ta *s.2gên.* Pessoa que faz propaganda.

pro·pa·gar *v.t.d.* 1. Multiplicar por meio da reprodução, da geração. 2. Espalhar; proclamar; vulgarizar. *v.p.* 3. Multiplicar-se por meio da reprodução. 4. Generalizar-se. 5. Desenvolver-se. 6. Transmitir-se (a luz, o som).

pro·pa·lar *v.t.d.* Tornar público; divulgar; apregoar; espalhar.

pro·pa·no *s.m.* *Quím.* Composto que está presente no petróleo bruto e no gás natural, muito utilizado como combustível doméstico, engarrafado em botijões.

pro·pa·ro·xí·to·no (cs) *adj. Gram.* 1. Diz-se das palavras que têm o acento tônico na antepenúltima sílaba. *s.m.* 2. Palavra proparoxítona.

pro·pe·dêu·ti·ca *s.f.* 1. Introdução de uma ciência. 2. Estudo ou instrução preparatória.

pro·pe·lir *v.t.d.* Impelir para diante; arremessar.★

pro·pen·der *v.t.i.* 1. Pender ou inclinar-se para diante. 2. Tender; ter pendor, tendência.

pro·pen·são *s.f.* 1. Ação ou efeito de propender. 2. Vocação; inclinação.

pro·pen·so *adj.* 1. Naturalmente inclinado ou disposto. 2. Que tem propensão para alguma coisa. 3. Favorável; benévolo.

pro·pi·ci·a·ção *s.f.* 1. Ação ou efeito de propiciar, de tornar propício. 2. Devoção para obter o perdão de culpa.

pro·pi·ci·ar *v.t.d.* 1. Tornar propício; favorável. *v.t.d. e i.* 2. Proporcionar.

pro·pí·ci·o *adj.* 1. Que proporciona ou presta proteção ou auxílio. 2. Favorável; benigno. 3. Oportuno; adequado.

pro·pi·na *s.f.* Gratificação; gorjeta.

pro·pin·qui·da·de (qüi) *s.f.* 1. Proximidade; vizinhança. 2. Qualidade de propínquo.

pro·pín·quo *adj.* Não distante; próximo; vizinho.

pró·po·le *s.2gên.* Matéria resinosa e aromática segregada pelas abelhas, com que elas tampam as fendas do respectivo cortiço. *Var.:* própolis.

pró·po·lis *s.2gên. 2núm.* Própole.

pro·po·nen·te *adj.2gên. e s.2gên.* Que ou pessoa que propõe.

pro·por *v.t.d.* 1. Pôr diante. 2. Apresentar; oferecer a exame. 3. Expor à apreciação. 4. Lembrar; sugerir. 5. Apresentar como. *v.t.i.* 6. Formar intento. *v.p.* 7. Oferecer-se, apresentar-se para algum fim. 8. Ter em vista.★

pro·por·ção *s.f.* 1. Relação das diversas partes de um todo ou entre diferentes coisas. 2. Dimensão; tamanho; volume; extensão. 3. *Mat.* Igualdade entre duas ou mais razões. *loc.conj.* À *proporção que*: à medida que; tão logo que.

pro·por·ci·o·nal *adj.2gên.* 1. Que está em proporção; proporcionado. 2. *Mat.* Que se altera na mesma razão que outra (grandeza).

pro·por·ci·o·na·li·da·de *s.f.* Qualidade ou caráter de proporcional.

pro·por·ci·o·nar *v.t.d.* 1. Pôr em proporção. 2. Tornar proporcional; adaptar; harmonizar. 3. Dar ensejo a; apresentar; tornar oportuno.

pro·por·ções *s.f.pl.* 1. Dimensões. 2. Intensidade de ação. 3. Importância.

pro·po·si·ção *s.f.* 1. Ação ou efeito de propor. 2. Aquilo que se propõe. 3. Máxima; asserção; afirmativa. 4. Proposta. 5. *Mat.* Teorema; problema. *V.* **preposição**.

pro·po·si·ta·do *adj.* Proposital.

pro·po·si·tal *adj.2gên.* 1. Em que há resolução prévia. 2. Acintoso; intencional; propositado.

pro·pó·si·to *s.m.* 1. Deliberação; resolução; decisão; intenção. 2. Relação; assunto. 3. Prudência; tino. 4. Compostura; maneiras comedidas. *loc.adv.* **De propósito:** por querer, com intenção especial (boa ou má).

pro·pos·ta (ó) *s.f.* 1. Ação de propor. 2. Aquilo que se propõe. 3. Oferecimento. 4. Promessa.

pro·pos·to (ô) *s.m.* Aquilo que se propôs. *Pl.:* propostos (ó).

pro·pri·e·da·de *s.f.* 1. Qualidade do que é próprio. 2. Posse legal de alguma coisa. 3. Prédio; fazenda; herdade. 4. Qualidade especial. 5. Bom emprego da palavra, da linguagem, do estilo.

pro·pri·e·tá·ri·o *adj.* e *s.m.* 1. Que ou o que tem a propriedade de alguma coisa. 2. Aquele que possui prédios rústicos ou urbanos.

pró·pri·o *adj.* 1. Que pertence exclusivamente a um indivíduo. 2. Idêntico; que é exatamente o mesmo e não outro. 3. Privativo; peculiar. 4. Adequado. 5. Textual. 6. Não figurado. *s.m.* 7. Qualidade da maneira de ser de uma pessoa ou coisa. 8. Feição especial. *pron.dem.* 9. Mesmo.

pro·pug·nar *v.t.d.* 1. Defender, combatendo. *v.t.i.* 2. Lutar; sustentar luta moral ou física.

pro·pul·são *s.f.* Ação ou efeito de propulsar.

pro·pul·sar *v.t.d.* 1. Arremessar para longe. 2. Dar impulso enérgico a.

pro·pul·sor *adj.* 1. Que propulsa; propulsivo. *s.m.* 2. Aquilo que transmite movimento a certos maquinismos.

pror·ro·ga·ção *s.f.* Ação ou efeito de prorrogar.

pror·ro·gar *v.t.d.* 1. Prolongar; protrair; dilatar (prazo estabelecido). 2. Fazer durar além do tempo estabelecido.

pror·rom·per *v.t.i.* 1. Irromper ou sair com ímpeto. *v.i.* 2. Manifestar-se repentinamente.

pro·sa (ó) *s.f.* 1. Modo de falar, de dizer, de escrever, mais ou menos natural. 2. *Lit.* Aquilo que se diz ou escreve, em oposição a poesia. 3. Lábia. 4. Conversa; palestra. 5. Bazófia; fanfarrice. *adj.2gên.* e *s.2gên.* 6. Que ou pessoa que é pedante, loquaz, cheia de si.

pro·sa·dor *s.m.* 1. Aquele que escreve em prosa. 2. Escritor que faz boa prosa.

pro·sai·co *adj.* 1. Concernente a prosa. 2. Semelhante a prosa. 3. Que tem feição ou natureza de prosa. 4. Que não é poético. 5. Trivial; vulgar; comum.

pro·sa·ís·mo *s.m.* 1. Qualidade de prosaico. 2. Ausência de poesia. 3. Falta de ideal.

pro·sá·pi·a *s.f.* 1. Progênie; linhagem; ascendência; genealogia; raça. 2. Orgulho; jactância; fanfarrice.

pros·cê·ni·o *s.m. Teat.* 1. A parte anterior do palco, junto à ribalta; frente do palco. 2. Palco; cena. *V.* **poscênio**.

pros·cre·ver *v.t.d.* 1. Banir, condenar, degradar por meio de voto escrito ou sentença; desterrar. 2. Abolir; extinguir. 3. Proibir. *V.* **prescrever**.

pros·cri·ção *s.f.* 1. Ação ou efeito de proscrever. 2. Expulsão. 3. Abolição. 4. Proibição.

pros·cri·to *s.m.* 1. Aquele que foi desterrado, que sofreu proscrição. 2. Exilado; degredado. *adj.* 3. Que sofreu proscrição.

pro·se·a·dor *adj.* e *s.m.* Conversador.

pro·se·ar *v.i.* 1. Conversar. 2. Falar muito; dar à língua. 3. Namorar. 4. Jactar-se.

pro·se·li·tis·mo *s.m.* 1. Zelo ou diligência em fazer prosélitos. 2. Conjunto de prosélitos. 3. Partidarismo.

pro·sé·li·to *s.m. sobrecomum* 1. Pessoa que se converteu a uma doutrina, seita, ideia, opinião. 2. Adepto; partidário; sectário.

pro·só·di:a *s.f. Gram.* Pronúncia correta das palavras, com a devida acentuação.

pro·só·di·co *adj.* Concernente à prosódia.

pro·so·po·pei·a (éi) *s.f. Gram.* 1. Figura que dá ação, movimento ou voz a coisas inanimadas e a irracionais, e que faz falar pessoas ausentes ou mortas; personificação. 2. *fig.* Discurso veemente e enfático.

pro·so·po·pei·co (éi) *adj.* Relativo à prosopopeia.

pros·pec·ção *s.f.* 1. Sondagem por meio da qual se procuram os filões ou jazidas de uma mina. 2. Trabalho de exploração para determinar a viabilidade da extração de petróleo de uma região.

pros·pec·ti·vo *adj.* 1. Que faz ver ao longe. 2. Relativo ao futuro. *Var.:* prospetivo.

pros·pec·to (é) *s.m.* Folheto no qual se anuncia ou faz propaganda de qualquer coisa.

pros·pe·rar *v.i.* 1. Tornar-se próspero. 2. Desenvolver-se; melhorar; crescer. *v.t.i.* 3. Correr bem; ser favorável.

pros·pe·ri·da·de *s.f.* 1. Qualidade ou estado do que é próspero. 2. Situação favorável.

prós·pe·ro *adj.* 1. Propício; favorável. 2. Afortunado; bem-sucedido.

pros·se·gui·men·to *s.m.* Ato ou efeito de prosseguir.

pros·se·guir *v.t.d.* 1. Dar seguimento a; continuar. 2. Dizer em seguida; continuar falando. *v.i.* 3. Ir por diante. *v.t.i.* 4. Continuar a falar, a agir, a proceder.★

prós·ta·ta *s.f. Anat.* Corpo glanduloso situado na junção da bexiga e da uretra (é glândula própria do sexo masculino).

pros·tá·ti·co *adj.* 1. Relativo à próstata. 2. Que sofre da próstata. *s.m.* 3. Aquele que sofre da próstata.

pros·ta·ti·te *s.f. Med.* Inflamação da próstata.

pros·ter·na·ção *s.f.* Ação ou efeito de prosternar; prosternamento.

pros·ter·nar *v.t.d.* 1. Prostrar; deitar por terra em sinal de respeito. 2. Humilhar. *v.p.* 3. Prostrar-se; curvar-se. 4. Mostrar humilde respeito.

pros·tí·bu·lo *s.m.* Lugar de prostituição; lupanar; bordel.

pros·ti·tu·i·ção *s.f.* 1. Ação ou efeito de prostituir(-se). 2. O comércio habitual das relações sexuais. 3. O conjunto das prostitutas. 4. *por ext.* Uso degradante de qualquer coisa.

pros·ti·tu·ir *v.t.d.* 1. Entregar à prostituição. 2. *fig.* Desmoralizar; desonrar; aviltar. *v.p.* 3. Entregar-se à prostituição. 4. *fig.* Desonrar-se; aviltar-se; sacrificar a sua honra.

pros·ti·tu·ta *s.f.* Mulher pública; meretriz.

pros·tra·ção *s.f.* 1. Ação ou efeito de prostrar(-se). 2. Fraqueza proveniente de doença ou cansaço; grande debilidade.

pros·trar *v.t.d.* 1. Derribar; lançar por terra. 2. Enfraquecer; extenuar. *v.p.* 3. Lançar-se de bruços no chão; humilhar-se; abater-se.

pro·tac·tí·ni:o *s.m. Quím.* Elemento radioativo metálico de símbolo **Pa** e cujo número atômico é 91.

pro·ta·go·nis·ta *s.2gên.* 1. Personagem principal. 2. *fig.* Pessoa que desempenha ou ocupa o primeiro lugar num acontecimento.

pro·te·ção *s.f.* 1. Ação ou efeito de proteger; amparo. 2. Cuidado que se toma nos interesses de alguém. 3. Auxílio. 4. Maneiras, atos de protetor. 5. Pessoa que protege.

pro·te·ci:o·nis·mo *s.m. Econ.* Sistema de proteção à indústria nacional, monopolizando o mercado interno e onerando de taxas os produtos estrangeiros, para dificultar a importação e valorizar a produção do país.

pro·te·ci:o·nis·ta *adj.2gên.* 1. Concernente ao protecionismo. *s.2gên.* 2. Pessoa partidária do protecionismo.

pro·te·ger *v.t.d.* 1. Tomar a defesa de. 2. Preservar do mal. 3. Tratar de manter, de desenvolver, de incrementar. 4. Ter a seus cuidados os interesses de. 5. Beneficiar; favorecer. 6. Resguardar; abrigar.

pro·te·gi·do *adj.* e *s.m.* 1. Que ou o que recebe proteção especial de alguém. 2. Valido; favorito.

pro·te·í·na *s.f. Quím.* Nome comum às substâncias orgânicas nitrogenadas, não cristalizáveis, elementos essenciais das células dos seres vivos.

pro·te·la·ção *s.f.* Ação ou efeito de protelar; adiamento; delonga.

pro·te·lar *v.t.d.* Adiar; demorar; protrair; prorrogar; procrastinar.

pro·te·la·tó·ri:o *adj.* Que serve para protelar; que protela.

pro·tér·vi:a *s.f.* Qualidade de proterrvo.

pro·ter·vo (é) *adj.* Atrevido; petulante; impudente; descarado.

pró·te·se *s.f. Med.* 1. Substituição de uma parte de um órgão por outra parte ou órgão artificial. 2. *Gram.* Adição de fonema no início de uma palavra: alevantar, em vez de levantar.

pro·tes·tan·te *adj.2gên.* 1. Que protesta. 2. Concernente ao protestantismo. *s.2gên.* 3. Pessoa partidária do protestantismo.

pro·tes·tan·tis·mo *s.m.* 1. Movimento religioso do século XVI, que cindiu a unidade da Igreja Católica romana. 2. A totalidade dos protestantes.

pro·tes·tar *v.t.d.* 1. Comprometer-se solenemente a. 2. Assegurar, afirmar categoricamente. 3. Testemunhar; jurar; professar. 4. Fazer o protesto de (título comercial, letra). *v.t.i.* 5. Levantar-se; insurgir-se. *v.i.* 6. Insurgir-se contra uma ilegalidade ou injustiça.

pro·tes·to (é) *s.m.* 1. Ato ou efeito de protestar. 2. Afirmação solene. 3. Resolução inabalável. 4. *Jur.* Ato pelo qual o portador de um título comercial, declarando que este não foi aceito ou pago no dia do vencimento, se propõe salvaguardar os seus direitos.

pro·té·ti·co *adj.* 1. Concernente a prótese. 2. Em que há prótese. *s.m.* 3. Aquele que se dedica à prótese dentária.

pro·te·tor *adj.* 1. Que protege. *s.m.* 2. O que protege; protegedor. *Inform.* **Protetor de tela**: programa usado para ocultar os dados da tela após um tempo predeterminado de inatividade do computador; salvatela (correspondente em inglês: *screensaver*).

pro·te·to·ra·do *s.m.* 1. Apoio dado por um país a outro menos poderoso. 2. O país que recebe esse apoio. 3. Estado sujeito à proteção de outro.

pro·to·co·lar¹ *adj.2gên.* 1. Concernente a protocolo. 2. De acordo com o protocolo(4).

pro·to·co·lar² *v.t.d.* 1. Dar feição de protocolo a. 2. Registrar (o protocolo) nas repartições públicas.

pro·to·co·lo (ó) *s.m.* 1. Registro das deliberações de um congresso, de uma conferência diplomática. 2. Formulário que regula os atos públicos. 3. Livro em que se registra a correspondência expedida ou serviços diversos. 4. Formalidade social; etiqueta.

pro·to·fo·ni·a *s.f.* Introdução, abertura, prelúdio.

pro·to·his·tó·ri·a *s.f.* História primitiva; primeiros tempos históricos. *Pl.*: proto-histórias.

pro·to·már·tir *s.m.* 1. O primeiro mártir de uma religião, de uma seita, de um ideal político. 2. Designação especial de Santo Estêvão. 3. Nome que se dá a Tiradentes.

pró·ton *s.m. Fís.* Partícula elementar de carga positiva, constituinte dos núcleos atômicos. *Pl.*: prótons e prótones. *Var.*: protão.

pro·to·plas·ma *s.m. Biol.* Substância granulosa que constitui a matéria-prima dos organismos vivos.

pro·tó·ti·po *s.m.* 1. Primeiro tipo. 2. Modelo; original. 3. O exemplar mais exato, mais perfeito.

pro·to·zo·á·ri·os *s.m.pl. Zool.* Animais formados de uma só célula (os infusórios e os rizópodes; os primeiros, dotados de membrana, e os segundos, desprovidos dela).

pro·tra·ir *v.t.d.* 1. Prolongar; demorar; adiar; protelar; espaçar; procrastinar. 2. Tirar para fora.

pro·tu·be·rân·ci·a *s.f.* Eminência; saliência; excrescência.

pro·tu·be·ran·te *adj.2gên.* Que tem protuberância; saliente.

pro·va (ó) *s.f.* 1. Tudo o que demonstra ou estabelece a veracidade de uma proposição. 2. Mostra; sinal; indício. 3. Documento justificativo. 4. Concurso; exame. 5. Porfia. 6. Experiência; ensaio. 7. Ato de experimentar. 8. Situação aflitiva; provação; transe doloroso. 9. *Tip.* Folha impressa em que se assinalam as correções por fazer.

pro·va·ção *s.f.* 1. Ação ou efeito de provar. 2. Situação difícil, aflitiva.

pro·var *v.t.d.* 1. Demonstrar a verdade, a realidade, a autenticidade de. 2. Patentear; tornar evidente; fazer conhecer. 3. Testemunhar. 4. Experimentar. 5. Submeter à prova.

pro·vá·vel *adj.2gên.* 1. Que se pode provar. 2. Que pode acontecer. 3. Verossímil.

pro·vec·to (é) *adj.* 1. Adiantado; que tem progredido. 2. Avançado em anos. 3. Experimentado. 4. Sabedor; abalizado.

pro·ve·dor *s.m.* 1. O encarregado de prover alguma coisa; fornecedor. 2. O chefe de certas confrarias. *Inform.* 3. Provedor de acesso. ***Provedor de acesso***: instituição que possui uma conexão de alta capacidade com uma grande rede de computadores e que oferece acesso a essa rede para outros computadores, principalmente por meio de linhas telefônicas; provedor.

pro·vei·to *s.m.* 1. Ganho; lucro; vantagem. 2. Interesse; utilidade. 3. Benefício.

pro·vei·to·so (ô) *adj.* 1. Que dá proveito. 2. Que convém. 3. Útil, profícuo. *Pl.*: proveitosos (ó).

pro·ven·çal *adj.2gên.* 1. Da Provença (França). *s.2gên.* 2. Natural ou habitante da Provença. *s.m.* 3. Língua falada nessa região.

pro·ve·ni·ên·ci·a *s.f.* 1. Lugar de onde alguma coisa emana, deriva ou provém. 2. Origem; procedência.

pro·ve·ni·en·te *adj.2gên.* 1. Que provém. 2. Derivado; procedente; oriundo.

pro·ven·to *s.m.* Lucro; proveito; rendimento.

pro·ver *v.t.d.* 1. Tomar providência acerca de. 2. Dispor; ordenar; regular. 3. Nomear para cargo ou emprego. 4. Fornecer; abastecer; munir. 5. Ornar. 6. Dotar. *v.i.* 7. Tomar providências. *v.t.i.* 8. Providenciar. 9. Remediar; acudir. *v.p.* 10. Munir-se; abastecer-se. *V. provir.* ★

pro·ver·bi·al *adj.2gên.* 1. Concernente a provérbio. 2. Conhecido; notório.

pro·vér·bi·o *s.m.* Sentença ou máxima concisa que se tornou comum; anexim; rifão; ditado.

pro·ve·ta (ê) *s.f.* 1. Vaso cilíndrico ou cônico, graduado, para medição de líquidos. 2. Tubo de ensaio. 3. Espécie de pequena redoma para conter gases.

pro·vi·dên·ci·a *s.f.* 1. *Teol.* Suprema sabedoria com que Deus governa e dirige todas as coisas; Deus (inicial maiúscula). 2. *fig.* Acontecimento feliz. 3. Prevenção; previdência.

pro·vi·den·ci·al *adj.2gên.* 1. Concernente à Providência. 2. Altamente oportuno; muito a propósito. 3. Que produziu bons resultados. 4. Inspirado pela Providência.

pro·vi·den·ci·ar *v.t.d.* 1. Determinar de modo providente. 2. Prover; ordenar; dispor. *v.i.* e *v.t.i.* 3. Dar ou tomar providências.

pro·vi·den·te *adj.2gên.* 1. Que provê. 2. Prudente; cauteloso. 3. Providencial.

pro·vi·do *adj.* 1. Munido; fornecido. 2. Que tem abundância do que é necessário; cheio.

pro·vi·men·to *s.m.* 1. Ato ou efeito de prover. 2. Abastecimento, provisão; víveres. 3. Nomeação ou promoção de um funcionário. 4. *Jur.* Recebimento de recurso.

pro·vín·ci·a *s.f.* 1. Divisão territorial, em alguns países. 2. Distrito de ordem religiosa. 3. Nome que se dá a qualquer parte de um país, excetuando a capital.

pro·vin·ci·al *adj.2gên.* 1. Que se refere ou pertence a província. *s.m.* 2. Superior de certo número de casas religiosas.

pro·vin·ci·a·nis·mo *s.m.* 1. *Linguíst.* Acentuação ou pronúncia peculiar a uma certa localidade. 2. *Linguíst.* Palavra ou locução usada especialmente numa província; regionalismo. 3. Usos e costumes de província.

pro·vin·ci·a·no *adj.* 1. Da província. 2. Característico da província. 3. *fig.* Acanhado; ridículo. *s.m.* 4. Indivíduo da província.

pro·vin·do *adj.* Que proveio, procedente; derivado; originário.

pro·vir *v.t.i.* Proceder; derivar; advir; descender; originar-se. *V. prover.* ★

pro·vi·são *s.f.* 1. Ação ou efeito de prover; abastecimento de coisas necessárias. 2. Sortimento. 3. Fundo disponível (de empresa).

pro·vi·sor *adj.* 1. Que faz provisões. *s.m.* 2. Aquele que faz provisões.

pro·vi·só·ri·o *adj.* 1. Feito por provisão. 2. Interino. 3. Transitório; temporário; passageiro.

pro·vo·ca·ção *s.f.* 1. Ação ou efeito de provocar. 2. Desafio; tentação. 3. Insulto.

pro·vo·can·te *adj.2gên.* 1. Que provoca. 2. Tentador; provocador.

pro·vo·car *v.t.d.* 1. Desafiar. 2. Insultar. 3. Produzir. 4. Estimular; excitar. *v.i.* 5. Dirigir provocações.

pro·vo·ca·ti·vo *adj.* Provocante.

pro·xe·ne·ta (cs, ê) *s.2gên.* Pessoa que explora a prostituição; cáften.

pro·xi·mi·da·de (ss) *s.f.* 1. Estado ou condição do que é próximo. 2. Pequena distância. 3. Pequeno espaço de tempo. 4. Iminência.

pro·xi·mi·da·des (ss) *s.f.pl.* Cercanias; vizinhança.

pró·xi·mo (ss) *adj.* 1. Que está a pequena distância; vizinho. 2. Que chega breve. 3. Imediato; seguinte ao atual. *adv.* 4. Perto; na vizinhança. *s.m.* 5. O conjunto de todas as pessoas. *sobrecomum* 6. Cada pessoa.

pru·dên·ci·a *s.f.* 1. Virtude que leva o homem a conhecer e a evitar perigos ou inconveniências. 2. Tino; moderação. 3. Precaução.

pru·den·te *adj.2gên.* 1. Dotado de prudência. 2. Cauteloso; previdente; judicioso.

pru·ma·da *s.f.* 1. A linha vertical que se encontra por meio do prumo. 2. *Náut.* Ação ou resultado de lançar o prumo para medir a profundidade da água. 3. A profundidade obtida dessa forma.

pru·mo *s.m.* 1. Peça de metal ou de pedra, suspensa por um fio, que serve para determinar a direção vertical. 2. *fig.* Tino; prudência. *loc.adv.* **A prumo**: verticalmente.

pru·ri·do *s.m.* 1. Comichão; coceira. 2. *fig.* Desejo; tentação. 3. Impaciência; sofreguidão.

pru·ri·gi·no·so (ô) *adj.* 1. Que tem prurido. 2. Em que há prurido. *Pl.:* pruriginosos (ó).

pru·rir *v.t.d.* 1. Causar prurido a. 2. *fig.* Estimular; lisonjear. *v.i.* 3. Causar prurido. *v.t.i.* 4. Estar ansioso; ter grandes desejos.★★

prus·si·a·no *adj.* 1. Da Prússia (Alemanha). *s.m.* 2. O natural ou habitante da Prússia.

pseu·dô·ni·mo *s.m.* 1. Nome falso ou suposto. *adj.* 2. Que publica obras sob um nome que não é o seu. 3. Diz-se da obra publicada sob um nome suposto.

psi *s.m.* Vigésima terceira letra do alfabeto grego.

psi·ca·ná·li·se *s.f.* Método criado por Sigmund Freud para tratamento e cura de certas doenças mentais ou desordens nervosas.

psi·ca·na·lis·ta *adj.2gên.* 1. Relativo à psicanálise. *s.2gên.* 2. Especialista em psicanálise.

psi·co·dé·li·co *adj.* 1. Que provoca alucinações ou altera a percepção. 2. *fig.* Que lembra ou está relacionado a estados de percepção alterados.

psi·co·dra·ma *s.m.* Técnica pela qual se procura conhecer a linguagem dos distúrbios neuróticos por meio de representações teatrais.

psi·co·fí·si·co *adj.* Relativo ao espírito e à matéria.

psi·co·fi·si·o·lo·gi·a *s.f.* Ciência que estuda as relações entre os fenômenos psicológicos e fisiológicos.

psi·co·fo·ni·a *s.f. Espir.* Comunicação dos espíritos pela voz do médium.

psi·co·gra·far *v.t.d. Espir.* Escrever (o médium) o que é ditado por um espírito.

psi·co·gra·fi·a *s.f.* 1. História ou descrição da alma ou das suas faculdades. 2. *Espir.* Escrita dos espíritos pela mão do médium.

psi·có·gra·fo *s.m.* 1. Indivíduo que se dedica à psicografia. 2. *Espir.* O médium que recebe um espírito e escreve sob a vontade dele.

psi·co·lo·gi·a *s.f.* 1. Ciência que trata dos fenômenos psíquicos, sua classificação e análise. 2. Estudo do comportamento humano e animal.

psi·co·ló·gi·co *adj.* Concernente à psicologia.

psi·có·lo·go *s.m.* Especialista em psicologia.

psi·co·me·tri·a *s.f. Psic.* 1. Registro e medida da atividade intelectual. 2. *Espir.* Clarividência; percepção extrassensorial.

psi·co·pa·ta *adj.2gên.* e *s.2gên.* Que ou pessoa que sofre de doença mental.

psi·co·pa·ti·a *s.f. Psic.* Nome comum às doenças e distúrbios mentais; psicose.

psi·co·pa·to·lo·gi·a *s.f. Psic.* Estudo psicológico dos distúrbios mentais.

psi·co·se (ó) *s.f. Psic.* Psicopatia.

psi·co·téc·ni·ca *s.f.* Aplicação prática da psicologia em geral.

psi·co·téc·ni·co *adj.* Relativo à psicotécnica.

psi·co·te·ra·peu·ta *s.2gên.* Especialista em psicoterapia.

psi·co·te·ra·pi·a *s.f. Psic.* Tratamento por meios psicológicos (em geral, sugestão ou persuasão) para a cura de distúrbios psíquicos.

psi·co·tró·pi·co *adj. Farm., Med.* 1. Diz-se de substâncias, medicamentos, plantas, etc. que atuam no psiquismo, podendo alterar a percepção ou o comportamento. *s.m.* 2. Substância, medicamento ou planta com essas características.

psi·que *s.f.* A mente; a alma; o espírito.

psi·qui·a·tra *s.2gên.* Especialista em psiquiatria.

psi·qui·a·tri·a *s.f. Med.* Parte da medicina que trata de doenças mentais ou psicoses.

psi·qui·á·tri·co *adj.* Relativo à psiquiatria.

psí·qui·co *adj.* Relativo à psique.

psi·quis·mo *s.m.* Conjunto dos fenômenos psíquicos; psique.

psi·ta·cí·de·o *adj. Zool.* 1. Relativo aos psitacídeos. *s.m.pl.* 2. Espécime dos psitacídeos, grupo de aves que inclui os papagaios, as araras, as jandaias e os periquitos.

psi·ta·cis·mo *s.m.* 1. *Linguíst.* Distúrbio da linguagem que se caracteriza pela repetição mecânica, à maneira dos papagaios, de palavras ou frases vazias de sentido. 2. Palavreado oco.

psiu *interj.* Usada para pedir silêncio ou para chamar uma pessoa cujo nome se desconhece.

pso·rí·a·se *s.f. Med.* Doença da pele que se caracteriza por placas escamosas secas e branquicentas.

pu·a *s.f.* 1. Haste terminada em bico. 2. Ponta aguçada; bico. 3. Aguilhão, ferrão. 4. Instrumento para furar, que se move por meio de um arco chamado arco de pua.

pu·ba *adj.2gên.* 1. Mole. *s.f.* 2. Mandioca posta na água até amolecer e fermentar.

pu·ber·da·de *s.f.* 1. Época da vida humana em que os indivíduos se tornam aptos para a procriação. 2. Estado ou qualidade de púbere.

pú·be·re *adj.2gên.* 1. Que está na época da puberdade. 2. Que começa a ter barba ou os pelos finos que anunciam a adolescência.

pu·bes·cên·ci·a *s.f.* Estado de pubescente.

pu·bes·cen·te *adj.2gên.* Coberto de pelos finos e curtos; púbere.

pu·bes·cer *v.i.* Chegar à puberdade.

pu·bi·a·no *adj.* Púbico.

pú·bi·co *adj.* Concernente ao púbis; pubiano.

pú·bis *s.m.2núm. Anat.* 1. A parte inferoanterior do osso ilíaco. 2. Parte mediana e inferior do abdome, que se cobre de pelos na puberdade.

pu·bli·ca·ção *s.f.* 1. Ação ou efeito de publicar. 2. Aquilo que se publica. 3. Qualquer trabalho literário ou científico publicado pela imprensa. 4. Livro; folheto; opúsculo.

pú·bli·ca-for·ma *s.f.* Cópia autêntica de um documento tirada e reconhecida por tabelião. *Pl.*: públicas-formas.

pu·bli·car *v.t.d.* 1. Tornar público, levar ao conhecimento do público. 2. Vulgarizar; divulgar. 3. Editar. 4. Anunciar; proferir; espalhar; pregar. *v.p.* 5. Manifestar-se; declarar-se.

pu·bli·ci·da·de *s.f.* 1. Qualidade do que é público. 2. Vulgarização da propaganda por meio de anúncios, entrevistas, cartazes, etc. 3. O conjunto dos meios utilizados nessa propaganda.

pu·bli·cis·ta *s.2gên.* Pessoa que escreve sobre direito público ou sobre política.

pu·bli·ci·tá·ri:o *s.m.* 1. Aquele que trabalha em publicidade, em propaganda comercial. *adj.* 2. Relativo à publicidade ou propaganda comercial.

pú·bli·co *adj.* 1. Que se refere ou pertence ao povo. 2. Que serve para uso de todos; comum. 3. Concernente ao governo de um país. 4. Que é do conhecimento de todos; notório; vulgar. *s.m.* 5. O povo em geral. 6. Auditório.

pu·çá *s.m.* Rede em forma de cone, presa a um aro com cabo, usada na pesca.

pu·çan·ga *s.f.* 1. Remédio caseiro; mezinha. 2. Remédio usado pelos pajés.

pú·ca·ro *s.m.* 1. Pequeno vaso de barro, com asa. 2. Caneca.

pu·che·ro (ê) *s.m. Reg. Cul.* Cozido de origem espanhola, com variantes argentina e gaúcha, feito com muitos legumes, verduras e carnes com osso.

pu·den·do *adj.* 1. Pudico; envergonhado. 2. Vergonhoso; que o pudor deve recatar.

pu·de·ra (é) *interj.* Claro!; Pois então!; Não era para menos!

pu·di·cí·ci·a *s.f.* 1. Qualidade de pudico. 2. Castidade; honra feminina; pureza.

pu·di·co *adj.* 1. Que tem pudor; casto. 2. Honesto.

pu·dim *s.m. Cul.* Iguaria de consistência cremosa, assada em banho-maria ou em forno, e geralmente servida com uma calda.

pu·dor *s.m.* 1. Sentimento de vergonha ou timidez produzido por coisa contrária à honestidade, à decência, à modéstia. 2. Seriedade; pundonor; recato; pejo.

pu:e·rí·ci·a *s.f.* Período da vida humana envolvendo a infância e a adolescência; idade pueril.

pu:e·ri·cul·tu·ra *s.f.* 1. Conjunto de meios adequados à procriação, nascimento e desenvolvimento de crianças. 2. Educação cuidada das crianças.

pu:e·ril *adj.2gên.* 1. Da puerícia; infantil. 2. Próprio de crianças; ingênuo. 3. Fútil; vão; trivial.

pu:e·ri·li·da·de *s.f.* 1. Ato pueril. 2. Futilidade. 3. Dito ou ato de criança.

pu:er·pé·ri·o *s.m.* 1. Tempo que vai do parto até que os órgãos genitais e o estado geral da mulher voltem ao normal. 2. O conjunto de fenômenos que ocorrem nesse prazo.

pu·fe *s.m.* 1. Assento almofadado, sem braços nem espaldar. 2. Almofadão usado como assento.

pu·gi·la·to *s.m.* 1. Luta com os punhos. 2. Luta a murro ou soco. 3. Briga corpo a corpo. 4. *fig.* Discussão acalorada.

pu·gi·lis·mo *s.m.* Esporte do pugilato; boxe.

pu·gi·lis·ta *s.2gên.* Lutador de pugilato ou boxe; boxeador.

pu·gi·lo *s.m.* Porção; magote; grupo.

pug·na *s.f.* 1. Ação de pugnar. 2. Peleja; briga; luta; contenda.

pug·na·ci·da·de *s.f.* 1. Qualidade do que é pugnaz. 2. Tendência para a luta.

pug·na·dor *adj.* e *s.m.* Que ou aquele que pugna, combate ou defende.

pug·nar *v.t.d.* 1. Defender; tomar a defesa de. *v.i.* e *v.t.i.* 2. Combater; brigar; pelejar. 3. Discutir acaloradamente.

pug·naz *adj.2gên.* 1. Que defende, que combate, que pugna. 2. Que tem tendências belicosas.

pu·ir *v.t.d.* 1. Polir ou alisar, roçando. 2. Desgastar, desfazer aos poucos, friccionando ou roçando. ★★

pu·jan·ça *s.f.* 1. Qualidade de pujante. 2. Grande força; poderio; superioridade. 3. Robustez. 4. Grandeza.

pu·jan·te *adj.2gên.* 1. Que tem pujança; possante. 2. Que tem poderio. 3. Magnificente. 4. Denodado; brioso. 5. Ativo.

pu·lar *v.i.* 1. Dar um ou mais pulos; saltar. 2. *fig.* Agitar-se; tumultuar. 3. Pulsar com veemência (diz-se do coração). 4. Ferver. *v.t.i.* 5. Aumentar rapidamente (em bens, em honras, em postos, etc.). *v.t.d.* 6. Transpor de um pulo.

pul·cri·tu·de *s.f.* Qualidade do que é pulcro.

pul·cro *adj.* Belo; formoso; gentil.

pu·le *s.f.* Bilhete simples de aposta em corridas de cavalos.

pul·ga *s.f. Zool.* Inseto hematófago, parasita do homem e dos animais domésticos. *Masc.:* pulgo.

pul·gão *s.m. epiceno Zool.* Inseto parasita dos vegetais.

pul·guei·ro *s.m.* 1. Lugar onde há muita pulga. 2. *pop.* Cinema de ínfima classe.

pul·guen·to *adj.* Cheio de pulgas.

pu·lha *adj.2gên.* 1. Desprezível; indecente. *s.m.* 2. Trapalhão; homem sem brio, sem dignidade. *s.f.* 3. Gracejo; motejo. 4. Mentira.

pu·lhi·ce *s.f.* 1. Dito ou ato próprio de pulha. 2. Miséria; vida miserável.

pul·mão *s.m.* 1. *Anat.* Cada um dos dois órgãos principais da respiração, situados no tórax e envolvidos pela pleura. 2. *fig.* Boa voz; voz forte.

pul·mo·nar *adj.2gên.* 1. Que se refere ou pertence aos pulmões. 2. Que tem pulmões.

pu·lo *s.m.* 1. Salto. 2. Agitação. 3. Pulsação.

pu·lô·ver *s.m.* Espécie de agasalho de malha de lã com ou sem mangas, que se veste pela cabeça.

púl·pi·to *s.m.* 1. Tribuna de onde os sacerdotes pregam. 2. *fig.* A eloquência sagrada.

pul·sa·ção *s.f.* 1. Ação ou efeito de pulsar. 2. *Med.* Movimento de dilatação e contração do coração ou de qualquer artéria.

pul·sar *v.t.d.* 1. Impelir. 2. Agitar; abalar. 3. Tocar; tanger. *v.i.* 4. Latejar; palpitar; arquejar. *v.t.i.* 5. Repercutir, batendo.

pul·sá·til *adj.2gên.* Que pulsa.

pul·sa·ti·vo *adj.* 1. Que faz pulsar. 2. Que produz pulsações. 3. Que se caracteriza por pulsações.

pul·se·ar *v.t.d.* 1. Tomar o pulso a. 2. Apalpar. 3. Observar; sentir. 4. Pegar fortemente. 5. Manter seguro, apertando com as mãos.

pul·sei·ra *s.f.* Ornato circular para os pulsos.

pul·so *s.m.* 1. *Anat.* Região correspondente ao ponto em que o antebraço se articula com a mão. 2. *Med.* Batimento das artérias. 3. *fig.* Mão. 4. *fig.* Força, vigor, energia.

pu·lu·lan·te *adj.2gên.* Que pulula.

pu·lu·lar *v.i.* 1. Lançar rebento (a planta). 2. Germinar rapidamente; brotar. 3. Ser em grande porção ou em grande número. *v.t.i.* 4. Ter abundância de.

pul·ve·ri·za·ção *s.f.* Ação ou efeito de pulverizar(-se).

pul·ve·ri·za·dor *adj.* 1. Que pulveriza. *s.m.* 2. Aquilo que pulveriza. 3. Instrumento para pulverizar.

pul·ve·ri·zar *v.t.d.* 1. Reduzir a pó. 2. Cobrir de pó; polvilhar. 3. *fig.* Rechaçar; refutar inteiramente. 4. Espargir (líquido) em gotas pequeníssimas. *v.p.* 5. Converter-se em pó.

pul·ve·ru·len·to *adj.* 1. Cheio ou coberto de pó. 2. Reduzido a pó.

pu·ma *s.m. epiceno Zool.* Suçuarana; onça-vermelha.

pun·ção *s.f.* 1. Ação ou efeito de pungir ou de puncionar. *s.m.* 2. Instrumento pontiagudo, para furar ou gravar. 3. *Cir. desus.* Estilete cirúrgico. 4. Instrumento para furar pedras.

pun·çar *v.t.d.* Puncionar.

pun·ci·o·nar *v.t.d.* Furar, abrir com punção.

punc·tu·ra *s.f.* Picada feita com punção, agulha ou qualquer outro instrumento pontiagudo.

pun·do·nor *s.m.* 1. Sentimento de decoro. 2. Zelo; honra; brio. 3. Altivez; denodo. 4. Cavalheirismo.

pun·do·no·ro·so (ô) *adj.* 1. Que tem pundonor. 2. Altivo; brioso; denodado. *Pl.:* pundonorosos (ó).

pun·ga[1] *adj.2gên.* e *s.2gên.* Que ou o que é ruim, sem préstimo, moleirão (homem ou cavalo).

pun·ga[2] *s.f.* 1. Arte em qualidade de punguista. 2. Furto. *s.2gên.* 3. Punguista. 4. Vítima do punguista. 5. Objeto fruto de sua ação.

pun·gên·ci·a *s.f.* Qualidade de pungente.

pun·gen·te *adj.2gên.* Que punge; aflitivo; doloroso.

pun·gi·men·to *s.m.* Ato ou efeito de pungir.

pungir / **purgativo**

pun·gir *v.t.d.* 1. Ferir; picar. 2. Estimular, incitar. 3. Causar grande dor moral a (alguém). 4. Afligir; atormentar; torturar.

pun·gi·ti·vo *adj.* Agudo, penetrante, pungente.

pun·gue·ar *v.t.d. gír.* Furtar (dinheiro, joias, objetos) das pessoas nas ruas, nos veículos de transporte coletivo, nos locais de reuniões, etc.

pun·guis·ta *s.2gên. gír.* Pessoa que pungueia; gatuno hábil; batedor de carteiras.

pu·nha·do *s.m.* 1. Porção que se pode conter na mão fechada. 2. *fig.* Pequena porção. 3. Pequeno número.

pu·nhal *s.m.* 1. Arma branca, curta e perfurante. 2. *gír.* Tudo o que ofende gravemente.

pu·nha·la·da *s.f.* 1. Golpe de punhal. 2. *fig.* Golpe moral; aquilo que ofende muito.

pu·nho *s.m.* 1. A mão fechada; pulso. 2. Parte da arma branca (especialmente da espada) por onde se lhe pega. 3. Peça de vestuário em que terminam as mangas.

pu·ni·ção *s.f.* Ação ou efeito de punir; castigo.

pú·ni·co *adj.* Que se refere ou pertence a Cartago ou aos cartagineses; cartaginês.

pu·nir *v.t.d.* 1. Infligir pena a; castigar. 2. Servir de castigo a. 3. Dar castigo.

pu·ni·ti·vo *adj.* Que pune; que serve de castigo.

punk (pânk) *Ingl. adj.2gên.* 1. Relativo ao movimento surgido entre jovens dos Estados Unidos, Inglaterra e Austrália em meados da década de 1970, que se opõe às normas sociais tradicionais por meio do comportamento, da maneira de se vestir e da música. *s.m.* 2. Esse movimento. *s.2gên.* 3. Pessoa que é adepta desse movimento.

pu·pi·la *s.f.* 1. Órfã que está sob tutela. 2. *fig.* Protegida. 3. *Anat.* Abertura, situada na parte média da íris, pela qual passam os raios luminosos que chegam ao cristalino; menina do olho.

pu·pi·lar[1] *adj.2gên.* Concernente a pupilo.

pu·pi·lar[2] *adj.2gên. Anat.* Relativo à pupila do olho.

pu·pi·lar[3] *v.i.* Gritar (o pavão).

pu·pi·lo *s.m.* 1. Órfão que está sob a direção de tutor. 2. Menor; educando. 3. *fig.* Protegido.

pu·rê *s.m. Cul.* Iguaria feita de batatas, legumes, carnes e outras substâncias raladas, formando massa pastosa.

pu·re·za (ê) *s.f.* 1. Qualidade do que é puro, do que não tem mistura. 2. Transparência; nitidez; limpidez. 3. Virgindade. 4. Vernaculidade.

pur·ga *s.f.* Substância ou preparação farmacêutica que faz purgar; purgante.

pur·ga·ção *s.f.* 1. Ação ou efeito de purgar(-se). 2. Corrimento. 3. Supuração.

pur·gan·te *adj.2gên.* 1. Que purga. 2. Que tem a virtude de purgar. 3. Purgativo; purgatório. *s.m.* 4. Remédio purgativo; purga. 5. *fam.* Coisa ou pessoa (*sobrecomum*) enfadonha, tediosa, enjoada.

pur·gar *v.t.d.* 1. Purificar; tornar isento de impurezas ou matérias estranhas. 2. Desembaraçar, limpar (os intestinos). 3. Desembaraçar; livrar. 4. *fig.* Expiar. *v.i.* 5. Expelir pus ou maus humores.

pur·ga·ti·vo *adj.* 1. Que purga; purificativo. *s.m.* 2. Purgante; purga.

pur·ga·tó·ri:o *adj.* 1. Purgante. *s.f.* 2. *Teol.* Lugar de purificação onde as almas vão acabar de expiar as suas culpas (inicial maiúscula). 3. *fig.* Lugar em que se sofre. 4. *fig.* Sofrimentos; trabalhos; penas.

pu·ri·da·de *s.f.* 1. Pureza. 2. *desus.* Segredo; confidência. *desus. loc.adv.* À *puridade*: em segredo; em particular.

pu·ri·fi·ca·ção *s.f.* 1. Ação ou efeito de purificar(-se). 2. Festa católica que se celebra em 2 de fevereiro.

pu·ri·fi·car *v.t.d.* 1. Tornar puro; livrar de substâncias nocivas. 2. Tornar puro moralmente. 3. Santificar. 4. Isentar de culpa. *v.p.* 5. Tornar-se puro; limpar-se.

pu·ris·mo *s.m.* Escrúpulo rigoroso e excessivo em observar a pureza da língua.

pu·ris·ta *s.2gên.* Pessoa que tem escrúpulos excessivos e não raro ridículos no tocante à pureza da linguagem.

pu·ri·ta·nis·mo *s.m.* 1. Ramo do protestantismo que nos séculos XVI e XVII se desligou da igreja da Inglaterra. 2. Caráter da pessoa que alardeia grande austeridade de princípios.

pu·ri·ta·no *adj.* 1. Relativo ao puritanismo. *s.m.* 2. Sectário do puritanismo. 3. Indivíduo que alardeia grande austeridade.

pu·ro *adj.* 1. Isento de mistura. 2. Que não sofreu alteração. 3. Imaculado; casto. 4. Vernáculo, castiço (linguagem, estilo). 5. Sincero. 6. Incontestável. 7. Suave.

pu·ro-san·gue *adj.2gên.* 1. Diz-se de cavalo ou égua de raça pura. *s.2gên.* 2. O cavalo ou égua com essa característica. *Pl.*: puros-sangues.

púr·pu·ra *s.f.* 1. Substância corante vermelho-escura extraída da cochonilha. 2. Cor vermelha. 3. Vestuário dos reis. 4. Dignidade real. 5. Dignidade cardinalícia. 6. *Med.* Dermatose que se caracteriza pela formação de manchas vermelhas. *adj.2gên.2núm.* 7. Que tem a cor púrpura.

pur·pu·ra·do *adj.* 1. Purpúreo. *adj.* e *s.m.* 2. Que ou aquele que foi elevado a cardeal.

pur·pu·re·ar *v.t.d.* 1. Dar cor de púrpura a. 2. Tornar vermelho. *v.i.* e *v.p.* 3. Tomar a cor de púrpura. 4. Ruborizar-se; corar.

pur·pú·re:o *adj.* Da cor da púrpura; vermelho; purpurino.

pur·pu·ri·na *s.f.* Substância corante que se extrai da raiz da ruiva.

pur·pu·ri·no *adj.* Purpúreo.

púr·pu·ro *adj.* Purpúreo.

pu·ru·len·to *adj.* Cheio de pus; que segrega pus.

pu·run·ga *s.f.* Vasilha que se faz com a casca de algumas cucurbitáceas.

pu·ru·ru·ca *adj.2gên.* 1. Duro, quebradiço. 2. Diz-se do coco já um pouco duro. *s.f.* 3. *Bot.* Variedade de coco tenro. 4. *Cul.* Couro de porco, quando frito e bem seco.

pus *s.m. Med.* Líquido espesso, humor mórbido que se forma nas ulcerações em geral, o qual tem em suspensão leucócitos alterados.

pu·si·lâ·ni·me *adj.2gên.* e *s.2gên.* Que ou pessoa que tem fraqueza de ânimo, timidez, medo.

pu·si·la·ni·mi·da·de *s.f.* 1. Qualidade do que é pusilânime. 2. Covardia, fraqueza de ânimo. 3. Timidez; medo.

pús·tu·la *s.f. Med.* Tumor inflamatório que encerra líquido purulento.

pus·tu·len·to *adj.* e *s.m.* Que ou o que tem pústulas.

putativo

pu·ta·ti·vo *adj.* Que se supõe ser o que não é; suposto, reputado.

pu·tre·fa·ção *s.f.* 1. Ação de putrefazer (-se). 2. Apodrecimento; corrupção.

pu·tre·fa·to *adj.* 1. Que está em putrefação. 2. Que apodreceu; corrupto; putrefeito.

pu·tre·fa·zer *v.t.d.* 1. Tornar podre; corromper. *v.i.* e *v.p.* 2. Tornar-se podre, corromper-se.★

pu·tres·cen·te *adj.2gên.* 1. Que está apodrecendo. 2. Que começa a putrefazer-se.

pu·tres·cí·vel *adj.2gên.* Que é suscetível de se putrefazer, de apodrecer.

pú·tri·do *adj.* 1. Podre; putrefato. 2. Pestilencial. 3. Corrupto.

pu·xa (ch) *adj.2gên.* e *s.2gên.* 1. Adulador. *interj.* 2. Termo que exprime espanto, impaciência, admiração.

pu·xa·ção (ch) *s.f.* Ação de puxar; adulação.

pu·xa·da (ch) *s.f.* 1. Ação ou efeito de puxar. 2. Construção que prolonga o corpo central da casa; puxado. 3. Caminhada longa e forçada.

pu·xa·do (ch) *adj.* 1. Que se puxou; esticado. 2. Elevado preço. 3. Cansativo. *s.m.* 4. Puxada.

puxo

pu·xa·dor (ch) *s.m.* 1. Peça de alguns móveis por onde se pega para os abrir. *adj.* 2. Que puxa.

pu·xão (ch) *s.m.* 1. Ato ou efeito de puxar com violência. 2. Repelão; empuxão.

pu·xa-pu·xa (ch) *s.2gên.* 1. Diz-se geralmente de doce grudento e elástico, que pode ser puxado. *s.m.* 2. O doce com essas características. *Pl.*: puxas-puxas e puxa-puxas.

pu·xar (ch) *v.t.d.* 1. Tirar ou fazer mover para si, com força. 2. Arrastar. 3. Estirar; esticar. 4. Provocar; causar. 5. Avivar; desenvolver; suscitar. 6. Fazer esforços para arrancar. *v.t.i.* 7. Exercer tração. 8. Inclinar-se; tender; trazer. 9. Herdar as qualidades de. *v.i.* 10. Custar muito. 11. Fazer exigências; obrigar. 12. Referir-se; fazer instâncias. 13. Adular. 14. Embriagar-se.

pu·xa-sa·co (ch) *s.2gên.* Adulador; bajulador. *Pl.*: puxa-sacos.

pu·xe (ch) *interj.* Termo com que se ordena a saída de alguém; vá embora!; suma-se!

pu·xo (ch) *s.m.* 1. Dor no ânus, que precede ou acompanha uma evacuação difícil. 2. O penteado das mulheres do campo. 3. *desus.* Esforço que a parturiente faz para dar à luz.

Q q

q *s.m.* 1. Décima sétima letra do alfabeto. *num.* 2. O décimo sétimo numa série indicada por letras.

qua·cre *s.m.* Membro de uma seita religiosa fundada por George Fox, na Inglaterra, por volta de 1650.

qua·dra *s.f.* 1. Compartimento quadrado. 2. Recinto em forma de quadrilátero. 3. Distância entre uma esquina e outra do mesmo lado da rua. 4. Quarteirão. 5. *Desp.* Série em quatro, em certos jogos. 6. *Desp.* Campo de esportes (basquete, vôlei, tênis, etc.). 7. *Lit.* Quarteto, estrofe de quatro versos. 8. *fig.* Ocasião; época; tempo, fase; idade.

qua·dra·do *adj.* 1. Que tem a forma ou a figura de um quadrilátero de lados iguais e ângulos retos. 2. *Mat.* Diz-se da raiz de um número, a qual, elevada à segunda potência, produz esse número. *adj.* e *s.m.* 3. *fig.* Diz-se de ou indivíduo que não aceita inovações, que se prende aos padrões tradicionais. *s.m.* 4. *Geom.* Quadrilátero de lados iguais e ângulos retos. 5. *Mat.* Segunda potência de um número. 6. *Mat.* Produto de um número multiplicado por si mesmo. 7. Papagaio; pipa.

qua·dra·ge·ná·ri·o *adj.* e *s.m.* 1. Que ou o que abrange quarenta unidades. 2. Que ou aquele que tem quarenta anos, quarentão.

qua·dra·gé·si·ma *s.f.* Período de quarenta dias.

qua·dra·gé·si·mo *num.* 1. Ordinal e fracionário correspondente a quarenta. *s.m.* 2. A quadragésima parte.

qua·dran·gu·la·do *adj.* Quadrangular.

qua·dran·gu·lar *adj.2gên.* Que tem quatro ângulos.

qua·drân·gu·lo *s.m. Geom.* Figura com quatro ângulos.

qua·dran·te *s.m.* 1. *Geom.* Quarta parte da circunferência. 2. Mostrador de relógio de sol.

qua·drar *v.t.d.* 1. Dar forma quadrada a. 2. *Mat.* Elevar um número ao quadrado. *v.i.* 3. Convir; agradar. *v.t.i.* 4. Adaptar-se; condizer; ser coerente; calhar.

qua·drá·ti·co *adj.* Concernente ao quadrado.

qua·dra·tu·ra *s.f.* 1. Redução de qualquer figura geométrica a um quadrado equivalente. 2. Quarto da Lua.

qua·dri·co·lor (ô) *adj.2gên.* Que tem quatro cores.

qua·drí·cu·la *s.f.* 1. Pequeno quadrado. 2. Pequena quadra.

qua·dri·cu·la·do *adj.* Pautado ou dividido em quadrículas; quadricular.

qua·dri·cu·lar *v.t.d.* 1. Dar forma de quadrículo a. 2. Dividir em quadrículas. *adj.2gên.* 3. Quadriculado.

qua·drí·cu·lo *s.m.* Pequeno quadro, quadradinho.

qua·dri·e·nal *adj.2gên.* 1. Concernente a quadriênio. 2. Que sucede de quatro em quatro anos.

qua·dri·ê·ni·o *s.m.* Espaço de quatro anos.

qua·dri·fó·li·o *adj. Bot.* 1. De quatro folhas. 2. Cujas folhas estão dispostas quatro a quatro.

qua·dri·ga *s.f.* 1. Carro de duas rodas, puxado por quatro cavalos, usado na Antiguidade principalmente por gregos e romanos. 2. O conjunto desses quatro cavalos.

qua·dri·gê·me:o *s.m.* 1. Cada um de quatro irmãos gêmeos. *adj.* 2. Relativo a cada um ou a todos os quatro irmãos gêmeos.

qua·dril *s.m. Anat.* 1. Região lateral do corpo humano, entre a cintura e a articulação superior da coxa; anca. 2. Alcatra (no gado).

qua·dri·lá·te·ro *adj.* 1. Com quatro lados. *s.m.* 2. Espaço quadrangular fortificado. 3. *Geom.* Polígono de quatro lados.

qua·dri·lha *s.f.* 1. Bando (de ladrões, de salteadores) subordinado a um chefe. 2. Dança em que tomam parte várias turmas de pares. 3. A música para essa dança. 4. *pop.* Ajuntamento de vagabundos; corja; súcia.

qua·dri·lhei·ro *s.m.* Aquele que pertence a uma quadrilha de ladrões.

qua·drí·ma·no *adj. Zool.* Que tem quatro tarsos dilatados em forma de mão.

qua·dri·mes·tral *adj.2gên.* 1. Concernente a quadrimestre. 2. Que sucede de quatro em quatro meses.

qua·dri·mes·tre (é) *s.m.* Espaço de quatro meses.

qua·dri·mo·tor *s.m.* 1. Avião de quatro motores. *adj.* 2. Que tem quatro motores (avião ou outro aparelho).

qua·drin·gen·té·si·mo *num.* 1. Ordinal e fracionário correspondente a quatrocentos. *s.m.* 2. A quadringentésima parte.

qua·dri·nhos *s.m.pl.* História em quadrinhos.

qua·drí·vi:o *s.m.* Ponto de confluência de quatro caminhos ou quatro ruas; encruzilhada.

qua·dro *s.m.* 1. Quadrado. 2. Quadrilátero. 3. Tela ou qualquer obra de pintura emoldurada. 4. Tabela; resenha; lista. 5. Quadro-negro. 6. Conjunto dos funcionários. 7. Panorama; cena.

qua·dro-ne·gro *s.m.* Superfície plana, quadrangular, usada em salas de aula ou de estudo para se escrever sobre ela; quadro de giz. *Pl.*: quadros-negros.

qua·drú·ma·no *adj.* 1. De quatro mãos. *s.m.* 2. Primata não humano.

qua·drú·pe·de *adj.2gên.* 1. Que tem quatro pés. *s.m.* 2. Animal quadrúpede. *s.2gên. fig.* 3. Pessoa estúpida, grosseira.

qua·dru·pli·car *v.t.d.* 1. Tornar quatro vezes maior. 2. Multiplicar por quatro. *v.i.* e *v.p.* 3. Tornar-se quatro vezes maior.

quá·dru·plo *num.* 1. Multiplicativo de quatro. *adj.* 2. Quatro vezes maior. 3. Que se compõe de quatro membros. *s.m.* 4. Quantidade quatro vezes maior que outra.

qual *pron.inter.* 1. Usado em frases interrogativas; que pessoa, que coisa

qua·li·da·de *s.f.* 1. Atributo, condição natural, propriedade pela qual algo ou alguém se individualiza. 2. Modo de ser; disposição moral. 3. Predicado; nobreza. 4. Espécie; casta. 5. Gravidade. 6. Aptidão.

(dentre duas ou mais); de que natureza; de que qualidade. *pron.rel.* 2. Que ou quem (precedido de *art.def.*): o professor com o qual aprendi. *conj.* 3. Como; tal qual. *interj.* 4. Indicativa de negação, dúvida, espanto.

qua·li·fi·ca·ção *s.f.* 1. Ação ou efeito de qualificar. 2. Apreciação, juízo feito sobre alguma coisa.

qua·li·fi·ca·do *adj.* 1. Que tem certas qualidades. 2. Distinto. 3. Que está em posição elevada.

qua·li·fi·car *v.t.d.* 1. Atribuir qualidade a. 2. Classificar. 3. Apreciar; reputar; considerar; avaliar. 4. Modificar, atribuindo qualidade. 5. Autorizar. 6. Ilustrar. 7. Atribuir título a.

qua·li·fi·ca·ti·vo *adj.* Que qualifica; que exprime qualidade.

qua·li·ta·ti·vo *adj.* 1. Relativo a qualidade. 2. Que qualifica. 3. Que é próprio para qualificar.

qual·quer *pron.indef.* 1. Pessoa indeterminada. 2. Coisa ou lugar indeterminados. 3. Algum, alguma. 4. Todo; toda. 5. Cada.

quan·do *adv.* 1. Em que ocasião. *conj.* 2. No momento em que. 3. Na ocasião ou no tempo em que. 4. Ainda que; posto que; ao passo que; se; acaso; mas.

quan·ti·a *s.f.* 1. Quantidade, soma, porção. 2. Quantidade de dinheiro. 3. Total.

quan·ti·da·de *s.f.* 1. Qualidade daquilo que é suscetível de aumento ou diminuição. 2. Qualidade do que pode ser medido ou numerado. 3. Grandeza expressa em número. 4. Grande parte de um todo. 5. Número. 6. Certo número.

quan·ti·fi·car *v.t.d.* Determinar, estabelecer a quantidade ou o valor de.

quan·ti·ta·ti·vo *adj.* 1. Que se refere a quantidade. 2. Que indica quantidade.

quan·to *pron.inter.* 1. Que número ou que quantidade de. *pron.rel.* 2. Que (precedido de tanto, tudo). *adv.* 3. Quão intensamente; até que ponto.

quão *adv.* Quanto; como.

qua·ra·dor *s.m.* Lugar onde se põe a roupa para quarar; coradouro.

qua·rar *v.i.* Ficar exposta ao sol (a roupa ensaboada); corar.

qua·ren·ta *num.* 1. Cardinal correspondente a quatro dezenas. 2. Diz-se do quadragésimo elemento de uma série.

qua·ren·tão *adj.* e *s.m.* Que ou o que entrou na casa dos quarenta anos. *Fem.*: quarentona.

qua·ren·te·na (ê) *s.f.* 1. Período de quarenta dias. 2. Espaço de tempo em que os viajantes, procedentes de países em que há doenças contagiosas, têm de se conservar num lugar isolado. 3. Espaço de tempo em que qualquer doente permanece em compartimento insulado, quando o seu mal é contagioso ou apresenta perigo de o ser.

qua·res·ma (ê) *s.f.* Espaço de quarenta dias que decorrem desde a quarta-feira de cinzas até o domingo de Páscoa.

qua·res·mei·ra *s.f. Bot.* Árvore ornamental, também chamada flor-da-quaresma.

quar·ta *s.f.* 1. A quarta parte de alguma coisa. 2. Bilha. 3. Forma reduzida de quarta-feira.

quar·tã *adj.* 1. Diz-se da febre intermitente que se repete de quatro em quatro dias. *s.f.* 2. Essa febre.

quar·ta de fi·nal *s.f. Desp.* Etapa dos torneios futebolísticos em que se realizam quatro jogos, entre oito equipes que procuram classificar-se para as semifinais. *Pl.:* quartas de final.

quar·ta-fei·ra *s.f.* O quarto dia da semana começada no domingo. *Pl.:* quartas-feiras.

quar·tei·rão *s.m.* 1. A quarta parte de cem. 2. Série de casas contíguas. 3. Grupo de casas ou edifícios formando quadrilátero. 4. Na divisão urbana, área fechada por quatro ruas; quadra.

quar·tel[1] *s.m.* 1. Edifício destinado ao alojamento de tropas. 2. Lugar onde está aquartelado um regimento, batalhão ou destacamento.

quar·tel[2] *s.m.* 1. A quarta parte (de um século, da vida de uma pessoa). 2. Espaço de tempo; quadra; época; período.

quar·te·la·da *s.f.* Motim, rebelião, levante provocado por militares.

quar·tel-ge·ne·ral *s.m.* Repartição militar à qual compete a manutenção do movimento, economia e disciplina militares. *Pl.:* quartéis-generais.

quar·te·to (ê) *s.m.* 1. *Lit.* Estância de quatro versos. *Mús.* 2. Peça executada por quatro instrumentos ou quatro vozes. 3. O conjunto desses instrumentos ou vozes.

quar·ti·lho *s.m.* Unidade de capacidade para líquidos correspondente a meio litro ao norte de Portugal, a 1,136 l no Canadá, e a 0,568 l, no Reino Unido.

quar·to *num.* 1. Ordinal e fracionário correspondente a quatro. *s.m.* 2. A quarta parte. 3. O que ocupa o último lugar, numa série de quatro. 4. Compartimento para dormir. 5. Espaço de tempo em que alternadamente os soldados ou marinheiros velam, ao passo que outros descansam; plantão.

quar·to·la (ó) *s.f.* Pequena pipa (corresponde aproximadamente a 250 litros).

quar·tzo *s.m. Min.* Óxido de silício, mineral, também conhecido por cristal de rocha.

qua·sar *s.m. Astron.* Corpo celeste muito distante da Terra, que emite sinais de rádio de grande intensidade.

qua·se *adv.* 1. Perto. 2. A pouca distância; proximamente. 3. Por pouco. 4. Como se.

qua·sí·mo·do *s.m.* 1. O domingo de Pascoela. 2. Indivíduo monstruoso.

qua·ter·ná·ri·o *adj.* 1. Composto de quatro unidades. 2. Que tem quatro faces, quatro elementos, etc. 3. *Mús.* Designativo do compasso de quatro tempos. 4. *Geol.* Diz-se do período geológico atual.

qua·ti *s.m. epiceno Zool.* Pequeno mamífero carnívoro.

qua·tor·ze (ô) *num.* 1. Cardinal equivalente a uma dezena e quatro unidades. 2. Diz-se do décimo quarto elemento de uma série. *Var.:* catorze.

qua·tri·ê·ni·o *s.m.* O mesmo que quadriênio.

qua·tri·lhão *num.* Cardinal correspondente a mil trilhões.

qua·tro *num.* 1. Cardinal correspondente a quatro unidades. 2. Diz-se do quarto elemento de uma série.

qua·tro·cen·tis·ta *adj.2gên.* 1. Que se refere ou pertence ao século que vai de 1401 a 1500, chamado *século de quatrocentos*. *s.2gên.* 2. Artista, escritor que viveu nesse século.

qua·tro·cen·tos *num.* 1. Cardinal correspondente a quatro centenas. 2. Diz-se do quadrigentésimo elemento de uma série. *s.m.* 3. O século XV (1401 a 1500).

que[1] *pron.rel.* Refere-se a um termo anterior (antecedente), substantivo ou pronome: o livro que comprei, aquilo que fiz.

que[2] *pron.indef.* 1. Usado em frase interrogativa: que livro compraste? 2. Usado em frase exclamativa: que bobagem! Seguido de preposição, tem valor quantitativo: que de sofrimentos não passei!

que[3] *prep.* Usada no lugar de **de** ou **para**, em geral ligando uma locução verbal aos verbos auxiliares **ter** e **haver**: tenho que sair.

que[4] *part.exp.* Tem função enfática: (que) sejas feliz!; (que) Deus te ouça!

que[5] *adv.* Intensidade: que (quão) agradável está a noite!

que[6] *conj.coord.adit.* Usada no lugar de **e**: trabalha que Deus te ajudará!

que[7] *conj.coord.advers.* Usada no lugar de **mas**: fale outro que não eu.

que[8] *conj.coord.explic.* Usada no lugar de **porque**: vou embora, que já é tarde.

que[9] *conj.coord.alt.* Usada no lugar de **ou**: que seja este, que seja aquele, comprarei.

que[10] *conj.subord.integr.* Usada no início de orações subordinadas substantivas: espero que assim seja.

que[11] *conj.subord.caus.* Usada no início de orações subordinadas adverbiais causais: não desesperes, que (porque, porquanto) sempre é tempo.

que[12] *conj.subord.fin.* Usada no início de orações subordinadas adverbiais finais: fiz-lhe um sinal que voltasse.

que[13] *conj.subord.temp.* Usada no início de orações subordinadas adverbiais temporais: faz dois dias que não o vemos.

que[14] *conj.subord.concess.* Usada no início de orações subordinadas adverbiais concessivas: e que fosse ele, minha atitude seria a mesma.

que[15] *conj.subord.consec.* Usada no início de orações subordinadas adverbiais consecutivas: tanto chorou, que ficou com os olhos vermelhos.

que[16] *conj.subord.comp.* Usada no início de orações subordinadas adverbiais comparativas: mais que ele ninguém sabe.

quê[1] *s.m.* 1. Alguma coisa, qualquer coisa: tinha um quê de estrangeiro. 2. Dificuldade; complicação: este negócio tem seus quês.

quê[2] *interj.* Termo que exprime espanto, indignação, incredulidade.

quê[3] *pron.inter.* Usado em fim de frase: fiz, não sei por quê.

quê[4] *pron.rel.* Usado em fim de frase: reclamava, ninguém sabia de quê.

que·bra (é) *s.f.* 1. Ação ou efeito de quebrar. 2. Vinco; dobra. 3. Falência. 4. Interrupção. 5. Perda. 6. Cessação. 7. Infração; transgressão.

que·bra·ca·be·ça *s.m.* 1. *pop.* Aquilo que é complicado. 2. Adivinhação. 3. Jogo que consiste na combinação de peças embaralhadas para formar um todo. *Pl.:* quebra-cabeças.

que·bra·cho *s.m. Bot.* Planta de madeira rica em tanino.

que·bra·da *s.f.* 1. Declive. 2. Depressão de terreno.

que·bra·dei·ra *s.f.* 1. Falta de dinheiro. 2. Cansaço; moleza.

que·bra·do *adj.* 1. Feito em pedaços; partido; fragmentado. 2. Cansado;

que·bra·dos *s.m.pl.* Dinheiro miúdo; moeda divisionária de pequeno valor.

que·bra-luz *s.m.* Peça que resguarda os olhos da luz; abajur. *Pl.:* quebra-luzes.

que·bra-mar *s.m.* Muralha ou construção semelhante com que se opõe resistência ao embate das ondas ou à força das correntes. *Pl.:* quebra-mares.

que·bra-no·zes *s.m.2núm.* Instrumento de metal que se usa para quebrar a casca das nozes.

que·bran·ta·do *adj.* 1. Debilitado; extenuado. 2. Prejudicado.

que·bran·tar *v.t.d.* 1. Quebrar. 2. Bater. 3. Violar; transgredir. 4. Domar; amansar. 5. Debilitar; tirar a energia a. *v.i.* 6. Servir de lenitivo. *v.p.* 7. Esmorecer; tornar-se fraco.

que·bran·to *s.m.* 1. Prostração; fraqueza. 2. Suposto resultado mórbido que o mau-olhado produz.

que·bra-que·bra *s.m.* Briga ou conflito em que há quebra ou depredação de locais e bens públicos ou privados. *Pl.:* quebra-quebras.

que·brar *v.t.d.* 1. Fazer em pedaços; partir. 2. Interromper. 3. Subjugar. 4. Vencer; anular. 5. Torcer. 6. Fazer vinco em. *v.i.* 7. Romper-se. 8. Declarar-se em estado de quebra; falir. 9. Partir-se; rachar-se. 10. Enfraquecer. 11. Empobrecer. *v.t.i.* 12. Embater; bater com ímpeto. *v.p.* 13. Romper-se; partir-se; rachar. 14. Embater, diminuindo de força (falando das ondas).

que·da (é) *s.f.* 1. Ação ou efeito de cair. 2. Deposição do poder. 3. Perda de influência. 4. Decadência; ruína. 5. abatido; alquebrado; lânguido. 3. Arruinado; falido.

Descrédito. 6. Culpa; pecado; erro; falta. 7. Declive. 8. Inclinação; tendência. 9. Fim; termo.

que·da-d'á·gua *s.f.* Cachoeira; cascata; catarata. *Pl.:* quedas-d'água.

que·dar *v.i.* e *v.p.* 1. Estar quedo; ficar em algum lugar. 2. Deter-se; estacionar; parar. 3. Conservar-se. *v.l.* 4. Manter-se; permanecer.

que·de (é) *adv. coloq. Red.* de que é de; cadê.

que·do (ê) *adj.* 1. Quieto; imóvel; parado; suspenso; sem movimento. 2. Tranquilo; sossegado. 3. Demorado.

que·fa·ze·res *s.m.pl.* 1. Aquilo que há para ser feito. 2. Faina; negócios; ocupações.

que·fir *s.m.* Bebida fermentada, espécie de coalhada de leite de ovelha ou de cabra.

quei·ja·di·nha *s.f. Cul.* Doce feito de coco.

quei·jo *s.m.* Massa de leite coalhado obtida pela fermentação da caseína.

quei·ma *s.f.* 1. Ação ou efeito de queimar(-se). 2. Queimada. 3. Venda de mercadorias a baixo preço; liquidação.

quei·ma·ção *s.f.* 1. Queima. 2. *fig.* Impertinência. 3. Coisa que molesta.

quei·ma·da *s.f.* 1. Queima de mato; lugar onde se queimou mato. 2. Terra calcinada, própria para adubos. 3. Brincadeira infantil com bola.

quei·ma·do *adj.* 1. Incendiado. 2. Ressequido; tostado. 3. Bronzeado pelos raios solares. 4. Zangado; encolerizado. *s.m.* 5. Cheiro ou sabor de comida que esturricou. 6. Certo jogo com bola.

quei·ma·du·ra *s.f.* Ferimento ou lesão produzida pela ação do fogo.

quei·mar *v.t.d.* 1. Destruir pela ação do fogo. 2. Tostar. 3. Bronzear. 4. Tirar o viço a. 5. Vender a baixo preço. 6. Atirar em; balear. 7. Anular. *v.i.* 8. Produzir queimaduras. 9. Estar febril. 10. Estar muito quente. *v.p.* 11. Sofrer queimaduras. 12. Crestar-se. 13. Perder o viço, o frescor. 14. *fig.* Melindrar-se; ofender-se.

quei·ma·rou·pa *s.f.* Usado somente na expressão *à queima roupa*. **À queima roupa**: 1. à pouca distância; 2. de modo súbito e brusco; de repente.

quei·mo *s.m.* Sabor picante, acre; queimor.

quei·mor *s.m.* 1. Queimo. 2. Grande calor.

quei·xa (ch) *s.f.* 1. Ato ou efeito de se queixar. 2. Ofensa; injúria; agravo. 3. Descontentamento. 4. Exposição ou denúncia, à autoridade, de ofensas recebidas, de danos sofridos.

quei·xa·da (ch) *s.f.* 1. Maxila. *epiceno Zool.* 2. Espécie de porco-do-mato, também chamado impropriamente caititu.

quei·xar (ch) *v.p.* 1. Fazer queixa de (pessoa ou coisa). 2. Lastimar-se; lamentar-se; manifestar dor. 3. Mostrar-se ofendido. 4. Formular queixa ante a autoridade.

quei·xo (ch) *s.m.* 1. Maxila dos vertebrados. 2. *Anat.* Nome que se dá especialmente à mandíbula.

quei·xo·so (ch, ô) *adj.* e *s.m.* 1. Que ou o que se queixa. *s.m.* 2. Aquele que faz reclamações em juízo contra o ofensor; o ofendido querelante. *Pl.*: queixosos (ó).

quei·xu·do (ch) *adj.* Que tem o queixo grande, proeminente.

quei·xu·me (ch) *s.m.* Queixa; lamento; lamentação; gemido.

que·jan·do *adj.* 1. Da mesma natureza ou qualidade. 2. Semelhante a outrem. 3. Que tal.

que·lô·ni:o *s.m.* 1. Espécime dos quelônios, ordem de répteis que inclui as tartarugas e os cágados. *adj.* 2. Relativo aos quelônios.

quem *pron.rel.* 1. A pessoa ou as pessoas que ou a quem ou de quem. *pron.inter.* 2. Que pessoa, que pessoas.

quen·ga *s.f.* 1. Quengo. 2. Meretriz. 3. Coisa imprestável.

quen·go *s.m.* 1. Vasilha feita de metade do endocarpo do coco; quenga. 2. Inteligência; talento. 3. Indivíduo espertalhão.

que·ni·a·no *adj.* 1. Relativo ao Quênia (África). *s.m.* 2. O natural ou habitante desse país.

quen·tão *s.m.* Aguardente fervida com gengibre, canela, etc.

quen·te *adj.2gên.* 1. Em que há calor. 2. Que recebeu ou transmite calor. 3. De elevada temperatura. 4. Queimoso; cálido. 5. Entusiástico; de muito sentimento. *s.m.* 6. Lugar quente; a cama.

quen·ti·nha *s.f.* 1. Embalagem, geralmente de alumínio ou isopor, para transportar comida comprada pronta, ou sobras de uma refeição. 2. A comida que se transporta nessa embalagem.

que·pe (é) *s.m.* Boné de viseira horizontal.

quer *conj.coord.altern.* Ou: quer queira, quer não. *loc.conj.* **Onde quer que**. *loc.pron.* **O que quer que**.

que·re·la (é) *s.f.* 1. Acusação criminal apresentada em juízo contra alguém. 2. Pendência; questão. 3. Discussão; contestação; debate.

que·re·lan·te *adj.2gên.* e *s.2gên.* Que ou pessoa que querela.

que·re·lar *v.t.i.* 1. Promover querela contra. 2. Apresentar acusações criminais em juízo. *v.p.* 3. Queixar-se; lastimar-se.

que·re·na (ê) *s.f. Náut.* 1. Parte do navio que fica mergulhada na água. *pop.* 2. Direção; rumo.

que·ren·ça *s.f.* 1. Ação ou efeito de querer. 2. Vontade boa ou má para com alguém. 3. Afeição.

que·rên·ci·a *s.f.* 1. Lugar ou paradeiro onde habitualmente o gado pasta ou onde foi criado. 2. Lugar onde alguém nasceu ou mora; pago(5).

que·rer *v.t.d.* 1. Ter a intenção ou a vontade de; tencionar. 2. Condescender em. 3. Dispor-se a. 4. Exigir; ordenar. 5. Apetecer. 6. Ser de opinião, julgar, acreditar. 7. Pedir como preço. *v.t.i.* 8. Ter afeição; gostar de. *v.i.* 9. Manifestar ou exprimir a própria vontade. *s.m.* 10. Ato de querer; desejo; vontade; intenção. 11. Afeto.★

que·ri·do *adj.* 1. Amado. 2. A que se deseja bem. 3. Caro; prezado. 4. A que ou a quem se quer muito. *s.m.* 5. Indivíduo querido.

quer·mes·se (é) *s.f.* Festa em geral de caráter beneficente, em que se realizam rifas e leilões de prendas, promovem-se jogos diversos, vendem-se bebidas e guloseimas, etc.

que·ro·se·ne (ê) *s.m.* Um dos produtos derivados da refinação do petróleo; óleo de nafta.

que·ru·bim *s.m.* 1. *Teol.* Anjo da primeira hierarquia. 2. Anjo. 3. *fig.* Criança muito bonita.

que·si·to *s.m.* 1. Ponto a que se tem de responder. 2. Questão sobre que se pede a opinião ou juízo de alguém. 3. Requisito.

ques·tão *s.f.* 1. Pergunta. 2. Tese; assunto. 3. Contenda; discussão; pendência. 4. Conflito; discórdia. 5. Negócio.

ques·ti·o·nar *v.t.i.* 1. Fazer questão sobre. 2. Discutir; controverter. 3. Discutir. *v.t.d.* 4. Contestar em juízo.

ques·ti·o·ná·ri·o *s.m.* Coleção ou compilação metódica de questões ou perguntas; interrogatório.

ques·ti·o·ná·vel *adj.2gên.* 1. Que se pode questionar. 2. Duvidoso; discutível; problemático.

ques·ti·ún·cu·la *s.f.* 1. Pequena questão. 2. Discussão sem importância.

qui·ál·te·ra *s.f. Mús.* Figura que consiste na inserção ou supressão de uma ou mais notas em cada tempo do compasso.

qui·a·bo *s.m. Bot.* Fruto do quiabeiro, cônico, verde e peludo; quingombô.

qui·be *s.m. Cul.* Iguaria de origem síria que se prepara com carne moída, trigo, folhas de hortelã, etc. e pode ser comida crua, assada ou frita.

qui·be·be (é) *s.m. Cul.* Iguaria que se prepara com abóbora; papa de abóbora.

qui·çá *adv.* Talvez; porventura; quem sabe.

qui·car *v.t.d.* e *v.i.* 1. Bater a bola, ou algo elástico como ela, contra uma superfície a fim de que ela retorne de onde partiu. *v.i.* 2. *fig.* Ficar com raiva; zangar-se.

quí·chu·a *s.2gên.* 1. Indivíduo dos quíchuas, indígenas do Peru. *s.m.* 2. Idioma dos quíchuas. *adj.2gên.* 3. Relativo aos quíchuas.

quí·ci·o *s.m.* Gonzo de porta.

qui·e·ta·ção *s.f.* 1. Ação ou efeito de quietar(-se). 2. Repouso; sossego; tranquilidade.

qui·e·tar *v.t.d.* 1. Fazer estar quieto; tranquilizar. *v.i.* e *v.p.* 2. Ficar quieto; aquietar-se.

qui·e·tis·mo *s.m.* 1. Doutrina mística que considera a anulação da vontade e a completa indiferença da alma como meio eficaz para o aperfeiçoamento moral. 2. Contemplação inativa, sem obras exteriores. 3. Imobilidade; indiferença; apatia.

qui·e·to (é) *adj.* 1. Que não se mexe; imóvel. 2. Tranquilo; sossegado. 3. Sereno; plácido. 4. Pacífico.

qui·e·tu·de *s.f.* 1. Qualidade de quieto. 2. Tranquilidade do espírito. 3. Sossego; paz; quietação.

qui·la·te *s.m.* 1. Máxima perfeição e pureza do ouro e das pedras preciosas. 2. Peso equivalente a 199 miligramas. 3. *fig.* Excelência; perfeição. 4. Mérito; predicado.

qui·lha *s.f. Náut.* Peça que se estende da proa à popa, na parte inferior; costado do navio.

qui·lo¹ *s.m. Metrol.* Forma reduzida de quilograma.

qui·lo² *s.m. Fisiol.* Líquido esbranquiçado a que ficam reduzidos os alimentos na última fase da digestão.

qui·lo·gra·ma *s.m. Metrol.* Unidade de massa equivalente a 1.000 gramas (símbolo kg, sem ponto nem *s* para indicar plural).

qui·lo·grâ·me·tro *s.m. Metrol.* Unidade de medida de trabalho equivalente à força necessária para erguer um quilograma de um metro, em um segundo (símbolo kgfm).

qui·lo·hertz (quilorrérts) *s.m.2núm. Fís., Metrol.* Unidade de medida de frequência equivalente a 1.000 hertz (símbolo kHz).

qui·lo·li·tro *s.m. Metrol.* Unidade de capacidade que equivale a 1.000 litros (símbolo kl).

qui·lom·bo *s.m. Hist.* Esconderijo, aldeia, cidade ou conjunto de povoações em que se abrigavam escravos fugidos.

qui·lom·bo·la (ó) *s.2gên.* Escravo refugiado em quilombo.

qui·lo·me·tra·gem *s.f.* 1. Ato ou efeito de quilometrar. 2. Distância em quilômetros.

qui·lo·me·trar *v.t.d.* 1. Medir em quilômetros. 2. Marcar os quilômetros de.

qui·lô·me·tro *s.m. Metrol.* Medida itinerária equivalente a 1.000 metros (símbolo km, sem ponto nem *s* para indicar plural).

qui·lo·watt (quilouót) *s.m. Fís., Metrol.* Unidade de potência equivalente a 1.000 watts (símbolo kW). *Pl.:* quilowatts.

qui·lo·watt-ho·ra (quilouótihora) *s.m. Fís., Metrol.* Unidade de energia usada para designar o consumo nas instalações elétricas (símbolo kWh). *Pl.:* quilowatts-horas ou quilowatts-hora.

quim·ban·da *s.m.* 1. Grão-mestre do culto banto. *s.f.* 2. Processo ritual de macumba. 3. Lugar onde se realizam macumbas.

quim·bun·do *s.m.* 1. Indivíduo dos quimbundos, negros bantos de Angola. 2. A língua dos quimbundos; bundo. *adj.* 3. Relativo aos quimbundos.

qui·me·ra (é) *s.f.* 1. *Mit.* Monstro com cabeça de leão, corpo de cabra e cauda de dragão. 2. *fig.* Produto de imaginação; absurdo; utopia. 3. Esperança irrealizável.

qui·mé·ri·co *adj.* 1. Em que há quimera. 2. Fantástico; utópico. 3. Impossível de realizar.

qui·mi·a·tri·a *s.f.* Sistema terapêutico que defende a utilização de agentes químicos.

quí·mi·ca *s.f.* Ciência que estuda a natureza e as propriedades da matéria e das leis que regem suas transformações básicas.

quí·mi·co *adj.* 1. Que se refere ou pertence à química. 2. Obtido por meio da química. *s.m.* 3. Especialista em química.

qui·mi·fi·ca·ção *s.f. Fisiol.* Elaboração do quimo.

qui·mi·fi·car *v.t.d. Fisiol.* Converter em quimo.

qui·mo *s.m. Fisiol.* Pasta a que se reduzem os alimentos, depois de haverem recebido no estômago a primeira elaboração.

qui·mo·no (ô) *s.m.* 1. Vestimenta, espécie de roupão, usado por homens e mulheres, no Japão. 2. Vestuário feminino sem costura na cava das mangas, semelhante ao quimono japonês.

qui·na[1] *s.f.* 1. Série de cinco cartas de jogar. 2. Carta, dado ou pedra de dominó com cinco pontos. 3. Série horizontal de cinco números, no jogo do loto.

quina[2] *s.f.* Esquina; ângulo; aresta.

quina[3] *s.f.* 1. *Bot.* Nome comum a várias plantas arborescentes de casca medicinal. 2. *Bot.* A casca dessas plantas. 3. *Quím.* Sulfato que se extrai dessas plantas; quinino.

qui·nau *s.m.* Ato ou efeito de corrigir; corretivo. *Dar quinau*: mostrar que alguém errou; corrigir.

quin·cun·ce *s.m.* 1. Grupo de cinco, formando quatro um quadrado e ficando um no centro. 2. Disposição de árvores em quincunce.

quin·de·cá·go·no *s.m. Geom.* Polígono de quinze lados.

quin·dê·ni:o *s.m.* 1. Porção de quinze. 2. Quinzena, quinquênio.

quin·dim *s.m.* 1. Graça; encanto; meiguice. 2. *Cul.* Doce que se faz com gema de ovo, coco e açúcar.

quin·gen·té·si·mo (qüin) *num.* 1. Ordinal e fracionário correspondente a quinhentos. *s.m.* 2. A quingentésima parte.

quin·gom·bô *s.m.* Quiabo.

qui·nhão *s.m.* 1. A parte que cabe a cada um proveniente da repartição ou divisão de um todo; partilha. 2. Porção; parte adquirida de um todo; parcela. 3. Sorte; destino.

qui·nhen·tis·mo *s.m.* Estilo, gosto, expressão ou escola dos quinhentistas.

qui·nhen·tis·ta *adj.2gên.* 1. Relativo ao quinhentismo. *s.2gên.* 2. Escritor ou artista que viveu no quinhentos.

qui·nhen·tos *num.* 1. Cardinal equivalente a cinco centenas. 2. Diz-se do quingentésimo elemento de uma série. *s.m.* 3. O que ocupa o último lugar numa série de quinhentos. 4. O século XVI (do ano 1501 ao 1600).

qui·nho·ei·ro *s.m.* Aquele que recebeu ou tem quinhão; sócio.

qui·ni·na *s.f. Quím.* Alcaloide extraído da casca da quina.

qui·ni·no *s.m.* Sulfato de quinina.

quin·qua·ge·ná·ri:o (qüin) *adj.* e *s.m.* Que ou aquele que está na casa dos cinquenta anos; cinquentão.

quinquagésima

quin·qua·gé·si·ma (qüin) *s.f.* Espaço de cinquenta dias.

quin·qua·gé·si·mo (qüin) *num.* 1. Ordinal e fracionário correspondente a cinquenta. *s.m.* 2. O que ocupa o último lugar numa série de cinquenta. 3. A quinquagésima parte.

quin·que·an·gu·lar (qüin) (qüe) *adj.2gên.* De cinco ângulos.

quin·que·nal (qüin) (qüe) *adj.2gên.* 1. Que dura cinco anos. 2. Que sucede ou se realiza de cinco em cinco anos.

quin·quê·ni·o (qüin) (qüe) *s.m.* Espaço de cinco anos.

quin·qui·lha·ri·as *s.f.pl.* 1. Brinquedos de crianças. 2. Bagatelas. 3. Pequenos objetos de adorno.

quin·ta *s.f.* 1. Propriedade rural, com casa de habitação. 2. Terra de semeadura. 3. *Mús.* Intervalo de cinco notas. 3. Forma reduzida de quinta-feira.

quin·ta-co·lu·na *s.2gên.* e *s.f.* Pessoa ou grupo que colabora secretamente com o inimigo num país em guerra. *Pl.:* quintas-colunas.

quin·ta·es·sên·ci·a *s.f.* 1. Extrato levado à última apuração. 2. A parte mais pura; requinte. 3. Auge; o mais alto grau. *Var.:* quintessência. *Pl.:* quinta-essências.

quin·ta-fei·ra *s.f.* Quinto dia da semana começada no domingo. *Pl.:* quintas-feiras.

quin·tal[1] *s.m.* 1. Pequena quinta. 2. Pequeno terreno, algumas vezes com jardim, ao lado ou atrás da casa de habitação.

quin·tal[2] *s.m. Metrol.* Peso antigo equivalente a quatro arrobas.

quin·tar *v.t.d.* 1. Repartir por cinco. 2. Tirar a quinta parte de um todo.

quiosque

quin·te·to (ê) *s.m.* 1. *Poes.* Quintilha. 2. *Mús.* Composição para cinco instrumentos ou vozes. 3. O conjunto de cinco instrumentos ou vozes.

quin·ti·lha *s.f. Lit.* Estrofe de cinco versos, geralmente em redondilha maior; quinteto.

quin·ti·lhão *num.* e *s.m.* Cardinal e equivalente a mil quatrilhões.

quin·to *num.* 1. Ordinal e fracionário correspondente a cinco. *s.m.* 2. A quinta parte. 3. O que ocupa o último lugar numa série de cinco. 4. Lugar muito afastado.

quin·tos *s.m.pl. pop.* O inferno; a parte mais tenebrosa do inferno.

quin·tu·pli·ca·ção *s.f.* Ação ou efeito de quintuplicar(-se).

quin·tu·pli·car *v.t.d.* 1. Multiplicar por cinco. 2. Tornar cinco vezes maior. *v.p.* 3. Tornar-se cinco vezes maior.

quín·tu·plo *num.* 1. Multiplicativo de cinco. *s.m.* 2. Quantidade cinco vezes maior que outra. *adj.* 3. Cinco vezes maior.

quin·ze *num.* 1. Cardinal correspondente a uma dezena mais cinco unidades. 2. Diz-se do décimo quinto elemento de uma série. *s.m.* 3. Coisa ou pessoa que numa série de quinze ocupa o último lugar.

quin·ze·na (ê) *s.f.* 1. Espaço de quinze dias. 2. Retribuição do trabalho de quinze dias.

quin·ze·nal *adj.2gên.* 1. Concernente a quinzena. 2. Que aparece ou se faz de quinze em quinze dias.

quin·ze·ná·ri·o *s.m.* Periódico quinzenal.

qui·os·que (ó) *s.m.* Pequena construção, espécie de pavilhão situado em jardins, praças, etc., onde se vendem jornais, cigarros, bebidas, doces, etc.

qui·pro·quó (qüi) *s.m.* 1. Engano, confusão que consiste em se tomar uma coisa por outra; equívoco. 2. Piada resultante de um equívoco.

qui·re·ra (é) *s.f.* 1. Parte grossa de substância pulverizada que não passa pelas malhas comuns da peneira. 2. Milho quebrado com que se alimentam pintos e pássaros.

qui·re·ras (é) *s.f.pl.* Pequena quantia; dinheiro miúdo.

qui·ro·gra·fá·ri·o *adj. Jur.* Diz-se de atos e contratos destituídos de qualquer privilégio ou preferência.

qui·ro·man·ci·a *s.f.* Adivinhação pelo exame das linhas da palma da mão.

qui·ro·man·te *s.2gên.* Pessoa que pratica a quiromancia.

qui·róp·te·ro *s.m.* Espécime dos quirópteros, ordem de mamíferos que inclui os morcegos.

quis·to *s.m.* Tumor formado por um saco membranoso contendo secreção que não se escoa; cisto.

qui·ta·ção *s.f.* Ação ou efeito de quitar; recibo.

qui·tan·da *s.f.* Estabelecimento onde se vendem hortaliças, legumes, frutas, ovos, etc.

qui·tan·dei·ro *s.m.* Dono ou empregado de quitanda.

qui·tar *v.t.d.* 1. Perdoar; desobrigar de dívidas; tornar quite. *v.t.i.* 2. Ser dispensado de fazer alguma coisa. 3. Não ter necessidade de praticar certo ato. 4. Livrar-se. *Part.:* quitado e quito.

qui·te *adj.2gên.* 1. Que saldou as suas contas; livre de dívida. 2. Livre; desembaraçado.

qui·ti·ne·te (é) *s.f.* 1. Cozinha diminuta comum nos apartamentos de sala e dormitório ou conjugados. 2. *por ext.* O apartamento desse tipo.

qui·tu·te *s.m.* Iguaria delicada.

qui:u:í *s.m.* 1. *Bot.* Planta trepadeira, nativa da Ásia, muito cultivada por seus frutos. 2. *Bot.* Fruto dessa planta, de formato oval, polpa verde, suculenta, ligeiramente ácida, com pequenas sementes pretas. 3. *Zool.* Ave nativa da Nova Zelândia, de tamanho próximo ao de uma galinha, plumagem fofa, semelhante a pelos, bico longo e fino, asas atrofiadas.

qui·xo·ta·da (ch) *s.f.* 1. Ação ou dito de fanfarrão. 2. Bazófia ridícula; bravata; jactância; quixotice.

qui·xo·te (ch, ó) *s.m.* 1. Aquele que se mete em questões que não lhe dizem respeito e com isso geralmente se dá mal. 2. Indivíduo ingênuo, romântico, sonhador.

qui·xo·tes·co (ch, ê) *adj.* 1. Concernente a quixotada. 2. Ridiculamente pretensioso.

qui·xo·ti·ce (ch, ê) *s.f.* Quixotada.

qui·zi·la *s.f.* 1. Inimizade ou desinteligência. 2. Antipatia; repugnância. *Var.:* quizília.

qui·zí·li·a *s.f.* Quizila.

quo·ci·en·te *s.m. Mat.* Resultado da divisão; número que indica quantas vezes o divisor se contém no dividendo. *Var.:* cociente.

quó·rum *s.m.* Número de membros necessários para que uma assembleia possa funcionar.

quo·ta (ó) *s.f.* Cota.

quo·ti·di·a·no *adj.* Cotidiano.

quo·ti·zar *v.t.d.* e *v.p.* Cotizar.

R r

r *s.m.* 1. Décima oitava letra do alfabeto. *num.* 2. O décimo oitavo numa série indicada por letras.

rã *s.f. epiceno Zool.* Gênero de anfíbios anuros que vivem na água e nos lugares pantanosos.

ra·ba·da *s.f.* 1. A parte posterior do corpo de mamíferos, peixes e aves. 2. Rabo de boi, de porco ou de vitela, sem pele nem pelos, com que se prepara o prato culinário com o mesmo nome. 3. *fig.* Os últimos a chegar, numa corrida. 4. Pancada com o rabo ou cauda.

ra·ba·di·lha *s.f. Zool.* Parte de trás do corpo de certos mamíferos, peixes, aves, etc., de onde se prolonga o rabo ou cauda.

ra·ba·na·da[1] *s.f.* 1. Pancada com o rabo ou cauda. 2. Rajada de vento.

ra·ba·na·da[2] *s.f. Cul.* Fatia de pão embebida em leite, ovos, etc., e depois frita em manteiga, azeite ou banha.

ra·ba·ne·te (ê) *s.m. Bot.* Variedade de rábano de raiz curta e carnosa.

rá·ba·no *s.m. Bot.* 1. Nome comum a várias plantas hortenses. 2. A raiz carnosa e comestível dessas plantas.

ra·baz *adj.2gên.* Que arrebata; que tira violentamente; rapace.

ra·be·ar *v.i.* 1. Agitar o rabo ou a cauda. 2. Mexer-se; estar inquieto ou incomodado; não parar. 3. Rebolar(-se); saracotear-se. 4. Irritar-se. 5. Olhar de soslaio, de esguelha. 6. *pop.* Derrapar nas rodas traseiras (automóvel).

ra·be·ca (é) *s.f. Mús.* Violino rústico.

ra·be·cão *s.m.* 1. *Mús.* Instrumento de feitio do violino, porém muito maior; contrabaixo. 2. Nome que se dá ao carro usado no transporte de cadáveres recolhidos de vias públicas.

ra·bei·ra *s.f.* 1. Rasto; pegada. 2. Cauda de vestido. 3. A parte traseira de um veículo. 4. O último lugar.

ra·bi *s.m.* Rabino; mestre.

ra·bi·ça *s.f.* Braço do arado, que o lavrador empunha.

ra·bi·cho *s.m.* 1. Trança de cabelo pendente na nuca. 2. Parte dos arreios das cavalgaduras que passa por baixo da cauda e se prende à sela. 3. *pop.* Amor; paixão; namoro.

ra·bi·có *adj.2gên.* Animal sem rabo ou que tem apenas o coto do rabo.

rá·bi·do *adj.* Que tem raiva; furioso.

ra·bi·no *s.m.* 1. Ministro do culto judaico. 2. Doutor da lei judaica. 3. Sacerdote judaico; rabi.

ra·bi·o·la (ó) *s.f.* Rabo de papagaio de papel.

ra·bis·car *v.t.d.* 1. Encher de rabiscos ou garatujas. 2. Escrever à pressa; escrevinhar. *v.i.* 3. Fazer rabiscos, garatujas. 4. Escrever mal.

ra·bis·co *s.m.* Garatuja; traço malfeito.

ra·bis·cos *s.m.pl.* 1. Letras malfeitas. 2. Desenho maltraçado.

ra·bo *s.m.* 1. Prolongamento da coluna vertebral de vários animais. 2. Parte saliente de certos utensílios pela qual são segurados com a mão; cabo. 3. *pop.* Traseiro; nádegas.

ra·bo de ar·rai·a *s.m.* Golpe de capoeira, em que o lutador gira o corpo, podendo se apoiar sobre uma ou duas mãos, a fim de atingir o adversário com uma das pernas esticada. *Pl.:* rabos de arraia.

ra·bo de pa·lha *s.m.* Mancha na reputação; motivo de censura. *Pl.:* rabos de palha.

ra·bo de sai·a *s.m. pop.* Mulher. *Pl.:* rabos de saia.

ra·bu·gem *s.f.* 1. Doença dos animais caninos e suínos, espécie de sarna. 2. *fig.* Mau humor; impertinência.

ra·bu·gen·to *adj.* 1. Atacado de rabugem (animal). 2. *fig.* Impertinente; mal-humorado.

ra·bu·gi·ce *s.f.* 1. Qualidade do que é rabugento, impertinente. 2. Mau humor.

ra·bu·jar *v.i.* 1. Ter rabugice. 2. Ser teimoso e impertinente. *v.t.d.* 3. Proferir entre dentes, com mau humor.

rá·bu·la *s.2gên.* 1. Advogado chicaneiro. 2. Indivíduo que exerce a advocacia sem ser diplomado.

ra·ça *s.f.* 1. Divisão tradicional e arbitrária dos grupos humanos, estabelecida pelo conjunto das características físicas hereditárias. 2. Conjunto dos indivíduos pertencentes a cada um desses grupos. 3. O conjunto dos seres humanos; a humanidade. 4. Cada um dos grupos em que estão divididas algumas espécies animais e cujas características são conservadas através das gerações. 5. Coletividade que se diferencia pela especificidade sociocultural dos indivíduos que a compõem, refletida principalmente na língua, nas religiões e nos costumes; grupo étnico. 6. *fig.* Coragem, determinação, empenho.

ra·ção *s.f.* 1. Porção de alimento calculada para o consumo diário ou para cada refeição de uma pessoa. 2. A porção de substâncias alimentícias, que se dá aos animais diariamente.

ra·ce·mo (ê) *s.m.* 1. Cacho de uvas. 2. *Bot.* Fruto ou flor em forma de cacho de uvas. *Var.:* racimo.

ra·cha *s.f.* Fenda; abertura; greta; rachadura.

ra·cha·do *adj.* Que tem rachas.

ra·cha·du·ra *s.f.* Ação de rachar; racha.

ra·char *v.t.d.* 1. Fender; abrir, afastando as partes de um todo. 2. Dividir no sentido do comprimento; gretar. 3. Dar a alguém metade de (lucros de um negócio). 4. Dividir (uma despesa, etc.) proporcionalmente entre duas ou mais pessoas. *v.i.* e *v.p.* 5. Fender-se.

ra·ci·al *adj.2gên.* 1. Concernente a raça. 2. Próprio da raça.

ra·ci·mo *s.m.* Racemo.

ra·ci·o·ci·nar *v.i.* 1. Fazer uso da razão. 2. Fazer raciocínio. *v.t.i.* 3. Formar um raciocínio. 4. Ponderar; discorrer.

raciocínio

ra·ci·o·cí·ni·o *s.m.* 1. Operação mental com que se deduz ou induz, de uma ou mais premissas, um juízo; faculdade, ato ou maneira de raciocinar. 2. Encadeamento de argumentos. 3. Ponderação; observação. 4. Juízo; razão.

ra·ci·o·nal *adj.2gên.* 1. Dotado da faculdade de raciocinar. 2. Que faz uso dessa faculdade. 3. Que se concebe pela razão. 4. Conforme a razão. *s.m.* 5. O ser que raciocina (por oposição a irracional).

ra·ci·o·na·li·da·de *s.f.* 1. Faculdade de raciocinar. 2. Qualidade do que é racional.

ra·ci·o·na·lis·mo *s.m.* 1. Tendência de observar e compreender a realidade por meio da razão. 2. Doutrina que considera a razão como base do conhecimento, e não os sentidos ou a experiência.

ra·ci·o·na·li·zar *v.t.d.* 1. Tornar racional. 2. Tornar mais eficiente, aperfeiçoar (processos, métodos) para que se evitem perda de tempo e desperdícios. 3. *Mat.* Transformar uma expressão algébrica em outra equivalente sem radicais no denominador; eliminar os radicais de uma equação algébrica.

ra·ci·o·na·men·to *s.m.* Ato ou efeito de racionar.

ra·ci·o·nar *v.t.d.* 1. Distribuir em rações. 2. Dar rações de. 3. Limitar a quantidade de. 4. Distribuir, segundo a necessidade mínima de cada um.

ra·cis·mo *s.m.* 1. Conjunto e crenças que estabelecem hierarquia entre as etnias. 2. Preconceito contra indivíduos pertencentes a uma etnia. 3. *por ext.* Atitude hostil em relação a determinado grupo étnico.

radicação

ra·cis·ta *adj.2gên.* 1. Que se refere ou pertence ao racismo. *s.2gên.* 2. Pessoa partidária do racismo.

ra·dar *s.m.* Aparelho que, pela reflexão de ondas hertzianas ultracurtas, permite determinar com exatidão onde se acham objetos distantes (aviões, navios, etc.).

ra·di:a·ção *s.f.* 1. Ação ou efeito de radiar. 2. *Fís.* Emissão de energia eletromagnética ou corpuscular, ou sua propagação no espaço.

ra·di·a·do *adj.* 1. Disposto em raios ou ramos partindo de um centro comum. 2. *Biol.* Que apresenta simetria radial. 3. *Zool.* Relativo aos radiados. 4. *Bot.* Designativo das flores cujas pétalas formam coroas, como o girassol. *s.m.* 5. *Zool.* Espécime dos radiados.

ra·di·a·dor *s.m.* Aparelho destinado a resfriar a água aquecida em motores de explosão.

ra·di·a·dos *s.m.pl. Zool.* Divisão do reino animal que inclui animais não vertebrados com órgãos dispostos como em volta de um eixo.

ra·di·al *adj.2gên.* 1. Que emite raios. 2. Que se assemelha a um raio. 3. *Anat.* Relativo ao rádio². *s.f.* 4. Rua ou avenida que vai do centro para a periferia urbana.

ra·di:a·lis·ta *s.2gên.* Profissional de rádio e televisão.

ra·di·an·te *adj.2gên.* 1. Fulgurante; que brilha muito. 2. Esplêndido. 3. Cheio de alegria.

ra·di·ar *v.t.d.* 1. Irradiar. 2. Cercar de raios brilhantes. *v.i.* 3. Emitir raios de luz ou calor. 4. Cintilar.

ra·di·á·ri·os *s.m.pl.* Radiados.

ra·di·ca·ção *s.f.* Ação ou efeito de radicar.

922

ra·di·ca·do *adj.* 1. Enraizado. 2. Que se fixou por meio de laços morais.

ra·di·cal *adj.2gên.* 1. Que se refere ou pertence à raiz. 2. Essencial; fundamental. 3. Relativo à base, à origem de qualquer coisa (no sentido próprio e figurado). 4. Completo. 5. Partidário do radicalismo. *s.m.* 6. *Gram.* Elemento estrutural da palavra: é o que sobra desta quando se eliminam a vogal temática ou as terminações (em vender o radical é vend-; em terra, é terr-). 7. *Mat.* Sinal que se coloca antes das quantidades a que se deve extrair uma raiz. 8. *Quím.* Corpo que, combinado com outro, entra na composição de um ácido ou de uma base. 9. *Polít.* Indivíduo partidário do radicalismo.

ra·di·ca·lis·mo *s.m.* Sistema político que defende reformas profundas na organização social, sem transições nem contemporizações.

ra·di·ca·li·zar *v.t.d.*, *v.i.* e *v.p.* Tornar (-se) radical; adotar ou propor medidas ou soluções extremas, rígidas.

ra·di·can·do *s.m. Mat.* Número ou expressão algébrica sob o símbolo de um radical.

ra·di·car *v.t.d.* 1. Enraizar. 2. Firmar; infundir; arraigar. *v.p.* 3. Tomar raízes. 4. Arraigar-se; fixar-se por meio de laços morais. 5. Consolidar-se.

ra·di·ci·a·ção *s.f. Mat.* Operação que permite obter a raiz de um número ou expressão.

ra·di·co·so (ô) *adj.* De várias raízes. *Pl.:* radicosos (ó).

ra·dí·cu·la *s.f.* 1. Pequena raiz. 2. *Bot.* Cada um dos filamentos mais delgados em que terminam as raízes; embrião da raiz.

ra·di·cu·lar *adj.2gên.* Que se refere ou pertence a raiz.

rá·di·o¹ *s.m.* 1. Aparelho receptor ou emissor de telegrafia e telefonia sem fio. 2. Aparelho de radiofonia, receptor das ondas hertzianas. 3. Arte radiofônica. 4. O conjunto das estações de rádio. 5. Os que trabalham no rádio.

rá·di·o² *s.m. Anat.* Osso que, com o cúbito, forma o antebraço.

rá·di·o³ *s.m. Quím.* Corpo simples, muito raro, metal dos corpos radioativos, elemento designado pelo símbolo **Ra** e cujo número atômico é 88.

ra·di·o·a·ma·dor *s.m.* Aquele que possui ou opera uma estação particular de rádio.

ra·di·o·a·ti·vi·da·de *s.f.* Propriedade que têm certos elementos (como o rádio, o urânio, etc.) de emitir espontaneamente radiações corpusculares (raios alfa e beta) ou eletromagnéticas (raios gama).

ra·di·o·a·ti·vo *adj.* Que possui radioatividade.

ra·di·o·a·tor *s.m.* Ator de radioteatro ou de radionovela.

ra·di·o·di·fu·são *s.f.* Emissão e transmissão por meio da radiofonia.

ra·di·o·di·fu·so·ra (ô) *s.f.* O mesmo que radioemissora.

ra·di·o·e·co·lo·gi·a *s.f.* Ramo da ecologia que estuda as relações dos organismos vivos com as radiações ou com os elementos radioativos que poluem o meio.

ra·di·o·e·le·tri·ci·da·de *s.f. Fís.* Parte da física que trata das ondas hertzianas e suas aplicações.

ra·di·o·e·mis·so·ra (ô) *s.f.* Estação de transmissões radiofônicas.

ra·di·o·fo·ni·a *s.f.* Transmissão de sons (voz, música, etc.). através das ondas hertzianas.

ra·di·o·fô·ni·co *adj.* 1. Concernente à radiofonia. 2. Próprio do rádio. 3. Que se adapta bem ao rádio (voz, etc.).

ra·di·o·fo·ni·zar *v.t.d.* Adaptar ou escrever para os programas de rádio.

ra·di·o·gra·far *v.t.d.* 1. Observar ou reproduzir por meio de radiografia. 2. Expedir sob a forma de radiograma. 3. Comunicar pela telegrafia sem fios.

ra·di·o·gra·fi·a *s.f.* 1. Estudo dos raios luminosos. 2. Aplicação dos raios X. 3. Fotografia pelos raios X. 4. Prova obtida por meio dos raios X.

ra·di·o·gra·ma *s.m.* Comunicação pela telegrafia sem fio; radiotelegrama; aerograma.

ra·di·o·jor·nal *s.m.* Noticiário radiofônico.

ra·di·o·lo·gi·a *s.f. Fís.* 1. Estudo dos raios luminosos, especialmente dos raios X. 2. Aplicação dos raios X ao diagnóstico das doenças.

ra·di·ô·me·tro *s.m. Fís.* Instrumento com que se mede a intensidade dos raios luminosos.

ra·di·o·no·ve·la (é) *s.f.* Novela radiofônica transmitida em capítulos.

ra·di·o·pa·tru·lha *s.f.* 1. Sistema de patrulhamento feito por meio de viaturas policiais equipadas com rádio, em comunicação constante com uma estação central de controle. 2. Viatura policial com essa característica.

ra·di·os·co·pi·a *s.f. Fís.* e *Med.* Exame por meio dos raios X, aproveitados como fonte luminosa.

ra·di·o·te·a·tro *s.m.* Representação teatral transmitida pelo rádio.

ra·di·o·téc·ni·ca *s.f.* Estudo da produção, transmissão e utilização das ondas eletromagnéticas.

ra·di·o·te·le·fo·ni·a *s.f.* Telefonia sem fios.

ra·di·o·te·le·gra·fi·a *s.f.* Telegrafia sem fios.

ra·di·o·te·le·gra·ma *s.m.* Aerograma; radiograma.

ra·di·o·te·ra·pi·a *s.f. Med.* Tratamento terapêutico pelos raios X ou por meio do rádio.

ra·dô·ni·o *s.m. Quím.* Gás nobre, elemento radioativo de símbolo **Rn** e cujo número atômico é 86.

ra·fei·ro *adj.* 1. Diz-se do cão que serve para a guarda do gado. *s.m.* 2. Cão rafeiro.

rá·fi·a *s.f.* 1. *Bot.* Gênero de palmeiras da África e da América, cujas fibras servem para tecidos e vários artefatos. 2. A fibra dessas palmeiras.

rai·a *s.f.* 1. Linha; traço; risca. 2. A linha do sulco da palma da mão. 3. Fronteira; limite. 4. Confim; termo. 5. Pista de corrida de cavalos. 6. *Desp.* Cada uma das divisões longitudinais, demarcadas com cordas ou boias, com que é dividida uma piscina para fins de competições, aulas ou treinos.

rai·a·do *adj.* Que tem raias ou riscas; estriado.

rai·ar *v.i.* 1. Emitir raios luminosos; brilhar. 2. Começar a aparecer; despontar no horizonte. 3. Surgir; transparecer; manifestar-se. *v.t.d.* 4. Radiar; irradiar. 5. Traçar riscas em; riscar. *v.t.i.* 6. Tocar as raias ou limites; aproximar-se.

ra·i·nha *s.f.* 1. Soberana de um reino. 2. Mulher de rei. 3. A primeira entre outras; a principal. 4. A peça principal,

raio

depois do rei, no jogo de xadrez. 5. Abelha-mestra.

rai·o *s.m.* 1. Cada um dos traços de luz divergentes que parecem partir de qualquer foco luminoso. 2. *Fís.* Descarga elétrica que se manifesta entre duas nuvens, ou entre a Terra e as nuvens; faísca elétrica. 3. Centelha. 4. *Geom.* Segmento de reta que une o centro do círculo a um ponto qualquer da circunferência. 5. *fig.* Aquilo que fulmina, destrói. 6. Fatalidade; desgraça. 7. Sinal; vislumbre; indício. 8. Pessoa turbulenta. **Raio X**: raio eletromagnético de onda muito curta (10-8 a 10-11 cm), de grande poder penetrante; raio Roentgen.

rai·va *s.f.* 1. Doença infecciosa própria dos animais (especialmente do cão), transmissível ao homem; hidrofobia. 2. Acesso violento de ira; fúria; ódio; aversão.

rai·vo·so (ô) *adj.* Furioso; bravio. *Pl.:* raivosos (ó).

ra·iz *s.f.* 1. *Bot.* A parte inferior da planta, por onde esta se fixa ao solo e se nutre. 2. Parte oculta de qualquer coisa. 3. Base; parte inferior. 4. Origem. 5. Prolongamento profundo de certos tumores. 6. *Odont.* Parte inferior do dente que se encrava no alvéolo. 7. *Gram.* Elemento que encerra o significado, como parte básica da estrutura de palavra. 8. *Mat.* Número que elevado ao índice do radical reproduz o radicando.

rai·za·me *s.m.* 1. Conjunto de raízes de uma planta. 2. Porção de raízes; raizada.

ra·ja *s.f.* Raia; estria.

ra·já *s.m.* Príncipe indiano (às vezes é simples título honorífico). *Fem.:* rani, marani.

RAM

ra·ja·da *s.f.* 1. Golpe de vento, forte e de pouca duração. 2. Ímpeto; impulso; rasgo de eloquência. 3. Série ininterrupta de tiros de metralhadora.

ra·ja·do *adj.* 1. Raiado; estriado. 2. Que tem manchas escuras (animal).

ra·jar *v.t.d.* Raiar; estriar; entremear.

ra·la·ção *s.f.* 1. Ação de ralar(-se). 2. Apoquentação.

ra·la·dor *adj.* 1. Que rala. *s.m.* 2. Utensílio de uso doméstico para ralar ou reduzir a migalhas certas substâncias (queijo, legumes, etc.).

ra·lar *v.t.d.* 1. Reduzir a migalhas por meio do ralador. 2. Importunar; afligir; atormentar; amofinar; consumir. *v.p.* 3. Atormentar-se. *v.t.i.* 4. *gír.* Batalhar; lutar; esforçar-se.

ra·lé *s.f.* Camada inferior da sociedade; poviléu; escória social; gentalha.

ra·li (í) *s.m.* Competição automobilística (ou de motocicleta), destinada a comprovar a habilidade do piloto e/ou a qualidade do veículo.

ra·lha·ção *s.f.* Ação ou efeito de ralhar.

ra·lhar *v.i.* 1. Repreender energicamente, em voz alta. 2. Desabafar a cólera com repreensões e ameaças. *v.t.i.* 3. Repreender; admoestar; zangar-se.

ra·lho *s.m.* 1. Ato de ralhar. 2. Discussão acalorada.

ra·lo *adj.* 1. Espesso. 2. Raro. 3. Pouco denso; pouco compacto. *s.m.* 4. Fundo da peneira, da joeira, do crivo, etc. 5. Lâmina, crivada de orifícios, por onde se escoa água e outros líquidos.

RAM *Inform.* Sigla da expressão inglesa *Random Access Memory*; dispositivo de memória temporária com acesso aleatório, onde ficam armazenados, provisoriamente, dados e programas que estão sendo utilizados.

rama

ra·ma *s.f.* Conjunto dos ramos e folhagens das plantas; ramada; ramagem; folhagem.

ra·ma·da *s.f.* 1. Rama; ramagem. 2. Porção de ramos, dispostos em sebe, para abrigar ou dar sombra.

ra·ma·do *adj.* Que tem rama; ramoso.

ra·ma·gem *s.f.* 1. Rama. 2. Desenho de folhas e flores sobre um tecido.

ra·mal *s.m.* 1. Molho de fios torcidos e entrançados de que se fazem cordas; enfiada. 2. Ramificação.

ra·ma·lhar *v.t.d.* 1. Agitar ou sacudir os ramos de. *v.i.* 2. Sussurrar com o vento (os ramos). 3. Fazer ruído, agitando-se (os ramos das árvores).

ra·ma·lhe·te (ê) *s.m.* 1. Pequeno molho ou ramo de flores. 2. Pequeno ramo. 3. Conjunto de coisas delicadas ou de valor.

ra·mei·ra *s.f.* Meretriz; prostituta. *V. romeira.*

ra·mer·rão *s.m.* 1. Som monótono e continuado. 2. Repetição fastidiosa. 3. Rotina; uso constante.

ra·mi *s.m. Bot.* Planta têxtil.

ra·mi·fi·ca·ção *s.f.* 1. Ação ou efeito de ramificar-se. 2. Cada um dos ramos que partem do caule. 3. O conjunto desses ramos. 4. *fig.* Propagação; difusão.

ra·mi·fi·car *v.t.d.* 1. Dividir em ramos. 2. Dividir; subdividir. *v.p.* 3. Dividir-se em ramos. 4. Propagar-se.

ra·mo *s.m.* 1. *Bot.* Cada uma das divisões e subdivisões de um caule. 2. Molho de folhas ou folhagens. 3. Divisão; ramificação. 4. Seção. 5. Descendência. 6. Especialidade em qualquer atividade.

Ra·mos *s.m.pl.* Festividade religiosa com que se comemora a entrada de Jesus em Jerusalém.

ranheta

ram·pa *s.f.* 1. Ladeira; declive. 2. Plano inclinado; vertente. 3. Palco.

ra·ná·ri:o *s.m.* Lugar onde se criam rãs.

ran·çar *v.i.* Tornar-se rançoso.

ran·chei·ra *s.f.* 1. Dança de origem argentina. 2. A música dessa dança.

ran·cho *s.m.* 1. Grupo de pessoas reunidas para um fim qualquer. 2. Magote de gente. 3. Comida para soldados, presos ou um grupo de pessoas. 4. Casa ou cabana, no campo, para abrigo provisório. 5. Choça nas roças para descanso dos trabalhadores. 6. Casa pobre. 7. Grupo de carnavalescos.

ran·ço *s.m.* 1. Alteração que sofre uma substância gordurosa em contato com o ar. 2. Mofo. 3. *fig.* Caráter antiquado. 4. Velharia. *adj.* 5. Rançoso.

ran·cor *s.m.* Ódio profundo; grande aversão que se oculta; ressentimento; malquerença.

ran·co·ro·so (ô) *adj.* Que tem rancor; odiento. *Pl.:* rancorosos (ó).

ran·ço·so (ô) *adj.* 1. Que tem ranço. 2. Antiquado. 3. Prolixo; enfadonho. *Pl.:* rançosos (ó).

ran·ger *v.i.* 1. Produzir ruído áspero, como o de um objeto duro que roça sobre outro; chiar. *v.t.d.* 2. Mover os dentes, roçando-os uns contra os outros.

ran·gi·do *s.m.* Ato ou efeito de ranger.

ran·gí·fer *s.m. epiceno Zool.* Mamífero ruminante das regiões boreais, semelhante ao veado e também conhecido por *rena*.

ran·go *s.m. gír.* Alimento, comida, refeição.

ra·nhen·to *adj.* Ranhoso.

ra·nhe·ta (ê) *adj.2gên.* 1. Diz-se da pessoa impertinente, rabugenta. *s.2gên.* 2. Pessoa ranheta.

ra·nho *s.m. pop.* Humor mucoso das fossas nasais.

ra·nho·so (ô) *adj.* Que tem ranho. *Pl.:* ranhosos (ó).

ra·nhu·ra *s.f.* 1. Encaixe. 2. Escavação ou entalhe na espessura de uma tábua, etc.

ra·ni *s.f.* Mulher de rajá.

ra·ni·cul·tor (ô) *s.m.* Indivíduo que trabalha com ranicultura.

ra·ni·cul·tu·ra *s.f.* Criação de rãs.

ran·zin·za *adj.2gên.* Diz-se da pessoa impertinente, teimosa; mal-humorada.

ra·pa·ce *adj.2gên.* Que rouba; rapinante.

ra·pa·ci·da·de *s.f.* 1. Qualidade de rapace. 2. Tendência ou hábito de roubar.

ra·pa·do *adj.* 1. Que se rapou; cortado cerce. 2. Que não tem pelos.

ra·pa·du·ra *s.f.* 1. Rapadela. 2. Mel grosso do açúcar, solidificado em forma de tijolos ou ladrilhos pequenos.

ra·pa·gão *s.m. Aum. irreg.* de rapaz; rapaz forte e corpulento. *Fem.:* rapariga.

ra·pa·pé *s.m.* 1. Ato de arrastar o pé ao cumprimentar. 2. Bajulação; salamaleque.

ra·par *v.t.d.* 1. Raspar. 2. Cortar rente. 3. Cortar cerce à navalha o cabelo ou o pelo de.

ra·pa·ri·ga *s.f. Port.* 1. Mulher muito nova; moça. 2. Moça do campo.

ra·paz *s.m.* Homem jovem; moço.

ra·pa·zi·a·da *s.f.* 1. Ajuntamento de rapazes. 2. Ação ou dito de rapaz; ato irrefletido.

ra·pa·zi·nho *s.m.* 1. Menino. 2. *Zool.* Nome comum a várias aves.

ra·pa·zo·la (ó) *s.m.* 1. Rapaz já crescido. 2. Homem que procede como rapaz.

ra·pé *s.m.* Tabaco em pó para cheirar.

ra·pi·dez *s.f.* 1. Qualidade de rápido. 2. Brevidade; velocidade; ligeireza; celeridade.

rá·pi·do *adj.* 1. Ligeiro; veloz; pronto; célere. 2. Que dura pouco; instantâneo. *adv.* 3. Com rapidez. *s.m.* 4. Corrente impetuosa; corredeira. 5. Trem de longo percurso que corre durante o dia e só para em determinadas estações.

ra·pi·na *s.f.* 1. Ação ou efeito de rapinar. 2. Roubo violento.

ra·pi·na·gem *s.f.* 1. Qualidade de rapinante. 2. Hábito de rapinar. 3. Conjunto de roubos.

ra·pi·nan·te *adj.2gên.* e *s.2gên.* Que ou pessoa que tem o hábito de rapinar.

ra·pi·nar *v.t.d.* 1. Roubar ardilosamente ou com violência. *v.i.* 2. Cometer rapinagem.

ra·pi·nei·ro *adj.* De ave de rapina.

ra·po·sa (ô) *s.f.* 1. *Zool.* Mamífero carnívoro canídeo cujo macho é o raposo. 2. A pele desse animal. 3. Pessoa astuta.

ra·po·so (ô) *s.m.* 1. O macho da raposa. 2. Indivíduo manhoso, astuto, matreiro, velhaco.

rap·só·di:a *s.f.* 1. Fragmentos de cantos épicos, cantados pelos rapsodos gregos. 2. Cada um dos livros de Homero. 3. *por ext. Lit.* Trecho de composição poética. 4. *Mús.* Composição que se compõe de vários cantos tradicionais ou populares de um país.

rap·so·do (ô) *s.m.* 1. *ant.* Cantor ambulante de rapsódias. 2. *fig.* Trovador; poeta.

rap·tar *v.t.d.* Cometer o crime de rapto contra; arrebatar.

rap·to *s.m.* 1. Ato de arrebatar alguém, seja seduzindo, seja violentando; sequestro. 2. Roubo. 3. *fig.* Exaltação de espírito; êxtase.

rap·tor *adj.* e *s.m.* Que ou quem rapta.

ra·que *s.f.* 1. *Anat.* Espinha dorsal; coluna vertebral. 2. *Bot.* Eixo central da espiga das gramíneas. 3. *Zool.* Eixo da pena das aves.

ra·que·te (é) *s.f.* 1. Instrumento de madeira, ovoide e guarnecido de cordas de tripa, com que se joga o tênis. 2. Instrumento análogo, mas inteiramente de madeira, com que se joga o tênis de mesa ou pingue-pongue. 3. Instrumento que se adapta aos pés para andar sobre a neve.

ra·qui·a·no *adj. Anat.* Raquidiano.

ra·qui·di·a·no *adj. Anat.* Que se refere ou pertence à espinha dorsal, raque; raquiano.

ra·quí·ti·co *adj.* 1. Que tem raquitismo. 2. Pouco desenvolvido; franzino. *s.m.* 3. Aquele que tem raquitismo. 4. Indivíduo raquítico.

ra·qui·tis·mo *s.m.* 1. *Med.* Perturbação no metabolismo dos ossos em desenvolvimento, seguido geralmente de deformações da espinha dorsal. 2. Acanhamento das faculdades intelectuais. 3. *Bot.* Definhamento ou deformação das plantas.

ra·re·ar *v.t.d.* 1. Tornar raro. *v.i.* 2. Tornar-se raro. 3. Fazer menos denso. 4. Apresentar faltas. 5. Ser ou estar em pequeno número.

ra·re·fa·ção *s.f.* Ação ou efeito de rarefazer(-se).

ra·re·fa·zer *v.t.d.* 1. Rarear. 2. Tornar menos denso ou menos espesso. 3. Dilatar. 4. Desaglomerar. *v.p.* 5. Tornar-se menos denso. 6. Expandir-se; dilatar-se. ★

ra·re·fei·to *adj.* 1. Que se rarefaz. 2. Menos denso.

ra·ri·da·de *s.f.* 1. Qualidade do que é raro. 2. Objeto pouco vulgar. 3. Sucesso raro.

ra·ro *adj.* 1. Que não é denso ou que é pouco denso. 2. Pouco vulgar; de que há pouco; extraordinário; incomum. *adv.* 3. Raramente. *loc.adv.* **Não raro**: frequentemente.

ra·sa *s.f.* 1. *Metrol.* Antiga medida de capacidade. 2. Preço mais baixo.

ra·san·te *adj.2gên.* Que rasa; que vai muito junto e paralelo; junto ao solo.

ra·sar *v.t.d.* 1. Medir com a rasa. 2. Ajustar ou acertar a medida com a rasoura. 3. Tornar raso. 4. Tocar ou roçar levemente. 5. Nivelar; igualar.

ras·can·te *adj.2gên.* 1. Diz-se do vinho que deixa certo travo na garganta. *s.m.* 2. Vinho rascante.

ras·cu·nhar *v.t.d.* Fazer o rascunho de; esboçar.

ras·cu·nho *s.m.* Delineamento de qualquer escrito; esboço; minuta.

ras·ga·do *adj.* 1. Que tem rasgo. 2. Desembaraçado; franco. 3. Liberal; gastador. 4. *fig.* Veemente; excessivo. *s.m.* 5. *Mús.* Toque de viola, em que se arrastam as unhas pelas cordas, sem as pontear.

ras·gar *v.t.d.* 1. Abrir fenda em. 2. Lacerar. 3. Abrir em pedaços. 4. Romper com violência; cortar. 5. Alargar; espaçar. 6. Desfazer; rescindir. *v.i.* 7. Despontar; assomar. 8. Tocar à viola o rasgado. *v.p.* 9. Fender-se; romper-se. 10. Alargar-se; cindir-se.

ras·go *s.m.* 1. Fenda. 2. Ação exemplar; nobre. 3. Rajada de eloquência. 4. *pop.* Desembaraço.

ra·so *adj.* 1. Liso; plano; não acidentado. 2. Rente. 3. Que não tem graduação (falando de militares). 4. De pequena profundidade. *s.m.* 5. Campo; planície; superfície.

ra·sou·ra *s.f.* Tudo o que nivela, arrasando ou desbastando.

ra·sou·rar *v.t.d.* 1. Nivelar com a rasoura. 2. *fig.* Igualar.

ras·pa *s.f.* 1. Pequena lasca; apara; fragmento. 2. Raspadeira.

ras·pa·dei·ra *s.f.* Instrumento que se usa para raspar; raspador; raspa.

ras·pa·dor *adj.* e *s.m.* 1. Que ou o que raspa. *s.m.* 2. Aquele que raspa. 3. Instrumento com que se raspa; raspadeira.

ras·pa·gem *s.f.* Ação ou efeito de raspar.

ras·pan·ça *s.f.* Repreensão; admoestação; descompostura.

ras·pão *s.m.* Escoriação; arranhadura; ferimento ligeiro causado por atrito. *loc. adv.* **De raspão**: roçando; de través.

ras·par *v.t.d.* 1. Desbastar, alisar, apagar, tirar com instrumento próprio. 2. Ferir de raspão; arranhar. 3. Limpar esfregando, friccionando. *v.t.i.* 4. Rapar. 5. Arranhar.

ras·ta·fá·ri *adj.2gên.* e *2núm.* Diz-se do cabelo penteado em trancinhas, e, às vezes, com auxílio de linha.

ras·ta·que·ra (qüe) *s.2gên.* Pessoa exótica, em geral recém-enriquecida.

ras·te·ar *v.t.d.* Seguir o rasto de; perseguir; ir no encalço de. *Pres. indic.:* eu rasteio, nós rasteamos, etc.

ras·tei·ra *s.f.* Cambapé.

ras·tei·ro *adj.* 1. Que se arrasta pelo chão. 2. Que anda de rastos. 3. Que se eleva a pequena altura. 4. Ordinário; desprezível.

ras·te·ja·dor *adj.* e *s.m.* Que ou o que rasteja.

ras·te·jan·te *adj.2gên.* Que rasteja; rastejador; rasteiro.

ras·te·jar *v.t.d.* 1. Seguir o rasto de; rastear; rastrear. 2. Investigar. *v.i.* 3. Andar de rastos. 4. Ter sentimentos mesquinhos, baixos, vis. 5. Rebaixar-se.

ras·te·jo (ê) *s.m.* Ato de rastejar.

ras·te·lar *v.t.d.* Limpar o linho com rastelo.

ras·te·lo (é) *s.m.* 1. Pente de ferro para rastelar o linho, isto é, para lhe tirar a estopa. 2. Grade com dentes de pau ou ferro para aplainar a terra lavrada.

ras·ti·lho *s.m.* 1. Fio coberto de pólvora ou de outra substância, usado para comunicar fogo a alguma coisa. 2. Tubo ou sulco cheio de pólvora para o mesmo fim. 3. *fig.* Aquilo que serve de pretexto para algum ato violento (revolução, greve, etc.).

ras·to *s.m.* Rastro.

ras·tre·a·men·to *s.m.* 1. Ato ou efeito de rastrear. 2. *Astron.* Acompanhamento, por meio de radar, rádio ou fotografia, da trajetória de um satélite, um míssil, um veículo espacial.

ras·tre·ar *v.t.d.* 1. Rastejar. *v.t.d.* 2. Seguir rasto ou pista.

ras·tri·lho *s.m.* Ancinho ou grade cujas pontas espicaçam e limpam o terreno.

ras·tro *s.m.* 1. Vestígio que se deixa no solo ao andar; rasto. 2. Pegada; pista. 3. Sinal; indício.

ra·su·ra *s.f.* Ação ou efeito de rasurar.

ra·su·rar *v.t.d.* Raspar, apagar, riscar letras ou palavras de um texto, para o emendar ou alterar; fazer rasuras em.

ra·ta *s.f.* 1. A fêmea do rato; ratazana. 2. Ato inoportuno ou inconveniente; desazo. 3. Gafe; fiasco; mancada.

ra·ta·plã *s.m.* Onomatopeia do som do tambor.

ra·ta·ri·a *s.f.* Grande quantidade de ratos.

ra·ta·za·na *s.f.* 1. *Zool.* Rata. 2. *Zool.* Espécie de rato grande. 3. Pessoa ridícula, pretensiosa ou divertida. 4. Ladrão ou ladra.

ra·te·ar *v.t.d.* Dividir proporcionalmente.

ra·tei·o *s.m.* Ato ou efeito de ratear.

ra·ti·fi·ca·ção *s.f.* Ação ou efeito de ratificar.

ra·ti·fi·car *v.t.d.* Confirmar; validar; autenticar; comprovar; corroborar. *V. retificar.*

ra·to *s.m.* 1. *Zool.* Mamífero roedor de que há muitas espécies. 2. Larápio; tratante; canalha. 3. Homem desprezível, covarde. 4. Frequentador assíduo de um local.

ra·to·ei·ra *s.f.* 1. Utensílio para apanhar ratos. 2. Cilada; armadilha; ardil.

ra·to·nei·ro *s.m.* 1. Aquele que furta coisas de pouco valor. 2. Larápio; gatuno.

ra·to·ni·ce *s.f.* Furto insignificante.

ra·vi·na *s.f.* 1. Torrente de água que cai de lugar elevado. 2. Sulco formado pela torrente; barranco.

ra·vi·ó·li *s.m. Cul.* Pequenas rodelas de massa de farinha de trigo, com recheio, que se servem com molho e queijo ralado.

ra·zão *s.f.* 1. Faculdade própria do ser humano, por meio da qual ele pode conhecer, julgar, estabelecer, discorrer, etc. 2. Bom senso. 3. Justiça. 4. Causa. 5. Participação. 6. *Mat.* Quociente entre dois números.

ra·zi·a *s.f.* 1. Invasão em território inimigo. 2. Saque. 3. Destruição; devastação; assolação.

ra·zo·ar *v.i.* 1. Arrazoar. *v.t.d.* 2. Defender (uma causa). *v.t.i.* 3. Discorrer.

ra·zo·á·vel *adj.2gên.* 1. De acordo com a razão. 2. Moderado; sensato. 3. Acima de medíocre.

ré[1] *s.f.* Mulher acusada ou criminosa.

ré[2] *s.f.* 1. Parte da embarcação que se estende da popa ao mastro grande; popa. 2. A parte de trás; retaguarda. *Marcha à ré*: movimento para trás.

ré[3] *s.m. Mús.* 1. Segunda nota na escala de dó. 2. O sinal que representa essa nota na pauta.

re·a·bas·te·cer *v.t.d.* 1. Abastecer novamente. 2. Abastecer muito.

re·a·bas·te·ci·men·to *s.m.* Ato ou efeito de reabastecer.

re·a·ber·tu·ra *s.f.* Ação ou efeito de reabrir.

re·a·bi·li·ta·ção *s.f.* 1. Ação de reabilitar (-se). 2. Reaquisição de crédito ou boa fama perante a sociedade.

re·a·bi·li·ta·do *adj.* Que se reabilitou.

re·a·bi·li·tar *v.t.d.* 1. Restituir direitos e prerrogativas. 2. Restituir à estima pública ou de alguém em particular. *v.p.* 3. Readquirir estima, crédito. 4. Regenerar-se.

re·a·bi·tar *v.t.d.* Habitar de novo.

re·a·brir *v.t.d.* 1. Abrir de novo. *v.p.* 2. Tornar a abrir-se.

re·ab·sor·ção *s.f.* Ação ou efeito de reabsorver.

re·ab·sor·ver *v.t.d.* Tornar a absorver.

re·a·ção *s.f.* 1. Ação ou efeito de reagir. 2. Resistência. 3. Nome comum aos sistemas políticos contrários ao progresso social e à liberdade. 4. Partido que adota esse sistema. 5. *Quím.* Processo pelo qual, da ação recíproca entre duas substâncias, se produz uma terceira.

re·a·cen·der *v.t.d.* 1. Acender novamente. 2. Ativar; estimular; desenvolver. 3. Tornar mais ardente. *v.p.* 4. Desenvolver-se. 5. Animar-se. *Part.:* reacendido e reaceso.

re·a·ci·o·ná·ri:o *adj.* 1. Que se refere à reação. 2. Que é contrário ao progresso e à liberdade. 3. Relativo ao partido da reação ou a seu sistema. *s.m.* 4. Indivíduo partidário da reação política ou social.

re·ad·mis·são *s.f.* Ação ou efeito de readmitir.

re·ad·mi·tir *v.t.d.* Admitir novamente.

re·ad·qui·rir *v.t.d.* Tornar a adquirir.

re·a·fir·mar *v.t.d.* Tornar a afirmar.

re·a·gen·te *adj.2gên.* 1. Que reage. *s.m.* 2. Substância que provoca reação.

re·a·gir *v.i.* 1. Exercer reação. 2. Opor uma ação a outra que lhe é contrária. *v.t.i.* 3. Opor-se; resistir; lutar.

re·a·jus·ta·men·to *s.m.* Ato ou efeito de reajustar.

re·a·jus·tar *v.t.d.* 1. Tornar a ajustar. 2. Tornar proporcionais (salário, preços) ao custo de vida.

re·al¹ *adj.2gên.* 1. Que pertence ao rei ou à realeza. 2. Digno ou próprio de rei; régio. 3. Grandioso; magnífico.

re·al² *s.m.* Unidade do sistema monetário do Brasil.

re·al³ *adj.2gên.* 1. Que existe de fato; verdadeiro; que não é ideal; efetivo. 2. Concernente a bens e não a pessoas. *s.m.* 3. Aquilo que é real, verdadeiro.

re·al·çar *v.t.d.* 1. Pôr em lugar mais alto; elevar. 2. Tornar distinto, saliente. 3. Dar mais brilho, mais força, mais valor a. *v.p.* 4. Adquirir realce.

re·al·ce *s.m.* Distinção; relevo; nobreza; esplendor.

re:a·le·grar *v.t.d.* 1. Alegrar de novo. 2. Tornar mais alegre. 3. Readquirir alegria.

re:a·le·jo (ê) *s.m.* Espécie de órgão portátil cujo fole é acionado por meio de manivela.

re:a·len·go *adj.* Real; régio; digno de rei.

re:a·le·za (ê) *s.f.* 1. Dignidade de rei ou rainha. 2. Grandeza; magnificência.

re:a·li·da·de *s.f.* 1. Qualidade do que é real, do que existe de fato. 2. Coisa real.

re:a·lis·mo *s.m.* 1. Qualidade ou estado do que é real. 2. Atitude de quem se prende ao que é real, concreto, não ideal. 3. Representação artística ou literária das cenas da natureza tais como se apresentam na realidade, sob seu aspecto real, belo, feio ou repugnante (opõe-se ao romantismo).

re:a·lis·ta *adj.2gên.* 1. Concernente ao realismo. *adj.2gên.* e *s.2gên.* 2. Diz-se de, ou pessoa partidária do realismo.

re:a·li·za·ção *s.f.* Ação de realizar(-se).

re:a·li·za·do *adj.* 1. Que se realizou; efetuado; executado. 2. Que atingiu a situação almejada.

re:a·li·za·dor *adj.* e *s.m.* Que ou o que realiza.

re:a·li·zar *v.t.d.* 1. Tornar real, efetivo. 2. Pôr em prática. 3. Converter em dinheiro ou em valor monetário. *v.p.* 4. Acontecer; dar-se; efetuar-se. 5. Atingir a posição que almejara.

re·al·men·te *adv.* Na realidade; verdadeiramente; sem dúvida.

re:a·ni·ma·dor *adj.* e *s.m.* Que ou o que reanima.

re:a·ni·mar *v.t.d.* 1. Dar mais ânimo, ou novo ânimo a. 2. Restituir à vida. 3. Fortificar. *v.i.* e *v.p.* 4. Restituir o uso dos sentidos a. 5. Readquirir animação, força, energia.

re:a·pa·re·cer *v.i.* Aparecer de novo.

re:a·pa·re·ci·men·to *s.m.* Reaparição.

re:a·pa·ri·ção *s.f.* Ação ou efeito de reaparecer; reaparecimento.

re:a·pli·car *v.t.d.* Tornar a aplicar.

re:a·pro·vei·tar *v.t.d.* Aproveitar novamente.

re:a·pro·xi·mar (ss) *v.t.d., v.t.d. e i.* e *v.p.* 1. Voltar a aproximar(-se). 2. Restabelecer relações, contato, etc.

re:a·qui·si·ção *s.f.* Ação ou efeito de readquirir.

re:as·su·mir *v.t.d.* 1. Assumir de novo. 2. Readquirir; tomar novamente posse de.

re:as·sun·ção *s.f.* Ato ou efeito de reassumir.

re:a·ta·men·to *s.m.* Ato ou efeito de reatar.

re:a·tar *v.t.d.* 1. Atar de novo. 2. Continuar o que se havia interrompido. 3. Restabelecer.

re:a·ti·var *v.t.d.* e *v.p.* Tornar(-se) novamente ativo.

re:a·ti·vo *adj.* 1. Que reage. *s.m.* 2. *Quím.* Reagente.

re:a·tor *adj.* 1. Que reage. *s.m.* 2. *Fís., Quím.* Equipamento em que se produzem reações.

re·a·ver *v.t.d.* Haver novamente; recuperar; recobrar.★★

re·a·vi·var *v.t.d.* 1. Avivar muito. 2. Tornar bem lembrado. 3. Estimular (a memória).

re·bai·xa·do (ch) *adj.* 1. Que sofreu rebaixa (diz-se do preço). 2. Que se rebaixou. 3. *fig.* Desacreditado; desprezível; infamado.

re·bai·xa·men·to (ch) *s.m.* Ato ou efeito de rebaixar(-se); rebaixo.

re·bai·xar (ch) *v.t.d.* 1. Tornar mais baixo. 2. Fazer diminuir o preço ou valor de. 3. *fig.* Aviltar; deprimir; infamar; humilhar. *v.i.* 4. Abater; tornar-se mais baixo. *v.p.* 5. Sofrer diminuição na altura. 6. *fig.* Aviltar-se; humilhar-se; dar-se à prática de atos indignos.

re·bai·xo (ch) *s.m.* 1. Rebaixamento. 2. Parte rebaixada. 3. Degrau. 4. Depressão. 5. Vão de escada. 6. Encaixe.

re·ba·nho *s.m.* 1. Animais da mesma espécie. 2. Multidão de animais da mesma espécie (ovelhas, cabras, antílopes). 3. *fig.* Ajuntamento de indivíduos que se deixam guiar ao capricho de alguém. 4. Os paroquianos relativamente ao pároco. 5. Os fiéis relativamente à igreja.

re·bar·ba *s.f.* 1. Parte saliente; aresta. 2. Proeminência áspera nas obras de fundição.

re·bar·ba·ti·vo *adj.* Rude; carrancudo; irritante; desagradável.

re·ba·te *s.m.* 1. Ato ou efeito de rebater. 2. Ataque repentino. 3. Ato de chamar ou de dar aviso de acontecimento imprevisto. 4. *fig.* Prenúncio. 5. Palpite; pressentimento; suspeita. 6. Notícia; lembrança.

re·ba·te·dor *adj.* e *s.m.* Que ou o que rebate.

re·ba·ter *v.t.d.* 1. Bater novamente. 2. Repelir; afastar violentamente. 3.

aparar (um golpe). 4. *fig.* Refutar. 5. Reprimir. 6. Conter; combater uma doença. 7. Desmentir.

re·ba·ti·da *s.f.* Ação de rebater; refutação.

re·ba·ti·men·to *s.m.* Ato ou efeito de rebater.

re·be·lar *v.t.d.* 1. Tornar rebelde; revoltar. *v.t.i.* 2. Revoltar-se. *v.p.* 3. Insurgir-se; revoltar-se.

re·bel·de *adj.2gên.* 1. Que se rebela. 2. Que resiste; que não cede a remédios; difícil. *s.2gên.* 3. Revoltoso; desertor.

re·bel·di·a *s.f.* 1. Qualidade ou ato de rebelde. 2. Insurreição. 3. Oposição. 4. Birra.

re·be·li·ão *s.f.* 1. Ação de se rebelar. 2. Motim; revolta; insurreição. 3. Revolta interior.

re·bém (ê) *s.m.* Chicote com que se castigavam os condenados.

re·ben·que *s.m.* Pequeno chicote.

re·ben·ta·ção *s.f.* 1. Ação de rebentar. 2. O quebrar das ondas contra os rochedos ou no dorso dos navios.

re·ben·tar *v.i.* 1. Estourar; explodir. 2. Manifestar-se violentamente; desencadear-se. 3. Lançar rebentos; desabrochar; surgir. *v.t.i.* 4. Estar dominado (de algum sentimento). 5. Estar muito cheio. *v.t.d.* 6. Quebrar com estrondo.

re·ben·to *s.m.* 1. *Bot.* Botão dos vegetais; renovo. 2. *fig.* Produto. 3. *fam.* Filho.

re·bi·ta·men·to *s.m.* Ato de rebitar.

re·bi·tar *v.t.d.* 1. Arrebitar. 2. Unir por meio de rebites.

re·bi·te *s.m.* 1. Parafuso ou prego de duas cabeças que liga chapas de metal. 2. Volta que se dá na ponta do prego para que não saia da madeira.

re·bo·ar *v.i.* Repercutir; fazer eco.

re·bo·bi·nar *v.t.d.* Enrolar de volta na bobina (filme, fita, etc.).

re·bo·ca·dor *s.m.* Embarcação que serve para rebocar navios.

re·bo·car *v.t.d.* 1. Revestir de reboco. 2. Dar reboque a; levar a reboque. 3. Puxar (veículo ou embarcação) com corda, cabo, corrente.

re·bo·co (ô) *s.m.* 1. Argamassa com que se revestem as paredes. 2. Substância com que se reveste o interior de vasos.

re·bo·jo (ô) *s.m.* Redemoinho que se forma nas águas do mar ou dos rios; sorvedouro, voragem.

re·bo·la·do *adj.* 1. Que rebolou. *s.m.* 2. Movimento de quadris; saracoteio.

re·bo·lar *v.t.d.* 1. Menear (os quadris). 2. Saracotear; bambolear. *v.i.* e *v.p.* 3. Saracotear-se; bambolear-se.

re·bo·li·ço *adj.* 1. Que rebola. 2. Que tem aspecto ou forma de rebolo. *V.* **rebuliço**.

re·bo·lo (ô) *s.m.* 1. Pedra de amolar, espécie de pequena mó que gira sobre um eixo próprio. 2. *pop.* Cilindro.

re·bo·o (ô) *s.m.* Ato ou efeito de reboar; estrondo.

re·bo·que (ó) *s.m.* 1. Ato ou efeito de rebocar. 2. Cabo que liga um veículo ao que o reboca. 3. Veículo de tração exercida por meio de outro. 4. Guincho. 5. Reboco.

re·bor·do (ô) *s.m.* Borda revirada ou voltada para fora.

re·bor·do·sa (ó) *s.f.* 1. Repreensão; censura. 2. Doença grave. 3. Reincidência de moléstia. 4. Situação desagradável.

re·bo·ta·lho *s.m.* 1. Resíduos inúteis. 2. Coisa sem valor; refugo; migalha. 3. Ralé. 4. Pessoa miserável, ou de mau caráter.

re·bo·te (ó) *s.m.* 1. Segundo salto da pela ou pelota. 2. *Desp.* no basquetebol, bola que bate na tabela ou no aro da cesta e é disputada debaixo desta.

re·bo·to (ô) *adj.* 1. Sem fio; cego. 2. rude.

re·bri·lhar *v.i.* 1. Brilhar muito; resplandecer. 2. Brilhar novamente.

re·bri·lho *s.m.* Ato de rebrilhar; brilho intenso.

re·bu·ça·do *adj.* 1. Encoberto com rebuço. 2. Dissimulado; disfarçado. *s.m.* 3. *Cul.* Bala, porção de açúcar solidificado ao qual se ajuntam outras substâncias. 4. Aquilo que é dito ou feito com apuro.

re·bu·çar *v.t.d.* e *v.p.* 1. Encobrir(-se), esconder(-se) com rebuço (1). 2. *fig.* Disfarçar(-se), ocultar(-se).

re·bu·ço *s.m.* 1. Parte da capa com que se pode encobrir o rosto; gola; lapela. 2. *fig.* Falta de sinceridade ou fraqueza. 3. Disfarce; dissimulação.

re·bu·li·ço *s.m.* 1. Movimento desordenado de muita gente reunida. 2. Grande ruído; bulha. 3. Agitação; desordem. *V.* **reboliço**.

re·bus·ca·do *adj.* 1. Que se tornou a buscar, que se rebuscou. 2. *fig.* Apurado com esmero. 3. Empolado; pretensioso.

re·bus·car *v.t.d.* 1. Buscar novamente. 2. Buscar ou pesquisar minuciosamente. 3. Enfeitar excessivamente. 4. Requintar.

re·ca·dei·ro *adj.* 1. Concernente a recados. *adj.* e *s.m.* 2. Que ou quem leva e traz recados. 3. Que ou quem faz pequenas compras de encomendas para outrem.

re·ca·dis·ta *s.2gên.* Pessoa que leva e traz recados.

re·ca·do *s.m.* 1. Participação, aviso, geralmente verbal. *s.m.pl.* 3. Lembranças; cumprimentos. 3. *fam.* Repreensão.

re·ca·í·da *s.f.* 1. Ação ou efeito de recair. 2. Reincidência. 3. *Med.* Reaparecimento dos sintomas de uma doença, antes de totalmente curado o doente.

re·ca·ir *v.i.* 1. Cair novamente. 2. Voltar a estado ou posição anterior, de que se havia saído. *v.t.i.* 3. Reincidir; tornar a cair (em culpa ou erro). 4. Ser de novo atacado de uma doença que parecia curada.

re·cal·ca·do *adj.* 1. Calcado muitas vezes. 2. Repisado; repetido. 3. Que sofre de recalques.

re·cal·ca·men·to *s.m.* Ato ou efeito de recalcar; recalque.

re·cal·car *v.t.d.* 1. Calcar de novo. 2. Calcar muitas vezes; repisar. 3. Reprimir; refrear; não deixar que se expanda.

re·cal·ci·tran·te *adj.2gên.* 1. Que recalcitra. 2. Teimoso; obstinado. 3. Desobediente.

re·cal·ci·trar *v.i.* 1. Não obedecer. 2. Resistir; não ceder. 3. Teimar; obstinar-se. 4. Insurgir-se. *v.t.i.* 5. Resistir obstinadamente. 6. Desobedecer.

re·cal·que *s.m.* 1. Ato de recalcar; recalcamento. 2. *Psican.* Processo psíquico de repressão de uma tendência ou desejo.

re·ca·mar *v.t.d.* 1. Fazer bordado a relevo. 2. Enfeitar; bordar. 3. Cobrir; revestir. *v.p.* 4. Forrar-se.

re·câ·ma·ra *s.f.* Câmara interior; recanto.

re·cam·bi·ar *v.t.d.* Devolver, fazer que volte ao lugar de origem; reenviar.

re·câm·bi·o *s.m.* Ato ou efeito de recambiar.

re·ca·mo *s.m.* 1. Bordado a relevo. 2. Lavor; ornato.

re·can·to *s.m.* 1. Canto ou lugar mais afastado, menos à vista. 2. Lugar retirado ou oculto. 3. Esconderijo. 4. Local de aspecto agradável e clima ameno.

re·ca·pe·ar *v.t.d.* Recobrir (via pública) de nova camada de asfalto.

re·ca·pi·tu·la·ção *s.f.* Ação ou efeito de recapitular.

re·ca·pi·tu·lar *v.t.d.* 1. Repetir sumariamente. 2. Resumir; sintetizar.

re·cap·tu·rar *v.t.d.* Capturar novamente.

re·car·ga *s.f.* 1. Ação ou resultado de recarregar. 2. Novo ataque ou investida.

re·car·re·gar *v.t.d.* e *v.p.* Tornar a carregar(-se).

re·ca·ta·do *adj.* 1. Que tem modéstia, recato, pudor. 2. Que é prudente, sensato.

re·ca·tar *v.t.d.* 1. Guardar com recato. 2. Pôr recato. 3. Resguardar; acautelar. 4. Ter em segredo. *v.p.* 5. Resguardar-se; viver com recato.

re·ca·to *s.m.* 1. Resguardo. 2. Modéstia. 3. Pudor. 4. Cautela; prudência. 5. Segredo. 6. Lugar oculto.

re·cau·chu·ta·do *adj.* Que sofreu processo de recauchutagem.

re·cau·chu·ta·gem *s.f.* 1. Ato ou efeito de recauchutar. 2. Aplicação de nova camada de borracha em pneu. 3. *fig.* Restauração de algo desgastado pelo uso. 4. *infrm. joc.* Cirurgia plástica.

re·cau·chu·tar *v.t.d.* 1. Aplicar nova camada de borracha ao pneu para lhe reconstituir a banda de rodagem. *v.t.d.* e *v.p.* 2. Restaurar. 3. *infrm. joc.* Reparar, corrigir por meio de cirurgia plástica.

re·ce·ar *v.t.d.* 1. Ter receio de. 2. Ter medo de que aconteça. *v.t.i.* 3. Ter medo. *v.p.* 4. Ter receio; preocupar-se. 5. Assustar-se.

re·ce·be·dor *adj.* 1. Que recebe. *s.m.* 2. Aquele que recebe. 3. Funcionário que recebe e arrecada impostos.

re·ce·be·do·ri·a *s.f.* 1. Repartição onde se recebem impostos. 2. Cargo de recebedor.

re·ce·ber *v.t.d.* 1. Tomar, aceitar (o que se dá ou oferece). 2. Aceitar em pagamento. 3. Tomar (aquilo que é devido); cobrar. 4. Hospedar. 5. Tomar por esposo ou esposa. *v.i.* 6. Dar recepções.

re·ce·bi·men·to *s.m.* Ato ou efeito de receber.

re·cei·o *s.m.* 1. Hesitação ou incerteza, acompanhada de temor. 2. Apreensão; medo.

re·cei·ta *s.f.* 1. Quantia recebida. 2. Rendimento. 3. Rendimentos de um Estado, de uma empresa, de um indivíduo. 4. Fórmula de medicamento. 5. Prescrição médica. 6. *Cul.* Indicação sobre a maneira de preparar uma iguaria culinária. 7. *fig.* Conselho.

re·cei·tar *v.t.d.* 1. Prescrever. 2. Fazer a receita de. 3. Aconselhar. *v.i.* 4. Formular receita.

re·cei·tu·á·ri·o *s.m.* 1. Conjunto de receitas. 2. Formulário para medicamentos.

re·cém-ca·sa·do *adj.* e *s.m.* Que ou o que é casado há pouco tempo. *Pl.:* recém-casados.

re·cém-nas·ci·do *adj.* e *s.m.* Que ou o que nasceu há pouco tempo. *Pl.:* recém-nascidos.

re·cen·den·te *adj.2gên.* Que recende; fragrante.

re·cen·der *v.t.d.* 1. Emitir (aroma penetrante). *v.i.* 2. Ter cheiro agradável e intenso. *v.t.i.* 3. Cheirar.

re·cen·se·a·men·to *s.m.* 1. Operação que consiste em determinar o número de habitantes existentes num dado território. 2. Arrolamento de pessoas ou animais; censo.

re·cen·se·ar *v.t.d.* 1. Fazer o recenseamento de. 2. Incluir no recenseamento. 3. Enumerar. 4. Apreciar; considerar.

re·cen·te *adj.2gên.* 1. Acontecido há pouco tempo. 2. Que tem pouco tempo de existência.

re·ce·o·so (ô) *adj.* 1. Que tem receio. 2. Tímido; acanhado. *Pl.:* receosos (ó).

re·ce·pa·gem *s.f.* Operação que consiste em cortar as árvores junto ao solo.

re·cep·ção *s.f.* 1. Ação ou efeito de receber. 2. Ação de receber visitas; reunião social. 3. Seção de escritório, hotel, hospital, etc. encarregada de receber as pessoas, dar informações, etc.

re·cep·ci·o·nar *v.i.* Dar recepções.

re·cep·ci·o·nis·ta *s.2gên.* Pessoa encarregada da recepção.

re·cep·ta·ção *s.f.* Ato ou efeito de receptar.

re·cep·tá·cu·lo *s.m.* 1. Lugar onde se junta ou se guarda alguma coisa; recipiente. 2. Abrigo; esconderijo. 3. *Bot.* Parte superior do pedúnculo das plantas, no qual se agrupam flores.

re·cep·ta·dor *adj.* e *s.m.* Que ou o que recepta.

re·cep·tar *v.t.d.* 1. Recolher ou esconder (coisas furtadas ou contrabandeadas por outrem). 2. Dar receptáculo a.

re·cep·tí·vel *adj.2gên.* 1. Que se pode receber. 2. Aceitável; admissível.

re·cep·ti·vi·da·de *s.f.* Faculdade de receber impressões.

re·cep·ti·vo *adj.* 1. Que recebe ou pode receber. 2. Impressionável.

re·cep·tor *adj.* 1. Que recebe. *s.m.* 2. Recebedor. 3. Receptador. 4. Aparelho que recebe (em telegrafia, radiofonia). 5. Todo aparelho destinado a receber qualquer ação ou impressão.

re·ces·são *s.f. Econ.* Diminuição nas atividades econômicas com queda de produção, desemprego, etc.; crise. *V.* ressecção.

re·ces·si·vo *adj.* 1. *Genét.* Diz-se do caráter que se encontra em estado latente e não se manifesta, oculto pelo dominante. 2. *Econ.* Relativo a recessão.

re·ces·so (é) *s.m.* 1. Recanto; retiro. 2. *Jur.* Suspensão temporária de atividades legislativas e judiciárias.

re·cha·çar *v.t.d.* 1. Repelir. 2. Fazer que retroceda, opondo resistência. 3. Interromper com palavra ou gesto repentino.

re·cha·ço *s.m.* 1. Ato ou efeito de rechaçar. 2. Ricochete. 3. Resistência.

re·che·a·do *adj.* 1. Que se recheou. 2. Muito cheio. *s.m.* 3. Recheio.

re·che·ar *v.t.d.* 1. Encher muito. 2. Encher com recheio. 3. *fig.* Enriquecer. *v.p.* 4. Enriquecer-se; locupletar-se.

re·chei·o *s.m.* 1. Ato de rechear. 2. Aquilo que recheia. 3. *Cul.* Preparado com que se enchem carnes, massas, legumes, bolos, etc.

re·chon·chu·do *adj.* Gorducho; nédio.

re·ci·bo *s.m.* Declaração escrita pela qual se afirma ter recebido alguma coisa.

re·ci·cla·gem *s.f.* Ato ou efeito de reciclar.

re·ci·clar *v.t.d.* 1. Atualizar (conhecimentos pedagógicos, culturais, etc.). 2. Tratar resíduos, ou material usado, para possibilitar sua reutilização.

re·ci·di·va *s.f. Med.* Reaparecimento de uma doença, depois da convalescença de um primeiro acometimento; recaída.

re·ci·fe *s.m.* 1. Rochedo ou grupo de rochedos à flor da água e um pouco afastados da costa ou praia; escolho. 2. *fig.* Estorvo; obstáculo.

re·ci·fen·se *adj.2gên.* Do Recife (Pernambuco). *s.2gên.* 2. Natural ou habitante do Recife.

re·cin·to *s.m.* 1. Determinado espaço. 2. Espaço murado. 3. Âmbito. 4. Santuário.

re·ci·pi·en·te *adj.2gên.* 1. Que recebe. *s.m.* 2. Vaso, caixa ou qualquer outro objeto que possa conter algo. 3. Vaso que recebe os produtos de qualquer operação química. 4. Parte de uma máquina que funciona por meio da energia proveniente da compressão de ar destinada a receber corpos com que se fazem experiências no vácuo.

re·cí·pro·ca *s.f.* 1. Reciprocidade. 2. *Mat.* O inverso.

re·ci·pro·ci·da·de *s.f.* 1. Qualidade do que é recíproco. 2. Correspondência mútua.

re·cí·pro·co *adj.* 1. Alternativo. 2. Mútuo. 3. Que se troca. 4. Permutado. *s.m.* 5. *Mat.* O inverso de um número.

ré·ci·ta *s.f.* 1. Representação teatral. 2. Espetáculo de declamação.

re·ci·ta·ção *s.f.* Ação ou efeito de recitar; declamação.

re·ci·tal *s.m.* 1. Sessão em que se recitam composições literárias. 2. *Mús.* Concerto de um solista.

re·ci·tan·te *adj.2gên.* 1. Que recita. 2. Que executa um trecho musical (voz ou instrumento). *s.2gên.* 3. Pessoa que recita.

re·ci·tar *v.t.d.* 1. Ler em voz alta e clara. 2. Pronunciar declamando. 3. Declamar.

re·ci·ta·ti·vo *s.m.* 1. *Mús.* Canto declamado numa ópera, numa cantata, num oratório. 2. Poesia, ou trecho de prosa que se declamam com acompanhamento musical.

re·cla·ma·ção *s.f.* Ação ou efeito de reclamar.

re·cla·man·te *adj.2gên.* e *s.2gên.* Que ou pessoa que reclama.

re·cla·mar *v.t.i.* 1. Protestar; impugnar. *v.i.* 2. Fazer reclamações. *v.t.d.* 3. Exigir (o que foi tomado injustamente); reivindicar.

re·cla·má·vel *adj.2gên.* Que pode ser reclamado ou exigido.

re·cla·me *s.m.* Reclamo.

re·cla·mo *s.m.* 1. Reclamação. 2. Propaganda comercial; anúncio; reclame.

re·clas·si·fi·ca·ção *s.f.* Ato ou efeito de reclassificar.

re·clas·si·fi·car *v.t.d.* Dar nova classificação a.

re·cli·nar *v.t.d.* 1. Recurvar; dobrar. 2. Encostar; deitar. *v.p.* 3. Inclinar-se; recostar-se. 4. *por ext.* Descansar; deitar-se.

re·clu·são *s.f.* 1. Ação ou efeito de encerrar. 2. Prisão; cárcere.

re·clu·so *adj.* 1. Encerrado. 2. Que vive em clausura de convento. *s.m.* 3. Aquele que vive em clausura de convento ou foi condenado a reclusão penitenciária.

re·co·brar *v.t.d.* 1. Adquirir novamente; recuperar; retomar. *v.p.* 2. Restabelecer-se. 3. Livrar-se (de coisa aflitiva).

re·co·brir *v.t.d.* 1. Cobrir novamente. 2. Cobrir bem. *v.p.* 3. Tornar a cobrir-se. 4. Cobrir-se bem.★

re·cog·ni·ção *s.f.* Ato de reconhecer.

re·cog·ni·ti·vo *adj.* Próprio para reconhecer ou averiguar alguma coisa.

re·co·lher *v.t.d.* 1. Fazer colheita de. 2. Guardar. 3. Juntar (coisas dispersas). 4. Arrecadar. 5. Apanhar; colher. 6. Puxar para si. *v.i.* 7. Voltar para casa. *v.t.i.* 8. Regressar; voltar. *v.p.* 9. Voltar para casa. 10. Deitar-se. 11. Dirigir-se aos seus aposentos. 12. Retrair-se. 13. Concentrar-se.

re·co·lhi·men·to *s.m.* 1. Ato ou efeito de recolher(-se). 2. Pousada; abrigos. 3. Recato; modéstia.

re·co·me·çar *v.t.d.* e *v.i.* Começar novamente.

re·co·me·ço (ê) *s.m.* Ato de recomeçar.

re·co·men·da·ção *s.f.* 1. Ação ou efeito de recomendar. 2. Qualidade de quem é recomendável. 3. Advertência.

re·co·men·da·ções *s.f.pl.* Cumprimentos; lembranças.

re·co·men·da·do *adj.* 1. Que é objeto de recomendação ou empenho. *s.m.* 2. Indivíduo recomendado ou protegido.

re·co·men·dar *v.t.d.* e *i.* 1. Aconselhar. 2. Dar a (alguém) a missão de. 3. Pedir todo o cuidado e atenção para. 4. Pedir proteção. 5. Fazer passar como bom. 6. Indicar encarecendo. 7. Enviar cumprimentos a. *v.p.* 8. Tornar-se digno de respeito, proteção ou favor.

re·co·men·dá·vel *adj.2gên.* 1. Digno de ser recomendado. 2. Digno de estima, de respeito, de proteção.

re·com·pen·sa *s.f.* 1. Ação de recompensar(-se). 2. Prêmio; galardão.

re·com·pen·sa·dor *adj.* e *s.m.* Que ou o que recompensa.

re·com·pen·sar *v.t.d.* 1. Dar recompensa a; premiar; galardoar. 2. Indenizar. *v.p.* 3. Pagar-se; indenizar-se.

re·com·pen·sá·vel *adj.2gên.* 1. Que se pode recompensar. 2. Digno de recompensa.

re·com·por *v.t.d.* 1. Compor novamente. 2. Dar novo aspecto ou forma a. 3. Reorganizar; restabelecer; reconstruir. *v.p.* 4. Reconciliar-se. 5. Reconstituir-se.★

re·com·po·si·ção *s.f.* 1. Ação de recompor(-se). 2. Congraçamento. 3. Formação de um ministério aproveitando alguns elementos do anterior.

re·côn·ca·vo *s.m.* 1. Gruta natural. 2. Cavidade funda. 3. Enseada.

re·con·cen·trar *v.t.d.* 1. Fazer convergir para um centro comum. 2. Reunir num ponto. *v.p.* 3. Concentrar-se num ponto.

re·con·ci·li·a·ção *s.f.* 1. Ação ou efeito de reconciliar-se. 2. Restabelecimento das relações ou acordo entre pessoas que se tinham desavindo.

re·con·ci·li·a·dor *s.m.* O que reconcilia.

re·con·ci·li·ar *v.t.d.* 1. Restituir a paz ou as boas relações perdidas. 2. Tornar amigos (pessoas que se malquistaram). *v.p.* 3. Pôr-se bem com alguém. 4. Pôr-se em paz com a própria consciência.

re·con·ci·li·a·tó·ri·o *adj.* 1. Que se pode reconciliar. 2. Que serve para reconciliar.

re·con·ci·li·á·vel *adj.2gên.* Que se pode reconciliar.

re·con·di·ci·o·nar *v.t.d.* Pôr motor, etc., desgastado pelo uso em condições de pleno funcionamento.

re·côn·di·to *adj.* 1. Encerrado. 2. Escondido. 3. Desconhecido. *s.m.* 4. Recanto; escaninho.

re·con·du·zir *v.t.d.* 1. Conduzir de novo. 2. Remeter de novo para o lugar de origem. 3. Reeleger; nomear pela segunda vez para o cargo que vinha exercendo.

re·con·for·tan·te *adj.2gên.* 1. Que reconforta. *s.m.* 2. Remédio ou alimento que reconforta.

re·con·for·tar *v.t.d.* 1. Confortar muito; consolar. 2. Dar novo ânimo a. 3. Revigorar. *v.p.* 4. Recobrar forças perdidas.

re·con·for·to (ô) *s.m.* Ato de reconfortar-se.

re·co·nhe·cer *v.t.d.* 1. Conhecer de novo. 2. Identificar. 3. Certificar-se de; verificar. 4. Mostrar-se grato por. 5. Admitir como bom, verdadeiro. *v.p.* 6. Confessar-se; declarar-se.

re·co·nhe·ci·do *adj.* Autenticado; agradecido.

re·co·nhe·ci·men·to *s.m.* Ato ou efeito de reconhecer; gratidão.

re·con·quis·ta *s.f.* 1. Ação ou efeito de reconquistar. 2. Aquilo que se reconquistou.

re·con·quis·tar *v.t.d.* Conquistar de novo.

re·con·si·de·ra·ção *s.f.* Ação de reconsiderar.

re·con·si·de·rar *v.t.d.* 1. Considerar ou ponderar de novo. *v.i.* 2. Refletir, suspendendo resolução tomada. 3. Desdizer-se. 4. Pensar melhor.

re·cons·ti·tu·i·ção *s.f.* Ação ou efeito de reconstituir.

re·cons·ti·tu·in·te *adj.2gên.* 1. Que reconstitui. *s.m.* 2. Medicamento para restabelecer as forças.

re·cons·ti·tu·ir *v.t.d.* 1. Tornar a constituir. 2. Restabelecer. 3. Restaurar as forças de.

re·cons·tru·ção *s.f.* Ação ou efeito de reconstruir.

re·cons·tru·ir *v.t.d.* 1. Construir novamente. 2. Reorganizar; reformar.

re·con·tar *v.t.d.* 1. Contar de novo, geralmente para conferir. 2. Tornar a calcular, a computar. *v.t.d.* e *v.t.d. e i.* 3. Narrar outra vez.

re·con·tro *s.m.* 1. Peleja; combate. 2. Luta de pouca duração.

re·co·pi·la·ção *s.f.* Ação ou efeito de recopilar; resumo; síntese.

re·co·pi·lar *v.t.d.* 1. Compilar; compendiar. 2. Juntar extratos de; coligir. 3. Resumir.

re·cor·da·ção *s.f.* 1. Ação ou efeito de recordar. 2. Memória; lembrança. 3. Objeto que relembra coisa ou pessoa.

re·cor·dar *v.t.d.* 1. Trazer à memória; lembrar-se de. 2. Fazer lembrar. *v.t.i.* 3. Lembrar. *v.p.* 4. Lembrar-se.

re·cor·de (ó) *s.m.* 1. Aquilo que excede tudo o que foi anteriormente feito no mesmo gênero. 2. Façanha não realizada.

re·cor·dis·ta *s.2gên.* Pessoa que estabelece um recorde ou acumula recordes.

re·co·re·co (é) *s.m.* 1. *Mús.* Instrumento musical que se toca friccionando uma baqueta sobre uma peça de madeira ou bambu com sulcos transversais. 2. Som semelhante ao produzido por esse instrumento. 3. Brinquedo que produz som semelhante ao desse instrumento. *Pl.*: reco-recos.

re·cor·ren·te *adj.2gên.* e *s.2gên.* Que ou pessoa que recorre.

re·cor·rer *v.t.d.* 1. Correr novamente. 2. Tornar a percorrer, a passar. *v.t.i.* 3. Solicitar auxílio ou benevolência. 4. Interpor recurso judicial.

re·cor·tar *v.t.d.* 1. Fazer recortes em. 2. Cortar, formando determinadas figuras. 3. Entremear. *Inform.* 4. Retirar do arquivo uma parte definida e levá-la para a área de transferência. 5. Apagar parte de uma imagem; cortar.

re·cor·te (ó) *s.m.* 1. Ato ou efeito de recortar. 2. Desenho que se obtém recortando. 3. Artigo, notícia, etc., recortados de jornal ou revista.

re·cos·tar *v.t.d.* 1. Inclinar; reclinar; encostar; apoiar em alguma coisa. *v.p.* 2. Encostar-se; pôr-se meio deitado.

re·cos·to (ô) *s.m.* 1. Apoio para as costas em cadeira, poltrona, sofá, etc. 2. Móvel ou local próprio para se recostar.

re·co·zer *v.t.d.* 1. Tornar a cozer. 2. Cozer bem. 3. Tirar a têmpera de (metais). 4. Deixar que se esfrie lentamente em forno especial (artefato de cerâmica ou de vidro).

re·cre·a·ção *s.f.* Recreio.

re·cre·ar *v.t.d.* 1. Alegrar; divertir; proporcionar recreio a. *v.p.* 2. Divertir-se; sentir prazer ou satisfação. *V. recriar*.

re·cre·a·ti·vo *adj.* 1. Próprio para recreio. 2. Que recreia, diverte, distrai.

re·crei·o *s.m.* 1. Divertimento; prazer. 2. Lugar onde alguém se recreia. 3. Tempo de descanso concedido entre as aulas aos alunos; recreação.

re·cres·cer *v.i.* 1. Tornar a crescer. 2. Brotar de novo. 3. Aumentar. 4. Sobrevir. *v.t.i.* 5. Sobrar.

re·cri·a·ção *s.f.* Ação de recriar.

re·cri·ar *v.t.d.* Criar novamente. *V. recrear*.

re·cri·mi·na·ção *s.f.* Ação ou efeito de recriminar; censura.

re·cri·mi·nar *v.t.d.* 1. Acusar ou censurar (aquele que acusa ou censura). 2. Responder com acusações de. 3. Censurar.

re·cru·des·cên·ci·a *s.f.* Qualidade de recrudescente.

re·cru·des·cen·te *adj.2gên.* Que recrudesce; que apresenta maior intensidade.

re·cru·des·cer *v.i.* Agravar-se; exacerbar-se; aumentar; recrescer.

re·cru·ta *s.m.* 1. Soldado principiante nos exercícios militares. 2. Novato.

re·cru·ta·men·to *s.m.* Ato ou efeito de recrutar.

re·cru·tar *v.t.d.* 1. Arrolar para o serviço militar. 2. Angariar (adeptos, etc.).

ré·cu·a *s.f.* 1. Ajuntamento de bestas de carga, ordinariamente presas umas às outras. 2. A carga que elas transportam. 3. *deprec.* Malta; súcia; caterva.

re·cu·ar *v.i.* 1. Mover-se para trás; andar para trás; retroceder. 2. Desistir de um intento. *v.t.i.* 3. Voltar atrás em relação ao tempo, ou ao que já se disse. *v.t.d.* 4. Lançar para trás. 5. Fazer retroceder.

re·cú·bi·to *s.m.* Posição de quem se acha encostado.

re·cu·o *s.m.* Ato ou efeito de recuar; recuada.

re·cu·pe·ra·ção *s.f.* Ação de recuperar (-se).

re·cu·pe·rar *v.t.d.* 1. Recobrar; reconquistar. 2. Adquirir novamente. 3. *Inform.* Obter informação requisitada (por programa ou usuário) após tê-la localizado e lido em dispositivo de memória. *v.p.* 4. Restaurar-se.

re·cu·pe·rá·vel *adj.2gên.* Que se pode recuperar.

re·cur·so *s.m.* 1. Ato ou efeito de recorrer. 2. Coisa, pessoa ou lugar a que alguém recorre. 3. *Jur.* Apelação judicial. 4. Reclamação.

re·cur·sos *s.m.pl.* Meios, posses; haveres.

re·cur·var *v.t.d.* 1. Curvar de novo ou muito. 2. Inclinar. *v.p.* 3. Inclinar-se.

re·cu·sa *s.f.* Ação de recusar(-se); negativa.

re·cu·sar *v.t.d.* 1. Não aceitar. 2. Não se prestar a. 3. Negar. *v.p.* 4. Negar-se. 5. Não obedecer. 6. Opôr-se.

re·cu·sá·vel *adj.2gên.* Que pode ou deve ser recusado.

re·da·ção *s.f.* 1. Ação ou efeito de redigir. 2. Modo de redigir. 3. Conjunto de redatores. 4. Lugar onde trabalham os redatores.

re·dar·gui·ção (güi) *s.f.* Ação de redarguir; réplica.

re·dar·guir (güir) *v.t.d.* 1. Replicar; responder, arguindo. 2. Recriminar. *v.t.i.* 3. Responder, arguindo.

re·da·tor *s.m.* Aquele que redige; indivíduo que tem a seu cargo uma seção num jornal ou revista.

re·da·tor-che·fe *s.m.* Aquele que organiza os textos de um jornal para publicação e redige o editorial. *Pl.*: redatores-chefes.

re·de (ê) *s.f.* 1. Tecido de malhas para apanhar peixes, etc. 2. Tecido de malha com que mulheres e desportistas prendem os cabelos. 3. Tecido de arame. 4. Série de canos de água, gás, etc. empregados num edifício. 5. *Anat.* Entrelaçamento de nervos. 6. Cilada. 7. Espécie de leito, geralmente de tecido grosso, que se suspende pelas duas extremidades. 8. Conjunto dos meios de comunicação ou de informação. 9. Circuito distribuidor de corrente elétrica, de água e esgotos, gás. 10. *Inform.* Conjunto de computadores, terminais e demais equipamentos que trocam informações e compartilham recursos por meio de linhas de comunicação-cabo, linha telefônica, linha privada ou satélite (correspondente em inglês: *network*).

ré·de:a *s.f.* 1. Correia que se liga ao freio da cavalgadura e serve para guiá-la; brida. 2. Direção; governo.

re·de·mo·i·nhar *v.i.* Remoinhar.

re·de·mo·i·nho *s.m.* Remoinho.

re·den·ção *s.f.* 1. Ação de redimir; resgate. 2. Auxílio que livra alguém de situação aflitiva ou perigosa.

re·den·tor *adj.* 1. Que redime. *s.m.* 2. Aquele que redime ou redimiu. 3. Jesus Cristo.

re·des·co·brir *v.t.d.* Descobrir de novo.★

re·des·con·to *s.m.* Operação pela qual um banco desconta em outro, sob menor taxa de juros e mediante endosso, o título que ele havia descontado a um cliente.

re·di·bir *v.t.d.* 1. *Dir.* Tornar sem efeito a venda de. 2. Revender ao vendedor (objetos com defeitos não declarados na primeira venda).

re·di·gir *v.t.d.* 1. Escrever com ordem e método. 2. Escrever como redator. *v.i.* 3. Exprimir-se por escrito.

re·dil *s.m.* 1. Curral; aprisco. 2. *fig.* Grêmio.

re·di·mir *v.t.d.* e *v.p.* Remir-se.

re·din·go·te (ó) *s.m.* Casaco largo e comprido, com as frentes inteiriças; espécie de sobrecasaca.

re·dis·tri·bu·i·ção *s.f.* Ato ou efeito de redistribuir.

re·dis·tri·bu·ir *v.t.d.* Tornar a distribuir.

ré·di·to *s.m.* 1. Ato de voltar; regresso. 2. Lucro; produto; rendimento; juro.

re·di·vi·vo *adj.* 1. Que voltou à vida; ressuscitado. 2. Renovado; que remoçou.

re·di·zer *v.t.d.* 1. Dizer novamente. 2. Dizer muitas vezes.★

re·do·bra·do *adj.* 1. Que redobrou. 2. Aumentado. 3. Multiplicado; muito mais intenso.

re·do·brar *v.t.d.* 1. Dobrar de novo. 2. Aumentar muito. *v.i.* 3. Ter aumento; ampliar-se. 4. Soar novamente (o sino). *v.t.i.* 5. Aumentar; intensificar. *v.p.* 6. Aumentar.

re·do·bro (ô) *s.m.* Ato ou efeito de redobrar; quádruplo.

re·do·len·te *adj.2gên.* Aromático; que tem cheiro agradável.

re·do·ma (ô) *s.f.* Campânula de vidro fechada de um lado e destinada a resguardar do pó objetos delicados.

re·don·de·za (ê) *s.f.* Qualidade do que é redondo.

re·don·de·zas (ê) *s.f.pl.* Conjunto de localidades próximas; cercanias; arredores.

re·don·di·lha *s.f. Lit.* Verso de cinco sílabas (redondilha menor) ou de sete (redondilha maior).

re·don·do *adj.* 1. Que tem forma esférica. 2. *Tip.* Diz-se da letra de imprensa de desenho vertical (opõe-se ao grifo, que é inclinado) e, por extensão, do tipo claro (que se opõe ao negrito). 3. Diz-se da conta ou número que não tem frações.

re·dor (ô) *s.m.* 1. Contorno; circuito. 2. Arrabalde. 3. Roda; volta. *loc.adv.* **Ao, em redor**: em volta; em torno.

re·du·ção *s.f.* 1. Ação ou efeito de reduzir. 2. Abatimento. 3. Abreviação; resumo. 4. Ação de subjugar. 5. Cópia reduzida. 6. *Quím.* Reação química por meio da qual são fornecidos elétrons a um átomo, íon ou molécula.

re·dun·dân·ci·a *s.f.* 1. Qualidade de redundante. 2. Pleonasmo.

re·dun·dan·te *adj.2gên.* 1. Que redunda. 2. Excessivo; palavroso.

re·dun·dar *v.i.* 1. Superabundar; sobejar; transbordar. *v.t.i.* 2. Resultar; provir; advir. 3. Reverter em; converter-se.

re·du·pli·car *v.t.d.* 1. Redobrar; aumentar; multiplicar. 2. Repetir. *v.i.* 3. Redobrar.

re·du·tí·vel *adj.2gên.* Que pode ser reduzido; reduzível.

re·du·ti·vo *adj. Quím.* Próprio de ou relativo a redução.

re·du·to *s.m.* 1. Lugar fechado que serve de abrigo, ou de defesa; refúgio. 2. Lugar alto que escapa da inundação dos grandes rios. 3. *fig.* Ponto principal de defesa, baluarte.

re·du·tor *adj.* Que reduz.

re·du·zir *v.t.d.* 1. Retrair; fazer que volte ao primeiro estado. 2. Tornar menor; restringir. 3. Subjugar; submeter. 4. Desagregar de uma combinação. 5. Converter; transformar. *v.p.* 6. Limitar-se; resumir-se. 7. Vir, chegar (a um estado inferior); transformar-se.

reduzível / **refeitório**

re·du·zí·vel *adj.2gên.* Redutível.

re·e·di·ção *s.f.* Ação de reeditar; nova edição.

re·e·di·fi·ca·ção *s.f.* Ação ou efeito de reedificar; reconstrução.

re·e·di·fi·car *v.t.d.* 1. Edificar novamente; reconstruir. 2. Reformar; restaurar.

re·e·di·tar *v.t.d.* Editar de novo; tornar a publicar.

re·e·du·car *v.t.d.* 1. Educar novamente. 2. Completar a educação de.

re·e·le·ger *v.t.d.* Eleger de novo.

re·e·le·gí·vel *adj.2gên.* Que se pode ou deve reeleger.

re·e·lei·ção *s.f.* Ação de reeleger.

re·e·lei·to *adj.* e *s.m.* Que ou o que foi eleito novamente.

re·em·bar·car *v.t.d.* e *v.i.* Embarcar de novo.

re·em·bar·que *s.m.* Ato de reembarcar.

re·em·bol·sar *v.t.d.* 1. Embolsar novamente. 2. Receber (o dinheiro desembolsado). 3. Indenizar. *v.p.* 4. Estar novamente de posse do que se tinha emprestado.

re·em·bol·so *s.m.* Ato de reembolsar.

re·en·car·na·ção *s.f. Espir.* 1. Ação de reencarnar. 2. Doutrina segundo a qual a alma de um ser humano retorna à vida com um outro corpo.

re·en·car·nar *v.i.* e *v.p.* Reassumir (o espírito) a forma material; tornar a encarnar.

re·en·con·trar *v.t.d.* 1. Encontrar novamente. *v.p.* 2. Encontrar-se de novo.

re·en·con·tro *s.m.* Ato ou efeito de reencontrar; novo encontro.

re·en·trân·ci·a *s.f.* 1. Qualidade de reentrante. 2. Ângulo ou curva para dentro.

re·en·tran·te *adj.2gên.* Que reentra; que forma ângulo ou curva para dentro.

re·en·trar *v.t.i.* 1. Entrar novamente. 2. Recolher-se. 3. Voltar para casa.

re·en·vi·ar *v.t.d.* 1. Tornar a enviar. 2. Devolver; recambiar.

re·er·guer *v.i.* Erguer-se de novo.

re·es·cre·ver *v.t.d.* Escrever novamente.

re·es·tru·tu·rar *v.t.d.* Refazer a estrutura ou a organização de algo; reorganizar.

re·e·xa·mi·nar (z) *v.t.d.* Examinar novamente.

re·fal·sa·do *adj.* 1. Em que há falsidade. 2. Desleal; fingido; hipócrita.

re·fal·sa·men·to *s.m.* 1. Ato de refalsado. 2. Ação de refalsear.

re·fal·se·ar *v.t.d.* Atraiçoar; ser refalsado para com.

re·fa·zer *v.t.d.* 1. Tornar a fazer. 2. Restaurar; consertar; reformar. 3. Emendar; corrigir. 4. Dar novo vigor a. *v.p.* 5. Restaurar as próprias forças. 6. Tornar a prover-se. ★

re·fa·zi·men·to *s.m.* 1. Ato de refazer. 2. Conserto; reparo.

re·fe·ce (é) *adj.2gên. desus.* 1. De sentimentos baixos; infame; vil. 2. *fig.* De baixo preço. *adv.* 3. Por baixo preço.

re·fe·go (ê) *s.m.* Dobra ou prega no vestuário.

re·fei·ção *s.f.* O conjunto dos alimentos que se tomam em certas horas do dia; repasto.

re·fei·to *adj.* 1. Que se refez. 2. Emendado; corrigido. 3. Reposto no estado anterior.

re·fei·tó·ri·o *s.m.* Casa ou salão onde se servem as refeições (nos colégios, conventos, hospitais, penitenciárias, etc.).

re·fém (ê) *s.2gên.* Pessoa que fica em poder do inimigo como garantia do cumprimento de um acordo.

re·fe·rên·ci·a *s.f.* 1. Ação de referir; alusão.

re·fe·rên·ci·as *s.f.pl.* Dados e informações sobre idoneidade de uma pessoa.

re·fe·ren·dar *v.t.d.* 1. Assinar documento, decreto como responsável. 2. Aceitar a responsabilidade de alguma coisa já aprovada por outrem.

re·fe·ren·te *adj.2gên.* Que se refere, que é relativo a.

re·fe·ri·do *adj.* Citado; mencionado.

re·fe·rir *v.t.d.* 1. Narrar; contar. 2. Citar. 3. Atribuir; imputar. *v.p.* 4. Dizer respeito; ter relação. ★

re·fer·to (é) *adj. desus.* Muito cheio; abundante.

re·fer·ver *v.i.* 1. Ferver novamente. 2. Ferver muito. 3. *fig.* Excitar-se; agitar-se. 4. Irritar-se. 5. Aumentar de intensidade.

re·fes·te·lar-se *v.p.* 1. Comprazer-se; foliar. 2. Recostar-se; repimpar-se; estirar-se; repoltrear-se.

re·fez (é) *adj.2gên. desus.* Refece. *De refez*: com facilidade, facilmente.

re·fil *s.m.* Produto que se adquire para substituir o seu similar, que se gastou.

re·fi·na·do *adj.* 1. Que se tornou fino. 2. Requintado. 3. Completo.

re·fi·na·men·to *s.m.* 1. Ato de refinar (-se). 2. *fig.* Requinte; sutileza.

re·fi·nar *v.t.d.* 1. Tornar mais fino. 2. Apurar; tornar mais delicado. 3. Separar de uma substância as matérias estranhas que lhe alteram a pureza. 4. Requintar; aprimorar. *v.i.* e *v.p.* 5. Apurar-se; esmerar-se.

re·fi·na·ri·a *s.f.* Estabelecimento onde se leva a efeito a refinação de certos produtos como o petróleo, o açúcar.

re·fle·ti·do *adj.* Prudente; ponderado; sensato.

re·fle·tir *v.t.d.* 1. Fazer retroceder. 2. Reproduzir. 3. Repercutir. 4. Imitar; espelhar. 5. Revelar; deixar ver. *v.i.* 6. Pensar maduramente; meditar. *v.t.i.* 7. Meditar. 8. Recair; incidir. 9. Fazer eco. 10. Reproduzir-se; representar-se. 11. Incidir. 12. Transmitir-se. ★

re·fle·tor *adj.* 1. Que reflete. *s.m.* 2. Aparelho destinado a refletir a luz.

re·fle·xão (cs) *s.f.* 1. Ação ou efeito de refletir(-se). 2. Meditação; ponderação. 3. Prudência; tino.

re·fle·xi·vo (cs) *adj.* 1. Que reflete. 2. Que reflexiona. 3. Comunicativo. 4. *Gram.* Diz-se do pronome oblíquo que faz recair a ação verbal sobre o sujeito que a pratica (a voz reflexiva).

re·fle·xo (é, cs) *adj.* 1. Refletido. 2. Devido à reflexão. *s.m.* 3. Efeito da reflexão da luz. 4. Luz refletida; imitação; influência indireta.

re·flo·res·cên·ci·a *s.f.* Qualidade de reflorescente.

re·flo·res·cen·te *adj.2gên.* Que refloresce.

re·flo·res·cer *v.i.* 1. Florescer de novo. 2. Encher-se de flores. 3. *fig.* Reanimar-se. 4. Rejuvenescer. *v.t.d.* 5. Fazer florescer. 6. Reanimar.

re·flo·res·ci·men·to *s.m.* Ato ou efeito de reflorescer.

re·flo·res·ta·men·to *s.m.* Ato ou efeito de reflorestar.

re·flo·res·tar *v.t.d.* Plantar árvores em lugar onde foi derrubada a floresta.

re·flo·rir *v.i.* Tornar a florir; reflorescer. ★★

re·flu·ente *adj.2gên.* Que reflui.

re·flu·ir *v.i.* 1. Fluir, correr para trás, retroceder (um líquido). *v.t.i.* 2. Voltar para o ponto de origem. 3. Chegar em quantidade.

re·flu·xo (cs) *s.m.* 1. Ato ou efeito de refluir. 2. Movimento da maré quando se afasta da margem. 3. Movimento contrário e sucessivo a outro.

re·fo·ci·lar *v.t.d.* 1. Refazer; reconstituir; restaurar. 2. Reforçar. 3. Dar descanso a. *v.p.* 4. Distrair-se; recrear-se.

re·fo·ga·do *adj. Cul.* 1. Que se refogou; repassado em azeite ou gordura a ferver. *s.m.* 2. Alimento cozido junto com mistura de temperos (alho, sal, cebola, etc.).

re·fo·gar *v.t.d.* 1. Fazer ferver em azeite ou gordura (cebola e outros temperos); guisar. 2. Cozinhar com refogado.

re·fo·lha·do¹ *adj. fig.* Que dissimula, que finge; falso; hipócrita.

re·fo·lha·do² *adj.* 1. Envolto em folhas. 2. Cheio de refolhos.

re·fo·lhar¹ *v.t.d.* 1. Envolver em folhas. 2. *fig.* Disfarçar.

re·fo·lhar² *v.i.* Guarnecer de refolhos, de pregas.

re·fo·lho (ô) *s.m.* 1. Folho sobreposto a outro; dobra; prega. 2. Dissimulação; fingimento; disfarce. *Pl.:* refolhos (ó).

re·for·ça·do *adj.* 1. Que readquiriu forças. 2. Robusto; vigoroso; acrescido em força.

re·for·çar *v.t.d.* 1. Tornar mais forte. 2. Dar mais força a; reanimar. *v.p.* 3. Tornar-se mais forte. 4. Adquirir mais força. 5. Apoiar-se.

re·for·ço (ô) *s.m.* 1. Ato de reforçar. 2. O que reforça. 3. Tropas auxiliares. *Pl.:* reforços (ó).

re·for·ma (ó) *s.f.* 1. Ato ou efeito de reformar. 2. Restauração; modificação. 3. Aposentadoria de militar. 4. Movimento religioso contra a Igreja Católica Romana, que eclodiu na Europa durante os séculos XVI e XVII (inicial maiúscula).

re·for·ma·do *adj.* 1. Que sofreu reforma; emendado; melhorado. *s.m.* 2. Militar que se aposentou.

re·for·mar *v.t.d.* 1. Dar nova forma a. 2. Formar de novo. 3. Emendar; corrigir. 4. Modificar; melhorar. 5. Conceder reforma a (militar). 6. Prover, abastecer (do que foi inutilizado ou consumido). *v.p.* 7. Refazer-se. 8. Corrigir-se. 9. Obter a reforma (militar).

re·for·ma·tó·ri·o *adj.* 1. Que reforma. *s.m.* 2. Conjunto de preceitos morais ou instrutivos. 3. Casa de correção (especialmente para menores delinquentes).

re·for·mu·lar *v.t.d.* Formular novamente ou de maneira diferente; reestruturar, reorganizar.

re·fra·ção *s.f.* 1. Ação de refratar. 2. *Fís.* Desvio que os raios luminosos sofrem quando passam de um meio para outro.

re·fran·gen·te *adj.2gên.* Que refrange.

re·fran·ger *v.t.d.* e *v.p.* Refratar.

re·frão *s.m.* 1. Estribilho. 2. Adágio; anexim; provérbio.

re·fra·tar *v.t.d.* 1. Produzir a refração de; quebrar a direção luminosa; refranger. *v.p.* 2. Sofrer refração; refletir-se.

re·fra·tá·ri·o *adj.* 1. Diz-se das substâncias que não se fundem e não se decompõem sob a ação do fogo. 2. Diz-se daquele ou daquilo que é imune em face de certos germes e de certos tóxicos. 3. Que resiste a certas

refrator

influências. 4. Rebelde; indivíduo indisciplinado. *s.m.* 5. Aquele que se esquiva ao cumprimento da lei (especialmente do serviço militar).

re·fra·tor *adj.* Que serve para refratar.

re·fre·a·do *adj.* 1. Reprimido; dominado. 2. Moderado.

re·fre:a·men·to *s.m.* Ato ou efeito de refrear.

re·fre·ar *v.t.d.* 1. Reprimir; conter; dominar. 2. Sujeitar com freio. 3. Moderar. *v.p.* 4. Conter-se; abster-se. 5. Comedir-se.

re·fre·ga (é) *s.f.* Peleja; briga; contenda.

re·fres·can·te *adj.2gên.* Que refresca.

re·fres·car *v.t.d.* 1. Tornar fresco ou mais fresco. 2. Fazer menos quente; refrigerar. 3. Aliviar. *v.i.* 4. Tornar-se fresco ou mais fresco. 5. Baixar de temperatura. *v.p.* 6. Tornar-se mais fresco; refrigerar-se.

re·fres·co (ê) *s.m.* 1. Aquilo que refresca. 2. Bebida que refresca. 3. Refrigério; auxílio.

re·fri·ge·ra·ção *s.f.* Ação ou efeito de refrigerar.

re·fri·ge·ra·dor *adj.* 1. Que refrigera; refrigerante. *s.m.* 2. Aparelho para refrigerar; frigorífico; geladeira.

re·fri·ge·ran·te *adj.2gên.* 1. Refrigerador. *s.m.* 2. Bebida não alcoólica para refrescar; refresco; gelado.

re·fri·ge·rar *v.t.d.* 1. Tornar frio ou mais frio; refrescar. 2. Consolar; suavizar. *v.p.* 3. Refrescar-se. 4. Sentir-se aliviado.

re·fri·gé·ri:o *s.m.* 1. Ato de refrigerar. 2. Alívio, conforto que se sente com o que é fresco, ameno, ou que é simplesmente moral.

re·fu·ga·do *adj.* Que se refugou.

re·fu·gar *v.t.d.* Pôr de parte; rejeitar.

regaço

re·fu·gi·a·do *adj.* e *s.m.* Que ou aquele que se refugiou.

re·fu·gi·ar-se *v.p.* 1. Esconder-se ou abrigar-se. 2. Expatriar-se. 3. Procurar proteção, amparo. 4. Retirar-se (para asilo ou lugar seguro).

re·fú·gi:o *s.m.* 1. Lugar onde alguém se refugia; asilo; abrigo. 2. Meio de fugir de alguma coisa. 3. Amparo; proteção.

re·fu·go *s.m.* 1. Aquilo que se refugou. 2. Rebotalho; resto.

re·ful·gên·ci:a *s.f.* Qualidade de refulgente.

re·ful·gen·te *adj.2gên.* 1. Que refulge; resplandecente. 2. Que brilha com intensidade.

re·ful·gir *v.i.* 1. Brilhar intensamente; resplandecer. 2. Sobressair. 3. Luzir; transparecer.

re·fun·dir *v.t.d.* 1. Fundir novamente; derreter de novo. 2. Refazer, melhorar, corrigir (texto). *v.p.* 3. Derreter-se; fundir-se. 4. Transformar-se.

re·fu·sar *v.t.d.* Recusar.

re·fu·ta·ção *s.f.* 1. Ação ou efeito de refugar; contestação. 2. Parte do discurso em que se refuta a argumentação do opositor.

re·fu·tar *v.t.d.* 1. Dizer em contrário; desmentir; redarguir. 2. Negar; não aceitar. 3. Combater com argumentos.

re·fu·tá·vel *adj.2gên.* Que se pode refutar.

re·ga (é) *s.f.* 1. Ação ou efeito de regar; regadura. 2. Chuva.

re·ga·ço *s.m.* 1. Dobra formada por vestuário comprido entre a cintura e os joelhos da pessoa sentada. 2. *fig.* Lugar onde se descansa; seio; meio; interior.

re·ga·dor *adj.* 1. Que rega. *s.m.* 2. Aquele que rega. 3. Vaso com que se rega, saindo-lhe a água por um tubo lateral geralmente terminado em crivo.

re·ga·la·do *adj.* 1. Que se regalou. 2. Que sente regalo ou grande prazer.

re·ga·lar *v.t.d.* 1. Causar regalo a; recrear. 2. Deliciar; mimosear; brindar. *v.i.* 3. Passar bem. *v.p.* 4. Tratar-se com regalo. 5. Sentir grande prazer.

re·ga·li·a *s.f.* 1. Direito próprio de rei. 2. Privilégio; prerrogativa. 3. Imunidade.

re·ga·lo *s.m.* 1. Bem-estar prolongado, físico ou moral. 2. Mimo; dádiva. 3. Agasalho para as mãos, geralmente feito de peles.

re·gar *v.t.d.* 1. Banhar, molhar (as plantas, a terra, etc.). 2. Acompanhar com bebida (a refeição).

re·ga·ta *s.f.* Corrida de embarcações.

re·ga·tão *adj.* 1. Que regateia. *s.m.* 2. Aquele que regateia. *Fem.:* regatona.

re·ga·te·ar *v.t.d.* 1. Discutir sobre o preço de. 2. Pechinchar. 3. Dar contra a vontade, com relutância. *v.i.* 4. Discutir teimosa e grosseiramente.

re·ga·tei·o *s.m.* Ato de regatear.

re·ga·to *s.m.* Corrente de água pouco considerável; ribeiro.

re·ge·dor *adj.* 1. Que rege. *s.m.* 2. Autoridade administrativa de uma paróquia.

re·gên·ci·a *s.f.* 1. Ação ou efeito de reger(-se). 2. Cargo ou funções de regente. 3. Qualidade de quem rege. 4. Coletividade incumbida do governo provisório de um Estado. 5. Governo interino de um Estado durante a menoridade, impedimento ou ausência do soberano. 6. O tempo que dura esse governo. 7. *Gram.* Relação de dependência entre as palavras de uma oração, ou entre as orações de um período.

re·gen·ci·al *adj.2gên.* Concernente a regência.

re·ge·ne·ra·ção *s.f.* 1. Ação de regenerar(-se). 2. Transformação moral.

re·ge·ne·rar *v.t.d.* 1. Tornar a gerar (-se). 2. Dar nova existência a. 3. Reproduzir (o que foi destruído). 4. Restaurar; melhorar. 5. Emendar; corrigir. 6. Renovar moralmente. *v.p.* 7. Reabilitar-se. 8. Emendar-se; corrigir-se.

re·ge·ne·ra·ti·vo *adj.* Que pode regenerar; regenerador.

re·gen·te *adj.2gên.* 1. Que rege. *s.2gên.* 2. Pessoa que rege uma nação provisoriamente. 3. Chefe de orquestra ou banda; maestro.

re·ger *v.t.d.* 1. Dirigir; governar; administrar. 2. Reinar em. 3. Ter o supremo poder sobre. 4. Guiar; encaminhar. 5. *Gram.* Determinar a flexão de. *v.i.* 6. Exercer as funções de rei ou governador. *v.p.* 7. Governar-se; dirigir-se; regular-se.

re·gi·ão *s.f.* 1. Grande extensão de terreno. 2. Território que, pelos seus caracteres, se distingue de outros. 3. Terra; país. 4. Cada uma das ramificações da administração pública, das ciências, das artes, etc. 5. Cada uma das partes em que se supõe dividida a atmosfera. 6. Camada ou esfera social. 7. Determinado espaço do corpo humano.

re·gi·ci·da *s.2gên.* Pessoa que mata rei ou rainha.

re·gi·cí·di·o *s.m.* Assassinato de rei ou rainha.

re·gi·me *s.m.* 1. Ato ou modo de reger. 2. Sistema político por que se rege

regimental   **regressão**

uma nação. 3. Maneira de viver. 4. Dieta alimentar. 5. Convenção matrimonial, sistema que regula a posse, administração e gozo dos bens de um casal.

re·gi·men·tal *adj.2gên.* Que se refere ou pertence ao regimento; regimentar.

re·gi·men·tar *adj.2gên.* 1. Regimental. 2. Relativo a regulamento; regulamentar.

re·gi·men·to *s.m.* 1. Ato ou efeito de reger. 2. Regime; regulamento; estatuto. 3. Corpo de tropas dirigido por um coronel.

ré·gi:o *adj.* 1. Que se refere ou pertence ao rei; real. 2. Próprio do rei. 3. *fig.* Suntuoso.

re·gi:o·nal *adj.2gên.* 1. Relativo a uma região ou próprio dela. *s.m.* 2. Conjunto musical dedicado a músicas e instrumentos típicos de uma região.

re·gi:o·na·lis·mo *s.m.* 1. Sistema de defesa e incremento dos interesses regionais. 2. *Gram.* Palavra, locução própria de uma região ou regiões. 3. *Lit.* Caráter da literatura que se baseia em costumes e tradições regionais.

re·gi:o·na·lis·ta *adj.2gên.* e *s.2gên.* 1. Que ou pessoa que defende os interesses regionais. 2. Pessoa partidária do regionalismo.

re·gis·tra·do·ra (ô) *s.f.* Máquina de uso comercial que serve para registrar as importâncias recebidas.

re·gis·trar *v.t.d.* 1. Inscrever, lançar em livro especial. 2. Fazer consignação por escrito. 3. Historiar. 4. Enviar pelo correio, com seguro ou garantia. 5. Anotar a marcha de certos acontecimentos, etc. 6. Marcar quantia recebida na máquina registradora.

re·gis·tro *s.m.* 1. Ato ou efeito de registrar. 2. Livro em que se inscrevem certos fatos ou documentos. 3. Seguro ou garantia de correio. 4. Dispositivo, ou relógio, em que se registra o consumo de água, eletricidade, gás. 5. Certidão de nascimento. *Mús.* 6. Timbre de voz ou de instrumento. 7. Parte da escala musical, principalmente relativa à extensão das vozes.

re·go (ê) *s.m.* 1. Sulco, natural ou artificial, para a condução de água. 2. Sulco que o arado faz na terra. 3. Vala para escoamento de água.

re·gor·je·ar *v.i.* 1. Trinar; gorjear muito. *v.t.d.* 2. Emitir como gorjeio.

re·gor·jei·o *s.m.* Ato de regorjear; trinado.

re·gou·gar *v.i.* 1. Soltar a voz, gritar (a raposa). 2. *fig.* Falar em voz áspera; resmungar. *v.t.d.* 3. Pronunciar ou dizer em voz áspera.

re·go·zi·jar *v.t.d.* 1. Causar regozijo a; alegrar muito. *v.p.* 2. Alegrar-se; congratular-se.

re·go·zi·jo *s.m.* Grande gozo; gosto; contentamento; prazer; alegria; folia.

re·gra (é) *s.f.* 1. Princípio; norma; prescrição; preceito; exemplo. 2. Régua. 3. Moderação; economia. 4. Cuidado. 5. Aquilo que a lei ou o uso determina.

re·gra·do *adj.* 1. Riscado com régua. 2. Bem-comportado; moderado; sensato.

re·grar *v.t.d.* 1. Traçar linhas sobre. 2. Sujeitar a certas regras. 3. Moderar; regular. *v.p.* 4. Guiar-se; regular-se. 5. Moderar-se.

re·gras (é) *s.f.pl. pop.* Menstruação.

re·gre·dir *v.i.* Retroceder, ir em marcha regressiva.★

re·gres·são *s.f.* 1. Ato ou efeito de regredir. 2. Regresso; volta. 3. Retrocesso.

re·gres·sar *v.t.i.* 1. Voltar; tornar (ao ponto de partida). 2. Fazer voltar.

re·gres·si·vo *adj.* 1. Retroativo. 2. Que regressa ou retrograda. 3. Que volta atrás.

re·gres·so (é) *s.m.* Ato de regressar; retorno.

ré·gua *s.f.* Peça direita, estreita e chata, mais ou menos comprida, para traçar linhas retas ou medir.

re·gu·la·do *adj.* 1. Que se regulou. 2. Que anda ou se move com regularidade.

re·gu·la·dor *adj.* e *s.m.* Que ou o que regula.

re·gu·la·men·ta·ção *s.f.* 1. Ação de regulamentar. 2. Redação e publicação de regulamentos, estatutos.

re·gu·la·men·tar *adj.2gên.* 1. Relativo a regulamento; regimental. *v.t.d.* 2. Regular; sujeitar a regulamento.

re·gu·la·men·to *s.m.* 1. Ato ou efeito de regular. 2. Determinação. 3. Conjunto de regras. 4. Disposição oficial com que se explica e se facilita a execução de uma lei ou decreto.

re·gu·lar *adj.2gên.* 1. Relativo ou conforme a regra. 2. Leal. 3. Natural. 4. Disposto de modo simétrico. 5. Que está no meio termo. 6. Que cumpre com os seus deveres; pontual. 7. Que tem lados e ângulos iguais entre si. *s.m.* 8. Aquilo que é regular, conveniente ou legítimo. *v.t.d.* 9. Sujeitar a regras. 10. Encaminhar conforme a lei. 11. Regulamentar; pôr em ordem; normalizar; conter; reprimir; moderar; estabelecer regras para. 12. Conformar. *v.i.* 13. Servir de regra. 14. Trabalhar ou funcionar com acerto. 15. *pop.* Ter sanidade mental. *v.t.i.* 16. Guiar-se; dirigir-se.

re·gu·la·ri·da·de *s.f.* 1. Qualidade de regular. 2. Regulamentação.

re·gu·la·ri·zar *v.t.d.* 1. Tornar regular ou razoável; regulamentar. 2. Pôr direito. *v.p.* 3. Entrar na forma regular.

ré·gu·lo *s.m.* 1. Pequeno rei. 2. Soberano de um Estado bárbaro ou semibárbaro. 3. *Astron.* Nome da estrela alfa do Leão (inicial maiúscula).

re·gur·gi·ta·ção *s.f.* Ação ou efeito de regurgitar.

re·gur·gi·tar *v.t.d.* 1. Lançar para fora (o que há em demasia numa cavidade); vomitar. *v.i.* e *v.t.i.* 2. Transbordar; estar repleto.

rei *s.m.* 1. Aquele que rege uma nação monárquica. 2. Monarca. 3. *fig.* Indivíduo mais notável entre outros. 4. Pessoa que exerce poder absoluto. 5. Uma das figuras nas cartas de jogar. 6. Uma das peças no jogo de xadrez.

rei·de *s.m.* 1. Incursão em território inimigo. 2. Excursão longa a pé, a cavalo, de automóvel, de avião, etc.

re·im·pres·são *s.f.* Ato ou efeito de reimprimir.

re·im·pri·mir *v.t.d.* 1. Imprimir de novo. 2. Fazer nova impressão de uma obra.

rei·na·ção *s.f.* Pândega; patuscada; travessura.

rei·na·do *s.m.* Tempo durante o qual um rei ou uma rainha governam.

rei·na·dor *adj.* Que reina ou faz travessuras.

rei·nan·te *adj.2gên.* e *s.2gên.* Que ou pessoa que reina.

rei·nar *v.i.* 1. Governar um Estado como rei. 2. Dominar; ter poder, influência. 3. Estar em vigor. 4. Grassar. 5. Sobressair; tornar-se notável. 6. Fazer travessuras. *v.t.i.* 7. Exercer influência.

re·in·ci·dên·cia *s.f.* 1. Ato ou efeito de reincidir. 2. Pertinácia; teimosia.

reincidente

re·in·ci·den·te *adj.2gên.* Que reincide.

re·in·ci·dir *v.t.d.* 1. Recair; tornar a incidir. *v.i.* 2. Tornar a praticar um ato da mesma espécie.

re·in·cor·po·ra·ção *s.f.* Ato ou efeito de reincorporar.

re·in·cor·po·rar *v.t.d.* Tornar a incorporar.

re·i·ni·ci·a·li·zar *v.t.d. Inform.* Reiniciar.

re·i·ni·ci·ar *v.t.d.* 1. Tornar a iniciar. 2. *Inform.* Fazer um computador ou um equipamento em operação passar novamente pelo processo de iniciação; reinicializar.

rei·no *s.m.* 1. Estado governado por um rei. 2. Cada uma das divisões em que estão agrupados os seres da natureza (reinos animal, vegetal e mineral). 3. Conjunto de seres com caracteres comuns.

rei·nol *adj.2gên.* 1. Natural do reino. 2. Próprio do reino.

re:ins·cre·ver *v.t.d.* e *v.p.* Tornar a inscrever(-se).

re·in·te·gra·ção *s.f.* Ato de reintegrar(-se).

re·in·te·grar *v.t.d.* 1. Restabelecer alguém na posse de. 2. Repor no mesmo lugar. 3. Reconduzir. *v.p.* 4. Estabelecer-se novamente em. 5. Reempossar-se.

rei·sa·do *s.m. Fol.* Dança dramática popular com que se festeja o dia de Reis (6 de janeiro).

rei·te·rar *v.t.d.* Repetir; renovar.

rei·te·ra·ti·vo *adj.* Que reitera ou serve para reiterar.

rei·tor *s.m.* 1. Aquele que rege. 2. Diretor de estabelecimentos de ensino superior (faculdade, universidade).

rei·to·ri·a *s.f.* 1. Cargo ou dignidade de reitor. 2. Repartição de reitor.

relacionar

rei·u·no *adj.* 1. Fornecido pelo Estado. 2. Ruim; de baixa condição. *s.m.* 3. Gado pertencente ao Estado, ou sem dono.

re:i·vin·di·ca·ção *s.f.* Ato ou efeito de reivindicar.

re:i·vin·di·car *v.t.d.* 1. Intentar demanda para reaver aquilo que está na posse de outrem. 2. Recuperar ou tentar recuperar. 3. Exigir.

re·jei·ção *s.f.* Ato ou efeito de rejeitar.

re·jei·tar *v.t.d.* 1. Lançar fora. 2. Lançar de si. 3. Vomitar; expelir. 4. Recusar; não admitir; desaprovar. 5. Opôr-se a. 6. Atirar; arremessar. 7. Afastar.

re·ju·bi·la·ção *s.f.* 1. Ação de rejubilar. 2. Grande júbilo.

re·ju·bi·lar *v.t.d.* 1. Causar muito júbilo a. *v.i.* e *v.p.* 2. Ter grande júbilo. 3. Alegrar-se muito.

re·jú·bi·lo *s.m.* Rejubilação.

re·jun·tar *v.t.d.* Tapar as juntas de (ladrilhos, azulejos, etc.).

re·ju·ve·nes·cer *v.t.d.* 1. Remoçar; tornar jovem. *v.i.* e *v.p.* 2. Parecer jovem, não o sendo. 3. Remoçar.

re·ju·ve·nes·ci·men·to *s.m.* Ato ou efeito de rejuvenescer.

re·la·ção *s.f.* 1. Ação de relatar. 2. Descrição. 3. Notícias; lista. 4. Semelhança. 5. Comparação entre duas quantidades. 6. Tribunal judicial de segunda instância. 7. *Mús.* Espaço entre dois sons.

re·la·ci·o·na·do *adj.* Que tem relações.

re·la·ci·o·nar *v.t.d.* 1. Dar ou fazer relação de. 2. Referir; relatar. 3. Adquirir amizade. 4. Estabelecer relação (entre coisas diversas). *v.p.* 5. Ligar-se; ter relação. 6. Adquirir relações. 7. Travar conhecimento.

re·la·ções *s.f.pl.* 1. Convivência. 2. Conhecimento recíproco de pessoas. 3. *pop.* Relacionamento sexual.

re·lâm·pa·go *s.m.* 1. Cintilação ou luz rápida que resulta da descarga elétrica entre duas nuvens. 2. *fig.* Luz intensa e rápida. 3. O que é rápido e transitório.

re·lam·pa·gue·ar *v.i.* Relampejar.★

re·lam·pe·jar *v.i.* e *v.t.d.* 1. Produzirem-se relâmpagos. 2. Fulgurar; cintilar. *v.i.* e *v.t.i.* 3. *fig.* Passar rápido como um relâmpago ou exibir a intensidade de seu brilho.

re·lan·çar *v.t.d.* Tornar a lançar no mercado (livro, mercadoria).

re·lan·ce *s.m.* Ato ou efeito de relancear. *loc. adv.* **De relance**: rapidamente.

re·lan·ce·ar *v.t.d.* 1. Dirigir rapidamente (a vista, os olhos). 2. Olhar de relance.

re·lap·so *adj.* e *s.m.* 1. Que ou pessoa que reincide. 2. Impenitente; contumaz.

re·lar *v.t.d.* Tocar de leve; roçar.

re·la·tar *v.t.d.* Mencionar; narrar; expor; referir.

re·la·ti·vi·da·de *s.f.* 1. Qualidade ou estado de relativo; contingência. 2. *Fís.* Teoria que sustenta a inter-relatividade do tempo e espaço, da luz e da velocidade.

re·la·ti·vo *adj.* 1. Que indica relação. 2. Concernente; referente. 3. Condicional; acidental. 4. Julgado por contingente; variável.

re·la·to *s.m.* Ato ou efeito de relatar; relação.

re·la·tor *s.m.* 1. Aquele que relata. 2. Aquele que redige um relatório ou o parecer de uma comissão ou assembleia. 3. Aquele que refere ou narra; narrador.

re·la·tó·ri:o *s.m.* 1. Exposição escrita e circunstanciada dos fatos relativos a uma administração. 2. Exposição prévia dos fundamentos de uma lei ou de um decreto; relação. 3. Qualquer descrição escrita ou verbal minuciosa.

re·la·xa·ção (ch) *s.f.* 1. Ato de relaxar. 2. Distensão das fibras musculares. 3. *fig.* Desleixo. 4. Desregramento de costumes.

re·la·xa·do (ch) *adj.* 1. Frouxo. 2. Descuidado no cumprimento dos deveres. 3. Desmoralizado. *s.m.* 4. Aquele que não cumpre seus deveres.

re·la·xa·men·to (ch) *s.m.* Relaxação.

re·la·xan·te (ch) *adj.2gên.* Que relaxa ou desmoraliza.

re·la·xar (ch) *v.t.d.* 1. Afrouxar. 2. Diminuir a força, a tensão de. 3. Permitir o não cumprimento de uma lei ou de um dever. *v.i.* 4. Afrouxar; enfraquecer. *v.t.i.* 5. Condescender; transigir. *v.p.* 6. Tornar-se fraco. 7. Desmoralizar-se.

re·lé *s.m. Eletr.* Dispositivo que permite acionar ou desligar um circuito elétrico.

re·lease (rilíse) *Ingl. s.m.* Material utilizado por jornalistas que reúne informações sobre determinado assunto.

re·le·gar *v.t.d.* 1. Fazer sair de um lugar para outro. 2. Expatriar. 3. Confinar (num lugar determinado). 4. Afastar. 5. Desterrar.

re·lem·brar *v.t.d.* Lembrar novamente; recordar.

re·len·to *s.m.* 1. Umidade atmosférica noturna; orvalho. 2. Moleza que essa umidade produz.

re·ler *v.t.d.* 1. Tornar a ler. 2. Ler muitas vezes.★

re·les (é) *adj.2gên.* e *2núm.* 1. Ordinário. 2. Grosseiro; desprezível. 3. Fraco.

re·le·vân·ci·a *s.f.* 1. Qualidade de relevante. 2. Relevo; importância.

re·le·van·te *adj.2gên.* 1. Que releva, sobressai. 2. Importante.

re·le·var *v.t.d.* 1. Dar relevo a. 2. Tornar saliente. 3. Aliviar; consentir; desculpar; perdoar; absolver. *v.i.* e *v.t.i.* 4. Ser preciso ou conveniente; importar. *v.p.* 5. Distinguir-se.

re·le·vo (ê) *s.m.* 1. Ato ou efeito de relevar(-se). 2. Saliência. 3. Obra de escultura que ressai da superfície natural. 4. Trabalho análogo, em gravura. 5. *fig.* Evidência; distinção; realce.

re·lha (ê) *s.f.* Parte da charrua ou do arado que entra na terra.

re·lho (é) *adj.* 1. Duro; inflexível. 2. Muito velho.

re·lho (ê) *s.m.* Chicote feito de couro torcido.

re·li·cá·ri·o *s.m.* 1. Caixa ou bolsa que contém relíquias. 2. Lugar próprio para guardar relíquias.

re·li·gar *v.t.d.* 1. Ligar novamente. 2. Atar bem.

re·li·gi·ão *s.f.* 1. Culto prestado a Deus ou a uma divindade. 2. Sistema religioso. 3. Crença. 4. Fé. 5. Devoção. 6. Conjunto de ritos e cerimônias, ordenados para a manifestação do culto à divindade.

re·li·gi·o·si·da·de *s.f.* 1. Qualidade do que é religioso. 2. Disposição ou tendência religiosa do ser humano.

re·li·gi·o·so (ô) *adj.* 1. Relativo a religião. 2. Que vive segundo as regras de uma religião. *s.m.* 3. Aquele que tem religião. 4. Indivíduo que está ligado por votos monásticos. *Pl.:* religiosos (ó).

re·lin·char *v.i.* Rinchar.

re·lin·cho *s.m.* Rincho.

re·lí·qui·a *s.f.* 1. Parte do corpo de algum santo. 2. Objeto que pertenceu a um santo. 3. Coisa preciosa. 4. Objeto pouco vulgar. 5. Restos respeitáveis.

re·ló·gi·o *s.m.* 1. Instrumento para marcar as horas, e, por extensão, para marcar o tempo. 2. Aparelho que marca o consumo de eletricidade, gás ou água.

re·lo·jo·a·ri·a *s.f.* 1. Arte de relojoeiro. 2. Maquinismo de relógios. 3. Casa onde se fabricam ou vendem relógios.

re·lo·jo·ei·ro *s.m.* Aquele que fabrica, conserta ou vende relógios.

re·lu·me *s.m.* Clarão, fulgor, brilho muito vivo.

re·lu·tân·ci·a *s.f.* Qualidade de relutante.

re·lu·tan·te *adj.2gên.* Que reluta; teimoso; obstinado.

re·lu·tar *v.i.* e *v.t.i.* 1. Lutar pela segunda vez. 2. Resistir; obstinar-se; opor força. 3. Ter repugnância. 4. Hesitar.

re·lu·zen·te *adj.2gên.* Que reluz.

re·lu·zir *v.i.* 1. Brilhar, resplandecer. 2. Manifestar-se de modo muito vivo.

rel·va (é) *s.f.* 1. Erva rasteira e fina. 2. Conjunto de ervas rasteiras e delgadas que crescem espontaneamente. 3. Lugar coberto dessa erva.

rel·va·do *s.m.* Terreno coberto de relva.

rel·vo·so (ô) *adj.* Em que há relva. *Pl.:* relvosos (ó).

re·ma·da *s.f.* 1. Ação de remar. 2. Pancada com o remo.

re·ma·dor *adj.* e *s.m.* Que ou aquele que rema.

re·man·char *v.i.* e *v.p.* 1. Tardar; demorar-se. 2. Andar devagar. 3. Ser pachorrento.

re·ma·ne·ja·men·to *s.m.* Ato ou efeito de remanejar.

re·ma·ne·jar *v.t.d.* 1. Tornar a manejar. 2. Recompor; refazer.

re·ma·nes·cen·te *adj.2gên.* 1. Que remanesce. *s.m.* 2. Aquilo que resta.

re·ma·nes·cer *v.i.* Sobejar; ficar; restar.

re·man·sa·do *adj.* 1. Quieto; tranquilo; manso. 2. Pachorrento; vagaroso.

re·man·so *s.m.* 1. Cessação de movimento. 2. Tranquilidade; quietação; recolhimento. 3. Pequena porção de água parada; água estagnada.

re·mar *v.t.d.* 1. Impelir com o auxílio dos remos. *v.i.* 2. Mover os remos. 3. *fig.* Nadar; lutar; viver.

re·mar·ca·ção *s.f.* Ação ou efeito de remarcar.

re·mar·car *v.t.d.* 1. Marcar novamente. 2. Pôr novo preço em.

re·ma·ta·do *adj.* 1. Encimado; sobreposto. 2. Concluído. 3. Completo.

re·ma·tar *v.t.d.* 1. Dar remate a. 2. Pôr fim a; concluir, completar, terminar. 3. Fazer remate de pontos em (costura). *v.i.* e *v.t.i.* 4. Terminar.

re·ma·te *s.m.* 1. Conclusão. 2. Ato de fechar, de concluir, de completar, de pôr fim. 3. Efeito. 4. O ponto mais elevado; o auge.

re·me·di·a·do *adj.* Que tem situação financeira razoável; nem rico nem pobre.

re·me·di·ar *v.t.d.* 1. Dar remédio a. 2. Corrigir; arranjar; minorar. 3. Prover do mais necessário.★

re·mé·di·o *s.m.* 1. Qualquer substância de que se faz uso para combater doenças e indisposições. 2. O que pode debelar uma doença ou um mal; medicamento. 3. Expediente. 4. Emenda. 5. Auxílio.

re·me·la (é) *s.f.* Secreção viscosa que se acumula nos bordos das pálpebras e nos pontos lacrimais.

re·me·le·xo (ê, ch) *s.m.* Requebro; saracoteio; bamboleio.

re·me·lo·so (ô) *adj.* Que tem ou cria remela. *Pl.:* remelosos (ó).

re·me·mo·ra·ção *s.f.* Ação ou efeito de rememorar.

re·me·mo·rar *v.t.d.* 1. Tornar a lembrar. 2. *fig.* Ter semelhança ou dar ideia de.

re·me·mo·ra·ti·vo *adj.* Digno de ser rememorado.

re·men·da·do *adj.* 1. Que tem remendos. 2. Manchado. 3. Imprópria (linguagem).

re·men·dão *adj.* e *s.m.* 1. Que ou o que faz remendos. 2. Maltrapilho. 3. Indivíduo inábil no seu ofício; mau oficial; remendeiro.

re·men·dar *v.t.d.* Fazer, aplicar remendos em; consertar.

re·men·do *s.m.* 1. Pedaço de pano ou de couro com que se conserta uma parte do vestuário ou do calçado. 2. Peça de metal, madeira, etc. com que se conserta um objeto de substância idêntica. 3. *fig.* Emenda. 4. Disfarce; desculpa.

re·mes·sa (é) *s.f.* 1. Ação ou efeito de remeter. 2. Aquilo que se remeteu.

re·me·ten·te *adj.* Que remete.

re·me·ter *v.t.d.* 1. Mandar; enviar; expedir. 2. Fazer referência a. 3. Acometer com ímpeto. 4. Adiar; espaçar. *v.t.i.* 5. Arremeter; arrojar-se.

re·me·xer (ch) *v.t.d.* 1. Mexer novamente ou muitas vezes. 2. Misturar, mexendo. 3. Agitar; sacudir. *v.t.i.* 4. Tocar; bulir. *v.i.* e *v.p.* 5. Ver-se; agitar-se; saracotear; bambolear.

re·me·xi·do (ch) *adj.* 1. Misturado; confuso. 2. *pop.* Buliçoso; irrequieto; travesso.

re·mi·ção *s.f.* Ação de remir; resgate. *V. remissão.*

re·mi·do *adj.* 1. Libertado; perdoado; resgatado. 2. Diz-se do membro de uma associação que se isentou do pagamento de contribuições.

rê·mi·ge *adj.2gên.* 1. Que rema. *s.m.* 2. Remígio.

re·mí·gi:o *s.m.* 1. *Zool.* As penas mais compridas das asas das aves; rêmige. 2. Voo das aves.

re·mi·nis·cên·ci:a *s.f.* Memória; lembrança indecisa; recordação.

re·mir *v.t.d.* 1. Adquirir de novo; readquirir. 2. Resgatar. 3. Tirar do poder ou do cativeiro; salvar. 4. Indenizar. 5. Reparar; expiar. 6. Fazer esquecer. *v.p.* 7. Resgatar-se; reabilitar-se; livrar-se de um mal. ★★

re·mi·rar *v.t.d.* 1. Mirar novamente. 2. Mirar muito. 3. Observar atentamente. *v.p.* 4. Mirar-se repetidas vezes.

re·mis·são *s.f.* 1. Ação ou efeito de remitir. 2. Indulgência; perdão. 3. Frouxidão; desânimo. 4. Remessa. 5. Alusão; referência. 6. Diminuição de intensidade. 7. Ato de remeter. *V. remição.*

re·mis·si·vo *adj.* 1. Que remite. 2. Que remete para outro lugar. 3. Que faz referência.

re·mi·tir *v.t.d.* 1. Perdoar. 2. Dar-se como pago de. 3. Devolver; restituir. 4. Tornar menos intenso. 5. Afrouxar; ceder. *v.i.* 6. Diminuir de intensidade. *v.p.* 7. Tornar-se menos intenso; diminuir.

re·mo (ê) *s.m.* Haste de madeira, achatada numa das extremidades (pá), que serve para fazer embarcações pequenas avançar na água.

re·mo·ça·do *adj.* 1. Que remoçou. 2. Que adquiriu novo vigor.

re·mo·ção *s.f.* Ação ou efeito de remover.

re·mo·car *v.t.d.* Apreciar com remoque; censurar. *V. remoçar.*

re·mo·çar *v.t.d.* 1. Tornar moço ou mais moço. 2. Dar o frescor da juventude a. *v.i.* 3. Tornar-se moço ou mais moço; rejuvenescer. *v.p.* 4. Readquirir vigor; robustecer-se. *V. remocar.*

re·mo·de·la·ção *s.f.* Ação ou efeito de remodelar.

re·mo·de·lar *v.t.d.* 1. Modelar novamente. 2. Refazer com modificações sensíveis. 3. Dar novo aspecto ou nova forma a.

re·mo·er *v.t.d.* 1. Moer novamente. 2. Repisar. 3. Importunar. 4. Ruminar. 5. Afligir-se; atormentar-se. 6. Encolerizar-se.

re·mo·i·nhar *v.i.* 1. Mover-se em círculo ou espirais. 2. Andar à roda. 3. Dar voltas. *v.t.d.* 4. Fazer girar.

re·mo·i·nho *s.m.* 1. Ato ou efeito de remoinhar. 2. Movimento rápido de rotação ou em espiral. 3. Massas rápidas e circulares de água ou de ar.

re·mo·lhar *v.t.d.* 1. Molhar de novo ou molhar bem; ensopar. *v.i.* e *v.p.* 2. Embeber-se.

re·mo·lho (ô) *s.m.* 1. Ato de remolhar. 2. *fam.* Doença que obriga a estar de cama.

re·mon·ta *s.f.* 1. Aquisição de montarias para o exército. 2. Cavalos ou mulas para uso dos regimentos. 3. O pessoal encarregado de adquirir esses animais. 4. *pop.* Remodelação; conserto.

re·mon·ta·do *adj.* 1. Elevado. 2. Afastado; remoto.

re·mon·tar *v.t.d.* 1. Elevar muito. 2. Fazer que suba a lugar elevado. 3. Renovar (o gado de um regimento). 4. Remendar; consertar; rematar. *v.t.i.* 5. Ir buscar a origem ou a data. 6. Volver muito atrás no passado. 7. Subir novamente. 8. Voltar à nascente. *v.p.* 9. Elevar-se muito. 10. Aludir a tempos passados.

re·mo·que (ó) *s.m.* 1. Dito que encerra conceito malicioso ou satírico. 2. Insinuação indireta.

re·mo·que·ar (ô) *v.t.d.* 1. Dirigir remoques a. *v.i.* 2. Dizer remoques.

re·mo·rar *v.t.d.* Retardar; demorar.

re·mor·der *v.t.d.* 1. Morder de novo, ou morder repetidas vezes. 2. Falar mal de. 3. Afligir. 4. Cismar. *v.t.i.* 5. Tornar a morder. 6. Repisar; insistir. *v.p.* 7. Morder-se muitas vezes. 8. Encolerizar-se.

re·mor·di·men·to *s.m.* Ato de remorder(-se).

re·mor·so (ó) *s.m.* Desgosto, sentimento pungente que resulta do conhecimento do crime ou erro que se cometeu; tormento interno.

re·mo·to (ó) *adj.* 1. Que está distante. 2. Acontecido há muito tempo. 3. Afastado; longínquo.

re·mo·ve·dor *s.m.* Preparado para tirar manchas ou remover verniz, tinta, etc.

re·mo·ver *v.t.d.* 1. Mover de novo. 2. Transferir. 3. Mudar de um lugar para outro. 4. Afastar de si. 5. Agitar; remexer. 6. Demitir.

re·mu·ne·ra·ção *s.f.* 1. Ação ou efeito de remunerar. 2. Recompensa; prêmio. 3. Salário; ordenado.

re·mu·ne·rar *v.t.d.* 1. Satisfazer. 2. Recompensar; premiar; gratificar. 3. Pagar salário ou remuneração a.

re·na (ê) *s.f. epiceno Zool.* Mamífero ruminante das regiões boreais, semelhante ao veado e também conhecido como caribu; rangífer.

re·nal *adj.2gên.* Que se refere ou pertence aos rins.

re·não *adv.* Absolutamente não; não e não.

re·nas·cen·ça *s.f.* 1. Ato ou efeito de renascer. 2. Vida nova. 3. Movimento científico, artístico e literário que se operou entre os séculos XIV e XVI (inicial maiúscula).

re·nas·cen·tis·ta *adj.2gên.* 1. Relativo à Renascença. 2. Próprio dessa época.

re·nas·cer *v.i.* 1. Nascer de novo. 2. Adquirir novo vigor ou nova atividade. 3. Aparecer novamente. 4. Corrigir-se; reabilitar-se.

re·nas·ci·men·to *s.m.* Renascença(1).

ren·da *s.f.* 1. Obra de malha ou tecido aberto, com desenhos variados, e que serve para guarnição de vestidos, toalhas, fronhas, vestuário íntimo feminino, etc. 2. Produto auferido de propriedades rurais ou urbanas, de bens móveis ou de capitais em giro. 3. Lucro de aluguel. 4. Rendimento; receita.

ren·da·do *adj.* 1. Guarnecido de rendas. *s.m.* 2. Objeto guarnecido de rendas. 3. Conjunto das rendas de uma peça de vestuário.

ren·dar *v.t.d.* Guarnecer de rendas.

ren·dei·ra *s.f.* Mulher que faz ou vende rendas; mulher de rendeiro.

ren·dei·ro *s.m.* 1. Homem que faz ou vende rendas. 2. Aquele que arrenda propriedade rural.

ren·der *v.t.d.* 1. Sujeitar; submeter; vencer; obrigar a capitular. 2. Ocupar o lugar de; substituir. 3. Ter como produto ou lucro. *v.t.d.* e *v.i.* 4. Produzir

rendição

vantagem. 5. Ser causa de. 6. prestar; dedicar; ofertar. *v.i.* 7. Produzir lucros; ser útil; proveitoso. 8. Quebrar-se. 9. Adquirir hérnia. *v.p.* 10. Entregar-se; dar-se por vencido.

ren·di·ção *s.f.* Ação ou efeito de render.

ren·di·do *adj.* 1. Dominado, subjugado; vencido. 2. Que tem hérnia.

ren·di·lha *s.f.* Variedade de renda pequena e delicada.

ren·di·lha·do *adj.* 1. Adornado com rendilhas. 2. *fig.* Que tem lavores semelhantes a rendilhas. 3. Trabalhado e ornado com delicadeza.

ren·di·lhar *v.t.d.* 1. Ornar com rendilhas ou imitando renda. 2. Recortar. 3. Dar ornatos caprichosos a.

ren·di·men·to *s.m.* 1. Ato ou efeito de render. 2. Produto do capital posto a render; lucro.

ren·do·so (ô) *adj.* Que rende; lucrativo. *Pl.:* rendosos (ó).

re·ne·ga·do *adj.* e *s.m.* 1. Que ou o que deixa sua religião por outra; apóstata. 2. Indivíduo que deixa o seu partido por outro. 3. O que abandona as suas opiniões antigas. 4. Odiado; execrado. 5. Desprezado; rejeitado. 6. *pop.* Indivíduo cruel, malvado.

re·ne·gar (ê) *v.t.d.* 1. Renunciar a (religião, crença). 2. Odiar; execrar. 3. Trair. 4. Desmentir; negar. 5. Desprezar. *v.t.i.* 6. Abjurar; descrer.

re·nhi·do *adj.* 1. Encarniçado; disputado com ardor. 2. *fig.* Sangrento.

re·nhir *v.t.d.* 1. Disputar; travar; contender; combater. *v.t.i.* 2. Altercar; porfiar. *v.i.* 3. Pelejar; combater encarniçadamente.★★

rê·ni:o *s.m. Quím.* Elemento metal de símbolo **Re** e cujo número atômico é 75.

reordenação

re·ni·tên·ci:a *s.f.* 1. Qualidade de renitente. 2. Obstinação; teimosia.

re·ni·ten·te *adj.2gên.* Obstinado; teimoso; contumaz.

re·no·me (ô) *s.m.* Notabilidade; fama; celebridade.

re·no·me·ar *v.t.d.* Dar renome a.

re·no·va·ção *s.f.* Ação ou efeito de renovar(-se).

re·no·va·dor *adj.* e *s.m.* Que ou o que renova.

re·no·var *v.t.d.* 1. Tornar novo. 2. Recomeçar; repetir. 3. Dar aspecto de novo a; modificar para melhor. 4. Substituir por coisa nova. 5. Restaurar; restabelecer; revigorar. 6. Reiterar. *v.i.* 7. Deitar renovos ou rebentos. 8. Suceder-se; tornar a aparecer. *v.p.* 9. Rejuvenescer; revigorar-se.

re·no·vo (ô) *s.m.* 1. Rebento; vergôntea. 2. Descendência.

ren·que *s.2gên.* Alinhamento; fileira; disposição de coisas ou pessoas na mesma linha.

ren·tá·vel *adj.2gên.* Que gera renda ou dá lucro; lucrativo.

ren·te *adj.2gên.* 1. Próximo; contíguo. 2. Muito curto. *adv.* 3. Pela raiz; pelo pé.

re·nu·ir *v.t.d. desus.* Renunciar; rejeitar; recusar.

re·nún·ci:a *s.f.* Ação ou efeito de renunciar.

re·nun·ci·an·te *adj.2gên.* e *s.2gên.* Que ou pessoa que renuncia.

re·nun·ci·ar *v.t.d.* e *v.t.i.* 1. Rejeitar; recusar. 2. Desistir de. 3. Deixar a posse de. 4. Abdicar; abjurar; renegar. *v.i.* 5. Fazer recusa. 6. Privar-se da posse ou gozo de alguma coisa.

re·or·de·na·ção *s.f.* Ação ou efeito de reordenar.

re·or·de·nar *v.t.d.* 1. Ordenar novamente. 2. Tornar a pôr em ordem. 3. Conferir novas ordens a.

re·or·ga·ni·za·ção *s.f.* Ação ou efeito de reorganizar.

re·or·ga·ni·zar *v.t.d.* 1. Tornar a organizar. 2. Melhorar; reformar.

re·os·ta·to *s.m. Fís.* Aparelho por meio do qual a intensidade das correntes elétricas pode tornar-se constante.

re·pa·ra·ção *s.f.* 1. Ação ou efeito de reparar; conserto; restauração; reforma. 2. Indenização. 3. Satisfação que se dá a alguém, por ofensas ou injúrias.

re·pa·ra·dor *adj.* e *s.m.* Que ou o que repara, melhora, fortifica, restabelece.

re·pa·rar *v.t.d.* 1. Renovar; consertar; refazer; emendar. 2. Fixar a vista ou a atenção em. 3. Indenizar; compensar. 4. Dar satisfação a. *v.t.i.* 5. Tomar cautela. 6. Fixar a vista ou a atenção. *v.p.* 7. Ressarcir-se.

re·pa·ro *s.m.* 1. Ato ou efeito de reparar. 2. Resguardo; defesa; trincheira. 3. Restauração. 4. Observação; crítica.

re·par·ti·ção *s.f.* 1. Ação ou efeito de repartir; partilha; divisão. 2. Seção de secretaria ou diretoria-geral. 3. Secretaria; escritório.

re·par·ti·do *adj.* 1. Que se repartiu. 2. Indeciso; titubeante.

re·par·ti·men·to *s.m.* 1. Ato ou efeito de repartir. 2. Compartimento; quarto. 3. Lugar reservado e separado de outros.

re·par·tir *v.t.d.* 1. Separar em partes. 2. Dividir por grupos; distribuir. 3. Dar em quinhão. 4. Empregar. *v.p.* 5. Dividir-se; espalhar-se; ramificar-se.

re·pas·sa·da *s.f.* Ato de repassar; repasse.

re·pas·sa·do *adj.* 1. Que se repassou. 2. Embebido; impregnado.

re·pas·sar *v.t.d.* 1. Passar novamente. 2. Ler ou examinar novamente. 3. Recordar. 4. Penetrar; impregnar. 5. Encher; tomar. *v.i.* e *v.t.i.* 6. Tornar a passar. 7. Verter; embeber-se. *v.p.* 8. Embeber-se; ensopar-se.

re·pas·se *s.m.* Ato de repassar; repassada.

re·pas·tar *v.t.d.* 1. Apascentar de novo. 2. Conduzir à pastagem. 3. Alimentar; banquetear. *v.i.* e *v.p.* 4. Comer abundantemente; banquetear-se. 5. Deliciar-se; comprazer-se.

re·pas·to *s.m.* 1. Abundância de pasto. 2. Banquete; refeição.

re·pa·tri·a·ção *s.f.* Ação de repatriar.

re·pa·tri·ar *v.t.d.* 1. Fazer que volte à pátria. *v.p.* 2. Regressar à pátria.

re·pe·dir *v.t.d.* Pedir novamente ou pedir com insistência. ★

re·pe·lão *s.m.* Encontro violento; encontrão; ataque. *loc.adv.* **De repelão**: violentamente.

re·pe·len·te *adj.2gên.* 1. Que repele. 2. Repugnante; nojento.

re·pe·li·do *adj.* 1. Que se repeliu; rebatido; expulso. *s.m.* 2. Repelão; trato rude. 3. Recusa.

re·pe·lir *v.t.d.* 1. Impelir para trás ou para fora. 2. Rebater; expulsar. 3. Recusar; rejeitar. 4. Ter repugnância a. 5. Defender-se. *v.p.* 6. Ser antagônico; evitar-se. ★

re·pe·ni·car *v.t.d.* 1. Fazer dar sons agudos e repetidos; repicar. *v.i.* 2. Produzir sons agudos. 3. Vibrar com estridor.

re·pen·sar *v.i.* e *v.t.i.* 1. Pensar de novo. 2. Pensar maduramente; considerar várias vezes.

re·pen·te *s.m.* 1. Dito ou ato repentino e irrefletido. 2. Movimento espontâneo. 3. *Mús.* Canto ou verso improvisado. *loc.adv.* **De repente**: repentinamente; de golpe.

re·pen·ti·no *adj.* Súbito; inopinado; imprevisto.

re·pen·tis·ta *adj.2gên.* e *s.2gên.* 1. Que ou pessoa que faz coisa de repente. 2. Pessoa que improvisa (especialmente versos).

re·per·cus·são *s.f.* Ação ou efeito de repercutir.

re·per·cu·tir *v.t.d.* 1. Refletir; reproduzir (falando dos sons). 2. Dar nova direção a. *v.i.* e *v.t.i.* 3. Fazer sentir a sua ação de modo indireto; refletir-se.

re·per·tó·ri·o *s.m.* 1. Conjunto de informações sucintas e metodicamente dispostas. 2. Coleção; índice. 3. Conjunto das peças de uma companhia teatral, de um ator, de uma corporação musical, de um solista, etc.

re·pe·sar *v.t.d.* 1. Pesar novamente. 2. Examinar com atenção.

re·pe·te·co (é) *s.m. gír.* Repetição.

re·pe·tên·ci·a *s.f.* Repetição.

re·pe·ten·te *adj.2gên.* 1. Que repete. *s.2gên.* 2. Estudante que repete uma classe que já havia cursado, por não ter sido aprovado nos exames.

re·pe·ti·ção *s.f.* 1. Ação de repetir. 2. Reprodução ou imitação do que outrem disse ou fez.

re·pe·ti·do·ra (ô) *s.f.* Estação de rádio ou de televisão que recebe e retransmite sinais para outras estações.

re·pe·tir *v.t.d.* 1. Dizer ou fazer novamente. 2. Insistir em; repisar. 3. Contrair de novo. 4. Cursar pela segunda vez. 5. Repercutir. *v.p.* 6. Acontecer novamente; tornar a dar-se. ★

re·pi·car *v.t.d.* 1. Picar novamente. 2. Tocar de modo festivo (sinos) ou repetidas vezes (campainha). *v.i.* 3. Fazer repique; soar de modo festivo.

re·pim·pa·do *adj.* 1. Refestelado, que comeu muito; muito bem sentado; repoltreado. 2. De barriga cheia.

re·pim·par *v.t.d.* 1. Encher, abarrotar (a barriga, o estômago); fartar. *v.p.* 2. Encher-se; fartar-se. 3. Recostar-se comodamente.

re·pi·que *s.m.* 1. Ato ou efeito de repicar. 2. Toque festivo de sinos. 3. Choque de bolas no bilhar. 4. Alarme; rebate.

re·pi·sar *v.t.d.* 1. Pisar de novo. 2. Pisar muito. 3. Repetir. *v.t.i.* 4. Insistir; falar insistentemente.

re·plan·tar *v.t.d.* 1. Plantar novamente. 2. Plantar, preenchendo os claros existentes em um maciço florestal.

re·ple·ção *s.f.* Estado do que está repleto.

re·ple·to (é) *adj.* Muito cheio; abarrotado; farto.

ré·pli·ca *s.f.* 1. Ação ou efeito de replicar. 2. Aquilo que se replica. 3. Resposta do autor à contestação feita pelo réu. 4. Exemplar de uma obra de arte que não é original.

re·pli·car *v.t.d.* 1. Refutar com argumentos; redarguir; responder, refutando. *v.i.* 2. Responder às objeções de outrem. *v.i.* e *v.t.i.* 3. Redarguir. *v.t.d.* 4. Fazer réplica de; reproduzir.

re·po·lho (ô) *s.m. Bot.* Espécie de couve de folhas enoveladas em forma de globo.

re·po·lhu·do *adj.* 1. Que tem aspecto ou forma de repolho. 2. *fig.* Gordo; rechonchudo.

re·pol·tre·ar-se *v.p.* Refestelar-se; repimpar-se; sentar-se comodamente.

re·pon·ta *s.f.* 1. Ponta que aparece novamente. 2. Começo de subida da maré.

re·pon·tar *v.i.* 1. Aparecer novamente e aos poucos; raiar. 2. Responder com aspereza. 3. Começar a encher (a maré, o rio). *v.t.d.* 4. Fazer refluir para certo ponto.

re·por *v.t.d.* 1. Pôr novamente. 2. Devolver; restituir. *v.p.* 3. Colocar-se de novo. 4. Reconstituir-se. ★

re·por·ta·gem *s.f.* 1. Ação ou efeito de dar informações sobre certos assuntos através do jornal, do rádio, do cinema ou da televisão. 2. Noticiário desenvolvido sobre algum assunto. 3. Função de repórter. 4. A classe dos repórteres.

re·por·tar *v.t.d.* 1. Virar para trás. 2. Retrair; volver. 3. Referir; dar como causa. 4. Moderar. *v.p.* 5. Moderar-se. 6. Referir-se; aludir.

re·pór·ter *s.2gên.* Pessoa que faz reportagens.

re·po·si·ção *s.f.* Ação ou efeito de repor.

re·po·si·tó·ri·o *s.m.* Lugar onde se guarda alguma coisa; depósito.

re·pos·tei·ro *s.m.* Cortina ou peça de estofo que resguarda as portas interiores de algumas casas.

re·pou·sar *v.t.d.* 1. Descansar, pôr em sossego ou estado de repouso. 2. Proporcionar descanso, alívio. 3. Demorar. 4. Fitar. *v.i.* 5. Descansar; estar em repouso; dormir. *v.t.i.* 6. Jazer. 7. Estar estabelecido ou colocado.

re·pou·so *s.m.* 1. Ato ou efeito de repousar. 2. Descanso. 3. Quietude.

re·po·vo·ar *v.t.d.* e *v.p.* Povoar(-se) novamente.

re·pre·en·der *v.t.d.* 1. Censurar; admoestar energicamente. 2. Dar repreensão (a alguém).

re·pre·en·são *s.f.* 1. Ação ou efeito de repreender; reprimenda. 2. Censura; admoestação. 3. Reprovação.

re·pre·en·sí·vel *adj.2gên.* Que merece repreensão; censurável.

re·pre·sa (ê) *s.f.* 1. Ação ou efeito de represar. 2. Água represada. 3. Obra destinada a reter um curso de água para fins industriais ou agrícolas; barragem; açude.

re·pre·sá·li·a *s.f.* Dano, que se faz a outrem, como indenização; desforra; vingança.

re·pre·sar *v.t.d.* Sustar o curso de; fazer parar; conter.

re·pre·sen·ta·ção *s.f.* 1. Ação ou efeito de representar(-se). 2. Exposição; exibição. 3. Quadro, escultura ou gravura que reproduz uma pessoa ou coisa. 4. Reprodução do que se tem na ideia. 5. Observação feita em termos persuasivos. 6. *Jur.* Petição dirigida a entidades oficiais. 7. O conjunto de representantes de um grupo, de uma coletividade. 8. Ostentação inerente a um cargo; dignidade. 9. *Teat.* Interpretação.

re·pre·sen·tan·te *adj.2gên.* 1. Que representa. *s.2gên.* 2. Pessoa que representa alguém ou firma comercial. 3. Embaixador. 4. Ministro plenipotenciário.

re·pre·sen·tar *v.t.d.* 1. Patentear; revelar; mostrar. 2. Ser a imagem ou a reprodução de. 3. Exibir em teatro, cinema, rádio ou televisão. 4. Ser ministro ou embaixador. 5. Ser representante de. 6. Estar em lugar de. 7. Figurar; aparentar. 8. Descrever; formar na imaginação. 9. Retratar; pintar; expor. *v.i.* 10. Desempenhar funções de ator. 11. Dirigir uma representação. 12. Expor uma queixa ou censura. 13. Desempenhar um papel. *v.p.* 14. Apresentar-se ao espírito.

re·pre·sen·ta·ti·vo *adj.* 1. Que representa. 2. Que é próprio para representar. 3. Que é constituído de representantes.

re·pres·são *s.f.* 1. Ação ou efeito de reprimir. 2. Coibição; opressão.

re·pres·si·vo *adj.* Que reprime ou serve para reprimir.

re·pres·sor *adj.* 1. Que reprime. *s.m.* 2. O que reprime.

re·pri·men·da *s.f.* Admoestação severa; censura; repreensão; ralho.

re·pri·mir *v.t.d.* 1. Sustar a ação ou o movimento de. 2. Coibir; reter. 3. Disfarçar; ocultar; não manifestar. 4. Oprimir. *v.p.* 5. Moderar-se; conter-se.

ré·pro·bo *adj.* 1. Condenado; malvado; precito. *s.m.* 2. Indivíduo réprobo.

re·pro·char *v.t.d.* Lançar em rosto; censurar; exprobrar.

re·pro·che (ó) *s.m.* Censura; reprimenda; repreensão.

re·pro·du·ção *s.f.* Ação de reproduzir.

re·pro·du·tor *adj.* 1. Que reproduz. *s.m.* 2. O que reproduz. 3. Animal que se destina à reprodução. *Fem.:* reprodutriz.

re·pro·du·zir *v.t.d.* 1. Produzir novamente. 2. Multiplicar animais ou plantas. 3. Apresentar de novo. 4. Recomeçar. 5. Imitar de maneira fiel; copiar. *v.p.* 6. Multiplicar-se pela geração. 7. Renovar-se.

re·pro·va·ção *s.f.* 1. Ação ou efeito de reprovar. 2. Retenção. 3. Censura; condenação.

re·pro·va·do *adj.* 1. Censurado; rejeitado. 2. Julgado inabilitado ou incapaz em exame. *s.m.* 3. Aquele que foi inabilitado em exame; retido.

re·pro·var *v.t.d.* 1. Desaprovar; rejeitar. 2. Julgar inabilitado num exame; reter. 3. Votar contra.

re·pro·vá·vel *adj.2gên.* Digno de reprovação.

rep·tar *v.t.d.* 1. Acusar. 2. Provocar; desafiar. 3. Estar em oposição.

rép·til *adj.2gên.* 1. Que se arrasta. *s.m.* 2. *Zool.* Nome comum aos animais que se movem arrastando-se. *sobrecomum* 3. Pessoa desprezível. 4. Indivíduo de maus instintos. *Var.:* reptil.

rép·teis *s.m.pl. Zool.* Vertebrados ovíparos que se caracterizam pelas patas curtas ou nulas e pelo corpo revestido de escamas. *Var.:* reptis.

rep·to (é) *s.m.* Ato ou efeito de reptar; desafio; reptação.

re·pú·bli·ca *s.f.* 1. *Polít.* Sistema de governo em que um ou vários indivíduos eleitos pelo povo exercem o poder supremo por tempo determinado. 2. *Polít.* O país assim governado. 3. Conjunto de estudantes que vivem em comum na mesma casa. 4. Essa casa.

re·pu·bli·ca·ni·zar *v.t.d.* 1. Tornar republicano. 2. Dar caráter republicano a. 3. Converter-se em república. 4. Amoldar-se aos princípios republicanos.

re·pu·bli·ca·no *adj.* 1. Concernente à república. *s.m.* 2. Indivíduo partidário do governo republicano.

re·pu·bli·car *v.t.d.* Publicar novamente; reeditar.

re·pu·bli·que·ta (ê) *s.f.* Pequena república, república constantemente ameaçada.

re·pu·di·ar *v.t.d.* 1. Rejeitar; abandonar. 2. Divorciar-se de. 3. Deixar ao desamparo.

re·pú·di·o *s.m.* 1. Ato ou efeito de repudiar. 2. Desprezo; abandono.

re·pug·nân·ci:a *s.f.* 1. Qualidade de repugnante. 2. Escrúpulo; aversão. 3. Obstáculo; incompatibilidade.

re·pug·nan·te *adj.2gên.* 1. Que repugna; repelente; nojento. 2. Contrário à razão.

re·pug·nar *v.t.d.* 1. Reagir contra. 2. Recusar; não aceitar. *v.i.* 3. Causar aversão; inspirar antipatia. *v.t.i.* 4. Causar aversão. 5. Ser oposto, contrário.

re·pul·sa *s.f.* 1. Ação ou efeito de repelir ou repulsar; recusa. 2. Aversão; repugnância; repulsão.

re·pul·sar *v.t.d.* 1. Impedir de entrar ou aproximar-se; repelir. 2. Afastar. 3. Recusar, rejeitar.

re·pul·si·vo *adj.* Que repulsa; repelente; desagradável.

re·pu·ta·ção *s.f.* 1. Ação de reputar. 2. Fama; celebridade.

re·pu·tar *v.t.d.* 1. Dar renome, crédito, reputação a. 2. Estimar; avaliar; julgar; considerar. *v.p.* 3. Considerar-se; julgar-se.

re·pu·xar (ch) *v.t.d.* 1. Puxar com força. 2. Esticar; puxar para trás. *v.i.* 3. Sair com repuxo; esguichar.

re·pu·xo (ch) *s.m.* 1. Ato ou efeito de repuxar. 2. Tubo por onde a água se eleva, saindo em jato. 3. Jorro. 4. Movimento de recuo; coice. 5. *pop.* Trabalho pesado que cansa muito.

re·que·bra·do *adj.* 1. Lânguido; amoroso. *s.m.* 2. Requebro do corpo; bamboleio; rebolado.

re·que·brar *v.t.d.* 1. Mover de modo lânguido e lascivo. 2. Imprimir ternura ou melodia à voz; dizer ternamente. *v.p.* 3. Bambolear-se; saracotear-se.

re·que·bro (ê) *s.m.* 1. Ato ou efeito de requebrar(-se). 2. Movimento lânguido e lascivo do corpo. 3. Inflexão lânguida, terna da voz. 4. Gesto amoroso; afago. 5. Gorjeio; trinado. *Pl.:* requebros (é).

re·quei·jão *s.m.* Tipo de queijo que se prepara com a nata coagulada pela ação do calor.

re·quei·ma·do *adj.* 1. Queimado excessivamente. 2. Doído; ressentido.

re·quei·mar *v.t.d.* 1. Queimar muito. 2. Enegrecer pela ação do calor ou do fogo; tisnar; crestar; torrar. 3. Picar; causar ardor em. *v.i.* 4. Ter sabor acre. *v.p.* 5. Ressentir-se.

re·quen·tar *v.t.d.* 1. Aquecer de novo. 2. Sujeitar por muito tempo à ação do calor.

re·que·ren·te *adj.2gên.* e *s.2gên.* Que ou pessoa que requer.

re·que·rer *v.t.d.* 1. Pedir, solicitar por meio de requerimento. 2. Dirigir petição a autoridades ou pessoas capazes de conceder aquilo que se pede. 3. Pedir; demandar. *v.i.* 4. Dirigir petições a alguém.★

re·que·ri·men·to *s.m.* 1. Ato ou efeito de requerer. 2. Petição por escrito que se dirige a alguma autoridade, segundo as formalidades legais.

re·ques·tar *v.t.d.* 1. Solicitar. 2. Fazer por possuir; suplicar. 3. Pretender o amor ou as boas graças de uma mulher; namorar.

ré·qui·em *s.m.* 1. *Liturg.* Parte do ofício dos mortos que se inicia pela palavra latina *requiem* (descanso, paz). 2. Música sobre esse ofício.

re·quin·ta·do *adj.* 1. Muito apurado; que se elevou ao mais alto grau. 2. Sublimado; fino.

re·quin·tar *v.t.d.* 1. Aprimorar; dar requinte a. 2. Levar ao mais alto grau; sublimar. *v.t.i.* 3. Haver-se com grande apuro. *v.i.* e *v.p.* 4. Elevar-se ao mais alto grau; aprimorar-se.

re·quin·te *s.m.* 1. Ato de requintar (-se). 2. Apuro; perfeição meticulosa e não raro exagerada. 3. O mais alto grau.

re·qui·si·ção *s.f.* Ação ou efeito de requisitar.

re·qui·si·tar *v.t.d.* 1. Solucionar legalmente. 2. Exigir; reclamar.

re·qui·si·to *s.m.* 1. Condição exigida para certo fim. 2. Exigência legal. 3. Condição.

rés *adj.2gên.* 1. Raso; rente. *adv.* 2. Pela raiz; cerce.

rês *s.f.* Qualquer quadrúpede que serve para alimento do homem.

res·cal·dar *v.t.d.* 1. Escaldar novamente ou escaldar muito. 2. Esquentar em demasia.

res·cal·do *s.m.* 1. Calor refletido por fornalha ou por incêndio. 2. Cinza que ainda contém algumas brasas. 3. O trabalho para evitar que se inflamem de novo os restos de um incêndio recente.

res·cin·dir *v.t.d.* Anular; romper; quebrar; invalidar; desfazer; tornar sem efeito.

res·ci·são *s.f.* 1. Ação de rescindir. 2. Anulação de contrato. 3. Rompimento; corte.

res·ci·só·ri·o *adj.* 1. Que rescinde. 2. Que serve para rescindir. 3. Que dá motivo a rescisão.

rés do chão *s.m.2núm.* Pavimento térreo de uma casa, ao nível do solo ou da rua.

re·se·dá *s.m.* 1. *Bot.* Planta de origem africana. 2. *Bot.* A flor dessa planta. 3. Perfume que se faz dessa flor.

re·se·nha (ê) *s.f.* 1. Ação ou efeito de resenhar. 2. Relação ou descrição minuciosa; enumeração.

re·se·nhar *v.t.d.* 1. Referir minuciosamente. 2. Enumerar por partes.

re·ser·va (é) *s.f.* 1. Ação de reservar (-se). 2. O que se guarda para os casos imprevistos. 3. Situação dos soldados depois de terem servido o tempo legal. 4. *Desp.* Jogador substituto que entra no lugar do efetivo. 5. Área destinada à preservação da natureza. 6. Retraimento; recato. 7. Ressalva; restrição.

re·ser·va·do *adj.* 1. Que tem reserva. 2. Em que há reserva. 3. Confidencial. 4. Calado; retraído. *s.m.* 5. Em alguns bares e restaurantes, compartimento separado para aqueles que não se querem servir do salão comum.

re·ser·var *v.t.d.* 1. Conservar; guardar. 2. Fazer segredo de. 3. Destinar. 4. Livrar; preservar. *v.p.* 5. Ficar de reserva; guardar-se; poupar-se.

re·ser·va·tó·ri·o *adj.* 1. Próprio para reservar. *s.m.* 2. Lugar onde se reservam coisas. 3. Depósito de água. 4. Lugar onde se acumula alguma coisa.

re·ser·vis·ta *s.m.* 1. Soldado que está na reserva. 2. Aquele que fez o serviço militar exigido por lei.

res·fo·le·gar *v.i.* 1. Respirar; tomar fôlego. 2. *fig.* Tomar alento; descansar. *v.t.d.* 3. Golfar; expelir.

res·fri·a·do *s.m.* 1. Resfriamento. 2. *Med.* Indisposição física causada frequentemente por infecção viral que tem como consequência a formação de catarro, coriza, tosse, etc.; gripe.

res·fri·a·men·to *s.m.* 1. Ato de resfriar; resfriado. 2. Diminuição de calor.

res·fri·ar *v.t.d.* 1. Tornar a esfriar. 2. Tornar frio ou mais frio. 3. Sujeitar artificialmente a grande frio. 4. *fig.* Desalentar. 5. Diminuir o ardor de. *v.i.* e *v.p.* 6. Apanhar resfriado. 7. Perder o calor, o entusiasmo.

res·ga·tar *v.t.d.* 1. Livrar do cativeiro; remir. 2. Obter por dinheiro a restituição de (objetos conservados em poder de outrem). 3. Executar. 4. Fazer esquecer. *v.p.* 5. Livrar-se de dívida ou culpa; remir-se; libertar-se.

res·ga·te *s.m.* 1. Ato de resgatar. 2. Preço por que se resgata. 3. Quitação; libertação.

res·guar·dar *v.t.d.* 1. Guardar, proteger do frio, das intempéries. 2. Observar. 3. Defender; abrigar; acobertar; pôr a salvo. *v.p.* 4. Defender-se; acautelar-se; proteger-se.

res·guar·do *s.m.* 1. Ato de resguardar(-se). 2. Precaução; prudência; escrúpulo. 3. Dieta. 4. Decoro.

re·si·dên·cia *s.f.* 1. Casa onde se habita. 2. Morada habitual; domicílio.

re·si·den·ci·al *adj.2gên.* 1. Diz-se do lugar ou do bairro onde se localizam principalmente residências. 2. Diz-se de casa própria para residência.

re·si·den·te *adj.2gên.* e *s.2gên.* Que ou pessoa que reside.

re·si·dir *v.t.i.* e *v.i.* 1. Morar. 2. Ter sede. 3. Estar ou ser. 4. Consistir. 5. Manifestar-se.

re·si·du·al *adj.2gên.* 1. Concernente a resíduo. 2. Próprio de resíduo.

re·sí·du·o *s.m.* 1. Aquilo que resta. 2. O que fica das substâncias submetidas à ação de vários agentes químicos. 3. Cinzas após ignição. 4. Parte insolúvel depois da filtração. *adj.* 5. Que resta.

re·sig·na·ção *s.f.* 1. Ação de resignar(-se). 2. Sujeição paciente às contradições da vida. 3. Paciência; conformidade. 4. Renúncia voluntária de uma graça ou de um cargo.

re·sig·nar *v.t.d.* 1. Renunciar; demitir-se de. *v.p.* 2. Ter resignação; conformar-se.

re·si·na *s.f.* 1. Substância inflamável, consistente e untuosa, que corre naturalmente, por incisão, do caule de algumas plantas. 2. Substância análoga, de origem animal.

re·sis·tên·ci·a *s.f.* 1. Ação ou efeito de resistir. 2. Oposição a uma força, à passagem de uma corrente elétrica, ao movimento de um corpo. 3. Defesa contra um ataque. 4. Defesa; reação. 5. Relutância.

re·sis·ten·te *adj.2gên.* Que resiste; forte; contumaz; sólido.

re·sis·tir *v.t.d.* 1. Oferecer resistência a. *v.i.* 2. Oferecer resistência; conservar-se; durar. *v.t.i.* 3. Não ceder. 4. Recusar-se. 5. Defender-se. 6. Subsistir.

res·ma (ê) *s.f.* Vinte mãos de papel, ou quinhentas folhas.

res·mun·gão *adj.* e *s.m.* Que ou o que resmunga frequentemente.

res·mun·gar *v.t.d.* 1. Dizer de modo confuso e por entre dentes, com mau humor ou como quem está de mau humor. *v.i.* 2. Falar baixo, geralmente com mau humor; rezingar.

res·mun·go *s.m.* Ato de resmungar.

re·so·lu·ção *s.f.* 1. Ação de resolver(-se). 2. Deliberação; decisão; propósito. 3. Coragem; intrepidez.

re·so·lu·to *adj.* 1. Corajoso; decidido; afoito. 2. Enérgico, determinado.

re·so·lu·tó·ri·o *adj.* 1. Que é próprio para resolver. 2. Que produz resolução.

re·sol·ver *v.t.d.* 1. Dissolver. 2. Fazer que desapareça aos poucos. 3. Tornar claro; encontrar a solução de. 4. Deliberar; decidir; determinar. 5. Reduzir. *v.i.* 6. Desfazer-se; desaparecer. *v.t.i.* 7. Decidir-se; tomar a deliberação. *v.p.* 8. Dividir-se em seus elementos. 9. Mostrar-se disposto ou pronto; decidir-se. 10. Transformar-se.

re·sol·vi·do *adj.* 1. Combinado; resoluto. 2. Disposto a tudo. 3. Corajoso; valente.

res·pal·dar *v.t.d.* 1. Tornar plano, alisar. 2. Dar respaldo ou cobertura; apoiar. 3. Espaldar.

res·pal·do *s.m.* 1. Ato ou efeito de respaldar. 2. *fig.* Proteção; apoio; salvaguarda.

res·pec·ti·vo *adj.* 1. Relativo a cada um em particular. 2. Próprio; devido; seu.

res·pei·ta·bi·li·da·de *s.f.* Qualidade de respeitável.

res·pei·ta·dor *adj.* e *s.m.* Que ou o que respeita.

res·pei·tan·te *adj.2gên.* Concernente; relativo.

res·pei·tar *v.t.d.* 1. Tratar com acatamento ou reverência. 2. Honrar; ter em consideração. 3. Cumprir; observar. 4. Não causar dano a. *v.t.i.* 5. Dizer respeito. *v.p.* 6. Tornar-se digno de respeito. 7. Fazer-se respeitado.

res·pei·tá·vel *adj.2gên.* 1. Digno de respeito; venerável. 2. Importante.

res·pei·to *s.m.* 1. Ato de respeitar(-se). 2. Acatamento; reverência. 3. Ponto de vista. 4. Aspecto. 5. Causa. 6. Importância.

res·pei·tos *s.m.pl.* Saudações; cumprimentos.

res·pei·to·so (ô) *adj.* 1. Concernente a respeito. 2. Que infunde respeito. 3. Que guarda respeito. 4. Que mostra respeito. *Pl.:* respeitosos (ó).

res·pi·gar *v.i.* e *v.t.i.* 1. Apanhar as espigas não cortadas ou que ficaram no campo depois da ceifa. *v.t.d.* 2. *fig.* Apanhar aqui e ali; compilar.

res·pin·gar *v.t.i.* 1. Deitar borrifos ou pingos (a água). 2. Deitar faíscas (o fogo); crepitar. 3. Responder com maus modos.

res·pin·go *s.m.* Ato ou efeito de respingar.

res·pi·ra·ção *s.f.* 1. Ação ou efeito de respirar. 2. Função pela qual o organismo animal ou vegetal absorve oxigênio e expele gás carbônico.

res·pi·ra·dor *adj.* 1. Que respira ou que serve para respirar. *s.m.* 2. Instrumento que facilita a respiração.

res·pi·ra·dou·ro *s.m.* Lugar por onde entra e sai o ar; orifício.

res·pi·rar *v.i.* 1. Absorver o ar nos pulmões e expeli-lo depois. 2. Viver. 3. Manifestar-se; exalar-se. 4. Folgar; descansar; sentir alívio, depois de intensa preocupação. *v.t.d.* 5. Absorver e expelir (o ar). 6. Exalar.

res·pi·ra·tó·ri:o *adj.* 1. Concernente à respiração. 2. Que facilita ou auxilia a respiração.

res·pi·rá·vel *adj.2gên.* Que se pode respirar.

res·pi·ro *s.m.* 1. Respiração. 2. *fig.* Folga; descanso. 3. Respiradouro.

res·plan·dec·ên·ci:a *s.f.* Ação ou efeito de resplandecer.

res·plan·de·cen·te *adj.2gên.* Que resplandece; muito brilhante; resplendoroso.

res·plan·de·cer *v.i.* 1. Brilhar intensamente; rutilar. 2. Manifestar-se de modo brilhante. *v.t.d.* 3. Fazer brilhar. 4. Refletir o esplendor de.

res·plen·der *v.t.d.* e *v.i.* O mesmo que resplandecer.

res·plen·dor *s.m.* 1. Resplandecência. 2. Claridade intensa. 3. Coroa luminosa; auréola. 4. *fig.* Celebridade; glória.

res·plen·do·ro·so (ô) *adj.* Que tem resplendor; resplandecente. *Pl.*: resplendorosos (ó).

res·pon·dão *adj.* e *s.m.* Que ou o que costuma responder com más palavras.

res·pon·der *v.t.d.* 1. Dizer ou escrever em resposta. 2. Replicar; retorquir. 3. Objetar. *v.i.* 4. Dar resposta. *v.t.i.* 5. Dizer ou escrever em resposta; replicar. 6. Equivaler. 7. Responsabilizar-se.

res·pon·sa·bi·li·da·de *s.f.* 1. Qualidade de responsável. 2. Obrigação de responder por certos atos ou fatos.

res·pon·sa·bi·li·zar *v.t.d.* 1. Imputar responsabilidade a. 2. Tornar ou considerar responsável. *v.p.* 3. Tornar-se responsável.

res·pon·sá·vel *adj.2gên.* 1. Que deve responder pelos seus atos ou pelos de outrem. 2. Que tem compromissos. *s.2gên.* 3. Pessoa responsável.

res·pon·so (ô) *s.m.* 1. *Liturg.* Versículos que se rezam ou cantam depois das lições dos ofícios divinos da Igreja Católica. 2. *desus.* Descompostura; murmuração.

res·pos·ta (ó) *s.f.* 1. O que se diz a quem fez uma pergunta. 2. Réplica. 3. Solução.

res·quí·ci·o *s.m.* 1. Pequeno fragmento. 2. Vestígio; resíduo. 3. Racha; fenda.

res·sa·bi·a·do *adj.* 1. Que ressabia. 2. Desconfiado; espantadiço. 3. Melindrado.

res·sa·bi·ar *v.i.* e *v.p.* 1. Tomar ressaibo. 2. Melindrar-se; desgostar-se; ofender-se.

res·sá·bi:o *s.m.* Ressaibo.

res·sa·ca *s.f.* 1. Recuo das ondas. 2. fluxo e refluxo. 3. *fig.* Volubilidade; inconstância. 4. Mal-estar, cansaço causado por embriaguez ou por noite maldormida.

res·sai·bo *s.m.* 1. Mau sabor; ranço. 2. *fig.* Ressentimento. 3. Indício.

res·sal·tar *v.t.d.* 1. Tornar saliente. 2. Dar relevo a; altear. *v.i.* 3. Dar saltos repetidos. 4. Distinguir-se; destacar-se; sobressair.

res·sal·va *s.f.* 1. Documento para segurança de alguém. 2. Certificado de isenção. 3. Exceção; errata.

res·sal·var *v.t.d.* 1. Dar ressalva a. 2. Corrigir ou prevenir com ressalva. 3. Excetuar. 4. Acautelar; pôr a salvo; livrar de perigo ou dano; eximir. *v.p.* 5. Recusar-se. 6. Desculpar-se.

res·sar·ci·men·to *s.m.* 1. Ato ou efeito de ressarcir. 2. Indenização; reparação.

res·sar·cir *v.t.d.* e *i.* e *v.p.* Compensar (-se); indenizar(-se).

res·se·car *v.t.d.* 1. Tornar a secar. 2. Secar bem ou muito. *v.p.* 3. Tornar-se excessivamente seco.

res·sec·ção *s.f. Med.* Procedimento cirúrgico para retirada de tecido, órgão (ou parte dele), etc. de um organismo. *Var.*: resseção. *V.* **recessão**.

res·se·gu·ro *s.m.* 1. Renovação de seguro (de prédio, de vida, etc.). 2. Operação pela qual uma companhia de seguros contrai seguro noutra companhia para aliviar-se de parte do risco de um seguro importante. *adj.* 3. Que foi ressegurado.

res·sen·ti·do *adj.* Que se ressentiu; melindrado; magoado.

res·sen·ti·men·to *s.m.* 1. Ato ou efeito de ressentir(-se). 2. Lembrança magoada de ofensa recebida.

res·sen·tir *v.t.d.* 1. Sentir novamente. 2. Magoar-se com. *v.p.* 3. Mostrar-se ofendido; melindrar-se. 4. Dar fé. 5. Sentir as consequências de alguma coisa. ★

res·se·qui·do *adj.* Muito seco; mirrado.

res·se·quir *v.t.d.* 1. Secar demasiadamente. 2. Fazer perder o suco ou a umidade. ★★

res·se·tar *v.t.d. Inform.* Reiniciar o computador (forma aportuguesada de *to reset*).

res·so·ar *v.t.d.* 1. Entoar. 2. Repercutir. 3. *fig.* Tocar; cantar. *v.i.* 4. Soar novamente. 5. Ecoar.

res·so·nân·ci·a *s.f.* 1. Propriedade ou qualidade do que é ressonante. *Fís.* 2. Ruído resultante da gradual duração do som. 3. Fenômeno pelo qual um corpo transmite as ondas sonoras.

res·so·nan·te *adj.2gên.* Que ressoa ou ressona; retumbante.

res·so·nar *v.t.d.* 1. Ressoar; fazer soar. *v.i.* 2. Respirar de modo ruidoso quando dormindo. 3. Dormir.

res·su·dar *v.t.d.* 1. Destilar. 2. Expelir, suando. *v.i.* 3. Suar de novo.

res·su·mar *v.t.d.* e *v.i.* Ressumbrar.

res·sum·brar *v.t.d.* 1. Gotejar; destilar. 2. Deixar transparecer; revelar. *v.i.* 3. Dar passagem a um líquido, coando-o. 4. *fig.* Revelar-se; transparecer.

res·su·pi·no *adj.* 1. Voltado para cima. 2. Deitado de costas.

res·sur·gi·men·to *s.m.* 1. Ato ou efeito de ressurgir. 2. Renascença. 3. Ressurreição.

res·sur·gir *v.i.* 1. Surgir novamente. 2. Voltar à vida; ressuscitar. 3. Tornar a manifestar-se.

res·sur·rei·ção *s.f.* 1. Ação de ressurgir. 2. Vida nova. 3. Renovação. 4. Festa católica em que se celebra a ressurreição de Cristo.

res·sus·ci·tar *v.t.d.* 1. Fazer ressurgir. 2. Chamar de novo à vida. 3. Restabelecer; renovar; restaurar. *v.i.* 4. Ressurgir. 5. Viver de novo.

res·ta·be·le·cer *v.t.d.* 1. Estabelecer novamente. 2. Colocar no estado antigo. 3. Restaurar; reformar. 4. Fazer existir. 5. Pôr (na situação primitiva). *v.p.* 6. Voltar ao estado antigo. 7. Readquirir a saúde.

res·ta·be·le·ci·do *adj.* 1. Que se restabeleceu. 2. Que recuperou a saúde.

res·ta·be·le·ci·men·to *s.m.* 1. Ato ou efeito de restabelecer(-se). 2. Cessação de doença.

res·tan·te *adj.2gên.* 1. Que resta. *s.m.* 2. Aquilo que resta; o resto.

res·tar *v.i.* 1. Sobejar; sobrar. 2. Faltar para certos fins. *v.t.i.* 3. Ficar, subsistir, depois de desaparecer a maior parte, ou depois da destruição de uma ou mais partes. 4. Faltar para fazer, para completar um todo. *v.t.d.* e *v.i.* 5. Dever por saldo.

res·tau·ra·ção *s.f.* 1. Ação de restaurar; restabelecimento; conserto; renovação. 2. Reaquisição da independência nacional. 3. Restabelecimento de uma dinastia.

res·tau·ra·dor *adj.* e *s.m.* Que ou o que restaura.

res·tau·ran·te *s.m.* 1. Estabelecimento onde se preparam e servem comidas. *adj.2gên.* 2. Que restaura; restaurador.

res·tau·rar *v.t.d.* 1. Instaurar novamente. 2. Recuperar. 3. Renovar; consertar. 4. Reintegrar. 5. Fazer que volte ao estado primitivo. 6. *Inform.* Voltar a uma situação estável anterior – p. ex., uma situação em que se possa afirmar com certeza que um conjunto de informações está completo e consistente. 7. *Inform.* Retornar uma janela maximizada ou minimizada às suas dimensões anteriores (correspondente em inglês: *to restore*). *v.p.* 8. Restabelecer-se.

rés·ti·a *s.f.* 1. Corda de junco trançado. 2. Espécie de corda feita com ramas ou hastes entrelaçadas. 3. Feixe de luz.

res·tin·ga *s.f. Geog.* 1. Banco de areia ou de rocha em alto-mar; escolho; baixio. 2. Faixa de mato que beira igarapé ou rio. 3. Terra e vegetação que emergem do rio quando das enchentes e inundações. 4. Pequeno matagal, à margem de um ribeiro ou em terreno fértil. 5. Porção de terra arenosa entre uma lagoa e o mar.

res·ti·tu·i·ção *s.f.* 1. Ação ou efeito de restituir. 2. Entrega de alguma coisa a quem ela por direito pertencia. 3. Coisa restituída. 4. Pagamento de dívida. 5. Reintegração; reabilitação.

res·ti·tu·ir *v.t.d.* 1. Devolver, entregar o que foi tomado ou o que possuía indevidamente. 2. Restaurar; reconstituir. 3. Indenizar. 4. Reintegrar. 5. Indenizar-se; recuperar o perdido.

res·to (é) *s.m.* 1. Aquilo que resta ou sobra. 2. O que fica, sobeja. 3. Resíduo; detrito. 4. *Mat.* O resultado de uma subtração; a diferença entre o dividendo e o produto do quociente pelo divisor em uma divisão.

res·to·lho (ô) *s.m.* 1. A parte inferior do caule das gramíneas que ficou enraizada depois da ceifa. 2. Restos. *Pl.:* restolhos (ó).

res·tos (é) *s.m.pl.* 1. Ruínas. 2. Despojos mortais.

res·tri·ção *s.f.* 1. Ação de restringir. 2. Limitação; ressalva.

res·trin·gen·te *adj.2gên.* 1. Que restringe. *s.m.* 2. Medicamento restringente.

res·trin·gir *v.t.d.* 1. Estreitar; apertar. 2. Limitar; reduzir; diminuir. *v.p.* 3. Limitar-se. 4. Moderar-se; conter-se.

res·tri·ti·vo *adj.* Que restringe ou envolve restrição; limitativo.

res·tri·to *adj.* 1. Limitado. 2. Modificado na sua extensão.

re·sul·ta·do *s.m.* 1. Ato ou efeito de resultar. 2. Consequência; fim; produto.

re·sul·tan·te *adj.2gên.* 1. Que resulta. *s.f.* 2. *Mec.* Força que resulta da reunião de várias forças aplicadas a um ponto dado. 3. Linha reta que representa essa força.

re·sul·tar *v.t.i.* 1. Ser consequência. 2. Provir; dimanar. 3. Redundar; originar-se. 4. Seguir-se. 5. Converter-se.

re·su·mir *v.t.d.* 1. Abreviar; sintetizar; fazer sinopse de. 2. Representar em ponto pequeno. 3. Fazer consistir. 4. Concentrar; reduzir. *v.p.* 5. Reduzir-se a menores proporções. 6. Consistir. 7. Exprimir-se em poucas palavras.

re·su·mo *s.m.* 1. Ato ou efeito de resumir. 2. Compilação; sinopse; compêndio.

res·va·la·di·ço *adj.* 1. Escorregadio; por onde se escorrega facilmente. 2. Perigoso. *s.m.* 3. Resvaladouro.

res·va·la·dou·ro *s.m.* 1. Lugar por onde se resvala com facilidade. 2. Plano inclinado. 3. Despenhadeiro.

res·va·lar *v.t.d.* 1. Fazer escorregar ou cair. 2. Fazer incidir. 3. Cair por um declive; escorregar; deslizar. 4. Passar de leve. 5. Ter uma fraqueza. *v.t.i.* 6. Incorrer; cair.

re·ta (é) *s.f.* Linha reta; traço direito.

re·tá·bu·lo *s.m.* 1. Construção de pedra ou madeira esculpida, que se eleva da parte posterior do altar e encerra um quadro religioso. 2. Painel ou quadro que decora um altar. 3. Painel.

re·ta·guar·da *s.f.* 1. A última parte de um corpo do exército. 2. A parte posterior.

re·ta·lha·do *adj.* 1. Que se retalhou. 2. Partido em pedaços; dividido. 3. Ferido com instrumento cortante.

re·ta·lhar *v.t.d.* 1. Cortar em pedaços, em várias partes. 2. Despedaçar. 3. Recortar. 4. Rasgar; abrir. 5. Ferir; magoar. 6. Vender a retalhos.

re·ta·lhis·ta *s.2gên.* 1. Pessoa que vende a retalho; varejista. *adj.2gên.* 2. Que vende a retalho. 3. Concernente ao comércio a retalho.

re·ta·lho *s.m.* 1. Parte de uma coisa que se retalhou. 2. Fração; fragmento. 3. Pedaço de fazenda que ficou ou se tirou de uma peça. *loc.adv.* **A retalho**: aos bocados, por miúdo.

re·ta·li·a·ção *s.f.* 1. Ação ou efeito de retaliar. 2. Vingança; represália.

re·ta·li·ar *v.t.d.* 1. Revidar com dano igual ao dano recebido. 2. Vingar, desagravar. *v.i.* 3. Praticar retaliações.

re·tan·gu·lar *adj.2gên.* 1. Semelhante a um retângulo. 2. Que tem a forma de um retângulo.

re·tân·gu·lo *s.m.* *Geom.* Quadrilátero cujos ângulos são retos. *adj.* 2. Diz-se do triângulo que tem um ângulo reto, ou do trapézio que tem dois.

re·tar·da·do *adj.* 1. Que se retardou ou atrasou; demorado. 2. Que foi adiado. 3. *pej.* Que tem problema no desenvolvimento mental. *s.m.* 4. *pej.* Indivíduo com essa característica.

re·tar·da·men·to *s.m.* Ato ou efeito de retardar.

re·tar·dar *v.t.d.* 1. Tornar menos rápido; demorar; adiar; atrasar. *v.i.* e *v.p.* 2. Chegar tarde; demorar-se.

re·tar·da·tá·ri:o *adj.* 1. Que chega tarde. 2. Que está atrasado.

re·tem·pe·rar *v.t.d.* 1. Temperar novamente. 2. Dar nova têmpera a. 3. Melhorar, fortificar; apurar.

re·ten·ção *s.f.* 1. Ação ou efeito de reter. 2. Demora. 3. Reserva.

re·ten·ti·va *s.f.* Faculdade de conservar na memória as impressões recebidas.

re·ten·ti·vo *adj.* Que retém.

re·ten·tor *adj.* e *s.m.* Que ou o que retém.

re·ter *v.t.d.* 1. Segurar para que não escape ou escorregue. 2. Guardar em seu poder (aquilo que é de outrem). 3. Deter. 4. Conservar na memória; decorar. 5. Refrear. 6. Julgar inabilitado num exame escolar. ★

re·te·sar *v.t.d.* 1. Tornar tenso. 2. Esticar; endireitar. 3. Tornar rijo. *v.p.* 4. Tornar-se teso; enrijar.

re·ti·cên·ci:a *s.f.* Omissão do que se devia ou podia dizer.

re·ti·cên·cias *s.f.pl.* *Gram.* Pontos sucessivos que na escrita indicam omissão do que se devia ou podia dizer.

re·ti·cen·te *adj.2gên.* 1. Em que há reticência. 2. Hesitante.

re·tí·cu·la *s.f.* Pontilhado quase imperceptível gravado em chapas especiais destinadas à reprodução de imagens.

reticulado

re·ti·cu·la·do *adj.* 1. Que tem forma de rede. 2. Que tem linhas ou nervuras cruzadas.

re·ti·dão *s.f.* 1. Qualidade do que é reto. 2. Integridade de caráter. 3. Legalidade. 4. Imparcialidade.

re·ti·fi·ca·ção *s.f.* 1. Ação ou efeito de retificar(-se). 2. *Quím.* Redestilação de um líquido.

re·tí·fi·ca *s.f.* Oficina onde se retificam motores.

re·ti·fi·car *v.t.d.* 1. Tornar reto. 2. Corrigir; emendar. 3. Purificar, destilando de novo. 4. Recondicionar (motores, etc.). 5. *Mat.* Achar a grandeza linear de (uma curva). *v.p.* 6. Emendar-se; corrigir-se. *V.* **ratificar**.

re·ti·lí·ne·o *adj.* 1. Em forma de linha reta. 2. Formado de linhas retas. 3. Relativo a linhas retas.

re·ti·na *s.f. Anat.* A mais interior das membranas do globo ocular onde se formam as imagens; é o instrumento essencial da visão.

re·ti·nir *v.i.* 1. Tinir muito, ou tinir por muito tempo. 2. Ressoar; produzir grande som. 3. Impressionar vivamente. *v.t.d.* 4. Fazer soar.

re·tin·to *adj.* 1. Tinto novamente. 2. Que tem cor carregada.

re·ti·ra·da *s.f.* 1. Ação ou efeito de retirar(-se). 2. Marcha das tropas que se afastam ou fogem do inimigo. 3. Ato de retirar dinheiro do banco onde fora depositado; saque. 4. Emigração dos sertanejos nordestinos por ocasião das secas prolongadas.

re·ti·ran·te *adj.2gên.* 1. Que se retira. *s.2gên.* 2. Sertanejo que emigra para outro estado, fugindo das secas do Nordeste.

retorno

re·ti·rar *v.t.d.* 1. Puxar para trás. 2. Tirar para si. 3. Tirar de onde estava; recolher. 4. Desdizer-se. 5. Tirar; privar; afastar; cassar. 6. Livrar. 7. Fazer uma retirada. *v.t.i.* 8. Partir. *v.i.* e *v.p.* 9. Marchar em retirada; ir-se embora; recolher-se.

re·ti·ro *s.m.* 1. Lugar solitário; solidão. 2. Lugar onde se descansa, longe da conversação e da vida social. 3. Afastamento momentâneo da vida social, especialmente durante o carnaval. 4. *por ext.* Local onde esse afastamento é feito.

re·to (é) *adj.* 1. Direito; sem curvatura nem inflexão. 2. Imparcial; íntegro. 3. *Geom.* Diz-se do ângulo composto de linhas perpendiculares entre si. *s.m.* 4. *Anat.* A última parte do intestino grosso.

re·to·car *v.t.d.* 1. Tornar a tocar. 2. Dar retoques em; emendar.

re·to·mar *v.t.d.* Tomar de novo; recobrar.

re·to·que (ó) *s.m.* 1. Ato ou efeito de retocar. 2. Correção ligeira.

re·tor·cer *v.t.d.* 1. Torcer novamente, ou torcer repetidas vezes. *v.p.* 2. Contorcer(-se). 3. Usar de evasivas ou rodeios.

re·tor·ci·do *adj.* 1. Torcido de novo, ou muito torcido. 2. Arrevesado; rebuscado (estilo).

re·tó·ri·ca *s.f.* 1. Conjunto de regras relativas à eloquência. 2. Livro que contém essas regras. 3. Arte de bem falar. 4. Aula em que se ensina essa arte. 5. Estilo empolado.

re·tor·nar (ô) *v.t.i.* 1. Regressar. 2. Fazer volta. 3. Restituir.

re·tor·no (ô) *s.m.* 1. Ação ou efeito de retornar; regresso. 2. Aquilo que se dá em troco do que se recebe.

re·tor·quir *v.t.d.* 1. Replicar; objetar; contrapor. *v.i.* e *v.t.i.* 2. Retrucar; opor argumento a argumento.★★

re·tor·ta (ó) *s.f.* Vidro, de gargalo curvo voltado para baixo, próprio para operações químicas.

re·tra·ção *s.f.* 1. Ação ou efeito de retrair. 2. Diminuição de volume de uma substância qualquer, por efeito de fenômeno físico ou mecânico.

re·tra·í·do *adj.* 1. Puxado para trás. 2. *fig.* Que não é expansivo; reservado; acanhado.

re·tra·i·men·to *s.m.* 1. Ato de retrair (-se). 2. Afastamento; retiro. 3. Procedimento reservado. 4. Contração de certa substância; diminuição de volume.

re·tra·ir *v.t.d.* 1. Puxar para trás. 2. Puxar a si. 3. Recolher. 4. Ocultar; sonegar. 5. Reprimir; impedir. *v.p.* 6. Retirar-se; recuar. 7. Ocultar o que pensa. 8. Ausentar-se.

re·tran·ca *s.f.* 1. Correia que passa por baixo da cauda das bestas e cujas extremidades se ligam à parte posterior da sela. 2. Economia. 3. *Fut.* Jogo defensivo, com ataques esparsos à meta do adversário.

re·trans·mis·so·ra (ô) *s.f.* Estação que retransmite ondas radioelétricas.

re·trans·mi·tir *v.t.d.* Transmitir novamente; transmitir os sinais recebidos de transmissão anterior.

re·tra·sa·do *adj.* Anterior ao último que passou: *mês retrasado*.

re·tra·ta·ção *s.f.* 1. Ação ou efeito de retratar-se, de retirar o que disse. 2. Confissão de erro.

re·tra·tar *v.t.d.* 1. Retirar o que disse. 2. Tratar novamente (um assunto). 3. Tirar o retrato de. 4. Reproduzir a imagem de. 5. Representar com exatidão; mostrar; descrever. *v.p.* 6. Desdizer-se. 7. Confessar que errou. 8. Ser retratado por si mesmo ou por outrem. 9. Mostrar-se; revelar-se.

re·trá·til *adj.2gên.* 1. Que se retrai. 2. Que se pode retrair. 3. Que produz retração.

re·tra·tis·ta *s.2gên.* Pessoa que faz retratos; pintor; fotógrafo.

re·tra·to *s.m.* 1. Imagem de uma pessoa que se obtém pela pintura, pelo desenho ou pela fotografia. 2. *fig.* Pessoa muito parecida com outra. 3. Descrição do caráter. 4. Modelo.

re·tre·ta (ê) *s.f.* 1. Formatura de soldados ao fim do dia para verificação de ausências. 2. Concerto de banda de música em praça pública.

re·tre·te (ê) *s.f.* Vaso sanitário.

re·tri·bu·i·ção *s.f.* 1. Ação ou efeito de retribuir. 2. Prêmio; compensação. 3. Agradecimento.

re·tri·bu·ir *v.t.d.* 1. Recompensar; gratificar. 2. Remunerar. 3. Corresponder.

re·tro (é) *s.m.* 1. Primeira página de uma folha, oposta ao verso. *adv.* 2. Atrás.

re·tro·a·gir *v.i.* 1. Ter efeito sobre o passado. 2. Modificar o que está feito.

re·tro:a·li·men·ta·ção *s.f.* 1. Alteração em mecanismo, sistema, comportamento ou programa em função das respostas provocadas ou obtidas por eles. 2. *por ext.* Essas respostas.

re·tro·a·ti·vo *adj.* 1. Concernente ao passado. 2. Que modifica o que está feito ou estabelecido. 3. Que tem efeito sobre o passado.

re·tro·ce·der *v.i.* 1. Andar para trás; recuar; retrogradar. 2. Ceder; desistir. 3. Desandar. *v.t.d.* 4. Fazer retrocessão de.

retrocesso

re·tro·ces·so (é) *s.m.* 1. Ato de voltar a um estado anterior. 2. Recuo. 3. Decadência.

re·tro·gra·dar *v.i.* 1. Andar para trás; retroceder; recuar. 2. Proceder em oposição ao progresso. *v.t.i.* 3. Recuar. *v.t.d.* 4. Fazer marchar em oposição ao progresso.

re·tró·gra·do *adj.* 1. Que retrograda. 2. Que é contrário ao progresso. 3. Que tem opiniões antiquadas. *s.m.* 4. Indivíduo retrógrado.

re·trós *s.m.* 1. Fio ou conjunto de fios para costura. 2. Cilindro de plástico, papel, etc., enrolado com retrós.

re·tros·pec·ti·va *s.f.* 1. Narrativa ou análise de fatos ocorridos no passado, durante um certo período. 2. Exposição que tem como tema um artista, escola ou movimento, com as obras mais importantes de cada fase ou período.

re·tros·pec·ti·vo *adj.* 1. Que se volta para o passado. 2. Que olha para trás. 3. Concernente a coisas passadas.

re·tros·pec·to (é) *s.m.* 1. Observação de tempos ou de coisas passadas. 2. Lance de olhos para o passado.

re·tro·ven·da *s.f.* Ação de retrovender.

re·tro·ven·der *v.t.d.* Vender, com a faculdade de desfazer o contrato.

re·tro·ver·são *s.f.* 1. Ato de retroverter. 2. Versão, para língua original, de um texto que dela se havia traduzido.

re·tro·ver·ter *v.t.d.* 1. Inclinar para trás. 2. Fazer voltar para trás. 3. Fazer a retroversão de.

re·tro·vi·sor *adj.* 1. Relativo a cada um dos espelhos colocados no interior e nas laterais de um veículo para aumentar a visibilidade do manobrista

revalidar

e dar mais segurança às manobras feitas por ele. *s.m.* 2. Esse tipo de espelho.

re·tru·car *v.t.d.* Replicar; objetar; responder argumentando; revidar.

re·tum·ban·te *adj.2gên.* Que retumba, ressoa.

re·tum·bar *v.i.* 1. Ecoar; estrondear; ribombar. *v.t.d.* 2. Repetir com estrondo o som de; repercutir.

re·tur·no *s.m. Desp.* Segundo período na disputa dos campeonatos esportivos, em que se repetem as provas entre os mesmos concorrentes.

réu *s.m.* 1. Indivíduo contra quem se intenta processo judicial; o criminoso. 2. *fig.* Aquele que é responsável por alguma falta ou culpa. *adj.* 3. Malévolo; culpado. *Fem.*: ré.

reu·ma *s.f.* Fluxão de humores; catarro.

reu·má·ti·co *adj.* 1. Relativo a reuma. 2. Que tem reumatismo. *s.m.* 3. Aquele que sofre de reumatismo.

reu·ma·tis·mo *s.m. Med.* Nome comum às diversas afecções que são acompanhadas de dores nos músculos, nas articulações e nos tendões.

re·u·ni·ão *s.f.* 1. Ação ou efeito de reunir(-se). 2. Agrupamento de pessoas. 3. Sarau.

re·u·nir *v.t.d.* 1. Unir novamente. 2. Fazer comunicar uma coisa com outra. 3. Juntar; agrupar; aliar. 4. Harmonizar. 5. Anexar; unir. *v.t.d. e i.* 6. Comparecer; agrupar-se. *v.p.* 7. Ajuntar-se; ligar-se; congregar-se.

re·va·ci·na·ção *s.f.* Ato de revacinar.

re·va·ci·nar *v.t.d.* e *v.p.* Vacinar novamente

re·va·li·dar *v.t.d.* 1. Tornar a validar; confirmar. 2. Robustecer.

re·va·lo·ri·zar *v.t.d.* e *v.p.* Tornar a valorizar.

re·van·che *s.f.* Desforra; a vez de quem recobra uma posição perdida.

re·van·chis·mo *s.m.* Tendência para a revanche, para a desforra, sobretudo de natureza política.

re·van·chis·ta *adj.2gên.* 1. Relativo ao revanchismo. *s.2gên.* 2. Pessoa revanchista.

re·vel *adj.2gên.* 1. Rebelde; insubordinado. *s.2gên.* 2. *Jur.* Pessoa que não cumpre a citação para comparecer em juízo. 3. Pessoa rebelde.

re·ve·la·ção *s.f.* 1. Ação de revelar (-se). 2. Inspiração divina. 3. Religião revelada. 4. Declaração; denúncia. 5. Manifestação; mostra. 6. Prova; testemunho. 7. Descoberta sensacional de um fato, ou de uma qualidade ou vocação numa pessoa.

re·ve·la·dor *adj.* e *s.m.* 1. Que ou o que revela. 2. *Fot.* Diz-se do banho que faz aparecer a imagem nas matrizes.

re·ve·lar *v.t.d.* 1. Descobrir, patentear. 2. Fazer conhecer. 3. Mostrar; denunciar. 4. Tirar o véu a. 5. Fazer conhecer sobrenaturalmente. 6. Fazer aparecer (a imagem) na matriz fotográfica. *v.p.* 7. Manifestar-se; dar-se a conhecer.

re·ve·li·a *s.f.* Estado de revel. *loc.adv.* **À revelia**: 1. *Jur.* Sem conhecimento da parte revel, do principal interessado; 2. Ao acaso.

re·ven·da *s.f.* Ação ou efeito de revender.

re·ven·de·dor *adj.* e *s.m.* Que ou o que revende.

re·ven·der *v.t.d.* 1. Vender de novo. 2. Vender (o que se tinha comprado).

re·ver *v.t.d.* 1. Ver de novo. 2. Ver com atenção. 3. Examinar cuidadosamente. 4. Emendar (provas).★

re·ver·be·ra·ção *s.f.* Ação ou efeito de reverberar.

re·ver·be·rar *v.t.d.* 1. Refletir (luz, calor). *v.i.* 2. Brilhar; cintilar.

re·vér·be·ro *s.m.* 1. Ato ou efeito de reverberar. 2. Reflexo luminoso. 3. Lâmina ou espelho que torna a luz mais intensa, concentrando-a. 4. Resplendor.

re·ver·de·cer *v.t.d.* 1. Tornar verde. 2. Cobrir de verdura. 3. Trazer à memória. *v.i.* 4. Tornar-se verde. 5. Cobrir-se de verdura. 6. Remoçar.

re·ve·rên·ci·a *s.f.* 1. Acatamento ao que é digno de respeito; veneração. 2. Mesura; genuflexão. 3. Tratamento que se dá aos eclesiásticos.

re·ve·ren·ci·ar *v.t.d.* 1. Fazer reverência a. 2. Honrar; acatar; respeitar.

re·ve·ren·dís·si·mo *s.m.* 1. Título que se dá aos bispos, arcebispos, monsenhores e padres em geral. *adj.* 2. *Sup. abs. sint.* de reverendo; muito venerável.

re·ve·ren·do *adj.* 1. Digno de reverência. *s.m.* 2. Padre; ministro; pastor.

re·ve·ren·te *adj.2gên.* Que reverencia.

re·ver·são *s.f.* 1. Ação ou efeito de reverter. 2. Regresso ao primeiro estado. 3. Devolução.

re·ver·sí·vel *adj.2gên.* Reversivo.

re·ver·si·vo *adj.* 1. Que volta ou deve voltar ao primeiro estado; reversível. 2. Que volta novamente.

re·ver·so (é) *s.m.* 1. Lado oposto ao principal. 2. Parte posterior. 3. O que é contrário. 4. Face oposta à que tem a efígie, nas medalhas e moedas.

re·ver·ter *v.t.i.* 1. Regressar; retroceder. 2. Voltar (à posse de alguém). 3. Redundar.

revés *s.m.* 1. Reverso. 2. Pancada com as costas das mãos. 3. Golpe, acidente desfavorável. 4. *fig.* Desgraça. *loc.adv.* **Ao revés**: ao contrário; às avessas.

revestimento *s.m.* 1. Ato de revestir(-se). 2. Camada que reveste; cobertura; invólucro.

revestir *v.t.d.* 1. Vestir novamente; vestir (traje de cerimônia ou um hábito sobre outro). 2. Tapar; cobrir. 3. Representar em si (caracteres de outrem). 4. Aparentar. 5. Fazer revestimento em. 6. Dar aparência, aspecto. 7. Guarnecer. *v.p.* 8. Vestir-se. 9. Munir-se. 10. Adornar-se.★

revezamento *s.m.* Ato ou efeito de revezar(-se).

revezar *v.t.d.* 1. Substituir alternadamente. *v.i.* 2. Alternar. *v.p.* 3. Substituir-se alternadamente; alternar-se.

revidar *v.t.d.* 1. Reenviar; retrucar. *v.t.d. e i.* e *v.i.* 2. Vingar uma ofensa com outra maior. 3. Objetar; contradizer.

revide *s.m.* Ato de revidar.

revigorar *v.t.d.* 1. Dar novo vigor a. *v.i.* e *v.p.* 2. Robustecer-se.

revirado *adj.* Revolvido, muito mexido. *Reg., Cul.* **Revirado cuiabano**: carne picadinha com molho.

revirar *v.t.d.* 1. Tornar a virar. 2. Virar do avesso. 3. Torcer; mudar. *v.t.i.* 4. Voltar; regressar. 5. Recalcitrar. *v.p.* 6. Voltar-se para outra vez. 7. Perseguir. 8. Revoltar-se.

reviravolta *s.f.* 1. Ação ou efeito de voltar em sentido oposto. 2. Giro sobre si mesmo. 3. Alteração, mudança repentina.

revisão *s.f.* 1. Ação ou efeito de rever. 2. Novo exame. 3. Nova leitura. 4. Exame e emendas de provas tipográficas. 5. Conjunto dos revisores de um jornal, de uma editora. 6. O local onde trabalham os revisores. 7. Funções de revisor.

revisar *v.t.d.* 1. Tornar a visar. 2. Fazer revisão de. 3. Corrigir (provas tipográficas).

revisionismo *s.m.* Doutrina ou tendência que defende a revisão dos fundamentos de teoria, crença, princípio, etc.

revisor *adj.* 1. Que revê. *s.m.* 2. O que corrige provas tipográficas.

revista *s.f.* 1. Ação ou efeito de revistar. 2. Exame minucioso; inspeção. 3. Peça teatral com quadros de música e dança em que se reproduzem os acontecimentos do ano ou de uma época recente, de modo cômico. 4. Inspeção militar. 5. Publicação periódica dedicada a uma só matéria ou com assuntos variados, geralmente ilustrados.

revistar *v.t.d.* 1. Rever; examinar. 2. Passar revista a. 3. Esquadrinhar.

reviver *v.i.* 1. Voltar à vida. 2. Renovar-se. 3. Tornar a manifestar-se. *v.t.d.* 4. Trazer à lembrança. 5. Pôr novamente em uso.

revivescente *adj.2gên.* Que revive.

revivescer *v.i.* e *v.t.d.* Reviver.

revivificar *v.t.d.* Vivificar de novo; reviver.

revoada *s.f.* 1. Ação de revoar. 2. Bando de aves que revoam. 3. Conjunto de aviões em voo de exibição. 4. *fig.* Oportunidade; ensejo.

revoar *v.i.* 1. Voar novamente. 2. Voar para o ponto de partida. 3. Esvoaçar; voejar. 4. Voar alto; pairar. 5. Agitar-se.

revocar *v.t.d.* 1. Chamar para trás. 2. Chamar de novo. 3. Revogar; anular. 4. Fazer voltar. 5. Fazer sair; tirar.

re·vo·ga·ção *s.f.* Ação de revogar, anulação.

re·vo·gar *v.t.d.* Tornar sem efeito; anular.

re·vol·ta (ó) *s.f.* 1. Ação ou efeito de revoltar. 2. Desordem; motim. 3. Rebeldia. 4. Indignação; raiva.

re·vol·tan·te *adj.2gên.* Que revolta; repulsivo; nojento.

re·vol·tar *v.t.d.* 1. Incitar à revolta. 2. Perturbar moralmente; indignar; indispor. *v.i.* 3. Causar indignação. *v.p.* 4. Indignar-se. 5. Rebelar-se.

re·vol·to (ô) *adj.* 1. Agitado; tumultuoso. 2. Furioso. 3. Torcido; desgrenhado.

re·vol·to·so (ô) *adj.* e *s.m.* Rebelde; revoltado. *Pl.:* revoltosos (ó).

re·vo·lu·ção *s.f.* 1. Ação ou efeito de revolver ou revolucionar. 2. Mudança violenta, sobretudo na constituição e governo de um Estado, realizada pela força. 3. Revolta; indignação. 4. Qualquer acontecimento que perturba e causa mudanças. *Astron.* 5. Volta de um astro ao ponto de onde partiu. 6. Tempo gasto por um astro para percorrer a sua órbita.

re·vo·lu·ci·o·nar *v.t.d.* 1. Exercitar à revolução; instigar à revolta. 2. Agitar moralmente. 3. Revolver; transformar. *v.p.* 4. Revoltar-se.

re·vo·lu·ci·o·ná·ri:o *adj.* 1. Concernente a revolução. 2. Afeiçoado a revoluções. *s.m.* 3. Aquele que provoca revoluções ou que nelas toma parte. 4. Indivíduo afeiçoado a renovações políticas, morais ou sociais.

re·vo·lu·te·ar *v.i.* 1. Revolver-se; agitar-se em vários sentidos. 2. Esvoaçar; adejar.

re·vol·ver (ô) *v.t.d.* 1. Volver muitas vezes. 2. Agitar; misturar. 3. Examinar minuciosamente. 4. Meditar sobre. 5. Indispor; amotinar. *v.i.* 6. Agitar-se; girar. 7. Agitar-se. 8. Remoinhar. *V. revólver.*

re·vól·ver *s.m.* Arma de fogo provida de várias culatras em cilindro giratório e que dá vários tiros sem renovação de carga. *V. revolver.*

re·vo·o (ô) *s.m.* Ato de revoar.

re·vul·são *s.f. Med.* 1. Efeito dos medicamentos revulsivos. 2. Derivação de humores.

re·vul·si·vo *adj. Med.* 1. Que faz derivar uma inflamação ou humores de um para outro ponto do organismo. *s.m.* 2. Medicamento revulsivo.

re·xen·xão (ch, ch) *s.m. epiceno Zool.* Pássaro de plumagem negra.

re·za (é) *s.f.* Ação ou efeito de rezar; oração.

re·za·dor *adj.* e *s.m.* 1. Que ou o que reza. 2. Curandeiro.

re·zar *v.t.d.* 1. Dizer orações ou súplicas religiosas. 2. Ler (livro de orações). 3. Mencionar. 4. *fig.* Resmungar; murmurar. *v.i.* 5. Dirigir súplicas, orações à divindade ou aos santos. *v.t.i.* 6. Orar. 7. Tratar; falar.

re·zin·gar *v.i.* e *v.t.i.* Altercar; resmungar; disputar; recalcitrar.

ri·a·cho *s.m.* Rio pequeno; regato.

ri·bal·ta *s.f. Teat.* 1. Série de luzes à frente do palco no proscênio. 2. Palco.

ri·ba·mar *s.m.* 1. Beira do mar. 2. Terreno à borda do mar.

ri·ban·cei·ra *s.f.* 1. Barranco; riba. 2. Margem elevada de rio. 3. Precipício.

ri·bei·ra *s.f.* 1. Porção de terreno banhado por um rio. 2. Lugar junto de um rio. 3. Terra marginal.

ri·bei·rão *s.m.* Ribeiro um tanto largo.

ri·bei·ri·nha *s.f. Zool.* Ave pernalta que vive nas ribeiras.

ri·bei·ri·nho *adj.* Que se encontra ou vive nos rios ou nas ribeiras.

ri·bei·ro *s.m.* Rio pequeno; regato.

ri·bom·bar *v.i.* 1. Estrondear o trovão. 2. Ressoar fortemente; retumbar.

ri·bom·bo *s.m.* Ato de ribombar; estampido.

ri·ca·ço *adj.* e *s.m. pop.* Muito rico.

ri·çar *v.t.d.* 1. Tornar riço ou crespo. 2. Encaracolar (o cabelo). *v.i.* 3. Eriçar; arrepiar.

rí·ci·no *s.m. Bot.* Planta também chamada mamona, carrapateira, de cujas sementes se extrai o óleo de rícino.

ri·co *adj.* 1. Que tem riquezas. 2. Abundante; fértil; produtivo. 3. *fig.* Belo; feliz. *s.m.* 4. Indivíduo que possui muitos bens.

ri·ço *s.m.* 1. Tecido de lã com o pelo curto e encrespado. *adj.* 2. Encrespado; encarapinhado.

ri·co·che·te (ê) *s.m.* 1. Salto de qualquer corpo (espec. de projetil) depois de bater no chão ou noutro corpo. 2. *fig.* Retrocesso. 3. Acontecimento produzido por outro.

ri·co·che·te·ar *v.i.* 1. Fazer ricochete. *v.t.i.* 2. Saltar. 3. Dar; ir ter.

ri·co·ta (ó) *s.f.* Queijo feito a partir do soro do leite desnatado, branco e de consistência macia, usado em recheios, pastas, etc.

ric·to *s.m.* 1. Abertura da boca, como em riso forçado. 2. Contração, vinco dos lábios ou da face. *V.* **rito**.

ríc·tus *s.m.2núm.* Ricto.

ri·den·te *adj.2gên.* 1. Que ri. 2. Satisfeito; alegre. 3. Florido; magnificente.

ri·di·cu·la·ri·a *s.f.* 1. Ato ou dito ridículo. 2. Bagatela; insignificância; coisa de pouco valor.

ri·di·cu·la·ri·zar *v.t.d.* 1. Pôr em ridículo. 2. Escarnecer de; tornar ridículo.

ri·di·cu·li·zar *v.t.d.* Ridicularizar.

ri·dí·cu·lo *adj.* 1. Que desperta riso ou escárnio. 2. Insignificante. *s.m.* 3. Pessoa ou coisa ridícula.

ri·fa *s.f.* Sorteio de objetos por meio de bilhetes numerados.

ri·fão *s.m.* Adágio; provérbio; anexim.

ri·far *v.t.d.* 1. Fazer rifa de. 2. *fam.* Desfazer-se ou separar-se de.

ri·fle *s.m.* Espingarda de repetição.

ri·gi·dez *s.f.* 1. Qualidade de rígido. 2. *fig.* Aspereza; inflexibilidade. 3. Austeridade.

rí·gi·do *adj.* 1. Teso; rijo; hirto. 2. *fig.* Rigoroso; austero.

ri·gor *s.m.* 1. Rigidez; dureza; força. 2. Severidade. 3. Pontualidade. 4. Concisão. 5. A maior intensidade do frio, calor, etc.

ri·go·ris·mo *s.m.* Qualidade do que é rigoroso; rigor excessivo.

ri·go·ro·so (ô) *adj.* 1. Que procede com rigor; em que há rigor. 2. Escrupuloso. 3. Inflexível; muito exigente. *Pl.:* rigorosos (ó).

ri·je·za (ê) *s.f.* Qualidade do que é rígido; rigidez.

ri·jo *adj.* 1. Rígido; duro; teso. 2. Duro no trato; severo. 3. Vigoroso; forte. 4. Intenso. *adv.* 5. Rijamente.

ri·lhar *v.t.d.* 1. Roer (objeto duro). 2. Trincar. 3. Ranger (os dentes).

rim *s.m. Anat.* Cada um dos dois órgãos secretores da urina. *Pl.:* rins.

ri·ma *s.f.* 1. Uniformidade de sons no fim de dois ou mais versos. 2. Repetição do mesmo som em palavras de um mesmo verso, ou na terminação de duas ou mais palavras; consonância.

ri·mar *v.t.d.* 1. Pôr em versos rimados. *v.i.* 2. Formar rima entre si; versejar.

rin·cão *s.m.* 1. Porção de campo cercado naturalmente por mato. 2. Lugar muito abrigado; recanto. 3. Região.

rin·char *v.i.* 1. Soltar rinchos; relinchar. 2. Ringir; ranger. *s.m.* 3. Rincho.

rin·cho *s.m.* A voz do cavalo; relincho.

rin·gir *v.t.d.* 1. Fazer ranger; rilhar. *v.i.* 2. Ranger.

rin·gue *s.m.* Tablado onde se travam lutas de boxe, etc.

ri·nha *s.f.* 1. Briga de galos. 2. O lugar onde se realizam brigas de galos. 3. Peleja; briga.

ri·ni·te *s.f. Med.* Inflamação da mucosa do nariz.

ri·no·ce·ron·te *s.m. epiceno Zool.* Grande quadrúpede com um ou dois chifres no focinho.

ri·no·plas·ti·a *s.f.* Restauração cirúrgica do nariz.

rin·que *s.m.* Pista de patinação.

ri·o *s.m.* 1. *Geog.* Curso de água natural que deságua no mar, num lago ou noutro rio. 2. *fig.* O que corre como um rio. 3. Grande quantidade (espec. de líquido); abundância.

ri:o-bran·quen·se *adj.2gên.* 1. De Rio Branco (Acre), característico dessa cidade ou de seu povo. *s.2gên.* 2. Pessoa que nasceu ou vive em Rio Branco. *Pl.*: rio-branquenses.

ri·o·gran·den·se-do-nor·te *adj.2gên.* 1. Do estado do Rio Grande do Norte. *s.2gên.* 2. O natural ou habitante desse estado; potiguar. *Pl.*: rio-grandenses-do-norte.

ri·o·gran·den·se-do-sul *adj.2gên.* 1. Do estado do Rio Grande do Sul. *s.2gên.* 2. O natural ou habitante desse estado; gaúcho. *Pl.*: rio-grandenses-do-sul.

ri·pa *s.f.* 1. Ação de ripar. 2. Pedaço de madeira, estreito e comprido.

ri·pa·da *s.f.* 1. Golpe dado com ripa ou objeto semelhante. 2. *fig.* Bronca, crítica.

ri·pa·do *s.m.* 1. Gradeamento de ripas. 2. Pavilhão feito de ripas para abrigar plantas.

ri·par *v.t.d.* 1. Pregar ripas em. 2. Serrar, formando ripas. 3. Gradear com ripas. 4. Criticar; falar mal de.

ri·pos·tar *v.i.* 1. Rebater a estocada, na esgrima. *v.t.d.* 2. Replicar; retrucar.

ri·que·za (ê) *s.f.* 1. Qualidade do que é rico. 2. Opulência; ostentação; fausto. 3. Abundância; fertilidade. 4. Magnificência; esplendor. 5. A classe dos ricos.

ri·qui·xá (ch) *s.m.* Cadeirinha de duas rodas puxada por um homem a pé, usada no Extremo Oriente.

rir *v.i.* e *v.p.* 1. Manifestar o riso; mostrar-se alegre; sorrir. 2. Gracejar; escarnecer de. 3. Tratar algum assunto por brincadeira. *v.t.i.* 4. Parecer alegre. 5. Escarnecer; zombar. ★

ri·sa·da *s.f.* 1. Riso; gargalhada. 2. Riso simultâneo de muita gente.

ris·ca *s.f.* 1. Ação ou efeito de riscar; traço. 2. Separação dos cabelos penteados. *loc.adv.* **À risca**: com rigor; justamente.

ris·ca·do *adj.* 1. Que se riscou. *s.m.* 2. tecido com listas de cor. **Entender do riscado**: conhecer bem um assunto; ser competente.

ris·car *v.t.d.* 1. Fazer traços ou riscos em. 2. Apagar com traços. 3. Traçar; marcar. 4. Expulsar de uma associação. *v.i.* 5. Perder a amizade, ser excluído das relações de alguém.

ris·co *s.m.* 1. Traço; risca; delineamento; traçado; esboço; debuxo. 2. Perigo, ou possibilidade de perigo.

ri·sí·vel *adj.2gên.* 1. Digno de riso; ridículo. *s.m.* 2. Aquilo que faz rir, que é ridículo.

ri·so *s.m.* 1. Ato ou efeito de rir. 2. Alegria. 3. Zombaria. 4. Coisa ridícula.

ri·so·nho (ô) *adj.* 1. Alegre; prazenteiro; jovial; satisfeito. 2. Agradável.

ri·so·ta (ó) *s.f.* Riso com intenção de zombar de algo ou alguém; galhofa, troça.

ri·so·to (ô) *s.m. Cul.* Iguaria feita com arroz cozido, molho de tomate, ervilhas, carne desfiada de frango, ou camarões, coberta com queijo parmesão ralado.

ris·pi·dez *s.f.* Qualidade de ríspido.

rís·pi·do *adj.* Áspero; severo; intratável.

ris·te *s.m.* Peça de ferro em que o cavaleiro apoia a lança quando a leva horizontalmente, para investir. *De dedo em riste*: com o dedo indicador erguido, apontando na direção do opositor.

rit·ma·do *adj.* Em que há ritmo.

rit·mar *v.t.d.* Dar ritmo a; cadenciar.

rít·mi·co *adj.* 1. Concernente a ritmo. 2. Em que há ritmo.

rit·mo *s.m.* 1. *Mús.* Disposição simétrica de sons combinados por meio de acentos. 2. *Poes.* Sucessão regular das sílabas acentuadas, de que resulta impressão agradável ao ouvido. 3. *por ext.* Cadência; movimento regular e medido. 4. Correlação harmoniosa entre as partes de uma composição literária ou artística.

ri·to *s.m.* 1. Conjunto de cerimônias que se praticam numa religião; culto. 2. Sistema de organizações maçônicas. *V. ricto*.

ri·tu·al *adj.2gên.* 1. Concernente a ritos. *s.m.* 2. Livro que indica os ritos ou consigna as formas que se devem observar na prática das cerimônias de uma religião. 3. Cerimonial; praxe; etiqueta.

ri·tu·a·lis·mo *s.m.* Conjunto de ritos; apego a cerimônias ou formalidades.

ri·tu·a·lis·ta *s.2gên.* 1. Pessoa que trata ou escreve acerca de ritos. *adj.2gên.* e *s.2gên.* 2. Que ou pessoa que tem grande apego a cerimônias ou fórmulas.

ri·val *adj.2gên.* 1. Que rivaliza; que aspira às mesmas vantagens que outrem; competidor. *s.2gên.* 2. Pessoa rival.

ri·va·li·da·de *s.f.* 1. Qualidade de quem é rival, ou de quem rivaliza. 2. Ciúme.

ri·va·li·zar *v.t.i.* 1. Disputar ou pleitear. 2. Aproximar-se de outro, em méritos. 3. Ter ciúmes. 4. Parecer igualar ou exceder. *v.t.d.* 5. Procurar igualar; ser rival de.

ri·xa (ch) *s.f.* Contenda; briga; desordem; discussão; discórdia.

ri·xar (ch) *v.i.* Ter rixas com alguém; ser provocador ou desordeiro.

ri·xo·so (ch, ô) *adj.* Que rixa; desordeiro; bulhento; brigão. *Pl.*: rixosos (ó).

ri·zi·cul·tor *s.m.* Cultivador de arroz.

ri·zi·cul·tu·ra *s.f.* Cultura de arroz; oricicultura.

ri·zo·ma (ô) *s.m. Bot.* Caule subterrâneo, ordinariamente horizontal.

ri·zó·po·des *s.m.pl. Biol.* Protozoários de uma só célula desprovidos de membrana.

ri·zo·tô·ni·co *adj. Gram.* Diz-se das formas verbais que têm o acento tônico no radical: louva, brinco.

ro·az *adj.2gên.* Que rói; destruidor.

ro·ba·lo *s.m. Zool.* Peixe marinho de corpo alongado e escamas prateadas, que vive em águas costeiras, mas pode ser encontrado na parte alta dos rios, de carne considerada de ótima qualidade.

ro·ble (ó) *s.m. Bot.* 1. Carvalho. 2. Árvore antiga e de grande porte.

ro·bô *s.m.* Autômato.

ro·bo·rar *v.t.d.* 1. Aumentar as forças de. 2. Avigorar. 3. Confirmar; corroborar.

ro·bó·ti·ca *s.f.* O conjunto dos estudos e das técnicas que permitem a utilização de robôs na automação.

ro·bus·te·cer *v.t.d.* 1. Tornar robusto ou mais robusto. 2. Engrandecer. 3. Confirmar. *v.i.* e *v.p.* 4. Tornar-se robusto ou mais robusto. 5. Avigorar-se; engrandecer-se. 6. Confirmar-se.

ro·bus·tez (ê) *s.f.* Qualidade de robusto.

ro·bus·to *adj.* 1. Vigoroso; forte. 2. Sólido. 3. Intenso. 4. Tenaz; poderoso.

ro·ca (ó) *s.f.* 1. Vara em que se enrola o fio por tecer. 2. Armação de madeira das imagens dos santos. *V.* **roça**.

ro·ça (ó) *s.f.* 1. Roçadura. 2. Terreno onde se roça o mato. 3. Terreno coberto de mato. 4. Sementeira em meio do mato ou em terreno onde se roçou o mato. 5. Terreno de lavoura. 6. Campo (por oposição a cidade). *V.* **roca**.

ro·ça·do *s.m.* 1. Terreno em que se roçou o mato e que se preparou para ser cultivado. 2. Clareira entre o mato.

ro·ça·gar *v.i.* 1. Roçar pelo chão, fazer ruído, como o de um vestido de seda. 2. Passar de leve.

ro·cam·bo·le (ó) *s.m.* 1. *Cul.* Bolo recheado e enrolado sobre si mesmo. 2. Bailado, variedade de fandango.

ro·cam·bo·les·co *adj.* Enredado; cheio de peripécias.

ro·çar *v.t.d.* 1. Cortar; derribar. 2. Esfregar. 3. *fig.* Gastar com o atrito. 4. Roçagar; passar junto de. *v.t.i.* e *v.p.* 5. Passar junto de. 6. Tocar de leve.

ro·cei·ro *s.m.* 1. Aquele que roça. 2. Pequeno lavrador. 3. Homem que vive na roça; caipira.

ro·cha (ó) *s.f.* 1. Massa compacta de pedra dura. 2. Rochedo; penedia. 3. Conjunto de minerais que formam massa compacta. 4. *fig.* Coisa firme, inabalável.

ro·che·do (ê) *s.m.* 1. Rocha escarpada. 2. Rocha alta à beira-mar; penhasco. 3. *Anat.* Parte do osso temporal onde se aloja o ouvido.

ro·cho·so (ô) *adj.* 1. Em que há rochas. 2. Formado de rochas. *Pl.:* rochosos (ó).

ro·cim *s.m.* Cavalo pequeno e fraco.

ro·ci·nan·te *s.m.* Cavalo reles; rocim.

ro·ci·nha *s.f.* 1. Roça pequena. 2. Pequena chácara.

ro·ci·o *s.m.* Orvalho. *V.* **rossio**.

ro·co·có *adj.2gên.* 1. Diz-se do estilo ornamental que se caracterizava pela profusão de ornatos. 2. *por ext.* Com muitos enfeites, mas sem graça. 3. De mau gosto; fora de moda. *s.m.* 4. O estilo rococó. 5. Profusão de ornatos de mau gosto.

rock *Ingl. s.m.* Música de origem norte-americana surgida na década de 1950, tendo por base a música de *jazz* e a *country*, e tocada em guitarra elétrica, contrabaixo e bateria; roque.

ro·da (ó) *s.f.* 1. Peça de forma circular e própria para o movimento em torno de um eixo. 2. Objeto semelhante na forma ou função. 3. Objeto mais ou menos circular. 4. Grupo de pessoas. 5. Classe. 6. Globo girante em que se lançam os números da loteria. 7. Distribuição de alguma coisa entre circunstantes; rodada. 8. Espécie de folguedo infantil.

ro·da·da *s.f.* 1. Movimento completo de uma roda. 2. Cada uma das vezes que se serve bebida a um grupo de pessoas. 3. *Desp.* Soma das partidas de um campeonato esportivo.

ro·da·do *adj.* 1. Que tem roda. 2. Decorrido. *s.m.* 3. Roda de vestido.

ro·da·gem *s.f.* 1. Conjunto de rodas de um maquinismo. 2. Ação de rodar.

ro·da-gi·gan·te *s.f.* Aparelho de parque de diversões. *Pl.*: rodas-gigantes.

ro·da·moi·nho *s.m.* Redemoinho; remoinho.

ro·dan·te *adj.2gên.* 1. Que roda. 2. Que pode rodar.

ro·da·pé *s.m.* 1. Faixa de proteção feita de madeira, mármore, etc., na parte inferior das paredes. 2. Faixa de madeira das grades de janela ou sacada. 3. Parte inferior da página de jornal ou livro. 4. Escrito que se insere nessa parte.

ro·dar *v.t.d.* 1. Fazer andar à roda; rodear. 2. Percorrer em volta; contornar. 3. *Inform.* Executar (um programa). *v.i.* 4. Andar em torno de um eixo ou centro. 5. Girar; mover sobre rodas. 6. Decorrer; passar. 7. Fazer círculo. 8. Ser infeliz numa pretensão. 9. *pop.* Andar; caminhar; ir embora. *v.t.i.* 10. Dirigir-se de carro.

ro·da-vi·va *s.f.* 1. Movimento incessante. 2. Confusão. 3. Azáfama; inquietação. *Pl.*: rodas-vivas.

ro·de·ar *v.t.d.* 1. Andar em roda de. 2. Percorrer em volta. 3. Cingir; ornar em círculo. 4. Andar, desviando-se de. 5. Ter convivência com; fazer companhia a. *v.p.* 6. Fazer-se acompanhar.

ro·dei·o *s.m.* 1. Ato ou efeito de rodear. 2. Subterfúgio; evasiva. 3. Meio indireto para a consecução de um fim. 4. Ato de reunir gado para o marcar, fazer-lhe curativos, etc. 5. Lugar, no campo, onde se reúne o gado. 6. Exibição pública de peões que montam bois e cavalos xucros.

ro·de·la (é) *s.f.* 1. Pequena roda. 2. Escudo redondo. 3. Pedaço mais ou menos redondo de fruta, doce, etc. 4. Rótula.

ro·di·lha *s.f.* 1. Pano para limpeza nas cozinhas. 2. Pano que se enrola como rosca e se usa na cabeça quando nesta se assenta carga. 3. *sobrecomum fig.* Pessoa desprezível.

ró·di·o *s.m. Quím.* Corpo simples, elemento de símbolo **Rh** e cujo número atômico é 45.

ro·dí·zi·o *s.m.* 1. Seriação ou escala de trabalhos e funções. 2. Alternância de pessoas ou fatos. 3. Revezamento na realização de um trabalho. 4. Ajuste para frustrar uma lei, um regulamento. 5. Rodinha de metal ou de borracha nos pés de alguns móveis, pianos, refrigeradores, para os deslocar com facilidade. 6. Serviço de restaurante que oferece, por um preço fixo, vários pratos da mesma espécie.

ro·do (ô) *s.m.* Utensílio que serve para juntar os cereais nas eiras, o sal nas marinhas, puxar a cinza no forno, a água em superfícies lisas, etc. *loc.adv.* **A rodo**: em grande quantidade.

ro·do·pi·ar *v.i.* Dar muitas voltas; girar muito.

ro·do·pi·o *s.m.* Ato de rodopiar.

ro·do·vi·a *s.f.* Estrada de rodagem.

ro·do·vi·á·ri:a *s.f.* Estação de embarque e desembarque de passageiros de ônibus interurbanos, interestaduais e internacionais.

ro·do·vi·á·ri:o *adj.* 1. Relativo a rodovia. *s.m.* 2. Empregado de empresa rodoviária.

ro·dri·gui·a·no *adj.* Pertencente ou relativo a Nélson Rodrigues, teatrólogo brasileiro.

ro·e·dor *adj.* 1. Que rói. *s.m.* 2. *epiceno Zool.* Espécime de roedores, mamíferos que têm duas classes de dentes incisivos e molares (como os ratos, os esquilos, etc.).

ro·e·du·ra *s.f.* 1. Ação ou efeito de roer. 2. Escoriação causada por atrito.

ro·er *v.t.d.* 1. Cortar aos poucos com os dentes. 2. Corroer; gastar com o atrito. 3. Pungir; atormentar. *v.t.i.* 4. Morder. 5. Falar mal, murmurar. *v.i.* 6. Cortar alguma coisa com os dentes. 7. Murmurar, falar mal.

ro·ga·ção *s.f.* Ação de rogar; rogo; rogativa; súplica.

ro·gar *v.t.d., v.t.d. e i.* e *v.i.* 1. Suplicar; instar. *v.t.i.* 2. Pedir; fazer súplicas.

ro·ga·ti·va *s.f.* Rogação; rogo; súplica.

ro·ga·tó·ri:a *s.f.* Rogativa; súplica; pedido.

ro·go (ô) *s.m.* 1. Ato ou efeito de rogar. 2. Súplica; prece; rogativa. *loc.adv.* **A rogo**: a pedido.

ro·jão *s.m.* 1. Rojo. 2. Toque de viola arrastado. 3. Foguete. 4. Marcha mais ou menos forçada. 5. Trabalho cansativo, ininterrupto. 6. Baião de ritmo acelerado.

ro·jar *v.t.d.* 1. Levar de rastos; arrastar. 2. Arremessar. *v.i.* e *v.p.* 3. Andar a custo.

rol *s.m.* Lista; relação.

ro·la (ô) *s.f.* 1. *Zool.* Nome comum a diversas pequenas aves semelhantes às pombas (os machos são os *rolos*). 2. *chulo* O pênis.

ro·la·gem *s.f.* 1. Ação ou resultado de rolar; rolamento. 2. *fig.* Negociação de dívida para pagá-la mais tarde.

ro·la·men·to *s.m.* 1. Ato de rolar. 2. *Mec.* Peça que diminui o atrito e facilita o movimento de rotação de outra peça, geralmente um eixo giratório; rolimã.

ro·lar *v.t.d.* 1. Fazer girar ou andar em roda. 2. Cortar em toros (uma árvore). *v.i.* e *v.p.* 3. Avançar girando sobre si mesmo. *v.i.* 4. Soltar a voz (a rola); arrulhar.

rol·da·na *s.f.* Maquinismo com uma roda girante, por cuja circunferência cavada passa uma corda ou corrente.

rol·dão *s.m.* Confusão; sobressalto. *loc. adv.* **De roldão**: em tropel; de chofre.

ro·le·ta (ê) *s.f.* 1. Jogo de azar que consiste numa roda grande, com casas numeradas nos bordos, ganhando quem tiver jogado no número em que parar uma bolinha de marfim atirada ao acaso pelo banqueiro. 2. *fig.* Coisa incerta, que depende do acaso.

ro·le·te (ê) *s.m.* 1. Rolo pequeno. 2. Parte do caule da cana-de-açúcar que fica entre dois nós consecutivos. 3. Pedaço de cana-de-açúcar descascado.

ro·lha (ô) *s.f.* 1. Peça, geralmente de cortiça, com a qual se tapa a boca ou o gargalo de garrafas e frascos. 2. *pop.* Velhaco; manhoso. 3. *fig.* Imposição de silêncio.

ro·li·ço *adj.* Em forma de rolo; redondo; de formas arredondadas.

ro·li·mã *s.f.* Rolamento.

ro·li·nha *s.f.* 1. Rola pequena. 2. Nome de uma dança popular.

ro·lo (ô) *s.m.* 1. Cilindro mais ou menos comprido. 2. Objeto em forma de cilindro. 3. *Zool.* O macho da rola. 4. *fig.* Grande quantidade de pessoas. 5. Conflito; tumulto; motim; desordem; confusão. **Estar de rolo com:** ter relacionamento com.

ROM *Inform.* Sigla da expressão inglesa *Read-Only Memory*; memória estável, de armazenamento permanente.

ro·mã *s.f. Bot.* O fruto da romãzeira.

ro·mai·co *adj.* 1. Relativo aos gregos modernos ou ao seu idioma. *s.m.* 2. Idioma moderno dos gregos.

ro·man·ça *s.f.* Canção de assunto histórico; melodia de caráter sentimental que esteve em voga no século XIX.

ro·man·ce *s.m.* 1. *Linguíst.* Linguagem resultante do desenvolvimento do latim popular, que determinou a formação das línguas românicas. 2. *Linguíst.* Conjunto de idiomas românicos. 3. *Lit.* Narração em prosa dos atos e sentimentos de personagens imaginárias. 4. Namoro, caso.

ro·man·ce·ar *v.t.d.* 1. Contar ou descrever em romance ou em forma de romance. 2. Apropriar à língua vernácula (palavras de outras línguas). *v.i.* 3. Escrever romances. 4. Contar fatos inverossímeis.

ro·man·cei·ro *s.m.* 1. Coleção de romances ou de canções e poesias populares de um país. *adj.* 2. Romântico.

ro·man·che *s.m. Linguíst.* Língua falada na Suíça, juntamente com o francês, o italiano e o alemão.

ro·man·cis·ta *s.2gên.* Pessoa que escreve romances; novelista.

ro·ma·nes·co (ê) *adj.* 1. Que tem o caráter de romance. 2. Romântico; devaneador. *s.m.* 3. Gênero romanesco. 4. O caráter romântico.

ro·ma·ni (í) *s.m.* Língua dos ciganos da Europa Oriental.

ro·mâ·ni·co *adj.* 1. Diz-se das línguas que se formaram do latim vulgar. 2. Relativo a essas línguas. *s.m.* 3. *Linguíst.* O conjunto das línguas românicas. 4. *Arquit.* Estilo que predominou entre os séculos V e XII, anterior ao gótico.

ro·ma·ni·zar *v.t.d.* 1. Tornar romano. 2. Dar feição, aspecto romano a. 3. Adaptar à índole das línguas românicas. 4. Influenciar segundo o estilo romano.

ro·ma·no *adj.* 1. De Roma (capital da Itália). 2. Românico. 3. *Arquit.* Diz-se do estilo arquitetônico que predominou entre os séculos V e XII. 4. *Mat.* Diz-se dos algarismos do sistema de numeração dos romanos, que foram tirados das letras do alfabeto (I, V, X, L, C, D, M). *s.m.* 5. O natural ou habitante de Roma.

ro·mân·ti·co *adj.* 1. Concernente a romance. 2. Próprio de romance. 3. Fantasioso. 4. Diz-se dos escritores que, no princípio do século XIX, se libertaram das regras de composição e estilo estabelecidas pelos escritores clássicos e procuraram inspirar-se nas lendas e tradições medievais e na história nacional. *s.m.* 5. Aquilo que tem caráter romanesco.

ro·man·tis·mo *s.m.* 1. Sistema ou escola dos escritores românticos. 2. Caráter do que é romântico ou romanesco.

ro·man·ti·zar *v.t.d.* 1. Dar características românticas ou fantasiosas a (pessoa, situação, coisa, etc.). *v.i.* 2. Contar ou inventar histórias românticas ou fantasiosas.

ro·ma·ri·a *s.f.* 1. Peregrinação religiosa. 2. Reunião de pessoas devotas que concorrem a uma festa religiosa. 3. *fig.* Reunião de pessoas em jornada.

ro·mã·zei·ra *s.f. Bot.* Planta ornamental e de propriedades medicinais; romeira.

rom·bo¹ *s.m.* 1. Arrombamento. 2. Abertura; buraco. 3. *fig.* Prejuízo; desfalque.

rom·bo² *s.m.* 1. *Geom.* Losango. *adj.* 2. Que não é agudo, aguçado ou pontudo. 3. *fig.* Imbecil, estúpido, tacanho.

rom·bo·e·dro (é) *s.m. Geom.* Sólido limitado por faces em forma de romboide.

rom·boi·de (ói) *s.m. Geom.* Figura de quatro lados de ângulos não retos, cujos lados opostos são iguais, e desiguais os lados contíguos; paralelogramo.

rom·bu·do *adj.* Muito rombo² (2).

ro·mei·ra *s.f.* 1. Mulher que vai em romaria. 2. *Bot.* Romãzeira. *V.* **rameira**.

ro·mei·ro *s.m.* 1. Homem que vai em romaria; peregrino. 2. *fig.* O que defende ideias novas ou grandes ideias.

ro·me·no *adj.* 1. Da Romênia (Europa). *s.m.* 2. O natural ou habitante desse país. 3. Língua oficial da Romênia.

ro·meu e ju·li·e·ta *s.m.* Goiabada com queijo fresco. *Pl.* romeus e julietas.

rom·pan·te *adj.2gên.* 1. Que tem arrogância; orgulhoso. 2. Precipitado; impetuoso. *s.m.* 3. Fúria; ímpeto; altivez.

rom·per *v.t.d.* 1. Partir; fazer em pedaços. 2. Dilacerar; rasgar. 3. Abrir à força. 4. Estragar e abrir com o uso. 5. Penetrar. 6. Sulcar; abrir caminho por. 7. Dar início a. 8. Revelar (segredos). 9. Desfazer (acordo, contrato). *v.i.* 10. Sair com força; investir. 11. Despontar; aparecer; nascer. 12. Divulgar-se. *v.t.i.* 13. Sair com ímpeto; jorrar. 14. Penetrar com violência. 15. Brotar; surgir. 16. Repelir; rejeitar. 17. Entrar em guerra; disputar; combater. *v.p.* 18. Quebrar-se; partir-se; destruir-se. *Part.:* rompido e roto. *V.* **irromper**.

rom·pi·men·to *s.m.* 1. Ato de romper(-se). 2. Quebra (de relações pessoais ou internacionais).

ron·ca *s.f.* 1. Roncadura. 2. *Mús.* Bordão de gaita de foles. 3. *fig.* Bravata.

ron·car *v.i.* 1. Respirar ruidosamente, dormindo; ressonar. 2. Bramir. 3. Dirigir ameaças. *v.t.d.* 4. Dizer em tom de provocação.

ron·cei·ro *adj.* 1. Lento, vagaroso. 2. Sem energia ou vontade para agir, trabalhar; preguiçoso.

ron·co *s.m.* 1. Roncadura. 2. Ato de regougar. 3. O grunhir dos porcos. 4. Som cavernoso e áspero. 5. Estertor. 6. *fig.* Bravata; fanfarrice.

ron·da *s.f.* 1. Ação ou efeito de rondar. 2. Grupo de soldados, policiais ou civis que percorre as ruas ou visita algum posto, para manutenção da ordem. 3. Exame acerca da boa ordem de alguma coisa. 4. Dança de roda. 5. Nome de um jogo de cartas.

ron·dar *v.t.d.* 1. Fazer ronda a; vigiar. 2. Andar à volta de. *v.i.* 3. Fazer ronda. 4. Passear, vigiando. 5. Andar à volta.

ron·dó *s.m.* 1. *Poes.* Composição com um estribilho constante, em qualquer número de versos. 2. *Mús.* Ária cujo tema principal se repete muitas vezes.

ron·do·ni·a·no *adj.* 1. De Rondônia; característico desse estado ou de seu povo. *s.m.* 2. Pessoa que nasceu ou vive em Rondônia.

ron·quei·ra *s.f.* 1. Ruído da respiração difícil. 2. Doença nos pulmões do gado.

ro·que (ó) *s.m.* 1. Movimento duplo do rei e da torre, no jogo de xadrez, colocando a torre na casa vizinha à do rei, e passando este para a casa que fica do outro lado da torre. 2. *Rock*.

ro·quei·ro *s.m.* 1. Indivíduo que toca, canta ou compõe roques (2). 2. Apreciador desse estilo musical.

ror (ó) *s.m.* 1. Grande porção. 2. Abundância. 3. Multidão.

ro·rai·men·se *adj.2gên.* 1. De Roraima; característico desse estado ou de seu povo. *s.2gên.* Pessoa que nasceu ou vive em Roraima.

ro·re·jan·te *adj.2gên.* Que roreja.

ro·re·jar *v.t.d.* 1. Orvalhar. 2. Destilar; borrifar; deitar gota a gota. *v.i.* 3. Brotar em gotas. 4. Borbulhar. 5. Transpirar.

ro·sa (ó) *s.f. Bot.* 1. A flor da roseira. *s.m.* 2. Cor-de-rosa. *adj.2gên. e 2núm.* 3. Que é cor-de-rosa; róseo. 4. Diz-se dessa cor.

ro·sá·ce·a *s.f.* 1. Ornato arquitetônico em forma de rosa. 2. Vitral de igreja semelhante a esse ornato. 3. *Bot.* Espécime das rosáceas, família de plantas que tem por tipo a rosa.

ro·sa·do *adj.* 1. Cor-de-rosa; róseo. 2. Que contém essência de rosas.

ro·sa dos ven·tos *s.f.* 1. Mostrador em que estão gravados os 32 raios da circunferência do horizonte, correspondente à direção dos ventos. 2. Mostrador onde estão assinalados os pontos cardeais. *Pl.:* rosas dos ventos.

ro·sal *s.m.* O mesmo que roseiral.

ro·sá·ri·o *s.m.* 1. Conjunto de contas (quinze dezenas de ave-marias e quinze padre-nossos). 2. *fig.* Série; enfiada; porção.

ros·bi·fe *s.m. Cul.* Peça de carne bovina que se frita ou assa de modo que a parte externa fique bem tostada e o interior sangrento.

ros·ca (ô) *s.f.* 1. Volta em hélice num objeto qualquer. 2. Espiral de parafuso. 3. *Cul.* Bolo com a massa torcida ou em forma de argola. 4. Cada uma das voltas da serpente que se enrola. 5. *pop.* Bebedeira. *sobrecomum* 6. Pessoa manhosa.

roscar *v.t.d.* 1. Fazer roscas em. 2. Fixar com parafuso.

ro·sei·ra *s.f. Bot.* Arbusto de hastes geralmente espinhosas, muito cultivado pela beleza e aroma de suas flores.

ro·sei·ral *s.m.* Terreno com plantação ou grande número de roseiras; rosal.

ró·se·o *adj.* 1. Concernente a rosa. 2. Perfumado como a rosa. 3. Próprio da rosa. 4. Cor-de-rosa.

ro·se·ta (ê) *s.f.* 1. Pequena rosa. 2. Roda dentada da espora. 3. Laço de fita que se usa na botoeira como distintivo honorífico.

ro·se·tar *v.t.d.* 1. Rosetear. *v.i.* 2. *gír.* Folgar; divertir-se; levar vida agradável e sem preocupações.

ro·se·te·ar *v.t.d.* Esporear (o cavalo) com a roseta da espora; rosetar.

ro·si·cler (é) *adj.2gên.* 1. Que tem a cor de rosa e da açucena. *s.m.* 2. Cor afogueada, como a da rosa, espec. por ocasião dos crepúsculos.

ro·si·lho *adj.* 1. Diz-se de animal, principalmente cavalo, de pelo avermelhado e branco. *s.m.* 2. Animal com essa característica.

ros·ma·ni·nho *s.m. Bot.* 1. Planta de folhas pequenas e flores aromáticas. 2. A flor dessa planta.

ros·nar *v.t.d.* 1. Dizer em voz baixa, por entre dentes. *v.i.* 2. Resmungar. 3. Emitir (o cão) voz surda que indica ameaça, arreganhando os dentes.

ros·que·ar *v.t.d.* 1. Produzir rosca em algo. 2. Girar uma peça com rosca, para abri-la ou fechá-la.

ros·si·o *s.m.* 1. Praça espaçosa. 2. Terreiro muito largo. *V.* **rocio**.

ros·tir *v.t.d.* 1. Maltratar. 2. Mastigar. 3. Esfregar; roçar.

ros·to (ô) *s.m.* 1. *Anat.* Parte anterior da cabeça; face. 2. Semblante; fisionomia. 3. Aparência; aspecto. 4. Página de livro em que está o título da obra e o nome do autor.

ros·tro (ô) *s.m.* 1. Bico das aves. 2. *Zool.* Sugadouro dos percevejos e barbeiros. 3. *Bot.* Esporão dos vegetais.

ro·ta (ó) *s.f.* Rumo; direção; caminho; itinerário.

ro·ta·ção *s.f.* 1. Ação ou efeito de rotar; giro. 2. Circunvolução; movimento de um corpo em torno do seu eixo.

ro·ta·ri·a·no *adj.* 1. Relativo ao *Rotary Club*, associação filantrópica internacional. *s.m.* 2. Membro do *Rotary Club*.

ro·ta·ti·va *s.f.* Máquina de imprimir que funciona por meio de cilindros animados por um movimento de rotação.

ro·ta·ti·vi·da·de *s.f.* 1. Qualidade de rotativo. 2. Alternância de pessoas, de fatos, de situações.

ro·ta·ti·vo *adj.* 1. Que faz rodar ou girar. 2. Que se faz em rodízio. 3. Diz-se de um tipo de crédito que se pode quitar total ou parcialmente.

ro·ta·tó·ri·o *adj.* 1. Relativo ao movimento de rotação. 2. Que faz movimento de rotação em torno de um eixo.

ro·tei·ro *s.m.* 1. Itinerário ou descrição escrita dos pontos que é necessário conhecer para se fazer uma viagem marítima. 2. Descrição de qualquer viagem. 3. Escrito de cinema ou televisão, no qual se indica a movimentação das câmaras, dos atores, etc. 4. Norma; regulamento.

ro·ti·na *s.f.* 1. Caminho já trilhado ou sabido. 2. Hábito de proceder segundo o uso, sem atender ao progresso. 3. Hábito inveterado; praxe; ramerrão.

ro·ti·nei·ro *adj.* 1. Concernente à rotina. 2. Que segue a rotina. *s.m.* 3. Aquele que segue a rotina.

ro·to (ô) *adj.* 1. Que se rompeu. 2. Rasgado; esfarrapado. *s.m.* 3. Indivíduo maltrapilho, que traz a roupa rasgada.

ro·tor *s.m.* 1. Parte de certas máquinas e motores, especialmente os movidos a eletricidade, que tem movimento de rotação. 2. Mecanismo formado por uma parte central e um conjunto de pás, responsável pelo voo do helicóptero.

ró·tu·la *s.f.* 1. Grade de madeira que se usa em algumas janelas; gelosia. 2. *Anat.* Patela.

ro·tu·la·do *adj.* 1. Que se rotulou. 2. Que tem rótulo. 3. Semelhante a rótula.

ro·tu·la·gem *s.f.* Ação de rotular.

ro·tu·lar *adj.2gên.* 1. Relativo à rótula. *v.t.d.* 2. Pôr rótulo em. 3. Servir de rótulo a. 4. Atribuir determinada qualidade a.

ró·tu·lo *s.m.* Dizeres indicativos da natureza do objeto em que estão escritos; letreiro.

ro·tun·da *s.f.* 1. *Arquit.* Construção circular que termina em cúpula arredondada. 2. Praça ou largo de forma circular.

ro·tun·do *adj.* 1. Redondo. 2. *fig.* Gordo; obeso.

ro·tu·ra *s.f.* Ruptura.

rou·ba·da *s.f. gír.* Mau negócio; logro.

rou·ba·lhei·ra *s.f.* Roubo escandaloso do dinheiro público.

rou·bar *v.t.d.* 1. Tomar por violência (o alheio). 2. Subtrair para si ou para outrem. 3. Despojar do dinheiro ou valores. *v.i.* 4. Praticar roubos.

rou·bo *s.m.* 1. Ato ou efeito de roubar. 2. Aquilo que se roubou. 3. *fig.* Preço excessivo.

rou·co *adj.* 1. Roufenho. 2. Que tem som cavo.

rou·fe·nho (ê) *adj.* Que parece falar pelo nariz; fanhoso; rouquenho.

round (raund) *Ingl. s.m.* 1. Cada período de tempo em que se divide uma luta. 2. *fig.* Etapa de uma negociação, de um debate.

rou·pa *s.f.* Nome comum às peças de vestuário ou de tecido para cobertura ou agasalho.

rou·pa·gem *s.f.* 1. Conjunto de roupas; rouparia. 2. Exterioridade; coisa vistosa.

rou·pão *s.m.* Peça de vestuário para uso doméstico, comprida e larga.

rou·pa·ri·a *s.f.* 1. Porção de roupas. 2. Lugar onde se vendem ou guardam roupas.

rou·pa·ve·lha *s.f. Cul.* Prato típico do Rio Grande do Sul, feito com charque desfiado e engrossado com farinha de mandioca. *Pl.:* roupas-velhas.

rou·pei·ro *s.m.* 1. Indivíduo encarregado de uma rouparia. 2. Móvel para se guardarem roupas.

rou·que·jar *v.i.* 1. Emitir sons roucos. *v.t.d.* 2. Emitir rouquejando.

rou·que·nho (ê) *adj.* Um tanto rouco; roufenho.

rou·qui·dão *s.f.* 1. Estado do que é rouco. 2. Aspereza de voz.

rou·qui·do *s.m.* Som rouco produzido pela respiração de quem estertora; rouquidão.

rou·xi·nol (ch) *s.m. epiceno* 1. *Zool.* Pássaro canoro da família dos sabiás. *sobrecomum* 2. *fig.* Pessoa que canta bem.

ro·xo (ô, ch) *adj.* 1. De cor resultante da mistura do azul com o vermelho. 2. Intenso, desmedido. 3. Muito desejoso; ansioso. *s.m.* 4. A cor roxa.

roy·al·ty (róialti) *Ingl. s.m.* Importância paga ao proprietário ou detentor de marca, patente, obra, etc. pelo uso comercial.

ru·a *s.f.* 1. Caminho ladeado de casas, muros ou árvores; artéria; via pública. 2. *fig.* A classe inferior da sociedade. *interj.* 3. Fora!, suma-se!

ru·an·dês *adj.* 1. De Ruanda (África). *s.m.* 2. Natural ou habitante de Ruanda.

ru·be·fa·ção *s.f.* 1. Vermelhidão na pele. 2. Inflamação com vermelhidão.

ru·be·fa·ci·en·te *adj.2gên.* 1. Que causa vermelhidão; rubificante. *s.m.* 2. *Farm.* Preparado para produzir rubefação.

ru·bé·o·la *s.f. Med.* Febre eruptiva que se assemelha ao sarampo.

ru·bi *s.m. Min.* 1. Pedra preciosa de cor vermelha. 2. Cor muito vermelha.

ru·bi·á·ce:a *s.f.* 1. *Bot.* Espécime das rubiáceas, família de plantas que inclui o cafeeiro. 2. Cafezinho.

ru·bi·cun·do *adj.* Vermelho; rubro.

ru·bí·di:o *s.m. Quím.* Metal, elemento de símbolo **Rb** e cujo número atômico é 37.

ru·bi·fi·car *v.t.d.* Tornar rubro.

ru·blo *s.m.* Unidade monetária e moeda da Federação Russa, da Belarus e do Tadjiquistão.

ru·bor *s.m.* 1. Qualidade de rubro. 2. Cor vermelha. 3. Pudor; modéstia.

ru·bo·ri·za·ção *s.f.* Ato ou efeito de ruborizar(-se).

ru·bo·ri·zar *v.t.d.* 1. Tornar rubro, vermelho. *v.p.* 2. Corar; envergonhar-se.

ru·bri·ca *s.f.* Nota, firma ou assinatura abreviada.

ru·bri·car *v.t.d.* Pôr rubrica em; firmar; assinalar.

ru·bro *adj.* Muito vermelho; afogueado.

ru·çar *v.t.d.* 1. Tornar ruço. *v.i.* 2. Tornar-se ruço. 3. Envelhecer; começar a encanecer.

ru·ço *adj.* 1. De cor parda. 2. Grisalho; desbotado. 3. *pop.* De cabelo castanho muito claro. *V. russo.*

ru·de *adj.2gên.* 1. Inculto. 2. Grosseiro; bruto; áspero; estúpido. 3. Desajeitado. 4. Descortês.

ru·de·za (ê) *s.f.* 1. Qualidade de rude. 2. Indelicadeza; maus modos. 3. Severidade. 4. Desumanidade.

ru·di·men·tar *adj.2gên.* Concernente a rudimento; pouco desenvolvido.

ru·di·men·to *s.m.* 1. Elemento inicial. 2. Primeiras noções; princípio; conhecimento generalizado.

ru·ei·ro *adj.* Concernente a rua.

ru·e·la¹ (é) *s.f.* Pequena rua; viela.

ru·e·la² (é) *s.f.* Arruela.

ru·far *v.t.d.* 1. Tocar, dando rufos. *v.i.* 2. Produzir rufos.

ru·fi·ão *s.m.* Aquele que briga por causa de mulheres de má reputação, ou que vive à custa dessas mulheres; cáften.

ru·fi·ar *v.i.* Agir ou viver como rufião.

ru·flar *v.i.* 1. Agitar-se, produzindo rumor como ave que desprende voo. 2. Voar, fazendo rumor com as asas. *v.t.d.* 3. Agitar; fazer tremular.

ru·fo *s.m.* 1. Toque do tambor ou bombo. 2. Som análogo a esse toque.

ru·ga *s.f.* 1. Prega ou gelha na pele; carquilha. 2. Prega; dobra.

rúg·bi *s.m. Desp.* Jogo disputado por duas equipes de 15 homens, cujo objetivo é colocar uma bola oval atrás da linha da baliza adversária, ou fazê-la passar, com um chute, por cima da barra horizontal do arco adversário, que tem a forma de H.

ru·gi·do *s.m.* 1. A voz do leão. 2. *fig.* Som cavernoso; bramido.

ru·gir *v.i.* 1. Soltar a sua voz (o leão). 2. Bramir; urrar. *v.t.d.* 3. Bradar; proferir com furor. *s.m.* 4. Rugido.

ru·í·do *s.m.* 1. Rumor; barulho. 2. *fig.* Boato. 3. Fama. 4. Pompa.

ru:i·do·so (ô) *adj.* 1. Que faz ruído. 2. Acompanhado de ruído. 3. Que faz sensação. 4. Pomposo. *Pl.:* ruidosos (ó).

ru·im *adj.2gên.* 1. Mau. 2. Nocivo. 3. Inútil; estragado.

ru·í·na *s.f.* 1. Ação ou efeito de ruir. 2. Resto de um prédio que se desmoronou ou sofreu a ação prolongada do tempo. 3. Perda; destruição. 4. Causa de males.

ru·í·nas *s.f.pl.* Escombros; destroços.

ru·in·da·de *s.f.* 1. Qualidade de ruim. 2. Maldade; perversidade.

ru·i·no·so (ô) *adj.* 1. Que está em ruína. 2. Que ameaça ruína. 3. Arruinado; velho. 4. Prejudicial; nocivo. *Pl.*: ruinosos (ó).

ru·ir *v.i.* 1. Cair precipitadamente. 2. Desmoronar-se. 3. Despenhar-se.★★

rui·va *s.f.* 1. *Bot.* Nome comum a várias plantas rubiáceas. 2. Mulher de cabelo ruivo.

rui·vo *adj.* 1. Amarelo-avermelhado. 2. Vermelho-escuro. *s.m.* 3. Indivíduo de cabelo ruivo.

rum *s.m.* Aguardente que resulta da fermentação e destilação do melaço da cana-de-açúcar.

ru·ma *s.f.* Pilha; montão.

ru·mar *v.t.d.* 1. Pôr em rumo; dirigir. *v.t.i.* 2. Dirigir-se.

rum·ba *s.f.* Música, canto e dança de origem cubana.

rum·bar *v.i.* Dançar rumba.

ru·mi·na·ção *s.f.* Ação ou efeito de ruminar.

ru·mi·nan·te *adj.2gên.* 1. Que rumina. *s.m. epiceno* 2. *Zool.* Espécime dos ruminantes, mamíferos cujo estômago é dividido em quatro partes, às vezes em três, o que lhes permite fazer voltar o alimento à boca para uma segunda mastigação (o boi, a cabra, o carneiro, a girafa).

ru·mi·nar *v.t.d.* 1. Mastigar novamente; remoer (os alimentos que voltam do estômago à boca). 2. Pensar muito em. *v.i.* 3. Remoer os alimentos. 4. Cogitar profundamente.

ru·mo *s.m.* 1. Cada uma das linhas da rosa dos ventos. 2. Direção do navio por alguma dessas linhas. 3. Caminho; orientação. 4. *fig.* Método; norma; procedimento.

ru·mor *s.m.* 1. Ruído produzido por coisas que se deslocam. 2. Murmúrio de vozes. 3. Sussurro. 4. Fama. 5. Boato.

ru·mo·re·jan·te *adj.2gên.* Que rumoreja.

ru·mo·re·jar *v.i.* 1. Produzir rumor. 2. Sussurrar brandamente; cochichar.

ru·mo·re·jo (ê) *s.m.* Ato ou efeito de rumorejar.

ru·mo·ro·so (ô, ô) *adj.* 1. Em que há rumor. 2. Que produz rumor; ruidoso. *Pl.*: rumorosos (ó).

ru·pes·tre (é) *adj.2gên.* 1. Que cresce sobre os rochedos. 2. Gravado em rochedo (diz-se espec. dos desenhos ou sinais gravados em cavernas ou rochas, nos tempos pré-históricos).

rú·pi:a *s.f.* Unidade monetária e moeda da Índia, do Paquistão, do Nepal, da Indonésia e outros países.

rup·tu·ra *s.f.* 1. Ação ou efeito de romper; rotura; quebra violenta. 2. Interrupção.

ru·ral *adj.2gên.* 1. Que se refere ou pertence ao campo. 2. Próprio do campo. 3. Rústico.

ru·ra·lis·mo *s.m.* 1. Conjunto das coisas rurais. 2. Emprego de cenas rurais em obras de arte.

ru·ra·lis·ta *adj.2gên.* 1. Relativo ao ruralismo. *adj.2gên.* e *s.2gên.* 2. Diz-se de ou artista que dá preferência a cenas rurais na feitura dos seus trabalhos.

ru·ra·li·zar *v.t.d.* 1. Tornar rural. *v.i.* 2. Adaptar à vida rural.

rus·ga *s.f.* 1. Barulho; desordem. 2. Pequena briga ou desentendimento.

rus·gar *v.i.* e *v.t.i.* Fazer rusga; questionar.

rus·guen·to *adj.* e *s.m.* 1. Que vive metido em rusgas. 2. Barulhento. 3. Implicante.

rush (râch),*s.m. Ingl.* Tráfego intenso e lento; grande afluência de veículos.

rus·so *adj.* 1. Da Rússia (Europa e Ásia). *s.m.* 2. O natural ou habitante desse país. 3. A língua russa. *V. ruço.*

rus·ti·ci·da·de *s.f.* 1. Qualidade de rústico. 2. Incivilidade; grosseria.

rús·ti·co *adj.* 1. Concernente ao campo; rural. 2. Rude; grosseiro; tosco. 3. Incivil. 4. Mal-acabado; sem arte. *s.m.* 5. Camponês. 6. Homem sem instrução.

ru·tê·ni:o *s.m. Quím.* Elemento metálico de símbolo *Ru* e cujo número atômico é 44.

ru·ther·fór·di:o *s.m. Quím.* Elemento metálico de símbolo *Rf* e cujo número atômico é 104.

ru·ti·lan·te *adj.2gên.* 1. Que rutila; resplandecente. 2. Da cor de ouro brilhante.

ru·ti·lar *v.t.d.* 1. Tornar rútilo; fazer que brilhe intensamente. *v.i.* 2. Brilhar intensamente; resplandecer.

rú·ti·lo adj. Rutilante.

S s

s *s.m.* 1. Décima nona letra do alfabeto. *num.* 2. O décimo nono numa série indicada por letras.

s² Sem ponto nem s para indicar plural, é *abrev.* de segundo.

S *s.m.* Com ponto, é *abrev.* de são, santo e santa; com ou sem ponto, de sul.

sa·bá *s.m.* 1. Descanso observado pelos judeus aos sábados, de acordo com a religião judaica. 2. Reunião de bruxos à meia-noite de sábado, segundo crença popular na Idade Média.

sá·ba·do *s.m.* 1. O sétimo dia da semana começada no domingo. 2. *Rel.* Dia de descanso entre os judeus e os adeptos de algumas seitas protestantes.

sa·bão *s.m.* 1. Produto resultante da saponificação de uma substância gorda por um álcali. 2. Pedaço desse produto. 3. *fam.* Repreensão; descompostura.

sa·bá·ti·co *adj.* Concernente ao sábado.

sa·ba·ti·na *s.f.* 1. Recapitulação de lições. 2. Discussão sobre determinado assunto. 3. Tese; questão. 4. Prova de aproveitamento.

sa·ba·ti·nar *v.t.d.* 1. Recapitular; fazer resumo de. *v.i.* 2. Discutir miudamente.

sa·be·dor *adj.* e *s.m.* 1. Que ou o que sabe; sábio. 2. Informado; ciente.

sa·be·do·ri·a *s.f.* 1. Grande soma de conhecimentos. 2. Qualidade de sabedor. 3. Ciência; erudição. 4. Prudência; retidão; razão.

sa·be·ís·mo *s.m. Rel.* 1. Crença dos que adoravam os espíritos planetários. 2. Seita cristã dos sabeístas.

sa·be·ís·ta *s.2gên.* Pessoa sectária do sabeísmo.

sa·ber *v.t.d.* 1. Ter conhecimento de. 2. Compreender; perceber. 3. Ter certeza de. 4. Ter capacidade para. 5. Reter na memória. *v.i.* 6. Ser erudito. 7. Ter os conhecimentos precisos; estar informado. *v.t.i.* 8. Ter conhecimento, ciência ou informação. 9. Ter sabor ou gosto de. *s.m.* 10. Sabedoria; erudição. 11. Prudência; sensatez; experiência. ★

sa·be-tu·do *s.2gên. 2núm. pop.* O mesmo que sabichão.

sa·bi·á *s.m.* ou *f. epiceno Zool.* Nome comum a várias espécies de aves canoras, de canto muito suave.

sa·bi·chão *adj.* e *s.m. pop.* Diz-se de ou o que alardeia sabedoria.

sa·bi·do *adj.* 1. Que sabe; sabedor. 2. Astuto. 3. Trapaceiro; velhaco.

Sa·bi·na·da *s.f. Hist.* Nome dado à revolução separatista na Bahia, na época da Regência.

sá·bi:o *adj.* 1. Que sabe muito; que tem conhecimentos profundos; erudito. 2. Perito. 3. *fig.* Prudente. *s.m.* 4. Aquele que sabe muito; erudito; filósofo; cientista. 5. Indivíduo prudente. *Sup. abs.sint.:* sapientíssimo.

sa·bo·a·ri·a *s.f.* 1. Lugar onde se fabrica ou vende sabão. 2. Depósito de sabão.

sa·bo·ne·te (ê) *s.m.* Sabão fino, geralmente aromatizado e em várias formas.

sa·bo·ne·tei·ra *s.f.* Utensílio próprio para conter sabonete ou sabonetes.

sa·bor *s.m.* 1. Gosto. 2. Impressão produzida por certas substâncias, no paladar. 3. Paladar. 4. *fig.* Índole; natureza.

sa·bo·re·ar *v.t.d.* 1. Dar sabor ou bom sabor a. 2. Causar bom sabor ao paladar de. 3. Comer ou beber devagar e com gosto.

sa·bo·ro·so (ô) *adj.* 1. Que tem sabor ou bom sabor. 2. *fig.* Agradável; deleitoso. *Pl.:* saborosos (ó).

sa·bo·ta·gem *s.f.* Ação ou efeito de sabotar.

sa·bo·tar *v.t.d.* 1. Danificar ou destruir (instrumentos de trabalho, instalações industriais, meios de viação, etc.). 2. Minar; prejudicar; dificultar por qualquer meio.

sa·bre *s.m.* Espada curta.

sa·bu·go *s.m. Bot.* 1. Miolo do sabugueiro e de outras plantas. 2. Sabugueiro. 3. Espiga de milho sem os grãos.

sa·bu·guei·ro *s.m. Bot.* Arbusto de propriedades medicinais; sabugo.

sa·bu·jar *v.t.d.* Adular; bajular.

sa·bu·jo *s.m.* 1. Cão de caça de montaria. 2. *fig.* Homem servil, bajulador.

sa·bur·ra *s.f.* Substância esbranquiçada que reveste a parte superior da língua durante certas doenças.

sa·bur·ro·so (ô) *adj.* Que tem saburra; saburrento. *Pl.:* saburrosos (ó).

sa·ca¹ *s.f.* 1. Grande saco. 2. Bolsa.

sa·ca² *s.f.* 1. Extração. 2. Exportação. 3. Avanço das ondas do mar pela praia.

sa·ca·da *s.f.* 1. Balcão de janela que ressai da parede. 2. Saco cheio; conteúdo de um saco.

sa·ca·do *s.m.* Indivíduo contra quem se passou um cheque ou título de crédito.

sa·ca·dor *adj.* 1. Que saca. *s.m.* 2. Aquele que saca. 3. O que passa um cheque ou título de crédito.

sa·ca·na *adj.2gên.* e *s.2gên. pop.* Que ou pessoa que é sem-vergonha, libidinosa, libertina.

sa·ca·na·gem *s.f. pop.* Ato, dito ou procedimento de sacana; libidinagem.

sa·car *v.t.d.* 1. Tirar à força; retirar puxando; arrancar. 2. Emitir (cheque, título de crédito). 3. Entender; perceber. *v.t.d.* e *v.i.* 4. Tirar; colher. *v.i.* 5. Puxar uma arma.

sa·ca·ri·a *s.f.* Porção de sacos ou sacas.

sa·ca·rí·de:o *adj.* Que se assemelha ao açúcar.

sa·ca·ri·fi·car *v.t.d.* Converter em açúcar.

sa·ca·ri·na *s.f.* Substância doce, cristalina, usada como substituta da sacarose.

sa·ca·ro·lhas *s.m.2núm.* Instrumento com que se tiram rolhas de cortiça de garrafas e outros recipientes.

sa·ca·ro·se (ó) *s.f.* Açúcar de cana e de beterraba.

sa·cer·dó·ci·o *s.m.* 1. Ministério; dignidade; funções do sacerdote. 2. Poder sacerdotal. 3. *fig.* Qualidade do que é venerável, nobre, superior. 4. Profissão honrosa.

sa·cer·do·tal *adj.2gên.* Relativo a sacerdote ou a sacerdócio.

sa·cer·do·te (ó) *s.m.* 1. Ministro dos sacrifícios religiosos; padre; presbítero. 2. *fig.* Aquele que cumpre missão muito elevada ou exerce ofício muito honroso.

sa·cer·do·ti·sa *s.f. ant.* Mulher que exercia as funções de sacerdote, entre os pagãos.

sa·char *v.t.d.* Escavar com o sacho.

sa·cho *s.m.* Pequena sachola.

sa·cho·la (ó) *s.f.* Enxada de boca larga.

sa·ci *s.m. Fol.* Entidade do folclore brasileiro, é um menino negro de uma só perna, com pequeno cachimbo e barrete vermelho, que segue os viajantes e lhes prega peças pelos caminhos.

sa·ci·ar *v.t.d.* 1. Encher; fartar; satisfazer. 2. Comer e beber até a saciedade.

sa·ci·e·da·de *s.f.* 1. Estado de quem se saciou. 2. Satisfação do apetite. 3. Fartura. 4. Fastio; aborrecimento. *loc. adv.* **À saciedade**: completamente; até não mais poder.

sa·co *s.m.* 1. Receptáculo, de qualquer tecido ou de couro, aberto em cima e cosido por baixo e dos lados. 2. Porção que um saco pode conter. 3. *Anat.* Cavidade rodeada de parede membranosa. 4. *Anat.* Bolsa escrotal; testículos. 5. *gír.* Chateação; paciência.

sa·co·la (ó) *s.f.* 1. Reunião de dois sacos; saco pequeno. 2. Saco de dois fundos; alforje. 3. Pequeno saco com alças.

sa·co·lei·ro *s.m. pop.* Comerciante que revende mercadorias de diversas procedências em locais de trabalho, residências, etc.

sa·co·le·jar *v.t.d.* 1. Agitar muitas vezes; vascolejar. 2. Comover; impressionar.

sa·co·le·jo (ê) *s.m.* Ato de sacolejar.

sa·cra·li·zar *v.t.d.* e *v.p.* Tornar(-se) sagrado.

sa·cra·men·tal *adj.2gên.* 1. Concernente ao sacramento. 2. *fig.* Obrigatório; habitual.

sa·cra·men·tar *v.t.d.* 1. Ministrar os sacramentos a. 2. Dar a extrema-unção a. 3. Legalizar ou preencher todos os requisitos de (documento, contrato, acordo). *v.p.* 4. Receber os sacramentos.

sa·cra·men·to *s.m. Liturg.* Cada um dos sete sinais sensíveis instituídos por Jesus Cristo para significar e conferir a graça.

sa·crá·ri·o *s.m.* 1. Lugar onde se guardam coisas sagradas, espec. hóstias ou relíquias. 2. *fig.* Intimidade. 3. Lugar reservado e respeitável.

sa·cri·fi·car *v.t.d.* 1. Oferecer em sacrifício; imolar. 2. Oferecer à divindade. 3. Desprezar (uma coisa) para dar mais realce (a outra). 4. Renunciar de modo voluntário a (alguma coisa, com um fim útil). 5. Vitimar. 6. Sujeitar a perigos. 7. Matar (animal doente). *v.i.* e *v.t.i.* 8. Oferecer sacrifícios a divindades. *v.p.* 9. Oferecer-se em sacrifício; consagrar-se inteiramente. 10. Ser vítima de.

sa·cri·fí·ci·o *s.m.* 1. Oferta à divindade, com certas cerimônias. 2. Imolação de vítima em holocausto; oblação; a missa. 3. Privações a que alguém se sujeita, em benefício de outrem. 4. Renúncia; abnegação.

sa·cri·lé·gi:o *s.m.* 1. Ato de impiedade. 2. Ação com que se ultraja pessoa sagrada ou venerável. 3. Ato irreligioso. 4. *por ext.* Ação condenável.

sa·crí·le·go *adj.* 1. Que cometeu sacrilégio. 2. Em que há sacrilégio. 3. Relativo a sacrilégio.

sa·cri·pan·ta *adj.2gên.* e *s.2gên.* Que ou pessoa que é capaz de todas as violências e indignidades.

sa·cris·tão *s.m.* 1. Indivíduo encarregado da guarda e arranjo da sacristia. 2. Aquele que ajuda à missa e auxilia o sacerdote nos ofícios divinos. *Fem.:* sacristã.

sa·cris·ti·a *s.f.* Casa em que se guardam os paramentos do culto e outros objetos, e onde os padres se revestem.

sa·cro *adj.* 1. Sagrado. 2. *fig.* Venerável; respeitável. *Anat.* 3. Diz-se do osso triangular na parte inferior da coluna vertebral. 4. Concernente a esse osso. *s.m.* 5. *Anat.* Osso sacro.

sa·cros·san·to *adj.* 1. Sagrado e santo. 2. Inviolável. 3. Reconhecido como sagrado.

sa·cu·di·de·la (é) *s.f.* 1. Ação de sacudir. 2. *fam.* Pequena sova.

sa·cu·di·do *adj.* 1. Agitado; movido em direções opostas. 2. Esbelto; elegante. 3. Decidido; valente. 4. Forte; saudável. 5. Perito em alguma coisa. 6. Trabalhador.

sa·cu·dir *v.t.d.* 1. Agitar de novo. 2. Agitar repetidas vezes. 3. Limpar agitando. 4. Mover para um e outro lado. 5. Bater ou agitar para deitar fora. 6. Excitar; comover; abalar o ânimo. *v.p.* 7. Agitar o corpo, andando. 8. Saracotear-se. 9. Livrar-se.★

sá·di·co *adj.* e *s.m.* Sadista.

sa·di·o *adj.* 1. Que goza de boa saúde. 2. Que dá saúde. 3. Higiênico; saudável.

sa·dis·mo *s.m.* 1. Perversão sexual em que o indivíduo se satisfaz com humilhações e torturas infligidas ao parceiro. 2. *por ext.* Prazer com o sofrimento alheio.

sa·dis·ta *adj.2gên.* e *s.2gên.* 1. Que ou pessoa que tem sadismo. 2. *por ext.* Que se compraz com o sofrimento alheio; sádico.

sa·fa *interj. desus.* Voz que exprime repugnância, tédio ou admiração.

sa·fa·de·za (ê) *s.f.* 1. Qualidade, dito, ato de indivíduo safado. 2. Coisa imoral.

sa·fa·do *adj. pop.* 1. Sem-vergonha; desprezível. 2. Imoral; obsceno; pornográfico. 3. *gír.* Indignado; encolerizado; danado da vida. 4. Traquinas. *s.m.* 5. Indivíduo safado.

sa·fa·não *s.m.* 1. Ato de safar. 2. *pop.* Sacudidela um tanto violenta; empurrão. 3. Bofetada.

sa·far *v.t.d.* 1. Tirar puxando. 2. Extrair; desembaraçar. 3. Livrar. 4. Furtar. *v.p.* 5. Esquivar-se; escapar; fugir.

sa·far·da·na *s.m.* Indivíduo safado, desprezível, vil.

sa·fá·ri *s.m.* 1. *Ant.* Expedição de caça, espec. na África. 2. *por ext.* Qualquer expedição feita à África para observar ou fotografar animais. 3. *por ext.* Parque de animais selvagens.

sá·fa·ro *adj.* 1. Estéril; inculto; agreste. 2. Estranho; distante.

sa·fe·na (ê) *s.f. Anat.* e *Cir.* Veia subcutânea da perna e do pé usada como prótese (ou ponte) na restauração das coronárias em casos de infarto do miocárdio.

safenado

sa·fe·na·do *adj.* e *s.m.* Diz-se de ou aquele em quem se implantou ponte de safena.

sa·fi·ra *s.f.* 1. *Min.* Pedra preciosa de cor azul. 2. A cor azul.

sa·fis·mo[1] *s.m.* Qualidade de quem é esperto, safo.

sa·fis·mo[2] *s.m.* Homossexualismo entre mulheres; lesbianismo.

sa·fo *adj.* 1. Que se safou. 2. Livre; desembaraçado. 3. Esperto. 4. Usado; gasto.

sa·fra *s.f.* 1. Colheita. 2. Boa promessa de frutos. 3. Época do ano em que se costuma vender o gado gordo e os produtos da indústria pastoril.

sa·ga *s.f.* 1. Qualquer lenda escandinava. 2. *por ext.* História real ou fabulosa, rica de incidentes.

sa·ga·ci·da·de *s.f.* Qualidade de sagaz; perspicácia.

sa·gaz *adj.2gên.* Que tem agudeza ou penetração de espírito; perspicaz.

sa·gi·ta·do *adj.* Sagital.

sa·gi·tal *adj.2gên.* Que tem aspecto ou forma de seta; sagitado.

sa·gi·ta·ri·a·no *adj.* 1. *Astrol.* Relativo ao signo de Sagitário. *s.m.* 2. Pessoa nascida sob o signo de Sagitário.

sa·gi·tá·ri·o *adj.* 1. Sagitífero. *s.m.* 2. *Astron.* A nona constelação do Zodíaco (inicial maiúscula). 3. *Astrol.* O nono signo do Zodíaco, relativo aos nascidos entre 22 de novembro e 21 de dezembro (inicial maiúscula).

sa·gi·tí·fe·ro *adj.* Que traz setas; armado ou carregado de setas.

sa·gra·ção *s.f.* 1. Ação ou efeito de sagrar. 2. Consagração.

sa·gra·do *adj.* 1. Que se refere aos ritos ou ao culto religioso. 2. Venerável. 3. Inviolável. 4. Puro; santo. *Sup.abs.sint.:* sacratíssimo.

sa·grar *v.t.d.* 1. Consagrar; dedicar ao serviço divino; santificar. 2. Investir em alguma dignidade por meio de cerimônias religiosas.

sa·gu *s.m.* 1. Amido que se extrai da parte central das hastes de certas palmeiras. 2. *por ext.* Doce preparado com esse amido.

sa·guão *s.m.* Sala ou salão de entrada, nos edifícios, onde se encontram os elevadores e as escadas que conduzem aos andares superiores; vestíbulo.

sa·guei·ro (güei) *s.m. Bot.* Árvore da família das palmeiras.

sa·gui (güi) *s.m. epiceno Zool.* Pequeno macaco de cauda comprida e felpuda.

sa·í *s.m. epiceno Zool.* 1. Nome de um macaco. 2. Nome comum a vários pássaros.

sai·a *s.f.* 1. Vestuário ou parte do vestuário das mulheres, apertado na cintura e pendente sobre as pernas. 2. *pop.* A mulher.

sai·bro *s.m.* Mistura de areia e argila, geralmente usada como argamassa, ou como piso em quadras de tênis.

sa·í·da *s.f.* 1. Ação ou efeito de sair. 2. Venda satisfatória. 3. Lugar por onde se sai. 4. Recurso; desculpa.

sa:i·dei·ra *s.f. pop.* 1. Última garrafa ou dose que se toma num encontro entre amigos, conhecidos ou colegas em bar, festa, reunião, etc. 2. A última coisa que se faz antes de ir embora de um local.

sa·í·do *adj.* 1. Saliente. 2. Que está fora. 3. *pop.* Intrometido. 4. Desembaraçado.

sa:i·men·to *s.m.* 1. Saída. 2. Cortejo fúnebre; funeral. 3. Ato ou qualidade de indivíduo saído.

sainete

sa·i·ne·te (ê) *s.m.* 1. Aquilo que suaviza uma impressão desagradável. 2. Gosto especial. 3. Coisa que agrada. 4. Remoque; picuinha. 5. Pequena peça teatral.

sai·o·te (ó) *s.m.* Saia curta, de tecido opaco, que as mulheres usam por baixo de outra saia.

sa·ir *v.i.* 1. Afastar-se; retirar-se do lugar onde se encontrava. 2. Partir. 3. Brotar. 4. Resultar. 5. Nascer; aparecer. 6. Publicar-se. 7. Desaparecer. *v.t.i.* 8. Passar (do interior para o exterior). 9. Afastar-se. 10. Livrar-se; demitir-se; cessar de fazer parte. 11. Distinguir-se. 12. Caber em sorte. 13. Mudar de posição ou de estado. *v.l.* 14. Vir a ser; tornar-se; aparecer (em certo estado ou condição). 15. Transformar-se. 16. Desempenhar-se.

sal *s.m.* 1. Cloreto de sódio, sal de cozinha. *fig.* 2. Bom gosto; graça; finura de espírito; sutileza. 3. Chiste.

sais *s.m.pl.* Substâncias voláteis que, dadas a aspirar a pessoas desfalecidas, fazem-nas voltar a si.

sa·la *s.f.* 1. Um dos principais compartimentos de uma casa, ou o principal, ordinariamente destinado à recepção de visitas. 2. Compartimento mais ou menos amplo.

sa·la·da *s.f.* 1. *Cul.* Prato de plantas hortenses, de legumes ou de carnes temperadas com azeite, vinagre e sal. 2. *Cul.* Iguaria temperada com molhos diversos, sem ir ao fogo. 3. *fig.* Estado do que ficou moído, pisado; confusão.

sa·la·frá·ri·o *s.m. pop.* Indivíduo ordinário; patife.

sa·la·ma·le·que (é) *s.m.* 1. Saudação, entre os turcos. 2. Mesura exagerada; cumprimentos afetados.

salgado

sa·la·man·dra *s.f.* 1. *epiceno Zool.* Nome comum aos anfíbios semelhantes aos lagartos. 2. Segundo os cabalistas, gênio que governa o fogo e nele vive.

sa·la·me *s.m.* Enchido feito de carne de porco picada, cubos de toucinho e pimenta em grãos, que se come frio.

sa·lão *s.m.* 1. Grande sala destinada a recepções, bailes, concertos, etc. 2. Edifício; galeria; local onde se expõem obras de arte. 3. Exposição de obras de arte.

sa·lá·ri·o *s.m.* Retribuição de serviço; preço do trabalho; estipêndio.

sal·dar *v.t.d.* 1. Pagar o saldo de. 2. Liquidar ou ajustar (contas).

sal·do *s.m.* 1. Diferença entre o débito e o crédito nas contas de devedores com credores; resto. 2. Resto de sortimento de mercadorias que os negociantes vendem com abatimento.

sa·lei·ro *s.m.* 1. Fabricante ou vendedor de sal. 2. Vasilha, de feitios diversos, para conter sal. 3. Campo de solo abundante em princípios salinos. *adj.* 4. Relativo a sal.

sa·le·si·a·no *adj.* 1. Diz-se da Ordem de S. Francisco de Sales. *s.m.* 2. Membro dessa ordem.

sa·le·ta (ê) *s.f.* Sala pequena.

sal·ga *s.f.* Ação de salgar.

sal·ga·di·nho *s.m.* Tipo de comida, salgada, de tamanho pequeno, servida geralmente como aperitivo ou consumido como lanche (também *us.* no *pl.*).

sal·ga·do *adj.* 1. Que tem sal ou muito sal. *fig.* 2. Picante; engraçado. 3. Um tanto pornográfico. 4. Diz-se de preço elevado.

sal·gar *v.t.d.* 1. Temperar com sal. 2. Impregnar de sal. *v.p.* 3. Impregnar-se de sal.

sal-ge·ma *s.m. Min.* Sal comum (cloreto de sódio) extraído das minas. *Pl.:* sais-gemas.

sal·guei·ro *s.m. Bot.* Árvore ornamental também chamada chorão, sinceiro, vimeiro.

sa·li·ên·ci:a *s.f.* 1. Qualidade de saliente; proeminência. 2. Espevitamento; petulância.

sa·li·en·tar *v.t.d.* 1. Tornar saliente; ressaltar. 2. Revelar; tornar visível ou distinto. *v.p.* 3. Tornar-se saliente ou notável; distinguir-se.

sa·li·en·te *adj.2gên.* 1. Que sai para fora do plano. 2. Que ressalta ou sobressai. 3. *fig.* Que dá nas vistas; evidente. 4. Convencido; pretensioso.

sa·li·na *s.f.* 1. Marinha de sal. 2. Monte de sal.

sa·li·nei·ro *adj.* 1. Referente a salinas. *s.m.* 2. Aquele que trabalha nas salinas. 3. Vendedor de sal.

sa·li·ni·da·de *s.f.* 1. Qualidade do que é salino. 2. Grau de densidade do sal em um líquido.

sa·li·no *adj.* 1. Que possui sal em sua composição ou é composto de sal. 2. *Quím.* Que apresenta as propriedades de um sal.

sa·li·tra·do *adj.* 1. Que contém salitre. 2. Reduzido a salitre.

sa·li·trar *v.t.d.* 1. Converter em salitre. 2. Misturar ou preparar com salitre.

sa·li·tre *s.m.* Nome vulgar do nitrato de potássio. **Salitre do Chile**: nitrato de sódio originário das jazidas naturais dos Andes (Chile), empregado como adubo.

sa·li·trei·ra *s.f.* Jazida de salitre.

sa·li·va *s.f.* Humor aquoso, transparente e insípido, segregado pelas glândulas salivares.

sa·li·va·ção *s.f.* Ação ou efeito de salivar.

sa·li·var *v.i.* 1. Expelir saliva; cuspir. *v.t.d.* 2. Expelir à maneira de saliva.

sal·mão *s.m. epiceno Zool.* Peixe de carne muito saborosa.

sal·mis·ta *s.2gên.* Pessoa que faz salmos.

sal·mo *s.m. Liturg.* Cântico de louvor a Deus.

sal·mo·di·ar *v.t.d.* 1. Cantar em tom uniforme, com pausas iguais e sem inflexão de voz. 2. Cantar tristemente. *v.i.* 3. Entoar salmos sem inflexão de voz. 4. Cantar, ler ou recitar monotonamente.

sal·mo·ne·la (é) *s.f.* Gênero de bactérias encontradas usualmente no trato intestinal de vários animais infectados, incluindo seres humanos; são eliminadas junto com as fezes, contaminando o solo, a água e os alimentos por má higiene após o uso do banheiro, podendo causar desde intoxicação alimentar até febre tifoide.

sal·mou·ra *s.f.* Porção de água saturada de sal marinho, que geralmente se aplica à conservação de substâncias orgânicas.

sa·lo·bre (ô) *adj.2gên.* Salobro.

sa·lo·bro (ô) *adj.* 1. Um tanto salgado. 2. Diz-se da água que tem em dissolução alguns sais ou substâncias que a tornam desagradável.

sa·lo·mô·ni·co *adj.* 1. Relativo às Ilhas Salomão (Oceania). *s.m.* 2. O natural ou habitante dessa região. *adj.* 3. Relativo ou pertencente a Salomão, rei dos hebreus entre 1032-975 a.C., tido como criterioso e sábio.

sal·pi·cão *s.m. Cul.* 1. Paio grosso, feito de carne de porco e temperado com vários condimentos. 2. Prato frio composto por galinha desfiada, batata, aipo, presunto ou lombo e vários condimentos.

sal·pi·car *v.t.d.* 1. Salgar, espalhando pitadas de sal. 2. *fig.* Manchar com pingos ou salpicos.

sal·pi·co *s.m.* Pingo ou borrifo de um líquido, de lama, de gordura, que espirra na roupa ou numa superfície.

sal·sa *s.f. Bot.* Planta hortense cujas folhas se usam como condimento.

sal·sa·par·ri·lha *s.f. Bot.* Planta de raiz depurativa e sudorífera.

sal·sei·ro *s.m.* 1. Chuva abundante e breve em zona limitada e menos intensa que o aguaceiro. 2. Desordem; briga; rolo; conflito.

sal·si·cha *s.f.* Espécie de chouriço.

sal·si·chão *s.m.* Salsicha grande; paio.

sal·si·cha·ri·a *s.f.* Estabelecimento ou arte de salsicheiro.

sal·si·chei·ro *s.m.* O que faz ou vende salsichas ou artigos de salsicharia.

sal·su·gem *s.f.* 1. Lodo que contém substâncias salinas. 2. Qualidade daquilo que é salgado. 3. Restos ou detritos que flutuam na água do mar, perto de praias e portos.

sal·ta·dor *adj.* e *s.m.* 1. Que ou o que salta. 2. *Zool.* Pássaro também chamado tiziu.

sal·tar *v.i.* 1. Dar salto ou saltos. *v.t.i.* 2. Mudar repentinamente de direção. 3. Mudar de posição, de posto, sem passar pela posição ou posto intermediário. *v.t.d.* 4. Galgar, dando saltos. 5. Atravessar pulando. 6. Omitir. 7. Menosprezar; passar por cima.

sal·te·a·do *adj.* 1. Atacado de improviso. 2. Assaltado. 3. Sobressaltado. 4. Não seguido; com intervalos; entremeado.

sal·te·a·dor *adj.* 1. Que salteia. *s.m.* 2. Aquele que salteia. 3. Bandido; ladrão especialmente de estrada.

sal·te·ar *v.t.d.* 1. Assaltar; atacar para matar ou roubar. 2. Tomar de assalto; dominar. *v.i.* 3. Ser salteador. *v.p.* 4. Assustar-se; sobressaltar-se; ter medo.

sal·tim·ban·co *s.m. sobrecomum* 1. Charlatão de feira ou de circo. 2. Pelotiqueiro acrobata. 3. *fig.* Pessoa que não merece confiança.

sal·ti·tan·te *adj.2gên.* Que saltita.

sal·ti·tar *v.i.* 1. Dar saltinhos frequentes. 2. Mostrar-se inconstante. *v.t.i.* 3. Divagar de um para outro assunto.

sal·to *s.m.* 1. Movimento súbito, com que um corpo vivo se eleva do solo, lançando-se de um para outro lugar. 2. Omissão. 3. Queda-d'água; cachoeira. 4. Mergulho em piscina. 5. Tacão de calçado.

sa·lu·bre *adj.2gên.* 1. Saudável; sadio. 2. Propício à saúde; higiênico. 3. Que se pode curar facilmente.

sa·lu·bri·da·de *s.f.* 1. Qualidade de salubre. 2. Conjunto das condições favoráveis à saúde.

sa·lu·tar *adj.2gên.* 1. Bom para a saúde; higiênico. 2. Fortificante. 3. Que alivia ou consola. 4. Edificante; moralizador.

sal·va[1] *s.f.* 1. Descarga de armas de fogo, em sinal de regozijo ou em honra de alguém. 2. Espécie de bandeja. 3. *por ext.* Saudação. 4. *fig.* Ressalva; subterfúgio. ***Salva de palmas***: ovação.

sal·va[2] *s.f. Bot.* Planta de propriedades medicinais.

sal·va·ção *s.f.* Ação ou efeito de salvar (-se); redenção; aquilo que salva.

sal·va·dor *adj.* 1. Que salva. *s.m.* 2. Aquele que salva. 3. Jesus Cristo (inicial maiúscula).

sal·va·do·re·nho (ê) *adj.* 1. Relativo à República de El Salvador (América Central). *s.m.* 2. O natural ou habitante desse país.

sal·va·do·ren·se *adj.2gên.* e *s.2gên.* Soteropolitano.

sal·va·dos *s.m.pl.* Tudo aquilo que escapou de uma catástrofe, espec. de um incêndio ou de um naufrágio.

sal·va·guar·da *s.f.* 1. Salvo-conduto. 2. *fig.* Cautela. 3. Ressalva; condição. 4. Coisa que resguarda de um perigo. *sobrecomum* 5. Pessoa que protege ou serve de defesa.

sal·va·guar·dar *v.t.d.* 1. Proteger; defender. 2. Pôr fora de perigo. 3. Acautelar; garantir.

sal·va·men·to *s.m.* 1. Ato de salvar(-se); salvação. 2. Lugar seguro. 3. Bom êxito. *Inform.* **Salvamento automático**: gravação automática das informações inseridas em um arquivo que ocorre num intervalo regular de tempo definido pelo usuário.

sal·van·te *adj.2gên.* 1. Que salva. *prep.* 2. Exceto; tirante; salvo.

sal·var *v.t.d.* 1. Tirar de perigo ou ruína. 2. Pôr a salvo; livrar da morte, de um perigo, etc. 3. Conservar; guardar. 4. Defender; preservar; poupar. 5. Pôr como condição. 6. Justificar; desculpar. 7. Saudar; fazer cortesia a, dando salvas de artilharia. 8. Cumprimentar. 9. *Inform.* Armazenar um conjunto de informações de forma a poder recuperá-las posteriormente, gravando-as, geralmente, em um dispositivo de memória secundária (correspondente em inglês: *save*). *v.i.* 10. Dar salvas de artilharia. *v.p.* 11. Obter a salvação eterna. 12. Pôr-se a salvo de algum perigo; livrar-se de um risco iminente. 13. Acolher-se; abrigar-se. *Part.:* salvado e salvo.

sal·va·te·la (é) *s.m. Inform.* Protetor de tela.

sal·va-vi·das *s.m.2núm.* 1. Apetrechos usados para salvar náufragos ou para evitar que alguém se afogue, como colete, boia, bote, etc. *s.2gên.2núm.* 2. Profissional que trabalha em piscinas e praias, responsável por evitar afogamentos ou salvar afogados.

sal·ve *interj.* Voz que exprime saudação.

sal·ve-ra·i·nha *s.f.* Oração que os católicos rezam à Virgem Maria e se inicia com essas palavras. *Pl.:* salve-rainhas.

sal·vo *adj.* 1. Livre de perigo, doença, contrariedade, desgosto, etc.; remido. 2. Animador; propício. 3. Omitido. 4. Executado. *prep.* 5. Exceto. *loc.adv.* **A salvo**: fora de perigo; em segurança.

sal·vo-con·du·to *s.m.* 1. Documento que permite a uma pessoa viajar livremente por qualquer país. 2. *fig.* Privilégio. *Pl.:* salvos-condutos e salvo-condutos.

sa·mam·bai·a *s.f. Bot.* Nome comum a várias plantas de folhagem ornamental.

sa·má·ri·o *s.m. Quím.* Metal do grupo dos lantanídeos, de símbolo *Sm* e cujo número atômico é 62.

sa·ma·ri·ta·no *adj.* 1. Relativo a Samaria (antiga cidade da Palestina). *s.m.* 2. O natural ou habitante de Samaria. 3. *fig.* Homem caridoso.

sam·ba *s.m.* 1. Música popular brasileira de origem africana. 2. A dança ao som dessa música.

sambaqui

sam·ba·qui *s.m.* Depósito antiquíssimo na costa (e também em lagoas ou rios do litoral) constituído de conchas, restos de cozinha e de esqueletos acumulados por tribos do período pré-histórico.

sam·bar *v.i.* 1. Dançar o samba. 2. *por ext.* Dançar.

sam·bis·ta *adj.2gên.* e *s.2gên.* Que ou pessoa que dança samba ou que gosta de dançar.

sam·bla·du·ra *s.f.* Juntura de uma tábua ou peça de madeira com outra, nos ângulos.

sam·bu·rá *s.m.* Cesto de cipó ou taquara.

sa·mo·a·no *adj.* 1. Relativo a Samoa Ocidental (Oceania). *s.m.* 2. O natural ou habitante desse país.

sa·mo·var *s.m.* Urna metálica na qual se prepara chá.

sa·mu·rai *s.m.* Membro da casta militar, no Japão.

sa·nar *v.t.d.* 1. Tornar são; curar; remediar. 2. Desfazer; obstar a (um mal, dificuldade).

sa·na·tó·ri·o *s.m.* Estabelecimento para doentes ou convalescentes; hospital.

san·ção *s.f.* 1. Aprovação que o chefe de Estado dá a uma lei. 2. Parte da lei em que se indicam as penas contra os que a transgredirem. 3. Recompensa ou pena com a qual se busca assegurar a execução de uma lei. 4. Confirmação.

san·ci·o·nar *v.t.d.* 1. Dar sanção a. 2. Confirmar; aprovar; ratificar.

san·dá·li·a *s.f.* Tipo de calçado composto de uma sola que se liga ao pé por correias ou tiras.

sangria

sân·da·lo *s.m.* 1. *Bot.* Árvore originária da Índia de madeira resistente e aromática. 2. Essência perfumada extraída do tronco e raízes do sândalo, usada em farmácia e perfumaria.

san·deu *adj.* e *s.m.* Idiota; pateta. *Fem.* sandia.

san·di·ce *s.f.* Qualidade ou ação de sandeu; insensatez; tolice.

san·du·í·che *s.m.* Conjunto de duas fatias de pão, entre as quais se põem carne, queijo, presunto, etc.; lanche.

sa·ne·a·men·to *s.m.* Ato ou efeito de sanear.

sa·ne·ar *v.t.d.* 1. Sanar. 2. Tornar higiênico, habitável. 3. Tornar bom para a cultura. 4. *fig.* Remediar. 5. Serenar; tranquilizar. 6. Atenuar; desculpar; pôr cobro a.

sa·ne·fa (é) *s.f.* Tira de fazenda com a qual se orna a parte superior de uma cortina.

san·fo·na (ô) *s.f. Mús.* Harmônica; acordeão.

san·fo·nei·ro *s.m.* Tocador de sanfona.

san·gra·dou·ro *s.m.* Local em que as águas de um rio, fonte ou represa são desviadas para outra direção.

san·grar *v.t.d.* 1. Ferir ou picar para tirar sangue. 2. Tirar algum líquido a. 3. Extrair certos produtos naturais de. 4. Extorquir (alguma coisa) a. 5. Exaurir. 6. *fig.* Atormentar; afligir. 7. Fazer incisão em (árvore da borracha). *v.i.* 8. Verter sangue.

san·gren·to *adj.* 1. Em que há derramamento de sangue. 2. Ensanguentado. 3. Cruento.

san·gri·a *s.f.* 1. Ação ou efeito de sangrar. 2. Sangue extraído ou derramado. 3. *pop.* Extorsão ardilosa ou fraudulenta.

sangue

san·gue *s.m.* 1. *Biol.* Líquido espesso que circula pelo corpo através das veias, artérias e capilares, composto de plasma, glóbulos brancos e glóbulos vermelhos. 2. *fig.* A vida. 3. Etnia; casta. 4. Família; geração. 5. Sumo. 6. Mênstruo. 7. Ferimento.

san·gue-fri·o *s.m.* Controle ou domínio sobre si mesmo em situações difíceis, de crise, perigo, etc.; calma, tranquilidade. *Pl.:* sangues-frios.

san·guei·ra *s.f.* 1. Abundância de sangue derramado. 2. Sangue que escorre dos animais mortos.

san·gues·su·ga *s.f.* 1. *Zool.* Verme aquático provido de ventosas com que se gruda aos animais para sugar-lhes o sangue e o qual se usava em medicina para provocar sangrias. *sobrecomum* 2. *fig.* Pessoa que explora outrem de modo ardiloso.

san·gui·ná·ri·o (gui ou güi) *adj.* 1. Que gosta de ver derramar sangue. 2. *por ext.* Feroz; cruel; desumano.

san·guí·ne·o (guí ou güí) *adj.* 1. Que se refere ou pertence ao sangue. 2. Em que predomina o sangue. 3. Da cor do sangue. 4. Pletórico. 5. Sanguinário. 6. *Anat.* Diz-se dos vasos em que o sangue circula. *s.m.* 7. Homem de temperamento exaltado. 8. Homem pletórico, vermelho.

san·gui·no·lên·ci·a *s.f.* 1. Qualidade do que é sanguinolento. 2. Ferocidade; crueza.

san·gui·no·len·to *adj.* 1. Coberto ou tinto de sangue. 2. Sanguinário.

sa·nha *s.f.* Ímpeto de raiva; fúria; rancor.

sa·nha·ço *s.m. epiceno Zool.* Pássaro brasileiro de bela coloração azul-celeste.

santeiro

sa·ni·da·de *s.f.* 1. Qualidade de são. 2. Higiene; salubridade.

sâ·ni·e *s.f.* 1. Pus ou matéria purulenta das úlceras e chagas. 2. Podridão.

sa·ni·tá·ri·o *adj.* 1. Relativo à conservação da saúde. 2. Que se refere à higiene. *s.m.* 3. Mictório; privada.

sa·ni·ta·ris·ta *s.2gên.* Especialista em assuntos sanitários; higienista.

san·ja *s.f.* Abertura ou dreno para escoamento de água; valeta; sarjeta.

san·jar *v.t.d.* e *v.i.* Drenar, fazer ou abrir sanjas.

san·ma·ri·nen·se *adj.2gên.* 1. De San Marino (Europa). *s.2gên.* 2. Natural ou habitante desse país. *Pl.:* san-marinenses.

sâns·cri·to *s.m.* Antiga língua dos brâmanes, sagrada da Índia, a mais velha da família indo-europeia.

san·sei *adj.2gên.* e *s.2gên.* Diz-se de ou pessoa que neta de japoneses nascida fora do Japão.

san·ta *s.f.* 1. Mulher que foi canonizada. 2. *por ext.* Estampa ou imagem de santa. 3. *fig.* Mulher virtuosa, inocente, bondosa.

san·ta-lu·cen·se *adj.2gên.* 1. Relativo à ilha de Santa Lúcia (América Central). *s.2gên.* 2. Natural ou habitante desse país. *Pl.:* santa-lucenses.

san·tan·tô·ni·os *s.m.* 1. *Autom.* Barra metálica que, em carros de competição, conversíveis, etc., serve de proteção em caso de capotagem. 2. Parte dianteira e saliente da sela que serve para o cavaleiro se segurar.

san·tar·rão *adj.* e *s.m.* 1. Que ou aquele que finge santidade. 2. Hipócrita; carola.

san·tei·ro *adj.* 1. Devoto. 2. Beato; santificado. *s.m.* 3. Escultor, fabricante ou vendedor de imagens de santos.

san·tel·mo *s.m.* Chamas azuladas que aparecem nos mastros dos navios por efeito da eletricidade atmosférica.

san·ti·da·de *s.f.* 1. Qualidade ou estado do que é santo. 2. Tratamento que se dá ao papa.

san·ti·fi·ca·ção *s.f.* Ato ou efeito de santificar.

san·ti·fi·ca·do *adj.* Que se tornou santo.

san·ti·fi·car *v.t.d.* 1. Tornar santo; sagrar; canonizar. *v.p.* 2. Tornar-se santo.

san·tís·si·mo *adj.* 1. Muito santo. 2. *Rel.* Como o papa é chamado (inicial maiúscula). *s.m.* 3. *Liturg.* O sacramento da Eucaristia; a hóstia consagrada.

san·tis·ta *adj.2gên.* 1. De Santos (estado de São Paulo). *s.2gên.* 2. Natural ou habitante dessa cidade.

san·to *adj.* 1. Relativo à religião ou às práticas sagradas. 2. Que vive segundo a lei divina. 3. Bem-aventurado. 4. Puro; imaculado; inocente. 5. Venerável. 6. Que cura, que é eficaz. 7. Diz-se dos dias em que a igreja proíbe trabalho. *s.m.* 8. Indivíduo que morreu em estado de santidade ou que foi canonizado. 9. *fig.* Imagem de indivíduo que foi canonizado. 10. Indivíduo de grande austeridade de costumes ou de extraordinária bondade. *Sup.abs. sint.:* santíssimo.

san·to·ral *s.m.* Hagiológio; hinário dos santos.

san·tu·á·ri·o *s.m.* 1. Lugar consagrado pela religião. 2. Templo; capela. 3. Sacrário; relicário. 4. *fig.* Sede de grandes e nobres sentimentos, a parte mais íntima (da alma, do coração).

são *adj.* 1. Que tem saúde; sadio. 2. Curado; ileso; incólume. 3. Salutar. 4. Que não tem defeito. 5. Reto; justo. 6. Puro. *s.m.* 7. Qualidade do que é são. 8. Aquele que tem saúde. 9. Forma apocopada de santo, usada antes de nomes que começam por consoante: São Francisco (inicial maiúscula).

são-ber·nar·do *s.m. Zool.* Raça de grandes cães felpudos, originária dos Alpes suíços. *Pl.:* são-bernardos.

são-cris·to·ven·se *adj.2gên.* 1. Relativo a São Cristóvão e Névis (América Central). *s.2gên.* 2. Natural ou habitante desse país. *Pl.:* são--cristovenses.

são-lu·i·sen·se *adj.2gên.* 1. De São Luís (Maranhão); característico dessa cidade ou de seu povo. *s.2gên.* 2. Pessoa que nasceu ou vive nessa cidade. *Pl.:* são-luisenses.

são-to·men·se *adj.2gên.* 1. Relativo a São Tomé e Príncipe (África). *s.2gên.* 2. Natural ou habitante desse país. *Pl.:* são-tomenses.

são-vi·cen·ti·no *adj.* 1. Relativo a São Vicente e Granadinas (América Central). *s.m.* 2. Natural ou habitante desse país. *Pl.:* são-vicentinos.

sa·pa¹ *s.f.* Pá com que se ergue a terra escavada.

sa·pa² *s.f.* 1. Trabalho de sapador. 2. Abertura de fossos, trincheiras e galerias subterrâneas. 3. *fig.* Trabalho oculto, ardiloso.

sa·pa·dor *adj.* e *s.m.* Que ou quem faz sapa²(2).

sa·pa·ri·a *s.f.* 1. Porção de sapos. 2. Corja; cambada; bando.

sa·pa·ta *s.f.* 1. Chinela de couro. 2. Peça de madeira sobre um pilar, para reforçar ou equilibrar a trave que assenta nela. 3. *Mús.* Rodela de camurça, na chave dos instrumentos musicais. 4. Brincadeira infantil também conhecida por amarelinha.

sa·pa·tão *s.m.* 1. Sapato grande. 2. *ant., pej.* Cognome dado aos portugueses na época da independência. 3. *gír., chulo* Mulher homossexual.

sa·pa·ta·da *s.f.* Pancada com o sapato.

sa·pa·ta·ri·a *s.f.* Arte ou estabelecimento de sapateiro. 2. Loja de calçados.

sa·pa·te·a·do *s.m.* Dança popular em que se faz grande ruído com as solas e os saltos dos sapatos.

sa·pa·te·ar *v.i.* 1. Bater no chão com a sola e o salto do sapato. *v.t.d.* 2. Executar (uma dança) fazendo grande ruído com o sapato ou só com os saltos do sapato.

sa·pa·tei·ra *s.f.* 1. Mulher que faz sapatos. 2. Móvel em que se guardam calçados.

sa·pa·tei·ro *s.m.* Aquele que fabrica, vende ou conserta calçados.

sa·pa·ti·lha *s.f.* 1. *Mús.* Sapata dos instrumentos musicais. 2. Calçado de bailarinos.

sa·pa·to *s.m.* Calçado que cobre o pé ou parte do pé.

sa·pé *s.m. Bot.* Nome comum a diversas plantas gramíneas usadas como cobertura de palhoças.

sa·pe·ar *v.t.d. pop.* 1. Assistir a (um jogo) sem tomar parte nele. 2. Ficar olhando de fora ou às ocultas.

sa·pe·ca (é) *adj.2gên.* e *s.2gên.* 1. Diz-se de ou pessoa desenvolta, namoradeira. 2. Diz-se de ou pessoa muito levada.

sa·pe·car (ê) *v.t.d.* 1. Chamuscar. 2. *pop.* Surrar; bater de leve. 3. Realizar mal. *v.i.* 4. Namorar muito. 5. Vadiar; divertir-se.

sá·pi·do *adj.* Que tem sabor; saboroso.

sa·pi·ên·ci·a *s.f.* 1. Qualidade de sapiente. 2. Sabedoria divina.

sa·pi·en·te *adj.2gên.* Sábio; que conhece as coisas divinas e humanas.

sa·pi·nho *s.m.* Sapinhos.

sa·pi·nhos *s.m.pl. Med.* Manchas ou aftas brancas ou amareladas na mucosa bucal produzidas pelo fungo *Candida albicans*, comuns nos bebês em idade de amamentação.

sa·po *s.m. Zool.* Nome comum a diversos anfíbios sem cauda, desdentados e de pele verrugosa. *Fem.*: sapa.

sa·po-cu·ru·ru *s.m. Zool.* O mesmo que cururu. *Pl.*: sapos-cururus.

sa·po·ná·ce·o *adj.* 1. Da natureza do sabão. 2. Que se pode empregar como sabão.

sa·po·ni·fi·ca·ção *s.f.* Ação ou efeito de saponificar.

sa·po·ni·fi·car *v.t.d.* Transformar em sabão.

sa·po·ta (ó) *s.f. Bot.* 1. Árvore originária da América Central, cujo látex é usado para fabricar chiclete. 2. O fruto dessa árvore; sapoti.

sa·po·ti (ô) *s.m. Bot.* Fruto da sapota, carnoso e muito doce; sapota.

sa·pró·fa·go *adj.* e *s.m.* Que ou o que se nutre de coisas putrefatas.

sa·pu·cai·a *s.f. Bot.* 1. Árvore da Mata Atlântica. 2. O fruto dessa árvore, apreciado como alimento.

sa·que[1] *s.m.* Ato ou efeito de saquear; saqueio.

sa·que[2] *s.m.* 1. Ato ou efeito de sacar. 2. Título de crédito emitido contra alguém. 3. Emissão de ordem de pagamento. 4. *Desp.* Jogada inicial no tênis, vôlei, pingue-pongue e tênis de mesa.

sa·quê *s.m.* Bebida alcoólica de origem japonesa que se obtém pela fermentação artificial do arroz.

sa·que·a·dor *adj.* e *s.m.* Que ou o que saqueia.

sa·que·ar *v.t.d.* 1. Despojar de maneira violenta; roubar. 2. Assolar; devastar.

sa·ra·ban·da *s.f.* 1. Nome de uma dança antiga originária da Espanha. 2. *fam.* Censura; repreensão. 3. Grande agitação; roda-viva.

sa·ra·bu·lho *s.m.* 1. Asperezas na superfície da louça muito usada. 2. Escamosidade da pele seca; pústula.

sa·ra·co·te·ar *v.t.d.* 1. Mover com desenvoltura e graça (o corpo, os quadris, etc.). *v.i.* 2. Vaguear por um lugar e outro. 3. Estar num bulício continuado; não parar. *v.p.* 4. Fazer meneios graciosos e desenvoltos. 5. Agitar-se; rebolar-se.

sa·ra·co·tei·o *s.m.* Ato ou efeito de saracotear.

sa·ra·cu·ra *s.f. epiceno Zool.* Ave aquática também chamada frango-d'água.

sa·ra·do *adj. gír.* Indivíduo musculoso, forte, com formas físicas bem definidas.

sa·rai·va *s.f.* Chuva de pedra; granizo.

sa·rai·va·da *s.f.* 1. Bátega de saraiva; saraiva. *fig.* 2. Descarga. 3. Grande porção de coisas que caem como saraiva ou que se sucedem com rapidez.

sa·rai·var *v.i.* 1. Cair saraiva ou como saraiva. *v.t.d.* 2. Bater ou açoitar com saraiva ou gelo.

sa·ram·pen·to *adj.* e *s.m.* Diz-se de ou indivíduo atacado de sarampo.

sa·ram·po *s.m. Med.* Doença infecciosa que se caracteriza por erupção cutânea, fenômenos catarrais e febris.

sa·ran·di *s.m.* 1. Terra maninha, estéril. 2. Pequena ilha pedregosa.

sa·ra·pan·ta·do *adj.* Espantado; atordoado.

sa·ra·pan·tar *v.t.d.* 1. Espantar; atordoar. *v.p.* 2. Assustar-se.

sa·ra·pa·tel *s.m.* 1. *Cul.* Iguaria que se prepara com sangue e miúdos de porco ou carneiro. 2. *pop.* Confusão; balbúrdia.

sa·ra·pin·ta·do *adj.* De pintas variadas; pintalgado.

sa·ra·pin·tar *v.t.d.* 1. Fazer pintas variadas em. 2. Pintar de várias cores.

sa·rar *v.t.d.* 1. Curar; dar saúde a quem está doente. 2. *fig.* Corrigir; emendar. 3. Sanear; purificar. *v.t.i.* 4. Curar-se. *v.i.* e *v.p.* 5. Ficar curado.

sa·ra·rá *s.m.* 1. *epiceno Zool.* Formiga, também conhecida por sarassará. *s.2gên.* 2. Mulato sarará; albino. *adj.2gên.* 3. Diz-se do cabelo crespo e arruivado de certos mulatos. 4. Diz-se do cabelo dessa cor. 5. Diz-se do mulato arruivado.

sa·ras·sa·rá *adj.2gên.* 1. Albino. *s.m.* 2. *epiceno Zool.* Sarará.

sa·rau *s.m.* 1. Reunião festiva, de noite, em casa particular, clube, teatro, etc. 2. Concerto musical, de noite.

sar·ça *s.f.* Silva; matagal.

sar·cas·mo *s.m.* 1. Zombaria insultante. 2. Ironia mordaz; escárnio.

sar·cás·ti·co *adj.* 1. Que envolve sarcasmo. 2. Que escarnece.

sar·có·fa·go *s.m.* 1. Túmulo em que os antigos colocavam os cadáveres que não queriam queimar. 2. *por ext.* Parte de monumento fúnebre representativo do ataúde, ainda que não encerre o corpo do defunto.

sar·co·ma (ô) *s.m. Med.* Neoplasma maligno, que se origina especialmente

sar·da *s.f.* 1. Mancha amarelada que algumas pessoas apresentam no corpo (espec. no rosto). *epiceno Zool.* 2. Nome comum a diversos peixes.

sar·den·to *adj.* Que tem sardas; sardoso; sardo.

sar·di·nha *s.f. epiceno Zool.* Peixe que ocorre em grandes cardumes nos mares ocidentais e se consome em estado natural ou em conserva.

sar·dô·ni·co *adj.* 1. Diz-se do riso convulsivo, provocado pela contração dos músculos faciais. 2. *por ext.* Diz-se do riso forçado e sarcástico.

sar·ga·ço *s.m. Biol.* Alga marinha.

sar·gen·to *s.m.* 1. *Mil.* Militar do Exército e da Aeronáutica, de graduação imediatamente superior à de cabo. 2. *Carp.* Ferramenta com que se apertam as tábuas que se devem colar lado a lado.

sa·ri·guê (güê) *s.m. epiceno Zool.* Gambá; sarigueia.

sa·ri·guei·a (güei) *s.f. epiceno Zool.* Sariguê; gambá.

sa·ri·lho *s.m.* 1. Maquinismo composto de um cilindro, suspenso por barras nas extremidades, no qual se enrola a corda que sustenta um peso que se quer elevar. 2. Encostamento de armas em grupos de três. 3. *pop.* Confusão; desordem; barulho; conflito; rolo.

sar·ja *s.f.* Tecido trançado de seda ou lã.

sar·je·ta (ê) *s.f.* Escoadouro de águas nas vias públicas; valeta.

sar·men·to *s.m.* 1. Ramo de videira. 2. Ramo semelhante, delgado e flexível. 3. Haste de trepadeira.

sar·na *s.f.* 1. *Med.* Doença cutânea produzida por um ácaro. *sobrecomum* 2. *pop.* Pessoa impertinente, importuna.

sar·nen·to *adj.* e *s.m.* Que ou aquele que tem sarna.

sar·par *v.t.d.* e *v.i.* Zarpar.

sar·ra·bu·lho *s.m. Cul.* Variação maranhense do sarapatel.

sar·ra·ce·no (ê) *adj.* 1. Árabe, mourisco, muçulmano. 2. Maometano, muçulmano, especialmente com referência às Cruzadas.

sar·ra·ce·nos (ê) *s.m.pl. ant.* Povo nômade dos desertos entre a Síria e a Arábia.

sar·ra·fo *s.m.* Tira estreita de tábua.

sar·ro *s.m.* 1. Sedimentos, principalmente depois de secas, que o vinho e outros líquidos deixam aderentes no fundo das vasilhas. 2. Resíduo de nicotina. 3. Crosta de sujidade sobre os dentes; saburra. *epiceno Zool.* 4. Nome comum a vários peixes. 5. *gír.* Coisa ou pessoa (*sobrecomum*) muito engraçada, muito divertida ou muito original.

sa·shi·mi (chi) *Jap. s.m. Cul.* Prato típico japonês, em que fatias de peixe cru são servidas acompanhadas de molho de soja e pasta picante.

sas·sa·frás *s.m. Zool.* Nome comum a diversas árvores da América tropical, de cujo lenho se extrai uma essência usada em medicina e perfumaria.

sa·tã *s.m.* Satanás.

sa·ta·nás *s.m.* 1. Chefe dos anjos rebeldes, segundo a Bíblia. 2. *por ext.* O Diabo.

sa·tâ·ni·co *adj.* 1. Concernente a satã ou satanás. 2. Diabólico; infernal.

sa·ta·nis·mo *s.m.* 1. Qualidade do que é satânico. 2. Extrema perversidade. 3. Culto a Satanás.

sa·té·li·te *s.m.* 1. *Astron.* Corpo celeste que gira ao redor de um planeta. 2. Mineral que acompanha o diamante. *adj.2gên.* e *s.2gên.* 3. Diz-se de ou país política e economicamente submetido a uma grande potência. 4. Diz-se da cidade situada na região de um centro maior, do qual ela depende.

sá·ti·ra *s.f.* 1. Composição literária que se destina a censurar ou ridicularizar defeitos ou vícios. 2. Discurso picante ou maldizente. 3. Censura jocosa.

sa·ti·rí·a·se *s.f. Med.* Excitação mórbida do apetite sexual no homem.

sa·tí·ri·co *adj.* 1. Concernente a sátira. 2. Que satiriza. 3. Que envolve sátira. 4. *por ext.* Mordaz; picante. *s.m.* 5. Satirista.

sa·ti·ris·ta *s.2gên.* 1. Pessoa que faz, escreve, representa sátiras. 2. Pessoa maledicente.

sa·ti·ri·zar *v.t.d.* 1. Fazer sátira contra. 2. Criticar com sátira. 3. Dirigir motejos picantes a. *v.i.* 4. Compor sátiras.

sá·ti·ro *s.m.* 1. *Mit.* Semideus dos bosques e das florestas, na mitologia grega, correspondente ao fauno da mitologia romana. 2. *fig.* Homem libertino, dado a excessos sexuais.

sa·tis·fa·ção *s.f.* 1. Ação de satisfazer. 2. Sentimento de aprovação. 3. Pagamento. 4. Desempenho. 5. Desculpa; explicação.

sa·tis·fa·tó·ri:o *adj.* Que satisfaz; regular.

sa·tis·fa·zer *v.i.* 1. Corresponder ao que se deseja. 2. Chegar a certo limite. *v.t.d.* 3. Realizar; desempenhar. 4. Pagar; indenizar. 5. Esclarecer. *v.t.i.* 6. Agradar. 7. Obedecer. 8. Dar execução; cumprir. 9. Suprir. *v.p.* 10. Saciar-se. 11. Contentar-se.★

sa·tis·fei·to *adj.* 1. Saciado; repleto. 2. Contente. 3. Realizado; executado.

sa·tu·ra·ção *s.f.* 1. Ação ou efeito de saturar. 2. Estado de saturado. 3. *fig.* Saciedade.

sa·tu·ra·do *adj.* 1. Impregnado ou embebido no mais alto grau. 2. *fig.* Farto; cheio. 3. Saciado.

sa·tu·rar *v.t.d.* 1. Encher completamente. 2. Impregnar. 3. Fartar; saciar. 4. Penetrar. 5. Levar ao ponto de saturação. 6. Chegar ao ponto de saturação.

sa·tur·ni·no *adj.* 1. Relativo a Saturno, deus da mitologia romana, ou ao planeta de mesmo nome. 2. *Quím.* Relativo ao chumbo e seus compostos. 3. *Med.* Diz-se de enfermidade provocada pelo chumbo. 4. *Astrol.* Diz-se de pessoa nascida sob a influência de Saturno e que, por isso, tende a ser triste, melancólica, sombria.

Sa·tur·no *s.m.* 1. *Mit.* Deus romano da agricultura identificado com o deus grego Cronos. 2. *Astron.* Planeta do nosso sistema solar, o segundo em tamanho, o sexto na distância do Sol, rodeado por um sistema de anéis no plano do seu equador.

sau·da·ção *s.f.* 1. Ação de saudar. 2. Cumprimentos; homenagens.

sau·da·de *s.f.* 1. Lembrança triste e suave de pessoa, de um bem passado ou de coisa extinta ou distante, acompanhada do desejo de as tornar a possuir ou ver presentes; pesar pela ausência de alguém que nos é querido; nostalgia. 2. *Bot.* Nome comum a diversas plantas e a suas flores.

sau·da·des *s.f.pl. fam.* Cumprimentos, lembranças afetuosas a pessoas ausentes.

sau·dar *v.t.d.* 1. Cumprimentar; felicitar. 2. Aclamar. 3. Louvar. *v.p.* 4. Dirigir-se mútuos cumprimentos ou saudações.

sau·dá·vel *adj.2gên.* 1. Salutar. 2. Bom; útil. 3. Conveniente para a saúde; higiênico.

sa·ú·de *s.f.* 1. Estado do que é são, do que tem as funções orgânicas regulares. 2. Vigor; robustez. 3. Saudação; brinde.

sau·di·ta *adj.2gên.* 1. Da Arábia Saudita (Ásia). *s.2gên.* 2. Natural ou habitante desse país.

sau·do·sis·mo *s.m.* 1. Tendência a elogiar o passado ou coisas do passado. 2. Apego aos princípios de um regime político do passado.

sau·do·sis·ta *adj.2gên.* e *s.2gên.* Pessoa partidária do saudosismo.

sau·do·so (ô) *adj.* 1. Que produz saudades. 2. Que sente saudades. *Pl.:* saudosos (ó).

sau·na *s.f.* 1. Banho a vapor. 2. O lugar onde se toma esse banho.

sáu·ri:o *s.m. epiceno Zool.* Lagarto.

sa·ú·va *s.f. Zool.* Formiga muito voraz, uma das maiores pragas da lavoura. *Masc.:* savitu e sabitu.

sa·va·na *s.f. Geog.* Planície extensa que só produz erva ou mato, com algumas árvores esparsas.

sa·vei·ro *s.m.* 1. Barco estreito e comprido, empregado na travessia dos grandes rios e na pesca a linha. 2. Homem que dirige esse barco; saveirista.

sa·xão (cs) *s.m.* 1. Indivíduo dos saxões, antigo povo germânico do nordeste da Alemanha, parte do qual se estabeleceu na Inglaterra. 2. *por ext.* Inglês. 3. Nome comum a diversos dialetos germânicos. *adj.* 4. Relativo aos saxões.

sa·xo·fo·ne (cs, ô) *s.m. Mús.* Instrumento de metal com chaves e embocadura parecidos aos da clarineta.

sa·xo·fo·nis·ta (cs) *s.2gên.* Pessoa que toca saxofone.

sa·xô·ni:o (cs) *adj.* e *s.m.* Saxão.

sa·zão *s.f.* 1. Estação do ano. 2. *fig.* Ensejo; oportunidade.

sa·zo·na·do *adj.* 1. Maduro. 2. *fig.* Experiente.

sa·zo·nar *v.t.d.* 1. Tornar maduro. 2. *fig.* Dar bom sabor a. 3. Condimentar. 4. Tornar experimentado. *v.i.* 5. Tornar-se maduro. 6. *fig.* Melhorar-se; tornar-se perfeito.

scan·ner (scâner) *Ingl. s.m. Inform.* Escâner.

sche·du·lar (squedular) *v.t.d. Inform.* Agendar; estabelecer dia, hora e frequência de execução automática de uma rotina ou processamento (do inglês *to schedule*).

se[1] *pron.* Índice de indeterminação do sujeito, com *v.i.* ou *v.t.i.* na 3ª *pess.* do *sing.:* vive-se mal.

se[2] *pron.* Parte integrante de certos verbos: arrepender-se.

se[3] *pron.pess.refl.* A si mesmo: ele matou-se.

se[4] *pron.pess.refl.* Um ao outro (recíproco): eles beijaram-se.

se[5] *pron.apass. Us.* na voz passiva sintética: alugam-se casas.

se[6] *part.exp.* Marca espontaneidade da ação e pode ser omitido sem prejudicar o sentido do v.: todos se foram embora; casou-se ontem.

se[7] *conj.subord.integr. Us.* para exprimir incerteza; introduz or. subst.: não sei se irei.

se[8] *conj.subord.cond.* Caso: se chover, não irei.

sé *s.f.* 1. Igreja episcopal, arquiepiscopal ou patriarcal. 2. Jurisdição episcopal.

se·a·ra *s.f.* 1. Campo de cereais. 2. Terreno semeado; campo cultivado. 3. *fig.* Agremiação; partido.

se·a·rei·ro *s.m.* 1. O que cultiva searas. 2. Pequeno lavrador.

se·bá·ce:o *adj.* 1. Da natureza do sebo. 2. Que tem sebo; sebento. 3. Gorduroso.

se·be (é) *s.f.* Tapume de ramos ou de varas entretecidas, para vedar terrenos.

se·ben·to *adj.* 1. Da natureza do sebo. 2. Sujo. *s.m.* 3. Indivíduo sebento.

se·bo (ê) *s.m.* 1. Substância gorda e consistente que se extrai das vísceras abdominais de certos quadrúpedes. 2. Estabelecimento onde se vendem livros usados. *Pôr sebo nas canelas:* fugir.

se·bor·rei·a (éi) *s.f.* Secreção exagerada das glândulas sebáceas.

se·bo·so (ô) *adj.* 1. Sebáceo; gorduroso. 2. Sujo de sebo. 3. Porcalhão; imundo. *Pl.:* sebosos (ó).

se·ca (é) *s.f.* 1. Ação de pôr a secar. 2. Prosa; conversa. 3. Luxo; cerimônia. *s.2gên.* 4. Indivíduo importuno, maçador.

seca (ê) *s.f.* 1. Ação ou efeito de secar. 2. Estiagem; falta de chuvas. 3. Nome que se dá no Nordeste ao inverno longo e rigoroso.

se·ca·dor *adj.* 1. Que seca. *s.m.* 2. O que seca. 3. Máquina em que se faz secagem. 4. Aparelho ou dispositivo para secar.

se·can·te[1] *adj.2gên.* e *s.2gên.* 1. Que ou o que seca. 2. Diz-se de ou substância para fazer secar mais facilmente as tintas. 3. Que ou pessoa que seca ou importuna.

se·can·te[2] *s.f.* 1. *Geom.* 1. Reta que corta uma curva. 2. *Mat.* Função trigonométrica ou angular.

se·ção *s.f.* 1. Ação ou efeito de cortar. 2. Parte de um todo. 3. Divisão ou subdivisão de uma obra, de um tratado, etc. 4. Cada uma das divisões de uma repartição pública. 5. Corte vertical. *V.* **cessão** e **sessão**.

se·car *v.t.d.* 1. Tirar a umidade; tornar enxuto. 2. Estancar. 3. Tornar murcho. 4. Fazer cessar. 5. Importunar; maçar. 6. *gír.* Dar azar a. *v.i.* e *v.p.* 7. Deixar de ser úmido. 8. Deixar de correr (líquidos, humores). 9. Sumir-se (a voz). 10. Estancar-se. 11. Amadurecer muito. 12. Murchar. 13. Emagrecer. *Part.:* secado e seco.

se·ca·ti·vo *adj. Farm.* 1. Diz-se do preparado que tem ação adstringente nos tecidos vivos. *s.m.* 2. Preparado secativo.

se·ces·são *s.f.* 1. Ação de separar daquele ou daquilo a que se estava unido. 2. Separação. 3. Retirada.

se·ci·o·nal *adj.2gên.* Relativo a seção.

se·ci·o·nar *v.t.d.* 1. Dividir em seções. *v.p.* 2. Dividir-se; cortar-se.

se·co (ê) *adj.* 1. Em que não há umidade; enxuto. 2. Áspero. 3. Árido; desprovido de vegetação. 4. *fig.* Insensível; que não se comove. 5. Severo. 6. Rude; descortês. 7. *pop.* Esgotado; vazio. 8. *fam.* Sequioso; desejoso; ansioso. *V.* **ceco**.

se·cos (ê) *s.m.pl.* Mantimentos sólidos ou secos (por oposição a molhados ou líquidos).

se·cre·ção *s.f.* 1. Ação ou efeito de segregar. 2. Filtração e segregação de líquidos orgânicos pelas glândulas. 3. O líquido segregado. 4. *por ext.* Excreção.

se·cre·tar *v.t.d.* Segregar.

se·cre·ta·ri·a *s.f.* 1. Repartição ou sala onde se faz o expediente relativo a determinados serviços. 2. Seção anexa à diretoria, em certos estabelecimentos. 3. Repartição pública. 4. Ministério.

se·cre·tá·ri·a *s.f.* 1. Mulher que exerce as funções de secretário. 2. Mesa de escritório; escrivaninha.

se·cre·ta·ri·a·do *s.m.* 1. Cargo ou dignidade de secretário. 2. Repartição, lugar onde o secretário exerce as suas funções. 3. Tempo de duração dessas funções.

se·cre·ta·ri·ar *v.t.d.* 1. Exercer as funções de secretário junto de. *v.i.* 2. Exercer as funções de secretário.

se·cre·tá·ri·o *s.m.* 1. Aquele que escreve as atas de uma assembleia. 2. O que escreve a correspondência e trata de outros negócios particulares de uma pessoa ou corporação. 3. Aquele que, num Estado, exerce funções análogas à de ministro.

se·cre·to (é) *adj.* 1. Que está em segredo. 2. Oculto; encoberto. 3. Ignorado.

se·cre·tor *adj.* e *s.m.* Que ou o que segrega.

sec·tá·ri·o *adj.* 1. Relativo a seita. *s.m.* 2. Membro de uma seita. 3. *fig.* Prosélito; partidário ferrenho.

sec·ta·ris·mo *s.m.* Partidarismo; espírito de seita.

se·cu·lar *adj.2gên.* 1. Que se faz de século a século. 2. Que existe há séculos. 3. Concernente a século. 4. Muito antigo. 5. Que não fez votos monásticos. 6. Mundano; temporal. *s.m.* 7. Leigo; que não pertence a ordens religiosas (padre).

se·cu·la·ri·za·ção *s.f.* Ação de secularizar(-se).

se·cu·la·ri·zar *v.t.d.* 1. Tornar secular ou leigo (o que era eclesiástico). 2. Sujeitar à lei comum, civil. 3. Dispensar dos votos monásticos. *v.p.* 4. Deixar de pertencer a uma ordem religiosa.

sé·cu·lo *s.m.* 1. Espaço de cem anos; centúria. 2. Grande espaço de tempo. 3. Duração de aproximadamente 100 anos, caracterizada por alguma coisa notável. 4. O tempo presente. 5. Vida secular. 6. O mundo, considerado pelos místicos sob o ponto de vista das tentações e vaidades.

se·cun·dar *v.t.d.* 1. Reforçar; auxiliar; repetir. *v.i.* 2. Repetir um ato.

se·cun·dá·ri·o *adj.* 1. Que está em segundo lugar. 2. Menos importante. 3. Dizia-se do ensino de grau intermediário entre o primário e o superior.

se·cun·di·nas *s.f.pl. Anat.* Placenta e membranas que ficam no útero após o parto.

se·cu·ra *s.f.* 1. Qualidade de seco. 2. Sede. 3. Frieza; insensibilidade. 4. *pop.* Desejo ardente.

se·cu·ri·tá·ri·o *adj.* 1. Relativo a seguros. *s.m.* 2. Funcionário de companhia de seguros.

se·da (ê) *s.f.* 1. Substância filamentosa produzida pela larva do bicho-da-seda. 2. O tecido feito com essa substância. 3. Tecido de consistência e aspecto idênticos, obtido por meios artificiais. *sobrecomum* 4. Pessoa delicada, amável.

se·da·ção *s.f. Med.* Ação ou efeito de sedar.

se·dar *v.t.d.* 1. Acalmar; serenar. 2. Abrandar a excitação ou a ação excessiva de.

se·da·ti·vo *adj.* 1. Que seda ou acalma. *s.m.* 2. Medicamento calmante.

se·de (é) *s.f.* 1. Ponto onde se concentram certos fatos, certos acontecimentos, certos fenômenos: 2. Lugar onde funciona um tribunal, uma administração. 3. Lugar onde uma empresa tem o seu principal estabelecimento. 4. Centro (de qualquer coisa que se ramifica). *V.* **sede** (ê).

se·de (ê) *s.f.* 1. Sensação de necessidade de beber (espec. água). 2. *pop.* Desejo intenso; secura. 3. *fig.* Cobiça; avidez. *V.* **sede** (é).

se·den·tá·ri·o *adj.* Que está quase sempre sentado; que sai pouco, que fica em casa; inativo; que tem habitação fixa.

se·den·to *adj.* 1. Que tem sede; sequioso. 2. *fig.* Que tem grande desejo; ávido.

se·des·tre (é) *adj.2gên.* Que representa alguém sentado (estátua).

se·di·ar *v.t.d.* Servir de sede a evento, empresa, instituição, etc.

se·di·ção *s.f.* Perturbação da ordem pública; sublevação contra a autoridade legal; motim; revolta.

se·di·ci·o·so (ô) *adj.* Que faz sedição ou nela toma parte; que tem o caráter de sedição. *Pl.*: sediciosos (ó).

se·di·men·ta·ção *s.f.* Formação de sedimento.

se·di·men·tar *v.i.* 1. Formar sedimento. *adj.2gên.* 2. Que se produziu por sedimento. 3. Que tem o caráter de sedimento.

se·di·men·to *s.m.* 1. Depósito que se forma num líquido em que há matérias em dissolução. 2. *Geol.* Depósito de matérias sólidas dispostas por camadas deixadas pelas águas ao se retirarem.

se·do·so (ô) *adj.* 1. Que tem sedas. 2. Semelhante à seda. *Pl.*: sedosos (ó).

se·du·ção *s.f.* 1. Ação ou efeito de seduzir ou de ser seduzido. 2. Qualidade do que seduz. 3. Encanto; atração.

se·du·tor *adj.* 1. Que seduz. 2. Que atrai, encanta. *s.m.* 3. O que seduz.

se·du·zir *v.t.d.* 1. Desviar do caminho da verdade, do bem, da moral. 2. Desonrar, valendo-se de promessas, insinuações, razões tentadoras. 3. Encantar; fascinar; atrair. 4. Dominar a vontade de.

se·ga (é) *s.f.* 1. Ato ou efeito de segar; ceifa. 2. Duração da sega.

se·gar *v.t.d.* 1. Ceifar. 2. *fig.* Cortar. 3. Pôr fim a. *V.* **cegar**.

se·ge (é) *s.f.* 1. Coche antigo (tinha duas rodas, um só assento e era fechado com cortinas na frente). 2. *por ext.* Carruagem.

seg·men·ta·ção *s.f.* Ação de segmentar.

seg·men·tar *v.t.d.* 1. Dividir em segmentos. 2. Tirar segmento a. *adj.2gên.* 3. Formado de segmentos.

seg·men·to *s.m.* 1. Seção; porção; parte de um todo. 2. *Geom.* Superfície compreendida entre a corda de um círculo e o respectivo arco. 3. *Zool.* Cada um dos anéis do corpo dos articulados.

se·gre·dar *v.t.d.* 1. Dizer em segredo. 2. Dizer em voz baixa; cochichar. *v.i.* 3. Dizer segredos; cochichar.

se·gre·do (ê) *s.m.* 1. O que não se divulgou. 2. Aquilo que se oculta ou não se deve dizer. 3. Mistério. 4. O que se diz ao ouvido de alguém; confidência; sigilo. 5. A parte mais difícil e essencial de qualquer coisa.

se·gre·ga·ção *s.f.* Ação ou efeito de segregar; separação.

se·gre·gar *v.t.d.* 1. Pôr de lado; separar. 2. Operar a secreção de; expelir. 3. Desligar; afastar; tirar do convívio dos outros. *v.p.* 4. Isolar-se; afastar-se.

se·gui·da *s.f.* Seguimento. *loc.adv.* **Em seguida**: seguidamente; imediatamente.

se·gui·di·lha *s.f.* 1. Canção espanhola, livre e alegre. 2. Ária e dança popular em compasso de 3 por 4 ou 3 por 8. 3. Sequência, no pôquer.

se·gui·do *adj.* 1. Imediato; contínuo. 2. Que está logo depois. *adv.* 3. Seguidamente, ininterruptamente.

se·gui·dor *adj.* e *s.m.* 1. Que ou o que segue. 2. Partidário; adepto.

se·gui·men·to *s.m.* 1. Ato ou efeito de seguir ou andar. 2. Continuação; resultado. 3. Consequência.

se·gui·nte *adj.2gên.* 1. Que segue ou que se segue. 2. Seguido; imediato; continuado. *s.m.* 3. O que segue.

se·guir *v.t.d.* 1. Ir atrás de. 2. Caminhar após; ir no encalço de. 3. Espiar. 4. Ir tão depressa como. 5. Observar a evolução de. 6. Tomar o partido de; aderir a. 7. Acompanhar atentamente; continuar. 8. Tomar como modelo. *v.i.* 9. Continuar; prosseguir. *v.t.i.* 10. Tomar determinada direção; sobrevir. *v.p.* 11. Suceder-se; resultar. ★

se·gun·da *s.f.* 1. Forma reduzida de segunda classe. 2. *Mús.* Intervalo entre duas notas que se seguem na escala. 3. *Mús.* Corda imediatamente superior à prima, em certos instrumentos. 4. Forma reduzida de segunda-feira. 5. *Autom.* Marcha intermediária nos câmbios dos automóveis, entre a de arranque, chamada primeira, e a terceira.

se·gun·da-fei·ra *s.f.* O segundo dia da semana começada no domingo. *Pl.*: segundas-feiras.

se·gun·do¹ *num.* 1. Ordinal correspondente a dois. *adj.* 2. Secundário; indireto. 3. Outro; novo. *s.m.* 4. Pessoa ou coisa que ocupa o segundo lugar. 5. Sexagésima parte do minuto. 6. *por ext.* Espaço de tempo curtíssimo. 7. Assistente de boxeador.

se·gun·do² *prep.* 1. De acordo com; conforme. *conj.* 2. Conforme; consoante. 3. À medida que.

se·gu·ra·ção *s.f.* Segurança; seguro.

se·gu·ra·do *s.m.* 1. Aquele que paga o prêmio num contrato de seguro. *adj.* 2. Que está seguro.

se·gu·ra·dor *adj.* e *s.m.* 1. Que ou o que segura. 2. Que ou o que se obriga, num contrato de seguro, a indenizar prejuízos eventuais.

se·gu·ran·ça *s.f.* 1. Ação ou efeito de segurar. 2. Condição do que está seguro. 3. Confiança. 4. Afirmação; firmeza. 5. Caução. 6. Coisa ou pessoa que serve de esteio ou amparo a outrem.

se·gu·rar *v.t.d.* 1. Tornar seguro, firme, fixo. 2. Amparar para que não caia. 3. Agarrar; prender; conter. 4. Pôr no seguro. *v.t.d.* e *v.i.* 5. Garantir; afirmar; assegurar. *v.p.* 6. Agarrar-se; apoiar-se. 7. Fazer contrato de seguro da própria vida. *Part.*: segurado e seguro.

se·gu·ri·da·de *s.f.* Segurança.

se·gu·ro *adj.* 1. Preso; firme; inabalável. 2. Garantido; eficaz. 3. Livre de perigo ou de receios. 4. Abrigado. 5. *fig.* Que não cai. 6. Avaro. *s.m.* 7. Contrato em que uma das partes se obriga a indenizar outra de um perigo ou prejuízo eventual, mediante o pagamento, pela segunda, de uma quantia determinada, chamada *prêmio*.

sei·che·len·se *adj.2gên.* 1. Das Ilhas Seicheles (Oceano Índico). *s.2gên.* 2. Natural ou habitante dessa república.

sei·o *s.m.* 1. Curvatura. 2. Curva; sinuosidade. 3. *Anat.* Parte do corpo humano onde se encontram as glândulas mamárias; mama. 4. A parte mais interior; recesso; útero; coração; alma; âmago; intimidade. 5. Ambiente. 6. Associação. 7. *Anat.* Cavidade em alguns ossos do crânio e da face.

seis *num.* 1. Cardinal correspondente a seis unidades. 2. Diz-se do sexto elemento de uma série. *s.m.* 3. O algarismo que representa esse número. 4. Carta de jogar, peça do dominó ou face do dado que tem seis pontos.

seis·cen·tis·mo *s.m.* Estilo ou escola dos seiscentistas; gongorismo.

seis·cen·tis·ta *adj.2gên.* 1. Concernente ao seiscentismo ou ao século XVII, também chamado século de seiscentos. *adj.2gên.* e *s.2gên.* 2. Diz-se de ou escritor ou artista desse período.

seis·cen·tos *num.* 1. Cardinal correspondente a seis centenas. 2. Diz-de do sexcentésimo elemento de uma série. *s.m.* 3. O século XVII (do ano 1501 ao 1600). 4. O período seiscentista.

sei·ta *s.f.* 1. Opinião que diverge da existente ou das existentes e que é seguida por muitos indivíduos. 2. O conjunto desses indivíduos. 3. Comunidade fechada, de cunho radical. 4. Sistema religioso, filosófico ou político.

sei·va *s.f.* 1. *Bot.* Líquido que as raízes absorvem da terra e que alimenta a planta respectiva. 2. *por ext.* Sangue; vigor; elementos vitais; alento.

sei·xa·da (ch) *s.f.* Pancada ou ferimento com seixo.

sei·xo (ch) *s.m.* Fragmento de pedra de dimensão inferior à do calhau; pedregulho.

se·la (é) *s.f.* Aparelho que se coloca sobre a cavalgadura, e que constitui assento sobre o qual monta o cavaleiro. *V.* **cela**.

se·la·do¹ *adj.* Que tem selo.

se·la·do² *adj.* 1. Em que se pôs sela. 2. Que tem sela.

se·la·gem¹ *s.f.* Ação ou efeito de selar (pôr selo).

se·la·gem² *s.f.* Ação ou efeito de selar (pôr sela).

se·lá·qui:o *adj.* Cartilaginoso. *s.m. epiceno Zool.* Espécime dos seláquios, peixes entre os quais se incluem os esqualos.

se·lar¹ *v.t.d.* 1. Pôr selo em. 2. Carimbar. 3. Fechar hermeticamente. 4. Concluir; rematar. 5. Confirmar.

se·lar² *v.t.d.* Pôr sela em.

se·la·ri·a *s.f.* 1. Arte, estabelecimento de seleiro. 2. Porção de selas e outros arreios.

se·le·ção *s.f.* 1. Ação ou efeito de selecionar. 2. *Desp.* Equipe formada pelos melhores atletas para representar, numa competição, uma cidade, um estado, um país; selecionado.

se·le·ci·o·na·do *adj.* 1. Escolhido. 2. *Desp.* Seleção.

se·le·ci·o·nar *v.t.d.* 1. Fazer seleção de. 2. Escolher com muito critério. 3. *Inform.* Em interfaces gráficas, determinar os elementos ou dados sobre os quais uma operação ou comando incidirá, marcando-os na tela do computador com algum tipo de destaque visual (correspondente em inglês: *to highlight*).

se·lei·ro *adj.* 1. Que fabrica ou comercializa sela. *s.m.* 2. Pessoa que fabrica ou comercializa selas. *V.* **celeiro**.

se·lê·ni:o *s.m. Quím.* Elemento não metálico de símbolo **Se** e cujo número atômico é 34.

se·le·ni·ta *s.2gên.* Suposto habitante da Lua.

se·le·ta (é) *s.f.* Livro que contém trechos escolhidos de várias obras; antologia.

se·le·ti·vo *adj.* Concernente a seleção.

se·le·to (é) *adj.* 1. Escolhido. 2. *por ext.* Especial; excelente.

self-ser·vi·ce (sélf-sêrvici) *Ingl. s.m.* 1. Autosserviço. 2. Estabelecimento que funciona dessa maneira.

se·lim *s.m.* 1. Pequena sela, desprovida de arção. 2. Assento de motocicleta, bicicleta, etc.

se·lo (ê) *s.m.* 1. Estampa que se cola aos envelopes de cartas como comprovante do prévio pagamento de sua franquia. 2. Peça de metal ou de borracha que serve para estampar os textos ou os emblemas neles gravados. 3. Carimbo; sinete. 4. Marca; sinal. 5. Cunho; distintivo.

sel·va *s.f.* 1. Lugar arborizado naturalmente; floresta; matagal; bosque. 2. Lugar inculto.

sel·va·gem *adj.2gên.* 1. Que se refere ou pertence às selvas. 2. Que vive nas selvas. 3. Inculto; não civilizado. 4. Diz-se do animal que se enfurece facilmente. 5. Bruto; ignorante. *s.2gên.* 6. Pessoa que não vive na sociedade civilizada. 7. Pessoa grosseira.

sel·va·ge·ri·a *s.f.* 1. Qualidade de selvagem. 2. Ato, dito, modos de selvagem.

sel·vá·ti·co *adj.* O mesmo que selvagem.

sem *prep.* Designa falta, exclusão, ausência, exceção, condição. *V.* **cem**.

se·má·fo·ro *s.m.* 1. Telégrafo aéreo, nas costas marítimas, para assinalar os navios à vista e corresponder com eles. 2. Poste de sinais, nas linhas férreas. 3. Poste de sinais nos cruzamentos das ruas e avenidas; sinaleira; farol; sinal.

se·ma·na *s.f.* 1. Espaço de sete dias (de domingo a sábado). 2. Espaço de sete dias consecutivos. 3. O trabalho feito durante uma semana. 4. Retribuição desse trabalho.

se·ma·nal *adj.2gên.* 1. Que se refere ou pertence a semana. 2. Que se faz ou acontece de semana a semana.

se·ma·ná·ri:o *adj.* 1. Semanal. *s.m.* 2. Periódico que se publica uma vez por semana.

se·man·te·ma (ê) *s.m. Linguíst.* Elemento significativo da palavra; radical.

se·mân·ti·ca *s.f. Linguíst.* 1. Estudo das palavras e dos seus elementos constitutivos, relativamente à sua significação. 2. Estudo das mudanças que, no espaço e no tempo, se operam na significação das palavras.

sem·blan·te *s.m.* 1. Rosto. 2. Fisionomia; aparência.

sem-ce·ri·mô·ni:a *s.f.* 1. Comportamento informal. 2. *por ext.* Falta de educação; grosseria. *Pl.*: sem-cerimônias.

se·me·a·dor *adj.* 1. Que semeia. *s.m.* 2. Aquele que semeia. 3. Máquina para semear cereais.

se·me·a·du·ra *s.f.* 1. Ação ou efeito de semear. 2. Porção de cereais, bastante para se semear um terreno.

se·me·ar *v.t.d.* 1. Deitar ou espalhar sementes de, para que germinem. 2. Espalhar ou deitar sementes em. 3. Juncar; alastrar. 4. *fig.* Espalhar; propalar; difundir; publicar. *v.i.* 5. Fazer a semeadura.

se·me·lhan·ça *s.f.* 1. Qualidade do que é semelhante. 2. Analogia; parecença. 3. Aspecto; similitude.

se·me·lhan·te *adj.2gên.* 1. Parecido. 2. Da mesma natureza. 3. Análogo; similar. *pron.dem.* 4. Tal; esse; aquele. *s.m. sobrecomum* 5. Pessoa semelhante ou igual. 6. O próximo.

se·me·lhar *v.i.* 1. Ser semelhante a. 2. Ter a aparência de; lembrar. *v.t.i.* 3. Comparar; confrontar. *v.p.* 4. Parecer-se.

sê·men *s.m.* 1. Semente. 2. *Fisiol.* Esperma.

se·men·te *s.f.* 1. Grão que se lança na terra para que germine. 2. *fig.* Origem; princípio; germe.

se·men·tei·ra *s.f.* 1. Ação de semear. 2. Porção de semente que se lança à terra para germinar. 3. Terreno semeado. 4. A época em que se semeia. 5. *fig.* Origem; causa. 6. Difusão.

se·mes·tral *adj.2gên.* 1. Concernente a semestre. 2. Que sucede ou se realiza de seis em seis meses.

se·mes·tra·li·da·de *s.f.* 1. Quantia relativa a um semestre. 2. Semestre.

se·mes·tre (é) *s.m.* Espaço de seis meses consecutivos.

sem-fim *s.m.* 1. Número ou quantidade indefinida. 2. Espaço de extensão indeterminada; vastidão. *Pl.:* sem-fins.

se·mi·a·nu·al *adj.2gên.* Semestral.

se·mi·bre·ve (é) *s.f. Mús.* Nota do valor de duas mínimas ou de metade da breve (quatro tempos).

se·mi·cír·cu·lo *s.m.* Metade de um círculo.

se·mi·cir·cun·fe·rên·ci·a *s.f. Geom.* Metade de uma circunferência, delimitada por seu diâmetro.

se·mi·col·chei·a *s.f. Mús.* Nota do valor de metade da colcheia (1/4 de tempo).

se·mi·con·du·tor *adj.* e *s.m. Fís.* Diz-se de ou substância que se situa entre um condutor e um isolante na condução de energia elétrica (por ex., o silício).

se·mi·cú·pi·o *s.m.* Banho em que se imerge a parte inferior do corpo; banho de assento.

se·mi·deus *s.m. Mit.* Indivíduo de natureza superior à dos homens e inferior à dos deuses; mortal divinizado. *Fem.:* semideusa.

se·mi·fi·nal *adj.* e *s.f. Desp.* Diz-se de ou prova ou partida imediatamente anterior à final.

se·mi·fi·na·lis·ta *adj.2gên.* 1. Relativo à semifinal. *s.2gên.* 2. Equipe ou atleta que participa da semifinal.

se·mi·fu·sa *s.f. Mús.* Nota do valor de metade de uma fusa (1/16 de tempo).

se·mi·in·ter·na·to *s.m.* Estabelecimento de ensino cujos alunos passam quase o dia inteiro. *Pl.:* semi-internatos.

se·mi·lu·nar *adj.2gên.* Que tem aspecto ou forma de meia-lua.

se·mi·mor·to (ô) *adj.* 1. Quase morto. 2. Amortecido. 3. Fatigado. *Pl.:* semimortos (ó).

se·mi·nal *adj.2gên.* 1. Que se refere a semente ou a sêmen. 2. *fig.* Produtivo.

se·mi·ná·ri·o *s.m.* 1. Estabelecimento de ensino que habilita para o estado eclesiástico. 2. *fig.* Centro de criação ou produção. 3. Congresso científico ou cultural; simpósio. 4. Grupo de estudos.

se·mi·na·ris·ta *s.m.* Aluno interno de seminário.

semínima   **senão**

se·mí·ni·ma *s.f. Mús.* Nota de valor de metade de uma mínima (um tempo).

se·mi·nu *adj.* Meio nu; andrajoso.

se·mi·o·lo·gi·a *s.f.* 1. *Med.* Estudo dos sintomas de uma doença. 2. Estudo dos signos e sinais usados em comunicação.

se·mi·ó·ti·ca *s.f.* Semiologia.

se·mi·pla·no *s.m. Geom.* Parte de um plano, delimitado pela reta que o divide.

se·mi·pre·ci·o·so (ô) *adj.* Diz-se da pedra com menor valor comercial que a preciosa.

se·mi·ta *s.2gên.* 1. Indivíduo dos semitas, família etnográfica e linguística que inclui os hebreus, os assírios, os aramaicos, os fenícios e os árabes. 2. *restr.* Indivíduo judeu. *adj.2gên.* 3. Relativo aos semitas.

se·mí·ti·co *adj.* 1. Concernente aos semitas. 2. *restr.* Judeu. 3. Que se refere aos judeus.

se·mi·tis·mo *s.m.* 1. Caráter do que é semítico. 2. Civilização semítica ou sua influência. 3. *restr.* Caráter do que é judeu.

se·mi·tom *s.m. Mús.* Meio tom.

se·mi·vo·gal *s.f. Gram.* Cada uma das vogais *i* e *u* quando, juntas a outra vogal, com esta formam uma sílaba: quais, troféu.

sem-nú·me·ro *s.m. e 2núm.* 1. Número indeterminado. 2. Grande número.

sê·mo·la *s.f.* Fécula da farinha de trigo ou outros cereais; semolina.

se·mo·li·na *s.f.* Sêmola.

se·mo·ven·te *adj.2gên. e s.2gên.* Que ou o que se move por si próprio.

sem-par *adj.2gên.2núm.* Que não tem comparação, é único; sem igual; ímpar (2).

sem·pi·ter·no (é) *adj.* Que não teve princípio nem há de ter fim; que dura sempre; eterno.

sem·pre *adv.* 1. Em todo o tempo; incessantemente. 2. A todo momento. 3. Afinal; realmente; na verdade.

sem·pre-vi·va *s.f. Bot.* 1. Planta ornamental. 2. A flor dessa planta. *Pl.:* sempre-vivas.

sem-ra·zão *s.f.* 1. Ação ou conceito sem fundamento. 2. Erro; agravo; injustiça. *Pl.:* sem-razões.

sem-ver·go·nha *adj.2gên. e 2núm.* 1. Diz-se da pessoa sem pudor, sem brio. 2. Diz-se da planta que pega facilmente. *s.2gên. e 2núm.* 3. Indivíduo sem-vergonha.

sem-ver·go·nhi·ce *s.f.* 1. Qualidade, ato ou dito de sem-vergonha. 2. Descaramento. *Pl.:* sem-vergonhices.

se·na (ê) *s.f.* 1. Carta ou dado com seis pintas. 2. Variedade de loteria de várias dezenas, seis das quais são sorteadas de cada vez, ganhando o jogador que acertar seis, cinco ou quatro delas. *V.* **cena**.

se·na·do *s.m.* 1. Câmara alta nos países em que há duas assembleias legislativas. 2. Lugar ou edifício onde se reúnem os senadores. 3. O conjunto dos senadores.

se·na·dor *s.m.* Membro do senado. *Fem.:* senadora.

se·não[1] *conj.coord.advers.* Mas; porém; todavia: não quis frieza senão carinho.

se·não[2] *conj. coord.adit.* Mas também: não quis apenas carinho senão amizade e compreensão.

se·não[3] *conj.coord.altern.* Ou: faça senão ficará em casa.

senão

se·não⁴ *prep.* Exceto: todos senão eu foram ao evento.

se·não⁵ *s.m.* Falha: não vi nenhum senão neste texto.

se·na·to·ri·a *s.f.* Dignidade ou mandato de senador.

sen·ci·en·te *adj.2gên.* Que sente; que tem sensações.

sen·da *s.f.* 1. Caminho estreito; atalho; vereda. 2. *fig.* Caminho moral. 3. Rotina; praxe.

sen·dei·ro *s.m.* 1. Caminho. *adj.* e *s.m.* 2. Diz-se de ou cavalo velho e ruim. 3. Concernente a ou indivíduo desprezível.

se·nec·tu·de *s.f.* Senilidade; decrepitude.

se·ne·ga·lês *adj.* 1. Do Senegal (África). *s.m.* 2. O natural ou habitante do Senegal.

se·nha (ê) *s.f.* 1. Sinal, gesto, palavra ou frase combinados entre duas ou mais pessoas. 2. Papel ou bilhete que autoriza a admissão ou readmissão num espetáculo, numa assembleia, etc. 3. *Inform.* Conjunto de caracteres, numéricos ou alfanuméricos, usado para dar acesso a informações sigilosas somente a pessoas autorizadas (correspondente em inglês: *password*).

se·nhor *s.m.* 1. Dono. 2. Título que se dá a certos homens, pela sua idade, posição ou dignidade. 3. Tratamento cerimonioso que se dá a qualquer homem. 4. Amo. 5. Cristo (inicial maiúscula). 6. Deus. *adj.* 7. Senhoril.

se·nho·ra *s.f.* 1. Mulher que tem autoridade sobre certas pessoas ou coisas. 2. Dona da casa. 3. Feminino de *senhor*. 4. Esposa.

se·nho·re·ar *v.t.d.* e *v.p.* Assenhorear (-se).

sensaboria

se·nho·ri·a *s.f.* 1. Qualidade de senhor ou senhora. 2. Proprietária de imóvel (casa, etc.) que se tomou de aluguel. 3. Tratamento cerimonioso que corresponde a senhor e se usa especialmente em linguagem comercial.

se·nho·ril *adj.2gên.* 1. Que é próprio de senhor ou senhora. 2. *por ext.* Distinto; elegante.

se·nho·ri·nha (ó) *s.f.* Moça solteira; senhorita.

se·nho·ri·o *s.m.* 1. Direito de senhor. 2. Autoridade; mando. 3. Propriedade. 4. Proprietário, em relação aos inquilinos ou arrendatários.

se·nho·ri·ta *s.f.* 1. Pequena senhora. 2. Mulher de pequena estatura. 3. Moça solteira; senhorinha.

se·nil *adj.2gên.* 1. Concernente a velhice. 2. Velho; decrépito. 3. Próprio da velhice.

se·ni·li·da·de *s.f.* 1. Qualidade, estado de senil. 2. Enfraquecimento intelectual devido à velhice.

sê·ni:or *adj.2gên.* 1. Diz-se do mais velho (de dois). *s.m.* 2. Atleta que já conquistou primeiro prêmio (opõe-se a júnior).

se·no (ê) *s.m. Mat.* Função de um ângulo orientado definida pelo quociente entre a ordenada da extremidade do arco de circunferência subtendido pelo ângulo e o raio da circunferência.

sen·sa·bor *adj.2gên.* 1. Desprovido de sabor; insípido. 2. Desengraçado; monótono. *s.2gên.* 3. Pessoa sensabor.

sen·sa·bo·ri·a *s.f.* 1. Qualidade do que é sensabor. 2. *fam.* Ato ou acontecimento desagradável. 3. Conversa enfadonha, sem graça.

sen·sa·ção *s.f.* 1. Ato de perceber uma impressão transmitida por um nervo dos órgãos dos sentidos a outra parte. 2. Surpresa ou grande impressão devida a acontecimento extraordinário. 3. *fig.* Comoção moral. 4. Sensibilidade.

sen·sa·ci·o·nal *adj.2gên.* 1. Que produz grande sensação. 2. Concernente a sensação.

sen·sa·ci·o·na·lis·mo *s.m.* Exploração de notícias e fatos sensacionais com o fim de emocionar ou escandalizar.

sen·sa·ci·o·na·lis·ta *adj.2gên.* 1. Em que há sensacionalismo. *s.2gên.* 2. Pessoa ou veículo de comunicação que explora o sensacionalismo.

sen·sa·tez *s.f.* 1. Qualidade de sensato. 2. Prudência; discrição.

sen·sa·to *adj.* Que tem senso; prudente.

sen·si·bi·li·da·de *s.f.* 1. Qualidade de sensível. 2. Faculdade de sentir. 3. Suscetibilidade. 4. Precisão de certos instrumentos.

sen·si·bi·li·zar *v.t.d.* 1. Tornar sensível. 2. Causar abalo a; comover. *v.p.* 3. Comover-se.

sen·si·ti·va *s.f.* 1. *Bot.* Planta cujas folhas se retraem quando se lhes toca. *sobrecomum* 2. *fig.* Pessoa que se melindra facilmente.

sen·si·ti·vo *adj.* 1. Que se refere aos sentidos; que produz sensações. 2. Que tem a faculdade de sentir.

sen·sí·vel *adj.2gên.* 1. Que sente. 2. Que se impressiona com facilidade. 3. Perceptível. 4. Visível; manifesto. 5. De alguma importância. 6. Compassivo; doloroso. 7. Que indica a menor diferença ou alteração (aparelho, instrumento).

sen·so *s.m.* 1. Juízo claro. 2. Ato de raciocinar. 3. Sisudez; siso; circunspecção. 4. Sentido; direção. *V.* **censo**.

sen·so·ri·al *adj.2gên.* 1. Concernente a cérebro, ou parte do cérebro chamada sensório. 2. Concernente a sensação.

sen·só·ri·o *adj.* 1. Concernente a sensibilidade. *s.m.* 2. *Anat.* Região do cérebro apropriada para a transmissão das sensações.

sen·su·al *adj.2gên.* 1. Relativo aos sentidos. 2. Lascivo; lúbrico. *s.2gên.* 3. Pessoa sensual.

sen·su·a·li·da·de *s.f.* 1. Qualidade de sensual. 2. Volúpia; amor aos prazeres materiais.

sen·su·a·lis·mo *s.m.* 1. Doutrina dos que atribuem aos sentidos a origem de todas as ideias. 2. Sensualidade.

sen·su·a·lis·ta *adj.2gên.* 1. Concernente a sensualismo. *s.2gên.* 2. Pessoa partidária do sensualismo.

sen·tar *v.t.d.* 1. Assentar. 2. Frear de súbito (o cavalo) quando ele vai a galope. *v.p.* 3. Tomar assento; fixar-se.

sen·ten·ça *s.f.* 1. Locução que encerra ensinamento moral. 2. Máxima; axioma; provérbio. 3. Julgamento pronunciado por juiz, tribunal ou árbitros. 4. Decisão; despacho; resolução inabalável.

sen·ten·ci·a·do *adj.* e *s.m.* Que ou o que foi condenado por sentença.

sen·ten·ci·ar *v.t.d.* 1. Julgar, decidir, condenar por meio de sentença. *v.i.* e *v.t.i* 2. Proferir sentença. 3. Opinar; dar voto.

sen·ten·ci·o·so (ô) *adj.* 1. Que tem força de sentença. 2. Em que há sentença. 3. De gravidade afetada. 4. Judicioso; conceituoso. *Pl.:* sentenciosos (ó).

sen·ti·do *adj.* 1. Sensível. 2. Que revela pesar; triste. 3. Magoado; ofendido. *s.m.* 4. Cada uma das faculdades graças às quais os animais recebem a impressão dos objetos exteriores por meio dos órgãos respectivos. 5. Juízo; bom senso. 6. Ponto de vista. 7. Direção; caminho. 8. Atenção; cuidado. 9. Acepção de palavra ou expressão. *interj.* 10. Exprime advertência, recomendação ou cautela. 11. *Mil.* Voz de comando com que se chama a atenção da tropa.

sen·ti·dos *s.m.pl.* Faculdades intelectuais; raciocínio.

sen·ti·men·tal *adj.2gên.* 1. Concernente a sentimento, a sensibilidade. 2. Impressionável. 3. Afetuoso; de natureza romanesca.

sen·ti·men·ta·lis·mo *s.m.* 1. Sentimentalidade. 2. Afetação de quem procura mostrar-se muito sentimental ou muito sensível; pieguice.

sen·ti·men·ta·lis·ta *adj.2gên.* 1. Concernente a sentimentalismo. *s.2gên.* 2. Pessoa que se dá ao sentimentalismo.

sen·ti·men·to *s.m.* 1. Ato ou efeito de sentir. 2. Aptidão para sentir; sensibilidade. 3. Percepção. 4. Pesar; desgosto. 5. Pressentimento.

sen·ti·men·tos *s.m.pl.* 1. Consciência íntima. 2. Qualidades morais. 3. Pêsames; condolências.

sen·ti·na *s.f.* 1. Lugar onde se ajuntam imundícies. 2. Latrina. 3. *fig.* Lugar imundo.

sen·ti·ne·la (é) *s.f.* 1. Soldado que está de vigia. 2. Guarda; vigia; atalaia; indivíduo que vela sobre qualquer coisa. 3. Ato de guardar ou vigiar.

sen·tir *v.t.d.* 1. Perceber por meio dos sentidos. 2. Experimentar (sensação física ou moral). 3. Ser sensível a. 4. Pressentir. 5. Compreender. 6. Lastimar. 7. Julgar; considerar. *v.i.* 8. Receber impressões por meio dos sentidos. 9. Sofrer; ter pesar. *v.p.* 10. Ter consciência do próprio estado. 11. Saber o que se passa no seu interior. 12. Magoar-se. 13. Imaginar-se; julgar-se. *s.m.* 14. Modo de ver; opinião; sentimento.★

sen·za·la *s.f.* 1. *ant.* Grupo de habitações destinadas aos escravos. 2. *fig.* Barulho. 3. Lugar onde há barulho.

sé·pa·la *s.f. Bot.* Cada um dos folíolos dos cálices das flores.

se·pa·ra·ção *s.f.* 1. Ação ou efeito de separar(-se). 2. O que separa ou veda. 3. Divisão. 4. Afastamento.

se·pa·ra·do *adj.* Desligado; posto de lado. *loc.adv.* **Em separado**: à parte.

se·pa·rar *v.t.d.* 1. Desligar; desunir. 2. Afastar. 3. Pôr de lado. 4. Estabelecer discórdia entre. 5. Permitir ou decretar a quebra da vida conjugal entre. 6. Considerar à parte. *v.p.* 7. Desunir-se; desagregar-se. 8. Divorciar-se. 9. Distanciar-se.

se·pa·ra·ta *s.f.* Republicação, em volume ou pequena obra, de artigo ou qualquer outro trabalho publicado num jornal ou revista.

se·pa·ra·tis·mo *s.m.* Tendência de parte de um território a separar-se do Estado a que pertence para constituir-se em Estado independente.

se·pa·ra·tis·ta *adj.2gên.* 1. Relativo ao separatismo. *s.2gên.* 2. Pessoa partidária do separatismo.

sé·pi:a *s.f.* 1. *Zool.* Siba. 2. Substância escura extraída das sibas largamente usada em pintura. 3. A cor dessa tinta. 4. Desenho feito com essa tinta. *adj.2gên.* e *2núm.* 5. Que tem cor sépia.

sep·ti·ce·mi·a *s.f. Med.* Introdução de bactérias patogênicas no sangue oriundas de um ou vários focos infecciosos.

sép·ti·co *adj.* 1. Que causa putrefação ou infecção. 2. Que contém germes patogênicos. *V.* **céptico**.

sep·to (é) *s.m. Anat.* Cartilagem que divide cavidades, tecidos ou órgãos.

se·pul·cral *adj.2gên.* 1. Que se refere a sepulcro. 2. Sombrio. 3. Excessivamente pálido.

se·pul·cro *s.m.* Lugar onde se enterram cadáveres; sepultura.

se·pul·ta·do *adj.* Que se sepultou; sepulto.

se·pul·tar *v.t.d.* 1. Enterrar; colocar na sepultura; inumar. 2. Esconder; guardar. 3. Soterrar; mergulhar. *Part.:* sepultado e sepulto.

se·pul·to *adj.* Sepultado.

se·pul·tu·ra *s.f.* 1. Ato de sepultar. 2. Cova em que se enterram cadáveres; sepulcro. 3. *fig.* Morte.

se·pul·tu·rei·ro *s.m.* Coveiro.

se·quaz *adj.2gên.* 1. Que segue ou acompanha assiduamente. *s.2gên.* 2. Pessoa que segue ou acompanha assiduamente. 3. Prosélito; partidário.

se·quên·ci·a (qüen) *s.f.* 1. Seguimento; continuação. 2. Série. 3. Parte de um escrito começando em outro livro ou lugar. 4. Ato ou efeito de seguir.

se·quen·te (qüen) *adj.2gên.* Seguinte.

se·quer (é) *adv.* Ao menos; pelo menos.

se·ques·tra·dor (qües) *adj.* e *s.m.* Que ou o que sequestra.

se·ques·trar (qües) *v.t.d.* 1. Fazer sequestro de. 2. Encarcerar ilegalmente. 3. Tomar violentamente; esbulhar.

se·ques·tro (qües, é) *s.m.* 1. Depósito de alguma coisa em poder de terceira pessoa, por convenção de interessados ou ordem judicial. 2. Pessoa a quem se confia esse depósito. 3. A coisa depositada. 4. Clausura, retenção ilegal de alguém.

se·qui·dão *s.f.* Secura.

se·qui·lho *s.m.* Biscoito seco e farinhento.

se·qui·o·so (ô) *adj.* 1. Que tem sede. 2. Que tem grande desejo de beber. 3. *fig.* Cobiçoso; ávido. *Pl.:* sequiosos (ó).

sé·qui·to *s.m.* Acompanhamento; cortejo; seguimento.

se·quoi·a (ói) *s.f. Bot.* Gênero de pinheiros da Califórnia (EUA) que atingem até 13 m de diâmetro e 100 m de altura.

ser¹ *v.l.* Liga o predicativo ao sujeito: Deus é bom.

ser² *v.l.* Indica tempo ou parcela de tempo: são seis horas; ainda é cedo.

ser³ *v.l.* Forma, com o *part.* de outros verbos, a voz passiva: a carta foi lida.

ser⁴ *v.l.* Seguido de **que**, compõe locuções enfáticas: eu é que não irei.

ser⁵ *v.l.* 1. Estar, ficar, tornar-se. 2. Pertencer a; provir; proceder; ser próprio de. 3. Tomar parte.

ser⁶ *s.m.* 1. Aquilo ou aquele que é; ente. 2. Existência; realidade. 3. Consciência de si mesmo.

se·rá·fi·co *adj.* 1. Concernente a serafins. 2. Beatífico. 3. Que tem modos de devoto.

se·ra·fim *s.m.* Anjo da primeira hierarquia.

se·rão *s.m.* 1. Trabalho feito à noite. 2. Recreio ou passatempo, nas primeiras horas da noite, dentro de casa e entre pessoas de família.

se·rei·a *s.f.* 1. *Mit.* Ser fabuloso, metade mulher, metade peixe, que pela doçura do seu canto atraía os navegantes para o fundo do mar. 2. Aparelho que produz sons mais ou menos estridentes, para fazer sinais de alarma; sirena.

se·re·le·pe (ê, é) *adj.2gên.* e *s.2gên.* 1. Diz-se de ou pessoa esperta, viva. *s.m. epiceno* 2. *Zool.* Caxinguelê.

se·re·nar *v.t.d.* 1. Tornar sereno. 2. Pacificar; acalmar. *v.i.* 3. Chuviscar. *v.i.* e *v.p.* 4. Tornar-se sereno; tranquilizar-se.

se·re·na·ta *s.f.* 1. Pequeno concerto musical, de noite e ao ar livre; seresta. 2. Composição musical melodiosa e simples.

se·re·ni·da·de *s.f.* 1. Qualidade, estado do que é ou está sereno. 2. Tranquilidade; paz.

se·re·no (ê) *adj.* 1. Calmo; tranquilo. 2. Que mostra serenidade de espírito. 3. Limpo de nuvens. *s.m.* 4. Vapor atmosférico que se forma durante a noite; relento.

se·res (ê) *s.m.pl.* Tudo o que existe; todas as criaturas.

se·res·ta *s.f.* Serenata.

se·res·tei·ro *s.m.* Aquele que faz serestas ou nelas toma parte; serenatista.

ser·gi·pa·no *adj.* 1. Do estado de Sergipe. *s.m.* 2. O natural ou habitante desse estado.

se·ri·a·ção *s.f.* Ação de colocar ou dispor certas coisas em série; classificação.

se·ri:a·do *adj.* 1. Que está disposto em série. 2. Que é feito em séries. *s.m.* 3. Filme que é exibido em partes ou capítulos, em intervalos de tempo regulares.

se·ri·al *adj.2gên.* 1. Concernente a série. 2. Que se dispôs em série. *V. cereal.*

se·ri·ar *v.t.d.* 1. Dispor em séries. 2. Fazer a classificação de.

se·ri·ci·cul·tu·ra *s.f.* 1. Criação do bicho-da-seda. 2. Arte de preparar e fabricar seda.

se·ri·dó *s.m.* 1. Zona nordestina de transição entre o campo e a caatinga, onde se fazem grandes culturas de algodão. 2. O algodão produzido nessa região.

sé·ri:e *s.f.* 1. Sucessão de coisas da mesma natureza e classificadas de acordo com a mesma lei. 2. Seguimento. 3. Sequência ininterrupta.

se·ri·e·da·de *s.f.* 1. Qualidade do que é sério. 2. Gravidade. 3. Inteireza de caráter.

se·ri·e·ma (ê) *s.f. epiceno Zool.* Ave, espécie de ema.

se·ri·gra·fi·a *s.f.* 1. Técnica usada em artes gráficas para imprimir desenhos, imagens, etc. por meio de um caixilho com tela de seda ou náilon, sobre a qual se aplica a tinta por meio de um rodo ou rolo. 2. Estampa obtida por meio desse processo.

se·ri·gue·la (güe, é) *s.f. Bot.* 1. Árvore originária da América Central, encontrada em diversas regiões da América do Sul, muito comum no Brasil, dá frutos muito apreciados, de polpa amarela, doce e suculenta. 2. Esse fruto, utilizado para fazer sucos e doces e na produção de licor e vinho. 3. Imbuzeiro. *Var.:* ceriguela, ciriguela.

se·rin·ga *s.f.* Instrumento com que se injetam líquidos nos tecidos ou nas cavidades orgânicas.

se·rin·gal *s.m.* 1. Mata de seringueiras. 2. Pequena propriedade ou fazenda situada à margem de rio.

se·rin·guei·ra *s.f. Bot.* Nome comum da planta que produz borracha.

se·rin·guei·ro *s.m.* Aquele que extrai o látex da seringueira e o prepara para que se torne borracha.

sé·ri:o *adj.* 1. Grave; circunspecto; sisudo. 2. Sensato. 3. Metódico; cumpridor.

ser·mão *s.m.* 1. Discurso pregado no púlpito, sobre assunto religioso. 2. *fig.* Censura; repreensão.

ser·mo·ná·ri:o *s.m.* Coleção de sermões.

se·rô·di:o *adj.* 1. Que vem tarde; tardio. 2. Diz-se do fruto que aparece no fim da estação própria.

se·ro·si·da·de *s.f. Med.* 1. Qualidade de seroso. 2. Líquido contido nas cavidades serosas.

se·ro·so (ô) *adj.* 1. Concernente a soro. 2. Que tem soro; aquoso. 3. Diz-se da membrana que segrega serosidade. *Pl.:* serosos (ó).

ser·pe·ar *v.i.* 1. Andar arrastando-se pelo chão. 2. Ondular. 3. Ser tortuoso.

ser·pen·tá·ri:o *s.m.* 1. *epiceno Zool.* Ave de rapina que se nutre especialmente de serpentes. 2. Lugar onde se criam cobras para estudos.

ser·pen·te *s.f. epiceno* 1. *Zool.* Nome comum aos ofídios. *sobrecomum* 2. Pessoa má, traiçoeira.

ser·pen·te·ar *v.i.* 1. Serpear. *v.t.d.* 2. Enrolar.

ser·pen·ti·na *s.f.* 1. Castiçal de dois ou mais braços tortuosos. 2. Tubo espiral do alambique, onde é condensado o produto da destilação. 3. Tira estreita de papel colorido, enrolada, que se desenrola quando arremessada e se usa nos festejos carnavalescos.

ser·pen·ti·no *adj.* 1. Relativo a serpente. 2. Que tem forma semelhante à de uma serpente.

ser·ra (é) *s.f.* 1. Instrumento cortante que tem por peça principal uma lâmina de aço dentado. *Geog.* 2. Montanha, cujo cume apresenta muitos acidentes. 3. Montanha.

ser·ra·gem *s.f.* Partículas que se desprendem da madeira quando é serrada.

ser·ra·lha·ri:a *s.f.* 1. Arte ou técnica de executar trabalhos ou consertos em peças e objetos de ferro. 2. Oficina em que é feita essa atividade.

ser·ra·lhei·ro *s.m.* Aquele que trabalha em obras de ferro.

ser·ra·lho *s.m.* 1. Harém. 2. Mulheres que habitam o harém. 3. *fig.* Lupanar; prostíbulo.

ser·ra·na *s.f.* 1. Mulher que vive nas serras. 2. Mulher rústica.

ser·ra·ni·a *s.f.* 1. Aglomeração de serras; cordilheira. 2. *fig.* Ondas encapeladas.

ser·ra·no *adj.* 1. Concernente a serras. *s.m.* 2. Habitante das serras; montanhês; camponês; serrão.

ser·rar *v.t.d.* 1. Cortar com serra ou serrote. *v.i.* 2. Trabalhar com serra ou serrote. *V.* **cerrar**.

ser·ra·ri:a *s.f.* Lugar, estabelecimento onde se serram, desbastam, aparam madeiras.

ser·ri·lha *s.f.* 1. Lavor, ornamento em forma de dentes de serra. 2. Bordo dentado.

ser·ri·lha·do *adj.* Que tem serrilha.

ser·ri·lhar *v.t.d.* Fazer serrilha em.

ser·ro (ê) *s.m.* Espinhaço. *V.* **cerro**.

ser·ro·te (ó) *s.m.* Lâmina dentada, como a da serra, provida de um cabo por onde se segura.

ser·tã *s.f.* Frigideira larga de pouco fundo.

ser·ta·ne·jo (ê) *adj.* 1. Que se refere ou pertence ao sertão. 2. Que vive no sertão.

ser·ta·nis·ta *s.2gên.* 1. *ant.* Pessoa que penetrava nos sertões em busca de riquezas; bandeirante. 2. *por ext.* Pessoa que conhece bem ou frequenta o sertão.

ser·tão *s.m.* 1. Lugar inculto, distante de povoações ou de terrenos cultivados. 2. Floresta no interior de um continente ou longe da costa.

ser·ven·te *adj.2gên.* 1. Que serve. *s.2gên.* 2. Criado ou criada. 3. Operário que serve como ajudante de outro, geralmente oficial. 4. Servidor público encarregado dos serviços mais humildes da repartição.

ser·ven·ti·a *s.f.* 1. Utilidade; préstimo; aplicação. 2. Passagem; servidão.

ser·ven·tu·á·ri·o *s.m.* 1. O que serve num ofício. 2. Aquele que serve em ofício ou emprego em lugar de outrem. 3. Funcionário auxiliar da justiça (tabelião, escrivão e outros).

ser·vi·çal *adj.2gên.* 1. Diligente. 2. Amigo de prestar serviços. 3. Concernente a criados ou servos. *s.2gên.* 4. Criado ou criada.

ser·vi·ço *s.m.* 1. Ato de servir. 2. Exercício de funções obrigatórias. 3. Duração desse exercício. 4. Desempenho de qualquer trabalho; emprego. 5. Préstimo; serventia. 6. Obséquio. 7. O conjunto das peças necessárias para um jantar, um chá, etc.; baixela. 8. Celebração de atos religiosos. 9. Feitiçaria por encomenda. 10. Percentagem em conta de hotel, restaurante, etc. destinada à gratificação do pessoal que serve.

ser·vi·dão *s.f.* 1. Condição de servo. 2. Escravidão; dependência. 3. Passagem, para uso do público, por terreno que é propriedade particular.

ser·vi·do *adj.* 1. Gasto; usado. 2. Provido.

ser·vi·dor *adj.* 1. Que serve; servente. 2. Obsequiador. *s.m.* 3. O que serve; doméstico; criado. 4. Funcionário público. 5. *Inform.* Computador que provê uma rede, compartilhando dados e recursos com todos os outros computadores e equipamentos integrantes dessa rede.

ser·vil *adj.2gên.* 1. Que se refere ou pertence a servo. 2. Vil; torpe. 3. Bajulador. 4. Que segue um modelo, um original.

ser·vi·lis·mo *s.m.* 1. Qualidade de servil. 2. Qualidade de bajulador. 3. Subserviência.

ser·vir *v.i.* 1. Exercer as funções de servo. *v.t.i.* 2. Ser útil; prestar serviços. 3. Prestar serviço militar. 4. Convir. 5. Exercer. *v.t.d.* 6. Estar a serviço de (alguém). 7. Ser útil a. 8. Pôr na mesa (refeição, tempero, bebidas). 9. Exercer (emprego, cargo). 10. Ministrar; oferecer; dar. 11. Encher. *v.p.* 12. Aproveitar-se. 13. Dignar-se. 14. Tomar para si (comida ou bebida) à mesa. ★

ser·vo (é) *s.m.* 1. Homem sujeito a um senhor ou vinculado a uma terra. 2. Aquele que não exerce direito. 3. Criado; escravo. *V.* **cervo**.

ses·ma·ri·a *s.f. ant.* Terreno inculto ou abandonado que era concedido pelos reis de Portugal a sesmeiros.

ses·mei·ro *s.m.* Aquele que recebia uma sesmaria para cultivar.

ses·qui·cen·te·ná·ri·o *adj.* 1. Que tem 150 anos. *s.m.* 2. Ocorrência ou comemoração do 150º aniversário de uma instituição, do nascimento ou morte de uma pessoa importante, ou de um acontecimento.

ses·qui·pe·dal *adj.2gên.* 1. Que tem pé e meio de comprimento. 2. Muito grande (palavra ou verso).

ses·são *s.f.* 1. Tempo durante o qual está reunida uma corporação deliberativa. 2. Tempo durante o qual funciona um congresso, uma junta, etc. 3. Período de funcionamento do parlamento em cada ano. 4. Cada um dos espetáculos que se repetem várias vezes ao dia, nos teatros ou cinemas. *V. cessão* e *seção*.

ses·sen·ta *num.* 1. Cardinal correspondente a seis dezenas. 2. Diz-se do sexagésimo elemento de uma série.

ses·sen·tão *adj.* e *s.m.* Sexagenário.

sés·sil *adj.2gên. Bot.* Que não tem suporte ou pedúnculo.

ses·ta (é) *s.f.* 1. Hora de descanso, depois do almoço. 2. Sono que se dorme a essa hora. *V. cesta* e *sexta*.

ses·tro (é) *adj.* 1. Esquerdo. 2. *fig.* Sinistro. *s.m.* 3. Sorte; destino. 4. Mania; cacoete.

ses·tro·so (ê, ô) *adj.* Que tem sestro. *Pl.:* sestrosos (ó).

se·ta (é) *s.f.* 1. Haste, flecha que se atira por meio de arco. 2. Sinal indicativo de direção.

se·tar *v.t.d. Inform.* Ajustar; configurar; estabelecer parâmetros ou opções (correspondente em inglês: *set up*).

se·te (é) *num.* 1. Cardinal correspondente a sete unidades. 2. Diz-se do sétimo elemento de uma série. *s.m.* 3. O algarismo que representa o número sete. 4. Carta de jogar com sete pontos.

se·te·cen·tis·mo *s.m.* Estilo, escola, gosto dos escritores setecentistas.

se·te·cen·tis·ta *adj.2gên.* 1. Concernente ao setecentismo (século XVIII). *s.2gên.* 2. Escritor ou escritora do século XVIII, também chamado século de setecentos.

se·te·cen·tos *num.* 1. Cardinal correspondente a sete centenas. 2. Diz-se do setingentésimo elemento de uma série. *s.m.* 3. O século XVIII (do ano 1701 ao 1800).

se·tei·ra *s.f.* 1. *ant.* Abertura nas muralhas, através da qual se disparavam setas. 2. Fresta nas paredes de um prédio, para dar luz ao interior.

se·tem·bri·no *adj.* Concernente a setembro.

se·tem·bro *s.m.* Nono mês do ano civil, com 30 dias.

se·te·me·si·nho *adj.* Diz-se de criança que nasce de sete meses.

se·te·nal *adj.2gên.* Que sucede ou se realiza de sete em sete anos.

se·te·ná·ri·o *adj.* 1. Que vale ou contém sete. *s.m.* 2. Espaço de sete dias ou de sete anos.

se·tê·ni·o *s.m.* Espaço de sete anos.

se·ten·ta *num.* 1. Cardinal equivalente a sete dezenas. 2. Diz-se do setuagésimo elemento de uma série.

se·ten·tri·ão *s.m.* 1. O polo Norte. 2. As regiões do Norte. 3. O vento norte.

se·ten·tri·o·nal *adj.2gên.* 1. Que se refere ou pertence ao setentrião. 2. Que se situa ao norte.

se·ti·lha *s.f. Lit.* Estrofe que tem sete versos.

se·ti·lhão *num.* Cardinal equivalente a mil sextilhões.

sé·ti·mo *num.* 1. Ordinal e fracionário correspondente a sete. *s.m.* 2. O que numa série de sete ocupa o último lugar. 3. A sétima parte.

se·tin·gen·té·si·mo *num.* 1. Ordinal e fracionário correspondente a setecentos. *s.m.* 2. A setingentésima parte.

se·tis·sí·la·bo *adj.* 1. *Gram.* De sete sílabas. *s.m.* 2. *Lit.* Verso ou palavra de sete sílabas.

se·tor *s.m. Geom.* 1. Superfície de um círculo, compreendida entre um arco e os dois raios que tocam nas extremidades desse arco. 2. Ramo de atividade. 3. Subdivisão de uma zona; área; território.

se·tu·a·ge·ná·ri·o *adj.* e *s.m.* Que ou aquele que está na casa dos setenta anos.

se·tu·a·gé·si·mo *num.* 1. Ordinal e fracionário equivalente a setenta. *s.m.* 2. A setuagésima parte.

se·tu·pli·car *v.t.d.* Multiplicar por sete.

sé·tu·plo *num.* 1. Multiplicativo de sete. *s.m.* 2. Quantidade sete vezes maior que outra.

seu *pron.poss.* 3ª *pess.* 1. Dele. 2. Forma de tratamento equivalente a senhor (sr.). *Fem.:* sua. *Pl.:* seus, suas.

seu·vi·zi·nho *s.m. fam.* Dedo anular. *Pl.:* seus-vizinhos.

se·van·di·ja *s.f.* 1. Nome comum aos insetos parasitos e vermes imundos. *s.2gên.* 2. Pessoa servil.

se·ve·ri·da·de *s.f.* 1. Qualidade de severo. 2. Inflexibilidade de caráter.

se·ve·ro (é) *adj.* 1. Grave; austero; sério. 2. Inflexível. 3. Exato; pontual. 4. *fig.* Diz-se do estilo simples e elegante. 5. Bem definido; acentuado.

se·vi·ci·ar *v.t.d.* Praticar sevícias em.

se·ví·ci·as *s.f.pl.* 1. Maus-tratos; tortura física. 2. Atos de crueldade.

se·xa·ge·ná·ri·o (cs) *adj.* e *s.m.* Que ou aquele que está na casa dos sessenta anos de idade.

se·xa·gé·si·mo (cs) *num.* 1. Ordinal e fracionário correspondente a sessenta. *s.m.* 2. A sexagésima parte.

sex·cen·té·si·mo (cs) *num.* 1. Ordinal e fracionário correspondente a seiscentos. *s.m.* 2. A sexcentésima parte.

se·xe·nal (cs) *adj.2gên.* 1. Concernente a sexênio. 2. Que acontece ou se realiza de seis em seis anos.

se·xê·ni·o (cs) *s.m.* Espaço de seis anos.

se·xo (é, cs) *s.m.* 1. Conformação especial que distingue o macho da fêmea, nos animais e nos vegetais. 2. Os órgãos genitais externos. 3. Conjunção carnal.

se·xo·lo·gi·a (cs) *s.f.* Ciência que trata das questões relativas à sexualidade.

se·xó·lo·go (cs) *s.m.* Especialista em sexologia.

sex·ta (ê, s) *s.f.* Forma reduzida de sexta-feira. *V.* **cesta** e **sesta**.

sex·ta-fei·ra (s) *s.f.* O sexto dia da semana começada no domingo.

sex·tan·te (s) *s.m.* Instrumento com que se mede a altura dos astros, espec. do Sol, usado em navegação marítima e aérea.

sex·ta·va·do (s) *adj.* De seis faces; hexagonal.

sex·ta·var (s) *v.t.d.* 1. Cortar em forma hexagonal. 2. Dar seis faces a.

sex·te·to (s, ê) *s.m. Mús.* 1. Composição para seis vozes ou instrumentos. 2. O conjunto dos músicos que executam essa composição.

sex·ti·lha (s) *s.f. Lit.* Estrofe de seis versos.

sex·ti·lhão (s) *num.* Cardinal equivalente a mil quintilhões.

sex·ti·na (s) *s.f. Lit.* Sextilha.

sex·to (ê, s) *num.* 1. Ordinal e fracionário correspondente a seis. *s.m.* 2. O que numa série de seis ocupa o último lugar. 3. A sexta parte. *V.* **cesto**.

sêx·tu·plo (s) *num.* 1. Multiplicativo de seis. *s.m.* 2. Quantidade seis vezes maior que outra.

sêx·tu·plos (s) *s.m.pl.* Seis crianças nascidas do mesmo parto.

se·xu·a·do (cs) *adj.* 1. Que tem sexo ou está relacionado a ele. 2. *Biol.* Diz-se de organismo que possui células sexuais para reproduzir-se.

se·xu·al (cs) *adj.2gén.* 1. Que se refere ou pertence ao sexo. 2. Que tem sexo. 3. Que caracteriza o sexo.

se·xu·a·li·da·de (cs) *s.f.* Qualidade do que é sexual.

se·xu·a·lis·mo (cs) *s.m.* 1. Estado do que tem sexo. 2. Apego às coisas sexuais.

se·zão *s.f. Med.* Febre intermitente ou periódica; maleita.

shift (xift) *Ingl. s.m. Inform.* Tecla que, quando pressionada, modifica a função de outra. P. ex.: para gerar uma letra maiúscula, mantém-se pressionada a tecla *shift* enquanto se pressiona a tecla correspondente à letra desejada.

shopp·ing cen·ter (chópin cênter) *Ingl. s.m.* Centro comercial que reúne diversos tipos de lojas, prestação de serviços, restaurantes, lanchonetes, cinemas, etc.

short (xórt) *Ingl. s.m.* Calção curto.

show (xou) *Ingl. s.m.* Espetáculo de teatro, rádio ou televisão que pode também ser apresentado ao ar livre, constituído por números variados.

si¹ *s.m. Mús.* Sétima nota da escala musical.

si² *pron.pess.* (3ª *pess.*) Pronome que é precedido de preposição e se refere ao sujeito da oração: ele está cheio de si.

si·a·mês *adj.* 1. Do Sião (atual Tailândia). *s.m.* 2. O natural ou habitante do Sião. 3. Língua falada na Tailândia.

si·a·me·ses *adj.* e *s.m.pl.* Xifópagos.

si·ar *v.t.d.* Fechar (as asas) para descer mais rapidamente.

si·ba *s.f. epiceno Zool.* Gênero de moluscos que segregam a substância da qual se faz a tinta chamada sépia.

si·ba·ris·mo *s.m.* 1. Caráter dos sibaritas. 2. Desejo imoderado de luxo e prazeres; sibaritismo.

si·ba·ri·ta *adj.2gên.* e *s.2gên.* Que ou pessoa que vive na voluptuosidade.

si·ba·ri·tis·mo *s.m.* 1. Vida de sibarita. 2. Voluptuosidade excessiva.

si·be·ri·a·no *adj.* 1. Da Sibéria, característico dessa região ou de seus povos. *s.m.* 2. Pessoa que nasceu ou vive nessa região.

si·bi·la *s.f.* Profetisa, entre os antigos.

si·bi·la·ção *s.f.* Ação ou efeito de sibilar; silvo.

si·bi·lan·te *adj.2gên.* Que sibila.

si·bi·lar *v.i.* 1. Assobiar; silvar. 2. Produzir som agudo e prolongado, assoprando.

si·bi·li·no *adj.* 1. Concernente a sibila. 2. *fig.* Difícil de compreender; enigmático.

si·bi·lo *s.m.* Sibilação; silvo.

si·cá·ri·o *adj.* 1. Cruel. *s.m.* 2. Assassino pago; matador; facínora.

si·cô·mo·ro *s.m. Bot.* Espécie de figueira das margens do Mediterrâneo; figueira egípcia.

si·cra·no *s.m.* Designação vulgar da segunda de duas pessoas indeterminadas, dando-se à primeira o nome de fulano.

si·da *s.f. Med.* Síndrome de deficiência imunológica adquirida; aids.

si·de·ral *adj.2gên.* 1. Concernente aos astros. 2. Próprio dos astros; celeste.

si·de·rur·gi·a *s.f.* 1. Arte de trabalhar em ferro e aço. 2. Estabelecimento onde se fazem objetos de ferro e aço.

si·de·rúr·gi·co *adj.* 1. Concernente à siderurgia. *s.m.* 2. Aquele que trabalha em siderurgia.

si·dra *s.f.* Vinho de maçãs. *V.* **cidra**.

si·fão *s.m.* 1. Tubo recurvado que serve para fazer passar líquidos de um vaso para outro, ou para os extrair de um vaso sem o inclinar. 2. Tubo de dupla curvatura, em cujo interior fica uma certa porção de água, e o qual se adapta a pias, esgotos, latrinas, etc. 3. Espécie de garrafa, na qual se introduz água gasosa sob pressão, munida de um aparelho que faz jorrar o líquido.

sí·fi·lis *s.f.2núm. Med.* Doença infecciosa transmitida principalmente por contato sexual.

si·fi·lí·ti·co *adj.* 1. Concernente à sífilis. *s.m.* 2. Doente de sífilis.

si·gi·lar *v.t.d.* 1. Pôr selo em; selar. *adj.2gên.* 2. Relativo a sigilo.

si·gi·lo *s.m.* Segredo.

si·gi·lo·so (ô) *adj.* Que envolve sigilo; secreto; reservado. *Pl.:* sigilosos (ó).

si·gla *s.f.* Caso especial de abreviatura em que se reduzem locuções substantivas próprias às suas letras ou sílabas iniciais: IBGE, ONU, MEC.

sig·ma *s.m.* Décima oitava letra do alfabeto grego.

sig·na·tá·ri·o *adj.* e *s.m.* Que ou o que subscreve ou assina um documento.

sig·ni·fi·ca·ção *s.f.* 1. Ação ou efeito de significar. 2. Aquilo que uma coisa quer dizer. 3. Sentido das palavras. 4. O que significa alguma coisa.

sig·ni·fi·ca·do *s.m.* Significação; sentido; acepção.

sig·ni·fi·can·te *adj.2gên.* Significativo.

sig·ni·fi·car *v.t.d.* 1. Ter o sentido de. 2. Dar sinal de. 3. Exprimir; mostrar; expressar. 4. Notificar; participar.

sig·ni·fi·ca·ti·vo *adj.* 1. Que significa. 2. Que exprime de modo claro. 3. Que contém revelações interessantes; significante.

sig·no *s.m.* 1. Sinal; símbolo. 2. *Astrol.* Cada uma das doze partes em que se divide o zodíaco. 3. Cada uma das constelações correspondentes a esses signos.

sig·no de sa·lo·mão *s.m.* Símbolo do judaísmo constituído por dois triângulos entrelaçados em forma de estrela; estrela de davi. *Pl.:* signos de salomão.

sí·la·ba *s.f. Gram.* Som emitido num só impulso expiratório, centrado numa vogal ou núcleo silábico.

si·la·ba·ção *s.f.* 1. Ação ou efeito de ler ou pronunciar por sílabas. 2. Aprendizado de leitura que começa pela leitura de sílabas.

si·la·ba·da *s.f. Gram.* Erro de pronúncia em que se desloca o acento tônico da palavra: rúbrica em vez de rubrica, gratuíto em vez de gratuito (úi), etc.

si·la·bar *v.t.d.* e *v.i.* Pronunciar ou escrever uma palavra separando as sílabas.

si·lá·bi·co *adj.* 1. Concernente a sílabas. 2. Diz-se da escrita em que cada sílaba é representada por um sinal.

silenciar

si·len·ci·ar *v.i.* e *v.t.i.* 1. Guardar silêncio; calar-se. *v.t.d.* 2. Fazer que se cale; omitir.

si·lên·ci·o *s.m.* 1. Estado de quem se abstém de falar ou de fazer ruído. 2. Interrupção de correspondência. 3. Sossego. 4. Segredo. *interj.* 5. Voz com que se impõe silêncio.

si·len·ci·o·so (ô) *adj.* 1. Que não fala, que não faz ruído, que guarda silêncio. 2. Em que não há ruído. *s.m.* 3. Indivíduo silencioso. 4. *Mec.* Dispositivo, nos motores de explosão, destinado a amortecer o ruído provocado pelas descargas. *Pl.:* silenciosos (ó).

si·len·te *adj.2gên. desus.* Silencioso.

si·lep·se (é) *s.f. Gram.* Figura de sintaxe em que um dos elementos correlacionados de concordância não se acha expresso, mas é mentalmente suprido: Vossa Excelência é generoso (em que se subentende homem generoso).

sí·lex (cs) *s.m. Min.* Variedade de quartzo, pedra muito dura, mistura de sílica cristalizada com sílica hidratada; pederneira.

síl·fi·de *s.f.* 1. *Fem.* de silfo. 2. *fig.* Mulher franzina e graciosa. 3. Imagem vaporosa.

sil·fo *s.m. Mit.* Gênio do ar, na mitologia céltica e germânica da Idade Média.

si·lha *s.f.* 1. Pedra em que assenta o cortiço das abelhas. 2. Colmeal; série de cortiços. *V.* **cilha**.

si·lhu·e·ta (ê) *s.f.* Desenho que representa o perfil de uma pessoa apenas nos contornos que a sua sombra projeta; perfil.

sí·li·ca *s.f. Min.* Substância branca e sólida, dióxido de silício.

silvestre

si·li·ca·to *s.m. Quím.* Sal produzido pela combinação do ácido silícico com uma base.

si·lí·ci·co *adj.* Relativo ou pertencente à sílica ou ao silício.

si·lí·ci·o *s.m. Quím.* Elemento não metálico de símbolo Si e cujo número atômico é 14.

si·li·co·ne (ô) *s.m. Quím.* Composto que contém silício, muito usado na indústria química, na fabricação de cosméticos e lubrificantes, bem como em certas áreas médicas, como dermatologia e cirurgia plástica.

si·lo *s.m.* 1. Tulha subterrânea. 2. Construção impermeável para conservar cereais ou forragens destinados ao alimento dos animais.

si·lo·gis·mo *s.m.* Raciocínio formado de três proposições, a terceira das quais é a consequência das outras duas (premissas): Todos os homens são mortais (premissa maior); João é homem (premissa menor); logo, João é mortal (conclusão).

si·lu·ri·a·no *adj. Geol.* Diz-se do período geológico que ocorreu entre cerca de 440 milhões e 416 milhões de anos atrás, situado entre o Ordoviciano e o Devoniano, caracterizado pela predominância dos invertebrados e pelo surgimento das primeiras plantas terrestres.

sil·va *s.f. Bot.* Nome comum a várias plantas rosáceas.

sil·va·do *s.m.* 1. Moita de silvas. 2. Tapume feito de silvas.

sil·var *v.i.* 1. Sibilar. *v.t.d.* 2. Aspirar, produzindo silvo.

sil·ves·tre (é) *adj.2gên.* 1. Que dá frutos ou flores sem necessidade de cultura. 2. Agreste. 3. Estéril; que não dá frutos.

sil·ví·co·la *adj.2gên.* 1. Diz-se do que nasce ou vive nas selvas. *s.2gên.* 2. Selvagem.

sil·vi·cul·tu·ra *s.f.* 1. Estudo e exploração das matas. 2. Cultura de árvores florestais.

sil·vo *s.m.* 1. Sibilo. 2. Som agudo emitido pelas serpentes. 3. Apito.

sim *adv.* 1. Designa permissão, acordo, afirmação. *s.m.* 2. Ato de consentir, anuir, expresso pela palavra sim.

sim·bi·o·se (ó) *s.f. Biol.* Associação recíproca de dois ou mais organismos diferentes que se beneficiam mutuamente.

sim·bó·li·co *adj.* 1. Concernente a símbolo. 2. Que tem caráter de símbolo; alegórico.

sim·bo·lis·mo *s.m.* 1. Expressão ou interpretação por meio de símbolos. 2. Escola ou processo literário dos fins do século XIX que, reagindo contra o Parnasianismo, procurou dar expressão à secreta afinidade das coisas com a nossa alma, emprestando sentido quase místico às ideias (inicial maiúscula).

sim·bo·lis·ta *adj.2gên.* 1. Concernente ao Simbolismo. *s.2gên.* 2. Pessoa partidária do Simbolismo.

sim·bo·li·zar *v.t.d.* 1. Representar por meio de símbolos. 2. Exprimir por meio de símbolos. 3. Ser o símbolo de. 4. Resumir. *v.i* 5. Falar ou escrever simbolicamente.

sím·bo·lo *s.m.* 1. Emblema, figura, sinal que representa objeto ou alguma coisa. 2. *Psic.* Ideia consciente que encerra outra, inconsciente.

sim·bo·lo·gi·a *s.f.* Estudo dos símbolos.

si·me·tri·a *s.f.* 1. Disposição harmônica de coisas iguais ou semelhantes. 2. Regularidade; proporção.

si·mé·tri·co *adj.* 1. Que tem simetria. 2. Relativo a simetria.

si·mi·es·co (ê) *adj.* Que se refere ou se assemelha ao macaco.

si·mi·lar *adj.2gên.* 1. Da mesma natureza. 2. Semelhante; congênere; análogo. 3. Homogêneo. *s.m.* 4. Objeto similar.

sí·mi·le *adj.2gên.* 1. Semelhante. *s.m.* 2. Qualidade do que é semelhante.

si·mi·li·tu·de *s.f.* Semelhança.

sí·mi:o *s.m. Zool.* Macaco; bugio.

si·mo·ni·a *s.f.* 1. Tráfico criminoso de objetos sagrados. 2. Venda ilícita de coisas santas ou espirituais.

si·mo·ní·a·co *adj.* 1. Concernente a simonia. 2. Em que há simonia. *s.m.* 3. O que cometeu simonia.

sim·pa·ti·a *s.f.* 1. Inclinação instintiva que atrai duas pessoas reciprocamente. 2. Tendência instintiva para uma pessoa ou uma coisa. 3. Amizade. 4. Benzimento para curar enfermidade. *sobrecomum* 5. Pessoa simpática.

sim·pá·ti·co *adj.* 1. Concernente a simpatia. 2. Que inspira simpatia. 3. Amável; gracioso; atraente; agradável.

sim·pa·ti·zan·te *adj.2gên.* e *s.2gên.* Que ou o que simpatiza.

sim·pa·ti·zar *v.t.i.* Ter simpatia.

sim·ples *adj.2gên.* e *2núm.* 1. Que não tem composição. 2. Que não é complicado. 3. Facilmente compreensível. 4. Que vive ou se traja sem luxo. 5. Singelo; humilde. *s.2gên.* e *2núm.* 6. Pessoa simples.

sim·ple·za (ê) *s.f.* Simplicidade.

sim·pli·ci·da·de *s.f.* 1. Qualidade do que é simples. 2. Espontaneidade; naturalidade. 3. Ingenuidade. 4. Modéstia. 5. Pureza.

sim·pli·fi·ca·ção *s.f.* Ação de simplificar.

sim·pli·fi·car *v.t.d.* 1. Tornar simples ou mais simples. 2. Tornar fácil ou claro. 3. Reduzir a termos mais precisos. *v.p.* 4. Tornar-se menos complicado.

sim·plis·mo *s.m.* 1. Emprego de meios simples. 2. Vício de raciocínio que consiste em desprezar elementos necessários à solução.

sim·plis·ta *adj.2gên.* e *s.2gên.* Diz-se de pessoa que tem o vício do simplismo.

sim·pló·ri·o *adj.* Diz-se de indivíduo ingênuo, crédulo, desprovido de malícia.

sim·pó·si·o *s.m.* Reunião onde se tratam assuntos literários, filosóficos, científicos; congresso.

si·mu·la·ção *s.f.* 1. Ação ou efeito de simular. 2. Disfarce; fingimento.

si·mu·la·cro *s.m.* 1. Ato pelo qual se simula ir praticar uma ação que não se tenciona efetuar. 2. Fingimento. 3. Aparência. 4. Efígie. 5. Cópia; reprodução imperfeita; arremedo.

si·mu·la·do *adj.* 1. Fingido. 2. Suposto. 3. Aparente.

si·mu·lar *v.t.d.* 1. Fazer com que pareça real o que não é. 2. Fingir; fazer o simulacro de. 3. Representar com semelhança. 4. Dissimular.

si·mul·ta·nei·da·de *s.f.* 1. Qualidade de simultâneo. 2. Coincidência.

si·mul·tâ·ne·o *adj.* Que se realiza, que acontece ao mesmo tempo que outra coisa.

si·na *s.f.* Destino; sorte; fado.

si·na·go·ga (ó) *s.f.* 1. Assembleia de fiéis, entre os hebreus. 2. Templo judaico.

si·nal *s.m.* 1. Indício; vestígio. 2. Prova. 3. Aceno; ordem; gesto. 4. Aquilo que serve de advertência. 5. Dinheiro que se deixa em poder de outrem, como penhor de um compromisso ou obrigação. 6. Poste de sinais nos cruzamentos das ruas e avenidas; sinaleira; semáforo; farol.

si·nal da cruz *s.m. Liturg.* O gesto católico de benzer(-se). *Pl.:* sinais da cruz.

si·na·lei·ra *s.f.* Semáforo; sinal; farol.

si·na·lei·ro *s.m.* 1. Indivíduo encarregado de dar sinais, a bordo, nas estações de estrada de ferro, etc. 2. Sinaleira.

si·na·li·za·ção *s.f.* Ato ou efeito de sinalizar.

si·na·li·zar *v.i.* 1. Fazer sinais. *v.t.d.* 2. Pôr sinais em.

si·na·pis·mo *s.m. Med.* Cataplasma de mostarda que se usa como revulsivo.

sin·cei·ro *s.m. Bot.* Salgueiro.

sin·ce·ri·da·de *s.f.* 1. Qualidade de sincero; franqueza. 2. Lisura de caráter.

sin·ce·ro (é) *adj.* 1. Que diz com franqueza aquilo que sente; franco. 2. Sem dissimulação. 3. Sem malícia.

sin·ci·pú·ci·o *s.m. Anat.* O alto da cabeça.

sin·co·pa·do *adj.* 1. *Gram.* Diz-se do vocábulo em que ocorreu síncope. 2. *Mús.* Que se caracteriza por síncope.

sín·co·pe *s.f.* 1. *Med.* Perda súbita dos sentidos; desmaio. 2. *Gram.* Supressão de fonema ou fonemas no interior da palavra. 3. *Mús.* Nota omitida num tempo fraco e continuada num tempo forte.

sin·cré·ti·co *adj.* Que se refere ou pertence ao sincretismo.

sin·cre·tis·mo *s.m.* 1. Sistema filosófico ou religioso que busca fundir várias doutrinas; ecletismo. 2. Amálgama de concepções heterogêneas.

sin·cro·ni·a *s.f.* 1. Ação ou resultado de sincronizar. 2. Qualidade de fatos ou fenômenos que ocorrem ao mesmo tempo. 3. *Linguíst.* Estado de uma língua em um determinado momento de sua evolução histórica.

sin·crô·ni·co *adj.* Que se realiza ou se faz ao mesmo tempo.

sin·cro·nis·mo *s.m.* 1. Relação entre fatos sincrônicos. 2. Fato sincrônico.

sin·cro·ni·zar *v.t.d.* 1. Descrever sincronicamente. 2. Combinar (ações, exercícios) para o mesmo tempo. 3. Ajustar com rigorosa precisão (o som ao movimento).

sin·dé·ti·co *adj. Gram.* Diz-se da oração coordenada que se inicia com uma conjunção coordenativa.

sin·di·ca·ção *s.f.* Ato de sindicar.

sin·di·cal *adj.2gên.* Que se refere ou pertence a sindicato.

sin·di·ca·lis·mo *s.m.* 1. Doutrina política que admite a transformação social por meio de organizações trabalhistas profissionais ou sindicatos. 2. O conjunto dos sindicatos.

sin·di·ca·lis·ta *adj.2gên.* 1. Concernente a sindicato ou ao sindicalismo. *s.2gên.* 2. Pessoa partidária do sindicalismo.

sin·di·ca·li·za·ção *s.f.* Ação ou efeito de sindicalizar(-se).

sin·di·ca·li·zar *v.t.d.* e *v.p.* Reunir(-se) em sindicato; tornar(-se) membro de um sindicato.

sin·di·cân·ci·a *s.f.* Inquérito; sindicação.

sin·di·car *v.t.d.* 1. Fazer sindicância em. 2. Inquirir; averiguar. *v.i.* e *v.t.i.* 3. Fazer sindicância; tomar informações.

sin·di·ca·to *s.m.* Agrupamento formado para defesa de interesses econômicos comuns.

sín·di·co *s.m.* 1. Indivíduo eleito para zelar ou defender os interesses de uma associação, de uma classe, de uma propriedade em condomínio. 2. Mandatário assalariado do falido e dos credores, encarregado das operações de falência.

sín·dro·me *s.f. Med.* 1. Conjunto de sintomas que definem ou caracterizam uma doença. 2. Quadro sintomático. *Med. Síndrome de Down*: síndrome provocada por distúrbio genético (presença total ou parcial de terceiro cromossomo 21, em vez de dois), que provoca dificuldades de diferentes graus na capacidade de aprendizado, problemas no desenvolvimento físico, além de aparência facial característica, semelhante à dos mongóis.

si·ne·cu·ra *s.f.* Emprego rendoso que não obriga a trabalho.

si·ne·drim *s.m.* Sinédrio.

si·né·dri·o *s.m.* 1. Supremo conselho, entre os antigos judeus, composto de sacerdotes, anciãos e escribas, o qual julgava questões criminais, crimes políticos, etc. 2. *por ext.* Assembleia.

si·nei·ro *s.m.* 1. Tocador de sinos. 2. Fabricante de sinos.

si·ne·ta (ê) *s.f.* Pequeno sino.

si·ne·te (ê) *s.m.* 1. Utensílio com assinatura ou divisa gravada, para imprimir no papel, no lacre, etc. 2. Chancela; carimbo.

sin·fo·ni·a *s.f. Mús.* 1. Composição musical em forma de sonata (mais especificamente, realização orquestral da sonata). 2. Trecho instrumental que precede uma ópera, um concerto, etc. 3. Intervalo de oitava musical. 4. Reunião de vozes ou conjunto de sons. 5. Harmonia.

sin·fô·ni·co *adj.* 1. Concernente a sinfonia. 2. Em que há sinfonia.

sin·ge·lez *s.f.* Singeleza.

sin·ge·le·za (ê) *s.f.* 1. Qualidade de singelo. 2. Simplicidade; ingenuidade; singelez.

sin·ge·lo (é) *adj.* 1. Simples; sincero. 2. Inocente; ingênuo. 3. Inofensivo.

sin·grar *v.i.* Navegar à vela; velejar.

sin·gu·lar *adj.2gên.* 1. Que se refere ou pertence a um só; único. 2. Extraordinário; distinto; especial. 3. Excêntrico. 4. *Gram.* Diz-se do número que designa uma só pessoa ou coisa. *s.m.* 5. *Gram.* O número singular dos nomes e dos verbos.

sin·gu·la·ri·da·de *s.f.* 1. Qualidade do que é singular. 2. Ato ou dito singular. 3. Excentricidade; extravagância.

si·nhá-mo·ça *s.f. ant.* A filha do senhor. *Pl.:* sinhás-moças.

si·nhô *s.m. ant.* Alteração de senhor (tratamento que os escravos davam ao seu amo); nhô; ioiô. *Fem.:* sinhá.

si·nhô-mo·ço *s.m. ant.* Tratamento dado pelos escravos ao filho do senhor; sinhozinho. *Pl.:* sinhôs-moços.

si·nho·zi·nho *s.m. Dim.* de sinhô (tratamento que os escravos davam ao filho do sinhô). *Fem.:* sinhazinha.

sí·ni·co *adj.* Que se refere ou pertence à China. *V.* **cínico**.

si·nis·tra *s.f.* A mão esquerda.

si·nis·tra·do *adj.* 1. Que sofreu sinistro. *s.m.* 2. Aquele que sofreu sinistro ou desastre.

si·nis·trar *v.i.* Sofrer sinistro.

si·nis·tro *adj.* 1. Esquerdo. 2. Que faz temer desgraças. 3. Que é de mau presságio. 4. Mau; de má índole. *s.m.* 5. Desastre. 6. Grande prejuízo material; ruína.

si·no *s.m.* Instrumento, ordinariamente de bronze, que emite sons quando percutido por badalo interno ou martelo exterior.

sí·no·do *s.m.* 1. Assembleia de párocos e de outros padres, convocada por ordem do seu prelado ou de outro superior. 2. Assembleia de rabinos ou de ministros e pastores protestantes.

si·no·lo·gi·a *s.f.* Estudo das coisas referentes à China e aos seus habitantes.

si·no·ní·mi·a *s.f. Gram.* 1. Qualidade de sinônimo. 2. Emprego de sinônimos.

si·nô·ni·mo *adj.* 1. Diz-se da palavra que tem o mesmo (ou quase o mesmo) sentido que outra. *s.m.* 2. Palavra sinônima.

si·nop·se (ó) *s.f.* 1. Síntese do conjunto de uma ciência. 2. Resumo; sumário.

si·nóp·ti·co *adj.* 1. Que se refere a sinopse. 2. Que tem forma de sinopse; resumido.

si·nó·ti·co *adj.* Sinóptico.

si·nó·vi·a *s.f. Fisiol.* Humor segregado pelas membranas que revestem a superfície das cavidades articulares.

si·no·vi·al *adj.2gên.* Concernente à sinóvia.

sin·tag·ma *s.m.* 1. Tratado de qualquer matéria, dividida em classes, números, etc. 2. Compilação de princípios de qualquer assunto de caráter didático ou doutrinal.

sin·tá·ti·co *adj.* 1. Relativo à sintaxe. 2. Conforme as regras da sintaxe.

sin·ta·xe (cs ou ss) *s.f.* 1. *Gram.* Parte da gramática que trata da função e disposição das palavras na oração e da disposição das orações no discurso, bem como da boa construção gramatical. 2. Livro que trata das regras da sintaxe.

sin·tá·xi·co (cs ou ss) *adj.* Sintático.

sín·te·se *s.f.* 1. Método que parte do simples para o composto, da causa para o efeito, do princípio para as consequências. 2. Resenha literária ou científica. 3. Generalização; resumo.

sin·té·ti·co *adj.* 1. Concernente a síntese. 2. Feito em síntese; resumido. 3. Artificial.

sin·te·ti·za·dor *adj.* 1. Que tem a capacidade de sintetizar; que sintetiza. *s.m.* 2. Instrumento eletrônico dotado de teclado e com capacidade de produzir uma grande variedade de sons.

sin·te·ti·zar *v.t.d.* 1. Tornar sintético. 2. Resumir. 3. Reunir em si.

sin·to·ma (ô) *s.m.* 1. *Med.* Fenômeno das funções ou da constituição material dos órgãos que indica a natureza, existência ou sede de uma enfermidade. 2. *fig.* Presságio; indício. 3. *pop.* Aparência.

sin·to·má·ti·co *adj.* 1. Concernente a sintoma. 2. Que é sintoma. 3. Característico.

sin·to·ma·to·lo·gi·a *s.f. Med.* Estudo dos sintomas apresentados por um paciente.

sin·to·ni·a *s.f.* 1. Continuação do mesmo som; sintonização. 2. Estado de dois sistemas suscetíveis de emitir oscilações elétricas da mesma frequência.

sin·to·ni·za·ção *s.f.* Ação ou efeito de sintonizar; sintonia.

sin·to·ni·zar *v.t.d.* 1. Ajustar (um aparelho receptor), de maneira que possa receber determinadas ondas. *v.i.* 2. Ajustar o aparelho de rádio ao comprimento da onda desejada. *v.t.i.* 3. Harmonizar-se; afinar-se. 4. Pensar, sentir, agir da mesma maneira que outro.

si·nu·ca *s.f.* 1. Jogo de bilhar com oito bolas coloridas de diferentes valores, que o jogador impele em direção a seis caçapas com o auxílio de tacos. 2. A mesa onde se efetua esse jogo. 3. Dificuldade invencível; situação desagradável ou intolerável.

si·nu·o·si·da·de *s.f.* 1. Qualidade, estado de sinuoso; curva. 2. *fig.* Rodeio; circunlóquio.

si·nu·o·so (ô) *adj.* 1. Ondulado ou recurvado em várias direções. 2. Que descreve linha mais ou menos irregular. 3. *fig.* Que não é franco. 4. Que usa de rodeios. *Pl.:* sinuosos (ó).

si·nu·si·te *s.f. Med.* Inflamação das cavidades ósseas ou seios do rosto.

si·o·nis·mo *s.m.* 1. Estudo de coisas referentes a Jerusalém. 2. Sistema ou partido dos que pugnaram pelo estabelecimento do Estado israelita autônomo na Palestina, atual Estado de Israel.

si·o·nis·ta *adj.2gên.* e *s.2gên.* Partidário do sionismo.

si·re *s.m.* Tratamento que se dava aos reis da França, aos senhores feudais, a imperadores e a outras personagens importantes.

si·re·na (ê) *s.f.* Sereia, sirene.

si·re·ne (ê) *s.f.* Instrumento de som estridente utilizado em navios, ambulâncias, fábricas, etc.

sir·ga *s.f. Náut.* Corda com que se puxa a embarcação ao longo da margem.

si·ri *s.m. epiceno Zool.* Nome comum a diversos crustáceos.

si·rí·a·co *adj.* 1. Que se refere ou pertence aos sírios. *s.m. Linguíst.* 2. Língua dos antigos habitantes da Síria. 3. O idioma aramaico.

si·ri·gai·ta *s.f.* 1. Mulher irrequieta e buliçosa. 2. Mulher que saracoteia muito.

sí·ri:o *s.m.* 1. O natural ou habitante da Síria (Ásia). 2. Dialeto árabe falado nesse país. *s.f.* 3. *Astron.* A estrela mais brilhante da constelação do Cão Maior, também chamada Canícula (inicial maiúscula). *V.* **círio**.

si·ro·co (ô) *s.m.* Vento muito quente que sopra no Mediterrâneo.

sir·tes *s.2gên.pl.* 1. Bancos de areia movediços; escolhos. 2. *fig.* Perigos.

si·sa *s.f. Jur.* Imposto de transmissão de bens imóveis, pago pelo comprador.

si·sal *s.m.* 1. *Bot.* Agave. 2. Fibra têxtil extraída do agave. 3. O tecido feito com essa fibra.

sís·mi·co *adj.* Concernente a terremotos.

sis·mo *s.m.* Terremoto.

sis·mó·gra·fo *s.m. Fís.* Instrumento destinado a registrar a hora, a duração e a amplitude dos fenômenos sísmicos.

sis·mo·lo·gi·a *s.f.* Tratado dos tremores de terra.

si·so *s.m.* Juízo; prudência; circunspecção.

sis·te·ma (ê) *s.m.* 1. Conjunto de partes coordenadas entre si. 2. Forma de governo ou constituição política ou social de um Estado. 3. Corpo de doutrina. 4. Plano. 5. Modo de coordenar as noções particulares de uma arte, ciência, etc. 6. Hábito; uso. 7. Método; conjunto de princípios, de leis, de regras que regulam certa ordem de fenômenos. 8. *Inform.* Conjunto de programas e dados destinados a realizar funções específicas. 9. *Biol.* Grupo de órgãos que agem em conjunto para exercer uma determinada função.

sis·te·má·ti·ca *s.f.* 1. Classificação científica de conhecimentos, noções, princípios, seres vivos, etc. 2. Sistematização.

sis·te·má·ti·co *adj.* 1. Que se refere ou é conforme a um sistema. 2. Ordenado; metódico; arranjado. 3. Que observa um sistema.

sis·te·ma·ti·za·ção *s.f.* Ação ou efeito de sistematizar; sistemática.

sis·te·ma·ti·zar *v.t.d.* 1. Reunir num corpo de doutrina. 2. Reduzir a sistema.

sís·to·le *s.f. Anat.* Estado do coração, em que as fibras musculares desse órgão estão contraídas. *V.* **diástole**.

sis·tó·li·co *adj.* Concernente à sístole.

si·su·dez (ê) *s.f.* 1. Qualidade de sisudo. 2. Seriedade.

si·su·do *adj.* 1. Que tem siso. 2. Sério. 3. Prudente. *s.m.* 4. Indivíduo sisudo.

site (çaite) *Ingl. s.m. Inform.* 1. Qualquer servidor da Web, ou, por extensão, o endereço em que ele pode ser acessado. 2. Conjunto de documentos apresentados ou disponibilizados na Web por um indivíduo, instituição, empresa, etc., que possui endereço específico na internet e que pode ser fisicamente acessado por qualquer computador conectado à rede.

si·ti·a·do *adj.* 1. Cercado por forças militares. *s.m.* 2. Aquele que está sitiado.

si·ti·an·te *s.2gên.* Dono ou morador de sítio.

si·ti·ar *v.t.d.* Pôr sítio ou cerco a; assediar; cercar.

sí·ti:o *s.m.* 1. Lugar, espaço ocupado por um objeto. 2. Local; localidade. 3. Lugar assinalado por acontecimento importante. 4. Terreno próprio para construções. 5. Pequena lavoura; fazendola. 6. Ato de sitiar, de pôr sítio a.

si·ti·o·ca (ó) *s.f.* Pequeno sítio.

si·to *adj.* 1. Situado. *Fem.:* sita. *s.m.* 2. Bolor.

si·tu·a·ção *s.f.* 1. Ação de situar(-se). 2. Posição. 3. Disposição recíproca das diversas partes de um todo. 4. Lugar onde está uma coisa ou pessoa. 5. Estado ou condição. 6. O governo relativamente à atualidade ou a uma dada época. 7. Os que estão no poder, considerados em conjunto. 8. Estado de negócios.

si·tu·a·ci·o·nis·mo *s.m.* Partido dos que estão no poder.

si·tu·a·ci·o·nis·ta *adj.2gên.* 1. Relativo ao situacionismo. *s.2gên.* 2. Pessoa integrante do situacionismo.

si·tu·ar *v.t.d.* 1. Colocar ou estabelecer. 2. Edificar em lugar próprio ou escolhido. 3. Pôr. *v.p.* 4. Colocar-se; estar situado.

skate (squêit) *Ingl. s.m.* O mesmo que esqueite.

slide (sláide) *Ingl. s.m.* Pequena foto transparente para projeção fixa; diapositivo.

slo·gan (slôgan) *Ingl. s.m.* 1. Frase publicitária, concisa e clara. 2. Lema ou divisa política.

só *adj.2gên.* 1. Sem companhia. 2. Que não está com outros; sozinho. 3. Único. 4. Desamparado. 5. Solitário; ermo; deserto. *adv.* 6. Somente. *s.m.* 7. Aquele que vive só. *loc.adv.* **A sós**: consigo próprio; sem mais companhia.

so·a·da *s.f.* 1. Ato ou efeito de soar; ruído. 2. Toada de cantiga. 3. Boato. 4. Fama.

so·a·do *adj.* 1. Que soou. 2. Divulgado. *V.* **suado**.

so·a·lha *s.f.* Cada um dos pequenos discos metálicos do pandeiro.

so·a·lha·do *s.m.* Soalho; madeiramento para soalhar.

so·a·lhar *v.t.d.* 1. Expor ao sol. 2. Assoalhar. *v.t.d.* e *v.i.* 3. Agitar, ou agitarem-se as soalhas de (um pandeiro).

so·a·lhei·ra *s.f.* 1. A hora de calor mais intenso (ao sol); canícula. 2. Exposição aos raios solares.

so·a·lhei·ro *s.m.* 1. Lugar exposto ao sol. 2. Terreno na aba das serras, exposto ao nascente. *adj.* 3. Exposto à ação do sol.

so·a·lho *s.m.* 1. Pavimento ou piso de madeira; assoalho. 2. Soalheiro; lugar bem banhado pelo sol.

so·an·te *adj.2gên.* Que soa; sonante.

so·ar *v.i.* 1. Produzir, dar, emitir som. 2. Retumbar; ecoar. 3. Ser anunciado, indicado por um som. 4. Divulgar-se; propagar-se. 5. Ter ressonância. *v.t.i.* 6. Agradar; convir. *v.t.d.* 7. Produzir (som). 8. Indicar por meio de sons ou ruídos. 9. Dar (horas). 10. Celebrar. *V.* **suar**.

sob *prep.* Debaixo de. *V.* **sobre**.

so·ba (ó) *s.m.* Chefe de tribo ou de pequeno estado africano.

so·be·jar *v.i.* e *v.t.i.* 1. Ser demasiado; sobrar. *v.p.* 2. Ter de sobejo; ter com abundância.

so·be·jo (ê) *adj.* 1. Que sobra, sobeja. 2. Demasiado; excessivo. 3. Inumerável; imenso. *s.m.* 4. Sobra; resto.

so·be·ra·ni·a *s.f.* 1. Qualidade do que é soberano; poder supremo. 2. Autoridade de soberano ou príncipe. 3. Autoridade moral. 4. *fig.* Excelência. 5. Primazia.

so·be·ra·no *adj.* 1. Que ocupa o primeiro lugar; que exerce poder supremo. 2. Absoluto; supremo. 3. Altivo; arrogante. *s.m.* 4. Aquele que exerce o poder soberano. 5. O que influi poderosamente. 6. Libra esterlina.

so·ber·ba (ê) *s.f.* Orgulho; arrogância; presunção.

so·ber·bi·a *s.f.* 1. Qualidade de soberbo. 2. Soberba excessiva.

so·ber·bo (ê) *adj.* 1. Que tem soberba. 2. Altivo; orgulhoso. 3. Grandioso; magnífico. *s.m.* 4. Indivíduo soberbo.

sob·por (ô) *v.t.d.* 1. Pôr debaixo ou pôr baixo. 2. Menosprezar.★

so·bra (ó) *s.f.* Ação ou efeito de sobrar; resto; sobejo. *loc.adv.* ***De sobra***: sobejamente; excessivamente.

so·bra·çar *v.t.d.* 1. Pôr debaixo do braço. 2. Segurar com o braço.

so·bra·do *s.m.* 1. Pavimento superior ao pavimento térreo de um edifício. 2. Casa de dois ou mais pavimentos. 3. *ant.* A casa do senhor de engenho.

so·bran·cei·ro *adj.* 1. Que está em lugar superior. 2. De situação elevada. 3. Proeminente; superior. 4. *fig.* Que olha do alto; arrogante; altivo; orgulhoso.

so·bran·ce·lha (ê) *s.f.* Reunião de pelos que se arqueiam na parte superior das órbitas oculares; supercílio; sobrolho.

so·bran·ce·ri·a *s.f.* 1. Qualidade do que é sobranceiro. 2. Altivez; orgulho; arrogância.

so·brar *v.i.* e *v.t.i.* 1. Sobejar. *v.t.i.* 2. Estar superior; estar sobranceiro. 3. Ser mais que suficiente. 4. Exceder; restar.

so·bre (ô) *prep.* 1. Na parte superior de. 2. Em cima de. 3. Para cima de. 4. Pela superfície de. 5. Além de. 6. Conforme. *V.* **sob**.

so·bre·a·vi·so *s.m.* Precaução; prevenção. *loc.adv.* ***De sobreaviso***: de atalaia; alerta.

so·bre·ca·pa *s.f.* Cobertura móvel de papel, impressa, geralmente ilustrada, que protege a capa de um livro encadernado.

so·bre·car·ga *s.f.* 1. Carga demasiada. 2. Aquilo que se junta à carga. 3. Aquilo que perturba o equilíbrio da carga.

so·bre·car·re·gar *v.t.d.* 1. Carregar muito. 2. Aumentar de modo excessivo. 3. Causar vexame a. 4. Aumentar encargos a.

so·bre·car·ta *s.f.* 1. Segunda carta; carta suplementar a outra. 2. Sobrescrito; envelope.

so·bre·ca·sa·ca *s.f.* Vestimenta mais ampla e mais comprida que a casaca, cujas abas rodeiam todo o corpo daquele que a veste.

so·bre·ce·nho (ê) *s.m.* Semblante carrancudo; carranca.

so·bre·céu *s.m.* Cobertura suspensa por cima de pavilhão ou leito; dossel.

so·bre·co·mum *adj.2gên. Gram.* Diz-se do substantivo que tem uma só forma para o masculino e o feminino (os sobrecomuns designam pessoas, cujo gênero só se pode identificar pelo sentido da oração, dado que o artigo não varia: a criança, o algoz, a vítima, etc.).

so·bre·cu *s.m. Zool. pop.* O mesmo que uropígio.

so·bre·di·to *adj.* Dito acima; dito antes; aludido.

so·bre·dou·rar *v.t.d.* 1. Dourar superiormente. 2. *fig.* Colorir com artifício para induzir em erro. 3. Iluminar as partes mais elevadas de (falando do Sol, etc.).

so·bre·er·guer *v.t.d.* Erguer mais que outra coisa.

so·bre-ex·ce·der (ss) *v.t.d.* 1. Exceder muito; ultrapassar. *v.t.i.* 2. Ir muito além; avantajar-se.

so·bre-ex·ci·tar (ss) *v.t.d.* 1. Excitar de modo intenso. 2. Impressionar vivamente o ânimo de. 3. Estimular; induzir. *v.p.* 4. Alvoroçar-se.

so·bre-hu·ma·no *adj.* 1. Superior à natureza do homem ou às forças humanas. 2. *fig.* Sublime. *Pl.*: sobre-humanos.

so·brei·ro *s.m. Bot.* Árvore dos climas temperados, da qual se extrai a cortiça.

so·bre·ja·cen·te *adj.2gên.* 1. Que jaz por cima. 2. *Geol.* Diz-se das rochas vulcânicas, por estarem sobre as graníticas.

so·bre·le·var *v.t.d.* 1. Exceder. 2. Ser mais alto que. 3. Passar por cima de. 4. Suportar; sofrer. *v.t.i.* 5. Sobressair; levar vantagem. *v.p.* 6. Distinguir-se.

so·bre·lo·ja (ó) *s.f.* Pavimento de um prédio entre a loja ou o rés do chão e o primeiro andar.

so·bre·ma·nei·ra *adv.* Muito; excessivamente.

so·bre·me·sa (ê) *s.f.* Doce, fruta, etc. que se come depois da refeição principal.

so·bre·mo·do (ó) *adv.* Sobremaneira.

so·bre·na·dar *v.i.* Nadar à superfície; boiar.

so·bre·na·tu·ral *adj.2gên.* 1. Superior ao que é natural; sobre-humano. 2. Excessivo. *s.m.* 3. Aquilo que é superior à natureza, ou que é muito extraordinário.

so·bre·no·me (ô) *s.m.* Nome que segue o de batismo ou que segue o primeiro nome.

so·bre·pai·rar *v.t.i.* Pairar mais alto.

so·bre·pe·liz *s.f.* Espécie de veste branca que os clérigos vestem por cima da batina.

so·bre·por *v.t.d.* 1. Pôr em cima. 2. Encostar; justapor. 3. Juntar; acrescentar. 4. Dobrar na parte superior. 5. Sobrevir.★

so·bre·po·si·ção *s.f.* Ação ou efeito de sobrepor.

so·bre·pu·ja·men·to *s.m.* Ato ou efeito de sobrepujar.

so·bre·pu·jar *v.t.d.* 1. Exceder em altura. 2. Superar; ultrapassar. 3. Avantajar-se a; dominar; vencer. *v.t.i.* 4. Sobressair; levar vantagem.

so·brer·res·tar *v.i.* e *v.t.i.* 1. Restar depois de outro. 2. Sobreviver.

so·bres·cri·tar *v.t.d.* 1. Fazer o sobrescrito de; escrever o endereço de (uma carta); endereçar. 2. *fig.* Destinar; dirigir.

so·bres·cri·to *s.m.* 1. Envelope. 2. Aquilo que se escreve no envelope (nome e endereço do destinatário). 3. Endereço.

so·bres·pe·rar *v.t.d.* e *v.i.* Esperar muito; esperar por muito tempo.

so·bres·sa·ir *v.i.* 1. Ser ou estar saliente. 2. Atrair a atenção. *v.t.i.* 3. Distinguir-se; tornar-se visível; avultar.

so·bres·sa·len·te *adj.2gên.* 1. Que sobressai; excedente. *s.m.* 2. Aquilo que sobressai. 3. Aquilo que é destinado a suprir faltas. 4. Peça que se tem de reserva para substituir uma sua congênere, quando esta se perde ou se inutiliza.

so·bres·sal·tar *v.t.d.* 1. Saltar sobre. 2. Surpreender; assustar. 3. Preterir; omitir. 4. Transpor; passar além de. *v.p.* 5. Ficar apreensivo; assustar-se.

so·bres·sal·to *s.m.* 1. Perturbação física ou moral. 2. Susto. 3. Pavor; medo. 4. Inquietação súbita. 5. Atrapalhação.

so·bres·tan·te *adj.2gên.* 1. Que sobrestá; sobranceiro; proeminente. *s.m.* 2. Superintendente.

so·bres·tar *v.i.* 1. Parar; não prosseguir. 2. Cessar; abster-se. 3. Estar iminente. *v.t.d.* 4. Parar; sustar.★

so·bre·ta·xa (ch) *s.f.* Quantia suplementar que se acresce aos preços ou tarifas ordinárias.

so·bre·to·a·lha *s.f.* Toalha que se coloca por cima de outra, para a resguardar.

so·bre·tu·do *s.m.* 1. Casaco que se veste sobre a roupa comum, como resguardo contra o frio. *adv.* 2. Principalmente; acima de tudo.

so·bre·vi·da *s.f.* 1. Estado do que sobrevive a outro. 2. Tempo de vida além de determinado limite.

so·bre·vin·do *adj.* 1. Que sobreveio; inesperado. *s.m.* 2. Aquele que chegou inesperadamente.

so·bre·vir *v.i.* 1. Suceder ou chegar inopinadamente. 2. Acontecer depois ou em seguida. *v.t.i.* 3. Acontecer, ocorrer depois de outra coisa.★

so·bre·vi·vên·ci·a *s.f.* Qualidade ou estado de sobrevivente; supervivência.

so·bre·vi·ven·te *adj.2gên.* e *s.2gên.* Que ou pessoa que sobrevive; supervivente.

so·bre·vi·ver *v.i.* 1. Continuar a viver depois de outra pessoa. 2. Continuar a ser, a existir depois de outra coisa. *v.t.i.* 3. Escapar; resistir.

so·bre·vi·vo *adj.* e *s.m.* Sobrevivente.

so·bre·vo·ar *v.t.d.* Voar por cima de.

so·bre·vo·o (ô) *s.m.* 1. Ato de sobrevoar. 2. Voo por cima.

so·bri·e·da·de *s.f.* 1. Qualidade do que é sóbrio. 2. Temperança; frugalidade; moderação.

so·bri·nho *s.m.* Indivíduo em relação aos irmãos de seus pais.

só·bri·o *adj.* 1. Moderado no comer e no beber. 2. Frugal; econômico; parco; comedido. 3. Que não está embriagado.

so·bro·lho (ô, ô) *s.m.* Sobrancelha. *Pl.:* sobrolhos (ó).

so·ca·do *adj.* 1. Pisado; que levou socos. 2. Que se amassou. 3. Metido, posto à força.

so·ca·pa *s.f.* Dissimulação; manha. *loc.adv.* **À socapa**: disfarçadamente; furtivamente.

so·car *v.t.d.* 1. Dar socos em. 2. Contundir. 3. Pisar; amassar muito. 4. Apertar; calmar. 5. Pisar no pilão; moer. *v.p.* 6. Esmurrar-se reciprocamente.

so·ca·va·do *adj.* 1. Escavado. 2. Minado por baixo.

so·ca·var *v.t.d.* 1. Escavar por baixo. *v.i.* 2. Fazer escavação.

so·ci·a·bi·li·da·de *s.f.* 1. Qualidade de sociável. 2. Disposição para viver em sociedade; urbanidade.

so·ci·a·bi·li·zar *v.t.d.* 1. Tornar sociável. 2. Reunir em sociedade.

so·ci·al *adj.2gên.* 1. Que se refere ou pertence à sociedade. 2. Que convém à sociedade; sociável. 3. Que tem caráter de sociedade.

so·ci·a·lis·mo *s.m.* 1. Doutrina que prega a primazia dos interesses da sociedade sobre os dos indivíduos. 2. Sistema político que adota essa doutrina.

so·ci·a·lis·ta *adj.2gên.* 1. Concernente a socialismo. 2. Que é partidário do socialismo. *s.2gên.* 3. Pessoa partidária do socialismo.

so·ci·a·li·za·ção *s.f.* 1. Ação de socializar(-se). 2. Extensão, por leis, de vantagens e benefícios particulares à sociedade inteira.

so·ci·a·li·zar *v.t.* 1. Tornar social. 2. Juntar em sociedade; sociabilizar. *v.p.* 3. Tornar-se social.

so·ci·á·vel *adj.2gên.* 1. Que se pode associar. 2. Próprio para viver em sociedade. 3. Que tende à vida em sociedade. 4. *fig.* Civilizado; urbano.

so·ci·e·da·de *s.f.* 1. Reunião de pessoas que se submetem a leis comuns, têm a mesma origem e os mesmos costumes. 2. Reunião de animais que vivem em estado gregário. 3. Associação; agremiação. 4. Casa, local em que se reúnem os membros de uma agremiação. 5. Frequência habitual de pessoas. 6. Associação que tem por objeto atos de comércio (sociedade comercial) ou que não os tem (sociedade civil).

só·ci:o *s.m.* 1. Membro de uma sociedade. 2. Aquele que se associa com outro ou outros numa empresa de que espera auferir lucros. 3. Parceiro; cúmplice. *adj.* 4. Associado.

so·ci:o·e·co·nô·mi·co *adj.* Relativo aos componentes sociais e econômicos de uma realidade ou questão analisada. *Var.:* socieconômico.

so·ci·o·lo·gi·a *s.f.* Ciência que estuda os fenômenos sociais, o desenvolvimento das sociedades humanas e a realidade social.

so·ci·ó·lo·go *s.m.* Indivíduo que se dedica à sociologia.

so·co (ó) *s.m. Arquit.* 1. Base quadrangular de um pedestal. 2. Base aparente da parede de um edifício. 3. Moldura inferior de um pedestal.

so·co (ô) *s.m.* Pancada com a mão fechada; murro.

so·có *s.m. Zool.* Nome comum a diversas aves semelhantes às garças, que vivem perto de rios, lagoas e lugares alagados, alimentando-se de peixes.

so·ço·brar *v.i.* 1. Naufragar; afundar. 2. Perder-se; arruinar-se. 3. Desanimar. 4. Perturbar-se.

so·ço·bro (ô) *s.m.* 1. Ato ou efeito de soçobrar. 2. Naufrágio; sinistro. 3. Desânimo.

so·cor·rer *v.t.d.* 1. Defender; proteger. 2. Remediar. 3. Buscar auxílio; pedir socorro; valer-se.

so·cor·ro (ô) *s.m.* 1. Ato ou efeito de socorrer. 2. Proteção; amparo; auxílio. *interj.* 3. Termo usado para se pedir auxílio. *Pl.:* socorros (ó).

so·crá·ti·co *adj.* 1. Relativo ao filósofo grego Sócrates (470-399 a.C.) ou à sua filosofia. 2. Diz-se do método de ensino criado por Sócrates, baseado no diálogo lógico entre mestre e discípulo. 3. Diz-se daquele que segue a filosofia ou os métodos de Sócrates. *s.m.* 4. Aquele que segue a filosofia ou os métodos de Sócrates.

so·da[1] (ó) *s.f. Quím.* Hidróxido de sódio (soda cáustica).

so·da[2] (ó) *s.f.* Água açucarada e gaseificada, usada como refrigerante ou como acompanhamento de bebidas alcoólicas.

so·da·lí·ci:o *s.m.* Reunião de pessoas que vivem em comum.

só·di:o *s.m. Quím.* Elemento de símbolo **Na** e cujo número atômico é 11.

so·do·mi·a *s.f.* Pederastia; cópula anal.

so·do·mi·ta *s.2gên.* Pessoa que se entrega à sodomia.

so·er (ê) *v.t.d.* Costumar; ter por hábito.★★

so·er·guer *v.t.d.* 1. Erguer um tanto. *v.p.* 2. Erguer-se a custo. 3. levantar-se um pouco.

so·er·gui·men·to *s.m.* Ato de soerguer(-se).

so·ez (ê) *adj.2gên.* Vil; reles; torpe.

so·fá *s.m.* Móvel, geralmente estofado, com espaldar e braços, no qual se podem sentar duas ou mais pessoas.

so·fis·ma *s.m.* 1. Argumento falso ou capcioso com o qual se procura enganar ou fazer calar o adversário. 2. *Lóg.* Argumento que parte de premissas tidas como verdadeiras e chega a uma conclusão que, embora não convença, se apresenta como resultante das regras de raciocínio, não podendo ser refutado.

so·fis·mar *v.t.d.* 1. Encobrir com sofisma; discutir sofismando. 2. *fig.* Enganar. *v.i.* 3. Usar sofismas.

so·fis·ta *s.2gên.* Pessoa que usa sofismas.

so·fis·ti·ca·ção *s.f.* 1. Ação ou efeito de sofisticar(-se). 2. Artificialidade; afetação. 3. Requinte; refinamento.

so·fis·ti·ca·do *adj.* 1. Falsificado. 2. Artificial; afetado; que não é natural. 3. Requintado; refinado.

so·fis·ti·car *v.t.d.* 1. Sofismar. 2. Falsificar. 3. Tratar de modo sutil. 4. Tornar requintado. *v.i.* 5. Fazer sofismas.

so·fre·a·men·to *s.m.* Ato ou efeito de sofrear.

so·fre·ar *v.t.d.* 1. Sustar ou modificar a andadura de (uma cavalgadura), puxando ou retesando a rédea. 2. *fig.* Reprimir; conter.

so·fre·dor *adj.* e *s.m.* Que ou aquele que sofre.

sô·fre·go *adj.* 1. Que come ou bebe com avidez; ávido. 2. Impaciente. 3. Ambicioso.

so·fre·gui·dão *s.f.* 1. Ato, modos ou qualidade do que é sôfrego. 2. Impaciência. 3. Ambição.

so·frer *v.t.d.* 1. Suportar; tolerar; permitir. 2. Padecer. *v.i.* 3. Sentir dor física ou moral. 4. Ter prejuízos. *v.t.i.* 5. Ter dores; padecer.

so·fri·do *adj.* 1. Paciente; resignado. 2. Que já sofreu muito.

so·fri·men·to *s.m.* 1. Ato ou efeito de sofrer. 2. Padecimento; dor; amargura; pena. 3. Resignação.

so·frí·vel *adj.2gên.* 1. Que se pode sofrer; tolerável. 2. Medíocre, ou pouco acima de medíocre; razoável.

soft·ware (softuér) *Ingl. s.m. Inform.* 1. Em um sistema computacional, o conjunto dos componentes que não fazem parte do equipamento físico propriamente dito e que incluem os programas, aplicativos e dados empregados durante a utilização do sistema. 2. Qualquer programa ou conjunto de programas de computador.

so·gro (ô) *s.m.* Pai do marido em relação à mulher ou pai da mulher em relação ao marido.

so·ja (ó) *s.f. Bot.* Planta leguminosa empregada na alimentação e especialmente na indústria de óleos comestíveis; feijão-soja.

sol¹ *s.m.* 1. *Astron.* Estrela em torno da qual gravitam a Terra e os outros planetas do nosso sistema solar (inicial maiúscula). 2. Qualquer estrela que, como o Sol, é centro de um sistema planetário. 3. Luz e calor do Sol. 4. *fig.* Brilho; esplendor; luz. 5. Alegria.

sol

sol² *s.m.* 1. *Mús*. A quinta nota musical na escala de dó. 2. Sinal representativo dessa nota na pauta.

so·la (ó) *s.f.* 1. Couro curtido e próprio para calçados. 2. A parte do calçado que assenta no chão. 3. *fig.* A planta do pé.

so·la·do *adj.* 1. Diz-se do calçado em que se pôs sola. 2. Diz-se também do bolo mal-assado, borrachento. *s.m.* 3. A sola do calçado.

so·la·pa *s.f.* 1. Escavação encoberta ou dissimulada. 2. Ardil.

so·la·pa·do *adj.* Escavado; recôndito; oculto; dissimulado.

so·la·par *v.t.d.* 1. Abrir lapa em. 2. Minar; arruinar. 3. Ocultar; disfarçar.

so·lar¹ *s.m.* Morada de família nobre antiga.

so·lar² *adj.2gên.* 1. Que se refere ou pertence ao Sol. 2. Em forma de Sol; radiado. 3. Claro; límpido.

so·lar³ *v.t.d.* Pôr solas em (calçado).

so·lar⁴ *v.i.* Executar solo.

so·la·ren·go *adj.* 1. Relativo a solar. *s.m.* 2. Senhor de solar.

so·lá·ri:o *s.m.* Eirado ou varanda para banhos de sol.

so·la·van·co *s.m.* Balanço violento e imprevisto de um veículo; sacudidela.

sol·da (ó) *s.f.* Substância metálica e fusível que se usa para unir peças também metálicas.

sol·da·da *s.f.* Salário; prêmio; galardão.

sol·da·des·ca (ê) *s.f.* 1. Tropas. 2. A classe militar. 3. Bando de soldados indisciplinados.

sol·da·di·nhos *s.m.2núm.* Brincadeira infantil em que são usadas duas filas de castanhas.

soletrar

sol·da·do¹ *adj.* Ligado com solda; colado.

soldado² *s.m.* 1. Indivíduo alistado nas fileiras do exército. 2. Militar sem graduação. 3. Qualquer militar; praça. 4. *fig.* Defensor.

sol·da·dor *adj. e s.m.* Que ou o que solda.

sol·da·du·ra *s.f.* 1. Ação de soldar. 2. Parte por onde se soldou; solda.

sol·dar *v.t.d.* 1. Unir com solda. 2. Unir; ligar. *v.i.* e *v.p.* 3. Unir-se; fechar (a ferida).

sol·do (ô) *s.m.* 1. Remuneração ou vencimento dos militares. 2. Paga; salário.

so·le·cis·mo *s.m. Gram.* Qualquer erro de sintaxe.

so·le·da·de *s.f.* 1. Solidão. 2. Lugar ermo. 3. Tristeza de quem está só ou abandonado.

so·lei·ra *s.f.* 1. Limiar da porta. 2. Soalheira.

so·le·ne (ê) *adj.2gên.* 1. Que se celebra com cerimônias públicas. 2. Pomposo; grave; majestoso. 3. Feito com as formalidades exigidas.

so·le·ni·da·de *s.f.* 1. Qualidade do que é solene. 2. Ato solene. 3. Formalidades que servem para validar certos atos. 4. *fam.* Arrogância.

so·le·ni·zar *v.t.d.* 1. Celebrar pública e solenemente. 2. Tornar solene. 3. Dar aspecto solene a.

so·lér·ci:a *s.f.* 1. Qualidade do que é solerte. 2. Ardil; argúcia.

so·ler·te (é) *adj.2gên. e s.2gên.* Que ou o que é sagaz, habilidoso, velhaco, finório.

so·le·tra·ção *s.f.* Ato de soletrar.

so·le·trar *v.t.d.* 1. Ler, pronunciando separadamente as letras e juntan-

solfejar

do-as em sílabas. 2. Ler letra por letra. 3. Ler mal ou por alto. *v.i.* 4. Separar as letras de cada palavra, juntando-as em sílabas.

sol·fe·jar *v.t.d.* e *v.i. Mús.* Ler ou entoar os nomes das notas de um trecho musical.

sol·fe·jo (ê) *s.m. Mús.* 1. Ato ou efeito de solfejar. 2. Exercício de solfejo.

sol·fe·ri·no *s.m.* e *adj.* Diz-se de ou a cor escarlate, ou entre encarnado e roxo.

so·lhar *v.t.d.* Assoalhar; soalhar.

so·li·ci·ta·ção *s.f.* Ação de solicitar; pedido.

so·li·ci·ta·dor *adj.* 1. Que solicita. *s.m.* 2. O que solicita. 3. *Jur.* Procurador habilitado para requerer em juízo ou promover andamento de negócios forenses.

so·li·ci·tan·te *adj.2gên.* e *s.2gên.* Que ou pessoa que solicita.

so·li·ci·tar *v.t.d.* 1. Pedir com instância. 2. Requerer. 3. Convidar. 4. Induzir; arrastar; impelir. *v.i.* 5. Desempenhar as funções de solicitador.

so·lí·ci·to *adj.* 1. Diligente; zeloso; prestativo. 2. Delicado. 3. Inquieto.

so·li·ci·tu·de *s.f.* 1. Qualidade de solícito. 2. Diligência; atividade. 3. Interesse.

so·li·dão *s.f.* 1. Estado do que está só. 2. Lugar desabitado ou pouco habitado; ermo.

so·li·da·ri·e·da·de *s.f.* Qualidade de solidário.

so·li·dá·ri·o *adj.* 1. Que tem responsabilidade mútua ou interesse comum. 2. Que aderiu à causa, à opinião, ao sentimento de outrem.

so·li·da·ri·zar *v.t.d.* e *v.p.* Tornar(-se) solidário; responsabilizar(-se).

solitária

so·li·déu *s.m.* Barrete com que os padres cobrem o alto da cabeça.

so·li·dez (ê) *s.f.* 1. Qualidade ou estado do que é sólido. 2. Consistência. 3. Durabilidade. 4. Segurança; firmeza. 5. Fundamento.

so·li·di·fi·ca·ção *s.f.* 1. Ação ou efeito de solidificar(-se). 2. Passagem ao estado sólido.

so·li·di·fi·car *v.t.d.* 1. Tornar sólido ou estável. 2. Estabilizar; firmar. 3. Congelar. *v.p.* 4. Tornar-se sólido, firme, estável, seguro. 5. Congelar-se.

só·li·do *adj.* 1. Diz-se dos corpos que apresentam forma própria e resistem à divisão, porque suas moléculas possuem maior coesão que as dos líquidos e gases. 2. Compacto; consistente. 3. Duradouro; durável. 4. Nutrido.

so·li·ló·qui·o *s.m.* Monólogo.

só·li·o *s.m.* 1. Assento real; trono. 2. Cadeira pontifícia. 3. *fig.* O poder real.

so·lí·pe·de *adj.2gên. Zool.* 1. Diz-se do animal que tem um só casco em cada pé. *s.m. epiceno* 2. Animal solípede.

so·lip·sis·mo *s.m.* Vida ou hábitos de solipso; egoísmo.

so·lip·so *adj.* e *s.m.* 1. Que ou o que vive exclusivamente para si mesmo; egoísta. 2. Que ou o que é dado a prazeres solitários.

so·lis·ta *s.2gên.* 1. Pessoa que executa um solo musical. 2. Pessoa perita em música, especialmente nos solos. *V.* **sulista**.

so·li·tá·ri·a *s.f.* 1. *epiceno Zool.* Verme intestinal também chamado tênia. 2. Célula na qual se mantém isolado o delinquente perigoso ou turbulento.

so·li·tá·ri·o *adj.* 1. Que se afastou da convivência social. 2. Que vive na solidão. 3. Só. 4. Relativo à solidão. *s.m.* 5. Aquele que vive na solidão. 6. Joia em que há uma só pedra engastada. 7. Vaso estreito para flores.

so·li·tu·de *s.f. desus.* Solidão.

so·lo[1] (ó) *s.m.* Porção de superfície da terra; chão; pavimento.

so·lo[2] (ó) *s.m.* 1. *Mús.* Trecho para ser executado por uma só pessoa, tocando ou cantando. 2. Bailado executado por um só bailarino.

sols·tí·ci·o *s.m. Astron.* Tempo em que o Sol está mais afastado da linha do equador e durante alguns dias parece ficar estacionário. **Solstício de inverno**: época em que o Sol passa pela sua maior declinação boreal (22 ou 23 de junho no hemisfério sul). **Solstício de verão**: época em que o Sol passa pela sua maior declinação austral (22 a 23 de dezembro no hemisfério sul).

sol·ta (ô) *s.f.* Ação ou efeito de soltar(-se). *loc.adv.* **À solta**: livremente; sem peias.

sol·tar *v.t.d.* 1. Tornar livre. 2. Desembaraçar; desprender. 3. Desfraldar (velas). 4. Dizer; falar. 5. Exalar. 6. Largar da mão. *v.p.* 7. Desatar-se. 8. Pôr-se em liberdade. *Part.:* soltado e solto.

sol·tei·rão *adj.* e *s.m.* Que ou o que já atingiu a meia-idade ou mais e ainda não se casou. *Fem.:* solteirona.

sol·tei·ro *adj.* e *s.m.* Que ou aquele que não se casou.

sol·to (ô) *adj.* 1. Cujas partes não são aderentes. 2. Desagregado; desatado; desprendido. 3. Posto em liberdade.

sol·tu·ra *s.f.* 1. Ação ou efeito de soltar(-se). 2. Atrevimento. 3. Solução; interpretação.

so·lu·bi·li·da·de *s.f.* Qualidade do que é solúvel.

so·lu·ça·do *adj.* Entrecortado de soluços.

so·lu·çan·te *adj.2gên.* Que soluça.

so·lu·ção *s.f.* 1. Ação ou efeito de solver. 2. Termo; fim; desfecho; conclusão. 3. Ação ou efeito de dissolver. 4. *Quím.* Soluto; líquido que contém substância dissolvida. 5. Resultado de problema. 6. Pagamento. **Solução de continuidade**: interrupção.

so·lu·çar *v.i.* 1. Soltar soluços. 2. Agitar-se; arfar. *v.t.d.* 3. Exprimir entre soluços.

so·lu·ci·o·nar *v.t.d.* Dar solução a; resolver.

so·lu·ço *s.m.* 1. *Med.* Contração espasmódica do diafragma acompanhada de ruído particular, devido à passagem do ar através da glote incompletamente fechada. 2. Choro entrecortado de suspiros.

so·lu·to *adj.* 1. Solto; dissolvido. *s.m.* 2. Solução química; substância dissolvida.

so·lú·vel *adj.2gên.* Que se pode solver, resolver ou dissolver.

sol·va·bi·li·da·de *s.f.* Qualidade de solvável.

sol·vá·vel *adj.2gên.* Solvível.

sol·vên·ci·a *s.f.* 1. Qualidade de solvente. 2. Solvibilidade; solução.

sol·ven·te *adj.2gên.* 1. Que solve ou pode solver. 2. Que paga ou pode pagar o que deve.

sol·ver *v.t.d.* 1. Resolver. 2. Dissolver. 3. Pagar; quitar; satisfazer.

sol·vi·bi·li·da·de *s.f.* Qualidade de solvível.

sol·ví·vel *adj.2gên.* 1. Solvente. 2. Que se pode solver ou pagar.

som¹ *s.m.* 1. *Fís.* Efeito produzido no sentido da audição pela vibração dos corpos sonoros. 2. O que impressiona o ouvido; ruído. 3. Emissão de voz: som aberto, som nasal, som velar. 4. *gír.* Música.

som² *s.m.* Equipamento sonoro.

so·ma¹ (ô) *s.f.* 1. Resultado de quantidades adicionadas. 2. *Mat.* Operação aritmética com que se acha esse resultado; adição. 3. *fig.* Grande porção; quantia.

so·ma² (ô) *s.m. Biol.* 1. O conjunto das células que morrem com o indivíduo. 2. O corpo (em oposição a espírito).

so·mar *v.t.d.* 1. Fazer ou procurar a soma de; adicionar. 2. Apresentar, ter como soma. 3. Importar em. 4. Incluir. *v.i.* 5. Fazer a operação da soma.

so·má·ti·co *adj.* Concernente ao corpo.

so·ma·ti·zar *v.t.d.* e *v.i.* Passar a ter sintomas e doenças físicas devido a problemas emocionais.

so·ma·tó·ri·o *s.m.* 1. Soma geral. 2. *fig.* Totalidade. *adj.* 3. Indicativo de uma soma.

som·bra *s.f.* 1. Espaço privado de luz ou tornado menos claro, pela interposição de um corpo opaco. 2. Noite. 3. Defeito. 4. Aspecto; aparência; vestígio. 5. Mistério. 6. Imagem imperfeita. 7. Fantasma. 8. Companheiro inseparável. 9. Capanga; guarda-costas.

som·bre·a·do *adj.* 1. Em que há sombra. *s.m.* 2. Gradação do escuro num quadro ou desenho.

som·bre·ar *v.t.d.* 1. Dar sombra a. 2. Cobrir com sombras. 3. *fig.* Macular. 4. Entristecer. *v.i.* 5. Dar sombreado a uma tela, desenho, etc.

som·bri·nha *s.f.* Pequeno guarda-sol para mulheres.

som·bri·o *adj.* 1. Que produz sombra. 2. Em que há sombra; escuro. 3. Triste. 4. Que desconsola. 5. Ríspido; severo.

so·me·nos (ê) *adj.2gên.* e *2núm.* 1. Inferior; que vale menos. 2. Reles; ordinário.

so·men·te *adv.* Apenas; unicamente.

so·mi·ti·ca·ri·a *s.f.* 1. Qualidade ou ação de somítico. 2. Avareza sórdida; sovinice.

so·mí·ti·co *adj.* e *s.m.* Avarento; sovina.

so·nam·bú·li·co *adj.* De sonâmbulo.

so·nam·bu·lis·mo *s.m.* Estado de sonâmbulo.

so·nâm·bu·lo *adj.* 1. Diz-se da pessoa que anda, fala e executa certos movimentos dormindo. *s.m.* 2. Indivíduo sonâmbulo.

so·nan·te *adj.2gên.* Que soa; soante.

so·nar *adj.2gên.* 1. Relativo a equipamento que, por meio de ondas sonoras, detecta corpos submersos e calcula distâncias entre eles e a fonte emissora. *s.m.* 2. Esse equipamento.

so·na·ta *s.f. Mús.* Peça musical, composta de três e, por vezes, de quatro partes de caráter diferente (alegro, adágio ou andante, presto ou rondó, aos quais se reúne, às vezes, o minueto ou o *scherzo*).

son·da *s.f.* 1. Instrumento parecido com o prumo, com o qual se determina a profundidade das águas. 2. Instrumento com que se observa o estado de um órgão, de um ferimento, etc. 3. Broca com que se perfura o terreno para conhecimento do subsolo ou para abrir poços profundos. 4. Efeito de sondagem.

son·da·gem *s.f.* 1. Ação ou efeito de sondar. 2. Perfuração de um terreno para a verificação de sua natureza geológica, petrológica, etc.

son·dar *v.t.d.* 1. Examinar com a sonda. 2. Fazer a sondagem de. 3. Investigar; explorar.

son·da·re·za (ê) *s.f.* Corda graduada para sondagens marítimas.

so·ne·ca (é) *s.f. fam.* Sonolência; sono ligeiro, de curta duração.

so·ne·ga·ção *s.f.* Ação ou efeito de sonegar.

so·ne·ga·dor *adj.* e *s.m.* Que ou o que sonega.

so·ne·gar *v.t.d.* 1. Ocultar, deixando de mencionar ou descrever. 2. Ocultar à fiscalização da lei. 3. Ocultar fraudulentamente. 4. Deixar de pagar; subtrair.

so·nei·ra *s.f.* Sonolência.

so·ne·te·ar *v.t.d.* 1. Dar forma de soneto a. 2. Celebrar em soneto. *v.i.* 3. Fazer sonetos.

so·ne·to (ê) *s.m. Lit.* Composição poética de catorze versos (dois quartetos e dois tercetos).

son·ga·mon·ga *s.2gên. pop.* Pessoa sonsa.

so·nha·dor *adj.* e *s.m.* Que ou o que sonha; devaneador.

so·nhar *v.i.* 1. Ter sonhos; devanear. *v.t.i.* 2. Pensar insistentemente. 3. Ver em sonhos. *v.t.d.* 4. Imaginar em sonho. 5. Prever; supor.

so·nho *s.m.* 1. Ideias ou imagens que se apresentam ao espírito durante o sono. 2. Fantasia; aspiração; desejo ardente. 3. *Cul.* Espécie de bolo de farinha e ovos, frito e passado em calda de açúcar, podendo ser ou não recheado. *sobrecomum* 4. Pessoa bonita, admirável, suave.

sô·ni·co *adj.* 1. Relativo ao som ou à sua velocidade. 2. Que tem a mesma velocidade do som.

so·ni·do *s.m.* Rumor; estrondo.

so·ní·fe·ro *adj.* e *s.m.* Que ou substância que causa sono.

so·no (ô) *s.m.* 1. Adormecimento total dos sentidos. 2. Suspensão normal e periódica da consciência, durante a qual o organismo se refaz da fadiga. 3. Desejo de dormir. 4. Estado de quem dorme. 5. *fig.* Indolência; inércia.

so·no·lên·ci·a *s.f.* 1. Sono imperfeito. 2. Desejo de dormir. 3. *fig.* Inércia; entorpecimento.

so·no·len·to *adj.* 1. Que tem sonolência. 2. Que causa sono. 3. *fig.* Moroso; tardo.

so·no·plas·ti·a *s.f.* 1. Técnica para produção de efeitos sonoros utilizados em cinema, teatro, programas de rádio e de televisão, etc. 2. O conjunto desses efeitos sonoros.

so·no·ri·da·de *s.f.* 1. Qualidade de sonoro. 2. Propriedade de produzir ou de reforçar sons.

so·no·ri·za·ção *s.f.* Ação de sonorizar.

so·no·ri·zar *v.t.d.* 1. Tornar sonoro. *v.i.* 2. Produzir som; soar.

so·no·ro (ó) *adj.* 1. Que produz som. 2. Que emite som intenso. 3. Que soa agradavelmente; harmonioso.

so·no·ro·so (ô, ô, ô) *adj.* 1. Sonoro. 2. Que tem som alto e agradável; melodioso. *Pl.:* sonorosos (ó).

so·no·te·ra·pi·a *s.f. Psiq.* Tratamento de doenças nervosas pelo sono prolongado.

son·si·ce *s.f.* 1. Qualidade de sonso. 2. Dissimulação; velhacaria.

son·so *adj.* Manhoso; velhaco; dissimulado.

so·pa (ô) *s.f.* 1. *Cul.* Caldo com alguma substância sólida. 2. Coisa muito molhada. 3. Coisa fácil de fazer ou resolver.

so·pa de pi·ra·nha *s.f. Cul.* Prato da região centro-oeste à base de piranhas desfiadas e cozidas em azeite, alho, cebola, pimentão, e engrossada com farinha de mandioca.

so·pa·po *s.m.* Murro; bofetada.

so·pé *s.m.* Parte inferior de montanha, encosta, muro, etc.; base.

so·pei·ra *s.f.* Terrina para sopa.

so·pe·sar *v.t.d.* 1. Tomar na mão, para avaliar o peso de. 2. Suspender com a mão. 3. Suportar o peso de.

so·pi·tar *v.t.d.* 1. Adormecer. 2. Acalmar. 3. Debilitar; alquebrar. 4. Dominar; vencer.

so·por *s.m.* 1. Sono profundo. 2. Estado comatoso. *V.* **supor**.

so·po·ra·ti·vo *adj.* 1. Que produz sopor. 2. *fig.* Fastidioso; enfadonho. *s.m.* 3. Substância que faz dormir, que causa sono. 4. *fig.* Coisa fastidiosa.

so·po·rí·fe·ro *adj.* e *s.m.* Soporativo.

so·po·rí·fi·co *adj.* e *s.m.* Soporativo; soporífero.

so·pra·no *s.m. Mús.* 1. A mais elevada das vozes (própria de mulher ou menino), a que também se chama tiple. *s.2gên.* 2. Cantora ou cantor que tem voz de soprano.

so·prar *v.t.d.* 1. Dirigir o sopro para ou sobre; assoprar. 2. Apagar com o sopro. 3. Encher de ar, por meio de sopro. 4. Incitar; estimular. 5. Retirar ou separar (peças) no jogo de damas. 6. Insinuar; segredar. *v.i.* 7. Produzir-se (vento). 8. Emitir sopro.

so·pro (ô) *s.m.* 1. Ato de expelir com força o ar que se aspirou. 2. *fig.* Influência; influxo. 3. Som; ruído.

so·que·te¹ (é) *s.f.* Meia curta que vai só até o tornozelo.

so·que·te² (ê) *s.m.* 1. Utensílio pesado para socar ou comprimir. 2. Soco dado com pouca força.

so·que·te³ (ê) *s.m.* Suporte para lâmpada elétrica.

sor·dí·ci:a *s.f.* Sordidez.

sor·dí·ci:e *s.f.* Sordidez; sordícia.

sor·di·dez (ê) *s.f.* 1. Qualidade, estado do que é sórdido. 2. Indignidade; vileza; baixeza; torpeza. 3. Imundície. 4. Avareza repugnante; sordideza.

sor·di·de·za (ê) *s.f.* Sordidez.

sór·di·do *adj.* 1. Sujo; nojento; asqueroso. 2. Torpe; vil; obsceno. 3. Avarento.

sor·go (ô) *s.m. Bot.* Nome comum da gramínea também conhecida por milho-zaburro.

sor·na (ô) *s.f.* 1. Indolência; inércia; moleza. *adj.2gên.* e *s.2gên.* 2. Que ou pessoa que é indolente, inerte; preguiçosa.

so·ro (ô) *s.m.* 1. Parte aquosa que se separa do leite quando este se coagula ou quando se forma o queijo. 2. Soro sanguíneo imunizado contra determinada doença e que se emprega com fim terapêutico.

so·ror (ô) *s.f.* Sóror. *Masc.:* frei ou frade.

só·ror *s.f.* Tratamento que se dá às freiras.

so·ro·ro·ca (ô, ô, ó) *s.f.* Ruído que fazem os moribundos.

sor·ra·bar *v.t.d.* Andar atrás de; bajular.

sor·ra·tei·ro *adj.* 1. Manhoso; matreiro; dissimulado. 2. Diz-se do olhar de soslaio.

sor·rel·fa *s.f.* 1. Sonsice. 2. Disfarce para enganar. *adj.2gên.* e *s.2gên.* 3. Diz-se de ou pessoa manhosa ou avarenta. *loc.adv.* **À sorrelfa**: à socapa; de modo sorrateiro.

sor·ri·den·te *adj.2gên.* 1. Que sorri. 2. Alegre; amável; agradável.

sor·rir *v.i.* 1. Rir sem ruído; rir levemente. *v.t.i.* 2. Mostrar-se alegre. 3. Dar esperanças. 4. Zombar; mofar. 5. Demonstrar de maneira risonha. *v.t.d.* 6. Esboçar (sorriso). ★

sor·ri·so *s.m.* 1. Ato de sorrir. 2. Manifestação de simpatia, benevolência ou ironia.

sor·te (ó) *s.f.* 1. Força invencível que regula todos os acontecimentos da vida; destino; fado. 2. Ventura inesperada. 3. Modo de viver; condição social. 4. Classe; espécie. 5. Ato ou fato de ganhar no jogo. 6. Infelicidade perseverante.

sor·te·a·do *adj.* 1. Designado por sorte. 2. Que deve assentar praça. 3. Variado (falando de cores, fazendas ou drogas); sortido.

sor·te·ar *v.t.d.* 1. Repartir por sorteio. 2. Escolher por sorte. 3. Rifar. 4. Variar; sortir.

sor·tei·o *s.m.* Ato ou efeito de sortear.

sor·ti·do *adj.* 1. Abastecido; variado. *s.m.* 2. Sortimento; provisão.

sor·ti·lé·gi:o *s.m.* Ato de magia praticado por feiticeiro; feitiço; maquinação; bruxaria.

sor·tí·le·go *adj.* e *s.m.* Que ou o que faz feitiçarias.

sor·ti·men·to *s.m.* 1. Ato ou efeito de sortir. 2. Mistura de coisas diversas. 3. Provisão de fazendas, drogas, etc.

sor·tir *v.t.d.* 1. Abastecer. 2. Combinar; misturar. ★ *V.* **surtir**.

so·rum·bá·ti·co *adj.* 1. Carrancudo; triste; sombrio. *s.m.* 2. Indivíduo sorumbático.

sor·ve·dou·ro *s.m.* 1. Remoinho de água (no mar ou no rio). 2. Abismo; voragem.

sor·ver *v.t.d.* 1. Beber, haurir, aspirando aos poucos. 2. Chupar. 3. Absorver. 4. Atrair para baixo; tragar. 5. Subverter. 6. *fig.* Aniquilar. 7. Recolher.

sor·ve·te (ê) *s.m.* Doce congelado, feito com frutas, leite, ovos, etc.

sor·ve·tei·ra *s.f.* Aparelho para fazer sorvetes e outras iguarias geladas.

sor·ve·tei·ro *s.m.* Fabricante ou vendedor de sorvetes.

sor·ve·te·ri·a *s.f.* Estabelecimento onde se vendem sorvetes e outros gelados.

sor·vo (ô) *s.m.* 1. Ato ou efeito de sorver. 2. Trago; gole.

só·si:a *s.2gên.* Indivíduo parecido com ou semelhante a outro.

sos·lai·o *s.m.* Obliquidade. *loc.adv.* **De soslaio**: de esguelha.

sos·se·gar *v.t.d.* 1. Pôr em sossego. 2. Dar descanso a; tranquilizar. *v.i.* e *v.p.* 3. Descansar; acalmar-se. 4. Estar ou ficar quieto.

sos·se·go (ê) *s.m.* 1. Ato de sossegar. 2. Descanso; calma; tranquilidade.

so·tai·na *s.f.* 1. Batina de padre. *s.m.* 2. *pop.* Padre.

só·tão *s.m.* Compartimento que fica entre o teto e o telhado.

so·ta·que *s.m.* 1. Remoque; dito picante. 2. Pronúncia peculiar a um indivíduo, a uma região, etc.

so·ta·ven·to *s.m.* Borda do navio oposta ao lado de onde sopra o vento (opõe-se a barlavento).

so·te·ro·po·li·ta·no *adj.* 1. Relativo a Salvador (Bahia). *s.m.* 2. O natural ou habitante dessa cidade; salvadorense.

so·ter·rar *v.t.d.* 1. Meter debaixo da terra; enterrar. *v.p.* 2. Meter-se por baixo da terra.

so·tur·no *adj.* 1. De aparência torva; sombrio. 2. Taciturno; silencioso. 3. Tristonho.

so·va (ó) *s.f.* 1. Ação de sovar; surra. 2. Uso cotidiano.

so·va·co *s.m.* Cavidade inferior, na junção do braço com o ombro; axila.

so·va·do *adj.* 1. Amassado; pisado; moído. 2. Muito usado; gasto. 3. Fatigado.

so·var *v.t.d.* 1. Bater (a massa). 2. Amassar; pisar (uvas). 3. Surrar. 4. *fig.* Usar muito. 5. Tornar flexível (couro).

so·ve·la (é) *s.f.* 1. Instrumento perfurante de sapateiros. *epiceno* 2. *Zool.* Mosquito.

so·vi·e·te (é) *s.m.* Conselho composto de delegados eleitos por operários, camponeses e soldados, na antiga URSS (União das Repúblicas Socialistas Soviéticas).

so·vi·é·ti·co *adj.* 1. Concernente a sovietes. 2. Próprio dos sovietes. 3. *por ext.* Relativo ou pertencente à antiga URSS (União das Repúblicas Socialistas Soviéticas).

so·vi·na *adj.2gên.* e *s.2gên.* Diz-se de, ou indivíduo avaro, somítico, mesquinho.

so·vi·ni·ce *s.f.* Qualidade de sovina; avareza.

so·zi·nho *adj.* 1. Só. 2. Abandonado. 3. Único.

spray (sprei) *Ingl. s.m.* O mesmo que aerossol.

sta·tus *Lat. s.m.2núm.* 1. Condição ou situação de algo ou alguém num determinado momento. 2. Prestígio ou distinção social.

su·ã *s.f.* Carne da parte inferior do lombo do porco.

su·a·do *adj.* 1. Molhado de suor. 2. *fig.* Que custou muito; que se adquiriu com dificuldade. *V.* **soado**.

su·a·dou·ro *s.m.* 1. Ato de suar. 2. Sudorífico. 3. Medicamento que provoca o suor. 4. Dificuldade. 5. Situação vexatória.

su·ar *v.i.* 1. Verter suor pelos poros; transpirar. 2. Verter umidade. *v.t.i.* 3. Manar; brotar. 4. *fig.* Trabalhar muito; afadigar-se. *v.t.d.* 5. Expelir como suor. 6. Adquirir com grande trabalho. *V.* **soar**.

su·a·ren·to *adj.* Coberto de suor; muito suado.

su·ás·ti·ca *s.f.* Antigo símbolo religioso de origem ariana, em forma de cruz gamada, adotado pelo nazismo.

su·a·ve *adj.2gên.* 1. Agradável; aprazível; ameno. 2. Brando; meigo. 3. Melodioso. 4. Que se faz com facilidade.

su·a·vi·da·de *s.f.* Qualidade de suave; meiguice; doçura; tranquilidade.

su·a·vi·za·ção *s.f.* Ação ou efeito de suavizar-se.

su·a·vi·zar *v.t.d.* 1. Tornar suave. 2. Aliviar. *v.p.* 3. Tornar-se suave.

su·á·zi *adj.2gên.* 1. Da Suazilândia (África). *s.2gên.* 2. Natural ou habitante desse país.

su·bal·ter·ni·da·de *s.f.* Qualidade de subalterno; inferioridade.

su·bal·ter·no (é) *adj.* 1. Sujeito a outro. 2. De graduação ou autoridade inferior à de outrem. 3. Subordinado; inferior. *s.m.* 4. Indivíduo subalterno.

su·ba·lu·gar *v.t.d.* Sublocar.

su·ba·quá·ti·co *adj.* Que está debaixo de água.

su·bar·bus·to *s.m. Bot.* Vegetal que ocupa o meio termo entre o arbusto e a erva.

su·bar·ren·dar *v.t.d.* Arrendar a outro (o que se tinha tomado de arrendamento); sublocar.

su·bar·ren·da·tá·ri:o *adj.* e *s.m.* Que ou o que subarrendou uma propriedade.

sub·che·fe *s.m.* 1. Funcionário imediato ao chefe. 2. Aquele que substitui o chefe.

sub·clas·se *s.f.* Divisão de classe.

sub·co·mis·são *s.f.* Cada uma das comissões em que uma comissão se divide.

sub·con·jun·to *s.m.* Parte de um conjunto que foi subdividido. 2. *Mat.* Conjunto que está contido em outro.

sub·cons·ci·ên·ci:a *s.f.* 1. Estado entre a consciência e a inconsciência. 2. *Psic.* Conjunto de fenômenos psíquicos sob o nível da consciência.

sub·cons·ci·en·te *s.m. Psic.* Parte da psique fora do campo da consciência.

sub·cu·tâ·ne:o *adj.* Que fica por baixo da cútis ou pele.

sub·de·le·ga·ção *s.f.* 1. Ação de subdelegar. 2. Qualidade de subdelegado. 3. Repartição de subdelegado.

sub·de·le·ga·do *s.m.* Funcionário imediato ao delegado; substituto do delegado.

sub·de·le·gar *v.t.d.* Transmitir por subdelegação; passar (a alguém) o encargo que recebera como delegado.

sub·de·sen·vol·vi·do *adj.* Que se acha em estado de subdesenvolvimento.

sub·de·sen·vol·vi·men·to *s.m.* 1. Desenvolvimento abaixo do normal. 2. Situação de indivíduo, país, sociedade, economia que reflete utilização deficiente dos fatores de produção. 3. *pop.* Miséria.

sub·di·á·co·no *s.m.* Clérigo que recebeu a ordem sacra imediatamente inferior à de diácono.

sub·di·re·ção *s.f.* Cargo ou repartição de subdiretor.

sub·di·re·tor *s.m.* Funcionário imediato do diretor ou que o substitui.

sub·di·vi·dir *v.t.d.* 1. Dividir novamente. 2. Fazer subdivisão de. *v.p.* 3. Separar-se em várias divisões.

sub·di·vi·são *s.f.* 1. Ato de subdividir. 2. Nova divisão do que já estava dividido.

su·bem·pre·go (ê) *s.m.* Trabalho mal pago, por ser em tempo parcial, acontecer apenas em determinadas épocas do ano ou ser pouco qualificado.

su·ben·ten·der *v.t.d.* 1. Entender ou perceber (o que não está expresso ou bem explicado). 2. Admitir mentalmente; supor.

su·ben·ten·di·do *adj.* 1. Que se subentendeu. *s.m.* 2. Aquilo que está no pensamento, mas que não se apresenta expresso.

su·bes·pé·ci:e *s.f.* Divisão de uma espécie.

su·bes·ti·mar *v.t.d.* Não dar o devido valor ou apreço a; menosprezar; desdenhar.

su·bes·tru·tu·ra *s.f.* Parte inferior de uma estrutura.

sub·fa·mí·li:a *s.f. Biol.* Subdivisão de uma família zoológica ou botânica que agrupa gêneros de maiores afinidades.

sub·gê·ne·ro *s.m.* Divisão imediata de um gênero.

sub·gru·po *s.m.* Grupo que resulta da divisão de outro.

su·bi·da *s.f.* 1. Ato ou efeito de subir. 2. Ascensão; elevação. 3. Encosta; ladeira; aclive (no sentido de baixo para cima).

su·bi·do *adj.* 1. Alto; elevado. 2. Sublime; nobre; excelente. 3. Custoso; de preço elevado.

su·bins·pe·tor *s.m.* Funcionário imediato do inspetor.

su·bin·ten·den·te *s.2gên.* 1. Funcionário imediato do intendente. 2. Substituto do intendente.

su·bir *v.i.* 1. Ir para cima; elevar-se no ar. 2. Crescer em altura. 3. Atingir cotação mais elevada. *v.t.i.* 4. Transportar-se (a lugar mais alto); ascender. 5. Elevar-se a (posição social superior). 6. Estender-se para cima. 7. Entrar (em veículo). 8. Montar; cavalgar; trepar. 9. Pôr-se (em lugar elevado). *v.t.d.* 10. Percorrer, andando para cima. 11. Transportar (para lugar mais elevado). 12. Fazer que suba. 13. Promover.★

su·bi·tâ·ne:o *adj.* Súbito.

sú·bi·tas *s.f.pl.* Maneiras súbitas. *loc. adv.* **A súbitas**: de repente.

sú·bi·to *adj.* 1. Que aparece sem ser previsto. 2. Inesperado; repentino; subitâneo. *s.m.* 3. Sucesso repentino. *adv.* 4. Subitamente. *loc.adv.* **De súbito**: de repente; subitamente.

sub·ja·cen·te *adj.2gên.* Que jaz ou está por baixo.

sub·je·ti·vi·da·de *s.f.* Qualidade de subjetivo.

sub·je·ti·vis·mo *s.m.* 1. Tendência viciosa para a subjetividade (nas artes). 2. *Fil.* Sistema segundo o qual não existe outra realidade senão a do sujeito pensante.

sub·je·ti·vo *adj.* 1. Concernente a sujeito. 2. Que existe no sujeito. 3. Que se passa exclusivamente no espírito da pessoa. 4. Que está no sujeito e não na coisa. *s.m.* 5. Aquilo que é subjetivo.

sub·ju·ga·ção *s.f.* Ação de subjugar.

sub·ju·gar *v.t.d.* 1. Pôr debaixo do jugo; jungir. 2. Sujeitar; conquistar. 3. Conter; refrear; dominar. 4. Domesticar.

sub·jun·ti·vo *adj.* 1. Subordinado; dependente. 2. *Gram.* Diz-se do modo dos verbos que exprime probabilidade, dúvida, hipótese, desejo. *s.m.* 3. O modo subjuntivo.

sub·le·va·ção *s.f.* 1. Ação ou efeito de sublevar. 2. Motim; revolta.

sub·le·var *v.t.d.* e *v.p.* Amotinar(-se); revoltar(-se).

su·bli·ma·ção *s.f.* 1. Ação de sublimar (-se). 2. *Psic.* Desvio do impulso sexual para domínio não sexual (geralmente religioso ou artístico). 3. *Fís.* Passagem de uma substância do estado sólido ao gasoso, sem passar pelo estado líquido.

su·bli·ma·do *adj.* 1. Elevado a maior altura; engrandecido. 2. *Fís.* Volatilizado. *s.m.* 3. Substância sublimada.

su·bli·mar *v.t.d.* 1. Tornar sublime. 2. Elevar à maior perfeição. 3. Engrandecer; exaltar. 4. *Fís.* Fazer passar um corpo diretamente do estado sólido ao gasoso; volatilizar. *v.p.* 5. Tornar-se sublime. 6. Distinguir-se.

su·bli·me *adj.2gên.* 1. Muito alto; excelso. 2. Majestoso; grandioso. 3. Poderoso. 4. Encantador; esplêndido. *s.m.* 5. Aquilo que é sublime. 6. O mais alto grau da perfeição.

su·bli·mi·da·de *s.f.* 1. Qualidade do que é sublime. 2. A maior grandeza. 3. Excelência; perfeição.

sub·li·mi·nar *adj.2gên.* 1. Que não vai além do limiar. 2. *Psic.* Diz-se do processo pelo qual se transmite sutilmente uma ideia, uma imagem (o estímulo é sempre indireto, de modo que o indivíduo guarda essa ideia no subconsciente, pondo-a depois em prática, inconscientemente).

sub·lin·gual *adj.2gên. Anat.* Que está debaixo da língua.

su·bli·nhar *v.t.d.* 1. Passar uma linha ou traço por baixo de. 2. *fig.* Acentuar bem; pôr em relevo; destacar; salientar.

sub·li·te·ra·tu·ra *s.f.* Má literatura.

sub·lo·ca·ção *s.f.* Ato ou efeito de sublocar.

sub·lo·ca·dor *adj.* Diz-se de quem subloca.

sub·lo·car *v.t.d.* 1. Subarrendar. 2. Alugar a terceiros aquilo que se tomou de aluguel; subalugar.

sub·lo·ca·tá·ri·o *s.m.* Aquele que recebe por sublocação.

sub·lu·nar *adj.2gên.* Que está abaixo da Lua; situado entre a Terra e a Lua.

sub·ma·ri·no *adj.* 1. Que está debaixo das águas do mar. 2. Imergido no mar. *s.m.* 3. Navio que pode navegar imergido; submersível.

sub·mer·gir *v.t.d.* 1. Meter debaixo da água. 2. Cobrir de água; afundar. 3. Engolir; tragar. 4. *fig.* Fazer desaparecer; absorver. *v.i.* e *v.p.* 5. Ficar totalmente mergulhado na água. *Part.:* submergido e submerso.

sub·mer·são *s.f.* Ato ou efeito de submergir(-se).

sub·mer·gí·vel *adj.2gên.* Que pode submergir.

sub·mer·so (é) *adj.* 1. Coberto de água; submergido. 2. *fig.* Absorto; mergulhado.

sub·me·ter *v.t.d.* 1. Oferecer a (exame, apreciação). 2. Subordinar. 3. Tornar objeto de. 4. Subjugar; vencer; reduzir à obediência. *v.p.* 5. Render-se; entregar-se; sujeitar-se.

sub·mi·nis·trar *v.t.d.* 1. Prover do necessário. 2. Ministrar; fornecer.

sub·mis·são *s.f.* 1. Ação de submeter(-se); sujeição. 2. Adesão espontânea da vontade de alguém à vontade de outrem.

sub·mis·so *adj.* 1. Que está em lugar ou posição inferior. 2. Obediente; dócil. 3. Respeitoso.

sub·múl·ti·plo *adj. Mat.* 1. Que se contém exatamente noutro um certo número de vezes. 2. Fator; divisor. *s.m.* 3. Número submúltiplo.

sub·nu·tri·ção *s.f.* Nutrição deficiente.

sub·nu·trir *v.t.d.* Nutrir de modo insuficiente.

sub·or·dem *s.f. Biol.* Divisão de uma ordem.

su·bor·di·na·ção *s.f.* 1. Ação de subordinar(-se). 2. Obediência. 3. *Gram.* Dependência de orações dentro de um período.

su·bor·di·na·da *s.f. Gram.* Oração que depende de outra e sempre exerce uma função: sujeito, predicativo, objeto direto ou indireto, etc.

su·bor·di·na·do *adj.* 1. Dependente. 2. Inferior; subalterno. 3. Secundário.

su·bor·di·nar *v.t.d.* 1. Ligar a coisa superior. 2. Fazer dependente, secundário. 3. Sujeitar; pôr sob a dependência de. *v.p.* 4. Sujeitar-se; submeter-se.

su·bor·nar *v.t.d.* 1. Atrair, enganando. 2. Dar dinheiro ou valores a, para a consecução de coisas ilícitas, opostas à moral ou ao dever; peitar.

su·bor·no (ô) *s.m.* Ato ou efeito de subornar.

sub·por *v.t.d.* Pôr debaixo; sotopor.★

sub·pre·fei·to *s.m.* 1. Imediato do prefeito. 2. Substituto do prefeito.

sub·pre·fei·tu·ra *s.f.* Cargo, dignidade de subprefeito.

sub·pro·du·to *s.m.* Produto fabricado acessoriamente ou em decorrência da fabricação de um produto principal.

sub·rep·tí·ci·o *adj.* 1. Que se conseguiu por meio da sub-repção, ilicitamente; fraudulento. 2. Feito às ocultas. *Pl.:* sub-reptícios.

sub·rep·ção *s.f.* 1. Ato de conseguir um benefício por meio de falsa exposição. 2. Emprego de meios fraudulentos. 3. Subtração; furto. *Pl.:* sub-repções.

sub·ro·ga·ção *s.f.* 1. Ação ou efeito de sub-rogar. 2. *Jur.* Substituição de uma pessoa ou coisa por outra. *Pl.:* sub-rogações.

sub·ro·gar *v.t.d.* 1. Pôr no lugar de alguém. *v.p.* 2. Tomar o lugar de outrem.

subs·cre·ver *v.t.d.* 1. Escrever por baixo de; assinar. 2. Aceitar; aprovar. *v.t.i.* 3. Contribuir com certa cota; aquiescer. 4. Assinar para uma obra qualquer. *v.p.* 5. Assinar-se.

subs·cri·ção *s.f.* 1. Ação de subscrever (-se). 2. Compromisso de contribuir com determinada quantia para dado fim.

subs·cri·tar *v.t.d.* Firmar com a sua assinatura; subscrever.

subs·cri·tor *adj.* 1. Que subscreve. *s.m.* 2. O que subscreve; assinante.

sub·se·ção *s.f.* Divisão de seção.

sub·sen·ti·do *s.m.* 1. Segundo sentido. 2. Ideia reservada.

sub·se·quên·ci·a (qüen) *s.f.* Qualidade de subsequente; seguimento.

sub·se·quen·te (qüen) *adj.2gên.* 1. Que subsegue. 2. Imediato; seguinte.

sub·ser·vi·ên·ci·a *s.f.* 1. Qualidade de subserviente. 2. Servilismo; bajulação.

sub·ser·vi·en·te *adj.2gên.* 1. Que serve às ordens de outrem; servil. 2. Muito condescendente.

sub·si·di·ar (si) *v.t.d.* 1. Dar subsídio a. 2. Contribuir com subsídio para. 3. Auxiliar; ajudar.

sub·si·di·á·ri·a (si) *s.f. Econ.* Empresa controlada por outra, que possui a maior parte ou a totalidade de suas ações.

su·b·si·di·á·ri·o (si) *adj.* 1. Que subsidia. 2. Concernente a subsídio. 3. Que vem em apoio ou reforço do que se alegou. 4. Que fortalece.

sub·sí·di·o (si) *s.m.* 1. Auxílio; benefício. 2. Quantia subscrita para obra de beneficência ou de interesse público. 3. Vencimentos de senadores, deputados e vereadores.

sub·sí·di·os (si) *s.m.pl.* Elementos; dados; informações.

sub·sis·tên·ci·a *s.f.* 1. Estado, qualidade de subsistente. 2. Conjunto das coisas necessárias para o sustento da vida.

sub·sis·ten·te *adj.2gên.* 1. Que subsiste. 2. Que continua a existir.

sub·sis·tir *v.i.* 1. Existir na sua substância. 2. Continuar a ser; persistir. 3. Viver; manter-se. 4. Conservar a sua força ou ação.

sub·so·lo (ó) *s.m.* 1. Camada de solo imediatamente inferior à que se vê ou se pode lavrar. 2. Construção, pavimento abaixo do rés do chão.

subs·ta·be·le·cer *v.t.d.* 1. Pôr em lugar de outrem ou de outra coisa. 2. Nomear como substituto. 3. Transferir para outrem encargo, procuração.

subs·ta·be·le·ci·men·to *s.m.* Ato de substabelecer.

subs·tân·ci·a *s.f.* 1. Aquilo que subsiste por si; essência. 2. O que os alimentos contêm de nutritivo ou suculento. 3. O que há de essencial em alguma coisa. 4. Síntese. 5. Vigor; força.

subs·tan·ci·al *adj.2gên.* 1. Que se refere à substância. 2. Que contém muita substância. 3. Alimentício; substancioso. 4. Essencial; fundamental. *s.m.* 5. O essencial.

subs·tan·ci·o·so (ô) *adj.* Em que há muita substância; nutritivo. *Pl.:* substanciosos (ó).

subs·tan·ti·va·ção *s.f. Gram.* Ação ou efeito de substantivar.

subs·tan·ti·va·do *adj. Gram.* 1. Empregado como substantivo. 2. Tornado substantivo.

subs·tan·ti·var *v.t.d. Gram.* 1. Empregar como substantivo. 2. Dar caráter de substantivo a.

subs·tan·ti·vo *adj.* 1. Que por si só designa a sua substância. 2. Que designa uma coisa que subsiste. 3. Substancial; fundamental. 4. *Gram.* que equivale a um substantivo (verbo, oração, pronome). *s.m.* 5. Nome dos seres reais ou abstratos, de ações e conceitos.

subs·ti·tu·i·ção *s.f.* 1. Ação de substituir. 2. Colocação de pessoa ou coisa em lugar de outra.

subs·ti·tu·in·te *adj.2gên.* Que ou pessoa que substitui.

subs·ti·tu·ir *v.t.d.* 1. Pôr (pessoa ou coisa) em lugar de. 2. Ser ou fazer-se em vez de. 3. Fazer as vezes, o serviço de. 4. Fornecer, dar (em lugar de outro). 5. Tirar (para pôr outro). *v.p.* 6. Pôr-se em lugar de outro.

subs·ti·tu·ti·vo *adj.* 1. Que faz as vezes de. *s.m.* 2. Substituição; emenda.

subs·ti·tu·to *adj.* 1. Que substitui. *s.m.* 2. Indivíduo que substitui outro ou faz as vezes dele.

subs·tra·to *s.m.* 1. Base de um fenômeno. 2. Aquilo que forma a parte essencial do ser, independentemente das suas qualidades.

subs·tru·tu·ra *s.f.* Estrutura de partes inferiores.

sub·ten·den·te *adj.2gên.* 1. Que subtende. *s.f.* 2. *Geom.* Segmento de reta que vai de uma à outra extremidade de um arco.

sub·ten·der *v.t.d.* 1. Estender por baixo. 2. *Geom.* Formar corda, unindo as extremidades de (um arco).

sub·te·nen·te *s.m. Mil.* Militar de graduação inferior à de tenente.

sub·ter·fú·gi·o *s.m.* 1. Ardil que se emprega para fugir a dificuldades. 2. Pretexto; evasiva; saída.

sub·ter·râ·ne:o *adj.* 1. Que fica debaixo da terra. 2. Que se realiza debaixo da terra. 3. *fig.* Que se faz ocultamente para conseguir algum fim. *s.m.* 4. Lugar subterrâneo. 5. Compartimento abaixo do nível do solo.

sub·tí·tu·lo *s.m.* 1. Segundo título. 2. Título que segue outro.

sub·to·tal *s.m. Mat.* Resultado parcial de uma adição.

sub·tra·ção *s.f.* 1. Ação ou efeito de subtrair(-se). 2. Roubo fraudulento.

sub·tra·en·do *s.m. Mat.* Segundo termo de uma subtração.

sub·tra·ir *v.t.d.* 1. Tirar às ocultas ou fraudulentamente; furtar. 2. *Mat.* Efetuar a subtração de. *v.p.* 3. Fugir; esquivar-se.

sub·tro·pi·cal *adj.2gên.* 1. Diz-se de clima de temperatura média menor do que 20 °C ou de região que apresenta esse clima. 2. Diz-se de região que fica entre os trópicos e apresenta esse clima. 3. Próprio desse clima ou dessa região.

su·bu·ma·no *adj.* Abaixo do nível humano; desumano.

su·bur·ba·no *adj.* 1. Relativo a subúrbio. 2. Que fica próximo da cidade.

su·búr·bi·o *s.m.* Arrabalde de cidade ou de outra povoação.

sub·ven·ção *s.f.* Auxílio pecuniário, geralmente concedido pelos poderes públicos.

sub·ven·ci·o·na·do *adj. e s.m.* Que ou o que recebe subvenção.

sub·ven·ci·o·nar *v.t.d.* Dar subvenção a.

sub·ver·são *s.f.* 1. Ação de subverter(-se). 2. Rebeldia; insurreição. 3. Destruição; ruína. 4. Forma de guerra irregular que visa minar a estrutura militar, econômica, social, moral e política de um regime.

sub·ver·si·vo *adj.* 1. Que subverte. 2. Que pode subverter; revolucionário.

sub·ver·ter *v.t.d.* 1. Revolver; voltar de baixo para cima. 2. Destruir; arruinar. 3. Confundir; desorganizar. 4. Perverter. 5. Revolucionar. *v.p.* 6. Submergir-se; afundar-se; arruinar-se.

su·ca·ta *s.f.* 1. Artefato de metal considerado inútil, o qual se refunde e de novo se emprega na indústria. 2. Qualquer obra metálica inutilizada.

suc·ção *s.f.* Ação ou efeito de sugar.

su·ce·dâ·ne·o *adj.* 1. Diz-se do medicamento que pode substituir outro, por ter aproximadamente as mesmas propriedades. *s.m.* 2. Medicamento sucedâneo. 3. *por ext.* Qualquer coisa que pode substituir outra.

su·ce·der *v.i.* 1. Acontecer; realizar. *v.t.i.* 2. Vir ou acontecer depois. 3. Seguir-se. 4. Ter bom resultado. 5. Tomar o lugar de outrem ou de outra coisa. *v.p.* 6. Vir depois; acontecer de modo sucessivo.

su·ce·di·do *adj.* 1. Que sucedeu. *s.m.* 2. O que sucedeu; sucesso; acontecimento.

su·ces·são *s.f.* 1. Ação de suceder(-se). 2. Série. 3. Herança; descendência; geração.

su·ces·si·vo *adj.* 1. Concernente a sucessão. 2. Que vem depois. 3. Que não tem interrupção; consecutivo.

su·ces·so (é) *s.m.* 1. Aquilo que sucede; acontecimento. 2. Resultado; conclusão. 3. Bom êxito; bom resultado.

su·ces·sor *adj. e s.m.* Que ou quem sucede a outrem; que ou quem herda um trono.

su·ces·só·ri·o *adj.* Concernente a sucessão.

sú·ci·a *s.f.* Reunião de pessoas de má fama; malta; cambada.

su·cin·to *adj.* Que tem poucas palavras; resumido; conciso.

su·co *s.m.* 1. Líquido de algumas substâncias vegetais ou da carne. 2. *fig.* O essencial de uma doutrina. 3. O que há de melhor, de mais perfeito.

su·çu·a·ra·na *s.f.* 1. *epiceno Zool.* Animal felídeo carniceiro das Américas, de cor parda e porte grande, também chamado onça-vermelha e puma. 2. *fig.* Mulher de mau gênio.

sú·cu·bo *adj.* 1. Que se põe por baixo. *s.m.* 2. Demônio feminino ao qual eram atribuídos os pesadelos.

su·cu·len·to *adj.* 1. Que tem muito suco. 2. Substancial. 3. Gordo.

su·cum·bir *v.t.i.* 1. Cair sob o peso de. 2. Não poder resistir; vergar. *v.i.* 3. Perder o ânimo; desalentar-se; ser vencido; morrer.

su·cu·pi·ra *s.f. Bot.* Nome comum a diversas árvores da família das leguminosas, de madeira resistente, com grande valor comercial.

su·cu·ri *s.f. epiceno Zool.* Cobra não venenosa que chega a atingir 10 m e vive sobretudo nos lugares pantanosos.

su·cur·sal *adj.2gên.* 1. Diz-se do estabelecimento que depende de outro. *s.f.* 2. Estabelecimento sucursal; filial.

su·da·ção *s.f.* Ação ou efeito de suar.

su·da·nês *adj.* 1. Do Sudão (África). *s.m.* 1. O natural ou habitante desse país.

su·dá·ri:o *s.m.* 1. Pano com que antigamente se limpava o suor. 2. Mortalha. 3. Pano que representa o rosto de Cristo ensanguentado. 4. *fig.* Exposição de erros, de coisas tristes ou repreensíveis.

su·des·te (é) *s.m.* e *adj.2gên.* Sueste.

sú·di·to *adj.* e *s.m.* Que ou o que está sujeito à vontade de outrem; vassalo.

su·do·es·te (é) *s.m.* 1. Ponto do horizonte, a igual distância do sul e do oeste. 2. Vento que sopra dessa direção. 3. Regiões situadas nessa direção. *adj.2gên.* 4. Concernente a sudoeste. *Abrev.* SO ou SW.

su·do·re·se (é) *s.f. Med.* Eliminação de suor; transpiração.

su·do·rí·fe·ro *adj.* Que faz suar.

su·dra *s.f.* 1. Casta inferior, na Índia. *s.2gên.* 2. Indivíduo dessa casta; pária.

su·e·ca (é) *s.f.* Espécie de carteado, em que cada parceiro joga com dez cartas.

su·e·co (é) *adj.* 1. Da Suécia (Europa). *s.m.* 2. O natural ou habitante desse país. 3. A língua sueca.

su·es·te (é) *s.m.* 1. Ponto do horizonte, a igual distância do sul e do este. 2. Vento que sopra desse lado. 3. Regiões que ficam nessa direção. *adj.2gên.* 4. Concernente a sueste. *Abrev.* SE.

su·é·ter *s.m.* Tipo de blusa fechada, de malha de lã.

su·fi·ci·ên·ci:a *s.f.* 1. Qualidade do que é suficiente. 2. Aptidão; habilidade.

su·fi·ci·en·te *adj.2gên.* 1. Que é bastante; que satisfaz. 2. Apto; capaz.

su·fi·xo (cs) *s.m. Gram.* Elemento que se pospõe ao radical, dando origem a palavra derivada.

su·flê *s.m. Cul.* Prato assado no forno, cremoso e leve, salgado ou doce, à base de farinha, ovos e outros ingredientes como queijo, legumes, chocolate, etc.

su·fo·ca·ção *s.f.* 1. Ação de sufocar (-se); asfixia. 2. Sensação de opressão ansiosa.

su·fo·ca·dor *adj.* Que sufoca.

sufocante   **sujidade**

su·fo·can·te *adj.2gên.* Que sufoca; asfixiante.

su·fo·car *v.t.d.* 1. Causar sufocação a. 2. Matar por asfixia. 3. *fig.* Debelar; reprimir; inutilizar. *v.i.* 4. Perder a respiração. *v.p.* 5. Respirar com dificuldade. 6. Reprimir-se.

su·fra·gar *v.t.d.* 1. Apoiar com sufrágio ou voto. 2. Orar pela alma de; pedir com sufrágio ou orações.

su·frá·gi·o *s.m.* 1. Voto; votação. 2. Apoio; adesão. 3. Oração, prece, ato de piedade pelos mortos.

su·fra·gis·ta *adj.2gên.* 1. Concernente ao sufrágio. *s.2gên.* 2. Pessoa partidária do sufrágio universal. *s.f.* 3. *Hist. restr.* Nome que foi dado às mulheres que reivindicavam o direito de voto na época em que esse direito ainda não lhes era concedido.

su·fu·mi·ga·ção *s.f.* 1. Fumigação (exposição ao fumo) que se dá por baixo de alguma coisa. 2. Combustão de matérias odoríferas, para purificar a atmosfera.

su·gar *v.t.d.* 1. Chupar. 2. Extrair. 3. Extorquir; subtrair com fraude.

su·ge·rir *v.t.d.* 1. Fornecer; proporcionar. 2. Fazer que nasça no espírito. 3. Lembrar. 4. Ocasionar; promover.★

su·ges·tão *s.f.* 1. Ação ou efeito de sugerir. 2. Vontade, desejo, ideia ou sentimento provocado numa pessoa.

su·ges·ti·o·nar *v.t.d.* 1. Produzir sugestão em. 2. Estimular, inspirar.

su·ges·ti·o·ná·vel *adj.2gên.* Que se pode ou se deixa sugestionar.

su·ges·ti·vo *adj.* 1. Que sugere. 2. Que encerra uma sugestão. 3. Que inspira.

su·í·ça *s.f.* Porção de barba que se deixa crescer nas partes laterais das faces (mais usada no *pl.*: suíças).

su·i·ci·da *s.2gên.* 1. Pessoa que se suicidou. *adj.2gên.* 2. Que serviu para realizar o suicídio.

su·i·ci·dar-se *v.p.* 1. Matar a si próprio. 2. *fig.* Arruinar-se, perder-se por sua própria culpa.

su·i·cí·di·o *s.m.* 1. Ato ou efeito de suicidar-se. 2. *fig.* Ruína, perdição procurada espontaneamente.

su·í·ço *adj.* 1. Da Suíça (Europa). *s.m.* 2. O natural ou habitante desse país.

su·í·no *adj.* 1. Que se refere a porco; porcino. *s.m.* 2. Porco.

su:i·no·cul·tu·ra *s.f.* Criação de porcos.

su·í·te *s.f.* 1. *Mús.* Série de composições instrumentais de natureza e ritmos diferentes. 2. Dormitório com banheiro anexo e exclusivo.

su·jar *v.t.d.* 1. Tornar sujo; emporcalhar. 2. Perverter; tornar impuro. 3. Desmoralizar; conspurcar. *v.p.* 4. Tornar-se sujo. 5. Macular a própria honra.

su·jei·ção *s.f.* 1. Ação ou efeito de sujeitar(-se). 2. Subordinação; dependência.

su·jei·ra *s.f.* 1. Sujidade. 2. Procedimento incorreto; ação indigna.

su·jei·tar *v.t.d.* 1. Pôr debaixo. 2. Reduzir à sujeição; subjugar; dominar. 3. Constranger. *v.p.* 4. Submeter-se; render-se. *Part.*: sujeitado e sujeito.

su·jei·to *adj.* 1. Dependente. 2. Sem vontade própria. 3. Obediente. 4. Exposto. *s.m.* 5. Indivíduo indeterminado ou de quem se omite o nome. 6. *deprec.* Indivíduo qualquer; tipo. 7. *Gram.* Termo da oração a respeito do qual se afirma ou nega alguma coisa.

su·ji·da·de *s.f.* 1. Qualidade do que é sujo. 2. Excremento. 3. Porcaria; imundície.

su·jo *adj.* 1. Que não está limpo; emporcalhado. 2. Sórdido; indecoroso; desonesto. 3. Que não goza de crédito; em que não se pode confiar; desmoralizado.

sul *s.m.* 1. Ponto cardeal oposto ao norte. *Abrev.* S. 2. Vento que sopra do sul. 3. O polo austral. 4. Regiões situadas nas proximidades desse polo. 5. Região geográfica e administrativa do Brasil que inclui os estados do Paraná, Rio Grande do Sul e de Santa Catarina (inicial maiúscula). *adj.2gên.* 6. Proveniente do sul; situado no sul.

sul-a·fri·ca·no *adj.* 1. Relativo à África do Sul. *s.m.* 2. O natural ou habitante desse país. *Pl.:* sul-africanos.

sul-a·me·ri·ca·no *adj.* e *s.m.* Que ou aquele que é da América do Sul. *Pl.:* sul-americanos.

sul·car *v.t.d.* 1. Fazer sulcos em; enrugar. 2. Navegar por. 3. Atravessar; cortar.

sul·co *s.m.* 1. Rego aberto pelo arado. 2. Depressão que um navio faz na água, navegando. 3. Ruga.

sul·fa *s.f.* Substância usada no tratamento de infecções por bactérias.

sul·fa·to *s.m. Quím.* Designação genérica dos sais e ésteres do ácido sulfúrico.

súl·fur *s.m. Quím.* Enxofre.

sul·fú·ri·co *adj. Quím.* 1. Concernente ao enxofre. 2. Diz-se do ácido obtido pela combinação do enxofre com o oxigênio e o hidrogênio.

sul·fu·ri·no *adj.* Da cor do enxofre.

su·li·no *adj.* e *s.m.* Sulista.

su·lis·ta *adj.2gên.* 1. Do sul de uma região ou país. *s.2gên.* 2. Pessoa natural ou habitante do sul de uma região ou país. *V.* **solista**.

sul-ri·o·gran·den·se *adj.2gên.* e *s.2gên.* Rio-grandense-do-sul. *Pl.:* sul-rio-grandenses.

sul·ta·na *s.f.* Título dado a mulher, filha ou concubina de sultão.

sul·tão *s.m.* 1. Título que se dava ao imperador dos turcos e a alguns príncipes maometanos e tártaros. 2. *fig.* Senhor poderoso. 3. Homem que tem muitas amantes.

su·ma *s.f.* 1. Soma; resumo. 2. Substância. 3. Porção. *loc.adv.* **Em suma**: em resumo.

su·ma·gre *s.m.* 1. *Bot.* Planta de origem asiática. 2. O pó resultante da trituração das flores, folhas, etc. dessa planta, *us.* em medicina e tinturaria.

su·ma·ren·to *adj.* Que possui muito sumo, suco; suculento.

su·ma·ri·ar *v.t.d.* Tornar sumário; resumir.

su·má·ri·o *s.m.* 1. Suma; recapitulação. *adj.* 2. Resumido; simples; breve. 3. Sem formalidades.

su·mé·ri·o *adj.* 1. Da Suméria, país da antiga Mesopotâmia, característico dessa região ou de seu povo. *s.m.* 2. Indivíduo que nasceu ou viveu na Suméria. 3. Língua falada na Suméria.

su·mi·ço *s.m.* Desaparecimento.

su·mi·da·de *s.f.* 1. Qualidade do que é eminente ou alto. 2. O ponto mais alto; cimo. 3. *fig.* Pessoa de grande talento ou importância.

su·mi·di·ço *adj.* Que some facilmente.

su·mi·do *adj.* 1. Que mal se vê ou ouve; fraco; longínquo. 2. Desaparecido; magro.

su·mi·dou·ro *s.m.* 1. Abertura por onde se escoa um líquido. 2. Lugar onde desaparecem muitas coisas. 3. Coisa em que se gasta muito dinheiro.

su·mir *v.t.d.* 1. Fazer que desapareça. 2. Esconder; ocultar; disfarçar. 3. Gastar. 4. Apagar. 5. Introduzir. *v.i.* 6. Desaparecer; fugir. *v.p.* 7. Afundar-se; submergir-se.★

su·mo *adj.* 1. Muito elevado; supremo; máximo. *s.m.* 2. Suco.

sú·mu·la *s.f.* Pequena suma; sinopse; resumo.

sun·ga *s.f.* 1. Calção pequeno para banho de mar. 2. Cueca semelhante à sunga.

su·ni·ta *s.2gên.* Muçulmano ortodoxo.

sun·tu·á·ri·o *adj.* Concernente a despesas ou a luxo.

sun·tu·o·si·da·de *s.f.* Qualidade de suntuoso; grande luxo.

sun·tu·o·so (ô) *adj.* 1. Que se faz com grande despesa ou luxo. 2. Muito luxuoso; aparatoso; magnificente. *Pl.:* suntuosos (ó).

su·or (ô ou ó) *s.m.* 1. Humor aquoso através dos poros. 2. Ato de suar. 3. Estado de quem sua. 4. *fig.* Grande trabalho. 5. Resultado de grande fadiga.

su·pe·dâ·ne·o *s.m.* 1. Banco em que se descansam os pés; peanha. 2. Estrado de madeira em que o sacerdote põe os pés enquanto diz missa. 3. Suporte; base.

su·pe·ra·bun·dân·ci·a *s.f.* Qualidade de superabundante; grande abundância.

su·pe·ra·bun·dan·te *adj.2gên.* Que superabunda; demasiado.

su·pe·ra·bun·dar *v.i.* 1. Existir com superfluidade; sobejar. *v.t.i.* 2. Ser mais do que é necessário. 3. Estar cheio; transbordar.

su·pe·ra·li·men·ta·ção *s.f.* Ação de superalimentar.

su·pe·ra·li·men·tar *v.t.d.* e *v.p.* Alimentar(-se) excessivamente.

su·pe·ra·que·cer *v.t.d.* Aquecer em excesso.

su·pe·ra·que·ci·men·to *s.m.* 1. Ato de superaquecer. 2. *fig.* Grande exaltação.

su·pe·rar *v.t.d.* 1. Ser superior a. 2. Vencer; subjugar. 3. Exceder; levar vantagem.

su·pe·ra·vit (superávite) *Lat. s.m.* O que excede a despesa; saldo a favor (opõe-se a *deficit*).

su·pe·ra·vi·tá·ri·o *adj.* Que apresenta *superavit*.

su·per·cí·li·o *s.m.* Sobrancelha.

su·per·con·du·tor *adj.* Diz-se de substância que apresenta alta capacidade de condução.

su·per·do·ta·do *adj.* e *s.m.* Diz-se de ou indivíduo dotado de inteligência invulgar.

su·pe·re·go (é) *s.m. Psic.* O intermediário entre o id e o ego, uma das três divisões hipotéticas da personalidade estabelecidas por Sigmund Freud (1856-1939) para o estudo dos fenômenos psíquicos.

su·pe·res·ti·mar *v.t.d.* Dar muito valor a.

su·pe·res·tru·tu·ra *s.f.* 1. Construção feita sobre uma outra. 2. Cultura, ideias, instituições, etc. que caracterizam uma sociedade.

su·pe·rex·ci·tar (ss) *v.t.d.* Sobre-excitar.

su·per·fa·tu·ra·do *adj.* Diz-se da mercadoria ou serviço que se faturou com ágio criminoso.

su·per·fa·tu·ra·men·to *s.m.* Ato ou efeito de superfaturar.

su·per·fa·tu·rar *v.t.d.* e *v.i.* Incluir criminosamente, na fatura, mercadoria ou serviço por valor acima do real, para auferir lucro.

su·per·fi·ci·al *adj.2gên.* 1. Concernente a superfície. 2. Que está à superfície. 3. *fig.* Pouco sólido. 4. Sem fundamento; leviano.

su·per·fí·ci:e *s.f.* 1. A parte superior dos corpos. 2. *fig.* Aparência. 3. *Mat.* O comprimento e a largura considerados sem profundidade ou altura.

su·per·flu·i·da·de *s.f.* 1. Qualidade de supérfluo. 2. Aquilo que é supérfluo.

su·pér·flu:o *adj.* 1. Que sobeja. 2. Desnecessário; inútil. *s.m.* 3. O que é supérfluo.

su·per·ho·mem *s.m.* 1. Homem acima dos outros homens. 2. Indivíduo de faculdades extraordinárias. *Pl.:* super-homens.

su·pe·rin·ten·dên·ci:a *s.f.* 1. Ação ou efeito de superintender. 2. Local onde o superintendente exerce as suas funções.

su·pe·rin·ten·den·te *adj.2gên.* e *s.2gên.* Que ou pessoa que superintende.

su·pe·rin·ten·der *v.t.d.* 1. Dirigir. 2. Inspecionar como chefe; vigiar.

su·pe·ri·or *adj.2gên.* 1. Que está acima de outro. 2. Mais elevado. 3. Muito elevado. 4. Que sobrepuja outrem. 5. Que dimana da autoridade. 6. De qualidade excelente. *s.m.* 7. Aquele que exerce autoridade sobre outro. 8. O que dirige um convento.

su·pe·ri·o·ra (ô) *s.f.* Freira que dirige um convento; abadessa; prioresa.

su·pe·ri·o·ri·da·de *s.f.* 1. Qualidade de superior. 2. Preeminência; vantagem.

su·per·la·ti·vo *adj.* 1. *Gram.* Que exprime qualidade em grau muito elevado ou no mais alto grau. 2. *fig.* Muito alto; ótimo. *s.m.* 3. *Gram.* O grau superlativo.

su·per·lo·tar *v.t.d.* Lotar excessivamente; exceder a lotação de.

su·per·mer·ca·do *s.m.* Grande estabelecimento comercial, que vende por sistema de autosserviço uma diversidade de mercadorias, desde alimentos até eletrodomésticos, etc.

sú·pe·ro *adj.* Superior; supremo.

su·per·po·pu·la·ção *s.f.* Excesso de população.

su·per·por *v.t.d.* Pôr por cima; sobrepor.★

su·per·po·si·ção *s.f.* Ação ou efeito de superpor.

su·per·po·tên·ci:a *s.f.* Nação poderosa que excede a outras, embora poderosas também.

su·per·pro·du·ção *s.f.* 1. *Econ.* Produção excessiva ou maior do que a demanda. 2. Produção de cinema, televisão, teatro, etc. grandiosa e cara.

su·per·sen·sí·vel *adj.2gên.* Superior à ação dos sentidos.

su·per·sô·ni·co *adj.* Que tem a velocidade do som.

su·pers·ti·ção *s.f.* Sentimento de veneração religiosa que se funda no temor ou na ignorância, e que leva ao cumprimento de falsos deveres, a quimeras ou a confiança em coisas fantásticas e ineficazes; presságio infundado; crendice; credulidade; fanatismo.

su·pers·ti·ci·o·so (ô) *adj.* 1. Dominado pela superstição. 2. Em que há superstição. *s.m.* 3. Indivíduo supersticioso. *Pl.:* supersticiosos (ó).

su·pérs·ti·te *adj.2gên.* Sobrevivente.

su·per·ve·ni·en·te *adj.2gên.* 1. Que vem ou aparece depois de outra coisa. 2. Que sobrevém.

su·per·vi·são *s.f.* 1. Ação ou resultado de supervisionar. 2. Função ou cargo de quem supervisiona.

su·per·vi·sar *v.t.d.* O mesmo que supervisionar.

su·per·vi·si·o·nar *v.t.d.* Fazer a supervisão, o controle de algo; supervisar.

su·pe·tão *s.m.* Impulso. *loc.adv.* **De supetão**: inesperadamente; repentinamente.

su·pim·pa *adj.2gên. pop.* Excelente; ótimo.

su·pi·no *adj.* 1. Elevado; superior. 2. Deitado de costas. 3. *fig.* Completo; em alto grau.

su·plan·tar *v.t.d.* 1. Meter debaixo dos pés. 2. Calcar; pisar. 3. *fig.* Levar vantagem a; vencer; exceder. 4. Humilhar.

su·ple·men·tar *adj.2gên.* 1. Que se refere a suplemento; adicional. 2. Que amplia. 3. Suplente; auxiliar; suplementário. *v.t.d.* 4. Dar suplemento a.

su·ple·men·to *s.m.* 1. Aquilo que serve para suprir. 2. Parte que se acrescenta a um todo. 3. O que se dá a mais. 4. Caderno com matéria especial, em certos números de um jornal.

su·plên·ci·a *s.f.* 1. Ação de suprir. 2. Qualidade ou cargo de suplente.

su·plen·te *adj.2gên.* 1. Que supre. *s.2gên.* 2. Pessoa que supre; substituto.

su·ple·ti·vo *adj.* Que supre.

sú·pli·ca *s.f.* 1. Ação ou efeito de suplicar. 2. Pedido humilde. 3. Prece; oração; suplicação.

su·pli·can·te *adj.2gên.* 1. Que suplica. *s.2gên.* 2. Pessoa que suplica. 3. Requerente; impetrante.

su·pli·car *v.t.d.* Pedir instante e humildemente; implorar.

sú·pli·ce *adj.2gên.* 1. Que suplica. 2. Que se prostra, pedindo; suplicante.

su·pli·ci·ar *v.t.d.* 1. Fazer sofrer suplício a; torturar. 2. Fazer sofrer a pena de morte. 3. *fig.* Afligir; atormentar; magoar.

su·plí·ci·o *s.m.* 1. Punição corporal, imposta por justiça. 2. Execução capital; pena de morte. 3. *fig.* Aquilo que aflige; tortura; tormento. *sobrecomum* 4. *fig.* Pessoa ou coisa que aflige muito.

su·por *v.t.d.* 1. Estabelecer por hipótese. 2. Conjeturar; imaginar; presumir; considerar. *V.* **sopor**.

su·por·tar *v.t.d.* 1. Ter sobre si. 2. Sofrer; aguentar. 3. Suster; sustentar. 4. Tolerar; permitir; consentir.

su·por·tá·vel *adj.2gên.* Que se pode suportar.

su·por·te (ó) *s.m.* 1. O que suporta alguma coisa. 2. Aquilo em que alguma coisa se firma; sustentáculo; apoio.

su·po·si·ção *s.f.* 1. Ação ou efeito de supor. 2. Hipótese; conjetura.

su·po·si·tó·ri·o *s.m. Med.* Medicamento sólido, de forma cônica ou cilíndrica, que se introduz no ânus, na uretra ou na vagina.

su·pos·to (ô) *adj.* 1. Hipotético; fictício; imaginado. *s.m.* 2. Aquilo que subsiste por si. 3. Coisa suposta; hipótese. *Pl.:* supostos (ó).

su·pra·ci·ta·do *adj.* Citado acima ou anteriormente.

su·pra·di·to *adj.* Sobredito.

su·prar·re·nal *adj.2gên. Anat.* Adrenal.

su·pras·su·mo *s.m.* O ponto mais alto; o requinte.

su·pre·ma·ci·a *s.f.* 1. Superioridade. 2. Autoridade suprema. 3. Primazia; predomínio; preponderância.

su·pre·mo (ê) *adj.* 1. Que está acima de tudo ou de todos. 2. Que se refere a Deus. 3. Derradeiro.

su·pres·são *s.f.* Ação ou efeito de suprimir.

su·pres·si·vo *adj.* Que suprime.

su·pri·men·to *s.m.* 1. Ato de suprir; suplemento. 2. Auxílio; empréstimo.

su·pri·mir *v.t.d.* 1. Fazer cessar. 2. Não continuar a conceder. 3. Omitir. 4. Eliminar; cassar; anular. *Part.:* suprimido e supresso.

su·prir *v.t.d.* 1. Completar. 2. Preencher a falta de. 3. Substituir. 4. Prover; abastecer. *v.t.i.* 5. Dar o necessário para a subsistência.

su·pu·ra·ção *s.f.* Ação ou efeito de supurar.

su·pu·ra·do *adj.* Que supurou.

su·pu·rar *v.i.* 1. Lançar pus. 2. Transformar-se em pus. *v.t.d.* 3. Lançar, expelir pus.

su·pu·ra·ti·vo *adj.* 1. Que produz ou facilita a supuração. *s.m.* 2. Medicamento que facilita a saída do pus.

sur·dez *s.f.* 1. Qualidade do que é surdo. 2. Privação do sentido de ouvir.

sur·di·na *s.f. Mús.* Peça que serve para enfraquecer o som, em instrumentos de corda. *loc.adv.* **Em (à) surdina**: em tom baixo; em murmúrio.

sur·do *adj.* 1. Que não ouve ou ouve muito pouco. 2. Que mal se faz ouvir. 3. Que é pouco sonoro. 4. Feito em silêncio ou secretamente. *s.m.* 5. Indivíduo surdo.

sur·do-mu·dez *s.f.* Qualidade de surdo-mudo. *Pl.:* surdo-mudezes.

sur·do-mu·do *adj.* 1. Diz-se do indivíduo que é surdo e mudo. *s.m.* 2. Indivíduo surdo-mudo. *Pl.:* surdos-mudos.

surfar *v.t.d.* e *v.i.* 1. Praticar o surfe. 2. *Inform.* Navegar (3).

sur·fe *s.m.* Esporte em que a pessoa desliza sobre as ondas do mar, equilibrando-se, de pé, sobre uma prancha.

sur·fis·ta *s.2gên.* Praticante de surfe.

sur·gir *v.i.* 1. Aparecer, elevando-se. 2. Vir do fundo para a superfície. 3. Aparecer de repente. 4. Despontar; nascer. 5. Vir; chegar.

sur·gi·men·to *s.m.* Ação ou resultado de surgir, aparecer; aparecimento.

su·ri·na·mês *adj.* 1. Do Suriname (América do Sul). *s.m.* 2. O natural ou habitante desse país.

sur·pre·en·den·te *adj.2gên.* 1. Que surpreende. 2. Admirável; maravilhoso; magnífico.

sur·pre·en·der *v.t.d.* 1. Apanhar de improviso. 2. Apanhar em flagrante. 3. Causar surpresa a. 4. Obter de modo furtivo; conseguir de modo ardiloso. *v.p.* 5. Admirar-se; espantar-se.

sur·pre·sa (ê) *s.f.* 1. Ação de surpreender(-se). 2. Espanto; sobressalto. 3. Prazer inesperado.

sur·pre·sar *v.t.d.* Surpreender.

sur·pre·so (ê) *adj.* Admirado; pasmado.

sur·ra *s.f.* Pancadaria; sova.

sur·ra·do *adj.* 1. Pisado; maltratado. 2. Curtido. 3. Gasto pelo uso.

sur·rão *s.m.* 1. Saco de couro que se destina especialmente a farnel de pastores. 2. Homem sujo. 3. Roupa suja e gasta.

sur·rar *v.t.d.* 1. Curtir (peles). 2. Bater; fustigar; maltratar com pancadas. *v.p.* 3. Gastar-se pelo uso (peça de vestuário).

sur·re·a·lis·mo *s.m.* Escola artística, poética, literária, que se propõe a expressar, através de um puro automatismo psíquico, a atividade original do pensamento, independentemente do controle da razão e sem atender a normas estéticas ou morais.

sur·re·a·lis·ta *adj.2gên.* 1. Relativo ao surrealismo; diz-se do artista ou da obra que segue o surrealismo. *s.2gên.* 2. Artista partidário do surrealismo.

sur·ri·a·da *s.f.* 1. Descarga de artilharia. 2. Borrifos das ondas que se quebram. 3. *pop.* Escárnio; troça.

sur·ri·pi·ar *v.t.d.* Surrupiar.

sur·ru·pi·ar *v.t.d.* Furtar; tirar sorrateiramente; surripiar.

sur·ti·da *s.f.* 1. Saída de sitiados contra sitiantes. 2. Lugar próprio por onde se sai contra inimigos.

sur·tir *v.t.d.* 1. Ter como resultado; originar. *v.i.* e *v.t.i.* 2. Ter consequência (boa ou má). *V.* **sortir**.

sur·to *adj.* 1. Ancorado; fundeado. *s.m.* 2. Voo alto. 3. Ambição. 4. Arranco; impulso. 5. Irrupção (de doença ou epidemia).

su·ru·bim *s.m. epiceno Zool.* Nome de um peixe de água doce também chamado pintado.

su·ru·cu·cu *s.f. epiceno Zool.* Serpente muito venenosa.

su·ru·ru *s.m.* 1. *epiceno Zool.* Molusco comestível também chamado siriri, usado na elaboração de vários pratos, mas que também pode ser comido cru, com limão e sal. *s.m.* 2. *pop.* Desordem; briga; motim.

sus *interj.* Eia! Coragem!

sus·ce·ti·bi·li·da·de *s.f.* 1. Qualidade do que é suscetível. 2. Disposição para sentir influências ou contrair enfermidades. 3. Disposição para se melindrar facilmente.

sus·ce·ti·bi·li·zar *v.t.d.* 1. Melindrar ou ofender ligeiramente. *v.p.* 2. Melindrar-se; considerar-se ofendido.

sus·ce·tí·vel *adj.2gên.* 1. Que pode receber certas modificações, impressões ou qualidades. 2. Capaz; apto. 3. Que se ofende com facilidade. *s.2gên.* 4. Pessoa melindrosa.

sus·ci·tar *v.t.d.* 1. Dar origem a; fazer aparecer; causar. 2. Lembrar; sugerir. 3. Opor como dificuldade.

su·se·ra·no *adj. ant.* 1. Que tinha um feudo de que dependiam outros feudos; concernente a soberanos a que outros Estados ou soberanos, aparentemente autônomos, rendiam vassalagem. *s.m.* 2. Senhor feudal.

sus·pei·ção *s.f.* Suspeita; desconfiança.

sus·pei·ta *s.f.* 1. Conjetura. 2. Desconfiança mais ou menos fundada. 3. Suposição; suspeição.

sus·pei·tar *v.t.d.* 1. Ter suspeita de. 2. Supor, com mais ou menos probabilidade. 3. Presumir; recear. *v.t.i.* 4. Desconfiar; ter suspeitas.

sus·pei·to *adj.* 1. Que provoca suspeitas; duvidoso. 2. Que parece ter defeito.

sus·pen·der *v.t.d.* 1. Suster no ar; pendurar; deixar pender. 2. Sustar; interromper; fazer parar; impedir. 3. Privar dum cargo ou dos vencimentos, provisoriamente. 4. Impedir por algum tempo a publicação, o funcionamento de. 5. *fig.* Enlevar. *v.p.* 6. Equilibrar-se no ar; pendurar-se. *Part.:* suspendido e suspenso.

sus·pen·são *s.f.* 1. Ação ou efeito de suspender(-se). 2. *Quím.* Estado das substâncias sólidas que flutuam num líquido. 3. *Mús.* Prolongamento de nota ou pausa. 4. Gancho ou objeto próprio para suspender.

sus·pen·se *s.m.* Expectativa ansiosa; momento de forte tensão emocional.

sus·pen·si·vo *adj.* Que pode suspender.

sus·pen·so *adj.* 1. Pendente; pendurado. 2. Interrompido. 3. Perplexo; hesitante. 4. Parado.

sus·pen·só·ri:o *adj.* 1. Que suspende. 2. Próprio para fazer suspender.

sus·pen·só·ri:os *s.m.pl.* Tiras que, passando por cima dos ombros, seguram as calças pelo cós; alças.

sus·pi·cá·ci:a *s.f.* Qualidade de suspicaz.

sus·pi·caz *adj.2gên.* 1. Suspeito. 2. Que tem suspeita; desconfiado.

sus·pi·rar *v.t.d.* e *v.t.i.* 1. Significar por meio de suspiros. 2. Ter saudades de. 3. Exprimir com tristeza. *v.i.* 4. Dar suspiros. *v.t.i.* 5. Desejar veementemente.

sus·pi·ro *s.m.* 1. Respiração demorada e entrecortada, causada por dor ou paixão que move o ânimo. 2. Som doce e melancólico; murmúrio. 3. *Cul.* Doce feito de clara de ovo e açúcar.

sus·sur·ran·te *adj.2gên.* 1. Que sussurra. 2. Que soa vagamente; que rumoreja.

sus·sur·rar *v.t.d.* 1. Dizer em voz baixa; segredar. *v.i.* 2. Fazer sussurro; murmurar.

sus·sur·ro *s.m.* 1. Som confuso; murmúrio. 2. Ato de falar em voz baixa.

sus·tar *v.t.d.* 1. Fazer parar; interromper. *v.i.* e *v.p.* 2. Parar; suspender-se; interromper-se.

sus·te·ni·do *s.m. Mús.* Acidente musical que indica elevação de um semitom da nota que está à sua direita.

sus·ten·ta·ção *s.f.* 1. Ação de sustentar. 2. Sustentáculo; apoio. 3. Alimento. 4. Conservação.

sus·ten·tá·cu·lo *s.m.* 1. Aquilo que sustenta. 2. Apoio; amparo. 3. Base; suporte.

sus·ten·tar *v.t.d.* 1. Segurar por baixo. 2. Suster; suportar. 3. Amparar; auxiliar. 4. Defender. 5. Afirmar de modo categórico. 6. Alimentar física ou moralmente. 7. Alentar; fortificar. 8. Perpetuar. 9. Sofrer firme e resignadamente. *v.p.* 10. Conservar a mesma posição. 11. Resistir ao inimigo. 12. Alimentar-se. 13. Conservar-se; manter-se.

sus·ten·to *s.m.* Alimento; ato ou efeito de sustentar.

sus·ter *v.t.d.* 1. Segurar para que não caia. 2. Sustentar; alimentar. 3. Refrear; reprimir. 4. Moderar. 5. Conservar. *v.p.* 6. Firmar-se; conter-se; comedir-se. ★

sus·to *s.m.* Medo repentino; sobressalto; terror.

su·ta·che *s.f.* Trancinha de seda, lã ou algodão, com que se enfeitam peças de vestuário.

su·ti·ã *s.m.* Peça do vestuário feminino que sustenta ou modela os seios; porta-seios.

su·til *adj.2gên.* 1. Tênue; fino. 2. Extremamente miúdo; quase impalpável. 3. *fig.* Perspicaz; engenhoso; hábil. *s.m.* 4. Sutileza. *V.* **sútil**.

sú·til *adj.2gên.* Cosido; formado de pedaços cosidos. *V.* **sutil**.

su·ti·le·za (ê) *s.f.* 1. Qualidade do que é sutil; tenuidade. 2. Delicadeza; finura. 3. Agudeza de espírito; penetração. 4.

argumento ou dito que embaraça ou procura embaraçar outrem.

su·ti·li·zar *v.t.d.* 1. Tornar sutil; aprimorar; apurar. *v.i.* 2. Raciocinar com sutileza. 3. Disputar arguciosamente. *v.p.* 4. Tornar-se sutil. 5. Volatilizar-se. *Var.:* subtilizar.

su·tu·ra *s.f.* 1. *Med.* Costura cirúrgica das bordas de uma ferida, para juntá-las. 2. *Anat.* Nome de algumas articulações de ossos do crânio e da face. 3. *Bot.* Linhas pouco salientes, que indicam os pontos onde há de se dar a ruptura do fruto ou do invólucro.

su·ve·nir *s.m.* Objeto que os turistas adquirem nos lugares por onde passam para o guardarem como lembrança.

T t

t¹ *s.m.* 1. Vigésima letra do alfabeto. *num.* 2. O vigésimo numa série indicada por letras.

t² *s.m.* Sem ponto nem s para indicar plural, é *abrev.* de tonelada.

ta·ba *s.f.* Aldeia indígena; habitação de índios.

ta·ba·ca·ri·a *s.f.* Casa onde se vendem cigarros, charutos e demais artigos para fumantes.

ta·ba·co *s.m.* 1. *Bot.* Planta originária da América do Sul. 2. As folhas dessa planta, preparadas para fumar, cheirar ou mastigar; fumo.

ta·ba·gis·mo *s.m.* 1. Abuso do tabaco. 2. Perturbações mórbidas devidas a esse abuso.

ta·ba·quei·ra *s.f.* Recipiente (caixa, bolsa, etc.) próprio para tabaco.

ta·ba·quis·ta *s.2gên.* Pessoa que cheira ou fuma tabaco.

ta·ba·réu *s.m.* Sertanejo; matuto; caipira. *Fem.:* tabaroa.

ta·ba·tin·ga *s.f.* Argila de consistência mole e de cor esbranquiçada.

ta·be·fe (é) *s.m.* Bofetada; soco.

ta·be·la (é) *s.f.* 1. Pequena tábua, quadro ou papel em que se registra alguma coisa. 2. Escala de serviço. 3. Lista; índice. 4. Bordo interno da mesa do bilhar. 5. *Fut.* Jogada na qual dois ou mais jogadores trocam passes entre si enquanto correm. **Por tabela**: indiretamente, por meio de.

ta·be·la·men·to *s.m.* Ato ou efeito de tabelar.

ta·be·lar *v.t.d.* 1. Fazer tabela dos preços de. 2. Sujeitar a tabela os preços de. *adj.2gên.* 3. Relativo a tabela. 4. Que tem aspecto ou forma de tabela.

ta·be·li·ão *s.m.* Escrivão público, que reconhece assinaturas, faz escrituras e outros instrumentos jurídicos.

ta·be·li·nha *s.f.* 1. *Fut.* Jogada semelhante à tabela, mas a curta distância e mais rápida. 2. *Med.* Método anticoncepcional pelo qual a mulher marca seus dias férteis e evita relações sexuais nesses dias.

ta·be·li·o·a *s.f.* 1. Mulher que exerce as funções de tabelião. *adj.* 2. Diz-se das fórmulas, palavras, letras usadas nos instrumentos lavrados por tabelião.

ta·be·li·o·na·do *s.m.* Cargo ou cartório de tabelião; tabelionato.

ta·be·li·o·na·to *s.m.* Tabelionado.

ta·ber·na (é) *s.f.* Casa onde se vendem bebidas a varejo; tasca; bodega.

tabernáculo

ta·ber·ná·cu·lo *s.m.* 1. Tenda portátil em que os hebreus faziam os seus sacrifícios. 2. Parte do templo onde se guardava a Arca da Aliança.

ta·ber·nei·ro *s.m.* Dono ou empregado de taberna. *Var.:* taverneiro.

ta·bes *s.f.2núm. Med.* Afecção medular que acarreta perturbações graves da locomoção, da sensibilidade tátil e da visão.

tá·bi·do *adj.* 1. Em que há podridão; podre. 2. Que sofre de tabes.

ta·bi·que *s.m.* 1. Tapume com que se dividem interiormente as habitações. 2. Parede estreita de tijolos.

ta·bla·do *s.m.* 1. Estrado; palanque. 2. Assoalho de ponte.

ta·bloi·de (ói) *s.m.* Publicação no formato de meio jornal.

ta·bo·a (ô) *s.f. Bot.* Planta que cresce em águas paradas e rasas, e de cujas folhas se fazem esteiras e cestos. *Var.:* tabua(ú).

ta·bu *s.m.* 1. Instituição religiosa que atribui a um objeto ou pessoa caráter sagrado, interdizendo qualquer contato com essa pessoa ou objeto. 2. Esse objeto. 3. Essa pessoa. *adj.2gên.* 4. Em que não se pode tocar (objeto ou pessoa a quem se atribui caráter sagrado).

tá·bu:a *s.f.* 1. Peça plana de madeira, mais ou menos delgada. 2. Mapa; tabela.

ta·bu·a·da *s.f.* 1. Pequeno livro que contém as primeiras noções de ensino da aritmética. 2. Tabela com combinações de algarismos.

ta·bu·a·do *s.m.* 1. Tapume de tábuas. 2. Soalho.

ta·bu·ão *s.m.* Prancha; tábua grande.

tacão

tá·bu·la *s.f.* 1. Peça redonda empregada em diversos jogos de tabuleiro. 2. *ant.* Mesa (espec. mesa de jogo); távola.

ta·bu·la·do *s.m.* 1. Tapume de tábuas. 2. Soalho. 3. Palco improvisado.

ta·bu·la·dor *s.m.* Dispositivo que marca o início de parágrafos, tabelas, etc.

ta·bu·lar *adj.2gên.* 1. Relativo a tábua. 2. Que tem aspecto ou forma de tábua. *v.t.d.* 3. Ajustar o tabulador. 4. Dispor em tábua ou tabela (os dados de uma observação).

ta·bu·lei·ro *s.m.* 1. Peça, geralmente de madeira, com rebordos salientes; bandeja. 2. Quadro de madeira ou de outra substância, em que se joga xadrez, dama, etc. 3. Patamar. 4. *Geog.* Planalto arenoso e de pouca vegetação.

ta·bu·le·ta (ê) *s.f.* 1. Peça plana, ordinariamente de madeira e com letreiro, que se coloca à porta de certos estabelecimentos. 2. Anúncio; sinal; aviso.

ta·ça *s.f.* Vaso largo e pouco fundo, para conter bebida; copa.

ta·ca·cá *s.m. Reg., Cul.* Sopa de goma de mandioca, temperada com tucupi, camarão e uma planta chamada jambu.

ta·ca·da *s.f.* 1. Pancada com taco, no jogo do bilhar. 2. Grande quantidade; pancada. *De uma tacada*: de uma só vez.

ta·ca·nhi·ce *s.f.* Qualidade ou ato de tacanho.

ta·ca·nho *adj.* 1. De pequena estatura. 2. Pequeno; medíocre. 3. Sovina. 4. Velhaco. 5. Estúpido.

ta·ca·ni·ça *s.f.* Lanço do telhado que cobre ou abriga os lados do edifício.

ta·cão *s.m.* O salto do calçado.

ta·ca·pe *s.m.* Espécie de clava dos índios americanos (servia como arma ofensiva e aos sacrifícios humanos).

ta·car *v.t.d.* 1. Dar com o taco em. 2. Bater; surrar. 3. Atirar; arremessar.

ta·cha *s.f.* 1. Pequeno prego de cabeça chata. 2. Nódoa; mancha. 3. Defeito moral. *V.* **taxa**.

ta·char *v.t.d.* Pôr tacha ou defeito em; censurar; qualificar. *V.* **taxar**.

ta·chis·mo *s.m.* Tipo de pintura caracterizado por grande liberdade de improvisação e pela pincelada rápida em forma de manchas, visando à desordem cromática.

ta·cho *s.m.* Vaso largo e pouco fundo, ordinariamente com asas.

ta·cho·nar *v.t.d.* 1. Pregar com tachas. 2. Ornar com tachas vistosas.

tá·ci·to *adj.* 1. Silencioso. 2. Que não se exprime por palavras. 3. Subentendido; implícito.

ta·ci·tur·no *adj.* 1. Sombrio; silencioso. 2. Tristonho. 3. Misantropo.

ta·co *s.m.* 1. Pau comprido e roliço para jogar bilhar. 2. Pau com que se impele a bola, em certos esportes (o golfe, o polo, etc.). 3. Peça de madeira para revestimento de pisos. 4. Brincadeira infantil com bola.

ta·cô·me·tro *s.m.* Aparelho para medir a velocidade de um veículo.

ta·fe·tá *s.m.* Tecido lustroso, de seda.

ta·fo·fo·bi·a *s.f.* Medo mórbido de ser enterrado vivo.

ta·fó·fo·bo *s.m.* Aquele que sofre de tafofobia.

ta·ful *adj.2gên.* 1. Diz-se do indivíduo janota, casquilho, galante. *s.2gên.* 2. Indivíduo taful.

ta·ga·lo *adj.* e *s.m.* 1. Filipino. *s.m.* 2. Língua falada nas Filipinas.

ta·ga·re·la (é) *adj.2gên.* 1. Diz-se da pessoa que fala muito ou é indiscreta. *s.2gên.* 2. Pessoa tagarela.

ta·ga·re·lar *v.i.* 1. Falar muito. 2. Ser indiscreto.

ta·ga·re·li·ce *s.f.* 1. Hábito de tagarelar. 2. Modos de tagarela. 3. Indiscrição.

tá·gi·co *adj. Poes.* Relativo ao Tejo (rio de Portugal).

tá·gi·de *s.f. Poes.* Ninfa do Tejo (rio de Portugal).

tai·lan·dês *adj.* 1. Da Tailândia (Ásia). *s.m.* 2. O natural ou habitante desse país.

tai·nha *s.f. epiceno Zool.* Nome comum a grande número de peixes do Atlântico.

tai·o·ba (ó) *s.f. Bot.* Planta cujas folhas e tubérculos são comestíveis.

tai·pa *s.f.* Parede de barro calcado entre estacas e ripas.

tai·u·a·nês *adj.* 1. De Taiwan (antiga Formosa, Ásia). *s.m.* 2. O natural ou habitante de Taiwan.

tal *adj.2gên.* 1. Igual; análogo; semelhante. 2. Tão grande; tão bom. *pron.* 3. Este; esse; isso; aquilo; um certo. *s.2gên.* 4. *pop.* Pessoa notável em alguma coisa. **Tal (e) qual**: o mesmo, exatamente isso.

ta·la *s.f.* 1. Ação de talar. 2. Pedaço de madeira que se comprime por ligaduras a alguma parte do corpo para a manter imóvel. 3. Peça de madeira para segurar, apertando.

ta·la·bar·te *s.m.* Correia a tiracolo, à qual se prende a espada ou outra arma, e onde se firma a haste da bandeira; boldrié.

ta·la·ga·da *s.f.* Porção de bebida (alcoólica) que se toma de uma só vez.

ta·la·gar·ça *s.f.* Pano grosso e de fios ralos, onde se borda.

tá·la·mo *s.m.* 1. Leito conjugal. 2. Casamento; bodas. 3. *Bot.* Receptáculo das plantas. 4. *Anat.* Núcleos de substância cinzenta do cérebro.

ta·lan·te *s.m.* Arbítrio; vontade; desejo.

ta·lão *s.m. Anat.* 1. Parte posterior do pé. 2. Parte do calçado que corresponde ao calcanhar. *v.t.d.* 3. Parte do recibo, documento, etc., que fica com a pessoa que entregou a outra parte.

ta·lar *adj.2gén.* 1. Relativo ao talão. 2. Que desce até o calcanhar. *v.t.d.* 3. Abrir sulcos em; fazer valas em. 4. Devastar; destruir; assolar (plantações, campos).

ta·lás·si·co *adj.* 1. Relativo ao mar ou a suas águas profundas. 2. Da cor do mar.

ta·las·so·fo·bi·a *s.f. Psiq.* Medo exagerado do mar.

tal·co *s.m.* 1. *Min.* Metassilicato ácido de magnésio, mineral que, reduzido a pó, se emprega na indústria e no comércio. 2. *fig.* Falso brilho.

ta·len·to *s.m.* 1. Antiga medida grega de peso (cerca de 26 quilos). 2. Moeda grega correspondente a esse peso em ouro ou prata. 3. Aptidão; habilidade; engenho; inteligência. *sobrecomum* 4. Pessoa que tem talento.

ta·len·to·so (ô) *adj.* Que tem talento; hábil. *Pl.:* talentosos (ó).

ta·lha *s.f.* 1. Ação ou efeito de talhar; corte. 2. Lavores em madeira; entalhe. 3. Porção de metal que o buril tira, quando lavra. 4. Vaso de barro com grande bojo, para conter água.

ta·lha·da *s.f.* 1. Porção cortada de certos corpos; fatia; naco. 2. *Cul.* Doce de rapadura, gengibre e farinha de mandioca.

ta·lha·dei·ra *s.f.* Instrumento de aço para talhar.

ta·lha·do *adj.* 1. Cortado. 2. Próprio; adequado. 3. Coagulado; coalhado (leite). *s.m. Geog.* 4. Trecho de rio entre margens barrancosas. 5. Despenhadeiro.

ta·lhar *v.t.d.* 1. Fazer talho em. 2. Cortar à feição do corpo. 3. Gravar; esculpir. 4. Cortar (o pano) para fazer roupas. *v.t.d.* e *v.i.* 5. Fazer à imitação. 6. Ajustar; amoldar. 7. Predestinar; predispor. *v.i.* 8. Coagular-se (o leite). 9. Abrir-se; rachar-se.

ta·lha·rim *s.m.* Massa alimentícia em forma de tiras.

ta·lhe *s.m.* 1. Conformação do corpo; feição. 2. Feitio de qualquer objeto; talho.

ta·lher (é) *s.m.* 1. Conjunto de garfos, facas e colheres. 2. *fig.* Lugar de cada pessoa à mesa.

ta·lho *s.m.* 1. Ação ou efeito de talhar; corte. 2. Golpe dado com instrumento cortante. 3. Corte de carne, no açougue. 4. Cepo sobre que se corta a carne. 5. Forma; feição; talhe.

tá·li·o *s.m. Quím.* Metal branco, elemento de símbolo Tl e cujo número atômico é 81.

ta·lis·mã *s.m.* Objeto com sinais cabalísticos gravados em pedra ou metal, e a que se atribuem virtudes sobrenaturais; amuleto; encanto.

tal·mu·de *s.m.* Livro que contém as leis e tradições dos judeus, bem como os comentários e as especulações dos rabis.

ta·lo *s.m.* 1. *Bot.* Caule; pecíolo. 2. *Bot.* Fibra grossa que corre pelo meio das folhas da planta. 3. *Arquit.* Fuste de coluna. 4. *Bot.* Aparelho vegetativo de algas, cogumelos e liquens.

ta·ló·fi·to *s.m. Bot.* Planta sem caule nem folhas, cujo aparelho vegetativo se reduz a um talo.

ta·lo·ná·ri·o *s.m.* Conjunto de talões em bloco ou pequeno livro.

ta·lu·de *s.m.* 1. Inclinação, declive que se dá à superfície de uma obra. 2. Escarpa; rampa.

ta·lu·do *adj.* 1. Que tem talo. 2. Grande; crescido; desenvolvido.

tal·ve·gue (é) *s.m.* 1. *Geog.* Linha mais ou menos sinuosa, no fundo de um vale, pela qual correm as águas de um rio. 2. Linha de interseção dos planos de duas encostas.

tal·vez *adv.* Porventura; quiçá.

ta·man·co *s.m.* Calçado grosseiro com base de madeira.

ta·man·du·á *s.m. epiceno Zool.* Nome comum a diversos mamíferos desdentados que se alimentam de formigas, dos quais o mais comum é o tamanduá-bandeira.

ta·man·du·á-ban·dei·ra *s.m. Zool.* Mamífero maior que o tamanduá comum, encontrado nas regiões tropicais e subtropicais da América Central e do Sul, de cor predominantemente cinza, com uma faixa negra que vai do peito até o dorso, dotado de cauda longa e peluda. *Pl.:* tamanduás-bandeiras e tamanduás-bandeira.

ta·ma·nho *adj.* 1. Tão grande; tão notável. *s.m.* 2. Volume; grandeza. **Do tamanho de um bonde**: muito grande; muito alto ou volumoso (pessoa ou coisa).

tâ·ma·ra *s.f. Bot.* Fruto da tamareira.

ta·ma·rei·ra *s.f. Bot.* Palmeira originária dos desertos africanos, que dá a tâmara.

ta·ma·rin·do *s.m. Bot.* Árvore das leguminosas, cujos frutos, de mesmo nome, apresentam polpa ácida e comestível.

tam·bém *adv.* 1. Igualmente; outrossim. 2. Com efeito; aliás. *interj.* 3. Exprime leve repreensão, desgosto: Não conseguiu; também, com essa má vontade!

tam·bor *s.m.* 1. *Mús.* Caixa cilíndrica, com dois fundos de pele tensa, sobre um dos quais se toca com baqueta ou baquetas. 2. *sobrecomum* Aquele que toca tambor. 3. Tímpano do ouvido. 4. Cilindro rotatório do revólver. 5. Nome comum a vários objetos de aspecto ou forma cilíndrica.

tam·bo·re·te (ê) *s.m.* Pequeno assento, sem braços nem encosto.

tam·bo·ri·lar *v.i.* 1. Bater com os dedos numa superfície qualquer, imitando o rufar do tambor. 2. Soar com o tambor.

tam·bo·rim *s.m. Mús.* Tambor pequeno, geralmente quadrangular.

ta·mis *s.m.* 1. Peneira de seda. 2. Tecido inglês de lã.

ta·moi·o *s.2gên.* 1. Indivíduo dos tamoios, indígenas tupis que habitavam o território do atual estado do Rio de Janeiro. *adj.2gên.* 2. Relativo aos tamoios.

tam·pa *s.f.* Peça movediça com que se fecham caixas, vasos, panelas, ou com a qual se fecham garrafas, frascos, etc.

tam·pão *s.m.* 1. Tampa grande. 2. Bucha. 3. Pedaço de qualquer substância que se usa para tapar a saída do esgoto de tanques, pias, etc. 4. Porção de algodão ou gaze usado em curativos.

tampar

tam·par *v.t.d.* Pôr tampa em.

tam·pi·nha *s.f.* 1. Nome de um jogo popular. *s.2gên.* 2. *pop.* Pessoa de pequena estatura.

tam·po *s.m.* 1. Peça circular onde se entalham as aduelas das pipas, tinas, etc. 2. *Mús.* Parte anterior dos instrumentos de corda.

tam·po·nar *v.t.d.* 1. Tapar. 2. Obstruir com tampão.

tam·pou·co *adv.* Também não.

ta·na·do *adj.* Que tem cor de castanha; trigueiro; tirante a marrom.

ta·na·ju·ra *s.f. Zool.* Nome comum às fêmeas ou rainhas das abelhas, vespas, marimbondos e formigas.

ta·na·to·fo·bi·a *s.f.* Exagerado temor da morte, sintoma de hipocondria.

ta·na·tó·fo·bo *s.m.* Aquele que sofre de tanatofobia.

ta·na·to·lo·gi·a *s.f.* Tratado acerca da morte.

ta·na·tos *s.m.* 1. *Mit.* O deus da morte, na mitologia grega (inicial maiúscula). 2. *por ext.* Impulso de morte, de destruição.

tan·ga *s.f.* 1. Peça de vestuário usada para cobrir o sexo. 2. Parte de baixo do biquíni quando cavada.

tan·ga·rá *s.m. Zool.* Nome comum a diversas espécies de pássaros da América do Sul, cujos machos de penas coloridas fazem uma espécie de dança pré-nupcial.

tan·gên·ci·a *s.f. Geom.* Contato entre uma reta e uma curva ou uma superfície.

tan·gen·ci·al *adj.2gên.* Que se refere à tangente.

tan·gen·ci·ar *v.t.d.* 1. Seguir a tangente de. 2. Relacionar-se com.

tantálio

tan·gen·te *adj.2gên.* 1. Que tange. *s.f.* 2. *Geom.* Linha que toca outra ou uma superfície num só ponto. **Sair pela tangente**: sair de uma dificuldade; escapulir.

tan·ger *v.t.d.* 1. Tocar (instrumentos). 2. Tocar (alimárias) para as estimular na marcha. 3. Tocar (fole de ferreiro). *v.i.* 4. Soar. 5. Tocar instrumento. *v.t.i.* 6. Dizer respeito; referir-se.

tan·ge·ri·na *s.f. Bot.* Fruto da tangerineira.

tan·ge·ri·nei·ra *s.f. Bot.* Árvore originária da China, cujos frutos têm casca rica em óleos essenciais.

tan·gi·bi·li·da·de *s.f.* Qualidade de tangível.

tan·gí·vel *adj.2gên.* 1. Que se pode tanger. 2. Que se pode tocar ou apalpar; sensível.

tan·go *s.m.* Música e dança da Argentina.

ta·ni·no *s.m. Quím.* Substância adstringente que se extrai da casca de várias árvores, usada especialmente no curtimento de couros.

ta·no·a·ri·a *s.f.* 1. Oficina de tanoeiro. 2. Ofício, obra de tanoeiro.

ta·no·ei·ro *s.m.* Aquele que fabrica pipas, dornas e objetos análogos.

tan·que *s.m.* 1. Reservatório de pedra ou metal para conter água ou outros líquidos. 2. Reservatório, em geral de cimento ou aço inox, para lavar roupas. 3. Pequeno açude. 4. Carro de guerra, blindado.

tan·tã *s.m.* 1. *Mús.* Instrumento de percussão, coberto de uma pele, em que se bate. *adj.2gên.* 2. *pop.* Tonto; desequilibrado.

tan·tá·li·o *s.m. Quím.* Tântalo.

tan·ta·li·zar *v.t.d.* 1. Causar o suplício de Tântalo a. *v.i.* 2. Ser análogo ao suplício de Tântalo.

tân·ta·lo *s.m.* 1. *Quím.* Metal, elemento de símbolo *Ta* e cujo número atômico é 73. 2. *Mit.* Personagem da mitologia grega, condenado a sofrer o suplício da fome e sede, tendo ao alcance da mão água e frutos que, no entanto, não pode tocar (inicial maiúscula). 3. *sobrecomum fig.* Aquele que não pode usufruir das riquezas ou bens que o rodeiam.

tan·to *pron.indef.* 1. Tão numeroso; tão grande. *s.m.* 2. Porção indeterminada. 3. Quantidade; extensão; volume; igual quantidade; dobro. 4. Tal grau; tal número. *adv.* 5. Em tão alto grau; com tal força; de tal modo.

tão *adv.* Tanto (modifica advérbios e adjetivos).

ta·pa *s.m.* ou *f.* 1. Pancada com a mão aberta; bofetada. 2. Argumento irrespondível, que faz calar o adversário.

ta·pa-bu·ra·co *adj.2gên.2núm. pop.* Diz-se de pessoa que, em uma emergência, substitui outra que não pode dar continuidade a uma determinada tarefa.

ta·pa·do *adj.* 1. Que se tapou; vedado. 2. *fig.* Estúpido; bronco; ignorante; obtuso.

ta·pa-o·lho (ô) *s.m.2núm.* 1. Tabefe no olho. 2. Venda² usada sobre um dos olhos e presa por uma tira em torno da cabeça. *Pl.:* tapa-olhos.

ta·par *v.t.d.* 1. Pôr tampa em; cobrir. 2. Esconder; resguardar. 3. Pôr tapume em; vedar.

ta·pe·a·ção *s.f.* Ação de tapear, enganar, lograr.

ta·pe·a·dor *adj.* e *s.m.* Que ou o que tapeia, logra, engana, ilude.

ta·pe·ar *v.t.d.* 1. Lograr; enganar; iludir. *v.i.* 2. Induzir a engano. *V.* **estapear**.

ta·pe·ça·ri·a *s.f.* 1. Peça de estofo lavrado ou bordado, para soalhos, paredes ou móveis. 2. *fig.* A relva e as flores que cobrem um terreno. 3. Fábrica de tapetes, cortinas, móveis estofados, etc. 4. Ofício de tapeceiro.

ta·pe·cei·ro *s.m.* 1. Aquele que fabrica ou vende tapetes. 2. Decorador de residências, encarregado dos tapetes, cortinas, etc. 3. Aquele que trabalha em revestimentos do interior de automóveis.

ta·pe·ra (é) *s.f.* 1. Habitação, fazenda, aldeia abandonada. 2. Lugar deserto e feio. 3. Casa em ruínas. 4. Estabelecimento rural abandonado.

ta·pe·te (ê) *s.m.* 1. Peça de estofo com a qual se cobrem soalhos, escadas, etc.; alcatifa. 2. Pequena peça de ornato que se coloca junto de camas e sofás. 3. *fig.* Relva; alfombra; campo florido.

ta·pi·chi *s.m.* Novilho que se encontra no ventre da vaca abatida.

ta·pi·o·ca (ó) *s.f.* 1. Fécula da raiz da mandioca, usada na alimentação. 2. *Cul.* Beiju com uma camada de coco ralado no interior. 3. *epiceno Zool.* Nome de um peixe semelhante à sardinha.

ta·pir *s.m. epiceno Zool.* Anta.

ta·piz *s.m.* Tapete.

ta·pi·zar *v.t.d.* 1. Atapetar. *v.p.* 2. Cobrir-se (de flores, de relva, etc.).

ta·po·na (ô) *s.f. pop.* Tapa; pancada.

ta·pui·a *s.2gên.* Tapuio.

ta·pui·o *s.m.* 1. Nome que os tupis davam aos gentios inimigos. 2. Nome por que se designa o índio bravio. 3. Nome que se dá no Norte ao índio manso ou ao mestiço de índio. 4. Mestiço trigueiro de cabelos lisos e pretos.

tapulho

ta·pu·lho *s.m.* O que se usa para tapar.

ta·pu·me *s.m.* 1. Vedação de um terreno, feita com tábuas. 2. Cerca.

ta·qua·ra *s.f. Bot.* Nome comum a várias espécies de bambus.

ta·qua·ral *s.m.* Lugar onde crescem taquaras.

ta·quei·ra *s.f.* 1. Utensílio em que se guardam os tacos de bilhar. 2. *Bot.* Variedade de abóbora pequena e chata.

ta·qui·car·di·a *s.f. Med.* Pulsação do coração mais rápida que o normal.

ta·qui·gra·far *v.t.d.* Estenografar.

ta·qui·gra·fi·a *s.f.* Estenografia.

ta·quí·gra·fo *s.m.* Estenógrafo.

ta·quí·me·tro *s.m.* Instrumento com que se avalia a velocidade de um veículo; tacômetro.

ta·ra *s.f.* 1. Desconto no peso da mercadoria, equivalente ao peso do invólucro ou recipiente em que vai ser acondicionada. 2. Quebra; falha. 3. *fig.* Anomalia física ou moral. 4. Defeito; mácula.

ta·ra·do *adj.* 1. Que tem marcado o peso da tara. *adj. e s.m.* 2. Diz-se de, ou indivíduo moralmente desequilibrado, sobretudo o que comete crimes sexuais. 3. *gír.* Apaixonado.

ta·ra·me·la (é) *s.f.* 1. Peça afixada ao batente de porta ou cancela, que serve para as fechar. 2. *fig.* Pessoa tagarela. *Var.:* tramela.

ta·ra·me·lar *v.i.* 1. Dar à língua; falar muito. *v.t.d.* 2. Dizer; pronunciar. *Var.:* taramelear.

ta·ran·te·la (é) *s.f.* Música e dança, de movimento rápido, geralmente em compasso de 3 por 8, característica de Nápoles (Itália).

tarifário

ta·rân·tu·la *s.f. epiceno Zool.* Nome vulgar de uma aranha venenosa.

ta·rar *v.t.d.* 1. Pesar alguma coisa para descontar a tara (1). 2. Marcar o peso da tara em embalagem, carroceria de caminhão, etc.

tar·dan·ça *s.f.* Ação de tardar; demora.

tar·dar *v.t.d.* 1. Demorar; adiar; retardar. *v.i.* 2. Demorar-se; vir tarde. *v.t.i.* 3. Demorar.

tar·de *adv.* 1. Depois de passado o tempo próprio. 2. A horas adiantadas. *s.f.* 3. Espaço de tempo entre o meio-dia e a noite.

tar·di·nha *s.f.* O fim da tarde.

tar·di·o *adj.* 1. Tardo. 2. Que chega tarde ou que vem fora do tempo próprio.

tar·do *adj.* 1. Que se move lentamente. 2. Preguiçoso; vagaroso. 3. Que tem dificuldade em compreender.

ta·re·co (é) *s.m.* 1. Traste velho. 2. Utensílio de pouco ou nenhum valor. 3. Indivíduo de pouco juízo. 4. Indivíduo buliçoso; traquinas.

ta·re·fa (é) *s.f.* 1. Porção de trabalho que se deve fazer em determinado tempo; empreitada. 2. Encargo; ocupação.

ta·re·fei·ro *adj. e s.m.* 1. Que ou aquele que se encarrega de uma tarefa; empreiteiro. 2. Diz-se de ou trabalhador cujo salário é calculado por tarefa.

ta·ri·fa *s.f.* 1. Pauta de direitos alfandegários, ou de preços do transporte de cargas ou do correio. 2. Registro do valor especial de um gênero.

ta·ri·far *v.t.d.* 1. Aplicar tarifa a. 2. Submeter a tarifa. 3. Fixar por tarifa os preços de.

ta·ri·fá·ri:o *adj.* Concernente a tarifas.

ta·rim·ba *s.f.* 1. Estrado sobre o qual dormem os soldados nos quartéis e postos de guarda. 2. *fig.* Vida de soldado. 3. Prática; experiência.

ta·rim·ba·do *adj.* Experiente; que conhece bem seu ofício ou profissão.

tar·ja *s.f.* 1. Ornato de pintura, desenho ou escultura, na orla de um objeto. 2. Traço preto em sinal de luto, nas margens do papel. 3. Cercadura; guarnição.

tar·ja·do *adj.* 1. Cercado de tarja. 2. *fig.* Gravado.

tar·je·ta (ê) *s.f.* Pequena tarja.

tar·la·ta·na *s.f.* Tecido transparente, próprio para forros de vestuário.

ta·rô *s.m.* Espécie de baralho com cartas grandes e com desenhos diversos, usado espec. por cartomantes.

tar·ra·co *adj.* 1. Diz-se do homem baixo e gordo. *s.m.* 2. Homem tarraco.

tar·ra·fa *s.f.* 1. Rede de pesca. 2. Espécie de renda.

tar·ra·xa (ch) *s.f.* 1. Parafuso. 2. Cavilha; cunha. 3. Utensílio de serralheiro com que se fazem as roscas dos parafusos.

tar·ro *s.m.* Vaso em que se recolhe o leite, quando se ordenha.

tar·so *s.m.* 1. *Anat.* Parte posterior do pé, composta de sete ossículos encravados uns nos outros. 2. Terceiro artículo das pernas das aves, a contar de sua articulação com o tronco.

tar·ta·mu·de·ar *v.i.* 1. Gaguejar. 2. Falar com voz trêmula em virtude de susto ou medo. *v.t.d.* 3. Gaguejar; balbuciar.

tar·ta·mu·dez (ê) *s.f.* Qualidade, defeito de tartamudo; gaguez.

tar·ta·mu·do *adj.* e *s.m.* Que ou o que tartamudeia, que tem dificuldade em falar; gago.

tár·ta·ro *s.m.* 1. Substância que o vinho deixa pegado à parede das vasilhas. 2. *Odont.* Incrustação calcária que se forma sobre os dentes. 3. Depósito que se forma no interior das caldeiras. 4. *Poes.* O Inferno.

tar·ta·ru·ga *s.f. epiceno Zool.* Quelônio aquático que se caracteriza por dois escudos ósseos que lhe cobrem o corpo.

tar·tu·fi·ce *s.f.* Ação, dito de tartufo.

tar·tu·fo *s.m.* 1. Indivíduo hipócrita. 2. Falso devoto.

ta·ru·go *s.m.* Espécie de torno com que se prendem duas peças, espec. de madeira.

tas·ca *s.f.* Baiuca; taberna.

tas·car *v.t.d.* 1. Atacar, tirar, pegar. 2. Agredir fisicamente; bater, espancar. *v.t.d. e i.* 3. Aplicar algo de repente em alguma coisa ou alguém. 4. Atear, pôr (fogo) em; tacar.

tas·co *s.m.* 1. Pedaço ou porção, geralmente de alimento. 2. Taberna, tasca.

tas·sa·lho *s.m.* Grande pedaço; grande fatia; naco.

ta·ta·me *s.m.* Espécie de tapete japonês feito de palha de arroz, coberto por uma esteira de junco.

ta·ta·ra·ne·to (é) *s.m.* Filho de bisneto ou bisneta.

ta·ta·ra·vô *s.m.* Pai de bisavô ou bisavó.

ta·te·ar *v.t.d.* 1. Aplicar o tato a; apalpar. 2. Investigar, pesquisar. *v.i.* 3. Tocar nas coisas (com as mãos, com os pés, com uma bengala, etc.).

ta·tei·o *s.m.* Ato de tatear.

ta·ti·bi·ta·te *adj.2gên.* e *s.2gên.* 1. Que ou pessoa que articula mal as palavras. 2. Tartamudo; gago. 3. Tímido; acanhado.

tá·ti·ca *s.f.* 1. Arte de dispor e ordenar tropas para o combate. 2. *fig.* Maneira hábil que se emprega para dirigir qualquer negócio.

tá·ti·co *adj.* 1. Que se refere à tática. *s.m.* 2. Indivíduo perito em tática.

tá·til *adj.2gên.* 1. Concernente ao tato. 2. Que se pode tatear.

ta·to *s.m.* 1. Sentido que nos permite avaliar a solidez, a temperatura, a forma e a extensão dos corpos. 2. Ato de apalpar. 3. *fig.* Habilidade; vocação. 4. Prudência.

ta·tu *s.m. epiceno Zool.* Nome comum a diversos mamíferos cavadores, envolvidos por uma carapaça de placas ósseas.

ta·tu·a·gem *s.f.* 1. Ação ou efeito de tatuar. 2. O desenho ou pintura tatuados.

ta·tu·ar *v.t.d.* 1. Introduzir, sob a epiderme, substâncias corantes para apresentar na pele desenhos e pinturas. 2. Pintar ou desenhar por esse processo.

ta·tu·bo·la *s.m. Zool.* Tipo de tatu que, para se defender, enrola-se completamente em sua própria carapaça, ficando com o formato de uma bola. *Pl.:* tatus-bolas e tatus-bola.

ta·tu·ra·na *s.f. epiceno Zool.* Nome comum às lagartas capazes de provocar queimaduras na pele de quem as toca.

tau·ma·tur·go *adj.* e *s.m.* Que ou aquele que faz milagres.

tau·ri·no *adj.* 1. Que se refere a touro. *adj.* e *s.m.* 2. *Astrol.* Diz-se de ou aquele que nasceu sob o signo de Touro.

tau·ro·ma·qui·a *s.f.* Arte de tourear.

tau·to·lo·gi·a *s.f.* Impropriedade que consiste na falsa demonstração de uma tese mediante a repetição, dela mesma, com palavras diferentes.

tau·xi·a (cs) *s.f.* Obra de embutidos de metal em aço ou em ferro.

tau·xi·ar (cs) *v.t.d.* 1. Lavrar de tauxia; embutir. 2. Corar; ruborizar.

ta·ver·na (é) *s.f.* Taberna.

ta·ver·nei·ro *s.m.* Taberneiro.

tá·vo·la *s.f.* Tábula, mesa.

ta·vo·la·gem *s.f.* 1. Casa onde se realizam jogos de azar; cassino. 2. Vício do jogo; jogatina.

ta·xa (ch) *s.f.* 1. Regulamento para o preço de mercadorias. 2. Preço legal. 3. Imposto; tributo. 4. Número indicativo de porcentagem. *V.* **tacha**.

ta·xa·ção (ch) *s.f.* Ação ou efeito de taxar.

ta·xar (ch) *v.t.d.* 1. Regular, determinar o preço de. 2. Limitar; moderar. 3. Lançar imposto sobre. *v.t.d.* e *v.i.* 4. Fazer ou conceder reguladamente. 5. Fixar uma porção, uma quantia. *V.* **tachar**.

ta·xa·ti·vo (ch) *adj.* 1. Que taxa. 2. Que limita; restrito. 3. Imperativo; categórico.

tá·xi (cs) *s.m.* Automóvel de aluguel; carro de praça.

ta·xi·ar (cs) *v.i.* Movimentar o avião na pista, preparando-se para decolar, ou depois de pousar.

ta·xis·ta (cs) *s.2gên.* Motorista de táxi.

ta·xi·der·mi·a (cs) *s.f.* Arte de empalhar animais.

ta·xí·me·tro (cs) *s.m.* Aparelho que mede a distância percorrida por um veículo e a quantia que tem de pagar aquele que utiliza esse veículo.

ta·xi·o·no·mi·a (cs) *s.f.* 1. Classificação científica. 2. *Bot.* Estudo da classificação das plantas.

tchau *interj.* Até logo!; Adeus!

tche·co (é) *adj.* 1. Da República Tcheca (Europa). *s.m.* 2. O natural ou habitante desse país.

te *pron.pess.* Caso oblíquo, 2ª pessoa do sing.

tê *s.m.* Nome da vigésima letra do nosso alfabeto, *t*.

te·á·ce·as *s.f.pl.* Plantas que têm por tipo o chá.

te·ar *s.m.* Máquina para tecer.

te·a·tral *adj.2gên.* 1. Que se refere ou pertence a teatro. 2. *fig.* Exagerado; ostentoso.

te·a·tra·li·da·de *s.f.* Qualidade do que é teatral.

te·a·tra·li·za·ção *s.f.* Ação de teatralizar.

te·a·tra·li·zar *v.t.d.* 1. Tornar teatral. 2. Adaptar ao teatro.

te·a·tro *s.m.* 1. Arte de representar. 2. Edifício, lugar onde se representam peças de teatro, óperas, etc. 3. Coleção de peças teatrais de um autor, de uma nação, de uma época. 4. *fig.* Lugar onde ocorre algum acontecimento memorável.

te·a·tró·lo·go *s.m.* Aquele que escreve peças teatrais.

te·bai·da *s.f.* Retiro; solidão; ermo.

te·ce·du·ra *s.f.* 1. Ação de tecer. 2. Os fios que se cruzam com a urdidura. 3. *fig.* Intriga.

te·ce·la·gem *s.f.* 1. Tecedura. 2. Ofício de tecelão. 3. Fábrica de tecidos.

te·ce·lão *s.m.* 1. O que tece pano ou trabalha em teares. 2. Empregado de tecelagem. *Fem.:* tecelã.

te·cer *v.t.d.* 1. Fazer (teia), tramando fios com fios; entrelaçar; urdir. 2. Compor (obra que exige trabalho, paciência, cuidado). *v.i.* 3. Fazer teias. 4. Exercer o ofício de tecelão. 5. Fazer intrigas; mexericar. *v.p.* 6. Entrelaçar-se. 7. Organizar-se.

te·ci·do *adj.* 1. Que se teceu. *s.m.* 2. Textura de fios que se cruzam (urdidura e trama); pano. 3. *Biol.* Conjunto organizado de células de origem comum e igualmente diferenciadas para o desempenho de certas funções num organismo vivo.

te·cla (é) *s.f.* 1. Peça que com a pressão do dedo faz soar o instrumento musical de que faz parte. 2. Cada uma das peças correspondentes às letras do alfabeto, aos números, etc. (em teclado de computador, telefone, etc.). *Bater na mesma tecla*: insistir no mesmo assunto.

te·cla·do *s.m.* 1. Conjunto de teclas de instrumento musical ou de máquina. 2. *Inform.* Dispositivo periférico, cujas teclas permitem a digitação de dados e a seleção de funções (correspondente em inglês: *keyboard*).

te·clar *v.t.d.* 1. Pressionar tecla ou teclas. 2. Operar o teclado. *v.i.* 3. Pressionar as teclas.

tec·né·ci·o *s.m. Quím.* Elemento metal de símbolo **Tc** e cujo número atômico é 43.

téc·ni·ca *s.f.* Parte material ou conjunto de processos de uma arte, de um ofício, etc.

tec·ni·cis·mo *s.m.* 1. Condição ou qualidade do que é técnico. 2. Vocabulário próprio da área técnica ou tecnológica. 3. *pej.* Valorização exagerada da técnica ou da tecnologia; uso excessivo do vocabulário próprio dessas áreas.

téc·ni·co *adj.* 1. Que pertence a uma arte ou a uma ciência. *s.m.* 2. Aquele que conhece a fundo uma arte ou uma ciência; perito.

tec·ni·co·lor (ó) *adj.2gên.* 1. Diz-se de um processo cinematográfico em cores. 2. *por ext.* Diz-se de qualquer filme colorido. *s.m.* 3. Processo ou filme tecnicolor.

tec·no·cra·ci·a *s.f.* 1. Predominância e influência dos técnicos. 2. Os tecnocratas.

tec·no·cra·ta *s.2gên.* Político, administrador ou funcionário que procura soluções técnicas ou racionais, desprezando aspectos humanos e sociais.

tec·no·lo·gi·a *s.f.* Conjunto de princípios científicos que se aplicam aos diversos ramos de atividade.

tec·no·ló·gi·co *adj.* Relativo à tecnologia.

te·co-te·co (ê) *s.m.* Avião de pequenas dimensões; monomotor. *Pl.:* teco-tecos.

tec·tô·ni·ca *s.f.* 1. *Geol.* Estudo da estrutura da crosta terrestre e as forças internas que agem sobre ela. 2. *Constr.* Arte de construir edifícios.

té·di·o *s.m.* Aborrecimento; enfado; desgosto; fastio.

te·di·o·so (ô) *adj.* 1. Aborrecido; fastidioso. 2. Que produz tédio. 3. Em que há tédio. *Pl.:* tediosos (ó).

te·gu·men·to *s.m.* 1. *Anat.* Tudo o que reveste exteriormente o corpo humano ou animal. 2. *Bot.* Invólucro da semente.

tei·a *s.f.* 1. Tecido de linho, algodão, etc. 2. Rede feita pela aranha. 3. Conjunto. 4. Estrutura. 5. Organismo. 6. Intriga; enredo.

tei·ma *s.f.* 1. Ação de teimar. 2. Obstinação; teimosia; insistência.

tei·mar *v.t.i.* 1. Obstinar-se; insistir. *v.i.* 2. Ser teimoso. *v.t.d.* 3. Insistir em; pretender com insistência.

tei·mo·si·a *s.f.* 1. Qualidade do que é teimoso. 2. Teima excessiva.

tei·mo·si·ce *s.f.* Teimosia.

tei·mo·so (ô) *adj.* 1. Que teima; persistente. *s.m.* 2. Aquele que teima. *Pl.:* teimosos (ó).

te·í·na *s.f.* Substância de natureza alcaloide encontrada na folha do chá, semelhante à cafeína.

te·ís·mo *s.m.* Doutrina que admite a existência de Deus e a sua ação providencial no Universo.

te·ís·ta *adj.2gên.* e *s.2gên.* Diz-se de ou pessoa sectária do teísmo.

tei·ú *s.m. epiceno Zool.* O maior dos lagartos brasileiros, com até 2 m de comprimento.

te·la (é) *s.f.* 1. Teia; tecido. 2. Pano sobre o qual se pintam quadros. 3. Quadro. 4. Painel inteiramente branco sobre o qual se projetam filmes cinematográficos. 5. Tecido de arame, próprio para cercados. 6. Objeto de discussão. 7. Momento em que se discute.

te·lão *s.m.* 1. Pano com anúncios, que pendia adiante do pano de boca, nos teatros. 2. Tela de grandes dimensões para a transmissão de programas de televisão.

te·le·a·tor *s.m.* Ator de televisão. *Fem.:* teleatriz.

te·le·co·mu·ni·ca·ção *s.f.* Conjunto de meios de comunicação à distância; telégrafo, telefone, rádio, telex, fax, televisão, etc.

te·le·con·fe·rên·ci:a *s.f. Inform.* Reunião de pessoas que se encontram em pontos diferentes e se comunicam em tempo real por meio do computador, geralmente utilizando equipamentos de som e vídeo.

te·le·du·ca·ção *s.f.* Ensino a distância, realizado por meio de rádio, televisão, internet, etc.

te·le·fé·ri·co *adj.* 1. Que transporta ao longe. *s.m.* 2. Tipo de ascensor suspenso por cabos para o transporte aéreo de pessoas ou cargas.

te·le·fo·na·da *s.f.* Telefonema.

te·le·fo·nar *v.t.d.* 1. Comunicar pelo telefone. *v.t.i.* 2. Fazer comunicações pelo telefone. *v.i.* 3. Fazer uso do telefone.

te·le·fo·ne *s.m.* Aparelho para a transmissão da palavra a grandes distâncias.

te·le·fo·ne·ma *s.m.* Comunicação telefônica.

te·le·fo·ni·a *s.f.* Processo de transmissão da palavra falada ou de sons a distância.

te·le·fô·ni·co *adj.* Que se refere à telefonia ou ao telefone.

te·le·fo·nis·ta *s.2gên.* Pessoa que trabalha em estação ou companhia telefônica.

te·le·fo·to (ó) *s.f.* 1. Fotografia transmitida ou obtida por meio de ondas radioelétricas. 2. Aparelhagem ou equipamento para o envio e recebimento desse tipo de fotografia.

te·le·fo·to·gra·fi·a *s.f.* O mesmo que telefoto.

te·le·gra·far *v.t.d.* 1. Comunicar pelo telégrafo. *v.t.i.* 2. Enviar notícias pelo telégrafo. *v.i.* 3. Mandar telegrama.

te·le·gra·fi·a *s.f.* Sistema de comunicação pelo telégrafo.

te·le·grá·fi·co *adj.* 1. Concernente a telégrafo. 2. Que se expediu pelo telégrafo. 3. *fig.* Que se transmite rapidamente. 4. Lacônico; resumido.

te·le·gra·fis·ta *s.2gên.* Pessoa que trabalha em Estação ou posto telegráfico, em terra ou a bordo.

te·lé·gra·fo *s.m.* 1. Aparelho para transmitir comunicações a grandes distâncias. 2. Estação ou posto telegráfico.

te·le·gra·ma *s.m.* Comunicação telegráfica.

te·le·gui·ar *v.t.d.* Guiar a distância.

te·le·jor·nal *s.m.* Noticiário de televisão.

te·le·jor·na·lis·mo *s.m.* Jornalismo de televisão.

tele·mar·ket·ing (telemárquetin) *Ingl. s.m.* Uso do telefone para oferta de produtos e serviços diversos.

te·le·no·ve·la (é) *s.f.* Novela de televisão.

te·le·ob·je·ti·va *s.f.* Objetiva para fotografar objetos distantes.

te·le·o·lo·gi·a *s.f.* Doutrina acerca das causas finais; conjunto de especulações que se aplicam à noção de finalidade.

te·le·pa·ta *adj.2gên.* e *s.2gên.* Que ou pessoa que tem a faculdade da telepatia.

te·le·pa·ti·a *s.f.* 1. Visão do que se passa ao longe. 2. Transmissão do pensamento ou do sentimento, sem intervenção dos sentidos. 3. Estado de quem vê e conhece o que se passa ao longe.

te·le·pá·ti·co *adj.* Relativo à telepatia.

te·les·có·pi·co *adj.* 1. Concernente ao telescópio. 2. Só visível com auxílio do telescópio.

te·les·có·pi·o *s.m.* Instrumento de óptica com que se observam os astros ou objetos muito distantes.

te·les·pec·ta·dor *adj.* e *s.m.* Diz-se de ou espectador de televisão.

te·le·te·a·tro *s.m.* Peça teatral transmitida pela televisão.

te·le·vi·são *s.f.* 1. Transmissão da imagem a grandes distâncias, por meio de ondas eletromagnéticas. 2. *por ext.* Aparelho receptor dessa imagem; televisor.

te·le·vi·si·o·nar *v.t.d.* Transmitir pela televisão.

te·le·vi·sor *s.m.* Aparelho receptor de televisão; televisão.

te·le·vi·so·ra (ô) *s.f.* Estação de televisão.

te·lex (é, cs) *s.m.* 1. Processo de comunicação telegráfica bilateral. 2. A comunicação recebida ou transmitida por esse processo.

te·lha (ê) *s.f.* 1. Peça, feita de barro cozido, vidro, etc., e que serve para a cobertura de edifícios. 2. *fam.* Mania. *Dar na telha*: resolver, decidir.

te·lha·do *s.m.* 1. Parte externa da cobertura de um edifício. 2. Conjunto das telhas que cobrem uma construção.

te·lha·vã *s.f.* 1. Telha que não leva argamassa. 2. Telhado sem forro. *Pl.:* telhas-vãs.

te·lhei·ro *s.m.* 1. Fabricante de telhas. 2. Alpendre com simples cobertura de telhas, no qual se abrigam pessoas ou animais, e onde se guardam utensílios de lavoura.

te·lú·ri·co *adj.* 1. Que se refere ao telúrio. 2. Referente à Terra.

te·lú·ri·o *s.m. Quím.* Corpo simples, de símbolo *Te* e cujo número atômico é 52.

te·ma (ê) *s.m.* 1. Assunto, proposição que se quer provar ou desenvolver. 2. Texto em que se baseia um sermão, uma conferência, um exercício de redação. 3. *Gram.* Radical acrescido da vogal temática; ama (*am + a*). É o elemento que recebe a desinência: *ama + va*, amava. 4. *Mús.* Motivo sobre o qual se desenvolve toda a partitura.

te·má·ri·o *s.m.* Conjunto dos temas a serem abordados em congresso, simpósio, etc.

te·má·ti·co *adj. Gram.* Que se refere ao tema.

te·men·te *adj.2gên.* Que teme.

te·mer *v.t.d.* 1. Ter medo de. 2. Tributar grande respeito a. *v.i.* e *v.t.i.* 3. Sentir susto ou temor.

te·me·rá·ri·o *adj.* Precipitado; imprudente; arriscado; audaz.

te·me·ri·da·de *s.f.* Qualidade do que é temerário; ousadia; imprudência; arrojo.

te·me·ro·so (ô) *adj.* 1. Que tem medo. 2. Que infunde temor; terrível. *Pl.:* temerosos (ó).

te·mi·do *adj.* 1. Que causa medo, que assusta. 2. Valente; destemido.

te·mí·vel *adj.2gên.* 1. Que causa temor. 2. Que se pode ou se deve temer.

te·mor *s.m.* 1. Medo; receio. 2. Sentimento de respeito ou reverência. 3. O que causa medo.

têm·pe·ra *s.f.* 1. Ação ou efeito de temperar. 2. *Metal.* Banho de água fria em que se introduzem metais candentes para os enrijar. 3. Pintura em que as tintas foram desfeitas com água ou cola. 4. *fig.* Índole; caráter.

tem·pe·ra·do *adj.* 1. Em que se deitou tempero. 2. Suavizado; moderado. 3. Agradável; delicado. 4. Metal submetido à têmpera.

tem·pe·ra·men·tal *adj.2gên.* 1. Relativo ao temperamento. 2. Que segue os impulsos do temperamento; impulsivo. *s.2gên.* 3. Pessoa temperamental.

tem·pe·ra·men·to *s.m.* 1. Estado fisiológico; constituição do corpo. 2. Constituição moral; caráter; índole.

tem·pe·ran·ça *s.f.* 1. Qualidade do que é moderado, ou do que modera paixões e apetites. 2. Sobriedade; parcimônia.

tem·pe·ran·te *adj.2gên.* Que tem temperança; sóbrio; parcimonioso.

tem·pe·rar *v.t.d.* 1. Misturar proporcionalmente. 2. Moderar o gosto ou sabor de. 3. Deitar tempero em. 4. Dar consistência a metais. 5. Afinar (instrumentos de sons fixos). 6. Conciliar; compor. 7. Acrescentar; aliar. *v.t.i.* 8. Concordar.

tem·pe·ra·tu·ra *s.f.* 1. Nível de calor que existe num ambiente ou num corpo. 2. Grau sensível de calor ou frio. 3. Febre. 4. *fig.* Situação ou estado moral. 5. *fig.* Atividade.

tem·pe·ro (ê) *s.m.* 1. Condimento que se deita na comida. 2. Estado da comida que se temperou. 3. Meio de efetuar ou dirimir um negócio. 4. Têmpera. 5. Paliativo. 6. Remédio.

tem·pes·ta·de *s.f.* 1. Agitação violenta da atmosfera, geralmente acompanhada de chuva, trovões, granizo; temporal; procela. 2. *fig.* Agitação moral. 3. Grande perturbação. *Tempestade em copo de água*: grande agitação por motivo frívolo.

tem·pes·ti·vo *adj.* Que vem ou sucede no tempo próprio; oportuno. *V. intempestivo.*

tem·pes·tu·o·so (ô) *adj.* 1. Que traz tempestade; proceloso. 2. Sujeito a tempestades. 3. *fig.* Violento. 4. Muito agitado. *Pl.:* tempestuosos (ó).

tem·plo *s.m.* 1. Edifício destinado ao culto religioso. 2. Monumento em honra de uma divindade.

tem·po *s.m.* 1. Duração das coisas. 2. Sucessão de dias, horas, momentos. 3. Duração limitada. 4. Período; época. 5. Os séculos. 6. Estado atmosférico. 7. Estação. 8. Idade. 9. Ocasião oportuna. 10. Conjuntura; ensejo. 11. *Mús.* Parte de peça musical, em que o andamento muda. 12. *Mús.* Duração de cada parte do compasso. 13. *Gram.* Flexão verbal que indica o momento ou a época em que se realiza o fato. *A tempo e a hora*: no momento adequado. *Dar tempo ao tempo*: esperar por um resultado com confiança. *Em dois tempos*: rapidamente. *Fechar o tempo*: ter início uma briga, um motim. *Ganhar tempo*: adiar uma solução até o aparecimento de uma nova oportunidade. *Lutar contra o tempo*: tentar concluir uma tarefa que se tem pouco tempo para realizar. *Não ter tempo nem para se coçar*: estar muito ocupado.

têm·po·ra *s.f. Anat.* Nome dado a cada uma das regiões laterais da cabeça; fonte (3).

tem·po·ra·da *s.f.* 1. Grande ou certo espaço de tempo. 2. Época destinada à realização de alguma coisa.

tem·po·ral *adj.2gên.* 1. Temporário; que passa com o tempo. 2. Que dura certo tempo. 3. Secular, profano, mundano. 4. *Anat.* Concernente às têmporas. *s.m.* 5. Tempestade.

tem·po·rão *adj.* 1. Que vem ou sucede antes ou fora do tempo apropriado. 2. Diz-se do fruto que amadurece antes ou depois do tempo próprio. 3. Diz-se do filho que nasce muito depois do irmão que o precede.

tem·po·rá·ri·o *adj.* 1. Que dura certo tempo. 2. Transitório; provisório. 3. Concernente a tempo.

têm·po·ras *s.f.pl.* 1. Os três dias de jejum que há numa semana, em cada estação do ano (segundo o rito católico). 2. *Anat.* Partes laterais da cabeça entre o olho, a fronte, a orelha e a face.

tem·po·ri·zar *v.t.d.* 1. Demorar; adiar; retardar. *v.t.i.* 2. Haver-se com delonga. 3. Condescender; contemporizar. *v.i.* 4. Adiar, esperar outra ocasião.

te·na·ci·da·de *s.f.* 1. Qualidade do que é tenaz. 2. *fig.* Contumácia; apego.

tê·nar *s.m. Anat.* Saliência, na palma da mão, formada pelos músculos do polegar.

te·naz *s.f.* 1. Instrumento parecido com uma tesoura, que serve para segurar ferro em brasa, tirar ou pôr peças nas forjas, etc. *adj.2gên.* 2. Que segura com firmeza; muito aderente. 3. Constante. 4. Pertinaz.

ten·ção *s.f.* Resolução; intento; plano. *V.* **tensão**.

ten·ci·o·nar *v.t.d.* 1. Fazer tenção de. 2. Planejar; projetar.

ten·da *s.f.* 1. Barraca de campanha. 2. Abrigo improvisado. 3. Pequeno estabelecimento de merceeiro. 4. Pequena oficina de ferreiro, sapateiro, etc. 5. Local onde se realizam sessões de umbanda.

ten·dão *s.m. Anat.* Feixe de fibras em que terminam os músculos e que se insere nos ossos.

ten·dên·ci·a *s.f.* 1. Ação ou força pela qual um corpo tende a mover-se para alguma parte. 2. Propensão; inclinação; disposição; vocação.

ten·den·ci·o·so (ô) *adj.* Que mostra tendência ou propósito de desagradar ou prejudicar; malévolo. *Pl.:* tendenciosos (ó).

ten·den·te *adj.2gên.* 1. Que tende, que se inclina. 2. Que tem vocação.

ten·der *v.t.d.* 1. Estender. 2. Encher. 3. Desfraldar. 4. Bater e arredondar na masseira (o pão que se vai cozer). *v.t.i.* 5. Ter vocação. 6. Propender; visar; dirigir-se; ter em vista; inclinar-se. *v.p.* 7. Estender-se.

ten·di·nha *s.f.* Bar ou mercadinho modesto; birosca.

te·ne·bro·so (ô) *adj.* 1. Coberto de trevas; muito escuro. 2. *fig.* Terrível; pérfido. 3. Aflitivo; pungente. *Pl.:* tenebrosos (ó).

te·nên·ci·a *s.f.* 1. Função ou posto de tenente. *pop.* 2. Cuidado, precaução, prudência. 3. Força, vigor.

te·nen·te *s.m.* 1. *Mil.* Posto militar imediatamente inferior ao de capitão. 2. Aquele que substitui o chefe, na ausência deste.

te·nes·mo (ê) *s.m. Med.* Sensação dolorosa na bexiga ou na região anal, com desejo contínuo mas inútil de urinar ou evacuar.

tê·ni:a *s.f. Zool.* Verme intestinal também chamado solitária.

tê·nis *s.m.2núm.* 1. Jogo que se pratica com bola e raquete, num campo dividido ao meio por uma rede de malha. 2. Calçado de lona e sola de borracha, de feitios diversos.

tê·nis de me·sa *s.m.2núm.* Jogo parecido com o pingue-pongue.

te·nis·ta *s.2gên.* Pessoa que joga tênis.

te·nor *s.m.* 1. Voz de homem, mais alta que a de barítono. 2. Homem que tem essa voz.

tenorino

te·no·ri·no *s.m.* Tenor que canta em falsete.

ten·ro *adj.* 1. Delicado; brando; mole. 2. Pouco crescido.

ten·são *s.f.* 1. Qualidade, estado do que é tenso. 2. Força expansiva. 3. Força elástica dos gases e vapores. *V.* **tenção**.

ten·so *adj.* 1. Que se estendeu com força; retesado. 2. *fig.* Muito aplicado.

ten·sor *adj.* 1. Que estende. 2. *Anat.* Que estende um membro, um órgão (músculo).

ten·ta·ção *s.f.* 1. Ação ou efeito de tentar. 2. Desejo ardente. 3. Coisa que tenta. *s.f.* 4. Pessoa que tenta.

ten·ta·cu·lar *adj.2gên.* Concernente a tentáculo.

ten·tá·cu·lo *s.m. Zool.* Apêndice móvel, não articulado, órgão de preensão e movimento de alguns invertebrados.

ten·ta·dor *adj.* 1. Que tenta. *s.m.* 2. Aquele que tenta. 3. *fig.* O Diabo.

ten·ta·me *s.m.* Tentativa, ensaio. *Var.:* tentâmen. *Pl.:* tentames e tentâmenes.

ten·tar *v.t.d.* 1. Empregar meios para conseguir. 2. Mostrar intento de; pretender. 3. Empreender; arriscar. 4. Sondar; experimentar. 5. Instigar para o mal. 6. Causar desejo a. *v.p.* 7. Deixar-se seduzir. 8. Apetecer muito alguma coisa.

ten·ta·ti·va *s.f.* Experiência; ensaio; prova.

ten·te·ar *v.t.d.* 1. Apalpar. 2. Experimentar. 3. Examinar. 4. Tentar. 5. Dar atenção a. 6. Distribuir com parcimônia.

ten·ti·lhão *s.m. epiceno Zool.* Pássaro canoro.

teorema

ten·to *s.m.* 1. Atenção. 2. Precaução. 3. Peça com que se marcam pontos no jogo. 4. Cálculo; ponto marcado numa contenda. ***Tomar tento:*** prestar atenção.

tê·nu:e *adj.2gên.* 1. Delgado. 2. Sutil; grácil. 3. Frágil; débil. 4. Pouco importante.

te·nu·i·da·de *s.f.* Qualidade do que é tênue.

te·o·cra·ci·a *s.f.* Governo exercido pela classe sacerdotal.

te·o·cra·ta *s.2gên.* 1. Pessoa que exerce o poder teocrático. 2. Membro de teocracia.

te·o·crá·ti·co *adj.* Concernente à teocracia.

te·o·di·cei·a *s.f.* Parte da teologia que trata da justiça de Deus.

te·o·fa·ni·a *s.f.* Aparição ou revelação da divindade.

te·o·go·ni·a *s.f.* 1. Genealogia dos deuses. 2. Conjunto de divindades cujo culto constitui o sistema religioso de um povo politeísta.

te·o·lo·gal *adj.2gên.* Pertencente ou relativo à teologia.

te·o·lo·gi·a *s.f.* Ciência de Deus, da religião, das coisas divinas.

te·o·ló·gi·co *adj.* Concernente à teologia.

te·ó·lo·go *s.m.* 1. Aquele que se dedica à teologia. 2. Indivíduo que escreve tratados teológicos.

te·or *s.m.* 1. Conteúdo, texto de uma escrita. 2. *fig.* Maneira; norma; sistema. 3. Qualidade. 4. Proporção de uma substância num todo.

te·o·re·ma (ê) *s.m.* Proposição que, para ser evidente, precisa de demonstração.

teoria

te·o·ri·a *s.f.* 1. Parte especulativa de uma ciência (em oposição a prática). 2. Conjunto de conhecimentos que explicam certa ordem de fatos ou fenômenos. 3. Opiniões sistematizadas; noções gerais. 4. Hipótese; conjetura.

te·ó·ri·co *adj.* 1. Concernente a teoria; teorético. *s.m.* 2. Aquele que conhece os princípios de uma arte. 3. *fam.* Utopista.

te·o·ri·zar *v.t.d.* 1. Expor teorias sobre. 2. Reduzir a teorias; metodizar.

te·o·so·fi·a *s.f.* 1. Ciência de Deus. 2. Ciência religiosa que tem por objeto a união com Deus.

te·o·só·fi·co *adj.* Relativo à teosofia.

te·o·so·fis·ta *s.2gên.* Pessoa sectária das teorias teosóficas.

te·ó·so·fo *s.m.* Aquele que se dedica às teorias teosóficas.

te·pi·dez *s.f.* 1. Estado do que é tépido. 2. *fig.* Frouxidão; tibieza.

té·pi·do *adj.* 1. Pouco quente; temperado. 2. *fig.* Tíbio; débil.

te·qui·la *s.f.* Aguardente mexicana feita de uma planta da América Central, o *agave tequilana*.

ter *v.t.d.* 1. Possuir; haver. 2. Segurar nas mãos ou entre as mãos; suster; agarrar. 3. Gozar; usufruir. 4. Conquistar; adquirir; receber. 5. Sentir; sofrer. 6. Conter; encerrar. 7. Dirigir; administrar. 8. Ser dotado de. 9. Dar à luz. 10. Estar na idade de. 11. Valer; importar. 12. Abranger; compreender. 13. Trajar. 14. Poder dispor de. 15. Deter; fazer parar. 16. Revelar (qualidade ou aptidão). 17. Ser dominado, possuído ou dirigido por. 18. Estar confiado a. *v.p.* 19. Manter-se firme. 20. Confiar. 21. Considerar-se; julgar-se. *Ter por onde*: ter meios para. *Não ter nada a ver*: não ter valor; não corresponder à realidade. *Não ter onde cair morto*: estar na miséria. ★

te·ra·peu·ta *s.2gên.* 1. Pessoa que exerce a terapêutica. 2. Pessoa versada em indicações terapêuticas.

te·ra·pêu·ti·ca *s.f. Med.* 1. Parte da medicina que trata da escolha e administração dos meios de curar doenças, e da natureza dos remédios. 2. Tratamento das doenças; terapia.

te·ra·pêu·ti·co *adj.* Relativo à terapêutica.

te·ra·pi·a *s.f.* Terapêutica.

te·ra·to·lo·gi·a *s.f.* Descrição e classificação das monstruosidades.

te·ra·to·ló·gi·co *adj.* Concernente à teratologia.

tér·bi:o *s.m. Quím.* Elemento metálico do grupo das terras raras, de símbolo *Tb* e cujo número atômico é 65.

ter·ça (ê) *s.f.* 1. A terça parte de um todo. 2. Forma reduzida de terça-feira.

ter·çã *adj.* 1. Diz-se da febre cujos acessos se repetem de três em três dias. *s.f.* 2. Febre terçã.

ter·ça-fei·ra *s.f.* Terceiro dia da semana começada no domingo. *Terça-feira gorda*: último dia do carnaval.

ter·çar *v.t.d.* 1. Misturar três coisas. 2. Cruzar; atravessar. 3. Dividir em três partes. *v.t.i.* 4. Intervir. 5. Combater; pugnar; brigar.

ter·cei·ri·zar *v.t.d. Econ.* Transferir a terceiros serviços de uma empresa.

ter·cei·ro *num.* 1. Ordinal correspondente a três. *s.m.* 2. O que, numa série de três, ocupa o último lugar. 3. Intercessor; medianeiro.

ter·ce·to (ê) *s.m.* 1. *Poes.* Estrofe de três versos. 2. *Mús.* Concerto de três vozes ou três instrumentos.

ter·ci·á·ri:o *adj.* 1. Que está ou vem em terceiro lugar. 2. *Geol.* Diz-se do período geológico imediatamente anterior ao atual.

ter·ço (ê) *num.* 1. Terceiro. 2. Fracionário correspondente a três. *s.m.* 3. A terça parte de um todo. 4. A terça parte do rosário.

ter·çol *s.m. Med.* Pequeno tumor no bordo das pálpebras.

te·re·bin·ti·na *s.f. Quím.* Nome comum às resinas extraídas de certas coníferas.

te·re·bran·te *adj.2gên.* 1. Que terebra. 2. Diz-se das dores cuja sensação se compara à de uma verruma penetrando no corpo.

te·re·brar *v.t.d.* Furar com verruma; perfurar.

te·re·ré *s.m.* Refresco de mate sorvido com bombilha e feito com água fria.

te·re·si·nen·se *adj.2gên.* 1. De Teresina (PI), característico dessa cidade ou de seu povo. *s.2gên.* 2. Pessoa que nasceu ou vive nessa cidade.

ter·gal *s.m.* Nome de um tecido de fibra sintética.

ter·gi·ver·sa·ção *s.f.* 1. Ação de tergiversar. 2. Rodeios; evasivas.

ter·gi·ver·sar *v.i.* 1. Voltar as costas. 2. Usar de subterfúgios; buscar evasivas.

ter·mal *adj.2gên.* Diz-se das águas medicinais cuja temperatura excede 25 graus centígrados.

ter·mas (é) *s.f.pl.* Estabelecimento onde se faz uso de águas termais.

tér·mi·co *adj.* Concernente às termas ou ao calor.

ter·mi·na·ção *s.f.* 1. Ação de terminar; conclusão. 2. Extremidade. 3. Remate.

ter·mi·nal *adj.2gên.* 1. Concernente a fim, termo, remate. 2. Que termina. 3. Que está na extremidade ou no fim. *s.m.* 4. Estação, porto, aeródromo ou outro local considerado como fim de linha de qualquer sistema de transporte.

ter·mi·na·li·da·de *s.f.* Conclusão; fim; término.

ter·mi·nan·te *adj.2gên.* 1. Que termina. 2. Categórico; decisivo.

ter·mi·nar *v.t.d.* 1. Pôr termo a; concluir; findar. 2. Ocupar a extremidade. *v.i.* 3. Chegar a seu termo; findar. *v.p.* 4. Ter por limite.

ter·mi·na·ti·vo *adj.* 1. Terminante. 2. Que faz terminar.

tér·mi·no *s.m.* 1. Termo; limite; fim. 2. Baliza.

ter·mi·no·lo·gi·a *s.f.* 1. Tratado dos termos técnicos de uma arte ou ciência. 2. O conjunto desses termos. 3. Emprego de palavras peculiares a um escritor.

tér·mi·ta *s.f. epiceno Zool.* Inseto também conhecido pelo nome de *cupim*.

ter·mo *s.m.* 1. Limite; fim. 2. Baliza. 3. Prazo. 4. Espaço; área; circunvizinhança; praia. 5. Confins. 6. Teor; maneira; forma; palavra considerada quanto à sua significação. 7. Expressão peculiar a uma ciência ou arte. 8. *Mat.* Cada uma das quantidades que compõem uma proporção, uma progressão, etc. 9. *Gram.* Elemento de uma oração.

ter·mos *s.m.pl.* Modos; ações; procedimento. **Em termos**: relativamente; guardadas as devidas proporções.

ter·mo·di·nâ·mi·ca *s.f. Fís.* Parte da física que trata das relações existentes entre os fenômenos térmicos e os mecânicos.

ter·mô·me·tro *s.m.* 1. *Fís.* Instrumento com que se mede a temperatura dos corpos. 2. *fig.* Indicação de um estado, ou de certas condições físicas ou morais.

ter·mos·ta·to *s.m. Fís.* Dispositivo automático destinado a manter a temperatura de um corpo ou de um ambiente.

ter·ná·ri:o *adj.* 1. Formado de três. 2. *Mús.* Diz-se do compasso que se divide em três tempos iguais.

ter·nei·ro *s.m. Zool.* 1. Bezerro ou bezerra. 2. Feto do gado vacum.

ter·no (é) *adj.* 1. Meigo; sensível; afetuoso. 2. Brando; suave. 3. Que causa dó. *s.m.* 4. Grupo de três, trio; trindade. 5. Carta de jogar ou dado com três pintas. 6. Vestuário masculino que se compõe de três peças (paletó, calça e colete). 7. Mobiliário composto de uma poltrona e dois sofás.

ter·nu·ra *s.f.* 1. Qualidade do que é terno. 2. Meiguice; carinho; afeto brando.

ter·ra (é) *s.f.* 1. *Astron.* Planeta que habitamos (inicial maiúscula). 2. Solo sobre o qual se anda. 3. Parte branda do solo, que produz os vegetais. 4. Parte sólida da superfície do globo. 5. Pó; poeira. 6. Povoação; localidade; região; pátria. 7. Propriedade rural. 8. Campo. *Botar, deitar, lançar por terra*: arrasar, destruir. *Descer à terra*: morrer.

ter·ra a ter·ra *adj.2gên.2núm.* Comum, trivial (3).

ter·ra·ço *s.m.* Cobertura plana de um edifício; eirado.

ter·ra·co·ta (ó) *s.f.* Produtos de cerâmica e escultura, mais ou menos delicados, que foram cozidos em forno.

ter·ral *adj.2gên.* 1. Relativo à terra ou pertencente a ela; terrestre. 2. Diz-se do vento que sopra da terra para o mar. *s.m.* 3. Vento com essa característica.

ter·ra·no·va *s.m. epiceno Zool.* Grande cão de pelo longo e sedoso, proveniente de Terra Nova (Canadá). *Pl.:* terras-novas e terra-novas.

ter·ra·pla·na·gem *s.f.* Ação de terraplanar, nivelar a terra.

ter·ra·pla·nar *v.t.d.* Formar terraplano em; encher de terra.

ter·ra·pla·no *s.m.* Terreno cujos desníveis e depressões foram preenchidos com terra e pedras.

ter·rá·que:o *adj.* Concernente ao globo terrestre.

ter·rei·ro *s.m.* 1. Espaço de terra, plano e largo. 2. Local onde se realizam cultos afro-brasileiros.

ter·re·mo·to (ó) *s.m.* Tremor de terra.

ter·re·no (ê) *s.m.* 1. Espaço de terra cultivável ou próprio para construções. 2. Camada de terra ou rocha, considerada quanto à extensão que ocupa e quanto ao modo e época de sua formação. 3. Ramo de atividade. 4. Setor; assunto. *adj.* 5. Terrestre; mundano. ***Ganhar terreno***: conquistar vantagens. ***Perder terreno***: perder vantagens. ***Sondar o terreno***: sondar o ânimo, a capacidade, a situação.

tér·re:o *adj.* 1. Concernente a terra. 2. Próprio da terra. 3. Que fica ao rés do chão.

ter·res·tre (é) *adj.2gên.* 1. Relativo à Terra. 2. Relativo a, ou que vem da terra. 3. Que vive na Terra. 4. Mundano.

ter·rí·co·la *adj.2gên.* e *s.2gên.* Diz-se de ou pessoa ou animal que habita a Terra.

ter·ri·fi·can·te *adj.2gên.* Que terrifica.

ter·ri·fi·car *v.t.d.* Causar terror a; apavorar; assustar.

ter·ri·na *s.f.* Vaso em que se serve a sopa à mesa.

ter·ri·to·ri·al *adj.2gên.* Concernente a território.

ter·ri·to·ri·a·li·da·de *s.f.* Condição daquilo que faz parte do território de um Estado.

ter·ri·tó·ri·o *s.m.* 1. Terreno mais ou menos extenso. 2. Área de um país, província, cidade etc. 3. Jurisdição. 4. Área de uma jurisdição.

ter·rí·vel *adj.2gên.* 1. Que infunde terror. 2. Que produz resultados funestos; horrível. 3. Extraordinário; enorme. 4. Traquinas; peralta. 5. Casquilho; conquistador.

ter·ror *s.m.* 1. Qualidade de terrível. 2. Pavor; pânico; grande medo. 3. Regime político caracterizado por prisões e morticínios.

ter·ro·ris·mo *s.m.* 1. Sistema de governo por meio de terror ou de medidas violentas. 2. Modo de coagir, ameaçar ou influenciar outras pessoas pelo uso sistemático do terror.

ter·ro·ris·ta *adj.2gên.* 1. Diz-se da pessoa que é partidária do terrorismo. *s.2gên.* 2. Pessoa terrorista.

ter·ro·so (ô) *adj.* 1. Que tem cor, aspecto, mistura ou natureza de terra. 2. Baço. 3. Terreno; térreo. *Pl.:* terrosos (ó).

ter·so (é) *adj.* 1. Puro; limpo. 2. Brilhante. 3. Correto, vernáculo: estilo terso.

ter·sol (ó) *s.m. ant.* Toalha de igreja com que o sacerdote limpava as mãos.

ter·tú·li·a *s.f.* 1. Reunião familiar. 2. Agrupamento de amigos. 3. Assembleia literária.

te·são *s.m.* 1. Tesura; ímpeto. 2. *pop.* Desejo sexual. 3. Estado que se caracteriza pela ereção do pênis. 4. *sobrecomum* Indivíduo que inspira desejo sexual. 5. *gír.* Qualquer coisa excitante, estimulante, que causa prazer.

te·se (é) *s.f.* 1. Proposição para ser defendida. 2. Proposição formulada nas escolas superiores para ser defendida em público. 3. Assunto; tema; objeto. *Em tese*: em princípio; em teoria.

te·so (ê) *adj.* 1. Tenso; esticado; inteiriçado. 2. Imóvel; firme. 3. Intrépido. 4. Rijo; forte. 5. Impetuoso. 6. Pertinaz; inflexível.

te·sou·ra *s.f.* 1. Instrumento cortante composto de duas lâminas reunidas por um eixo, sobre que se movem. 2. Armação de madeira em forma de tesoura, sobre a qual assentam os telhados. 3. *epiceno Zool.* Espécie de andorinha.

te·sou·rar *v.t.d.* 1. Cortar com tesoura. *v.t.d.* e *v.i. pop.* 2. Falar mal de algo ou alguém.

te·sou·ras *s.f.pl. Zool.* Primeiras penas da asa de uma ave.

te·sou·ra·ri·a *s.f.* 1. Cargo ou repartição do tesoureiro. 2. Lugar onde se guarda ou se administra o tesouro público, os dinheiros de uma associação, etc.

te·sou·rei·ro *s.m.* 1. Funcionário da administração do tesouro público. 2. O encarregado da tesouraria.

te·sou·ro *s.m.* 1. Grande quantidade de dinheiro ou de objetos preciosos. 2. Lugar onde se guardam ou se encontram esses objetos. 3. Objetos de grande valia. 4. Coisa ou pessoa (*sobrecomum*) por que se nutre grande estima. 5. Ministério da Fazenda; erário.

tes·si·tu·ra *s.f.* 1. *Mús.* Disposição das notas para se acomodarem a certa voz ou a certo instrumento. 2. *fig.* Contextura. 3. Organização.

tes·ta (é) *s.f. Anat.* 1. Parte do rosto entre os olhos e a raiz dos cabelos anteriores da cabeça; fronte. 2. Frente. **À testa de**: no comando de. **Comer com a testa**: ver o que se deseja, mas que não se pode obter. **Enfeitar a testa de**: trair a pessoa com que se tem amor carnal.

tes·ta·da *s.f.* 1. Parte da rua ou estrada que fica à frente de um prédio. 2. Erro; asneira; tolice. 3. Mau negócio. 4. Pancada com a testa.

tes·ta de fer·ro *s.m.* Indivíduo que se apresenta como responsável por atos praticados por outrem. *Pl.:* testas de ferro.

tes·ta·dor *adj.* e *s.m.* 1. Que ou o que faz testamento. 2. Que ou aquele que testa.

tes·ta·men·tal *adj.2gên.* 1. Que se refere a testamento. 2. Que tem a natureza de testamento.

tes·ta·men·tá·ri·o *adj.* 1. Testamental. *s.m.* 2. Aquele que herda por testamento.

tes·ta·men·tei·ro *s.m.* Aquele que cumpre ou faz cumprir um testamento.

tes·ta·men·to *s.m.* Declaração autêntica através da qual alguém dispõe dos seus bens, em benefício de outrem, para depois de sua morte.

tes·tar *v.t.d.* 1. Deixar ou legar em testamento; deixar por morte. 2. Deixar em disposição testamentária. 3. Pôr à prova; experimentar. *v.i.* 4. Fazer testamento. *v.t.i.* 5. Dispor de alguma coisa em testamento. 6. Dar testemunho.

tes·te (é) *s.m.* 1. Prova, exercício com que se avalia psicológica ou pedagogicamente o indivíduo; prova mental. 2. Lista de questões, etc., que servem para provas dessa natureza.

tes·tei·ra *s.f.* Testada; parte dianteira; frente.

tes·te·mu·nha *s.f.* 1. Pessoa que ouviu ou presenciou algum fato ou dito, e dele pode dar pormenores. 2. Essa pessoa, quando chamada a dar testemunho daquele fato ou dito. 3. Pessoa chamada a assistir a certos atos autênticos ou solenes. 4. Espectador. *V.* **testemunho**.

tes·te·mu·nhal *adj.2gên.* 1. Concernente a testemunhas. 2. Feito por testemunhas.

tes·te·mu·nhar *v.t.d.* 1. Dar testemunho acerca de. 2. Ver; verificar. 3. Demonstrar; manifestar; expressar. *v.t.d.* e *v.i.* 4. Confirmar; comprovar. 5. Revelar. *v.t.i.* 6. Servir de testemunha. 7. Dar testemunho.

tes·te·mu·nho *s.m.* 1. Declaração de uma testemunha em juízo; depoimento. 2. Prova. 3. Vestígio; sinal; indício. *V.* **testemunha**.

tes·tí·cu·lo *s.m. Anat.* Cada uma das duas glândulas sexuais masculinas.

tes·ti·fi·car *v.t.d.* 1. Testemunhar; declarar. 2. Assegurar; certificar. 3. Comprovar.

te·su·ra *s.f.* 1. Qualidade ou estado de teso. 2. Vaidade; orgulho.

te·ta (ê) *s.f.* 1. Glândula mamária; úbere. 2. *fig.* Manancial.

té·ta·no *s.m. Med.* Doença que se caracteriza pela rigidez dos músculos, comum ao homem e aos animais.

te·tei·a (éi) *s.f.* 1. Brinquedo de criança. 2. Coisa graciosa. *sobrecomum* 3. Pessoa muito graciosa.

te·to (é) *s.m.* 1. Parte superior e interna de casa ou aposento. 2. *por ext.* Abrigo; habitação. 3. *pop.* Cabeça; juízo. 4. *Aeron.* Altura da parte inferior de uma camada de nuvens.

te·tra·e·dro (é) *s.m. Geom.* Poliedro de quatro faces.

te·trá·go·no *s.m.* 1. *Geom.* Polígono de quatro ângulos e quatro lados. *adj.* 2. Tetragonal.

te·tra·ne·to (é) *s.m.* Filho de trineto ou trineta.

te·tras·sí·la·bo *adj. Gram.* 1. De quatro sílabas. *s.m.* 2. Palavra ou verso de quatro sílabas.

te·tra·vô *s.m.* Pai de trisavô ou trisavó.

té·tri·co *adj.* 1. Tenebroso; medonho; horrível. 2. Fúnebre. 3. Grave; severo. 4. Triste.

teu *pron.poss.* 1. De ti; próprio de ti; que te pertence. *s.m.* 2. O que te pertence. *Fem.:* tua. *Pl.:* teus, tuas.

te·ur·gi·a *s.f.* 1. Espécie de magia. 2. Arte de fazer milagres.

te·ur·go *s.m.* Aquele que pratica a teurgia.

teus *s.m.pl.* A família; os amigos da pessoa com quem se fala.

teu·tão *adj.* 1. Relativo aos teutões, antigo povo da Germânia, próprio ou típico desse povo. *s.m.* 2. Indivíduo pertencente a esse povo. 3. *Linguíst.* Língua falada por esse povo.

te·vê *s.f.* Televisão.

têx·til (s) *adj.2gên.* 1. Que se pode tecer. 2. Próprio para ser tecido. 3. Concernente a tecelões.

tex·to (s) *s.m.* 1. Conjunto de palavras, de frases escritas. 2. As próprias palavras de um autor, de um livro, de um escrito. 3. Palavras que se citam para demonstrar alguma coisa.

tex·tu·al (s) *adj.2gên.* 1. Concernente ao texto. 2. Conforme o texto. 3. Fielmente transcrito. 4. Citado.

tex·tu·ra (s) *s.f.* 1. Ação de tecer. 2. Contextura. 3. Trama; urdidura. 4. Rede.

te·xu·go (ch) *s.m.* 1. *epiceno Zool.* Animal mamífero carnívoro. 2. *pop.* Indivíduo muito nutrido.

tez (ê) *s.f.* 1. Epiderme do rosto; cútis. 2. Epiderme.

ti *pron.pess.* Forma oblíqua de **tu** quando regida de preposição: Falávamos de ti.

ti·a *s.f.* 1. Irmã do pai ou da mãe em relação aos filhos destes. 2. Mulher do tio em relação aos sobrinhos deste. 3. *fam.* Solteirona. **Ficar para tia**: não casar, ficar solteirona.

ti·a·ra *s.f.* 1. Mitra do papa. 2. Dignidade pontifícia. 3. Espécie de diadema com que se prendem ou enfeitam os cabelos.

tí·bi·a *s.f.* 1. *Anat.* O mais grosso dos dois ossos da perna. 2. Terceira articulação da perna dos insetos. 3. Flauta de pastor.

ti·bi·e·za (ê) *s.f.* 1. Qualidade de tíbio. 2. Frouxidão; indolência.

tí·bi·o *adj.* 1. Tépido. 2. Frouxo; indolente. 3. Escasso.

ti·ção *s.m.* Pedaço de lenha acesa ou meio queimada.

ti·co·ti·co *s.m. epiceno Zool.* Ave passeriforme da família dos canários. *Pl.:* tico-ticos.

ti·e·te (é) *s.2gên. gír.* Admirador; fã.

ti·fo *s.m. Med.* 1. Doença infecciosa. 2. Nome que se dá impropriamente à febre tifoide.

ti·foi·de (ói) *adj.2gên.* Que se assemelha ao tifo.

ti·fo·so (ô) *adj.* 1. Tifoide. *s.m.* 2. Indivíduo atacado de tifo. *Pl.:* tifosos (ó).

ti·ge·la (é) *s.f.* 1. Espécie de xícara grande, sem asa. 2. Vaso de barro.

ti·gre *s.m. Zool.* Mamífero felídeo carnívoro. *Fem.:* tigresa.

ti·jo·lo (ô) *s.m.* 1. Peça de barro cozido destinada a construções. 2. Doce ou pedaço de doce sólido de forma retangular. *Pl.:* tijolos (ó).

ti·ju·co *s.m.* Atoleiro; lama; lodaçal.

til *s.m.* Sinal (~) que dá caráter nasal às vogais a e o: pão, põe.

tíl·bu·ri *s.m.* Antigo carro de dois assentos, geralmente coberto, de duas rodas e puxado por um só cavalo.

ti·lin·tar *v.i.* 1. Soar como campainha, sino ou moeda. *v.t.d.* 2. Fazer tilintar.

ti·mão *s.m.* 1. Peça comprida do carro ou do arado a que se atrelam os animais que os puxam. 2. Lança de carruagem; tirante. 3. *Náut.* Barra do leme. 4. *por ext.* O leme. 5. *fig.* Direção; governo.

tim·ba·le *s.m.* 1. *Mús.* Tambor de metal, em forma de meio globo e coberto de uma pele tensa sobre a qual se toca; tímpano. 2. *Cul.* Tipo de pastel que tem a forma de uma taça em pé.

tim·bó *s.m. Bot.* Nome comum a diversas plantas temporariamente tóxicas, usadas para facilitar a pesca.

tim·brar *v.t.d.* 1. Pôr timbre em. 2. Qualificar. *v.i.* 3. Fazer questão. 4. Caprichar. 5. Gabar-se; ufanar-se.

tim·bre *s.m.* 1. Marca; sinal. 2. Carimbo. 3. Divisa. 4. *fig.* Honra; orgulho legítimo. 5. Remate; cúmulo. 6. *Fís., Mús.* Qualidade distintiva de um som. 7. *Mús.* Qualidade sonora de uma voz ou de um instrumento.

ti·me *s.m.* 1. *Desp.* Conjunto dos atletas que constituem a equipe; quadro. 2. *por ext.* Grupo de pessoas; turma. **Do segundo time**: que não é o mais importante. **Jogar no time de**: simpatizar com alguém. **Tirar o time de campo**: ir embora; abandonar uma situação.

ti·mi·dez *s.f.* 1. Qualidade de tímido. 2. Acanhamento. 3. Fraqueza.

tí·mi·do *adj.* 1. Que tem temor; receoso. 2. Frouxo; débil.

ti·mo·nei·ro *s.m.* 1. O que governa o timão. 2. *fig.* Aquele que dirige qualquer coisa; guia.

ti·mo·ra·to *adj.* 1. Tímido. 2. Que receia errar. 3. Medroso. 4. Acanhado.

tím·pa·no *s.m.* 1. Membrana que separa a orelha média da externa. 2. *Mús.* Timbale.

tím·pa·nos *s.m.pl. fig.* Ouvidos.

tim-tim *interj.* 1. Saudação com copos. *s.m.* 2. Ruído desses copos. *Pl.:* tim-tins. *loc.adv.* **Tim-tim por tim-tim**: com todos os pormenores; minuciosamente.

ti·na *s.f.* 1. Vasilha de aduelas, espécie de dorna pequena. 2. Vaso de pedra ou metal em que se tomam banhos.

tin·gir *v.t.d.* 1. Meter em tinta ou molhar com tinta, alterando a cor primitiva. 2. Dar certa cor a; colorir. 3. Ruborizar. *v.p.* 4. Tomar certa cor. *Part.:* tingido e tinto.

tin·gui *s.m. Bot.* Planta que, lançada à água, tem a propriedade de matar o peixe.

ti·nha *s.f.* 1. *Med.* Doença da pele e do couro cabeludo, também chamada *porrigem*. 2. *fig.* Defeito; mácula.

ti·nho·rão *s.m. Bot.* Planta ornamental, muito cultivada por sua rara beleza.

ti·nho·so (ô) *adj.* 1. Que tem tinha. 2. *fig.* Repugnante; nojento. *s.m.* 3. *pop.* O Diabo. *Pl.:* tinhosos (ó).

ti·ni·do *s.m.* 1. Ato de tinir. 2. Som vibrante de metal ou vidro.

ti·nir *v.i.* 1. Soar aguda ou vibrantemente (metal ou vidro). 2. Zunir. 3. Sentir grande fome ou apetite. 4. Tiritar de frio ou de medo.

ti·no *s.m.* 1. Juízo. 2. Discrição. 3. Prudência. 4. Circunspecção. 5. Senso; atenção.

tin·ta *s.f.* 1. Líquido de qualquer cor para escrever, tingir ou imprimir. 2. Sinal; vestígio. 3. Pequena dose. 4. Matiz. *Carregar nas tintas*: exagerar ao fazer uma descrição ou relato.

tin·tei·ro *s.m.* Pequeno vaso para conter tinta de escrever.

tin·to *adj.* 1. Que se tingiu. 2. *fig.* Manchado; enodoado. 3. Designativo do vinho de cor mais ou menos escura.

tin·to·ri·al *adj.2gên.* 1. Que serve para tingir. 2. Relativo a tinturaria.

tin·tu·ra *s.f.* 1. Ação ou efeito de tingir. 2. Tinta. 3. *fig.* Conhecimentos rudimentares; noções superficiais.

tin·tu·ra·ri·a *s.f.* 1. Ofício ou arte de tintureiro. 2. Estabelecimento onde se tingem panos. 3. Lavanderia.

tin·tu·rei·ro *adj.* 1. Que tinge. *s.m.* 2. Dono de tinturaria. 3. *gír.* Carro de presos.

ti·o *s.m.* 1. Irmão do pai ou da mãe em relação aos filhos destes. 2. Marido da tia.

ti·o-a·vô *s.m.* Irmão do avô ou da avó, em relação aos netos destes. *Fem.:* tia-avó. *Pl.:* tios-avôs e tios-avós.

tí·pi·co *adj.* 1. Que serve de tipo característico. 2. Simbólico.

ti·pi·ti *s.m.* 1. Cesto cilíndrico feito de talas de palmeira, em que se põe a mandioca ou outra substância que se quer espremer. 2. *fig.* Aperto; situação embaraçosa.

ti·ple *s.m. Mús.* Soprano.

ti·po *s.m.* 1. Cunho ou cada um dos caracteres tipográficos. 2. Coisa que reúne em si os caracteres que distinguem uma classe, uma raça, etc. 3. Modelo; original; exemplar. 4. Símbolo. *sobrecomum* 5. Qualquer indivíduo. 6. Pessoa pouco respeitável. **Ser o tipo de**: corresponder ao ideal em matéria amorosa ou sexual.

ti·po·gra·fi·a *s.f.* 1. Arte de imprimir. 2. Estabelecimento tipográfico.

ti·pó·gra·fo *s.m.* Aquele que trabalha em tipografia.

ti·poi·a *s.f.* 1. Tira de pano que se prende ao pescoço, na qual se descansa o braço doente. 2. *gír.* Meretriz.

ti·po·lo·gi·a *s.f.* Ciência das constituições, temperamentos e caracteres; biotipologia.

ti·que *s.m.* 1. Contração espasmódica dos músculos da face. 2. Sestro; cacoete.

ti·que-ta·que *s.m.* Som ritmado e que se repete, como o de um relógio mecânico, do coração, etc. *Pl.:* tique-taques.

tí·que·te *s.m.* Bilhete, cupom ou cartão que permite acesso a alguma coisa, como assistir a filme, peça ou jogo, viajar, comer, etc.

ti·ra *s.f.* 1. Pedaço de pano, papel, etc., mais comprido que largo; fita. 2. Lista. 3. Filete. 4. Trecho de história em quadrinhos. *s.m.* 5. *gír.* Agente de polícia.

ti·ra·co·lo (ó) *s.m.* Correia que cinge o corpo, passando por cima de um dos ombros e por baixo do braço oposto a esse ombro.

ti·ra·da *s.f.* 1. Ação de tirar. 2. Caminhada. 3. Grande espaço de tempo. 4. Trecho longo. 5. Ímpeto; rasgo.

ti·ra·gem *s.f.* 1. Tiradura. 2. Número de exemplares de cada impressão tipográfica; edição.

ti·ra·na *s.f.* Bailado campestre semelhante ao fandango.

ti·ra·ne·te (ê) *s.m.* Indivíduo que vexa ou oprime as pessoas que dele dependem.

ti·ra·ni·a *s.f.* 1. Governo injusto e cruel. 2. Despotismo; poder, domínio de tirano; opressão. 3. *pop.* Ingratidão.

ti·râ·ni·co *adj.* 1. Concernente a tirano. 2. Próprio de tirano. 3. Que tiraniza; opressivo.

ti·ra·ni·zar *v.t.d.* 1. Governar, tratar com tirania. 2. Ser rigoroso, cruel, opressor para com.

ti·ra·no *s.m.* 1. Aquele que tiraniza. 2. Soberano cruel, injusto, que oprime o seu povo. 3. O que abusa de sua autoridade. *adj.* 4. Tirânico.

ti·ran·te *adj.2gên.* 1. Que tira ou puxa. 2. Excetuado. 3. Que dá aparências, que se aproxima. *s.m.* 4. Correia que prende o veículo à cavalgadura que o puxa. 5. Viga que sustenta o madeiramento de um teto. *prep.* 6. Exceto; salvo.

ti·rar *v.t.d.* 1. Fazer que saia de algum lugar. 2. Puxar; arrancar. 3. Extrair. 4. Descalçar. 5. Despir. 6. Livrar; libertar. 7. Conseguir. 8. Copiar. 9. Excluir. 10. Abolir; extinguir. 11. Apagar. 12. Fazer (fotografia, radiografia). 13. Colher; tomar. 14. Furtar. 15. Compor ou executar (de improviso ou de ouvido). *v.t.d.* e *i.* 16. Furtar; roubar. 17. Demover; dissuadir. *v.t.i.* 18. Reclamar; chamar; atrair. 19. Visar; objetivar. *v.p.* 20. Afastar-se; sair. *Sem tirar nem pôr*: exatamente; tal qual.

ti·ra·tei·ma *s.m.* 1. Argumento ou prova que decide ou resolve uma questão. 2. *pop.* Dicionário. *Desp.* 3. Análise da gravação de uma partida para tirar dúvida sobre um determinado lance. 4. Jogo entre times ou equipes adversárias para escolher a melhor. *Pl.:* tira-teimas.

ti·re·oi·de *adj.* e *s.f.* (ói) *Anat.* Diz-se de ou a glândula de secreção interna que se localiza na parte anterior e superior da laringe.

ti·ri·tar *v.i.* Tremer de frio ou de medo.

ti·ro *s.m.* 1. Ato ou efeito de atirar. 2. O disparar de uma arma de fogo. 3. A carga disparada. 4. Ímpeto. 5. Remoque; referência mordaz. *Sair o tiro pela culatra*: ser o resultado de uma ação o contrário do esperado. *Ser tiro e queda*: produzir resultado certo. *Trocar tiros*: atirar um contra o outro.

ti·ro·cí·ni·o *s.m.* 1. Primeiro ensino. 2. Aprendizagem. 3. Prática de serviço militar, para subir de posto. 4. *por ext.* Prática.

ti·ro de guer·ra *s.m. Mil.* Centro de treinamento militar destinado a reservistas. *Pl.*: tiros de guerra.

ti·roi·de *adj.* e *s.f.* (ói) *Anat.* Tireoide.

ti·ro·tei·o *s.m.* 1. Fogo de fuzilaria, em que os tiros são muitos e sucessivos. 2. Fogo cruzado. 3. *fig.* Troca de palavras acres entre pessoas que discutem ou ralham.

ti·sa·na *s.f.* Medicamento líquido, pouco ativo, que serve de bebida aos doentes.

tí·si·ca *s.f. Med.* Tuberculose pulmonar.

tí·si·co *adj.* e *s.m.* Que ou o que sofre de tísica; tuberculoso.

tis·na *s.f.* 1. Ação de tisnar(-se). 2. Substância preparada para enegrecer.

tis·nar *v.t.d.* 1. Enegrecer com fumo ou carvão. 2. Requeimar; tostar. 3. Macular. *v.p.* 4. Enegrecer-se. 5. Macular-se.

tis·ne *s.m.* 1. Cor escura na pele produzida pelo fumo ou pelo fogo. 2. Fuligem.

ti·tã *s.m.* 1. *Mit.* Na mitologia grega, cada um dos gigantes que quiseram escalar o céu e destronar Zeus. 2. *sobrecomum fig.* Pessoa grande e forte (física ou intelectualmente).

ti·tâ·ni·co *adj.* 1. Concernente aos titãs. 2. *fig.* Que revela grande força física ou intelectual.

ti·tâ·ni·o *s.m. Quím.* Elemento metálico, de símbolo Ti e cujo número atômico é 22.

tí·te·re *s.m.* 1. Boneco movido por meio de cordéis ou engonços. 2. Bobo; truão; palhaço. *sobrecomum* 3. Aquele que serve de instrumento aos desejos de outrem.

ti·ti·la·ção *s.f.* Ação de titilar.

ti·ti·lar *v.t.d.* 1. Fazer cócegas em. 2. Causar prurido a. 3. Afagar. *v.i.* 4. Ter estremecimentos; palpitar.

ti·ti·o *s.m. fam.* Tio. *Fem.:* titia.

ti·tu·be·an·te *adj.2gên.* Que titubeia.

ti·tu·be·ar *v.i.* 1. Não poder estar firme; cambalear. 2. Vacilar; hesitar. *v.t.i.* 3. Ter dúvidas.

ti·tu·lar *adj.2gên.* 1. Que tem título honorífico; honorário. *s.2gên.* 2. Pessoa que está investida oficialmente de um cargo.

tí·tu·lo *s.m.* 1. Inscrição que se põe no frontispício, capa e lombada de um livro, no alto da primeira página de jornal, revista, etc., e que lhes serve de nome ou designação. 2. Designação de assunto, em capítulo de livro, etc. 3. Rótulo; letreiro. 4. *Econ.* Papel negociável. 5. Denominação honorífica. 6. Desculpa; pretexto.

ti·ziu *s.m. epiceno Zool.* Ave passeriforme, também conhecida, entre outros nomes, por alfaiate, saltador, veludinho.

to *contr. Pron.pess.* te, na função de objeto indireto, com o *pron. pess.* ou *dem.* o, na função de objeto direto.

to·a (ô) *s.f.* Corda com que uma embarcação reboca outra; reboque. *loc.adv.* À **toa**: ao acaso; impensadamente. *V. à toa.*

to·a·da *s.f.* 1. Ação ou efeito de toar. 2. Rumor; ruído. 3. Entoação; maneira. 4. Sistema. 5. Canto. 6. Música de uma canção.

to·a·le·te (é) *s.f.* 1. Ato de se lavar, pentear, maquilar, etc. 2. Traje feminino requintado. *s.m.* 3. Compartimento com lavatório e gabinete sanitário.

to·a·lha *s.f.* 1. Peça de linho, algodão, etc., com que se cobrem mesas, enfeitam móveis ou com a qual se enxuga qualquer parte do corpo. 2. Peça análoga com que se cobre o altar.

to:a·lhei·ro *s.m.* 1. Peça própria para pendurar toalhas. 2. Empresa responsável pelo fornecimento de toalhas limpas e retirada de toalhas usadas para escritórios, hotéis, etc. 3. Fabricante ou vendedor de toalhas. 4. Móvel para guardar toalhas.

to·an·te *adj.2gên.* 1. Que toa. 2. *Poes.* Diz-se das rimas em que só coincidem as vogais tônicas.

to·ar *v.i.* 1. Emitir som; soar. 2. Fazer estrondo; trovejar. *v.t.i.* 3. Convir. 4. Ser semelhante. 5. Agradar; ficar bem.

to·ba·gui·a·no *adj.* 1. De Trinidad e Tobago (América Central). *s.m.* 2. O natural ou habitante desse país.

to·bo·gã *s.m.* 1. Espécie de trenó com que se desliza nas encostas cobertas de neve. 2. Grande rampa com ondulações utilizada em parques de diversões.

to·ca (ó) *s.f.* 1. Buraco onde se abrigam certos animais; covil. 2. *fig.* Habitação reles, pequena, miserável. 3. Esconderijo.

to·ca·do *adj. pop.* 1. Um tanto ébrio. 2. Meio maluco.

to·ca·dor *adj.* 1. Que toca. *s.m.* 2. Aquele que toca. 3. Almocreve; peão.

to·ca·fi·tas *s.m.2núm.* Aparelho próprio para reproduzir gravações em fitas magnéticas.

to·cai·a *s.f.* Emboscada; cilada.

to·cai·ar *v.t.d.* 1. Emboscar-se para atacar. 2. Espreitar a chegada de.

to·can·te *adj.2gên.* 1. Que toca; relativo. 2. Comovente.

to·can·ti·nen·se *adj.2gên.* 1. Do estado de Tocantins. *s.2gên.* 2. O natural ou habitante desse estado.

to·car *v.t.d.* 1. Pôr a mão em; ter contato com. 2. Roçar; apalpar. 3. Tanger; fazer soar. 4. Executar; fazer ouvir (um som). 5. Comover; impressionar. 6. Atingir. 7. Estar junto de. 8. Estimular. *v.i.* 9. Extrair sons de instrumentos musicais. *v.t.i.* 10. Caber em partilha. 11. Dizer respeito; interessar. 12. Incumbir. 13. Ir de encontro; chocar. 14. Pôr-se em contato. 15. Comover-se; impressionar-se. *Não se tocar*: não se dar por achado; não compreender, não perceber.

to·ca·ta *s.f. Mús.* 1. Forma de composição sem repetição de partes nem desenvolvimento de temas. 2. Toque de instrumentos. 3. Serenata.

to·cha (ó) *s.f.* 1. Vela de cera, de grande tamanho. 2. Facho; archote. 3. Brilho.

to·chei·ra *s.f.* Tocheiro.

to·chei·ro *s.m.* Castiçal para tocha; tocheira.

to·co (ô) *s.m.* 1. Parte do tronco vegetal que fica na terra, depois de cortada a árvore. 2. Pedaço de vela, de lápis, etc. 3. Resto de dente que se quebrou, etc.

to·da·vi·a *conj.* Entretanto; contudo; não obstante; porém; ainda assim.

to·do *pron. indef.* 1. Qualquer; cada. *adv.* 2. Completamente; inteiramente. *adj.* 3. Completo; inteiro; total. *s.m.* 4. Conjunto; massa; generalidade.

to·do·po·de·ro·so (ô) *adj.* 1. Aquele que pode tudo. *s.m.* 2. Alguém ou algo com essa característica. 3. Deus (iniciais maiúsculas). *Pl.*: todo-poderosos (ó).

to·dos *pron. indef. pl.* Toda gente.

to·ga (ó) *s.f.* 1. Vestuário de magistrado; beca. 2. *fig.* A magistratura.

to·ga·do *adj.* 1. Que usa toga. *s.m.* 2. Magistrado judicial.

to·go·lês *adj.* 1. Do Togo (Oceania). *s.m.* 2. O natural ou habitante desse país.

toi·ci·nho *s.m.* Gordura dos porcos, subjacente à pele. *Ter comido toicinho com mais cabelo*: ter enfrentado e vencido dificuldade ainda maior do que aquela que se está atravessando. *Var.:* toucinho.

tol·dar *v.t.d.* 1. Cobrir com toldo. 2. Encobrir; anuviar; obscurecer. 3. Entristecer; turbar. *v.p.* 4. Turvar-se; anuviar-se. 5. Cobrir-se.

tol·do (ô) *s.m.* Coberta, geralmente de lona, que se destina a abrigar do sol e da chuva.

to·lei·ma *s.f.* 1. Tolice; parvoíce. 2. Vaidade ridícula.

to·lei·rão *adj.* e *s.m.* Que ou o que é muito tolo, pateta.

to·le·rân·ci·a *s.f.* 1. Qualidade de tolerante; complacência. 2. Ação de tolerar.

to·le·ran·te *adj.2gên.* 1. Que tolera; indulgente. 2. Que desculpa certas faltas ou erros. 3. Que respeita a opinião alheia.

to·le·rar *v.t.d.* 1. Ser indulgente para com. 2. Consentir tacitamente. 3. Suportar.

to·le·rá·vel *adj.2gên.* 1. Que se pode ou deve tolerar. 2. Merecedor de indulgência. 3. Sofrível.

to·le·te (ê) *s.m.* 1. Cavilha, geralmente de ferro, que se coloca à borda do barco para nela jogar o remo. 2. Rolo de qualquer coisa, espec. de tabaco ou de madeira.

to·lher (ê) *v.t.d.* 1. Embaraçar; estorvar. 2. Opor-se a. 3. Coibir; não deixar que se manifeste; impedir; proibir. *v.p.* 4. Ter paralisia; ficar imóvel.

to·lhi·do *adj.* Entrevado; paralítico; impedido.

to·li·ce *s.f.* 1. Qualidade de tolo. 2. Parvoíce; asneira.

to·lo (ô) *adj.* e *s.m.* 1. Que não tem juízo; néscio. 2. Pateta; parvo. 3. Disparatado; ridículo. 4. Ingênuo. 5. Que se apega a futilidades.

tom *s.m.* 1. Grau de elevação ou abaixamento da voz. 2. Caráter de voz, quanto à natureza do discurso. 3. Som, relativamente ao seu grau de gravidade ou de acuidade. 4. *Mús.* Intervalo equivalente a dois semitons. 5. Cor que predomina num quadro. 6. Colorido. 7. Semelhança. 8. Teor; maneira. 9. Vigor.

to·ma·da *s.f.* 1. Ação de tomar. 2. Conquista. 3. Ramificação de instalação elétrica para o uso de qualquer aparelho elétrico (lâmpada, ferro de passar roupa, etc.).

to·mar *v.t.d.* 1. Pegar ou segurar em. 2. Agarrar; prender. 3. Suspender nos braços. 4. Apoderar-se de. 5. Arrebatar. 6. Furtar. 7. Conquistar. 8. Invadir. 9. Preencher; ocupar. 10. Consumir (tempo). 11. Contratar. 12. Seguir (uma direção). 13. Receber; aceitar. 14. Assumir; adotar. 15. Aspirar; sorver. 16. Comer. 17. Beber; ingerir. 18. Ser surpreendido por. *v.p.* 19. Deixar-se dominar. 20. Impregnar-se.

to·ma·ra *interj.* Termo que exprime desejo, esperança; Oxalá!

to·ma·te *s.m. Bot.* 1. Fruto do tomateiro. 2. Tomateiro.

to·ma·tei·ro *s.m. Bot.* Planta hortense de que se conhecem numerosas espécies; tomate.

tom·ba·di·lho *s.m.* A parte mais alta do navio, entre a popa e o mastro de mezena.

tom·ba·men·to *s.m.* Ato ou efeito de tombar.

tom·bar *v.t.d.* 1. Fazer cair; derrubar. 2. Fazer o tombo de. *v.i.* 3. Cair no chão. 4. Declinar; descair. *v.p.* 5. Virar-se; voltar-se.

tom·bo *s.m.* 1. Ato de tombar; queda. 2. Inventário de bens imóveis demarcados. 3. Registro; arquivo. 4. Capacidade, inclinação. *Dar tombo em*: causar prejuízo a.

tôm·bo·la *s.f.* 1. Espécie de loto em que é necessário completar um cartão numerado. 2. Espécie de loteria para fins beneficentes.

to·men·to *s.m.* 1. A fibra mais áspera do linho. 2. Estopa grossa. 3. *Bot.* Lanugem que reveste certos órgãos vegetais.

to·mi·lho *s.m. Bot.* Planta originária da Europa, da qual se extrai um óleo com propriedades antissépticas e cujas folhas, muito aromáticas, são usadas como tempero.

to·mis·mo *s.m.* Conjunto das doutrinas de Santo Tomás de Aquino, segundo o qual todo o conhecimento provém da revelação divina.

to·mis·ta *adj.2gên.* 1. Concernente ao tomismo. 2. Que é adepto do tomismo. *s.2gên.* 3. Pessoa adepta do tomismo.

to·mo (ô) *s.m.* 1. Volume de obra impressa. 2. Parte de uma obra. 3. *fig.* Valia; importância.

to·mo·gra·fi·a *s.f. Med.* Radiografia em série para fixar simultaneamente o aspecto de vários planos de um órgão ou região.

to·mo·grá·fi·co *adj.* Relativo à tomografia.

to·na (ô) *s.f.* 1. Casca tênue; película. 2. *fig.* Superfície. *epiceno* 3. *Zool.* Ave do Brasil, espécie de inambu grande. **Vir à tona**: aparecer à superfície; surgir em meio à conversa (um assunto).

to·nal *adj.2gên.* Concernente a tom ou tonalidade.

to·na·li·da·de *s.f.* 1. Propriedade característica de um tom. 2. Qualidade de um escrito ou peça musical, em que predomina um tom. 3. Matiz de uma cor.

to·nel *s.m.* Grande vasilha para líquidos, de capacidade igual ou superior à de duas pipas.

to·ne·la·da *s.f.* 1. O conteúdo de um tonel. 2. Medida com que se calcula o carregamento dos navios ou de grandes veículos de carga. *Metrol.* 3. Mil quilos.

to·ne·la·gem *s.f.* 1. Capacidade de um navio ou de um veículo de carga. 2. Medida dessa capacidade.

to·ner (tôner) *Ingl. s.m. Inform.* Tinta utilizada pelas impressoras a *laser*, que vem dentro de um cartucho.

ton·ga·nês *adj.* 1. De Tonga (Oceania). *s.m.* 2. O natural ou habitante desse país; a língua tonganesa.

tô·ni·ca *s.f.* 1. *Mús.* Primeira nota de uma escala ou gama. 2. *Gram.* Vogal ou sílaba tônica. 3. Tema ou assunto predominante.

to·ni·ci·da·de *s.f.* 1. Qualidade ou estado de tônico. 2. Estado de vigor ou energia dos tecidos orgânicos.

tô·ni·co *adj.* 1. Concernente a tom. 2. Que tonifica. 3. *Gram.* Diz-se da vogal ou sílaba que se pronuncia com maior intensidade. *s.m.* 4. Medicamento ou cosmético que tonifica.

to·ni·fi·car *v.t.d.* 1. Dar tom ou vigor a; avigorar. *v.p.* 2. Fortificar-se.

to·ni·tru·an·te *adj.2gên.* Que troveja.

to·no *s.m.* 1. Tom. 2. Ária. 3. Atitude; disposição.

ton·si·la *s.f. Anat.* Amídala.

ton·su·ra *s.f.* Coroa de clérigo, corte circular do cabelo no alto da cabeça.

ton·te·ar *v.i.* 1. Dizer, fazer tolices. 2. Cabecear. 3. Ter tonturas, vertigem.

ton·tei·ra *s.f.* 1. Tontura; vertigem.

ton·ti·ce *s.f.* Ação, dito de tonto; tolice.

ton·to *adj.* 1. Estonteado. 2. Atônito. 3. Perturbado; atarantado. 4. Idiota.

ton·tu·ra *s.f.* Perturbação cerebral; vertigem.

to·pa·da *s.f.* 1. Ação de bater com a ponta do pé em alguma coisa. 2. Choque.

to·par *v.t.d.* 1. Encontrar; achar. 2. Jogar contra (todo o dinheiro que está na banca do jogo). 3. *gír.* Aceitar (proposta, negócio). *v.t.i.* 4. Dar com o pé; encontrar-se.

to·pá·zi·o *s.m. Min.* Pedra preciosa geralmente de cor amarela.

to·pe (ó) *s.m.* 1. Encontro, choque de objetos. 2. Alto; cimo. 3. Parte superior do mastro, onde se desfralda a bandeira. 4. Laço de fita de chapéu ou toucado.

to·pe·te (é) *s.m.* 1. Cabelo que se levanta à frente da cabeça. 2. Penas que se levantam na cabeça de algumas aves. 3. Parte da crina do cavalo que pende sobre a testa. 4. *pop.* Atrevimento; audácia.

to·pi·a·ri·a *s.f.* Arte de adornar jardins, dando aos grupos de plantas configurações diversas.

tó·pi·co *adj.* 1. Concernente a lugar. 2. Relativo exatamente àquilo de que se trata. 3. Diz-se do medicamento de uso externo. *s.m.* 4. Medicamento tópico. 5. Ponto principal; tema. 6. Pequeno comentário de jornal ou revista.

to·po (ô) *s.m.* 1. Cume; tope; a parte mais alta. 2. Remate. 3. Extremidade.

to·po·gra·fi·a *s.f.* 1. Descrição minuciosa de uma localidade. 2. Descrição anatômica de qualquer parte do organismo humano.

to·po·lo·gi·a *s.f.* 1. Topografia. 2. *Gram.* Tratado da disposição ou colocação das palavras na frase.

to·po·ní·mi·a *s.f. Linguíst.* Estudo histórico ou linguístico da origem dos nomes próprios de lugares.

to·po·ní·mi·co *adj.* Relativo à toponímia.

to·pô·ni·mo *s.m.* Nome próprio de lugar.

to·que (ó) *s.m.* 1. Ato de tocar. 2. Contato. 3. Som. 4. Ato de tocar instrumentos musicais. 5. Aperto de mão, como sinal de cortesia. 6. Sabor ou cheiro especial de certos vinhos. 7. Retoque em pintura. 8. Esmero num trabalho de arte. 9. Meio de conhecer ou de experimentar. 10. Remoque; picuinha. *Toque de recolher*: 1. toque de corneta para que os militares se recolham aos quartéis; 2. interdição de circulação de civis após determinado horário em países que estão em estado de sítio. *A toque de caixa*: rapidamente.

to·ra (ó) *s.f.* Grande tronco de madeira.

to·rá *s.f.* 1. A lei mosaica. 2. Livro que encerra essa lei; o Pentateuco.

to·rá·ci·co *adj.* Concernente ao tórax.

to·ran·ja *s.f. Bot.* Fruta cítrica maior e mais ácida que a laranja, de casca amarela grossa e polpa branca.

tó·rax (cs) *s.m.2núm. Anat.* 1. Porção do tronco, do pescoço ao abdome. 2. A cavidade do peito; peito.

tor·çal *s.m.* Cordão de fios de seda, podendo estar misturados a outros, de ouro.

tor·ção *s.f.* Ação de torcer; torcedura.

tor·caz *adj.2gên. Zool.* Diz-se de uma espécie de pombo cujo pescoço tem várias cores.

torcedor

tor·ce·dor *adj.* 1. Que torce. *s.m.* 2. Instrumento com que se torce. 3. Fuso. 4. Arrocho. 5. Aquele que torce, nas competições esportivas.

tor·ce·du·ra *s.f.* 1. Ação de torcer. 2. Sinuosidade. 3. Volta tortuosa.

tor·cer *v.t.d.* 1. Fazer girar um corpo pelas suas extremidades, cada uma em sentido contrário à da outra. 2. Entortar; vergar. 3. Fazer mudar de rumo, de tenção, de ideia. *v.t.d.* e *i.* 4. Levar, induzir (para qualquer coisa). *v.i.* e *v.t.i.* 5. Desejar a vitória, o bom êxito dos esportistas ou de indivíduo de sua simpatia. *v.i.* 6. Dar volta; mudar de direção. *v.p.* 7. Dobrar-se; render-se; ceder. 8. Contorcer-se pelo desespero, pela dor. *Part.:* torcido e torso ou torto.

tor·ci·co·lo (ó) *s.m.* Contração espasmódica dos músculos do pescoço, que impede seu movimento natural.

tor·ci·da *s.f.* 1. Mecha de candeeiro ou de vela; pavio. 2. Objeto semelhante a uma mecha. 3. Ação ou efeito de torcer. 4. O conjunto dos torcedores.

tor·di·lho *adj.* 1. Que tem cor de tordo. 2. Diz-se do cavalo cujo pelo tem a cor do tordo.

tor·do (ô) *s.m. epiceno Zool.* Pássaro de plumagem branca encardida e salpicada de manchas escuras.

tó·ri·o *s.m. Quím.* Metal acinzentado, elemento de símbolo Th e cujo número atômico é 90.

tor·men·ta *s.f.* 1. Temporal; borrasca. 2. *fig.* Tumulto; agitação.

tor·men·to *s.m.* 1. Ato de atormentar; tortura. 2. Aflição; desgraça.

tor·men·to·so (ô) *adj.* 1. Tormentório. 2. *fig.* Que causa tormentos; aflitivo. 3. Trabalhoso. *Pl.:* tormentosos (ó).

torniquete

tor·na·do *s.m. Meteor.* Ciclone breve e devastador, grande nuvem negra que toma a forma de uma tromba de elefante e rodopia sobre si mesma, deslocando-se com velocidade de até 500 km/h (quando ocorre no mar chama-se tromba-d'água).

tor·nar *v.i.* 1. Voltar ao lugar de onde tinha saído. 2. Manifestar-se novamente. *v.t.i.* 3. Regressar. *v.t.d.* e *i.* 4. Restituir. *v.t.d.* 5. Responder. 6. Replicar. 7. Fazer-se. *v.p.* 8. Transformar-se.

tor·nas·sol *s.m.* 1. *Bot.* Planta heliotrópica. 2. *Quím.* Matéria corante que se extrai de certos liquens, usados em química para reconhecimento dos ácidos.

tor·na·vi·a·gem *s.f.* 1. Volta de viagem por mar. 2. *fig.* Resto; refugo. *Pl.:* torna-viagens.

tor·ne·a·dor *adj.* e *s.m.* Que ou aquele que torneia.

tor·ne·ar *v.t.d.* 1. Fabricar, trabalhar, modelar, lavrar ao torno. 2. Dar forma cilíndrica a. 3. Dar volta a; circundar; rodear; cingir. 4. Aprimorar.

tor·nei·o *s.m.* 1. Ato de tornear. 2. Flexibilidade ou elegância de formas. 3. Elegância no falar ou escrever. 4. *Desp.* Competição esportiva; certame. 5. Polêmica; controvérsia.

tor·nei·ra *s.f.* Utensílio que se adapta à parede, vasilha, etc., para extração de líquidos.

tor·nei·ro *s.m.* Aquele que trabalha ao torno.

tor·ni·que·te (ê) *s.m.* 1. Cruz móvel, em posição horizontal, na entrada de ruas ou estradas, para só deixar passar pedestres. 2. Aparelho semelhante à entrada de teatros, estádios, etc. 3. *Cir.* Instrumento para deter hemorragias.

4. Antigo instrumento de tortura. 5. *fig.* Situação crítica; dificuldades; azáfama.

tor·no (ô) *s.m.* 1. Aparelho movido a eletricidade, em que se faz girar uma peça que se quer lavrar. 2. Chave de torneira. 3. Pua. 4. Prego de madeira; cavilha. 5. Aparelho no qual se prendem peças que devem ser limadas, cortadas, etc.

tor·no·ze·lo (ê) *s.m. Anat.* Saliência óssea na articulação do pé com a perna.

to·ró *s.m.* Grande chuva; chuvarada.

tor·pe (ô) *adj.2gên.* 1. Disforme. 2. Nojento; ignóbil; sórdido.

tor·pe·de·ar *v.t.d.* 1. Atacar com torpedo. 2. *fig.* Atacar violentamente, com palavras e argumentos.

tor·pe·dei·ro *s.m.* Navio de guerra que lança torpedos.

tor·pe·do (ê) *s.m.* 1. Engenho de guerra que explode ao bater contra um obstáculo. 2. Bilhete enviado a uma pessoa em recinto público.

tor·pe·za (ê) *s.f.* 1. Qualidade de torpe. 2. Baixeza; ignomínia.

tor·por *s.m.* 1. Entorpecimento. 2. Inação do espírito; indiferença; inércia moral.

tor·quês *s.f.* Espécie de tenaz ou alicate.

tor·ra·da *s.f.* Fatia de pão torrado.

tor·ra·do *adj.* 1. Que se torrou; tostado. 2. Seco; murcho.

tor·rão *s.m.* 1. Porção de terra solidificada. 2. Fragmento. 3. Solo; terreno. 4. Pedaço de qualquer coisa. ***Torrão natal***: a pátria.

tor·rar *v.t.d.* 1. Ressequir por meio de calor ou fogo; tostar. 2. Vender por qualquer preço. 3. Gastar, acabar com. *v.i.* 4. Aborrecer, importunar.

tor·re (ô) *s.f.* 1. Edifício alto, que se construía espec. para defesa em caso de guerra. 2. Construção estreita e alta, anexa a uma igreja, no alto da qual estão os sinos. 3. Construção análoga e geralmente insulada, da qual se comunicam sinais. 4. Uma das peças do jogo do xadrez.

tor·re·a·me *s.m.* Grossas nuvens acasteladas.

tor·re·ão *s.m.* 1. Torre larga, com ameias, em castelo ou fortaleza. 2. Espécie de torre ou pavilhão no alto de um edifício.

tor·re·ar *v.t.d.* 1. Armar, munir de torres. *v.i.* 2. Elevar-se à maneira de torre.

tor·re·fa·ção *s.f.* 1. Ação de torrificar. 2. Estabelecimento onde se torra, mói e empacota café.

tor·re·fa·zer *v.t.d.* Torrificar; torrar. ★

tor·ren·ci·al *adj.2gên.* 1. Relativo a torrente. 2. Que se assemelha a torrente. 3. Caudaloso; abundante.

tor·ren·te *s.f.* 1. Corrente de água, rápida e impetuosa. 2. *fig.* Grande abundância ou fluência. 3. Multidão em atropelo.

tor·res·mo (ê) *s.m.* Parte consistente que resta do toicinho frito.

tór·ri·do *adj.* Muito quente; ardente.

tor·ri·fi·car *v.t.d.* 1. Torrar; fazer torrar. 2. Tornar tórrido.

tor·ri·nha *s.f.* Galeria da última ordem nos teatros, galinheiro, poleiro.

tor·so (ô) *s.m.* 1. Busto de pessoa ou de estátua. *adj.* 2. Torcido.

tor·ta (ó) *s.f. Cul.* 1. Espécie de pastelão doce ou salgado. 2. Bolo de camadas, recheado, geralmente com cobertura.

tor·to (ô) *adj.* 1. Torcido. 2. Que não está em linha reta; curvo; oblíquo. 3. Vesgo. 4. *fig.* Errado. 5. Que não tem lealdade. 6. Diz-se dos avós por afinidade.

tor·tu·o·so (ô) *adj.* 1. Torto; sinuoso. 2. *fig.* Oposto à verdade e à justiça; injusto. *Pl.*: tortuosos (ó).

tor·tu·ra *s.f.* 1. Tortuosidade. 2. Qualidade de torto. 3. *fig.* Grande mágoa. 4. Suplício, tormento, violência infligida a alguém. 5. Transe aflitivo; lance difícil.

tor·tu·rar *v.t.d.* 1. Atormentar; afligir muito. *v.p.* 2. Afligir-se; angustiar-se.

tor·var *v.t.d.* 1. Perturbar. *v.i.* e *v.p.* 2. Perturbar-se; irritar-se. 3. Tornar-se sombrio ou carrancudo.

tor·ve·li·nhar *v.t.d.* 1. Agitar em torvelinho. *v.i.* 2. Fazer torvelinho; agitar-se; remoinhar.

tor·ve·li·nho *s.m.* Remoinho.

tor·vo (ô) *adj.* 1. De aspecto carregado; carrancudo. 2. Iracundo. 3. Terrível; pavoroso.

to·sa (ó) *s.f.* Operação de tosar a lã ou aparar-lhe a felpa.

to·são *s.m.* Velo de carneiro.

to·sar *v.t.d.* 1. Tosquiar; aparar a felpa de. 2. Cortar rente (o cabelo). 3. Espancar; surrar.

tos·ca·ne·jar *v.i.* 1. Cabecear com sono, abrindo e fechando os olhos várias vezes. 2. Cochilar.

tos·co (ô) *adj.* 1. Tal como veio da natureza. 2. Que não é lapidado nem polido. 3. Informe; malfeito. 4. Rude; grosseiro; inculto.

tos·qui·a *s.f.* 1. Ação de tosquiar. 2. Época de tosquiar os animais. 3. *fig.* Crítica severa.

tos·qui·ar *v.t.d.* 1. Cortar rente (pelo ou cabelo). 2. Cortar rente o pelo, lã ou cabelo de. 3. Cortar as extremidades de. 4. Espoliar. *v.p.* 5. Cortar o próprio cabelo rente ao couro cabeludo.

tos·se (ó) *s.f.* Expiração súbita pela qual o ar, atravessando os brônquios e a traqueia, produz ruído especial. *Ver o que é bom para tosse*: experimentar as consequências de procedimento incorreto.

tos·si·do *s.m.* Ato de tossir voluntariamente para dar algum sinal.

tos·sir *v.t.d.* 1. Expelir da garganta. *v.i.* 2. Ter tosse. 3. Provocar a tosse artificialmente. ★

tos·tão *s.m.* Antiga moeda brasileira (antes, cem réis; depois, dez centavos).

tos·tar *v.t.d.* 1. Queimar de leve; crestar; tisnar. *v.p.* 2. Crestar-se.

to·tal *adj.2gên.* 1. Que forma ou abrange um todo. 2. Completo. *s.m.* 3. O todo. 4. Soma.

to·ta·li·da·de *s.f.* Soma; conjunto das partes que formam um todo.

to·ta·li·tá·ri·o *adj.* 1. Diz-se do governo ou do Estado em que todos os poderes administrativos são centralizados por determinado grupo político. 2. Que exclui qualquer divisão.

to·ta·li·ta·ris·mo *s.m.* Sistema de governo totalitário.

to·ta·li·zar *v.t.d.* 1. Avaliar na totalidade. 2. Apreciar conjuntamente. 3. Realizar por inteiro.

to·tem (ó) *s.m.* 1. Animal, planta ou objeto considerado em certas tribos selvagens como antepassado do homem, e, por isso, motivo de respeito e veneração religiosa. 2. Representação material desse animal, planta ou objeto.

to·tó *s.m.* Jogo inspirado no futebol, também conhecido por pebolim.

tou·ca *s.f.* 1. Adorno de qualquer tecido que mulheres e crianças usam na cabeça. 2. Peça do vestuário das freiras. 3. Turbante. **Dormir de touca**: deixar-se enganar; perder uma oportunidade.

tou·ca·do *s.m.* 1. Conjunto dos adornos de cabeça das mulheres. *adj.* 2. Ornado de touca.

tou·ca·dor *adj.* 1. Que touca. *s.m.* 2. O que touca. 3. Móvel provido de espelho grande e que serve a quem se touca ou penteia. 4. Gabinete, compartimento de toucador.

tou·car *v.t.d.* 1. Pôr touca em. 2. Pentear e dispor convenientemente o cabelo de. 3. Adornar. 4. Compor o vestuário de. 5. Encimar. 6. Aureolar. 7. Usar por toucado. *v.p.* 8. Preparar seu próprio cabelo. 9. Enfeitar-se.

tou·ci·nho *s.m.* Toicinho.

tou·pei·ra *s.f.* 1. *epiceno Zool.* Mamífero insetívoro que vive debaixo da terra. *sobrecomum* 2. *fig.* Pessoa de olhos pequenos. 3. Pessoa estúpida.

tou·ra·da *s.f.* 1. Manada de touros. 2. Corrida de touros.

tou·re·ar *v.i.* Correr touros na arena.

tou·rei·ro *s.m.* Aquele que toureia, espec. o que toureia por profissão.

tou·ro *s.m.* 1. *Zool.* Boi em condições de ser reprodutor; boi não castrado. 2. Boi bravo. 3. *fig.* Homem possante e fogoso. 4. *Astron.* A segunda constelação do zodíaco (inicial maiúscula). 5. *Astrol.* O segundo signo do zodíaco, relativo às pessoas nascidas entre 20 de abril e 20 de maio; Tauro (inicial maiúscula).

tou·ti·ço *s.m.* Parte posterior da cabeça; nuca; cabeça.

to·xe·mi·a (cs) *s.f. Med.* Intoxicação do sangue.

to·xi·ci·da·de (cs) *s.f.* Qualidade, caráter do que é tóxico; toxidez.

tó·xi·co (cs) *adj.* 1. Que tem a propriedade de envenenar. 2. Que envenena. *s.m.* 3. Veneno.

to·xi·co·ma·ni·a (cs) *s.f.* Uso incontrolável de certas substâncias, como alguns medicamentos ou drogas.

to·xi·cô·ma·no (cs) *s.m.* Pessoa que usa entorpecentes para provocar sensações anômalas.

to·xi·dez (cs, ê) *s.f.* Toxicidade.

to·xi·na (cs) *s.f.* Substância segregada por seres vivos e capaz de produzir efeitos tóxicos.

tra·ba·lha·dei·ra *adj.* e *s.f.* Que ou aquela que gosta de trabalhar, que é diligente.

tra·ba·lha·dor *adj.* e *s.m.* 1. Que ou o que trabalha. 2. Laborioso. 3. Operário; assalariado; empregado.

tra·ba·lhão *s.m.* Trabalheira.

tra·ba·lhar *v.t.d.* 1. Aplicar trabalho a. 2. Executar cuidadosamente. 3. Pôr em obra. 4. Esforçar-se por. *v.i.* 5. Ocupar-se em algum mister. 6. Exercer a sua atividade. 7. Desempenhar suas funções. *v.t.i.* 8. Fazer diligência. *v.p.* 9. Esforçar-se.

tra·ba·lhei·ra *s.f.* Azáfama; trabalhão.

tra·ba·lhis·mo *s.m.* Nome comum às teorias, opiniões, sistemas e partidos que tratam da situação econômica dos operários e trabalhadores em geral.

tra·ba·lhis·ta *adj.2gên.* 1. Que se refere ao trabalhismo. 2. Relativo ao trabalho ou à classe trabalhadora. 3. Diz-se da pessoa adepta do trabalhismo, ou de partido trabalhista.

trabalho

tra·ba·lho *s.m.* 1. Aplicação da atividade física ou intelectual. 2. Atividade humana aplicada à produção da riqueza. 3. Ocupação; emprego. 4. Tarefa. 5. Obra executada ou em via de execução. 6. Ação de um maquinismo. 7. Lida; luta; fadiga; esforço. 8. Estudo ou escrito sobre algum assunto.

tra·ba·lhos *s.m.pl.* 1. Discussões ou deliberações de uma corporação; sessão. 2. Cuidados; penas; aflições.

tra·ba·lho·so (ô) *adj.* Que dá trabalho; árduo. *Pl.:* trabalhosos (ó).

tra·bu·co *s.m.* 1. Antiga máquina de guerra com que se atiravam pedras. 2. Arma de fogo.

tra·ça *s.f.* 1. Inseto que rói roupa de lã, tapetes, peles, tecidos, etc. 2. *fig.* Aquilo que destrói lentamente. 3. Pessoa importuna; maçante. 4. Ato ou efeito de traçar. 5. Plano; esboço; projeto. 6. *fig.* Manha; ardil.

tra·ça·do *adj.* 1. Representado por meio de traços. 2. Esboçado. 3. Roído, corroído pelas traças. 4. Partido em pedaços. *s.m.* 5. Ato de traçar. 6. Conjunto de traços ou riscos. 7. Projeto; risco. 8. Rabo de galo (bebida feita com cachaça e vermute).

tra·ção *s.f.* 1. Ação de uma força que desloca objeto móvel por meio de corda ou de outra coisa intermediária. 2. Ação de deslocar.

tra·çar *v.t.d.* 1. Fazer ou representar por meio de traços. 2. Dar traços em. 3. Escrever (traços). 4. Marcar; demarcar. 5. Escrever; compor. 6. Cruzar. 7. Pôr a tiracolo ou de través. 8. Roer ou corroer (a traça). 9. Partir em pedaços. 10. Atormentar. 11. Comer ou beber com grande prazer.

tráfego

tra·ce·jar *v.i.* 1. Fazer traços ou linhas. *v.t.d.* 2. Formar com traços pequeninos, uns adiante dos outros.

tra·ço *s.m.* 1. Ato ou efeito de traçar. 2. Linha que se descreve ou se traça por meio de lápis, pincel, etc. 3. Feição. 4. *fig.* Trecho. 5. Vestígio; rasto. 6. Caráter; aspecto.

tra·ço de u·ni·ão *s.m.* O mesmo que hífen. *Pl.:* traços de união.

tra·di·ção *s.f.* 1. Ação de entregar ou transmitir. 2. Transmissão oral. 3. Usos ou hábitos inveterados transmitidos de geração em geração. 4. Costume; praxe.

tra·di·ci·o·nal *adj.2gên.* 1. Concernente à tradição. 2. Que se baseia na tradição. 3. Conservado na tradição.

tra·di·ci·o·na·lis·mo *s.m.* 1. Apego às tradições. 2. Sistema baseado na tradição.

tra·di·ci·o·na·lis·ta *adj.2gên.* 1. Diz-se da pessoa partidária do tradicionalismo. *s.2gên.* 2. Pessoa que preza muito as tradições.

tra·du·ção *s.f.* 1. Ação de traduzir. 2. Obra traduzida. 3. *fig.* Reflexo; repercussão; imagem.

tra·du·tor *adj.* e *s.m.* Que ou aquele que traduz.

tra·du·zir *v.t.d.* 1. Fazer passar de uma língua para outra. 2. Transpor texto para a língua materna (partindo de língua estrangeira). 3. Interpretar; explicar. 4. Simbolizar. *v.p.* 5. Manifestar-se.

tra·fe·gar *v.i.* 1. Andar no tráfego. 2. Fatigar-se. *v.t.i.* 3. Transitar. 4. Negociar. *v.t.d.* 5. Percorrer apressadamente.

trá·fe·go *s.m.* 1. Tráfico. 2. Trabalho. 3. Transporte de mercadorias. 4. Repartição ou pessoal que trata desse transporte. 5. Lida; afã. *V.* **tráfico**.

tra·fi·cân·ci·a *s.f.* 1. Ação de traficar. 2. *pop.* Negócio fraudulento; tratantada.

tra·fi·can·te *adj.2gên.* e *s.2gên.* 1. Que ou pessoa que pratica fraude em negócios; tratante. 2. Pessoa que compra e vende drogas estupefacientes.

tra·fi·car *v.i.* e *v.t.i.* Fazer negócios fraudulentos.

trá·fi·co *s.m.* Comércio, negócio indecoroso. *V. tráfego.*

tra·ga·da *s.f.* Ato de tragar fumaça de cigarro ou bebida.

tra·gar *v.t.d.* 1. Devorar. 2. Beber, engolir de um trago. 3. Fazer desaparecer; absorver. 4. Tolerar; aceitar. 5. Impregnar-se de. *v.i.* 6. Aspirar a fumaça do cigarro.

tra·gé·di·a *s.f.* 1. Peça teatral que termina por acontecimento funesto. 2. *fig.* Acontecimento que desperta piedade ou horror.

trá·gi·co *adj.* 1. Relativo a tragédia. 2. *fig.* Funesto; sinistro. *s.m.* 3. O que escreve ou representa tragédias.

tra·gi·co·mé·di·a *s.f.* 1. Peça teatral que apresenta elementos cômicos e trágicos. 2. *fig.* Situação da vida real semelhante a esse tipo de peça teatral.

tra·gi·cô·mi·co *adj.* Funesto, mas acompanhado de incidentes cômicos.

tra·go *s.m.* 1. Sorvo; gole; hausto. 2. *fig.* Adversidade; aflição.

tra·i·ção *s.f.* 1. Ação ou efeito de trair; perfídia. 2. Cilada.

tra·i·ço·ei·ro *adj.* 1. Que atraiçoa. 2. Em que há traição. 3. Relativo a traição. 4. Infiel; pérfido.

tra·i·dor *adj.* 1. Que atraiçoa. 2. Perigoso, mas aparentemente seguro. *s.m.* 3. Aquele que atraiçoa.

trail·er (trêiler) *Ingl. s.m.* 1. Sequência de trechos de filme, seriado, novela, etc. para fazer propaganda do produto. 2. Reboque com muitas comodidades de uma casa, usado para viajar e acampar, ou morar.

trai·nei·ra *s.f.* 1. Pequena embarcação de pesca. 2. Grande rede na pesca da sardinha.

tra·ir *v.t.d.* 1. Enganar por traição; atraiçoar. 2. Ser infiel a. 3. Delatar; denunciar. 4. Não corresponder a. 5. Traduzir mal. *v.p.* 6. Denunciar-se; revelar (o que se desejaria ocultar).

tra·í·ra *s.f. epiceno Zool.* Nome de um peixe de água doce. *Reg.* **Pegar traíra**: cabecear com sono.

tra·jar *v.t.d.* 1. Usar como vestuário. *v.t.i.* 2. Vestir-se de certa maneira. 3. Cobrir-se.

tra·je *s.m.* 1. Vestuário habitual. 2. Vestuário próprio de uma profissão. 3. Aquilo que se veste; roupa.

tra·je·to (é) *s.m.* 1. Espaço que alguém ou alguma coisa tem de percorrer para ir de um lugar para outro; caminho. 2. Viagem.

tra·je·tó·ri·a *s.f.* 1. Linha descrita ou percorrida por um corpo em movimento. 2. Trajeto.

tra·jo *s.m.* Traje.

tra·lha *s.f.* 1. Pequena rede de pescar que pode ser manejada por uma só pessoa. 2. Malha de rede. 3. Bagagem. 4. Cacaréus.

tra·ma *s.f.* 1. Fio que a lançadeira estende por entre os fios da urdideira. 2. Fios de seda grossa. 3. Fio grosso. 4. Tecido. 5. Ladroeira; negociata. 6. Conspiração; maquinação. 7. Enredo; ardil.

tra·mar *v.t.d.* 1. Passar (a trama) por entre os fios da urdideira. 2. Tecer;

trambique / **tranquilo**

entretecer. 3. Traçar. 4. Armar; maquinar. *v.t.i.* 5. Conspirar.

tram·bi·que *s.m. pop.* 1. Negócio desonesto ou ilegal. 2. Golpe (5), trapaça.

tram·bo·lhão *s.m.* Queda acompanhada de algum tipo de barulho; baque.

tram·bo·lho (ô) *s.m.* 1. Corpo pesado que se prende aos pés do animal doméstico, para que não se afaste para longe. 2. Coisa imprestável que incomoda. 3. Pessoa que constitui encargo penoso para outrem.

tra·me·la (é) *s.f.* 1. Peça de madeira que se prende ao pescoço do bezerro quando se quer desmamá-lo. 2. Taramela.

tra·mi·tar *v.i.* Seguir os trâmites ou vias legais.

trâ·mi·te *s.m.* 1. Caminho ou atalho determinado. 2. *fig.* Direção; meio apropriado. 3. Via legal.

tra·moi·a (ói) *s.f. fam.* Artimanha; intriga; enredo.

tra·mon·ta·na *s.f.* 1. Estrela polar. 2. *Meteor.* Vento do norte. 3. Lado do norte. 4. *fig.* Rumo; direção. **Perder a tramontana**: desnortear-se; perder o tino; atarantar-se.

tram·po *s.m. gír.* Trabalho; emprego.

tram·po·lim *s.m.* 1. Prancha de onde os acrobatas e atletas dão o salto. 2. *fig.* Coisa ou pessoa que se usa para alcançar determinado objetivo.

tram·po·li·nei·ro *adj.* Trapaceiro; velhaco; embusteiro; espertalhão.

tran·ca *s.f.* Barra que segura por dentro portas ou janelas.

tran·ça *s.f.* 1. Conjunto de fios de cabelos entrelaçados, madeixa. 2. Intriga.

tran·ca·do *adj.* 1. Fechado com tranca. 2. Fechado; preso.

tran·ça·do *adj.* 1. Entrelaçado. *s.m.* 2. Trança. 3. Obra trançada.

tran·ca·fi·ar *v.t.d.* Encarcerar; prender.

tran·car *v.t.d.* 1. Fechar, segurar com tranca. 2. Aferrolhar; prender. 3. Concluir; pôr fim a. 4. Tornar sem efeito (documento escrito, matrícula). *v.p.* 5. Fechar-se; encerrar-se em lugar seguro.

tran·çar *v.t.d.* 1. Entrançar. *v.i.* 2. Andar continuamente e para diversos lados.

tran·co *s.m.* 1. Salto que dá o cavalo. 2. Solavanco. 3. Comoção; abalo. 4. Encontrão; esbarro; safanão; empurrão.

tran·quei·ra *s.f.* 1. Estacada; trincheira. 2. Obstáculo; empecilho. 3. Objetos fora de uso; cacarecos. 4. Traste velho e inútil.

tran·que·ta (ê) *s.f.* 1. Pequena tranca. 2. Peça de ferro que se coloca verticalmente no lado interior das portas ou janelas, para as fechar.

tran·qui·bér·ni·a *s.f.* Tramoia; fraude; trapaça.

tran·qui·li·da·de (qüi) *s.f.* 1. Estado do que é ou está tranquilo. 2. Quietação; serenidade; sossego.

tran·qui·li·za·dor (qüi) *adj.* e *s.m.* Que ou o que tranquiliza.

tran·qui·li·zan·te (qüi) *adj.* 1. Que serve para tranquilizar, acalmar. *s.m.* 2. *Farm.* Medicamento com essa característica, usado contra ansiedade e tensão nervosa.

tran·qui·li·zar (qüi) *v.t.d.* 1. Tornar tranquilo; acalmar; pacificar. *v.p.* 2. Acalmar-se.

tran·qui·lo (qüi) *adj.* 1. Quieto; sossegado. 2. Calmo; sem agitação; sereno.

tran·sa (za) *s.f. pop.* 1. Relação sexual. 2. Relações de caráter amoroso. 3. Acordo, combinação, entendimento. 4. Assunto a ser resolvido; problema, questão.

tran·sa·ção *s.f.* 1. Operação comercial; negócio. 2. Ajuste, convênio.

tran·sal·pi·no *adj.* Situado além dos Alpes.

tran·san·di·no *adj.* Situado além dos Andes.

tran·sar *v.t.d.* 1. Tramar; urdir. 2. Gostar de. *v.t.i.* e *v.i.* 3. Ter relação sexual.

tran·sa·tlân·ti·co *adj.* 1. Situado além do Atlântico. 2. Que atravessa o Atlântico. *s.m.* 3. Grande navio que transporta passageiros através do oceano.

trans·bor·da·men·to *s.m.* Ato ou efeito de transbordar.

trans·bor·dar *v.t.d.* 1. Sair fora das bordas de. 2. Derramar; entornar. *v.i.* 3. Lançar fora; extravasar. 4. Manifestar-se com ímpeto. *v.t.i.* 5. Estar possuído (de um sentimento).

trans·bor·do (ô) *s.m.* 1. Transbordamento. 2. Passagem (de viajantes, mercadorias) de um veículo para outro.

trans·cen·dên·ci·a *s.f.* Qualidade do que é transcendente.

trans·cen·den·tal *adj.2gên.* 1. Transcendente. 2. *Fil.* Que se refere à razão pura. 3. Que antecede a qualquer experiência.

trans·cen·den·te *adj.2gên.* 1. Que transcende. 2. Superior; muito elevado; sublime.

trans·cen·der *v.t.d.* 1. Exceder; ultrapassar. 2. Ser superior a. 3. Elevar-se acima de. *v.t.i.* 4. Exceder; avantajar-se. 5. Distinguir-se.

trans·con·ti·nen·tal *adj.2gên.* Que atravessa um continente.

trans·cor·rer *v.i.* 1. Decorrer. *v.i.* e *v.t.d.* 2. Passar além de. *v.l.* 3. Permanecer.

trans·cre·ver *v.t.d.* Reproduzir, copiando; copiar. *Part.:* transcrito.

trans·cri·ção *s.f.* 1. Ação ou efeito de transcrever. 2. Trecho que se transcreveu. 3. *Filol.* Redução de um sistema de escrita a outro. 4. Expressão gráfica dos sons de uma língua. 5. *Mús.* Ação ou arte de passar parte de uma composição musical, sem a modificar, de um instrumento para outro.

trans·cur·so *s.m.* 1. Ato ou efeito de transcorrer. 2. Decurso. *adj.* 3. Que transcorreu.

tran·se *s.m.* 1. Conjuntura aflitiva. 2. Ocasião perigosa. 3. Perigo; lance. 4. Dor. 5. Falecimento. 6. Êxtase. *loc. adv.* **A todo o transe**: a todo o custo; porfiadamente.

tran·se·un·te *adj.2gên.* 1. Que passa; que é transitório. 2. Que vai andando ou passando. *s.2gên.* 3. Pessoa que vai andando ou passando; viandante; caminhante.

trans·fe·rên·ci·a *s.f.* Ação de transferir.

trans·fe·ri·dor *adj.* 1. Que transfere. *s.m.* 2. O que transfere. 3. *Mat.* Instrumento semicircular dividido em 180 graus, próprio para medição de ângulos.

trans·fe·rir *v.t.d.* 1. Adiar. 2. Mudar de um lugar para outro; deslocar. 3. Transmitir. 4. Ceder. *v.p.* 5. Mudar-se. ★

trans·fi·gu·ra·ção *s.f.* 1. Ação de transfigurar. 2. *Rel.* Estado glorioso em que Jesus apareceu a três dos seus discípulos.

trans·fi·gu·ra·do *adj.* 1. Transformado; alterado. *s.m.* 2. Transformação; alteração.

trans·fi·gu·rar *v.t.d.* 1. Mudar a figura ou caráter de; transformar. *v.p.* 2. Mudar de figura; transformar-se.

trans·fi·xa·ção (cs) *s.f.* Ação ou efeito de transfixar; perfuração.

trans·fi·xar (cs) *v.t.d.* Atravessar de lado a lado; perfurar.

trans·for·ma·ção *s.f.* 1. Ação ou efeito de transformar. 2. Alteração; metamorfose.

trans·for·ma·do *adj.* 1. Que tomou nova forma; alterado. 2. Desfigurado.

trans·for·ma·dor *adj.* 1. Que transforma. *s.m.* 2. O que transforma. 3. Aparelho para converter corrente elétrica de tensão menor em outra de tensão maior, ou vice-versa.

trans·for·mar *v.t.d.* 1. Tornar diferente. 2. Dar nova forma a. 3. Converter. 4. Mudar; alterar; modificar. 5. Disfarçar. *v.p.* 6. Converter-se. 7. Disfarçar-se.

trans·for·mis·ta *s.2gên.* Artista que rapidamente se disfarça, mudando de trajes.

trâns·fu·ga *s.2gên.* 1. Pessoa que deserta e passa para as fileiras inimigas, em tempo de guerra; desertor; traidor. 2. *por ext.* Pessoa que abandona os seus deveres. 3. Pessoa que muda de partido ou de religião.

trans·fun·dir *v.t.d.* 1. Fazer passar (um líquido) de um recipiente para outro. 2. Derramar. 3. Difundir. *v.p.* 4. Transformar-se; tornar-se outro.

trans·fu·são *s.f.* 1. Ação ou efeito de transfundir. 2. Ato de fazer passar sangue das veias de uma pessoa sã para as de outra, doente.

trans·gê·ni·co *adj.* 1. *Biol.* Diz-se de organismo que recebeu por métodos artificiais um ou mais genes de outra espécie diferente. *s.m.* 2. *Biol.* Organismo com essa característica.

trans·gre·dir *v.t.d.* 1. Atravessar; ir além de. 2. Infringir. 3. Postergar. 4. Não cumprir; violar (a lei). ★

trans·gres·são *s.f.* 1. Ação ou efeito de transgredir. 2. Infração.

trans·gres·sor *adj.* e *s.m.* 1. Que ou o que transgride. 2. Infrator.

tran·si·ção *s.f.* 1. Ação ou efeito de transitar. 2. Passagem de um lugar, assunto, tom, etc. para outro. 3. Mudança. 4. Trânsito. 5. Trajeto.

tran·si·do (í) *adj.* 1. Impregnado; repassado. 2. Esmorecido, tolhido (de frio, de medo, etc.).

tran·si·gên·ci·a *s.f.* 1. Ação ou efeito de transigir. 2. Tolerância; contemporização.

tran·si·gen·te *adj.2gên.* 1. Que transige; condescendente; tolerante. *s.2gên.* 2. Pessoa que transige.

tran·si·gir *v.i.* 1. Chegar a um acordo; condescender. *v.t.i.* 2. Contemporizar. *v.t.d.* 3. Fazer chegar a um acordo; conciliar.

tran·sir *v.i.* 1. Estar gelado de frio, medo ou dor. *v.t.d.* 2. Passar através de; repassar. ★★

tran·sis·tor *s.m. Eletrôn.* Componente à base de semicondutor (como o germânio) que substitui válvulas eletrônicas.

tran·si·tar *v.t.i.* 1. Fazer caminho; passar; andar. 2. Mudar de lugar ou de estado. *v.t.d.* 3. Passar por; percorrer.

tran·si·tá·vel *adj.2gên.* 1. Por onde se pode passar. 2. Em que se pode transitar.

tran·si·ti·vo *adj.* 1. *Gram.* Diz-se do verbo que precisa de complemento. 2. Passageiro; transitório.

trân·si·to *s.m.* 1. Ato ou efeito de caminhar. 2. Marcha; trajeto. 3. Passagem; afluência de viandantes. 4. Morte; passamento. 5. Movimento, circulação; afluência de veículos e pedestres; tráfego.

tran·si·to·ri·e·da·de *s.f.* Qualidade do que é transitório.

tran·si·tó·ri:o *adj.* 1. De pouca duração. 2. Passageiro; efêmero; breve. 3. Mortal.

trans·la·ção *s.f.* 1. Trasladação. 2. Transferência; transporte. 3. Tradução. 4. Metáfora. 5. *Astron.* O movimento dos astros ao percorrerem suas órbitas.

trans·la·da·ção *s.f.* Trasladação.

trans·la·dar *v.t.d.* e *v.p.* Trasladar.

trans·li·te·ra·ção *s.f.* Ação ou efeito de transliterar.

trans·li·te·rar *v.t.d.* Reduzir (um sistema de escrita a outro) letra por letra.

trans·lú·ci·do *adj.* Diáfano; transparente; que deixa passar a luz.

trans·lu·zir *v.t.i.* 1. Luzir (através de um corpo). 2. Mostrar-se (através de alguma coisa). *v.p.* e *i.* 3. Transparecer. 4. Concluir-se; deduzir-se. *v.p.* 5. Manifestar-se; refletir-se; revelar-se.

trans·mi·gra·ção *s.f.* Ação ou efeito de transmigrar.

trans·mi·grar *v.i.* e *v.t.i.* 1. Passar de uma região para outra. 2. *Espir.* Passar de um corpo para outro (falando da alma).

trans·mis·são *s.f.* 1. Ação de transmitir (-se). 2. Comunicação de movimento de um órgão mecânico a outro.

trans·mis·sor *adj.* 1. Que transmite. *s.m.* 2. Manipulador.

trans·mi·tir *v.t.d.* 1. Mandar de um lugar para outro; transportar. 2. Ser condutor de. 3. Deixar passar além. 4. Comunicar por contágio. 5. Expedir; exalar. 6. Propagar. 7. Fazer que passe por sucessão. *v.p.* 8. Comunicar-se; propagar-se.

trans·mon·tar *v.t.d.* 1. Passar por cima de; ultrapassar. 2. Ser superior a. *v.i.* 3. Tramontar. *v.p.* 4. Passar além de. 5. Desaparecer; pôr-se (o Sol).

trans·mu·dar *v.t.d.* 1. Mudar; alterar; transformar. 2. Converter. *v.p.* 3. Converter-se. 4. Modificar-se; transformar-se.

trans·mu·ta·ção *s.f.* 1. Ato ou efeito de transmudar; mudança de uma coisa em outra. 2. Transferência.

trans·mu·tar *v.t.d.* e *v.p.* Transmudar (-se); modificar(-se); transformar(-se).

tran·so·ce·â·ni·co *adj.* Ultramarino.

trans·pa·re·cer *v.t.i.* 1. Aparecer ou avistar-se através de alguma coisa. 2. Transluzir. 3. Mostrar-se em parte. 4. Manifestar-se. 5. Revelar-se.

trans·pa·rên·ci:a *s.f.* Qualidade de transparente.

trans·pa·ren·te *adj.2gên.* 1. Que se deixa penetrar pela luz; que através de sua espessura deixa distinguir os objetos; diáfano. 2. *fig.* Claro; evidente.

trans·pas·sar *v.t.d.* e *v.t.i.* 1. Traspassar. *v.p.* 2. Traspassar-se.

trans·pi·ra·ção *s.f.* 1. Ação ou efeito de transpirar. 2. Suor abundante.

trans·pi·rar *v.t.d.* 1. Fazer que saia pelos poros. *v.i.* 2. Exalar suor. 3. Espalhar-se; divulgar-se. *v.t.i.* 4. Constar. 5. Divulgar-se.

trans·plan·tar *v.t.d.* 1. Arrancar de um lugar e plantar noutro (vegetal). 2. Enxertar (órgãos ou tecidos humanos ou animais) em outros órgãos, ou indivíduos. 3. Passar de um país para outro. 4. Trasladar; traduzir. *v.p.* 5. Mudar-se.

trans·plan·te *s.m.* Ato ou efeito de transplantar.

trans·pla·ti·no *adj.* Situado além do rio da Prata.

trans·por *v.t.d.* 1. Pôr (alguma coisa) em lugar diverso daquele em que ela estava. 2. Inverter a ordem de. 3. Passar além de; exceder. 4. Traduzir(2); verter(4). ★

trans·por·tar *v.t.d.* 1. Conduzir, levar de um lugar para outro. 2. Enlevar; arrebatar; transpor. *v.p.* 3. Passar de um lugar para outro. 4. Remontar mentalmente. 5. Enlevar-se.

trans·por·te (ó) *s.m.* 1. Ação ou efeito de transportar; condução. 2. Qualquer veículo. 3. Arrebatamento, êxtase; enlevo; entusiasmo.

trans·po·si·ção *s.f.* Ação ou efeito de transpor.

trans·tor·na·do *adj.* 1. Perturbado. 2. Desorganizado. 3. Alterado. 4. Confundido. 5. Desfigurado.

trans·tor·nar *v.t.d.* 1. Perturbar. 2. Pôr em desordem; desorganizar. 3. Agitar. *v.p.* 4. Perturbar-se; alterar-se.

trans·tor·no (ô) *s.m.* 1. Ato ou efeito de transtornar(-se). 2. Perturbação mental. 3. Contrariedade; contratempo.

tran·subs·tan·ci·a·ção *s.f.* 1. Mudança de uma substância em outra. 2. *Liturg.* Mudança da substância do pão e do vinho na do corpo e do sangue de Jesus Cristo, na Eucaristia.

tran·su·dar *v.t.d.* 1. Verter; ressumar. *v.t.i.* 2. Transpirar; coar-se. 3. *fig.* Transparecer.

trans·va·sar *v.t.d.* Passar de uma vasilha para outra; trasfegar; trasvasar.

trans·va·zar *v.t.d.* 1. Verter; entornar; pôr fora; esvaziar; despejar. *v.p.* 2. Entornar-se.

trans·ver·sal *adj.2gên.* 1. Que passa ou está de través. 2. Que corta ou atravessa. *s.f.* 3. Linha transversal.

trans·ves·tir *v.t.d.* Disfarçar, metamorfosear, transformar. *Var.:* trasvestir. ★

trans·vi·ar *v.t.d.* 1. Desencaminhar; extraviar. 2. Seduzir; corromper. *v.p.* 3. Afastar-se do bom caminho.

tra·pa·ça *s.f.* 1. Contrato fraudulento. 2. Fraude; falcatrua; engano; logro.

tra·pa·ce·ar *v.i.* 1. Fazer trapaças. *v.t.d.* 2. Tratar fraudulentamente.

tra·pa·cei·ro *adj.* e *s.m.* Que ou o que trapaceia; embusteiro.

tra·pa·lha·da *s.f.* 1. Porção de coisas em desordem. 2. Confusão; embrulhada.

tra·pa·lhão *adj.* e *s.m.* Que ou aquele que se atrapalha facilmente, ou que atrapalha tudo.

tra·pei·ra *s.f.* 1. Armadilha para caça. 2. Abertura ou janela sobre o telhado; água-furtada. 3. Mulher que apanha trapos.

tra·pei·ro *s.m.* 1. Negociante de trapos. 2. Homem que apanha trapos, papéis, etc., para os vender.

tra·pé·zi·o *s.m.* 1. Aparelho de ginásio, constituído de uma barra suspensa por duas cordas ou peças verticais. 2. *Geom.* Quadrilátero com dois lados paralelos desiguais. 3. *Anat.* Músculo da região dorsal, que aproxima a omoplata da coluna vertebral.

tra·pe·zis·ta *s.2gên.* Pessoa que trabalha em trapézio.

tra·pi·che *s.m.* Armazém junto ao cais, onde se depositam as mercadorias importadas ou que se vão exportar.

tra·po *s.m.* 1. Pedaço de pano usado ou velho. 2. Roupa velha. *sobrecomum* 3. Pessoa sem energia, cansada.

tra·que *s.m. pop.* 1. Estrépito; estouro. 2. Artefato pirotécnico.

tra·quei·a (éi) *s.f. Anat.* Canal cilíndrico e elástico que estabelece comunicação entre a laringe e os brônquios.

tra·que·ja·do *adj.* Experimentado; experiente.

tra·que·jar *v.t.d.* 1. Exercitar. 2. Tornar apto.

tra·que·jo (ê) *s.m.* Prática; experiência.

tra·que·os·to·mi·a *s.f. Cir.* Traqueotomia seguida de uma introdução de uma cânula no interior da traqueia, para restabelecer comunicação com o exterior.

tra·que·o·to·mi·a *s.f. Cir.* Incisão praticada na traqueia.

tra·qui·na·da *s.f.* 1. Travessura de criança; bulha; ruído. 2. Intriga; enredo.

tra·qui·nas *adj.2gên. e 2núm.* 1. Inquieto; buliçoso; travesso. *s.2gên. e 2núm.* 2. Criança ou pessoa traquinas.

tra·qui·ni·ce *s.f.* O mesmo que travessura.

tra·qui·ta·na *s.f.* 1. Tipo de carruagem de quatro rodas, para o transporte de duas pessoas. 2. Carro velho, malconservado. 3. *pop.* Qualquer dispositivo.

trás *prep.* 1. Atrás. *interj.* 2. Voz que designa pancada ruidosa.

tra·san·te·on·tem *adv.* No dia anterior ao de anteontem.

tra·sei·ra *s.f.* A parte de trás ou posterior; retaguarda.

tra·sei·ro *adj.* 1. Que está na parte posterior; detrás. *s.m.* 2. *pop.* Nádegas.

tras·fe·gar *v.t.d.* 1. Transvazar. *v.i.* 2. negociar; lidar.

tras·go *s.m. sobrecomum* 1. Aparição fantástica; duende. 2. Pessoa traquinas.

tras·la·da·ção *s.f.* Ação de trasladar.

tras·la·da·do *adj.* 1. Que se mudou de um lugar para outro. 2. Copiado. 3. Traduzido.

tras·la·dar *v.t.d.* 1. Mudar (de um lugar para outro); transportar. 2. Traduzir. 3. Copiar. 4. Dar significação translata. *v.p.* 5. Mudar-se.

tras·la·do *s.m.* 1. Ato de trasladar. 2. Cópia; reprodução; modelo.

tra·so·re·lho (ê) *s.m. Med.* Parotidite epidêmica; caxumba; papeira.

tras·pas·sar *v.t.d.* 1. Passar além de ou através de. 2. Penetrar. 3. Furar de lado a lado. 4. Afligir; magoar. 5. Exceder. *v.t.i.* 6. Transferir-se. 7. Penetrar-se. 8. Desmaiar. 9. Esmorecer.

tras·pas·se *s.m.* 1. Ato de traspassar. 2. Subarrendamento. 3. Morte.

tras·pas·so *s.m.* 1. Traspasse. 2. Dor penetrante. 3. Dilação; demora.

tras·te *s.m.* 1. Móvel ou utensílio velho, de pouco ou nenhum valor. *sobrecomum* 2. Indivíduo de mau caráter; velhaco; tratante. 3. Pessoa inútil.

tras·te·jar *v.i.* 1. Negociar em trastes ou em coisas de pouco valor. 2. Ter ações de velhaco.

tras·va·sar *v.t.d.* Transvasar.

tras·ves·tir *v.t.d.* Transvestir. ★

tra·ta·dis·ta *s.2gên.* Pessoa que escreveu tratado ou tratados.

tra·ta·do *s.m.* 1. Estudo ou obra sobre uma ciência, arte, etc. 2. Contrato internacional relativo a comércio, paz, etc. 3. Convênio.

tra·ta·dor *adj. e s.m.* Que ou aquele que trata de alguma coisa, espec. de cavalos.

tra·ta·men·to *s.m.* 1. Trato. 2. Modo de tratar. 3. Acolhimento. 4. Processo de curar. 5. Distinção.

tra·tan·ta·da *s.f.* Ação de tratante; velhacada.

tra·tan·te *adj.2gên.* 1. Que procede com velhacaria, ardilosamente. *s.2gên.* 2. Pessoa tratante.

tra·tar *v.t.d.* 1. Fazer uso de. 2. Frequentar. 3. Travar relações com. 4. Discorrer sobre; debater. 5. Medicar. 6. Cuidar de; dedicar-se a. 7. Dar certo título ou tratamento. 8. Modificar (por meio de). 9. Ajustar. *v.t.i.* 10. Ocupar-se. 11. Discorrer. 12. Cuidar. 13. Conversar. 14. Conviver. 15. Lidar. 16. Curar. 17. Negociar. *v.p.* 18. Cuidar da própria saúde. 19. Manter relações entre si. 20. Dirigir-se mutuamente (um tratamento).

tra·tá·vel *adj.2gên.* 1. Que pode ser tratado. 2. Que é fácil de lidar, de tratar; amável.

tra·to *s.m.* 1. Ato de tratar. 2. Ajuste; convênio; contrato. 3. Convivência; conversação; passadio. 4. Espaço (de terreno); região.

tra·tor *s.m.* Máquina para tração de aparelhos agrícolas e industriais.

tra·to·ris·ta *s.2gên.* Pessoa que dirige trator.

trau·ma *s.m.* Traumatismo.

trau·má·ti·co *adj.* Que se refere a feridas ou contusões.

trau·ma·tis·mo *s.m.* Conjunto das perturbações causadas por ferimento grave ou choque; trauma.

trau·ma·ti·zar *v.t.d.* e *v.p. Psic., Med.* Causar ou sofrer trauma.

trau·ma·to·lo·gi·a *s.f. Med.* Parte da medicina que trata dos choques e feridas.

trau·te·ar *v.t.d.* e *v.i.* 1. Cantarolar. 2. *pop.* Importunar. 3. Repreender. 4. Burlar.

trau·tei·o *s.m.* Ato de trautear.

tra·va *s.f.* Ação de travar; peia.

tra·va·ção *s.f.* 1. Ação ou efeito de travar. 2. Ligação de traves.

tra·va·do *adj.* 1. Unido; ligado estreitamente; peado. 2. Represado. 3. Atravancado. 4. Impedido; embaraçado.

tra·van·ca *s.f.* Aquilo que atrapalha, que trava; empecilho, obstáculo.

tra·vão *s.m.* 1. Peça metálica que se coloca na boca de animais de montaria, ligada à rédea, a fim de dirigi-los; trava. 2. Alavanca que serve para travar o movimento de uma máquina, de uma roda.

tra·var *v.t.d.* 1. Fazer parar com trava ou travão; pear; frear; impedir os movimentos a. 2. Tramar. 3. Entreter. 4. Começar; entabular. 5. Causar travo a. *v.i.* 6. Amarrar. 7. Ter gosto amargo ou adstringente. 8. *Inform.* Tornar-se (um computador, sistema ou programa) inoperante, devido à não finalização imprevista de alguma tarefa em execução. *v.t.i.* 9. Causar desgosto. 10. Lançar mão; segurar. *v.p.* 11. Unir-se. 12. Confundir-se.

tra·ve *s.f.* 1. Peça de madeira grossa e comprida, empregada em construções; viga. 2. *Fut.* Cada uma das três barras de metal ou madeira que compõem o gol.

tra·ve·ja·men·to *s.m.* 1. Conjunto de traves. 2. Vigamento.

tra·vés *s.m.* 1. Esguelha; soslaio. 2. Flanco. 3. Travessa; peça de madeira atravessada. *loc.adv.* **De través**: de lado; transversalmente.

tra·ves·sa (é) *s.f.* 1. Peça de madeira atravessada sobre outra. 2. Viga. 3. Prato oblongo para levar comida à mesa. 4. Rua transversal.

tra·ves·são *s.m.* 1. Travessa grande. 2. *Gram.* Traço (—) usado na escrita para separar frases, indicar mudança de interlocutor num diálogo, substituir parênteses, etc. 3. Braço de balança. 4. *Desp.* Barra de madeira que une as extremidades superiores dos dois postes da meta.

tra·ves·sei·ro *s.m.* Espécie de almofada larga que se coloca na cabeceira da cama para apoio da cabeça de quem repousa.

tra·ves·si·a *s.f.* 1. Ação ou efeito de atravessar uma região, rio ou mar. 2. Vento forte e contrário à navegação.

tra·ves·so (ê) *adj.* 1. Posto de través; oblíquo. 2. Lateral; colateral. 3. Oposto. 4. Irrequieto; traquinas. 5. Malicioso; engraçado.

tra·ves·su·ra *s.f.* 1. Ação de pessoa travessa. 2. Traquinada de crianças. 3. Desenvoltura. 4. Malícia.

tra·ves·ti *s.m.* 1. Disfarce no vestir. 2. Disfarce. *s.2gên.* 3. Pessoa que se traja com roupas do sexo oposto, e o imita.

tra·ves·tir-se *v.p.* 1. Vestir-se com roupas do sexo oposto. 2. Disfarçar-se. ★

tra·vo *s.m.* 1. Sabor adstringente de comida ou bebida. 2. Amargor. 3. Impressão desagradável.

tra·zer *v.t.d.* 1. Transportar para cá. 2. Transferir de um lugar para outro. 3. Ser portador de; ter consigo. 4. Fazer-se acompanhar de. 5. Usar; vestir. 6. Oferecer; ofertar. 7. Atrair; chamar. 8. Herdar. 9. Acarretar; causar. 10. Manter. ★

tre·cen·té·si·mo *num.* 1. Ordinal e fracionário correspondente a trezentos. *s.m.* 2. Trecentésima parte.

tre·cho (ê) *s.m.* 1. Espaço de tempo ou lugar. 2. Passagem literária. 3. Fragmento de obra musical. 4. Intervalo.

tre·do (ê) *adj.* Falso; traiçoeiro.

trê·fe·go *adj.* 1. Astuto. 2. Turbulento. 3. Dissimulado. 4. Manhoso.

tré·gua *s.f.* 1. Cessação temporária de trabalho, de dor, de incômodo, etc. 2. Suspensão temporária de hostilidade. 3. Instantes de alívio. 4. Descanso; férias.

trei·na·do *adj.* Adestrado; preparado para o exercício de.

trei·na·dor *s.m.* Aquele que treina, que adestra, ou que dirige um treino.

trei·na·men·to *s.m.* Ato ou efeito de treinar.

trei·nar *v.t.d.* 1. Adestrar; acostumar. *v.i.* 2. Submeter a treinos. *v.p.* 3. Exercitar-se para festas ou jogos esportivos.

trei·no *s.m.* Ato de se treinarem pessoas ou animais para festas, torneios esportivos, etc.

tre·jei·to *s.m.* 1. Gesto; careta; esgares; movimento. 2. Prestidigitação.

tre·la (é) *s.f.* 1. Correia a que vai preso o cão de caça. 2. *pop.* Tagarelice; cavaco. 3. Licença; liberdade. *Dar trela a*: dar confiança a; puxar conversa com.

tre·li·ça *s.f. Cons.* Sistema de vigas cruzadas, no vigamento das pontes.

trem *s.m.* 1. Conjunto de objetos que constituem a bagagem de um viajante. 2. Mobília de uma casa. 3. Conjunto de utensílios e dos mais objetos próprios para certo serviço. 4. Comboio de estrada de ferro. 5. Bateria de cozinha. 6. *pop.* Qualquer objeto.

trema

tre·ma (ê) *s.m. Gram.* Sinal ortográfico (¨) que se usa sobre o **u** em alguns nomes estrangeiros.

tre·mar *v.t.d.* Marcar com trema.

tre·me·dal *s.m.* 1. Pântano; terreno alagadiço; paul. 2. *fig.* Torpeza; degradação moral. 3. Vegetação flutuante sobre largas extensões de rios.

tre·me·dei·ra *s.f.* Tremura; tremor.

tre·me·li·ca *adj.2gên* e *s.2gên.* Diz-se de ou pessoa que se assusta facilmente.

tre·me·li·car *v.i.* 1. Tremer, espec. de susto. 2. Tremer amiúde.

tre·me·li·que *s.m.* Ato de tremelicar.

tre·me·lu·zir *v.i.* Brilhar com luz trêmula; cintilar.

tre·men·do *adj.* 1. Que causa temor. 2. Que faz tremer. 3. Horroroso. 4. Extraordinário. 5. Respeitável.

tre·mer *v.t.d.* 1. Ter medo de. 2. Agitar; fazer tremer, estremecer. 3. Tiritar por causa de. *v.i.* 4. Estremecer; agitar-se. 5. Tremular. 6. Assustar-se. 7. Tiritar de frio, susto ou doença. 8. Tremeluzir. *v.t.i.* 9. Ter medo.

tre·mês *adj.2gên.* 1. Que tem ou dura três meses. 2. Que nasce e amadurece em três meses.

tre·me·si·nho *adj.* Tremês.

tre·mi·do *adj. fam.* 1. Duvidoso; arriscado. *s.m.* 2. Tremura. 3. Tortuosidade.

tre·mi·fu·sa *s.f. Mús.* Nota que vale metade da semifusa.

tre·mo·cei·ro *s.m. Bot.* Planta leguminosa que produz o tremoço.

tre·mo·ço (ô) *s.m.* Grão comestível do tremoceiro.

tre·mor *s.m.* 1. Ato de tremer; tremura. 2. Temor. 3. Movimento convulsivo.

trepidante

trem·pe *s.f.* 1. Arco de ferro que assenta sobre três pés, e em cima do qual se coloca a panela que vai ao fogo. 2. *pop.* Reunião de três pessoas que visam ao mesmo fim.

tre·mu·lan·te *adj.2gên.* Que tremula.

tre·mu·lar *v.t.d.* 1. Mover, agitando; vibrar. *v.i.* 2. Mover-se com tremor. 3. Cintilar; tremeluzir. 4. Hesitar; vacilar.

trê·mu·lo *adj.* 1. Que treme. 2. Indeciso; tímido. *s.m.* 3. Tremido na voz ou no canto. 4. *Mús.* Efeito produzido pelos instrumentos de corda.

tre·mu·ra *s.f.* O mesmo que tremor.

tre·na (ê) *s.f.* 1. Fita com que se ata o cabelo. 2. Fita métrica que se emprega na medição de terrenos. 3. Fita métrica de menor comprimento usada por alfaiates, costureiras e outros profissionais.

tre·no (ê) *s.m.* 1. Elegia. 2. Lamentação. 3. Canto plangente.

tre·nó *s.m.* Carro provido de patins, para deslizar sobre a neve.

tre·pa·dei·ra *adj.* e *s.f. Bot.* Diz-se da ou planta que trepa.

tre·pa·na·ção *s.f. Cir.* Ato de trepanar.

tre·pa·nar *v.t.d.* Cortar ou compor com o trépano.

tré·pa·no *s.m. Cir.* Instrumento cirúrgico com o qual se perfuram ossos, especialmente do crânio; trepanação.

tre·par *v.t.d.* 1. Subir a. *v.t.i.* 2. Subir; elevar-se em categoria. *v.i.* 3. Ascender (plantas trepadeiras). 4. *chulo* Copular. *v.p.* 5. Subir.

tre·pi·da·ção *s.f.* Ação ou efeito de trepidar.

tre·pi·dan·te *adj.2gên.* Que trepida.

tre·pi·dar *v.i.* 1. Tremer. 2. Hesitar; vacilar. 3. Ter ou causar trepidação. *v.t.i.* 4. Vacilar.

tré·pli·ca *s.f.* 1. Ação de treplicar. 2. Resposta à réplica.

tre·pli·car *v.t.d.* 1. Refutar com tréplica. *v.i.* e *v.t.i.* 2. Responder (a uma réplica).

três *num.* 1. Cardinal correspondente a três unidades. 2. Diz-se do terceiro elemento de uma série. *s.m.* 3. Algarismo representativo do número três. 4. Carta de jogar. 5. Dado ou peça de dominó com três pintas.

tre·san·dar *v.t.d.* 1. Fazer que ande para trás. 2. Desandar. 3. Perturbar; confundir. 4. Desordenar. 5. Exalar (mau cheiro). *v.i.* e *v.t.i.* 6. Cheirar (mal).

tres·ca·lar *v.t.d.* 1. Emitir cheiro forte. 2. Exalar; lançar de si. *v.i.* 3. Exalar cheiro forte.

tres·do·brar *v.t.d.* 1. Triplicar; dobrar três vezes. *v.i.* 2. Aumentar-se três vezes.

tres·do·bro (ô) *s.m.* O triplo.

tres·fo·le·gar *v.i.* Ofegar; respirar com dificuldade.

tres·ler *v.i.* 1. Ler às avessas. 2. Perder o juízo por ler muito. 3. Dizer, fazer tolices. ★

tres·lou·ca·do *adj.* Desvairado; louco.

tres·lou·car *v.t.d.* 1. Tornar louco; desvairar. *v.i.* 2. Enlouquecer. 3. Tornar-se imprudente.

tres·ma·lhar *v.t.d.* 1. Afastar-se do rebanho, do bando. 2. Dispersar. 3. Deixar fugir, escapar ou perder. *v.p.* 4. Desgarrar-se; dispersar-se.

três-ma·ri·as *s.f.pl.* 1. *Astron.* As três estrelas do centro da constelação de Órion (iniciais maiúsculas). 2. Boleadeiras.

tres·noi·tar *v.i.* 1. Passar a noite sem dormir. *v.t.d.* 2. Não deixar dormir; tirar o sono.

tres·pas·sar *v.t.d., v.t.i.* e *v.p.* Fazer trespasse de; traspassar; transpor; falecer.

tres·pas·se *s.m.* 1. Ato de trespassar. 2. Falecimento; morte; passamento.

tres·su·ar *v.t.d.* 1. Suar. 2. Verter. 3. Trescalar. *v.i.* 4. Suar em demasia.

tres·va·ri·a·do *adj.* 1. Que tresvariou. 2. Que delira.

tres·va·ri·ar *v.i.* 1. Delirar. 2. Estar fora de si. 3. Dizer disparates.

tres·va·ri·o *s.m.* Ato de tresvariar; delírio.

tre·ta (ê) *s.f.* 1. Destreza na luta. 2. Ardil; estratagema. 3. Manha; sutileza. 4. Palavreado para enganar.

tre·vas (é) *s.f.pl.* 1. Escuridão completa. 2. Noite. 3. *fig.* Ignorância. 4. *Liturg.* Os três dias da semana santa em que não se deixa entrar luz nas igrejas. 5. O castigo eterno.

tre·vo (ê) *s.m.* 1. *Bot.* Nome comum a diversas plantas leguminosas, de variadas espécies. 2. Entroncamento de vias que se entrelaçam, elevando-se ou rebaixando-se para evitar cruzamentos em pontos de tráfego intenso.

tre·vo·so (ô) *adj.* Tenebroso. *Pl.:* trevosos (ó).

tre·ze (ê) *num.* 1. Cardinal equivalente a uma dezena mais três unidades. 2. Diz-se do décimo terceiro elemento de uma série.

tre·ze·na (ê) *s.f.* 1. Conjunto de treze unidades. 2. Espaço de treze dias. 3. Reza que se repete durante os treze dias anteriores à festa de um santo.

tre·ze·no (ê) *num.* Décimo terceiro.

tre·zen·tos *num.* 1. Três centenas. *s.m.* 2. Nome que se dá ao século.

trí·a·de *s.f.* Conjunto de três pessoas ou três coisas; trindade.

tri·a·gem *s.f.* Seleção; escolha.

tri·an·gu·la·ção *s.f.* Ação ou efeito de triangular.

tri·an·gu·lar *adj.2gên.* 1. Que tem forma de triângulos. 2. De três ângulos. 3. Que tem por base um triângulo. *v.t.d.* 4. Dividir em triângulos.

tri·ân·gu·lo *s.m.* 1. *Geom.* Polígono de três ângulos e três lados. 2. *Mús.* Instrumento de metal com formato de triângulo; ferrinhos.

tri:á·si·co *s.m. Geol.* 1. Primeiro período da era mesozoica, quando surgiram os primeiros dinossauros (inicial maiúscula). *adj.* 2. Relativo a esse período. *Var.:* triássico.

tri·a·tlo *s.m. Desp.* Competição formada por três modalidades esportivas, natação, ciclismo e corrida, que o atleta deve realizar sem intervalo entre uma e outra.

tri·bo *s.f.* Grupo racial unido pela língua que fala, pelos costumes e tradições, e que vive em comunidade, sob um mesmo chefe.

tri·bu·la·ção *s.f.* Adversidade; amargura.

tri·bu·na *s.f.* 1. Lugar elevado de onde falam os oradores; púlpito. 2. *fig.* A arte de falar em público; eloquência. 3. Qualquer veículo (jornal, rádio, etc.) usado para a exposição de ideias, defesa de causas, etc.

tri·bu·nal *s.m.* 1. Lugar onde se administra justiça, onde se debatem e julgam as questões judiciais. 2. Jurisdição de um juiz ou de vários juízes que julgam juntos. 3. Os magistrados que administram a justiça.

tri·bu·ní·ci·o *adj.* Concernente a tribuno.

tri·bu·no *s.m.* 1. Magistrado que defende os direitos e interesses do povo; parlamentar. 2. Orador revolucionário. 3. Orador de vulto.

tri·bu·ta·ção *s.f.* Ação ou efeito de tributar.

tri·bu·tar *v.t.d.* 1. Impor tributo ou imposto. *v.t.d.* e *i.* 2. Dedicar a alguém ou a alguma coisa, como tributo(3). 3. Dedicar; prestar.

tri·bu·tá·ri·o *adj.* e *s.m.* 1. Que ou o que paga tributo; contribuinte. 2. Afluente.

tri·bu·tá·vel *adj.2gên.* Que pode ou deve ser tributado.

tri·bu·to *s.m.* 1. O que um Estado paga a outro, em sinal de dependência. 2. Imposto; contribuição; taxa. 3. Homenagem. 4. O que se é obrigado a sofrer.

tri·ca *s.f.* 1. Chicana; trapaça forense. 2. Intriga. 3. Ninharia; futilidade.

tri·cen·te·ná·ri·o *adj.* 1. De trezentos anos. *s.m.* 2. Comemoração de qualquer fato notável ocorrido há trezentos anos.

tri·cen·té·si·mo *num.* O mesmo que trecentésimo.

tri·ci·clo *s.m.* Velocípede especial para crianças.

tri·cô *s.m.* Tecido de malhas entrelaçadas.

tri·co·lo·gi·a *s.f.* Tratado acerca dos pelos ou cabelos.

tri·co·lor *adj.2gên.* De três cores.

tri·cor·di·a·no *adj.* 1. De Três Corações (Minas Gerais). *s.m.* 2. O natural ou habitante dessa cidade.

tri·cór·ni·o *s.m.* Chapéu de três bicos.

tri·co·tar *v.i.* Fazer tricô.

tri·cús·pi·de *adj.2gên.* 1. Que tem três pontas. 2. *Anat.* Diz-se da válvula que guarnece o orifício pelo qual a aurícula direita do coração comunica com o ventrículo correspondente.

tri·den·te *adj.2gên.* 1. Que tem três dentes. *s.m.* 2. Cetro mitológico de Netuno, deus do mar. 3. *fig.* Domínio dos mares. 4. O mar.

tri·den·ti·no *adj.* 1. De Trento (Itália). *s.m.* 2. O natural ou habitante de Trento.

tri·di·men·si·o·nal *adj.2gên.* 1. Relativo às três dimensões, altura, largura e comprimento. 2. Que dá a sensação de ter três dimensões.

trí·du·o *s.m.* 1. Período de três dias sucessivos. 2. Festa de igreja que dura três dias.

tri·e·dro (é) *adj.* 1. *Geom.* Que tem três faces. 2. Limitado por três planos.

tri·e·nal *adj.2gên.* 1. Que dura três anos. 2. Que serve três anos. 3. Que frutifica de três em três anos.

tri·ê·ni·o *s.m.* Espaço de três anos; trienado.

tri·fó·li·o *s.m.* 1. *Bot.* Trevo. 2. Ornato em forma de trevo.

tri·gal *s.m.* Campo de trigo; seara.

tri·ga·mi·a *s.f.* Estado ou crime de quem é trígamo.

trí·ga·mo *s.m.* Homem casado com três mulheres, estando todas vivas.

tri·gê·me·o *adj.* e *s.m.* 1. Diz-se de ou cada um dos três indivíduos que nasceram de um mesmo parto. 2. *Anat.* Diz-se de ou nervo que se divide em três ramos que se distribuem pela face.

tri·gé·si·mo *num.* 1. Ordinal e fracionário correspondente a trinta. *s.m.* 2. A trigésima parte.

tri·go *s.m. Bot.* 1. Planta gramínea. 2. O grão dessa planta, aplicado especialmente no fabrico do pão.

tri·go·no·me·tri·a *s.f. Mat.* Parte da matemática que tem por objeto o cálculo de ângulos e lados de triângulos, a partir dos demais elementos conhecidos.

tri·go·no·mé·tri·co *adj.* 1. Que se refere à trigonometria. 2. Conforme às regras da trigonometria.

tri·guei·ro *adj.* 1. Que tem a cor do trigo maduro; moreno. *s.m.* 2. Indivíduo trigueiro.

tri·lar *v.t.d.* 1. Cantar, fazendo trilos. 2. Gorjear; trinar. *V.* trilhar.

tri·lha *s.f.* 1. Ação ou efeito de trilhar. 2. Vestígio; rasto; trilho(3). 3. *fig.* Exemplo.

tri·lha·do *adj.* Conhecido; sabido; experimentado; usado; percorrido.

tri·lhão *num.* Mil bilhões.

tri·lhar *v.t.d.* 1. Debulhar (cereais) na eira; moer; calcar. 2. Magoar; contundir. 3. Marcar com pegadas. 4. Abrir caminho por. 5. Seguir (certa direção). 6. Percorrer. *V.* trilar.

tri·lho *s.m.* 1. Cilindro de madeira com dentes de ferro, usado para debulhar cereais na eira. 2. Utensílio com que se bate a coalhada para fabricar queijo. 3. Trilha; caminho. 4. Norma; exemplo. 5. Carril de ferro, sobre o qual andam os trens, bondes e outros veículos.

tri·lín·gue (güe) *adj.2gên.* 1. Escrito ou publicado em três línguas (3). 2. Que possui ou domina três línguas (3). *s.m.* 3. Indivíduo fluente em três línguas (3).

tri·li·te·ral *adj.2gên.* Composto de três letras.

tri·lo *s.m.* 1. Trinado; gorjeio. 2. *Mús.* Movimento alternado e rápido de duas notas que distam entre si um tom ou semitom.

tri·lo·gi·a *s.f.* 1. Conjunto de três tragédias que se destinavam aos concursos, nos jogos solenes da antiga Grécia. 2. Peça científica ou literária dividida em três partes, cujos assuntos estão relacionados entre si. 3. Conjunto de três coisas; tríade.

tri·men·sal *adj.2gên.* 1. Que dura três meses. 2. Que se realiza de três em três meses; trimestral.

tri·mes·tral *adj.2gên.* Trimensal.

tri·mes·tre (é) *s.m.* 1. Espaço de três meses. *adj.2gên.* 2. Trimensal; trimestral.

tri·na·do *s.m.* Ato de trinar; gorjeio; trino.

tri·nar *v.t.d.* 1. Exprimir ou cantar com trinos. *v.i.* 2. Soltar trinos. 3. Tocar tremulamente as cordas de um instrumento.

trin·ca *s.f.* Reunião de três coisas semelhantes ou de três cartas de jogar do mesmo valor.

trin·car *v.t.d.* 1. Morder, partir, apertar com os dentes. 2. Picar; cortar. 3. Comer. *v.i.* 4. Fazer ruído quando se parte com os dentes; rachar. *v.p.* 5. Rachar-se; fender-se.

trin·cha *s.f.* 1. Espécie de enxó usado por carpinteiros. 2. Pincel espalmado. 3. Ferramenta para arrancar pregos.

trin·chan·te *adj.2gên.* 1. Que trincha ou é próprio para trinchar. *s.m.* 2. Faca própria para trinchar. *s.2gên.* 3. Pessoa que trincha.

trin·char *v.t.d.* Cortar em pedaços (as viandas de mesa).

trin·chei·ra *s.f.* Escavação feita no solo, para que a terra escavada sirva de parapeito aos combatentes.

trin·cho *s.m.* 1. Ato ou modo de trinchar. 2. *fig.* O meio mais fácil de resolver uma dificuldade.

trin·co *s.m.* Tranqueta com que se fecham e abrem portas e que se levanta ou faz correr por meio de chave, cordão ou aldrava.

trin·da·de *s.f.* 1. *Teol.* União de três pessoas distintas num só Deus (Pai, Filho e Espírito Santo). 2. *Rel.* Domingo imediato ao do Pentecostes. 3. *fig.* Grupo de três pessoas ou coisas semelhantes.

trin·da·des *s.f.pl.* 1. O toque das ave-marias. 2. A hora desse toque; tardinha.

tri·ne·to (é) *s.m.* Filho de bisneto ou de bisneta.

trin·far *v.i.* 1. Soltar a voz (a andorinha). *s.m.* 2. A voz da andorinha.

tri·no *adj.* 1. Que consta de três. *s.m.* 2. Trinado; gorjeio; trilo.

tri·nô·mi:o *s.m.* 1. *Mat.* Polinômio de três termos. 2. *por ext.* O que tem três termos ou partes.

trin·que *s.m.* 1. Cabide de algibebe. 2. *fig.* Qualidade do que é novo em folha. 3. Elegância; esmero no vestir. ***Estar nos trinques***: estar muito elegante.

trin·ta *num.* 1. Cardinal correspondente a três dezenas. 2. Diz-se do trigésimo elemento de uma série.

trin·te·na (ê) *s.f.* 1. Grupo de trinta. 2. Trigésima parte. 3. Conjunto de trinta pessoas ou coisas.

tri·o *s.m.* 1. *Mús.* Instrumentos. 2. Grupo ou conjunto de três pessoas.

tri·pa *s.f.* Intestino de animal. ***Fazer das tripas coração:*** fazer um grande esforço para superar uma situação difícil.

tri·pa·nos·so·mí·a·se *s.f. Med.* Doença produzida pelo tripanossomo (especialmente a doença de Chagas).

tri·pa·nos·so·mo (ô) *s.m. Zool.* Protozoário que vive como parasito no sangue de diversos vertebrados e causa várias doenças.

tri·par·tir *v.t.d.* e *v.p.* Partir-se em três partes.

tri·pé *s.m.* 1. Tripeça. 2. Aparelho portátil, com três pés ou escoras, e sobre o qual se assenta máquina fotográfica, telescópio, câmara de televisão, etc.

tri·pe·ça (é) *s.f.* Banco de três pés; tripé.

tri·ple *num.* Triplo.

tri·pli·car *v.t.d.* 1. Tornar triplo. 2. Multiplicar; tresdobrar. *v.i.* e *v.p.* 3. Tornar-se triplo; multiplicar-se.

tri·pli·ca·ta *s.f.* Terceira cópia.

trí·pli·ce *adj.2gên.* Triplo.

tri·plo *num.* 1. Multiplicativo de três. *s.m.* 2. Quantidade três vezes maior que outra. *adj.* 3. Composto de três partes; tríplice.

tríp·ti·co *s.m.* 1. Quadro formado por três partes, duas das quais se dobram sobre a do meio. 2. Painel coberto por duas meias portas, cujas faces internas são trabalhadas como o próprio painel. 3. Livrinho de três folhas.

tri·pu·di·ar *v.i.* 1. Dançar ou saltar batendo com os pés; sapatear. 2. Folgar, exultar, humilhando ou espezinhando o que foi derrotado.

tri·pú·di·o *s.m.* Ato ou efeito de tripudiar.

tri·pu·la·ção *s.f.* Conjunto dos marinheiros de um navio, ou dos pilotos e ajudantes de uma aeronave.

tri·pu·lan·te *adj.2gên.* e *s.2gên.* Que ou pessoa que tripula, que pertence à tripulação.

tri·pu·lar *v.t.d.* 1. Prover do pessoal necessário para os serviços de (um navio, uma aeronave). 2. Dirigir ou governar (uma embarcação, uma aeronave).

tri·qui·na *s.f. Zool.* Verme que vive nos músculos do porco e de outros animais (transmite-se ao homem pela carne de porco contaminada).

tri·qui·no·se (ó) *s.f. Med.* Doença causada pelas triquinas.

tris *interj.* Voz imitativa do ruído de coisa que se parte.

tri·sa·vô *s.m.* Pai de bisavô ou de bisavó.

tris·me·gis·to *adj.* Três vezes grande ou máximo.

tris·sar *v.i.* 1. Cantar (a calhandra ou a andorinha). *s.m.* 2. Trisso.

tris·sí·la·bo *s.m. Gram.* 1. Palavra ou verso de três sílabas. *adj.* 2. Trissilábico.

tris·so *s.m.* 1. Ato de trissar. 2. O canto ou voz da calhandra ou da andorinha.

tris·te *adj.2gên.* 1. Que não tem alegria. 2. Que aflige. 3. Que inspira tristeza. 4. Cheio de melancolia ou de cuidados. 5. Lastimoso; infeliz; deprimido. 6. Insignificante. *s.2gên.* 7. Pessoa triste.

tris·te·za (ê) *s.f.* 1. Qualidade, estado de triste. 2. Consternação. 3. Melancolia. 4. Pena; desgosto; pesar.

tris·to·nho (ô) *adj.* Que infunde ou revela tristeza; melancólico.

tri·ton·go *s.m. Gram.* Agrupamento de duas semivogais e uma vogal na mesma sílaba, na seguinte ordem: semivogal, vogal, semivogal: Parag*uai*.

tri·tu·rar *v.t.d.* 1. Moer; reduzir a partes muito finas, a pó ou a massa. 2. Bater; sovar. 3. Afligir; magoar; atormentar.

tri·un·fal *adj.2gên.* 1. Concernente a triunfo. 2. Em que há triunfo.

tri·un·fan·te *adj.2gên.* 1. Que triunfa. 2. Radiante de alegria. 3. Pomposo.

tri·un·far *v.i.* 1. Conseguir triunfo. 2. Alcançar vitória. 3. Levar vantagem. 4. Vencer qualquer resistência. 5. Estar muito alegre. *v.t.i.* 6. Sair vencedor. 7. Prevalecer. *v.t.d.* 8. Tornar triunfante.

tri·un·fo *s.m.* 1. Vitória brilhante; grande êxito. 2. Ovação. 3. Grande alegria. 4. Satisfação plena. 5. Esplendor. 6. Superioridade.

tri·un·vi·ra·to *s.m.* 1. Magistratura dos triúnviros. 2. *por ext.* Governo de três indivíduos.

tri·ún·vi·ro *s.m.* 1. *ant.* Magistrado da antiga Roma, encarregado de uma parte da administração pública, juntamente com dois colegas. 2. Membro de qualquer triunvirato.

tri·vi·al *adj.2gên.* 1. Sabido de todos; notório. 2. Usado. 3. Comum; vulgar; ordinário. *s.m.* 4. Conjunto dos pratos cotidianos das refeições de uma família.

tri·vi·a·li·da·de *s.f.* Qualidade, caráter do que é trivial.

triz *s.m.* Momento. *loc.adv.* **Por um triz**: por pouco; quase; por um fio.

tro·ar *v.i.* 1. Trovejar. 2. Ressoar fortemente.

tro·ca (ó) *s.f.* 1. Ação de trocar; permuta. 2. Substituição. 3. Mudança. *V.* **troça**.

tro·ça (ó) *s.f.* 1. Ação de troçar. 2. Zombaria; escárnio; caçoada. *V.* **troca**.

tro·ca·di·lho *s.m.* 1. Jogo de palavras que dão lugar a equívocos jocosos e interpretações diversas em virtude da semelhança de som. 2. Uso de expressões ambíguas.

tro·ca·do *adj.* 1. Que foi objeto de troca; permutado. 2. Substituído. *s.m.* 3. Dinheiro miúdo.

tro·car *v.t.d.* 1. Dar em troca. 2. Dar o troco. 3. Substituir uma coisa por outra. 4. Confundir. 5. Inverter; alterar. *v.t.d.* e *i.* 6. Permutar entre si. 7. Mudar. *V.* **troçar**.

tro·çar *v.t.d.* 1. Zombar de. *v.t.i.* 2. Zombar; fazer troça. *V.* **trocar**.

tro·co (ô) *s.m.* 1. Ato ou efeito de trocar. 2. Pequenas moedas que constituem valor igual ao de uma só moeda ou nota. 3. Quantia que se recebe do vendedor a quem se pagou um objeto com moeda ou nota de valor mais elevado que o seu preço. 4. Réplica; resposta oportuna a uma ofensa. *V.* **troço** (ó) e **troço** (ô).

tro·ço (ó) *s.m.* 1. Qualquer objeto; coisa; traste. 2. Coisa imprestável. *V.* **troco** e **troço** (ô).

tro·ço (ô) *s.m.* 1. Corpo de tropas. 2. Porção de gente. 3. Pedaço de madeira. 4. Trecho de estrada. 5. *gír.* Excremento solidificado. *V.* **troco** e **troço** (ó).

tro·féu *s.m.* 1. Despojos de inimigo vencido. 2. Objeto que se expõe em público, em comemoração de uma vitória. 3. *fig.* Sinal, insígnia de uma vitória, de um triunfo.

tro·glo·di·ta *adj.2gên.* e *s.2gên.* 1. Diz-se de ou indivíduo que vivia em caverna. 2. *fig.* Diz-se de ou pessoa inculta, atrasada.

troi·ca *s.f.* Trenó puxado por três cavalos emparelhados.

tro·le (ó) *s.m.* Pequeno carro descoberto que desliza nas estradas de ferro, movido pelas pessoas que vão sobre ele.

tró·le·bus *s.m.2núm.* Ônibus elétrico. *Var.:* tróleibus.

tro·lha (ô) *s.f.* 1. Espécie de pequena pá, em que o pedreiro põe a argamassa de que se vai servindo. *s.m.* 2. Servente de pedreiro, também chamado *meia-colher*.

tro·lo·ló *s.m.* Música de caráter ligeiro e fácil.

trom·ba *s.f.* 1. Órgão do olfato e aparelho de preensão do elefante e do tapir. 2. Sugadouro de certos insetos. 3. *pop.* Cara zangada.

trom·ba·da *s.f.* 1. Pancada com a tromba ou com o focinho. 2. Encontrão. 3. Encontro de veículos, ou de um veículo num obstáculo qualquer.

trom·ba-d'á·gua *s.f.* 1. *Meteor.* Tornado (quando ocorre no mar). 2. *fig.* Chuva forte e repentina. *Pl.:* trombas-d'água.

trom·be·ta (ê) *s.f.* 1. *Mús.* Instrumento de sopro, espécie de corneta sem voltas. *s.m.* 2. Tocador de trombeta.

trom·be·te·ar *v.t.d.* e *v.i.* 1. Tocar trombeta. *v.t.d.* 2. *fig.* Anunciar, espalhar.

trom·bo *s.m. Med.* Coágulo sanguíneo no interior dos vasos.

trom·bo·ne (ô) *s.m.* 1. *Mús.* Instrumento de sopro, composto de dois tubos encaixados um no outro (*trombone de vara*) ou em que a parte corrediça é substituída por um jogo de pistões (*trombone de pistões*). 2. Tocador de trombone.

trom·bo·se (ó) *s.f. Med.* Coagulação súbita do sangue dentro dos vasos.

trom·bu·do *adj.* 1. Provido de tromba. 2. *fig.* Carrancudo; zangado; de aspecto sombrio.

trom·pa *s.f.* 1. *Mús.* Instrumento de sopro, de forma contornada em espiral e pavilhão largo, de som muito suave. *s.m.* 2. Tocador desse instrumento. **Trompas de Falópio**: antiga denominação das tubas uterinas, dois canais que ligam o útero ao ovário.

trom·pe·te (é) *s.m.* 1. *Mús.* Instrumento de sopro, de metal, provido de pistões. *s.2gên.* 2. Tocador de trompete.

tro·nan·te *adj.2gên.* Que trona.

tro·nar *v.i.* 1. Troar; trovejar. 2. Exibir-se. 3. Estar em situação elevada.

tron·cho *adj.* 1. Mutilado; a que se cortou algum ramo ou membro. 2. Torto; curvado para um dos lados. *s.m.* 3. Membro cortado. 4. Talo de couve tronchuda.

tron·chu·do *adj.* 1. De talos grossos (diz-se especialmente de uma variedade de couve). 2. Que tem membros fortes (pessoa).

tron·co *s.m.* 1. *Bot.* Parte da árvore, entre a raiz e os primeiros ramos; caule. 2. *Anat.* Corpo humano, excetuando a cabeça e os membros. 3. Estirpe. 4. *ant.* Pau fincado no chão, ao qual se prendiam os escravos para os castigar.

tron·cu·do *adj.* Que possui o tronco ou o tórax bem desenvolvido, forte; corpulento.

tro·no (ô) *s.m.* 1. Sólio em que se assentam os soberanos, espec. em ocasiões solenes. 2. *fig.* Poder soberano. 3. Ato ou efeito de tronar ou troar.

tro·nos (ô) *s.m.pl.* Um dos nove coros de anjos.

tron·quei·ra *s.f.* 1. Passagem estreita na estrada, onde se fincaram os esteios laterais de uma porteira ou cancela. 2. Cada um dos esteios verticais onde se introduzem as extremidades de varas de uma cancela.

tro·pa (ó) *s.f.* 1. Multidão de pessoas reunidas. 2. Conjunto de soldados de qualquer arma. 3. O exército. 4. Caravana de bestas de carga. 5. Grande porção de gado vacum.

tro·pe·ção *s.m.* Ato de tropeçar; tropicão.

tro·pe·çar *v.t.i.* 1. Dar com o pé involuntariamente; esbarrar. 2. *fig.* Errar. 3. Cambalear. 4. Hesitar. *v.i.* 5. Dar tropeções. 6. Cambalear.

tro·pe·ço (ê) *s.m.* 1. Coisa em que se tropeça. 2. Obstáculo; travanca.

trô·pe·go *adj.* 1. Que anda com dificuldade. 2. Que não pode mover os membros, ou que os move dificilmente.

tro·pei·ro *s.m.* 1. Aquele que conduz uma caravana de bestas de carga. 2. Aquele que negocia com tropas.

tro·pel *s.m.* 1. Ruído, tumulto de grande porção de gente que anda ou se agita. 2. Balbúrdia. 3. Estrépito de pés. 4. Ruído produzido por cavalos em marcha.

tro·pe·li·a *s.f.* 1. Efeito de tropel. 2. Barulho ou dano produzido por gente em tropel. 3. Bulício; balbúrdia. 4. Travessura.

tro·pi·cal *adj.2gên.* 1. Que se refere aos trópicos, ou às regiões que ficam entre os trópicos. 2. Relativo ao clima dessas regiões. 3. Que vive nessas regiões. 4. Diz-se do calor abrasador. *s.m.* 5. Espécie de tecido leve, semelhante ao linho. 6. Roupa feita com esse tecido.

tro·pi·cão *s.m.* 1. Ato ou efeito de tropicar. 2. Tropeção.

tro·pi·car *v.i.* Tropeçar, ou tropeçar muitas vezes.

tró·pi·co *s.m. Geog.* Cada um dos dois círculos menores do globo, paralelos à linha do equador e dela distantes 23° 27', entre os quais se realiza o movimento anual aparente do Sol em volta da Terra.

tro·pis·mo *s.m.* 1. *Biol.* Resposta de um organismo a uma fonte de estímulo, aproximando-se ou afastando-se dela. 2. *Bot.* Orientação do crescimento de um organismo vegetal em resposta a estímulos físicos ou químicos.

tro·po (ó) *s.m. Gram.* Emprego de palavra ou expressão em sentido figurado; metáfora.

tro·tar *v.i.* 1. Andar a trote (o cavalo). 2. Andar no cavalo a trote. *v.t.d.* 3. Zombar de.

tro·te (ó) *s.m.* 1. Andamento do cavalo, mais ligeiro que o passo comum e menos rápido que o galope. 2. Troça ou moteja que sofrem os calouros das escolas. 3. Zombaria; intriga. **Dar um trote**: pregar uma peça.

trou·xa *s.f.* 1. Fardo de roupa. 2. Grande pacote. *adj.2gên.* e *s.2gên.* 3. Que ou pessoa que se deixa enganar facilmente. 4. Pessoa tola, sem experiência.

tro·va (ó) *s.f.* 1. *Lit.* Composição poética ligeira e de caráter mais ou menos popular. 2. Quadra popular. 3. Canção; cantiga.

tro·va·dor *s.m.* 1. Poeta provençal da Idade Média. 2. *por ext.* Poeta lírico; cantor.

tro·vão *s.m.* 1. Ribombo produzido por descarga elétrica na atmosfera. 2. Grande estrondo.

tro·ve·jan·te *adj.2gên.* Que troveja.

tro·ve·jar *v.i.* 1. Ribombar o trovão. 2. Haver trovões. 3. Estrondear. 4. Produzir ruído semelhante ao do trovão. 5. Falar indignadamente; bradar. *v.t.i.* 6. Bradar; clamar. *v.t.d.* 7. Emitir, pronunciar com grande ruído.

tro·vo·a·da *s.f.* 1. Quantidade de trovões sucessivos. 2. Grande estrondo. 3. Altercação. 4. Balbúrdia; rolo; motim.

tro·vo·ar *v.i.* Troar; trovejar.

tru·ão *s.m.* Bobo; palhaço; saltimbanco.

tru·ci·dar *v.t.d.* 1. Matar barbaramente. 2. Degolar.

tru·ci·lar *v.i.* 1. Cantar (o tordo). *s.m.* 2. O canto do tordo.

tru·co *s.m.* 1. Jogo de cartas. 2. Truque.

tru·cu·lên·ci·a *s.f.* 1. Qualidade de truculento. 2. Crueldade; ferocidade.

tru·cu·len·to *adj.* Feroz; cruel; brutal.

tru·fa *s.f.* 1. *Bot.* Cogumelo subterrâneo comestível, também chamado túbera. 2. *Cul.* Doce cremoso à base de chocolate, semelhante ao bombom.

tru·ís·mo *s.m.* Verdade trivial, evidente.

trun·ca·do *adj.* Incompleto; mutilado.

trun·car *v.t.d.* 1. Separar o tronco. 2. Mutilar; omitir (parte importante) de obra literária. 3. Interromper (assunto).

trun·fo *s.m.* 1. Espécie de jogo de cartas com dois, quatro ou seis parceiros. 2. Naipe que, em certos jogos de cartas, prevalece sobre os outros. 3. Pessoa que tem influência ou importância social, na política, etc. 4. Vantagem que propicia ou permite a vitória em luta, discussão, negócio, etc.

tru·pe *s.f.* 1. Grupo de artistas ou comediantes. 2. Companhia teatral.

tru·que *s.m.* 1. Truco. 2. Ardil. 3. Habilidade; meio destro de fazer alguma coisa, em geral só do conhecimento daquele que a faz.

trus·te *s.m.* Associação ou sindicato de especuladores, com o intuito de suprimir a concorrência, e que consiste no açambarcamento de determinado produto, elevando depois a cotação de valores ou o preço; monopólio.

tru·ta *s.f.* 1. *epiceno Zool.* Peixe comum na Europa, de carne muito apreciada. 2. *gír.* Negociata. 3. Engano; logro.

truz *interj.* 1. Voz imitativa de queda ou explosão. *s.m.* 2. Ato de bater; pancada. *De truz*: de primeira ordem; muito bom.

tu *pron.pess.* Caso reto, 2ª pessoa do sing.

tu·ba *s.f.* 1. *Mús.* Instrumento de sopro, provido de embocadura e pistões, de timbre baixo e solene. *s.m.* 2. Tocador de tuba. *Tubas uterinas*: canais que ligam o útero ao ovário.

tu·ba·gem *s.f.* 1. Conjunto de tubos; tubulação. 2. *Med.* Introdução de um ou mais tubos em um organismo, para diagnóstico ou tratamento.

tu·ba·rão *s.m.* 1. *epiceno Zool.* Nome comum aos grandes seláquios. *s.m.* 2. Comerciante ou industrial ganancioso que aufere lucros extraordinários em suas transações. 3. Negociante inescrupuloso.

tú·be·ra *s.f. Bot.* Trufa.

tu·bér·cu·lo *s.m.* 1. *Bot.* Massa feculenta e celular, na parte subterrânea de algumas plantas. *Med.* 2. Nome comum a certas alterações mórbidas da pele. 3. Granuloma produzido pelo bacilo de Koch.

tu·ber·cu·lo·se (ó) *s.f. Med.* Doença infecciosa produzida pelo bacilo de Koch, caracterizada pela formação de tubérculos e por lesões que variam segundo o órgão em que se produzem (pulmões, intestinos ou articulações).

tu·ber·cu·lo·so (ô) *adj.* 1. Concernente a tubérculos. 2. Que tem tubérculos. 3. Atacado de tuberculose. *s.m.* 4. Indivíduo atacado de tuberculose. *Pl.:* tuberculosos (ó).

tu·be·ro·sa (ó) *s.f. Bot.* Planta mais conhecida por angélica.

tu·bo *s.m.* 1. Canal cilíndrico, reto ou curvo, por onde passam ou saem líquidos, fluidos, etc. 2. *Anat.* Qualquer canal do organismo humano. *Pegar tubo*: entrar o surfista em uma onda que, ao quebrar, toma o formato de um tubo.

tu·bu·la·ção *s.f.* Colocação de tubos ou canos; encanamento; canalização. *Entrar pela tubulação*: sair-se mal.

tu·ca·no *s.m. Zool.* Nome comum a diversas aves que se caracterizam por grande bico.

tu·cu·mã *s.m.* 1. *Bot.* Nome comum a diversas plantas palmáceas. 2. *Zool.* Nome de um cágado da região do rio Tocantins.

tu·do *pron.indef.* 1. A totalidade das pessoas e coisas que existem. 2. Qualquer coisa considerada em sua totalidade. 3. Aquilo que é essencial. 4. Qualquer coisa.

tu·fa·do *adj.* Com tufos.

tu·fão *s.m. Meteor.* Vento muito forte e tempestuoso; vendaval.

tu·fo *s.m.* 1. Aglomeração de plantas, penas, pelos ou flores. 2. Saliência formada pelos tecidos de uma peça de vestuário. 3. Proeminência; montículo. 4. Qualquer coisa de forma saliente e arredondada.

tu·gir *v.t.d.* 1. Dizer em voz baixa. *v.i.* 2. Falar baixinho. *Não tugir nem mugir*: calar-se.

tu·gú·ri·o *s.m.* 1. Habitação rústica; cabana. 2. Abrigo; refúgio.

tu·im *s.m. epiceno Zool.* Pássaro da família dos papagaios, também chamado tuí e periquitinho.

tu·le *s.m.* Tecido leve e transparente, de seda ou de algodão; filó.

tu·lha *s.f.* 1. Compartimento onde se guardam cereais em grão. 2. Grande arca para guardar cereais. 3. Montão de cereais. 4. Terreno cercado onde se secam frutos.

tú·li·o *s.m.* Metal do grupo das terras raras, elemento de símbolo *Tm* e cujo número atômico é 69.

tu·li·pa *s.f. Bot.* 1. Planta de que se conhecem várias espécies. 2. A flor dessa planta.

tum·ba *s.f.* 1. Pedra sepulcral; sepultura; túmulo. 2. Esquife.

tu·me·fa·ção *s.f.* Ação de tumefazer; inchação.

tu·me·fa·zer *v.t.d.* 1. Causar inchação a. 2. Tornar túmido; intumescer. ★

tu·mes·cer *v.t.d., v.i.* e *v.p.* Intumescer (-se).

tu·mi·dez *s.f.* Qualidade de túmido; inchação.

tú·mi·do *adj.* 1. Inchado; dilatado. 2. *fig.* Vaidoso; arrogante; orgulhoso.

tu·mor *s.m. Med.* Saliência circunscrita, desenvolvida em qualquer parte do corpo.

tu·mu·lar *adj.2gên.* Que se refere ou pertence a túmulo.

tú·mu·lo *s.m.* 1. Monumento funerário em memória de alguém no lugar onde foi sepultado; sepulcro. 2. *fig.* Morte. 3. Lugar sombrio. *Ser um túmulo*: saber guardar segredo.

tu·mul·to *s.m.* 1. Movimento desordenado. 2. Motim. 3. Agitação. 4. Discórdia. 5. *fig.* Perturbação; inquietação.

tu·mul·tu·ar *v.t.d.* 1. Incitar à desordem; agitar; amotinar. *v.i.* 2. Agitar-se. 3. Amotinar-se. 4. Fazer grande barulho.

tu·mul·tu·o·so (ô) *adj.* Em que há tumulto; tumultuário. *Pl.:* tumultuosos (ó).

tu·na *s.f.* 1. Ociosidade; vadiagem. 2. Orquestra de estudantes. *Andar à tuna*: andar à solta; vadiar.

tu·nan·te *adj.2gên.* e *s.2gên.* 1. Que ou pessoa que anda à tuna. 2. Pessoa vadia.

tun·da *s.f.* 1. Surra; sova. 2. Crítica severa.

tú·nel *s.m.* 1. Passagem abobadada sob monte, rio, canal ou mar. 2. Caminho subterrâneo.

tungs·tê·ni:o *s.m.* Metal branco, elemento de símbolo W e cujo número atômico é 74.

tú·ni·ca *s.f.* 1. Vestuário antigo, comprido e ajustado ao corpo. 2. Uma das partes do vestuário dos militares. 3. *Anat.* Membrana que forma as paredes de um órgão. 4. *Bot.* Invólucro de certos órgãos vegetais.

tu·ni·ca·dos *s.m.pl. Zool.* Classe de invertebrados que estabelece a transição destes para os vertebrados.

tu·ni·si·a·no *adj.* 1. Da Tunísia (África). *s.m.* 2. O natural ou habitante desse país.

tu·ni·si·no *s.m.* O natural ou habitante da cidade de Túnis, capital da Tunísia.

tu·pã *s.m.* Nome que os índios davam ao trovão (posteriormente os missionários jesuítas o empregaram, com inicial maiúscula, para designar Deus).

tu·pi *s.2gên.* 1. Indivíduo dos tupis, grande nação indígena da América do Sul, cuja língua constituía um dos quatro principais troncos linguísticos do Brasil. *adj.2gên.* 2. Relativo aos tupis. *s.m.* 3. O idioma tupi.

tu·pi·a *s.f.* 1. Máquina para fazer molduras, abaular e desbastar madeiras. 2. Aparelho para levantar pesos.

tu·pi·gua·ra·ni *s.m.* 1. Família linguística da América do Sul, que inclui o tupi, o guarani e outras línguas. *s.2gên.* 2. Indígena dessa família linguística. *adj.2gên.* 3. Relativo aos tupis e guaranis. *Pl.:* (do *s.*) tupis-guaranis, (do *adj.*) tupi-guaranis.

tu·pi·nam·bá *s.2gên.* 1. Indivíduo dos tupinambás, nome comum a várias tribos tupi-guaranis que viviam no litoral do Brasil no séc. XVI. *s.m.* 2. *fig.* Chefe; mandachuva. *adj.2gên.* 3. Relativo aos tupinambás.

tu·pi·ni·quim *s.2gên.* 1. Indivíduo dos tupiniquins, indígenas tupi-guaranis do litoral de Porto Seguro (Bahia). *adj.2gên.* 2. Relativo aos tupiniquins. 3. *depr.* Próprio do Brasil; nacional.

tur·ba *s.f.* 1. Multidão desordenada. 2. Muita gente reunida. 3. A multidão, o povo. 4. Coro de vozes.

tur·ba·mul·ta *s.f.* 1. Grande multidão em desordem. 2. Ajuntamento de gente. 3. Tropel.

tur·ban·te *s.m.* 1. Cobertura ou ornato para a cabeça, usado por povos do Oriente. 2. Toucado feminino semelhante a esse ornato.

tur·bar *v.t.d.* 1. Tornar turvo, opaco. 2. Escurecer; toldar. 3. Perturbar; transtornar; inquietar. *v.p.* 4. Toldar-se. 5. Inquietar-se. 6. Tornar-se sombrio.

túr·bi·do *adj.* 1. Escuro; turvo. 2. Que perturba. 3. Perturbado.

tur·bi·lhão *s.m.* 1. Remoinho de vento. 2. Movimento forte e giratório de águas. 3. Aquilo que impele ou excita com violência.

tur·bi·lho·nar *v.i.* Formar turbilhão.

tur·bi·na *s.f.* Roda hidráulica, cujo eixo vertical gira debaixo da água.

tur·bu·lên·ci:a *s.f.* 1. Qualidade de turbulento. 2. Desordem; motim.

tur·bu·len·to *adj.* 1. Agitado; amotinado; buliçoso. 2. Em que há turbulência. *s.m.* 3. Indivíduo turbulento.

tur·co *adj.* 1. Da Turquia (Ásia e Europa). *s.m.* 2. O natural ou habitante desse país. 3. Língua falada pelos turcos.

tur·fa *s.f.* Carvão fóssil, leve e esponjoso, que resulta da fermentação de musgos e plantas aquáticas no meio de águas claras.

tur·fe *s.m.* 1. Prado de corridas de cavalos; hipódromo. 2. O esporte das corridas de cavalos; hipismo.

tur·fis·ta *s.2gên.* Pessoa aficionada do turfe.

tur·ges·cer *v.t.d.* 1. Tornar túrgido; empolar. *v.i.* e *v.p.* 2. Tornar-se túrgido.

tur·gi·dez *s.f.* 1. Estado de túrgido. 2. Inchação; intumescimento.

túr·gi·do *adj.* 1. Dilatado, por conter grande porção de humores. 2. Inchado.

tu·ri·bu·lá·ri:o *adj.* e *s.m.* 1. Que ou aquele que agita o turíbulo para incensar. 2. *fig.* Adulador.

tu·rí·bu·lo *s.m.* Vaso em que se queima incenso.

tu·ris·mo *s.m.* 1. Gosto por viagens. 2. Viagens de recreio ou com fins educativos. 3. Movimento de turistas. 4. Conjunto de serviços para atender turistas

tu·ris·ta *s.2gên.* Pessoa que viaja para recrear-se ou ilustrar-se.

tu·rís·ti·co *adj.* 1. Relativo ao turismo. 2. Que atrai o turista. 3. Que se destina a turistas.

tur·ma *s.f.* 1. Cada um dos grupos de pessoas que se revezam na execução de certos trabalhos ou certos atos. 2. Cada uma das divisões de um grupo numeroso de pessoas. 3. Grupo de alunos de uma classe numerosa. 4. Pessoal; gente. *Turma do deixa-disso*: pessoas que intervêm em conflito com o propósito de pacificação.

tur·ma·li·na *s.f. Min.* Pedra semipreciosa, composta de boro, alumínio, magnésio, ferro e, às vezes, metais alcalinos.

túr·ne·po *s.m. Bot.* Variedade de nabo.

tur·no *s.m.* 1. Cada um dos grupos de pessoas que se revezam na realização de certos atos. 2. Vez; turma. 3. Cada um dos períodos de disputa de campeonatos esportivos, especialmente de futebol. 4. Cada uma das divisões do horário diário de trabalhos ou estudos.

tur·que·sa (ê) *s.f. Min.* Pedra preciosa, fosfato de alumínio hidratado de cor azul, sem transparência.

tur·ra *s.f.* 1. Pancada com a testa. 2. Teima. 3. Altercação. *adj.2gên.* e *s.2gên.* 4. Turrão.

turrão

tur·rão *adj.* e *s.m. pop.* Teimoso; pertinaz.

tur·var *v.t.d.* 1. Tornar turvo; escurecer. 2. Perturbar. 3. Embriagar. *v.i.* e *v.p.* 4. Tornar-se turvo ou torvo. 5. Tornar-se carrancudo.

tur·vo *adj.* 1. Que perdeu a transparência, a limpidez; opaco. 2. Agitado; confuso; alterado.

tus·sor *s.m.* Espécie de tecido de seda, muito leve.

tu·ta·no *s.m.* 1. Substância gordurosa do interior dos ossos. 2. *fig.* A parte íntima; âmago. 3. *pop.* Coragem; valentia.

tu·te·ar *v.t.d.* 1. Tratar por tu. 2. Tratar-se reciprocamente por *tu*.

tu·te·la (é) *s.f.* 1. Autoridade conferida por lei para velar pela pessoa e bens de um menor ou de um interdito. 2. Defesa; proteção. 3. Dependência. 4. Sujeição vexatória.

tu·te·la·do *adj.* 1. Sujeito a tutela. *s.m.* 2. Aquele que está sob tutela.

tu·te·lar[1] *adj.2gên.* 1. Concernente a tutela. 2. Protetor.

tu·te·lar[2] *v.t.d.* 1. Exercer tutela sobre. 2. Proteger; defender; amparar.

tu·tor *s.m.* 1. Aquele a quem se confia a tutela de menores ou interditos. 2. Protetor; defensor; patrono. *Fem.:* tutriz.

tu·to·ri·a *s.f.* 1. Cargo ou autoridade de tutor ou de tutriz; tutela. 2. Proteção; amparo, defesa.

tu·to·ri·al *s.m. Inform.* Programa que explica ao usuário como usar um determinado *software*.

tu·tu *s.m.* 1. *Cul.* Iguaria que se prepara com feijão, carne de porco, toucinho e farinha de mandioca. 2. *pop.* Dinheiro. *Cul.* **Tutu à mineira**: feijão cozido, refogado e engrossado com farinha de mandioca ou de milho e com linguiça; em São Paulo, virado à paulista.

tu·va·lu·a·no *adj.* 1. Do Tuvalu (Oceania). *s.m.* 2. O natural ou habitante desse país.

tzar *s.m.* Czar. *Fem.:* tzarina.

U u

u *s.m.* 1. Vigésima primeira letra do alfabeto. *num.* 2. O vigésimo primeiro numa série indicada por letras.

u:ai *interj.* Exprime admiração, espanto, impaciência ou surpresa.

u·bá *s.f.* Canoa feita de um só lenho, ou de uma casca inteiriça de árvore.

u·ber·da·de *s.f.* 1. Qualidade de úbere; fertilidade. 2. Abundância; fartura. 3. Opulência.

ú·be·re *adj.2gên.* 1. Fértil. 2. Farto; abundante. *s.m.* 3. Teta de vaca ou de outra fêmea de animal.

u·bi·qui·da·de (qüi) *s.f.* 1. Propriedade ou estado de ubíquo, onipresente. 2. Onipresença.

u·bí·quo *adj.* Que está ao mesmo tempo em toda parte.

u·cra·ni·a·no *adj.* 1. Da, ou relativo à Ucrânia. *s.m.* 2. O natural da Ucrânia. 3. O idioma da Ucrânia.

u·fa·nar *v.t.d.* 1. Tornar ufano; envaidecer. *v.p.* 2. Ter ufania; orgulhar-se; vangloriar-se.

u·fa·ni·a *s.f.* 1. Qualidade de ufano; desvanecimento. 2. Soberba. 3. Ostentação.

u·fa·no *adj.* 1. Que se orgulha; jactancioso. 2. Triunfante. 3. Bizarro.

u·fo *s.m.* Óvni, objeto voador não identificado.

u·gan·den·se *adj.2gên.* 1. De Uganda (África). *s.2gên.* 2. Natural ou habitante desse país.

ui *interj.* Exprime dor, admiração, espanto.

ui·ra·pu·ru *s.m. epiceno Zool.* Pássaro da Amazônia, notável por seu canto.

u·ís·que *s.m.* Bebida alcoólica obtida pela destilação da cevada, aveia e outros cereais.

u·ís·te *s.m.* Nome de um jogo de cartas jogado por quatro parceiros, dois contra dois.

ui·var *v.i.* 1. Dar uivos. 2. *fig.* Esbravejar; vociferar; gritar.

ui·vo *s.m.* 1. Voz de várias feras, especialmente do lobo. 2. Grito lamentoso do cão. 3. *fig.* Ato de vociferar.

úl·ce·ra *s.f.* 1. *Med.* Ulceração crônica; ferida. 2. *fig.* Corrupção; vício.

ul·ce·ra·ção *s.f.* 1. Ação ou efeito de ulcerar. 2. Formação de úlcera em consequência de processo destrutivo da pele ou da mucosa em homens e animais.

ul·ce·rar *v.t.d.* 1. Produzir úlcera em. 2. Tornar em úlcera. 3. *fig.* Atormentar;

magoar; afligir. 4. Corromper. *v.i.* e *v.p.* 5. Cobrir-se de úlceras; adquirir úlceras; magoar-se.

ul·ce·ro·so (ô) *adj.* 1. Da natureza da úlcera. 2. Que tem úlceras. *Pl.:* ulcerosos (ó).

ul·na *s.f. Anat.* O cúbito.

u·lo *s.m.* Gemido; lamentação.

ul·te·ri·or *adj.2gên.* 1. Situado além. 2. Que está, que sucede ou que chega depois.

ul·te·ri·o·ri·da·de *s.f.* Qualidade de ulterior.

ul·ti·ma·ção *s.f.* 1. Ação de ultimar. 2. Aperfeiçoamento. 3. Conclusão.

ul·ti·ma·do *adj.* Concluído; acabado.

ul·ti·mar *v.t.d.* 1. Pôr fim ou termo a; terminar; rematar. 2. Fechar; completar; inteirar. *v.p.* 3. Chegar a seu termo; completar-se.

úl·ti·mas *s.f.pl.* 1. O ponto extremo. 2. a extrema miséria. 3. Lance decisivo. 4. Momento final da vida.

ul·ti·ma·to *s.m.* 1. Últimas condições que um Estado apresenta a outro, de cuja aceitação depende o não declarar-se a guerra. 2. Condições irrevogáveis.

úl·ti·mo *adj.* 1. Derradeiro. 2. Que está ou vem depois de todos os outros. 3. O mais moderno, na ordem cronológica. 4. Que é o mais recente. 5. Ínfimo; que está no lugar menos importante. *s.m.* 6. O que está ou vem depois de todos. 7. O que ocupa a posição mais humilde ou ínfima. 8. O pior de todos.

ul·tra·cor·re·ção *s.f. Linguíst.* Erro de linguagem decorrente da preocupação de falar bem: de maneiras que por de maneira que, rúbrica por rubrica, etc.

ul·tra·jan·te *adj.2gên.* Que ultraja.

ul·tra·jar *v.t.d.* 1. Insultar; ofender a dignidade. 2. Injuriar; difamar.

ul·tra·je *s.m.* 1. Ato ou efeito de ultrajar. 2. Afronta; ofensa.

ul·tra·le·ve *s.m.* Avião muito leve, com apenas os requisitos indispensáveis para levantar voo.

ul·tra·mar *s.m.* 1. Região ou regiões além do mar. 2. Possessões ultramarinas. 3. Tinta azul que se extrai do lápis-lazúli.

ul·tra·ma·ri·no *adj.* 1. Que se refere ao ultramar. 2. Que fica no ultramar; transmarino; transoceânico.

ul·tra·mi·cros·có·pi·o *s.m.* Microscópio que permite examinar objetos de ordem de grandeza de décimo de micro, que escapam ao microscópio comum.

ul·tra·mon·ta·nis·mo *s.m.* Sistema dos que são favoráveis à autoridade absoluta do papa em matéria de fé e disciplina.

ul·tra·mon·ta·no *adj.* e *s.m.* Que ou o que segue o ultramontanismo.

ul·tra·pas·sa·do *adj.* Que ficou fora de moda; antiquado, obsoleto.

ul·tra·pas·sar *v.t.d.* Passar além de; transpor; exceder os limites de.

ul·tras·som *s.m.* Som além da escala perceptível pelo ouvido.

ul·tras·so·no·gra·fi·a *s.f. Fís.* Método diagnóstico que permite a visualização de órgãos internos do corpo.

ul·tra·vi·o·le·ta *adj.2gên.* e *2núm. Fís.* Diz-se dos raios invisíveis e de grande frequência situados imediatamente abaixo do violeta na decomposição espectral da luz.

ul·triz *adj.* 1. Que vinga. *s.f.* 2. Mulher vingadora. 3. Mulher que se vinga.

ululante / **ungueal**

u·lu·lan·te *adj.2gên.* 1. Que ulula; lamentoso. 2. Evidente, claríssimo.

u·lu·lar *v.i.* 1. Soltar voz triste e lamentosa (o cão); uivar; ganir. 2. Gritar de modo aflitivo. *v.t.d.* 3. Exprimir, gritando.

um *num.* 1. Cardinal correspondente a uma unidade. *art. indef.* 2. Qualquer; algum; certo. *adj.* 3. Único; singular. 4. Indivisível; contínuo. *Flex.*: uma, uns, umas. *s.m.* 5. Algarismo representativo do número um. 6. O que ocupa o primeiro lugar, numa série. *V. hum.*

um·ban·da *s.f.* Culto religioso e mágico, sincretizado com o catolicismo romano e o espiritismo.

um·be·la (é) *s.f.* Pequeno guarda-sol; sombrinha.

um·bi·ga·da *s.f.* 1. Pancada com o umbigo ou com a barriga. 2. Região do umbigo.

um·bi·go *s.m. Anat.* Cicatriz na parte anterior do ventre, que resulta do corte do cordão umbilical.

um·bi·li·cal *adj.2gên.* 1. Que se refere ou pertence ao umbigo. 2. Designativo do cordão que liga o feto à placenta.

um·bral *s.m.* 1. Ombreira (de porta); limiar. 2. *Espir.* Região onde se demoram os espíritos desencarnados cuja última existência na Terra não foi conforme os preceitos da religião e da moral.

um·bro·so (ô) *adj.* Que tem ou produz sombra; sombrio; escuro. *Pl.*: umbrosos (ó).

um·bu *s.m. Bot.* 1. Fruto do imbuzeiro, de sabor agridoce. 2. Imbuzeiro. *Var.*: imbu.

um·bu·zei·ro *s.m. Bot.* O mesmo que imbuzeiro.

u·mec·tan·te *adj.2gên.* Que umecta.

u·mec·tar *v.t.d.* Umedecer; molhar.

u·me·de·cer *v.t.d.* 1. Tornar úmido; molhar ligeiramente. *v.i.* e *v.p.* 2. Tornar-se úmido.

u·me·de·ci·men·to *s.m.* Ato de umedecer.

ú·me·ro *s.m. Anat.* Osso do braço, desde o ombro até o cotovelo.

u·mi·da·de *s.f.* 1. Qualidade ou estado de úmido. 2. *Meteor.* Estado atmosférico determinado pela quantidade de vapor de água no ar.

ú·mi·do *adj.* 1. Um tanto molhado. 2. Impregnado de vapores aquosos. 3. Da natureza da água; aquoso.

u·nâ·ni·me *adj.2gên.* 1. Proveniente de comum acordo. 2. Que tem o mesmo sentimento ou a mesma opinião de outrem. 3. Geral; concorde.

u·na·ni·mi·da·de *s.f.* 1. Qualidade de unânime. 2. Completo acordo. 3. Inteira conformidade de opinião ou votos.

un·ção *s.f.* 1. Ação ou efeito de ungir ou untar. 2. *fig.* Sentimento de piedade. 3. Doçura comovente na expressão. 4. Modo insinuante de dizer. 5. Sagração; consagração.

un·do (andú) *Ingl. s.m. Inform.* Recurso de alguns aplicativos que desfaz automaticamente a última operação efetuada.

un·gi·do *adj.* 1. Que se ungiu; untado. *s.m.* 2. Aquele que foi ungido.

un·gir *v.t.d.* 1. Untar com substância oleosa. 2. Aplicar óleos consagrados a. 3. Dar a extrema-unção a. 4. Conferir poder ou dignidade a. 5. Purificar; melhorar. 6. Repassar de unção, de doçura. 7. Investir (em autoridade ou dignidade); sagrar.

un·gue·al *adj.2gên.* Relativo à unha ou próprio dela.

un·guen·to (gue ou güe) *s.m.* 1. Medicamento para uso externo, pouco consistente, que tem por base gorduras e resinas. 2. Nome antigo de certas essências com que se perfumava o corpo.

un·gu·la·do *adj. Zool.* Diz-se dos mamíferos que têm unhas ou cascos.

un·gu·la·dos *s.m.pl. Zool.* Ordem de mamíferos ungulados.

u·nha *s.f.* 1. *Anat.* Lâmina córnea, dura e convexa, na extremidade dorsal dos dedos. 2. *Zool.* Casco dos paquidermes e ruminantes. 3. Garra. *Zool.* 4. Extremidade curva do pé dos insetos. 5. Pé do caranguejo. 6. Opérculo de diversas conchas.

u·nha·da *s.f.* Arranhadura ou ferimento feito com unha.

u·nha de fo·me *s.2gên.* Pessoa muito avarenta, sovina. *Pl.:* unhas de fome.

u·nhar *v.t.d.* Ferir com as unhas; arranhar; agatanhar.

u·nhas *s.f.pl.* Mão; domínio; poder.

u·nhei·ro *s.m. Med.* Panarício; inflamação na raiz das unhas.

u·ni·ão *s.f.* 1. Junção; ajuntamento. 2. Contato; adesão. 3. Casamento. 4. Ação ou efeito de unir. 5. Liga; aliança. 6. Conformidade de esforços ou pensamentos; concórdia.

u·ni·ce·lu·lar *adj.2gên.* Que tem uma só célula, ou que é formado de uma só célula.

u·ni·ci·da·de *s.f.* Qualidade do que é único.

ú·ni·co *adj.* 1. Só; sem outro da sua espécie ou qualidade. 2. A que nada é comparável. 3. Muito superior aos outros. 4. Excêntrico; singular.

u·ni·co·lor (ô) *adj.2gên.* De uma só cor.

u·ni·cor·ne (ó) *adj. 2gên.* 1. Que possui um só chifre ou corno. *Zool. s.m.* 2. Animal com essa característica. 3. Rinoceronte nativo da Índia, de um chifre apenas.

u·ni·cór·ni·o *s.m.* 1. *Zool.* Espécie de rinoceronte. *s.m.* 2. *por ext.* Substância do chifre desse animal.

u·ni·da·de *s.f.* 1. Quantidade tomada arbitrariamente para termo de comparação a quantidade da mesma espécie. 2. O número um. 3. Qualidade do que é uno ou único. *Inform.* **Unidade Central de Processamento (UCP)**: componente de um computador que realiza todo o processamento aritmético e lógico, e o controle de execução deste; Processador Central; CPU.

u·ni·di·re·ci·o·nal *adj.2gên.* Que deve ser feito, que se movimenta ou funciona somente em uma direção.

u·ni·do *adj.* 1. Que se uniu. 2. Que está em contato. 3. Junto; ligado.

u·ni·fi·ca·ção *s.f.* Ação ou efeito de unificar.

u·ni·fi·car *v.t.d.* 1. Reunir num só corpo ou num todo. 2. Tornar uno. *v.p.* 3. Tornar-se um; unir-se, conglobar-se.

u·ni·for·me *adj.2gên.* 1. De uma só forma. 2. Invariável. 3. Idêntico. 4. Que é sempre o mesmo. 5. Igual; constante. 6. Compassado. *s.m.* 7. Farda ou vestuário igual para uma corporação ou uma classe.

u·ni·for·mi·da·de *s.f.* 1. Qualidade do que é uniforme. 2. Coerência; constância. 3. Monotonia.

u·ni·for·mi·za·ção *s.f.* Ato ou efeito de uniformizar.

u·ni·for·mi·zar *v.t.d.* 1. Tornar uniforme. 2. Fazer vestir o uniforme. *v.p.* 3. Vestir o uniforme.

u·ni·gê·ni·to *adj.* 1. Único gerado por seus pais. *s.m.* 2. Filho único. 3. *restr.* Jesus Cristo.

u·ni·la·te·ral *adj.2gên.* 1. Situado de um só lado. 2. Que vem de um só lado. 3. *Jur.* Diz-se do contrato em que só uma das partes tem obrigação para com a outra.

u·ni·po·lar *adj.2gên. Fís.* 1. Que tem um só polo. 2. Diz-se dos fios de uma pilha que só conduzem uma espécie de eletricidade.

u·ni·po·la·ri·da·de *s.f. Fís.* Qualidade ou estado de um corpo unipolar.

u·nir *v.t.d.* 1. Unificar; juntar. 2. Estabelecer comunicação entre; ligar; tornar unido. 3. Ligar afetivamente. 4. Ligar pelo casamento. 5. Fazer aderir; associar. 6. Reunir; combinar; misturar. *v.i.* 7. Ligar-se; aderir. *v.p.* 8. Ligar-se (por afeto, casamento, interesse).

u·nis·sex (cs) *adj.2gên. e 2núm.* Que serve para ambos os sexos.

u·nís·so·no *adj.* 1. Que tem o mesmo som que outro; unissonante. *s.m.* 2. Conjunto de sons cuja entoação é absolutamente a mesma. *Em uníssono*: a uma só voz; com o mesmo som.

u·ni·tá·ri·o *adj.* 1. Que se refere ou pertence à unidade. 2. Constituído de unidade. 3. Unificado; único.

u·ni·val·ve *adj.2gên.* 1. *Zool.* Diz-se das conchas ou moluscos que se compõem de uma só peça. 2. *Bot.* Diz-se do fruto que se abre de um só lado.

u·ni·ver·sal *adj.2gên.* 1. Que abrange tudo. 2. Que se aplica a tudo. 3. Que provém de tudo ou de todos. 4. De todo o mundo. 5. Que não tem exceção. *s.m.* 6. Aquilo que é universal.

u·ni·ver·sa·li·da·de *s.f.* Qualidade de universal; totalidade.

u·ni·ver·sa·li·za·ção *s.f.* Ação ou efeito de universalizar.

u·ni·ver·sa·li·zar *v.t.d.* 1. Tornar universal; generalizar. *v.p.* 2. Generalizar-se.

u·ni·ver·si·da·de *s.f.* 1. Universalidade. 2. Instituição educacional que abrange um conjunto de escolas superiores denominadas faculdades, destinadas à especialização profissional e científica. 3. Corpo docente, discente e administrativo de uma universidade.

u·ni·ver·si·tá·ri·o *adj.* 1. Concernente a universidade. *s.m.* 2. Professor ou aluno de uma universidade. 3. Estudante de nível superior.

u·ni·ver·so (é) *s.m.* 1. Conjunto de todos os corpos celestes com tudo o que neles existe. 2. Conjunto de todas as coisas existentes. 3. Sistema solar. 4. Mundo. 5. A Terra e seus habitantes. 6. A sociedade. *adj.* 7. Universal.

u·ni·vi·te·li·no *adj. Genét.* Diz-se de gêmeos que provêm do mesmo óvulo.

u·ní·vo·co *adj.* 1. Que se aplica a muitas coisas do mesmo gênero, com o mesmo sentido, ainda que distintas (*p. ex.*: planeta é termo unívoco de Vênus e Marte). 2. Que só admite uma forma de interpretação. 3. Homogêneo. 4. Característico; próprio.

u·no *adj.* Um; único; singular.

un·tar *v.t.d.* 1. Aplicar unto ou óleo a. 2. Esfregar ou cobrir com unto. 3. Aplicar a, esfregando; friccionar.

un·to *s.m.* 1. Gordura ou banha de porco. 2. Gordura; óleo. 3. *pop.* Dinheiro.

un·tu·o·so (ô) *adj.* 1. Em que há unto ou gordura; gorduroso. 2. Escorregadio. 3. Lubrificado. 4. *fig.* Suave; amorável; meigo; melífluo. *Pl.*: untuosos (ó).

u·pa *interj.* 1. Termo usado para dar ânimo, encorajar, incentivar. 2. Expressa espanto, susto ou surpresa.

up·grade (ãpgrêide) *Ingl. s.m. Inform.* 1. Atualização ou modernização de programa ou equipamento já existente. 2. Equipamento de modelo mais moderno ou aprimorado ou programa em versão mais atualizada.

u·râ·ni:o *s.m. Quím.* Metal radioativo de grande densidade, elemento de símbolo U e cujo número atômico é 92.

u·ra·no *s.m. Mit.* 1. Personificação do Céu, na mitologia grega. 2. *Astron.* O sétimo dos planetas, na ordem de distância do Sol.

u·ra·no·gra·fi·a *s.f.* 1. Descrição do céu. 2. *Fot.* Fotografia estelar ou astronômica.

u·ra·no·lo·gi·a *s.f.* Uranografia.

ur·ba·ni·da·de *s.f.* 1. Qualidade do que é urbano. 2. Afabilidade; delicadeza; cortesia.

ur·ba·nis·mo *s.m.* Estudo sistemático e interdisciplinar da cidade e da questão urbana.

ur·ba·nis·ta *adj.2gên.* e *s.2gên.* Que ou pessoa que é especialista em urbanismo.

ur·ba·ni·za·ção *s.f.* Ação ou efeito de urbanizar.

ur·ba·ni·zar *v.t.d.* 1. Tornar urbano. 2. Civilizar; polir. 3. Tornar-se urbano; civilizado.

ur·ba·no *adj.* 1. Concernente a cidade. 2. *fig.* Polido; cortês, afável; civilizado.

ur·be *s.f.* Cidade.

ur·di·dei·ra *s.f.* 1. Máquina para urdir. *adj.* 2. Diz-se da mulher que urde; tecedeira.

ur·di·du·ra *s.f.* Ação ou efeito de urdir.

ur·dir *v.t.d.* 1. Dispor ou arranjar (fios da teia) para se fazer o tecido. 2. Enredar; maquinar; tramar.

u·rei·a (éi) *s.f. Quím.* Substância cristalina que se encontra na urina e que também se obtém sinteticamente para uso em medicina e na indústria.

u·re·mi·a *s.f. Med.* Intoxicação resultante da retenção da ureia no sangue, por mau funcionamento dos rins.

u·re·ter (ê, é) *s.m. Anat.* Cada um dos dois canais que conduzem a urina dos rins para a bexiga. *Pl.:* ureteres.

u·re·tra (é) *s.f. Anat.* Canal excretor da urina e, no homem, condutor do sêmen a ser eliminado.

ur·gên·ci:a *s.f.* Qualidade do que é urgente; pressa.

ur·gen·te *adj.2gên.* 1. Que urge; que não se pode adiar. 2. Indispensável. 3. Iminente.

ur·gir *v.i.* 1. Ser necessário sem demora. 2. Não permitir delongas. 3. Estar iminente. *v.t.i.* 4. Instar. *v.t.d.* 5. Tornar imediatamente necessário. 6. Reclamar; exigir.

ú·ri·co *adj. Quím.* Diz-se do ácido nitrogenado eliminado pela urina.

u·ri·na *s.f.* 1. *Fisiol.* Líquido excrementício segregado pelos rins e levado à bexiga pelos ureteres. 2. *chulo* Mijo. 3. *pop.* Xixi.

u·ri·na·ção *s.f.* Ação ou efeito de urinar.

u·ri·nar *v.i.* 1. Expelir urina pela via natural. *v.t.d.* 2. Expelir como urina. 3. Expelir urina sobre. 4. *chulo* Mijar.

u·ri·ná·ri:o *adj.* Concernente à urina.

u·ri·nol *s.m.* Vaso ou lugar próprio para se urinar ou defecar; penico. *Pl.:* urinóis.

URL *s.m.* Sigla de *Uniform/ Universal Resource Locator*, que significa Localizador Uniforme/ Universal de Recursos e designa a localização de um objeto na internet segundo determinado padrão de atribuição de endereços em redes.

ur·na *s.f.* 1. Caixão mortuário; esquife. 2. Caixa em que se guardam as cinzas dos mortos. 3. Recipiente em que se recolhem os votos nas eleições, os números numa loteria, numa rifa, etc.

u·ro·lo·gi·a *s.f. Med.* Parte da medicina que trata das doenças dos rins e das vias urinárias.

u·ro·ló·gi·co *adj.* Concernente à urologia.

u·ro·lo·gis·ta *s.2gên.* Especialista em urologia.

u·ro·pí·gi·o *s.m. Zool.* Saliência triangular sobre as vértebras inferiores das aves, da qual nascem as penas da cauda.

ur·rar *v.i.* 1. Dar urros; rugir; bramir. *v.t.d.* 2. Exprimir à maneira de urro. *V.* zurrar.

ur·ro *s.m.* 1. Rugido, bramido de algumas feras. 2. *fig.* Berro.

ur·sa *s.f.* 1. *Zool.* A fêmea do urso. 2. *Astron.* Nome de duas constelações boreais que se distinguem por Ursa Maior e Ursa Menor (inicial maiúscula).

ur·sa·da *s.f. pop.* Deslealdade; traição; mau procedimento da parte de amigo.

ur·si·no *adj.* Relativo ao urso.

ur·so *s.m.* 1. *Zool.* Grande mamífero que, embora classificado entre os carnívoros, é onívoro. 2. *fig.* Homem pouco sociável; misantropo. 3. Homem feio. 4. Aquele que é alvo de motejos. *adj.* e *s.m.* 5. Amigo falso, hipócrita.

ur·su·li·na *s.f.* Religiosa da Ordem de Santa Úrsula.

ur·ti·can·te *adj.2gên.* Que produz sensação análoga à das urtigas sobre a pele.

ur·ti·cá·ri:a *s.f. Med.* Erupção cutânea que se caracteriza por placas salientes e prurido análogo ao que produz o contato com urtiga.

ur·ti·ga *s.f. Bot.* Planta cuja haste e folhas produzem na pele prurido ou ardor irritante.

u·ru·bu *s.m. epiceno Zool.* Pequeno abutre que se alimenta de carniça.

u·ru·bu-rei *s.m. Zool.* Urubu de porte maior que os demais, cabeça e pescoço nus, plumagem em tons de amarelo, laranja e vermelho, asas e caudas pretas, podendo atingir 80 cm de comprimento. *Pl.:* urubus-reis e urubus-rei.

u·ru·cu *s.m.* 1. *Bot.* Fruto de urucuzeiro. 2. *Quím.* Substância tintorial que se extrai da polpa desse fruto; açafrão. *Var.:* urucum.

u·ru·cu·ba·ca *s.f. pop.* Infelicidade constante; azar.

u·ru·cu·zei·ro *s.m. Bot.* Arbusto cujo fruto é o urucu.

u·ru·guai·o *adj.* 1. Do Uruguai (América do Sul). *s.m.* 2. O natural ou habitante desse país.

u·ru·pe·ma (é) *s.f.* Espécie de joeira de fibra vegetal, para peneirar farinha de mandioca; peneira.

u·ru·tu *s.m. epiceno Zool.* Nome comum a diversas cobras venenosas.

ur·ze *s.m. Bot.* Nome comum a várias plantas próprias dos terrenos infecundos, ácidos ou mal drenados.

u·san·ça *s.f.* Uso; hábito tradicional.

u·sar *v.t.d.* 1. Praticar; ter por costume. 2. Fazer uso de; empregar; servir-se de. 3. Vestir; trajar. 4. Gastar com o uso. 5. Exercer. *v.t.i.* 6. Fazer uso. 7. Estar acostumado. 8. Servir-se. 9. Ter hábito.

u·sei·ro *adj.* 1. Que tem por hábito fazer alguma coisa. 2. Que tem por uso alguma coisa. *Useiro e vezeiro*: que costuma fazer repetidamente a mesma coisa.

u·si·na *s.f.* 1. Grande estabelecimento de fabricação ou exploração industrial. 2. Usina de açúcar.

u·si·nei·ro *adj.* 1. Que se refere ou pertence a usina. *s.m.* 2. Dono de usina de açúcar.

u·so *s.m.* 1. Ato ou efeito de usar. 2. Emprego de qualquer coisa. 3. Hábito; costume; moda. 4. Aplicação; serviço.

us·tão *s.f.* 1. Ação ou efeito de queimar (-se). 2. *Cir.* Cauterização; combustão.

us·tu·lar *v.t.d.* 1. Queimar de leve. 2. Secar ao fogo.

u·su·al *adj.2gên.* 1. Que é de uso frequente. 2. Habitual; comum. 3. Ordinário.

u·su·á·ri·o *adj.* e *s.m.* 1. Aquele que possui ou frui alguma coisa por direito proveniente do uso. 2. Aquele que usa habitualmente um bem ou serviço. 3. *Inform.* Pessoa que utiliza o computador, profissionalmente ou não. *adj.* 4. Que serve para nosso uso.

u·su·ca·pi·ão *s.m. Jur.* Modo de aquisição de propriedade pela posse pacífica durante certo tempo; espécie de prescrição.

u·su·ca·pir *v.t.d. Jur.* 1. Adquirir por usucapião. *v.i.* 2. Adquirir-se por uso.

u·su·fru·ir *v.t.d.* 1. Ter a posse e o gozo de (alguma coisa que não se pode alienar nem destruir). 2. Desfrutar.

u·su·fru·to *s.m.* 1. Ato ou efeito de usufruir. 2. O que se usufrui. 3. *Jur.* Direito proveniente do usufruto.

u·su·fru·tu·á·ri·o *adj.* 1. Concernente ao usufruto. *s.m.* 2. O que goza de usufruto.

u·su·ra *s.f.* 1. Juro de capital. 2. Juro excessivo. 3. Lucro exagerado. 4. Sovinice; mesquinhez; ambição.

u·su·rá·ri·o *adj.* e *s.m.* 1. Aquele que empresta com usura. 2. *pop.* Agiota. 3. Avarento; sovina.

u·sur·pa·ção *s.f.* Ação ou efeito de usurpar.

u·sur·pa·dor *adj.* e *s.m.* Aquele que usurpa.

u·sur·par *v.t.d.* 1. Apoderar-se violentamente de. 2. Alcançar sem direito. 3. Assumir o exercício de, por fraude ou artifício. 4. Tomar à força ou por meios fraudulentos.

u·ten·sí·li·o *s.m.* 1. Qualquer instrumento de trabalho; ferramenta. 2. Objeto que serve de meio ou instrumento de alguma coisa.

u·te·ri·no *adj.* 1. Concernente ao útero. 2. Diz-se das irmãs ou dos irmãos que provêm da mesma mãe, mas de pais diversos.

ú·te·ro *s.m. Anat.* 1. Órgão em que se gera o feto dos mamíferos. 2. Órgão feminino, musculoso, oco e elástico, que recebe o óvulo fecundado, conserva e nutre o embrião.

ú·til *adj.2gên.* 1. Que pode ter algum uso, ou que serve para alguma coisa. 2. Proveitoso. 3. Em que se pode ou deve trabalhar. *s.m.* 4. O que é útil; utilidade. *Pl.:* úteis.

u·ti·li·da·de *s.f.* 1. Qualidade do que é útil. 2. Serventia; préstimo. 3. Vantagem. 4. Coisa ou pessoa útil.

u·ti·li·tá·ri:o *adj.* 1. Concernente a utilidade. *s.m.* 2. Veículo resistente, geralmente empregado no transporte de mercadorias. 3. *Inform.* Programa destinado a auxiliar o usuário na realização de tarefas como, p. ex., a compressão de arquivos.

u·ti·li·ta·ris·mo *s.m.* Sistema dos utilitaristas.

u·ti·li·ta·ris·ta *adj.2gên.* 1. Concernente ao utilitarismo. *adj.2gên.* e *s.2gên.* 2. Diz-se de ou pessoa que considera a utilidade como fim principal de seus atos.

u·ti·li·za·ção *s.f.* Ação ou efeito de utilizar.

u·ti·li·zar *v.t.d.* 1. Tornar útil. 2. Aproveitar; empregar com vantagem. 3. Fazer uso de. 4. Ganhar; lucrar. *v.t.i.* 5. Ser útil; aproveitar. *v.p.* 6. Servir-se; lançar mão de.

u·to·pi·a *s.f.* Sistema ou plano irrealizável; quimera; fantasia.

u·tó·pi·co *adj.* Concernente a utopia; fantástico; irrealizável.

u·to·pis·ta *adj.2gên.* 1. Utópico. *s.2gên.* 2. Pessoa que concebe projetos irrealizáveis. 3. Pessoa que concebe ou defende utopias.

u·trí·cu·lo *s.m.* 1. Pequeno saco. 2. *Bot.* Cada uma das células do tecido dos vegetais. 3. *Anat.* A maior porção do labirinto membranoso do ouvido.

u·va *s.f. Bot.* 1. Fruto da videira. 2. *por ext.* Cacho de uvas.

u·vai·a *s.f. Bot.* 1. Planta também chamada uvaieira. 2. O fruto dessa planta.

ú·ve:a *s.f. Anat.* 1. Parte posterior e pigmentada da íris. 2. Conjunto formado pela coroide, íris e processos ciliares.

ú·vu·la *s.f. Anat.* Saliência cônica na parte posterior do véu palatino, à entrada da garganta, vulgarmente conhecida por campainha.

u·xo·ri·ci·da (cs) *s.m.* Aquele que assassinou a própria esposa.

u·xo·ri·cí·di:o (cs) *s.m.* Assassinato da esposa pelo marido.

u·xó·ri·co (cs) *adj.* Uxório.

u·xó·ri:o (cs) *adj.* Concernente à mulher casada.

V v

v *s.m.* 1. Vigésima segunda letra do alfabeto. *num.* 2. O vigésimo segundo numa série indicada por letras.

v *s.m.* Com ou sem ponto, é *abrev.* de você(s), vosso(s), vossa(s), veja, vede(ê).

va·ca *s.f.* 1. *Zool.* Fêmea do touro. 2. *fig.* Vaquinha(2). *Cul.* **Vaca atolada**: ensopado de costela de boi com mandioca em pedaços, prato típico da cozinha mineira.

va·ca-fri·a *s.f.* Assunto já sabido. *loc.adv.* **Voltar à vaca-fria**: retomar assunto que se interrompera, ou questão já discutida. *Pl.*: vacas-frias.

va·cân·ci·a *s.f.* 1. Estado do que é ou está vago. 2. Tempo durante o qual um lugar, um cargo, um emprego deixam de estar ocupados.

va·can·te *adj.2gên.* Que está vago.

va·ca·ri·a *s.f.* 1. Gado vacum. 2. Curral de vacas.

va·ci·la·ção *s.f.* 1. Ação ou efeito de vacilar. 2. Estado daquilo que vacila; oscilação. 3. Perplexidade.

va·ci·lan·te *adj.2gên.* 1. Que vacila; que oscila; pouco firme. 2. Irresoluto; indeciso.

va·ci·lar *v.i.* 1. Não estar firme; oscilar. 2. Estar ou ficar duvidoso; hesitar. *v.t.i.* 3. Não estar bem seguro. 4. Ter dúvidas.

va·ci·lo *s.m. pop.* 1. Ação ou resultado de vacilar. 2. Hesitação. 3. Descuido, erro.

va·ci·na *s.f. Med.* Preparação microbiana que se introduz no organismo para o imunizar contra certas doenças; vacinação.

va·ci·na·ção *s.f.* Ação ou efeito de vacinar; vacina.

va·ci·nar *v.t.d.* Inocular vacina em.

va·cu·i·da·de *s.f.* 1. Estado do que é vazio; inanidade. 2. *fig.* Vaidade; fatuidade.

va·cum *adj.2gên.* 1. Diz-se do gado que abrange vacas, bois e novilhos. *s.m.* 2. Gado vacum.

vá·cu·o *adj.* 1. Vazio; que não contém nada. *s.m.* 2. Espaço vazio. 3. *Fís.* Espaço no qual não há pressão atmosférica.

va·de·ar *v.t.d.* Passar ou atravessar a vau.

va·de-mé·cum *s.m.* Livro ou guia que convém consultar a toda hora; roteiro. *Pl.*: vade-mécuns.

va·di·a·ção *s.f.* Ação ou efeito de vadiar.
va·di·a·gem *s.f.* 1. Vadiação. 2. Vida de vadio. 3. Ociosidade.
va·di·ar *v.i.* 1. Andar à tuna; ter vida de vadio; vagabundear. 2. Divertir-se; brincar.
va·di·o *adj.* 1. Que não tem ocupação nem emprego. 2. Que não faz nada. 3. Ocioso; vagabundo. *s.m.* 4. Indivíduo vadio.
va·ga *s.f.* 1. Ação ou efeito de vagar; vacância. 2. Falta; ausência. 3. Lugar vazio, disponível. 4. Grande onda (em rio ou mar). 5. *fig.* Multidão que invade e se espalha tumultuosamente; tropel. 6. Grande agitação.
va·ga·bun·da·gem *s.f.* 1. Vida de vagabundo. 2. Os vagabundos.
va·ga·bun·dar *v.i.* O mesmo que vagabundear.
va·ga·bun·de·ar *v.i.* Vadiar; levar vida de vagabundo.
va·ga·bun·do *adj.* 1. Que vagabundeia. 2. Errante; nômade. 3. Inconstante. 4. De qualidade inferior; reles; ordinário. *s.m.* 5. Vadio.
va·ga·lhão *s.m.* Grande vaga (onda).
va·ga·lu·me *s.m. epiceno* 1. *Zool.* Pirilampo. *s.2gên.* 2. Lanterninha (em cinema e teatros). *Pl.*: vaga-lumes. *Var.* vagalume.
va·gan·te *adj.2gên.* 1. Que está vago. 2. Que vagueia. *s.f.* 3. Vacância.
va·gão *s.m.* Carro de estrada de ferro para transporte de passageiros ou carga.
va·gar *v.i.* 1. Andar sem destino; vaguear. 2. Espalhar-se; circular. 3. Boiar ao sabor das águas. 4. Andar passeando. 5. Ficar vago; desocupar-se. 6. Sobrar. *v.t.d.* 7. Dar por vago. *s.m.* 8. Tempo desocupado. 9. Ócio; lazer. 10. Morosidade; lentidão. 11. Ensejo.

va·ga·re·za (ê) *s.f.* Falta de pressa; lentidão.
va·ga·ro·so (ô) *adj.* Não apressado; lento; moroso. *Pl.*: vagarosos (ó).
va·gem *s.f. Bot.* Invólucro das sementes ou grãos das plantas leguminosas; feijão-verde.
va·gi·do *s.m.* 1. Choro de criança recém-nascida. 2. *fig.* Lamento; gemido.
va·gi·na *s.f. Anat.* Canal entre a vulva e o útero.
va·gi·nal *adj.2gên.* Que se refere ou pertence à vagina.
va·gi·nis·mo *s.m. Med.* Espasmo doloroso da vagina.
va·gi·ni·te *s.f. Med.* Inflamação da vagina.
va·gir *v.i.* 1. Dar vagidos (a criança recém-nascida). 2. *fig.* Gemer. ★★
va·go *adj.* 1. Que vagueia. 2. Errante; vagabundo. 3. Volúvel; inconstante. 4. Perplexo. 5. Incerto. 6. Indistinto; confuso. 7. Que não está preenchido; desocupado. 8. Desabitado. 9. Vazio. 10. *Anat.* Diz-se do nervo pneumogástrico (que serve os órgãos da respiração, da circulação e da digestão).
va·go·ne·te (ê) *s.m.* Vagão de pequenas dimensões; trole.
va·gue·ar *v.i.* 1. Andar ao acaso; vagar; vagabundear. 2. Ser inconstante.
vai·a *s.f.* Apupo; motejo; zombaria.
vai·ar *v.t.d.* 1. Dar vaias a; apupar. *v.i.* 2. Dar vaias.
vai·da·de *s.f.* 1. Fatuidade. 2. Vanglória; ostentação. 3. Presunção. 4. Futilidade; coisa vã.
vai·do·so (ô) *adj.* 1. Que tem vaidade. 2. Presunçoso; jactancioso. *Pl.*: vaidosos (ó).

vai·vém (ê) *s.m.* 1. Movimento oscilatório. 2. Movimento de objeto que vai e vem. 3. Balanço com que se impele alguma coisa. 4. Alternativa. 5. Vicissitude; capricho.

va·la *s.f.* 1. Escavação para receber as águas que escorrem dos terrenos adjacentes e conduzi-las a um ponto dado. 2. Escavação análoga para a instalação de encanamentos de água, esgoto, gás, etc. 3. Sepultura em que se reúnem os cadáveres de indigentes ou vítimas de calamidades.

va·la·do *s.m.* Vala guarnecida de tapume ou sebe para resguardo ou defesa de uma propriedade rural.

val·de·vi·nos *s.m.2núm.* Vadio; estroina; vagabundo.

va·le^1 *s.m. Geog.* 1. Planície entre montanhas ou na base de uma montanha. 2. Depressão de terreno que se estende entre montes. 3. Várzea ou planície à beira de um rio.

va·le^2 *s.m.* Documento representativo de dinheiro, passado a alguém, sem formalidades legais.

va·len·tão *adj.* e *s.m.* 1. Que ou aquele que é muito valente. 2. Fanfarrão; gabarola.

va·len·te *adj.2gên.* 1. Que tem valor ou força. 2. Intrépido; corajoso; destemido. 3. Resistente; rijo. *s.2gên.* 4. Pessoa valente.

va·len·ti·a *s.f.* 1. Qualidade do que é valente. 2. Intrepidez; coragem; bravura. 3. Resistência.

va·len·to·na *adj.* e *s.f. Fem.* de valentão. *loc.adv.* À **valentona**: violentamente; brutalmente.

va·ler *v.t.d.* 1. Ter o valor de; custar. 2. Merecer; ser digno de. 3. Ser equivalente a; ter o mesmo valor que. 4. Proteger; auxiliar. 5. Significar. 6. Granjear; obter. *v.i.* 7. Ter merecimento, valor, aplicação, crédito, influência, poder, força, validade. *v.t.i.* 8. Servir; aproveitar. 9. Auxiliar; socorrer; acudir. 10. Fazer as vezes de. *v.p.* 11. Utilizar-se; servir-se de. 12. Recorrer a. **Valer quanto pesa**: valer muito.★

va·le·ta (ê) *s.f.* Pequena vala para escoamento de águas à beira de ruas ou estradas.

va·le·te (é) *s.m.* Uma das figuras das cartas de jogar, também chamada conde.

va·le·tu·di·ná·ri:o *adj.* 1. Enfermiço. 2. Que está habitualmente enfermo. 3. De compleição fraca.

va·le·tu·do *s.m.2núm.* 1. Certo tipo de luta livre em que são permitidos golpes muito violentos. 2. Situação em que todo tipo de expediente é empregado.

va·lha·cou·to *s.m.* 1. Abrigo; asilo. 2. Morada ou refúgio de gente má, de ladrões. 3. *fig.* Disfarce; pretexto.

va·li·a *s.f.* 1. Valor intrínseco. 2. Valimento; mérito. 3. Poder; influência.

va·li·da·ção *s.f.* Ação ou efeito de validar(-se).

va·li·da·de *s.f.* Qualidade de válido.

va·li·dar *v.t.d.* 1. Tornar ou declarar válido; legítimo, legal. 2. Dar validade a. *v.p.* 3. Fazer-se válido.

va·li·dez *s.f.* Qualidade, estado de válido.

va·li·do *s.m.* 1. Indivíduo protegido; favorito. *adj.* 2. Particularmente estimado; protegido. *V.* **válido**.

vá·li·do *adj.* 1. Que tem validade; legal. 2. Eficaz. 3. Que tem valor. 4. Que tem saúde; vigoroso. *V.* **valido**.

va·li·men·to *s.m.* 1. Ato de valer-se. 2. Valor; préstimo. 3. Influência; prestígio; importância. 4. Intercessão.

va·li·o·so (ô) *adj.* 1. Que tem valia; que vale muito. 2. Importante; que tem merecimento. *Pl.*: valiosos (ó).

va·li·se *s.f.* Pequena mala de mão.

va·lo *s.m.* Parapeito para defesa de um campo; fosso; valado.

va·lor *s.m.* 1. Qualidade do que tem força. 2. Valentia; coragem. 3. Esforço. 4. Mérito; préstimo. 5. Preço. 6. Papel representativo de dinheiro. 7. Significação exata de um termo. 8. *Mús.* Duração de uma nota musical.

va·lo·ri·za·ção *s.f.* Ação ou efeito de valorizar(-se).

va·lo·ri·zar *v.t.d.* 1. Dar valor a. 2. Aumentar o valor ou o préstimo de. *v.p.* 3. Aumentar de valor.

va·lo·ro·so (ô) *adj.* 1. Que tem valor. 2. Ativo. 3. Enérgico; forte. 4. Destemido. *Pl.*: valorosos (ó).

val·sa *s.f. ant.* 1. Dança em compasso de três por quatro, de movimento variado. 2. Música apropriada a essa dança.

val·sar *v.i.* 1. Dançar valsas. *v.t.d.* 2. Dançar em andamento de valsa.

val·sis·ta *adj.2gên.* e *s.2gên.* Que ou pessoa que valsa, ou que valsa bem.

val·va *s.f.* 1. *Bot.* Cada uma das peças de certos pericarpos. 2. *Zool.* Qualquer das peças sólidas que revestem o corpo de um molusco; concha.

vál·vu·la *s.f.* 1. Pequena valva. 2. Espécie de tampa que fecha por si hermeticamente um tubo, um recipiente, etc. 3. Dispositivo nas máquinas de vapor, caldeiras, panelas de pressão, etc., que evita a explosão, cedendo ao impulso do vapor superabundante. 4. *Anat.* Dobra membranosa que impede o refluxo dos líquidos ou outras matérias, num vaso ou conduto orgânico.

vam·pi·ris·mo *s.m.* 1. Crença nos vampiros. 2. Qualidade de vampiro. 3. *fig.* Avidez excessiva.

vam·pi·ro *s.m.* 1. *Mit.* Entidade imaginária que, segundo a crença popular, sai das sepulturas para sugar o sangue das pessoas vivas. 2. *fig.* Indivíduo que enriquece por meios ilícitos ou à custa alheia. *Zool.* 3. Morcego grande da América do Sul, também conhecido por andirá. 4. Nome comum aos morcegos sugadores de sangue.

va·ná·di·o *s.m. Quím.* Corpo esbranquiçado, elemento de símbolo V e cujo número atômico é 23.

van·da·lis·mo *s.m.* 1. Ato próprio de vândalo. 2. Destruição do que é respeitável pelas suas tradições, antiguidades ou beleza.

vân·da·lo *s.m.* 1. Membro de uma tribo germânica que dominou e devastou o sul da Europa e o norte da África, por volta do século V. 2. *fig.* Aquele que destrói monumentos ou objetos dignos de respeito. 3. Inimigo das artes e das ciências. *adj.* 4. Relativo ou pertencente aos vândalos.

van·gló·ri·a *s.f.* 1. Presunção infundada. 2. Ostentação; jactância; vaidade; bazófia.

van·glo·ri·ar *v.t.d.* 1. Inspirar vanglória; tornar vaidoso. *v.p.* 2. Orgulhar-se; ufanar-se muito ou sem motivo; jactar-se.

van·guar·da *s.f.* 1. Dianteira do exército. 2. Dianteira; frente.

van·guar·dei·ro *adj.* 1. Concernente a vanguarda. *adj.* e *s.m.* 2. Que ou o que marcha ou vem na vanguarda.

va·ni·li·na *s.f. Quím.* Substância aromática que se extrai das favas da baunilha e que também se obtém sinteticamente.

va·ní·lo·quo *adj.* Que diz palavras vazias de sentido ou inúteis; fanfarrão.

van·ta·gem *s.f.* 1. Qualidade do que está adiante ou superiormente. 2. Primazia. 3. Lucro; proveito. 4. Vitória.

van·ta·jo·so(ô) *adj.* Em que há vantagem; proveitoso; útil. *Pl.:* vantajosos (ó).

va·nu·a·ten·se *adj.2gên.* 1. De Vanuatu (Oceania). *s.2gên.* 2. Natural ou habitante desse país.

vão *adj.* 1. Vazio. 2. Que não tem valor. 3. Fútil. 4. Que não tem efeito. 5. Vaidoso; frívolo. 6. Falso. *s.m.* 7. Espaço desocupado; intervalo. 8. Vácuo. 9. Abertura numa parede, por janela ou porta. 10. Distância entre os encontros de uma ponte. *loc.adv.* **Em vão**: inutilmente.

va·por *s.m.* 1. Estado gasoso de uma substância sólida ou líquida em virtude de temperatura e pressão extraordinárias. 2. Exalação; eflúvio. 3. Navio a vapor. *loc.adv.* **A todo vapor**: às pressas.

va·po·ri·za·ção *s.f.* Ação ou efeito de vaporizar.

va·po·ri·za·dor *adj.* 1. Que vaporiza. *s.m.* 2. Vaso em que se vaporiza um líquido. 3. Utensílio com que se borrifam desodorantes, perfumes.

va·po·ri·zar *v.t.d.* 1. Converter em vapor. 2. Borrifar (líquidos, desodorantes, desinfetantes, etc.). *v.p.* 3. Converter-se em vapor. 4. Impregnar-se de vapores.

va·po·ro·so (ô) *adj.* 1. Em que há vapores. 2. Que exala vapores. 3. Leve; muito tênue. 4. Delicado; sutil. *Pl.:* vaporosos (ó).

va·quei·ra·da *s.f.* 1. Ajuntamento de vaqueiros. 2. Os vaqueiros.

va·quei·ro *adj.* 1. Concernente a gado vacum. *s.m.* 2. Guarda ou condutor de gado vacum.

va·que·ja·da *s.f.* 1. Rodeio e reunião do gado nos últimos meses de inverno. 2. Ato de procurar o gado que se acha espalhado pelos matos, de onde é conduzido aos currais para apartação, ferra, etc.

va·que·ta (ê) *s.f.* Couro delgado, próprio para forros, do qual também se fazem calçados.

va·qui·nha *s.f.* 1. *Dim.* de vaca. 2. *pop.* Sociedade de várias pessoas para a compra de alguma coisa, o pagamento de uma despesa, etc. 3. *Zool.* Nome de um besouro.

va·ra *s.f.* 1. Ramo delgado de árvore ou arbusto. 2. Cajado; báculo. 3. Insígnia de certos magistrados. 4. Cargo ou funções de juiz. 5. Jurisdição. 6. Manada de porcos. *Tremer como varas verdes*: ter muito medo.

va·ra·do *adj.* 1. Atravessado. 2. Posto em seco, fora d'água. 3. Esfomeado.

va·ral *s.m.* 1. Cada uma das duas varas que saem dos lados de um veículo entre as quais vai atrelado o animal que o puxa. 2. Cada uma das varas análogas nos andores, esquifes, etc. 3. Arame esticado no qual se põem a secar as roupas lavadas. 4. Armação de madeira onde se põe o charque para secar ao sol.

va·ran·da *s.f.* 1. Terraço; balcão; sacada. 2. Terraço coberto à frente de uma casa; eirado.

va·rão *s.m.* 1. Indivíduo do sexo masculino; homem. 2. Homem respeitável. *adj.* 3. Do sexo masculino.

va·ra·pau *s.m.* 1. Pau comprido. 2. Cajado; bordão. *s.2gên.* 3. Pessoa alta e magra.

va·rar *v.t.d.* 1. Bater com vara. 2. Atravessar; furar; perfurar. 3. Passar (um rio, etc.).

va·re·jão *s.m.* 1. Vara grande especialmente usada para impelir barcos nos rios. 2. Grande loja que vende a varejo.

va·re·jar *v.t.d.* 1. Agitar ou sacudir com vara. 2. Fazer que caia, batendo com vara. 3. Atacar; acometer; fustigar. 4. Incomodar. 5. Arremessar para longe. *v.t.d.* e *v.i.* 6. Impelir (barco) com varejão.

va·re·jei·ra *adj.* e *s.f.* 1. Diz-se de ou mosca que deposita ovos ou larvas nas feridas, na carne, etc. *s.f.* 2. Mosca varejeira.

va·re·jis·ta *adj.2gên.* 1. Que se refere ao comércio a varejo. *s.2gên.* 2. Negociante que vende a varejo; retalhista.

va·re·jo (ê) *s.m.* 1. Ação ou efeito de varejar. 2. Revista de um estabelecimento comercial ou industrial para a competente verificação dos seus livros de contabilidade; fiscalização. 3. *fig.* Censura áspera. 4. Venda de mercadorias a retalho, por miúdo. *loc.adv.* **A *varejo*:** a retalho.

va·re·ta (ê) *s.f.* 1. Pequena vara. 2. Vara delgada de usos diversos.

var·ge·do (ê) *s.m.* 1. Conjunto, série de vargens. 2. Vargem grande.

var·gem *s.f.* Várzea.

var·gi·nha *s.f.* Pequena vargem.

vá·ri·a *s.f.* Pequena notícia, comentário breve de jornal; tópico.

va·ri·a·bi·li·da·de *s.f.* 1. Qualidade, caráter daquilo que é variável. 2. Inconstância.

va·ri·a·ção *s.f.* 1. Ação ou efeito de variar. 2. Modificação; mudança. 3. *pop.* Delírio.

va·ri·a·do *adj.* 1. Que sofreu variação; diferente; diverso. 2. *pop.* Inconstante; leviano. 3. Adoidado; que está em delírio.

va·ri·an·te *adj.2gên.* 1. Que varia, que muda muitas vezes. 2. Diferente. 3. Inconstante. 4. Delirante. *s.f.* 5. Diferença; variação. 6. Modificação na direção de uma estrada. 7. Cada uma das diferentes versões ou formas do mesmo texto ou vocábulo. 8. Matiz.

va·ri·ar *v.t.d.* 1. Tornar diverso; alternar; alterar. 2. Revezar; mudar. 3. Colorir ou dispor de maneira diversa. 4. Adicionar ornatos musicais. *v.i.* 5. Sofrer ou fazer mudança. 6. Apresentar-se sob diferentes formas ou aspectos. 7. Ser inconstante. 8. Endoidecer.

va·ri·á·vel *adj.2gên.* 1. Sujeito a variar. 2. Que varia amiúde. 3. Mudável; inconstante.

va·ri·ce·la (é) *s.f. Med.* Doença infecciosa caracterizada por erupção de pequenas bolhas que secam ao fim de algum tempo.

va·ri·co·ce·le (é) *s.f. Med.* Tumor causado pela dilatação varicosa das veias do escroto ou das do cordão espermático.

va·ri·co·so (ô) *adj.* 1. Que tem varizes. 2. Que apresenta natureza ou disposição de varizes. *Pl.:* varicosos (ó).

va·ri·e·da·de *s.f.* 1. Qualidade do que é vário ou variável. 2. Diversidade; diferença; multiplicidade. 3. Variante; alternativa. 4. Instabilidade; inconstância.

va·ri·e·da·des *s.f.pl.* Miscelânea de assuntos em literatura, jornalismo, exibições em teatros, televisão, etc.

va·ri·e·ga·do *adj.* 1. Que apresenta cores variadas ou diversas; matizado. 2. Diverso; diferente; vário.

va·ri·e·gar *v.t.d.* 1. Matizar; tornar variegado. 2. Alternar; diferençar; diversificar.

vá·ri·o *adj.* 1. Que apresenta diversas cores ou feitios. 2. Que apresenta variedade ou diferença; diverso. 3. Inconstante; volúvel. 4. Desvairado; delirante. 5. Contraditório; perplexo; indeciso. 6. Buliçoso. *pron. indef.* 7. Algum; um certo (mais *us.* no *pl.*: alguns; diversos).

va·rí·o·la *s.f. Med.* Doença infecciosa e epidêmica que se caracteriza por febre alta e erupção de pústulas na pele. Vulgarmente é chamada bexiga.

va·riz *s.f.* Dilatação permanente de uma veia, produzida pela acumulação de sangue no seu interior (*us.* geralmente no *pl.*).

var·jão *s.m.* Vargem grande; vargedo.

va·ro·ni·a *s.f.* 1. Qualidade de varão. 2. Sucessão ou descendência por linha masculina.

va·ro·nil *adj.2gên.* 1. Que se refere ou pertence a varão. 2. Viril; esforçado; destemido. 3. Forte; enérgico. 4. Heroico.

var·re·du·ra *s.f.* 1. Ação ou efeito de varrer. 2. Lixo que se tira varrendo; restos.

var·rer *v.t.d.* 1. Limpar com vassoura. 2. Limpar. 3. *fig.* Expulsar; pôr em fuga. 4. Tornar límpido, claro. 5. Destruir; arrasar. 6. Impelir diante de si. *v.i.* 7. Limpar do lixo.

var·ri·do *adj.* 1. Limpo com vassoura. 2. *fig.* Que perdeu o tino, o juízo. 3. Completo, rematado (louco, doido).

vár·ze·a *s.f.* Terreno baixo e plano, à margem dos rios, geralmente alagado.

var·zi·a·no *adj.* Que se refere a várzea. *Var.:* varzeano.

va·sa *s.f.* 1. Fundo lodoso do rio, mar, etc. 2. Lodo; lodaçal; terra pantanosa. 3. *fig.* Degradação moral. 4. As camadas viciosas de uma sociedade. *V.* **vaza**.

vas·ca *s.f.* 1. Movimento convulsivo; convulsão. 2. Ânsia extrema. 3. Estertor.

vas·cas *s.f.pl.* Náuseas; ânsias de vomitar.

vas·co·le·jar *v.t.d.* 1. Agitar (líquido contido em vaso ou vaso que contém um líquido). 2. *fig.* Agitar; perturbar.

vas·con·ço *s.m.* 1. Basco. 2. *fig.* Linguagem ininteligível.

vas·cu·lar *adj.2gên. Anat.* Que se refere ou pertence aos vasos e particularmente aos vasos sanguíneos.

vas·cu·la·ri·da·de *s.f. Anat.* Existência de vasos sanguíneos ou linfáticos num órgão qualquer.

vas·cu·la·ri·za·ção *s.f. Med.* 1. Formação e desenvolvimento de vasos num tecido que não os continha. 2. O conjunto dos vasos de um órgão.

vas·cu·lhar *v.t.d.* 1. Varrer com vasculho. 2. *fig.* Esquadrinhar; pesquisar.

vas·cu·lho *s.m.* Vassoura de cabo comprido usada para limpar o teto.

va·sec·to·mi·a *s.f. Med.* Pequena cirurgia de esterilização feita no homem para impedir que os espermatozoides cheguem à uretra.

va·se·li·na *s.f. Quím.* Substância gordurosa que se extrai dos resíduos da destilação do petróleo.

va·si·lha *s.f.* Vaso que serve para conter líquidos ou sólidos.

va·si·lha·me *s.m.* Porção de vasilhas.

va·so *s.m.* 1. Peça côncava para conter sólidos ou líquidos. 2. Peça semelhante que se enche de terra para cultivo de plantas ou se usa vazia ou com flores para adorno de casas,

va·so·cons·tri·ção *s.f. Fisiol.* Contração dos vasos; diminuição do calibre dos vasos sanguíneos.

va·so·mo·tor *adj. Anat.* Diz-se dos nervos que presidem a contração e a dilatação das artérias, a distribuição do sangue, o funcionamento das glândulas, etc.

vas·sa·la·gem *s.f.* 1. Estado ou condição de vassalo. 2. Preito; homenagem. 3. Submissão; obediência.

vas·sa·lo *s.m.* 1. *ant.* Aquele que dependia de um senhor feudal e lhe rendia preito ou lhe pagava tributo. 2. Súdito de um soberano. *adj.* 3. Que rende preito ou paga tributo a alguém. 4. Dependente; sujeito.

vas·sou·ra *s.f.* 1. Utensílio de uso doméstico, especialmente destinado a varrer o lixo dos pavimentos. *sobrecomum* 2. Pessoa que aproveita tudo quanto pode.

vas·sou·ra·da *s.f.* 1. Movimento feito com a vassoura quando se varre. 2. Golpe dado com vassoura.

vas·sou·rei·ro *s.m.* Fabricante ou vendedor de vassouras.

vas·ti·dão *s.f.* 1. Qualidade do que é vasto. 2. Extensão muito grande. 3. Grandes dimensões. 4. Grande desenvolvimento.

vas·to *adj.* 1. Muito extenso; amplo; dilatado. 2. *fig.* Grande; importante; considerável.

va·ta·pá *s.m. Cul.* Iguaria preparada com farinha de mandioca, azeite de dendê, pimenta, peixe e camarão reduzidos a papa.

va·te *s.m.* 1. Aquele que faz vaticínios; profeta. 2. Poeta.

va·ti·ca·no *s.m.* 1. Grande palácio situado na colina chamada Vaticano, em Roma, residência do papa (inicial maiúscula). 2. *por ext.* Governo pontifício; Cúria Romana (inicial maiúscula). *adj.* 3. Que se refere ou pertence ao Vaticano.

va·ti·ci·nar *v.t.d.* Predizer; adivinhar.

va·ti·cí·ni·o *s.m.* 1. Ação ou efeito de vaticinar. 2. Predição; prognóstico.

vau *s.m.* Trecho de rio ou mar onde a água é pouco funda, de sorte que se pode passar a pé ou a cavalo.

va·za *s.f.* Conjunto das cartas que os parceiros jogam de cada vez ou de cada lance, e que são recolhidas pelo que ganha. *V.* **vasa**.

va·za·dou·ro *s.m.* Local onde são derramados líquidos ou detritos.

va·za·men·to *s.m.* Ato ou efeito de vazar.

va·zan·te *adj.2gên.* 1. Que vaza. *s.f.* 2. Refluxo; vazão. 3. Período em que uma corrente fluvial apresenta menor volume de água.

va·zão *s.f.* 1. Vazamento; escoamento. 2. *fig.* Solução; resolução. *Dar vazão*: dar saída; deixar sair.

va·zar *v.t.d.* 1. Tornar vazio. 2. Despejar, fazer esvaziar ou correr líquido contido em vaso ou vasilha. 3. Entornar. 4. Transpassar; perfurar. *v.i.* 5. Esgotar-se aos poucos. 6. Deixar sair o líquido. 7. Verter; entornar-se. 8. Deixar ver a luz através; ser transparente.

va·zi·o *adj.* 1. Que não contém coisa alguma. 2. Desocupado. 3. Desabitado. 4. Privado de alimentos. 5. *fig.* Fútil; frívolo. *s.m.* 6. Vácuo. 7. *fig.* Sentimento profundo de saudade angustiosa e indefinível.

va·zi·os *s.m.pl.* Ilhargas da cavalgadura.

vê *s.m.* Nome da vigésima segunda letra do nosso alfabeto, *v*.

ve·a·dei·ro *s.m.* Cachorro adestrado na caça de veados.

ve·a·do *s.m.* 1. *Zool.* Mamífero ruminante de cornos ramificados, muito ligeiro e tímido. *Fem.:* veada. 2. *pej.* Homem efeminado.

ve·da·ção *s.f.* 1. Ação ou efeito de vedar. 2. Coisa que veda; tapume.

ve·da·do *adj.* 1. Proibido. 2. Que tem tapume; murado.

ve·dar *v.t.d.* 1. Tapar; fechar. 2. Tolher. 3. Não permitir; impedir. 4. Estancar.

ve·de·te (é) *s.f.* 1. A artista principal de um espetáculo de teatro, cinema, rádio ou televisão. *sobrecomum* 2. Pessoa exibicionista ou que sobressai.

ve·de·tis·mo *s.m.* Comportamento de vedete.

ve·e·mên·ci·a *s.f.* 1. Qualidade do que é veemente. 2. Energia calorosa. 3. Eloquência comovente; arrebatamento; entusiasmo. 4. Forte agitação. 5. Grande interesse.

ve·e·men·te *adj.2gên.* 1. Impetuoso; arrojado. 2. Violento; enérgico. 3. Intenso; grande. 4. Fervoroso; entusiástico.

ve·ge·ta·ção *s.f.* 1. Ação ou efeito de vegetar. 2. Desenvolvimento progressivo do vegetal. 3. A força vegetativa. 4. Os vegetais; as plantas.

ve·ge·tal *s.m.* 1. Planta; ser orgânico que vegeta. *adj.2gên.* 2. Que se refere às plantas. 3. Proveniente das plantas.

ve·ge·tar *v.i.* 1. Crescer, desenvolver-se, viver (qualquer planta). 2. Viver na inércia e na inatividade. 3. Não se interessar por nada.

ve·ge·ta·ri·a·nis·mo *s.m.* Sistema de alimentação dos vegetarianos.

ve·ge·ta·ri·a·no *adj.* e *s.m.* Que ou aquele que é partidário da alimentação constituída exclusivamente de vegetais.

ve·ge·ta·ti·vo *adj.* 1. Que faz vegetar. 2. Que está no estado de vegetação. 3. Comum aos animais e aos vegetais. 4. Que funciona involuntária ou inconscientemente.

vei·a (ê) *s.f.* 1. *Anat.* Nome genérico por que se designa qualquer dos vasos que conduzem o sangue venoso das partes periféricas do corpo ao centro circulatório (*dim. irreg.*: vênula). 2. *pop.* Qualquer vaso sanguíneo. 3. *fig.* Disposição; tendência; vocação. 4. Caráter; qualidade. 5. Via de comunicação. 6. Veio (de água). 7. *Bot.* Cada uma das nervuras secundárias das folhas.

vei·cu·la·ção *s.f.* 1. Ação de veicular. 2. Transporte.

vei·cu·lar *v.t.d.* 1. Transportar em veículo. 2. Introduzir. 3. Propagar; transmitir.

ve·í·cu·lo *s.m.* 1. Qualquer meio de transporte. 2. Tudo o que transmite ou conduz. 3. Carro. 4. O que auxilia ou promove.

vei·ga *s.f.* 1. Várzea. 2. Planície fértil. 3. Campo cultivado.

vei·o (ê) *s.m.* 1. Faixa estreita e comprida que numa terra ou rocha se distingue da substância que a circunda, pela cor ou pela natureza; filão. 2. Parte da mina onde se encontra o mineral. 3. Ribeiro. 4. *fig.* Ponto principal; fundamento.

vela[1] (é) 1. Pano que se prende e desfralda ao longo dos mastros de embarcação para que o vento a impulsione. 2. *por ext.* Navio; barco.

ve·la[2] (é) *s.f.* 1. Peça cilíndrica de substância gordurosa e combustível, com um pavio no centro e em todo o seu comprimento. 2. Peça que produz a ignição nos motores de explosão. *Segurar vela*: fazer companhia a casal de namorados.

ve·la·do *adj.* 1. Que se cobriu com véu. 2. Oculto; encoberto.

ve·la·dor *adj.* 1. Que vela ou vigia. *s.m.* 2. Aquele que vela. 3. Sentinela. 4. Utensílio que consiste numa haste de madeira com peanha, na extremidade superior da qual se coloca uma candeia, um candeeiro ou uma vela.

ve·la·me *s.m.* 1. O conjunto das velas de uma embarcação. 2. Disfarce; cobertura.

velar¹ *v.i.* 1. Passar a noite acordado. 2. Estar de vigia, de sentinela. *v.t.d.* 3. Passar a noite junto à cabeceira de um doente, ou em velório. 4. Ter grande interesse; zelar.

ve·lar² *v.t.d.* 1. Cobrir com véu. 2. Encobrir; tapar; esconder. 3. Tornar escuro ou sombrio; anuviar. 4. Tornar secreto.

ve·lei·da·de *s.f.* 1. Vontade imperfeita, sem resultado. 2. Intenção fugaz. 3. Capricho; leviandade.

ve·lei·ro *s.m.* Barco a vela.

ve·le·jar *v.i.* Navegar à vela; navegar.

ve·lha·ca·da *s.f.* 1. Ação de velhaco; patifaria. 2. Ajuntamento de velhacos.

ve·lha·ca·ri·a *s.f.* 1. Velhacada. 2. Qualidade ou condição de pessoa velhaca. 3. Manhas de velhaco.

ve·lha·co *adj.* 1. Enganador. 2. Fraudulento; traiçoeiro. 3. Patife; devasso. 4. Que é próprio de quem pratica velhacarias. *s.m.* 5. Indivíduo velhaco.

ve·lha·ri·a *s.f.* 1. Tudo o que é próprio de pessoa velha. 2. Traste ou objeto antigo. 3. Costume antiquado. 4. Os velhos.

ve·lhi·ce *s.f.* 1. Estado ou condição de velho. 2. Idade avançada. 3. Os velhos.

ve·lho (é) *adj.* 1. Que tem muita idade; idoso. 2. Que não é novo. 3. Que existe há muito tempo; antigo. 4. Gasto pelo uso. 5. Que dura há muito tempo. 6. Que data de épocas remotas. 7. Desusado; antiquado. *s.m.* 8. Homem idoso; ancião. *fam.* 9. Pai. 10. Marido.

ve·lo (é) *s.m.* 1. Pelo ou lã dos carneiros, cordeiros ou ovelhas. 2. Pele desses animais com a respectiva lã. 3. Lã cardada.

ve·lo·ci·da·de *s.f.* 1. Qualidade do que é veloz. 2. Movimento rápido. 3. Rapidez; celeridade. 4. *Fís.* Relação entre um espaço percorrido e a unidade do tempo.

ve·lo·cí·me·tro *s.m.* Aparelho para medir velocidade.

ve·lo·ci·no *s.m.* 1. Pele de carneiro, ovelha ou cordeiro, com a lã. 2. *Mit.* Carneiro fabuloso que tinha velo de ouro.

ve·lo·cí·pe·de *s.m.* Veículo com três rodas, forma original de bicicleta, hoje brinquedo de crianças.

ve·ló·dro·mo *s.m.* Pista em que se realizam corridas de bicicletas.

ve·ló·ri·o *s.m.* 1. Ato de velar, em companhia de parentes e amigos, um defunto. 2. O local onde se realiza o velório.

ve·lo·so (ô) *adj.* Lanoso, felpudo. *Pl.:* velosos (ó).

ve·loz *adj.2gên.* 1. Que anda ou corre com rapidez. 2. Rápido; ligeiro; célere.

ve·lu·do *s.m.* 1. Tecido de seda, algodão ou lã, que de um lado é veloso e macio. 2. *por ext.* Objeto ou superfície muito macia.

ve·nal *adj.2gên.* 1. Que se pode vender. 2. Exposto à venda. 3. Diz-se do valor comercial ou de mercado. 4. *fig.* Que se deixa corromper por dinheiro.

ve·na·li·da·de *s.f.* Qualidade daquele que é venal, daquele que se vende, se prostitui ou se deixa subornar.

ven·ce·dor *adj.* 1. Que vence. *s.m.* 2. Aquele que vence ou venceu; pessoa vitoriosa.

ven·cer *v.t.d.* 1. Alcançar vitória sobre. 2. Obter resultado favorável em. 3. Auferir; ganhar; receber como ordenado ou vencimento. 4. Prostrar. 5. Refrear; dominar. 6. Ter primazia sobre. 7. Levar vantagem. 8. Percorrer; atingir; levar a cabo. 9. Sujeitar; domar; domesticar. 10. Exceder; sobrelevar. *v.i.* 11. Alcançar vitória; triunfar. 12. Chegar ao fim do tempo em que se deve fazer um pagamento. *v.p.* 13. Refrear as próprias paixões; conter-se.

ven·ci·da *s.f.* Vencimento; derrota. *Levar de vencida*: exceder, derrotar.

ven·ci·do *adj.* 1. Aquele a quem alguém ou alguma coisa venceu. 2. Persuadido; convencido. 3. Que se venceu. *s.m.* 4. Aquele que ficou vencido.

ven·ci·men·to *s.m.* 1. Ato ou efeito de vencer ou ser vencido. 2. Ato de expirar o prazo para pagamento ou cumprimento de qualquer encargo. 3. Dia em que expira esse prazo.

ven·ci·men·tos *s.m.pl.* Ordenado; rendimento; proventos de um cargo; salário; honorários.

ven·da¹ *s.f.* 1. Ação de vender. 2. Estabelecimento onde se vendem secos e molhados; armazém.

ven·da² *s.f.* 1. Faixa com que se cobrem os olhos. 2. *fig.* Cegueira.

ven·da·gem *s.f.* Ato ou operação de vender.

ven·dar *v.t.d.* 1. Cobrir (os olhos) com venda. 2. Tapar os olhos de. 3. Turvar; obscurecer.

ven·da·val *s.m.* Vento forte e tempestuoso; temporal.

ven·dá·vel *adj.2gên.* 1. Que tem ou pode ter boa venda. 2. Suscetível de ser vendido.

ven·de·dor *adj.* 1. Que vende. *s.m.* 2. Aquele que vende ou que tem por profissão vender.

ven·dei·ro *s.m.* Dono de venda; taberneiro.

ven·der *v.t.d.* 1. Alienar, ceder, mediante certo preço. 2. Trocar por dinheiro. 3. Negociar em. 4. Sacrificar por dinheiro ou por interesse; trair. *v.i.* 5. Negociar. *v.p.* 6. Praticar por interesse atos indignos; corromper-se.

ven·di·do *adj.* 1. Que se vendeu. 2. Adquirido por venda. 3. *fig.* Subornado; traído. *s.m.* 4. Aquele que se vendeu.

ven·di·lhão *s.m.* 1. Indivíduo que vende nas praças, feiras e mercados. 2. Vendedor ambulante; mascate. 3. *fig.* Aquele que trafica publicamente em coisa de ordem moral.

ven·dí·vel *adj.2gên.* 1. Que se pode vender. 2. Próprio para venda.

ve·ne·fí·ci·o *s.m.* 1. Ato de preparar veneno para fins criminosos. 2. Crime de envenenamento.

ve·né·fi·co *adj.* 1. Concernente a venefício. 2. Maléfico; venenoso.

ve·ne·no (ê) *s.m.* 1. Substância que perturba, altera ou destrói as funções vitais; peçonha; tóxico. *fig.* 2. Elemento de corrupção moral. 3. Malignidade. 4. Má intenção. 5. Interpretação maliciosa. *sobrecomum.* 6. Pessoa má, intratável, maledicente.

ve·ne·no·so (ô) *adj.* 1. Que contém veneno. 2. Que envenena ou pode envenenar. 3. Deletério. 4. *fig.* Malévolo; maledicente; caluniador. *Pl.:* venenosos (ó).

ve·ne·ra (é) *s.f.* 1. Insígnia de ordem militar. 2. *por ext.* Condecoração.

ve·ne·ra·ção *s.f.* 1. Ação ou efeito de venerar. 2. Reverência; culto. 3. Preito; amor intenso.

ve·ne·ra·do *adj.* 1. Que é objeto de veneração. 2. Muito respeitado.

ve·ne·ran·do *adj.* Digno de veneração; venerável.

ve·ne·rar *v.t.d.* 1. Tributar grande respeito a. 2. Demonstrar veneração por. 3. Tratar com respeito e afeição. 4. Ter em grande consideração. 5. Reverenciar; acatar; respeitar.

ve·ne·rá·vel *adj.2gên.* 1. Que se deve venerar. 2. Digno de veneração; venerando.

ve·né·re·o *adj.* 1. Que se refere a Vênus. 2. Sensual; erótico. 3. Relativo à aproximação dos sexos. 4. Diz-se das doenças adquiridas em relações sexuais.

ve·ne·ta (ê) *s.f.* 1. Acesso de loucura; fúria repentina. 2. Capricho. *Dar na veneta*: vir à ideia; ocorrer.

ve·ne·zi·a·na *s.f.* Folha de janela em ripas de madeira, postas obliquamente, que ao fechar-se deixa penetrar o ar e proporciona relativa obscuridade.

ve·ne·zi·a·no *adj.* 1. De Veneza (Itália). *s.m.* 2. O natural ou habitante dessa cidade.

ve·ne·zu·e·la·no *adj.* 1. Da Venezuela (América do Sul). *s.m.* 2. O natural ou habitante desse país.

vê·ni·a *s.f.* 1. Licença; permissão. 2. Desculpa; absolvição. 3. Sinal de cortesia; mesura; cumprimento. *Data venia*: com a devida licença.

ve·ni·al *adj.2gên.* 1. Que é digno e suscetível de perdão. 2. Que se pode facilmente perdoar. 3. *Rel.* Diz-se do pecado leve que não faz perder a graça (dom ou virtude concedidos por Deus) a quem o pratica (opõe-se a mortal).

ve·no·so (ô) *adj.* 1. Que se refere ou pertence às veias. 2. Que tem veias. 3. Que corre pelas veias. 4. Diz-se do sangue que ainda não sofreu a hematose. *Pl.:* venosos (ó).

ven·ta *s.f.* 1. Cada uma das aberturas exteriores do nariz.

ven·ta·ni·lha *s.f.* Cada uma das aberturas de uma mesa de bilhar ou sinuca por onde cai a bola; caçapa.

ven·tas *s.f.pl. fam.* Nariz. *pop.* **Nas ventas de (alguém)**: na presença de (alguém).

ven·ta·ni·a *s.f.* Vento forte e contínuo.

ven·tar *v.i.* 1. Haver vento. 2. Soprar fortemente o vento.

ven·ta·ro·la (ó) *s.f.* Espécie de leque desprovido de varetas; abano.

ven·ti·la·ção *s.f.* Ação ou efeito de ventilar.

ven·ti·la·dor *adj.* 1. Que ventila; ventilante. *s.m.* 2. Aparelho próprio para ventilar ou renovar o ar.

ven·ti·lar *v.t.d.* 1. Introduzir vento em; arejar. 2. Refrescar, renovando o ar. 3. Agitar; debater; discutir.

ven·to *s.m. Meteor.* 1. Corrente de ar, fenômeno causado sobretudo pelas diferenças de temperatura (e pressão) nas várias regiões atmosféricas. 2. O ar agitado por qualquer meio mecânico. 3. Ar; ares; atmosfera. *fig.* 4. Influência. 5. Vaidade. 6. Coisa vã. *Cheio de vento*: cheio de si. *De vento em popa*: com as circunstâncias a seu favor.

ven·to·i·nha *s.f.* 1. Cata-vento. 2. Pessoa inconstante, volúvel.

ven·to·sa (ó) *s.f. Med.* 1. Vaso cônico, espécie de campânula de vidro, que se aplica sobre a pele, depois de nele se ter rarefeito o ar, para produzir efeito revulsivo e local. 2. *Zool.* Sugadouro de certos animais aquáticos.

ven·to·si·da·de *s.f.* Acumulação de gases no estômago ou nos intestinos; flatulência.

ven·to·so (ô) *adj.* 1. Cheio de vento. 2. Exposto ao vento. 3. Que se caracteriza por ventanias. 4. *fig.* Fútil; arrogante; enfatuado; frívolo. *Pl.:* ventosos (ó).

ven·tre (ê) *s.m. Anat.* 1. Cavidade abdominal que contém os principais órgãos do aparelho digestivo, excretor e reprodutor. 2. Região do corpo a que corresponde essa cavidade; barriga. 3. Útero. 4. *fig.* Parte interior; âmago.

ven·trí·cu·lo *s.m. Anat.* Cada uma das duas cavidades inferiores do coração (a esquerda envia o sangue arterial a todos os órgãos, e a direita envia aos pulmões o sangue venoso).

ven·tri·lo·qui·a *s.f.* Qualidade do que é ventríloquo.

ven·trí·lo·quo *adj.* e *s.m.* Que ou aquele que fala sem imprimir movimento aos lábios, de tal maneira que a voz parece vir de outrem.

ven·tu·ra *s.f.* 1. Sorte, fortuna boa ou má; destino. 2. Boa sorte; felicidade. *loc.adv.* **À ventura**: ao acaso; à toa.

ven·tu·ro·so (ô) *adj.* Cheio de ventura; feliz; ditoso. *Pl.:* venturosos (ó).

vê·nu·la *s.f.* Pequena veia.

vê·nus *s.f.* 1. *Mit.* Na mitologia romana, deusa do amor e da beleza (inicial maiúscula). 2. *por ext.* Mulher muito formosa. 3. *Astron.* O segundo dos planetas em ordem de distância do Sol; é, para nós, o astro mais brilhante depois da Lua (inicial maiúscula).

ve·nus·to *adj.* 1. Muito formoso. 2. Muito gracioso. 3. Lindo; elegante.

ver *v.t.d.* 1. Perceber por meio da visão; avistar; divisar; distinguir. 2. Ser espectador ou testemunha de. 3. Visitar; encontrar-se. 4. Reconhecer. 5. Observar; atentar em. 6. Imaginar; fantasiar. 7. Tomar cuidado em. 8. Investigar. 9. Calcular. 10. Considerar; julgar; reputar. 11. Saber; reconhecer. *v.t.d.* e *i.* 12. Deduzir; concluir. *v.i.* 13. Perceber as coisas pelo sentido da visão. *v.p.* 14. Reconhecer-se. 15. Contemplar-se; mirar-se. ★

ve·ra·ci·da·de *s.f.* 1. Qualidade do que é veraz, verdadeiro ou conforme à verdade. 2. Fidelidade; exatidão.

ve·ra·ne·ar *v.t.i.* Passar o verão (em alguma parte).

ve·ra·nei·o *s.m.* Ato ou efeito de veranear.

ve·ra·ni·co *s.m.* 1. Verão fraco, pouco quente. 2. Estiada durante a estação chuvosa, com dias de intenso calor.

ve·ra·nis·ta *s.2gên.* Pessoa que veraneia ou costuma veranear.

ve·rão *s.m.* 1. Estação do ano que, no hemisfério sul, começa em 21 de dezembro e termina em 21 de março. 2. Estio; tempo quente.

ve·ras (é) *s.f.pl. desus.* Coisas verdadeiras; verdade. *loc.adv.* **Com todas as veras**: com toda a verdade; de todo o coração.

ve·raz *adj.2gên.* 1. Que diz a verdade. 2. Em que há verdade; verídico.

ver·ba (é) *s.f.* 1. Cada uma das cláusulas ou artigos de um documento. 2. Nota; apontamento; comentário. 3. Parcela. 4. Quantia; dinheiro; numerário.

ver·bal *adj.2gên.* 1. Que se refere ao verbo. 2. De viva voz. 3. Que não é por escrito; oral.

ver·ba·lis·mo *s.m.* 1. Transmissão de conhecimentos por meio da fala. 2. Fala excessiva e sem conteúdo.

ver·ba·li·za·ção *s.f.* Ação de verbalizar.

ver·ba·li·zar *v.t.d.* 1. Tornar verbal. 2. Expor verbalmente, oralmente.

ver·be·na (ê) *s.f. Bot.* 1. Planta ornamental. 2. A flor dessa planta.

ver·be·ra·ção *s.f.* Ação ou efeito de verberar.

ver·be·rar *v.t.d.* 1. Açoitar; flagelar. 2. Censurar; condenar; repreender asperamente. *v.i.* 3. Reverberar.

ver·be·ra·ti·vo *adj.* Próprio para verberar ou flagelar.

ver·be·te (ê) *s.m.* 1. Apontamento; nota. 2. Papel em que se faz um apontamento ou nota. 3. Palavra de dicionário, de glossário ou enciclopédia com o conjunto dos seus vários significados, explicações, derivados, etc. 4. Artigo.

ver·bo (é) *s.m.* 1. Palavra. 2. Tom de voz. 3. Eloquência. 4. Expressão. 5. *Teol.* A segunda pessoa da Santíssima Trindade. 6. *Gram.* Palavra variável que exprime um fato (processo, ação, estado ou fenômeno), situando-o no tempo. *Abrir o verbo*: pôr-se a falar descontroladamente, dizendo tudo o que pensa.

ver·bor·ra·gi·a *s.f. deprec.* Característica de quem fala ou discute com grande fluência e abundância de palavras, mas com poucas ideias; verborreia.

ver·bor·rei·a (éi) *s.f. deprec.* Verborragia.

ver·bo·si·da·de *s.f.* Característica do que é verboso; loquacidade.

ver·bo·so (ô) *adj.* 1. Que fala muito; loquaz. 2. Que fala com facilidade; prolixo. *Pl.:* verbosos (ó).

ver·da·de *s.f.* 1. Qualidade pela qual as coisas aparecem tais como são; realidade. 2. Exatidão. 3. Coisa certa e verdadeira. 4. Sinceridade. 5. Representação fiel de alguma coisa existente na natureza.

ver·da·dei·ro *adj.* 1. Que tem verdade, que é conforme à verdade. 2. Autêntico; genuíno. 3. Real. 4. Certo. 5. Fiel; sincero; não simulado. *s.m.* 6. A verdade; a realidade. 7. O dever.

ver·de (ê) *adj.2gên.* 1. Diz-se da cor que resulta da combinação do azul com o amarelo. 2. Da cor das ervas. 3. Diz-se da planta que ainda tem seiva, que não está seca. 4. Diz-se do fruto que ainda não está maduro. 5. Diz-se da carne fresca. 6. Diz-se de uma qualidade de vinho ácido. 7. *fig.* Que ainda não se desenvolveu completamente. 8. Que se refere aos primeiros anos da existência. 9. Forte; vigoroso. 10. Inexperiente; bisonho. 11. Tenro; mimoso; débil. *s.m.* 12. A cor verde. *Jogar (plantar) verde para colher maduro*: incentivar alguém de maneira dissimulada a fornecer informações, contar algum fato.

ver·de·jan·te *adj.2gên.* Que verdeja.

ver·de·jar *v.i.* 1. Fazer-se verde; verdecer. 2. Apresentar cor verde.

ver·do·en·go *adj.* Um tanto verde; que não está maduro.

ver·dor *s.m.* 1. Qualidade do que é verde. 2. Cor verde das plantas. 3. Estado da planta verde; verdura. 4. Vigor; viço; força. 5. Inexperiência.

ver·du·go *s.m.* 1. Algoz; carrasco. 2. *fig.* Pessoa cruel, desumana.

ver·du·ra *s.f.* 1. Verdor; o verde das plantas. 2. Os vegetais; hortaliça. *fig.* 3. Inexperiência. 4. Mocidade.

ver·du·rei·ro *s.m.* Vendedor de hortaliças e frutas; quitandeiro.

ve·re·a·ção *s.f.* 1. Ação ou efeito de verear. 2. Cargo de vereador. 3. Tempo de duração desse cargo. 4. Os vereadores.

ve·re·a·dor *s.m.* Membro de Câmara Municipal; edil. *Fem.:* vereadora.

ve·re·an·ça *s.f.* Cargo de vereador.

ve·re·ar *v.t.d.* Administrar como vereador.

ve·re·da (ê) *s.f.* 1. Caminho estreito; atalho. 2. Rumo; senda; direção; carreira. 3. Região fértil abundante de vegetação. 4. Grupo de matas cercadas de campos.

ve·re·dic·to *s.m.* 1. *Jur.* Decisão de um júri sobre causa cível ou criminal. 2. *por ext.* Juízo emitido a respeito de qualquer questão; ratificação.

ver·ga (ê) *s.f.* 1. Vara flexível e delgada. 2. Barra de metal, delgada e maleável. 3. *Náut.* Pau que se atravessa no mastro e a que se prende a vela. 4. Sulco que o arado deixa na terra.

ver·ga·lhão *s.m.* 1. *Aum.* de vergalho. 2. Barra de ferro.

ver·ga·lho *s.m.* 1. Membro genital do boi e do cavalo, depois de cortado e seco. 2. Chicote ou azorrague feito com esse órgão. 3. *por ext.* Azorrague; chibata. 4. *pop.* Patife; tratante; velhaco.

ver·gão *s.m.* Marca ou vinco na pele resultante de pancada, sobretudo da que se deu com vara ou azorrague.

ver·gar *v.t.d.* 1. Dobrar; curvar. 2. Sujeitar. 3. Abater; humilhar. 4. Submeter; acostumar. *v.i.* 5. Curvar-se, dobrar-se. 6. Ceder ao peso de alguma coisa. 7. Ceder à influência de alguém.

ver·gas·ta *s.f.* 1. Chibata. 2. Vara delgada para açoitar. 3. Flagelo; castigo.

ver·gas·tar *v.t.d.* Bater com vergasta em; chibatar; açoitar; fustigar.

ver·gel (é) *s.m.* Jardim; pomar.

ver·go·nha (ô) *s.f.* 1. Pudor. 2. Pejo de ação contra o decoro. 3. Sentimento de desgosto que suscita o receio da desonra. 4. Opróbrio; desonra. 5. Timidez; acanhamento. *Ter vergonha na cara*: ter dignidade.

ver·go·nhei·ra *s.f.* 1. Série de vergonhas. 2. Grande vergonha.

ver·go·nho·so (ô) *adj.* 1. Que tem vergonha; pudico. 2. Tímido; acanhado. 3. Indigno; infame. 4. Obsceno; indecoroso. *Pl.:* vergonhosos (ó).

ver·gôn·te:a *s.f. Bot.* 1. Ramo de árvore. 2. Rebento; haste; renovo.

ve·rí·di·co *adj.* 1. Que diz a verdade. 2. Em que há verdade; exato.

ve·ri·fi·ca·ção *s.f.* 1. Ação de verificar. 2. Prova. 3. Realização; cumprimento.

ve·ri·fi·car *v.t.d.* 1. Provar a verdade de. 2. Investigar. 3. Confirmar; corroborar. *v.p.* 4. Cumprir-se; realizar-se; efetuar-se.

ver·me (é) *s.m.* 1. *Zool.* Nome comum aos invertebrados entre os quais se incluem as minhocas e lombrigas. 2. *fig.* Aquilo que mina ou corrói lentamente. *sobrecomum* 3. Indivíduo fraco, covarde, ou desprezível.

ver·me·lhão *s.m.* 1. Cinabre; sulfato vermelho de mercúrio pulverizado. 2. *fig.* Rubor; vermelhidão.

ver·me·lhi·dão *s.f.* 1. Qualidade do que é vermelho. 2. Cor vermelha. 3. Rubor.

ver·me·lho (ê) *adj.* 1. De cor encarnada muito viva. 2. Rubro; escarlate. *s.m.* 3. A cor vermelha.

ver·mi·ci·da *s.m.* 1. Aquilo que se usa para matar vermes. *adj.2gên.* 2. Que mata vermes.

ver·mi·cu·lar *adj.2gên.* Que se refere ou se assemelha a vermes.

ver·mí·fu·go *adj.* 1. Que afugenta os vermes. *s.m.* 2. Aquilo que afugenta, que destrói os vermes; vermicida.

ver·mi·no·se (ó) *s.f. Med.* Enfermidade causada por abundância de vermes nos intestinos.

ver·mu·te *s.m.* Vinho branco, ao qual se juntam extratos de plantas aromáticas ou amargas.

ver·na·cu·li·da·de *s.f.* 1. Qualidade do que é vernáculo. 2. Correção, propriedade dos termos, das frases ou da construção gramatical de uma língua. 3. Uso de palavras e frases isentas de estrangeirismos.

ver·ná·cu·lo *adj.* 1. Próprio do país a que pertence, da região em que está; nacional; pátrio. 2. *fig.* Correto no falar e escrever. 3. Que conserva a pureza da língua. 4. Diz-se da linguagem sem mescla de estrangeirismos. *s.m.* 5. Idioma próprio de um país.

ver·nal *adj.2gên.* 1. Que se refere, pertence ou se assemelha à primavera. 2. Que desabrocha na primavera (flor).

ver·nis·sa·ge *s.m. Fr.* O dia precedente ao da abertura oficial de um salão de pintura.

ver·niz *s.m.* 1. Solução de resina (natural ou artificial), ou goma resinosa, em álcool e óleo secativo, empregada para polir certos objetos ou para os preservar da ação do ar e da umidade. *fig.* 2. Polidez superficial. 3. Noções ligeiras de urbanidade, instrução, etc.

ve·ro (é) *adj.* Verdadeiro; real; exato.

ve·rô·ni·ca *s.f.* 1. Imagem do rosto de Cristo, gravada em metal, ou pintada ou estampada em pano. 2. *Litur.* Mulher que, nas procissões do enterro de Cristo, conduz o santo sudário.

ve·ros·sí·mil *adj.2gên.* 1. Semelhante à verdade. 2. Que tem probabilidade de ser verdadeiro; plausível; verossimilhante.

ve·ros·si·mi·lhan·ça *s.f.* Qualidade de verossímil, ou verossimilhante; verossimilitude.

ve·ros·si·mi·lhan·te *adj.2gên.* Verossímil.

ve·ros·si·mi·li·tu·de *s.f.* Verossimilhança.

ver·ri·na *s.f.* Acusação, censura, crítica violenta feita contra alguém, ordinariamente escrita ou em discurso pronunciado em público.

ver·ru·co·so (ô) *adj.* Da natureza da verruga. *Pl.:* verrucosos (ó).

ver·ru·ga *s.f.* Pequena excrescência cutânea, um tanto consistente, produzida pela hipertrofia das papilas da pele.

ver·ru·go·so (ô) *adj.* Que tem verrugas. *Pl.:* verrugosos (ó).

ver·ru·guen·to *adj.* Verrugoso.

ver·ru·ma *s.f.* Instrumento de aço cuja extremidade inferior (pua) é aberta em espiral e termina em ponta, para abrir furos em madeira; broca.

ver·ru·mar *v.t.d.* 1. Furar com verruma. 2. Furar. 3. *fig.* Afligir; torturar. *v.i.* 4. Fazer furos com verruma ou instrumento parecido. *v.t.i.* 5. *fig.* Meditar; parafusar.

ver·sa·do *adj.* Perito; experimentado; prático. *Ser versado em*: ser entendido em; saber a fundo.

ver·sal *s.m. Tip.* Nome que se dá às letras ou caracteres maiúsculos.

ver·sa·le·te (ê) *s.m. Tip.* Letra que tem o mesmo aspecto de uma letra maiúscula, mas o tamanho de uma minúscula.

ver·são *s.f.* 1. Ação ou efeito de verter, de voltar ou virar. 2. Tradução de um texto. 3. Cada uma das diferentes explicações ou interpretações de um mesmo ponto (diz-se especialmente das antigas traduções da Bíblia); variante. 4. Boato. 5. *Inform.* Cada uma das edições que um programa de computador tem ao longo do processo de sua criação e desenvolvimento.

ver·sar *v.t.d.* 1. Volver. 2. Manejar; compulsar. 3. Exercitar; estudar; tratar; considerar. 4. Passar de um vaso para outro. *v.t.i.* 5. Incidir. 6. Constar; consistir. 7. Conviver.

ver·sá·til *adj.2gên.* 1. Propenso a mudar. 2. Volúvel; inconstante. 3. Variável. *Pl.:* versáteis.

ver·sa·ti·li·da·de *s.f.* Qualidade ou estado de versátil.

ver·se·ja·dor *adj.* 1. Que verseja. *s.m.* 2. Aquele que sabe fazer versos.

ver·se·jar *v.i.* 1. Fazer versos. 2. *deprec.* Fazer maus versos. *v.t.d.* 3. Pôr em verso.

ver·sí·cu·lo *s.m.* 1. Divisão de artigo ou parágrafo. 2. Cada um dos pequenos parágrafos numerados em que se dividem os capítulos da Bíblia.

ver·si·fi·ca·ção *s.f.* 1. Ação ou efeito de versificar. 2. Arte, sistema, método ou maneira por que se fazem os versos; metrificação.

ver·si·fi·car *v.t.d.* e *v.i.* Versejar.

ver·so^1 (ê) *s.m. Lit.* 1. Cada uma das linhas que formam uma composição poética. 2. O gênero poético; poesia. 3. Versificação; metrificação. 4. *pop.* Quadra; estrofe.

ver·so^2 (ê) *s.m.* 1. Página oposta à da frente. 2. *por ext.* Lado posterior de qualquer objeto. 3. Face oposta à da frente.

versus (vérsus) *Lat. prep.* Em oposição a; contra (*abrev.* v.).

vér·te·bra *s.f. Anat.* Cada um dos ossos que constituem a espinha dorsal dos vertebrados.

ver·te·bra·do *adj. Zool.* 1. Que tem vértebras. *s.m.* 2. Espécime dos vertebrados, grande divisão do reino animal que compreende os animais a cuja estrutura está inerente um esqueleto interno, ósseo ou cartilaginoso, composto de peças ligadas entre si e móveis umas sobre as outras.

ver·te·bral *adj.2gên.* 1. Que se refere às vértebras. 2. Composto de vértebras.

ver·ten·te *adj.2gên.* 1. Que verte. *s.f.* 2. Declive de montanha, por onde derivam as águas pluviais. 3. Nascente de rio. 4. Cada uma das superfícies de um telhado.

ver·ter *v.t.d.* 1. Fazer transbordar; entornar. 2. Espalhar; difundir; esparzir. *v.t.d.* e *i.* 3. Traduzir; trasladar. 4. Transpor texto para língua estrangeira (partindo da língua materna). *v.i.* 5. Transbordar.

ver·ti·cal *adj.2gên.* 1. Perpendicular ao horizonte. 2. Que segue a direção da linha de prumo. 3. Que se refere ao vértice. *s.f.* 4. Linha vertical.

vér·ti·ce *s.m.* 1. O ponto culminante. 2. *Anat.* O ponto mais alto da abóbada craniana. 3. *Geom.* Ponto comum a duas ou mais retas.

ver·ti·ci·lo *s.m. Bot.* Conjunto de flores ou folhas dispostas em volta de

ver·ti·gem *s.f.* Perda ou perturbação de equilíbrio com sensação de instabilidade e rotação aparente do corpo e dos objetos circundantes; tontura.

ver·ti·gi·no·so (ô) *adj.* 1. Sujeito a vertigens. 2. Que sofre vertigens. 3. *fig.* Que gira com grande rapidez; rápido; impetuoso. 4. Que perturba a serenidade do espírito. *Pl.*: vertiginosos (ó).

ver·ve (é) *s.f.* 1. Inspiração. 2. Calor de imaginação que anima o artista, o orador, o poeta, o escritor.

ves·go (ê) *adj.* 1. Estrábico; zarolho. *s.m.* 2. Indivíduo vesgo.

ves·gui·ce *s.f.* Defeito de vesgo; estrabismo.

ve·si·ca·ção *s.f. Med.* Ação de produzir vesículas por meio de substância irritante.

ve·si·cal *adj.2gên.* Concernente à bexiga.

ve·sí·cu·la *s.f.* 1. Bolha; empola. 2. *Anat.* Pequena bexiga ou cavidade em que um líquido orgânico se concentra como, por ex., a vesícula biliar.

ves·pa (ê) *s.f.* 1. *epiceno Zool.* Inseto cuja fêmea tem um ferrão retrátil análogo ao da abelha. *sobrecomum* 2. Pessoa intratável e mordaz.

ves·pei·ro *s.m.* Ninho ou toca de vespas. *Mexer em vespeiro*: irritar (alguém); cuidar de assunto melindroso ou perigoso.

vés·per *s.m.* 1. O planeta Vênus quando aparece de tarde (inicial maiúscula). 2. *fig.* O ocidente; o ocaso.

vés·pe·ra *s.f.* 1. A tarde. 2. O dia que precede imediatamente aquele de que se trata. 3. Tempo que antecede certos acontecimentos.

vés·pe·ras *s.f.pl.* Os dias que mais proximamente antecedem um fato.

ves·pe·ral *adj.2gên.* 1. Que se refere à tarde. *s.f.* 2. Matinê.

ves·per·ti·no *adj.* 1. Vesperal. *s.m.* 2. Jornal que se publica à tarde ou à noite.

ves·sar *v.t.d.* Lavrar profundamente (a terra).

ves·tal *s.f.* 1. *ant.* Sacerdotisa de Vesta, deusa do fogo dos antigos romanos. 2. *ant.* Cada uma das seis virgens que se consagravam ao serviço e culto dessa deusa. *fig.* 3. Mulher honesta. 4. Mulher casta; donzela; virgem.

ves·te (é) *s.f.* Vestuário; vestidura; roupa.

ves·ti·á·ri·o *s.m.* Compartimento, numa comunidade, em clubes, associações, praças de esporte, etc., onde se despem ou vestem os indivíduos.

ves·ti·bu·lan·do *adj.* 1. Diz-se de estudante que se prepara para prestar concurso vestibular. *s.m.* 2. Esse tipo de estudante.

ves·ti·bu·lar *adj.2gên.* 1. Concernente a vestíbulo. *s.m.* 2. Diz-se do exame de admissão a qualquer escola superior.

ves·tí·bu·lo *s.m.* 1. Espaço entre a via pública e a entrada de um edifício; átrio; pátio. 2. Porta principal. 3. *Anat.* Uma das cavidades do ouvido interno.

ves·ti·do *s.m.* 1. Vestuário feminino. 2. Peça de vestuário. *adj.* 3. Revestido. 4. Coberto com veste ou roupa.

ves·ti·du·ra *s.f.* Tudo o que serve para vestir; vestuário; vestimenta; traje.

ves·tí·gi·o *s.m.* 1. Sinal; pegada; marca; rastro. 2. Indício. 3. Sinal de coisa que sucedeu, de pessoa que passou.

ves·ti·men·ta *s.f.* Vestidura.

ves·ti·men·tas *s.f.pl.* Vestes sacerdotais em atos solenes.

ves·tir *v.t.d.* 1. Cobrir com vestes. 2. Pôr sobre si (qualquer peça de vestuário). 3. Cobrir; revestir; forrar. *v.t.i.* 4. Trajar. *v.p.* 5. Cobrir-se com roupa. 6. Revestir-se. 7. Disfarçar-se.★

ves·tu·á·ri·o *s.m.* Conjunto das diversas peças de roupa que se vestem; traje.

ve·tar *v.t.d.* 1. Opor o veto a (uma lei). 2. Proibir; vedar; suspender.

ve·te·ra·no *adj.* 1. Antigo, envelhecido no serviço militar. 2. *fig.* Que envelheceu num serviço qualquer; experimentado. *s.m.* 3. Soldado reformado. 4. Indivíduo prático, experimentado em qualquer atividade. 5. Estudante que frequenta escola superior há mais de um ano.

ve·te·ri·ná·ri·a *s.f.* 1. Conhecimento da anatomia e das doenças dos animais irracionais. 2. Medicina aplicada a esses animais.

ve·te·ri·ná·ri·o *adj.* 1. Concernente a veterinária ou aos animais irracionais. *s.m.* 2. Médico veterinário.

ve·ti·ver (ê, ê) *s.m. Bot.* Planta gramínea cujas raízes desprendem forte aroma.

ve·to (é) *s.m.* 1. Proibição; suspensão; oposição. 2. Direito que assiste ao chefe de Estado de recusar a sua sanção a uma lei votada pelas câmaras legislativas.

ve·tor *s.m.* 1. *Biol.* Ser vivo que pode transmitir a outro agentes causadores de doenças, como bactérias, parasitas ou vírus. 2. *Mat.* Segmento de reta com módulo^2, direção e sentido.

ve·tus·tez *s.f.* Qualidade de vetusto.

ve·tus·to *adj.* 1. Velho; antigo. 2. Que tem longa idade ou longa duração.

véu *s.m.* 1. Tecido com que se cobre qualquer coisa. 2. Tecido transparente com que as mulheres cobrem o rosto. 3. *fig.* Aquilo que serve para encobrir alguma coisa; pretexto.

ve·xa·ção (ch) *s.f.* Ação ou efeito de vexar.

ve·xa·do (ch) *adj.* Envergonhado.

ve·xa·me (ch) *s.m.* 1. Vexação. 2. O que produz vexação; vergonha.

ve·xar (ch) *v.t.d.* 1. Envergonhar. 2. Humilhar; maltratar. *v.p.* 3. Envergonhar-se.

ve·xa·tó·ri·o (ch) *adj.* 1. Que vexa. 2. Que causa vexame ou vexação.

ve·xi·lá·ri·o (cs) *s.m. desus.* Porta-bandeira.

ve·xi·lo (cs) *s.m. desus.* Bandeira; estandarte.

vez (ê) *s.f.* 1. Ocasião; ensejo; tempo; época. 2. Alternativa; reciprocidade. 3. Quinhão; pequena porção. *Em vez de*: em lugar de. *Uma vez na vida outra na morte*: raramente.

ve·zei·ro *adj.* Que tem vezo; acostumado.

ve·zo (ê) *s.m.* 1. Costume vicioso; hábito censurável. 2. Qualquer costume ou hábito.

vi·a *s.f.* 1. Caminho. 2. Lugar por onde se vai ou é levado. *Dim.irreg.* viela. 3. Direção; linha; itinerário. 4. Meio; modo; intermédio. 5. Qualquer canal do organismo. 6. Exemplar de uma letra, de um documento comercial, etc. 7. Causa. *Por via das dúvidas*: para evitar enganos. *Partir para as vias de fato*: escolher a violência como forma de solucionar um conflito.

vi·a·bi·li·da·de *s.f.* Qualidade do que é viável.

vi·a·ção *s.f.* 1. Modo ou meio de percorrer um caminho, ou transportar de um lugar para outro por caminho, ruas, águas ou pelos ares. 2. Conjunto de estradas, caminhos ou rotas aéreas. 3. Serviço de veículos diversos para uso público.

vi·a·du·to *s.m.* 1. Ponte que liga as duas vertentes de vale ou depressão de terreno. 2. Estrutura para prover a passagem sobre estradas ou ruas.

vi·a·gei·ro *adj.* 1. Que se refere a viagem. *s.m.* 2. Aquele que viaja; viajante; viajor.

vi·a·gem *s.f.* 1. Caminho que se percorre para chegar de um a outro lugar muito afastado. 2. Percurso extenso. 3. Navegação.

vi·a·ja·do *adj.* Que fez longas viagens; que viajou muito.

vi·a·jan·te *adj.2gên.* 1. Que viaja. *s.2gên.* 2. Pessoa que viaja.

vi·a·jar *v.t.d.* 1. Percorrer em viagem. *v.i.* 2. Fazer viagem.

vi·a·jor *s.m.* Viageiro; viajante.

vi·an·da *s.f.* 1. Qualquer espécie de alimento. 2. Carne que serve de alimento. 3. Carne de animais terrestres.

vi·an·dan·te *adj.2gên.* e *s.2gên.* Que ou pessoa que vianda ou viaja.

vi·an·dar *v.i.* Viajar; peregrinar.

vi:á·ri:o *adj.* Relativo a caminhos, vias, rotas e transportes.

vi·a·sa·cra *s.f.* 1. Série de catorze quadros que representam as cenas principais da Paixão de Cristo. 2. *Liturg.* As orações que se fazem diante desses quadros. **Fazer a via-sacra**: ir à casa de todos os conhecidos a fim de obter alguma coisa. *Pl.:* vias-sacras.

vi·á·ti·co *s.m. Liturg.* Sacramento da Eucaristia que se ministra aos doentes impossibilitados de sair de casa, ou aos moribundos.

vi·a·tu·ra *s.f.* 1. Designação genérica dos veículos. 2. Meio de transporte.

vi·á·vel *adj.2gên.* 1. Que não oferece embaraço ao trânsito. 2. Que pode ser percorrido; transitável. 3. Exequível; realizável; factível.

ví·bo·ra *s.f. epiceno* 1. *Zool.* Réptil ofídio venenoso. *sobrecomum* 2. Pessoa de má índole, de mau gênio.

vi·bra·ção *s.f.* 1. Ação ou efeito de vibrar; oscilação. 2. Tremor do ar ou de uma voz. 3. Movimento; agitação; abalo.

vi·bran·te *adj.2gên.* 1. Que vibra; vibrátil; vibratório. 2. Sonoro; bem timbrado. 3. Que excita ou comove.

vi·brar *v.t.d.* 1. Agitar; brandir. 2. Fazer soar. 3. Comunicar vibrações a. 4. Arremessar. 5. Comover; excitar; abalar. *v.i.* 6. Estremecer; palpitar. 7. Produzir sons; ecoar. 8. Sentir ternura ou entusiasmo; excitar-se. 9. Comover-se. 10. Ter som claro e distinto.

vi·brá·til *adj.2gên.* Vibrante; que é suscetível de vibrar.

vi·bra·tó·ri:o *adj.* 1. Vibrante. 2. Que produz ou é acompanhado de vibração.

vi·bri·ão *s.m. Zool.* Gênero de bactérias móveis, microrganismos geralmente patogênicos (entre eles o causador da cólera).

vi·bris·sas *s.f.pl.* Pelos que se desenvolvem nas fossas nasais.

vi·ca·ri·a·to *s.m.* 1. Cargo de vigário. 2. Exercício desse cargo. 3. Tempo de sua duração. 4. Residência ou jurisdição de vigário.

vi·cá·ri:o *adj.* Que substitui.

vi·ce·go·ver·na·dor *s.m.* Cargo imediatamente abaixo ao de governador, substituindo-o em caso de ausência ou de impedimento. *Pl.*: vice-governadores.

vi·ce·jan·te *adj.2gên.* 1. Que viceja, que tem viço. 2. *fig.* Ornado; florido.

vi·ce·jar *v.i.* 1. Vegetar opulentamente; ter viço, estar viçoso. 2. Ostentar-se em toda a sua exuberância; brilhar. *v.t.d.* 3. Dar viço a. 4. Fazer brotar com exuberância.

vi·ce·jo (ê) *s.m.* 1. Ato ou efeito de vicejar. 2. Estado do que viceja. 3. Viço; força; vigor.

vi·ce·nal *adj.2gên.* Que se faz ou se renova de vinte em vinte anos.

vi·cê·ni·o *s.m.* Espaço de vinte anos.

vi·ce·pre·si·den·te *s.m.* Cargo imediatamente abaixo ao de presidente, substituindo-o em caso de ausência ou de impedimento. *Pl.*: vice-presidentes.

vi·ce·rei *s.m.* 1. Cargo correspondente a autoridade máxima de uma província ou colônia de um reino. 2. Ocupante desse cargo. *Pl.*: vice-reis.

vi·ce·ver·sa *adv.* Em sentido inverso; reciprocamente.

vi·ci·a·ção *s.f.* Ação ou efeito de viciar.

vi·ci·a·do *adj.* 1. Que tem vício. 2. Defeituoso; falsificado. 3. Impuro; corrupto; depravado.

vi·ci·ar *v.t.d.* 1. Corromper, perverter, depravar (física ou moralmente). 2. Falsificar; adulterar. 3. Seduzir. *v.p.* 4. Corromper-se; perverter-se; depravar-se.

vi·ci·nal *adj.2gên.* 1. Vizinho; próximo. 2. Diz-se do caminho ou estrada que liga povoações próximas.

ví·ci·o *s.m.* 1. Deformidade, imperfeição, defeito (físico ou moral). 2. Ação indecorosa que se pratica por hábito. 3. Costume condenável. 4. Hábito prejudicial.

vi·ci·o·so (ô) *adj.* 1. Que tem vício ou vícios. 2. Em que há vício. 3. Depravado; desmoralizado. 4. Falsificado. *Pl.:* viciosos (ó).

vi·cis·si·tu·de *s.f.* 1. Mudança de coisas que se sucedem; alternativa. 2. Variação. 3. Instabilidade das coisas. 4. Contratempo; revés.

vi·ço *s.m.* 1. Vigor da vegetação; verdor. 2. Exuberância de vida. 3. Juventude.

vi·ço·so (ô) *adj.* 1. Que tem viço. 2. Que vegeta com força. 3. Coberto de verdura. *Pl.:* viçosos (ó).

vi·cu·nha *s.f.* 1. *epiceno* Quadrúpede ruminante que produz lã finíssima. 2. *por ext.* Essa lã. 3. Tecido feito dessa lã.

vi·da *s.f.* 1. Estado de atividade imanente dos seres organizados. 2. A existência humana. 3. Tempo que decorre entre o nascimento e a morte. 4. Maneira de viver. 5. Conjunto de hábitos, de costumes. 6. A existência além da morte. 7. Animação em composições artísticas ou literárias. 8. Animação (em qualquer sentido). 9. Origem. *Vida de cachorro*: vida difícil, sofrida. *Vida fácil*: prostituição. *Cair na vida*: optar pela prostituição. *Estar com a vida que pediu a Deus*: estar em situação confortável; viver de acordo com a própria vontade. *Sepultar-se em vida*: isolar-se. *Reg. Toda a vida*: sempre na mesma direção, sem se desviar.

vi·de *s.f.* 1. Videira. 2. Envide[2].

vi·dei·ra *s.f. Bot.* Arbusto, planta trepadeira que produz a uva.

vidência

vi·dên·ci·a *s.f.* Qualidade de vidente.

vi·den·te *adj.2gên.* 1. Que não é cego. 2. Diz-se da pessoa que vê cenas futuras, ou cenas que se estão passando em lugares distantes daquele em que ela se encontra. *s.2gên.* 3. Pessoa vidente. 4. *fig.* Pessoa perspicaz.

ví·de:o *s.m.* 1. Parte do equipamento do circuito de televisão que atua sobre os sinais de imagens, permitindo a percepção visual das emissões. 2. Tela de televisor. 3. *Inform.* Monitor de vídeo.

vi·de·o·cas·se·te *s.m.* 1. Fita gravada pelo processo de videoteipe. 2. Equipamento onde se reproduz a gravação registrada nessa fita.

vi·de·o·cli·pe *s.m.* Vídeo para apresentação de música, em que se editam imagens de excepcional interesse.

vid·e·o·game (vidiôugueim) *s.m. Ingl.* Jogo que se utiliza de telas de tevê ou computador, reagindo a comandos dos usuários; *game*.

vi·de:o·la·pa·ros·co·pi·a *s.f. Med.* Laparoscopia feita com auxílio de uma câmera de vídeo.

vi·de·o·lo·ca·do·ra *s.f.* Loja onde se alugam fitas de vídeo.

vi·de·o·tei·pe *s.m.* 1. Fita magnética em que se registram imagens de televisão, associadas com o som. 2. O sistema de registro nessa fita.

vi·de:o·tex·to (s) *s.m.* 1. Sistema que permite visualizar informações em vídeo, transmitidas por via telefônica ou televisão a cabo. 2. Equipamento para a transmissão desse tipo de informações.

vi·dra·ça *s.f.* 1. Vidro reduzido à forma laminar; lâmina de vidro. 2. Caixilhos com vidro para janela ou porta.

viela

vi·dra·ça·ri·a *s.f.* 1. Conjunto de vidraças. 2. Estabelecimento onde se vendem vidros.

vi·dra·cei·ro *s.m.* 1. Aquele que fabrica ou vende vidros. 2. Aquele que coloca vidros em caixilhos.

vi·dra·do *adj.* 1. Revestido de substância vitrificável. 2. Embaciado, sem brilho (diz-se particularmente dos olhos). 3. *gír.* Apaixonado; fascinado.

vi·drar *v.t.d.* 1. Cobrir, revestir de substância vitrificável. 2. Embaciar; fazer perder o brilho. *v.p.* 3. Embaciar-se, perder o brilho (falando particularmente dos olhos).

vi·dra·ri·a *s.f.* 1. Estabelecimento onde se fabricam ou vendem vidros. 2. Comércio de vidros. 3. Arte de os fabricar. 4. Porção de vidros.

vi·drei·ro *s.m.* 1. O que trabalha em vidro. *adj.* 2. Concernente a vidros ou à indústria dos vidreiros.

vi·dren·to *adj.* 1. Que se assemelha ao vidro. 2. Embaciado. 3. Que se quebra facilmente.

vi·dri·lho *s.m.* Cada um dos pequenos tubos de vidro ou de substância semelhante ao vidro, e que enfiados à maneira de contas servem para ornatos e bordados.

vi·dro *s.m.* 1. Substância sólida, lisa, dura, frágil e transparente, que industrialmente se obtém pela fusão e solidificação de quartzo, carbonato de cálcio e carbonato de sódio. 2. Qualquer artefato feito com essa substância. 3. Frasco; garrafa pequena. 4. Lâmina de vidro com que se resguarda imagem emoldurada, se preenche caixilho de porta ou janela, se guarnecem móveis, etc.

vi·e·la (é) *s.f.* Rua estreita; travessa; beco.

vi·és *s.m.* 1. Obliquidade, direção oblíqua. 2. Tira estreita de pano, cortada no sentido diagonal da peça, dobrada e cosida longitudinalmente. *loc.adv.* **Ao (de) viés**: obliquamente; em diagonal; de esguelha.

vi·et·na·mi·ta *adj.2gên.* 1. Do Vietnã (Ásia). *s.2gên.* 2. Natural ou habitante desse país. *s.m.* 3. O idioma oficial do Vietnã.

vi·ga *s.f. Cons.* Trave, madeiro para construções. **Viga mestra**: a viga maior, de sustentação.

vi·ga·men·to *s.m.* Conjunto das vigas de uma construção; travejamento.

vi·gá·ri·o *s.m.* Padre responsável por uma paróquia; pároco. **Vigário de Cristo**: o papa.

vi·ga·ris·ta *adj.2gên.* e *s.2gên.* Diz-se de ou pessoa que engana outrem para obter lucro.

vi·gên·ci·a *s.f.* 1. Qualidade do que é vigente. 2. Tempo durante o qual uma coisa vigora.

vi·gen·te *adj.2gên.* Que está em vigor; que vige.

vi·ger *v.i.* 1. Estar em vigor. 2. Estar em execução.

vi·gé·si·mo *num.* 1. Ordinal e fracionário correspondente a vinte. *s.m.* 2. Cada uma das vinte partes iguais em que se divide um todo.

vi·gi·a *s.f.* 1. Ação ou efeito de vigiar; vigília. 2. Guarita. 3. *Náut.* Abertura circular pela qual entra luz nos camarotes das grandes embarcações. *s.2gên.* 4. Pessoa que vigia; sentinela; guarda.

vi·gi·ar *v.t.d.* 1. Observar com atenção; estar atento a. 2. Velar por. *v.i.* 3. Estar acordado. 4. Estar de guarda, de sentinela, de vigia. *v.p.* 5. Precaver-se; acautelar-se.

ví·gil *adj.2gên.* 1. Acordado. 2. Que está velando. 3. Que vigia.

vi·gi·lân·ci·a *s.f.* 1. Ação ou efeito de vigiar(-se). 2. Precaução; atenção ativa. 3. Diligência.

vi·gi·lan·te *adj.2gên.* 1. Que vigia. 2. Diligente. 3. Atento. *s.2gên.* 4. Pessoa que vigia; pessoa vigilante.

vi·gí·li·a *s.f.* 1. Privação de sono durante a noite. 2. Insônia. 3. Estado do que durante a noite se conserva desperto. 4. Cuidado; desvelo. 5. Véspera de festa religiosa.

vi·gor *s.m.* 1. Força; robustez. 2. Eficácia; atividade. 3. Valor; vigência.

vi·go·rar *v.t.d.* 1. Dar vigor a. 2. Tornar mais enérgico. *v.i.* 3. Adquirir vigor. 4. Ter vigor. 5. Estar em vigor ou não estar ab-rogado ou prescrito.

vi·go·ro·so (ô) *adj.* 1. Que tem vigor; forte, robusto. 2. Enérgico; que tem expressão viva. *Pl.*: vigorosos (ó).

vi·go·ta (ó) *s.f.* Pequena viga.

vil *adj.2gên.* 1. De pouco valor, ordinário; reles. 2. Mesquinho; miserável; desprezível; infame. *s.2gên.* 3. Pessoa vil, desprezível.

vi·la *s.f.* 1. Povoação de categoria inferior à de cidade e superior à de aldeia. 2. Casa de campo, mais ou menos elegante. 3. Conjunto de casas, ao longo de uma viela ou em volta de uma área que se comunica com a rua.

vi·la·nes·co (ê) *adj.* 1. Que se refere a vilão. 2. Próprio de vilão. 3. Rude.

vi·la·ni·a *s.f.* 1. Qualidade de vilão; vileza. 2. Mesquinhez; avareza.

vi·lão *adj.* 1. Que habita numa vila. 2. *fig.* Rústico; plebeu. 3. Grosseiro. 4. Desprezível; abjeto. 5. Avaro. *s.m.* 6. Habitante de vila. 7. Indivíduo plebeu. 8. Avarento. 9. Homem miserável, desprezível. 10. Indivíduo cruel, desapiedado. *Fem.:* vilã.

vi·le·gi·a·tu·ra *s.f.* 1. Temporada que pessoas da cidade passam no campo ou em excursão de recreio, na estação calmosa. 2. Excursão recreativa, fora das grandes cidades ou por estações balneares.

vi·le·za (ê) *s.f.* 1. Qualidade de vil. 2. Ato vil; mesquinhez; sordidez.

vi·li·pen·di·ar *v.t.d.* 1. Tratar com vilipêndio. 2. Considerar vil. 3. Desprezar.

vi·li·pên·di·o *s.m.* Grande desprezo; menoscabo; desdouro.

vi·lo·si·da·de *s.f.* 1. Qualidade do que é viloso. 2. Lanugem vegetal. 3. Pequenas rugosidades que cobrem certas superfícies do corpo.

vi·lo·so (ô) *adj.* Peludo; cabeludo; hirsuto. *Pl.:* vilosos (ó).

vi·me *s.m.* Vara tenra e flexível de vimeiro.

vi·mei·ro *s.m. Bot.* Salgueiro.

vi·ná·ce·o *adj.* 1. Feito de vinho. 2. Misturado com vinho. 3. Que tem a natureza ou a cor do vinho; víneo.

vi·na·gre *s.m.* Produto que resulta da fermentação acética de certas bebidas, particularmente do vinho.

vi·na·grei·ra *s.f.* Vasilha em que se prepara ou guarda vinagre.

vi·ná·ri·o *adj.* 1. Que se refere ao vinho. 2. Próprio para conter vinho.

vin·car *v.t.d.* Fazer vincos ou dobras em; enrugar.

vin·cen·do *adj.* Diz-se da dívida que está para vencer.

vin·co *s.m.* 1. Marca que fica em coisa que se dobrou. 2. Vestígio, sulco. 3. Vergão.

vin·cu·la·ção *s.f.* 1. Ação ou efeito de vincular(-se). 2. Anexação.

vin·cu·la·do *adj.* 1. Instituído por vínculo. 2. Que tem natureza de vínculo. 3. Fortemente ligado.

vin·cu·lar *adj.2gên.* 1. Relativo a vínculo. *v.t.d.* 2. Prender ou ligar com vínculo. 3. Prender moralmente. 4. Firmar a posse de. 5. Sujeitar; obrigar. 6. Anexar. *v.p.* 7. Prender-se, ligar-se moralmente; unir-se. 8. Perpetuar-se.

vin·cu·la·tó·ri·o *adj.* Que vincula ou serve para vincular.

vín·cu·lo *s.m.* 1. Tudo o que serve para ligar, atar, apertar. 2. Liame; nó; laço. 3. Ligação moral.

vin·da *s.f.* 1. Ação ou efeito de vir. 2. Chegada; aparecimento. 3. Regresso.

vin·di·car *v.t.d.* 1. Reclamar, exigir em nome da lei. 2. Exigir a restituição de. 3. Justificar; defender. 4. Corrigir; castigar. 5. Reaver.

vin·di·ma *s.f.* 1. O ato de colher e apanhar as uvas. 2. O conjunto das uvas vindimadas. 3. Colheita; granjeio. 4. Conquista.

vin·di·mar *v.t.d.* 1. Fazer a vindima de. 2. *fig.* Colher. 3. Dar cabo de; dizimar; ceifar. *v.i.* 4. Fazer a vindima.

vin·di·ta *s.f.* Punição legal; vingança; represália.

vin·do *adj.* 1. Que veio, que chegou. 2. Proveniente; procedente.

vin·dou·ro *adj.* 1. Que há de vir ou acontecer; futuro. *s.m.* 2. Aquele que veio de outra localidade e está há pouco tempo na povoação em que se encontra.

ví·ne·o *adj.* Vináceo.

vin·ga·dor *adj.* 1. Que vinga. *s.m.* 2. O que vinga. 3. Aquilo que serve para vingar.

vin·gan·ça *s.f.* 1. Ação ou efeito de vingar. 2. Represália; desforra. 3. Punição; castigo.

vin·gar *v.t.d.* 1. Tirar desforra de; punir; desafrontar. 2. Promover a reparação de. 3. Atingir; galgar. *v.t.i.* 4. Atingir; chegar. *v.i.* 5. Ter bom êxito. 6. Chegar à maturidade. 7. Prosperar. 8. Medrar; crescer; desenvolver-se. *v.p.* 9. Tirar vingança de ofensa recebida; desforrar-se; dar-se por satisfeito.

vin·ga·ti·vo *adj.* 1. Em que há vingança. 2. Que se vinga. 3. Que tem gênio ou disposição para se vingar.

vi·nha *s.f.* Terreno plantado de videiras.

vi·nha·ça *s.f.* 1. Grande porção de vinho. 2. Vinho reles. 3. Embriaguez; bebedeira.

vi·nha·tei·ro *adj.* 1. Concernente à cultura das vinhas. 2. Que cultiva vinhas. *s.m.* 3. Aquele que cultiva vinhas. 4. Fabricante de vinho.

vi·nhe·do (ê) *s.m.* 1. Grande extensão de terra plantada de videiras. 2. Vinha grande.

vi·nhei·ro *s.m.* Aquele que cultiva ou guarda vinhas.

vi·nhe·ta (ê) *s.f.* Pequena estampa ou figura que se coloca num livro para explicar o texto ou para ilustrar.

vi·nho *s.m.* 1. Bebida alcoólica que resulta da fermentação do sumo das uvas e também de outros frutos. 2. *por ext.* Nome de qualquer líquido açucarado que a fermentação transformou em bebida alcoólica. 3. *fig.* Embriaguez; bebedeira.

vi·ní·co·la *adj.2gên.* Que se refere ou pertence à vinicultura.

vi·ni·cul·tor *s.m.* Aquele que se dedica à vinicultura.

vi·ni·cul·tu·ra *s.f.* 1. Fabrico de vinho. 2. Conjunto dos processos empregados para tratar o vinho; viticultura.

vi·ni·fi·ca·ção *s.f.* 1. Arte de fabricar vinhos. 2. Processos de tratar os vinhos.

vi·no·so (ô) *adj.* 1. Que produz vinho. 2. Que tem a cor, o gosto ou o cheiro do vinho. *Pl.:* vinosos (ó).

vin·te *num.* 1. Cardinal correspondente a duas dezenas. 2. Diz-se do vigésimo elemento de uma série. *s.m.* 3. O número vinte.

vin·tém *s.m.* 1. Antiga moeda de cobre (valia vinte réis). 2. *fam.* Quantia mínima. *Não ter um (estar sem) vintém:* estar na miséria.

vin·te·na (ê) *s.f.* 1. Grupo de vinte. 2. Vigésima parte.

vi·o·la (ó) *s.f. Mús.* Instrumento de cordas que se assemelha ao violão (na forma) e à guitarra (na sonoridade). *Meter a viola no saco:* não ter o que responder ou retrucar.

vi·o·la·ção *s.f.* 1. Ação ou efeito de violar. 2. Estupro. 3. Profanação. 4. Atentado.

vi·o·lá·ce:o *adj.* 1. Que se refere ou se assemelha à violeta. 2. Da cor da violeta.

vi·o·lão *s.m. Mús.* Instrumento musical de 6 cordas e em forma de 8.

vi·o·lar *v.t.d.* 1. Infringir; transgredir. 2. Violentar. 3. Atentar contra o pudor de. 4. Estuprar. 5. Profanar. 6. Devassar ou divulgar (segredo).

vi·o·lei·ro *s.m.* 1. Fabricante ou vendedor de violas e instrumentos congêneres. 2. Tocador de viola. 3. *Zool.* Passarinho, também conhecido por *bicudo*.

vi·o·lên·ci:a *s.f.* 1. Qualidade de violento. 2. Abuso da força. 3. Ação violenta. 4. Ação de violentar.

vi·o·len·tar *v.t.d.* 1. Exercer violência sobre. 2. Forçar; obrigar; constranger. 3. Arrombar. 4. Estuprar; deflorar. 5. Alterar; torcer o sentido de. *v.p.* 6. Constranger-se; forçar a própria vontade.

vi·o·len·to *adj.* 1. Que atua com força; impetuoso. 2. Irascível. 3. Intenso; veemente. 4. Que sai dos justos limites.

vi·o·le·ta (ê) *s.f.* 1. *Bot.* Planta ornamental. 2. *Bot.* A flor dessa planta de perfume suavíssimo. *adj.2gên.* 3. Roxo. *s.m.* 4. A cor roxa.

vi·o·le·tei·ra *s.f.* 1. Vendedora de violetas. 2. *Bot.* Arbusto decorativo.

vi·o·li·nis·ta *s.2gên.* Pessoa que toca violino.

vi·o·li·no *s.m.* 1. *Mús.* Instrumento de quatro cordas que se ferem com um arco. 2. Violinista.

vi·o·lon·ce·lis·ta *s.2gên.* Pessoa que toca violoncelo.

vi·o·lon·ce·lo (é) *s.m.* 1. *Mús.* Instrumento de quatro cordas, semelhante a um violino porém de grandes dimensões. 2. Violoncelista.

vi·o·lo·nis·ta *s.2gên.* Pessoa que toca violão.

vi·pe·ri·no *adj.* 1. Que se refere ou se assemelha à víbora. 2. Da natureza da víbora; venenoso; peçonhento. 3. *fig.* Maléfico; perverso.

vir *v.t.i.* 1. Transportar-se de um lugar para o lugar onde estamos, ou que está do nosso lado. 2. Regressar; voltar; chegar. 3. Provir; proceder; dimanar. *v.i.* 4. Ser trazido. 5. Aparecer; surgir. 6. Chegar (o tempo, a ocasião). 7. Estar para acontecer. 8. Estar para chegar. 9. Comparecer; apresentar-se. 10. Medrar; crescer. 11. Apresentar-se com o fim de (seguido de infinitivo: veio pagar a dívida). *v.l.* 12. Surgir, aparecer (em certo estado ou condição).★

vi·ra *s.m.* 1. Música e dança popular portuguesa. *s.f.* 2. Tira de couro estreita, pregada ou costurada entre as solas de um calçado, próximo das bordas.

vi·ra·ção *s.f.* 1. Vento brando e fresco; brisa; aragem. 2. Ato de imobilizar a tartaruga, virando-a de costas.

vi·ra·ca·sa·ca *s.2gên.* Pessoa que muda de partido ou de ideias, segundo a conveniência própria. *Pl.:* vira-casacas.

vi·ra·da *s.f.* 1. Ação de virar; viradela. 2. *pop.* Última fase de uma competição, em que o perdedor reage e passa a vencedor. *Dar uma virada*: 1. esforçar-se para concluir um empreendimento; 2. mudar o rumo de uma situação, mudar de atitude.

vi·ra·di·nho *s.m.* *Cul.* Iguaria que se compõe essencialmente de feijão, farinha, torresmo e ovos; virado.

vi·ra·do *adj.* 1. Que se colocou no sentido oposto. 2. Posto às avessas. 3. Endiabrado; travesso. 4. Galhofeiro. *s.m.* 5. *Cul.* Viradinho.

vi·ra·go *s.f.* 1. Mulher robusta que tem voz e maneiras de homem. *s.m.* 2. Corda; cabo.

vi·ra·la·ta *s.m.* 1. Nome comum aos cães sem dono que vagueiam pelas ruas. 2. Cão que não é de raça. 3. *fig.* Indivíduo desclassificado. *Pl.:* vira-latas.

vi·rar *v.t.d.* 1. Voltar, volver de um lado para o outro. 2. Pôr do avesso. 3. Despejar, bebendo. 4. Dobrar. 5. Fazer que mude de opinião, de intenção, de partido. 6. Mudar de rumo, de direção. *v.i.* 7. Transformar-se. *v.p.* 8. Voltar-se; dar voltas. *Virar e mexer*: mexer(-se) para providenciar.

vi·ra·vol·ta (ó) *s.f.* 1. Volta inteira. 2. Cambalhota. 3. Rodeio. 4. *fig.* Alternativa. 5. Vicissitude.

vi·ren·te *adj.2gên.* 1. Verde. 2. Que verdeja. 3. *fig.* Próspero. 4. Magnífico; florescente. 5. Vigoroso; viçoso.

vir·gem *s.f.* 1. Mulher que ainda não teve cópula carnal; donzela. 2. *restr.* A Mãe de Cristo (inicial maiúscula). 3. Imagem da Mãe de Cristo (inicial maiúscula). 4. *por ext.* Rapariga; moça. 5. *Astron.* A sexta constelação do zodíaco (inicial maiúscula). 6. *Astrol.* Sexto signo do zodíaco, relativo às pessoas nascidas entre 23 de agosto e 22 de setembro; Virgo (inicial maiúscula). *adj.2gên.* 7. Que nunca teve relação sexual. 8. Puro; casto; inocente. 9. Que ainda não serviu. 10. Diz-se da terra, floresta ou mata que ainda não foi explorada.

vir·gi·nal *adj.2gên.* 1. Concernente a virgem. 2. Próprio de virgem; virgíneo; virgem.

vir·gin·da·de *s.f.* 1. Qualidade, estado de pessoa virgem. 2. *por ext.* Pureza; singeleza.

vir·gí·ne·o *adj.* Virginal.

vir·gi·ni·zar *v.t.d.* Dar caráter de virgem a; purificar.

vir·gi·ni·a·no *adj.* e *s.m.* Que ou aquele que nasceu sob o signo de Virgem.

Vir·go *s.m.* Virgem.

vír·gu·la *s.f. Gram.* Sinal de pontuação (,) que serve para separar elementos de uma oração, ou orações de orações, num período (a vírgula indica a menor de todas as pausas).

vir·gu·la·ção *s.f.* Ação ou efeito de virgular.

vir·gu·lar *v.t.d.* 1. Pôr vírgulas em. *v.i.* 2. Usar vírgulas.

vi·ril *adj.2gên.* 1. Que se refere ao homem. 2. Próprio de homem; varonil. 3. Esforçado; enérgico. 4. Forte; másculo.

vi·ri·lha *s.f.* Ponto de junção da coxa com o ventre.

vi·ri·li·da·de *s.f.* 1. Qualidade de viril. 2. Idade do homem entre a adolescência e a velhice. 3. Energia; vigor.

vi·ri·li·zar *v.t.d.* Tornar viril, másculo, forte, robusto.

vi·ro·se (ó) *s.f. Med.* Enfermidade causada por vírus.

vir·tu·al *adj.2gên.* 1. Suscetível de exercer-se, embora não esteja em exercício. 2. Que existe como faculdade, mas sem efeito atual; potencial; possível. *Inform.* 3. Que resulta de, ou constitui uma emulação, por programas de computador, de determinado objeto físico ou equipamento, de um dispositivo ou recurso, ou ainda de certos efeitos ou comportamentos desse objeto ou desse dispositivo. 4. Diz-se de qualquer recurso ou serviço ligado à internet.

vir·tu·a·li·da·de *s.f.* Qualidade ou caráter do que é virtual.

vir·tu·de *s.f.* 1. Disposição habitual para o bem, para o que é justo. 2. Excelência moral; probidade; retidão. 3. Ato virtuoso. 4. Castidade. 5. Eficácia. 6. Validade. 7. Força; vigor.

vir·tu·des *s.f.pl. Teol.* O quinto coro dos anjos.

vir·tu·o·se (ô) *s.2gên.* 1. Pessoa que possui em alto grau a técnica de uma arte. 2. Músico de grande talento.

vir·tu·o·si·da·de *s.f. Mús.* Qualidade de virtuose.

vir·tu·o·sis·mo *s.m.* Qualidade de virtuoso.

vir·tu·o·so (ô) *adj.* 1. Que tem virtudes. 2. Eficaz. 3. Casto. 4. Probo; honesto. *Pl.:* virtuosos (ó).

vi·ru·lên·ci·a *s.f.* Qualidade, caráter, essência ou feição do que é virulento.

vi·ru·len·to *adj.* 1. Que é causado pela influência de algum vírus. 2. Que é da natureza do vírus. 3. Que tem vírus ou veneno. 4. *fig.* Rancoroso; violento; cheio de ódio.

ví·rus *s.m.2núm.* 1. *Zool.* Germe patogênico que produz certas doenças no ser humano, nos animais e nas plantas, e provoca a produção de anticorpos específicos. 2. *Inform.* Programa estranho a um sistema, computador ou rede, capaz de copiar e instalar a si mesmo, geralmente concebido para provocar efeitos nocivos ou estranhos à funcionalidade do sistema ou aos dados nele armazenados. Um vírus pode destruir arquivos, programas e até mesmo todo o sistema operacional.

vi·sa·gem *s.f.* 1. Esgar, careta, trejeito fisionômico. 2. *gír.* Gestos excessivos para causar impressão.

vi·são *s.f.* 1. Ação ou efeito de ver. 2. O sentido da vista; aspecto. 3. Aparição de algum objeto sobrenatural; fantasia; quimera. 4. Aparição de alguém em condições sobrenaturais. 5. Fantasma.

vi·sar *v.t.d.* 1. Dirigir o olhar para. 2. Apontar uma arma de fogo contra. 3. Pôr sinal de visto em. *v.t.i.* 4. Ter em mira, dispor-se, propor-se, tender.

vís·ce·ra *s.f.* 1. *Anat.* Qualquer órgão alojado em uma das três cavidades: craniana, torácica ou abdominal. 2. *fig.* Âmago, a parte mais íntima de qualquer coisa.

vis·ce·ral *adj.2gên.* 1. Concernente às vísceras. 2. Próprio das vísceras. 3. *fig.* Estrutural; essencial.

vís·ce·ras *s.f.pl.* Intestinos; entranhas.

vis·co *s.m.* 1. Suco vegetal viscoso com que se envolvem pequenas varas para apanhar pássaros. 2. *fig.* Isca; engodo; chamariz. 3. *Bot.* Planta parasita, que nasce sobre os ramos de diferentes árvores.

vis·con·de *s.m.* 1. Título nobiliárquico superior ao de barão e inferior ao de conde. 2. Aquele que tem esse título. *Fem.:* viscondessa.

vis·co·si·da·de *s.f.* 1. Qualidade de viscoso. 2. Coisa viscosa.

vis·co·so (ô) *adj.* 1. Que tem visco. 2. Pegajoso como o visco. *Pl.:* viscosos (ó).

vi·sei·ra *s.f.* 1. Parte anterior do elmo ou capacete, que resguarda e defende o rosto. 2. Pala de boné.

vis·go *s.m.* 1. Visco. 2. *Bot.* Planta leguminosa.

vi·si·bi·li·da·de *s.f.* Qualidade do que é visível.

vi·si·go·do (ô) *adj.* 1. Que se refere aos visigodos. *s.m.* 2. Indivíduo dos visigodos, ou godos do Ocidente, povo da Germânia que, do século III ao V, invadiu o Império Romano.

vi·si·o·nar *v.t.d.* 1. Entrever como em visão. *v.i.* 2. Ter visões; fantasiar.

vi·si·o·ná·ri·o *adj.* 1. Que se refere a visões. 2. Que tem ideias extravagantes, quiméricas; excêntrico. *s.m.* 3. Aquele que julga ver fantasmas ou coisas sobrenaturais. 4. Devaneador; sonhador; utopista.

vi·si·ta *s.f.* 1. Ação ou efeito de visitar. 2. Pessoa que visita; visitante. 3. Inspeção.

vi·si·ta·ção *s.f.* Ação ou efeito de visitar; visita.

vi·si·tan·te *adj.2gên.* e *s.2gên.* Que ou pessoa que visita.

vi·si·tar *v.t.d.* 1. Ir ver (alguém) por cortesia, por dever ou por simples afeição e desejo de gozar da sua companhia e conversação. 2. Ir ver por interesse ou curiosidade.

vi·sí·vel *adj.2gên.* 1. Que se vê. 2. Que pode ser visto; perceptível; evidente; claro; aparente. 3. Acessível.

vis·lum·brar *v.t.d.* 1. Entrever; lobrigar. 2. Conhecer ou entender imperfeitamente. 3. Conjeturar. 4. Assemelhar-se levemente a. 5. Alumiar frouxamente. *v.i.* 6. Mostrar uma luz tênue. 7. Entremostrar-se; entrever-se.

vis·lum·bre *s.m.* 1. Tênue resplendor de luz; luz frouxa. 2. Reflexo; aparência indistinta, ou pouco distinta. 3. Conjetura. 4. Vestígio; indício. 5. Parecença.

vi·so *s.m.* 1. Aspecto; fisionomia. 2. Indício; vislumbre. 3. Pequena porção. 4. Outeiro.

vi·som *s.m.* 1. *epiceno Zool.* Mamífero roedor cuja pele tem grande valor comercial. 2. Essa pele.

vi·sor *adj.* 1. Que permite ver ou que ajuda a ver. *s.m.* 2. Dispositivo em aparelhos eletrônicos que exibe informações. 3. Dispositivo em aparelhos ópticos, que exibe a imagem focada pelas lentes.

vís·po·ra *s.f.* Loto.

vis·ta *s.f.* 1. Ação de ver. 2. O sentido da visão. 3. A faculdade ou possibilidade de ver. 4. Alcance da faculdade visual. 5. O aparelho visual; os olhos. 6. Panorama; cenário. 7. Estampa; quadro. 8. Maneira de julgar ou de apreciar um assunto, uma questão. 9. Tira de fazenda de cor viva, para guarnição de vestidos. 10. Braguilha. 11. Decoração teatral; cenário. *Med.* **Vista cansada**: presbiopia. *Fazer vista grossa*: observar alguma coisa fingindo não ver os problemas. *Dar na vista*: ser notado.

vis·tas *s.f.pl.* Planos; intuito.

vis·to *adj.* 1. Que se viu. 2. Aceito; acolhido; recebido (bem ou mal). 3. Considerado, reputado. 4. Sabido. *s.m.* 5. Declaração de uma autoridade ou funcionário num documento, para lhe dar validade. 6. Declaração análoga de professores em certos exercícios escolares. **A olhos vistos**: de maneira evidente.

vis·to·ri·a *s.f.* Inspeção por qualquer autoridade em edifício, local, etc., para certo e determinado fim.

vis·to·ri·ar *v.t.d.* Fazer vistoria.

vis·to·so (ô) *adj.* 1. Que chama a atenção ou agrada à vista. 2. Que dá na vista. 3. Ostentoso; aparatoso. *Pl.:* vistosos (ó).

vi·su·al *adj.2gên.* 1. Que se refere ou pertence à vista ou à visão. *s.m.* 2. Aspecto pessoal.

vi·su·a·li·za·ção *s.f.* Ação ou efeito de visualizar.

vi·su·a·li·zar *v.t.d.* 1. Transformar (conceitos abstratos) em imagens mentalmente visíveis: visualizar um anjo. 2. Tornar visível graficamente ou com qualquer outro recurso.

vi·tal *adj.2gên.* 1. Que se refere ou pertence à vida. 2. Que serve para conservar a vida. 3. Que dá força e vigor. 4. Fundamental; essencial. *Funções vitais*: as funções orgânicas essenciais à vida.

vi·ta·lí·ci:o *adj.* Vital; que dura ou é destinado a durar toda a vida.

vi·ta·li·da·de *s.f.* 1. Qualidade do que é vital. 2. Conjunto das propriedades e funções vitais. 3. Força de vida; energia.

vi·ta·li·zar *v.t.d.* 1. Restituir à vida. 2. Dar nova vida a.

vi·ta·mi·na *s.f.* Termo que designa várias substâncias que desempenham importante papel na nutrição (presentemente classificadas por letras: vitamina A, vitamina B, etc.).

vi·ta·mi·no·se (ó) *s.f. Med.* Estado mórbido causado pelo abuso de vitaminas (opõe-se a avitaminose).

vi·te·la (é) *s.f. Zool.* Novilha até a idade de um ano. *Masc.:* vitelo. 2. Carne de novilha ou de novilho. 3. A pele destes animais, curtida e preparada para fins industriais.

vi·te·li·no *adj.* 1. Relativo a vitelo (2) ou à gema do ovo. 2. Que possui a cor da gema do ovo.

vi·te·lo (é) *s.m.* 1. *Zool.* Bezerro com menos de um ano de vida. 2. *Biol.* Reserva nutritiva que serve de alimento para o embrião

vi·tí·co·la *adj.2gên.* Concernente à viticultura.

vi·ti·cul·tor *adj.* e *s.m.* Que ou aquele que cultiva vinhas.

vi·ti·cul·tu·ra *s.f.* Cultura das vinhas.

vi·ti·li·gem *s.f. Med.* Dermatose que se caracteriza por manchas brancas e cercadas de zonas mais pigmentadas; vitiligo.

vi·ti·li·go *s.m. Med.* Vitiligem.

ví·ti·ma *s.f. sobrecomum* 1. Pessoa ou animal que os antigos ofereciam em sacrifício aos deuses. 2. Pessoa sacrificada aos interesses ou paixões de outrem. 3. Pessoa que sucumbe a uma desgraça, ou contra quem se cometeu crime ou contravenção.

vi·ti·mar *v.t.d.* 1. Tornar vítima. 2. Sacrificar; matar. 3. Prejudicar; danificar. *v.p.* 4. Sacrificar-se.

vi·tó·ri·a *s.f.* 1. Ação ou efeito de triunfar sobre o inimigo; triunfo. 2. *fig.* Vantagem alcançada sobre alguém. 3. Resultado feliz. 4. Antiga carruagem descoberta de quatro rodas e dois lugares.

vi·to·ri·a·no *adj.* 1. Que se refere à rainha Vitória da Inglaterra ou à época do seu reinado (1837-1901). 2. Diz-se do artista ou escritor dessa época.

vi·tó·ri·a-ré·gi·a *s.f. Bot.* Planta aquática comum nos rios da Guiana e da Amazônia. *Pl.:* vitórias-régias.

vi·to·ri·en·se *adj.2gên.* 1. De Vitória (ES). *s.2gên.* 2. Pessoa que nasceu ou vive nessa cidade.

vi·to·ri·o·so (ô) *adj.* Que alcançou vitória; triunfante. *Pl.:* vitoriosos (ó).

vi·tral *s.m.* Vidraça de cores ou com pintura sobre o vidro (especialmente em igrejas).

ví·tre·o *adj.* 1. Relativo a vidro. 2. Que tem a natureza do vidro. 3. Que tem aspecto ou aparência de vidro. 4. Transparente; límpido. 5. Feito de vidro. 6. *Anat.* Diz-se do humor que enche os dois terços posteriores do globo ocular.

vi·tri·fi·ca·ção *s.f.* Ação ou efeito de vitrificar.

vi·tri·fi·car *v.t.d.* 1. Converter em vidro. 2. Dar o aspecto de vidro a. *v.i.* e *v.p.* 3. Converter-se em vidro. 4. Tomar aspecto de vidro.

vi·tri·fi·cá·vel *adj.2gên.* Que se pode transformar em vidro.

vi·tri·na *s.f.* Parte de um estabelecimento separada da rua por vidro ou cristal e na qual se expõem objetos destinados à venda.

vi·trí·o·lo *s.m.* Designação de vários sulfatos, em especial do ácido sulfúrico.

vi·tro·la (ó) *s.f.* Aparelho de som usado no passado para tocar discos de vinil.

vi·tu·a·lhas *s.f.pl.* Mantimentos; provisões de mantimentos.

vi·tu·pe·ra·ção *s.f.* Ação ou efeito de vituperar.

vi·tu·pe·rar *v.t.d.* 1. Repreender duramente. 2. Injuriar; afrontar. 3. Difamar. 4. Aviltar.

vi·tu·pé·ri·o *s.m.* 1. Vituperação. 2. Ato vergonhoso, infame ou criminoso. 3. Ultraje; insulto; ofensa. 4. Acusação infamante. 5. Vileza.

vi·ú·va *s.f.* Mulher a quem morreu o marido, enquanto não contrai novas núpcias.

vi·u·vez *s.f.* 1. Estado de viúvo ou de viúva. 2. *fig.* Solidão. 3. Desconsolo extremo por desamparo.

vi·ú·vo *s.m.* 1. Homem a quem morreu a esposa, enquanto não contrai novas núpcias. *adj.* 2. Que é viúvo. 3. *fig.* Desamparado; privado.

vi·va *interj.* 1. Termo que exprime alegria, entusiasmo. *s.m.* 2. Aplauso; aclamação. 3. Saudação que envolve o desejo de que viva e prospere a pessoa a quem é dirigida.

vi·va·ci·da·de *s.f.* 1. Qualidade ou caráter do que é vivaz. 2. Modo expressivo de falar ou gesticular. 3. Brilhantismo.

vi·val·di·no *adj.* e *s.m. gír.* Diz-se de ou indivíduo finório, espertalhão.

vivaz *adj.2gên.* 1. Ativo. 2. Vigoroso; difícil de destruir. 3. *Bot.* Diz-se da planta herbácea que dura muitos anos.

vi·vei·ro *s.m.* 1. Lugar em que se conservam e se reproduzem animais vivos. 2. Recinto onde se criam peixes, ou onde se semeiam vegetais que depois se hão de transplantar.

vi·vên·ci·a *s.f.* 1. Situação ou modo de vida. 2. Hábitos de vida.

vi·ven·da *s.f.* 1. Lugar onde se vive; habitação; morada. 2. Modo de vida.

vi·ven·te *adj.2gên.* 1. Que vive. *s.2gên.* 2. Pessoa que vive; criatura viva; o ser humano.

vi·ver *v.i.* 1. Ter vida; estar com vida. 2. Existir; durar. 3. Gozar a vida. *v.t.i.* 4. Habitar. 5. Alimentar-se. 6. Passar a vida. 7. Dedicar-se. *v.t.d.* 8. Passar (a vida). 9. Apreciar (a vida). 10. Gozar. *v.p.* 11. Existir; ir vivendo. *s.m.* 12. A vida.

ví·ve·res *s.m.pl.* Gêneros alimentícios; mantimentos.

vi·vi·do *adj.* 1. Que viveu muito. 2. Que adquiriu grande experiência da vida.

ví·vi·do *adj.* 1. Que tem vivacidade. 2. Ardente. 3. Expressivo; brilhante. 4. Excitante.

vi·vi·fi·ca·ção *s.f.* Ação ou efeito de vivificar.

vi·vi·fi·can·te *adj.2gên.* Que vivifica.

vi·vi·fi·car *v.t.d.* 1. Dar vida ou existência a. 2. Tornar vívido. 3. Animar. 4. Fecundar. *v.i.* 5. Ser vivificante; produzir vivificação.

vi·vi·pa·ri·da·de *s.f. Zool.* Modo de reprodução dos animais vivíparos.

vi·ví·pa·ro *adj. Zool.* 1. Diz-se do animal que dá à luz filhos (por oposição a *ovíparo*). *s.m.* 2. Animal vivíparo.

vi·vis·sec·ção *s.f.* Operação feita em animal vivo para estudo de certos fenômenos fisiológicos.

vi·vo *adj.* 1. Que vive; que tem vida. 2. Animado; ativo; cheio de vivacidade. 3. Persistente; vivaz. 4. Brilhante; ar-

vizinhança / **vogal**

dente; fervente. 5. Diligente; decidido. 6. Pronto; rápido. 7. Persuasivo. *s.m.* 8. Ser dotado de vida. 9. Debrum ou guarnição em peças de vestuário.

vi·zi·nhan·ça *s.f.* 1. Qualidade do que é vizinho. 2. Relações entre vizinhos. 3. Arrabaldes; cercanias.

vi·zi·nho *adj.* 1. Que está perto; próximo. 2. Que reside perto de outra pessoa. 3. Confinante; limítrofe. *s.m.* 4. Cada uma das pessoas que habitam na proximidade uma das outras; morador.

vi·zir *s.m.* Ministro de príncipe muçulmano.

vo·a·dor *adj.* 1. Que voa. 2. Muito rápido; veloz. *s.m.* 3. O que voa.

vo·ar *v.i.* 1. Suster-se ou mover-se no ar por meio de asas. 2. Mover-se e manter-se no ar por meios mecânicos (aviões, helicópteros, etc.). 3. Ir pelo ar com grande rapidez. 4. Correr velozmente. 5. Decorrer rapidamente o tempo. 6. Dissipar-se; desaparecer no ar. 7. Propalar-se rapidamente. *v.t.i.* 8. Dirigir-se com grande rapidez. 9. Acudir com presteza. *v.i.* e *v.t.i.* 10. Viajar de avião.

vo·ca·bu·lar *adj.2gên.* Concernente a vocábulo.

vo·ca·bu·lá·ri·o *s.m.* 1. Lista de vocábulos de uma língua. 2. Conjunto de termos próprios de uma ciência ou arte; glossário. 3. Conjunto de termos empregados por determinada pessoa, especialmente por um escritor em uma obra ou texto.

vo·cá·bu·lo *s.m.* Palavra que faz parte de uma língua; termo.

vo·ca·ção *s.f.* 1. Tendência, propensão ou inclinação para qualquer estado, profissão, ofício, etc. 2. Disposição natural do espírito; talento.

vo·ca·ci·o·nal *adj.2gên.* Relativo a vocação.

vo·cal *adj.2gên.* 1. Que se refere à voz ou aos órgãos da voz. 2. Que se diz por palavras (em oposição a escrito). 3. Diz-se da música escrita para ser cantada.

vo·cá·li·co *adj.* 1. Concernente às letras vogais. 2. Que se compõe de letras vogais.

vo·ca·li·se *s.m. Mús.* Vocalizo.

vo·ca·li·za·ção *s.f.* Ação ou efeito de vocalizar.

vo·ca·li·zar *v.t.d.* e *v.i. Mús.* Cantar, sem articular palavras nem nomear notas, modulando a voz sobre uma vogal, que é geralmente o **a** ou o **e**.

vo·ca·li·zo *s.m. Mús.* Exercício de canto sobre uma vogal.

vo·ca·ti·vo *s.m. Gram.* Palavra ou expressão que se usa para chamar alguém (ou algo).

vo·cê *pron.* 1. Tratamento entre pessoas de igual condição. 2. Tratamento de superior para inferior.

vo·ci·fe·rar *v.t.d.* 1. Pronunciar em voz alta ou clamorosa; clamar. *v.i.* 2. Falar de modo colérico; berrar.

vod·ca *s.f.* Aguardente de cereais.

vo·du *s.m.* Culto de origem africana praticado nas Antilhas; espécie de macumba.

vo·e·jar *v.i.* Esvoaçar, adejar (próprio dos insetos).

vo·e·jo (ê) *s.m.* Ato de voejar.

vo·ga (ó) *s.f.* 1. Ação de vogar. 2. Reputação; popularidade. 3. Moda. *s.m.* 4. Remador que vai junto à popa do bote e marca o ritmo da remada. *Em voga*: na moda; de acordo com o costume atual.

vo·gal *adj.2gên.* e *s.2gên.* 1. *Gram.* Diz-se de, ou fonema silábico (ou centro de sílaba), resultante da passagem da corrente de ar para a boca ou para as fossas nasais. 2. Diz-se da letra que representa esse som. *s.f.* 3. Som vogal; letra vogal. *s.2gên.* 4. Pessoa que tem voto numa assembleia. 5. Membro de uma corporação, júri, junta, comissão, etc.

vo·gar *v.i.* 1. Ser impelido sobre a água por meio de remos. 2. Navegar. 3. Flutuar; boiar. 4. *fig.* Propalar-se; ter curso. 5. Estar em uso. 6. Valer, importar, prevalecer, estar em vigor. *v.t.d.* 7. Percorrer, navegando. 8. Impelir com o auxílio de remos.

vo·lan·te *adj.2gên.* 1. Que voa. 2. Flutuante; móvel; mudável. 3. Transitório; volúvel; que desaparece rapidamente. *s.m.* 4. Correia contínua nas rodas das máquinas. 5. Direção de um veículo. 6. O próprio veículo. 7. Indivíduo hábil na direção de automóveis de corridas. 8. Impresso para distribuição pública.

vo·lá·til *adj.2gên.* 1. Que tem a faculdade de voar; voador. 2. Relativo a aves. 3. *fig.* Volúvel; inconstante. 4. *Quím.* Que se pode reduzir a gás ou a vapor.

vo·la·ti·li·zar *v.t.d.* 1. Reduzir a gás ou vapor; vaporizar. *v.i.* e *v.p.* 2. Reduzir-se a gás ou a vapor.

vô·lei *s.m. Desp.* Jogo que se realiza numa quadra dividida transversalmente ao meio por uma rede; ambas as equipes, uma de cada lado da rede, impulsionam uma bola para a parte adversária, batendo-lhe com as mãos ou os punhos. *Var.:* voleibol.

vo·lei·o *s.m.* 1. *Desp.* Jogada em que o tenista rebate a bola em direção ao adversário antes que ela toque o chão. 2. *Fut.* Chute de lado, a meia altura, antes que a bola toque o chão.

vo·li·ção *s.f.* 1. Ato pelo qual a vontade se determina a alguma coisa. 2. Ação de querer.

vo·li·tar *v.i.* Esvoaçar.

vo·li·ti·vo *adj.* Concernente à volição ou à vontade.

volt *s.m. Eletr., Fís., Metrol.* Do físico italiano Alessandro Volta (1745-1827), unidade de força eletromotriz, a qual, aplicada a um condutor cuja resistência seja de um ohm, produz corrente de um ampere; símbolo V.

vol·ta *s.f.* 1. Ação ou efeito de voltar, de virar, de tornar a ir ou vir. 2. Regresso. 3. Mudança; revés. 4. Circuito. 5. Devolução. 6. Giro; passeio. 7. Curva ou ângulo numa estrada, rua ou caminho; sinuosidade. *Dar a volta por cima*: superar uma situação complicada.

vol·ta·gem *s.f. Eletr.* 1. Número de volts necessários para o funcionamento de um aparelho elétrico; tensão. 2. Força motriz medida em volts.

vol·tar *v.t.i.* 1. Ir (ao ponto de onde partira). 2. Ir ou vir pela segunda vez; regressar. 3. Recomeçar. 4. Mudar de direção. 5. Retornar (a um estado anterior). 6. Acometer; investir. *v.i.* 7. Ir ao ponto de onde partira. 8. Regressar. 9. Voltear; girar. *v.t.d.* 10. Mudar a posição ou a direção de. 11. Volver; virar; apresentar pelo lado oposto ou pelo verso. 12. Retrucar. 13. Dirigir; apontar. 14. Devolver; dar em troco, em saldo de contas. *v.p.* 15. Virar-se; mover-se para o lado ou em torno. 16. Dirigir-se.

vol·te·a·dor *adj.* 1. Que volteia. *s.m.* 2. Aquele que volteia; funâmbulo.

vol·te·ar *v.t.d.* 1. Andar à volta de. 2. Fazer girar. 3. Fazer dar voltas a. 4. Remexer. *v.i.* 5. Dar voltas, rodopiar. 6. Esvoaçar. 7. Agitar-se em roda.

vol·tei·o *s.m.* 1. Volteadura. 2. Exercício de funâmbulo.

vol·tí·me·tro *s.m. Fís.* Aparelho para medir a força eletromotriz de uma corrente elétrica.

vo·lu·bi·li·da·de *s.f.* 1. Qualidade de volúvel; inconstância. 2. Versatilidade.

vo·lu·me *s.m.* 1. Livro; tomo. 2. Pacote; rolo. 3. Corpulência; tamanho. 4. Desenvolvimento. 5. Massa de água em rio ou fonte. 6. *Mús.* Intensidade (de som ou voz). 7. *Geom.* Espaço ocupado por um corpo.

vo·lu·mé·tri·co *adj.* Relativo à determinação dos volumes.

vo·lu·mo·so (ô) *adj.* 1. De grande volume. 2. De grandes dimensões. 3. Que ocupa muito espaço. 4. Composto de muitos volumes. 5. Intenso, forte (voz ou som). *Pl.:* volumosos (ó).

vo·lun·ta·ri·a·do *s.m.* 1. Qualidade de voluntário. 2. A classe dos voluntários. 3. Serviço de voluntários.

vo·lun·ta·ri·e·da·de *s.f.* 1. Qualidade do que é voluntário; espontaneidade. 2. Capricho; teima.

vo·lun·tá·ri·o *adj.* 1. Que procede espontaneamente. 2. Que deriva da vontade própria. 3. Em que não há coação. *s.m.* 4. Aquele que se alista espontaneamente no exército. 5. *por ext.* Aquele que se oferece a um trabalho sem remuneração.

vo·lun·ta·ri·o·so (ô) *adj.* 1. Que se dirige só pela sua vontade. 2. Caprichoso; teimoso. *Pl.:* voluntariosos (ó).

vo·lú·pi:a *s.f.* 1. Prazer sensual; deleite. 2. Prazeres sexuais; voluptuosidade.

vo·lup·tu·o·si·da·de *s.f.* 1. Qualidade do que é voluptuoso. 2. Prazer sensual; volúpia.

vo·lup·tu·o·so (ô) *adj.* 1. Em que há volúpia ou voluptuosidade; sensual. 2. Que excita a voluptuosidade; libidinoso. *Pl.:* voluptuosos (ó).

vo·lu·ta *s.f. Arquit.* Ornato em espiral que arremata capitéis de colunas.

vo·lu·te·ar *v.i.* Voltear.

vo·lú·vel *adj.2gén.* 1. Que se volve, que gira facilmente. 2. Inconstante; instável. 3. Variável.

vol·ver *v.t.d.* 1. Voltar; tornar. 2. Revolver; agitar. 3. Transportar, rolando. 4. Fazer girar sobre si. 5. Replicar; retrucar. 6. Dirigir; transportar. 7. Restituir. *v.t.i.* 8. Regressar; voltar. 9. Voltar-se. 10. Dedicar-se. *v.i.* 11. Passar; decorrer. *v.p.* 12. Voltar-se. 13. Dar voltas.

vol·vo (ô) *s.m. Med.* Cólica violenta causada por obstrução intestinal, também chamada íleo, vólvulo e, vulgarmente, nó nas tripas.

vól·vu·lo *s.m.* 1. Volta ou rosca de serpente. 2. *Med.* Volvo.

vô·mer *s.m. Anat.* Pequeno osso que constitui a parte posterior da parede divisória das fossas nasais.

vô·mi·co *adj.* Que causa náuseas ou vômito.

vo·mi·tar *v.t.d.* 1. Lançar pela boca (matérias contidas no estômago). 2. Sujar com vômito. 3. *fig.* Lançar de si com violência. 4. Proferir com intenção injuriosa. 5. Pronunciar (coisas indecentes, vergonhosas). 6. *pop.* Contar; desembuchar. *v.i.* 7. Expelir pela boca substâncias contidas no estômago.

vô·mi·to *s.m.* 1. Ato ou efeito de vomitar. 2. Aquilo que se vomitou.

vo·mi·tó·ri:o *adj.* 1. Que produz vômito. *s.m.* 2. Medicamento para provocar o vômito. 3. Interrogatório longo e penoso.

von·ta·de *s.f.* 1. Faculdade de livremente praticar ou deixar de praticar algum ato. 2. Faculdade de querer. 3. Desejo. 4. Desígnio; resolução. 5. Capricho. 6. Espontaneidade. 7. Ânimo. 8. Gosto; prazer; apetite. 9. Necessidade física ou moral. **À vontade**: a gosto, comodamente; como desejar. **Vontade de ferro**: obstinação.

von·ta·des *s.f.pl.* Apetites; caprichos.

vo·o (ô) *s.m.* 1. Modo e meio de locomoção próprio dos animais que têm asas ou órgãos em forma de asa. 2. Série de movimentos por meio dos quais uma aeronave se sustenta no ar. 3. Extensão que uma ave, um inseto, uma aeronave percorrem de uma vez, voando. 4. *fig.* Marcha rápida. 5. Elevação do pensamento ou do talento. 6. Êxtase; arroubo. **Alçar voo**: levantar voo.

vo·ra·ci·da·de *s.f.* Qualidade de voraz.

vo·ra·gem *s.f.* 1. Sorvedouro; abismo. 2. Remoinho no mar. 3. *fig.* Tudo o que consome ou subverte.

vo·raz *adj.2gên.* 1. Que devora; que come com avidez. 2. Que não se farta. 3. *fig.* Que consome ou subverte violentamente. 4. Que destrói. 5. Ávido; ambicioso.

vór·ti·ce *s.m.* 1. Remoinho; turbilhão; furacão. 2. Voragem.

vos *pron.pess.* Caso oblíquo, 2ª pess. do *pl.*

vós *pron.pess.* Caso reto, 2ª pess. do *pl.*

vos·me·cê *pron.pess. desus.* Forma sincopada de vossemecê.

vos·se·me·cê *pron.pess. desus.* Forma sincopada do pron. de tratamento Vossa Mercê.

vos·so (ó) *pron.pess.* Que vos pertence; que vos é próprio; relativo a vós.

vo·ta·ção *s.f.* 1. Ação ou efeito de votar. 2. O conjunto dos votos.

vo·tar *v.t.i.* 1. Dar seu voto. 2. Manifestar, por meio do voto, o que sente ou pensa. 3. Ser (por ou contra alguém ou alguma coisa). *v.i.* 4. Dar ou emitir voto. *v.t.d.* 5. Aprovar por meio de votos. *v.t.d.* e *i.* 6. Consagrar; dedicar. *v.p.* 7. Consagrar-se; dedicar-se; sacrificar-se.

vo·ti·vo *adj.* 1. Concernente a voto. 2. Oferecido em cumprimento de voto.

vo·to (ó) *s.m.* 1. Promessa solene; juramento. 2. Oferenda em cumprimento de promessa. 3. Súplica à divindade. 4. Modo de manifestar a opinião num pleito eleitoral ou numa assembleia; sufrágio. 5. Parecer; opinião individual.

vo·vô *s.m. inf.* Avô. *Fem.*: avó.

voz *s.f.* 1. Som produzido na laringe, particularmente na laringe humana. 2. A faculdade de emitir esse som. 3. Faculdade de falar. 4. Ordem em voz alta. 5. Termo; palavra; linguagem. 6. Direito de falar em algum lugar. 7. Som da laringe, subordinado às regras do canto. 8. Tom ou registro de voz. 9. *fig.* Poder, autorização de falar em nome de outrem. 10. Opinião; boato. 11. Sugestão íntima: a voz da consciência. 12. *Gram.* Aspecto ou forma mediante a qual um verbo indica a ação ativa, passiva ou reflexa. **Dar voz de prisão a**: anunciar que alguém está preso. **De viva voz**: falando, não por escrito. **Ter voz ativa**: ter influência; ter o direito de opinar.

vo·ze·ar *v.i.* 1. Falar em voz alta. 2. Chamar. 3. Gritar. *v.t.d.* 4. Proferir em voz alta. 5. Dizer aos gritos.

vo·ze·a·ri·a *s.f.* 1. Ação de vozear. 2. Clamor de muitas vozes.

vo·zei·rão *s.m.* 1. Voz forte e grossa. *sobrecomum* 2. Pessoa que tem essa voz.

vul·câ·ni·co *adj.* 1. Que se refere ou pertence a vulcão. 2. Constituído por lavas. 3. *fig.* Ardente; impetuoso.

vul·ca·ni·za·ção *s.f.* 1. Ação ou efeito de vulcanizar. 2. Combinação da borracha com o enxofre, para que se torne insensível ao calor, ao frio e à ação dos ácidos dissolventes.

vul·ca·ni·zar *v.t.d.* 1. Calcinar. 2. Sujeitar à vulcanização (a borracha). 3. *fig.* Tornar ardente; exaltar.

vul·ca·no·lo·gi·a *s.f.* Estudo dos vulcões.

vul·cão *s.m.* 1. Abertura na crosta terrestre que dá saída a material magmático como vapores, gases, cinzas e lavas. *sobrecomum* 2. *fig.* Pessoa impetuosa ou muito inflamada.

vul·ga·cho *s.m.* A camada inferior da sociedade; ralé; gentalha.

vul·gar *adj.2gên.* 1. Que se refere ou pertence ao vulgo. 2. Comum; trivial. 3. Notório. 4. Usado; reles. 5. Medíocre; que não revela talento. *s.m.* 6. Aquilo que é vulgar.

vul·ga·ri·da·de *s.f.* Qualidade, caráter ou condição do que é vulgar.

vul·ga·ri·za·ção *s.f.* Ação ou efeito de vulgarizar.

vul·ga·ri·zar *v.t.d.* 1. Tornar vulgar, notório, muito conhecido. 2. Propagar; popularizar. *v.p.* 3. Tornar-se vulgar, conhecido; popularizar-se. 4. Tornar-se reles.

vul·ga·ta *s.f.* Versão latina da Bíblia, feita no século IV sob a supervisão de São Jerônimo e oficializada pela Igreja Católica.

vul·go *s.m.* 1. O povo; a plebe; o comum dos seres humanos; a pluralidade das pessoas. *adv.* 2. Segundo o uso comum; vulgarmente.

vul·ne·ra·bi·li·da·de *s.f.* Qualidade de vulnerável.

vul·ne·rar *v.t.d.* 1. Ferir os sentimentos de alguém; magoar, ofender. 2. Causar ferimento em; machucar.

vul·ne·rá·vel *adj.2gên.* 1. Suscetível de ser ferido, ofendido ou atacado. 2. Diz-se do lado fraco de uma questão ou assunto. 3. Diz-se do ponto por onde uma pessoa pode ser atacada ou ferida.

vul·pi·no *adj.* 1. Que se refere ou pertence à raposa. 2. Próprio da raposa. 3. *fig.* Astuto; traiçoeiro.

vul·to *s.m.* 1. Rosto; semblante; face. 2. Corpo. 3. Figura mal distinta (espec. de homem). 4. *fig.* Pessoa de grande importância. 5. Volume; massa; grandeza. 6. *fig.* Importância; notabilidade; consideração.

vul·to·so (ô) *adj.* 1. Que faz vulto. 2. Volumoso. 3. *fig.* Grande; importante. *Pl.:* vultosos (ó).

vul·tu·o·si·da·de *s.f. Med.* Estado mórbido que se caracteriza por vermelhidão e tumescência da face e dos lábios.

vul·tu·o·so (ô) *adj.* Atacado de vultuosidade. *Pl.:* vultuosos (ó).

vul·tu·ri·no *adj.* 1. Que se refere ou pertence ao abutre. 2. Próprio de abutre.

vul·va *s.f. Anat.* O conjunto das partes genitais externas da mulher.

vul·var *adj.2gên.* Que se refere ou pertence à vulva.

vur·mo *s.m.* Pus das chagas; sangue purulento.

vur·mo·so (ô) *adj.* Que tem vurmo. *Pl.:* vurmosos (ó).

W w

w *s.m.* 1. Vigésima terceira letra do alfabeto, de nome *dáblio*, usada em algumas palavras derivadas de nomes próprios estrangeiros, espec. ingleses (em que soa como u) e alemães (em que soa como v), bem assim como em termos técnicos de uso internacional (watt), e em abreviaturas e símbolos (W: Oeste). *num.* 2. O vigésimo terceiro numa série indicada por letras.

waf·fle (uófou) *Ingl. s.m.* Espécie de panqueca de massa mais grossa, assada em máquina elétrica própria para isso, que geralmente deixa o alimento com um aspecto quadriculado.

wag·ne·ri·a·no *adj.* Que se refere ou pertence a Wilhelm Richard Wagner, compositor alemão (1813-1883).

walk·ie-talk·ie (uóquitóqui) *Ingl. s.m.* Pequeno aparelho de rádio transmissor-receptor para curtas distâncias.

walk·man (uóquimen) *Ingl. s.m.* Pequeno aparelho portátil que permite escutar rádio, fita cassete ou CD por meio de fone auricular.

walk·o·ver (uócôvar) *Ingl. s.m.* Competição em que um adversário desiste da luta, sendo dada vitória ao outro. (*abrev.* W.O.)

war·rant (uórant) *Ingl. s.m.* Recibo de mercadoria depositada em armazém geral, trapiche ou estabelecimento similar, o qual, juntamente com o conhecimento do depósito, pode ser negociado.

wa·ter-clos·et (uótarclôset) *Ingl. s.m.* Latrina com descarga de água (*abrev.* usual: W.C.).

watt (uót) *s.m. Eletr., Fís., Metrol.* Do engenheiro escocês James Watt (1736-1819), unidade de potência elétrica, igual à de uma corrente de um ampere sob a diferença de potencial de um volt (símbolo: W). *Pl.:* watts.

web (uéb) *s.f. Inform.* 1. Forma reduzida de *worldwide web*, que significa teia de âmbito mundial; recurso ou serviço oferecido na internet que consiste num sistema distribuído de acesso a informações que são apresentadas na forma de hipertexto, com *links* entre documentos e outros objetos (menus, índices) que ficam localizados em diferentes pontos dessa rede. 2. O conjunto das informações e recursos assim disponibilizados.

week·end (uíquend) *Ingl. s.m.* Fim de semana.

west·ern (uéstern) *Ingl. s.m.* Bangue-bangue.

win·ches·ter (uinchéster) *Ingl. s.m. Inform.* Disco rígido.

wind·sur·fe (uindsurfe) *s.m. Desp.* Navegação sobre prancha semelhante à do surfe, mas equipada com vela.

work·a·hol·ic (uorcarrólic) *Ingl. s.m.* Pessoa que se dedica exclusivamente ao trabalho.

work·shop (uorkchóp) *Ingl. s.m.* Reunião de trabalho ou treinamento em que os participantes discutem e exercitam certas técnicas.

www *s.m.* Sigla de *worldwide web*; Web.

wy·clif·fis·mo *s.m.* Doutrina de John Wycliffe, teólogo inglês (século XIV) e um dos precursores da Reforma protestante.

X x

x¹ *s.m.* 1. Vigésima quarta letra do alfabeto. *num.* 2. Vigésimo quarto numa série indicada por letras.

x² *s.m.* 1. *Mat.* Símbolo da incógnita, numa equação. 2. *por ext.* Aquilo que se desconhece. 3. Quantia indeterminada. *O x do problema*: aquilo que é mais difícil.

xá *s.m.* Título do soberano do Irã. *V. chá.*

xá·ca·ra *s.f.* Narrativa popular, em verso. *V. chácara.*

xa·drez (ê) *s.m.* 1. Jogo, sobre um tabuleiro de 64 casas, em que se fazem mover 32 peças. 2. O tabuleiro onde se joga o xadrez. 3. Tecido cujas cores são dispostas em quadradinhos alternados. 4. Cadeia; prisão.

xa·dre·zis·ta *s.2gên.* Pessoa que joga xadrez; enxadrista.

xa·le *s.m.* Cobertura que as mulheres usam como adorno ou agasalho nos ombros e no tronco. *V. chalé.*

xa·mã *s.m.* Em certas comunidades, espécie de sacerdote que por meio de forças ou entidades sobrenaturais realiza curas, exorcismos, encantamentos.

xa·ma·nis·mo *s.m. Rel.* Crença de certos povos do norte da Ásia de que os espíritos maus ou bons são dirigidos pelos xamãs.

xa·ma·nis·ta *adj.2gên.* 1. Concernente ao xamanismo. *s.2gên.* 2. Pessoa que pratica o xamanismo.

xam·pu *s.m.* Substância saponácea, líquida, usada especialmente para lavagem dos cabelos.

Xan·gô *s.m. Rel.* Nome de um orixá identificado no sincretismo religioso com São Jerônimo.

xa·rá *s.2gên.* 1. Pessoa que tem o mesmo nome de batismo que outra. *adj.2gên.* 2. *Reg.* Diz-se do cavalo que tem o pelo crespo.

xa·re·le·te (ê) *s.m.* Nome comum a espécies de peixes marinhos encontrados no oceano Atlântico e bastante comercializados.

xa·ro·pa·da *s.f.* 1. Porção de xarope que se pode tomar de uma vez. 2. Coisa desenxabida, sem graça. 3. Discurso ou qualquer trabalho literário prolixo e enfadonho.

xa·ro·pe (ó) *s.m.* 1. Medicamento líquido e viscoso, resultante da mistura de certos líquidos com a porção de açúcar necessária para o saturar. 2. Tisana; remédio caseiro. *sobrecomum* 3. *fam.* Pessoa enfadonha; purgante.

xa·ro·po·so (ô) *adj.* 1. Que tem a consistência do xarope; pegajoso; viscoso. 2. Fastidioso; enfadonho. *Pl.:* xaroposos (ó).

xa·van·te *s.2gên.* 1. Indivíduo dos xavantes, tribo indígena das proximidades do curso médio do rio Tocantins. *adj.2gên.* 2. Relativo a essa tribo.

xa·ve·co (é) *s.m.* 1. Pequena embarcação. 2. Barco pequeno, malconstruído ou velho. 3. Coisa insignificante. 4. *gír.* Intriga. 5. Pessoa sem importância.

xa·xim (ch) *s.m. Bot.* Tronco de samambaia constituído de raízes fibrosas entrelaçadas, usado em floricultura.

xe·le·léu *s.m. Reg.* Bajulador.

xe·lim *s.m.* 1. Antiga moeda inglesa de prata de valor igual à vigésima parte da libra esterlina. 2. Unidade monetária e moeda da Áustria antes do euro e de alguns países africanos.

xe·no·fo·bi·a *s.f.* Aversão às pessoas e coisas estrangeiras.

xe·nó·fo·bo *adj.* e *s.m.* Que ou o que tem xenofobia.

xe·nô·ni:o *s.m. Quím.* Substância simples, elemento de símbolo **Xe**, cujo número atômico é 54.

xe·pa (ê) *s.f. pop.* 1. Comida de quartel. 2. *por ext.* Comida malfeita. 3. Sobras de verduras e frutas nas feiras e mercados.

xe·que (é) *s.m.* 1. Incidente no xadrez, em que o rei fica numa casa atacada por uma peça adversária. 2. *fig.* Acontecimento parlamentar que envolve perigo para o governo; perigo; contratempo. 3. Chefe de tribo ou soberano árabe. **Pôr em xeque**: pôr em dúvida o valor ou o mérito de. *V.* **cheque**.

xe·que-ma·te *s.m.* Lance que finaliza uma partida de xadrez ao deixar o rei atacado sem nenhuma possibilidade de movimentação. *Pl.:* xeques-mates e xeques-mate.

xe·rém *s.m.* Farelo de milho de moagem grossa, usado na culinária e na alimentação de pintos em granjas.

xe·re·ta (ê) *s.2gên.* Pessoa bisbilhoteira, importuna.

xe·re·tar *v.t.d.* e *v.i. pop.* Bisbilhotar.

xe·rez *s.m.* 1. Espécie de uva preta. 2. Vinho fabricado originariamente em Andaluzia (Espanha).

xe·ri·fe *s.m.* Funcionário encarregado de executar as leis, manter a paz, promover o andamento dos processos, etc. em certas regiões dos Estados Unidos e da Inglaterra.

xe·ro·car *v.t.d.* Reproduzir por xerox; xerografar.

xe·ro·co·pi:ar *v.t.d.* O mesmo que xerocar.

xe·ro·gra·far *v.t.d.* Xerocar.

xe·ro·gra·fi·a *s.f.* 1. *Geog.* Parte da geografia que estuda as regiões secas da Terra. 2. Cópia a seco ou xerox.

xe·rox (ó, cs) *s.m.* e *s.f. 2núm.* 1. Processo de reprodução de textos e desenhos por meio da xerografia. 2. A reprodução ou cópia obtida por esse processo. 3. A máquina usada nesse processo.

xé·rox (cs) *s.m.* e *s.f. 2núm.* Xerox.

xe·xéu (ch) *s.m. Zool.* O mesmo que japim.

xe·xo (ê, ch) *s.m. Reg.* Calote passado em prostituta.

xí·ca·ra *s.f.* 1. Chávena pequena de louça, própria para bebidas quentes (chá, café, leite, etc.). 2. O conteúdo de uma xícara.

xi·foi·de (ói) *adj.2gên. Anat.* Diz-se do apêndice alongado e cartilaginoso que termina inferiormente o esterno.

xi·fó·pa·gos *adj. pl.* 1. Diz-se de dois gêmeos que nascem ligados desde o apêndice xifoide até o umbigo. *s.m.pl.* 2. Gêmeos xifópagos.

xi·i·ta *s.2gên. Rel.* 1. Membro dos xiitas, muçulmanos radicais partidários de Ali (600-661), primo e genro de Maomé, segundo o qual só são autênticas as tradições do Profeta transmitidas por integrantes de sua família. *adj.2gên.* 2. *por ext.* Radical. 3. Que se refere ou pertence aos xiitas.

xi·lin·dró *s.m. pop.* Cadeia; prisão.

xi·lo·gra·fi·a *s.f.* Arte de gravar em madeira.

xi·lo·gra·vu·ra *s.f.* Gravura em madeira.

xi·man·go *s.m. epiceno Zool.* Ave da família dos falcões.

xim·bi·ca *s.f.* 1. Nome de um jogo de cartas. 2. Casa onde se fazem apostas de corridas de cavalos. *s.2gên.* 3. Indivíduo que recebe essas apostas.

xin·ga·ção *s.f.* Ação de xingar; xingamento.

xin·ga·men·to *s.m.* Xingação.

xin·gar *v.t.d.* 1. Dirigir insultos, palavras injuriosas a; descompor. *v.i.* 2. Insultar com palavras injuriosas.

xin·go *s.m.* Palavra ou palavras com que se xinga.

xin·tó *s.m. Rel.* Xintoísmo.

xin·to·ís·mo *s.m. Rel.* A religião oficial do Japão, anterior ao budismo; xintó.

xin·to·ís·ta *adj.2gên.* 1. Relativo ao xintoísmo. 2. Diz-se do partidário do xintoísmo. *s.2gên.* 3. Pessoa sectária do xintoísmo.

xin·xim (ch) *s.m. Cul.* Nome que se dá na Bahia a um guisado de galinha a que se juntam camarões secos e brotos de abóbora e de melancia ou amendoim e castanha-de-caju moídos (prepara-se com azeite de dendê, sal, cebola e alho ralados).

xi·que·xi·que (ch) *s.m. Bot.* Espécie de cacto comum nas regiões mais secas do Nordeste.

xis *s.m.* Nome da vigésima quarta letra do nosso alfabeto, *x*.

xis·to *s.m. Min.* Nome comum às rochas que se podem dividir em lâminas, como a ardósia.

xi·xi *s.m. fam. inf.* Urina.

xo·dó *s.m.* 1. Namoro. 2. Inclinação amorosa. 3. Namorado ou namorada. 4. Estima especial; apreço. 5. Mexerico; intriga.

xu·cri·ce *s.f.* Qualidade do que é xucro; xucrismo.

xu·cris·mo *s.m.* Xucrice.

xu·cro *adj.* 1. Diz-se do animal (espec. cavalo) ainda não domesticado; trotão. 2. *por ext.* Diz-se do indivíduo pouco preparado para algum serviço ou que custa a compreender o que se lhe explica. 3. *por ext.* Mal-educado; grosseiro; ignorante; rude; bronco.

Y y

y¹ *s.m.* 1. Vigésima quinta letra do alfabeto, de nome *ípsilon*, que se substitui por *i* em palavras derivadas de certos nomes próprios estrangeiros, em abreviaturas e como símbolo de alguns termos técnicos e científicos. *num.* 2. O vigésimo quinto numa série indicada por letras.

y² *s.m. Mat.* Símbolo de uma segunda quantidade incógnita.

y³ *s.m. Quím.* Símbolo do elemento químico ítrio.

y·a·gi (iagui) *s.f. Eng., Eletrôn.* Do engenheiro japonês Hidetsugu Yagi (1886-1976), antena direcional de ondas curtas.

yang (iân) *Chin., Fil., Rel. s.m.* Princípio do taoismo, celeste, masculino, ativo, penetrante, quente e luminoso, que se complementa a seu oposto, *yin*.

year·ling (írlin) *Ingl. s.m. Turfe* Animal de um a dois anos de idade.

yin (iín) *Chin., Fil., Rel. s.m.* Princípio do taoismo, terrestre, feminino, passivo, frio e obscuro, que se complementa a seu oposto, *yang*.

yin-yang (iín-iân) *Chin. s.m. Fil.* Os aspectos feminino (*yin*) e masculino (*yang*) do ser humano, extensivos a todos os fenômenos da vida.

yup·pie (iâpi) *Ingl. s.m.* Homem jovem, bem-sucedido profissionalmente.

Z z

z¹ *s.m.* 1. Vigésima sexta letra do alfabeto. *num.* 2. Vigésimo sexto numa série indicada por letras.

z² *s.m. Mat.* Símbolo de uma terceira quantidade incógnita.

za·bum·ba *s.m.* e *s.f. Mús.* Espécie de tambor grande; bombo.

za·bur·ro *adj.* 1. Diz-se de uma variedade de milho indiano de bago grosso. 2. Diz-se de uma espécie de milho vermelho-escuro, cuja espiga é formada de várias hastes irregulares.

za·ga¹ *s.f. Fut.* Posição dos jogadores da defesa, que ficam entre a linha média e o gol.

za·ga² *s.f. Bot.* 1. Nome de uma árvore de que se fazem lanças curtas de arremesso. 2. Espécie de palmeira.

za·gal *s.m.* Pastor; pegureiro. *Fem.:* zagala.

za·guei·ro *s.m. Fut.* Jogador que ocupa posição na zaga.

zai·bo *adj.* 1. Torto. 2. Que tem os olhos tortos.

zai·no *adj.* 1. Diz-se do cavalo que tem cor castanho-escura e uniforme, sem manchas ou malhas. 2. Que tem o pelo negro com pouco brilho. 3. *fig.* Velhaco; dissimulado.

zai·ren·se *adj.2gên.* 1. Do Zaire (África). *s.2gên.* 2. O natural ou habitante desse país.

zam·bi·a·no *adj.* 1. Da Zâmbia (África). *s.m.* 2. O natural ou habitante desse país.

zan·ga *s.f.* 1. Aversão; antipatia. 2. Rancor; aborrecimento. 3. Importunação. 4. Desavença; rusga. 5. Desarranjo.

zan·ga-bur·ri·nha *s.f.* Gangorra.

zan·ga·do *adj.* 1. Que se zangou; irritado. 2. Que se zanga facilmente. 3. De relações suspensas.

zan·gão *s.m.* 1. *Zool.* O macho da abelha ou abelha doméstica. 2. *Zool.* Espécie de abelha que não fabrica mel e come o que as outras fabricam. 3. *fig.* Parasita; explorador. 4. Importuno. 5. Preposto de corretor.

zan·gar *v.t.d.* 1. Causar zanga a; molestar; afligir. *v.t.i.* 2. Romper relações. *v.p.* 3. Irritar-se; encolerizar-se.

zan·zar *v.i.* 1. Vaguear; andar à toa. 2. Estar ocioso, a mexer aqui e ali.

za·pe·ar *v.t.d.* 1. *Inform.* Apagar permanentemente; p. ex., zapear um arquivo, eliminando-o sem a possibilidade de recuperação. 2. *Inform.* Danificar um dispositivo pela descarga de eletricidade. 3. Mudar de canal rapidamente, com controle remoto.

zap·ping (zápin) *Ingl. s.m.* Sequência de mudanças rápidas de um canal de televisão para outro, por meio de controle remoto.

za·ra·ba·ta·na *s.f.* Tubo comprido pelo qual se impelem, soprando, setas ou bolinhas.

za·ran·zar *v.i.* 1. Andar à toa; vaguear. 2. Atrapalhar-se, andando ou movimentando-se.

zar·cão *s.m. Quím.* 1. Nome vulgar do mínio. 2. Cor de laranja, muito viva.

za·ro·lho (ô) *adj.* 1. Diz-se do indivíduo cego de um dos olhos; caolho. 2. Vesgo; estrábico. *s.m.* 3. Indivíduo zarolho.

zar·par *v.t.d.* e *v.i.* 1. Levantar âncora, partir (o navio). 2. Fugir; partir. *Var.:* sarpar.

zar·ro *adj. Reg.* 1. Muito desejoso. 2. *pop.* Embriagado. 3. Difícil, incômodo, aborrecido.

zás-trás *interj.* Voz imitativa de pancada ou de procedimento rápido e decisivo.

zê *s.m.* Nome da vigésima sexta e última letra do nosso alfabeto, z.

ze·bra (ê) *s.f. epiceno* 1. *Zool.* Mamífero equídeo originário da África. 2. Resultado contrário aos prognósticos, na loteria esportiva. 3. *por ext.* Azar. 4. *pop.* Pessoa estúpida, ignorante.

ze·bra·do *adj.* 1. Listrado como as zebras. *s.m.* 2. O que tem listras, como as da zebra.

ze·brar *v.t.d.* 1. Cobrir ou pintar com listras semelhantes às da zebra. 2. *pop.* Acontecer algo que não se espera, contrariando as expectativas.

ze·broi·de (ói) *adj.2gên. s.2gên.* 1. Que se assemelha à zebra. *s.2gên.* 2. Animal proveniente do cruzamento de égua e zebra. 3. Pessoa tola, incapaz.

ze·bru·no *adj.* Diz-se do cavalo de pelo baio.

ze·bu *s.m. epiceno Zool.* Espécie de boi originário da Índia, com giba e chifres pequenos.

zé·fi·ro *s.m.* Vento suave e fresco; aragem; brisa.

ze·la·dor *adj.* 1. Que zela; zelante. *s.m.* 2. Homem encarregado da guarda, limpeza e conservação de prédio.

ze·lar *v.t.d.* 1. Ter zelo por. 2. Vigiar com o máximo cuidado, interesse ou ciúme. 3. Administrar, cuidar com desvelo e exatidão. *v.t.i.* 4. Cuidar; velar; interessar-se por.

ze·lo (ê) *s.m.* 1. Cuidado, interesse, desvelo pelos interesses de qualquer pessoa ou coisa. 2. Empenho ou cuidado excessivo que se emprega no bom desempenho dos deveres, das obrigações, etc. 3. Afeição íntima. 4. Dedicação ardente.

ze·los (ê) *s.m.pl.* Ciúmes.

ze·lo·so (ô) *adj.* 1. Que tem zelo. 2. Que mostra interesse. 3. Cuidadoso; escrupuloso; diligente. 4. Ciumento. *Pl.:* zelosos (ó).

ze·lo·te (ó) *adj.2gên.* e *s.2gên.* Que ou pessoa que finge ter zelos.

zen *s.m. Rel.* Ramo do budismo que valoriza a contemplação intuitiva, o amor à natureza, os trabalhos manuais e o autoconhecimento.

zé-nin·guém *s.m. pej.* O mesmo que joão-ninguém. *Pl.:* zés-ninguém.

zê·ni·te *s.m.* 1. *Astron.* Ponto da esfera celeste que se encontra na direção de uma vertical que partisse de

ze·pe·lim *s.m.* Grande aeronave dirigível de carcaça metálica em forma de charuto.

determinado lugar da Terra (é a parte do céu que temos sobre a cabeça). 2. *fig.* O ponto mais elevado; pináculo; auge.

zé·pe·rei·ra *s.m. Fol.* 1. Tipo de ritmo carnavalesco que se toca no bombo. 2. Grupo carnavalesco que executa esse ritmo. *Pl.*: zé-pereiras e zés-pereiras.

zé·po·vi·nho *s.m.* A camada inferior da sociedade; ralé; vulgo; o povo. *Pl.*: zé-povinhos e zés-povinhos.

ze·rar *v.t.d.* 1. Liquidar, quitar (conta, dívida, etc.). 2. Reduzir a zero. *v.t.d.* e *v.i.* 3. Dar ou receber a nota zero.

ze·ro (é) *s.m.* 1. Algarismo que não tem valor algum, mas que colocado à direita dos outros lhes dá valor décuplo. 2. *por ext.* Nada. 3. *Fís.* Ponto em que se começam a contar os graus. 4. Ponto que corresponde à temperatura de gelo fundente. 5. *fig.* Coisa insignificante. 6. *sobrecomum* Pessoa sem valor.

ze·ro-qui·lô·me·tro *adj.2gên.2núm.* 1. Diz-se de veículo que nunca foi rodado. *s.m.2núm.* 2. Veículo com essa característica.

zi·be·li·na *adj. f.* 1. *Zool.* Diz-se de uma espécie de marta da Europa setentrional e regiões do norte da Ásia, de pele muito apreciada. *s.f.* 2. *epiceno Zool.* Marta zibelina. 3. *por ext.* Peliça feita com a pele desse animal.

zi·go·ma (ô) *s.m. Anat.* Osso malar ou das maçãs do rosto.

zi·go·to (ô) *s.m. Biol.* Célula que resulta da reunião de dois gametas (masculino e feminino).

zi·gue-za·gue *s.m.* 1. Série de linhas que formam ângulos alternadamente salientes e reentrantes. 2. Modo de andar ou de locomover-se descrevendo essa série de linhas. 3. Sinuosidade. 4. Ornamento em forma de zigue-zague. *Pl.*: zigue-zagues.

zi·gue·za·gue·ar *v.i.* 1. Fazer zigue-zagues. 2. Andar em zigue-zagues.

zim·ba·bu·a·no *adj.* 1. Do Zimbábue (África). *s.m.* 2. O natural ou habitante desse país.

zim·bó·ri:o *s.m. Arquit.* 1. A parte que exteriormente remata ou cobre a cúpula de um edifício. 2. A própria cúpula.

zim·bro *s.m. Bot.* Planta cujos frutos são usados na preparação do gim e da genebra e na aromatização de conservas e carnes defumadas.

zi·mo·lo·gi·a *s.f.* 1. Tratado da fermentação. 2. *Quím.* Estudo dos fermentos.

zi·na·bre *s.m.* Azinhavre.

zin·ca·gem *s.f.* Ato ou operação de zincar.

zin·car *v.t.d.* Revestir de zinco.

zin·co *s.m.* 1. *Quím.* Elemento de símbolo **Zn** e cujo número atômico é 30. 2. *por ext.* Folha desse metal, própria para a cobertura de certos tipos de casas, galpões, etc.

zin·co·gra·far *v.t.d.* Reproduzir pelo processo de zincografia.

zin·co·gra·fi·a *s.f.* 1. Arte ou processo de zincografar. 2. Aplicação dos processos litográficos a lâminas de zinco. 3. Gravura obtida por esse processo.

zin·co·gra·vu·ra *s.f.* 1. Processo de gravura em zinco. 2. Gravura obtida por esse processo.

zín·ga·ro *s.m.* Cigano músico.

zi·nho *s.m.* Indivíduo qualquer; sujeito.

zi·nir *v.i.* Zunir.

zin·zi·lu·lar *v.i.* 1. Soltar a sua voz (a andorinha). *s.m.* 2. Voz da andorinha.

zi·par *v.t.d. Inform.* Compactar um ou mais arquivos por meio de um programa compactador, como o PKZIP ou similar (forma aportuguesada de *to zip*).

zí·per *s.m.* Fecho articulado de largo uso em bolsas, roupas, etc.

zir·cô·ni·o *s.m. Quím.* Metal escuro, elemento de símbolo Zr e cujo número atômico é 40.

zi·zi·ar *v.i.* Sibilar, fretenir (a cigarra).

zo·a·da *s.f.* 1. Ação ou efeito de zoar. 2. Som forte e confuso; zunido; zumbido.

zo·ar *v.i.* Zunir; ter ou emitir som forte e confuso.

zo·dí·a·co *s.m. Astron.* e *Astrol.* Zona circular da esfera celeste, cujo meio é ocupado pela eclíptica, e dividida em doze seções, designadas por signos, alguns dos quais não correspondem às constelações estabelecidas pelas convenções da astronomia.

zo·ei·ra *s.f.* 1. Zoada. 2. Desordem; barulho; conflito.

zoi·lo *s.m.* Mau crítico; crítico invejoso ou parcial e apaixonado.

zombador *adj.* e *s.m.* Que ou aquele que zomba; zombeteiro.

zom·bar *v.t.i.* 1. Escarnecer; fazer zombaria. 2. Gracejar; não levar a sério. 3. Não fazer caso. *v.t.d.* 4. Fazer zombaria de. *v.i.* 5. Gracejar.

zom·ba·ri·a *s.f.* 1. Ação ou efeito de zombar. 2. Chacota; escárnio; troça.

zom·be·te·ar *v.t.i.* e *v.t.d.* Zombar.

zom·be·tei·ro *adj.* 1. Em que há zombaria. *adj.* e *s.m.* 2. Zombador.

zo·na (ô) *s.f.* 1. Banda; faixa; cinta. 2. Região, quanto à temperatura, produções, etc. 3. Região. 4. *Geog.* Cada uma das cinco divisões do globo terrestre, determinadas pelos círculos paralelos à linha do equador. 5. *pop.* Local em que se acha estabelecido o meretrício. *gír.* **Cair na zona**: prostituir-se. *gír.* **Fazer a zona**: 1. andar pelas ruas do meretrício em busca de aventuras; 2. fazer bagunça, confusão.

zo·ne·ar *v.t.d.* 1. Dividir, delimitar ou distribuir por zonas ou regiões demarcadas. *v.t.d.* e *v.i.* 2. *pop.* Fazer bagunça, tumultuar.

zon·zei·ra *s.f.* Tonteira; atordoamento.

zon·zo *adj.* Tonto; atordoado.

zo·o (ô) *s.m.* Zoológico.

zo·o·fo·bi·a *s.f.* Medo mórbido de qualquer animal.

zo·ó·fo·bo *s.m.* Aquele que tem zoofobia.

zo·o·ge·o·gra·fi·a *s.f.* Estudo da distribuição dos animais na superfície do globo.

zo·o·lo·gi·a *s.f.* Parte da história natural que estuda e descreve os animais.

zo·o·ló·gi·co *adj.* 1. Concernente a zoologia. *s.m.* 2. Jardim zoológico; zoo.

zoom (zum) *Ingl. s.m. Inform.* Ampliação da imagem (apenas para visualização) na tela do computador, sem alteração do tamanho da imagem original ou do arquivo que a armazena.

zo·o·mor·fis·mo *s.m. Rel.* 1. Culto que dá às divindades a forma de animais. 2. Crença na transformação dos seres humanos em animais (como a crença em lobisomens).

zo·o·tec·ni·a *s.f.* Arte de criar e aperfeiçoar animais domésticos.

zor·nar *v.i.* Zurrar.

zor·ra¹ (ô) *s.f.* Raposa velha.
zor·ra² (ô) *s.f.* 1. Pedaço de tronco bifurcado, para arrastar pedras. 2. *gír.* Confusão; balbúrdia. 3. Pequena rede de arrasto *us.* na pesca ao caranguejo. 4. *fig.* Coisa ou pessoa lenta, vagarosa. 5. Pitorra.
zor·ro (ô) *s.m.* 1. Raposo. 2. Indivíduo manhoso, velhaco. *adj.* 3. Vagaroso. 4. Finório.
zós·ter *s.m.* 1. Faixa; cinta; zona. 2. *Med.* Herpes-zóster.
zu·ar·te *s.m.* Nome de um pano azul ou preto, de algodão.
zu·ir *v.i.* Zunir; zumbir.
zum·bi *s.m.* 1. Chefe do quilombo dos Palmares. 2. *Mit.* Ente fantástico que, segundo a crença popular, vagueia dentro das casas a horas mortas. 3. *sobrecomum fig.* Pessoa que só sai de casa à noite. 4. Lugar ermo do sertão.
zum·bi·do *s.m.* 1. Ato ou efeito de zumbir. 2. Ruído que fazem os insetos voadores como as abelhas e os pernilongos. 3. Ruído nos ouvidos causado por indisposição patológica, ou em virtude de estampido ou estrondo exterior.
zum·bir *v.i.* 1. Fazer ruído (falando de insetos que esvoaçam). 2. Fazer ruído semelhante ao dos insetos. 3. Sussurrar. 4. Sentirem (os ouvidos) ruído especial; zunir.
zu·ni·do *s.m.* Ato ou efeito de zunir; zumbido.
zu·nir *v.i.* Produzir som agudo e sibilante (como o do vento por entre as ramarias); zumbir; sibilar; zinir.
zun·zum *s.m.* 1. Rumor (espec. o de muitas vozes); zunido; zumbido. 2. Boato.
zun·zun·zum *s.m.* 1. Rumor; boato. 2. Atoarda; zunzum.
zur·ra·pa *s.f.* Vinho mau ou estragado.
zur·rar *v.i.* 1. Emitir zurro; ornejar. *v.t.d.* 2. *fig.* Dizer, proferir (tolices). *V.* **urrar**.
zur·ro *s.m.* A voz do burro; zurrada; ornejo.
zur·zir *v.t.d.* 1. Açoitar; vergastar; fustigar. 2. Maltratar; molestar. 3. Afligir; magoar. 4. Repreender asperamente.